■ 冠詞前置詞（前置詞＋定冠詞）

前置詞	定冠詞・男性形					定冠詞・女性形	
	il	i	lo	gli	l'	la	le
a	al	ai	allo	agli	all'	alla	alle
di	del	dei	dello	degli	dell'	della	delle
da	dal	dai	dallo	dagli	dall'	dalla	dalle
in	nel	nei	nello	negli	nell'	nella	nelle
su	sul	sui	sullo	sugli	sull'	sulla	sulle
con	(col)	(coi)					

*di → de-, in → ne- となることに注意.

■ 人称代名詞（特に太字部分の区別に注意）

人称	主格	再帰	間接	直接	強勢形
1単	io	mi	mi	mi	**me**
2単・親称	tu	ti	ti	ti	**te**
2単・敬称	Lei				Lei
3単・男	lui				lui
3単・女	lei				lei
1複	noi				noi
2複	voi				voi
3複・男/女	loro				loro

*2複・敬称の主格に Loro が用いられることもある.
1. ci, vi は場所の副詞（そこで[に]）としても用いられる：c'è..., ci sono...
2. 強勢形を単独で用いる場合は，動詞または形容詞の後に置く．前置詞とともに用いる場合は，必ず強勢形にする：con me, per te, a Lei
3. 基本的な位置
   ① 動詞の変化形の直前：Come si chiama?
   ② 不定詞の語尾：Piacere di conoscerLa.

■ 所有形容詞

	男性	女性		男性	女性
主格	単数（複数）	単数（複数）	主格	単数（複数）	単数（複数）
io	mio (miei)	mia (mie)	noi	nostro(-i)	nostra(-e)
tu	tuo (tuoi)	tua (tue)	voi	vostro(-i)	vostra(-e)
Lei	Suo (Suoi)	Sua (Sue)	Loro	Loro (Loro)	Loro (Loro)
lui/lei	suo (suoi)	sua (sue)	loro	loro (loro)	loro (loro)

1. 原則として冠詞（主に定冠詞）を添える：il mio libro（私の本）
2. 親族関係の名詞の単数形に前置する場合に限り定冠詞を省略（mio padre）するが，以下の場合には原則に戻って定冠詞を添える.
   • 複数形：mio fratello → i miei fratelli（私の兄弟）
   • loro: il loro padre（彼ら[彼女ら]の父），i loro fratelli（彼ら[彼女ら]の兄弟）
   • 他の形容詞と併用：il mio fratello maggiore （私の兄）
   • 縮小辞などによる変形：mia sorella → la mia sorellina （幼い妹）

まえがき

　現代社会は国際化がますます進み，それぞれの文化や生活様式も身近なものになりました．しかし，だからこそお互いのより深い理解が一層求められることになったとも言えます．その時代にあって，この辞典は，学習者はもとより，一般社会人の要望にも応えうるよう編まれたものです．

本辞典の特色は以下の通りです．
1. 携帯に便利な使い勝手のよい辞典を目指しました．たとえば，語のアクセントを正確に知ることは極めて重要ですが，本辞典ではほぼすべての見出し語にアクセント色表示をしました．また，SとZの発音の清濁（無声・有声の別）も一目で分かるように表示しました．
2. コンパクトサイズにIT関連，医療，経済，スポーツ，芸術，料理等，現代生活に必須の語も含め，充分に実用的な語彙を盛り込みました．その結果，収録項目は伊和と和伊合わせて10万3千となりました．見出し語の選定に関しては，De Mauro, *Il dizionario della lingua italiana*, Paravia, 2000 を基本に，内外の多数の辞典を参考にしました．
3. 簡潔・的確な語義と最低限必要な用例（コロケーションを重視した頻度の高い句例），およびよく使われる成句を収録しました．

　分かりやすく簡潔にという方針の下に編まれたこの辞典を，イタリア語を学び用いる方々に役立てていただけるよう願っています．

　本辞典の制作に当たっては多くの方々のお力添えをいただきました．執筆・編集には当初の予定を上回る長期を要しましたが，その間，膨大で煩雑な作業に，迅速かつ適確に対処された柳百合氏をはじめ，三省堂外国語辞書編集部の方々，精緻な組版と印刷・製本を担当された三省堂辞書データ編集室および三省堂印刷株式会社の方々に心より謝意を表します．また，執筆協力者および校正者，さまざまな疑問や質問にお答えくださった Giulio Antonio Bertelli 氏にも厚く御礼申し上げます．

　最後になりましたが，監修者の藤村昌昭先生は完成を見ることなく逝去されました．ここに辞典の完成をご報告し，長年のご指導に心より感謝申し上げます．

　至らぬ点も多々あることと思いますが，よりよい辞典にするために，今後とも利用者の皆様のご意見，ご叱正をいただければ幸いです．

2013年2月

編者　杉本　裕之
谷口　真生子

凡　例

1. 見出し語
- 約 62,000 の見出し語をアルファベット順に配列し, 2 つ以上の品詞がある場合は, —で区切した. ただし再帰動詞は, **—arsi** などで示した.
- 同じつづりの語は, 原則として語源を異にする場合に右肩に番号を付して別見出しとした.

  ‡**ancora¹** [アンコーラ] 副 **1** まだ, 今でも

  ancora² 女 **1** 錨 (いかり)

- 重要語約 2,200 にはアステリスクを 2 つ付けた.

  ‡**caffè** [カッフェ] 男 **1** コーヒー

  ‡**caldo** [カルド] 形 **1** 熱い; 暑い

2. 発　音
- 見出し語には強勢(アクセント)のある音節の母音字を色付きで示した. ただし, 原則として略語, ラテン語起源以外の借用語(外来語)等には表示しない. 重要語にはカタカナによって発音の目安も示した(詳細については「文字と発音」を参照).

  ‡**campo** [カンポ] 男 **1** 田, 畑

- 見出し語にはまた, s と z について有声(濁音)と無声(清音)の区別を表示した. 有声は下点付きで, 有声でも無声でも発音されるものは下線付きで示した.

  carismatico 形 〖複[男 -ci]〗 **1** カリスマ的な; カリスマ性を持つ **2** 〖神学〗神から賜った, 神の恩寵の

  organizzazione 女 **1** 組織 **2** 機構, 制度

  ‡**casa** [カーサ, カーザ] 女 **1** 家, 住宅, 家屋

  ‡**zucchero** [ズッケロ, ツッケロ] 男 **1** 砂糖, シュガー

3. 動詞の活用
- 見出し語が不規則動詞の場合, 巻末の「不規則動詞変化表」の番号(1～131)を示して検索の便をはかった.

  ‡**dare** [ダーレ] [29] 他 **1** 渡す, 手渡す

- avere と essere, および規則動詞の活用については, 巻末の「動詞変化表」に, その変化のグループごとに示した.
- 複合時制で助動詞として essere をとる自動詞には [es], essere と avere の両方をとる自動詞には [es/av] を表示した. avere をとる自動詞と全ての他動詞には, 特に [av] を表示しない.
- 規則動詞ではあっても, アクセント位置のみ不規則なものは, 〖　〗にその語形を示した. アクセントのある母音字は色付きで表示した.

  geminare 他 〖io gemino〗 倍にする, 二重にする

- ire 動詞のうち, 直説法 1 人称単数が -isco 型の活用をするものは, 〖io -isco〗と表示した.

  graffire 他 〖io -isco〗 浅く彫る, (彫って)描く

4. 性数変化
- 名詞・形容詞の語尾変化は品詞の後に〖　〗で示した.

  restauratore 形 〖女[-trice]〗 修復専門の; 修復する —男 〖女[-trice]〗 修復の専門家

  ‡**bambino** [バンビーノ] 男 〖女[-a]〗 **1** (8 歳ぐらいまでの)子供 **2** 〖複数で〗息子, 娘

- -o で終わる形容詞の女性語尾 -a は表示しない.
- -co/-go で終わる名詞・形容詞の複数語尾は, 女性形は全て -che/-ghe になるため, 男性形のみ -ci, -chi/-gi, -ghi の別を表示した.

> **medico** [メーディコ] 男 〖複[-ci]〗 **1** 医者, 医師
>
> **cappuccinesco** 形 〖複[男 -chi]〗 カプチン会修道士の
>
> **tecnologo** 男 〖複[-gi]女[-a]〗 科学技術者
>
> **trittongo** 男 〖複[-ghi]〗 〔言〕三重母音
>
> **taumaturgo** 男 〖複[-gi, -ghi]女[-a]〗 奇跡を行う人

- -a で終わる男性名詞の複数語尾は表示した.

> **ocotona** 男 〖複[-i]〗 〔動〕ナキウサギ

- -ista で終わる形容詞と通性名詞の複数語尾は, 女性形は全て -e になるため, 男性形のみ表示した.

> **farmacista** 男女 〖複[男 -i]〗 薬剤師, 薬屋

- -cia/-gia で終わる女性名詞の複数語尾は -cie, -ce/-gie, -ge の別を表示した.

> **pancia** 女 〖複[-ce]〗 **1** おなか, 腹
>
> **camicia** [カミーチャ] 女 〖複[-cie]〗 **1** シャツ, ワイシャツ
>
> **pioggia** [ピオッジャ] 女 〖複[-ge]〗 雨
>
> **ciliegia** 女 〖複[-gie, -ge]〗 〔植〕サクランボ, チェリー

5. 派生関係と借用語

- 見出し語が過去分詞派生の形容詞の場合, 元の動詞を〖＜〗で示した.

> **benedetto** 形 〖過分＜benedire〗 **1** 神の恵みを受けた, 祝別された; 聖なる, 畏敬すべき

6. 品　詞

- 見出し語の品詞・性数などを次のように略語で示した.

男: 男性名詞	自: 自動詞	冠(定): 定冠詞
女: 女性名詞	他: 他動詞	冠(不定): 不定冠詞
男女: 通性名詞	再: 再帰動詞	前: 前置詞
固名: 固有名詞	助: 助動詞	接: 接続詞
代: 代名詞	形: 形容詞	間: 間投詞
代(指示): 指示代名詞	形(不定): 不定形容詞	擬: 擬音語
代(不定): 不定代名詞	形(所有): 所有形容詞	接頭: 接頭辞
代(所有): 所有代名詞	形(指示): 指示形容詞	接尾: 接尾辞
代(人称): 人称代名詞	形(疑問): 疑問形容詞	
代(疑問): 疑問代名詞	形(関係): 関係形容詞	
代(関係): 関係代名詞	副: 副詞	

7. 専門分野, 借用関係, 地方語, 位相

- 語義の専門分野を〔　〕内に示した(→専門分野一覧参照).
- 同様に借用語の元の言語名を〔　〕に示した. ただし, 以下の言語は略語で示した. ギ: ギリシャ語, ラ: ラテン語, ペ: ペルシャ語, 英: 英語, 独: ドイツ語, 仏: フランス語, 西: スペイン語, ポ: ポルトガル語, 露: ロシア語, 日: 日本語, 中: 中国語, 韓: 韓国語.

> **panel** 男 〖不変〗 〔英〕 **1** 調査対象サンプル **2** 電話の自動交換システム **3** (企業の)幹部会議, 研究者の討論会

- 地方語として使われているものには、以下の地域を〔 〕に表示した．
ヴェネツィア，ヴェネト，シエナ，シチリア，トスカーナ，ナポリ，ピエモンテ，フィレンツェ，リグリア，ローマ，ロンバルディア，中伊: 中部イタリア，南伊: 南部イタリア，北伊: 北部イタリア

> **posteggiatore** 男【女[-trice]】**1** 駐車場の係員 **2**〔ローマ〕露天商 **3**〔ナポリ〕流しの楽師[歌手]

- 《　》内に位相を示した．そのうち次のものには略語を用いた．
《文》: 文章体，文語　《俗》: 俗語　《古》: 古語　《卑》: 卑語　《口》: 談話体，口語，親密語　《隠》: 隠語　《詩》: 詩語　《諧》: 諧謔　《蔑》: 軽蔑　《幼》: 幼児語　《婉》: 婉曲　《稀》: 稀に

8. 語義と注記
- 語義の区分は，**1**, **2**, **3** …，a), b), c)，セミコロン(;)，コンマ(,) …を用いた．
- (　)内に語義の補足説明を入れた．
- 《　》内に見出し語と共起する前置詞を示した．

> **adorno** 形 **1**《di》…で飾られた —sala *adorna di quadri* 絵画で飾られた広間 **2**《文》美しい，優雅な

> **alieno** 形 **1**《da》…と無縁の；…に反対の —*persona aliena da compromessi* 絶対に妥協しない人

- 〔　〕内にはまた，語法・文法的な説明を入れた．

> **＊feria** [フェーリア] 女 **1**〔複数で〕休暇；休業 —*ferie estive [natalizie]*

> **inglese** [イングレーセ，イングレーゼ] 形 … —男〔単数のみ〕英語

9. 用 例
- 約 14,000 の用例は語義ごとに—の後に示した．
- 用例中の見出し語に当たる部分は，全書してイタリック体で示した．

10. 成 句
- 約 4,000 の成句は品詞別の記述の最後に，▶ を付けてボールドイタリック体で示した．
- 成句の語義は a), b) で区分した．

11. カッコ・記号類
( )：語義の補足説明，省略可能
[ ]：前の語(句)との交替
《 》：語法・文法的な説明など
[ ]：自動詞がとる助動詞
《 》：共起する前置詞など
〔 〕：専門分野，借用関係，地域
《 》：位相
— ：用例の開始
／ ：用例の区切り
｜ ：文例などが 2 つ以上並ぶ場合の区切り
▶ ：成句の開始
＊ ：重要語

■専門分野一覧

〔医〕	医学	〔鉱〕	鉱物・鉱業	〔地質〕	
〔印〕	印刷	〔コン〕	コンピューター	〔地理〕	
〔韻〕	韻律	〔詩〕	詩学	〔虫〕	虫類
〔映〕	映画	〔車〕	自動車	〔鳥〕	鳥類
〔音〕	音楽	〔写〕	写真	〔通信〕	
〔化〕	化学	〔社〕	社会	〔哲〕	哲学
〔貝〕	貝類	〔宗〕	宗教	〔天〕	天文
〔解〕	解剖	〔修〕	修辞	〔電〕	電気
〔海〕	海事	〔獣〕	獣医	〔電子〕	電子工学
〔カト〕	カトリック	〔商〕	商業	〔統〕	統計
〔気〕	気象	〔情〕	情報	〔動〕	動物
〔幾〕	幾何	〔植〕	植物	〔登山〕	
〔機〕	機械	〔織〕	織物	〔農〕	農業
〔ギ神〕	ギリシャ神話	〔心〕	心理	〔馬〕	馬術
〔魚〕	魚類	〔神学〕		〔美〕	美術
〔漁〕	漁業	〔神話〕		〔服〕	服飾
〔金〕	金属	〔人類〕	文化人類学・民族学	〔物〕	物理
〔空〕	航空			〔文〕	文学
〔軍〕	軍事	〔数〕	数学	〔放〕	放送
〔経〕	経済	〔スポ〕	スポーツ	〔法〕	法律
〔芸〕	芸術	〔政〕	政治	〔紋〕	紋章
〔劇〕	演劇	〔聖〕	聖書	〔冶〕	冶金
〔建〕	建築	〔生化〕	生化学	〔薬〕	薬学
〔言〕	言語	〔生物〕		〔料〕	料理
〔工〕	工業	〔生理〕		〔歴〕	歴史
〔光〕	光学	〔船〕	船舶	〔ロ神〕	ローマ神話
〔考〕	考古学	〔地学〕		〔論〕	論理

■文法用語

1単	1人称単数	複	複数	現	現在
2単	2人称単数	男	男性	半過	半過去
3単	3人称単数	女	女性	遠過	遠過去
1複	1人称複数	直	直説法	未	未来
2複	2人称複数	接	接続法	過分	過去分詞
3複	3人称複数	条	条件法		
単	単数	命	命令法		

文字と発音

■ **アルファベット(21文字)**

文字	名称		文字	名称
A a	[a] ア		N n	[énne] エンネ
B b	[bi] ビ		O o	[o] オ
C c	[tʃi] チ		P p	[pi] ピ
D d	[di] ディ		Q q	[ku] ク
E e	[e] エ		R r	[érre] エッレ
F f	[éffe] エッフェ		S s	[ésse] エッセ
G g	[dʒi] ジ		T t	[ti] ティ
H h	[ákka] アッカ		U u	[u] ウ
I i	[i] イ		V v	[vu] ヴ
L l	[élle] エッレ		Z z	[dʒέːta] ゼータ
M m	[émme] エンメ			

＊イタリア語のアルファベット21文字には含まれないが，主に外来語などに用いられる文字(5文字)

J j [illúngo] イ・ルンゴ
K k [káppa] カッパ
W w [dóppjovu] ドッピオ・ヴ
X x [iks] イクス
Y y [ípsilon, iggrέːko] イプシロン(イ・グレーコ)

■ **母 音**

1. 単母音

a [ア], e [エ], i [イ], o [オ], u [ウ] の5つで，おおよそ日本語のアエイオウに相当する．

a: 日本語の[ア]より口を大きく開ける．
e: アクセントのある場合は，口を閉じ気味に発音する /e/(閉口音)と口を広く開けて発音する /ɛ/(開口音)を区別する．この区別は地域差が大きいので，本辞典では一律に[エ]とした．
i: 日本語の[イ]より口を左右に広く開ける．
o: アクセントのある場合は，口を閉じ気味に発音する /o/(閉口音)と口を広く開けて発音する /ɔ/(開口音)を区別する．この区別は地域差が大きいので，本辞典では一律に[オ]とした．
u: 日本語の[ウ]より唇を丸めて前に突き出すようにして発音する．

カナ発音では，アクセントのある部分を太字で示した．
abitare[アビターレ]「住む」，**effetto**[エッフェット]「効果」，
idea[イデーア]「考え」，**occhio**[オッキオ]「目」，**uguale**[ウグアーレ]「同じ」

2. 二重母音，三重母音

二重母音には，ia, ie, io, ua, ue, uo の上昇的二重母音と，ai, ei, oi, au, eu の下降的二重母音がある．
三重母音には，iei, uai などがある．
二重母音と三重母音は音節の分け方に関しては1つの母音として扱われ，発音の際には2つ[3つ]の母音の間を区切らずに続けて発音する．
なお，上の2つ[3つ]の母音字の連続があっても，iやuにアクセントがある場合は，二重[三重]母音にはならない．このほか，iやuにアクセントがなくても語によっては二重[三重]母音として発音しない．

■子 音
1. 子音字の発音

b　バ行音. **banca**[バンカ]「銀行」

c　後続する母音[子音]字によって, 次の2種類の音を区別する.
　1) カ行音(ca[カ] che[ケ] chi[キ] co[コ] cu[ク])
　　caffè[カッフェ]「コーヒー」, **macchina**[マッキナ]「機械, 装置」
　2) チャ行音(cia[チャ] ce[チェ] ci[チ] cio[チョ] ciu[チュ])
　　arancia[アランチャ]「オレンジの実」, **dolce**[ドルチェ]「甘い」

d　ダ行音, ただし di[ディ], du[ドゥ].
　data[ダータ]「日付」, **dire**[ディーレ]「言う」

f　ファ行音. 英語のように. **facile**[ファーチレ]「簡単な」

g　後続する母音[子音]字によって, 次の4種類の音を区別する.
　1) ガ行音(ga[ガ] ghe[ゲ] ghi[ギ] go[ゴ] gu[グ])
　　garanzia[ガランツィーア]「証し」, **ghiaccio**[ギアッチョ]「氷」
　2) ジャ行音(gia[ジャ] ge[ジェ] gi[ジ] gio[ジョ] giu[ジュ])
　　giardino[ジャルディーノ]「庭」, **gelato**[ジェラート]「アイスクリーム」
　3) リャ行音(glia[リャ] glie[リェ] gli[リ] glio[リォ] gliu[リゥ]) *語中では「ッリ」と詰まる音になる: **famiglia**[ファミッリャ], **bagaglio**[バガッリォ]「荷物」, **scegliere**[シェッリレ]「選ぶ」
　　また, gli を[グリ]と発音する場合は, カナ発音を表示した.
　　geroglifico[ジェログリーフィコ]「象形文字」
　4) ニャ行音(gna[ニャ] gne[ニェ] gni[ニ] gno[ニョ] gnu[ニュ])
　　disegno[ディセーニョ]「デッサン」
　　また, たとえば gna をニャ行音で発音しない場合は, カナ発音を表示した.
　　gneiss[グネイス, グナイス]「片麻岩」

h　無音. ha[ア] hi[イ] ho[オ]
　hobby[オッビ]「趣味」

j　ヤ行音, ジャ行音(外来語に使われる).
　jodel[ヨーデル]「ヨーデル」, **jazz**[ジャズ]「ジャズ」

k　カ行音(外来語に使われる).
　Kursaal[クルザール]「保養施設」

l　舌先を上の歯茎に押し付ける感じで発音するラ行音.
　lago[ラーゴ]「湖」

m　マ行音. mp, mb, mm は[ン].
　maggio[マッジョ]「5月」, **campagna**[カンパーニャ]「田園地帯」, **novembre**[ノヴェンブレ]「11月」, **gomma**[ゴンマ]「ゴム」

n　ナ行音, 母音が後続しない時は[ン].
　natura[ナトゥーラ]「自然」, **anno**[アンノ]「年」, **contare**[コンターレ]「数える」

p　パ行音. **pacco**[パッコ]「包み」

q　常に母音 u を従えて用いられる. qua[クァ] que[クェ] qui[クィ] quo[クォ] qu[ク]
　acqua[アックァ]「水」, **tranquillo**[トランクイッロ]「静かな」

r　ラ行音. 日本語よりも舌の先を震わせて発音する.
　ragione[ラジョーネ]「理性」

s　後続する母音[子音]字によって, 次の4種類の音を区別する.
　1) sa[サ] se[セ] si[スィ] so[ソ] su[ス] *基本的に, b, d, g, v と l, m, n, r の前ではザ行音. 母音間では, ザ行音になる場合と, サ行音でもザ行音でも発音される場合がある. 本辞典ではザ行音には下点を, サ行音でもザ行音でも発音される場合には下線を表示した.
　　sale[サーレ]「塩」, **iṣola**[イーゾラ]「島」, **cosa**[コーサ, コーザ]「物」
　2) scia[シャ] sce[シェ] sci[シ] scio[ショ] sciu[シュ]. 語中では[ッシ]と詰まる音になる.
　　asciugare[アッシュガーレ]「乾かす」
　3) sca[スカ] sche[スケ] schi[スキ] sco[スコ] scu[スク]
　　fresco[フレスコ]「涼しい」, **maschera**[マスケラ]「仮面」

t　タ行音, ただし ti[ティ], tu[トゥ]. **tassi**[タッスィ]「タクシー」

v　ヴァ行音. 「バ行」にならないように. **vacanza**[ヴァカンツァ]「休日」

w　外来語に用いられる.
　week-end[ウィーケンド]「ウイークエンド」

x 外来語に用いられる．
xeres[セレス]「シェリー酒」

y 外来語に用いられる．
yacht[ヤット]「ヨット」

z ツァ行音(za[ツァ] ze[ツェ] zi[ツィ] zo[ツォ] zu[ツ])とザ行音(za[ザ] ze[ゼ] zi[ズィ] zo[ゾ] zu[ズ(ヅ)])．＊本辞典ではザ行音には下点を，ツァ行音でもザ行音でも発音される場合には下線を表示した．
canzone[カンツォーネ]「歌」, **z̲ero**[ゼーロ]「ゼロ」, **zia**[ツィーア, ズィーア]「おば」

2. 二重子音(重子音)・長音

イタリア語では語中で同じ子音を連続して用いることが多い．これを二重子音(重子音)と呼び，単子音より長く発音される．日本語の「ッ」のような詰まる音を入れて発音する．mm や nn は日本語の「ン」で発音する．
passaggio[パッサッジョ]「通過」, **penna**[ペンナ]「ペン」

また，gl, gn, sc, z で表記される子音は，直前に母音があると長子音となり，単子音より長く発音される．gl, sc, z は軽く詰まって発音し，gn は直前に「ン」を入れて発音する．長子音は1音節に属し，2音節にまたがる二重子音と区別される．
famiglia[ファミッリャ]「家族」([ファミーリャ]とも表記できる), **sogno**[ソンニョ]「夢」([ソーニョ]とも表記できる)

■ 音節の分け方

母音で終わる開音節と子音で終わる閉音節がある．二重[三重]母音はそれぞれ1つの母音と見なされる．

二重[三重]母音以外の母音連続は2[3]音節に分かれる．

語中の子音連続は，1つ目の子音で音節を分けられる．ただし，以下の子音連続は区切らない

bl, br; cl, cr; fl, fr; gl, gr; pl, pr; tr; vr
gn, sc, ch, gh
sb, sd, sg, sl, sm, sn, sr, sv

■ アクセント(本辞典カナ発音の太字との対応)

イタリア語のアクセントは，音の強弱ではなく，音の「長さ」と「高低」を利用する．

1) 長音[ー]：他の音節よりも少し長めに．
 amico[アミーコ], **bambino**[バンビーノ], **vino**[ヴィーノ]
2) 促音[ッ]：二重子音の前では少し詰まって．
 gatto[ガット], **fatto**[ファット], **letto**[レット]
3) 撥音[ン]：二重子音と同様に長く伸ばさずに．
 mamma[マンマ], **donna**[ドンナ], **anno**[アンノ]
4) 《l, r, s + 子音》の前の母音も，特に長く伸ばさずに．
 forte[フォルテ], **molto**[モルト], **posto**[ポスト]

アクセントの位置は，次の通り．
1) 語尾から2番目の音節(母音)が最も多い．
 i-ta-li-a-no[イタリアーノ], **giap-po-ne-se**[ジャッポネーゼ, ジャッポネーセ]
2) 語尾から3番目の音節にある単語．
 te-le-fo-no[テレーフォノ], **mu-si-ca**[ムーズィカ]
3) 語尾にある場合はアクセント記号[`](右下がり：開口)，または，[´](左下がり：閉口)を付す．
 città[チッタ], **caffè**[カッフェ], **lunedì**[ルネディ]
 né[ネ], **sé**[セ], **perché**[ペルケ]

■ 語尾切断(トロンカメント)

単独の語尾が《-[l, n, r] + [o, e]》の場合，必要に応じて母音[o, e]を省略でき，省略記号(アポストロフィ)は不要．
signore → **signor**, **avere** → **aver**, **Quale è?** → **Qual è?**

A, a

A¹, a¹ [女][男] **1**(イタリア語アルファベットの)1番目の字母 —*A* come Ancona〔符丁〕アンコーナの A **2**〔音〕イ音

A² [略] **1** Austria オーストリア **2** autostrada 高速道路 **3** ampere〔物〕アンペア; atomo 原子 **4** argo〔化〕アルゴン **5** area〔幾〕面積, altezza 高さ **6** anticiclone〔気〕高気圧

***a²** [ア] [前]〔定冠詞 il, lo, gli, la, le, l'と結びついて, al, ai, allo, agli, alla, alle, all'となる. 母音(特に a)で始まる語の前では, 好音字 d をつけて, ad とすることがある〕**1**〔場所〕…へ[に, で] —andare *a* Londra ロンドンへ行く / vivere *a* Parigi パリで暮らす **2**〔時刻〕…時に, (開始時刻の)…時から; 時点 —*all'*una 1時に / Comincia *alle* sette. 7時に[から]始まる. / dalle nove *alle* cinque 9時から5時まで / *a* luglio 7月に **3**〔間接目的〕…に対して, …にとって —scrivere *agli* amici 友人に手紙を書く / Ho dato il regalo *a* tua sorella. 君の妹にプレゼントを渡した. **4**〔比較・対照〕…と比べて —essere simile a... …に似ている **5**〔年齢〕…歳で[のときに], …歳から —Ho cominciato il piano *a* cinque (anni) [*all'*età di 5 anni]. 私は5歳からピアノを始めた. **6**〔距離〕…のところに —*a* cento metri da qui ここから100メートルのところに / *a* un'ora di autobus バスで1時間のところに **7**〔様式〕…の付いた —bicicletta *a* cinque velocità 5段変速式(のギアが付いた)自転車 / barca *a* motore [vela] (…の付いた)ボート / televisore [fotografia] *a* colori カラーテレビ[写真] **8**〔頻度・割合〕…につき —una volta *al* mese 週に1度[回] / 300 yen *all'*ora (l'ora) 1時間につき300円 **9**〔対句的に〕…ずつ —(*a*) due *a* due 二つ[二人]ずつ / (*a*) passo *a* passo 一歩一歩, ゆっくり / (*a*) poco *a* poco 少しずつ **10**〔方法・手段〕…方式で, …を利用した —giocare *a* [*al*] tennis テニスをする(テニスの正式のルールで勝負する) / mulino *a* vento 風車 / pagare *alla* romana 割り勘にする(古代ローマ人の平等の精神に倣って)〔原因〕**11**〔原因〕—svegliarsi *a* un rumore 物音で目を覚ます **12**〔制限・限定〕…だけの —*a* parer mio [mio parere] 私の考えでは **13**〔調理・調味法〕…風の, …入りの —cotoletta *alla* milanese ミラノ風カツレツ / spaghetti *alla* bolognese ボローニャ風スパゲッティ(ミートソースのスパゲッティ) / risotto *alla* pescatora 海鮮リゾット(漁師風に魚介類を使った) / tè *alla* pesca 桃風味の紅茶, ピーチティー / frittata *al* prosciutto ハム入りオムレツ **14**〔不定詞とともに〕a)〔目的〕…するために —andare *a* lavorare 働きに行く b)〔原因・理由〕…なので —Hai fatto bene *ad* aiutarlo. 君が彼を助けたのはよかった. c)〔条件〕…すれば —*Ad* averlo saputo [*A* saperlo] sarei venuto prima. それが分かっていたら, もっと早く来たのに. d)〔時: 定冠詞とともに〕…の時 —*Al* vederlo, lo salutai. 彼に会うと挨拶した. e)〔開始・続行〕…し始める, …し続ける —cominciare *a* parlare 話し出す

a³ [間]〔ローマ〕ねえ, おい

a⁴ [間] ara アール(面積の単位)

a- [接頭]〔母音の前では an- に変わる〕〔ギ〕「不足」「欠如」「否定」の意

A. [略] **1** autore 著者 **2** assicurata (国際郵便で使われる)書留 **3** atto〔劇〕幕

a. [略] anno 年度; autore 著者

AA [略] Alto Adige アルト・アディジェ

aa [略] ana (薬を)同量に

A.A. [略] **1** Anno Accademico 学年度 **2** Accademia Aeronautica 航空学会 **3** Alcolisti Anonimi アルコーリクス・アノニマス(アルコール依存症からの回復を支援する団体)

AAST [略] Associazione Autonoma di Soggiorno e Turismo 観光協会

AA.VV. [略] Autori Vari 共著者

abaca → abacà

abacà [女]〔植〕マニライトバショウ; マニライトバショウから抽出した繊維

abaco [男]〔複[-chi]〕 **1** 算盤(そろばん); 掛け算の九九の表; 計算ドリル; (古代の)計算板 **2**〔建〕アバクス

ab aeterno [成]〔ラ〕元始から

ab antico → ab antiquo

ab antiquo [成]〔ラ〕古来

abate [男] **1** 修道院長 **2** (18世紀の)聖職禄(?)を受けた人の尊称

abatino [男] **1**〔謔〕(俗っぽい)青年司祭; 軟弱な男 **2**〔スポ〕テクニックはあるが体力のないサッカー選手

abat-jour [男]〔不変〕〔仏〕(装飾用の)ランプシェード; ナイトランプ

abazia → abbazia

abbacchiare [他]〔io abbacchio〕落胆させる, がっかりさせる **—arsi** [再] 落胆する, がっかりする

abbacchiato [形] がっかりした, 落胆した

abbacchio [男]〔複[-chi]〕〔中伊〕子羊の肉; 子羊肉の料理

abbacinare [他]〔io abbacino, abbacino〕 **1** 目をくらませる **2** 欺く, 混乱させる **3**〔歴〕(拷問で)視力を奪う **—arsi** [再] 目がくらむ

abbaco → abaco

abbagliamento [男] 目がくらむこと; [医]幻惑, 眩目(げんもく)

abbagliante [形] **1** まばゆい, まぶしい **2** 目を奪う, 惑わせる **—**[男] ハイビーム(上向きのヘッドライト)

abbagliare [他]〔io abbaglio〕 **1** 目をくらませる **2** 幻惑する, 欺く —I suoi oc-

abbagliato

chi lo *hanno abbagliato*. 彼女の瞳が彼を惑わせた. **—arsi** 再 目がくらむ

abbagliato 形 目がくらんだ

abbaglio 男 へま, ミス —*prendere un abbaglio* へまをする

abbaiamento 男 (しつこく)吠(ほ)えること, うるさい吠え声

abbaiare 自 [io abbaio] 1 (犬が)吠(ほ)える 2 わめく ▶ *Can che abbaia non morde*. 吠える犬は噛みつかない(見掛け倒し, 虚勢を張る).

abbaiata 女 (しつこく)吠(ほ)えること; うるさい非難, どなり声

abbaino 男 屋根裏(部屋); 天窓

abbancare 他 (台上で)革を伸ばす; [船](漕ぎ手のための)腰掛けを据える

✱**abbandonare** [アッバンドナーレ] 他 1 捨てる, 見捨てる —*abbandonare la patria* 国を出る 2 放置する, ほうっておく 3 やめる, 断念する —*abbandonare un'impresa* 計画を諦める 4 (四肢や体の一部を)緩める, 弛(ゆ)緩させる, 伸ばす **—arsi** 再 1 (a) …に身を任す[委ねる] —*abbandonarsi alla gioia* 喜び[感激]に浸る 2 横たえる; 休む —*abbandonarsi su una poltrona* アームチェアでくつろぐ 3 落胆する, がっかりする

abbandonato 形 1 捨てられた —*bambini abbandonati* 捨て子 2 放置された, 人の住まない; 耕されていない —*abbandonato da Dio* 荒れ果てた, さびれた 3 (四肢や体の一部を)緩めた, 伸ばした

abbandono 男 1 放棄, 放置; 断念; 遺棄 —in *abbandono* 捨てられた; 荒れ果てた 2 信頼, 身を委ねること 3 落胆, 意気消沈 4 [スポ]棄権

abbarbagliare 他 〘文〙目をくらませる, 視力を奪う; 混乱させる, 惑わす

abbarbaglio 男 〘文〙目がくらむこと

abbarbicare 自 [es] [io abbarbico] (植物が)根づく **—arsi** 再 1 (つたなどが)絡みつく 2 しがみつく —*abbarbicarsi al collo* 首にしがみつく 3 (憎しみなどが)根を張る

abbarcato 形 (町・村が)山の斜面上に築かれた

abbaruffamento 男 乱闘, 口論

abbassabile 形 下げることができる

abbassalingua 男 〘不変〙[医] (診察の際に)舌を押し下げる器具, 舌圧器

abbassamento 男 低下, 引き下げ, 下降;〘文〙失墜, 屈辱 —*abbassamento della pressione arteriosa* 血圧の低下

abbassare 他 1 下げる, 降ろす; かがめる, (下に)曲げる —*abbassare la tenda* ブラインド[日よけ]を降ろす / *abbassare gli occhi* 目を伏せる, うつむく 2 (音声を)小さくする, 弱める, 低くする —*abbassare il volume* ボリュームを下げる 3 卑しめる, 侮辱する **—arsi** 再 1 下がる, 低くなる —*Si è abbassata l'acqua del lago*. 湖の水位が下がった. 2 小さく

---

abbeverata

なる, 弱まる 3 かがむ; (下に)曲がる 4 卑屈になる, 卑下する, 謙遜する 5 (地面が)沈下する

abbasso 副 下に ―間 〘非難・敵意を込めて〙倒せ, くたばれ —*Abbasso il fascismo!* 打倒ファシズム.

✱**abbastanza** [アッバスタンツァ] 副 1 けっこう, なかなか —È *abbastanza* difficile. けっこう難しい. 2 〘数・量の名詞と〙十分に —*Ho abbastanza tempo per farlo*. そうする時間は十分にあります. / *Ho abbastanza* soldi. お金は十分に持っています. / *C'è abbastanza* vino. ワインは十分にあります. 3 まあまあ, どうにか(可もなく不可もなく) —Sei contento? -*Abbastanza*. 満足？ - まあまあ. ▶ *averne abbastanza di...* …にうんざりする / *Ne ho abbastanza dei tuoi scherzi*. 君の冗談[悪ふざけ]にはうんざりだ. *Ne ho abbastanza*. 事足りている / 不自由していない.

abbate → abate

abbattere 他 1 落とす, 倒す 2 解体する, 破壊する —*abbattere un muro* 壁を取り壊す 3 (続で)撃ち殺す 4 弱める, 衰弱させる 5 がっかりさせる, 気落ちさせる **—ersi** 再 1 倒れる, 落ちる, (飛行機が)墜落する 2 (台風などが)直撃する 3 落胆する, 意気阻喪する

abbattibile 形 (簡単に)倒すことができる, 倒れうる

abbattimento 男 1 倒すこと 2 取り壊し, 解体 —*abbattimento delle barriere architettoniche* バリアフリー(構造上の障害を取り除くこと) 3 意気消沈, 落胆 4 衰弱, 衰え 5 (動物を)殺すこと

abbattitore 〔女[-trice]〕 (森林の)伐採者

abbattuta 女 伐採された場所; 〔軍〕陣地形成のための木の伐採

abbattuto 形 1 倒された, 落とされた 2 落ち込んだ, 落胆した

abbazia 女 1 大修道院 2 大修道院長の権限

abbaziale 形 1 大修道院の 2 大修道院長の, 女子修道院長の

abbecedario 男 (子供向けの)アルファベット練習帳

abbellare 他 〘文〙美しくする, 飾る **—arsi** 再 美しくなる

abbellimento 男 1 装飾, 飾り, 美化 2 [音]装飾音

abbellire 他 [io -isco] 1 美しくする, 飾る —*Quell'abito la abbellisce*. そのドレスは彼女を引き立てる. 2 美化する, 脚色する **—irsi** 再 (di) 美しくなる, 着飾る; …を自慢する

abbeveraggio 男 → abbeverata

abbeverare 他 [io abbevero] (家畜に)水を飲ませる **—arsi** 再 飲む; 乾きをいやす

abbeverata 女 (家畜に)水を飲ませること, 水を飲むこと; (動物の)水飲み場

abbeveratoio 男 (家畜の)水飲み用桶(常), 水入れ

abbevilliano 男 〔考〕アブビル期 ― 形 アブビル期の

abbi avere の命・2単

abbia avere の命・3単; 接・現・1単〔2単, 3単〕

abbiamo avere の直・現・1複; 接・現・1複; 命・1複

abbiano avere の接・現・3複

abbiate avere の接・現・2複

abbicci 男 1 アルファベット 2 初歩, 基礎 3 初級読本

abbiente 形 富裕な, 財産のある ― 男女 裕福な人

abbietto → abietto

abbigliamento 男 衣服, 服装; 着こなし ―industria dell'*abbigliamento* アパレル産業

abbigliare 他 〔io abbiglio〕きれいに着せてあげる, 着付けする ―*abbigliare* la figlia 娘を着飾らせる ―**arsi** 再 ドレスアップする

abbigliato 形 着飾った, ドレスアップした

abbinabile 形 組み合わせることができる, セットにできる

abbinamento 男 1 組み合わせること; 組み合わせ, カップリング;〔スポ〕トーナメントの組み合わせ 2(スポンサー企業との)提携

abbinare 他 対(え)にする, 組み合わせる, 調和させる ―*abbinare* la cravatta con la camicia シャツにネクタイを合わせる ―**arsi** 再 ぴったりする, 調和する

abbinata 女 → accoppiata

abbindolamento 男 詐欺, ペテン; だますこと, だまされること

abbindolare 他 〔io abbindolo〕だます, 欺く

abbisognare 自 1 〔es〕…が必要となる ―Mi *abbisogna* il tuo aiuto. 君の助けが必要だ. 2〔di〕…を必要とする ―*Abbisogno* della tua macchina. 君の車が必要だ.

abboccamento 男 1 会談, 話し合い ―avere un *abboccamento* con... (人)と話し合いの場を持つ 2 (管・チューブの)結合 3〔医〕吻(之)合

abboccare 自 1 (餌に)食いつく 2 だまされる, ひっかかる 3 (管・チューブなどが)ぴったり合う, はまる ―他 1 (管・チューブを)つなぎ合わせる 2〔医〕吻(之)合する ―**arsi** 再 話し合う, 面会する ▶ *abboccare all'amo* だまされる, 罠(紫)にはまる, のせられる

abboccato 形 (ワインが)甘めの, 甘口の ―男 味わい, 風味

abboccatura 女 1 食いつくこと 2 (容器の)口, (容器の中身の)口に近い部分 3 (窓や扉の)枠となる部分, (開き窓の)互いに接する箇所

abboffarsi → abbuffarsi

abbominare → abominare

abbonamento 男 1 定期契約; 定期契約料 ―fare l'*abbonamento* 定期購読〔定期券〕にする / l'*abbonamento* annuo 年間定期(購読) 2 定期券

abbonare¹ 他 (新聞・雑誌・テレビ・乗り物・座席などに)予約する ―*abbonare A a B* A(人)のために B(物)を予約する ―**arsi** 再〔a〕…を定期購読する ―*abbonarsi* a un giornale [una rivista] 新聞〔雑誌〕をとる

abbonare² 他 〔io abbuono, abbono〕1 (借金・負債を)割り引く, 減免する ―*abbonare* un debito 負債を減免する 2 大目に見る ―*abbonare* un errore ミスを大目に見る 3 承認する, 合格と見なす

abbonato 形 1 定期契約した, 定期契約者の 2〈諧〉常習の ―男〔女[-a]〕定期購読者; 定期利用者

abbondante 形 1 豊富な, 大量の ―raccolto *abbondante* 大豊作 / porzione *abbondante* 大盛り 2 豊満な, 発達〔発育, 成育〕した ―seno *abbondante* 大きな胸 3 緩い, だぶだぶの

abbondanza 女 1 大量; 裕福 ―vivere nell'*abbondanza* 裕福に暮らす 2 アッボンダンツァ(赤リンゴの一種)

abbondare 自 1 〔es〕…が一杯だ, 豊富だ ―Quest'anno il grano *abbonda*. 今年は小麦が豊作だ. 2〔di〕…で一杯だ, …に富む ―Il tuo compito *abbondava* di errori. 君の宿題は間違いだらけだった. 3 大量に使う, 度を超す

abbondevole 形 〔di〕《文》…が豊富な, 豊かな

Abbondio 固名〔男性名〕アッボンディオ

abbordabile 形 1 近づきやすい, 簡単に接近できる ―persona *abbordabile* 近づきやすい人 2 (値段が)手頃な, 手が届く ―prezzo *abbordabile* 手頃な値段

abbordaggio 男 1 (特に敵の船への)接舷, (敵船に乗り移っての)襲撃, 攻撃 2 (人に)しつこく〔ずうずうしく〕近づくこと 3 求めること, 目指すこと

abbordare 他 1 (人に話しかける目的で)近づく; 立ち向かう, 挑む 2 (特に敵の船に)接近する, 接舷する; ぶつかる

abbordo 男 1 (人に)近づくこと ―persona di facile [difficile] *abbordo* 近づきやすい〔にくい〕人 2 → abbordaggio

abborracciare 他 〔io abborraccio〕いい加減に…する, 手抜きをする ―*abborracciare* il pranzo 昼ごはんを手抜きする

abborrire → aborrire

abbottonare 他 (他人の服の)ボタンをかける〔とめる〕 ―**arsi** 再 1 ボタンをかける〔とめる〕 ―*abbottonarsi* la giacca (自分の)上着にボタンをかける 2 (衣類の)ボタンが右〔左〕側についている 3 慎重になる, 黙り込む

abbottonato 形 ボタンをかけた〔とめた〕; 慎重な, 用心深い ―È un uomo

abbottonatura 囡 ボタンをかける[とめる]こと; 《総称的》ボタン; ボタン部分

abbozzare¹ 他 [io abbozzo] **1** 素描する, 下書きする, おおよその形を作る —*abbozzare un romanzo* 小説の下書きをする **2** 大ざっぱに記す, 略述する **3** (表情・しぐさなどを)かすかに示す, ほのめかす

abbozzare² 自 耐える, 気にしない

abbozzata 囡 ラフスケッチ

abbozzatamente 副 大ざっぱに, ざっと

abbozzo 男 **1** 下絵, 下書き, 草案 —*l'abbozzo di un dipinto* 絵の下書き **2** わずかに示すこと, ほのめかすこと

abbracciabile 形 抱きしめることができる, 抱きしめたくなる; 受け入れられる

abbracciabosco 男 [複 [-chi]] [植] スイカズラ

abbracciamento 男 **1** 《文》抱擁 **2** 絡みつくこと

*__abbracciare__ [アッブラッチャーレ] 他 [io abbraccio] **1** 抱きしめる **2** 囲む, 取り巻く **3** 理解する —*abbracciare con lo sguardo* 一目で分かる **4** 含む, 包含する **5** (無条件で)受け入れる **6** 選ぶ —*abbracciare la carriera di medico* 医者の道を進む —**arsi** 再 **1**(a)…に抱きつく —*abbracciarsi alla mamma* お母さんに抱きつく **2** 抱き合う

abbracciato 形 **1** 抱きついた, 絡みついた **2** (提案などが)受け入れられた, 採用された

abbraccio 男 抱擁

abbrancare 他 **1** (爪・前足などで)つかむ, 押さえ込む —*La tigre ha abbrancato la preda.* トラが獲物を押さえ込んだ. **2** ひったくる, 奪い取る —*abbrancare il denaro* お金をひったくる —**arsi** 再 (がっちりと)しがみつく

abbreviabile 形 短くできる, 短縮できる

abbreviamento 男 短縮, 省略

abbreviare 他 [io abbrevio] **1** 短くする, 縮める —*abbreviare le vacanze* 休暇を切り上げる **2** 語句を省略する —**arsi** 再 短くなる

abbreviatamente 副 短く, 手短に, 省略して

abbreviativo 形 短縮の, 省略の

abbreviato 形 短くなった, 短縮された

abbreviazione 囡 **1** 短縮, 省略 **2** 略語, 略称 **3** [音] 省略記号

abbrivare 自 (船・飛行機が)動き出す, 加速する —他 加速する

abbrividire 自 [es/av] [io -isco] 《文》震える

abbrivio, abbrivo 男 **1** (乗り物への最初の加速, (加速終了後の)初動速度 **2** 始動, スタート —*prendere l'abbrivo* 始動する, 勢いよくスタートする

abbronzante 形 (肌を美しく焼くための)オイルやクリーム

abbronzarsi 再 日に焼ける, 褐色になる

abbronzato 形 日焼けした

abbronzatura 囡 日焼け

abbruciare 他 [io abbrucio] 《文》焼く, 燃やす

abbrumare 自 [es] (木製の船底が)すり減る, むしばまれる

abbrunare 他 **1** 弔意を表する —*abbrunare una bandiera* 半旗を掲げる **2** 褐色にする, 暗くする —**arsi** 再 喪服を着る; 褐色になる

abbrustiare 他 [io abbrustio] [トスカーナ]こんがり焼く, あぶる

abbrustolire 他 [io -isco] こんがりと焼く, あぶる —*abbrustolire il pane* パンをトーストする / *abbrustolire il caffè* コーヒーを煎る —**irsi** 再 **1** こんがり焼ける **2** 《諧》こんがり日焼けする

abbrutimento 男 野獣化, 野蛮化, 人間らしさの喪失

abbrutire 他 [io -isco] (獣のように)野蛮にする, 堕落させる —*Il bere lo ha abbrutito.* 飲酒が彼を堕落させた. —自 [es] 野蛮になる, 堕落する —**irsi** 再 野蛮になる, 堕落する

abbrutito 形 **1** 堕落した **2** 消耗した, ぐったりした

abbuffarsi 再 たらふく食べる, もりもり[がつがつ]食べる

abbuffata 囡 腹一杯食べること, 大食い; 大量

abbuiare 他 [io abbuio] 暗くする —自 [es] 暗くなる, 夜になる —**arsi** 再 夜になる; 悲しむ

abbuonare → abbonare²

abbuono, abbono 男 割り引き, 減額; 免除 —*fare un abbuono di cento euro* 100ユーロを割り引きする

abc → abbicci

abcaso 形 アブハジア(自治共和国)(人)の —男 **1** [女[-a]] アブハジア人 **2** [単数のみ] アブハジア語

abdicare 自 [io abdico] **1**(a)(王位や権力などを)放棄する, 辞退する —*abdicare all'eredità* 遺産を放棄する / *abdicare al trono* 退位する **2** 怠る —*abdicare ai doveri* 義務を怠る

abdicatario 形 (王位や権力などを)放棄した

abdicazione 囡 退位, 放棄 —*l'abdicazione del sovrano* 国王の退位

abduano 形 《文》アッダ川の

abdurre [3] 他 《過分 abdotto》 [医] (体幹から)四肢を遠ざける, 外転させる

abdusse abdurre の直・遠過・3単

abduttore 形 [女[-trice]] [解] 外転させる, 外転筋の

abduzione 囡 **1** [解] 外転 **2** [哲] 蓋然的三段論法; 仮説設定, アブダクション

abecedario → abbecedario

Abelardo 固名(男) (Pietro ～)アベラール(1079-1142; フランスのスコラ哲学

者・神学者)

Abele 固名(男)〔聖〕アベル(アダムとイブの子. 兄カインに殺害される)

abelia 女〔植〕アベリア; スイカズラ科の植物

abeliano 形(数学者)アーベルの

abelmosco 男〔複[-chi]〕〔植〕トロロアオイモドキ; 熱帯産アオイ科の植物

aberrante 形 1 異常な, 逸脱した 2〔生物〕変種の, 突然変異の —specie aberrante 変種

aberrazione 女 1 逸脱, 異常;(心身の)変調 2〔光〕レンズの収差 3〔天〕光行差 4〔生物〕変体, 異常

abetaia 女 モミの林

abete 男〔植〕モミの木; モミ材

abetina → abetaia

abeto → abete

abiatico 男〔複[-ci]〕〔ロンバルディア〕孫

abicì 男 abbiccì

abietto 形 軽蔑すべき, 卑しい

abiezione 女 1 下劣, 卑劣; 堕落, 不品行 2〔宗〕自己を卑下すること, 自己否定

abigeatario〔法〕家畜泥棒の —男 家畜泥棒

abigeato 男 家畜を盗むこと

abigeo → abigeatario

abile 形 1 有能な, 腕のよい —abile artigiano 腕利きの職人 2 適格な, ふさわしい —abile alla guida 運転が上手な 3 抜け目のない, ずる賢い —abile uomo politico 目先の利く政治家 4 巧妙な —abile trovata 妙案

-abile 接尾 -are 動詞の語尾に付けて「…可能な, …できる」という意味の形容詞を作る: mangiabile 食べられる

abilità 女 1 能力, 腕前 —avere abilità nel gioco degli scacchi チェスが強い 2 巧妙さ, 抜け目なさ

abilitare 他〔io abilito〕1 有効にする, 機能させる 2(a) …の資格を付与する, …の免許を与える —abilitare... alla guida (人に)運転免許を付与する —arsi 再(a) …の資格を得る

abilitativo 形 資格を与えるための —esame abilitativo 資格試験, 検定試験

abilitazione 女 資格, 免許; 資格の付与, 認可 —ottenere l'abilitazione all'insegnamento 教員資格を得る

abilmente 副 うまく, 巧みに, 有能に

ab imis 成〔ラ〕基底から

ab intestato 成〔ラ・法〕遺言なしの; 遺言なしに

abio- 接頭「無生物」の意

abiogenesi 女〔不変〕〔生物〕自然発生説

abiosfera 女(地球において)生命の存在しえない領域, 無生物領域

abiotico 形〔複[-ci]〕〔生物〕生命の存在できない; 非生物性の

abissale 形 1 深淵の, 深海の 2 底なしの, 途方もない

abissino 形 アビシニア(人)の; エチオピア(人)の —男 1〔女[-a]〕アビシニア人 2(猫の)アビシニアン

abisso 男 1 深淵, 奈落 2 破滅, 崩壊 —cadere in un abisso どん底に陥る 3 大きな隔たり, 隔絶, 溝 4 計り知れない量, 莫(ᵇ)大さ ▶ essere sull'orlo dell'abisso 破産[破滅]しかけている

abitabile 形 居住できる

abitabilità 女 居住適性 —il certificato di abitabilità 居住適性証明書

abitacolo 男 1 操縦室, コックピット 2〔船〕羅針儀の架台

*__abitante__ [アビタンテ] 男女 住民 —città di centomila abitanti 人口10万の町

*__abitare__ [アビターレ] 自〔io abito〕住む, 居住する —abitare in periferia 郊外に住む / Abito da mio zio. 叔父[伯父]の家に住んでいます. —他 住む —abitare il primo piano dell'appartamento アパートの2階に住む

abitativo 形 居住の, 居住用の

abitato 形 人が住んでいる —男 住宅街 —vivere lontano dall'abitato 人里から離れて暮らす

abitatore 男〔女[-trice]〕《文》住民, 住人

abitazione 女 1 住居, 家 2 居住

abitino 男 1(短い)ドレス;(子供やペット用の)小さな服 2〔宗〕(修道士が着る)袖なしの肩衣(ﾋﾞゼﾞ)

*__abito__ [アービト] 男 1 服, ドレス —abito da festa 晴れ着 / abito da sera イブニングドレス / abito da cocktail [mezza sera] カクテルドレス / abito militare 軍服 2 聖職者の衣服, 法衣, 修道服 3 習慣, 癖 4 気質, 性質, 素質 5 態度, 姿勢 6〔医〕体質, 体格 ▶ L'abito non fa il monaco. 人は見かけによらぬもの.

abituale 形 普段の, いつもの; 習慣的な —frequentatore abituale della trattoria トラットリーアの常連客

abitualità 女〔法〕常習性

*__abituare__ [アビトゥアーレ] 他〔io abituo〕(a) 慣らす, 習慣づける —abituare... allo studio (人に)勉強の習慣をつけさせる —arsi 再(a) …に慣れる —abituarsi ai rumori 騒音に慣れる

*__abituato__ [アビトゥアート] 形 1 (a) …に慣れた 2《文》服を着た, 身にまとった

abitudinarietà 女 習慣を守ること, 規則正しさ, 単調さ

abitudinario 形 習慣を守る; 単調な生活の —男〔女[-a]〕習慣を守る人; 単調な生活の人

*__abitudine__ [アビトゥーディネ] 女 習慣, 慣習, 慣例 —avere l'abitudine di + 不定詞 いつも決まって…する / prendere l'abitudine di + 不定詞 …する習慣を身につける ▶ come abitudine いつものように, 例によって d'abitudine 普通は, た

abituro

いてい(di solito) *per* (*forza d'*) *abitudine* 習慣で、いつもの癖で

abituro 男 あばら家

abiura 女 1〔宗〕他宗教の[異端信仰の]放棄、放棄の宣誓 2(主義・主張の)放棄 —*abiura* politica 転向

abiurare 他 (信仰などを)公然と棄てる —*abiurare* la fede 信仰を放棄する

ablativo 男、形〔言〕(ラテン語の)奪格(の)

ablazione 女 1〔医〕除去、摘出 2 風化、浸食;(溶解・蒸発などによる)氷河の縮小 3〔法〕(強制的な)財産の移転

abluzione 女 体の洗浄、沐(もく)浴

abnegare 他〔io abnego, abnego〕(信仰や理想のために)犠牲にする

abnegazione 女 (信仰や理想のための)犠牲、放棄;自己犠牲、克己

abnorme 形 異常な

abolire 他〔io -isco〕1 廃止する 2 取り除く

abolitivo 形 廃止の、廃止のための

abolizione 女 1 廃止 —battersi per l'*abolizione* della pena di morte 死刑廃止のために戦う 2 除去

abolizionismo 男 (法律・慣習・制度などの)廃止論、廃止運動;(アメリカの)奴隷制廃止運動

abolizionista 男女〔複[男 -i]〕廃止論者、廃止主義者 —形〔複[男 -i]〕廃止論の、廃止論[運動]を支持する

abolla 女 アボラ(古代ローマで兵士や庶民がまとった羊毛製のマント)

abomaso, abomaso 男〔複[男 -i]〕反芻(はんすう)動物の4番目の胃、皺(しわ)胃

abominabile → abominevole

abominando 形《文》不快で、吐き気をもよおす、忌まわしい

abominare 他〔io abomino〕《文》嫌悪する

abominazione 女《文》嫌悪、嫌悪すべきもの;不名誉

abominevole 形 不快な、嫌な、忌まわしい —l'*abominevole* uomo delle nevi 雪男

abominio 男 嫌悪、嫌悪すべきもの;恥、恥辱

abominoso 《文》→ abominevole

aborigeno 男[女 -a]〔複数で〕先住民 —gli *aborigeni* dell'Australia アボリジニ —形 1〔人類〕先住民の、土着の 2 原始の、原初の

ab origine 副〔ラ〕最初から、起源から

aborrire 他〔io aborrisco, aborro〕嫌悪する、憎む —自 (*da*)(恐怖を感じて)…から遠ざかる、…を忌避する

abortire 自〔io -isco〕1 流産する、(妊娠)中絶する 2 [es] 失敗する、頓挫する 3 [es/av]〔生物〕発育不全になる

abortista 男女〔複[男 -i]〕妊娠中絶支持者;妊娠中絶を行う人 —形〔複[男 -i]〕妊娠中絶支持の;妊娠中絶を行う

abortito 形 1 流産した、中絶した 2 (最初の段階で)失敗に終わった、不成功の 3〔生物〕発育不全の

abortivo 形 流産の、中絶の;不完全な —farmaco *abortivo* 妊娠中絶薬 —男 妊娠中絶薬

aborto 男 1 流産、妊娠中絶;流産した胎児 2 失敗(作) 3〔生物〕発育不全

abracadabra 男〔不変〕魔法の呪文、アブラカダブラ;なぞなぞ

abramide 男〔魚〕ブリーム;アブラミス属の魚

Abramo 固名(男)〔聖〕アブラハム(古代ヘブライ民族の祖.初名アブラム Abram)

abranchiato 形〔生物〕鰓のない

abrasione 女 1 削ること、すり落とすこと、剥離 2〔医〕すり傷、皮膚を擦りむくこと 3〔地質〕(流れや波による)浸食 4 (金属などの)研磨

abrasività 女 研磨できること、研磨性

abrasivo 形 研磨用の —polvere *abrasiva* みがき粉 —男 研磨剤

abreazione 女〔医〕(精神分析の)解除反応、除反応

abrégé 男〔不変〕〔仏〕要約、要約本

abrogabile 形 (法令・慣習などを)廃止できる、取り消しできる

abrogare 他〔io abrogo〕(法令・慣習などを)廃止する、取り消す —*abrogare* una legge 法律を撤廃する

abrogazione 女 (法令・慣習の)廃止、撤廃

abrostine 男〔農〕アブロスティネ(アメリカ原産のブドウ種)

abrotano 男〔植〕サザンウッド(ヨモギ属の香草)

abruzzese 形 アブルッツォ州(の人)の —男 アブルッツォ州の人 —男〔単数のみ〕アブルッツォ州の方言

Abruzzo 固名(男) アブルッツォ州(イタリア中部の州;州都 L'Aquila)

abscissione 女〔植〕(葉や花の)離脱、剥落

absidale 形〔建〕アプシスの、後陣の

absidato 形〔建〕アプシス[後陣]を備えた

abside 女〔建〕アプシス、後陣;(テントの入り口に対して)後方部、後ろ端(はし)

absidiola 女〔建〕小アプシス、小後陣

absintina 女〔化〕アブシンチン

absintismo 男〔医〕アブサン中毒

abstract 男〔不変〕〔英〕(本・記事の)要約、概要

abulia 女 1 無気力、優柔不断 2〔心〕意思欠如、意志薄弱

abulicità 女 無気力、無関心

abulico 形〔複[男 -ci]〕1 無気力な、無関心な 2〔心〕意思薄弱の、意思決定できない —男〔複[男 -ci]女[-a]〕無気力な人、無関心な人;意志薄弱な人

abusare 自 (*di*) 1 濫用する、悪用する —*abusare* del proprio potere [della propria autorità] 権力を濫用する 2 利用する、乗じる —*abusare* della

abusato

bontà di... …の善意につけ込む **3**《婉》強姦(%)[暴行]する

abusato 形 濫用された、使われすぎた

abusivismo 男 (規則に対する)違反、違法行為 —*abusivismo edilizio* 違法建築

abusivista 男女〔複[男 -i]〕違法行為をする人、(特に)違法建築業者

abusività 女 違法であること、認可を受けていないこと

abusivo 形 違法の、無認可の —*tassista abusivo* 白タク運転手

abuso 男 濫用、悪用 —*abuso di autorità* 職権濫用

abutilon 男〔不変〕〔植〕イチビ; イチビ属

AC 略 Azione Cattolica カトリック行動同盟、カトリック・アクション

Ac 略(元素記号) attinio アクチニウム

a.C. 略 avanti Cristo 西暦紀元前

a.c. 略 **1** anno corrente 本年 **2** a capo 最初へ、改行 **3**〔英〕alternating current(電気の)交流

acacia 女〔複[-cie]〕〔植〕アカシア

academia → accademia

acagiù 男〔植〕マホガニー; カシューナッツの木

acalefa 女〔動〕カムリクラゲ

acantacea 女〔植〕キツネノマゴ科の植物; (A-)〔複数で〕キツネノマゴ科

acanto 男 **1**〔植〕アカンサス、ハアザミ **2**〔建〕(コリント式円柱頭の)アカンサス葉飾り

acanto- 接頭「とげ」「とげのある」の意

a capo 熟 改行して、最初に、行頭に〔文頭に*a.c.*〕

acariasi 女〔不変〕〔医〕ダニによって引き起こされる皮膚病、ダニ症

acaro 男〔動〕ダニ

acarpo 形〔植〕実をつけない

acatalessìa 女〔哲〕(古代懐疑主義の)不可知論、不可知性

acatalettico 形〔複[男 -ci]〕〔哲〕不可知(論)の;〔詩〕行末完全詩脚の

acataletto 形〔詩〕行末完全詩脚の

acattolico 形〔複[男 -ci]〕(特にキリスト教徒で)非カトリックの 一男〔複[男-ci]女[-a]〕非カトリック教徒

acaule 形〔植〕茎が短い、茎の見えない

acca 女,男〔女 le acca, le acche; 男不変〕**1** イタリア語アルファベットのH (h) **2** つまらない物[人] ▶ *non capire un'acca* ちんぷんかんぷん(理解不能) / *Non capisco un'acca* d'informatica. コンピューターのことは何も分かりません. *Non vale un'acca.* 何の価値もない、つまらない.

accadde accadere の直・遠過・3 単

accademia 女 **1** 学会、学士院、アカデミー —*Accademia* della Crusca クルスカ・アカデミー **2** 大学の研究者[学者] **3** 美術学校、音楽院、芸術院、専門学校 —*accademia* di belle arti 美術大学 **4** 士官学校(accademia militare) **5**〔哲〕アカデメイア(プラトンにより開設された学園) **6**〔スポ〕(サッカーなどの)スタンドプレー **7**〔美〕裸体画の習作

accademico 形〔複[男 -ci]〕**1** 学問的な、大学の(universitario)、学会の、学院の —*anno accademico*(大学の)学年度、修学期間 / *titolo accademico* 学位 **2** 型どおりの、伝統にとらわれた **3** 無意味な、空疎な **4**〔哲〕アカデミー学派の 一男〔複[男 -ci]女[-a]〕**1** 学会員、芸術院会員 **2** 大学教員 **3** 月並みな[凡庸]な芸術家 **4**〔哲〕アカデミー学派

accademismo 男 アカデミズム、格式主義、伝統主義

accademista 男女〔複[男 -i]〕士官学校の生徒、(美術学校・音楽学校などの)学生

accadere [アッカデーレ] [16] 自 [es] (過分 accaduto) **1** 起こる、生じる —Ieri (gli) è accaduta una disgrazia. 昨日(彼に)厄介な事[災難]が起こった. **2** (非人称) 偶然(たまたま)…する —Ti accade spesso di incontrarlo? 彼にはよく出くわすの？

accaduto 男 事件、出来事

accagionare 他〔文〕とがめる

accalappiacani 男女〔不変〕野犬捕獲員

accalappiamento 男 野犬の捕獲; 詐欺、ペテン

accalappiare 他 (io accalappio) **1** 投げ縄で捕まえる **2** だます、欺く

accalappiatore 男〔女[-trice]〕**1** (野犬の)捕獲員 **2** 嘘つき

accalcare 他 ぎゅう詰めにする 一*arsi* 再 群がる、殺到する —La folla si accalca all'uscita. 群衆が出口に殺到する.

accaldarsi 再 (努力・苦労の後で)体がほてる; 熱中する

accaldato 形 (顔が)紅潮した; 汗をかいた

accallare 他〔トスカーナ〕(窓や扉を)半開きにする

accalorare 他 活発にする、生き生きさせる、熱を帯びさせる 一*arsi* 再 熱中する、興奮する —*accalorarsi* nella disputa 議論に熱中する

accalorato 形 白熱した、活発な; 熱中した

accampamento 男 キャンプ、野営

accampare 他 **1** 野営させる —*accampare* le truppe 部隊を野営させる **2** (不当に)主張する 一*arsi* 再 **1** キャンプする、野営する **2** 間に合わせに寝床を作る

accanimento 男 **1** 猛烈さ、執拗(%)さ —*lavorare* [*studiare*] *con accanimento* 猛烈に働く[勉強する] **2** あくなき執念、激しい憎しみ

accanirsi 再 (io -isco) **1** 執拗(%)に挑む、しつこく繰り返す —*accanirsi* contro il nemico 敵を猛撃する / *accanirsi* nello studio 猛勉強する **2** 激怒する、怒り狂う

accanitamente 副 熱心に, 激しく, むきになって

accanito 形 1 猛烈な, 苛酷な —discussione accanita 激論 2 粘り強い, 執拗(½)な —un accanito fumatore ヘビースモーカー

＊**accanto** [アッカント] 副 (a) …の隣に, 脇に —Sta sempre accanto a me. 彼は私のそばから離れない. —形 [不変]隣の —abitare nella casa accanto 隣の家に住んでいる / due posti uno accanto all'altro 隣同士の席

accantonamento 男 1 一時的に中断すること, 棚上げ 2 (会社などの)積立金, ストック 3 [軍]野営, 宿営

accantonare 他 1 ストックする 2 (一時的に)中断する, 棚上げする 3 [軍]野営させる

accaparramento 男 買い占め

accaparrare 他 1 買い占める 2 (手付け金を払って)予約する —**arsi** 再 手に入れる

accaparratore 男 [女[-trice]] 買い占め屋, 買い占め業者

accapigliamento 男 取っ組み合い, 口論

accapigliarsi 再 [io mi accapiglio] 髪をつかみ合う, 取っ組み合いがたかをする —Si sono accapigliati per una ragazza. 彼らは女の子をめぐって取っ組み合いをした.

accapo → a capo

accappatoio 男 バスローブ

accapponare 他 (鶏を)去勢する —il [es]鳥肌が立つ —**arsi** 再 鳥肌が立つ

accapponatura 女 去勢

accaprettare 他 [トスカーナ](動物の足を)一つに縛る, 束ねる

accarezzare 他 1 なでる, そっと触れる, 愛撫する 2 (風が)かすめる, そよ風が吹く 3 (愛情[優しさ]を込めて見る 4 (計画や考えを)心に抱く 5 おだてる, ほめそやす —**arsi** 再 愛撫し合う, いたわり合う

accarezzevole → carezzevole

accarpionare 他 マリネにする

accartocciamento 男 1 (紙などを)筒状に丸めること, 巻くこと 2 [植] (ダニやウイルスによる)葉の変形 3 [建]渦形装飾

accartocciare 他 [io accartoccio] 1 (紙を)筒状に巻く, 紙で包む 2 (紙をもみくしゃにする[丸める] —**arsi** 再 (紙や葉が筒状に)巻かれる, 丸くなる; しわくちゃになる

accasare 他 結婚させる —accasare la figlia 娘を嫁がせる —**arsi** 再 所帯を持つ; 結婚する

accasato 形 1 結婚した 2 (自転車競技選手やレーサーに関して)企業所属の

accasciamento 男 衰弱, 落胆

accasciare 他 [io accascio] 衰弱させる, 落胆させる —**arsi** 再 倒れ込む; めげる, 落胆する —Non ti devi acca-

sciare per così poco. ささいなことでめげてはいけないよ.

accasermamento 男 [軍]宿営, 宿営させる[する]こと; [総称的]兵舎

accasermare 他 [軍](兵舎に)宿営させる —**arsi** 再 (兵舎に)宿営する

accastellare 他 1 積み重ねる 2 城塞を築く, 防備をほどこす

accatastabile¹ 形 山積みにできる

accatastabile² 形 (不動産について)土地台帳に登記可能な

accatastamento¹ 男 山積み, 品物の山

accatastamento² 男 (土地台帳への)登記

accatastare¹ 他 山積みにする

accatastare² 他 (土地台帳に)登記する

accatta- 接頭 「ねだる」「物乞いする(人)」の意

accattare 他 1 物乞いする, (しつこく)乞い求める, せびる —accattare viveri 食糧を乞い求める 2 [目的語をとらずに]施しを乞う, 物乞いをする 3 [南伊]見つける, 買う

accattivante 形 おもねるような, 魅惑的な —sorriso accattivante おもねるような笑み

accattivarsi 再 (相手の興味・好意を)引きつける, (人に)取り入る —accattivarsi la benevolenza di tutti 皆の好意を得る / accattivarsi il direttore 部長に取り入る

accatto 男 1 物乞い(をすること) 2 (中世のフィレンツェで)富裕層に課せられた税金 ▶ **d'accatto** 中古の, 借り物の, 二番煎じの

accattonaggio 男 物乞い(をすること)

accattone 男 [女[-a]]乞食(½²), 物乞い(をする人)

accavalcatura 女 [印]行の不揃い

accavallamento 男 交差, 重ね合わせ

accavallare 他 交差させる —accavallare le gambe 足を組む —**arsi** 再 1 (神経や財(½))が痙攣(½²)してつる 2 重なる; もつれる

accavallatura 女 交差, 重ね合わせ, [印]行の不揃い

accecamento 男 1 失明, 視力を奪うこと 2 盲目, 理性の喪失 3 [農]無駄な芽を摘むこと

accecante 形 目をくらませる, まぶしい

accecare 他 [io acceco, accieco] 1 視力を奪う, 目をくらます 2 盲目にする, 理性の光を奪う —L'ira lo ha accecato. 怒りが彼の理性を奪った. 3 (すきまを)ふさぐ, 鋲(½²)をかける, 封緘する 4 (ねじや釘(½))を深く打ち込む 5 [植]無駄な芽を摘む 6 [軍]敵のレーダーを無効にする —**arsi** 再 視力を失う; 目を眩ます —Mettiti gli occhiali da sole o ti accecherai. サングラスをかけなさい, さもないと目をいため

accecato 形 視力を奪われた, 盲目の

accecatoio 男 〔釘(🔑)穴を作るため の〕ドリルの先端, 錐(🔑)

accecatura 女 〔印〕活字のつぶれ

accedere 自 1 [es] 近づく, 入る; 到着する, 向かう; 〔情〕アクセスする —*accedere a un sito internet* インターネットのサイトにアクセスする 2 就任する —*accedere alla magistratura* 司法官に就任する

accel. → accelerando

acceleramento 男 加速

accelerando 副〔音〕テンポを次第に速めて ―男〔音〕アッチェレランド

accelerare 他 (io accelero) (速度や歩調を)速める ―自 加速[スピードアップ]する, 急ぐ

accelerata 女 急加速

accelerativo 形 加速的な, 加速を加える

accelerato 形 1 加速された 2 (通常に比べて)速い ―*polso accelerato* 速い脈拍 / *treno accelerato* (昔の言い方での)普通列車

acceleratore 男 1〔車〕アクセル, 加速装置 2〔写〕現像促進剤 3〔物〕粒子加速器 4〔経〕加速度因子 ―形〔女 [-trice]〕加速的な

accelerazione 女 加速;〔物〕加速度;〔経〕加速度;〔映〕高速度撮影 ▶ ***accelerazione di gravità*** 重力加速度

*****accendere** [アッチェンデレ] [82] 他〔過分 acceso〕1 点火する, 火をつける ―*accendere una candela* ろうそくに火をともす 2 スイッチを入れる ―*accendere la luce* 電気をつける / *accendere il motore* エンジンをかける 3 (感情を)湧かせる ―*accendere l'odio* 憎しみを抱かせる 4 (よくないことを)引き起こす, 誘発する 5 赤くする ―**ersi** 再 1 (火や灯が)つく 2 (感情に火が)つく ―*accendersi d'amore per...* …に恋い焦がれる / *accendersi di rabbia* 怒りに燃える 3 激しくなる, 活発になる 4 赤くなる 5 スイッチが入る; 照らされる

accendi- 接頭「点火する」の意

accendigas 男〔不変〕(ガス器具用の)ライター

accendino 男 ライター

accendisigari 男〔不変〕ライター

accendisigaro 男 ライター

accenditoio 男 (特に教会で)ろうそくに火をともすための棒, 火付け棒

accenditore 男 点火装置

accennare 自 1 (合図で)示す —*accennare con l'occhio* 目くばせして知らせる 2 気配がする, 兆す —*La pioggia non accenna a smettere.* 雨は止みそうにない. 3 概要を述べる —*accennare alla questione* 問題の要点を述べる ―他 1 スケッチ[素描]する 2〔音〕(最初の数小節を)演奏する 3 概要を述べる —*accennare rapidamente...* …の概略にさっと触れる

accenno 男 1 合図 2 暗示, ほのめかし 3 気配

accensione 女 1 点火, 点灯 2〔化〕燃焼 3 (内燃機関の)点火システム, 点火装置 4〔法〕口座開設; 抵当権の設定 5 開始 6〔文〕(色・音・光などの)鮮やかさ, 強さ ▶ ***accensione spontanea*** 自動発火

accentare 他 (言葉や楽譜に)アクセント記号をつける 2 (アクセント箇所を)はっきり発音する;〔音〕(アクセント記号の指示に従い)強く音を出す

accentato 形 アクセントのある; 強調された

accentazione 女〔音〕アクセントの表示[発音]

*****accento** [アッチェント] 男 1〔言〕アクセント; 強勢 —*accento grave* [*acuto*] 開口音(右下がり)[閉口音(左下がり)]のアクセント記号 2 お国訛(🔑)り; 口調, 抑揚

accentramento 男 1 集中 2 中央集権

accentrare 他 1 集める; 集約する, 集権化する —*accentrare l'amministrazione* 行政を集権化する 2 引きつける —*accentrare l'attenzione* 注意を引きつける ―**arsi** 再 1 集中する, 集まる 2〔スポ〕(サッカーで)クロスを上げる

accentratore 形〔女 [-trice]〕中央集権的な; 中心的な, 独才的な ―男〔女 [-trice]〕中心人物; すべてを自分でしたがる人

accentuare 他 (io accentuo) 1 強く発音する, アクセントを置く 2 強調する, 目立たせる —*Quel vestito nero accentua il candore del suo viso.* その黒い服は彼女の白い顔を際立たせている. ―**arsi** 再 1 増大する, 目立つ 2 悪化する

accentuato 形 際立った, 顕著な, 目立った; (体の部分について)突き出た

accentuazione 女 1 強調すること 2〔音〕アクセント記号の指示, (アクセント記号に従った)音の強調

accerchiamento 男 包囲する[される]こと, 包囲(作戦)

accerchiare 他 (io accerchio) 1 取り囲む, 包囲する 2 経済封鎖する

accertabile 形 確認可能な, 算定可能な

accertabilità 女 確認[算定]できること

accertamento 男 1 確認 —*fare un accertamento su...* …について確認する 2〔法〕証明, 立証 3 算定, 見積もり —*accertamento d'imposta* [*fiscale*] 課税評価

accertare 他 1 確認する —*L'identità del killer è stata accertata.* 殺人犯の身元が確認された. 2〔法〕証明する, 立証する 3 算定する, 見積もる ―**arsi** 再〔di〕…について確かめる, 確認する; (納

得るまで)調べる
accertato 形 確かな、確実な —notizia accertata 確かな情報
accertatore 男〔女[-trice]〕確認する人、算定係
accese accendere の直·遠過·3単
acceso 形〚過分<accendere〛 1 (火や明かりの)ついた —La luce era accesa. 明かりはついていた. 2 活発な、熱の入った —discussione accesa 激論 3 熱烈な、熱心な —acceso tifoso dell'Inter インテルの熱心なサポーター 4 (色が)鮮やかな
accessibile 形 1 近づくことができる、アクセスできる 2 (人について)近づきやすい、親しみやすい —Quel professore è poco accessibile. あの教授は近づきにくい. 3 理解できる;手頃な —Questo libro è accessibile anche ai bambini. この本は子供にも理解できる. / prezzo accessibile 手頃な価格
accessibilità 女 1 近づきやすさ、親しみやすさ 2 接近可能、アクセス可能
accessione 女 1〔法〕(土地などの)財産が新たに生み出した価値に対する所有者の権利 2 (図書館の)新規の図書購入;新着図書 3 加入、加盟
accesso 男 1 接近、アクセス、…へ入る権利 2 (感情の)激発、爆発 3〔医〕発作、発病 ▶ **divieto d'accesso** 立入禁止、進入禁止
accessoriabile 形 付属品[オプション]をつけられる
accessoriamente 副 付随的に、副次的に
accessoriare 他〔io accessorio〕付属品[オプション]を装備する
accessoriato 形 付属品を装備した
accessorietà 女 副次的であること、二次的であること
accessorio 形 付属[付加、補助]的な —付属品;アクセサリー、装身具
accestire 自〔es/av〕〔io -isco〕〔植〕株分かれする
accetta 女 斧(蕊) ▶ **tagliato con l'accetta** 粗野な、無作法な
accettabile 形 1 受け入れられる、我慢しうる 2〔言〕許容しうる、使用可能な
accettabilità 女 1 受け入れられること、容認 2〔言〕使用可能性
accettante 男女〔法〕受諾者;(手形や為替の)引き受け人 —形 受諾する、(手形や為替を)引き受ける
＊**accettare** [アッチェッターレ] 他 1 (喜んで)受け取る、もらう 2 受け入れる、承諾する —accettare un invito 招きに応じる 3 (入会などを)許す、承認する 4 耐える、我慢する、甘受する 5 認める、分かる
accettata 女 斧(蕊)の一撃
accettazione 女 1 受諾、受理 —accettazione di una domanda 願書の受付 2 甘受、容認 3 (オフィスなどの)受付 4〔法〕(手形·債権などの)引き受け —accettazione di una cambiale 手形の引き受け 5〔法〕外交官の受け入れ承認

accettevole 形〚文〛喜ばれる、受け入れられる
accetto 形 喜ばれる、快く受け入れられる —ben accetto 歓迎される
accettore 男 〔化〕受容体、アクセプター
accezione 女 (言葉の)意味 —Questa parola ha molte accezioni. この言葉はたくさんの意味を持つ.
acché → affinché
acchetare 他 静める、緩和する —**arsi** 再 落ち着く、和らぐ
acchiappa- 腰頭 「つかむ」「捕える」の意
acchiappacani → accalappiacani
acchiappafarfalle 男〚不変〛虫取り網、たも —男女〚不変〛夢想家、ぼうっとした人
acchiappamosche 男〚不変〛1 ハエ取り器、ハエ取り紙 2 食虫植物 3〔鳥〕ヒタキ、タイランチョウ —男女〚不変〛夢想家、ぼうっとした人
acchiappanuvoli 男女〚不変〛夢想家、ぼうっとした人
acchiappare 他 1 (すばやく)つかむ、捕える —Il gatto acchiappa un topo. 猫がネズミを捕える. 2 (人を)現行犯で捕える 3 打つ、ぶつける 4〔目的語をとらずに〕彼氏(彼女)を見つける 5〔口〕とりこにする —**arsi** 再 しがみつく、つかまる;つかみ合いをする
acchiapparella 女 鬼ごっこ
acchiapparello 男 鬼ごっこ
acchiappatutto 男女〚不変〛(野心のために)どんな役目でも引き受ける人
acchiappino 男〔トスカーナ〕鬼ごっこ
-acchiare 腰尾 「緩和」または「軽蔑」の意
-acchio 腰尾 1「道具」の意 2「縮小」または「軽蔑」の意
-acchione 腰尾 「拡大」「強調」の意
-acchiotto 腰尾〔生物名詞に付いて〕「小さい」の意;「緩和」の意
acchito 男 (ビリヤードで)最初の一突き、(最初に一突きした)球の位置 ▶ **d'acchito** [**di primo acchito**] 一目で、即座に
acchiudere [18] 他〚過分 acchiuso〛閉じる、閉じ込める;《文》同封する
-accia → -accio
acciabattare 自 スリッパを引きずりながら歩く、ぺたぺた歩く —他 (急いで)雑に行う
acciabattio 男 スリッパを引きずること〔音〕
acciaccare 他 1 つぶす、へこませる —acciaccare una lattina di birra ビールの缶をつぶす 2 弱らせる、衰弱させる
acciaccata 女 つぶすこと、へこますこと;一撃、打撃
acciaccato 形 つぶれた、へこんだ;(気

分が)へこんだ、痛めつけられた

acciaccatura 囡 1 つぶすこと、へこますこと；つぶれた状態、へこみ 2〔音〕アッチャッカトゥーラ、短前打音

acciacco 男〔複[-chi]〕軽い病気[疾患]、衰弱；持病

acciaiare 他〔io acciaio〕1〔金〕鋼鉄にする、製鋼する 2(鋼鉄で)強化する、強固にする；鋼鉄で覆う

acciaiatura 囡 製鋼、製鋼過程

acciaieria 囡 製鋼工場

acciaio 男 1 鋼鉄、鋼 (はがね) 2 堅さ、強い力 —volontà d'acciaio 強靭(きょうじん)な意志 3 冷酷さ —sguardo [cuore] d'acciaio 冷淡な視線[心] 4 明るい灰色 —形〔不変〕明るい灰色の

acciambellare 他 ドーナツ形に巻く、輪にする **—arsi** 再 丸くなる —Il gatto si è acciambellato al sole. 猫が日なたで丸くなった。

acciarino 男 1 火打ち金(火打ち石を叩く道具) 2 (火縄銃の)着火装置、(魚雷の)起爆装置 3 車輪止め

acciaro〔文〕→ acciaio

accidempoli 間 ちぇっ

accidentaccio 間 ちぇっ、くそ —Accidentaccio, che sfortuna. ちぇっ、何ついてないんだ。

accidentale 形 1 偶然の、偶発的な —scoperta accidentale 偶然の発見 2 副次的な、非本質的な、付帯的な

accidentalità 囡 1 偶然性、偶発性；偶発的状況 2 (道や土地について)平らでないこと、でこぼこ

accidentato 形 1 (道や土地が)平らでない、でこぼこの —sentiero accidentato でこぼこの小道 2 波乱に満ちた、トラブルだらけの —viaggio accidentato トラブル続きの旅

accidente 男 1 不慮の事故 2〔否定文で〕〔口〕何も[何一つ]…でない —Non m'importa un accidente. 私にはどうでもいいことです。 3〔口〕病気；卒中 4〔口〕不愉快な[厄介な、嫌な]人[物] 5〔音〕臨時記号字(#, b, ♮など) 6〔医〕(突発性の)発作 7〔哲〕偶有性 8〔言〕語形変化 9〔地質〕土地の起伏 ▶ **per accidente** 偶然、たまたま

＊**accidenti**[アッチデンティ] 間 ちくしょう、しまった、こりゃ大変

acciderba 間 ちぇっ

accidia 囡 1 無気力、怠惰 2〔カト〕怠惰の罪(七つの大罪の一つ)

accidioso 形 怠惰な、無気力な；〔カト〕怠惰の罪を犯した **—形**〔女[-a]〕〔カト〕怠惰の罪を犯す人

accigliarsi 再〔io mi acciglio〕眉をひそめる、顔を曇らせる

accigliato 形 眉をひそめた、心配そうな、不安げな

accingere [19] 他〔過分 accinto〕〔文〕取り巻く、身にまとう **—arsi** 再 (a) …の準備をする —accingersi a un viaggio 旅行の支度をする / accingersi a uscire di casa 外出の準備をする

accinse accingere の直・遠過・3 単

acciò 接《文》〔接続法とともに〕…するように

-accio 接尾「軽蔑」「増大」「道具」の意

acciocché 接〔接続法とともに〕…するために、…するように

acciocché, acciò che, a ciò che 接〔接続法とともに〕…するように

-accione 接尾「過剰」「軽蔑」「増大」「愛らしさ」の意

acciottolare 他〔io acciottolo〕〔建〕砂利で舗装する、(装飾的に)砂利を敷きつめる

acciottolato 形 砂利を敷いた **—男**(装飾的な)砂利舗装

acciottolio 男 食器がぶつかり合う音

accipicchia 間 → accidenti

accisa 囡 物品税、消費税

acciucchire 他〔io -isco〕〔トスカーナ〕びっくりさせる **—自[es]** びっくりする

acciuffare 他 捕まえる、捕らえる —acciuffare un ladro 泥棒を捕まえる **—arsi** 再 (取っ組み合いの)けんかをする；髪の毛をつかみ合う

acciuga 囡 1〔魚〕カタクチイワシ、アンチョビー 2 やせぎす、やせっぽち

acciugata 囡〔料〕アンチョビーソース

acciughero 男〔トスカーナ〕オリガノ、オレガノ

acciughina 囡〔魚〕小イワシ；〔虫〕シミ

accivettare 他 (狩猟でフクロウを使って)鳥を罠(わな)におびき寄せる

acclamare 他 1 拍手喝采する、歓呼して迎える —essere acclamato dal pubblico [観衆]に拍手喝采される 2 満場一致で選出する

acclamatore 男〔女[-trice]〕拍手喝采する人、喝采者 **—形**〔女[-trice]〕拍手喝采する

acclamazione 囡 拍手喝采、歓呼の叫び ▶ **per acclamazione** 拍手喝采で[の]、満場一致で[の]

acclimatare 他〔io acclimato〕新しい気候[環境]に慣れさせる、順応させる —acclimatare una pianta tropicale al clima mediterraneo 熱帯植物を地中海性気候に順応させる **—arsi** 再 新しい環境に慣れる、順応する

acclimatazione 囡 (新しい風土や環境への)順化、順応

accline 形〔文〕傾向がある、傾いた

acclive 形〔文〕切り立った、険しい

accludere [1] 他〔過分 accluso〕同封する、添付する —accludere il francobollo per la risposta 返信用切手を同封する / accludere il curriculum alla domanda 願書に履歴書を添付する

acclusa 囡 添付書簡

accluse accludere の直・遠過・3 単

accluso 形〔過分 < accludere〕同封[添付]された —fotografia acclusa

accoccolarsi　alla presente この手紙に同封した写真
accoccolarsi 再 [io mi accoccolo] しゃがむ、うずくまる
accodamento 男 一列に並べること、整列
accodare 他 1 (動物を)一列に縛る —*accodare gli asini* ロバを一列に縛る 2 整列させる、並ばせる —**arsi** 再 1 並ぶ、列に加わる 2 (無批判的に)追随する
accogliente 形 1 もてなしのよい、手厚い、友好的な 2 快適な、心地よい
accoglienza 女 歓迎、もてなし —*fare una buona [cattiva] accoglienza a...* (人)に素敵な[ひどい]もてなしをする
＊**accogliere** [アッコッリエレ] [120] 他 〖過分 accolto〗 1 迎え入れる、歓迎[歓待]する —*Mi hanno accolto con piacere.* 彼らは私を気持ちよく迎えてくれた．2 収容する 3 受け入れる、認める、同意する —**ersi** 再 《文》集まる
accoglimento 男 歓迎; 受け入れ、受理
accolitato 男 〔カト〕侍祭の位階
accolito 男 〖女 [-a]〗 1 〔カト〕侍者、侍祭 2 信奉者、崇拝者; 腰ぎんちゃく
accollante 男女 〔法〕債務の引き受け人、債権者
accollare 他 1 課す、背負わせる —*accollare un lavoro a...* (人)に仕事を課す 2 〔トスカーナ〕(動物を)くびきに慣れさせる、くびきにかける 3 〔船〕(減速のため船首側からの風を捉えるように)帆を動かす —自 (服が)首を覆う、(靴などが)足首を覆う —**arsi** 再 引き受ける、負担する —*Il cliente si è accollato le spese di trasporto.* 客が送料を負担した.
accollata 女 (中世の騎士叙任式における)首打ちの儀式 (若者の首や肩を剣の腹で叩く)
accollato 形 首まで覆う、足首まで覆う —*abito accollato* ハイネックの服 —男女 〖[-a]〗〔法〕債務者
accollatura 女 1 (服の)首を覆う部分、ハイネック 2 (牛の首に残った)くびきの跡
accollo 男 1 〔法〕他者の債務[義務]を引き受けること; 債務引き受け契約 2 (荷台前部の)積み荷 3 〔建〕張り出し
accolse accogliere の直・遠過・3単
accolta 女 会合、集まり
accoltellamento 男 ナイフで刺すこと[殺害すること]
accoltellare 他 刃物で刺す、刺殺する
accoltellato 男 〔建〕(最も狭い面が表になるように)レンガを並べた壁[床]
accoltellatore 男女 〖[-trice]〗ナイフで襲いかかる人
accolto accogliere の過分
accomandante 形 〔法〕(合資会社における)有限責任の —*socio accomandante* 有限責任社員 —男女 有限責任社員
accomandatario 男女 〖[-a]〗〔法〕(合資会社の)無限責任社員

accomandato 男 (中世の)封建領主の庇護を受ける家臣、降伏者
accomandazione 女 (封建領主と家臣の間の)主従関係の宣誓[承認]
accomandita 女 〔法〕合資形態; 合資会社 —*società in accomandita* 合資会社
accomiatare 他 (挨拶をして)客に帰ってもらう、別れの挨拶をする —*accomiatare gli ospiti* 客を送り出す —**arsi** 再 いとま乞いをする、辞去する; 離れる; 別れの挨拶を交わし合う
accomodabile 形 修理可能な、調整できる
accomodamento 男 妥協、和解、合意
accomodante 形 順応的な、妥協的な —*carattere accomodante* 妥協しやすい性格
＊**accomodare** [アッコモダーレ] 他 [io accomodo] 1 修理[修繕]する、元通りにする —*accomodare l'orologio* 時計を修理する 2 (問題を)解決する 3 整理する、片づける、用意する —*accomodare i capelli* 髪を整える —**arsi** 再 1 くつろぐ、気楽にする —*Si accomodi.* お入りください、お掛けください. / *Si accomodi alla cassa.* レジへお回りください. 2 合意する 3 解決する、終結する 4 適応する、甘んじて受ける、耐える 5 整える、片づける
accomodaticcio 形 〖複〖女 -ce〗〗何とか修繕した、間に合わせの、応急処置的な
accomodativo 形 〔医〕(目の)調節機能の
accomodazione 女 〔医〕目の調節機能
accompagnamento 男 1 随行、随伴; 随行団、従者の一行 2 添付されるもの、付き物 —*lettera di accompagnamento* 添え状; (同封の)説明書 3 〔音〕伴奏 —*cantare con accompagnamento di chitarra* ギターの伴奏で歌う
＊**accompagnare** [アッコンパニャーレ] 他 1 一緒について行く、付き添う —*Ti accompagnerò fino alla stazione.* (私は君を)駅まで送るよ. 2 後を追う —*accompagnare... con lo sguardo* …を目で追う 3 伴う、添える 4 合わせる、調和させる 5 伴奏する —**arsi** 再 1 同行する、同伴する 2 (a, con) …と友達になる、…と親しくなる 3 (a) …と合う、調和する —*Questa stoffa si accompagna bene al colore delle pareti.* この織物は壁の色に合っている. 4 〔音〕伴奏する
accompagnato 形 連れ立った —*male accompagnato* 人付き合いが悪い / *È venuta accompagnata.* 彼女は連れ立って来た.
accompagnatore 男 〖女 [-trice]〗 1 同行者、同伴者; 案内係; (病人などの)付き添い —*accompagnatore sportivo* (チームもしくは選手を先導する)案内係、誘導係 / *accompagnatore turi-*

stico 添乗員、ガイド **2** 取り巻き **3**〔音〕伴奏者

accompagnatoria 囡 添付書簡

accomunabile 形 共有できる，共有可能な

accomunamento 男 共有，共存

accomunare 他 **1** 共有する —*accomunare le responsabilità* 責任を共有する **2** 共存させる，結びつける —*Lui accomuna in sé i pregi e i difetti.* 彼は自らのうちに長所と短所を共存させている．**3** 近づける，同類にする

acconciabile 形 ドレスアップできる，整えることができる

acconciare 他〔io acconcio〕ドレスアップする，きれいに飾る，(髪を)丁寧にセットする —*acconciare la sposa* 花嫁をドレスアップする / *acconciare i capelli* 髪をセットする **—arsi** 再 ドレスアップする，(自分の)髪をセットする —*La madre si è acconciata i capelli.* 母親は髪をセットした．

acconciatore 男〔囡[-trice]〕美容師

acconciatura 囡 **1** 髪型，ヘアスタイル **2** 頭飾り，髪飾り

acconcio 形〔複[囡-ce]〕**1** 適切な，適当な **2**〔文〕着飾った，髪をセットした

accondiscendente 形 妥協的な，弱腰の，へつらった

accondiscendere [100] 自〔過分 accondisceso〕(a) …に応じる[従う]，同意[承諾]する —*accondiscendere alle richieste* 要望に応じる

acconsentire 自 **1**(a) …に同意する，承諾する —*acconsentire a una richiesta* リクエストに応じる / *Il capoufficio ha acconsentito a parlare con noi.* 事務長は私たちと話すことに同意した．**2** 曲がる，たわむ，屈する **—他 1**〔船〕(ロープを)緩める **2**〔文〕後を追う，従う

accontentabile 形 満足させられる

accontentare 他 満足させる，(欲望などを)満たす **—arsi** 再 …に満足する —*Non ho vino in casa. Dovrai accontentarti della birra.* ワインを切らしていてね．ビールでいいかな？

accontentato 形 満足した

acconto 男 内金，手付け金 —*dare [chiedere, ricevere] un acconto* 内金を払う[要求する，受け取る]

accoppare 他 **1** 惨殺する，殺す **2** ひどい状態にする **—arsi** 再 **1** 自殺する；殺される **2** 殺し合う

accoppiabile 形 対(?)にできる，組み合わせられる

accoppiamento 男 **1** 組み合わせ，結合 **2** 性交，交尾 **3**〔物・化〕結合，カップリング **4**〔機〕連結装置

accoppiare 他〔io accoppio〕**1** 二つ[二人]を一組にする，組み合わせる **2** (動物を)つがわせる，交尾させる **—arsi** 再 **1** 組になる，対(?)になる **2** 性交する **3**〔文〕結婚する

accoppiata 囡 **1** (競馬の)連勝式 — *accoppiata reversibile* 連勝複式 **2**〔諧〕(仕事や友၊などで結ばれた)コンビ

accoppiatore 男 **1**〔機〕連結装置，連結器 **2**〔電子〕カプラー，結合器 **3**〔囡-trice〕(ベニヤ・合板を機械で作る)作業員 **4**〔歴〕(コムーネ時代の)選挙管理官

accoppiatrice 囡 (ケーブル・糸などを)より合わせる機械

accoramento 男 悲しむこと，悲嘆

accorare 他 **1** 深く悲しませる，(悲しみで)打ちのめす，かき乱す **2**(家畜、特に豚の)心臓を突き刺して畜殺する **—arsi** 再 悲しむ、苦悩する

accorato 形 **1**(人が)悲嘆にくれた；(物が)悲痛な

accorciabile 形 (長さや時間を)短くできる、短縮できる

accorciamento 男 **1** 短くすること、短縮 **2**〔言〕語の短縮(例: automobile → auto)

accorciare 他〔io accorcio〕短くする；切り詰める —*accorciare le maniche* 袖を短くする / *accorciare il viaggio* 旅行を早めに切り上げる **—arsi** 再 短くなる、縮まる、減少する ▶ *accorciare le distanze*〔スポ〕(相手との)差を詰める

accorciata 囡 (急いでざっと)短くすること —*dare un'accorciata a una gonna* スカートの丈を詰める

accordabile 形 **1** 和解可能な、調和しうる **2** 調律可能な **3** 許可できる

accordamento 男 **1** 調和させること **2**〔音〕音合わせ、調律

accordare 他 **1** 和解させる —*accordare i litiganti* けんかを仲裁する **2** 譲与する —*accordare la grazia* 恩赦を与える **3**(楽器を)調律する —*accordare il pianoforte* ピアノの調律をする **—arsi** 再 合意する；折り合う —*accordarsi sul prezzo* 金額で折り合う

accordata 囡 雑な[急ぎの]調律

accordato 形 **1** 和解した、調和した **2** (楽器について)調律された、音の正確な — *strumento accordato* 調律された楽器 **3** 認められた

accordatore 男〔囡-trice〕調律師

accordatura 囡 **1**〔音〕調律、音合わせ **2** (テニスラケットの)ガット張り

accordio 男 (長ったらしい)調律、音合わせ

‡**accordo** [アッコルド] 男 **1** 合意、同意 —*essere d'accordo* 考え[見解、意見]が同じである **2** 協定、協約、取り決め **3**〔音〕和音 **4**〔言〕一致 ▶ *andare d'accordo con…* …と気[馬]が合う *D'accordissimo!* 合点、よしきた、申し分ない．*D'accordo!* 了解、OK．*mettersi d'accordo con…* …と合意に達する *mettersi d'accordo su…* …について折り合う[合意する]

‡**accorgersi** [アッコルジェルスィ] [2]

accorgimento

再〔過分 accorto〕《di》…に気づく — Non *si era accorta* che ero entrato. 彼女は僕が入ってきたことに気づかなかった。/ *Ti sei accorto* dell'errore? 自分のミスだと分かった？/ *Mi accorgo* di aver sbagliato strada. 道を間違えたようですね。

accorgimento 男 1 注意深さ, 鋭敏さ 2 方策, 工夫 3 直感

accorpamento 男 合併, 統合

accorpare 他 合併する, まとめる — *accorpare* gli uflici オフィスを統合する

accorrere [25] 自〔es〕〔過分 accorso〕駆けつける, 急行する, 急いで助けに行く

accorse accorgersi と accorrere の直・遠過・3 単

accorso accorrere の過分

accortamente 副 注意深く, 抜け目なく

accortezza 女 注意深さ, 鋭敏さ, 抜け目なさ

accorto accorgersi の過分

accosciarsi 再〔io mi accoscio〕しゃがむ

accosciata 女 しゃがむこと;〔スポ〕(重量挙げで)バーを持ち上げる前のしゃがんだ姿勢

accostabile 形 1 近づくことができる 2 (人について)近づきやすい, 気さくな

accostamento 男 1 近づくこと, 接近; 調和, 組み合わせ 2〔商〕結びつき —*accostamento di colori* 色の組み合わせ 3 参加, 取り組み

accostare 他 1 近づける —*accostare un mobile alla parete* 家具を壁際に寄せる / *accostare* l'auto al marciapiede 車を歩道に寄せる 2 (人に)近づく, 接触[関係]する, 取り入る 3 (調和するように)そばに置く — 自 1 近づく 2 横づけする 3〔空・船〕方向転換する —**arsi** 再 1 近づく —*accostarsi* alla riva sinistra 左岸に近づく 2 着手する, 始める 3 受け入れる, 同調する 4 似る, 類似する ▶ *accostarsi ai sacramenti* 秘跡を受ける *accostarsi all'altare* 聖体を拝領する

accostata 女 (船を別の船に)近づけること, 接岸;(船や飛行機の)方向転換

accosto 副 近くに, そばに —*accosto a...* …の近くに / *accosto* すぐそばに — 形 近くの

accotonare 他 1 (毛織物やウールの繊維を)起毛する 2 (髪を)ふくらませる, ふんわりさせる

accotonatura 女 (毛織物などの)起毛; 髪をふんわりさせること

account 男〔不変〕〔英〕(オンラインサービスなどの)アカウント, 情報サービス利用資格

accovacciarsi 再〔io mi accovaccio〕しゃがむ

accovonare 他〔農〕(麦などを)束ねる

accozzabile 形 ごちゃ混ぜにできる, 一緒くたにできる

accozzaglia 女《蔑》(人の)群れ, 群がり;(乱雑な)堆積, ごたまぜ —*un'accozzaglia di libri* (乱雑な)本の山

accozzare 他 寄せ集める, ごちゃ混ぜにする

accrebbe accrescere の直・遠過・3 単

accreditabile 形 1〔商〕貸方に記入できる 2 信頼しうる

accreditamento 男 1 信用させること, 信用を高めること 2〔商〕信用貸し, 貸方記入 3 (公式な)外交官の派遣

accreditare 他〔io accredito〕1 …を信用できるものにする, 裏付ける, 確かめる 2〔商〕貸方に記入する, 信用貸しする 3 (特にジャーナリストに取材活動を)認可する 4 (外交官を)公式に派遣する

accreditatario → accreditato

accreditato 形 信用のある; 認可された, 公認の; 公式に派遣された — 男〔女 [-a]〕〔商〕信用貸し対象者

accredito 男 1〔商〕信用貸し, 貸方記入 2 (会議・イベントなどへの)取材許可, 取材許可証

accrescere [26] 他〔過分 accresciuto〕増やす — 自〔es〕増える, 増す —**ersi** 再 増える, 増す

accrescibile 形 増えしうる, 拡大しうる

accrescimento 男 1 増加, 拡大 —*accrescimento della popolazione* 人口の増加 2〔生物〕成長;〔鉱〕結晶の成長 3〔数〕増分 4〔法〕遺産の追加取得;(財産の)自然増加

accrescitivo 形 1 拡大[増大]する 2〔言〕拡大辞の —*suffisso accrescitivo* 拡大辞 — 男〔言〕拡大辞(-one, -ona, -otto, -ozzo)

accresciuto accrescere の過分

accucciarsi 再〔io mi accuccio〕1 (動物が)うずくまる, 横たわる 2 (人が)しゃがみ込む

accudire 他〔io -isco〕世話を焼く, 面倒を見る — 自《a》…に励む[精を出す]; …の世話を焼く —*accudire* alla casa 家事に精を出す

acculturamento → acculturazione

acculturare 他〔人類〕(文化的に)変容させる, 融合する, 豊かにする;《諧》知恵をつけさせる —**arsi** 再 (文化的に)変容する[融合する, 豊かになる];《諧》(不相応な)知恵をつける

acculturazione 女〔人類〕(文化間の)相互作用, 文化的な変容[融合]

accumulabile 形 積み重ねることができる, 蓄積できる

accumulare 他〔io accumulo〕積み重ねる, 蓄積する —*accumulare denaro* お金をためる —**arsi** 再 積み重なる —*I debiti si accumulano* anno dopo anno. 毎年借金が積み重なる

accumulatore 形〔女[-trice]〕蓄

積する, ためる —男 1〖女[-trice]〗(特に金などに)み込む人, 蓄財家 2 蓄熱装置, 蓄電池

accumulazione 女 1 蓄積, 貯蓄; 〖経〗自己資本の蓄積 2〖地質〗堆積

accumulo 男 蓄積, 堆積, (物品の)山

accuratezza 女 1 注意深さ, 慎重さ; 正確さ —con *accuratezza* 慎重に, 入念に 2 丹念な仕事ぶり 3 (測定機器の)精度

accurato 形 1 注意深く行われた, 慎重になされた 2 (人が)丹念に仕事をする, 綿密な

accusa 女 1 非難 2〖法〗告訴, 起訴 —respingere un'*accusa* 訴えを退ける

accusabile 形 非難すべき, とがめるべき; 告訴すべき

accusabilità 女 非難[告訴]しうること, 非難[告訴]されうること

***accusare** [アックザーレ] 他 1 非難する, 責める —*accusare... di leggerezza* …の軽率さをとがめる 2〖法〗告発[起訴]する 3 (痛みや苦しみを)訴える, 強く感じる 4 表す, 示す 5 (トランプゲームで組み札を)宣言する ▶ *accusare il colpo* 窮地に陥る, (経済的に)打撃を被る —**arsi** 再 自白する

accusativo 男〖言〗対格, 直接目的補語 —形〖言〗対格の —*caso accusativo* 対格

accusato 男〖女[-a]〗被告, 被疑者

accusatore 形 非難する, 責める —男〖女[-trice]〗1 非難する, 責める 2〖法〗起訴者, 告発人

accusatorio 形 非難の, 弾劾の, 告発の;〖法〗弾劾主義の

ace 男〖不変〗(英)(テニスの)サービスエース

-ace 接尾 形容詞を作る:「能力」「性質」「傾向」などの意

-acea 接尾 〖単数で〗個々の植物の意,〖複数で〗「科」の意: pinacea 松, Pinacee 松科の植物

acedia, acèdia 女 1〖心〗落胆, 無気力 2〖神学〗(瞑)想者に訪れる)憂鬱, メランコリー

acefalia 女 1〖医〗無頭症 2〖詩〗語頭音節省略

acefalo 形 1 頭のない —*statua acefala* 頭の欠けた彫像 2 首脳(部)を持たない, 指導者のいない 3〖詩〗語頭音節を欠いた; (写本・書籍などで)タイトルページ[冒頭部]を欠いた

-aceo 接尾 形容詞を作る:「品質」「類似」などの意

acerbità 女 1 (特に果実の)酸っぱさ, 酸味 2 厳しさ, 辛辣さ

acerbo 形 1 未熟な, (果実が)青い 2 酸っぱい 3 早すぎる —*morte acerba* 早世 4 厳しい, 辛辣な

acereta 女 カエデの林

acereto 男 → acereta

acero 男〖植〗カエデ, モミジ

acerrimo 形〖acre の絶対最上級〗手厳しい, 手加減しない —*acerrimo nemico* 最も強烈な敵

acervo 男《文》堆積, (物が積み重なった)山

acescenza 女 (発酵などによって引き起こされる)酸化, 酸敗 —*acescenza del vino* ワインの酸敗

acese 形 (シチリアの町)アチレアーレ (Acireale) (の人)の —男女 アチレアーレの人

acetabolo 男 1〖解〗髀臼(ﾋｷｭｳ) 2〖動〗吸盤 3〖考〗(古代ローマの)酢の保存器

acetabulo → acetabolo

acetaldeide 女〖化〗アセトアルデヒド

acetato 男 1〖化〗アセテート(酢酸塩・酢酸エチルの総称) —*acetato di piombo* 酢酸鉛 2 レコードのアセテート盤; アセテートフィルム; アセテート繊維

acetico 形〖複[男 -ci]〗1 酢の, 酢を生み出す 2〖化〗アセチル基を含む —*acido acetico* 酢酸

acetiera 女 酢を入れる小瓶

acetificare 〖io acetifico〗(アルコールを)酢酸に変える —**arsi** (アルコールが)酢酸に変わる

acetificazione 女 酢化

acetil- 連結 〖化〗アセチル基を含む

acetile 男〖化〗アセチル基

acetilene 男〖化〗アセチレン —*lampada ad acetilene* アセチレンランプ

***aceto** [アチェート] 男 酢 —*aceto balsamico* バルサミコ酢 / *aceto di vino* ワインビネガー

acetone 男 1〖化〗アセトン; マニキュア除光液 2〖医〗ケトン体; 小児ケトン血症

acetonemia 女〖医〗血中のケトン体増加, ケトン血症 —*acetonemia infantile* 小児ケトン血症

acetosa 女〖植〗スイバ

acetosella 女〖植〗カタバミ

acetoso 形 酢の味[匂い]がする, 酢を含んだ

acheo 形 (古代ギリシャの)アカイア地方の, アカイア人の; (ホメロスが活躍した)古代ギリシャの —男〖女[-a]〗アカイア人

acheronte 男 (A-)〖単数のみ〗〖ギ神〗1《文》アケロン川(この世とあの世の境をなす川, 三途(ｻﾝｽﾞ)の川) 2《文》地獄, 黄泉(ﾖﾐ)

acheronteo 形《文》アケロン川の, 地獄の, あの世の

acherontico → acheronteo

acheuleano 形 (旧石器時代の)アシュール文化の —男 アシュール文化

Achille 固名[男] 1〖男性名〗アキッレ 2〖ギ神〗アキレス(トロイ戦争におけるギリシャ軍の勇将)

achillea 女〖植〗セイヨウノコギリソウ; ノコギリソウ属の草の葉(アキレスが傷を治すのに用いたとされる)

achilleo 形 アキレスの;〖解〗アキレス腱の

achivo → acheo

ACI 略 **1** Automobile Club d'Italia イタリア自動車協会 **2** Azione Cattolica Italiana イタリア・カトリックアクション

aciclico 形〔複[男-ci]〕**1** 非周期的な〔植〕〈花〉らせん状の

acidamente 副 辛辣に, 手厳しく

acidificare 他〔io acidifico〕酸っぱくする; 〔化〕酸性化する —自 [es] 酸っぱくなる, 酢になる; 酸性になる —**arsi** 再 酸っぱくなる, 酢になる; 酸性になる

acidità 囡 **1** 酸っぱさ, 酸味 **2** 辛辣さ **3**〔化〕酸性度 ▶ *acidità di stomaco [acidità gastrica]* 胃酸過多, 胸やけ

acido 形 **1** 酸っぱい, つんとする, 刺すような **2** 悪意のある, 意地悪な, 辛辣な **3**〔化〕酸(性)の —男 **1** 酸味, 酸っぱさ —*sapere di acido* 酸味のある **2**〔化〕酸 **3** 意地悪さ, 辛辣さ **4**〔隠〕LSD(幻覚剤)

acidulare 他〔io acidulo〕軽く酸味をつける

acidulo 形 軽い酸味のある

acinesia 囡〔医〕無動症, 失動症, 運動不能

aciniforme 形〔植〕粒状果の, ブドウ状の

acino 男 **1** (ブドウなどの)粒状の実;〈俗〉ブドウの種 **2** (ロザリオやネックレスの)玉 **3**〔解〕ブドウ状腺, 腺房 **4**〔植〕粒状果

aclassismo 男 非階級理論(階級間の対立を重視しない政治理論)

ACLI 略 Associazioni Cristiane dei Lavoratori Italiani イタリア労働者キリスト協会

acme 囡 **1** 絶頂, クライマックス —*essere all'acme del successo* 成功の絶頂にいる **2** (病の)峠, 最大の危機

acne 囡 にきび

acneico 形〔複[男-ci]〕にきびの, にきびのできた

-aco 接尾 -ia, -io で終わる名詞に付いて形容詞を作る: austriaco オーストリアの

acomunista 男女〔複[男-i]〕〔報道用語で〕非共産主義者

aconito, acònito 男 **1**〔植〕トリカブト; トリカブト属の植物 **2** トリカブトからの抽出物, アコニチン

acoro 男〔植〕ショウブ —*acoro falso* アヤメ, キショウブ

acotiledone 形〔植〕無子葉の —囡〔植〕無子葉類

*__acqua__ [アックァ]囡 **1** 水 —*acqua calda* 湯 / *acqua dolce* 淡水 / *acqua santa* 聖水 / *acqua termale* 温泉 / *acqua di Colonia* オーデコロン(ケルンの香水) / *acqua minerale* ミネラルウォーター / *acqua potabile* 飲料水 / *via d'acqua* 水路 **2** 雨 —*Quant'acqua!* 大雨だな! **3**〔複数で〕水域, 海, 川, 湖 **4**〔複数で〕温泉 **5** 植物のしぼり汁, 化粧水 **7**《口》小便, 尿 **8**〔医〕体液, 分泌液;〔複数で〕羊水 **9** (宝石などの)純度, 透明度 **10**〔古〕水(アリストテレスの四大元素の一つ) ▶ *Acqua cheta rompe i ponti.*〔諺〕静かな水は橋を壊す(人や物事をうわべだけで判断してはならないことの戒め). *Acqua in bocca.* 他言無用, オフレコ. *Acqua passata non macina più.*〔諺〕昔は昔, 今は今; 過去のことは水に流す(水車の下を通り過ぎた水で粉は挽(ひ)けない). *avere l'acqua alla gola* 苦境に陥る / *che fare acqua da tutte le parti* 救い難い(沈没寸前の最悪の状態) / *fare un buco nell'acqua* 無駄骨を折る, 水に穴を開ける / *fare un po' d'acqua* 用を足す, 小便する / *lavorare sott'acqua* 水面下で動く / *pestare acqua nel mortaio* 無駄なことをする(すり鉢で水をする) / *tirare l'acqua al proprio mulino* 我田引水 / *trovarsi [essere] in cattive acque* 困窮している

acquacedrata 囡〔複[acquecedrate]〕〔トスカーナ〕シトロン水, シトロン・ジュース

acquacoltore 囡〔-trice〕水産養殖業者

acquacoltura 囡 水産養殖

acquaforte 囡〔複[acqueforti]〕〔美〕エッチング, 腐食銅版画(法)

acquafortista 男女〔複[男-i]〕腐食銅版製作者

acquaio 男 **1** (台所の)流し **2**〔農〕排水溝 **3**〈諧〉食いしん坊

acquaiolo, acquaiuolo 形〔動・植〕水生の —*serpente acquaiolo* ミズヘビ —男〔囡-a〕水売り

acquamarina 囡〔複[acquemarine]〕(宝石の)アクアマリン —男〔不変〕アクアマリン, 緑青色 —形〔不変〕アクアマリンの, 緑青色の

acquanauta 男女〔複[男-i]〕深海探査員

acquapark 男〔不変〕ウォーターパーク

acquaplano 男 水上スキー; 水上スキーの滑走板, アクアプレーン

acquaragia 囡〔複[-gie]〕テルペンチン(松の幹から作る樹脂), テレピン油

acquarello → acquerello

acquario 男 **1** (金魚や熱帯魚を飼う)水槽 **2** 水族館 **3** (A-)〔天〕水瓶(みずがめ)座;〔古星〕宝瓶(ほうへい)宮

acquariofilia 囡 (趣味としての)魚[水生生物]の飼育

acquariofilo 男〔囡-a〕魚[水生生物]の飼育を趣味とする人

acquartieramento 男 兵士を宿営させること, 宿営; 宿営地

acquartierare 他〔io acquartiero〕宿営させる —**arsi** 再 宿営する

acquasanta 囡〔複[aquesante]〕〔カト〕聖水 —*essere come il diavolo e l'acquasanta* うまくいかない, 水と油だ

acquasantiera 囡 聖水盤

acquascivolo 男 ウォータースライダー

acqua-scooter 男〖不変〗水上バイク; 水中モーター

acquata 女 **1** にわか雨 **2** (船の)水の蓄え

acqua-terra 形〖不変〗〖軍〗(ミサイルについて)艦上発射型の, 潜水艦から発射される, 艦対地の

acquatico 形〖複[男 -ci]〗**1** 水に関わる —ambiente *acquatico* 水環境 **2** 水生の, 水中の

acquatinta 女 〖美〗アクアチント(腐食銅版画技法の一つ); アクアチント版画

acquattarsi 再 (物陰に)しゃがむ, 身をひそめる, 隠れる

acquavite 女 **1** 火酒(ブランデー, ウォッカ, 焼酎などのアルコール成分の多い蒸留酒), アクアビット **2** (錬金術の)生命の水

acquazzone 男 激しいにわか雨, 突然の豪雨, 夕立

acquedottistico 形〖複[-ci]〗水道の, 水回りの

acquedotto 男 **1** 水道(管) **2**〖解〗導水管

acqueo 形 水の, 水を含んだ, 水っぽい —vapore *acqueo* 水蒸気

acquerellare 他 水彩で描く

acquerellista 男女〖複[男 -i]〗水彩画家

acquerello 男 **1** 水彩画(法) **2**〖複数で〗水彩絵の具

acquerugiola 女 小ぬか雨, 霧雨

acquetare → acquietare

acquetta 女 **1** 小ぬか雨, 霧雨(縮) **2** (ワイン・コーヒーなどを)水で薄めたもの

acqui- 接頭 「水の」「水に関する」の意

acquicolo 形〖生物〗水生の

acquicoltura → acquacoltura

acquidotto → acquedotto

acquiescente 形 服従的な, 言いなりの

acquiescenza 女 **1** 従順, 言いなり **2**〖法〗黙認, 黙諾

acquietabile 形 静めることができる, 緩和する

acquietamento 男 鎮静, 緩和

acquietare 他 静める, なだめる, 和らげる —*acquietare* i ragazzi arrabbiati 怒っている少年たちをなだめる —**arsi** 再 静まる, 和らぐ, 落ち着く —Il vento *si è acquietato*. 風がおさまった.

acquifero 形 水を通す —falda *acquifera* 帯水層

acquirente 男女 買い手, 購入者; バイヤー

acquisire 他〖io -isco〗**1** 取得する, 獲得する, 入手する —*acquisire* un diritto 権利を取得する **2** 知る, 習得する ▶ *acquisire agli atti* (証言・証拠を)訴訟記録にファイルする *acquisire al processo* (民事訴訟で)証拠を有効なものとして認める

acquisitivo 形 取得に適した, 取得のための

acquisito 形 **1** 取得された, 獲得された **2** 確認された, 明らかな —fatto *acquisito* 明らかな事実 **3** (親戚について)義理の, 血のつながらない **4**〖医〗後天的な

acquisitore 男〖女[-trice]〗仕入れ係, バイヤー; 購入者, 取得者

acquisizione 女 取得(物), 獲得(物) —nuove *acquisizioni* della biblioteca 図書館の新着図書

acquistabile 形 購入可能な, 入手できる

‡**acquistare** [アックィスターレ] 他 **1** 購入する, 買う —*acquistare* a rate [in contanti] 分割払い[現金]で買う **2** 獲得する, 手に入れる —*acquistare terreno* 地歩を固める(市民権を得る) **3** 身につける, 帯びる —自 よくなる, 向上する, 増す —*acquistare* in salute [sapienza] 健康が回復する[知識が向上する]

acquisto 男 **1** 購入; 購入品 —fare *acquisti* 買物[ショッピング]をする **2** 獲得, 入手 **3** 雇われた[採用された]人 **4** 到達, 達成, 成就

acquitrino 男 湿地, 沼地

acquitrinoso 形 湿地の, 沼沢地の —pianura *acquitrinosa* 湿原

acquolina 女 **1** 唾液, よだれ —avere l'*acquolina* in bocca 欲しくてたまらない **2** 小雨, 小ぬか雨

acquosità 女 水気, 湿っぽさ

acquoso 形 **1** 水気を含んだ; 湿気の多い; 雨の多い **2** 涙を浮かべた **3** 水のような **4** 青ざめた

acre 形 **1** (味について)酸っぱい **2** (匂いについて)刺激のある, 刺激する —l'odore *acre* del fumo 煙の刺激臭 **3** 辛辣な, 手厳しい

acredine 女 辛辣さ, とげとげしさ

acridio 男〖虫〗イナゴ; イナゴ科の昆虫

acrilico 形〖複[-ci]〗**1** アクリルの, アクリル繊維の —vestito *acrilico* アクリル繊維の服 **2**〖化〗アクリル酸の —男〖複[-ci]〗アクリル繊維; アクリル絵具, アクリル画

acrimonia 女 辛辣さ, とげとげしさ; 酸味 —con *acrimonia* 辛辣に, とげとげしく

acrimonioso 形 辛辣な, とげとげしい

acriticità 女 批判精神の欠如

acritico 形〖複[-ci]〗**1** 無批判的な, 批判精神を欠いた —opinione *acritica* 無批判的な意見 **2** 従属的な, なすがままの

acro 男 エーカー(面積の単位, 1acreは4046.856㎡)

acro- 接頭 「頂点」「高さ」「先端」などの意

acrobata 男女〖複[男 -i]〗曲芸師

acrobatica 女 **1** アクロバットの技術 **2**〖スポ〗(体操競技の)離れ業

acrobatico 形〖複[男 -ci]〗曲芸的な, 曲芸師のような, 離れ業の; 難局を切り抜ける, 見事な

acrobatismo 男 アクロバットの技術,

離れ業《

acrobazia 女 アクロバット, 綱渡り; 離れ業 —*acrobazie* aeree アクロバット飛行 / fare *acrobazie* 離れ業を演じる

acrocoro, acrocoro 男〔地理〕高原, 台地

acrofobia 女〔心〕高所恐怖症

acromatico 形〔複[-ci]〕1〔光学機器について〕アクロマート式の, 色収差を補正した 2〔生物〕非染色性の

acromatismo 男〔光〕収色性, 色収差のないこと

acromatizzare 他〔光学機器について〕アクロマート化する, 色収差を補正する

acronimo 男 頭字語(頭文字で構成した語: compact disc → CD など)

acropoli 女〔不変〕アクロポリス(古代ギリシャ都市の丘の上の城塞); 頂上

acrostico 男〔複[-ci]〕折り句(各行の最初の字を合わせると一つの語句となるような遊戯詩)

acroterio 男 アクロテリオン(古代神殿の切妻破風の上に置かれた動物や植物などの装飾像)

ACTH 略〔英〕Adrenocorticotropic Hormone 副腎皮質刺激ホルモン

actina 女〔生化〕アクチン

acting out 成句男〔英・心〕行動化, アクティング・アウト

acu- 接頭〔聴覚〕「耳」の意

acufene 男〔医〕〔複数で〕耳鳴り

acuire 他 (io -isco) 鋭くする, 研ぎ澄ます; 募らせる —*acuire* l'ingegno 才能を磨く / *acuire* il desiderio 欲望を募らせる **—irsi** 再 先鋭化する, 募る

aculeato 形 (動植物について)とげ[針]を備えた —男〔虫〕有剣類(ハチなど)

aculeo 男 1〔動〕棘(きょく)器, 毒針 2〔植〕とげ

acume 男 1 明敏さ, 鋭敏さ, 知性 2《文》先端; 絶頂, 激しさ

acuminare 他 (io acumino) とがらせる, 研ぎ澄ます —*acuminare* la spada 剣を研ぐ **—arsi** 再 とがる, 鋭利になる

acuminato 形 鋭利な, とがった

acustica 女 1〔物〕音響学 —*acustica* architettonica 建築音響学 2 音響効果, 音の響き

acustico 形〔複[男 -ci]〕1 聴覚の, 聴音に関する; 音響(学)の —apparecchio *acustico* 補聴器 / inquinamento *acustico* 騒音公害 2 音を出す 3〔音〕アコースティックな(電気・電子装置を用いない) —chitarra *acustica* アコースティックギター

acutangolo 男, 形 鋭角三角形(の)

acutezza 女 1 鋭さ; 激しさ; 鋭敏さ, 知性 2《文》凝った表現

acutizzare 他 先鋭化する, 悪化させる, 深刻にさせる —Il suo atteggiamento *ha acutizzato* il problema. 彼の態度が問題を悪化させた. **—arsi** 再 深刻化する, 悪化する

acutizzazione 女 先鋭化, 深刻化, 悪化

acuto 形 1 とがった; 鋭い —accento *acuto* 閉口音[左下がりの]アクセント記号 (→ grave) / angolo *acuto*〔数〕鋭角 2 鋭敏〔明敏〕な, 頭の切れる 3 激しい, 強烈〔猛烈〕な 4〔音〕高音の

acuzie 《文》→ acutezza

AD 略 Alleanza Democratica 民主同盟(1993-96 年にかけて活動したイタリアの政党)

ad 前 → a²〔前置詞 a に母音で始まる単語が続くとき, 母音の連続を避けるために d を添えることがある. 特に a- の前に限っての使用が一般的〕

ad- 接頭 動詞を作る:「方向」「接近」「強調」などの意

ad. 略 advertisement 広告

A.D. 略 Anno Domini 西暦(紀元後)

Ada 固名〔女性名〕アダ

adagetto 副〔音〕アダージェット(アダージョよりも速く)

adagiare 他 (io adagio) そっと〔慎重に〕置く —*adagiare* il ferito sulla barella 負傷者を担架にそっと乗せる **—arsi** 再 横になる, くつろぐ; 耽(ふけ)る —*adagiarsi* sul divano ソファーに寝そべる

adagino 副 1 ややゆっくり 2 慎重に, 注意して

adagio¹ 副 1 ゆっくり, 遅く 2 慎重に, 用心深く —男〔音〕アダージョ

adagio² 男 ことわざ

Adalgisa 固名〔女性名〕アダルジーザ

adamante 男 1《文》ダイヤモンド 2《文》鉄, 鋼鉄

adamantino, adamantino 形 1 ダイヤモンドの, (ダイヤモンドのように)硬い 2 意志堅固な, 清廉潔白な 3〔医〕(歯の)エナメル質の

adamico 形〔複[男 -ci]〕アダムの, アダムの時代の

adamita 形〔複[男 -i]〕〔宗〕アダム派の **—**男女〔複[男 -i]〕〔宗〕アダム派信者

adamitico 形〔複[男 -ci]〕アダムの; 〔宗〕アダム派の —in costume *adamitico* 生まれたままの姿で, 裸で

Adamo 固名(男)〔聖〕アダム(神に創造された最初の人間)

adattabile 形 適合できる, 調整できる; 順応できる, 融通の利く

adattabilità 女 1 適合, 順応性 2〔生物〕適応度

adattamento 男 1 適応 —capacità di *adattamento* 適応能力 2 改作, 脚色, アレンジ —*adattamento* televisivo テレビ用の脚色 / *adattamento* per pianoforte ピアノ用の編曲 3〔生物〕(異なる環境への)適応 4〔言〕外来語の同化

adattare 他 1 合わせる —*adattare* la cornice al quadro 絵に額を合わせる 2 順応〔適合〕させる 3 脚色[翻案]す

る **―arsi** 再(a) **1** 適合する，ぴったり合う **2** 調和する，よく似合う **3** 慣れる，順応する；甘んじる

adattatore 男 アダプター

‡**adatto** [アダット] 形 適した，向いた，ふさわしい ―strumento *adatto* per questo lavoro この仕事に適した道具

Adda 固名 男 アッダ川（ロンバルディア州の川）

addebitabile 形 **1**〔商〕借方に記入できる［すべき〕 **2**〔罪・責任を〕負うべき

addebitare 他 [io addebito] **1**〔商〕借方に記入する **2** 負わせる ―*addebitare* la responsabilità a... (人)に責任を負わせる

addebito 男 **1**〔商〕借方，借方に記入すること **2**〔罪・責任を〕負わすこと，非難，告訴 ―muovere un *addebito* a A di B B(物・事)のことでA(人)を訴える，非難する / respingere un *addebito* 非難［責任］を打ち消す

addendo 男〔数〕加数

addensamento 男 **1** 濃くすること，濃縮，凝結；密集，かたまり **2**〔気〕雲の凝集

addensare 他 濃くする，濃縮する **―arsi** 再 **1**（ソースなどが）濃くなる，（雲や霧が）濃くなる，厚くなる **2** （人が）群がる，密集する

addentare 他 **1** かじる，かぶる；噛む，噛みつく；（歯で）くわえる ―*addentare* una mela リンゴにかぶりつく **2**（歯車が）噛む

addentatura 女 **1** 噛みつくこと；歯型 **2**（歯車・道具について）挟むこと，噛み合わせ

addentellare 他 **1** 切り込みを入れる，ぎざぎざにする **2**〔建〕（壁と壁を合わせるための）噛み合わせをする

addentellato 形 切り込みを入れられた，ぎざぎざになった ―男 **1** 関連，手がかり **2**〔建〕（壁の）噛み合わせ

addentrare 他 入り込ませる，中に押し込む **―arsi** 再 入り込む，分け入る；没頭する ―L'esploratore *si è addentrato* nel bosco. 探検家は森の中に分け入った．

addentro 副《文》内部に，奥底に ―形《不変》詳しい，精通している ―essere *addentro* a [in]... …に詳しい，精通している

addestrabile 形 調教できる，しつけることができる

addestrabilità 女 調教できること

addestramento 男 **1** 訓練，研修；〔軍〕教練 ―periodo di *addestramento* 訓練［研修］期間 **2**（馬）調教

addestrare 他 （人や動物を）訓練する；〔軍〕教練する **―arsi** 再 （自分の体を）鍛える

addestrato 形 調教された，しつけられた

addestratore 男〔女[-trice]〕訓練する人，調教師

addetto 形(a) **1** 担当する，専従の **2** …に用いる，…用の ―男〔女[-a]〕担当(者)，係(員) **2** 大〔公〕使館員，(公的機関の)職員

addiacciare → agghiacciare

addiaccio 男（野外で家畜を休ませるための）囲い ―all'*addiaccio* 野外で

addietro 副 **1**（時間について）以前に，前に ―tempo *addietro* だいぶ前に / giorni *addietro* 数日前に **2**（空間について）後ろに，背後に

‡**addio** [アッディーオ] 間 **1**〘決定的な別れで〙さようなら，お達者で ―dire *addio* a... …と訣別する **2** これでおしまい，もうこれっきり ―*Addio* vacanze. ああ，休みもこれでおしまいか． / *Addio* alle armi（ヘミングウェーの）『武器よさらば』 ―男 別れ ―l'ultimo *addio*（死者との）最後のお別れ / senza una parola d'*addio* 別れの言葉もなく

addire [34] 他 捧げる

‡**addirittura** [アッディリットゥーラ] 副 **1** 全く，本当に ―Tutto è *addirittura* inconcepibile. 全く理解に苦しむことばかりだ．**2**〘間投詞的〙何と ―Ha mangiato cinque pizze.-*Addirittura!* あいつピッツァを5枚も食べたんだよ．-まさか．**3** …でさえも，…まで ―*Parla addirittura* sette lingue. 何と彼は7か国語も話せるんだよ．**4** 直接，直ちに

addirizzare 他 真っすぐにする；矯正する

addirsi [34] 再〘3人称単数・複数形でのみ使う．複合時制と遠過去活用は稀〙(a) 適している，ふさわしい ―Questo comportamento non ti *si addice*. このような振る舞いは君にふさわしくないものだ．

additare 他 指差す，示す ―Gli ho *additato* l'uscita. 私は彼に出口を指し示した．

additivo 形 **1** 追加の，添加の **2**〔数〕加算の **3**〔化〕付加反応の ―男 添加物，付加物 ―*additivo* alimentare 食品添加物

addivenire [127] 自 [es]〘過分 *addivenuto*〙**1** 達する ―*addivenire* a una conclusione 結論に至る **2**《文》起こる，生じる **3**《文》…になる

addizionale 形 追加の，付加の，補完的 ―lenti *addizionali*（カメラの）交換レンズ ―女 付加税 ―男 増設電話，子機

addizionare 他 **1** 足す，加える ―*addizionare* due numeri 二つの数を足す **2**〔化〕(di,con) …を付加する

addizionato 形 加えられた，添加された；〔化〕(di,con) …を付加された

addizione 女 **1**〔数〕加法，足し算 **2**〔化〕付加，添加，加成 **3** 追加

addobbare 他 **1** （祭りやパーティーの）飾り付けをする ―*addobbare* una chiesa 教会を飾り立てる **2**〔歴〕騎士の身なりをさせる；爵位を授ける

addobbatore 男〔女[-trice]〕（祭り

addobbo 男 装飾, 飾り付け, デコレーション

addogliare 他〔io addoglio〕《文》悲しませる, 苦しめる

addolcimento 男 甘くすること, 緩和

addolcire 他〔io -isco〕**1** 甘くする **2** 和らげる, 静める, なだめる **3**（金属や土地を）柔らかくする **4**〔化〕軟水にする —**irsi** 再 **1** 甘くなる **2** 和らぐ, 静まる

addolcitore 男 軟水力過装置

addolorare 他 苦しめる; 悲しませる —**arsi** 再 苦しむ, 嘆き悲しむ

addolorata 女〔単数のみ〕(A-) 嘆きの聖母; 嘆きの聖母像

addome 男〔解〕腹部;〔虫〕腹部

addomesticabile 形 飼育できる, 手なずけやすい

addomesticabilità 女 飼育できること, 手なずけやすいこと, 従順さ

addomesticamento 男 飼いならすこと, 手なずけること

addomesticare 他〔io addomestico〕**1**（動物を）飼いならす;（人を）しつける, 手なずける **2** ごまかす, 粉飾する **3** 開墾する —**arsi** 再（動物が）飼いならされる, 人に慣れる

addomesticato 形 **1** 飼いならされた, しつけられた **2** 粉飾された, ごまかされた, 手を加えられた

addomesticatore 男〔女 -trice〕飼育係

addominale 形 腹部の —男 **1**〔複数で〕腹筋 —rinforzare gli *addominali* 腹筋を鍛える **2** 腹筋を鍛えるエクササイズ, 腹筋運動

addoppiare 他〔io addoppio〕倍にする, 増やす

addormentabile 形 眠らせることができる, 鎮静できる

addormentamento 男 眠らせること, 寝つくこと, 鎮静

*__addormentare__ [アッドルメンターレ] 他 **1** 眠らせる —*addormentare* A con B B（物）を使って A（人）を眠らせる / fare *addormentare* il bambino 子供を寝つかせる **2** 麻痺させる, ぼうっとさせる **3** 静める, なだめる **4** 中断する, なおざりにする —**arsi** 再 **1** 寝つく, 寝入る —La bimba *si è addormentata* piangendo. 赤ん坊は泣いているうちに寝てしまった. **2**（仕事や活動を）のろのろとする **3** 麻痺する, しびれる

addormentato 形 **1** 眠っている —essere profondamente *addormentato* 熟睡している /La bella *addormentata* nel bosco（ペローの）『眠れる森の美女』**2** 眠そうな, 眠い **3** 活気のない, ぼうっとした **4** 頭の鈍い, 馬鹿な, 間抜けの

addormire 他〔中伊〕眠らせる —**irsi** 再 眠る

addossabile 形（責任・罪などについて）人に負わすことができる, 人のせいにできる

addossamento 男 **1**（責任・罪などを）負わせること, 負うこと **2** もたせかけること, もたれること

addossare 他 **1** もたせかける, 壁に寄せる —*addossare* una libreria alla parete 本棚を壁にくっつける **2**（責任・罪などを）負わせる, 押し付ける —Lei mi *ha addossato* tutte le responsabilità. 彼女は全責任を私に押し付けた. —**arsi** 再 もたれる, 寄りかかる —*addossarsi* a una parete 壁にもたれる

*__addosso__ [アッドッソ] 副 **1** 背中に[体, 体内に] —portare *addosso* ...を背負う[担ぐ] / mettersi *addosso*... ...を身に着ける[まとう] / dare *addosso* a... ...を襲う; ...と敵対する; ...を誹謗(ひぼう)中傷する / andare *addosso* a... ...に衝突する / farsela *addosso*（小便をもらすくらい）怖がる **2** すぐそばに **3**（心や体の中に —間 攻めろ, 襲え, 捕まえろ ▶ *addosso a*... ...に向かって; ...の上に; ...のそばに *avere l'argento vivo addosso* とても活発で少しもじっとしていない

addotto 形〔過分 < addurre〕**1**（証言や弁明として）提示された, 申し立てられた —prove *addotte* 提示された証拠 **2**〔医〕(四肢について)内転を受ける

addottoramento 男 学士号の授与[取得]

addottorare 他 学士の学位を授与する —*addottorare*... in giurisprudenza（人）に法学の学士号を授与する —**arsi** 再 学位を取得する, 大学を卒業する; 博士号を得る; 専門家になる

addottrinabile 形 教えることができる, 教授しうる

adduce addurre の直・現・3 単
adducendo addurre のジェルンディオ
adducesti addurre の直・遠過・2 単
adduceva addurre の直・半過・3 単
adduci addurre の命・2 単
adducibile 形（証拠・弁明として）提示できる, 申し立てることができる

addurre [3] 他〔過分 addotto〕**1**（証拠・弁明として）提示する, 申し立てる,（証拠・理由として）引用する —*addurre* ragioni per giustificare il ritardo 遅刻を釈明するための理由を申し立てる **2**《文》運ぶ, 引き起こす **3**（筋肉を）内転させる —**ursi** 再《文》赴(おもむ)く

addurrei addurre の条・現・1 単
addurrò addurre の直・未・1 単
addusse addurre の直・遠過・3 単
adduttivo 形〔解〕内転の, 内転運動の

adduttore 形〔女 -trice〕**1**（水などを）通すための, 運ぶための **2** 内転筋の —男〔解〕内転筋

adduzione 女〔解〕内転

Ade 固名〔男〕〔ギ神〕ハデス（冥府の王. 別名プルトン, クリュメノス）

-ade 接尾 女性名詞を作る:「数の単位」や「ニンフの名前」などを表す

adeguabile 形 適応できる, 順応でき

る;調整しうる
adeguamento 男 適応, 調整, すり合わせ —*adeguamento* dei salari 給与調整
adeguare 他 [io adeguo] 一致させる, 合わせる **—arsi** 再 (a) …に適応する, 順応する
adeguatezza 女 適切さ, 適合性
adeguato 形 適切な, ふさわしい —stipendio *adeguato* alla capacità 能力給
Adelaide 固名 [女性名] アデライデ
Adele 固名 [女性名] アデーレ
adempibile 形 達成しうる, 果たしうる
adempiere 他 [io adempio; 過分 adempiuto] (義務や約束などを)果たす, 実行する; (願いや夢を)かなえる **—ersi** 再 実現する, 果たされる
adempimento 男 達成, 遂行, 実現
adempire [90] → adempiere
adeni-, adeni- → adeno-
adeno-[adeno-], -adeno [-adeno] 接頭, 接尾 [医] 「腺」「腺に関する」などの意
adenoide 形 [医] アデノイドの, 腺様増殖の, 扁桃炎の **—**女 [複数で][医] アデノイド, 腺様増殖, 扁桃炎
adenoideo 形 [医] アデノイドの
adenoma 男 [複 -i] [医] 腺腫
adepto 男 [女 -a] (ある宗派の)信奉者, 信者; (ある政党·組織の)党員, メンバー
aderente 形 1 (衣服について)ぴったりした, タイトな 2 適切な, ふさわしい —un resoconto *aderente* ai fatti 事実に即した報告書 **—**男女 加入者, 参加者, メンバー
aderenza 女 1 粘着, 接着, 密着 2 一致, 忠実さ —Le tue parole non hanno *aderenza* ai fatti. 君の言葉は事実と一致していない. 3 [複数で] 有力な知り合い, ツテ, コネ
adergere [46] 他 [過分 aderto] 《文》上げる **—ersi** 再《文》上がる
aderire 自 [io -isco] (a) 1 …にぴったり付く[合う] 2 同意[同調] する, 支持する, …を受け入れる 3 (政党や組織に)入会する
aderizzare 他 (タイヤのトレッドに切り込みを入れて)吸着性を高める
aderse adergere の直·遠過·3 単
aderto adergere の過分
adescabile 形 誘惑されやすい, 引っかかりやすい
adescamento 男 1 誘惑 2 [法] 売春の客引き 3 [植] 受粉のための誘導 4 (ポンプやサイフォンの) 呼び水入れ
adescare 他 1 餌でおびき寄せる —*adescare* un pesce 魚をおびき寄せる 2 誘惑する, 引っかける; (売春婦などが) 客を誘う, 呼び込む 3 [植] 受粉のため昆虫を引き寄せる 4 (ポンプやサイフォンに) 呼び水を入れる
adescatore 形 [女 [-trice]] 誘惑する

adescatrice 女 誘惑者, 売春婦
adesione 女 1 粘着, 付着 2 同意, 支持, 賛同, 受諾 3 参加, 加入 4 [物] 付着力
adesività 女 粘着性
adesivo 形 接着力のある **—**nastro *adesivo* 粘着テープ, ガムテープ **—**男 1 粘着性のもの, 接着剤 2 (糊つきの)ステッカー, シール, ラベル
adespoto 形 作者不詳の
*__**adesso** [アデッソ] 副 1 今(は), 現在, 今日 —*Adesso* ci siamo tutti. これで全員揃ったね. / E *adesso*? 今は(どうなるの)? 2 今しがた, 今さっき, たった今 —Sono arrivato *adesso adesso* [*proprio adesso*]. ちょうど今来たところです. 3 今すぐに, 今から —Arriverà *adesso*. 彼はもうすぐやって来る. ▶ **da adesso in poi** 今後は **di adesso** 現在[現代] の, 当今[今日] の **per adesso** 当面, 今のところ
ADESSPI 略 Associazione per la Difesa e lo Sviluppo della Scuola Pubblica Italiana イタリア公立学校協会
ad hoc 成句 [ラ] このための, うってつけの, 特別な; このために, 特別に
ad honorem 成句 [ラ] 名誉を記念した, 名誉の; 名誉の記念に —laurea *ad honorem* 名誉学位
ADI 略 Associazione Detective Italiani イタリア私立探偵協会; Associazione per il Disegno Industriale 工業デザイン協会
adiacente 形 (a) …に隣接する, …の隣の —la casa *adiacente* alla chiesa 教会の隣の家 / angoli *adiacenti* [数] 隣接角
adiacenza 女 1 隣接 2 [複数で] 周辺地域, 近隣 —nelle *adiacenze* di... …の近くに, …の周辺に
adianto, adianto 男 [植] アジアンタム
adibire 他 [io -isco] (a) …として使う, …の用にあてる —*adibire* una chiesa ad ospedale 教会を病院として使う
Adige 固名 (男) アディジェ川 (Alto Adige 地方からアドリア海に注ぐ川)
adimare 他 《文》下げる, 傾ける **—arsi** 再 下がる
ad interim 成句 [ラ] (職務について)臨時の, 一時的な; 臨時に, 一時的に —ministro *ad interim* 暫定大臣
adipe 男 [医] 皮下脂肪; 肥満 —*adipe* minerale ワセリン
adipo- 接頭 「脂肪」「油脂」の意
adiposità 女 1 肥満 2 [医] 脂肪過多
adiposo 形 脂肪の多い; [医] 脂肪組織の
adirarsi 再 怒る, 憤慨する —*adirarsi* con [contro]... (人) に対して怒る / *adirarsi* per... (物) のために怒る

adirato 形 怒っている、いらいらしている —voce *adirata* いらいらした声

adito 男〚文〛入場、アクセス；機会、可能性 —dare *adito* a... …に通じる、…を引き起こす〔喚起する〕/ dare *adito* a sospetti 疑惑を巻き起こす

ad lib. → ad libitum

ad libitum 副 1 好きなように、任意に 2〚音〛アドリブで

ad limina 副〔ラ・カト〕教皇詣での；教皇詣でのために（カトリック司教が行う 5 年に一度のローマ教皇訪問を指す）

ad litteram 副〔ラ〕文字通りに、厳密に

ADMO 略 Associazione Donatori Midollo Osseo 骨髄ドナー協会

ADN 略 acido desossiribonucleico、デオキシリボ核酸、DNA

adobe 男〚不変〛1 アドベ［アドービ］レンガ（藁(わら)を混ぜて天日干しで固めたもの）2 アドベレンガで造った家

adocchiare 他〚io adocchio〛1 気づく、見分ける 2 じろじろ見る

adolescente 形 若者の、青年期の、年頃の —男女（20 歳未満の）若者、青年

adolescenza 女 青春（10 代後半から 20 歳まで）、青年期、思春期

adolescenziale 形 青年期の、思春期の、子供じみた —ribellione *adolescenziale* 思春期の反抗

Adolfo 国名〚男性名〛アドルフォ

adombramento 男 1 陰を落とすこと 2 影、陰影 3 兆候、示唆

adombrare 他〚文〛1 影を落とす、覆い隠す、暗くする 2 ほのめかす、象徴する 3〚美〛陰影をつける —arsi 再 1（動物、特に馬が）おびえる 2 怒る、気を悪くする 3〚文〛暗くなる、かげる

adone 男 1〚皮肉で〛美青年、男前；(A-)〚単数のみ〛〚ギ神〛アドニス（アフロディテに愛された美青年）

adonestare 他〚文〛正当化する、誠実に見せかける

adontare 他 侮辱する —arsi 再 立腹する

adoperabile 形 利用できる、利用可能な

‡**adoperare**［アドペラーレ］他〚io adopero〛使用する、利用する —arsi 再 打ち込む、全力を尽くす ▶ *adoperare il cervello* 熟慮〔熟考〕する、論理的に考える

adorabile 形 1 かわいらしい、愛(いと)しい、魅惑的な 2 崇敬すべき

adorante 形 崇拝する —男女 崇拝者

‡**adorare**［アドラーレ］他 1 崇拝する、崇める 2 熱愛する、敬愛〔敬慕〕する 3 偏愛する、大好きである

adorato 形 崇拝された、最愛の —la mia *adorata* nonna 最愛の祖母 —男〚女[-a]〛最愛の人、恋人

adoratore 男〚女〚-trice〛〛1 崇拝者 2〚諧〛求愛者、ファン、取り巻き

adorazione 女 1 崇拝、崇敬 —l'*adorazione* dei Magi 東方三博士の礼拝 2 熱愛、敬愛 3 うっとりとして見入ること —essere [stare] in *adorazione* うっとりする、賛嘆する

adornabile 形 飾ることができる、美化しうる

adornamento 男〚文〛装飾、美化

adornare 他 飾る、引き立たせる —*adornare* il terrazzo con fiori テラスを花で飾る —arsi 再 ドレスアップする、身を飾る

adorno 形 1 (di)…で飾られた —sala *adorna* di quadri 絵画で飾られた広間 2〚文〛美しい、優雅な

adottabile 形 採用できる；養子にしうる

adottare 他 1 養子にする 2（新しいものを）採用する 3（対策などを）講じる

adottato 形 1 採用された 2 養子にされた —男〚女[-a]〛養子

adottivo 形 1 養子関係の —padre *adottivo* 養父 2（自分のものとして）選んだ —patria *adottiva* 第二の故郷

adozione 女 1〚法〛養子縁組（制度）2 選択、採用 —*adozione* di testi scolastici 教科書の採用 3（措置や改革の）実施 ▶ *adozione a distanza* チャイルド・スポンサーシップ

adozionismo 男〔宗〕キリスト養子論

adozionista 女〚複[男 -i]〛〔宗〕キリスト養子論の信奉者

ADP 略 adenosine diphosphate [adenosindifosfato]〚化〛アデノシンニリン酸

ad personam 副〔ラ〕（職務・肩書きなどが）その人だけに授与された

a d.r. 略 a domanda risponde（供述調書で）尋問に答えて

adrenalina 女〚生化〛アドレナリン

adriaco 形〚複[男 -ci]〛〚文〛アドリア海の

Adriana 国名〚女性名〛アドリアーナ

Adriano 国名〚男〛1〚男性名〛アドリアーノ 2 (Publio Elio Traiano 〜)ハドリアヌス（76-138；古代ローマ皇帝：在位 117-138. スペインの生まれ）

adriatico 形〚複[男 -ci]〛アドリア海の —Mare *Adriatico* アドリア海

adsorbente 形〚化〛吸着性の

adsorbimento 男〚化〛吸着

adsorbire 他〚io -isco〛〚化〛（気体や液体を）吸着する

aduggiare 他〚io aduggio〛1〚文〛影で覆う 2 損なう、害する

adulabile 形 （媚(こ)びへつらいで）簡単に取り入ることができる、取り入りやすい

adulare 他〚io adulo, adulo〛1 媚(こ)びる、へつらう —Hanno adulato il professore per superare l'esame. 彼らは試験に合格するため教授にへつらった。2（心を）くすぐる、美化する —arsi 再 1 うぬぼれる 2 おだて合う

adulatore 男〔女[-trice]〕媚(こ)びる人, へつらう人 ─形〔女[-trice]〕媚びるような

adulatorio 形 媚(こ)びるような, へつらいの ─in tono *adulatorio* 媚びるような調子で

adulazione 女 追従, 媚(こ)び

adulterabile 形 (利益のため)粗悪にされる, 混ぜ物が加えられる

adulterare 他〔io adultero〕1 (利益のために)粗悪にする, 混ぜ物をする ─*adulterare* l'aranciata オレンジジュースに混ぜ物を加える 2 不倫をそそのかす ─自 不倫する

adulterato 形 混ぜ物をした, 品質を偽った, 粗悪な

adulteratore 男〔女[-trice]〕1 偽造者, 品質を偽る人 2 不倫をする人, 不倫をそそのかす人

adulterazione 女 混ぜ物をすること, 品質を偽ること, 偽造

adulterino 形 1 不倫の; 不倫から生まれた ─rapporto *adulterino* 不倫関係 2 偽造された

adulterio 男 不倫, 密通 ─commettere *adulterio* 不倫を犯す

adultero 形 不倫を犯した, 不貞な ─男〔女[-a]〕不倫を犯した人, 密通者

adulto 形 1 成人した; 成熟した 2 大人の 3 進んだ, 進歩的な ─男〔女[-a]〕成人, 大人

adunabile 形 集めることができる, 蓄積可能な

adunanza 女 集会, ミーティング ─convocare [sciogliere] un'*adunanza* 集会を召集する[解散する]

adunare 他 1 (人を)集める, 集合させる 2〔文〕蓄積する ─**arsi** 再 集まる

adunata 女 1〔軍〕召集, 召集の合図 ─*Adunata!* 整列! / suonare l'*adunata* 召集ラッパを吹く 2 集会, 集まり

adunco 形〔複[男 -chi]〕かぎ型の, かぎ状の ─naso *adunco* かぎ鼻, ワシ鼻

adunghiare 他〔io adunghio〕(爪や前足で)捕らえる, がっちりつかむ

adusto 形 1 (太陽の光で)乾ききった, 干からびた 2 (体が)やせこけた

AECI 略 Aero Club Italiano イタリア航空協会

AEI 略 Associazione Elettrotecnica e Elettronica Italiana イタリア電子・電工学協会

AEM 略 Azienda Energetica Municipale エネルジェティカ・ムニチパーレ社 (ミラノを中心に電力・ガスなどを供給する株式会社)

Aemilia 固名(女)(Via 〜)アエミリア街道 (Rimini-Piacenza 間を結ぶローマ街道; エミリア街道のラテン語名)

aerare 他〔io aero〕1 風を通す 2 (空気・ガスなどで)満たす 3〔農〕(穴を掘って)土に空気を通す ─**arsi** 再 (空中に)上がる

aerato 形 風を通した, 換気した

aeratore 男 送風機, 通気器, エアレーター

aerazione 女 1 通気, 換気, エアレーション ─bocca di *aerazione* 通気孔 2 空気にさらすこと 3〔医〕(肺における)血液への酸素供給

aere 男〔文〕大気, 空, 雰囲気

aereare → aerare

***aereo** [アエーレオ] 形 1 空気[大気]の, 空気から成る 2 非現実的な, 根拠のない ─discorso *aereo* とらえどころのない話 3 空中の ─cavi *aerei* 空中ケーブル 4 飛行[航空]の, 飛行機の ─per via *aerea* 航空便で / posta *aerea* 航空便 ─男 飛行機(aeroplano) ─in *aereo* 飛行機で

aereonavale → aeronavale

aeri- → aero-

aeriforme 形 1 気体の, ガス状の 2〔文〕空(くう)の, 中身のない ─男 気体

aerino 形〔文〕空(くう)色の

aero- 接頭 「空気」あるいは「飛行機」「航空」の意

aerobica 女 エアロビクス

aerobico 形〔複[男 -ci]〕1 エアロビクスの ─ginnastica *aerobica* エアロビクス 2〔生物〕好気性の

aerobio 形〔生物〕好気性生物の ─男 好気性生物

aerobiologia 女 空中生物学

aerobiosi 女〔不変〕1〔生物〕好気生活 2 (筋肉運動のための)酸素の利用

aerobus, aerobus 男〔不変〕エアバス

aerocinematografia 女 航空撮影

aerocisterna 女 空中給油機

aeroclub 男〔不変〕航空協会

aerodinamica 女〔物〕空気力学, 航空力学

aerodinamico 形〔複[男 -ci]〕1 空気力学の, 航空力学の 2 空気抵抗の少ない, 流線型の 3 すらりとした

aerodromo, aerodromo 男 飛行場

aerofaro 男 (飛行場の)誘導灯

aerofisica 女〔物〕航空力学

aerofobia 女〔心〕空気恐怖症, 嫌気(けんき)症

aerofono 男 1〔軍〕(音の出所を調べるための)音響探査装置 2〔音〕気鳴楽器

aerofotografia 女 航空写真(技術)

aerofotogramma 男〔複[-i]〕(測量用)航空写真

aerofotogrammetria 女 航空写真測量

aerofotogrammetrico 形〔複[男 -ci]〕航空写真測量の

aerogeneratore 男 風力発電機

aerografo 男 エアブラシ ─pittura all'*aerografo* エアブラシを使った絵画

aerogramma 男〔複[-i]〕航空書簡

aerolinea 女 定期航空路; 航空会社

aerolito, aerolito 男 隕(いん)石

aerologia 女 高層気象学

aerologista → aerologo

aerologo 男〔複[-gi]女[-a]〕高層気象学者

aeromante 男〔歴〕(大気現象に基づいて未来を占った)予言者, 占い師

aeromanzia 女 大気現象に基づく予言[占い]

aeromarittimo 形 海上上空の[で行われる] —soccorso *aeromarittimo* 海上上空からの救援活動

aeromeccanica 女 大気力学, 気体力学

aerometria 女〔物〕ガス濃度測定

aerometro 男〔物〕ガス濃度測定器

aeromobile 男 航空機 ―形 航空機の

aeromodellismo 男 模型飛行機作り —Ho la passione dell'*aeromodellismo*. 模型飛行機を作るのが趣味です.

aeromodellista 男女〔複[男 -i]〕模型飛行機愛好家

aeromodellistica → aeromodellismo

aeromodellistico 形〔複[男 -ci]〕模型飛行機(製作)の

aeromodello 男 模型飛行機

aeronauta 男女〔複[男 -i]〕気球[飛行船]の乗員; 飛行機の操縦士

aeronautica 女 1 航空学, 飛行術 2 航空に関する活動; 航空関連機関[協会] —*aeronautica* civile 民間航空 / *aeronautica* militare 空軍

aeronautico 形〔複[男 -ci]〕航空の, 航空に関する —industria *aeronautica* 航空産業

aeronavale 形〔軍〕海と空の, 海軍空軍一体の —battaglia *aeronavale* 海空一体の戦闘

aeronave 女 飛行機, 飛行船; 宇宙船

aeronavigazione 女 飛行

‡**aeroplano** [アエロプラーノ] 男 飛行機

‡**aeroporto** [アエロポルト] 男 空港

aeroportuale 形 空港で働く; 空港の —tasse *aeroportuali* 空港税 ―男女 空港で働く人

aeropostale 形 航空郵便の

aerorazzo 男 ロケット機

aeroreattore 男 ジェットエンジン, ジェット機

aerorifornimento 男 (飛行機からの)物資の投下

aerorimessa → aviorimessa

aeroscalo 男 (長時間の飛行で立ち寄る)中継飛行場

aeroscivolante 男 ホバークラフト

aeroscopio 男 (空気中から微細な物質を集める)空気検査器

aeroservizio 男 航空旅客輸送

aerosfera → atmosfera

aerosilurante 男 (魚雷を投下する)雷撃機

aerosiluro 男〔軍〕航空魚雷

aeroso 形 1〔文〕空気の, 風通しのよい 2 かろやかな, くつろいだ, ひろびろした

aerosoccorso 男 (特にヘリコプターによる)空からの救助活動

aerosol 男〔不変〕 1〔物〕エアロゾル (液体・固体が気体中に分散したもの) 2 (呼吸器治療のための)エアゾール, エアゾール用の吸入器 3 スプレー; スプレー用の原液

aerospaziale 形 航空宇宙の; 空域の

aerospazio 男 宇宙空間; 領空, 空域

aerostatica 女 1〔物〕気体静力学 2 (気球・飛行船などの)軽飛行機操縦術

aerostatico 形〔複[男 -ci]〕 1 気体静力学の 2 (気球・飛行船など)軽飛行機の —pallone *aerostatico* 気球

aerostato 男〔空〕(飛行船や気球のような空気より軽い)飛行体, 軽飛行機

aerostazione 女 (空港の)ターミナルビル

aerotassì → aero-taxi

aero-taxi 男〔不変〕近距離小型旅客機, エアタクシー

aerotecnica 女 航空力学

aeroterapia 女〔医〕(肺の慢性疾患などを治療する)大気療法

aeroterrestre 形〔軍〕空と陸の, 空軍と陸軍一体の

aerotrasportare 他 (兵士・兵器などを)空輸する

aerotrasporto 男 (兵士や兵器の)空輸

aeroturbina 女 風力タービン

aeroturismo 男 遊覧飛行

aerovia 女 1 航空路 2〔医〕気管

AF 略 Agricoltura e Foreste 農林

afa 女 蒸し暑さ, 息苦しさ, 暑苦しさ

afasia 女 1〔医〕失語症 2〔哲〕(懐疑主義哲学の)判断停止

afasico 形〔複[男 -ci]〕失語症の; 失語症患者の ―男〔複[-ci]女[-a]〕失語症患者

afelio 男〔天〕遠日点

aferesi 女〔不変〕 1〔言〕語頭音消失 2〔医〕除去, 摘出: 成分献血

aferetico 形〔複[男 -ci]〕語頭音が消失した

affabile 形 1 愛想のよい, 真心のこもった, もの柔らかな, 親切な —carattere *affabile* 優しい性格 2 信頼[信用]できる, 期待を抱かせる 3〔情〕分かりやすい, 利用しやすい

affabilità 女 1 愛想のよさ, 感じのよさ 2 分かりやすさ, 使いやすさ

affaccendamento 男 懸命の努力, 大忙し(で働くこと)

affaccendarsi 再 懸命に働く, 忙しく働く

‡**affaccendato** [アッファチェンダート] 形 多忙な, せわしない

‡**affacciare** [アッファッチャーレ] 他 示す, 明らかにする ―**arsi** 再 1 顔を出す, 姿を見せる —*affacciarsi* alla fine-

affacciato
stra 窓から顔を出す **2** 心に浮かぶ, 思い出す, 思い当たる **3** (建物が)…に面する
affacciato 形 顔を出した; 向き合った —due case *affacciate* una all'altra 向かい合った2軒の家
affaire 男《不変》〖仏〗(世間を騒がせる)政治的事件, スキャンダル
affamare 他 **1** 飢えさせる, (生活に必要なものを)奪う **2** 貧乏にする, 困窮させる
affamato 形 **1** 飢えた **2** 貧乏な, 困窮した **3** 切望[熱望, 渇望]した ―男〖女[-a]〗**1** 飢えた人 **2** 貧乏人, 困窮者
affamatore 男〖女[-trice]〗飢え[窮乏]をもたらす者
affannare 他 **1** 息切れさせる, 喘(あえ)がせる —Questa strada in salita mi *affanna* sempre. この坂道はいつも私に息切れさせる. **2** 不安にさせる, 苦しめる ―自 息切れする, 不安になる ―**arsi** 再 **1** 息切れする, 喘ぐ **2** 心配する, 不安になる **3** 懸命に働く, 骨を折る —*Si affanna* per un nonnulla. 彼は無駄なことに一生懸命努力している.
affannato 形 **1** 息切れした, 喘(あえ)いだ —È arrivata tutta *affannata*. 彼女は息も絶え絶えに到着した. **2** 不安な, 心配な; 苦悩に満ちた
affanno 男 **1** 息切れ, 呼吸困難 **2** 不安, 心配 **3** 苦悩, 心痛
affannoso 形 **1** 息切れする; 息苦しくさせる **2** (息切れするほど)辛い, 大変な **3** 不安な, 心配な
affaraccio 男 面倒な状況, 難しい案件 ▶ *Sono affaracci miei [nostri]*. 大きなお世話だ(他人は関わるな). *Sono affaracci tuoi [vostri]*. 知ったことではない(自分でやれ).
affardellare 他 **1** 荷物にして, 束ねる **2**〖軍〗(コンパクトに)まとめる
‡**affare**〖アッファーレ〗男 **1** 用事, 仕事 —Ho un *affare* da sbrigare. 急ぎの用がある. / Ministero [Ministero] degli *Affari* Esteri 外務省〖大臣〗**2** 問題, 事件, 懸案; 物事, 事柄 —È *affar* mio. いらぬお世話だ. / Non è *affar* mio. 私の知ったことではない. / Non è *affar* tuo. 君には関係ないことだ. **3** 有利な売買, もうかる取引 **4** 事業, 商売, ビジネス —uomo d'*affari* ビジネスマン / viaggio d'*affari* (商用の)出張 **5**《口》〈名前を知られない〉何とかいう物, それ, あれ **6** 裁判所用語 ▶ *fare un buon affare* (よい品物を)安く買う **per affari** 仕事で, 商売で
affarismo 男 商業主義, 営利主義
affarista 男女〖複[男 -i]〗営利主義者, 投機家
affaristico 形〖複[男 -ci]〗営利主義(者)の, ビジネスの
affarone 男 **1** もうけの大きな取引; 安い買い物 —Quest'appartamento è un *affarone*. このマンションは安い買い物だ.
affascinante 形 魅力的な, チャーミングな

affascinare 他〖io affascino〗**1** 魅了する, うっとりさせる **2** すくませる, 幻惑する **3** 興味をそそる, 引きつける, 心を奪う
affastellamento 男 **1** 束ねること **2** 山積み, 寄せ集め
affastellare 他 **1** 束ねる, まとめる **2** (乱雑に)積み上げる, (無秩序に)寄せ集める —*affastellare* parole 言葉をしゃべり散らす
affaticamento 男 **1** 疲れさせること, 疲労 —*affaticamento* mentale 精神的な疲労 / *affaticamento* oculare 目の疲れ **2**〖機〗金属疲労
affaticante 形 疲れさせる
affaticare 他 **1** 疲れさせる **2** 極度に使う, 酷使する **3** 悩ます, 苦しめる ―**arsi** 再 **1** 疲れる **2** 衰えさせる, 弱める **3** 骨を折る, 身を粉にする, 専心になる
affaticato 形 疲れた —Aveva l'aria *affaticata*. 彼は疲れた様子をしていた.
‡**affatto**〖アッファット〗副 **1** 全く, 本当に; すっかり ▶ *nient'affatto* [*niente affatto*] 〈強い否定〉全然, ちっとも *non... affatto* 全く…でない / *Non* sono *affatto* stanco. 全然[ちっとも]疲れてないよ. / Mio figlio *non* studia *affatto*. うちの子は本当に勉強しない.
affatturare 他 **1** 魔法にかける, 幻惑する **2** 混ぜ物をする, 質を落とす
afferente[1] 形《a》…に関する, …に属する —i documenti *afferenti* al contratto 契約に関する書類
afferente[2] 形〖解〗(神経や血管などが)求心性の, 導入の, 輸入性
afferire 自〖io -isco〗《a》…に関わる, …に属する
affermabile 形 断言できる, 肯定できる
‡**affermare**〖アッフェルマーレ〗他 **1** 断言する **2** 肯定[同意, 賛成]する **3** 強く主張する[求める], 言い張る ―**arsi** 再 **1** 成功する, 信頼を得る, (力や能力を)示す **2** (スポーツなどで)勝利する **3** 普及する, 流布する
affermativamente 副 賛成して, 肯定的に
affermativo 形 肯定的な, 同意[賛成]の —dare una risposta *affermativa* 賛成の返事をする / in caso *affermativo* もしそうならば ―副 はい〈無線通信の応答語〉
affermato 形 名の通った, 成功した, (商品について)広く普及した ―attore *affermato* 名の通った俳優
affermazione 女 **1** 断言 **2** 主張, 表明 **3** 成功; 勝利
afferrabile 形 **1** つかめる **2** 把握できる
afferrare 他 **1** (握り締めて)つかむ; 捕える **2** 把握する, 理解する, 分かる ―**arsi** 再《a》**1** しがみつく, すがりつく —*afferrarsi* alla ringhiera 手すりにしがみつく **2** しっかり抱き合う, 抱いて寄り添う
Aff.Est. 略 Affari Esteri 外務省
affettare 他 薄く切る, スライスする ―

affettato

affettarsi 再 《謔》(ナイフなどで)自分の体を切ってしまう

affettato¹ 形 薄切りの ― 男 薄切りのハムやソーセージ

affettato² 形 気取った、装った、わざとらしい ―sorriso affettato 作り笑い

affettatrice 女 (ハムの)スライサー

affettatura 女 (ハムやパンなどの)スライス

affettazione 女 見せかけ、気取り、わざとらしさ ―con [senza] affettazione 気取って[気取らずに]

affettività 女 〔心〕情動、情動性

affettivo 形 1 心の、感情の、愛情のこもった ―legame affettivo 心のきずな 2 〔心〕情動の; (知性に対して)情緒を重んじる

***affetto¹** [アッフェット] 男 1 親愛の情、いとおしさ、情愛 2 愛着のある物、愛する人

affetto² 形 1 (da)…の病気にかかった ―Sono affetto da una leggera miopia. 私は軽い近視にかかっている. 2 (感情に)襲われる、とらわれる 3 〔法〕抵当にとられた 4 《文》夢中になった

affettuosamente 副 愛情を込めて、優しく

affettuosità 女 1 優しさ、情愛 2 愛情のこもった振る舞い[言葉]

***affettuoso** [アッフェットゥオーソ, アッフェットゥオーゾ] 形 1 愛情のこもった、心優しい 2 〔音〕熱のこもった、感情あふれた

affezionarsi 再 (a) …を好きになる; …をいとおしむ

affezionatissimo 1 affezionatoの絶対最上級 2《手紙の結び文句として署名の前に置かれて》心を込めて ―Tua affezionatissima Angela アンジェラより心を込めて

affezionato 形 (a) …を慕う、…になつく、…を大切に思う、…に思いを寄せる

affezione 女 1 愛情、愛着 ―prezzo d'affezione (思い入れが反映した)値段[評価] 2《文》感情、気持ち 3 〔医〕病気、疾患 ―affezione renale 腎臓疾患

affiancamento 男 傍らに置くこと、並べること

affiancare 他 1 並べて置く 2 同伴[同行]し続ける 3 援助する、手伝う、支持[支援]する ―arsi 再 1 横に並ぶ 2 助け合う

affiatamento 男 (相互の)息が合うこと、チームワーク、調和、協調 ―Gli azzurri hanno mostrato grande affiatamento. イタリア代表は素晴らしいチームワークを発揮した.

affiatare 他 意思の疎通を図る; うまくまとめる ―arsi 再 仲よくする、息が合う

affiatato 形 息が合っている、うまが合っている ―amici affiatati うまの合った友人たち

affibbiare 他 〔io affibbio〕 1 (留め金[バックル]で)留める[締める] ―affib-

---

affilatura

biare la cintura ベルトを締める 2 (ピンタを)食らわせる、(厄介なことを)押し付ける、つかませる ―affibbiare un soprannome あだ名をつける

affiche 女 〔不変〕〔仏〕ポスター

affidabile 形 1 信頼できる、頼りにできる ―agente affidabile 信頼できる代理人 2 〔法〕里子に出すことができる

affidabilità 女 1 頼りにできること、信頼感[性] ―agenzia di grande affidabilità 信頼できる代理店 2 (製品の)品質保証、安全性 ―affidabilità di un automobile 車の品質保証 3 里子に出せること

affidamento 男 1 信頼、信用 ―non dare affidamento 頼りに[当て]にならない / fare affidamento su... …を頼り[当て]にする 2 〔法〕里親制度

*affidare [アッフィダーレ] 他 託す、預ける、委ねる ―arsi 再 (a) 1 (好意や保護に)身を委ねる 2 頼りにする、信頼する

affidavit 男 〔不変〕〔ラ・法〕宣誓供述書

affido → affidamento

affienare 他 (家畜に)干し草を与える; 干し草を栽培する; (草を)干し草にする

affievolimento 男 1 弱める[弱まる]こと、衰弱、減少 ―affievolimento del diritto 〔法〕権利の制約 2 (電波の)フェーディング現象

affievolire 他 〔io -isco〕 弱める、和らげる ―affievolire una luce 光を弱める ―irsi 再 弱まる、減じる

affiggere [4] 他 〔過分 affisso〕 1 (壁などに)貼り付ける、固定する ―affiggere cartelloni ポスターを貼る 2 打ち込む、突き刺す、押しあてる ―affiggere lo sguardo [gli occhi] じっと見つめる / affiggere baci 強く口づけする ―ersi 再《文》凝視する、(精神を)集中する; 止まる

affila- 接頭「研ぐ」「磨く」の意

affilacoltelli 男 〔不変〕ナイフ研ぎ器

affilalame 男 〔不変〕(かつての)カミソリ研ぎ器

affilamento 男 研ぐこと

affilarasoio 男 (カミソリを研ぐための)革砥(とぎ)

affilare 他 1 (刃物類を)研ぐ、研磨する ―affilare la lama di un coltello 包丁の刃を研ぐ 2 やせ細らせる ―La malattia gli ha affilato i lineamenti. 病が彼の容貌をやつれさせた. 3 とがらせる; (まなざしを)険しくする、とげとげしくする ―arsi 再 やせ細る ▶ affilare le armi 戦いの準備をする

affilata 女 ざっと研ぐこと

affilato 形 1 鋭利な、よく切れる 2 辛辣な、痛烈な、厳しい ―avere la lingua affilata 舌鋒鋭い 3 細身の、ほっそりした、とがった ―naso affilato ほっそりした鼻、鋭い鼻

affilatrice 女 研ぎ機、研磨盤

affilatura 女 研ぐこと、研磨

affiliando 男〔女[-a]〕〔法〕準養子手続き中の未成年者;〔組織への〕加入候補者 —形 加入候補

affiliare 他〔io affilio〕**1**(a) …のメンバーにする, …に加入させる —*affiliare... a una loggia massonica*(人)をフリーメーソンに加入させる **2** 準養子にする —**arsi** 再(a) …に加入する, …のメンバーになる

affiliata 女〔経〕系列会社, 支社, 支店
affiliato 形 **1**(組織に)加入した;〔スポ〕(協会や連盟に)加盟した **2**〔法〕準養子となった —男〔女[-a]〕加入者; 準養子
affiliazione 女 **1** 加入, 加盟 —*affiliazione commerciale* フランチャイズ加盟 **2**〔法〕(かつての)準養子縁組制度
affinamento 男 **1** 細くすること, 鋭くすること **2** 洗練 —*affinamento del gusto* 趣味の洗練 **3**(ワインの)熟成;〔工〕精錬, 精製
affinare 他 **1** 先をとがらせる, 細らせる **2** やせさせる **3** 洗練させる, 磨きをかける —*affinare l'ingegno* 才能を磨く **4** 精錬[精製]する —*affinare il rame* 銅を精錬する **5**〔農〕土をならす —**arsi** 再 **1** よくなる, 洗練される
affinazione 女〔工〕精錬, 精製
affinché 接(接続法とともに)…するように, …するために —*Ti avviso affinché tu possa migliorare.* 君がうまくなるように注意してるんだよ.
affine[1] 形 **1** 似ている, 類似の, 関連する —*idee affini* 類似のアイデア / *temi affini* 関連テーマ **2**〔化〕親和的な **3**〔幾〕擬似の **4**〔言〕語源が同じの, 同族の —男〔複数で〕類似製品 —男女〔法〕姻戚, 配偶者の親戚
affine[2] 接 (di + 不定詞) …するために(al fine di)
affinità 女 **1** 類似, 親近, 共通性, 関連 **2**〔法〕姻戚関係 **3**〔生物〕類縁性, 親和性 **4**〔化〕親和力 ▶ *affinità elettiva*(共通の好み・関心を持つ者の間の)相互引力, 同気相求むこと *affinità linguistica*(言語間の)類似性, 類縁関係
affiochimento 男 弱まること, かすれる[小さくなる]こと
affiochire 他〔io -isco〕弱める, かすれさせる, 小さくする —*affiochire un suono* 音を小さくする —**irsi** 再 弱まる, かすれる, 小さくなる
affioramento 男(水面や地表に)現れること, 出現 —*in affioramento*(潜水艦が)水面に潜望鏡を出して潜航している
affiorare[1] 自〔es〕**1**(表面に)現れる, 顔を出す **2** 明らかになる, 明るみに出る, 発覚する —*La verità sul caso di omicidio è affiorata.* 殺人事件の真相が明らかになった.
affiorare[2] 他(小麦粉を高品質に)精製する
affissare 他(視線・注意などを)向ける, 注ぐ —*affissare lo sguardo* じっと見つめる —**arsi** 再(a, in, su) …をじっと見つめる, …に注意を傾ける
affisse *affiggere* の直・遠過・3 単
affissionale 形 掲示の, ビラ[ポスター]貼りの —*pubblicità affissionale* 掲示広告, ポスター広告
affissione 女(掲示・ビラなどを)貼ること, ポスター貼り —*divieto d'affissione* ビラ貼り禁止 / *affissione dinamica* 乗り物への広告掲示
affissivo 形〔言〕膠(ﾆｶﾜ)着の —*lingua affissiva* 膠着語
affisso 形〔過分 < affiggere〕**1** 貼り出された, 掲示された **2**〔文〕くっついた, 固定された, しっかりした —男 **1** 掲示, ポスター, ビラ **2**〔言〕接辞(接頭辞・接中辞・接尾辞の総称)
affittabile 形 賃貸可能な
affittacamere 男女〔不変〕(家具付きの部屋の)貸し主, 家主
affittare 他 **1** 賃貸する, 貸す(dare in affitto) —*Questi appartamenti si affitteranno fra pochi giorni.* まもなくこのマンションの賃貸が開始されます. **2** 賃借する, 借りる(prendere in affitto)
affittasi 男〔不変〕〔掲示〕貸家(空室)
affitto 男 **1** 賃貸借契約 **2** 賃貸借料, 家賃 —*dare [prendere] in affitto* 賃貸[賃借]する **3** レンタル, リース
affittuario 男〔女[-a]〕〔法〕賃借人, 借地人, 借家人 —形 賃貸の
afflato 男 霊感, インスピレーション;《文》風のそよぎ
affliggere [5] 他〔過分 afflitto〕**1** 苦しめる, 悩ます, 苛(ｻｲﾅ)む **2** うるさくせがむ, しつこく頼む —**ersi** 再 悲しむ, 悩む
afflisse *affliggere* の直・遠過・3 単
afflitto *affliggere* の過分
afflizione 女 **1** 苦悩, 悲嘆 —*La morte della madre lo ha gettato nell'afflizione.* 母親の死は彼を苦しみの底に突き落とした. **2** 災難, 苦難
afflosciamento 男 ぐったりする[させる]こと, しぼむ[しぼませる]こと
afflosciare 他〔io affloscio〕ぐったりさせる, 衰弱させる; 萎(ﾅｴ)れさせる, たるませる —*Lo scirocco ha afflosciato i fiori.* シロッコが花々をぐったりさせた. —**arsi** 再 ぐったりする, しぼむ, 綴ぐ —*afflosciarsi come un sacco vuoto* 空(ｶﾗ)の袋みたいにぐったりする, 元気がない
affluente 男(河川の)支流;〔地理〕氷河の支流 —形 豊かな, 富裕な
affluenza 女 **1** 流れ込み, 流入 —*affluenza dell'acqua* 水の流入 **2**(群衆が)押しかけること, (人の)殺到 —*C'era una grande affluenza al teatro.* 劇場に多くの人々が押しかけていた. / *affluenza alle urne* 投票(率)
affluire 自〔es〕〔io -isco〕**1**(液体などが)流れ込む, 流入する —*I capitali li-*

afflusso 28 **affrontabile**

quidi *affluiscono* sul mercato. 流動資本が市場に流入する. **2** 大量に集まる, 大規模に流入する —Una folla di tifosi *è affluita* nello stadio. 大勢のサポーターがスタジアムに押しかけた.

afflusso 男 **1** (液体などの)流入 **2** (群衆が)押し寄せること —*afflusso* dei tifosi ファンの殺到

aff.mo 略〖形容詞として語尾変化する: 複[男 aff.mi]女[aff.ma, 複 aff.me]〗 affezionatissimo (手紙の結びで)「最愛の」

affocare 他 **1** 《文》燃やす, 真っ赤にする **2** 《文》興奮させる **—arsi** 再 燃える, 真っ赤になる; 興奮する

affogamento 男 溺れさせること, 溺れること

affogare 他 **1** 溺れさせる, 溺死させる **2** (酔って)紛らす, 忘れる **—自** [es] **1** 溺れ死ぬ, 溺れる —*affogare* nei debiti 借金で首が回らない **2** 息苦しくなる, 息詰まる ▶ *affogare in un bicchier d'acqua* 些細なことでうろたえる(「針小棒大」の意にも)

affogato 形 **1** 溺れた, 溺死した **2** 〔料〕(ソースやシロップに)浸った, 漬かった —uovo *affogato* 落とし卵 **3** (部屋や建物が)狭い, 光が射さない **—男**〖女[-a]〗溺れた人, 溺死者 **—男** アッフォガート(リキュールやコーヒーなどをかけたアイスクリーム) —*affogato* al cioccolato チョコソースをかけたアイスクリーム

affollamento 男 **1** 群衆, 人だかり —C'è un grande *affollamento* in piazza. 広場はすごい人だかりだ. **2** 〔生物〕(魚や昆虫などが)群がること

affollare 他 **1** (人が場所を)埋め尽くす, 群がる, 詰めかける **2** 重圧を与える, 圧迫する **—arsi** 再 **1** 群がる **2** 満員になる

affollato 形 (人で)混み合った, 満員の, 群がった

affoltare 他 《文》(大量に)積み重ねる, 詰め込む, かき集める **—arsi** 再 積み重なる, ひしめく, 濃密になる

affondamento 男 **1** 沈めること, 沈没 **2** 失敗, 破綻 **3** くぼみ; 掘削, 打ち込み **4** (水泳で)水面下に体を沈めすぎること, (水球で)水面下に球を沈める反則

affondamine 男〖不変〗〔軍〕機雷敷設艦

affondare 他 **1** (奥まで)入れる, (底まで)沈める **2** 破滅させる, 滅ぼす —*affondare* un progetto 計画をだめにする **3** 浸す, つける **4** 食い込ませる, 打ち込む, 突き刺す **—自** [es] **1** (船が)沈む, 沈没する **2** 失敗する, だめになる

affondato 形 **1** 沈んだ **2** 《文》くぼんだ, 低くなった

affondo 男 **1** (フェンシングの)突き —fare un *affondo* 突きを繰り出す **2** (サッカーで)敵陣深くへの速攻 **3** (競走で)スパート **5** (ボクシングで)強烈なストレート

afforzare 他 《文》強くする, 強化する

affossamento 男 **1** 陥没, 沈下 **2** 中止, 中断 —*affossamento* di un progetto 計画の中止 **3** 〔地理〕海溝

affossare 他 **1** くぼませる **2** 中止する, 葬り去る —*affossare* un'inchiesta 調査を中止する **—arsi** 再 くぼむ

affr. 略 africata 〔言〕破擦音

affrancabile 形 解放できる; 免除できる

affrancamento 男 **1** 解放; 免除 —*affrancamento* dalla schiavitù 隷属状態からの解放 **2** 切手を貼ること **3** 〔植〕接ぎ木が根付けること

affrancare 他 **1** 解放する —*affrancare* un popolo oppresso 抑圧された人民を解放する **2** 切手を貼る —non *affrancare* 切手不要 **3** (抵当から)解除する, 買い戻す, 償却する **—arsi** 再 解放される, 自由になる; 解除される

affrancato 形 **1** 解放された; 解除された **2** 切手を貼った **—男** 解放奴隷

affrancatore 形 〖女[-trice]〗 解放する **—男** 〖女[-trice]〗解放者

affrancatrice 女 郵便料金メータースタンプ打ち出し機

affrancatura 女 切手を貼ること, (切手に相当する)スタンプを押すこと; 切手, スタンプ —*affrancatura* a carico del destinatario フリーポスト, 料金受取人払い

affrangere [56] 他〖過分 affranto〗《文》打ちのめす, 弱らせる

affranse affrangere の直・遠過・3 単

affranto 形 〖過分<affrangere〗 ぐったりした, 打ちのめされた

affratellamento 男 **1** (兄弟愛によって)結びつくこと, きずなを深めること **2** 義兄弟の誓い

affratellare 他 (兄弟愛で)結びつける, 兄弟のような関係にする, 一体にする

affrenare 他 《文》抑える, 引き留める

affrescare 他 フレスコ画を描く[で飾る] —*affrescare* la chiesa 教会をフレスコ画で飾る

affreschista 男女 〖複 男 -i〗 フレスコ画家

*****affresco** [アッフレスコ] 男 〖複 [-chi]〗 フレスコ画法; フレスコ画 —gli *affreschi* di Michelangelo ミケランジェロの壁画

affrettare 他 **1** 速める, 速度を上げる **2** 早める; 繰り上げる —*affrettare* la partenza [la decisione, le nozze] 出発[決定, 結婚式]を早める **—arsi** 再《a + 不定詞》急いで…する —*affrettarsi* a rispondere a... 急いで…に返事する

affrettato 形 **1** すばやい, 敏捷(ﾋﾞﾝ)な **2** 性急な, 拙速の, やっつけの —giudizio *affrettato* 性急な判断 / lavoro *affrettato* やっつけ仕事

africata 女〔言〕破擦音

affrontabile 形 立ち向かうことができ

る, 取り組むべき; 負担しうる —spesa *affrontabile* 負担しうる出費

affrontare [アッフロンターレ] 他 **1** 直面する, 立ち向かう **2** 始める, 着手する; 調べ[検討し]始める **3**(難事に)取り組む **4** ぴったり合わせる

affronto 男 無礼, 侮辱 —fare un *affronto* a... (人)を侮辱する

affumicare 他〔io affumico〕**1** 煙を充満させる, 煙でくすませる —*affumicare* la cucina 台所を煙で満たす **2** 燻(いぶ)す, 薫製にする **3** 香を焚(た)き込める

affumicata 女 軽く燻(いぶ)すこと, 軽く薫製にすること

affumicato 形 **1** 煙に満ちた **2** 薫製にした —pancetta *affumicata* ベーコン / pesce *affumicato* 魚の薫製 **3**(レンズ・ガラスなどを)曇らせた, 暗い色をつけた

affumicatura 女 **1** 燻(いぶ)すこと, 薫製 **2** 煙を満たすこと, 燻り出すこと

affusolare 他〔io affusolo〕紡錘形にする, 先をとがらせる, ほっそりさせる —**arsi** 再 とがる, 先細になる, すらりとした形になる

affusolato 形 **1** 紡錘(つむ)形の **2** (指先などが)ほっそりした —mani *affusolate* ほっそりした手

affusto 男〔軍〕砲架

afgano, afghano 形 アフガニスタン(人)の —男〔女[-a]〕アフガニスタン人

Afghanistan 固名(男) アフガニスタン

AFI 略 **1** Associazione Fonetica Internazionale 国際音声学協会 **2** Alfabeto Fonetico Internazionale 国際音声記号, IPA **3** Associazione dei Fonografici Italiani イタリアレコード協会

aficionado 男〔複[aficionados]〕〔西〕熱狂的なファン, マニア

afide 男〔虫〕アブラムシ

a.f.m. 略 a fine mese 月末に

afnio 男〔化〕ハフニウム〔元素記号 Hf〕

afonia 女〔医〕(発声器官の傷害によって)声が出なくなること, 失声症, 無声症

afonico 形〔複[男 -ci]〕**1**〔医〕失声症の, 無声症の **2** 無音の, 音が遮断された

afono 形 **1**〔医〕失声症を患った **2** 声が出ない, かすれた —男〔女[-a]〕〔医〕失声症患者

aforisma 男〔複[-i]〕警句, 格言, アフォリズム —parlare per *aforismi* 警句を使って話す, 警句を駆使する

aforismo → aforisma

aforista 男女〔複[-i]〕警句[格言]を作りだす人, 警句[格言]を駆使する人

aforistico 形〔複[男 -ci]〕格言(風)の, 簡潔で鋭い

a fortiori 成句〔ラ〕より確かな理由で, なおさら

afosità 女 蒸し暑さ, 息詰まるような暑さ

afoso 形 蒸し暑い, うだるように暑い —un clima *afoso* うだるような天気

AFP 略 Agence France Presse フランス通信社

Africa 固名(女) アフリカ

africanismo 男 **1**〔歴〕(第二次世界大戦までの)アフリカ植民地政策; [政]アフリカ独立を支持する方針方針 **2**〔言〕アフリカの言語の借用

africanista 男女〔複[男 -i]〕**1** アフリカ研究者 **2**〔歴・政〕アフリカの独立支持者

africanistica 女 アフリカ研究

africano 形 アフリカ(人)の —男〔女[-a]〕**1** アフリカ人 **2**(マジパンの)チョコレートコーティングした菓子

africo 形〔複[男 -ci]〕アフリカの —男《文》アフリカからの熱風

afrikaans 形〔不変〕〔英〕アフリカーンス(南アフリカ共和国の公用語の一つ)

afrikander, afrikaner 形, 男女〔不変〕〔英〕アフリカーナ人(の) (主にオランダ系の南アフリカの白人)

afro[1] 形《文》酸っぱい, 酸味のある

afro[2] 形〔不変〕アフリカの, アフリカ風の —acconciatura *afro* アフロヘアー

afro- 接頭 「アフリカ」の意

afroamericano 形 アメリカ黒人の —男〔女[-a]〕アメリカ黒人

afroasiatico 形〔複[男 -ci]〕アジア・アフリカ(の人)の —男〔複[-ci]女[-a]〕アジア・アフリカの人

afrocubano 形 アフリカ系キューバ人の —男 アフリカ系キューバ人

afrodisiaco 形〔複[男 -ci]〕性欲を起こさせる, 催淫性の —男〔複[-ci]〕催淫剤, 媚(び)薬

Afrodite 固名(女) 〔ギ神〕アフロディテ(愛と美の女神. ローマ神話のウェヌス)

afrore 男 悪臭, (特に汗の)臭気

afta 女〔医〕口内炎, アフタ—*afta* epizootica〔獣〕口蹄(こうてい)疫

after-shave 形〔不変〕〔英〕アフターシェービングローション

AG 略 Agrigento アグリジェント

Ag 略〔元素記号〕argento 銀

Agamennone 固名(男) 〔ギ神〕アガメムノン(伝説上のミケナイ王. トロイ戦争のギリシャ軍総指揮官)

agamia 女 **1**〔生物〕無性生殖 **2**〔人類〕婚姻制度の欠如

agamico 形〔複[男 -ci]〕無性の, 無性生殖の[によってきた]

agapanto 男〔植〕アガパンサス; (A-) 〔複数で〕ユリ科ムラサキクラメン属

agape, agape 女 **1**〔神学〕アガペー, 愛, 隣人愛 **2**(初期キリスト教徒の)会食 **3**(親しい友人たちとの)宴会, バンケット

agar-agar 男〔不変〕**1** 寒天 **2**〔生物〕寒天培養基

agaricacea 女〔植〕ハラタケ科のキノコ; (A-)〔複数で〕ハラタケ科

agarico 男〔複[-ci]〕〔植〕ハラタケ科のキノコ

Agata 固名〔女性名〕アガタ

agata 女〔鉱〕瑪瑙(めのう), アガタ

agave 女〔植〕リュウゼツラン

AGBD 略 Associazione Genitori

Bambini Down ダウン症親子協会
AGE 略 Associazione dei Giornalisti Europei 欧州ジャーナリスト協会
agemina 女 金銀象眼細工
ageminare 他 [io agemino] 象眼する
agenda 女 1 手帳 2 予定[計画]表, 備忘録; (会議などの)議事日程, 議題
agendina 女 (ポケット用)手帳
＊agente [アジェンテ] 形 行動[実行]する, 作用する —男女 1 警官, 刑事; 情報員; 番人 2 代理人, エージェント 3 [言]動作主 4 [化]試薬
agenzia 女 1 代理店; サービス業者 —agenzia turistica 旅行代理店 2 代理業, 仲介 3 支点, 支社, 営業所 4 (国際機関の)本部, 中枢部
agerato 男 [植]カッコウアザミ; キク科カッコウアザミ属の総称
AGESC 略 Associazione Genitori Scuole Cattoliche カトリック学校父母協会
AGESCI 略 Associazione Guide E Scouts Cattolici Italiani イタリアカトリック・ボーイスカウト連盟
agevolabile 形 楽にしうる, 軽減しうる, 優遇できる
agevolamento 男 [文]緩和, 鎮静
agevolare 他 [io agevolo] 1 容易にする, 楽にする, 軽減する —agevolare il lavoro a [di]... (人)の仕事を軽くする 2 手助けする
agevolato 形 1 容易にされた 2 [商]軽減された, 優遇された —mutuo agevolato 低金利ローン
agevolazione 女 1 容易にすること 2 援助, 支援, 助成, 促進 3 [商・金融]便宜, 控除, 割引 —agevolazioni fiscali 税制上の優遇措置, 所得税控除 / agevolazioni di pagamento 分割払い
agevole 形 1 易しい, 楽な —percorso agevole 楽な道のり 2 [文]穏やかな, 平穏な 3 [トスカーナ]従順な, 温和な
agg. 略 aggettivo 形容詞
agganciabile 形 連結できる, つるすことができる
agganciamento 男 1 連結, つるすこと 2 [機]継ぎ手, 車両の連結装置 3 [軍]交戦
agganciare 他 [io aggancio] 1 連結する; つなぎとめる 2 《口》近づく, 接触する 3 [スポ](サッカーで)空中でつま先と足首の間で球を止める; 相手を倒し進行を遮る
aggancio 男 1 [機]継ぎ手, 連結装置 —aggancio automatico (列車の)自動連結装置 2 関わり, つながり; [複数で]コネ
aggeggiare 他 [io aggeggio] [トスカーナ]修理する, 片づける —自 ぶらぶら過ごす
aggeggio 男 1 安物, がらくた 2 何とかいう物, あれ, それ —Che cos'è quell'aggeggio? あれは何だい.

aggettante 形 [建](外側に)張り出している, 突き出ている
aggettare 自 [es] [建]外側に張り出す, 突き出る
aggettivale 形 [言]形容詞の
aggettivare 他 [言]形容詞化する, 形容詞的に用いる; [目的語をとらずに]形容詞を使う
aggettivazione 女 1 形容詞の使用 2 [言]形容詞的用法
＊aggettivo [アッジェッティーヴォ] 男 1 [言]形容詞 2 形容語 3 (ファッションの)特徴, 特色
aggetto 男 1 [建]張り出し —in aggetto 突き出した, 張り出した 2 [登山]オーバーハング(岩などが突き出しているところ) 3 (複葉飛行機の)大きいほうの翼の張り出し
agghiacciante 形 1 凍りつかせる 2 身の毛のよだつ, ぞっとする —storia agghiacciante ぞっとする話
agghiacciare 他 [io agghiaccio] 凍らせる, ぞっとさせる —Il vento freddo gli agghiacciava il viso. 冷たい風が彼の顔を凍りつかせていた. —自 [es]凍る, ぞっとする —arsi 再 ぞっとする, 震える, 凍る
agghiaccio 男 [船]操舵(だ)機, 舵(じ)取り装置
agghindare 他 1 (人を)着飾らせる 2 装飾する, 飾り立てる —arsi 再 着飾る, ドレスアップする
agghindato 形 飾り立てた, 装飾過剰な
-aggine 接尾 (人について否定的な)「状態」「性質」の意
aggio 男 1 [経]打歩(だぶ), (通貨の)両替差額 2 収税係の成功報酬
-aggio 接尾 「技術的な作用」「人の活動」「否定的な行動」などの意
aggiogare 他 1 くびきにかける[につなぐ] —aggiogare i buoi 牛をくびきにつなぐ 2 服従させる
aggiornabile 形 1 延期できる 2 更新できる, 改訂可能な
aggiornamento 男 1 更新, アップデート, 改訂(版) —corso di aggiornamento (新たなニーズ・知見に応じるための)研修コース 2 延期 —l'aggiornamento della riunione 会議の延期
aggiornare¹ 他 1 更新[改訂]する, アップデートする; 現代風に改める 2 延期する, 後に延ばす —arsi 再 1 時代に即応[順応]する 2 現代[当世]風にする
aggiornare² 自 [es/av] 《文》夜が明ける —他 照らす —arsi 再 《文》夜が明ける
aggiornato 形 1 更新[改訂]された, アップデートされた —sito web aggiornato frequentemente 頻繁に更新されるウェブサイト 2 最新情報に通じた 3 現代的な, 当世風の
aggiornatore 男 [女[-trice]] 再教育コースの教師, 補習教師

aggiotaggio 男 〔法〕価格の不正操作

aggiotatore 男〔女[-trice]〕(不正な)価格操作をする人, 相場を操る人

aggirabile 形 迂(う)回できる, 回避可能な

aggiramento 男 **1** 迂(う)回, 回避, 回ること **2** 取り囲むこと, 包囲; 〔軍〕敵の背後[側面]を襲う作戦

aggirare 他 **1** 取り巻く, 囲む **2** 避ける, 回避する **3**〔軍〕(側面から)包囲する —**arsi** 再 **1** ぶらつく, うろつく, さまよう, さすらう **2** しつこく論じる[問題にする] **3** (数値が)約…である —La spesa *si aggira* sul milione. 費用はおよそ100万だ.

aggiudicare 他〔io aggiudico〕**1** (賞や落札品を)与える **2** 帰する, 属すると見なす —**arsi** 再 (勝利や賞を)獲得する, 達成する —*aggiudicarsi* la vittoria [il primo premio] 優勝する

aggiudicatario 男〔女[-a]〕落札者

aggiudicativo 形 **1** 落札の **2**〔法〕決定の, 決議の

aggiudicazione 女 **1** (コンクールや評定による賞の)授与 **2** 落札 **3**〔法〕決定, 決議

aggiugnere《文》→ aggiungere

*__aggiungere__ [アッジュンジェレ] [58] 他〔過分 aggiunto〕**1** 足す, 増す, 加える —*aggiungere* un posto a tavola 食事の席をもう一個増やす **2** 言い足す, 言い添える —**ersi** 再 **1** 加わる, 追加する **2** 参加する, 仲間に入る

aggiunse aggiungere の直·遠過·3単

aggiunta 女 **1** 追加, 付加 **2** 追記, 結び ▶ *in aggiunta* さらに, その上

aggiuntivo 形 追加の, 付加の, 補助的な —*proposta aggiuntiva* 追加提案

aggiunto aggiungere の過分

aggiustabile 形 **1** (物品について)修理できる **2** (状況や問題などについて)調整できる, 解決できる, 埋め合わせできる

aggiustaggio 男 (組み立て機械の)手作業による仕上げ

aggiustamento 男 **1** 修理, 調整, 整理 **2** 合意 —giungere a un *aggiustamento* 合意する **3**〔軍〕射程の測量[調整]

*__aggiustare__ [アッジュスターレ] 他 **1** 直す, 修理[修繕]する **2** 再調整する, 改造する —*aggiustare* un vestito 洋服をリフォームする **3** 本来の状態に戻す, 正常にする —*aggiustare* i capelli (乱れた)髪を直す **4** 調整する —*aggiustare* la mira [il tiro] 照準を合わせる **5** 整理[整頓]する[配置[配列]する] **6** 和解[仲直り]させる —**arsi** 再 **1** 整理される, 片付く, 落ち着く **2** (自分の)…を整える —*aggiustarsi* i capelli (自分の)髪を整える **3** …に慣れる, 折り合いをつける **4** 合意する —*aggiustarsi* sul prezzo 価格について互いに合意する ▶ *aggiustare per le feste* いじめる, ひどい目に合わせる

aggiustata 女 急ぎの修理[整理]

aggiustatura 女 修理; 修理箇所, 修理の痕跡

agglomeramento 男 積み重ね, 寄せ集め

agglomerare 他〔io agglomero〕**1** 寄せ集める, 積み重ねる **2** かたまりにする —**arsi** 再 積み重なる, 寄せ集まる

agglomerato 男 **1** かたまり, 集積, 密集 —*agglomerato* di case 密集した家々 / *agglomerato* urbano 市街地, 都市の密集地域 **2**〔植〕団集 **3**〔地質〕集塊岩 —形 かたまりの, 集積した, 密集した

agglutinante 形 **1** 接着する, 粘着性の **2**〔医〕(赤血球や細菌などが)凝集性の **3**〔言〕膠(う)着性の

agglutinare 他〔io agglutino〕**1** (接着剤などで)接着する **2**〔言〕(膠(う)着)複合語を作る **3**〔医〕凝集させる —**arsi** 再 くっつく, 結合する

agglutinazione 女 **1** 接着, 結合 **2**〔言〕膠(う)着, 融合 **3**〔医〕凝集

aggomitolare 他〔io aggomitolo〕丸める, 球にする —**arsi** 再 丸くなる, 縮こまる

aggottare 他 (船底または建物の基部にたまった水を)汲み出す, かき出す

aggradare 自《3人称単数のみ, 複合時制なし》…に好ましく思われる, 気に入る —se Le *aggrada* もしあなたがお望みなら

aggradevole → gradevole

aggradimento → gradimento

aggradire 自〔es〕〔io -isco〕《文》…に好ましく思われる, 気に入る —他 喜んで受け入れる

aggraffare 他 (2枚の金属板を)継ぎ合わせる; (留め金などで)固定する; つかむ

aggrandire 他〔io -isco〕**1**《文》大きくする, 広げる, 増大させる **2** ほめそやす —自〔es〕大きくなる, 広がる, 増大する

aggrapparsi 再 (a) **1** しがみつく, 握り締める **2** すがる, 執着する

aggravamento 男 **1** 重くなること, 悪化 **2**〔音〕長さ[音量]を増大しながらのテーマの反復

aggravante 形 **1** 重くする, 悪化させる **2**〔法〕刑を加重する —circostanza *aggravante* 加重事由 —女〔法〕加重事由

aggravare 他 重くする; 悪化させる; 圧迫する —**arsi** 再 **1** 重くなる; 悪化する —La situazione *si è aggravata*. 事態は悪化した. **2**《文》のしかかる, もたれる

aggravato 形 **1** 重くなった, 悪化した **2**〔法〕(犯罪について)加重の, 刑の加重対象となる —truffa *aggravata* 加重詐欺罪

aggravio 男 (負担などの)増大, 悪化 —*aggravio* fiscale 増税

aggraziato 形 **1** 優美な, しとやかな —

movimento *aggraziato* 優美な動作 **2** 丁重な, 親切な

aggredire 他 〔io -isco〕 **1** 襲う **2**(誹謗(ひぼう)中傷で)攻撃する —*aggredire con insulti* 悪口雑言を浴びせる **3** 立ち向かう, 対決する

aggredito 形 襲われた —男〔女 [-a]〕襲われた人, 被害者

aggreditrice aggressore の女性形

aggregabile 形 (グループに)加えることができる, まとめることができる

aggregabilità 女 (グループに)加えることができること, まとめることができること

aggregare 他 **1** (グループに構成員として)加える, 一員にする, まとめる —*aggregare un nuovo scolaro alla classe* 新しい生徒をクラスに加える **2** 合計する, 合算する —**arsi** 再 **1** (a) …に加わる, 合流する **2** 集合体になる, 集合する

aggregativo 形 集合の, 集合的な

aggregato 形 **1** (グループに)加入した, 一員となった **2** 〔経〕合計の, 総合的な— *domanda aggregata* 総需要 —男 **1** 集団, 群れ **2** 出向職員, 臨時社員 **3** 〔鉱〕集合体 **4** 〔数〕集合

aggregazione 女 **1** 加入, 集まり, 合流 **2** 〔医〕(赤血球や血小板などの)凝集 **3** 〔経〕(個々のデータの)集計 **4** 〔カト〕(教皇庁による)修道会の承認; (一般に)共同体[組織]に対する認可

aggressina 女〔生物〕(細菌が生み出す)毒素

aggressione 女 襲撃; 侵攻, 侵略

aggressività 女 **1** 攻撃性; 積極性, 闘志, 自己主張 **2** 〔心〕攻撃衝動 **3** (微生物の)侵入能力

aggressivo 形 **1** 攻撃的な, 好戦的な, けんか好きな **2** 強烈な, 刺激的な, 辛烈な **3** 衝撃的な, 驚くべき —男〔女 [-a]〕攻撃的な人 ▶ *aggressivo chimico* (兵器として使われる)有毒化学物質

aggressore 形〔女[aggreditrice]〕攻撃する, 攻撃的な —*paese aggressore* 攻撃国 —男〔女[aggreditrice]〕攻撃者

aggrevare → aggravare

aggricciare 他 〔io aggriccio〕《文》(顔・肌に)しわを寄せる, (毛を)逆立てる —自 [es] (寒さや恐怖のために)震える, ぞっとする —**arsi** 再《文》(寒さや恐怖のために)震える, ぞっとする

aggrinzare → aggrinzire

aggrinzire 他 〔io -isco〕しわを寄せる —自 [es] しわが寄る, しわだらけになる —**irsi** 再 しわが寄る, しわだらけになる

aggrondato 形《文》顔をしかめた, 眉をひそめた, むっとした

aggroppare 他《文》絡みつく, もつれさせる

aggrottare 他 (眉を)ひそめる, (顔や額を)しかめる, しわを寄せる —*aggrottare le sopracciglia* 眉をひそめる —**arsi** 再 しわが寄る

aggrottato 形 顔をしかめた, 眉をひそめた, むっとした

aggrovigliamento 男 もつれ, 絡まり, 混乱

aggrovigliare 他 〔io aggroviglio〕もつれさせる, こんがらがせる —**arsi** 再 もつれる, こんがらがる —*La situazione si è aggrovigliata.* 事態は紛糾した.

aggrovigliato 形 もつれた, 錯綜した

aggrumare 他 固まらせる, 凝固[凝結]させる —自 [es] 固まる, 凝固する —**arsi** 再 固まる, 凝固[凝結]する

aggruppamento 男 〔統〕(共通の性質を持つ要素を)グループにまとめること, グループ化

agguagliare 他 〔io agguaglio〕《文》等しくする, 匹敵させる **2** 比較する —**arsi** 再 (a) 《文》…に等しい, 匹敵する

agguantare 他 **1** すばやくつかむ, ひっつかむ —*agguantare... per la giacca* (人)のジャケットをつかむ **2** (自転車競技で)追いつく, とらえる **3** 〔船〕ロープを固定する; オールを沈めてボートを止める —**arsi** 再 しがみつく

agguatare 自《文》待ち伏せする; 注意する —**arsi** 再《文》罠(わな)にはまる

agguato 男 **1** 待ち伏せ, 奇襲 **2** 罠(わな), 策略 ▶ *cadere in agguato* 罠にはまる *stare in agguato* 待ち伏せする *tendere agguato* 罠をしかける, 網を張る

agguerrirsi 〔io mi -isco〕自分を鍛える; たくましくなる; 戦いに備える

agguerrito 形 **1** 戦闘態勢が万全な; 強い, 不屈の **2** 優秀な, 能力のある

aghetto 男 **1** 小さな針 **2** (靴やコルセットの)ひも; ひもの先端の金具 **3** (軍服の)飾緒

aghi- 連結「針状の」「針のような」の意

aghifoglia 女〔植〕針葉樹

aghiforme 形 針状の, 針の形をした

AGI 略 Agenzia Giornalistica Italiana イタリア報道社

agiatamente 副 裕福に, 心地よく

agiatezza 女 **1** 裕福, ゆとり —*vivere nell'agiatezza* 何不自由なく暮らす **2** 快適さ, 心地よさ

agiato 形 **1** 富裕な, 裕福な **2** 快適な, 心地よい **3** (衣類が)ゆったりした, 余裕のある

agibile 形 **1** (建物や設備が)安全基準を満たしている, (道路などが)通行可能な —*dichiarare agibile un edificio* 建物が安全基準を満たしていることを公表する **2** (テキストや文字が)読みやすい, 明快な

agibilità 女 (建築や設備が)安全基準を満たしていること; 安全基準クリアの承認, 認可 —*richiedere l'agibilità di un edificio* 建物の建築許可を申請する

agile 形 **1** 敏捷(びんしょう)な, 機敏な, すばしこい **2** 明敏な, 頭の切れる **3** (読み物が)気楽な, 軽い

agilità 女 **1** 敏捷(びんしょう)性, 機敏さ, 鋭敏

agilmente

さ —con *agilità* すばやく, 機敏に 〔音〕速いパッセージを歌う〔奏でる〕能力

agilmente 副 すばやく, 敏捷(ぴん)に

agio 男 1 くつろいだ気分, 安楽, くつろぎ —ad *agio* ゆったりと, のんびりと / a proprio *agio* のんびりと, くつろいだ気分で, マイペースで 2〔複数で〕裕福, 豊かさ,〔時間的・精神的〕ゆとり 3 機会, チャンス ▶ *vivere negli agi* 豊かに暮らす

agio- 接頭 《文》「聖人の」「聖人に関する」の意

agiografia 女 1 聖人の伝記, 聖人伝; 聖人伝の研究 2〔歴史上の人物・出来事の〕神話化, 偶像化

agiografico 形〔複[-ci]〕1 聖人伝に関する 2 賛美の, 称賛の

agiografo 男〔女[-a]〕1（過剰な賛美をする）伝記作者 2 聖人伝の作者

agiologia 女〔文〕聖人伝の研究

AGIP 略 Azienda Generale Italiana Petroli アジップ（イタリアの石油会社）

*****agire** [アジーレ] 自〔io -isco〕1 行動する, 実行する 2 振る舞う 3 効果をもたらす, 効く, 作用する, 影響する 4（機械などが）作動する, 働く 5〔法〕訴訟手続きを取る

AGIS 略 Associazione Generale Italiana dello Spettacolo イタリア興行協会

agitabile 形 1 振ることができる, 揺り動かすことができる 2 感動しやすい, 感じやすい

*****agitare** [アジターレ] 他〔io agito〕1 振る, 揺り動かす 2 動揺〔不安に〕させる, かき乱す, うろたえさせる 3 論じる, 検討する 4 悶動する, 嗾(そそのか)す —**arsi** 1 揺れる, 揺れ動く —Il mare sta cominciando ad *agitarsi*. 海が荒れ始めている. 2 せわしなく動く, 元気よく動き回る 3 不安になる, 心配になる, 動揺する 4（感情をもって）駆け巡る 5 抗議する, 異議を申し立てる

agitato 形 1 動揺した, うろたえた 2（波風が）荒い, 荒れた 3 苛立った, 興奮した 4〔音〕アジタート（激しい動きの）

agitatore 男〔女[-trice]〕扇動者, アジテーター;《文》御者 —男 攪拌(かくはん)器, ミキサー

agitazione 女 1 揺れること 2 動揺, 不安; 苛立ち 3（ストやデモによる）示威運動 ▶ *agitazione di stomaco* 吐き気

agitazionismo 男〔政〕（社会的混乱をもたらすことを目的とした）扇動主義, 攪(かく)乱主義

agit-prop 男女〔不変〕〔歴〕共産主義アジテーター

Aglaia 固名〔女〕〔ギ神・ロ神〕アグライア（三美神カリテスの一. 輝きの女神）

agli 前置詞 a ＋定冠詞 gli

-aglia 接尾「集団」「軽蔑」の意

agliaceo 形 ニンニク風味の

aglianico 男〔複[-ci]〕アッリアーニコ（南部地方の古いブドウ品種; その品種で作る赤ワイン）

agliata 女〔料〕ニンニクソース（ニンニクと

33

---

agonia

酢をベースにしたリグリア地方のソース）

aglietto 男（球根が成長しきっていない）若いニンニク

*****aglio** [アッリオ] 男 ニンニク; ニンニクの球根 —spicchio d'*aglio* 一欠けのニンニク

-aglio 接尾「道具」の意

agnatizio 形〔法〕父方の親族の, 男系親族の

agnato 男〔法〕父方の親族, 男系親族

agnazione 女〔法〕男系の親族関係

agnellaio 男〔女[-a]〕1 羊肉業者 2 羊飼い

Agnelli 固名〔男〕 (Giovanni ~) アニェッリ（1866-1945; イタリアの自動車会社 FIAT の創業者）

agnellino 男 1 子羊 2 温和な人 ▶ *agnellino di Persia* ペルシャ子羊; ペルシャ子羊の毛皮（アストラカン毛皮）

agnello 男 1（生後 1 年以内の）子羊 2 子羊の肉; 子羊のなめし皮 3 おとなしい人, 従順な人, 純真な人 4 キリスト教信者; (A-) イエス・キリスト

agnellone 男 1（6 か月から 1 歳の）離乳した子羊 2（1 歳を超える）羊の肉

Agnese 固名〔女〕〔女性名〕アニェーゼ 2 (Sant'~) 聖アグネス（生没年不詳. 殉教したローマの処女）

agnizione 女 1〔文〕（劇や物語の中でプロットの転換をもたらす）登場人物の身元判明 2〔文〕異なる作家の文体や言語の同一性を検証する研究

agnocasto 男〔植〕イタリアニンジンボク, セイヨウニンジンボク

agnolo → angelo

agnolotti 男〔複数で〕〔料〕アニョロッティ（肉やチーズなどが詰まったパスタの一種）—*agnolotti* alla piemontese ピエモンテ風アニョロッティ

agnosia 女 1〔心〕失認症, 認知能力の喪失 2〔哲〕無知を自覚する態度

agnosticismo 男〔哲〕不可知論

agnostico 男〔複[-ci]〕男[-a]〕1（政治や宗教の問題に対して）関心を持たない人 2 不可知論者 —形〔複〔男 -ci〕〕1 関心を持たない 2 不可知論の

Agnus Dei 成句〔男〕〔ラ・カト〕神の子羊, キリスト;（キリストを象徴する）子羊の像; Agnus Dei（アニュスデイ）で始まるミサの祈り

ago 男〔複[-ghi]〕1 針 —cruna dell'*ago* 針穴 / *ago* da siringa 注射針 2 天秤(てんびん)の指針 3〔植〕針状葉 4《俗》昆虫の針

ago. 略 agosto 8 月

agogica 女〔音〕アゴーギク

agognare 他 熱望する —自 (a)…に焦がれる, …に強く憧れる

-agogo 接尾「促す」「刺激する」の意

agone[1] 男 1（古代ギリシャで, スポーツ・文学・音楽などの）競技 2 格闘, 戦闘

agone[2] 男〔魚〕アゴーネ（ニシン科の淡水魚）

agonia 女 1 臨終の苦しみ, 断末魔 2 最期, 終わり 3 苦悶(もん)、苦痛 4《譫(せん)》た

agonismo 男 競争心, 闘魂

agonista 男女 〔複[男-i]〕 1 (古代ギリシャの)競技参加者 2 〔スポ〕競技者 —形 〔複[男-i]〕〔解〕主動筋の

agonistico 形 〔複[男-ci]〕 1 スポーツの, 競技の 2 闘争的な, 好戦的な —sport *agonistici* 格闘技

agonizzante 形 死にかかっている, 瀕(ひん)死の —男女 死にかかっている人, 瀕死の人

agonizzare 自 1 死にかかっている, 瀕死の状態である —Il malato *agonizzava*. その病人は瀕(ひん)死の状態だった. 2 (組織や社会制度などが)かろうじて持ちこたえる, つぶれかかっている

agopuntore 男 〔女[-trice]〕鍼(しん)療法師

agopuntura 女 〔医〕鍼(しん)療法

agorà 女 (古代ギリシャの)広場, アゴラ

agorafobia 女 〔心〕広場恐怖症

agorafobico 形 〔複[男-ci]〕 〔心〕広場恐怖症の —男 〔複[-ci]女[-a]〕広場恐怖症の人

agorafobo → agorafobico

agoraio 男 針箱

agostana 女 〔北伊〕アゴスターナ(ピエモンテ州やヴァッレ・ダオスタ特別自治州で栽培される高地でも成熟可能な白ブドウの品種)

agostano 形 1 8月の 2 (果物が)8月に熟す; 〔農〕8月に刈り入れする[種まきをする]

agostiniano 形 聖アウグスティヌスの; アウグスティヌス修道会[主義]の —男 〔女[-a]〕アウグスティヌス修道会士[主義者] 2 (A-)アウグスティヌス修道会

agostinismo 男 〔哲〕アウグスティヌス(派)の思想, アウグスティヌス主義

Agostino 固名(男) 1 〔男性名〕アゴスティーノ 2 (Sant'~)聖アウグスティヌス(354-430; 哲学者・神学者)

***agosto¹** [アゴスト] 男 8月

agosto² 形 〔文〕皇帝の, 荘厳な

agrafe 女 〔仏〕ホック, 留め金

agrafia 女 〔医〕失書症(脳の疾患で字が書けなくなる病気)

agrammaticale 形 〔言〕非文法的な

agrammatismo 男 〔医〕失文法症

agraria 女 農学, 農学部

agrario 形 農業の, 農学の —reddito *agrario* 농地収入 —男 〔女[-a]〕大土地所有者; 農業研究者[従事者]

agreement 男 〔不変〕〔英〕協定, 契約, 同意

agreste 形 田舎の, 田園の, 農民の

agrestino 男 (ブドウについて)収穫後も木に残された酸っぱい実

agretto 形 少し酸っぱい, 酸っぱめの —男 1〔単数のみ〕酸味, 酸っぱい味 2〔植〕クレソン; 酸味のある草

agrezza 女 〔文〕酸っぱさ, 酸味; 厳しさ, とげとげしさ

agri- 接頭「農業」「田舎」の意

agribusiness 男 〔不変〕〔英〕農業関連産業

agricola 男 〔複[-i]〕〔文〕農民

***agricolo** [アグリーコロ] 形 農業の

agricoltore 男 〔女[-trice]〕農業経営者; 農家の人

***agricoltura** [アグリコルトゥーラ] 女 農業, 農芸 —*agricoltura* biologica 有機農法 / *agricoltura* intensiva 集約農業

agrifoglio 男 〔複[-gli]〕〔植〕セイヨウヒイラギ(常緑の葉がクリスマスの飾りつけに使われる)

agrigentino 形 アグリジェント(の人)の —男 〔女[-a]〕アグリジェントの人

Agrigento 固名(女) アグリジェント(シチリア特別自治州の都市および県名; 略 AG)

agrigno 形 少し酸っぱい, 酸っぱめの

agrimensore 男 〔女[-a]〕農地測量技師

agrimensura 女 農地測量

agrimonia 女 〔植〕キンミズヒキ属の植物; (A-)〔複数で〕バラ亜科

agriotta 女 〔植〕サクランボの実

Agrippa 固名(男) 1 (Marco Vipsanio ~)アグリッパ(前 63- 前 12; 古代ローマの政治家) 2 (Enrico Cornelio ~ di Nettesheim)ハインリッヒ・コーネリアス・アグリッパ・フォン・ネッテスハイム(1486 -1535; 神聖ローマ皇帝カール5世の史料編纂(さん)官・黒魔術家)

Agrippina 固名(女) 1 (~ maggiore)大アグリッピーナ(前 14-33; ローマ皇帝カリグラの母) 2 (~ minore)小アグリッピーナ(15-59; 大アグリッピーナの娘, ローマ皇帝ネロの母)

agrippina 女 アグリッピーナ(片側にのみ肘掛けがあるソファー), 寝椅子

agriturismo 男 アグリツーリズム

agriturista 男女 〔複[男-i]〕アグリツーリズムをする人

agrituristico 形 〔複[男-ci]〕アグリツーリズムの

agro¹ 男 1 (都市周辺の)田舎, 田園 2 (A-)〔単数のみ〕アグロ・ロマーノ(Agro Romano ローマ周辺の平野)

agro² 形 1 酸っぱい, 酸味のある 2 辛辣な, とげとげしい; 〔文〕不機嫌な; つらい —risposte *agre* 辛辣な返事 —男 酸っぱい味, 酸味, 柑橘(かんきつ)果汁 —all'*agro* [in *agro*] レモン(または酢)で味付けした

agro- 接頭「畑」「農業」「農学」などの意

agroalimentare 形 農産物加工の

agrobiologia 女 農業生物学

agrobiotecnologia 女 農業バイオテクノロジー

agrochimica 女 農業化学, 農芸化学

agrodolce 形 1 甘酸っぱい, 甘酢の 2 (皮肉や辛辣さ・怒りを込めた)うわべの丁寧さ —男 甘酢

agroindustria 女 農産物加工産業

agrologia 女 農業土壌学; 農学

agrometeorologia 囡 農業気象学
agronomia 囡 農学, 農耕学
agronomo 男〔女[-a]〕農業研究者; 農学士(農学部の学位取得者)
agropastorale 形 農畜業の
agrore 男《文》酸味; 厳しさ, とげとげしさ
agrostide 囡〔植〕ヌカボ, コヌカグサ(イネ科の草で飼料に使われる)
agrumario 形 柑橘(かんきつ)類の
agrume 男〔複数で〕柑橘(かんきつ)類
agrumeto 男 柑橘(かんきつ)類の栽培地
agrumicolo 形 柑橘(かんきつ)栽培の, 柑橘業の
agrumicoltore 男〔女[-trice]〕柑橘(かんきつ)類栽培者
agrumicoltura 囡 柑橘(かんきつ)類栽培
agrumicultura → agrumicoltura
agucchia → aguglia³
agucchiare 自〔io agucchio〕(漫然と)編み物をする
aguglia¹ 囡 (帆を縫うための)太い針
aguglia² 囡《文》ワシ(aquila)
aguglia³ 囡〔魚〕ダツ科の魚 —*aguglia imperiale* アジキ
agugliato 男 (プレスされた細糸から成る)フェルト織物 ——形 フェルト織物の, フェルト織物で作られた〔覆われた〕—*pavimento agugliato* フェルト織物で覆われた床
agurare《文》→ augurare
aguti 男〔不変〕〔動〕アグーチ
aguto《文》→ acuto
aguzzamento 男 鋭利にすること, 鋭利になること
aguzzare 他 1 先をとがらせる 2 (五感を)集中する 3 刺激する, かきたてる —**arsi** 再 鋭利になる, 鋭くなる
aguzzato 形 1 鋭利にされた 2 準備ができた, 支度が調った 3〔紋〕先端部がとがった模様の
aguzzino 男〔女[-a]〕1 冷酷で無慈悲な上司[上役] 2 迫害者, 圧制者, 虐げる人 3 残酷[残忍]な人, 非情な人 4《蔑》看守 5〔歴〕ガレー船の監視人
aguzzo 形 とがった, 鋭い
***ah**〔アー〕間 1〔驚き・痛み・疑い・怒り・安堵・喜び・皮肉などを表して〕まあ, ああ, あや, ええ, はう, へえ —*Ah, davvero?* へえ, ほんと? 2〔笑い声を表して〕—*ah, ah, ah* ハッ, ハッ, ハッ
ahi 間 1〔痛み・絶望を表して〕いたっ, うわっ —*Ahi, fa male!* うわっ, 痛いよ! 2〔代名詞を伴い, 冗談ぽく〕かわいそうに —*ahi voi*〔諧〕君たちかわいそうに
ahia 間〔痛みを表して〕いたっ, うわっ
ahimè 間〔同情・苦しみ・悲しみを表して〕ああ, あー —*Ahimè, che sfortuna!* ああ, 何て運が悪いのかしら!
ahm 擬 アム, アム(食べ物を口に入れる動作を示す. 小さい子に食事を促す場面でよく使われる)
ahò 間〔ローマ〕〔相手の注意を喚起したり, 苛立ちや驚きを表して〕おい, えっ —*Ahò, ma che avete da ridere?* おい, お前たちは何を笑ってるんだ?
AI 略 Aeronautica Italiana イタリア空軍
ai¹ 前 前置詞 a + 定冠詞 i
ai² → ahi
AIA 略 Associazione Italiana Arbitri イタリア審判員協会; Associazione Italiana Allevatori イタリア畜産家協会
Aia → L'Aia
aia 囡 1 農家の中庭, 麦打ち場 2〔医〕(内臓の)領域 ▶*menare il can per l'aia* 遠回しに話す, なかなか要点に触れない; 相手にさぐりを入れる *senza menare il can per l'aia* 単刀直入に
-aia 接尾〔-aio の女性形〕「事物や生物が大量に存在する状態・場所」の意
AIAB 略 Associazione Italiana per l'Agricoltura Biologica イタリア有機農業協会
AIACE 略 Associazione Italiana Amici Cinema d'Essai イタリア芸術映画協会
AIAF 略 Associazione Italiana degli Analisti Finanziari イタリア・ファイナンシャル・アナリスト協会
AIAS 略 Associazione Italiana per l'Assistenza agli Spastici イタリア脳性麻痺患者支援協会
AIC 略 Associazione Italiana Calciatori イタリア・サッカー選手協会
AICS 略 Associazione Italiana Cultura e Sport イタリア・スポーツ文化協会
AIDDA 略 Associazione Imprenditrici e Donne Dirigenti di Azienda イタリア女性経営者協会
AIDIA 略 Associazione Italiana Donne Ingegneri e Architetti イタリア女性工学士建築士協会
AIDO 略 Associazione Italiana Donatori di Organi イタリア臓器提供協会
Aids, AIDS 略 エイズ, 後天性免疫不全症候群
AIEA 略 Associazione Internazionale per l'Energia Atomica 国際原子力機関(IAEA)
aigrette 囡〔不変〕〔仏〕(鳥の)冠毛
aiguille 囡〔不変〕〔仏・地学〕(アルプスの)針状の峰, エギーユ
aikido 男〔不変〕〔日〕合気道
ailanto 男〔植〕ニワウルシの木; ニワウルシ属の木の総称
ailurofobia 囡〔心〕猫恐怖症
-aio 接尾「職業」「場所」の意
aiola → aiuola
-aiolo 接尾「(特に単純労働の)職業」の意
aione 男 1 (製塩所の)塩を干す場所 2 農家の大きな内庭
airbag 男〔不変〕〔英〕(乗り物の)エアバッグ

airbus 男《不変》〔仏〕(飛行機の)エアバス

AIRE 略 Anagrafe degli Italiani Residenti all'Estero 海外在留イタリア人名簿

aire 男 勢い, はずみ, ダッシュ

airone 男〔鳥〕アオサギ

aitante 形 たくましい, 頑健な —*giovane aitante* たくましい若者

aitare 《文》→ aiutare

aiuga, aiuga 女〔植〕キランソウ属の植物

aiuola 女 花壇(aiola)

aiutante 男女 1 助手, アシスタント —*aiutante di un dentista* 歯科助手 2〔軍〕副官; 海軍下士官 —*aiutante maggiore* (大部隊の)高級副官 —手助けできる人, 補佐する

*__aiutare__ [アユターレ] 他 1 助ける, 手伝う, 救う —*aiutare A a + 不定詞* A(人)が…するのを助ける[手伝う] 2 容易にする, たやすくする —*Camminare aiuta la digestione.* 歩くと消化がよくなる. —**arsi** 再 1 努力する, 懸命になる —*aiutarsi con tutti i mezzi* あらゆる手を尽くす 2 利用する, 頼る 3 助け合う

aiutato 男 (病院で)助手の役割[身分]

*__aiuto__ [アユート] 男 1 助け, 手伝い, 助力, 救助 —*andare [venire] in aiuto di...* …を助けに行く[来る] / *chiedere aiuto a...* …に助けを求める / *dare aiuto a...* …を手助けする / *Non ho bisogno di aiuto.* 一人で大丈夫ですが助けは無用. 2 助けとなる人[物], 助手, 補助者, 助力者, アシスタント 3 経済的支援, 融資 —*aiuti umanitari* 人道的支援 —間〔叫び声〕助けて

aizzamento 男 扇動; (動物などを)けしかけること

aizzare 他 1 (動物を)けしかける —*aizzare i cani contro...* …に犬をけしかける 2 煽(ぁぉ)る, そそのかす

AL 略 Alessandria アレッサンドリア; Albania アルバニア

Al 略(元素記号) alluminio アルミニウム

al 前置詞 a +定冠詞 il

a.l. 略 anno luce 光年

al. 略 alinea (法律条文の)項, 号

*__ala__ [アーラ] 女《複[ali]》1 翼, 羽 —*ala destra [sinistra]* 右翼[左翼] —〔スポ〕ライト[レフト]ウイング / *le ali della fantasia* 想像のつばさ 2 (鶏などの)手羽 3 保護, 庇(ひ)護 4 (建物の)側面, 翼, 棟, ウイング, (教会の)側廊, (城の)裏面[壁] 5 帽子の鍔(っぱ) 6 水車の羽根 7〔政〕党派, 勢力, 陣営 8〔軍〕(本隊の左右の)翼(よく) 9〔スポ〕ウイング ▶ *avere le ali ai piedi* 俊足[韋駄天]である *far ala* 両側に列を作る *mettersi [essere, stare] sotto l'ala [le ali] di...* …の保護の下に *tarpare le ali a...* …の活動を妨げる

alabarda 女〔歴〕ほこやり, ハルバード (長い棒と斧(ぉの)を組み合わせた武器); ほこやりで武装した兵士

alabardato 形 1 ほこやり[ハルバード]で武装した 2 ほこやりの形をした 3〔紋〕ほこやり形の(戦士としての強さの象徴) 4 トリエスティーナ(ほこやり形の紋章を持つトリエステのサッカーチームの)

alabardiere 男 ほこやりで武装した兵士

alabastrino 形 1 雪花石膏(せっかせっこう)の, アラバスターの 2 (雪花石膏のように)白くて滑らかな, 透明感のある —*mani alabastrine* 白くて滑らかな手

alabastro 男 1〔鉱〕雪花石膏(せっかせっこう), アラバスター 2 (雪花石膏のように)透明感のある白さ —*pelle d'alabastro* とても白い肌

alacre, alacre 形 活発な, 精力的な, 勤勉な, 鋭敏な, 生き生きした

alacrità 女 勤勉さ; 鋭敏さ

alaggio 男 船の牽(けん)引, 曳(えい)航

alalà 間〔特に戦さの叫び声で〕やったぞ, 万歳 —男《不変》勝ちどき

alalìa 女〔医〕(脳の障害に起因する)発語不能症

alalonga 女〔魚〕ビンナガマグロ

alamanna 女 サラマンナ(カタルーニャ地方からトスカーナ地方に導入されたブドウ品種)

alamanno → alemanno

alamaro 男 1〔服〕フロッグ 2 (制服などの)襟部分の飾り刺繍

alambicco 男《複[-chi]》蒸留器, ランビキ

alano 男 グレートデーン(大型犬の一種)

alare¹ 男 (暖炉の)たきぎ台

alare² 形 1 (飛行機や鳥の)翼の, 羽根の 2〔解〕脇の, 側面の

alare³ 他 1〔目的語をとらずに〕〔船〕ロープを操る, ロープを引っ張る 2 (船を)引っ張りあげる; 曳(えい)航する

Alarico 固名(男) アラリック(370 頃-410; 西ゴート族の傭(よう)兵隊長. 410 年ローマ強奪)

alato 形 1 翼のある, 羽のはえた; 翼状の —*frutto alato* 翼果 2 一瞬の, 束の間の —*vittoria alata* 束の間の勝利 3 崇高な

alaudide〔鳥〕ヒバリ科の鳥; (A-)《複数で》ヒバリ科

Alba 固名(女) アルバ(ピエモンテ州の町; ワイン製造の中心地)

*__alba__ [アルバ] 女 1 夜明け, あけぼの, 暁 —*prima dell'alba* 夜明け前に 2 発端, 初め, 黎明(れいめい) 3〔音・文〕朝の別れの歌 ▶ *dall'alba al tramonto* 一日中

albagìa 女 高慢

albana 男《不変》アルバーナ(エミリア・ロマーニャ地方の白ブドウ品種) —男, 女《男《不変》》アルバーナ種のブドウから作られる白ワイン

albanella 女〔鳥〕タカ科チュウヒ属の鳥

albanese 形 アルバニア(人)の —男女 アルバニア人 —男《単数のみ》アルバニア語

Albania 固名(女) アルバニア

albastrello 男 [鳥]コアオアシシギ

albatro 男 [鳥]アホウドリ, アホウドリ科の鳥

albeggiare 自 [es/av] [io albeggio] 1 [非人称]夜が明ける, 朝日がきざす —D'inverno *albeggia* tardi. 冬は夜明けが遅い. 2 [文]朝日に照らされる, 白く輝く 3 現れ始める, きざす

alberare 他 [io albero] 1 木を植える —*alberare* un giardino 庭に木を植える 2 [船]マストを打ち立てる

alberata 女 1 並木, 並木道 2 [船]マストの設置 3 [農]支柱となる木を使ったブドウの栽培リ

alberato 形 木を植えた, 並木の —strada *alberata* 並木道

alberatura 女 1〔総称的〕木々 2〔総称的〕船のマスト(全体)

alberello¹ 男 小木, 若木

alberello² 男 1〔北伊〕ポプラ 2〔トスカーナ〕イグチ科のキノコ

alberello³ 男 アレベレッロ(香辛料などの保存に使うマヨルカ焼きの壺)

alberese 男 [鉱](石灰やセメントの原料となる)石灰石

albereta 女 木を植えた土地; [農]ポプラの植林地

albereto 男 → albereta

alberetto 男 1 小木, 若木 2 (帆船の)マストの先端部 3 アルベレット(1798-99年及び1849年にローマで鋳造された硬貨の名称)

albergare 他 1 泊める, 宿泊させる — Lui *ha albergato* gli amici a casa sua. 彼は友人たちを自宅に宿泊させた. 2 (感情を)宿す, 抱く —自 宿泊する;(感情が)宿る —**arsi** 再《文》泊まる

albergatore 男〔女[-trice]〕ホテル経営者; 宿を提供する人

alberghiero 形 ホテルの, ホテルに関する —〔複数で〕[政・経]ホテル従業員

***albergo** [アルベルゴ] 男〔複[-ghi]〕1 ホテル, 旅館 2 宿泊

***albero** [アルベロ] 男 1 木, 樹木 —*albero* di Natale クリスマスツリー 2 [船]マスト, 帆柱 —*albero* di maestra メーンマスト / nave a tre *alberi* 3本マストの帆船 3(車などの)回転軸, シャフト —*albero* motore (自動車の)駆動軸 / *albero* a camme [gomiti] カム[クランク]シャフト 4系統図, 枝分かれし

Alberobello 固名(女) アルベロベッロ(プーリア州の町)

Alberti 固名(男) (Leon Battista ~) アルベルティ(1404-72; 初期ルネサンスの建築家・芸術理論家)

Albertina 固名〔女性名〕アルベルティーナ

albertino 形 (サルデーニャ王の)カルロ・アルベルトの

Alberto 固名 1〔男性名〕アルベルト 2 カルロ・アルベルト(1798-1849; サルデーニャ王)

albese 形 アルバ(ピエモンテ州の町 Alba)(の人)の —男女 アルバの人

albicocca 女 [植]アンズ, アプリコット —男〔不変〕アンズ色 —形〔不変〕アンズ色の

albicoccheto 男 アンズの栽培園

albicocco 男 [複[-chi]] [植]アンズの木

albigese 形 (フランスの町 Albi)アルビ(の人)の —男女 1 アルビの人 2〔宗〕(12～3世紀の異端)アルビ派[カタリ派]信者 —crociata contro *gli albigesi* アルビジョワ十字軍

albinismo 男 1 [医]アルビニズム, 色素欠乏症 2 [植]白化現象

Albino 固名〔男性名〕アルビーノ

albino 形 色素欠乏症の, アルビノの —男〔女[-a]〕色素欠乏症の人[動物, 植物], アルビノ

Albinoni 固名(男) (Tommaso ~) アルビノーニ(1671-1750; イタリア・バロック盛期の作曲家. ヴェネツィア楽派の一人)

albo 男 1 掲示板, 告知板 —*albo* di facoltà 学部掲示板 2 職業名簿, 登録簿 —iscriversi all'*albo* dei medici 医師会に登録する 3(既刊作品を選んでまとめた)漫画本; アルバム(album) ▶ **albo d'onore [albo d'oro]** 顕彰者名簿, 受賞者リスト

albore 男 1〔複数で〕黎(れい)明期, 初期 —Siamo agli *albori* del globalismo. 私たちはグローバリズムの黎明期にいる. 2《文》薄明かり; 曙(しょ)光

alborella 女 [魚]アルボレッラ(ヨーロッパ全土に棲息するコイ科の淡水魚)

album 男〔不変〕1 アルバム, 写真帳, サイン帳(albo) 2 レコードアルバム

albume 男 1 卵の白身, 卵白 —montare gli *albumi* 卵の白身をホイップする 2 [植]胚乳

albumina 女 1 [生化]アルブミン 2《口》尿蛋(たん)白

albuminuria 女 尿蛋(たん)白

alburno 男 [植]白太(ぼう), 辺材, 白木質

alca 女 [鳥]オオウミガラス(alca impenne, 絶滅した海鳥の一種)

alcaico 形〔複[男-ci]〕[文](古代ギリシャの詩人)アルカイオスの;[詩]アルカイオス風の

alcali 男〔不変〕[化]アルカリ, 塩基性物質

alcalinizzare 他 [化]アルカリ化する

alcalino 形 1 [化]アルカリ性の, アルカリを含有する 2 [地質]アルカリ性火山岩の

alcaloide 男 [化]アルカロイド

alcanna 女 [植]アルカンナ; (A-)ムラサキ科(の植物)

alce 男 [動]ヘラジカ, オオツノジカ

Alceo 固名(男) アルカイオス(前630頃-550頃; ギリシャの詩人)

Alceste 固名(男) アルケスティス(夫の身代わりとなって死んだ貞淑なギリシャの王女) 2 エウリピデスの戯曲

alchechengi 男 〖不変〗〖植〗ホオズキ; ホオズキの実

alchemico 形〖複[男 -ci]〗 **1** 錬金術(師)の, 神秘的な **2** 人工的な, 偽りの

alchermes 男〖不変〗 **1** アルケルメス(赤色の甘い蒸留酒) **2** (赤色染料の原料となる)コチニールを乾燥させたもの; コチニール染料 **3**〖薬〗コチニールの煎じ薬

alchimia, alchìmia 女 **1** 錬金術 **2** 策略, 欺瞞 **3** 精妙な組み合わせ[配色], 類い稀な創造 —*alchimia di suoni* 絶妙な音色

alchimista 男女〖複[男 -i]〗 錬金術師

alchimistico 形〖複[男 -ci]〗 **1** 錬金術(師)の, 神秘的な **2** 人工的な, 偽りの

Alcibìade 固名(男) アルキビアデス(前450-404頃, アテネの政治家)

Alcide 固名(男)〖ギ神〗アルケイデス(ヘラクレスの本名)

Alcione 固名(女) **1**〖ギ神〗アルキオーネ(アトラスと海の精プリオネの娘) **2**〖天〗アルキオーネ星(牡牛座の三等星)

alcione 男〖鳥〗カワセミ

Alcmena 固名(女)〖ギ神〗アルクメネ(夫に化けたゼウスと交わりヘラクレスを生む)

alcol 男〖不変〗 **1**〖化〗アルコール; エチルアルコール **2** アルコール飲料, 酒

alcolicità 女 アルコール度数

alcòlico 形〖複[男 -ci]〗 アルコールの, アルコールを含む —男〖複[-ci]〗〖複で〗アルコール飲料, 酒

alcolismo 男 **1** アルコール依存 **2** アルコール中毒 —*alcolismo acuto* [*cronico*] 急性[慢性]アルコール中毒

alcolista 男女〖複[男 -i]〗 アルコール依存症者, アルコール中毒患者 —*Alcolisti Anonimi* アルコール依存症者支援団体, アルコホーリクス・アノニマス〖略 A.A.〗 —形〖複[男 -i]〗 アルコール依存症者の, アルコール中毒患者の

alcolizzare 他 **1**〖化〗アルコール化させる, アルコール度数を上げる **2**〖医〗(アルコールで)麻酔をかける —**arsi** 再 アルコール化する, アルコール中毒になる

alcolizzato 形 **1** アルコール化した **2** アルコール中毒[依存]症の —男〖女[-a]〗 アルコール中毒者

alcool → alcol

alcova 女 **1** アルコーヴ(部屋の一部をカーテンや仕切りで隔てた寝所) **2** (愛の営みが行われる)寝室, 閨(ﾈﾔ)房, ベッド —*storie d'alcova* 枕語り, 寝物語

alcun → alcuno

alcunché 代〖不定〗〖不変〗〖文〗 **1** 何か —*C'è alcunché di strano in lei.* 彼女には何か妙なところがある. **2**〖否定文で〗何も…ない

*****alcuno** [アルクーノ] 形〖不定〗 **1**〖複で〗 いくつかの; 何人[いく人]かの(*qualche*) —*Conosco alcune città italiane.* イタリアの町をいくつか知っている. / *Mancano alcuni studenti.* 学生が数名欠席している. **2**〖否定文で名詞の単数形と〗 一つの…もない, 一人の…もない〖*nessuno*の方が多用される〗—*Non c'è alcun problema* (=*Non c'è nessun problema*). 何の問題もない. —代〖不定〗 **1**〖複数で〗何人[いく人]かの人, 誰か〖*qualcuno*の方が多用される〗—*Alcuni arrivano sempre tardi.* 何人かはいつも遅刻する. / *alcuni degli invitati* (=*qualcuno degli invitati*) 招待客の何人か(誰か) **2**〖単数形の否定で〗誰も…ない(*nessuno*) —*Non c'era alcuno per le strade.* 道路には誰もいなかった.
▶ *alcuni... altri...* …もいれば…もいる / *Alcuni cantano, altri ballano, altri mangiano.* 歌っている人もいれば, 踊っている人や食べている人もいる.

Alda 固名〖女性名〗アルダ

aldeide 女〖化〗アルデヒド —*aldeide formica* フォルムアルデヒド

al di là 成〖次の成句で〗 ▶ *al di là di...* …のかなた [向こう]に

aldilà 男 あの世, 死後の世界 —*andare* [*finire*] *nell'aldilà* 死ぬ

aldino 形 **1** アルド・マヌツィオ(Aldo Manuzio 1450-1515; ヴェネツィアの文人・出版人)の **2**〖印〗アルドゥス版の, アルドゥス活字(イタリック)の

aldiquà 男 この世, 現世

Aldo 固名〖男性名〗アルド

Aldrovandi 固名(男) (Ulisse ~)アルドロヴァンディ(1522-1605, イタリアの自然科学者・植物学者・昆虫学者)

alé 間 **1** (勧め・鼓舞・誘いなどを表して)さあ, ほら, がんばれ **2** (繰り返しに対して皮肉っぽく)またかよ

-ale 接尾 **1** 名詞を形容詞化する **2** 形容詞・名詞から派生名詞を作る

àlea 女 **1** (契約や売買に付随する)リスク **2** (前衛的な音楽で)偶然性, 即興性

aleàtico 男〖複[-ci]〗 アレアーティコ(イタリア中南部で栽培される赤ブドウ品種; その品種で作る赤ワイン)

aleatorietà 女 不確実性, 偶然性, 予測不可能

aleatòrio 形 **1** 偶然の, 予期せぬ —*successo aleatorio* 偶然の成功 **2**〖統〗ランダムな **3**〖音〗偶然による, 即興的な

aleggiare 自〖io aleggio〗 ぼんやり現れる, ほのかに感じられる —*Un sorriso gli aleggia sul viso.* 彼の顔に微笑が浮かぶ.

alemanno 形 **1**〖歴〗アレマン族の **2** ドイツの, ゲルマンの —男〖女[-a]〗 アレマン族; ドイツ人 —男〖単数のみ〗 アレマン語

alesàggio 男 **1**〖機〗シリンダーの内径, 口径 **2** (シリンダー等の直径を揃える)穿(ｾﾝ)孔の仕上げ作業, 中ぐり作業

alesare 他〖機〗(シリンダー等の直径を揃えるために)磨く, 仕上げる, 中ぐりする

alesatore 男 **1**〖機〗拡孔器, リーマー **2**〖女[-trice]〗(機)中ぐりをする人

alesatrice 女〖機〗中ぐり盤

alesatura 女〖機〗(シリンダー等の直径

を揃える)穿(は)孔の仕上げ作業, 中ぐり作業

Alessandra 固名〔女性名〕アレッサンドラ

Alessandria 固名(女) アレッサンドリア(ピエモンテ州の都市および県名; 略 AL)

alessandrinismo 男 1〔美・文〕ヘレニズム文化 2 文体の気取り[洗練]

alessandrino¹ 形 1(エジプトの町)アレクサンドリアの 2〔歴・芸〕古代アレクサンドリア派の, 古代アレクサンドリア時代のヘレニズムの, 洗練された形式の, 凝った文体の —名〔女 -a〕アレクサンドリア時代の芸術家; 形式に凝った芸術家[詩人]

alessandrino² 形 (ピエモンテ州の都市)アレッサンドリア(の人)の —名〔女 -a〕アレッサンドリアの人

alessandrino³ 形 (男性名)アレッサンドロの

alessandrino⁴ 男〔詩〕アレクサンドル格の詩行 —形 アレクサンドル格の

Alessandro 固名(男) 1〔男性名〕アレッサンドロ 2(~ Magno)アレクサンドロス大王(前 356-323; マケドニア国王; 在位 前 336-323)

Alessio 固名〔男性名〕アレッシオ

aletta 女 1 小さな羽 2 羽の形をしたもの; (飛行機の)補助翼; (機械や発射物の)ひれ状の部分, 安定板; 魚のひれ 3 (鳥の)羽の付け根にある羽毛 4 (本カバーの)折り返し 5〔建〕装飾的な持ち送り ▶ *aletta parasole* (車の)日よけ

alettone 男 1 (自動車の)スポイラー 2 (飛行機の)補助翼, エルロン 3〔船〕安定板

Aleutine 固名(女複) (Isole ~)アリューシャン列島(アメリカ・ロシア両海域に渡る北太平洋の列島)

alfa¹ 男, 女〔不変〕 1 アルファ(A, *a*)(ギリシャ語アルファベットの1番目の文字); 最初のもの, 最初の要素〔女性名詞として〕アルファ星, アルファ星 3〔化〕アルファ置換基 —形〔不変〕アルファの, 第一の —*raggi alfa* アルファ線, *a* 線 ▶ *alfa e omega* 最初と終わり *dall'alfa all'omega* 最初から終わりまで

alfa² 女〔植〕アフリカハネガヤ

alfabeta 男女〔複[男 -i]〕読み書きのできる人 —形〔複[男 -i]〕読み書きのできる

alfabetico 形〔複[男 -ci]〕アルファベットの —*in ordine alfabetico* アルファベット順に

alfabetismo 男 1 読み書きできること 2 アルファベット表記, アルファベットの表記体系

alfabetizzare 他 1 読み書きを教える 2 アルファベット順に並べる

alfabetizzatore 男〔女 -trice〕読み書きの教育に努める人

alfabetizzazione 女 読み書きの教育 ▶ *alfabetizzazione funzionale* (教育で)機能的リテラシー

alfabeto [アルファベート] 男 1 アルファベット, 字母 —*alfabeto fonetico internazionale* 万国[国際]音標文字, 国際音声記号, IPA / *alfabeto Morse* モールス符号 2 基本, 基礎, 初歩, いろは

alfanumerico 形〔複[男 -ci]〕〔情〕(コードやデータファイルなどが)アルファベットと数字から成る, 文字数字式の

alfiere 男 1 主導者, 提唱者 2〔軍〕旗手, 少尉 3〔スポ〕チームのリーダー

Alfieri 固名(男) (Vittorio ~)アルフィエーリ(1749-1803; イタリアの劇作家)

Alfonsina 固名 〔女性名〕アルフォンシーナ

Alfonso 固名〔男性名〕アルフォンソ

Alfreda 固名〔女性名〕アルフレダ

Alfredo 固名(男) 1〔男性名〕アルフレード 2(~ il Grande)アルフレッド大王(848?-899; イングランド王: 在位 871-899)

alga 女 藻, 海藻, 海苔

algebra 女 1〔数〕代数学 —*algebra lineare* 線型代数学 2 意味不明なこと, ちんぷんかんぷん —*La conferenza era algebra per me*. その講演は私にはちんぷんかんぷんだった.

algebrico 形〔複[男 -ci]〕〔数〕代数学の

Algeri 固名(女) アルジェ(アルジェリアの首都)

Algeria 固名(女) アルジェリア

algerino 形 アルジェリア(人)の —名〔女 -a〕アルジェリア人

algherese 形 アルゲーロ(の人)の —男女 アルゲーロの人

Alghero 固名(女) アルゲーロ(サルデーニャ特別自治州の都市)

-algia 接尾「苦痛」の意

algo- 接頭「苦痛」の意

algofobia 女〔心〕痛覚恐怖症

algologia 女 藻類学, 藻類研究

algoritmico → *algoritmo*

algoritmo 男 1〔情〕アルゴリズム; 〔数〕(ある問題を解くための)演算方式, アルゴリズム 2 問題を解決するための組織的な方法[プロセス] 3 (中世の)アラビア記数法

algoso 形 海藻で一杯の, 海藻の香りのする

ALI 略 Associazione Librai Italiani イタリア書店協会

ali- 接頭「翼」「羽」の意

aliante 男 グライダー —形 羽ばたく, 空を飛ぶ

aliantista 男女〔複[男 -i]〕グライダー操縦士

alias 副 またの名を, 別名… —*Jacopo Robusti, alias Tintoretto* ヤーコポ・ロブスティ, 別名ティントレット

alibi 男〔不変〕 1〔法〕アリバイ —*avere un alibi* アリバイがある 2 口実, 言い訳

Alice 固名〔女性名〕アリーチェ

alice 女〔魚〕アンチョビ, カタクチイワシ

alienabile 形〔法〕譲渡できる

alienante 男女 〔法〕譲渡者 —形

alienare 疎外状態をもたらす—lavoro *alienante* 疎外をもたらす労働

alienare 他 1 〔法〕(財産・権利などを)譲渡する, 移転する—*alienare* beni immobili 不動産を譲渡する 2 遠ざける—Il suo comportamento lo ha *alienato* dalla stima di tutti. 彼の振る舞いは, 皆の評価を失わせた. 3 失う, なくす 4 〔社・哲〕疎外状態を生み出す;〔心〕疎外感を引き起こす—**arsi** 再 1 (自分自身から)…を遠ざける; 拒む;…から遠ざかる 2 〔社・哲〕疎外される 3 気が狂う, 理性を失う

alienato 形 1 疎外された; (単純作業の繰り返しで)やる気をなくした, フラストレーションを感じている 2 〔心〕精神病の 3 〔法〕譲渡された—男 女[-a] 1 疎外された人; やる気をなくした人, フラストレーションを感じる人 2 精神病患者

alienatore 男 [女 -trice]〔法〕譲渡者—形 [女 -trice](財産を)譲渡する

alienazione 女 1 〔法〕(財産・権利などの)譲渡, 移転 2 〔心〕精神病, 精神錯乱—*alienazione* mentale 精神異常, 精神錯乱 3 〔社・哲〕疎外, 自己疎外

alieno 形 1 (da)…と無縁の;…に反対の—persona *aliena* da compromessi 絶対に妥協しない人 / discorso *alieno* dal soggetto 本題とは何の関係もない話 2 地球外の, 異星の 3 〔文〕他人の—男 女[-a] 異星人, エイリアン

aliforme 形 翼の形をした

alighiero 男 ボートフック

alimentare[1] 他 1 食物[栄養]を与える, (食物を与えて)養う 2 (燃料や水などを)補給する 3 (感情などを)育む, 増大[助長]する—**arsi** 再 (di) 1 摂取する, 糧とする, 食べる 2 増大する, 育まれる

alimentare[2] 形 栄養の; 食品の—男 〔複数で〕食品

alimentarista 男女〔複 男 -i〕1 食料品を商う人, 食料雑貨商; 食品加工業の労働者 2 食品問題の研究者

alimentatore 男 [女 -trice] 1 供給者, 栄養を与える人 2 (燃料や原料を補充する)補給係 3 〔機〕供給装置 4 〔電〕電源回路—形 [女 -trice] 供給する, 栄養を与える

alimentazione 女 1 栄養補給[摂取] 2 食物, 栄養物 3 補給, 供給 4 養育 5 助長, 育成

alimento 男 1 栄養物; 食物; 糧 2 かきたてる[煽(あお)る]もの, 活力を与えるもの 3 〔法〕(複数で)養育費

alinea 男〔不変〕1 (法律条文の)項, 号〔略 al.〕2 〔印〕(段落冒頭の)字下げ

aliotide 女〔貝〕アワビ

aliquota 女 1 (所得や財産に対する)税率—*aliquota* progressiva 累進税率 2 〔数〕約数

aliscafo 男 水中翼船

aliseo 男〔複数で〕貿易風

Alitalia 女 アリタリア航空 (Aerolinee italiane internazionali の略; 2009年からイタリア航空 Linee Aeree Italiane に)

alitare 自 [io alito] 1 呼吸する, 息を吐く 2 (風が)そよぐ; (匂いが)漂う

alito 男 1 息, 呼気 2 (風が)かすかに鳴ること, そよぎ—Non c'è un *alito* di vento. 風がそよとも吹かない.

alitosi 女〔医〕口臭

all' 前置詞 a + 定冠詞 l'

alla 前置詞 a + 定冠詞 la

allacciamento 男 1 結ぶこと, つなぐこと 2 (電話・ガスなどの)接続, 開設—*allacciamento* ferroviario (鉄道の)接続線路

allacciare 他 [io allaccio] 1 (ひもで)結ぶ—*allacciare* le scarpe 靴のひもを結ぶ 2 締める—*allacciare* la cintura di sicurezza シートベルトをする 3 ボタンをかける 4 (人と)関係を結ぶ

allacciatura 女 1 結ぶこと 2 ボタンをかけること, (ひもやバックルなどで)衣服を閉じること, ボタン[ひも]閉じ

alladiese 形 (ピエモンテ州の町)アリエ (Agliè) の(人)の—男女 アリエの人

allagamento 男 洪水, 氾濫

allagare 他 水浸しにする, あふれさせる—**arsi** 再 水で一杯になる, 水浸しになる

allampanato 形 ひょろっとした, 長身痩軀(そうく)の

allappare 他 (酸っぱい食べ物・飲み物が)歯をきしませる, 口を曲げさせる—Queste arance acerbe *allappano* i denti. この酸っぱいオレンジは歯を浮かせる(顔をしかめさせる).

allargabile 形 拡張できる

allargamento 男 拡大, 拡張

*allargare [アッラルガーレ] 他 1 広げる, 大きくする 2 開ける—*allargare* gli occhi (驚きで)目を見開く 3 広く[ゆったり]見せる 4 〔スポ〕距離を広くとってプレーを拡大する—自 1 広がる 2 〔音〕速度を緩める—**arsi** 再 1 広がる, 拡大する 2 広いところに移る 3 (空が)明るくなる, 晴れる 4 〔口〕なれなれしくする 5 〔口〕うぬぼれる, 自信過剰になる

allargata 女 ざっと広げる[拡張する]こと

allargatura 女 拡大, 拡張; 拡大点, 拡張する箇所

allarmante 形 1 不安をもたらす, 気がかりな—statistica *allarmante* 不安をもたらす統計 2 警報の

allarmare 他 不安にさせる, 心配させる—**arsi** 再 動揺する, 不安になる

allarmato 形 1 警報装置を備えた, おびえた, 不安に駆られた

allarme 男 1 警報; 非常呼集—*allarme* aereo 空襲警報 / dare l'*allarme* 緊急事態を知らせる 2 警報装置—*allarme* antifurto 盗難防止用の警報装置 / Ho installato l'*allarme* sull'auto. 車に警報装置を取り付けた. 3 不安, 心配

allarmismo 男 1 心配性, 取り越し苦労, 杞(き)憂 2 (誇張された情報や噂がもたらす)不安, 恐慌

allarmista 男女〔複[男 -i]〕1 人騒がせな人 2 心配性の人

allarmistico 形〔複[男 -ci]〕不安をかき立てる, 人騒がせな

allattamento 男 1 授乳 —*allattamento* materno [artificiale] 母乳[人工乳]育児 2 授乳期間

allattare 他 乳を与える, 授乳する

alle 前置詞 a + 定冠詞 le

alleanza 女 1 同盟 —*Santa Alleanza* 神聖同盟 2 協調, 提携, 団結 3 協定, 取り決め 4《宗》(ユダヤの民と神との)契約

alleare 他〔io alleo〕同盟させる, 連合させる —**arsi** 再 1 同盟[協定]を結ぶ 2 団結する, 提携する

*__alleato__ 〔アッレアート〕形 同盟[協定]を結んだ —*esercito alleato* 連合軍 —男 1 同盟国, 同盟者 2〔複数で〕(第二次世界大戦の)連合国

allegabile 形 1 添付できる 2 (弁護・正当化のために証拠として)提示しうる

allegare¹ 他 1 同封する —*Allego alla presente i documenti richiesti.* 必要書類をこの手紙に同封いたします.

allegare² 他 (酸っぱい果実が)歯を浮かせる, きしませる —自〔植〕花から実になる

allegare³ 自〔金〕(溶けて)合金になる

allegato 形 添付した, 同封した —男 添付書類, 付随書類, 同封物

alleggerimento 男 軽くすること, 軽減, 緩和 —*alleggerimento fiscale* 減税

alleggerire 他〔io -isco〕1 軽くする 2 荷を減らす 3 (負担や責任を)軽減する 4 (苦しみを)和らげる, (緊張を緩める) 5 (余分なものを)減らす, 切り詰める 6《諧》奪う, 巻き上げる —*alleggerire A di B* A(人)からB(物)を奪う —**irsi** 再 1 軽くなる, 減少する 2 やせる 3 身軽になる, 薄着する 4 (悩みや懸念から)解放される, 救われる

allegoria 女 アレゴリー, 寓意, 寓意的[象徴的]表現

allegorico 形〔複[男 -ci]〕寓意的な, アレゴリーの

allegramente 副 1 陽気に, 快活に 2 軽やかに, 気楽に

allegretto 男〔音〕アレグレット, やや軽快な速さ(アンダンテとアレグロの中間速度) —副〔音〕アレグレットで, やや急速ăm

allegrezza 女 喜び, 至福, 幸福感

allegria 女 1 上機嫌, お祭り気分; 愉快, 陽気 2 ぞんざい, 軽率, 無思慮 —*vivere in allegria* 放蕩(とう)の暮らしを送る 3 (音や色の)鮮やかさ

*__allegro__ 〔アッレーグロ〕形 1 陽気な, 愉快な, 快活な 2 (火が)燃え盛る, 強火の 3《口》ほろ酔いの 4 いい加減な, 軽率な, 無分別な 5 (女性が)身持ちの悪い, ふしだらな 6 不正な, ごまかしの —男〔音〕アレグロ, 軽快な速さ(プレストとアレグレットの中間速度)

allegrone 男〔女 -a〕いつも陽気な人, 脳天気な人

alleluia 男〔不変〕1〔宗〕アレルヤ, ハレルヤ(神を賛美する叫び), ハレルヤ聖歌 2 歓喜の叫び〔歌〕;〔間投詞的に; 皮肉で〕万歳, やったぞ 3〔音〕賛歌的な

allenamento 男 1 練習, 鍛錬, トレーニング 2 (トレーニングで得られた)体調, コンディション —*essere fuori allenamento* 体調が悪い 3《諧》習慣

allenare 他 1 訓練する, 鍛える 2〔スポ〕(競技に向けて)体調を整える, 調整する —**arsi** 再 1 (自分を)鍛える 2〔スポ〕練習する

allenato 形 1 よく訓練された, 慣れた, 有能な 2 同調した

allenatore 男〔女[-trice]〕1 トレーナー, 監督, コーチ 2 (ボクシングの)スパーリングパートナー 3 (体操・陸上競技の)専門用具 4 (馬の)調教師 —形〔女[-trice]〕訓練の役割を果たす

allentamento 男 1 緩めること, 緩む[たるむ]こと 2〔機〕緩み, たるみ

allentare 他 1 緩める —*allentare la cintura di sicurezza* シートベルトを緩める 2 和らげる, 緩和する 3 与える —*allentare un calcio* 蹴飛ばす 4 軽減する 5 遅くする —**arsi** 再 1 緩む; 緩める 2 和らぐ, 緩和される 3 減る, 減少する

allergene 男〔医〕アレルゲン(アレルギーを引き起こす物質)

allergia 女 1 アレルギー —*allergia da...* …によるアレルギー症状 2《諧》拒否反応, 嫌悪, 反感

allergico 形〔複[男 -ci]〕1 アレルギー体質の —*essere allergico a...* …に弱い体質 2《諧》耐えられない, 我慢できない —男〔複[-ci]女[-a]〕アレルギー体質の人

allergizzarsi 再 アレルギー体質になる

allergologia 女 アレルギー研究

allerta, all'erta 間〔軍〕[見張り同士がけ合う言葉] 気をつけろ, 注意せよ —形〔不変〕用心する, 見張る —*stare allerta* 用心する, 注意する —男, 女〔不変〕警戒(状態), 警報

allertamento 男 警戒

allertare 他 警戒させる, 警戒態勢をとらせる —*allertare i carabinieri* カラビニエーリに警戒態勢をとらせる —**arsi** 再 警戒する, 警戒態勢をとる

allestimento 男 1 準備 —*in allestimento* 準備中 2 舞台装置 3 艤(ぎ)装 4 (自動車などの)装備, モデル, 型 5〔印〕製本の仕上げ作業

allestire 他〔io -isco〕1 準備する —*allestire una mostra* 展覧会を準備する 2 (軍隊を)装備する, 艤(ぎ)装する

allettamento 男 誘惑, 甘言

allettante 形 誘惑的な, 魅惑的な, 人を引きつける —*È una proposta poco*

allettare *allettante.* あまり魅力的でない提案だ.

allettare[1] 他 **1** 誘惑する, 魅惑する, 引きつける **2** 説き伏せる, 仕向ける **3**《文》(感情を)宿す

allettare[2] 他 **1**（病気が）…を床につかせる **2**（植物などを）なぎ倒す —**arsi** 再 **1**（病気で）床につく **2**（植物が）倒れる

allettatore 男〔女[-trice]〕誘惑者 —形〔女[-trice]〕誘惑する

☆**allevamento** [アッレヴァメント] 男 **1**（子供の）養育, しつけ, 教育 **2** 飼育(場), 養殖(場) —l'*allevamento* del bestiame 牧畜 **3**（植物の）栽培

☆**allevare** [アッレヴァーレ] 他 **1**（子供を）養う **2** 教育する, しつける **3**（動植物を）育てる

allevatore 男〔女[-trice]〕飼育者, 養殖者, 牧畜業者, 畜産家, ブリーダー, 栽培者 —形〔女[-trice]〕(動物・家畜を)飼育する

allevatrice 女（孵(ふ)化したばかりのヒナ鳥を入れる）飼育器

alleviamento 男 軽減, 緩和

alleviare 他〔io allevio〕**1** 軽くする, 軽減する **2** 和らげる, 鎮める, 緩和する

allibire 自 [es]〔io -isco〕(驚きや不安で)青ざめる, 色を失う, 動転する —*Sono allibito* a quelle parole. 私はその言葉に青ざめた. —形 仰天させる, 狼狽(ろうばい)させる

allibito 形 青ざめた; 呆然とした —Sono rimasto *allibito* a quella notizia. 私はその知らせに呆然とした.

allibramento 男 **1** (台帳への)記録; 記帳 **2** 〔歴〕（中世の）租税算出

allibrare 他 帳簿に記録する, 記帳する

allibratore 男〔女[-trice]〕**1** 帳簿係, 記録係 **2** (競馬の)胴元, ノミ屋; ブックメーカー

allietare 他 **1** 喜ばせる —Il ritorno del figlio *ha allietato* i genitori. 息子の帰りを両親を喜ばせた. **2** 活気づけ, 楽しませる —**arsi** 再 喜ぶ, 活気づく

☆**allievo** [アッリエーヴォ] 男〔女[-a]〕**1** 生徒, 弟子, 門人, 徒弟, 見習い **3**〔軍〕士官候補生

alligatore 男〔動〕アリゲーター; ワニ

allignare 自 [es/av] **1** (植物が)根づく **2** 根を張る, 広がる, 普及する

allineamento 男 **1** 一列に並べること[並ぶこと], 整列 **2**〔経〕調整, 適正化, 均等化 **3**〔政〕加盟, 協調 **4**〔医〕歯列矯正 **5**〔印〕文字揃え, 揃えられた行 **6**〔船〕航路

allineare 他〔io allineo〕**1** 一列に並べる; 整列させる, 配置する **2**（格差などを）補正する **3**〔印〕行末を揃える —**arsi** 再 **1** 一列になる, 整列する **2**（ほかに)合わせる, 倣う **3**〔政〕同一歩調[態度]をとる

allineato 形 **1** 整列した, 揃った **2**（政治的・経済的に）同盟した, 協調した

allitterazione 女 **1**〔修〕頭韻法 **2**〔音〕同音または同テーマの反復

allo 前置詞 a + 定冠詞 lo

allo- 接頭〔別の〕「異なる」の意

allobrogo 形〔複[男 -gi, -ghi]〕**1** アロブロゲス人の（ガリア・ナルボネンシス州に住んでいた古代ケルト民族）**2**《文》ピエモンテ人の, サヴォイア人の —男[-gi, -ghi] 女[-a]〕アロブロゲス人; ピエモンテ[サヴォイア]人

allocare 他〔資金や資源を）配分する

allocazione 女 **1** 予算の配分[修正] **2**〔情〕アロケーション **3** 競馬の賞金の割り当て

allocco 男〔複[-chi]〕**1**〔鳥〕モリフクロウ **2**〔女[-a]〕馬鹿, あほう, 間抜け —Non fate gli *allocchi*! 馬鹿なまねはよしなさい.

allocutivo 形 待遇表現の

allocutore 男〔女[-trice]〕〔言〕受信人, 聞き手

allocuzione 女 **1** 演説, 訓示 **2**〔言〕待遇表現

allodola 女〔鳥〕ヒバリ ▶ *specchietto per le allodole* 誘惑; 詐欺, ペテン

allogare 他 **1**（適切な場所に）設置する **2** 雇う **3** 賃貸する **4** 結婚させる **5** 投資する

allogeno 形 他民族の, 種族の異なる —男 少数民族

alloggiamento 男 **1** 宿泊; 宿泊させること, もてなすこと **2**〔軍〕兵舎, 宿営 **3**〔機〕台座, ハウジング

alloggiare 他〔io alloggio〕**1**（客として）泊める, 滞在させる **2** 設置する **3**〔軍〕宿営させる —自 **1** 寝泊りする, 滞在する —*alloggiare* presso una famiglia italiana イタリアでホームステイする **2**〔軍〕宿営する —**arsi** 再 **1**（人のところに）住み着く **2**〔軍〕宿営する ▶ *Chi tardi arriva male alloggia.* 早い者勝ち.

alloggiato 宿泊した, 宿をとった; 〔軍〕宿営した

alloggio 男 **1** 家, 住居 **2** 宿, 宿泊所; 宿泊 —vitto e *alloggio* 食事と宿泊, 食事付き下宿 **3**〔船〕船室 **4**〔軍〕宿営

alloglotto 形（大多数と）異なる言語を話す, 少数派言語を話す —男〔女[-a]〕少数派言語を話す人

allontanabile 形 遠ざけることができる, 回避しうる

allontanamento 男 **1** 遠ざけること, 隔離 **2** 遠ざかること, 離れること **3** 追い払うこと, 追放, 排除; 停止, 停職, 解任 —*allontanamento* dal lavoro 解雇 / *allontanamento* dalla scuola 停学

☆**allontanare** [アッロンタナーレ] 他 (da) **1** 遠ざける, 離す —*allontanare* la sedia dalla parete 椅子を壁から離す **2** 避ける, よける **3** 追い払う, 追放する; 解任[解雇]する **4** 反感を買う, 遠ざける —**arsi** 再 (da) **1** 遠ざかる, 立ち去る, 離れる **2** 避ける, よける **3** 近寄らない, 交際しない **4** 異なる, かけ離れる

allopatia 囡〔医〕逆症療法

allora [アッローラ] 副 そのとき, あの頃, 当時 ―接 1 それでは, それなら 2〔疑問・感嘆〕それで ―E allora, che cosa facciamo? で, 何をしようか? ―Allora, muoviamoci! それじゃあ, 行くとするか. ▶ allora allora ちょうどそのとき; つい今し方 allora come allora そのときすぐに da allora in poi あれ以来, それからは di allora 昔の, 昔は fin d'allora あれからずっと per allora あの時, 当時; その時までは Se A, allora B. A ならば B である.

allorché, allor che 接 …した時, …するや

alloro 男 1 月桂樹, ローレル 2 栄冠, 勝利 ▶ dormire sugli allori 成功に甘んじて努力を怠る

allotropo 男 1〔化〕同素体 2〔言〕同語源異語

alluce 男 (足の)親指

allucinante 形 1 まばゆい, 幻惑する 2 ショッキングな, 恐ろしい 3 信じられない, 驚くべき

allucinare 他 (io allucino) 1 幻覚を起こさせる, 目をくらませる; 幻惑する, 心を奪う 2 欺く, だます

allucinato 形 1 幻覚にとらわれた; 幻惑された 2 動転した; だまされた ―男〔女[-a]〕幻覚に悩まされる人; 動転した人

allucinazione 囡 1〔心〕幻覚 ―allucinazione visiva [uditiva] 幻視〔幻聴〕 2 思い違い, 錯誤, 歪(ﾕｶﾞ)曲

allucinogeno 男 幻覚剤 ―形 幻覚剤の

alludere [6] 自〔過分 alluso〕…についてほのめかす, 暗示する ―A chi vuoi alludere? 君は誰のことを言おうとしてるの?

allume 男〔化〕ミョウバン

alluminio 男〔化〕アルミニウム(元素記号 Al)

allunaggio 男 月面着陸

allunare 自 [es/av] 月面に着陸する

allungabile 形 (時間的・空間的に)延[伸]ばすことができる, 延長できる ―scala allungabile 繰り出しばしご

allungamento 男 1 延[伸]ばすこと, 延[伸]びること, 伸長, 延長 2〔スポ〕ストレッチング 3 水で薄めること, 希釈 4〔言・詩〕長音化 5 (飛行機の)縦横比 6〔商〕補塡(ﾎﾃﾝ)

*__allungare__ [アッルンガーレ] 他 1 長くする ―allungare una gonna スカートの丈を延ばす 2 (手足などを)伸ばす, 広げる 3 (期間や時間を)延長する 4 薄める, 水で割る ―allungare il vino ワインを水で割る 5〔口〕手渡す, 与える ―Allungami il pane, per favore. ねえ, パンを取って. 6〔口〕食らわす ―Mi ha allungato un calcio. 彼は私を蹴飛ばした. 7〔言〕(母音を)長音化する ―arsi 再 1 長くなる, 延[伸]びる (体を伸ばして)横たわる, 寝そべる 3〔口〕背が伸びる ―Come ti sei allungato! ずいぶん背が高くなったね. 4 身を乗り出す 5〔言〕(母音が)長音化する 6 …し続ける ▶ allungare il collo [naso] (よく見ようと)首を伸ばす, 身を乗り出す allungare il muso ふくれ面をする allungare il passo 足早に歩く allungare la mano 施しを請う allungare le mani 盗む

allungato 形 1 延[伸]びた, 延[伸]ばした, 延長された 2 薄められた 3〔馬〕だく足の, トロットの

allungo 男〔複[-ghi]〕1 (自転車競技・競歩などで)スパート 2 (サッカーで)前線へのロングパス 3 (ボクシングの)リーチ; (フェンシングの)突き 4 (靴を足に合わせるための)革切れ

allupato 形 好色な, 淫らな ―男〔女[-a]〕好色な人, 淫らな人

alluṣe alludere の直・遠過・3 単

alluṣione 囡 1 ほのめかすこと, 暗示; 間接的な言及 ―fare allusione a... …について暗示する 2〔修〕引喩

alluṣività 囡 暗示的であること, 暗示的傾向[性格]

alluṣivo 形 1 暗示的な, ほのめかすような 2 (表現・行為が)間接的な, 曖昧な

alluṣo 形〔過分＜ alludere〕暗示された, ほのめかされた

alluvionale 形〔地質〕沖積(層)の

alluvionato 形 1 洪水の被害を被った ―zona alluvionata 洪水の被害を被った地域 2 洪水地域に住む ―男〔女[-a]〕洪水の被災者

alluvione 囡 1 洪水, 氾濫 2 大量, 殺到, 充満 ―alluvione di cartoline 葉書の山 3〔地質〕沖積層 4〔法〕増堆

alma 囡《文》魂, 心

almanaccare 自 1 (su) …について熟考する, 思いを巡らす ―almanaccare su un problema ある問題について熟考する 2 空想にふける

almanacco 男〔複[-chi]〕1 暦 2 年鑑 3 (雑誌などの)付録

*__almeno__ [アルメーノ] 副 1 少なくとも, 最低 ―Vale almeno un milione. 少なくとも 100 万の値打ちはある. 2〔接続法半過去や大過去とともに〕せめて ―Almeno facesse bel tempo! せめて天気がよかったら.

almo¹《文》→ animo

almo² 形《文》気高い, 偉大な; 生命を育む

alo- 接頭〔塩〕〔海〕の意

aloe, aloè 男〔不変〕アロエの汁 ―男, 囡〔不変〕〔植〕アロエ

alogena 囡 ハロゲンランプ

alogeno 男〔化〕ハロゲン ―形 ハロゲンの ―lampada alogena ハロゲンランプ

alogico 形〔複[男 -ci]〕〔哲〕論理の範疇(ﾊﾝﾁｭｳ)外の, 論理を超越した

aloide 男 ハロゲン化鉱物, ハロゲン塩 ―形 (土壌について)塩分の多い

alone 男 1〔天〕(太陽・月の)かさ, 暈(ｶｻ), ハロー 2 後光, 光背, 円光, 光輪 3

alopecia　オーラ **4**(布地の)染み, よごれ **5**(受像機や写真の縁に現れる)輪, 環

alopecia, alopècia 囡〖複alopecie, alopècie〗〖医〗脱毛症

aloṣa 囡〖魚〗ニシン; ニシン科の魚

alpaca, alpàca 男〖不変〗**1**〖動〗アルパカ **2**アルパカの毛(織物)

alpe 囡 **1**高山, 高地; 山, 山脈 ―*Alpi* Apuane アプアーノ・アルプス **2** → alpeggio

alpéggio 男 **1**〖農〗(夏に家畜を放す)山の牧草地, 牧場 **2**家畜小屋, 山小屋

alpèstre, alpèstro 形 **1**アルプスの, 山岳の ―paesaggio *alpestre* 山の風景 **2**《文》険しい, 切り立った **3**《文》粗野な, ぶしつけな ―男 アルペストレ(高山のハーブからつくったリキュール)

Alpi 固名(女複) (le ~)アルプス山脈 ―*Alpi* Dinariche ディナル・アルプス(バルカン半島の西部の山脈) / *Alpi* Giulie ジューリエ・アルプス(アルプス山脈東端部) / *Alpi* Transilvaniche トランシルバニア山脈(ルーマニア中央部を東西に走る山脈)

alpigiano 形 **1**アルプスの, 山岳の **2**アルプスに住む, アルプス育ちの ―男〖女[-a]〗アルプスの住人, アルプス育ちの人; 山国の人

alpinismo 男 登山

alpinista 男女〖複[男 -i]〗登山家

alpinìstico 形〖複[男 -ci]〗登山の

alpino 形　アルプス(山脈)の, 高山の ―男 山岳兵;〖複数で〗山岳隊 **2**〖人類〗アルプス人種

alquanto 形(不定)〖数・量の名詞に前置して〗そこそこの, ある程度の ―*alquante* ore 数時間 / *alquanti* chilometri 数キロ ―代(不定)〖複数で〗いくつか, 何人かの人 ―*alquante* delle studentesse 女子学生の何人か ―副 少なからず, そこそこ, まずまず

alsaziano 形　アルザス(Alsazia)(の人)の ―男 **1**〖女[-a]〗アルザスの人 **2**〖単数のみ〗アルザス方言 **3**シェパード犬

alt 間 **1**止まれ〖独 halt!から〗 **2**(信号の)ストップ ―男〖不変〗停止, 休止

altàico 形〖複[男 -ci]〗**1**アルタイ山地[地方]の **2**アルタイ地方(の人)の **3**アルタイ語の ―男〖複[-ci]女[-a]〗アルタイ地方の人

altalèna 囡 **1**ぶらんこ; シーソー **2**(対照的な状態が)交互に起こること

altalenante 形 揺れ動く, 不安定な, 浮き沈みのある

altalenare 自 **1**ぶらんこ[シーソー]にのる, 揺れ動く **2**ためらう, (気持ちが)揺れ動く

altaménte 副 **1**非常に, 顕著に **2**大きな声で **3**《文》高貴に, 品位をもって

altana 囡 屋上ロッジャ, 屋上テラス

altare 男 祭壇　▶*andare all'altare* 結婚する　*condurre... all'altare* …と結婚する

altarino 男 **1**(一般家庭や従軍司祭が使う)小さな祭壇 **2**(町角などに見られる聖像を安置するための)壁龕(がん)　▶*scoprire gli altarini*(冗談で)他人の秘め事[悪事]を暴く

altèa 囡〖植〗タチアオイ; (A-)〖複数で〗アオイ科

alteràbile 形 **1**変質しやすい, 変化しやすい ―cibo *alterabile* 傷みやすい食べ物 **2**怒りやすい

alterabilità 囡 変質[変化]しやすいこと; 怒りっぽいこと

alterare 他 **1**(悪い状態に)変える, 損なう ―L'umidità *altera* la fragranza del caffè. 湿気がコーヒーの香りを台無しにする. **2**偽造する, 改ざんする ―*alterare* un documento 書類を改ざんする **3**苛立たせる, 怒らせる ―La discussione mi *ha alterato*. 私は議論をしていて苛立った. ―**arsi** 再 **1**(悪い状態に)変わる ―*alterarsi* in viso 顔色を変える **2**傷む, 変質する; まずくなる ―Il latte si è alterato. 牛乳が腐った. **3**怒る, 腹を立てる

alteràto 形 **1**変化した **2**偽造された **3**動揺[動転]した **4**変質した, 腐った; まずくなった **5**(口)激昂(こう)した ―男〖言〗変意名詞 ―*alterato* 変意名詞 ―〖言〗変意語

alterazióne 囡 **1**悪化, 変化, 変質 **2**偽造, 捏(ねつ)造 **3**動揺, 動転; 怒り, 腹立ち **4**〖口〗熱 **5**〖音〗変化[変位]記号によって音の高さを変化させること **6**〖言〗変意 **7**〖地質〗岩石の浸食

altercare 自 激しく議論する, 口論する

altèrco 男〖複[-chi]〗激しい議論, 口げんか

àlter ègo 成(男) 代役, 代わり; 分身 ―essere l'*alter ego* di... (人)の代わりとなる

alterigia 囡〖複[-gie]〗尊大, 傲慢 ―con *alterigia* 尊大に, 傲慢に

alternaménte 副 交互に, 代わりばんこに

alternanza 囡 **1**交替, 移り変わり ―*alternanza* di successi e fallimenti 交互に訪れる成功と失敗 **2**〖政〗政権交代 **3**〖農〗輪作 **4**〖言〗(音素の)交替

alternare 他 交互にする, 交替する ―自〖言〗(音素が)交替する ―**arsi** 再 交替する, 代[替]わる

alternataménte 副 交互に, かわるがわる

alternativa 囡 **1**二者択一 ―essere nell'*alternativa* 二者択一を迫られる **2**(三つ以上のうち)選択すべきもの; 選択肢, ほかの解決法[手段] ―non avere altra *alternativa* (che + 不定詞)(…するより)ほかに方法はない **3**〖政〗(与党に対する)野党の政策 **4**交替, 交互

alternativo 形 **1**交互の, 交互に起こる **2**代わりの ―percorso *alternativo* 迂(う)回道路 **3**二者択一の, 選択が必要な **4**(文化・芸術・政治的な表現で)反主流の, 反体制的な **5**〖機〗往復運動をする ―motore *alternativo* 往復内燃エンジン

alternato 形 交互の、交替の —corrente *alternata* 〔電〕交流 / coltivazione *alternata* 〔農〕輪作 / moto *alternato* 〔機〕往復運動

alternatore 男 〔電〕交流発電機、オルタネーター

alterno 形 **1** 交互の; 互い違いの —a giorni *alterni* 数日おきに **2** 変わりやすい、様々なことが起こる —le *alterne* vicende della vita 人生の浮き沈み **3** 〔植〕互生の

altero 形 **1** 尊大な、傲岸な **2**《文》そびえる、堂々たる

*__**altezza**__ [アルテッツァ] 女 **1** 高さ —Questa torre ha un'*altezza* di 30 metri. この塔の高さは 30 メートルです。 **2** 身長、背丈 **3** 海抜、標高 —L'albergo si trova a 800 metri di *altezza*. そのホテルは海抜 800 メートルのところにある。 **4** 深さ —*altezza* dell'acqua 水深 **5**（布地の）幅 **6** 高地;頂上 **7** 気高さ、気品、尊大さ **8** (A-)〔称号〕陛下、殿下 —Sua *Altezza* Imperiale 皇帝陛下 / Sua *Altezza* Reale 殿下、妃殿下 **9**（遠方からみた）眺め **10** 仰内角、高度 **11**〔幾〕高さ **12**〔音〕音の高さ ► *all'altezza di...* a)（能力的に）…と同じレベルに、…に太刀打ちできる、匹敵する —Non sono all'*altezza* di mia madre. 母にはかなわない。 b)…付近、…の近郊 —all'*altezza* dell'incrocio 交差点付近で c)…の沖 —La nave è affondata all'*altezza* del Capo di Buona Speranza. 船は喜望峰の沖で沈没した。

altezzosità 女 尊大、傲慢

altezzoso 形 尊大な、傲慢な

altica 女〔虫〕（害虫の）ハムシ

alticcio 形〔複〔女 -ce〕〕ほろ酔いの

altiero 形《文》→ altero

altimetria 女 標高測量(学)、高度測量(学)

altimetrico 形〔複〔男 -ci〕〕標高〔高度〕測量の

altimetro 男 高度測量器 —*altimetro* barometrico 高度計

altipiano 男 → altopiano

altisonante 形 **1** よく響く、朗々たる —con voce *altisonante* よく響く声で **2** 大げさな、大言壮語の

altissimo 形 **1**〔alto の絶対最上級〕非常に高い **2** いとも気高い、崇高な —男 (A-)〔単数のみ〕神

altitonante 形 雷鳴をとどろかせる、雷鳴が鳴り響く —男 (A-)〔単数のみ〕ゼウス

altitudine 女 **1** 海抜、高度 —ad un'*altitudine* di 1.500 metri 標高 1,500mに **2**《文》高い所、高み **3**《文》気高さ

*__**alto**__ [アルト] 形 **1** 高い —torre *alta* 高い塔 / prezzi *alti* 高い料金 **2**（水深が）深い —Qui l'acqua è *alta*. ここは深い。 **3**（布地が）幅広い **4** 厚手の、厚い **5**（声が）大きい、甲高い —a voce *alta* 大きな声で、声を張り上げて **6** 上級の、高級な;高位の —*alta* società 上流社会 / *alta* moda オートクチュール **7** かなりの、相当な —una cifra piuttosto *alta* 相当な額 **8** さかりの、深まった —notte *alta* 真夜中、深夜 / stagione *alta* 最盛期、書き入れ時 **9** 高度な、優れた —concetto *alto* 高度な概念 **10** 北部の —l'*Alta* Italia 北イタリア **11** 上流の —l'*Alto* Po ポー川上流 **12**（時代が）初期〔前期〕の —l'*alto* Medioevo 中世初期 —副 **1** 上に、上方に —volare *alto* 空高く飛ぶ **2** 大声で —parlare *alto* 大声で話す —男 **1** 頂(いただき); てっぺん —l'*alto* della torre 塔の上（階層の）頂点、トップ **3**〔複数で〕高音; 強音 **4**〔音〕アルト ► *gli alti e i bassi della vita* 人生の浮き沈み ► *guardare... dall'alto in basso* …を見下す ► *in alto* 上に、上方に / Mani *in alto*! 手を上げろ。

Alto Adige 固名(男) アルト・アディジェ自治州（イタリア北部の州; 州都 Bolzano）

altoatesino, alto-atesino 形 アルト・アディジェ（人）の —男〔女〔-a〕〕アルト・アディジェの人

altoforno 男〔複〔altiforni〕〕溶鉱炉、高炉

altolà 間〔軍〕止まれ！ —男〔不変〕止まれの命令 —dare l'*altolà* a... (人) に思いとどまらせる

altolocato 形 上流階級の

altomedievale 形 中世初期の

altoparlante 男 スピーカー、拡声器

altopiano 男 台地、高原

altorilievo 男〔美〕高浮き彫り; 高浮き彫りの技法

*__**altrettanto**__ [アルトレッタント] 形〔不定〕同数量の —Devi mettere un cucchiaio di zucchero e *altrettanto* cacao. 砂糖 1 杯とココア 1 杯を入れるんだよ。 / Per il ritorno abbiamo impiegato *altrettante* ore che per l'andata. 帰りには行きと同じ時間がかかった。 —代〔不定〕〔単数のみ〕**1** 同数、同量 **2** 同一のこと —副 同程度に、同様に —Buon appetito!-Grazie, *altrettanto*. 〔お返しの言葉〕どうぞ召し上がって。- ありがとう、あなたも。 / Non mi ha salutato ed io ho fatto *altrettanto*. 彼が挨拶しなかったので、私もしなかった。

altri 代〔不定〕〔不変〕ほかの人、誰か、ほかの誰か —*Altri* potrebbe sostenere il contrario. ほかの人はその反対のことを支持するかもしれない。 / non *altri* che lui 彼以外の誰か…でない

*__**altrimenti**__ [アルトリメンティ] 副 **1** そうでないと —Studia, *altrimenti* sarai bocciato. 勉強しなさい、さもないと落第するよ。 **2** 別のやりようで、違うふうに —non potere fare *altrimenti* そう〔こう〕するしかない

*__**altro**__ [アルトロ] 形〔不定〕**1** 別の、ほかの —Vorrei un libro di *altro* genere.

altroché 違うジャンルの本がいいんだけどな. / d'altra parte だが, しかし; 一方 **2**《定冠詞とともに》残りの, そのほかの —Gli *altri* amici sono già partiti. ほかの友人たちはもう出発した. **3**《不定冠詞とともに》もう一つの, 別の, 新たな —Vuoi un *altro* pezzo di torta? ケーキをもう一ついかが？ **4** 2番目の, 第二の —È stato per lei come un *altro* padre. 彼は, 彼女にとって第二の父のようであった. **5**（時間が）前の, 以前の, 先立つ; 次の, 未来の —l'*altro* anno 去年 / l'*altro* giorno 先日 / l'*altro* ieri 一昨日 / domani l'*altro* 明後日 / quest'*altra* settimana 来週 / da un momento all'*altro* まもなく, じきに **6**〔形容詞や人称代名詞とともに強意で〕…自身 —noi [voi] *altri* 私たち[あなたがた]自身 **7**《名詞は後続して》違う, 異なる —cultura *altra* 異質の文化 —代〔不定〕**1** ほかの人[物] **2**〔男性複数で〕他人, ほかの人たち **3**〔単数で〕別の（違う）もの —Non ho *altro* da aggiungere. ほかに付け加えることはない. **4**〔単数で〕もう一つ —Prendine un *altro*. もう一つ取れよ. ▶ *Altro che*！もちろん; それどころじゃない **ben altro** 全く違うもの **Ci vuole (ben) altro!** 不十分だ, 甘いぞ. **fra l'altro** さらに, おまけに **l'un l'altro** 互いに **l'uno e l'altro** いずれも, 両方とも **l'uno o l'altro** どちらか(一方) **nessun altro** ほかには誰も **nient'altro** ほかには何も **non fare altro che...** …以外には何もしない **non restare altro che** +[不定]…するしかない / Non mi resta *altro* che tacere. 私にできるのは黙っていることだけだ. **per altro** 他方, それに, でも **più che altro** とりわけ, なかんずく **se non altro** せめて, 少なくとも **senz'altro** もちろん, 必ず **tutt'altro** とんでもない **un giorno o l'altro** いずれそのうちに

‡**altroché** ［アルトロケ］副〔くだけた調子で〕もちろん

altronde 副《文》ほかの場所から, よそから; よそへ[で] ▶ *d'altronde* 他方で, とは言っても, やはり

‡**altrove** ［アルトローヴェ］副 よそへ[で], どこかに[で] —Qui o *altrove*, per me è lo stesso. 私はどこでもいいですよ. ▶ **avere la testa [mente] altrove** 何か考え事をしている, 心ここにあらず

altrui 形〔不定〕〔不変〕ほかの人の, 他人の —i meriti *altrui* 他人の功績 —代〔不定〕〔不変〕ほかの人, 他人 —男〔不変〕他人の所有物[家財]

altruismo 男 利他主義［精神］, 愛他主義

altruista 男女〔複［男-i]〕利他[愛他]主義者

altruistico 形〔複[男-ci]〕愛他的な, 利他的な

altura 女 **1** 高地, 丘, 台地 **2** 沖合い

aluccia 女〔複[-ce]〕〔複数形で〕腕浮き輪

alunno 男[女[-a]] **1**（特に小学校の）生徒 **2**《文》弟子, 門弟

alveare 男 **1** ミツバチの巣; 巣箱 **2** 人が密集して暮らす大建造物 **3** 人が多くざわついた場所

alveo 男 **1** 水路; 運河 **2** 分野, 領域

alveolare 形 **1**〔医〕歯槽の; 肺胞の **2**〔言〕歯茎音の

alveolo 男 **1** 小さなくぼみ **2**〔解〕（骨・歯・器官の）小腔(くう) —*alveoli dentali [polmonari]* 歯槽[肺胞] **3** ミツバチの巣室 **4**〔植〕房室, 胞室

alzabandiera 男〔不変〕国旗掲揚（のセレモニー）—fare l'*alzabandiera* 国旗掲揚を行う

alzabile 形 持ち上げることができる

alzacristalli, alzacristallo 男 （車の）ウインド一装置 —*alzacristalli elettrico* パワーウインドー / *alzacristalli manuale [a mano]* 手動ウインドー

alzaia 女 **1**（船の）曳(ひき)航用ロープ **2** 曳航路, 曳航ルート

‡**alzare** ［アルツァーレ］他 **1** 上げる, 持ち上げる —*alzare* la mano 手を上げる **2** 上に向ける —*alzare* gli occhi 目を上げる **3** 揚げる, 引き上げる —*alzare* una bandiera 旗を揚げる **4**（声を）上げる —*alzare* la voce 叫ぶ, 大声を出す **5**（強度を）増す —*alzare* il volume ボリュームを上げる **6**（値や率を）上げる —*alzare* i prezzi 値上げする **7** 建てる —*alzare* il muro 塀を建て高くする —*alzare* la casa di un piano 家を一階建て増しする **9**（トランプゲームで配る前に）切ったカードを二分して上に重ねる —**arsi** 再 **1** 起きる, 立ち上がる —*alzarsi* dalla sedia 椅子から立ち上がる **2** 起床する —Domani devo *alzarmi* presto. 明日は早く起きないといけない. / Al*zati*! (tu に対する命令) 起きろ, 立ちなさい. **3** 高くなる, 立ち昇る —Le fiamme *si alzavano* dall'edificio. 建物から火の手が上がっていた. **4** 昇る, 発生する —Il sole *si alza* alle sei. 日の出は6時だ. **5**（高さ・度合い・程度が）上がる —*Si è alzata* la febbre. 熱が上がった. **6**（鳥が）飛び立つ ▶ *alzare al cielo [alle stelle]* 賞賛する, 大げさにほめる *alzare bandiera bianca* うねぶれる, 白旗を掲げる *alzare il gomito* 飲み過ぎる, 酔っ払う *alzare i tacchi* 大急ぎで逃げる *alzare la cresta* うぬぼれる, 思い上がる *non alzare un dito* 何もしない（指一本すら上げない）

alzata 女 **1** 持ち上げること, 上がること **2**（脚つきの）果物皿 **3**（食器棚や机の）高背部; 鏡台 **4**（階段の）蹴(け)上げ, 蹴上げの高さ **5**〔スポ〕（バレーボールの）トス, （重量挙げの）持ち上げ, （バスケットボールで）試合の最初に審判が行う球上げ **6** 鳥が飛び立つこと **7**〔建〕立面図 ▶ *alzata d'ingegno*〔しばしば皮肉で〕素晴らしい思いつき, ひらめき *alzata di scudi* 反抗, 反乱 *alzata di spalle* 肩をすくめる

alzataccia 47 **amazzonico**

こと **votare per alzata di mano [per alzata e seduta]** 挙手で[起立着席で]投票する

alzataccia 囡〔複 -ce〕早起き — **fare un'***alzataccia* 早起きする

alzato 形 起きた, 立った, 上がった — *Non era ancora alzata.* 彼女はまだ起きていなかった. —男 1 中二階 2〔建〕正面図, 立面図 3（階段の）蹴込み板 ▶ **far stare alzato...** …を立たせておく **stare[rimanere] alzato fino a tardi** 遅くまで起きている

alzavola 囡〔鳥〕コガモ

alzheimer 男〔不変〕〔医〕アルツハイマー病

alzo 男 1（狙いを定めるための）照尺 2 靴の形を補正するための草片[紙片]

AM 略 Accademia Militare 士官学校; Aeronautica Militare 空軍; 〔英〕Amplitude Modulation（電波の）振幅変調

Am 囡（元素記号）americio〔化〕アメリシウム

a.m. 略 ante meridiem, antimeridiano 午前

amabile 形 1 愛想がいい, 好感の持てる, 愛らしい 2 丁寧な, 親切な, 優しい 3（ワインが）甘めの —*vino amabile* ほんのり甘味のある口当りのよいワイン —副〔音〕アマービレ

amabilità 囡 かわいらしさ, 愛らしさ; 優しさ, 愛想よさ

amaca, amaca 囡 ハンモック

amadriade 囡 1〔神話〕木の精のニンフ, ハマドリュアス 2〔動〕マントヒヒ

Amalfi 固名（囡）アマルフィ（カンパーニア州の町）

amalfitano 形 アマルフィ（の人）の — 男〔囡 -a〕アマルフィの人

amalgama 男〔複 -i〕1 合成, 混合, 融合 2〔化〕アマルガム（水銀とほかの金属の合金）3〔鉱〕天然アマルガム

amalgamare 他〔io amalgamo〕1 混ぜ合わせる 2 融合する, 一つにする 3〔金〕…をアマルガムにする —**arsi** 再 1 アマルガムになる 2 融合する, 一つになる

Amalia 固名〔女性名〕アマーリア

amamelide 囡〔植〕マンサク; (A-)〔複数で〕マンサク科

amanita 囡〔植〕テングタケ

✱**amante** [アマンテ] 形 好む —*essere amante dello sport* スポーツを愛好する —男囡 愛人

amanuense 男囡 1（印刷技術普及以前の）写字生 2 書類の筆記者

amarantacea 囡〔植〕ヒユ科の植物; (A-)〔複数で〕ヒユ科

amaranto 男 1〔植〕アマランサス, ハゲイトウ 2〔不変〕（アマランサスの花のような）赤紫色 3〔不変〕赤紫色の

amarasca → marasca

amarascato 形（飲み物について）マラスカの味がする

amarcord 男〔不変〕ノスタルジックな思い出

✱**amare** [アマーレ] 他 愛する, いとおしむ, 大好きである;〔不定詞とともに〕…することが好きである —*Amo leggere.* 私は本を読むことが好きだ. —**arsi** 再 1（互いに）愛し合う 2 自分を愛する

amareggiare 他〔io amareggio〕1 悲しませる, 悲しくする 2〔文〕苦くする —自〔es〕〔文〕苦くなる —**arsi** 再 悲しむ, 自分を苦しめる

amareggiato 形 悲嘆にくれた, 落胆した

amarena 囡 1〔植〕スミノミザクラの実, 酸果桜桃（酸味のあるチェリー）2 スミノミザクラの果汁

amareno 男〔植〕スミノミザクラ

amaretto 男 1 アーモンドビスケット 2 アマレット（アーモンド風味のリキュール）3 ほろ苦い感情

amarezza 囡 苦しさ, つらさ; 辛苦

amaricante 形 苦味のある, 苦味を添える —男 苦味のある食材[調味料]

amarico 形〔複 -ci〕（エチオピアの）アムハラ地方（の人）の —男 1〔囡 -a, 複〔男 -ci〕アムハラ地方の人 2〔単数のみ〕アムハラ語

amarilli → amarillide

amarillide 囡〔植〕アマリリス; ヒガンバナ科の植物

✱**amaro** [アマーロ] 形 1 苦い —*caffè amaro* ブラックコーヒー 2 苦しい, 悲しい, つらい —男 1 苦味のある薬草酒, 苦味酒 2〔単数のみ〕苦味; 苦しみ, 悲しみ 3（ワインの）変質

amarognolo 形 ほろ苦い

amarone 男 アマローネ（干したブドウから作られるヴェローナ産の赤ワイン）

Amati 固名（男）(Nicola ～)アマーティ (1596-1684); クレモナの弦楽器製作者. ストラディヴァリの師

amato 形 いとしい, 最愛の —*la mia amata nonna* 私の最愛の祖母 —男〔囡 -a〕最愛の人, 恋人

amatore 男〔囡 -trice〕1 愛好家, 通(つう), マニア —*amatore di cinema* 映画愛好家 2〔スポ〕アマチュア 3〔謔〕女たらし

amatoriale 形 アマチュアの

amatriciano 形 アマトリーチェ（ラツィオ州の町 Amatrice）(の人)の 2〔料〕アマトリーチェ風（トマト・豚の頬肉・タマネギ・ペコリーノチーズから作るパスタソース）— *bucatini all'amatriciana* アマトリーチェ風ブカティーニ —男〔囡 -a〕アマトリーチェの人

amazzone 囡 1〔ギ神〕アマゾン[アマゾネス]の女性, 女戦士; (A-)〔複数で〕（部族の）アマゾン, アマゾネス —*Rio delle Amazzoni* アマゾン川 2 女性騎手 — *sella da amazzone* 片鞍（女性用の鞍, 両足を片側に垂らして乗る）/ *all'amazzone* 片鞍乗りで[の] 3（昔の）女性用乗馬服 4 男勝りの女性

amazzonico 形〔複〔男 -ci〕〕アマゾン

川流域の

ambaradan 男〖不変〗《諧》大混乱, 大騒ぎ; 困難(な状況)

ambasceria 女 外交使節団, 外交使節団の任務 —inviare un'*ambasceria* 外交使節団を派遣する

ambascia 女〖複[-sce]〗1《文》呼吸困難 2 苦しみ

*****ambasciata** [アンバッシャータ] 女 1 外交使節団 2 大使館員 3 大使館 4 (一国の政府から他国政府宛の)メッセージ, 伝言 5 使命, 任務

ambasciatore 男〖女[-trice]〗1 大使 2 使節, 使者

ambasciatrice 女 1 ambasciatore の女性形 2 大使夫人

ambedue 形〖不変〗両方の, 双方の, どちらの…も —*ambedue* le orecchie 両耳 / con *ambedue* le mani 両手で —代〖不変〗両者(とも), 双方(とも) —*Ambedue* frequentano la stessa università. 二人とも同じ大学に通っている.

ambi- 接頭 「両方」「二つとも」の意

ambidestrismo 男 両手利き; 両足利き

ambidestro 形 1 両手利きの; (サッカーで)両足利きの 2 多機能的な —男〖女[-a]〗両手利きの人; (サッカーで)両足利きの選手

ambientale 形 環境の, (特に)自然環境の —tutela *ambientale* 環境保護

ambientalismo 男 1 環境保護, エコロジー 2〖哲〗経験説

ambientalista 男女〖複[男-i]〗1 エコロジスト, 環境保護主義者 2〖哲〗経験説支持者 —形〖複[男-i]〗1 環境保護の, エコロジストの 2 経験説の

ambientalistico 形〖複[男-ci]〗環境保護の, エコロジストの

ambientamento 男 1 順応 2〖建〗(周辺環境と調和した)建築計画

ambientare 他 1 (風土や環境に)順応させる 2 見栄えよく配置する[据える] 3 (小説や映画で)場面設定する, 時代考証をする —**arsi** 自 慣れる, 順応する

ambientazione 女 1 (建物・家具の)適切な配置 2 (映画や演劇の)舞台装置 3 順応

*****ambiente** [アンビエンテ] 男 1 環境 2 部屋(stanza, locale) 3 環境省(Ministero dell'Ambiente)

ambientino 男 排他的な小グループ [サークル]

ambigenere 形〖言〗男女通性名詞の —男〖言〗男女通性名詞

ambiguità 女 1 曖昧さ, まぎらわしさ; 曖昧な言葉[議論] 2 二枚舌, 偽り, 偽善 3 多義性

ambiguo 形 1 曖昧な, 不明瞭な 2 裏表のある, うさんくさい, 怪しい

ambio 男〖動〗側対歩

ambire 他〖io -isco〗熱望する, 追い求める —自 (a)…を熱望する —*ambire* agli onori 名誉を熱望する

ambito[1] 男 1 範囲, 区域, 領域; 分野 —nell'*ambito* della casa 家の中で / *ambito* di responsabilità 責任の範囲 2〔音〕音域, 声域 3 (ローマ法で)不正な選挙

ambito[2] 形 念願の, 待ち望んだ

ambivalente 形 アンビバレントな, 相反する感情の, 両面的な

ambivalenza 女 1〔心〕アンビバレンス, 相反感情 2 両面性

ambizione 女 1 野望, 野心; 高望み 2 求める[渇望する]物

ambizioso 形 野心的な, 野心家の; 高慢な —男〖女[-a]〗野心家

ambliopia 女〖医〗弱視, 視力薄弱

ambo[1] 形〖不変,《稀》複[男-i, 女-e]〗両方の, 双方の —in *ambo* [*ambi*] i casi 双方のケースにおいて

ambo[2] 男 1 (ロト宝くじで)二つの数の抽選 2 (ビンゴに似た遊びトンボラで)一ライン上の二つの続き番号

ambone 男〖建〗(初期から中世キリスト教会の)説教壇, 朗読台

ambosessi 形〖不変〗(特に広告で)男女両方の, 両性の —cercansi agenti *ambosessi* (求人広告で)男女エージェント求む —男〖複数のみ〗男女両方, 両性

ambra 女 1 琥珀(こはく) 2〔次の表現で〕*ambra* grigia 龍涎(りゅうぜん)香 —男〖不変〗琥珀色 —形〖不変〗琥珀色の

ambrato 形 1 琥珀色の 2 龍涎(りゅうぜん)香の

Ambrogio 固名(男) 1〖男性名〗アンブロージョ 2 (Sant'~)聖アンブロシウス (339頃 -397; ミラノの司教. 帝王権に対する教会の優越を主張)

ambrosia 女 1〔ギ神・ロ神〕(不老不死をもたらす)神の食べ物, アンブロシア 2 大変においしいもの, よい香り 3〔植〕セメンシナ

ambrosiano 形 1 聖アンブロシウスの 2 アンブロシアーナ図書館の 3 ミラノ(の人)の —男〖女[-a]〗ミラノの人

ambulacro 男〔建〕周歩廊, 回廊

ambulantato 男 行商人の商売

ambulante 形 1 歩き回る, 移動する, さまよう —enciclopedia *ambulante* 生き字引 / *ambulante* postale (鉄道の)郵便車 2 巡業の, 行商の —男女 行商人

ambulanza 女 救急車

ambulatoriale 形 (病院の)外来の, 外来担当医の —cura *ambulatoriale* 外来治療 —男 外来担当医

ambulatorio 男 診察室; (総合病院の)…科 —形 1 歩行の 2 外来[通院]の

amburghese 形 ハンブルク(の人)の —男女 ハンブルクの人

Amburgo 固名(女) ハンブルク(ドイツの河港都市)

AME 略 Accordo Monetario Euro-

-ame peo ヨーロッパ通貨協定

-ame 接尾「集合」「集団」の意;「軽蔑」の意

ameba 囡 1 〖動〗アメーバ; アメーバ目の単細胞動物 2 アメーバによって引き起こされる病気 3 活力[生気]のない人

Amedeo 固名〔男性名〕アメデーオ

Amelia 固名〔女性名〕アメーリア

amen 間 1 アーメン 2〔諦めを表して〕ご無理ごもっとも, そのとおり, 仕方がない ―男〖不変〗終わり, 最後 ▶ *in un amen* 即座に, 一瞬に

amenità 囡 1 (場所について)心地よさ, 気持ちのよさ; (人について)感じのよさ, 愛想のよさ 2 面白い表現, しゃれ;〖雅語〗愚かさ

ameno 形 1 (場所が)心地よい, 気持ちのよい; (人が)感じのいい 2 楽しい, 面白い 3 風変わりな

amenorrea 囡〖医〗無月経

America 固名(囡) アメリカ(大陸); アメリカ(合衆国) (gli Stati Uniti d'America)

americanata 囡〔皮肉で〕(アメリカ風に)派手なこと, 大げさなこと

americaneggiare 圓〖io americaneggio〗アメリカの流儀をまねる

americanismo 男 1 アメリカ語法, アメリカ特有の語[表現] 2 アメリカ人気質, アメリカ風 3〖政〗親米主義

americanista 男女〖複 -i〗1 アメリカ研究者 2 (自転車競技の)アメリカンレースの選手

americanistica 囡 (歴史・民族・文学などの領域における)アメリカ研究

americanizzare 他 アメリカ化する, アメリカ風にする ―**arsi** 再 アメリカ化する, アメリカ風になる

americanizzazione 囡 アメリカ化

*****americano** [アメリカーノ] 形 アメリカ(人)の; アメリカ合衆国の ―*continente americano* アメリカ大陸 ―男〔囡 [-a]〕アメリカ人 2 〔単数のみ〕アメリカ英語 3 アメリカン(ベルモットとカンパリにレモン[オレンジ]ピールを加えたカクテル)

americanofilo 形 親米的な, アメリカ好きな ―男〔囡 [-a]〕親米的な人, アメリカ好きな人

americanologo 男〔複 [-gi]〕囡 [-a]〕(歴史・経済・政治分野などの)アメリカ専門家[研究者]

americio 男〖化〗アメリシウム(元素記号 Am)

Amerigo 固名〔男性名〕アメリーゴ

amerindiano → amerindio

amerindio 形 1 アメリカ先住民の, アメリカ・インディアンの 2 アメリカ先住民語の ―男 1〔囡 [-a]〕アメリカ先住民, アメリカ・インディアン 2〔単数のみ〕アメリカ先住民の言語

ametista 囡 アメジスト, 紫水晶 ―男〖不変〗アメジスト色 ―形〖不変〗アメジストの, 赤紫色の

amianto 男 アミアンタス(細い繊維を持つ石綿), アスベスト

*****amica** [アミーカ] 囡 女友達; ガールフレンド

amicarsi 再《con》…と友達になる; 互いに友達になる

amichetto 男〔囡 [-a]〕1 (子供の)遊び友達 2 恋人

amichevole 形 好意的な, 親しげな ―*incontro* [*partita*] *amichevole* 親善試合

amichevolmente 副 親身に, 友情を込めて; 友好的に

*****amicizia** [アミチーツィア] 囡 1 友情, 友愛 2 (国・地方などの)友好関係, 親睦 3〔複数で〕知り合い ―*avere cattive amicizie* 悪い友人がいる 4 恋愛関係 ▶ *fare amicizia con...* …と親しくなる *Patti chiari, amicizia lunga.* 親しき仲にも礼儀あり. *rompere un'amicizia* 絶交する

*****amico** [アミーコ] 男〔複 [-ci]囡 [-a]〕1 友達; ボーイフレンド 2 味方, 同士, 盟友 3 愛人 4 愛好家 5 支持者, 後援者 6〔皮肉で〕悪名高い人, 奴 ―形 1 親しい, 温かみのある 2 友好的な, 味方の ―*amica* 優しい言葉をかける 2 友好的な, 味方の ―*amico del giaguaro* (友人の)敵の味方をする人 ▶ *amico d'infanzia* 幼なじみ *amico di penna* ペンフレンド *amico di saluto* 単なる知り合い *amico del cuore* [*per la pelle*] 無二の親友 *da amico* 親しみを込めて; 無私の; (価格が)有利な *Gli amici si conoscono nelle avversità.* 〖諺〗まさかの時の友こそ真の友.

amicone 男 1 大の仲良し, 親友 2 友情を誇示する人

amido 男 でんぷん, 糊(のり)

amigdala 囡 1〖解〗腺, リンパ腺, 扁桃腺 2〖鉱〗杏仁(きょうにん)状岩 3 (旧石器時代に使われた)荒削りの楕円形石器

amilasi 囡〖不変〗〔生化〕アミラーゼ, ジアスターゼ

amino- → ammino-

amitto 男 肩衣(カトリック司祭が肩に着用する長方形の麻の下着)

amletico 形〔複〖男 -ci〗〕1 ハムレットの 2 決心がつかない, 優柔不断な ―*dubbio amletico* ジレンマ

ammaccabile 形 変形しうる, へこみやすい

ammaccamento 男 へこますこと, へこむこと, へこみ

ammaccare 他 1 へこませる; つぶす 2 損傷[打撲傷]を与える ―**arsi** 再 1 へこむ; つぶれる 2 打撲する

ammaccatura 囡 1 へこますこと, 変形, へこみ 2 打撲傷, あざ

ammaestrabile 形 教育できる; 調教可能な

ammaestramento 男 教育; 調教; 規律, 教え, 忠告

ammaestrare 他 1 教える; 教化する 2 訓練する; 調教する

ammaestrato 形 教育された；調教された

ammaestratore 男〔女[-trice]〕調教師

ammagliatore 男〔女[-trice]〕（積み荷を整理する）港湾労働者

ammainabandiera 男〔不変〕旗の降納，降納の儀式

ammainare 他〔io ammaino〕旗を降ろす，(帆や積み荷を)降ろす ▶ *ammainare la bandiera* 降参する *ammainare le vele* (企てから)手を引く，断念する

ammalarsi 再〔di〕病気になる[かかる]，体を壊す

‡**ammalato** ［アンマラート］形 病気の ―男〔女[-a]〕病人，患者

ammaliamento 男 魔法にかけること；魅惑

ammaliare 他〔io ammalio〕魔法にかける；魅惑する，虜にする

ammaliatore 形〔女[-trice]〕魅惑的な，魔法にかけるような ―男〔女[-trice]〕魅惑的な人，誘惑する人

ammanco 男〔複[-chi]〕（計算ミスなどによる）欠損額，不足額

ammanettare 他 手錠をかける；逮捕する

ammanicarsi 再〔io mi ammanico〕《口》…に取り入る，コネをつくる —Lei si è ammanicata il professore. 彼女は先生に取り入った．/ *ammanicarsi con...* (人)とのコネをつくる

ammanicato 形 コネがある，コネがきく

ammanigliare 他〔io ammaniglio〕(船)(ロープや鎖などを)結びつける，錨(ﾂﾞ)綱を結びつける ―**arsi** 再 取り入る，コネをつくる

ammanigliato 形 コネがある，コネがきく

ammannire 他〔io -isco〕1 (食事などを)準備する 2 《謔》(つまらないものを)無理やり押しつける

ammansire 他〔io -isco〕(動物を)飼いならす；(人を)静める，落ち着かせる ―自〔es〕従順になる；穏やかになる，落ち着く ―**irsi** 再 従順になる；穏やかになる，おとなしくなる

ammantare 他 1 覆う，包み込む — La nebbia ammantava il paese. 霧が村を覆っていた． 2 ごまかす，カムフラージュする ―**arsi** 再 1〔di〕覆われる，包み込まれる —I campi si sono ammantati di neve. 野原は雪で覆われた． 2 (持っていないものを持っているかのように)装う，ふりをする —*ammantarsi di virtù* 徳があるように装う

ammaraggio 男 (飛行機の)着水

ammarare 自［稀にes〕（飛行機が）着水する

ammassamento 男 1 積み重ね，蓄積，山 2 大量，集団，群集 —un *ammassamento di tifosi* ファンの群れ

ammassare 他 1 (大量に)寄せ集める，(乱雑に)積み重ねる 2 (お金を)貯め込む 3 (穀物を)貯蔵する ―**arsi** 再 1 群がる，殺到する；積み重なる 2 濃くなる，固まる

ammassatore 男〔女[-trice]〕1 独占する人，ため込む人 2〔法〕備蓄を管理する人 ―形〔女[-trice]〕1 独占する，ため込む 2 備蓄を管理する

ammasso 男〔di〕…の山，大量の… —*ammasso di rovine* 瓦礫(ﾚｷ)の山 ▶ *ammasso stellare*〔天〕星団

ammatassare 他 かせに巻きつける；(糸やひもを)巻いて束ねる

ammattimento 男 1 気が狂うこと，発狂 2 トラブル，迷惑

ammattire 自〔es〕〔io -isco〕1 気が狂う，理性を失う 2 気分が悪い，いらいらする —Quel rumore mi fa ammattire. その物音は私をいらいらさせる． 3 知恵を絞る，頭を悩ます ―**irsi** 再 《口》気が狂う，いらいらする

ammazzacaffè 男 《口》コーヒーの後に飲む食後酒

ammazzacattivi 男女〔不変〕《諧》(童話や映画で)悪を退治する人，正義の味方

ammazzamento 男 1 殺害，惨殺 2 きつい仕事，大変な骨折り

‡**ammazzare** ［アンマッツァーレ］他 1 殺害する；屠殺する 2 消耗させる，(原因を主語に)参る —La fatica ammazza. 疲労困憊(ﾊｲ)する． ―**arsi** 再 1 自殺する 2 疲れる，精を出す —*ammazzarsi di lavoro* 仕事に忙殺される 3 死ぬ；殺し合う ▶ *ammazzare il tempo* 時間[暇]をつぶす

ammazzasette 男女 ほら吹き，はったり屋

ammazzata 女 《口》大変な骨折り，重労働

ammazzatoio 男 畜殺場

ammenda 女 1 (過ちの)償い，弁償 —fare *ammenda dei peccati* 罪の償いをする 2〔法〕罰金(刑)，反則金 —pagare un'*ammenda* 罰金を支払う

ammendamento 男 1 修正，改善 2〔農〕土壌の改良，(そのための)肥料

ammendare 他 1《文》償う，直す，改善する 2〔農〕土壌を改良する

ammennicolo 男 1 副次的なもの，二次的なもの；取るに足りないもの 2 (意見・理論などへの)支持，支援；へりくつ

ammesso ［過分 < ammettere〕入学[入会]を許可された，認められた ―男〔女[-a]〕有資格者，合格者 ▶ *ammesso che* +〔接続〕仮に…だとして(も)，仮に…するような場合は

‡**ammettere** ［アンメッテレ］[65] 他〔過分 ammesso〕1 (場所や組織へ入ることを)承認する，受け入れる 2 許可する，認める 3 (真実であると)認める，白状する 4 仮定[想定]する，思う，推測する

ammezzare 他 1 二分する，半分にする，半分満たす 2 途中でやめる

ammezzato 形 二分された, 半分の, 途中でやめた —男 中二階

ammiccamento 男 ウインク, 目配せ

ammiccante 形 思わせぶりな, 意味ありげな

ammiccare 自 目配せする; ウインクする

ammicco 男〔複[-chi]〕ウインク, 目配せ

ammide 女〔化〕アミド

amministrabile 形 統治できる, 管理できる, 運営[経営]可能な

amministrare 他 1 行政を執行する, 治める 2 管理する, 経営[運営]する, 切り盛りする —**arsi** 再 自制する, 自己管理する

amministrativamente 副 運営[経営]上, 管理上

amministrativista 男女〔複[男-i]〕〔法〕行政法の専門家

amministrativo 形 行政の; 管理の

amministratore 男〔女[-trice]〕取締役; 管理者; 責任者, 行政官

*__amministrazione__ [アンミニストラツィオーネ] 女 1 管理, 経営, 運営 2 管理組織, 管理者 3 行政(機関)

ammino- 腰頭「アミノ」の意

amminoacido 男〔化〕アミノ酸

ammirabile 形 賞賛すべき, ほれぼれするような

ammiraglia 女 1(海軍の)司令官や提督が乗る船, 旗艦 2 (あるメーカーの)最上級の車種; (船会社の)主力船 3 (自転車競技で)監督が乗った伴走車

ammiragliato 男 1 海軍参謀本部 2 艦隊司令長官の職務[地位, 官舎] 3 艦隊司令長官の官舎

ammiraglio 男 艦隊司令長官, 提督 —grande *ammiraglio* 海軍司令長官, 海軍元帥 —形 艦隊司令長官の

*__ammirare__ [アンミラーレ] 他 1 感嘆する, 見とれる —Tutti *ammirarono* la bellezza del paesaggio. 誰もが皆, その景色の美しさに見とれた. 2 感心する, 称賛する, 敬服する —*Ammiro* la sua diligenza. 彼の勤勉ぶりには頭が下がる.

ammirato 形 称賛[敬服]された; 驚いた, 唖(ぁ)然とした —È una persona *ammirata* da tutti. あの人は称賛の的です. ▶ **essere ammirato di...** …に感心[敬服]する / Sono *ammirato* della tua bravura. 君の腕前には感心するよ.

ammiratore 男〔女[-trice]〕1 崇拝者, ファン 2 求愛者

ammirazione 女 1 見とれる[見ほれる]こと 2 感嘆, 敬服, 賞美, 称賛

ammirevole 形 賞賛すべき, 見事な, 素晴らしい

ammirevolmente 副 立派に, 見事に

ammissibile 形 (正当・有効なこととして)認めることができる, 受け入れることができる —Non è *ammissibile* che voi arriviate sempre in ritardo. 君たちがいつも遅刻するのは許しがたいことだ.

ammissibilità 女 (正当・有効なこととして)認めうること, 許容できること; 受験[参加]資格

ammissione 女 1 入学[加入, 入場]の許可 2 承認, 容認 3 自認, 自白

ammobiliare 他〔io ammobilio〕家具を備えつける

ammobiliato 形 家具つきの

ammodernamento 男 現代化, 最新化, 刷新, 更新; 最新化された部分, 刷新箇所

ammodernare 他 現代風にする, 新しくする, 刷新する, 更新する —**arsi** 再 現代風になる, 新しくなる, 刷新される

ammodo 副 きちんと, しっかりと, 行儀よく —形〔不変〕きちんとした, しっかりした —ragazza *ammodo* きちんとした女の子

ammogliare 他〔io ammoglio〕結婚させる, 妻をめとらす —**arsi** 再 妻をめとる —Si è *ammogliato* con una ragazza giapponese. 彼は日本人の女の子と結婚した.

ammogliato 形 結婚した, 妻をめとった —男 既婚男性

ammollamento 男 (液体につけて)柔らかくすること, 柔らかくなること, 湿気ること

ammollare[1] 他 1 (液体につけて)柔らかくする, (液体に)つける, 浸す 2 なだめる, 和らげる —**arsi** 再 (濡れて)柔らかくなる, びしょびしょになる

ammollare[2] 他 1 一撃を食らわす, (不快なものを)つかませる —*ammollare* un ceffone a... (人)に平手打ちを見舞う 2 緩める

ammollimento 男 柔らかくすること[なること]; 和らげること, 鎮静

ammollire 他〔io -isco〕1 柔らかくする 2〔文〕なだめる, 和らげる —**irsi** 再 1 柔らかくなる 2 和らぐ, 鎮まる

ammollo 男 (洗濯物を洗う前に)漬けておくこと, 漬け置き —lasciare la biancheria in *ammollo* シーツを漬けておく

ammoniaca 女 1〔化〕アンモニア 2 アンモニア水

ammoniacale 形 アンモニアの

ammonimento 男 1 警告, 厳しい忠告 2〔法〕(被告人に対する)説諭, 訓戒, 口頭注意

ammonio 男〔化〕アンモニウム

ammonire 他〔io -isco〕1 警告する, 忠告する —Ti *ammonisco* di non farlo. そんなこと絶対にしないほうがいいよ. 2 叱る, とがめる 3〔法〕訓戒する

ammonite 女〔生物〕アンモナイト

ammonitore 男〔女[-trice]〕警告する人, 警告者 —形〔女[-trice]〕警告的な, 警告となる

ammonizione 女 1 警告 2 叱責 3〔法〕説諭, 訓戒, 戒告

ammonizzazione 女〔化〕アンモニ

ア化成作用

ammontare¹ 自 [es]《a》(数字が)…に達する; (合計が)…になる —Il tasso di disoccupazione *ammonta* al 5 %. 失業率が5％に達する. —他 積み重ねる

ammontare² 男〔単数のみ〕合計, 総額, 総勢 —*ammontare delle spese* 費用の総額

ammonticchiare 他 [io ammonticchio] (乱雑に)積み重ねる —**arsi** 再 積み重なる

ammorbare 他 1 感染させる; 汚染させる; 悪臭を充満させる 2 台無しにする, 損なう《口》うんざりさせる

ammorbidente 男 柔軟剤, 軟化剤

ammorbidimento 男 柔らかくする[になる]こと, 和らげること

ammorbidire 他 [io -isco] 1 柔らかくする, 柔軟にする; とかす 2 和らげる, 温和にする 3 [美]ぼかす —**irsi** 再 1 柔らかくなる 2 和らぐ, 温和になる

ammorsare 他 1 万力で挟む[締める] 2 [建]待歯(まちば)石を残す

ammorsatura 女 [建]待歯(まちば)石, 待歯石による壁の固定

ammortamento 男 〔商〕償却, 償還

ammortare 男 → ammortizzare

ammortire 他 [io -isco] 不活発にする, 鈍らせる, 弱める

ammortizzabile 形 償却[償還]可能な

ammortizzamento 男 〔商〕償却, 償還

ammortizzare 他 1 償却する, 償還する 2 (出費を)相殺する, チャラにする 3 緩和する

ammortizzatore 男 1 (緊張や対立を)緩和するもの, 和らげるもの 2 (自動車などの)衝撃緩和装置, 緩衝装置 ▶ *ammortizzatore sociale* セーフティーネット

ammosciare 他 [io ammoscio] 1 へとへとにさせる, げんなりさせる, 萎えさせる 2 たるませる, ぐんにゃりさせる —自 [es] へとへとになる, ぐったりする —**arsi** 再 1 へとへとになる, 落胆する 2 たるむ, ふにゃふにゃになる

ammosciato 形 1 ぐったりした, げんなりした 2 たるんだ, ふにゃふにゃになった

ammostare 他 ブドウを搾る —自 ブドウ果汁になる

ammostatoio 男 ブドウ搾り器

ammostatura 女 (ワイン製造における)ブドウ搾り, (ビール製造における)モルトの熱処理

ammucchiamento 男 積み重ねること, 堆積, (物の)山

ammucchiare 他 [io ammucchio] 1 積み上げる, 山積みする —*ammucchiare la legna* 薪を積み上げる 2 蓄える, 貯める —**arsi** 再 積み重なる, 群がる, 集まる

ammucchiata 女 1 ごちゃまぜ, 寄せ集め 2 乱交 3 [スポ]選手たちの密集

ammuffimento 男 カビが生えること, (カビで)腐敗すること

ammuffire 自 [es] [io -isco] 1 カビが生える 2 (部屋などに)引きこもる; 老いる —*irsi* 再 かびる ▶ *tenere il denaro ad ammuffire* お金を寝かす[遊ばせている]

ammuffito 形 1 カビが生えた, カビで覆われた 2 古臭い, 時代遅れの

ammusare 自 [es] (動物が)鼻を寄せ合う —他 鼻を近づける, 鼻で触れる

ammutinamento 男 1 [軍](上官に対する)反逆, (共同)抗命 2 暴動, 反乱 3《諧》(目上の者に対する)集団での訴え[嘆き]

ammutinarsi 再 [io mi ammutino, mi ammutino] 1 [軍](上官の命令に)抵抗する 2 (…に対して)暴動を起こす

ammutinato 形 1 [軍](上官に)反抗する 2 反逆した, 反乱を起こした —男[女[-a]] 1 [軍](上官に対する)反抗者 2 反逆者, 暴徒, 暴徒

ammutolire 自 [es] [io -isco] 1 話すことができなくなる 2 (恐怖や驚きのせいで)口が利けなくなる, 絶句する —**irsi** 再 話すことができなくなる, 口が利けなくなる

amnesia 女 1 [医]記憶喪失, 健忘症 2 度忘れ

amnio 男 〔生物〕幼胚を包む膜, 羊膜

amniocentesi, amniocentesi 女《不変》[医]羊水の採取, 羊水穿刺(せんし)

amniotico 形 〔複[男-ci]〕羊膜の, 羊膜を持った —*liquido amniotico* 羊水

amnistia 女 大赦, 特赦

amnistiare 他 [io amnistio, amnistio] 大赦[特赦]を与える —*amnistiare i prigionieri* 捕虜に大赦を与える

amnistiato 形 大赦[特赦]を与えられた —男[女[-a]] 大赦を与えられた人, 特赦の対象者

amo 男 1 釣り針 2 甘言でつること, 策略, 罠(わな) ▶ *abboccare all'amo* 罠にかかる, 一杯食わされる

amorale 形 道徳と無関係な, 道徳意識のない —男女 道徳と無関係な人, 道徳意識のない人

amoralismo 男 無道徳な態度[人生観]

amoralità 女 無道徳

amorazzo 男 (男女の)遊びの関係, 情事

***amore** [アモーレ] 男 1 愛, 愛情 2 愛着; 情熱 3 かけがえのない人[物], 最愛の人 4 可愛い人[物], 魅力的な人[物] 5 〔複数で〕情事, 恋愛, アバンチュール 6 性行動, 性欲 7 (動物の)繁殖期 8 (A-)〔神話〕愛の神, エロス, キューピッド ▶ *amore platonico* プラトニックラブ *amor proprio* 自尊心 *fare l'amo-*

re [all'amore] con... ...とセックスする
per amore di... ...のために、...が原因で
per amore o per forza 何とかして、是が非でも

amoreggiamento 男 (男女の)遊びの付き合い

amoreggiare 自 [io amoreggio] **1** (con) ...と遊びで付き合う **2** (イデオロギーや理論に)上辺だけの関心を持つ

amoretto 男 **1** 遊びの関係 **2** 愛する人、可愛い人 **3**《文》キューピッド

amorevole 形 **1** 愛情のこもった、優しい —attenzioni *amorevoli* 愛情のこもった気配り / persona *amorevole* 優しい人 **2** 《古》...の、愛の

amorevolezza 女 愛情、優しさ

amorfo 形 **1** 無定形の、形のない **2** 無個性な、特徴がない —persona *amorfa* 個性のない人 **3**〔心〕感情の動きを欠いた **4**〔鉱〕非結晶の、ガラス質の

amorino 男 **1** キューピッド **2** ぽっちゃりした可愛い子供 **3**〔植〕モクセイソウ **4** S字型ソファー

amorosamente 副 優しく、愛情を込めて

amoroso 形 **1** 恋愛の; 恋をしている **2** 愛情あふれる、思いやりのある **3** 恋心を抱かせる —pozione *amorosa* 惚(ﾎ)れ薬 **4**〔音〕情愛を込めた —男 女[-a] **1** 恋人、愛人 **2**〔劇〕恋人役

amoscino [トスカーナ] → susino

amovibile 形 移動できる、持ち運びできる、撤去[除去]できる; 異動できる

amovibilità 女 移動[持ち運び]できること、撤去できること; 異動できること

ampelidacea 女〔植〕ブドウ科の植物; (A-)《複数で》ブドウ科

amperaggio 男 (電流の)アンペア数

ampere 男〔不変〕アンペア(電流の単位; 略 A)

amperometro 男 電流計

ampezzano 形 コルティーナ・ダンペッツォ(の人)の —男 女[-a] コルティーナ・ダンペッツォの人

ampiamente 副 広く、ゆったり; 豊富に、詳しく

ampiezza 女 **1** (規模の)大きさ、広大さ —l'*ampiezza* della stanza 部屋の大きさ **2** 幅 **3**〔物〕振幅 **4**〔幾〕角[弧]の大きさ

*****ampio** [アンピオ] 形 **1** 広い; ゆったりした —un *ampio* salone 大広間 **2** ゆとりのある、(種類や数が)豊富な —In questo negozio c'è un'*ampia* scelta. この店は品数が豊富だ。

amplesso 男 **1** 性交、交尾 **2**《文》抱擁

ampliamento 男 **1** 拡大、拡張 **2** 増加、増幅 **3**〔言〕音素の添加による意味の変化

ampliare 他 [io amplio] **1** 広げる、拡張する、伸ばす —*ampliare* una strada 道を拡張する **2** 増やす、豊かにする —**arsi** 再 広がる、拡張する、増える —L'impresa *si è ampliata* negli ultimi anni. その事業はここ数年で拡大した。

amplificare 他 [io amplifico] **1** 拡張する、拡大する、発展させる **2** 誇張する —*amplificare* i difetti 欠点を誇張する **3** 増幅する、増大させる —**arsi** 再 重要性を増す、拡張する

amplificativo 形 **1** 拡張的な、増幅する **2** (文体が)誇張的な、大仰な

amplificatore 男 アンプ、増幅器

amplificazione 女 **1** 拡張、拡大 **2** 誇張 **3** 増幅

amplissimo 形〔ampio の絶対最上級〕非常に広い

amplitudine 女〔天〕出没方位角

ampolla 女 **1** (調味料用の)小瓶;(薬の)アンプル **2**〔宗〕(儀式用の)聖油入れ **3**〔電〕真空管、(不活性ガスを入れた)ガラス球 **4**〔解〕(管状器官の)膨大部、ビン状部

ampolliera 女 小瓶を置く台、瓶立て

ampollosità 女 (文章・議論・人に関して)大げさなこと、懲りすぎること、大言壮語

ampolloso 形 **1** (文章・議論などが)大げさな、誇張的な、懲りすぎた **2** (人について)大言壮語する

amputabile 形 (体の一部について)切断できる、削除可能な; 短くできる

amputare 他 [io amputo] **1** (外科的に)切断する —*amputare* un braccio 片腕を切断する **2** 切り捨てる、切り詰める

amputazione 女 **1**〔医〕切除、切断、摘出 **2** 削除、カット

amuleto 男 お守り、護符

AN 略 **1** Ancona アンコーナ **2** Alleanza Nazionale 国民同盟(イタリアの右派政党で 1994-2009 にかけて活動)

an- 接頭 → a-

ana 副 (薬について)各同量に

ana- 接頭 「高く」「上に」「後ろに」「逆に」の意

anabaşi 女〔不変〕(冒険と苦難に満ちた)遠征、長旅

anabattismo 男 〔宗〕アナバプティズム、再洗礼主義

anabattista 男女〔複[男 -i]〕〔宗〕アナバプティスト、再洗礼主義者 —形〔複[男 -i]〕再洗礼派の、再洗礼主義の

anabbagliante 形 **1** まぶしくない、無反射の、防眩(ｹﾞﾝ)の —男〔複数で〕(車の)ロービーム

anabiosi 女〔不変〕(休眠や仮死状態からの)蘇生、再生

anabolico 形〔複[男 -ci]〕〔生物〕同化作用の、新陳代謝の

anabolismo 男〔生物〕同化作用

anacardio 男〔植〕カシューナッツの木

anaciato 形 アニスの匂いの、アニスの味の

anaciclico 形〔複[男 -ci]〕〔詩〕回文の

anacoluto 男〔言〕破格構文
anaconda 男〔不変〕〔動〕アナコンダ
anacoreta 男〔複 -i〕(初期キリスト教時代の)隠者，瞑(%)想者
anacoretismo 男 (初期キリスト教時代の)禁欲，隠遁(%)生活
Anacreonte 固名〔男〕アナクレオン(前6世紀前半 -5世紀初め；ギリシャの叙情詩人)
anacreontica 女〔詩〕アナクレオン体の詩
anacreontico 形〔複 男 -ci〕アナクレオンの，アナクレオン風の
anacronismo 男 1 アナクロニズム，時代錯誤(の物)，時代遅れ(の人) 2 年代の誤謬
anacronistico 形〔複 男 -ci〕アナクロニズムの，時代錯誤的の，時代遅れの ―maniera *anacronistica* 時代錯誤な様式
anacrusi 女〔不変〕〔詩〕行首余剰音(詩行の冒頭に加えられた破格の音節) 2〔音〕上拍，弱拍，アウフタクト，弱起
anadromo 形〔魚〕(産卵のために)海から川に上がる
anafilassi 女〔不変〕〔医〕過敏症
anafora 女 1〔修〕語頭反復(詩行や文の冒頭に同じ語句を反復する技法) 2〔言〕前方照応(代名詞による前の単語への言及) 3〔カト〕聖体パン，聖体拝領の祈り；(正教会で)ミサの中心部分
anagallide 女〔植〕ルリハコベ；ルリハコベ属の植物
anaglifo [アナーグリフォ] 男 1 薄浮き彫りの装身具 2 立体写真，アナグリフ
anaglipto [アナグリプト] → anaglifo
anaglittico [アナグリッティコ] 形〔複 男 -ci〕〔美〕薄浮き彫りの ― 男〔複 -ci〕ブライユ点字の刻印
anagogia 女 聖書の神秘的解釈(聖書の四つの解釈法のうちの一つ)
anagrafe 女 1 戸籍簿，住民票 2 市民課，戸籍係 3 記録，資料
anagrafico 形〔複 男 -ci〕戸籍の，住民票の ―ufficio *anagrafico* 戸籍登記所，市民課
anagramma 男〔複 -i〕アナグラム(文字を入れ替えて別の語句を作る遊び)
anagrammare 他 文字を入れ替えて別の語句を作る，アナグラムにする
anagrammatico 形〔複 男 -ci〕アナグラムの
anagrammista 男女〔複 男 -i〕アナグラムを作る人[解く人]
analcolico, analcoolico 形〔複 男 -ci〕 ノンアルコールの ― 男 ソフトドリンク，ノンアルコールの飲み物 ―Un *analcolico*, per favore. 何かソフトドリンクをお願いします．
anale 形〔解〕肛門の
analettico 形〔複 男 -ci〕〔薬〕(呼吸器や循環器の)機能を促進させる
analfabeta 形〔複 男 -i〕1 読み書きができない 2《蔑》無学な，無知な ― 男女〔男 -i〕1 非識字者 2 無学な人
analfabetismo 男 読み書きができないこと，非識字 ―tasso di *analfabetismo* 非識字率
analgesico 形〔複 男 -ci〕〔薬〕鎮痛作用のある ― 男〔複 -ci〕鎮痛剤
analisi 女〔不変〕1 分析 2〔医〕検査 ―*analisi* del sangue[dell'urina] 血液[尿]検査 3〔数〕解析，解析学 4〔心〕精神分析 ▶ *in ultima analisi* 結局，やはり
analista 男女〔複 男 -i〕1 分析家；アナリスト 2 精神分析医 3 システム分析家
analiticità 女 分析的性質[傾向]
analitico 形〔複 男 -ci〕1 分析的な，分析に基づく 2 詳細な，細心の 3〔数〕解析の
analizzabile 形 分析可能な，調査可能な
analizzare 他 1 分析する，検査する 2 詳細[綿密]に検討する 3〔心〕精神分析する(psicoanalizzare) ―**arsi** 再 自己分析をする
analizzatore 男 1 女〔-trice〕(特に化学分野の)分析者；(物事や心の動きの)洞察者 2〔化〕分析装置，アナライザー
anallergico 形〔複 男 -ci〕アレルギーをもたらさない，非アレルギー性の
analogia 女 1 類似(性)；類推 2〔言〕類推 3〔論〕類比，類推 4〔生物〕相似
analogico 形〔複 男 -ci〕1 類推的な，類推に基づく 2 アナログの
analogismo 男 類推法，類推法の利用[適用]
analogo 形〔複 男 -ghi〕1 類似の，同様の ―situazione *analoga* alla tua 君と同様の状況 2〔生物〕類似器官の
anamnesi, anamnesi 女〔不変〕1 (患者の)病歴，既往症 ―*amnnesi* familiare 家族病歴 2〔哲〕アナムネーシス，想起 3 (ミサの)記念唱
anamorfosi, anamorfosi 女〔不変〕1 (ある角度から見てはじめて正しく見える)ゆがみ像，アナモルフォーシス 2〔幾〕投影変換 3〔生物〕(成長による)様態変化
ananas, ananas 男〔不変〕パイナップル(ananasso)；パイナップルの実
ananasso 男《口》パイナップル(ananas)
anarchia 女 1 無政府状態；無政府主義 2 無秩序，混沌，大混乱
anarchico 形〔複 男 -ci〕1 無政府主義(者)の 2 無秩序な，混沌とした，混乱した 3 (秩序や権力)に反抗的な，反逆する ― 男〔複 -ci〕女〔-a〕1 無政府主義(者) 2 反逆者
anarchismo 男 アナーキズム，無政府主義
anarcoide 形 1 無政府主義的傾向の 2《蔑》権力を気取った ― 男女 1 無政府主義的傾向の人 2《蔑》反権力を気取った人

ANAS 略 Azienda Nazionale Autonoma delle Strade イタリア道路公団

anasarca 男〔複[-chi]〕〔医〕全身浮腫

anastatico 形〔複[男-ci]〕〔印〕(オリジナルを)写真複製した, 忠実に再現した —edizione *anastatica* 写真複製版

anastigmatico 形〔複[男-ci]〕〔光〕(レンズの)収差補正の

anastigmatismo 男〔光〕(レンズの)収差補正

anastomosi, anastomosi 女〔不変〕1〔解〕(血管・神経などの)吻(ふん)合, 接合, 連絡 2 吻合手術

anastrofe 女〔修〕倒置法

anatema, anatema 男〔複[-i]〕1〔宗〕破門, 破門の宣告 2 呪い, 呪詛(そ)

anatematizzare, anatemizzare 他 破門する; 非難する

anatide 女 1〔鳥〕カモ科の鳥; (A-)〔複数で〕カモ科

anatocismo 男〔法〕複利

anatolico 形〔複[男-ci]〕(黒海と地中海の間の平原地帯)アナトリア(人)の —男〔複[-ci]女[-a]〕アナトリア人

anatomia 女 1 解剖, 切開 2 解剖学 —*anatomia* comparata 比較解剖学 /*anatomia* patologica 病理解剖学 3 (人体・動植物の)構造, 組織 4 詳細な分析

anatomico 形〔複[男-ci]〕1 解剖の, 解剖学の —tavolo *anatomico* 解剖台 2 人体に適するように作った, 体の部位に合うように作った

anatomista 男女〔複[男-i]〕解剖学者

anatomizzare 他 1 解剖する 2 詳しく分析する

anatra 女〔鳥〕カモ(anitra); アヒル —*anatra* domestica 家ガモ, アヒル /*anatra* selvatica 野水木, マガモ /*anatra* mandarina オシドリ

anatrella 女 1 小ガモ 2〔紋〕(脚とくちばしを欠いた)アヒルの紋様

anatroccolo 男 小ガモ

anca 女 1〔解〕股関節部 2〔複数で〕腰, 臀(でん)部, ヒップ —muovere le *anche* 腰を振って歩く /dondolarsi sulle *anche* (ブランコなどに座って)揺れる 3〔虫〕基節

ancata 女 1 腰の動き, 腰をぶつけること 2 (レスリングの)腰投げ

ancella 女 (古代ローマの)女奴隷;〔文〕女中, 下女

ancestrale 形 1 祖先の, 先祖伝来の 2〔生物〕(器官・性質が)原型の

*__anche__ [アンケ] 副 ···も(また) —Lavoro *anche* il sabato. 私は土曜も仕事です. /La vedo ogni giorno, l'ho vista *anche* oggi. 彼女には毎日会うけど, 今日も会った. /*Anche* questa volta sei arrivato tardi. 今度もまた遅刻だね. /Quando sono entrato, c'era *anche* lui. 僕が入ったとき, 彼もいたよ. /*Anch*'io! 私も(そう)[それに](します). /*Anche* a me! 私にも(同じものを). /*Anche* Lei [tu]? あなた[君]も? /Buon appetito!-Grazie, *anche* a Lei [te]. よいお食事を. - ありがとう, あなた[君]も. — 接 1 また, さらに, その上 2 ···であっても ▶ **anche se** ＋接続法 (半過去または大過去)たとえ···でも /*Anche se* glielo dicessi, non ci crederebbe. たとえそうだと彼[彼女]に言っても, 信じはしないだろう よ. /〔内容が確実な場合は直説法も可能〕*Anche se* non vieni con me, partirò lo stesso. たとえ君が一緒に来なくても, 僕は出かけるよ.

ancheggiare 自〔io ancheggio〕腰を振りながら歩く[動く, 踊る]

anchilosare 他〔io anchiloso, anchiloso〕(関節を)硬直させる —**arsi** 再 1 (四肢が)硬直する; こわばる 2 麻痺する

anchilosi 女〔不変〕〔医〕関節の硬直

anchilostoma 男〔複[-i]〕十二指腸虫

anchilostomiasi 女〔不変〕〔医〕十二指腸虫病

ancia 女〔複[-ce]〕〔音〕(管楽器の)舌, リード

ancien régime 熟(男)〔仏〕アンシャン・レジーム, 旧体制, 旧秩序 —形〔不変〕伝統主義的な, 保守主義的な

ancile 男 1 (古代ローマで空から落ちてきたとされる)聖なる盾 2 楕円形の盾

ancillare 形 1 女奴隷の, 下女の 2〔文〕従属的な, 補佐の

ancipite 形 1〔神話・紋〕双頭の, 二つの頭を持つ 2 二重の, 不確かな, 曖昧な 3〔言〕(韻律の都合で)音節の長さが変わる

Ancona 固名(女) アンコーナ(マルケ州の州都; 略 AN)

ancona 女 (教会の祭壇上部に置かれる)板絵, 彫刻, 祭壇画

anconetano 形 (マルケ州の州都)アンコーナ(の人)の —男 1〔女[-a]〕アンコーナの人 2 アンコネターノ(中世末期にアンコーナで作られた銀貨)

anconitano → anconetano

*__ancora__[1] [アンコーラ] 副 1 まだ, 今でも —Sono le nove. È *ancora* presto. 9時だから, まだ早いよ. /Sei *ancora* qui? Che cosa aspetti? まだここにいたの? 何かいいことでもあるのかい? 2 もう一度, 再び, また —*Ancora* una volta. もう一度, あと一回 /Dimmelo *ancora*. もう一度言って. 3 さらに, もっと, あと —Buono questo vino! Dammene *ancora* un bicchiere! このワインいけるね. もう1杯ちょうだい. /Ce n'è *ancora*?-No, non ce n'è più. まだありますか. - いいえ, もうありません. /Quanti biglietti hai *ancora*? 切符はあと何枚持ってるの. 4〔比較級を強調して〕それ以上は —È *ancora* più bello di quanto immaginavo. 思っていた以上に素晴

ancora

らしかった. ▶ **avere ancora il boccone in bocca** いま食べたばかりである **avere ancora il latte alla bocca** まだ大人になっていない **non... ancora** まだ…していない / Il treno *non* è *ancora* arrivato. 電車はまだ来ていません. / Hai già fatto colazione?-No, *non ancora*. もう朝ご飯食べた? - いや, まだ.

ancora² 囡 1 (船の) 2 固定させる器具; 留め金, アンカー 3 (時計の)アンクル 4 [電]磁力保存棒, 保磁子 ▶ **ancora di salvezza** 頼みの綱

ancorabile 形 錨(いかり)を降ろすことができる

ancoraggio 男 1 投錨(とうびょう), 停泊(地) 2 [建]地面への固定[打ち込み] 3 (歯科で)固定源 4 [医]固定手術(動きやすい器官を固定して行う)

ancorare 他 [io ancoro] 1 錨(いかり)で停泊させる, 係留する —*ancorare* una nave con l'ancora 船を錨で停泊させる 2 動かないよう に固定する, しっかり連結する 3 関連づける, 結びつける —**arsi** 再 1 投錨(とうびょう)する 2 (ある場所に)落ち着く, 腰をすえる 3 つかまる, しがみつく —*ancorarsi* a una speranza 希望にしがみつく

ancorato 形 1 錨(いかり)を降ろした, 停泊した 2 [紋]錨[錨(いかり)]の形をした

ancorché, ancora che 接 たとえ…だとしても, …にもかかわらず

andalusite 囡 [鉱]アンダルサイト, 紅柱石

andaluso 形 (スペイン南部)アンダルシア(人)の —男 [女-a]アンダルシア人

andamento 男 1 動向, 推移, 成り行き, 情勢, 傾向 2 [音](旋律・和声の)進行; (フーガの)嬉遊部, 挿入部 3 [文](詩のリズム, 様式, 作風, 調子

andana 囡 1 並木道, (2 列に並ぶ箱や樽(たる)で挟まれた)通路 2 縄を作るための細長い通路 3 [農]刈り草の列 4 [船](波止場に対して垂直に停泊した)船の列

andante 形 1 並みの, 普通の; 粗悪な —vestito *andante* 粗悪な服 2 (人や文体が)飾らない, 自然な 3 (壁が続いている 4 現在の, 進行中の —nell'anno *andante* 本年に 5 [音]アンダンテ(普通に歩く速さ)の —副 [音]アンダンテで —男 [音]アンダンテ

andantino 副 [音]アンダンティーノで(アンダンテより速く[遅く]) —男 [音]アンダンティーノ

*****andare¹** [アンダーレ] [7] 自 [es] 1 移動する, 動く —*andare* a piedi 歩いて行く / *andare* in macchina [treno, aereo, nave, motocicletta, bicicletta] 車[列車, 飛行機, 船, バイク, 自転車]で行く / *andare* con la macchina di mio fratello 兄の車で行く / *andare* con il treno delle tre 3 時の列車で行く 2 行く, 向かう —*andare* in Italia [in Sicilia, a Roma, da Maria, dal dentista]. イタリア[シチリア, ローマ, マリアのところ, 歯医者]へ行く. / *andare*

andare

re a scuola [in ufficio] 学校[会社]に行く / *andare* al cinema [a teatro] 映画[芝居]を見に行く / *andare* in biblioteca [chiesa] 図書館[教会]に行く / *andare* a caccia [pesca] 狩[釣り]に行く / *andare* in vacanza [villeggiatura] 休暇をとる / *andare* a letto 寝る 3 (a + 不定詞)…しに行く —*andare* a lavorare [comprare il vino] 仕事に[ワインを買いに]行く 4 出発する, 去る, 遠ざかる —È ora di *andare*. 出かける時間だ. | おいとまします. 5 ある状態になる —*andare* in pensione 年金暮らしに入る / *andare* in collera [bestia] かっとなる 6 変化する, …になる —*andare* in pezzi 粉々になる / *andare* a male 傷む, 腐る; だめになる 7 進む, はかどる —Tutto *va* bene. すべて順調です. / Come *va* il lavoro? 仕事のほうはどうですか? / Com'è *andata*? (結果・成果が)どうだった? 8 機能する —I treni *vanno* in orario. 列車は時刻表どおりに動いています. 9 (川などが)流れる —I fiumi *vanno* verso il mare. 川は海に注いでいる. 10 経過する, 経つ —È un altro anno è *andato*. もう一年が過ぎてしまった. 11 (道などが)通じる, 導く —Questa strada *va* al mare. この道を行けば海に出ます. 12 気に入る, 好みに合う —Ti *va*?-Non mi *va*. どう? - だめ. / Ti *vanno* i dolci? 甘いものは好き? 13 (履物や衣服が)合う —Queste scarpe non mi *vanno*. この靴は合わない[入らない]. 14 流行している —Quest'anno *vanno* le minigonne. 今年はミニスカートがはやっている. 15 大売れする; 売り切れる —È un prodotto che *va* molto. それはヒット商品です. 16 [形過去分詞を伴って]…である —*andare* fiero [orgoglioso] 自慢する, 誇らしげである 17 [過去分詞とともに受動態で]…される必要がある[特に能書きや掲示で] —Questo vino *va* servito un po' fresco. このワインは少し冷やしてお飲みください. 18 [ジェルンディオとともに]…し続ける, 次第に…になる; 繰り返す —Il malato *va* migliorando. 病人(の容体)が回復に向かう. ▶ **a lungo andare** 長い目で見れば, 結局最後には **andarci** a)必要である —Quanto sale *ci va* nella zuppa? そのスープにどれくらい塩が要りますか? b)合っている, 適している **andare all'altro mondo [al camposanto]** 死ぬ **andare a nozze** チャンスをすばやくつかむ; 満足している, 大喜びである; 結婚する **andare a ruba** (商品が)飛ぶように売れる **andare d'accordo** 仲がいい, 馬が合う **andare di bene in meglio [di male in peggio]** よくなる[悪化する] **andare dietro** 模倣する; 機嫌をとる; 夢中になる; 信用する **andare in bianco** 失敗する **andare in fumo** 消え去る, 霧散करする **andare in onda** (テレビ・ラジオで)放送[放映]される, 流れる **andare in rete**

(サッカーなどで)得点する、ゴールする **andare matto** [*pazzo*] 熱中する **andare per...** もうすぐ…歳になる **andare su e giù** [*a zonzo*] 散歩する、ぶらつく **andarne di...** …が危機に瀕する、危険にさらされる / *Ne va del suo onore.* 彼女の名誉が危機に瀕している。 **andarsene** a)立ち去る、行ってしまう —Si è fatto tardi, *me ne vado*. 遅くなったので、もう行きます。 b)亡くなる、死ぬ c)(時間が早く)過ぎる、経つ d)なくなる、消える —Quest'anno il freddo non vuole *andarsene*. 今年は寒気が居座っている。 ***Dimmi con chi vai e ti dirò chi sei.*** 類は友を呼ぶ(友達を見れば人柄が分かる). ***Ma va là*** [***Ma va'. Andiamo***]**!** そんな馬鹿な、何だって; そんなことを言うな[するな]

andare² 男 [単数のみ] **1** 歩き方、歩調 **2** 行くこと —con l'*andare* del tempo 時間の経過とともに / dare l'*andare* a...(人)を解雇する

andata 女 **1** 行くこと; 往路 —*andata* e ritorno 往復、往復切符 / girone di *andata* [スポ]リーグ戦の前期 **2**《文》歩み; 出発

andato 形 **1** 過ぎ去った、過去の **2** 破滅した、落ちぶれた、死んだ **3** 壊れた、故障した **4**〔口〕腐った、傷んだ

andatura 女 **1** 歩き方、歩み —*andatura* lenta ゆっくりした歩み **2** ペース、速度 —aumentare l'*andatura* ペースを上げる **3**〔馬〕馬の歩法

andazzo 男《蔑》風潮、はやり、慣わし

Ande 固名(女複) (Cordigliera delle 〜)アンデス山脈(南米最大の山脈)

andesite 女 〔鉱〕安山岩

andicappare → handicappato
andicappato → handicappato

andino 形 アンデス山脈の、アンデス文化の

andirivieni 男〔不変〕**1** 往来 **2** 混乱、雑踏; 迷路 **3** 堂々巡りの話

andito 男 **1**〔建〕控えの間、玄関、入口 **2** 狭く長い廊下

-ando 接尾 -are 動詞のジェルンディオの語尾

Andorra 固名(女) アンドラ

Andorra la vella 固名(女) アンドラ・ラ・ヴェッラ(アンドラ公国の首都)

andorrano 形 アンドラ(人)の —男[女[-a]] アンドラ人

andrai, andrà, andranno andare の未・2 単[3 単, 3 複]

Andrea 固名(男) **1**〔男性名〕アンドレーア **2**〔聖〕アンデレ(イエスの十二弟子の一人)

andrei, andrebbe, andrebbero andare の条・現・1 単[3 単, 3 複]

Andreina 固名〔女性名〕アンドレイーナ

andremmo andare の条・現・1 複
andremo, andrete andare の未・1 複[2 複]

andresti, andreste andare の条・現・2 単[2 複]

Andria 固名(女) アンドリア(プーリア州の都市)

andrò andare の未・1 単

andro-, -andro 接頭, 接尾「男」「オス」の意

androceo 男 **1**(古代ギリシャの)男屋 **2**[集合的]〔植〕おしべ

androgeno 男 **1**〔生物〕男性の、オスの性質を持つ **2** 雄性ホルモン物質の、アンドロゲンの —男 雄性ホルモン物質、アンドロゲン

androgino 形[女[-a]] **1** 両性具有の、両性的な、中性的な **2**〔生物〕男女[雌雄]両性の特徴を持つ **3**〔植〕雌雄同花序の —男 **1** 両性具有の人 **2** 雌雄両性具有の動物 **3** 雌雄同花序の植物

androide 男女 アンドロイド —形 [医]男性型の、男性の特徴を持つ

Andromaca 固名(女) 〔ギ神〕アンドロマケ(トロイ戦争で夫ヘクトールと子を失う)

Andromeda 固名(女) 〔ギ神〕アンドロメダ(カシオペイアの娘. 海神の生け贄(にえ)となるがペルセウスに救出される)

androne 男 **1** 玄関広間、玄関から階段[中庭]に抜ける通路 **2**(古代ローマで)男の生活空間から女部屋を仕切る通路

anecumene 女 〔地理〕非居住地域

aneddotica 女 (歴史的人物などを扱った)逸話集

aneddotico 形〔複[男 -ci]〕逸話の、逸話的な; 逸話に基づく

aneddoto 男 逸話、秘話; 奇談

anelante 形 **1** 息を切らした、喘(あえ)いでいる **2**《文》渇望している

anelare 自 **1** 渇望[切望]する —*anelare* alla vittoria 勝利を渇望する **2** 息切れする、喘(あえ)ぐ

anelito 男 **1** 熱望、渇望 **2**《文》喘(あえ)ぎ、動悸; 呼吸、息吹

anelletto 男 **1** 小さな指輪 **2**[複数で] アネレッティ(指輪形のスープ用パスタ)

anellide 男 〔動〕環形動物(ミミズやヒルなど)

anellino 男 **1** 小さな指輪 **2**[複数で] アネリーニ(指輪形のスープ用パスタ)

anello** [アネッロ] 男 **1** 指輪 —*anello* nuziale [di matrimonio] 結婚指輪 / *anello* di fidanzamento 婚約指輪 / portare un *anello* 指輪をしている **2** 輪[環]状のもの; 輪、環、リング —*anello* di trazione 手錠、手かせ / *anello* elastico ピストンリング / *anello* di guarnizione パッキングリング / *anelli* di Saturno 土星の環 / *anello* stradale 連絡道路 **3**[複数で] (スープ用の)小さいパスタ **4**〔化〕(原子の)環 **5**〔植〕環帯; 年輪 **6**〔動〕体節 **7**[複数で]〔スポ〕吊り輪 **8**〔建〕平繰 **9**〔トスカーナ〕指ぬき ► ***ad anello 輪[環]状の

anelo 形 **1**《文》喘(あえ)いでいる **2** 苛(さいな)まれた、苦悩した **3** 渇望した

anemia 女 〔医〕貧血 —*anemia* mediterranea[医]地中海性貧血、サラセミア / *anemia* perniciosa[医]悪性

anemico 貧血 2 無気力て, 衰弱, 弱々しさ
anemico 形 〔複[男 -ci]〕 1 〔医〕貧血の, 貧血症の 2 衰弱した, 弱々しい 3 青ざめた, 蒼白な ——男 〔複[-ci]女[-a]〕貧血症の人
anemo- 接頭 「風」「気流」の意
anemofilo 形 〔植〕風媒の
anemometro 男 〔気〕風速計, 風力計
anemone 男 〔植〕アネモネ ——*anemone di mare* 〔動〕イソギンチャク
anemoscopio 男 〔気〕風向計
aneroide 形 アネロイド式の, 液体を使用しない ——男 アネロイド式気圧計
anestesia 女 〔医〕麻酔 ——*anestesia locale [totale]* 局部[全身]麻酔 2 〔医〕無感覚症
anestesista 男女 〔複[男 -i]〕麻酔専門医, 麻酔担当医
anestetico 形 〔複[男 -ci]〕 1 麻酔の, 麻酔剤の 2 安らぎを与える, 心を鎮静させる ——男 〔複[-ci]〕 1 麻酔薬, 麻酔剤 2 安らぎを与えるもの, 心を鎮静させるもの
anestetizzare 他 〔医〕麻酔をかける
Aneto 固名 〔男〕 (Pico de ~, Picco d'~) アネト山(ピレネー山脈の最高峰)
aneto 男 〔植〕イノンド
aneurisma 男 〔複[-i]〕 〔医〕動脈瘤(りゅう)
anfetamina 女 〔薬〕アンフェタミン
ANFIA 略 Associazione Nazionale Fra Industrie Automobilistiche イタリア自動車産業連盟
anfibio 形 1 (動植物が)両生類の, (水陸)両生の 2 (車や飛行機が)水陸両用の ——男 1 両生動〔植〕物 ——*La rana è un anfibio.* カエルは両生の動物です. 2 水陸両用の飛行機[戦車, 車] 3 〔防水の〕軍靴
anfibolo 男 〔鉱〕角閃(せん)石 ——形 曖昧な, どちらにもとれる
anfibologia 女 1 〔言・哲〕(文法上二つの意味に解釈できる)曖昧さ 2 曖昧な表現
anfiosso 男 〔動〕ナメクジウオ
anfipode 男 〔動〕端脚類(ヨコエビ, トビムシなど)
anfiprostilo 形 〔古代神殿の〕両前柱式の ——男 両前柱式の建物
anfisbena 女 1 〔神話〕アンフィスバエナ(リビアの砂漠にすむと言われた体の両端に頭のある蛇) 2 〔動〕ミミズトカゲ
anfiteatro 男 1 (古代ローマの)円形劇場[闘技場] ——*Il Colosseo è un anfiteatro.* (ローマの)コロセウムは円形闘技場です. 2 (半円形の)階段教室 3 すりばち状の地形
anfitrione 男 〔女[-a]〕気前のいい主人
anfora 女 1 アンフォラ(両側に取っ手の付いた壺) 2 アンフォラ(古代に使われた液体の容量を示す単位. 26.2 リットルに相当)

anfratto 男 〔崖や岩の〕くぼみ, 穴
anfrattuoso 形 でこぼこの, 起伏の多い
angaria 女 1 (古代ギリシア・ローマや中世の法律で)財産の徴用, 労役; 重税 2 〔法〕船舶徴用
angariare 他 (io angario) (圧制によって)虐げる, 苦しめる
angela 女 〔文〕天使のような女性; 天女
Angela 固名 〔女性名〕アンジェラ
angelica 女 1 〔植〕アンゼリカ(根は薬に, 種はリキュールになる) 2 〔音〕アンジェリカ(リュートの一種)
angelico¹ 形 〔複[男 -ci]〕 1 天使の, 天使のような ——*fanciullo angelico* 天使のような男の子
angelico² 形 〔複[男 -ci]〕 (男性名) アンジェリコの
Angelo 固名 〔男性名〕アンジェロ
angelo [アンジェロ] 男 1 天使 ——*La bimba dormiva come un angelo.* 赤ん坊は天使みたいな顔で眠っていた. 2 美しく善良で清らかな人 3 〔スポ〕(フィギュアスケートの)スプレッドイーグル 4 〔魚〕エンゼルフィッシュ; カスザメ ——*angelo caduto [del male, delle tenebre]* 堕天使 *angelo custode [tutelare]* 守護天使; 〈諧〉(囚人などを護送する)警官 *lunedì dell'Angelo* 復活祭の翌日
angelus 男 〔不変〕〔カト〕アンジェラス(朝・昼・晩と一日に3回ラテン語で聖母に唱える祈り) 2 お告げの祈り 2 お告げの鐘; 日暮れの時間
angheria 女 1 暴虐, 横暴 2 強制的な財産の徴用
angina 女 1 〔医〕アンギナ(扁桃・咽喉などの炎症) 2 (発作・痙攣などを伴う)鋭い痛み ——*angina pectoris* 〔医〕狭心症
anginoso 形 〔医〕アンギナの ——男 〔女[-a]〕アンギナ患者
angioino 形 1 アンジュー家(の人)の; アンジュー地方(の人)の ——男 〔女[-a]〕アンジュー家の人; アンジュー地方の人
angioletto 男 1 愛らしい男の子 2 小天使 3(皮肉で)無邪気や無邪気を装う人
angiolino 男 小天使
angiolo 《文》→ angelo
angiologia 女 〔医〕(血管とリンパ管を扱う)脈管学
angioma 男 〔複[-i]〕〔医〕血管腫
angioplastica 女 〔医〕血管形成術
angiosperma 女 〔植〕被子植物
angiporto 男 1 〔複数で〕いかがわしい界隈 2 路地, 袋小路
anglicanesimo [アングリカネーズィモ] 男 英国国教会主義, 英国国教会教義[制度]
anglicano [アングリカーノ] 形 英国国教会の; 英国国教会信者の ——男 〔女[-a]〕英国国教会信者
anglicismo [アングリチズモ] 男 (他に流入した)英国的表現; イギリス英語特有の語法

anglicizzare [アングリチッザーレ] 他 英語化させる, 英国風にする —**arsi** 再 英語化する, 英国風になる

anglicizzazione [アングリチッザツィオーネ] 囡 英語化, 英国化

anglismo [アングリズモ] → anglicismo

anglista [アングリスタ] 男女〔複[男-i]〕英国文化[英語学, 英文学]研究者(通常英語を母語とする研究者には使わない)

anglo 形 アングル族の —男〔女[-a]〕アングル族;《古》英国人

anglo- 接頭「英国の」「英語の」「英国国教会の」などの意

angloamericano 形 1 英米の 2 英国系米国人の; アメリカ英語の —男〔女[-a]〕英国系米国人, 英語を母語とする北米人

anglofilia 囡 英国びいき, 親英的な態度

anglofilo 形 英国びいきの, 親英的な —男〔女[-a]〕英国びいきの人, 親英的な人

anglofobia 囡 英国嫌い, 反英的な態度

anglofobo 形 英国嫌いの, 反英的な —男〔女[-a]〕英国嫌いの人, 反英的な人

anglofono 形 1 英語を母語とする 2 英語が導入された —男〔女[-a]〕英語を母語とする人

anglomane 形 英国崇拝の, 英国狂いの —男女 英国崇拝の人, 英国狂いの人

anglomania 囡 英国崇拝, 英国狂い

anglosassone 形 アングロサクソンの;〔歴〕アングロサクソン民族の —男〔複数で・総称的〕アングロサクソン民族 —男女 アングロサクソン人

Angola 国名(女) アンゴラ

angolano 形 アンゴラ(人)の —男〔女[-a]〕アンゴラ人

angolare[1] 形 1 角(ッ)の; 角のある, 角(ッ)ばった 2〔建〕角に配置する —*pietra angolare* 隅石 3〔家具について〕部屋の角に置いて使う, 隅置き用の

angolare[2] 他 1 角(ッ)に置く, 隅に置く 2〔パス・シュート・打球など〕対角線上に放つ —*angolare* un tiro ゴール角にシュートを放つ

angolarità 囡 角(ッ)ばっていること, 角(ッ)があること

angolatura 囡 1 視点, 観点, 角度 —*considerare* un problema da ogni *angolatura* あらゆる角度から問題を考察する 2 角(ッ)をつくること, 成角 3 角(ッ)ばった形, 角状

angolazione 囡 1(映画・写真・テレビなどの)カメラアングル 2 視点, 観点 3 隅に置くこと, 角(ッ)への配置

angolino 男 1 孤立した場所, 奥まったところ 2 片隅, 脇 —*essere messo in un angolino* 片隅に置かれる〔追いやられる〕

angolo [アンゴロ] 男 1〔幾〕角度, 角 2(紙やテーブルの)角(ど) 3 隅(ま), コーナー —*mettere la sedia nell'angolo* 部屋の隅に椅子を置く 4 片隅, 離れた[目立たない]場所 5 端, 縁 ▸ *angolo visuale* 視点, 観点 *calcio d'angolo*(サッカーの)コーナーキック

angolosità 囡 1 角(ッ)があること, 角(ッ)ばっていること 2 角があること, 気難しさ, 強情

angoloso 形 1 角(ッ)のある 2(顔や体型について)角(ッ)ばった, 骨ばった —*viso angoloso* 角ばった顔 3(性格や態度について)角のある, 気難しい

angora 囡〔不変〕アンゴラ毛糸

angoscia 囡〔複[-sce]〕不安; 苦悶(ミ), 苦悩 —*vita piena di angosce* 苦しいことばかりの人生 ▸ *angoscia esistenziale*〔哲〕(実存主義における)不安 *angoscia di castrazione*〔心〕去勢不安

angosciante 形 苦しみをもたらす, 苦悩を与える

angosciare 他〔io angoscio〕苦悩させる, 不安にさせる —**arsi** 再 苦悩する, 不安になる

angosciato 形 苦悩に苛(ฐ)まれた, 不安に満ちた

angoscioso 形 苦しい, つらい, 悲痛な, とても不安[心配]な

angostura 囡 1〔植〕アンゴスチュラ(南米産の芳香を放つ樹皮の木) 2 アンゴスチュラ(この木の皮から取れる苦味エキス)

angstrom 男〔不変〕〔物〕オングストローム(記号 Å)

anguicrinito 形〔文〕蛇の髪を持つ

anguilla 囡 1〔魚〕ウナギ 2 敏捷(ﾋ)な人; 言い逃れ[責任逃れ]のうまい人

anguillaia 囡 ウナギ養殖池

anguilliforme 形 ウナギのような形の —男〔魚〕ウナギ目の魚

anguria 囡〔北伊〕スイカ

angustia 囡 1(場所の)非常な狭さ 2(時間の)不足 3 困窮, 窮乏 4 偏狭, 狭量 5 苦悩, 不安 ▸ *stare in angustia per...* …のことで悩んでいる

angustiare 他〔io angustio〕悩ます, 心配させる —**arsi** 再 悩む, 心配する

angusto 形 1(場所が)非常に狭い, 窮屈な 2(心や考え方が)狭い, 偏狭な

ANIA 略 Associazione Nazionale fra le Imprese Assicuratrici 全国保険業協会

ANICA 略 Associazione Nazionale Industrie Cinematografiche, Audiovisive-Multimediali 全国映画マルチメディア産業協会

anice 男 1〔植〕アニス; アニスの実 2 アニス酒

anicino 男 1 アニチーノ(アニスで香りをつけたビスケット) 2 アニチーノ(アニスの種の砂糖菓子)

anicione 男 アニチョーネ, アニス酒(アニスのエキスを含んだリキュール)

anidride 女 〔化〕無水物 ▶ **anidride carbonica** 二酸化炭素

anidrite 女 〔鉱〕無水石こう(⁀), 硬石膏

anidro 形 〔化・生物〕無水の

anile 男 〔植〕ナンバンコマツナギ(藍の原料)

anilina 女 〔化〕アニリン

*****anima** [アーニマ] 女 **1** 魂 —immortalità dell'*anima* 霊魂の不滅 **2** 心, 精神 —*anima* sensibile [candida] 繊細[無垢(ᵏ)]な心 **3** 〔呼びかけで〕最愛の人, 恋人 —*anima* mia いとしい人 **4** 人柄, 個性 —*anima* gemella 気の合う人, 感覚, 好み, 性格などが一致する人 **5** 良心, 道徳心 **6** 人間, 人 —Non c'era *anima* viva. 人っ子一人いなかった. **7** 死者, 故人 —Mio nonno, buon'*anima*, era molto simpatico. 亡くなったおじいちゃんはとてもいい人だった. **8** 活気にあふれた人 **9** 感情, 情愛, 情緒, 気持ち —suonare [cantare] con l'*anima* 情感を込めて弾く[歌う] **10** 中心人物, 主役 —È stato l'*anima* della festa. 彼はパーティーの主役だった. **11** 核; 真髄 **12** (キャベツなどの)芯, (野菜・果物の)種; (樹木の)心材 **13** 〔音〕(弦楽器の)魂柱; (オルガンの)振動板 **14** 〔冶〕中子(ᵍᵒ), コア **15** 〔電〕ケーブル芯線 **16** 〔紋〕銘文 **17** (銃の)銃腔, 砲腔 ▶ **All'anima!** 〔驚きを表し〕うわぁ, くそっ, 何てこった.
anima e corpo 全身全霊で, 徹底的に **anima in pena** 苦しんでいる[心配している]人 **anima lunga** やせて背が高い人 **anima nera** 良心の咎(ᵗᵒ)めがない人, 悪党 **reggere [tenere] l'anima coi denti** 最悪の状態になる; 万策尽きる **rendere l'anima a Dio** 亡くなる **rompere l'anima a ...**...を煩わす, いらだたせる

*****animale¹** [アニマーレ] 男 **1** 動物 **2** 獣 —*animali* domestici 家畜, ペット / *animali* selvatici 野生の動物 / *animali* da cortile 家禽(ᵏ) **3** 畜生のような人間, 粗野[下品, 愚か]な人, ひとでなし ▶ ***animale a sangue caldo [freddo]** 定温[変温]動物

animale² 形 **1** 動物の, 動物性の —grassi *animali* 動物性脂肪 **2** 動物的な, 肉体の **3** 〔文〕魂の, 心の

animalesco 形 〔複[男 -chi]〕 **1** 動物の, 動物的な **2** 獣のような, 人間とは思えない

animalismo 男 動物愛護運動

animalista 名 〔複[男 -i]〕 動物愛護家; (17世紀オランダの)動物画家 — 形 〔複[男 -i]〕動物愛護の

animalità 女 **1** 動物の特性, 動物らしさ **2** (人間の)動物性, 獣性

animare 他 [io animo] **1** 活気[生気]を与える, 生き生きとさせる **2** 鼓舞する, 促進する, 励ます **3** 増大[増強]する, 奨励する —*animare* le attività culturali 文化活動を振興する ▬ **arsi** 再 **1** 活気づく; にぎわう **2** 熱中[熱狂]する, 興奮する —*animarsi* nel parlare 話に夢中になる **3** 元気を出す, 気を取り直す, 勇気づく

animato 形 **1** 生命のある, 生きている **2** 生き生きした; 活気のある, 活発な —Il centro (della città) era molto *animato*. 市内は活気に満ちていた. / discussione *animata* 活発な討論 / cartoni *animati* 動画, アニメ **3** 〔名詞的〕〔音〕アニマート(活発, 快活)

animatore 男 〔女 -trice〕 **1** プロモーター **2** (職場や仲間に)活気を与える人; (雰囲気を)盛り上げる人 **3** アニメーター, 動画家 ▬ 形 〔女 [-trice]〕生気を与える, 活気づける, 鼓舞する

animazione 女 **1** 生気を吹き込むこと, 活気を与えること **2** 活気, 活力 **3** 群衆, にぎわい **4** アニメーション, アニメーション制作

anime 男 アニメ

animella 女 〔複数で〕(すい臓・胸腺など)食用の臓物

animismo 男 アニミズム

*****animo** [アーニモ] 男 **1** 心, 心情; 度量 —grandezza d'*animo* 心のおおらかさ, 度量の広さ **2** 精神, 知性 —stato d'*animo* 精神状態 **3** 意図, 意向, 決意 **4** 度胸, 勇気 **5** 気質 —essere di *animo* gentile 気立てが優しい ▶ **Animo!** 元気出して, 頑張って. **aprire l'animo** (秘密・本心を)打ち明ける, 胸襟を開く **avere in animo di +** 不定詞 ...するつもりである **avere l'animo buono [cattivo]** 人がいい[悪い] **fare... di buon [mal] animo** ...を進んで[しぶしぶ]する **farsi animo** 勇気を出す **mettersi l'animo in pace** 諦める, 甘んじて受け入れる **perdersi d'animo** 落胆する, 意気消沈する

animosità 女 **1** 敵意, 恨み **2** 〔文〕勇気, 大胆さ

animoso 形 勇気ある, 大胆な

anione 男 〔化〕陰イオン

anisetta 女 アニス酒, アニスで香りをつけたリキュール

anisotropia 女 〔物〕異方性

anitra 女 = anatra

ANMIL 略 Associazione Nazionale Mutilati e Invalidi del Lavoro 労働障害者全国協会

Anna 固名〔女〕 **1** 〔女性名〕アンナ **2** (Santa ~) 聖アンナ(聖母マリアの母親)

annacquamento 男 **1** 水で薄めること[薄まること] **2** 和らげること, 緩和

annacquare 他 [io annacquo] 水で薄める; 和らげる ▬ **arsi** 再 弱まる, 薄まる, ぼやける

annacquato 形 水で薄めた; 色あせた; 弱まった, 和らげられた —vino *annacquato* 水で薄めたワイン

annacquatura 女 **1** 水で薄めること[薄まること] **2** 和らげること, 緩和

annaffiamento 男 水をかけること, 水撒き

annaffiare 他 [io annaffio] 1 (植物に)水をやる, (道や庭に)水を撒く; 潤いを与える —*annaffiare* i fiori 花に水をやる 2 濡らす —La pioggia mi *ha annaffiato*. 雨ですぶ濡れになった。3《諧》料理をワインと合わせる

annaffiata 女 1 水やり, 水撒き 2 通り雨

annaffiatoio 男 じょうろ

annaffiatore 形 [女 [-trice]] 水を撒く, 水撒きの —男 [女 [-trice]] 水撒きをする人

annaffiatura 女 水撒き, 水やり

annali 男複 1 定期刊行物, 年報, 年鑑 2 [歴]年代記

annalista 男女 [複 男 -i]] 年代記作者

annalistico 形 [複 男 -ci]] 年代記の, 年代記風に書かれた, 年代記作者の

annamita 男女 [複 男 -i]] (ベトナム中部の都市)アンナンの —男女 [複 男 -i]] アンナン人

annamitico 形 [複 男 -ci]] アンナン(人)の —男 [単数のみ] アンナン語

annasare 他 匂いをかぐ

annaspare 自 1 手足をばたばたさせる, もがく 2 焦る, じたばたする 3 混乱する, まごつく, 口ごもる

annaspio 男 じたばたすること, もがくこと

annata 女 1 1年間 2 年度 3 年間総額; (農業の)年間生産量 4 (家賃・給料の)1 年分の金額 5 (定期刊行物の)1 年分 ▶ *d'annata* (ワインが)当たり年の / vino *d'annata* ヴィンテージワイン

annebbiamento 男 1 霧がかかること 2 朦朧(ﾓｳﾛｳ)とすること, ぼやけること

annebbiare 他 [io annebbio] 曇らせる; (感覚や判断力を)鈍らせる —Il vino *annebbia* la mente. ワインは頭をぼうっとさせる。—自 [es] 霧が立ちこめる —arsi 再 1 霧がかかる 2 鈍くなる; かすむ —Mi *si annebbia* la vista. 目がかすむ。

annebbiato 形 1 霧がかかった 2 朦朧(ﾓｳﾛｳ)とした, ぼやけた

annegamento 男 溺れること —morte per *annegamento* 溺死

annegare 他 1 溺死させる, 溺れさせる 2 (酒に酔って)紛らす —自 [es] 1 溺死する, 溺れる 2 ひどい状況に陥る —arsi 再 1 溺死する, 溺れる 2 自分を見失う ▶ *annegarsi in un bicchier d'acqua* 何でもないことでまごつく

annegato 男 [女 [-a]] 溺死[水死]者

annerimento 男 黒くする[なる]こと, 暗くする[なる]こと

annerire 他 [io -isco] 黒くする, 暗くする —自 [es] 黒くなる, 暗くなる —irsi 再 黒くなる, 暗くなる

annesse annettere の直・遠過・3 単

annessione 女 (領土の)併合

annessionismo 男 領土併合主義 [政策]

annessionista 男女 [複 -i]] 領土併合主義者 —形 領土併合の, 領土併合を支持する

annessionistico 形 [複 男 -ci]] 領土併合推進の, 領土併合主義の

annesso 形 [過分 < annettere] 1 附属した, 接続[結合]した, 付け加えられた, 添付された —*appartamento con terrazzo annesso* テラス付きのアパート 2 併合された —男 [複数で] 別館, 離れ ▶ *gli annessi e connessi* (土地家屋以外の)付属物すべて *tutti gli annessi e connessi* 一切合財, 一つ残らず

annettere [8] 他 [過分 annesso] 1 付け加える, つなぐ, 接続する 2 添付する, 同封する —*annettere* i documenti alla domanda 申請に書類を添付する 3 (国・領土を)併合する 4 付与する, 与える —*annettere* importanza a... …を重視する

Annibale 国名(男) 1 [男性名]アンニバレ 2 ハンニバル(前 247 頃 –183 頃; カルタゴの将軍)

annichilazione 女 1 壊滅, 絶滅 2 [神学]神との合一による自己の滅却; (罰としての)魂の滅亡 3 [物]対消滅

annichilimento 男 壊滅, 絶滅; 落胆, 無力感

annichilire 他 [io -isco] 1 壊滅させる, 破壊する, 無にする 2 落胆させる, 打ちのめす 3 侮辱する —irsi 再 1 壊滅する, 無に帰する 2 卑下する; やつれる

annidamento 男 1 巣作り 2 [情]ネスティング

annidarsi 再 1 巣を作る 2 隠れる, 潜む 3 巣くう, 宿る

annientamento 男 1 破壊, 絶滅 2 虚無感, 喪失感, 無力感

annientare 他 1 壊滅させる, 無にする 2 侮辱する, 圧倒する —arsi 再 卑下する

anniversario 形 記念日の; 命日の —男 記念日; 命日 —*anniversario del matrimonio* 結婚記念日

***anno** [アンノ] 男 1 年 —*quest'anno*, l'*anno* corrente 今年 / l'*anno* prossimo [venturo, che viene] 来年 / l'*anno* scorso [passato] 去年 / l'altr'*anno* 一昨年 / l'*anno* nuovo 新年 / Buon *anno*! [Felice *anno* nuovo!] 新年おめでとう。/ una volta all'*anno* [l'*anno*] 年に一度 / ogni *anno*, tutti gli *anni* 毎年 / tutto l'*anno* 年中 / Resterò qui (per) un *anno*. ここには 1 年いるつもりです。/ Studio l'italiano da due *anni*. 2 年前からイタリア語を勉強しています。〔強調表現として, È da due *anni* che studio l'italiano. | Sono due *anni* che studio l'italiano.〕 / Mio padre è morto dieci *anni* fa. 父は 10 年前に亡くなりました。〔また

annodamento

は, Mio padre è morto da 10 *anni*. 父が亡くなって10年になります.〕2年齢 —Quanti *anni* hai?-Ne ho diciotto. 何歳ですか？-18歳です. / compiere gli *anni* 誕生日を迎える / Ieri ho compiuto vent'*anni*. 昨日で20歳になりました. / dai tredici ai diciannove *anni* 13歳から19歳まで(ティーンエイジ) / anziano di ottant'*anni* 80歳の老人 **3**時代 —gli *anni* dell'adolescenza 青春時代 / gli *anni* verdi [cadenti] 青年期 [老年期] / gli *anni* settanta 1970年代 **4**学年 —il primo *anno* del liceo [dell'università] 高校[大学]1年 ▶ *anno accademico* (大学の)学年度 *anno scolastico* 教育年度 *con gli anni* [*col passare degli anni*, *di anno in anno*] 年とともに, 年々 *in questi anni* 近年 *portare bene gli anni* 実際の年齢より若く見える

annodamento 男 結ぶこと

annodare 他 —**arsi** 再 **1** もつれる, からまる **2** (自分に)…を結ぶ —*annodarsi* la cravatta ネクタイを結ぶ

annodatura 女 結ぶこと, 結び目

*__annoiare__ [アンノイアーレ] 他 (io annoio) 退屈させる; うんざりさせる; 困らせる —I tuoi discorsi mi *annoiano*. 君の話は退屈だよ. —**arsi** 再 退屈する；嫌気がさす

annoiato 形 退屈そうな, 退屈している —sguardo *annoiato* 退屈そうな目つき

annona 女 **1** [法] (不足に備えた)食糧供給制度 [機関]; (軍隊の)食糧調達 **2** (古代ローマの)国の年間収入; (ある土地の)年間収穫量 **3** 配給穀物

annoso 形 **1** (木々などが)年数を経た, (人が)年老いた **2** (問題などが)長年にわたる

annotare 他 **1** メモを取る, 書きとめる **2** 注をつける, 注[注解]する

annotatore 男 [女[-trice]] 注解者

annotazione 女 **1** メモを取ること, メモ **2** (テキストへの)注釈, 注解

annottare 自 [es] 〖非人称〗夜になる

annoverare 他 [io annovero] **1** (仲間の)数に入れる, 含める **2** 〖文〗数える, 列挙する

annuale 形 **1** 一年間の —stipendio [interesse, costo] *annuale* 年間給与[利息, 経費] **2** 一年継続ількогона単位とする —contratto *annuale* 年間契約 **3** 例年の, 年一度の —festa *annuale* 年中行事

annualità 女 **1** (大学の)通年講座の試験 **2** 〖経〗年間支払い金額

annualmente 副 毎年, 年に一度

annuario 男 一年鑑, 年鑑

annuire 自 [io -isco] うなずく, 同意する

annullabile 形 取り消し可能な, キャンセルできる —contratto *annullabile* 取り消し可能な契約

annullabilità 女 **1** 取り消しできること, 取り消しの可能性 **2** 〖法〗(契約などの)無効

annullamento 男 **1** 無効にすること, 取り消し; 消滅 —*annullamento* del matrimonio 〖法〗婚姻取り消し **2** 消印(を押すこと) **3** 〖数〗ゼロにすること

*__annullare__ [アンヌッラーレ] 他 **1** 無効にする, 取り消す, 撤回する —*annullare* un contratto 契約を取り消す **2** 解約する, キャンセルする; 中止する —*Annulla*! キャンセル(せよ)！(tu(コンピュータ)に対して) **3** 消印を押す **4** (力や効き目を)取り除く **5** 無にする, 解消[消滅]させる —**arsi** 再 **1** 自己を無にする, 一体化する **2** 否定し合う, 排斥し合う

annullatore 形 [女[-trice]] 無効にする —bollo *annullatore* 消印 —男 [女[-trice]] 無効にする人

annullo 男 消印

*__annunciare__ [アンヌンチャーレ] 他 (io annuncio) **1** 知らせる, 告げる, 発表する —*È stata annunciata* la fine della guerra. 終戦が告げられた. **2** (放送などで)アナウンスする —*annunciare* l'arrivo del treno 列車の到着をアナウンスする **3** 予想[推測]させる —Il cielo *annuncia* pioggia. 空模様では雨になりそうだ. **4** 預言する —**arsi** 再 **1** 予想される, …になりそうだ —Quest'estate *si annuncia* calda. 今年の夏は暑くなりそうだ.

annunciato 形 (惨事について)予知できた, 予想できた —catastrofe *annunciata* 予見できた惨事

annunciatore 男 [女[-trice]] アナウンサー —Fa l'*annunciatrice* alla televisione. 彼女はテレビのアナウンサーをしている. —形 [女[-trice]] 知らせる, 告げる, 発表する

annuncio 男 **1** 告知; 発表; 報道; 知らせ —dare l'*annuncio* per radio ラジオ(のニュース)で伝える **2** (出来事を知らせる)短信 —*annuncio* di matrimonio 結婚通知 / *annuncio* economico 求人欄, 住宅情報 **3** (テレビ・ラジオの)コマーシャル **4** 兆候, 前兆, 前触れ

annunziare → annunciare

Annunziata 固名(女) **1** [女性名] アンヌンツィアータ **2** 聖母マリア **3** 聖母マリアへのお告げの祝日(3月25日)

annunzio → annuncio

annuo 形 1年間の, 一年続く —reddito annuo 年収 **2** 年に一度の

annusare 他 **1** 嗅ぐ **2** 気づく, 察知する, 見抜く —**arsi** 再 **1** 自分の匂いをかぐ **2** 匂いをかぎ合う

annusata 女 匂いをかぐこと —dare un'*annusata* a... (物)の匂いをかぐ

annusatore 男 [女[-trice]] 匂いをかぐ人, 匂い鑑定士 —形 [女[-trice]] 匂いをかぐ

annuvolamento 男 曇ること; 雲の形成, 雲海

annuvolare 他 (io annuvolo) **1**

(雲で)覆う, 曇らせる 2 (心などを)曇らせる, 陰らせる **—arsi** 再 1 雲に覆われる, 曇る 2 (心などが)曇る, 陰る

ano 男 〔解〕肛門, 肛門括約筋 *—ano artificiale* 人口肛門

-ano 接尾 〔形容詞または名詞を形成して〕「帰属」「由来」「関係」の意;(ある地域の)「言葉」「住人」などの意

anobio 男 〔虫〕シバンムシ;シバンムシ科の甲虫

anodico 形 〔複[男 -ci]〕〔物・化〕陽極の

anodino, anodino 形 〔医〕鎮痛の *—farmaco anodino* 鎮痛剤

anodizzare 他 〔化〕(金属を)陽極酸化する

anodo 男 〔化・電〕陽極, アノード

anofele 男 〔虫〕アノフェレスカ, ハマダラカ

anolino 男 〔複数で〕アノリーニ(具を詰めたパルマの郷土パスタ)

anomalia 女 1 異常, 逸脱, 例外 2 〔医〕(特に先天性の)異常 3 〔言〕変則, 破格;(古代ギリシャの)文法の変則理論 4 〔天〕近点角

anomalo 形 異常な, 例外的な, 特異な *—onda anomala* 大波, 津波

anona 女 〔植〕バンレイシ;バンレイシ科の植物

anonima 女 1 株式[合資]会社(*società anonima*) 2 犯罪組織 *—anonima sequestri* 誘拐組織

anonimato 男 無名(の状態);匿名 *—È ancora nell'anonimato.* 彼はまだ名が売れていない.

anonimia 女 作者不詳

anonimo 形 1 名前が不詳の; 匿名の *—società anonima* 株式[合資]会社 2 個性のない, 平凡な **—**男〔女[-a]〕無名の作者

anoressia 女 〔医〕食欲不振, 無食欲症 *—anoressia nervosa* 神経性食欲不振

anorganico 形 〔複[男 -ci]〕1 無機物の, 無生物の 2 〔医〕非組織的な

anormale 形 異常な, 異常の, 並外れた **—**男 異常, 逸脱 **—**男女 精神障害者;《蔑》同性愛者

anormalità 女 1 異常さ;異常な事[出来事] *—l'anormalità di un carattere* 性格異常 2 〔医〕(特に先天性の)異常 3 〔統〕偏差

anortite 女 〔鉱〕灰長石, アノーサイト

anosmia 女 〔医〕無嗅覚症, 嗅覚喪失

ANPI 略 Associazione Nazionale Partigiani d'Italia イタリアパルチザン同盟

ANSA 略 Agenzia Nazionale Stampa Associata イタリア共同通信社

ansa 女 1 (壺などの)取っ手, 握り 2 (川の)湾曲, カーブ;入り江 3 〔解〕係蹄(ﾃｲ)

ansante 形 1 喘(ｱｴ)いでいる, ぜいぜいしている 2 《文》切望する

ansare 自 喘(ｱｴ)ぐ, ぜいぜい言う

anseatico 形 〔複[男 -ci]〕〔歴〕ハンザ同盟の

Anselmo 固名 (男) 1 〔男性名〕アンセルモ 2 (Sant'~ d'Aosta)アンセルムス(1033-09;イタリア生まれのスコラ学者. カンベリー大司教)

✴**ansia** [アンスィア] 女 1 不安, 心配, 懸念 *—con lo sguardo pieno di ansia* 不安に満ちた眼差しで 2 熱望, 渇望, 希求

ansietà 女 心配, 気がかり

ansimante 形 息を切らしている, ぜいぜいしている

ansimare 自 〔io ansimo〕喘(ｱｴ)ぐ; 息を切らす

ansiosamente 副 心配して, じりじりして

ansioso 形 1 心配そうな, 不安げな 2 切望[渇望]した *—essere ansioso di* + 不定詞 …したくてたまらない **—**男〔女 [-a]〕心配[苦労]性の人

anta¹ 女 1 扉, 戸 2 〔美〕多翼祭壇画の両翼の板絵

anta² 男複 《諧》中年(40歳以上の年齢) *—Benvenuto negli anta.* 君も中年の仲間入りだ.

antagonismo 男 1 (長期に及ぶ)対立, 敵対, 対抗意識 2 (筋肉の)拮(ｷﾂ)抗 3 〔薬〕拮抗作用

antagonista 男女 〔複[男 -i]〕敵対者, ライバル, 敵役 **—**男 〔複[-i]〕1 〔薬〕拮(ｷﾂ)抗剤 2 (歯科で)対合歯 3 拮抗筋 **—**形 〔複[男 -i]〕1 対立する, 敵対する 2 〔薬〕拮抗作用の;(歯科で)対合歯の;拮抗筋の

antagonistico 形 〔複[男 -ci]〕対立する, 敵対的な

antalgico 形 〔複[男 -ci]〕1 苦痛を避けようとする 2 〔薬〕鎮痛の **—**男 〔薬〕鎮痛剤

antartico 形 〔複[男 -ci]〕南極の, 南極圏の *—circolo polare antartico* 南極圏 **—**男 〔単数のみ〕南極(Polo Sud)

ante- 接頭 「前」「以前に」の意

-ante 接尾 -are動詞の現在分詞を作る;(現在分詞から派生的に)形容詞・名詞を作る

antebellico 形 〔複[男 -ci]〕戦前の

antecedente 形 先行する, 先立つ, 前の **—**男 1 前例, 前歴, 先の状況 2 〔言〕先行詞 3 〔論〕前提 4 〔数〕比例の前項

antecedenza 女 先行, 先立つこと, 優位 *—in antecedenza* 以前に, 先立って

antecedere [116] 他 〔過分 anteceduto, antecesso〕1 先行する 2 優越する, 凌駕(ﾘｮｳｶﾞ)する

antefatto 男 1 先例, 前例;前歴 2 それまでの経緯

antefissa 女〔考〕(古代の神殿に見られる)軒先飾り

anteguerra〖不変〗男 戦前; 第二次世界大戦の前 —形〖不変〗戦前の

ante litteram〖不変〗〔ラ〕先駆的な, 時代を先取りする; 版画のテスト刷りの —副 先駆的に, 時代を先取りして —女〖不変〗版画のテスト刷り

antelucano 形〖文〗夜明け前の, 日の出に先立つ

antenata 女 (コレクションの対象となるような)年代物の車

antenato 男 1〖女[-a]〗(家系の遠い)先祖 2〖複数で〗(民族や人類の)祖先

antenna 女 1 アンテナ —*antenna parabolica* [*a parabola*] パラボラアンテナ 2 (旗や標識の)棒, 竿(さお), ポール 3〖動〗触角 4〔船〕帆桁 5〔建〕梁(はり), 桁

antennista 男女〖複[男 -i]〗テレビアンテナの修理工[設置係]

anteporre [79] 他〖過分 anteposto〗1 前に置く, 先に置く 2 (a)…より優先する, …より重視する —*anteporre la gloria al denaro* 金よりも栄光を重視する

antepose anteporre の直・遠過・3単

anteposizione 女 先に[前に]置くこと; 優先, 重視

anteposto anteporre の過分

anteprima 女 試写会, 試演奏会 ► *in anteprima* 先取りして, 事前に

antera 女〔植〕葯(やく)

✳**anteriore**[アンテリオーレ]形 1 前にある, 前部の —*ruota anteriore* 前輪 2 先立つ, 先行する, (…より)前の —tempi *anteriori* 昔は / *futuro anteriore*〔言〕先立未来

anteriorità 女 (時間・順番について)先立つこと, 前であること

anteriormente 副 前に, 前部に; 先に, 先立って

antesignano 男〖女[-a]〗1 先駆者, 先駆けとなった人 2 (古代ローマで軍旗の前に配置された)精鋭の兵

anti-[1] 接頭「反対」「対抗」の意

anti-[2] 接頭 (時間的・空間的に)「前の」「先の」の意

antiabbagliante 形 まぶしさを和らげる[抑える] —男 (ヘッドライトの)ロービーム

antiabortista 男女〖複[男 -i]〗妊娠中絶反対派 —形〖複[男 -i]〗妊娠中絶反対の, 妊娠中絶の廃止を目指す

antiabrogazionista 男女〖複[男 -i]〗法令廃止反対派 —形〖複[男 -i]〗法令の廃止に反対する

antiaccademico 形〖複[男 -ci]〗反アカデミズムの, お仕着せ文化に反対する

antiacido 形〖不変〗酸を中和する, 酸に対して強い, 耐酸性の; 〔薬〕胃酸過多を抑える —男 耐酸性素材; 酸中和剤, 制酸剤

antiaderente 形 (鍋など)食べ物がこびりつかない, 焦げつかない

antiaerea 女〔軍〕対空防衛(設備), 対空兵器

antiaereo 形 対空[防空]の

antialcolico 形〖複[男 -ci]〗アルコール中毒撲滅の, 禁酒の

antialcolista 男女〖複[男 -i]〗アルコール中毒撲滅支援者 —形〖複[男 -i]〗アルコール中毒撲滅の

antialghe 形〖不変〗藻の繁殖を防ぐ

antiallergico 形〖複[男 -ci]〗〔薬〕アレルギーを抑える, 抗アレルギーの —男〖複[-ci]〗抗アレルギー剤

antiappannante 形 曇り止めの, 曇り防止用の

antiatomico 形〖複[男 -ci]〗核兵器から身を守るための —*rifugio antiatomico* 核シェルター

antibagno 男 脱衣室

antibatterico 形〖複[男 -ci]〗〔医・薬〕殺菌剤の, 抗菌性の —男〖複[-ci]〗殺菌剤, 抗菌剤

antibiotico 形〖複[男 -ci]〗抗生物質の —*cura antibiotica* 抗生物質による治療 —男〖複[-ci]〗抗生物質

antiblasfemo 形 宗教的冒瀆(ぼうとく)を非難する

antibloccaggio 形〖不変〗(車のブレーキが)アンチロック式の, 急ブレーキをかけてもタイヤが滑らない

antiblocco 形〖不変〗アンチロック式の

antiborghese 形 反ブルジョワの —男女 反ブルジョワ主義者

anticaccia 形〖不変〗狩猟に反対する —男女〖不変〗狩猟反対派

anticaglia 女 1〖漢〗時代遅れの品, がらくた 2 時代遅れの思想[習慣] 3〖複数で〗〖文〗廃墟 4 遺物, 考古学的な品

anticalcare 形 石灰を除去する, 石灰予防の —男 石灰除去剤

anticamente 副 かつて, 遠い昔

anticamera 女 控え室, 待合室 ► *fare anticamera* 待たされる

anticanceroso 形〖薬〗抗がんの; がん予防[撲滅]の

anticancro 形〖不変〗〔薬〕抗がんの, がん予防[撲滅]の —男〖不変〗抗がん剤

anticapitalismo 男 反資本主義

anticapitalistico 形〖複[男 -ci]〗反資本主義的な

anticarie 形〖不変〗虫歯予防の —*dentifricio anticarie* 虫歯予防歯磨き粉 —男〖不変〗虫歯予防歯磨き粉

anticarro 形〖不変〗対戦車用の(武器)

anticato 形 古めかしく作られた, 擬古趣味の —*mobile anticato* 擬古趣味の家具

anticatodo 男〔電子〕対陰極

anticattolico 形〖複[男 -ci]〗反カトリックの —男〖複[-ci]女[-a]〗カトリシズムを批判する人, 反カトリック主義者

anticellulite 形 皮下脂肪を除去す

る, 痩身用の —crema *anticellulite* 痩身クリーム

antichistica 囡 古典古代の研究, 古典古代学

antichità 囡 1 古さ 2 古代 —*antichità classica* 古代ギリシーローマ 3 〖複数で〗古美術品; 古代遺跡 4《謔》時代遅れ

antichizzato → anticato

anticiclone 男〖気〗高気圧圏

anticiclonico 形〖複[男-ci]〗〖気〗高気圧圏の

anticipare 他 [io anticipo] 1（予定や期限を）早める, 繰り上げる, 前倒しにする —*anticipare* la partenza 出発を早める / Il distributore *ha anticipato* l'uscita del film. 映画の配給元は封切を早めた. 2 前払いする —*anticipare* un mese di stipendio 給料の一か月分を前払いする / farsi *anticipare* centomila yen 10万円前払いしてもらう 3 先取りして[明かす]言う 4 先に着く, 先行する, 先を越す 5 予感[予想]させる — 自 早くなる —L'orologio *anticipa* di qualche minuto. 時計は数分進んでいる.

anticipato 形 先に行われた, 前もって行われた —pagamento *anticipato* 前払い —男 前もって —pagare *anticipato* 前払いする

anticipatore 男〖女[-trice]〗先駆者

anticipazione 囡 1 （予定の）繰り上げ, 前倒し —*anticipazione* della partenza 出発の繰り上げ 2 前払い 3 貸付 —*anticipazione* bancaria 銀行貸付 4 予測, 予想 5〖修〗予弁法 6〖音〗先取音

anticipo 男 1 （予定や期限を）早めること, 繰り上げ 2 （予定より）早いこと —È arrivato con mezz'ora di *anticipo*. 彼は30分早く着いた. 3 前払い金, 手付け金 4（サッカーで）ボールへの先回り ▶ **in anticipo** 早めに; 事前に

anticlassicista 男囡〖複[男-i]〗反古典主義的な人 —〖複[男-i]〗反古典主義的な

anticlericale 形 教会の権力に反対する, 反教権的な —男囡 教権反対派

anticlericalismo 男 反教会主義, 教権反対

anticlinale 囡〖地質〗背斜 —形 背斜状の

***anticо [アンティーコ] 形〖複[男-chi]〗1 大昔の, 古来の —mito *antico* 古代神話 2 過ぎ去った, 過去に体験した —*antica* passione che rinasce よみがえる昔の情熱 3 古い, 古くからの —amicizia *antica* 昔からの付き合い 4 骨董(とう)の 5〖歴〗古典・古代の —男〖複[-chi]〗1〖複数で〗古代人 —gli *antichi* 昔の人, 古代の人, 古人 2〖単数で〗古代特有[独特]のもの ▶ **all'antica** 古風な; 旧式の

anticoagulante 形〖薬〗凝結を抑止する, 抗凝血性の —男 抗凝結剤

anticollisione 形〖不変〗（装置やシステムについて）衝突を回避するための

anticolonialismo 男 反植民地主義

anticolonialista 男囡〖複[男-i]〗反植民地主義者 —〖複[男-i]〗反植民地主義の

anticomunismo 男 反共産主義

anticomunista 男囡〖複[男-i]〗反共産主義者 —形〖複[男-i]〗反共産主義の

anticoncezionale 形 避妊(用)の —男 避妊薬

anticonfessionale 形 反教条主義の, 特定の宗教に属さない —男囡 反教条主義者, 特定の宗教に属さない人

anticonformismo 男 因習にとらわれないこと, 順応しないこと

anticonformista 男囡〖複[男-i]〗（因習や世間の考えに）とらわれない人, 順応しない人 —形〖複[男-i]〗とらわれない, 順応しない

anticonformistico 形〔複[男-ci]〗（因習や世間の考えに）とらわれない, 順応しない

anticongelante 形 氷点を下げる, 凍結防止の —男 氷点下降剤, 不凍剤

anticongiunturale 形 景気の落ち込み[過熱]を緩和する, 不況対策の

anticonvenzionale 形 1 因習[世間の常識]にとらわれない 2 国際協定で認められていない

anticorpo 男〖医・生物〗抗体

anticorrosivo 形〖化〗腐食防止の, 錆(さ)止めの —男 腐食防止剤, 錆止め

anticostituzionale 形 1 憲法に反対する 2 憲法違反の

anticostituzionalità 囡 憲法に反対すること[違反すること]

anticresi, anticreṣi 囡〖不変〗〖法〗不動産担保融資契約

anticrimine 形〖不変〗防犯の, 犯罪撲滅のための

anticristiano 形 反キリスト教の; 無慈悲な —男〖女[-a]〗反キリスト教的な人; 無慈悲な人

anticristo 男 1〖不変〗(A-)反キリスト（世界の終末に出現するとされるキリストの敵）; 悪魔, サタン 2 キリスト教迫害者 3 悪魔のような人, 残酷な人

anticrittogamico 形〖複[男-ci]〗（植物の）寄生病菌を抑える, 病菌を除去する —男 殺菌剤, 病菌除去剤

antidatare 他（実際よりも）前の日付けにする, 前日付けにする

antideficit 形〖不変〗赤字削減のための

antidemocraticità 囡 反民主主義

antidemocratico 形〖複[男-ci]〗反民主主義の, 民主主義に反対する —男〖複[-ci]女[-a]〗反民主主義者

antidepressivo 形〖薬〗抗鬱の

—男 抗腐剤

antidetonante 形〔化〕アンチノック性の, 制爆の —男 アンチノック剤, 制爆剤

antidiabetico 形〔複[男 -ci]〕〔医・薬〕糖尿病治療の, 血糖値を下げる —男〔複[-ci]〕糖尿病治療薬

antidiarroico 形〔複[男 -ci]〕〔薬〕下痢止めの —男〔複[-ci]〕下痢止め薬

antidifterico 形〔複[男 -ci]〕〔薬〕ジフテリア予防[治療]の —男〔複[-ci]〕ジフテリア予防接種, 抗ジフテリア剤

antidiluviano 形 **1** ノアの大洪水以前の, 先史時代の **2**《諧》大昔の, 時代遅れの

antidivistico 形〔複[男 -ci]〕スター気取りをしない

antidivo 男〔女[-a]〕(俳優やスポーツ選手で)スター気取りをしない人

antidivorzismo 男 離婚反対, 離婚批判

antidivorzista 男女〔複[男 -i]〕離婚反対派, 離婚批判者 —形〔複[男 -i]〕離婚に反対の

antidogmatico 形〔複[男 -ci]〕反教条主義的な, 独断的でない, 寛容な

antidogmatismo 男 反教条主義, 寛容さ; 幅広い見識

antidoping 男〔不変〕〔スポ〕ドーピング検査 —形〔不変〕ドーピング検査[防止]の

antidoto 男 **1** 解毒剤 **2** 対策, 解決策

antidroga 形〔不変〕麻薬撲滅の, 麻薬撲滅の —campagna antidroga 麻薬撲滅キャンペーン

antidumping 形〔不変〕ダンピング防止の

antiebraico 形〔複[男 -ci]〕ユダヤ人差別の, 反ユダヤの —男〔複[-ci]女[-a]〕ユダヤ人排斥者

antieconomico 形〔複[男 -ci]〕経済原理に反する, 非経済的な

antielmintico 形〔複[男 -ci]〕〔薬〕虫下しの —男〔複[-ci]〕虫下し, 駆虫剤

antiemetico 形〔複[男 -ci]〕〔薬〕吐き気を抑える[防ぐ] —男〔複[-ci]〕嘔吐(ﾄ⁀)抑制剤, 吐き気止め

antieroe 男 **1** アンチヒーロー, 従来のヒーローらしさを欠いた主人公 **2** 敵役

antieroico 形〔複[男 -ci]〕アンチヒーローの, 反英雄的な

antiestetico 形〔複[男 -ci]〕**1** 美的でない **2** 悪趣味な, 不細工な

antifascismo 男 反ファシズム

antifascista 男女〔複[男 -i]〕反ファシスト, ファシズムに抵抗する人 —形〔複[男 -i]〕反ファシズムの, ファシズムに抵抗する

antifebbrile 形〔薬〕解熱の —男 解熱剤

antifecondativo 形 〔薬〕避妊の —男 避妊薬

antifemminismo 男 反フェミニズム, フェミニズムの批判

antifemminista 男女〔複[男 -i]〕反フェミニズムの人, フェミニズムを批判する人 —形〔複[男 -i]〕反フェミニズムの, フェミニズムを批判する

antifiamma 形〔不変〕耐火性の, 不燃性の

antiflogistico 形〔複[男 -ci]〕〔薬〕炎症を抑える, 消炎性の —男〔複[-ci]〕炎症を抑える薬, 消炎薬

antifona 女 **1**〔音〕(古代の)応答歌 **2**〔宗〕交唱(聖歌) **3** 長ったらしい話; 暗示的な話, ほのめかし —capire l'antifona 状況を理解する

antifonario 男 交唱聖歌集

antiforfora 形〔不変〕フケ止めの, フケを止める —shampoo antiforfora フケ止めシャンプー

antifrasi 女〔不変〕〔修〕語意反用(言葉の意味を本来とは逆にして使うこと), 反語

antifrastico 形〔修〕語意反用的な, 反語的な

antifrizione 形〔不変〕〔金〕摩擦を減じる, 減摩性の

antifumo 形〔不変〕喫煙反対の, 禁煙の —campagna antifumo 禁煙キャンペーン

antifurto 形〔不変〕盗難防止の —allarme antifurto 盗難防止の警報装置 —男〔不変〕盗難防止装置, 防犯ベル

antigas 形〔不変〕防毒ガスの —男〔不変〕〔化〕有毒ガス吸収剤

antigelo 形〔不変〕氷点を下げる, 凍結防止の —男〔不変〕氷点下降剤, 不凍剤

antigene, antigene 男〔生化〕抗原 —形 抗原の

antigenico 形〔複[男 -ci]〕〔生化〕抗原の

antigienico 形〔複[男 -ci]〕非衛生的な, 不衛生な

antiginnastica 形 (体を鍛えるのではなく)心身のリラックスをもたらす運動(ヨガやピラティスなど)

Antigone 固名(女)〔ギ神〕アンティゴネ(オイディプスの娘)

antigovernativo 形 反政府的な —男 反政府主義者

antigraffio 形 **1** (表面に)傷がつきにくい **2** 肌を傷めない

antigrandine 形 雹(ﾋ⁀)の形成を防ぐ; 雹よけの

antiliberale 形 反自由主義の —男女 反自由主義者

Antille 固名(女複) アンティル諸島(大アンティル諸島と小アンティル諸島から成る中央アメリカの列島): 西インド諸島

antilope 女 **1**〔動〕レイヨウ, アンテロープ **2** レイヨウの革

antimafia 形〔不変〕反マフィアの, マフィア撲滅の —女〔不変〕マフィア撲滅委員会

antimalarico 形〔複[男 -ci]〕〔薬〕マラリア予防の, マラリア治療の —男〔複[-ci]〕マラリア予防[治療]薬

antimarxista 男女〔複[男 -i]〕反マルクス主義者 —形〔複[男 -i]〕反マルクス主義(者)の

antimateria 女〔物〕反物質

antimeridiano¹ 形 午前の(a.m. と略されることも)

antimeridiano² 男 〔地学〕対子午線

antimilitarismo 男 反軍国主義, 平和主義

antimilitarista 男女〔複[男 -i]〕反軍国主義者 —形〔複[男 -i]〕反軍国主義の, 軍事政策に反対の

antimilitaristico 形〔複[男 -ci]〕反軍国主義の, 軍事政策に反対の

antimissile 形〔不変〕〔軍〕ミサイル迎撃用の, 対ミサイル用の

antimonarchico 形〔複[男 -ci]〕反君主制の —男〔複[-ci]〕反君主制の人

antimonico 形〔複[男 -ci]〕アンチモンの, アンチモンを含有した

antimonio 男〔化〕アンチモン, アンチモニー(元素記号 Sb)

antimonopolio 形〔不変〕独占禁止の, 独占防止の

antimonopolistico 形〔複[男 -ci]〕独占禁止の, 独占防止の

antimperialismo 男 反帝国主義

antimperialista 男女〔複[男 -i]〕反帝国主義者 —形〔複[男 -i]〕反帝国主義の

antimperialistico 形〔複[男 -ci]〕反帝国主義の

antinazionale 形 反国家的な, 国家[国民意識]に距離をおく; 国益に反する

antinazista 男女〔複[男 -i]〕反ナチス主義者, ナチズムに反対する人 —形〔複[男 -i]〕反ナチズムの

antincendio 形〔不変〕防火の, 消化用の —scala *antincendio* 非常階段 —男〔不変〕消火器, 防火剤

antinebbia 形〔不変〕(霧の中で)視界をよくするための —男〔不変〕(自動車の)フォグランプ

antineurotico → antinevrotico

antineutrone 男〔物〕反中性子

antineve 形〔不変〕雪害を抑えるための, 雪用の —catena *antineve* 雪用チェーン —男〔不変〕雪用タイヤ

antinevralgico 形〔複[男 -ci]〕〔薬〕神経痛を治す; 鎮痛の —男〔複[-ci]〕神経痛治療薬, 鎮痛薬

antinevrotico〔複[男 -ci]〕〔薬〕抗不安の, 神経症治療の —男〔複[男 -ci]〕抗不安薬, 神経症治療薬

antinfiammatorio 形〔薬〕炎症を抑える —男 炎症鎮静剤

antinfortunistica 女 労働災害予防(策)

antinfortunistico 形〔複[男 -ci]〕労働災害予防の(ための)

antinomia 女 1 矛盾 2〔哲〕二律背反

antinquinamento 形〔不変〕環境汚染を防ぐための, 公害防止の

antintellettuale 形 インテリ嫌いの, 反主知主義の —男女 インテリを嫌う人, 反主知主義者

antintellettualistico 形〔複[男 -ci]〕反主知主義的な

antinucleare 形 核エネルギー使用に反対の, 反核の, 反原発の —*politica antinucleare* 反原子力政策 —男女 核エネルギーに反対の人, 核兵器[原発]反対派

antinuclearista 男女〔複[男 -i]〕核エネルギーに反対の人, 核兵器[原発]反対派 —形〔複[男 -i]〕反核の

antioccidentale 形 反西洋の, 西洋嫌いの —男女 西洋嫌いの人, 反西洋主義者

antioccidentalismo 男 反西洋主義

antiofidico 形〔複[男 -ci]〕〔薬〕抗蛇毒の —男〔複[-ci]〕蛇毒血清

antiopa 女〔虫〕アンティオペ(森などに生息する羽の縁が黄色い蝶)

antiorario 形 反時計回りの —in senso *antiorario* 反時計回りに

antipanico 形〔不変〕(不測の事態に)パニックを防ぐための[緩和するための]

antipapa 男〔歴〕対立教皇, 偽教皇

antipapale 形 反教皇の, 教皇の権威に対抗する —男 反教皇派の人

antiparassitario 形〔複[男 -ci]〕(体内の)寄生虫を駆除する —男 寄生虫駆除剤

antiparlamentare 形 反議会制の —男女 議会制度に反対する人

antipastiera 女 (仕切りの付いた)前菜盛り皿

antipasto 男 前菜 —*antipasti* misti 前菜の盛り合わせ

antipatia 女 反感, 嫌悪感 —provare [nutrire] *antipatia* per... ...に反感を抱く

antipatico 形〔複[男 -ci]〕1 反感を抱かせる; 感じの悪い, いけ好かない —modi *antipatici* 感じの悪いやり方 2 (味や匂いが)悪い, 不愉快な, 嫌な

antipatriottico 形〔複[男 -ci]〕非愛国的な, 国益に反する

antipatriottismo 男 非愛国的な姿勢, 反愛国主義

antiperistalsi 女〔不変〕〔医〕腸の逆蠕(ぜん)動

antipiega 形〔不変〕しわになりにくい —tessuto *antipiega* しわになりにくい布地

antipiretico 形〔複[男 -ci]〕〔薬〕解熱の —男〔複[-ci]〕解熱剤

antiplacca 形〔不変〕(口内の)プラーク[歯垢(こう)]予防の, プラークを除去する

antipodi 男複 対蹠(たいしょ)地, 地球の裏側; その住民 ► *essere agli antipo-*

antipoetico — **antisofisticazione**

di (自分たちと考え方などが)正反対である、かけ離れている

antipoetico 形〔複[男 -ci]〕詩的でない、散文的な

antipolio 形〔不変〕〔医〕ポリオ感染を防ぐ —女〔不変〕ポリオワクチン

antipolitico 形〔複[男 -ci]〕**1** 反政治的な、政治に無関心な **2** 政策とは反対の

antipolvere 形〔不変〕塵(ちり)を防ぐ

antiporta 女 **1**〔建〕(ある門の)向かいの門、外門; 外門と内門の間の空間 **2**〔歴・軍〕(町の城門を守るために建てられた)櫓(やぐら) **3** (昔の本の)タイトルページの前のページ、仮扉

antiproibizionismo 男 麻薬解禁運動

antiproibizionista 男女〔複[男 -i]〕麻薬解禁論者 —形〔複[男 -i]〕麻薬解禁の(ための)

antiproiettile 形〔不変〕防弾の —giubbotto *antiproiettile* 防弾チョッキ

antiprotone 男〔物〕反陽子

antipulci 形〔不変〕ノミ予防の、ノミを防ぐ —collare *antipulci* (ペット用)ノミ取り首輪

antipurgatorio 男 (ダンテ『神曲』の)煉(れん)獄前界

antiquariato 男 **1** アンティーク売買、アンティーク収集[趣味] **2** 骨董(こっとう)品、古物 ▶ *d'antiquariato* 骨董的価値を持つ

antiquario 形 骨董(こっとう)の、アンティークの —男〔女 -a〕アンティーク商人、アンティーク収集家

antiquarium 男〔不変〕(地元の出土品を納めた)考古学博物館

antiquatamente 副 古くさく、時代遅れで

antiquato 形 古めかしい; 流行遅れの

antirabbico 形〔複[男 -ci]〕〔薬〕狂犬病予防の

antiracket 形〔不変〕恐喝組織撲滅の、恐喝行為を防止する

antirapina 形〔不変〕強盗を防ぐ、防盗の —cassaforte *antirapina* 防盗金庫

antirazionale 形 反理性的、反合理的な

antirazzismo 男 反人種差別、人種差別反対

antirecessivo 形〔経〕景気後退を避けるための

antireferendario 形 国民投票(制度)に反対の —男 国民投票反対派

antireligioso 形 反宗教的な、敬虔(けいけん)でない

antiretorica 女 反レトリック、レトリックの拒絶

antiretorico 形〔複[男 -ci]〕**1** 修辞技巧を嫌った、修辞規則に反する **2** 気取らない、簡素な

antireumatico 形〔複[男 -ci]〕〔薬〕リウマチ予防の、リウマチ治療の —男〔複 -ci〕リウマチ治療薬

antiriciclaggio 形〔不変〕マネーロンダリング防止の(ための)

antiriflesso 形〔不変〕(光の)反射を防ぐ、反射しない

antirivoluzionario 形 反革命的な —男〔女 -a〕反革命主義者

antiromantico 形〔複[男 -ci]〕反ロマン主義の、反ロマンチシズムの —男〔複 -ci〕女〔-a〕反ロマン主義者

antiromanzo 男 反小説(小説の伝統的なルールを無視した作品)

antirrino 男〔植〕キンギョソウ

antiruggine 形〔不変〕錆(さび)止めの —男〔不変〕錆止め

antirughe 形〔不変〕 小じわを防ぐ —男〔不変〕しわ取り用化粧品

antirumore 形〔不変〕防音の、騒音防止の

antisabotaggio 形〔不変〕サボタージュ防止の —男〔不変〕サボタージュ防止(措置)

antisala 女 控えの間、前室

antiscasso 形〔不変〕(扉や金庫など)防犯措置を施した、盗難防止用の

antiscientifico 形〔複[男 -ci]〕非科学的な

antisciopero 形〔不変〕ストライキ防止の、ストライキ禁止の

antiscippo 形〔不変〕ひったくり防止の; ひったくり対策の

antiscivolo 形〔不変〕すべり止めの、すべりにくい

antisdrucciolevole → antiscivolo

antisemita 形〔複[男 -i]〕ユダヤ人排斥の —男女〔複[男 -i]〕ユダヤ人排斥主義者

antisemitico 形〔複[男 -ci]〕ユダヤ人排斥の

antisemitismo 男 ユダヤ人排斥運動、反ユダヤ主義

antisepsi 女〔不変〕〔医〕消毒、殺菌

antisequestro 形〔不変〕不法拘禁防止の、不法監禁防止の

antisettico 形〔複[男 -ci]〕〔医・薬〕消毒の、殺菌の、感染防止の —男〔複 -ci〕殺菌剤

antisfondamento 形〔不変〕(ガラスなど)壊れにくい、強化された —vetri *antisfondamento* 強化ガラス

antisismico 形〔複[男 -ci]〕耐震の、耐震構造の —costruzione *antisismica* 耐震構造

antislittamento 形〔不変〕(乗り物に関して)スリップ防止の

antismagliature 形〔不変〕妊娠線を防ぐ、セルライトを除去する

antismog 形〔不変〕スモッグを防ぐための、スモッグ予防の

antisociale 形 反社会的な —男女 反社会的な人間

antisofisticazione → antisofisticazioni

antisofisticazioni 形〖不変〗食品添加物に反対の, 食品添加物を防止する

antisolare 形 太陽光線を防ぐ; 日焼け止めの

antisommergibile 形〖軍〗対潜水艦の —男 対潜水艦兵器[機種]

antisommossa 形〖不変〗暴動を鎮圧するための —squadra *antisommossa* 機動隊

antisovietico 形〖複[男 -ci]〗反ソビエト連邦の, ソビエト共産党を批判する —男〖複[-ci]女[-a]〗ソビエト連邦批判者

antisovietismo 男 反ソビエト連邦主義, ソビエト共産党批判

antispastico 形〖複[男 -ci]〗鎮痙(鎮)作用の —男〖複[-ci]〗鎮痙薬

antisportivo 形 スポーツマン精神に反する, スポーツマンらしからぬ

antistaminico 形〖複[男 -ci]〗〖薬〗抗ヒスタミン性の —男〖複[-ci]〗抗ヒスタミン薬

antistante 形 真向かいの, 真正面の
▶ *antistante a...* …の正面に, 真向かいに

antistatale 形 反国家的な, 国家に害を与える

antistatico 形〖複[男 -ci]〗静電気を防ぐ, 帯電防止の

antistato 男 反国家的組織

antistatunitense 形 反米主義の, 反米文化の —男女 反米主義者

antistite 男 (初期キリスト教の)祭礼をつかさどった人; (古代ローマの)最高位の聖職者

antistorico 形〖複[男 -ci]〗**1** 反歴史的な, 史実と異なる **2** 時代の要請に適っていない, 反時代的な

antistrappo 形〖不変〗(繊維などが)破れにくい, 裂けにくい

antistress 形〖不変〗ストレス予防の, ストレス解消の

antistrofe 女〖詩〗(古代ギリシャ劇の)アンティストロペー, 戻り舞いの合唱; (古代ギリシャ詩の)第二連

antitabacco 形〖不変〗喫煙反対の, 禁煙の

antitaliano 形 イタリア(人)嫌いの, 反イタリア的な —男〖女[-a]〗イタリア嫌いの人, 反イタリア的な人

antitarlo 形〖不変〗シロアリ駆除の, (木材を)害虫から守る

antitarmico 形〖複[男 -ci]〗(衣服を)害虫から守る, 防虫性の —男〖複[-ci]〗防虫剤

antitartaro 形〖不変〗(歯磨き粉など)歯石予防の —dentifricio *antitartaro* 歯石予防歯磨き粉

antitedesco 形〖複[男 -chi]〗反ドイツの, ドイツ嫌いの —男〖複[-chi]女[-a]〗反ドイツ主義者, ドイツ嫌いの人

antiterrorismo 男〖不変〗対テロの, テロ防止の —男〖複[男 -ci]〗対テロ活動, テロ対策部門

antiterroristico 形〖複[男 -ci]〗テロ防止のための, 対テロの

antitesi 女〖不変〗**1** 矛盾, 対立 — essere in *antitesi* con... …と対立する, 相容れない **2**〖修〗対照法 **3**〖哲〗アンチテーゼ, 反対命題, 反定立

antitetanico 形〖複[男 -ci]〗〖薬〗破傷風予防の

antitetico 形〖複[男 -ci]〗**1** (a) …と反対の, 矛盾する **2** 対照法の, 反定立的な

antitossina 女〖生物・医〗抗毒素

antitrust 形〖不変〗〖英・経〗独占禁止の

antitubercolare 形〖医〗結核治療の, 結核予防の —男 結核治療薬

antiuomo 形〖不変〗〖軍〗対人用の —mina *antiuomo* 対人地雷

antiurto 形〖不変〗衝撃を緩和する, 衝撃に強い

antivaioloso 形〖医〗天然痘予防の

antivenereo 形〖薬〗性病治療の

antivigilia 女 (祭日や記念日の)前々日

antivipera 形〖不変〗蛇毒を中和する —siero *antivipera* 蛇毒中和血清

antivivisezione 形〖不変〗生体解剖に反対の

antivivisezionista 男女〖複[男 -i]〗生体解剖反対論者 —形〖複[男 -i]〗生体解剖に反対の

antologia 女 アンソロジー, 作品集, 選集 ▶ *da antologia* 手本となる

antologica 女 (網羅的)展覧会

antologico 形〖複[男 -ci]〗アンソロジーの, 選集の; 選り抜きの, 選抜した —mostra *antologica* di Raffaello ラファエロ傑作展

antologizzare 他 (アンソロジーのために)作品を選抜する, 選集をつくる

Antonia 固名〖女性名〗アントーニア

antoniano 形 聖アントニウスの —男 聖アントニウスの信者, アントニウス派(修道会)

antonimo 形〖言〗反意語の, 反対の —男 反意語, 反対語

Antonino 固名〖男性名〗アントニーノ

Antonio 固名(男) **1**〖男性名〗アントーニオ **2** (Marco 〜)マルクス・アントニウス(前 82?-30; 古代ローマの政治家) **3** (Sant'〜 di Padova)パドヴァの聖アントニウス(1195-1231; ポルトガル出身のフランチェスコ会修道士)

Antonioni 固名(男) (Michelangelo 〜)アントニオーニ(1912-2007; イタリアの映画監督)

antonomasia 女〖修〗換称, 代称 ▶ *per antonomasia* 別名

antonomastico 形〖複[男 -ci]〗換称の, 換称的な

antrace 男〖医〗炭疽(ʦ)病

antracene 男〖化〗アントラセン

antracite 女〖不変〗無煙炭 —男〖不変〗墨色, 黒灰色 —形〖不変〗墨

antro 男 色の, 黒灰色の
antro 男 **1** 洞窟, ほら穴 **2** あばら家
antropico 形〔複[男 -ci]〕〔人類〕人間の, 人間に関する
antropizzato 形 人為的に変えられた, 変質させられた
antropo-, -antropo 接頭, 接尾 「人間」「人類」「文化」の意
antropocentrico 形〔複[男 -ci]〕人間中心的な
antropocentrismo 男 人間中心主義
antropofagia 女 人肉食, カニバリズム
antropofago 男〔複 -gi〕女[-a]〕食人種 —形〔複[男 -gi]〕食人種の
antropogeografia 女 人文地理学
antropoide 形 人に似た, 類人の
antropologia 女 人類学; 人間学 —*antropologia culturale* 文化人類学 / *antropologia sociale* 社会人類学
antropologico 形〔複[男 -ci]〕人類学の
antropologo 男〔複 -gi〕女[-a]〕人類学者
antropometria 女 人体測定学
antropomorfico 形〔複[男 -ci]〕擬人的な, (神性が)人格化された
antropomorfismo 男 擬人化;(神)の人格化
antropomorfo 形 人に似た, 類人の —男〔人類〕類人猿
antroponimia 女〔言〕人名研究
anulare 形 輪[環]状の —男 薬指
anuria 女〔医〕無尿(症)
anuro 形〔動〕無尾の —男 カエル目の動物; (A-)〔複数で〕無尾類
Anversa 固名(女) アントワープ(ベルギー北部の県・都市名)
-anza 接尾 -ante の語尾を持つ形容詞を名詞化する
＊**anzi** [アンツィ] 接 **1**〔否定の後で〕それどころか, 逆に; いやむしろ —Non sono sazio, *anzi*, ho ancora fame. 満腹どころか, まだおなかが減っている. **2**〔礼儀, 省略〕—Ti dispiace?-No, *anzi*! がっかりした? - とんでもない. **3**〔強意〕—Verrò presto, *anzi* prestissimo. 早く行くよ, それも大急ぎでね. **4**〔前言を訂正して〕—Ti scrivo, *anzi*, ti telefono. 手紙を書くよ, いやそれより電話するよ.
anzianità 女 勤務年月 —*anzianità di servizio* (同一の雇用主からの)勤続年数
＊**anziano** [アンツィアーノ] 形 **1** 歳をとった, 老齢の **2** 古参の, 先輩の, 上級[上位]の —男〔女[-a]〕**1** お年寄り; 高齢者; 老人 **2** 古参者, 先輩, 上級者, 長老 **3**〔隠〕(大学3年生以上の)上級生;〔軍〕退役間近の軍人
anzianotto 形 少し年寄りの, やや年配の —男〔女[-a]〕初老の人
anziché 接 …よりもむしろ —Preferisco mangiare a casa *anziché* al ristorante. レストランより家で食べるほうがいいよ.
anzidetto 形 前述の, 先に述べた
anzitempo 副 (所定の時間よりも)早く, 時間前に
anzitutto 副 まず, 最初に
AO 略 Aosta アオスタ
aoristo 男〔言〕(ギリシャ語の)不定過去
aorta 女〔解〕大動脈
Aosta 固名(女) アオスタ(ヴァッレ・ダオスタ特別自治州の州都; 略 AO)
aostano 形 アオスタ(の人)の —男〔女[-a]〕アオスタの人
AP 略 **1** Ascoli Piceno アスコリ・ピチェーノ **2** Associated Press AP 通信
apache 形〔不変〕アパッチの, アパッチ族の —男女〔不変〕アパッチ族
apartheid 男〔不変〕アパルトヘイト
apartiticità 女 いかなる政党にも属さないこと, 政党に縛られないこと
apartitico 形〔複[男 -ci]〕いかなる政党にも属さない, 政党に縛られない
apatia 女 **1** (周囲の現実に対する)無関心, 無感動, 無気力 **2**〔医〕無感情 **3**〔哲〕アパテイア(喜怒哀楽の情念に動かされない状態)
apatico 形〔複[男 -ci]〕無関心な, 無気力な, 無感動な —男〔複[-ci]〕女[-a]〕無関心な人, 無気力な人, 無感動な人
apatite 女〔鉱〕燐(?)灰石
ape 女 ミツバチ
aperiodicità 女 非周期性
aperiodico 形〔複[男 -ci]〕非周期的な, 不規則な
＊**aperitivo** [アペリティーヴォ] 男 食前酒, 食欲を増進する飲み物 —*aperitivo analcolico* 食前に飲むソフトドリンク
apertamente 副 率直に, 包み隠さず, ありのまま
＊**aperto** [アペルト] 形〔過分＜ aprire〕**1** 開いた; 広い —*lasciare aperto* il rubinetto 蛇口を開けたままにする / *luogo aperto* 空き地, オープンスペース **2** 未解決の, 未確定の —*questione ancora aperta* 未決着の問題 **3** 公開の, 出入り自由の —*assemblea aperta* 自由参加の集会 **4** 率直な, ざっくばらんな —*persona aperta* 社交的な人 **5** 心の広い, 偏見のない; 頭脳明晰な —*mente aperta* 偏見のない考え, 広い心 **6** 明白な, 公然の —*lettera aperta* 公開状 / *guerra aperta* 歴然とした戦闘行為 **7** 非武装の, 無防備の —*città aperta* 無防備都市 **8**〔言〕開母音の; 開音節の **9**〔風〕散開した —男 開けた場所, 戸外, 屋外 ▶ *a braccia aperte* 両手を広げて(〔歓迎する〕意味で) / *all'aperto* 野外で, 屋外で / *a occhi aperti* 目を開いて; 白昼の / *sogno a occhi aperti* 白昼夢
apertura 女 **1** (何かを開ける)開くこと —*apertura del pacco* 小包の包装を解くこと **2** 隙間, 穴 —*passare attraver-*

apetalo 形〔植〕花弁のない

API 略 **1** Anonima Petroli Italiana イタリア石油株式会社 **2** Associazione Piccole e Medie Industrie イタリア中小企業協会

apicale 形 **1**(階級や地位について)頂点の **2**(器官の)先端の;〔植〕頂生の(芽や花が茎の先端に生じる) **3**〔言〕舌端を用いる —女〔言〕舌尖音

apice 男 **1** 頂点, 頂上; 先端 **2** 絶頂, 最高潮, 極致 **3**(文字や数字の右肩に付す)符号(´) **4**〔天〕向点 ► *essere all'apice del successo* [*della gloria*] 成功[栄光]の極みにいる

apicoltore 男〔女 -trice〕養蜂家
apicoltura 女 養蜂
apiressia 女〔医〕無熱
apiretico 形〔複[男 -ci]〕〔医〕熱のない, 無熱段階の

aplanatico 形〔複[男 -ci]〕〔光〕不遊の, 無収差の

aploide 形〔生物〕半数体の, 単相の

aplomb 男〔不変〕〔仏〕〔服〕垂直のライン **2** 自信, 落ち着き **3**(バレエで)完全な平衡

aplustre 男(古代ギリシャ・ローマにおける)船尾の装飾

apnea 女 **1**(水中で)呼吸をとめること —in *apnea* 呼吸をとめて **2**〔医〕無呼吸, 呼吸停止 —*apnea dei neonati* 新生児無呼吸症

apneista 男女〔複[男 -i]〕スキンダイバー —形〔複[男 -i]〕スキンダイバーの, スキンダイビングの

apo- 接頭 「由来」「分離」「喪失」「相違」の意

apocalisse 女 **1** (A-)〔宗〕黙示録; (新約聖書の)ヨハネの黙示録 **2** 世界の終わり, 終末 **3** 大災害, カタストロフ

apocalittico 形〔複[男 -ci]〕**1**〔宗〕黙示録の **2** 世界の終わりの, 終末の **3** 破滅的な, 悲惨な; 極めて悲観的な —男〔複[-ci 女[-a]〕(政治・宗教の分野で)抜本的な改革の支持者; 悲観主義者

apocopare 他〔io apocopo〕〔言〕語尾音を省略する

apocope 女〔言〕語尾消失[省略]

apocrifo 形 **1**(文章・資料などの)真偽が疑わしい, 本物でない, 偽の **2**〔聖〕外典の —男 **1** 典拠の疑わしい文章, 偽作 **2**〔聖〕聖書外典

apodittico 形〔複[男 -ci]〕**1** 論理的に証明された, 明白な, 議論の余地がない; 〔哲〕(論証・帰結などが)必然的な **2** 異論を認めない

apodo 形〔動〕無足の, 足がない
apodosi 女〔不変〕〔言〕仮定文の帰結節
apofisi 女〔不変〕〔解〕骨起, アポフィーゼ
apofonia 女〔言〕母音交替, アブラウト
apofonico 形〔複[男 -ci]〕〔言〕母音交替の

apogeo 男 **1** 頂点, 絶頂 **2**〔天〕遠地点 —形〔天〕遠地点の[にある]

apografo 男 写本の —男 写本
apolide 形 市民権[国籍]を持たない —男女 市民権[国籍]を持たない人

apoliticità 女 政治と無関係であること, 政治に無関心であること

apolitico 形〔複[男 -ci]〕政治と無関係な; 政治に無関心な —*organizzazione apolitica* 非政治的組織 —男〔複[-ci]女[-a]〕政治に無関心な人

apollineo 形 **1**〔ギ神〕アポロンの;(アポロンのように)完璧な肉体美を備えた **2**《文》太陽の

apollo¹ 男 **1**(アポロンのように)並外れて美しい男性, 美男子 **2** (A-)〔ギ神〕アポロン;《文》太陽

apollo² 男〔虫〕アポロウスバシロチョウ
Apollonia 固名〔女性名〕アポッローニア

apologeta 男女〔複[男 -i]〕**1**(特にある意見や学説の)擁護者, 支持者 **2**(特にキリスト教の)護教論者

apologetica 女(特にキリスト教の)教理を主張する)護教論; 護教学

apologetico 形〔複[男 -ci]〕弁明の, 擁護の, 賛美の

apologia 女 **1** 弁明, 擁護, 賞賛 **2** 弁明[擁護]のための議論[作品]

apologico 形〔複[男 -ci]〕**1** 教訓的な, 寓話の **2** 弁明の

apologista → apologeta

apologizzare 自 弁明する, 賛美する; 弁明[賞賛]文を書く —他 弁明する, 賛美する

apologo 男〔複[-ghi]〕教訓譚(たん)

apoplessia 女〔医〕(脳)卒中; 溢(いつ)血

apoplettico 形〔複[男 -ci]〕〔医〕(脳)卒中の; 溢(いつ)血の —男〔複[-ci]女[-a]〕卒中[溢血]患者

aporia 女 **1**〔哲〕アポリア(論理的難点) **2** 難問, 難点, ジレンマ

apostasia 女 **1**(イデオロギーなどの)放棄, 変節, 転向 **2** 背教, 棄教

apostata 男女〔複[男 -ti]〕 棄教者; 離脱者, 転向者 —形〔複[男 -ti]〕〔宗〕棄教の; 転向の

apostatare 自〔io apostato〕〔宗〕信仰を放棄する; 離脱する, 転向する

apostolato 男 **1** 使徒の務め; 布教 **2** 宣伝, 普及, 勧誘;(職務への)専心, 献身

apostolicità 女 **1** 使徒たること **2** 〔神学〕(教会の)使徒の精神に根ざしていること, 使徒伝承

apostolico 形〔複[男 -ci]〕**1** 使徒

apostolo 男 1 (キリストの12人の)使徒, 弟子 2 伝道者 3 唱導者 —*apostolo* della libertà 自由の唱導者

apostrofare 他 [io apostrofo] 1 省略記号[アポストロフィ]を付す —*apostrofare* una parola 単語に省略記号を付す 2 (突然どなるような口調で)言う; 叱る —Mio padre mi *ha apostrofato* dandomi del bugiardo. 父は私が嘘をついたと言って叱りつけた. **—arsi** 再 荒っぽい口調でやり合う

apostrofe 女 [修]頓(と)呼法(演説や詩文の中で人や事物に不意に呼びかける技法)

***apostrofo** [アポストロフォ] 男 アポストロフィ, 省略記号(')

apotema 男 [複[-i]][幾]辺心距離(正多角形の中心から辺までの距離)

apoteosi 女 [不変] 1 神格化(の儀式) 2崇拝, 賞賛; 大成功 —fare l'*apoteosi* di Boccaccio ボッカッチョを称賛する 3 素晴らしい眺め, 壮大なスペクタクル 4 [劇] (登場人物が一同に揃う)きらびやかなフィナーレ

apotropaico 形 [複[男-ci]] 魔よけの, お守りの

appagabile 形 満足させられる

appagamento 男 満足(させること), 充足

appagante 形 満足を与える, 満足な

appagare 他 1 満足させる, 充足させる 2 鎮める, 満たす **—arsi** 再 (di) …に満足する

appagato 形 1 満足した, 満たされた 2 和らいだ, 落ち着いた

appaiamento 男 対(ひ)にすること, 結合

appaiare 他 [io appaio] (二つのものを)一緒にする, 対(ひ)にする, つなぐ

appaio 1 appaire の直・現・1 単 2 appaiare の直・現・1 単

appallottolare 他 [io appallottolo] 球形にする, 丸める **—arsi** 再 球形になる, 丸くなる

appaltare 他 1 請け負わせる, 下請けに出す 2 落札する

appaltatore 形 [女[-trice]] 落札した, 請け負った —ditta *appaltatrice* di lavori pubblici 公共事業の落札会社 —男 [女[-trice]] 落札者, 請負人

appalto 男 入札; 請負(契約)

appannaggio 男 1 報酬 2 特権, 特質, 専有物 —La coppa *Champions League* è *appannaggio* della Juventus. チャンピオンズリーグの優勝杯はユベントスが勝ち取る. 3 (国王や元首の)固定収入; [歴]扶持(ふち)

appannamento 男 1 (ガラスなどが)曇ること, 曇り —l'*appannamento* della vista 目のかすみ 2 ぼうっとすること, 鈍ること

appannare 他 1 曇らせる; ぼやかす —vetri *appannati* 曇りガラス, 磨りガラス 2 (感覚や判断力を)鈍らせる **—arsi** 再 1曇る 2 (感覚や判断力)が鈍くなる, ぼやける 3 (声が)かすれる, (目が)ぼやける 4 精彩を欠く

apparato 男 1 (一式の)装置, 器具, 設備 2 装飾, 飾りつけ; 虚飾, ひけらかし 3 (政府や官庁などの)機関, 組織; (政党などの)首脳部 —*apparato* amministrativo 行政機関 4 [解・生物](体の)器官, 系統 —*apparato* digerente 消化器官[系統] ▶ *apparato critico* [文]校注(注で紹介される, テキスト本文に採用されなかった異句や異文)

apparecchiare 他 [io apparecchio] 1 (特に食卓に食器やフォーク・ナイフなどを)用意する —*apparecchiare* la tavola 食卓に食事の準備をする 2 [工](織物や紙を)仕上げる

apparecchiata 女 (急いで行う)テーブルの仕度

apparecchiatura 女 1 装備品, 器具一式 2 食卓の準備 3 (織物の)仕上げ 4 (絵や壁の)下塗り

***apparecchio** [アッパレッキオ] 男 1 機器, 器具, 器械, 装置; (特に)電話機 —*apparecchio* televisivo テレビ受信機 2 飛行機 2 [医]固定具, 歯列矯正器 3 (織物の)仕上げ 4 (絵や壁の)下塗り

apparentamento 男 [政](選挙のための)政党間の同盟, 選挙協力

apparentare 他 1 姻戚関係を結ぶ 2 比較する **—arsi** 再 1 (con)…と親戚になる, 姻戚となる 2 [政](特に選挙目的で)同盟する

apparente 形 1 見せかけの, うわべだけの —tranquillità *apparente* うわべだけの平安 / moto *apparente* del Sole 太陽の見かけの運動 / morte *apparente* 仮死状態 2 明白な, 明確な

apparenza 女 1 外観 2 外見, うわべ —L'*apparenza* a volte inganna. 見かけにだまされることがある. 3 [複数で]体裁, 体面 4 [哲]現象; 仮象 ▶ *in apparenza* うわべは, 見かけは ▶ *salvare le apparenze* 体裁[世間体]を保つ

apparigliare 他 [io appariglio] 1 (馬などを荷馬車に)2 頭一組でつなぐ 2 (カードゲームのスコーパで, 4 枚ある同一数字のカードが)残り偶数枚となるように場のカードを取る

***apparire** [アッパリーレ] [9] 自 [es] [過分 apparso] 1 現れる, 見えてくる, 出てくる —Il mare *appare* dopo la curva. カーブを過ぎると海が見えてきた. 2 思われる, …のようだ —Mi *appariva* stanco. 彼は疲れているようだった. 3 はっきりと分かる —*È apparsa* chiara la sua intenzione. 彼の意図は明らかだった. 4 見せびらかす, よく見せる —Vuole sempre *apparire*. 彼女はいつも見栄を張られる.

apparisca apparire の命・3 単, 接・

現·1単[2単, 3単]
appariscente 形 1(服装が)派手な, 目を引く 2《文》美しい, 華やかな
appariscenza 女 目立つこと, 派手
apparitore 男 1(古代ローマの)司法官や皇帝の)補佐役, 下役人 2(ペストなどの流行時に)死体を積んだ馬車の通過を知らせる先導係 3(法廷の)執行吏
apparizione 女 1(突然)現れること 2 幽霊; 霊魂などの超常現象 3 出現, 発生
apparse apparire の直·遠過·3単
apparso apparire の過分
***appartamento** [アッパルタメント] 男 1(集合住宅内の)住居; マンション 2(ホテルの)スイートルーム 3(王宮などの)私室
appartarsi 再 (外界と自分を)遮断する; 引きこもる
appartato 形 1(場所について)孤立した, 離れた 2(人について)退いた, 引退した, 隠遁(え)した
appartenente 形 (a) ···に属している — 男女 会員, メンバー
appartenenza 女 1 所属 2 帰属, 管轄 3 所有物, 所持品, 財産 4《複数で》付属品
***appartenere** [アッパルテネーレ] [118] 自 [es/av] (a) 1 ···の所有物である — Questa casa *appartiene* a mio padre. この家は父のものです。/ Questo libro non mi *appartiene* (non è mio). この本は私のものではありません。2 ···に所属する —*appartenere* a una associazione 協会の一員である
apparve apparire の直·遠過·3単
appassimento 男 1(植物が)しおれること, しぼむこと; 萎縮 2(若さや美しさの)衰え
appassionante 形 興奮させる, エキサイティングな —film *appassionante* 興奮させる映画
appassionare 他 1 感動[感激]させる, かき立てる 2 夢中にさせる —**arsi** 再 (a) ···に熱中する[はまる] —*Mi sono appassionato* al surf. サーフィンに熱中しました。
appassionatamente 副 情熱的に, 激しく
appassionato 形 1 熱のこもった, 情熱的な 2 興奮した, 熱狂した 3 熱中した, はまった —È *appassionata* di alpinismo [sci]. 彼女は山登り[スキー]に熱中しています。4 客観的[公平]でない, 感情に左右された 5[音]アッパッショナート, 情熱的な —男[女[-a]]熱狂者; 愛好家, マニア
appassire 自 [es] [io -isco] 1 しおれる, 枯れる, しなびる; 干しブドウになる 2 衰える, 弱け込む —他 [料](野菜などを)軽く炒(い)める; (ブドウを)乾燥させる — **irsi** 再 しおれる, 枯れる; 衰える
appassito 形 しおれた, 枯れた; 色あせた
appeal 男《不変》[英] 1 魅力, アピール; セックスアピール 2(広告について)消費者への喚起力
appellabile 形 [法]上訴できる
appellante 形 上訴の, 上訴する — 男女 上訴人
appellare 他 1[法]異議を唱える, 上訴する 2《文》呼ぶ; 誘う —自 上訴をする —**arsi** 再 1(a) ···に訴える, 頼る 2[法]上訴する 3《文》···という名である
appellativo 形 1[言]命名の; 総称の —nome *appellativo* 普通名詞 2 [法]上訴の —男 1 あだ名, 通称, 別称 2[言]普通名詞
appellazione 女 1《文》名称, 呼称 2[法]上訴, 控訴
appello 男 1 点呼, 出欠調べ —fare l'*appello* 点呼をとる 2 訴え, アピール 3(大学の各試験期間ごとの学生の)召集, 試験期間 4[法]上訴, 控訴 5[スポ](判定に対する)申し立て ▶ fare *appello a...* ···に訴える
***appena** [アッペーナ] 副 1 かろうじて, やっと —Erano *appena* le sette. まだ 7時頃だった。/ Ci si vede *appena*. かろうじて見える程度だ。/ Era così ubriaco che poteva *appena* stare in piedi. かなり酔っていて, 立っているのが精一杯だった[今にも倒れそうだった]。/ Ho fatto *appena* in tempo a prendere l'ultimo treno. 最終電車にぎりぎり間に合った[もう少しで乗り遅れるところだった]。/ Ancora un po' di vino? -Sì, ma *appena appena*. ワインをもう少しどう? -ああ, でもほんの少しだけ。2 ···したばかり, ちょうど ···したところ —*Sono appena* tornato dal lavoro. ちょうど仕事から帰ったところです。—接 1 ···したらすぐに —Verrò *appena* avrò finito. 終わり次第すぐに行くよ。2 [しばしば non appena で] ···するや否や —Non *appena* mi ha visto, è fuggito via. 彼は僕を見たとたんに飛んで逃げた。/ Non *appena* l'ho vista, mi sono ricordato di lei. 見たとたんに彼女のことを思い出した。
appendere [113] 他 [過分 appeso] 1 掛ける, 吊るす 吊るす —*appendere* un quadro a parete 壁に絵を掛ける 2 [隠]縛り首にする —**ersi** 再 しがみつく, ぶら下がる —*appendersi* al collo 首にしがみつく
appendiabiti 男《不変》ハンガー; ポールハンガー
appendiabito → appendiabiti
appendice 女 1 付属物 2 付録; 追記, 補遺 3 [解]虫垂, 盲腸 (appendice cecale)
appendicectomia 女 [医]虫垂切除, 盲腸の手術
appendicite 女 [医]虫垂炎
appendigonna, appendigonne 男《不変》スカートハンガー
appendizie 女複 [歴](小作農から地主への)労働力[農作物]の追加供出
Appennini 固名(男複)アペニン山脈(イ

appenninico 形〔複〔男 -ci〕〕アペニン山脈の —*civiltà* [*cultura*] *appenninica* アペニン文化(先史時代の青銅器文明)

appercezione 囡 1〔心〕類化(新概念を既成概念に同化させて理解すること) 2〔哲〕自覚的知覚

appertizzazione 囡 (食品の)殺菌処理

appesantimento 男 重くすること, 重くなること

appesantire 他〔io -isco〕1 重くする 2 疲れさせる, 重圧を加える, 負担をかける 3 鈍(にぶ)らせる, 鈍らせる —**irsi** 再 1 重くなる 2 太る, 肥える

appese appendere の直・遠過・3単

appeso 形〔過分 < appendere〕吊るした, 掛けた —*Un bel quadro è appeso alla parete.* 素敵な絵が壁に掛けてある.

appestare 他 1 (ペストなどの伝染病に)感染させる, 伝染させる 2 臭気で満たす 3 堕落させる —**arsi** 再 (空気について)悪臭が充満する

appestato 形 1 ペストに感染した 2 悪臭を放つ, 汚染された —男〔囡[-a]〕ペスト患者

appestatore 男〔囡[-trice]〕ペストを感染させる人, 伝染病の保菌者 —男〔囡[-trice]〕ペストを感染させる, 感染をもたらす

appetenza 囡 1 食欲 2〔文〕欲望 3〔哲〕生来の傾向

appetibile 形 望ましい, 魅力的な —男〔哲〕欲求を喚起するもの

appetibilità 囡 好ましさ, 魅力

*****appetito** [アッペティート] 男〔複 -i〕1 食欲 — *avere* [*non avere*] *appetito* 食欲がある[ない] 2 本能的な欲望[欲求] —*appetito sessuale* 性欲 ▶**Buon appetito!** 食事を楽しんでください. / いただきます.

appetitoso 形 1 食欲をそそる, うまそうな 2 魅力的な, 好ましい;《謔》色っぽい

appezzamento 男 (農地などの)一部, 一区画

appezzare 他 1 分割する, 切り分ける 2 (断片を)結合する, 合わせる

Appia 固名(囡) (Via ~) アッピア街道 (Roma-Brindisi 間を結ぶローマ街道)

appianabile 形 (問題や矛盾について)解決できる, 解消可能な

appianamento 男 1 平らにすること, 均(なら)すこと 2 解決

*****appianare** 他 1 平らにする, 均(なら)す 2 (問題を)解決する, (対立を)解消する 3 倒す, 伐採する —**arsi** 再 (問題や対立が)解決する, 解消する

appianatura 囡 1 平らにすること, 均(なら)すこと 2 解決

appiattarsi 再 しゃがむ, 隠れる, 身を潜める

appiattimento 男 平らにすること; 均一化, 平均化

appiattire 他〔io -isco〕1 平らにする, 均(なら)す 2 均一にする, 平均化する; 抑圧する —**irsi** 再 1 平らになる; 均一化する 2 順応する, 従う

appiccare 他 火をつける —*appiccare il fuoco* [*le fiamme*] 火をつける

appiccicare 他〔io appiccico〕1 貼る; 糊(のり)付けする 2 だましてつかませる 3 与える —*appiccicare un soprannome* あだ名をつける 4〔口〕食らわす —*appiccicare un ceffone* 張り飛ばす —自《物を主語に》つく, べとつく —**arsi** 再 1 貼り付く, くっつく 2 つきまとう

appiccicaticcio 形〔複[男 -ce]〕1 (物に関して)粘着性の, べたべたする 2 (人に関して)しつこい, うっとうしい

appiccicatura 囡 1 貼り付けること, 糊(のり)付け 2 仮貼り 3 余計な付け足し

appiccichino 男〔囡[-a]〕しつこい人, うっとうしい人

appiccicosamente 副 べたべたと, しつこく

appiccicoso 形 1 粘着力のある, ねばねば[べとべと]する 2 (人が)しつこい, 煩わしい

appiccicume 男〔口〕粘着物, べたつき

appicco¹ 男〔複[-chi]〕絶壁, 氷壁

appicco² 男〔複[-chi]〕口実, きっかけ

appiè 前 (di) 足下に; ふもとに —副 歩いて (a piedi)

appiedare 他 1 交通手段を奪う, 徒歩で行かせる 2〔軍〕(乗り物や馬から)降ろす, 歩かせる

appieno 副 十分に, 完全に

appigionamento 男 (家や土地の)賃貸し

appigionare 他 (家や土地を)賃貸しする

appigliarsi 再〔io mi appiglio〕1 しがみつく, つかまる 2 すがる, 頼る 3〔植〕根づく 4 (火が)つく

appiglio 男 1 出っ張り, 突起 2 支え 3 手懸かり 4 口実, かこつけ; 根拠

appio 男〔植〕セリ科の植物; セロリ

appiola 囡〔農〕アッピオーラ(鮮やかな赤色のリンゴ種)

appiombo 男 1 (測鉛によって示される)垂直性, 垂直方向 2〔服〕(体にぴったり合った)縦のライン —副 垂直に

appioppare 他 1 (不愉快なものを)押しつける, 課す, 食らわす 2 (あだ名などを)つける, 与える

appisolarsi 再〔io mi appisolo〕うとうとする, まどろむ, うたた寝する

applaudire 他〔io applaudo, -isco〕1 拍手で称賛する[ほめたたえる] 2 ほめる, ほめそやす —自 1 拍手を送る 2 賛成する

applaudito 形 成功を収めた

applauditore 男〔囡[-trice]〕拍手喝采する人, 喝采者 —形〔囡[-tri-

applauso

ce]]拍手喝采する

applauso 男 1（拍手による）賞賛, 拍手喝采, 拍手 2 称賛；賛同

applausometro 男 （バラエティー番組などの）拍手測定器

applicabile 形 1 適用可能な, 適用すべき；実施できる 2（台所用品などに取り付け可能な, 取り付けて使える

applicabilità 女 適用性, 適用［施行］可能

‡**applicare** ［アップリカーレ］他［io applico］ 1 貼り付ける；塗る 2 適用する, 実用する, 実施する —*applicare* la legge 法律を施行する 3 与える, 付与する 4（任務に）就かせる 5（刑罰を）科す 6（一撃を）食らわす —**arsi** 再［a］ …に専念する, 打ち込む

applicativo 形 1 適用にかなった, 適用［施工］のための, 応用的な, 実用的な 2［コン］アプリケーションの —男［コン］アプリケーションソフト

applicato 形 応用の —*fisica applicata* 応用物理 —男［女［-a］］下級公務員, 一般職員

applicazione 女 1 貼付 2 塗布 3 適用, 応用；実施 3 アップリケ 4 専念, 専心 5［情］アプリケーション

applique 女［不変］［仏］壁掛けランプ

appoderamento 男［農］土地の分割

appoderare 他［農］土地を分割する

appoggia- 造語「支える」の意

appoggiacapo 男［不変］（椅子の背もたれの頭の部分を覆う）シーツ, カバー；ヘッドレスト

appoggiaferro 男［不変］アイロン置き

appoggiapiedi 男［不変］足台, 足置き台

‡**appoggiare** ［アッポッジャーレ］他［io appoggio］ 1 上に置く［据える］ —*appoggiare* sul tavolo il libro 本をもたせかける —*appoggiare* la scala al muro はしごを壁にもたせかける 3 支える, 支持する 4（一撃を）食らわせる 5 任す, 委ねる —［es］立つ, 立っている, 載っている —**arsi** 再 1 寄りかかる, もたれかかる —*appoggiarsi* al muro 壁にもたれる 2 頼る, すがる, 委ねる 3（論理に）基づく

appoggiatesta 男［不変］ヘッドレスト

appoggiatura 女 ［音］アッポッジャトゥーラ, 前打音

appoggio 男 1 支え —*camminare* con l'*appoggio* di un bastone 杖を頼りに歩く 2 支持, 支援, 援助 —*dare* il proprio *appoggio* a... …を支援する／*in appoggio* di... …を根拠［証拠］として／*senza appoggi* 後ろ盾なしで；（孤立無援の 3 支援［支持］者, 後援者 4［軍］援護射撃 5［音］（歌唱における胸部・腹部・横隔膜の）支え

appollaiarsi 再［io mi appollaio］ 1（鳥が枝などに）止まる, やどる 2（高いところに）しゃがむ, うずくまる

appollaiato 形 1（家や村などが）高台にある, 丘の上に位置する 2 木に止まった

apporre ［79］他［過分 apposto］ 1（署名などを）添える,（印を）押す, 付け加える —*apporre* una firma 署名を添える 2《文》（罪を）…に帰する, 負わせる

apportare 他 1 もたらす, 加える, 引き起こす —*apportare* un miglioramento 改善する 2（例や証拠を）引用する, 挙げる 3《文》告げる

apportatore 形［女［-trice］］ 運ぶ, もたらす —男［女［-trice］］運ぶ人, 使者

apporto 男 1 もたらすこと, 供給, 供出；(a)…への貢献, 寄与 2［経・法］出資 3（超常現象で）ある場所から別の場所への物体の移動（しばしば壁の通り抜けなどを伴う）

appose apporre の直・遠過・3 単

appositamente 副 わざと, 故意に；特別に, 適切に

apposito 形 1 専用の；所定の 2 ふさわしい, 適切な

apposizione 女 1 添付；捺（お）印, 署名 2［言］同格

‡**apposta** ［アッポスタ］ 副 1 わざと, 故意に —Gliel'ho detto *apposta*. あいつにはわざとそう言ったんだよ。／Scusi, non l'ho fatto *apposta*. 許してください, わざとしたのではありません。 2 わざわざ —È venuta *apposta* per te. 彼女は君のためにわざわざ来てくれたんだよ。—形［不変］ふさわしい, 適切な ▶**fatto apposta** 特別あつらえ（仕立て）の；おあつらえ向きの／È una casa *fatta apposta* per noi due. 僕たち二人におあつらえ向きの家だ。

appostamento 男 1 様子をうかがうこと, 張り込み, 待ち伏せ —*mettersi in appostamento* 見張る, 待ち伏せする 2（狩猟で）待ち伏せ場所；［軍］見張り場所

appostare 他 1 見張る, 様子をうかがう, 待ち伏せる 2［軍］配備する —**arsi** 再 待ち伏せをする

appostissimo 形［不変］《口》大変に誠実な, きちんとした —副 大変元気に, 非常によく（うまく）

apposto apporre の過分

apprendere ［82］他［過分 appreso］ 1 習得する, 学ぶ 2 聞き知る —Ho appreso la notizia dai giornali. そのニュースは新聞で知った。—**ersi** 再 1 しがみつく 2（火が）燃えつく, 燃え広がる

apprendibile 形 習得できる；知ることができる —*notizia facilmente apprendibile* 簡単に知り得る情報

apprendimento 男 習得, 学習 —*difficoltà di apprendimento*［心］学習障害

apprendista 男女［複［男 -i］］ 見習い, 実習生, 初心者；徒弟

apprendistato 男 1 見習い期間, 研修期間 2 見習い, 研修

apprensibile 形 習得できる；知ること

ができる
apprensione 囡 不安, 懸念 —essere [stare] in *apprensione* per...…について気がかりだ / mettere... in *apprensione* (人)を不安にさせる

apprensivo 形 1 不安になりやすい, 心配性の 2《文》理解力のある

apprese apprendere の直・遠過・3単

appreso apprendere の過分

appressare 他《文》近づける —自 [es] 近づく —**arsi** 再 近づく

appresso 副 1 そばに, 近くに, 隣に— La porta è qui *appresso*. ドアはこの脇にある. 2 後で, 次に —subito [poco] *appresso* すぐ後で[しばらくして] 3 後に, 後ろに —Venivano *appresso*. 彼らは遅れてやって来ていた. —前 1 後で, 後に —andare *appresso* a... …の後について行く 2 近くに, そばに —Stai *appresso* a me. 私のそばにいなさい. —形《不変》次の, 続きの —il giorno *appresso* 翌日

apprestare 他 1 準備する, 用意する —*apprestare* le armi 戦いの準備をする 2 提供する, 与える —**arsi** 再 (a) …の準備をする —*apprestarsi* a partire 出発の支度をする

apprettare 他 1 (アイロンのために)糊(ﾉﾘ)をつける 2 (織物や革に, 光沢・柔軟性・防水性などを得るための)処理を施す

apprettatura → appretto

appretto 男 1 (光沢・柔軟性・防水性などを得るための)処理(剤), 加工(剤) —*appretto* ammorbidente 柔軟剤 2 (アイロンをかけるための)糊(ﾉﾘ)

apprezzabile 形 1 (正確に)評価できる, 確認できる 2 賞賛に値する 3 重要な, 相当な

apprezzamento 男 1 評価, 賞賛 2 意見, コメント 3 〔経〕(価値や通貨の)上昇

apprezzare 他 1 (高く)評価する, (真価を)認める 2 うれしく思う, 感謝する 3 (価値を)測る, 値踏みする, 見積もる

apprezzato 形 1 評価されている 2 〔経〕プレミアがついた, (為替について)他通貨に対して強い

approcciare 他 [io approccio] 1 (問題に)アプローチする, 取り組む 2 (人に)アプローチする, 言い寄る —自 [es]《文》近づく, 接近する

approccio 男 1 接近, 接触 2 言い寄ること, 交際の申し出 3 (学問や問題への)アプローチ; 研究法, 観点

approdare 自 [es/av] 1 着岸する, (船から降りて)上陸する 2 (目的や結果に)達する, 至る 3《謔》到着する

approdo 男 1 接岸, 着岸 2 接岸できる場所 3 到達点, 結果

‡**approfittare** [アップロフィッターレ] 自《di》 1 活用[利用]する, 活かす —*approfittare* di questa occasione この機会[チャンス]を活かす 2 悪用する, つけ込む —*approfittare* della pazienza degli altri ほかの人たちの我慢強さにつけ込む —**arsi** 再 (di) 悪用する; つけ込む ▶ **approfittarsene** (自分の利益のために人や状況を)利用する, つけ込む

approfittatore 男 [囡 [-trice]] (自分の利益のために人や状況を)利用する人, 利益をむさぼる者, 搾取者

approfondimento 男 1 深く掘ること, 深くなること 2 (調査・研究などの)深化, 詳細な分析[検証]

approfondire 他 [io -isco] 1 深くする —*approfondire* il solco (畑の)溝を深くする 2 深める, 掘り下げる —*approfondire* l'argomento テーマを深く掘り下げる 3 増大[増加]させる, 拡大する —**irsi** 再 1 深くなる 2 理解を深める

approfondito 形 1 (調査・研究などが)詳細な, 徹底的な 2 深い

approntamento 男 準備, 支度

approntare 他 1 準備する, 支度する —*approntare* la tavola テーブルを準備する 2 まとめる, 整える

appropinquare 他 [io appropinquo]《文》近づける —自 [es] 近づく —**arsi** 再《謔》近づく

appropriare 他 [io approprio] 1 適合させる 2《文》自分自身に関係づける —**arsi** 再 (di) 1 自分のものにする, 横領する —*appropriarsi* della roba d'altri 他人のものを着服する 2 ふさわしい, 当てはまる

appropriato 形 (a) …に合った, …にふさわしい; ぴったりの, 適切な —vestito *appropriato* alla circostanza その場にふさわしい服

appropriazione 囡 1 自分のものにすること 2 横取り, 盗作 —*appropriazione* indebita〔法〕横領, 着服

approssimare 他 [io approssimo] 1 近づける 2〔数〕近似する —**arsi** 再 近づく

approssimativo 形 1 大まかな, 厳密でない 2 ぞんざいな, 大ざっぱな

approssimato 形 1 近似の, 概算の —valore *approssimato* 近似値 2 大まかな, 大ざっぱな

approssimazione 囡 1 近づけること, 接近 2 近似, 概算 3 粗雑さ, 不正確さ ▶ **per approssimazione** 概算で, おおよそ, 大ざっぱに

approvabile 形 是認できる[すべき], 賛成できる[すべき]

‡**approvare** [アップロヴァーレ] 他 1 同意する, 支持する; 承認する; 可認する —La mamma ha approvato la mia scelta. 母さんは私の選択に同意してくれた. 2 資格があると見なす, 合格させる, 進級する 3〔法〕可決[承認]する

approvazione 囡 1 同意, 支持 2 賞賛, 賛辞 3〔法〕承認; 認可

approvvigionamento 男 1 (必需品の)供給, 支給 2〔複数で〕供給物, 支給される食糧

approvvigionare 他 〔io approvvigiono〕(di) (必需品を)供給する —*approvvigionare* un paese di viveri 村に食料を供給する / *approvvigionare* un esercito di armi 軍隊に武器を供給する **—arsi** 再 (di) …を調達する, 自分で用意する

‡**appuntamento** [アップンタメント] 男 1 (会う)約束; アポイントメント; デート — darsi un *appuntamento* 会う約束を交わす / avere un *appuntamento* con... …と会う約束がある / arrivare in tempo all'*appuntamento* 約束の時間に間に合う / mancare all'*appuntamento* con... …と会う約束をすっぽかす

appuntare¹ 他 1 (ピンなどで)固定する, 留める 2 (指や視線などを)向ける —*appuntare* un dito verso... …を指差す / *appuntare* gli occhi [lo sguardo] じっと見つめる 3 とがらせる, 鋭くする **—arsi** 再《文》…に向く, 向けられる

appuntare² 他 メモする, 書きとめる

appuntato 男 1 巡査部長(カラビニエーリや財務警察で下から3番目の階級) 2 アップンタート(かつての警察の階級名称で巡査に相当)

appuntino → a puntino

appuntire 他 〔io -isco〕とがらせる, 鋭くする

appuntito 形 とがった, 鋭利な

‡**appunto¹** [アップント] 副 まさしく; ちょうど; そのとおり —Stavo *appunto* parlando di lui, quando è arrivato. 彼が来たとき, ちょうど彼の話をしているところだった. / È veramente un bel quadro!-*Appunto*! 実にきれいな絵だね. –まさしくそうだね. ► **per l'appunto** まさに, もちろん

‡**appunto²** [アップント] 男 1 メモ, 簡単な記録 —prendere *appunti* メモをとる 2 非難, 叱責, 小言 —fare un *appunto* a... …を叱る

appurare 他 確かめる, 明らかにする, 証明する

apr. 略 aprile 4月

apribile 形 開く, 開けられる

apribottiglie 男〔不変〕栓抜き

apribuste 男〔不変〕封筒開封機(封筒を手早く開けるための機械)

apricasse 男〔不変〕(箱や荷を開けるための)レバー, 釘(ぎ)抜き

‡**aprile** [アプリーレ] 男 4月 ► *Aprile, dolce dormire.* 春眠暁を覚えず. *pesce d'aprile* 四月馬鹿, エープリルフール

apriori, a priori 副, 形 先験的に[な], 演繹(えき)的に[な] —男〔不変〕先見的知識

aprioristico 形〔複[男-ci]〕〔哲〕先験的な

apripista 男女〔不変〕1〔スポ〕(スキーの)コース整備員 2 先駆者, 先人 —男〔不変〕ブルドーザー

apriporta 男〔不変〕1 (リモコン型の)扉[門]開閉装置 2〔セールスマンの隠語で〕(家の扉を開けさせるような)目玉商品

‡**aprire** [アプリーレ] [10] 〔過分 aperto〕1 開ける; 開く —Ho aperto la finestra per far entrare l'aria. 風が入るように窓を開けた. 2 広げる —aprire le braccia [le gambe] 両手[両足]を広げる 3 穴を開ける, くり抜く —*aprire* un fossato 溝を掘る 4 開通させる 5 切開する, 切り開く 6 (元栓を)開ける, (スイッチを入れる —*aprire* il gas [l'acqua, la luce] ガスの元栓を開ける[蛇口をひねる, 電気をつける] 7 ボタンをはずす, (衣服を)緩める, 脱ぐ —*aprire* la giacca 上着を脱ぐ 8 始める, 開始する —*aprire* un negozio 店を開く / *aprire* un conto in banca 銀行に口座を開設する 9 創設[設立]する —*aprire* una scuola 学校を創設する 10〔電〕(回路を)切る **—irsi** 再 1 開(ひら)く; 開(あ)く —La porta *si è aperta* di colpo. ドアが突然開いた. 2 開花する, つぼみが開く 3 割れる, 裂ける —La terra *si è aperta* per il terremoto. 地震で地面が裂けた. 4 広がる —In mezzo al bosco *si apre* un prato. 森の中に草原が広がっている. 5 現れる, 見える 6 はずす, (衣服を)ゆるめる 7 打ち明ける —*Si è aperto* con me e mi ha raccontato i suoi problemi. 彼は私を信じて, 気持ちを打ち明けた. 8 始まる ► *aprire gli occhi a...* …に気づかせる[分からせる] *aprire (la) bocca* 発言する(特に言うべきでないような場面で) *aprire le braccia* 心から歓迎する *Apriti cielo!* 何てことだ. | 大変だ.

apriscatole 男〔不変〕缶切り

APT 略 Azienda di Promozione Turistica 観光局

apuano 形 アプアーノ・アルプスの(人)の(トスカーナ北西部のアペニン山脈地域) —男 1〔女[-a]〕アプアーノ・アルプスの人 2 (A-)アプアーノ・アルプス地方

AQ 略 L'Aquila ラークィラ

Aquila → L'Aquila

aquila 女 1〔鳥〕ワシ —*aquila* bicipite 双頭の鷲; ハプスブルク家の紋章 2 非常に賢い人, 秀才 —essere [non essere] un'*aquila* 素晴らしい才能を持っている[平凡である] 3 (古代ローマ帝国の)軍旗 4〔魚〕トビエイ (aquila di mare)

aquilano 形 ラークィラ(の人)の —男〔女[-a]〕ラークィラの人

aquilegia 女〔複[-gie]〕〔植〕オダマキ

aquiliano 形〔法〕契約外の

aquilino 形 ワシの, ワシのような —Ha il naso *aquilino*. 彼はワシ鼻だ. —男 ワシの浮き彫りのある硬貨

aquilone¹ 男 1 凧(たこ) 2〔スポ〕ハンググライダー

aquilone² 男〔文〕北風; 北

aquilotto 男 1 ワシのヒナ, ワシの子 2〔紋〕子ワシの図柄 3〔隠〕新米飛行士

aquinate 形 アクイーノ(ラツィオ州南東

部の町 Aquino)(の)(人)の —男女 アクイーノの人; (A-) 聖トマス・アクィナス

Aquisgrana 固名(女) アーヘン(ドイツ西部の都市)

A/R 略 Andata e Ritorno 往復

AR 略 Arezzo アレッツォ

Ar 略(元素記号) Argon アルゴン

A.R. 略 **1** Avviso di Ricevimento 郵便受け取り通知 **2** Altezza Reale 殿下

ara¹ 女 (古代の神殿に)生け贄(にえ)を捧げた祭壇

ara² 女 アール(面積の単位)

ara³ 女 〔鳥〕コンゴウインコ

arabescare 他 **1** アラベスク模様で装飾する, 唐草模様で飾る **2** 奇妙な模様[うずまき模様]で覆う

arabesco 男〔複[-chi]〕**1** アラビア風装飾模様, 唐草模様 **2** 巻き模様, 入り組んだ線模様; 下手な字 **3**〔音〕アラベスク

Arabia 固名(女) アラビア

Arabia Saudita 固名(女) サウジアラビア

arabico 形〔複[男-ci]〕アラビアの — Golfo *Arabico* アラビア湾

arabile 形 耕すことのできる, 耕作可能な

arabismo 男 **1** (他言語に取り入れられた)アラビア語彙[表現] **2** アラビア人の文化遺産

arabizzare 他 (習慣や宗教を)アラビア化させる, アラビア風にする **—arsi** 再 アラビア化する, アラビア風になる, アラビアの文化[習慣]を習得する

‡**arabo** 〔アーラボ〕形 アラブ(人)の —*pane arabo* 軟らかい円盤形のパン —男 **1**〔女[-a]〕アラブ人 **2**〔単数のみ〕アラビア語 **3**〔単数のみ〕(言葉や話題が)理解できないもの, ちんぷんかんぷん

arachide 女 落花生, ピーナッツ

Aragona 固名(女) アラゴン(スペイン北西部の州・河川名)—Regno d'*Aragona* アラゴン王国(中世スペインの王国)

aragonese 形 (スペインの)アラゴン地方の; アラゴン王国[王家]の; アラゴン人の —男女 アラゴン人 —男 (A-)〔複数で〕アラゴン王家

aragosta 女〔不変〕ロブスター, 伊勢海老 —男〔不変〕赤紫色 —形〔不変〕赤紫色の

araldica 女 紋章学

araldico 形〔複[男-ci]〕紋章学の, 紋章の

araldista 男女〔複[男-i]〕紋章学者, 紋章研究者

araldo 男 (中世の宮廷における)馬上試合の進行係, (宣戦・休戦などを知らせる)布告官; 外交官, 使者

aralia 女〔植〕アラリア

araliacea 女 〔植〕ウコギ科の植物; (A-)〔複数で〕ウコギ科

aramaico 形〔複[-ci]〕〔歴〕アラム人の —男〔単数のみ〕アラム語

aranceto 男 オレンジ畑

‡**arancia**〔アランチャ〕女〔複[-ce]〕オレンジの実

aranciata 女 炭酸入りのオレンジジュース, オレンジジュース

aranciato 形 オレンジ色の —男〔不変〕オレンジ色

aranciera 女 (柑橘(かんきつ)類栽培用の)温室

arancino 男 ライスコロッケ

arancio¹ 男〔植〕オレンジの木 ▶ *fiori d'arancio* オレンジの花(純潔・結婚の象徴)

arancio² 男〔不変〕オレンジ色 —形〔不変〕オレンジ色の

arancione 形 オレンジ色の, 橙(だいだい)色の —男 オレンジ色, 橙色 —男女〔宗〕ハレ・クリシュナの会員

arare 他 **1** (犂(すき)で)耕す **2** すじ[溝)]をつける

aratore〔女[-trice]〕畑を耕す人 —形〔女[-trice]〕畑を耕す; (牛など)耕作用の

aratro 男 犂(すき) —lavorare la terra con l'*aratro* 犂で土地を耕す

aratura 女 耕作

araucaria 女〔植〕アローカリア, ナンヨウスギ

arazzeria 女 **1** つづれ織り **2** つづれ織り工場

arazzo 男 つづれ織りの布

àrbiter elegantiarum 固名 (男)〔ラ〕〔皮肉に〕しゃれた, 伊達(だて)男

arbitraggio 男 **1**〔スポ〕試合のジャッジ **2**〔経〕裁定取引

arbitrale 形 **1** 仲裁の, 調停の, 裁判の **2** 仲裁者の, 審判員の

arbitrare 他 (io arbitro) **1** (試合の)審判を務める **2** 仲裁[調停]する

arbitrarietà 女 自由裁量, 任意, 恣意性

arbitrario 形 **1** 自由裁量による, 任意の, 随意の **2** 恣意的な, 独断的な, 違法な

arbitrato 男 仲裁, 調停

arbitrio 男 **1** 自由裁量, 自由意志 —ad *arbitrio* di... (人)の自由裁量で, (人)の意のままに / d'*arbitrio* 任意に, 恣意的に **2** 横暴, 専横; 権力乱用, 不法行為

arbitro 男〔女[-a]〕**1** 審判; レフェリー —fare da *arbitro* 審判を務める **2** 仲裁[調停]者 **3** 思うがままに決定し行動する人 —Ognuno è *arbitro* della propria vita. 誰もが自分の人生の主人だ. **4** 裁決者, 審判を下す人, 左右する人

arboreo 形 木の, 樹木の; 木のような

arboricoltore 男〔女[-trice]〕果樹栽培者, 植林家

arboricoltura 女 果樹栽培, 植林

arboscello 男 若木

arbusto 男 低木, 灌(かん)木

arca 女 **1** 櫃(ひつ), 木製の箱 **2** *arca di Noè* ノアの箱舟 **3** 石棺, 棺

arcadia 女 **1** (A-)アルカディア(古代ギ

arcadico 形〔複[男 -ci]〕1《文》アルカディアの, アルカディア会の 2牧歌的な, 田園の 3《蔑》気取った, わざとらしい

arcaicità 女 古風, 古代様式

arcaicizzante 形 〔美・文〕古代の様式から影響を受けた, 擬古的な

arcaicizzare 自 古風な言葉を使う, 古代の様式を用いる

arcaico 形〔複[男 -ci]〕1古代の, 古風な 2時代遅れの, 廃れた

arcaismo 男 1〔美・文〕アルカイズム, 擬古趣味 2古風な表現, 古語

arcaizzante 形 〔美・文〕古代の様式から影響を受けた, 擬古的な

arcaizzare 自 古風な言葉を使う, 古代の様式を用いる

arcangelo 男 大天使(天使の位階で angelo よりも上の位)

arcano 形 神秘的な, 秘められた ―男 神秘, 秘密

arcata 女 1〔建〕拱(きょう)廊, アーケード 2〔解〕アーチ状のもの 3〔音〕弓で弦に触れること, 弓の一引き 4(弓や弾丸の)軌道; 弓が届く距離

ARCE 略 Associazione per le Relazioni Culturali con l'Estero 海外文化交流協会

arch. 略 architetto 建築家

archeggio 男 〔音〕弓で弦を引くこと

archeo- 接頭「古代の」「原始の」の意

archeologia 女 考古学

archeologico 形〔複[男 -ci]〕考古学の, 考古学に関する

archeologo 男〔複[-i]女[-a]〕考古学者

archetipico 形〔複[男 -ci]〕1原型の, 祖形の 2手本となる, 模範的な

archetipo 男 1原型, 祖形, 模範 2(プラトン哲学の)原型 3(ユング心理学の)元型 3〔言・文〕(失われた)親写本

archetto 男 1〔音〕弦楽器の弓 2〔建〕小アーチ 3パンタグラフ 4(カミソリやのこぎりの)アーチ型のつか, 握り

archi- 接頭「上位」「優越」「命令」の意

-archia 接尾 女性名詞を作る: 「支配」「統治」の意

archiacuto 形 〔建〕尖頭アーチ型の, 尖頭アーチで形成された

archibugio 男 1火縄銃 2《蔑》銃

archidiocesi 女〔不変〕〔宗〕(カトリックで)大司教区; (英国国教会やギリシャ正教会で)大主教管区

Archimede 固名(男) アルキメデス(前287頃–212頃; 古代ギリシャの数学者・物理学者・技術者)

architettare 他 1考案する, たくらむ 2(建物を)設計する, 計画する

＊**architetto** [アルキテット] 男〔女[-a]〕1建築家, 建築技師, 設計者 2考案[創案]者, 建設者 ―I'eterno [il divino] *Architetto*, il grande *Architetto dell'universo* 造物主, 神

architettonicamente 副 建築の観点から, 建築上

architettonico 形〔複[男 -ci]〕1建築の, 建物の 2均整がとれて構成的な

architettura 女 1建築学[術], 建築 2建築様式 3構成, 構造 ―*architettura di un brano musicale* 音楽の1節の構成 4建築物 5〔情〕アーキテクチャー

architrave 男 〔建〕アーキトレーブ, 台輪; 軒縁(のきぶち)

archiviare 他〔io archivio〕1(古文書館や図書館に資料を)保管する, しまい込む; 〔コン〕ファイルなどを保存する 2放棄する, お蔵入りにする ―*Il caso è stato archiviato*. その事件はお蔵入りにされた. 3〔法〕(起訴や罪の立証を)断念する

archiviazione 女 1(文書や記録の)保管, ファイリング 2放棄, 不起訴

archivio 男 1古文書, 資料, 記録 2古文書館, 資料館 3〔コン〕ファイル, アーカイブ 4(定期刊行物のタイトル)…学会誌, …論集

archivista 男女〔複[男 -i]〕古文書保管係, 資料係, 記録係

archivistica 女 古文書保管規則, 資料管理規定

archivistico 形〔複[男 -ci]〕古文書(館)の, 資料(保存館)の, アーカイブの

ARCI 略 Associazione Ricreativa Culturale Italiana イタリア文化レクリエーション協会

arci- 接頭 1「最上」「卓越」の意 2「強調」の意

arcibisnonno 男〔女[-a]〕高祖父の父

arcicontento 形 大満足の

arcidiacono 男 1(初期キリスト教で)教会の助祭長 2〔カト〕司教座聖堂助祭

arcidiocesi → archidiocesi

arciduca 男〔複[-chi]〕〔歴〕オーストリア皇太子

arciere 男〔女[-a]〕1射手, 弓術家 ―*l'immortale [il giovinetto] arciere* キューピッド 2〔歴〕弓兵

arcigno 形 厳しい, 無愛想な; ふてくされた

arcinoto 形 大変に著名な

arcione 男 1鞍(くら) 2(鞍の前と後の盛り上がった部分)鞍頭, 鞍尾

arcipelago 男〔複[-ghi]〕群島; 列島

arciprete 男 1〔カト〕主席司祭 2司教区で最も年長の司祭; 司教代理

arcistufo 形 飽き飽きした, うんざりの

arcivescovado 男 大司教[大主教]の職務[地位]

arcivescovato → arcivescovado

arcivescovile 形 大司教[大主教]の

arcivescovo 男 (カトリックの)大司教; (正教会・英国国教会の)大主教

＊**arco** [アルコ] 男〔複[-chi]〕1弓 2

arcobaleno

(弦楽器の)弓 —strumenti ad *arco*, gli *archi* 弦楽器 3 弓なり[弧状]になったもの —l'*arco* delle sopracciglia 眉毛の弧 4 〔建〕アーチ, 迫持(semi) 5 時間, 期間, 継続 —nell'*arco* di un mese 1 と月の間に 6 幅, 範囲 —avere molte frecce nel proprio *arco* 多くの能力を備えている 7 〔幾〕弧, 円弧 8 〔天〕日周弧 9 〔解〕弓(ゆみ) 10 〔電〕電弧, アーク ► **ad arco** 弓形の[に]

arcobaleno 男 1 虹 2 様々な色, 多様に彩色されたもの

arcolaio 男 糸車, 糸巻き機; 紡毛機

arcuare 他〘io arcuo〙弓状に曲げる, たわめる —**arsi** 再 弓状に曲がる, たわむ

arcuato 形 弓状に曲がった, 湾曲した

arcuatura 女 木材の反り〔湾曲〕

ardeatino 形 アルデアの —Via *Ardeatina* アルデアティーナ街道(ローマ街道の一つ)

ardente 形 1 燃えるような, 火のように赤い 2 酷熱の —un *ardente* pomeriggio estivo 灼(しゃく)熱の夏の午後 / camera *ardente* 遺体安置所, 霊安室 3 熱烈な, 猛烈な, 熱心な —passione *ardente* 激しい情熱 4 熱望[切望, 渇望]した

ardentemente 副 激しく, 熱烈に

ardere 〔11〕他〘過分 arso〙 1 燃やす; 焼く 2 乾かす, 干上がらせる 3 〔感情や欲望を〕たきつける, そそる —自〔es〕 1 熱くなる, 赤くなる, ほてる —*ardere* dalla febbre 熱でほてる 2 〔感情が〕燃える, 熱烈になる —*ardere* d'ira 怒りに駆られる 3 恋に焦がれる 4 干上がる, 乾燥する 5 猛威をふるう, 大荒れになる

ardesia 女 1 〔中世の〕〔屋根の材料に使う〕スレート, 粘板岩 2 〔不変〕〔形〕〔不変〕スレートグレー〔青灰色〕(の)

ardiglione 男 1 (バックルの)留め針 2 (釣り針の)かえし

ardimento 男 1 勇気, 大胆さ, 向こう見ず; 勇敢な行い, 大胆な行為 —con *ardimento* 勇敢に, 大胆に 2 (文体や言葉の)大胆な斬新さ

ardimentoso 形 勇気ある, 大胆な, 無鉄砲な

ardire¹ 自〘io -isco〙あえて…する, 思い切ってする, 危険を冒してする

ardire² 男 大胆さ, 勇気, 無鉄砲 —avere l'*ardire* di + 不定詞 大胆にも…する, あえて…する

arditamente 副 大胆に, 勇敢に

arditezza 女 1 大胆であること, 無鉄砲であること; *大胆な行動* 2 大胆な斬新さ, 新機軸

ardito 形 1 大胆な, 勇気[度胸]のある, 無鉄砲な 2 危険な, 決死の —*sorpasso ardito* 危険な追い越し 3 無礼な, ずうずうしい, 尊大な, 横柄な 4 独創的な, 独特な, 新奇な 5 〔俗〕な, 俗悪な, 卑猥(ひわい)な

ardore 男 1 極熱, 猛烈な熱さ 2 (熱や乾燥による)喉の渇き 3 激情, 熱情 4 熱

argenteo

意, 熱心, 熱中 —studiare con grande *ardore* 必死に勉強する

arduo 形 険しい, 困難な, 骨の折れる

-are¹ 接尾 第一群規則動詞[are 型動詞]の不定詞の語尾

-are² 接尾 形容詞・名詞を作る: 「関係」の意

area 女 1 地域, 区域, 場所, 土地 —*area* fabbricabile 建設用地 2 地帯, 圏 —*area* linguistica 言語圏 3 面積 —l'*area* del triangolo 三角形の面積 4 エリア —*area* di servizio サービスエリア / *area* di rigore (サッカーの)ペナルティーエリア 5 〔政〕派, 勢力 6 〔地理〕帯(たい)

areale 形 1 地域の, 地区の 2 〔言〕分布圏の —男 分布圏

-arello, -arella 接尾 「小さい」「かわいらしい」の意

arena¹ 女 1 (古代の)円形劇場[闘技場] —l'*Arena* di Verona ヴェローナの野外劇場 2 闘牛場 3 競技場, グランド, アリーナ 4 競争[闘い, 活躍]の場 —Si è ritirato dall'*arena* politica. 彼は政界から引退した.

arena² 女 1 砂 2 砂浜

arenaceo 形 砂質の, 砂地の, 砂のような

arenamento 男 1 (船が)砂地に乗り上げること, 座礁 2 頓挫, 中断, 妨害, 阻止

arenaria¹ 女 〔地質〕砂岩

arenaria² 女 〔植〕ノミノツヅリ属

arenario 形 砂の —男 (古代ローマの)カタコンベ

arenarsi 再 1 (船が)砂地に乗り上げる, 座礁する 2 頓挫する, 挫折する

arengo 男 [pl. -ghi] 1 (中世の)市民の集い, 集会場所 2 馬上槍(そう)試合[馬上競技]を行う場所; 馬上競技 3 闘争, 勝負

arenile 男 (海・川・湖の)砂浜, 岸辺の砂地

arenoso 形 砂の, 砂状の, 砂だらけの

Ares 固名 〔ギ神〕アレス(戦いの神. ローマ神話のマルス)

Aretino 固名(男) (Pietro ~)アレティーノ(1492-1556; アレッツォ出身の風刺作家)

aretino 形 アレッツォの; アレッツォの人〔方言〕の —男 1 〔女〔-a〕〕アレッツォの人 2 〔単数のみ〕アレッツォ方言

Arezzo 固名(女) アレッツォ(トスカーナ州の都市および県名; 略 AR)

arg. argomento 〔数〕偏角, 独立変数

argano 男 ウインチ, 巻き上げ機

argentare 他 銀をかぶせる, 銀めっきをする

argentato 形 1 銀箔(ぱく)を張った; 銀めっきをした 2 銀色の, 銀色に光る

argentatura 女 銀めっき

argenteo 形 1 銀の 2 銀色の, 銀色に光る —男 (帝政ローマ時代の)銀貨

argenteria 囡 1 銀器, 食卓用銀製品 2 銀器を売る店

argentiere 男〔女[-a]〕銀細工職人, 銀製品販売者

argentifero 形 銀を含む

Argentina 固名(女) アルゼンチン

argentina¹ 囡〔植〕ヨウシュノツルキンバイ

argentina² 囡〔魚〕ニギス科の魚

argentino¹ 形 アルゼンチン(人)の ―男〔女[-a]〕アルゼンチン人

argentino² 形 1 銀色の, 銀白の 2 (声や音が)銀鈴を鳴らすような, 朗々とした

*__argento__ 〔アルジェント〕男 1〔化〕銀 (元素記号 Ag) ―*argento vivo* ditto (mercurio) の古称 2 銀色 3 銀製品, 銀器 4〔スポ〕銀メダル ► *avere l'argento vivo addosso* とても活発で少しもじっとしていない

argilla 囡 1 粘土 2〔聖〕人体, 肉体

argilloso 形 粘土質の, 多量の粘土を含む

arginale 形 土手の, 堤防の; 土手に沿った

arginamento 男 1 土手を作ること, 築堤 2 抑制, 制御

arginare 他〔io argino〕1 土手[堤防]を巡らす ―*arginare* un fiume 川に土手を巡らす 2 阻む, 食い止める ―*arginare* la folla 群衆を阻止する

argine 男 1 土手; 堤防 2 (道路や鉄路の)傾斜面, 盛り土, バンク 3 遮断物, 障壁; 防御 ―porre un *argine* alla diffusione del fumo 煙の拡散を抑制する 4〔軍〕堡(ぽ)塁

Argo 固名(男)〔ギ神〕アルゴス(多数の眼をもつ巨人)

argo¹ 男〔単数のみ〕注意深い人 ―avere gli occhi di *Argo* 鋭い視力を持つ, 注意深い

argo² 男〔複[-ghi]〕〔鳥〕セイラン

argo³ 男〔複[-ghi]〕

argomentabile 形 推論できる, 論証可能な

argomentare 自 論証する, 論じる ―*argomentare* contro... …に対して反証する ―他 推論する, 推察する

argomentatore 男〔女[-trice]〕論者, 論証する人

argomentazione 囡 論証, 推論

*__argomento__ 〔アルゴメント〕男 1 論拠, 理由; 論法 ―È un discorso povero di *argomenti*. 論拠に乏しい話だ. 2 動機, きっかけ; 口実 3 主題, テーマ; 話題 ―Cambiamo *argomento*. 話題を変えよう. 4〔数〕独立変数; 偏角 5〔習〕状

argonauta 男〔複[-i]〕1〔ギ神〕アルゴ船乗組員 2 勇敢な船乗り

arguibile 形 推論できる, 推察(ネシ)可能な

arguire 他〔io -isco〕推論する, 演繹(ネキ)する

arguto 形 1 機知に富んだ, 鋭敏な 2《文》(視線について)鋭い, 刺すような; (顔について)表情豊かな 3《文》(音・歌声などが)鋭い, 響きわたる

arguzia 囡 1 機知, エスプリ, 鋭敏さ 2 しゃれ, 警句, 気の利いた言葉

*__aria__ 〔アーリア〕囡 1 空気, 大気, 外気 ―Cambiamo *aria* alla stanza. 部屋の空気を入れ替えよう. / Esco per prendere *aria*. (新鮮な)空気を吸いに外に出る. / *aria* condizionata エアコンの効いた空気; 空調装置 2 空中, 空間, 空 ―guardare in *aria* 空を眺める 3 気配, 様子, 雰囲気, 情勢 ―C'è *aria* di pioggia. 雨が降りそうな気配だ. 4 好機, ふさわしい時機 ―Non è *aria*. それどころじゃない. 5 微風, 風 ―Non c'è un filo d'*aria*. 風がそよとも吹かない. / Tira un'*aria* fredda. 冷たい風が吹いている. 6 気候; 環境 ―*aria* di montagna [mare] 山[海]の気候 / *aria* di famiglia 家庭環境 7 表情, 顔つき, 外見, 風采, 様子 ―Aveva un'*aria* stanca. 彼は疲れているみたいだった. / È un tempio dall'*aria* molto antica. とても古い感じのお寺です. 8 旋律, メロディー 9〔音〕アリア 10 空軍 11〔哲〕空軍(アリストテレスの四大元素の一つ) ―間 あっちへ行け, 出て行け; もう我慢ならない ―*Aria!* 出て行け. ► *all'aria* 野外で, 屋外で;《口》散らかして, 乱雑に *all'aria aperta* 野外で, 戸外で *a mezz'aria* 中空[空中]に; ほのめかして *andare a gambe all'aria* 転ぶ, 倒れる *aria fritta* 無駄話, 役に立たない考え *avere l'aria di...* 見たところ…のようだ / Aveva l'*aria* di essere molto stanco. とても疲れた様子だった. *cambiare aria* 転地する *castelli in aria* 空中楼閣, 蜃(ん)気楼(空理空論) *darsi delle arie* もったいぶる *fare castelli in aria* 夢想[空想]する *in [per] aria* 上に, 上へ; 乱雑な, 混乱した *mandare a gambe all'aria* 倒す *mandare all'aria* ぶち壊しにする, 破壊する *non tira buona aria* 状況が厳しい *saltare in aria* 爆発[破裂]する *sentirsi mancare l'aria* 息苦しい

arianesimo¹ 男〔宗〕アリウス派の学説

arianesimo² 男 アーリア人であること; アーリア人優越主義

arianizzare 他 アーリア化する; (ナチスドイツで)アーリア人として認知する

Arianna 固名(女)〔ギ神〕アリアドネ(クレタ王ミノスの娘)

ariano 形 アーリア人の, アーリア語派の; (ナチスで)アーリア人種の ―男〔女[-a]〕アーリア人; (ナチスで)アーリア人種

aridamente 副 乾燥して; ドライに, 無味乾燥に

aridità 囡 1 乾燥 2 (感性や想像力の)貧弱さ, 無味乾燥

arido 形 1 乾燥した ―clima *arido* 乾燥した気候 2 不毛の ―zona *arida* 不毛地帯 3 感受性の乏しい, 想像性を欠く, 味気ない, 無味乾燥な, つまらない

arieggiare 他 [io arieggio] 1 風通しする、換気する —*arieggiare* le stanze [gli abiti] 部屋に[衣服に]風を通す 2 髣髴(ぼう)させる、想起させる；まねる

ariete 男 1 雄羊 2 (A-)〔天〕牡羊(お)座；〔占星〕白羊宮 3〔歴〕破城槌(つい) 4 (19世紀の)衝角艦

arietta 女 1 そよ風、微風 2〔音〕(特に18世紀のメロドラマの)小アリア

aringa 女 〔魚〕ニシン —*aringhe* affumicate [sotto sale] 薫製[塩漬け]ニシン

Ario 固名 (男) アリウス(250頃-336頃；三位一体説を批判し、古代キリスト教会で異端とされたアリウス主義の祖)

-ario 接尾 名詞を形容詞化する、または新たな名詞を作る：「集合状態」「職名」などの意

arioso 形 1 風通しがよく明るい 2 広々とした、大きな 3 ふんわりした、軽やかな、柔らかな 4 のびのびした、ゆったりした —男〔音〕アリオーソ

Ariosto 固名 (男) (Ludovico ～)アリオスト(1474-1533；イタリアの詩人、ルネサンス期の叙事詩『狂えるオルランド』の著者)

arista¹ 女 1 豚の背肉[腰肉] 2 アリスタ(豚の背肉をローストしたトスカーナ料理)

arista² 女 1〔麦や稲などの〕のぎ、のげ毛；《文》穂

Aristarco 固名 (男) 1 アリスタルコス(前310頃-230頃；古代ギリシアの天文学者) 2 (～ di Samotracia)アリスタルコス(前217頃-145頃；アレクサンドリアの文献学者)

aristocraticamente 副 貴族的に、優雅に

aristocraticità 女 貴族性、貴族らしさ、優雅さ

aristocratico 形 〔複〔男 -ci〕〕 1 貴族の、貴族階級[社会]の 2 洗練された、優雅な —男〔複〔男 -ci〕女〔-a〕〕貴族

aristocrazia 女 1 貴族政治[政体] 2 貴族階級[社会] 3 貴族的な精神 4 特権階級の人、エリート 5 洗練された物腰、気品ある振る舞い

Aristofane 固名 (男) 1 アリストファネス(前445頃-385頃；古代ギリシア最大の喜劇作家) 2 アリストファネス(前257頃-180頃；アレクサンドリアの文献学者)

aristofanesco 形 〔複〔男 -chi〕〕 1 (古代ギリシアの喜劇詩人)アリストファネス(風)の 2 辛辣な、風刺の効いた

Aristotele 固名 (男) アリストテレス(前384-322；ギリシアの哲学者)

aristotelico 形 〔複〔男 -ci〕女〔-a〕〕アリストテレスの、アリストテレス学派の —男〔複〔-ci〕女〔-a〕〕アリストテレスの信奉者、アリストテレス学派の哲学者

aristotelismo 男〔哲〕アリストテレスの哲学、アリストテレス学派の潮流[思想]

aritmetica 女 算数；計算法

aritmetico 形 〔複〔男 -ci〕〕 1 算数の、算術の 2 規則的な、正確な —男〔複〔-ci〕女〔-a〕〕算術の研究者[専門家]；計算の達人

aritmia 女 〔医〕不整脈 —*aritmia* cardiaca 不整脈

aritmico 形 〔複〔男 -ci〕〕 1 リズムを欠いた、不規則な 2〔医〕不整脈の

arlecchinesco 形 〔複〔男 -chi〕〕アルレッキーノの、道化師みたいな、おどけた

arlecchino 男 1 道化役；(A-)アルレッキーノ(コンメディア・デッラルテで演じる派手な衣裳の道化役)；アルレッキーノに扮装した人 2 おどけ者、ひょうきん者 —形〔不変〕(色が)派手で色彩な

‡**arma** [アルマ] 女 〔複〔le armi〕〕 1 武器、兵器 —*arma* bianca 刀剣 / *arma* chimica [biologica] 化学[生物]兵器 / *arma* da taglio 刀剣 / *armi* da fuoco 火器 / *arma* da getto [lancio] (投げ槍(やり)のような)投げつける武器 / *arma* da punta (槍のような)突き刺す武器 / *armi* nucleari [atomiche] 核兵器 / piazza d'*armi* 練兵場 / uomo d'*armi* 軍人 2 防御や戦いの手段[方法]、能力、特質 —La velocità è l'*arma* migliore di quel calciatore. スピードがあのサッカー選手の身上だ。 3 (編成分けした)軍種、部隊 —*arma* azzurra 空軍 / *arma* benemerita カラビニエーリ(憲兵) 4 〔複数で〕軍隊、軍団 5 硬貨の裏側 ▶ andare sotto le *armi* 兵役に就く **arma a doppio taglio** 諸刃の剣 **correre alle armi** 戦闘準備する **essere alle prime armi** 駆け出しの新米 **passare per le armi** 処刑する **prendere [posare] le armi** 武器を取る[捨てる] **venire alle armi** 戦う

armacollo 男 (肩からたすき掛けにして使う)肩帯 ▶ ad armacollo 肩から斜めにぶら下げて、肩からたすき掛けにして

armadietto 男 1 (小さな)戸棚、整理棚 2 (職場や体育館の)更衣用ロッカー

armadillo 男 〔動〕アルマジロ

‡**armadio** [アルマーディオ] 男 1 洋服ダンス；衣装戸棚 —*armadio* a muro クローゼット 2《諧》頑健で大柄な人

armaiolo 男 〔女 -a〕 1 武器製造者；武器商人 2〔軍〕(海軍の)兵器係

armamentario 形 1 用具一式、商売道具一式 2 用具置き場、備品置き場 3《諧》無用の長物、無駄な知識

armamento 男 1 武装 2 装備、装具 3〔複数で〕軍備、総合的軍事力 4 器具、器械、装置 5〔船〕装備、艤(ぎ)装；乗組員

Armando 固名 〔男性名〕アルマンド

‡**armare** [アルマーレ] 他 1 武器を与える、武装させる —*armare* un esercito 軍隊を武装させる 2 防備を固める —*armare* una piazzaforte 要塞を強化する 3 装填する、弾を込める —*armare* una pistola [un fucile] 拳銃[銃]に弾を込める 4〔船〕装備する —*armare* una nave 艤(ぎ)装する 5〔建〕補強[強

armata 女 1 海軍, 艦隊 2 軍隊 — *armata* rossa〔歴〕赤軍; ソビエト軍 ▶ *armata Brancaleone*《諧》役に立たない寄せ集め集団〔チーム, 組織〕

armato 形 1 武装した; 装甲した —carro *armato* 装甲車 /a mano *armata* 武器を持って 2 …を備えた, 身につけている 3 補強〔強化〕された —cemento *armato* 鉄筋コンクリート 4〔電〕外装した —cavo *armato* 外装ケーブル — 男 (戦闘態勢にある)兵士

armatore 男〔女[-trice]〕1 船の管理者〔運用者〕; 船主, 艤(ぎ)装者 2 トンネル工事の支柱を設置する作業員; (鉄道の)保線作業員 — 形〔女[-trice]〕(商業的に)船を管理する —società *armatrice* 船会社

armatura 女 1 甲冑(かっちゅう); 鎧兜(よろいかぶと) 2 防御, 防備 3〔建〕筋交い, 方杖(ほうづえ); (掘削工事の)支柱; (鉄筋コンクリートの)骨組み 4〔動·植〕防護器官 5〔電〕接極子; 電機子; (ケーブルの)外装 6〔織〕経糸(たていと)と緯糸(よこいと)の編み方 7〔歴〕古代の戦車

arme 女 1《文》→ arma 2 紋章

armeggiamento 男 1 (無益な)奮闘, 無駄なあがき 2 (騎士の)馬上槍(やり)試合

armeggiare 自〔io armeggio〕1 (無益に)奮闘する, (無駄なことに)必死になる, あがく 2 陰謀をたくらむ, 策略を巡らす 3 戦う, 武器を操る; 馬上槍(やり)試合をする

armeggio 男 1 やみくもな奮闘, でたらめなあがき 2 陰謀, 策略

Armenia 固名(女) アルメニア

armeno 形 1 アルメニア(人)の 2 アルメニア教会(3〜4世紀に設立)の — 男 1〔女[-a]〕アルメニア人 2〔単数のみ〕アルメニア語

armento 男 (羊や牛などの)家畜の群れ

armeria 女 1 兵器庫, 武器保管所 2 銃器販売店 3 (特に古い)武器の収集; 武器博物館

armi 女複 武器(→ arma)

armigero 形 1《文》武器を身につけた, 武装した 2 血気盛んな, 好戦的な

Arminjon 固名(男) (Vittorio F. 〜) アルミニョン(1830-97; 1866年8月, 日伊修好通商条約に調印したイタリア代表)

armipotente 形《文》戦さに強い, 好戦的な

ARMIR 略 Arma Italiana in Russia (第二次世界大戦中の)在ロシア·イタリア軍

armistizio 男 1 休戦(協定), 停戦(協定) 2 (けんかや口論の)中断, 休止

armo 男 1〔スポ〕(ボートやヨットの)クルー, 乗組員 2 船の装備

armonia 女 1 調和に; ハーモニー, 和声; 平穏 —vivere in *armonia* 仲よく暮らす 2〔音〕和声法〔学〕3 (感情や考えの)一致, 和合

armonica 女〔音〕ハーモニカ; グラスダルシマー

armonicista 男女〔複[男-i]〕ハーモニカ奏者

armonico 形〔複[男-ci]〕1〔音〕和声の[を生み出す], 諧調的な; 和声法にかなった 2 調和の取れた, 釣り合いの取れた, 絶妙な —sapori *armonici* 調和の取れた味 3 素晴らしい音響の —sala *armonica* 素晴らしい音響のホール

armoniosità 女 1 調和, 均整, 優美

armonioso 形 1 耳に心地よく響く; 調和のとれた 2 均整のとれた

armonium 男《不変》ハーモニウム, 足踏みオルガン

armonizzare 他 1〔音〕和音を添える 2 調和させる — 自 調和する —arsi 再 調和する

armonizzazione 女 1 調和, 調和させること 2〔音〕和声を添えること

arneis 男《不変》アルネイス(ピエモンテ産の白ブドウ品種; その品種で作る白ワイン)

arnese 男 1 道具, 用具, 工具 2《口》何とかいうもの〔やつ〕, あれ, それ, あいつ 3 身なり, 格好 ▶ *arnese da galera* 悪党, ならずもの *essere bene in arnese* 良好な状態にある

arnia 女 1 (木や岩のくぼみに作られた)ハチの巣 2 ミツバチの巣箱

Arno 固名(男) アルノ川(トスカーナ州の川)

aro 男〔植〕アルム属の植物

-aro 接尾「職業名」などの意

aroma 男〔複[-i]〕1 香料 2《複数で》香辛料, スパイス 3 芳香, 香り —*aroma del caffè* コーヒーの香り

aromaterapia 女 アロマテラピー

aromaticità 女 1 芳香性, かぐわしいこと 2〔化〕芳香族化合物

aromatico 形〔複[男-ci]〕1 芳香のある, かぐわしい —erba *aromatica* ハーブ, 香草 2 香辛料で味付けした, 香料で香りを付けた 3〔化〕芳香族の

aromatizzare 他 1 香辛料で味付けする, 香りを付ける 2〔化〕芳香族化する

aromatizzazione 女 1 香料による味付け, 香り付け 2〔化〕芳香族化

Aronne 固名(男)〔聖〕アロン(モーゼの兄. イスラエルの祭祀の祖)

arpa 女 ハープ, 竪琴 —*arpa celtica* [*eolia*] ケルト[アイオリス]ハープ

arpagone 男 けち, しみったれ(モリエール喜劇の登場人物アルパゴンに由来)

arpeggiare 自〔io arpeggio〕ハープを弾く, 弦楽器を弾く — 他〔アルペッジョで演奏する

arpeggio 男〔音〕アルペッジョ

arpia 女 1〔神話〕ハルピュイア(体は鳥, 顔は女の怪物) 2 醜い女, 性悪な女; 貪

欲な人間 **3**〔鳥〕オオギリシ, オオワシ

arpinate 形 アルピーノ(ラツィオ州の町 Arpino)(の人)の —男女 アルピーノの人 —男〔(A-)〕〔単数のみ〕キケロ

arpionare 他 **1** 銛(もり)を打ち込む, 銛で捕らえる **2**〔口〕引き止める, 足止めする

arpione 男 **1**(物をつるすための)鉤(かぎ), フック **2**(鯨などの大型魚を捕らえるための)銛(もり) **3** 蝶番(ちょうつがい) **4**〔登山〕ハーケン

arpista 男女〔複[男 -i]〕〔音〕ハープ奏者

arrabattarsi 再（難局を乗り切ろうと）必死になる, 懸命に努力する —*arrabattarsi per sopravvivere* 生き残るために必死になる

‡arrabbiare [アッラッビアーレ] 自 [es]〔io arrabbio〕怒り狂う, 狂犬病になる —他 怒らせる —*fare arrabbiare*... ...を怒らせる —**arsi** 再 怒る, 腹を立てる —*arrabbiarsi facilmente* ちょっとしたことですぐに怒る / *arrabbiarsi con*... ...に腹を立てる

arrabbiato 形 **1** 怒った, 激怒した **2** 度を越した, 度外れの, 熱狂的な —*freddo arrabbiato* 度を越した寒さ / *tifoso arrabbiato* 熱狂的なファン **3**〔料〕唐辛子を利かせた, 辛い味の **4** 狂犬病の **5**（土地などが）やせた, 不毛の ▶ **all'arrabbiata** 辛い味付けの[で]

arrabbiatura 女 激怒, 立腹

arraffare 他 **1** 乱暴につかむ, わしづかみにする **2** 強奪する, 奪い取る ▶ **arraffa arraffa**〔不変化の男性名詞〕(複数の人間による)強奪, 盗み, 買い占め

arraffone 男 盗人, 略奪者

arrampicare 自 [es]〔io arrampico〕**1** よじ登る, 登攀(とうはん)する **2**（自転車競技で）急勾配の坂を登る —**arsi** 再 (su) **1** よじ登る, 這(は)い上がる —*arrampicarsi sugli alberi* 木によじ登る **2**（坂道を）苦労して登る

arrampicata 女 **1** よじ登ること, 登攀(とうはん) **2**（岩や氷の）クライミング; クライミングに必要な道具 —*arrampicata artificiale* 道具を使ったクライミング / *arrampicata libera* フリークライミング **3**（自転車競技で）急勾配の坂登り **4**（体操で）棒や綱を登り上がる運動

arrampicatore 男〔女[-trice]〕〔スポ〕クライマー, 登山家;（自転車競技で）坂道に強い選手 ▶ **arrampicatore sociale** 上昇志向の強い人, あらゆる手段で出世しようとする人

arrancare 自 **1** 足を引きずって歩く;（目的に向かって）苦労しながら進む **2** 力を振り絞って舟を漕ぐ

arrangiamento 男 **1**〔音〕アレンジ, 編曲; アレンジした曲 **2** 和解

arrangiare 他 [io arrangio] **1** うまく対処[調整]する, 何とか収める —*arrangiare un vestito* 身なりを整える **2**〔口〕ひどい目に合わせる, 仕返しする —*Ora ti arrangio io!* 今度こそ思い知らせてやる. **3** 手はずを整える, 準備[用意]する **4**〔音〕編曲する, アレンジする —**arsi** **1**（自分で）何とかする; 適当に処理する; 善処する —*Peggio per te, arrangiati!* ますますひどくなるぞ, 何とかしろ. / *Arrangiatevi!* 自分でやりなさい！ **2** やりくり[算段]する **3** 合意する

arrangiatore 男〔女[-trice]〕〔音〕編曲者

arrapante 形〔口〕性欲を刺激する; 興奮させる, 夢中にさせる

arrapare 他〔口〕性欲を刺激する; 興奮させる —**arsi** 再〔口〕興奮する

arrecare 他 **1** もたらす, 引き起こす **2**〔文〕帰する; 運ぶ

arredamento 男 **1**（家具などを）備え付けること **2** 家具, 室内装飾(品) **3**（駅・港・空港などの）施設

arredare 他 家具[調度品]を備えつける

arredatore 男〔女[-trice]〕**1** インテリアデザイナー **2** 室内美装職人 **3**（劇や映画の）舞台美術家, セット係

arredo 男 家具(一式), 家財道具, 備品 —*arredi sacri* 礼拝の道具, 聖具 / *arredo urbano* 街路備品

arrembaggio 男 **1** 船を襲うこと, 攻撃, 攻略 —*All'arrembaggio!*（海戦で）攻撃開始！ **2** 独占, 買い占め

arrendersi [88] 再〔過分 arreso〕(a) **1** ...に降伏[降参]する —*Arrendetevi!* 降伏[投降]しろ. **2**...に屈する, 折れる —*arrendersi al destino* 運命に従う **3**（物が）たわむ, 曲がる

arrendevole 形 **1** 従順な, 言いなりの **2** しなやかな, 柔軟性のある

arrendevolezza 女 **1** 従順さ, 盲従 **2**（金属などの）展性, 柔軟性

arrese arrendersi の直・遠過・3 単

arreso arrendersi の過分

arrestabile 形 止めることができる, 抑える[留める]ことができる

‡arrestare [アッレスターレ] 他 **1** 逮捕する; 投獄する —*arrestare un ladro* 泥棒を捕まえる **2** 止める, 阻止する —*arrestare l'emorragia* 止血する —**arsi** 再 止まる, 停止する, 中断する

arrestato 形 逮捕された; 止められた, 停止した —男〔女[-a]〕逮捕者

arresto 男 **1** 逮捕, 拘留 —*l'arresto del complice* 共犯者の逮捕 **2** 停止; 中断 —*scendere prima dell'arresto del treno* 列車が停止する前に降りる **3**〔機〕制御装置, 留め具 **4**〔軍〕〔複数で〕（将校・下士官に対する）懲戒罰 **5**〔医〕停止 —*arresto cardiaco* 心停止 **6**〔スポ〕一時停止, 中断; インターセプト; タックル

arretramento 男 後退, 撤退, 引き下がること

arretrare 自 [es] 後退する, バックする, 引き下がる —他 後ろへ下げる, 後退させる —**arsi** 再 後ろへ下がる, 後退する

arretratezza 女 **1** 後ろ[後方]にいること, 遅れ, 遅滞 **2** 停滞, 低迷 —*l'arre-*

arretrato 形 **1** 後ろの —fila *arretrata* 後ろの列 **2** 遅れた, 滞った —*lavoro arretrato* 遅れている仕事 **3**（雑誌などが）最新号の前に出た —*numero arretrato* バックナンバー **4** 時代遅れの —*mentalità arretrata* 古い考え方 **5**（経済・文化・社会的発展の）遅れた, 発展途上の **6** だいぶ前から継続[持続]する —**男 1**《複数で》未払い金, 滞納金 **2** 懸案, 未処理の[中断した]事項

arricchimento 男 **1** 富ますこと, 富むこと;（質・価値を）高めること **2** 濃縮, 純化 **3**（生物）バクテリアの培養 **4**（食品への）栄養素の添加

arricchire 他〔io -isco〕**1** 裕福にする, 富ませる —Gli affari lo *hanno arricchito*. 事業で彼は金持ちになった. **2** 豊かにする, 豊富にする —*arricchire* la biblioteca 蔵書を充実させる **3** 装飾する, 飾る —自〔es〕金持ちになる —**irsi** 再 豊かになる; 金持ちになる

arricchito 形 **1** 金持ちになった; 豊かになった **2** 濃縮された —男〔女[-a]〕成金, 成り上がり者

arricciaburro 男〖不変〗バターカーラー（バターを丸くそぐ鉤〖型〗の道具）

arricciacapelli 男〖不変〗（パーマ用の）こて, 髪ごて

arricciare 他〔io arriccio〕**1**（髪を）カールさせる, 巻き毛にする **2** 巻く, 丸める, 縮らせる **3** しわを寄せる, しわをつける —*arricciare* il naso 顔をしかめる **4**〔服〕ギャザーをつける **5**〔建〕モルタルを塗る —**arsi** 再 **1** カールする, 縮れる **2** 反り返る, ゆがむ, 逆立つ

arricciato 形 巻き毛の; 縮れた

arricciatura 女 **1** カールさせること, 縮らせること, 巻くこと **2** カール, 縮れ **3**〔服〕ギャザー;〔織〕羊毛の縮れ, クリンプ **4**〔建〕壁の下塗り

arricciolare 他〔io arricciolo〕カールさせる, 巻く —**arsi** 再 カールする

arridere [89] 自〔過分 arriso〕**1** 微笑む, 好意を寄せる —La fortuna mi ha arriso. 運命の女神が私に微笑んだ. **2**《文》好まれる, 喜ばれる —他 楽しくさせる;（好意的に）向ける, 分け与える

Arrigo 固名〖男性名〗アッリーゴ

arringa 女 **1** 演説;《諧》熱弁 **2**〔法〕弁論, 弁護

arringare 他 演説する,（演説で）説得する —*arringare* il popolo 民衆に演説する

arrischiare 他〔io arrischio〕**1** 危険にさらす;（目的語をとらずに）危険を冒す **2** 思い切って…する, 敢えて…する —*arrischiare* una risposta 思い切って返事をする —**arsi** 再 危険を冒す;〔a+不定詞〕思い切って[一か八か]…する

arrischiato 形 **1** 危険な —*impresa arrischiata* 危険な企て **2** 大胆な, 向こう見ずな

arrise arridere の直・遠過・3 単

arriso arridere の過分

＊**arrivare**［アッリヴァーレ］自〔es〕**1** 着く, 到着する; やって来る —A che ora *arrivi* a Milano? ミラノへは何時に着くの? / Domani *arriverà* mia nipote. 明日, 姪(ﾒｲ)がやって来る予定です. **2**（ある点・限度に）達する, 届く —*Siamo arrivati* a pagina cinquanta. 50ページまで来たね. / Mia sorella *è arrivata* a vent'anni. 姉は 20歳になった. **3**（体に）合う —Questa gonna non mi *arriva* più. このスカートはもう入らない. **4**《a+不定詞》うまくいく, 成し遂げる, できる —Temo di non *arrivare* a superare l'esame. 試験に受からないじゃないかと心配だ. **5** 起こる, 生じる —Gli *è arrivata* una disgrazia. 彼に災難がふりかかった. **6** 参加する, 所属する —*arrivare* a far parte di una squadra チームの一員となる **7** 理解する, 分かる —Non *arrivo* a questo problema. この問題は理解できない. **8** 成功する, 名声を得る —Il suo scopo è quello di *arrivare*. 彼が目指すのは成功だ. **9**（食べ物が）持つ, 長持ちする;（重病人が）生き残る, 持ちこたえる —Il malato non *arriverà* a domani. 病人は明日まで持たないだろう. ▶ ***arrivarci*** 届く; 分かる / Mio figlio è piccolo e non *ci arriva* ancora. 息子は小さいので, まだそこまで手が届きません. / Non riesco proprio ad *arrivarci*. 全くもって分からない. ***arrivare con l'ultimo treno*** 飲み込みが遅い ***arrivare in anticipo*** 早めに着く ***arrivare in tempo*** 間に合う ***arrivare la cicogna*** 子供が生まれる ***arrivare puntuale*** 時間どおりに着く ***arrivare tardi*** 遅れる

arrivato 形 **1** 到着した —Ben *arrivato* [*arrivata*]! ようこそ! **2**（ある分野・専門で）成功した, 名をなした **3** 満腹になった, 満足した —男〔女[-a]〕**1**（ある分野・専門で）成功した人, 名をなした人 **2** 到着者 —*un nuovo arrivato* 新顔, 新来者

＊**arrivederci**［アッリヴェデルチ］間 **1** さようなら, ではまた, ごきげんよう **2**〖口〗(不愉快な話に）もうけい[たくさんだ] —男〖不変〗別れの挨拶, いとまごい

arrivederLa 間〔arrivederci よりも丁寧に）さようなら, 失礼いたします

arrivismo 男 出世主義

arrivista 男女〔複[男 -i]〕出世主義者, 野心家

arrivistico 形〔複[男 -ci]〕出世主義の, 出世欲まるだしの

arrivo 男 **1** 到着, 出現, 臨場 —*arrivo* dell'autobus バスの到着 **2**《複数で》（列車や飛行機の）到着口; 到着便 —*arrivi* e partenze 発着 **3**《複数で》入荷したばかりの商品, 新製品; 新参者 **4** 到着点[時点], 決勝線, ゴール **5**〔スポ〕ゴールイン; 着地 —primo [prima] all'*arri-*

arroccamento

vo トップでゴールイン(した人) ▶ *in arrivo* 到着しつつある[するところだ]

arroccamento 男 1 (チェスの)キャスリング(キングとルークを一手で同時に動かすこと) 2 [軍]部隊を兵站(へい)線に沿って移動させること

arroccare 自 (チェスで)キャスリングする(キングとルークを一手で同時に動かす) — 他 [軍](部隊を)兵站(へい)線に沿って移動させる —**arsi** 再 1 防衛体制をとる,守備を固める 2 避難する, 立てこもる 3 (チェスで)キングをルークで守る

arrocciarsi 再 (io mi arroccio)〔登山〕(岩壁で)登ることも降りることもできなくなる

arrochire 他 (io -isco) 声をかれさせる —自 (es) 声がかれる —**irsi** 再 声がかれる

arrogante 形 横柄な, 尊大な; 無礼な —男女 傲慢な人間

arroganza 女 横柄, 尊大; 無礼

arrogarsi 再 (不当に)自分のものにする,(権利がないのに)自分に帰属させる — *arrogarsi un merito* 功績を横取りする / *arrogare a sé ogni privilegio* あらゆる特権を自分のものとする

arrossamento 男 赤色になること; 肌の赤み, 粘膜の炎症

arrossare 他 赤色にする, 赤く染める —自 (es) 《文》赤くなる, 赤色に染まる —**arsi** 再 赤くなる

arrossire 自 (es) (io -isco) 顔が赤くなる; 赤面する, 恥ずかしがる

arrostimento 男 (食べ物を)焼くこと, 炙(あぶ)ること

arrostire 他 (io -isco) 1 (直火で)焼く, あぶる; ローストする 2《謔》批判[非難]する, 当惑させる 3〔治〕焙(や)きする — 自 (es) 焼ける;《謔》日焼けする —**irsi** 再 1 (食べ物が)焼ける 2《謔》(日焼けで)真っ黒になる

arrostito 形 1 (食べ物について)焼いた, 炙(あぶ)った 2 日焼けした

arrostitura 女 (食べ物を)焼くこと, 炙(あぶ)ること

arrosto 形 [不変] (肉・魚・野菜などをオーブンや直火で)焼いた, ローストした — *pollo arrosto* ローストチキン / *patate arrosto* ローストしたジャガイモ —副 焼いて, 炙(あぶ)って —男 焼き肉, ローストした肉料理

arrotare 他 1 研ぐ, 磨く —*arrotare un coltello* ナイフを研ぐ 2 車でぶつかる, 車ではねる —*arrotare un pedone* 歩行者を車ではねる ▶ *arrotare la erre* 舌足らずな *r* の発音をする

arrotatura 女 研ぐこと, 磨くこと

arrotino 男〔女 [-a]〕(刃物などの)研ぎ職人

arrotolamento 男 巻くこと, 筒形にする[なる]こと

arrotolare 他 (筒状に)巻く —*arrotolare il filo* 糸を巻く —**arsi** 再 体に巻きつける —*arrotolarsi nelle co-*

---

arrugginito

perte 毛布にくるまる

arrotondamento 男 1 丸くすること, 丸みを与えること, ふくらませること 2 [数] 四捨五入, 端数を処理して数字をまとめること —*arrotondamento per eccesso [difetto]* (数字の)切り上げ, 切り捨て

arrotondare 他 1 (形を)丸くする 2 (話や文章を)豊かにする, ふくらませる 3 四捨五入する, 概数にする 4 (給料などを)上乗せする —**arsi** 再 丸くなる; (体が)ふっくらする ▶ *arrotondare lo stipendio* 副業[副収入]で給料を補う

arrovellare 他 苦しめる, 悩ます —**arsi** 再 1 苦しむ, 怒る —*Non ti arrovellare per una sciocchezza del genere.* そんなつまらないことのために悩まないで. 2 (per) …するために懸命に努力する, 奮闘する —*arrovellarsi il cervello* 頭[知恵]をしぼる

arroventamento 男 高温に熱すること

arroventare 他 1 高温に熱する, 真っ赤に燃やす 2 燃え上がらせる, 興奮させる —**arsi** 再 1 高温になる, 燃え上がる 2 (状況などが)緊迫する

arroventato 形 1 赤く焼けた 2 灼(しゃく)熱の 3 (情熱を)かき立てる, 煽(あお)る

arroventatura → arroventamento

arrovesciare 他 〔io arrovescio〕 1 後ろに倒す 2 ひっくり返す, 裏返する

arruffamento 男 混乱(させること), もつれ(させること), 無秩序

arruffapopoli, **arruffapopolo** 男女 [不変] 扇動家, デマを流す者

arruffare 他 もつれさせる, 混乱させる —**arsi** 再 もつれる, 混乱する ▶ *arruffare il pelo* (猫などが)毛を逆立てる / *arruffare la matassa* 考えを混乱させる; 物事を紛糾させる

arruffatamente 副 無秩序に, 混乱して

arruffato 形 1 乱れた, くしゃくしゃの — *capelli arruffati* ぼさぼさの頭 2 乱雑な; 混乱[錯乱]した

arruffianamento 男 へつらい, 追従

arruffianare 他 取りもつ, (女性を)斡(あっ)旋する; 美しく見せかける —**arsi** 再 1 へつらう, 取り入る 2 (con) (不正な目的で)…と手を組む

arruffone 男〔女 [-a]〕だらしのない人, いい加減な人

arrugginimento 男 錆(さ)びること, 腐食

arrugginire 他 (io -isco) 1 錆(さ)びつかせる —*L'acqua arrugginisce il ferro.* 水気は鉄を錆びつかせる. 2 衰えさせる, 鈍くする —自 (es) 1 錆びる —*Questo coltello arrugginisce facilmente.* この包丁は錆びやすい. 2 衰える, 鈍くなる —**irsi** 再 1 錆びる, 腐食する 2 錆びつく, 衰える, 動きが悪くなる

arrugginito 形 1 錆(さ)びた —*chiodi arrugginiti* 錆びた釘(くぎ) 2 衰えた,

鈍った

arruolamento 男 1 募兵, 徴兵 2 採用, 募集

arruolare 他 1 徴兵[徴募]する, 入隊させる 2 雇う, 契約する **—arsi** 再 (志願して)入隊する

arse ardere の直・遠過・3単

arsenale 男 1 (特に軍艦の)造船所 2 (兵器の)倉庫 —*arsenale di armi* 武器庫 3 (武器弾薬の)集積 4《諸》がらくたの積み上がった場所; がらくた 5 知識;《諸》知識人

arsenico 男 〔化〕ヒ素(元素記号 As); (特にヒ素を含んだ)毒 **—**形〔複[男-ci]〕ヒ素の, ヒ素を含んだ

arsiccio 形〔複[女-ce]〕焼け焦げた, 灼熱の, 乾いた **—**男 焼け焦げたもの **—** *sapere d'arsiccio* 焦げ臭い

arso 形〔過分＜ardere〕1 焦げた, 焼けた 2 乾いた; 渇いた 3 激した, 興奮した

arsura 女 1 うだるような暑さ 2 乾燥, 早魃(ばつ) 3 喉の渇き, 喉がひりつくこと

art. 略 articolo 箇条, 項

arte** [アルテ] 女 1 (美術・音楽・文学などの)芸術, アート **—arte astratta* 抽象芸術 / *arte drammatica* [*lirica*] 演劇[オペラ, 歌劇] / *arti figurative* (絵画・彫刻・版画・建築などの)造形[具象]芸術 / *arte industriale* 工芸技術 / *arti liberali* (大学の)教養科目[課程]; 自由七科, リベラルアーツ / *arti maggiori* 建築, 絵画, 彫刻 / *arti minori* 金銀細工, 陶芸, 宝石彫刻など / *arti magiche* 魔法 / *arti marziali* (空手・柔道・剣道など)武術 / *arti militare* 兵法, 戦術 / *arte mineraria* 鉱業 / *arte ottica* オプアート / *arte sacra* 宗教芸術 / *belle arti* 美術 / *opera d'arte* 芸術作品 / *l'arte per l'arte* 芸術のための芸術; 芸術至上主義 / *la settima* [*decima*] *arte* 映画 2 (特定の時代・国の)芸術 **—***arte moderna* 現代美術 / *arte greca* [*orientale, gotica, rinascimentale, barocca*] ギリシャ[東洋, ゴシック, ルネサンス, バロック]美術 3 技, 技術, 技能 4 職業, 仕事 **—***arte del falegname* 建具業 5 才能, 能力, 腕前, 要領, こつ **—***arte di arrangiarsi* うまく切り抜ける才覚 6 策略, 欺瞞(まん), ペテン 7〔歴〕ギルド, 同業組合 / *arti maggiori* [*minori*] 大[小]組合 / *Impara l'arte e mettila da parte*.《諺》芸は身を助ける. ▶ *ad arte* 故意に, わざと; 完璧に, 規則どおりに *a regola d'arte* 申し分のない, 素晴らしい *figlio d'arte* 俳優[音楽家]などの子供[子孫] *in arte* またの名を, 芸名[筆名]は *nome d'arte* 芸名, ペンネーム, 雅号 *non avere né arte né parte* 生きるすべがない, 金も職もない; 無学[無知]な, 教養のない

artefatto 形 不自然な, 人工的な, まがいものの, わざとらしい —*vino artefatto* 偽造ワイン / *sorriso artefatto* 作り笑い

artefice 男女 1 作り手, 製作者, 作者 2《文》だます人, 詐欺師 **—**男 (A-) 創造主, 神

Artemide 固名(女) 〔ギ神〕アルテミス(オリンポス十二神の一. 狩猟・月の女神. ローマ神話のディアナ)

artemisia 女 〔植〕ヨモギ属

arteria 女 1〔解〕動脈 —*arteria aorta* 大動脈 2 幹線道路, 大通り; 道路網

arteriosclerosi, arteriosclerosi 女〔不変〕〔医〕動脈硬化

arteriosclerotico 形〔複[男-ci]〕1〔医〕動脈硬化の, 動脈硬化を患った 2《口》頑固な, もうろくした **—**男〔複[-ci]〕女[-a]〕動脈硬化を患った人

arterioso 形 動脈の —*pressione arteriosa* 血圧

artesiano 形 1 (北フランスの)アルトワ地方の 2 (井戸について)アルトワ式の, 掘り抜きの

artico 形〔複[男-ci]〕北極の, 北極圏の —*circolo polare artico* 北極圏 **—**男〔単数のみ〕北極(Polo Nord)

articolare¹ 他 〔io articolo〕1 関節を曲げる 2 (単語や音節を区切って)はっきり言う 3 (論述を)章立てにする **—arsi** 再 1 関節で結合する 2 分かれる, 分化する

articolare² 形 〔医〕関節の

articolato¹ 形 1 関節のある, 関節で結合した 2 連結式の 3 (部分に)分かれた, 章立てされた 4 理路整然とした, 明確な 5 はっきり発音された, 音節が明瞭な 6 (海岸が)入り江の多い, 入り組んだ **—**男 トレーラー

articolato² 形 〔次の成句で〕▶ *preposizione articolata* 〔言〕定冠詞と結合した前置詞

articolazione 女 1〔解〕関節; 関節結合; 分節 —*articolazione del gomito* 肘の関節 2 接合, 連結, 連接 3〔言〕調音; 有節発音; 分節 4〔植〕節(ふし) 5〔音〕アーティキュレーション

articolista 男女〔複[男-i]〕(新聞・雑誌の)コラムニスト, 記者

***articolo** [アルティーコロ] 男 1〔言〕冠詞 —*articolo determinativo* [*indeterminativo, partitivo*] 定[不定, 部分]冠詞 2 (新聞・雑誌の)記事; 論説, 論文 —*articolo di fondo* 社説, 論説 / *articolo di testa* 第一面のトップ記事 / *articolo di cronaca* [*sport*] 三面[スポーツ]記事 3 (商品の)品目, 品物, 物品 —*articoli da viaggio* 旅行用品 / *articoli di lusso* 高級品 4 (法規・規約の)条項, 項目 —*articolo di fede* 信仰箇条 5〔解〕関節 6〔植〕節(ふし)

artificiale 形 1 人工の; 人造の, 人為的な —*fiori* [*fuochi*] *artificiali* 造花[花火] / *fibre artificiali* 合成繊維 / *allattamento artificiale* 人工栄養保育 2 わざとらしい, 不自然な —*sorriso artificiale* 作り笑い

artificialmente 副 人口的に, 不自然に

artificiere 男 1 爆発物保管係, 爆発物処理係 2 花火師

artificio 男 1 巧みさ, うまさ, 技術 2 狡猾(ぶ)な手段, 策略 3 わざとらしさ, 不自然さ 4〔軍〕発射[発火]装置 ▶ *fuochi d'artificio* 花火

artificiosità 女 わざとらしさ, 不自然さ, ぎこちなさ

artificioso 形 1 わざとらしい, 不自然な, ぎこちない 2 ずる賢い, 偽りの 3 巧みな

artifizio 《文》→ artificio

artigianale 形 1 職人の, 職人的な 2 手仕事[手工芸, 手細工]の

artigianalità 女 職人らしさ, 手仕事

artigianalmente 副 手仕事で, 職人風に

artigianato 男 1 職人の手仕事, 工芸品 2 職人階級, 職人の身分

artigianello 男 1 職人の見習い 2 職人養成学校の生徒; (A-)《複数で》職人養成学校

‡**artigiano** [アルティジャーノ] 男〖女 -a〗職人 ―形 職人の, 職人技の

artigliare 他〔io artiglio〕かぎ爪でつかまえる, しっかりつかむ

artigliato 形 かぎ爪を持った

artigliere 男〔軍〕砲兵

artiglieria 女 1 砲撃用の兵器, 砲, 大砲 2 砲兵隊; 《諢》銃砲

artiglio 男 1（猛獣・猛禽(きん)の）爪 2《蔑》魔の手; 支配, 手中

‡**artista** [アルティスタ] 男〖女 -i〗
1 芸術家（画家・彫刻家・建築家など）, アーチスト 2 俳優, 芸能人, 音楽家 3 達人, 名人, 大家

artisticamente 副 芸術的に

artisticità 女 芸術性, 芸術的な価値

artistico 形〖複男 -ci〗1 芸術の, 芸術家の 2 芸術的な, 美的感覚に優れた

arto 男（人や動物の）肢(し), 手足（の1本）―*gli arti superiori e inferiori* 上肢と下肢, 四肢 / *arto artificiale* 義手, 義足

artralgia 女〔医〕関節痛

artrite 女〔医〕関節炎

artritico 形〖複男 -ci〗〔医〕関節炎の; 関節炎を患った ―男〖複 -ci〗女 [-a]〗関節炎患者

artropode 男〔動〕節足動物

artrosi 女《不変》〔医〕関節症

Arturo 固名〔男性名〕アルトゥーロ

Artusi 固名（男）(Pellegrino ～)アルトゥージ(1820-1911; イタリアの料理家)

aruspice 男（古代ローマで動物の内臓を見て占いをした）腸卜(ちょうぼく)師

arvicola 女〔動〕カヤネズミ

arzigogolare 自〔io arzigogolo〕へりくつをこねる, 詭(き)弁を弄する ―他 空想する

arzigogolato 形 無駄に入り組んだ, 錯綜した, 装飾過剰な

arzigogolo 男《主に複数で》錯綜した [まわりくどい] 議論, こじつけ, 詭(き)弁; 空想, 物思い

arzillo 形 1 元気な, 活発な 2《諢》ほろ酔いかげんの

As 略〔元素記号〕arsenico〔化〕ヒ素

ascella 女 1〔解〕腋窩(えきか), 脇の下のくぼみ ―*tenere il libro sotto l'ascella* 脇に本をかかえる 2〔植〕葉腋(ようえき)

ascellare 形 1 腋の, 脇の下の 2〔植〕葉腋の, 腋生の

ascendente 形 1 上昇の; 上向きの; 昇順の; 上りの ―*scala ascendente*〔音〕上昇音階 / *dittongo ascendente*〔言〕上昇二重母音 2（時や流れを）遡る 3（天）天頂に向かう ―男 1（直系の）先祖, 尊属 2 影響（力）, 支配（力）―*Il maestro ha un grande ascendente su di lui*. 師匠は彼に大きな影響を与えている. 3〔占星〕誕生時に東出点に昇る黄道十二宮の星座

ascendenza 女 1 祖先; 〔祖先の〕系統, 血筋 ―*ascendenza diretta* 直系の血筋 2（作品や文化の潮流の）始祖, 原型

ascendere [100] 自 [es]〔過分 asceso〕1 上昇する, のぼる, 上がる 2 到達する, 至る ―*ascendere al trono* 王位に就く

ascensionale 形 上昇の, 上に向かう

ascensione 女 1 上昇, のぼること; 登攀(とうはん)2〔宗〕キリストの昇天, (A-)キリスト昇天祭

‡**ascensore** [アッシェンソーレ] 男 エレベーター

ascensorista 男女〖複〖男 -i〗〗エレベーター管理技師[修理技師]; エレベーター係

ascesa 女 1 上がること, のぼること, 上昇 2 昇進, 向上

ascese ascendere の直・遠過・3 単

asceși 女《不変》〔宗〕苦行, 禁欲生活

asceso ascendere の過分

ascesso 男〔医〕膿瘍(のうよう), おでき

asceta 男女〖複[男 -i]〗1〔宗〕修行[苦行]者 2 禁欲主義者

ascetico 形〖複男 -ci〗1 苦行（者）の, 禁欲主義者の 2 非常に厳格な

ascetismo 男 1 苦行, 修行 2 禁欲主義[生活]; 克己

ASCI 略 Associazione Scoutistica Cattolica Italiana イタリア・カトリック・ボーイスカウト協会

ascia 女〖複[asce]〗斧(おの), まさかり ―*ascia di guerra*（中世の）戦斧(せんぷ); （アメリカインディアンの）斧

asciata 女 1 斧(おの)の一撃 2〔トスカーナ〕多額の損失

ASCII 略〔英〕American Standard Code for Information Interchange アスキー（コンピューター相互間の情報交換コード）

ascissa 女〔数〕横座標, 横軸

asciugabiancheria 男《不変》洗濯物乾燥機 ―形《不変》洗濯物乾燥

機の

asciugabile 形 乾燥できる

asciugacapelli 男〔不変〕ヘアドライヤー —casco *asciugacapelli* (美容院のヘルメット型)ヘアドライヤー

asciugamani → asciugamano

asciugamano 男 タオル, 手拭い —*asciugamano* per il viso [per le mani, da bagno] フェース[ハンド, バス]タオル

‡**asciugare** [アッシュガーレ] 他 **1** 乾かす, 乾燥させる; 干上がらせる, 干す; 拭く —*asciugare* il sudore [le lacrime, le mani, i capelli] a... …の汗[涙, 手, 髪]を拭く / *asciugare* un fiasco 酒瓶を飲み干す **2** (お金・資産を)奪う **3** 簡潔にする —自 [es] 乾く, 乾燥する —**arsi** 再 **1** 乾燥する; 乾く **2** 自分の…を拭く **3** やせる

asciugatore 男 (手などを乾かすための)温風乾燥機

asciugatrice → asciugabiancheria

asciugatura 女 乾燥させること, 乾燥

asciuttamente 副 簡素に, そっけなく, 無愛想に

asciuttezza 女 **1** 乾燥 **2** 簡素さ, そっけなさ, 無愛想 **3** (顔立ちなどの)細さ, やせていること, すらりとしていること

‡**asciutto** [アッシュット] 形 **1** 乾いた, 乾燥した; 干上がった —a bocca *asciutta* 何の収穫もなく / pasta *asciutta* (スープではなくソースを使った)麺類 **2** 引き締まった, 細身の **3** そっけない, 無愛想な —rispondere in modo *asciutto* そっけなく答える **4** 簡潔な, 簡素な **5** (ワインが)やや辛口の **6** 文無しの —Siamo rimasti all'*asciutto*. 私たちは無一文になった. —男〔単数のみ〕**1** 水に濡れていない土地, 乾燥した場所 —camminare all'*asciutto* (水たまりや泥を避けて)乾いたところを歩く **2** 乾燥した気候

ascolano 形 アスコリ・ピチェーノ(の人)の —男〔女 -a〕アスコリ・ピチェーノの人

Ascoli Piceno 固名〔女〕アスコリ・ピチェーノ(マルケ州の都市および県名; 略 AP)

ascoltabile 形 **1** 聴くことができる **2** (音楽や歌などが)聴くに耐する

‡**ascoltare** [アスコルターレ] 他 **1** (ラジオや音楽を)聴く, 耳を傾ける, 傾聴する —*ascoltare* la radio [la musica] ラジオ[音楽]を聴く **2** (人の言うことや話を)聞く, 耳を貸す, 従う —*ascoltare* i genitori 親の言うことを聞く / Ascolta i miei consigli. 僕の忠告を聞きなさい. **3** かなえる, 聞き入れる —*Ascolta* la mia preghiera. お願いを聞いて. —**arsi** 再 **1** (録音によって)自分の声を聞く **2** 自分の心の動きを分析する, 心の声を聴く

ascoltatore 男〔女 -trice〕**1** (ラジオの)聴取者, リスナー —Gentili *ascoltatori*, buon giorno! 視聴者のみなさん,

こんにちは！ **2** 聴き手, 聴衆

ascoltazione 女 **1** 聴くこと, 聴取 **2** 〔医〕→ auscultazione

ascolto 男 **1** (ラジオや音楽を)聴くこと —stare in *ascolto* 耳を傾ける **2** 耳を貸すこと, 受け入れること, 従うこと —dare *ascolto* a... …の話に耳を貸す **3** 聴取者, 視聴者 —Il programma ha un buon indice di *ascolto*. 番組はよい視聴率を上げている.

ASCOM 略 Associazione Commercianti 商店主協会

ascorbico 形〔複〔男 -ci〕〕〔次の成句〕► *acido ascorbico*〔化〕アスコルビン酸

ascrisse ascrivere の直・遠過・3 単

ascritto ascrivere の過分

ascrivere [103] 他〔造格 ascritto〕**1** (a) …に帰する, …のせいにする **2** (一員として)加える

ascrivibile 形 (a) …に帰せられる

asepsi 女〔不変〕〔医〕無菌, 無菌化

asessuale 形 無性の, 性別のない; 無性生殖の

asessuato 形 **1** 性別のはっきりしない, 両性的な, 中性の **2**〔生物〕無性生殖の

asettico 形〔複〔男 -ci〕〕**1**〔医〕無菌の, 無菌処置の; 菌が原因ではない **2** 熱意のない, 冷ややかな

asfaltare 他 **1** アスファルトで舗装する **2**(謔)(トラックが人を)ひく

asfaltatore 男〔女〔-trice〕〕アスファルト作業員

asfaltatura 女 アスファルト舗装, アスファルトの上塗り

asfaltista → asfaltatore

asfalto 男 アスファルト; アスファルト舗装材; アスファルト舗装道路

asfissia 女〔医〕窒息, 呼吸困難 **2** 息苦しさ, 抑圧, 停滞, 倦怠

asfissiante 形 **1** 窒息させる, 呼吸を困難にさせる **2** 非常にうっとうしい, 煩わしい —È un uomo *asfissiante*. 彼はうんざりする男だ.

asfissiare 他〔io asfissio〕**1** 窒息(死)させる, 息を詰まらせる, 喘(ぜん)がせる **2** 抑圧する, 苦しめる —自 [es] 窒息(死)する, 息苦しく感じる —**arsi** 再 窒息(死)する

asfittico 形〔複〔男 -ci〕〕**1**〔医〕窒息した, 呼吸困難の **2** 活気のない, 停滞した

asfodelo 男〔植〕(ユリ科)ツルボラン

ashkenazita 男女〔複〔男 -i〕〕アシュケナジ(東ヨーロッパに住むユダヤ人) —形〔複〔男 -i〕〕アシュケナジの

Asia 固名〔女〕アジア

asiago 男〔不変〕アジャーゴ(ヴェネト州の町 Asiago で作られるチーズ)

asiatico 形〔複〔男 -ci〕〕**1** アジアの; アジア人の **2** 豪華な, 豪奢(ごう)な, 絢爛(けんらん)たる **3** 大げさな, 誇張した —男〔複 [-ci]女 [-a]〕アジア人

asilo 男 **1** 保護, 避難 —*asilo* politico 政治犯庇(ひ)護 **2** 避難所; 収容所

asilo-scuola 90 **aspide**

—*asilo* notturno (ホームレスのための)簡易宿泊所 /*asilo* per anziani [orfani] 老人ホーム[孤児院] /cercare [trovare] *asilo* 避難所を探す[見つける] /dare *asilo* 保護する, 宿を当てがう 3幼児のための施設 —*asilo* nido 託児所, 保育所(3歳まで) /*asilo* infantile (=scuola materna) 幼稚園(3歳から小学校入学まで)

asilo-scuola 囡 養護施設

asimmetria 囡 非対称; 不均衡

asimmetricità 囡 非対称性; 不均衡[不調和]であること

asimmetrico 囲 〔複〔男 -ci〕〕非対称的な; 不均衡な

asinaggine 囡 途方もない無知[愚かさ]

asinata 囡 愚かな言動, 無知な言動

asincrono 囲 〔電・情〕非同期的な, 非同調性の

asinello 囲 小さなロバ

asineria 囡 ひどい無知, 愚かさ, 愚かしい言動

asinesco 囲 〔複〔男 -chi〕〕無知の, 愚かな, 愚鈍な

asinino 囲 ロバのような, ロバの —*orecchie asinine* ロバの耳

asinità 囡 1 無知, 愚かさ 2 無知な[愚かな]言動

asino 囲 1 ロバ 2 馬鹿, あほう, とんま; 頑固者; 無知な人 —*Meglio un asino vivo che un dottore morto.* 〔諺〕死んだ博士より生きているロバのほうがまし(死んだらおしまい). ▶ *bellezza dell'asino* 年頃の美しさ(鬼は十八, 番茶も出花) *credere che un asino voli* 何でも信じる, だまされやすい *essere [fare] come l'asino di Buridano* (優柔不断で)虻(あぶ)蜂取らずに終わる *il trotto dell'asino* 束の間の, 一時的な *lavare la testa all'asino* 無駄な努力をする *legare l'asino dove vuole il padrone* 盲目的に従う *Qui casca l'asino.* それが困るんだ[問題なんだ].

asismicamente 副 地震に耐えうるように, 地震に強く —*casa costruita asismicamente* 免震設計の住宅

asismico 囲 〔複〔男 -ci〕〕1 地震が起こらない 2 耐震の

ASL 略 Azienda Sanitaria Locale 保健センター

asma 囡, 囲 〔単数のみ〕〔医〕喘(ぜん)息

asmatico 囲 〔複〔男 -ci〕〕1 喘(ぜん)息(性)の; 喘息患者の 2《謔》とぎれとぎれの, おんぼろの —囲 〔複[-ci]囡[-a]〕喘息患者

asociale 囲 1 非社会的な 2 社会規範に適応しない, 協調性のない —囲囡 社会規範に適応しない人, 協調性のない人

asocialità 囡 非社会性

asola 囡 1 ボタンホール, ボタン穴(の縁取り) 2 通し穴, はと目

asolaia 囡 ボタン穴を作る職人

Asp 略 amperspira アンペア回数

asparageto 囲 アスパラガス畑

asparagiaia 囡 → asparageto

asparagina 囡 〔化〕アスパラギン

asparago 囲 〔複[-gi]〕アスパラガス

aspecifico 囲 〔複〔男 -ci〕〕非特異的な, 非特異性の

asperella 囡 〔植〕ヤエムグラ属

aspergere [45] 他 〔過分 asperso〕〔di〕(水などを)振りかける, 振りまく, 軽く濡らす —*aspergere* i fedeli di acqua benedetta 信者たちに聖水を振りかける —**ersi** 再 〔di〕(自分の体に)…を振りかける, …で濡れる, …にまみれる

asperges 囲 〔不変〕〔カト〕聖水盤, 聖水散布

asperità 囡 1 (表面の)でこぼこ, 凹凸(おうとつ), 粗さ —*asperità* del terreno でこぼこの土地 2 困難, つらさ 3 厳格さ, とげとげしさ

asperrimo → aspro

aspersione 囡 1 (水などを)振りかけること 2 〔カト〕聖水散布 3 〔薬〕塗布

asperse aspergereの直・遠過・3単

asperso aspergereの過分

*aspettare [アスペッターレ] 他 1 待つ; 待機する —*aspettare* l'autobus バスを待つ /*aspettare* un bambino 妊娠している 2 待ち構える, 待ち受ける —Mi *aspetta* una giornata di duro lavoro. つらい仕事の一日が待ち構えている. 3 期待する, 待望する —*aspettare* l'eredità 遺産をあてにする 4 (時機・好機を)待つ —È meglio *aspettare* un momento più favorevole. もっと都合のよい時機を見計らう方がいい. / Chi ha tempo non *aspetti* tempo. 〔諺〕今日できることは明日に延ばすな. / Chi la fa, l'*aspetti*. 〔諺〕因果応報, 自業自得 —**arsi** 再 予期する, 予測する; 期待する, 当てにする —Non mi *aspettavo* questo risultato. この結果は予期しなかった. ▶ *aspettare al varco* 待ち伏せする *aspettare il Messia* 決して現れないものを待つ *aspettare la cicogna* 子供が生まれるのを待つ *aspettare la manna dal cielo [la Provvidenza]* 棚からぼた餅を待つ

aspettativa 囡 1 期待, 予測, 待つこと —*contro ogni aspettativa* あらゆる予想に反して 2 〔法〕休職, 一時休暇

*aspetto[1] [アスペット] 囲 1 外観, 様子, 光景 2 顔つき, 見かけ, 容貌, 容姿 —È un uomo di bell'*aspetto*. 彼はハンサムだ. 3 視点, 角度, 見地, 立場 —esaminare un problema sotto tutti gli *aspetti* あらゆる観点から問題を検討する 4 局面, 様子, 様相 —La faccenda cambia *aspetto*. 事態は新たな様相を呈している. 5 〔言〕相, アスペクト 6 〔占星〕星位, 座相

aspetto[2] 囲 1 待つこと —*sala d'aspetto* 待合室 2 〔音〕休止

aspide 囲 毒蛇 —*aspide* di Cleopatra エジプトコブラ

aspirabriciole 男〖不変〗(パンくずなどを吸い取るための)ハンドクリーナー

aspirante 形 1 志望する, 熱望する, 熱意のある 2 吸い込む, 吸引の ―男女 (…の), 志望者, 志願者, 候補者 ―*aspirante* attore 俳優志望者 / *aspirante* al titolo タイトル候補者 ; (ボクシングの)タイトル戦候補者 / *aspirante* ufficiale (軍の階級の)准尉

aspirapolvere 男〖不変〗電気掃除機

aspirare 他 1 吸い込む 2〖言〗帯気音[有気音]として発音する ―自 (a) …を切望[熱望]する; …に憧れる ―*Aspiro* a diventare un medico. どうしても医者になりたい.

aspiratore 男 1 換気装置, 排気装置 2〖医〗吸入器, 吸引器

aspirazione 女 1 吸入 2 切望, 熱望; 憧れの 3〖言〗帯気音, 有気音

aspirina 女〖商標〗〖薬〗アスピリン(解熱鎮痛剤)

aspo 男 1 糸車, リール 2 攪拌(淡)機

asportabile 形 1 運び出すことができる, 取り除くことができる 2〖医〗除去できる, 摘出可能な

asportare 他 1 運び出す, 取り除く, 奪う 2〖医〗除去する, 摘出する

asportazione 女 1 運び出すこと, 取り除くこと 2〖医〗除去, 摘出

asporto 男 運び出すこと ▶ d' [da] *asporto* (食べ物が)テイクアウト用の, 持ち帰りの

aspramente 副 厳しく, 辛辣に; 激しく

asprezza 女 1 酸味, 酸っぱさ 2 (表面の)粗さ, 凸凹(巻) 3 (土地の)不毛, 荒涼 4 (気候の)厳しさ 5 (性格や振る舞いの)厳しさ, とげとげしさ 6 (戦いなどの)激しさ 7 苦難, 困難

asprigno 形 1 やや酸っぱい 2 悪意のある, 無礼な

asprino 男 アスプリーノ(カンパニア産の辛口白ワイン)

aspro 形 〖絶対最上級 asprissimo, asperrimo〗 1 酸っぱい 2 (匂いが)刺すような, つんとする 3 (音が)耳障りな, 不快な 4 (場所や土地が)通れない; 不毛の 5 (気候が)厳しい, 荒涼たる 6 困難な, 激しい, 骨の折れる; 重苦しい ―*aspro* cammino 険しい道 7 厳格な, 容赦ない, 痛烈な, 無礼な ―parole *aspre* 辛辣な言葉 8 激しい, 強烈な ―*aspre* polemiche 激しい論争 ―男〖単数のみ〗酸味

aspromontano 形 アスプロモンテ(カラブリア州の山 Aspromonte)の

ass. 略 associazione 協会, 組合, 会

‡**assaggiare** [アッサッジャーレ] 他 〖io assaggio〗 1 味見する, 試食[試飲]する 2 少しだけ飲む[食べる]; 味見する 3 経験 [体験]する ―Gli ho fatto *assaggiare* un pugno. 彼に拳骨を食らわせてやった. 4 試験する, 検査する, 分析する

assaggiatore 男〖女[-trice]〗(料理・飲み物の)味を見る人, 味の鑑定人

assaggino 男〖複数ので〗(レストランで, たくさんの品数を少量ずつ提供する)お試し料理, お試しコース

assaggio 男 1 味見; 試食, 試飲 2 (飲食物の)小量, 一口, 一飲み 3 証拠, 証明, あかし 4 見本, サンプル 5 (素材や土地の性質を評価するための)試験, 検査, 分析

‡**assai** [アッサイ] 副 1 とても, 大変, 非常に, 大いに ―Sono *assai* stanco. もうへとへとだ. 2〖反語〗全く…ない ―M'importa *assai*. 全く興味がない. 3 十分に, たっぷり, かなり ―averne *assai* di… はもううんざり, うんざりだ ―形〖不変〗多くの, たくさんの ―男〖不変〗多量, 豊富

assale 男 車軸

assalire [97] 他 1 激しく攻撃する, 攻める 2 浴びせる, 非難する 3 (病気が)襲う, 冒す 4 (感情や感覚が)苦しませる, 不意を襲う

assalitore 男〖女[-trice]〗襲撃者, 攻撃者 ―形〖女[-trice]〗襲撃[攻撃]する

Assalonne 固名(男) 〖聖〗アブサロム(イスラエル王ダビデの三男)

assaltare 他 1 襲撃する, 攻撃する 2 強奪[略奪]する

assaltatore 男〖女[-trice]〗 1 襲撃者, 攻撃者 2〖軍〗奇襲隊員, 突撃隊員 ―形〖女[-trice]〗襲撃する

assalto 男 1 襲撃, 攻撃 2 略奪, 強奪 ―*assalto* alla banca 銀行強盗 3 突入, 押しかける[群がる]こと ―*assalto* agli sportelli 窓口への殺到 4 発病, 発作; (感情に)激しくとらわれること 5〖スポ〗(ボクシングやレスリングの)ラウンド ▶ *All'assalto!* 突撃. *dare assalto a…* …を強襲する *d'assalto* がむしゃらな, 積極果敢な *truppe d'assalto* 突撃隊

assaporare 他 1 味わう, 賞味する 2 (気持ちや感じを)味わう

assassinare 他 1 暗殺する; 殺害する 2 (外観・美観を)損ねる, 醜くする; 傷をつける, よごす

assassinato 形 殺害された, 殺された ―男〖女[-a]〗殺害された人, 殺された人

assassinio 男 1 暗殺, 殺人 2 不正[不当]な行為, 虐待, 横暴

assassino 男〖女[-a]〗 1 暗殺者, 刺客; 殺人犯 2《謔》へば, へま, へたくそ ―形 1 暗殺(者)の, 殺人(者)の 2 魅惑的な, 挑発的な, 扇情的な 3 困難な, 厄介な, うんざりする

assatanato 形 1 悪魔に取りつかれた, 凶悪な 2 (欲望の)虜になった, 性欲に支配された

asse¹ 女 1 板; 台 ―*asse* da stiro アイロン台 / *asse* di equilibrio (体操の)平均台

asse² 男 1 (中心の)軸 ―l'*asse* terrestre 地軸 2 (道路の)センターライン 3

asse 〖数・空・船・解〗軸;〖機〗車軸

asse³ 男 1 アス(古代ローマの銅貨) 2 アス(古代ローマの重量単位) 3〖法〗相続財産

assecondabile 形 1 助けることができる,支援可能 2 満足させることができる

assecondare 他 1 助ける,支持する,応援する 2 応える,従う,満足させる— *assecondare* un desiderio 要請に応える 3 倣う,追随する

assediante 形 包囲する,攻囲する —男女 包囲する人,包囲兵

assediare 他〖io assedio〗 1(軍隊が)包囲する 2 遮断する,孤立させる 3 大勢で取り巻く,群がる 4 うるさくせがむ,煩わせる,悩ませる —Mi *assedia* con le sue richieste. 彼のしつこい要求には参ってしまう.

assediato 形 包囲された,囲まれた —男[女 -a]包囲された人,ろう城者

assedio 男 1(軍隊の)包囲; 封鎖 2 (…の周りに人が)取り巻くこと,群がること 3 しつこく言い寄ること

assegnabile 形 割り当てできる,委託できる

assegnamento 男 1 付与,割り当て,委託 2 収入 ▶*fare assegnamento su*... (人・物)に頼る

assegnare 他 1 与える,給付する; 充当する 2 授ける 3 定める,決定する 4 (役割や任務に)割り当てる,つかせる

assegnatario 男[女 -a]割り当てを受ける人,受け取り人,付与対象者

assegnato 形 (a) …に割り当てられた,委託された,…係りの

assegnazione 女 1 付与,授与,割り振り; 配属,委託 2 差し押さえ資産の分配

assegnista 男女〖複 -i〗(奨学金の給付を受けている)博士研究員

assegno 男 1 小切手; 手形 — emettere un *assegno* 小切手を振り出す / girare un *assegno* 裏書きをする / riscuotere un *assegno* 小切手を現金に替える / staccare [firmare] un *assegno* 小切手を切る / *assegno* a vuoto 不渡り小切手 / *assegno* al portatore 持参人払い小切手 / *assegno* all'ordine 指図人払い小切手 / *assegno* circolare 銀行小切手 / *assegno* coperto 支払保証小切手 / *assegno* in bianco 白地小切手 / *assegno* non trasferibile 記名式小切手 / *assegno* scoperto 不渡り小切手,空手形 / *assegno* turistico [per viaggiatori] トラベラーズチェック / *assegno* postale 郵便為替 / *assegno* sbarrato 線引(横線)小切手 / contro *assegno* 代引き,現金払い 2 手当,給付金 — *assegno* alimentare 扶養手当 / *assegno* di studio 奨学金 / *assegni* familiari 家族手当

assemblabile 形 組み立て可能な,アセンブル可能な

assemblaggio 男 1(部品の組み立て 2(資料や情報の)寄せ集め; 寄せ集め芸術 3〖情〗アセンブルすること

assemblare 他 1(部品を)組み立てる 2〖情〗アセンブルする

＊**assemblea** [アッセンブレーア] 女 1 集会,会合,会議 —indire [convocare] un'*assemblea* generale 総会を招集する / sciogliere un'*assemblea* generale 総会を解散する 2 決定機関 —*assemblea* generale degli azionisti 株主総会 3〖法〗立法議会(assemblea legislativa) 4(軍隊の)集合の合図

assembleare 形 会合の,会議の

assembramento 男 群衆,人だかり

assennatezza 女 良識,分別

assennato 形 良識ある,賢明な — decisione *assennata* 賢明な決定

assenso 男 同意,承認 —dare il proprio *assenso* a... (人・物)に同意する

assentare 他 離す,遠ざける —*arsi* 再 離れる,遠ざかる

＊**assente** [アッセンテ] 形 1 不在の; 欠席の —essere *assente* da scuola [da casa, dal lavoro] 学校を欠席している [留守である,欠勤している] 2 欠けている,ない 3 ぼんやりした,放心した,上の空の — Mi guardava con uno sguardo *assente*. 彼はうつろな目で私を見ていた. —男女 1 不在者,欠席者 2 死者,故人 3〖法〗失踪者

assenteismo 男 1 常習的な欠勤[欠席],無断欠勤,ずる休み 2(社会・政治に対する)無関心

assenteista 男女〖複[男 -i]〗1 欠勤[欠席]を繰り返す人,無断欠勤をする人 2(社会・政治に)無関心な人 —形〖複[男 -i]〗1 欠勤[欠席]を繰り返す,無断欠勤の 2(社会・政治に)無関心な

assenteistico 形〖複[男 -ci]〗欠勤[欠席]を繰り返す,無断欠勤の; 無関心な

assentire 自 (a) …に同意する,賛成する —*assentire* a una proposta 提案に同意する —他〖文〗認める,与える

assenza 女 1 不在; 欠席,欠勤,留守; 不在の期間[回数] 2 欠如,欠乏,不足 3〖法〗失踪 4〖医〗(癲癇(てんかん)・ヒステリーなどの)失神

assenziente 形 賛成の,合意の,同意する

assenzio 男 1〖植〗ニガヨモギ 2 アブサン(ニガヨモギから作る蒸留酒) 3〖文〗苦々しさ,つらさ

asserire 他〖io -isco〗…と断言する,明言する —Lei asserisce di avere visto quell'uomo. 彼女はその男を目撃したと断言する.

asserragliare 他〖io asserraglio〗(道や入り口を)ふさぐ,バリケードで封鎖する —*arsi* 再 立てこもる

assertore 男[女 -trice]1 主張者 2 支持者,信奉者

asservimento 男 1 服従,隷属

asservire

(一方の動きに他方が従う形での)機械の連動

asservire 他 [io -isco] 服従させる, 奴隷にする; (機械などを)連動させる **—irsi** 再 服従する, 奴隷になる

asserzione 女 主張, 断言 —fare un'*asserzione* 主張する, 申し立てる

assessorato 男 (地方行政における)評議員の職, 評議員の任期

assessore 男 [女 -a] (行政の)評議会議員, (諮問機関の)専門委員

assestamento 男 1 整理, 調整; 整備 —*assestamento* forestale 森林整備(計画) / scossa di *assestamento* 余震 2 (感情の)沈下

assestare 他 1 整理する, 片づける, 配置する 2 調整する, 合わせる 3 (打撃やパンチを)放つ, 食らわせる —*assestare* un pugno a... (人)を殴る **—arsi** 再 1 片付く, 落ち着く 2 (地面や土台が)固まる

assestata 女 急ぎの片づけ, 大まかな整理

assestato 形 1 整理された, 片付いた 2 [文] 聡明な

assetare 他 1 喉を渇かせる, 乾燥させる 2 渇望させる

assetato 形 1 喉が渇いた 2 水の枯れた, 干上がった 3 渇望[熱望, 切望]した **—** 男 [女 -a] 喉の乾いた人

assettare 他 整理する, 片づける; (髪や衣服を)整える

assetto 男 1 整理, 整頓, 配置 —mettere in *assetto* 整理する / in *assetto* di guerra 戦闘準備が整った 2 組織, 体制 3 平衡状態 4 (船が傾くのを避けるための)荷物の配置, 釣り合い

assiale 形 軸の, 軸上の, 軸方向の

assibilare 他 [io assibilo] [言]歯擦(き)音化する

assicella 女 [建]木摺(ず)(瓦や漆喰(しっくい)の下敷きにする羽目板)

assicurabile 形 保険をかけられる, 保険の対象となる

＊**assicurare** [アッスィクラーレ] 他 1 保証する, 請け合う; 確言する —Ti *assicuro* che c'era anche lui. 確かに彼もいたよ(僕が保証する). 2 保険をかける —*assicurare* l'auto contro il furto me il 盗難保険をかける 3 安心させる, 元気づける 4 確実なものとする 5 しっかり固定する[締める] —*assicurare* una finestra [gli ormeggi di una nave] 窓[船のもやい綱]を固定する **—arsi** 再 1 確認する, 確かめる —*Ti sei assicurato* che le finestre siano tutte chiuse? 窓が全部閉まっているのを確かめた? 2 備える, 用心する 3 保険に入る —*assicurarsi* contro gli infortuni 災害保険に入る 4 手に入れる, 保証される 5 [スポ] (登山で落下を)防止する

assicurata 女 保険付郵便, 書留郵便

assicurativo 形 保険の, 保証の; 保険契約に関する[携わる]

assicurato 形 保険をかけた, 保険に入った; 安全な, 確かな **—** 男 [女 -a] 被保険者, 保険契約者

assicuratore 男 保険会社, 保険業者 **—** 男 [女 -trice] 保険契約員 **—** 形 [女 -trice] 保険の **—** *società assicuratrice* 保険会社

assicurazione 女 1 保証; 確約, 確言, 請け合い 2 保険 —agenzia di *assicurazione* 保険代理店 / *assicurazione* contro il furto [gli incendi] 盗難[火災]保険 / *assicurazione* sulla vita 生命保険 / polizza di *assicurazione* 保険証券 / premio di *assicurazione* 保険料 3 [複数で] 保険業界[会社] 4 [スポ] (登山の)安全確保

assideramento 男 [医] 凍傷

assiderare 他 [io assidero] 凍えさせる **—** 自 [es] 凍傷になる, 凍える, (寒さで)麻痺する **—arsi** 再 凍傷になる, 凍える, (寒さで)麻痺する

assiduamente 副 熱心に, たゆまず

assiduità 女 1 熱意; 勤勉; 精励 2 習慣的[頻繁]に通うこと

assiduo 形 1 たゆまぬ, 根気強い 2 勤勉な, 熱心な 3 習慣的に通う, いつもの

assieme 副 一緒に, ともに **—** 男 仲間, チーム; 用具[装備]一式

assiepamento 男 1 (生け垣による)囲い 2 人垣, 群衆

assiepare 他 [文] (生け垣や塀で)囲む, ふさぐ 2 群がる **—arsi** 再 群がる, 集まる

assillante 形 執拗(しつよう)な, 付きまとう, 煩わしい —preoccupazione *assillante* 付きまとう不安 / persona *assillante* 煩わしい人

assillare 他 執拗に煩わせる, 悩ます, 心配させる —*assillare*... di domande (人)を質問で煩わせる **—** 自 [文]もがく, (アブに刺され)もだえる **—arsi** 再 心配する, 悩む

assillo 男 1 不安, 苦悩 —avere l'*assillo* dei debiti 借金を苦にする 2 [虫]アブ

assimilabile 形 1 同じものと見なしうる, 類似の, 匹敵する —profumo *assimilabile* a quello della rosa バラに似た芳香 2 (食べ物について)消化できる, 同化可能

assimilabilità 女 (食べ物の)消化性

assimilare 他 [io assimilo] 1 同一視する, 同じ物と見なす 2 (食べ物を)消化する, 吸収する 3 (知識や情報を)習得する, 吸収する, 自分のものにする; [言] (音声が)同化する **—arsi** 再 1 同一視される, 同じ物と見なされる 2 [言] (音声が)同化される, 吸収される

assimilativo 形 消化の, 吸収の, 同化の —capacità *assimilativa* 消化能力

assimilazione 女 1 (食べ物の)消化, 吸収 2 (知識や情報の)習得, 吸収

assiologia 女 〔哲〕価値論, 価値哲学

assiologicamente 副 価値論に従って, 価値論の観点から

assioma 男 〔複 [-i]〕 1 自明の理 2 〔数・哲〕公理; 証明の必要がない明らかな原理

assiomatico 形 〔複 [男 -ci]〕 1 議論の余地のない, 明白な 2 〔数・哲〕公理の, 公理に関する

assiro 形 アッシリアの; アッシリア人[語]の ―男 1 [女 -a] アッシリア人 2 〔単数のみ〕アッシリア語

assise[1] 女複 1 (政党の)集会, 政治集会 2 〔法〕重罪裁判所(corte d'assise) 3 〔歴〕法会議; (A-) 法律集, 法典

assise[2] assidere の直・遠過・3 単

Asìsi 固名 女 アッシージ(ウンブリア州の都市)

assisiate 形 アッシージ(の人)の ―男女 アッシージの人 ― 男 (A-) 〔単数のみ〕アッシージの聖フランチェスコ

assist 男 〔不変〕〔英・スポ〕アシスト

assistentato 男 (大学または病院の)助手の職[仕事], 助手の任期

assistente 男女 協力者; 助手, アシスタント ―*assistente di volo* 客室乗務員 / *assistente sociale* ソーシャルワーカー

assistenza 女 1 援助, 補助, 支援, 救済 ―*assistenza sociale* 社会福祉事業 / *assistenza tecnica* (修理などの)アフターサービス 2 看護, 扶養 3 (試験などの)監督, 監視 4 出席, 列席

assistenziale 形 支援活動の, 福祉事業の

assistenzialismo 男 依存をもたらす社会保証, 過剰な社会福祉制度

assistenzialista 形 〔複 [男 -ti]〕(依存をもたらす)過剰な社会福祉制度の ―男女 assistenzialista

assistenzialistico → assistenzialista

assistenziario 男 更生支援施設

*****assistere** [アッスィステレ] [12] 他 〔過分 assistito〕 自 (a) …に参加する, 立ち会う, 居合わせる ―*assistere a una manifestazione* デモ[イベント]に参加する ―他 1 助ける, 援助する; 世話[治療]をする ―*assistere un malato* 病人の世話をする 2 保護する, 守る ―*Che Dio ci assista!* 神のご加護がありますように. ―**ersi** 再 助け合う, 慰め合う

assistito assistere の過分

assito 男 (部屋などを分かつ)仕切り, パーティション

asso 男 1 (トランプの)エース 2 (サイコロの)1 3 名人, 名手, 第一人者 ▶ *asso di quadri [cuori, picche, fiori]* ダイヤ[ハート, スペード, クラブ]のエース *asso nella manica* とっておきの手[策] | *piantare... in asso* 突然…を見捨てる, 途中で…を投げ出す

associabile 形 結合[統合]しうる, 参加できる, 共有しうる

associabilità 女 結合しうること, 参加できること, 共有しうること

associare 他 〔io associo〕 1 (会や団体に)参加させる, 一員と見なす 2 結びつける; 統合する 3 両立[一致]させる ―*associare l'utile al dilettevole* 趣味と実益を兼ねる 4 連想する 5 (囚人を)移送する ―**arsi** 再 (a) 1 …に加わる, 一緒にやる 2 …と提携[協同]する 3 入会[入団]する 4 分かち合う, 共有する ―*Ci associamo al vostro dolore. Associazione* 心よりお悔やみ申し上げます. | ご心痛いかばかりかと存じます. 5 賛同する ―*Mi associo alle tue idee.* 君の考えに賛成だ. 6 (雑誌などの)定期購読を申し込む

associativo 形 1 結びつける, 結合の, 結びつきやすい 2 参加の, 提携の, 連合の 3 〔心〕連想の, 連想による

associato 形 1 結合した, 連合の; 連想される 2 *professore associato* 准教授 ―男 〔女 -a〕 1 メンバー, 仲間; 提携者, 出資者 2 准教授

associazione 女 1 参加, 参入, 加入, 入会 2 会, 協会, 組合, 組合 ―*Associazione italo-giapponese* 日伊協会 3 提携, 協同, 連合, 結合, 関連 4 〔心〕連想 5 〔生物〕連鎖

associazionismo 男 1 連合化, 同盟化(思想やイデオロギーに基づく)同盟(主義) 2 〔心〕観念連合説

associazionista 男女 〔複 [-i]〕 1 連合主義者, 同盟主義者 2 〔心〕観念連合論者

associazionistico 形 〔複 [男 -ci]〕 1 連合主義の 2 〔心〕観念連合説の

assodamento 男 堅くすること[なる]こと, 堅固にすること[なる]こと

assodare 他 1 堅くする, 固める 2 確かなものにする, 堅固にする 3 確かめる ―**arsi** 再 固まる, 堅固になる

assoggettabile 形 (a) …に従うことができる

assoggettamento 男 服従, 従うこと, 遵守; 征服, 隷属 ―*assoggettamento a una regola* 規則に従うこと

assoggettare 他 (a) …に従わせる, …に従属させる; 隷属させる, 征服する ―*assoggettare il popolo a nuove tasse* 国民に新税を課す ―**arsi** 再 従う, 従属する ―*assoggettarsi a una regola* 規則に従う

assolato 形 日が当たる, 日当たりのいい

assoldamento 男 (兵士などの)徴募; 雇うこと

assoldare 他 1 (賃金を払って兵士などを)徴募する 2 雇う, 雇い入れる

assolo 男 〔不変〕 1 〔音〕独唱[独奏]部, 独唱[独奏]曲 2 〔スポ〕卓越した個人技[プレー] ―形 〔不変〕〔音〕独唱の, 独奏の

assolse assolvere の直・遠過・3 単

assolto assolvere の過分

*****assolutamente** [アッソルタメンテ] 副

assolutezza

1 絶対に, 無条件に **2** 完全に, 全く, すっかり **3** 何としても, ぜひとも, 断然

assolutezza 囡 絶対性, ゆるぎないこと

assolutismo 男 **1** 絶対主義, 絶対王制 **2** 唯我独尊, 横暴

assolutista 男女〔複〔男 -i〕〕**1** 絶対主義(王制)の支持者 **2** 独裁者, 横暴な人 ―形〔複〔男 -i〕〕**1** 絶対主義(王制)を支持する; 絶対主義の, 絶対王政の **2** 独裁的な, 横暴な

assolutistico 形〔複〔男 -ci〕〕**1** 絶対主義の **2** 独裁的な, 横暴な

assolutizzare 他 絶対化する, 絶対視する

assolutizzazione 囡 絶対化, 絶対視

‡**assoluto** [アッソルート] 形 **1** 無条件の, 無制限の **2** 普遍的な, 偏在する, 一般的な **3** 専制的な, 独裁的な ―*governo assoluto* 絶対君主政体 **4** 絶対の, 絶対的な **5** 完全な, 完璧な, 全面的な ―*fiducia assoluta* 全幅の信頼 **6** 緊急の, 切迫した ―*bisogno assoluto* 緊急の要 **7**〔言〕(構文が)独立した; (他動詞が目的語をとらず)独立した ―男 (A-)〔哲〕絶対神, 神

assolutore 男〔女 [-trice]〕罪を許す人; 免除する人; 無罪宣告する人

assolutorio 形 無罪放免の, 罪を許す ―*sentenza assolutoria* 無罪の判決

assoluzione 囡 **1**〔カト〕(司祭から与えられる)罪の許し, 免罪 **2**〔法〕無罪の宣告 **3** 免除

assolvere [93] 他 〔過分 assolto〕**1** 放免する, 解放する **2**〔法〕無罪の判決を下す **3**〔宗〕免罪する **4** 成し遂げる, し終える **5** 払う, 支払う ―*assolvere un debito* 借金を返す ―**ersi** 再 (自分に)罪〔責任〕がないとする, 自己正当化する

assolvimento 男 達成, 遂行

‡**assomigliare** [アッソミッリアーレ] 自 〔io assomiglio〕(a) …に似ている ― 他 **1** 似せる, …のように見せる **2** たとえる, なぞらえる ―**arsi** 再 **1** (お互いに)似ている **2** 類似する

assommare 他 集める, 所有する; 合計する ―*Lui assomma in sé tutti i vizi.* 彼は自らの内にすべての悪徳を備えている. ―自 [es](a) …に達する ―**arsi** 再 集まる

assonanza 囡 **1**〔詩〕母音押韻〔母音のみが韻を踏むこと〕; 類韻 **2** 調和

assonnare 他《文》眠気を催させる, 眠らせる ―自 [es]《文》睡魔に襲われる; ためらう

assonnato 形 **1** 眠たい, 眠たげな **2** 怠惰な, 活発でない

assopimento 男 **1** 眠気を催す[催させる]こと, うとうとすること **2** 緩和, 弛緩

assopire 他〔io -isco〕**1** うとうとさせる, まどろませる **2** 和らげる, 鎮める ―**irsi** 再 **1** うとうとする, まどろむ **2** 和らぐ, 鎮まる

assopito 形 **1** うとうとした, まどろんだ **2** 鎮まった, 和らいだ **3** 無気力な, 弛緩した

assorbente 形 吸収性の ―男 生理用品 ―*assorbente igienico* 生理用ナプキン / *assorbente interno* タンポン

assorbenza 囡 吸収力

assorbimento 男 **1**(水分などの)吸収; (考えなどの)吸収 **2**〔生理〕(消化物の)吸収, 溶解 **3**〔物〕(音波や光などの)減衰現象 **4**〔経〕合併, 吸収 **5**〔心〕(特定の対象への)没入, 没頭

assorbire 他〔io -isco〕**1** 吸収する; 吸い取る **2** 組み入れる ―*Quella ditta assorbirà la nostra.* あの会社は我々の会社を吸収するだろう. **3** 同化する, 受け入れる, 自分のものにする ―*assorbire la cultura straniera* 外国の文化を受容する **4** 消費する, 取り上げる ―*Il debito ha assorbito tutto il loro patrimonio.* 借金は彼らの財産をすべて奪ってしまった. **5**(時間を)費やす, 手間を取らせる ―*Lo studio mi assorbe molte ore.* 勉強にはずいぶん時間がかかる.

assordamento 男 耳を聞こえなくさせること, 耳をつんざくこと; (騒音による)聴力の減退

assordante 形 大音響の, 耳をつんざくような

assordare 他 **1** 耳を聞こえなくする; 耳をつんざく **2**〔音や人を主語に〕聞こえなくなるほど)うるさくする[迷惑をかける] ―自 [es] 耳が聞こえなくなる ―**arsi** 再 **1**(音が)弱まる, かすかになる **2**〔言〕無声音化する

assordimento 男 → assurgere

assortimento 男 品揃え, 品物のバラエティー

assortire¹ 他〔io -isco〕**1**(一定の基準や調和に従って)まとめる, 分類する ―*assortire gli abiti secondo il colore* 色に従って服を並べる **2** 組み合わせる

assortire² 他〔io -isco〕くじ引きをする, くじ引きで選ぶ

assortito 形 **1** 様々な種類の; 品数を揃えた ―*negozio ben assortito* 品数の多い店 **2** うまが合う, 似合いの ―*coppia male assortita* うまが合わない二人

assorto¹ 形 (in) …に没頭した, 考え込んだ

assorto² assorgere の過分

assottigliare 他〔io assottiglio〕**1** 薄くする, 細くする, すらっと見せる ―*Quell'abito la assottiglia.* あの服を着ると彼女はすらっと見える. **2**(刃物類を)鋭くする, 研ぐ ―*assottigliare un coltello* ナイフを研ぐ **3**(知性などを)鋭敏にする, 鋭くする **4** 減らす, 少なくする ―**arsi** 再 **1** 薄くなる, 細くなる, やせる **2** 減る, 減少する

ASST 略 Azienda di Stato per i Servizi Telefonici 電話公社(現在は Telecom Italia)

Assuan 固名〔女〕アスワン(エジプト南部の都市)

assuefare [53] 他〔過分 assuefatto〕(a) …に慣らす **—arsi** 再 (a) …に慣れる

assuefatto 形〔過分 < assuefare〕慣れた

assuefazione 〔女〕 1 慣れ(ること), 順応 *—assuefazione al dolore* 痛みに対する慣れ 2 〔医〕薬に対する慣れ, 耐性

*****assumere** [アッスーメレ] [13] 他〔過分 assunto〕 1 引き受ける, 請け負う 2 呈する, 帯びる *—assumere un tono severo* 厳しい口調になる 3 (立場や態度を)とる, 採り入れる 4 雇う *—assumere una segretaria* 女性秘書を雇う 5 摂取する, 飲み下す 6 (特に受動態で)上昇させる, (高位に)就かせる *—Gesù fu assunto al cielo.* イエスは天に召された. **—ersi** 再 (責任・仕事などを自ら)背負う, 引き受ける *—assumersi tutta la responsabilità* 自分で全責任を負う

assunse assumere の直・遠過・3 単

Assunta 固名〔女性名〕アッスンタ

assunta 〔女〕〔単数のみ〕(A-) (被昇天の)聖母; 聖母被昇天の祝日(8 月 15 日)

assunto¹ assumere の過分

assunto² 〔男〕 1 主張, 説 2〔文〕職務, 務め

assunzione 〔女〕 1 引き受け, 請負 2 雇用, 採用, 任命 3 昇進, 出世 4 (A-)(聖母マリアの)被昇天; 被昇天祭(8 月 15 日); 〔美〕聖母被昇天を描いた作品

assunzionista 〔男女〕〔複[男 -i]〕聖母被昇天修道会士〔修道女〕

assurdamente 副 不合理に, 愚かにも

assurdità 〔女〕 1 不条理, 不合理, 非常識 2 馬鹿げた言動, たわごと, ナンセンス

*****assurdo** [アッスルド] 形 1 不合理な, 不条理な, 非常識な *—discorso assurdo* 馬鹿げた話 2 (人が)奇妙な, 変わった **—男** 不合理, 不条理, 非常識

assurgere [14] 自 [es]〔過分 assurto〕 1 (高い地位に)昇る, 達する, 出世する 2 立ち上がる

assurse assurgere の直・遠過・3 単

assurto assurgere の過分

asta 〔女〕 1 棒, 竿(さお) 2 競売, せり売り, オークション *—all'asta* 競売で 3 (習字の)一筆, 一画; 文字の縦線 4〔スポ〕(棒高跳びの)ポール 5〔婉〕ペニス 6〔船〕帆柱, ブーム 7〔機〕連接棒

astante 形 1 (ある場所に)居合わせた 2 当直の **—男女**〔複数で〕居合わせた人 2 当直医

astanteria 〔女〕 救急病棟

astato¹ 形 槍(やり)で武装した **—男** (古代ローマの)槍兵

astato² 〔男〕〔化〕アスタチン(元素記号 At)

astemio 〔男〕〔女[-a]〕酒を飲まない人, 禁酒者; 酒が飲めない人, 下戸

astenersi [118] 再 1 (da) …を控える; …を断つ 2 意思表示をしない *—astenersi dal voto* 投票を棄権する

astenia 〔女〕〔医〕無力症, 虚弱, 疲労感

astensione 〔女〕 (da) …を控えること *—astensione dal fumo* 禁煙 / *astensione dal voto* 投票棄権

astensionismo 〔男〕 投票棄権(主義), 政治活動のボイコット

astensionista 〔男女〕〔複[男 -i]〕投票棄権者, (政治活動に対する)ボイコット主義者 **—形**〔複[男 -i]〕投票棄権する, ボイコットする

astenuto 形 投票を棄権する; (da)(…するのを)控える **—男**〔女[-a]〕投票棄権者; (…するのを)控える人

aster 〔男〕〔不変〕〔植〕アスター

asteria 〔女〕〔動〕ヒトデ

asterisco 〔男〕〔複[-chi]〕星印, アスタリスク

asteroide 〔男〕〔天〕小惑星

Asti 固名〔女〕アスティ(ピエモンテ州の都市および県名; 略 AT)

asticciola 〔女〕 1 小さな棒 2 ペン軸 3 矢の棒の部分, 矢軸

astice 〔男〕〔動〕オマールエビ, ロブスター

astigiano 形 アスティ(ピエモンテ州の町 Asti) (の人)の **—男**〔女[-a]〕アスティの人

astigmatico 形〔複[男 -ci]〕〔医〕乱視の, 乱視を患う **—男**〔複[-ci]〕女[-a]〕乱視を患う人

astigmatismo 〔男〕 1〔医〕乱視 2〔光〕(レンズの)非点収差

astile 〔男〕 棒; 槍(やり); 枝 **—形**〔次の成句で〕► *croce astile* (カトリックの祭礼などに見られる)棒にくくりつけた十字架

astilo 形〔建〕無柱式の

astinente 形 節制した; (da) …に対して禁欲的な, …を控えた

astinenza 〔女〕 1 節制, 禁欲 *—astinenza dall'alcol* 禁酒 2〔宗〕精進 3 禁断症状 *—essere in astinenza* 禁断症状に陥る

astio 〔男〕 憎しみ, 恨み

astiosità 〔女〕 憎しみに満ちあふれること, 憎悪を露わにすること, とげとげしさ

astioso 形 憎しみに満ちた, とげとげしい

astista 〔男女〕〔複[男 -i]〕〔スポ〕棒高跳びの選手

astore 〔男〕〔鳥〕オオタカ(類)

astorico 形〔複[男 -ci]〕 非歴史的な, 歴史と無関係な; 歴史に反する

astragalo 〔男〕 1〔解〕距骨 2 (古代の)四面サイコロ 3〔建〕玉縁(たまぶち) 4〔植〕レンゲソウ

astrakan, astrakhan 〔男〕〔不変〕 1 アストラカン(アストラハン地方の羊の毛皮) 2 アストラカン織

astrale 形 1 星の, 天体の 2 巨大な, 莫大な, とてつもない

astrarre [122] 他〔過分 astratto〕 抽象する, 引き出す **—自** (da) …を無視する, 考慮に入れない **—arsi** 再 (慣

astrasse astrarreの直・遠過・3単
astrattamente 副 抽象的に
astrattezza 女 1 抽象的であること, 抽象性 2 具体性の欠如, 不明瞭
astrattismo 男 〔美〕抽象主義
astrattista 男女 〔複[男 -ti]〕〔美〕抽象主義者, 抽象作家 —形〔複[男-ti]〕抽象主義の, 抽象派の
astrattivo 形 抽象的傾向の, 抽象化する
astratto 形〔過分＜astrarre〕1 抽象的な；観念的な, 理論〔空論〕的な 2 〔美〕抽象主義の —男〔単数のみ〕抽象, 観念；観念的思考
astrazione 女 1〔哲〕抽象化, 捨象 2 空論, 絵に描いた餅(もち)
Astrea 固名〔女〕〔ギ神〕アストライア(正義の女神. 星の処女または乙女座と呼ばれる)
astringente 形 1〔薬〕収斂(しゅう)性の 2 下痢止めの —男 1〔薬〕収斂剤 2 下痢止め
astro 男 1 天体；星 2 (芸能やスポーツの)スター 3〔植〕アスター
astro- 接頭 「宇宙」「天体」「星」の意
-astro 接尾 「軽蔑」「おおよその色合い」の意
astrofisica 女 天体物理学
astrolabio 男 アストロラーベ(かつて使われた天体観測用の器械)
astrologare 自〔io astrologo〕1 占星術を行う 2 推測する, 空想する
astrologia 女 占星術
astrologico 形〔複[男 -ci]〕占星術の
astrologo 男〔複[-gi, -ghi]女[-a]〕占星術師；占い師, 予言者 —Crepi l'astrologo.《諺》とんでもない.｜そんなことがあるか.
astronauta 男女〔複[男 -i]〕宇宙飛行士
astronautica 女 宇宙航行学, 宇宙飛行法
astronautico 形〔複[男 -ci]〕宇宙航行の
astronave 女 宇宙船
astronomia 女 天文学
astronomicamente 副 天文学的に
astronomico 形〔複[男 -ci]〕1 天文学の 2 天文学的な；宇宙規模の
astronomo 男〔女[-a]〕天文学者
astrusità 女 難解, 複雑, 不明瞭
astruso 形 難解な, 不可解な；曖昧な
astuccio 男 ケース, 入れ物, 箱, 容器
astutamente 副 狡猾(こうかつ)に, 抜け目なく
astuto 形 悪賢い, 狡猾な；巧妙な
astuzia 女 1 狡猾(こうかつ)さ, ずる賢さ；巧妙さ 2 ずる賢い〔抜け目のない〕言動
AT 略 Asti アスティ
At 略〔元素記号〕astato〔化〕アスタチン
A.T. 略 1 Alta Tensione〔電〕高圧 2 Antico Testamento 旧約聖書
-ata 接尾 -are 動詞を女性名詞化する；「動作」「作用」「一撃」「(おおよその)量」「(時の)長さ」「集合」の意
ATAC 略 Azienda Tramvie ed Autobus del Comune di Roma ローマ市営公共交通局
atalantino 形 アタランタ(ベルガモの)サッカーチーム Atalanta Bergamasca Calcio)の —男〔女[-a]〕アタランタの選手〔サポーター〕
Atanasio 固名(男) 1〔男性名〕アタナージオ 2 アタナシウス(295頃-373；アレクサンドリアの司教. 三位一体説を唱えカトリックの教義を確立)
atavico 形〔複[男 -ci]〕1 先祖から受け継いだ, 何代にもわたる 2〔生物〕隔世遺伝の
atavismo 男〔生物〕隔世遺伝
ateismo 男 神の存在の否定, 無神論
ateista → ateo
ateistico 形〔複[男 -ci]〕無神論の
atele 〔動〕クモザル
atelier 男〔不変〕〔仏〕1 (芸術家の)アトリエ 2 (服の仕立てをする)仕事場
atellana 女 (古代ローマ時代にカンパーニア地方で生まれた)笑劇, ファルス；(笑劇の)台本
atemporale 形 時間に限定されない, 超時的な, 永遠の
Atena 固名(女)〔ギ神〕アテナ(知恵・工芸の女神. ローマ神話のミネルヴァ)
Atene 固名(女) アテネ(ギリシャの首都)
ateneo 男 大学, 高等教育機関 —l'ateneo bolognese ボローニャ大学
ateniese 形 アテネの；アテネ人の —男女 アテネ人
ateo 形 無神論の —男〔女[-a]〕無神論者
atermico 形〔複[男 -ci]〕断熱性の
atesino 形 アディジェ川の；アルト・アディジェ地方の(人)の —男〔女[-a]〕アルト・アディジェ地方の人
atestino 形 エステ(ヴェネト州の町 Este)(人)の —男〔女[-a]〕エステの人
ATI 略 1 Aero Trasporti Italiani イタリア国内航空(かつてのアリタリアの子会社) 2 Azienda Tabacchi Italiani イタリアタバコ公社
atipicità 女 典型から外れること, 不規則性, 異常さ
atipico 形〔複[男 -ci]〕1 典型から外れた, 非典型的な, 不規則な 2 型にはまらない, 独創的な
atlante¹ 男 1 地図帳(atlante geografico) 2 図表〔図版〕集, 図解図 —atlante anatomico 解剖図録 3 (A-)〔ギ神〕アトラス
atlante² 男 1〔解〕第一頚椎(けいつい) 2〔建〕支柱となる男性像, 男像柱
atlantico 形〔複[男 -ci]〕1 大西洋の 2〔ギ神〕アトラスの 3 巨大な, 超人的な 4〔印〕(用紙が)アトラス判の —男 (A-)

〔単数のみ〕大西洋(Oceano Atlantico)

Atlantide [名](女) アトランティス(プラトンが描いた伝説上の王国)

atlantismo [男] 〔政〕北大西洋条約重視政策, 北大西洋条約主義

atleta [男女]〔複[男 -i]〕**1** 運動選手; スポーツマン **2** 強健な人

atletica [女] 運動競技 —*atletica leggera* 陸上競技, フィールド競技 / *atletica pesante* 重競技(重量挙げやレスリングなどの総称)

atletico [形]〔複[男 -ci]〕**1** 運動競技の, 運動選手の **2** たくましい

ATM [略] Azienda Trasporti Municipali 市交通局

*__atmosfera__ [アトモスフェーラ] [女] **1** 大気(圏), 空気 **2** 雰囲気; 環境 **3** (芸術・文学作品の)趣き, 情趣 **4** 〔物〕気圧

atmosferico [形]〔複[男 -ci]〕大気の, 空気の —*inquinamento atmosferico* 大気汚染

-ato [接尾] -are動詞の過去分詞(規則形)を作る:「身分」「職務」「状態」などの意;「酸塩」などの意

atollo [男] **1** 珊瑚(さんご)環礁 **2** 大型の救命浮き輪

atomica [女] 原子爆弾

atomico [形]〔複[男 -ci]〕**1** 原子の, 原子力の, 原子爆弾の —*bomba atomica* 原子爆弾 / *esperimenti atomici* 核実験 **3**《口》はずれの, 破格の, 途方もない **4**《口》(女性の)非常に色っぽい

atomismo [男] 〔哲〕原子論

atomista [男女]〔複[-i]〕〔哲〕原子論者

atomizzare [他]**1** (液体を)霧状にする, 粒子化する **2** (原子爆弾で)破壊する

atomizzatore [男] (香水などの)噴霧器, スプレー

atomizzazione [女] 霧状にすること, 粒子化

atomo [男] **1** 〔物〕原子 **2** 微量, 少量 **3** 〔哲〕アトム

atonale [形] 〔音〕無調の

atonalità [女] 〔音〕無調, 無調形式, 無調主義

atonia [女] **1** 〔医〕(筋肉や収縮器官の)弛緩(症), 無緊張(症) **2** 〔言〕無強勢 **3** (肉体的・精神的)衰弱, 無気力

atono [形] **1** 〔言〕アクセントのない, 無強勢の **2** 〔医〕弛緩症の, 無緊張症の **3** 不活発な, 生気のない

atopia [女] 〔医〕アトピー(sindrome atopica)

atopico [形]〔複[男 -ci]〕〔医〕アトピーの —*dermatite atopica* アトピー性皮膚炎

atossico [形]〔複[男 -ci]〕有害物を含まない, 無毒の

atout [男]〔不変〕〔仏〕**1** (トランプの)切り札 **2** 好機, チャンス

atrabile [女] 〔歴〕黒胆汁, 黒胆汁気質

atrazina [女] 〔化〕アトラジン(除草剤として使用)

Atreo [名](男) 〔ギ神〕アトレウス(ミュケナイ王, アガメムノンとメネラオスの父)

atrio [男] **1** ロビー, エントランスホール **2** 〔建〕アトリウム, (古代ローマの住居の)中庭, 中庭のついた広間; (初期キリスト教会の)前庭 **3** 〔解〕心房

atro [形]《文》暗い, 黒い; 陰鬱な, 不吉な

atroce [形] **1** 恐ろしい, ぞっとさせる, むごい **2** (振る舞いが)残酷な, 冷酷な, 非道な **3** ものすごい, 我慢ならない —*caldo atroce* すさまじい暑さ

atrocemente [副] 残酷に, ひどく, 激しく

atrocità [女] 残酷さ, 凶悪; 残虐行為

atrofia [女] **1** 〔医〕(器官や組織の)萎縮(症), 消耗(症) **2** 衰弱, 弱体化

atrofico [形]〔複[男 -ci]〕〔医〕萎縮症の

atrofizzare [他] **1** 〔医〕(器官や組織を)萎縮させる **2** (知性などを)萎縮させる, 衰弱させる —**arsi** [再] **1** 〔医〕(器官や組織が)萎縮する **2** (知性などが)衰弱する, 鈍る

atrofizzazione [女] 〔医〕(器官や組織の)萎縮

atropa [女] 〔植〕(有毒の)ベラドンナ

atropina [女] 〔薬〕アトロピン(ベラドンナから抽出される有毒アルカロイド)

Atropo [名](女) 〔ギ神〕アトロポス(運命の三女神モイライの一)

attaccabile [形] **1** つるすことができる, 取り付けられる, 結び付けられる **2** 攻撃されうる, 無防備な; 反駁(ばく)できる, 議論の余地がある

attaccabottoni [男女]〔不変〕**1** 長話をする人, 無駄話にふける人 **2** ボタンの取り付けをする労働者; ボタン取り付け機

attaccabrighe [男女]〔不変〕口論ばかりする人, けんか好き, トラブルメーカー

attaccamento [男] (a) …への愛着, 執着 —il suo *attaccamento* alla madre 母親に対する彼の執着

attaccante [形] 攻撃する —[男女] 攻撃する(人); 〔スポ〕攻撃陣, アタッカー

attaccapanni [男]〔不変〕**1** (コート・洋服・帽子などを掛ける)ハンガーポール **2** ハンガー

*__attaccare__ [アッタッカーレ] [他] **1** 接着する, 貼付する, 縫いつける, 付ける, 掛ける —*attaccare* un bottone alla giacca 上着にボタンを付ける / *attaccare* un poster in camera 部屋にポスターを貼る **2** (馬車や牛車に動物を)つなぐ **3** (機械などを)連結[接続]する; 《口》(電気製品のプラグをコンセントに)差し込む **4** 感染させる —*attaccare* l'influenza a ... …にインフルエンザをうつす **5** 攻める, 襲う —*attaccare* il forte 要塞を攻撃する / un male che *attacca* le articolazioni 関節を冒す痛み **6** 批評[批判]する **7** 始める —[自] **1** 接着[付着]する —Questo francobollo non *attacca*. この切手はつかない. **2** 始まる; 《口》仕事を始める, 話し始める —*Attacca!* 始め! / Doma-

attaccaticcio

ni *attacchiamo* molto presto. 明日はとても早く床にとりかかる. **3** 根付く, 根を張る **4** 効果がある **5** [音]演奏を始める, 歌い始める **—arsi** 再 (a) **1** しがみ[すがり]つく —*attaccarsi* alla parete 岩壁にしがみつく **2** べとつく, くっつく — Il sugo *si è attaccato*. ソースがこびりついた. **3** 執着する, し続ける —*attaccarsi* al telefono 長電話する **4** 気に入る, 好きになる —*attaccarsi* a... …が気に入る **5** 伝染する —L'influenza *si attacca*. インフルエンザは伝染する. **6** けんかする, 殴り合う ▶ *attaccare bottone* 退屈な長話で人を引き留める; 見知らぬ人とおしゃべりを始める *attaccare briga* けんかを始める *attaccare il telefono* (受話器を置いて)通話を終える *attaccarsi al tram* 被害を蒙る, 幻滅[失望]する; 自力で切り抜ける / *Attaccati al tram!* 自分で何とかしろ. *Non attacca!* 無駄!! それはだめだ!

attaccaticcio 形 [複 [女 -ce]] **1** 粘着力のある, べとつく **2** 感染力の強い **3** しつこい, うんざりさせる, でしゃばる **—** 男 (単数のみ) (鍋底などに残った) 焦げ

attaccato 形 (a) **1** 接着した, 貼られた, 付けられた, 掛けられた **2** …に執着した[結ばれた], 愛着がある, 専念[没頭]した —*attaccato* al denaro お金に執着した, けちな **3** 非常に近い —*casa attaccata* a un negozio 店に接した家 **4** まつわりつく, くっつく離れない —男 (単数のみ) (鍋底などに残った) 焦げ ▶ *attaccato a un filo* 極めて危ない状態にある

attaccatura 女 **1** 結合, 粘着 **2** 接合点, つなぎ目, つなぎ方 **3** (体の部位の) 境い目, 関節 —l'*attaccatura* dei capelli 髪の生え際

attaccatutto 男 [不変] (様々な材質のものに使用できる) 万能接着剤

attacchinaggio 男 (政党の) ビラ貼り, チラシ貼り

attacchinare 他 (政治活動家の隠語で) ビラを貼る, チラシを貼る

attacchino 男 [女 [-a]] (仕事として) ビラ[ポスター]を貼る人, ビラ[ポスター]貼り係

attacco 男 [複 [-chi]] **1** 接合[結合, 連結]点, 継ぎ目, 縫い目 —*attacco* di un tubo パイプの継ぎ目 **2** 攻撃, 襲撃 —*attacco* frontale [di sorpresa] 正面[奇襲]攻撃 / *attacco* alla baionetta 白兵戦 **3** きっかけ, 機会, 口実, 弁解 **4** (物語の)出だし, 冒頭 **5** 辛辣な批評, 批判, 非難 **6** 発作 —*attacco* di cuore 心臓発作 **7** (スキーの)ビンディング **8** [電]端子, 差し込み, プラグ, ソケット **10** [スポ]前衛, フォワード **11** [音]アタック ▶ *d'attacco* [商] (広告などで) 一番安い

attaché 男 [不変] [仏] 大使館員

attagliarsi 再 [io mi attaglio] 適合する, ふさわしい —Quel comportamento non gli *si attaglia*. その振る舞いは彼にふさわしくない.

attanagliare 他 [io attanaglio] **1** ペンチでつかむ[締める] **2** 締め付ける, 固定する **3** 包囲する **4** 圧迫する, 苦しめる

attardare 他 遅らせる, 遅くする **—arsi** 再 **1** 長居する, 長く留まる **2** ぐずぐずする, 遅れる

attecchimento 男 根付くこと, 根を張ること; 定着, 普及

attecchire 自 [es/av] [io -isco] **1** [植]根付く, 根を下ろす **2** 定着する, 普及する —Quella moda *è attecchita* rapidamente. その流行は急速に普及した.

atteggiamento [アッテッジャメント] 男 **1** 態度, 身ぶり, 物腰, しぐさ **2** 姿勢, 立場

atteggiare 他 [io atteggio] (a) **1** …の表情をする, 態度をとる **2** (個々の表現の必要に応じて) 変化させる **—arsi** 再 《a》…を装う[気取る], ふりをする

atteggiato 形 (a) …の表情を浮かべた **2** 人工的な, わざとらしい

attempato 形 年を取った, 年配の

attendamento 男 テントを張ること, キャンプ, 野営

attendarsi 再 **1** テントを張る, 野営する **2** 《謔》長居する

attendente 形 (a) …に専念[従事]する —男 [軍]従卒;《謔》お手伝い, 家来

attendere [アッテンデレ] [117] 他 [過分 atteso] 待つ, 期待する —自 没頭[専念]する, 夢中になる **—ersi** 再 予期する, 予測する ▶ *attendere al varco* 待ち伏せする

attendibile 形 信頼できる

attendibilità 女 信頼できること, 信憑(ぴょう)性

attendismo 男 様子見主義

attendista 男女 [複[男 -i]] 様子見主義者 —形 [複[男 -i]] 様子見の

attenere [118] 自 [es] (a) …に関わる, 関係する —La domanda non *attiene* al discorso. その質問は議論に関係がない. —他 (約束などを)守る, 履行する **—ersi** 再《a》…に従う; …にこだわる, 執着する

attentamente 副 注意深く

attentare 自 **1** 陰謀を企てる —*attentare* alla vita di... …の暗殺を企てる **2** 危害を加えようとする

attentato 男 **1** 凶悪な犯行; テロ行為 **2** 侮辱, 蹂躙, 冒瀆(ξ)

attentatore 男 [女 [-trice]] 攻撃[襲撃]者, 凶悪犯, テロリスト

attenti 間 (軍隊や体育での号令で)気をつけ

attento [アッテント] 形 **1** 注意深い, 慎重な; 気をつけた —stare *attento* 気をつける, 注意する **2** 入念な, 細心な, 周到な **3** [間投詞的] 気をつけろ

attenuamento 男 和らげること, 緩和

attenuante 女 **1** 情状酌量できる事情; [法] (罪の) 軽減事由 **2** 言い分, 考慮すべき点 —形 和らげる, 緩和する; 軽減

する
attenuare 他〔io attenuo〕和らげる；軽減する ―**arsi** 再 和らぐ；弱まる

attenuativo 形 緩和〔軽減〕する，緩和に役立つ

attenuato 形 緩和された，軽減された

attenuazione 女 **1** 和らげること，緩和，軽減 **2** 縮小，削減，希薄化 **3**〔物〕減衰，減少

＊**attenzione**［アッテンツィオーネ］女 **1** 注意，注意力 **2**《複数で》配慮，気配り ―*attenzione*, in grande *attenzione* …に細心の注意を払う **4**《間投詞的》気をつけろ ▶ *con attenzione* 注意して，注意深く *fare attenzione a*... …に気をつける，注意する

attergare 他（書類や手形などに）裏書きする

atterraggio 男 **1**（飛行機の）着陸 ― *atterraggio di fortuna* [*forzato*] 不時着 / *atterraggio morbido* 軟着陸 / *pista d'atterraggio* 滑走路 **2**（船）着岸地点 **3**〔スポ〕着地

atterramento 男 **1**（木を）切り倒すこと，（建物の）取り壊し，解体 **2**〔スポ〕（地面や床に）倒すこと，（ボクシングの）ノックダウン，（レスリングの）フォール

atterrare 他 **1** 倒す，（地面に）打ち倒す **2** 壊す，破壊する，取り壊す **3**（意志や誇りを）くじく，鼻を折る ― 自〔es/av〕**1**（飛行機が）着陸，（船が）着岸する **2**（スポーツで）着地する

atterrimento 男 ぞっとさせる［する］こと，恐れさせる［恐れる］こと

atterrire 他〔io -isco〕恐れさせる，脅かす，怖がらせる ― 自〔es〕恐れる ―**irsi** 再 恐れる

atterrito 形 おびえた，怖がった

atterzato 形 アッテルツァート（ウンブリアの白ワイン，ブドウの絞り汁を3分の1ほど加熱蒸発させて作る）

attesa 女 **1** 待つこと，待機；待ち時間 ― *sala d'attesa* 待合室 **2** 期待，予想，予期 ▶ *di attesa* 日和見主義の *in attesa* 待っている / *in attesa di una Sua risposta...* お返事をお待ちしております

attese attendere の直・遠過・3単

atteso attendere の過分

attestabile 形 証明できる，明示しうる

attestante 形 …を証明する，明示する ― 男女 証人

attestare[1] 他 **1** 証明する，明言する；明示する，明らかにする **2**（辞書に）語彙を登録する

attestare[2] 他 **1** 接合する，つなぎ合わせる，固定する **2**〔軍〕（部隊を）配置する，（移動中の部隊を）小休止させる ―**arsi** 再 **1**〔軍〕配置につく，小休止する（占領した）陣地を固める **2**（自分の意見や立場に）固執する，こだわる

attestato 形 証明された，明示された ― 男 証明書，証拠，証〔あかし〕

attestazione 女 **1** 立証，証明；証明書 ― *attestazione di autenticità* 本物であることの証明 **2** 証拠，証拠資料，実例 **3** 証〔あかし〕 ― *in attestazione di riconoscenza* 感謝の証として

atticismo 男 （古典ギリシャ文学の）アッティカ語法，アッティカ風の表現

attico[1] 形〔複［男 -ci]〕**1**（古代ギリシャの）アッティカ（人）の；アッティカ語法の；アッティカ風の **2** 簡潔にして優雅な ― 男 **1**〔複 [-ci] 女 [-a]〕アッティカ人 **2**《単数のみ》アッティカ語

attico[2] 男〔複［-ci]〕**1**〔建〕（建物の正面から奥まったところに位置する）屋上階，屋上階の住まい **2**〔建〕アティック

attiguità 女 隣接性，近隣

attiguo 形 隣接する，近隣の，近くの

attila 男女〔不変〕〔諧〕破壊者，暴君（5世紀のフン族の王 Attila に由来）

Attilio 男〔男性名〕アッティーリオ

attillato 形（服などが体に）ぴったり付いた，タイトな

attimino 男〔un attimino で〕ちょっと，ほんの少し ― *Un attimino!* ちょっと待って．

＊**attimo**［アッティモ］男 **1** 瞬間，刹那 **2**《不定冠詞とともに》《口》少し，ちょっと ― *Spostati un attimo più a destra*. もう少し右に寄ってください ▶ *di attimo in attimo* すぐに；ますます *in un attimo* 一瞬にして *Un attimo!* ちょっと待って

attinente 形 (a) …に関わりのある，…に関係する

attinenza 女 **1** 関わり，関連 ― *avere attinenza con*... （物）と関連がある **2**《複数で》〔法〕付属物，従物（ある物件に付属する権利）

attingere［119］他〔過分 attinto〕**1**（水などを）汲み上げる **2** 得る，引き出す **3**〔文〕達する，触れる

attingimento 男（水などを）汲むこと

attinia 女〔動〕イソギンチャク

attinicità 女〔物〕光線の化学作用

attinio 男〔化〕アクチニウム（元素記号 Ac）

attinometro 男 **1** 日射計 **2**〔化〕化学光量計，アクチノメーター

attinse attingere の直・遠過・3単

attinto attingere の過分

attirare 他 **1** 引きつける，引き寄せる，起こさせる **2** 集中させる，誘う ▶ *attirare l'attenzione* 注意を引きつける ―**arsi** 再 **1** 引きつけられる，魅きつけ合う **2**（自分に）引き寄せる，まねく

attitudinale 形 適性の，適性を計る ― *prova attitudinale* 適性検査

attitudine 女 （生まれつきの）素質，才能；能力，適性 ― *avere attitudine per il disegno* 絵の才能がある

attivamente 副 活発に，積極的に

attivante 形 活発にする，活性化する

—男〔化〕活性剤, 活性体
attivare 他 **1** 作動させる, 始動させる, 始める **2** 活発にする, 活性化する, 促進する **3**〔物〕放射化する —**arsi** 再 始動する, 活動を開始する
attivatore 男〔化〕活性剤, 活性体
attivazionale 形 **1** 始動の, 作動の **2** 活性化する
attivazione 女 **1** 始動, 作動, 開始 **2** 活性化, 促進 **3**〔物〕放射化
attivismo 男 **1** 活発さ, 積極性 **2**（政治・文化活動などへの）積極的な参加, 行動主義 **3**〔哲〕能動主義, 活動主義
attivista 男女〔複[男 -i]〕**1**（政治における）行動主義者, 活動家 **2**〔哲〕能動主義者, 活動主義者
attivistico 形〔複[男 -ci]〕**1** 行動主義の **2**〔哲〕能動主義的な, 活動主義的な
‡**attività** [アッティヴィタ] 女 **1** 活発, 活気, 活力 **2** 活動, 仕事, 事業, 営み **3**〔商〕資産 **4**〔物〕放射能 **5**〔化〕活性（度） ▶ *in attività* 活動[作動, 稼動]している
‡**attivo** [アッティーヴォ] 形 **1** 活動的な, 活発な, 精力的な **2** 積極的な, 意欲的な —*avere* [*prendere*] *parte attiva in...* …に進んで参加する, …で積極的に役割を担う **3** 活動[作動, 稼動]している —*vulcano attivo* 活火山 **4**〔言〕能動態の **5**〔商〕利益[利息]を生んでいる, 黒字の **6**〔化〕活性の **7**〔物〕放射性の —男 **1**〔言〕能動態 **2**〔商〕資産 **3**〔政〕活動家

attizzare 他 **1**（炎を）かき立てる,（火を）おこす **2** 煽（あお）る, 扇動する
attizzatoio 男 火かき棒
‡**atto¹** [アット] 男 **1** 行為, 行動, 活動, 実行 —*atto violento* 暴力行為 **2** 身ぶり, 手まね, 動き **3** 姿勢, 態度; 感情の表現 **4** 証書, 証文, 記録 —*atto di nascita* [*morte*] 出生[死亡]証明書 **5**（演劇の）幕 —*il primo* [*secondo*] *atto* 第一[二]幕 / *commedia in tre atti* 三幕物の（芝居） **6** 時点, 際 **7**〔法〕法的行為 ▶ *all'atto della firma* 署名した時点で *all'atto pratico* 実のところ, 実際に *dare atto di...* …を承認する, 表明する *essere in atto* 進行中である *fare (l')atto di...* …のふりをする *mettere in atto...* …を実行[実施]する *nell'* [*sull'*]*atto di...* …の最中に *pagare all'atto della consegna* 現品着払いにする *prendere atto di...* …を書き留める
atto² 形 **1** (a)…に向いている, …に対して適性がある —*ragazza atta allo studio* 学問に向いている少女 **2** (a)…に適した, ふさわしい —*mezzo atto allo scopo* 目的に適した手段
attonimento 男 唖（あ）然, 呆（ほう）然, 仰天
attonito 形 呆（ほう）然自失の, 仰天した
attorcigliamento 男 巻きつけること, よじること

attorcigliare 他〔io attorciglio〕巻きつける, よじる —**arsi** 再 **1**（自分の体に）巻きつける,（自分の髪を）巻く **2** 巻きつく

‡**attore** [アットーレ] 男〔女[-trice]〕**1** 俳優, 役者 **2** 当事者, 関係[関与]者 **3**〔法〕原告 —形〔女[-trice]〕〔法〕原告の

attorniare 他〔io attornio〕**1** 包囲する **2** 取り囲む, 取り巻く —**arsi** 再 (di)…に囲まれる, …に取り巻かれる —*attorniarsi di oggetti preziosi* 高価な品に取り囲まれる

attorno 副 周辺に; あたりに ▶ *attorno a...* …の周りに *d'attorno* 周囲に, 近くに

attortigliare 他〔io attortiglio〕巻きつける, よじる —**arsi** 再（幾重にも）巻かれる, くるまる, 巻きつく

attraccare 他（船を）係留する, 停泊させる —自〔es/av〕（船が）着岸する, 停泊する

attracco 男〔複[-chi]〕係留（地）, 停泊（地）

attraente 形（人が）魅力的な, チャーミングな;（物が）興味を引く, 気を引きつける, 楽しい

attrarre [122] 他〔過分 attratto〕引きつける; 魅了する —**arsi** 再 **1** 引きつけ合う, 好きになる **2**（自分自身に）まとく, 引き寄せる

attrattiva 女 **1** 魅力, 吸引力 **2**〔複数で〕人を引きつけるもの[状況], 魅力的なもの, 楽しみ

attrattivo 形 **1** 人を引きつける, 魅了する —*forza attrattiva* 人を引きつける力, 魅力 **2**（物理的に）引きつける力を持った

attratto 〔過分 < attrarre〕引きつけられた, 魅了された

attraversabile 形 渡ることができる, 横断できる

attraversamento 男 **1** 渡ること, 横断 **2** 渡れる場所 —*attraversamento pedonale* [*zebrato*] 横断歩道

‡**attraversare** [アットラヴェルサーレ] 他 **1**（端から端まで）通り抜ける, 横断する; 渡る; 越える —*attraversare una strada* 道を横切る **2**（考えなどが）よぎる —*Un pensiero mi attraversò la mente.* 一つの考えが頭に浮かんだ. **3** 貫く, 貫通する —*La pallottola ha attraversato la gamba.* 銃弾が足を貫通した. **4** 過ごす, 経験する, 直面する —*Sta attraversando un brutto periodo* [*un periodo difficile*]. 彼はつらい時期を過ごしている.

‡**attraverso** [アットラヴェルソ] 前 **1** …の端から端まで, …を渡って[横切って], …を通って; …越しに —*passare attraverso una città* 町を通り抜ける / *guardare attraverso un buco* 穴からのぞく **2** …によって, …を通じて —*Ho saputo la notizia attraverso un amico.* 知らせは友達を通じて知った. —副 斜めに, 横

attrazione 女 1 興味, 関心, 引きつける力 2 魅力, 魅惑 3 アトラクション, 呼び物, 注目的; 呼び声の高い俳優[芸人] 4〔物〕引力 5〔言〕牽(%)引

attrezzamento 男 設備を整えること, 備品の設置

attrezzare 他 1 設備[備品]を整える, 装備する 2〔船〕艤する 3〔スポ〕(登山で登攀(%)ルートにハーケンやザイルを取り付ける **—arsi** 必要なものを揃える, 装備を整える

attrezzatura 女 1 設備, 装置, 施設; 備品, 用具[装備]一式 2〔船〕艤装

attrezzista 男女〔複[男 -ti]〕1 機械製作工 2(舞台の)小道具方 3〔スポ〕器械体操選手

attrezzistica 女 器械体操

attrezzistico 形〔複[男 -ci]〕道具の, 用具の, 道具[用具]を使った

attrezzo 男 1 道具, 工具, 器具 2〔複数で〕運動用具

attribuibile 形 (a) …に帰せられる, 与えられる **—errore** *attribuibile* a una disattenzione 不注意に帰せられる誤り / affresco *attribuibile* al Perugino ペルジーノ作と考えられるフレスコ画

attribuire 他〔io -isco〕(a) 1 与える, 授ける **—***attribuire* a... un premio ...に賞を授与する 2(原因や特性などがあると認める 3(作品の原作者と)考える 4(責任などをほかに)転嫁する, (人の)せいにする **—***attribuire* una responsabilità a... …に責任を負わせる

attributivo 形〔言〕形容詞の機能を持つ, 形容詞的な, 限定修飾的な

attributo 男 1 属性, 特質, 特性 2〔言〕付加形容詞 3〔芸〕象徴

attribuzione 女 1 付与, 割り当て 2(作者の)推定 3 職務, 任務

*__attrice__ [アットリーチェ] 女 女優(→ attore)

attricetta 女〔蔑〕二流女優

attristire 他〔io -isco〕悲しませる;(植物を)しおれさせる **—**自〔es〕悲しむ, しおれる **—irsi** 再 悲しむ

attrito 男 1 摩擦, 摩擦力 **—***attrito* radente 滑り摩擦 2 対立, あつれき

attruppamento 男 寄せ集める[集まる]こと, 群がり, 人だかり

attruppare 他(動物などを)寄せ集める **—arsi** 再 群がる, 寄り集まる

attuabile 形 実現できる, 実行可能な

attuabilità 女 実現の可能性

*__attuale__ [アットゥアーレ] 形 1 現在の, 現代の, 今の, 新しい 2 現在も価値を保っている, 今日的な意味を持つ 3〔哲〕実在する 4〔神学〕人間の行いに関する; 神の救済として与えられた **—***peccato attuale* 現行罪 / *grazia attuale* 助力の恩恵

attualismo 男 1〔哲〕現実活動説(哲学者 Giovanni Gentile の理論) 2〔地質〕斉一(%)説

attualità 女 1 現実性, 現代性; 現状, 現況 2〔複数で〕最近の出来事, ニュース ▶ *di attualità* 現在の, 時局的な, 時事の

attualizzare 他 現代的にする, 最新のものにする, 更新する **—arsi** 現代風になる, 最新になる, 更新される

attualmente 副 今は, 現在は, 目下

attuare 他〔io attuo〕実現する, 実行に移す **—arsi** 再 実現する

attuario 男 1(古代ローマで)軍隊の武器食料調達係 2(古代ローマの元老院の)筆記係 3(中世の)裁判記録員, 書記

attuazione 女 実現, 実行, 実施 **—***dare* [*portare*] *attuazione* a... …を実現する, 実施する

attuffarsi 再 浸かる, 沈む

attutimento 男 弱めること, 和らげること, 緩和

attutire 他〔io -isco〕1(音を)弱める 2 和らげる, 静[鎮]める **—irsi** 再 弱まる, 緩和される

Au 略〔元素記号〕金(oro)

aucuba 女〔植〕アオキ

audace 形 1 大胆(不敵)な, 勇気[度胸]のある 2 危険な, 向こう見ずな 3 挑発的な; 扇情的な 4 無礼な, 無分別な, 露骨な 5 革新的な, 斬新な **—**男女 勇敢な人

audacemente 副 大胆に, 勇敢に, 向こう見ずに

audacia 女〔複[-cie]〕1 大胆さ, 勇敢さ, 向こう見ず 2 大胆な振る舞い, 大胆な行為 3 独創性, 斬新さ 4 厚かましさ, 図々しさ **—***avere l'audacia* di + 不定詞 厚かましくも…する; 大胆にも…する

audio 男〔不変〕1(テレビ・ラジオなどの)音, 音声 2(テレビ局の)音声送信装置, (テレビの)受信装置 **—**形 音の, 音声の

audio- 接頭〔聴覚〕〔音〕〔音楽〕の意

audiocassetta 女 カセットテープ

audiofrequenza 女〔電子〕可聴周波数

audioguida 女 音声案内装置, (携帯式の)音声ガイド

audioleso 形 聴覚障害の **—**男〔女[-a]〕聴覚障害者

audiolibro 男 オーディオブック, カセット付きテキスト

audiologia 女〔医〕聴覚学

audiometria 女〔医〕聴力測定

audiometro 男〔医〕聴力計

audiovisivo 形 視聴覚の **—**男〔複数で〕視聴覚教材

auditel, auditel 男〔不変〕(同名の会社の調査による)テレビ視聴率, 視聴者満足度調査(商標)

auditing 男〔不変〕〔英〕会計監査

auditorium 男〔不変〕〔ラ〕演奏ホール, 録音スタジオ

audizione 女 1 聴くこと, 聴取 2(歌手や俳優の)オーディション 3(劇場などでの)音楽鑑賞 4〔法〕審問, 尋問

auf, auff, auffa 間〔退屈・煩わしさ・苛立ちなどを表して〕ちぇっ

auge 囡《単数のみ》**1** 頂点, 絶頂 —in *auge* 流行する, 人気の絶頂である **2**〔天〕遠地点

augello 男《文》鳥

augurabile 形 望ましい, 好ましい

augurale 形 **1** お祝いの, 祝祭の **2**(古代ローマの)ト(ぼく)占官の

augurare 他〔io auguro〕願う, 祈る, 望む —Ti *auguro* buon viaggio. いい旅になりますように. —自 (エトルリア・古代ローマでト(ぼく)占による)鳥占いをする **—arsi** 再 **1**〔di + 不定詞 は自分のことを, che + 接続法 は他人のことを〕願う, 祈る, 望む —Mi *auguro* di trovare presto un lavoro. 早く仕事が見つかるように願っています. / Mi *auguro* che tu trovi un buon lavoro. 君にいい仕事が見つかるように祈っています. / Mi *auguro* che tutto vada bene. 何もかもうまくいくように願っています. **2** お祝い(の挨拶)を交わす

augurato 男 (古代ローマの)ト(ぼく)占官の地位[職務]

augurio 男 **1** 願い, 願望 —fare un *augurio* di felicità 幸せを祈る **2**〔複数で〕祝福[激励]の言葉 —*Auguri* di buon compleanno [Natale]! お誕生日[クリスマス]おめでとう. **3** お祝いのカード **4** 前兆, 前ぶれ, 兆し —Il bel tempo è di buon *augurio*. いい天気は幸先がよい. **5**〔歴〕ト(ぼく)占官の宣託; 鳥占いの儀式 ▶ (*Tanti*) *Auguri*! おめでとう; 頑張って; お大事に.

Augusta 固名〔女性名〕アウグスタ

augustale 形 (古代ローマ)皇帝アウグストゥスの, 皇帝の **—男 1**(アウグストゥス及びそのほかの神格化された皇帝の祭儀を司る)神官, アウグスターレス **2** アウグスト金貨

augusteo 形 (古代ローマ)皇帝アウグストゥスの, アウグストゥス帝時代の

Augusto 固名〔男〕**1**〔男性名〕アウグスト **2**(~ Caio Giulio Cesare Ottaviano)アウグストゥス(前27年, オクタヴィアヌスがローマ元老院から受けた称号)

augusto 形 高貴な, 畏れ多い **—男** (古代ローマの)皇帝

‡**aula** [アウラ] 囡 **1** 教室, 講義室 —*aula magna* 講堂; 大会場; 会議場,(特に)法廷, 国会議事堂 **2** 会議室 **3**〔集合的〕上院議員, 下院議員

aulico 形 **1**(言葉・文体などが)高尚な, 荘重な **2**《文》宮廷の

aumentabile 形 増加しうる, 増える可能性がある

‡**aumentare** [アウメンターレ] 他 **1** 増す, 増やす, 増大させる; 上げる —*aumentare* il volume 音量を上げる / *aumentare* i prezzi 値上げする **2** 編み目を増やす **—自** [es] **1** 増える; 上がる —Sono *aumentate* le tasse. 税金が上がった. **2**《口》値上がりする

aumento 男 **1** 増加, 増大 **2** 上昇, 高騰

aura 囡 **1**《文》そよ風, 大気 **2**《文》吐息, 息吹, 魂 **3** 雰囲気, 気配 **4**〔医〕てんかんの前駆症状

aurea mediocritas 成 (女) **1**〔ラ〕黄金の中庸 **2**〔諧〕平凡な地位で満足した状態

Aurelia 固名(女) **1**〔女性名〕アウレーリア **2**(Via ~) アウレリア街道(Genovaを経てアルルに至るローマ街道)

Aureliano 固名〔男性名〕アウレリアーノ

Aurelio 固名〔男性名〕アウレーリオ

aureo 形 **1** 金の, 金色の —*moneta aurea* 金貨 / *capelli aurei* 金髪 **2** 卓越した, 最良の —*aurea mediocrità* 黄金の中庸 **—男** (古代ローマの)アウレウス金貨

aureola 囡 **1**(聖像の)光輪, 光背, 後光, 円光, オーラ **2**(炎や光源の周りの)輪, 暈(かさ) **3**〔天〕暈, かさ, 暈輪

aureomicina 囡〔薬〕オーレオマイシン〔商標〕

auri- → **auro-**

aurica 囡〔船〕ラグスル **—形** ラグスルの

auricola 囡 **1**〔解〕(心臓の)心耳 **2**〔植〕アツバサクラソウ

auricolare 形 **1**〔解〕耳の, 聴覚の, 耳状の **2**〔解〕心耳の **—男 1** イヤホン, ヘッドホン **2** 受話器

aurifero 形 金を含む —*vena aurifera* 金の鉱脈, 金鉱

auriga 男〔複 [-ghi]〕**1** 指導者, 長 **2**(古代の)戦車の御者;《諧》御者

auro- 接頭「金」の意

aurora 囡 **1** 曙(あけぼの)光 **2** 夜明け, 暁, 曙(しょ); オーロラ **3** 始まり, 発端, 初期

aus. 略 ausiliare ausiliario

auscultare 他〔医〕聴診する

auscultazione 囡〔医〕聴診

ausiliare 形 助ける, 補助の, サポートの **—男女** 援助者, 補助者, アシスタント **—男**〔言〕助動詞

ausiliaria 囡〔軍〕女性補助兵

ausiliario 形 補助の, サポートの, 補佐の **—男**〔女 [-a]〕補助員, 補佐係, アシスタント; 用務員

ausiliatrice 囡〔次の成句で〕 ▶ **Maria Ausiliatrice** 救いのマリア

ausilio 男 救い, 助け, 援助

ausonio 形 **1**(南イタリアの古代部族)アウソニアの **2**《文》イタリアの

auspicabile 形 望ましい, 好ましい

auspicare 他〔io auspico〕**1** 望む, 欲する, 祈願する **2**(古代ローマで)占う, 予言する

auspice 男 **1**(古代ローマの)ト(ぼく)占官 **2** 推進者, 支持者, 支援者 —*Auspice* il sindaco, è stata organizzata la mostra. その展覧会は市長の支援で企画された.

auspicio 男 **1** 予告, 兆し, 兆候 **2**〔複数で〕後援, 援助 **3**(古代ローマで)占い, 予言

austerità 囡 **1** 厳格さ, 厳粛さ **2** 簡素さ, 質素さ **3** (経済の)緊縮財政[政策]

austero 形 **1** 厳しい, 厳格な **2** 禁欲的な, 節度のある; 簡素な, 質素な **3** 重々しい, 厳粛な **4** (ワインについて)ほろ苦くてコクのある

australe 形 **1** 南半球の **2** 南極の **3** 南の

Australia 固名(女) オーストラリア

australiano 形 オーストラリア(人)の ―男〔女[-a]〕オーストラリア人

Austria 固名(女) オーストリア

austriacante 形〔歴〕《蔑》親オーストリアの, オーストリア支配に賛成の ―男女 親オーストリア派, オーストリア支配の支持者

austriaco 形〔複[男 -ci]〕オーストリア(人)の ―男〔複[-ci]女[-a]〕オーストリア人

austro 男〔文〕南風; 南

austroungarico 形〔複[男 -ci]〕〔歴〕オーストリア・ハンガリー帝国(1867-1918)の

autarchia¹ 囡〔政・経〕閉鎖経済, 自給自足政策

autarchia² 囡 **1** (公社・公団の)自主性, 運営の自立性 **2** 絶対的な力

autarchico¹ 形〔複[男 -ci]〕 **1** 〔政・経〕閉鎖経済の, 自給自足の; 純国産の **2** 《蔑》粗悪な, まがいものの

autarchico² 形〔複[男 -ci]〕(法人などが)自立的な, 自主的な

aut aut 熟(男)〔ラ〕二者択一, (避けることのできない)選択 —dare [imporre] un *aut aut* 二者択一を迫る, 選択を強いる

autenticabile 形 (本物であると)認証できる, 公証できる

autenticamente 副 まちがいなく, 本当に; 率直に

autenticare 他〔io autentico〕 **1** (本物であると)認証する, 公証する **2** (美術品などを)本物と鑑定する

autenticazione 囡 (本物であるとの)承認, 証明, 鑑定

autenticità 囡 **1** 本物であること, 真正であること, 確かさ **2** 率直さ, 純粋さ

autentico 形〔複[男 -ci]〕 **1** 本物の, 真正の, 正真正銘の **2** 認証された, 法的に有効な **3** 典拠のある, 事実に即した **4** 純粋な, 心からの ―男〔音〕正格旋法

authority 囡〔不変〕〔英〕当局

autiere 男〔軍〕軍用車両運転係

autismo 男〔心〕自閉症, 内閉性

‡**autista** [アウティスタ] 男女〔複[男 -i]〕運転手, 運転する人

autistico 形〔複[男 -ci]〕〔心〕自閉症の

auto¹ 囡〔不変〕車, 自動車(automobile)

auto² 男〔不変〕(特に宗教的な)一幕劇

auto- 接頭「自動の」「自己の」「自動車の」の意

autoabbronzante 形 (エステ用品について)日焼けの ―男 日焼けクリーム

autoaccensione 囡 **1** 自然発火 **2** (内燃機関の)自己着火

autoaccessorio 男 **1** 自動車の付属品, カーアクセサリー **2** カーアクセサリー・ショップ

autoaccusa 囡 自己批判, 自責

autoaccusarsi 再 自己批判する, 自責の念にかられる

autoadesivo 形 粘着剤付きの, 粘着式の

autoaffermazione 囡 自己主張

autoaggiornamento 男 自分の知識や能力の更新, 自己刷新

autoalimentarsi 再 (機械について)自己補給する, 自己供給する

autoambulanza 囡 救急車

autoanalisi 囡〔不変〕〔心〕自己分析

autoannullarsi 再 自己を否定する, 自己を無にする

autoapprendimento 男 独学, 自学自習

autoarticolato 男 セミトレーラー

autoassolversi [93] 再 (自分に)罪[責任]がないとする, 自己を正当化する

autobetoniera 囡 コンクリートミキサー車

autobiografia 囡 自伝, 自叙伝

autobiografico 形〔複[男 -ci]〕自伝的な, 自叙伝の

autobiografismo 男 (作家や詩人の)自伝的傾向

autoblindato 形〔軍〕(車両が)装甲した, 武装した; 装甲車を備えた

autoblindo 男〔不変〕装甲車(autoblindomitragliatriceの略)

autobloccante 形 自動的に閉まる, 自動閉鎖の

autobomba 囡 自動車爆弾

autobotte 囡 タンクローリー

‡**autobus** [アウトブス] 男 バス

autocamionale 囡 重量車両用道路

autocampeggio 男 (キャンピングカーなどによる)キャンプ, オートキャンプ

autocaravan 男〔不変〕キャンピングカー

autocarro 男 トラック, 貨物自動車

autocensura 囡 自己検閲, 自己規制

autocensurarsi 再 自己検閲をする, 自己規制する

autocentro 男 自動車販売[修理]センター

autocingolato 男 キャタピラー式トラクター

autocisterna 囡 タンクローリー

autocisternista 男女〔複[男 -i]〕タンクローリー運転手

autocitazione 囡 自作からの引用

autoclave 囡 加圧器, オートクレーブ; 加圧減菌器

autocolonna 囡 車列; 〔軍〕車両の隊列

autocombustione 囡 1 (森林などの)自然発火 2〔車〕自動発火

autocommiserarsi 再〔io mi autocommisero〕自分を哀れむ, 自分に同情する

autocommiserazione 囡 自己憐憫(忿)

autocompiacimento 男 自己満足, 自己賞賛

autoconcessionario 男 自動車販売代理店

autoconservazione 囡〔心〕自己保存, 自己防衛

autocontrollo 男 自制, 克己, 自己管理

autoconvincersi [128] 再〔過分 autoconvinto〕(di) …と信じ込む, 思い込む; …について納得する

autoconvinzione 囡 思い込み

autocopiante 形〔次の成句で〕▶ *carta autocopiante* 複写式用紙, ノーカーボン用紙

autocorriera 囡 郊外バス

autocoscienza 囡 1 自意識, 自己意識 2 集団分析

autocrate 男女 専制君主, 独裁者; ワンマン

autocratico 形〔複[男 -ci]〕専制的な, 独裁の

autocrazia 囡〔歴〕専制政治, 専制君主体制; (現代の)独裁体制, 独裁政治

autocritica 囡 自己批判, 自己批評
―*fare autocritica* 自己批判する

autocritico 形〔複[男 -ci]〕自己批判の, 自己批判的な

autocross 男〔不変〕(自動車の)クロスカントリーレース

autoctono 形 1 原住民の, 土着の; 原産の, 原生の 2〔地学〕現地性の ―男〔女[-a]〕原住民

autodecisione 囡 自己決定, 自己決断

autodemolitore 男〔女[-trice]〕自動車解体業者

autodemolizione 囡 自動車解体

autodenuncia 囡〔複[-ce]〕(自らの罪や過ちの)告白, 自白, 自責

autodenunciarsi 再〔io mi autodenuncio〕(自らの罪や過ちを)告白する, 自白する

autodeterminazione 囡 1 自己決定, 自己決断 2〔政〕民族自決(*autodeterminazione dei popoli*) 3 (地図上での)自己の位置の特定

autodidatta 形〔複[男 -i]〕独学の, 自学自習の ―男女〔複[男 -i]〕独学者

autodidattico 形〔複[男 -ci]〕独学の, 自学自習の

autodifesa 囡 1 自己弁護, 自己防衛 2 護身術

autodisciplina 囡 自己鍛錬, 自己コントロール, 節制

autodistruggersi [38] 再〔過分 autodistrutto〕自己破壊する, 自滅する, 消滅する

autodistruttivo 形 自己破壊的な, 自滅的な

autodistruzione 囡 自己破壊, 自滅

autodromo 男 (自動車の)サーキットコース

autoeccitazione 囡 1 自己刺激 2〔電〕自励

autoemarginarsi 再〔io mi autoemargino〕(社会や集団から)自ら退く, 自ら周縁に身を置く, 自己疎外する

autoemarginazione 囡 自ら周縁に身を置くこと, 自己疎外

autoemoteca 囡 献血車

autoerotismo 男 自己性愛; 自慰行為

autoesaltazione 囡 自画自賛, うぬぼれ

autoesame 男〔医〕自己検査, 自己検診

autoescludersi 再〔過分 autoescluso〕(da) (自ら)…を控える, …から身を引く

autofecondazione 囡〔植〕自家受精

autoferrotranviario 形 公共交通機関(バス・列車・トラムなどの)の

autoferrotranviere 男 公共交通機関(バス・列車・トラムなど)職員

autofficina 囡 1 自動車修理工場 2 巡回修理トラック

autofilotranviario 形 公共交通機関(バス・トロリーバス・トラムなどの)の

autofinanziamento 男 自己資金投資, 自己資金によるやりくり

autofinanziarsi 再〔io mi autofinanzio〕1 自己資金を投資する 2 自己資金でやりくりをする

autoflagellazione 囡 1 (宗教的な禁欲者が)自分を鞭(袛)打つこと 2 自己批判

autofocus 男〔不変〕オートフォーカスのレンズ ―囡〔不変〕オートフォーカスのカメラ ―形〔不変〕オートフォーカスの

autofurgone 男 バン, ワゴン車

autogenesi 囡〔不変〕〔生物〕自然発生

autogeno 形 自生の, 自家発生の

autogestione 囡 (働く者による)自主管理, 自主運営

autogestire 他〔io -isco〕自主管理する, 自主運営する ―*irsi* 再 自分自身で決定をする

autogoal → autogol

autogol 男 1 〔スポ〕オウンゴール, 自殺点 2 自分自身に跳ね返る行為, 墓穴を掘ること

autogoverno 男 自主運営, 自主管理; 自治 ▶ *autogoverno dei popoli* 自治, 自己統治

autografo 形 自筆の, 自署の; (本人)

autogrill 男 〖不変〗 ドライブイン

手書きの ― 男 1 (自筆の)サイン, 自署 2 自筆原稿[楽譜] ▶ *chiedere un autografo* サインを求める

autogrù 女 〖複〗[男 -i] クレーン(車)

autogruista 男女〖複[男 -i]〗クレーン車操縦者

autoguida 女 (ミサイル・魚雷などの)自動操縦(装置)

autoimmondizie 女〖不変〗ごみ収集車

autoimmunitario 形 〔医〕自己免疫(性)の

autoincendio 男 消防車

autoincensarsi 再 自画自賛する, 自分自身を称える

autoinganno 男 自己欺瞞

autoinvitarsi 再 (招待されていないのに)押しかける

autoironia 女 自嘲

autolavaggio 男 洗車機

autolegittimazione 女 自己正当化

autolesionismo 男 1〔心〕自傷行為, 自己毀損願望 2 自己破壊的な行為, 自滅的な振る舞い

autolesionista 男女〖複[男 -i]〗 1〔心〕自傷行為をする人, 自己毀損願望を持つ人 2 自己破壊的な人, 自滅的な人 ― 形〖複[男 -i]〗自傷の; 自滅的な

autolesionistico 形〖複[男 -ci]〗〔心〕自傷しようとする, 自己毀損的な

autolettiga 女 救急車

autolettura 女 (ガスメーターなどの)利用者による自己検針[申告]

autolimitarsi 再 (io mi autolimito) 自制する, 節制する ― *autolimitarsi nel bere* 飲酒を自制する

autolimitazione 女 自制

autolinea 女 バスの便, バス路線

autologo 形〖複[男 -ghi]〗〔医〕自家移植の

automa 男〖複[-i]〗 1 ロボット, 自動人形[機械] 2 人工頭脳 3 作業をすばやく機械的に処理する人, 機械的に行動する人

automatica¹ 女 自動式ピストル

automatica² 女 オートメーション技術, オートメーション研究

automaticamente 副 自動的に; 無意識に

automaticità 女 自動的であること, 自動性, 自動式

automatico 形〖複[男 -ci]〗 1 自動(式)の 2 無意識の, 自動的な, 不随意の 3 必然的な[当然の]結果を招く ― 男〖複[-ci]〗スナップ, ホック, ジーンズボタン

automatismo 男 1 自動性 2 無意識[機械]的行為 3 オートメーション 4〔心〕自動症 5〔文・美〕(シュルレアリスムにおける)自動記述[筆記, 現象]

automatizzare 他 オートメーション化する, 自動化する, (時間・労力などを)削減する, 縮小する

automatizzazione 女 → automazione

automazione 女 オートメーション(化), 自動化

automercato 男 1 自動車販売市場 2 中古車販売

automezzo 男 運搬機械, 貨物自動車

‡**automobile** [アウトモービレ] 女 自動車(auto, macchina automobile) ― 形 自走式の

automobilina 女 1 (おもちゃの)ミニカー 2 ペダルカー(ペダルを踏んで走らせる子供用の玩具), ゴーカート

automobilismo 男 1 モータースポーツ 2 自動車の利用[愛好], 自動車運転(技術)

automobilista 男女〖複[男 -i]〗 運転手; レーサー

automobilistico 形〖複[男 -ci]〗自動車の

automodellismo 男 模型自動車の製作; 模型自動車のコレクション

automodellista 男女〖複[-i]〗模型自動車マニア

automotore 形 〔機〕モーターで動く, モーター付きの; 自力で推進する, 自動推進式の ― 男 気動車, 電車

automotrice 女 気動車, 電車

autonoleggiatore 男〖女[-trice]〗レンタカー業者

autonoleggio 男 カーレンタル; レンタカー会社

autonolo → autonoleggio

autonomamente 副 自律的に, 独立して

autonomia 女 1 自治(権), 自立, 自主独立 2 自主[自立]性 3 (一回の燃料供給での)作動時間, 運行〖航続〗距離 4〔政〕(極左による)自立主義

autonomismo 男 (政治・行政における)自律主義, 自治主義

autonomista 男女〖複[男 -i]〗 自律主義者, 自治主義者 ― 形〖複[男 -i]〗自律的な, 自治の

autonomistico 形〖複[男 -ci]〗自律的な, 自治の

‡**autonomo** [アウトーノモ] 形 1 自治(権)の 2 自主[自立]的な ― 男〖女[-a]〗独立[自主]労働組合員

autoparcheggio 男 駐車場

autoparco 男〖複[-chi]〗 1 駐車場 2 (会社や組織の)所有車両

autopattuglia 女 (警察の)自動車パトロール班

autopista 女 1 (砂漠などで)自動車の通った跡, 車の走路 2 (遊園地の)ゴーカートリンク

autopompa 女 消防車

autoporto 男 (税関などで商品の車を保管するための)大型駐車場

autoproclamarsi 再 (自らを)…と名乗る, 公言する

autopsia 女〔医〕検死(解剖)

autopubblica 囡 タクシー
autopullman 男〔不変〕観光バス，(長距離)路線バス
autopunizione 囡〔心〕自己懲罰
autoradio 囡〔不変〕カーラジオ
autoraduno 男 モーターショー
‡**autore** [アウトーレ] 男〔囡[-trice]〕**1** 著者，作者(作家・画家・彫刻家・作曲家など) —*diritti d'autore* 著作権，版権／*autore*-attore 自作自演 **2** 張本人; 犯人
autoreferenziale 形 **1** 自分のことにばかり言及する，自己中心的な **2**〔言〕自己言及的な
autoreggente 形 (ストッキングが)シリコンストッパー付きの —囡〔複数で〕シリコンストッパー(付き)ストッキング
autoregolamentazione 囡〔法〕(主に労働組合による)自主規制
autoregolarsi 再〔io mi autoregolo〕(機械や装置などが)自己調整を行う，自動調整をする
autoregolazione 囡 (機械・装置の)自動調整，自己調整
autorespiratore 男 アクアラング
autorete 囡〔スポ〕オウンゴール(autogol)
autorevole 形 権威のある; 信用できる
autorevolezza 囡 権威(のあること)，威信，信用
autorevolmente 副 威信をもって，堂々と
autoribaltabile 男 ダンプカー
autoricambio 男 **1** 自動車部品部門 **2**〔複数で〕自動車部品(の販売店)
autoridotto autoridurre の過分
autoridurre [3] 他〔過分 autoridotto〕(抗議行動によって)自主的に値引きさせる，(価格を)引き下げさせる
autoriduttore 男〔囡[-trice]〕(値引きを求める)抗議運動の支持者，値引きを支持する人
autoriduzione 囡 (抗議運動の結果なされる)自主的な値引き
autoriferimento 男 **1** 自分の(経験)への言及; (システムの)自己言及 **2**〔心〕自分の経験に結びつけて解釈しようとする傾向
‡**autorimessa** [アウトリメッサ] 囡 車庫，ガレージ
autoriparazione 囡 自動車修理;〔複数で〕自動車修理工場
autorità 囡 **1** 権力機関，公共機関，官庁，当局 —*autorità* amministrativa 行政当局／*autorità* giudiziaria 司法機関 **2**〔複数で〕権力者，当局者，高官，要人 —Alla conferenza erano presenti le *autorità*. 会議にはお歴々が出席していた．**3** 権力，権限; 職権 —Il vigile ha l'*autorità* di fare rispettare le regole del traffico. 警官は交通法規を守らせる権限がある．**4** 権威，威信，影響力，尊敬 —Quel professore ha molta *autorità* sui suoi allievi. あの先生は生徒にとても影響力がある．**5** 権威者，大家 —Nella medicina è una *autorità*. 彼は医学界の権威だ．▶ **d'autorità** 権限によって; 独裁[独断]的に
autoritario 形 **1** 権威主義の，横柄[横暴]な，権威ずくの **2** 独裁的な，専横の
autoritarismo 男 権威主義，独裁主義
autoritratto 男 **1** 自画像 **2** 自己の特質[特徴]の記述
autorizzare 他 **1** 許可する，権限を与える; 認可する **2** 正当と認める
autorizzazione 囡 **1** 許可，認可，承認，権限の付与 **2** 許可証[状]，認可書，免許状
autosalone 男 自動車のショールーム，自動車展示販売場
autoscala 囡 (はしご車の)可動式ばしご; はしご車
autoscatto 男 (写真の)セルフタイマー装置
autoscioglimento 男 (委員会や政治組織の)自主解散
autoscontro 男 ゴーカート; ゴーカートリンク
autoscuola 囡 自動車学校[教習所]
autoservizio¹ 男 (公共交通としての)バス運行，バスの便
autoservizio² 男 セルフサービス
autosilo 男 立体型[多層式]駐車場
autosnodato 男 → autoarticolato
autosoccorso 男 レッカー車; レッカー移動
autospazzatrice 囡 道路清掃車
autospeaker 男〔不変〕(拡声器付きの)宣伝カー
autostarter 男〔不変〕(競馬の)スタートゲート車
autostazione 囡 バスターミナル
autostima 囡 自負，自尊心
autostop 男 ヒッチハイク
autostoppismo 男 ヒッチハイクの実行
autostoppista 男囡〔複〔男 -i〕〕ヒッチハイカー
autostrada 囡 高速道路，ハイウエー —*autostrada* informatica〔情〕情報ハイウエー
autostradale 形 高速道路の
autostrangolamento 男 自分で自分の首を絞めること
autosufficiente 形 自給自足できる，自立的な
autosufficienza 囡 自給自足; 自立
autosuggestionarsi 再 自己暗示をかける
autosuggestione 囡 自己暗示
autotassarsi 再 **1** (自らすすんで)お金を負担する **2** (税金を)自己申告する
autotassazione 囡 (税金の)自己申告制度
autotelaio 男 (自動車の)シャーシ，車

台
autotomia 女〔動〕自切(敵から逃れるために足や尾を自ら切り捨てる行動)
autotrainato 形 自動車で牽(%)引される, 自動車牽引の
autotraino 男 自動車による牽(%)引
autotrapianto 男〔医〕自己移植
autotrasportare 他 (トラックで)輸送する, 運搬する
autotrasportatore 男〔女[-trice]〕トラック運送業者, トラック運転手
autotrasporto 男 トラック輸送
autotrenista 男女〔複[男-i]〕トレーラーの運転手; 列車の運転手
autotreno 男 1 トレーラー 2 気動車 (treno automotore)
autotrofo 形〔植〕独立栄養の
autovaccino 男 自己ワクチン
autoveicolo 男 自動車, 動力車
autovelox 男〔不変〕(速度違反取り締まりの)スピード測定器
autovettura 女 乗用車
autrice 女 女性の作者, 女流作家 (→ autore)
autunnale 形 秋の, 秋に行われる
‡**autunno** [アウトゥンノ] 男 1 秋 2 初老期, 衰退に入る前の時期
AV 略 Avellino アヴェッリーノ
a/v 略 a vista 見てすぐに, 要請に支払うべき, 一覧払いで
avallante 男女 保証人, 引受人
avallare 他 1 (小切手などに)署名する, 裏書きする, 保証する 2 支持する, 承認する, 確認する
avallato 形 1 (小切手などが)署名された, 裏書きされた, 保証された 2 支持された, 承認された
avallo 男 1 (小切手などへの)署名, 裏書き, 保証 2 支持, 承認
avambraccio 男 前腕
avamposto 男 1 前哨(%), 前哨部隊 2 兆候が現われた場所[瞬間]
avan- 接頭 空間[時間]的に「前の」「前立つ」の意
Avana 固名(女) ハバナ(キューバ共和国の首都)
avana 男〔不変〕1 (ハバナ産の)葉巻 2 薄茶色 —形〔不変〕(ハバナ産の葉巻に特有の)薄茶色の
avancarica 女〔次の成句で〕▶ **ad avancarica** (火器が)口装式の, 前装の
avance 女〔複〕〔仏〕1 (異性に)言い寄ること 2 提案
avancorpo 男〔建〕(建物本体からの)突出部分, 張り出し部分
avanguardia 女 1 前衛派, アバンギャルド 2〔軍〕前衛, 尖(½)兵隊
avanguardismo 男 1 アヴァンギャルド運動, 極度に斬新な傾向 2〔歴〕(ファシズムの)愛国少年動員運動
avanguardista 男女〔複[男-ti]〕1 前衛芸術家, アヴァンギャルド運動への参加者 2〔歴〕ファシズムの愛国少年団員 —形〔複[男-i]〕前衛主義の, アヴァン

ギャルド運動に参加する
avannotto 男 (淡水魚の)稚魚
avanscoperta 女〔軍〕前哨(½)部隊による偵察, 斥候
avanspettacolo 男 (かつて行われた)映画上演前の)前座興行, 前座の公演
‡**avanti** [アヴァンティ] 副 1 前方に[へ], 先へ —andare avanti 前進する; 続く; 進行する / Il mio orologio va avanti. 私の時計は進んでいる. / Avanti! 進め, やれ. | さあ, どうぞ. 2〔時間〕前に, 以前に —Bisognava pensarci avanti. 前もって考えておくべきだった. —間 進め, 前進; 〔入室許可〕どうぞ —Avanti, accomodatevi! さあ, ゆっくりしてください. —形〔不変〕1 前の, 先行する —il giorno avanti 前日 2 進歩した, 進んだ, 高等な —tecnologia avanti 先進技術 —前 1〔時間〕…の前に, …までに —avanti Cristo 西暦紀元前(略 a.C.) 2〔場所〕…の前に, …の正面に —avanti casa 家の前に —男〔不変〕1〔船〕船体前部 2〔スポ〕(ラグビーの)スローフォワード —男女〔不変〕〔スポ〕フォワード ▶ **avanti a...** …の前で[に], …を前にして, …の向かいに **avanti di [che]** …する前に(prima di[che]) **avanti e indietro** 行ったり来たり, 往復して **d'ora [di qui] in avanti** 今後は, これからは **essere avanti con gli anni** 年老いている **essere avanti in un lavoro** 仕事がはかどっている **farsi avanti** 前に出る, 進み出る, 申し出る, 買って出る **mandare avanti la baracca** 苦労して進む, 骨を折る **mandare avanti la famiglia** 何とか家族を養う, かつかつで生計を立てる **mettere le mani avanti** 事前に対策を講じる **più avanti** 後で, のちほど **tirare avanti (alla meglio)** 何とかやっていく[暮らす]
avantielenco 男〔不変〕(電話帳の初めにある)総合案内, 利用サービス案内
avantieri 副 おととい, 一昨日
avantreno 男 1〔機〕車の前部 2〔歴〕(馬などに引かせる砲車の)前車
avanzamento 男 1 前進 2 昇進 —ottenere un avanzamento 昇進する 3 発展, 成長, 進歩
‡**avanzare¹** [アヴァンツァーレ] 自 [es] 1 前進する, 進む —Avanzavamo lungo il fiume. 私たちは川沿いに進んでいた. / avanzare in età〔negli anni〕年をとる 2 (敵に向かって)進撃する 3 進展[進歩]する, 上達[向上]する —avanzare negli studi 勉強がはかどる 4〔口〕飛び出る, 突き出る —La camicia avanza dalla giacca. シャツが上着からはみ出ている. —他 1 提出[提案]する, 申し出る —Ha avanzato una richiesta. 彼は要求を提出した. 2 まさる, 凌(½)ぐ, 越える —avanzare A in B B (物)において A (人)にまさる / Tu lo avanzi in intelligenza. 君の方が彼より頭がいい. 3 先の方[前方]へ移動させる

avanzare

—Ho avanzato il divano. ソファーを前に出した. **4** 昇格[昇任, 昇級]させる —L'hanno avanzato di grado. 彼を昇進させた. **—arsi** 再 **1** 前進する **2** (時が)近づく

avanzare² 自 [es] **1** あり余る, ふんだんにある —Il pane basta e avanza. パンは十二分にある. **2** (利用されずに)残る, 余る —È avanzata una fetta di carne. 肉が一切れ余った. **3** 生き延びる[残る] **—他 1** 金を貸す —Avanziamo da Mario 1000 euro. マリオに1000ユーロ貸しがある. **2** 蓄える, 取っておく —avanzare denaro per la vecchiaia 老後に備えて金を蓄える

avanzata 女 **1** 前進, 進歩, 進展; 発展, 普及 **2** 〔軍〕進撃

avanzato¹ 形 **1** 前進した, 前にある —reparto avanzato 前衛部隊 **2** 進んだ, 進歩した —corso avanzato 上級コース **3** 革新的な, 斬新な, 最新の —tecniche avanzate 先端技術 **4** (季節や時間帯が)深まった, 更けた —primavera avanzata 晩春 / essere in età avanzata 年老いた

avanzato² 形 **1** 余った, 残った **2** 蓄えられた

avanzo 男 **1** 残り(物), 余り **2** 〔複数で〕遺物, 遺跡, 廃墟 **3** 〔数〕(割り算の)余り, (引き算の)残り **4** 〔経〕黒字, 剰余(金) ▶ *avanzo di galera* [*forca*] 犯罪者, 悪党, ならず者 *d'avanzo* 十分に, たっぷりと / Da mangiare ce n'è d'avanzo. 食べ物は豊富にある.

avaramente 副 けちに, しみったれて

avaria 女 **1** (船や飛行機の)故障, エンジントラブル —in avaria 機械が故障した, エンジントラブルの **2** (保管[輸送]中の)商品の損傷 **3** 〔海〕(航行中の)船の被害, 船荷の被害, 海損

avariare 自 [es] [io avario] (特に使役動詞の fare, lasciare とともに) 痛む, 腐敗する —Il maltempo ha fatto avariare la frutta. 悪天候が果物を腐らせた. **—他** 傷める, 腐らせる **—arsi** 再 傷む, 腐る, だめになる

avariato 形 傷んだ, 腐った

avarizia 女 **1** 吝嗇(りんしょく), けち, しみったれ; 貪欲, 強欲 **2** 卑しさ, さもしさ **3** 欠乏, 不足, 貧弱 **4** 〔カト〕貪欲の罪(七つの大罪の一つ) ▶ ***Crepi l'avarizia!*** (多額の出費をするときに)けちけちするもんか.

avaro 形 **1** けちな, 金銭に汚い, 強欲な **2** 遠慮がちな, 控えめな **3** 資源に乏しい, 実りのない, 不毛の —albero avaro di frutti 実をあまり取るに足りない, つまらない **—男** 〔女[-a]〕けち, 守銭奴, 金の亡者

ave¹ 間 今日は, ごきげんよう, お大事に

ave² 男女 〔不変〕アヴェマリア(Ave Maria)の祈り ▶ ***in un'ave*** [***in meno di un'ave***] 一瞬にして, たちまち

avellana 女 〔植〕ハシバミの実

avellano¹ 形 アヴェラ(カンパーニア州の町 Avella)(の人)の **—男** 〔女[-a]〕アヴェラの人

avellano² 男 〔植〕ハシバミの木

avellere [49] 他 〔過分 avulso〕(植物を)根にさのえて引き抜く

avellinese 形 アヴェッリーノ(の人)の **—男女** アヴェッリーノの人

Avellino 固名(女) アヴェッリーノ(カンパニア州の都市名の町; 略 AV)

avemaria 女 **1** アヴェマリアの祈り **2** (聖母への祈りの時間を告げる)夕べの鐘の音, 夕べの祈りの時刻, 夕暮れ時

avemmo avere の直·遠過·1 複

avena 女 オート麦, カラス麦, 燕麦(えんばく)

avendo avere のジェルンディオ

aventiniano 形 **1** アヴェンティーノ(ローマの七つの丘の一つ Aventino)の **2** 〔歴〕アヴェンティーノ·(1924-25 年にかけて, ファシスト政権への抗議のためアヴェンティーノの丘に集まって政治活動を放棄した議員の) **3** 〔政〕ボイコットで反対の意志を示す **—男** 〔女[-a]〕アヴェンティーノ人; 〔政〕ボイコットで反対の意志を示す人

aventinismo 男 〔政〕議会をボイコットしての抗議; 〔歴〕アヴェンティニアーノの抗議

Aventino 固名(男) アヴェンティーノの丘(ローマ七丘の一つ)

***avere¹** [アヴェーレ] [→巻末動詞変化表] 他 **1** 持っている, 所有している —L'albergo ha 80 camere. ホテルには80 室ある. / Non ho la macchina. 車は持っていません. **2** (髪や瞳やひげなどの特徴) —avere gli occhi castani 栗色の目をしている / avere i capelli lunghi 髪の毛が長い / avere la barba ひげを生やしている **3** (親族や友人関係で)…がいる —Quanti figli ha Lei? お子さんは何人おられますか. / Ho un fratello e due sorelle. 私には男兄弟が一人と女姉妹が二人います. / Ha la moglie malata. 彼には病気の妻がいる. **4** 〔年齢〕…歳です —Quanti anni hai?-Ne ho diciotto. 歳はいくつ? -18 歳. / Quei due hanno la stessa età. あの二人は同い年です. **5** …である —avere fame お腹がすく, 腹がへる / avere sete 喉が渇く / avere sonno 眠い / avere paura 怖い **6** …がある —avere appetito 食欲がある / avere coraggio 勇気がある / avere tempo 時間(暇, 余裕)がある / avere fretta 急いでいる **7** 〔体調に関する表現〕 —avere il raffreddore 風邪をひいている / avere la febbre 熱がある / avere la tosse 咳が出る / Cos'hai? どうしたの, どこか調子悪いの? / avere mal di stomaco [pancia, denti, testa, gola] 胃[お腹, 歯, 頭, 喉]が痛い **—助** 〔すべての他動詞と多くの自動詞に対応する助動詞として, 《avere + 過去分詞》で複合時制を作る. なお, 非人称動詞には助動詞 essere を用いるが, 天候を表現する piovere(雨が降る)や nevicare(雪が降る)に限り, avere を用いる場合もある〕▶

avercela con... …に対して腹を立てる **averci** 所有〔所持〕する〔日常のくだけた会話で, 直接目的格の代名詞 lo, la, li, le とともに ce l'ho, ce l'hai... の形でよく使われる〕 **avere bisogno di +** 不定詞 …する必要がある **avere il coraggio di +** 不定詞 …するだけの勇気がある **avere intenzione di +** 不定詞 …するつもりでいる **avere l'abitudine di +** 不定詞 …するのが習慣である **avere l'impressione di +** 不定詞 〔**che +** 接続法〕…のような気〔感じ〕がする **avere ragione [torto]** 〔言い分・判断が〕正しい〔間違っている〕 **avere voglia di +** 不定詞 …したい(する気がある) **aversela con...** 気分を害している, 怒っている. **Quanti ne abbiamo oggi?** 今日は何日ですか.

avere² 男 1 〔複数で〕財産, 資産 2 貸し付け金額 3 貸し方 —il dare e l'*avere* 借り方と貸し方

averno 男 (しばしば A.-) 死者の国, あの世, 冥界

averroismo 男 〔哲〕アヴェロエス主義

avesse avere の接・半過・3 単

aveste avere の直・遠過・2 複

avesti avere の直・遠過・2 単

avete avere の直・現・2 複

aveva avere の直・半過・3 単

avi- 接頭 「鳥」の意

aviario 形 鳥の, 鳥類の

aviatore 男〔女 -trice〕飛行士; (飛行機の)乗務員

aviatorio 形 航空の, 飛行機[士]の

aviazione 女 1 航空(学), 飛行(術) 2 航空業; 航空業界〔産業〕; 航空関係者 —*aviazione* civile [militare] 民間航空〔空軍〕

avicolo 形 家禽(きん)飼育の, 養鶏の

avicoltore 男〔女 -trice〕家禽(きん)飼育者, 養鶏家

avicoltura 女 家禽(きん)飼育, 養鶏

avidamente 副 貪欲に, がつがつと

avidità 女 渇望, 切望, 熱望; 貪欲

avido 形 1 (di) …を渇望した, …に飢えた 2 熱のこもった, 貪るような

aviere 男 〔軍〕航空兵, 航空隊員

avifauna 女 (ある地域の)鳥類

avignonese 形 アヴィニョン(フランスの都市 Avignone)(の人)の —男女 アヴィニョンの人

avio 形 〔不変〕航空(用)の, 飛行機の —benzina *avio* 航空燃料 —男〔不変〕航空機

avio- 接頭 「航空」「飛行機」などの意

aviocisterna → aerocisterna

aviogetto 男 ジェット機

aviolinea → aerolinea

aviorimessa 女 (飛行機の)格納庫

aviotrasportare 他 空輸する

aviotrasportato 形 空輸された

aviotrasporto 男 空輸

AVIS 略 Associazione Volontari Italiani del Sangue イタリア献血協会

avitaminosi 女 〔不変〕〔医〕ビタミン欠乏症

Avito 固名〔男性名〕アヴィート

avito 形 〔文〕祖先の, 先祖伝来の

avo 男〔女 -a〕1 〔複数で〕先祖, 祖先 2 祖父

avocado 男 アボカド; アボカドの木

avocare 他 〔io avoco〕1 (下部機関の)職務を自分のところに移管する, 自分のところで執行する 2 〔法〕没収する

avocazione 女 職務移管; 没収

avocetta 女 〔鳥〕ソリハシセイタカシギ

Avogadro 固名(男) (Amedeo ~) アヴォガドロ(1776-1856; イタリアの物理学者・化学者. 1811 年, 分子説を提唱)

avorio 男 1 象牙 2 象牙細工 3 〔不変〕象牙色, アイボリー 4 〔解〕象牙質 (dentina) —形 〔不変〕象牙の; 象牙色の, アイボリーの

avrà avere の直・未・3 単

avrebbe avere の条・現・3 単

avrei avere の条・現・1 単

avrò avere の直・未・1 単

avulse avellere の直・遠過・3 単

avulsione 女 1 〔医〕除去, 摘出 2 〔法〕自然分離

avulso 形 〔過分 < avellere〕1 根こそぎにされた 2 切り離された, 分離された, 抽出された

avuto avere の過分

avv. 略 1 avvocato 弁護士 2 avverbio 副詞

avvalersi [125] 再 〔過分 avvalso〕(di) …を利用する —*Mi sono avvalso* del suo aiuto. 私は彼の助けを利用した.

avvallamento 男 くぼ地, くぼみ; 〔地学〕陥没, 沈下

avvallarsi 再 (土地が)沈下する, くぼむ

avvallato 形 沈下した, くぼんだ

avvaloramento 男 (説や意見に)価値を与えること, 補強すること, 追認, 立証

avvalorare 他 (説や意見に)価値を与える; (説や意見を)強固にする, 裏付ける, 立証する —**arsi** 再 (説や意見が)強固になる, 裏付けられる, 立証される

avvampare 自 [es] 1 火がつく, 燃え上がる 2 赤くなる, 熱を放つ 3 (怒りや情熱で)燃え上がる —他 燃え上がらせる

avvantaggiare 他 〔io avvantaggio〕1 優遇する, ひいきにする, 目をかける 2 促進する, ためになる, 利益を与える 3 増やす, 拡大する —**arsi** 再 (di) 1 …を利用〔活用〕する, 役立てる 2 …につけ入る, 乗じる 3 …をリードする, …に差をつける

avvantaggiato 形 有利な, 優位の —Era *avvantaggiata* rispetto agli altri. 彼女はほかの人々よりも有利な立場にいた.

avvedersi [126] 再 〔過分 avveduto〕(di) …に気づく —Non *mi sono avveduto* del pericolo. 私は危険に気づかなかった.

avvedutezza 女 慎重さ, 思慮深さ, 鋭敏さ, 抜け目なさ

avveduto 形 慎重な, 思慮深い, 鋭敏

avvegnaché 接《文》1〔接続法とともに〕…にもかかわらず, …にせよ 2〔直説法とともに〕…なので

avvelenamento 男 1 毒を入れること, 毒を盛られること; 中毒 2 汚染 3 堕落, 退廃

avvelenare 他 1 毒を入れる; 毒殺する; 中毒にする; 中毒死させる —Qualcuno *ha avvelenato* il cane. 誰かが犬を毒殺した. 2 汚染する, よごす 3 苦しくさせる, 悲しませる, 悩ます —*Questo dispiacere mi avvelena* la vita. この厄介ごとが私の人生を悩ませている. 4 堕落させる, 退廃[腐敗]させる 5 悪臭を放つ **-arsi** 再 1 中毒になる; 中毒死する; 服毒自殺する 2 壊れる, だめになる —*avvelenarsi* la vita 生活が破綻する

avvelenato 形 1 毒の入った, 有毒の 2 怒り狂った, 痛烈な, 毒々しい

avvelenatore 男〔女[-trice]〕毒殺者

avvenente 形 見目麗しい, 魅力的な, 優雅な —donna *avvenente* 魅力的な女性

avvenenza 女 美しさ, 魅力, 優雅さ

avvengaché → avvegnaché

‡**avvenimento** [アッヴェニメント] 男 出来事, 事件; 一大事

‡**avvenire**[1] [アッヴェニーレ] [127] 自 [es]〔過分 avvenuto〕1 起こる, 生じる —L'incidente *avvenne* molto tempo fa. 事故はずいぶん前に起きた. 2 (非人称) 偶発する, たまたま…する —*È avvenuto* di incontrarlo per caso alla stazione. 彼にたまたま駅で出会った. 3 開催される, 行われる ► *come spesso avviene* [*come suole avvenire*] よくあるように

‡**avvenire**[2] [アッヴェニーレ] 男〔不変〕1 未来, 将来 2 見込み, 見通し, 展望 —形〔不変〕未来の, 将来の, 今後の

avvenirismo 男 (芸術・製品・技術などの) 未来志向, 未来[進歩]主義, 斬新さ

avvenirista 男女〔複[男 -i]〕未来志向の人, 未来[進歩]主義者 —形〔複[男 -i]〕未来志向の, 未来[進歩]主義の

avveniristico 形〔複[男 -ci]〕未来志向の; 進歩的な, 斬新な, 大胆な

avvenne avvenire の直・遠過・3 単

avventare 他《文》放つ, 投げる; (一撃を) 見舞う **-arsi** 再 襲いかかる, 飛びかかる, 押し寄せる

avventatezza 女 衝動的な性格, 性急さ; 向こう見ず, 無分別; 向こう見ずな行為

avventato 形 衝動的な, 性急な, 向こう見ずな, 無分別な —*comportamento avventato* 衝動的な振る舞い

avventista 男女〔複[男 -i]〕〔宗〕キリスト再臨派の信徒 —形〔複[男 -i]〕再臨派の

avventizio 形 1 臨時の, 偶発的な —*guadagno avventizio* 臨時収入 2 (労働法で) 臨時雇いの, 臨時用の 3〔植〕不定の, 偶性的な 4《文》外国の, 外来の

avvento 男 1 到来, 出現 2 (高位への) 就任, 即位 —*avvento* al trono 王座につくこと 3 (A-) 待降節, 降臨節 (クリスマスの前の日曜日から始まる)

avventore 男〔女[-trice]〕常連客

‡**avventura** [アッヴェントゥーラ] 女 1 冒険, 椿事, 事件 —*romanzo d'avventura*[film] 冒険小説[映画] 2 (結果が予測できない) 初体験 3 情事, アバンチュール ► *per avventura* 偶然, たまたま

avventurarsi 再 1 (in) (危険な行いや未知の領域に) 身を投じる, 突き進む —*avventurarsi* nel bosco 森の中に分け入る 2 (a) 思い切って…する, 危険を冒して…する —*avventurarsi a fare* un'obiezione 思い切って異議を唱える

avventuretta 女 アヴァンチュール

avventuriere → avventuriero

avventuriero 男〔女[-a]〕1 冒険家 2 山師, ペテン師 3 傭兵 —形 冒険を求める, 幸運を追い求める

avventurina 女〔鉱〕アベンチュリン, 砂金石

avventurismo 男〔政〕(確かな見込みのない) 冒険主義

avventurosamente 副 冒険を求めて, リスクを冒して

avventuroso 形 1 波乱万丈の 2 リスクの多い, 結果の分からない 3 冒険好きの

avvenuto 形〔過分 < avvenire〕起こった, 生じた —形 出来事

avverabile 形 実現できる, 可能な

avveramento 男 実現, 達成

avverare 他 実現する, 現実のものにする **-arsi** 再 実現する; 本当に起こる

avverbiale 形〔言〕副詞的な, 副詞の

avverbio 男〔言〕副詞 —*avverbio frasale* 文修飾副詞 / *avverbio interrogativo* 疑問副詞

avversare 他 敵対する, 反対する, 邪魔する —*avversare* un progetto 計画に反対する / *avversare* il figlio 息子と対立する **-arsi** 再 敵対し合う, 対立し合う

‡**avversario** [アッヴェルサーリオ] 形 1 敵の, 敵対[対抗, 対立, 反対]する 2〔スポ〕対戦相手の —男〔女[-a]〕敵, 対抗者, 反対者; 〔スポ〕対戦相手 3 (A-)〔単数のみ〕悪魔, サタン

avversativo 形 反対の;〔言〕反意の

avversione 女 1 反感, 敵意 —*avere [sentire, nutrire] avversione per*… …に反感を抱く 2 嫌悪, 毛嫌い

avversità 女 1 逆境, 不都合, 不利, 苛酷, 激しさ 2〔複数でも〕不運, 不幸, 災難, 面倒

avverso[1] 形 1 反対の, 敵対[対立]する; 敵意のある 2 不幸な, 不運な 3 (天候などが) 厳しい, 苛酷な

avverso[2] 前 …に反対して, …に対して —*ricorrere avverso* la sentenza 上訴する / *per avverso* 反対に

avvertenza 女 **1** 注意, 用心, 慎重さ **2**〔複数で〕(製品に関する)使用上の注意

avvertibile 形 感知[知覚, 認知]できる

avvertimento 男 **1** 通告; 警告; 忠告; 注意 **2** 兆候, 前兆 **3**〘婉〙脅し, 脅迫 —*avvertimento* mafioso マフィアの警告 **4**〔スポ〕(審判の)警告

*__avvertire__ [アッヴェルティーレ] 他 **1** (危険などを)知らせる, 通知する —*avvertire* la polizia 警察に通報する **2** 警告する, 注意する —Ti *avverto* di stare attento a quell'uomo. あの男には気をつけるよう忠告しておくよ. **3** 感じる, 感知[察知]する; 気づく, 分かる —*avvertire* un dolore 痛みを覚える

avvertito 形 **1** 警告された, 勧告された **2** 注意深い, 慎重な

avvezzare 他 (a) …に慣れさせる, 慣らす —*avvezzare* i figli allo studio 息子たちを勉強に慣れさせる **2** 教育する **—arsi** 再 (a) …に慣れる —*avvezzarsi* al clima 気候に慣れる

avvezzo 形 (a) …に慣れた, しつけられた

avviamento 男 **1** 開始, 始まり; 着手, 発足 **2** 入門, 初歩, 基本, 基礎 **3**〔商〕信用, のれん **4**〔機〕始動, スタート; 始動機, スターター

*__avviare__ [アッヴィアーレ] 他 (io avvio) **1** (ある方向に向けて)進める, 向ける, 行かせる —*avviare* la macchina verso il parcheggio 車を駐車場に進める **2** (…するように)しむける —*avviare*... a una professione …を仕事に就かせる **3** 開始する, 始める —*avviare* un negozio 店を開く / *avviare* una conversazione 会話を始める **4** (機械などを)始動させる —*avviare* la macchina 車のエンジンを始動させる **—arsi** 再 (a) **1** …に向かう; 動き出す **2** (今にも)…するところだ

avviato 形 **1** 向かった; 始められた **2** (店・商売が)繁盛している

avvicendamento 男 **1** 交代, 交互, 入れ替わり **2**〔農〕輪作

avvicendare 他 **1** 交互に行う, 代わるがわる…する —*avvicendare* lo studio allo svago 勉強しては息抜きをする **2**〔農〕輪作する **—arsi** 再 交替する, 代わるがわる…する, 交互に生じる —*avvicendarsi* alla guida 交互に運転する / l'*avvicendarsi* delle stagioni〔名詞として〕四季の入れ替わり

avvicinamento 男 近づけること, 近づくこと, 接近

*__avvicinare__ [アッヴィチナーレ] 他 **1** 近づける —*avvicinare* la mano al fuoco 暖炉に手を近づける **2** 早める, 繰り上げる **3** 関わる, 接触する, 付き合う —È un tipo difficile da *avvicinare*. 彼は近づきがたい人だ. **4** 話し始める **—arsi** 再 **1** 近づく —*avvicinarsi* alla porta ドアに近づく / Il termine stabilito *si avvicina*. 期限が迫っている. **2** 親しくなる, 仲よくなる **3** 似ている, 類似する —Per ca-

rattere *si avvicina* al padre. 性格はお父さんに似ている.

avvilente 形 **1** (人を)落胆させる, 勇気[自信, 希望, 情熱]を失わせる **2** 下品な, 屈辱的な, 恥をかかせる

avvilimento 男 **1** 落胆; 消沈, 阻喪 **2** 下落, 失墜, 堕落

avvilire 他 (io -isco) **1** 侮辱する, 屈辱を与える, 恥をかかせる **2** 落胆させる, 意気阻喪させる, がっかりさせる —L'insuccesso l'*ha avvilito*. 不成功に彼はがっくりした. **3** (値打ちを)下げる; (品位を)落とさせる **—irsi** 再 がっかりする, 落胆する

avvilito 形 がっかりした, 気落ちした, 意気消沈した

avviluppare 他 **1** 包み込む, 覆う **2** (糸などを)巻く; もつれさせる **—arsi** 再 **1** 体を覆う, くるまる —*avvilupparsi* in un mantello マントにくるまる **2** もつれる

avvinazzato 形 酔っ払った **—** 男〔女 [-a]〕酔っ払い

avvincente 形 魅力[魅惑]的な, 心を惹(ひ)く, チャーミングな

avvincere [128] 他〔過分 avvinto〕**1** 締めつける, 縛りしめる; (つるなどが)…に巻きつく **2** 引きつける, 魅了する **—ersi** 再 巻きつく

avvinghiare 他 (io avvinghio) 強く握る, がっちりつかむ, 締めつける —Gli ho *avvinghiato* le braccia. 私は彼の両腕をがっしりつかんだ. **—arsi** 再 (a) **1** …にしっかりつかまる, しがみつく, 絡みつく **2** 抱き合う, つかみ合う, 組み合う

avvinse avvincere の直・遠過・3単

avvinto avvincere の過分

avvio 男 出だし, スタート; 始動 ▶ *dare l'avvio* 始動させる, 始める / *prendere l'avvio* 始動する, 始まる

avvisaglia 女 **1**〔複数で〕(悪い)前兆, 兆し **2** 小規模な戦闘, 小競り合い

avvisare[1] **1** 知らせる, 通知する —L'ho *avvisato* del mio arrivo. 到着を彼に知らせた. **2** 警告する, 注意する

avvisare[2] 他〘文〙**1** じっと見る, 気づく **2** 狙いを定める, 狙う **3** 思う, 想像する **—arsi** 再〘文〙気づく

avvisato[1] 形 **1** 知らされた, 通告された **2** (被疑者に事前に送付される)捜査告知書を受け取った **—** 男〔女 [-a]〕捜査告知対象者

avvisato[2] 形 慎重な, 注意深い

avvisatore 男 警報装置 —*avvisatore* d'incendio 火災報知器 / *avvisatore* acustico 警笛, クラクション **—** 男〔女 [-trice]〕告知者, メッセンジャー

*__avviso__ [アッヴィーゾ] 男 **1** 通知, 通告, 告知; 告示 —dare *avviso* di... …について知らせる **2** 掲示, 張り紙, ビラ **3** 意見, 見解; 判断 —a mio *avviso* 私の考えでは **4** 警告, 注意 ▶ *avviso di ricevimento* 受け取り通知 / *stare* [*essere*] *sull'avviso* 警戒して

avvistamento 男 (遠くから)注意して見ること, 観測, 識別

avvistare 他 1 (遠くから)見つける, 認める 2 (レーダーで)見つける [(観測する)]

avvitamento 男 1 ねじを締めること, ねじで留めること 2 [医]ボルトなどで骨折箇所をつなぐこと 3 (体操や飛び込み競技の)体のひねり, 回転

avvitare 他 1 (ねじやボルトを)締める; ねじる, ねじって回す 2 (ねじで)留める, 締める **—arsi** 再 1 (ねじが)締まる, くるくる回る 2 体をひねる 3 [空]きりもみ降下する

avvitata 女 (仮の)ねじ締め, (取り急ぎの)ねじ留め

avvitatura 女 ねじ締め, ねじ留め

avviticchiare 他 [io avviticchio] 巻きつける, 絡める **—arsi** 再 巻きつく, 絡む

avvivare 他 1 生き生きさせる, 活気づける, 鮮やかにする 2《文》生命[生気]を与える

avvizzire 自 [es] [io -isco] 1 しおれる, しなびる, 色あせる 2 老け込む **—他** 1 しおれさせる, しなびさせる, 色あせさせる — Il caldo *avvizzisce* i fiori. 暑さが花をしおれさせる. 2 老け込ませる **—irsi** 再 しおれる, しなびる

avvizzito 形 しおれた, しなびた, 色あせた, 老け込んだ

avvocata 女 1 (A-)聖母マリア; 女性聖人の呼び名 2《諧》女弁護士

avvocatesco 形 [複[男 -chi]]《蔑》弁護士もどきの, 弁護士みたいな

avvocatessa 女 1 女性弁護士 2《諧》弁護士の妻, おしゃべり好きの女

‡**avvocato** [アッヴォカート] 男 [女[-a, -essa]] 1 弁護士, 弁護人 —rivolgersi a un *avvocato* 弁護士に依頼する 2 支持者, 擁護者 ▶ ***avvocato del diavolo*** (一般的に受け入れられている考えなどに)わざと反対する人 ***avvocato delle cause perse*** 無理な考えを通そうとする人 ***parlare come un avvocato*** 弁舌さわやかに話す, 弁が立つ

avvocatura 女 弁護士業

avvolgente 形 1 体を覆う, 体を包み込む 2 包囲する 3 快適な, 体型に合った; 心のこもった, 温かい; 魅力的な, 心を引きつける —*tenda* (食品用の)包装紙[アルミ箔], ラップフィルム —*avvolgente per alimenti* 食品用包装紙, ラップフィルム

avvolgere [131] 他 [過分 avvolto] 1 巻きつける, 巻く —*avvolgere un tappeto* じゅうたんを巻く 2 くるむ, 包む; (衣服で)覆う —*avvolgere un bambino in uno scialle* 赤ん坊をショールに包む 3 取り巻く, 取り囲む —*Le fiamme avvolgevano il palazzo.* 炎は建物を覆っていた. **—ersi** 再 1 巻きつく 2 …にくるまる, 身を包む, 着込む

avvolgibile 形 巻くことができる, 包む[覆う]ことができる —*tenda avvolgibile* 巻き上げ式ブラインド **—男** ブラインド, シャッター

avvolgimento 男 1 巻くこと, 包むこと, 包装 2 [軍]包囲 3《文》ごまかし, 欺瞞 4《文》曲がりくねった道

avvolse avvolgereの直・遠過・3単

avvolto 形 [過分 < avvolgere] くるんだ, 巻いた

avvoltoio 男 1 [鳥]ハゲタカ 2 貪欲[強欲]な人, 高利貸し

avvoltolare [io avvoltolo] 1 ぐるぐる巻く 2 大ざっぱに包む, ざっとくるむ —*avvoltolare la frutta nella carta di giornale* 果物を新聞紙で包む **—arsi** 再 くるまる; 転げまわる

axeroftolo 男 ビタミンA

azalea 女 [植]アザレア, セイヨウツツジ

Azerbaigian 国名[男] アゼルバイジャン

azerbaigiano 形 アゼルバイジャン(人)の **—男** [女[-a]] アゼルバイジャン(人)

azero 男 1 [女[-a]] アゼルバイジャン人 2 [単数のみ] アゼルバイジャン語 **—形** アゼルバイジャン(人)の

‡**azienda** [アズィエンダ] 女 企業, 会社; 公団, 公社; 事業所 —*azienda agricola* 農場, 農園 / *azienda autonoma* 公社, 公団 / *azienda familiare* 同族会社 / *azienda sanitaria locale* 地域保健公社

aziendale 形 企業の, 会社の, 社員の —*mensa aziendale* 社員食堂

aziendalismo 男 会社優先主義

aziendalista 名[複[男 -i]] 1 企業経済の専門家[研究者] 2 会社優先主義者 **—形** [複[男 -i]] 会社優先主義の

aziendalistica 女 経営学

aziendalistico 形 [複[男 -ci]] 企業の, 会社の; 企業[社員]の利益を考慮した, 会社経営の

azimut 男 [不変] [天]方位角, 方位

azionabile 形 作動できる, 操作できる, 動かすことができる

azionamento 男 作動, 始動, 操作

azionare 他 作動させる, 操作する, 動かす **—arsi** 再 作動する, 動く

azionariato 男 1 [経](ある会社の)株式保有 2 [集合的に]株主, 株主集団

azionario 形 株(式)の, 証券の

‡**azione¹** [アッツィオーネ] 女 1 行動, 活動, 動き —*uomo d'azione* 行動家 2 行い, 行為, 振る舞い, 態度 —*commettere una cattiva azione* 悪事を犯す 3 作用, 機能, 効力, 効果, 影響力 —*farmaco ad azione immediata* [*lenta*] 即効[遅効]性の薬 4 [軍]戦闘, 交戦; 作戦 —*azione navale* [*aerea*] 海[空中]戦 5 筋書き, 話の展開; 舞台 —*L'azione del romanzo si svolge a Roma.* 物語の舞台はローマだ. 6 活気, わくわくすること —*film ricco di azione* スリル満点の映画 7 [法]訴訟 8 [スポ](体の動き, 身のこなし ▶ ***Azione!*** [映](演技)開始, アクション！ ***entrare in azione*** 行動を開始する ***passare all'azione*** 行動に移る

azione² 女 1 株, 株式; 証券 2 [複で]信用, 信頼, 信望, 評判, 称賛 ▶ ***Società per Azioni*** 株式会社(略 S.p.A.)

azionista¹ 男女〔複[男 -i]〕株主, 株式保有者 —*assemblea degli azionisti* 株主総会

azionista² 男女〔複[男 -i]〕〔歴〕行動党(1942-47)党員 ——形〔複[男 -i]〕行動党の

azotato 形〔化〕窒素の, 窒素を含む

azotemia 女〔医〕高尿素窒素血症; 血中の窒素比率

azoto 男〔化〕窒素(元素記号 N)

azteco 形〔複[男 -chi]〕アステカの; アステカ族の ——男 1〔女[-a], 複[男 -chi]〕アステカ族 2〔単数のみ〕アステカ語

azzannare 他 1 (牙で)捕える, 噛みつく, 食いつく 2 辛辣に非難する, 食ってかかる —**arsi** 再 噛みつき合う, 非難し合う

azzannata 女 牙で噛みつくこと, 食らいつくこと; 激しい非難

azzardare 他 1 賭ける, 危険を冒す, 一か八かやってみる; 敢行する 2 恐る恐るする, ためらいがちに…する —**arsi** 再 《a》…の危険を冒す, 敢えて「思い切って」…する

azzardato 形 1 無分別な, 無謀な; 大胆な, 一か八かの 2 根拠のない, とっぴな

azzardo 男 1 危険な試み; 無謀な行為 2 不確かさ, 運まかせ ▶ *gioco d'azzardo* 賭事, 賭博

azzeccagarbugli 男〔不変〕悪徳弁護士

azzeccare 他 1 命中させる, 正確に打つ〔放つ〕, 射抜く —*azzeccare un bersaglio* 的に命中させる, 的を射抜く 2 (打撃やビンタを)食らわせる, (ニセモノを)つかませる 3 言い当てる, 的中させる —*azzeccare la risposta esatta* 正解を当てる ▶ *azzeccarci* [*azzeccarla*] 当てる, うまくやる *non azzeccarne una* 全然うまくいかない

azzeccato 形 うまくいった, 成功した; 的を射た, 効果的な

azzeramento 男 ゼロにすること, リセット

azzerare 他 1 (測量器の目盛などを)ゼロにする, リセットする, 初期状態に戻す —*azzerare una bilancia* 秤(はかり)をリセットする 2 (数字や金額などを)ゼロにする, 無にする —*azzerare le spese* 出費をゼロにする —**arsi** 再 1 ゼロになる, 無くなる 2 相殺し合う

azzimare 他 着飾らせる —**arsi** 再 (入念に)着飾る, ドレスアップする

azzimato 形 (入念に)着飾った, ドレスアップした

azzittire 他〔io -isco〕黙らせる, 静かにさせる —*azzittire gli allievi* 生徒たちを静かにさせる ——自〔*les*〕黙る, 静かになる —**irsi** 再 黙る, 静かになる

azzoppamento 男 足を悪くすること, 足を引きずること

azzoppare 他 1 足を悪くさせる, 足を引きずらせる 2 (テーブルや椅子の脚を)ガタガタにする, 合わなくする —**arsi** 再 1 (事故などの結果)足が悪くなる, 足を引きずる 2 (テーブルや椅子の脚が)ガタガタする, 合わなくなる

Azzorre 固名 (女複) (Arcipelago delle ~)アゾレス諸島(北大西洋ポルトガル領の群島)

azzuffarsi 再 1 けんかをする, つかみかかる —*Si è azzuffato con un compagno di scuola.* 彼はクラスメートとつかみ合いのけんかをした. 2 取っ組み合う, つかみ合う 3 論争する, 激論する

azzurrabile 形〔スポ〕(特にサッカー選手について)イタリア代表になりうる, 代表に加わることができる

azzurrare 他 青くする, 青色に塗る —**arsi** 再 青くなる, 青色に染まる

azzurrastro 形 (色について)青と灰色の間の, 灰青色の

azzurrato 形 青味を帯びた, 青味がかった —*vetri azzurrati* 青味を帯びたガラス

azzurrino 形 明るい青色の, うす青い, 青白い色の ——男 1 明るい青色, うす青い[青白い]色 2〔スポ〕イタリアのユース代表選手

‡**azzurro** [アッズッロ] 形 1 青い, 空色の 2〔スポ〕イタリア代表(選手)の ——男 1 青, 空色 2〔女[-a]〕〔スポ〕イタリア代表の選手; (サッカーチーム, ナポリの)選手 ▶ *Fiume Azzurro* 長江(中国最大の河川) *principe azzurro* 理想の男性

azzurrognolo 形 1 青味がかった, 青みを帯びた, うす青い 2 青と灰色の中間の, 灰青色の

B, b

B¹, b¹ 女, 男 1 (イタリア語アルファベットの)2 番目の字母 —*B come Bologna*〔符丁〕ボローニャの B 2〔音〕ロ音

B² 略 1 (元素記号)boro〔化〕ホウ素 2 bel ベル(電圧や音の強さの単位); banda di frequenza 周波数帯 3 basso〔音〕バス 4 B クラス, B 級, 二流, 二軍 5 Belgio ベルギー

b² 略 1 bar〔物〕バール(圧力の単位) 2 basso〔音〕バス

B. 略 beato 至福の; baia 湾

b. 略 beato 至福の

BA 略 Bari バーリ

Ba 略 (元素記号) bario〔化〕バリウム

ba¹ 間〔次の成句で〕▶ *non dire né a né ba* うんともすんとも言わない, 何も言わない

ba² → *bah*

babà 男 1 ババ(ラム酒を浸したナポリのケーキ) 2〔ナポリ〕愛らしい[好ましい]人, 心地よいもの

babau 男〔不変〕(子供を怖がらせるための)お化け, 怪物 —*Se non dormi, viene il babau.* 寝ないと, お化けが来るよ.

babbeo 形 間抜けな ——男〔女[-a]〕間抜け; お人好し

babbino 男 お父ちゃん, パパ

babbione 男〔女[-a]〕間抜け, お人好し ― 形 間抜けな, お人好しな

＊babbo [バッボ] 男 《口》父, 親父, パパ ―*Babbo* Natale サンタクロース ▶ *a babbo morto*(借金の返済を延期する時に)遺産が入れば

babbuccia 女〔複[-ce]〕1 バブーシェ (中東などの先のとがった履物) 2 (主に寝室用の)上履き 3 (新生児用の)毛系靴

babbuino 男〔女[-a]〕1〔動〕ヒヒ 2 間抜け

babele 女〔不変〕1 大混乱, 無秩序; 大混乱した場所 2 (B-)〔歴〕バビロニア; 〔聖〕バベル(の塔)

babelico 形〔複[男 -ci]〕1 混乱した, 騒然とした 2 バベルの

Babila 固名〔男性名〕バビラ

babilonese 形 バビロン(の人)の, バビロニア(人)の ―男女 バビロンの人, バビロニア人 ―男〔単数のみ〕バビロニア語

babilonia 女 1 (B-)〔歴〕バビロニア 2 大混乱, 無秩序; 大混乱した場所

babilonico 形〔複[男 -ci]〕1 混乱した, 無秩序な, 騒然とした 2 バビロニアの, バビロニアの

babirussa 男〔不変〕〔動〕バビルサ

babordo 男(船の)左舷

baby 男〔不変〕〔英〕《諧》赤ん坊, 子供; (少女・少年に対してふざけて)かわいいちゃん, 坊や ―形〔不変〕赤ん坊の, 赤ん坊向けの; 幼い, 幼年の

baby-gang 男〔不変〕〔英〕不良少年グループ

babypensionato, baby pensionato 男〔女[-a]〕(早期退職による比較的年齢の若い)年金受給者

baby pusher 男女〔不変〕子供の麻薬密売人

baby-sitter 男女〔不変〕〔英〕ベビーシッター

babysitteraggio 男 子守り, ベビーシッターの仕事

bacare 他 (果物・食べ物を)腐らせる; (道徳的・精神的に)堕落させる ―自[es] 腐る ―**arsi** 再 (果物・食べ物などが)腐る, 傷む; (道徳的・精神的に)堕落する

bacato¹ 形 腐った, 傷んだ, 堕落した, 退廃した

bacato² 男〔トスカーナ〕養蚕

bacca 女 1 小さな丸い実; ベリー 2 〔植〕漿(しょう)果

baccagliare 自〔io baccaglio〕大声で口論する, がなり立てる ―他 (若者の隠語で)異性に言い寄る

baccalà 男 1 塩漬けの干鱈; 棒鱈(ぼうだら) 2 やせたのっぽの人; どじな人

baccanale 男 1 〔古代ローマの〕バッカス祭 2 陽気なパーティー, 馬鹿騒ぎ ―形 バッカスの; 騒々しい, 乱痴気騒ぎの

baccano 男 大騒ぎ; 喧騒

baccante 女 1 バッカスの巫女(みこ) 2 欲望の虜になった女, 淫蕩(いんとう)な女, 取り乱した女

baccarà¹ 男 バカラ, バカラ賭博

baccarà² 男 → baccarat

baccarat 男〔不変〕〔仏〕バカラ(グラス), 高級グラス ―形〔不変〕バカラの, 高級グラスの

baccelletto 男〔建〕サヤマメの形にデザインされた浮き彫り装飾

baccellierato 男 学士号, 大学前期終了資格; (フランスやスペインの)高校卒業資格

baccelliere 男 1 学士; (フランスやスペインの)高校卒業資格者 2 (中世の)騎士見習いを終えた若者

baccello 男 1〔植〕サヤマメ 2〔女[-a]〕〔トスカーナ〕間抜け, お人好し

Bacchelli 固名(男) (Riccardo ~) バッケリ(1891-1985; イタリアの詩人・劇作家・評論家)

baccheo 〔詩〕バッカス格(古代のバッカス賛歌で使われた短長長格の詩脚)

bacchetta 女 細い杖〔棒〕; 指揮棒, タクト;〔複数で〕箸(はし) ― *bacchetta magica* 魔法の杖 ▶ *comandare a bacchetta* 厳しい統制下に置く, 絶対服従させる

bacchettare 他 1 棒で叩く, 棒で打つ 2 〔トスカーナ〕叩き売る

bacchettata 女 棒〔鞭(むち)〕で叩くこと, 棒〔鞭〕の一撃

bacchetto 男 1 棒 2 握り, 取っ手

bacchettone 男〔女[-a]〕(ある宗教に対する)盲信家, 信仰心を誇示する人, 独善家; エセ信者, 偽善者

bacchettoneria 女 盲信的な振る舞い, 独善的〔偽善的〕な行動

bacchiare 他〔io bacchio〕(樹上の果物を)長い棒で叩き落す ― *bacchiare le castagne* 栗を棒で落とす

bacchiata 女 長い棒で叩くこと, 長い棒による一撃

bacchiatore 男〔女[-trice]〕長い棒で木の果物を落とす人 ―形〔女[-trice]〕棒で果物を落とす

bacchiatura 女 棒で果物を落とすこと

bacchico 形〔複[男 -ci]〕酒神バッカスの, 乱痴気騒ぎの

bacchio¹ 男 (果物を落とすのに使う)長い棒

bacchio² → abbacchio

bacco 男〔不変〕1 (B-)〔ローマ神〕バッコス(酒の神) 2 《諧》飲酒の悪癖 ― *Bacco, tabacco e Venere riducono l'uomo in cenere*. 酒, タバコ, 女遊びは男をダメにする. ▶ *per bacco* おやおや, とんでもない(perbacco)

bacheca 女 陳列ケース, ショーケース

bachelite 女〔化〕ベークライト

bacherozzo 男 1 ゴキブリ, 黒っぽい虫 2〔ローマ〕司祭 3〔ローマ〕不快な人, 嫌な奴

bacherozzolo → bacherozzo

bachicoltore 男〔女[-trice]〕養蚕家

bachicoltura 女 養蚕

baciamano 男 (敬意の印としての)手への接吻(ぶん) —*fare il baciamano a una signora* ご婦人の手に口づけする

baciapile 男女〖不変〗(宗教の)盲信家, 信仰心を誇示する人, 独善家

*__**baciare**__ [バチャーレ] 他〖io bacio〗接吻(ぶん)[キス]する —*La baciò sulla fronte.* 彼は彼女の額に口づけをした. / *baciare... sulle labbra [guance]* ...の唇[両頬]に接吻する ▶ **baciare la terra** 平伏する —**arsi** 再 キスを交わし合う

baciato 形 1 キスをされた 2〖詩〗対韻の —*rima baciata* 連押韻(同じ脚韻が続く2行連句)

bacile 男 1 洗面器, たらい 2〖宗〗水盤

bacillare 形〖生物〗バチルス(状)の, 桿(かん)(状)の(細菌)の

bacillo 男 1〖複数で〗細菌 2〖生物〗バチルス, 桿(かん)菌, 桿状細菌

bacinella 女 洗面器; トレー

bacino¹ 男 1 水ばち, たらい, ボウル 2 ため池, 貯水池 3〖地質〗盆地; 堆積盆地; 海盆 4〖地質〗鉱床; (川の)流域 —*bacino petrolifero* 油田 / *bacino di utenza* (通学・通勤・配達などの)区域 5〖解〗骨盤

bacino² 男 軽い接吻(ぶん)

*__**bacio¹**__ [バーチョ] 男 接吻(ぶん), キス —*bacio di Giuda* ユダの接吻(裏切り) / *Ti mando tanti baci.*〖手紙などの結語〗たくさんのキスを君に. ▶ **al bacio** うまくできた

bacio² 形〖トスカーナ〗(北向きで)暗い —男 (北向きの)日当たりが悪い場所

bacione 男 熱い口づけ

background 男〖不変〗〖英〗背後の理由[事情], 背景

backup 男〖不変〗〖英・コン〗バックアップ

baco 男〖複[-chi]〗 1 (チョウやガの)幼虫 —*baco da seta* 蚕 2〖コン〗バグ 3 欠点 4 苦悩, 心痛 5〖トスカーナ〗寄生虫

bacologia 女 養蚕学

baconiano 形 ベーコン(イギリスの哲学者1561-1626)の[に関する] —男〖女[-a]〗ベーコン主義者

bacterio 名 → batterio

bacucco 形〖複[-chi]〗年老いた, よぼよぼの

bada... 女 待つこと, 遅滞 ▶ **tenere a bada...** (人)を見張る, 監視する

badalone 男 (教会の内陣中央に置かれた)書見台

*__**badare**__ [バダーレ] 自 1 注意する; 用心する —*Bada al gradino!* 段差に気をつけて / *Bada di essere puntuale!* くれぐれも遅れないように. 2 世話をする —*badare ai bambini* 子供の面倒を見る 3 専念する, 没頭する 4 重視する —他 見張る, 管理する, 世話をする ▶ **Bada ai fatti tuoi!** 大きなお世話だ. | 君の知ったことか.

badessa 女 女子大修道院長 —*fare la badessa* 傲慢に振る舞う

badge 男〖不変〗〖英〗(服や首にかけて使う)IDカード —*badge magnetico* 磁気カード型身分証

badia 女 1 大修道院 2 大邸宅

badiale 形 1 大修道院の 2 隆盛な; 壮麗な, 巨大な

badiana 女〖植〗トウシキミ

badilata 女 シャベルの一突き; シャベル1杯の量

badile 男 シャベル

badiotto 形 バディーア(トレンティーノ・アルト・アディジェ特別自治州の町 Badia)(の人)の, バディーア渓谷の —男 1〖女[-a]〗バディーアの人 2〖単数のみ〗バディーアの方言

Badoglio 固名(男) (Pietro ~) バドリオ(1871-1956; イタリアの軍人. ムッソリーニ失脚の後首相となり, 休戦協定を結んだ)

baffo 男 1〖複数で〗口ひげ; (動物の)ひげ 2 染み, よごれ —*persona* [*cosa*] *con i baffi* 一級の人[物] ▶ **coi baffi** 素晴らしい, とびきりの ... *da leccarsi i baffi* (舌鼓を打つほど)とてもおいしい ... *ridere sotto i baffi* ほくそ笑む; こっそり笑う

baffone 男 1 長い口ひげ 2〖謔〗長い口ひげを生やした人 3〖単数のみ〗(B-)スターリン

baffuto 形 口ひげを生やした

bagagliaio 男 1 荷物入れ[置き場]; (車の)トランク 2 手荷物預かり所(deposito bagagli) 3 荷物車

*__**bagaglio**__ [バガッリオ] 男 1 荷物 —*bagaglio a mano* 手荷物 / *deposito bagagli* 手荷物預かり所 2 (知識や経験の)蓄え ▶ **abbandonare armi e bagagli** 着の身着のまま逃げ出す **fare i bagagli** 荷物をまとめる; 退散する

bagarinaggio 男 ダフ屋行為, チケットの転売

bagarino 男 ダフ屋

bagarre 女〖不変〗1〖仏〗激しい議論, 言い争い; 大騒ぎ, 騒乱 2〖スポ〗(特に自転車レースの)最高潮の局面, 決定的な場面

bagascia 女〖複[-sce]〗 売春婦; 〖蔑〗売女(ばいた)

bagascione 男 1〖俗〗(年寄りの太った)売春婦; (若作りの)老いぼれ女 2 (ホモセクシュアルの)売春夫

bagattella 女 1 つまらないこと[物], 取るに足りないこと[物] 2〖音〗小曲 3 バガテル(ビリヤードに似た玉突きゲーム)

baggeo 形 愚かな, 間抜けな —男〖女[-a]〗愚か者, 間抜け

baggianata 女 愚かさ, 愚かな行為

baggiano 形 間抜けな, だまされやすい —男〖女[-a]〗間抜け, だまされやすい人

baglio 女 〖船〗(甲板を支える)船梁, ビーム

bagliore 男 1 閃(せん)光, きらめき, 輝き 2〖比喩〗輝き, 証し —*gli ultimi bagliori del Rinascimento* ルネサンスの

最後の輝き

bagnabile 形 〔化〕水和性の

bagnante 男女 水浴をする人, 海水浴客, 海辺でバカンスを過ごす人

＊bagnare [バニャーレ] 他 1 濡(ぬ)らす, 湿らす —Ho bagnato le scarpe e i pantaloni. 靴もズボンも濡らしてしまった. 2 水をかける[撒く] —bagnare i fiori 花に水をやる 3 浸す, 漬ける —bagnare il pane nel latte パンを牛乳に浸す 4 (川が)流れる; (海が)接する —La Senna bagna Parigi. セーヌ川はパリを流れる. 5 祝杯を上げる —**arsi** 再 1 濡れる —Come hai fatto a bagnarti così? どうしてそんなに濡れたの. / bagnarsi la gola [bocca, lingua] (酒で)喉を潤す 2 水浴する 3 お漏らしをする ▶**bagnarsi le mani di sangue** 両手を血で濡らす(血まみれの犯罪を犯す)

bagnarola 女 1 老朽化した船[車], ポンコツの船[車] 2 〔中南〕風呂おけ, 浴槽

bagnasciuga 男 〔不変〕 1 波打ち際, なぎさ 2 (船の)水線部(錆(さび)止めのために帯状に塗装される部分)

bagnata 女 1 ざっと濡(ぬ)らすこと, ざっと水をやること —dare una bagnata ai fiori 花にざっと水をやる 2 濡れること, ずぶ濡れ; 水浴, 入浴

bagnato 形 濡(ぬ)れた —男 〔単数のみ〕濡れた地面[路面] ▶**bagnato fradicio** ずぶ濡れの **piovere sul bagnato** 幸〔不幸〕が重なる

bagnatura 女 1 濡(ぬ)れること, 濡らすこと 2 〔農〕灌漑(かんがい)

bagnetto 男 〈愛〉お風呂 —fare il bagnetto お風呂に入る

bagnino 男[女 -a] (海水浴場・プール・温泉などの)世話係; 監視員; ライフガード

＊bagno [バーニョ] 男 1 入浴, 風呂; 水浴, 海水浴 —fare il bagno 風呂に入る, 海水浴をする / costume da bagno 水着 2 浴室; 洗面所; トイレ —andare al [in] bagno トイレ[浴室]に行く 3 〔複数で〕浴場; 温泉; 海水浴場 —bagno pubblico 公衆浴場 4 (治療のために体を)浸す[さらす]こと —bagno di sole 日光浴 5 溶液に浸けること; 溶液 —bagno di sviluppo 現像液 ▶**bagno di sangue** 皆殺し, 虐殺

bagnodoccia 男 〔不変〕 (バス・シャワー兼用の)バスフォーム, バスジェル, ボディーシャンプー

bagnomaria 男 〔不変〕 1 湯煎(ゆせん), 湯煎容器 —a bagnomaria 湯煎で, 湯煎によって 2 〔化〕水浴, 水浴用容器

bagnoschiuma 男 〔不変〕 入浴剤, バスフォーム, バスジェル

bagolaro 男 〔植〕エノキ

bagordo 男 1 〔複数で〕乱痴気騒ぎ —fare bagordi 馬鹿騒ぎをする 2 (馬上試合で使われる)槍

baguette 女 〔不変〕 1 〔仏〕(宝石の)角形カット; 角形カットされた宝石 2 フランスパン, バゲット

bah 間 〔不確かさ・不信・諦めなどを表して〕さぁ, どうだか

Bahamas 固名〔女複〕バハマ

Bahrein 固名〔男〕バーレーン

bahreinita 形 バーレーン(人)の —男女 バーレーン人

baia¹ 女 入り江, 湾

baia² 女 1 からかい, 嘲り 2 つまらないもの, 取るに足りないもの[こと]

baia³ 女 (かつて船に装備されていた)大きな木桶(おけ)

baiadera 女 1 インドの踊り子 2 (色の対照が鮮やかな)縞(しま)織物

baiata 女 1 (人をからかうための)馬鹿騒ぎ, 悪ふざけ 2 つまらないもの, 取るに足りないこと

baicolo 男 1 (ヴェネツィア産の)魚の形をしたビスケット 2 小さな鱸(すずき)

bailamme 男 〔不変〕大騒ぎ, 混乱

baio 形 (馬について)鹿毛(かげ)の, 鹿毛色の —男 鹿毛の馬

baiocco 男 〔複 -chi〕 1 〔諺〕〔主に複数で〕お金 —non una un baiocco 一銭の値打ちもない 2 (19世紀まで教皇領で使われた)バヨッコ銀貨[銅貨]

baionetta 女 1 銃剣 —assalto alla baionetta 接近戦, 肉弾戦 2 〔複数で〕(銃剣で武装した)兵士

baionettata 女 銃剣の一撃

baita 女 山小屋; ヒュッテ

balalaica, balalaika 女 〔音〕バラライカ

balanino 男 〔虫〕ゾウムシ, シギゾウムシ

balano 男 〔動〕フジツボ(類)

balascio 〔鉱〕バラスルビー

balausta 女 ザクロの実[花]

balaustra 女 欄干; バラスター付きの欄干

balaustrata 女 (バラスター付きの)欄干

balaustrino 男 スプリングコンパス

balaustro 男 〔建〕バラスター, 手すり子(手すりや欄干を支える装飾的な縦の棒)

balbettamento 男 1 口ごもること, どもること 2 口ごもって発音された言葉, 歯切れの悪い会話

balbettare 自 1 どもる, 口ごもる 2 たどたどしく話す 3 (幼児が)片言を話し出す —他 どもりながら言う

balbettio 男 (ひっきりなしに)どもること

balbuzie 女 〔不変〕吃(きつ)音, どもり

balbuziente 形 吃(きつ)音の, どもっている —男女 吃音者

Balcani 固名〔男複〕 バルカン諸国 —Monti Balcani バルカン山地(ブルガリアの中央部を東西に走る山脈)

balcanico 形〔男 -ci〕 1 バルカンの, バルカン半島の —penisola balcanica バルカン半島 2 混乱した

balcanizzare 他 (ある国を)内乱状態にさせる; 小国に分裂させる

balcanizzazione 女 〔政〕内乱化,

小国に分裂させる[する]こと
balconata 囡 **1**(いくつもの窓が並ぶ)大バルコニー **2**(劇場の)バルコニー席,張り出し席
balconcino 男 **1**小バルコニー **2**(冷蔵庫の扉裏側の卵などを置く)ポケット部 ▶ *a balconcino*(ブラジャーが)バルコネットタイプの,ストラップレスの
‡**balcone** [バルコーネ] 男 **1**バルコニー **2**(床面まで開いた)窓
baldacchino 男 天蓋 —*letto a baldacchino* 天蓋付きベッド
baldanza 囡 **1**大胆さ,自信,力強さ **2**向こう見ず,無鉄砲
baldanzeggiare 自〔io baldanzeggio〕大胆に自信を持って振る舞う;向こう見ずに行動する
baldanzoso 形 大胆な,自信に満ちた,力強い;向こう見ずな,無鉄砲な
Baldassarre 固名 男 **1**〔聖〕バルタザル(幼いイエスに贈り物を運んだ東方三博士の一人)**2**〔Baldassar とも〕〔聖〕バルタザル(バビロニアの最後の王)
baldezza → baldanza
baldo 形 **1**勇敢な,自身に満ちた **2**《諧》たくましい
baldoria 囡 **1**お祭り騒ぎ,酒宴 **2**〔トスカーナ〕(祭りの)かがり火 ▶ *fare baldoria* どんちゃん騒ぎする;暴飲する
baldracca 囡《蔑》売春婦,あばずれ
Baleari 固名 女(複)(Isole 〜)バレアレス(諸島)(スペインの西,地中海にある諸島・自治州)
balena 囡 **1**〔動〕クジラ **2**(特に女性の)太った人
balenare 自[es] **1**〔非人称〕稲妻がする **2**ひらめく;急に思いつく —*Mi è balenata* un'idea. 私に妙案が浮かんだ. ▶ *in men che non balena* 電光石火(の)
baleniera 囡 **1**捕鯨船 **2**〔歴〕(帆船時代の)艦長用ボート
baleniere 男 捕鯨船員
balenio 男(断続的な)きらめき,閃(せん)光
baleno 男 **1**稲妻,電光 **2**閃(せん)光 **3**ひらめき,思いつき ▶ *in un baleno* [*in men d'un baleno*] 一瞬にして
balenottera 囡 〔動〕ナガスクジラ — *balenottera azzurra* シロナガスクジラ
balenottero → balenotto
balenotto 男 クジラの子
balera 囡 ダンスホール
balestra 囡 **1**(古代の)石弓 **2**〔機〕板バネ **3**(進水式で船を押し出す)レバー装置
balestriera 囡 〔歴〕(石弓を打ち出すための)城壁の狭間〔銃眼〕;(ガレー船内の)石弓兵の足場
balestriere 男 **1**〔歴〕石弓で武装した兵士,石弓兵 **2**石弓を使う猟師〔競技者〕
balestruccio 男 〔鳥〕イワツバメ
balì, baglì → balivo

balia¹ 囡 乳母;里親
balia² 囡(中世都市国家の)最高議決機関 ▶ *in balia di...* …のなすがままに[思うままに] *in balia di sé stesso* 好き勝手に,勝手気ままに
baliatico 形〔複[男 -ci]〕乳母の —男〔複[-ci]〕乳母の報酬[務め],乳母による授乳[保育]
balilla 男〔不変〕バリッラ(ファシズム時代の8〜14歳の少年予備兵) —囡〔不変〕〔商標〕バリッラ(1930年代に普及したフィアット社の大衆車)
balinese 形 バリ島(の人)の —男女 バリ人
balipedio 男(火器の)試射場
balista 囡 バリスタ(古代ギリシャ・ローマで使われた石を発射する武器),弩(ど)砲
ballistica 囡 弾道学
ballistico 形〔複[男 -ci]〕弾道の,弾道学の
ballistite 囡 発射用火薬
balivo 男〔歴〕**1**(封建制による)地方長官 **2**(高位の)騎士
balla 囡 **1**大包み,大束(たば);梱(こ)り包 **2**嘘,ほら **3**〔北伊〕酩酊(ていて),深酔い
ballabile 形〔音〕舞踏用の —男 舞踏曲
‡**ballare** [バッラーレ] 自 **1**踊る **2**小躍りする,動き回る **3**ぐらぐらする —*Mi balla un dente.* 歯がぐらついている. **4**(服などのサイズが)だぶだぶする —*Sono dimagrito ed ora il vestito mi balla.* やせたからもう服がだぶつく. —他 踊る —*ballare il flamenco* フラメンコを踊る ▶ *far ballare...* …を言いなりにさせる *Ora si balla!* さあ,ここが核心[難関]だ.
ballata 囡 **1**〔文〕バッラータ(各連ごとに同一のリフレーンを含む古い民謡);(ロマン主義時代の)バラード,叙情的物語詩 **2**〔音〕バラード
ballatoio 男 **1**(長い)バルコニー;(建物の外側[内側]を巡る)回廊 **2**(登山で)がけから突き出た岩棚 **3**(古代の帆船の)船楼の周りの張り出し部
ballerino 男〔女[-a]〕舞踏家,ダンサー;バレリーナ —形 **1**ゆらゆらする **2**(動物がある動きをするように)調教された
ballettare 自 不格好に踊る,ぎこちなく踊る
ballettistico 形〔複[男 -ci]〕バレエの,バレエ曲の
balletto 男 **1**バレエ **2**バレエ団 **3**〔音〕バレエ曲
ballista 男女〔複[男 -i]〕《諧》ほら吹き
‡**ballo** [バッロ] 男 **1**踊り,ダンス **2**(ダンスの)一踊り **3**舞踏会,ダンスパーティー **4**(乗り物の)揺れ ▶ *avere il ballo di San Vito* 動き回る *essere in ballo* 巻き込まれる,し始める *tirare in ballo...* …を巻き込む
ballon d'essai 囲(男)〔仏〕観測気球;(反応を見るための)探り
ballonzolare 自〔io ballonzolo〕跳ね回る,跳ねながら歩く **2**動く,揺れる

—far *ballonzolare* un bambino 子供をあやす[揺り動かす] **3** (飛び跳ねながら)踊る, 気楽に踊る

ballotta 女 (中世において使われた)投票用の小球

ballottaggio 男 **1** 決選投票 **2** [スポ]優勝決定戦, プレーオフ

ballottare 他 [歴] (ballotta を用いて)投票する

balneabile 形 海水浴に適した, 泳ぐことができる

balneare 形 海水浴の, 水浴の; 水浴の設備を備えた —stagione *balneare* 海水浴シーズン

balneazione 女 **1** 海水浴, 遊泳 —divieto di *balneazione* 遊泳禁止 **2** 温泉療法

balneoterapia 女 温泉療法, 湯治

baloccare 他 (おもちゃで)遊ばせる, 楽しませる —**arsi** 再 **1** 時間を浪費する, ぶらぶらする **2** (おもちゃで)遊ぶ, 楽しむ

balocco 男〔複[-chi]〕**1** おもちゃ **2** 遊戯, 娯楽, 暇つぶし

balordaggine 女 **1** 愚かさ **2** 愚かなこと[態度, 言葉]

balordo 形 **1** 馬鹿な, 愚鈍な; (疲労やショックのために)ぼんやりした, ぼうっとした **2** 信頼の置けない, 犯罪を犯す **3** むずかしい, 問題の多い; 不安定な, 曖昧な; 役に立たない —男〔女[-a]〕**1** 馬鹿, 愚鈍な人; ぼんやりした[ぼうっとした]人 **2** 信頼の置けない人, 犯罪者

balsa 女 [植]バルサ, バルサ材

balsamella → besciamella

balsamico 形〔複[男 -ci]〕**1** バルサムの —aceto *balsamico* バルサミコ酢 **2** よい香りの; (空気が)澄んだ, 健康に適した

balsamina 女 [植]ホウセンカ

balsamino 男 バルサミーノ種(エミリア地方やマルケ地方で栽培されている黒くて甘いブドウの品種) —形 バルサミーノ種の

balsamo 男 **1** バルサム, 香油; 鎮静剤, 霊験あらたかな薬 **2** リンス **3** 慰め

balteo 男 **1** (古代ローマの)剣帯(型から斜めにかけて剣をつるす革帯) **2** [建]イオニア式柱頭の装飾部を取り巻く帯

baltico 形〔複[男 -ci]〕バルト海の, バルト海沿岸の —Mar *Baltico* バルト海, バルチック海

baluardo 男 砦(とりで), 要塞, 城壁

baluginare 自 [es]〔io balugino〕**1** ちらちら光る, 明滅する, 一瞬光る **2** (考えが)一瞬ひらめく, ちらっとよぎる

baluginio 男 **1** かすかな光, 明滅する光 **2** かすかな兆し —un *baluginio* di speranza 一縷(いちる)の望み

balza 女 **1** 険しい岩場, 断崖; 絶壁のわずかな段丘, ひだ飾り, フラウンス —gonna a *balza* ひだ飾りのついたスカート **3** (馬の脚の)白い縞(しま)

balzana 女 **1** ひだ飾り, ズボンの折り返し **2** (馬の脚の)白い縞 **3** [紋]上下2色に色分けされた紋章

balzano 形 **1** 奇妙な, 風変わりな, 馬鹿げた **2** (馬の脚に)白い縞(しま)のある

balzare 自 [es] **1** 跳ぶ, 跳ねる **2** (胸が)踊る, (心臓が)激しく打つ **3** いきなりはっきりとする[判明する], 突如心に浮かぶ

balzellare 自 (軽く)跳ねながら進む, 跳ね回る

balzello[1] 男 **1** 軽い跳躍, 軽く飛び跳ねること **2** [トスカーナ]狩りのための待ち伏せ ► *balzello balzello* [トスカーナ]軽く飛び跳ねながら

balzello[2] 男 恣意的に課せられた税金, 無茶苦茶な税金

balzelloni 副〔次の成句で〕► *a balzelloni* 飛び跳ねながら; バウンドしながら; 不規則的に, 断続的に

balzo[1] 男 跳躍; 飛翔 ► *cogliere la palla al balzo* チャンスを活かす(跳ねているボールをつかむ) *d'un balzo* いきなり; 一足飛びに

balzo[2] 男 険しい岩場, 断崖; 絶壁の中の小さな岩棚

bambagia 女〔複[-gie]〕綿, 原綿; 綿くず ► *essere di bambagia* 虚弱体質である *stare* [*vivere*] *nella bambagia* 甘やかされる, 過保護に育てられる

bambagino 男 綿くず[原綿]の, 綿くず[原綿]でできた

bambagioso 形 綿のように柔らかい

bambinaggine → bambinata

bambinaia 女 (仕事として)子供の面倒を見る女性, 乳母, 子守, 保母

bambinaio 男 **1**《謔》子守りをする男 **2** 子供と遊びたがる男

bambinata 女 **1** 子供じみた振る舞い[言葉], 無邪気な振る舞い[言葉] **2** (子供でもできるような)取るに足りないこと, 簡単なこと

bambinello 男 幼子; (B-)幼子イエス

bambinesco 形〔複[-chi]〕《蔑》子供の, 子供じみた, 幼稚な

*****bambino** [バンビーノ] 男〔女[-a]〕**1** (8 歳ぐらいまでの)子供〔複数で〕息子, 娘 **3** (Gesù B-)幼子イエス —形 幼い, 未熟な ► *aspettare un bambino* 妊娠している *da bambino* 子供の頃; 子供用の

bambinone 男〔女[-a]〕**1** 大きな子 **2** (子供みたいに)単純な人, 無邪気な人

bambocciante 男女 [美]バンボッチャータの流派の画家 —形 バンボッチャータの

bambocciata[1] 女 子供じみた振る舞い[言葉], 幼稚な振る舞い[言葉]

bambocciata[2] 女 [美]バンボッチャータ(バロックに対抗して素朴なリアリズムを重視した 17 世紀の民衆的絵画)

bamboccio 男〔複[-ce]女[-a]〕**1** 太った子供 **2** 間抜け, お人好し **3** 布きれで作った人形

bamboccione 男 独立しない息子, ニート

bambola 女 **1** 人形 **2** かわい子ちゃん; (美しいだけで愛嬌(あいきょう)のない)女性

bamboleggiamento 男 子供じみた振る舞い; 甘えた態度

bamboleggiare 自 [io bamboleggio] 1 子供みたいに振る舞う 2 (女性が)甘えた態度をとる

bambolificio 男 人形工場

bambolina 女 1 小さな人形 2 きゃしゃな女の子, すらりとした女性

bambolona 女 1 大きな人形 2 派手な美人

bambolotto 男 1 (男の子の姿の)人形 2 小太りな男の子

bambù 男 竹

banale 形 平凡な, 月並みな, 陳腐な

banalità 女 平凡さ, 陳腐さ; ありきたりの話

banalizzare 他 1 平凡[陳腐]なものにする, (過度に)単純化する 2 (鉄道を)単線並列化する **—arsi** 再 平凡になる, 陳腐になる

banalizzazione 女 1 平凡化, 陳腐化, 単純化 2 (鉄道の)単線並列化

banalmente 副 平凡に, 凡庸に

banana 女 1 バナナ 2 縦巻きにした(子供の)髪型 3 バナナ型のロールパン; アメリカ風バナナブレッド 4 〔電〕バナナプラグ

bananeto 男 バナナのプランテーション

bananicoltura 女 バナナ栽培

bananiera 女 1 バナナ運搬船 2 バナナのプランテーション

bananiero 形 バナナの; バナナ取引の **—** 男 1 バナナ運搬船 2 〔女[-a]〕バナナ栽培者

banano 男 〔植〕バナナの木

banato 男 〔歴〕(ハンガリー南部地方の総督)バンの称号[職務]; バンの統治領土

*__banca__ [バンカ] 女 1 銀行 **—aprire un conto in** *banca* 銀行に口座を開く / *biglietto di banca* 銀行券[紙幣] 2 貯蔵所 **—***banca* **dati** データバンク / *banca del sangue* [*degli occhi*] 血液銀行[アイバンク]

bancabile 形 (手形について)銀行で受付可能な

bancale 男 1 (背もたれのついた)ベンチ 2 機械の基部 3 (荷物運搬用の)パレット 4 (中世の祭礼で教会のベンチにかけられた)豪華な布; 裁判官の机にかけられる布

bancarella 女 (露店商の)屋台; 陳列台

bancarellista 男女〔複〔男 -i〕〕露天商, 屋台店主

bancario 形 銀行の, 金融の **—***assegno bancario* 小切手 **—** 男 〔女[-a]〕銀行員

__bancarotta__ 女 1 倒産, 破産 2 大失敗

bancarottiere 男 〔女[-a]〕破産者

bancata 女 長椅子の列

banchettare 自 1 宴会に参加する 2 陽気に飲み食いする

banchetto 男 1 宴会, 祝宴 2 (露店商の)屋台

banchiere 男 〔女[-a]〕 銀行のオーナー[幹部], 銀行の大株主

banchina 女 1 波止場, 埠頭(ﾎﾄｳ) 2 (駅の)プラットホーム 3 歩道, 路肩

banchinamento 男 〔総称的〕波止場の設備); 波止場[埠頭]の建設

banchisa 女 〔地学〕(極地の)海氷

*__banco__ [バンコ] 男 〔複[-chi]〕1 (教室や教会などの腰掛け付き)机; (議会や裁判所の)席 2 (商店などの)カウンター; 陳列台 **—consumare al** *banco* カウンターで(立って)飲食する 3 作業台 4 銀行 5 (賭博の)場銭; 胴元 6 〔地理〕堆洲, 浅瀬 7 (雲や霧の)厚い層 8 大魚群[漁場]

bancogiro 男 銀行振替(口座から口座へのお金の移動)

bancomat 男 〔不変〕現金自動支払機, ATM

bancone 男 1 カウンター, 売り台 2 〔印〕活字ケース

banconiera 女 → banconiere

banconiere 男 〔女[-a]〕売り子; カウンター係; バーテンダー

banconota 女 銀行券[紙幣]; 札 **—** *banconota da mille yen* 千円札

bancoposta 男 〔不変〕郵便局による銀行業務

banda¹ 女 1 群, 隊, 組, 団 2 楽団, バンド

banda² 女 1 縞(ｼﾏ)模様, すじ, 帯 2 〔紋〕(右上から左下に伸びる)斜めの帯, ベンド 3 (宗教行列時に掲げられる)旗 4 〔物〕スペクトルの帯, バンド **—***banda larga* ブロードバンドインターネット接続 / *banda di frequenza* 周波数帯 / *banda magnetica* 磁気ストライプ / *banda rumorosa* ランブルストリップス(ドライバーに減速を促す道路上の波上面の帯)

banda³ 女 側, 方 **—da ogni** *banda* あらゆる方向から

banda⁴ 女 金属の薄い板

bandana 男女〔不変〕バンダナ

bandato 形 〔紋〕斜めの縞(ｼﾏ)模様の **—** 男 斜めの縞模様

bandella 女 1 (ドアに固定される)蝶番(ﾁｮｳﾂｶﾞｲ)の金属帯 2 折り畳み式のテーブル帯

Bandello 固名〔男〕(Matteo ~)バンデッロ(1485-1561; イタリアの小説家・修道士)

banderaio 男 〔女[-a]〕 旗製造[販売]業者

banderese 男 1 (封建時代の)バナレット騎士(自分の旗下に臣下を率いることができた) 2 (町の各地区の)旗представ

banderuola 女 1 風見(鶏), 風向計 2 日和見主義者 3 (槍(ﾔﾘ)先を飾る)小旗

*__bandiera__ [バンディエーラ] 女 1 旗 **—***bandiera bianca* 白旗 / *bandiera a mezz'asta* 半旗 2 (主義・方針などの)旗印, シンボル 3 〔映・放〕遮光幕 ▶*a bandiere spiegate* 堂々と; 決然と / *alzare la bandiera* 旗幟(ｷｼ)鮮明にする / *cambiare* [*mutare*] *bandiera* 意見を変える; 寝返る

bandieraio 男〖女[-a]〗旗製造[販売]業者

bandierina 女 1 小旗 2〖スポ〗(サッカー場の)コーナーフラッグ

bandinella 女 1 (織物を包むための)包布 2 (飲食店のトイレにある)回転式タオル 3 (教会の所有台を覆うための)織物 4〖農〗(苗木を保護するための)覆い

bandire 他〖io -isco〗1 告知する, 布告する 2 追放する

bandista 男女〖複[男 -i]〗バンドマン, 楽団のメンバー

bandistico 形〖複[男 -ci]〗楽団の, バンドの

bandita 女 禁猟区, 禁漁区

banditesco 形〖複[男 -chi]〗ごろつきの(ような), 犯罪者の, 犯罪的な

banditismo 男 1 山賊行為; (組織的な)犯罪行為; (土地に根を張った)犯罪; (社会的な)不正, 荒廃 2 (目的のために)不正をためらわない態度

bandito 男〖女[-a]〗強盗, 山賊; 悪党, ギャング ―形 1 布告[宣告]された 2 追放された

banditore 男〖女[-trice]〗1〖歴〗布告を読み上げる人, 布告役 2 競売人 3 普及者, 促進者, 支持者

bando 男 1 布告; 告示; 令 ―*bando di concorso* 公募の告示 2 追放; 流刑

bandoliera 女 (銃や弾薬を肩から斜めにつるす)革帯, 弾薬帯 ―*a bandoliera* 肩から斜めに掛けて

bandolo 男 1 かせの先端 2 糸口, 手がかり, 端緒, きっかけ, ヒント ―*trovare il bandolo* (*della matassa*) 問題の糸口を見つける / *perdere il bandolo* 頭が混乱する, 分からなくなる

bandone 男 1 金属の薄板 2 ブラインド

bang 擬〖英〗(発砲音・破裂音などを表す)バン, ドン ―男〖不変〗バン[ドン]という音

bangio → banjo

bangioista 男女〖複[男 -i]〗バンジョー奏者

bangladese 形 バングラデシュ(人)の ―男女 バングラデシュ人

Bangladesh 国名〖男〗バングラデシュ

banjo 男〖不変〗〖英・音〗バンジョー

bantu, bantù 形〖不変〗バンツー族(の人)の ―男女 バンツー族の人 ―男〖単数のみ〗バンツー語, バンツー語族

baobab 男〖不変〗〖植〗バオバブ樹(アフリカ産の巨木)

*__**bar**__*¹ [バール] 男 1 喫茶店; スナックバー 2 キャビネット

bar² 男〖不変〗〖気・物〗バール(気圧・圧力の単位)

bara 女 1 棺(ひつぎ), 棺桶(かんおけ) 2 (行列で聖遺物を運ぶ)山車(だし)

barabba 男〖不変〗1 悪党, ならず者;《諺》腕白坊主 2 (B-)〖聖〗バラバ(イエスの代わりに釈放された盗賊)

baracca 女 バラック, 小屋; がらくた ► *baracca e burattini* 一切合財

baraccamento 男 (兵士用の)宿舎村, 宿営地

baraccare 自 1 バラックを建てる 2 お祭り騒ぎをする

baraccato 形〖女[-a]〗バラックで生活する, 仮設住宅で暮らす ―男〖女[-a]〗バラックで生活する人, 仮設住宅で暮らす人

baracchino 男 1 (登山者や兵士のための)避難小屋 2 キオスク, 売店 3 (アマチュア無線家のための)小型送受信装置

baraccone 男 1 (遊園地の)仮設アトラクション; 仮設小屋 2〖複数で〗遊園地 3 ポンコツの品[車], がらくた 4 がたがたの組織

baraccopoli 女〖不変〗1 (大都市周辺の)バラック住宅地 2 (被災者のための)仮設住宅地

baraggia 女〖複[-ge]〗バラッジャ(ピエモンテ・ロンバルディア地方の粘土質の荒れ地)

baraonda 女 1 騒々しさ, 喧噪(けんそう); 雑踏, 群衆 2 混沌, 無秩序

barare 自 1 (a) (トランプや賭け事などで)…でいかさまをする ―*barare ai dadi* サイコロでいかさまをする 2 不誠実に振る舞う, 嘘をつく

baratro 男 1 深淵, 深い裂け目 2 破滅

barattare 他 1 (con)…と物々交換する 2 (挨拶や言葉を)交わす 3 だまし取る

baratteria 女 1〖歴〗汚職, 横領 2 (中世において)広場への賭博台の設置 2 (船ების積み荷に対する)船長[船員]の不正行為

baratto 男 物々交換, バーター ―*fare baratto di A con B* A(物)をB(物)と交換する

barattolo 男 (円筒形の保存用の)瓶(びん); その中身

*__**barba**__* [バルバ] 女 1 (頰と顎(あご)の)ひげ ―*portare la barba* ひげを生やしている / *farsi la barba* (自分の)ひげを剃(そ)る 2 退屈(noia) 3〖植〗根, ひげ根;〖複数で〗(トウモロコシや麦などの)ひげ 4 (動物の)ひげ状のもの 5 著名な人, 大物 ► *avere la barba di...* …にうんざりする *Che barba!* うんざり! *farla in barba a...* …をまんまとだます *far venire la barba* うんざり[退屈]させられる *in barba a...* …にもかかわらず *servire di barba e capelli* 叱りつける, ぶちのめす

barbabietola 女〖植〗ビート ―*barbabietola da zucchero* テンサイ, サトウダイコン

barbablù 男 1 残忍な夫(昔話の青ひげに由来) 2《諺》乱暴者

barbacane 男 1〖建〗(城砦や要塞の)支え, 支柱; 堡(ほう)塁, 防壁 2〖建〗排水用の壁穴

barbacarlo 男 バルバカルロ(オルトレポー・パヴェーゼ地方で生産される希少赤ワイン)

barbadiano 形 バルバドス(人)の ― 男〖女[-a]〗バルバドス人

Barbados 固名〖女〗バルバドス

barbaforte 男女 〔植〕ホースラディッシュ, セイヨウワサビ

barbagianni 男〖不変〗1〔鳥〕メンフクロウ 2 馬鹿, 間抜け

barbaglio¹ 男 1 閃(ひらめ)光, 目がくらむような突然の光

barbaglio² 男 光の瞬き

barbanera 男〖不変〗星占いや天気の予想を記載したカレンダー(特に農家に普及)

Barbara 固名〖女性名〗バルバラ

barbaramente 副 残酷に; 野蛮に

barbaresco¹ 男〖複[-chi]〗バルバレスコ(ピエモンテ州バルバレスコ地方の赤ワイン)

barbaresco² 形〖複[男 -chi]〗(アフリカ北部)バーバリー地方(の人)の; サラセン(人)の ―男〖複[-chi]女[-a]〗バーバリー地方の人; サラセン人

barbaricino 形 (サルデーニャ島)バルバージャ地方(la Barbagia)(の人)の ―男〖女[-a]〗バルバージャ地方の人

barbarico 形〖複[男 -ci]〗1 異民族の, 蛮族の 2 野蛮な, 粗野な

barbarie 女〖不変〗1 野蛮, 未開 2 残酷な(行為)

barbarismo 男 1〔言〕〖蔑〗外国語からの借用語, 不純表現 2 外国語の使用, 破格用法, 破格な語

barbaro 形 1 未開の, 野蛮な 2 粗野な, 無作法な, 野卑な 3 残酷な, 残虐な 4 (古代ギリシャ・ローマにとって)外国[異邦]の ―男〖女[-a]〗1 野蛮[未開]人 2 (古代ギリシャ・ローマ人にとって)異邦人 3 (4〜6世紀, 西ローマ帝国に侵入した)蛮族

barbarossa 男, 女〖不変〗バルバロッサ(赤ワイン用のブドウ品種) ―男〖不変〗バルバロッサから作られる赤ワイン

barbasso 男〔植〕モウズイカ属の植物

barbassoro 男 1 → valvassore 2〖諧〗思い上がった人

barbata 女〖総称的〗〔植〕根 2 (根を出した)接ぎ木

barbatella 女 (根を出した)接ぎ木

barbato 形 1〔植〕根を生やした 2〖文〗根づいた 3 ひげを生やした

barbazzale 男 1 (馬の)くつわ鎖 2 抑制

barbecue 男〖不変〗〔英〕バーベキュー

barberia → barbieria

barbera 女〖不変〗バルベーラ(ピエモンテ州の赤ワイン用のブドウ品種) ―男〖不変〗, 女 バルベーラで作る赤ワイン

barbero 男〔動〕バーバリー(バーバリー産の馬)

barbetta 女 1 ちょびひげ, 短いひげ 2〔動〕けづめ毛 3〔船〕もやい綱 4 砲塁

barbiere 男〖女[-a]〗散髪屋; 理容師

barbieria 女 散髪屋

barbificare 自〖io barbifico〗(植物が)根づく

barbigio 男〔北伊〕〖複数で〗口ひげ

barbino 形 1 けちな, さもしい 2 下手な, 見苦しい ―fare una figura *barbina* 恥をかく ―男〖トスカーナ〗(カミソリの刃をぬぐうための)布切れ

barbio → barbo

barbitonsore 男《諧》床屋, 理髪師

barbiturico 形〖複[-ci]〗1〔化〕バルビツール酸 2〔薬〕バルビツール酸を含む薬〔鎮静剤, 催眠剤〕

barbiturismo 男〔医〕バルビツール酸中毒

barbo 男〔魚〕ニゴイ, バーベル(ひげのあるコイに似た魚)

barbogio 形〖複[女 -gie, -ge]〗1 老いぼれた, 気難しい, 愚痴っぽい 2 (事物が)つまらない, 時代遅れの ―男〖複[女 -gie, -ge]〗気難しい老人, 愚痴っぽい年寄り

barboncino 男 小形のプードル犬

barbone 男 1 ひげもじゃの人 2 浮浪者 3 プードル犬 4〔植〕ブリオニア(ウリ科のつる草)

barboso 形 退屈な; 長ったらしい, 口数の多い, 冗長な ―romanzo veramente *barboso* 実に退屈な小説

barbottare 〖トスカーナ〗→ borbottare

barbozza 女 1 馬の下顎(したあご) 2 (かぶとの)顎から首を覆う部分, 顎覆い

barbugliamento 男 1 口ごもること, どもること 2 (液体が)ゴボゴボ音を立てること

barbugliare 自〖io barbuglio〗1 口ごもる, もごもご言う 2 (液体が)ゴボゴボ音を立てる ―他 口ごもりながら言う, もごもご発音する

barbula 女 (鳥の羽の)小羽枝

barbuto 形 ひげを生やした, ひげで覆われた ―男〔鳥〕ゴシキドリ

‡**barca¹** [バルカ] 女 1 小舟; その積み荷, 船1隻分の量 ―*barca* a motore モーターボート / *barca* a vela 小型の帆船 2〖口〗問題; 事業; 状況, 状態 ― *tirare i remi in barca* 撤退する, 身を引く

barca² 女 1 (物を積み重ねた)山, 堆積, 大量 ―Ho speso una *barca* di soldi. 大金を費した. / una *barca* di merci 大量に積まれた商品 / una *barca* di problemi 大量の問題 2 (麦の穂や穀物の)山

barcaccia 女〖複[-ce]〗1 ぼろ船; (船に搭載された)大型ボート 2 (劇場で)舞台脇の特別席

barcaiolo 男〖女[-a]〗船頭, 渡し守; 貸ボート屋

barcamenarsi 再 臨機応変に対処[対応]する ―*barcamenarsi* tra il lavoro e la famiglia 仕事と家庭を両立させる

barcana 女〔地理〕バルハン, 三日月型砂丘

barcarizzo 男 1 〔船〕タラップを掛けるための舷側の踊り場; 舷梯, タラップ 2 〔船〕(甲板上の)ボート設置箇所

barcarola 女 1 ゴンドラこぎの舟歌 2 〔音〕舟の動きを思わせる楽曲, バルカロール

barcata 女 (舟1艘に)分の量; 大量

barcheggiare 自 〔io barcheggio〕 1 のんびり舟を走らせる 2 巧みに切り抜ける[処理する]

barchetta 女 (手漕ぎの小さな)ボート

barcollamento 男 ふらつくこと, よろめき, 動揺

barcollante 形 1 よろよろしている, 動揺している 2 不確かな, 不安定な

barcollare 自 1 よろめく; 千鳥足で歩く 2 (信用などが)ぐらつく, 揺らぐ

barcolloni, balcolloni 副 よろめき[ふらつき]ながら, 千鳥足で(a barcolloni)

barcone¹ 男 1 大きな舟 2 (荷物を運ぶ)大型の平底船, はしけ

barcone² 男 麦稈の束の山

barda 女 1 〔複数で〕(中世の)馬よろい 2 鞍頭のない鞍

bardana 女 〔植〕ゴボウ

bardare 他 1 〔謔〕めかしさせる, 派手に着飾らせる 2 (馬に)馬具をつける, 馬よろいを着せる ―**arsi** 再 〔謔〕めかしする, 派手に着飾る

bardatura 女 1 《謔》派手なめかし 2 馬よろい(を着けること), 馬具

bardiglio 男 〔鉱〕灰青(はいせい)色の大理石 ― 形 灰青色大理石の

bardo 男 吟遊詩人(特に愛国的な詩人) 2 古代ケルトの吟遊詩人

bardolino 男 バルドリーノ(ヴェネト地方の辛口赤ワイン)

bardotto 男 〔動〕ケッテイ(雄馬と雌ロバを掛け合わせた荷役用の家畜)

barella 女 1 担架 2 手押し車 3 (行列で聖像を運ぶ)輿(こし)

barellare 他 担架で運ぶ ― 自 よろめく; 蹣跚(まんさん)する

barelliere 男 〔女[-a]〕 1 担架を運ぶ人, (救急車などの)志願看護士 2 (作業現場などで)手押し車を押す人足

barena 女 (干潮時に海面に現れる)浅瀬

barenatura 女 (細長い金属の)穴あけ, 中ぐり, ボーリング

bareno 男 中ぐり機械, リーマ

barese 形 バーリ(の人)の ― 男女 バーリの人

Baretti 固名(男) (Giuseppe ~)バレッティ(1719-89; イタリアの詩人・批評家)

bargello 男 1 中世のコムーネにおける警察長官; 警備隊長, 警察員 2 警察署; 警備隊本部 3 〔トスカーナ〕おせっかいを焼く人

bargiglio 男 (ニワトリや七面鳥などの)肉垂(にくすい)

Bari 固名(女) バーリ(プーリア州の州都; 略 BA)

bari- 接頭 「重さ」「圧力」などの意

baricentrico 形 〔複[男 -ci]〕〔物·数〕重心の

baricentro 男 1 〔物·数〕重心 2 核心, 中心, 中心部

barico¹ 形 〔複[男 -ci]〕 1 〔物〕気圧の 2 重量の

barico² 形 〔複[男 -ci]〕〔化〕バリウムの

barilaio 男 〔女[-a]〕樽(たる)屋, 樽職人; 樽を運ぶ人

barile 男 1 樽(たる); 一樽の量 2 バレル(石油の容量単位: 158.98 リットル) 3 非常に太った人 4 (16世紀フィレンツェの)銀貨 ▶ *fare a scarica barili* 責任をなすりつける

barilotto 男 1 小樽(こたる) 2 小太りな人 3 的(まと)の中心点 ― *fare barilotto* 的を射る, 図星をさす

barilozzo 男 → barilotto

bario 男 〔化〕バリウム(元素記号 Ba)

barione 男 〔物〕バリオン, 重粒子

barisfera 女 〔地宮〕重圏

barista 男女 〔複[男 -i]〕 1 (喫茶店の)カウンター係; バーテンダー 2 喫茶店の経営者[支配人]

barite 女 1 〔鉱〕重晶石 2 〔化〕重土, 酸化バリウム

baritina 女 〔鉱〕重晶石

baritonale 形 〔音〕バリトンの

baritoneggiare 自 〔io baritoneggio〕 (ふざけて)バリトンのまねをする, バリトンをまねて歌う

baritono 男 1 〔音〕バリトン(男声中音); バリトン歌手 2 〔同格的〕バリトンと同じ音域の楽器 ― *sax baritono* バリトンサックス ― 形 〔ギリシャ語で〕無強勢の

Barletta 女 バルレッタ(プーリア州の都市)

barlume 男 1 かすかな光, 薄明かり 2 かすかな兆し, 兆候

barmaid 女 〔不変〕〔英〕女性のバーテンダー, バーのホステス

barman 男 〔不変〕〔英〕バーテンダー

Barnaba 固名(男) 1 〔男性名〕バルナバ 2 〔聖〕バルナバ(初期キリスト教会のメンバー)

barnabita 男 〔複[-i]〕 (B-)〔複数で〕〔宗〕バルナバ会修道士 ― 形 〔複[男 -i]〕バルナバ会に属する, バルナバ会修道士の

barnum 男 〔不変〕大イベント, 大スペクタクル

baro 男 〔女[-a]〕いかさま師, ペテン師

baro-, -baro 接頭, 接尾 「重さ」「圧力」の意

baroccamente 副 バロック様式で, バロック風に

baroccheggiante 形 バロック的な, バロック風の

barocchetto 男 〔芸〕後期バロック様式

barocchismo 男 1 〔芸〕バロックの傾向, バロック趣味 2 バロック的要素; 気取り, 装飾性; 《蔑》過剰な装飾

barocco 男〔複[-chi]〕〔芸〕バロック, バロック様式 —形〔複[男 -chi]〕1 バロックの, バロック様式の 2 技巧的な, 装飾的な; 奇異な, 悪趣味な, くどい

barografo 男〔気〕自記気圧計

barogramma 男〔複[-i]〕〔気〕自記気圧計のグラフ

barolo 男 バローロ(ピエモンテ産の高級赤ワイン)

barometria 女〔気〕(気圧計による)気圧測定

barometro 男 1 気圧計 2 指標, 徴候, バロメーター

baronaggio 男 1 男爵の身分[階級] 2 (振る舞いの)高貴さ

baronale 形 1 男爵の, 男爵階級の 2〔蔑〕男爵みたいな, 男爵みたいに特権的な

barone 男 1 男爵 2 (各界の)勢力家, 大立者 3 (中世に国王から直接領地を下賜された)封建領主

baronesco[1] 形〔複[男 -chi]〕男爵の, 男爵階級特有の

baronesco[2] 形〔複[男 -chi]〕悪役の, ごろつきみたいな

baronessa 女 1 男爵夫人, 男爵令嬢 2 貴婦人

baronetto 男 (英国の爵位の)准男爵

baronia 女 1 男爵の称号(地位, 階級), 男爵の支配権 2 権威, 特権

barra 女 1 (金属や木の)棒, バー; 桟(さん) 2 延べ棒 —barra d'oro 金の延べ棒 3 かんぬき, 横木, 横木 4 斜線, スラッシュ(/) 5 (馬の)衡(くびき) 6〔地理〕砂州 7〔コン〕(メニューやタスクの)バー

barracano 男 バラカン織り(ヤギやラクダの毛で織った北アフリカの民族衣装)

barracuda 男〔不変〕〔魚〕カマス

barrare 他 横線を引く, 横線でチェックする —barrare un assegno 小切手に横線を引く

barrato 形 1 横線を引かれた, 斜線を引いた —assegno barrato 横線小切手 2 (電車やトラムの路線番号でルートの微妙な違いを示す)特… —trentacinque barrato 特35系統

barretta 女 (食物に関して)小さな板状のもの —barretta di cioccolato 板チョコ

barricadiero 形 革命的な, 過激な —男〔女[-a]〕革命家, 過激派

barricare 他〔io barrico〕バリケードで封鎖する —barricare le strade バリケードで道路を封鎖する —arsi 再 1 バリケードを築いて立てこもる 2 閉じこもる, 引きこもる

barricata 女 バリケード; 妨害物 ▶ dall'altra parte della barricata 反対意見の

barriera 女 1 柵, フェンス 2 障害物, バリア 3 (馬術の)障害 4〔スポ〕サッカーで, フリーキックから守る)選手の壁 5〔地質〕堡礁(ほしょう), バリアリーフ(barriera corallina)

barrire 自〔io -isco〕(象が)叫び声を放つ, 咆哮(ほうこう)を放つ

barrito 男 (象の)叫び声, 咆哮; 不快な鋭い音

barrocciaio 男〔女[-a]〕1 荷馬車の御者 2 粗野な人

barroccio 男 荷馬車

Bartolomeo 固名 男 1〔男性名〕バルトロメオ 2〔聖〕バルトロマイ(イエスの十二弟子の一人)

baruffa 女 (激しい)口論; けんか

baruffare 自 乱闘する, 激しく言い争う

barzelletta 女 1 笑い話; 冗談; 小話 2 些細な[取るに足りない]こと

barzellettista 男女〔複[男 -i]〕笑い話の語り手[作り手]

barzellettistica 女 諧謔的な小話; (あるテーマの)笑い話のレパートリー; 笑い話の考案(方法)

barzellettistico 形〔複[男 -ci]〕笑い話の, 滑稽な, 馬鹿げた

barzemino 男 バルゼミーノ(ロンバルディア地方のブドウ品種) —形 バルゼミーノ種の

basale 形 1〔医・植〕基部の, 基底の —temperatura basale 基礎体温 2 基礎的な, 基本的な

basamento 男 1 (建物・モニュメントなどの)基部, 基底, 土台 2〔機〕台板, ベッドプレート 3 (室内の壁の下部の)腰板, 腰羽目

basare 他〔su〕…に基礎[基盤]を置く —arsi 再 …に基づく

basco 形〔複[男 -chi]〕バスクの, バスク人[語]の —男 1〔複[-chi]女[-a]〕バスク人 2〔単数のみ〕バスク語 3〔複[-chi]〕ベレー帽, バスクベレー ▶ basco blu 警官, 刑事 basco cremisi [rosso] パラシュート兵 basco verde 財務警察官

bascula 女 台秤(はかり)

basculla → bascula

ᖯ base 女 1 土台, 基礎, 基部 2 原理, 原則; 根拠, 基本 3 基地 4〔口〕家, 住居 5 (政党や組織の)構成員, 支持母体 6〔スポ〕(野球の)塁, ベース 7 (化粧の)ファンデーション(クリーム) 8〔化〕塩基 9〔幾〕底辺, 底面 10〔数〕(対数の)底(てい) 11〔言〕語幹 —形〔不変〕基礎[基本]の ▶ a base di... …を基[基材]にした in base a... …に基づいて

baseball 男〔不変〕〔英〕野球

basedowiano 形〔医〕バセドー病の —男〔女[-a]〕バセドー病患者

basetta[1] 女〔複数で〕もみあげ

basetta[2] 女〔電子〕基板

basettone 男 1 濃いもみあげをはやした人 2 長いもみあげ

basico 形〔複[男 -ci]〕1〔化〕塩基の, 塩基性の 2 基礎の, 根本の

basilare 形 基本的な, 根本的な, 枢要な —concetto basilare 基本概念

basilarità 女 基本性, 根本性, 枢要性

Basile 固名 男 (Gianbattista ~)

ジーレ(1575-1632; イタリアの詩人・民話作家)

Basilea 固名(女) バーゼル(スイス北部の河港都市)

basiliano 形 〔宗〕聖バシリウスの; バシリウス派の ——男 バシリウス派修道士

basilica 女 1 バジリカ聖堂(由緒ある教会に与えられた称号) 2 バジリカ(古代ローマで裁判や商業に使われた建物) 3 初期キリスト教会

basilicale 形 バジリカの

Basilicata 固名(女) バジリカータ州(イタリア南部の州; 州都Potenza)

basilico 男〔複[-chi]〕〔植〕バジリコ, バジル

Basilio 固名〔男性名〕バジーリオ

basilisco 男〔複[-chi]〕 1〔神話〕バシリスク(ひとにらみで人を殺すという伝説の蛇) —occhi da *basilisco* 恐ろしい瞳 2〔動〕バシリスクトカゲ

basire 自 [es] [io -isco]〔文〕失神する, 気を失う

basista 男女〔複[男 -i]〕 1(犯罪の実行に必要な情報を提供する)情報屋 2〔政〕(指導ელ党の方針に反して)政党[政治]の基本理念を支持する人

basito 形 びっくり仰天した, 茫(ぼう)然自失の

basolo 男 (火成岩の)敷き石, 舗石

bassa 女 1 低地 2 (しばしば B-)ポー平原の東の低地帯

bassamente 副 下品に, 卑しく

Bassano 固名(男) 1〔複数で〕バッサーノ(イタリアの画家の一族) 2 (Jacopo ~)バッサーノ(1517/18-92; イタリアの画家. 一族を代表する人物)

bassetta 女 バッセッタ(ヴェネツィア起源の賭けトランプの一種)

bassetto 形〔蔑〕チビの ——男 1 チビ 2〔音〕バセットホルン

bassezza 女 1 低さ, 低いこと 2 (道徳的・精神的な)卑しさ, 下劣さ, 堕落; 卑しい行い; (生活環境の)劣悪さ, 貧しさ

***basso** [バッ] 形 1 低い —persona *bassa* [uomo *basso*] 背の低い人 / stipendio *basso* 安月給 / prezzi *bassi* 低価格 / pressione *bassa* 低血圧 / *bassa* marea 干潮 / *bassa* stagione 旅行者が少ない時期, オフシーズン, シーズンオフ / *bassa* qualità 低品質, 粗悪 2 (声や音が)低い, 落ち着いた; かすかな, 弱い —parlare a *bassa* voce 小声で話す 3 低地の, 下の —Paesi *Bassi* オランダ 4 (川などが)浅い 5 (体の一部を)下げた, 伏せた —con gli occhi *bassi* 目を伏せて 6 下層[下級]の —classi *basse* 下層階級 7 卑しい, 下賎(せん)な —*azione bassa* 悪行 8 南部の —*Bassa* Italia 南部イタリア 9 後期の, 末期の —*Basso* Medioevo 中世後期 10 (記念日・祝祭が)早目の —Pasqua *bassa* 早めに回ってくる復活祭 ——男 1 低い位置[場所]; 下, 下方 2〔音〕低音(部), バス, コントラバス ——副 1 下に, 下の方に; 低空を 2 小声で ▶ *cadere in basso* 堕落する; 落ちぶれる *da basso* 下で(dabbasso) *fare man bassa di...* …を略奪する, 盗む *guardare... dall'alto in basso* …を見下す, 軽蔑する

bassofondo 男〔複[bassifondi, bassofondi]〕 1 海の浅瀬 2〔複数で〕貧民街, スラム街; 貧民層

bassopiano 男〔複[bassipiani, bassopiani]〕 低地

bassorilievo 男〔複[bassirilievi, bassorilievi]〕(彫刻などの)浅浮き彫り

bassotto 男 1 ダックスフント犬 2 ずんぐりむっくり(背の低い太った人)

bassoventre, basso ventre 男〔複[bassiventri, bassoventri]〕下腹部, 下腹; 性器

bassura 女 1 低地 2 下劣さ, 卑俗さ

***basta¹** [バスタ] 間 もうたくさん; いい加減にしなさい —*Basta* con le chiacchiere! おしゃべりはやめなさい. / *Basta* discussioni! 言い合いはやめなさい.

basta² 女 1 仮縫い 2 (服の)揚げ, まくり上げた部分

bastante 形 十分な

bastardaggine 女 1《蔑》意地悪(な振る舞い), 陰険(な行動) 2 非嫡出であること, 私生児であること 3〔植・動〕交配種, 混血種

bastardella 女 (取っ手が二つの)浅鍋

bastardino 男 (小型の)雑種犬

bastardo 形 1《蔑》私生ちの 2 雑種の 3《口》意地悪な, ひどい 4 (道具などの形や大きさが)普通でない ——男〔女 [-a]〕 1《蔑》私生児 2 雑種 3《口》ろくでなし, 嫌なやつ

***bastare** [バスターレ] 自 [es] 足りる, 十分である —*Basterebbe* un'ora. 1時間みておけば十分でしょう. / *Ti basterranno* 100 dollari? 100ドルで足りるか? —非人称 〔+ 不定詞, che +接続法〕…するだけでよい, …すれば済む —*Basta* chiedere il numero di telefono. 電話番号を聞くだけでいい. ▶ *basta che* + 接続法 …さえすれば, …である限りでは / *Basta che* tu me lo dica. 私に言ってくれらいいんだ. *Basta così*. これ[それ]で十分です.

bastevole 形 十分な

bastia¹ 女 仮縫い, (服の)揚げ

bastia² → bastita

bastian contrario 感(男) 何でも反対したがる人

bastimento 男 大型の客船[貨物船]; その積み荷

bastionata 女 1 巨大な岩壁 2 堡(ほう)塁全体, 要塞; 堡塁による防御

bastionato 形 堡(ほう)塁によって守られた

bastionatura 女 堡(ほう)塁で要塞化すること, 防備を強化すること

bastione 男 1 砦(とりで), 要塞; 城壁 2 防御, 防衛

bastita 女 (臨時の)小要塞

basto 男 (ラバやロバにつける木製の)荷

bastonare 他 1 (棒で)打つ, 叩く 2 酷評する　**—arsi** 再 棒で叩き合う

bastonata 女 1 棒による一撃, 棒で叩くこと 2 精神的打撃, 痛手; 経済的打撃, 痛い出費

bastonatura 女 棒で叩くこと

bastoncello 男 1 小さな棒 2 細長い形のパニーノ; 細長いビスケット 3 〔解〕〔網膜内の〕桿(かん)状細胞

bastoncino 男 1 (箸(はし)のような)棒; スティック状のもの, 〔複数で〕棒 2 (冷凍の)パン粉をまぶした魚の切り身

bastone 男 1 棒, 杖(つえ) 2 支え, 援助(者) 3 〔スポ〕(野球の)バット, (ゴルフの)クラブ; (ホッケーの)スティック; (新体操の)クラブ 4 (軍隊などの)司令杖, 指揮棒 5 大型の長いパン 6 〔複数で〕(タロットカードなどの)棍(こん)棒 ▶ **mettere i bastoni fra le ruote** 邪魔をする(車輪に棒を突っ込む)

batacchio 男 1 棹(さお), 長い[太い]棒 2 鐘の舌 3 (扉の)ノッカー

batata 女 サツマイモ

bati- 連頭「深さ」の意

batigrafia 女 水深表示(法)

batimetria 女 水深測量(学)

batiscafo 男 深海探査船

batisfera 女 (深海生物調査用の)潜水球

batista 女〔不変〕バチスト織り, 薄手の上等麻布　—形〔不変〕バチスト織りの

bato-, -bato 連頭, 連尾「深さ」の意

batocchio 男 1 太い棒; (盲人の)白い杖 2 → bataccio

batolite 男〔地質〕バソリス, 底盤

batosta 女 1 殴打, 打撃 2 痛手, 損害, 災難; 大敗

batrace, batrace 男《文》カエル; 両生類

battage 男〔不変〕〔仏〕大キャンペーン, 大規模な宣伝広告

__battaglia__ [バッタッリャ] 女 1 戦い, 戦闘 2 争い, 対立, 食い違い 3 キャンペーン, 運動 4 〔美〕戦争画 ▶ **cavallo di battaglia** 得意わざ, 十八番

battagliare 自 [io battaglio] 1 (激しく)論争する 2 参戦する, 戦う

battagliero 形 1 好戦的な; アグレッシブな, 勇猛な 2 論争好きな, 雄弁な

battaglio 男 1 (鐘の)舌 2 (扉の)ドアノッカー

battagliola 女 (船橋の周囲に沿った)鎖状の手すり

battaglione 男 1 〔軍〕大隊 2 群衆

battana 女 小型の平底船

battelliere 男〔女 -a〕(小型・中型船の)船長, 船員

battello 男 小型の汽船; ポンポン蒸気

battente 形 絶え間のない, 激しい, 打ちつける　**—** 男 1 (両開きの一方の)扉[窓] —chiudere i **battenti** 廃業する 2 両開きの扉[窓]の合わせ枠(閉めたとき重なり合う部分) 3 ドアノッカー 4 鐘の内側の舌が当たる部分 5 〔織〕筬(おさ) 6 ポケットの蓋(ふた) 7 (液体を排出する)容器の穴, 開口部; 穴の上端と水面の高低差

__battere__ [バッテレ] 他 1 打つ, 叩く, 殴る —battere le mani 拍手する / battere i tappeti カーペットをはたく / battere i denti (寒さで)震える 2 打ち負かす, 勝つ, 圧倒する —battere... in una gara 競争で…に勝つ 3 (体の一部を)ぶつける, 突き当てる —Ho battuto la schiena cadendo. 転んで背中を打った. 4 (キーボードで)書く —battere a macchina un rapporto レポートをワープロで書く 5 くまなく探す, 巡回する 6 脱穀する 7 (貨幣を)鋳造する 8 〔スポ〕(テニス・卓球で)サーブする; (サッカー・ラグビーで)フリーキックする　—自 1 打つ; 鳴る —La grandine **batte** sui tetti. 雹(ひょう)が屋根を打つ. 2 ぶつかる, 突き当たる —battere con la testa contro il muro 頭を壁にぶつける 3 脈打つ, 鼓動する —Mi **batte** il cuore. 胸がどきどきする. 4 叩く —battere alla porta ドアをノックする 5 (執拗(しつよう)に)繰り返す, こだわる　**—ersi** 再 戦う; 戦い合う ▶ **battere a macchina** (船・飛行機が)旗を掲げる, …の国籍である **battere in ritirata** 退散する **Battere il ferro finché [quando] è caldo.** 〔諺〕鉄は熱いうちに打て. **in un batter d'occhio.** 瞬く間に.

batteria 女 1 電池, バッテリー —batteria solare 太陽電池 2 (道具など)一式, 一揃い 3 (人や物の)一群, 多数, 多量 4 〔音〕打楽器; パーカッション, ドラムス 5 〔スポ〕(試合の)予選 6 〔軍〕砲兵中隊 ▶ **di batteria** (鶏などの)ケージ飼育の

battericida 形〔複 男 -i〕殺菌の

batterico 形〔複 男 -ci〕細菌の; 細菌が引き起こす —coltura batterica 細菌培養 / infezione batterica 細菌感染

batterio 男〔複数で〕細菌, バクテリア

batteriofago 男〔複 [-gi]〕(バクテリオ)ファージ, 殺菌ウィルス

batteriologia 女 細菌学

batteriologico 形〔複 男 -ci〕細菌学の, 細菌の

batteriologo 男〔複 [-gi] 女 [-a]〕細菌学者

batterista 男女〔複 男 -i〕ドラマー, ドラム奏者

battesimale 形〔宗〕洗礼の, 洗礼用の

__battesimo__ [バッテーズィモ] 男 1 洗礼(式) —ricevere il battesimo di... …の洗礼を受ける 2 洗礼名, クリスチャンネーム 2 開会[落成]式, 開始 —battesimo dell'aria 生まれて初めて飛行機に乗ること / battesimo del fuoco 砲火の洗礼(初めての実戦)

battezzare 他 1 洗礼を施す 2 洗礼名をつける, 命名する 3 水で薄める —battezzare il vino 〔諺〕ワインを水で割る　**—arsi** 再 1 洗礼を受ける 2 僭(せん)称する

battezzato 〖女[-a]〗洗礼を受けた人, クリスチャン

battezzatoio 男 (教会の)洗礼盤

battezzatore 男〖女[-trice]〗洗礼を施す人

battezzatorio → battezzatoio

battibaleno 男〖次の成句で〗 ► *in un battibaleno* 一瞬にして, 瞬く間に

battibeccare 自 活発に論争する; 口論する, 口げんかする

battibecco 男〖複[男 -chi]〗(些細な)口げんか, 言い争い —*avere un battibecco con...* (人)と口げんかする

battibile 形 打ち負かすことができる, 敗北する —*squadra facilmente battibile* 簡単に負けるチーム

batticarne 男〖不変〗〖料〗肉叩き器

batticoda 女〖不変〗〖鳥〗セキレイ

batticuore 男 1 (激情などで心臓が)動悸(ホ)を打つこと, (心臓の)鼓動 2 胸騒ぎ

battifianco 男〖複[男 -chi]〗(厩(ネサ)の)馬を仕切る横木(低い板壁)

battifolle 男〖歴〗砦(ੋ゙), 城砦(ੲ゙)

battigia 女〖複[-gie]〗海岸線, 波打ち際

battilardo 男 (肉切り)まな板

battiloro 男女〖不変〗金箔(ੈ゙)師

battimano 男〖複数で〗拍手, 喝采

battimare 男〖不変〗(船首の)波よけ

battimento 男 1 打つこと, 打撃 2 心臓の鼓動, 心拍 3〖物〗うなり 4 (エンジンの)ノッキング

battipalo 男 1 杭(マ゙)打ち機 2 杭打ち機の操縦士

battipanni 男〖不変〗はたき

battipista 男女〖不変〗(スキーで滑走しながらスキーコースをならす人, 〖不変〗(ゲレンデをならすための)雪上車

battiporta 男〖不変〗ドアノッカー

battiscopa 男〖不変〗(室内の壁の基部に貼った)幅木(ウピ゙), 腰板

Battista 固名〖男性名〗バッティスタ

battista 男女〖複[男 -i]〗1《文》洗礼を授ける人; (B-)聖ヨハネ 2 バプテスト派, バプテスト派の信者

battistero 男 洗礼堂

battistrada 男〖不変〗1 (行進・行列の)先導役, 先払い 2《譜》(ある人の)露払い, 到来のお触れ役 3〖スポ〗先頭を走って速度を調整する選手, ペースメーカー 4 (タイヤが地面に触れる)接触面, トレッド

battitacco 男〖複[男 -chi]〗(ズボンの)縁を補強する内帯; (車のドアの下の金属кор

battitappeto 男〖不変〗(じゅうたん用)掃除機

battito 男 1 (心臓の)鼓動, 動悸(ボ) 2 (鼓動や脈拍のような)規則的な連続音

battitoio 男 1 ドアノッカー 2 (額や鏡台で絵や鏡などをとめる釘, つめ 3〖建〗軒蛇腹の突き出し 4〖織〗打綿機

battitore 男〖女[-trice]〗1 叩く人, 打つ人 2〖スポ〗(野球の)バッター; (バレーボールやテニスなどで)サーブを打つ人, サーバー 3 (麦などの)脱穀をする人, (栗などを)叩き落す人 4 (競売やせりの)進行役 5 (狩りで藪を叩いて動物を追い出す)勢子(ੲ゙) ► *battitore libero* (サッカーの)リベロ; (政治・文化などに関して)自由な立場の人

battitrice 女〖農〗脱穀機

battitura 女 1 打つこと, 叩くこと, はたくこと 2 脱穀

battola 女 1 (狩りで)大きな音を出して動物を追い出す道具 2 (各種の)平らにするための道具, 均すための道具 3 (法衣などの)胸飾り 4 [北伊]おしゃべりな人

battona 女〖俗〗売春婦

battuta 女 1 (洒落〖気〗の利いた)表現 2 台詞(ੋ゙) 3 (人を叩く[殴る])こと 4 (警察の)一斉検挙, 手入れ 5 (タイプライターの)一打ち 6〖音〗小節 7〖スポ〗(球技の)サーブ; (ジャンプ競技の)踏み切り ► *battuta d'arresto* 一時的な休止 *essere alle prime battute* 開始時点にある

battuto 形 1 打ち負かされた 2 多くの人が通る —*strada battuta* 交通量の多い道 3 (ハンマーなどで)叩き上げた, 打たれた —*a spron battuto* 全速力で — 男 1〖料〗ペースト 2 (道路や床の)コンクリート舗床, 押し固めた地面

batuffolo, batufolo 男 1 毛くず, 綿くず 2 ぽっちゃりした人〖動物〗

bau 男〖不変〗1〖擬音語として〗(犬の鳴き声)ワンワン 2〖幼〗犬, ワンワン 3 → babau

Bauci 固名(女) 〖ギ神〗バウキス(オウィディウス『変身物語』に登場する老婆)

baule 男 1 (蓋付きの)箱, 長持ち 2 (車の)トランク 3 でっぷり太った人

bauletto 男 1 宝石箱, バニティーケース, ビューティーケース 2 バウレット(小型の手提げかばん) 3 (バイクや自転車の)取り付けかばん

bautta 女 1 (18世紀ヴェネツィアの)黒いマントと仮面から成る仮装衣装 2 (絹あるいはビロード製の)黒い仮面(口元は隠さず顔の上半分のみ覆う)

bauxite 女〖鉱〗ボーキサイト

bava 女 1 よだれ 2 粘液 3 染み, にじみ 4 繭糸(ネ゙) (蚕の吐く糸) 5 (釣りの)先糸, はりす ► *avere la bava alla bocca* かっとなる, 激怒する *bava di vento* 風のそよぎ *fare la bava* よだれをたらす; 立腹する

bavaglino 男 よだれかけ

bavaglio 男 さるぐつわ; 口を封じる物

bavarese 形 バイエルン地方(の人)の —男女 バイエルン地方の人 —女 ババロア(菓子); ババロワーズ(牛乳・卵黄・ココア・リキュールを攪拌(ੱ゙)した温かい飲み物) —男〖単数のみ〗バイエルン地方の方言

bavella 女 1 蚕が分泌する糸, 蚕糸 2 絹糸, 絹布; くず絹

bavera 女〖服〗(婦人の肩から胸を覆

bavero 男 〔服〕(洋服やコートの)襟 ▶ *prendere... per il bavero* …をからかう〔攻撃する〕

bavetta 女 1 (タイヤの)泥よけ 2 〔複数で〕バヴェッテ(細長くて平いパスタ) 3 鋳物のつぎ跡

Baviera 固名(女) (ドイツ南東部の)バイエルン地方

baviera 女 〔歴〕(顔の下部を保護する)かぶとの可動部分

bavoso 形 1 よだれを垂らした, よだれだらけの 2 〈蔑〉欲の深い

bazar 男 〔不変〕1 (中東やアフリカ北部の)市場, バザール 2 雑貨屋, スーパー 3 雑然と品物が積まれた場所

bazooka 男 〔不変〕〔英・軍〕バズーカ砲

bazza 女 突き出た顎(あご), しゃくれ顎

bazzana 女 (靴の裏張りや製本に使う)羊皮

bazzecola 女 くだらないこと, 些細なこと

bazzica 女 バッツィカ(ブリスコラに似たトランプ遊戯); バッツィカ(ビリヤードゲームの一種)

bazzicare 他 〔io bazzico〕(よからぬ場所に)通う, 入り浸る —自 通う, 入り浸る

bazzotto 形 1 (卵が)半熟の 2 〈隠〉にゃふにゃの

bazzuto 形 顎(あご)が突き出した, しゃくれた顎の

b.c. 略 basso continuo 〔音〕通奏低音

BCE 略 Banca Centrale Europea ヨーロッパ中央銀行

BCI 略 Banca Commerciale Italiana イタリア商業銀行

Be (元素記号) berillio 〔化〕ベリリウム

bè → bee

be'¹ → bene²

be'² → beh

beare 他 〈文〉幸福にする —**arsi** 再 (a, di) …に幸福を感じる, …して喜ぶ

bearnese 形 (フランス南西部, ピレネー地方 Béarn)ベアルンの —男女 ベアルン人 —男 〔単数のみ〕ベアルン方言

beat 形 〔不変〕〔英〕1 (1950年代アメリカの)ビート族の —*poeta beat* ビート詩人 2 〔音〕ビートの —男女 〔不変〕ビート族の芸術家〔人〕—男 〔音〕ビート

beatamente 副 幸福に, 平穏に

beatificare 他 〔io beatifico〕1 〔カト〕列福する 2 幸せにする

beatificazione 女 〔カト〕列福, 列福式

beatitùdine 女 1 申し分のない幸せ, (心の)充足 2 〔神学〕天上の至福 3 (B-) (正教会の)総主教の称号, 猊下(げいか)

＊**beato** 〔ベアート〕形 1 〔カト〕至福の, 神の祝福を受けた 2 幸福な; 幸運な —*Beato te!* 君がうらやましい, よかったね. 3 〔反語〕いまいましい, べらぼうな —男 〔女

[-a]〕1 天に召された魂 2 〔カト〕福者

Beatrice 固名(女) 1 〔女性名〕ベアトリーチェ 2 ベアトリーチェ(詩人ダンテが崇めた女性)

beatrice 女 〔詩〕(清新体派・ペトラルカ風の詩において)至福をもたらす女性, 魂の充足をもたらす女性; (芸術家に霊感をもたらす女性

beauty-case 男 〔不変〕〔英〕バニティーケース, ビューティーケース

bebè 男 〔不変〕赤ちゃん

be-bop 男 〔不変〕〔英・音〕ビーバップ (1940年代に流行したジャズのスタイル)

beccaccia 女 〔複[-ce]〕〔鳥〕ヤマシギ

beccaccino 男 〔鳥〕タシギ

beccafico 男 〔複[男-chi]〕〔鳥〕ニワムシクイ

beccaio 男 〈蔑〉死刑執行人; 〈諧〉下手な外科医

beccamorto 男 1 〈蔑〉墓掘り人; 不吉な人 2 女性に言い寄る男

beccapesci 男 〔不変〕〔鳥〕アジサシ

beccare 他 1 (くちばしで)つつく, ついばむ 2 〈口〉少しずつかじる〔食べる〕3 〈口〉得る, 稼ぐ; (悪い意味で)得る/手に入れる —*beccare un premio* 賞を受ける / *beccare un raffreddore* 風邪を引く 4 (…の最中に)捕らえる, 押さえる 5 〔劇〕野次る —自 1 負ける 2 〈口〉罠(わな)にはまる —**arsi** 再 1 得る, 稼ぐ: (悪いものを)もらう, ひく —*beccarsi l'influenza* インフルエンザにかかる 2 (鳥が)くちばしで突き合う 3 悪口を言い合う, 挑発し合う 4 〈口〉会う, 集う ▶ *beccarle* 〈口〉叩かれる, 打たれる; 敗北を喫する, 負ける

Beccaria 固名(男) (Cesare Bonesana ~)ベッカリーア(1738-94; イタリアの法学者. 近代刑法学の先駆者)

beccastrino 男 〔農〕鍬(くわ), 鋤(すき)

beccata 女 1 (くちばしで)つつくこと, ついばむこと; くちばしに入る分量 2 辛辣な言葉, からかい; (客席からの)野次

beccatello 男 1 〔建〕(バルコニーやテラスの梁(はり)を支える)持ち送り, 腕木 2 (古代の城壁で上から敵を攻撃するための)城壁の張り出し 3 (ハンガーをかける)釘(くぎ), フック

beccatoio 男 (鳥かごの)餌入れ, 餌箱

beccheggiare 自 〔io beccheggio〕(船や飛行機が)上下に揺れる

beccheggiata 女 (船や飛行機の)上下の揺れ

beccheggio 男 (船や飛行機の)上下の揺れ動き, 縦揺れ

becchettare 他 頻繁についばむ

becchettìo 男 1 頻繁についばむこと 2 くちばしでつつく音

becchime 男 鳥の餌

becchino 男 〔複[-a]〕墓掘り人

becco¹ 男 〔複[-chi]〕1 くちばし 2 〈口〉口 —*chiudere il becco* 黙る 3 (物の)先のとがった部分; (容器の)注ぎ口 —*becco della teiera* ティーポットの口 4 〔音〕(管楽器の)吹き口 5 ガスバーナー

becco ▶ *mettere il becco in...* …にくちばしを入れる、おせっかいをする、でしゃばる ▶ *non avere il becco di un quattrino* 一文無しである

becco² 男〔複[男 -chi]〕**1** 雄ヤギ **2**(妻や恋人に)浮気された男

beccuccio 男 **1** 小さなくちばし **2** (くちばしのような形をした)容器の注ぎ口、短い管 **3** ヘアピン(becco d'oca) **4** (ランプの芯を通す)管

beceraggine 女 **1** 野卑、下品 **2** 野卑な態度[振る舞い]

becerata 女 野卑な態度、下品な振る舞い

becero 形 野卑な、下品な ―男〔女[-a]〕野卑な人、下品な人

becerume 男 野卑な連中

béchamel 女〔不変〕〔仏〕→ besciamella

bechico 形〔複[男 -ci]〕〔薬〕咳止めの ―男〔[-ci]〕咳止め薬

becquerel 男〔不変〕〔仏・物〕ベクレル(放射能の単位)

beduina 女 **1** ベドウィン族の女性 **2** (19世紀半ばに流行した)女性の夜会用フード付きマント

beduino 男〔女[-a]〕**1** ベドウィン族《蔑》粗野な人、下品な人 ―形 ベドウィン族の

bee 男〔不変〕**1**〔擬音語として〕(羊やヤギの鳴き声をまねて)ベェー **2** ベェーという鳴き声

befana 女 **1** (1月6日の公現祭の前夜にプレゼントを運んでくるという)老婆 **2** (B-)〔俗〕公現祭(→ Epifania) **3** みすぼらしく醜い老婆

beffa 女 冷やかし; 悪ふざけ ―*farsi beffe di...* …をあざ笑う ▶ *restare col danno e con le beffe* ひどい目に遭う

beffardo 形 あざけるような、皮肉な、嘲笑的な; 皮肉好きの ―*risata beffarda* あざけるような哄笑 / *persona beffarda* 皮肉っぽい人

beffare 他 あざける、からかう、馬鹿にする ―**arsi** 再(di) …をからかう、馬鹿にする ▶ *beffare il destino* [*la sorte*] 危機から逃れる、窮地を脱する

beffatore 男〔女[-trice]〕からかう人、あざ笑う人 ―形〔女[-trice]〕からかいの、あざけりの

beffeggiare 他〔io beffeggio〕しつこくからかう、執拗(しつよう)にあざける

beffeggiatore 男〔女[-trice]〕しつこくからかう人 ―形〔女[-trice]〕嘲笑的な、人を馬鹿にした

bega 女 **1** 小競り合い **2** 面倒; 厄介

beghina 女 **1**〔歴・宗〕ベギン会修道女 **2**《蔑》盲信的な女性

beghinismo 男 盲信すること、信仰に凝り固まること

beghino 男〔女[-a]〕**1**〔歴・宗〕(12世紀にフランドルで起こった)ベギン会の修道士 **2**《蔑》盲信的な人

begli → bello

begliuomini, begliomini 男〔複数のみ〕〔植〕ホウセンカ

begonia 女〔植〕ベゴニア

begoniacea 女〔植〕シュウカイドウ科の植物; (B-)〔複数で〕シュウカイドウ科

beguine 女〔不変〕〔英〕ビギン風のダンス

beh 間 それで、それじゃあ、えっと

bei → bello

BEI 略 Banca Europea per gli Investimenti ヨーロッパ投資銀行

beige 形〔不変〕〔仏〕ベージュ色の ―男〔不変〕〔仏〕ベージュ色

Beijing 固名(女) → Pechino

bel¹ → bello

bel² 男〔不変〕〔物〕ベル(電圧・電力や音の強さの単位)

belante 形 **1** (羊やヤギが)鳴き声をあげている **2** 哀れな; 煩わしい ―*con voce belante* 哀れな声で ―男女《文》(子)羊

belare 自 **1** (羊やヤギが)メーと鳴く **2** そめそめする、泣き言を言う ―他 (詩歌を)哀切に朗唱する

belato 男 **1** (羊やヤギの)鳴き声 **2** すすり泣き、わざとらしい泣きまね

belcanto 男〔音〕ベルカント唱法

belga 形〔複[男 -gi]〕ベルギー(人)の ―男女〔複[男 -gi]〕ベルギー人

Belgio 固名(男) ベルギー

Belgrado 固名(女) ベオグラード(セルビア共和国の首都)

Belize 固名(男) ベリーズ

belizeano 形 ベリーズ(人)の ―男女 ベリーズ人

bell' → bello

bella 女 **1** 美女;〔親しい口調で呼びかけて〕君、可愛い子ちゃん; 愛する人、恋人 ―*Bella mia, dove vai?* ねえ君、どこへ行くの? **2** 清書(原稿) **3**〔スポ〕プレーオフ ▶ *bella di giorno*〔植〕ヒルガオ *bella di notte*〔植〕ユウガオ、ヨルガオ、オシロイバナ; 売春婦

belladonna 女〔複[belledonne]〕〔植〕ベラドンナ(ナス科の有毒植物)

bellamente 副 **1** 高慢に、生意気に **2** 穏やかに、のんびりと、快適に **3** 上品に、慇懃(いんぎん)に;〔皮肉で〕慇懃無礼に

bellavista, bella vista 女〔複[belleviste]〕眺望、パノラマ ▶ *in bellavista* よく見えるように、展示して、公に;〔料〕(装飾的なつけ合わせを施した)ゼリー仕立ての

belle époque 熟語(女)〔仏〕ベルエポック

belletto 男 **1** (特に顔を彩る)化粧品; 美容品 **2** 文体の技法、修辞技法

bellezza [ベッレッツァ] 女 **1** 美しさ、美 ―*prodotti di bellezza* 化粧品 / *cure di bellezza* 美容術 / *bellezza naturali* 自然美 **2** 美しい人[物] **3**〔喜びなどを表して〕―*Che bellezza!* 何とうれしいことだ。**4** 多量、長期間 ―*Ho speso la bellezza di diecimila euro.* 1万ユー

ロもはたいたよ. ▶ *che è una bellezza*〔強調で〕立派に, とても大いに / *Canta che è una bellezza!* 彼は何て歌がうまいんだ. *finire in bellezza* 上首尾に運ぶ, とてもうまく行く

Belli 固名(男) (Giuseppe Gioachino 〜)ベッリ(1791-1863; イタリアの詩人)

bellicismo 男 (国家の)好戦的傾向, 軍事主義

bellicista 男女〔複[男 -i]〕好戦主義者, 戦争支持者 ——形〔複[男 -i]〕好戦主義の, 戦争支持者の

bellicistico 形〔複[男 -ci]〕好戦主義の, 戦争支持の

bellico[1] 男〔複[男 -chi]〕《口》へそ

bellico[2] 形〔複[男 -ci]〕戦争の, 戦争に関する

bellicosità 女 好戦的なこと[傾向], 戦いを好む気質

bellicoso 形 1 好戦的な 2 攻撃的な, 闘争的な

belligerante 形〔法〕交戦中の ——男女 交戦中の当事者

belligeranza 女〔法〕(国家の)交戦状態

bellimbusto 男 しゃれ者, 色男

Bellini 固名(男) 1 (Gentile 〜)ベッリーニ(1429 頃 -1507; イタリアの画家, 2 の兄) 2 (Giovanni 〜)ベッリーニ(1430 -1516; イタリアの画家) 3 (Vincenzo 〜)ベッリーニ(1801-35; イタリアの作曲家)

bellini 男〔不変〕ベッリーニ(シャンペンまたはプロセッコに桃を加えたカクテル)

***bello** [ベッロ] 形〔名詞に前置する場合: 多くの男性名詞には[単 bel, 複 bei]; 母音で始まる男性名詞には[単 bell', 複 begli]; s + 子音, gn, pn, ps, x, z で始まる男性名詞には[単 bello, 複 begli]; 多くの女性名詞には[単 bella, 複 belle]; 母音で始まる女性名詞には[単 bell', 複 belle]〕 1 美しい, きれいな; 素敵な, 素晴らしい —*belle* arti 美術 / *bella ragazza* 美人 / *bel sesso* 女性 2 上品な, 洗練された, 丁寧な, よい —*bella maniera* 上品な物腰 / *bel mondo* 上流社会, 社交界 3 心地よい, 幸せな, 愉快な —*bella festa* 楽しいパーティー 4 よい, 優れた —*bel voto* よい成績 / *bella stagione* 春 (primavera) 5 できのよい, 上手な, うまい —*bel lavoro* 立派な仕事 6 〔天気が〕よい, 晴天の —Oggi è *bel tempo*. 今日はいい天気だ. 7 かなりの, 相当な, たくさんの, 著しい —*bella somma* 相当な金額 / *un bel po'* けっこう, 相当 7 賞賛に値する —*Non è bello ciò che fai.* 君のしていることはほめられたものじゃないよ. 8〔反語〕—*belle* parole 口先のうまさ, 甘言 9〔強調で〕本当に, 実に, まさに —*un bel niente* [*nulla*] 全然, 全く / *Nel bel mezzo del film mi ha telefonato.* ちょうど映画の最中に彼から電話があった. 10〔冗談〕—*un bel giorno* ある日 —男 1〔単数のみ〕美, 美しいもの 2〔単数のみ〕美点, よさ, 利点;〔反語〕とんでもないもの —Il *bello* della campagna è il silenzio. 田舎のいいところは静かなことだ. / Adesso viene [arriva, comincia] il *bello*. ここから面白い[難しい]ところだ. 3〔単数のみ〕快晴, 晴天 4 美男子 5 恋人, 彼氏, フィアンセ ▶ *a bella posta* [*bello studio*] わざと, 故意に *alla bell'e meglio* ぞんざいに, 加減に *avere un bel fare* [*dire*] 無駄骨を折る[無駄なことを言う] *bel bello* ゆっくりと *bell'e buono* 本当の, 本物の *bell'e* + 過去分詞 すっかり[既に]…された / Il lavoro è *bell'e* finito. 仕事はとっくに片付いた. *darsi al bel tempo* [*fare la bella vita*] のらくら[無為に]過ごす *del bello e del buono* 大変苦労して *farla* [*combinare*] *bella* とんでもない間違い[へま]をする *farne delle belle* 面倒を起こす *il bello è che* おかしな[妙な]ことに *Questa è bella!*〔反語〕ひど過ぎる, 無茶苦茶 *sul più bello* 一番面白い[大事な]時に, 最高潮の時に

belloccio 形〔複[女 -ce]〕野性的な美しさの

Bellona 固名(女) 〔ロ神〕ベローナ(戦の女神, ギリシャ神話のエニュオ)

bellona 女 派手な美しさの女性, 扇情的な女性

bellone 男 体格のいい美男子, 偉丈夫

bellospirito, bello spirito 男〔複[beglispiriti, begli spiriti]〕機知あふれる人, ユーモアのある人, 陽気な人;《蔑》懸命にしゃれを飛ばそうとする人

belluino 形 獣のような, 残忍な

bellumore 男〔複[begliumori]〕→ bellospirito

bellunese 形 ベッルーノ(の人)の ——男女 ベッルーノの人 ——男〔単数のみ〕ベッルーノ方言

Belluno 固名(女) ベッルーノ(ヴェネト州の都市; 略 BL)

belluria 女 技巧的な美, 装飾的な美しさ

belpaese 男〔不変〕ベルパエーゼ(ロンバルディア産の柔らかいチーズ)

beltà 女 1〔文〕美しさ 2 絶世の美女

beluga 女 1〔動〕シロイルカ 2〔魚〕チョウザメ 3〔料〕キャビア

belva 女 1 野獣 2 冷血漢, 凶悪[狂暴]な人物

belvedere 男 1 見晴らし台, 展望台 2 (バスや列車の)展望車 ——形〔不変〕展望の

belzebù 男 1 (B-)〔カト〕ベルゼブブ, サタン 2《諧》大魔王

Bembo 固名(男) (Pietro 〜)ベンボ (1470-1547; イタリアの文学者)

bemolle 男〔不変〕〔音〕(半音下げる)変音記号, フラット

bemollizzare 他〔音〕半音下げる

ben[1] 副〔主に過去分詞の前に添えて〕よく…された〔bene の語尾切断形. 省略記

ben² bene² の語尾切断形

benaccetto 形 喜ばれる、歓迎される

benalzato 形 《特に、起きぬけの人への挨拶として》おはよう —男《不変》おはようの挨拶

benamato → beneamato

benarrivato, ben arrivato 形 ようこそ —男《不変》歓迎の挨拶

benaugurante 形 よい兆しの、縁起がよい

*__benché__ [ベンケ] 接《接続法とともに》…だけれど[にもかかわらず] —*Benché fosse stanco, è venuto a prendermi.* 彼は疲れていたが、私を迎えに来てくれた。
▶ *il benché minimo* 少しも…ない

benda 女 1 包帯 2 目隠しの布；眼帯；ヘアバンド、髪ひも

bendaggio 男 1 包帯を巻くこと、目隠しをすること 2（ボクサーの拳の）バンデージ

bendare 他 1 包帯で巻く 2 目隠しをする —*bendare gli occhi a...* (人)に真実を見えなくさせる、(人)の考えを混乱させる —**arsi** 再 自分の体に包帯をする；目隠しをする —*bendarsi gli occhi* 現実を見ようとしない

bendatura 女 包帯を巻くこと、目隠しをすること

bendisposto 形《verso》…に対して好意的な、協力的な

bendone 男 1 大きな帯[包帯] 2（司教冠の）垂れ飾り

*__bene¹__ [ベーネ] 男 1 善 2 よいこと、善行 —*fare del bene* ai poveri 貧しい人に善行を尽くす 3 幸せ、幸運 —*Ti auguro ogni bene.* 幸運を祈ります。 4 利益、有益 —*L'ho fatto per il tuo bene.* 君のためにそうしたんだよ。 5 適切なこと、都合のよいこと、正当なこと —*È un bene che tu sia venuto.* 君が来てくれて好都合だ。 / *Non è bene telefonare a quest'ora.* こんな時間に電話をかけるのはよくない。 6《複数で》財産、所有物 —*Ho perso al gioco tutti i miei beni.* ギャンブルで全財産をなくした。 / *I beni di consumo* 消費財 7 品、商品 —*beni di prima necessità* 必需品 8 愛、愛情、情愛；恋人 ▶ **ben di Dio** あらゆるごちそう **fare bene** 役に立つ；有益である **volere bene a...** …を愛する、…が好きである

*__bene²__ [ベーネ] 副《比較級 meglio、絶対最上級 benissimo, ottimamente》 1 正しく、行儀よく、ふさわしく、適切に —*comportarsi bene* 礼儀正しく振る舞う / *uomo [persona] per bene* 誠実な人 2 よく、うまく；上手に；しっかり —*Hai capito bene la lezione?* 授業は分かった？ / *Ti sta bene* questa giacca. このジャケットはよく似合ってるよ。 / *Si mangia bene* in quel ristorante. あのレストランはおいしい。*ben cotto*（肉が）よく焼けた、ウェルダンの 3《強調で》とても、大変、本当に —*L'ho aspettato per ben tre ore.* 実に彼を3時間も待った。 —**C**i 1《賛成・承認》分かった、いいよ —*Ci vediamo domani?-Bene.* 明日会おうか？—いいとも。 2《称賛で》よし、いいぞ —*Bene*, ce l'hai detto! よし、よくぞ…! 3《話を始めたり打ち切って》さて、ところで —*Bene, vogliamo uscire?* さあ、出かけるとするか。 4《促促・激励・苛立ちなどで》さあ、ほら、早く —*Bene, dimmi cos'hai?* さあ、どうしたというんだ。 —形《不変》上流階級の —*gente bene* 上流階級の人々 ▶ **andare bene** うまく行く **ben bene** とても、すっかり (*Va*) *Bene.* 了解、OK. **bene o male** ともかく、どうにか **di bene in meglio** いっそうよく、さらに多く *Gli sta bene.* 自業自得、身から出た錆 (彼にはあれがお似合い)。**né bene né male** まずまず、可もなく不可もなく **parlare bene di...** …のことをほめる **stare bene** 元気である

beneamato 形 いとしの、最愛の

Benedetta 固名《女性名》ベネデッタ

Benedetti Michelangeli 固名《男》 (Arturo ～) ミケランジェリ (1920-95; イタリアのピアノ奏者)

benedettino 形 聖ベネディクトゥスの；ベネディクト会の、ベネディクト会修道士の(ような) —男 [*b-a*] 1 ベネディクト会修道士[女] 2（忍耐・勤勉など）ベネディクト会修道士のような徳を持つ人 3 ベネディクティン(リキュールの名称)

Benedetto 固名 1《男性名》ベネデット 2 (San ～ da Norcia) ベネディクトゥス (480 頃 -543 頃; ベネディクト修道会の創始者)

benedetto 形《過分 < benedire》 1 神の恵みを受けた、祝別された；聖なる、畏敬すべき —*acqua benedetta*《宗》聖水 2 天恵の、恵まれた —*terra benedetta* 肥沃な土地 3 運《縁起》のよい、幸運に恵まれた 4《口》《軽い非難や苛立ち・不快で》—*Ho aspettato tutto il giorno quella benedetta telefonata.* あのつまらない電話を一日中待っていたんだ。

benedicente 形 祝福を授ける

*__benedire__ [ベネディーレ] [34, ただし 2 人称単数の命令形は benedici となる] 他《過分 benedetto》 1 祝福する —*Il sacerdote benedice i fedeli.* 司祭は信者に祝福を与える。 2 神の加護を祈る 3 ほめたたえる、称賛する、賛美する —*Tutti benedicono la sua generosità.* 皆彼の寛大さをほめている。 4 心から感謝する 5 神が加護を与える —*Che Dio ti benedica!* 神のご加護がありますように。 ▶ *andare... a farsi benedire* (人が)消える；破滅する；(物が)壊れる / *Vatti a farsi benedire!* うせろ、くたばれ、ちくしょう。*mandare... a farsi benedire* …を追いやる

benedizione 女 1《宗》祝福；神への祈願 2《カト》祝別 3 天の恵み

beneducato, ben educato 形 行儀のよい、育ちのよい

benefattore 男〔女[-trice]〕援助する人, 後援者, 恩人; 慈善家

beneficare 他 [io benefico] 恩恵を与える; 援助する

beneficato 形 施しを受けた, 恩恵を受けた —男〔女[-a]〕施しを受けた人, 恩恵を受けた人

beneficatore → benefattore

beneficenza 女 慈善; 援助

beneficiare 自 [io beneficio] (di) …の恩恵を得る, …を享受する

beneficiario 形 恩恵の, 恵みの; 恩恵を得た, 利益を享受した —男〔女[-a]〕1 恩恵を受ける人, 利益を享受する人, (法律・布告の)受益者 2 (為替・小切手・保険などの)受け取り人, 受領者 3 〔宗〕聖職禄受領者

beneficiata 女 1 beneficiato の女性形 2 (ある俳優のための)記念公演, チャリティー公演

beneficiato 形 恩恵を受けた, 恵まれた —beneficiato dalla sorte 運に恵まれた —男〔女[-a]〕1 恩恵を受けた人, 受益者 2 受領者, 受け取り人 3 聖職禄受領者

beneficio 男 1 慈善, 援助 2 恩恵; 利益 3 〔商〕利得 4 (中世において, 主従関係を結んだ者に領主が与えた)封土

benefico 形〔複〔男-ci〕〕1 有益な, 意義のある; 健康に役立つ 2 慈善の, 慈善的な

benefizio 《文》→ beneficio

beneinformato → beninformato

benemerenza 女 功績, 功労賞

benemerita 女 (B-)《諧》国防省警察, カラビニエーリ

benemeritare → benmeritare

benemerito 形〔絶対最上級 benemerentissimo〕功績のある, 賞賛に値する —socio *benemerito* (高額の)資金提供者, 共同出資者 —男〔女[-a]〕功労者, 貢献者

beneplacito 男 (上からの)認可, 承認, 同意 —Si sono sposati senza il *beneplacito* dei genitori. 彼らは両親の許可なしに結婚した.

benessere 男〔不変〕1 健康; (心身の)満足 2 裕福, 豊かさ, 繁栄

benestante 形 豊かな; 裕福な —男女 裕福な人

benestare 男 1 (計画や申請に対する公的の)認可, 承認 2 裕福

beneventano 形 ベネヴェント(の人)の —男〔女[-a]〕ベネヴェントの住人

Benevento 固名 ベネヴェント(カンパーニア州の都市; 略 BN)

benevolenza 女 1 厚意, 好意, 温情, 情愛 2 寛大さ, 寛容, 慈悲

benevolo 形〔絶対最上級 benevolentissimo〕親切な, 好意的な

benfatto, ben fatto 形 1 注意深くなされた, しっかり作られた, よくできた —mobile *benfatto* しっかりした作りの家具 2 スタイルのいい, 均整の取れた —間 (行為を評価して)よくやった, えらい

Bengala 固名 (男) 1 ベンガル(インド北東部のデルタ地帯) 2 (Golfo di 〜)ベンガル湾

bengala 男〔不変〕1 ベンガル花火 2 信号弾, 照明弾

bengalese 形 ベンガル(人)の —男女 ベンガル人 —男〔単数のみ〕ベンガル語

bengali 男〔不変〕ベンガル語 —形 ベンガル語の

bengalina 女〔織〕ベンガル織り

bengalino 男 1〔鳥〕ベニスズメ 2 → bengalese

bengodi 男〔不変〕桃源郷; 極楽

Beniamino 固名(男) 1〔男性名〕ベニアミーノ 2〔聖〕ベニヤミン, ベンヤミン(ヤコブとラケルの息子)

beniamino 男〔女[-a]〕1 秘蔵っ子, お気に入り 2 人気者, アイドル

benignamente 副 親切に, 優しく

benignità 女 1 (他人に対する)優しさ, 寛容さ 2 (気候の)穏やかさ

Benigno 固名〔男性名〕ベニーニョ

benigno 形 1 温厚な; 慈悲深い 2 好都合な, 順調な 3 寛容〔寛大〕な 4〔医〕良性の

Benin 固名(男) ベナン

beninese 形 ベナン(人)の —男女 ベナン人

beninformato, ben(e) informato 形 事情通の, 消息筋の, 確かな情報を持った —男〔女[-a]〕事情通の人, 消息筋

benino 副 結構うまく, なかなか上手に ▶ *per benino* きちんと, 適切に

benintenzionato, ben(e) intenzionato 形 善意の, 好意的な

beninteso 副 もちろん; 当然

‡**benissimo** [ベニッシモ] 副〔bene² の絶対最上級〕とてもよく[上手に] (molto bene) —間 よくできました, 素晴らしい

benmeritare 自 [io benmerito] 功績[功労]がある, 賞賛に値する

benna 女 1 (クレーンの先端の)つかみ機, グラブ 2〔北伊〕荷車

bennato 形 1 生まれがよい, 立派な家柄の 2 才能に恵まれた, よい資質に恵まれた 3 《文》よい星のもとに生まれた

benone 副 大変によく[元気に, うまく]; 申し分なし

benpensante, ben pensante 形 (意見・生活などが)保守的な, 常識的な;《蔑》順応主義の —男女 保守的な人, 常識的な人; 順応主義者

benportante, ben portante 形 (年齢にもかかわらず)若い外観の, 若々しい

benservito 男 1 (解雇された者に発行される)勤労証明書; 解雇 —dare il *benservito* 解雇する

bensì 接〔否定の後で〕…ではなく(むしろ) —L'appuntamento non era alle cinque, *bensì* alle sei. 約束は5時で

bentonite はなくて6時だった.
bentonite 女〔鉱〕ベントナイト
bentornato 形,間(長い不在から戻った人に)お帰りなさい ―男 1〔不変〕お帰りなさいのお挨拶 2〔女[-a]〕(長い不在から戻って)歓迎される人
bentosto 副《文》すぐに,直ちに
‡**benvenuto** [ベンヴェヌート] ようこそ,いらっしゃいませ ―*Benvenuti nel nostro paese.* 私たちの国へようこそ. ―男 1〔不変〕ようこその挨拶 2〔女[-a]〕(来訪が)歓迎される人
benvisto 形 好感[好意]を持たれる,よく思われる
benvolere [130] 他〔不定詞と過去分詞のみ〕慕う,好意を寄せる ▶ *farsi benvolere da...* …に慕われる[好かれる] *prendere... a benvolere* …を慕う[好きになる]
benvoluto 形 とても好かれた,好感を持たれた
benzene 男〔化〕ベンゼン
‡**benzina** [ベンズィーナ] 女 1 ガソリン ―*benzina super [verde]* ハイオク[無鉛]ガソリン / *fare il pieno di benzina* ガソリンを満タンにする 2《口・謔》ワイン,酒 ▶ *rimanere senza benzina* ガソリンが切れる
benzinaio 男〔女[-a]〕ガソリンスタンドの従業員[経営者]
benzoato 男〔化〕安息香酸塩,安息香酸エステル
benzocaina 女〔化〕ベンゾカイン
benzoe → benzoino
benzofenone 男〔化〕ベンゾフェノン
benzoino 男 1〔植〕アンソクコウノキ,エゴノキ属の植物 2〔化〕安息香,ベンゾイン(樹脂)
beola 女〔鉱〕ベオラ(ピエモンテ州ベオラ産の片麻岩,舗石として使われる)
beone 男〔女[-a]〕大酒飲み,酔っ払い
beota 形 1〔古代ギリシャの〕ボイオティアの,ボイオティア人の 2 愚鈍な ―男女〔複[男-i]〕1 ボイオティア人 2 愚鈍な人,愚か者
beotico 形〔複[男-ci]〕(古代ギリシャ)ボイオティア(地方)の ―男〔単数のみ〕ボイオティア方言
Beppe 固名〔男性名〕ペッペ
bequadro 男〔音〕本位記号,ナチュラル(♮)
berberidacea 女〔植〕メギ科の植物;(B-)〔複数で〕メギ科
berbero 形 1(北アフリカの)ベルベル人の,ベルベル語の 2(馬の種類から)バーバリー産の ―男〔女[-a]〕1(北アフリカ山地の)ベルベル人 2 ベルベル語(群) 3 バーバリー馬
berceuse 女〔不変〕〔仏・音〕ベルスーズ,子守唄
Berchet 固名〔男〕 (Giovanni 〜)ベルシェ(1783-1851; イタリアの作家・文学者)
berciare 自〔io bercio〕1 大声でがな

り立てる 2 (調子っぱずれに)歌う
‡**bere** [ベーレ] [15] 他〔過分 bevuto〕1 飲む ―*bere* acqua [un bicchiere di vino] 水を[ワインを1杯]飲む / *bere l'amaro calice* [a calice del dolore] 苦杯をなめる 2 大酒を飲む 3 祝杯を上げる 4 吸収する,吸い上げる ―*La terra beve l'acqua piovana.* 大地は雨を吸い込んでいる. 5 (車などがガソリンを)消費する 6 (素直に)信じる 7 簡単に負かす ―自 飲む,飲酒する ―*bersi* 再 1〔強調で〕…を飲む;(飲み代として)お金を)使い切る 2 打ち負かす,圧倒する 3 無邪気に信じ込む ―男〔単数のみ〕飲酒 ―*Il troppo bere fa male alla salute.* 飲み過ぎは健康に悪い. *berci sopra* 苦しみや悩みを忘れるために飲む *bere come una spugna* 大酒を飲む *bere il sangue di...* …を搾取する,利用する *bere le parole di...* …の話に聞きほれる *bersela* (ありそうもないことを)無邪気に信じ込む *bersi il cervello* 常軌を逸した振る舞いをする *bersi l'anima* 法外に飲む,馬鹿飲みをする *da bere* 飲み物 *darla a bere a...* …を信じ込ませる,だます *darsi al bere* 酒に溺れる,深酒をする
Berenice 固名〔女性名〕ベレニーチェ
beretta 女 ベレッタ(セミオート型の拳銃,同名の銃器製造会社に由来)
bergamasca 女 1 bergamasco の女性形 2〔音〕ベルガマスカ(16〜17世紀に流行したベルガモ発祥の舞踊)
bergamasco 形〔複[男-chi]〕ベルガモの人の ―男〔複[-chi]女[-a]〕ベルガモの人
bergamino 男 ベルガミーノ(ベルガモットに似た香油)
Bergamo 固名〔女〕 ベルガモ(ロンバルディア州の都市; 略 BG)
bergamotta 女 ベルガモッタ(洋ナシの一種,シトロンの風味がする)
bergamotto 男 1〔植〕ベルガモット(シトロンに似た柑橘(かんきつ)類,果皮から香油がとれる)(ベルガモットを実らせる)洋ナシの木;柑橘類の植物 2 ベルガモット香油
bergère 女〔不変〕〔仏〕ベルジェール(ゆったりした肘掛け椅子)
beriberi 男〔不変〕〔医〕脚気(かっけ)
berillio 男〔化〕ベリリウム(元素記号 Be)
berillo 男〔鉱〕緑柱石(エメラルドやアクアマリンなど)
berkelio, berchelio 男〔化〕バークリウム(元素記号 Bk)
berlicche 男〔不変〕《謔》悪魔
berlina¹ 女 1 さらし刑,さらし場[台](罪人をさらしものにする場所) ―*mettere... alla berlina* …をさらし[笑い物]にする 2 ベルリーナ(どの参加者が自分に対する評価を出したかを当てる室内ゲーム)
berlina² 女 1 ベルリン型馬車,四輪箱馬車 2 セダン型自動車
berlinese 形 ベルリン(の人)の ―

berlingozzo

[女] ベルリンの人

berlingozzo [男] ベルリンゴッツォ(トスカーナ地方のドーナツ型の菓子)

Berlino 固名[女] ベルリン(ドイツの首都)

bermuda [男名] バミューダパンツ, バミューダショーツ

bermudiana [女] (ヨットなどの)三角帆

Berna 固名[女] ベルン(スイス連邦の首都)

Bernardino 固名[男] 1 [男性名]ベルナルディーノ 2 (San ~ da Siena)シエナのベルナルディーノ(1380-1444; イタリアのフランチェスコ会修道士, 本名 Bernardino degli Albizzeschi)

bernardino [形] 1 聖ベルナルドゥスの; 聖ベルナルディーノ・ダ・シエナの 2 シトー修道会の, ベルナルドゥス派の —[男] シトー会修道士

Bernardo 固名[男] 1 [男性名]ベルナルド 2 (San ~ di Chiaravalle)クレルヴォーのベルナルドゥス(1090-1153; フランス出身の神学者)

bernese [形] ベルン(スイスの首都)(の人)の, ベルン州(の人)の —[男女] ベルン(州)の人

Berni 固名[男] (Francesco ~)ベルニ(1497/98-1535; イタリアの詩人)

Bernini 固名[男] (Gian Lorenzo ~)ベルニーニ(1598-1680; イタリアの彫刻家・建築家)

bernoccolo [男] 1 瘤(ﾗ) 2 (天性の)才能, 素質 ▶ **avere il bernoccolo di...** …の才能[素質]がある

berrà bere の未・3 単

berrei bere の条・現・1 単

berretta [女] 1 (頭巾のような)帽子 2 [カト]聖職者のかぶる四角い帽子

berrettaio [男] [女[-a]] 帽子屋, 帽子職人

berrettificio [男] 帽子工場

berrettino [男] キャップ, 野球帽

berretto [男] (ひさしの付いた)帽子 — *berretto basco* ベレー帽 / *berretto verde* グリーンベレー(アメリカ陸軍特殊部隊)

berrò bere の未・1 単

berroviere [男] (13～14 世紀の)武装兵, 警邏(ﾗ)

bersagliare [他] [io bersaglio] 1 攻撃を浴びせる, 攻め立てる 2 (di)…で打ちのめす, …を浴びせかける —*bersagliare... di pugni [insulti]* (人)を拳で打ちのめす[(人)に侮辱を浴びせかける] 3 虐げる, 苦しめる

bersagliera [女] 《諧》威勢のいい女 (→ bersagliere) —[形] [女不変] [次の成句で] ▶ **alla bersagliera** 勢いよく, 威勢よく, 果敢に; 無遠慮に

bersaglieresca [女] 1 狙撃隊(羽付き帽子をかぶったイタリア歩兵の部隊), 狙撃隊員 2 [女[-a]]エネルギッシュな人, 威勢のいい人

bersaglio [男] 1 標的, 的(ﾏﾄ) 2 (批判や軽蔑の)的

bersò [男] (ドーム型の)つる棚

Berta 固名[女性名]ベルタ ▶ *il tempo che Berta filava* 古きよき時代(ベルタが糸をつむいでいた頃)

berta¹ [女] [機]杭打ち機

berta² [女] [鳥]ミズナギドリ; [北伊]カササギ

berta³ [女] (19 世紀の女性の)レースの襟飾り

berta⁴ [女] [犯罪者の隠語で]ピストル; ポケット

bertesca [女] 1 [歴・軍](城壁や塔などの)張り出しやぐら 2 (狩猟用の)見張り台

bertuccia [女] [複[-ce]] 1 [動]バーバリーマカク(オナガザル科マカク属) 2 醜い女, 厚顔無恥な女 3 (旧式の)大砲

bertuello [男] (魚や鳥を捕らえるための)網 2 [トスカーナ]ごたごた, 混乱

besciamella [女] [料]ベシャメルソース

bestemmia [女] 1 冒瀆(ﾄｸ)的な[不敬な]言葉 2 悪罵, 悪態, ののしり 3 愚説, 間違った判断

bestemmiare [他] [io bestemmio] 1 冒瀆(ﾄｸ)する 2 侮辱する, 悪態をつく —[自] 1 冒瀆の言葉を吐く 2 悪る, 毒づく 3 全く的外れなことを言う 4 (言語を)下手に話す

bestemmiatora [女] → bestemmiatore

bestemmiatore [男] [女[-trice, -a]] 冒瀆(ﾄｸ)者 —[形] [女[-trice, -a]]いつも不敬な言葉を吐いている, 冒瀆的な

＊**bestia** [ベスティア] [女] 1 動物; 獣 2 どい奴[状態], 人でなし 3 馬鹿, あほう, 間抜け —In matematica sono una *bestia*. 僕は数学は大の苦手だ。 4 《口・諧》毛皮の服 ▶ *andare in bestia [diventare una bestia]* 激怒する *bestia nera* 悩みの種 *brutta bestia* 嫌な[不快な]こと *lavoro da bestia* 重労働, 激務 *mandare in bestia* 怒らせる

bestiale [形] 1 獣の 2 獣のような; 非人間的な 3 《口》猛烈な, ものすごい 4 《口》とても素晴らしい

bestialità [女] 1 獣性, 野蛮さ 2 愚かさ, 愚劣な行為[言葉], でたらめ

bestialmente [副] 1 野蛮[乱暴]に, 残虐に, 激しく 2 愚かに

bestiame [男] [総称的]家畜 —*bestiame grosso* 大型の家畜(牛や馬など) / *bestiame minuto* 小型の家畜(羊・豚・鶏・ウサギなど)

bestiario¹ [男] 1 [文](中世の)動物寓話集 2 動物の寓話画[彫刻]

bestiario² [男] 1 (古代ローマの)猛獣と格闘する奴隷戦士 2 動物園の猛獣飼育係

bestiola [女] 1 小動物 2 《小さい子供に対して愛情を込めて》おばかさん

bestione [男] 1 大型動物 2 粗暴な大男, 知恵の足りない男

best seller [商][男][英]ベストセラー

beta [女,男][不変] 1 ベータ(B, β)(ギ

betabloccante リシャ語アルファベットの2番目の字母) **2**〖形容詞的〗ベータの, 第二 **3**〖天〗ベータ星 **4**〖物〗ベータ線, ベータ粒子

betabloccante 形〖薬〗ベータ受容体を遮断する ―男 ベータ受容体遮断薬

betatrone 男〖物〗ベータトロン, 電磁誘導加速器

betel 男〖不変〗**1**〖植〗キンマ; キンマの葉から取れる香油 **2** キンマの葉で作ったガム(東南アジアの住民が常習的に噛む)

betlemita 男〖複[男 -i]〗ベツレヘム(の人)の ―男女〖複[男 -i]〗ベツレヘム人

Betlemme 固名(女) ベツレヘム(ヨルダン西部, エルサレムの南にある町; キリスト教の聖地)

beton 男〖不変〗コンクリート

betonica 女〖植〗カッコウチョロギ(地中海地方のシソ科の植物, 薬品や染料として使われる) ―avere più virtù della *betonica*〖諺〗たくさんの効能を持つ / essere più conosciuto della *betonica* 大変によく知られている

betoniera 女 コンクリートミキサー

Betsabea 固名(女) 〖聖〗バテシバ(ダビデの妻)

betta 女 (海軍の)小型輸送船

bettola 女 町はずれの安食堂[酒場] ► *da bettola* 下品な; 低俗な

bettolante 男女 安酒場[食堂]の常連

bettolare 自〖io bettolo〗安酒場[食堂]に通う

bettoliere 男〖女[-a]〗〖文〗安酒場[食堂]の主人

bettolina 女 大型の荷船[はしけ]

bettolino 男 (兵営や刑務所の)酒保, 売店

bettonica → betonica

betulacea 女〖植〗カバノキ科の植物; (B-)〖複数で〗カバノキ科

betulla 女 **1**〖植〗カバ **2** カバ材

beuta 女〖化〗フラスコ

beva bere の命・現・3単; bere の接・現・1単[2単, 3単]

bevanda 女 飲料

beve bere の直・現・3単

bevendo bere のジェルンディオ

beveraggio 男 **1** (フスマを水にといた)飼料 **2**〖諺〗飲み物; ずるい飲み物

beverino 男 **1** (鳥かごの)水入れ **2** 水辺に仕掛ける鳥網 ―形 (ワインについて)口当たりがよい

beverone → beveraggio

bevesse bere の接・半過・3単

bevesti bere の直・遠過・2単

beveva bere の直・半過・3単

bevi bere の直・現・2単; 命・2単

bevibile 形 **1** 飲むことができる, 飲用に適した **2** (飲物について)まあまあの, 我慢できる味の **3** 信用できる, 納得のいく

bevicchiare 他〖io bevicchio〗(嫌々ながら)少しだけ飲む, ちびちび飲む ―自〖諺〗飲んだくれる

bevitore 男〖女[-trice]〗, 〖口〗女[-a]〗大酒飲み, (飲み物を大量に)摂取する人

bevo, bevono bere の直・現・1単[3複]

bevucchiare → bevicchiare

bevuta¹ 女 **1** 飲むこと **2** 飲み会

bevuta² → beuta

bevuto bere の過分

bevve bere の直・遠過・3単

bey 男〖不変〗**1**(オスマントルコの)知事, 地方長官 **2**〖トルコやエジプトの高官の総称〗ベイ

bezzicare 他〖io bezzico〗**1**(さかんについばむ, つっつく **2**(言葉で)ちくちくいじめる

bezzo 男 **1** ベッツォ(15世紀ヴェネツィアの銀貨) **2**〖複数で〗〖北伊〗お金

BG 略 **1** Bergamo ベルガモ(ロンバルディア州の町) **2** Bulgaria ブルガリア

Bhutan, Bhutān 固名(男) ブータン

bhutanese 形 ブータン(人)の ―男女 ブータン人

BI 略 **1** Biella ビエッラ **2** Banca d'Italia イタリア銀行

Bi 略〖元素記号〗bismuto〖化〗ビスマス

bi 女, 男〖不変〗イタリア語アルファベットの B(b)

bi- 接頭 「二つの」「2倍の」「二重の」などの意

biacca 女〖化〗鉛白

biacco 男〖複[-chi]〗**1**〖動〗ナミヘビ科レーサー属のヘビ **2**〖トスカーナ〗臆病者

biada 女 **1**(家畜の)飼葉, 餌 **2**〖トスカーナ〗カラスムギ

biadesivo 形 両面接着の ―男 両面テープ

Biagi 固名(男)(Enzo ~)ビアージ(1920-2007; イタリアのジャーナリスト・作家)

Biagio 固名〖男性名〗ビアージョ

Bianca 固名〖女性名〗ビアンカ

bianca 女 **1**〖印〗表版 **2**(新聞で, 事件や事故とは関係のない)生活[日常]記事 **3**(生地の染色に使われる)白色 **4**〖隠〗ヘロイン

Biancaneve 固名(女)(グリム童話の)白雪姫

biancastro 形 (色が)白っぽい

biancazzurro 形 **1** 空色がかった白の, 青白い **2**(サッカーチームの)ラツィオの ―男 **1** ラツィオの選手 **2**〖女[-a]〗ラツィオのサポーター

biancheggiamento 男 白くなること, 白っぽい光[反射]

biancheggiare 自〖io biancheggio〗白くなる, 白みを帯びる; 明るくなる, はっきりする ―他〖美〗明るくする

***biancheria** [ビアンケリーア] 女 (シャツや靴下などの)下着類; (シーツやタオルなどの)リネン類 ―*biancheria* intima 肌着, 下着

biancherista 男女〖複[男 -i]〗シーツ製造職人, シーツ加工長

bianchettare 他 修正液で消す

bianchetto 男 **1** 白くするもの(白粉

(恕い)・つや出しの乳液・漂白剤・修正液など〕 **2**〔複数で〕イワシの稚魚 **3**白ワイン, 1杯の白ワイン

bianchezza 囡 白さ, 白い外観; 青白さ

bianchiccio 圏〔複〔女 -ce〕〕白っぽい;(人について)青白い

bianchimento 男 **1**(硫酸溶液で)貴金属を磨くこと, つや出し;(金属を磨くための)硫酸溶液 **2**(塩あるいは砂糖の)精製

bianchino 男 白ワイン用グラス

bianchire 他〔io -isco〕**1**(溶液で)貴金属を磨く **2**(砂糖や塩を)精製する **3**白くする

****bianco** [ビアンコ] 圏〔複[-chi]〕**1**白い —camicia *bianca* ワイシャツ/ *bianco* come la neve 雪のように白い/ *capelli bianchi* 白髪/ *carni bianche* 白身の肉(鶏・豚・ウサギなど)/ *armi bianche* 刀剣類 **2**青白い, 蒼(霞)白く; 日に焼けていない —diventare *bianco* dalla paura 恐怖に青ざめる **3**(色の)淡い, 明るい, 薄い —uva *bianca* 白ブドウ **4**清潔な, よごれのない —lenzuola *bianche* 清潔なシーツ **5**純粋な, けがれのない, 清純な —voce *bianca* ボーイソプラノ, カストラート **6**記入の, 記入していない —scheda *bianca* 白紙投票用紙 **7**雪に覆われた **8**白人の —男 **1**(白黒の)白 **2**反対意見 —Paolo dice *bianco* e Carlo nero. パオロとカルロの言うことは全く正反対だ. **2**白ワイン **3**白い部分 —il *bianco* dell'uovo 卵白, 卵味 **4**白色塗料, 水漆喰(沁), のろ **5**空欄, 空白 —lasciare in *bianco* la data 日付を入れないでおく **6**(チェスの)白駒 **7**〔歴〕(13〜14世紀のグエルフィ党白派;〔フランス革命の〕王党派 —男〔複[-chi]女[-a]〕白人 —i *bianchi* e i negri 白人と黒人 ▶ **andare in bianco** 失敗する, 水泡に帰する **dare a intendere [far vedere] bianco per nero a...** …を欺く, だます **dare carta bianca a...** …に白紙委任する **di punto in bianco** 出し抜けに, 突然 **far nero il bianco e bianco il nero** 事実を曲げる **in bianco** バターやオリーブ油で味付けしただけの; 空白の状態で; 一睡もしない **in bianco e nero** 白黒の **mangiare in bianco** あっさり味で食べる **Mar Bianco** 白海(ロシア連邦の北西部にある湾) **passare la notte in bianco** 徹夜する

biancoceleste 圏 **1**空色がかった白の, 青白い **2**(サッカーチームの)ラツィオの —男 **1**ラツィオの選手 **2**〔女[-a]〕ラツィオのサポーター

biancofiore 男〔単数のみ〕キリスト教民主党(1994年に解散したイタリアの政党) —男女〔不変〕キリスト教民主党員 —男〔複〕キリスト教民主党(員)の

biancomangiare 男〔不変〕**1**〔料〕ブランマンジェ **2**〔南伊〕シラウオのフライ

biancone 男 **1**〔鳥〕チョウヒワシ **2**〔総称的〕白ワイン用のブドウの木 **3**〔地質〕石灰の堆積岩

bianconero 圏 **1**白黒の, 白黒縞(迟)模様の **2**(サッカーチームの)ユヴェントゥスの —la difesa *bianconera* ユヴェントゥスのディフェンス —男 **1**ユヴェントゥスの選手 **2**〔女[-a]〕ユヴェントゥスのサポーター

biancore 男 白さ, 輝き

biancorusso → bielorusso

biancospino 男〔植〕セイヨウサンザシ

biancostato 男〔ロンバルディア〕(豚・羊の)ばら肉

biascicamento 男 **1**くちゃくちゃ食べること **2**(不明瞭に)もぐもぐ食べること, 口ごもること

biascicare 他〔io biascico〕**1**くちゃくちゃ食べる **2**不明瞭に発音する, もぐもご〔ぶつぶつ〕言う; つっかえつっかえ話す

biascichio くちゃくちゃ食べ続けること; ぶつぶつ言い続けること; ひそひそ話す声

biascicone 男〔女[-a]〕〔口〕くちゃくちゃ食べる人

biasimabile → biasimevole

biasimare 他〔io biasimo〕非難する, 叱責する —Ho biasimato il suo comportamento. 私は彼の振る舞いを非難した. —**arsi** 自分自身を非難する, 自己批判をする

biasimatore 男, 圏〔女[-trice]〕非難する(人)

biasimevole 圏 非難に値する, 非難されるべき —comportamento *biasimevole* 非難に値する態度

biasimo 男 非難, 叱責 ▶ **meritare il biasimo di...** …の非難に値する

biassico 圏〔複[男 -ci]〕〔光〕軸が二つある, 2軸性の

biathlon, biatlon 男〔不変〕〔スポ〕バイアスロン

biatomico 圏〔複[男 -ci]〕〔化〕2原子の

biauricolare 圏 両方の耳の, 両耳の

bibace 圏 **1**吸収しやすい, 染み込みやすい **2**〔謔〕大酒飲みの

bibagni → bibagno

bibagno 圏〔不変〕(不動産広告などで)バスルームを二つ備えた

bibasico 圏〔複[男 -ci]〕〔化〕2塩基性の

bibbia 囡 **1**聖典; バイブル; (B-)聖書 **2**根本的に重要な著作[人]; 疑いのない真実

biberon 男〔不変〕哺乳ビン

bibita 囡 (アルコールを含まない)飲み物, 清涼飲料

biblicamente 副 聖書に従って, 聖書のように

biblico 圏〔複[男 -ci]〕**1**聖書の **2**聖書に登場する **3**厳かな, 荘重な, 悲劇的な

biblio- 接頭 「本」「書物の」の意

bibliobus, bibliobus 男〔不変〕移動図書館

bibliofilia 囡 (特に古書などの)書籍愛

bibliofilo 好, 蔵書癖
bibliòfilo 男〔女[-a]〕書籍愛好家, 蔵書家
bibliografia 女 1(特定のテーマまたは一人の作家の)作品リスト, 文献目録 2〔総称的〕文献, 参考文献 3 書誌学
bibliogràfico 形〔複[男 -ci]〕書誌学の; 作品目録の, 文献の
bibliògrafo 男〔女[-a]〕1 書誌学者 2 作品リスト〔参考文献〕執筆者
biblioiatrìca 女 図書修復術
bibliolatrìa 女 書籍崇拝
bibliologìa 女 (特に印刷本と印刷技術の)書誌学
biblìòlogo 男〔複[-gi]女[-a]〕(特に印刷本と印刷技術の)書誌学者
bibliòmane 男女 書籍収集家, 稀覯(きこう)本マニア
bibliomanìa 女 蔵書熱, 稀覯(きこう)本愛好
bibliomanzìa 女 書物占い(任意に開いた本, 特に聖書のページから未来を占う)
*__biblioteca__ [ビブリオテーカ] 女 1 図書館[室] —*biblioteca ambulante* [*vivente*] 物知り, 生き字引 2 図書, 蔵書 3 本棚, 書架
bibliotecàrio 男〔女[-a]〕図書館長; 図書館司書
biblioteconomìa 女 図書館学
biblioteconomista 男女〔複[男 -i]〕図書館学者
biblista 男女〔複[男 -i]〕聖書研究者
bica 女 1(麦穂などの)束(たば)の山 2 山積み, 大量
bicamerale 形〔政〕二院制の, 両院の —女 両院委員会
bicameralismo 男〔政〕二院制, 両院制 —*bicameralismo perfetto* 完全二院制(両院が対等な機能を持つ)
bicàmere 男〔不変〕二部屋から成る家[マンション, アパート] —形〔不変〕二部屋の
bicarbonato 男 1〔化〕重炭酸塩 2 重炭酸ソーダ, 重曹 —*bicarbonato di sodio* 重炭酸ソーダ, 重曹
bicchierata 女 1 懇親会, 飲み会 2 コップ1杯分(の分量)
*__bicchiere__ [ビッキエーレ] 男 ▶ グラス, コップ 2 グラス1杯の量 ▶ *affogare* [*perdersi*] *in un bicchier (e) d'acqua* 些細なことでうろたえる(「針小棒大」の意にも) *bicchiere della staffa* 別れの杯
bicchierino 男 1 小さいグラス 2 リキュールグラス; リキュールグラス1杯分
Bice 女〔女性名〕ビーチェ
bicentenàrio 形 200年(ごと)の, 200年に及ぶ, 200年記念の —男 200周年, 200年記念
bici 女〔不変〕自転車(*bicicletta*の略)
*__bicicletta__ [ビチクレッタ] 女 自転車 ▶ *in bicicletta* 自転車で[に乗って] / *Sai andare in bicicletta?* 自転車に乗れますか.
bicìclo 男 前輪が大きくて後輪が小さい自転車(旧式自転車の一種)
bicìpite 形 1〔紋〕双頭の 2〔解〕二頭筋の —男〔複数の〕二頭筋
biclorùro 男〔化〕2 塩化物
bicòcca 女 1 あばら家, 掘っ立て小屋 2 (高台の)小さな砦(とりで)
bicolore 形 1 2色の 2〔政〕二党の, 二党派の議員[二つの政治傾向]から成る —男 二党連立政府
biconcavo 形〔光〕両凹の —*lente biconcava* 両凹レンズ
biconico 形〔複[男 -ci]〕双円錐(えん)形の —*antenna biconica* 双円錐形のアンテナ
biconvesso 形〔光〕両凸の —*lente biconvessa* 両凸レンズ
bicordo 男〔音〕二重音
bicorne 形 2本の角を持つ, 二つの先端を持つ
bicòrnia 女 (両端が角型の)鉄床(かなとこ)
bicorno 男 二角帽, ナポレオン帽
bicromàtico 形〔複[男 -ci]〕〔物〕2色(性)の, 2色から成る
bicromìa 女 2色刷り
bidè 男 ビデ
bidèllo 男〔女[-a]〕1(学校の)用務員 2 門衛, 守衛
bidènte 男 1(2本の刃が付いた)鋤(すき) 2(干し草用の)くまで 3(古代ローマで)生け贄(にえ)にされる2歳の羊
bidet 男〔不変〕〔仏〕ビデ
bidimensionale 形 二次元の, 平面の
bidimensionalità 女 二次元性, 平面性
bidirezionale 形 双方向の
bidistillato 形 2度蒸留された
bidonare 他〔隠〕欺く, だます
bidonata 女《隠》詐欺, ペテン
bidone 男 1 円筒型の容器, ドラム缶, タンク 2〔口〕非常に太った人 3〔隠〕詐欺, ペテン —*fare* [*tirare*] *un bidone a...* …をだます 4 おんぼろ, ポンコツ 5〔スポ〕使い物にならない選手
bidonista 男女〔複[男 -i]〕詐欺師, ペテン師
bidonvia 女 (スキーリフトや空中ケーブルなどの)ゴンドラ
bièco 形〔複[男 -chi]〕1 恐ろしい目つきの, 嫌な目つきの 2 邪(じゃ)な, 陰険な, 意地の悪い
Biella 女 ビエッラ(ピエモンテ州の都市)
biella 女〔機〕連接棒
biellese 形 ビエッラ(ピエモンテ州の都市Biella)(の人)の —男女 ビエッラの人
Bielorussia 固名〔女〕ベラルーシ
bielorusso 形 ベラルーシの; ベラルーシ[語]の —男女 ベラルーシ人 —男〔単数のみ〕ベラルーシ語
biennale 形 1 2年ごとの, 2年に一度の 2 2年間の, 2年間続く 3〔植〕二年生の —女 2年に一度の催し —*la*

Biennale di Venezia ヴェネツィアビエンナーレ

bienne 形 1 2歳の，2年の 2〔植〕二年生の

biennio 男 2年間；2年間のコース［課程］

bierre 男女〔不変〕赤い旅団のメンバー〔Brigate Rosse の頭文字 BR から〕 —男〔複数のみ〕赤い旅団

bieta 女 1〔植〕フダンソウ属(bieta di costa) 2〔植〕ビート

bieticoltore 男〔女[-trice]〕ビート栽培家

bieticoltura 女 ビート栽培

bietola 女 1〔植〕フダンソウ属 2〔植〕ビート

bietolone 男〔女[-a]〕間抜け，お人好し —男〔植〕ハマアカザ属

bietta 女 1 (家具の足に添えてぐらつきを防ぐ)木のつっかえ 2 (木を割るための)くさび 3〔音〕(弦楽器の弓の)フロッグ，毛箱

bifacciale 形 両面の

bifamiliare, bifamigliare 形 (家・別荘などが) 2家族を泊めることができる，2家族live用の

bifase 形〔不変〕2相の，二つの位相で作用する

biffa 女 1 測量棒，測木 2 亀裂測量板(壁の亀裂を測量するためのX型のガラス板)

biffare¹ 他 1 (測量の目印に)測木を打込む 2 (壁に)亀裂測量板をつける

biffare² 他 1 (X印をつけて)消す，ペンで取り消す 2 くねする

bifido 形 二つに分かれている，二股の

bifilare 形 2本の線［糸］を持った，2本線［糸］の —男 (受信機の)2本アンテナ；(乗り物に電力を送る2本の)架線

bifocale 形 1〔光〕二つの焦点のある 2 (眼鏡のレンズが) 2焦点の，遠近両用の —*occhiali bifocali* 遠近両用メガネ

bifolco 男〔女[-chi]女[-a]〕1 牛飼い；牛を使って畑を耕す人 2 粗野な人，ぶしつけな人

bifora 女〔建〕中央を柱で仕切られた窓

biforcamento 男 → biforcazione

biforcare 他 二股に分ける —**arsi** 再 二股に分かれる，分岐する —*Il fiume si biforca.* 川は二つに分岐している．

biforcato 形 二股に分かれた，分岐した

biforcatura → biforcazione

biforcazione 女 二股に分かれること［分けること］，分岐(点)

biforcuto 形 二つに分かれた，二股の —*essere una lingua biforcuta* 嘘つきである

bifronte 形 1 二面の，二つの面を持つ 2 二つの顔を持つ，裏表のある，相反する 3 回文(前後どちらから読んでも同じ語句)の —男 回文

big 男〔不変〕〔英〕有力者，重要人物

biga 女 1〔歴〕(古代の) 2頭立て馬車［戦車］，二輪馬車 2 (港で荷の上げ下ろしをする)クレーン

bigamia 女 二重結婚；〔法〕重婚

bigamo 形 二重結婚をした —男〔女[-a]〕二重結婚をした人；〔法〕重婚犯

bigattiera 女 養蚕場

bigatto 男〔北伊〕蚕；(野菜や果物につく)毛虫，(釣り餌用の)ワーム

big bang 成句(男)〔英・天〕ビッグバン

bigello 男 灰色の粗い毛織物

bigemino 形〔医〕双子の

bighellonare 自 1 (当てもなく)ぶらぶら歩く 2 無為に過ごす，ぶらぶらする

bighellone 男〔女[-a]〕ぶらぶらしている人

bighelloni 副 ぶらぶらと —*andare bighelloni* ぶらぶら行く

bigiare 他〔io bigio〕〔ロンバルディア〕学校をさぼる —*Avete bigiato* (la scuola) *anche oggi?* お前たちは今日も学校をさぼったの?

bigino 男 1〔ロンバルディア〕古典作家の対訳テキスト；虎の巻，あんちょこ 2 手引書，案内書

bigio 形〔複〔女-gie〕〕灰色の；くすんだ，暗い，曇った；不明瞭な —男 灰色，くすんだ色

bigiotteria 女 1 (安い材質の)アクセサリー［装身具］類，(宝石などについて)安物，模造品 2 (安価な)アクセサリー店

biglia → bilia

bigliardo → biliardo

bigliettaio 男〔女[-a]〕(切符売り場の)係員，出札係

bigliettazione 女 (公共輸送機関での)切符販売

biglietteria 女 切符［チケット］売り場

biglietto [ビッリエット] 男 1 (短いメッセージを書く)カード，紙片 —*biglietto da visita* 名刺 / *biglietto* augurale 挨拶状 / *biglietto* d'invito 招待状 / *biglietto* di Natale クリスマスカード 2 切符；チケット —*biglietto* d'ingresso [d'entrata] 入場券 / *biglietto* d'abbonamento 定期券，シーズン入場券 / *biglietto* della lotteria 宝くじ券 3 紙幣 —*biglietto* da 100 euro 100ユーロ札

bigliettone 男 1〔口〕高額紙幣，大金 2 大きめのカード

bignami 男〔不変〕(学生が使う)虎の巻，あんちょこ；手引書

bignè 男 1 シュークリーム 2〔中伊〕(特にローマで)クリームなどを詰めた揚げ菓子

bignonia 女 1〔植〕ツリガネカズラ属 2 → bignoniacea

bignoniacea 女〔植〕ノウゼンカズラ科(の植物)

bigodino 男 (髪の毛を巻く)カーラー

bigolo 男 1〔複数で〕ビーゴリ(細めんのパスタ) 2〔ヴェネト〕〔俗〕間抜け，あほう；ペニス 3〔ヴェネト〕風のそよぎ，一吹き

bigoncia 女〔複[-ce]〕(ブドウを収穫する［押しつぶすための］)すり鉢型の桶(⁼) ▶ *a bigonce* 大量に

bigoncio 男 1 (bigoncia よりも幅広

bigotteria 囡(信仰に関する)偏狭さ, 偽善; 偏狭[偽善的]な振る舞い

bigotteria 囡 〔宗〕両唇の, 両唇音の

bigottismo 男 (信仰に関する)偏狭さ, 偽善

bigotto 形 偏狭な信仰心の, うわべだけの信仰の, 偽善的な ―男[女[-a]] 偏狭な信者, 偽善者

bijou 男〔不変〕1〔仏〕宝石 2《口》素敵な人[もの]

bikini, bichini 男〔不変〕ビキニ

bilabiale 形 〔言〕両唇の, 両唇音の ―男 両唇音の子音

bilabiato 形 〔植〕(花冠が)両唇形の

bilama 形 二枚刃の ―男〔不変〕二枚刃のカミソリ

bilancella 囡 小さな漁舟, 帆かけ舟

bilancia 囡〔複[-ce]〕1 秤(はかり), 天秤(てんびん) 2〔経〕収支[差引]勘定 3〔漁〕四つ手網 4〔建〕移動式(宙吊りになった)足場 5〔劇〕(照明を吊り下げた舞台上方の)バー ―囡〔不変〕(B-)〔天〕天秤座,〔占星〕天秤宮

bilanciaio → bilancista

bilanciamento 男 1 釣り合いをとること, バランスを保つこと;バランス, 均衡 2〔船〕(バランスをとるために)舷側の重さを調整すること, 舷側の荷物を動かすこと

bilanciare 他〔io bilancio〕1 釣り合い[バランス]をとる[保つ] 2 均衡させる, 釣り合わせる 3 吟味する, 検討する 4 決算する ―**arsi** 代 釣り合う, 拮(きっ)抗する

bilanciato 形 釣り合った, バランスのとれた ―**dieta** *bilanciata* バランスのとれたダイエット

bilanciatore 男 平衡器, 釣り合い装置

bilanciere 男 1(時計の)振り子 2〔機〕ロッカーアーム, 揺れ腕;押し機, ネジプレス 3 天秤(てんびん)棒,(綱渡り芸人が使う)竿(さお) 4〔スポ〕重量挙げのバーベル

bilancino 男 1(ミリグラム単位で重さを量る)秤(はかり) 2(馬車の横木の)馬の引き綱を結びつける箇所 3(馬車の)補助馬;〔比喩〕アシスタント

bilancio 男 1〔商〕収支決算, 貸借対照表 ―**fare il** *bilancio* バランスシートを作成する 2(特に国家の)予算(案) ―*bilancio preventivo* 歳出予算 3 有利不利を比較検討すること

bilancista 男女〔複[男 -i]〕秤(はかり)製造[販売]業者;(電子秤の)補修[点検]係

bilaterale 形 1(特に人体に関して)左右両側の;両方の, 双方の;二重の 2 相互的な, 二者間の, 双務の

bile 囡 1 胆汁, 胆汁気質 ―*bile gialla*[nera]〔医〕黄[黒]胆汁質(ヒポクラテスの四体液の一つ) 2 怒り

-bile 接尾 「可能性」「性質」などの意

Bilenchi 固名〔男〕(Romano 〜)ビレンキ(1909-89;イタリアの作家)

bilia 囡 1 ビー玉 2 ビリヤードの球

biliardaio 男〔女[-a]〕ビリヤード販売業者, ビリヤード製造業者

biliardino 男 1 ビリアルディーノ(小型のビリヤード) 2 ピンボール(biliardino elettrico) 3 テーブルサッカー

biliardo 男 玉突き, ビリヤード(bigliardo);ビリヤード台;ビリヤード場

biliare 形〔医〕胆汁の

bilico 男〔複[-chi, -ci]〕1 不安定な均衡状態, 不確かな[疑わしい]状態 ―**essere in** *bilico* 不安定だ, 定かでない, 迷う 2(窓などの)蝶番(ちょうつがい) 3(秤(はかり)の)支点 4(釣り鐘を支える)心棒

bilingue 形 1 2 か国語を話す, バイリンガルの 2 2 か国語の, 2 か国語表記の ―男女 2 か国語を話す人

bilinguismo 男 1 2 か国語を話すこと 2〔言〕二言語常用[併用]

bilione 男 1 兆(米・英・仏で)10 億

bilioso 形 1 怒りっぽい, 怒りの, 怒りに満ちた 2 胆汁の

bilirubina 囡〔生化〕ビリルビン

bilobato 形〔植〕葉が二つに裂けた, 2 裂の

bilocale 男 2 部屋から成るアパート[マンション]

biluce 形 (自動車のヘッドライトが)2 灯式の

bimane 形 (テニス選手について)ラケットを両手で握ってプレーする

bimano 形〔動〕手が二つある, 二手類の

bimbo 男〔女[-a]〕赤ん坊;幼児

bimensile 形 月に 2 回の;月 2 回刊行の ―男 月 2 回刊行される雑誌

bimestrale 形 2 か月間の;2 か月おきの;隔月刊の

bimestralità 囡 1 隔月, 2 か月間隔;2 か月続くこと 2 2 か月おきの徴収[払い込み]金額

bimestre 男 1 2 か月(間) 2 2 か月分(の支払い金)

bimetallico 形〔複[男 -ci]〕2 種の金属から成る, バイメタルの

bimetallismo 男〔経〕(金銀)複本位制(主義)

bimillenario 形 2000 年昔の, 2000 年間続く;2000 年記念の ―男 2000 年記念

bimotore 形〔不変〕双発の ―男 双発機

***binario**[1]〔ビナーリオ〕男 線路;(駅のホームの)番線 ―**Il treno per Venezia è in partenza dal** *binario* **3.** ヴェネツィア行きの列車は 3 番線から出発するところだ. / *binario morto* 待避線;行き詰まり

binario[2] 形 1 二つの要素から成る 2〔化〕2 成分から成る 3〔数〕二進法の, 2 変数の 4〔電子〕バイナリーの 5〔音〕2 拍子の

binato 形 1 対の, 2 連の, 二重の 2 双子の 3〔植〕双生の 4《文》(人について)神と人の二つの性質を合わせもつ

binda 囡〔機〕ジャッキ

bindolo 男 **1**〖糸〗巻き機 **2** 排水ポンプ,汲み上げポンプ **3**〖稀〗詐欺(師)

bingo 男〖不変〗〖英〗ビンゴゲーム ― 間 やった, 当たり

binocolo 男 双眼鏡 ―*binocolo da teatro* オペラグラス

binoculare 形〖光〗両眼用の, 双眼の

binomiale 形 **1**〖数〗二項式の **2**〖生物〗二名法の

binomio 形〖生物〗二名法の;〖数〗二項式の ― 男 **1** 二名法; 二項式 **2**(二つの概念や意味の)組み合わせ, 対概念;(関係の深い二人の)コンビ

binucleato 形〖生物〗核を二つ持つ

bio- 腰頭 「生命」「生物」「自然」「人生」などの意

-bio 腰尾 「生命」「生物」などの意

bioagricoltura 女 有機農業

biocarburante 男 生物燃料, バイオ燃料

biocatalizzatore 男〖生化〗生体触媒酵素

bioccolo 男 **1**(糸にする前の)ウールや綿の一まとまり **2**(柔らかいものの)かたまり

biocculto ふわふわし

bioccupato 男〖女[-a]〗仕事をかけ持ちしている人, 二つの仕事を抱えている人

biocenosi 女〖不変〗〖生物〗生物共同体, 生物群集

biochimica 女 生化学, 生物化学

biochimico 形〖複[男 -ci]〗生化学の ―男〖複[-ci]女[-a]〗生化学研究者

bioclastico 形〖複[男 -ci]〗〖地学〗生砕物の

bioclimatologia 女 生物気候学, 生気候学

biodegradabile 形 (洗剤などが)生物分解性のある, 微生物によって分解される

biodegradabilità 女 生物分解性

biodegradazione 女 生物による分解

biodinamica 女 生体力学, バイオダイナミクス

biodiversità 女〖生物〗生物多様性

biodo 男〖植〗ガマ(湿地の植物)

bioelettricità 女 生体[生物]電気

bioelettrico 形〖複[男 -ci]〗生体[生物]電気の, 生物の電気現象に関する

bioenergetica 女 生体エネルギー研究; 生体機械論

bioenergetico 形〖複[男 -ci]〗生体エネルギーに関する

bioenergia 女 バイオエネルギー

bioetica 女 生命倫理(学), バイオエシックス

bioetico 形〖複[男 -ci]〗生命倫理(学)の

biofisica 女 生物物理学

biofisico 形〖複[男 -ci]〗生物物理学の ―男〖複[-ci]女[-a]〗生物物理学者

biogas 男〖不変〗バイオガス

biogenesi 女〖不変〗生物発生説

biogenetica 女 **1** 生物の起源と発展に関する研究, 生物発生学 **2** 生物発生の原理

biogenetico 形〖複[男 -ci]〗生物発生の, 生物の発生に関する

biogeografia 女 生物地理学

biografare 他〖io biografo〗…の伝記を書く

biografato 形 伝記の対象となった ―男〖女[-a]〗伝記の対象となった人物

biografia 女 **1** 伝記(作品) **2**〖諸〗一代記, 人生録

biografico 形〖複[男 -ci]〗伝記の, 伝記的な

biografo 男〖女[-a]〗伝記作家

bioherma, bioerma 男〖不変〗〖地質〗バイオハーム, 化石産状

bioingegneria 女 生物工学, 生体工学

biologia 女 生物学

biologicamente 副 生物学的に

biologico 形〖複[男 -ci]〗生物学の; 生物(体)の ―*arma biologica* 細菌兵器

biologismo 男〖哲〗生物学主義

biologo 男〖複[-gi]女[-a]〗生物学者

bioluminescenza 女 (ホタルや深海魚などの)生物発光

biomassa 女〖生物〗生物量, バイオマス

biomeccanica 女〖生物〗生体力学

biomedicina 女 生医学

biomedico 形〖複[男 -ci]〗生医学の

biometria 女〖生物〗生物測定学, 生物統計学

biondastro 形 ブロンドがかった, 金髪がかった

bionddeggiare 自〖io biondeggio〗〖文〗(麦が)金色に色づく; 黄金色になる

bionddiccio 形〖複[女 -ce]〗(髪やひげが)金色がかった, 金色がかった

※**biondo** [ビオンド] 形 金髪の, ブロンドの; 黄金色の ―男 **1** 金髪; 黄金色 **2**〖女[-a]〗金髪の人

bionica 女 生体工学, バイオニックス

bionico 形〖複[男 -ci]〗生体工学の

bioparco 男〖複[-chi]〗バイオパーク(自然な環境を重視した動物園)

biopsia 女〖医〗生体組織検査, 生検;(生検用の)組織片摘出

bioritmo 男 バイオリズム

biosfera 女 生態圏, 生物圏; 生物全体

biosistema 男〖複[-i]〗生態系

biossido 男〖化〗二酸化物 ―*biossido di carbonio* 二酸化炭素 / *biossido di zolfo* 二酸化硫黄

biotecnologia 女 バイオテクノロジー, 生体工学

bioterrorismo 男 バイオテロ(細菌や化学兵器を使用したテロ行為)

bioterrorista 男〖複[男 -i]〗バイオテロの実行者, バイオテロリスト

biotico 形〔複[男 -ci]〕生物の, 生命の

biotipo, biotipo 男〔生物〕生物型(同じ遺伝子型を持つ個の全体)

biotite 女〔鉱〕黒雲母(うんも)

biotopo 男〔生物〕小生活圏, ビオトープ

biova 女〔ピエモンテ〕ビオーヴァ(丸くてふんわりした生地のパン)

bip 男〔不変〕**1** (電子機器の)発信音, ピー[ビー]という音;《擬音語として》ピー, ビー **2** ピー[ビー]という音を出す装置[機器]

bipartibile 形 **1** 二分しうる, 二つに分けられる **2**〔植〕(葉が)二分した

bipartire 他〔io -isco〕二分する, 二つに分ける ―**irsi** 再 二つに分かれる, 分岐する

bipartitico 形〔複[男 -ci]〕**1**〔政〕二党から成る **2** 二大政党制の

bipartitismo 男〔政〕二大政党制

bipartito¹ 形〔不変〕二党から成る ―男 二党連立政府

bipartito² 形 二分された, 二つに分かれた, 分党した

bipartizione 女 二つに分かれること, 二分, 分岐

bipede 男 **1** 二足動物;《諧》人間 **2** (四足動物の)一対の脚 ―形 二足の

bipennato 形〔植〕2回羽状の, 再羽状の

bipenne 形 (斧(おの)・まさかりなどが)両刃の ―女 両刃の斧

biplano 形〔空〕複葉飛行機の ―男 複葉飛行機

bipolare 形 **1**〔電〕2極式の, 2極ある **2** (性質・振る舞いなどが)両極的な, 相反する **3**〔政〕二極政治の

bipolarismo 男 **1**〔政〕政党の二極化, 二極政治(対立する二大勢力による政治) **2** (国際情勢の)二極体制

bipolarità 女 2極性, 両極があること

bipolarizzazione 女〔政〕二極化(傾向)

bipolide 形 二重国籍の ―男女 二重国籍の人

bipolo 男〔物・電〕双極子

biporte 形〔不変〕(自動車などが)ツードアの

biposto 形〔不変〕(乗り物が)2席の, 二人乗りの ―男〔不変〕二人乗り飛行機 ―女〔不変〕二人乗り自動車

birba 女 **1**《諧》いたずらっ子, やんちゃな子, はしっこい子 **2** 狡猾(こうかつ)な人, 詐欺師, 悪党

birbante 男女 **1** 狡猾(こうかつ)な人, 詐欺師, 悪党 **2**《諧》いたずらっ子, やんちゃな子, はしっこい子

birbanteria 女 **1** あくどさ, 狡猾(こうかつ)さ; あくどい[狡猾な]振る舞い **2**《諧》やんちゃ, いたずら

birbantesco 形〔複[男 -chi]〕**1** 狡猾(こうかつ)な, いかがわしい, 悪党の **2** やんちゃな, いたずらな

birbonaggine 女 **1** あくどさ, 狡猾(こうかつ)さ; あくどい[狡猾な]振る舞い **2** やんちゃ, いたずら

birbonata 女 **1** 悪党の振る舞い, 狡猾(こうかつ)な態度, ペテン行為 **2** やんちゃ, いたずら

birbone 男〔女 [-a]〕**1** 狡猾(こうかつ)な人, 悪党 **2**《諧》いたずらっ子, やんちゃな子, はしっこい子 ―形〔単[女 -a]〕悪辣な, 邪(じゃ)な, 激しい, 強烈な, 不快な

birboneria 女 **1** ずる賢さ, 狡猾(こうかつ)さ; 狡猾な振る舞い **2** やんちゃ, いたずら

birbonesco 形〔複[男 -chi]〕**1** ずる賢い, 狡猾(こうかつ)な **2** やんちゃな, いたずらな

bireattore 形 (飛行機が)双発型の ―男 双発機

bireme 女 (古代ギリシャ・ローマの) 2段オールのガレー船

birichinamente 副 やんちゃに, いたずらっ子らしく

birichinata 女 やんちゃな振る舞い, いたずら

birichineria 女 やんちゃな態度, いたずらな振る舞い[性格]

birichino 形 腕白な, お転婆な; 悪賢い ―男〔女 [-a]〕腕白な子, お転婆な子; 悪賢い人

birifrangente 形〔光〕複屈折の

birifrangenza 女〔光〕複屈折

birignao 男〔不変〕**1** わざとらしい[気取った]話し方, おつに澄ました話し方 **2**〔劇〕(おつに澄ました感じの)鼻にかかった発声法[口調]

birillo 男 **1** (ボウリングやビリヤードの)ピン **2** ロードコーン(道路や工事現場に置く円錐(えん)標識), パイロン

Birmania 固名〔女〕ビルマ, ミャンマー

birmano 形 ビルマ(人)の ―男 **1**〔女 [-a]〕ビルマ人 **2**〔単数のみ〕ビルマ語

＊**biro** [ビーロ] 女〔不変〕ボールペン

biroldo 男〔トスカーナ〕ビロルド(豚の血や脂などを詰めたソーセージ)

birotore 形〔不変〕〔機〕ツインローターの, 双回転翼式の ―男〔不変〕ツインローターのエンジン, 双回転翼式のヘリコプター

＊**birra** [ビッラ] 女 **1** ビール ―*birra* alla spina 生ビール **2** 速さ; 力, 元気 ▶ *a tutta birra* 全速力で

birraio 男〔女 [-a]〕ビール醸造業者[販売業者]

birrario 形 ビール製造[販売]の ― mercato *birrario* ビール市場

birreria 女 ビヤホール

birretta 女 (小さいサイズの)缶[瓶]ビール

birrificio 男 ビール産業; ビール工場

BIRS 略 Banca Internazionale per la Ricostruzione e lo Sviluppo 国際復興開発銀行

bis 男〔不変〕〔ラ〕アンコール;〔間投詞として〕アンコール ―fare il *bis* お代わりする; 繰り返す ―形〔不変〕**1**〔ラ〕第二の, 2番目の **2** 臨時[増便]の, 追加[付

bis- 接頭 1「二つ」「二重」の意 2「次の段階」の意;〔親族の名称で〕「次の等級」「前の等級」の意 3「ひどい」「悪い」の意

bisaccia 女〔複[-ce]〕1（馬やバイクにつける）サドルバッグ 2（かつて托鉢(たくはつ)僧が使った）二連なりの大袋

bisante 男 1ベザント［ビザンチン］金貨 2〔歴〕（衣服につけた）金［銀］色の円形の飾り 3〔紋〕金［銀］色の小円

bisarca 女（2段構造の）自動車運搬車

bisavo 男〔女[-a]〕曾祖父;〔複数で〕先祖

bisavolo 男〔女[-a]〕曾祖父;〔複数で〕先祖

bisbetico 形〔複[-ci]〕気まぐれな、つむじ曲がりの、気難しい ―男〔複[-ci]女[-a]〕気まぐれな人、つむじ曲がりの人

bisbigliare 自〔io bisbiglio〕1ささやく 2噂(うわさ)する、ひそひそ話す ―他 1…をささやく 2ほのめかす、言いふらす

bisbiglio¹ 男 1ささやき 2陰口、噂(うわさ)話

bisbiglio² 男（長く続く）ひそひそ話

bisboccia 女〔複[-ce]〕（大勢集まっての）陽気な酒宴、大宴会

bisbocciare 自〔io bisboccio〕大宴会を張る、（大勢で）陽気に飲み食いする

bisboccione 男〔女[-a]〕宴会好きな人、皆で飲み食いするのが好きな人

bisca 女（非合法の）賭博場、賭場

biscaglino 形（スペイン、バスクの）ビスカヤ地方（の人）の、ビスカヤ（人）の ―男〔女[-a]〕ビスカヤ人

biscazziere 男〔女[-a]〕1賭博場の経営者［従業員］ 2〔戯〕ばくち打ち、ギャンブラー 3（ビリヤードの）得点記録係

bischero 男 1〔トスカーナ〕〈俗〉ペニス;〔女[-a]〕間抜け、馬鹿 2〔音〕（弦楽器の）糸巻き、ペグ

bischetto 男 靴の修理台

biscia 女〔複[-sce]〕1（無毒の）蛇 2信用できない人

biscione 男 1大蛇 2〔紋〕（大蛇をあしらった）ヴィスコンティ家の紋章 2〔報道用語で〕フィニンヴェスト社 3〔料〕ビショーネ（エミリア地方のアーモンド菓子）

biscottare 他 1（オーブンなどで長時間）パリパリに焼き上げる 2〈隠〉偽る、ごまかす

biscottato 形 1こんがり焼き上げた、パリパリになった 2〈隠〉偽の、偽りの

biscotteria 女 ビスケット製造工場、（ビスケットを揃えた）菓子店;〔総称的〕ビスケット

biscottiera 女 1 biscottiere の女性形 2ビスケットの保存容器

biscottiere 男〔女[-a]〕ビスケットを作る人、ビスケット職人

biscottiero 形 ビスケット製造の

biscottificio 男 ビスケット工場、ビスケット工房

biscotto 男 1ビスケット、クッキー 2素焼きの磁器

biscroma 女〔音〕32分音符

biscugino 男〔女[-a]〕またいとこ

biscuit 男〔不変〕〔仏〕1（特に18～19世紀にかけての）素焼きの白い磁器、ビスク 2ソフトクリーム

bisecante 形〔幾〕二等分する ―女〔幾〕二等分線

bisecare 他〔io biseco〕〔幾〕二等分する

bisecolare 形 2世紀の; 2世紀おきの

bisellare 他〔機〕面取りする

bisenso 男 1二つの意味を持つ言葉、両義語 2両義語を見つける遊び

bisessuale 形 1バイセクシュアルな、両性愛の 2〔生物〕雌雄同体の ―男女 両性愛者、バイセクシュアル

bisessualità 女 1両性愛 2〔生物〕雌雄同体性

bisessuato → bisessuale

bisestile 形 閏(うるう)の ―anno *bisestile* 閏年

bisesto 形 閏(うるう)の、閏日のある ―男 閏日（2月29日）

bisettimanale 形 週2回の;週2回刊行の

bisettrice 女〔幾〕（角を分割する）二等分線

bisex 形〔不変〕両性愛の、バイセクシュアルな ―男女〔不変〕両性愛者、バイセクシュアル

bisezione 女〔幾〕二等分

bisillabico → bisillabo

bisillabo 形〔言〕2音節の;〔詩〕2音節詩行の ―男〔言〕2音節語;〔詩〕2音節詩行

bislaccheria 女 突飛さ、奇抜さ、風変わりな様

bislacco 形〔複[-chi]〕奇妙な、奇抜な、風変わりな

bislungo 形〔複[-ghi]〕長い形状の、細長い

bismuto 男〔化〕ビスマス（元素記号 Bi）

bisnipote 男女 曾孫(ひまご)

bisnonna 女 曾祖母

bisnonno 男 曾祖父

‡**bisognare** [ビゾニャーレ] 非人称 [es]〔+ 不定詞, che + 接続法〕…する必要がある、…しなければならない ―*Bisogna fare qualcosa*. 何かしないといけない. / *Bisogna che tu faccia tutti i compiti*. 君は宿題を全部しなければならない. ―自 [es]〔3人称単数・複数のみ〕必要である ―*Ti bisogna qualcosa?* 何か要るものがあるか.

bisognino 男 《口》（生理現象としての）用、おしっこ、うんこ ―*Devo fare un bisognino*. 用を足したい（トイレに行きたい）.

‡**bisogno** [ビゾーニョ] 男 1必要、必要性 ―*avere [esserci] bisogno di…* …が必要である;〔di + 不定詞, che +

bisognoso

〖接続法〗…する必要がある／Non c'è *biso-gno* che(tu) mi aspetti. 君は僕を待つ必要はない。**2** 必需品, 要求 —provvedere ad ogni *bisogno* 必要品を用意する **3** 困窮, 切迫, いざという時 —in caso di *bisogno* 困ったときは **4** 欠乏, 窮乏 —trovarsi nel *bisogno* 困窮している **5**〖複数で〗〖口〗生理的欲求 —fare i propri *bisogni* 用を足す

bisognoso 形 必要な; 貧困な 〖女[-a]〗貧困者, 窮乏者

bisolfato 男〖化〗硫酸水素塩, 重硫酸塩

bisolfito 男 **1**〖化〗重亜硫酸塩 **2** ワインの酸化防止品

bisonte 男 **1** 野牛, バッファロー —*bisonte* americano アメリカバイソン **2** 粗暴な人 **3**〖スポ〗(勝負にこだわらない)一般参加者

bissare 他 (アンコールを受けて)再演奏する; 繰り返す;《口》もう一つ食べる[とる]

bisso 男 **1** 上等な亜麻布 **2**〖動〗(軟体動物の)足糸

bistabile 形 〖電子〗双安定の

*****bistecca** [ビステッカ] 女 **1** ステーキ —*bistecca* alla fiorentina T ボーンステーキ **2**〖謔〗剃(*)り傷のついた顔

bistecchiera 女 (ステーキ用の)鉄板, 焼き網

bisticciare 自 [io bisticcio] 言い争う, 口論する **—arsi** 再《口》口げんかする; 言い争う, やり合う

bisticcio 男 口げんか, 口論

bistorta 女〖植〗イブキトラノオ

bistrato 形 ビスタ(木の煤(*)から作られた暗褐色の絵具・化粧品)で染めた; (暗褐色に)化粧した

bistrattare 他 虐待する, いじめる, ひどい扱いをする; (機械などを)手荒く扱う, 使いつぶす

bistrattato 形 虐待された, ひどい扱いを受けた

bistro 男 ビスタ(木の煤(*)などから作る暗褐色の絵具・化粧品)

bistrot 男〖不変〗〖仏〗ビストロ

bisturi 男〖不変〗(外科用の)メス

bisunto 形 油っぽい, 油じみた; ひどく汚い

bit 男〖不変〗〖英・情〗ビット(情報量の基本単位) —*bit di parità* パリティビット

bitagliente 形 両刃の, もろ刃の —男〖医〗(解剖用)メス

bitonale 形 二つのトーンを持った; 〖音〗複調

bitonalità 女〖音〗複調

bitorzolo 男 (皮膚の上の)こぶ, (木の)こぶ, でっぱり

bitorzoluto 形 こぶだらけの

bitta 女 (桟橋や港の)係船柱, (船上の)係柱

bitter 男〖不変〗ビター(特に食前に飲む苦味のある飲物)

bitumare 他 (道路・表面を)タールで舗装する〖処理する〗

bitumatore 男〖女[-trice]〗タール作業員

bitumatrice 女 タール塗布機

bitumatura 女 タール塗り, タール舗装; 舗装路のタール層

bitume 男 タール, 瀝青, ビチューメン

bituminoso 形 タールの, タールを含む, タール状の; タールのように真っ黒な

biturbo 形〖不変〗〖車〗ツインターボの —男,女〖不変〗〖車〗ツインターボ

bivaccare 自 キャンプを張る, 野営する; (ある場所に)居住まいする

bivacco 男〖複[-chi]〗野営; 野営地; (登山の)ビバーク

bivalente[1] 形 二つの価値[意義]を持つ, 両義的な, 両面的な; (解決策などについて)二つの可能性を持つ

bivalente[2] 形 〖化〗2 価の

bivalve 形 〖植〗両弁の, 二弁の; 〖動〗二枚貝の —男〖複数で〗二枚貝

bivio 男 **1** 分岐点, 別れ道, 岐路 **2** 決断を下すべき時

bizantina 女〖歴〗(東ローマ帝国で流行した装飾豊かな)女性用の短い上着

bizantineggiare 自 [io bizantineggio] **1** ビザンチン風になる, ビザンチン様式からインスピレーションを得る **2** こまごました議論をする, 細部に拘泥する[とらわれる]

bizantinismo 男 **1**〖芸〗ビザンチン主義, ビザンチン風の特色; 唯美主義 **2** 細かい議論に陥る傾向, 細部に拘泥する傾向

bizantino 形 **1** ビザンツ帝国[東ローマ帝国]の, ビザンチン様式[風]の **2** (過剰なまでに)洗練された, 唯美的な; 細かすぎる, 細かく入り組んだ —男〖女[-a]〗ビザンチン人

bizza 女 (気まぐれな)怒り, (子供の)だだ —fare le *bizze* だだをこねる

bizzarramente 副 風変わりに, 奇抜に, 異様に

bizzarria 女 風変わりなこと, 異様なこと; 風変わりな振る舞い, 常軌を逸した考え —la *bizzarria* del comportamento 振る舞いの奇抜さ, 奇抜な振る舞い, 奇行

bizzarro 形 **1** 奇妙な; 風変わりな **2** (馬が)癇(ﾝ)の強い

bizzeffe 副〖次の成句で〗▶ *a bizzeffe* たくさん, 豊富に, 大量に

bizzoso 形 怒りっぽい, かんしゃく持ちの, むら気なある; (馬について)神経質な —persona *bizzosa* 怒りっぽい人, かんしゃく持ち

Bk 略〖元素記号〗berkelio〖化〗バークリウム

BL 略 Belluno ベッルーノ(ヴェネト州の町)

bla blà, blablà しつこいおしゃべり, 長ったらしい議論; 〖しゃべり声を表す擬声語として〗ガヤガヤ

black out 囲(男)〖英〗停電; (放送の)中断, (電話の)交信不通

blandire 他 [io -isco] **1** 媚(ﾋ)びる, おもねる, おだてる; (甘い言葉で)なだめる **2**

和らげる

blandizia 囡 〖特に複数で〗媚(こ)び, おべっか; 愛想笑い, 愛嬌(きょう)

blando 形 弱い, ソフトな; 穏やかな, 優しい

blasfemo 形 冒瀆(とく)的な, 不敬な ―男〖女[-a]〗冒瀆的な人, 不敬な人

blasonare 他 紋章を描く

blasonato 形 1 紋章を描いた; 紋章を与えられた, 高貴な 2〖スポ〗多くのタイトル[記録]を誇る ―男〖女[-a]〗貴族, 爵位を持つ人

blasone 男 1 (家柄・生まれの)高貴さ; 際立った特質 2 紋章; 〖総称的〗紋章の規則[規範]

blasto-, -blasto 接頭, 接尾 「胚」「芽」などの意

blastoma 男〖複[-i]〗〖医〗芽〖細胞〗腫

blastomero 男〖生物〗割球, 卵割球

blastula 囡〖生物〗胞胚(ほうはい)〖段階〗

blaterare 他〖io blatero〗でまかせに話す, しゃべり散らす; がなり立てる ―自 (di) …についてでたらめを言う

blatta 囡 ゴキブリ

blazer 男〖不変〗〖英〗ブレザー

blé → blu

blefarite 囡〖医〗眼瞼(けん)炎(まぶたの炎症)

blefaro-, -blefaro 接頭, 接尾 「まぶた」の意

blenda 囡〖鉱〗閃(せん)亜鉛鉱

blennio 男〖魚〗イソギンポ科の魚

blenorragia 囡〖医〗淋病

blesità 囡〖医〗(特に r, l, s の音の)発音障害

bleso 形〖医〗(特に r, l, s の音について)発音障害のある, 発音障害を患った ―男〖女[-a]〗発音障害者

blinda 囡〖軍〗装甲板, 防弾壁; 防備の覆い

blindaggio 男〖軍〗装甲, 防弾壁; 防備の強化, 防弾補強

blindare 他 1 装甲する, 防備を強化する; (防犯のために扉や窓を強化する, 厳重に監視する 2 改変[変更]できないようにする

blindata 囡 装甲車, 強化車両

blindato 形 1 装甲された, 防弾板で守られた; 厳重に護衛された 2 修正[変更]できない ―男 装甲車両, 強化車両

blindatura 囡 1 装甲, 防弾補強 2 (扉や窓の)防犯強化, 強化対策

blindo → autoblindo

blister 男〖不変〗〖英〗(錠剤やドロップなどを包装する透明の)プラスチックの包み, ブリスターパック

blitz 男〖不変〗〖英〗(警察や軍隊による)急襲, 奇襲作戦; 《諸》突撃, 不意打ち

blob 男〖不変〗ブロブ(様々な映像の断片を風刺的に混ぜ合わせたテレビ番組); 混乱した情報

blobbare 他 (コミカル[グロテスク]な効果を狙って)様々な映像を組み合わせる[まとめる]

bloccaggio 男 1 遮断, 閉鎖, 止めること, ロッキング 2〖スポ〗(ボクシングで)攻撃のブロック, (バスケットボールで)パスのブロック

＊**bloccare** [ブロッカーレ] 他 1 動きを止める ―*bloccare* il motore エンジンを切る 2 固定する ―*bloccare* la porta ドアを固定する 3 止める, 阻む ―La polizia *ha bloccato* i banditi. 警察は悪党を取り押さえた. 4 離す, 孤立させる ―Il paese *è stato bloccato* dalla neve. 雪で村が孤立した. 5 封鎖する ―*bloccare* le frontiere 国境を封鎖する 6 (入り口などを)塞ぐ ―La frana *ha bloccato* la strada. 土砂崩れで道路が塞がれた. 7 (財産や給与を)凍結する ―*bloccare* i salari 給料を凍結する 8 (手付金や予約で)押さえる 9〖スポ〗ブロックする ―**arsi** 再 1 突然停止する 2 立ち往生する; (恐れなどで)動けなくなる

bloccaruota 囡〖不変〗(盗難や移動を防ぐための)車輪止め, タイヤ固定錠

bloccasterzo 男〖不変〗(盗難防止用の)ハンドル固定装置

blocchetto 男 (回数券などの)つづり; クーポン

blocchista 男女〖複[男 -i]〗卸売り業者

blocco¹ 男〖複[-chi]〗 1 (機械の)突然の停止 2 遮断, 封鎖 ―posto di *blocco* 検問 3〖経〗凍結 4〖医〗ブロック

blocco² 男〖複[-chi]〗 1 (岩石の)塊 2 大量 ―comprare in *blocco* まとめ買いする 3 (便箋やメモ帳など)紙を重ねてつづったもの 4〖政〗連立, 連携 5〖スポ〗スターティングブロック 6〖情〗ブロック

block-notes → bloc-notes

bloc-notes 男〖不変〗〖英〗(紙を切り離すことができる)メモ帳

＊**blu** [ブル] 形〖不変〗青い, 紺色の ―男〖不変〗1 青, 紺色 2 青色の染料

bluastro 形 青みがかった, 青みを帯びた

blucerchiato 形 (サッカーチームの)サンプドリアの, サンプドリアを応援する ―男 1 サンプドリアの選手 2〖女[-a]〗サンプドリアのサポーター

blue jeans 圏〖男複〗〖英〗ブルージーンズ

blues 男〖不変〗〖英・音〗ブルース

bluette 形〖不変〗(色が)濃い青の, 青紫の ―男〖不変〗濃い青色, 青紫色

bluff 男〖不変〗〖英〗1 (ポーカーなどで)自分の手を強そうに見せて相手を勝負から降ろすこと, ブラフ 2 はったり, 見せかけ, こけおどし

bluffare 自〖不変〗(力を持っている)ふりをする, はったりをかける, 虚勢を張る

bluffatore 男〖女[-trice]〗(トランプなどで)ブラフをかける人, はったり屋

blusa 囡 1 ブラウス 2 (厚手の)仕事着, 作業服

blusante 形 (特に女性用の衣服について)腰の上がふっくらした, 腰回りがゆったりした

blusotto 男 (半袖の)丈の短い上着
BM 略 Banca Mondiale 世界銀行
BN 略 Benevento ベネベント(カンパーニア州の町)
BNL 略 Banca Nazionale del Lavoro イタリア労働銀行
BO 略 Bologna ボローニャ(エミリア・ロマーニャ州の州都)
bó →boh
boa¹ 男〔不変〕 1〔動〕ボア 2 (羽毛や毛皮でできた)女性用の長い襟巻き
boa² 男 2 浮標 —*boa aerea* (色つきの)標示風船
boario 形 牛の
boaro →boario
boato 男 (突然の)轟(ﾄﾞﾛ)音 —*boato sonico* (飛行機の)衝撃波音, ソニックブーム
bob 男〔不変〕〔スポ〕ボブスレー(用のそり)
boba 女 水っぽくてまずいスープ
bobba, bobbia →boba
Bobbio 固名(男) (Norberto ~)ボッビオ(1909-2004; イタリアの哲学者・歴史家)
bobbista 男女〔複[男 -i]〕 ボブスレー選手, ボブスレーをする人
bobina 女 1 (糸巻きに巻いた)糸; 糸巻き, ボビン 2 (映画フィルムの)リールに巻いたテープ, リール, フィルム巻き枠 3〔電〕巻線, コイル 4〔印〕ロール紙
bobinare 他 (ボビンやリールに)巻きつける

*‎**bocca** [ボッカ] 女 1 口 —*aprire la bocca* / *chiudere la bocca* 黙る 2 唇 —*baciare sulla bocca* 唇にキスする 3《口》歯並び 4 扶養家族(*bocca da sfamare*) —*Ha da mantenere tante bocche.* 彼は扶養家族が多い. 5 (容器などの)口, 開口部 —*Il vaso è pieno d'acqua fino alla bocca.* 花瓶は縁まで水で一杯だ. 6〔地理〕河口; 海城; 火口 7〔植〕*bocca di leone* キンギョソウ ▶ *Acqua in bocca!* 他言無用(オフレコ) *chiudere [tappare] la bocca a...* …を黙らせる *dire [parlare] a mezza bocca* ほのめかす, それとなく言う *essere di bocca buona* (好き嫌いなく)何でも食べる *essere sulla bocca di tutti* 噂(ﾙﾜﾐ)の的になる *fare la bocca dolce a...* …に慣れる *In bocca al lupo!* 健闘[成功]を祈る. | 頑張って. *non ricordare dal naso alla bocca* すぐに忘れる *passare di bocca in bocca* 広まる, 流布する *restare a bocca asciutta* 何も口にしていない; 何の収穫もない; 失望する *rimanere a bocca aperta* 唖(ｱ)然とする, 呆気(ｱｯｹ)に取られる *stare a bocca chiusa [tenere la bocca chiusa]* 話さない

boccaccesco 形〔複[男 -chi]〕 1 ボッカッチョ(特有)の, ボッカッチョ風の 2 好色な味わいの

boccaccia 女〔複[-ce]〕 1 汚い口 2 口をゆがめること, (口をゆがめた)しかめっ面 3 不快な味覚 4 毒舌家
boccacciano 形〔文〕ボッカッチョ(作品)の, ボッカッチョ風[特有]の
Boccaccio 固名(男) (Giovanni ~) ボッカッチョ, ボッカチオ(1313-75; イタリアの作家・人文学者)
boccaglio 男 1 (楽器などの)マウスピース, 吹き口; (潜水器具の)マウスピース, シュノーケル 2 (管などの)口
boccale¹ 男 水差し, ジョッキ; ジョッキ 1 杯の量
boccale² 形〔解〕口の, 口内の
boccalone 男女〔複[-a]〕 1 口の大きな人, いつも口を半開きにしている人; 泣き虫 2《口》信じやすい人, お人好し; 毒舌家
boccaporto 男 (船の)昇降口, ハッチ 2 (ボイラーの)燃料口
boccascena 男〔不変〕 舞台前部, 前舞台, プロセニウム
boccata 女 (食べ物・飲み物の)一口分, 一口の量 —*prendere una boccata d'aria* (外の空気を吸うために)戸外に出る, ちょっと散歩する
boccetta 女 1 小さな口, おちょぼ口 2 小瓶 3〔複数で〕ボッチェッテ(ビリヤード台で行う球投げ遊戯); その遊戯で使う球
Bocche di Bonifacio 固名(女複) ボニファシオ海峡
boccheggiante 形 1 (口をあけて)ぜいぜい息をしている, 喘(ｱﾋﾞ)いだ, 苦境に陥った 2〔紋〕口を開いて目を閉じた魚[イルカ]の図柄の
boccheggiare 自〔io boccheggio〕 1 (口をあけて)ぜいぜい息をする, 喘(ｱﾋﾞ)ぐ 2 苦境に陥る
bocchetta 女 1 小さな口, おちょぼ口 2 (花瓶・管の)口 3 通風孔(ｺｳ), 換気口 4 (家具・扉などの鍵穴を装飾する)飾り鋲(ﾋﾞｮｳ)
bocchettone 男 (管・タンクなどの)口; (水道管をつなぐ)金属の継ぎ手
bocchino 男 1 (管楽器の)吹き口, マウスピース 2 (タバコを挿し込む)パイプ; (タバコの)フィルター 3《俗》フェラチオ, オーラルセックス
boccia 女〔複[-ce]〕 1 ガラス瓶 2 (ボウリングなどの)ボール; 〔複数で〕ボッチェ(球技の)ボッチェ, スポールブール 3《いき諧》頭 ▶ *a bocce ferme* 落ち着いて
bocciardare 他 表面を荒く仕上げる
bocciare 他〔io boccio〕 1 (ビリヤードなどで相手の玉を)跳ね除ける 2 拒否する 3 落第させる —*essere bocciato* all'esame 試験に落ちる —自《口》(車で)衝突する
bocciato 形 試験に落ちた, 落第した —男〔女[-a]〕不合格者, 落第者
bocciatura 女 1 却下 2 落第 3 (車の)衝突; 衝突で車がへこむこと
boccino 男 (ボッチェで用いる)標的の小球
boccio 男 1 蕾(ﾂﾎﾞﾐ) 2 蚕 ▶ *in*

boccio 蕾の状態の, これから花開く[成長する]

bocciodromo 男 ボッチェの競技場

bocciofilo 形 ボッチェの, ボッチェ競技の ―男〔女[-a]〕ボッチェの愛好家

bocciolo 男 蕾(つぼみ)

Boccioni 固名(男) (Umberto ~) ボッチョーニ(1882-1916; イタリアの彫刻家・画家)

boccola 女 1 飾り鋲(びょう) 2 (垂れ下がる形状の)イヤリング, 耳飾り 3 [機]軸受け 4 [電]ソケット

boccolo 男 長い巻き毛

bocconcino 男 1 一口サイズの食べ物 2 珍味, ごちそう 3 かわいい人, 魅力的な人

boccone 男 1 一口分 2 少量 3 軽食 4 珍味, 美味なもの ―*boccone del prete* (鶏の尻肉);《諧》ごちそう 5 《口》毒餌(どくじ) ▶ *inghiottire [ingoiare] un boccone amaro* 屈辱を味わう, 不快な思いをする *mangiare in un boccone* 一気呵成(かせい)に食べる *mangiarsi... in un boccone* …を簡単にクリアする《口》と言う

bocconi 副 うつぶせに ―*dormire bocconi* うつぶせに寝る

bocconiano 形 ボッコーニ大学の[に通う] ―男〔女[-a]〕ボッコーニ大学の学生[卒業生]

Bodoni 固名(男) (Giambattista ~) ボドニ, ボドーニ(1740-1813; イタリアの印刷工・印刷業者)

bodoni 男〔不変〕[印]ボドニ(書体)

bodoniano 形〔印〕ボドニ体活字の

body 男〔不変〕レオタード(レオタード型の女性用下着)

Boemia 固名(女) ボヘミア(チェコ共和国の西部地方)

boemo 形 ボヘミア(人)の ―男〔女[-a]〕ボヘミア人

boero 形 ボーア人の ―男〔女[-a]〕ボーア人

Boezio 固名(男) (Anicio Manlio Torquato Severino ~)ボエティウス(480 頃 -524 頃; 古代ローマの哲学者)

bofonchiare 自〔io bofonchio〕もごもご言う, ぶつぶつ言う ―他 もごもご[ぶつぶつ]…と言う

boga 女[魚]タイ科の魚

boh 間《疑念・不確かさを表して》さあ, えと

boheme 女〔不変〕ボヘミアン生活, 自由奔放な生活

boia 男〔不変〕1 死刑執行人 2 悪党; ならず者 3《怒りや腹立ちの間投詞として》―*Boia d'un mondo ladro!* この人でなしが. ―形〔不変〕ひどい; 無茶苦茶な ―*Oggi fa un caldo boia*. 今日はうだるような暑さだ.

Boiardo 固名(男) (Matteo Maria ~)ボイアルド(1441-94; イタリアの詩人. 『恋するオルランド』(未完)の作者)

boiaro 男 1 [歴](かつての)ロシア貴族の称号, ロシア貴族 2《蔑》お偉いさん

boiata 女 1 失敗作, 出来損ない; 愚かな言葉 2 悪事, 悪行

boicottaggio 男 ボイコット ―*fare [esercitare] il boicottaggio* ボイコットする

boicottare 他 ボイコットする; 妨げる, 邪魔する

boicottatore 男〔女[-trice]〕ボイコットをする人 ―形〔女[-trice]〕ボイコットをする

Boine 固名(男) (Giovanni ~)ボイネ(1887-1917; イタリアのカトリック作家)

Boito 固名(男) (Arrigo ~)ボーイト(1842-1918; イタリアの文学者・オペラ台本作家)

boldo 男[植]ボルドー

bolerino 男[服]女性用のボレロ

bolero 男 1 ボレロ(3 拍子の軽快なスペイン舞踊) 2 ボレロ(ウエスト丈の短いジャケット) 3 (闘牛士の)飾りふさのついた黒いフェルト帽子

boleto 男[植]イグチ科のキノコ, イグチ

bolgia 女〔複[-ge]〕1 (ダンテの『神曲』に描かれた)地獄(第八圏)の谷 2 人であふれ返った場所, 大混雑, 大混乱

bolide 男 1 [天]流星, 火球 2 行動の早い人; スポーツカー, レーシングカー 3《諧》太っちょ, デブ 4 (サッカーの)強烈なシュート

bolina 女[船]はらみ綱, ボウライン

Bolivia 固名(女) ボリビア

boliviano 形 ボリビア(人)の ―男〔女[-a]〕ボリビア人 2 ボリビアーノス(ボリビアの通貨単位)

bolla¹ 女 1 泡, 水泡 ―*bolle di sapone* シャボン玉 / *finire in una bolla di sapone* 水泡に帰する 2 [医]水疱(ほう), 水ぶくれ

bolla² 女 1 (中世の)印章, 印鑑(いんかん); (印章のある)公式な書類, 勅書 2 受け取り証, 領収証

bollare 他 1 刻印する, 検印[消印]を押す, 印紙を貼る 2 烙(らく)印を押す ―*bollare a fuoco* ひどい烙印を押す 3 [ピエモンテ]強く打つ, 叩く

bollato 形 1 刻印された, 検印を押された, 印紙を貼った 2 烙(らく)印を押された

bollatore 男〔女[-trice]〕印章を押す人, 検印係

bollatrice 女 自動押印機[刻印機]

bollatura 女 印章を押すこと, 検印

bollente 形 1 沸騰した, 煮え立つ ―*acqua bollente* 熱湯 2 激しやすい, 衝動的な

bolletta 女 1 [商]領収証[書], 受取証[書] 2 請求書, 明細書 ▶ *essere in bolletta* 一文無し

bollettario 男 受取帳(小切手・領収証などの控えとして手元に残るもの)

bollettino 男 1 概況; 報告書 2 [商]領収証[書], 受取証[書] 3 定期刊行物; 公報

bollicina 女 (炭酸飲料などの)小さな泡

bollilatte 男〖不変〗ミルクを沸かす鍋、ミルクポット

bollino 男 **1**(特に入学金・入会金などの)受領証、半券 **2**(品質などを示す)シール **3**(伊)の食糧配給券 ▶*bollino blu [verde]* (自動車の環境適応性を証明する)ブルー[グリーン]シール

bollire 自 **1** 沸騰する **2** 煮える:ゆだる **3**(怒りで)煮えくり返る、かんかんに怒る —Mi sentivo *bollire* il sangue. ふつふつと怒りがこみ上げていた. **4**(密かに)計画中である —Ho capito che cosa *bolle* in pentola. 何が起きているのかが分かった. — 他 **1** 沸騰させる、沸かす **2** ゆでる、煮る ▶*quel che bolle in pentola* 密かな企み

bollisiringhe 男〖不変〗(注射器を殺菌するための)煮沸器

bollita 女 ざっと沸かす[煮る]こと、短時間の沸騰

bollito 形 ゆでた、沸かした — 男〖料〗肉料理、ゆで肉

bollitore 男 **1** やかん、湯沸かし器 **2**〔機〕オートクレーブ

bollitura 女 沸かすこと、煮る[ゆでる]こと、沸騰:沸騰[ゆで]時間

bollo 男 **1** 検印;消印;印紙 —*bollo* a data 日付印 **2**(自動車などの)納税証明書 **3**〔北伊〕切手、痣(あざ);車をへこますこと

bollore 男 **1** 沸騰(状態)、煮え沸 **2** 酷暑 **3** 興奮状態、動揺、焦燥

bolloso 形 **1** 泡で一杯の **2**〔植〕水泡状にふくらんだ

bolo 男 **1** 咀嚼(そしゃく)された食べ物 **2**〔動〕胃の中の残留物 **3**(主に動物用の)大きな丸薬 **4**〔薬〕(通常よりも多い)薬の服用量:一日分の服用量

-bolo〔放つ〕〔投げる〕の意

Bologna 固名〔女〕ボローニャ(エミリア・ロマーニャ州の州都;略 BO)

bolognese 形 ボローニャ(の人)の — alla *bolognese*〔料〕ミートソースをかけた(ボローニャ風の) — 男女 ボローニャの人 — 男〔単数のみ〕ボローニャ方言

bolognino 男 ボロニーノ(1191-1612年にボローニャで鋳造された貨幣) — 形《稀》ボローニャの

bolometro 男〔物〕ボロメーター

bolscevico, bolscevico 形〔複[-chi]〕〔歴〕ボルシェビキの、共産党員の;過激派の — 男〔複[-chi]女[-a]〕ボルシェビキ;共産党員、過激派

bolscevismo 男〔歴〕ボルシェビズム

Bolsena 固名〔女〕ボルセーナ(ラツィオ州ヴィテルボ県の都市) —Lago di *Bolsena* ボルセーナ湖

bolso 形 **1**〔獣〕(馬が)喘(あえ)ぐ息の、肺気腫の **2**(人について)喘息の、呼吸困難の **3** 弱々しい、疲弊した **4**(文体などが)大仰な

bolzanese 形 ボルツァーノ(の人)の — 男女 ボルツァーノの人

bolzanino 形 ボルツァーノ(の人)の — 男〔女〕ボルツァーノの人

Bolzano 固名〔女〕ボルツァーノ、ボルザーノ(トレンティーノ・アルト・アディジェ特別自治州の都市;略 BZ)

bolzone 男 **1**〔軍〕(石弓などから放たれる)太矢、破城槌(つち)の先端 **2**(貨幣・メダルなどの)打ち型

boma 男〖不変〗ブーム(帆船の帆のすそを張る水平の軸木)

‡**bomba¹**〔ボンバ〕**1** 爆弾 —*bomba* atomica 原子爆弾 / *bomba* a orologeria 時限爆弾 / *bomba* a mano 手榴(りゅう)弾 **2** 爆弾声明、センセーショナルなニュース;衝撃 —Questo gelato è una *bomba*! このアイスクリームはとびっきりだ. **3**(才能・性能などが)並外れている人[物];美しく魅力的な人 **4** ボンボローネ(クリームやジャムの入った揚げ菓子)、丸い形のシャーベット **5** 深酔い、酩酊(めいてい) **6**〔スポ〕興奮剤 **7**〔トスカーナ〕ほら、でたらめ ▶*a prova di bomba* とても丈夫

bomba² かくれんぼうで鬼が探し始める出発点(鬼以外の参加者が目指す場所)

bombacacea 女〔植〕パンヤ科の植物

bombaggio 男 (食品内容物の腐敗による)容器の膨張

‡**bombardamento**〔ボンバルダメント〕男 **1** 爆撃、砲撃 **2** 矢継ぎ早の言葉[行為] —*bombardamento* di domande 質問攻め **3**〔物〕衝撃

bombardare 他 **1** 爆撃[砲撃]する **2** しきりに浴びせる[追い立てる] —*bombardare... di domande* [*accuse*] …に質問[非難]を浴びせる **3**〔物〕(原子核などに)衝撃を与える

bombardiere 男 **1**〔軍〕爆撃機 **2** 砲兵 **3**〔スポ〕(サッカーで)名ストライカー、(ボクシングの)ハードパンチャー

bombardino〔音〕バリトン・ビューグル

bombardone 男〔音〕ボンバルドン

bombare 他(金属や木材の表面を)凸状にする、丸みを帯びさせる

bombarolo 男〔女[-a]〕**1** 爆薬を使って密漁する漁師 **2** 爆弾テロリスト

bombato 形(表面・形が)凸状の、丸みのある

bombatura 女 (表面・形の)ふくらみ、凸状、丸み

bomber 男〖不変〗〔英〕**1**(建物や列車に)グラフィックの落書きをする者 **2**〔スポ〕(サッカーの)名ストライカー、(ボクシングの)ハードパンチャー **3**〔服〕ボマージャケット

bombetta 女 **1** 山高帽子 **2** 小型の爆弾 **3**〔料〕→ bombolone¹

bombice 男 **1**〔虫〕カイコ **2**〔虫〕ガ、カイコガ

bombo 男 **1**〖文〗轟(とどろ)音、大音響;ブンブンという鈍い音 **2**〔虫〕マルハナバチ

bombola 女 (酸素やガスを詰める)ボンベ

bomboletta 女 家庭用の小型ボンベ —*bomboletta* spray スプレー缶

bombolo 男《諧》小デブ

bombolone¹ 男 〔料〕ボンボローネ(クリームなどを詰めた揚げ菓子)

bombolone² 男 ガスタンク, ガスボンベ

bombolotto 男 〔複数で〕ボンボロッティ(筋の入ったマカロニ型のスープ用パスタ)

bomboniera 女 ボンボン入れ(特に結婚式などで出される菓子を入れる)

bompresso 男 〔帆船の〕第一斜檣(しゃしょう), やり出し(船首前方から前に突き出た軸木)

bona 女 〔中伊〕(派手な)美人

bonaccia 女 〔複-ce〕1 (海の)凪(なぎ), 無風状態 2 (心の)落ち着き, 安定

bonaccione 形 人がいい, お人好しの ——男 〔女-a〕お人好し

bonaerense 形 ブエノスアイレス(の人)の ——男女 ブエノスアイレスの人

bonanotte → buonanotte

bonapartismo 男 1 〔歴〕ボナパルト主義(ナポレオンの政策・行動を支持する立場) 2 (王)(個人の人気によって大衆の直接的な支持を得る)独裁政権

bonapartista 男女 〔複[男-i]〕ボナパルト主義者[支持者] ——形 ボナパルト主義[支持]の

bonarda 男, 女 〔男性名詞の場合不変〕ボナルダ(エミリア地方・ピエモンテ地方などで栽培されるブドウ品種; その品種で作る赤ワイン)

bonarietà 女 善良さ, 気立てのよさ

bonario 形 人がいい, 気立てがいい

Bonaventura da Bagnoregio 固名〔男〕(San ~)ボナベントゥラ(1221-74; イタリアのスコラ神学者・フランチェスコ会総長. 神秘主義の思想を主張)

bonbon 男 〔不変〕〔仏〕ボンボン

bondiola 女 〔料〕ボンディオーラ(丸形の腸詰め)

bongiorno → buongiorno

Bonifacio 固名〔男〕1 〔男性名〕ボニファーチョ 2 ボニファティウス(675?-754; イギリス出身のベネディクト会修道士) 3 (~ VIII)ボニファティウス8世(1234頃-1303; ローマ教皇: 在位 1294-1303. フランス王フィリップ4世に幽閉される)

bonifica 女 1 干拓; 開拓, 開墾; 再開発 2 (地雷や不発弾の)撤去

bonificabile 形 干拓[開拓]可能な

bonificare 他 〔io bonifico〕1 干拓する, 開拓する, 開墾する; 再開発する 2 浄化する, 再生する 3 (地雷や不発弾を)取り除く, 撤去する 4 振り替える, 送金する; 〔商〕割引する

bonificatore 男 〔女-trice〕1 干拓[開拓]者 2 地雷撤去作業員

bonifico 男 〔複-ci〕1 振り替え, 送金 2 〔商〕割引

bono → buono¹

bonomia 女 気立てのよさ; お人好し

bonsai 男 〔不変〕〔日〕盆栽

‡**bontà** [ボンタ] 女 1 善良さ, 善意 2 親切, 優しさ, 思いやり; 厚情, 好意 — avere la *bontà* di + 不定詞 親切にも…する/ Abbi la *bontà* di aspettarmi ancora un po'. どうかもう少し待って. 3 (品質の)よさ —*bontà* dei prodotti 製品の優秀性 4 (気候の)温暖さ, 穏やかさ 5 美味 6 効果; 妥当性 7 (貨幣の)純度

Bontempelli 固名〔男〕(Massimo ~)ボンテンペッリ(1878-1960; イタリアの作家)

bonus 〔不変〕〔英〕1 (特に経営陣への)ボーナス, 賞与 2 割増し金, 奨励金

bonus-malus 〔不変〕事故の有無などにより掛け金が変わる自動車保険

bonzo 男 〔仏教の〕僧侶

boogie-woogie 男 〔不変〕〔英・音〕ブギウギ

book 男 〔不変〕〔英〕1 (写真やグラフィックの)見本帳, カタログ 2 (モデルの経歴を宣伝する)ポートフォリオ

boom 男 〔不変〕〔英〕ブーム, 急増, 急発展, 流行 ——間 (爆発音を表して)ボン

boomerang 男 〔不変〕〔英〕1 ブーメラン 2 相手の攻撃や悪口が自分に跳ね返ること, やぶへび

bora 女 ボラ(アドリア海の北東から吹きつける冷たい季節風)

borace 男 〔鉱〕硼砂(ほうしゃ), ホウ酸ナトリウム

boracifero 形 〔化〕ホウ酸を含む[作る]

borbogliare 自 〔io borboglio〕ぶつぶつ言う; (沸騰した液体が)グツグツいう

Borbone 固名〔男〕(i ~)ブルボン朝(フランス絶対主義の王朝: 1589-1830)

borbonico 形 〔複[男-ci]〕ブルボン家[王朝]の; 反動的な ——男 〔女-a〕ブルボン家[王朝]の支持者

borbottamento 男 1 ぶつぶつ言うこと, 口ごもること 2 (雷・腹などが)ゴロゴロと鳴ること, こもった音を出すこと

borbottare 自 1 ぶつぶつ言う, もぐもぐ言う, 口ごもる 2 (雷・腹などが)ゴロゴロと鳴る, こもった音を出す ——他 (もぐもぐと, ぶつぶつ)つぶやく

borbottio 男 (ひっきりなしに)ぶつぶつ言うこと; (雷・腹などが)ゴロゴロ鳴ること

borbottone 男 〔女-a〕ぶつぶつ言う人, 愚痴ばかり言う人

borchia 女 飾り鋲(びょう); (衣服などの)飾り円

borchiato 形 鋲(びょう)を打った, 鋲で飾られた; 飾り円をつけた

bordare 他 1 縁取る, 縁飾りをつける; 囲む 2 帆を広げる[張る]

bordata 女 1 (軍艦からの)一斉射撃; 〔比喩〕集中砲火 —*bordata* d'insulti 侮辱の集中砲火 2 (船の)舷側

bordatura 女 1 (布地の)縁取り 2 (薄板の)端取り, 端処理

bordeaux 男 〔不変〕〔仏〕1 ボルドー産ワイン 2 〔不変〕ボルドー赤ワインの色) ——形 〔不変〕ボルドーの, ワインレッドの

bordeggiare 自 〔io bordeggio〕(帆船が風に逆らって)ジグザグに進む; 海岸に沿って航行する

bordeggio 男 （帆船が風に逆らって）ジグザグに進むこと；海岸に沿った航行
bordello 男 **1** 売春宿；いかがわしい場所 **2** 騒々しい場所；大混乱，大騒ぎ
borderò 男 **1** 明細書リスト，伝票リスト **2** （映画館や劇場の）毎日の売上げ明細；（新聞の寄稿者などへの）月ごとの支払い明細 **3** （商品の）送り状
bordino 男 **1** 縁飾り，縁取り **2** （列車の車輪の）輪縁
***bordo** [ボルド] 男 **1** 〖船〗舷側，船べり **2** 船内，機内，車内 —a bordo 船内[機内，車内]に / salire a bordo 乗船[搭乗，乗車]する **3** 縁(¿)，端(¿)，へり —i bordi della strada 道端 **4** （洋服などの）縁飾り ▶ **di alto bordo** 社会的地位の高い **virare di bordo** 針路を変更する；考えを変える
bordò → bordeaux
bordolese 形 ボルドー（の人）の —男女 ボルドーの人 —男 ボルドーワインの樽
bordone¹ 男 《文》巡礼杖(¿)
bordone² 〔音〕低音管；持続低音，ドローン
bordura 女 **1** （ナプキンやシーツの）端，縁 **2** （草花で飾られた）花壇のへり[端] **3** （料理を囲む）飾りのつけ合わせ
boreale 形 北半球の，北極圏の；非常に冷たい，凍るような
borgata 女 **1** ニュータウン；ベッドタウン **2** 村落，集落
borgataro 男 [女[-a]] （特にローマの）町外れの住人；粗野な人，ぶしつけな人
Borgese 固名(男) （Giuseppe Antonio ~）ボルジェーゼ(1882-1952; イタリアの作家・ジャーナリスト）
***borghese** [ボルゲーゼ, ボルジェーゼ] 形 **1** 中産階級の，ブルジョアの **2** 保守[反動]的な **3** 〖蔑〗俗物根性の **4** （軍人・聖職者に対する）俗人の，一般人の，民間人の **5** （警官が）私服の —男女 **1** 中産階級の人，ブルジョア —piccolo borghese 小市民，プチブル **2** 〖蔑〗俗物 **3** 私服警官
borghesemente 副 ブルジョアらしく；保守的に；けちけちと
borghesia 女 中産階級；資本家階級
borghesismo 男 《蔑》ブルジョワ風の態度[考え]；凡庸さ，けちくささ
Borgia 固名 **1** 男 （Cesare ~）チェーザレ・ボルジア(1475-1507; イタリアの政治家。マキアヴェッリの『君主論』で理想的専制君主として描かれている) **2** 女 (Lucrezia ~) ルクレツィア・ボルジア(1480-1519; ローマ教皇アレクサンデル6世の娘でチェーザレの妹)
borgo 男 〔複[-ghi]〕**1** 村；村落 **2** （都市の）近郊，周辺地区
borgogna 男 〔不変〕ブルゴーニュ産ワイン
borgognone 形 ブルゴーニュ（の人）の —男 [女[-a]] ブルゴーニュの人
borgognotta 女 （面頰(¿¿)が付いた）かぶと
borgomastro 男 （ドイツ・オランダなどの）市長
boria 女 自慢したがりの態度[性格]；うぬぼれ，尊大
borico 形 〔複[-ci]〕〖化〗ホウ素の，ホウ素を含む
boriosità 女 自慢ばかりしたがること，うぬぼれ，尊大
borioso 形 自慢したがりの，うぬぼれた，尊大な
borlotto 男 インゲンマメ
boro 男 〖化〗ホウ素（元素記号 B）
borotalco 男 〔複[-chi]〕天花粉，タルカムパウダー
borra 女 （綿や絹の）くず，（詰め物や粗悪な布地の材料となる）動物の毛を混ぜ合わせたもの
borraccia 女 〔複[-ce]〕水筒
borraccina 女 〖植〗マンネングサ
borraggine → borragine
borraginacea 女 〖植〗ムラサキ科の植物；(B-) 〔複数で〕ムラサキ科
borragine 女 〖植〗ルリジサ（ヨーロッパムラサキ科の植物)
borro 男 〔北伊・トスカーナ〕（傾斜地にできた）雨溝；排水路，溝
Borromini 固名(男) （Francesco ~）ボロミーニ(1599-1667; イタリアのバロック建築家)
***borsa¹** [ボルサ] 女 **1** かばん，バッグ —borsa della spesa ショッピングバッグ **2** 財布，小銭入れ，がま口 **3** 袋 —borsa del ghiaccio 氷枕 **4** お金，財産 —borsa di studio 奨学金 **5** 〖複数で〗目の下のふくらみ **6** 〖動〗（有袋類などの）袋 **7** 〔解〕包，嚢(¿) ▶ **allargare [stringere] la borsa** 財布のひもを緩める[締める] **essere di borsa larga** 金離れがいい **mettere mano alla borsa [aprire la borsa]** 支払う，（お金)を使う **O la borsa o la vita!** 命が惜しければ金を出せ．
borsa² 女 証券[商品]取引所；株式市場 —borsa nera 闇取引，闇市場 / giocare in borsa 相場を張る
borsaio 男 [女[-a]] かばん製造業者，かばん屋
borsaiolo 男 [女[-a]] すり
borsalino 男 （男性用の）フェルト帽（同名の帽子店に由来）
borsanera, borsa nera 感女 闇市場，闇取引
borsanerista 男女 〔複[男 -i]〕闇取引をする人，闇商人
borsata 女 袋1杯分の量；大量
borseggiare 他 [io borseggio] （人込みの中で）…の財布を盗む —Mi hanno borseggiato. 私は財布をすられた．
borseggiatore 男 [女[-trice]] すり
borseggio 男 （かばんや財布を）すること
borsellino 男 小銭入れ
borsello 男 **1** 小型のかばん **2** （男性用

borsetta 囡 小型のハンドバッグ
borsettaio 男 ハンドバッグ製造業者, ハンドバッグ[皮製品]を売る人
borsetteria 囡 ハンドバッグ[皮製品]の製造工場[販売店]
borsettificio 男 ハンドバッグなどの製造工場
borsetto 男 小型のかばん[バッグ]
borsino 男 **1** 株式の時間外取引(市場); (銀行の)トレーディング部門 **2** (不動産などの)仲介業者, 取引業者
borsista[1] 男女 [複[男 -i]] 給費生, 奨学生
borsista[2] 男女 [複[男 -i]] 株の投機家; 株式仲買人
borsistico 形 [複[男 -ci]] 証券取引[株式市場]の
boscaglia 囡 やぶ, 灌(かん)木の茂み; 森, うっそうとした場所
boscaiolo 男 [女[-a]] **1** 木こり **2** 森林監督officials —形 森の ▶alla boscaiola [料] 木こり風の(キノコ, 特にポルチーニを使った料理をさす)
boschereccio 形 [複[女 -ce]] **1** 森に生息する, 森の **2**《文》羊飼いの, 牧畜の; 粗野な
boschetto 男 **1** 小さな森, 雑木林, やぶ **2** (狩猟で)木に網をかけて鳥を捕まえる方法
boschivo 形 植林された; 森の, 森林の
boscimano 形 ブッシュマンの —男 [女[-a]] ブッシュマン
*****bosco** [ボスコ] 男 [複[-chi]] **1** 森, 森林; 林 —*bosco ceduo* 択伐林 / *bosco d'alto fusto* 高木林 **2** もつれ, 絡まり **3** (養蚕で)簇(ぞく)に敷く小枝 ▶*essere uccel di bosco* (特に犯罪者が)見つからない ▶*portare legna al bosco* 無駄なことをする
boscosità 囡 森林に覆われていること, 森林が多いこと; 森林面積の割合
boscoso 形 森林に覆われた;《諧》毛が濃い
bosforo 男《文》海峡(ボスポラス海峡に由来); (B-)ボスポラス海峡
Bosnia ed Erzegovina 固名(女) ボスニア・ヘルツェゴビナ
bosniaco 形 [複[男 -ci]] ボスニア(人)の —男 [複[-ci]女[-a]] ボスニア人
bosone 男〔物〕ボース粒子
boss 男《不変》〔英〕ボス; 有力者, 支配者
bossa nova [成](男) 〔ポ〕ボサノバ
bosso 男〔植〕ツゲ: ツゲ材
bossola 囡 馬用ブラシ
bossolo 男 **1** 薬莢(きょう) **2** 投票箱; (サイコロの)さい筒
bostik 男《不変》接着剤; しつこい人
bostoniano 形 ボストン(市民)の, ボストン的な —男 [女[-a]] ボストン市民
bostrico 男 [複[-chi]] 〔虫〕キクイムシ
BOT 略 *Buono Ordinario del Te-*

soro 短期割引債, ゼロクーポン債
botanica 囡 植物学
botanico 形 [複[男 -ci]] 植物の, 植物学の —男 [複[-ci]女[-a]] 植物学者
Botero 固名(男)(Giovanni ~)ボテーロ(1544-1617; イタリアの哲学者)
Botnia 固名(女) ボスニア湾(バルト海北部の湾)
botola 囡 **1** (天井や床の)はね上げ戸, はね蓋 **2** [情] (システムやプログラムへの)裏口
botolo 男 **1** キャンキャン鳴く子犬 **2** 口先だけのチビ; ずんぐりむっくりした人
Botswana 固名(女) ボツワナ
botswano 形 ボツワナ(人)の —男女 ボツワナ人
botta 囡 **1** (手や鈍器による)殴打 —*Mi ha dato una botta in testa.* 彼は僕の頭を殴った. **2** 衝突, 衝撃 —*Ho preso una botta contro la portiera.* 私はドアにぶつかった. **3** 打撲, 打ち身;《口》へこみ **4** 衝突音, 爆発音 **5** 痛手, 不運, 災難 —*La notizia è stata per noi una botta terribile.* その知らせは私たちにとって大打撃だった. **6** 敗北 ▶*a botta calda* その直後に, すぐさま ▶*botta e risposta* 激しい論戦 ▶*botte da orbi* めった打ち ▶*dare una botta* 一撃を加える ▶*fare a botte* 殴り合う ▶*prendere a botte* 殴る
bottaccio[1] 男 用水池; 水車用貯水池, 水車池
bottaccio[2] 男〔鳥〕ウタツグミ
bottaio 男 [女[-a]] 樽(たる)を作る[修理する]人, 樽屋
bottame 男《総称的》ワイン用の樽(たる); 桶(おけ), 樽
bottarella 囡 **1** [ローマ] (ふざけて)軽く小突くこと **2** 《口》(短期間の)肉体関係
bottarga 囡 [料] からすみ(ボラなどの魚卵を塩漬けしたもの)
bottatrice 囡〔魚〕カワメンタイ(タラ科の淡水魚)
botte 囡 **1** 樽(たる); 一樽の量 **2** 非常に太った人 ▶*dare un colpo al cerchio ed uno alla botte* 定見がなくあちこちに迷う ▶*essere in una botte di ferro* とても安全[安心]である ▶*volere la botte piena e la moglie ubriaca* 正反対のことを望む
*****bottega** [ボッテーガ] 囡 **1** 商店, ブティック **2** 仕事場, 工房 —*chiudere bottega* 閉店する, 活動をやめる **3** 《諧》ズボンの前のボタン隠し —*avere la bottega aperta* ズボンの前が開いている
bottegaio 男 [女[-a]] **1** (特に食料品の)商店主; 商人 **2** けちくさい, 欲得ずくの
botteghino 男 **1** (劇場などの)切符売り場; 切符の売れ行き **2** 宝くじ売り場; 馬券売り場
Botticelli 固名(男) (Sandro ~)ボッティチェッリ(1444 頃 -1510; イタリアの画

botticelliano 形 ボッティチェッリの, ボッティチェッリ風の

*****bottiglia** [ボッティッリャ] 女 瓶, ボトル; 一瓶の量

bottigliaio 男 [女 -a](ガラス工場で)瓶の製造に従事する人, 瓶作り職人

bottigliata 女 瓶で殴ること, 瓶による一撃

bottiglieria 女 ワインショップ, 酒屋; 高級ワインの貯蔵(室)

bottiglione 男 (約2リットルの容量がある)大瓶; 大瓶1本分の量

bottinaio 男 [女 -a] (汚水溜めの)汲み取り係

bottino¹ 男 1 略奪品, 戦利品 2 盗品, 盗んだ金;《諧》もうけ, あがり, 成果 ―mettere a *bottino* 略奪する 3 (兵士に支給される)背嚢

bottino² 男 1 汚水溜め, 肥溜め; 肥やし 2 不浄の場所, 巣窟 3 下水道; 浄化槽

botto 男 1 突然の轟音, 銃声, 発射音, 衝突音 2 殴打, 殴打音 3 《複数で》花火 ▶ **di botto** 突然に, 不意に **in un botto** 一瞬で, 一発で, 一度に

bottonaio 男 [女 -a] ボタン製造業者[販売業者]

*****bottone** [ボットーネ] 男 1 ボタン ―*bottone* automatico スナップ, ホック 2 押しボタン 3 蕾, 芽 ▶ **attaccare un bottone a...** …を無駄話[長話]で引き止める ***stanza dei bottoni*** 司令部; 中枢部

bottoniera 女 1 ボタンの列; ボタンの穴 2 (機械を操作するための)ボタンパネル

bottoniero 形 ボタン製造[販売]の

bottonificio 男 ボタン工場

botulinico 形 [複 男 -ci] [生物・医] ボツリヌス菌の[によって引き起こされる]

botulino 男 [医] ボツリヌス菌

botulismo 男 [医] ボツリヌス中毒

bouclé 形 [不変] [仏] (ウール・繊維などが)長くて縮れた; そのようなウール[繊維]で織った

bouillabaisse 女 [不変] [仏・料]ブイヤベース

bouquet 男 [不変] [仏]ブーケ, 小さな花束; (ワインの)芳香

boutique 女 [不変] [仏]ブティック

bovaro 男 [女 -a] 1 牛飼い; (牛を飼育する)牧場主 2 粗野な人, 田舎者 3 牧牛犬, 牛追い犬

bove 男 牛(bue)

bovinamente 副 重く, だるそうに, 鈍重に

bovino 形 1 牛の 2 鈍重な, 愚鈍な, 鈍感な ―男 牛

box 男 [不変] [英] 1 間仕切りなどで仕切られたスペース, ブース, ボックス 2 (馬小屋の)馬房 3 ベビーサークル 4 ガレージ(の一区画), (サーキットの)ピット 5 (劇場の)ボックス席 6 (新聞の)囲み記事, (囲み記事の周りの)囲み線

boxare 自 ボクシングをする

boxe 女 [不変] [仏]ボクシング(pugilato)

boxer 男 [不変] [英] 1 ボクサー 2 (ボクサーのはくような)トランクス 3 ボクサー犬 4 (B-) [歴] (中国清代の)義和団

boy 男 [不変] [英] 1 (ホテルの)ボーイ 2 少年の馬丁 3 (レビューの)ダンサー 4 ボーイフレンド, 男友達

boy-scout 男女 [不変] [英]ボーイスカウト

bozza 女 1 草稿, 原案, 下書き; [印] 校正刷り, 試験刷り ―seconda *bozza* 再校刷り / correggere le *bozze* 校正をする 2 こぶ 3 [建] 切り石

bozzettista 男女 [複 男 -i] 1 [文] (日常のひとこまを描く)短編作家, 日常的なひとこまを活写する作家 2 イラストレーター

bozzettistico 形 [複 男 -ci] 1 素描の, 下書きの; 日常的なひとこまの, 生き生きとした 2 概略的な, 大まかな

bozzetto 男 1 下絵, 素描; 下書き, 草案 2 [文] (日常生活のひとこまを活写した)短編小説, 小品 3 [美] (日常生活の一場面をざっと描いた)素描作品, ラフスケッチ

bozzima 女 1 繊維用の糊 2 [農] (苗木の根を覆う)粘土と堆肥の混合土

bozzo¹ 男 こぶ, 隆起

bozzo² 男 [トスカーナ]水たまり, ぬかるみ

bozzolo 男 1 (昆虫の)繭, 蚕の繭 2 孤立した状態 ―chiudersi nel proprio *bozzolo* 自分の殻に閉じこもる 3 こぶ, 吹き出物; 突起

BR 1 Brindisi ブリンディズィ(プーリア州の町) 2 Brigate Rosse 赤い旅団 ―男女 [不変] 赤い旅団のメンバー[支持者]

bra 男 [不変] ブラ(ピエモンテ州の町Braで作られるチーズ)

brabantino 形 ブラバント地方の, ブラバント公国の ―男 [女 -a] ブラバント地方の人 2 ブラバンソン(小型犬の一種)

braca 女 1 《複数で》ズボン, (長めの)パンツ; (中世に流行した)半ももひき 2 綱; (船の)つり索 [鎖] ▶ **calare le brache** 屈服する **in brache di tela** 無一文で, 破滅して

bracalone 男 [女 -a] 1 ズボンがずり落ちている人, 身なりのだらしない人 2 [トスカーナ] 《複数で》作業用ズボン ―形 (ズボンがずり落ちている, だらしない

bracaloni 副 (身なりが)だらしなく, 投げやりに ▶ **a bracaloni** (ズボンなどが)ずり落ちて; だらしなく

braccare 他 1 (狩猟で獲物を)巣から追い立てる, 狩り出す 2 (執拗に)追跡する, 探す

braccata 女 (大がかりな)狩猟

braccato 形 (大がかりに)追跡された, 探索された

braccetto 男 細い[小さな]腕 ▶ **a braccetto** 腕を組んで

bracchetto 男 ビーグル(小型犬の一種)

bracchiere 男 猟犬係; 勢子(ぜ)
braccia 女複 → braccio
bracciale 男 1 腕輪, ブレスレット (braccialetto) 2 腕当て 3 腕浮き輪 4 (甲冑(ちゅう)の)小手, (中世の甲冑の)こて 5 (椅子の)肘掛け 6 〔建〕(ルネサンス期の建物の外壁にはめ込まれた)輪飾り
braccialetto 男 1 ブレスレット; 腕時計のバンド ▶ *braccialetto elettronico* 所在確認用腕輪(在宅起訴者・仮釈放者の所在を確認する電子機器)
Bracciano 固名 男 ブラッチャーノ湖 (ラツィオ州にある湖)
bracciantato 男 肉体労働者階級, 肉体労働(の職種)
bracciante 男女 (特に農業の)日雇い [季節]労働者
bracciantile 形 肉体労働(者)の
bracciata 女 1 両手一抱えの分量 — *una bracciata di fieno* 一抱えの干し草 2 (水泳の)ワンストローク
bracciatella 女 〔料〕ブラッチャテッラ (ドーナツ型をした菓子)
＊**braccio** [ブラッチョ] 男 〔複[1～3は le braccia; 4～7は i bracci〕] 1 腕 —*braccio* destro 右腕, 片腕, 腹心 / *braccio di ferro* 腕相撲; (二者間の)対立 2 権限, 権力 — *braccio della legge* 法権力 3 〔複数形で〕労働力, 人手, 働き手, 労働者 4 腕に似たもの, 腕状の物, 突き出たもの —*bracci della gru* クレーンのアーム / *braccio di mare* 海峡 5 〔建〕(建物の)翼, 袖 —*bracci del palazzo* 建物の翼部[ウイング] 6 (道路や鉄道の)支線 7 支流 —*bracci del fiume* 川の支流 ▶ *a braccia aperte* 大歓迎で *gettare* [*buttare*] *le braccia al collo* 抱きしめる *in braccio* 抱きかかえて *incrociare le braccia* 腕組みをする *prendere* [*tenere*]... *sotto braccio* ...と腕を組む *sotto il braccio* 小脇に抱えて
bracciolo 男 1 肘掛け 2 〔複数形で〕腕浮き輪
bracco 男 〔複[-chi]〕 1 猟犬(ポインターやセッターなど) 2 刑事
bracconaggio 男 密猟
bracconiere 男 〔女[-a]〕密猟者
brace 女 熾(おき)火, 炭火 ▶ *alla brace* 炭火で *cadere dalla padella nella brace* 泣き面に蜂(状況が悪化する例え) *di brace* 燃えるような, 情熱的な
brachetta 女 1 〔複数形で〕ショートパンツ, 半ズボン 2 (古代のズボンの)前垂れ 3 (鎧(よろい)の)下腹部を保護する覆い
brachetto 男 ブラケット(ピエモンテ州のアスティなどで栽培されているブドウ品種; その品種で作る発泡性赤ワイン)
brachi- 接頭 「短い」の意
brachicefalia 女 〔人類〕短頭
brachicefalo 形 〔人類〕短頭の
brachilogia 女 〔言・修〕簡約法, 省略; 簡潔表現
braciaio 男 (パン職人などが使う)炭を保存する箱, 炭入れ
braciere 男 (金属製またはテラコッタ製の)火鉢
braciola 女 1 (網焼き用の)骨付き肉 2 〔謔〕剃(そ)り傷のできた顔
bradi- 接頭 「遅い」「ゆっくりした」の意
bradicardia 女 〔医〕徐脈
bradipo 男 1 〔動〕ナマケモノ 2 緩慢な人, ものぐさな人, のろま
bradisismo 男 〔地学〕緩慢地動
brado 形 1 (特に牛・馬について)野生の; 放し飼いの 2 自由な, 束縛されない — *allo stato brado* 放し飼いの, 自由な
bragozzo 男 ブラゴッツォ(鮮やかな帆をつけたアドリア海の伝統的な漁船)
brahmanesimo 女 バラモン教
brahmano 男 〔宗〕バラモン
braidense 形 1 (ミラノの)ブレラ館の 2 ブラ(ピエモンテ州の町 Bra) (の人)の —男女 ブラの人
braille 形 〔不変〕〔仏〕点字法のブライユ式の —男, 女 〔不変〕ブライユ式点字法
brama 女 激しい欲求, 熱望, 切望 — *avere brama di libertà* 自由を熱望する
bramanesimo → brahmanesimo
Bramante 固名 男 (Donato ~) ブラマンテ(1444-1815; イタリアの建築家)
bramare 他 熱望[切望]する
brambilla 男 〔不変〕〔謔〕(ロンバルディア地方の)中小企業経営者, プチ[中流]ブルジョワ
bramino → brahmano
bramire 自 〔io -isco〕 1 (野生動物, 特に鹿や熊が)鳴く, 吠える 2 (人が動物のように)叫ぶ, うなる
bramito 男 (野生動物, 特に鹿や熊の)鳴き声, うなり声; 動物のような叫び声
bramosia 女 激しい欲求, 熱望, 切望
bramoso 形 (di)...を熱望した, 切望した; 欲求のこもった
branca 女 1 〔動〕かぎ爪のついた前足 2 〔複数形で〕貪欲な手, 追っ手; 手中, 権力 3 セクション, 部門, 分科 4 〔解〕(ペンチなど)挟み道具の腕, 刃 5 (神経や筋肉の)分枝 6 (踊り場から踊り場までの)階段の一連なり
brancata 女 1 〔北伊〕一つかみ(の分量); (かぎ爪による)一撃
Brancati 固名 男 (Vitaliano ~) ブランカーティ(1907-54; イタリアの小説家)
branchia 女 (魚の)えら
brancicare 他 〔io brancico〕 (いやらしく)体にさわる —自 手探りで進む
branco 男 〔複[-chi]〕 1 (動物の)群れ, 一群 2 〔蔑〕一味, 一団, 連中
brancolamento 男 手探りで進むこと
brancolare 自 〔io brancolo〕 手探りで進む; 暗中模索する; まごつく
branda 女 (折り畳み式の)簡易ベッド
brandeburghese 形 ブランデブルク(の人)の —男女 ブランデブルクの人
brandeggiare 他 〔io brandeggio〕

brandello 1 (剣などを)水平方向に振り回す, 薙(な)ぐ 2 (機器などを)水平に回転させる

brandello 男 1 切れ端; ぼろ切れ 2 少量, 少々, ごくわずか

brandina 女 (折り畳み式の)簡易ベッド

brandire 他 [io-isco] (剣などの武器を)握り締める, 振り回す

brando 男 〖文〗剣, 刀

brandy 男 〖不変〗〖英〗ブランデー

brano 男 1 (引き裂かれた)断片, 切れ端 2 (曲の)一節, 楽節, 楽句 3 (文章の)一節; 一部

branzino 男 〖北伊・魚〗スズキ

brasare 他 〖料〗とろ火で煮る〖焼く〗; 炭火で焼く

brasato 男 〖料〗ブラザート(ワインや香料と一緒にとろ火で煮た牛肉料理)

Brasile 固名(男) ブラジル

brasile 男 〖不変〗ブラジーレ(ブラジル原産のタバコ)

brasiliano 形 ブラジル(人)の —男 1 〖女[-a]〗ブラジル人 2 〖単数のみ〗ブラジルポルトガル語

brassica 女 〖植〗アブラナ属

Bratislava 固名(女) ブラチスラバ(スロバキア共和国の首都)

brattea 女 〖植〗包葉

bratteato 形 〖植〗包葉のついた

bravaccio 男 横暴な男, 傲慢な男; 〖歴〗用心棒, 私兵

bravamente 副 勇敢に, 決然に; 上手に, 巧みに

bravata 女 1 挑発的な言動, 威嚇的な言動 2 無謀な行為, 強がり

bravissimo 形 bravoの絶対最上級 (molto bravo)

*****bravo** [ブラーヴォ] 形 1 優れた, 見事な, 巧みな, 上手な, 腕のよい —Quell'artigiano è molto bravo. あの職人は大した腕利きだ. 2 賢い, 利口な, 能力のある —bravo studente テニスのよくできる学生 3 よい; 善良な; 聞き分けのよい, おとなしい; 誠実な —brava gente 善良な人々 4 〖称賛などの間投詞として〗うまいぞ, 素晴らしい, でかした —Bravi, bis! ブラボー, アンコール! 5 〖皮肉や強調で〗 —Bravo, guarda che bel pasticcio hai combinato! ほら見ろ, ろくでもないことをしでかして. —男 〖歴〗傭(よう)兵, 刺客 ▶ **alla brava** 生意気に; 大ざっぱに, 手早く / **da bravo** 〖特に子供に何かをするように促して〗さあ, ほらほら

bravura 女 1 器用さ, 熟練; うまさ —architetto di grande bravura 素晴らしい腕前の建築家 2 から威張り, 虚勢

break 男 〖不変〗〖英〗1 休憩, ブレーク 2 〖スポ〗(テニスの)サービスブレーク, (ボクシングの)ブレーク 3 〖音〗(ジャズの)即興的な中間挿入部

breccia[1] 女 〖複[-ce]〗(砲撃などによって)城壁〖建物〗にあけた穴, 突破口; 亀裂, 裂け目 ▶ **sulla breccia** 十分に力を発揮できる, 第一線で活躍する

breccia[2] 女 〖複[-ce]〗〖鉱〗角礫(れき)岩; (舗装などに使われる)砕石

brecciaiolo 男 (道路舗装などのための)砕石作業員 (spaccapietre)

brecciame 男 (道路舗装に使われる)砕石, 石くず

breccioso 形 (地面が)砂利の, 砂利で覆われた

Brecht 固名(男) (Bertolt ~) ブレヒト (1898-1956; ドイツの劇作家)

brefotrofio 男 孤児院

Brema 固名(女) ブレーメン(ドイツ北部の河港都市)

brenna 女 くたびれ切った馬, 駄馬; 落ちぶれた人

bresaola 女 ブレザーオラ(ロンバルディア地方で作られる塩味の干し牛肉)

Brescia 固名(女) ブレッシャ, ブレーシャ (ロンバルディア州の都市; 略 BS)

bresciano 形 ブレッシャ[ブレーシャ](の人)の —男 〖女[-a]〗ブレッシャ[ブレーシャ]の人

Breslavia 固名(女) ブロツワフ, ブレスラウ(ポーランド南西部の都市)

Bressanone 固名(女) ブレッサノーネ (トレンティーノ・アルト・アディジェ特別自治州ボルツァーノ自治県の町)

Bretagna 固名(女) (北フランスの)ブルターニュ地方 ▶ **Gran Bretagna** 大ブリテン島, 英国(Britannia)

bretella 女 1 〖複数形で〗サスペンダー 2 (女性用下着の)肩ひも 3 接続道路 4 (銃の)肩掛けベルト

bretellina 女 (ブラジャーやスリップなど女性用下着の)肩ひも

bretone 形 1 ブルターニュ[ブルトン](人)の 2 〖文〗アーサー王伝説の, アーサー王物語の —男 〖女[-a]〗ブルターニュ[ブルトン]人 —男 〖単数のみ〗ブルターニュ[ブルトン]語

*****breve**[1] [ブレーヴェ] 形 1 短い〖短時間・短文・短距離の意味で〗 2 〖言〗(母音が)短音化した; 短音節の —女 (新聞の)短い記事 ▶ **in breve** 簡単に, 手短に / **per farla breve** 早い話が, てっとり早く言えば / **tra breve** 間もなく, もうすぐ

breve[2] 男 1 (古代ローマで皇帝による)簡略な命令書 2 (中世の公証人が作成する)判決証明書, 行政官の宣誓証明書; (コムーネの)憲章 3 (教皇の小勅書)

brevemente 副 短期間, 束の間; 手短に, 簡潔に

brevettabile 形 特許を獲得できる

brevettabilità 女 特許[商標]を獲得できること

brevettare 他 1 特許を受ける, 商標登録を受ける 2 免許を与える

brevettato 形 1 特許を取得した; 新案特許の 2 〖諧〗確実な, 絶対信頼できる

brevetto 男 1 特許(権) 2 許可証, 免許証

breviario 男 1 (カトリックの)典礼書, 聖務日課書 2 〖諧〗愛読書 3 概説(文学・哲学作品のタイトルに使われる)

brevi manu 副 〔ラ〕(書類などの提出を)自ら, 直接

brevità 女 **1** 短さ, 短時間; 簡潔さ **2** 〔商〕(銀行が受け取る)短期手形の手数料

brezza 女 そよ風, 微風; 涼風

brianzolo 形 (ロンバルディア州)ブリアンツァ地方(の人)の ―男〖女[-a]〗ブリアンツァ地方の人

Briareo 固名(男) 〔ギ神〕ブリアレス(50の頭と100の腕を持つとされる怪物・巨人)

bricco 男〖複[-chi]〗(コーヒーや牛乳を入れる)ポット

briccola 女 **1** (ヴェネツィアで船の航路標識として使われる)杭; **2** 〔軍〕投石器

bricconata 女 あくどい振る舞い, 悪事;《謔》いたずら, やんちゃ ―*bricconate di Pierino* ピエリーノのいたずら

bricconcello 男 ずる賢い子, いたずら小僧, やんちゃな子

briccone 男〖女[-a]〗ずるい人, 悪人;《謔》抜け目のない人, やんちゃな子, いたずらっ子 ―形〖女[-a]〗ずるい, あくどい, 不誠実な;《謔》やんちゃな, いたずらな

bricconeria 女 **1** ずるさ, あくどさ; 抜け目なさ, やんちゃ **2** ずるい振る舞い; やんちゃな行動

bricconesco 形〖複[-chi]〗ずるい, あくどい; 抜け目のない, やんちゃな

briciola 女 **1** (パンやクッキーなどの)くず **2** かけら(briciolo) **3** わずかな量; 些細なこと **4** きゃしゃな子供[人]

briciolo 男 **1** 断片, かけら, きれっぱし **2** わずかな量, ほんのわずか ―*Non ha un briciolo di buon senso.* 彼はほんのわずかな良識さえ備えていない.

bricolage 男〖不変〗〔仏〕日曜大工

bricolla 女 (密輸業者が山道で使った)背負い袋, かご

bridge 男〖不変〗〔英〕(トランプゲームの)ブリッジ

bridgista 男女〖複[男 -i]〗(トランプゲームの)ブリッジの愛好家[プレーヤー]

bridgistico 形〖複[男 -ci]〗ブリッジゲームの

brie 男〖不変〗〔仏〕ブリーチーズ

briga 女 **1** 厄介な仕事, 難題; 困難な状況 ―*darsi [prendersi] la briga di* + 不定詞 …する労をとる / *darsi [prendersi] briga di…* (人)のことを心配する, 気にかける **2** 策略, ペテン **3**〔文〕戦い

*** brigadiere** [ブリガディエーレ] 男 (国防省[財務省]警察の)警部補

brigantaggio 男 山賊[強盗, 強奪]行為

brigante 男〖女[-essa]〗 **1** 強盗; 山賊, 追いはぎ **2**《口》腕白坊主, いたずらっ子; 抜け目のない人 **3**〔歴〕傭兵

brigantaggiare 自〖io brigantaggio〗山賊行為をする; (山賊のように)悪辣な振る舞いをする

brigantesco 形〖複[男 -chi]〗山賊の, 悪党のような; 無遠慮な, 不謹慎な

brigantessa 女 山賊の妻[連れ合い]; 女傑

brigantino 男 (2本マストの)小型帆船

brigare 自 手を尽くす, 手段を講じる;〖di + 不定詞〗…しようと努める

brigata 女 **1** (楽しむための)集い, グループ, 仲間 **2**〔軍〕旅団, 部隊; 非正規軍 ―*Brigate Rosse* 赤い旅団(イタリアの極左グループの名称; 略 BR)

brigatismo 男 (1970〜80年代の左翼グループの, 特に「赤い旅団」の)極左運動, テロ活動

brigatista 男女〖複[男 -i]〗武装組織の一員; 「赤い旅団」のメンバー

brighella 男〖不変〗 **1** ブリゲッラ(コンメディア・デッラルテの役柄の一つで, したたかな召し使い); ブリゲッラに扮した人; 道化師 ―*fare il brighella* おどける, ふざける **2** 狡猾(こうかつ)な人, ずる賢い人

Brigida 固名〖女性名〗ブリージダ

brigidino 男 ブリジディーノ(アニスで香りをつけた小さな焼き菓子)

briglia 女 **1** 馬の手綱; 歩き始めた子供を支えるひも, リード **2**〖複数で〗ブレーキ, 抑制, コントロール **3** (川の)堰(せき) **4**〔医〕癒着 ▶ *a briglia sciolta* | *a briglie sciolte* 急いで, 全速力で; 束縛を受けずに, 自由に

brik 男〖不変〗〔英〕(ジュースや牛乳など飲料製品の)紙パック

brillamento 男 **1** 光ること, 輝くこと **2** (爆弾や地雷の)発火, 爆発 ―*brillamento solare*〔天〕太陽面爆発

brillantante 男 (食器に光沢を与える)食洗器用の洗浄剤

brillantare 他 **1** 輝かせる, (金属などに)光沢を与える, 磨く **2** (ダイヤモンドを)カットする **3** (宝石などを)飾る

brillantatura 女 **1** ダイヤモンドのカット **2** 砂糖衣によるコーティング

brillante 形 **1** 光り輝く, きらめく, 明るい ―*stelle brillanti* きらめく星 **2** ぴかぴかの, つやつやの, 光沢のある ―*scarpe brillanti* ぴかぴかの靴 **3** (色が)鮮明な, 鮮やかな ―*rosso brillante* 真紅 **4** 素晴らしい, 華麗な, 立派な, 見事な ―*brillante successo* 華々しい成功 **5** 陽気な, 快活な, のびのびした ―*conversazione brillante* 愉快な会話 **6** (演劇や映画が)喜劇的な, 肩のこらない, 娯楽的な ―男 (ブリリアントカットの)ダイヤモンド, 宝石

brillantemente 副 元気よく, 活発に; 大変見事に, 素晴らしく

brillantezza 女 輝き, 光沢; 陽気さ, 活発さ

brillantina 女 (頭髪の艶を出す)整髪料; ポマード

brillanza 女〔物〕輝度

*** brillare¹** [ブリッラーレ] 自 **1** 輝く, 光る, きらめく ―*Oggi brilla il sole.* 今日は太陽が輝いている. **2** 秀でる, 際立つ, 卓越する ―*brillare per intelligenza* 頭のよさで抜きん出る **3** (地雷が)爆発

brillare する 4 (ワインが)泡立つ —*brillare* una mina 地雷を爆破する ▶ ***brillare di luce riflessa*** 他人のおかげで輝いて見える[有名になる] ***brillare per l'assenza*** いないことでかえって目立つ

brillare² 他 (米などの穀物を)脱穀する, 精米する

brillatore¹ 男 (鉱山で)発破をかける係, 爆破係

brillatore² 男〔女 [-trice]〕 脱穀をする人

brillatura 女 (米などの)脱穀

brillio 男 (光の)明滅, 瞬き, きらめき

brillo 形 ほろ酔い加減の

brina 女 霜

brinare 自[助詞][es/av] 霜が降りる —他 1 霜[白色]で覆う 2 (グラスや瓶を)フリーザーで冷やす, 氷につけて冷やす; グラスの縁にレモン果汁[砂糖]をつける

brinata 女 霜が降りること; 霜

brindare 自 乾杯する

brindellone 男〔女 [-a]〕 服装に無頓着な人, 身なりがだらしない人

Bríndisi 固名 ブリンディジ(プーリア州の港町; 略 BR)

brindisi 男 祝杯を上げること; 乾杯

brindisino 形 ブリンディジ(の人)の —男〔女 [-a]〕ブリンディジの人

brinoso 形 霜の降りた

brio 男 元気, 活発; (会話や作品の)溌剌(はつらつ)さ, 生き生きしていること ▶ ***con brio*** 〔音〕生き生きと, 活発に

brioche 女〔不変〕〔仏〕ブリオッシュ(イタリア人が朝食で食べる甘いパン)

briofita 女〔植〕コケ植物

brionia 女〔植〕ブリオニア(ヨーロッパ産ウリ科の植物)

briosità 女 陽気さ, 快活さ

brioso 形 陽気な, 快活な

briozoo 男〔動〕コケムシ

briscola 女 1 (カードゲームの)ブリスコラ; (ブリスコラで)場を支配する強いマークのカード 2 切り札; 成功[勝利]の見込み 3 《口》殴打; 大損 4 〔驚きの間投詞として〕うわ!

briscolata 女 ブリスコラのゲーム —fare una *briscolata* ブリスコラを一勝負する

Briseide 固名(女)〔ギ神〕ブリセイス(トロイ戦争で夫を殺され捕虜となり, 戦地におけるアキレスの妻となった)

brissinese, brissinense 形 ブレッサノーネ(の人)の —男女 ブレッサノーネの人

bristol 男〔不変〕〔英〕(主として名刺・カードとして使われる)ブリストル紙

Britannia 固名(女) 大ブリテン島, 英国 (Gran Bretagna)

britannico 形〔複 [-ci]〕 大ブリテン島[英国](の人)の —男〔複 [-ci]〕女 [-a]〕 大ブリテン島[英国]の人

britanno 大ブリテンの, イギリスの —男〔女 [-a]〕 ブリトン人(古代に英国南部に住んでいたケルト人)

brívido 男 1 身震い 2 スリル, ぞくぞくすること ▶ ***fare venire i brividi*** ぞっとさせる

brizzolato 形 (ひげや髪に)白くなり始めた, 白髪が混じり始めた

brizzolatura 女 (ひげや髪に)白髪が混じること, 白髪

brocca¹ 女 水差し; 水差し 1 杯の量

brocca² 女 (靴底の)鋲(びょう); (本の表紙の)飾り鋲

broccatello 男 1 (リンネや絹でできた装飾用の)織物, 錦織り 2 ブロッカテッロ(筋目の入った黄色っぽい大理石)

broccato 男 1 〔織〕錦 2 (室内建築に使われる)赤っぽい石灰岩

brocco¹ 男〔複 [-chi]〕 駄馬; 能力のない選手, 二流の人 —形〔複 [-chi]〕 能力のない, 二流の

brocco² 男〔複 [-chi]〕 (刈り込まれた後の)残りの枝

broccoletto → broccolo

bróccolo 男 1〔複数で〕ブロッコリー; カブの花房(開花する前に摘み取って食用にする); (キャベツ等の)同心円状に葉が集まった野菜 2 間抜け, お人好し

broda 女 1 野菜[パスタ]のゆで汁 2 《蔑》うすくてまずいスープ[飲み物] 3 長ったらしい議論[文章]

brodaglia 女 水っぽいスープ; 長ったらしい議論[文章]

brodetto 男 1〔料〕ブロデット(魚介類のスープ, アドリア海沿岸の郷土料理) 2 卵とレモンをベースにしたソース(ローマの料理)

brodino 男 うすいブイヨン[スープ]

brodo 男 澄んだスープ, コンソメスープ; 出し汁, ブイヨン —pastina in *brodo* 小さなパスタの入ったスープ ▶ ***andare in brodo di giuggiole*** 大喜びする, 有頂天になる ***brodo di coltura*** 培養基, 培地 ***lasciare cuocere... nel proprio brodo*** (結果はどうあれ)…に勝手にやらせておく ***Tutto fa brodo.*** どんなことでも役に立つ.

brodoso 形 ブイヨンを多く含む; 水っぽい

brogliaccio 男 下書きノート, 雑記帳; (取引・出入金の)控え帳

broglio 男 ごまかし, 不正工作

broker 男〔不変〕〔英〕(特に国際的な)ブローカー, 仲買人

brokeraggio 男〔商〕(ブローカーによる)仲介業, 幹(あっ)旋業

bromato 男〔化〕臭素酸塩 —形 臭素を含む

bromatologia 女 食品科学, 食物科学

bromatológico 形〔複 [男 -ci]〕食品科学の, 食物科学の

bromeliácea 女〔植〕パイナップル科の植物; (B-)〔複数で〕パイナップル科

brómico 形〔複 [男 -ci]〕〔化〕(5価の)臭素を含む

bromismo 男〔医〕臭素中毒
bromo 男〔化〕臭素(元素記号 Br)
bromuro 男 1〔化〕臭化物 2〔薬〕ブロム剤(鎮静剤として使われる臭素化合物)
bronchiale 形〔解・医〕気管支の
bronchiolo 男〔解〕細気管支
bronchite 女〔医〕気管支炎
broncio 男 ふくれっ面, 仏頂面 —**fare** [**tenere**] **il broncio** むくれる
bronco¹ 男〔複[-chi]〕〔解〕気管支
bronco² 男〔複[-chi]〕《文》節くれだった枝, とげだらけの茂み[枝]
broncodilatatore 形〔薬〕気管支拡張の —男 気管支拡張薬
broncopolmonite 女〔医〕気管支肺炎
broncoscopio 男〔医〕気管支鏡
broncotomia 女〔医〕気管支切開
brontolare 自〔io bróntolo〕1 不平不満を言う; 愚痴る 2 ゴロゴロ鳴る; とどろく, 鳴り響く —Ho fame, mi *brontola* lo stomaco. おなかがぺこぺこだ, グーグー鳴ってるよ. —他 ぶつぶつ[ぼそぼそ]言う —Ha *brontolato* qualcosa e se ne è andato. 彼は何かをつぶやいた後, 行ってしまった.
brontolio 男 1 (長々と)ぶつぶつ言うこと 2 (遠くの)とどろき; ゴロゴロ鳴る音
brontolone 形 不平ばかり言う, (ひっきりなしに)愚痴をたれる —男〔女[-a]〕不平ばかり言う人, 愚痴をたれる人
brontosauro 男 (古生物の)ブロントサウルス
bronzare 他 銅で覆う; 青銅色にする
bronzeo 形 1 ブロンズ[青銅]の 2 青銅色の
bronzetto 男 (小さな)ブロンズ像
bronzina 女〔機〕軸受け金, (ローラー)ベアリング
bronzista 男女〔複[男 -i]〕ブロンズ職人
bronzistica 女 ブロンズを使った創作[手仕事]; ブロンズ作品[工芸品]
bronzo 男 1 青銅, ブロンズ —**età del** *bronzo* 青銅器時代 2 ブロンズ像 3 青銅色 4 銅メダル(medaglia di bronzo) —形〔不変〕青銅色の ▶ **di bronzo** 頑丈な, 長持ちする;(声が)震えた; よく響く **faccia di bronzo** 厚顔無恥
brossura 女 ペーパーバック, 仮とじ —**libro in** *brossura* ペーパーバック[仮とじ]の本
browser 男〔不変〕〔英〕(インターネットの)ブラウザー
brr 感 (寒さや恐れに震える様子をまねて)ブルブル
brucare 他 1 (動物が)一口ずつむしりながら食べる, 草を食む 2〔農〕(葉や枝などを)手でつみとる, こそぎ落とす
brucellosi 女〔不変〕〔医〕ブルセラ病
bruciabile 形 可燃性の, 燃える, 燃やすことができる
bruciacchiare 他〔io brúciacchio〕1 軽くあぶる, 表面を焦がす 2 (植物を)枯らす, (葉を)黒くする —**arsi** 再 1 焦げる, 軽く焼ける 2 軽く火傷する
bruciacchiatura 女 軽くあぶること, 焦げること; 焦げ跡, 焦げ目
bruciante 形 1 (主に感情について)激しい, 強烈な —**rimorso** *bruciante* 激しい後悔 2 非常に早い, 電光石火の
bruciapelo 男〔不変〕《次の成句で》 ▶ **a bruciapelo** 至近距離から; 藪(ﾔﾌ)から棒に
bruciaprofumi 男〔不変〕香炉
※bruciare [ブルチャーレ] 他〔io brùcio〕1 燃やす —Il sole mi *ha bruciato* la pelle. 肌が日に焼けた. 2 焦がす —Ho *bruciato* il sugo. ソースを焦がしてしまった. 3 火傷させる 4 干上がらせる, 乾かす —Il gelo *brucerà* il grano. 霜は小麦を枯らすだろう. 5 消費[消耗]する, 枯渇させる —La mia macchina *brucia* troppa benzina. 僕の車はガソリンを食いすぎる. 6 台無しにする —Il fallimento lo *ha bruciato*. 破産して彼の成功の見込みは無くなった. 7〔医〕(いぼなどを)焼灼(ｼｮｳ)する —自〔es〕1 燃える 2 焦げる 3 焼けつく(ように熱い) —Attento, il brodo *brucia*. 気をつけて, スープが熱いから. 4(胸を)焦がす —*bruciare* d'amore 恋に身を焼く 5(体の一部が焼けるように)痛む, 炎症を起こす —Mi *brucia* la gola. 喉が炎症を起こしている. 6 ひりひりする, しみる —L'alcol *brucia* sulla ferita. アルコールが傷にしみる. 7 心がうずく, 腹立ち[悔しさ]を覚える —La sconfitta mi *brucia* ancora. 負けたことはいまだに悔しい. —**arsi** 再 1 燃える 2 焦げる 3 火傷する —Mi sono *bruciato* con un ferro da stiro. アイロンで火傷した. 4 燃え尽きる, 打ち砕かれる —Quell'uomo *si è bruciato*. あの人は身を滅ぼした. ▶ **bruciare le tappe** 大急ぎでする; めきめき進歩する
bruciata¹ 女 焼き栗
bruciata² 女 (特に表面を)焼く[焦がす]こと
bruciaticcio 形〔複〔女 -ce〕〕焦げた —男 焦げたにおい[風味]; (料理の)焼けカス
bruciato 形 1 焼けた, 焼けた, 焦げた 2 きつね色の, 日焼けした 3 地位[評判]を損なった, 名誉を失った; 損なわれた —男〔単数のみ〕焦げたもの
bruciatore 男 燃焼器[室]; バーナー, コンロ
bruciatura 女 1 燃焼, 灼(ﾔ)き 2 火傷
brucio 男 (熱くて)ひりひりすること ▶ **al brucio**〔料〕あつあつの, ひりひり辛い
bruciore 男 1 (焼けるような)痛み 2 心のうずき, 傷心, 悲痛
brucite 女〔鉱〕水滑石, ブルース石
bruco 男〔複[-chi]〕(チョウやガなどの)幼虫, 毛虫
brufolo, bruffolo 男 にきび, おでき
brufoloso 形 にきび[吹き出物]だらけ

brughiera 囡 1 (ヒースの生い茂る)荒れ野 —nella *brughiera* 荒れ野で 2 [植]ヒース

brughiero 形 (土地について)ヒースの生い茂った, 荒野の, 荒れた

brugo 男 [複[-ghi]] [植]ヒース, ギョリュウモドキ

brugola 囡 六角レンチ

brulicame 男 (うようよしている)昆虫の群れ; (うごめいている)群衆

brulicante 形 (昆虫が)うようよ群がっている; 群衆であふれ返った

brulicare 自 [io brulico] 1 (昆虫などが)うごめく, うじゃうじゃする; (群衆が)うごめく, うようよする 2 (di) (虫や人などで)一杯になる, うようよする; (心に)押し寄せる —L'albero *brulica* di formiche. その木にはアリがうようよしている.

brulichio 男 1 (昆虫などの)うようよしてた動き, 蠢(うごめ)動 2 (アイデアや考えが)渦巻くこと

brullo 形 荒野の, 乾ききった, 不毛の; むき出しの, 裸の —albero *brullo* 葉のない木

bruma 囡 1 もや, かすみ 2 [文]真冬

brumaio 男 [歴]霧月(フランス革命暦の第2月)

brumoso 形 霧で覆われた, もやがかかった

Bruna 固名 [女性名]ブルーナ

brunastro 形 褐色をおびた, (濃い)茶色がかった

Brunei 固名(男) ブルネイ

bruneiano 形 ブルネイ(人)の —男[女[-a]] ブルネイ人

Brunelleschi 固名 (男) (Filippo ~)ブルネレスキ(1377-1446; イタリアの建築家・彫刻家)

brunello 男 ブルネッロ(ブドウの品種名; その品種で作るワインの名称) —*Brunello* di Montalcino ブルネッロ・ディ・モンタルチーノ(シエナで作られる高級赤ワイン)

brunimento 男 → brunitura

brunire 他 [io -isco] 1 (金属を)磨く, 光沢を与える 2 (酸化防止の)コーティングをする

brunito 形 1 磨かれた, 光沢を与えられた; コーティングを施された 2 焦げ茶色の, 赤銅色の

brunitura 囡 (金属を)磨くこと, つや出し; (酸化防止の)コーティング

Bruno 固名(男) 1 [男性名]ブルーノ 2 (Giordano ~)ブルーノ(1548-1600; イタリアの思想家)

*__bruno__ [ブルーノ] 形 茶褐色の; (髪や目が)茶褐色の —男 1 茶褐色 2 喪服 [女[-a]] (髪や目が)茶褐色の人

brusca 囡 1 (馬用の)ブラシ 2 [植]トクサ

bruscamente 副 ぶっきらぼうに, 粗野に, 突然に

bruschetta 囡 [料]ブルスケッタ(軽く焼いたパンをニンニクとオリーブ油で味付けしたもの)

bruschezza 囡 1 酸っぱさ, 酸味 2 粗野, ぶっきらぼう, 無愛想

brusco 形 [複[男 -chi]] 1 酸味の強い, ぴりっとした, 辛味の, 粗野な 3 不意の, 急な —男 1 [単数のみ] 酸味 2 [植]セイヨウヒイラギ

bruscolino 男 1 [料]ブルスコリーノ(カボチャの種を炒(い)って塩で味付けしたもの) 2 [複数で]取るに足りないもの, 些細なもの

bruscolo 男 1 藁(わら)くず, 木くず, 埃(ほこり) —Mi è entrato un *bruscolo* nell'occhio. 目に埃が入った. 2 [諺]チビ; 取るに足りないもの ▶ *bruscolo nell'occhio* 厄介ごと, 煩わしい問題

brusio 男 ざわめき, ささやき; ブーンという音

brustolino → bruscolino

brut 形 [不変] [仏] (シャンパンやスプマンテについて)超辛口の —男 [不変] 超辛口のシャンパン[スプマンテ]

brutale 形 1 野獣の, 動物的な 2 乱暴な, 冷酷な, 無慈悲な 3 配慮を欠いた, 繊細さのかけらもない, 粗野な

brutalità 囡 1 残虐性, 野蛮, 獣性 2 残虐な行為, 残酷な所業

brutalizzare 他 …に残酷な仕打ちをする; 拷問する; 暴行する

brutalmente 副 残虐に, 非人間的に, 乱暴に, 粗野に

Bruto 固名(男) (Marco Giulio ~)ブルートゥス, ブルータス(前85- 前42; 古代ローマの政治家. カエサル暗殺を指揮)

bruto 形 1 獣的な, 理性を欠いた, 凶暴な 2 加工されていない, 生の —男 1 理性を欠いた存在, けだもの 2 残虐な人, 暴行犯;[諺]乱暴者

brutta 囡 1 下書き, ラフスケッチ 2 [複数で]面倒な事態[状況], 不快な出来事, 危険 ▶ *alla brutta* トラブルの場合, うまくいかない場合 *alle brutte* 対立して, 険悪な関係に *con le brutte* 脅して, 無理やりに

bruttezza 囡 醜さ, 不細工

*__brutto__ [ブルット] 形 1 醜い, 不細工な, 見苦しい, 不器量な —Questo vestito è *brutto*. この服は不格好だ. / *brutta copia* 下書き / *brutto* muso 仏頂面; 無愛想な人 2 悪い, 不良な, 不正な —*brutta* abitudine 悪癖, 悪習 / *brutto* voto 悪い成績 3 不道徳な, 下品な, まじめな —*brutte* parole 下品[卑猥(ひわい)]な言葉 4 嫌な, 不愉快な, つらい, 悲しい —Ho ricevuto una *brutta* notizia. よくない知らせを受け取った. 5 (天候が)荒れ模様の, 雨の, 曇りの —Oggi fa *brutto* tempo. 今日は天気が悪い. 6 厄介な, たちの悪い, ひどい, 険悪な —*brutto* male 癌(がん), 悪性腫瘍 7 不都合な, 不利な, 否定的な —*brutto* segno 不吉な兆候 8 恐ろしい, 身の毛がよだつ, おぞましい —*brutto* incidente 悲惨な事故 9 [名詞・形容詞を強調して] —*Brutto*

bruttura

antipatico! このいけ好かない奴. —男 1《単数のみ》醜いもの; 醜さ 2《単数のみ》悪天候 3《女[-a]》醜い人 —副 敵意[悪意]を込めて ▶ *fare una brutta figura* 悪印象を与える, みっともない姿をさらす *sentirne delle brutte* 嫌な知らせを聞く *vedere [passarne] delle brutte* 様々な困難を体験する *vedersela brutta* 窮地に陥る

bruttura 女 醜いもの, 不細工なもの, 不快なもの; 醜悪な振る舞い, 蛮行

Bruxelles 固名 女 ブリュッセル(ベルギー王国の首都)

BS 略 Brescia ブレッシャ(ロンバルディア州の町)

BSE 略 〔英〕Bovine Spongiform Encephalopathy 牛海綿状脳症, 狂牛病(イタリア語では encefalopatia spongiforme bovina)

B.T 略 Buono del Tesoro 国債

BTP 略 Buono del Tesoro Poliennale (満期一年以上の)中・長期国債

B.U. 略 Bollettino Ufficiale 官報, 広報

bua 女《幼》いたいたい, 痛み, けが

bubalo 男 〔動〕ハーテビースト, 大カモシカ

bubbola¹ 女 作り話, ほら

bubbola² 女 〔植〕カラカサタケ(食用のキノコ)

bubbolare 自〔io bubbolo〕1 (雷や波の音が)遠くにとどろく 2 ぶつぶつ言う 3 (寒さで)震える

bubbolo 男 (動物の首につける)鈴

bubbone 男 1〔医〕鼠蹊(そけい)腺腫; 《諧》(大きな)吹き出物, にきび 2 (社会的な)堕落, 腐敗, 悪

bubbonico 形〔複[男 -ci]〕〔医〕鼠蹊(そけい)腺腫の —peste *bubbonica* 鼠蹊腺ペスト

bubù 男女《幼》おばけ, こわいもの; いたいたい, 病気

buca 女 1 (地面にあいた)穴, くぼみ, へこみ 2〔スポ〕(ゴルフの)ホール; (棒高跳びの)ボックス 3 (ビリヤードの)ポケット 4〔劇〕プロンプターボックス 5〔トスカーナ〕地下にある料理店 6 狭い谷間 ▶ *buca delle lettere* ポスト; 郵便受け

bucaneve 男 〔不変〕〔植〕ユキノハナ, スノードロップ

bucaniere 男 海賊, 〔歴〕バッカニア(17世紀のカリブ海を荒らした海賊)

bucare 他 1 穴をあける, 穴を掘る 2 刺す, 突く 3 (テレビや映画で)話題を集める 4〔スポ〕(サッカーで)ボールを蹴り損なう —*arsi* 再 1 穴があく, パンクする 2 怪我する, 傷つく 4《隠》ドラッグ[薬]を打つ

Bucarest 固名 女 ブカレスト(ルーマニアの首都)

bucatino 男〔複数で〕ブカティーニ(穴のあいた太目のパスタ)

bucato¹ 男 1 洗濯 —fare il *bucato* 洗濯する / di *bucato* 洗いたての 2 (これから洗うか, 既に洗った)洗濯物

bucato² 形 1 穴があいた, パンクした —avere le mani *bucate* 浪費家である 2《隠》ドラッグ[薬]を打った —男〔女[-a]〕ドラッグ中毒者

bucatura 女 1 穴をあけること, 穴があくこと; パンク 2《隠》ドラッグ[薬]を打つこと

buccellato 男〔料〕ブッチェッラート(干しブドウとアニスで味付けしたドーナッツ型の菓子, ルッカの名物)

bucchero 男 1 ブッケロ(17世紀の焼き物や漆喰(しっくい)に使われた赤土) 2 (エトルリアのテラコッタに使われた)黒粘土 3 (ブッケロや黒粘土で作られた)壺

buccia 女〔複[-ce]〕1 (野菜や果物の)皮 2《口》(サラミやチーズなどの)薄皮 3《諧》皮膚 4 生命 —Per poco non ci lasciavano la *buccia*. すんでのところで死にかけた. ▶ *avere la buccia dura* 頑強な, タフな *rivedere le bucce a...* …のことを子細に調べる, …の粗探しをする

buccina 女 1 (古代に楽器として使われていた)ほら貝 2 (古代ローマで使われた銅製の)角笛

buccino 男 〔貝〕エゾバイ科の巻き貝

buccola 女 (特にドロップ型の)イヤリング

bucefalo 男〔諧〕駄馬, 老いぼれ馬

bucero 男 〔鳥〕サイチョウ

bucherellare 他 小さな穴をあける

bucherellato 形 小さな穴があいた

bucintoro 男 ヴェネツィア統領座乗船(セレモニーに使われた豪華な大型オール船)

‡**buco¹** [ブーコ] 男〔複[-chi]〕1 穴; 開口部 —*buco* della serratura 鍵穴 / *buchi* del naso 鼻の穴 / *buco* dell'ozono〔気〕オゾンホール / *buco* nero〔天〕ブラックホール / *buco* di [del] culo《俗》肛(こう)門 2 狭苦しく薄汚い場所, あばら家, 犬小屋 3 空き時間 4 空白; 脱落; 欠落 5 (お金の)不足, 欠損 6《隠》麻薬注射 7〔スポ〕(サッカーで)ボールを蹴り[取り]損ねること ▶ *cercare... in ogni buco* …をくまなく探す *fare un buco nell'acqua* 骨折り損のくたびれもうけ

buco² 形〔北伊・中伊〕穴があいた, 空っぽの

bucolico 形〔複[男 -ci]〕1 田園の, のどかな 2〔文〕牧歌の, 田園詩の

bucranio 男〔建〕牛頭模様の装飾

Budapest 固名 女 ブダペスト(ハンガリーの首都)

budapestiano 形 ブダペスト(の人)の —男〔女[-a]〕ブダペストの人

Budda, Buddha 固名 男 仏陀, ブッダ

budda, buddha 男〔不変〕1 太っていて動かない人, 落ち着き払った人 2 (小型の)仏像

buddismo 男 仏教

buddista 男女〔複[男 -i]〕仏教徒, 仏教の信者

buddistico 形〔複[男 -ci]〕仏教の

budella 女複 → budello

budello 男〔複[1 は le budella, 2, 3

は i budelli】 1 腸; はらわた 2 (腸に似た)細長い管, チューブ 3 狭い道, 細道

budget 男〔不変〕〔英〕予算(案)

budgetario 形 予算の, 予算案の

budino 男 1 〔料〕プディング, プリン 2 (肉や野菜の)冷製ゼリー 3 ブラッドソーセージ

*__bue__ [ブーエ] 男〔複[buoi]〕 1 去勢牛, 牛; その肉 —uovo all'occhio di *bue* 目玉焼き / *bue* marino〔動〕ジュゴン / occhio di *bue* 標的の中心 / occhi di *bue* 出目 2 馬鹿, うすのろ ▶ **lavorare come un bue** あくせく働く

bufala 女〔ローマ〕ひどい誤り; 誤報, 誤った情報; 価値のないもの

bufalaio 男〔女[-a]〕牛飼い

bufalo 男〔女[-a]〕 1〔動〕水牛 2 粗野な人, 愚鈍な人

bufera 女 1 嵐; 暴風雨; 吹雪 2 大混乱, 騒乱, 激動

buffamente 副 滑稽に, おどけて, コミカルに

buffer 男〔不変〕〔英・コン〕バッファー

buffet 男〔不変〕 1 食器棚, 水屋 2 (立食パーティーなどで軽食・飲み物を置く)カウンター, テーブル 3 (駅・空港や劇場の)ビュッフェ ▶ **a buffet** バイキング形式の **buffet all'americana** 立食パーティー

buffetteria[1] 女 (駅や空港のビュッフェの)セルフサービス

buffetteria[2] 女〔主に複数で〕(兵士または猟師が装着する)布[革]製の備品[付属品]

buffetto[1] 男 (挨拶または信頼の証として)相手の頬を軽く叩くこと

buffetto[2] 形 (パンについて)柔らかくてうすめの

buffo[1] 形 1 おかしい, 滑稽な 2 変な, 奇妙な, 風変わりな —男 1 (演劇やオペラでコミカルな役割を演じる俳優[歌手] 2〔単数のみ〕喜劇的側面[要素]

buffo[2] 男 (風の)一吹き, 一陣; 突風

buffonaggine 女 おどけること, ふざけること

buffonata 女 1 おどけた振る舞い[言葉] 2 無責任な[ふざけた]振る舞い[言葉] 3 (意に反して)滑稽な結果に終わること

buffone 男〔女[-a]〕 1 ふざけるのが好きな人, ひょうきん者 2 食わせ者, はったり屋, 山師 3 (中世・ルネサンス期の)宮廷道化師

buffoneria 女 おどけること, ふざけること; おどけた[ふざけた]振る舞い

buffonesco 形〔複[男 -chi]〕おどけた, 滑稽な, コミカルな

bug 男〔不変〕〔英・情〕バグ

buganvillea 女〔植〕ブーゲンビリア

buggerare 他〔io buggero〕だます, ペテンにかける

buggerio 男〔トスカーナ〕 1 大音響, 大騒ぎ 2 大量

*__bugia__[1] [ブジーア] 女 1 嘘 —dire *bugie* 嘘をつく 2《口》爪の白点 ▶ **Le bugie hanno le gambe corte.** 〔諺〕嘘はすぐばれる.

bugia[2] 女 (持ち手のついた皿型の)燭(ょく)台, ろうそく立て

bugiardaggine 女 嘘つき, 不正直

bugiardamente 副 だまして, 嘘をついて, でたらめに

bugiardino 男《口》薬の説明書〔注意書〕

bugiardo 形 1 嘘つきの 2 にせの, 偽りの —男〔女[-a]〕嘘つき

bugigattolo 男 1 (窓のない)小部屋, 物置部屋 2 狭くてわびしい住まい

bugliolo 男 1 (船で使用する)綱のついた手桶(ぉけ)[バケツ] 2《隠》(牢屋の)汚物桶

bugna 女 1〔建〕(建物の表面から突き出た)装飾的な切り石 2〔海〕帆耳

bugnato 男〔建〕切り石装飾による壁面の仕上げ

bugno 男 (ミツバチの)巣箱

*__buio__ [ブイオ] 形 1 闇の, 暗い 2 陰気な, 不安げな —E buio in volto. 彼は憂鬱そうな顔をしている. —男 闇, 暗闇 —*buio* pesto 真っ暗 ▶ **essere al buio di...** …について知らない **saltare nel buio** 向こう見ずな[無謀な]行動 **tenere al buio** 秘密にしておく

bulbare 形〔解〕延髄の

bulbifero 形〔植〕球根[鱗(りん)茎]を持つ

bulbiforme 形〔植〕球根状の, 鱗(りん)茎状の

bulbo 男 1〔植〕球根, 鱗(りん)茎 2 (目玉や電球などの)玉, 球 —*bulbo* oculare〔解〕眼球; 目玉 3〔解〕延髄

bulbocastano 男〔植〕セリ科

bulboso 形〔植〕球根を備えた, 球根状の

Bulgaria 固名(女) ブルガリア

bulgaro 形 ブルガリアの; ブルガリア人[語]の —男 1〔女[-a]〕ブルガリア人 2〔単数のみ〕ブルガリア語 3 ロシア革

bulimia 女〔医〕過食症, 多食症

bulimico 形〔複〔男 -ci]〕過食症の, 多食症の —男〔複[-ci]女[-a]〕過食症患者

bulinare 他 (彫刻刀[のみ]で)彫る, 刻む

bulino 男 (金属彫刻用の)彫刻刀, のみ; 彫刻術, 彫り方

bulldog 男〔不変〕〔英〕ブルドッグ

bulldozer 男〔不変〕 1〔英〕ブルドーザー 2 猛然と突き進む人, 馬力のある人

bulletta 女 鋲(びょう)

bulletto 男〔蔑〕不良, チンピラ

bullionismo 男〔経〕金銀通貨主義, 重金主義

bullo 男 1 横柄[傲慢]な若者; 不良, チンピラ 2 下品な流行服を着た人, けばけばしい服を着た人

bullonare 他〔機〕ボルトでつなぐ[固定する, 補強する]

bullone 男 ボルト, ねじ釘(くぎ)

bum 男〔不意に響く大きな音・爆発音を表して〕ボン, ズドン ——男〔不変〕ポンという音;〔間投詞として〕ありえない, 冗談でしょ

bumerang → boomerang

bungalow 男〔不変〕〔英〕バンガロー, キャンプ小屋

bunker¹ 男〔不変〕〔英〕(船・機関車の)燃料庫;〔スポ〕ゴルフのバンカー

bunker² 男〔不変〕〔独〕頑丈に守られた場所;〔軍〕掩蔽(えん)壕

buoi → bue

buon → buono¹

buonafede 女 1 誠実, 清廉 2 信頼, 信任

buonagrazia 女〔単数のみ〕丁重, 親切, 好意

buonalana, buona lana 女〔複 [buonelane, buone lane]〕ろくでなし, したたか者, 悪党

buonamano, buona mano 女〔複 [buonemani, buone mani]〕チップ

buonanima 女 〔愛情や敬意を込めて〕故人 ——la *buonanima* di mia nonna 今は亡き私の祖母

※**buonanotte** [ブォナノッテ] 間 1 おやすみなさい(buona notte) 2《諺》もうどうしようもない, お手上げ ——女〔不変〕おやすみなさいの挨拶 ▶ *buonanotte* (ai) suonatori [al secchio] それでおしまい, はいさようなら

※**buonasera** [ブォナセーラ] 間 1 夕方から暗い時間帯の出会いと別れの挨拶 こんばんは; さようなら, 失礼します(buona sera) 2《諺》くわしい, 何てことだ;《諺》はいおしまい, はいどうも;〔驚きや失望を表して〕おやまあ ——女〔不変〕こんばんは[さようなら]の挨拶

buonavoglia 男女〔不変, または複[女 buonavoglie, buonevoglie]〕〔トスカーナ〕若手のボランティア医師 ▶ *di buonavoglia* 喜んで

buoncostume 男〔不変〕公衆道徳, 礼節, 公序良俗 ——女〔不変〕(警察の)公衆道徳[風紀]取締課, 風俗犯罪取締班

buon dì, buondì → buongiorno

※**buongiorno** [ブォンジョルノ] 間 明るい時間帯の出会いと別れの挨拶 おはようございます; こんにちは; さようなら, 失礼します(buon giorno) ——男〔不変〕おはようの挨拶, さようならの挨拶

buongoverno 男〔単数のみ〕1 (公共の利益を目指した) 賢明な統治, 公正な政治 2 ブオンゴヴェルノ(中世の都市国家の司法[行政]機関の名称)

buongrado, buon grado 男〔次の成句で〕▶ *di buongrado* [*buon grado*] 喜んで, 進んで

buongustaio 男〔女-a〕1 食通, グルメ 2 通(つう), 玄人(くろうと)

buongusto 男〔単数のみ〕1 趣味のよさ, 美的センス 2 礼儀, 節度(bun gusto)

buonismo 男〔報道用語で〕博愛主義, 融和主義;(映画・文学における)過剰な善意[ヒューマニズム]

buonissimo 形 buonoの絶対最上級

buonista 男女〔複[男-i]〕博愛主義者, 融和主義者; 過剰な善意の持ち主 ——形〔複[男-i]〕博愛的な, 融和的な, 博愛[融和]主義者の

※**buono¹** [ブオーノ] 形 〔比較級più buono, migliore, 相対最上級il più buono, il migliore, 絶対最上級buonissimo, ottimo〕, 男性単数名詞に前置する場合 : 多くのものは buon, s + 子音字, gn, pn, ps, x, zで始まるものはbuonoだが, 現代ではbuonを用いるのが一般的になってきている。女性単数名詞に前置する場合 : すべてbuonaだが, 話し言葉では buon'とすることが多い〕1 道徳にかなった, 善良な, 公正な, 誠実な ——fare una *buona* azione 善行を施す《性格や品質が》よい; おいしい; 温和な, お人好しの ——*buon* carattere よい気立て / uomo tre volte *buono* 間抜け, うすのろ / Questo dolce è *buono*. このケーキはおいしい。3 思いやりのある, 礼儀正しい, 愛想のよい ——essere *buono* con tutti 誰に対しても親切である 4 おとなしい, 従順な, 素直な ——Bambini, state *buoni*! みんな静かにして。5 有能な, 優れた, 立派な, 腕のよい ——*buon* medico 優秀な医者 6 役に立つ, 有益な, ぴったりの ——È una *buon'*idea. それはいい考えだ。7 好都合な, 有利な, 適切な ——a *buon* mercato 安く, 低価格で / *buona* occasione 好機 8 元気な, 順調な ——godere di *buona* salute 健康に恵まれる 9 尊敬すべき, 高い ——*buona* reputazione 名声 10 有効な, 受け入れられる ——Questo biglietto non è più *buono*. この切符はもう無効だ。11 快い, 心地よい, 愉快な ——essere in *buona* compagnia 人付き合いがよい 12 (気候が) 体によい ——*buon* clima 温暖な気候 13 かなりの, 相当な, 多量の ——*buon* numero 多数 / *buona* parte 大部分 / due ore *buone* たっぷり2時間 14〔間投詞として〕——*Buona* fortuna! 幸運を祈ります。/ *Buon* divertimento! 楽しんでください。——男 1〔女-a〕善人, いい人 2 よいもの, 役立つもの ——*buono* a nulla 役立たず; どじ 3 よい面[点], 見どころ ——un poco di *buono* 不誠実な人 ▶ *a farla buona* 大さっぱに言って, 少なくとも *alla buona* 簡単な([に], くだけた[て]) *avere una buona cera* 顔色がよい *di buon'ora* 朝早く *di buon umore* 上機嫌の, 気分な *sapere di buono* いい匂い[味]がする

buono² 男 1 受領[領収]証, 引換証, クーポン 2〔経〕債券 ▶ *buono* (*di*) *benzina* ガソリン引換券 *buono del tesoro* 国債 *buono d'ordine* (通

buonora 囡 早朝(buon'ora) ►*alla buonora* ついに, ようやく; いずれにしても *di buonora* 朝早く; 早く

buonsenso 男 良識, 常識(buon senso)

buontempo 男 気楽な暮らし(buon tempo)

buontempone 〔女[-a]〕面白おかしく暮らす人, 陽気な人 ―形 〔女[-a]〕遊び好きな, 陽気な

buonumore 男 上機嫌(buon umore) ―essere di *buonumore* 機嫌[気分]がよい

buonuomo 〔複[buonuomini]〕1 善人; お人好し 2 見知らぬ人への呼びかけ

buonuscita 囡 1 退職金; 慰労金 2 (契約期限満了前に引き払う借家人に払われる)権利[保証]金(buon'uscita)

bupreste 〔稀に 囡〕〔虫〕タマムシ

burattinaio 男 〔女[-a]〕1 (人形劇の)人形遣い, 人形制作者 2 背後で操る者, 黒幕

burattinata 囡 1 人形劇[芝居]; 価値のない上演, 三文芝居 2 悪ふざけ, 浅はかな振る舞い

burattinesco 形 〔複[男 -chi]〕操り人形の[みたいな]; 滑稽な, ふざけた

burattino 男 1 指人形; 操り人形 2 〔複数で〕人形芝居 3 他人の言いなりになる人, 傀儡(かいらい), でくの坊 ►*baracca e burattini* 一切合財

buratto 男 (小麦粉を選別する)ふるい

burba 囡 1 〔隠〕〔軍〕新入り 2 間抜け

burbanza 囡 高慢, 尊大

burbanzoso 形 傲慢な, 尊大な, 人を馬鹿にした

burbero 形 とっつきにくい, 気難しい, つっけんどんな ―un uomo *burbero* ma buono ぶっきらぼうだが根はいい男 ―男 〔女[-a]〕とっつきにくい人, つっけんどんな人

burchiellesco 形 〔複[男 -chi]〕〔文〕ブルキエッロ風の

Burchiello 固名(男) (il ~)ブルキエッロ(1404-49; イタリアの詩人, 本名 Domenico di Giovanni)

burchiello 男 〔北伊〕(川や湖で使われる)平底の船, はしけ

burchio 男 1 〔北伊〕(川や湖で使われる)平底の船, はしけ 2 《文》(オールでこぐ)小舟

bureau 男 〔不変〕1 〔仏〕机, 書き物机 2 (ホテルなどの)受付, 事務所

buretta 囡 〔化〕ビュレット(液体測定用のガラス管)

burgundo 形 〔歴〕ブルグンド王国[族]の ―男 〔複数で〕ブルグンド族

buriana 囡 1 (激しい)にわか雨 2 騒ぎ, 大混乱

burino 男 〔女[-a]〕1 〔歴〕土地を求めてローマ平原へ移住した農民 2 〔ローマ〕田舎者, 百姓, 粗野な人

Burkina-Faso 固名(男) ブルキナファソ

burla 囡 1 からかうこと, ふざけること, (悪意の無い)冗談 ―prendere [mettere] in *burla*... (人)をちゃかす, からかう 2 取るに足りないもの, つまらないもの ►*da burla* ふざけた, 本物[本当]でない; 信頼できない *per burla* ふざけて, 冗談で

burlare 他 からかう, ちゃかす ―自 ふざける ―arsi 再 (di)…をからかう, ちゃかす; …を笑い飛ばす, 無視する

burlesca 囡 〔音〕ブルレスカ(活気のあるいたずらっぽい曲·節)

burlesco 形 〔複[男 -chi]〕冗談の, ふざけ半分の; ちゃかした, おどけた, 滑稽な ―男 〔複[-chi]〕〔単数で〕滑稽な性質[様相], 戯画, 冗談 ―cadere nel *burlesco* 滑稽な様相を帯びる, 戯画化する 2 〔主に複数で〕諷刺詩人

burletta 囡 冗談, 軽口 ―mettere in *burletta* …をからかう, 冷やかす

burlone 男 〔女[-a]〕冗談好き, おどけ者, ふざけた人 ―形 〔女[-a]〕冗談好きな; 冗談の, 冷やかしの

burnus 男 〔不変〕頭巾つきのマント(北アフリカの民族衣装)

burocrate 男 (上級の)公務員, 官吏; 杓子(しゃくし)定規の役人

burocratese 男 《諧》(分かりにくい)お役所言葉, 官庁言葉

burocraticamente 副 官僚的に, お役所的に

burocratico 形 〔複[-ci]〕1 官僚の, 官僚的な 2 形式主義の

burocratismo 男 1 官僚主義[制度], お役所仕事 2 お役所言葉, 役人風の物言い

burocratizzare 他 官僚制にする, 官僚化する, (官庁の一部として)組織する; (官僚組織のように)硬直化させる

burocratizzazione 囡 官僚化, 官僚組織化; 硬直化

burocrazia 囡 1 官僚制度[機構] 2 〔総称的〕官僚 3 《蔑》お役所仕事, 官僚的形式主義

burotica 囡 オフィスオートメーション, 事務処理の自動化システム

burotico 形 〔複[男 -ci]〕オフィスオートメーションの, 事務処理自動化の

burraia 囡 (酪農場で)バターを作るための小屋

burrasca 囡 1 時化(しけ), 嵐, 暴風雨 2 〔気〕暴風(風速15～25m/s) 3 不幸, 不運, 災難 4 精神的な動揺 5 大混乱, 大騒動, 険悪な雰囲気

burrascoso 形 1 時化(しけ)の, 嵐の[になりそうな] 2 大荒れの, 動乱の

burriera 囡 (テーブルで使う)バター入れ

burrificio 男 バター製造工場

burrino 男 1 バターを詰めた洋梨形のチーズ 2 インゲンマメ, サヤインゲン ―形 インゲンマメ[サヤインゲン]の

burro [ブッロ] 男 **1** バター **2** バター状のもの —*burro* di cacao カカオバター ▶ *al burro* バターを含む, バターを使った *avere le mani di burro* 物をよく落とす, 不器用である ▶ *di burro* とても柔らかい

burrone 男 崖, 深淵, 絶壁

burroso 形 バターのような, バターのように柔らかい; バターを多く含んだ[使った]

Burundi 固名(男) ブルンジ

burundiano 形 ブルンジ(人)の — 男[女[-a]] ブルンジ人

bus 男〔不変〕〔英〕**1**(乗り物の)バス **2**〔情〕バス, 母線

buscare 他〔口〕(悪いものを)もらう, 食らう; せしめる, いただく —*buscare l'influenza* インフルエンザにかかる / *buscare uno schiaffo* ビンタを食らう —**arsi** 再〔口〕得る, 獲得する; (悪いものを)もらう, せしめる ▶ *buscarle* 叩かれる, 殴られる *buscarle sode* めった打ちにされる

buscherare 他〔io buschero〕〔トスカーナ〕だます, 欺く

buscherio 男 **1**〔トスカーナ〕大騒ぎ, 騒音 **2**〔不変〕問題, 謎, 難題

busecca 女 **1**〔北伊〕牛の胃袋の肉 **2**〔料〕ブゼッカ(牛の胃袋とインゲンマメのスープ)

busilli → busillis

busillis 男〔不変〕問題, 謎, 難題

business 男〔不変〕〔英〕(特に大規模な経済活動の)ビジネス; (非合法の)ビジネス

Busoni 固名(男) (Ferruccio Benvenuto 〜)ブゾーニ(1866-1924; イタリアの作曲家)

bussa 女〔複数で〕殴打, 打撃

bussare [ブッサーレ] 自〔a〕(扉などを)叩く, ノックする —*Chi bussa?* 誰ですか? ▶ *bussare a quattrini* [*denari*] 厚かましくお金をせびる

bussata 女 ドアをノックすること, ノック

bussola¹ 女 **1** 磁石(盤); 羅針盤 **2** 方向, 方針, 位置づけ **3** (寒さよけの)内扉; 回転扉 **4** (教会の)献金箱; 投票箱; 宝くじ用の箱 **5**〔歴〕(前後を布でかつぐ)椅子駕籠(かご), 輿(こし) ▶ *perdere la bussola* 自制心を失う, 戸惑う

bussola² 女 馬用ブラシ

bussolotto 男 **1** (木やブリキでできた)小さな入れ物 **2** (サイコロ遊びや手品で使う)筒, 筒状の容器

‡**busta** [ブスタ] 女 **1** 封筒 **2** 書類入れ, ブリーフケース **3** ケース, 入れ物 **4** ビニール袋 **5** (女性用の)クラッチバッグ

bustaia 女 コルセットを仕立てる[売る]女性

bustaio 男[女[-a]] 封筒製造業者, 封筒製造の労働者

bustarella 女 賄賂; リベート

bustarellaro 男[女[-a]] 賄賂を贈る人, 賄賂を要求する人

bustina 女 **1** (薬の粉末や砂糖などを入れる)小さな包み紙, 紙包; そのような紙包みの中身, 一袋分の量 —*bustina di tè* ティーバッグ **2** (小さな長方形の)ハンドバッグ, ポーチ **3** (折り畳み式の)帽子

bustino 男 **1** コルセット **2** (女性服の)上半身の部分

busto 男 **1** (人の)腰から首までの上半身 —*a mezzo busto* 上半身の **2** 胸像 **3** (女性用下着・医療用の)コルセット

bustocco 形〔複[男 -chi]〕ブスト・アルスィツィオ(ロンバルディア州の町 Busto Arsizio)(の人)の — 男〔複[-chi]〕女[-a]〕ブスト・アルスィツィオの人

bustometro 男〔大きさの基準を示す〕モデル封筒, 基準封筒

butano 男〔化〕ブタン

butanodotto 男 ブタンの輸送管[輸送施設]

butile 男〔化〕ブチル基

butirroso 形 → burroso

buttafuori 男〔不変〕**1** (ナイトクラブの)用心棒 **2**〔劇〕(俳優に出番を告げる)呼び出し係 **3**〔海〕(帆を広げるための)張り出し棒

‡**buttare** [ブッターレ] 他 **1** 投げる, 投げ捨てる —*buttare un oggetto dalla finestra* 窓から物を投げる **2** 出す, 放つ; (目的語をとらずに)噴き出す; 芽を出す —*La fontana non butta più.* 噴水はもう水を噴かない. **3** (人を)押す, 落とす —*buttare... per terra* …を地面に倒す **4** 無駄遣いする, 浪費する **5** (パスタなどを熱湯に)入れる —自 **1** 向かう **2** 進行する, 至る —**arsi** 再 **1** 身を投げ出す, 飛び込む, 飛びかかる, 飛び降りる **2** 専念する, 没頭する **3** 思い切って…する, あえて…する ▶ *buttare all'aria* 散らかす; 駄目にする *buttare giù* 取り壊す; 衰弱させる; 落胆させる; 飲み込む; 評価しない; 耐える; 走り書きする *buttare l'occhio* ちらっと見る *buttare via* 始末する, 捨てる; 浪費する *buttarsi giù* 寝そべる; がっかりする, 落胆する *buttarsi nel fuoco* どんな犠牲もいとわない *buttarsi via* (能力を)無駄遣いする

buttata 女〔植〕発芽, 新芽

butterare 他〔io buttero〕〔医〕(疱瘡(ほうそう)・痘瘡(とうそう)などで)皮膚を覆う, あばたにする

butterato 形 (疱瘡(ほうそう)・痘瘡(とうそう)などで)覆われた, あばたのある

butteratura 女 (疱瘡(ほうそう)などが)皮膚を覆うこと; 〔総称的〕疱瘡, あばた

buttero¹ 男 疱瘡(ほうそう), あばた; ニキビの跡

buttero² 男 (特にマレンマ地方の)馬に乗った畜番

butto 男 植物の芽

buu 間 (公演・試合で非難の意思表示として)ブー — 男〔不変〕ブーイング

Buzzati 固名(男) (Dino 〜)ブッツァーティ(1906-72; イタリアの作家・ジャーナリスト)

buzzo 男 (鳥・魚などの)内臓, はらわた; (人の)おなか ▶ *di buzzo buono* 元気よく, 熱心に

buzzurro 男〔女[-a]〕《蔑》粗野な人, 無知な人; 田舎者 ―形 粗野な, ぶしつけな

B.V. 略 Beata Vergine 聖処女マリア

by-pass 男〔不変〕〔英〕1(水道・ガスの)側管;〔電〕分路 2(自動車専用の)バイパス, 迂回路 3〔医〕バイパス

byte 男〔不変〕〔英・情〕バイト

BZ 略 Bolzano ボルツァーノ

C, c

C¹, c¹ 女, 男 1(イタリア語アルファベットの)3番目の字母 ―C come Como〔符丁〕コモの C 2 (C)(ローマ数字の)100

C² 略 1(元素記号)carbonio〔化〕炭素

c² 略 1 circa 約 2 codice コード番号 3 carta(写本の)紙 4 città 町 5 comune 自治体 6 conto 口座

CA 略 Cagliari カリアリ(サルデーニャ特別自治州の州都)

Ca 略〔元素記号〕calcio〔化〕カルシウム

ca, ca. 略 circa 約, ほぼ, およそ

ca' 女〔不変〕〔中伊・北伊〕→ casa

C.A. 略 1 Consorzio Agrario 農業組合 2 Corte d'Appello 控訴裁判所

c.a. 略 1 corrente anno 本年 2 cortese attenzione《Alla c.a di... で書簡のståelse主を示して》…宛て 3 corrente alternata(電気の交流)

cab 男〔不変〕〔英〕(19世紀の英国で流行した)2輪の辻馬車

cab. 略 cablogramma 海底通信, 海外電報

cabala 女 1〔宗〕カバラ(ユダヤ教に基づく神秘哲学) 2(夢や文字・数字などに基づく)占い 3 陰謀, 詐欺

cabaletta 女〔音〕カバレッタ(アリアの最後に置かれ, 単一リズムの早いテンポで歌われる部分)

cabalista 男女〔複[男 -i]〕1〔宗〕カバラの予想家 2 占い師; (ロトの当たり番号の)予想屋

cabalistico 形〔複[-ci]〕1 カバラの 2 難解な, 分かりにくい

cabaret 男〔不変〕〔仏〕1 キャバレー 2(飲み物などをのせる)盆

cabarettista 男女〔複[男 -i]〕キャバレーの芸人[歌手]

cabarettistico 形〔複[-ci]〕キャバレーの

cabestano 男〔機〕キャプスタン

***cabina** 〔カビーナ〕女 1 船室, キャビン 2(エレベーターの)かご, (ロープウエーの)ゴンドラ 3 操縦[運転]席 ―*cabina* di pilotaggio コックピット 4 小部屋 ―*cabina* telefonica 電話ボックス / *cabina* di prova 試着室 5(海水浴場などの)脱衣所, 更衣室

cabinato 形 1(船・ヨットなどの)船室[キャビン]を備えた 2(トラックなどの)独立した運転席を持つ

cabinovia 女 ロープウエー, リフト

cablaggio 男 (ケーブルやコードの)接続, 取り付け

cablare 他 1(ケーブルやコードで機械を)つなぐ, 接続する 2 ケーブルを設置する[張り巡らす] 3 海外電報を打つ; 海底ケーブルで送る

cablogramma 男〔複[-i]〕海底通信, 海外電報

cabotaggio 男 内海交易 ―di piccolo *cabotaggio* 取るに足りない; 目立たない

cabotare 自〔船〕沿岸を航行する

Caboto 固名〔男〕 (Giovanni 〜)カボート(1450頃-98頃; イタリアの探検家, 北米大陸を探検)

cabrare 自 (飛行機が)急上昇する ―他 (飛行機を)急上昇させる

cabrata 女 (飛行機の)急上昇

cabriolet 男〔不変〕〔仏〕1 幌(ほろ)のついた一頭立て二輪馬車 2 オープンカー, カブリオレ ―形〔不変〕オープンカーの, 幌(ほろ)のついた

cacadubbi 男女〔不変〕《蔑》優柔不断な人, 煮え切らない人

cacao 男〔不変〕1 カカオの木, カカオの実 2 ココア

cacare 自《俗》うんちをする ―*cacarsi* sotto 怖がる ―他 1 排泄(せつ)する, 体の外に出す;〔比喩〕出す 2《隠》気にかける, 相手にする ―**arsi** 再 相手にする, 認め合う

cacarella 女 1 下痢 2 不安

cacasenno 男女〔不変〕知ったかぶりをする人, 利口ぶる人

cacasotto 男女〔不変〕《蔑》臆病者, いくじなし

cacata 女 1《俗》うんちをすること; うんち, くそ 2 愚かなまね; 駄作, できそこない

cacatoio 男《俗》便所

cacatua 男〔不変〕〔鳥〕オウム

cacatura 女 1 → cacata 2 虫の糞(ふん); 小さなよごれ

cacca 女 1 大便, うんこ, うんち ―fare la *cacca* うんちをする 2 汚いもの, 汚物

caccavella 女 1(ナポリ)テラコッタの鍋 2 カッカヴェッラ(ナポリの民族楽器)

cacchiata 女 愚かなまね, 馬鹿な振る舞い, できそこない

cacchio 男〔間投詞的に〕くそ, ちくしょう

***caccia¹** 〔カッチャ〕女〔複[-ce]〕1 狩り, 狩猟 ―*caccia* alla lepre [volpe] ウサギ[キツネ]狩り 2 追跡, 捜査; 探索 ―*caccia* al tesoro 宝探し / *caccia* all'uomo 犯人追跡 / *caccia* di soldi [lavoro, notizie] 金策[職探し, 取材] / dare la *caccia* a... …を追い[探し]求める 3(間違いや隠れているものを探す)ゲーム 4 猟の獲物 5〔軍〕追撃

caccia² 男〔不変〕〔軍〕駆逐艦(cacciatorpediniere の略)

caccia³ 男〔不変〕〔軍〕戦闘機(ae-

reo da caccia)
cacciabalene 女〔不変〕捕鯨船
cacciaballe 男女〔不変〕《口》(目立ちたくて)作り話をする人, ほら吹き
cacciabombardiere 男〔軍〕戦闘爆撃機
cacciachiodo 男〔不変〕釘(ぎ)抜き
cacciadiavoli 男〔不変〕悪魔払いの祈禱(ぎ)師
cacciagione 女 (狩猟の対象となる)鳥獣類; (狩猟された)鳥獣類の肉
cacciamine 男女〔不変〕〔軍〕掃海艇
***cacciare** [カッチャーレ] 他〔io caccio〕 **1** 狩る; 〔目的語をとらずに〕狩りに行く —*cacciare* le anatre カモを狩る **2** 追い出す, 追い払う, 追放する —*Caccialo di qui.* ここから彼を追い出せ. **3** 一掃する, 晴らす, 払拭する —*cacciare* la malinconia 憂さを晴らす **4** (急いで, 乱雑に)押し込む, 突っ込む —*Ho cacciato* tutto nella borsa. 何もかもバッグに詰め込んだ. **5** 放つ, 発する —*cacciare* un urlo 悲鳴を上げる **6** 引き抜く, 取り出す —*cacciare* il chiodo 釘(ぎ)を引き抜く —**arsi** 再 **1** 入り込む, 巻き込まれる —*cacciarsi* nei guai 面倒に巻き込まれる **2** 姿をくらます, 隠れる —*Dove ti sei cacciato?* どこに雲隠れしていたんだ? **3**(自分の体に)入れる, 置く; (体の一部を)入れる, 置く
cacciaspine 男〔不変〕とげ抜き
cacciata 女 **1** 狩猟 **2** 追放, 解任
cacciatora 女 **1** 狩猟用の上着 **2** 猟師風の料理 ▶ ***alla cacciatora*** 〔料〕猟師風の[に] (肉などをトマト・ワイン・香草などで煮込んだ)
cacciatore 男〔女[-trice]〕 **1** 猟師; ハンター **2** あさる人, 探し求める人; 女を追いかけ回す人 —*cacciatore* di teste ヘッドハンター; 〔人類〕首狩り族 **3**〔軍〕戦闘機, 戦闘機のパイロット
cacciatorino 男 カッチャトリーノ(小型のサラミ)
cacciatorpediniere 男〔不変〕駆逐艦
cacciavite 男〔不変〕ねじ回し, ドライバー
cacciucco 男〔複[-chi]〕〔料〕カッチュッコ(魚のスープでリヴォルノ周辺の郷土料理)
caccola 女 鼻くそ, 目やに
caccoloso 形 目やにのたまった, 鼻くそがたまった
cache-col 男〔不変〕《仏》ネッカチーフ
cachemire 男〔不変〕《仏》カシミヤ
cachessia 女〔医〕悪液質(病気などに起因する重度の衰弱状態)
cachet 男〔不変〕《仏》**1** 薬包, カプセル; 錠剤 **2** 毛染め液(の瓶) **3** ギャラ, 謝礼金, 報酬
cachi¹ 男〔不変〕柿の実[木]
cachi² 男〔不変〕カーキ色の, 黄土色の —— 男〔不変〕カーキ色, 黄土色
caciaio 男〔女[-a]〕チーズの作り手[売り手]
cacicco 男〔複[-chi]〕〔歴〕(スペイン占領下の中南米の)土着の首長
cacio 男〔トスカーナ〕チーズ ▶ ***come il cacio sui maccheroni*** 折りよく, おあつらえむきに (カモがネギを背負って)
caciocavallo 男 カチョカヴァッロ(イタリア南部の洋ナシ型チーズ)
caciotta 女 カチョッタ(イタリア中部の平たくて丸い柔らかなチーズ)
Caco 固名(男)〔ギ神〕カークス(ウルヌカスの子. 体は毛に覆われ, 三つの頭を持つ)
caco 男〔複[-chi]〕《俗》→ **cachi¹**
caco- 接頭「悪い」「不快な」「変質した」の意
cacofonia 女 **1** 耳障りな音 **2**〔音〕不協和音
cacofonico 形〔複[男 -ci]〕耳障りな; 不協和音の[を生み出す]
cacone 男〔女[-a]〕**1**《俗》頻繁にトイレに行く人, すぐ下痢をする人 **2** 小心者
cacto → **cactus**
cactus 男〔不変〕〔植〕(大型の)サボテン —I *cactus* sono piante tropicali. サボテンは熱帯植物です.
CAD 略 Computer-Aided Design コンピューター援用設計
cad. 略 cadauno それぞれ, 各自
cadauno 代(不定)〔単数のみ〕〔商〕それぞれ, 各自 —Costano dieci euro *cadauno*. それぞれ10ユーロの値段だ. —— 形《文》各自の
***cadavere** [カダーヴェレ] 男 死体, 遺体 —*cadavere* ambulante ゾンビ(のような青白い顔のやせた人)
cadaverico 形〔複[男 -ci]〕**1** 死体の **2** 死体のような; 衰弱した, 青ざめた
cadaverina 女〔化〕カダベリン(動物の腐敗臭の元になる物質)
cadaverino 男 子供の死体
cadde cadere の直・直・遠過・3単
cadente 形 **1** 落ちる, 沈む —*stella cadente* 流れ星 **2**(建物などが)崩壊しそうな **3**(人が)老いぼれた, 衰えた
cadenza 女 **1**〔韻〕抑揚, イントネーション **2** 訛(ぎ)り **3**〔音〕カデンツァ; 終止形 **4**(舞踏などの)リズム, 拍子 **5**〔詩〕結句, 結び
cadenzare 他 リズムをつける, 抑揚をつける —— 自 カデンツァで終わる
cadenzato 形 抑揚のある, リズミカルな, 調子のよい
***cadere** [カデーレ] [16] 自[es] **1** 落ちる; はまる; 倒れる, 転ぶ —*cadere* a [in, per] terra 地面に倒れる /La bambina *è caduta* dalla bicicletta. 女の子は自転車に乗っていて転んだ. /La dittatura *è caduta*. 独裁政治は崩壊した. **2**(髪や歯が)抜ける —Mi *cadono* i capelli. (私の)髪の毛が抜ける. **3**(雨や雪が)降る —*cade* la pioggia [neve] 雨[雪]が降る **4** 戦死する **5**(太陽や月が)沈む **6**(値が)下落する **7**(記念日などが)当たる, 重なる —Il Natale di questo anno *cade* di domenica. 今年のクリス

マスは日曜日です. **8** 垂れる, 下がる —*I capelli le cadevano sulle spalle*. 彼女の髪は肩にかかっていた. **9** 終わる, 止まる —*È caduta ogni speranza*. すべての望みは潰(ついえ)た. **10**〔偶然に〕向く, 向かう —*Mi è caduto l'occhio su quella frase*. そのフレーズに目がとまった. **11** 悪い状態に陥る, 悪いことが突発する, 悪いことに見舞われる〔遭遇する〕**12**〔アクセントが〕置かれる **13**〔試験で〕失敗する, 落第する —**男**〔単数のみ〕落ちること, 落下, 降下 ▶ *lasciare* [*fare*] *cadere...* …を落とす

cadetto 男 **1**〔歴〕(貴族の家柄で)長男以外の子息 **2**(封建貴族の)分家, 分家に属する人 **3**〔軍〕士官学校生徒 **4**〔スポ〕(サッカーの)セリエBの選手, 下部リーグの選手 —形 **1**(貴族の家柄で)長男以外の; (封建貴族の)分家の **2**〔スポ〕(サッカーの)セリエBの, 下部リーグの

cadì 男〔アラビア・法〕(イスラム法の)裁判官

caditoia 女 (城壁の)狭間(はざま)

cadmiatura 女 カドミウムによるメッキ

cadmio 男〔化〕カドミウム(元素記号 Cd)

cadorino 形 (ヴェネト州の)カドーレ地方(の人)の —男 女[-a] カドーレ地方の人

cadrei cadereの条・現・1単

cadrò cadereの直・未・1単

caducare 他〔法〕無効にする, 失効させる

caducazione 女〔法〕無効, 失効

caduceo, caduceo 男 ヘルメス[メルクリウス]の杖(つえ)(2匹の蛇が巻きついた翼のある杖)

caducifoglio 形〔植〕落葉樹の, 落葉性の

caducità 女 **1** はかなさ, もろさ **2**〔法〕失効

caduco 形〔複[-chi]〕**1**〔植〕(葉などが)早く散る, 早落性の;〔動〕脱落性の, 抜け変わる **2** はかない, もろい

caduno → cadauno

caduta 女 **1** 落下 —*caduta di una bomba* 爆弾の落下 **2** 転倒 —*fare una brutta caduta* ひどく転ぶこと **3** 分離, 離脱 —*la caduta delle foglie* 落葉 **4** 崩壊, 倒壊 —*la caduta dell'impero di Napoleone* ナポレオン帝政の崩壊 **5** 罪, 過ち —*la caduta di Adamo* 原罪 **6** 減少, 減退, 下落 —*la caduta dei prezzi* 価格の下落 **7** 終わり, 最後; 喪失 —*caduta delle speranze* 希望の消失 **8** 降伏, 降参 —*la caduta di una città assediata* 包囲された町の降伏 **9** 陥落, 没落 —*caduta in miseria* 貧困に陥ること

caduto 形 倒れた, 落ちた, 転んだ —男 戦没者 —*monumento ai caduti* 死者[戦没者]の記念碑

***caffè** [カッフェ] 男 **1** コーヒー —*caffè lungo* (お湯を足した)薄いコーヒー / *caffè ristretto* 濃いコーヒー / *caffè espresso* エスプレッソ・コーヒー / *caffè macchiato* (少量の)ミルクをたらしたコーヒー / *caffè corretto* リキュールを入れたコーヒー / *caffè americano* アメリカン・コーヒー / *caffè doppio* (エスプレッソの)ダブル **2** 喫茶店 **3** コーヒー色 **4** コーヒーの木; コーヒー豆

caffeario 形 コーヒー産業[取引]の

caffeicolo 形 コーヒー栽培の

caffeina 女 カフェイン

caffeino 男〔口〕(デミタスカップの)コーヒー

caffelatte → caffellatte

caffellatte 男〔不変〕**1** カフェオレ, ミルクコーヒー **2** ベージュ色

caffetteria 女 **1** カフェ, カフェテリア **2**〔総称的〕カフェで出される軽飲食物 **3** (駅や劇場のカフェ)ビュッフェ **4**(ホテルの)朝食サービス, (ホテル内の)朝食用食堂

caffettiera 女 **1** コーヒーメーカー; コーヒーポット **2**〔譜〕コーヒーをたくさん飲む人 **3**〔譜〕おんぼろの車[機関車]

cafonaggine 女 粗野, 下品; 粗野な振る舞い

cafonata 女 粗野な振る舞い[言葉]

cafone 形 **1** 教養のない; がさつな **2**〔南伊〕農民の, 田舎の —男 女[-a] **1** 教養のない人; がさつな人 **2**〔南伊〕農民, 農夫

cafoneria 女 粗野, 下品; 粗野な振る舞い

cafonesco 形〔複[男 -schi]〕田舎者の, 粗野な, 下品な

cagare〔北伊〕→ cacare

cagionare 他(よくないことを)引き起こす, もたらす —*cagionare un danno* 損害をもたらす

cagione 女 (よくないことの)原因, 理由, 動機 —*cagione di dolore* 苦しみの理由 / *a cagione di...* …のために[せいで]

cagionevole 形 ひ弱な, 病弱な

cagionevolezza 女 弱々しさ, 病弱

cagliare 自 [es]〔io caglio〕(牛乳が)凝乳になる —他 …を凝乳にする —**arsi** 再 凝乳になる

Cagliari 固名 女 カリアリ(サルデーニャ特別自治州の州都; 略 CA)

cagliaritano 形 カリアリ(の人)の —男 女[-a] カリアリの人 **2**〔単数のみ〕カリアリ方言

cagliata 女 凝乳, 凝乳製品

caglio[1] 男 凝乳酵素

caglio[2] 男〔植〕ヤエムグラ

cagna 女 **1** 雌犬 **2** ふしだらな女, あばずれ; 意地悪な女; がみがみ言う女 **3** 下手な[ひどい]歌手[女優] **4**〔隠〕手形

cagnaccio 男 のら犬, 駄犬

cagnara 女 **1** 犬が一斉に吠えること **2** 大騒ぎ, 大混乱 —*far cagnara* 大騒ぎをする

cagnazzo 男 → cagnaccio —形 **1**〔文〕(顔が)ちんくしゃの, 押しつぶされた **2** 青ざめた, 紫色の

cagnesco 形〔複[男 -chi]〕**1** 犬のよ

cagnetto 男 子犬

cagnina 女 カニーナ(チェゼーナ及びラヴェンナ付近で作られる発泡性の赤ワイン)

cagnolino 男 子犬

CAI 略 Club Alpino Italiano イタリア山岳愛好会

cai 擬 (犬の鳴き声をまねて)キャンキャン —男〖不変〗キャンキャン鳴く声

caiacco, caiaco 男〖複[-chi]〗カヤック

Caifa 固名(男) カヤパ, カイアファ(キリストを磔(⁵)刑に処したユダヤの大司祭)

caimano 男〖動〗カイマン(中南米のワニの総称)

Caino 固名(男) 1〖聖〗カイン(アダムとイブの長子. 弟アベルを殺害) 2 兄弟[親族]の殺害者, (親族や友人の)裏切り者

Caio¹ 男〖単数のみ. 特に Tizio, Sempronio とセットで不定の誰かを例示として〗ある人, 誰か —Tizio, Caio e Sempronio A さん, B さん, C さん

Caio² 固名(男) カイオ

cairota 形〖複[男 -i]〗(エジプトの)カイロ(の人)の —男女〖複[男 -i]〗カイロの人

cal 略 caloria〖物〗カロリー

cala¹ 女 入り江, 小湾

cala² 女 船倉

calabrache 男女〖不変〗臆病者, 小心者 —男〖不変〗より多くカードを集めた者が勝ちとなるトランプゲーム

calabrese 形 カラブリア州(の人)の —男女 カラブリア州の人

Calabria 固名(女) カラブリア州(イタリア南部の州; 州都 Catanzaro)

calabro 形 カラブリアの

calabrone 男 1〖虫〗スズメバチ 2 しつこい人, うるさい人; 女につきまとう男

calafatare 他 1〖船〗(水が漏れないよう船板に)詰め物をする; (船のすき間や割れ目を)ふさぐ 2 (管の継ぎ目を叩いて[溶接して])漏れないようにする

Calais 固名(男) (Passo di ~)カレー海峡, ドーバー海峡(英国 - フランス間の海峡)

calamaio 男 1 インク瓶 2〖動〗イカ, ヤリイカ

calamandra 女 カラマンダー(黒檀に似たインド産の高級木材)

calamaretto 男 小イカ(フライなどにして食べる)

calamaro 男 1〖動〗ヤリイカ 2〖口〗目の下のくま

calamina 女〖鉱〗異極鉱, カラマイン

calamita 女 1 磁石, マグネット 2 魅惑する人[もの]

calamità 女 1 天災; 災難 2 厄介な人[もの], 我慢ならない人[もの] 3〖諧〗不器用な人, ぎこちない人

calamitare 他 1〖物〗磁化する 2 強く引きつける, とらえる

calamitato 形 磁気を帯びた; 引きつけられた —L'ago della bussola è calamitato. 磁石の針は磁気を帯びている.

calamitoso 形 災難をもたらす, 災いに満ちた, 破滅的な

calamo 男 1〖文〗ペン; 矢, 小さな槍(⁵) 2〖植〗(アシなどの)茎(⁵); アシの節と節の間の部分 3〖鳥〗羽の付け根の角質部分, 羽軸(²⁵)根

calanco 男〖複[-chi]〗〖地学〗浸食溝

calandra¹ 女〖鳥〗クロエリコウテンシ

calandra² 女〖虫〗ゾウムシ

calandra³ 女〖機〗カレンダー(紙や本をつや出しするロール機械); 〖印〗プレス機

calandrare 他〖機〗(紙などを)カレンダーにかける, つや出しする

calandrella 女〖鳥〗ヒメコウテンシ

calandro 男〖鳥〗ムジタヒバリ

calante 形 1 減少する, 下降する 2(太陽や星が)沈む; (月が)欠けつつある

calappio 男 (狩猟の)罠(²)

calapranzi 男 (厨房から別の階へと料理を運ぶ)小型リフト

*__calare__ [カラーレ] 自 [es] 1 降りる, 下がる —Le greggi calano al piano. 羊の群れが平野に降りていく. / Gli invasori calarono dalle montagne. 侵略者は山から降りてきた. 2 (太陽や月が)沈む —Il sole cala a ovest. 日が西に沈む. 3 減少する, 減る —Il prezzo è calato. 値段が下がった. / La febbre è calata. 熱は下がった. / È calata di cinque chili. 彼女は5キロやせた. 4 傾斜する 5〖音〗(音程が)下がる —他 1 降ろす, 下げる —calare le reti 網を降ろす / calare la tenda カーテンを下げる 2 (編み物の目を)減らす; 編み目を留める 3 (トランプのカードを)出す 4 (文脈や状況に)位置づける —arsi 再 1 (ゆっくりと)下がる, 降りる 2 一体になる, 同化する

calata 女 1 降ろすこと, 下げること; 降下, 低下 2 (特に北方からの)侵略, 〖登山〗崖を降下すること —calata a doppia corda アブザイレン(二重の命綱を使って岩壁を降下する方法) 4 (港の)埠(⁵)頭

calaverna 女 1 (枝葉などに降りる)霜, 樹氷 2〖船〗(擦れやすい部分を革などで)覆うこと

calca 女 群集, 雑踏 —fendere la calca 群集をかき分ける

calcagno 男〖複[-i, 《古》le calcagna]〗かかと ► stare alle calcagna そばについて離れない, あとをつける

calcaneare 形〖解〗踵(⁵ᵘ)の

Calcante 固名(男)〖ギ神〗カルカース(トロイ戦争でギリシャ軍に同行した予言者)

calcare 他 1 踏む, 踏みつける 2 進む, 通り抜ける 3 押し込む, 詰め込む; (紙の上に)強く書く 4 (声で)強調する, 誇張させる ► calcare la mano 誇張する calcare le orme 例に倣う, まねをする, 志を継ぐ calcare le scene [tavole] 舞台を踏む; (俳優・歌手などに)なる

calcareo 形 石灰質の, 石灰を含む

calce 女 石灰 —*calce* viva [spenta] 生[消]石灰

calcedonio 男〔不変〕〔鉱〕玉髄

calceo 男（古代ローマ市民がはいた）半長靴

calceolaria 女〔植〕カルセオラリア

calcestruzzo 男 コンクリート

calcetto¹ 男 1（棒でつないだ人形でボールを操る）テーブルサッカー 2〔スポ〕フットサル

calcetto² 男 バレエシューズ、トーシューズ

calciare [io calcio] 自 蹴る 一他 1 蹴る 2（サッカーやラグビーなどで）キックする

calciatore 男〔女 [-trice]〕サッカー選手

calcidese 形（古代ギリシャの町）ハルキス(人)の 一男女 ハルキス人

calciferolo 〔生化〕カルシフェロール、ビタミンD2

calcificare 他 [io calcifico] 石灰質にする —**arsi** 再 石灰質になる

calcificazione 女〔医〕石灰化,（組織内の）石灰沈着

calcimetria 女〔化〕(炭酸)カルシウム濃度測定

calcina 女 1〔建〕消石灰；モルタル 2 生石灰

calcinaccio 男 1 漆喰(しっくい)の破片 2 廃墟

calcinaio 男 1 石灰をこねる人 2（石灰をこねるために地面に掘られた）溝、穴 3（革を石灰乳に浸けるための）容器、桶(おけ)

calcinare 他 1〔化〕(水分や不純物を除去するために)焼く、焼いて灰状にする、煆(か)焼する 2〔農〕(肥料として)石灰を撒く；(カビなどから守るために麦類の種を)石灰水に浸ける 3（革を）石灰乳に浸ける、石灰処理する

calcinato 形 1（石灰のように）白い 2 灰状にされた；石灰を撒かれた；石灰処理された

calcinatura 女 1〔化〕→ calcinazione 2〔農〕石灰を撒くこと；石灰水に浸けること 3（革を）石灰乳に浸けること、石灰処理

calcinazione 女〔化〕煆(か)焼

calcinculo 男〔不変〕〔口〕回転ブランコ、メリーゴーラウンド

calcinosi 女〔不変〕〔医〕（皮膚または皮下への）カルシウム沈着、石灰（沈着）症

*****calcio¹** 〔カルチョ〕男 1 蹴り、蹴とばすこと —dare un *calcio* a... …を蹴る；拒む、放棄する / dare un *calcio* alla fortuna [a un'occasione] チャンスを逃す / prendere a *calci* 蹴とばす / buttare giù a *calci* 蹴り倒す 2 サッカー —giocare a *calcio* サッカーをする / campo di *calcio* ピッチ、フィールド 3〔スポ〕キック —*calcio* d'angolo コーナーキック / *calcio* d'inizio キックオフ / *calcio* di punizione フリーキック / *calcio* di rigore ペナルティーキック / *calcio* di rinvio ゴールキック / *calci* di rigore PK戦

calcio² 男 銃のグリップ、銃床

calcio³ 男〔化〕カルシウム(元素記号 Ca)

calcio-balilla 男〔不変〕（棒についた人形で球を操る）テーブルサッカー

calciofilo 形〔諧〕サッカー好きな —男〔女 [-a]〕サッカー好きな人

calciomercato 男〔総称的〕サッカー選手の移籍交渉[市場]

calcione 男 1 強烈な蹴り 2 強力な推薦[後押し]

calciopoli 女〔サッカースキャンダル(特に 2006年の八百長疑惑を指す)〕

calcioscommesse 男〔不変〕サッカー賭博

calcisticamente 副 サッカーに関して、サッカーの観点から

calcistico 形〔複[男 -ci]〕サッカーの

calcite 女〔鉱〕方解石

calco 男〔複[-chi]〕1 鋳型、流し型 2 複製作業、複製したもの；トレーシング；紙型 3〔言〕翻訳[意味]借用(語)

calco-, -calco 接頭、接尾 「銅(の)」の意

calcografia 女 1 銅版印刷(のプロセス) 2〔美〕銅版彫刻(術)

calcografico 形〔複[男 -ci]〕銅板印刷の、銅版彫刻の

calcolabile 形 1 計算可能な；見積もり可能な、予測できる 2 分析的な

calcolabilità 女 計算可能であること；予測可能であること

calcolare 他 [io calcolo] 1 計算する、算出する 2 数のうちに入れる —*Hai calcolato* anche Mario tra gli invitati? 招待客にはマリオも入れた？ 3 評価する、見なす、考慮に入れる；尊敬[尊重]する —Bisogna *calcolare* i rischi di questo piano. この計画のリスクを考慮しなければならない。 / Non mi *calcola* affatto. 全然相手にされない。 4 予想する、想定する、見越す —Non avevo *calcolato* questo imprevisto. これは不時の出費だった。

calcolatore 形〔女 [-trice]〕1 計算する、計算用の —regolo *calcolatore* 計算尺 2 計算高い、抜け目ない —男〔女 [-trice]〕1 計算する人 2 計算高い人、抜け目ない人 3〔情〕コンピューター ▶
calcolatore elettronico コンピューター

calcolatrice 女 計算機、電卓

calcolazione 女 計算

calcolo¹ 男 1 計算 2 推定、予測、見積もり 3 打算 —fare una cosa per *calcolo* 損得ずくで動く

calcolo² 男〔医〕結石

calcolosi 女〔不変〕〔医〕結石症

calcoloso 形〔医〕結石の；結石を患う —男〔女 [-a]〕結石を患う人

calcomania → decalcomania

calcopirite 女〔鉱〕黄銅鉱

caldaia 女 1 釜 2 ボイラー

caldaista 男女〔複[男 -i]〕ボイラーマ

caldallessa 囡 〔トスカーナ〕ゆで栗
caldamente 副 温かく, 熱く, 熱心に
caldana 囡 ほてり, 紅潮
caldaro 男〔不変〕カルダーロ(アルト・アディジェ地方の赤ワイン)
caldarrosta 囡 焼き栗
caldarrostaio 男〔女[-a]〕焼き栗売り
caldeggiare 他〔io caldeggio〕熱心に支持する, 勧める
caldeo カルデア(人)の;〔宗〕カルデア派(教会)の ——男 1〔女[-a]〕カルデア人; カルデア派の信者 2〔単数のみ〕カルデア語
caldera 囡〔火山の〕カルデラ
calderaio 男〔女[-a]〕ボイラー製造〔修理〕工
calderina 囡 補助ボイラー, 補助がま
calderone 男 1 大鍋 2 ごたまぜ, 寄せ集め ▸*mettere tutto nello stesso calderone* 一緒にたにする, ごたまぜにする
caldo [カルド] 形 1 熱い; 暑い —*acqua calda* お湯 2 激しやすい, 熱烈な —*carattere caldo* すぐかっとなる性格 / *testa calda* 血の気の多い人; 向こう見ず 3 出来立ての, ほやほやの —*mangiare un piatto caldo* 熱々の料理を食べる 4 (ニュースや報道が)最新の 5 真心のある, 情愛のこもった —*calda accoglienza* 心からのもてなし 6 (色が)強烈な, 激しい 7 危機的な, 緊迫した, 難局にある —*le zone calde* 紛争地帯 8 官能的な —*donna calda* 肉感的な女性 ——男 熱さ; 暑さ —*fare caldo* 暑い / *avere caldo* 体が熱い, 暑さを感じる
calduccio 男 (心地よい)温かさ
caledoniano 形〔地質〕(古生代の)カレドニア造山期の
caleidoscopico 形〔複[男 -ci]〕万華鏡の; (万華鏡のように)多種多様な, 変化に富んだ
caleidoscopio 男 1 万華鏡 2 多彩, 多様, 変幻
*__**calendario** [カレンダーリオ] 男 1 暦, 暦法 —*calendario solare* [*lunare*] 太陽暦[太陰暦, 旧暦] 2 年中行事表, カレンダー 3 予定表, 日程表
calendarizzare 他 …の日程を決める, (日程として)…を計画する
calendarizzazione 囡 日程(を立てること), (日程の)計画, (予定の)整理
calende 囡複 カレンデ(ローマ暦で各月の第一日, 朔日(ついたち)) ▸*alle calende greche* 無期限に, いつまでも
calendimaggio 男〔不変〕五月祭り(古来5月1日に行われる春の祭り); 五月祭りの歌
calendola 囡〔植〕キンセンカ
calendula → calendola
calenzuola 囡〔植〕トウダイグサ
calenzuolo 男〔鳥〕カワラヒワ
calere 自〔3人称単数のみ. 直・遠過・3単 calse, 接・現・3単 caglia〕《文》関係がある, 重要である —*Non me ne cale.* 私には関係ない(知ったことではない)
calesse 男 (一頭立ての)二輪馬車
calessina 囡 (4人掛けの)小型の二輪馬車
caletta 囡 ほぞ穴, ほぞ継ぎ
calettare 他 ほぞ継ぎする ——自 ぴったりはめ込む
calibrare 他〔io calibro〕1〔機〕口径を合わせる, (口径に合うように)小さくする; (ゲージで)大きさを調整する 2 (銃の口径を)測定する 3 (正確に)測定する, 調整する; (果物などを)大きさで選別する
calibratore 男 1〔機〕キャリブレーター; 内径測定器 2 (穀類・果物などの)選別器
calibratura 囡 1〔機〕口径測定 2 (農作物の)選別
calibro 男 1 (銃砲の)口径 2 実力の程度, 度量, 価値 3〔機〕カリパス, ノギス
calicanto 男〔植〕ロウバイ
calice¹ 男 1 (細長い足のついた)グラス; グラス1杯分(の量) 2〔カト〕聖杯 ▸*a calice* 逆円錐(ぎゃくえんすい)形の, 杯の形をした
calice² 男〔植〕萼(がく)
calicò 男 キャラコ, 白カナキン
calidario 男〔考〕(古代の)浴場, (温泉の)一区画, 一部屋
califfo 男 1〔歴〕カリフ 2《謔》多くの女をはべらす男 3 ボス, 権力者
californiano カリフォルニア(人)の ——男〔女[-a]〕カリフォルニア人
californio 男〔化〕カリフォルニウム(元素記号 Cf)
caliga 囡 (古代ローマの鋲(びょう)を打ったサンダル型の)軍靴
caligine 囡 1 ばい煙, 黒煙; すす, もや 2《文》(心の)闇, けがれ
caliginoso 形 (煙で)くもった, もやがかった, 薄暗い
Caligola 固名 男 カリグラ(12-41; ローマ皇帝 Gaio Giulio Cesare Germanico の通称: 在位 37-41)
caliorna 囡〔船〕(大きな魚を上げるための)滑車
Calipso 固名 囡〔ギ神〕カリュプソ(海の精. オデュッセウスを7年間引き留めた)
calipso 男〔不変〕カリプソ(カリブ海諸島起源のルンバに似たタンス)
caliptra 囡 1 (古代ギリシャの女性用の)ベール 2〔植〕カリプトラ
calla¹ 囡〔植〕オランダカイウ(の白い花)
calla² 囡《文》隘(あい)路, 細道
calle 男《文》田舎道; 道のり, 行く手 ——囡〔ヴェネツィア〕路地
calli- 接頭「美しい」の意
callifugo 形〔複[男 -ghi]〕〔薬〕うおのめに効く, うおのめ用の ——男〔複[-ghi]〕うおのめ治療薬
calligrafia 囡 1 習字, 書法, 書道 2 筆跡, 手跡
calligrafico 形〔複[男 -ci]〕1 筆跡の; 習字の, 達筆な; 書き方[書記法]に関する 2 (形式的に)凝り過ぎた 3〔印〕スク

calligrafo リプトの, 手書き風の

calligrafo [カリ] 〘女[-a]〙 **1** 書家; 能筆家, 字のうまい人 **2** 〖形式的に〗凝った芸術家

Callimaco 固名〘男〙(~ di Cirene) カリマコス(前315-240; ギリシャの詩人・文法学者)

Calliope 固名〘女〙〖ロ神〗カリオペ(詩神の一. 叙事詩を司る)

callista 〘男女〙〘複[男 -i]〙うおのめ[たこ]を治療する人, 足治療医

Callisto 固名〘男〙 **1** (San ~ I)聖カリストゥス1世(ローマ教皇: 在位217-222) **2**〘男性名〙カッリースト

callo 〘男〙 **1** たこ, うおのめ, まめ, うおのめ **2**〖植〗癒傷組織 ▶ *fare il callo a...* …に慣れる[平気になる] *pestare i calli a...* …に余計なお世話をする, 多大な迷惑をかける

callosità 〘女〙皮膚の硬化, たこ

calloso 〘形〙(皮膚が)たこで一杯の, 硬くなった; たこ状の

*__calma__ [カルマ] 〘女〙 **1** 凪(なぎ) **2** 静けさ, 平穏, 静穏 **3** 冷静さ, 沈着, 落ち着き —*mantenere* [*perdere*] *la calma* 冷静さを保つ[失う]

calmante 〘形〙 落ち着かせる, 静める —〘男〙鎮痛[鎮静]剤

*__calmare__ [カルマーレ] 〘他〙 **1** 静める; なだめる —*calmare l'ira* 怒りを鎮める **2** 和らげる, 軽減する —*calmare la sete* 渇きを癒やす —__arsi__〘再〙 **1** 静まる, 穏やかになる **2** 休む, 落ち着く; 安心する; なごむ **3** 平静になる, 落ち着きを取り戻す —*Cerca di calmarti.* 冷静になれ. **4** (海が荒れが)和らぐ, 凪(なぎ)ぐ **5** 軽減する, 減少する —*Il dolore si è calmato.* 痛みは治まった.

calmata 〘女〙 **1**〘口〙(興奮や動揺が)収まること, 落ち着くこと —*darsi una calmata* 落ち着く **2**〘海〙凪(なぎ)ぎ

calmieramento 〘男〙価格統制

calmierare 〘他〙公定価格[料金]を定める

calmieratore 〘形〙〘女[-trice]〙価格統制の, 上限価格を設定する

calmiere 〘男〙公定価格[料金]

*__calmo__ [カルモ] 〘形〙 **1** (海や天候が)穏やかな **2** 静かな, 平穏な **3** 冷静な, 落ち着いた —*Calmi, ragazzi!* みんな, 落ち着いて.

calmucco 〘形〙〘複[男 -chi]〙カルムイク(人)の —〘男〙〘複[-chi]女[-a]〙カルムイク人 **2**〘単数のみ〙カルムイク語

calo 〘男〙 **1** 下がること, 下降 —*calo di temperatura* 気温の低下 **2** 減少, 縮小, 引き下げ —*calo di prezzo* 価格の下落 **3** (体力の)低下, 衰弱; 衰退, 減じ —*calo di vista* 視力の衰え

calomelano 〘男〙〖薬〗甘汞(こう), 塩化第一水銀(下剤・殺菌などに利用)

calore 〘男〙 **1** 熱, 熱量 **2** 暑さ, 暑気 **3** 熱情, 熱狂, 夢中 **4** ほてり, 上気, 紅潮 **5** 暖かさ, 思いやり **6** (雌の)発情期, 交尾期

caloria 〘女〙カロリー, 熱量

calorico 〘形〙〘複[男 -ci]〙カロリーの, カロリーに関する —*cibo a basso contenuto calorico* 低カロリー食品

calorifero 〘男〙 **1** 暖房装置 **2** (暖房装置の)ラジエーター

calorifico 〘形〙〘複[男 -ci]〙〖物〗熱を生み出す, 熱の

calorimetria 〘女〙熱量測定(法)

calorimetrico 〘形〙〘複[男 -ci]〙熱量測定の[に関する]

calorimetro 〘男〙カロリーメーター, 熱量計

calorosamente 〘副〙暖かく, 心を込めて; 熱心に, 活発に

calorosità 〘女〙熱さ, 暑さ; (心の)暖かさ

caloroso 〘形〙 **1** 暖める, 熱くさせる **2** (人が)寒さ知らずの **3** 熱烈な; 心の温かい —*accoglienza calorosa* 温かいもてなし

caloscia → galoche

calotta 〘女〙 **1** (帽子の)山; つばなしの帽子, スカルキャップ; ヘルメット;〖スポ〗水泳[水球]帽 **2** (人体や物の)半球形の部分; (機械・装置の)蓋(ふた), キャップ **3**〖建〗丸屋根, ドーム

calpestabile 〘形〙足で踏むことができる, 踏み入れることができる

calpestare 〘他〙 **1** 踏みつける **2** 踏みにじる, 無視する —*calpestare i sentimenti di...* …の気持ちを踏みつける

calpestio 〘男〙 ひっきりなしに踏むこと; (床や地面を)踏み鳴らす音

caltanisseno → caltanissettano

Caltanissetta 固名〘女〙カルタニッセッタ (シチリア特別自治州の都市; 略CL)

caltanissettano 〘形〙カルタニッセッタ(の人)の —〘男〙〘複[-a]〙カルタニッセッタの人 **2**〘単数のみ〙カルタニッセッタ方言

calumet 〘男〙〘不変〙〖仏〗アメリカインディアンの長い煙管(きせる) —*fumare il calumet della pace* 仲直りする, 和解する

calunnia 〘女〙 **1** 中傷, 誹謗(ひぼう) **2** 虚偽告訴罪, 誣(ふ)告罪

calunniabile 〘形〙中傷される可能性がある, 誹謗(ひぼう)されるかもしれない

calunniare 〘他〙(io calunnio)中傷する, 誹謗(ひぼう)する

calunniatore 〘男〙〘女[-trice]〙中傷者 —〘女[-trice]〙中傷的な

calunnioso 〘形〙中傷的な, 中傷を目的にした

calura 〘女〙猛暑, 酷暑

Calvario 固名〘男〙〖聖〗カルヴァリオ(ゴルゴタの丘に同じ)

calvario 〘男〙 **1** キリストの受難図[像]; 苦難の道 **2** (C-)カルヴァリオ[ゴルゴタ]の丘

calvinismo 〘男〙〖宗〗カルヴァン主義

calvinista 〘男女〙〘複[男 -i]〙カルヴァン主義者; 禁欲的な人 —〘形〙〘複[男 -i]〙カルヴァン主義の

Calvino 固名〘男〙 **1** カルヴァン(1509-

64; フランスの宗教改革者) **2** (Italo ~) カルヴィーノ(1923-85; イタリアの作家, ポストモダンの先駆的存在)

calvizie 囡〔不変〕はげること, 脱毛; はげ

‡**calvo** [カルヴォ] 形 はげた

calypso → calipso

‡**calza** [カルツァ] 囡 **1** 靴下, ストッキング —un paio di *calze* 1足の靴下 **2**(ランプなどの)芯 **3**(ワインやスープを濾(こ)す)粗布の袋

calzabraca 囡〔複[calzebrache]〕(中世の)男性用のタイツ

calzamaglia 囡〔複[calzemaglie, calzamaglie]〕タイツ

calzante 形 ぴったりの, 適切な —esempio *calzante* ぴったりの例 —男 靴べら

calzare[1] 他 **1** 履く; 身に着ける **2** 履物を供給する —自 **1**(靴や手袋などが)ぴったり合う **2** [es] 適合する, 適う, 当てはまる

calzare[2] 男〔文〕サンダル, 靴

calzascarpe 男〔不変〕靴べら

calzato 形 (靴などを)履いた; ぴったりした ▶ *calzato e vestito*《戯》全くの, 正真正銘の;(必要な)衣類を備えた

calzatoia 囡 **1**(ぐらつく椅子やテーブルの足にかます)木切れ, 詰め物 **2**(車の)車輪止め

calzatoio 男 靴べら

calzatura 囡 履物

calzaturiere 男〔囡[-a]〕靴製造業者, 靴職人 —形〔囡[-a]〕靴を製造する

calzaturiero 形 靴の —男〔囡[-a]〕靴工場の労働者

calzaturificio 男 靴工場

calzerotto 男 厚手の靴下

calzetta 囡 (男性や子供の)短いソックス;(絹製の)薄手の靴下 —mezza *calzetta* 能力のない人, 凡庸な人

calzettaio 男〔囡[-a]〕靴下製造(販売)業者; 靴下工場の労働者; 靴下の修繕職人

calzettone 男 厚手の長靴下

calzificio 男 靴下工場

calzino 男 ソックス

calzolaio 男 靴屋(の主人), 靴職人

calzoleria 囡 靴工場, 靴修理場; 靴店

calzoncini 男複 半ズボン

calzone 男 **1**〔複数で〕ズボン **2**〔料〕カルツォーネ(詰め物をした半折りのピッツァ)

calzuolo 男(杖(つえ)や傘の)先端

Cam 固名(男)〔聖〕ハム(ノアの息子)

camaldolese 形〔カト〕カマルドリ会の —男女 カマルドリ会修道士[修道女]

camaleonte 男 **1**〔動〕カメレオン **2** 日和見な人, ころころ意見を変える人

camaleontico 形〔複[男-ci]〕日和見な, ころころ意見[態度]を変える

camaleontismo 男 日和見主義, ご都合主義

camallo, camalo 男〔リグリア〕(波止場の)荷揚げ労働者, 沖仲仕

camarilla 囡 徒党;(政治家に圧力をかける)ロビイスト集団

camauro 男 (教皇が頭にのせる)赤いビロード帽

cambiabile 形 換えることができる, 交換できる

cambiadischi 男〔不変〕(レコード・CDなどの)オートチェンジャー

cambiale 囡 (為替・約束)手形 —*cambiale* attiva 受け取り手形 / *cambiale* di comodo [di favore] 融通[好意]手形 / firmare [emettere, spiccare] una *cambiale* 手形を振り出す / scontare una *cambiale* 手形を割り引く / girare una *cambiale* 手形に裏書きする / accettare una *cambiale* 手形を引き受ける

cambiamento 男 変更, 変化

cambiamonete 男女〔不変〕(紙幣を硬貨に換える)自動両替機

‡**cambiare** [カンビアーレ] 他 (io cambio) **1** 取り替える; 交換する —*cambiare* vestito 服をお着きえる / *cambiare* casa 引越しする / *cambiare* aria 空気を入れ替える;(ある場所を)去る / *cambiare* colore (顔色が)青くなる; 赤面する **2** 変える, 変化させる; 変更する —*cambiare* vita 生き方を変える —自 [es] 変わる —arsi 再 **1** 着替える **2** 変わる

cambiario 形〔法〕為替手形の

cambiavalute 男女〔不変〕〔経〕両替商, 為替ディーラー

‡**cambio** [カンビオ] 男 **1** 交替, 交換 **2**〔総称的〕着替え **3** 交代(要員) **4** 両替(所) **5**〔金融・経〕為替(相場) **6**〔機〕変速機, 変速装置 —*cambio* manuale [automatico] 手動[自動]変速装置

cambista 男女〔複[男-i]〕**1** 両替商 **2**《隠》(ギャンブラーに金を工面をする)高利貸し

Cambogia 固名(囡) カンボジア

cambogiano 形 カンボジア(人)の —男 **1**〔囡[-a]〕カンボジア人 **2**〔単数のみ〕カンボジア語

cambretta 囡 (ものを留めるための)U字型の釘(くぎ),(配線などを留めるための)股釘

cambrì 男〔織〕キャンブリック, 上質カナキン

cambriano 形 カンブリア紀[系]の —男 (しばしば C-)〔地質〕カンブリア紀

cambusa 囡〔船〕食料貯蔵室;〔総称的〕食料の蓄え

cambusiere 男〔囡[-a]〕〔船〕食料貯蔵室管理係

camelia 囡〔植〕ツバキ

camelide 男 (C-)〔複数で〕〔動〕ラクダ科(の動物)

camembert 男〔不変〕〔仏〕カマンベールチーズ

camepizio 男〔植〕(ヨーロッパ産)キランソウ属

camera¹ [カーメラ] 囡 **1** (個人やホテルの)部屋; 寝室 —*camera oscura* 暗室 / *musica [orchestra] da camera* 室内楽[楽団] / *camera singola [a un letto]* シングルルーム / *camera doppia [a due letti]* ツインルーム / *camera matrimoniale* ダブルルーム **2** (C-)議会, 下院 —*le Camere* 両院

camera² 囡 カメラ; (映画撮影用)カメラ; テレビカメラ

camerale 形 〔法〕国庫の, 国家の; 議会の; 商工会議所の

cameralismo 男 〔歴〕カメラリズム, 官房学

cameraman 男女〔不変〕〔英〕カメラマン, 撮影技師

camerata¹ 男 〔複[-i]〕戦友, 親友 —男女〔複[男 -i]〕同志(ファシスト党員同士の呼び方); ファシスト

camerata² 囡 **1** (寄宿学校や兵営などの)大部屋の寝室; (同じ部屋に寝泊まりする)仲間 **2** 芸術家仲間, サークル

cameratesco 形〔複[男 -chi]〕友情のこもった, 友愛的な, 連帯的な

cameratismo 男 (仲間同士の)友愛, 連帯

cameretta 囡 **1** 小部屋 **2** 子供用の寝室; 〔総称的〕子供用寝室の家具

‡**cameriera** [カメリエーラ] 囡〔男 [cameriere]〕**1** ウエートレス **2** 女中, メード

‡**cameriere** [カメリエーレ] 男〔女 [cameriera]〕**1** ウエーター, ボーイ **2** 下男, 従者

Camerino 固名(男) カメリーノ(マルケ州の町)

camerino 男 **1** (劇場・撮影スタジオの)楽屋 **2** (衣料品店の)試着室 **3** 小部屋, 物置; 〔南伊〕海水浴場の脱衣室

camerista 男女〔複[男 -i]〕(宮廷や貴族の家で)主人や奥方の世話係, 侍女, 侍従

cameristico 形〔複[-ci]〕〔音〕室内楽の

camerlengo 男〔複[-ghi]〕**1** (中世の自治都市や宗教施設の)財務管理人 **2** 〔カト〕カメルレンゴ(教皇の財務官で, 教皇空位時に代理を務める枢機卿)

camerone 男 (寄宿学校や兵舎で宿泊や食堂に使われる)大部屋

camerte 形 カメリーノ(の人)の —男女 カメリーノの人

Camerun 固名(男) カメルーン

camerunese, camerunense 形 カメルーン(人)の —男女 カメルーン人

camice 男 白衣; (ミサなどで聖職者がまとう)長白衣

camiceria 囡 **1** シャツ[ブラウス]専門店; シャツ[ブラウス]製造工場[工房] **2** 〔総称的〕シャツ

camicetta 囡 ブラウス

‡**camicia** [カミーチャ] 囡〔複[-cie]〕**1** シャツ, ワイシャツ —*camicie nere* ファシスト党員, 黒シャツ隊(員) / *camicie rosse* 赤シャツ隊(員) / *camicia da notte* ネグリジェ, 寝巻 **2** 〔機〕カバー, ライニング **3** 〔船〕帆の当て布 **4** 〔建〕羽目 ▶ *nato con la camicia* (幸運に)恵まれた

camiciaio 男〔女[-a]〕シャツ[ブラウス]の仕立てをする人; シャツ[ブラウス]を売る人

camicino 男 **1** 小さなシャツ **2** 産着

camiciola 囡 (特に女性や子供が着る夏用の)半袖シャツ, 半袖のブラウス

camiciotto 男 (男性用の)半袖シャツ, 開襟シャツ; 半袖作業着

Camilla 固名(女) **1** 〔ロ神〕カミラ(アエネイスの軍隊と戦い, 戦死した処女兵士) **2** 〔女性名〕カミラ

camilliano 形 聖カミルス修道会の —男〔女[-a]〕聖カミルス会修道士[女]

Camillo 固名 〔男性名〕カミッロ

caminetto 男 **1** 暖炉; 囲炉裏 **2** 〔スポ〕(登山の)チムニー

caminiera 囡 **1** 暖炉の前の囲い金網 **2** 暖炉の上の張り出し; 暖炉の上の大鏡

camino 男 **1** 暖炉 **2** 煙突; 煙突の先に付けた通風管 **3** (火山の)火道, 噴気孔 **4** 〔スポ〕(登山の)チムニー

camion 男 〔不変〕トラック

camionabile 形 トラックが通行できる, トラックの走行に適した —囡 トラックが通行できる[走行に適した]道路

camionale → camionabile

camionata 囡 〔総称的〕トラックの積み荷; 大量 —*una camionata di vestiti* 大量の衣服

camioncino 男 小型トラック

camionetta 囡 (警察の)ジープ, 軍用ジープ

camionista 男女〔複[男 -i]〕トラック運転手

camionistico 形〔複[男 -ci]〕トラックの

camita 男女, 形〔複[男 -i]〕ハム族(の)

camitico 形〔複[男 -ci]〕ハム族の —男〔単数のみ〕ハム語

camma 囡 〔機〕カム

cammeista 男女〔複[男 -i]〕カメオ職人

cammellato 形 ラクダに乗った[運ばれた]

cammelliere 男 ラクダ飼い, ラクダ追い

cammello 男 **1** 〔動〕ラクダ **2** ラクダの毛の織物 **3** 〔不変〕ラクダ色, キャメル —形 〔不変〕ラクダ色の, キャメルカラーの

cammellotto 男 ラクダ織(ラクダの毛織物)

cammeo 男 **1** カメオ; カメオを模した宝飾品 **2** 〔映〕(名俳優が演じる)特別な脇役

camminamento 男 〔軍〕(陣地と陣地の間の連絡に使う)交通壕

‡**camminare** [カンミナーレ] 自 **1** 歩く —*camminare adagio [in fretta]* ゆっくり[急いで]歩く / *Cammina!* さっさとしろ. / もたもたするな. **2** (乗り物や機械が)動く, 進む **3** (物事が)進む

camminata 女 1 (長くて疲れるくらいの) 散策, ハイキング; (徒歩での) かなりの道のり 2 歩き方

camminatore 男 〔女 [-trice]〕 1 散歩をする人, ハイカー 2 (高速の) 歩行者

cammino [カンミーノ] 男 1 道のり, 行程 —C'è ancora molto *cammino* da fare. まだ先が長い. 2 歩行 —*mezz'ora di cammino* 徒歩半時間 (の距離) 3 発展, 進歩; 経過 4 航路; 行路, 進路 ► ***cammin facendo*** (歩いている) 途中で

camomilla 女 1 〔植〕カモミール, カミレ 2 カモミールティー, カミツレ茶

camomilliera 女 カモミール茶のポット

camorra 女 1 ナポリの犯罪組織 2 暴力団

camorrista 男女 〔複 [男 -i]〕 1 カモラの構成員 2 やくざ, ペテン師

camorristico 形 〔複 [-ci]〕 カモッラの, カモッラのような

camoscio 男 1 〔動〕カモシカ 2 カモシカの革

camozza 女 [北伊]カモシカの雌

campagna [カンパーニャ] 女 1 田園地帯; 田舎 —*vivere in campagna* 田舎暮らしをする 2 田畑 3 運動, キャンペーン —*campagna acquisti* [スポ]移籍 [トレード] 交渉 / *campagna promozionale* 販売促進キャンペーン / *campagna di stampa* 新聞によるキャンペーン / *campagna elettorale* 選挙運動 4 軍事 [作戦] 行動, 方面作戦 —*la campagna di Russia* ロシア戦役 5 (農業・畜産・養蚕などの) 最盛期

campagnola 女 ジープ, オフロード車

campagnolo 形 1 田舎の, 田園の 2 粗野な, 無作法な —男 〔女 [-a]〕田舎の人, 農民

campale 形 (戦闘に関して)平野 [開けた野原] での, 戦場の —*giornata campale* 決戦の日; 仕事が大忙しの日

campana 女 1 鐘 —*essere sordo come una campana* 全く耳が聞こえない 2 (ガラスでできた鐘形の) 覆い 3 ランプの傘 4 〔音〕(管楽器の) 朝顔 5 石蹴り遊び 6 〔建〕(コリント式柱頭の装飾模様で覆われた) 基部 ► ***a campana*** ベル形の ***sentire tutte e due le campane*** 両者の言い分を聞く ***sotto una campana di vetro*** 大事 [過保護] に (されて)

campanaccio 男 (牛やヤギの首にかける) 鈴

campanaio → campanaro

campanario 形 鐘の —*torre campanaria* 鐘楼

campanaro 男 〔女 [-a]〕 (教会や修道院の) 鐘つき男

campanatura 女 釣り鐘型, 鐘のような形状

Campanella 固名 (男) (Tommaso~) カンパネッラ (1568-1639; イタリアの司祭・思想家)

campanella 女 1 小さな鐘; ベル, 呼び鈴, (学校の) チャイム 2 〔複数で〕〔植〕釣り鐘型の花をつける植物, カンパニュラ

campanello 男 1 鈴, ベル 2 ブザー; チャイム —*campanello d'allarme* 警報 3 〔複数で〕〔音〕グロッケンシュピール, 鉄琴 4 (牛肉の) ランプ

Campania 固名 女 カンパーニア州 (イタリア南部の州; 州都 Napoli)

campaniforme 形 釣り鐘型の, 鐘のような形状の

campanile 男 1 鐘楼 2 出生地, 故郷 —*amore di campanile* 郷土愛 3 〔地理〕(山の) 切り立った頂上

campanilismo 男 (偏狭な) 郷土びいき, 地元主義

campanilista 男女 〔複 [男 -i]〕 郷土愛者, 地元主義者

campanilistico 形 〔複 [男 -ci]〕 (偏狭な) 郷土びいきの, 地元主義の

campano 形 カンパーニア州 (の人) の —男 1 〔女 [-a]〕カンパーニア州の人 2 〔単数のみ〕カンパーニア方言

campanone 男 (教会で) 最も大きな鐘; 大鐘

campanula 女 〔植〕カンパニュラ, 風鈴草

campanulato 形 〔植〕釣り鐘形をした

campare¹ 自 [es] 1 生きる, 何とか [どうにか] やっていく, 苦労して行く 2 《口》長生きする, 生きのびる —*Il nonno camperà cent'anni*. おじいちゃんは百歳まで生きるよ. ► ***campare d'aria*** 飲まず食わずでいる; ほんのわずかなことで満足する

campare² 他 [美]浮き彫りにする, 浮き立たせる

campata 女 〔建〕(橋やアーチの) 張間 (ぱり), 支柱間の距離

campato 形 浮き彫りにされた, 浮き立った ► ***campato [in] per aria*** 根拠のない, 合理的でない

campeggiare 自 [io campeggio] 1 そびえ立つ, 目立つ, 浮き彫りになる 2 〔劇〕(他の俳優から離れて) 存在を際立たせる 3 キャンプをする —他 1 [美]下地を描く [塗りつぶす] 2 〔軍〕包囲する

campeggiatore 男 〔女 [-trice]〕 キャンプする人, キャンパー

campeggio¹ 男 1 キャンプ, 野営 2 キャンプ場

campeggio² 男 〔植〕ログウッド (その心材から褐色染料を採る)

campeggistico 形 〔複 [男 -ci]〕 キャンプ上の

camper 男 〔不変〕 〔英〕キャンピングカー, キャンプ用トレーラー

camperista 男女 〔複 [男 -i]〕 キャンピングカーで旅する人

campestre 形 1 野原の, 野生の —*fiore campestre* 野草 2 田舎の, 農民の —*corsa campestre* 〔スポ〕クロスカントリー

campetto 男 1 〔スポ〕ミニグラウンド 2

campicchiare — canalizzare

原っぱ
campicchiare 自 [es/av] [io campicchio] どうにかこうにか暮らしている, 何とかやっている

campidano 男 カンピダーノ(サルデーニャ島カンピダーノ地方の赤ワイン)

Campidoglio 固名(男) カンピドーリオの丘(ローマ七丘の一つ)

campiello 男 (ヴェネツィアの)小広場

campiere 男 (シチリアの)農地[農園]管理人

camping 男 [不変] [英] キャンプ

campionamento 男 サンプル調査(の結果), サンプリング, [統] 標本抽出

campionare 他 1 をサンプル調査する, …のサンプルを抽出する 2 (展示・販売のために)見本品を集める 3 [統] …の標本を抽出する

campionario 形 1 見本(品)の, 展示場の —fiera campionaria 見本市 2 [統] 標本抽出に基づく —男 [総称的] サンプル, 見本帳, (風変わりな品や人物の)見本集, コレクション ▶ di campionario (定価よりも安い)展示品の, 見本品の

campionarista 男女 [複[男 -i]] 1 [商] 見本品を準備する人 2 (展示場の)見本品説明係

campionato 男 選手権(試合) —campionato mondiale 世界選手権, ワールドカップ

campionatore 男 [女 -trice] 1 サンプル調査[抽出]をする人 2 サンプリング装置, サンプル抽出装置

campionatura → campionamento

campioncino 男 1 [女 -a] 前途有望な若手選手 2 試供品, お試し品

*****campione** [カンピオーネ] 男 [女 campionessa] 1 チャンピオン; 一流選手 2 秀でた人, 熟練者 3 見本, サンプル 4 (理想や主義の)擁護者, 代弁者

campionessa 女 [男 campione] 女性のチャンピオン

campionista 男女 [複[男 -i]] 見本品を準備[調査]する人, 見本係

campire 他 [io -isco] [美] (均一な色合いで)背景を塗る

*****campo** [カンポ] 男 1 田, 畑 —campo di grano 小麦畑 2 [複数で] 田園, 田舎 —la vita dei campi 田舎暮らし, 田園生活 3 (特定の用途のための)…場 —campo profughi 難民キャンプ 4 [スポ] フィールド, グラウンド —campo di [da] tennis テニスコート 5 分野, 領域 —essere esperto in campo economico 経済分野の専門家である 6 野, 原 —campo innevato 雪野原 7 [軍] 戦場; 演習場; 野営地 8 [美] 背景 9 [映・写] 一場面, ワンカット, ショット; 被写界 10 [物] 場, 界 11 [紋] 盾の地色, 紋地 12 (貨幣・メダルの)地 13 [数] 体 14 [情] フィールド 15 [鉱] 産出地帯

campobassano 形 カンポバッソの

(人)の —男 [女 -a] カンポバッソの人

Campobasso 固名(女) カンポバッソ(モリーゼ州の州都; 略 CB)

camporella 女 [北伊] 小さな野原, 原っぱ —andare in camporella 田舎で恋人と戯れる

camposantiere 男 [俗] 墓地の番人, 墓守り

camposanto 男 [複 [campisanti, camposanti]] (共同)墓地

campus 男 [不変] [英] (大学の)キャンパス; 大学

camuffamento 男 カムフラージュ, 変装

camuffare 他 変装させる, …の格好をさせる; カムフラージュする, 隠す —camuffare un bambino da Arlecchino 子供にアルレッキーノの格好をさせる —**arsi** 再 (da) …に変装する, …の格好[ふり]をする

camuffato 形 変装した, カムフラージュした

camuno 形 ヴァッレ・カモニカ地方(の人)の; (古代イタリアの)カムニ族の —男 [女 -a] ヴァッレ・カモニカ地方の人; [複数で] [歴] カムニ族

camuso 形 (鼻が)平たい; 平たい鼻をした

CAN 略 Commissione Arbitri Nazionali イタリアサッカー審判員委員会

can → khan

Cana 固名(女) [聖] カナ(キリストが最初の奇跡を行ったガリラヤ地方の町)

Canada, Canadà 固名(男) カナダ

canadese 形 カナダの; カナダ人の —男女 カナダ人

canaglia 女 ごろつき, 《謔》悪党

canagliata 女 悪行, 卑劣な振る舞い

canagliesco 形 [複 [男 -chi]] あくどい, 卑劣な —modi canaglieschi あくどいやり方

canaiola 女 カナイオーロ種のブドウ(キアンティワインの原料となる黒紫のブドウ)

canaiolo 男 カナイオーロ(キアンティワインの原料になるトスカーナ産のブドウの木)

*****canale** [カナーレ] 男 1 運河, 堀削り, 水路 —il canale di Panama パナマ運河 / il Canal Grande (ヴェネツィアの)大運河 2 海峡 —il canale della Manica イギリス海峡 / il Canale di Mozambico モザンビーク海峡 3 導管, 水管, ダクト 4 経路, 道筋, ルート 5 (通信・テレビなどの)チャンネル, 回線 6 [解] 導管 7 [建] (柱などの装飾用の)溝 8 [印] インキ溝 9 (磁気テープの)記録帯, トラック

Canaletto 固名(男) カナレット(1697-1768; ヴェネツィア出身の画家. 本名 Giovanni Antonio Canal)

canalina 女 (電線などを包む)プラスチック製の管

canalista 男女 [複 [男 -i]] 運河[水路] 掘削の専門技師

canalizzare 他 1 …に運河を開く, …

canalizzazione に水路を引く; …を運河にする[航行可能にする] **2** …を水路に導く **3** (特定の方向に)導く, 向ける, 傾ける **4** 〘医〙(血栓ům などを)疎通させる —**arsi** 再 (水が)運河[水路]に通ず

canalizzazione 囡 **1** 運河[水路]の開設 **2** 誘導 **3** (水道・ガスなどの)配管系統, 配管網

canalone 男 **1** 〘地理〙渓谷 **2** 〘登山〙ルンゼ, クーロアール

cananeo 形 カナン(ヘブライ人が住みつく以前のパレスチナ地方の名称)の, カナン人の —男 〘複数で〙〘歴〙カナン人

canapa 囡 **1** 麻, 大麻 **2** 麻の繊維; 麻布

canapaia 囡 麻畑

canapaio 男 **1** 〘女-a〙麻の栽培[販売]業者 **2** 麻畑

canapè 男 **1** ソファー **2** 〘料〙カナッペ

canapicolo 形 麻栽培(について)の

canapicoltura 囡 麻栽培

canapiero 形 麻を加工する, 麻製造の

canapificio 男 麻繊維工場, 麻加工場

canapiglia 囡 〘鳥〙オカヨシガモ

canapino 形 **1** 麻の, 麻で作った **2** 麻色の, くすんだブロンドの —男 麻布 **2** 〘女-a〙麻加工の労働者 **3** 〘鳥〙ムシクイ

canapo 男 麻のロープ; 太い綱

canapuccia 囡 〘複-ce〙麻の種(鳥の餌などに使われる)

Canarie 固名(女複) カナリア諸島(大西洋上の火山諸島; スペイン領)

canarino 男 **1** 〘鳥〙カナリア **2** (サッカーの)モデナの選手[サポーター] **3** 〘隠〙(警察への)密告者 **4** 〘不変〙カナリア色, 淡い黄色 —形 〘不変〙カナリア色の

canario 形 **1** カナリア諸島(人)の **2** 〘不変〙カナリア諸島の —男 **1** 〘女-a〙カナリア諸島の人 **2** 〘不変〙カナリア色

canasta 囡 カナスタ(ラミーに似たカードゲーム)

cancan[1] 男 〘不変〙大騒ぎ, 騒動

cancan[2] 男 〘不変〙〘仏〙カンカンダンス

cancellabile 形 消すことができる; 取り消し可能な, キャンセルできる

*****cancellare** [カンチェッラーレ] 他 **1** (消しゴムなどで)消す, すり消す (黒板などを)ぬぐい消す **2** 傷める, だめにする, 損なう **3** 取り消す —*cancellare* un appuntamento 約束をキャンセルする **4** 帳消しにする—*cancellare* un debito 借金を棒引きにする **5** 削除する, 抹消する —*cancellare* un nome da una lista 名簿から名前を削除する —**arsi** 再 **1** 消える **2** (記憶から)薄れる

cancellata 囡 (建物を取り巻く)柵, フェンス

cancellato[1] 形 消された, キャンセルされた

cancellato[2] 形 鉄柵[格子の門]を備えた

cancellatura 囡 **1** 消すこと; 取り消し; 削除; 抹消 **2** 消した跡

cancellazione 囡 消すこと; キャンセル, 解消

cancelleresco 形 〘複〘男-chi〙〙 **1** 公文書記録課[係員]の, 書記局[官]の **2** (文体的)官僚的な, もったいぶった **3** 〘歴〙書記局[官]の

cancelleria 囡 **1** 公文書記録課[局], 書記局 **2** 〘法〙外務省, (領事館がない場合に代わりを務める)外務事務局; (ドイツ・オーストリアなどの)内閣府 **3** (中世・ルネサンス期に外交や法律の発布を担当した)書記局 **4** 文具, 事務用品

cancelletto 男 **1** (電話・キーボードなどの)ナンバー[シャープ]記号(#) **2** 〘スポ〙(スキー競技などの)スタートゲート

cancelliere 男 〘女-a〙 **1** 公文書記録係; (裁判所・大使館などの)書記官 **2** 〘法〙(イタリアで)外務大臣; (ドイツ・オーストリアなどで)総理大臣, 首相 **3** (中世・ルネサンス期の)書記官

cancellino 男 黒板消し; 修正ペン

cancello 男 (建物の入り口の)柵, 門扉, ゲート

cancerizzarsi 再 〘医〙がんに変異する, がん化する

cancerizzazione 囡 〘医〙がんへの変異, がん化

cancerogeno 形 〘医〙発がん性の —sostanze *cancerogene* 発がん性物質

cancerologia 囡 〘複-gie〙〘医〙癌腫(がんしゅ)学

cancerologo 男 〘複-gi 女-a〙がん研究者

canceroso 形 がんの, がん患者の —男 〘女-a〙がん患者

canchero 男 **1** 〘口〙ひどい病気 **2** 嫌な人; 不安な状況, 煩わしい問題 **3** → *cancro*[2]

cancrena 囡 **1** 〘医〙壊疽(えそ), 壊死(えし) **2** 〘植〙腐敗病 **3** (蔓(はびこ)延する)腐敗[悪徳]

cancrenoso 形 〘医〙壊疽(えそ)性の, 壊死(えし)の —男 〘女-a〙壊疽患者

cancro[1] 男 〘不変〙(C-)〘天〙蟹(かに)座; 〘占星〙巨蟹宮

cancro[2] 男 **1** 〘口〙癌(がん) **2** 悪癖, 病弊, 害悪 **3** 苦悩, 強迫観念, 妄(もう)想

candeggiante 男 漂白剤 —形 漂白する

candeggiare 他 [io candeggio] 漂白する

candeggiatura 囡 漂白

candeggina 囡 漂白剤

candeggio 男 漂白

candela 囡 **1** ろうそく —*accendere* [*spegnere*] le *candele* ろうそくを灯す[消す] / *struggersi* come una *candela* 憔悴(しょうすい)する **2** やせて青白い人 **3** (内燃機関の)点火プラグ **4** 〘物〙カンデラ(国際単位系の光度の単位) —*lampadina* da sessanta *candele* 60 カンデラの電球

candelabro 男 (装飾を施された)大

型の燭台
candelaio 男 [女[-a]] **1** ろうそく屋, ろうそく売り **2** 《隠》ホモセクシュアル
candeletta 女 **1** 点火プラグ **2** [薬] (膣(ちつ)または尿道に挿入する)座薬
candeliere 男 **1** 燭(しょく)台 **2** [船]甲板の支柱
candelina 女 (誕生日ケーキに立てる)小さな色つきろうそく —spegnere 30 *candeline* 30歳になる
candelora 女 [カト] (2月2日の)聖母マリアお清めの祝日, 聖燭(しょく)節
candelotto 男 **1** 筒状に詰まった爆発物; 催涙弾 —*candelotto* fumogeno 発煙弾 [筒] / *candelotto* lacrimogeno 催涙弾 **2** (氷の)ツララ
Candida 固名 [女性名] カンディダ
candidabile 形 候補になりうる, 立候補しうる
candidamente 副 純白に; (精神的に)清らかに, 無邪気に
candidare 他 [io candido] (公的な役職の)候補者として指名[推薦]する, 立候補させる; (賞の候補者に)ノミネートする —**arsi** 再 立候補する
candidato 男 [女[-a]] **1** (公職の)候補者 **2** 受験者, 出願者, 志願者, 応募者
candidatura 女 立候補, ノミネート
candid camera 商[女] [英] (テレビ番組の)ドッキリカメラ
candidezza 女 **1** 純白, 真っ白な輝き **2** 無垢(く), 純真さ
Candido 固名 [男性名] カンディド
candido 形 **1** 純白の, けがれのない, 純粋な **3** 純真な, お人好しの, 無邪気な, 純朴な
candire 他 [io -isco] (果物を)砂糖で煮詰める, 砂糖炊きする; 砂糖漬けにする
candito 形 砂糖で煮詰めた, 砂糖漬けの —男 砂糖漬けの果物
canditura 女 砂糖炊き, 砂糖漬け
candore 男 **1** 純白 **2** 純真, 無垢(く)
✱**cane** [カーネ] 男 [女[cagna]] **1** 犬 —*cane* da caccia (guardia, pastore) 猟[番, 牧羊]犬 / *cane* guida 盲導犬 / *cane* di razza 純血種の犬 / *cane* bastardo 雑種の犬 **2** 下手くそ(歌手・画家・役者など), 不器用な人 —Quel dentista è un vero *cane*. あの歯医者はとんでもないやぶだ. **3** 誰も…ない —Non c'è un *cane* qui. ここには誰もいない. **4**〘歳〙冷酷[残酷]な人, 無慈悲な人 —Brutto *cane*! 人でなし! **5** (銃の)撃鉄 **6** [機] あご, 押さえる部分 **7** [形容詞的][口]猛烈な, 厳しい, すさまじい —freddo [fame, sete] *cane* ものすごい寒さ[空腹, 喉の渇き] ▶ **da cani** ひどい; 雑に; つらい, 耐え難い *essere come cane e gatto* 仲が悪い *essere solo come un cane* 見捨てられた, 一人きりで, 孤独に *menare il can per l'aia* 時間稼ぎする, 遠回しに言う *sentirsi come un cane bastonato* 落胆する, がっかりする *trattare... da cani* [come un cane] …を虐待する *vivere da cani* 貧窮する, 惨めな暮らしをする *voler raddrizzare le gambe ai cani* 無駄な努力をする, 見込みのないことを企てる

canea 女 **1** 猟犬の群れ[吠え声] **2** (騒ぎ立てる)群衆; 大騒ぎ **3** 酷評, 悪評
canefora 女 **1** (古代ギリシャで)儀式のために花かごを運ぶ少女 **2** [建]頭にかごを載せた女人像柱
canestra 女 (籐(とう)などで作られた)かご
canestraio 男 [女[-a]] かご職人, かごを売る人
canestrata 女 かご1杯分の量 —una *canestrata* di mele かご1杯分のリンゴ
canestrello 男 **1** (丸い形の)焼き菓子, クッキー **2** [貝]ホタテ貝
canestro 男 **1** かご, バスケット; 一かごの量 **2** [スポ](バスケットボールの)ゴールのネット; ゴール, 得点
canfora 女 [植]ショウノウ
canforato 形 ショウノウを含んだ
canforo 男 [植]クスノキ
cangiante 形 (見る角度によって)色が変化する, 玉虫色の
cangiare 他 [io cangio] 《文》変える, 変化させる —自 [es/av] 変わる, (顔色が)変わる —**arsi** 再 変わる, 変身する, (顔が)青ざめる
canguro 男 [動]カンガルー
canicola 女 **1** 大暑; 猛暑, 酷暑
canicolare 形 大暑の; 酷暑の
canide 男 (C-)[複数で][動]イヌ科
canile 男 **1** 犬小屋 **2** 犬の飼育場 **3** むさくるしい家; ぼろぼろのベッド
canino 形 犬の; 犬のような —男 [解]犬歯
canizie 女 [不変] **1** (高齢で)白髪になること; 白髪 **2** 老年
canna 女 **1** [植]アシ —*canna* da zucchero 砂糖キビ / *canna* d'India 藤(とう) **2** 棒, 杖, 細身のステッキ —*canna* da pesca 釣り竿(ざお) **3** 細い管(状の物), パイプ —*canna* del fucile 銃身 **4** (自転車のサドルとハンドルをつなぐ)上パイプ **5** 釣り具 **6** [スポ](ゴルフクラブの)グリップ, 柄 **7** 《隠》マリファナ **8** 《俗》喉 **9** カンナ (長さの単位; 地域によって変化するが, 2～3メートル)
cannabacea 女 (C-)[複数で][植]アサ科(の植物)
cannabis 女 [不変] [植]アサ, 大麻
cannabismo 男 [医]大麻中毒
cannaiola¹ 女 [鳥]ヨシキリ
cannaiola² 女 カナイオーラ(黒ブドウの品種; その品種で作る赤ワイン)
cannare 他 [北伊]《隠》へまをする, 間違う; 落第させる, ぼつにする
Canne 固名[女] カンネ(プーリア州の古代都市) —battaglia di *Canne* カンナエ[カンネ]の戦い(前216; ハンニバル率いるカルタゴ軍にローマ軍が大敗)
canneggio 男 [音]管楽器の管

cannella¹ 女 シナモン —男〔不変〕肉桂色, 黄褐色 —形〔不変〕肉桂色の

cannella² 女 (水道の)吹き出し口, 蛇口; (樽などの)注ぎ口, コック —bere vino alla *cannella* 樽出しのワインを飲む

cannellino¹ 男〔複数で〕〔植〕白インゲン豆 2 カンネッリーニ(細長い砂糖菓子)

cannellino² 男 カンネッリーノ(ローマ近郊カステッリ・ロマーニ地方の白ワイン)

cannello 男 1 (両端の節を切り取った)アシの茎; 短い管, チューブ, ストロー 2 小さな円柱(状のもの); ペン軸 3〔織〕糸巻き 4 (錠前の中の)鍵がはまる円棒 5〔貝〕マテガイ

cannellone 男 1〔複数で〕〔料〕カンネッローニ 2 巻き毛

canneté 形〔織〕グログランの —男 グログラン

canneto 男 (アシの生えた)湿地, 沼地

cannibale 男女 1 人肉を食う人, 食人種 2 冷酷な人, 非情な人

cannibalesco 形〔複〔男 -chi〕〕1 カニバリズムの, 人食いの, 共食いの 2 残忍な, 無慈悲な

cannibalismo 男 1 カニバリズム, 人食いの風習 2〔動〕共食い 3〔生物〕細胞間の同化

cannibalizzare 他 1 (破損した車・機械などの)使える部分を取り外す[再利用する] 2 組織を吸収[合併する] 3〔経〕(過剰な値引きで)利益を無にする; (自社の製品の既得シェアを新製品によって)食い合いする

cannicciata 女 (庭や畑の風よけ・日よけに使う)すだれの囲い[覆い]

canniccio 男 (庭や畑の風よけ・日よけに使う)すだれ

cannocchiale 男 望遠鏡

cannolicchio 男 1〔貝〕マテガイ 2〔複数で〕カンノリッキ(筒状の短いパスタ)

cannolo 男〔料〕カンノーロ —*cannolo siciliano* シチリア風カンノーロ(リコッタチーズ・果物・チョコレートなどをロール型に包んで焼いた菓子)

cannonata 女 1 砲撃; 砲撃の轟音 2〔口〕並外れた人[もの], 傑作, 快挙 —*Questo dolce è una cannonata!* このデザートは最高ですね. 3 (サッカーの)豪快なシュート —*Che cannonata!* すごいシュートだ.

cannonau 男〔不変〕カンノナーウ(サルデーニャ島カンピダーノ地方の黒ブドウの品種; その品種で作る赤ワイン)

cannoncino 男 1 (装甲車などに据えられた)小砲 2 →*cannolo* 3〔複数で〕〔料〕カンノーニ(細長いスープ用パスタ) 4〔服〕(女性服の)小さなひだ[プリーツ]

cannone 男 1 大砲 2〔口〕(特定の分野での)名手, 名人, 達人, 天才 —*È un cannone nello sport.* 彼はスポーツにかけては一流だ. 3 (大口径の)管, パイプ 4〔服〕ボックスプリーツ, 箱ひだ 5《隠》太いマリファナタバコ

cannoneggiamento 男 連続砲撃

cannoneggiare 他〔*io cannoneggio*〕連続砲撃する —自 砲撃する

cannoniera 女 (城や要塞の)砲撃をするための狭間(はざま) 2 小型砲艦

cannoniere 男 1〔軍〕砲手, 砲兵 2〔スポ〕(サッカーの)点取り屋, ストライカー

cannuccia 女〔複[-ce]〕ストロー

cannula 女〔医〕カニューレ(患部に挿入する細い管)

canoa 女 1 (大昔の)丸木舟 2 カヌー

canocchia 女〔動〕シャコ(蝦蛄)

canoismo 男〔スポ〕カヌー競技, カヌーを漕(こ)ぐこと

canoista 男女〔複〔男 -i〕〕〔スポ〕カヌー競技の選手, カヌーを漕ぐ人

canone 男 1 (倫理・芸術上の)規範, 標準 2 (一般的に)規則, 規律 3 手本とすべき作品[作家](のリスト) 4 (テレビの)受信料; (定期的に支払う)利用料金; 家賃 5〔宗〕正典, 聖典 6 聖書の正典目録; 聖人リスト 7 (教会から出される)戒律, 戒告; 法令 8〔カト〕ミサの奉献文, 聖餐(さん)式文 9〔音〕カノン

canonica 女 司祭館, (教区)牧師館

canonicato 男〔カト〕(司教座)聖参事会会員の地位[職務]

canonicità 女 1 正統性, 正規; 原則[基準]に合致すること 2〔カト〕教会法[戒律]に合致すること; 正典であること, 真正

canonico 形〔複[-ci]〕1 正規の, 正統的な 2〔宗〕戒律の, 教会法の[で定められた]; 正典の 3〔数〕(座標などの)正典の —男〔カト〕(司教座)聖堂参事会会員

canonista 男女〔複〔男 -i〕〕教会法の研究者

canonizzare 他 1〔宗〕…を聖者として承認する, …を聖典として認める 2 公認する 3 (他の法体系の規範を)受け入れる

canonizzazione 女 1〔宗〕列聖(式), 列聖の宣告, 正典承認 2 公認, 承認

canopo 男〔考〕(古代エジプトの)埋葬用の壺(つぼ), カノープスの壺

canorità 女 (鳥などが)上手に歌うこと, (歌声や音色の)甘い響き, 響きのよさ

canoro 形 上手に歌う, 甘い歌声の; (楽器について)快い音色の, よく響く

Canossa 固名〔女〕 カノッサ(エミリア・ロマーニャ州の町) —*L'umiliazione di Canossa* カノッサの屈辱(1077年, 神聖ローマ帝国皇帝ハインリッヒ4世がカノッサに滞在中の教皇グレゴリウス7世を訪れ, 破門の解除を懇願した)

canotta 女〔服〕ランニングシャツ

canottaggio 男 〔スポ〕ボートレース, ボート漕(こ)ぎ

canottiera 女 ランニングシャツ

canottiere 男〔女[-a]〕〔スポ〕ボートの漕(こ)ぎ手

canotto 男 ボート —*canotto di salvataggio* 救命ボート / *canotto pneu-*

matico ゴムボート

Canova 固名 (男) (Antonio ～) カノーヴァ(1757-1822; イタリアの彫刻家)

canova 女 〔トスカーナ〕食料倉庫; 食料品店

canovaccio 男 1 布巾, 雑巾; キャンバス(刺繍用の粗い布) 2 〔劇〕おおその筋立て, あらすじ; 〔文〕プロット

cantabile 形 1 歌うことができる, 歌いやすい 2 〔音〕カンタービレの; 〔副詞的〕歌うように, 流れるように ― 男 〔音〕カンタービレの曲[楽節]

cantalupo 男 〔農〕カンタルーポ(南欧産の甘いメロン), マスクメロン

cantambanco 男 〔複[-chi] 女 [-a]〕〔文〕(広場などで物語詩などを歌った)辻講談師, 流しの歌い手; 大道芸人, 香具師(やし)

cantante 男女 歌手

＊**cantare**[1] [カンターレ] 他 1 歌う ― *cantare* una canzone 歌を歌う 2 (詩で)称える, 称賛する ―I poeti *cantano* le grandi imprese degli eroi. 詩人は英雄の偉業を称える. ― 自 1 歌を歌う; 口ずさむ 2 (鳥や虫が)鳴く 3 歌手である ―*cantare* da tenore テノール歌手として活動する 4 表情豊かに演奏する 5 (エンジンが)轟(とどろ)音を発する 6 〔隠〕秘密を漏らす, 告白する ―Il colpevole *ha cantato*. 犯人は吐いた[ゲロした]. ► ***cantarla*** [***cantarle***] (嫌なこと・不快なことを)はっきり言う, ずけずけ言う

cantare[2] 男 1 (単数のみ)歌, メロディー 2 〔文〕(14～15世紀イタリアの民衆的な)騎士物語; (そのような騎士物語の)詩章

cantarello 男 ハラタケ科のキノコ; アンズタケ

cantaride 男 〔虫〕ハンミョウ

cantaro 男 〔考〕カンタロス(古代ギリシャの取っ手が左右についた杯)

cantastorie 男女 〔不変〕(広場などで物語詩などを歌った)辻講談師, 流しの歌い手

cantata 女 1 (気晴らしに[適当に])歌うこと 2 〔隠〕(警察への)自白, 暴露 3 〔音〕カンタータ

cantatina 女 〔音〕さりげないモチーフ

cantato 形 歌の ― 男 〔歌劇・ミュージカルなどの〕歌を伴う部分, 歌のパート

cantautore 男 〔女[-trice]〕シンガーソングライター

Cantelli 固名 (男) (Guido ～) グイード・カンテッリ(1920-56; イタリアの指揮者)

canterano 男 (引き出し式の)たんす

canterellare 他 鼻歌を歌う, ハミングする

canterino 形 1 (鳥などについて)よく鳴く, さえずる, 歌好きの ― 男 〔女[-a]〕歌好きの人

cantica 女 〔文〕(叙事的または宗教的な)物語詩, 長詩; ダンテ『神曲』の地獄[煉獄, 天国]篇

canticchiabile 形 口ずさめる, ハミングできる

canticchiare 他 〔io canticchio〕鼻歌まじりに歌う, 低い声で歌う, ハミングで歌う ― 自 鼻歌を歌う

cantico 男 〔複[-ci]〕 1 〔文〕聖歌; 賛歌, 頌(しょう)歌 ―il *Cantico* dei *Cantici* (旧約聖書の)雅歌 2 〔劇〕(古代の劇で)笛に伴われた叙情的モノローグ

cantiere 男 1 (囲われた)場所, 構内 ―*cantiere* edile 工事[建設]現場 / avere... in *cantiere* …の工事[製作]中 2 造船所(cantiere navale)

cantieristica 女 造船部門, 造船業

cantieristico 形 〔複[男 -ci]〕造船所の, 造船の

cantilena 女 1 (音楽・文学の)単調で長い作品 2 童謡, わらべ歌, 子守唄 3 単調で抑揚のない話し方 4 退屈な話

cantilenare 他 (ゆっくり単調な調子で)歌う, (低くささやくような声で)歌う[話す]

cantina 女 1 (地下の)貯蔵室 2 暗くて湿気た場所 3 酒蔵; ワインセラー 4 酒屋, 酒場

cantinetta 女 ワイン棚

cantiniere 男 〔女[-a]〕 1 (レストランなどの)セラーマン, ワインセラーの管理者 2 酒屋の主人 3 (ワインの)醸造職人

cantino 男 〔音〕弦楽器の第一弦

＊**canto**[1] [カント] 男 1 歌 2 歌曲, 声楽(作品) ―*canto* gregoriano グレゴリオ聖歌 3 歌唱芸術, 歌唱法 4 楽器の音[響き] 5 (鳥や昆虫の)さえずり, 鳴き声 6 (詩歌の)篇 7 〔文〕詩, 叙情詩 ► *al canto del gallo* 夜明けに, 明け方に *il canto del cigno* 白鳥の歌(最後の傑作)

canto[2] 男 片隅, かど ―*canto* della stanza 部屋の隅 / *canto* della strada 道の曲がり角 ► *d'altro canto* 他方, 一方, しかし *dal canto mio* [*tuo, suo*] 私[君, 彼/女]に関しては *in un canto* 離れて, 別にして

cantonale[1] 男 コーナー家具

cantonale[2] 形 (スイス連邦の)州の

cantonata 女 1 (曲がり角の)建物の角, 町角 2 大失敗 ―prendere una *cantonata* 大失敗をする

cantone[1] 男 1 (建物や部屋の)角, 隅; 引っ込んだ場所, 人目の届かないところ 2 〔紋〕盾の隅[角]; (旗の)色分けされた部分

cantone[2] 男 (県や郡などの)行政区分; (スイス連邦の)州

cantonese 形 広東(人)の ― 男女 広東人 ― 男 〔単数のみ〕広東語

cantoniera 女 道路[線路]保守点検係の家(casa cantoniera)

cantoniere 男 〔女[-a]〕道路[線路]保守点検係

cantore 男 〔女[-a]〕 1 聖歌隊員, 合唱団員 2 〔宗〕聖歌隊指揮者の職[地位] 3 (英雄や偉業の)歌い手, 語り手, 詩人

cantoria 囡 1 (教会の)聖歌隊席 2 〖総称的〗聖歌隊

cantra 囡 〔織〕(紡績機の)糸巻きを入れるフレーム〔枠〕

cantuccino 男 カントゥッチーノ(トスカーナのビスケット)

cantuccio 男 1 部屋の隅, 家具の角; (奥まった)静かな場所 2 パンのはけら 3 カントゥッチョ(ワインにつけて食べるトスカーナのビスケット)

canuto 形 1 (髪やひげが)白い, 白髪の 2 真っ白な 3 《文》老いた, 分別のある

canyon 男 〔不変〕〔英〕大渓谷

canzonare 他 1 からかう, 笑いものにする 2 〔トスカーナ〕ふざける, 冗談を言う

canzonatore 形 囡[-trice] 馬鹿にした, からかうような; 人をからかうのが好きな ―男 囡[-trice] 人をからかうのが好きな人, ふざけ屋

canzonatorio 形 馬鹿にした, ふざけた, からかうような

canzonatura 囡 からかい, 悪ふざけ

*canzone [カンツォーネ] 囡 1 歌, ポピュラーソング 2 いつもの話; 決まり文句; よくあること 3 〔文〕カンツォーネ, 叙情詩

canzonetta 囡 1 民謡, 小曲, 短いカンツォーネ 2 〔音〕カンツォネッタ(軽快な小歌曲) 3 〔文〕カンツォネッタ(カンツォーネよりも短く単純な恋愛詩)

canzonettista 男女〖複[-i]〗歌手

canzonettistico 形 〖複[-ci]〗カンツォネッタの

canzoniere 男 1 〔文〕(一連のテーマに沿った)叙情詩集 2 唱歌集

caolinite 囡 〔鉱〕カオリナイト

caolinizzazione 囡 〔鉱〕カオリン化

caolino 男 〔鉱〕カオリン

caos 男 〘単数のみ〙 1 無秩序, 大混乱, 混沌 2 〔物〕カオス

caotico 形 〖複[男 -ci]〗 混乱した; 混沌(ミん)とした, カオスの

CAP. 略 Codice di Avviamento Postale 郵便番号

Cap. 略 capitano 大尉

cap. 略 capitolo 章

*capace [カパーチェ] 形 1 能力がある, [essere capace di + 不定詞]…できる ― Sei *capace* di risolvere il problema? 君はその問題を解決できるか？ 2 有能な, 才能のある ―chirurgo *capace* 熟練の外科医 3 (悪いことを)しかねない, 素質[傾向]のある ―Sarebbe *capace* di imbrogliare anche suo padre. 奴なら, 父親だってだましそうだな. 4 収容能力のある 5 (容量の)大きい, たくさん入る ― borsa *capace* ゆったりしたバッグ

capacità 囡 1 容量, 収容能力, 広さ; 定員 2 能力, 技量, 力量, 腕前

capacitare 他 [io capacito] 説得する, 納得させる ―**arsi** 再 (di) …について納得する, 理解する; 諦める

capanna 囡 1 (藁(ネッ)や枝で作った)小屋 2 あばら屋, ぼろ屋 3 山小屋

capannello 男 人だかり

capanno 男 1 猟師小屋, 見張り小屋 2 パーゴラ 3 (海水浴場の)脱衣場

capannone 男 倉庫; 格納庫; ガレージ

caparbietà 囡 強情, 頑固; 不屈さ

caparbio 形 強情な, 頑固な; (意思の)強靱(ﾋﾞﾝ)な ―男 囡[-a] 強情な人, 頑固な人; (意思の)強靱な人

caparra 囡 保証金; 手付け金

capasanta 囡 〖複[capesante]〗〔貝〕ホタテ貝

capata 囡 1 頭突き 2 ちょっと立ち寄ること ―dare [fare] una *capata* in un luogo ある場所にちょっと立ち寄る

capatina 囡 短い訪問, ちょっと立ち寄ること ―Faccio una *capatina* in biblioteca [da lei]. 図書館[彼女のところ]にちょっと立ち寄る.

capecchio 男 (詰め物などに使う)麻 [亜麻]くず

capeggiare 他 [io capeggio] 導く, 指揮する, 先頭に立つ

capellino 男 1 〖複数で〗カペッリーニ(スープなどに入れる極細のパスタ) 2 〔植〕ヌカボ; ネナシカズラ

*capello [カペッロ] 男 1 髪の毛, 毛髪 ―*capelli* d'angelo カペッリ・ダンジェロ(極細のパスタ) 2 〖複数で〗髪型, ヘアスタイル ▶ *al capello* 正確に, 厳密に *averne fin sopra i capelli* うんざりする, 嫌気がさす *fare rizzare i capelli* 驚かせる, びっくりさせる *mettersi le mani nei capelli* 絶望する *prendersi per i capelli* 殴り合う, けんかする *spaccare un capello in quattro* 重箱の隅をつつく, 細かいことにこだわる *tirare per i capelli* 無理強いする

capellone 男 囡[-a] 髪の長い[多い]人 ―形 長髪の; ヒッピーの

capelluto 形 1 髪の濃い, ふさふさした髪の ―cuoio *capelluto* 頭皮 2 〔動〕前髪のある; 〔植〕根が密生した

capelvenere 男 〔植〕ホウライシダ

capestro 男 1 絞首用の縄; 絞首台 2 《文》(絞首刑にふさわしい)極悪人 3 《文》(フランチェスコ会修道士の)ひも帯 ―形 〔不変〕過酷な, 厳しい条件の ▶ *da capestro* 極悪の, ひどい

capetingio 形 〖複[-ge, -gie]〗(フランスの)カペー王朝(987－1328)の ―男 囡[-a] カペー王家の人; (C-) 〖複数で〗カペー王家

capetto 男 《蔑》横柄な上司, いばり散らすボス

capezzale 男 ベッドの枕元; 病床

capezzolo 男 〔解〕乳首

capibile 形 理解できる, 分かりやすい

capiente 形 1 たっぷり入る, 収容力のある, 広々とした 2 〔経〕債務を保証するのに十分な

capienza 囡 収容力, 容量

capigliatura 囡 〖総称的〗髪, 髪全体

capillare 形 1 (髪のように)細い 2

capillarità 〔解〕毛細血管の; 毛細管の, 毛細状の 3 隅々まで行き渡った; 詳細な, 委曲を尽くした ― 男 〔解〕毛細血管, 毛細管

capillare 女 1 細さ; 毛細状 2 詳細さ, 細やかさ; 網の目 3〔物〕毛細管作用, 毛管現象

capillarizzare 他 （隅々まで）普及させる, 行き渡らせる; （毛細状に）分岐させる ―**arsi** 再 （毛細状に）分岐する, 細かく枝分かれする; 普及する, 行き渡る

capillarizzazione 女 1 毛細化, 細分化 2（隅々まで）行き渡らせること, 普及

capinera 女〔鳥〕ズグロムシクイ

capintesta 男女〔不変〕 1 首謀者; リーダー 2〔スポ〕（順位の）トップ選手[チーム]

＊**capire** [カピーレ] 他 [io -isco] 1 分かる, 理解する ―*capire al [a] volo* すぐに理解する / *capire l'antifona* 感づく, それとなく分かる / *Si capisce.* もちろん, 確かに 2 納得する, 確信する 3 是認する, 許す ―**irsi** 再 分かり合う, 合意する

capisce capireの直·現·3単

＊**capitale** [カピターレ] 形 1 命にかかわる ―*pena capitale* 死刑 2 最重要の, 重大な 3 大文字の, 頭文字の ― 女 首都; 中心地 ― 男 資本[金], 元金

capitalismo 男 資本主義, 資本主義体制 ―*capitalismo di Stato* 国家資本主義

capitalista 男女〔複[男 -i]〕 1 資本家 2 大金持ち ― 形 1 資本家の; 大金持ちの 2 資本主義の

capitalistico 形〔複[男 -ci]〕 資本主義の[に基づく], 資本の, 資本家の

capitalizzare 他 1〔経〕資本化する, （余剰金を）資本に組み入れる; 増資する 2 算定する, 見積もる 3 活用する

capitalizzazione 女 1〔経〕資本化, （余剰金の）資本組み入れ; 増資 2 算定, 見積もり

capitanare 他 指揮する, 導く

capitanato 男 （中世の司法·軍事などを指揮する）指揮官の支配地[居館], 指揮官職の任期

capitaneria 女 1 → capitanato 2 港湾管理事務所（capitaneria di porto）

capitanessa 女〔謔〕女ボス, おてんば隊長; 隊長の奥方

＊**capitano** [カピターノ] 男 1 隊長 2 船長, キャプテン

＊**capitare** [カピターレ] 自 [es] [io capito] 1（偶然, たまたま）通りかかる, 居合わす ―*Sei capitato al momento giusto.* ちょうどいい時に来たね。 / *capitare bene [male]* 運のよい[悪い] 2 巡ってくる ―*Quest'anno Natale capita di venerdì.* 今年のクリスマスは金曜日だ。 3（偶然）現れる ―*Mi è capitato un buon affare.* たまたまよい仕事が舞い込んだ。 4〔非人称〕起こる, 生じる ―*Che cosa ti è capitato?* 一体何が起こったんだ？ / *Capita spesso che lui venga a trovarmi.* 彼はよく私に会いにやって来る。 ▶ *capitare tra [per] le mani* 偶然手に入る[取り戻す]

capitato 形〔植〕頭状（花序）の ― 男〔解〕小頭骨, 有頭骨

capitazione 女〔歴〕人頭税

capitecenso → capite census

capite census 慣〔ラ〕（古代ローマの）無産者

capitello 男 1〔建〕柱頭, キャピタル 2（本の背の両端に補強のために張られる）帯 3〔解〕（骨の）小頭

capitolare¹ 男 1〔歴〕（フランク王国の）法令[勅令]集, 教会法令集 2〔総称的〕聖職者[市民]会議における決定事項集

capitolare² 形（司教座）聖堂参事会の

capitolare³ 自 [io capitolo] 降伏する;（相手の主張に）降参する, 譲歩する

capitolato¹ 形 1 章分けされた 2 降伏[降参]した

capitolato² 男 1〔法〕（特に入札の）契約条項書 2（建設業者と注文主の間で交わされる）建築契約書[覚え書き]

capitolazione 女 1 降伏協定[条約]; 降伏, 敗北 2（相手の主張に対する）降参, 譲歩

capitolino 形 カンピドーリオ（の丘）の; ローマ市の

＊**capitolo** [カピートロ] 男 1（本などの）章 2（契約や規則の）条項 3（人生の）一時期, 一区切り 4〔文〕3韻句法による詩 5〔カト〕（司教座）聖堂参事会またはその総会;（聖職者·騎士団などの）会合 ▶ *avere voce in capitolo* 発言力を持つ

capitombolare 自 [es] [io capitombolo] 1 真っ逆さまに落ちる, 転げ落ちる ―*capitombolare dalle scale* 階段から転げ落ちる 2 破滅する

capitombolo 男 1 転げ落ちること, 転落 ―*fare un capitombolo per le scale* 階段を転げ落ちる 2 破滅 ▶ *a capitomboli* 真っ逆さまに, 転げ落ちて

capitomboloni 副 真っ逆さまに, 転げ落ちて

capitone 男 1 大ウナギ（クリスマス料理に使われる）2〔中伊〕暖炉の薪(まき)載せ台

capitozza 女〔農〕（新芽が出やすいよう）木の先端を刈り込むこと, 剪(せん)定; 剪定された木

capitozzare 他〔農〕（木の）先端を刈り込む, 剪(せん)定する

＊**capo** [カーポ] 男 1 頭 ―*Non uscire a capo scoperto.* 帽子をかぶらずに出かけるな。2 頭脳, 精神, 知性 ―*Che strane idee ti sei messo in capo!* 君はずいぶん変わった考えに凝り固まっているんだな。3 長, ボス, チーフ, 指導者 ―*Oggi il capo del governo si incontrerà con i ministri.* 今日首相は閣僚たちと会談の予定だ。4 端, 末端, 始め ―*il capo di un filo* 糸[コード]の端 / *capo d'anno* 元旦, 元日（capo-

capo-
danno) **5** 衣類, 服飾品の一点 ―Maria indossava un *capo* elegante. マリアは上品な服を着ていた. **6** (動物の)頭, 匹 ―Ogni *capo* del gregge porta il marchio. 羊の群れには一頭ずつ焼き印が押されている. **7** (本などの)章, 節 **8** (議論や文章の)要点, 論点 **9** 〔地理〕岬, 出鼻 ―*Capo* di Buona Speranza 喜望峰(南アフリカ共和国南西端の岬) ▶ *alzare il capo* 反乱を起こす, 反抗する *andare a capo* 改行する *battere il capo nel muro* 絶望する, うちひしがれる *da capo* 最初から *dare al capo* 当惑[混乱]させる *fra capo e collo* 不意に *in capo a...* …以内に, …の間に *in capo al mondo* はるか遠くに *rompersi il capo* 考え抜く *scuotere il capo* (反対して)首を横に振る *senza capo né coda* とりとめのない; 支離滅裂な

capo- 〖腰尾〗 「先頭に立つ」「指揮する」「傑出した」「端, 始まり」などの意

capoarea 男女 〖複[男 capiarea, 女不変]〗エリアマネージャー, 地区販売責任者

capobanda 男女 〖複[男 capibanda, 女不変]〗 **1** (楽隊の)楽長, バンドマスター **2** (犯罪グループの)ボス, 首謀者 **3** (仲間を元気づける)引っ張り役

capobastone 男 〖複[capibastone]〗《俗》(マフィアの)地域のボス; 《皮肉で》見かけ倒しのボス

capobranco 男女 〖複[男 capibranco, 女不変]〗(動物の)群れのボス

capoc 男 〖不変〗〔植〕カポック; (カポックから取れる)綿

capocameriere 男 〖女[-a]〗(レストランやホテルの)給仕長

capocannoniere 男 〖複[capicannonieri]〗 **1** 〖女[-a]〗(サッカーの)得点王 **2** (海軍の)砲手長

capocantiere 男女 〖複[男 capicantiere, 女不変]〗(建築の)現場監督, 作業責任者

capocarceriere 男 〖複[capicarcerieri]〗女[-a]〗看守長

capocchia 女 (マッチや釘($)などのふくらんだ)先端部 ▶ *a capocchia* でたらめに, 支離滅裂に

capocchiuto 形 **1** 先端が大きい[太い] **2** 〔植〕大きな球根の

capoccia 男 〖不変〗 **1** (仕事の)監督者, 現場監督, 親方 **2** 《諸》ボス **2** (農家の)家長 ― 男 〖複[-ce]〗〔ローマ〕頭

capocciata 女 〔ローマ〕頭突き, ヘッドバット

*capocci*one 男 〖女[-a]〗 **1** 頑固者 **2** 《諸》大変に賢い人 **3** 〔ローマ〕《諸》お偉いさん, 大物

capocentro 男女 〖複[男 capicentro, 女不変]〗責任者, 店長; センター長

capocielo 男 祭壇の天蓋

capociurma 男 〖複[capiciurma]〗水夫長

capoclan 男女 〖不変〗(犯罪グループ・武装集団などの)ボス, リーダー

capoclaque 男女 〖不変〗さくらを指揮する人, さくらの手配師

capoclasse 男女 〖複[男 capiclasse, 女不変]〗クラス委員長

capoclassifica 形 〖不変〗(順位表で)トップの, 第一位の, 最高の成績の ― 男女 〖複[男 不変または capiclassifica, 女不変]〗順位トップの人[チーム]

capocollo 男女 〖複[capicolli]〗 **1** (特に豚の)頸(くび)部の肉 **2** カポコッロ(豚の頸部の背肉から作ったサラミ[ソーセージ])

capocomico 男 〖複[capocomici, capicomici]〗女[-a]〗(劇団の)座長

capocomitiva 男女 〖複[男 capocomitiva, 女不変]〗ツアーガイド; グループリーダー

capocommessa 女 〖不変〗(入札事業で下請けを使って仕事をする)親企業 ― 男女 〖複[男 capocommessa, 女不変または capocommesse]〗販売責任者

capocommesso 男 (店やデパートの)売り場責任者

capocordata 男女 〖複[男 capicordata, 女不変]〗(登山の)リーダー

capocorso 男女 〖複[男 capicorso, 女不変]〗(学校または士官学校で)講座[課程]の首席学生

capocronaca 男 〖複[capicronaca]〗(新聞の)地元ニュースのトップ記事

capocuoco 男 〖複[capicuochi, capocuochi]女[-a]〗料理長

capodanno 男 〖稀〗〖複[capodanni, capi d'anno]〗元旦, 元日

capodimonte 形 (磁器について)カポディモンテ産の, カポディモンテ磁器の ― 男 〖不変〗カポディモンテ産の磁器

capodipartimento 男女 〖複[男 capidipartimento, 女不変]〗部門長, 部門責任者

capodivisione 男女 〖複[男 capidivisione, 女不変]〗(官庁の)部局長, 部長

capodoglio 男 〔動〕マッコウクジラ

capofacchino 男 〖複[capofacchini, capifacchini]〗ポーターの親方

capofamiglia 男女 〖複[男 capifamiglia, 女不変]〗家長

capofficina 男女 〖複[男 capiofficina, 女不変]〗工場長, 作業場の責任者

capofila 男女 〖複[男 capifila, 女不変]〗 **1** 列の先頭 **2** (芸術運動や政治活動の)リーダー, 指導者

capofitto 形 頭を下にした ▶ *a capofitto* 頭から, 真っ逆さまに; 真っ向から

capogabinetto 男女 〖複[男 capigabinetto, 女不変]〗内閣官房長官

capogatto 男 〖複[capogatti, capigatti]〗〔農〕(枝をたわめて地面に差し込む)取り木

capogiro 男 〖複[capogiri]〗めまい ―*da capogiro* 素晴らしい; 巨大な

capogruppo 男女 〖複[男 capi-

gruppo, 女不変〛**1** グループリーダー **2** 議員団長 **3**〖経〗親会社

capoguardia 男女〖複[男 capi-guardia, 女不変]〛警備責任者;（監獄の）看守長

capoinfermiere 男〖女[-a]〛看護士長

capolaboratorio 男女〖複[男 capi-laboratorio, 女不変]〛実験室長, 作業場のリーダー

capolavoro 男〖複[capolavori]〛**1** 代表作; 傑作 **2**（見習い期間の）腕試しの作品

capolettera 男〖複[capilettera, capilettere, capolettere]〛**1**〖歴〗（公文書や私信の冒頭の）紋章, レターヘッド **2**〖印〗（章の始まりや見出しなどに置かれる）大きな文字

capolinea 男〖不変または複[capilinea]〛始発駅, 終点, ターミナル

capolino 男〖植〗頭状花序, 頭状花,（菊などの）花弁 ▶ *fare capolino* 顔を覗かせる

capolista 男女〖複[男 capilista, 女不変]〛**1**（順位名簿の）トップ;（選挙名簿の）筆頭者; 最高得票者 **2** 第一人者 **3**（サッカーなどで）順位トップのチーム ── 形 最高得票の **2** リーグトップの

capoluogo 男〖複[capoluoghi, capiluoghi]〛州都; 県庁所在地

capomafia 男女〖複[男 capimafia, 女不変]〛マフィアのボス

capomanipolo 男〖複[capimanipoli]〛〖歴〗（ファシスト軍の）小隊長

capomensa 男女〖複[男 capimensa, 女不変]〛社員食堂の責任者

capomissione 男女〖複[男 capimissione, 女不変]〛外交使節の長; 派遣団のリーダー

caponata 女〖料〗カポナータ（炒めたナスなどをオリーブ油・香辛料・酢などで味付けした料理）

capone 男〖女[-a]〛〖トスカーナ〗頭の大きな人; 頑固な人 ── 形 頑固な

capopagina 男〖複[capipagina]〛**1** ページの冒頭部分 **2**〖印〗（章の最初のページを飾る）装飾模様

capopartito 男〖複[capipartito, 女不変]〛党首, 政治集団のリーダー

capopopolo 男女〖複[男 *capipopolo*, 女不変]〛**1**（特に蜂起を起こした）民衆の指導者［リーダー］ **2**〖蔑〗デマゴーグ, アジテーター

capoposto 男〖複[capiposto]〛〖軍〗歩哨(しょう)隊長

caporalato 男〖複〗**1**〖南伊〗不法農業労働者幹(かん)旋システム **2**〖軍〗伍長の階級［任務］

caporale 男 **1**〖軍〗伍長 **2** 現場監督, 職工長, 作業長 **3** 横暴［横柄］な人

caporalesco 形〖複[男 -chi]〛《蔑》横柄な, 威張り散らした

caporalmaggiore 男〖軍〗上級伍長

caporedattore 男女〖複[男 capire-dattori]女[capiredattrice, 複 capo-redattrici]〛（新聞や出版者の）編集長

caporeparto 男女〖複[男 capire-parto, 女不変]〛（会社や病院の）課長, 部門［部局］長

caporetto 女〖単数のみ〗大敗, 大失敗

caporione 男〖複[caporioni, capirioni]女[-a]〛**1**（暴徒や悪党の）リーダー, ボス **2** 横暴な支配者, 威張り散らす人 **3** ムードメーカー **4**〖歴〗地区リーダー

caporosso, capirosso 男〖鳥〗ゴシキヒワ

caposala 男女〖複[男 capisala, 女不変]〛主任, 室長, チーフ

caposaldo 男〖複[capisaldi]〛**1**（本質的な）ポイント, 基本原理 **2** 軍事上の拠点 **3**（測量の）水準点

caposcala 男〖複[capiscala]〛階段の踊り場

caposcalo 男女〖複[男 capiscalo, 女不変]〛（空港の）運航責任者

caposcorta 男女〖複[男 capiscorta, 女不変]〛護衛［護送］責任者

caposcuola 男女〖複[男 capiscuola, 女不変]〛（芸術流派や学派の）創始者

caposervizio 男女〖複[男 capiservizio, 女不変]〛**1** 主任 **2**（新聞やテレビニュースの）主任編集者, 編集主幹

caposezione 男女〖複[男 capisezione, 女不変]〛（局・部・課などの）長

caposquadra 男女〖複[男 capisquadra, 女不変]〛**1** 職工長, 職長 **2**〖スポ〗チームリーダー **3**〖軍〗分隊長

caposquadriglia 男女〖複[男 capisquadriglia, 女不変]〛**1**（ボーイスカウトの）グループリーダー **2**〖軍〗（海軍・空軍の）小艦隊［飛行小隊］指揮官

capostanza 男女〖複[男 capistanza, 女不変]〛（職場の一室をまとめる）係長

capostazione 男女〖複[男 capistazione, 女不変]〛駅長

capostipite 男女 **1**（家の）始祖 **2** 創始者 ── 男 元祖, 原型

capotare → capottare

capotavola 男女〖複[男 capitavola, 女不変]〛主賓 ── 男 主賓席

capote 男 **1**（自動車の）オープンルーフ,（馬車の）幌(ほろ) **2**〖服〗カポート

capotecnico 男〖複[capitecnici, capotecnici]〛技術責任者, 技術部長

capotreno 男女〖複[男 capitreno, capotreni, 女不変]〛（列車の）車掌

capotribù 男女 部族長;《諧》リーダー

capotta → capote

capottamento 男（車などが）ひっくり返ること, 横転

capottare 自（車などが）ひっくり返る, 横転する ──**arsi** 自 ひっくり返る

capottata 女（車などが）ひっくり返ること, 横転

capoturno 男女 〚複〛男 capiturno, 女不変〛(交替性の仕事の)責任者

capoufficio 男女 〚複〛男 capiuffi-cio, 女不変〛事務長; 所長

Capo Verde 固名(男) カーボヴェルデ

capoverdiano 形 カーボヴェルデ(人)の —男〚女 -a〛カーボヴェルデ人

capoverso 男 **1**(段落の)冒頭; 段落 **2** 詩の第一行目 **3**(法律の)項

capovolgere [131] 他〚過分 capovolto〛**1** ひっくり返す, 上下逆にする **2** 逆[反対]にする, 一変させる, 方向転換する —**ersi** 再 **1** ひっくり返る **2** 一変する, 完全に変わる

capovolgimento 男 **1** ひっくり返る[返す]こと, 転覆 **2** 大きな変化, 逆転, 反転

capovolta 女 **1** とんぼ返り, 宙返り **2** ひっくり返ること, 転覆 **3**〚スポ〛水泳のクイックターン

capovolto 形〚過分 < capovolgere〛ひっくり返った, 逆さの; 裏返した — bicchieri *capovolti* 伏せたグラス

capozona 男女 〚複〛男 capizona, 女不変〛(地区のリーダー[主任]; (マフィアの)地区のボス

cappa¹ 女 **1** マント, ケープ **2** 蒸し暑さ, 息苦しさ; 重苦しくのしかかるもの —Mi sento sotto una *cappa* di piombo. 私は圧迫感を覚える. **3**〚厨(ホホ)〛房や暖炉の)フード **4**〚船〛運賃割戻金, 船長謝礼金

cappa² 男, 女〚不変〛**1** アルファベットのK, カッパ **2**(ギリシャ語アルファベットの)10番目の字母(K, κ)

cappa³ 女〚貝〛カッパ(アサリに似た二枚貝), ハマグリ

cappamagna 女(高位聖職者または大学教授が重要な儀式でまとう)大マント

capparidacea 女 (C-)〚複数で〛〚植〛フウチョウソウ科

cappella¹ 女 **1** 礼拝堂, チャペル, 小堂 —*cappella* mortuaria 死体安置所, 霊安室 **2**(町角の)壁龕(���) **3** 聖歌隊 ► *a cappella* 無伴奏で, アカペラで

cappella² 女 **1**(太釘(���)の)頭 **2** キノコのかさ **3**〚俗〛(軍隊で)新米, 新兵 **4**〚口〛大失敗

cappellaccia 女〚複 [-ce]〛〚鳥〛カンムリヒバリ

cappellaio 男〚女 -a〛帽子屋, 帽子製造業者[職人]

cappellano 男 **1**(小教区の)補助司祭 **2**(軍隊・刑務所・病院など公共施設の)司祭 —*cappellano* militare 従軍司祭 **3** 礼拝堂付き司祭(の職)

cappellata 女 **1** 帽子で叩くこと **2** 帽子1杯分の量 ► *a cappellate* 大量に

cappelletto 男 **1** 小さな帽子 **2**(ねじ式の小さな)キャップ, 栓 **3**〚複数で〛カッペレッティ(帽子型の小パスタ) **4** カッペレット(帽子型の腸詰め) **5**(靴下のつま先の)生地を補強した部分

cappelliera 女(帽子を入れる)丸い箱

cappellificio 男 帽子工房[工場]

cappellina 女 麦わら帽子

cappellino 男 小さな帽子, キャップ; (婦人用の)帽子

‡**cappello** [カッペッロ] 男 **1** 帽子 — *cappello* di paglia 麦わら帽 / *cappello* di feltro フェルト帽 / *cappello* a cilindro シルクハット **2**(物の)頭[先端]の部分 —*cappello* del chiodo 釘(�)の頭 / *cappello* di un fungo キノコの傘 **3**(本や演説などの)序文, 緒言, 序言, 前置き ► *cappello sulle ventitré* 帽子を斜めにかぶって *fare tanto di cappello a...* ...に敬意を表する, 称賛する

cappellone 男〚女 [-a]〛**1** 大きな帽子(をかぶった人) **2**〚隠〛(軍隊で)新入り, 新米 **3**〚隠〛(西部劇映画の)カウボーイ

cappellotto 男 **1**(靴のつま先の)補強部分 **2**(ピンの首・バルブなどを保護する)栓 **3**(火器の)雷管

cappero 男 **1**〚植〛ケイパー; そのつぼみの酢漬け **2**〚口〛〚複数で; 間投詞的に〛うわっ, 何と, くそっ —*Capperi, che spavento!* これはまた驚いた.

cappio 男 蝶(ホ)結び; 絞首刑用の輪縄

cappona 女(卵巣を取り除いた)雌鶏(ホホ)

capponare 他(雄鶏(ホホ)を)去勢する, (雌鶏(ホホ)の)卵巣を取り除く; (一般に)去勢する

capponatura 女 去勢

cappone 男 **1** 去勢した雄鶏(ホホ) **2**〚魚〛カサゴ科の魚

capponessa → cappona

cappottare → capottare

‡**cappotto¹** [カッポット] 男 コート; 外套(ガ)

‡**cappotto²** [カッポット] 男〚不変〛(競技やゲームの)全勝, 完封勝ち, 圧勝 — dare [fare] *cappotto* 完封勝利する

cappucciato 形 **1**(衣類について)フードつきの, 頭巾がついた; (人について)フードをかぶった **2**〚植〛(葉や花弁が)フードの形をした

cappuccina¹ 女〚植〛レタス類; ノウゼンハレン, キンレンカ

cappuccina² 女 カプチン会修道女

cappuccinesco 形〚複〚男 -chi〛〛カプチン会修道士の

cappuccino 男 カプチーノ

cappuccio¹ 男 **1** 頭巾, フード **2** キャップ, 蓋(ホ) —il *cappuccio* della penna ペンのキャップ

cappuccio² 男 玉キャベツ

cappuccio³ 男〚口〛カプチーノ

capra 女 **1**〚動〛ヤギ **2** 無知な人, 教養のない人 **3** 三脚 **4** 三脚ウインチ ► *salvare capra e cavoli* 進退両難を免れる; 一挙両得

capraio, capraro 男〚女 [-a]〛ヤギの番人, ヤギ飼い

capreolo 男 **1** ブドウの蔓(��) **2**〚建〛

蔓模様の装飾

caprese 形 カプリ島(の人)の ―男女 カプリ島の人 ―女 カプリ風サラダ(トマト・モッツァレッラチーズ・バジリコを使ったサラダ)

capretto 男 (生後1年未満の)子ヤギ; 子ヤギの肉[皮]

Capri 固名(女) カプリ島(カンパーニア州の島; 青の洞窟で知られる)

capriata 女 〔建〕(三角形の)桁組み, トラス

capriccio 男 1 気まぐれ, むら気, 移り気; だだ(をこねること) 2 戯れの恋 3 〔音〕奇想曲 4 〔美・文〕奇抜[空想的]な作品 ▶ *fare i capricci* だだをこねる

capricciosa 女 〔料〕インサラータ・カプリチョーサ(トマト・モッツァレッラチーズ・レタスなどをベースにしたサラダ) 2 ピッツァ・カプリチョーサ(モッツァレッラチーズ・トマト・ハムなどをのせたピザ)

capricciosamente 副 気まぐれに, 風変わりに, 奇抜に

capricciosità 女 気まぐれ, 風変わり, 奇抜

capriccioso 形 1 気まぐれな, 勝手気ままな 2 奇抜な, 風変わりな 3 不安定な, 変わりやすい

capricorno 男 1 (C-)〔天〕山羊(やぎ)座; 〔占星〕磨羯(まかつ)宮 2 〔動〕(インド産の)中型レイヨウ

caprifico 男 〔複[-chi]〕〔植〕カプリイチジク

caprifoglio 男 〔植〕スイカズラ

caprimulgo 男 〔複[-gi]〕〔鳥〕ヨーロッパヨタカ

caprino 形 ヤギの; ヤギのような ―男 1 ヤギのチーズ 2 (肥料に使う)ヤギの糞(ふん) 3 〔文〕ヤギの臭い

capriola¹ 女 1 前転, 後転 2 軽快に[元気に]飛び跳ねること 3 《謔》転倒, 転落 4 (バレエの)カプリオル

capriola² 女 → capriolo

capriolo 男 〔動〕ノロジカ

capro 男 雄のヤギ ▶ *capro espiatorio* (古代ヘブライ人の)贖(あがな)い罪のヤギ; 他人の罪をあがなう人, スケープゴート

caprone 男 1 雄のヤギ 2 (ずんぐりした体型の)下品な人, 野卑な人

capsico 男 〔複[-ci]〕〔植〕1 トウガラシ属の植物 2 トウガラシ

capsula 女 1 カプセル 2 口金, 栓 3 〔医〕被膜 4 〔解〕皮膜, 嚢(のう), 包

capsulare 形 1 〔医〕カプセルの 2 〔植〕さや状の

captabile 形 1 受信できる, 傍受できる 2 直感できる, 感じ取ることができる

captare 他 1 受信する, 傍受する 2 直感する, 見抜く, 感じ取る 3 (策略によって)獲得しようとする 4 (水などを)引き込む

Capua 固名(女) カプア(現カンパーニア州 Santa Maria Capua Vetere に存在した古代都市)

capufficio → capoufficio

caput mundi 〔ラ〕〔男〕〔ラ〕世界の首都(ローマのこと)

capziosità 女 欺瞞(ぎまん), 惑わすこと

capzioso 形 欺瞞(ぎまん)的な, 人を欺く

cara 女 〔幼〕なでなで ―*fare cara* なでなでする

carabattola 女 〔トスカーナ〕がらくた, 安物; 価値の無いもの, 無駄なこと

carabina 女 カービン銃

carabinata 女 カービン銃の一発

‡**carabiniere** [カラビニエーレ] 男 1 国防省警察官, カラビニエーレ; 憲兵 2 厳格な人, 血も涙もない人 ―*Arma dei Carabinieri* 国防省警察

Caracalla 固名 (男) カラカラ(188-217; ローマ皇帝 Marco Aurelio Antonino の通称; 在位 211-217)

caracalla 女 (古代ローマの)頭巾つきの長いマント

carachiri → harakiri

caracollare 自 1 よろよろ歩く, よちよち歩く 2 〔馬〕半回転[半旋回]を行う

caracollo 男 〔馬〕半回転, 半旋回

caraffa 女 (ワインの)デキャンタ, カラフ

caraibico → caribico

caraibo → caribo¹

caramba¹ 〔不変〕《蔑》カラビニエーリ, おまわり

caramba² 間 〔驚きや賛嘆を表して〕うわ, すごい

carambola¹ 女 1 (ビリヤードで)キャノン 2 カランボラ(ビリヤード台で行う球当て遊戯) 3 〔スポ〕(サッカーで)障害物に当たって軌道を変えたシュート 4 玉突き衝突, 玉突き事故

carambola² 女 〔植〕ゴレンシ; スターフルーツ(ゴレンシの実)

carambolare 自 (io carambolo) 1 玉突き衝突する, 次々にぶつかる 2 (ビリヤードで)キャノンを突く

carambolata 女 (ビリヤードで)キャノンを突くこと

caramella 女 1 キャンディー, キャラメル, 飴(あめ)玉 2 《謔》片メガネ ―男 〔不変〕明るいピンク ―形 〔不変〕明るいピンクの

caramellaio 男 〔女[-a]〕キャンディー製造[販売]業者

caramellare 他 1 (砂糖を)カラメルにする 2 カラメルをかける[で覆う] 3 (カラメルで飲み物を)色づけ[風味づけ]する ―*arsi* 再 カラメルになる, カラメルをかけられる

caramellato 形 カラメルをかけた, カラメルで覆われた

caramello 男 カラメル ―男, 形 〔不変〕カラメル色(の), 焦げ茶色(の)

caramelloso 形 甘ったるい

caramente 副 1 愛情を込めて, 優しく 2 高い値段で

carampana 女 〔北伊〕醜い老婆, 下卑た老女

carapace 男 〔動〕甲羅, 甲殻

carassio 男 〔魚〕フナ

caratare 他 1 (貴金属の重さを)カラット単位で量る 2 算定する, 精査する

caratello 男 (ワインなどを容れる)小樽(｢たる｣); 小樽1本分の量

carato 男 1 カラット(純金含有度及び貴金属の質量の単位) —oro a 18 carati 18金 2 [法]商業船の所有権の24分の1

caratteraccio 男 怒りっぽくて気まぐれな性格(の人), 気難しい性格(の人)

‡**carattere** [カラッテレ] 男 1 文字 —caratteri cinesi 漢字 2 特徴, 特色, 特質 —caratteri distintivi di una lingua ある言語の特徴 3 性格, 性質, 人格 —avere un buon [cattivo] carattere 人柄がよい[悪い] 4 気骨, 剛毅(ごうき) 5 [印]活字

caratteriale 形 1 性格の 2 [心]性格障害の

caratterino 男 気難しい性格(の人), とっつきにくい性格(の人)

caratterista 男女〔複[男 -i]〕性格俳優; (特徴的な性格の)役柄

caratteristica 女 1 特徴, 特性, 特質 2 [数](対数の)指標, 標数

caratteristicamente 副 特徴的に, 典型的に

‡**caratteristico** [カラッテリスティコ] 形〔複[男 -ci]〕独特の, 特有な, 特徴的な; 特色のある

caratterizzante 形 特徴的な, 特有の

caratterizzare 他 特徴[性格]づける —**arsi** 再 特徴づけられる, 際立つ

caratterizzazione 女 特徴づけ; 性格描写

caratura 女 1 (貴金属の)カラットの測量 2 評価, 価値, 重要性

caravaggesco 形〔複[男 -chi]〕カラヴァッジョの, カラヴァッジョ風の —男 カラヴァッジョの模倣者[信奉者]

Caravaggio 固名 (男) (Michelangelo Merisi da 〜)カラヴァッジョ(1571/73-1610; イタリアのバロック派画家. 本名 Michelangelo Merisi)

caravanista 男女〔複[男 -i]〕トレーラー旅行者

caravanserraglio 男 (東方の)隊商宿, 隊商の宿営地

caravella 女 (15〜16世紀にポルトガル・スペインで使われた)快速帆船

carbo- 「炭素」の意

carboidrato 男 [生化]炭水化物

carbonaia 女 1 (炭を作るための)薪(たきぎ)の山 2 炭置き場; 暗いよごれた場所 3 石炭運搬船

carbonaio 男〔女-a〕炭屋, 燃料店 (carbonaro)

carbonara 女 [料](パスタの)カルボナーラ

carbonaro 形 [歴]カルボナーリ党の, カルボナーリ党員の —男 1 カルボナーリ党員 2 [北伊]→carbonaio ▶ **alla carbonara** (パスタ)カルボナーラ

carbonato 男 [化]炭酸塩, エステル —carbonato di ammonio 炭酸アンモニウム / carbonato di sodio 炭酸ナトリウム

carbonchio 男 1 [医・獣]カルブンケル, 炭疽(たんそ) 2 [植]黒穂病 3 [鉱]ルビー, ざくろ石

carboncino 男 (描画に使う)木炭, 炭筆 —disegno a carboncino 木炭デッサン

carbone [カルボーネ] 男 炭, 石炭 —carbone bianco (水力発電による)電力 / carta carbone カーボン紙 ▶ **stare sui carboni ardenti** 心配する; 居心地が悪い

carbonella 女 粉炭

carboneria 女 [歴]カルボナーリ党(19世紀初頭に南イタリアで生まれた反専制主義・民族独立を目標とする秘密結社)

carbonico 形〔複[男 -ci]〕1 [化]炭素の —anidride carbonica 二酸化炭素, 炭酸ガス / neve carbonica ドライアイス 2 [地質]石炭紀の

carboniere 男〔女 -a〕1 石炭事業者, 石炭商人 2 炭鉱労働者

carboniero 形 石炭の, 石炭を運ぶ

carbonifero 形 1 [地質]石炭を含む 2 石炭の豊富な 2 [地質]石炭紀の —男 (C-) [地質]石炭紀

carbonile¹ 形 石炭を置くための, 石炭を保管する —男 (船の)石炭室, 石炭置き場

carbonile² 男 [化]カルボニル

carbonio 男 [化]炭素(元素記号 C) —fibra di carbonio カーボンファイバー, 炭素繊維

carbonizzare 他 1 炭にする, 炭化させる 2 焼く, 黒焦げにする —**arsi** 再 燃焼する, 黒焦げになる, 灰になる —La bistecca si è carbonizzata. ステーキが焦げてしまった.

carbonizzazione 女 1 炭化 2 燃やすこと 3 (羊毛繊維の)炭化処理

carbosiderurgico 形〔複[男 -ci]〕石炭・鉄鋼業の —男〔複[-ci]〕石炭・鉄鋼業(セクター)

carbossile 男 [化]カルボキシル

carburante 男 動力用燃料

carburare 他 1 (自動車など)キャブレターで気化する, 混合気を作る 2 (金属の強度を高めるために)浸炭する —自 (モーターなどが)作動する, 動く; (人が)調子がよい

carburatore 男 キャブレター

carburatorista 男女〔複[男 -i]〕キャブレターの修理工

carburazione 女 1 (ガソリンと空気を接触させて混合気を作る)気化 2 (心身の)能力, 力

carburo 男 [化]カーバイド, 炭化物; 炭化カルシウム —carburo di calcio 炭化カルシウム

carcadè 男 1 [植]カルカデ 2 カルカデ茶

carcassa 女 1 (動物の)死骸 2 生ける屍(しかばね), 老骨 3 (車・電車・船などのお

carcerare 他 [io carcero] 投獄する, 拘留する

carcerario 形 刑務所の, 牢[ろう]獄の

carcerato 男 [女 [-a]] 囚人 —形 囚人の

carcerazione 女 投獄, 拘置; 拘留期間 —*carcerazione preventiva* 予防拘留

***carcere** [カルチェレ] 男 [複 [le carceri]] **1** 刑務所, 監獄 **2** 拘禁, 拘留 **3** 不愉快な[うんざりさせる]場所

carceriere 男 [女 [-a]] **1** 看守 **2** (看守のように)厳しい監視人

carcinogeno → cancerogeno

carcinoma 男 [複 [-i]] [医]癌[がん], 癌腫

carciofaia 女 アーティチョークの栽培

carciofaio 男 [女 [-a]] アーティチョークの栽培者[業者]

carciofo 男 **1** [植]アーティチョーク, チョウセンアザミ **2**《口》馬鹿, 間抜け

card. 略 cardinale 枢機卿

carda 女 [織]カード機(羊毛や綿の毛並みをそろえる機械)

cardamomo 男 **1** [植]カルダモン **2** カルダモンの果実

Cardano 固名(男) (Girolamo ~) ジローラモ・カルダーノ(1501-76; イタリアの医師・哲学者)

cardano 男 [機]カルダン自在継ぎ手

cardare 他 (羊毛・綿などをカード機で)梳[す]く, 毛並みを揃える

cardata 女 **1** (羊毛や綿などをカード機で)梳[す]くこと **2** 一回あたりに梳く量

cardato 形 梳[す]かれた, カード機にかけられた

cardatore 男 [女 [-trice]] 梳[す]く人, 梳き職人

cardatura 女 梳[す]くこと, 梳[す]き毛, 梳綿

cardellino 男 [鳥]ゴシキヒワ

cardiaco 形 [複 [男 -ci]] 心臓の, 心臓に関する —男 [複 [男 -ci]女 [-a]] 心臓病患者

cardialgia 女 **1** [医]胸焼け; 噴門痛 **2** 心臓痛

cardigan 男《不変》[英]カーディガン

cardinalato 男 枢機卿の地位[職務, 任期]

cardinale¹ 形 **1** 基本の, 主要な — *numero cardinale* 基数 / (i quattro) *puti cardinali* 東西南北 **2**《不変》真紅の, 緋色の — *rosso cardinale* 緋色 —男 枢機卿

cardinale² 男 [鳥]ショウジョウコウカンチョウ

cardinalesco 形 [複 [男 -chi]]《戯》枢機卿の

cardinalizio 形 枢機卿の; 枢機卿のような

cardine 男 **1** 蝶番[ちょうつがい] **2** 基軸, 機軸, 要[かなめ] **3** (古代ローマで町の方角を定める)南北の線, 南北に走る道路

cardio-, -cardio 接頭, 接尾 「心臓」「心臓に関する」の意

cardiochirurgia 女 心臓外科

cardiochirurgico 形 [複 [男 -ci]] 心臓外科の

cardiochirurgo 男 [複 [-ghi, -gi]] 心臓外科医

cardiocircolatorio 形 [医]心臓と血液循環の, 心(臓)血管の

cardiografo 男 [医]心拍記録器, カルジオグラフ

cardiogramma 男 [複 [-i]] [医]心拍曲線, カルジオグラム

cardiologia 女 [医]心臓病学

cardiologico 形 [複 [男 -ci]] 心臓病学の

cardiologo 男 [複 [-gi]女 [-a]] 心臓専門医

cardiopalma → cardiopalmo

cardiopalmo 男 **1** [医]動悸[どうき] **2** 恐怖, 不安 ▶ *da cardiopalmo* 恐ろしい, 不安な; 心を揺さぶる, どきどきする

cardiopatia 女 [医]心臓疾患

cardiopatico 形 [複 [男 -ci]] [医]心臓疾患の —*paziente cardiopatico* 心臓病患者 —男 [複 [男 -ci]女 [-a]] 心臓病患者

cardiopolmonare 形 [医]心臓と肺の, 心肺の

cardiotonico 形 [複 [男 -ci]] [薬]強心作用の —男 [複 [-ci]] 強心薬

cardiovascolare 形 [医]心臓血管の

cardo¹ 男 [植]カルドン, チョウセンアザミ

cardo² 男 [歴](古代ローマで)南北の中心路

cardone 男 **1** [植]チョウセンアザミの芽 **2** キク科の植物

Carducci 固名(男) (Giosuè ~)カルドゥッチ(1835-1907; イタリアの詩人・古典学者)

carducciano 形 カルドゥッチ(Giosuè Carducci 1835-1907 イタリアの詩人)の, カルドゥッチ風の —男 [女 [-a]] カルドゥッチの模倣者[信奉者]

carema 男《不変》カレーマ(ピエモンテ州カナヴェーゼ地方の赤ワイン)

carena 女 **1** 船底(喫水線の下の部分) **2**《文》船 **3** 竜骨形, 竜骨状

carenaggio 男 (修理のために)船を傾けること, 傾船(修理), ドックに上げること

carenare 他 **1** (修理のために)船を傾ける, ドックに上げる **2** (車・飛行機を)流線型にする

carenato 形 **1** 竜骨形[状]の **2** 流線型の

carenatura 女 (車・飛行機の)流線型の整形, 流線型の覆い

carente 形 (di) …が不足した, 足りない; 不十分な

carenza 女 **1** (特に基本的なものの)不足, 不十分 **2** 遺漏, 非妥奪

carestia 女 **1** 食糧難; 飢饉[ききん] **2** 欠乏, 不足

carestoso 形 1 飢饉(%)の, 食糧不足の 2 高値で売りつける, 高騰した

carezza 囡 1 優しく[軽く]なでること, 愛撫 2 優しさ, 愛想のよさ; おべっか, へつらい, 追従

carezzare → accarezzare

carezzevole 形 優しくなでる(ような); 甘美な, 魅惑的な; 媚(%)びるような

cargo 男 〔複[不変または -ghi]〕 貨物船; 貨物輸送機

cariare 他 〔io cario〕 1 歯をむしばむ, カリエスにする 2 …を侵食する, 腐食する —**arsi** 再 1 虫歯になる, カリエスにかかる 2 侵食される, 腐食される

cariatide 囡 1 時代遅れの人 2 〔建〕 女性像柱

cariato 形 1 虫歯になった, カリエスにむしばまれた —Ho un dente *cariato*. 虫歯が1本ある. 2 (岩などが)侵食された

Caribi 固名(男) カリブ(Caraibi とも; 南米大陸北部とアンティル諸島の一部地域を示す人類学的呼称)

caribico 形 〔複[男 -ci]〕 カリブ海の, カリブ人の —Mar *Caribico* カリブ海

caribo¹ 形 カリブ人の —男 1 囡[-a]〕 カリブ人 2 〔単数のみ〕 カリブ語

caribo² 男 〔文〕 舞踏歌

caribù 男 〔動〕 シンリントナカイ, カリブー

‡carica [カーリカ] 囡 1 (公的に高位な)職務, 任務, 役目, 地位 —ricoprire [rivestire, assumere, occupare] la *carica* di sindaco 市長職に就く 2 装填; 充填(装置), 仕掛け; (時計を)巻くこと 3 (火器の)火薬, 爆薬 4 (機械などを作動させるエネルギーや物質の)量 —Si è esaurita la *carica* d'inchiostro. ペンのインクがなくなった. 5 力, 能力; 感性 —*carica* vitale 生命力 6 〔軍〕突撃, 攻撃, 急襲 7 〔スポ〕(サッカーの)チャージ, (ラグビーなどの)タックル 8 〔物〕電荷, 充電

caricabatteria, caricabatterie 男〔不変〕 充電器

caricamento 男 1 (商品を乗り物に)積むこと, 荷積み; 積み荷 2 (弾やフィルムの)装塡, (エネルギーなどの)充塡 3 〔情〕(データの)アップロード, 送信 4 〔法〕付加保険料

caricare 他 〔io carico〕 1 (荷物を一杯)積む, のせる —Gli operai *caricano* il camion. 作業員はトラックに荷積みをしている. / *caricare* una nave di merci [le merci sulla nave] 貨物を船積みする 2 詰め込む, 重みをかける; 負担[重圧]を加える —Se *carichi* così il ripiano, si rompe. そんなに載せたら, 棚板が壊れる. / *caricare* di lavoro 仕事を押し付ける 3 (必要なものを)入れる, 装塡[充塡]する, (時計を)巻く —*caricare* la pipa パイプにタバコを詰める / *caricare* l'arma 武器に弾を装塡する / *caricare* una batteria バッテリーを充電する / *caricare* l'orologio 時計を巻く 4 強調する, 誇張する; 度を越す —*caricare* le tinte 濃い[強烈な]色で描く / *caricare* la dose 度を越す; 服用量を越える 5 励ます, 発奮する 6 〔コン〕ロードする 7 〔軍〕突撃する, 急襲する, 攻撃する 8 〔化〕添加物を加える 9 〔スポ〕(サッカーで)チャージする, (ラグビーなどで)タックルする 10 〔電〕電圧を上げる —**arsi** 再 1 荷を背負う; (di) (仕事・責任などを)引き受ける, 背負い込む —*caricarsi* di debiti 借金を背負い込む 2 (per) …のために発奮する, 高揚する —*caricarsi* per una partita decisiva 大事な試合のために発奮する

caricato 形 1 荷を積んだ; ねじを巻いた, (エネルギー・材料などを)装塡した, 満たした 2 発奮した, 高揚した 3 誇張した, わざとらしい, 気負いすぎた

caricatore 男 〔囡 [-trice]〕 1 荷の積み下ろしをする作業員 2 荷積み機 3 (銃の)マガジン, 弾倉; (カメラ・撮影機のマガジン, フィルム容器; (映写機の)スライド入れ 4 〔情〕ローダー 5 〔海〕船荷の所有者 6 充電器 —形 (装置・器具が)荷の積み下ろしをする

caricatura 囡 1 カリカチュア, 戯画, パロディー 2 〔蔑〕猿まねをする人

caricaturale 形 カリカチュアの, 風刺的な, パロディーの; 滑稽な

caricaturista 男女 〔複[男 -i]〕 風刺画家, 風刺作家

carice 囡 〔植〕スゲ

‡carico¹ [カーリコ] 形 〔複[男 -chi]〕 (di) 1 積んだ, 載せた —nave *carica* di frutta 果物を積んだ船 2 満載した, 詰め込んだ, 重みのかかった —L'ascensore è *carico*. エレベーターは満員だ. 3 苦しめられた, 悩まされた; 負わされた —*carico* di debiti 借金漬けの 4 (色調が)濃い, 強烈な; (飲み物が)非常に強い, 濃い —rosso *carico* 濃い赤 / caffè *carico* 濃いコーヒー 5 (作動の)用意[準備]が整った —orologio *carico* ねじを巻いた時計 / arma *carica* 弾を装填した武器

carico² 男 〔複[-chi]〕 1 積み込み, 積載 —fare il *carico* dei bagagli 荷物を積み込む 2 積荷, 荷物, 貨物 —portare un *carico* pesante 重い荷物を運ぶ 3 多量, 大量 —prendersi un *carico* di bastonate めった打ちされる 4 重荷, 負担, 心配; 責任, 義務 —il *carico* del lavoro 仕事の苦労 / il *carico* della famiglia 家族に対する責任 5 〔口〕力強く説得的な話[主張] 6 (プリスコラの)エースと3のカード ▶ a *carico* 依存した; 従属して a *carico* di… …に依存して, …の負担で persone a *carico* 扶養家族 tassa a *carico* del destinatario 受取人払い

Cariddi 固名(女) 〔神話〕カリュブディス (メッシーナ海峡に住む怪物)

carie 囡 〔不変〕 1 〔医〕カリエス; 虫歯 —*carie* dentaria 虫歯 2 〔植〕腐敗菌

carillon 男 〔不変〕〔仏〕 1 オルゴール; 組み鐘, カリヨン(の演奏)

carineria 囡 優しい言葉[振る舞い]

carino 形 1 可愛らしい, 品のある, きれ

いな —abito carino 上品な洋服 **2** 楽しい、愉快な —film carino まあまあ面白い映画 **3** 魅力的な、心をひきつける —ragazza carina 可愛い女の子 **4** 親切な、優しい、愛想のよい —È sempre stato carino con me. 彼はいつも私に親切にしてくれた.

carioca 形〔不変〕〔ポ〕リオデジャネイロ(の人)の; ブラジルの人 —男女〔不変〕リオデジャネイロの人 —女〔不変〕〔音〕カリオカ(ブラジル風サンバ)

cariocinesi, cariocinesi 女〔不変〕〔生物〕有糸核分裂

carioplasma 男〔複[-i]〕〔生物〕核原形質, 核質

cariotipo, cariòtipo 男〔生物〕核型

Cariplo 略 Cassa di Risparmio delle Provincie Lombarde ロンバルディア貯蓄銀行

carisma 男〔複[-i]〕**1** カリスマ **2**〔神学〕神から賜った特別な力, 神からの恩寵

carismàtico 形〔複[男 -ci]〕**1** カリスマ的な; カリスマ性を持つ **2**〔神学〕神から賜った、神の恩寵の

carissimo 形 **1** caro の絶対最上級 **2**〔手紙の挨拶で〕親愛なる, 愛する, 心からの —男〔女[-a]〕最愛の人

*****carità** [カリタ] 女 **1**〔神学〕(神・人への)愛 **2** 慈悲心, 慈愛 **3** 慈善, 施し, チャリティー; 義援金 ▶**Per carità!** お願いだから. | 後生だから.

caritatévole 形 慈悲深い, 慈愛に満ちた

caritatìvo 形 慈善の, 慈善を目的とした —associazione caritativa 慈善協会

Cariti 固名〔女複〕〔ギ神〕カリテス(美と優雅の三女神. ローマ神話のグラーティアエ)

Carla 固名〔女性名〕カルラ

carlina 女〔植〕チャボアザミ

carlinga 女〔飛行機の〕コックピット

carlino¹ 男 パグ(小型犬の一種)

carlino² 男 カリリーノ金[銀]貨(もとはナポリ王国で使われていた貨幣. 各地で 19世紀まで使用された)

Carlo 固名〔男〕**1**〔男性名〕カルロ **2**(~ Magno)カール大帝(742-814; フランク王国カロリング朝王: 在位 768-814. 西ローマ皇帝: 在位 800-814) **3**(~ I d'Angiò di Sicilia)シャルル・ダンジュー1世(1226-85; 1266年シチリア王) **4**(~ V)カール5世(1500-58; 神聖ローマ皇帝: 在位 1519-56. スペイン王カルロス1世: 在位 1516-56) **5**(~ Alberto di Savoia Carignano)カルロ・アルベルト(1798-1849; サルデーニャ王: 在位 1831-49. ヴィットーリオ・エマヌエーレ2世の父)

carlona 女〔次の成句で〕 ▶**alla carlona** 雑に、急いで, いい加減に

Carlotta 固名〔女性名〕カルロッタ

carme 男 **1**〔詩〕厳粛な叙情詩, 頌(しょう)歌, 詩 **2**(ギリシャ・ラテンの)叙情詩

《文》詩

Carmela 固名〔女性名〕カルメーラ

carmelitana 女〔カト〕カルメル会修道女; (C-)カルメル修道会

carmelitano 形〔カト〕カルメル会修道会の —男〔女[-a]〕カルメル会修道士[女]

Carmelo 固名〔男性名〕カルメーロ

carminativo 形〔薬〕(腸内の)ガスを排出する —男 ガスを排出する薬

Carmine 固名〔男性名〕カルミネ

carmìno 男 **1**(染料の)洋紅, カーマイン **2**〔不変〕洋紅 —形〔不変〕洋紅色の

carnagione 女 肌の色, 顔色, 血色 —carnagione chiara [scura] 色白[色黒]

carnàio 男 **1**(戦争や伝染病流行の際に使われる)共同の墓穴 **2** 死体の山; 大虐殺 **3** 人込み, 人であふれ返った場所

carnale 形 **1** 肉体の, 感覚の **2** 性的な, 性的の **3**(家族関係が)血のつながった, 実の

carnalità 女 性欲, 官能

carnasciale → carnevale

carnauba 女 カルナバ蠟(ろう) (cera carnauba)

*****carne** [カルネ] 女 **1** 肉; 食肉 —carne bianca (子牛・豚・鶏・ウサギなど)白身の肉 / carne nera 野禽[野獣]の肉 / carne rossa (牛・馬・羊など)赤身の肉 **2**(精神に対して)肉体, 肉 **3** 肉欲, 官能 **4** 肌色, ピンク色 ▶**carne dei poveri** インゲン豆 **essere in carne** ぽっちゃりしている **in carne e ossa** 本人自ら **mettere troppa carne al fuoco** 一度に色々なことに手を出す **non essere né carne né pesce** 個性[特徴]がない、中途半端である

carneade 男 無名の人; (C-)カルネアデス(古代ギリシャの哲学者)

carnéfice 男 死刑執行人 —男女 残虐な人, 冷酷な迫害者

carneficina 女 **1** 大量殺戮(りく), 大虐殺 **2**〔謔〕大量の解剖[落第]

carnesciale → carnevale

carnet 男〔不変〕〔仏〕**1** 手帳 **2**(地下鉄・バスの)回数券(綴り) **3** 綴(と)じ込み張 —carnet di assegni 小切手帳 **4**(自動車の)通行許可証

carnevalata 女 **1** どんちゃん騒ぎ, 大騒ぎ **2** 茶番劇, 道化芝居

carnevale 男 **1** 謝肉祭, カーニバル **2** カーニバルの人形(時折, カーニバル最終日である懺悔(ざんげ)の火曜日に燃やされる) **3** お祭り騒ぎ, 馬鹿騒ぎ

carnevalesco 形〔複[男 -chi]〕**1** カーニバルの, カーニバルのための **2** ふざけた, 滑稽な, グロテスクな

carnevalino 男 **1** 四旬節の最初の日曜日 **2**(小規模な)カーニバル

carnevalone 男 大カーニバル(他地域よりも期間が長いミラノ司教区のカーニバル)

càrnico 形〔複[男 -ci]〕カルニア

carniello (Carnia)地方の(ウーディネ県の一画)
carniello 男〚女[-a]〛カルニアの人
carniere 男 (猟師の)獲物を入れる袋; (狩猟の)獲物
carnivoro 形 肉食の —男 肉食動物
carnosità 女 (人体について)肉づきがよいこと, 肉感的なこと; (植物の器官について)多肉質, ぽってりしていること
carnoso 形 1 (体について)ふっくらした, 肉づきのよい, 肉感的な —labbra *carnose* 厚い唇, 肉感的な唇 2 (植物の器官について)多肉質の, ぽってりした
＊**caro** [カーロ] 形 1 親愛の, 愛する; 〚愛情を込めた呼びかけで〛あなた, おまえ, 君 — *caro* amico 大好きな友人 / *cara* Anna 〚手紙の書き出し〛親愛なるアンナ / tanti *cari* saluti 〚手紙の結び〛心からの挨拶を / Ascolta, *caro*. ねえ, 聞いてよ. ｜〚皮肉で〛おい, お前. 2 気に入った, 好きな —oggetto molto *caro* 愛用品, 大のお気に入り 3 大切な, 貴重な —Il tuo regalo mi è *caro*. 君のプレゼント大事にしてるよ. 4 高価な, ぜいたくな —Quell'abito è bello ma è troppo *caro*. あの洋服は素敵だけど, 高すぎる. —男 1〚複数で〛両親; 親族; 親友 —i miei *cari* 私の家族 2 価格の高騰〔上昇〕—*caro* vita 物価の上昇
＊**carogna** [カローニャ] 女 1 (動物の)腐った死骸 2〚戯〛下種(ず), 悪党, ろくでなし 3 老いぼれ
carognaggine 女 卑しさ, 卑劣さ
carognata 女 卑劣な行為
carognesco 形〚複[男-chi]〛卑劣な, 卑しい
carola 女 1〚音〛(中世の)輪になって踊るダンス, 輪舞; 輪舞の伴奏曲 2《文》歌
Carolina 固名〚女性名〛カロリーナ
carolingio 形〚女[-ge]〛〚歴〛シャルルマーニュ[カール大帝]の, カロリング王朝(7～10世紀)の —男〚女[-a, 複-ge]〛カロリング王朝の人; (C-)〚複数で〛カロリング王家; フランス王家の人
carolino 形〚歴〛シャルルマーニュの, カール王の
Caronte 固名(男)〚ギ神〛カロン(老人の姿をした冥府の川の渡し守)
caroprezzi 男〚不変〛(生活必需品の)物価高
carosello 男 1 回転木馬, メリーゴーラウンド 2 (車の)急旋回, 急転回 3 馬上試合 4 (テレビ CM の)スポット
carota 女 1〚植〛ニンジン 2〚俗〛ほら, 嘘 3〚地質〛コア(円筒形の標本) —男〚不変〛ニンジン色 —形〚不変〛ニンジン色の ▶ *usare il bastone e la carota* あめとムチを使う
carotene 男〚生化〛カロチン, カロテン
carotide 女〚解〛頸(%)動脈
carovana 女 1 隊商, キャラバン 2 劇団 3 一団の車〔人〕;〚スポ〛(自転車レースのサポート・メカニック・記者などの)同行班
carovaniera 女 キャラバン用の道, 隊商ルート
carovaniere 男 キャラバンの先導役; (キャラバンの荷を運ぶ動物の)御者
carovaniero 形 キャラバンの, 隊商の
carovita 男〚不変〛1 (生活必需品の)物価高 2〚経〛物価調整手当 —indennità di *carovita* 物価調整手当
carpa 女〚魚〛コイ
Carpaccio 固名(男) (Vittore ～)カルパッチオ(1465-1525 頃; イタリアの画家)
carpaccio 男〚料〛カルパッチオ
carpatico 形〚複[男-ci]〛カルパチア山脈の
Carpazi 固名(男複) カルパチア山脈
carpenteria 女 1 (特に建築現場や造船所での)建造作業, 組み立て; 骨組み(作業) 2 作業場
carpentiere 男〚女[-a]〛組み立て工, 船大工
carpento 男 (古代ローマの)二輪馬車
carpine → carpino
carpineta 女 シデの森[林]
carpineto 男 → carpineta
carpino 男〚植〛シデ
carpionare 他〚料〛(特に魚を)揚げて酢に浸す, マリネにする
carpionato 形〚料〛揚げて酢に浸した, マリネにした
carpione 男 1〚魚〛カルピオーネ(ガルダ湖などに生息するマスに似たサケ科の魚) 2〚料〛カルピオーネ(揚げてマリネにした料理) ▶ *in carpione*〚料〛揚げてマリネにした
carpire 他 (io -isco) 1 (策略によって)入手する, 盗み出す, 掠(%)め取る —*carpire* un segreto 秘密を盗み出す 2《文》(無理やり)奪う
carpo 男〚解〛手首の骨, 手根骨
carpo-, -carpo 接頭, 接尾 「果実」「果物に関する」の意
carpone → carponi
carponi 副〚次の成句で〛▶ *a carponi* 四つんばいで
Carrà 固名(男) (Carlo ～)カルロ・カッラ(1881-1966; イタリア未来派の画家)
carrabile 形 車が通れる, (自動車が)通行可能な —passo *carrabile* 車両出入口
carradore 男 馬車を作る[修理する]職人
carraio 形 車が通れる, 自動車用の, 車車用の —passo *carraio*〚掲示〛車両出入口
Carrara 固名(女) カッラーラ(トスカーナ州の都市; 大理石の産地として有名)
carraréccia 女〚複[-ce]〛田舎のでこぼこ道
carrarese 形 カッラーラ(トスカーナの町 Carrara)(の人)の —男女 カッラーラの人
carrarmato 男〚不変〛1 戦車 2 (滑り止めの切込みが入った)ゴム製靴底
carrata 女 車[馬車]1 台に積める量

carré 男 〔仏〕 1 (豚や牛の)腰肉 2 (女性の髪型で)ボブカット 3 〔服〕ヨーク 4 四角 —pan *carré* 食パン(トースト用)

carreggiabile 形 車が通れる, (自動車)が通行可能な —女 車が通れる道

carreggiata 女 1 (道路の)車道, 車線 —strada a doppia *carreggiata* 2 車線の跡 2 車輪の跡; 車輪間の距離 3 正道, 本道, 本筋 —uscire di *carreggiata* 道から外れる, 規範から逸脱する, 議論から脱線する / stare [mantenersi] in *carreggiata* 正しい道を歩む, 規範を守る, 議論から外れない

carrellabile 形 車で牽(ﾋ)引できる, 車で運べる

carrellata 女 1 移動式カメラ撮影 2 (データや情報を)ざっと見ること, 概括 —fare una *carrellata* su... …を概観する

carrellato 形 カート[ドリー, トロッコ]で運ばれた

carrellista 男女 〔複[男 -i]〕 (駅のプラットホームなどで)ワゴンに品物を載せた売り子

carrello 男 1 台車, カート, 手押し車 2 (料理を運ぶ)ワゴン 3 〔映・放〕移動式撮影機台, ドリー 4 (飛行機の)着陸装置

carretta 女 1 荷車, 手押し車, カート 2 《謔》おんぼろ船, ぽんこつ車 ► *tirare la carretta* 身を粉にして働く, つらい仕事をする

carrettata 女 1 荷車[カート]1 台分の量 2 多量, 大量 ► *a carrettate* 大量に, 多量に

carrettiere 男 御者, 荷馬車を運転する人 —da *carrettiere* 粗野な ► *spaghetti alla carrettiera* 〔料〕御者風スパゲッティ(トマト・セロリ・トウガラシ・ツナなどを材料にしたピリ辛ソースのスパゲッティ, 御者の保存食に由来)

carretto 男 手押し車, 手押し屋台

*****carriera** [カッリエーラ] 女 1 〔職〕職業; キャリア —fare *carriera* 出世する / di gran *carriera* 大急ぎで 2 〔スポ〕(馬の)ギャロップ, 全速力

carrierismo 男 出世主義

carrierista 男女 〔複[男 -i]〕 出世主義者

carrieristico 形 〔複[男 -ci]〕 出世主義の, 出世主義者の

carriola 女 1 手押しの一輪車 2 《謔》(車の)おんぼろ

carrista 男 〔複[-i]〕 戦車兵; 〔複数で〕〔軍〕戦車部隊 —形 戦車兵の; 戦車部隊の

carro 男 1 (2 輪もしくは 4 輪の)荷車, 荷馬車 2 荷車 1 杯分の量 3 (古代の)軽二輪戦車 4 貨車 5 (C-) 《俗》大熊座 (Grande Carro, Orsa Maggiore); 小熊座 (Piccolo Carro, Orsa Minore)

carroccio 男 1 〔単数のみ〕(C-)北部同盟 2 〔歴〕(牛に引かれた中世の)戦車

*****carrozza** [カッロッツァ] 女 1 四輪馬車 2 客車, 車両 —*carrozza* di prima [seconda] classe 一[二]等車 / In *carrozza*! ご乗車ください.

carrozzabile 形 自動車が通行できる [通行可能な]

carrozzare 他 (自動車の)車体を取り付ける

carrozzato 形 車体を取り付けた —ben carrozzata 《謔》(女性について)スタイルのよい, 美しいスタイルの

carrozzella 女 1 (観光用の)二輪馬車 2 乳母車 3 車椅子

carrozzeria 女 1 車体, ボディー 2 自動車修理工場; 車体製造工場 3 《謔》肉感的な女性の体形

carrozziere 男 車体設計士, 車体製造者, 車体修理工

carrozzina 女 乳母車

carrozzone 男 1 (ジプシーやサーカス団の)移動バス, 大型のキャンピングカー; 大型車 2 《蔑》役立たずの組織, 駄目な施策

carruba 女 〔植〕イナゴマメ

carrubeto 男 イナゴマメの畑

carrubo 男 イナゴマメの木

carrucola 女 滑車

carsico 形 〔複[男 -ci]〕 1 (スロヴェニアの)クラス[カルスト]地方の 2 〔地学〕カルスト地形の 3 潜伏期間を経て再び現れる

carsismo 男 1 〔地学〕カルスト化 2 繰り返し現れては消える現象[傾向]

carsolino 形 (スロヴェニアの)クラス[カルスト]地方(の人)の —男〔女[-a]〕クラス[カルスト]地方の人

*****carta** [カルタ] 女 1 紙, 用紙 —*carta* da lettere 便箋 / *carta* da musica 五線紙 / *carta* igienica トイレットペーパー 2 (トランプゲームやタロットなどの)カード —giocare a *carte* トランプをする 3 証明書, 証書 —*carta* d'identità 身分証明書, ID カード 4 文書, 書類 5 メニュー —alla *carta* アラカルトで 6 クレジットカード(carta di credito) 7 地図 (carta geografica) 8 憲法(carta costituzionale) 9 最後の手段[試み] 10 力, 能力 —Ha buone *carte* per ottenere quel lavoro. 彼はその仕事にふさわしい. 11 紙幣, 札 12 債権証書 ► *cambiare le carte in tavola* 二枚舌を使う, ペテンにかける *dare carta bianca* 全権を与える *fare le carte* カードを混ぜて配る *fare le carte a...* …の未来を予言する *mettere le carte in tavola* 本音で話す

cartacarbone, carta carbone 女 〔複[cartacarbone]〕 カーボン紙

cartaccia 女 1 紙くず, 反故(ﾎｺﾞ) 2 〔複数で〕〔口〕(紙や新聞の)山 3 (トランプの)弱い[低位の]カード

cartaceo 形 1 紙の, 紙のような 2 《謔》紙面上の, 机上の

Cartagine 固名(女) カルタゴ

cartaginese 形 カルタゴ(人)の —男女 カルタゴ人

cartaio 男 〔女[-a]〕 1 製紙業者; 製

紙工場の作業員; トランプ製造業者; 紙の卸売業者 2 壁紙職人 3 (トランプで)カードの配り手

cartamo 男 〔植〕ベニバナ, サフラワー

cartamodello 男 〔服〕紙の型紙

cartamoneta 女 〔複[cartemonete]〕紙幣

cartapecora 女 羊皮紙

cartapesta 女 〔複[cartapeste, cartepeste]〕紙粘土 ▶ **di cartapesta** 軟弱な, 臆病な; すぐに壊れる[だめになる]

cartario 形 製紙関連の, 紙の

cartastraccia 女 〔複[cartestracce]〕1 紙くず 2 価値のないもの; 使用済みの切符

cartavetrare 他 紙やすりで磨く

carteggio 男 1 (長期にわたる)文通; 書簡集 2 〔海〕(航路を決めるための)海図作業

cartella 女 1 書類入れ, かばん, ブリーフケース, 紙ばさみ, フォルダー, ファイル 2 証明書, 証券 3 (宝くじなどの)券 4 タイプ打ちの文書 5 厚めの紙; 台紙 6 (ビリヤードの)得点揭示板

cartellina 女 (紙を入れる)フォルダー, 書類入れ

cartellinare 他 ラベルを貼る, 値札をつける —*cartellinare* la merce 商品に値札をつける

cartellino 男 1 (値段・品質などの)札, ラベル 2 申し込み用紙, 記入用紙, カード —*cartellino* orario [di presenza] タイムカード / *cartellino* giallo [rosso] (サッカーの)イエロー[レッド]カード

cartellista 男女 〔複[男 -i]〕〔経〕価格カルテルのメンバー; 〔政〕政党連合の一員 ― 形 〔複[男 -i]〕カルテルの[に加わった]

cartellistico 形 〔複[男 -ci]〕〔経〕価格カルテルの; 〔政〕政党連合の

cartello¹ 男 1 張り紙; ポスター 2 (道路)標識 3 (商店などの)看板 ▶ *cartello di sfida* 〔歴〕挑戦[果たし]状; 最後通牒 **di cartello** 有名な, よく知られた

cartello² 男 1 〔経〕カルテル, 企業連合 2 (組織や政党の)連合, 同盟

cartellone 男 1 広告ポスター 2 (劇場のシーズン全体の)公演予告ポスター, 公演プログラム 3 〔スポ〕試合のメンバー表; リーグ戦の試合リスト 4 トンボラ(ビンゴに似たゲーム)の数字表

cartellonista 男女 〔複[男 -i]〕広告デザイナー, ポスターデザイナー

cartellonistica 女 1 広告ポスターのデザイン技法[制作法] 2 〔総称的〕ポスター

carter 男 〔不変〕(自転車・バイクの)チェーンカバー; クランクケース

cartesianismo 男 デカルト哲学, デカルト的な思想

cartesiano 形 1 デカルト(哲学)の 2 合理的な, 論理的な ― 名 〔女[-a]〕デカルト主義者, デカルト哲学の信奉者

cartiera 女 製紙工場

cartificio 男 → cartiera

cartiglio 男 〔芸〕カルトゥーシュ, 巻き軸装飾

cartilagine 女 〔解〕軟骨, 軟骨組織

cartina 女 1 小さな紙 2 折り畳み式の地図; (コンパクトな)地図 —*cartina di Milano* ミラノの地図 3 小さな包み紙, 包み紙 1 袋の量 4 薬包紙, 薬包紙 1 袋の量 5 (タバコを巻くための)薄紙 ▶ *cartina al [di] tornasole* リトマス試験紙; 試金石, 指標

cartismo 男 〔歴〕(19 世紀後半イギリスの)チャーチスト運動

cartista 男女 〔複[男 -i]〕〔歴〕チャーチスト運動家[主義者] ― 形 〔複[男 -i]〕チャーチスト運動の

cartoccio 男 1 (食べ物をくるむための)円錐(☆)形の包み紙, 包み紙にくるまれた食べ物; 紙袋 2 (花火の)薬包 3 〔植〕トウモロコシの皮 4 〔芸〕カルトゥーシュ ▶ *al cartoccio* 〔料〕(アルミホイルなどで)包み焼きした

cartografia 女 地図製作法, 地図学

cartografico 形 〔複[男 -ci]〕地図製作法の, 地図学の; 地図の, 製図の

cartografo 男 〔女[-a]〕地図製作者

cartogramma 男 〔複[-i]〕統計地図

cartolaio 男 〔女[-a]〕文具を売る人, 文房具屋さん

cartoleria 女 文房具店

cartolibrario 形 書籍と文具を販売する

cartolibreria 女 書籍文具店

＊**cartolina** [カルトリーナ] 女 (絵)葉書, カード —*cartolina postale* 郵便葉書

cartolinesco 形 〔複[男 -chi]〕〈蔑〉(絵画について)絵葉書みたいに凡庸な, 凡庸な

cartomante 男女 トランプ占い師

cartomanzia 女 トランプ占い

cartonaggio 男 厚紙加工(技術); 厚紙製品, カートン

cartonaro 男 〔女[-a]〕古紙[ダンボール]回収業者

cartonato 形 厚紙[ダンボール]の, 厚紙[ダンボール]で補強した

cartoncino 男 1 ボール紙, 板紙 2 メッセージカード

cartone 男 1 厚紙, ボール紙 2 〔美〕カルトン(実物大の下絵) —*cartoni animati* 動画, アニメ ▶ *di cartone* 弱い, 脆(ぜ)い; 見せかけの, 張りぼての

cartongesso 男 〔建築用の〕プラスターボード, 石膏(ニ)版

cartonista → cartoonist

cartoonist 男女 〔不変〕〔英〕漫画家; アニメ製作者

cartuccia¹ 女 〔複[-ce]〕1 弾薬(筒), 薬包 —*cartuccia a salve* 空砲 2 カートリッジ

cartuccia² 女 〔複[-ce]〕1 小さな紙,

cartucciera 囡 弾薬帯, 薬莢(さゃっ)入れ

caruncola 囡 1 〖解〗小丘 2 〖動〗(鳥のとさかなどの)肉冠 3 〖植〗種阜

Caruso 固名(男) (Enrico ～)エンリーコ・カルーソ(1873-1921; イタリアのテノール歌手)

‡**casa** [カーサ, カーザ] 囡 1 家, 住宅, 家屋 —a *casa* 家に[で], 自宅に[で] / *casa di legno* [mattoni, pietre] 木造［レンガ造りの, 石造りの］住宅 / *casa prefabbricata* プレハブ住宅 / *casa signorile* 大邸宅 2 家庭, 我が家; 家族 3 家系, 家柄, 血統 4 故郷, 祖国, 故国 5 会社, 商社, 店 —*casa madre* 親会社, 総本部 6 施設, ホーム ▶ *a casa mia* 我が家で; 私の考えでは *abitare a casa del diavolo* [*di Dio*] 遠いところに住む *cambiare casa* 引っ越す *casa astrologica* 〔占星術の〕十二宮〔宿〕 *Casa Bianca* ホワイトハウス(アメリカ大統領官邸) *casa chiusa* [*d'appuntamenti*] 売春宿 *casa dello studente* 学生寮, 寄宿舎 *casa di cura* 医院, クリニック *casa di riposo* 老人ホーム *casa editrice* 出版社 *essere di casa* 身内のような人である *fatto in casa* 自家製の *in* [*fuori*] *casa* 〔スポ〕ホーム［アウェー］で *mettere su casa* 結婚する, 所帯を持つ *riportare la pelle a casa* (戦争から)生還する *sentirsi a casa propria* 居心地がよい *stare di casa* 住む

casacca 囡 1 ゆったりした長い上着, 女性用のゆったりした上着 2〔スポ〕(チームカラーの入った)ユニフォーム; (競馬騎手の色柄の)勝負服

casaccio 男 〔次の成句で〕▶ *a casaccio* でたらめに; アトランダムに

casale 男 田舎の集落, (一軒家の)農家

casalese 形 カザーレ(Casale という名の土地)(の人)の; カザーレ・ディ・プリンチペ(カンパニア州の町 Casal di Principe. マフィア組織カモッラで有名)(の人)の; カザーレ・モンフェッラート(ピエモンテ州の町 Casale Monferrato)(の人)の —男女 カザーレの人

casalinga 囡 主婦

casalingo 形 [男 -ghi] 1 家の, 家庭の 2 自家製の —*cucina casalinga* 手料理, お袋の味 3 家庭的な, 素朴な, 気取らない 4〔スポ〕本拠地での, 地元の —男 〔複数で〕家庭用品

casamatta 囡 〔複[casematte]〕〔軍〕大砲を備え付けたトーチカ; 砲郭

casamento 男 (庶民的な)共同住宅; 〔総称的〕共同住宅の住人

casanova 男〔不変〕女たらし; (C-)カサノヴァ(Giacomo Casanova 1722-98; イタリアの文人)

casareccio → casereccio

casata 囡 (同じ血筋の)一族, 家系, 家柄

casato 男 家系, 家柄; 姓名

casba, casbah 囡〔不変〕1 カスバ(北アフリカの町のアラブ人旧市街) 2 (町の)あやしい界隈

cascaggine 囡 《文》疲労困憊(はんぱい), だるさ; 怠情

cascami 男複 1〔工〕(布・紙・木材・金属などの)くず, 削りかす, スクラップ; (電力などの)余り 2 残りかす, 残滓(ざ); 価値のないもの

cascamorto 男 しつこく言い寄る男

cascante 形 1 (体の部位について)垂れている, たるんだ; (眠けで)垂れている —*palpebre cascanti* 垂れ下がったまぶた 2 弱々しい, ぐったりした

‡**cascare** [カスカーレ] 自 [es] (ドシンと)落ちる, (バタンと)倒れる, 転ぶ —*Il bambino è cascato da un albero.* 男の子は木から落ちた. / *Sono cascato sciando.* スキーで転んだ. ▶ *cascarci* [俗]〔策略〕にはまる, だまされる / *Ci sono cascato!* いっぱい食わされた. *cascare bene* [*male*] 折りがよい［悪い］ *cascare dal letto* いつもより早く起きる *cascare dal sonno* とても眠い *cascare dalle nuvole* 唖(あ)然とする, びっくりする *far cascare le braccia* 失望させる *nemmeno se cascasse il mondo* たとえ何があっても *Non casca il mondo.* そんなに大したことではない. *Qui casca l'asino.* そこが問題だ.

cascata 囡 1 滝 2 (滝状に)垂れ下がった装飾品〔髪型〕3 落下, 転倒 ▶ *a cascata* 連続して, 次々と *in cascata* 〔電〕縦続に

cascatore 男〔女 [-trice]〕スタントマン

caschetto 男 1 ボブヘアー —*capelli a caschetto* ボブヘアー 2 小型のヘルメット(帽子タイプのヘルメット)

cascina 囡 農家, 農場内の居宅

cascinaio 男〔女 [-a]〕農場の所有者［管理人］

cascinale 男 農家, 農場; 農家の集落

casco¹ 男〔複[-chi]〕1 ヘルメット —*casco blu* (国連の)国際作戦監視部隊 / *casco coloniale* 日よけ鞘 / *casco integrale* フルフェースのヘルメット 2 (頭にかぶる大型の)ヘアドライヤー 3 長くふさふさした髪 4 バナナの房

casco² 男〔複[-chi]〕〔トスカーナ〕落下

caseario 形 乳製品の, 乳加工の

caseggiato 男 1 (規模が大きく庶民的な)共同住宅(の住人) 2 住宅群[地]

caseificio 男 酪農加工場, チーズ[バター]製造所

caseina 囡〔生化〕カゼイン(牛乳などに含まれるたんぱく質)

Casella 固名(男) (Alfredo ～)カゼッラ(1883-1947; イタリアの作曲家・ピアニ

casella 囡 1 分類棚, 整理棚; 仕切り —*casella* postale 私書箱 2 (用紙の)ます, セル; (チェスなどの)ます目

casellante 男囡 1 踏切番, 保線夫; 道路管理人 2 (高速道路の)料金徴収所係員

casellario 男 整理用キャビネット, (仕切りの多い)棚 ▶ *casellario postale* 私書箱

casello 男 1 (高速道路の)料金徴収所 2 (線路や道路沿いにある)保線夫[道路管理人]の宿泊所

casentinese 形 カゼンティーノ(トスカーナ州のアレッツォ近郊の谷 Casentino)(の人)の — 男囡 カゼンティーノ人

casentino 男 1 (C~)カゼンティーノ(トスカーナ州の山岳地域の呼称) 2 同地方で生産される赤い毛織物 3 皮で装飾したコートの一種 (casentina, casentinese とも) — 形 カゼンティーノ織りの

caseoso 形 1 チーズ状の 2 凝乳の

casereccio 形 1 家庭で作られる, 自家製の 2 郷土の, 素朴な

caserma 囡 兵舎, 兵営

casermesco 形 [複男 -chi] 《蔑》軍隊のような, 威張りくさった

casermone 男 (さびれた)共同住宅, 団地

Caserta 固名 (囡) カゼルタ(カンパーニア州の都市; 略 CE)

casertano 形 カゼルタ(の人)の — 男 [囡 -a] カゼルタの人

casetta 囡 1 小さな家 2 (窓などがついた型の)キャンプ用巨

cash 男 [不変] [英] 現金

cashmere 男, 形 [不変] [英] カシミヤ(の)

casigliano 男 [囡 -a] [トスカーナ] 同居人, 隣人

Casimiro 固名 [男性名] カジミーロ

casinista 男囡 [複男 -i] [口] 乱雑な人, 騒々しい人; 大騒ぎの好きな人

casino 男 1 [口] 大騒ぎ, 混乱, 無秩序 —Che *casino*! 何てめちゃめちゃなんだ. 2 [不定冠詞とともに] 大量; 非常に —Ho un *casino* di cose da fare. すべき事がたくさんある. 3 (狩猟などに使われる)貴族の別荘 4 売春宿

casinò 男 カジノ

casistica 囡 1 事例研究, 症例研究; 事例[症例]集 2 事細かな分類 3 [神学](道徳原理に照らし合わせて行動規範を引き出す)決疑論

casistico 形 [複男 -ci] 事例[症例]研究の, 事例[症例]の

caso [カーゾ] 男 1 状況, 事情, 場合, 機会 —decidere secondo il *caso* 状況に応じて決める 2 事実, 実例, 事件 —*caso* interessante 興味深いケース 3 可能性, 見込み —In *caso* di bisogno, chiamami. 困ったときは電話して. 4 偶然, 予想外のこと —E un *caso* che non ci siano stati morti. 死者の出なかった のは偶然だ. 5 巡り合わせ, 運, 宿命 —affidarsi al *caso* 運命に身を委ねる 6 問題, 課題 —*caso* difficile 難ケース 7 騒動, 醜聞, 事件 —il *caso* Dreyfus ドレフュス事件 8 [言]格 —*caso* retto [obliquo] 直[斜]格 9 [医] 患(°)者 ▶ *a caso* 行き当たりばったりに, でまかせに; どんな…でも *al caso* もしものときは, なんなら *caso mai* 場合によっては, もしなら, ことによると *caso per caso* 個別に, 個々の事情で *caso strano* 不思議なことに, 妙なことに *fare caso a...* …に注意を払う *in caso contrario* さもなければ, だめなら *in ogni caso* いずれにしても, 何としても *nel caso che...* …の場合には; もし必要なら *non a caso* 偶然ではなく, 意図的に *Non è il caso.* その必要はない, それには及ばない. *per caso* 偶然に; もしかして

casolare 男 (人里離れた)小さな田舎家

casomai 接 [接続法とともに] もし…の場合は — 副 ひょっとしたら, 場合によっては

casone 男 1 (特に郊外の庶民的な)大型集合住宅, 大型アパート 2 [北伊] (わらぶき屋根の)農家 3 大きな家

casotto 男 見張り, 詰め所, キヨスク; (海水浴場の)脱衣所

caspico 形 [複男 -ci] カスピ海の

Caspio 固名 (男) カスピ海(Mar Caspio)

caspita 間 (驚き・怒り・苛立ちなどを表して)うそぉ, おやまあ, まったくもう

✶cassa [カッサ] 囡 1 箱, ケース, ボックス; 1 箱の量 —*cassa* di legno [cartone] 木[段ボール]箱 / *cassa* da morto 棺 / una *cassa* di vino ワイン 1 箱 2 金庫 —*cassa* continua 夜間金庫 3 資金, 蓄え; 金, 現金 4 レジ, 出納 [会計]係 —Si accomodi alla *cassa*. レジへどうぞ. / libro di *cassa* 現金出納帳 [出納簿] 5 銀行, 金融公庫 —*Cassa* di Risparmio 貯蓄銀行 / *Cassa* Integrazione 給与補償金庫 / *Cassa* per il Mezzogiorno 南部開発公庫 (装置の)ケース —*cassa* dell'orologio 時計の側(%) / *cassa* tipografica 活字ケース / *cassa* toracica [解] 胸郭 7 [音] (弦楽器の)共鳴胴(cassa armonica [di sonanza]) ▶ *battere cassa* 金をせがむ [無心する]

cassaforte 囡 [複 [casseforti]] 金庫(室); 貸し金庫

cassaintegrato → cassintegrato

Cassandra 固名 (囡) [ギ神] [カッサンドラ (トロイアの王女. 予言能力を授かるが誰もその予言を信じない)

cassandra 囡 (世に認められない)災厄の予言者(トロイア陥落を予言した女性カッサンドラに由来)

cassapanca 囡 [複 [cassapanche, cassepanche]] 収納付き長椅子

cassare 他 1 消す, 削除する 2 取り消

cassata す, 無効にする; 〔法〕(判決などを)破棄する

cassata 囡 (果物の砂糖漬けやリコッタクリーズ・チョコレート・リキュールの入ったシチリアの)菓子;(果物の砂糖漬け・生クリーム・チョコレートの入った)アイスクリーム

cassava 囡 **1**〔植〕キャッサバ **2** キャッサバ粉,キャッサバでんぷん

cassazione[1] 囡 **1**〔法〕破棄,取り消し **2** (C-)最高裁判所破棄院(Corte di Cassazione)

cassazione[2] 囡〔音〕カッサツィオーン

cassero 囲 **1**〔建〕[要塞]の最上部 **2** 船楼,船尾楼; 船楼甲板

casseruola 囡 手鍋,キャセロール,シチュー鍋

cassetta 囡 **1** 小箱;小箱1箱の量 —cassetta degli attrezzi 道具[工具]箱 / cassetta delle elemosine 献金箱 / cassetta delle lettere 郵便ポスト; (個人の)郵便受け / cassetta del pronto soccorso 救急箱 / cassetta di sicurezza 貸し金庫 / cassetta postale 郵便ポスト **2** カセットテープ **3** (銀行・商店などの)現金収納中引き出し:入金,売り上げ **4** (馬車の)御者席 ▶ **di cassetta** (興行などが)大当たりの,大成功の

cassettiera 囡 引き出しのついたタンス[整理箱]; (家具の)引き出し部分

cassetto 囲 引き出し ▶ **nel cassetto** (計画が)実現途上の,(作品が)未公刊の

cassettone 囲 **1** 整理ダンス **2**〔建〕格間(ごうま)

cassia 囡 **1** カシア桂皮 **2**〔植〕(熱帯産の)マメ科植物 **3** (Via C-) カッシア街道(ローマ・フィレンツェ間を結ぶローマ街道)

casside 囡 (古代ローマの)かぶと

cassiere 囲〔囡-a〕出納係,会計係; レジ係

cassinate 肥 カッシーノ(ラツィオ州の町 Cassino)の(人)の —囲囡 カッシーノの人

cassinese 肥 モンテカッシーノ修道院の; ベネディクト修道会の —囲囡 ベネディクト会修道士[女]; カッシーノの人

Cassini 固名(男) (Giovanni Domenico ∼) カッシーニ(1625-1712; イタリアの天文学者)

Cassino 固名(女) カッシーノ(ラツィオ州の都市) —Battaglie di Cassino カッシーノの戦い(第二次世界大戦における連合軍とナチス軍のグスタフ・ライン攻防戦, 1943-44)

cassintegrato 囲〔囡-a〕給与補償機構の受給者 —肥 給与保証機構から受給をしている

Cassiodoro 固名(男) (Flavio Magno Aurelio ∼) カッシオドルス(490頃‐583頃; ローマの政治家・著述家)

Cassiopea 固名(女)〔ギ神〕カシオペイア(アンドロメダの母. 美しさを誇って海神の怒りに触れた)

cassiopeo, cassiopeio 囲〔化〕ルテチウム(lutezio)

Cassola 固名(男) (Carlo ∼) カルロ・カッソーラ(1917-87; イタリアの小説家)

cassone 囲 **1** (収納・輸送のための)大きな箱 **2** (中世・ルネサンス期の)長持ち **3** 貯水タンク **4**〔農〕(ガラス製の)温室 **5** (トラックの)荷台

cassonetto 囲 **1** (道路脇の)大型ごみ収集器 **2** (家具の)収納ボックス

casta 囡 **1** (生まれつき固定された)社会階級;(インドの)カースト **2**〔蔑〕閉鎖的階層,特権的集団 **3** (昆虫の階級(蟻や蜂に見られる分業に応じた機能区分)

castagna 囡 **1** 栗の実 —castagna arrostita [lessa] 焼き[ゆで]栗 **2**〔隠〕激しい殴打; 強烈な一撃 ▶ **cogliere [prendere] in castagna** 悪事で[過ち]の現場を押える **togliere le castagne dal fuoco** 窮地から救い出す

castagnaccio 囲〔料〕カスタニャッチョ(栗の粉に干しブドウなどを加えたケーキ)

castagneto 囲 栗の栽培地; 栗林

castagnetta 囡 **1** クラッカー,かんしゃく玉 **2** 小さな栗

castagnette 囡複 **1** カスタネット **2** (中指と人差し指をこすって鳴らす)指音

castagno 囲 **1** 栗の木 **2** 栗材

castagnola 囡 **1** クラッカー,かんしゃく玉 **2**〔複数で〕カスタネット **3** カスタニョーラ(栗のような形をしたロマーニャ地方の揚げ菓子)

castagnolo 囲 栗の若木(杭(くい)・柱などに使う)

castaldo 囲 **1**〔歴〕(ロンゴバルド族の)宮廷行政官;(中世の)同業組合長 **2**〔南伊〕(土地の)管理人

castale 肥 カーストの

castalio 肥〔ギ神〕カスタリアの泉(パルナソス山にある詩歌の霊感を得られるという泉)の; 詩歌の,ムーサの

castano 肥〔不変〕栗色の —囲〔不変〕栗色

castellana 囡 **1** 城主の妻,城の女主人 **2**〔料〕カステッラーナ(ハムとチーズを肉でくるんで揚げた料理)

castellano 囲 城主,(広大な土地の)領主; 城[城塞]の指揮官

castelletto 囲 **1** 小さな城 **2** (採掘場の)やぐら; 足場 **3**〔商〕(銀行から個人への)貸付限度額; 貸付帳簿

✽**castello** [カステッロ] 囲 **1** 城,城塞,砦(とりで); 大邸宅,館 **2** 組み立て台,台,やぐら —letto a castello 二段(以上の)ベッド ▶ **castello di carte [sabbia]** 脆(もろ)い計画,絵に描いた餅 **castello in aria** 実現不可能な計画

castelmagno 囲 カステルマーニョ(ピエモンテ州の町 Castelmagno 産のチーズ)

castigabile 肥 懲罰に値する,罰するべき

castigamatti 囲〔不変〕**1**〔諧〕(どんな者でも規律に従わせる)恐怖の懲罰者,鬼 **2** (かつての精神病院で使われた)こん棒

castigare 他 (軽く)罰する,懲らしめる

castigatezza 囡 控えめなこと,慎み

castigato

深さ, 節度, 抑制 —*castigatezza di comportamenti* 振る舞いの慎み深さ, 控えめな振る舞い

castigato 形 1 慎み深い, 節度のある 2 (文体などが)控えめな, 抑制された 3 (道徳的・宗教的に)不適切な箇所が削除された, 修正された

castigatore 男〔女[-trice]〕1 罰する人, 矯正する人 2 厳格な検閲官

Castiglia 固名〔女〕1 カスティリア, カスティーリャ(スペイン中北部の地域) 2 (Regno di ~)カスティリア王国(11～18世紀, イベリア半島中央部に存在)

castigliano 形 (スペインの)カスティーリャ(地方)の(人)の —男〔女 [-a]〕カスティーリャの人〔単数のみ〕カスティーリャ語

Castiglione 固名〔男〕1 (Baldassarre ~)バルダッサーレ・カスティリオーネ(1478-1529; イタリア・ルネサンス期の文人・外交官) 2 (Giuseppe ~)ジュゼッペ・カスティリオーネ(1688-1766; イタリアのイエズス会士, 清朝の宮廷画家)

castigo 男〔複[-ghi]〕1 罰; お仕置き 2〔諺〕厄介な人, うっとうしい人 —*castigo di Dio* 天罰, 災難, 天災;〔諺〕厄介な人, 困り者

castità 女 1 (性的誘惑を遠ざける)純潔, 禁欲 2 (言語・文体の)純粋さ, 簡素さ

casto 形 1 (人について)純潔な, 禁欲的な; 慎み深い; けがれを知らない 2 (言語・文体について)簡素な, 抑制された ▶ *casta Susanna*〔諺〕純潔なスザンナさん(貞節を誇示する女) *casto Giuseppe*〔諺〕ご立派なジュゼッペ君(徳を誇示する男)

castone 男 (指輪などの)宝石台

Castore 固名〔男〕〔ギ神〕カストル(ゼウスとレダの間に生まれた双子の兄弟の一人)

castorino 男〔動〕ヌートリア; ヌートリアの毛皮

castoro 男 1〔動〕ビーバー 2 ビーバーの毛皮 3 (ビロードのような)柔らかい毛織物

castrante 形〔心〕抑圧的な; 心をくじく

castraporci 男〔不変〕1 豚を去勢する人 2〔蔑〕やぶの外科医

castrare 他 1 (動物の)睾(こう)丸(卵巣)を除去する 2 (希望や能力を)しぼませる, 抑圧する, 萎えさせる —**arsi** 再 背徳的になる, 惰弱になる

castrato 男 1 睾(こう)丸の機能を失った男; 意気地のない男 2〔音〕カストラート(去勢された歌手) 3 去勢羊(の肉) —形 1 睾丸を除去された, 去勢された 2 意気地のない, 軟弱な 3 抑圧された

castratore 男〔女[-trice]〕去勢をする人

castrazione 女 去勢

castrense 形 陣営の, 軍隊の

castrone 男 去勢羊, 去勢ロバ[馬]

castroneria 女 愚かさ; 愚かなこと, 大失敗

casual 形〔不変〕〔英〕カジュアルな, くつ

catalizzatore

ろいだ —男 カジュアルなスタイル

casuale 形 偶然の, 偶発性の; 思いがけない

casualità 女 偶然, 偶発性; 偶然の出来事

casualmente 副 たまたま, 偶然に

casuario 男〔鳥〕ヒクイドリ

casupola 女 あばら家

casus belli 成句〔男〕1〔ラ〕戦争の理由[口実] 2《諺》けんかの理由[口実] —*fare di... un casus belli* …を争いの口実にする

cata- 接頭「下に向かって」「…に反して」などの意

catabolismo 男〔生物〕異化作用

cataclisma 男〔複[-i]〕1 天変地異, 天災 2 大変動, 大混乱, 惨禍; 混乱[災難]をもたらす人

catacomba 女 1〔複数で〕(特にローマの)カタコンベ(初期キリスト教徒の避難所となった地下墓地), 地下埋葬所 2 暗く湿った場所

catacombale 形 1 地下墓地の, カタコンベの 2 (カタコンベのように)暗く湿った; 物悲しい, 陰気な

catacresi, catacresi 女〔不変〕〔修〕濫喩, 誤転用

catafalco 男〔複[-chi]〕1 棺(ひつぎ)台 2《諺》かさばるもの, でかいもの

catafascio 男〔次の成句で〕▶ *a catafascio* 乱雑に, 無秩序に / *andare a catafascio* 台無しになる, 破滅する / *mandare a catafascio* 台無しにする, 破滅させる

catafora 女〔言〕後方照応

cataforesi 女〔不変〕〔物・化〕電気泳動

Catalani 固名〔男〕(Alfredo ~)カタラーニ(1854-93; ルッカ出身の音楽家)

catalano 形 (スペインの)カタルーニャ地方の; カタルーニャ語[人]の —男 1〔女[-a]〕カタルーニャ人 2〔単数のみ〕カタルーニャ語

catalessi[1] 女〔不変〕1 仮死状態, 硬直状態 2〔医〕カタレプシー, 強硬症

catalessi[2] 女〔不変〕〔詩〕行末欠節(ギリシャ・ラテンの詩で行末の音節を省略すること)

catalessia → catalessi[1]

catalettico[1] 形〔複[男 -ci]〕〔医〕カタレプシーの

catalettico[2] 形〔複[男 -ci]〕〔詩〕行末欠節の

catalitico 形〔複[男 -ci]〕〔化〕触媒の, 触媒作用の —*marmitta catalitica* 触媒コンバーター(自動車の排気ガスを触媒により無害にする装置)

catalizzare 他 1〔化〕触媒反応を引き起こす 2 促進する, 引きつける, 刺激する

catalizzato 形 1 促進された; 触媒反応を起こした 2 触媒コンバーターを備えた

catalizzatore 男〔複[-tori]〕1〔化〕触媒 2 (自動車の)触媒コンバーター 3 促進剤, 刺激を与えるもの[人] —形〔女[-trice]〕1

catalogabile 形 目録に分類できる, 列挙できる

catalogare 他 [io catalogo] 1 目録に分類する, 列挙する 2 (タイプ分けして単純にくくる, レッテルを貼る)

catalogatore 男 [女 [-trice]] 1 目録作成者 2 [情]分類ソフト, 整理ソフト 3 分類ケース ― 形 [女 [-trice]] 目録を作成する, 分類をする

catalogazione 女 目録作成, 分類; 編集

cataloghista 男女 [男 [-i]] 目録係

Catalogna 固名 (女) カタロニア, カタルーニャ(スペイン北西部の自治地区)

catalogna 女 (ウールの)毛布

catalogno 男 [植]オオバナソケイ

catalogo 男 [複 [-ghi]] 1 目録, カタログ 2 数え上げること, 列挙, 枚挙

catalpa 女 [植]キササゲ

catamarano 男 [船]カタマラン, 双胴船

catana → katana

catanese 形 カターニア(の人)の ― 男女 カターニアの人

Catania 固名 (女) カターニア(シチリア特別自治州の都市; 略 CT)

catanzarese 形 カタンザーロ(の人)の ― 男女 カタンザーロの人

Catanzaro 固名 (女) カタンザーロ, カタンツァーロ(カラブリア州の州都および県名; 略 CZ)

catapecchia 女 あばら家, 崩れかかった家

cataplasma 男 [複 [-i]] 湿布, パップ

cataplessia 女 [医]カタプレキシー, 脱力発作(急に手足が動かなくなる症状)

catapulettico 形 [複 [男 -ci]] [医]カタプレキシーの, カタプレキシーを患った

catapulta 女 (船艦・空母などに設置された)カタパルト; (古代の)投石器

catapultabile 形 カタパルトで発進できる

catapultare 他 1 (カタパルトで)発進させる 2 (勢いよく)放つ, 放り出す ― **arsi** 再 (勢いよく)飛び出る

catarifrangente 形 光を反射する, 反射性の ― 男 (道路や車・自転車の)夜間用反射プレート

catarismo 男 [宗]カタリ派の運動[教義]

cataro 形 カタリ派の, カタリ派信者の ― 男 [女 [-a]] カタリ派の信者

catarro 男 [医]カタル

catarroso 形 [医]カタルを患った, カタルのような ― 男 [女 [-a]] カタル患者

catarsi 女 [不変] 1 [哲]カタルシス 2 (魂の)浄化 3 [心]カタルシス療法

catartico 形 [複 [男 -ci]] カタルシスの; 浄化の

catasta 女 (物の)山 ▶ *a cataste* 山ほど

catastale 形 土地台帳の

catasto 男 (収税のための)土地台帳; 土地管理局

catastrofe 女 1 大惨事[災難], 破局 2 [文] (悲劇の)大詰め, 大団円

catastrofico 形 [複 [男 -ci]] 1 破滅をもたらす, 大惨事の, カタストロフの[を予告する] 2 極度に悲観的な

catastrofismo 男 1 (極端な)悲観主義 2 天変地異説, 激変説

catastrofista 男女 [複 [男 -i]] (極端な)悲観主義者 ― 形 [複 [男 -i]] 極度に悲観的な

catastrofistico 形 [複 [男 -ci]] 悲観主義的な, 悲観主義者の

catechesi 女 [不変] 公教要理の教授, 教義口授

catechetico 形 [複 [男 -ci]] 教義口授の, 公教要理の

catechismo 男 1 (特に子供のための)教義問答; 公教要理 2 [蔑]教義の初歩, 教義マニュアル

catechista 男女 [複 [-i]] 教義問答[公教要理]の教師

catechistico 形 [複 [男 -ci]] 1 教義問答の, 公教要理の 2 教条主義的な

catechizzare 他 1 (教義を)教義問答によって教える 2 (教義・思想を)信じ込ませる, 吹き込む

catechizzatore 男 [女 [-trice]] 教義問答の教師; (教義などを)教え込む人, 吹き込む人

catechizzazione 女 教義問答の教授

catecumeno 男 [女 [-a]] 洗礼志願者, 教義問答の受講者

categoria 女 1 等級, 品等; ランク; カテゴリー 2 職種 3 社会的階級[階層] 4 [スポ]階級 5 [哲・論]範疇(はんちゅう), カテゴリー

categoriale 形 1 範疇(はんちゅう)の 2 (マスコミや労働組合の用語で)産業別の

categoricità 女 絶対性, 無条件, 明確性

categorico 形 [複 [男 -ci]] 1 絶対的な, 無条件の; 明確な ― rispondere con un *categorico* "no" 明確なノーで返事をする 2 類別された, カテゴリー別の[に分類された] 3 [哲]定言的な

categorizzare 他 (カテゴリーに)分類する, 区分する

categorizzazione 女 (カテゴリーに)分けること, 分類, 区分

catelloni 副 [次の成句で] ▶ *catellon catelloni* (特に獲物に近づく動物を表して)ゆっくりと, こっそりと

‡**catena** [カテーナ] 女 1 鎖, チェーン; [複数で]タイヤチェーン ― *catena* della bicicletta 自転車チェーン / *catena* dell'ancora 錨鎖(びょうさ) / *catena* dell'uscio ドアチェーン 2 束縛, 隷属 ― le *catene* dell'amore 恋の奴隷 3 絆(きずな) ― le *catene* dell'amicizia 友情の絆 4 連鎖, 一続き, 一連 ― *catena* di montaggio 組み立て[流れ作業]ライン / *cate-*

catenaccio 男 1 かんぬき, 差し[スライド]錠 2 〘諺〙おんぼろ自動車, ポンコツ 3 〘スポ〙守備を固める作戦 4 (新聞の)小見出し 5 〘形容詞的〙制限する, ふさぐ―provvedimento *catenaccio* 制限的措置

catenella 女 1 (主に貴金属の)細い鎖; 小さな鎖 2 チェーンステッチ, 鎖編み

catenello 男 (柵の支柱間を結ぶ)横木

catenina 女 ネックレス, (貴金属の)細い鎖; 小さな鎖

cateratta 女 1 (小さな滝が連なってできた)大滝, 瀑布 2 水門―*a cateratte* 大量の[に], 過剰な[に] 3 (中世の)城門 4 〘医〙白内障

Caterina 固名(女) 1 〘女性名〙カテリーナ 2 (~ de' Medici) カトリーヌ・ド・メディシス(1519-89; フランス王アンリ2世の妃, メディチ家出身) 3 (~ II) エカテリーナ女帝(1729-96; ロシアの女帝; 在位 1762-96) 4 (Santa ~ da Siena) シエナの聖カテリーナ(1347-80; イタリアおよびヨーロッパの守護聖女. 本名 Caterina Benincasa)

caterva 女 (混沌(え)とした)群衆, 群れ; 大量―*una caterva di disgrazie* 無数の不運

catetere, catètere 男 〘医〙カテーテル

cateterismo 男 〘医〙カテーテルの挿入, カテーテル法

cateterizzare 他 〘医〙カテーテルを挿入する

cateto 男 〘幾〙直角三角形の直角を形成する2辺のそれぞれ

catilinaria 女 1 (C-) 〘歴〙(キケロによる)カテリーナ弾劾演説 2 痛烈な悪口, 弾劾(演説)

catinella 女 洗面器; 洗面器1杯の量 ▶ *a catinelle* 大量に, おびただしく / *piovere a catinelle* 土砂降りの雨が降る

catinellata 女 洗面器1杯分の量

catino 男 1 たらい; たらい1杯の量 2 (高い観覧席に囲まれた)スタジアム, 競技場; (自転車・自動車などの)サーキット

catione 男 〘物・化〙陽イオン, カチオン

catodico 形 〘複[男 -ci]〙〘物〙陰極の

catodo 男 〘化・物〙陰極, カソード

catone 男 1 厳格な道徳家 2 (Marco Porcio C-) 大カトー(前234-149; 古代ローマの政治家・軍人) 3 (Marco C-) 小カトー(前95-46; カトーの曾孫; ローマの政治家)

catoniano 形 1 大カトーの 2 厳格な, 譲歩しない

catonismo 男 厳格な道徳主義, 極端な厳格さ

catorcio 男 ぽんこつ, がらくた; 体調の悪い人

catottrica 女 反射光学

catottrico 形 〘複[男 -ci]〙 反射光の, 反射の

catramare 他 タールで覆う, タールを塗る

catramato 形 タールで防水加工した

catramatore 男 → catramista

catramatrice 女 タール舗装機

catramatura 女 タール塗装[舗装]; タールの層

catrame 男 タール

catramista 男女〘複[男 -i]〙 タール塗装[舗装]作業員

catramoso 形 タールを含む; タール状の

cattedra 女 1 教壇 2 教職, 教授 3 教皇[司教]座

cattedrale 形 司教座の ―女 大聖堂

cattedratico 形 〘複[男 -ci]〙 1 大学教授の 2 〘蔑〙知ったかぶりの, 学者ぶった ―男〘複[-ci] 女[-a]〙大学教授

cattivare 他 1 (好意・友情などを)得る 2 捕虜にする ―**arsi** 再 (好意・友情などを)得る, ものにする

cattiveria 女 悪意; 悪意ある言葉[振る舞い] ―*con cattiveria* 意地悪く, 邪険に

cattività 女 1 〘文〙隷属状態, 囚われの身, 囚人 ―*cattività avignonese* アヴィニョン捕囚 2 (動物の)つながれた状態, 檻(芯)での生活

*__cattivo__ [カッティーヴォ] 形 〘比較級 più cattivo, peggiore, 相対最上級 il più cattivo, il peggiore, 絶対最上級 cattivissimo, pessimo〙 1 悪い, よくない ―*uomo cattivo* 悪人 / *cattivo gusto* 悪[下品な]趣味 2 無情な, 冷酷な, 不親切な ―*essere cattivo con...* ... に冷たくする 3 不道徳な, 不法な, 非道な, 邪悪な ―*commettere [compiere] una cattiva azione* 不正行為を犯す 4 悪意のある, 意地悪な ―*occhi cattivi* 意地の悪い目つき 5 (動物が)獰(ず)猛な, 手に負えない ―*cane molto cattivo* 暴れ回る犬 6 (子供が)言うことを聞かない, いたずらな, 反抗的な ―*Oggi sei stato cattivo.* おまえは今日悪い子だった. 7 (性格が)気難しい, 無愛想な, 怒りっぽい, 苛立った ―*essere di cattivo umore* 不機嫌な 8 無能な, 役立たずな, 不向きな ―*Ho una cattiva memoria.* 私は記憶力が悪い. / *cattivo insegnante* 出来の悪い教師 9 低品質の, 粗悪な ―*cattiva musica* ひどい音楽 10 不幸な, 不都合な, 不利な ―*cattiva sorte* 悪運 / *cattivo affare* 引き合わない仕事 11 ひどい, 思わしくない ―*cattivo risultato* 悪い結果 12 不快な, 嫌な ―*cattivo odore* 悪臭 / *cattivo sapore* まずい味 13 (天気が)曇った, 雨降りの ―*cattivo tempo* 悪天候 ―男 1 〘女[-a]〙悪人, 意地悪な人 2 〘単数のみ〙悪いところ[部分], 悪さ 3 〘単数のみ〙嫌な[まずい]味 ▶ *con le cattive* 乱暴に, 荒々しく, 力ずくで / *essere in cattive*

cattolicamente 副 カトリックの教義に従って

cattolicesimo 男 1 カトリックの教義, カトリック信仰 2 〖総称的〗カトリック信者, カトリック教会

cattolicità 女 1 カトリック教の普遍性 2 〖総称的〗カトリック信者 3 カトリック教への帰依

cattolicizzare 他 カトリックにする, カトリック化する

***cattolico** [カットーリコ] 形〖複[男-ci]〗1 ローマカトリック教会の; カトリック教徒の 2 普遍的な, 万人に共通の —男〖複[-ci]女[-a]〗カトリック教徒[信者]

cattura 女 1 逮捕; 拿捕(だほ) 2 捕虜にすること 3 〖動物〗捕獲, 生け捕り

catturare 他 1 捕える, 逮捕する 2 捕虜にする 3 〖動物〗捕獲する, 生け捕りにする 4 引き付ける, 勝ち取る, つかむ — *catturare* la simpatia di... …の好感を得る

Catullo 固名(男) (Gaio Valerio ～) カトゥルス(前84頃 - 前54頃; 古代ローマの叙情詩人)

caucasico 形〖複[男-ci]〗カフカス[コーカサス]地方の, コーカサスの —男〖複[-ci]女[-a]〗カフカス[コーカサス]人

Caucaso 固名(男) カフカス(黒海・カスピ海間のカフカス山脈とその周辺地域)

caucciù 男 ゴム

caudale 形 1 〖動〗尾の, 尾状の 2 〖解〗尾部の

caudato 形 〖解〗尾のある, 尾状の器官を備えた

caule 男 〖植〗茎

***causa** [カウザ] 女 1 原因, もと —*ricercare* la *causa* di un incidente 事故の原因を調査する / *causa* ed effetto 因果 2 理由, 根拠, 動機 —Non riesco a capire la *causa* della sua tristezza. 彼がなぜ悲しんでいるのか分からない 3 権利, 要求; 主義, 主張; 目的, 理想, 大義 —Il sindacato difende la *causa* degli operai. 組合は労働者の権利を守る. / lottare per una *causa* 理想のために戦う 4〖法〗訴訟(事件) ▶ *a [per] causa di...* …が原因で, …のために *dare causa vinta* 敗北を認める; 承諾する *essere fuori causa* 孤立する, 除外される *essere in causa* 議論の対象になる; 訴訟中の *essere parte in causa* 直接関与する *parlare con cognizione di causa* 事情を分かって[承知して]話す

causale 形 原因の, 理由の —*rapporto causale* 因果関係 —女 1 原因, 理由 2 〖言〗原因節

causalità 女 因果関係, 因果性

causare 他 原因となる, 引き起こす —*causare* un danno 被害を出す —**arsi** 再 (ある原因から)生じる, 起こる

causativo 形 1 原因となる, 引き起こす 2 〖言〗(動詞について)使役の

causticità 女 1 〖医〗腐食性 2 辛辣さ, 皮肉っぽさ

caustico 形〖複[男-ci]〗1 〖医・薬〗腐食性の 2 〖化〗苛性の —*soda caustica* 苛性ソーダ 3 辛辣な, 皮肉な

cautela 女 1 注意深さ, 慎重さ —*con cautela* 慎重に, 用心深く 2 予防措置, 備え 3 〖法〗(不測の事態に備えた)条項

cautelare¹ 形 〖法〗予防の, 用心の

cautelare² 他 (予防策を講じて)保護する, 守る, 保証する —**arsi** 再 備える, 自衛する —*cautelarsi* contro i furti 窃盗に備える

cautelativo 形 予防的な, 保護するための

cauterio 男 〖医〗焼灼(とう)用器具

cauterizzare 他 〖医〗(傷口などを)焼灼(しょう)する

cauterizzazione 女 〖医〗焼灼(しょう)

cauto 形 1 注意深い, 慎重な 2《文》抜け目のない

cauzionale 形 保証の, 保証金の, 担保の

cauzione 女 1 保証金, 担保; 保釈金 2 〖法〗保証

cav. cavaliere カヴァリエーレ勲章の所有者

cava 女 1 (露天の)採掘場, 石切り場 —*cava* di ghiaia 採石場 2〖諧〗源泉, 宝庫

cavadenti 男〖不変〗(理髪師も兼ねた昔の)歯医者 —男女〖不変〗《蔑》やぶの歯医者, 下手な歯医者

cavalcabile 形 (動物について)背に乗ることができる

cavalcante 形 またぐ; 馬に乗った —男《古》(馬に乗った)従者

Cavalcanti 固名(男) (Guido ～)カヴァルカンティ(1255-1300; フィレンツェの詩人)

cavalcare 他 1 (馬などに)乗る 2 (物に)またがる 3 〖卑〗(女に)乗る, 性交する 4 (橋などが)かかる —自 馬に乗る, 乗馬する

cavalcata 女 1 馬に乗っての旅[行進] 2 (あるテーマを)ざっと見渡すこと, 概観

cavalcatore 男 〖女[-trice]〗騎手, 騎兵

cavalcatura 女 (人を乗せて運ぶ)動物

cavalcavia 男〖不変〗1 陸橋, 跨(こ)線[跨道]橋, 歩道橋 2 〖建〗(建物間をつなぐ)連絡通路

cavalcioni 副 〖次の成句で〗▶ *a cavalcioni* またがって

cavalierato 男 騎士の称号[身分]

cavaliere [カヴァリエーレ] 男 1 騎手 2 (中世の)騎士 3 (女性に)礼儀正しい人, 紳士 4 (女性に)付き添う男性, エスコート 5 (ダンスの)パートナー 6 騎士勲章, 騎士勲章の保有者 —*Cavaliere* di Malta マルタ騎士勲章 / *Cavaliere* del

Lavoro 労働騎士勲章

cavalierino 男 (検索カードの)見出しタブ

cavalla 女 1 雌馬, 牝(%)馬 2 (棚など)の縦仕切り, 軸木

cavallaio 男〔女[-a]〕厩(ξ)番, 馬丁

cavallante 男 厩(ξ)番, 馬丁; 馬引き

cavallata 女 (中世都市国家の市民から成る)騎士隊

cavalleggero, cavalleggiero 男〔軍〕騎兵; (古代の)軽騎兵

cavalleresco 形〔複[男 -chi]〕1 騎士の, 騎士団の 2 騎士道的な, 勇敢な, 女性に対して親切な 3〔文〕騎士物語の

cavalleria 女 1〔歴〕(中世の)騎士道, 騎士制度; 騎士のおきて 2 騎士道的な振る舞い, (振る舞いの)高潔さ, 誠実さ 3〔軍〕騎兵隊

cavallerizza 女 1 (馬の)調教場, 馬場 2 馬の調教(術); 馬術 3 女性騎手

cavallerizzo 男〔女[-a]〕1 (特に有能な)騎手 2 馬術の先生 3 曲馬師

cavalletta 女 1〔虫〕バッタ; イナゴ 2 貪欲な人, でしゃばり, ずうずうしい人

cavalletto 男 1 (脚のついた)台, 小卓 2 三脚 —cavalletto da pittore イーゼル, 画架 3 (ロープウェーやリフトの)橋脚

cavallina 女 1 雌の子馬 2 (子供の遊びの)馬跳び 3〔スポ〕体操の跳馬台

cavallino¹ 男 1 雄の子馬; 若駒 —fare il *cavallino* お馬さんごっこをする(膝の上で子供を揺らす) / *cavallino* rampante 跳ね馬(フェラーリの紋章) 2 子馬のなめし皮 3〔虫〕アメンボ 4 (ボイラーに水を送る)蒸気ポンプ

cavallino² 形 馬の, 馬のような —*mosca cavallina* 馬にたかるハエ; 煩わしい人

*****cavallo** [カヴァッロ] 男 1 馬 —*cavallo da corsa* [*da sella, da tiro*] 競争[乗用, 輓(%)]馬 / *cavallo di razza* サラブレッド / andare a *cavallo* 馬で行く / montare a *cavallo* 馬に乗る / scendere da *cavallo* 馬から下りる / *cavallo di battaglia* (俳優や歌手の)得意の役, 十八番(%) / *cavallo di ritorno* 蒸し返されたニュース[議論] / *cavallo di Troia* トロイの木馬; 策略, ペテン / *dose da cavallo* 薬の大量投与 / *febbre da cavallo* 高熱 2 馬力(cavallo vapore)—motore da 100 *cavalli* 100 馬力のエンジン 3 (チェスの)ナイト 4 (ズボンの)股, 股ぐり 5〔スポ〕(体操の)鞍(%)馬 6 幼い麻薬の売人 ► *a cavallo di...* …にまたがって *andare con il cavallo di San Francesco* 歩いて行く *essere a cavallo* 調子よく進む, はかどる

cavallona 女《謔》つつじい女, いかつい女; 大きな雌馬[牝(%)馬]

cavallone 男 1 大波, 荒波 2 大きな馬 3 行儀の悪い人

cavalluccio 男 1 小馬; 木馬 2〔動〕タツノオトシゴ(cavalluccio marino) 3 カヴァルッチョ(シエナ名物のハチミツを混ぜたビスケット) ► *a cavalluccio* 肩車で

cavapietre 男女〔不変〕石切り工

*****cavare** [カヴァーレ] 他 1 取り出す[除く], 抜き取る[出す] —*cavare* un dente 歯を抜く / *cavare* le pietre 石を掘り出す 2 獲得する, 得る —Da lui non *caverai* nulla. 彼からは何も得るものがないだろう. —**arsi** 再 1 脱ぐ, 取る —*cavarsi* le scarpe 靴を脱ぐ 2 満たす, かなえる —*cavarsi* la sete 喉の渇きを癒やす 3 (困難から)脱する, 切り抜ける —*cavarsi* d'impaccio 苦境から抜け出す ► *cavare gli occhi* 目を傷める, 視力を奪う *cavare (il) sangue* 〔医〕採血する *cavare sangue da una rapa* 無理なことをする(金や結果は得られない) *cavarsela* 何とかやり遂げる, うまくやる / Come te la *cavi* in matematica? 数学はどうやって乗り切るんだ? *cavarsi gli occhi* 激しく言い争う; (酷使して)目を疲れさせる[傷める]

cavata 女 1 抽出; 採掘 —*cavata di sangue* 瀉(%)血 2〔音〕(ある弦楽器から引き出すことのできる)音質, 音量

cavatappi 男〔不変〕(コルクの)栓抜き ► *a cavatappi* 螺(%)旋状に巻いた

cavatina 女〔音〕カヴァティーナ(登場人物の性格を表現した叙情的なアリオーソ)

cavatore 男〔女[-trice]〕石切り工, 採掘作業員

cavaturaccioli 男〔不変〕コルク抜き

cavea 女 (古代ローマの円形劇場の)観客席

cavedano 男〔魚〕チャブ(ヨーロッパ産のコイ科の魚)

cavedio 男〔建〕(風や光を通すための)小さな中庭; 古代ローマの中庭

caverna 女 1 洞窟, 洞穴; 穴蔵 2 暗くむさくるしい場所, あばら家 3〔解〕空洞, 腔(%)

cavernicolo 形 1 洞穴に住む, 穴居人の 2 原始的な, 粗野な —男〔-a〕1 穴居人 2 粗野な人

cavernosità 女 1 空洞, くぼみ —*cavernosità* di un polmone 肺の空洞 2 (音の)鈍い響き, こもった音

cavernoso 形 1 洞穴の多い; (洞窟のように)深い, 暗い 2〔解〕空洞状の —*corpo cavernoso* 海綿体 3 (音が)鈍く響く, こもった

cavetteria 女〔総称的〕ケーブル; ケーブルの品揃え

cavetto 男 (電気機器や電話の)ケーブル

cavezza 女 (馬などの頭につけて引っ張る)端綱

cavia 女 1〔動〕モルモット; 実験材料 —fare [servire] da *cavia* モルモット[実験台]になる 2〔形容詞的〕実験的な, 試験的な

caviale 男 キャビア

cavicchio 男 1 (木製の)留め具, ペグ 2 穴掘り棒(苗や種を植える時に使う先のと

caviglia 囡 1 くるぶし; 足首 2 掛け釘(くぎ)

cavigliera 囡 1 (足首の)サポーター 2 アンクレット; 足首飾り

cavigliere 男 〔音〕(弦楽器の)糸巻き部分

cavillare 自 1 あら探しをする, 揚げ足取りをする 2 言い逃れをする, 口実を探す

cavillo 男 詭(き)弁, こじつけ; (人をだますような)ややこしい条項[規則]

cavillosità 囡 欺瞞(まん), まやかし, ごまかし

cavilloso 形 詭(き)弁的な, こじつけの, まやかしの; 詭弁ばかり言う

cavità 囡 1 くぼみ, 穴 2 〔解〕(体の)空洞, 腔, 窩(か) —*cavità orale* 口腔

cavitazione 囡 キャビテーション, 空洞現象

cavo¹ 形 空洞の; くぼんだ ― 男 1 くぼみ; 溝 2 〔解〕空洞, 腔(こう)

cavo² 男 1 太い綱[線], 大索, 太索(たいさく) 2 電線, ケーブル —*cavo telefonico* 電話線

cavolaia 囡 1 キャベツ畑 2 〔虫〕モンシロチョウ

cavolata 囡 《口》馬鹿なこと; 何でもないこと

cavoletto 男 小さなキャベツ; 芽キャベツ —*cavoletto di Bruxelles* 芽キャベツ

cavolfiore 男 カリフラワー

cavolino 男 小さなキャベツ, 新キャベツ —*cavolini di Bruxelles* 芽キャベツ

cavolo 男 1 キャベツ —*cavolo cappuccio* キャベツ / *cavolo di Bruxelles* 芽キャベツ / *cavolo rapa* コールラビ, カブキャベツ 2 〖否定文で〗何も[全然]ない —*Non ho capito un cavolo.* 全く分からなかった. 3 〖複数で〗《口》関心事, 個人のこと, 事柄 —*farsi i cavoli propri* 自身の問題だけに専念する 4 〖間投詞的に驚き・苛立ち・失望・くやしさ・きっぱりした否定等を表して〗うわっ, 何てことだ, くそ, 全然 —*Cavoli, che bella ragazza!* うぉー, すごい美人だ. / *Che cavolo di tempo fa oggi!* 今日は何という天気なんだ. 5 〖冗語〗 —*Che cavolo stai facendo?* 一体全体何をやらかしてるんだ? 6 馬鹿, 間抜け, のろま ▶ *del cavolo* つまらない, 最悪の ▶ *salvare capra e cavoli* 対立する要求をまるく収める

Cavour 固名(男) (Camillo Benso ~) カヴール(1810-61; イタリアの政治家. 1852年サルデーニャ王国首相就任)

cavouriano, cavourriano 形 カブールの

cazzarola 間 《口》〖驚き・苛立ちなどを表して〗何てことだ, ちぇ

cazzata 囡 《俗》馬鹿なこと; くだらないこと, ささいなこと —*fare [dire] una cazzata* 馬鹿なことをする[言う]

cazzeggiare 自 〔io cazzeggio〕 《俗》だらだらする[過ごす]; くだらないおしゃべりをする

cazzeggio 男 《俗》だらだらする[過ごす]こと

cazzeruola → casseruola

cazzo 男 1 《俗》ペニス 2 《口》〖否定形で〗全く…ない —*Non ci capisco un cazzo.* 全く分からん. 3 〖複数で〗用事, 用件 —*Cazzi miei!* 俺の用件だ(口を出すな). / *Cazzi tuoi!* お前の用件だ(俺の知ったことじゃない). 4 〖間投詞的に怒り・不満・驚きを表して〗くそ, 畜生, 何てこった; 〖冗語的・強調的に〗一体, ほんとに —*Cazzo, è tardi!* くそ, 遅いぞ. / *Che cazzo fai?* 一体何をしてるんだ. ▶ *a cazzo di cane, alla cazzo (di cane)* いい加減に, 大ざっぱに, でたらめに ▶ *cazzi acidi [amari]* 災難, ひどいこと ▶ *col cazzo che...* 絶対に…しない ▶ *del cazzo* くだらない, 価値のない, 最悪の

cazzone 男 《俗》間抜け, 馬鹿

cazzottare 他 拳骨を食らわせる, 殴る —*arsi* 再 殴り合う

cazzottata → cazzottatura

cazzottatura 囡 殴り合い(のけんか)

cazzotto 男 《俗》パンチ —*prendere... a cazzotti* (人)を叩きのめす

cazzuola 囡 (左官・石工の)こて

cazzuto 形 《俗》ずる賢い, したたかな; 強い, しぶとい

CB 略 Campobasso カンポバッソ(モリーゼ州の州都)

cb. 略 contrabbasso 〔音〕コントラバス

CC 略 1 Carabinieri カラビニエーリ, 国防省警察 2 Corpo Consolare (自動車の)領事館プレート

c/c 略 1 conto corrente 当座預金 2 centimetro cubico 立法センチメートル

C.C. 略 1 Corpo Consolare 領事館 2 Corte Costituzionale 憲法裁判所 3 Corte di Cassazione 破棄院 4 Comitato Centrale 中央委員会

c.c. 略 1 conto corrente 当座預金 2 corrente continua 〔電〕直流

CCD 略 Centro Cristiano Democratico キリスト教民主センター(1994〜2002年にかけて活動したイタリアの政党)

CCI 略 Camera di Commercio Internazionale 国際商業協会

CCIAA 略 Camera di Commercio, Industria, Artigianato e Agricoltura 商工手工業農業協会

CCL 略 Contratto Collettivo di Lavoro 労働協約

CCNL 略 Contratto Collettivo Nazionale di Lavoro イタリア労働協約

CCT 略 Certificato di Credito del Tesoro (変動金利型の)中長期国債

CD¹, Cd, cd 男 〖不変〗〔英〕コンパクトディスク, シーディー

CD² 略 Corpo Diplomatico (自動車の)外交官プレート

Cd 略 〔元素記号〕cadmio 〔化〕カドミウム

cd 略 candela (光度の単位)カンデラ

C.D. 略 1 Corpo Diplomatico 外交

C.d.A 官 **2** Commissione Disciplinare 懲罰委員会 **3** Comitato Direttivo 幹部会

C.d.A 略 Consiglio di Amministrazione 役員会, 取締役会

c.d.d. 略 come dovevasi dimostrare 証明終わり(以上が証明されるべきであったところ)

C.d.L 略 Camera del Lavoro 労働協会

CD-ROM 男〔不変〕シーディーロム

C.d.S 略 **1** Codice della Strada 道路交通法 **2** Consiglio di Sicurezza 安全保障理事会 **3** Consiglio di Stato 国務院

CDU 略 Cristiani Democratici Uniti キリスト教民主連合(1995〜2002年にかけて活動したイタリアの政党)

CE 略 **1** Caserta カゼルタ **2** Consiglio d'Europa 欧州評議会

Ce 略〔元素記号〕cerio〔化〕セリウム

ce → ci¹

cebo 男〔動〕オマキザル

ceca 女〔魚〕シラスウナギ

cecale 形〔医〕盲腸の

cecchino 男 **1** 狙撃兵 **2**〔隠〕所属政党の指示に反して投票をする人

cece 男 **1** ヒヨコマメ **2** いぼ, こぶ, まめ

Cecenia 固名(女) チェチェン

ceceno 形 チェチェン(人)の ―男〔女[-a]〕チェチェン人

Cecilia 固名(女) **1** (Santa ~)聖チェチーリア(3世紀; 斬首され殉教した少女) **2**〔女性名〕チェチーリア

cecità 女 **1** 盲目 **2** 無理解, 無知

ceco 形〔複[男 -chi]〕チェコの; チェコ人(語)の ―Repubblica *Ceca* チェコ共和国 ―男〔複[-chi]女[-a]〕 **1** チェコ人 **2**〔単数のみ〕チェコ語

Cecoslovacchia 固名(女) チェコスロバキア(現在のチェコとスロバキア)

cecoslovacco 形〔複[男 -chi]〕(かつての)チェコスロバキアの ―男〔複[-chi]女[-a]〕チェコスロバキア人

cecubo 男 チェークボ(古代から有名なラツィオ地方の赤ワイン)

CED 略 **1** Centro Elaborazione Dati データセンター **2** Comunità Europea di Difesa 欧州防衛共同体

cedente 形, 男女〔法〕譲渡する(人), 譲渡人

cedenza 女〔経〕(株券や債券の)価値の減少

＊**cedere**［チェーデレ］自 **1** (a) 屈する, 降伏する ―*cedere* alla violenza 暴力に屈する **2** (a) 折れる, 従う, 服従する; 放棄する, 断念する **3** 壊れる, 折れる, たわむ, 曲がる ―L'argine *ha ceduto* per l'acqua. 雨で堤防は決壊した. ―他 **1** 譲る, 与える, 明け渡す, 手放す ―Hai *ceduto* le armi troppo presto. 君は諦めが早すぎる. *I cedere* il passo a... …に道を譲る **2** 売る, 売り渡す

cedevole 形 **1** しなやかな, たわみやすい, 壊れやすい, (地面が)崩れやすい **2** 従順な, 弱腰の

cedevolezza 女 **1** たわみやすさ, しなやかさ, 壊れやすさ **2** 従順, 弱腰

cedibile 形 譲渡可能な, 転売可能な

cedibilità 女 譲渡できること, 転売できること

cedimento 男 **1** 屈すること, 屈服, 譲歩; 譲渡 **2** 崩れること, 崩壊, 変形; 土砂崩れ **3** 衰弱, 弱体化

cedola 女 **1**〔商〕利札, クーポン; 半券付きの用紙 **2**(列車の)運行表; 紙片, メモ

cedolare 形 利札の ―*imposta cedolare* 配当(雑収入に対する)税 ―女 配当(雑収入に対する)税 ―*cedolare* secca 配当金(雑収入)源泉所得税

cedrata 女 シトロンジュース, シトロン菓子

cedreto 男 シトロンの林; シトロンの栽培園

cedrina 女〔植〕レモンバーム, コウスイボク

cedrino 形 スギの

cedro¹ 男〔植〕ヒマラヤスギ; ヒマラヤスギ材

cedro² 男〔植〕ヒマラヤスギ(属); ヒマラヤスギの木材

cedronella 女 **1**〔植〕メリッサ; レモンバーム **2**〔虫〕ヤマキチョウ

ceduo 形〔農〕(林や木が定期的に)伐採される, 剪定される

CEE 略 Comunità Economica Europea 欧州経済共同体

CEEA 略 Comunità Europea dell'Energia Atomica 欧州原子力共同体

cefalalgia → cefalea

cefalalgico 形〔複[男 -ci]〕〔医〕頭痛の, 頭部の痛みを伴う

cefalea 女〔医〕頭痛

cefalico 形〔複[男 -ci]〕〔医〕頭部の, 頭の

cefalo 男〔魚〕ボラ

cefalo-, -cefalo 接頭, 接尾 「頭部」「頭」の意

cefalocordato 男〔動〕ナメクジウオ

cefalometria 女 頭蓋(ポ)測定学

cefalopode 形 (C-)〔複数で〕〔動〕頭足類(イカ・タコなど)

cefalorachideo → cefalorachidiano

cefalorachidiano 形〔解〕脳脊髄の

Cefeo 固名(男)〔ギ神〕ケペウス(アンドロメダの父)

ceffo 男 **1**〔蔑〕醜い顔, ひどい面(ッ) **2** うさんくさい奴, 嫌な奴 **3** (動物の, 特に犬の)鼻

ceffone 男 ビンタ ―dare [mollare] un *ceffone* a... (人)にビンタを食らわせる

celare 他 隠す; 秘密にする ―*celare* una notizia a tutti 全員に情報を隠す ―**arsi** 再 隠れる, 身を隠す

celata 囡 1 (ヘルメットの)シールド部分 2 (かぶとの)面頬(ホッ) 3 (17世紀まで使用された)軽かぶと

celato 形 隠れた、隠された、秘密の

celebrabile 形 (儀式・祭祀などを)祝うことができる、挙行できる

celebrante 形 祝福する、称える —男 (ミサなどを執り行う)司祭

*__celebrare__ [チェレブラーレ] 他 [io celebro] 1 記念して祝う —celebrare un anniversario 記念日を祝う 2 (儀式などを)挙げる；(式典を)挙行する —celebrare la messa ミサを挙げる 3 称賛する、ほめ称える —Celebriamo ancora le imprese di quell'eroe. 私たちはあの英雄の偉業を今なお称えています.

celebrativo 形 1 祝福の、祝うための 2 称える、賞賛のための

celebrato 形 1 才能に恵まれた、有能な；2 著名な、傑出した

celebratore 男女[-trice] 祝福をする人、賞賛する人 —男[女-trice] 祝福する、賞賛する

celebrazione 囡 1 祝賀、記念 2 挙行、式典 3 賛美、称賛

*__celebre__ [チェーレブレ] 形 有名な、著名な、高名な、名高い —celebre attore 有名な俳優

celebret 男[不変][ラ](他地区での)ミサ許可証

celebrità 囡 1 名声、評判、人気 2 有名人、名士、セレブ

celere 形 [絶対最上級 celerissimo, celerrimo] 速い、迅速な；短期間の —posta celere 速達 —囡[単数のみ] (C-) (警察の)機動部隊 —男[複数で] 300人から成る古代ローマの騎馬隊

celerino 男《蔑》機動部隊のおまわり

celerità 囡 速さ、迅速さ

celerrimo 男 celere の絶対最上級

celesta 囡 [音]チェレスタ(アップライトピアノに似た楽器)

celeste 形 1 天空(天体)の、空の —corpi celesti 天体 2 天上の、神々しい、この世のものでない —il regno celeste 天国 3 空色の —男 空色

celestiale 形 1 天上の、天国の —beatitudine celestiale 天上の幸福 2 天使のような、神々しい

*__celestialità__ 囡 神々しさ、天上の輝き[清らかさ]

Celestino 固名(男) 1 [男性名]チェレスティーノ 2 (~ V)ケレスティヌス5世(1209/1210-1296；後のチェレスティーニ修道士会を創設)

celestino 形 空色の、薄い青色の —男 空色、薄い青色

celetto 男 1 [劇]ボーダー(天井から舞台上部に吊り下げられたパネルや幕) 2 ブラインドを収納する羽目板

celia 囡 冗談 ▶ *per celia* 冗談で、ふざけて

celiaco 形 [複[-ci]] 1 [解]腸の、腹腔の 2 [医]セリアック症候群の

celiare 自 [io celio] 冗談を言う、ふざける

celibato 男 (男の)独身 —celibato ecclesiastico [religioso][カト]聖職者独身制

celibe 形 (男性が)未婚の、独身の —男 未婚の男性(scapolo)

celidonia 囡 [植]クサノオウ

Celio 固名(男) チェーリオの丘(ローマ七丘の一つ)

cella 囡 1 (修道院の)独居房；(独居用の)小室 2 (刑務所の)独房 3 (ミツバチの)蜜房 4 [考](異教の神殿の)神体安置所 ▶ *cella campanaria* (鐘楼の)鐘つり場 *cella frigorifera* 冷蔵[凍]庫

Cellini 固名(男) 1 (Benvenuto ~)ベンヴェヌート・チェッリーニ(1500-71；フィレンツェ出身の彫刻家・彫金師・著述家) 2 「ベンヴェヌート・チェッリーニ」(ベルリオーズ作曲の歌劇(1838))

cellofan, cellofan 男[不変] セロハン

cellofanare 他 [io cellofano] セロハンで包む

cellofanatura 囡 セロハンで包むこと

cellula 囡 1 細胞 2 [電]電池 —cellula fotoelettrica 光電池、光電管 3 (共産党や革命組織の)細胞 4 (飛行機の)翼組

cellulare 形 1 細胞の 2 多孔性の、(生地が)目の粗い —男 1 携帯電話 (telefono cellulare, telefonino) 2 囚人護送車

cellulite 囡 1 (特に女性の大腿(穀)部などにたまる)皮下脂肪、セルライト 2 [医]蜂巣(タギ)織炎、小胞炎

cellulitico 形 [複[男 -ci]] 皮下脂肪の、セルライトの

celluloide 囡 1 セルロイド 2 映画(界)

cellulosa 囡 セルロース

cellulosico 形 [複[男 -ci]] セルロースの

celluloso 形 [生物]細胞の[から成る]、細胞質[状]の

celosia 囡 [植]ケイトウ

celostato 男 [天]シーロスタット

celta 男女[複[男 -i]][歴]ケルト族、ケルト人

celtico 形 [複[男 -ci]] 1 ケルト族の 2 [医]性病の —男 [単数のみ]ケルト語

cembalista 男女[複[男 -i]] チェンバロ奏者

cembalistico 形 [複[男 -ci]][音]シンバルの；チェンバロの

cembalo 男 1 [音]シンバル 2 [音]チェンバロ、ハープシコード

cembro 男 [植]イタリアカラマツサマツ、スイスマツ

cementare 他 1 (セメントで)固める、舗装する、補強する 2 強める、強固にする 3 (鉄を)浸炭する —**arsi** 再 1 (セメントで)固まる、補強される 2 強まる、強固に

cementazione 囡 1セメント舗装[補強] 2強化，強固 3セメンテーション，浸炭

cementiere 男〔女[-a]〕1セメント関連の企業家 2セメント工場の従業員

cementifero 形 セメント製造の

cementificare 他〔io cementifico〕(無秩序な建築で環境・景観を)損なう，破壊する

cementificazione 囡 (無秩序な建築による)環境[景観]破壊

cementificio 男 セメント工場

cementista 男女〔複[男 -i]〕セメント作業員，セメント工場の労働者

cementizio 形 セメント製造の，セメント作業用の；セメントを含む

cemento 男 1セメント —*cemento armato* 鉄筋コンクリート 2固める[強化する]もの，絆(きずな) —La sincerità è il *cemento* dell'amicizia. 誠実さは友情の絆だ． 3(歯科用の)セメント 4〔解〕(歯の)セメント質

＊**cena** [チェーナ] 囡 1夕食，晩御飯 —l'Ultima *Cena* 最後の晩餐(さん) /l'Ultima *Cena* di Leonardo レオナルドの『最後の晩餐』 2夕食時

cenacolo 男 1イエスが最期の晩餐(さん)を取った部屋；[美]最期の晩餐 2〔建〕(古代の)食堂 3(芸術家や知識人の)集会，集い；集会場，たまり場

cenare 自 夕食をとる

cenciaio → cenciaiolo

cenciaiolo 男〔女[-a]〕1古着[廃品]回収業者 2古着[廃品]分別係

cencio 男 1ぼろ切れ；雑巾 2ぼろい服 3(心身が)弱った人 —Il dolore l'ha reso un *cencio*. 悲しみで彼はやつれた． 4〔複数形〕チェンチ，揚げ菓子 ▶ ***essere bianco come un cencio*** 蒼白な

cencioso 形 1(衣類について)ぼろぼろの，破れた 2くたびれた身なりの，ぼろをまとった

-cene 接尾 (地質学の年代において)「最近の」の意

ceneratoio 男 灰皿；(炉の)灰受け

cenere 囡 1灰 —mercoledì delle *Ceneri* 灰の水曜日 2〔複数形〕遺灰，遺骨 3(キリスト教の概念で)肉体，人体 —男〔不変〕灰白色 —形〔不変〕灰白色の ▶ ***andare in cenere*** 崩壊する，破滅する

cenerentola 囡 1(C-)シンデレラ 2ひどい仕打ちを受けている少女；(不当に)低く評価されている人物[もの]

cenerino 形 灰色の —男 灰色

cenerognolo 形 灰色がかった

cenetta 囡 (少人数の親密な)晩餐(さん)；(シンプルでおいしい)夕食

cennamella 囡 〔音〕ショーム(木管楽器の一種)

cenno 男 1身振り，手まね；合図，信号，サイン，シグナル —fare *cenno* con la mano 手で合図する 2短い記述[ニュース，通知] 3兆候，前兆，きざし —I primo *cenno* dell'influenza è il mal di gola. インフルエンザの徴候は喉の痛みだ．

ceno- 接頭 1「新しい」の意 2「空(くう)の」の意 3「共通の」の意

cenobio 男 修道院

cenobita 男〔複[-i]〕1修道士 2〔譜〕(禁欲的に研究・仕事に専心して)修道士のような生活をする人

cenobitico 形〔複[男 -ci]〕1修道士の，修道院の 2(修道士のように)厳格な；〔譜〕たいそうお堅い

cenobitismo 男 修道院での共同生活

cenone 男 (クリスマスイブや大晦日など大勢が集まる)豪華な夕食[晩餐(さん)]

cenotafio 男 (他所に葬られている著名人の)記念碑

censibile 形 (財産・不動産などが)登記可能な，財産登録可能な

censimento 男 統計調査，国勢調査；(国や地域の)人口調査

censire 他〔io -isco〕1国勢[統計]調査する 2(土地台帳に)登記する，財産登録する

CENSIS 略 Centro Studi Investimenti Sociali 社会経済研究センター

censo 男 1(課税対象となる)財産；財産税 2(古代ローマの)財産帳簿[調査]；(中世の)年貢，税金

censore 男 1風紀係，検閲者；査察官；(学会誌の)論文審査係 2〔女 [-a]〕厳格な批評家，酷評家 3(風紀の取り締まりや国家財産の管理などに当たった古代ローマの)監察官

censorio 形 風紀係の(ような)，検閲者の(ような)；厳格な，うるさい

censura 囡 1(出版・情報などに対する)検閲，検閲局 2非難，酷評 —incorrere nelle *censure* di... …に非難される 3戒告；[カト](罪を犯し続ける信者への)懲罰処置；異端[有罪]宣告 4(古代ローマの)監察官の職[任期] 5(精神分析で)抑圧，検閲 ▶ ***censura preventiva*** (出版・情報などに対する)事前検閲

censurabile 形 検閲すべき[しうる]；非難すべき[しうる]

censurare 他 1検閲する 2非難する 3(精神分析で)抑圧する，抑圧する —**arsi** 再 非難[検閲]に従う；自己批判する

cent 男〔不変〕[英]セント(ドルやユーロの100分の1の単位)

centauro 男 1(C-)〔ギ神〕ケンタウロス(半人半馬の怪物) 2オートバイレーサー 3〔天〕ケンタウルス座

centellinare 他〔io centellino〕1(味わうために)ちびちびと飲む 2じっくり楽しむ 3(少しずつ慎重に)供給する

centellino 男 ちびちび飲むこと —a *centellini* ちびちびと飲む

centena 囡 (古代ゲルマン族の)100戸単位の区画[区分]

centenario 形 1百歳(以上)の；

centennale 100年の —*albero centenario* 樹齢の木 **2** 百年ごとの —*celebrazione* [*commemorazione, ricorrenza*] *centenaria* 百年祭 —男【女-a】百歳(以上)の人 **2** 100年の記念日[記念祭] —*Nel 1961 ci fu il centenario dell'unità d'Italia.* 1961年にイタリア統一百年祭があった.

centennale 形 100年続く, 100年ごとの

centennio 男 100年間, 1世紀

centerbe 男〖不変〗チェンテルベ(アブルッツォ産の強いリキュール)

centesimale 形 100分の1の, 百分法の, 百進法の

centesimo 形〖序数〗100番目の; 数え切れないほどの; 100分の1の —男 **1** 100分の1 **2**〖通貨の単位〗チェンテジーモ(100分の1ユーロ[リラ]);〖否定形で〗一銭も…ない, 少しも…ない —*pagare fino all'ultimo centesimo* 最後の一銭まで支払う, 完全に払い切る / *non avere un centesimo* 一銭も持っていない

centi- 接頭「100の」「100分の1」の意

centiara 女 1平方メートル

centigrado 形 (目盛りが)百分度の; (温度計が)セ氏の

centigrammo 男 センチグラム(100分の1グラム)

centilitro 男 センチリットル(100分の1リットル)

centimetrare 他〖io centimetro〗センチメートル単位に分割する

centimetrato 形 (定規・物差しなどが)センチメートル単位の

centimetrico 形〖複[男 -ci]〗センチメートルの[で計られた]

centimetro 男 **1** センチメートル —*centimetro quadrato* [*cubo, cubico*] 1平方[立方]センチメートル **2**〖特に否定で〗ごくわずかの長さ[空間] —*non cedere di un centimetro* 少しも譲らない **3** (仕立屋の使う)巻き尺

centina 女 **1**〖建〗(アーチや天井を建造するための)仮骨組み, 仮枠 **2**〖建〗(屋根の重量を柱に伝えるアーチ状の部材) **3** (飛行機の)翼小骨(ぼね) ▶ *a centina* 弓なりに, アーチ型に

*centinaio [チェンティナイオ] 男〖複 le centinaia〗100, 約100 ▶ *a centinaia* 多く, たくさん

*cento [チェント] 形〖基数〗〖不変〗 **1** 100の多数の, 多量の, おびただしい —*novantanove volte su cento* たいてい, おおかた / *una volta su cento* めったに…ない / *Cento di questi giorni!* (誕生日などで)幾久しくご長寿を. **3**〖名詞の後に置かれて, 序数として〗100番目の —*pagina cento* 100ページ —男〖不変〗 **1** 100 **2**〖スポ〗〖複数で〗(陸上や水泳の種目の)100メートル ▶ *al cento per cento* 完全に, 全く *per cento* 100につき, パーセント(%)

centocchi → centonchio

centocinquanta 形〖基数〗〖不変〗150の ▶ *centocinquanta ore* (卒業資格を持たない労働者のための)150時間の初等[中等]教育特別講座

centodiciotto 男〖不変〗118番(救急車を呼ぶ電話番号)

centodieci 男〖不変〗 **1** 110点(イタリアの大学の卒業試験の最高得点) **2**〖複数で〗〖スポ〗110メートルハードル

centododici 男〖不変〗112番(カラビニエーリを呼ぶ電話番号); カラビニエーリ, 国防省警察

centometrista 男女〖複[男 -i]〗〖スポ〗100メートル走のスペシャリスト

centomila 形〖基数〗〖不変〗10万の; 膨大な, 無数の —男〖不変〗10万; 10万リラ札 —男〖不変〗10万リラ札

centomillesimo 形〖序数〗《諧》10万番目の —男 10万分の1

centonchio 男〖植〗ハコベ

centone¹ 男《諧》10万リラ札

centone² 男 **1**〖文〗(様々な作家からの)つぎはぎ[寄せ集め]作品 **2**〖音〗混成曲; 典礼歌集

centopiedi 男〖不変〗〖動〗ムカデ

centoquindici 男〖不変〗115番(消防車を呼ぶ電話番号)

centotredici 男〖不変〗113番(警察を呼ぶ電話番号); 警察

Centrafricana 固名〖女〗 (Repubblica ~) 中央アフリカ共和国

centrafricano 形 **1** 中部アフリカの **2** 中央アフリカ共和国の —男〖女-a〗中央アフリカ共和国の人

*centrale [チェントラーレ] 形 中央の; 主要な —女 本部, 本局 —*centrale telefonica* [*elettrica*] 電話局[発電所]

centralinista 男女〖複[男 -i]〗電話交換手

centralino 男 電話交換台

centralismo 男 中央集権化, 中央集権制度 ▶ *centralismo democratico* (共産主義の)民主集中制

centralità 女 **1** 中央の位置, 中心にあること; 重要性, 核心 **2**〖政〗中道

centralizzare 他 中心に集める, 一元化する; 中央集権化する —*chiusura centralizzata* (車の)自動ドアロック

centralizzatore 形〖女[-trice]〗一元化する; 中央集権的な —男〖女[-trice]〗一元化する人; 中央集権主義者

centralizzazione 女 集中(化), 一元化; 中央集権化

centralmente 副 **1** 中心に **2** 本質的に, 主に

centramento 男 **1** 中心に置くこと, 中心に合わせること **2** (飛行機の)荷物のバランスをとること

centramericano 形 中央アメリカの, 中米の —男〖女[-a]〗中央アメリカ[中米]の人

centrare 他 **1** (的の中心を)射る **2** 核

心を突く, 本質を捉える, 見極める; 達成する —*centrare* un personaggio 登場人物を上手に演じる[解釈する] **3** 中心にすえる, 真ん中に[正しく]合わせる **4** [スポ] センタリングを上げる

centrasiatico → centroasiatico

centrato 形 **1** 狙いを定めた, 命中した **2** 中心に置かれた, 真ん中に[正しく]合わされた

centrattacco 男 [複[-chi]] [スポ] (サッカーなどの)センターフォワード

centratura 女 **1** 中心に置くこと, 真ん中に[正しく]合わせること **2** [機]心出し

centravanti 男 [不変] [スポ] (サッカーなどの)センターフォワード —*centravanti di sfondamento* (ディフェンスを中央突破できる)センターフォワード

centrifuga 女 **1** 遠心分離機 **2** (果物の)ミキサー **3** (洗濯機の)脱水

centrifugare 他 [io centrifugo] 遠心分離機にかける; 脱水機[ミキサー]にかける

centrifugato 形 遠心分離機にかけた; 脱水機[ミキサー]にかけた —男 (ミキサーで搾った)果汁

centrifugazione 女 遠心分離

centrifugo 形 [複[男 -ghi]] **1** 遠心性の, 遠心的な, 遠心力を利用した **2** 中心から離れようとする; 分離主義的な, 反中央集権的な **3** [植]遠心花序の

centrino 男 (家具やテーブルに置く)装飾的な掛け布, テーブルセンター

centripeto 形 **1** [物]中心に向かう, 求心の **2** 中央集権的な; 求心的な **3** [植]求心花序の

centrismo 男 [政]中道主義

centrista 男女 [複[男 -i]] 中道主義者 —形 [複[男 -i]] 中道主義の

centro [チェントロ] 男 **1** 中央, 中心, 真ん中 **2** 中心街[地] —*centro storico* 歴史的市街区, 旧市街 / *centro commerciale* ショッピングセンター **3** (文化会館や研究所など中心)総合)施設, センター **4** (特にイタリア)の中部 **5** [政]中道派 **6** (事柄の)核心, 眼目 **7** センター ▶ *fare centro* 的を射る, 的中する

centro- 連結 「中心」「中央」の意

centroamericano 形 中央アメリカの —男 [女-a] 中央アメリカの人

centroasiatico 形 [複[男 -ci]] 中央アジアの

centrattacco → centrattacco

centroavanti → centravanti

centrocampista 男女 [複[男 -i]] [スポ] (サッカーの)ミッドフィルダー

centrocampo 男 [スポ]中盤; [総称的]ミッドフィルダー

centroccidentale 形 中西部の —*Europa centroccidentale* ヨーロッパ中西部

centrodestra 男 [不変] [政]中道右派連合 —*governo di centrodestra* 中道右派政権

centrodestro 男 [スポ] (サッカーなどの)インサイドライト

centroeuropeo 形 中央ヨーロッパの

centroitaliano 形 中部イタリアの

centromediano 男 [スポ] (サッカーなどの)センターハーフ

centromeridionale 形 中南部の

centronord 男 [不変] 中北部

centropagina 男 [不変] ページの中央部分; (新聞の)ページ中央の記事[タイトル]

centrorientale 形 中東部の

centrosettentrionale 形 中北部の

centrosinistra 男 [不変] [政]中道左派連合

centrosinistro 男 [スポ] (サッカーなどの)インサイドレフト

centrosud 男 [不変] 中南部

centrotavola 男 [不変, または複 [centritavola]] テーブルの中央; テーブル中央に置かれた飾り

centumvirato 男 (古代ローマの)百人法院判事の職[任期]; 百人法院判事の集まり

centumviro 男 (古代ローマの)百人法院判事

centuplicare 他 [io centuplico] 100倍にする; 大幅に増やす, 増大させる —**arsi** 再 大幅に増える, 増大する

centuplo 形 100倍の, 100倍大きい[多い] —男 100倍(の数), 100倍の量[値段]; はるかに大きいもの

centuria 女 **1** 百人隊(古代ローマの軍隊); 百人組(古代ローマの階級[投票]単位); ケントゥリア(古代ローマの農地面積の単位) **2** (第一次世界大戦時の)後方部隊; (ファシズム時代の)義勇兵部隊

centurione 男 (古代ローマの)百人隊の隊長; (ファシズム時代の)義勇兵部隊の隊長

CEO 略 Chief Executive Officer 最高経営責任者

cepola 女 [魚]アカタチ

ceppaia 女 **1** 切り株 **2** 伐採した土地

ceppo 男 **1** 木の付け根, 切り株 **2** 太い薪(ﾏｷ), 焚(ﾀ)き木; (クリスマスの晩に燃やす)薪; (C-)クリスマス **3** (家族・民族・家柄の)起源, 始祖; 種族, 語族 —*ceppo indoeuropeo* [言]インドヨーロッパ語族 **4** 首切り台; 肉切り台, まな板 **5** [生物]菌株 **6** (器具・機械などの)台, 台木 **7** [機]制輪子 **8** 十字架の土台; 鐘を吊るす梁(ﾊﾘ) **9** [複数で]足枷(ｶｾ), 桎梏(ｼｯｺｸ), 束縛

cera¹ 女 **1** 蜜蠟(ﾐﾂﾛｳ), 蠟 —*essere bianco come la cera* 顔色が悪い **2** ワックス —*dare la cera al pavimento* 床にワックスをかける **3** 蠟人形(bambola di cera)

cera² 女 顔色, 顔つき, 表情, 様子 ▶ *avere una buona [brutta, cattiva] cera* 顔色がよい[悪い] / *fare buona [cattiva] cera a...* …を心から歓迎する[冷たく迎える]

ceraio 男 ろうそく売り, ろうそく製造業者; ろうそくの細工職人

ceraiolo 男〖[-a]〗 1 → ceraio 2（宗教的な儀式の）ろうそくの運び手

ceralacca 女 封蝋

ceramica 女 1 陶磁器, 瀬戸物 2 製陶業, 窯業 3（焼き物にするために）粘土と水をこねたもの

ceramico 形〖複[男-ci]〗陶磁器の, 陶磁器製造の, セラミックの

ceramista 男女〖複[男-i]〗陶工, 製陶技術者

ceraste 男〖動〗ツノクサリヘビ

cerasuolo 男 チェラズオーロ(アブルッツォ[シチリア]産の赤ワイン) ― 形〖南伊〗サクランボ色の

cerata 女 1 蠟(ろう)引き布 2（漁師などが着る）防水作業着「つなぎ」

cerato[1] 形（防水用に）蠟(ろう)引きした, 防水加工の

cerato[2] 男〖薬〗蠟膏(ろうこう)

cerbero 男 1 (C-)〖ギ神〗ケルベロス(三つの頭を持つ地獄の番犬) 2 無愛想な門番; 厳格な人, 怒りっぽい人

cerbiatta 女 1 雌の子鹿 2（大きな目の）軽やかな動きの女性; おどおどした女性

cerbiatto 男 子鹿 ―occhi da *cerbiatto*（小鹿のように）大きくて優しい黒目

cerbottana 女 吹き矢; 子供用吹き矢（紙を打ち出す玩具）

cerca 女 1 探すこと, 探求, 探索 ―in *cerca di...* …を探して, …を求めて 2（猟犬による）巣穴からの追い出し 3〖歴〗罪人の引き回し（刑を執行する前の見せしめ）

cercamine 男〖不変〗地雷探知機

cercapersone 男〖不変〗ポケットベル

*****cercare** [チェルカーレ] 他 1 探す ―*cercare un libro* 本を探す 2 うまく探す［調べる］, 探し回る ―*cercare per tutta la casa* 家中探し回る 3 (di+不定詞)…しようと努める［努力する］ ―*cercare di stare calmo* 落ち着こうとする 4 懸命になる, 励む ―*cercare il successo* 躍起になって成功を求める 5 要求する,（会ったり話したりするのを）望む ―*Cercavi me?* 私に会いたかったの? ―**arsi** 再 1 互いに探し合う 2〖強調的に〗懸命に探す, 手を尽くす

cercata 女 急いでざっと探すこと, 急ぎの探索

cercatore 男〖女[-trice]〗1 探す人, 探求者 2 托鉢(たくはつ)僧 ― 形〖女[-trice]〗1 探している, 探し求める 2 托鉢(たくはつ)をする

cerchia 女 1 囲い, 円形[半円形]に並ぶもの; 城壁 2 サークル, 仲間, 集団 3 領域, 範囲

cerchiare 他 (io cerchio) 1（樽(たる)や瓶に）たがをはめる,（車輪に）リムをはめる 2（注意を喚起するために）円で囲む 3 取り囲む, 取り巻く ―**arsi** 再（目に）くまができる

cerchiato 形 1 たがをはめられた;（円で）囲まれた; 取り囲まれた 2 くまができた

cerchiatura 女 たがをはめること, リムをつけること;〖総称的〗たが, リム

cerchiettino 男（輪形の）イヤリング

cerchietto 男 1 小さな円[輪] 2 円形の装身具（指輪・腕輪・イヤリングなど）; 髪飾り, ヘアバンド ―*cerchietto d'oro* 結婚指輪 3〖複数で〗チェルキエッティ(2本の棒を使ってボールを投げたりつかんだりする遊び) 4 チェルキエット(ロンバルディア地方の袋型の魚網)

cerchio 男 1 円, 円形, 丸 2 円形のもの 3 輪, 環;（樽(たる)などのたが;（新体操の）フープ;（棒で輪を縦に転がして遊ぶ)フープ;（スカートを広げる）張り骨, パニエ 4 取り囲む[巻く]もの ―*cerchio di gente* 人垣 ► *a [in] cerchio* 輪状の; 輪状に, 円陣にして *cerchio alla testa* 頭痛, 頭重(ずおも) *dare un colpo al cerchio e un colpo alla botte* 和を重んじる

cerchiobottismo 男（政治的に）どっちつかずの態度, 日和見主義

cerchione 男 大きな円[輪];（タイヤの）リム, 車輪の枠

cercine 男 1（頭に荷物を載せて運ぶための）ターバン, 布切れ 2（ターバン風の）帽子; 頭の上に髪を巻き上げる女性のヘアスタイル 3〖植〗(樹皮の傷口の)環状隆起

cercopiteco 男〖複[-chi, -ci]〗〖動〗オナガザル

cereale 男〖複数で〗穀物; 穀類

cerealicolo 形 穀類の, 穀物栽培[取引]の

cerealicoltura 女 穀物栽培

cerebrale 形 1〖医〗大脳の, 脳の ―*emorragia cerebrale* 脳出血 2（芸術作品や思想について)感性よりも知性に訴える, 主知的な; 頭でっかちの ― 男女 理知的な人, 頭でっかちな人

cerebralismo 男（芸術・文学について)感性よりも知性を重んじること, 主知主義; 頭でっかち

cerebralità 女 → cerebralismo

cerebroleso 形 1〖医〗脳障害の, 脳に障害を負った 2〖諧〗間抜けの, ぼけた ― 男〖女[-a]〗1〖医〗脳に障害を負った人 2〖諧〗間抜け, ボケ

cerebrospinale 形〖医〗脳脊髄の

cereo 形 1（顔や手などが)蒼白の, 青ざめた 2 蠟(ろう)でできた; 影響されやすい ― 男〖文〗蠟

Cerere 固名(女)〖ロ神〗ケレス(穀物豊穣(ほうじょう)の女神. ギリシャ神話のデメテル)

ceretta 女 脱毛剤; 脱毛 ―*ceretta depilatoria* 脱毛ジェル

cerfoglio 男〖植〗チャービル

cerifero 形 蠟(ろう)を製造する

*****cerimonia** 女〖チェリモーニア〗1 儀式, 式典, 祭典 ―*abito da cerimonia* 式服, 礼服 / *cerimonia nuziale [del matrimonio]* 結婚式 / *cerimonia funebre* 葬式 2〖複数で〗儀礼, 堅苦しさ, 虚礼 ―*Tra amici non si fanno ceri-*

cerimoniale monie. 友達同士に遠慮は要らない.
cerimoniale 男 (儀式の進行を定めた)典礼集, 儀典集 —形 儀式の; 儀典に則った
cerimoniere 男 儀典係, 儀式の統括者[運営係]
cerimoniosità 女 儀式ばった態度, 儀式的な振る舞い
cerimonioso 形 儀式ばった, 儀礼的な, 堅苦しい
cerino 男 1 蠟(ろう)マッチ 2 蠟引きの灯心
cerio 男 〔化〕セリウム(元素記号 Ce)
CERN 略 Comitato Europeo di Ricerche Nucleari 欧州原子核研究機構
cernere 他 (da)《文》…から選り分ける, 区別する
cernia 女 〔魚〕ハタ
cerniera 女 1 蝶番(ちょうつがい) 2 ファスナー(cerniera lampo) 3 (バッグなどの)留め金
cernita 女 (一定の基準に基づく)選り分け, 選別, 選抜
cero 男 1 (奉納用の)大きなろうそく 2 (宗教上の行列で担がれる, ろうそく形の)山車
cerone 男 (役者が顔ごしらえに使う)ドーラン; 厚化粧
ceroso 形 蠟(ろう)に似た, 蠟状の; 蠟を含む
cerotto 男 1 救急絆(ばん)(創膏(こう)) 2 病気がちな人, 病弱者
cerreto 男 トルコオークの森
cerro 男 〔植〕トルコオーク
certaldese 形 チェルタルド(トスカーナの町 Certaldo)(の人)の —男女 チェルタルドの人; (C-)ボッカッチョ
certamente 副 確かに, きっと; 〔肯定の返事として〕もちろん —Vieni con me? -Certamente! 一緒に来る? - もちろん.
certezza 女 1 確かさ, 確実性 —Lo so con certezza. それは確かに知っている. 2 確信, 信念, 納得 —Ho la certezza di non sbagliarmi. 私は間違っていないと確信している. 3 真実性, 明白さ, 確証 —certezza di una teoria 理論の明確さ
certifica → certificazione
certificabile 形 証明できる, 明示できる
certificare 他 (io certifico) 証明する, (書類で公的に)認証する
certificato 男 証明書 —certificato di cittadinanza 身分証明書 / certificato di garanzia 保証書 / certificato di nascita〔morte〕出生〔死亡〕証明書 / certificato di residenza 居住証明書
certificazione 女 1 (公的な)証明, 認証 2 証明書; 確かさ, 本物であること —certificazione di qualità 品質認証
**certo [チェルト] 形 1 確実な, 確かな, 疑いのない, 明白な, 議論の余地のない —una notizia certa 確かな情報 / È certo che lui è d'accordo con noi. 彼が我々の意見に賛成なのは確実だ. 2 確信した, 納得した, 自信を持って —Sono certo di farcela. 僕はやり抜く自信はある. 3〔不定形容詞: 名詞に前置して〕a) いくらかの, いくつかの, 何人かの —Certi studenti non sono venuti. 何人かの学生は来なかった. b) 誰かの, 何かの —un certo signor Rossi ロッシとかいう男性 c) 相当な —una certa età かなりの年配 d) ある程度の, 多少の, いくらかの —certa abilità[capacità]まずずの力量 —男〔単数のみ〕確かさ, 確実なこと —So per certo che Maria verrà. マリアが必ずやって来るのは分かっている. —代 (不定)〔複数で〕一部の人, ある人々, 何人か —Certi dicono che quei due si siano sposati. 一部ではあの二人が結婚したと言っている. —副 もちろん; 確かに —A quest'ora sarà certo a casa. 彼はこの時間なら, 間違いなく家にいるよ. / Mi dai una mano?-Sì, certo. 手伝ってくれる? - いいとも.
certosa 女 カルトゥジオ会修道院
certosino 形 カルトゥジオ会修道会の(ような), 忍耐を要する, 細心の注意が必要な —lavoro certosino 細かな作業 —男 1 カルトゥジオ会修道士; (C-)カルトゥジオ修道会; (仕事において)忍耐強く几帳面な人 —pazienza da certosino すごい忍耐力 2 (猫の品種)シャルトリュー 3 (リキュールの)シャルトリューズ 4〔料〕チェルトジーノ(ドライフルーツなどをのせたボローニャ名物の焼き菓子)
certuno 代 (不定)〔複数で〕何人かの人; ある人
ceruleo 形 明るい青色の, 空色の —男〔不変〕明るい青色, 空色
cerume 男 耳あか
cerva 女 雌鹿(→ cervo)
cervellata 女 〔料〕チェルヴェッラータ, セルベラート(豚の脳髄を材料にしたミラノのソーセージ)
cervelletto 男 〔解〕小脳
cervellino 男 1《諧》(特に子供の)浅知恵, 未熟なおつむ 2 浅はかな人, 馬鹿; 判断力のない人
**cervello [チェルヴェッロ] 男〔複[-i, le cervella]〕1〔解〕脳, 脳髄; (食用の動物の)脳 —fritto di cervello [cervello fritto] 脳みそのフライ / farsi saltare le cervella 頭を撃って自殺する 2 頭脳, 知力, 知能 —fare le cose con [senza] cervello よく考えて[深く考えずに]行動する / cervello elettronico 電子頭脳 / cervello di gallina 頭の悪さ; 頭の悪い人 / cervello fino 明敏; 頭の切れる人 / fare il lavaggio del cervello a... …を洗脳する 3 頭のよい人, 知的な人; 知的指導者, 知恵袋, ブレーン —il cervello della banda ギャングのボス 4 物の考え方, 思考様式
cervellone 男 1《諧》大変に賢い人;

cervellotico 〔皮肉で〕愚か者 **2**〔謔〕コンピューター

cervellotico 形〔複〔男-ci〕〕**1** 錯綜した, 分かりにくい, 非論理的な **2** 奇抜な, 不可思議な

cervicale 形 〔解〕頸(ケい)部の ―囡 首の関節症

cervice 囡 **1**〔文〕うなじ **2**〔解〕首; (子宮の)頸(ケい)状部

cervide 囡 (C-)〔複数で〕〔動〕シカ科

Cervino 固名(男) マッターホルン(スイスとイタリアの国境に位置するアルプス山脈の高峰)

cervino 男 シカの

cervo 男 **1**〔動〕シカ **2**〔虫〕クワガタムシ (cervo volante)

Cesare 固名(男) **1**〔男性名〕チェーザレ **2** (Caio Giulio ~) カエサル, シーザー(前100-44; 共和政ローマの将軍・政治家)

cesare 男 **1**(古代ローマの)皇帝の称号 **2**〔文〕皇帝, 帝王; 主人

cesareo 形 **1** ユリウス・カエサルの **2** 皇帝の ―taglio cesareo〔医〕帝王切開 ―男〔医〕帝王切開, 帝王切開分娩

cesariano 形〔歴〕ユリウス・カエサルの

Cesarina 固名(女性名)チェザリーナ

Cesario 固名〔男性名〕チェザーリオ

cesarismo 男〔歴〕(平民の信任を得た)独裁主義, 専制政治;〔政〕(人民の支持によって)既成の法を無視しようとする態度

Cesarotti 固名(男)(Melchiorre ~)チェルロッティ(1730-1808; パドヴァ出身の文学者)

cesellare 他 **1** 鏨(タガネ)で彫る **2**(文章や作品を)推敲(スイコウ)する, 磨き上げる

cesellatore 男〔女-trice〕**1** 鏨(タガネ)師, 彫り師 **2** 丹念な芸術家〔作家〕; (書物の)装丁家, 陶磁器の絵師

cesellatura 囡 **1** 鏨(タガネ)で彫ること; 彫金術 **2**(作品を)磨き上げること, 彫琢(タク)

cesello 男 **1** 鏨(タガネ) **2** 彫刻(術), 彫金(術) **3** 彫刻作品, 彫金作品

cesena 囡〔鳥〕ノハラツグミ

cesio 男〔化〕セシウム(元素記号 Cs)

cesoia 囡 **1**〔複数で〕剪(セン)定ばさみ; (布や鋼や金属などを切る)大ばさみ; (普通の)はさみ **2** 剪断機

cesoiata 囡 (大ざっぱな)裁断, 剪(セン)断

cespite 男 **1**〔文〕(同じ根から生え出た草や花の)束, 房, 株 **2** 収入源

cespo 男 (同じ根から生え出た草や花の)束, 房, 株

cespugliame 男〔総称的〕藪(ヤブ), 茂み, 草むら; 藪〔茂み〕に覆われた土地

cespugliato 形 藪(ヤブ)〔茂み〕に覆われた; 藪のような

cespuglio 男 **1** 藪(ヤブ); 茂み **2**〔謔〕ふさふさした前髪; もじゃもじゃひげ〔眉毛〕

cespuglioso 形 **1** 藪(ヤブ)〔茂み〕に覆われた, 藪のような **2**〔謔〕毛深い, (髪が)ぼうぼうの

‡**cessare**〔チェッサーレ〕自〔es〕終わる; 止む ―La pioggia è cessata. 雨は止んだ. ―他 中止する, やめる, 中断する; (di + 不定詞) …するのをやめる ―Ha cessato di lavorare. 彼は働くのをやめた.

cessato 形〔名詞の前に置かれて〕過ぎ去った, 終わった ―cessato pericolo 過ぎ去った危険 / cessato allarme 警報解除

cessazione 囡 終わり, 終了; 中断, 休止

cessionario 形 譲渡を受ける ―男〔女[-a]〕〔法〕被譲渡者, 譲り受け人

cessione 囡 譲ること;〔法〕譲渡, 譲与

cesso 男《口》**1** 公衆便所 **2** 汚い場所〔物〕**3** 不細工な人〔物〕

cesta 囡 **1** (主に籐(トウ)の)かご; かご1杯の量 **2**〔劇〕舞台設備一式 **3**〔トスカーナ〕(ワイン運搬用の)荷車 ▶ *a ceste* かなりの量

cestaio 男〔女-a〕かご製造業者, かご屋

cestello 男 **1** 小さなかご **2**(格子状の)かご **3**(洗濯機の)ドラム; (食器洗い機の)皿立て **4**(作業用はしご車の)ゴンドラ

cesteria 囡 **1** かご工場, かご屋; 籐(トウ)細工の店〔工房〕

cestinare 他 **1**(紙くずを)くずかごに投げ入れる **2**(原稿などを)ボツにする

cestino 男 小型のかご; くずかご; 小さな袋 ―*cestino* da viaggio 駅弁

cesto¹ 男 **1** (籐(トウ)や柳などの)大型のかご; 1 かご分の量 **2**〔スポ〕(バスケットボールの)バスケット; 得点

cesto² → cespo

cesto³ 男〔歴〕(古代ローマの拳闘士が用いた)籠手(テ)

cesura 囡〔詩・音〕中間休止

cetaceo 男〔動〕クジラ類の哺乳動物

cetano 男〔化〕セタン

cetera → cetra¹

cetnico 男〔複-ci〕〔複数で〕チェトニック(セルビア人の愛国組織); チェトニックのメンバー ―形〔複〔男-ci〕〕チェトニックの

ceto 男 社会階級, 階級層 ―ceto medio 中流階級

cetonia 囡〔虫〕ハナムグリ

cetra¹ 囡 (楽器の)キタラ, シターン, ツィター

cetra² 囡〔歴〕(皮や籐(トウ)でできた)古代の小さな盾

cetriolino 男 (ピクルス用の)小キュウリ ―*cetriolini* sottaceto ピクルス

cetriolo 男 **1**〔植〕キュウリ **2** とんま, 間抜け, 馬鹿

Cf 略(元素記号) californio〔化〕カリホルニウム

c.f. 略 **1** codice fiscale 納税番号 **2** canto fermo 定旋律

cfr. 略 confronta 参照, 対照

CFS 略 Corpo Forestale dello Stato 森林警備隊

cg 略 centigrammo センチグラム

C.G. 略 Console Generale 総領事

CGIL 略 Confederazione Generale Italiana del Lavoro イタリア労働総同盟

CGS 略 Centimetro-Grammo-Secondo CGS 単位系

CH 略 Chieti キエーティ (アブルッツォ州の町)

chalet 男〔不変〕〔仏〕シャレー, 山荘, 別荘

champagne 男〔不変〕〔仏〕シャンパン; シャンパン色(緑がかった黄色) ― 形〔不変〕シャンパン色の

chance 女〔不変〕〔仏〕チャンス, 好機

chardonnay 男〔不変〕〔仏〕(ワイン用ブドウの)シャルドネ種; シャルドネの白ワイン ― 形〔不変〕シャルドネの

charme 男〔不変〕〔仏〕魅力

charter 男〔不変〕〔英〕(飛行機の)チャーター(便) ― 形〔不変〕チャーターの, チャーター便の

chartreuse 女〔不変〕〔仏〕シャルトルーズ酒(カルトゥジオ会修道院で作られる食後酒)

chassis 男〔不変〕**1**〔仏〕(自動車の)シャーシー, 車台 **2**(二つの乾板取枠, プレートホルダー); (撮影機の)フィルムケース

chattare 自〔口〕チャットする

*__che__¹〔ケ〕代 〔関係代名詞〕**1**〔関係代名詞〕a)…であるところの ―il film *che* ho visto ieri 昨日私が見た映画 ―il gatto *che* miagola 鳴いている猫 b)〔先行詞が時(稀に場所)を表す場合〕―L'autunno è la stagione *che* si va volentieri a viaggiare. 秋は皆が喜んで旅行する季節です. c)〔il *che* で(前文を受けて)そのこと, それ ―I miei nonni stanno bene in campagna, il *che* mi fa piacere. 祖父母は田舎で元気にしているので, 私は嬉しい. /Di *che* colore è? 何色ですか **2**〔疑問代名詞〕何か, あるもの[こと] ―un *che* di strano 何かおかしなもの[こと] /un gran *che*〔否定文で〕たいしたもの[こと] /Lo spettacolo non era un gran *che*. そのショーはたいしたのじゃなかった. ― 形〔不変〕**1**〔疑問形容詞〕―*Che* libro leggi? 何の本を読んでるの? /Di *che* colore è? 何色ですか **2**〔感嘆文で〕―*Che* noia! うんざり! / *Che* caldo [freddo]! 暑い[寒い]! /*Che* bel panorama! 景色が素晴らしい! ―男〔不変〕〔次の成句で〕▶ **il che e il come** すべて, 全部

*__che__² 〔ケ〕接 **1** a)…ということ ―Ho sentito *che* hai cambiato lavoro. 仕事を変えたそうだね. /Immagino *che* tu conosca la verità. 君は本当のことを知ってるんじゃないの. b)〔二つの要素を比較して〕―Preferisco restare a casa *che* uscire con gli amici. 友達と外出するよりは家にいるほうがいい. /È più genuino con te *che* con me. 彼は僕よりも君に優しいよ. **2**〔強調構文〕―È con lui *che* devi parlare. 君が話さないといけないのは彼です. /È da molto *che* non ci vediamo. 久しぶりですね.

ché 接 **1**〔直説法とともに; 疑問や理由を表して〕どうして; 何故なら **2**〔接続法とともに; 目的を表して〕…するように, …になるように

checca 女〔俗・蔑〕オカマ, ホモ

checché 代(不定)〔不変〕〔接続法とともに〕たとえ何が…しようと, 何を…するにせよ ―*Checché* tu ne pensi, io partirò. 君がどう思おうが, 私は出発するつもりだ. ―間〔諧〕〔怒りや拒絶を表して〕何だって

checchessia 代(不定)〔不変〕**1**〔いかなるものも, どんなことも **2**〔否定文で〕いかなるものも…ない

check-in 男〔不変〕〔英〕(空港での)チェックイン

chef 男〔不変〕〔仏〕料理長, シェフ

chela 女(カニ・エビ・サソリなどの)はさみ

cheloide 女〔医〕ケロイド

chelone 男 (C-)〔複数で〕〔動〕カメ目

chemio → chemioterapia

chemio- 連頭「化学」の意

chemiosintesi 女〔不変〕〔生化〕化学合成

chemiotassi 女〔不変〕〔生化〕走化性

chemioterapia 女〔医〕化学療法

chemioterapico 形〔複〔男 -ci〕〕化学療法の

chenopodio 男〔植〕アカザ; アカザ属の雑草

chepì, cheppì 男 ケピ帽(フランスの軍帽)

cheppia 女〔魚〕ニシン科の魚

cheque 男〔不変〕〔仏〕小切手

Cherasco 固名(女) ケラスコ(ピエモンテ州 Cuneo 県の町) ―Pace di *Cherasco* ケラスコの和約(1631年, マントヴァ継承戦争終結の際の決議) /Armistizio di *Cherasco* ケラスコ休戦協定(1796年, ナポレオン軍に敗北したサルデーニャ王と仏軍の間で締結)

cheratina 女〔生化〕ケラチン, 角質

cheratinizzare 他 ケラチン化する; (薬を)ケラチンで包む

cheratite 女〔医〕角膜炎

cheratoplastica 女〔医〕角膜移植

cheratosi 女〔不変〕〔医〕(皮膚の)角化症

cherco, cherico → chierico

chermes 男 **1**〔虫〕カーミンカイガラムシ **2** 臙脂(えんじ)(カーミンカイガラムシの雌から取る深紅色の染料)

chermisi → cremisi

cherosene 男 ケロシン, 灯油

Cherubini 固名(男) (Luigi 〜)ケルビーニ(1760-1842; イタリア生まれ, フランスの作曲家)

cherubino 男 **1**〔神学〕ケルビム, 智天使 **2** 天使の像[絵]; (天使のように)美しい子供

chetare 他 なだめる, 鎮める; 黙らせる; 和らげる, 緩和する ─**arsi** 再 鎮まる; 和らぐ, 緩和する

chetichella 女 〔次の成句で〕 ► **alla chetichella** こっそり, ひそかに

cheto 形 静かな, 穏やかな

chetone 男 〔化〕ケトン

*****chi¹** [キ] 代 〔不変〕 **1**〔疑問代名詞〕誰 ─*Chi* è quel signore? あの人は誰ですか? / Con *chi* sei andato al cinema? 誰と映画に行ったの? / Di *chi* è questa moto? このバイクは誰の? / Sai *chi* mi ha telefonato? 誰が僕に電話をかけてきたか知ってる? **2**〔関係代名詞〕…するところの人 ─*Chi* vuole, vada pure. 行きたい人はどうぞ行ってください。 / *Chi* cerca, trova. やればできる。 **3**〔不定代名詞〕─C'era *chi* parlava, *chi* dormiva, *chi* giocava. 話をしている者もいれば眠っている者や遊んでいる者もいた。 ► *chi capita* 誰であっても ***chi più chi meno*** 誰でも, 多かれ少かれ

chi² 男女 〔不変〕キー(X, χ) (ギリシャ語アルファベットの22番目の字母)

Chiabrera 固名(男) 〔Gabriello ∼〕キアブレーラ(1552-1638; イタリアの詩人・劇作家)

chiacchiera 女 **1**〔複数で〕おしゃべり, 雑談 ─fare due [quattro] *chiacchiere* おしゃべり [立ち話] をする **2**〔複数で〕噂(うわさ)話, 陰口, 悪口 **3** 饒(じょう)舌, 多弁, 口達者 **4**〔謝肉祭の〕砂糖をまぶした揚げ菓子; (卵白と砂糖を混ぜた) 焼き菓子

chiacchierare 自〔io chiacchiero〕**1** おしゃべりをする; 世間話をする **2** 噂(うわさ)話をする, 悪口を言う **3**《隠》白状する, 吐く

chiacchierata 女 (打ち解けた)おしゃべり

chiacchierato 形〔否定的に〕あれこれ噂(うわさ)される, 取り沙汰される

chiacchiericcio → chiacchierio

chiacchierino 形《謔》おしゃべりな ─男 **1**〔女 [-a]〕おしゃべり好きな人 **2** タッチングレース; (タッチングレースで使う) シャトル

chiacchierio 男 おしゃべりの声 [ざわめき]

chiacchierone 男〔女 [-a]〕**1** おしゃべりな人 **2**(秘密を守れない) 口の軽い人 ─形〔女 [-a]〕口の軽い

*****chiamare** [キアマーレ] 他 **1** 呼ぶ, 呼びかける ─*chiamare* il cane con un fischio 口笛で犬を呼ぶ **2** 電話する ─Ti *chiamo* stasera. 今晩電話するよ。 **3** 起こす(svegliare) ─*Chiama*mi presto domattina. 明日の朝は早く起こして。 **4** 来させる, 来てもらう ─*chiamare* un taxi タクシーを呼び出す **5** 呼び寄せる, かき集める ─Lo hanno *chiamato* alle armi. 彼は徴兵された。 **6**(人を)…と呼ぶ, 名づける, あだ名で呼ぶ ─Tutti lo *chiamano* Beppe. 皆彼をベッペと呼んでいる。 **7** 定義する, 評価する, 見なす ─Questo periodo si può *chiamare* romantico. この時期をロマン主義と定義できる。 **8** 任命する, 選ぶ ─*chiamare* alla carica di presidente 大統領に任命する **9**〔受身で〕適している, 素質がある ─Paola è stata *chiamata* alla vita religiosa. パオラは修道生活に召し出された。 **10** 引き起こす, 招く **11**(神や聖人に)祈願する, (神や聖人を)引き合いに出す ─**arsi** 再 **1** 名前は…です ─Come ti *chiami*? -Mi *chiamo* Giulio. 君の名前は? - ジュリオです。 **2**〔強調して〕…である ─Quella sì che *si chiama* pizza! あれが本当にピッツァというものだ。

chiamata 女 **1** 呼ぶこと, 呼びかけ, 招き, 呼び戻し ─*chiamata* alla ribalta カーテンコール **2** 電話がかかること, 電話の呼び出し, 電話をかけること ─C'è una *chiamata* per Lei. お電話が入っています。 **3** 神命, 招命 **4**〔法〕召喚 **5**〔軍〕召集 **6**〔印〕参照記号 **7**(トランプの)コール, 手札請求

chianino 形 (中部イタリア)ヴァルディキアーナ地方(Val di Chiana) の(人)の ─男〔女 [-a]〕ヴァルディキアーナ地方の人

Chianti 固名(男) キアンティ地方(トスカーナ州)

chianti 男〔不変〕キアンティ(トスカーナ州キアンティ地方の赤ワイン)

chiantigiana 女 キアンティワインのボトル

chiantigiano 形 キアンティ地方[丘陵]の(人)の ─男〔女 [-a]〕キアンティ地方の人

chiapparello 男 鬼ごっこ ─giocare a *chiapparello* 鬼ごっこをする

chiappe 女複《俗》お尻

Chiara 固名(男) **1**〔女性名〕キアーラ **2**(Santa ∼) 聖女キアラ(1193/94-1253; フランチェスコ女子修道会の創設者。俗名 Chiara Scifi)

chiara 女 生卵の白身

chiaramente 副 **1** はっきり, 間違いなく **2** 明瞭に; 明快に ─spiegare *chiaramente* 明快に説明する **3** 率直に **4** 明らかに; もちろん ─È *chiaramente* colpa sua. それは明らかに彼(女)のせいだ。 / Vieni anche tu?-*Chiaramente*. 君も来る? -もちろん。

chiarello 男 澄んだ色合いの赤ワイン; 水で薄めた赤ワイン

chiaretto 男 キアレット(澄んだ色合いの赤ワイン, ロゼワイン) ─形 澄んだ赤色の

chiarezza 女 **1** 明るさ, 光輝, 透明, 清澄 **2** 明快さ, 明晰(せき), 明瞭

chiarificante 形 (ワインなどを)澄んだ色にするための ─男 (澄んだ色を出すための)添加剤

chiarificare 他〔io chiarifico〕**1**(ワインなどを)澄んだ色合いにする **2** はっきりさせる, 明瞭にする

chiarificatore 形〔女 [-trice]〕はっ

chiarificazione 囡 1 (液体、特にワインの)透明化、清澄化 2 明瞭にすること、説明

chiarimento 圐 1 説明 ―domandare *chiarimenti* 説明を求める 2 (疑念を取り除くための)議論

chiarire 他 [io -isco] 1 すっきりさせ、明確[明瞭、明白]にする；明るくする ― *chiarire un equivoco* 誤解を解く 2 澄ませる、透明にする ―**irsi** 再 1 解消する、解決する 2 はっきりする、明らかになる；(天気が)晴れる 3 澄む 4 (疑念を解消するために)話し合う ▶ *chiarirsi le idee* 考えをはっきりさせる

chiarissimo 形 1 chiaro の絶対最上級 2 〔大学教授など権威のある人への敬称として〕…様

‡**chiaro** [キアーロ] 形 1 明るい、輝く、光る ― *luce chiara* 明るい光〔照明〕 2 (天気や空が)晴れた ―*Oggi è un giorno chiaro.* 今日は晴れわたっている。 3 (液体が)澄んだ、透き通った 4 (色が)薄い、淡い ―*blu chiaro* ライトブルー 5 明らかな、明確[明瞭、明白]な ―*discorso chiaro* 明瞭な話 / *un chiaro rifiuto* 断固たる拒否 / *È chiaro che ha ragione.* 彼が正しいに決まっている。 6 明晰(せき)な、すっきりした ―*Sono stato chiaro?* はっきりした？ 7 〔返事で〕もちろん、確かに ―圐 1 明るさ；光；輝き ―*il chiaro dell'uovo* 卵の白身、卵白 2 明るい色、淡い色 3 (絵などの)最も明るい部分 ―副 1 はっきりと；明確[明瞭]に 2 分かりやすく、平明に 3 率直に、ざっくばらんに ▶ *chiaro e tondo...* ざっくばらんに、はっきりと *mettere in chiaro...* …を明らかにする *vedere chiaro in...* …を理解する

chiarore 圐 ほのかな明るさ、かすかな光、微光

chiaroscurare 他 陰影を与える、コントラストをつける；〔美〕明暗〔濃淡〕をつける ―自 〔美〕明暗〔濃淡〕をつけて描く

chiaroscuro 圐 1 〔美〕明暗法、明暗〔濃淡〕の効果、キアロスクーロ 2 グラデーション、コントラスト；浮き沈み ―*i chiaroscuri della vita* 人生の浮き沈み

chiaroveggente 形 明敏な、先見の明のある；予言の力を持つ ―圐囡 預言者、予知能力者

chiaroveggenza 囡 1 慧(けい)眼、洞察力 2 予知能力

chiasmo 圐 〔修〕交錯対句法

chiassata 囡 1 大騒ぎ、馬鹿騒ぎ；どたばた劇 2 (公衆の面前での)激しい口論、大立ち回り

chiasso 圐 1 騒々しい叫び声、馬鹿騒ぎ；騒音 2 物議；大反響

chiassone 圐〔囡 -a〕騒々しい人 ―形 (振る舞いや性格が)騒々しい、やかましい

chiassosamente 副 騒々しく、やかましく；派手に

chiassosità 囡 騒々しさ、やかましさ

chiassoso 形 1 騒々しい；騒がしい 2 (色や柄が)けばけばしい、派手な

chiatta 囡 (運河や港で使う)平底の荷船〔運搬船〕

chiavarda 囡 大型のボルト；(レールの)継足ボルト

chiavare 他 1《俗》…とセックスする 2 だます、ごまかす 3 釘(くぎ)で打ちつける；心にとめる、記憶に焼き付ける ―自《俗》(con)…と(性的)関係を持つ

chiavata 囡《俗》性的関係；だますこと、ごまかし

‡**chiave** [キアーヴェ] 囡 1 鍵、キー；(権威・権力の象徴としての)鍵 ―*chiudere a chiave* 鍵を掛ける / *chiave maestra* [*aprittuto*] マスターキー / *avere* [*tenere*] *le chiavi dell'azienda* 会社を経営する / *chiavi di San Pietro* サン・ピエトロ[天国]の鍵(教皇の権威の象徴) 2 (暗号などを)解く鍵、手がかり、秘訣(けつ) ―*chiave di un rebus* [*enigma*] なぞなぞを解く鍵 3 要所、要点 ―*Istanbul era una chiave per i commerci con l'oriente.* イスタンブールは東洋との交易の要衝だった。 4〔名詞に後置されて形容詞的に〕基本的な、主要な、重要な、基幹の ―*chiave di volta*〔建〕かなめ石、くさび石；要点、主要人物 / *parola chiave* キーワード / *passaggio* [*punto*] *chiave* 要点 / *personaggio chiave* 重要人物 5 ぜんまい 6〔機、レンチ〕―*chiave inglese* モンキーレンチ 7〔音〕音部記号；(管楽器の)鍵；(弦楽器の)糸巻き ―*chiave di do* 中音部記号、ハ音記号 / *chiave di fa* 低音部記号、ヘ音記号 / *chiave di sol* 高音部記号、ト音記号 / *chiave d'accordatore* (ピアノ調律用の)チューニングハンマー ▶ *chiave d'accensione* (車の)イグニッションキー *in chiave...* …の観点[視点]から *tenere... sotto chiave* …を大事にしまっておく

chiavetta 囡 1 小さな鍵 2 ねじ式の栓、コック 3〔機〕キー、割りピン

chiavica 囡 1 (歳に)大食いの人；醜い人、ひどいもの 2 下水道、排水溝 ―*Questo posto è una grandissima chiavica!* この場所は実に汚い。 3 (壁造りの)水門

chiavistello 圐 1 (窓や扉を閉める)掛け金、かんぬき 2〔機〕停止装置

chiazza 囡 丸い染み、よごれ

chiazzare 他 染みで覆う、よごす ―**arsi** 再 染みで覆われる、よごれる

chiazzatura 囡〔総称的〕しみ

chic 形〔仏〕〔不変〕シックな、粋(いき)な、しゃれた ―圐〔仏〕〔不変〕おしゃれ、粋

chicca 囡 1 砂糖菓子、キャンディー 2 極上の品、逸品

chicchera 囡 (取ってのついた)カップ；カップ1杯分の量

chicchessia 代〔不定〕〔単数のみ〕誰でも、誰であろうと；〔否定文で〕誰も…な

chicchirichì 間 (雄鶏の)鳴き声(をまねて)コケコッコー

chicco 男 [複-chi] **1** (穀物や果実の)粒 —i *chicchi* di caffè [d'uva] コーヒー豆[ブドウの粒] **2** 粒[玉]状のもの

‡**chiedere** [キエーデレ] [17] 他 (過分 chiesto) **1** 求める, 頼む, 依頼する —*chiedere* A di… + 不定詞 A(…に)…してくれるよう頼む / *chiedere* aiuto 助けを求める **2** 尋ねる, 問う —*chiedere* l'indirizzo 住所を尋ねる **3** 施しを請う, 物乞いする **4** 強く要求する, 必要とする **5** 望む, 欲する **6** (対価として)要求[請求]する —*Chiedono* troppo per quel lavoro. 彼らはあの仕事に法外な値段を要求している. ― 自 (人やものについて)尋ねる, 聞く —*Maria* mi ha *chiesto* di lui. マリアは彼の消息を尋ねた. ― **ersi** 再 **1** (…かどうか, …かしらと)思う, 自問する —*Mi chiedo* se verrà anche Paolo. パオロもやって来るんだろうか. **2** 求められる

chiedibile 形 求めることができる, お願いできる

chierica 女 **1** (聖職者の頭頂部の)丸型の剃(ミ)髪 **2** 頭頂部のはげ

chiericato 男 聖職者の身分[立場]; [総称的]聖職者

chierichetto 男 (ミサの際に司祭を助ける)侍者

chierico 男 [複[-ci] **1** 聖職者 **2** 聖職者志望の若者, 神学生 **3** [歴]学者, 碩(セキ)学

‡**chiesa** [キエーザ] 女 **1** 教団, 教会組織; 全信徒, 会衆 —*Chiesa* cattolica [protestante] カトリック[プロテスタント]教会 / *Chiesa* riformata (特にカルヴァン派の)プロテスタント教会 / *chiesa* militante (悪と)戦う教会 / *chiesa* del silenzio (信仰の自由が抑圧された国の)沈黙の教会 **2** 教会 —andare in *chiesa* 教会に行く **3** 教区 **4** 聖職者, 司祭, 牧師 ▶ *di chiesa* 信心深い, 敬虔(ケ)な ● *persona di chiesa* 熱心なキリスト教徒

chiesastico 形 [複[男 -ci]] **1** 教会の, 聖職者の **2** (蔑)坊さんの[じみた], 説教臭い

chiese chiedere の直・遠過・3 単
chiesto chiedere の過分
Chieti 固名 (女) キエーティ(アブルッツォ州の都市; 略 CI)

chietino 形 キエーティ(の人)の ― 男 (女 [-a]) キエーティの人

chiffon 男 [不変] [仏]シフォン(薄い絹の生地)

chiglia 女 [船]竜骨, キール

chignon 男 [不変] [仏]シニョン(うなじの下で束ねる女性の束髪)

chihuahua 男 [不変] チワワ(小型犬の一種)

chiliasmo 男 [宗]至福千年説, 千年王国説

‡**chilo¹** [キーロ] 男 [*chilogrammo* の略]キログラム —un *chilo* di patate e due *chili* di cipolle ジャガイモを1キロとタマネギを2キロ / perdere [prendere] *chili* やせる[太る]

chilo² 男 [生理]乳糜(ビ)

chilo- 接頭 (単位で)「1000」の意

chilogrammetro 男 [物]キログラムメートル(仕事量の単位)

‡**chilogrammo** [キログランモ] 男 キログラム(→ chilo¹)

chilolitro 男 キロリットル(1 キロリットル = 1000 リットル)

chilometraggio 男 (走行距離の)キロメートル単位での測定; 走行キロ数

chilometrare 他 [io chilometro] キロメートル単位で計る

chilometrico 形 [複[男 -ci]] **1** キロメートル単位で測定した, キロメートルの **2** 非常に長い

‡**chilometro** [キローメトロ] 男 **1** キロメートル —*chilometro* da fermo (特に自転車競技で停止状態からの)最高時速キロメートル / *chilometro* lanciato (自転車やスキーで)最高時速キロメートル **2** かなりの長さ —fare dei *chilometri* 相当歩く

chiloton 男 [不変] [物]キロトン(kiloton)(TNT 火薬 1000 トンに相当するエネルギー量)

chilowatt 男 [不変] [物]キロワット(kilowatt)(電力の単位)

chilowattora 男 [不変] [物]キロワット時(kilowattora)(電力量・エネルギーの単位)

chimera 女 **1** [ギ神]キメラ, キマイラ(頭と体はライオン, 背中にヤギの頭を持ち, 尻尾は蛇の怪物) **2** 空想, ありえない想像 **3** [生物]キメラ, 混合染色体

chimerico 形 [複[男 -ci]] **1** [神話]キメラ[キマイラ]の **2** 空想的な, 想像上の

chimica 女 化学

chimicamente 副 化学的に

chimico 形 [複[男 -ci]] 化学の; 化学的 —reazione *chimica* 化学反応 ― 男 [複[-ci]女[-a]] 化学者

chimico-fisico 形 [複[男 chimico-fisici]] 物理化学の

chimo 男 [生理]キームス, 糜粥(シュク)

chimono 男 着物, 和服

china¹ 女 **1** 斜面, 傾斜地, 下り坂 —prendere una brutta *china* 人生の道を誤る / risalire la *china* (最悪の状態から)好転する

china² 女 **1** [植]キナノキ **2** キナノキの皮(マラリアの特効薬キニーネの原料); キナノキのリキュール

china³ 女 墨, 墨汁

chinare 他 下に曲げる; 下げる —*chinare* la testa [il capo] 頭を下げる / *chinare* lo sguardo [gli occhi] 目を伏せる ― **arsi** 再 体[腰]をかがめる; お

辞儀する
chinato¹ 形 **1** しゃがんだ, かがんだ **2** 傾斜した
chinato² 形 (ワインなどについて)キナの皮で香り付けした, キナの皮を含んだ
chincaglieria 女 **1** (安物の)小さなアクセサリー, 小間物, がらくた **2** アクセサリーショップ, 小間物屋
chineṣi-, -chineṣi → cinesi-, -cinesi
chinina 女〔化〕キナルカロイド(キナの皮に含まれるマラリアの特効薬成分)
chinino 男〔薬〕キニーネ(マラリアの特効薬)
chino 形 (下に)曲がった, 下がった; 体を丸めた, 腰を曲げた
chinolina 女〔化〕キノリン(タールの成分)
chinotto 男〔植〕ダイダイの木[実]; キノット(ダイダイの果汁ジュース)
chintz 男〔不変〕〔英〕チンツ(サラサ木綿の一種)
chioccia 女〔複[-ce]〕**1** 卵を抱えた[子育てをする]雌鶏(ﾒﾝﾄﾞﾘ) **2** 子供思いの母親; 優しい女性
chiocciare 自〔io chioccio〕**1** (卵をかえしている雌鶏(ﾒﾝﾄﾞﾘ)が)鋭い声で鳴く **2** 卵を抱く, ヒナを育てる
chioccio 形〔複〔女 -ce〕〕《文》しわがれた声の, 耳ざわりな; (詩句について)不調和な, 響きが悪い
chiocciola 女 **1**〔動〕カタツムリ **2** アットマーク(@) **3**〔解〕(内耳の)蝸牛(cochlea) **4**〔音〕(バイオリンなどの)渦巻き型の先端
chiocciolaio 男 カタツムリを取る[売る]人
chioccolare 自〔io chioccolo〕**1** (ツグミなどの鳥が)鳴く, さえずる **2** (笛で)鳥の鳴き声をまねる
chioccolio 男 (鳥が)鳴くこと, さえずり
chiodaio 男〔女[-a]〕釘(ｸｷﾞ)製造[販売]業者
chiodaiolo → chiodaio
chiodare 他 **1** 釘(ｸｷﾞ)で打ちつける **2** (靴底などに)鋲(ﾋﾞｮｳ)を打つ **3**〔スポ〕(登山で)足場の釘を打つ
chiodato 形 釘(ｸｷﾞ)を打った, 鋲(ﾋﾞｮｳ)を打った ― 男 スタッドタイヤ
chiodatura 女 **1** 釘(ｸｷﾞ)を打ちつけること; 鋲(ﾋﾞｮｳ)を打つこと **2**〔総称的〕(靴底やタイヤの)鋲, 鋲
chioderia 女 釘(ｸｷﾞ)の製造工場; 釘の品揃え
chiodino 男 **1** 小さな釘(ｸｷﾞ) **2**〔植〕ナラタケ
chiodo 男 **1** 釘(ｸｷﾞ) —piantare un *chiodo* 釘を打つ / *chiodo* di garofano クローブ, 丁子 **2** (靴底やタイヤの)スパイク **3** 激痛 **4** 心痛, 苦悩, 心配, 強迫[固定]観念 —avere un *chiodo* fisso 固定観念を持つ **5** 非常にやせた人 **6** (登山の)ハーケン(chiodo da roccia) ▶ *ma-*

gro come un chiodo がりがりにやせている ***roba da chiodi*** 馬鹿げた事; ものすごい事
Chioggia 固名(女) キオッジャ(ヴェネト州の都市)
chioggiotto 形 キオッジャ(ヴェネト州の町 Chioggia)(の人)の ― 男 **1**〔女 [-a]〕キオッジャの人 **2**〔単数のみ〕キオッジャ方言
chioma 女 **1**〔総称的〕髪, ふさふさした髪 **2** 動物のたてがみ **3** 枝葉(の全体) **4**〔天〕彗(ｽｲ)星の尾
chiomato 形 《文》**1** 髪の長い, 髪の豊かな **2** 枝葉の茂った **3**〔天〕(彗(ｽｲ)星について)長い尾を引く
chioṣa 女 **1** (テキストの)注釈 **2**《文》説明, 解説
chioṣare 他 **1** (テキストを)注釈する **2**《文》説明する, 解説する; コメントする
chioṣatore 男〔女[-trice]〕注釈者
chioṣco 男〔複[-chi]〕**1** (新聞・軽食などを売る町角や駅の)売店, キオスク **2** (公園の)あずまや
Chiossone 固名(男) (Edoardo ~) キオッソーネ(1833-98; 日本の造幣局で技術指導したイタリアの版画家)
chiostra 女《文》**1** 閉ざされた場所, 囲まれた場所; 修道院 **2** 輪, 環, 輪型, 環状 —*chiostra* dei denti 歯並び
chiostro 男 **1** (修道院の)回廊に囲まれた中庭 **2**《文》修道院, 修道院の生活 **3**《文》閉ざされた静かな場所, 秘められた場所 —*celesti* [*eterni*] *chiostri* 天国
chirghiṣo 形 キルギス(人)の ― 男〔女[-a]〕キルギス人
chirieleiṣon 男〔不変〕〔ラ・カト〕キリエ,「主よ哀れみたまえ」の祈り
chiro- 接頭「手」「ひれ」の意
chirografario 形 **1** 手書きの, 自筆の **2**〔法〕署名証書に基づく
chirografo 男 署名文書;〔法〕署名証書
chiromante 男女 手相占い師
chiromantico 形〔複[男 -ci]〕手相占いの
chiromanzia 女 手相占い(の術)
chiropratica → chiroterapia
chiropratico → chiroterapico
chiroṣpaṣmo 男〔医〕書痙(ｹｲ)
chiroterapia 女 カイロプラクティック
chiroterapico 形〔複[男 -ci]〕カイロプラクティックの
chirurgia 女〔医〕外科 —*chirurgia* d'urgenza 救急外科 / *chirurgia* estetica 美容外科 / *chirurgia* plastica 整形外科
chirurgicamente 副 外科的に
chirurgico 形〔複[男 -ci]〕外科の —intervento *chirurgico* [operazione *chirurgica*] 外科手術
chirurgo 男〔複[-ghi]女[-a]〕外科医
Chişinau 固名(女) キシニョフ(モルドバ共和国の首都)

chissà [キッサ] 副 さあね、どうかな、たぶん、おそらく；一体、全く —Verrà da me?-*Chissà!* 彼は僕のところへ来る？-ひょっとしたらね. / *Chissà* se quell'attrice è in città. あの女優が町に来ているのかな.

chitarra 女 1 ギター 2 キタッラ（アブルッツォ州特有のパスタマシーン）

chitarrata 女 ギター曲、ギター曲の演奏

chitarrista 男女〔複[-i]〕ギタリスト、ギター奏者

chitarronata 女〔蔑〕下手くそな演奏

chitina 女〔生化〕キチン質

chitone 男 1 キトン（古代ギリシャ人が着たゆったりしたガウン）2〔動〕ヒザラガイ

chiudere [キウーデレ] [18] 他〔過分 chiuso〕1 閉［締］める、閉じる、閉鎖する —*chiudere* la porta〔valigia〕ドア〔スーツケース〕を閉める / *chiudere* l'ombrello 傘を畳む / *chiudere* il gas ガスの元栓を締める 2 ふさぐ、栓をする、蓋をする —*chiudere* una bottiglia 瓶に栓をする 3 ボタンを掛ける 4（通行を）妨げる、封鎖する —*chiudere* una strada 道路を封鎖する 5 取り囲む、取り囲む 6 詰まらせる 7（商売を）中止［中断］する —*chiudere* un negozio 店をたたむ 8 しまい込む、隠す —*chiudere* il denaro in cassaforte 金を金庫にしまう 9 閉じ込める、監禁する 10 終える、結ぶ、完了する —*chiudere* un discorso 話を締めくくる 11〔商〕締める、決算する 12〔電〕（回路に）電流を流す —自（店が）閉まる —**ersi** 再 1 閉まる、閉じる —La porta *si chiude* da sé. ドアは自動で閉まる. 2 終わる、結末がつく —La conferenza *si è chiusa* con successo. 会議は成功裡（ ''''）に終わった. 3 ふさがる、癒える —Questo taglio sta *chiudendosi*. この傷口は治りかけている. 4 閉じこもる、引きこもる —*chiudersi* in casa 家に引きこもる 5 没頭する、熱中する、身を入れる —*chiudersi* nei pensieri 物思いにふける 6（衣服に）くるまる —*chiudersi* nel cappotto コートにくるまる 7（空が）曇る 8 終了する、終わる 9 ボタンを掛ける 10（間に）挟む、締めつけられる ▶ **chiudere la bocca** 黙る、静かにする **non chiudere occhio** 一睡もできない

chiudibile 形 閉じることができる、閉めることが可能な

chiudilettera 男〔不変〕（封筒を閉じるための）シール

‡**chiunque** [キウンクェ] 代（不定）〔単数のみ〕誰でも —*Chiunque* potrebbe fare questo lavoro. こんな仕事は誰でもできるでしょうに. —代（関係）〔単数のみ；接続法とともに〕…する人（に）は誰でも —*Chiunque* venga, sarà il benvenuto. 誰が来ても、歓迎します.

chiurlare 自（ダイシャクシギなどが）鳴く

chiurlo 男 1〔鳥〕ダイシャクシギ；ダイシャクシギの鳴き声 2〔トスカーナ〕間抜け

chiusa 女 1 囲い、柵；囲まれた土地 2 (川の）堰（ ''''）、水門 3〔地理〕(谷の）両幅が狭まった箇所、峡谷 4 文書［議論］の末尾、結末、手紙の結び

chiuse chiudere の直・遠過・3 単

chiusino 男 1 マンホールの蓋、（井戸を覆う）格子状の蓋 2〔トスカーナ〕かまどの蓋

chiuso 形〔過分< chiudere〕1 閉まった、閉じた、遮断された —Oggi i negozi sono *chiusi*. 今日は店は休みだ. 2 閉鎖的な、制限された —circolo *chiuso* 会員制クラブ 3 内気な、内向的な、非社交的な、打ち解けない —carattere *chiuso* 内気な性格 4 首の詰まった、ハイネックの 5 引き［閉じ］られた 6 鬱かった 7〔言〕閉口母音の —vocale *chiusa* 閉口母音 8〔言〕（音節が）子音で終わる 9〔商〕決算［勘定、精算］済みの 10 じっとする匂いのする場所；風通しの悪い場所 2 囲われた場所、囲い地 ▶ *a numero chiuso* 定員制で *a occhi chiusi* 何も疑わずに［考えずに］ *a porte chiuse*（裁判が）非公開の **avere il naso *chiuso*** (風邪で）鼻が詰まる **chiuso *di mente*** 偏狭な

chiusura 女 1 閉めること、閉ざすこと 2 終了、終結、結び 3（店などの）閉鎖、休業 —giorno di *chiusura* 定休日 4 締め具、留め具、掛け金、ホック、ピン —*chiusura* lampo ファスナー、チャック 5 孤立（状態）6 偏狭、狭量

choc 男〔不変〕〔仏〕ショック

chopper 男〔不変〕1〔英〕チョッパー（アメリカで1950年代に流行した変形バイク）2（動物の骨を砕くための）先端をとがらせた石、石斧（ ''''）

chow chow 男〔不変〕チャウチャウ（愛玩犬の一種）

churrascheria 女〔不変〕シュラスコ料理店、ブラジル料理店

churrasco 男〔不変〕〔ポ〕シュラスコ（肉を串焼きにしたブラジル料理）

‡**ci¹** [チ] 代（人称）1〔直接目的格・1人称複数；lo, la, li, le, ne の前では ce〕私たちを —*Ci* aiuta per niente. 彼は全く私たちを手伝ってくれない. / Eccoci! さあ着いたぞ. 2〔間接目的格・1人称複数〕私たちに；私たち自身に —Mario *ci* ha telefonato ieri. マリオは昨日私たちに電話してきた. / *Ci* siamo lavati le mani. 私たちは手を洗った. 3 ｛a, in, su の前置詞句の代用；しばしば冗語的に｝そのこと —Se vuoi i biglietti, *ci* penso io ad acquistarli. チケットを手に入れたいのなら、僕が何とかするよ. / Non *ci* capisco nulla in questa storia. こんな話はさっぱり分からない. 4《口・俗》= con [a] lui, con [a] lei, con [a] loro —副 1 ここに、ここで、そこに、そこで —Sei mai stato in America?-No, non *ci* sono mai stato. アメリカに行ったことある？-いや、ないよ. / Mi piace quel ristorante, perciò *ci* vado spesso. あのレストラ

んはお気に入りでね、よく行くんだ. **2**〖冗語として〗—Non *ci* vedo senza occhiali. 眼鏡なしでは見えない. / Non *ci* sento da qui. ここからでは聞こえない. ▶ **entrarci** 関わる / Non *ci* entro! 私は関係ないからね. **esserci...**…がいる［ある］/ C'è una farmacia qui vicino?-Sì, c'è. この近くに薬局はありますか？－ええ、あります. / *Ci ho messo* una settimana per finire questo lavoro. この仕事を終えるのに1週間かかった. **starci** 収容できる、入る；賛成である、応じる / Nella valigia *ci sta* tutto. スーツケースには何もかも入る. / Se volete andare al cinema, *ci sto*. 映画に行きたいんだったら、僕もそれでいいよ. **volerci...**…が要る［かかる、必要である］/ *Ci vogliono* due ore per andare a Firenze. フィレンツェに行くには2時間かかる.

ci² 男，女〖不変〗イタリア語アルファベットの C(c)

ciabatta 女 **1** スリッパ；ぼろ靴 —portare le scarpe a *ciabatta* 靴のかかとを踏んで歩く / stimare (quanto) una *ciabatta* 全く尊敬［評価］しない / trattare come una *ciabatta* ひどく扱う［あしらう］ **2**〖蔑〗おいぼれ、ポンコツ **3**〖北伊〗チャバッタ(カリカリの細長いパン)

ciabattaio 男〖女[-a]〗スリッパを作る［売る］人

ciabattare 自 (足をひきずって)ぺたぺた歩く

ciabattata 女 スリッパで引っぱたくこと

ciabattina 女 ゴム草履($\tiny{\text{ぞうり}}$)

ciabattino 男〖女[-a]〗**1** 靴の修理職人 **2** ずさんな［だらしない］人；三流の芸術家［文学者］

ciabattone 男〖女[-a]〗**1** (足を引きずって)ぺたぺた歩く人 **2** だらしない人 **3** 仕事が下手な人

ciac¹ 男 (波音の)チャプチャプ、ピチャピチャ；(押しつぶすときの)グシャッ、クシャッ

ciac² 男〖不変〗〖映〗(撮影の)カチンコ；カット；〖間投詞的に〗(撮影開始を告げて)スタート

ciacch, ciacche, ciacchete → ciac¹

ciaccona 女〖音〗シャコンヌ(スペイン起源の古いダンス)；(そのダンスのリズムを取り入れた)楽曲、歌

Ciad 国名 男 チャド

ciadiano 形 チャド(人)の —男〖女[-a]〗チャド人

ciaf 擬 (ビンタの音)ピシャ；(水に落ちる音)ボチャ

ciaffete → ciaf

ciak → ciac²

cialda 女 ワッフル、ウエハース；(薬を包む)オブラート

cialdone 男 **1** (アイスクリームを入れる)コーン **2** 大きなワッフル［ウエハース］

cialtronaggine → cialtroneria

cialtronata 女 **1** チンピラのような態度、卑しい振る舞い **2** ずさんな仕事

cialtrone 男〖女[-a]〗**1** 与太者、チンピラ **2** なおざりな人、ずさんな人

cialtroneria 女 **1** チンピラみたいに振る舞うこと、卑しい態度 **2** なおざり、ずさん

cialtronesco 形〖複[-chi]〗**1** チンピラの(ような) **2** ずさんな、いい加減な

ciambella 女 **1** ドーナツ、チャンベッラ；浮き輪 **2** 輪状の歯がため、おしゃぶり **3** 救命浮き輪 **4** 輪状の褥瘡($\tiny{\text{じょくそう}}$)予防用具 ▶ **Non tutte le ciambelle riescono col buco.**〖諺〗いつもうまくいくとは限らない.

ciambellaio 男〖女[-a]〗チャンベッラ屋(チャンベッラを作る［売る］人

ciambellano 男 **1** (宮廷などの)侍従、式部官 **2** こびる人

ciampicare 自〖io ciampico〗〖トスカーナ〗(つまずきながら)よろよろ歩く

cianato 男〖化〗シアン酸塩

ciancia 女〖複[-ce]〗おしゃべり；作り話、噂($\tiny{\text{うわさ}}$)話 —Bando alle *cianc*e! おしゃべりはやめにしよう.

cianciare 自〖io ciancio〗おしゃべりする、無駄話をする

ciancicare 他〖io ciancico〗〖中伊〗しわくちゃにする

cianfrinare 他 (金属板の縁を)叩く、(釘($\tiny{\text{くぎ}}$)の頭を)叩く

cianfrusaglia 女〖複数で〗がらくた

ciangottare 自 **1** (口の中で)もごもご言う **2** (子供が)片言でしゃべる、(小鳥が)さえずる **3** (水が)さらさらと流れる、ちゃぶちゃぶ打ち寄せる

cianico 形〖複[-ci]〗〖化〗シアンの、シアンを含む

cianidrico 形〖複[-ci]〗〖化〗シアン化水素の —acido *cianidrico* シアン化水素酸、青酸

ciano-, -ciano 接頭，接尾「青」の意

cianogeno 男〖化〗シアン、青素

cianografia 女 青写真

cianografico 形〖複男-ci]〗青写真の

cianosi 女〖不変〗〖医〗チアノーゼ

cianotico 形〖複男-ci]〗**1**〖医〗チアノーゼの、チアノーゼにかかった **2** 青ざめた、紫色の —labbra *cianotiche* 紫色の唇

cianotipia → cianografia

cianuro 男〖化〗シアン化物

‡**ciao** [チャーオ] 間 (親しい人に)やあ；それじゃあ、バイバイ

ciappola 女 (貴金属を彫るための)彫金刀

ciappolare 他〖io ciappolo〗彫金刀で彫る

ciaramella 女〖音〗チャルメラ

ciarla 女 **1** 噂($\tiny{\text{うわさ}}$)、デマ **2**〖複数で〗おしゃべり、無駄話 **3** 多弁、饒($\tiny{\text{じょう}}$)舌 —avere molta *ciarla* 弁が立つ、口がうまい

ciarlatanata 女 ペテン、はったり；香具師($\tiny{\text{やし}}$)まがいの言動

ciarlataneria 女 ペテン、ぼったくり

ciarlatanesco 形 〔複[男 -chi]〕香具師(ぐし)のような、インチキ臭い

ciarlatanismo 男 香具師(ぐし)のようなやり口; ペテン, はったり

ciarlatano 男 〔女 -a〕 **1** 香具師(ぐし), ぼったくり商人 **2** 詐欺師, ペテン師; はったり屋

ciarliero 形 おしゃべり好きな ━男 〔女 -a〕おしゃべり好きな人

ciarlone 男 〔女 -a〕 おしゃべりな人 ━形 おしゃべりな

ciarpame 男 **1** 〔総称的〕がらくた **2** くだらない作品[考え]

ciarpume 男 → ciarpame

ciascheduno 形〔不定〕〔単数のみ〕各人の, それぞれの ━代〔不定〕〔単数のみ, 女 [-a]〕各人; それぞれのもの

‡**ciascuno** [チャスクーノ] 形〔不定〕〔単数のみ〕どの…も皆; それぞれの, 各々の, めいめいの ― *ciascuna* persona どの人も / *ciascun* libro どんな本も ━代〔不定〕〔単数のみ, 女[-a]〕誰でも(皆), 各々, めいめい ― *Ciascuno* ha i suoi difetti. 誰にでも欠点はある. / Il papà ci ha dato un regalo *ciascuno*. お父さんは私たちそれぞれにお土産をくれた.

cibare 他 食べ物を与える, 養う, 育てる; (植物に)水をやる ━**arsi** 再〔di〕…を食べる, …で自分の身を養う; …に身を捧げる ▶ *cibarsi d'aria* 《諧》わずかな食事で済ます, かすみを食う

cibaria 女〔複数で〕食べ物; 糧秣(りょうまつ), 糧(かて)

Cibele 固名〔女〕〔ギ神・ロ神〕キュベレ(小アジアのフリュギアで崇拝された大地母神)

cibernetica 女 人口頭脳学, サイバネティックス

cibernetico 形〔複[男 -ci]〕人口頭脳学の, サイバネティックスの ━男〔女[-a]〕人工頭脳研究者

ciberspazio → cyberspazio

‡**cibo** [チーボ] 男 **1** 食べ物; 栄養物; 食事 ― *non toccare cibo* 何も食べない; 絶食する **2** 心[精神]の糧

ciborio 男 **1**〔建〕(4本の柱から成る)聖体用祭壇 **2**〔カト〕聖体用壁龕(へきがん), 聖体顕示台

cibreo 男 **1**〔料〕チブレオ(鳥の臓物を使ったトスカーナ料理) **2**〔トスカーナ〕ごたまぜ, 寄せ集め; 支離滅裂な議論

cicala 女 **1**〔虫〕セミ ― *cicala di mare*〔動〕シャコ(canocchia) **2** おしゃべりな人 **3** 浪費家 **4** ブザー **5**〔船〕錨(いかり)の係留輪 **6**〔中伊〕洗濯バサミ

cicalare 自 (長々と)無駄話をする

cicalata 女 長いおしゃべり, 無駄な議論

cicaleccio 男 **1** (大勢の)おしゃべり, 無駄話; しゃべり声 **2** (多数の鳥の)長いさえずり

cicalino 男 ブザー

cicalio 男 おしゃべり, 無駄話

cicatrice 女 **1** 傷痕 **2**〔医〕瘢(はん)痕 **3** 心の傷痕

cicatrizzare 他 (傷口を)癒着させる, 瘢(はん)痕形成する ━自 (傷口が)癒着する, 瘢痕を生じる, 治癒する ━**arsi** 再 癒着する, 治癒する

cicatrizzazione 女〔医〕瘢(はん)痕形成

cicca 女 **1** 吸い殻 **2** つまらないもの ― *non valere una cicca* 取るに足りない, 何の価値もない **3**《諧》チューインガム

ciccare 自 **1** (嚙みタバコを)嚙む **2**〔北伊〕くやしがる; つばを吐く ━他 失敗する, …し損なう

cicchettare 自 (強い酒を)ちびちび飲む; (常習的に)酒を飲む ━他〔口〕叱る, どなる

cicchetto 男 **1** (リキュール用の)小さなグラス, 小さなグラス1杯分 **2**〔口〕叱責, 小言 ― *prendere* [*ricevere*] *un cicchetto da*… …に叱られる

cicciolo 男 **1**〔複数で〕(焼いてラードを集めた後の)豚肉 **2** (肌にできる)まめ, こぶ

ciccione 男〔女[-a]〕 太っちょ, でぶ ━形 太っちょの, でぶの

ciccioso 形《口》小太りの, ぽっちゃりした

cicciotto 形 太っている, 丸々とした

cicciuto 形 太った

cicerbita 女〔植〕ノゲシ, ケシアザミ

cicerchia 女〔植〕ヒヨコマメ, ガラスマメ

Cicerone 固名〔男〕 (Marco Tullio ~) キケロ(前106-43; 共和政ローマの政治家・雄弁家・哲学者)

cicerone 男〔女[-a]〕 **1** ガイド; 案内人 ― *fare da cicerone* ガイド役をする **2**《諧》雄弁家

ciceroniano 形 キケロの; キケロ風の

cicindela 女〔虫〕ハンミョウ

cicisbeo 男 **1** チチスベーオ(婦人に付き従うお供の紳士) **2** 伊達(だて)男, 気取り屋

ciclabile 形 自転車が通行可能な ― *pista ciclabile* 自転車専用レーン

ciclamino 男 シクラメン

ciclicità 女 周期性, 循環性

ciclico 形〔複[男 -ci]〕 **1** 周期的な, 循環的な, サイクルの **2**〔数〕巡回的な **3**〔植〕輪生の, 輪状の **4**〔化〕環式(化合物)の **5**〔経〕(景気などが)循環的な **6**〔文〕物語群の, ブルターニュ[シャルルマーニュ]騎士物語群に属する **7**〔音〕循環形式の

ciclismo 男 サイクリング; 自転車競技

ciclista 男女〔複[男 -i]〕自転車に乗っている人; 自転車競技の選手

ciclistico 形〔複[男 -ci]〕自転車の, 自転車競技(選手)の

ciclo[1] 男 **1** 周期, サイクル, 循環, 一回り ― *ciclo solare* [*lunare*] 太陽[月]周期, 太陽[太陰]循環期 **2** (同一テーマによるシリーズや講演の)サイクル **3** (小学校の)前期過程(2年)と後期課程(3年) **4** 月経, 生理 **5**〔文〕(伝承や伝説などを語る一連の)叙事詩や散文作品 **6**〔情〕サイクル **7** 自転車

ciclo[2] 男 自転車

ciclo-, -ciclo 接頭, 接尾 「円」「回転」

「循環」などの意; 〔化〕「シクロ」「環式」の意

cicloamatore 男 〔女 [-trice]〕アマチュア自転車競技選手

ciclocampestre 形 シクロクロス[サイクロクロス]の, 自転車クロスカントリーの

ciclocross 男〔不変〕シクロクロス, サイクロクロス(自転車によるクロスカントリー競技)

ciclocrossista 男女〔複[男 -i]〕シクロクロスの競技者

ciclocrossistico 形〔複[男 -ci]〕シクロクロス(選手)の

ciclofurgone 男 (荷台のついた)三輪自動車

cicloide[1] 形 円形の ―女〔幾〕サイクロイド

cicloide[2] 形〔心〕循環病質の, 躁うつ病質の ―男女 躁うつ病質の人

ciclomotore 男 (50cc以下の)原動機付自転車

ciclomotorista 男女〔複[男 -i]〕原動機付自転車の乗り手

ciclone 男 1 サイクロン; 暴風雨; 竜巻 2 大混乱, 転覆, 災害 3 非常に精力的な人, 手に負えない人, 厄介者

ciclonico 形〔複[男 -ci]〕サイクロンの

Ciclope 固名(男)〔ギ神〕キュクロプス(一つ目の巨人)

ciclopico 形〔複[男 -ci]〕1〔ギ神〕キュクロプスの 2 巨大な, 膨大な

cicloraduno 男 サイクリングの集い

ciclostilare 他 ガリ版[謄写版]で印刷する

ciclostilato 男 ガリ版刷りの紙[冊子]

ciclostile 男 ガリ版(の印刷機)

ciclotimìa 女〔心〕循環気質

ciclotìmico 形〔複[男 -ci]〕〔心〕循環気質の ―男〔複[-ci]女[-a]〕〔医〕躁鬱病患者

ciclotrone 男〔物〕サイクロトロン(粒子加速装置)

cicloturismo 男 サイクリング, 自転車旅行

cicloturista 男女〔複[男 -ti]〕サイクリスト, 自転車旅行者

cicloturistico 形〔複[男 -ci]〕自転車旅行の; 自転車旅行者の

cicogna 女 1〔鳥〕コウノトリ ―In quella famiglia arriverà presto la *cicogna*. あの家ではもうすぐ赤ちゃんが生まれる. 2 トレーラートラック 3 釣瓶(²⁾)

cicognino 男 コウノトリのヒナ

ciconiforme 男〔鳥〕コウノトリ科の鳥

cicoria 女〔植〕チコリ; (チコリの根を煎って粉にした)コーヒーの代用品

cicuta 女〔植〕ドクニンジン

-cida 接尾 1「殺人者」「殺す」「駆除する」などの意 2「(植物が)「開く」「分かれる」の意

-cidio 接尾「殺人」の意

ciecamente 副 1 盲目的に, 無分別に 2 区別なく, 無差別に

☆**cieco** [チェーコ] 形〔複[-chi]〕1 目が見えない, 盲目の ―essere *cieco* da un occhio 片目が見えない / Non sono mica *cieco*! 見ないでも分かってる. 2 無分別な, 無茶な, めくら滅法の ―essere *cieco* di rabbia 怒りで我を忘れる 3 全くの, 完全な ―ubbidienza *cieca* 盲従 4 出口のない, 行き止まりの ―vicolo *cieco* 袋小路 ―男〔複[-chi]〕1 盲人 2〔解〕盲腸(intestino cieco) ▶ *alla cieca* 視界の利かない; やみくもに, 見境なく; 軽はずみに, でたらめに *trovarsi [essere] in un vicolo cieco* 行き詰まる

ciellenista 男女〔複[男 -i]〕〔歴〕(1943～45年)国民解放委員会のメンバー ―形〔複[男 -i]〕国民解放委員会の

☆**cielo** [チェーロ] 男 1 空, 天空 ―*cielo stellato* 星空 / *cielo aperto* 戸外で 2 空模様 ―*cielo sereno* [*nuvoloso*] 快晴[曇り空] 3 宇宙, 天体 4 天国, 極楽; 神, 神意, 摂理 ―grazie al *cielo* ありがたいことに / per amor del *cielo* お願いだから / pregare [ringraziare] il *cielo* 神に祈る[感謝する] 5〔腹立ちや驚きを表す間投詞として〕おや, まあ, あれ ―Santo *cielo*! 何てことだ. 6 アーチ形の天井, 丸天井 ▶ *cascasse [caschi] il cielo* 何としても, 何があっても *lo sa il cielo* 分かるものか, 誰も知らない *muovere cielo e terra* 全力を尽くす, 懸命になる *non stare né in cielo né in terra* 途方もない[どうしようもない, 馬鹿げた]ことだ *salire al cielo* 死ぬ, 昇天する *toccare il cielo con un dito [essere al settimo cielo]* 有頂天になる

cifosi 女〔不変〕〔医〕脊柱後湾症

☆**cifra** [チーフラ] 女 1 数字; 数 ―*cifre arabiche [arabe]* アラビア数字 / *cifra tonda* 端数のない数, 概数 2 合計額 ―spendere una grossa *cifra* 大枚をはたく 3〔不定冠詞を前置して, 副詞的に〕非常に, とても ―Questo orologio mi è costato una *cifra*. この時計はかなり値が張った. 4 頭文字; 組み合わせ文字 ―ricamare una *cifra* sul fazzoletto ハンカチにイニシャルを刺繍する 5 暗号 ―comunicare in *cifra* 暗号でやりとりする 6 (芸術家や作家の)特徴, 象徴, 要素

cifrare 他 1 (名前を)頭文字[組み合わせ文字]で示す; (書類などに)花押をする 2 (衣類に)頭文字を刺繍する 3 …を暗号文にする

cifrario 男 1 暗号解読表 2 電信電話略号表

cifrato 形 1 頭文字[組み合わせ文字]で名前を記した, 花押を記した 2 イニシャルを刺繍した 3 暗号化された; 分かりにくい, 判然としない

cigiellino 形 イタリア労働総同盟(CGIL)の ―男〔女[-a]〕イタリア労働総同盟のメンバー[支持者]

cigiellista → cigiellino

cigliato → ciliato

ciglio 男〔複[1, 2, 3 は le ciglia, 4 は i cigli]〕 **1** まつ毛 —le *ciglia* dell'occhio まつ毛 / non battere *ciglio* 動じない / a *ciglio* asciutto 泣かずに **2** 眉, 眉毛 (sopracciglio) **3**〔複数で〕〔生物〕繊毛;〔植〕細毛 **4** 縁(ふ), 端 —i *cigli* della strada 道端

ciglione 男 道路の端; (堀の)堤, 土手; 崖っぷち

cigno 男 **1**〔鳥〕ハクチョウ —canto del *cigno* 最後の名作 **2** 大作曲家名の異名〔代称〕—il *cigno* di Catania カターニアの白鳥(カターニアで生まれた作曲家ベッリーニのこと) **3** (C-)〔天〕白鳥座

cigolare 自〔io cigolo〕(機械や器具が)ギーギー音を立てる, きしる

cigolio 男 ギーギーいう音, きしる音

Cile 固名(男) チリ

Cilea 固名(男) (Francesco ～) フランチェスコ・チレーア(1866-1950; イタリアのオペラ作曲家. ヴェリズモ・オペラの旗手)

cilecca 女〔トスカーナ〕嘲り, 嘲笑; 守られない約束 ▶ *fare cilecca* (銃が)不発になる; 失敗をする, へまをする

cileno 形 チリ(人)の —男〔女[-a]〕チリ人

ciliato 形 **1** まつ毛をそなえた **2**〔動・植〕繊毛を持った —男〔複数で〕〔動〕繊毛虫類(ゾウリムシなど)

cilicio 男 **1** (禁欲修行のために素肌に巻きつける)とげのついた帯, 粗い毛の衣服 **2** (古代ローマの)ヤギや馬の毛で作った粗い布地 **3** 拷問, 苦痛

ciliegeto 男 サクランボの農園

ciliegia 女〔複[-gie, -ge]〕〔植〕サクランボ, チェリー —Una *ciliegia* tira l'altra. おいしいのでつい手が出て食べるのをやめられない. | 次々しばしば起こる. —形〔不変〕サクランボ色の, チェリーレッドの —男〔不変〕サクランボ色, チェリーレッド

ciliegina 女 **1** 小さなサクランボ **2** 砂糖[リキュール]漬けのサクランボ ▶ *ciliegina sulla torta*〔諺〕最後の一押し, 駄目押し

ciliegio 男 **1** 桜の木 **2** 桜材

ciliegiolo 男 **1**〔植〕チリエジョーロ(大きな房をつけるトスカーナ地方の赤ブドウの品種) **2** サクランボのリキュール

cilindrata 女〔機〕(車のエンジンの)排気量

cilindrico 形〔複[男 -ci]〕円柱形の, 円筒形の

cilindro 男 **1** 円筒, 円柱 **2** シルクハット(cappello a cilindro) **3**〔機〕シリンダー, 気筒; ローラー; カレンダー **4** (タイプライターの)プラテン, ローラー **5**〔考〕円筒印章 **6** (船体の引き上げに用いる)潜水タンク

cilindroide 男〔幾〕楕(だ)円柱

＊**cima**〔チーマ〕女 **1** 頂(いただき), 頂上, てっぺん —in *cima* a... …の上に[で] **2** 極地, 極点, 最高点, 絶頂 **3**〔口〕最上位の人, 首席, 頂点に立つ人, トップ **4** 先端 **5**〔船〕太綱, 大索 **6**〔植〕集散花序 **7**〔料〕チーマ —*cima* alla genovese チーマ・ジェノベーゼ(子牛の胸肉に刻んだ肉・野菜・卵を詰めてゆでたもの) ▶ *da cima a fondo* すっかり, 徹底的に

Cimabue 固名(男) チマブーエ(1240-1302; ジョットの師とされるフィレンツェの画家. 本名 Cenni di Pepo)

cimaiolo → cimarolo

cimare 他 **1**〔農〕枝先を剪(せ)定する **2**〔織〕剪毛する

cimarolo 形〔植〕枝先の, 木の頂きの, 先端の —男 アーティチョークの頭

Cimarosa 固名(男) (Domenico ～) ドメーニコ・チマローザ(1749-1801; イタリアの作曲家)

cimasa 女〔建〕(建物や家具の頂上にある)装飾的な線形(せん), モールディング

cimatore 男〔女[-trice]〕〔農〕剪(せん)定をする人;〔織〕剪毛職人

cimatrice 女〔織〕(織物の毛の長さを揃える)剪(せん)毛機

cimbalo 男〔音〕シンバル

cimbro 形〔歴〕(ゲルマン族の一種族)キンブリ族の —男〔女[-a]〕キンブリ族

cimelio 男 **1** 遺物, 遺跡; 遺品 **2**〔諧〕がらくた; (過去の事柄に執着する)年寄り

cimentare 他 **1** (貴金属を)分析する, 純化する **2** 挑発する(忍耐力などを)試練にかける; 危険にさらす —**arsi** 再 (in, con)(危険や困難に立ち向かう, …に挑む; (con) …と競う —*cimentarsi* in una gara difficile 難しい試合に挑む

cimento 男 **1** 困難な試み, 試練; 戦い, 挑戦 **2** (分析・純化のための)試薬; 分析

cimice 女 **1**〔動〕南京虫, トコジラミ **2** 画鋲(びょう) **3**《隠》小型盗聴用マイク **4**〔諧〕ファシスト党のバッジ

cimicioso 形 シラミだらけの

cimiero 男 かぶと; (かぶとの)羽飾り, かぶと飾り

ciminiera 女 (工場・汽船などの)煙突

cimiteriale 形 墓地の, 墓地のような

＊**cimitero**〔チミテーロ〕男 **1** 墓地; 墓場 **2** 陰気な〔わびしい〕場所

cimmerio 形 **1** キンメリア人の **2**〔文〕暗い, もやに覆われた —男〔女[-a]〕キンメリア人

cimofane 男〔鉱〕金緑石

cimosa 女 **1** 黒板消し **2** (織物の)耳, 織り端

cimoso 形〔植〕集散花序の, 集散状の

cimossa → cimosa

cimurro 男〔獣〕ジステンパー(犬や猫の伝染病)

Cina 固名(女) 中国

cinabrese 男 (木材やフレスコ画を染めるのに使われる)赤土; (鮮やかな)赤色, 鮮紅色

cinabro 男 **1**〔鉱〕辰砂(しんしゃ) **2**〔文〕朱色, 鮮紅色

cinciallegra 女〔鳥〕シジュウカラ

cinciarella 女〔鳥〕アオガラ

cincillà, cincilla 男〔不変〕〔動〕チンチラ; チンチラの毛皮

cincin, chin chin 間〔中〕乾杯！(Alla salute!) —男〔不変〕乾杯

cincischiamento 男 1 時間の浪費 2 不明瞭な言葉［話］, もごもごつぶやく言葉 3 しわくちゃにすること; 切り損なうこと

cincischiare 他 (io cincischio) 1 しわくちゃにする 2 切り損ねる, (まずい切り方で)駄目にする 3 もごもご言う(cincischiare le parole) —自 1 時間を無駄にする, 無為に過ごす 2 迷う, ためらう

cine 男〔不変〕《口》映画, 映画館

cine-[1] 接頭「映画」の意

cine-[2] 接頭「運動」の「動いている」の意

cineamatore 男〔女 -trice〕 1 映画マニア 2 アマチュア映画監督の; 映画マニアの

cineamatoriale 形 アマチュア映画監督の; 映画マニアの

cineamatorialità 女 (アマチュアの)映画活動; 映画通

cineasta 男女〔複 -ti〕(監督・製作者などの)映画関係者

cinebox 男〔不変〕(映像機能のついた)ジュークボックス

cinecamera 女 (映画の)撮影機

cineclub 男〔不変〕映画愛好会

cinedilettantismo 男 → cineamatorialità

cinefilia 女 映画愛好, 映画熱

cinefilo 男〔女 -a〕映画マニア, 映画愛好家

cinegiornale 男 ニュース映画

＊**cinema**［チーネマ］男〔不変〕 1〔総称的〕映画 2 映画館 —andare al *cinema* 映画館に行く, 映画を見に行く

cinemascope 男〔不変〕〔英〕〔商標〕シネマスコープ

cinematica 女〔物〕運動学

cinematico 形〔複 -ci〕〔物〕運動学の

cinematografare 他 (io cinematografo) 映画撮影する

cinematografaro 男〔女 -a〕(二流の)映画製作者

cinematografia 女 1 映画 2 映画技法, 映像技術

cinematograficamente 副 映画的に, 映画の観点から［で］

cinematografico 形〔複 男 -ci〕映画の; 映画に関する

cinematografo 男 1〔総称的〕映画 2 映画館

cinepanettone 男 クリスマスの時期に上映される下品なコメディー映画

cinepresa 女 (ポータブル型の)撮影機

cinerama 男〔不変〕〔商標〕シネラマ方式

cineraria 女〔植〕シネラリア, サイネリア

cinerario 形 遺灰を入れる —男 骨つぼ

cinerastro 形 灰色の; 灰白がかった

cinereo 形 1 灰色の, 灰白がかった 2 青ざめた, 血の気のない

cinese 形 中国の; 中国人［語］の —Mar *Cinese* Meridionale 南シナ海 / Mar *Cinese* Orientale 東シナ海 —男女 中国人 —男〔単数のみ〕中国語

cineseria 女〔複数で〕中国風の装飾品［工芸品］

cinesi 女〔不変〕〔生物〕キネシス, 無定位運動性

cinesi-, -cinesi 接頭, 接尾「運動」「動き」の意

cinesica 女 動作学, キネシックス(コミュニケーション手段としての動作・表情の研究)

cinesiterapia 女〔医〕運動療法

cinestesia 女〔医〕筋運動感覚

cineteatro 男 劇場映画館(舞台劇場兼用の映画館)

cineteca 女 フィルムライブラリー

cinetica 女 1〔物〕動力学 2〔化〕反応速度論

cinetico 形〔複 男 -ci〕 1〔物〕運動の, 運動学上の 2〔生物〕キネシスの, 無定位運動性の

cingalese 形 = singalese

cingere [19] 他〔過分 cinto〕 1 (体, 特に腰や頭に)巻きつける; (帯で)締める —*cingere* la spada [lo scudo] 剣［盾］を帯びる, 武装する 2 (di,con) …で飾る, 覆う —*cingere* il capo di mirto ギンバイカで頭を飾る 3 囲む, 取り巻く, 包囲する —*cingere* una città di mura 町を城壁で囲む ▶ **cingere d'assedio** 包囲する **cingere la corona** 戴冠する, 王になる —**ersi** 再 (自分の体に)巻きつける; (自分の体を)…で飾る, 覆う; 戴冠する *cingersi d'alloro* 栄光を獲得する

cinghia 女 1 (特に革の)ひも; 革帯; ストラップ 2〔機〕ベルト ▶ **tirare la cinghia** 生活を切り詰める, 窮乏する

cinghiale 男 1〔動〕イノシシ 2 イノシシ肉 3 イノシシの革 4 粗野〔無作法〕な人

cinghiare 他 (io cinghio) 1 (ベルト・皮帯で)締める, 縛る 2《文》取り囲む

cinghiata 女 革帯［ベルト］で打つこと

cinghiatura 女 (ベルト・皮帯で)縛ること, 締めること, 装着

cingolato 形 (車について)キャタピラーのついた, キャタピラーで動く —男 キャタピラー車, キャタピラー装置

cingolo 男 1 キャタピラー 2〔機〕(金属製の)ベルト 3 (古代ローマで兵士や役人が身につけた)革帯 4 (修道士の)ひも帯

cinguettare 自 1 (鳥が)さえずる 2 (子供が)おしゃべりする; 片言でしゃべる

cinguettio 男 1 鳥のさえずり 2 おしゃべり

ciniatria 女 犬病学(犬の病気を研究する獣医学の一分野)

cinicamente 副 冷笑的に, シニカルに

cinico 形〔複 男 -ci〕 1 皮肉な; 冷笑的な 2〔哲〕キニク［犬儒］学派の —男〔複 -ci〕女〔-a〕 1 皮肉屋; 冷笑家 2 キニク学派の人

cinigia 女〔複[-gie]〕〔トスカーナ〕(まだ暖かい)灰; 炭火

ciniglia 女 シェニール糸, 毛虫糸; シェニール織物

cinipe 男〔虫〕タマバチ; タマバチ科の昆虫

cinismo 男 1〔哲〕キニク主義, シニシズム 2 皮肉な考え[態度], 皮肉癖; 冷笑

cinnamomo 男 1 シナモン, 肉桂 2〔植〕シナモンの木, 肉桂樹

Cino 固名(男) 1〔男性名〕チーノ 2(~ da Pistoia)チーノ・ダ・ピストイア(1270-1336), イタリアの詩人・法律家)

cino-¹ 接頭「犬の」の意

cino-² 接頭「中国(人)の」の意

cinocefalo 男 犬の頭を持った —男〔動〕ヒヒゲザル

cinodromo 男 ドッグレース場

cinofilia 女 犬への愛情, 犬愛好; (犬の)ブリーディング熱

cinofilo 男〔女[-a]〕愛犬家; 犬のブリーダー —男 犬を利用した

cinofobia 女 犬恐怖症

cinoglossa 女〔植〕オオルリソウ

*__cinquanta__ [チンクアンタ] 形(基数)〔不変〕50の —男〔不変〕50 —女〔不変〕男 でも 50ccのバイク

cinquantamila 形(基数)〔不変〕 1 5 万の 2〔誇張して〕非常に多数の —男〔不変〕5万; 5万人[個], 5万リラ札

cinquantenario 形 50年[歳]の; 50年ごとの —男 50周年; 50年祭

cinquantennale 形 50年続く[続いた]; 50年ごとの —男 50周年

cinquantenne 形 50歳の —男女 50歳の人

cinquantennio 男 50年間

cinquantesimo 形(序数) 50番目の; 50分の1の —男 50番目; 50分の1

cinquantina 女 1 約50; 50(歳) —una *cinquantina* di anni fa 約50年前 2 チンクアンティーナ(スペインで鋳造された銀貨)

cinquanta 男《口》50ccのバイク —形〔農〕(植物について)実るまでに50日かかる

*__cinque__ [チンクエ] 形(基数)〔不変〕5の —男〔不変〕5

cinquecentesco 形〔複[男 -chi]〕(芸術・文化に関して)1500年代の, 16世紀の —pitture *cinquecentesche* 1500年代の絵画

cinquecentesimo 形(序数) 500番目の; 500分の1の —男 500番目; 500分の1

cinquecentista 男女〔複[男 -ti]〕1500年代[16世紀]の作家[芸術家]; 16世紀文化[芸術]の研究者 —形〔複[男 -i]〕1500年代[16世紀]の, 16世紀に活躍した

cinquecento 形(基数)〔不変〕1500の 2(名詞の後ろに置かれて)500番目の —Leggete a pagina *cinquecento*. 500ページ目を読みなさい. —男〔不変〕500; (C-) 1500年代, 16世紀 —女〔不変〕チンクエチェント(フィアット社の小型大衆車); 500ccのバイク

cinquefoglie 女〔不変〕1〔植〕キジムシロ 2〔紋〕五葉形紋章

cinquemila 形(基数)〔不変〕5000の 2〔不変〕5000; 5000リラ 3〔複数で〕〔スポ〕5千メートル走

cinquennale → quinquennale

cinquenne 形 5歳の —男女 5歳の子供

cinqueterre 男〔不変〕チンクエテッレ (リグリア州の同名地域で作られる白ワイン)

cinquina 女 1 5個1組 2 トンボラ(ビンゴゲーム)で横一列に並んだ五つの数字; (ロト宝くじで)抽選機に引き出された五つの数 3 チンクイーナ(ナポリで鋳造されていた銀貨)

cinse cingere の直・遠過・3単

cinta 女 城壁; 囲い

cintare 他 壁で囲う, 城壁で囲む —*cintare* il giardino 庭を壁で囲む

cinto¹ 男 1 帯, ベルト —*cinto* erniario ヘルニア帯 / *cinto* verginale 乙女の帯(古代ギリシャの少女が身につけていた帯) 2〔解〕帯(㊉) 3(城壁・濠などの)囲い

cinto² cingere の過分

cintola 女 1 ベルト 2 腰

cintura 女 1 帯; ベルト —*cintura* di sicurezza 安全ベルト, シートベルト 2(スカートやズボンの)腰の部分, ウエスト 3(柔道や空手の)帯 —*cintura* nera 黒帯(の人) 4(ある場所を)囲むもの; 都市近郊[周辺地域]

cinturato 形〔車〕ラジアルタイヤ

cinturino 男 1(腕時計の)バンド 2(細めの)帯, ひも 3〔軍〕(サーベルをつるす)革帯 4(シャツの)首周り[手首周り]

cinturone 男 1(銃や弾薬などをつるす)ベルト, 革帯 2(太めの)帯

cintz, cinz → chintz

cinzio 形《文》(デロス島の)キュントス山の —(C-) アポロン(キュントス山で生まれたとされる)

*__ciò__ [チョ] 代(指示)〔男性単数のみ〕そのこと, このこと —Hai capito *ciò* che ho detto? 私の言ったこと分かった? — __a ciò__ その(目的)のために __ciò nonostante__[__con tutto ciò, ciò nondimeno__]それにもかかわらず, それでもやはり, けれども, ではあるが __con ciò__ 従って, だから

ciocca 女 1(特に前髪の)房(㊉) 2(花や果実の)房

ciocco 男〔複[-chi]〕1 太い薪(㊉), 丸太; (木の)幹の付け根 —dormire come un *ciocco* ぐっすり[正体もなく]眠る 2 鈍い人, うすのろ

*__cioccolata__ [チョッコラータ] 女 1 チョコレート —tavoletta di *cioccolata* 板チョコ 2 ココア —形〔不変〕チョコレート色の —color *cioccolata* チョコレート色の

cioccolataio 男〔女[-a]〕チョコレート製造[販売]業者

cioccolatiera 女 チョコレート[ココア]ポット

cioccolatino 男 (一口大の)粒チョコ

cioccolato 男 チョコレート —*cioccolato* al latte ミルクチョコレート / *cioccolato* fondente [amaro] ブラックチョコレート / *cioccolato* bianco ホワイトチョコレート —形〔不変〕チョコレート色の

ciociaro 形 チョチャリーア地方(ラツィオ州南部 Ciociaria)(の)人 —男〔女[-a]〕チョチャリーア地方の人

*__**cioè**__ [チョエ] 副 1 つまり, すなわち —Partirò per le vacanze fra due giorni, *cioè* venerdì. 二日後に, つまり金曜日にバカンスに出かけるよ. / *Cioè*? それはどういうこと? | つまり? 2 (前言を訂正するために)いやしくも, というより, もっと正しく言えば 3 詳しくは —Solo due persone hanno superato l'esame, e *cioè* Maria e Luigi. 二人だけが試験に合格しており, 詳しく言うとマリアとルイージだ.

ciompo 男〔歴〕チョンポ(劣悪な条件で働いた 14 世紀フィレンツェの羊毛工) —il tumulto dei *ciompi* 〔歴〕チョンピの乱

ciondolamento 男 揺れ動くこと, ふらふらすること, ぶらぶらすること

ciondolare 自〔io ciondolo〕 1 ゆらゆら垂れ下がる 2 よろよろする, ふらふらする 3 ぶらぶらする —他 揺する, ふらふらさせる —*ciondolare* le gambe 足をぶらぶらさせる —**arsi** 再 (何もせずに)ぶらぶらする

ciondolo 男 1 ペンダント, (ぶら下げるタイプの)首飾り, イヤリング, 装飾品 2 (皮肉に)勲章

ciondolone¹ 男〔女[-a]〕怠け者, ぶらぶらしている人, だらしない人

ciondolone² → ciondoloni

ciondoloni 副 ぶらぶらと; ふらふらしながら

cionondimeno = ciò nondimeno(→ ciò)

cionononstante, cionnonostante = ciò nonostante(→ ciò)

ciotola 女 (食べ物を入れる)鉢, 深皿; (鉢・深皿の) 1 杯分の量

ciotto → ciottolo

ciottolo 男 1 (水流で丸くなった)小石; (すべすべした)石 2〔地質〕(4mm 以上の丸く侵食された)砂利

ciottoloso 形 石[砂利]だらけの, 小石の多い

CIP 略 *Comitato Interministeriale dei Prezzi* 物価に関する閣僚会議

cip¹ 擬 (小鳥の鳴き声をまねて)チュッチュッ

cip² 男〔不変〕(ポーカーゲームの)チップ

CIPE 略 *Comitato Interministeriale per la Programmazione Economica* 経済計画閣僚会議

ciperacea 女〔植〕カヤツリグサ

cipiglio 男 (怒りや苛立ちを表す)額のしわ, 眉根のしわ; 険悪な, 不機嫌な態度 —fare il *cipiglio* 険悪な表情をする, 不機嫌な態度をとる

cipolla 女 1〔植〕タマネギ 2 球根, 球茎; 球根状のもの 3 じょうろのハス口 4 シニョン, 束髪 5〔口〕時代遅れの大型の懐中時計 6〔口〕(骨の変形による)足の親指の付け根のふくらみ 7 (オイルランプの)油壺

cipollata 女〔料〕チポッラータ(みじん切りのタマネギをベースにした料理)

cipollina 女〔植〕コニラ(サラダや酢漬けにして食べる小さなタマネギ)

cipollino 男〔地質〕シポリン(緑の筋が入った高級大理石)

cippo 男 1 (路傍に立てて距離や境界を表した)標石 2 石柱

cipputi 男〔不変〕(主に金属・機械産業の)労働者, 工員

ciprea 女〔動〕タカラガイ

cipresseto 男 糸杉の林[植林地]

cipresso 男 1 糸杉 2 糸杉材

cipria 女 白粉(おしろい)

ciprinide 男〔魚〕コイ科の魚

ciprino 男〔魚〕コイ

cipriota 形〔複[男 -i]〕キプロス(人)の —男女〔複[男 -i]〕キプロス人

cipripedio 男〔植〕アツモリソウ, シプリペジウム

Cipro 固名 1 男 キプロス(国名) 2 女 キプロス島(地中海上, トルコの南方に位置する島)

*__**circa**__ [チルカ] 副 (数量が)約…, …ほど —È a *circa* due chilometri da qui. ここから 2 キロメートルほどだ. / *circa* dieci persone [dieci persone *circa*] 10 人ぐらい —前 …について[関して] —Voglio discutere con te *circa* quell'affare. あの仕事について君と話し合いたい.

circe 女 魔性の女, 魅惑的な女; (C-) 魔女キルケ(La maga Circe; 人を動物に変える)

circense 形 1 曲馬団の, サーカスの 2 (古代ローマの)円形競技場の

circo 男〔複[-chi]〕 1 (古代ローマの)円形競技場 2 サーカス, サーカス団 —*circo equestre* 曲馬団 3 (主に)特定のスポーツの世界 —*circo* bianco (アルペン)スキー界 4〔地質〕圏谷 (circo glaciale) —*circo lunare* 月のクレーター

circolante 形 循環する, 駆けめぐる, 広まっている —男〔経〕通貨

circolare¹〔es/av〕〔io circolo〕 1 (循環的に)動く, 移動する, 進行する —In centro non si può più *circolare* in macchina. 中心街ではもう車で通行できない. 2 (液体・気体が)流れる —Il sangue *circola* nelle vene. 血液は血管を巡っている. 3 次々と渡る 4 (貨幣が)流通する 5 広まる, 流布する —La notizia è subito *circolata*. ニュースはすぐに広がった.

circolare² 形 1 円形の, 円い, 丸い —movimento *circolare* 円運動 2 循環

circolarità 女 円形；円運動；循環，周期的な動き

circolarmente 副 円形に；循環して，周期的に

circolatorio 形 血液循環の

circolazione 女 1 循環 2 運行，移動，通行，流れ *—divieto di circolazione* 通行禁止 / *carta di circolazione* (自動車の)登録証，車検証 3 流通，流布 *—circolazione monetaria* 貨幣の流通 ▶ *togliere dalla circolazione* 消す；抹殺する

circolo 男 1 円 2 同好会(サークル)

circon- 接頭 「周囲」「近く」などの意

circoncìdere [30] 他 〔過分 circonciso〕割礼をする *—ersi* 再 割礼を受ける

circoncisione 女 割礼，包皮切除

circonciso 形 〔過分 < circoncidere〕割礼を受けた *—男* 1 割礼を受けた人；ユダヤ人 2 〔歴・宗〕割礼派の信者；〔複数で〕割礼派

circondabile 形 包囲できる，囲むことができる

*****circondare** [チルコンダーレ] 他 1 取り巻く，取り囲む *—Le mura circondano la città.* 城壁は町を取り囲んでいる. / *L'esercito circondò la città.* 軍隊は町を包囲した. 2 〈di〉一杯にする，たくさん与える *—circondare... di premure ...* に配慮を尽くす *—arsi* 再〈di〉取り巻かれる；はべらせる

circondàrio 男 1 (町や村の)周辺地域，境界附近の地域 2 行政[司法]管区

circondurre [3] 他 〔過分 circondotto〕〔スポ〕(体操で体の部位を)回旋させる *—circondurre le braccia* 両腕を回す

circonduzione 女 1 〔スポ〕(体の部位の)回旋運動 *—circonduzione delle braccia* 両腕の回転運動 2 (体の部位の)動き

circonferenza 女 1 〔幾〕円周 2 囲いの長さ，外周 *—circonferenza del petto* 胸囲 / *circonferenza della vita* ウエストサイズ

circonflesso 形 1 湾曲した 2 〔言〕(アクセントが)曲折的な *—男* 曲折アクセント

circonfluire 自 〔io -isco〕(風や水が)周囲を流れる

circonlocuzione 女 1 回りくどい話し，遠回しの議論 2 〔修〕遠回しの〔婉曲〕表現，狃(?)言法

circonscrivere → circoscrivere

circonvallazione 女 (都市の)環状道路

circonvenire [127] 他 〔過分 circonvenuto〕だます，出し抜く，裏をかく

circonvenzione 女 だますこと，瞞(ま)着 *—circonvenzione d'incapace* 知的障害者をだまして違法行為をさせる犯罪

circonvicino 形 近隣の，近くの

circonvoluzione 女 1 旋回，回転 2 〔解〕回

circoscrittìbile → circoscrivibile

circoscritto 形 〔過分 < circoscrivere〕1 限定された，境界を引かれた；封じ込められた 2 〔蔑〕偏狭な，了見の狭い 3 〔幾〕外接した

circoscrìvere [103] 他 〔過分 circoscritto〕1 境界を引く，限定する，制限する 2 封じ込める *—circoscrivere un contagio* 伝染病を封じ込める 3 〔幾〕…を外接させる

circoscrivìbile 形 1 限定しうる，制限できる；封じ込めることができる；究明できる 2 〔幾〕外接しうる

circoscrizione 女 1 管区，区域，管轄 *—circoscrizione elettorale* 選挙区 2 限定 3 〔幾〕外接

circospetto 形 用心深い，注意深い

circospezione 女 用心深さ，慎重さ *—con circospezione* 用心深く，慎重に

circostante 形 周辺の，隣接する

*****circostanza** [チルコスタンツァ] 女 状況；事情 ▶ *di circostanza* 状況に型どおりにはまった / *parole di circostanza* 常套(じょう)句

circostanziàbile 形 詳述できる

circostanziale 形 状況の，状況に関する *—complemento circostanziale* 〔言〕状況補語

circostanziare 他 〔io circostanzio〕詳細に述べる

circostanziato 形 詳細な，委曲を尽くした

circuire 他 〔io -isco〕…に取り入る，…をだます，欺く *—circuire una ragazza* 女の子をだます

circuitale 形 〔電〕回路の

circuito 男 1 サーキット 2 〔電〕回路，回線 *—corto circuito* ショート；短絡 / *circuito aperto* [*chiuso*] 開[閉]回路 3 〔映〕興行系列 (*circuito cinematografico*) 4 巡回路 5 周囲，外周

circum- 接頭 〔ラ〕「周囲」「回り」の意

circuminsessione 女 〔神学〕父と子と精霊の三位一体の共存，三位相互内在性

circumlunare 形 〔天〕月の周囲の[を回転する]

circumnavigare 他 〔io circumnavigo〕…を周航する，船で一周する

circumnavigatore 男 〔女 [-trice]〕(大きな島・大陸・地球などの)一周航海を成し遂げた[成し遂げた]人

circumnavigazione 女 (大きな島・大陸・地球などの)一周航海

circumpadano 形 〔地理〕ポー川流域(平野)の

circumpolare 形 1 〔地理〕極地付近の 2 〔天〕天極付近の，極の周りの

circumvesuviano 形 〔地理〕ヴェスヴィオ山周辺の，ヴェスヴィオ山を回る —

circumzenitale 222 **citrino**

ferrovia *circumvesuviana* ヴェスヴィオ山周遊鉄道

circumzenitale 形 〖天〗天頂付近の

ciré 男 〔仏・織〕シレ ―形 〖不変〗シレ加工の

cirenaico 形 〔複[男 -ci]〕 **1**(現キレア領内にあった古代ギリシャ都市)キュレネ(人)の **2**〔キレナイカ地方の(人)の **2**〔キュレネ学派の ―男〔女[-a]〕キュレネ人; キレナイカ地方の人; 〔哲〕キュレネ学派の人

cireneo 男〔女[-a]〕 **1** キュレネ人 **2**(C-)キュレネのシモン(キリストの代わりに十字架を運ばされた男); 他人の苦労[罰]を背負い込む人 ―形 キュレネの

Ciriaco 固名〖男性名〗チリーアコ

cirillico 形 〔複[男 -ci]〕キリル文字の, キリル文字で書かれた ―男〔複[-ci]〕キリル文字の文章

cirneco 男 〔複[-chi]〕チルネコ(シチリアのグレーハウンド種の猟犬)

Ciro 固名(男) **1** (~ il Grande)キュロス大王(前 600 頃 -529; アケメネス朝ペルシャの初代皇帝) **2**〖男性名〗チーロ

cirò 男 チロ(カラブリアの赤ワイン)

cirro 男 **1** 〖気〗巻(ﾃ)雲 **2** 〖植〗つる, きひげ **3** 〖動〗触手, 毛状突起

cirrocumulo 男 〖気〗巻(ﾃ)積雲

cirrosi 女 〖不変〗〖医〗硬変症; 肝硬変 ―*cirrosi* epatica 肝硬変

cirrostrato 男 〖気〗巻(ﾃ)層雲

cirrotico 形 〔複[男 -ci]〕〖医〗硬変症の, 肝硬変の ―男〔女[-a]〕肝硬変患者

cis- 接頭 (地理的に)「こちら側」の意

cisalpino 形 アルプスのこちら側の, アルプス以南の

CISL 略 Confederazione Italiana Sindacati Lavoratori イタリア労働組合同盟

cislunare 形 〖天〗地球と月の間の, 月の軌道の内側の

cismontano 形 〔地理〕山脈のこちら側の

CISNAL 略 Confederazione Italiana Sindacati Nazionali dei Lavoratori イタリア全国労働組合同盟

cispa 女 目やに

cispadano 形 ポー川以南の

cisposità 女 **1** 目やにが出ること, 目やにだらけ **2** 目やに

cisposo 形 目やにの出る, 目やにだらけの

cissoide 女 〖数〗シッソイド, 疾走線

cista 女 〖考〗(古代ギリシアで使われた円筒形の)祭具入れ, 女性用小物入れ

cistacea 女 〖植〗ハンニチバナ科の植物

cistectomia 女 〖医〗膀胱(ﾎｳ)切除; 嚢(ﾉｳ)胞切除

cistercense 形 シトー修道会(士)の ―男 シトー修道会士

cisterna 女 **1** (雨水を貯める)水槽 **2** (液体用の)タンク **3** タンク車, タンカー, 給油機

cisternista 男女 〔複[男 -i]〕タンクローリーの運転手

cisti 女 〖不変〗 **1**〖医〗嚢(ﾉｳ)胞 **2**〖生物〗包囊

cisti- 接頭 **1** 〖医〗「膀胱(ﾎｳ)」「胆囊(ﾉｳ)」「嚢胞」の意 **2**「包囊」の意

cistico 形 〔複[男 -ci]〕〖医〗胆囊(ﾉｳ)の; 膀胱(ﾎｳ)の

cistide → cisti

cistifellea 女 〖医〗胆囊(ﾉｳ)

cistina 女 〖生化〗シスチン

cistite 女 〖医〗膀胱(ﾎｳ)炎

cisto 男 〖植〗コジアオイ

cisto- → cisti-

cistoscopia 女 〖医〗膀胱(ﾎｳ)鏡検査

cistotomia 女 〖医〗膀胱(ﾎｳ)切開

CIT 略 Compagnia Italiana Turismo イタリア観光グループ(1927 年設立の公的な観光会社; 後に民営化)

cit. 略 citato 引用

-cita → -cito

citabile 形 引用に値する, 引用できる

citante 男女 〔法〕原告

citare 他 **1** 引用する ―*citare* un verso di Dante ダンテの詩句を引く **2** 引き合いに出す, 挙げる **3**〔法〕召喚する

citaredo 男 (古代ギリシアで)チェートラ[リラ]を弾きながら歌う詩人; チェートラ[リラ]の弾き手

citarista 男女 〔複[男 -i]〕チェートラ[リラ]の弾き手

citarodia 女 (古代ギリシアで)チェートラ[リラ]を伴奏にした歌

citazione 女 **1** 引用, 引用文[句] **2** 典拠の明示[言及] **3**〔法〕法廷への召喚, 召喚状 **4** (優れた功績を持つ人への)顕彰

citello 男 〖動〗ジリス

citeriore 形 〖歴〗(境界の)こちら側の

citiso 男 〖植〗エニシダ; エニシダ属の低木

cito-, -cito 接頭, 接尾 「細胞」の意

citocromo 男 〖生物〗チトクロム

citofonare 自 [io citofono] (インターホンで)連絡する

citofono 男 インターホン, インターコム

citogenetica 女 〔生物〕細胞遺伝学

citogenetico 形 〔複[男 -ci]〕〔生物〕細胞遺伝学の

citologia 女 〔生物〕細胞学

citologico 形 〔複[男 -ci]〕〔生物〕細胞学の; 細胞についての

citologo 男 〔複[-gi]〕女[-a]〕細胞学者

citoplasma 男 〔複[-i]〕〔生物〕細胞質

citoplasmatico 形 〔複[男 -ci]〕細胞質[原形]質の

citostoma 男 〔複[-i]〕〔動〕細胞口(原生生物の摂食部位)

citrato 男 〖化〗クエン酸塩

citrico 形 〔複[男 -ci]〕〖化〗クエン酸(性)の ―acido *citrico* クエン酸

citrino 形 シトロンのような; レモン色の ―男 **1** レモン色 **2** 〖鉱〗黄水晶

citronella 女〔植〕コウスイガヤ
citrullaggine 女 愚かさ;愚かな言動
citrulleria → citrullaggine
citrullo 形 馬鹿な,愚かな —男〔女[-a]〕馬鹿,愚かな人
＊città [チッタ] 女 **1** 都市,都会,市,町 —*città* aperta 無防備都市 / la *città* eterna [del cupolone] ローマ / la *città* del giglio [fiore] フィレンツェ / la *città* della Madonnina ミラノ / la *città* delle due torri ボローニャ **2** (町の)区域 —*città* vecchia [nuova] 旧[新]市街 **3** (都市や町の)住民
Città del Capo 固名(女) ケープタウン (南アフリカ共和国の都市)
cittadella 女 **1** (町を防衛するための)要塞,砦(とりで) **2** (政党やイデオロギーの)砦,牙城
Città del Messico 固名(女) メキシコシティー(メキシコ合衆国の首都)
Città del Vaticano 固名(女) バチカン(市国)
cittadina[1] 女 小都市
cittadina[2] 女〔男[cittadino]〕女性市民
cittadinanza 女 **1** 市民権,公民権;国籍 —avere *cittadinanza* italiana イタリア市民権[国籍]を持つ / *cittadinanza* onoraria 名誉市民権 **2** 市民,町民,住民
＊cittadino [チッタディーノ] 形 **1** 市[町]の,都市の **2** 市[町]民の,住民の —男〔女[-a]〕**1** 市民,町民,住民 —*cittadino* onorario 名誉市民 **2** 国民 —*cittadino* del mondo [dell'universo] 国際人,コスモポリタン
ciucca 女〔口〕酔っ払うこと,ぐでんぐでん(の状態) —prendersi una (bella) *ciucca* 酔っ払う,ぐでんぐでんになる
ciucciare 他〔io ciuccio〕〔口〕吸う,おしゃぶりする —Mio figlio ha cucciato il dito fino a sei anni. 私の息子は6歳まで指をおしゃぶりしていた.
ciucciata 女〔口〕乳を吸うこと
ciuccio[1] 男《口》(ゴム製乳首の)おしゃぶり
ciuccio[2] 男〔南伊〕ロバ
ciucciotto → ciuccio[2]
ciucco 形〔複[男 -chi]〕**1**〔口〕酔っ払った,ぐでんぐでんになった **2**〔北伊〕《隠》壊れている,つぶれている
ciuco 男〔複[-chi]女[-a]〕ロバ;無知な人;落ちこぼれ
ciuf 擬 **1** (機関車の蒸気音をまねて)シュッシュッ **2** (物が水の中に落ちる音をまねて)ポチャン **3**〔男〕《不変》シュッシュッという音;《幼》汽車ポッポ **2** ポチャンという音
ciuffete → ciuf
ciuffo 男 **1** (髪・羽・毛の)長い房 **2** (馬などの)前髪 **3** 茂み,ひとむら **4** 飾り房
ciuffolotto 男〔鳥〕ウソ
ciunf 擬 (物が水に落ちる音をまねて)チャポン

ciurlare 自 よろめく,ぐらぐらする ▶ *ciurlare* **nel manico** (仕事や約束から逃れるために)のらりくらりする,ぐずぐずする;当てにならない,優柔不断である
ciurma 女 **1**〔蔑〕下級船員 **2** (軽蔑すべき)連中 **3**〔歴〕ガレー船の漕ぎ手
ciurmaglia 女〔文〕ごろつき,悪党
ciurmare 他 欺く,だます
ciurmeria 女 ペテン,詐欺
civetta 女 **1**〔鳥〕フクロウ **2** 色気でだます女性 —fare la *civetta* 媚(こび)を売る **3** (新聞雑誌の誇張した)大見出し **4**〔形容詞的〕引きつける —prezzi *civetta* 目玉価格,大安値
civettare 自 (女が男に)媚(こび)を売る;すり寄る
civetteria 女 **1** 媚(こび),しな;人目を引こうとする態度 **2** 飾り,装飾
civettuolo 形 **1** 媚(こび)を売るような;人にすり寄ろうとする **2** 気取った,人目を引く
civico 形〔複[男 -ci]〕**1** 市民の,市民としての **2** 市[町,村]の,公立の,公営の —numero *civico* 番地
＊civile [チヴィーレ] 形 **1** 市民の,公民の —diritti *civili* 公民[市民]権 / guerra *civile* 内戦 / stato *civile* 社会的身分 **2** (軍人・聖職者に対する)民間の,一般市民の,民事の —matrimonio *civile* 民事結婚 **3** 礼儀正しい,きちんとした,品のよい —persona *civile* 礼儀正しい人 **4** 文化[文明]的な —popoli *civili* 文明人 —男〔女〕**1** (軍人に対して)民間人,一般人 **2**〔シチリア〕貴族,富裕階級
civilista 男女〔複[男 -i]〕民法学者;民事訴訟専門の弁護士
civilizzare 他 文明化する,教化する;《諧》しつける,文明人にする —arsi 再 文明化する;《諧》礼儀作法を身につける,文明人になる
civilizzato 形 文明的な,文明化した
civilizzatore 男〔女[-trice]〕文明に導く人,教化する人 —形〔女[-trice]〕文明をもたらす
civilizzazione 女 文明化,教化
civilmente 副 **1** 文明的に,行儀よく **2** 民法に従って,民事上 —sposarsi *civilmente* 民事婚をする
＊civiltà [チヴィルタ] 女 **1** 文明 **2** 文明化,開化 **3** 礼儀正しさ,洗練 —Comportati con più *civiltà*! もっと行儀よくしなさい.
civismo 男 公民精神
Civitavecchia 固名(女) チヴィタヴェッキア(ラツィオ州 Roma 県の港町)
civitavecchiese 形 チヴィタヴェッキア(の人)の —男女 チヴィタヴェッキアの人
CL 略 Caltanissetta カルタニッセッタ
Cl 略〔元素記号〕cloro〔化〕塩素
cl. 略 centilitro センチリットル
cl. 略 clarinetto クラリネット
clacchista 男女〔複[男 -i]〕雇われて拍手喝采する連中,さくら
clacson 男〔不変〕クラクション(〔商標〕klaxon より)

clacsonare 自 [io clacsono] クラクションを鳴らす

clado-, -clado 接頭, 接尾 「枝」「分枝」の意

cladocero 男 [動]ミジンコ

clamidato 形 [植]花被を持った

clamide 女 クラミス(古代ギリシャ・ローマで使われた肩に留める短いマント); 《文》(王の)マント — 形 → clamidato

clamore 男 (群衆の)騒ぎ声, 叫び声; 大きな反響

clamoroso 形 1 騒がしい, 騒々しい 2 物議をかもす, 大反響を引き起こす

clan 男 [不変] 1 一族; 氏族 2 (共通の利害で結束した)集団, 党派; 派閥; 一家

clandestinamente 副 非合法的に, 不法に, 密かに

clandestinità 女 非合法性; 非合法的立場[状態]

clandestino 形 非合法の; 秘密の — immigrazione *clandestina* 密入国 —男[女[-a]]密航者; 不法入国者

clang 擬 (鈴やゴングなど金属性のものが打たれる音)カーン, カランカラン

clanghete → clang

clangore 男 (ラッパや鐘の)鳴り響く音; 大音響

clap 擬 (拍手の音をまねて)パチパチ —男[不変]拍手の音

claque 女[不変][仏](劇場・テレビのスタジオで報酬をもらって拍手をする連中, さくら); (有力者の)取り巻き連中

Clara 固名 [女性名]クラーラ

clarinettista 男女 [複[男 -i]] クラリネット奏者

clarinetto 男 [音]クラリネット(オーケストラの)クラリネット奏者

clarino 男 1 [音]クラリーノ, 高音トランペット 2 → clarinetto

clarissa 女 クララ会修道女; (C-)[複数で]クララ修道会女

clarone 男 [音]バス・クラリネット

classamento 男 1 [法]不動産の評価分類 2 [経](投資対象としての)評価づけ

classare 他 1 [法](課税評価のランクに)割り振る, 分類する 2 [経](安全な投資対象として)評価する

‡**classe** [クラッセ] 女 1 階級, 階層 — *classe* operaia [borghese, media, alta] 労働者[有産, 中産, 上流]階級 2 等級, ランク —prima [seconda] *classe* (乗り物の)一[二]等 3 学年; クラス; 学級; 教室; 同級生 —frequentare la prima *classe* alle medie 中学1年生である 4 能力, 才能, 手腕 —fuori *classe* 比類のない, 群を抜いた 5 上品さ, 洗練 —donna di *classe* 品のある女性 6 [軍]同年兵; 同期生, 同年生まれの人 7 [生物]綱(ぅ) —la *classe* dei mammiferi 哺乳綱

classiario 男 (古代ローマの)水兵

classica 女 1 クラシック音楽 2 [スポ]伝統の一戦, (特にサッカーで)名門チームがぶつかる試合

classicamente 副 古典的に, 伝統的なやり方で; 擬古典的に

classicheggiante 形 古典を模倣した, 擬古典的な

classicismo 男 古典主義, 古典主義的な精神[傾向]

classicista 男女 [複[男 -i]] 1 古典主義者 2 (古代ギリシャ・ローマを研究する)古典学者 —形 [複[男 -i]] 1 古典主義(者)の 2 古典研究の, 古典学者の

classicistico 形 [複[男 -ci]] 古典主義の, 古典主義者の

classicità 女 1 古典的精神, 古典的特質, 古典性 2 (古代ギリシャ・ローマの文芸の)黄金時代

‡**classico** [クラッスィコ] 形 [複[男 -ci]] 1 古代ギリシャ・ローマの, 古典の — Sono appassionato di cultura *classica*. 私は古典古代の文化が大好きだ. 2 古典(主義)的な —musica *classica* クラシック音楽 3 (スタイル・様式が)伝統的な, はやり廃りのない —abito *classico* クラシックな洋服 4 典型的な, 特有な —il dolce *classico* di Natale 伝統的なクリスマス用の菓子 —男 1 古典主義時代の作家[作品] 2 [複数で]古代ギリシャ・ローマの作家

classifica 女 成績結果; 順位表, ランキング

classificare 他 [io classifico] 1 分類[区分]する 2 格付けする, 評価する —arsi 再 (順位表の中で)…に位置する; (決勝トーナメントなどに)進出する

classificatore 男 [女[-trice]] 1 分類する人; 分類する物(ファイル・アルバム・整理棚など) 2 分級(器) 3 [言]類別詞

classificatorio 形 分類の, 分類的な

classificazione 女 1 分類 2 (人や物の)評価; 格付け

classismo 男 1 (マルクス主義の)階級闘争理論[主義] 2 (所属階級の利益を守ろうとする)階級主義

classista 形 [複[男 -ti]] 1 階級闘争の, 階級闘争理論に基づいた 2 階級的な, 階級意識の強い — 男女 [複[男 -ti]] 階級主義者

classistico 形 [複[男 -ci]] 階級闘争理論[主義]の; 階級主義の

-clastia 接尾 「破壊」「断裂」の意

clastico 形 [複[男 -ci]] [地質]砕屑(ぅ)性の

Claudia 固名 [女性名]クラウディア

claudia 女 クラウディア(プラムの一種)

claudicante 形 足を引きずった

claudicare 自 [io claudico] 足を引きずって歩く

Claudio 固名 [男性名]クラウディオ

clausola 女 1 条項, 条件 —una *clausola* contrattuale 契約条項 2 [法]細則 3 [ラ]散文のリズミカルな末尾, 締めくくり 4 [詩](16世紀の詩で)各連末尾のリフレーン 5 [言]節 6 [音]終止

claustrale 形 修道院の, 修道生活の; 禁欲的な

claustrofobia 女 〔心〕閉所恐怖症

clausura 女 **1**(修道院への)立ち入り禁止規則, (修道士たちの)外出禁止規則; そのような規則に従う修道院内の禁域 **2** 隔絶した場所; 隠遁(いんとん)生活 ▶ *di clausura* (修道院について)出入り禁制の; (修道士・修道女について)隠遁生活の, 修道生活の

clava 女 **1**(原始人が武器として用いた先太の)こん棒 **2**〔スポ〕(体操用の)ピン型こん棒

clavaria 女 〔植〕シロソウメンタケ

clavicembalista 男女 〔複[男 -i]〕〔音〕チェンバロ奏者; チェンバロ曲の作曲家

clavicembalo 男 〔音〕チェンバロ

clavicola 女 〔解〕鎖骨

clavicolare 形 〔解〕鎖骨の

clavicordo 男 〔音〕クラヴィコード(ピアノの原型に当たる鍵盤楽器)

claxon → clacson

clearing 男〔不変〕〔英・商〕(銀行相互間の)手形交換

cleistogamia 女 〔植〕閉花受精

Clelia 固名 〔女性名〕クレーリア

clematide 女 〔植〕クレマチス

Clemente 固名(男) **1**(~ V)クレメンス5世(1264-1314; ローマ教皇: 在位 1305-14. 教皇庁をアビニョンに移転) **2** (~ VII)クレメンス7世(1478-1534; ローマ教皇: 在位 1523-34. 英王ヘンリー8世を破門. 本名 Giulio de' Medici) **3**〔男性名〕クレメンテ

clemente 形 **1** 寛大な, 温情のある **2** (気候などが)温和な, 穏やかな

Clementi 固名(男) (Muzio ~)クレメンティ(1752-1832; イタリアの作曲家)

clementina 女 クレメンティーナ, クレメンタイン(マンダリンオレンジに似ているが皮がより薄い小型のミカン)

clementino 形 クレメンス教皇の

clemenza 女 **1** 寛大さ, 温厚さ; 寛容な性格 **2** (気候の)穏やかさ, 温和さ

Cleopatra 固名(女) (~ VII)クレオパトラ(前69- 前30; 古代エジプト, プトレマイオス朝の女王: 在位前51- 前30)

cleptomane 形 〔心〕窃盗症の, 窃盗癖のある ─ 男女 窃盗症患者

cleptomania 女 〔心〕窃盗症

clericale 形 **1** 聖職の, 聖職者の **2**〔歴〕(政治的に)聖職権を支持する, 聖職権主義の ─ 男女 聖職権主義者

clericaleggiante 形 〔歴〕聖職権を支持するような, 教会政治主義の[に賛成の]

clericalismo 男 **1**〔歴〕聖職権主義, 教会政治主義 **2**〔総称的〕聖職権主義者, 教会政治主義

clero 男 聖職者; 司祭

clessidra 女 砂時計, 水時計

clic 男〔不変〕 **1**(機械やスイッチなどの)カチャという音 **2**〔コン〕クリック ─ *fare doppio clic* ダブルクリックをする / *fare clic sull'icona* アイコンをクリックする ─ 擬 (機械が作動する音)カシャ, カチャ

cliccare 自 (su) …をクリックする

cliché 男〔仏〕 **1** ステレオタイプ; 陳腐な決まり文句, 使い古(ふる)し句 **2**〔印〕ステロ版, 鉛版, クラッチ版

*‡**cliente** [クリエンテ] 男女 **1** 客; 常連; 顧客, 得意先; 患者 **2** (古代ローマの)隷属平民 **3** (利益のために)服従する人, 取り巻き, 腰ぎんちゃく

clientela 女 **1**〔総称的〕顧客, 客 **2** (有力者の)支持者たち, 取り巻き **3** (古代ローマの貴族とその配下の平民との間の)保護[従属]関係; 庇(ひ)護民

clientelare 形 (政治家と支持者について)持ちつ持たれつの, 恩顧[縁故]主義の

clientelismo 男 (政治家と支持者の間の)持ちつ持たれつの関係, 恩顧主義, 縁故主義

clientelisticamente 副 持ちつ持たれつ, 恩顧[縁故]主義的に

*‡**clima** [クリーマ] 男〔複[-i]〕 **1** (特定地方の)気候 ─ *clima continentale [mediterraneo, tropicale]* 大陸性[地中海性, 熱帯性]気候 **2** 風潮, 趨(すう)勢, 環境, 風土 ─ *clima di tensione* 緊迫した情勢 **3**〔芸〕雰囲気, 趣, 感じ

climaterico 形〔複[男 -ci]〕〔生理〕更年期の, 閉経期の

climaterio 男 〔生理〕更年期, 閉経期

climatico 形〔複[男 -ci]〕 **1** 気候の, 気候に関する **2** 温暖な気候の

climatizzare 他 (冷暖房装置で)温度[湿度]を調整する; 冷暖房装置を取りつける

climatizzatore 男 エアコン, 空調装置

climatizzazione 女 (快適な温度[湿度]への)空気調整, 冷暖房

climatologia 女 〔地理〕気候[風土]学

climatologico 形〔複[男 -ci]〕気候[風土]学の

climax 男, 女〔不変〕 **1**〔修〕漸層法 **2** (植物の)極相, 安定期

cline 男 〔生物〕クライン

clinica 女 **1** 大学病院の各科 **2**(特に私立の)医院; 病院 **3**〔医〕臨床医学 **4** 修理工房

clinico 形〔複[男 -ci]〕臨床の, 臨床的な ─ *cartella clinica* カルテ / *occhio clinico* (病状を見抜く)眼力, 炯(けい)眼 ─ 男〔複[-ci]〕臨床医, 臨床教授; 医者

clino-, -clino 接頭, 接尾 「傾斜」「傾向」などの意

Clio 固名(女) 〔ギ神〕クレイオ, クリオ(詩神ムーサの一. 歴史を司る)

clip¹ 女〔不変〕〔英〕 **1** クリップ **2** (クリップ留めの)イヤリング, ブローチ

clip² 男〔不変〕〔英〕ビデオクリップ

clipper 男〔不変〕〔英〕(19世紀半ばに航行した)大型帆船; プロペラ式大型旅客機

clisimetro 男 傾斜計

clisma → clistere

clistere 男 浣腸(剤)

clitoride 男,女〔解〕陰核, クリトリス

clivaggio 男〔鉱〕劈開

clivo 男〔文〕傾斜地, 斜面, 小さな丘

CLN 略 Comitato di Liberazione Nazionale 国民解放委員会《ファシズムとドイツ支配に対抗するために1943年に設立された組織》

cloaca 女 **1** 下水道, 排水溝 **2** 不潔な場所, いかがわしい界隈(ﾊ), 卑猥(ﾜ)な人 **3**〔動〕総排出腔(ｳ)

clocchete → cloch

cloch 擬 《しずくの落ちる音をまねて》ピチャ, ポチャ

cloche 女〔不変〕《仏》**1**〔空〕操縱桿(ｶ); 〔機〕自動車のギアレバー **2** クローシュ《釣り鐘型の婦人用帽子》

clock 男〔不変〕《コン》クロック

Cloe 固名 (女) **1** クロエ《2～3世紀頃ギリシャで書かれた牧歌的小説『ダフニスとクロエ』の主人公》**2**〔女性名〕クローエ

clof → cloch

cloffette → cloch

clonare 他 **1**〔生物〕クローンを作る **2** そっくりのものを作る, 複製する

clonazione 女 **1**〔生物〕クローン化, クローニング **2** 複製

clone 男 **1**〔生物〕クローン **2** コピー商品, クローン製品

clop 擬 **1** → cloch **2**《馬のだく足をまねて》パカパカ

cloppete **1** → cloch **2** → clop

cloralio 男〔化〕クロラール《催眠・鎮痛剤として利用》

clorato 男〔化〕塩素酸塩

clorazione 女〔化〕塩素消毒, 塩素処理

clorella 女〔植〕クロレラ《単細胞緑藻類》

clorico 形〔複[男 -ci]〕塩素の[を含む]

cloridrato 男〔化〕塩酸塩

cloridrico 形〔複[男 -ci]〕〔化〕塩化水素の —acido *cloridrico* 塩酸

clorite 女〔鉱〕緑泥石

cloro 男〔化〕塩素《元素記号 Cl》

cloro-, -cloro 接頭「緑」「黄色」「クロロフィル《葉緑素》」などの意

cloroficea 女〔植〕緑藻類〕

clorofilla 女〔植〕葉緑素, クロロフィル

clorofilliano 形〔植〕葉緑素の

cloroformio 男〔化〕クロロホルム

cloroformizzare 他 **1** クロロホルムで麻酔をかける **2** 鈍くする, 無感覚にする; 退屈させる

cloromicetina 女〔薬〕クロロマイセチン

cloroplasto 男〔植〕葉緑体

clorosi, cloròsi 女〔不変〕**1**〔医〕萎黄病 **2**〔植〕《葉緑体の欠乏による》白化, 黄白化

clorotico 形〔複[男 -ci]〕**1**〔植〕白化の, 黄白化の **2**〔医〕萎黄病の[にかかった] —男 女[-a]〕萎黄病患者

clorurare 他 **1**〔化〕塩素化する **2** 塩素処理する, 塩素消毒する

clorurazione 女〔化〕塩素化; 塩素処理, 塩素消毒

cloruro 男〔化〕塩化物 —*cloruro* di potassio 塩化カリウム / *cloruro* di sodio 塩化ナトリウム

Clotilde 固名〔女性名〕クロティルデ

Cloto 固名(女)《ギ神》クロト《運命の三女神モイライの一》

clou 男〔不変〕《仏》クライマックス, 最高潮; 大一番 —形〔不変〕最高潮の; 大一番の

clown 男〔不変〕《英》道化師, ピエロ; おどけ者 —*clown* bianco 道化師ビアンコ《サーカスで白塗りに白服で登場するピエロ. 相方の Augusto と掛け合いを演じる》

clownesco 形〔複[男 -chi]〕道化師の, ピエロのような, 滑稽な

club 男〔不変〕《英》**1**《運動・社交などの》クラブ, サークル **2** 協会, 連盟

cluniacense 形 クリュニー修道会の, クリュニー会修道士の —男 クリュニー会修道士; (C-)《複数で》クリュニー修道会

clupeide 男〔魚〕ニシン科の魚

Cm 略〔元素記号〕Curio〔化〕キュリウム

cm 略 centimetro センチメートル

c.m. 略 corrente mese 今月

CN 略 Cuneo クーネオ

CNA 略 Confederazione Nazionale dell'Artigianato e della Piccola e Media Impresa 全国職人・中小企業同盟

CNEL 略 Consiglio Nazionale dell'Economia e del Lavoro 全国経済労働会議

cnidario 男〔動〕刺胞動物《クラゲ・イソギンチャクなど》

CNR 略 Consiglio Nazionale delle Ricerche 全国学術会議

CO 略 Como コーモ

Co 略〔元素記号〕cobalto〔化〕コバルト

c/o 略《英》care of《手紙で》…方

co- 接頭「結合」「共同」「同時」などの意

cò 擬《鶏の声をまねて》コッコッ

coabitare 自〔io coabito〕**1** 同居する; 同棲する **2**《集合住宅など》同じ建物の中で暮らす

coabitatore 男〔女[-trice]〕《誰かと》同居生活をしている人

coabitazione 女 同居; 同棲(ｾ)

coaccusato 形《他の者とともに》告訴[非難]される —男〔女[-a]〕共同被疑者

coacervo 男 **1**《物の》山, 堆積 **2** 錯綜(ｿ), 混交 **3**〔経〕《利益などの》蓄積

coach 男〔不変〕《英》コーチ

coadiutore 男〔女[-trice]〕**1** 補佐係, 代行員 **2**〔カト〕補助司教

coadiuvante 形 補佐する, 代行する **2**〔医〕《薬・治療などの効き目を》補助する, 補完する —男 補助薬

coadiuvare 他 〔io coadiuvo〕(仕事などで)補佐する,協力する,助ける

coagulabile 形 凝固させることができる,凝固可能な

coagulabilità 女 凝固できること

coagulante 形〔生化〕凝固させる,凝固を促す —男 凝固剤

coagulare 他〔io coagulo〕凝固させる,固まらせる —自〔es〕凝固する,固まる —**arsi** 再 凝固する,固まる

coagulativo 形 凝固を促す,凝固性の

coagulazione 女〔生化〕凝固 —*coagulazione del sangue* 凝血

coagulo 男 1 凝固 2 凝固物,凝乳

coalescenza 女 1〔医〕癒着 2 合体,合着

coalizione 女 1 同盟,連合,連帯;(同盟者たちの)グループ —*governo di coalizione* 連立政府 2〔経〕(企業間の)協定,カルテル,企業連合

coalizzare 他 (連合へと)まとめる,束ねる,結集させる —**arsi** 再 (連合へと)結集する,まとまる

coartare 他 1 強制する,強いる —*coartare un teste a deporre il falso* 証人に嘘を証言させる 2 制限する

coartazione 女 1 強制 2〔医〕狭窄(きょうさく)

coassiale 形〔幾〕同軸の,共通軸を持った

coattività 女 強制;〔法〕強制措置

coattivo 形 1 強制的な 2〔法〕法律で課せられている,義務的な

coatto 形 1 強制的な,法律で命じられた —*zona rimozione coatta* レッカー移動ゾーン 2〔心〕強迫的な —男〔女[-a]〕1 予防拘禁[保護観察]を宣告された人;囚人 2〔口〕下品[粗野]な人;(郊外に住む)粗暴な若者

coautore 男〔女[-trice]〕共著者,共作者

coazione 女 1 強制,強要 2〔法〕強制措置 3〔心〕強迫 —*coazione a ripetere* 反復強迫,強迫的反復

cobalto¹ 男〔化〕コバルト(元素記号 Co) —男,形〔不変〕コバルトブルー(の)

cobalto² → cobaltoterapia

cobaltoterapia 女〔医〕コバルト療法

COBAS 略 *Comitato di Base* 労働者基本委員会

cobbola 女〔文〕コッボラ(プロヴァンスやスペインの一連のみの古い叙情歌)

cobelligerante 形 (国家・軍隊が)共闘する,戦いをともにする —男〔複数で〕ともに戦う国,共戦国;味方

cobelligeranza 女 (国家の)共闘関係

cobite 男〔魚〕ドジョウ

coboldo 男 コボルト,コボルト(ドイツの民間伝承に現れる家の妖精)

cobra 男〔不変〕〔動〕コブラ —*cobra dagli occhiali* (目玉模様の斑紋がある)インドコブラ

coca¹ 女〔植〕コカ(葉っぱがコカインの原料となる) —*foglie di coca* コカの葉

coca² 女 1 → cocaina 2 → coca-cola

coca-cola 女〔不変〕〔商標〕コカ・コーラ

cocaina 女 コカイン

cocainico 形〔複[男 -ci]〕コカインの;コカインによって引き起こされる —*delirio cocainico* コカインによる精神錯乱

cocainismo 男〔医〕コカイン中毒

cocainizzare 他〔医〕コカインで麻痺(ひ)させる

cocainomane 男女 コカイン中毒者 —形 コカイン中毒の

cocainomania 女 コカイン依存,コカイン中毒

cocca¹ 女 1 矢筈(はず);(弓の弦で)矢筈をあてがう箇所; 矢 2 (布切れの)隅,端

cocca² 女〔口〕雌鶏(めんどり)

cocca³ 女 (中世の)大型帆船

coccarda 女 (リボンを花形にあしらった)花形帽章,コケード

cocchia 女 (2隻の船で引っ張る)底引き網

cocchiere 男〔女[-a]〕御者 —形 御者の

cocchio 男 (領主などが乗った2頭または4頭立ての)馬車;(戦争または競技用の)二輪馬車

cocchiume 男 (樽(たる)の注ぎ口にかます)栓(せん);樽の注ぎ口

coccidiosi 女〔不変〕〔獣〕(牛・豚・鳥類の腸を冒す)コクシジウム伝染病

coccige, còccige 男〔解〕尾骨

coccinella 女 1〔虫〕テントウムシ 2 (ガールスカウトで7歳から11歳の)少女

cocciniglia 女 1〔虫〕エンジムシ 2 コチニール(エンジムシのメスから採る真紅の染料) 3〔文〕えんじ色

coccio 男 1 (値打ちのない)陶器 2 素焼きの食器類 3 (食器の)破片 4〔口〕手あぶり,火鉢

cocciutaggine 女 頑固,強情

cocciutamente 副 頑固に,強情に

cocciuto 形 頑固な,強情な

cocco¹ 男〔複[-chi]〕1〔植〕ココナッツ(の実) —*noce di cocco* ココナッツ 2 ココナッツ(ジュース)

cocco² 男〔複[-chi]女[-a]〕〔口〕かわいい子,お気に入り —*cocco di mamma*《諧》甘えん坊,弱虫

cocco³ 男〔複[-chi]〕《幼》(雌鶏(めんどり)の)卵,コッコの卵

cocco⁴ 男〔複[-chi]〕〔植〕球菌

coccodè 男 (雌鶏(めんどり)が卵を産んだ時の声をあらわす)クワックワッ,コッコ

coccodrillo 男 1〔動〕クロコダイル;ワニ —*lacrime di coccodrillo* ワニの涙,空(そら)涙;後の祭り 2 ワニ革 3 (新聞記事で,死亡などに備えて生前に用意される)経歴 4〔電〕ワニ口クリップ

coccoina 女〔商標〕コッコイーナ(イタリア製の糊(のり));(紙を貼るための)固形タイプの白糊

coccola¹ 囡 〔植〕ビャクシンの実; ベリー, 漿(ょう)果

coccola² 囡 〔複数で〕《口》かわいがること, 優しくすること

coccolare 他 〔io coccolo〕 かわいがる, 優しくする

coccolo 男 〔女[-a]〕《口》(ぽっちゃりした)かわいい子供 ―形 かわいらしい

coccolone¹ 男 〔女[-a]〕 1 → coccolo 2 甘えん坊 ―形 〔女[-a]〕 1 → coccolo 2 甘えん坊

coccolone² 男 《口》脳卒中

coccolone³ → coccoloni

coccoloni 副 かがんで, しゃがんで

cocendo cuocere のジェルンディオ

cocente 形 1 灼(しゃ)熱の, 焼けつくような 2 (感情について)激しい, 痛切な

cocerei cuocere の条・現・1 単

cocerò cuocere の直・未・1 単

cocesse cuocere の接・半過・3 単

cocesti cuocere の直・遠過・2 単

coceva cuocere の直・半過・3 単

coche → coke

cociamo cuocere の直・現・1 複; 接・現・1 複; 命・1 複

Cocito 固名〔男〕〔ギ神〕コキュトス(冥府の川アケロンの支流. 号泣の川の意)

cocker 男〔不変〕〔英〕コッカースパニエル(狩猟・愛玩用犬の一種)

cocktail 男〔不変〕〔英〕 1 カクテル 2 カクテルパーティー

coclea 囡 1 〔機〕螺(ら)旋揚水機 2 〔解〕(内耳の)蝸牛(かぎゅう)

coclearia 囡 〔植〕トモシリソウ

cocomeraio 男〔女[-a]〕スイカ売り

cocomero 男 〔植〕スイカ(→ anguria)

cocorita 囡 〔鳥〕インコ

cocotte 囡〔不変〕〔仏〕尻軽女, 情婦; 売春婦

cocuzza 囡 1 カボチャ, 〔諧〕頭, おつむ 2 〔複数で〕《諧》お金 3 〔南伊〕間抜け, とんま

cocuzzolo 男 1 頭[帽子]のてっぺん, 頭頂部 2 山[丘]の頂上, 建物の最上部分

COD 略 〔英〕Cash on Delivery 着払い

cod. 略 codice 法典

*__coda__ [コーダ] 囡 1 (動物の)尾, しっぽ; テール(肉の部位) 2 (衣服の)すそ ― giacca a *coda* di rondine 燕(えん)尾服 3 (道具や乗り物の)最後尾, 最後部 4 終末, 末尾, 結び 5 結果, 結末, 成り行き 6 (待っている人の)列 7 (ニンニクやタマネギの)茎 8 おさげ髪 ―*coda* di cavallo ポニーテール 9 〔音〕コーダ 10 〔情〕コード
► *andarsene con la coda tra le gambe* しっぽを巻いて逃げる *avere la coda di paglia* 罪悪感を覚える *non avere né capo né coda* 全く意味がない *fare la coda* 列に並ぶ *guardare con la coda dell'occhio* 横目で窺(うかが)う, 盗み見する *in coda* 一番後ろに

codardia 囡 臆病な(振る舞い)

codardo 形 臆病な, 尻込みした ―男〔女[-a]〕臆病者

codata 囡 尻尾で打つこと[叩くこと]

codazzo 男 〔蔑〕(ぞろぞろと続く)人の群れ, 行列

codeina 囡 〔薬〕コデイン

codesto 形(指示) 1 (聴き手の近くの物や人を指して)その, そこにある[いる] ― Mostrami *codesto* libro. そこの本を私に見せて. 2 〔官庁用語で〕(相手先の会社・機関などを指して)御…, 貴… ―*codesta* ditta 御社, 貴社 ―代(指示)〔男性; 女[-a]〕(聴き手の近くの人や物を指して)その人, それ

codetta 囡 1 〔言〕コデッタ(写本や古い印刷物でラテン語のeの下に打たれた二重母音を示す記号) 2 〔言〕開口音を示すために母音の下に打つ記号 3 (商用書簡の左上に記された)宛先住所 4 〔音〕コデッタ, 短いコーダ

codibugnolo 男 〔鳥〕エナガ

codice 男 1 符号, 記号, コード ―*codice* (di avviamento) postale 郵便番号(略 CAP) / *codice* a barre バーコード 2 暗号 ―in *codice* 暗号の[で] 3 (社会の)規範, 基準, 慣例 ―*codice* morale 道徳規範 4 法典 ―*codice* civile [penale] 民法[刑法]典 / *codice* della strada 交通法規 5 写本

codicillo 男 1 遺言補足書 2 追加条項 3 追伸

codifica → codificazione

codificabile 形 法典[成文]化しうる, 体系化しうる

codificare 他 〔io codifico〕 1 〔法〕法典に編む, 法典化する, 成文化する 2 体系化する, (系統立てて)編集する 3 コード化する, 暗号化する

codificazione 囡 1 体系化; コード化, コーディング 2 〔法〕法典編纂(さん), 法典化, 成文化

codinismo 男 (反動)保守主義

codino 男 1 短い尻尾 2 (女の子の)おさげ髪; (男の)弁髪 ―男, 形〔女[-a]〕保守的な(人)

codirosso 男 〔鳥〕ジョウビタキ

codolo 男 1 (剣・ナイフなどの)柄(え)の中に埋め込まれた部分, 付け根, 柄 2 〔機〕(軸に固定される)付け根の部分; 継ぎ手の先端部

codone¹ 男 〔鳥〕オナガガモ

codone² 男 〔生物〕コドン

codrione 男 (鳥の)尾臘骨(背骨の下端の, 尾を支える部分)

coeditare 他 〔io coedito〕 共同編集する, 共同出版する

coedizione 囡 共同編集, 共同出版

coefficiente 男 1 〔数〕率; 係数; (調整のための)比率 2 共通要因

coefora 囡 〔歴〕(古代ギリシャで)墓に埋葬品やお神酒を運んだ女性

coeletto 形 (他の人と)一緒に選ばれた, 共同で選出された

coenzima 男 [複[-i]] [生化]補酵素, 助酵素, コエンザイム

coercibile 形 1 抑制[制御]できる, 飼いならせる 2 [物]圧縮可能

coercibilità 女 抑制[制御]能力; 強制的な性質

coercitivo 形 強制的な, 威圧的な

coercizione 女 1 強制, 威圧, 抑圧 2 [法]強制権, 強制的手段

coerede 男女 [法]共同法定相続人

coerente 形 1 (人について)一貫した, 筋の通った, 言行一致の —*essere coerente* con sé stesso 首尾一貫している 2 (議論・思考について)一貫性のある, 整合的な 3 (全体として)まとまりのある, 調和のとれた 4 [地質]凝集した 5 [植]干渉性の 6 [植]合着した

coerenza 女 1 (行動の)首尾一貫性, 言行一致 2 (議論や推論の)一貫性, 整合性 —*Questa tesi manca di coerenza*. この論文は一貫性が欠けている. 3 (全体としての)まとまり, 調和 4 [物]干渉性 5 [植]合着, 結合 6 [複数で] [法]土地の境界(線) ▶ *in coerenza con*... …と一致して, …と矛盾することなく

coesione 女 1 まとまり, 一貫性 2 結束, 団結 3 [物・化]凝集(力) 4 [言]結束作用 5 [地質]凝集 6 [植]合着, 結合

coesistente 形 共存する

coesistenza 女 共存, 共生; 共同生活 —*coesistenza pacifica* 平和的共存

coesistere [12] 自 [es] [過分 coesistito] 共存する; 共同生活をする

coesivo 形 結合させる, 凝集性の, 粘着性の

coeso 形 1 結束した, 団結した —*Il partito è coeso*. その政党は結束している. 2 凝集した, 粘着した

coestensivo 形 同一の広がりを持つ

coetaneo 形 同じ年齢の —男 [女 [-a]] 同じ年齢の人 —*Ha sposato una coetanea*. 彼は同年齢の女性と結婚した.

coevo 形 同時代の, 同時期の —*due scrittori coevi* 同時代の二人の作家

cofanetto 男 1 小箱, 手箱 —*cofanetto per gioielli* 宝石箱 2 (CDなどの)ケース

cofano 男 1 ボンネット; トランク 2 (蓋(ふた)付きの)箱, 櫃(ひつ); 長持ち 3 [軍]弾薬箱

cofermento → coenzima

coffa 女 (帆船の)檣(しょう)楼

cofirmatario 男 [女 [-a]] 連署人

cogente 形 [法]強制的な

cogestione 女 [経]共同経営[運営] —*cogestione aziendale* (労使間の)共同経営, 共同決定

cogestire 他 [io -isco] 共同経営[運営]する

cogitabondo 形 考え事をしている, 物思いにふける

cogitare 他 [io cogito] 《文》考える; 《謔》考え込む —自 (su) …について考える

cogito 男 [単数のみ] [哲] (デカルトの)コギト —*cogito ergo sum* 我思う, ゆえに我あり

cogli 前置詞 con + 定冠詞 gli

*__cogliere__ [コッリエレ] [120] 他 [過分 colto] 1 摘む, 摘み取る —*cogliere un fiore* 花を摘む 2 集める, 拾う —*cogliere della legna* 薪を集める 3 捕まえる, つかむ —*cogliere al laccio [nella rete]* 罠(わな)で[網で]捕える 4 不意に襲う, 意表をつく —*La pioggia ci ha colto allo scoperto*. 外でいきなり雨に降られた. 5 理解する, 把握する —*cogliere il significato di una frase* 文の意味をつかむ 6 命中させる, 射る —*cogliere il bersaglio* 的を射る ▶ *cogliere nel segno* 当てる, 的中させる **cogliere alla sprovvista** 不意をつく

coglionaggine 女 《俗》愚かさ

coglionare 他 《俗》からかう, ちゃかす

coglionata 女 《俗》愚かな行い[言葉]; 大失敗

coglionatore 男 [女 [-trice]] 《俗》(人を)からかう人, ちゃかす人

coglione 男 1 [女 [-a]] 《俗》馬鹿, 間抜け 2 [複数で] 金玉

coglioneria 女 《俗》愚かさ, 愚かな行い[言葉]; 大失敗

cognac 男 [不変] [仏]コニャック —男, 形 [不変] 琥珀(こはく)色(の)

cognacchino 男 コニャック用グラス

cognata 女 義理の姉妹

cognato 男 義理の兄弟

cognitivismo 男 (心理学・哲学などにおける)認知主義, 認知心理学 [哲学]

cognitivo 形 [心]認知の, 認知に関する; [哲]認識論の

cognizione 女 1 認識 —*la cognizione del bene e del male* 善悪の認識 2 認識能力, 理解力 3 [複数で]知識 4 [法]審理 ▶ *con cognizione di causa* 審理を尽くして; (問題やテーマを)熟知して

cogno 男 [歴]コーニョ(昔の液体[油]の単位, 約455リットルに相当)

*__cognome__ [コニョーメ] 男 姓, 苗字; 家名 —*nome e cognome* 姓名

coguaro → puma

coi 前置詞 con + 定冠詞 i

coibentare 他 (熱・電気などの伝導を)絶縁する

coibente 形 (熱・電気・音などを)遮断する, 不伝導の, 絶縁性の —男 不導体, 絶縁体

coiffeur 男 [不変] [仏]美容院

coimputato 形 (他の者と一緒に)起訴された, 共同被告の —男 [女 [-a]] 共同被告

coincidente 形 1 同時の[に起こる]

2 一致した, 同一の **3**〔幾〕合同の

coincidenza 囡 **1**(偶然の)一致 ―Che *coincidenza*! 何という偶然の一致. **2** 同一性, 合致, 符合 ―*coincidenza di idee* 考えの一致 **3**(乗り物の)接続(便), 連絡(便) ―Alle cinque c'è la *coincidenza* per Firenze. 5時にフィレンツェへの乗り換え便がある.

coincidere [30] 自〔過分 coinciso〕《con》**1** 一致[合致]する ―Le tue idee *coincidono* con le mie. 君の考えは僕と全く同じだ. **2** 同時に起こる ―La sua partenza *ha coinciso* col mio arrivo. 彼が出発するのと私が着いたのは同時だった. **3**〔数〕同一である, 合同である

coincise coincidere の直・遠過・3単
coinciso coincidere の過分
coinè → koinè
coinquilino 男〖女[-a]〗共同借家人
cointeressare 他〔法・経〕(利益・活動に)…に共有させる, …に分け合う
cointeressato 形〔法・経〕利害を共有する ―男〖女[-a]〗利害を共有する者
cointeressenza 囡〔法・経〕利害の共有; (会社・組織への)帰属
coinvolgente 形 心を動かす, 魅惑的な, ドキドキさせる
coinvolgere [131] 他〔過分 coinvolto〕巻き込む ―Scusami, ti *ho coinvolto*. ごめんね, 君を巻き込んでしまった.
coinvolgimento 男 巻き込むこと, 巻き込まれること
coiote → coyote
coito 男 性交 ―*coito* orale オーラルセックス
coke 男〔不変〕コークス
col¹ → colle²
col² 前置詞 con + 定冠詞 il
col. 略 colonna (印刷物・新聞などの)コラム
cola¹ 囡 **1**〔植〕コーラノキ **2**〔薬〕コーラ(コーラノキの実から抽出した強壮剤)
cola² 囡 **1**(砂や石灰を分けるための)ふるい **2** ワインを濾(こ)過するための布袋; ブドウ絞り器
colà 副〔文〕(話し手・聴き手から離れたところを指して)向こうに, あそこに ―*così* e *colà* まあまあ; あれやこれや
colabrodo 男〔不変〕**1**(スープなどの)濾(こ)し器 **2** 穴だらけの物 ―ridurre... a un *colabrodo* …を蜂の巣にする
colaggio 男〔海〕(船荷の液体の)漏れ
colagogo 形〖複〖男 -ghi〗〗〔医〕胆汁を増やす ―男 胆汁促進剤
colapasta 男〔不変〕(パスタの)湯切りざる
colare 他 **1** 濾(こ)す, 濾(こ)過する **2**(溶けた金属などを型に)流し入れる **3**(金属などを)溶かす **4** 滴らせる, ぽたぽた落とす ―自〖es〗滴る, 垂れる ―*colare* a picco 沈む, 沈没する

colascione 男〔音〕コラッショーネ(16 ～17 世紀のイタリア南部で使われたリュートに似た庶民的楽器)
colata 囡 **1** ふるいにかけること, 濾(こ)過 **2**(液体や粘体の)流し込み, 注入 **3**〔冶〕鋳造; 溶解した金属 **4** 溶岩(colata lavica) **5**〔地理〕泥流, 土石流
colaticcio 男 **1**(溶解物の)残り, 残滓(し); 〔冶〕(溶けた金属の)浮きかす **2** 堆肥から滴る汚水
colatitudine 囡〔地理〕余緯度
colato 形 ふるいにかけられた, 濾(こ)過された; 溶解した
colatura 囡 濾(こ)すこと, 濾(こ)過(物)
‡**colazione** [コラツィオーネ] 囡 朝食; 軽い昼食 ―fare *colazione* 朝食をとる / *colazione* alla forchetta ビュッフェスタイルのランチ / *colazione* al sacco ピクニックの弁当 / *colazione* di lavoro ビジネス[ワーキング]ランチ
colbac, colbàc → colbacco
colbacco 男〖複[-chi]〗(ロシアやトルコの兵士が被る)毛皮製の高帽
colchico 男〖複[-ci]〗〔植〕イヌサフラン
colcosiano → kolchoziano
colecisti → cistifellea
colecistite 囡〔医〕胆嚢(のう)炎
coledoco 男〖複[-chi]〗〔解〕総胆管
colei → colui
coleottero 男〔虫〕甲虫, カブトムシ
colera 男〔不変〕〔医〕コレラ
colere 他〔主として直説法現在形の1単・3単で〕〔文〕敬う, 称える
colerico 形〖複[-ci]男 -ci〗女[-a]〗コレラの, コレラに関する ―男〖複[-ci]男 -ci〗女[-a]〗コレラ患者
coleroso 形 コレラにかかった ―男〖女[-a]〗コレラ患者
colesterolo 男〔生化〕コレステロール ―avere il *colesterolo* alto コレステロールが多い
colf 囡〔不変〕家事手伝いの女性, 家政婦(collaboratrice domestica [familiare])
colgo, colgono cogliere の直・現・1単[3複]
coliambo 男〔韻〕(ギリシャ詩の)コリヤンブス格
colibacillo 男〔医〕大腸菌
colibatterio → colibacillo
colibrì 男 **1**〔鳥〕ハチドリ **2**〔空〕超小型飛行機
colica 囡〔医〕疝(せん)痛, 発作性の腹痛
coliforme 形〔鳥〕ネズミドリ
colimbo 男〔鳥〕カイツブリ
colino 男 (ブロードなどの)濾(こ)し器, 茶こし
colite 囡〔医〕大腸炎, 結腸炎
colla¹ 囡 **1** 糊(のり); 接着剤 **2** 粘着性のもの
colla² 前置詞 con + 定冠詞 la
collaborante 男女 捜査協力者(警

collaborare 自 [io collaboro] **1** (con)協力する; 共同でする **2** 寄与する, 貢献する **3** (a)(新聞や雑誌に)寄稿する

collaborativo 形 協力の, 協同の, 協力に基づく

collaboratore 男 [女[-trice]] **1** 協力者, 共同者; 共著者 **2** 寄稿者

collaboratrice 女 **1** → collaboratore **2** 家政婦 —*collaboratrice domestica* [familiare] 家政婦

collaborazione 女 **1** 協力, 共同(制作) **2** 寄与, 貢献, 援助 **3** 寄稿

collaborazionismo 男 (侵略者・占領国への)協力, 同調

collaborazionista 男女 [複[男-ti]] (戦時下における敵側への)協力者, 同調者; [歴] (第二次世界大戦下の)対独協力者

collage 男 [不変] [仏]コラージュ; コラージュの技法を取り入れた作品

collagene 男 [生化]コラーゲン

collageno 男 → collagene —形 コラーゲンの

collana 女 **1** 首飾り, ネックレス **2** 叢(そう)書, シリーズ

collant 男 [不変] [仏][複数で]パンティーストッキング, タイツ —*un paio di collant* パンティーストッキング1足

collante 形 粘着性の —男 接着剤, 糊(のり), 粘着性物質

collare 男 **1** (動物の)首輪 **2** (馬などの)首あて **3** 聖職者用カラー **4** (動物の首周りにある)色輪

collarino 男 **1** 小さな首輪[カラー] **2** 聖職者用カラー **3** [建]柱環

collassare 自 [es] 失神する, 倒れる; 衰弱する **2** 崩壊する; 麻痺(ひ)する —他 [医](肺を)虚脱させる(空気を含まない収縮状態にする)

collasso 男 **1** [医]虚脱 **2** 重大な危機

collaterale 形 **1** 副次的な, 付随的な —*effetti collaterali* 副作用 **2** 並存する, 平行する, 隣接する **3** [法]傍系の **4** [植]並立の, 対生の —男女 傍系親族 —男 担保物件

collaudare 他 [io collaudo] **1** 試運転する, 検査する **2** 試す, 確かめる

collaudato 形 **1** 品質検査をクリアした **2** 確かな, 証明済みの **3** 信頼できる, 堅固な, 揺らぐことのない

collaudatore 男 [女[-trice]] 検査係, 試験者

collaudo 男 検査, 試運転; 試験, チェック

collazionare 他 (写本・草稿などを)比較照合する, 照らし合わせる

collazione 女 **1** (決定稿を確定するための)写本[テキスト]間の比較照合 **2** [法]持ち戻し **3** [印]校(こう)合 **4** [宗]聖職任命[授与]

colle[1] 男 **1** 丘; 丘陵 —*i Sette Colli (di Roma)* (ローマの)七つの丘 / *il Colle (Quirinale)* イタリア大統領官邸

colle[2] 男 山道, 峠

colle[3] 前置詞 con + 定冠詞 le

***collega** [コッレーガ] 男女 [複[男-ghi]] **1** 同僚; 仕事仲間 **2** (悪事の)仲間

collegabile 形 接続できる, 結ぶことができる; 関連した

collegamento 男 **1** 接続, 連絡 —*strada di collegamento* 連絡道路 / *Siamo in collegamento diretto con lo stadio.* 競技場と生中継でつながっています. **2** 関連, 関係 **3** [軍]部隊間の連絡, 連絡手段

colleganza 女 同僚であること

collegare 他 **1** 接続する; 結びつける, 連結する **2** (con)関係させる, 関連づける —自 一致[合致]する, 関係[関連]する —**arsi** 再 **1** 接続する, 連絡する; 関係する **2** (電話などで)連絡を取る, つながる —*Stasera ci colleghiamo via Skype.* 今晩スカイプで連絡をとりましょう. **3** 同盟する, 結束する

collegato 形 結ばれた, 連結した

collegiale 形 **1** (同業者の)団体の **2** 寄宿学校の —男女 **1** 寄宿学校の生徒 **2** 世慣れていない若者

collegialità 女 **1** 団体[会]であることの特質 **2** [カト]聖堂参事会付き教会としての特権

collegio 男 **1** 団体, 協会; (同業者の)会 **2** 寄宿学校; 塾; [総称的]寄宿学校の生徒

collera 女 怒り, 激怒, かんしゃく —*essere in collera con...* …に腹を立てる / *andare in collera* 怒る **2** (自然の)激しさ, 猛烈さ

collerico 形 [複[男-ci]] **1** すぐに怒る, 短気な **2** [医](古代四体液説で)黄胆汁質の —男 [複[-ci]女[-a]] 怒りっぽい人, 短気な人

colletta 女 **1** 募金, カンパ —*fare una colletta per i terremotati* 地震被災者のために募金する **2** [宗]集祷(しゅうとう)文, 特祷

collettività 女 集団, 共同体

collettivo 形 (個人ではなく)集団の; 全体の; 共通の —男 **1** 政治集団 **2** [音](ジャズで複数の奏者による)即興演奏 **3** [言]集合名詞

colletto 男 **1** 襟, カラー **2** [解]頸(けい)部 **3** [植]頸領(根と茎の間の部分) **4** [歴](鎧(よろい)の下に着る, 袖なしの)革のジャケット

collettore 男 **1** [女[-trice]]集める人[機械] **2** [女[-trice]]集金人, 収税人 **3** [機]多岐管; [電]集電装置 —形 [女[-trice]]集める, まとめる

collezione 女 **1** 収集物; コレクション **2** 叢(そう)書, 全集 **3** (有名デザイナーにより季節ごとに発表される)コレクション

collezionismo 男 収集すること, 収集趣味

collezionista 男女 [複[男-i]] 収集

collezionistico 形〔複〔男 -ci〕〕収集家の, 収集に関する

colligiano 形 丘の, 小山の —男〔女 -a〕丘陵地に住む人

collimare 自 (感情や意見が)一致する, 同じ目的を目指す —他 照準〔焦点〕を合わす

‡**collina** [コッリーナ] 女 1 (600 メートル以下の)丘; 小山 2 丘陵地

collinare 形 丘の

collinoso 形 丘の多い, 起伏のある

collirio 男 目薬, 点眼薬

collisione 女 1 (乗り物の)衝突 —*collisione frontale* 正面衝突 2 争い, 対立

‡**collo**[1] [コッロ] 男 1 首 2 (瓶などの)くびれた部分 3 (衣服などの)首の部分, 襟 4 足の甲; 靴の甲 ► *allungare il collo* 首を伸ばして見ようとする *a rotta di collo* 一目散に *essere nei debiti [guai] fino al collo* 借金で首が回らない〔苦境に陥る〕*prendere per il collo* 高値を押しつける; 襟首をつかまえる; 無理やり取る

collo[2] 男 貨物

collo[3] 前置詞 con + 定冠詞 lo

collocabile 形 1 置ける, 配置できる 2 時代・日時を推定できる

collocamento 男 1 置くこと, 配置 2 職業, 職務 --*ufficio di collocamento* 公共職業安定所 3 証券や債権の再分配

collocare 他〔io colloco〕1 (所定の場所に)置く, 据える 2 (歴史や文化の中に)位置づける; 評価する 3 就職させる, 職を見つけてやる; 嫁がせる 4 売りさばく 5 投資する, 資本を投下する —**arsi** 再 1 落ち着く; (特定の)歴史や文化の位置づけとなる 2 職を得る 3 政治勢力の中で一定の地位を占める

collocazione 女 置くこと, 配置

Collodi 固名〔男〕(Carlo Lorenzini ~)コッローディ(1826-1890; イタリアの児童文学者)

collodio 男〔化〕コロジオン

colloide 男 コロイド —形 コロイドの

colloquiale 形 日常会話の, 口語の, 話し言葉の

colloquialismo 男 口語体の表現

colloquialità 女 話し言葉を用いた表現方法

colloquiare 自〔io colloquio〕話し合う, 対話する; 対話を通して合意を図る

colloquio 男 1 会見, 会談 2 口頭試問; (大学の)口頭の予備試験 3 面接, 面談 4 話し合い, 意志の疎通

collorosso 男〔鳥〕クロガモ, ホシハジロ

collosità 女 粘着性, 粘度

colloso 形 粘着性の, 糊(ﾉﾘ)のような, べとつく

collotorto 男 1 偽善〔独善〕家, 妄(ﾓｳ)信家, 形式主義者 2〔鳥〕アリスイ

collottola 女 うなじ, 首筋

colludere〔6〕自〔過分 colluso〕共謀する, 結託する

colluse colludere の直・遠過・3 単

collusione 女 共謀, 結託, 馴(ﾅ)れ合い

collusivo 形 共謀の, 馴(ﾅ)れ合いの

colluso 形〔過分 < colludere〕共謀者の, 通謀者の —男 共謀者, 通謀者

colluttazione 女 激しい乱闘〔口論〕, 取っ組み合い

colma 女 満潮

colmabile 形 満たすことのできる

colmare 他 1 満たす, 一杯にする; (感情で)満たす 2 (穴などを)埋める 3 (惜しみなく)与える ► *colmare la misura [il sacco]* 度を越す *colmare una lacuna* 欠陥〔不足〕を補う —**arsi** 再 一杯になる; 充満する —*Il cuore gli si è colmato di gioia*. 彼の心は喜びに満ちあふれた.

colmata 女 1 埋め立て 2 港や海峡に堆積する砂; 砂州

colmo 形 あふれるほどの, 一杯の —男 1 頂点, 頂上 —*È il colmo!* あきれた, あんまりだ. 2 絶頂, 最高潮 3〔建〕(屋根の)大棟(ﾑﾈ)

colomba 女 1 雌鳩(平和と純真さの象徴) —*innocente come una colomba* 純真無垢(ｸ) / *colomba della pace* 平和の使者 2 純潔〔無垢〕な女性 3〔政〕ハト派 4 (ハトの形をした復活祭の)菓子

colombaia 女 1 ハト小屋 2《謔》安アパートの最上階

colombana 女 コロンバーナ(食用の白ブドウ)

colombario 男 納骨所

colombella 女 1 小さなハト; 〔鳥〕カワラバト 2 柔和で純真な女の子 ► *a colombella* 垂直に

Colombia 固名〔女〕コロンビア

colombiano 形 コロンビア(人)の —男〔女 -a〕コロンビア人

colombina[1] 女 1 小さなハト 2 清純無垢(ｸ)な女性

colombina[2] 女 1 ハト糞(ﾌﾝ)の肥料 2 石灰岩 3 ベニタケ類のキノコ

colombino[1] 男 コロンビーノ(白ブドウの品種)

colombino[2] 形 ハトの; ハト色の —男 石灰岩

Colombo 固名〔男〕(Cristoforo ~) コロンブス(1451-1506; イタリア生まれの探検家・航海者)

colombo 男 雄鳩

colon 男〔不変〕〔解〕結腸

Colonia 固名〔女〕ケルン(ドイツ中西部の町) —*acqua di Colonia* オーデコロン

colonia[1] 女 1 植民地 2 居留民; 居留地 3 避暑を兼ねた学校 —*colonia alpina [marina]* 林間〔臨海〕学校 4〔生物〕群体, コロニー

colonia[2] 女 オーデコロン

colonia[3] 女〔法〕小作契約

coloniale

coloniale 形 植民地の, コロニアル様式の —男 植民地の住人 —男〔複数で〕(コーヒー・ココア・コショウなど)植民地から来るもの

colonialismo 男 1 植民地主義[政策] 2 (ヨーロッパの言語に入った)植民地の言葉遣い

colonialista 男女〔複[男 -i]〕1 植民地主義者 2 植民地問題の専門家

colonialistico 形〔複[男 -ci]〕植民地主義的な —politica *colonialistica* 植民地政策

colonico 形〔複[男 -ci]〕小作農の, 小作人の —casa [famiglia] *colonica* 農家

colonizzare 他 1 植民地を建設する; 自己の文化, 経済の影響力を及ぼす 2 植民地化する

colonizzatore 男〔女[-trice]〕植民地建設者

colonizzazione 女 1 植民地建設, 植民地化 2 政治・文化的服従

Colonna 固名 (男姓) 1 (i 〜) コロンナ家(11〜12世紀に興ったローマの名家) 2 (Vittoria 〜) ヴィットーリア・コロンナ(1490-1547); 詩人. ペスカーラ侯爵夫人)

colonna 女 1 円柱, 柱 2 中心人物, 大黒柱 3 縦の列, 縦行; 縦の表 4 (新聞雑誌の)欄, コラム 5 [映]フィルムの音声用トラック, サウンドトラック(colonna sonora)

colonnato 男〔建〕柱廊, 列柱 —形 柱を備えた

colonnella 女 1 大佐[連隊長]の妻 2 〔謔〕横柄な女

colonnello 男 大佐; 連隊長

colonnetta 女 1 (給油所の)燃料供給装置 2 (点滅する)道路信号用の小柱

colonnina 女 1 小さな円柱 2 (給油所の)燃料供給装置 3 中央分離帯の小柱 ► *colonnina di mercurio* 温度計(の温度を指す部分)

colonnino 男 1 小さな円柱 2 手すりや欄干の支柱

colono 男〔女[-a]〕1 小農民, 小作人 2〔歴〕植民地の住民

colorante 形 着色性の —男 着色剤, 染料

colorare 他 1 着色する, 色をつける 2 うわべを飾る, 隠す, 潤色する —arsi 再 1 (di)色づく; 染まる 2 赤面する

colorato 形 1 着色された —matite *colorate* 色鉛筆 2 有色人種の

coloratura 女〔音〕コロラトゥーラ

colorazione 女 1 着色, 染色, 彩色 2 色合い

*****colore** [コローレ] 男 1 色, カラー; 色調 2 絵の具, 塗料, 染料 3 顔色, 血色 4 皮膚の色 —gente di *colore* 有色人種 5 外見, 外観, 様子 6 (政治的な)傾向, 方向 7 元気, 生彩 8 (旗や紋章の)色 9 特色, 特徴 ► *a colori* カラーの *dirne di tutti i colori* 悪口を言う *diventare di tutti i colori* (興奮や困

colpo

惑で)赤くなったり青ざめたりする, 恐縮する *farne di tutti i colori* あらゆる悪さをでかす *passarne [vederne] di tutti i colori* 大変な目に遭う

colorificio 男 1 染料工場 2 ペンキを売る店

colorimetro 男 比色計, 色彩計

colorire 他〔io -isco〕1 (食べ物を)こんがりと色づかせる 2 潤色[粉飾]する 3 着色する, 色をつける —irsi 再 1 色づく; 顔が赤くなる 2 焼き色がつく

colorista 男女〔複[男 -i]〕1 染料や絵の具を作る人 2 色彩画家 3 生き生きとして表現力に富んだ作家[音楽家]

colorito 形 1 (特に顔が)生き生きした色の —Ha le guance *colorite*. 彼は血色がいい. 2 表情に富んだ, 生き生きとした —男 1 顔色, 肌の色 2 生気, 活気 —*recitazione priva di colorito* 生彩のない演技 3 色遣い, 彩色法 4〔音〕強弱や表現の微妙な色合い

coloritura 女 1 彩色, 着色 2 表現の活発さ

coloro 代〔指示〕〔男性・女性複数〕colui [colei]の複数形 —*coloro che...* …である人々

colossale 形 途方もなく大きな, 巨大な

Colosseo 固名(男) コロセウム(古代ローマの円形闘技場)

colosso 男 1 巨象 2 巨匠; 巨人 3 巨大企業[国家]

*****colpa** [コルパ] 女 1 罪, 罪悪 2 過ち, 誤り; 所為(せい) —*Di chi è la colpa?* 誰のせい? / *Non è colpa mia.* 僕のせいじゃない(悪いのは僕じゃない). 3〔法〕過失, 違反 ► *sentirsi in colpa [avere sensi di colpa]* 罪悪感を抱く

colpevole 形 1 有罪の 2 責任がある, 責めを負う

colpevolezza 女 過ちを犯したこと, 有罪

*****colpire** [コルピーレ] 他〔io -isco〕1 打つ, 殴打する —*colpire... con un pugno* …を拳で殴る 2 (弾丸などを)撃つ, 発射する, 当てる —*La nave fu colpita da una cannonata.* 船は砲撃を受けた. 3 (病気や災難が)襲う, 損害を与える —*L'epidemia ha colpito i più deboli.* 一番弱い人たちが伝染病に冒された. 4 心を打つ, 印象づける; 驚かす —*La notizia mi ha colpito.* その知らせに驚いた. ► *colpire al cuore* 致命傷を与える *colpire alla schiena* だまし打ちする *colpire nel segno* 望み通りの結果を得る —irsi 再 1 体(の一部)を痛める 2 殴り合う

*****colpo** [コルポ] 男 1 一撃; 衝撃; 精神的打撃, ショック —*dare un colpo con il bastone* 棒で一撃を加える / *colpo di fulmine* 一目惚(ぼ)れ / *colpo di Stato* クーデター / *colpo di testa* 軽はずみ, 衝動 / *colpo di grazia* とどめの一撃 2 発

colposo 砲, 発射 3 殴打する音, 爆音, 銃声, 砲声 4 すばやい動き [移動], 不意の動作 ― dare a... un *colpo* di telefono …に電話を入れる 5 (不法な)行為, 強盗, 略奪 ―fare un *colpo* in banca 銀行を襲撃する 6 [医] (卒中の) 発作 7 (突然の) 災難, 打撃, 痛手 8 [スポ] ショット, ストローク ▶ ***a colpo d'occhio*** 一目で(見た瞬間に) ***di colpo*** 突然 ***sul colpo*** その場で

colposo 形 [法]過失による

colse cogliere の直・遠過・3 単

coltellaccio 男 1 大型の包丁 2 [船]補助帆, 横帆

coltellame 男 包丁類

coltellata 女 1 ナイフで切る [突き刺す] こと 2 (刺すような) 痛み, 心痛

coltelleria 女 刃物類

coltellino 男 (折り畳みの) 小型ナイフ

*__coltello__ [コルテッロ] 男 1 ナイフ, 包丁 ―*coltello* da tavola テーブルナイフ / *coltello* a serramanico [cric] ジャックナイフ 2 痛み, 苦痛 3 (天秤(てんびん)などの) 支え刃 ▶ ***avere il coltello dalla parte del manico*** 優位 [優勢] になる, 勝つ ***essere con il coltello alla gola*** 追いつめられる, 進退きわまる

coltivabile 形 耕作 [栽培] できる

coltivabilità 女 耕作 [栽培] に適していること

*__coltivare__ [コルティヴァーレ] 他 1 耕す, 耕作する; 栽培する 2 鍛える, 磨く, 養う, 発展させる ―*coltivare* un'amicizia 友情を深める 3 育てる, 育む, (胸に) 抱く ―*coltivare* un sogno 夢を育む

coltivato 形 耕された, 栽培された ― 男 耕作 [栽培] 地

coltivatore 女 [女[-trice]] 農業に専念している ― 男 [女[-trice]] 耕作 [栽培] 者

coltivazione 女 1 耕作, 栽培; 耕作地, 栽培地 2 栽培法 ―*coltivazione* estensiva [intensiva] 粗放 [集約] 栽培 3 真珠貝の人工養殖

coltivo 形 耕された, 耕作 [栽培] 可能な ― 男 田畑

colto[1] 形 1 教育のある, 教養のある 2 教養人に特徴的な, 教養人らしい 3 耕作された

colto[2] 形 [過分 < cogliere] 1 摘まれた 2 命中した

-coltore 複尾 「栽培する人」「飼育する人」の意

coltre 女 1 毛布, 掛け布団 2 表面を覆う物(の重なり) ―*coltre* di neve 降り積もった雪 3 柩(ひつぎ)を覆う布

coltro 男 鋤(すき)の刃

coltrone 男 1 詰め物をした厚い掛け布団 2 (教会の) 扉につるされた寒さよけのカーテン

coltura 女 1 耕作; 作物; 栽培 2 飼育, 養殖 3 [生物]培養

*__colui__ [コルイ] 代 [複[男 coloro]女 colei]] (colui che で) …である人 [男性]

coma[1] 男 [複[-i, -a]] 1 [医]昏(こん)睡 ―andare [entrare] in *coma* 昏睡状態に入る 2 [諧]極度の疲れ, 疲労困憊

coma[2] 男 [光](レンズの)非対称収差, コマ

Comacchio 固名 (女) コマッキオ (エミリア・ロマーニャ州の町)

comandamento 男 戒律, 掟(おきて) ―i dieci *Comandamenti* モーセの十戒

comandante 男女 1 命令 [司令] 者 2 [軍] 指揮 [司令] 官; 艦長 ― 形 指揮する

*__comandare__ [コマンダーレ] 他 1 命令する ―L'insegnante *ha comandato* agli studenti di fare silenzio. 教師は学生に静かにするように命じた. / Co*mandi*! [軍] (上官に対して) 何でしょうか; [俗] (呼びかけに対して) はい, 何ですか. / *Comanda*? (レストランなどで) ご注文は? 2 指揮する, 率いる; 長 [ボス] である ―*comandare* un esercito 軍隊を指揮する / Chi *comanda* qui? ここは誰が取り仕切っているの? 3 配転する, 転任させる 4 [機]制御する, 操作 [操縦] する ▶ ***come Dio comanda*** 欠点のない [満足できる] (物, 仕事)

comandato 形 1 命令された 2 宗団によって規定されている 3 任命された

*__comando__ [コマンド] 男 1 命令, 指示, 指図 ―Ai Suoi [vostri] *comandi*! 何でもお申し付けください. 2 指揮権, 命令権 3 [軍]司令部 4 [スポ](ランキングの)首位 5 転任, 配転 6 [機]制御 [操縦]装置 7 [コン]コマンド

comare 女 1 おしゃべりで詮索好きな女 2 (童話で) 動物の娘につけられる名 (おばさん) 3 [南伊] 名付親, 代母; 結婚式の立会人 4 [南伊] 女友達, 近所の女性, おばさん

comasco 形 [複[男 -chi]] コモ (の人) の ― 男 [複[-chi] 女[-a]] コモの人

comatoso 形 1 昏(こん)睡状態の 2 危機的な状況の

combaciamento 男 結合, 接合; 結合点

combaciare 自 [io combacio] (ぴったり) 合う, 一致する; 結びつく

combattente 男女 1 戦闘員, 戦士 2 軍人 3 [鳥] エリマキシギ ― 形 戦う, 好戦的な

*__combattere__ [コンバッテレ] 自 1 戦う ―*combattere* accanitamente 全力 [必死] で戦う 2 対抗 [抵抗] する, 退けようとする ―*combattere* il sonno 眠気と戦う ― 他 戦う, 反対する, 排除しようとする

combattimento 男 1 戦い, 戦闘, 闘争 2 [スポ] (ボクシング・レスリングの) 試合 ―mettere fuori *combattimento* ノックアウトする

combattività 女 闘争 [好戦] 的なこと

combattivo 形 闘争的な, 好戦的な
combattuto 形 **1** 激しい, 熱心な — discussione molto *combattuta* 白熱した議論 **2** 不確かな, はっきりしない — decisione *combattuta* 非常に迷った後にとった解決
combinabile 形 組み合わせることのできる —sostanze *combinabili* 結合しやすい物質
＊**combinare** [コンビナーレ] 他 **1** 組み合わせる, 調和させる —*combinare* la camicia con il vestito 服にシャツを合わせる **2** 実現する, 実行する —*combinare* un affare 取引を結ぶ **3**〔口〕する, しでかす —*Hai combinato* un bel guaio. 厄介ごとを起こしたな. **4** 企てる, 計画する —*combinare* una gita 旅行の計画を立てる **5**〔化〕化合させる 一自 (con) …と合う, 一致する 一**arsi** 再 **1** 調和する, 一致する **2** 似合う —Ma come *ti sei combinato*? 君, 何て格好をしているの.
combinata 女 〔スポ〕複合競技 —*combinata* alpina [nordica] アルペン[ノルディック]複合競技
combinato 形 **1** 組み合わされた **2** 仕組まれた, 示し合わせた —gara *combinata* 八百長試合 / essere ben [mal] *combinato* 都合がよい[悪い]
combinatore 形〔女[-trice]〕組み合わせの 一男〔女[-trice]〕組み合わせ人, オーガナイザー
combinatorio 形 組み合わせによる
combinazione 女 **1** 組み合わせ, 配合 **2**〔錠の〕組み合わせ番号[文字] **3** 偶然の一致, 巡り合わせ —E una *combinazione* incontrarti. 君に会うとは偶然だね. **4**〔上下のつながった〕女性用下着, コンビネーション; つなぎ服, オーバーオール, ジャンプスーツ **5**〔化〕化合 **6**〔数〕組み合わせ ▶ *per combinazione* 偶然に
combine 女 **1**〔仏・スポ〕八百長 **2** 陰謀, 策略
combino 男 秘密の計画
combriccola 女 **1** 不法集団, 悪党の集まり **2** 気の置けない仲間
comburente 形 燃えやすい 一男 燃料
comburenza 女〔化〕燃料の特性
combustibile 形 可燃性の 一男 燃料
combustione 女 燃焼
combusto 形 燃えやすい —gas *combusti* 可燃性ガス
combutta 女 不法集団, 悪党一味 —entrare [mettersi, essere] in *combutta* con... (人)と徒党を組む
＊**come** [コーメ] 副 **1**〔同等比較〕…のように —giallo *come* un limone レモンのように黄色い / *come* previsto 予定どおり **2**〔役割・名目〕…として —Ti parlo *come* amico [medico]. 友人[医者]として君に話している. **3**〔疑問〕どのように, いかに —*Come* stai? 元気? / *Come* ti chiami? 君の名前は? / *Come*?〔聞き返す時の〕何? / 何だって? **4**〔感嘆〕何と —*Come* sei cresciuto! 大きくなったね. / Ma *come*! それはどういうことだ. / 何でまた. **5**〔時〕…するとすぐに —*Come* l'ho saputo, ti ho telefonato. それが分かってすぐ, 君に電話したんだ. **2**…であるように **3**…なので[だから] 一男〔単数のみ〕手段, 方法 —il *come* e il perché 方法と理由 ▶ *come se* ＋〔接続法〕(半過去・大過去)まるで…のように *Fai come* (*se*) *fossi a casa tua.* 自分の家だと思って遠慮しないでね. *come Dio volle* ついに, とうとう *come Dio vuole* ありがちなことに, やれやれ *come mai?* なぜ?, どうして? *come niente* [*nulla*] *fosse* 平然と, 何事もないかのように *Come no.* いいとも. | もちろん. *come non detto* なかったことに(しよう) *come prima* 前と同じように *come pure...* …だけでなく, 同様に *Come sarebbe a dire?* それは一体どういうこと? *come sempre* いつも通り, 相変わらず *come si deve* 適切なやり方で; きちんとした *come si suol dire* よく言うように

cometa 女 **1**〔天〕彗(すい)星, ほうき星 **2** 凧(たこ)
comica 女〔複数で〕喜劇映画; 笑劇
comicità 女 滑稽なこと, 喜劇性
comico 形〔複[男-ci]〕**1** 喜劇の **2** 滑稽な, おかしな 一男〔複[-ci]女[-a]〕**1** 喜劇俳優, コメディアン **2** 喜劇作家 **3**〔単数のみ〕おかしみ, 滑稽さ
comignolo 男 **1** 煙突 **2**〔屋根の〕棟
＊**cominciare** [コミンチャーレ] 他 (io comincio) 始める, 開始する —*Ha cominciato* il nuovo lavoro. 彼は新しい仕事を始めた. 一自 [es]**1** 始まる —La lezione *è cominciata* alle nove. 授業は 9 時に始まった. **2** …し始める —*cominciare* a parlare 話し始める
Cominform 固名(男) コミンフォルム
Comintern 固名(男) コミンテルン, 第三インターナショナル
comitale 形 伯爵の
comitato 男〔主に公的な〕委員会
comitiva 女〔旅行などの〕団体, 一行, グループ
comito 男〔船〕甲板長, ボースン
comiziale 形 政治集会の, 労働組合集会の
comiziante 男女 政治集会の演説者
comizio 男 **1**〔主に野外での政治的な〕集会 **2**〔古代ローマの〕民会
comm. 略 commendatore コンメンダトーレ
comma 男〔複[-i]〕**1**〔法律や契約書の〕項目 **2**〔音〕近似音程における微小な音程差
commando 男〔不変〕〔英〕奇襲部隊, 対テロ部隊
＊**commedia** [コンメーディア] 女 **1** 喜劇; 芝居 —*commedia* dell'arte コン

commediante 男女 1 喜劇役者, 道化役者 2 偽善者

commediografo 男〔女[-a]〕喜劇作家

commemorabile 形 記念すべき, 追悼すべき

commemorare 他〔io commemoro〕(公式に・厳粛に)記念する, 追悼する —*commemorare i caduti di tutte le guerre* 戦没者を追悼する

commemorativo 形 記念の, 追悼の

commemorazione 女 1 記念式典, 追悼式 2〔カト〕(聖人・聖母のための)ミサの祈禱(ﾞ) —*commemorazione dei defunti* 死者の日(教会ですべての死者の魂のために祈る日, 11月2日)

commenda 女 1 (中世の)教会禄, 聖職禄 2 (中世騎士への)終身禄 —男〔不変〕[北伊]〔謔〕コンメンダトーレ

commendatore 男 コンメンダトーレ (イタリアの爵位); コンメンダトーレの保有者

commensale 男女 (宴会などの)会食者

commensurabile 形 1 比較しうる 2〔数〕通約できる

commensurabilità 女 1 比較しうること 2〔数〕通約性

commentabile 形 注釈[解説, 分析]しうる

commentare 他 1 注釈をつける, 解説する 2 批評[論評]する

commentario 男 回想録, 備忘録 —*i commentari di Giulio Cesare* カエサルの『回想録』

commentato 男 (書籍について)解説[注釈]などを備えた

commentatore 男〔女[-trice]〕1 (新聞・テレビ・ラジオの)解説者, 論説員, コメンテーター 2 注釈者, 注解者

commento 男 1 批評, 論評, コメント 2 注釈, 注解 3〔複数で〕人物評, 評価

commerciabile 形 商品化できる, 売れやすい

commerciabilità 女 よく売れること, 市場性

*__commerciale__ [コンメルチャーレ] 形 1 商業の, 貿易[通商]の 2 並みの, 二流の, 粗悪な 3 もうけ主義の, 営利本位の —*musica commerciale* 商業音楽

commercialista 男女〔複[男-i]〕1 (経済学部, 商学部の)大学卒業者 2 会計士 3 商法を専門とする弁護士

commercialistico〔複[男-ci]〕形 商業に関する

commercialità 女 市場性

commercializzabile 形 商品化できる, 売れやすい

commercializzare 他 1 商品を流通させる, 販路を広げる 2〔蔑〕商業[商品]化する

commercializzazione 女 商品化, 販路を広げること

commerciante 男女 商人; 商店主

*__commercio__ [コンメルチョ] 男 商業, 商売, 取引, 貿易 —*commercio all'ingrosso* 卸売 /*commercio al minuto [al dettaglio]* 小売り /*commercio ambulante* 行商 /*commercio estero* 外国貿易 /*commercio interno [nazionale]* 国内取引 /*Commercio con l'Estero* 貿易 2 *essere in commercio* 商売をしている; 売られている *mettersi in commercio* 商売を始める, 実業界に入る

commesso¹ 男〔女[-a]〕1 販売員, 売り子, 店員 —*commesso viaggiatore* セールスマン 2 事務員, 事務官 3 [美]モザイク; パッチワーク

commesso² commettere の過分

commestibile 形 食用の —男〔複数で〕食料品

commestibilità 女 食用であること

*__commettere__ [コンメッテレ] 〔65〕他〔過分 commesso〕1 (非難に値することを)犯す —*commettere un delitto [furto, errore]* 罪[盗み, 間違い]を犯す 2 結合する, はめ込む 3 注文する —自 ぴったり合う

commiato 男 1 いとま乞い; 別れ(の挨拶); 辞去 2〔詩〕(バラードなどの)結びの句, 反歌

commilitone 男〔女[-a]〕戦友; 同志

comminare 他 (法律違反者に)刑罰で威嚇する

commiserabile 形 同情すべき, 哀れな

commiserare 他〔io commisero〕同情する, 哀れむ —**arsi** 再 嘆く, 自己を哀れむ

commiserazione 女 同情, 哀れみ

commissariato 男 1 (公的機関の)役員, 理事などの職 2 警察署

commissario 男〔女[-a]〕1 (公的機関の)役員, 理事, 弁務官; 警察署長, 警視 2 (委員会の)委員

commissionare 他 (職人や芸術家に)注文[委託]する

commissionario 男〔女[-a]〕代理人, 代行者, 代理店

commissione 女 1 委任, 委託 —*affidare una commissione a...* …に頼みごとをする 2 代理[仲介]業務, 取次ぎ 3 手数料, コミッション 4 委員会, 役員[理]会 —*commissione d'inchiesta* 調査委員会 /*commissione d'esame* 試験委員会 5〔複数で〕用事, 用足し; 買物 —*È uscito per sbrigare alcune commissioni urgenti.* 彼は急ぎの用事を片づけるために出かけた. 6〔詩〕

commistione 囡 注文; 注文書

commistione 囡 混合, 混成; 雑種

commisurare 他 比較する, 検討する —*commisurare* le spese alle entrate 損得を考慮する

commisurato 形 釣り合った, 適切な, ふさわしい

commisurazione 囡 均衡, 比例; 比較

committente 男女 買い手, 購買者; 発注者, 注文主

committenza 囡 〔総称的〕買い手, 注文主

commodoro 男 1 (アメリカで)海軍准将[代将], (イギリスで)艦隊司令官 2 (商船の)先任船長

commosse commuovere の直・遠過・3 単

commosso 形 〔過分＜commuovere〕 1 感動した, 心を動かされた 2 動揺した, 苦しんだ

commovente 形 感動的な, 感動を呼び起こす —*scena commovente* 感動的な場面

commozione 囡 1 感動, 感激; 興奮; 動揺 —*suscitare commozione* 感動を呼び起こす 2 〔医〕外傷性傷害 —*commozione cerebrale* 脳震盪(とう)

***commuovere** [コンムオーヴェレ] [68] 他 〔過分 commosso〕 感動[感激]させる, 涙を誘う —*La storia di quell'uomo mi ha commosso.* あの人の身の上話には感動した. —**ersi** 再 感動[感激]する; ほろりとする

commutabile 形 交換[代替]可能

commutabilità 囡 交換[代替]可能性

commutare 他 取り換える, 交換する, 代える —*commutare la pena di morte nell'ergastolo* 死刑を終身刑に代える

commutatività 囡 〔数〕可換性

commutativo 形 1 取り換えうる, 交換できる 2 〔数〕可換の

commutatore 男 1 整流器, 整流子 2 電話交換機 —形 〔女-trice〕交換しうる

commutazione 囡 1 交換, 代替 2 〔電〕整流; 切り替え 3 切り替え

Como 固名 囡 コーモ(ロンバルディア州の都市および県名; 略 CO) —*Lago di Como* コモ湖

comò 男 整理だんす

comoda 囡 移動式洗面台[便器]

comodante 男女 〔法〕寄託者

comodatario 男 〔女-a〕 〔法〕受託者

comodato 男 〔法〕(動産・不動産の)寄託

comodino 男 (ベッドの横の)テーブル

***comodità** [コモディタ] 囡 1 便利さ; 快適さ 2 生活の便宜 3 〔複数で〕調度や設備

***comodo** [コーモド] 形 1 便利な, 都合のよい —*orario comodo* 都合のいい時刻 2 快適な, 住み心地のよい —*casa comoda* 快適な住まい 3 (服が)ゆったりした —*giacca comoda* 着心地のよい上着 4 悩みのない, 安楽な, 苦労知らずの —*vita comoda* 気楽な生活 5 安楽な, くつろいだ —*Stai comodo!* ゆっくりしてね; 座ってね, 座っていてね; お構いなく. —男 1 〔複数で〕(快適な)設備 2 便利, 便宜, 利益 3 好機, 都合のよい時 ▶ *con comodo* 急がずに, 気楽に *di comodo* 有利な, 好都合な *fare comodo a...* …の役に立つ, 助けになる *prendersela comoda* のんきにやる, 焦らない

comodone 男 〔女-a〕のんびりした人; 無精者

Comore 固名 〔女複〕コモロ

comorese 形 コモロ(人)の —男女 コモロ人

compact disc 固名 男 〔英〕コンパクトディスク, CD

compaesano 男 〔女-a〕同国人, 同郷人

compaginare 他 〔io compagino〕〔印〕組版をする

compagine 囡 1 組織, 機構 2 〔スポ〕チーム

Compagni 固名 男 (Dino ～)コンパーニ(1255-1324; イタリアの著述家・政治家)

***compagnia** [コンパニーア] 囡 1 一緒にいること, 交際, 付き合い, 同伴 —*amare la compagnia* 人付き合いがよい 2 仲間, 友人; 一団, グループ —*uscire con la compagnia* 仲間と出かける 3 (特に保険・航空)会社, 商会, (同業者)組合 —*compagnia aerea* [*di assicurazioni*] 航空[保険]会社 4 劇団(*compagnia teatrale*) 5 〔カト〕教団, 信心会 6 〔軍〕中隊 ▶ *di compagnia* 社交的な, 機知に富んだ, 才気煥発な *e compagnia bella* …など, その他 *fare* [*tenere*] *compagnia a...* …の相手をする, …に同伴[同行]する *in compagnia* (他の人と)一緒に

***compagno** [コンパーニョ] 男 〔女-a〕 1 仲間, 友人, 連れ; 相棒 —*compagno di classe* [*stanza*] クラス[ルーム]メート / *compagno d'armi* 戦友 / 同僚 / *compagno di strada* [*viaggio*] (共産党の)シンパ, 旅の道連れ 2 配偶者, 連れ合い; (事実婚の)パートナー —*compagno della vita* 人生の伴侶 3 (ゲームなどの)パートナー, 相手 4 共同経営者 5 (共産・社会党員間の)同志 —形 1 (a)《口》よく似た 2 《口》(対(つい)になった)片方の

compagnone 形 社交的な, 人付き合いのよい —男 〔女-a〕快活で陽気な人

companatico 男 〔複-ci〕 パンと一緒に食べる物

comparabile 形 比較できる, 同等の

comparare 他 比較する, なぞらえる

comparatico 男 [複 [-ci]] 代父[代母]と名付け子の関係

comparativo 形 比較による, 比較に基づく ―男 [言](形容詞・副詞の)比較級

comparatore 男 コンパレーター(長さを精密測定する器械)

comparazione 女 1 比較, 対照 2 [言](形容詞・副詞の)比較変化

compare 男 1 名付け親, 代父 2 (悪事の)共犯者 3 (童話で)動物の雄につけられる通称(おじさん)

＊**comparire** [コンパリーレ] 自 [es] [io compaio, comparisco] 1 突然現れる; 姿を現す ―*È comparsa* sulla soglia una vecchia strega. 戸口に年老いた魔女が現れた. 2 目立つ, 際立つ 3 (作品が)出版[発行]される 4 (劇などに)出演する 5 [法]出頭する

comparizione 女 1 姿を現すこと, 出現 2 [法]出廷, 出頭

comparsa 女 1 現れること, 出現 2 [映・劇]端役, エキストラ

comparso comparire の過去

compartecipare 自 [io compartecipo] (他の人と一緒に)参加する, ともにする

compartecipazione 女 1 (共同)参加 2 利益の分配, 共同参加者の取り分

compartecipe 形 共同参加者の ―男女 共同参加者

compartimentale 形 行政区域[区画]の

compartimentazione 女 区域[区画]に分割すること

compartimento 男 1 仕切られた場所[空間], 孤立した環境[活動] ―*lavorare a compartimenti stagni* 他人と没交渉で働く 2 (列車の)コンパートメント 3 行政上の区画

compartitura 女 分割, 配分

comparto 男 1 分割, 分配 2 経済活動の分野

compascolo 男 共同放牧権

compassatezza 女 型にはまった態度, 慎重な振る舞い

compassato 形 堅苦しい, 型にはまった; 控えめな, 自制した

compassionare 他 同情する, 哀れむ

compassione 女 1 同情; 哀れみ 2 (軽蔑的な)哀れみ

compassionevole 形 同情を覚える, 哀れを催す

compasso 男 1 コンパス 2 [船]羅針盤

compatibile 形 1 一致しうる, 両立しうる ―*Le sue idee non sono compatibili* con le mie. 彼の考えは私の考えと一致しない. 2 許せる, 容赦できる 3 [情]互換性のある

compatibilità 女 1 一致すること, 両立すること 2 [情]互換性

compatimento 男 1 同情, 哀れみ 2 寛大さ, 寛容

compatire 他 [io -isco] 1 同情する; 哀れむ 2 大目に見る ―*irsi* 再 嘆く, 自己を哀れむ

compatriota 男女 [複[男 -i]] 同国[同郷]の人; 同胞

compattare 他 1 密集[凝縮]させる 2 統一する; 強固にする ―*arsi* 再 固まる, 強固になる

compattazione 女 密集すること, 固まること

compattezza 女 密集していること, 固いこと

compatto 形 1 ぎっしり詰まった; 密な, 濃い 2 一体になった, 結束した 3 コンパクトな

compendio 男 要約, 概要 ▶ *in compendio* 簡潔に, 要約すると

compendioso 形 短い, 簡潔な

compenetrabile 形 染み込む, 浸透する

compenetrabilità 女 浸透性, 透過性

compenetrare 他 [io compenetro] 1 染み込む, 浸透する 2 一杯になる, 満ちる ―*arsi* 再 同化する; 深く理解する

compenetrazione 女 浸透, 染み込むこと

compensabile 形 報いうる, 償いうる

compensabilità 女 報いうること, 償いうること

compensare 他 1 (金銭で)報いる, 報酬を支払う 2 償う, 補償[賠償]する 3 報いる 4 補う, 埋め合わせる ―*arsi* 再 釣り合う, バランスを保つ

compensativo 形 償いのための, 補うための

compensato 形 報いられた; 償われた; 補われた ―男 合板, ベニヤ板

compensatore 男 [女 -trice] 補償[賠償]の, 埋め合わせの ―男 1 [電]補正器 2 [船]矯正装置 3 [空](補助翼と方向舵の)タブ

compensatorio 形 補償の, 補正の

compensazione 女 1 報いること, 補償 2 [法]相殺 3 [経]手形交換

＊**compenso** [コンペンソ] 男 1 報酬, 謝礼; 報い 2 補償(金), 賠償(金) 3 お礼, 恩返し 4 埋め合わせ

compera 女 [複数で]買うこと, 購入すること ―*fare delle compere* 買い物をする

comperare → comprare

competente 形 1 有能な, 優れた 2 専門の, 熟練した 3 [法]管轄権のある, 正当な権限のある

competenza 女 1 有能なこと, 専門にしていること ―*Ha molta competenza* in matematica. 彼にはとても数学の才能がある. 2 法的権限 3 関係, 関連 4 [複数で] 報酬, 礼金

competere 自 [複合時制なし] 1 競

competitività 女 競争, 競合性

competitivo 形 1 競争の, 競争による 2 競争力のある 一prezzo *competitivo* 競争価格（より安い値段で）

competizione 女 1 競争, 張り合い 2 競技, 試合

compiacente 形 1 物分かりのよい, 好意的な 2 順応しやすい, 言いなりになる

compiacenza 女 1 満足, 喜び 2 好意, 親切 3 追従

compiacere [76] 自〔a〕…を喜ばせる, …に気に入られる 一他 （要求などを）叶える, 満足させる 一**ersi** 再〔di〕 1 満足する 2 喜ぶ, 祝福する 3 快く…する

compiacimento 男 1 満足, 喜び 2 お祝い, 祝辞 一esprimere il proprio *compiacimento* a... (人)にお祝いの気持を表す

compiaciuto 形〔過分＜compiacere〕満足した, 喜んだ

compiacque compiacere の直・遠過・3単

compiangere [77] 他〔過分 compianto〕同情する; 哀れむ 一**ersi** 再 嘆く, 自己を哀れむ

compianse compiangere の直・遠過・3単

compianto 形〔過分＜compiangere〕（死を）悼まれた: 今は亡き, 故… 一男 1 （死者への）哀悼の念）, 深い悲しみ 2 哀歌, 挽(ばん)歌

compiegare 他 1 同封する 2（新聞・雑誌に）広告を折り込む

＊**compiere** [コンピエレ] 他〔io compio; 遠過 io compii, compiei; 過分 compiuto〕 1 達成する; 果たす 一 *Ha compiuto* il suo dovere. 彼は自分の義務を果たした. / Oggi mio figlio *compie* sette anni. 息子は今日で7歳になります 2 遂行［実行］する 3 進む 4 満たす, 行う 一**ersi** 再 1 終了する, 達成される 2 （実際に）起きる 一La profezia *si è compiuta*. 予言は現実のものとなった.

compieta 女 1〔カト〕終禱(ぎ), 終課 2 終わり, 人生の終わり 一dall'alba a *compieta* 一日中

compilare 他 1 （資料を）収集［編集］する 一*compilare* un'antologia アンソロジーを編集する 2 埋める 一*compilare* un modulo 所定の用紙に記入する

compilation 男〔不変〕〔英〕（CD・カセットの）編集版, コンピレーション

compilativo 形 アンソロジーの, 編集の

compilatore 男〔女[-trice]〕編集者, 編纂(さん)者

compilazione 女 1 編集, 編纂(さん) 2 編集された物

compimento 男 遂行; 終了; 実現 一portare a *compimento* 遂行する

compire → compiere

compitare 他〔io compito〕 1 1音［音節］ずつゆっくり読む 2 間違いながらもうじて読む

compitazione 女 1 音［音節］ずつ読むこと

compitezza 女 親切なこと, 礼儀正しさ

＊**compito** [コンピト] 男 1 任務, 職務, 仕事 2 課題; 宿題 ▶ *fare i compiti* 宿題をする

compiutezza 女 完全, 完璧, 無欠

compiuto 形〔過分＜compiere〕 1 完了した, 完結した 一Ha dodici anni *compiuti*. 彼は12歳になった. 2 徹底的な, 完全な

complanare 形〔幾〕共面の 一女 インターチェンジの側道, バイパス 一imboccare la *complanare* dell'autostrada 高速道路の側道に入る

complanarità 女〔幾〕共面性

＊**compleanno** [コンプレアンノ] 男 誕生日 一Buon *compleanno*! お誕生日おめでとう.

complementare 形 補足的な, 補足する 一proposizione *complementare* 〔言〕補足節 / numero *complementare* 〔数〕補数 / colori *complementari* 補色

complementarità 女 補足すること, 補足し合えること

complemento 男 1 補足する物, 補完物 2〔言〕補語 一*complemento* diretto [indiretto] 直接［間接］補語 3〔軍〕予備軍 4〔医〕（血液・リンパ液の）補体 5〔数〕余角

complessare 他 コンプレックスを与える 一**arsi** 再 コンプレックスを持つ, 不安を感じる

complessato 形 コンプレックスに取りつかれた 一男〔女[-a]〕コンプレックスを持った人

complessione 女 体格; 体質

complessità 女 複雑なこと, 多くの要素から成ること

complessivamente 副 全体として, 総体的に

complessivo 形 全体の, 総合的な

＊**complesso** [コンプレッソ] 形 1 複合の 2 複雑な, 難解な 一男 1 全体; 複合体 2 総合施設, コンビナート, プラント 3〔経〕連合体 4〔心〕コンプレックス; 強迫観念 一*complesso* di inferiorità 劣等感 / *complesso* di Edipo エディプスコンプレックス 5〔音〕バンド, グループ 一*complesso* rock ロックグループ

completabile 形 完成できる, 全部揃えうる

completamente 副 完全に, 全く, すっかり, 徹底的に

completamento 男 完成, 完了, 終結, 終了

completare [コンプレターレ] 他 (不足を)補って)完成させる; 揃える; 仕上げる **—arsi** 再 補い合う —Quei due *si completano*. あの二人は長所と欠点を補い合っている.

completezza 女 完全, 完璧さ

completino 男 (一揃いの)女性用の服, スーツ

completo [コンプレート] 形 1 完全な, 完璧な 2 全面的な, 絶対の 3 満室[満席]の —男 1 スーツ, 背広(上下) 2 満室, 満員 3 全員揃って ▶ *al completo* 満杯の; 全員揃って

complicare [コンプリカーレ] 他 複雑にする; 紛糾させる **—arsi** 再 複雑になる, 難しくなる, 悪化する —Le sue condizioni *si stanno complicando*. 彼の容態は悪化している.

complicato 形 複雑な; 厄介な; 気難しい

complicazione 女 1 厄介な問題; 障害 2 〔医〕合併症

complice 男女 共犯者, 加担者

complicità 女 共犯; 加担

complimentare 他 ほめる, 祝う — **arsi** 再 祝う, 祝いを述べる

complimento [コンプリメント] 男 1 祝辞, 祝意 —*Complimenti!* おめでとう. | すごいね. | よくやった. 2 遠慮, 気兼ね —senza *complimenti* 遠慮[気兼ね]なく / fare *complimenti* 遠慮[気兼ね]する, かしこまる 3 ほめ言葉, お世辞

complimentoso 形 儀礼的な, 形式的な; お愛想の, お世辞の

complottare 自 陰謀を企む, 謀反を企てる —他 (悪事や陰謀を)企む

complotto 男 陰謀, 秘密の企み

compluvio 男 1 (古代ローマの)広間式中庭 2 〔建〕(雨水が集まる屋根の二つの)斜面の形状

componente 形 構成している, 構成要素をなす —男 構成要素, 部品 2 〔化〕成分 —女 〔物〕分力

componenziale 形 構成要素の

componibile 形 様々な要素から成る, 組み合わすことのできる —男 ユニット家具

componibilità 女 組み合わせること

componimento 男 1 文学[音楽]作品 2 (学校の)作文 3 和解

comporre [コンポッレ] [79] 他〔過分 composto〕組み立てる, 構成する; 作曲する —*comporre* un numero (di telefono) ダイヤルする **—orsi** 再 (di) …で構成される[成り立つ]

comportamentale 形 〔心〕行動の, 態度の

comportamento 男 態度; 行動

comportare [コンポルターレ] 他 (結果として)伴う; 含む **—arsi** 再 振る舞う

comporto 男 猶予(期間)

compose *comporre* の直・遠過・3単

compositivo 形 構成の, 構成に関わる; 構成的な

composito 形 1 複数の要素で構成された, 混合[混成]の 2 〔建〕コリント・イオニア折衷様式の

compositore 男〔女[-trice]〕1 作曲家 2 〔印〕植字工

composizione 女 構成; 合成; 創作; 作品; 作文

compossesso 男 〔法〕共同占有

compos sui 成〔ラ〕自己を制する, 克己心のある

composta 女 1 果物の砂糖漬け, コンポート 2 〔農〕堆肥

compostaggio 男 (都市の廃棄物の)生化学処理, 堆肥化

compostezza 女 品格, 落ち着き, 礼儀正しさ

compostiera 女 コンポート用のグラス

composto 形 〔過分＜ comporre〕1 (部分・要素から)構成された, 組み立てられた 2 合成の, 複合の —*parola composta* 〔言〕複合語 / *tempi composti* 〔言〕複合時制 3 きちんとした; 礼儀正しい; 落ち着いた —Cerca di stare più *composto* a tavola. 食卓ではもっと行儀よくしていなさい. —男 1 混合[混成]物 2 〔化〕化合物(*composto chimico*)

compra → *compera*

comprabile 形 1 買える, 手に入れられる 2 買収できる

comprare [コンプラーレ] 他 1 買う — *comprare* in contanti [a rate] 現金[分割払い]で買う / *comprare*... a buon mercato [prezzo] …を安く買う 2 買収する

compratore 男〔女[-trice]〕1 買い手, 購買者 2 バイヤー

compravendita 女 1 〔法〕売買 2 取引

comprendere [コンプレンデレ] [82] 他〔過分 compreso〕1 含む, 包含する 2 理解する, 分かる ▶ *tutto compreso* オール込みで **—ersi** 再 理解し合う, 合意する

comprendonio 男 〔諧〕理解, 頭の回転 —È duro di *comprendonio*. 彼は理解が遅い.

comprensibile 形 1 理解できる 2 許せる, 弁明できる

comprensibilità 女 理解できること, 明解さ

comprensione 女 理解(力); 抱擁力

comprensivo 形 理解のある, 寛大な

comprensoriale 形 (建築・農業計画のための)区域の

comprensorio 男 (建築・農業計画のための)区域

comprese *comprendere* の直・遠過・3単

compresente 形 共存する, 共在する

compresenza 女 共存, 共在

compreso 形 〔過分＜ comprende-

compressa 女 1 錠剤 2 湿布

compresse comprimere の直・遠過・3 単

compressione 女 1 圧縮, 圧搾 2 〔コン〕圧縮

compressivo 形 圧縮する, 圧搾する

compresso comprimere の過分

compressore 形 圧縮する, 圧搾する —男 1 圧縮[圧搾]装置 2 〔医〕圧縮筋

comprimario 〔医局の〕医長代理の —男〔女[-a]〕1〔医局の〕医長代理 2〔劇〕準主役

comprimere [20] 他〔過分 compresso〕1 押さえる, 押し付ける 2 圧縮する, 圧搾する

comprimibilità 女 圧縮性, 圧縮率

compromesso 男 妥協; 示談

compromettente 形 危険をもたらす, 体面を損なう

compromettere [65] 他〔過分 compromesso〕危険に巻き込む, 危うくする —**ersi** 再 (責任を持って)引き受ける, 専念する

compromissorio 形 仲裁の — clausola compromissoria 仲裁条項

comproprietà 女 共同所有権

comprotettore 男〔女[-trice]〕1 守護聖人 2 協賛者

comprova 女 確認, 確証

comprovabile 形 証明[立証]できる

comprovare 他 証明する, 立証する

comprovinciale 形 同県の, 同県人の

compungere 他〔過分 compunto〕〔文〕心をかき乱す, 悩ます

compunto 形〔過分＜ compungere〕良心の呵責(かしゃく)を覚える

compunzione 女 1 良心の呵責(かしゃく) 2 罪の意識, 悔恨

computabile 形 計算できる, 評価できる

computabilità 女 計算できること

computare 他〔io computo〕計算する, 算出する

computazionale 形 コンピューターに関する

computer 男〔不変〕〔英〕コンピューター

computerese 形 コンピューターの専門用語に関する

computeristico 形〔複[男 -ci]〕コンピューターに関する

computerizzabile 形 コンピューターで処理できる

computerizzare 他 コンピューターで処理する

computerizzazione 女 コンピューター処理

computista 男女〔複[男 -i]〕会計係, 経理士

computisteria 女 簿記, 会計

computo 男 計算, 勘定

comunale 形 市[町, 村]の; 公立の

comunanza 女 1 共有, 共用 2 共同体 —vivere in comunanza 共同生活を送る

comunardo 形 パリ・コミューンの —男〔女[-a]〕1 パリ・コミューンの市民 2 大衆的な革命運動に加わる人

*__comune__¹ [コムーネ] 形 1 共通の, 共有の —problema comune 共通の問題 2 一般の, 通常の, 公共の —senso comune 常識 / opinione comune 世論 / lingua comune 共通語 / nome comune 普通名詞 3 普通の, 平凡な —vino comune 並みのワイン —男 1 平均, 並み, 普通 —fuori del comune 並外れた, 異常な 2 共同, 共通 —in comune 共同で[の], 共通して 3 大多数, 大部分 4〔軍〕水兵 —女〔劇〕(舞台中央の)出入り口 ▶ **Mal comune, mezzo gaudio.**〔諺〕苦しみも分かち合えば半分。|〔皮肉で〕同病相憐れむ。

*__comune__² [コムーネ] 男 1 市町村(最小の行政単位), 地方自治体 2 市役所, 役場 3 (中世の)都市国家

comune³ 女 1〔歴〕コミューン —Comune di Parigi パリ・コミューン 2 (中国の)人民公社 3 (思想的な)生活共同体

comunella 女 1 (悪党の)一味, 一団 2 仲間, グループ 3 マスターキー 4 畜産相互保険

comunemente 副 一般的に, 普通には, 通常

comunicabile 形 伝達できる

comunicabilità 女 伝達できること

comunicando 男〔女[-a]〕〔カト〕(初めて)聖体拝領する人

comunicante 形 通じている —camera comunicante con il bagno 浴室とつながった部屋 —男〔カト〕聖体を授ける司祭

*__comunicare__ [コムニカーレ] 他〔io comunico〕伝える, 知らせる —自 連絡をとる; (部屋などが)通じている —**arsi** 再 伝わる, 広まる

comunicativa 女 伝える力[素質, 技量] —avere molta comunicativa とても伝達力がある

comunicativo 形 1 伝達力のある 2 気さくな, 外交的な —carattere comunicativo 人当たりのよい性格

comunicato 男 公式発表, 公式声明, コミュニケ; 告示, 公告, 通達 —comunicato stampa 新聞発表 / comunicato pubblicitario 宣伝広告

comunicatore 男〔女[-trice]〕1 伝達者 2 (政治家・コラムニストなど)世論に影響を与える人

*__comunicazione__ [コムニカツィオーネ] 女 コミュニケーション; 通知; 連絡; 交渉 —essere in comunicazione con... …と交渉を持つ[連絡をとる]

comunione 女 1 共有 2〔カト〕聖体

comunismo 男 共産主義

＊comunista [コムニスタ] 男女〔複[男-i]〕共産主義者 ― 形 共産主義(者)の

comunistico 形〔複[男-ci]〕共産主義の, 共産主義者の

comunistoide 形 共産主義的な傾向の ― 男女 共産主義的な傾向の人

comunità 女 1 共同体; コミュニティー 2 (共同生活の中で薬物中毒者や精神病者の回復を図る)施設 3 教団; 教区

comunitario 形 1 共同体の ―interessi *comunitari* 共同体の利益 2 欧州経済共同体の

＊comunque [コムンクェ] 副 とにかく; いずれにしろ ―Partirò *comunque* domani. ともかく明日出発するつもりだ. ― 接 1〔接続法とともに〕たとえ…であれ ―*comunque* vada どんな結果になろうと 2 けれども, それにもかかわらず ―So che eri occupato, *comunque* potevi telefonarmi. 君が忙しかったのは分かるが, それにしても電話ぐらいできただろう. ▶ *comunque sia* いかに…であろうと／*comunque stiano le cose* 事情がどうであれ

＊con [コン] 前 1〔同伴〕…とともに[一緒に] ―Vieni *con* me? 僕と一緒に来る？ 2〔結合〕…の付いた ―comprare una casa *con* giardino 庭付きの家を買う 3〔性質・特性〕…を持った ―vecchio *con* la barba bianca 白いひげを生やした老人 4〔手段〕…を使って ―scrivere *con* la penna rossa 赤ペンで書く／*col* [*con* il] treno delle sette 7時(発・着)の列車で 5〔状態〕…の状態で ―Non si può lavorare *con* questo caldo [freddo]. こう暑い[寒い]と仕事にならない.／Non si va più avanti *con* questo stipendio. この給料ではもうやっていけない. 6〔限定〕…に関して ―Voglio portarmi avanti *con* gli studi. 勉強はしっかり進めて行きたい. 7〔方法・やり方〕…で[によって] ―parlare *con* calma 落ち着いて話す／*con* gli occhi chiusi 目をつぶって／*con* passione 情熱的に 8〔関係〕…に対して ―essere buono *con*... …に優しく[親切に]する 9〔反対・抵抗〕…に反対して ―combattere *con* il nemico 敵と戦う 10〔譲歩〕…にもかかわらず ―*Con* tutti i suoi difetti, è molto simpatico. 色々欠点はあるが, 彼はとてもいいやつだ. 11〔*con il* [*col, con lo*] + 不定詞〕で, ジェルンディオと同じ働きをする ―*col* passare del tempo 時が経つとともに／S'impara *con* lo sbagliare. 皆間違えながら覚えていくものだ.

con- 接頭〔結合〕〔共有〕〔同時〕の意

conato 男 1 無駄骨; 試み, 努力 2 吐き気 ―avere *conati* di vomito 吐き気を催す

conca 女 1 盆地, くぼ地; 谷間 2 洗面器, たらい 3 (銅製の)つぼ 4〔解〕甲介

concatenamento 男 連鎖, 連結

concatenare 他 1 鎖状につなぐ, 結びつける 2 論理的に関係づける ―**arsi** 再 結びつく, 関連する

concatenato 形 緊密に結びついている, 連鎖状の

concatenazione 女 連鎖, 連結

concattedrale 女 同一の教区にある二つの司教座大聖堂(の一つ)

concausa 女〔法・哲〕付随的原因

concausale 形〔法・哲〕付随的原因の ― 女〔法・哲〕付随的原因

concavità 女 くぼんでいること, 凹面, 凹状

concavo 形 凹状の, くぼんだ ― 男 体のくぼみ

concedente 男女〔法〕譲与者 ― 形 譲与者の, 譲歩する

＊concedere [コンチェーデレ][116] 他〔過分 concesso〕 1 (好意や寛大さで)与える, 授ける 2 譲歩する, 同意する, 承諾する, 認める;〈di+不定詞, che...〉…することを許可する ―**ersi** 再 1 自分に与える, 自分に許す ―*concedersi un po' di riposo* 少しばかりの休みをとる 2 (女性が)肉体関係を受け入れる 3〈in,a〉ふける, 専念する

concedibile 形 譲与できる, 許せる, 容認できる

conceditrice 女 → concessore

concelebrante 男 (他の司祭と一緒に)典礼を執り行う司祭

concelebrare 他〔io concelebro〕(儀式などを)一緒に執り行う[挙げる]

concelebrazione 女 複数の司祭がミサや典礼を執り行うこと

concentrabile 形 1 集中できる 2 濃度を変える

concentramento 男 1 集中; 結集 ―*campo di concentramento* 強制収容所 2〔政〕中央集権

concentrare 他 1 一か所に集める, 集中[結集]させる 2 濃縮[濃厚]にする ―**arsi** 再 集中する; 専念する

concentrato 形 1 集中した 2 濃縮した ― 男 濃縮物; エキス

concentrazionario 形 集中[集結]に関する

concentrazione 女 集結, 集中; 集中力 ―*concentrazione di forze* 兵力の集結／*perdere la concentrazione* 集中力を失う

concentrico 形〔複[男-ci]〕同心の ― 男〔複[-ci]〕〔幾〕同心円

concepibile 形 想像できる, 理解しうる, 考えられる

concepimento 男 1 妊娠, 受胎 2 着想, 想像 ―il *concepimento* di un progetto 計画の思いつき 3 考え, 概念

concepire 他〔io -isco〕 1 (子供を)宿す 2 思いつく, 考え出す 3 心に抱く, 胸に育む 4 分かる, 理解する 5 (文章などを,

concepito 形 1 妊娠した 2 具体性を伴わずに企画された

conceria 女 1 皮なめし工場 2 皮なめしの技術

concernente 形 …についての, 関する

concernere 他〔複合時制なし〕関わる, 関係する —È un lavoro che non ti *concerne*. 君には関係のない仕事だ.

concertante 形〔音〕(合唱・複数楽器による)協奏曲様式の —sinfonia *concertante* 協奏交響曲

concertare 他 1 (密かに)企む, 目論む —*Concertavano* un attacco notturno. 彼らは夜襲を企てていた. 2〔音〕編成する, 音合わせをする

concertato 形 1 協調した, 決められた, 同意した 2〔音〕協奏様式の —男〔音〕コンチェルタート様式, 協奏様式(楽器・声部・強弱が交互に織りなす)

concertatore 男〔女[-trice]〕〔音〕練習指揮者

concertazione 女 1 (密かに)企むこと, 目論むこと 2〔音〕編成すること, 音合わせ

concertino 男〔音〕小規模の協奏曲, コンチェルト・グロッソ(合奏協奏曲)の中の独奏部

concertista 男女〔複[男 -i]〕〔音〕ソリスト, 独奏者, 独唱者

concertistico 形〔複[男 -ci]〕音楽会の, コンサートに関する —stagione *concertistica* コンサートシーズン

*__concerto__ [コンチェルト] 男 1 音楽会, コンサート 2〔音〕協奏曲, コンチェルト —*concerto* grosso 合奏協奏曲 3 一斉に発する声[音] —*concerto* di rane カエルの合唱 4 (公的機関同士の)協力 ► **di concerto** 協力して **in concerto** 生演奏の, ライブの

concesse concedere の直・遠過・3単

concessionaria 女 販売代理店, ディーラー

concessionario 形 代理店の, 代理人の —男〔女[-a]〕代理店, 代理人

concessione 女 1 譲与, 譲渡, 譲歩 2 認可, 許可 3 (売買の)特約, 特権 4 居留地, 租界

concessivo 形 譲歩的な —proposizione *concessiva*〔言〕譲歩節

concesso concedere の過分

concessore 男〔女[conceditrice]〕譲与者

Concetta 固名〔女性名〕コンチェッタ

concettismo 男 1 (バロック時代の詩論・技法の)奇想主義 2 凝り過ぎた書き方[文体]

Concetto 固名〔男性名〕コンチェット

*__concetto__ [コンチェット] 男 1 概念, 観念 2 着想, 構想 3 判断, 意見, 見解

concettosità 女 簡潔; 凝って難解なこと

concettoso 形 1 簡潔の, 含蓄のある 2 凝った, 難解な

concettuale 形 1 概念の, 概念に関する 2 思弁的な, 論理的な

concettualismo 男〔哲〕概念論

concettualizzare 他 概念化する

concettualizzazione 女 概念化

concezionale 形 概念の, 観念の

concezione 女 1 着想, 思いつき, 構想 2 考え方, 概念 3 受胎, 妊娠 —l'Immacolata *Concezione*〔カト〕(聖母マリアの)無原罪の宿り

conchifero 形〔動〕貝殻を有する —男〔動〕貝殻類

conchiglia 女 1 貝殻; 貝殻型の物 2〔複数で〕コンキッリエ(貝殻型のショートパスタ) 3〔建〕貝殻型の装飾部分 4〔冶〕鋳型 5〔スポ〕(急所を守る)カップロテクター

conchilifero 形 貝殻の多い地層[岩]

conchiliforme 形 貝殻の形をした

conchiliologia 女 貝類学

conchino → conquin

concia 女〔複[-ce]〕1 皮なめし(法); タンニン 2 (植物産品の)保存法

conciante 形 皮なめしの —男 タンニン

conciapelli 男女〔不変〕皮なめし職人

conciare 他〔io concio〕1 (皮を)なめす 2 (植物を)乾燥させる 3 飾る, 盛装させる 4 台無しにする; よごす 5 痛めつける 6 (宝石などを)カットする 7 調教する —**arsi** 再 1 ひどい格好をする, おかしな服装をする —Ma come *ti sei conciato*? 何だそのひどい格好は? 2 よごれる; 最悪の状態になる ► **conciare... per le feste** …をぎぼぎにする

conciato 形 1 なめした 2 見るも無残な; やつれ果てた

conciatore 男〔女[-trice]〕皮なめし職人

conciliabile 形 和解できる, 一致させられる

conciliabilità 女 和解, 調和; 両立性, 互換性

conciliabolo 男 1 秘密会議, (悪事の)内密の相談 2 秘事の集まりの場所 3〔カト〕高位聖職者の秘密会議

conciliante 形 融和的な, 妥協的な

conciliare 他〔io concilio〕1 和解させる; なだめる 2 両立させる —*conciliare* lo studio e il divertimento 勉強と遊びを両立させる / *conciliare* il lavoro con la famiglia 仕事と家庭を両立させる 3 増進する —Il moto *concilia* l'appetito. 動くと食が進む. —**arsi** 再 和解する, 合意する —*Si è conciliato* con suo padre. 彼は父親と和解した.

conciliare² 公会議の, 宗教会議の

conciliarismo 男 公会議優先主義

conciliativo 形 融和的な, なだめるような

conciliatore 形〔女[-trice]〕調停の, 懐柔の —男〔女[-trice]〕調停者, 仲裁人 —giudice *conciliatore* 調停判事

conciliatorio 形 調停のための、なだめるための

conciliazione 女 調停、仲裁、和解、なだめること —la *Conciliazione* (1929年ラテラーノ条約による)イタリア国とカトリック教会の和解

concilio 男 公会議、宗教会議

concimaia 女 (肥料にするための)動物の糞(ふん)を置く場所

concimare 他 肥料を撒いて土地を肥やす

concimatore 男 [女 -trice] 肥料を撒く人 —男 肥料散布機

concimatura 女 土地を肥やすこと、施肥

concimazione 女 土地を肥やすこと、施肥

concime 男 肥料、こやし

concisione 女 簡潔、簡明

conciso 形 簡潔な、簡明な

concistoro 男 1 [カト]教皇枢密会議(場) 2 会議

concitato 形 1 興奮した、熱狂的な —parlare in modo *concitato* 興奮して話す 2 (詩や音楽の一節が)極めて劇的な

concitazione 女 興奮

concittadino 男 [女 -a] 同市民、同国人

conclamato 形 1 自明の 2 [医](病状に関して)明白な

conclave 男 1 教皇選出会議(場) 2 《謔》お偉方の秘密の会合

concludente 形 1 納得させる、確信させる 2 決定的な、最終的な

*__concludere__ [コンクルーデレ] [1] 他 [過分 concluso] 1 やり遂げる、実行する —Oggi non *ho concluso* nulla. 今日は何もまとまらなかった。 2 終える、終了する —*concludere* un discorso 演説を終える 3 (契約などを)結ぶ —*concludere* un affare 取引を結ぶ 4 (最終的に)結論づける、推断[推断]する —Abbiamo *concluso* che avevi ragione. 我々は君が正しかったと結論した。—自 納得がいく、結論に至る —**ersi** 再 終わる、閉じる —Il congresso *si è concluso* ieri. 会議は昨日終わった。

concluse *concludere* の直・遠過・3単

conclusionale 形 [法](訴訟の)最終申し立ての —男 [法](訴訟の)最終申し立て

conclusione 女 1 結論 2 結末、終結、結着 —*conclusione* di un romanzo 物語の結末 3 (契約や条約の)締結、実現 —*conclusione* di un affare 取引の成立 4 推論、推断、決定 5 [法][複数で]訴訟手続き ▶ *in conclusione* 結論として、要するに

conclusivo 形 1 最後の、最終的な 2 決定的な、結論的な

concluso 形 [過分< concludere] 1 終わった、終結した 2 〈文〉自分の殻に閉じこもった —男 結論、決定

concoide 形 [鉱]表面が貝殻状の、貝殻状の断面のある —女 [幾]コンコイド

concomitante 形 1 付随する、伴う 2 同時の、共存する

concomitanza 女 1 付随、共存 2 [宗]聖体(パンとブドウ酒)におけるキリストの体と血の併存

concordabile 形 一致しうる、調和させられる; 同意できる

concordanza 女 1 一致、調和; 協定 2 [言]一致 —*concordanza dei tempi* 時制の一致 3 [複数で]用語索引、コンコーダンス

concordare 他 (con) 1 一致させる、同意させる 2 同調させる —*concordare il prezzo di vendita* 販売価格を揃える[協定する] 3 [言](性・数・人称・格などを)一致させる —自 (con) 1 一致する、合う 2 認める、同意する 3 [言]一致する

concordatario 形 協定に適した、協定で決められた

concordato 形 一致した、合意した、協定の —男 協定、協約; (ローマ教皇と国家の首長との)政教協約

concorde 形 1 一致した、調和した 2 満場一致の、全員賛成した

concordia 女 1 (感情・意見などの)一致 —In quella famiglia regna la *concordia*. あの家は和やかさに満ちている。 2 調和、ハーモニー

concorrente 男女 1 志願者、応募者、参加者; 競争相手 2 商売敵 —形 1 協力する 2 競う

concorrenza 女 1 競争; 競争相手 2 [商]競合 3 群衆、雑踏

concorrenziale 形 競争による、競争的な

concorrenzialità 女 競争的なこと

concorrere [25] 自 [過分 concorso] 1 競争する、競う 2 加わる、参加する 3 協力する、貢献する —*concorrere alla realizzazione di un programma* 計画の実現に貢献する 4 集まる、集中する

concorsista 男女 [複男 -i] 《謔》何度もコンクールに参加する人

concorso 男 1 コンクール、コンテスト; 選抜試験 —*concorso pubblico* 公募 2 協力、貢献 3 同時発生 4 群衆、雑踏

concrescenza 女 → concrezione

concretabile 形 実現できる、具体化できる

concretare 他 実現させる —**arsi** 再 実現する

concretezza 女 具体性、現実に即したこと

concretizzabile 形 具体化できる、実現可能な

concretizzare 他 具体化する、実現する —**arsi** 再 具体化する、実現する

concretizzazione 女 具体化、実現

concreto 形 1 具体[具象]的な 2 現実的な、実際的な 3 固体の、固まった —男 [単数のみ]具象、具体的なもの

concrezionale 形 〔地質〕凝塊(性)の

concrezione 女 1 〔地質〕凝塊 2 〔医〕結石

concubina 女 1 内縁の妻 2 (一夫多妻の)正妻以外の妻 3 《謔》同居人, 連れ合い

concubinato 男 内縁関係, 同棲(ホェ)

concubino 男 内縁の夫

conculcare 他 圧迫する, 虐げる; 踏みつける, 踏みにじる —*conculcare i diritti dell'uomo* 人権を蹂躙(ミネネゥ)する

concupire 他 (io -isco) (特に性的に)熱望する, 切望する

concupiscente 形 熱望的な; 好色な

concupiscenza 女 熱望, 渇望; 好色, 色欲

concupiscibile 形 欲望を起こさせる, 情欲をそそる

concussionario 男 〔女[-a]〕〔法〕汚職者, 収賄者

concussione 女 〔法〕汚職, 収賄, 不正利得

concusso 形 1 〔法〕賄賂を強要された, 強請(ホョッ)られた 2 賄賂を受ける —男〔女[-a]〕賄賂を受ける人

condanna 女 1 有罪判決 2 刑罰 —*condanna a morte* [all'ergastolo, alla reclusione] 死刑[終身刑, 懲役刑] / *scontare una condanna* 刑に服する 3 非難, 糾弾, 咎(ﾄﾞ)め立て 4 責め苦, 苦痛 5 (病が)不治であること

condannabile 形 非難すべき; 咎(ﾄﾞ)めをするべき, 有罪の

☆**condannare** [コンダンナーレ] 他 1 有罪の判決を下す, 刑を宣告する 2 非難する, 咎(ﾄﾞ)める 3 強いる, 無理に…させる 4 (病人が)治る見込みがないと宣告する —**arsi** 再 1 (自分を)道徳的に非難すべきと見なす 2 悪い状態に身を置く

condannato 形 1 有罪を宣告された 2 非難された 3 助かる見込みのない, 不治の —男〔女[-a]〕有罪判決を受けた者 —*condannato a morte* 死刑囚

condensa 女 凝結した水分; 結露

condensabile 形 凝縮[圧縮]できる; 要約できる

condensabilità 女 凝縮性, 圧縮性, 濃縮性

condensamento 男 凝縮, 濃縮; 液化

condensare 他 1 凝縮[濃縮]する 2 要約する, まとめる 3 〔物〕液化[凝結]する —**arsi** 再 1 濃くなる, 凝縮する

condensato 形 濃縮した, 凝縮した; 要約した —*latte condensato* 練乳 —男 濃縮された液体

condensatore 男 1 (気体・液体の)濃縮装置 2 〔電〕コンデンサー, 蓄電器 3 〔光〕集光レンズ

condensazione 女 1 凝縮, 濃縮 2 〔化〕縮合; 液化

condicio sine qua non 慣 (女) 〔ラ〕(実現・実行のために)必要不可欠な条件

condiloma 男 〔複[-i]〕〔医〕コンジローム

condimento 男 調味料, 薬味; 味付け

condire 他 (io -isco) 1 味付けをする, 風味をつける, あえる 2 興趣を添える 3 《謔》叩きのめす

condirettore 〔女[-trice]〕共同経営者[支配人]

condiscendente 形 言いなりになる, 甘い, 従順な —*Sua madre è troppo condiscendente con lui.* 彼の母は彼に甘やかしすぎて

condiscendenza 女 甘やかすこと, 大目に見ること; 腰の低いこと

condiscendere [100] 自 〔過分 condisceso〕人の気に入るように振る舞う [同調する]

condiscepolo 男 〔女[-a]〕弟子, 門下生, 信奉者

condiscese *condiscendere* の直・遠過・3 単

condisceso *condiscendere* の過分

condividere [40] 他 〔過分 condiviso〕共有する; 分かつ

condivise *condividere* の直・遠過・3 単

condivisibile 形 分かち合える, 共有できる

condivisione 女 共有, 分担

condiviso 形 〔過分< condividere〕分かたれた, 共有された

condizionale 形 条件付きの, 条件を表す —*modo condizionale* 〔言〕条件法 —男 〔言〕条件法 —女 〔法〕執行猶予

condizionamento 男 1 条件付け 2 影響, 感化 —*subire condizionamenti* 影響を受ける 3 (空気の)調節 —*condizionamento dell'aria* エアー・コンディショニング

condizionare 他 1 調節[調整]する 2 条件づける; 左右する 3 空調設備を取りつける, 空気調整をする 4 〔工〕包装する 5 〔織〕(よりよく加工するため)繊維を蒸気に当てる

condizionato 形 1 条件付きの, 限定された —*riflesso condizionato* 〔医〕条件反射 2 調節された —*aria condizionata* 空調の効いた

condizionatore 男 空調装置, エアコン

condizionatura 女 包装

☆**condizione** [コンディツィオーネ] 女 1 条件 2 (心身の)状態, 体調, コンディション 3 社会的地位, 身分, 境遇 4 〔法〕条項 —**a condizione di** + 不定詞 [che + 接続法] …の場合に限り **essere in condizione di...** …することができる

condoglianza 女 1 (他人と悲しみ・苦しみを)分かち合うこと 2 〔複数で〕悔やみ, 弔辞 —*fare le condoglianze* お悔

condolersi やみを言う、哀悼の意を表す / Le mie più sentite *condoglianze*. ご愁傷様です.

condolersi [41] 再 哀悼の意を表す、お悔やみを言う、気の毒に思う

condom 男 〔不変〕〔英〕コンドーム

condominiale 形 1 共同所有の 2 共益費の

condominio 男 1 分譲マンション；共有物件；コンドミニアム 2 (マンションなどの) 共同所有(者)；管理組合

condonabile 形 免除できる、容赦できる

condonare 他 許す、免除する、容赦する

condono 男 〔法〕刑罰の減免

condor 男 〔不変〕〔鳥〕コンドル

condotta 女 1 態度、行儀、品行 2 運営、管理、手法、処理 3 貨車 4 導管、パイプ 5 (地方自治体による嘱託医の)任務

condottiero 男 1 軍隊の指揮官；民衆の指導者 2 (中世の)傭(よう)兵隊長

condotto¹ condurre の過分

condotto² 男 1 導管、パイプライン、ダクト 2 〔解〕管、導管

condotto³ 形 〔過分 < condurre〕(地方自治体の)嘱託医の

conducente 男女 1 (市バスや市電の)運転手 2 (荷馬車などの)御者 3 賃借人

conducibile 形 〔物〕伝導性の

conducibilità 女 〔物〕伝導性；〔電〕伝導率

*****condurre** [コンドゥッレ] [3] 他 〔過分 condotto〕 1 連れて行く、導く —*condurre* le bestie al pascolo 動物を牧草地に連れて行く 2 (…の状態に)追い込む、陥れる 3 運転する、操縦する 4 運営[経営]する 5 指導[指揮]する、統率する 6 過ごす、送る —自 (道などが)通じる —Questa strada *conduce* al mare. この道を行けば海に出る.

condusse condurre の直・遠過・3 単

conduttanza 女 〔物〕電気伝導力、コンダクタンス

conduttività 女 〔物〕伝導性；〔電〕伝導率

conduttivo 形 〔物〕伝導性の

conduttore 形 〔女[-trice]〕案内する、先導する —男 〔女[-trice]〕1 運転手、車掌、検札係 2 (ラジオ・テレビ番組の)司会者 3 〔法〕借家[借地]人 —男 1 〔軍〕(海軍の)司令官；司令艦 2 〔物〕導体、導線

conduttura 女 (ガスや水道の)導管、配管；配線

*conduzi*o*ne* 女 1 指導、案内 2 管理、監督 3 〔物〕伝導 4 〔法〕賃貸借

confabulare 自 [io confabulo] 小声で話す、ひそひそと話す

confacente 形 1 …にふさわしい、適切な、向いた 2 役に立つ、都合のよい —*clima confacente* alla salute 健康によい気候

confagricolo 形 農業総同盟の

Confagricoltura 略 Confederazione Generale dell'Agricoltura Italiana イタリア農業総同盟

confarsi [21] 再 〔通常 3 人称で〕(a) 1 …にふさわしい、適切な —Il clima montano non *si confà* alla sua salute. 山の気候は彼の健康によくない. 2 …に役に立つ、ためになる

confederale 形 同盟の、連盟[連合]の

confederare 他 [io confedero] 同盟させる、連合させる —**arsi** 再 同盟する、連合する

confederativo 形 同盟の、連合の —patto *confederativo* 同盟条約

confederato 形 同盟した、連合した —男 〔女[-a]〕同盟[連合](者)、連合国

confederazione 女 1 同盟すること、連合すること 2 (国家間の)同盟、連邦 —*Confederazione* Svizzera [Elvetica] スイス連邦

conferenza 女 1 講演、講義、講話 —*conferenza* stampa 記者会見 2 会議、協議

conferenziere 男 〔女[-a]〕講演者、講師

conferimento 男 授与、授けること

conferire 他 [io -isco] 1 授与する、授ける 2 与える 3 (同一の場所に収穫物を)集める —自 (人と)話し合う、協議する —Vorrei *conferire* con il console. 領事とお話がしたいのですが.

conferma 女 1 確認 2 証拠、証言、確証 ▶ *a conferma di...* …を確認して *dare conferma di...* …を確認[確証]する

*****confermare** [コンフェルマーレ] 他 1 確認する、確かめる 2 承認する、認める 3 確証[確認]する 4 強める、固める 5 (地位・職務などに)留める、保つ —**arsi** 再 確信する；(地位などを)固める

confermativo 形 確認の、確かめる

confessabile 形 明らかにしうる、罪を認める

*****confessare** [コンフェッサーレ] 他 1 (罪や過ちを)認める 2 白状する、告白する、(秘密などを)打ち明ける 3 (信仰を)表明[告白]する 4 〔宗〕告解する；(司祭が)告解を聞く —**arsi** 再 1 (自分の罪・責任を)認める 2 〔宗〕告解する、懺悔(ざんげ)する 3 (人に)打ち明ける —*Si è confessato* con me. 彼は私に心の内を話した.

confessionale 形 1 〔宗〕告解の 2 信仰告白の —男 懺悔(ざんげ)室、告解所

confessionalismo 男 信条主義、教条主義

*****confessione** 女 [コンフェッスィオーネ] 1 (罪や過ちを)認めること 2 告白、白状 3 信仰の告白 4 〔宗〕告解 5 〔複数で〕回想録、自叙伝 6 政治[思想]的信条 7 (祭壇の中や下に設けられた)墓所、聖遺物収納所

confesso 形 間違いを認めた、罪を認め

た —reo confesso 自白した犯人

confessore 男 1 聴罪司祭 2 (迫害の中)殉教せずに信仰を守り通した聖人

confettatura 女 砂糖漬けにすること, 砂糖でくるむこと

confetteria 女 1 菓子の製造 2 菓子屋

confetto 男 1 (結婚や洗礼の祝いに配られる, アーモンドやリキュールを糖衣でくるんだ)砂糖菓子, ボンボン, ドラジェ 2 糖衣錠
► mangiare i confetti di... …の結婚を祝う

confettura 女 1 (果物の)砂糖煮 2 ジャム —confettura di albicocche アンズのジャム

confetturiero 形 ジャムの, ジャム製造の

confezionamento 男 服を仕立てること; 包装すること

confezionare 他 1 (服を)仕立てる 2 (菓子や料理を)作る 3 包装する

confezione 女 1 既製服; 服の仕立て 2 包装 —confezione regalo [famiglia] 贈答用の[簡易]包装

conficcamento 男 打ち込むこと, 突き通すこと

conficcare 他 1 打ち込む, 差し込む 2 (頭に)叩き込む —**arsi** 再 突き刺さる —Un ago mi si è conficcato nel piede. 足に針が刺さった.

confidare 自(in) 信頼[信用]する —Confido nel tuo buon senso. 君の良識に期待しているよ. —他 1 打ち明ける —Non rivelerò ciò che mi hai confidato. 君が打ち明けたことを漏らしたりしない. 2 任せる, 託す —**arsi** 再 (秘密や考えを)打ち明ける, 心を開く

confidente 形 1 信用している, 人を信じやすい 2 自信に満ちた —男女 1 信頼できる人, 親友, 腹心 2 情報提供者, 密告者 3 〔劇〕 (古典劇で)主人公の親友で事のいきさつを語る人

confidenza 女 1 親密さ, 親しさ, 気安さ 2 打ち明け話, 告白 3 信頼, 信用
► in confidenza 信頼して; 内緒で
► prendersi delle confidenze なれなれしくする

confidenziale 形 1 打ち解けた, 親しげな —saluto confidenziale 親しみのこもった挨拶 2 秘密の, 内密の —informazione confidenziale 機密情報

confidenzialità 女 打ち解けた振る舞い; 秘密のやり方

configgere [21] 他 〖過分 confitto〗 打ち込む, 突き刺す —**ersi** 再 深く刺さる[食い込む]

configurare 他 形づくる, 具体化する —**arsi** 再 ある形になる, 現れる —Il problema si configura complesso. 問題は複雑になっている.

configurazione 女 1 形成; 外形, 形状 2 〔物〕配置, 空間配列 3 〔コン〕(システムとしての)構成

confinante 形 隣の, 隣接した —男女 1 国境付近に住む人 2 (他人と)隣接する土地の所有者

confinare 自 隣接する, 隣り合う; 国境を接する —他 1 流刑に処する, 追放する 2 閉じ込める, 閉じこもらせる

confinato 形 監禁の, 幽閉の; 流刑の —男〔女[-a]〕監禁者, 幽閉者; 流刑囚

Confindustria 女 Confederazione Generale dell'Industria Italiana イタリア産業総連盟

confindustriale 形 イタリア産業総連盟の

‡**confine** [コンフィーネ] 男 1 境界(線); 国境; 境目 2 境界標識 3 〖複数で〗非常に遠い地域, 辺境

confino 男 監禁, 幽閉; 流刑

confisca 女 没収, 押収

confiscabile 形 没収[押収]できる

confiscare 他 没収する, 押収する —La polizia ha confiscato le sigarette di contrabbando. 警察は密輸タバコを押収した.

confisse configgere の直・遠過・3単

confiteor 男 〖不変〗〔ラ・宗〕告白の祈り

confitto configgere の過分

conflagrazione 女 1 (突然に)燃え上がること 2 (戦争の)勃発

conflitto 男 1 紛争, 戦争 2 衝突, 対立

conflittuale 形 矛盾する, 対立する, 相反する

conflittualità 女 矛盾, 対立, 相反

confluente 形 (水の流れが)合流する —男 (川・谷の)合流点

confluenza 女 1 合流, 合流点 2 (意見や思想の)合致

confluire 自 〖es/av〗〖io -isco〗 1 合流する, 流れ出す —Il Ticino e l'Oglio confluiscono nel Po. ティチーノ川とオリオ川はポー川に注いでいる. 2 つながる —Le due vie principali confluiscono nella piazza. 二つの主要道は広場に通じている. 3 集まる

‡**confondere** [コンフォンデレ] [55] 他 〖過分 confuso〗 1 混同する, 取り違える —confondere A con B A(人・物)をB(人・物)と間違える 2 混乱させる, 困惑[当惑]させる —I suoi suggerimenti mi hanno confuso. 彼の助言には困惑した. 3 ごちゃ混ぜにする —Il bambino ha confuso tutti i fogli. 子供は書類を全部ごっちゃにした. 4 鈍らせる, 弱める —L'oscurità confonde la vista. 暗がりでは視界がぼやける. —**ersi** 再 1 困惑[当惑]する; 混乱する 2 混ざる, 混ざり合う —Si confuse tra la folla. 彼は人込みに紛れた.

confondibile 形 混同[混乱]しやすい

conformabile 形 一致した, 順応する

conformare 他 1 (一定の)形にする 2 合わせる, 一致させる —conformare il proprio comportamen-

conformato to a una situazione 行動を状況に合わせる —**arsi** 再 1 合致する —*conformarsi alle regole* 規則に適合する 2 順応する —*conformarsi alle decisioni altrui* 他人の決定に従う

conformato 形 1 形づくられた, 合わせられた 2 (服が)特大の

conformazione 女 1 形態, 形状, 組織 2 適合, 順応

conforme 形 1 同一の, 類似の, 忠実な 2 一致した, 適した —*Il tuo comportamento non è conforme alle tue idee.* 君の態度は言行不一致だ.

conformismo 男 順応[慣例]主義

conformista 男女 〔複[男 -i]〕 1 (体制や因習に追従する)順応主義者 2 英国国教徒

conformistico 形 〔複[男 -ci]〕 順応[慣例]主義(者)の

conformità 女 1 類似, 相似 2 一致, 従順 —*conformità alla legge* 法律に従うこと

confortante 形 慰めとなる, 安らぎのある, 元気づけられる

confortare 他 1 励ます; 勇気を与える 2 立証[確証]する —**arsi** 再 1 元気を出す, 安心する 2 励まし合う

confortevole 形 1 快適な; 心地よい 2 慰める, 励ます

confortevolezza 女 幸せ, 裕福; (物の)快適さ, 便利さ

confortino 男 1 ラングドシャ(ピエモンテ地方特産の菓子) 2 香辛料とハチミツで味付けした菓子

conforto 男 1 慰め; (心の)支え 2 拠り所, 根拠 3 便利さ, 快適さ

confratello 男 1 信心会[信者]会の会員 2 《謔》同僚, 仲間

confraternita 女 1 信心会会, 信者会 2 協会, 組合, 団体

confrontabile 形 比較できる, 匹敵する

confrontare 他 1 比較する —*confrontare A con B* A(人・物)をB(人・物)と比較する 2 突き合わせる, 照合する 3 調べる, 参照する —**arsi** 再 比較し合う, 突き合わせる

＊**confronto** [コンフロント] 男 1 比較 2 照合 3 討論 4 [スポ]競争, 試合 5 [法] (法廷での)対面, 対決 ▶ *in confronto a [di]... [a confronto di...]* …と比べて *mettere a confronto* 比較する *nei confronti di...* …に関しては *non temere confronti* (質が)最高の

confucianesimo 男 孔子の教え, 儒教

Confucio 固名 (男) 孔子(前551-479; 中国の思想家, 儒教の祖)

confuse confondere の直・遠過・3単

confusionale 形 錯乱した, 狼狽(ﾊﾞｲ)した

confusionario 形 頭の混乱した, でたらめな, 乱雑な —男[女 -a] 頭の混乱した人, 騒々しい人, 厄介な人

confusione 女 1 混同, 取り違え 2 混乱, 混雑 3 ごちゃ混ぜ 4 困惑, 当惑 5 大騒ぎ

confuso 形 〔過分< confondere〕 1 混乱した, 雑然とした 2 曖昧な, 不明瞭な 3 困惑[当惑]した

confutabile 形 反証できる, 論駁(ﾊﾞｸ)できる

confutabilità 女 反証できること, 論駁(ﾊﾞｸ)しうること

confutare 他 反証する, 論駁(ﾊﾞｸ)する, (誤り・偽りであると)立証する

confutativo 形 反証の

confutatore 男[女-trice] 反駁(ﾊﾞｸ)者, 反論者

confutazione 女 反証すること, 論駁(ﾊﾞｸ)すること, 反駁すること

conga 女 1 コンガ(アフロキューバンのダンスおよびダンス音楽) 2 [音]コンガ(キューバの大型太鼓)

congedamento → congedo

congedare 他 1 (別れの挨拶をして人を)帰らせる; 送り出す 2 除隊する —**arsi** 再 辞去する, いとまを告げる

congedo 男 1 立ち去る許可, いとま乞い; 別れの挨拶 2 除隊 3 (官公庁の)一時休暇 4 [詩](カンツォーネの)結びの句, 訣(ｹﾂ)れ

congegnare 他 1 (装置・仕掛けを)組み立てる, 考案する; 配置する 2 立案する, 計画する —*congegnare una truffa* ペテンを企む

congegnatore 男[女-trice] 組み立てる人, 修理する人

congegno 男 1 (機械や装置の)組み立て 2 装置, 仕掛け, しくみ

congelabile 形 冷凍できる

congelamento 男 1 凍結, 冷凍 —*punto di congelamento* 氷点 2 [医]凍傷

congelare 他 1 凍らせる; 冷凍[保存]する 2 凍傷にかからせる 3 中断する, 固定する —*congelare i prestiti* 融資を凍結する 4 こわばらせる, 動けなくする —自 凍える —**arsi** 再 1 凍る; 凍える 2 凍傷にかかる; (凍えるほど)冷える

congelatore 男 冷凍庫, 冷蔵庫の冷凍室, フリーザー —形[女-trice] 凍えるような; 冷凍するための

congenere 形 類似した, 同種の, 同類の —男 同種, 同類

congenero 男 娘の夫

congeniale 形 性に合った, …に適した —*Questa lavora mi è congeniale.* この仕事は私に向いている.

congenialità 女 一致, 相性, 適性

congenito 形 生まれつきの, 生来の, 先天的な

congerie 女 〔不変〕 寄せ集め, (散らかった物の)山; 集積, 堆積

congestionare 他 1 [医]鬱血させる, 充血させる 2 妨害する, 阻害する, 混

雑させる

congestionato 形 1〔医〕鬱血した, 充血した 2とても赤い —volto [viso] *congestionato* 紅潮した顔 3 (交通が) 混雑した

congestione 女 1〔医〕鬱血, 充血 2〔口〕消化不良 3 混雑, 渋滞; 密集

congettura 女 憶測, 推測, 推量 —fare *congetture* 推測する

congetturabile 形 推測できる, 推量しうる

congetturale 形 憶測的な, 確定的でない

congetturare 他 憶測する, 推測する

congiario 男 (古代ローマの皇帝などが平民・兵士に与えた) 施し(油・ワイン・食品など. 後に貨幣)

congiungere [58] 他 〔過分 congiunto〕 1 結合する, 結びつける 2 接続する, 結ぶ —*congiungere* due regioni con una linea ferroviaria 二つの地域を鉄道で結ぶ —**ersi** 再 1 結びつく, 密着する 2 合流する 3 結ばれる —*congiungersi* in matrimonio 結婚する

congiungibile 形 結合しうる

congiungimento 男 1 結合, 接合 2 性交

congiuntiva 女〔医〕結膜

congiuntivite 女〔医〕結膜炎

*****congiuntivo** [コンジュンティーヴォ] 形 1 結合[連結]する 2〔言〕接続法の —男〔言〕接続法

congiunto 形〔過分 < congiungere〕 1 結合した, 接続した 2〔音〕コンジャンクト(旋律の順次進行) —男〔女 [-a]〕親族, 親戚

congiuntura 女 1 接点, 結合点 2 傾向, 趨(すう)勢 3〔経〕経済局面, 景気変動[局面]

congiunturale 形 (危機的な)経済[景気]局面の

congiunzione 女 1 接続, 連結, 接合 2 接合[結合]点 3〔言〕接続詞 4〔天〕合(ごう) 5〔論〕連言

congiura 女 陰謀; 共謀

congiurare 自 1 陰謀[謀反]を企てる 2 よくない状況を引き起こす

congiurato 形 企まれた —男〔女 [-a]〕陰謀者, 共謀者

conglobamento 男 合体, 連合, 統合

conglobare 他〔io conglobo, globo〕 合体させる, 連合[統合]させる —**arsi** 再 合同する, 連合する

conglomerare 他〔io conglomero〕 集めて一つにする, まとめる —**arsi** 再 集まって一つになる, まとまる

conglomerato 男 寄せ集めた, まとまった —男 1 集合体, 複合企業体, コングロマリット 2〔地質〕礫(れき)岩

conglutinare 他〔io conglutino〕 膠(にかわ)で固める —**arsi** 再 密着する

Congo 国名〔男〕 1 コンゴ共和国 2 コンゴ民主共和国

congolese 形 コンゴ(人)の —男女 コンゴ人

congratularsi 再〔io mi congratulo〕 祝う, 祝す; 祝辞を述べる —Ho saputo che ti sposi e *me ne congratulo*. 結婚されるとのこと, おめでとうございます. / *congratularsi* con A per B B(物)のことでA(人)に祝い[喜び]を述べる

congratulatorio 形 祝いの

congratulazione 女〔複数で〕祝辞, おめでとうの言葉 —*Congratulazioni!* おめでとう.

congrega 女 一団, 徒党, 一味

congregare 他〔io congrego, congrego〕 集める, 集合させる —**arsi** 再 集まる, 集合する

congregato 形 集まった, 一つになった —男〔女 [-a]〕会員, 団員

congregazionalismo 男〔宗〕組合教会主義, 会衆派

congregazione 女 1 集合, 集まり 2 会衆, 信徒団

congressista 男女〔複[男 -i]〕会議の参加者

congressistico 形〔複[男 -ci]〕会議(参加者)に関する

congresso 男 1 会議; 大会 2 (C-) (米国の)議会

congressuale 形 会議の

congrua 女 (聖職者への)生活保障手当て

congruente 形 1 一致した, ふさわしい, 適合する —risposta *congruente* alla domanda 質問にかなった答え 2〔数〕合同の

congruenza 女 1 一致, 適合 2〔数〕合同

congruità 女 適合, 一致

congruo 形 1 適した, ふさわしい, 都合がよい 2〔数〕合同の

conguagliare 他〔io conguaglio〕 1 調整する 2 清算する, 差引勘定をする

conguaglio 男〔経〕貸借[収支]勘定, 収支残高

CONI 略 Comitato Olimpico Nazionale Italiano イタリア・オリンピック委員会

coniare 他〔io conio〕 1 (貨幣・メダルを)鋳造する 2 (新語などを)案出する

coniatore 男〔女 [-trice]〕 1 貨幣[メダル]鋳造者 2 (新語などを)作り出す人

coniazione 女 1 (貨幣・メダルの)鋳造 2 (新語や表現の)案出, 創造

conico 形〔複[男 -ci]〕円錐(すい)形の

conidio 男 (菌類の)分生子

conifera 女 (C-)〔複数で〕針葉樹, 球果植物

coniglia 女 雌ウサギ; 《諧》子だくさんな女

conigliera 女 ウサギ小屋[飼育檻(おり)]

conigliesco 形〔複[男 -chi]〕ウサギの; ウサギのように臆病な

coniglietta 囡 **1** 幼い[小さな]雌ウサギ **2** バニーガール

coniglietto 男 幼い[小さな]雄ウサギ

coniglio 男 **1** 〔動〕ウサギ **2** ウサギの肉 **3** 内気な人,小心[臆病]な人

conio 男 **1** 打ち型,金型 **2** (貨幣・メダルの)鋳造;(新語などの)案出 **3** (木を割るための)楔(くさび) **4** 〔建〕(アーチの)楔石 **5** 〔軍〕楔形隊形

coniugale 形 結婚の,婚姻の,夫婦の

coniugare 他 (io **coniugo**) **1** 〔言〕動詞を活用[変化]させる ―*coniugare un verbo al futuro* 動詞を未来に変化させる **2** 共存させる,両立させる **―arsi** 再 **1** 結婚する **2**〔言〕動詞が活用[変化]する

coniugato 形 **1** 既婚の,結婚した **2** 結合[接合]された **3**〔化・数〕共役の ― 男〖女[-a]〗既婚者

‡**coniugazione** [コニウガツィオーネ] 囡 **1**〔言〕(動詞の語尾)変化,活用 **2**〔生物〕接合

coniuge 男女 配偶者

connaturale 形 生来[生得]の;同種の

connaturato 形 生まれつきの,先天的な;根深い

connazionale 形 同国の,同国籍の ―男女 同国人

connesse connettereの直・遠過・3単

connessione 囡 **1** 関連,つながり,関係 **2**〔法〕牽(けん)連 **3**〔電〕接続

connesso 〖過分＜ connettere〗関連した,関係した,接続した ―男〖次の成句で〗 ▶ **con tutti gli annessi e connessi** 全部まとめて

connettere 〖8〗他〖過分 connesso〗**1** 連結する,つなぐ,関連させる **2** 考える,判断する ―*Sono talmente stanco che non connetto*. とても疲れているので頭が働かない. **3** 繋ぐ,組み合わせる **―ersi** 再 〈a, con〉結びつく,つながる,関連する

connettivo 形 結びつける,接続的な ―男 **1**〔言〕接続語,連結詞 **2**〔植〕葯(やく)隔

connettore 男〔電〕コネクター;コンセント

connivente 形 黙認の,見て見ぬふりの

connivenza 囡 黙認,見逃すこと

connotare 他〔哲〕内包する

connotato 男〖複数で〗(人の外見を表す)特徴,人相

connotazione 囡 **1**〔哲〕言外の意味,含蓄,含意 **2**(言葉の)ニュアンス,あや

connubio 男 **1**〔文〕結婚,婚姻 **2** 一致,融合;(政治的な)連合,同盟 ―*un inedito connubio fra il centro e la destra* 中道と右派の同盟

cono 男 **1** 円錐(すい) (形) **2** 円錐状の物 **3** (アイスクリームを入れる)コーン **4**〔植〕球果 **5**〔解〕(網膜の)円錐体,錐状体 **6**〔貝〕イモガイ **7**〔地質〕円錐火山

conobbe conoscereの直・遠過・3単

conocchia 囡 糸巻き棒に巻いた(羊毛・麻などの)束;糸巻き棒

conoide 男女 〔幾〕円錐(すい)曲線体;〔地質〕円錐状の堆積物

conopeo 男〔聖櫃(ひつ)の〕垂れ幕

conoscente 男女 知人 ―形 知っている

‡**conoscenza** [コノシェンツァ] 囡 **1** 知っていること **2** 学識,知識 **3** 意識 **4** 面識;知人,知り合い ―*fare la conoscenza di...* …とお近づきになる ▶ *a conoscenza* よく知られた,周知の *essere [venire] a conoscenza di...* …を知る[知るようになる]

‡**conoscere** [コノッシェレ] 〖22〗他 〖過分 conosciuto〗**1** 知っている ―*Conosci questo scrittore francese?* このフランス人の作家知ってる? **2** 知り合う,知り合いである ―*Lo conosco da molto tempo.* 彼を昔から知っている. / *conoscere di vista [nome]* 顔[名前]は知っている **3** (人に)初めて会う ―*Fammi conoscere tua sorella!* 姉さんに紹介してよ. / *Sono lieto di conoscerLa.* お目にかかれてうれしいです. **4** 精通[熟知]している ―*conoscere l'inglese* 英語が堪能である **5** 経験[体験]する,経験[体験]している ―*Abbiamo conosciuto la fame durante la guerra.* 私たちは戦時中にひもじい思いをした. **6** 識別する,見分ける ―*non conoscere il bene dal male* 善悪の区別をわきまえない **―ersi** 再 **1** 自分自身を知る **2** 知り合う

conoscibile 形 知りうる,理解できる ―男〖単数のみ〗知りうるもの[こと]

conoscitivo 形 〔心〕認識に関する,認知の

conoscitore 男〖女[-trice]〗専門家,熟練者,通(つう);鑑定家 ―*conoscitore di musica* 音楽通

conosciuto 形 〖過分＜ conoscere〗有名な,よく知られた

conquibus 男〖不変〗〈ラ〉〘諧〙金(かね),現なま ―*Dove trovo il conquibus?* どこで金を見つけりゃいいんだ?

conquin 男 〖不変〗〈仏〉コンキーノ(ラミーに似たトランプゲーム)

conquista 囡 **1** 征服;征服地 **2** 獲得 **3** 進歩,発展;発見,発明 **4** 口説き落とされた人

conquistabile 形 征服できる,獲得できる ―*territorio difficilmente conquistabile* なかなか征服できない領土

‡**conquistare** [コンクィスターレ] 他 **1** 征服する **2** (努力して)獲得する **3** (好意や愛情を)勝ち取る **4** 魅惑する **―arsi** 再 **1** (苦労や犠牲を払って)獲得する ―*conquistarsi una buona posizione sociale* 社会的地位を手にする **2** 勝ち取る,得る ―*conquistarsi la fiducia di...* (人の)信頼を勝ち取る

conquistatore 形〔女[-trice]〕征服者の ―男〔女[-trice]〕1 征服者, 勝利者 2 女たらし

cons. 略 consiglio 会議

consacrare 他 捧げられる, 崇拝される; 聖化[聖別]される

consacrante 形 聖別する, 叙階する ―男 聖別を執り行う人

consacrare 他 1 神聖にする, 聖別する 2 叙階する(聖職者を任命すること) 3 (記念建造物を)奉献する 4 捧げる ―*consacrare* ogni sforzo allo studio 学問に全霊をかたむける 5 (正当性を)認める ―**arsi** 再 ⓐ 献身する

consacrazione 女 聖別, 奉献; 叙階(式)

consanguineità 女 血族関係; 親族

consanguineo 形 (直系・傍系を問わず)血族[血縁]の ―男〔女[-a]〕血族, 血縁

consapevole 形 (di) 1 自覚[意識]した ―*essere consapevole* della propria posizione 自分の立場をわきまえている 2 よく知っている

consapevolezza 女 自覚, 意識

consapevolizzare 他 意識させる, 自覚させる ―**arsi** 再 意識する, 自覚する

consapevolizzazione 女 意識すること, 自覚すること

conscio 形〔複[女 -sce]〕意識している, 自覚している

consecutivamente 副 連続して, 次々と

consecutivo 形 1 連続した, 引き続いての ―*per tre giorni consecutivi* 三日連続で 2〔言〕結果を表す ―*proposizione consecutiva* 結果節

consegna 女 1 引き渡し; 配達 ―*consegna a domicilio* 宅配 2〔軍〕司令; 禁足

consegnabile 形 引き渡せる, 配達できる

*****consegnare** [コンセニャーレ] 他 1 手渡す; 配達する 2 伝える, 託す 3 伝える, 伝承する 4〔軍〕禁足を命じる ―**arsi** 再 降伏する, 従う

consegnatario 男〔女[-a]〕引き受け人, 受取人, 受託者

conseguente 形 1 結果として起こる, 由来する 2 当然の, 一貫した ―男 1 (当然の)結果 2〔論〕後件 3〔数〕比の後項

*****conseguenza** [コンセゲンツァ] 女 1 (前提から論理的に導かれる)帰結, 結論 2 (よくない)結果; 影響 ―*Questi brutti voti sono la conseguenza del tuo poco impegno.* このひどい成績は君が真剣にやらなかった結果だ. ▶ *di [per] conseguenza* その結果, 従って *in conseguenza di...* …のために[原因で]

conseguibile 形 達成[到達]できる, 獲得できる

conseguibilità 女 達成[到達]可能性

conseguimento 男 到達, 達成

conseguire 他〔io conseguo〕達成する; 獲得する ―自 [es] 結果として起こる ―*ne consegue che...* その結果…となる

*****consenso** [コンセンソ] 男 1 同意, 合意 ―*per comune consenso* 満場一致で 2 承諾, 承認 3 賞賛, 好意的な評価

consensuale 形 1〔法〕相互的合意の, 双方の合意に基づく 2〔医〕共感性の

*****consentire** [コンセンティーレ] 他 許す, 許可する ―*Il maltempo non consente* la partenza degli aerei. 悪天候で飛行機が出発できない. ―自 1 同意する, 応じる ―*consentire con...* …と同意見である 2 認める ―*Paolo consente di aver torto.* パオロは間違いを認めている. 3 …できるようにする, 可能にする ―**irsi** 再 没頭する, 専念する; 自分に許す

consentito 形 1 同意した, 認めた 2 自由な ―*accesso consentito ai soli residenti* 住民のみ出入り自由

consenziente 形 同意の, 承諾した

consequenziale 形 結果として起こる, 当然の

consequenzialità 女 首尾一貫していること, 論理性

conserto 形 1 (腕や足を)組んだ 2 《文》より合わされた ―男 組み合わせ, 絡み合い

conserva 女 1 保存食品, 缶詰め[瓶詰め]の食品; ジャム類 2 保存

conservabile 形 保存できる, 貯蔵できる

conservabilità 女 保存性, 貯蔵性

conservante 形 保存力のある ―男 防腐剤, 合成保存料

*****conservare** [コンセルヴァーレ] 他 1 保存する, 貯蔵する 2 保持する, 維持する ―*conservare un aspetto giovanile* 若々しい姿を保つ 3 大切に保存する, 保管する ―*Conservo le foto d'infanzia.* 私は子供の頃の写真を大事に持っている. ―**arsi** 再 (よい状態に)保つ; 保たれる

conservativismo 男 保守的傾向, 保守主義

conservatività 女 保存性

conservativo 形 1 保存力のある, 保存上の 2 保守的傾向の ―男 防腐剤, 合成保存料

conservato 形 保存された, 貯蔵された

conservatore 形〔女[-trice]〕1 保守的な; 伝統を重んじる 2 保存する, 保管する ―男〔女[-trice]〕1 保守的な人; 伝統を重んじる人 2 (公共財の)管理官

conservatorio 男 1 音楽院, 音楽学校 2 (修道会設立の)女子学校

conservatorismo 男 保守的傾向,

保守主義
conservazione 囡 1 保存, 貯蔵; 保持 —affreschi in ottimo stato di *conservazione* 非常によい保存状態のフレスコ画 2 保守(主義)
conserviere 男〔囡[-a]〕缶[瓶]詰製造業者
conserviero 形 缶[瓶]詰製造の
conservificio 男 缶[瓶]詰工場
consesso 男 会議, 集会;(重要人物の)会談
considerabile 形 考慮に値する, 重要な —La tua proposta mi pare *considerabile*. 君の提案は検討に値すると思うよ.
***considerare** [コンスィデラーレ] 他〔io considero〕1 よく考える, 熟考する —*considerare* la questione 懸案を熟考する 2 よく見る, 観察する —*Considera* questo schema! この設計図をよく見て. 3 見なす, 判断する —Tutti lo *considerano* una persona sincera. 皆彼を誠実な人だと思っている. 4 考慮[斟(しん)酌(しゃく)]する —Devi *considerare* che è ancora un bambino. 彼がまだ子供だということを考慮してやらねば. **—arsi** 再 1 自分が…だと思う —*Mi considero* fortunato. 自分は幸運だと思う. 2 お互いに…と見なす —*Si considerano* buoni amici. 彼らはお互いによい友達だと思っている.
considerato 形 1 考慮された, 見なされた 2 慎重な, 思慮深い 3 (出来事・行事が)予想された, 予定された
considerazione 囡 1 熟慮, 熟考, 考察 2 考慮[配慮](すべきこと) 3 尊敬, 尊重 4 慎重さ, 思慮深さ ▶ *in considerazione di...* …を考慮して *prendere in considerazione* 検討[吟味]する
considerevole 形 相当な, かなりの, 重要[重大]な
consigliabile 形 1 勧められる, 望ましい —Non è *consigliabile* uscire a quest'ora. こんな時間に出かけるのはよくない. 2 都合のよい, 当を得た
***consigliare** [コンスィッリアーレ] 他〔io consiglio〕1 勧める; 助言[忠告]する —Ti *consiglio* di bere poco. あまり飲まないほうがいいぞ. 2 推薦[推奨]する —Mi ha *consigliato* quel ristorante. 彼は私にそのレストランを勧めてくれた. **—arsi** 再(con)相談して助言を求める
consigliere 男〔囡[-a]〕1 助言者; アドバイザー; 相談役 2 評議員; 議員; 参事 —*consigliere* comunale 市[町, 村]議会議員
***consiglio** [コンスィッリョ] 男 1 助言, 忠告, 勧告 2 会議, 評議会, 審議会 —*consiglio* comunale 市[町, 村]議会 / *Consiglio* dei Ministri 内閣 / *Consiglio* di Sicurezza (国連の)安全保障理事会
consigliori 男〔不変〕〔隠〕(アメリカのイタリア系マフィアの)ボスの相談役

consiliare 形 会議(参加者)の; 議会の, 議員の —*delibera consiliare* 議会の決定
consimile 形 よく似た, 同様の
consistente 形 (in,di) 1 …から成り立つ, 構成されている 2 固い, 固練りの —*materiale consistente* 固い素材 3 相当な, かなりの —*somma consistente* 莫大な金額 4 有効な, 根拠に基づく
consistenza 囡 1 固さ 2 密度 —la *consistenza* di una crema クリームの濃度 3 有効性, 価値 —idee senza *consistenza* 根拠のない考え 4 具体性 —progetti senza [privi di] *consistenza* 具体性のない計画
***consistere** [コンスィステレ] [12] 自〔es〕〔過分 consistito〕1 (…から成る —Il nostro appartamento *consiste* di quattro locali. 私たちのマンションは4部屋から成る. 2 (in)(問題や要点が)…にある —Il lavoro del maestro *consiste* nell'insegnare. 教師の仕事は教えることだ.
CONSOB 略 Commissione Nazionale per le Società e la borsa イタリア証券取引委員会
consociabile 形 合同[連合]できる, 結びつけられる
consociare 他〔io consocio〕1 連合させる, 結びつける, 提携させる 2 〔農〕(同一の土地で)様々な作物を一緒に栽培する **—arsi** 再 連合する, 結びつく, 提携する
consociativo 形 連合[提携]を促進[調整]する
consociato 形 連合した, 結びついた, 提携した
consociazione 囡 1 連合, 提携, つながり 2 〔農〕(同一の土地での)様々な作物の同時栽培
consocio 男〔囡[-a, 複 -cie]〕(同一集団の)仲間, 協同者
consolabile 形 慰められる
consolante 形 1 慰めになる, ほっとさせる 2 励みになる, 勇気づける —*notizia consolante* 喜ばしい知らせ
***consolare**[1] [コンソラーレ] 他 1 慰める, 慰撫する 2 励ます, 元気づける, 喜ばせる **—arsi** 再 1 安心する, ほっとする 2 喜ぶ, 活気づく
consolare[2] 形 1 (古代ローマの)執政官の 2 領事の
consolato[1] 男 1 領事館 2 (古代ローマの)執政官の職[任期] 3 (中世の)行政長官の職
consolato[2] 形 慰められた, 元気づけられた
consolatore 形〔囡[-trice]〕慰めになる, 励みになる —男〔囡[-trice]〕慰める人, 慰めとなる物
consolazione 囡 1 慰め, 慰安 —*premio di consolazione* 残念賞 2 喜び, うれしさ 3 喜びを与えるもの
console[1] 男女 1 領事 2 (古代ローマ

の)執政官 3(中世の)行政長官 4(ファシスト政権における大佐級の)志願兵

console² 男 1〔仏〕コンソール(壁に取り付けられたテーブル) 2〔音〕オルガンの鍵盤、(ペダルなどがついた)演奏席

consolidamento 男 強化、強固にすること

consolidare 他 [io consolido] 1 強化する、固める 2〔経〕短期借入金を長期に替える **—arsi** 再 固まる、強固になる —Il fango *si è consolidato* asciugandosi. ぬかるみが乾いて固くなった.

consolidato 形 固まった、強固になった —attore dalla fama *consolidata* 不動の名声を得た俳優 **—**男〔経〕長期公債

consolidazione 女 強化、強固にすること

consolle → console²

*__consonante__ [コンソナンテ] 女〔言〕子音 **—**形 1 子音の 2 共鳴する 3〔音〕協和音の —accordo *consonante* 協和音

consonantico 形〔複[男 -ci]〕〔言〕子音の

consonanza 女 1〔音〕協和音 2(考え・思想の)一致 3〔詩〕押韻、子音韻

consono 形⟨a⟩…にふさわしい、適切な —trovare una soluzione *consona* al problema 問題にふさわしい解決策を見出す

consorella 女 1(同じ信心[信者]会)の女性信徒 2(同一会社の)姉妹店、(同一グループの)系列会社 **—**形〔女性のみ〕同属の、同一血統の

consorte 男女 配偶者(coniuge) —principe *consorte* 女王の夫君

consorteria 女 1(中世の)貴族の門閥 2⟨蔑⟩(政治的・経済的な)派閥、党派

consortile 形 社会の、集団の; 組合の、共同体の

consorziale → consortile

consorziare 他 [io consorzio] 一団にする、連合体にする **—arsi** 再 一団になる、連合体になる

consorziato 形 一団になった、連合した **—**男〔複数で〕集団[社会]の構成員、組合員

consorzio 男 1 社会、集団 —*consorzio* civile 文明社会 2 共同体、協会、組合

consovranità 女 共同主権、共同統治権

constare 自 [es] ⟨di⟩…から成る、構成される —L'enciclopedia *consta* di dieci volumi. その百科事典は 10 巻から成る. **—**非人称 明らかとなる、分かる —Per quanto ci *consta*, i dati sono falsi. 私たちの知る限り、データは偽物だ.

constatabile 形 確かめうる、認めうる

constatare 他 [io constato, constato] 確認する; 実証する

constatativo 形 単なる評価の、単なる意味の

constatazione 女 確認; 証明; 意見

Consuelo 固名〔女性名〕コンスエーロ

consuetudinario 形 慣習[慣例]の、因習的な

consuetudine 女 1 習慣、慣習、風習; 伝統 —È sua *consuetudine* arrivare in anticipo. 早めに来るのが彼の習慣だ. 2〔法〕慣行; 慣習法

consulente 形 助言を与える **—**男女 コンサルタント、顧問 —*consulente* tributario 税コンサルタント / *consulente* legale 顧問弁護士

consulenza 女 (専門家の)助言、忠告 —*consulenza* medica 医師の診察 / *consulenza* legale 弁護士の鑑定

consulta 女 1 会議、審議会、諮問委員会 2 (C-)憲法院、憲法裁判所

consultabile 形 参考にできる、参照できる

consultare 他 1 相談する —*consultare* un avvocato 弁護士に相談する 2 調べる —*consultare* il dizionario 辞書を引く **—arsi** 再⟨con⟩(人に)相談する —*Mi sono consultato* con un medico. 私は医者に相談した.

consultatore 男〔女[-trice]〕文書や辞書を調べる人

consultazione 女 1 文書を調べること、辞書を引くこと 2 (専門家に)相談すること、意見を求めること; 面談 —È necessaria la *consultazione* di un avvocato. 弁護士の意見を聞く必要がある. 3〔複数で〕(国家の首長と政界の要人との)一連の会談

consulto 男 1(患者治療のための複数の医師による)診断 2(専門家の)会議、会合

consultorio 形 コンサルタントの、診断の **—**男 医療センター

consumabile 形 消費できる

*__consumare¹__ [コンスマーレ] 他 1 消費[消耗]する; (使って)減らす —Questa macchina *consuma* molta benzina. この車はガソリンをよく食う. 2 費やす、使い果たす、浪費する —*consumare* tutto il detersivo 洗剤を使い果たす 3 食べ[飲み]尽くす 4〔目的語をとらずに〕外食する **—arsi** 再 消耗する; 衰弱する

consumare² 他 完遂する; 成し遂げる —*consumare* un delitto 犯罪を犯す

consumato 形 1 すりきれた、使い古しの 2 やつれた、疲れ切った

consumatore 形〔女[-trice]〕消費する; 消耗する **—**男〔女[-trice]〕消費者、購入者、顧客

consumazione¹ 女 1 消費 2(レストランなどでの)飲食費 3 消耗、憔悴(しょうすい)

consumazione² 女 完成、やり遂げること; 終結 —la *consumazione* del delitto 犯罪の遂行 / sino alla *consumazione* dei secoli この世の果てまで

consumismo 男 (マスメディアの影響

による)消費主義

consumista 形〔複[男 -i]〕消費主義の —男女〔複[男 -i]〕消費主義者

consumistico 形〔複[男 -ci]〕消費主義の

consumo 男 消費[量]; 消耗 —beni di *consumo* 消費財 / cooperativa di *consumo* 協同組合(店) / imposta sui *consumi* 消費税 / pagare a *consumo* 使用料に応じて払う ▶ *di consumo* 気晴らしの, 娯楽の

consuntivo 形 消費に関する; 消費のための —男 期末決算

consunto 形 1 消耗した, 使い古しの —vestito *consunto* 着古した服 2 疲れきった, やつれた —con il volto *consunto* 憔悴(しょうすい)した顔で

consunzione 女 1 消耗 2〔医〕進行性の重い衰弱 3〔医〕結核 —morire di *consunzione* 肺病で死ぬ

consuocero 男〔女 [-a]〕息子の妻の父親, 娘の夫の父親

consustanziazione 女〔神学〕共存説(正餐(せいさん)におけるパンとワインがキリストの肉体と血と同質であるという説)

conta 女 (子供の遊びで)役割を決めるために数え歌などを歌うこと, 鬼選び

contaballe 男女〔不変〕〔口〕嘘つき, ほら吹き

contabile 形 簿記に関する, 会計の —男女 会計係, 簿記係 —男 (海軍)主計官

contabilità 女 1 会計法 2 会計事務; 簿記 3 会計課, 会計所

contabilizzare 他 1 記帳する 2 計算する, 数える

contachilometri 男〔不変〕走行距離計

contadiname 男《蔑》田舎者; 農民の身分

contadinesco 形〔複[男 -chi]〕農民の, 田舎の; 粗野な, 無作法な

＊**contadino** [コンタディーノ] 男〔女 [-a]〕1 農民, 農夫, 農業経営者; 耕作[栽培]者 2《蔑》粗野な人, 無作法な人 —形 1 農民の 2《蔑》粗野な, 礼な, 無教養な

contado 男 1 (中世で)都市国家に支配された周辺領地 2 都市周辺の農村地域; 都市周辺部の住人

contafrottole 男女〔不変〕ありそうもないことを言う人; 嘘つき, ほら吹き

contagiare 他 (io contagio) 1 感染[伝染]させる, (病気を)うつす 2 (気分や感情に)影響を与える, 感化する —arsi 再 伝染病にかかる

contagio 男 1 伝染, 感染; 伝染病 2 感化, 伝播

contagiosità 女 伝染性, 感染性

contagioso 形 1 感染[伝染]性の, 伝染病を移す 2 影響を及ぼす, 移りやすい —男 伝染病患者

contagiri 男〔不変〕タコメーター, 回転速度計

contagocce 男〔不変〕点滴器; スポイト —col *contagocce* 少しずつ

contaminabile 形 汚染されうる, 伝染性の

contaminante 形 (化学物質について)汚染を引き起こす

contaminare 他 (io contamino) 1 汚染する, よごす —Il colera *contamina* le acque. コレラが水をよごす. 2 (精神的に)けがす, 堕落させる —*contaminare* l'animo di una persona 人の魂を堕落させる

contaminatore 形〔女 [-trice]〕(io contamino) 汚染する, よごす; 堕落させる —男〔女 [-trice]〕汚染する物[人]; 堕落させる物[人]

contaminazione 女 1 汚染 —*contaminazione* radioattiva 放射能汚染 2 堕落 3〔文・芸〕融合, 混交, 混合 4〔言〕混成, 混合語

contaminuti 男〔不変〕タイマー

contante 形 現金の, 即金の —男〔複数で〕現金 —in *contanti* 現金[キャッシュ]で

contapassi 男〔不変〕万歩計, 歩数計

＊**contare** [コンターレ] 他 1 数える 2 (簡単な)計算をする 3 勘定[考慮]に入れる, 員数に加える, 含む —senza *contare*... …を除いて / L'ho sempre *contato* fra i miei amici. 彼をずっと友人の一人と考えてきた. 4 ーOsaka *conta* 2.7 milioni di abitanti. 大阪市の人口は270万人である. 5 心積もりでいる, 企てる, …しようとする —*Conto di andarci domani*. 明日そこに行くつもりだ. 6 出し惜しむ[渋る], けちる 7 話す, 語る —自 1 重要[大切]である —un pensiero che *conta* 気は心で重要な, 当てにする, 期待する —Non si può *contare* su di lui. 彼は信用できない. —arsi 再 (自分の属する集団の)メンバーを数える —*Contiamoci per vedere se ci siamo tutti*. 全員いるか確認するために数えてみよう. ▶ *Conta più la pratica che la grammatica.* 習うより慣れろ. *contarci* 期待する, 当てにする *contare i giorni [i minuti]* (今か今かと)心待ちにする *contare sulle dita [sulla punta delle dita]* (指で数えられるほど)少ない

Contarini 固名(男姓) (i ~)コンタリーニ家(ヴェネツィアの名家. 多数の外交官・高位聖職者などを輩出)

contascatti 男〔不変〕通話数記録装置

contasecondi 男〔不変〕ストップウオッチ

contastorie 男女〔不変〕嘘つき, ほら吹き

contata 女 大ざっぱな計算[照合]

contato 形 1 数えられた, 計算した 2 (数量が)限られた —Ho i soldi *contati*. 私は僅かしか持ち合わせがない. / avere

contatore 男 **1**(電気やガスの)メーター **2**〖女[-trice]〗《口》話す人 —*contatore di frottole* ほら吹き

contatorista 男女〖複[男 -i]〗計器の保守[修理]係

contattare 他 接触させる, 連絡する —**arsi** 再 連絡を取り合う

*****contatto** [コンタクト] 男 **1**(二つ以上の物・人の, 物理的な)接触 **2**(人との)接触, 関係; 連絡; 交渉 **3**(秘密行動の)接触者, 連絡者 **4**通信, 交信 **5**〖電〗接点, 接触子 ▶ *a contatto di gomito* 接して

contattologia 女 コンタクトレンズ研究; コンタクトレンズ装着技術

contattologo 男〖複[-gi]女[-a]〗コンタクトレンズ専門医

*****conte** [コンテ] 男〖女[contessa]〗伯爵

contea 女 **1**伯爵領 **2**伯爵の爵位[称号] **3**(英国の)州

conteggiare 他〖io conteggio〗数[勘定]に入れる —自 数える, 計算する

conteggio 男 **1**数えること, 計算, 勘定 —*conteggio alla rovescia* カウント・ダウン **2**〖スポ〗(ボクシングなどの)カウント

contegno 男 **1**態度, 振る舞い方 —*avere un contegno scorretto* 失礼な態度をとる **2**落ち着き, 威厳, 品位 —*perdere il contegno* 品位を欠く

contegnoso 形(やや尊大に)威厳のある, 品位のある, 落ち着き払った

contemperare 他〖io contempero〗**1**適合させる, 一致させる —*contemperare A con B* AをBに合わせる **2**和らげる, 緩和する —*contemperare la durezza del proprio carattere* 頑固な性格を和らげる

contemplabile 形 **1**鑑賞にふさわしい **2**熟考に値する

contemplare 他 **1**凝視[熟視]する; 見とれる **2**瞑(めい)想する **3**熟考する, 検討する, 想定する —**arsi** 再(映ったり再現されたり)自分の姿を凝視する —*contemplarsi allo specchio* 鏡で自分の姿を見つめる

contemplativo 形 **1**瞑(めい)想的な, 観照的な **2**実生活に無関心な —男〖女[-a]〗瞑想にふける人

contemplatore 男〖女[-trice]〗瞑(めい)想的な, 観照的な; 凝視する —男〖女[-trice]〗瞑想にふける人; 凝視する人

contemplazione 女 **1**じっと見つめること, 凝視 **2**瞑(めい)想, 熟考

contempo 男〖不変〗同時 ▶ *al [nel] contempo* 同時に

contemporaneamente 副 **1**同時に **2**兼ねて

contemporaneità 女 **1**同時性, 同時代性 **2**現実性, 今日性

*****contemporaneo** [コンテンポラーネオ] 形 **1**同時に起こる **2**同時代[時期]の **3**当代の, 現代の —男〖女[-a]〗同時代の人

contendente 形 競う, 対立する —男女 争う人, 競技者, 競争相手

contendere [117]〖過分 conteso〗(何かを得るために)競う, 張り合う —*contendere il posto a...* …ポストを競う —自〖con〗**1**対立する **2**競争する —**ersi** 再 争い合う, 競い合う

contenente 形 含む, 収める —男 容器, 入れ物

contenere [コンテネーレ] [118] 他 **1**含む; 入っている; 収容する —*Il recipiente contiene circa due litri d'acqua.* その容器には約2リットルの水が入っている. / *Questa piazza può contenere ventimila persone.* この広場は2万人収容できる. **2**(感情などを)抑制する; (出費などを)抑える, 低減する **3**食い止める, 阻む —**ersi** 再 自制する, 耐える

contenibile 形 **1**(何かに)収めうる —*materiale contenibile in una scatola* 箱に詰めることのできる材料 **2**抑制しうる

contenimento 男 抑制, 縮小; 制御 —*contenimento dell'inflazione* インフレの抑制

contenitore 男 **1**容器, 入れ物 **2**コンテナ

contenne contenere の直・遠過・3単

contentabile 形 簡単に満足する; 順応性のある, 順応しやすい

contentare 他 満足させる; 喜ばせる —**arsi** 再 満足する; 喜ぶ

contentezza 女 満足, 喜び —*provare una grande contentezza* 大きな満足を覚える

contentino 男 特別の物, 特別手当, おまけ —*concedere un contentino* 特別手当を与える

contentivo 形 **1**保持する, 維持できる **2**固定するための —男〖医〗ヘルニア帯, 手足を固定するバンド

*****contento** [コンテント] 形 **1**満足な —*contento come una Pasqua* 大満足, 大喜び **2**うれしい, 喜んだ —*Sono contento di vederti.* 君に会えてうれしい.

contenuto 形 **1**含まれた, 収容された **2**抑制された, 控え目の —男 **1**中身, 内容物 **2**(作品や話の)内容, 意味

contenzione 女 **1**固定 **2**〖医〗押さえること, 押圧 —*contenzione di una frattura* 骨折箇所をギプスで固定すること

contenzioso 形〖法〗訴訟の, 係争の —男 訴訟, 争訟

conterraneo 形 同国の, 同郷の —男〖女[-a]〗同国人, 同郷人

contesa 女 **1**論争, 口論; 紛争, 争議 **2**競争, 競技

contese contendere の直・遠過・3単

conteso 形〖過分 < contendere〗強く求められた, 切望された

contessa 囡 〔男[conte]〕 伯爵夫人; 伯爵の娘, 女伯爵

contessina 囡 伯爵令嬢

contestabile 形 異議を唱えることのできる, 疑義を挟める

contestare 他 1 異議を唱える; 抗議する 2 (激しく)批判する, 酷評する 3 通告[通知]する

contestatario 形 異議を唱える, 抗議の —男〔女[-a]〕抗議する人

contestativo 形 異議に関する; 異議を表明する

contestatore 男〔女[-trice]〕異議を申し立てる人; 抗議する人

contestatorio 形 異議を表明する

contestazione 囡 1 異議; 抗議 2 異議申し立て, 反駁(はんぱく) 3 言い争い, 論争 4 (正式な)通告

contestimone 男女〔法〕共同証人

contesto 男 1 文脈, 前後関係, コンテキスト 2 状況, 背景 —*contesto* sociale 社会状況

contestuale 形 1 文脈上の, 前後関係の 2〔法〕同時に起こる

contestualizzare 他 文脈に当てはめる

contestualizzazione 囡 文脈に当てはめること, 脈絡化

contiguità 囡 接触, 隣接

contiguo 形 隣の, 隣り合った, 隣接した —Il bagno è *contiguo* alla camera. 洗面所は部屋の隣です.

continentale 形 大陸の; 本土の — 男女 大陸の人, イタリア本土の人

continentalità 囡 大陸性(主に気候)

✻**continente**¹ [コンティネンテ] 男 1 大陸 2 (島に対する)本土 3 (特定の)…界[集団]

continente² 形 自制した, 禁欲的な —È *continente* nel fumare. 彼はタバコを控えている.

continenza 囡 自制, 節制, 禁欲

contingentamento 男〔経〕(政府による一定期間の)輸入規制

contingentare 他〔経〕輸入を規制する

contingente 形 偶然の;〔哲〕偶然の, 付随的な —Per motivi *contingenti* è dovuto partire. 不測の事態で彼は出発しなければならなかった. —男 1 割り当て(数, 量, 額) 2〔経〕輸入品割り当ての最大限度 3〔軍〕(全体の)人員, 総数 4〔哲〕偶然, 付随的なもの

contingenza 囡 1 状況, 機会 2〔哲〕偶然 3〔経〕特別手当

contino 男 伯爵子息

continuamente 副 連続して, 間断なく, ひっきりなしに

✻**continuare** [コンティヌアーレ] 他〔io continuo〕1 続ける, 続行する —*continuare* una tradizione 伝統を引き継ぐ 2 再開する, 再び始める —Dopo la pausa ho *continuato* il lavoro. 休憩ののち, 仕事を続けた. —自 【(人)が主語の時は av, (物)が主語の時は es/av】1 続く, 継続する —*continuare* a +〖不定〗…し続ける 2 延びる, 亘(わた)る —Questa strada *continua* fino al mare. この道は海まで達している.

continuativo 形 連続的な, 長続きする

continuato 形 連続した, 絶え間のない

continuatore 男〔女[-trice]〕(他人の仕事や事業を)引き継ぐ人, 継承者

continuazione 囡 1 連続, 継続, 続行 2 (話などの)続き, 続編 ▶ *in continuazione* 絶え間なく, 続けて

continuità 囡 (時間・空間的な)連続性

✻**continuo** [コンティーヌオ] 形 1 連続した, 絶え間ない, ひっきりなしの —*basso continuo*〔音〕通奏低音 2 (頻繁に)繰り返す ▶ *di continuo* 続けて; 絶え間なく(continuamente)

continuum 男〔不変〕〔ラ〕連続する物

contitolare 男女 共同経営[所有]者

✻**conto** [コント] 男 1 計算 —*conto* alla rovescia 秒読み, カウントダウン / I *conti* tornano [Il *conto* torna]. 計算が合う; つじつまが合う, 筋が通る 2〔商〕収支計算, 貸借勘定 —*conto* consuntivo 収支決算書 / *conto* creditore [debitore] 貸し[借り]方 / libro di *conto* 帳簿 3 勘定書, 請求書, 請求金額 —Il *conto*, per favore. お勘定をお願いします. 4 口座; 預金 —aprire [chiudere] un *conto* 口座を開く[閉じる] / *conto* corrente 当座預金 / *conto* corrente postale 郵便振替口座 ▶ *ad ogni buon conto* いずれにしても, どうしても *dare* [*rendere*] *conto* 正当化する *di nessun conto* 価値のない *fare bene i propri conti* 慎重に考える *fare conto che...* …だと仮定[想像]する *fare conto di...* …しようと思う *fare conto su...* …を当てにする[信頼する] *fare i conti* 自分の意見を押し通す; 考慮する *fare i conti con...* …に立ち向かう, …と対決する *fare i conti in tasca a...* …の財政事情を詮索する; …のことを取り沙汰する *in fin dei conti* 結局 *per conto di...* …に代わって *per conto mio* 私の考えでは *per conto proprio* 一人で, (人と)関わりなく *rendersi conto di...* …を悟る[納得する] *sul conto di...* …に関して[ついて] *tenere conto di* [*che*]... …を考慮に入れる *tenere da conto* 大切[大事]にする

contorcere [121] 他〔過分 contorto〕ねじる, (無理に)ひねる —**ersi** 再 (痛みや怒りで)身をよじる, 身もだえする

contorcimento 男 (何度も)ねじること, (無理に)ひねること

contornare 他 1 取り巻く, 取り囲む

contornato 2 縁取る, 縁を飾る —**arsi** 再 (友人や同僚に)囲まれる, 取り巻かれる

contornato 形 1 取り巻かれた 2 飾られた

contorno 男 1 輪郭(線) 2 (複数で)顔立ち, 目鼻立ち 3 (メーンディッシュの)添え物 4 (人や物を)取り巻く集団

contorse contorcere の直・遠過・3 単

contorsione 女 1 ねじれ, ゆがみ 2 (明晰さや一貫性に欠けた)思考・表現

contorsionismo 男 (体を曲げたりひねったりする)曲芸の技

contorsionista 男女 [複[男 -i]] 1 曲芸師, 軽業師 2 (蔑)(巧妙に)意見や行動を変える人

contorto 形 〖過分< contorcere〗 1 ねじれた, ゆがんだ 2 複雑な, 晦渋(かいじゅう)な, 一貫性のない

contra- 接頭 「対立」「反対」の意

contrabasso → contrabbasso

contrabbandare 他 1 密輸する 2 …で通す,(偽物を)広める[つかませる]

contrabbandiere 男 [[女 -a]] 密輸業者

contrabbando 男 密輸 ▶ *di contrabbando* 密輸で; 密輸の; ひそかに, 隠れて

contrabbassista 男女 [複[男 -i]] 〔音〕コントラバス奏者

contrabbasso 男 〔音〕コントラバス; コントラバス奏者 —形 (同族の楽器で)一番低い調性の

contraccambiare 他 [io contraccambio] 1 お返しをする, 返礼[返事, 応答]する 2 報いる, 恩義を感じる, 感謝の気持ちを表す —**arsi** 再 親切や好意を交わす

contraccambio 男 返礼, 返答, お返し

contraccarico 男 [複[-chi]] (一方に対して釣り合いをとるための)負荷, 荷重

contraccettivo 形 避妊の —男 避妊薬, 避妊具

contraccolpo 男 1 反動; (火器の)反動 2 (特にネガティブな)反響, 影響

contraccusa 女 〔法〕反訴

contrada 女 1 (都市の)区, 地区 2 〔シエナ〕パリオに属する 17 の区域の一つ 3 〔フィレンツェ〕(幹線から分かれる)二級道路

contraddire [34] 他 〖過分 contraddetto〗 1 反対[反論]する 2 矛盾する, 反する —自 反対である —**irsi** 再 矛盾したことを言う; 言行が一致しない

contraddistinguere [37] 他 〖過分 contraddistinto〗 1 (特徴的な記号で)印をつける —*contraddistinguere un libro con le proprie iniziali* 本に自分のイニシャルをつける 2 特徴づける, 際立たせる —**ersi** 再 目立つ, 際立つ

contraddittore 男 〖女 [-trice]〗 異議を唱える人, 反駁(はんばく)する人

contraddittorietà 女 矛盾, 筋道が通らないこと

contraddittorio 形 矛盾する, 正反対の —男 論争, 論戦

contraddizione 女 1 反対, 反論 —*spirito di contraddizione* あまのじゃく, つむじ曲がり 2 矛盾 —*essere in contraddizione con...* …と矛盾している

contraddote → controdote

contraente 形 契約の —男女 契約者, 締結者

contraerea 女 〔軍〕高射砲隊; 対空火砲

contraereo 形 対空の, 防空の

contraffare [53] 他 〖過分 contraffatto〗 1 複製する, 偽造する; 混ぜ物をする —*contraffare un prodotto di marca* ブランド品を偽造する / *contraffare una bevanda* 飲み物に不純物を混ぜる 2 まねる, 模倣する —*contraffare un cantante famoso* 有名歌手の物まねをする

contraffatto 形 〖過分< contraffare〗 1 偽造の, まがいの; 混ぜ物をした —*moneta contraffatta* 偽造貨幣 / *vino contraffatto* 不純物の入ったワイン 2 (苦悩と悲しみで)取り乱した, 錯乱した; ゆがんだ

contraffattore 男 〖女 [-trice]〗 偽造者; 模倣者

contraffazione 女 偽造; 模倣

contrafforte 男 1 〔建〕控え壁 2 〔地理〕山脚,(山の)支脈

contraibile 形 1 縮小[減少]できる 2 伝染する 3 契約可能な

contraltare 男 1 (祭壇の前にあるもう一つの)祭壇;(祭壇の前を飾る)掛け布 2 対抗する者, 対抗者

contralto 男 〔音〕女声の低域[アルト], コントラルト; アルト歌手 —形 〔不変〕〔音〕(同属楽器の中で)ソプラノとテノールの間の —*sassofono contralto* アルト・サクソフォン

contrammiraglio 男 〔軍〕(海軍の)少将

contrappasso 男 犯した罪と同等の罰を受けること

contrappello 男 再点呼

contrappesare 他 1 (同等の重さで)釣り合わせる 2 比較検討する —自 [es/av] 釣り合う

contrappeso 男 1 釣り合いおもり 2 (他と)釣り合う人[物], 均衡勢力

contrapponibile 形 対抗できる, 対比可能な

contrapporre [79] 他 〖過分 contrapposto〗 1 対抗[対立]させる 2 (a) 対比[対照]させる —**orsi** 再 対抗[対立]する; 対照的である

contrapponesti, contrappose contrapporre の直・遠過・2 単[3 単]

contrapposizione 女 対立, 対置; 対照

contrappunto 男 1 〔音〕対位法 2

(文学・映画批評で)異質な要素の融合

contrariare 他 〖io contrario〗 反対する;反論する;妨害する —È inutile *contrariarlo*. 彼に反対しても無駄だ. **—arsi** 再 怒る, いらいらする

contrariato 形 1 反対[阻止]された 2 腹が立つ, いらいらした

contrarietà 女 1 反感; 不快; 失望 2 対立, 相違 3 不都合[不利]な状況; 〖複数で〗逆境

‡**contrario** [コントラーリオ] 形 〘a〙1 反対の, 対立する 2 反対な, 不都合な 3 (方角・方向が)逆の —男 1 反対の物[人] 2〖言〗反意語, 反対語 ▶ **al contrario** 反対に, 逆に; それどころか **al contrario di...** …に反して[とは逆に]

contrarre [122] 他 〖過分 contratto〗 1 しわを作る;縮める —*contrarre* il viso 顔をしかめる 2 縮小する, 減じる 3 負う —*contrarre* un debito 借金を負う 4 (病気に)かかる; 身に着ける —*contrarre* una malattia 病気にかかる 5 (契約を)締結する 6 (関係を)結ぶ **—arsi** 再 1 しわが寄る; 縮む 2〖言〗(二つ以上の母音が)一体化する, 二重母音化する 3 縮小する

contrassegnare 他 1 目印をつける —*contrassegnare* un documento con una sigla 資料に略号をつける 2 特徴づける

contrassegno¹ 男 1 目印, 標識 2 (所有者の権利を証明するための)領収証, 引換券

contrassegno² 形〖不変〗代金引換渡しの —副 代引きで

contrastabile 形 反対できる, 反抗しうる

contrastante 形 反対の, 対照的な —idee *contrastanti* 反対意見

contrastare 他 逆らう, 妨げる —自 一致しない; 矛盾する **—arsi** 再 反対し合う; 競い合う

contrastato 形 1 反対された, 相容れない 2〖写〗ハイ・コントラストの

contrasto 男 1 不一致; 対立 —La mia opinione è in *contrasto* con la sua. 私の意見は彼の意見と対立している. 2 対照, 著しい差異 3 口論, 言い争い 4 障害, 妨害 5〖スポ〗(サッカーの)タックル 6〖写〗コントラスト 7〖文〗対話体の作品

contrattabile 形 交渉できる; 売買 [流通]可能な

contrattaccare 他 1 反撃する, 逆襲する —*contrattaccare* il nemico 敵に反攻する 2 反論する

contrattacco 男〖複[-chi]〗1〖軍〗反撃, 反攻 2 反論

contrattare 他 1 …について売買の条件を話し合う 2 取り決める

contrattatore 男〖女[-trice]〗交渉人

contrattazione 女 (売買の)交渉, 取引, 値切ること

contrattempo 男 1 思いがけない不合な出来事, 不測の事態 2〖音〗オフビート(弱拍にアクセントを付けること)

contrattile 形 収縮性の

contrattista 男女〖複[男 -i]〗期限付きの契約労働者; (大学の)任期つき教員, (研究所の)任期つき研究員

‡**contratto¹** [コントラット] 男 1 契約 (書) —fare un *contratto* 契約する / firmare un *contratto* 契約書に署名する 2 協定, 取り決め —*contratto* collettivo di lavoro 労働協約 3 (ブリッジの)コントラクト

contratto² 形〖過分＜ contrarre〗1 しわの寄った; 縮んだ 2〖言〗縮約した

contrattuale 形 契約に関する

contravveleno 男 解毒剤

contravvenire [127] 自 〖過分 contravvenuto〗〘a〙…に違反する, 背く —*contravvenire* a una norma 規律に違反する

contravvenne contravvenireの直・遠過・3単

contravventore 男〖女[-trice]〗違反者

contravvenzione 女 1 違反, 違法行為 2〖法〗罰金, 科料 —pagare una *contravvenzione* 罰金を払う

contravviso 男 取消[変更]通知

contrazione 女 1 しわが寄ること, 縮むこと —*contrazione* muscolare 筋肉の収縮 2〖言〗縮約 3 縮小, 減少 —*contrazione* dei posti di lavoro 職員の減少

contribuente 形 寄与する, 貢献する —男女 納税者

‡**contribuire** [コントリブイーレ] 自 〖io -isco〗〘a〙貢献する

contributivo 形 寄与[貢献]する; 分担金の; 納税の

contributo 男 貢献, 協力;(年金などの)分担金, 掛け金

contribuzione 女 1 寄与, 貢献, 寄付 —*contribuzione* in denaro 金銭的寄付 2 税金, 分担金

contristare 他 悲しませる, 苦しませる **—arsi** 再 悲しむ, 苦しむ

contrito 形 後悔している, 悔い改めている

contrizione 女 1 改悛, 悔悟 2〖神学〗(神への愛による)改悛

‡**contro** [コントロ] 前 1 …に対して[反して]〖人称代名詞には di を添えて: contro di me [te]〗—L'Italia gioca *contro* la Francia. イタリアはフランスと対戦する. 2 …に向かって(ぴったりと) —mettere il televisore *contro* il muro テレビを壁にぴったりつけて置く 3 …と引き替えで —*contro* pagamento [ricevuta] 支払い[領収証]と引き替えで —副 反対して, 逆らって —男〖不変〗反対 ▶ **il pro e il contro** 長所と短所(賛否・是非・功罪など) **per contro** それに反して **votare contro** 反対票を投じる

contro- 接頭 1「対立」「反対」「反抗」

の意: contrattacco 反撃, contropotere 反対勢力 **2**〖反論〗〖反発〗の意: controproposta 反対提案 **3**〖取消〗〖変更〗の意: contrordine 取消〖変更〗命令 **4**〖逆〗の意: controcorrente 逆流 **5**〖照合〗〖確認〗の意: contromarca（劇場の）外出券, 副票 **6**〖代用〗〖取替え〗の意: controfigura 代役, スタントマン **7**〖補強〗〖追加〗の意: controfinestra 補助窓 **8**〘名詞の前で〙「より低い調性［声］」の意: contralto 〖音〗コントラルト

controappello → contrappello
controavviso → contravviso
controazione 囡 **1** 反撃, 反論 **2**〖スポ〗（相手を遮る）即座の動き, 切り返し
controbattere 他 反証する, 反論する
controbattibile 形 反証しうる
controbilanciare 他〘io controbilancio〙釣り合わせる; 匹敵させる; 相殺する **—arsi** 再 釣り合う, 相殺する
controbuffè → controbuffet
controbuffet 男〘不変〙サイドボード
controcampo 男〖映〗リバースショット
controcassa 囡 外箱
controchiave 囡 **1** 予備の鍵 **2**（複数の鍵錠がついた扉・かばんの）二つめの鍵 **3** 鍵の 2 回目の回し
controcifra 囡 暗号解読の鍵
controcommissione 囡 ある委員会の活動を監査する委員会
controcorrente 囡 逆流 **—**副 流れに逆らって, 時流に抗して **—agire** *controcorrente* 大勢に逆らうで振る舞う **—**形〘不変〙（通例とは）著しく異なる, 独創的な
controcritica 囡（批評に対する）反批評
controcultura 囡（若者などによる）反体制文化, カウンターカルチャー
controcurva 囡（道路で, 直前のカーブに対して）反対方向に曲がるカーブ, S字カーブ
controdata 囡（文書や手紙の）到着日付; 登録日付
controdatare 他 到着日付を入れる
controdecreto 男 修正〖無効, 変更〗命令, 修正〖無効, 変更〗法令
controdichiarazione 囡 反対宣言
controdote 囡（中世の）寡婦資産（夫が妻のために残しておく資産）; 結納金
controesame 男〖法〗反対尋問
controesodo 男（バカンスから戻ってくる）大量の人の移動, U ターンラッシュ
controfagotto 男〖音〗コントラファゴット（ファゴットより 1 オクターブ低い）
controfascia 囡〘複[-sce]〙（封筒や小包に掛けられる）補強用の帯〖バンド〗
controffensiva 囡 反攻, 反撃
controffensivo 形 反攻の, 反撃の
controfferta 囡 反対提案, 反対申し込み

controfigura 囡 代役, スタントマン
controfiletto 男（牛の）サーロイン（腰肉とフィレの間）
controfinestra 囡（二重窓の）内側の窓
controfirma 囡 **1** 副署 **2**〖政〗連署
controfirmare 他 副署〖連署〗する
controfuoco 男〘複[-chi]〙（森林火災で）延焼を防ぐために前もって可燃物を燃やすこと
controinchiesta 囡 反対調査
controindicare 他〘io controindico〙（薬や治療法の）禁忌を示す
controindicato 形（薬について）禁忌の
controindicazione 囡 **1**（薬や治療法の）禁忌 **2** 欄外の注釈
controinterrogatorio 男〖法〗反対尋問
controllabile 形 **1** 確認〖照合, 検査〗できる **2** 統御〖支配〗できる **3**（車・飛行機が）制御できる
‡**controllare**［コントロッラーレ］他 **1** 点検〖検査〗する **—***controllare* il passaporto パスポートをチェックする **2** 監視する, 見張る, 警戒〖警備〗する **—***controllare* i bambini 子供たちを見守る **3** 制御する, 調整する **4** 支配する, 統制する **—***controllare* il mercato del petrolio 石油市場を支配する **5**（感情などを）抑制する **—***controllare* i propri nervi 自制する **—arsi** 再 自制する
controllato 形 **1** 確認〖照合, 検査〗された; 統御〖支配〗された; 制御された **2** 衝動を抑えた, 自制した
controllo 男 **1** 点検, 検査 **2** 監視; 警戒 **3** 制御〖調節〗装置 **4** 支配, 統制
controllore 男 **1** 点検係 **2** 検札係 **3** 航空管制官（controllore di volo）
controluce 囡〘不変〙逆光 **—**男〖写・映・絵〗〖写〗逆光で撮影〖描写〗すること **—**形〘不変〙逆光の **—**副 逆光で **—guardare**... *controluce*（物を）光に透かして見る
contromanifestazione 囡 反デモ, 対抗デモ
contromano 副（通常の道路交通とは）逆方向に
contromanovra 囡 **1**〖軍〗敵の行動の裏をかく戦術 **2**（乗り物を）前とは逆方向に操縦すること **3** 敵対的な行動に対する反応〖反発〗
contromarca 囡（公共施設の）再入場券; （クロークに預けた物の）引換券
contromarcia 囡〘複[-ce]〙**1**〖軍〗回れ右前進, 背進 **2**（乗り物の）後進, バック
contromisura 囡（危機や劣勢に対する）対〖抗〗策
contromossa 囡 **1**（チェスで）相手に応酬する動き **2** 反撃, 反論
contropalo 男（柱を支えるための）支柱

controparte 囡 1 〔法〕(係争・交渉の)相手方; 〔政〕反対政党, 政敵 2 〔音〕二重唱[奏]の各パート 3 〔劇〕→ controscena

contropartita 囡 1 (簿記の)相手科目, 貸方欄 2 報酬, 代償

contropedale 男 (自転車のペダルを逆転してかける)コースターブレーキ

contropelo 副 毛の流れに逆らって ― spazzolare un panno *contropelo* 布地にけばを立てる ― 男 ひげの逆剃り

contropendenza 囡 逆勾配, 逆傾斜

contropiede 男 反撃;〔スポ〕(サッカーの)カウンター攻撃 ― prendere in *contropiede* 不意[意表]をつく

controporta 囡 1 内扉 2 (冷蔵庫の)ドアの内ポケット

contropotere 男 反対勢力, 対抗勢力

controproducente 形 逆効果の

controproposta 囡 反対提案, 代案

controprova 囡 1 再検査, 再点検 2 二次投票 3 〔法〕反証

controprovare 他 (再照合[検査]で)証明する

contropunta 囡 (旋盤の)心(k)押し台

controquerela 囡 〔法〕(被告訴人による告訴人に対する)反訴

contrordine 男 修正[取消]命令

controrelatore 男 〔女 [-trice]〕1 修正[取消]報告を行う人 2 (卒業論文の)試験官

controrelazione 囡 修正[取消]報告

controreplica 囡 再反論, 言い返し

controreplicare 他, 自 〔io *controreplico*〕再反論する

controricorso 男 〔法〕反訴

controriforma 囡 〔歴〕反[対抗]宗教改革

controriformista 男女 〔複 [男 -i]〕1 〔歴〕反[対抗]宗教改革主義者 2 (改革や改正に)反対する人

controriformistico 形 〔複 [男 -ci]〕1 〔歴〕反[対抗]宗教改革の 2 (改革や改正に)反対する

controriva 囡 対岸

controrivoluzionario 形 反革命の ― 男 〔女 [-a]〕反革命派

controrivoluzione 囡 反革命

controscena 囡 〔劇〕脇役による無言の演技

controsenso 男 1 矛盾; 非常識 2 (作品などの)誤った解釈 ― 副 (通常の道路交通とは)逆方向に

controsole 副 逆光で

controspionaggio 男 逆[対抗]スパイ活動

controsterzare 自 カウンター(ステア)を当てる, 逆ハンドルを切る

controsterzata 囡 カウンター(ステア)を当てること, 逆ハンドルを切ること

controsterzo 男 → controsterzata

controtendenza 囡 (思想・文化における)反主流

controterrorismo 男 1 反テロ活動 2 (警察の)反テロ部隊

controvalore 男 1 等価, 等量 2 (外貨に換算した)相当額

controveleno → contravveleno

controvento 副 風[流れ]に逆らって ― 男 〔建〕筋交い, 方杖(ੱ)

controversia 囡 1 意見の対立[不一致]; 論争, 論議 2 〔法〕訴訟, 係争

controverso 形 〔過分 < controvertere〕論争の的, 異論のある

controvertere 他 〔過分 controverso〕反駁(ぎ)する, 論争する ― 自 〔法〕裁判で争う

controvertibile 形 議論の余地のある

controvertibilità 囡 議論の余地があること

controviale 男 (主要道に沿った)支線道路

controvisita 囡 再検査

controvoglia 副 しぶしぶ, いやいや

contubernio 男 1 (古代ローマで)10人の兵士が宿営するテント; テントに宿営する兵士団 2 〔歴〕(ローマ法の)奴隷同士(または奴隷と自由人)の結婚 3 〔文〕同棲(ੱ)

contumace 形 1 〔法〕(被告が)裁判に欠席した 2 〔文〕反抗的な, 不服従の

contumacia 囡 〔複 [-cie]〕1 〔法〕(裁判の)欠席 ― processo in *contumacia* 欠席裁判 2 反抗, 不服従 3 〔医〕隔離, 検疫(期間)

contumelia 囡 (言葉による)侮辱, 無礼

contundente 形 1 打撲傷を与える 2 (道具の先や刃が)鈍い ― corpo *contundente* 鈍器

contundere [23] 他 〔過分 contuso〕打撲傷を与える ― **ersi** 再 打撲傷を負う

conturbante 形 (特に性的に)興奮させる, 動揺させる

conturbare 他 (心を)ひどくかき乱す, 動揺させる ― **arsi** 再 動揺する, 狼狽(ੱ)する

conturbato 形 ひどく動揺した, 狼狽(ੱ)した

contuse contundere の直・遠過・3単

contusione 囡 打撲傷, 打ち身

contuso 形 〔過分 < contundere〕打撲傷を負った ― 男 〔女 [-a]〕〔医〕打撲傷を負った人

contuttoché 接 …にもかかわらず, たとえ…でも

contuttociò 接 しかしながら, それでも, やはり

convalescente 形 回復期にある, 治

りかけの
convalescenza 女 回復(期); 快方 —essere in *convalescenza* 快方に向かう
convalescenziario 男 (予後)保養所
convalida 女 **1** 法的に有効だと認めること **2** 批准, 承認, 裁可
convalidare 他 〘io convalido〙 **1** 批准する, 承認する, 裁可する **2**〔スポ〕有効と宣言する **3** 確認する, 実証する, 裏付ける
convallaria 女〔植〕(ドイツ)スズラン
convegnista 男女 〘複[男 -i]〙 (集会·会議の)出席者
convegnistica 女 〘総称的〙会議運営
convegno 男 **1** 集会, 会議, 会合 **2** 約束, 話し合い —*convegno* d'affari 商談 **3** たまり場
convenevole 形 都合のよい, 適当な, 妥当な —男 **1**〘複数で〙紋切り型の言葉や行為 —scambiarsi i *convenevoli* 儀礼的に挨拶を交わす **2**〘単数のみ〙適切, 好都合
conveniente 形 **1** 適切[妥当]な, ふさわしい, 見合った **2** 有利な, 得な
convenienza 女 **1** 礼儀正しいこと, 丁寧さ **2**〘複数で〙礼儀, 社会慣習 —agire secondo le *convenienze* 礼儀正しく振る舞う **3** 一致, 調和, 適合 **4** 好都合; 利益; (経済的な)有利さ
✱**convenire** [コンヴェニーレ] [127] 自 [1〜4は es, 5は av] 〘過分 convenuto〙 **1** 必要である —*Conviene* partire subito. 〘主語を限定せず非人称的に〙今すぐ出発するといい. **2** ためになる; 得になる, 都合がよい —Questa proposta non ci *conviene*. この提案は私たちの得にはならない. **3** ふさわしい, 適している —Questo libro non *conviene* ai bambini. この本は子供にはふさわしくない. **4** 集う, 合流する —*Sono convenuti* a Roma i rappresentanti di tutte le città d'Italia. イタリアのすべての都市の代表がローマに集まった. **5** 同意する, (人と)意見が一致する —Mio padre *ha convenuto* con me che il prezzo è alto. 値段が高いという点で私と父の意見が一致した. —他 **1** 認める —*Convengo* che ha ragione. 私は彼が正しいと認めよう. **2** 取り決める —*convenire* il prezzo della merce 商品の値段を決める —**irsi** 再 ⦅a⦆ …に適する, 合う
convenne convenire の直·遠過·3単
convento 男 **1** 修道院; 女子修道院, 尼僧院 **2** 修道会
conventuale 形 修道院の —男女 修道士, 修道女
convenuto convenire の過分
convenzionale 形 **1** 同意の, 協定の —linguaggio *convenzionale* 専門用語, (特定の集団の)用語 **2** 型どおりの, 慣例[因習]的な **3** 通常の, 一般の
convenzionalismo 男 慣例主義, 因習
convenzionalista 形 〘複[男 -i]〙慣例的な, 平凡な —男女 〘複[男 -i]〙慣例主義の人, 独創性に欠けた人
convenzionalità 女 慣例, 因習
convenzionato 形 **1** 決められた, 協定の —prezzo *convenzionato* 協定価格 **2** 契約によって一定のサービス[価格]を保証する —clinica *convenzionata* 健康保険取扱診療所
convenzione 女 **1** 協定, 約定, 条約 **2** (ある集団での)慣例, 取り決め **3**〘複数で〙しきたり, 慣習
convergente 形 **1** (一点に)集まる, 収斂(れん)する —strade *convergenti* 一点に集まる道路 **2** 同一の目的に向けられた
convergenza 女 **1** (一点への)集中 **2** 一致, 合流 —*convergenza* di idee 考えの一致
convergere [24] 自 [es] 〘過分 converso〙 (一点に)集まる, 収束する —他 (一点に)集中させる
conversa 女〔建〕屋根の谷
conversare[1] 自 **1** 談話する, 打ち解けて話す **2**《古》同居する
conversare[2] 男 談話, 会話
conversatore 男 〘女[-trice]〙話好きな人, 話のうまい人
✱**conversazione** [コンヴェルサツィオーネ] 女 **1** 会話, おしゃべり; 会談 —piacevole *conversazione* 楽しい会話 **2** (短い)講演, 講義
converse convergere の直·遠過·3単
conversione 女 **1** 改宗, 回心; 転向 **2** 変換, 変化 —*conversione* del debito pubblico (公債などの)借り換え **3** (方向の)転換 —*conversione* a U Uターン
converso 形 〘過分< convergere〙変化した; 反対の, 逆の —男〔カト〕(修道院で雑務や手仕事に従事する)助修士
convertibile 形 **1** …に変えられる, 転換できる **2**〔車〕幌屋根つきの, コンバーチブルの —女〔車〕幌屋根つきの車, コンバーチブル
convertibilità 女 **1** 交換[転換]できること **2**〔経〕貨幣の兌(だ)換性
convertire 他 〘遠過 io convertii〙 **1** 改宗[回心]させる **2** 変える, 変更[変換]する; 兌(だ)換する —*convertire* 10.000 yen in euro 10,000 円をユーロに変える —**irsi** 再 **1** ⦅a⦆ 改宗[回心]する, 転向する **2** 変わる
convertito 形 **1** …に変えられた **2** 改宗した, 転向した —男 〘女[-a]〙改宗者, 転向者
convertitore 男 〘女[-trice]〙 **1** 改宗[転向]させる人 **2**〔電〕変流器, コンバーター **3**〔冶〕転炉
convessità 女 **1** 凸状, 凸面 **2** 凸状の部分

convesso 形 凸状の, 凸面の

convezione 女 1 〖物〗対流, 還流 2 〖気〗対流, 上昇気流

convincente 形 納得させる, 説得力のある

convincere [コンヴィンチェレ] [128] 他 〖過分 convinto〗説得する, 納得させる —*convincere A di B* [a + 不定詞] A(人)に B(事)[…すること]を納得させる/*L'ho convinto del suo errore.* 彼に間違いを納得させた. —**ersi** 再 〖di〗確信[納得]する

convincibile 形 納得させうる, 説得できる —*persona difficilmente convincibile* まずもって説得できない人

convincimento 男 1 説得 2 納得, 確信

convinse convincere の直・遠過・3単

convinto convincere の過分

convinzione 女 1 説得; 納得 2 確信, 自信 3 〖複数で〗考え, 意見, 信念

convissuto convivere の過分

convitare 他 〖宴会に〗招待する, 招く

convitato 男 〖女[-a]〗宴会に出席した[招かれた]人

convito 男 1 (大勢が出席する豪華な)宴会, 饗宴 2 〖総称的〗招待客, 招待者

convitto 男 1 寄宿[全寮制]学校 2 〖総称的〗寄宿[全寮制]学校の生徒 — 形 寄宿[全寮制]学校の

convittore 男 〖女[-trice]〗寄宿[全寮制]学校の生徒

convivale → conviviale

convivente 形 同居[同棲(せい)]している

convivenza 女 1 同居; 同棲(せい) 2 〖総称的〗共同生活する人々

convivere [129] 自 〖es/av〗〖過分 convissuto〗同居する; 同棲(せい)する

conviviale 形 1 宴会[饗宴]の 2 陽気な, 気楽な —*clima conviviale* 陽気な雰囲気

convivialità 女 陽気な性格[性質]; 和やかな会議[会談]

convivio 男 宴会, 饗宴

convocare 他 〖io convoco〗 1 呼び出す, 召還する; 出頭させる 2 (会議などを)召集する

convocatore 男 〖女[-trice]〗招集する人

convocazione 女 1 召集; 召喚 2 会合, 集会

convogliare 他 〖io convoglio〗 1 向かわせる, 合流させる —*convogliare i raggi luminosi in un punto* 光線を一点に集める 2 引きずる, 流れに乗せて運ぶ —*Il fiume ha convogliato a valle tronchi e detriti.* 川は木や漂流物を谷間に押し流していった. —**arsi** 再 集まって一箇所に向かう

convogliatore 男 (ベルト)コンベアー

convoglio 男 1 (輸送のための船舶・乗り物の)一団, 船団, 車隊 2 列車 3 (移動させられる)人の集団

convolare 自 〖es〗〖次の成句で〗▶ *convolare a nozze* [*giuste nozze, nuove nozze*] 結婚する

convolvolo 男 〖植〗ヒルガオ; サンシキヒルガオ属

convulsione 女 1 〖医〗痙攣(けい), 引きつけ —*convulsioni epilettiche* 癲癇(てんかん)の引きつけ 2 激変; (笑いや悲しみの)激発 —*avere una convulsione di riso* こらえきれずに大笑いすること 3 (自然現象の)激変, 大変動

convulsivo 形 痙攣(けい)性の, ひきつけの

convulso 形 1 痙攣(けい)性の, ひきつけの 2 めまぐるしい, 混乱した, ばらばらの —*discorso convulso* むちゃくちゃな話 3 非常に激しい, 熱狂的な —男 〖単数のみ〗〖口〗痙攣(けい), ひきつけ; (感情の)爆発 —*convulso di pianto* 発作的に泣くこと

cookie 男 〖不変〗〖英・コン〗クッキー

COOP 略 Cooperativa di Consumo 生活協同組合

cooperare 自 〖io coopero〗 (目的を達成するために)協同する, 協力する

cooperativa 女 協同組合(店) —*cooperativa di consumo* 生活協同組合

cooperativismo 男 〖経〗協同組合運動

cooperativo 形 協同の, 協力的な

cooperatore 形 〖女[-trice]〗協同の, 協力的な —男 〖女[-trice]〗協力者; (協同組合の)組合員

cooperazione 女 1 協同, 協力, 協調 2 〖経〗協業

cooptare 他 〖io coopto〗 1 (現在の委員が新委員に)選出[任命]する 2 (人を)企てに引き込む

cooptazione 女 1 (現在の委員による新委員の)選出, 任命 2 (人を)企てに引き込むこと

coordinabile 形 1 (目的達成のために)順序よく整理できる 2 (色やデザインが)調和した

coordinamento 男 1 調整 2 〖言〗等位, 等置

coordinare 他 〖io coordino〗 1 (目的達成のために)順序よく整理する, 調整する 2 調和させる, コーディネートする 3 〖言〗等置する 4 〖化〗配位結合させる —**arsi** 再 他の人たちと一緒に組織[計画]する

coordinata 女 1 〖複数で〗〖数〗座標 —*coordinate cartesiane* 〖機〗デカルト座標 2 〖複数で〗〖地理〗経緯 3 〖言〗等位節

coordinato 形 1 秩序づけられた, 調整された 2 (同一目的のために)協力する 3 (色やデザインが)調和する 4 〖化〗配位結合した 5 〖言〗等位の —男 (服装や調度の)一揃い

coordinazione 女 1 調整, 調和 2

coorte 女 〔言〕等位

coorte 女 1 (古代ローマで三つの中隊と六つの百人隊から成る)部隊 2 一団, 一行, 群れ

copata 女 コパータ(ドライフルーツとハチミツの練り物をオブラートで包んだシエナ名物の菓子)

copeco 男 〔複[-chi]〕カペイカ(ロシアの貨幣単位; 100 分の 1 ルーブル)

coperchio 男 1 蓋; 覆い 2 〔機〕キャップ

Copernico 固名(男) (Niccolò ~)コペルニクス(1473-1543; ポーランドの天文学者)

coperse coprire の直・遠過・3 単

coperta 女 1 毛布, 掛け布団 2 (家具などの)カバー 3 〔船〕甲板

copertamente 副 ひそかに; それとなしに

copertificio 男 毛布工場

copertina 女 1 (本などの)表紙; カバー —prezzo di *copertina* (本などの表紙に記された)定価 / ragazza *copertina* カバーガール 2 〔建〕笠石(かさ), 冠石(かん) 3 (動物の)肩肉

copertinato 形 表紙のついた

*coperto [コペルト]形 〔過分<coprire〕 1 屋根「覆い」のついた 2 覆われた; 隠された —Il marciapiede era *coperto* di foglie secche. 歩道は枯れ葉で埋め尽くされていた. 3 衣服をまとった 4 曇った —cielo *coperto* 曇り空 —男 1 屋根(などで)覆われた場所, 避難所 2 席料, テーブルチャージ

copertone 男 1 (車の荷台をカバーする)防水性の)シート 2 (タイヤの)ケーシング

copertura 女 1 覆うこと 2 覆い; 屋根 3 保護, 保証 4 口実, 隠れみの —*copertura* per traffici illeciti 違法な取引の隠れみの 5 〔経〕担保, 保証金 6 〔スポ〕(ボクシングの)ガード; 防戦 7 〔通信〕視聴範囲 8 報道, 放映

*copia¹ [コーピア] 女 1 写し, コピー, 謄本 —bella *copia* 清書 / brutta *copia* 下書き, 草稿 2 複製, 翻刻 3 (部数の)部, 冊 4 〔写〕陽画, 印画, プリント 5 (ある人に)そっくりな人, 生き写し

copia² 女 1 豊富, 多量 2 《文》快適さ, 好都合

copiare 他 (io copio) 1 書き写す, 転写する; (他人の答案や宿題を)写す 2 模写する 3 まねる, 模倣する 4 〔コンピ〕コピーする —*copia* e incolla コピーアンドペースト

copiativo 形 複写用の —inchiostro *copiativo* コピーインク

copiatore 形 〔女[-trice]〕模写の, 複写の —男〔女[-trice]〕1 模写する人 2 模倣者, 模造者 3 〔情〕(プログラムを違法にコピーするためにプロテクションをはずす)ソフトウエア

copiatrice 女 コピー機, 複写機

copiatura 女 1 転写, 複写, 複製 2 模写, 模造

copilota 男女 〔複[男 -i]〕〔空〕副操縦士

copione¹ 男 脚本, 台本, シナリオ

copione² 男 《古》1 他人を模倣する人 2 他人の宿題を写したり, テストでカンニングする生徒

copioso 形 1 豊富な, たくさんの —C'è stata una *copiosa* nevicata. 大雪が降った. 2 雄大な, 感銘を与える

copista 男女 〔複〔男 -i〕〕1 (印刷術の発明以前に)写本を書き写していた人 2 筆耕者, 写字生; (絵画などを)模写する人

copisteria 女 コピー屋

coppa¹ 女 1 (脚のついた)グラス, ゴブレット, カップ 2 優勝杯[カップ], トロフィー; (優勝杯を争う)競技大会 —*Coppa* del Mondo 世界選手権, ワールドカップ / *Coppa* Davis デビスカップ 3 (ブラジャーの)カップ 4 〔複数で〕(ナポリトランプやタロットで)杯のマーク

coppa² 女 1 コッパ(ソーセージの一種) 2 うなじ, 襟首 3 〔南伊〕(牛の)首の後ろの肉

coppetta 女 1 小ぶりのグラス 2 〔医〕吸角(きゅう), 吸い玉

coppia 女 1 一対(つ), 一組 2 一組の男女, カップル, つがい 3 〔物〕偶力, トルク 4 〔数〕ダイアド 5 (トランプの)ペア ►*in [a, di] coppia* 一緒に; 二つずつ

coppiere 男 〔女[-a]〕(古代の宴席で)酌をする人

coppietta 女 婚約者同士, 恋人同士

coppo 男 1 (油・ワインを入れる)大型の壺(つぼ)〔甕(かめ)〕 2 丸瓦, 瓦

coppola 女 (主にシチリアのひさしのついた)ベレー帽

coprente 形 覆う, 包む —fondotinta *coprente* ファンデーション

copresidente 男 〔女[-essa]〕(団体・会社を)共同で運営[経営]する人

copresidenza 女 (団体・会社の)共同運営[経営]者の職務

copricalorifero 男 (暖房装置の前に置く)金属製の格子

copricapo 男 帽子類, 頭にかぶる物

copricatena 男〔不変〕(自転車・バイクの)チェーンカバー

copricostume 男 (水着の上にはおる女性用の)ローブ

copricuscino 男 枕カバー

copridivano 男 (椅子やソファーの)掛け布

coprifasce 男〔不変〕赤ちゃん用肌着

coprifuoco 男〔複[-chi]〕1 (夜間の)外出禁止令, 外出禁止時刻の合図 2 (中世の)消灯時刻; 消灯時刻の合図

copriletto 男〔不変〕ベッドカバー

coprimacchia 男〔不変〕(レストランなどで食事ごとに取り替える上掛けの)小さなテーブルクロス

coprimaterasso 男 マットレスカバー

copripiatti 男〔不変〕(ハエよけの)皿覆い

copripiedi 男〔不変〕足掛け毛布

copripiumino 男 羽根布団カバー

copripiumone 男 → copripiumino

copriradiatore 男〖車〗ラジエーターカバー

*__coprire__ [コプリーレ] [10] 他〖過分 coperto〗 **1** 覆う; 蓋をする —*coprire* la pentola 鍋に蓋をする / La nebbia *copriva* la città. 霧が町を包んでいた. **2** (包み)隠す —Cerca sempre di *coprire* i suoi difetti. 彼はいつも自分の欠点を隠そうとしている. **3** 守る, 防ぐ, 保護する —*coprire* le spalle con una sciarpa ショールで肩を覆う **4** (di)満たす, 埋める —*coprire*... di insulti …に侮辱をあびせる **5** 含む, 包含する **6** 邪魔をする, ふさぐ, 圧倒する —Un forte sibilo di vento *ha coperto* la sua voce. 強い風音が彼の声をかき消した. **7** (距離を)進む **8** (動物が)交尾する —**irsi** 再 **1** 覆う, 隠す; 着込む —Fa freddo fuori, *copriti* bene! 外は寒いから, 着込むよ. **2** (di)覆われる, 埋まる —*coprirsi* di muffa カビだらけになる **3** 身を守る, 避ける **4** (空が)曇る

coprirete 男〖不変〗寝台のスプリングベースの上にのせる布

coprisedile 男 (自動車の)シートカバー

coprisella 男〖不変〗(自転車・バイクの)サドルカバー

copritastiera 男〖不変〗キーボードカバー, (ピアノの)鍵盤カバー

copritavolo 男 (布やレースの)テーブルの掛け布

copriteiera 男〖不変〗ティーポットカバー

copritermosifone 男 (暖房装置の前に置く)金属製の格子

coprivivande 男〖不変〗(半球状の)皿覆い

coproduzione 女 (特に映画の)合作, 共同制作

coprolalico 形〖複[男 -ci]〗猥褻(わいせつ)語を多用する

coprotagonista 男女〖複[男 -i]〗(複数の主役が存在する作品の)共演者

copto 形 コプトの; コプト人[語]の —男 **1**〖女[-a]〗コプト人(エジプトのキリスト教徒) **2**〖単数のみ〗コプト語

copula 女 **1** 性交, 交接; 交尾 **2**〖言〗連結詞, 繋(けい)辞(主部と述部をつなぐ語 例: essere)

copulativo 形〖言・論〗連結的な —男〖言〗連結詞, 繋(けい)辞

coque 女〖不変〗〖仏〗〖次の成句で〗
► *uovo alla coque* 半熟卵

coraciforme 男 (C-)〖複数で〗〖鳥〗ブッポウソウ目

*__coraggio__ [コラッジョ] 男 **1** 勇気, 元気, 度胸, 雄々しさ —uomo di *coraggio* 勇敢な人 / *coraggio* della disperazione 自暴自棄 厚かましさ, 恥知らず —Che *coraggio*! 何と厚かましい. —間 元気出して, 頑張れ ► *avere il coraggio di fare...* 気を出して…する *dare prova di coraggio* 奮起[発奮]する *fare coraggio a...* …を力づける[慰める] *farsi [darsi] coraggio* 勇気を出す, 勇気をふりしぼる *perdersi di coraggio* 気力を失う

coraggioso 形 勇敢な, 元気な

corale 形 **1** 合唱の, 合唱(隊)による **2** 満場[全員]一致の **3** (文学作品で)一つの集団[共同体]を描いた —男〖音〗(ルーテル教会の)賛美歌; 賛美歌集; オルガン・コラール —女 合唱団

coralità 女 集団(性), 全体(性)

corallaio 男〖女[-a]〗サンゴ細工職人, サンゴ細工店

corallifero 形 サンゴでできた, サンゴが豊かな

corallina¹ 女〖植〗サンゴ藻, 石灰藻

corallina² 女 サンゴを採集する船

corallino 形 サンゴの; 〖不変〗サンゴ色の —*barriera* [*scogliera*] *corallina* サンゴ礁 —男 小さな円筒形のパスタ

corallo 男 **1**〖動〗サンゴ —*banco di coralli* サンゴ礁 **2**〖不変〗サンゴ色, コーラルピンク, コーラルオレンジ —形〖不変〗サンゴ色の

corame 男 型押し革, 革

coram populo 副〖ラ〗人前で, 公然と

coranico 形〖複[男 -ci]〗コーランの

Corano 固名〖男〗コーラン(イスラム教の経典)

corata 女 **1** (蓄殺された動物の)臓物 **2** (人の)内臓

coratella 女 (子ヤギなど小動物の)臓物

corazza 女 **1** 胴鎧(よろい), 胴着, 甲冑(かっちゅう) **2** (動物の)甲羅, 甲殻 **3** 防御, 防衛 **4**〖軍〗装甲 **5**〖スポ〗防具, プロテクター

corazzare 他 **1** 鎧兜(よろいかぶと)[甲冑(かっちゅう)]を着せる **2** 守る, 防御する —**arsi** 再 **1** 鎧兜[甲冑]を身につける **2** 身を守る, 防御する

corazzata 女 戦艦 —*corazzata tascabile* 小型戦艦

corazzato 形 **1** 鎧兜(よろいかぶと)[甲冑(かっちゅう)]を身につけた **2** 守られた, 防御された

corazzatura 女 **1** 鎧兜(よろいかぶと)[甲冑(かっちゅう)]を身につけること, 装甲すること **2** (軍艦・戦車などの)装甲部隊

corazziere 男 **1** (イタリア大統領を護衛する)騎馬憲兵 **2** 堂々とした人 **3** (16～17世紀の)胸甲騎兵(胴鎧(よろい)をつけた重騎兵)

corba 女 (藤(とう)などで編んだ)大かご

corbeille 女〖仏〗かご; フラワーバスケット

corbelleria 女 **1** 愚かさ, 馬鹿げた行為[言葉] —Non dire *corbellerie*! ふざけたことを言うな. **2** ひどい間違い

corbezzolo 男 **1**〖植〗ヤマモモ **2**〖複数で間投詞的に〗何と, もちろん(驚きや確

corda [コルダ] 女 **1** 綱, 縄, ロープ **2** 心の琴線; デリケートな話題 **3** 〔音〕〔楽器の〕弦 —strumenti a corda 弦楽器 **4** 〔登山〕ザイル **5** 〔スポ〕〔リング，ボクシングの〕ロープ; 縄跳び; 〔トラックの〕コースロープ **6** 〔幾〕弦 **7** 〔解〕帯, 策, 腱(½) —corde vocali 声帯 **8** 〔建〕骨組みの弦材 **9** 〔ビリヤードの〕ボークライン **10** 〔織〕緯糸(ੁੱ) **11** コルダ (昔, シチリアで使われた長さの単位; 約 33 メートル) ▶ **a corda** 〔建〕垂直に **dare corda** 自由にさせておく; (人の秘密など を) うまく引き出す **dare la corda** (時計などの) ねじを巻く **essere alle corde** 窮地に立つ **essere giù di corda** 元気がない, 調子が悪い **mettere la corda al collo a...** …を窮地に追い込む **tagliare la corda** 逃げる **tenere sulla corda** やきもきさせる **tirare la corda** 誇張する

cordaio 男 〔女 [-a]〕 ロープを作る人; ロープを売る人

cordame 男 **1** ロープ類 **2** 〔船〕索具

cordata 女 **1** 〔スポ〕〔ザイルで体をつなぎ合った登山者の〕一行 **2** 〔経〕〔共同で金融などの大きな取引をする〕企業家集団

cordato¹ 男 (C-) 〔複数で〕〔動〕脊索動物

cordato² 形 〔植〕 (葉が)心臓の形をした

cordato³ ひものついた, ひも状の

cordatura 女 ロープを作ること, 縄をなうこと

corderia 女 ロープ[縄]製造所

cordiale 形 真心のこもった, 心優しい —Cordiali saluti 〔手紙の結びで〕心からのご挨拶を, 敬具

cordialità 女 真心, 誠意

cordialone 男 〔女 [-a]〕 気さくな人

cordicella 女 細ひも

cordigliera 女 〔地理〕(中南米の)大山脈

cordless 形 〔不変〕〔英〕コードなしの, コードレスの —男 〔不変〕コードレスフォン

cordoglio 男 **1** 深い悲しみ **2** (死者に対する)お悔やみ

cordolo 男 **1** 〔建〕(床補強のためのコンクリート製の)化粧縁; モールディング **2** (道路の)縁石 **3** (甲革と靴底の)継ぎ目革

cordonare 他 (縁石で)取り囲む, 区切る

cordonata 女 **1** 〔建〕大階段; 傾斜路につけられた階段 **2** (花壇を囲む)縁石

cordone 男 **1** (電気や電話の)コード; (カーテンや幕の)ひも **2** 飾りひも, 綬章 **3** (歩道や花壇の)縁石 **4** (フランチェスコ修道士の)縄帯 **5** 〔解〕索, 腱(½) —cordone ombelicale へその緒 **6** (防御のための)隊列, 哨(ʂ̌̃́)兵線; 非常線, 警戒線 **7** 〔建〕繰形, モールディング

Cordova 固名 (女) **1** コルドバ(スペイン南部の古都) **2** コルドバ(アルゼンチン北部の都市)

cordovano 形 コルドバ(の人)の —男 **1** 〔女 [-a]〕 コルドバの人 **2** コードバン革

core → cuore

Corea 固名 (女) **1** (Repubblica Democratica Popolare di ~) 北朝鮮 **2** (Repubblica di ~) 韓国 —Corea del Nord 北朝鮮 / Corea del Sud 韓国

coreano 形 朝鮮の, 韓国の; 朝鮮人[語]の, 韓国人[語]の —男 〔女 [-a]〕 朝鮮人, 韓国人 **2** 〔単数のみ〕朝鮮語, 韓国語

Corelli 固名 (男) (Arcangelo ~) コレッリ (1653-1713; イタリアの作曲家)

coreografia 女 (バレエの)振り付け(指揮)

coreografico 形 〔複[男 -ci]〕 **1** 振り付けの **2** 派手な, 人目を引く

coreografo 男 〔女 [-a]〕 振り付け師

coriaceo 形 **1** (革のように)硬い **2** 鈍感な, 鈍い

coriandolo 男 **1** (主に謝肉祭に投げ合う)色紙のつぶて, 紙玉 **2** 〔植〕コリアンダー

coribante 男 〔ギ神〕コリュバス(女神キュベレの従者〔神官〕)

coricare 他 〔io corico〕 **1** ベッドに寝かせる, 横たえる **2** 下に置く; 〔農〕(取り木するために植物を)土中に入れる —**arsi** 再 **1** 横になる; 寝る **2** (太陽や月が)沈む

corifena 女 〔魚〕シイラ

corifeo 男 〔女 [-a]〕 **1** (古代ギリシャ劇の)首席歌手 **2** 〔蔑〕指導者, リーダー

corindone 男 〔鉱〕コランダム, 鋼玉

Corinto 固名 (女) **1** コリント(古代ギリシャの都市国家) **2** コリント(ギリシャ南部の都市)

corinzio 形 コリント(人)の, コリント様式の —男 〔女 [-a]〕 コリント人

corista 男女 〔複[男 -i]〕 合唱隊員, 聖歌隊員 —男 〔複 [-i]〕 〔音〕音叉(³)

cormaiorese 形 クールマイユール(の人)の —男女 クールマイユールの人

cormorano 男 〔鳥〕ウ(鵜)

corna corno の複数形

cornacchia 女 〔鳥〕**1** カラス **2** おしゃべりな人; 不吉なことを予言する人

cornacea 女 (C-) 〔複数で〕〔植〕ミズキ科の低木

cornamusa 女 バグパイプ

cornamusaro 男 〔女 [-a]〕 〔音〕バグパイプ奏者

cornata 女 (動物が)角で突くこと

cornea 女 〔解〕角膜

Cornelia 固名 〔女性名〕コルネーリア

Cornelio 固名 〔男性名〕コルネーリオ

corneo 形 角(ʼ)の, 角質の

cornetta¹ 女 **1** 〔音〕コルネット(小型のトランペット); コルネット奏者 **2** 受話器

cornetta² 女 **1** 〔軍〕(昔の)騎兵試旗; 騎兵団 **2** 〔宗〕(かつて修道女がかぶった)角頭巾

cornetto 男 **1** 小型の角型のお守り —cornetto acustico ラッパ型補聴器 **2** クロワッサン **3** コーンに入ったアイスクリーム **4**

cornice 囡 額, 額縁; 枠(ẉ)

corniciaio 〔女 -a〕額縁職人, 額縁屋

cornicione 男 〔建〕軒蛇腹(ẉẉ), 天井蛇腹

cornico 形 〔複〔男 -ci〕〕(イングランドの州)コーンウォールの; コーンウォール人[語]の —男 1 〔複 -ci〕女〔-a〕コーンウォール人 2 〔単数のみ〕コーンウォール語

cornificare 他 〔io cornifico〕《口》浮気する, 不義をはたらく —**arsi** 再 お互いに浮気する

corniola¹ 囡 〔植〕セイヨウサンシュユの実; ミズキ科の木の実

corniola² 囡 〔鉱〕紅玉髄, 赤瑪瑙(ẉẉ)

corniolo, coriolo 男 〔植〕セイヨウサンシュユ; ミズキ科の低木

‡**corno** [コルノ] 男 〔複〔1, 2, 3 は le corna, 4 以下は i corni〕〕 ーle corna del bue [della lumaca] 牛[カタツムリ]の角 2 〔複数で〕不貞, 不義 3 〔否定で〕つまらぬもの, 何一つない —Non capire un corno. 全く分からない. 4 角状の物 5 〔単数のみ〕角製の物 —pettine di corno 角製のくし 6 魔除けのお守り 7 《諧》こぶ 8 角製の靴べら 9 〔音〕ホルン; 角笛 10 側面(部隊) 11 (川や道の)分岐点 ▶**abbassare le corna** 卑下する, 下手に出る **alzare le corna** うぬぼれる **dire peste e corna di...** …の悪口を言う **fare le corna** 指[指で]〔侮辱〕のしぐさをする **fare [mettere] le corna a...** …を裏切る, …に不義を働く **prendere il toro per le corna** 勇気を持って立ち向かう **rompere le corna...** …をひどくぶつ, 打ち負かす **rompersi le corna** 負ける, ひどい目に遭う

Cornovaglia 固名〔女〕 1 コーンウォール(英国, イングランド南西端の州) 2 コヌアイユ(フランス, ブルターニュ地方の都市)

cornucopia 囡 〔ギ神〕豊饒の角(ẉ); 角(ẉ)形の容器

cornuto 形 角の生えた; 妻[夫]に浮気された

coro 男 1 合唱, コーラス; 合唱曲 —coro a cappella 無伴奏合唱 2 合唱団[隊] 3 聖歌隊席 4 (意見・考え・評価などを)一斉に発する声 —coro di proteste 一斉の抗議 5 (動物が)同時に鳴く声; 斉唱 —coro di grilli コオロギの合唱 6 (古代ギリシャの)コロス 7 〔神学〕天使の階級 ▶**in coro** 一斉に

corografia 囡 〔地理〕地方誌

coroide 囡 〔解〕脈絡膜

corolla 囡 〔植〕花冠

corollario 男 1 当然の結果; (先行事例から導かれる)結果 2 〔数〕系

corona 囡 1 王冠; 宝冠 2 王位, 帝位; 王権; 王室 3 花冠, 栄誉 —corona d'alloro 月桂冠 4 〔スポ〕選手権 5

冠[輪]状のもの —fare corona a... …を取り巻く / tappo a corona (瓶)の口がね 6 〔解〕(歯茎から出ている)歯の部分 (corona dentaria) 7 〔医〕歯冠 8 王冠の描かれた貨幣 クローナ, クローネ, コルナ 9 (時計の)竜頭 10 〔音〕フェルマータ 11 〔機〕リム

coronamento 男 1 完成, 完了, 成就 2 〔建〕(建物上部を飾る)模様 3 〔船〕船尾上部, 船尾手すり 4 戴冠

coronare 他 1 取り囲む 2 成就する, 立派に終える 3 報いる

coronarico 形 〔複〔男 -ci〕〕〔医〕動脈の, 冠状動脈の

coronario 形 〔解〕冠状動脈の

corpacciuto 形 太った, 肥満した

corpetto 男 1 (婦人服)の身ごろ, (胴部に密着した)女性用ベスト; ボディースーツ, コルセット 2 (水兵が着る)肌着 3 (男性用の)チョッキ, ベスト

corpino → corpetto

‡**corpo** [コルポ] 男 〔複〕 1 体, 肉体 —corpo robusto 頑丈な体 / guardia del corpo ボディーガード / Corpo di Cristo 〔カト〕聖体 2 胴体 3 《口》腹, 腹部 —dolori di corpo 腹痛 4 死体, 遺体 5 物体, 物質; 体(ẉ) —corpi celesti 天体 / corpo del reato 凶器 / corpi liquidi [solidi] 液体[固体] 6 全体, 総体, 集合体 7 全集, 集成, 大全 8 本体, 主要部 —corpo di un edificio 建物本体 9 集団, 団体 —corpo degli insegnanti 教員一同 10 軍団, 部隊, 班 —Corpo degli alpini 山岳部隊 / Corpo Forestale dello Stato 森林警備隊 11 濃度, 密度, (酒などの)こく 12 〔船〕船体 13 〔印〕活字の大きさ, ボディー 14 〔驚きや怒りを表して〕 —Corpo di Bacco! とんでもない. 何ということだ. ▶**a corpo morto** どっしりと; 全身全霊で (**a**) **corpo a corpo** 接近して, じかに接触して **andare di corpo** 便通がある, 排便する **avere il diavolo in corpo** 興奮する; 動き回る **prendere corpo** 具体化する, 形になる

corporale¹ 男 〔宗〕(聖杯などを置くために祭壇に掛けられた)白布

corporale² 形 肉体の, 体の

corporalità 囡 肉体的存在, 有体性

corporativismo 男 〔政〕協調組合主義[制度], コーポラティズム

corporativo 形 1 法人の 2 〔政〕協調組合主義[制度]の

corporatura 囡 体格, 体形

corporazione 囡 1 職業組合 2 (中世の)ギルド 3 《ファッシズム期の労使双方による》協調組合

corporeità 囡 身体性; 有体性

corporeo 形 肉体[体]の; 肉体を持った

corpositá 囡 1 量感があること, かさばること 2 (ワインが)濃厚でしっかりしていること

corposo 形 量感のある; 内容の濃い;

濃厚な

corpulento 形 **1** がっしりした、ずんぐりした; 肥満した、太った **2** (物が)まん丸い **3** 荒削りの、粗野な

corpulenza 囡 がっしり[ずんぐり]していること; 太っていること

corpus 男 〔不変〕〔ラ〕全集、集成、大全

corpuscolare 形 微粒子の

corpuscolo 男 **1** 微粒子 **2**〔解〕小体

Corpus Domini 圄〔ラ〕キリスト聖体の祝日

Corrado 圄名〔男性名〕コッラード

corredare 他 (必要な物を)備える、備え付ける、用意する **—arsi** 再 自分で用意する、調達する

corredentrice 囡〔不変〕〔カト〕(キリストとともに人類を救済する)聖母マリア

corredino 男 (産着・布団など)新生児用品一式

corredo 男 **1** 必需品[衣類、家具調度、設備、備品]一式 **2** 嫁入り道具一式 **3** (知識などの)蓄積 **4** 注釈、注解

***correggere** [コッレッジェレ] [87] 他〔過分 corretto〕 **1** (誤りを)直す、指摘する、訂正する; 添削する **2** (欠点や悪癖を)取り除く、矯正する、改善する **3** 叱る、とがめる、小言を言う **4** (飲食物に別のものを)加える —correggere il caffè con la grappa コーヒーにグラッパを入れる **—ersi** 再 **1** (性格や態度を)改める **2** (言い間違いを)訂正する

correggia 囡〔複 -ge〕(カミソリを研ぐ)革砥(ﾄﾞ)

correggibile 形 訂正[矯正]できる

Correggio 圄名(男) (Antonio Allegri da 〜) コッレッジョ (1489頃-1534; イタリアの画家. 本名 Antonio Allegri)

corregionale 形 同郷の、同地方の **—**男女 同郷人

correlabile 形 関連[関係]する、関連づけられる

correlare 他 (A con[a] B) A を B と関連[関係]づける **—arsi** 再 関連[関係]する

correlativo 形 **1** 関連する、相関関係のある **2**〔言〕相関的な

correlato 形 相関関係の

correlatore 男〔囡 -trice〕 **1** (会議などの)共同報告者、共同発表者 **2** (卒業論文の)副査

correlazione 囡 相関関係、相互関連

correligionario 男〔囡 -a〕同宗教の信徒 **—**形 同宗教の、同じ宗教を信じる

****corrente**¹ [コッレンテ] 形 **1** 流れている —acqua corrente 流れる水; 水道水 **2** 現行の —mese corrente 今月 / prezzo corrente 時価 / conto corrente 当座預金 **3** 通常の、いつもの —spese correnti 通常経費 **4** 普及した、一般的な、普通の —opinioni correnti 一般の意見、世論 / moda corrente 流行 **5** 値打ちのない —articolo corrente つまらない品物 **—**囡 **1** (水や空気の)流れ **2** 電流 **3** 趣(ｵﾓﾑｷ)、勢い、風潮 —seguire la corrente 時流に乗る / andare contro corrente 時勢に逆らう **4** (一定方向に進む人や物の)ひとかたまり、集団 **5** (政治の左右の)翼、派閥 **—**男 **1**〔建〕横桟(ｻﾝ) **2**〔印〕欄外の見出し、柱 **3**〔単数の場合〕成り行き ▶ essere al corrente di… …に通じている mettere A al corrente di B B を A (人) に知らせる

corrente² 囡〔音〕クラント(16〜18世紀のフランス・イタリアの速い舞曲)

correntemente 副 **1** 淀(ﾖﾄﾞ)みなく、流暢(ﾘｭｳ)に **2** 日常的に

correntezza 囡 気さくさ、大らかさ; 滑らかさ

correntista 男女〔複[男-i]〕当座預金口座の名義人[保有者]

correo, correo 男〔囡[-a]〕〔法〕共同被告人

corrercene 自〔es〕〔過分 corso; 3人称のみ〕〔ce ne corre〕著しい相違がある —Tra il libro e il film ce ne corre. 本と映画では大きな違いがある.

***correre** [コッレレ] [25] 自〔1〜4は av, 5以下は es〕〔過分 corso〕 **1** 走る、駆ける、(乗り物が)高速で走る —Ho corso per prendere l'autobus. バスに乗るために走った. **2** 急いでする、必死になる —Matrimonio? Stai correndo un po' troppo! 結婚だって? ちょっと早すぎるじゃないか. **3** (徒競走やレースに)参加する —correre in moto バイクレースに出る **4** 発効する、効力を生じる —Gli interessi corrono dal primo del mese. 月初めから利息がつく. **5** 駆けつける、急行する —Sono corso alla stazione. 急いで駅まで走った. **6** (時が)経つ、過ぎる —I mesi corrono e nulla cambia. 月日は経つが何も変わりはない. **7** (川や液体が)流れる —Il fiume corre tra le colline. 川は谷間を流れている. **8** (道が)延びる、走る **9** (領土などが)広がる、及ぶ **10** (話などが)流暢(ﾘｭｳ)である、よどみない **11** (噂(ｳﾜｻ)などが)広がる、流布する; 流行する —La notizia è corsa in fretta. ニュースは瞬く間に広がった. / Corre voce che Aldo e Maria si sposino. アルドとマリアが結婚するそうだ. **12** (考えや思いが)向く —Il suo pensiero corre alla famiglia. 彼は家族に思いを馳(ﾊ)せている. **13** (目や手を)向ける **14** 進行[活動]中である —Correva l'anno 1954. 1954年のことだった. **15** (二つの間に差や距離が)ある —Fra quei due corre una bella differenza. あの二人には大きな違いがある.

corresponsabile 形 共同[連帯]責任の **—**男女 共同[連帯]責任者

corresponsabilità 囡 共同[連帯]責任

corresponsabilizzare 他 共同

[連帯]責任にする

corresponsione 囡 1 報酬, 支払い 2 (感情や情愛の)一致

corresse correggere の直・遠過・3 単

correttamente 副 正確に; 正しく; 礼儀正しく

correttezza 囡 1 正しさ 2 (言動の) 適正さ, 礼儀正しさ 3 (言葉遣いの)適切さ

correttivo 形 (誤りなどを)正す, 矯正する —男 1 矯正する物[手段, 方法] 2 [薬] (経口薬の)添加剤 3 [農] (土質の)中和剤

corretto 形 〖過分 < correggere〗 1 正しい, 正確な, 間違いのない 2 礼儀正しい; 誠実な, 律儀な 3 強い酒を加えた — caffè *corretto* ブランデーやリキュールなどを加えたコーヒー

correttore 男 [囡 [-trice]] 訂正[矯正]者; 校正者 —男 1 修正液, 修正テープ 2 制御装置

correzione 囡 1 訂正, 添削 2 加筆, 修正 3 改良, 改善; 矯正 4 変更 5 飲み物にリキュールを加えること 6 [印]校正 7 叱責, 小言

corrida 囡 闘牛

***corridoio** [コッリドイオ] 男 1 廊下; (乗物の)通路 —*corridoio* aereo 航空路 2 [スポ] (テニスコートの)サイドライン 3 [船]中甲板

corridore 形 競争用の —男 走者, ランナー; レーサー

corriera 囡 1 路線バス(autobus) 2 (昔の)乗り合い馬車

corriere 男 1 運ぶ人, 運送業者; (昔の)飛脚 2 郵便物 3 [鳥]チドリ類

corrimano 男 [不変] (階段などの)手すり

corrione 男 [鳥]イシチドリ

corrispettivo 形 1 同等の, 等価の 2 一致する, 相当する, 対応する —男 報酬, 対価

corrispondente 形 1 一致する, 符合する 2 相当する, 対応する 3 文通する —囡困 通信員, 特派員 —男 代理人[店]

corrispondenza 囡 1 一致, 対応 2 文通; 郵便物 —corso [scuola] per *corrispondenza* 通信講座 [教育]

***corrispondere** [コッリスポンデレ] [94] 自 〖過分 corrisposto〗 (a) 1 一致する, 符合する, 同一である —Le sue parole non *corrispondono* al suo comportamento. 彼は言行不一致だ. 2 相当する, ふさわしい —*corrispondere* alle speranze 期待に見合う 3 等しい, 同価値である —Un chilometro *corrisponde* a mille metri. 1 キロメートルは 1000 メートルだ. 4 報いる, 返す, 応える —*corrispondere* all'amore di… …の愛情に応える 5 (con) …と文通する —*Corrispondo* con una ragazza italiana. 私はイタリア人の女の子と文通している. 6 通じる, 面する —他 1 (好意な

どに)応える 2 支払う, 与える —**ersi** 再 類似する, 対応する

corrispose corrispondere の直・遠過・3 単

corrisposto 形 〖過分 < corrispondere〗 (愛情や感情が)報いられた, 交わされた

corrività 囡 軽率, 軽はずみ

corrivo 形 1 軽率な, 無分別な 2 (態度が)甘い, 厳しくない

corroborante 形 強くする, 元気づける —男 強壮剤

corroborare 他 〖io corroboro〗 1 強化する, 活気づける 2 確認[確証]する —**arsi** 再 回復する, 元気になる

corrodere [95] 他 〖過分 corroso〗 徐々に壊す, 蝕(むしば)む; (化学的に)腐食する, 浸食する —**ersi** 再 腐食する, 蝕まれる

corrodibilità 囡 腐食耐性; 腐食性

corroditore 男 [囡[-trice]] 壊す[台無しにする]人, 腐食する物

corrompere [96] 他 〖過分 corrotto〗 1 堕落させる, (道徳的に)腐敗させる 2 買収する —*corrompere* un politico 政治家を買収する 3 よごす, 汚染する 4 損なう, 壊す —**ersi** 再 1 腐敗する 2 (道徳的に)堕落する

corrompibile 形 腐敗[堕落]しやすい

corrose corrodere の直・遠過・3 単

corrosione 囡 1 腐食 2 (体力・気力の)消耗

corrosività 囡 腐食性

corrosivo 形 1 腐食性の; 消耗させる 2 辛辣な, 皮肉な —男 腐食剤

corrotto 形 〖過分 < corrompere〗 1 堕落[腐敗]した, 買収された 2 汚染された

corrucciarsi 再 〖io mi corruccio〗 1 怒り悲しむ, 深く悲しむ 2 眉をひそめる, 顔をしかめる 3 (天候などが)荒れ狂う

corrucciato 形 1 悲しんだ, 心配した 2 怒った, 憤慨した 3 荒れ狂った, 嵐のような

corruccio 男 (怒りと悲しみの)感情, 憤り

corrugamento 男 1 しわを寄せること, しわ 2 [地質]褶(しゅう)曲(作用)

corrugare 他 しわをつける, (額に)しわを寄せる —**arsi** 再 しわがつく, (額に)しわが寄る

corrugato 形 しわの寄った

corruppe corrompere の直・遠過・3 単

corruttela 囡 腐敗, 堕落

corruttibile 形 1 (人が)買収されやすい 2 (物が)腐敗する

corruttibilità 囡 腐敗しやすさ, 堕落しやすさ

corruttivo 形 腐敗しやすい, 堕落しやすい

corruttore 形 腐敗した, 堕落した —男 [囡[-trice]] 堕落させる人, 買収する人

corruzione 囡 1 腐敗 2 変質, 悪化

—*corruzione* della lingua 言語の転訛(ⁿ), 訛(ⁿ)り 3 堕落 4 買収, 贈賄

corsa [コルサ] 囡 1 走ること, 走り, かけっこ 2 競走, レース;〖複数で〗競馬 3 (バスなどの)便 4 走行(距離) —*pagare il prezzo della corsa* 運賃を払う 5 殺到 —*corsa all'oro* ゴールドラッシュ 6 急上昇, 急激な増加 —*corsa dei prezzi* 価格の高騰 7《口》ちょっと立ち寄ること 8 〔機〕往復運動, ストローク ▶ *di corsa* 急いで, 走って / *fare le cose di corsa* 粗雑に事を運ぶ / *in corsa* 動いている, 走行中の

corsaletto 男 1 (肩あて・脇のない軽い) 胸あて, 胸あて 2 コースレット(ガードルとブラジャーが一続きになった下着), オールインワン 3〔虫〕胸甲

corsaresco 形〖複[男 -chi]〗海賊の

corsaro 男 1 海賊 2 私掠(ʳ³)船の船長 —形 海賊の

corse correre の直・遠過・3 単

corsetteria 囡 〖総称的〗女性用下着

corsetto 男 (女性用・整形用の)コルセット

corsia 囡 1 (座席間や寝台間の)通路 2 (病院の)大部屋 3 車線, コース, レーン —*corsia d'emergenza* (高速道路などの)緊急避難用路肩 4 (廊下や階段に敷く)細長いじゅうたん 5〔歴〕(ガレー船の船首と船尾をつなぐ)通路

Corsica 固名(女) コルシカ島(地中海西部の島)

corsista 男女〖複[男 -i]〗講座の受講生

corsivista 男女〖複[男 -i]〗(新聞の)時評担当者

corsivo 形 イタリック体の, 筆記体の —男 イタリック体, 筆記体

__corso__[1][コルソ] 男 1 流れること, 流れ —*corsi d'acqua* 川, 水路, 運河 2 展開, 経過, 進展, 動き —*corso delle cose* 事態の推移 / *corso del tempo* 時の流れ 3 大通り, 本通り 4 講義, 講座, コース —*corso d'italiano* イタリア語講座 / *studente fuori corso* (大学の)規定年限を越えた学生 5 教科書 6 (山車の)行列 7 株式相場 8 (貨幣の)流通 —*banconota fuori corso* 無効の紙幣 9 〔船〕(外板の)条列, 張り板 ▶ *in corso* 進行中の; 有効な / *nel corso di...* …の間

corso[2] 形 コルシカ島の; コルシカ島民の —男 囡[-a] 1 コルシカ島民; (il C-) ナポレオン・ボナパルト 2〖単数のみ〗コルシカ方言 3 コルソ(コルシカ島のブドウ品種; その品種で作るワイン)

corso[3] correre の過分

corsoio 形 滑る —*nodo corsoio* 引結び(一方を引くと解ける) —男〔機〕滑動部, スライダ,〔コン〕カーソル

__corte__ [コルテ] 囡 1 宮廷, 王宮; 王室, 宮廷人, 廷臣 2 従者, 随員, 取り巻き 3 ご機嫌取り, (女性に)言い寄ること 4 中庭, 校庭 5 法廷, 裁判所 —*Corte d'Appello* 控訴裁判所 / *Corte d'Assise* 重罪裁判所 / *Corte di Cassazione* 破棄裁判所 / *Corte Costituzionale* 憲法裁判所 ▶ *fare la corte a...* …の機嫌を取る, 口説く

corteccia 囡〖複[-ce]〗1 樹皮, 表皮 2 外皮, 見かけ 3〔解〕皮質

corteggiamento 男 1 ご機嫌取り, へつらい 2 求愛, 言い寄ること

corteggiare 他〖io corteggio〗1 機嫌を取る, へつらう, 媚(ⁿ)びる 2 口説く, (女性に)言い寄る

corteggiato 形 憧れの, (称賛者に)取り巻かれた, 人気の的の

corteggiatore 男 囡[-trice] 1 女の機嫌を取る男; ご機嫌を取る人, へつらう人 2 求愛者, 恋した人

corteggio 男 随行団, お供の一団

corteo 男 行列 —*corteo di protesta* 抗議デモ

cortese 形 丁寧な, 礼儀正しい, 慇懃(ⁿⁿ)な

cortesia 囡 1 丁重さ, 礼儀正しさ 2 親切, 思いやり; 親切な行為 —*per cortesia* 何とぞ, どうか / *colmare di cortesie* 配慮を尽くす

cortezza 囡 1 不十分, 凡庸 2 短さ

cortigiana 囡 1 (宮廷の)宮女 2 娼婦

cortigianeria 囡 宮廷人らしさ; へつらう態度, 媚(ⁿ)びるしぐさ

cortigiano 形 1 宮廷の 2 偽善的な, ずるい —男 囡[-a] 1 宮廷人, 廷臣 2 へつらう人, 媚(ⁿ)びる人

__cortile__[コルティーレ] 男 1 中庭 2 農家の庭 —*animali da cortile* (鶏やウサギのような)農家の庭で飼っている家禽類

cortina 囡 1 (仕切りの)幕, カーテン; 緞(ⁿ)帳 2 (視界や物陰を遮るもの) —*cortina di ferro* (冷戦時代の)鉄のカーテン

Cortina d'Ampezzo 固名(女) コルティーナ・ダンペッツォ(ヴェネト州の町)

cortinaggio 男 (ゆったりした)カーテン;(天蓋付きベッドの)カーテン

cortinese 形 コルティーナ・ダンペッツォ(の人)の —男女 コルティーナ・ダンペッツォの人

cortisone 男 コルチゾン, コーチゾン(副腎皮質ホルモンの一つ)

__corto__[1][コルト] 形 1 短い —*settimana corta* 週休二日制 2 短時間の —*visita corta* 短時間の訪問 3 背の低い, ずんぐりした 4 乏しい, 足りない, 弱い; 頭の鈍い —*essere corto di memoria* 記憶力[視力]が悪い / *essere corto in matematica* 数学に弱い 5 (スープやコーヒーが)濃い, 濃縮した —男〔電〕ショート ▶ *a corto di...* …なしで, 不足して / *alle corte* 要するに / *per farla corta* 手短に言えば, 要するに / *tagliare corto* (話を)手短に切り上げる

corto[2] → cortocircuito

cortocircuito, corto circuito

cortometraggio 男 **1**〔電〕短絡, ショート **2** 理屈の通らない考え方; (社会や産業の)麻痺状態
cortometraggio 男 短編映画
Cortona 固名(女) コルトーナ(トスカーナ州の町)
cortonese 形 コルトーナ(の人)の —男女 コルトーナの人 —男 コルトーナ硬貨(13世紀にCortonaで鋳造された高額貨幣)
corvaccio 〔女 [-a]〕不運をもたらす人
corvée 女〔不変〕〔仏〕(封建時代の)賦役(ふえき)
corvetta 女 コルヴェット艦(小型の戦艦)
corvina 男〔不変〕コルヴィーナ(ヴェローナ産のブドウ品種; その品種で作るワイン) —女 (ワイン用の)黒ブドウ
corvino 形 **1** カラスの **2** (カラスの羽根のように)黒い
corvo¹ 男 **1**〔鳥〕カラス **2** 不吉なことを言う人, 縁起の悪い人 **3**〔蔑〕匿名の投書家 **4**〔諧·蔑〕司祭, 聖職者
corvo² 男〔不変〕コルヴァ(シチリア産の辛口ワイン)
*****cosa** [コーサ, コーザ] 女 **1** 物, 物品, (無形の)もの —Ti regalerò una *cosa* bella. 君にいいものをプレゼントするよ. / ogni *cosa* すべて, 全部 / qualche *cosa* 何か / questa *cosa* これ **2** 物事, 事柄 —Qui succedono *cose* strane. ここでは不思議なことが起こる. **3** 事態, 情勢, 問題 —Le *cose* stanno così. 状況はこんな具合だ. **4** 原因, 理由, 動機 **5** 仕事; 仕事, 事業 **6** 行い, 行為, 身ぶり **7** 食べ物, 食品 **8** (言葉に対する)実体, 本体 **9**〔所有形容詞とともに; 複数で〕私物 —le mie *cose* 私の身の回り品 **10**〔複数で〕月経 **11**〔口〕(知らなかったり, 名前を言いたくない)女性 —代(疑問) 何が[を] (che cosa) —*Cos*'hai fatto ieri? 昨日は何をしたの? ▶ **a cose fatte** 事後に **cose da matti [pazzi]** 狂気の沙汰 **È cosa fatta.** 終わった[まとまった]ことだ. **per la quale cosa** だから, それゆえ **per prima cosa** 最初に, 何よりもまず **sopra ogni cosa** 何よりも, 何はさておき **Tante belle cose!** たくさんいいことがありますように.
cosà 副〔次の成句で〕▶ **così cosà** まずまず **così e cosà** 正しいやり方で **così o cosà** このやり方かあのやり方か
cosacco 形〔複[男 -chi]〕コサック(人)の —男〔複[-chi]女[-a]〕コサック人
coscia 女〔複[-sce]〕腿(もも); 腿肉
cosciente 形 《di》 意識[自覚]している
*****coscienza** [コッシェンツァ] 女 **1** 意識, 自覚, 知覚 —perdere [riprendere] *coscienza* 意識を失う[取り戻す] **2** 良心, 善悪の観念 —fare un esame di *coscienza* 良心に照らす / avere la *coscienza* sporca 後ろめたさ[やましさ]を覚える **3** 誠実さ, まじめさ, 責任感 —lavorare con *coscienza* まじめに働く **4** 感性, 感覚, 関心 —*coscienza* sociale 社会問題に対する関心
coscienziosità 女 良心的なこと, まじめさ
coscienzioso 形 良心的な, 責任感の強い, まじめな; (物が)入念に仕上げられた
coscio 男 (蓄殺された動物の)腿(もも); 腿肉
cosciotto 男 **1** (蓄殺された動物の小ぶりの)腿(もも); 腿肉 **2** 羊の腿(肉)
coscrisse coscrivere の直·遠過·3単
coscritto 形〔過分 < coscrivere〕徴集[徴兵]された —男 新兵
coscrivere [103] 他〔過分 coscritto〕徴集する, 徴兵する
coscrivibile 形 徴兵の対象の
coscrizione 女 徴兵
cosecante 形〔数〕コセカント
coseno 男〔数〕コサイン
cosentino 形 コゼンツァ(の人)の —男〔女[-a]〕コゼンツァの人
Cosenza 固名(女) コゼンツァ(カラブリア州の都市; 略 CS)
*****così** [コスィ, コズィ] 副 **1** この(その, あの)ように; これくらい, それくらい —Come stai?-*Così* così. 元気かい? — まずまずだ. / Basta *così*. これで結構[十分]です; もうやめろ. / È alto *così*. (身ぶりで示して)高さはこれくらいだ. **2** それほど, そんなに, これほど, あれほど, そのように —È già *così* tardi? もうこんなに遅いのか. **3**〔*così*... che/*così*... da + 不定詞〕…するほど, …なので —Sono *così* stanco che non mi reggo in piedi. 立てないくらい疲れています. **4**〔*così*... come...〕…と同じくらい…である〔*così* はよく省略される〕 —Questo palazzo è vecchio *così* come quello. このビルはあちらのと同じくらい古い. / Paola è simpatica *così* come Maria. パオラはマリアと同じくらい感じがいい. **5**〔願望·欲求を表して〕—*Così* sia. そうなりますように. —形〔不変〕そのような, このような —Non mi metterei mai un vestito *così*. こんな服は絶対着たくないなあ. —接 **1** だから, 従って, それゆえ —C'era traffico e *così* ho fatto tardi. 道が混んでて遅れたんだ. **2** …にもかかわらず —*Così* ammalato, è andato a dare l'esame. 病気にもかかわらず, 彼は試験を受けに行った. ▶ **così che** だから **così com'è** そのまま, ありのまま **così e così** かくかくしかじか **E così?** (結論を促して) それで?; (驚きを表して) え, そうなの? **e così via** …など **né così né cosà** どちらでもなく **per così dire** 言わば **se è così** もしそうならば
cosicché, **così che** 接 **1** だから, 従って —Mi sono alzato tardi *cosicché* ho perso il treno. 寝坊したので,

電車に乗り遅れた. **2** 〘疑問表現で〙それで, それで —*Cosicché,* come è andata a finire? で, どうなったんだい?
cosiddetto 形 いわゆる
cosiffatto 形 そのような, こうした
Cosimo 固名 〘男性名〙コーズィモ
cosino 男 〘女[-a]〙ほっそりした人; きゃしゃな子供
Cosma 固名 〘男性名〙コズマ
Cosma e Damiano 固名 (男) (Santi ~)聖コスマスとダミアヌス(医師またメディチ家の守護聖人)
Cosmati 固名(男複) (i ~)コズマーティ (12〜14世紀にローマを中心に活動した大理石加工の一門)
cosmea 女 〘植〙コスモス
cosmesi 女 〘不変〙美容術
cosmetica 女 美容術
cosmetico 形 〘複[男 -ci]〙化粧用の, 美容の —男 〘複[-ci]〙化粧品
cosmetista 男女 〘複[男 -i]〙美容師
cosmicità 女 宇宙体系; 普遍性
cosmico 形 〘複[男 -ci]〙宇宙の; 普遍的な
cosmo 男 (調和の体系としての)宇宙, 宇宙空間
cosmo- 連結 「宇宙に関する」の意
cosmogonia 女 宇宙の起源; 宇宙生成論(%); 宇宙生成
cosmogonico 形 〘複[男 -ci]〙宇宙の起源に関する
cosmografia 女 宇宙構造[形状]論
cosmologia 女 宇宙論
cosmonauta 男女 〘複[男 -i]〙宇宙飛行士
cosmonautica 女 宇宙航空術, 宇宙航空学
cosmonautico 形 〘複[男 -ci]〙宇宙飛行の
cosmonave 女 宇宙船
cosmopolita, cosmopolita 形 〘複[男 -i]〙国際的な, 全世界的な —男女 〘複[男 -i]〙世界主義者, 国際人, コスモポリタン
cosmopolitico 形 〘複[男 -ci]〙世界主義者の, 国際人の
cosmopolitismo 男 世界主義, コスモポリタン気質
coso 男 〘名前を知らないか思い出せない口にしたくないものや人を指して〙あれ, それ, 何とかいう物[人]
cospargere [111] 他 〘過分 cosparso〙 **1** (di)撒き散らす, ばらまく —*cospargere* la teglia di farina オーブン皿に小麦粉をふりかける **2** 覆う, かける —**ersi** 再 散らす, 撒き散らす
cosparse cospargere の直・遠過・3 単
cosparso 形 〘過分 < cospargere〙撒き散らされた
cospetto 男 (将来を見据えた)考え ▶ *al cospetto di...* …の前で
cospicuo 形 **1** 重要な, 注目に値する; 顕著な **2** 貴族の; 有名な, 富裕な **3** かなりの, 相当な
cospirare 自 **1** 陰謀を企む, 共謀する **2** (ある目標を達成するために)力を合わせる
cospirativo 形 陰謀の, 共謀の
cospiratore 男 〘女[-trice]〙陰謀家; 共謀者
cospiratorio 形 陰謀の, 共謀の
cospirazione 女 陰謀; 共謀
cosse cuocere の直・遠過・3 単
‡**costa** [コスタ] 女 **1** 海岸, 沿岸; 海岸地方 **2** (山や丘の)斜面 **3** 〘刃物の〙みね **4** (本の)背 **5** 〘解〙肋(%)骨 **6** 〘動〙肋(%) **7** 〘船〙肋材 **8** 〘織〙うね ▶ *a coste* うね織りの, うね編みの *costa costa* 海岸沿いに; すれすれに *di costa* 切断した[して]; わきに[の]
costà 副 〘トスカーナ〙(話し相手の近くを指して)そこ, そちら —*Levati di costà.* そこをどいてくれ.
Costa d'Avorio 固名(女) コートジボワール
costale 形 肋(%)骨の
costante 形 **1** 不変の, 一定の, 絶えざる **2** 粘り強い, 辛抱強い —女 **1** 不変的な特徴 **2** 〘数〙定数
Costantino 固名(男) **1** (~ il Grande)コンスタンティヌス大帝(280 頃 -337; キリスト教徒となった最初のローマ皇帝: 在位 306-337. ラテン名 Flavius Valerius Constantinus) **2** 〘男性名〙コスタンティーノ
Costantinopoli 固名(女) コンスタンティノープル(東ローマ帝国の首都)
costanza 女 **1** 粘り強さ, 熱心さ; 頑固一徹 **2** 一定, 不変
Costanzo 固名 〘男性名〙コスタンツォ
‡**costare** [コスターレ] 自 [es] **1** 費用がかかる, 値段は…である —*Quanto costa?* おいくらですか. **2** 必要とする, 要求する —*Questa casa mi è costata* molti anni di lavoro. この家を手に入れるのに, 長年働かねばならなかった. **3** (値段が)高い —*Qui la vita costa.* ここでは生活費がかかる. ▶ *costare caro* つらい結果になる, 高いものにつく; 値段が高い *costare poco* 安い *costare un occhio (della testa)* 目玉が飛び出るほど高い *costi quel che costi* どんな犠牲を払っても, 何としても
costarella 女 (畜殺された動物の)あばら肉
Costa Rica 固名(女) コスタリカ
costaricano 形 コスタリカ(人)の —男 〘女[-a]〙コスタリカ人
costata 女 (ステーキ用の)肩ロース, リブロース; ステーキ
costato 男 肋(%)骨, 胸郭
costeggiare 他 〘io costeggio〙 **1** (海岸に沿って)航行する; …の縁に沿って進む **2** …に沿って立ち並ぶ
costei → costui
costellare 他 **1** 散りばめる, 撒き散らす; 染みだらけにする **2** 星を飾る
costellato 形 **1** 散りばめた, 埋め尽くさ

れた 2 星を散りばめた
costellazione 囡 1 星座 2 (よく似たものの)一群, 一団 3 有名人たち
costernare 他 深く悲しませる, ひどく苦しめる
costernato 形 落胆した, 意気消沈した
costì 副 〔トスカーナ〕(相手のいる場所を指して)そこ, そちら
costiera 囡 1 (高く切り立った)海岸線, 沿岸地帯; 隣接地域 2 山の斜面
costiero 形 1 海岸の, 沿岸の 2 沿岸航海の
costina 囡 〖豚・羊の〗ばら肉の切り身
costipamento 男 濃縮すること, 詰め込むこと
costipazione 囡 1 ひどい風邪, 感冒 2 便秘
costituendo 形 できかかっている; できるはずの
costituente 形 1 構成する, 要素(成分)の 2 憲法制定の, 憲法制定権のある ―形男女 憲法制定議会の一員 ―男 構成要素
‡**costituire** [コスティトゥイーレ] 他 〖io -isco〗 1 設立〖創立〗する ―*costituire una società* 会社を設立する 2 構成する, 形成する ―*L'Italia è costituita da venti Regioni.* イタリアは20の州から成る. 3 …である, …になる, …に値する ―*All'estero, non conoscere la lingua costituisce una difficoltà.* 外国では言葉を知らないと苦労する. 4 〔法〕指名する, 選ぶ ―*costituire... erede* …を相続人に指名する ―**irsi** 再 1 成立する, 構成される ―*Si è costituito un nuovo partito.* 新党が結成された. 2 自首する 3 (公的に)表明する, 公言する ―*costituirsi parte civile* 損害賠償の訴えを起こす
costituito 形 1 設立された 2 構成された 3 制定された
costitutivo 形 構成する, 構成要素の
costituto 男 1 約款, 約定 2 〔船〕船舶状況報告(書)
costitutore 形 〔囡[-trice]〕構成の, 制定する ―男 〔囡[-trice]〕設置者, 制定者
costituzionale 形 1 憲法の; 憲法に規定された; 合憲の 2 〔医〕体質の
costituzionalismo 男 立憲政治, 立憲主義
costituzionalità 囡 合憲性
costituzione 囡 1 設立, 創設, 形成 2 構成, 構造, 組成 3 憲法 ―*Costituzione della Repubblica Italiana* イタリア共和国憲法 4 体格, 体質 ―*costituzione forte [debole]* 丈夫[虚弱]な体質 5 〔法〕〖複数で〗法令, 政令
‡**costo** [コスト] 男 1 費用, 経費 2 値段; 原価, コスト 3 犠牲, 損失, リスク
▶ *a costo di...* …と引き換えに; …の危険を冒して, 何としても *a nessun costo* 決して…でない[しない] *a ogni costo, a qualunque costo, a tutti i costi* 何としても, 是が非でも

costola 囡 1 肋(ろっ)骨; あばら 2 リブ[ロイン]ロース 3 〖刃物の〗みね 4 (本の)背
▶ *alle costole* すぐそばで, 非常に接近して *avere... alle costole* …につきまとわれる[支配される] *mettersi [attaccarsi] alle costole di...* …のそばから離れない, 人を独りにさせない
costolato 男 (ロイン, 肩, リブ)ロース ―形 リブ(肋(ろっ)骨状の物)でできた, うねのある
costolatura 囡 1 〖総称的〗肋(ろっ)骨 2 〔建〕穹窿(きゅうりゅう)のリブ
costoletta 囡 1 骨付きのばら肉 2 カツレツ, ステーキ
costolone 男 1 山腹 2 〔建〕穹稜(きゅうりょう)
costoso 形 1 費用のかかる, 高価な 2 負担の重い, 苛酷な
costretto 形 〖過分 < costringere〗 強制[強要]された, 無理強いの
‡**costringere** [コストリンジェレ] [115] 他 〖過分 costretto〗 余儀なく…させる, 強いる ―*costringere A a...* A(人)に無理やり…をさせる[強いる] / *La morte del padre ha costretto Mario ad abbandonare gli studi.* マリオは父の死で学業を諦めざるを得なかった.
costrinse costringere の直・遠過・3単
costrittivo 形 1 強制的な 2 〔言〕狭窄(きょうさく)音 3 〔医〕しっかり締めつける
costrizione 囡 1 強制, 圧迫 2 〔医〕(重苦しい)圧迫感
costoro 代 〖指示〗〖男性・女性複数〗 あいつら, やつら; 彼ら, 彼女ら
costruibile 形 建設[構成]しうる
costruibilità 囡 建設[構成]可能なこと
‡**costruire** [コストルイーレ] 他 〖io -isco〗 1 建築[建造]する; (様々な部品で)組み立てる ―*costruire un palazzo* ビルを建てる / *costruire una macchina* 車を組み立てる 2 生み出す, 作る, 構成する ―*costruire una nuova teoria* 新理論を作り出す 3 〔言〕(文を)文法[統語]的に組み合わせる 4 〔幾〕作図する ―**irsi** 再 (自身で)建築[建造]する
costruito 形 1 建てられた, 構成された 2 (人が)不自然な, わざとらしい
costruttivismo 男 〔芸〕構成主義; 〚数〛構成主義
costruttivo 形 1 建築[建造]に関する 2 (意見や計画が)建設的な
costrutto 形 〖過分 < costruire〗 建築[建造]された ―男 1 意義, 意味 2 利益, 利点, 実利 3 〔言〕構文, (語や文の)構造
costruttore 形 〔囡[-trice]〕 建築[建造]する ―男 〔囡[-trice]〕 建設業者, 建築家
‡**costruzione** [コストルツィオーネ] 囡 1 建設, 建築, 建造; 製造, 製作, 組み立

て —in *costruzione* 建設中 **2** 建造物, ビル **3** (文学・音楽用語などの)構造, 構成 **4** [言] (文や語の)構造, 構文

*__costui__ [コストゥイ] 代 (指示) [男性単数のみ] (蔑) こいつ, この男, あいつ

*__costume__ [コストゥーメ] 男 **1** (個人の)習慣, 癖 —*E mio costume* andare a letto presto. 早く寝るのが私の習慣だ. **2** (ある地域・社会の)慣行, 風習, しきたり, 伝統 —*costumi* degli antichi romani 古代ローマ人の風習 **3** 素行, 品行 —*donna di facili costumi* 身持ちの悪い女 **4** (ある地域や時代特有の)衣装, 服装 —*costume* sardo サルデーニャの民族衣装 **5** (特定の場合に着る)服装; (俳優などの)衣装 —*costume* da bagno 水着

__costumista__ 男女 [複 男 -i] [劇・映]衣装係

__costura__ 女 縫い目

__cotangente__ 女 [数] コタンジェント

__cote__ 女 砥石(と)

__cotechino__ 男 コテキーノ(豚の肉・皮をすりつぶし香辛料を加えたソーセージ)

__cotenna__ 女 **1** (豚・イノシシなどの厚くて硬い)皮 **2** (諧)人の皮膚 —avere la *cotenna* dura 無神経である

__cotennoso__ 形 厚く硬い皮の

__cotillon__ 男 [不変] **1** (舞踏会や公演の後で配られる)お土産 **2** コティヨン (18~19世紀フランスの舞踏)

__cotogna__ 女 [植]マルメロ; マルメロの実

__cotognata__ 女 マルメロのジャム

__cotogno__ 男 [植]マルメロ

__cotoletta__ 女 カツレツ; (特に)ミラノ風カツレツ(*cotoletta* alla milanese)

__cotonaceo__ 形 綿のような

__cotonare__ 他 **1** (柔らかさとボリュームを出すために)逆毛を立てる **2** (布地を)綿布に似せて加工する —arsi 再 逆毛を立てる

__cotonato__ 形 **1** 逆毛を立てた **2** 綿布のように加工した **3** 綿を詰めた —男 綿布, (綿に絹などを混ぜた)布地

__cotonatura__ 女 逆毛を立てること

__cotone__ 男 **1** 綿, 綿糸, 綿布 —maglietta di *cotone* カットソー, Tシャツ **2** 綿の木 **3** 脱脂綿 ► *avere il cotone nelle orecchie* 聞く耳を持たない

__cotoniere__ 男 [女 -a] 綿織物業者; 綿紡績工

__cotoniero__ 形 綿の

__cotonificio__ 男 綿紡績工場

__cotonina__ 女 [織] サラサ, キャラコ

__cotta¹__ 女 **1** 煮ること, 焼くこと **2** (煮たり焼いたりする)1 回分の量 **3** (衣服・布地を染める)1 回分 **4** 束の間の恋, のぼせ上がり **5** [スポ] (試合後の)心身の極度の疲労, 疲労困憊(はい)

__cotta²__ 女 **1** (中世に用いられたガウンのような)上着 **2** (聖職者の着る袖が短く広い)白の法衣, コッタ

__cottimista__ 男女 [複 男 -i] **1** 出来高払い[請負]の労働者 **2** 請負業者

__cottimo__ 男 出来高払い ► *a cottimo* 出来高払いの[で]

*__cotto__ [コット] 形 [過分 < cuocere] **1** 調理した, 煮た, 焼いた —*bistecca ben cotta* ウエルダンのステーキ **2** 日焼けした **3** 消耗[衰弱]した, 疲れきった **4** 酔った, 泥酔した **5** のぼせ上がった, 夢中になった, ほれた —男 **1** レンガ, テラコッタタイル **2** 加熱処理したハム(*prosciutto cotto*) ► *essere cotto di...* …に恋い焦がれている

__cottolengo__ 男 [複 -ghi] 障害者施設

__cotton fioc__ 商 (男) 綿棒

__cottura__ 女 調理(煮たり焼いたりすること), 料理 —*a mezza cottura* ミディアムの; 半熟の

__coturnice__ 女 [鳥]ヤマウズラ

__coulisse__ 女 [不変] [仏] **1** (窓や戸の)溝 **2** (ひもなどを通す)折り返し **3** [劇] 舞台裏, 袖 **4** [音] (管楽器の)スライド管

__coupé__ 男 [仏] **1** [車]クーペ **2** (17世紀フランスの)四輪馬車

__couplet__ 男 [不変] [仏] **1** [詩]クプレ (韻を踏んだ一対の詩行; 4行ほどの軽い恋歌の詩節) **2** [音]クプレ(リフレーンで歌詞を変える有節歌曲)

__Courmayeur__ 固名 (男) クールマイユール(ヴァッレ・ダオスタ特別自治州の小村)

__couscoussiera__ 女 (クスクスを作るための陶器の)鍋

__coutente__ 男女 (公共サービスの)共同利用者

__coutenza__ 女 (公共サービスの)共同利用

__cova__ 女 (鳥が)卵を抱くこと, 巣ごもり(の期間[場所]); 保護すること

__covalenza__ 女 [化]共有原子価, 共有結合

__covare__ 他 **1** (鳥などが卵を)抱く **2** 大事に守る[育てる] **3** (感情や思いを)秘かに抱く; 企む **4** (病気などが)潜伏する —自 **1** (感情などが)くすぶる, 潜む **2** (火が)くすぶる ► *Gatta ci cova!* どうも怪しい, 何か臭う

__covata__ 女 一度に抱く卵; ヒナ鳥, ヒヨコ **2** (諧)たくさんの子供たち

__coventrizzare__ 他 (空爆で)破壊する, 破壊しつくす

__coventrizzazione__ 女 (空爆による)破壊, 破壊されること

__covile__ 男 **1** (動物の)巣, ねぐら **2** (むさ苦しく粗末な)ベッド

__covo__ 男 **1** (野獣の)穴, 巣 **2** (盗賊などの)隠れ家, 根城; 巣窟; たまり場

__covone__ 男 (刈り入れ時の)麦の穂の束

__coyote__ 男 [不変] [動]コヨーテ

__Cozie__ 固名 (女複) (Alpi ~)コツィエ・アルプス(イタリア・フランス国境をまたぐ山域)

__cozza__ 女 **1** ムール貝 **2** 怠け者, 無精者 **3** [中伊・南伊]ぶす, 醜女

__cozzare__ 自 **1** (ヤギや羊が)角で突く **2** (乗り物や人が)激しく衝突する[ぶつかる] **3** (意見が)衝突[相反]する —他 激しくぶつける —arsi 再 **1** 激しくぶつかり

合う 2 争い合う

cozzo 男 1 激しい衝突, 殴打 2 (角の)一突き

CPU 略 Central Processing Unit 中央演算処理装置(イタリア語ではunità centrale di elaborazione)

CR 略 Cremona クレモナ

Cr 略〔元素記号〕cromo〔化〕クロム

cra 擬 カーカー, ゲロゲロ(カラスやカエルなどの鳴き声)

crac¹ 擬 ピシッ, バキッ, ガラガラ(物が壊れる音)

crac² 男 破滅, 破産, 失敗, 転落

cracchete 擬 → crac¹

Cracovia 固名(女) クラクフ(ポーランド南部の都市)

crampo 男 (疲労・緊張などによる強い痛みを伴う)痙攣(ケン), ひきつり

cranio 男 1〔解〕頭蓋骨 2 頭; 頭脳, 知力 3《謔》一人, 頭数

crapula 女 暴飲暴食, 鯨飲馬食

crapulone 男 大食家, 暴食家 —形 大食家の

crasso 形 1 下品な, 粗野な 2 大きい, 厚い, 濃い —intestino crasso 大腸 —男〔解〕大腸

crassula 女〔植〕ベンケイソウ

-crate 接尾「権力者」の意

cratere 男 1 火口, クレーター 2 (爆発などで地面に開いた)穴 3〔考〕クラテル(古代ギリシャで水とワインを混ぜるのに使った広口の甕)

craterico 形〔複 男 -ci〕噴火口の, クレーター状の

-cratico 接尾「権力に関する」の意

crauto 男 1〔複数で〕ザワークラウト, 塩漬けキャベツ 2《蔑》ドイツ人

☆**cravatta** [クラヴァッタ] 女 1 ネクタイ —cravatta a farfalla 蝶ネクタイ 2 (結んだ)スカーフ, ストール 3〔軍〕(旗先に結んだプルーの)飾りリボン 4〔スポ〕(レスリングの)のど輪, ネックホールド

cravattaio 男〔女 -a〕1 ネクタイ製造業者[販売者] 2〔ローマ〕高利貸し

cravattificio 男 ネクタイ製造工場

cravattino 男 蝶(チョウ)ネクタイ, 小さなネクタイ

-crazia 接尾「権力」「(集団の)力」の意

creanza 女 行儀, 礼儀, 作法

☆**creare** [クレアーレ] 他 1 創造する —Dio ha creato l'uomo e l'universo. 神は人と全世界を創造した. 2 設立する, 創設する, 創作する, 考案する —creare posti di lavoro 雇用を創出する / creare una moda 流行を生み出す 3 引き起こす, もたらす, 原因となる —Le sue parole hanno creato imbarazzo tra i presenti. 彼の物言いは居合わせた人を当惑させた. 4 指名[任命]する

creatività 女 創造性, 創造力

creativo 形 創造力のある, 創造的な —男〔女 -a〕創造力のある物[人]; 広告文案家, コピーライター

creato 形 創造された —男 森羅万象, 宇宙, 世界

creatore 形〔女[-trice]〕創造する, 生み出す —男 1 (C-)〔単数のみ〕創造主, 神 —mandare... al Creatore …を殺す 2〔女[-trice]〕創始[創立]者; 発明者, 創作者

☆**creatura** [クレアトゥーラ] 女 1 (神の)創造物, 被造物, 万物 2 子供, 小児, 幼児, 赤ん坊 3 (同情や称賛を込めて)人, 男, 女 —Povera creatura! かわいそうな人. 4 子分, 手下, 取巻き

creazione 女 1 創造 —Creazione del mondo 天地創造 2 (神の)被造物, 万物 3 創作(品), 発案, 考案, 企画 —creazioni artigianali 手工芸品 4 創設, 設立 5 任命, 任用, 指名

crebbe crescere の直・遠過・3単

credente 形 信仰心のある, 信じる; 信奉する —男女 信じる人, 信者; 信奉者

credenza¹ 女 食器棚, サイドボード

credenza² 女 1 信じること; 意見; (迷信的な)思い込み 2 信頼性

credenziale 女 1 (外交官の)信任状 2〔複数で〕身元保証者, 推薦状

credenzone 男 大型の食器棚[戸棚]

☆**credere** [クレーデレ] 自 (a, in) 1 信じる, 本当だと思う —Non credo a quello che mi hanno detto. 彼らが言ったことは信じていない. 2 信用[信頼]する —credere a... …を信頼する / Credo al mio ragazzo. 私は彼氏を信頼している. 3 (神や超自然的存在を)信じる —credere in Dio 神を信じる / Credi ai fantasmi? 幽霊を信じてる? —他 1 …と思う —Credo che arriverà fra poco. 彼はもうすぐ来ると思うよ. 2 判断する, 見なす, 考える —Lo credevo una persona onesta. 彼は誠実な人だと思っていた. —**ersi** 自分を…と思う[見なす] —Si crede bella. 彼女は自分が美人だと思い込んでいる. ▶ **crederci** それを信じる / Non ci credo. 信じられない. **credere a... sulla parola** …の言葉を真に受ける **credere di...** …だと[…しようと]思う **credere di sì [no]** そうだ[そうではないと]思う **Lo credo bene!** そうだとも. **non credere ai propri occhi** わが目を疑う

credibile 形 信じられる, 確かな, あてになる

credibilità 女 信頼感, 確実性

credibilmente 副 本当らしく, 信じられるように

creditizio 形 信用の

credito 男 1 信用, 信頼 —dare credito a... …を信用する 2 名声, 信望, 評判 —persona di molto [poco] credito 評判のよい[悪い]人 3〔経〕信用[貸し], 貸付, クレジット —carta di credito クレジットカード / istituto di credito 銀行 4 掛け(売り), 信用販売 5〔法〕債権 6 貸方 7 履修単位[証明]

creditore 男〔女[-trice]〕債権者,

credo 男 〔女[-trice]〕債権者の
credo 男 1 (信仰上の)信条; 使徒信条[信経] 2 (ミサの)クレード 3 信条, 主義
credulità 女 信じやすいこと, だまされやすいこと
credulone 形 信じやすい —男〔女[-a]〕信じやすい人, だまされやすい人
crema 女 1 乳脂肪, クリーム 2 クリームケーキ; (菓子の)生クリーム —*crema al cioccolato* チョコレートクリーム[ケーキ] 3 (豆や野菜の)裏ごし, ピューレ 4 (化粧・薬用の)クリーム —*crema per la pelle [le mani]* スキン[ハンド]クリーム / *crema da barba* シェービングクリーム 5 非常に美味なもの 6 最良の部分, 精華 —*crema della società* 上流階級 —男〔不変〕クリーム色 —形〔不変〕クリーム色の
cremagliera 女 〔機〕ラック, 歯板, 歯ざお
cremare 他 火葬にする
crematorio 形 火葬の —男 火葬場, 火葬炉(forno crematorio)
cremazione 女 火葬
cremino 男 1 クリームを挟んだチョコレート 2 (チョコレート・アイスクリーム・チーズなどについて)クリーミーなタイプ
cremìṣi 形〔不変〕深紅の, えんじの(chermisi) —男〔不変〕深紅色, えんじ色
cremlinologìa 女 (1991年以降の)ロシア政治[政策]研究
Cremona 固名(女) クレモナ(ロンバルディア州の都市; 略 CR)
cremonese 形 クレモナの; クレモナの人[方言]の —男女 クレモナの人 —男〔単数のみ〕クレモナ方言 —女 1 (窓枠の)留め金具 2 小型のパンケーキ
cremoso 形 クリームの多い; 柔らかくなめらかな
cren 男〔不変〕〔植〕セイヨウワサビ
crenatura 女 (葉や貝類の)鈍鋸歯状突起
creolo 形 1 (西インド諸島や中南米で白人の父と先住民の母による)混血の, クレオルの(人)の 2 (アメリカのスペイン・フランス・ポルトガル領植民地でヨーロッパ人の両親から)生まれた —男 1〔女[-a]〕クレオルの人 2〔単数のみ〕クレオール語
Creonte 固名(男) 〔ギ神〕クレオン(テーバイ王妃イオカステの弟)
creosòlo 男 〔化〕クレオゾール
creoṣòto 男 〔化・薬〕クレオソート
crepa 女 1 亀裂; ひび割れ 2 不一致, 不和, 仲たがい
crepàccio 男 (地面や岩の)割れ目, クレバス
crepacore → crepacuore
crepacuore 男 悲嘆, 悲痛, 深い苦悩
crepapancia 副〔次の成句で〕▶ *a crepapancia* はちきれるほど
crepapelle 副〔次の成句で〕▶ *a crepapelle* 過度に, 度を越えて

crepare 自 [es] 1 裂ける; ひび割れする 2《di,da》はちきれる, 我慢できない —*crepare di salute* すこぶる元気である / *crepare di invidia* 嫉妬に苦しむ 3《蔑》死ぬ —*crepare come un cane* 犬のうちに死ぬ —arsi 再 裂ける, 割れる ▶ *crepare dalle risa* 爆笑する *Crepi (il lupo)!* 大丈夫だ！まかしといて.〔*In bocca al lupo.*「しっかりね」に対する返答〕 *Crepi l'avarizia!* 倹約なんかくそ食らえ.〔必需品でもないものを買うときに〕
crepatura 女 割れ目, 裂け目; ひび, あかぎれ
crêpe 女〔不変〕〔仏・料〕クレープ
crepella 女〔織〕クレープ, 縮み
crepìdine 女〔建〕土台; 台座, 基部
crepitare 自〔io crèpito〕(火が)パチパチ音を立てる, (枯葉が)カサカサと鳴る
crepitìo 男 (長く続く)パチパチ鳴る音
crepuscolare 形 1 たそがれ時の, 薄明かりの 2〔動〕薄明薄暮性の 3 ぼんやりした, はっきりしない 4〔文〕黄昏(ﾀｿｶﾞﾚ)派の —男〔文〕黄昏派の詩人
crepuscolarìṣmo 男 〔文〕黄昏(ﾀｿｶﾞﾚ)派
crepuscolo 男 1 黄昏(ﾀｿｶﾞﾚ); 薄明, 薄暮 2 衰退, 終末 —*crepuscolo della vita* 晩年
crescendo 副〔音〕次第に強めながら, クレッシェンドで —男 (感情や表現などが)次第に強くなること; クレッシェンドの一節 ▶ *in crescendo* 次第に強まって, 増大しながら; 次第に強くなる[大きくなる]
crescente 形 次第に大きくなる, 次第に…になる —男 三日月 —女〔料〕クレッシェンテ(エミリア地方の揚げたフォカッチャ)
crescenza 女 1 クレッシェンツァ(ロンバルディア地方のソフトチーズ) 2 (子供の)成長 —*a crescenza* (子供の成長を見越して)服を大きく長く
✽**crèscere** [クレッシェレ] [26] 自 [es]〔過分 cresciuto〕1 成長する, 育つ —*Come sei cresciuto!* 大きくなったね. 2 成人する, 大人になる 3 (子供[青春]時代を)過ごす 4 増える, 増加する, 上がる, 高くなる —*crescere di peso [volume]* 重さ[量]が増す / *I prezzi sono cresciuti.* 値段が上がった. 5《ロ》余る, 残る —他 1 育てる, 養う 2 (編み物で)目を増やす
crescione 男 〔植〕オランダガラシ, コショウソウ
crescita 女 1 成長, 発育 —*età [periodo] della crescita* 成長期 2 増加, 増大 3 進歩, 発展, 発達
cresciuto 形〔過分 < crescere〕成長した, 発達した, 大きくなった
crèṣima 女 〔宗〕堅信式, 堅信礼
creṣimando 男 〔宗〕堅信式[堅信礼]を志願する人
creṣimare 他〔io crèṣimo〕〔宗〕堅信式[堅信礼]を行う —arsi 再 〔宗〕

cresimato 堅信式[堅信礼]を受ける

cresimato 形〔宗〕堅信式[堅信礼]を受けた ―男〔女[-a]〕〔宗〕堅信式[堅信礼]を受けた人

creso 男 大金持ち

cresolo 男〔化〕クレゾール

crespare 他 しわを作る[寄せる] ―**arsi** 再 しわが寄る

crespatura 女 しわ、プリーツ; しわが寄ること、しわを作ること

crespella 女〔料〕クレスペッラ(チーズなどをくるんだ揚げ物)

crespino 男〔植〕メギ(の実)

crespo 形 1 (髪や布地が)縮れた 2 (皮膚が)しわの寄った ―男 1〔織〕縮み、クレープ 2 (喪に服する女性用の)ベール、喪章

cresta¹ 女 1 (鳥の)とさか 2 (メードなどがかぶる)帽子; 〔羽飾りのついた女性用の帽子 3〔地理〕尾根、山の背、峰、頂上 4 波頭 ▶ *abbassare la cresta* 控えめな態度をとる *essere sulla cresta dell'onda* 幸せの絶頂にいる

cresta² 女 〔次の成句で〕 ▶ *fare la cresta* (他人のためにする買い物で)価格を高く装って差額をもらける

crestato 形 とさかのある、とさか状の

crestina 女 (メードがかぶる白い)帽子

crestone 男 1 大きなとさか 2 壮大な尾根

crestuto → crestato

Creta 固名 (女) クレタ島(東地中海のギリシャの島)

creta 女 1 粘土 2 粘土細工

cretaceo 形 1 粘土質の 2 白亜紀の ―男〔地質〕白亜紀

cretese 形 クレタ島の; クレタ島民の ―男女 クレタ島民

cretinata 女 1 馬鹿げた言動 2 つまらないこと; 格安なこと

cretineria 女 愚かなこと; 愚行

cretinetti 男女〔不変〕馬鹿者、間抜け

cretinismo 男 1 愚かさ 2〔医〕クレチン病

‡**cretino** [クレティーノ] 男〔女[-a]〕 1 馬鹿、あほう 2〔医〕クレチン病患者 ―形 1 馬鹿な 2 クレチン病(患者)の

cretonne 男〔不変〕〔仏・織〕クレトン更紗

cretoso 形 粘土質の

cretto 男 (壁などの)割れ目; ひび、あかぎれ

CRI 略 Croce Rossa Italiana イタリア赤十字社

cri 擬 コロコロ(コオロギの鳴き声) ―男 コオロギの鳴き声

cribbio 感〔驚き・失望を表して〕これはこれは、いやはや

cric¹ 男〔不変〕(自動車の)ジャッキ

cric² 擬 ピシッ、パシッ(氷やガラスが割れる音)

cricca¹ 女 徒党、一味

cricca² 女 (金属の薄板の)亀裂

criccare 自 (金属に)ひびが入る

cricchete → cric²

cricchiare 自〔io cricchio〕(硬い物が壊れるような)鋭い音を立てる

criceto 男〔動〕ハムスター、キヌゲネズミ

cri crì 男 (ヘーゼルナッツをくるんだ)チョコレート

Crimea 固名(女) クリム、クリミア(ウクライナ南、黒海に突出する半島)

criminale 形 1 犯罪の 2 刑事[刑法]上の 3 犯罪的な、罪になる 4 非難すべき、けしからぬ、ふとどきな ―男女 1 犯人、犯罪者 2 社会に害悪を与える人

criminalità 女 1 〔総称的〕犯罪 2 犯罪性

criminalizzare 他 犯罪[有罪]と見なす

criminalizzazione 女 犯罪化、有罪と見なすこと

criminaloide 形 犯罪的傾向の ―男女 犯罪的傾向のある人

Criminalpol 略 polizia criminale 刑事警察

crimine 男 1 重犯罪; 殺人 2 非難されるべきこと、けしからぬこと

criminologia 女 犯罪学、刑事学

criminologo 男〔複[-gi]女[-a]〕犯罪[刑法]学者

criminosità 女 犯罪性

criminoso 形 犯罪的な、罪になる

crinale 男 尾根

crine 男 (馬などの)たてがみ、尻尾の毛 ―*crine vegetale* (詰め物として使うヤシなどの)植物繊維

criniera 女 1 (馬やライオンの)たてがみ 2〔諧〕ふさふさした頭髪 3 (兜($^\circ$)の)房飾り

crinito 形 たてがみのある; 髪が長くふさふさした

crinolina 女 クリノリン(馬の毛などで裏打ちされた布)のペチコート

crio- 連頭 「寒冷」「凍結」の意

criocera 女〔虫〕クビナガムシ

criochirurgia 女 〔医〕凍結外科(学)、冷凍外科療法

crioterapia 女 寒冷[冷凍]療法

cripta 女 1 (教会の)地下室、地下聖堂(納骨・聖遺物の保管・礼拝堂としての) 2〔医〕小窩($^\circ$)、小胞

criptico 形〔複[男 -ci]〕意味不明な、不可解な

cripto 男 〔化〕クリプトン(元素記号 Kr)

cripto- 連頭 「隠された」「秘密の」の意

criptocomunista 形〔複[男 -i]〕秘密共産主義者の ―男女 秘密共産主義者

criptofascista 形〔複[男 -i]〕隠れファシストの ―男女〔複[男 -i]〕隠れファシスト

criptonimo 男 匿名

criptoportico 男〔複[-ci]〕〔建〕(古代ローマの)柱廊玄関

crisaiolo 形 政治的危機を引き起こす ―男〔女[-a]〕政治的危機を引き起こす人

人
crisàlide 女 〔虫〕サナギ
crisantemo 男 〔植〕キク
Crise 固名(男) 〔ギ神〕クリュセス(娘を略奪されたアポロン神殿の祭司)
Criseide 固名(女) 〔ギ神〕クリュセイス(クリュセスの娘)

‡**crisi** [クリーズィ] 女 〔不変〕 1 危機, 重大局面 —essere in *crisi* ピンチに立たされる 2 (感情などの)激発 3 〔医〕発作; 峠 4 不足, …難 —*crisi* di mano d'opera 人手不足 5 (物語の)山場, 決定的瞬間 6 〔経〕恐慌 (crisi economica)

crisma 男 〔複 [-i]〕 1 承認, 認可 2 〔カト〕聖油
criso- 〔接頭〕「金の」「黄金色の」の意
Crispi 固名(男) (Francesco ~) クリスピ (1818-1901; イタリア統一運動に際しシチリアの民衆運動を組織. 17代・20代イタリア王国首相)
Crispino 固名〔男性名〕クリスピーノ
cristalleria 女 クリスタルガラス製品; クリスタルガラス製造工場
cristalliera 女 ガラスの陳列棚
cristallino 形 1 クリスタルガラスの(ような), 水晶の 2 澄み切った, 透明な 3 結晶した —男 1 クリスタルガラス 2 〔医〕水晶体
cristallizzàbile 形 結晶可能な
cristallizzare 他 1 固定化する, 硬直化させる 2 結晶[晶化]させる —自 [es] 結晶する —**arsi** 再 1 固定化する, 形骸化する 2 結晶する
cristallizzazione 女 1 (考えや制度の)固定化, 形骸化 2 結晶化
cristallo 男 1 クリスタルガラス; その製品 2 (透明度の高い)ガラス; 板ガラス 3 結晶; 水晶
Cristiana 固名〔女性名〕クリスティアーナ
cristianèsimo 男 1 キリスト教 2 キリスト教信仰
cristianità 女 1〔総称的〕キリスト教徒 2 キリスト教世界[文化]
cristianizzare 他 キリスト教に改宗させる
cristianizzazione 女 キリスト教への改宗
Cristiano 固名〔男性名〕クリスティアーノ

‡**cristiano** [クリスティアーノ] 形 1 キリスト教に関する 2 キリスト教徒の 3 慈悲深い, 同胞愛の 4 《口》礼儀正しい, 品位ある —男〔女[-a]〕 1 キリスト教徒 2 《口》人, 人間
Cristina 固名(女) 1〔女性名〕クリスティーナ 2 (~ di Svezia) クリスティーナ女王 (1626-89; スウェーデンの女王. 1674年ローマにアカデミー創設)

‡**Cristo** [クリスト] 固名(男) 1 キリスト(イエスの敬称) —Gesù *Cristo* イエス・キリスト / avanti [dopo] *Cristo* = a.C. [d.C.] 西暦紀元前[後] 2 キリストの絵[彫刻] (特に磔(はりつけ)刑の) 3 〔間投詞として強意・怒り・驚きなどを表して〕何ということだ, おや, とんでもない —*Cristo*, che freddo! うわっ, 何て寒さだ. 4 (c-) 気の毒な人 —povero *cristo* かわいそうな[哀れな]やつ 5 背が高くがっしりした人
Cristòforo 固名〔男性名〕クリストーフォロ
critèrio 男 1 基準, 標準, 規範 2 良識, 思慮分別
critèrium 男〔不変〕 1〔スポ〕(競馬の2歳馬の)競争 2 選抜競技
crìtica 女 1 批評, 論評 2 批判, 非難 3〔総称的〕批評家 4〔総称的〕注釈, 解説 5 評論, 批評文[記事]
criticàbile 形 1 批評の余地のある, 批判に値する 2 非難すべき
criticare 他 [io crìtico] 1 批評[論評]する 2 批判[非難]する —**arsi** 再 1 自己批判する 2 批判し合う
criticato 形 1 不評な 2 非難された
criticismo 男 〔哲〕(カントの)批判主義 2 批判的傾向
criticità 女 1 批判性; 問題性, 重大性 2〔化・物〕臨界(点)
crìtico 形〔複[男-ci]〕 1 批評の; 批判的な —avere [mancare di] senso *critico* 判断力に富む[欠ける] 2 危機的な, 重大な, 難儀な —età *critica* 思春期; 更年期 —男〔複[-ci] 女[-a]〕評論家, 批評家
criticone 男〔女[-a]〕 あら探しをする人, やかまし屋
criticume 男 《蔑》(素人臭い)批評(家)
critto- → cripto-
crittògama 女 1 隠花植物 2 ウドンコカビ
crittografìa 女 1 暗号, 暗号法 2 分かりにくい文 3 クロスワードパズル
crittogràfico 形〔複〔男-ci]〕 1 暗号の 2 極めて難解な
crittogramma 男〔複[-i]〕 暗号(文)
crivellare 他 1 (銃で)穴だらけにする 2 ふるいにかける
crivello 男 ふるい, (穀物・砂・鉱石などの)選別機
cròato 形 クロアチアの; クロアチア人[語]の —男 1〔女[-a]〕クロアチア人 2〔単数のみ〕クロアチア語
croccante 形 (噛むと)カリカリ[パリパリ]音のする —男 クロッカンテ(ローストアーモンドとキャラメルを使った菓子), カラメル[アーモンド]菓子
crocchetta 女 〔料〕コロッケ
crocchia 女 シニヨン (後頭部からうなじにかけて編んで巻いた髪型)
crocchiare 自 [es] [io cròcchio] 1 キーキーきしむ; (ひび割れた壺のような)音を出す 2 (雌鶏(めんどり)などが)コッコッと鳴く —他〔中伊〕(棒で)殴る
cròcchio¹ 男〔立ち話をしている)集団
cròcchio² 男 (ガラス製品や陶器が)壊れる[ひび割れる]音

croccolare 自 [io croccolo] **1** キーキーきしむ **2** (液体が)ゴボゴボ音を立てる

Croce 固名(男) (Benedetto ~)クローチェ(1866-1952;イタリアの哲学者・政治家)

croce [クローチェ] 女 **1** [単数のみ]キリストがはりつけにされた十字架 **2** 磔(はりつけ)刑 **3** (キリスト教の象徴としての)十字架 **4** キリストの十字架像 **5** (右手で切る)十字の印 **6** 苦難, 苦痛, 苦悩, 試練 **7** 十字[×]の印; 十字型のもの —*croce uncinata* [gammata] 卍, かぎ十字[逆まんじ, ハーケンクロイツ] / *Croce del Sud* 南十字星 **8** (騎士団などの)十字章; 十字勲章 —*Croce Rossa Internazionale* 国際赤十字社 ▶ *a occhio e croce* ざっと, おおよそ *farci* [*metterci*] *sopra una croce* 断念する *farsi il segno della croce* 十字を切る *fare a testa o croce* コインを投げて、その裏表で何かを決める *mettere in croce...* …を苦しめる

crocerista 男女 [複 [男 -i]] クルーズの乗客

croceristico 形 [複 [男 -ci]] 客船の, クルーズの

crocerossina 女 赤十字社の看護婦

crocesegno 男 十字(形)印, ×印 (読み書きのできない人が署名として用いる)

crocetta 女 ×印

crocevia 男 [不変] 十字路, 四つ辻; (活動の)中心(地)

crochet 男 [不変] [仏] **1** (編み物の)かぎ針 **2** (ボクシングの)フック

crocianesimo 男 クローチェ思想; クローチェ思想[哲学]

crociano 形 (イタリアの哲学者)クローチェの —男 [女 -a] クローチェ研究[主義]者

crociare 他 [io crocio] 十字[×]をつける

crociata 女 **1** [歴]十字軍 **2** (禁酒禁煙などの)キャンペーン; 撲滅運動 —*crociata contro il fumo* 喫煙撲滅運動

crociato 形 十字(印)のついた —男 [女 -a] **1** 支持者, 擁護者 **2** [歴]十字軍の騎士

crocicchio 男 十字路, 四つ辻

crociera¹ 女 (豪華客船の)船旅, クルージング

crociera² 女 **1** 十字に組んだ棒 **2** [建] (教会の身廊と翼廊の)交差部

crociere 男 [鳥]イスカ

crocifere 女 (C-)[複数で]アブラナ科, 十字花科

crocifero 形 十字架を担った; 十字架を支える —男 [宗]十字架の奉持者; (行列の先頭で)十字架を担う人

crocifiggere [4] 他 [過分 crocifisso] **1** 十字架にかける, 磔(はりつけ)刑に処す **2** 苦しめる, 悩ます —*ersi* 再 苦悩する, 心を痛める

crocifisse crocifiggereの直・遠過 3単

crocifissione 女 **1** はりつけ, はりつけにされること **2** キリストの磔刑

crocifisso 形 [過分 < crocifiggere] はりつけになった —男 **1** 十字架上のキリスト **2** 十字架上のキリスト像[図]

crocifissore 男 [女 -a] 磔(はりつけ)刑の刑吏; 拷問者

croco 男 [複 [-chi]] [植]クロッカス

crogiolare 他 [io crogiolo] (ガラス製品などを焼き入れして)中火で焼く; とろ火で煮込む —*arsi* 再 くつろぐ

crogiolo 男 **1** るつぼ **2** 様々な要素の入り混じった状況[場所]

croissant 男 [不変] [仏]クロワッサン

crollare 自 [es] **1** 崩れる, 崩壊する, 倒壊する **2** 譲歩する, 負ける **3** (文明などが)突然消え失せる, 滅びる **4** (価格や株が)急落する —他 **1** 揺り動かす; 振る **2** 動揺させる

crollo 男 **1** 崩壊, 倒壊 **2** (気力の)衰え, 虚脱 **3** (希望などの)消失 **4** (価格・株の)急落, 暴落

croma 女 [音]八分音符[休符]

cromare 他 クロムめっきする

cromaticità 女 [音]半音階的であること

cromatico 形 [複 [男 -ci]] **1** 色彩の **2** [音]半音階の

cromatismo 男 **1** 彩色, 着色 **2** [音]半音階主義 **3** [美]色彩主義

cromato 形 クロムめっきされた

cromatura 女 クロムめっき

-cromia 接尾 「色」「彩色」の意

cromo 男 [不変] **1** [化]クロム(元素記号 Cr) **2** (緑から赤がかった)黄色

cromo-, -cromo 接頭, 接尾 「色」「彩色」の意

cromosoma 男 [複 [-i]] [生物]染色体

cronaca [クローナカ] 女 **1** (今日の出来事としての)ニュース, 新聞記事, コラム; 欄 —*cronaca nera* 三面[社会面]記事 **2** (出来事の詳細な)記述, 報告(書) **3** [歴]年代記, 編年史

cronachistico 形 [複 [男 -ci]] **1** 年代記風の **2** (批評・解説なしに)出来事そのものを示す

cronicario 男 慢性病患者の療養所[診療科]

cronicità 女 [医]慢性

cronicizzare 他 [医]慢性にする —*arsi* 再 慢性化する

cronicizzazione 女 [医]慢性化

cronico 形 [複 [男 -ci]] **1** [医]慢性の **2** 常習的な, 年来の —男 [複 [-ci]]女 [-a]] 慢性病患者

cronista 男女 [複 [男 -i]] **1** 記者 **2** 年代記作家

cronistoria 女 年代記, 編年史

Crono 固名(男) [ギ神]クロノス(巨人神ティタン族の末子. ローマ神話のサトゥルヌス)

crono-, -crono 接頭, 接尾 「時間」「時間に関する」の意

cronografo 男〔女[-a]〕年代記作者[編者]

cronologia 女 1 年代学 2 年代順配列; 年表

cronologico 形〔複[男 -ci]〕年代順の; 年代学の

cronologista 男女〔複[男 -i]〕年代学者; 年代記作者[編者]

cronologo → cronologista

cronometraggio 男 精密に時間を測ること

cronometrare 他〔io cronometro〕クロノメーターで時間を測る, 時間を精密に測る;〔スポ〕タイムを取る

cronometria 女 時間測定(法)

cronometrico 形〔複[男 -ci]〕1 時間測定の 2 極めて正確な

cronometrista 男女〔複[男 -i]〕(競技などの)計時員, (工業の)作業時間記録係

cronometro 男 クロノメーター; ストップウォッチ ▶ **a cronometro** タイムトライアルの

cross 男〔不変〕〔英〕1〔スポ〕(球技の)クロスパス;(ボクシングの)クロスカウンター;(テニスの)クロスボール 2 クロスカントリー; モトクロス

crossare 自〔スポ〕(サッカーで)クロスパスを送る

crossista 男女〔複[男 -i]〕クロスカントリー競技者; サイクロクロス[モトクロス]競技者

crosta 女 1 堅い外皮, (パンやパイの)皮 2 うわべ, 外見 3 かさぶた 4 下手な絵 5 甲殻類の外殻

crostaceo 形 (C-)〔複数で〕甲殻類動物

crostata 女 パイ, タルト

crostino 男 1 カナッペ用のパン 2 クルトン

crostone 男 1〔料〕大型のクロスティーニ 2〔地質〕硬盤

crostoso 形 硬い外皮で覆われた

croton 男〔植〕クロトン

Crotone 女 クロトーネ(カラブリア州の都市)

crotonese 形 クロトーネ(の人)の —男女 クロトーネの人

crucciare 他〔io cruccio〕苦しめる, 悩ます —**arsi** 再 心配する, 気に病む

cruccio 男 (怒りを伴う)悲しみ, 苦悩

crucco 形〔複[-chi]〕女[-a]〕《蔑》ドイツ人 —形〔複[-chi]〕《蔑》ドイツ人の, ドイツ人らしい; ドイツ野郎の

cruci- 接頭「十字架」「十字形の物」の意

cruciale 形 決定的な, 重大な

crucialità 女 決定的なこと

crucifige 男〔不変〕迫害, 虐待; 不当な刑罰

cruciverba 男〔不変〕クロスワード(パズル)

cruciverbista 男女〔複[男 -i]〕クロスワードパズルを作る[解く]人

✱**crudele** [クルデーレ] 形 1 残酷な, 無慈悲な, むごい, 辛辣な 2 苦しい, 痛い, つらい

crudeltà 女 残酷さ, 無慈悲さ, 冷酷さ; 残虐行為

crudezza 女 1 生(なま)であること 2 厳格, 酷薄; 荒削りなこと, 荒々しさ 3 (気候などの)苛酷さ, 厳しさ 4 (言葉が)生硬なこと

crudista 形〔複[男 -i]〕(食物について)生野菜と果物中心の; 生物(なまもの)だけを摂取する —男女〔複[男 -i]〕生物だけを摂取する人

✱**crudo** [クルード] 形 1 生(なま)の, 生煮えの 2 未加工の, 未精製の —seta cruda 生糸 3 露骨な; どぎつい —colori crudi どぎつい色 / verità nuda e cruda ありのままの真実 4 耳障りな 5 つらい, 苦しい 6 辛辣な, とげとげしい 7 (気候が)厳しい, 非常に寒い 8 (山などが)険しい 9 未成熟の, 酸っぱい —男 加熱処理していないハム (prosciutto crudo) ▶ **di cotte e di crude** ありとあらゆる(変なこと, 悪いこと) **né cotto né crudo** 煮え切らない, 優柔不断な **parlare nudo e crudo** ストレートに言う, 歯に衣着せぬ物言いをする

cruento 形 1 血まみれの, 流血の 2 血の色の

crumiraggio 男 スト破り

crumiro 形 1 スト破りの 2 (チュニジア西部)クミールの(人) —男〔女[-a]〕スト破りをする人 2〔女[-a]〕クミールの人 3 クルミーロ(カザーレ・モンフェッラートのビスケット)

cruna 女 針の穴

crusca 女 1 糠(ぬか), ふすま, ブラン 2 すり餌(家畜の飼料) 3 そばかす 4〔文〕(La C-)クルスカ学会(Accademia della Crusca; 1583年フィレンツェに創立され, イタリア語の純化を目指した学会)

cruscante 男 1 クルスカ学会会員 2 (国語の)純粋主義者

cruschello 男 (少量の小麦粉を含んだ飼料用の)ふすま

cruscone 男 1 (小麦粉を含まない粗悪な)ふすま 2〔謔・蔑〕クルスカ学会員

cruscoso 形 1 ふすまを多く含んだ 2〔トスカナ〕そばかすのある

cruscotto 男 (車の)ダッシュボード; 計器盤

cruzeiro 男〔不変〕〔ポ〕クルゼイロ(ブラジルの古い貨幣)

CS 略 Cosenza コゼンツァ

c.s. 略 come sopra 上記のように

CSM 略 Consiglio Superiore della Magistratura 最高司法会議; 最高司法官評議会

C.so 略 Corso 道, 通り

CT 略 Catania カターニア

Cuba 固名〔女〕キューバ

cubano 形 キューバ(人)の —男〔女[-a]〕キューバ人

cubare 他〔数〕体積を求める, 3 乗する

cubatura 女 〔数〕体積の測定[算出]
cubebe 男〔不変〕〔植〕クベブ, ヒッチョウカ(薬・調味料にする)
cubetto 男 **1** 小さな立方体 **2**(道路舗装に使われる)砕石
cubicità 女 立方体であること
cubico 形〔複男 -ci〕**1** 立方体の **2**〔数〕三次の, 3乗の, 立方の
cubicolo 男 **1**(古代ローマの)寝室 **2**(礼拝室にも用いられたカタコンベの)埋葬室
cubiforme 形 立方形の
Cubilai → Qubilai
cubismo 男〔美〕キュービズム, 立体派
cubista 形〔複男 -i〕〔美〕キュービズムの, 立体派の ―男女〔複男 -i〕**1** 立体派の芸術家 **2**(ディスコのお立ち台で踊る)プロダンサー
cubitale 形 **1** 大きく明瞭な **2** キュービット[腕尺]の
cubito 男 **1**〔解〕尺骨 **2** 肘 **3**〔歴〕キュービット, 腕尺(中指の先から肘までの長さ:約44.4cm)
cubo 男 **1**〔幾〕立方体, 正六面体 **2** 立方体のもの **3**〔数〕立方, 3乗 ―三次の, 立方の ―metro *cubo* 立方メートル
cuboide 形 立方体の ―男〔立〕立方骨
cucaracha 女〔不変〕〔楽〕クカラーチャ(メキシコのダンス音楽)
cuccagna 女 **1** 豊饒(ほう); ぜいたく三昧; 宝の山 ―paese della *Cuccagna* 楽園, 桃源郷; 約束の地(カナン) **2** お祭り騒ぎ
cuccare 他 **1**〔口〕だます, ごまかす **2**(男[女]の子)をひっかける ―arsi 再 **1** 取る, 受け取る **2** 我慢する, 耐える
cuccetta 女(列車や船の)寝台
cucchiaia 女 **1** 大さじ, 大きなスプーン **2**(左官の)こて
cucchiaiata 女 スプーン1杯(の量)
cucchiaino 男 **1** 小さじ, ティースプーン **2**(魚釣りの)疑似餌
*****cucchiaio** [クッキアイオ] 男 **1** さじ, スプーン **2** スプーン1杯分
cucchiaione 男 **1** ひしゃく, お玉じゃくし, レードル; 遠心分離した油をすくう道具 **2** 大きなスプーン
cuccia 女〔複 -ce〕**1** 犬小屋; (動物の)寝床 ―A *cuccia*! (犬に)伏せ!; 〔諧〕ねんねしなさい; シッシッ(と野次をとばす) **2**〔諧〕粗末なベッド
cucciare 自〔es〕〔io cuccio〕(犬が)伏せをする
cucciolata 女 (動物の)一腹の子, 一緒に生まれた子たち; 大勢の子供たち, (子供の)群れ
cucciolo 男〔女 -a〕**1** 子犬; (動物の)子 **2** 小さな子供; 若造
cucco[1] 男〔複 -chi〕**1**〔鳥〕カッコー **2** 馬鹿, 間抜け
cucco[2] 男〔複 -chi〕いとし子, お気に入りの子

cuccuma 女 (金属製の)コーヒー沸かし
cucia *cucire* の命·3単; 接·現·1単[2単, 3単]
cucicchiare 他 自〔io cucicchio〕(たどたどしく)縫う, 縫い仕事をする
*****cucina** [クチーナ] 女 **1** 台所, 厨(くりや)房 **2**〔総称的〕料理 ―*cucina* italiana [cinese] イタリア[中華]料理 **3** 調理用のレンジ ―*cucina* a gas ガスレンジ
cucinabile 形 料理できる
*****cucinare** [クチナーレ] 他 **1** 料理[調理]する **2** 片づける **3**〔口〕懲らしめる
cucinatore 男〔女 -trice〕料理人, コック
cuciniere 男〔女 -a〕料理を作る人, 調理人
cucinino 男 小さな台所, 簡易台所
cucinotto → cucinino
cucio *cucire* の直·現·1単
cucire [27] 他 **1** 縫う; 縫合する ―macchina per *cucire* ミシン **2** 結合する, 関係づける ―irsi 再 (自分の衣類を)縫って繕う ▶ *cucire la bocca* 沈黙する
cucirino 男 縫い糸; 刺繍糸
cucita 女 裁縫, 手早くざっと縫うこと
cucito 形 縫った ―*cucito* a mano 手縫いの ―男 裁縫, 針仕事; 縫い物
cucitore 男〔女 -trice〕裁縫師, 仕立て屋
cucitrice 女 **1** 工業用ミシン, ミシン **2** ホチキス, 書類とじ器
cucitura 女 **1** 縫製, 裁縫; 縫合する **2** 縫い目; 綴(と)じ目 **3**〔印〕綴じ **4**〔印〕綴じ代(しろ)
cucù 男〔不変〕**1** カッコー; カッコーの鳴き声 **2** ハト時計(orologio a cucù) ―間(かくれんぼうの)鬼さんこちら
cuculo, cuculo 男〔鳥〕カッコウ
curcurbitacea 女 (C-)〔複数で〕〔植〕ウリ科
cudù 男〔動〕アフリカレイヨウ
cuffia 女 **1** 頭巾; ボンネット; 顎(あご)の下でひもを結ぶ, 女性·新生児用の帽子) ―*cuffia* da bagno 水泳帽; シャワーキャップ **2**〔複数で〕ヘッドホン, イヤホン **3**〔劇〕プロンプター席 **4**(機械などの)カバー, キャップ
cuffietta 女 小型のヘッドホン, イヤホン
*****cugino** [クジーノ] 男〔女 -a〕いとこ(従兄弟; 従姉妹) ―primo [secondo] *cugino* 実のいとこ[またいとこ]
*****cui** [クーイ] 代(関係)**1**〔前置詞 + cui〕…の人[物]〔前置詞 a は省略されることがある〕―il film di cui parlavo 僕が話していた映画 / gli amici con cui studio l'italiano 私が一緒にイタリア語を勉強している友達 / la ragazza da cui ho ricevuto una lettera 僕が手紙をもらった女の子 / la ragione per cui non ha accettato l'invito 彼が招待に応じなかった理由 **2**〔定冠詞 + cui + 名詞〕その人[物]の…〔定冠詞は所有されるものの性·数

culaccio 男 (牛の)尻肉

culata 女 1《俗》尻もち 2 (牛の)尻肉 3 (ズボンの)尻

culatello 男 クラテッロ(エミリア地方特産の豚の尻肉のハム)

culatta 女 1【軍】砲尾, 銃尾 2 (牛の)尻肉 3 (ズボンの)尻

culattone 男《俗》男性同性愛者

culbianco 男〔複[-chi]〕〔鳥〕ハシグロヒタキ

culetto 男 (ソーセージやハムの)へた

culinaria 女 料理法; 美食道, 食い道楽

culinario 形 料理法の; 美食道の

culla 女 1 揺りかご 2 幼年期 3 発祥地, 揺籃(%)の地

cullare 他 1 (赤ん坊を揺りかごを揺すったり, 腕に抱いたりして)あやす 2 (思いを抱く)だます, 惑わす —**arsi** 再 (思いや感傷に)浸る

cullata 女 揺ること, あやすこと

culminante 形 最高潮[絶頂]の; 決定的な

culminare 自[es]〔io culmino〕 1 最高点[絶頂]に達する 2〔天〕(天体が)子午線上にある, 南中する 3 そそり立つ

culmine 男 最高点, 頂上, 頂点

culo 男 1《俗》尻 2《俗》肛(%)門 3《俗》運がいいこと, ついていること —Che *culo!* ついてるじゃないか. 4 (容器の)底 ▶ *prendere per il culo* からかう

cultismo 男 1 教養ある言葉遣い 2〔文〕(17世紀スペインの)ゴンゴリスモ

culto 男 1 崇拝; 礼拝 2 信仰(心) 3 (宗教的な)祭礼, 儀式 4 崇敬, 尊敬; カルト

cultore 男〔女[-trice]〕愛好家, 熱中する人

-cultore → -coltore

cultuale 形 信仰の, 礼拝に関する

✽**cultura** [クルトゥーラ] 女 1 文化; 文明 2 教養, 教育, 鍛錬, 修養 3 (専門分野の)造詣, 知識

culturale 形 1 文化の 2 文化普及[発展]の

culturalismo 男 教養のひけらかし

culturalistico 形〔複男 -ci〕教養をひけらかす

culturismo 男 ボディービル

culturista 男女〔複[男 -i]〕ボディービルダー

culturistico 形〔複男 -ci〕ボディービルの

cum grano salis 成句 〔ラ〕良識をもって

cumino 男〔植〕クミン, クミンの種子

cumulabile 形 蓄積[加算]しうる; 兼任可能な

cumulare 他〔io cumulo〕積み上げる, 蓄積する —**arsi** 再 積み重なる

cumulativo 形 1 累積的な, 総合的な 2 (切符について)団体用の; 共通切符の

cumulo 男 1 積み重なること, 堆積(物), 集積(物) 2 多量, 多数 3 兼職, 兼務 4〔気〕積雲

cuneese 形 クーネオ(の人)の —男女 クーネオの人

cuneiforme 形 楔(%)形[状]の; 楔形文字の

Cuneo 固名(女) クーネオ(ピエモンテ州の都市および県名; 略 CN)

cuneo 男 1 楔(%), 楔状の物; 車輪止め 2〔数〕直三角柱 3〔建〕楔石 4〔軍〕楔形隊形

cunetta 女 (道路の)側溝, 下水溝; (道路の)くぼみ

cunicolo 男 1 (狭い)地下道 2 (動物の掘った)穴, 巣穴

cunicoltura 女 ウサギの飼育, 養兎

cunnilingio 男 クンニリングス

cuoca 女 女性の料理人[コック]

cuocendo cuocere のジェルンディオ

✽**cuocere** [クオーチェレ] [28] 他〔過分 cotto〕 1 料理[調理]する(煮る・焼く・炊く・ゆでる・揚げる・炒(%)める) 2 (レンガや粘土などを)焼く 3 (太陽が)焼く, 焦がす 4 乾かす, 干上がらせる —自[es] 1 煮える, 焼ける 2 乾く, 干上がる 3 苛立たせる, 苦しめる 4 恋い焦がれる —**ersi** 再 1 煮える, 焼ける 2 日に焼ける

cuocia 女 cuocere の命・3 単; 接・現・1 単[2 単, 3 単]

cuociamo cuocere の直・現・1 複

cuocio cuocere の直・現・1 単

Cuoco 固名(男) (Vincenzo 〜)ヴィンチェンツォ・クオーコ(1770-1823; イタリアの歴史家・政治家)

cuoco 男〔複[-chi]女[-a]〕 1 料理人, コック 2 料理上手の人

cuoiaio 男〔女[-a]〕皮なめし職人, 革屋

cuoiame 男 皮革, 皮革製品

cuoieria 女 革屋

✽**cuoio** [クオイオ] 男〔複[1, 2 は i cuoi, 3 le cuoia]〕 1 革; 皮革 2〔解〕頭皮 (cuoio capelluto) 3〔諧・蔑〕(人間の)皮膚, 皮 ▶ *avere le cuoia dure* 丈夫, 頑丈である *tirare le cuoia* 死ぬ, くたばる

cuorcontento 男女〔不変〕落ち着いた人, 無頓着な人

✽**cuore** [クオーレ] 男 1 心臓 —avere un *cuore* malato, essere malato di *cuore* 心臓が悪い 2 胸部, 胸 —stringersi... al *cuore* …を胸に抱きしめる 3 心, 気持ち —*cuore* tenero [duro] 優しい[薄情な]心 / persona senza [di buon] *cuore* 非情な[優しい]人 4 愛情, 情愛 —amico del *cuore* 親友 / affari di *cuore* 恋愛沙汰 5 精神力, 気力; 勇気 —farsi *cuore* 勇気を出す / perdersi di *cuore* 落胆する 6 中心, 中央, 心臓部; 芯 —*cuore* della città 町の中心部 7 ハート型のもの 8〔複数で〕(トランプの)ハート 9 (鉄道の)轍叉(%)

a cuore aperto 率直に　*aprire il*

cuore 心を開く, 率直に話す *avere a cuore* 重視する *avere il cuore in gola* 驚く; 心配する *avere in cuore di...* …をもくろむ, しようとする *avere un cuore di leone [coniglio]* 勇敢[臆病]な *con il cuore in mano* 率直に *di (tutto) cuore, con (tutto) il cuore* 心から, 喜んで *mettersi il cuore in pace* 諦める, 断念する *prendersi a cuore...* …に没頭する, …を大事にする *spezzare il cuore a...* …を悲しませる, 苦しませる *stare a cuore a...* …にとって気になる, 気がかりである *toccare il cuore di...* …を感動させる

cuoriforme 形 (特に植物が)ハート形の

cupezza 女 1 暗さ, 暗闇 2 陰気な性格; 憂鬱な表情

cupidigia 女 [複[-gie]] 1 (富や権力などに対する)貪欲, 強欲 2 色欲, 肉欲

Cupido 固名(男) [ロ神]クピド, キューピッド(愛と美の神. ギリシャ神話のエロス)

cupido 形 (di) …を熱望した, 貪欲な

cupo 形 1 深い 2 闇の, 暗黒の 3 (色が)濃い, 暗い 4 陰気な, 無口な 5 物思いにふけった, 憂鬱な 6 (音が)陰にこもった 7 (苦しみや恨みなどが)激しい

cupola 女 1 [建]丸屋根, 円蓋, ドーム; (天文台の開閉式の)丸屋根 2 半球状のもの 3 [集合的] (マフィアなど犯罪集団の)指導involved ► *a cupola* 半球状の

cupoliforme 形 ドーム状の

cupolino 男 1 小さなドーム[丸屋根] 2 オートバイや航空機のカウル 3 (女性用の)縁なし帽子 4 [劇]プロンプター席

cupolone 男 1 大きなドーム[丸屋根] 2 [特に]ローマのサン・ピエトロ大聖堂の丸屋根, フィレンツェのサンタ・マリア・デル・フィオーレ大聖堂の丸屋根

cupressacea 女 (C-) [複数で] [植]イトスギ属の木

‡**cura** [クーラ] 女 1 配慮, 注意, 気配り, 思いやり —*cura della salute* 健康への配慮 2 関心事; 気がかり 3 入念さ, 熱意 4 治療(法); 対策, 救済措置 —*cura dimagrante* 痩身術 /*casa di cura* 個人病院 5 管理, 運営; 任務 —*cura dell'azienda* 会社の経営 ► *a cura di...* …の編集[監修]による *avere in cura...* …に治療を受けさせる *con cura* 注意を払って, 入念に *prendersi [avere] cura di...* …の世話をする

curabile 形 治療できる, 治せる

curabilità 女 治療可能性

curante 形 治療[世話]する —*medico curante* 主治医

‡**curare** [クラーレ] 他 1 世話をする, 面倒を見る, 気をつける —*curare il giardino* 庭の手入れをする 2 治療する; 看病する —*curare un paziente* 病人を治療する 3 取り計らう, 世話[対処]する, …しようとする —*Curate che nessuno lo sappia.* 君たち, それを誰にも知られないようにしろ. 4 《口》見張る, 監視する —**arsi** 再 1 (自分の体の一部を)手入れする 2 (自分の)体に気をつける[留意する] 3 気づかう, かまう

curatela 女 [法]後見(機関), 保佐

curativo 形 治療の, 病気に効く

curato¹ 男 [カト]主任司祭

curato² 形 1 きちんとした, さっぱりした 2 巧妙な, 手際のよい 3 治療した, 治った

curatore 男 [女[-trice]] 1 (出版物の)編者; 世話人 2 [法]後見人, 保佐人

curculione 男 [虫]ゾウムシ科の昆虫

curcuma 女 [植]ウコン, ターメリック

curdo 形 クルドの; クルド人[語]の —男 1 [女[-a]]クルド人 2 [単数のみ]クルド語

curia 女 1 (古代ローマの)10に分割された部族の一つ 2 [宗] (教会統治する)組織, 人員 3 (所轄の)司法官

curiale 形 1 宮廷(風)の 2 《蔑》ごたいそうな, 仰々しい 3 [カト]司教区の

Curili 固名(女複) (Isole 〜)千島列島, クリル列島(北海道東端とカムチャツカ半島南端の間の列島)

curio 男 [化]キュリウム(元素記号 Cm)

curiosaggine 女 詮索好き, 執拗(ち)な好奇心

curiosamente 副 1 興味深げに, 物珍しげに 2 奇妙[不思議]にも

curiosare 自 1 (好奇心を持って)眺める 2 (無遠慮に)人のことを詮索する

‡**curiosità** [クリオズィタ, クリオズィタ] 女 1 好奇心, 詮索好き, 物珍しさ —*per curiosità* 好奇心から, 何となく聞きますが / *Toglimi una curosità*. 一つ教えてくれ. 2 風変わりなもの, 珍品, 珍奇; 骨董品

‡**curioso** [クリオーソ, クリオーゾ] 形 1 好奇心の強い; 何でも知りたがる, 詮索好きの 2 奇妙な, 珍奇な 3 好奇心を抱かせる, 興味深い —男 [女[-a]]詮索好きな人, おせっかい焼き

curiosone 男 [女[-a]] 非常に詮索好きな人

currenti calamo 副句 [ラ]一気に, 即座に

curricolo → curriculum

curriculum 男 1 [ラ]経歴, 履歴書 —*curriculum vitae* 履歴書 2 (特に大学の)カリキュラム, 教科[履修]課程

cursore 男 1 [コン]カーソル 2 ファスナーのつまみ 3 (測量器械などの)滑動尺 4 [電]摺(す)り板 5 [カト]教皇の使者

‡**curva** [クルヴァ] 女 1 曲線, 湾曲部 2 (道路や線路の)カーブ 3 [複数で] 《口》女性の体の丸み[曲線美] 4 (サッカーの)サポーター席

curvabile 形 曲げられる, 曲がりうる

curvare 他 曲げる, たわめる —自 曲がる, たわむ —**arsi** 再 1 身をかがめる 2 卑下する, 屈服する 3 (高齢で)腰が曲がる

curvato 形 曲がった, たわんだ

curvatura 女 1 曲げること 2 湾曲 3 [数]曲率

curvilineo 形 曲線の ―男 雲形定規

curvo 形 **1** 曲がった，カーブした **2**（背中が）曲がった，（腰を）かがめた ―spalle *curve* 猫背

cuscinaio 男〖女[-a]〗（競技場や野外劇場などの）クッション[座布団]貸し出し業者

cuscinetto 男 ベアリング

cuscino 男 枕; クッション

cusco 男〖複[-chi]〗〖動〗クスクス

cuscus, cuscussù 男〖不変〗〖料〗クスクス（蒸したセモリナ粉を使った北アフリカの料理）

cuscussù → cuscus

cuscuta, cuscuta 女〖植〗ネナシカズラ

cuspidale 形 先のとがった

cuspidato 形 先のとがった，先端のある

cuspide 女 **1** とがった先端; 矢尻，槍（^{やり}）の先 **2**〖解〗心臓弁膜尖（^{せん}）; 歯の咬（^{こう}）頭 **3**〖建〗尖塔 **4**〖山〗山の頂上

＊**custode** ［クストーデ］男女 守衛; 番人 ―angelo *custode* 守護天使

custodia 女 **1** 保存，保管，保護; 監視 **2** 保護ケース

＊**custodire** ［クストディーレ］他 [io -isco] **1** 大切に保管[保存]する ―*custodire* un segreto 秘密を保つ／*custodire* un ricordo 思い出を秘める **2** 見張る，見守る **3** 世話をする，面倒を見る **4** 守る，防衛する ―**irsi** 再（自分の体に）気をつける，留意する

cutaneo 形 皮膚の

cute 女〖解〗皮膚

cuticagna 女 うなじ，襟首;《諧》首根っこ

cuticola 女 **1** 表皮 **2**〖動・植〗角皮

cutrettola 女〖鳥〗セキレイ

CV 略 Cavallo Vapore 馬力

c.v.d. 略 come volevasi dimostrare 証明終わり

cyberspazio 男 サイバースペース; バーチャルリアリティー

cyclette 女〖不変〗〖商標〗（室内トレーニング用の）自転車，エアロバイク

CZ 略 Catanzaro カタンザーロ

czar → zar

D, d

D¹, d 女，男 **1**（イタリア語アルファベットの）4番目の字母 ―*D* come Domodossola〖符丁〗ドモドッソラの D **2**（D）（ローマ数字の）500 **3**〖音〗ニ音

D² 略 **1** Germania ドイツ **2** domenica 日曜日 **3** Decreto 法令

d' → da, di¹

＊**da** ［ダ］前〖定冠詞 il, lo, gli, la, le, l'と結びついて，dal, dai, dallo, dagli, dalle, dall'となる. 特定の慣用句の場合，d'となることがある〗**1** …から ―contare *da* uno a dieci 1 から 10 まで数える／Il mio amico è arrivato *da* Milano. 私の友人はミラノからやって来た． **2** …以来，…からずっと ―aspettare *da* un'ora 1時間前から待っている／Non lo vedo *da* un mese. ひと月前から彼に会っていない． **3**（人の）ところへ[で] ―andare *dal* medico 医者のところへ行く／abitare *dagli* zii 伯父[叔父]夫婦のところで暮らす／Ci vediamo *da* te. 君の家で会おう． **4**〖受動態の動作主〗…によって，…で ―essere distrutto *da* una bomba 爆弾で破壊される **5** …用の ―camera *da* letto 寝室／sala *da* pranzo ダイニングルーム／occhiali *da* sole サングラス／cane *da* guardia 番犬 **6**〖特徴・特質・特性，属性〗…の ―ragazza *dai* capelli rossi 赤毛の少女／roba *da* matti 馬鹿げた[有り得ない]こと **7**〖時代〗…の頃 ―*Da* giovane facevo molto sport. 若い頃はよく運動をした． **8**〖役割・資格〗…として ―fare *da* interprete [guida] 通訳[案内役]をする／vita *da* cani 惨めな生活 **9**〖強調〗自身で，自分だけで ―Vive *da* solo. 彼は一人暮らしだ．／Ho fatto tutto *da* me. 全部自分でやった． **10** …出身[生まれ，由来]の ―nascere *da* una buona famiglia 名門の出である／Leonardo *da* Vinci レオナルド・ダ・ヴィンチ（ヴィンチ村出身のレオナルド） **11** …の価値[値段，価格]の ―banconota *da* dieci euro 10ユーロ札／roba *da* poco 安物，取るに足りないこと **12**〖限定〗…については，…だけ ―Il nonno era cieco *da* un occhio. おじいちゃんは片方の目が見えなかった． **13**〖不定詞とともに〗a)…に値する[ふさわしい] ―film *da* non perdere 見逃せない映画 b)…されるべき，…すべき ―*da* consumarsi preferibilmente entro 賞味期限／Non c'è niente *da* dire [fare]. 何も言うべきことはない[どうしようもない]． c)〖用途・目的〗…するための ―*da* bere [mangiare] 飲み物[食べ物] d)〖結果〗…なので，…ほど，…だから ―Fa un caldo *da* impazzire. 頭がどうにかなりそうな暑さだ． ▶**d'altra parte** 一方では，他方 **d'ora in poi** [**avanti**] 今後，以後 **fin d'ora** 今から

dà dare の直・現・3 単; 命・2 単

da' dare の命・2 単

dabbasso 副 下に，階下へ

dabbenaggine 女 信じやすい性質，かつがれやすいこと; 愚かさ

dabbene 形〖不変〗正直な，誠実な

daccanto 副 近くに

daccapo 副 **1** もう一度，再び; 最初から **2**〖音〗ダ・カーポ

dacché 接 **1** …以来，…以後 **2** …だから

dacia 女〖複[-cie, -ce]〗（ロシアの）田舎の別荘，ダーチャ

dadaismo 男〖美・文〗ダダイズム

dadaista 形〖複[男 -i]〗〖美・文〗ダ

dadino ダイズムの、ダダイストの ―**男女**〔複[男-i]〕ダダイスト

dadino 男 サイコロ状に切った食べ物

dado 男 1 サイコロ 2 サイコロ状のもの ―tagliare a *dadi* 賽(部)の目にする 3 固形ブイヨン 4 ナット 5 (登山用具の)ハーケン 6〔建〕台胴

dadolata 女 野菜・肉・パンなどをサイコロ状に切ったもの

daffare 男〔不変〕(骨の折れる)仕事, 用事(da fare)

Dafne 固名(女)〔ギ神〕ダフネ(アポロンから逃れるため, 月桂樹に姿を変えられた乙女)

dag 略 decagrammo 10 グラム

daga 女 両刃の短剣

dagli 前置詞 da + 定冠詞 gli

dàgli 間 1 そらっ, さあさあ 2 がんばれ, しっかりやれ 3 またまた, いい加減にしろ

dai¹ 前置詞 da + 定冠詞 i

dai² dare の直・現・2 単; 命・2 単

dai³ 間 1 さあ(元気出して), いいから(早く) 2 もういいよ, またかよ

daino 男〔女[-a]〕1〔動〕ダマジカ 2 鹿皮, バックスキン

dal¹ 前置詞 da + 定冠詞 il

dal² 略 decalitro 10 リットル

dalai lama 蔵(男) ダライラマ(チベット仏教の教主)

dalia 女〔植〕ダリア

Dalila 固名(女)〔聖〕デリラ, ダリラ(ペリシテの女性. 愛人サムソンを欺く)

dall' 前置詞 da + 定冠詞 l'

dalla 前置詞 da + 定冠詞 la

Dallapiccola 固名(男) (Luigi ~) ダッラピッコラ(1904-75; イタリアの作曲家)

dalle 前置詞 da + 定冠詞 le

dallo 前置詞 da + 定冠詞 lo

dalmata 形〔複[男-i]〕ダルマチアの人の ―男女〔複[男-i]〕ダルマチアの人 ―男〔不変〕ダルマシア犬, ダルメシアン

dalmatica 女 1〔カト〕助祭の着る法衣 2 (古代ローマの)ダルマチア風のチュニック

dalmatico 形〔複[男-ici]〕ダルマチア(の人)の ―男〔複[-ici]女[-a]〕ダルマチアの人 2 (単数のみ)ダルマチア語

Dalmazio 固名〔男性名〕ダルマーツィオ

d'altronde 副 他方では, それに反して

dam 略 decametro 10 メートル

dama¹ 女 1 女領主, (封建領主・騎士の)夫人 2 貴婦人, 淑女 3 福祉[慈善]事業に携わる女性 4 (ダンスの)女性パートナー 5〔隠〕男性同性愛者の女友 6 (トランプの)クイーン 7〔トスカーナ〕婚約者, フィアンセ ▶ *dama di compagnia* (お年寄りや上流階級の人の)付き添い役の女性 *dama di corte* (王妃・王女付きの)女官

dama² 女 1 チェッカー(チェス盤を使ったゲーム) 2 (チェッカーで)ポーンがクイーンになること

damascatura 女 1 ダマスク織り 2 (金属に施された)金銀の象眼

damasceno 形 ダマスカス(の人)の ―男女[-a]〕ダマスカス人

damaschinare 他 金属に金銀で象眼を施す; 刀に波状文様をつける

Damasco 固名(女) ダマスカス(シリア・アラブ共和国の首都)

Dàmaso 固名〔男性名〕ダマソ

damerino 男 しゃれ者, 伊達(㆑)男

damigella 女 (貴族の)少女; 女官

damigiana 女 (こもかぶりの)ガラス瓶

dammeno 形〔不変〕下位の, 劣った

dan¹ 男〔日〕(柔道や空手の)段

dan² 擬 カーンカーン(鐘の音や金属の当たる音)

Danae 固名(女) ダナエ(アルゴス王の娘. ゼウスと交わり, ペルセウスを生む)

danaro → denaro

danaroso 形 金持ちの, 裕福な ―男〔女[-a]〕金持ち, 資産家

danda 女 1〔複数で〕(歩き始めの幼児を支える)保護用ベルト 2 援助, 手引き

dandismo 男 伊達(㆑)好み, おしゃれ

dandistico 形〔複[-ci]〕伊達(㆑)好みの

danese 形 デンマーク(人)の; デンマーク語の ―男女 デンマーク人 ―男〔単数のみ〕デンマーク語

Daniela 固名〔女性名〕ダニエーラ

Daniele 固名(男) 1〔男性名〕ダニエーレ 2〔聖〕ダニエル(「ダニエル書」の主人公. バビロニア王に重用されたユダヤ人)

Danimarca 固名(女) デンマーク

dannare 他 1 地獄に落とす; 断罪する 2〔文〕非難する ―**arsi** 再 1 地獄に落ちる 2 苦心惨憺(蕊)する, 徹底的に打ち込む

dannato 形 1 地獄に落とされた, 呪われた 2 忌まわしい, いまいましい 3 過酷な, ものすごい, 耐え難い ―tempo [freddo] *dannato* ひどい天候[寒さ] ―女〔-a]〕1 地獄の亡者 ―lavorare come un *dannato* 牛のように働く, 馬車馬のように働く 2 悪党, 悪人

dannazione 女 1 地獄に落とす[落ちる]こと 2 (地獄のような)苦しみ, 責め苦, 不幸, 災難 ―間 何てひどい(こと, やつ), ちくしょう ―*Dannazione!* E scappato. くそっ, 逃げてしまいやがった.

danneggiamento 男 損害, 損傷

danneggiare 他〔io danneggio〕1 台無しにする, 傷める, 侵害する ―Il caldo *danneggia* i cibi. 気温が高いと食べ物が傷む. 2 被害[損害]を与える, 損傷する ―La grandine *ha danneggiato* il raccolto. 雹(㆒)で収穫に被害が出た. ―**arsi** 再〔自分を〕傷つける; 損害を被る

danneggiato 形 損害を受けた ―男〔女[-a]〕損害を受けた人

danneggiatore 形〔女[-trice]〕損害を与える ―男〔女[-trice]〕損害を与える人

danno¹ dare の直・現・3 複

＊**danno²**［ダンノ］男 損害, 損失, 被害

dannosità 囡 有害性, 不利益性

dannoso 形 有害な, 損害[危害]を与える

dannunzianesimo 男 1 ダンヌンツィオの芸術様式 2 ダンヌンツィオを模範とする立場, ダンヌンツィオ主義

dannunziano 形 ダンヌンツィオの, ダンヌンツィオ風の ― 男 [囡[-a]] ダンヌンツィオの信奉者[模倣者]

dannunzieggiare 自 [io dannunzieggio] ダンヌンツィオ(の姿勢や様式)を模倣する

D'Annunzio 固名 (男) (Gabriele ~) ダンヌンツィオ(1863-1938; ペスカーラ出身の作家)

Dante 固名(男) 1 [男性名] ダンテ 2 (~ Alighieri) ダンテ(1265-1321; フィレンツェ出身の詩人. イタリア語の父とされる)

danteggiare 自 [io danteggio] ダンテの文体を模倣する

dantescamente 副 ダンテのように, ダンテ風に

dantesco 形 [複[男 -chi]] ダンテの, ダンテの作品の, ダンテの文体をまねた

dantino 男 ダンテ『神曲』の小型本

dantismo 男 1 ダンテ研究, ダンテの模倣 2 ダンテの造語

dantista 男女 [複[男 -i]] ダンテ学者[研究者]

dantistica 囡 ダンテ作品研究

dantologia 囡 ダンテ研究

danubiano 形 ドナウ川の

Danubio 固名(男) ドナウ, ダニューブ(ヨーロッパ中南部の大河)

danza 囡 1 踊り, ダンス, 舞踊 2 舞踏曲 3 (考えやイメージが)重なること, 集まること, 押し寄せること ―*danza* di pensieri 様々な思いがつのること

danzante 形 舞踏[舞踊]の

danzare 自 1 踊る, ダンスする ―*Abbiamo danzato* fino all'alba. 私たちは朝まで踊り明かした. 2 揺れ動く, 波打つ 3 相次いで起こる ― 他 踊る, 舞う ―*danzare* un tango タンゴを踊る

danzatore 男 [囡[-trice]] 踊る人, 舞踏家, ダンサー

Da Ponte 固名(男) (Lorenzo ~) ダ・ポンテ(1749-1838; イタリアの詩人・オペラ台本作家)

＊**dappertutto** [ダッペルトゥット] 副 いたるところに[で], どこでも ―Il vento ha trasportato la sabbia *dappertutto*. 風でそこらじゅう砂だらけになった.

dappiù 形 よりよい, より優れた, より重要な

dappocaggine 囡 役立たずなこと, 無能なこと, 価値がないこと

dappoco 形 [不変] 価値のない, 役に立たない, 不適格な

dappresso 副 すぐそばに, 近くに

＊**dapprima** [ダップリーマ] 副 まず, 初めに

darà dare の未・3 単

darai dare の未・2 単

daranno dare の未・3 複

Dardanelli 固名(男複) ダーダネルス海峡(トルコのマルマラ海とエーゲ海を結ぶ海峡)

dardo 男 1 投げ槍(⁀), 矢 2 稲妻; 灼(⁀)熱の光線; 鋭い視線; 皮肉[辛辣]な言葉 3 [植] (リンゴやオリーブなどの)実のなる小枝 4 (炎の)先端 5 釣り針の鋭く曲がった部分

＊**dare** [ダーレ] [29] 他 1 渡す, 手渡す ―*dare* un pacco al fattorino 小包を配達人に渡す 2 配る, 配布する ―*dare* le carte カードを配る 3 与える, あげる ―*dare* la medicina 薬を与える 4 塗る ―*dare* il rossetto sulle labbra 口紅を塗る 5 加える, 見舞う ―*dare* un pugno a... (人に)拳骨を食らわせる 6 使う, 扱う ―*dare* la pomice 軽石でこする 7 贈る, 進呈する, 捧(⁀)げる ―*dare* il proprio sangue 献血する 8 支払う, 出費する ―Quanto gli *hai dato* per quell'orologio? その時計にいくら払ったの? 9 提供する, 供給[支給]する ―*dare* un'opportunità チャンスを与える 10 譲る, 認める, 了承する ―*dare* la strada 道を譲る 11 科す, 負わせる ―Il giudice gli *ha dato* tre anni. 裁判官は彼に3年の刑を下した. 12 (賞や称号を)授与する, 授ける ―*dare* un'onorificenza 爵位を授ける 13 生む, 生み出す, 生産する ―Quel melo *dà* frutti abbondanti. あのリンゴの木にはたくさん実がなる. 14 出す, 発する ―*dare* un grido 叫び声を上げる 15 引き起こす, 生じさせる, 原因となる ―*dare* un dolore 痛みをもたらす 16 計画[企画]する, 催す, 準備する ―*dare* una festa パーティーを開く 17 (試験などを)受ける, 立ち向かう ―*dare* un esame [concorso] 試験[コンクール]を受ける 18 上演[上映, 放送]する ―Che cosa *danno* sul primo canale? 1チャンネルでは何をやってる? 19 ぶつける, 打ちつける, 衝突する ―*dare* una testata nel [contro il] muro 壁に頭をぶつける ― 自 1 (su)…に面している [向いている], 見渡せる ―Il salone *dà* sul giardino. 広間は庭に面している. 2 …の傾向がある, …の色を帯びている ―blu che *dà* sul verde 緑がかった青 3 ぶつる, 衝突する ―*dare* in un muro 壁に突き当たる 4 出くわす, 遭遇する ―*dare* in un amico 友達にばったり出会う ― **darsi** 再 1 (a) 専念する, 夢中になる, 身を捧(⁀)げる, ふける, 没頭する ―*darsi* allo studio 勉学に打ち込む/*darsi* al bere 酒におぼれる 2 取り交わす, やりとりする ―*darsi* un abbraccio 抱き合う 3 前もって取り決める ―*darsi* un termine あらかじめ期限を決める ▶ *dare ai* [*sui*] *nervi* 怒らせる, いらいらさせる *dare alla luce* 出産する *dare alla testa* ぼうっとさせる, 酔わせる *dare del tu* [*Lei*] 君[あなた]で話しかける *dare*

fuoco 火をつける, 放火する **dare in dono** 贈る, プレゼントする **dare inizio [fondo]** 始める[終える] **dare la vita** 命を捧げる, 犠牲にする **dare nell'occhio** 注目を引く, 目立つ **dare retta** 助言に従う, 耳を貸す **dare una mano** 助ける, 手伝う **dare una voce** 呼ぶ **darsela a gambe** (一目散に)逃げる **darsi(delle) arie** 気取る, もったいぶる, お高くとまる **darsi da fare** 懸命になる, 必死になる **darsi per vinto** 降伏する, 屈する, 諦める **può darsi, può darsi che** + 接続法 …かもしれない, …だろう

darei dare の条·現·1 単
Daria 固名〖女性名〗ダリア
Dario 固名〖男性名〗ダーリオ
darò dare の未·1 単
darwinìsmo → darwinismo
darwinìsmo 男 ダーウィン説
★**data** [ダータ] 女 1 日付, 年月日 —*data di nascita* 生年月日 2 日時, 日取り —*data di scadenza* 期日; 消費[使用]期限
datàbile 形 年代[時間]を推定できる
databilità 女 年代[時間]を推定できること
datàre 他 日付を入れる; 年代[時間]を定める —自〖複合時制なし〗効力を生じる; 始まる
datàrio 男 1 日付印[スタンプ] 2 (時計の)日付表示装置[機能] 3 (日·月の表示を手で動かせる)卓上カレンダー
datàto 形 1 日付のある 2 廃れた, 時代遅れの
datazióne 女 日付を記入すること; 年代決定
datìvo¹ 男〔言〕与格 —形 与格の
datìvo² 形〔法〕自由に贈与できる
dàto 形 1 与えられた, 贈られた 2 定められた, 所定[規定]の 3 …であるので;〖dato + 名詞, dato che + 直説法〗なので;〖dato che + 接続法, dato e non concesso che + 接続法〗たとえ…であろうと — Lascialo dormire, *dato* che ha sonno. 彼は眠いんだから寝かしといてやれ. —男 データ, 資料 —*dato di fatto* 事実, 確かな事柄
datóre 男〖女[-trice]〗提供者, 与える人 —*datore di lavoro* 雇用主, 経営者
datoriàle 形 雇い主の
dàttero 男〖植〗ナツメヤシ(の実) —*dattero di mare*〖貝〗イシマテガイ
dattìlico 形〖複[男 -ci]〗〔詩〕長短短格の, 強弱弱格の
dattilìfero 形 ヤシの
dàttilo¹ 男〔詩〕長短短格, 強弱弱格
dàttilo² 女〖不変〗タイプライターを打つこと(dattilografia の略)
dàttilo-, -dàttilo 接頭, 接尾「指(の)」の意
dattilografàre 他〖io dattilografo〗タイプする

dattilografìa 女 タイプライターを打つこと
dattilogràfico 形〖複[男 -ci]〗タイプライティングの
dattilògrafo 男〖女[-a]〗タイピスト
dattilologìa 女 手話による意思表示, 手話法
dattiloscopìa 女 指紋検査[照合]
dattiloscòpico 形〖複[男 -ci]〗指紋検査[照合]の
dattiloscrìtto 形〖過分 < dattiloscrivere〗タイプした —男 タイプした文書
dattiloscrittùra 女 タイプライターを打つこと
dattiloscrìvere [103] 他〖過分 dattiloscritto〗タイプライターを打つ
dattórno 副 周りに, 辺りに —形〖不変〗近くの, 周りの
datùra 女〔植〕チョウセンアサガオ
★**davànti** [ダヴァンティ] 副 前に, 前方に —*passare davanti* 前を横切る —*davanti (a)*…の前に[で], …の正面に —*la casa davanti alla mia* 我が家の向かいの家 —形〖不変〗前の —*capelli [denti] davanti* 前髪[前歯] —男〖不変〗前部, 前面 —*Il davanti della camicetta è ricamato.* ブラウスの前身頃には刺繍が施されている.
davantìno 男 (婦人·子供服の)胸飾り
davanzàle 男 (張り出した)窓の台[下枠]
davànzo, d'avànzo 副 十二分に, 過剰に
Dàvide 固名(男) 1〖男性名〗ダヴィデ 2〔聖〕ダヴィデ(前 10 世紀頃; イスラエル王国第 2 代の王)
davìdico 形〖複[男 -ci]〗〔聖〕ダヴィデの
★**davvéro** [ダッヴェーロ] 副 1 本当に, まさしく, 実に, 全く —*Sono davvero contento di averti incontrato.* 君に会えてとてもうれしい. 2 まじめに, 本気で, 真剣に —*Dici davvero o stai scherzando?* 本気で言ってるの, それともふざけているの?
dazebào 男〖不変〗壁新聞
D'Azéglio 固名(男) (Massimo Taparelli ~) ダゼッリォ(1798-1866; トリーノ出身の政治家)
daziàrio 形 関税の, 税関の
dazière 男 関税の徴収官
dàzio 男 1 関税 2 税関
dB 略 decibel デシベル
d.C. 略 dopo Cristo 西暦紀元後
d.c., D.C. 略 da capo〔音〕初めから, ダ·カーポ
D.D.L. 略 Disegno Di Legge 法案
DDT 男 diclorodifeniltricloroetano ディーディーティー(殺虫剤)
de- 接頭「下降」「分離」「否定」「除去」の意
dèa 女 1 女神 2 素晴らしい魅力を備え

た美人

deaerazione 囡 空気[ガス]を抜くこと

deambulante 形 歩くことのできる

deambulatorio 男 1 〔建〕屋根付きの廊下 2 (教会の内陣の周りの)回廊

De Amicis 固名(男) (Edmondo ~) デ・アミーチス(1846-1908; イタリアの作家)

deamicisiano 形 1 デ・アミーチスの, デ・アミーチス作品の 2 感傷的な, 感動的な, 教訓的な

debba dovere の接・現・1 単[2 単, 3 単]

debbio 男 焼き畑

debbo dovere の直・現・1 単

debbono dovere の直・現・3 複

debellare 他 1 打ち破る, 負かす 2 除去する, 撲滅する

debellatore 男 〔女[-trice]〕勝利者, 征服者

debellazione 囡 1 打破, 征服 2 全滅, 絶滅 3 〔法〕(戦争による)国家の消滅

debilitare 他 〔io debilito〕弱める, 衰弱させる ―**arsi** 再 弱くなる

debilitazione 囡 弱めること, 衰弱

＊**debito¹** [デービト] 男 1 借金, 負債, 債務 ―debito pubblico 国債 2 義務, 責務, 義理 ―Ho un debito fortissimo verso di te. 君には本当に恩義を感じている.

debito² 形 当然の, 相当の, 正当な

debitore 男 〔女[-trice]〕1 債務者, 借り方 2 恩義を受ける人, 負い目のある人 ―形 〔女[-trice]〕債務[負債]のある

＊**debole** [デーボレ] 形 1 弱い; 虚弱の, 衰えた ―avere la vista debole 視力が悪い / debole di mente 頭の鈍い / La malattia l'ha reso debole. 病気で彼は衰弱した. / punto debole 弱点 2 (物が)耐久性のない, こわれやすい ―costruzione debole 脆(もろ)い構造 3 かすかな, か弱い, 不十分な, 乏しい ―voce debole か細い声 4 根拠のない, 内容に乏しい, 曖昧な ―scuse deboli あやふやな言い訳 5 価値のない, 取るに足りない ―romanzo debole つまらない小説 6 能力のない, 知識のない, 素養のない ―essere debole in matematica 数学ができない 7 (意志・精神・心が)弱い, 意志薄弱な ―carattere debole 優柔不断な性格 8 〔言〕弱形の, (特にギリシャ語やドイツ語の)規則変化の ―男 1 弱点, 欠点 ―La gelosia è il suo debole. やきもちやきなのが彼女の欠点だ. 2 愛好, 偏愛, 好物 ―avere un debole per... …に弱い[目がない] ―男女 弱者

debolezza 囡 1 弱さ, 虚弱 ―Non si regge in piedi per la debolezza. 体が弱いので彼は立っていられない. 2 優柔不断; 弱点, 欠点; 無力, 無能 ―Ognuno ha le sue debolezze. 誰にでも弱点はある. 3 薄弱さ, 根拠のなさ ―Queste teorie mostrano tutta la loro debolezza. これらの理論は根拠のなさをさらけ出している. 4 愛好, 偏愛, 好物 ―Ho una debolezza per la cioccolata. 私はチョコレートには目がない.

Debora 固名(女) 〔聖〕デボラ(旧約聖書に現れる第 4 の士師. 女予言者)

debordare 自 1 あふれる, 氾濫する 2 度を越す

debosciato 形 放縦な, 放蕩(ほうとう)な, 自堕落な ―男 〔女[-a]〕放蕩(ほうとう)者, 道楽者

debuttante 形 世に出る, 新進の ―男女 デビューする人, 新人 ―囡 (18 歳で)初めて社交界に出る少女

debuttare 自 1 (歌手や俳優が)初舞台に立つ, デビューする 2 (活動や仕事を)始める

debutto 男 1 初登場, 初舞台, デビュー 2 (劇などの)初演, 初日 3 (職業や経歴の)始まり

deca¹ 囡 1 10 を一組とするもの 2 リウィウスの『ローマ史』10 巻

deca² 〔不変〕〔隠〕1 万リラ札

deca- 接頭 「10」の意

decacordo 男 〔音〕十弦琴

decade 囡 1 10 を単位とする一組 2 10 日 ―la prima decade del mese 月の上旬 3 兵士の 10 日分の給料

decadente 形 1 衰退していく, 退廃的な 2 〔芸〕デカダン派の ―男女 退廃的な人; デカダン派の芸術家

decadentismo 男 デカダンス, 耽(たん)美主義

decadenza 囡 1 衰退, 衰微 2 (権力・職務の)喪失 3 (体の)衰弱 4 〔法〕失効, 消滅

decadere [16] 自 [es] 1 衰える, 衰退する; 退廃する, 堕落する 2 次第に弱くなる, 終わりに近づく ―La sua salute sta decadendo. 彼の体調は低下し続けている. 3 〔法〕権利を失う 4 〔物〕崩壊する

decadimento 男 1 衰退, 堕落 2 〔物〕放射性物質の崩壊

decaduto 形 零落した, 没落した

decaedro 男 〔幾〕十面体

decaffeinare 他 (コーヒーや紅茶などから)カフェインを取り除く[減らす]

decaffeinato 形 カフェインの除かれた ―男 カフェイン抜きのコーヒー

decaffeinazione 囡 (コーヒーなどの)カフェイン除去

decaffeinizzare 他 (コーヒーや紅茶などから)カフェインを取り除く[減らす]

decaffeinizzazione 囡 (コーヒーから)カフェインを除去する

decagono 男 〔幾〕十角形, 十辺形

decagramma → decagrammo

decagrammo 男 デカグラム, 10 グラム

decalcare 他 透写する, 複写する, 引き写す

decalcificazione 囡 石灰質を取り除くこと, 石灰質が失われること

decalco 男〖複[-chi]〗**1** 透写, 複写, 引き写し **2** 写し絵

decalcomania 女 **1** 転写法(陶器やガラスの絵付けに用いられる), デカルコマニー **2** 転写用の絵(が描かれた紙), 転写された絵

decalitro 男 デカリットル, 10 リットル

decalogo 男〖複[-ghi]〗**1** モーセの十戒 **2** 規則, 規律

Decamerone 固名(男) (ボッカッチョの)『デカメロン』

decametro 男 デカメートル, 10 メートル

decanato 男 最長老の地位

decano 男 長老, 最古参者

decantare¹ 他 激賞する, 誉めそやす

decantare² 他 (不純物から)液体を分離する; 不純物を取り除く; 純化する ─自 滓(ホダ)を生じる, 澄む; 静まる ─**arsi** 再 (液体が)不純物から分離する, 澄む

decantazione 女 (液体からの)不純物の除去

decapitare 他 [io decapito] **1** 首をはねる, 打ち首にする **2** (枝などの)先端を切り落とす

decapitazione 女 打ち首, 斬首

decapode 男 (D-)〖複数で〗(エビやカニなどの)十脚類動物, (イカなどの)十腕類動物

decappottabile 形 (自動車が)幌付きの ─女 幌付きの自動車, コンバーティブル

decappottare 他 (自動車の)幌を畳む

decasillabo 形〖言〗10 音節の;〖詩〗10 音節詩行の ─男〖言〗10 音節;〖詩〗10 音節詩行

decathlon 男〖不変〗〖スポ〗十種競技

decedere 自 [es] 死亡する

deceduto 形 死亡した ─男〖女 [-a]〗死者, 故人

decelerare 他 [io decelero] 減速させる ─自 減速する

decelerazione 女 減速, 減速度

decemvirato 男 (古代ローマの)十人委員会

decemviro 男 (古代ローマの)十人委員会の委員

decennale 形 10 年間の; 10 年ごとの ─男 十年記念日, 十周年記念祭

decenne 形 10 歳の; 10 年間の ─男女 10 歳の子供

decennio 男 10 年間

decente 形 **1** 品のある, 上品な, 慎み深い, 端正な **2** 適切な, ふさわしい, …にかなった

decentralizzare → decentrare

decentralizzazione → decentramento

decentramento 男 (人口や行政権などの)分散, 地方分権

decentrare 他 **1** 中心から遠ざける; (人口や行政権を)分散する **2** 地方分権にする

decenza 女 適切であること, 品位, 礼儀正しいこと

decesso 男 (特に官庁で)死亡, 死去

deci- 腰頭 「10 分の 1」の意

decibel, decibel 男 デシベル(電力・音響を測定する単位; 略 dB)

‡**decidere** [デチーデレ] [30] 他〖過分 deciso〗**1** 解決する, 決着をつける ─È una questione che non possiamo *decidere* noi. それは私たちでは解決できない問題だ. **2** 決める, 決定する; (di + 不定詞)…することを決心[決意]する ─*Abbiamo deciso di andare alla festa*. 私たちはパーティーに行くことにした. / *decidere* l'ora dell'appuntamento 約束の時間を決める **3** 決定づける, 確定する ─自 (di) 決定する ─L'ultima gara *deciderà* del vincitore. 最終レースが勝負の決め手になるだろう. ─**ersi** 再 決心[決意]する; 《a + 不定詞》…しようと決心する ─Mario *si è deciso* a cambiare l'auto. マリオは車を乗り換えることにした.

decidibile 形 決定されうる, 確定しうる

decidibilità 女 確定性

decifrabile 形 解読しうる; 判読しうる

deciframento 男 解読; 判読

decifrare 他 **1** (暗号などを)解読する **2** (難解・不明瞭なものを)判読する, 意味をつかむ **3**〖音〗初見で演奏する

decifratore 男〖女[-trice]〗(暗号文の)解読者; 判読者

decifrazione 女 解読; 判読

decigrado 男 10 分の 1 の単位

decigrammo 男 デシグラム, 10 分の 1 グラム

decilitro 男 デシリットル, 10 分の 1 リットル

decima 女 **1**〖歴〗十分の一税 **2**〖音〗十度

decimale¹ 形 十進法の ─sistema metrico *decimale* メートル法 ─男 小数

decimale² 形〖歴〗十分の一税の

decimare¹ 他 [io decimo] **1** 多くの人の命を奪う; 大幅に削減する **2** (古代ローマで処罰として)10 人ごとに 1 人を選んで殺す ─**arsi** 再 大幅に減少する

decimare² 他 [io decimo] **1**〖歴〗十分の一税を課す[徴集する] **2**〖歴〗十分の一税を払う

decimazione 女 **1** 大幅な減少 **2** (古代ローマで処罰として)10 人ごとに 1 人を選んで殺すこと

decimetro 男 デシメートル, 10 センチ

decimillesimo 形(序数) 1 万目の ─男 1 万分の 1

‡**decimo** [デーチモ] 形(序数) 10 番目の; 10 分の 1 の ─*decima* arte [musa] 映画芸術 ─男 10 番目; 10 分の 1

‡**decina** [デチーナ] 女 **1** 10, 約 10 ─ una *decina* di piatti 皿を 10 枚ほど

2〔数〕10の位 **3** 10個ずつのロザリオの玉

Decio 名(男) (Caio Messio Quinto Traiano ~)デキウス(201頃-251頃; ローマ皇帝: 在位 249-251)

decisamente 副 確かに, やっぱり

decise decidere の直・遠過・3単

decisionale 形 **1**(特に官庁で)決定権を持つ **2** 決心の, 決定の

‡**decisione** [デチジオーネ] 女 **1** 決定, 決心, 決意, 決断; 裁決 ―prendere una *decisione* 決心する **2** 確信, 確かさ, 自信; 堅固, 断固 **3**〔法〕判決

decisionismo 男 **1** 熟慮するよりも決断することを優先する態度 **2**〔政〕決断主義

decisionista 形〔複[男 -i]〕〔政〕決断主義の ―男女〔複[男 -i]〕〔政〕決断主義の人

decisionistico → decisionista

decisivo 形 **1** 決定的な; 最終的な **2** 重大な, 難しい, 厳しい, 困難な ―fase *decisiva* 重大な局面

deciso 形〔過分 < decidere〕決然とした; 確固たる

declamare 他 **1**(厳かに)朗誦(ろうしょう)[朗読]する **2**(堂々と厳かに)話す;《蔑》(意味のないことを)大げさに話す **3**〔音〕音楽上のアクセントに詩のアクセントを合わせて歌う

declamatore 男〔女[-trice]〕朗誦(ろうしょう)[朗読]者; 大げさに話す[書く]人

declamatorio 形 朗誦(ろうしょう)の, 朗読[朗誦]風の

declamazione 女 **1** 朗誦(ろうしょう)(法), 朗読(法); 朗誦された文章 **2** 大げさな演説, 誇張された話し方 **3**(古代ローマの)雄弁術

declassamento 男 格下げ, 降格, 降任

declassare 他 **1**(ランク[等級]を)下げる **2**(地位・身分を)落とす ―**arsi** 再(価値・評価が)下がる, 落ちる

declinabile 形 **1** 断れる, 拒否できる **2**〔言〕語形変化できる, 格変化する

declinante 形 **1**(下方へ)傾斜した **2** 終わりに近づいた, 衰えた

declinare 自 **1**(下方へ)傾斜する **2**(太陽などが)傾く, 沈む **3** 終わりに近づく, 衰える ―他 **1**(丁重に)断る, 辞退する, 拒否する **2** 宣言する, 表明する **3**〔言〕(名詞・代名詞・形容詞・冠詞を)語形変化させる

declinazione 女 **1**(下方への)傾斜 **2** 衰弱, 衰退 **3** 丁重な断り, 辞退 **4**〔天〕赤緯, 偏角 **5**〔言〕語形変化, 格変化, 屈折

declino 男 **1** 衰弱, 衰退 **2** 傾斜, 下り勾配

declivio 男 (緩やかな)下り勾配

decodifica 女 **1** 暗号文の解読 **2** 判読, 意味を読み取ること **3**〔電子〕(暗号化されたものを)復調[復号]すること

decodificabile 形 解読できる, 判読できる

decodificare 他〔io decodifico〕**1** 暗号文を解読する **2** 判読する, 意味を読み取る **3**〔電子〕(暗号化されたものを)復調[復号]する

decodificazione 女〔電子〕(暗号化されたものを)復調[復号]すること; 解読

decollare 自 離陸[離水]する

decollazione 女〔美〕打ち首の図 (特に聖ヨハネの殉教図) **2** 打ち首, 斬首

décolleté 形〔不変〕〔仏〕(女性服の)襟ぐりの; 襟ぐりが大きい服 ―形〔不変〕襟ぐりの大きい, 肩をあらわにした

decollo 男 離陸, 離水

decolonizzare 他(国・人を)植民地状態から開放する ―**arsi** 再(国・人が)植民地状態から開放される

decolonizzazione 女 植民地状態からの開放

decolorante 形 漂白する, 脱色性の ―男 脱色剤, 漂白剤

decolorare 他 色抜きする, 脱色する, 漂白する

decolorazione 女 脱色, 漂白

decomponibile 形 **1** 分解できる, 分析できる **2** 変化しやすい, 腐りやすい

decomponibilità 女 **1** 分解できること, 分析できること **2** 変化しやすいこと, 腐りやすいこと

decomporre [79] 他〔過分 decomposto〕分解する ―**orsi** 再 分解される; 腐敗する

decompose decomporre の直・遠過・3単

decomposizione 女 **1** 分解, 分析 **2** 腐敗, 変質

decomposto 形〔過分 < decomporre〕**1** 分解した, 分析された **2** 腐敗した, 変質した

decompresse decomprimere の直・遠過・3単

decomprimere [20] 他〔過分 decompresso〕減圧する

deconcentrare 他 **1** 注意をそらす, 気を散らす **2**(権力・組織を)分散させる ―**arsi** 再 気が散る

deconcentrazione 女 集中力を失うこと; (権力・組織の)分散

decondizionare 他〔心〕(条件反応から)開放する ―**arsi** 再(条件反応から)開放される

decongelamento 男 **1**(冷凍品を)解凍すること **2**〔経〕(債権などの)凍結を解除すること

decongelare 他 **1**(冷凍品を)解凍する **2**〔経〕(債権などの)凍結を解除する

decongelazione → decongelamento

decongestionamento 男 **1** 渋滞[混雑]を解消[緩和]すること **2**〔医〕鬱血を除去すること

decongestionare 他 **1** 渋滞[混雑]を解消[緩和]する **2**〔医〕鬱血を除去する ―**arsi** 再 **1** 渋滞[混雑]が解消する **2** 鬱血がなくなる

decongestione → decongestionamento

decontaminare 他 〔io decontamino〕汚染物[放射能汚染]を除去する —**arsi** 再 （汚染から）浄化される

decontaminazione 女 汚染物[放射能汚染]の除去

decontrarre [122] 他 〔過分 decontratto〕（手足などを）伸ばす, 筋肉をほぐす —**arsi** 再 1 筋肉がほぐれる 2（精神の緊張）が治まる

decontrasse decontrarre の直・遠過・3 単

decontratto 形 〔過分 < decontrarre〕（筋肉・精神の）緊張の解けた

decorare 他 飾る; 勲章を授ける —**arsi** 再 （自分自身を）装う, 身を飾る

decorativo 形 1 装飾（用）の, 装飾的な 2 うわべだけの; 名目上の 3 装飾芸術の

decorato 形 1 飾られた 2 勲章を授けられた —男 〔女[-a]〕勲章保有者

decoratore 形 〔女[-trice]〕装飾の —男 〔女[-trice]〕1（クロス貼りや壁塗りなどの）職人; 室内装飾職人, インテリアデザイナー 2（陶磁・皮革などの）装飾職人

decorazione 女 1 装飾 2 勲章

decoro 男 1（振る舞い・表情などの）品位, 気高さ, 威厳 2 自尊心 3 威信, 栄誉, 名声 4 …の誉れ —*decoro* della stirpe 一族の誉れ 5（手作り陶器などの）装飾模様

decoroso 形 品位のある, 立派な; 妥当な, 相当の, まずまずの

decorrenza 女 1 時の経過 2 発効

decorrere [25] 自 〔es〕〔過分 decorso〕1（時が）経つ, 過ぎ去る 2 効力を生じる

decorse decorrere の直・遠過・3 単

decorso¹ 男 時間の経過; 病気の経過

decorso² 形 〔過分 < decorrere〕経過した, 過ぎ去った

decorticare 他 〔io decortico〕1（動植物の）皮をはぐ, 殻をむく 2（汚染された土壌を）除去する

decorticazione 女 1（動植物の）皮をはぐこと; （皮膚の）擦り傷〔剥離〕2〔医〕末梢組織を除去すること, 皮質除去

decotto 男 煎じ汁〔薬〕

decr. 略 decrescendo〔音〕徐々に音を弱くして; decreto 法令

decrebbe decrescere の直・遠過・3 単

decremento 男 1 減少, 減退 2〔物〕減衰率

decrepitazione 女 （塩を）パチパチ焼くこと

decrepitezza 女 1 老衰, もうろく 2 衰微, 衰退

decrepito 形 1 老いぼれた, よぼよぼの 2 衰微した, 衰退した

decrescendo 副〔不変〕〔音〕徐々に音を弱くして —男〔不変〕〔音〕デクレッシェンド

decrescenza 女 減少, 減退

decrescere [26] 自〔es〕減少する, 低下する, 縮小する

decrescimento 男 → decrescenza

decrescita 女 減少, 減退

decretare 他 1（法令によって）命じる 2（権限によって）決定[確定]する

decretazione 女 1（法令によって）命じること 2（権限によって）決定[確定]すること 3 命令[規定]の発布

decreto 男 1〔法〕法令; 通達; 裁判官の命令 2 命令, 規定 3 神意, 天命

decretone 男 臨時[特別]措置としての命令[通達]

decrittare 他 （暗号を）解読する

decrittatorio 形 暗号解読に有効な

decrittazione 女 （暗号の）解読

decubito 男 1 臥(が)床（床に横になる）の姿勢, 臥位 2 床ずれ

de cuius 成句〔男女〕1 〔ラ〕〔諺〕（話題として）話されている人 2（遺産の）被相続人

decumano 男 1（古代ローマのレギオンの）第十隊の兵士 2（古代ローマの野営地や都市を東西に横切る）道路 —形 10 番目の

decuplicare 他 〔io decuplico〕1 10 倍にする 2（かなり）増大[増加]させる —**arsi** 再 （かなり）増大[増加]する

decuplo 形 10 倍の —男 1 10 倍（の数量）2 より大きなもの

decuria 女 （古代ローマの元老院議員・判事の）十人団; （兵士の）十人隊

decurione 男 （古代ローマの）十人隊の長; （元老院議員の）十人団の長; （古代ローマの地方都市・植民地の）議員; （地方政府の）メンバー

decurtare 他 縮小〔削減〕する

dedaleo, dedaleo 形 1〔ギ神〕ダイダロスの 2 巧妙な, 巧緻な; 複雑な, 迷路のような

Dedalo 固名〔男〕〔ギ神〕ダイダロス（クレタの迷宮を建造したアテナイの名工）

dedalo 男 1 入り組んだ道; 迷宮, 迷路, ラビュリントス 2 錯綜(さくそう)した見解, 混迷した状況

dedica 女 献呈; 献辞

dedicabile 形 献呈[奉納]されうる

‡**dedicare** ［デディカーレ］他 〔io dedico〕1 献じる, 奉納[献納]する 2 献呈する 3 捧(ささ)げる, 献身する —**arsi** 再 (a) …に身を捧げる; 打ち込む

dedicatario 男 〔女[-a]〕（作品などを）献呈された人

dedicatorio 形 献呈の

dedicazione 女 献納, 奉納; 献堂式, 献堂式

dedito 形 (a) …にふけっている, 凝っている, 没頭した

dedizione 女 献身, 専念

deducibile 形 1 推論[推定]しうる, 演繹(えんえき)しうる 2〔経〕控除可能な, 差し引きできる

deducibilità 女 1 推論[推定]可能

dedurre [3] [過去分 dedotto] 1 推論[推定]する, 演繹(%)する 2 引き出す, 得る 3 控除する, 差し引く

dedusse dedurreの直・遠過・3 単

deduttivo 形 推論[推定]に基づいた, 演繹(%)的な

deduzione 女 1 推論, 推定, 演繹(%) (法) 2 控除, 差し引き

de facto 成 [ラ]事実上, 実際に

défaillance 男 [不変] [仏] (気力・体力の)虚脱; 急激な衰弱

defalcamento 男 → defalcazione

defalcare 他 控除する, 差し引く

defalcazione 女 控除, 差し引き

defalco 男 → defalcazione

defatigante 形 疲れさせる

defatigare 他 疲れさせる, うんざりさせる

defecare 自 排便する ―他 (ワインなど液体の)不純物を取り除く

defecazione 女 1 排便 2 (ワインなど液体の)不純物を取り除くこと

defenestrare 他 1 窓から投げ捨てる 2 解任[解雇]する

defenestrazione 女 1 窓から投げ捨てること 2 解任, 解雇

deferente 形 1 (権威者・長上に対して)丁重な, 慇懃(%%)な, 恭しい 2 [解]輸精管の

deferenza 女 (権威者・長上に)服従すること, 恭順

deferimento 男 (他人の判断・決定に)任せる, 委ねること

deferire 他 [io -isco] (他人の判断・決定に)任せる, 委ねる

defezionare 自 1 (集団・組織・党などから)離脱する 2 (約束・義務などを)履行しない

defezione 女 1 (政治的な)背信, 離脱; (約束・義務などの)不履行 2 放棄, 取り下げ, 欠如, 欠乏

defezionista 形 [複[男 -i]] 離反の; 不履行の ―男女 [複[男 -i]] 離反者, 離党者; 不履行者

deficiente 形 1 不十分な, 不足の; 欠陥のある 2 [医]精神遅滞の ―男女 能無し, 間抜け

deficienza 女 1 欠乏, 不足 2 脱落, 欠陥

deficit 男 [不変] 赤字; 不足

deficitario 形 赤字の, 不足の

defilare 他 [軍] (部隊・装備を)遮蔽[防護]する ―arsi 再 1 隠れる, (重い責務を)避ける 2 (敵の攻撃を)避ける

defilato 形 1 隠遁(%)した, 引退した 2 [軍] (部隊・装備を遮蔽[防護]した

défilé 男 [不変] [仏] ファッションショー

definibile 形 定義できる, 限定できる

definire 他 [io -isco] 1 特徴[特色]づける, 性格づける, 定義する 2 明確にする, 確定する, 限定する ―definire i confini tra due stati 二国間の国境を画定する 3 評価する, 見なす, 判断する 4 (言葉の意味を)説明する, 解釈する 5 解決する, 処理する ―definire una questione 懸案のけりをつける ―irsi 再 1 自分を…と見なす, 名乗る 2 表面化する, 正体を現す

definitezza 女 明確さ, 正確さ

definitivamente 副 決定的に, 最終的に

definitività 女 決定的なこと, 確定性

definitivo 形 決定的な, 最終的な
▶ *in definitiva* 最後に, 結論として, 要するに

definito 形 1 明確な, 正確な 2 解決した, 決着した

definitore 形[女[-trice]] 定義する, 明確にする ―男 [女[-trice]] 定義を下す人

definitorio 形 定義する, 特徴づける

definizione 女 1 定義(づけ); 明確化 2 限定, 確定 3 言葉の意味の説明, 語釈 4 解決, 決着, 和解 5 [写]解像力, 鮮明度

defiscalizzare 他 課税を廃止[撤廃]する

defiscalizzazione 女 課税廃止[撤廃]

deflagrante 形 突燃性の, 爆燃性の

deflagrare 自 1 爆発する 2 突然起こる, 勃発する

deflagrazione 女 爆発; 勃発

deflazionare 他 1 [経] (通貨を)収縮させる 2 (数量などを)大幅に減少させる ―自 [経]デフレ政策をとる

deflazione[1] 女 [経]デフレーション, 通貨収縮

deflazione[2] 女 [地質]乾食, 風食

deflazionistico 形 [複[男 -ci]] [経]デフレの, 通貨収縮の

deflettere [54] [過去分 deflesso] 1 (進路から)それる, (一方に)曲がる 2 (主義から)逸脱する, 身を引く

deflettore 男 1 (車の)三角窓 2 [機]そらせ板, デフレクター 3 [空]下げ翼, フラップ

deflorazione 女 処女性を奪うこと

defluire 自 [es] [io -isco] 1 (低い方へ)流れる 2 (人や物が)あふれ出る

deflusso 男 1 (液体が下方に)流れること; (外側へ)流出すること 2 (波が,引ち際から)引くこと 3 (人や物が)あふれ出ること

defogliante 男 枯れ葉剤, 落葉剤 ―形 枯らす

defogliare 他 [io defoglio] (化学薬品で)枯らす

defogliazione 女 (自然の, または薬による)落葉

deforestamento → disboscamento

deforestare → disboscare

deforestazione 女 → disboscamento

deformabile 形 変形しうる

deformabilità 女 変形しやすさ, 可塑

deformante 形 変形させる

deformare 他 1 変形させる 2 不格好にする、醜くする 3 ゆがめる、歪(ﾋｽﾞ)曲する、曲解する —*deformare* la verità 真実をゆがめる —**arsi** 再 変形する、形が崩れる

deformazione 女 1 変形、奇形 2 歪(ﾋｽﾞ)曲、変造 3〔芸〕デフォルマシオン

deforme 形 1 変形[変異]した、ゆがんだ、奇形の；不格好な 2 醜悪な、胸が悪くなる、ぞっとする —男〔単数のみ〕醜悪なもの

deformità 女 1 形が損なわれていること、醜さ〔精神・道徳的な〕腐敗、堕落 3〔医〕(肢体の)奇形

defraudare 他 だまし取る

defraudatore 形〔女[-trice]〕詐欺の —男〔女[-trice]〕詐欺師、欺く人

defraudazione 女 詐欺、ペテン

defunto 形 亡き[故]… —男〔女[-a]〕故人、死者

De Gasperi 固名(男) (Alcide ～) デ・ガスペリ(1881-1954; イタリアの政治家、第44代首相)

degenerare 自〔es/av〕[io degenero] 1 悪化する；(悪い状態へと)変わる、変化する 2 (道徳的に)堕落する

degenerativo 形〔医〕退行性の、変性の

degenerato 形 1 悪化した；堕落した 2〔医・生物〕変性した、退化した

degenerazione 女 1 堕落、衰退、退廃 2〔医・生物〕変性、変質、退化 3〔数・物〕縮退

degenere 形 退化した、堕落した

degente 形 病気で寝ている、入院している —男/女 (入院)患者

degenza 女 療養[入院]期間

deglassare 他 (鍋底についた肉汁を水などで)のばす

degli 前置詞 di+定冠詞 gli

deglutire 他 [io -isco] 飲み込む、飲み下す

deglutizione 女 飲み込むこと、飲み下すこと

degnare 他 (di) …に値すると判断する —non *degnare*... di un saluto [una risposta, uno sguardo] (人)に挨拶[返事、顔を見ようと]もしない —**arsi** 再 (好意をもって)…する、…してくれる

degnazione 女 恩着せがましい態度

＊**degno** [デーニョ] 形 1 値する、ふさわしい —azione *degna* di biasimo 非難に値する行為 2 立派な、尊敬すべき 3 能力のある、素質のある 4 向いた、ふさわしい、相応した —un *degno* guadagno 適正な報酬 5 称賛すべき、見事な 6 正直な、誠実な —uomo *degno* 善良な人

degradabile 形 変化しやすい、損なわれやすい

degradabilità 女 1 変化しやすいこと、損なわれやすいこと 2〔地質〕岩石の分解性

degradamento 男 1 降格、格下げ 2 低下、損傷、堕落

degradante 形 品位を下げる、卑しい、みっともない

degradare 他 1 (軍人・聖職者を)降格させる；地位[階級]を下げる 2 低下させる、損ねる；けがす、堕落させる —自 (丘や地表が緩やかに)下る、低くなる —**arsi** 再 1 卑しくなる、品位を落とす 2 悪化する、退行する

degradato 形 劣化した、下落した、悪化した

degradazione 女 1〔軍〕地位[役職]剥奪 2 (道徳的な)堕落、腐敗 3 悪化、損傷 4〔地質〕削平衡作用 5〔生化〕減成、分解

degrado 男 損傷、低下；退廃、腐敗

degustabile 形 味見できる

degustare 他 味を見る、試飲[試食]する、少し口にする

degustatore 男〔女[-trice]〕味見する人、(ワインなどの)鑑定家

degustazione 女 味見すること、試飲、試食

deh 間〔文〕〔祈り・嘆願・勧告を表して〕ああ、お願いだから

dehors 男〔不変〕〔仏〕(バールやレストランなどの)屋外の席

dei 前置詞 di+定冠詞 i

Deianira 固名(女) 〔ギ神〕ディアネイラ (ヘラクレスの妻)

deicida 形〔複[男 -i]〕キリスト[神]殺しを犯した —男/女〔複[男 -i]〕キリスト[神]を殺した人；〔蔑〕ヘブライ人

deicidio 男 (神としての)キリストを殺すこと

deificare 他 [io deifico] 1 神格化する、神として祭る 2 誉めたたえる、賛美する —**arsi** 再 1 神的存在になる、神格化する 2 驕(ｵｺﾞ)る、自慢する

deificazione 女 1 神格化、神聖視 2 賞賛、賛美

Deifobo 固名(男) 〔ギ神〕デイフォボス (プリアモス王の子)

deiforme 形 神のような、神の姿をした

deiscente 形〔植〕裂開性の

deiscenza 女〔植〕裂開

deismo 男 理神論、自然神論

deità 女 1 神性、神格 2 威厳、気高さ

déjà-vu, déjà vu 男〔不変〕〔仏・心〕既視(感)、デジャ・ヴュ —形〔不変〕ありきたりの、独創性のない

del 前置詞 di+定冠詞 il

delatore 男〔女[-trice]〕密告者、情報提供者

delatorio 形 密告の

delazione 女 1 密告、(密告者による)情報 2〔法〕委託、付託

delebile 形 消すことができる、抹消できる

Deledda 固名(女) (Grazia ～) デレッダ (1871-1936; イタリアの小説家、ノーベル文学賞受賞)

delega 女 1 代理任命、代理権；委任、委譲 2 代表団、派遣団

delegare 他 [io delego] 1 (代表や代理として)人を派遣[任命]する 2 委任[委託]する

delegatizio 形 代理の、代表の、委託の

delegato 形 代理[代表]として任命された、代理の；委託された —男 [女 [-a]] 代理人、代表者

delegazione 女 1 代表の派遣[任命] 2 委任、委託、委嘱 3 管轄庁 4 代表団、使節団

delegittimare 他 [io delegittimo] 非合法化する；(威信や権力を)低下[縮小]させる

deleterio 形 (肉体・精神に)極めて有害な

Delfi 固名(女) デルフォイ(ギリシャ中部, パルナソス山南麓の古代遺跡)

delfinario 男 イルカの飼育水槽

delfino¹ 男 1 [動] イルカ 2 [単数のみ] [スポ] バタフライ

delfino² 男 1 《諸》重要人物の後継者 2 フランス皇太子の称号

delibera 女 1 決議(案) 2 競売

deliberare 他 [io delibero] 1 決議する 2 (競売で品を)落札する

deliberativo 形 決議に関する

deliberato 形 1 決議された 2 決然とした, 確固とした, 確かな 3 意図的な —男 決議, 決定

deliberatore 形 [女 [-trice]] 決議する —男 [女 [-trice]] 決議する人, 決定者

deliberazione 女 決議, 決定

delicatezza 女 1 繊細さ, 柔らかさ, 軽やかさ 2 もろさ, 壊れやすさ 3 ひ弱さ, 虚弱, きゃしゃ 4 品[趣味]のよさ 5 細心さ, 慎重さ, 気転 6 おいしいもの, 美味；(複数で) 菓子類

delicato 形 1 繊細な, 柔らかい, 軽やかな —tessuto *delicato* きめ細かな生地 2 優美な, 洗練された 3 (色や香りが)淡い, 控えめな 4 (味が)あっさりした, 淡白な 5 壊れやすい, 傷つきやすい 6 (体が)弱い, 虚弱な 7 過敏な；デリケートな 8 慎重さ[入念さ, 手腕]を要する —momento *delicato* 細心の注意が要る時, 難局

delikatessen 女複 [不変] [独] 高級食品, 珍味

delimitabile 形 境界[範囲]を定めうる, 制限しうる

delimitare 他 [io delimito] 1 境界[範囲]を定める 2 限定する, 明確に定める

delimitativo 形 境界[範囲]を定めるための

delimitazione 女 境界[範囲]を定めること；限定

delineamento 男 輪郭；概要

delineare 他 [io delineo] 1 輪郭を描く 2 要点[概略]を述べる；浮き彫りにする, くっきりと描き出す —arsi 再 輪郭を見せる；現れる

delineato 形 輪郭のはっきりした；明確な

delineatore 男 [女 [-trice]] 輪郭[概要]を描く人, 要点を述べる人

✱**delinquente** [デリンクエンテ] 男女 1 犯罪者；違反者 —*giovane delinquente* 非行少年 2 悪人, 悪党

delinquenza 女 犯罪行為；非行；犯罪組織[集団]

delinquenziale 形 犯罪の；非行の

delinquere 自 [io delinquo] [法] 罪を犯す, 犯罪を犯こす

deliquio 男 一時的に気を失うこと, 気絶, 卒倒

delirante 形 1 うわごとを言う, 狂乱した 2 [医] 譫妄(せんもう)状態の

delirare 自 1 意識が混濁する, うわごと[たわごと]を言う, 精神が錯乱する 2 熱狂する, 興奮する 3 訳の分からないことを言う[する]

delirio 男 1 精神錯乱 2 熱狂, 狂喜, 興奮, 陶酔 3 熱望, 切望 4 [医] 譫妄(せんもう)

✱**delitto** [デリット] 男 1 犯罪；違反 2 殺人 3 重大な過失, 罪悪 4 《諸》けしからぬ[馬鹿げた, 残念な]こと

delittuosità 女 犯罪性, 有罪

delittuoso 形 犯罪的な, 罪になる

delizia 女 1 無上の喜び, 歓喜；悦楽 2 喜びを与えるもの, 楽しみ, うれしいこと 3 とてもおいしいもの, 美味

deliziare 他 [io delizio] 楽しませる, うれしがらせる —arsi 再 楽しむ, うれしがる

delizioso 形 1 とても感じ[気持ち]のよい 2 愛らしい, 優しい, 魅力的な 3 (場所が)うっとりさせる, ほれぼれさせる, 快適な 4 大変おいしい, 美味な

dell' 前置詞 di + 定冠詞 l'

della 前置詞 di + 定冠詞 la

delle 前置詞 di + 定冠詞 le

dello 前置詞 di + 定冠詞 lo

Del Sarto 固名(男) (Andrea ~) アンドレア・デル・サルト (1486-1531；ルネサンス盛期のイタリアの画家)

delta 男女 [不変] 1 デルタ(Δ, δ) (ギリシャ語アルファベットの 4 番目の字母) 2 三角州, デルタ —形 [不変] デルタの, 4 番目[4 級, 4 等]の

deltaplano 男 ハンググライダー

deltoide 形 三角形の, デルタ状の —男 [解] 三角筋

delubro 男 神殿；聖堂, 教会

delucidare 他 [io delucido] 明らかにする, 解明する

delucidazione 女 解明, 説明

deludente 形 がっかりさせる, 期待はずれの

✱**deludere** [デルーデレ] [6] 他 [過分 deluso] 期待を裏切る, 失望させる

deluse deludere の直・遠過・3 単

delusione 女 1 失望, 落胆, 期待外れ, 幻滅 2 失望させる物[人], 期待を裏切る物[人]

deluso 形 [過分 < deludere] がっか

りした, 落胆した, 期待はずれの
demagnetizzare → smagnetizzare
demagogia 囡 1 迎合政策; 衆愚政治 2 民衆扇動, デマゴギー
demagogico 围〔複[男 -ci]〕扇動的な, 扇動家の(ような)
demagogismo 男 扇動主義
demagogo 男〔複[-ghi]囡[-a]〕扇動者, デマゴーグ
demandare 他 任せる, 委ねる
demaniale 围 国有財産の, 共有財産の
demanio 男 国有財産, 共有財産
demarcare 他 境界を定める; はっきり分ける
demarcativo 围 境界となる, 一線を画する
demarcatore 围〔囡[-trice]〕境界を定める, 仕切る
demarcazione 囡 境界画定, 区分
d'emblée 副〔仏〕直ちに, 1回で
demedicalizzare 他 脱医療化する
demente 围 1 狂気の; 非常識な 2〔医〕(脳損傷による)痴呆(ちほう)を患った ―男囡 馬鹿者, 間抜け
demenza 囡 1 狂気, 精神錯乱 2 愚行, 常軌を逸したこと 3〔医〕(脳損傷による)痴呆(ちほう) ―demenza senile 老人性痴呆
demenziale 围 1 狂気の; 愚かな 2〔医〕痴呆(ちほう)の
demenzialità 囡 気が狂っていること, 愚かなこと
demeritare 他〔io demerito〕値しない, 適さない ―自 (価値が)劣る, 匹敵しない
demerito 男 1 過失, 落ち度; 欠点, 短所 2 非難, 譴(けん)責; 不評, 悪評
Demetra 固名〔囡〕〔ギ神〕デメテル(オリンポス十二神の一. 穀物豊穣の女神, ローマ神話のケレス)
Demetrio 固名〔男性名〕デメートリオ
demi-monde 男〔不変〕〔仏〕(特に19世紀の)高級売春婦の世界
demi-sec 围〔不変〕〔仏〕(特にスプマンテが)辛口と中甘口の間の ―男〔不変〕(辛口と中甘口の間の)スプマンテ
demistificante 围 神秘性を取り除く
demistificare 他〔io demistifico〕1 神秘性を取り除く, 解明する 2 (思想・現象・人物などを)徹底的に批判する
demistificatore 围〔囡[-trice]〕神秘性を取り除く ―男〔囡[-trice]〕啓蒙(もう)する人, 解明する人
demistificatorio → demistificante
demistificazione 囡 神秘性を奪うこと
demitizzare 他 神話性を取り去る, 非神話化する
demitizzazione 囡 非神話化
demiurgo 男〔複[-gi, -ghi]〕1 並外

れた創造力を持つ人 2 (古代ギリシャで奴隷に対して)自由職人 3 (プラトン哲学の)世界形成者, デミウルゴス; (グノーシス派哲学の)創造神
demmo dare の直・遠過・1 複
demo- 接頭「民衆(の)」「大衆(の)」「民主的」の意
democraticamente 副 民主的に
democraticità 囡 民主的なこと
democratico 围〔複[男 -ci]〕1 民主主義の, 民主的な; 民主主義者の, 民主党員の 2 平等な取り扱いをする 3 大衆的な, 庶民の ―男〔複[-ci]囡[-a]〕1 民主主義者 2 民主党員 3 人を同等に扱う人
democratismo 男 1 民主主義(制度) 2〔蔑〕見せかけの民主主義の政治姿勢
democratizzare 他 民主化する, 民主的にする ―**arsi** 再 民主化する
democratizzazione 囡 民主化
democrazia 囡 1 デモクラシー, 民主政治, 民主政体, 民主主義 ―democrazia diretta [indiretta] 直接[間接]民主主義 / Democrazia Cristiana キリスト教民主党 2 民主主義国, 民主国家 3 人を平等に扱うこと
democristiano 围 キリスト教民主党(員)の ―男〔囡[-a]〕キリスト教民主党員
Democrito 固名〔男〕 デモクリトス(前460頃-370頃; 古代ギリシャの哲学者)
demografia 囡 人口統計学
demografico 围〔複[男 -ci]〕1 人口統計学の 2 人口の
demolire 他〔io -isco〕1 (建築物を)取り壊す, 破壊する 2 (一部を再利用しながら)取り壊す, 解体する 3 (敵対者の権威を)失墜させる, 立場を突き崩す 4 (理論や意見を)打破する
demolitivo 围 破壊[解体]の; (敵などを)撲滅する, 打破する
demolitore 围〔囡[-trice]〕1 破壊用の, 取り壊しの 2 (自動車などの)解体の ―男〔囡[-trice]〕破壊者, 解体者
demolitorio 围 破壊的な
demolizione 囡 1 破壊, 取り壊し, 解体 2 (理論の)打破, 粉砕
demone 男 1 悪魔, サタン 2 (古代多神教で人と神の間にある)精霊, 悪霊 3 (魂を苦しめる)激情
demoniaco 围〔複[男 -ci]〕1 悪魔[悪霊]の, 悪魔のような 2 邪悪な, 凶暴な
demonico 围〔複[男 -ci]〕悪魔[悪霊]の ―男〔複[-ci]〕悪魔, 悪霊; 精霊; 悪魔に取りつかれている人
demonio 男 1 悪魔, 魔王, 魔神, サタン; (D-)ルシファー(Lucifero) 2 極悪人, 残酷な人 3 やり手, 凄腕(ごうわん) 4 腕[女]たらし 5 短気な人, 苛立った人 6 腕白坊主, おてんば
demonizzante 围 不吉な, 忌まわしい
demonizzare 他 1 (偏見や先入観から)悪魔だと決めつける, 悪魔呼ばわりする 2

不吉なものと見なす

demonizzazione 女 悪魔呼ばわり

demoralizzante 形 落胆させる, がっかりさせる

demoralizzare 他 がっかりさせる, 士気を挫く; 気を損なう **—arsi** 再 落胆する, 意気消沈する

demoralizzato 形 意気消沈した, 挫けた **—**男〔女[-a]〕落胆した人, 元気のない人

demoralizzatore 形〔女[-trice]〕意気消沈させる **—**男〔女[-trice]〕意気消沈させる人

demoralizzazione 女 落胆, 意気消沈

demordere [66] 自〔過分 demorso〕〔特に否定文で〕断念する, 屈服する, 譲歩する

demorse demordere の直・遠過・3単

demoscopia 女 世論調査

Demostene 固名〔男〕デモステネス(前384-322; アテネの政治家)

demotivare 他 やる気をなくさせる **—arsi** 再 やる気をなくす

demotivato やる気のうせた

demuscazione 女 ハエの駆除

den. denaro お金の

***denaro** [デナーロ] 男 1 お金, 貨幣 —avere molto [poco] *denaro* 金持ち[貧乏]である / buttare il *denaro* 浪費する 2〔複数で〕貨幣(トランプやタロットなどの4種類のカードの一つ) 3〔単数のみ〕(株式の)指値(ねね), 付け値 4〔織〕デニール(糸や繊維の太さの単位) 5 デナリウス(古代ローマの銀貨)

denatalità 女 出生率の低下

denaturare 他 1 特性を奪う, 変質させる 2〔化〕変性させる

denaturato 形 変質[変性]した

dendrite[1] 女〔鉱〕模樹石, しのぶ石

dendrite[2] 女〔生物〕神経細胞の樹状突起

dendritico 形〔複男 -ci〕〔鉱〕樹枝状の;〔生物〕樹状突起の

dendro-, -dendro 接頭,接尾「樹木」「樹木のような」の意

dendrologia 女 樹木学

denigrare 他 名誉を傷つける, 貶(おとし)める **—arsi** 再 信用[評判]を落とす, 自分を貶める; けなし合う

denigratore 形〔女[-trice]〕(名誉を)傷つける, けなす **—**男〔女[-trice]〕中傷する人, 侮辱する人

denigratorio 形 中傷的な, 名誉毀損の

denigrazione 女 中傷, 名誉毀損

denocciolare 他〔io denocciolo〕(果物の)種[芯]を取る

denominabile 形 命名しうる

denominale 形〔言〕名詞から派生した **—**男〔言〕名詞から派生した動詞 (verbo denominale)

denominare 他〔io denomino〕名

づける, 命名する, 称する **—arsi** 再 …と称される

denominativo 形 名を示す, 名称的な **—**男〔言〕名詞から派生した動詞 (verbo denominativo)

denominatore 男 1 共通の特徴 —*denominatore* comune 共通点 2〔数〕分母

denominazione 女 命名, 名称, (特別な)呼称 —*Denominazione* di Origine Controllata (DOC) (ワインの)統制原産地呼称 / *Denominazione* di Origine Controllata e Garantita (DOCG) (ワインの)統制保証原産地呼称

denotabile 形 表示されうる, 指示的な

denotare 他 示す, …のしるしである

denotazione 女 1 表示, しるし 2 (言葉の文字通りの)意味 3〔論〕外延

densità 女 密度, 密集, 濃さ —*densità* di popolazione 人口密度

denso 1 濃い; 密な; 密度の高い 2 《di》…で満ちた, ぎっしり詰まった, 一杯の

dentale 形 1〔解〕歯の 2〔言〕歯音の

dentare → dentellare

dentario 形 歯の

dentaruolo 男 (乳幼児の)歯固め, おしゃぶり

dentata 女 1 (歯で)噛むこと 2 歯で噛まれた痕, 歯形

dentato 形 歯のある; 歯状突起の

dentatura 女 1 歯並び 2〔機〕(歯車の)歯;(歯車の)噛み合わせ

***dente** [デンテ] 男 1 歯 —*dente* canino [incisivo, molare, premolare] 犬[門, 臼, 小臼]歯 / *dente* del giudizio 親知らず / *dente* di [da] latte 乳歯 / *dente* permanente 永久歯 / *dente* anteriore [posteriore] 前[奥]歯 / *denti* superiori [inferiori] 上歯[下歯] / *denti* artificiali 義歯, 入れ歯 / *denti* cariati 虫歯 / *denti* di leone タンポポ / estrarre un *dente* 歯を抜く 2 歯状のもの —i *denti* del pettine 櫛(くし)の歯 / i *denti* della sega のこぎりの歯 3 (岩などの)とがった突出部, 孤峰 4〔植〕歯状突起 ▶ **a denti asciutti** 食べずにいる; がっかりする, 当てがはずれる **a denti stretti** いやいやがら; 勇敢に **al dente** 歯ごたえのある **armato fino ai denti** 完全武装して **avere il dente avvelenato** 恨み[悪意]を抱く **battere i denti** (寒さや恐怖で)歯をがちがち鳴らす **mettere... sotto i denti** (物)を食べる **mostrare i denti** 脅す, 威嚇する **parlare fra i denti** ぶつぶつ[もぐもぐ]言う **parlare fuori dai denti** 率直に話す **stringere i denti** 力を出す, 頑張る

dentellare 他 ぎざぎざをつける, 刻み目をつける **—arsi** 再 刃がこぼれる

dentellato 形 ぎざぎざになった, 刻み目のついた

dentellatura 女 ぎざぎざをつけること,

dentelle 女 〖不変〗〔仏〕レース
dentello¹ 男 1 (葉などの)ぎざぎざ, 小突起 2 〖建〗歯飾り
dentello² 男 → dentelle
denti- 接頭 「歯(の)」「歯のような」の意
dentice 男 〔魚〕タイ, ヨーロッパキダイ; 高級魚
dentiera 女 1 入れ歯, 義歯 2 〖機〗ラック, 歯ざお, 歯板
dentifricio 男 歯磨き粉, 練り歯磨き, 口腔洗浄液 —pasta *dentifricia* 練り歯磨き
dentina 女 〔解〕(歯の)象牙質
dentista 男女 〖複 -i〗歯科医
dentistico 形 〖複〖男 -ci〗〗歯科医の
dentizione 女 歯の発生, 歯生, 歯牙発生
dento- → denti-
*__dentro__ [デントロ] 副 1 内側に, 内部に, 中で —guardare *dentro* 中を見る 2 屋内で, 室内で —Fa freddo fuori, conviene stare *dentro*. 外は寒いから中にいるほうがいい. 3 心の奥底で, 内心で, ひそかに —Sembrava calmo, ma *dentro* tremava. 彼は落ち着いているように見えたが, 内心びくびくしていた. 4 《口》監獄に —essere [finire, mettere] *dentro* 入獄する ━前 …の中に, 内[側]に〖人称代名詞には di を添えて〗 —*dentro* (la) casa 家の中で / *dentro* di me [te] 私[君]の心の中で / darci *dentro* 没頭する, 専念する; 言い当てる ━男〖単数のみ〗内部, 内側
dentuto 形 《諧》(人・動物が)大きな歯を持った
denuclearizzare 他 核兵器を取り除く —**arsi** 再 非核化する
denuclearizzazione 女 非核化
denudamento 男 〔地質〕削剥, 侵食
denudare 他 1 (衣類などを)脱がせる, 裸にする 2 (財産などを)奪い取る; (余計なものを)取り除く 3 〔地質〕岩石を削剥する —**arsi** 再 (衣類などを)脱ぐ, 裸になる
denuncia 女 〖複 [-ce]〗 1 申告, 届け出 2 告発, 告訴 3 廃棄通告
*__denunciare__ [デヌンチャーレ] 他 [io denuncio] 1 申告する —*denunciare* il proprio reddito 自分の所得を申告する 2 告発[告訴]する —*denunciare*... per furto 窃盗罪で(人)を告発する 3 破棄する —*denunciare* un patto 条約の破棄を通告する —**arsi** 再 (罪を)自白する, 申し出る
denunciatore 男〖女[-trice]〗 1 通知者, 通報者 2 告発人, 告訴人; 密告者 ━形〖女[-trice]〗通知する, 告発する
denunzia → denuncia
denunziare → denunciare
denunziatore → denunciatore
denutrito 形 十分に栄養を与えない, 栄養不良の
denutrizione 女 栄養不良[失調]
deodara 女 〔植〕ヒマラヤスギ
deodorante 形 脱臭の ━男 脱臭剤, 防臭剤; デオドラント
deodorare 他 悪臭を除去する —**arsi** 再 (自分の体の)悪臭を消す; 悪臭が消える
deodorazione 女 脱臭, 防臭
Deo gratias 慣〔ラ〕神に感謝を(典礼の定型表現)
deontologia 女 1 職業倫理 2 〔哲〕(ベンサムの)義務論
deontologico 形 〖複〖男 -ci〗〗 1 職業倫理の 2 〔哲〕義務論の
deospedalizzare 他 (これ以上)入院加療をしない, 入院を強いない
deospedalizzazione 女 1 (これ以上)入院加療をしないこと 2 (特に精神病院を)転用すること
deossiribonucleico → desossiribonucleico
deostruire 他 〖io -isco〗 1 障害物を取り除く 2 〔医〕閉塞を取り除く
depauperamento 男 貧弱, 疲弊, 貧乏
depauperare 他 〖io depaupero〗貧弱にする, 疲弊させる —**arsi** 再 貧乏になる, 衰える
depauperato 形 1 貧窮した, 疲弊した 2 (植物が)発育不全の
dépendance 女 〖不変〗〔仏〕(別荘・ホテルの)別館, 離れ
depennare 他 1 ペン[横線]で消す 2 除外する, 排除する
deperibile 形 腐りやすい, 傷みやすい
deperibilità 女 腐りやすいこと, 変質しやすいこと
deperimento 男 衰え, 消耗; (食品などの)腐敗
deperire 自 [es] 〖io -isco〗 1 (病気で)衰える 2 (物が)腐る, 傷む
deperito 形 傷んだ, 衰弱した
depilante → depilatorio
depilare 他 1 毛を抜く, 脱毛する 2 (製革の前に)毛を抜く —**arsi** 再 (自分の)毛を抜く
depilatore 男 1 電気脱毛器 2〖女[-trice]〗(製革の前に)毛を抜く人 ━形〖女[-trice]〗脱毛の
depilatorio 形 脱毛(用)の ━男 脱毛剤
depilazione 女 脱毛, 除毛
depistaggio 男 1 (偽の情報で)判断を誤らせること 2 〔医〕検診
*__depistare__ 他 1 (偽の情報で)判断を誤らせる 2 〔医〕検診を受けさせる
de plano 慣〔ラ・法〕明らかに, 自明の権利によって; 議論なしに, 略式に
dépliant 男〖不変〗〔仏〕(折り畳みの)パンフレット
deplorabile 形 非難に値する, 責任がある; 恥ずべき
deplorare 他 1 非難する, 咎(とが)める

deploratore 2 同情する; 嘆く

deplorare 他〔女[-trice]〕1 非難する, 咎(とが)める 2 同情の, 悲しみの ― 男〔女[-trice]〕1 非難する人, 咎める人 2 同情する; 悲しむ人

deploratoria 女 非難演説

deplorazione 女 非難, 咎(とが)め

deplorevole 形 1 非難に値する, 責任がある 2 悲しむべき, 哀れむべき

deponente 形 1 降ろす; 諦める 2〔言〕形式所相(ラテン語で受動の形態であるが能動の意味を表す) ―男〔言〕異態動詞, 形式所相動詞

deporre [79] 他〔過分 deposto〕1 下に置く, 下ろす 2(卵)を産み落とす 3 解任する, 解く 4 放棄する, 捨てる ―自 証言する; 立証する

deportare 他 流刑に処す, (囚人を)遠隔地へ移送する

deportato 形 流刑になった ―男〔女[-a]〕流刑囚

deportazione 女 流刑, 囚人を隔離地へ移送すること

deporto 男〔金融〕引渡延滞金, 繰り延べ料

depose deporre の直・遠過・3単

depositante 形 預ける; 提出する ―男女 預金者, 供託者

depositare 他〔io deposito〕1 預ける, 委ねる ―depositare denaro in banca 銀行に金を預ける 2 下ろす, 下に置く 3〔目的語をとらずに〕沈殿させる ―arsi 再 沈殿する, 堆積する

depositario 預かる, 受託する ―男〔女[-a]〕1 受託者, 預かり人, 保管者 2 知識の豊富な人, 秘密を守る人, 伝統を保護する人

depositato 形 1 預けられた 2(商標が)登録(登記)された

depositeria 女 保管所

deposito 男 1 預金 ―deposito cauzione 保証金, 敷金 2 倉庫, 保管所 ―deposito bagagli 手荷物預かり所 3(バスや電車の)車庫 4 沈殿物

deposizione 女 1 下ろすこと 2 免職, 解任, 廃位 3 キリスト降架(図) 4 沈殿, 堆積 5〔法〕宣誓証言

deposto deporre の過分

depotenziamento 男 (力・強さが)弱まること

depotenziare 他〔io depotenzio〕(力・強さを)弱める, 減じる ―arsi 再 弱くなる, 衰える

depravare 他 堕落させる, 腐敗させる, 悪くする

depravato 形 堕落した, 腐敗した ―男 堕落した人, 悪癖[悪習]を持った人

depravatore 男〔女[-trice]〕悪化[堕落]させる人, 買収する人

depravazione 女 堕落, 不道徳, 卑しさ

deprecabile 形 1 非難されるべき, 責められるべき 2(災いを)避けたい, 遠ざけたい

deprecare 他 1 咎(とが)める, 非難する, 反対する 2 …のないように祈る ―arsi 再 (自分自身を)非難する

deprecativo 形 1 非難の, 反対の 2 嘆願の; 魔よけになる

deprecatorio 形 1 非難めいた, 不賛成の 2 嘆願するような

deprecazione 女 1 非難, 反対 2 嘆願, (災いがないようにという)祈り

depredabile 形 略奪されうる; 荒廃しうる

depredare 他 1 奪い去る, だまし取る 2 略奪する, 荒廃させる

depredatore 形〔女[-trice]〕奪い取る, 略奪する ―男〔女[-trice]〕略奪者, 荒らす人

depredazione 女 略奪, 強奪

depresse deprimere の直・遠過・3単

depressione 女 1〔地理〕沈下, 下降, 陥没 2 意気消沈, スランプ; 鬱の状態 3 不景気, 不況 4 低気圧

depressivo 形 1 下降させる, 衰弱させる 2〔心〕抑鬱性の 3〔経〕不況を引き起こす

depresso 形〔過分 < deprimere〕1 薄い, 扁(ひら)平な, 平らな 2(地面の)沈下[陥没]した 3 意気消沈した, 落ち込んだ 4 不景気な, 不況の 5〔医〕鬱病の ―男〔女[-a]〕〔医〕鬱病患者

deprezzamento 男 1 価格[価値]の低下 2 軽視

deprezzare 他 1 価格[価値]を下げる 2 見くびる, 軽視する ―arsi 再 価格[価値]が下がる

deprimente 形 1 意気消沈させる, 気を減入らせる 2〔薬〕鎮静効果のある ―男 鎮静剤

deprimere [20] 他〔過分 depresso〕1 緩める, 弱らせる, 鈍らせる 2 消耗させる, 疲弊させる ―Il caldo mi deprime. 私は暑さに参っている。3 意気消沈させる; 挫けさせる ―La notizia lo ha depresso. その知らせに彼は落胆した。4 押し下げる, 低下させる ―ersi 再 1 がっかりする, 落胆する 2 低下する

deprimibile 形 1 低下させうる 2〔心〕抑鬱状態の

de profundis 慣〔男〕1〔ラ〕深き底より(詩篇130の冒頭)2 破滅をもたらす意見[原因]

depurabile 形 浄化しうる, 精製できる

depurare 他 1 浄化する, 精製する 2 (言葉を)純化する, 洗練する ―arsi 再 清浄になる, 純化する

depurativo 形 浄化作用のある ―男 浄化剤

depuratore 形〔女[-trice]〕浄化する, 純化する ―男 浄化器[装置]

depuratorio 形 浄化[純化]するための

depurazione 女 浄化, 純化, 精製

deputare 他〔io deputo〕1 …に代理を命じる, 代理者にする 2(物を)…に使う[充当する]

deputato 男 代議士; 国会議員

dequalificare 他 [io dequalifico] (格・地位を)下げる **—arsi** 再 (格・地位が)下がる

dequalificato 形 (格・地位の)下がった

dequalificazione 女 降格; 不適任

déraciné 形 [不変] [仏] (国・環境・異文化に)適応できなかった; 文化的伝統を欠いた **—**男 [不変] (国・環境・異文化に)適応できなかった人, 根無し草

deragliamento 男 脱線

deragliare 自 [稀に es] [io deraglio] 脱線する

derapare 自 1 (車がカーブで)横滑りする, スリップする 2 (飛行機が旋回で)外滑りする 3 (スキーで)横滑りする

derattizzante 形 ネズミ駆除の **—**男 ネズミ駆除剤

derattizzare 他 ネズミを駆除する

derattizzatore 男 [女[-trice]] ネズミ駆除係[業者]

derattizzazione 女 ネズミ駆除

derby 男 [不変] 1 [英]ダービー競馬 2 [スポ]ダービー(同一市域[区域]内の試合)

deregolamentare 他 (法律や規制を)廃止[緩和]する

deregolamentazione 女 (法律や規制の)廃止, 緩和

derelitto 形 (誰からも)見放された, 孤独な **—**男 [女[-a]] (誰からも)見放された人, 孤独な人

deresponsabilizzare 他 責任を免除する **—arsi** 再 責任を取らない

deresponsabilizzazione 女 責任を免除すること

deretano 男 《諧》尻

deridere [89] 他 [過分 deriso] あざ笑う, 馬鹿にする

derise deridere の直・遠過・3 単

derisione 女 嘲笑, あざけり

deriso 形 [過分 < deridere] 嘲笑された, 馬鹿にされた

derisore 形 嘲笑の, あざけりの **—**男 [女[《稀》-a]] あざける[侮る]人

derisorio 形 嘲笑的な, 馬鹿にした

deriva 女 1 (水流・風に)流されること, 漂流 **—alla** *deriva* (何かの)なすがままに 2 [船]竜骨 3 [空]垂直安定板(piano di deriva)

derivabile 形 導き出せる, 推論できる

derivabilità 女 引き出せること, 推論できること

derivante 形 由来する, 派生的な

derivare 自 [es] [da] 1 …に源を発する, 由来する; 派生する 2 系統を引く, …の血統[出自]である 3 (結果として)生じる, 起こる **—**他 1 (水の流れを)変える, そらす 2 推定する, 引き出す, 演繹(えんえき)する

derivato 男 1 副産物 **—i** *derivati* del petrolio 石油の副生産物 2 [言]派生語 3 [化]誘導体

derivatore 形 [女[-trice]] [電]分路を作る **—**男 [電]分路, 分流器

derivazione 女 1 引き出す[引き出される]こと 2 由来, 起源 3 [言]派生 4 [電]分流, 岐路 5 [数]微分

derma 男 [医][解]真皮

derma-, -derma 接頭, 接尾 「皮」「皮膚」の意

dermatite 女 [医]皮膚炎

dermato- 接頭 「皮の」「皮膚の」の意

dermatologia 女 皮膚科学

dermatologo 男 [複[-gi]女[-a]] 皮膚科医, 皮膚病学者

dermatosi 女 [不変] [医]皮膚病

dermeste 男 [虫]オビカツオブシムシ

-dermia 接尾 「皮膚」「皮膚の」の意

dermico 形 [複[男 -ci]] 真皮の

dermo-, -dermo 接頭, 接尾 「皮膚」「皮膚の」の意

dermoprotettivo 形 (化粧品が)皮膚を保護する **—**男 皮膚保護の化粧品

dermosifilopatia 女 皮膚性病学

derno 副 [次の成句で] ▶ *in derno* [船]遭難信号の

dero-, -dero 接頭, 接尾 「首(の)」「うなじ(の)」の意

deroga 女 違反, 逸脱; 例外, 部分廃止

derogare 自 [io derogo] 1 (規定や用法に)違反する, 逸脱する 2 (倫理や道徳に)背く 3 [法] (立法上の措置で)例外を設ける, 部分廃止する

derrata 女 [複多で]農産物

derubare 他 奪う **—***derubare A di B* A(人)から B(物)を盗む

derubato 形 盗難[詐欺]に遭った **—**男 [女[-a]] 盗難[詐欺]に遭った人

deruralizzazione 女 田舎の放棄, 田舎からの脱出

De Sabata 固名(男) (Victor ~)デ・サーバタ(1892-1967; トリエステ出身の作曲家・指揮者)

desacralizzare 他 神聖さを奪う, 俗化する **—arsi** 再 神聖さを失う, 俗化する

desacralizzazione 女 神聖さを奪うこと, 俗化すること

desalare → dissalare

desalatore → dissalatore

desalazione → dissalazione

desalinizzare → dissalare

desalinizzazione → dissalazione

De Sanctis 固名(男) (Francesco ~)デ・サンクティス(1817-83; イタリアの文芸評論家・言語学者・文学者)

desco 男 [複[-chi]] 食卓 **—**stare a *desco* (会食者と)食事する

descolarizzazione 女 学校を廃止すること, 就学の制限

descrisse descrivere の直・遠過・3 単

descrittivo 形 記述的な, 説明的な

descrittore 形 [女[-trice]] 記述の, 記述者の **—**男 [女[-trice]] 記述者,

描写する人

***descrivere** [デスクリーヴェレ] [103] 他〔過分 descritto〕**1** 描写する；叙述［記述］する **2**（線を引く，（図を）描く **—ersi** 再（自分の特徴を）述べる

descrivibile 形 記述［描写］できる

descrizione 女 **1** 描写；叙述，記述 **2** 明細［書］，仕様書，内訳

desegregazione 女（人種隔離などの）撤廃［廃止］

desensibilizzare 他 感度を減じる，鈍感にする，無感覚にする **—arsi** 再 感覚が鈍る，無感覚になる

desertico 形〔複［男 -ci]〕砂漠の，不毛の

deserticolo 形（植物や動物が）砂漠で生育する

desertificazione 女 砂漠化

***deserto** [デゼルト] 形 **1** 無人の，人けのない **2** 未開墾の，荒れ地の **—** 男 **1** 砂漠，荒野 **2** 無人の［人の住まない］場所

déshabillé 男〔不変〕〔仏〕(女性用の)しゃれた)部屋着，ナイトガウン

De Sica 固名(男) (Vittorio ~)デ・シーカ(1901-74; イタリアの映画監督)

desiderabile 形 望ましい，憧れの

desiderabilità 女 望まれること，好ましいこと

desiderare** [デスィデラーレ，デズィデラーレ] 他 (io desidero) **1** 欲する，強く望む，願う **—desiderare* il successo 成功を望む **2**〔不定詞とともに〕…したいと思う **—***Desidero* vederti presto! 早く君に会いたい．**3**〔丁寧な表現で〕…を望む **—***Desidera?* いらっしゃいませ．/ *Desidera* qualcosa da bere? 何かお飲み物はいかがですか？ **3** 要求する，必要とする **—**Ti *desiderano* al telefono. 君に電話がかかっている． ▶ *lasciar a desiderare* 不備がある，満足のいかない

Desiderata 固名〔女性名〕デスィデラータ，デズィデラータ

desiderata 男複〔ラ〕必要とされるもの，欲しいもの

desiderato 形 待ち望んだ，切望の

Desiderio 固名〔男性名〕デジデーリオ，デシデーリオ

***desiderio** [デスィデーリオ，デズィデーリオ] 男 **1** 願望，欲望，欲求 **—**avere *desiderio* di cibo [acqua] 食べ物［水］を望む **2** 要望，要求 **—**Il suo unico *desiderio* sono i soldi. 金が彼の唯一の望みだ．**3** 熱望，渇望 **4** 情欲，欲情，性欲 **5** 喪失〔欠乏〕感，必要；郷愁，懐かしさ，愛惜

desideroso 形 **1** 熱望［切望］している **2**〔副詞的〕望んで，欲しがって

designabile 形 指名［任命］しうる；明示［指示］しうる

designare 他 **1** 指名［任命］する **2** 明示［指示］する **3** 定義する，明確にする **—arsi** 再（自分を）指名［任命］する

designato 形 指名［任命］された **—** 男〔女[-a]〕指名［任命］された人

designazione 女 指名，任命；明示，指示；定義

desinare 男〔トスカーナ〕正餐（えん），昼食 **—** 自〔トスカーナ〕正餐［昼食］をとる

desinenza 女〔言〕屈折［活用］語尾

desistenza 女〔法〕犯罪行為の中断［未遂］

desistere [12] 自〔過分 desistito〕(da) **1** やめる，断念する **2**〔法〕訴訟を取り下げる

desolante 形 **1** がっかりさせる，落胆させる；苦しめる，悩ます **2** みすぼらしい，惨めな；不愉快な，耐え難い

desolare 他 悲しませる；困らせる **—arsi** 再 深く悲しむ，落胆する

desolato 形 **1** 悲嘆にくれた **2** 荒れ果てた **3** とても残念な

desolazione 女 **1** 荒廃，荒涼 **2** わびしさ，寂しさ，寂寥（じゃく）感 **3** 悲嘆，悲哀，悲痛 **—**Niente cancella la sua *desolazione*. 彼の悲しみは何によってもぬぐえない．

desolforare 他〔io desolforo〕〔化〕硫黄分を取り除く，脱硫する

desolforazione 女〔化〕脱硫

desonorizzazione 女〔言〕無声化

desossiribonucleico 形〔複［男 -ci]〕〔次の成句で〕▶ *acido desossiribonucleico*〔生化〕デオキシリボ核酸(略 DNA)

desovranizzare 他 主権を剝奪する

despota 男〔複[-i]〕**1** 専制君主；暴君 **2** 横暴な人間 **3**（古代ギリシャの）家長；君主(ビザンツ帝国の皇帝の近親者に与えられた称号)

desquamare 他（表皮を）剝がす，剝離する **—arsi** 再（表皮が）剝がれる，剝離する

desse dare の接・半過・3 単

dessero dare の接・半過・3 複

dessert 男〔不変〕〔仏〕デザート

dessi dare の接・半過・1 単，2 単

dessiografia 女 左から右へ書く方式

destabilizzante 形 秩序を乱す

destabilizzare 他 不安定にする，混乱させる **—arsi** 再 不安定になる

destabilizzatore 形〔女[-trice]〕秩序を乱す，不安定にする **—** 男〔女[-trice]〕秩序を乱す人

destabilizzazione 女 不安定にすること，秩序を乱すこと；政治的安定を転覆［破壊］すること

destare 他 **1** 目を覚まさせる **2**（無気力・怠惰に）生気を与える，かき立てる，揺り動かす **3** 呼び起こす，喚起する **—arsi** 再 **1** 目覚める **2**（無気力・怠惰から）蘇（^{よみがえ}）る，覚醒する **3** 湧き上がる，生まれる

deste dare の直・遠過・2 複；接・半過・2 複

desti dare の直・遠過・2 単

destinabile 形（人が）指名されうる，（物がある用途に）充てられうる

***destinare** [デスティナーレ] 他 **1**（仕事や任務を）割り当てる，割り振る **2**（ある用

途)に充てる, とっておく **3** (郵便物などを)宛てる **4** (人に)話しかける **5** 運命づける, …の運命にある

destinatario 男〔女[-a]〕**1** 受取人, 名宛て人, 受信人; 受託者, 荷受人 **2** 〔言〕聞き手

destinato 形 **1** 定められた, 運命づけられた, 割り当てられた **2** (役割や任務を)引き受けた, 任された **3** 不可避の, 必然の

destinazione 女 **1** 目的, 用途 **2** 赴任地 **3** (旅行の)目的地, 行き先; (手紙・荷物などの)宛て先

*__destino__ [デスティーノ] 男 **1** 運命, 宿命, 神意, 巡り合わせ —rassegnarsi al *destino* 運命を甘受する **2** 《複数で》未来, 将来 —sognare *destini* di gloria 輝かしい未来を夢見る

destituire 他 〔io -isco〕解任[罷免]する

destituzione 女 解任, 罷免, 免職

destoricizzare 他 歴史的背景を離れて分析[研究]する

destr 間〔号令〕右へ, 右へ倣え, 右向け右

*__destra__ [デストラ] 女 **1** 右手 —scrivere con la *destra* 右手で書く **2** 右, 右側, 右方 —voltare [girare] a *destra* 右折する / tenere la *destra* 右側通行する **3** 〔政〕右派, 右翼, 保守派 **4** 〔紋〕(盾の)向かって左側の部分

destreggiamento 男 手際, やりくり

destreggiarsi 再〔io mi destreggio〕何とかする, 切り抜ける

destreggiatore 形〔女[-trice]〕巧みに処理する[切り抜ける] —男〔女[-trice]〕巧みに処理する人

destrezza 女 機敏さ, 器用さ, 手際のよさ

destrimano 形 右利きの —男 右利きの人

destrismo 男 **1** (生まれつきの手足の)右優位 **2** 〔政〕右傾, 保守的傾向

destro 形 **1** 右の, 右側の —la riva *destra* di un fiume 川の右岸 **2** 上手な, 器用な, 巧みな —*destro* di mano 手先の器用な —男 **1** 〔スポ〕(ボクシングの)右パンチ; (サッカーの)右足でのシュート **2** 好機, チャンス **3** 〔政〕右派の人

destroide 形 右派の, 保守の —男女 右翼, 保守派の人

destrorso 形 **1** 右回りの, 時計回りの **2** 《諧》(政治的に)右寄りの —男 **1** 右回り, 時計回り **2** 〔女[-a]〕《諧》(政治的に)右寄りの人

destrutturabile 形 (組織が)解体されうる

destrutturare 他 (組織を再編するために)解体する —**arsi** 再 (組織が)解体する

destrutturato 形 **1** 解体された **2** 一貫性のない, 筋の通らない **3** (肩に裏地や詰め物がない)上着

destrutturazione 女 (組織を再編するための)解体

desueto 形 **1** 廃れた, 時代遅れの **2** 〔法〕失効した

desumere [13] 他〔過分 desunto〕**1** 引き出す, 抜き取る **2** 推論[推定]する

desumibile 形 引き出しうる; 推論[推定]できる

desunse desumere の直・遠過・3 単

desunto 形〔過分 < desumere〕引き出された; 推定された

detassare 他 課税を廃止[免除]する

detassazione 女 課税廃止[免除]

detective 男女 〔不変〕〔英〕私立探偵; 刑事

detenere [118] 他 **1** 保持する, 保つ **2** 拘留する, 監禁する

detenne detenere の直・遠過・3 単

detentore 形〔女[-trice]〕保持[保有]した —男〔女[-trice]〕保有[所有]者

detenuto 形 拘留[拘束]された; 留置された —男〔女[-a]〕有罪の判決を受けた人, 受刑者, 囚人, 拘束された人

detenzione 女 **1** 保有, 所持 **2** 〔法〕拘留, 禁固, 収監

detergente 形 洗浄性の, (化粧を)落とす —男 (化粧落としの)洗浄剤; 洗剤

detergenza 女 **1** 洗浄性 **2** 〔総称的〕洗浄剤, 洗浄剤

detergere [45] 他〔過分 deterso〕**1** 洗浄する, 洗い落とす **2** (自分の体からよごれを)拭く, 拭う —**ersi** 再 洗う, 拭く

deteriorabile 形 傷みやすい, 悪化しやすい

deteriorabilità 女 傷みやすいこと, 変質しやすいこと

deterioramento 男 損壊, 損傷; 悪化, 劣化

deteriorare 他 **1** 壊す, 損なう, 傷つける **2** 悪化させる, 劣化させる —**arsi** 再 壊れる, 傷つく; 悪化する, 劣化する

deteriore 形 **1** より下の, より低い, 劣った **2** (写本などが)ほとんど[全く]価値がない

determinabile 形 決定[確定]できる, 限定できる

determinabilità 女 決定[確定]できること, 限定できること

determinante 形 決定的な, 最終的; 限定的な —男 **1** 〔数〕行列式 **2** 〔言〕限定詞

determinare 他 〔io determino〕**1** 決定する, 限定する, 確定する —L'assemblea ha *determinato* di riparare il tetto. 会議で屋根を修繕することに決まった。**2** 定める, 取り決める **3** (体系的に)分類する **4** 引き起こす, 原因となる —La crisi sta *determinando* un aumento della disoccupazione. 恐慌は失業の増加を招いている。**5** 決意[決心]させる, 仕向ける —Il maltempo mi ha *determinato* a rinviare la partenza. 私は悪天候で出発を延期した。**6** 決意[決心]する —Ha *determinato* di rivolgersi a un avvocato. 彼は弁護

determinatezza 女 1 決定, 確定 2 正確, 厳密

determinativo 形 〔言〕限定的な — articolo *determinativo* 定冠詞

determinato 形 1 決められた, 定められた 2 特別な, 特殊な 3 決然とした, 確固[断固]たる 4 〔言〕→ determinativo

determinazione 女 1 決定, 確定; 限定 2 決心, 決意, 決断

determinismo 男 〔哲〕決定論

determinista 男女 〔複[男 -i]〕〔哲〕決定論者

deterrente 形 (攻撃を)抑止する — 男 (核兵器などの)抑止力

deterrenza 女 (敵に対する)抑止力

deterse detergere の直・遠過・3 単

detersione 女 洗浄, 浄化

detersivo 形 洗浄性の — 男 洗剤, 洗浄剤

deterso 形 〔過分< detergere〕洗浄[浄化]された

detestabile 形 憎悪すべき, 忌まわしい, ひどく不愉快な

detestare 他 1 嫌悪する, ひどく嫌う 2 我慢できない, 容認できない —**arsi** 再 (自分を)嫌悪する; 憎み合う

detestato 形 憎まれた, 嫌われた

detonante 形 爆発[起爆]性の — 男 爆発物, 爆薬

detonare 自 (大音響とともに)爆発する

detonatore 男 起爆装置, 起爆剤, 雷管

detonazione 女 1 爆発 2 〔機〕(内燃機関の)異常燃焼, ノッキング

detraibile 形 控除しうる

detrarre [122] 他 〔過分 detratto〕 1 (一定額を総額から)差し引く, 控除する 2 中傷する, 名誉を傷つける —自 傷つける, 損なう

detrasse detrarre の直・遠過・3 単

detrattare 他 断る, 拒否する

detrattore 男〔女[-trice]〕中傷する人, 誹謗(ひぼう)者

detrazione 女 1 差し引き, 控除 2 中傷, 誹謗(ひぼう)

detrimento 男 損害, 損失, 損傷; 不都合, 不利益

detrito 男 1 破片; くず 2 〔地質〕岩屑(がんせつ) 3 落ちぶれた人, 廃残者

detronizzare 他 1 (王を)退位させる, 廃する 2 (権力や地位を)奪う, 取り上げる

detronizzazione 女 (王の)廃位; 権利剥奪

detta 〔次の成句で〕▶ *a detta di* (…の言うところ)によると

dettagliante 形 詳述された, 細部にわたる —男女 小売り商人

dettagliare 他 〔io dettaglio〕 1 詳述する, 細部にわたって述べる 2 小売りする

dettagliato 形 詳細な; 綿密な

dettaglio 男 細部, 細目, 詳細; クローズアップ ▶ *al dettaglio* 小売りで *in dettaglio* 詳細に, 綿密に

dettame 男 教え, 掟(おきて), 規則

dettare 他 1 書き取らせる, 口述する — *dettare* una lettera 手紙を口述する 2 押しつける, 負わせる, 命じる —Il vincitore *detta* le condizioni di pace. 勝者が講和の条件を決定する. 3 指示する, 示唆する, 勧める —Fai quello che ti *detta* la coscienza. 良心の命じるままに行動しろ. ▶ *dettare legge* 威張り散らす, 我が物顔に振る舞う

dettato 男 1 書き取り(テスト); 口述 2 指図, 命令; 助言, 勧め

dettatore 男〔女[-trice]〕 口述[口授]する人, 書き取らせる人

dettatura 女 口述, 口授, 書き取り

dette dare の直・遠過・3 単

detto 形 〔過分< dire〕 1 あだ名された, いわゆる —Michelangelo Merisi *detto* il Caravaggio ミケランジェロ・メリスィ, 通称カラヴァッジョ 2 上述の, 前記の 3 〔劇〕既に登場した — 男 1 格言, 箴(しん)言 2 冗談, しゃれ 3 意見, 言葉 4 神託, 神のお告げ 5 〔文〕寓話詩 ▶ *Come non detto.* 言わなかったことにします. *detto fatto* 言うやいなや

deturpamento 男 → deturpazione

deturpare 他 1 外観[美観]を損なう, 醜くする 2 堕落させる, けがす —**arsi** 再 醜くなる, 変形する

deturpato 形 損なわれた, 醜くなった

deturpatore 男〔女[-trice]〕(価値・名誉などを)けがす人

deturpazione 女 外観[美観]を損なうこと, 醜くする[なる]こと

Deucalione 固名(男) 〔ギ神〕デウカリオン(プロメテウスの息子. ギリシャ人の祖)

deumidificare 他 〔io deumidifico〕除湿する

deumidificatore 男 除湿器

deus ex machina 成句(男) 1 〔ラ〕(古代ギリシャ劇の)機械仕掛けの神 2 (思いがけない)結末 3 (入り組んだ状況を)解決する人[出来事]

deuteronomio 男〔単数のみ〕 (D-) (旧約聖書の)申命記

deva dovere の接・現・1 単[2 単, 3 単]

devalutazione 女 〔金融〕平価切り下げ

devastante 形 1 荒らす, 荒廃させる; 破壊的な 2 (心理的に)混乱させる, 当惑させる

devastare 他 1 (略奪しながら)荒らす, 荒廃させる; 破壊する 2 (外観を)損なう, 醜くする; 台無しにする

devastatore 形 〔女[-trice]〕 荒らす, 荒廃させる — 男〔女[-trice]〕破壊者, 略奪者

devastazione 女 破壊, 蹂躙(じゅうりん);

deve dovere の直・現・3 単
荒廃
devi dovere の直・現・2 単
deviabile 形 逸脱しうる
deviamento 男 それること, 逸脱, 脱線
deviante 形 1 (規範から) 外れた, 逸脱した 2 反社会的な特徴を示す, 社会不適応の
devianza 女 (社会規範からの) 逸脱, 社会不適応
deviare 自 [io devio] 1 (道や軌道・本題から) 外れる, 脱線する; 方向転換する 2 (規律などから) 逸脱する ― 他 1 方向転換させる, 迂(う)回させる 2 そらす, 転じる, 払いのける
deviato 形 逸脱した, それた; 脱線した
deviazione 女 1 外れること [それる]こと, 脱線; 迂(う)回(路), 進路変更 2 逸脱 3 〖医〗ずれ, 移動 ―*deviazione del setto nasale* 鼻中隔湾曲 3 〖物〗偏差 4 〖光〗(光線の)屈折 ― *deviazione magnetica* (船・空) (磁気による羅針盤の)自差 / *deviazione sessuale* 〖心〗性的倒錯 / *deviazione standard* 〖統〗標準偏差
devisc̀erare 他 [io deviscero] 内臓を抜く
de visu 副 [ラ] 自分の目で, じかに, みずから
devitalizzare 他 (治療のため神経などを) 抜く, 麻痺させる
devo dovere の直・現・1 単
devoluto devolvere の過分
devoluzione 女 〖法〗(財産・権利などの) 移転
devolvere [31] 他 [過分 devoluto] 1 〖法〗(財産・権利などを) 移転する 2 (他人の援助のために) 向ける [割り当てる] 3 下へ転がす
devono dovere の直・現・3 複
devoto 形 1 信心深い, 敬虔(けん)な 2 (a) …に献身的な, ひたむきな, 熱中している 3 忠実な, 誠実な ― 男 [女-a] 1 信者; 信心家 2 信頼 [信用] できる人, 信義にあつい人
devozionale 形 信仰を表す, 信心の
devozione 女 1 信心, 信仰心, 帰依, 敬虔(けん) 2 [複数で] 祈り, 祈禱(とう); 礼拝 3 献身 専念, 傾倒, 愛着 4 誠意, 情愛
dg 略 decigrammo デシグラム

***di¹** [ディ] 前 [定冠詞 il, i, lo, gli, la, le, l' と結びついて, del, dei, dello, degli, della, delle となる. 母音字で始まる語の前では d' とすることがある] 1 〖所有・所属〗…の ― *la casa di mio zio* 私の伯父 [叔父] の家 2 〖限定〗…の, …に対する ― *i fiori di ciliegio* 桜の花 / *un chilo di pasta* 1 キログラムのパスタ / *l'amore dei genitori per i figli* 両親が子供に注ぐ愛情 3 〖起点〗…から ― *uscire di casa* 家を出る 4 〖主題・話題〗…に関して ― *libro di grammatica* 文法書 / *parlare di sport* スポーツについて話す 5 〖素材・材質〗…製の ― *camicetta di seta* 絹のブラウス 6 〖出身・由来〗…の ― *essere di Firenze* フィレンツェ生まれである 7 〖原因〗…で, …によって ― *saltare di gioia* うれしさのあまり小躍りする / *morire di fame* 餓死する / *tremare di freddo* 寒さに震える 8 〖年齢〗…の ― *ragazza di diciott'anni* 18 歳の女の子 9 〖部分・数量〗…のうち, …の中で ― *molti di noi* 私たちの大半 10 〖時の限定〗継続期間 …に, …ごとに ― *di mattina* 午前中 / *d'inverno* 冬に 11 〖名称・呼称〗…の名を持つ ― *la città di Venezia* ヴェネツィア市 12 〖同格〗…という ― *il nome di Mario* マリオという名前 / *Che razza d'imbecille!* 何と馬鹿な奴だ. 13 〖手段・様態〗…で, …を使って ― *spalmare di marmellata* ジャムを塗る 14 〖性質・特質〗…を持つ [備えた], …のある ― *uomo d'ingegno* 才能豊かな人, 才人 15 〖目的〗…のための ― *cintura di sicurezza* 安全ベルト, シートベルト 16 〖やり方・方法〗…によって ― *camminare di fretta* 急ぎ足で歩く 17 〖賛否〗…だと ― *dire di sì [no]* はい [いいえ] と言う, 肯定 [否定] する 18 〖豊富・欠乏〗…の ― *essere pieno di guai* 厄介ごとだらけの / *oggetto di scarso valore* つまらないもの 19 〖比較で〗…より; 〖相対最上級で〗…の中で ― *Lui guadagna più di me.* 彼は僕より多く稼いでいる. / *Stasera c'è più gente di ieri sera.* 今夜は昨晩より人が多い. / *la torre più alta del mondo* 世界一高い塔 20 〖部分冠詞: 定冠詞と結合して del, dello, della, dell'+ 数えられない名詞, dei, degli, delle + 数えられる名詞〗いくらかの数 [量] の ― *mangiare del pane* パンを食べる / *C'erano dei bambini che piangevano.* 泣いている子が何人かいた. 21 〖副詞・前置詞とともに句を作る〗― *fuori di...* …の外に / *dopo [prima] di...* …の後 [前] に / *sopra [sotto] di...* …の上に [下に] / *verso di...* …の方に 22 〖不定詞とともに主観・客観・目的・結果を表す〗― *Credo di non sbagliare.* 私は間違っていないと思う. / *È degno di occupare quel posto.* 彼はあの地位にふさわしい. / *Gli ho consigliato di non farlo.* 私は彼にそれをしないように忠告した. ▶ *di città in città* 町から町へ

di² 女, 男 〖不変〗イタリア語アルファベットの D(d)

dì 男 〖文〗日, 日中, 一日; 昼の光; 燭光; [複数で] 時代 ― *Buon dì.* こんにちは, おはよう (Buon giorno).

di' dire の命・2 単

di-¹ 接頭 1 〖上から下への動き〗の意: digradare (次第に下がる) 2 〖否定〗の意: disperare (絶望する) 3 〖強調〗の意: diminuire (減らす) 4 名詞, 形容詞派生の動詞を作る: dimagrire (やせる), di-

di-¹ lungare(遠ざかる)《少数の語はde- に変わる: dependere (dipendere) (…による)》

di-² 接頭 「二の」「二重の」の意

dia dare の命·3 単; 接·現·1 単[2 単, 3 単]

DIA 略 Direzione Investigativa Antimafia マフィア取締調査局

dia- 接頭 「横切って」「によって」「相違」「分離」の意

diabete 男 [医]糖尿病

diabetico 形 [複[男 -ci]] [医]糖尿病の, 糖尿病を患った —男 [複[-ci]女[-a]] [医]糖尿病患者

diabolicità 女 悪魔的なこと, 邪悪なこと

diabolico 形 [複[男 -ci]] 1 悪魔の(ような), 魔性の 2 邪悪な, 悪意のある 3 [口]ひどい, ものすごい

diaconessa 女 → diacono

diacono 男 [女[-a, -essa]] [宗](カトリックの)助祭, (プロテスタントの)執事

diacritico 形 [複[男 -ci]] [言]区別を示す —男 [複[-ci]] 発音区別符(è, é, ò, ó などの‹ ゞ ›)

diacronia 女 [言]通時態; 通時的研究, 歴史的変化

diacronico 形 [複[男 -ci]] [言]通時的な

diade 女 1 [生化]二分染色体; 2 分子 2 [心]母と子の二者関係 3 二人[2個]一組

diadema 男 [複[-i]] 1 (宝石を配した女性用の)冠状頭飾り, ティアラ 2 (古代あるいは東方民族の)頭飾り, 王冠

diademato 形 1 頭飾りをつけた 2 [紋]光背[後光]を持った

diafano 形 1 透明な, 光を通す 2 (手や肌が)繊細で透き通るように白い 3 青白い, きゃしゃな

diafonia 女 1 [音](古代ギリシャの)不協和音, (中世の)オルガヌム(多声楽曲) 2 [電子]混信

diaforetico 形 [複[男 -ci]] [医]発汗性の —男 [複[-ci]] [医]発汗剤

diaframma 男 [複[-i]] 1 仕切る[隔てる]もの; 障害(物) 2 (避妊用の)ペッサリー 3 [解]横隔膜 4 [写]絞り 5 [化]隔壁 6 ダイヤフラム

diaframmare 他 仕切りを取り付ける —自 [写](絞りを)調整する

diagnosi 女 [不変] 1 [医]診断 2 (状況·問題などの)分析, 説明, 見解

diagnostica 女 [医]診断法, 診察術

diagnostico 形 [複[男 -ci]] 診断の —男 [複[-ci]女[-a]] 診断[専門]医

diagonale 形 1 [幾]対角線の 2 斜めの 3 [織]綾(ぁ)織りの 4 [スポ]クロスシュート[クロスパス]の —女 1 [織]綾織り 2 [スポ]クロスシュート, クロスパス

diagramma 男 [複[-i]] 図, 図表, 図式, グラフ

diagrammare 他 図表で表す

diagrammatico 形 [複[男 -ci]] 図表の

dialefe 女 [詩]母音分離(母音で終わる語と, 母音で始まる語との接続を避ける)

dial. 略 dialettale 方言の

dialettale 形 方言の, 方言的な, 方言で書かれた[発音された]

dialetteggiante 形 方言の特徴を示す

dialettalità 女 方言らしさ

dialettalizzare 他 方言の特徴[表現]を与える —arsi 再 方言の特徴を持つ

dialettica 女 1 [哲]弁証法; (中世の)論証学 2 巧みに論証する能力

dialettico 形 [複[男 -ci]] 1 弁証法の, 弁証法的な 2 説得力に富んだ —男 [複[-ci]女[-a]] 論証能力の優れた人

dialetto 男 方言, 地方なまり

dialettofono 形 方言使用者の —男 [女[-a]] 方言使用者

dialettologia 女 方言学

dialisi 女 [不変] 1 [化·物]透析 2 [医]血液透析

dializzare 他 透析する

dializzato 形 透析された —男 [女[-a]] 透析患者

dialogare 自 [io dialogo] 対話する; 意見を交わす —他 対話体で書く; 対話体にする

dialogato 形 対話体の —男 (映画·小説などの)対話の部分

dialogico 形 [複[男 -ci]] 対話(体)の

dialogizzare 他 対話体[会話体]にする —自 対話する

dialogo 男 [複[-ghi]] 1 対話, 会話, 話し合い, 意見の交換 2 [政]協議, 交渉 3 (小説や劇の)会話の部分, 台詞(ゼリフ) 4 [文]対話体の作品 5 [音]ディアログ(声楽·器楽曲などで対話的な構造を持つもの)

diamante 男 1 ダイヤモンド 2 ガラス切り 3 (野球の)ダイヤモンド, 野球場 4 [印](活字の)ダイヤモンド 5 [船]錨(ィカリ)頂

diamantifero 形 ダイヤモンドを含む

diamantino 形 1 ダイヤモンドの 2 純粋な, けがれない

diametrale 形 直径の

diametralmente 副 直径に沿って
▶ *diametralmente* opposto 正反対の; 相反する

diametro 男 [幾]直径

diamine 間 《驚き·苛立ち·怒りなどを表して》いまいましい, とんでもない, 冗談じゃない

diamo dare の直·現·1 複; 命·1 複; 接·現·1 複

Diana 固名(女) 1 [女性名]ディアーナ 2 [ロ神]ディアナ(月の女神, 狩りと女性の守護神でギリシャ神話のアルテミスに相当)
—Per *Diana* [Perdiana]! 何てこった.

diana 女 1 明けの明星 2 [軍]起床ラッパ[太鼓] 3 [海](4時から8時の)朝の見張り

dianoetico 形 [複[男 -ci]] [哲]理性的な, 理論的な

dianto 男 [植]ナデシコ属

diapason 男 [不変] 1 [音](古代ギリシャの)1オクターブ 2 [音]全音域 3 [音]音叉 4 最高潮, 頂点

diapositiva 女 [写]スライド

diaproiettore 男 スライド映写機[プロジェクター]

diaria 女 外勤手当, 日当

diario 男 1 日記帳 2 日記, 日誌 3 予定表, 計画表

diarrea 女 [医]下痢

diarroico 形 [複[男 -ci]] [医]下痢の

diascopio 男 [光]映写装置, ダイアスコープ

diaspora 女 (国外への)離散; バビロン捕囚後ユダヤ人が離散したこと

diasprino 形 碧玉(へきぎょく)の, 碧玉に似た

diaspro 男 [鉱]碧玉(へきぎょく), ジャスパー

diastasi[1] 女 [不変] [医]離開

diastasi[2] 女 [不変] [生化]ジアスターゼ(amilasi)

diastole 女 1 [生理]心臓拡張(期) 2 [詩](ギリシャ・ラテン詩で)短母音の長音化 3 [詩](イタリア詩で)アクセントの後方移動

diatesi 女 [不変] 1 [医](ある病気にかかりやすい)体質, 素質 2 [言]態

diatomea 女 (D-) [複数で] [植]珪藻(けいそう)類

diatonia 女 [音]全音階

diatonico 形 [複[男 -ci]] [音]全音階の

diatriba, diàtriba 女 1 論争, 激論, 言い争い 2 酷評, 激しい非難 3 (古代ギリシャ市民の)道徳論争

diavola 女 (次の成句で) ▶ *alla diavola* [料]トウガラシ入りのソースで調理した

diavolaccio 男 1 悪魔 2 鳥もちを塗った布を灯りにかぶせた, 夜鳥を捕える道具 —男 [女-a] お人好し; 不underline品

diavoleria 女 1 悪知恵, ずる賢さ 2 奇妙[風変わり]なもの 3 悪魔の所業

diavolessa 女 1 悪女, 毒婦 2 女の悪魔

diavoleto 男 大騒ぎ, 騒動

diavoletto 男 1 小悪魔 2 いたずらっ子 3 (髪の毛を巻く)カーラー 4 [物] *diavoletto di Cartesio* もぐり人形(デカルトが考案した水圧測定装置)

diavolino 男 1 小悪魔 2 いたずらっ子 3 (髪の毛を巻く)カーラー

diavolio 男 大騒ぎ, 大混乱

***diavolo** [ディアーヴォロ] 男 1 悪魔, 悪鬼, 悪霊; 望ましくない[ひどい]こと —*un freddo* [*caldo*] *del diavolo* たまらない寒さ[暑さ] 2 活発で[元気の]人, 落ち着きのない人 —*Quel ragazzo è un vero diavolo.* あの子は本当に腕白坊主だ。 *un buon* [*povero*] *diavolo* 温和な人, お人好し[かわいそうな奴, 哀れな人] 3 抜け目のない人, ずる賢い人, 悪党 4 [間投詞的に]驚き・苛立ち・怒りを表して] くそ, ちぇっ —*Al diavolo!* Lasciatemi in pace! うるさい, 一人にしておいてくれ。 5 [疑問詞を強調して; 単数のみ]一体全体 —*Chi diavolo credi di essere?* 一体何様だと思っているんだ。 ▶ *abitare* [*stare*] *a casa del diavolo* とても遠いところに住む *avere il diavolo in corpo* [*addosso*] 不安な, 落ち着かない, 興奮した *avere un diavolo per capello* 憤慨[激怒]している *fare il diavolo a quattro* 馬鹿騒ぎをする *mandare al diavolo* 破滅に追いやる, 乱暴に追い払う

dibattere 他 (詳細に)討議する —自 議論[討論]する —**ersi** 再 もがく, あがく

dibattimento 男 1 討論, 討議; 論争 2 [法]公判, 審理

dibattito 男 討論; 論争

dibattuto 形 1 論議をかもす, 論議の的の 2 優柔不断な, ためらった

diboscamento → disboscamento

diboscare → disboscare

dic. 略 dicembre 12月

dica dire の命・3単; 接・現・1単[2単, 3単]

dicastero 男 省庁

dicco 男 [複[-chi]] [地質]岩脈

dice dire の直・現・3単

***dicembre** [ディチェンブレ] 男 12月

dicembrino 形 12月の

dicendo dire のジェルンディオ

diceria 女 (根拠のない)噂話; 陰口

dicesse dire の接・半過・3単

dicesti dire の直・遠過・2単

diceva dire の直・半過・3単

dichiarante 形 表明する, 申し立てる —男女 申し立て人, 宣言者

***dichiarare** [ディキアラーレ] 他 1 表明 [明言]する, 明らかにする —*dichiarare il proprio amore* 愛を告白する 2 宣言する, 公言する, 公表する —*dichiarare guerra* 宣戦布告する / *dichiarare... colpevole* …を有罪だと宣告する 3 申告する, 届け出る —*dichiarare il proprio reddito al fisco* 所得税を申告する / *niente da dichiarare* (税関で)申告するものなし 4 (トランプで)切り札として宣言する —**arsi** 再 1 自分の意志[意見]を表明する —*dichiararsi contro* [*a favore di*]... (人・物)に反対[賛成]を表明する 2 (裁判で)申し立てする —*dichiararsi innocente* 無罪を主張する 3 愛を告白する

dichiarativo 形 1 説明する, 明らかにする 2 [法]確認の

dichiarato 形 明白な, あからさまな; 公表[公言]した

dichiarazione 女 1 表明, 明言 —*dichiarazione d'amore* 愛の告白 2 宣言, 公言, 公表, 声明, 布告 —*fare una dichiarazione* 声明を出す / *di-*

chiarazione di guerra 宣戦布告 **3** 〔法〕宣告; 陳述; 申告 **4**（トランプで）切り札として宣言すること

dici dire の直・現・2 単

diciannove 形〔基数〕〔不変〕19 の —男〔不変〕19

diciannovenne 形 19 歳の —男女 19 歳の人

diciannovesimo 形〔序数〕19 番目の; 19 分の 1 の —男 19 番目; 19 分の 1

diciassette 形〔基数〕〔不変〕17 の —男〔不変〕17

diciassettenne 形 17 歳の —男女 17 歳の人

diciassettesimo 形〔序数〕17 番目の; 17 分の 1 の —男 17 番目; 17 分の 1

dicibile 形 言い表せる, 言葉で表現できる

dicibilità 女 言い表せること, 言葉で表現できること

dicioccare 他〔トスカーナ〕（枝葉を）払う; 切り株を取り去る

diciottenne 形 18 歳の —男女 18 歳の人

diciottesimo 形〔序数〕 18 番目の; 18 分の 1 の —男 18 番目; 18 分の 1

diciotto 形〔基数〕〔不変〕18 の —男〔不変〕18

dicitore 男〔女 [-trice]〕朗詠者; 雄弁家

dicitura 女 **1** 注意書き, 題名, 見出し, 献辞 **2** 文体, 用語法, 表現形式

dico dire の直・現・1 単

dicono dire の直・現・3 複

dicotomia 女 **1** 二つに分かれること, 二分; 分裂 **2**〔論〕二分法 **3**〔生化〕二叉（さ）分枝 **4**〔天〕半月, 弦月

dicotomico 形〔複[男 -ci]〕二つに分かれた, 二分の

dicotomo 形 二つに分かれる

dicro- 連頭「二つに分かれる」の意

dicromatico 形〔複[男 -ci]〕2 色性の

dicrotismo 男〔医〕重脈拍

didascalia 女 （絵や写真の）短い説明, キャプション;（映画の）字幕, スーパー

didascalico 形〔複[男 -ci]〕**1** 教育に関する, 教訓的な **2** 学者ぶった, 説教的な

didattica 女 教授法, 教授学

didattico 形〔複[男 -ci]〕**1** 教育の, 教訓的な **2** 教育者らしい

didentro 副 内部に, 内側に —男〔不変〕内部, 内側 —形〔不変〕内部の, 内側の

didietro 副 後ろに, 裏に —男〔不変〕後ろ, 裏; 尻 —形〔不変〕後ろの, 裏の

Didone 固名〔女〕〔ギ神〕ディド, ディードー（フェニキアのティルスの王女. カルタゴを創設したという）

＊**dieci** [ディエーチ] 形〔基数〕〔不変〕10 の —男〔不変〕10 ▶ *per dieci* 非常に, 大いに, 大変 / fare [lavorare, mangiare] *per dieci* よくする［働く, 食べる］

diecimila 形〔基数〕〔不変〕1 万の —男〔不変〕1 万

diecina → decina

diede dare の直・遠過・3 単

diedro 男 **1**〔幾〕二面角 **2**〔空〕上半角 **3**〔登山〕交差した二つの岩壁

Diego 固名〔男性名〕ディエーゴ

dielettrico 形〔複[男 -ci]〕不伝導性の, 誘電性の —男〔複 [-ci]〕誘電体, 絶縁体

dieresi 女〔不変〕**1**〔言〕（音節の）分切（連続する母音を分けて発音すること） **2** 分音記号（ö の ¨ などの符号）

diesel 男〔不変〕〔英〕ディーゼルエンジン; ディーゼル車

dies irae 成句〔男〕〔ラ〕**1**〔宗〕怒りの日, 最後の審判の日 **2**《謔》（請求書の）支払日

diesis 男〔不変〕〔音〕嬰（えい）記号, シャープ（♯）

diessino 形 左翼民主党（Democratici di Sinistra 1998-2007）の —男〔女[-a]〕左翼民主党員［支持者］

dieta¹ 女 ダイエット, 減食, 節食 —essere a *dieta* per dimagrire やせるためにダイエットしている

dieta² 女 **1**（中世ゲルマン民族の）議会 **2**（神聖ローマ帝国の）帝国議会 **3** 会議, 集会

dietetica 女 食餌療法学

dietetico 形〔複[男 -ci]〕**1** 食餌（療法）の **2** 規定［特別］食の

dietim 副〔ラ〕日歩で —〔不変〕日歩

dietimo → dietim

dietista 男女〔複[男 -i]〕栄養士

dietologia 女 食餌療法学

dietologo 男〔複[-gi]女[-a]〕食餌療法の専門医

dietrismo 男（新聞雑誌で）政治事件の背後に陰謀や謀略があると見なす傾向

dietrista 男女〔複[男 -i]〕事件の裏を暴く —男女〔複[男 -i]〕事件の裏を暴く人

＊**dietro** [ディエートロ] 副 後ろに, 裏側に —Non guardare *dietro*. 後ろを見るな. / sedersi *dietro* (車の) 後部座席に座る —前 **1**…の後ろに[から]; 裏手に《人称代名詞に di を添えて》—*dietro di me* 私の後ろに / Sono corso *dietro* l'autobus, ma l'ho perso. バスを追いかけたが, 間に合わなかった. **2**〔時間・空間的に〕…の後に, 引き続いて, 次に **3** 知らせずに, 背後で —parlare male *dietro*... (人)の陰口を たたく **4** …に基づいて, …に従って —Ho agito *dietro* suo consiglio. 私は彼の助言どおりに行動した. —形〔不変〕後ろの, 後方の —la parte *dietro* 後ろ側, 裏側 —男〔不変〕後部, 後ろ側, 裏側 —il *dietro* della

dietrofront

camicia シャツの後ろ身頃 ▶ *correre dietro a...* …をすごく欲しがる［望む］ *dietro l'angolo* すぐ近くに *lasciarsi dietro...* …に勝る, (人)をしのぐ, 上回る *ridere dietro a...* …をからかう *stare dietro a...* …を見張る, 見守る *tenere dietro a...* …に追随する, ならう *uno dietro l'altro* 次々に, 続々と

dietrofront 間〔不変〕〔軍〕回れ右 ―男〔不変〕回れ右(の号令)

dietrologia 女 事件の背後を執拗(しつよう)に探ること

dietrologico 形〔複[男-ci]〕事件［言葉］の背後を執拗(しつよう)に探る

dietrologo 男〔複[-gi]女[-a]〕事件［言葉］の背後を探る人

difatti 接 実際, 確かに

*****difendere** [ディフェンデレ] [32] 他〔過分 difeso〕1 守る, 防御する 2 弁護［擁護］する ―**ersi** 再 (da) 1 身を守る 2 自己弁護する 3 何とか切り抜ける［暮らす］

difendibile 形 防御できる; 弁護［支持］できる

difendibilità 女 防御できること; 弁護［支持］できること

difenditrice 女 → difensore

difensiva 女〔軍〕防戦, 抗戦; (一般的に)守りの姿勢, ガードを築こうとする態度

difensivismo 男 守りの姿勢, ガードを築こうとする態度;〔スポ〕守り中心の戦術

difensivista 形〔複[男-i]〕防御の, 守勢の ―男女〔複[男-i]〕防御する人, 守勢の人

difensivistico 形〔複[男-ci]〕防御的な

difensivo 形 防御用の, 防衛的な

difensora 女 → difensore

difensore 男〔女[difenditrice, difensora]〕1〔法〕弁護人 2〔スポ〕守備陣, ディフェンダー ―形〔女[difenditrice, difensora]〕守る; 弁護［擁護］する

*****difesa** [ディフェーサ, ディフェーザ] 女 1 防御, 防衛, 防備 2 弁護のための文書;（弁護人の）口頭弁論, 答弁, 抗弁 3 防御物, 防衛手段 4 国防省(Ministero della Difesa) 5〔法〕被告弁護人 6〔スポ〕守備, ディフェンス ▶ *in difesa di...* …を守る［防ぐ］ための

difese difendere の直・遠過・3 単

difeso difendere の過分

difettivo 形〔言〕(活用の一部が)欠如した ―verbo difettivo 欠如動詞

*****difetto** [ディフェット] 男 1 欠点, 短所; きず 2 悪癖, 悪習 3 不足, 不足; 不在, 欠席 ▶ *far difetto* 不足する, 欠ける *in difetto* 悪い, 間違っている *in difetto di...* …の欠けた［ない］

difettosità 女 欠陥があること, 不完全なこと

difettoso 形 欠陥［欠点, きず］のある

diffamare 他 中傷する, 名誉を傷つける ―**arsi** 再 (自分の)名誉を傷つける

diffamato 形 名誉が傷つけられた, 誹謗(ひぼう)された

diffamatore 男〔女[-trice]〕中傷者, 誹謗(ひぼう)者

diffamatorio 形 中傷的な, 名誉を損なう

diffamazione 女 中傷, 誹謗(ひぼう), 名誉毀損

differente 形 違う, 異なる; 多様な

*****differenza** [ディッフェレンツァ] 女 1 違い, 相違(点) ―Non fa [c'è] *differenza*. 同じことだ. 2 差, 差額 ―Che *differenza* c'è di prezzo? 値段はいくら違いますか. 3〔数〕差分, 定差 ▶ *a differenza di...* …とは違って, 反して

differenziabile 形 区別［差別］されうる; 目立ちうる, 差別化されうる

differenziale 形 相違［差異］の, 区別［差別］に基づく ―男 1〔機〕差動歯車, 差動装置 2〔数〕微分

differenziamento 男 1 区別すること, 差別［差異］化 2〔生化〕分化

differenziare 他 (io differenzio) 1 区別［差別］する 2 特徴づける, 目立たせる 3〔数〕微分する ―**arsi** 再 違う, 異なる

differenziato 形 区別［差別］された, 異なった

differenziatore 形〔女[-trice]〕区別する, 識別する

differenziazione 女 区別, 差別［差異］化, 識別

differibile 形 延期できる, 据え置ける

differimento 男 延期, 繰り延べ, 据え置き

differire 他 (io -isco) 延期する, 延ばす ―自 違う, 異なる

differita 女 (テレビの)録画放送

differito 形 延期された, 据え置かれた

differitore 形〔女[-trice]〕延期する ―男〔女[-trice]〕延期する人

*****difficile** [ディッフィーチレ] 形 1 難しい, 困難な; (実現が)厳しい ―questione *difficile* da risolvere 解決の難しい問題 / lavoro (compito) *difficile* 骨の折れる仕事［任務］ 2 不明瞭な, 分かりにくい ―concetto *difficile* 難解な概念 3 困難に満ちた; 危機的な 4 扱いにくい, 気難しい, 気難しい; 要求が多い, なかなか満足しない ―È di gusti *difficili*. 彼は好みがうるさい. 5〔che + 接続法〕起こりそうもない, ありそうもない, 見込みのない ―È *difficile* che Mario arrivi questa sera. 今晩マリオは来そうにもない. ―男 困難, 難事, 難題 ―男女 気難しい人, 扱いにくい人

difficilmente 副 ほとんど…ない［しない］, かろうじて, やっと, 苦労して

*****difficoltà** [ディッフィコルタ] 女 1 困難(なこと), 難しさ 2 厄介; 障害; 難儀 3 苦労, 努力, 骨折り 4 異議, 反対 ― Non ho alcuna *difficoltà* ad accettare quella proposta. 私はその申し出を受けるのに異存はない. 5〔特に複数で〕

difficoltoso 金不足, 窮乏, 困窮

difficoltoso 形 **1** 困難な, 難しい **2** 気難しい, 扱いにくい

diffida 女 〔法〕警告, 戒告, 通告

diffidare 自 (di) …を信用[信頼]しない; 警戒する ー 他 〔法〕警告[通告]する

diffidato 形 警告された ー 男〔女 [-a]〕警告された人

diffidente 形 信用[信頼]しない, 疑い深い ー 男女 疑い深い人

diffidenza 女 不信感, 警戒心

*‡**diffondere** [ディッフォンデレ] [55] 他〔過分 diffuso〕**1** 発散させる, 放つ, 散らす **2** 広める, 伝える, 普及[流布]させる **3** 放送[放映]する ー **ersi** 再 **1** 発散する, 散らばる **2** 広まる, 普及する **3** 長々と述べる

diffonditrice 女 → diffusore

difforme 形 **1** (da)一致しない, 異なった, 違った **2** 醜い, 見苦しい

difformità 女 不一致, 相違

diffrangere [56] 他〔過分 diffratto〕(音波・電波などを)回折させる

diffranse diffrangere の直・遠過・3単

diffrazione 女 〔物〕(音波・電波などの)回折

diffuse diffondere の直・遠過・3単

diffusibile 形 普及できる, 拡散[伝播]しうる

diffusibilità 女 拡散性

diffusione 女 **1** 普及, 流布; 蔓(まん)延 **2** 伝播, 伝導 **3**〔物〕散乱

diffusivo 形 拡散しやすい, 普及しやすい, 拡散性の

diffuso 形〔過分 < diffondere〕**1** 発散[放散]した **2** 普及した, 広がった; 蔓(まん)延した **3** 冗長[冗漫]な, くどい

diffusore 形 拡散する, 普及する ー 男 **1**〔女[diffonditrice]〕普及者 **2** 散光器 **3**〔写〕ディフューザー(被写体の陰影をなくす器具) **4** ディフューザー(流体の圧力を上げる装置) **5**〔光〕拡散器

diffusorio 形 拡散の, 普及の

difilato 形 早い, 機敏な ー 副 直ちに, すぐに

difronte 副 正面に, 向かい合って ー 形〔不変〕正面の, 向かい側の

difterite 女〔医〕ジフテリア

Dig. 略 *Digesto* ユスティニアヌス法典

diga 女 **1** ダム **2** 土手, 堤防 **3** 水門, 閘(こう)門 **4** 防御師, 防衛, 抑制

digerente 形 消化の, 消化力のある ー apparato *digerente* 消化器官

digeribile 形 **1** 消化しやすい, こなれのよい **2** 我慢できる, 耐えられる **3** 信じうる, 信頼できる

digeribilità 女 消化しやすいこと; 消化力

digerire 他〔io -isco〕**1** 消化する **2** 習得する, 理解する, 自分のものにする **3** 我慢する, 耐える **4**〔特に否定文で〕許す, 容認する **4**〔化〕蒸解する ー**irsi** 再 我慢する, 耐える

digestione 女 **1** 消化 **2**〔化〕蒸解, 温浸

digestivo 形 消化の(ための); 消化を促進する ー 男 食後酒

digesto 男 **1**〔古代ローマ法の〕学説集; (D-)ユスティニアヌス法典(略 Dig.) **2** 法律要覧

Di Giacomo 固名(男) (Salvatore ~)サルヴァトーレ・ディ・ジャコモ(1860-1934; ナポリ出身の詩人)

digitale¹ 形 **1** 指の ー impronte *digitali* 指紋 **2** デジタル(数字で表示する方式)の

digitale² 女〔植〕ジギタリス

digitare 他〔io digito〕(キーボードで)打つ, 入力する

digitazione¹ 女 **1** (キーを)打つこと **2** 運指

digitazione² 女〔解〕指状分裂, 指状組織

digiunare 自 **1** 絶食[断食]する **2** (好きなものを)断つ

digiunatore 男〔女[-trice]〕断食する人

digiuno 男 **1** 絶食, 断食 ー essere a *digiuno* 何も食べていない[腹ぺこである] **2** 不足, 欠乏 **3**〔謔〕禁欲 ー 形 **1** 絶食[断食]状態の, 空腹の **2** (di)…が欠けた, 不足した, 乏しい

digli dire の命・2単 + gli

diglossia 女〔言〕(同一社会における)二言語併用, ダイグロシア

dignità 女 **1** 尊厳, 尊さ; 威厳, 品格 **2** 高位, 高官

dignitario 男〔女[-a]〕高位の人, 高官

dignitoso 形 威厳のある; 堂々とした

DIGOS 略 Divisione Investigazioni Generali e Operazioni Speciali 一般捜査特殊作戦部

digradare 自 **1** (下方へ)緩やかに傾斜する **2** (音や色が)次第に消えていく[弱まる, 薄くなる] ー 他 徐々に色合いを変化させる

digradazione 女 **1** 傾斜地[面] **2** 徐々に色合いを変化させること

digramma 男〔複[-i]〕〔言〕二重字(2文字で単一音素を表す: ch, gn など)

digrassare 他 脱脂する, 脂肪をとる ー 自 [es]やせる

digressione 女 **1** 進路を外れること, 本題からそれること, 脱線 **2**〔天〕離角

digressivo 形 逸脱した, 本題からそれた

digrignamento 男 (動物が怒りや威嚇で)歯をむき出すこと

digrignare 他 (動物が怒りや威嚇で)歯をむき出す

digrossamento 男 **1** 基礎[初歩]を教えること **2** 洗練すること **3** 粗削りすること, 素描すること

digrossare 他 **1** 基礎[初歩]を教える **2** 洗練する **3** 粗削りする, 素描する

diktat 男〔独〕(勝者によって押しつけられ

dilagante 形 〔複-i〕平和条約; 厳命, 一方的決定
dilagante 形 すぐに広まる〔伝わる〕
dilagare 自 [es] 氾濫する; あふれる
dilaniare 他 [io dilanio] 1 ずたずたに切り裂く, 殺める, 悩ます ―**arsi** 再 1 引き裂かれる 2 苦しむ, 悩む; 苦しめ合う
dilapidare 他 [io dilapido] 浪費〔空費〕する
dilapidatore 形 〔女[-trice]〕浪費する ―男〔女[-trice]〕浪費家
dilapidazione 女 浪費, 乱費, 無駄遣い
dilatabile 形 広げられる, 膨張性の
dilatabilità 女 膨張性, 伸長性
dilatante 形 膨張させる, 広げる
dilatare 他 膨張させる; 広げる ―**arsi** 再 1 広がる, 伸びる; 膨張する 2 普及する, 広まる
dilatato 形 膨張した, 拡張した
dilatatore 形 〔女[-trice]〕膨張させる, 広げる ―男 1 [医]拡張器 2 [解]拡張筋
dilatatorio 形 膨張させる, 拡張させる
dilatazione 女 1 膨張, 拡張 2 [物]膨張度 3 [医]拡張 ―*dilatazione gastrica* 胃拡張
dilatorio 形 引き延ばしの, 時間稼ぎの
dilavamento 男 (雨水による)浸食
dilazionabile 形 延期〔延長〕できる
dilazionare 他 延期する, 繰り延べる, 延長する
dilazionatorio 形 時間稼ぎの, ぐずぐずした
dilazione 女 延期, 延長; 猶予
dileggiabile 形 からかえる, 笑われる
dileggiamento 男 嘲笑, からかい, 冷やかし
dileggiare 他 [io dileggio] 嘲笑する, からかう, 馬鹿にする
dileggiatore 形 〔女[-trice]〕嘲笑的な, からかうような ―男〔女[-trice]〕嘲笑者, からかう人
dileggio 男 嘲笑, からかい, 冷やかし
dileguare 他 [io dileguo] 消散させる, 消し去る, 晴らす ―自 [es] 消えうせる, なくなる ―**arsi** 再 消えうせる, なくなる, 晴れる
dilemma 男 〔複-i〕1 ジレンマ, 板ばさみ 2 難問 3 [哲]両刀論法
dilemmatico 形 〔複[男-ci]〕ジレンマの
dilettante 男女 アマチュア, 愛好家, 《蔑》素人, 未熟者
dilettantesco 形 〔複[男-chi]〕→ dilettantistico
dilettantismo 男 1 素人芸, なまかじり 2 アマチュアリズム
dilettantistico 形 〔複[男-ci]〕素人臭い, 未熟な
dilettare 他 楽しませる, 満足させる ―**arsi** 再 楽しむ, 気晴らしする
dilettevole 形 愉快な, 楽しい ―男 喜び, 楽しみ
diletto[1] 男 1 うれしさ, 愉快, 喜び 2 娯楽, 気晴らし, レクリエーション
diletto[2] 形 〔過分 < diligere〕最愛の, いとしい ―男〔女[-a]〕いとしい人, 可愛い人
diligente 形 1 勤勉な, 生まじめな, 熱心な 2 注意深い, 念入りな, 細心な
diligentemente 副 入念に, 熱心に
diligenza[1] 女 1 勤勉, 精励 2 厳密さ; 細心の注意
diligenza[2] 女 駅馬車, 郵便馬車
diligere [81] 他 〔過分 diletto〕愛する, 尊敬する
diliscare 他 (魚の)骨を抜く
dille dire の命・2 単 + le
diluente 形 薄める ―男〔化〕希釈剤
diluire 他 [io -isco] 1 (液体を)薄める 2 (液体に)溶かす 3 冗長に表現する
diluizione 女 薄めること, 希釈すること
dilungarsi 再 1 長くなる, 延びる 2 流布する, 広がる; 本題をそれる; 延々と続く
diluviale 形 1 大雨の; 洪水の 2 [地質]洪積層の
diluviare 自 [es/av] (diluvia) 1 [非人称] 大雨が降る 2 (物事が)どっと押し寄せる
diluvio 男 1 豪雨; 洪水; 雨霰(あられ) 2 大量, 多量 ▶ *Diluvio universale* [聖]ノアの洪水
diluzione → diluizione
dim. → diminuendo[1]
dimagramento 男 1 やせること, 細くなること 2 [農]土地がやせること
dimagrante 形 やせるための, 体重を落とす
dimagrare 他 やせさせる, 細くする ―自 [es] やせる
dimagrimento 男 やせること, 細くなること
dimagrire 自 [es] [io -isco] やせる, スリムになる ―他 やせさせる, 細く見せる ―**irsi** 再 やせる
dimagrito 形 やせた, 細くなった
dimenamento 男 (体の一部を)振り動かすこと
dimenare 他 (体の一部を)振り動かす, 揺らす ―**arsi** 再 1 むやみに動き回る; もぞもぞする; もがく, じたばたする 2 奔走する, 懸命になる
dimenio 男 (体の一部を)振り動かし続けること
dimensionale 形 次元の
dimensionamento 男 大きさ[価値]を定める[確認する]こと; 評価すること
dimensionare 他 大きさ[価値]を定める[確認する]; 評価する ―**arsi** 再 自己評価する
⋆**dimensione** [ディメンシオーネ] 女 1 (幅・奥行き・高さの)寸法, 大きさ, サイズ ―*calcolare le dimensioni di un locale* 部屋の大きさを測る 2 規模, 程度, 範囲 ―*lavoro di grandi dimensioni* 大規模な工事 3 特質, 本質, 様相, 形勢 4 [数]次元 ―*due* [*tre*] *dimen-*

sioni 二[三]次元

dimenticabile 形 忘れられやすい, 忘れてもよい

dimenticanza 女 忘れること, 忘却; 見落とし

*__dimenticare__ [ディメンティカーレ] 他 [io dimentico] **1** 忘れる, 思い出せない —*Ho dimenticato* il suo indirizzo. 彼の住所を忘れてしまった. **2** (愛情や心遣いを)奪う —*È stato dimenticato dagli amici*. 彼は友人に見放された. **3** 怠る, 無視する, 軽んじる, 等閑視する —*dimenticare* i propri doveri 義務を怠る **4** (物を)置き忘れる —*Ho dimenticato* a scuola l'ombrello. 傘を学校に忘れてきた. **5** 許す, 考慮しない, 記憶から消す —*Ho dimenticato* le sue parole. 彼の発言は大目に見た. ―**arsi** 再 《di》… を忘れる, 覚えていない —*dimenticarsi* di un appuntamento 約束を忘れる

dimenticato 形 無視された, ほうっておかれた

dimenticatoio 男 忘却の地(忘れられた記憶が行きつくとされる想像上の土地)

dimentico 形 [複[男 -chi]] 忘れっぽい; 無頓着な

dimenticone 男 [女[-a]] 忘れっぽい人

dimesso 形 [過分< dimettere] **1** みすぼらしい, 貧相な **2** 控えめな, 慎ましい **3** 貧弱な, つまらない, 取るに足りない **4** 簡素な, 飾り気のない

dimestichezza 女 **1** 親密さ, 気安さ; よく知っていること **2** 経験, 体験

dimetro 男 [詩] 2歩格

dimettere [65] 他 [過分 dimesso] **1** 解放する, 放免する, 退院させる **2** 解雇する, 辞めさせる **3** 許す, 認める ―**ersi** 再 辞任[辞職]する

dimezzamento 男 **1** 二等分すること, 半分にすること **2** [物](放射性元素の)半減

dimezzare 他 二つに分ける; 半分に減らす **2** (大幅に)減少[低減]する ―**arsi** 再 二つに分かれる; 大幅に減少する

diminuendo[1] 副 [音]次第に弱く ―男 [音]ディミヌエンド

diminuendo[2] 男 [数]被減数

diminuibile 形 減少させうる, 縮小できる

*__diminuire__ [ディミヌイーレ] 他 [io -isco] **1** 減らす, 少なくする, 縮小する, 下げる —*diminuire* le spese 出費を切り詰める / *diminuire* la velocità 速度を落とす **2** 弱める, 和らげる **3** (編み物の)目数を減らす ―自 [es] **1** 減る, 下がる, 縮小する —*La febbre è diminuita*. 熱は下がった. / *Il freddo diminuirà* in primavera. 春になれば寒さも和らぐだろう. **2** やせる, 細くなる —*È diminuito* di due chili. 彼は2キロやせた.

diminutivo 形 [言]縮小辞(-ino, -etto などの接尾辞) ―形 縮小辞の

diminuzione 女 **1** 減少, 縮小 **2** [音](主題の)縮小; 音を細かい音符に細分すること

dimise dimettere の直・遠・3単

dimissionario 形 辞職した, 辞任した

dimissione 女 辞職, 辞任 —dare le *dimissioni* 辞職する

dimissorio 形 [宗]許可する

dimora 女 住まい, 住居; 住所

dimorare 自 **1** 住む, 居住する **2** 留まる; もたもたする

dimostrabile 形 証明[実証]できる

dimostrabilità 女 証明[実証]できること

dimostrante 形 証明の; 明示する; デモの ―男女 デモ参加者

*__dimostrare__ [ディモストラーレ] 他 **1** (感情や心身の状態を)表す, 表に出す, 見せる —*dimostrare* la volontà 意向を示す / *Dimostra* meno [più] degli anni che ha. 彼は年より若く[老けて]見える. **2** 明らかにする, 示す, 裏付ける —Le sue parole *dimostrano* che non ha capito. 彼の口ぶりは分かっていない証拠だ. **3** 証明する, 立証する —*dimostrare* una teoria 理論を証明する **4** 説明する, 解説する, 教える —Vi *dimostrerò* come funziona questa macchina. この機械がどう作動するか説明しましょう. ―自 デモをする[に参加する] —*dimostrare* contro i licenziamenti 解雇反対のデモをする ―**arsi** 再 **1** (態度で)示す **2** 表面化する, 判明する, 現れる

dimostrativo 形 **1** 証明に役立つ, 実証的な **2** [言]指示する —pronome [aggettivo] *dimostrativo* 指示代名詞[形容詞]

dimostrato 形 明白な, 疑いのない

dimostratore 男 [女[-trice]] **1** 論証者 **2** (商品の)実演販売人

dimostrazione 女 **1** 表出, 表明 **2** 証明, 論証, 立証 **3** 証(_{あかし}), 証拠, 実例 **4** デモ, 抗議集会, 示威運動

din 擬 チリンチリン, カチャカチャ(鈴や硬貨などがなる音)

Dina 固名 [女性名]ディーナ

dina 女 [物]ダイン(略 dyn)

dinamica 女 **1** [物]力学 **2** 発展, 展開; 経過 **3** [音]強弱法, デュナーミク

dinamicità 女 活動的なこと, 活力, 躍動感

dinamico 形 [複[男 -ci]] **1** 力強い, ダイナミックな; 動的な **2** 活動的な, 精力的な **3** [物]力学の **4** [音]強弱法の **5** [言]動態[通時]言語学の; 強勢の

dinamismo 男 [言]**1** 活力, バイタリティー; 活動力, 迫力 **2** [哲]力本説

dinamitardo 形 ダイナマイトを使った ―男 [女[-a]] (攻撃に)ダイナマイトを使う犯罪者

dinamite 女 **1** ダイナマイト, 爆薬 **2** 扇情[挑発]的な人 **3** 大騒ぎ[大反響]を呼ぶもの **4** 強い酒, 辛い食べ物[香辛料]

dinamitico 形 [複[男 -ci]] ダイナマイ

dinamizzare 他 活気づける —**arsi** 再 活気づく, 活動的になる
dinamo 女〖不変〗ダイナモ, 発電機
dinamometro 男 動力計, 検力計, 力量計
*__dinanzi__ [ディナンツィ] 副 前に[で] — Il cane camminava *dinanzi*. 犬は前を歩いていた. —形〖不変〗向かい(側)の ►*dinanzi a...* …の前に
dinar 男〖不変〗 1 ディナール(中世イスラム諸国の貨幣単位) 2 ディナール(チュニジア・ヨルダン・イラクなどの貨幣単位)
dinaro 男 ディナール(旧ユーゴスラビアの貨幣単位)
dinastia 女 1 王朝; 王家 2 名門, 名家
dinastico 形〖複[男 -ci]〗王朝の, 王家の
dindi 男〖不変〗小銭, お金
dindin 擬 リンリン, カンカン(鈴などが鳴る音)
dindirindina 間〖次の成句で〗►*per dindirindina*〖驚き・怒りを表して〗何とまあ, くそ
dindon 擬 ゴーンゴーン, ガーンガーン(鐘のなる音)
dingo 男〖不変〗ディンゴ(オーストラリアの野犬)
diniego 男〖複[-ghi]〗否定, 拒否
dinnanzi → dinanzi
Dino 固名〖男性名〗ディーノ
dinoccolare 他 [io dinoccolo] (特に首の関節を)脱臼させる, 外す
dinoccolato 形 1 関節の外れた 2 だらけた, ひょろひょろした
dinosauro 男 恐竜
dinoterio 男 〔古生物の〕恐獣
dintorno 男〖複数で〗周辺部, 付近 —副 周りに, 付近で ►*nei dintorni* 近辺で
*__dio¹__ [ディーオ] 男〖不変〗(D-)(キリスト教・一神教の)神, 創造主, 造物主 — *la casa di Dio* 教会 / *ira [castigo] di Dio* 神の大災害, 大惨事, 天災 / *ben di Dio* 神の恵み; 大量, 多数 —間 まあ大変, おいおい, 何こった, 勘弁してくれよ — *Dio mio!* ああ困った. | おやっ. | これは驚いた. ►*Che Dio ti benedica!* 神の祝福あれ. *come Dio volle* ついに, やっと *come Dio vuole [comanda]* 見事に, 完璧に *Dio santo!* 何てことだ. | くそっ. *Dio sia lodato!* ありがたい. *grazie a Dio* さいわい, 運よく, おかげさまで
dio² 男〖複[gli dei]女[dea]〗 1 (一神教以外の)神 —*credere in un dio* 神(の存在)を信じる / *gli dei dell'Olimpo* 〔ギリシア神話〕オリンポスの神々 2 優れて有能な人, 驚くべき天分[才能]に恵まれた人, 名人, 天才 —*Quando suona è un dio.* 彼の弾きぶりはまさに神がかっている. 3 尊敬[崇拝]の対象, 偶像 —*Quel cantante è un dio per la mia amica.* あ

の歌手は友達にとってのアイドルだ.
diocesano 形 (司)教区の —男〖女[-a]〗(司)教区の教会員
diocesi 女〖不変〗 1 司教区, 教区 2 (古代アテネやエジプトプトレマイオス王朝の)行政区
Diocleziano 固名(男) (Gaio Aurelio Valerio ~)ディオクレティアヌス(243頃-316; ローマ皇帝: 在位 284-305)
diodo 男〔電子〕ダイオード, 二極真空管
Diogene 固名(男) 1 (~ di Sinope)樽(⛁)のディオゲネス(前 404 頃 -323 頃; 古代ギリシアのキニク学派の思想家) 2 (~ Laerzio)ディオゲネス・ラエルティオス(3世紀; ギリシアの哲学史家) 3 (~ di Apollonia)ディオゲネス・アポロニア(前 499 頃 -428 頃; ギリシアの哲学者)
Diomede 固名(男) 〔ギ神〕ディオメデス(トロイ戦争におけるギリシア軍の英雄)
diomedea 女 〔鳥〕アホウドリ
dionea 女 〔植〕ハエトリソウ, ハエジゴク
Dionigi 固名〖男性名〗ディオニージ
dionisiaco 〖複[男 -ci]〗 1 ディオニュソス(ギリシア神話の酒の神)の 2 熱狂した, 奔放な
Dioniso 固名(男) 〔ギ神〕ディオニュソス(自然の恵の神. ローマ神話のバッカス)
diorama 男〖複[-i]〗 透視画, ジオラマ; ジオラマ館
dioscuro 男 1 (D-)〖複数で〗〔ギ神〕ディオスクロイ(ゼウスとレダの間に生まれた息子たち. カストールとポルクス) 2〖複数で〗《諧》分かちがたい二人
diospiro 男 〔植〕カキ
diossina 女 〔化〕ダイオキシン
diottria 女 〔光〕ジオプター(レンズの屈折率の単位)
diottrico 形〖複[男 -ci]〗屈折光学の
dipanamento 男 1 (糸を)巻き取ること; ほどくこと 2 (もつれたものを)解きほぐすこと, 解決すること
dipanare 他 1 (糸を)巻き取る, 玉にする; ほどく 2 (もつれたものを)解きほぐす, 解決する —**arsi** 再 1 糸がほどける; (物事が)進展する, 展開する
dipanatura 女 1 (糸を)巻き取ること; ほどくこと 2 (もつれたものを)解きほぐすこと, 解決すること
dipartimentale 形 1 行政区分の 2 (フランスの)県の 3 (アメリカの)省の 4 (大学の)学科の 5〔軍〕軍管区の 6 (省庁などの)部局の
dipartimento 男 1 行政区分 2 (フランスの)県 3 (アメリカの)省 4 (大学の)学科 —*dipartimento di italianistica* イタリア語学科 5〔軍〕軍管区 6 (省庁などの)部局
dipartire 自 [es] 出発する, 立ち去る —**irsi** 再 1 (道や川が)分岐する 2 立ち去る, 遠ざかる
dipendente 形 (da) 1 …が頼りの, …の傘下にある 2 …依存症の —男女 従業員, 職員; 部下 —女 〔言〕従属節

dipendenza 囡 **1** 従属, 傘下 **2** 服従, 従順 **3** 依存(症) **4** 別館, 離れ **5** 〔言〕従属関係 **6** 支店, 支社, 出張所

*__dipendere__ [ディペンデレ] [113] 自 [es]〖過分 dipeso〗(da)〔原因や由来〕…による —Il ritardo è dipeso da un incidente. 遅延は事故によるものだった. **2** …に依存[従属]する —Mio fratello *dipende* completamente da me. 弟は何もかも私任せだ. **3** …次第である, 左右される —*Dipende* da te. 君次第だ. / *Dipende*. 何とも言えない. | 時と場合による. | 事と次第によっては. **4**〔言〕従属する

dipese dipendere の直・遠過・3 単

*__dipingere__ [ディピンジェレ] [33] 他〖過分 dipinto〗**1**(絵具で)描く;〔目的語をとらずに〕絵を描く **2**(ペンキなどを)塗る **3**〈口〉化粧する **4** 描写する, 記述する, 表現する —ersi 再 **1** 化粧する **2** 現れる, 見える

dipinse dipingere の直・遠過・3 単

dipinto 形〖過分＜ dipingere〗**1** 絵の描かれた; 彩色された, 色を塗った; 絵のように美しい **2**〖否定文で〗絶対に…ない **3** 描かれた, 描写された; 生き生きと表現された;(感情が)顔に表れた **4** 濃い化粧をした —男 絵, 絵画

diploma 男〖複[-i]〗**1** 免状; 卒業[修了]証書;〈俗〉高校卒業証書 **2**〔譜〕公認 —*diploma* di scemo 馬鹿の烙印

diplomare 他 免状を与える, 卒業[修了]証書を授ける —**arsi** 再 免状を取る,(高校などの)卒業[修了]証書を得る, 卒業[修了]する

diplomatica¹ 囡 古文書学

diplomatica² 囡 一泊旅行用かばん

diplomatico 形〖複[男 -ci]〗**1** 外交(上)の —linguaggio *diplomatico* 外交辞令 **2** 駆け引きがうまい, 如才ない, そつのない —男〖複[-ci]女[-a]〗**1** 外交官 **2** 駆け引きのうまい人 **3**〖男性のみ〗ディプロマーティコ(クリームとリキュールの入った菓子)

diplomato 形 免状を取った, 卒業[修了]証書を得た, 卒業[修了]した —男〖女[-a]〗免状取得者, 卒業者, 修了者

diplomazia 囡 **1** 外交 **2** 外交団 **3** 外交官の職 **4** 外交的手腕, 駆け引き

__diplomificio__ 男 たやすく免状[卒業証書, 修了証書]を交付する学校

dipodia 囡〔詩〕2 歩格

dipolo 男〔物〕双極子

diportista 男女〖複[男 -i]〗(ヨットなどの)競技者

diporto 男 気晴らし, 楽しみ, 娯楽, レクリエーション

dipresso 副〖次の成句で〗▶*a un dipresso* およそ, だいたい

dipsacacea 囡 (D-)〖複数で〗〔植〕マツムシソウ科

dipsomane 形 アルコール中毒の —男女 アルコール中毒者

dipsomania 囡 飲酒癖, アルコール中毒

diptero 形〔建〕二重列柱式の

diradamento 男 **1** 減少, 薄くなること, まばらになること **2**〔農〕間引き, 剪(*せん*)定

diradare 他 **1** 減らす, 少なくする **2** 間引く, 間伐する —自 [es] 減少する, 薄くなる —**arsi** 再 **1** 薄くなる, まばらになる **2** 減る, 間が空く

diradicamento 男 根こそぎにすること, 根絶すること

diramare 他 **1** 発する, 公布[公表]する **2** 刈り込む, 剪(*せん*)定する —**arsi** 再 **1** 枝分かれする, 分岐する **2** 広がる, 流布する

diramatore 男〖女[-trice]〗**1** 剪(*せん*)定する人 **2** 布告者, 宣伝者

diramazione 囡 **1** 公表, 普及, 伝播 **2** 分岐[分枝]点; 支流, 枝道 **3** 支店, 支所

*__dire__ [ディーレ] [34] 他〖過分 detto〗**1** 言う, 口に出す —*dire* a *A* di + 不定詞 *A*(人)に…するように言う[命じる] / Non ho sentito ciò che *hai detto*. 君の言ったことが聞こえなかった / Come *ha* [*hai*] *detto*? 何とおっしゃったんですか[言ったの]? | もう一度言ってください[言って]. / come *dire* (言い淀みやためらいで)何と言ったらいいか, 何というか / *diciamo*... 何というか, そうですねえ…, ええと… **2**(考えや意見を)表明する, はっきり示す —Che ne *dici*? 君はどう思う? / Ho sentito *dire* che... …だと聞いている **3** 意味する, 表す —Come si *dice* in italiano? イタリア語では何と言いますか. / Cosa vuol *dire* questa parola? この単語の意味は? / Questo film *dice* poco. この映画は内容に乏しい. / Come sarebbe a *dire*? それは一体どういうこと? **4** 明らかにする, 証明する, 示す —Questo ti *dice* quanto ti vuol bene. これは彼がどれほど君を愛しているかということだ. **5** 語る, 述べる, 説明する —Mi *ha detto* come sono andate le cose. 彼は事の次第を話して聞かせてくれた. / Cosa *dice* il giornale? 新聞には何て書いてある? **6** 予感させる, 示唆する, 思い出させる —L'esperienza mi *dice* che non ne verrà fuori niente di buono. 経験上, 何もよいことは起こらない気がする. **7** 批判[非難]する, 反対する —Che cosa hai da *dire*? 何か不服でもあるのか? **8** 見なす, 判断する, 評価する —Tutti la *dicono* una ragazza bellissima. だれもが彼女は飛び切りの美人だと思っている. **9** 唱える, 朗読する, 復唱する —*dire* una poesia [le orazioni] 詩を朗読する[祈りを唱える] / *dire* la lezione 習ったことを暗唱する **10**〖非人称〗…のようだ, …だそうだ —Si *dice* che Mario sposerà Giulia. マリオはジュリアと結婚するらしい. / *Dicono* che sia partito. 彼は出発したそうだ. **11**〖目的語をとらずで〗話す, 話題にする —*dire* bene [male] di... …を

diresse

ほめる[けなす] ― 自 **1** 話す, ものを言う **2** [es] 調和する, 釣り合う ―男〔単数のみ〕ものを言うこと, 話す[表現する, 主張する]こと, 話, 言葉; 演説 —a suo *dire* 彼[彼女]によると, 彼[彼女]の言うには ▶ ***a [per] dire il vero*** 実を言えば **a dir poco** 少なくとも **a dir tanto** せいぜい, 最大限 **avere a che dire con...** …と口論する, 言い争う **che dico** (前言を訂正したり明確にするために)そうではなく, それどころか **Come non detto!** 忘れよう. | なかったことにしよう. **come si suol dire** よく言うように **Cosa vuoi che ti dica.** (これ以上)何もできないよ. | (残念ながら)どうしようもないよ. **dire pane al pane e vino al vino** 率直[ありのまま]に言う **dire di sì [no]** はい[いいえ]と言う, 肯定[否定]する **Direi!** 確かに. | もちろん. | そのとおりだ. **È più facile il dire che il fare.** | **Il dire è più facile del fare.** | **Tra il dire e il fare c'è di mezzo il mare.** 言うは易く行うは難し. **È tutto dire.** 言いたいことはこれだけだ. **L'hai detto.** 君の言うとおりだ. | 全くだ. **niente da dire** 言うべきことはない, 付け加えることはない **non c'è che dire** そのとおりだ, 認めざるを得ない **Non dico di no.** そうでないとは言わないが. | 必ずしもむりというのではないが. **Non mi dire.** 信じられない. | 驚いた. | びっくりするよ. **non per dire [non faccio per dire]** 自慢じゃないが **per così dire** いわば, すなわち **per meglio dire** よりはっきり[正確に]言うと **per sentito dire** 聞くところでは, 噂(²)によれば **Puoi (ben) dirlo! [Puoi dirlo forte!]** まさにそのとおりだ. | 全く同感だ. **si fa per dire** いわば, ある意味では **tanto per dire** 言ってみれば, ちょっと言わせてもらえば, まあ, たとえば **Te lo dico io.** 保証するよ. | 請け合うよ. **trovare da dire** 言いがかりをつける **vale a dire** つまり, すなわち **Volevo ben dire!** まさにそう考えていたんだ. **vuol dire** 意味する
—**dirsi** 再 (自分に)言い聞かせる, 心で思う

diresse dirigere の直·遠過·3 単

diretta 女 生放送, 生中継 —in *diretta* 生中継で

direttamente 副 **1** まっすぐに, 一直線に **2** じかに, 直接に **3** 率直に, 明確に

direttissima 女 **1** (鉄道の)直通, 直行 **2** (登山)直線登攀(½), 直登 **3** [法] per *direttissima* 略式で

direttiva 女 **1** 指示, 規定, 命令 **2** 行動方針

direttivo 形 **1** 指導的な, 指示的な, 管理する **2** 指導者の, 管理者の **3** [電] (アンテナやマイクが)指向性の —男 委員会, 役員会

‡**diretto** [ディレット] 形 〔過分<dirigere〕 **1** まっすぐ進む; 直行の —volo *diretto* (飛行機の)直行便 / linea *diretta* 直線 **2** (a) (ある)目的のための —miglioramenti *diretti* ad aumentare la produzione 生産増大のための改良 **3** (a) 向けられた —lettera *diretta* a me 私宛の手紙 **4** 行われた, 導かれた; 運営[管理]された —spettacolo ben *diretto* 上首尾に運ばれた公演 **5** 直接の, じかの —luce *diretta* 直射光線 / imposta *diretta* 直接税 / discendente [in linea *diretta*] 直系の子孫 —男 **1** (鉄道の)準急 **2** [スポ](ボクシングの)ストレート(パンチ)

‡**direttore** [ディレットーレ] 男 [女[-trice]] (各種部局の)長; ディレクター —*direttore* d'orchestra オーケストラの指揮者

direttoriale 形 指導の, 管理の, 指導[管理]者の; 専横な

direttorio 男 **1** (D-)(フランスの)総裁政府(1795-1799 年) **2** 役員会, 理事会, 幹部会 **3** 〔宗〕礼拝規則書, 聖務カレンダー —形 指導の, 管理の

direttrice 女 **1** (女性の)指導者, 管理者 **2** 〔幾〕準線 **3** 基準, 指針, 行動方針

direzionabile 形 指向性を持った

direzionale 形 **1** 指導的な, 管理する **2** 方向[指向]性を持つ —男 〔空〕(飛行機の)方向指示器

direzionalità 女 管理運営活動

direzionare 他 (ある方向に)向ける, 進ませる —**arsi** 再 (ある方向へ)向かう

‡**direzione** [ディレツィオーネ] 女 **1** 方向, 方角 —in *direzione* est [ovest, sud, nord] 東[西, 南, 北]へ / andare nella *direzione* giusta [sbagliata] 正しい[間違った]方向へ向かう **2** 管理運営, 経営; 指導, 指揮 —Gli è stata affidata la *direzione* della società. 彼は会社の経営を任された. / assumere la *direzione* dei lavori [d'un orchestra, dell'esercito] 仕事[オーケストラ, 部隊]の指揮を執る **3** 首脳, 経営者, 管理職, 責任者; 役員, 委員, 委員会 **4** 本部; 局[部]長室

dirigente 形 経営[管理運営]する; 指導[指揮]する —男女 指導者; (管理運営や経営の最高)責任者

dirigenza 女 **1** 指導, 管理, 運営 **2** 管理職; 幹部, 首脳部

dirigenziale 形 指導[管理]者の, 管理職の

‡**dirigere** [ディリージェレ] [35] 他 〔過分 diretto〕 **1** (目的地·目標に)向ける, 向かわせる —*dirigere* la nave verso il porto 船を港に向ける / *dirigere* la mira 照準を合わす / *dirigere* lo sguardo まなざし[目]を向ける **2** 出す, 送る; (言葉を)かける —*dirigere* un messaggio a... (人)にメッセージを送る **3** 経営[管理運営]する; 指導[指揮]する, 率いる; 長である, 先頭に立つ —*dirigere* un'azienda 会社を経営する / *dirigere* un'orchestra オーケストラを指揮する / *dirigere* il traffico 交通整理をする **4** [スポ]

dirigibile 審判する, 審判員を務める —**ersi** 再 …に向かう［向けて進む］

dirigibile 男 飛行船, 気球, エアシップ —形 方向づけができる, (気球が)操縦できる

dirigibilista 男女〔複［男 -i］〕飛行船の乗組員

dirigismo 男 (政府の)統制経済政策

dirimente 形 解消［解決］する

dirimere 他〔複合時制なし〕**1** 解決する, 解消する **2**〈文〉分ける, 離す

dirimpettaio 〔女[-a]〕(家の)向かい側に住む人

dirimpetto 副 正面に, 向かい側に —形 〔不変〕正面の, 向かいの

***diritto**¹［ディリット］形 **1** まっすぐな, 直線の, 直進する —strada *diritta* まっすぐな道 **2** 直立した, 垂直な —schiena *diritta* ぴんと伸びた背筋 **3** 誠実な, 正直な, 礼儀正しい —Mio nonno è sempre stato un uomo *diritto* con tutti. 祖父は誰に対しても誠実な人だった. **4** 右の —lato *diritto* 右側 —副 **1** まっすぐに, 一直線に; 公正に, 正直に —Continuando *diritto* si arriva alla chiesa. まっすぐ進めば教会に着く. / rigare [filare] *diritto* 品行方正である **2** 直接, じかに —andare *diritto* a casa 家に直行する —男 **1** 表, 表側, 表面 **2** (編み物の)表編み **3**〔スポ〕(テニスの)フォアハンドストローク **4** 硬貨の表側 ▶ **andare [tirare] *diritto* per la propria strada** わが道を行く

diritto**²［ディリット］男 **1** 権利 —*diritti* dell'uomo 基本的人権 **2** (道徳的・慣習的に)正当な要求, 正当性 **3** 法, 法律, 法学 —*diritto* civile [commerciale, penale, internazionale, interno] 民[商, 刑, 国際, 国内]法 / *diritti* civili 市民権 / *diritti* d'autore 著作権 / *diritto* del lavoro 労働法 / *diritto* naturale [consuetudinario, privato, pubblico] 自然［慣習, 私, 公］法 / *diritto* ecclesiastico 教会法 **4**〔複数で〕料金, 税金, 謝礼, 対価 **5**〔経〕(株式の)オプション ▶ **a buon *diritto 正当な理由で, 正当に **a diritto** 公正に **di *diritto*** 合法的に; 習慣的に, 慣習として

dirittura 女 **1** 直線(道路) —*dirittura* d'arrivo ホームストレッチ **2** 誠実, 正直, 清廉

dirizzone 男 馬鹿げた失敗, へま, 大きな勘違い

diroccare 他 破壊する, 取り壊す —自【es】崩れる; 真っ逆さまに落ちる

diroccato 形 (建物が)崩れそうな, 荒廃した

dirompente 形 **1** 炸(き)裂する **2** 大騒ぎを起こす, 物議をかもす

dirompere [96] 他〔過分 dirotto〕**1** 粉砕する, 粉々にする **2** 弱らせる

dirottamento 男 **1** 針路変更 **2** 乗っ取り; ハイジャック, シージャック

dirottare 他 **1** 針路を変える **2** (飛行機・船などを)乗っ取る, ハイジャック[シージャック]する **3** そらす, 向ける —自 針路を変更する

dirottatore 〔女[-trice]〕乗っ取り犯

dirotto 形 すさまじい; 猛烈な ▶ ***a dirotto*** 激しく; とめどなく

dirozzamento 男 **1** 荒削り, 粗磨き **2** 洗練, 垢(*)抜け

dirozzare 他 **1** 荒削りする, 粗磨きする **2** 洗練する, 垢(*)抜けさせる —**arsi** 再 洗練される, 上品になる

dirozzatore 形 〔女[-trice]〕荒削りの —男 〔女[-trice]〕荒削りをする人

dirugginire 他〔io -isco〕**1** 錆(ੰ)を落とす **2** (体・精神の)機能を取り戻す, よみがえらせる **3** 鈍をきしらせる —**irsi** 再 (さびついた体や能力を)よみがえる, 錆を落とす

dirupato 形 険しい, 切り立った, 断崖絶壁の

dirupo 男 絶壁, 断崖

diruppe dirompere の直・遠過・3 単

dis-¹ 接頭 「変質」「異常」「不足」の意

dis-² 接頭 「分離」「否定」「反対」の意

disabbigliare 他〔io disabbiglio〕服を脱がせる, 脱がす

disabile 形 障害のある —男女 障害者

disabilità 女 障害があること

disabilitare 他〔io disabilito〕無能[無力]にする; 〈a〉…の能力を奪う, 機能を失わせる

disabitato 形 人の住んでいない, 人のない

disabituare 他〔io disabituo〕《da, a》…の習慣[悪癖]をやめさせる —**arsi** 再 …の習慣をやめる

disaccentare 他 アクセントを取る

disaccentato 形 アクセントのない

disaccoppiare 他〔io disaccoppio〕(対(?)の物を)分離する, 連結を解く

disaccordo 男 不調和, 不一致, 不賛成

disadattamento 男 〔心・社〕不適応

disadatto 形 不向きな, 適さない

disadorno 形 飾りのない, 簡素な

disaerazione → deaerazione

disaffezionare 他 (愛情・興味を)失わせる, 疎遠にする, 疎遠になる —**arsi** 再 (愛情・興味を)失う, 疎遠になる

disaffezione 女 (愛情・興味を)失うこと, 疎遠

disagevole 形 不快な, 落ち着かない, 厄介な, 困った

disagevolezza 女 不快, 不便, 厄介, 困難

disaggregare 他 分解する

disaggregazione 女 分解, 解体

disagiato 形 **1** 貧困の, 惨めな, 不幸な **2** 不便な; 落ち着かない

disagio 男 **1** 不快, 不自由, 不便,

窮屈 —i *disagi* di un lungo viaggio 長旅の煩わしさ **2** 苦しみ, 苦悩, 苦境, 窮乏, 苦労 —Ha una vita piena di *disagi*. 彼の人生は苦労に満ちている. **3** 居心地の悪さ, 当惑, 迷惑 —Con quell'uomo mi sento sempre a *disagio*. あの人とは相変わらず気詰まりだ.

disalberare 他 〔io disalbero〕 **1** 〔船〕マストを折る **2** 伐採する —自 〔船〕マストを失う

disalveare 他 〔io disalveo〕(流れを)水路からそらす —自 [es](流れが)水路からそれる

disambientato 形 場違いの, 溶け込めない

disamina 女 精査, 綿密な調査

disaminare 他 〔io disamino〕精査する, 詳細に検討する

disamorare 他 (da, di) …への(愛情[興味])を失わせる, 無関心にする, 離れさせる —**arsi** 再 (愛情・興味から)失う, 無関心になる, 心から離れる

disamore 男 愛情を失うこと, 無関心

disamorevole 形 愛情のない, 無関心な, そっけない

disamorevolezza 女 愛情[愛着]がないこと

disancorare 他 〔io disancoro〕〔船〕錨(いかり)を揚げる, 係留を解く —**si** 再 〔船〕(錨を揚げて)出航準備をする

disappannamento 男 (ガラスや金属の)曇りを取ること

disappannare 他 (ガラスや金属の)曇りを取る —**arsi** 再 (ガラスや金属の)曇りが取れる

disappassionare 他 熱意[情熱]を失わせる —**arsi** 再 熱意[情熱]を失う

disappetente 形 食欲のない, 食欲不振の

disappetenza 女 食欲不振

disapplicare 他 〔io disapplico〕(規則や法律を)適用[施行]しない —**arsi** 再 専念しない, 身を入れない

disapplicazione 女 **1** (法や規則を)守らないこと **2** 怠慢, ぞんざい, 無頓着

disapprendere 〔82〕他 〔過分 disappreso〕(学んだことを)忘れる

disapprese disapprendere の直・遠過・3 単

disapprovare 他 **1** 承認[賛成]しない **2** 非難[批判]する, 責める

disapprovazione 女 不賛成; 非難

disappunto 男 期待はずれ, 落胆; 苛立たしさ, 困惑

disarcionare 他 **1** 落馬させる; 振り落とす **2** 地位を奪う

disargentare 他 銀めっきを剥がす

disarginare 他 〔io disargino〕堤防を決壊させる, 氾濫させる

disarmante 形 **1** 武装解除の; 武器を持たない **2** 敵意のない, 無邪気な

disarmare 他 **1** 武装を解除する **2** (反抗心や敵意を)なくさせる; 落ち着かせる, なだめる **3** 〔船〕(船から)索具を外す **4** 〔建〕足場を外す **5** 〔劇〕背景画を枠から外す —自 **1** 軍備を縮小する **2** 降伏する —**arsi** 再 武器を捨てる

disarmato 形 武装解除された; 無防備の, 非武装の

disarmo 男 **1** 武装解除 **2** 軍備撤廃; 軍備縮小

disarmonia 女 **1** (音や色の)不調和, 不一致, 不協和 **2** 相違, 不和

disarmonico 形 〔複[男 -ci]〕(音や色が)不調和の, 不一致の, 不協和の

disarticolare 他 〔io disarticolo〕 **1** 〔医〕関節をはずす, 脱臼する **2** 分解する, 解体する; 混乱させる, 乱す —**arsi** 再 **1** 脱臼する **2** 分解する, 解体する; 混乱する, 乱れる

disarticolato 形 **1** 脱臼した **2** 分解した, 解体した; 混乱した, 乱れた

disarticolazione 女 **1** 脱臼 **2** 分解, 解体; 混乱

disartria 女 〔医〕構音障害

disasprire 他 〔io -isco〕ワインの酸味を和らげる

disassimilazione 女 〔生化〕異化作用 (catabolismo)

disassortito 形 釣り合っていない, 対(つい)になっていない, 不調和な

disassuefare 〔53〕他 〔過分 disassuefatto〕習慣をやめさせる —**arsi** 再 習慣をやめる

disassuefece disassuefare の直・遠過・3 単

disastrato 形 破壊された, 大被害を受けた

disastro 男 **1** 大惨事, 大事故; 大災害; 災難, 悲惨 **2** 混乱, 無秩序 **3** 厄介ごと, 迷惑, 面倒 **4** 失敗, 不成功 —La riunione è stata un *disastro*. 会議は不調に終わった. **5** 無能な人, 役立たず, 面倒を起こす人

disastroso 形 **1** 壊滅的な; 悲惨な, 惨憺(さんたん)たる **2** 困難な, 面倒な **3** 不成功の, 最悪の

disatomizzazione 女 非核化

disattendere 〔117〕他 〔過分 disatteso〕 **1** (規定などを)遵守しない **2** 従わない, 耳を貸さない

disattento 形 **1** 不注意な, うかつな, 投げやりな, 怠慢な, 無頓着な **2** (仕事などが)ぞんざいな, いい加減な

disattenzione 女 **1** 不注意, 軽率, うかつ, 怠慢, 怠慢 **2** 間違い, 見落とし, 見過ごし **3** 無作法, 無愛想

disattese disattendere の直・遠過・3 単

disattivare 他 **1** 機能しないようにする, (爆弾を)処理する **2** 停止させる, 不通にする —**arsi** 再 機能しなくなる, 止まる

disattivazione 女 (機能を)無効にすること, 機能しないこと; 停止, 不通

disavanzo 男 〔経〕赤字, 欠損

disavvedutezza 女 軽率, 無分別, 不注意

disavveduto 形 軽率な, 思慮のない,

disavventura 無分別な

disavventura 囡 不運, 不幸, 災難, 厄介ごと

disavvertenza → disavvedutezza

disavvezzarsi 再 習慣をやめる

disboscamento 男 森林伐採

disboscare 他 森林を伐採する

disbrigare 他 1 手早く済ませる, すばやく処理する 2 窮地から救い出す

disbrigo 男 〔複[-ghi]〕 1 手早さ, すばやい処理, 決行; 実行, 実施

discanto 男 〔音〕ディスカントゥス

discapito 男 損害, 不利益 **—a discapito di...** …の利益に反して

discarica 囡 1 ごみ捨て場[集積場] 2 (船荷の)陸揚げ

discarico 男 〔複[-chi]〕 1 弁明, 釈明 2 荷下ろし

*__**discendente**__ [ディッシェンデンテ] 形 1 下降の; 降順の 2 (郊外から都心に向かう)下りの —男女 子孫, 末裔 (ﾏﾂｴｲ)

discendenza 囡 1 血統, 家系 2 子孫, 末裔 (ﾏﾂｴｲ)

discendere [100] 自 [es] 〔過分 disceso〕 1 降[下]りる, 下る —*discendere dalla montagna* 山から下りる / *discendere dal treno* 列車から降りる 2 血筋である, 出自である —*discendere da un'antica famiglia* 貴族の出である 3 由来する —他 降[下]りる, 下る —*discendere le scale* 階段を下りる

discensionale 形 下降の

discensivo 形 下降の

discepolanza 囡 師弟関係; 《謙》弟子たち

discepolato 男 弟子の身分, 見習い期間

discepolo 男 〔女[-a]〕門人, 門下生; 信奉者, 使徒

discernere 他 〔複合時制なし〕識別する, 見分ける

discernibile 形 識別できる, 見分けられる

discernimento 男 1 識別すること, 見分けること 2 分別, 判断力, 思慮

discernitore 形 〔女[-trice]〕識別の —男 〔女[-trice]〕識別する人, 判断力のある人

discesa 囡 1 降[下]りること, 下降 2 侵入, 侵略 3 減少, 低下 4 傾斜, 勾配, 下り坂 5 (スキーの)滑降(discesa libera) 6 〔スポ〕(サッカーやラグビーの)攻撃 ▶ *in discesa* 下りの, 下へ; 簡単な, 容易に; 落ち目の

discese discendere の直・遠過・3 単

discesista 男女 〔複[男-i]〕 1 (スキーの)滑降競技者 2 (自転車競技で)下り坂が得意な人

discettare 自 (学者ぶって)議論する

dischetto 男 フロッピー(ディスク)

dischiudere [18] 他 〔過分 dischiuso〕あける, 開く **—ersi** 再 開く, 開ける

dischiuse dischiudere の直・遠過・3 単

discinto 形 だらしのない格好をした, むさくるしい身なりの

disciogliere [102] 他 〔過分 disciolto〕 1 溶かす 2 解体する, 解散する 3 自由にする, 解く **—ersi** 再 1 溶ける 2 解体する

discioglimento 男 溶かすこと; 解散; 解き放つこと

disciolto 形 〔過分 < disciogliere〕溶けた; 解体した

disciplina 囡 1 規律, 規則; 自制 —*imporre [violare, mantenere] la disciplina* 規律を課す[犯す, 守る] 2 学科, 科目, 学問分野 —*discipline storiche* 歴史学 3 教え, 指導 4 (苦行者などの)鞭 (ﾑﾁ)

disciplinabile 形 教えることができる, しつけられる

disciplinamento 男 1 規律に服させること 2 (規律で)統制すること 3 抑制すること

disciplinare¹ 形 1 規律[規則]に関する; 処罰に関する 2 学科の

disciplinare² 他 1 規律に服させる 2 (規律で)統制する 3 抑制する **—arsi** 再 規律に服する, 規律を守る

disciplinatezza 囡 規律を守ること, 自制が効いていること

disciplinato 形 1 柔順な; 育ちのよい; 訓練[鍛錬]された 2 (中世の)鞭(ﾑﾁ)打ち苦行派

*__**disco**__ [ディスコ] 男 〔複[-chi]〕 1 平たく丸いもの, 円盤 —*disco volante* 空飛ぶ円盤, UFO 2 レコード, CD 3 〔スポ〕(投擲(ﾄｳﾃｷ)の)円盤; (アイスホッケーの)パック; (重量挙げの)プレート 4 〔コン〕ディスク 5 〔解〕椎間板

discobolo 男 〔女[-a]〕〔スポ〕円盤投げの選手

discofilo 男 〔女[-a]〕アナログレコードの収集家[マニア]

discografia 囡 1 レコード製造, レコード録音技術 2 ディスコグラフィー

discografico 形 〔複[男-ci]〕レコード製造の **—**男 〔複[-ci]女[-a]〕レコード製造会社の経営者[技術者]

discoidale 形 円盤状の

discoide 形 円盤状の **—**男 〔薬〕錠剤

discoideo 形 円盤状の

discolibro 男 CD などが付いた本

discollegare 他 接続を断つ, 分離する

discolo 形 1 (子供が)手に負えない, 腕白な 2 素行の悪い, 社会規範に従わない **—**男 〔女[-a]〕腕白, いたずらっ子; ならず者, ごろつき

discolpa 囡 弁護, 無実の証明

discolpare 他 弁護する, 無実を証明する **—arsi** 再 (自分の)身の証を立てる, 疑いを晴らす

discommettere [65] 他 〔過分 di-

discommise scommesso〕分離する, 解体する
discommise discommettere の直・遠過・3 単
disconnesse disconnettere の直・遠過・3 単
disconnettere [8] 他〔過分 disconnesso〕接続を断つ
disconobbe disconoscere の直・遠過・3 単
disconoscere [22] 他 認めようとしない, 否認する
disconoscimento 男 否認, 否定, 拒否
discontinuità 女 不連続; 断絶; 中止
discontinuo 形 不連続の; 一定しない
discordante 形 不一致の, 相違する, 不調和な, 矛盾する
discordanza 女 不一致, 相違, 不調和, 矛盾
discordare 他 1 一致しない, 異なる 2 (色や音が)不調和の 3 矛盾する
discorde 形 対立する, 相容れない
discordia 女 1 対立; 不和; 敵意, 仲たがい 2 (意見・評価の)相違, 不一致
discorrere [25] 自〔過分 discorso〕1 雑談する, おしゃべりする 2 話す, 語る, 議論する 3 動き回る 4 あれこれと思い巡らす
discorritore 形〔女[-trice]〕雑談の; 話の, 議論の ―男〔女[-trice]〕おしゃべりする人; 議論する人
discorse discorrere の直・遠過・3 単
discorsetto 男〔皮肉で〕(小言・泣き言などの)話, 愚痴
discorsino 男〔皮肉で〕(小言・泣き言などの)話, 愚痴
discorsività 女 口語的表現, 話し言葉
discorsivo 形 話し言葉の, 打ち解けた, くだけた
‡**discorso** [ディスコルソ] 男 1 話題, 議論, 話, 思考 ―*discorso* chiaro [coerente] 明快な[筋の通った]話 / Non riesco a seguire il tuo *discorso*. 君の考え方にはついていけない. / Che discorsi sono questi! 何だこの馬鹿げた話は! 2 会話, おしゃべり, 対談 ―attaccare *discorso* con... …に対して話し始める 3 演説, 講演, スピーチ 4 活動[行動]方針 5 雑談, 無駄話 6〔言〕話法 ―*discorso* diretto [indiretto] 直接[間接]話法 ▶ *perdere il filo del discorso* 話の筋が分からなくなる
discorsone 男〔皮肉で〕人の気を引こうとする話, 冗長で大げさな話, 大演説
discostarsi 再 離れる, 遠ざかる
discosto 形 遠い, 離れた ―副 遠く, 離れて
discoteca 女 1 ディスコ 2 レコードライブラリー
discotecario 男〔女[-a]〕レコードライブラリーの担当者
discotecaro 男〔女[-a]〕〔諧・蔑〕レコードマニア; ディスコ[クラブ]好きな人
discrasia 女 1 機能停止; 不安定; 混沌(にん)とした状態 2〔医〕血液疾患
discredito 男 信頼を失うこと, 不名誉, 不評
discrepante 形 相反する, 不一致な
discrepanza 女 相違, 不一致, 食い違い
discrepare 自〔io discrepo, discrepo〕相容れない, 相違する, 一致しない
discretezza 女 1 思慮深さ, 分別, 慎重さ 2 節度, 穏健, 中庸
‡**discreto** [ディスクレート] 形 1 控えめな, 穏当な; 慎み深い, 慎重な ―*prezzo discreto* 安価, 手頃な値段 / *uomo discreto* 慎重な人 2 (成果が)まずまずの, 合格点の 3《諧》かなりの, 相当な ―Ho una *discreta* fame. すごくお腹が空いた.
discrezione 女 1 分別, 判断力, 思慮深さ ―*anni* [età] della *discrezione* 分別がつく年齢 2 選択の自由, 自由意志[裁量] 3 節度, 穏健, 自制 ▶ *a discrezione* 独自の判断で; 好きなだけで; 無条件で
discriminabile 形 識別[区別]しうる
discriminante 形 1 識別の, 区別の, 差別の 2〔法〕情状酌量の ―女 1 (区別・識別のための)要素 2〔法〕情状酌量の要素[状況] ―男〔数〕判別式
discriminare 他〔io discrimino〕1 識別する, 区別する, 見分ける 2 分け隔てする, 差別する 3〔法〕情状酌量する
discriminativo 形 識別的な, 区別的な, 特徴的な
discriminatore 形〔女[-trice]〕区別する, 差別的な ―男〔女[-trice]〕識別[区別]する人, 差別する人
discriminatorio 形 区別を示す, 差別的な
discriminazione 女 識別, 区別; 差別, 分け隔て
discusse discutere の直・遠過・3 単
discussione 女 1 論議, 討議, 討論, 審議, 話し合い 2 口論, 言い争い, 論争 3 疑い, 疑問点; 反論, 異議 4〔法〕公判, 審理; 審問, 尋問; 弁論, 訴訟 ▶ *fuori discussione* 議論の余地のない *mettere in discussione* 疑う; 異議を申し立てる
discusso 形〔過分 < discutere〕論議を呼ぶ, 論争を引き起こす
‡**discutere** [ディスクーテレ] [36] 他〔過分 discusso〕1 討議[論議, 審議]する ―*discutere* di politica 政治について討論する 2 会話する, おしゃべりする, 話し合う ―Abbiamo discusso per tutta la sera. 私たちは一晩中語り合った. ―他 1 検討[吟味]する; 検査[検討]する ―*discutere* il piano 計画を検討する / *discutere* la tesi 学位[卒業]論文

discutibile を審査する 2 反論する; 留保する; 疑う 3 〔目的語をとらずに〕口論する, 言い争う — Non fanno che *discutere* tutto il tempo. 彼らは四六時中口げんかしている.

discutibile 形 1 議論の対象になる 2 不確かな, 納得できない, 議論の余地のある

discutibilità 女 問題性, 不確実性

disdegnare 他 軽んじる, 馬鹿にする, 見くだす

disdegno 男 軽蔑, 蔑み, 見くびり

disdetta 女 1 〔法〕解約通知 2 不運, 不幸 3 否認, 拒絶

disdettare 他 解約する, 無効にする

disdetto 形〔過分 < disdire〕1 取り消された, 解約された 2 〔前言を〕撤回された; 拒否された

disdicevole 形 不適当な, みっともない, はしたない

disdire [34(ただし命・2 単に disdici)] 他〔過分 disdetto〕1 取り消す, 解約する 2 〔前言を〕翻す; 拒否する 3 禁じる

disdisse disdire の直・遠過・3 単

diseconomia 女〔経〕(国内・2 国間の)経済的不均衡; 費用増大(しすぎ)

diseconomico 形〔複[男 -ci]〕不均衡[費用増大]をもたらす

diseducare 他〔io diseduco〕間違った方向に教育する, 教育の成果を無にする, 駄目にする

diseducativo 形 間違った教育の, 教育に悪影響を与える

diseducazione 女 誤った教育

disegnare 他 1 描く, デッサンする; デザインする 2 計画［企画]する, (構想を)練る 3 言い表す, 説明する 4 優雅［見事]にこなす —**arsi** 再 現れる

disegnatore 男〔女[-trice]〕製図者, 立案者, デザイナー

✽**disegno** [ディゼーニョ, ディゼーニョ] 男 1 素描, デッサン, スケッチ —*disegno* a matita [pastello, carboncino] 鉛筆[パステル, 木炭]画 2 模様, 柄, 図案, 意匠, デザイン 3 製図(法), 設計図; 線画の技法 4 〔文学作品の〕粗筋, 輪郭, 概略;〔音楽作品の〕構成 5 計画, 企画, 目的, ねらい, 目論見 —Le cose non sono andate secondo i suoi *disegni*. 事は彼の思惑通りには行かなかった. / *disegno* di legge 法案

disenfiare 他〔io disenfio〕(空気・ガスを)抜く, (腫れを)ひかせる —自 [es](空気・ガスが)抜ける, (腫れが)ひく —**arsi** 再 (空気・ガスが)抜ける, (腫れが)ひく

diserbante 形 除草(用)の —男 除草剤

diserbare 他 雑草を取り除く

diseredare 他 相続権をうばう, 廃嫡する

diseredato 形 相続権を奪われた, 廃嫡された

diseredazione 女 相続権の剥奪, 廃嫡

disertare 他 1 参加[出席]しない; 無視する, なおざりにする 2 破壊する, 荒廃させる 3 人口を激減させる —自〖稀〗[es] 1 (軍隊から)脱走する, 寝返る 2 (思想などから)離れる, 離脱[脱党]する; 義務を怠る

disertore 男〔女[-trice]〕1 脱走兵 2 放棄する人, 脱党者, 転向者, 裏切り者

diserzione 女 1 (軍隊からの)脱走 2 放棄, 脱党, 転向

disfacimento 男 1 分解, 解体 2 腐敗, 変質 3 衰弱, 衰え 4 堕落, 退廃

disfagia 女〔医〕嚥下(がぇ)障害

disfare [107] 他〔過分 disfatto〕1 解体する, ほどく, 緩める; (荷物などを)解く —*disfare* il letto ベッドからシーツと毛布を外す / *disfare* una maglia 編み物をほどく / *disfare* le valige スーツケースから中身を出す 2 台無しにする, 無にする 3 溶かす —Il sole ha disfatto la neve. 太陽が雪を溶かした. 4 壊す —**arsi** 再 1 腐る, 腐敗する 2 衰える 3 分解する 4 (雪などが)溶ける; なくなる 5 解放される, 免れる 6 (di) (不用な物を)処分する

disfasia 女〔医〕不全失語症

disfatta 女 (軍事上の)敗北, 降伏; 大敗, 大失敗

disfattismo 男 1 売国的行為 2 敗北主義

disfattista 男女〔複[男 -i]〕1 売国奴 2 敗北主義者

disfattistico 形〔複[男 -ci]〕敗北主義的な

disfatto 形〔過分 < disfare〕1 分解した, 解体した 2 腐敗した, 変質した 3 衰弱した, 衰えた 4 堕落した, 退廃した

disfece disfare の直・遠過・3 単

disfunzione 女 1 (国家機関などの)機能不全 2 〔医〕機能障害

disgelare 他 1 (氷を)溶かす, 解凍する 2 和らげる, ほぐす —**arsi** 再 (凍ったものが)溶ける

disgelo 男 1 (雪や氷が)溶けること 2 (関係の)改善, 雪解け, 緊張緩和

disgiungere [58] 他〔過分 disgiunto〕1 分ける, 引き離す 2 分けて考える, 区別する —**ersi** 再 分かれる, 離れる

disgiungibile 形 分離可能な; 区別されうる

disgiunse disgiungere の直・遠過・3 単

disgiuntivo 形 1 分離的な; 区別的な; 対比的な 2 〔言〕離接的な —con- giunzioni *disgiuntive* 離接的接続詞 (o, ma など)

disgiunto 形〔過分 < disgiungere〕分離した; 区別された

disgiunzione 女 1 分離; 区別 2 〔論〕選言命題 3 〔生化〕染色体分離

✽**disgrazia** [ディズグラーツィア] 女 1 他人の好意や支持を失うこと 2 不運, 不幸 3 不慮の出来事, 災難, 事故 ▶ *per disgrazia* 思いがけなく, 不運にも, あいに

disgraziato [ディズグラツィアート] 形 1 不運な, 不幸な; 惨めな, 哀れな 2 [間投詞的にこいつめ, しょうがない奴 —Cosa hai fatto, *disgraziato*? 何をしでかしたんだ, こいつめ. 3 (体に)障害[重い病気]のある 4 不成功[不首尾]の, 失敗した, 出来ない —viaggio *disgraziato* さんざんな旅行 5 解決困難な —男〔女[-a]〕1 不幸な[哀れな]人 2 野郎, 奴, ろくでなし

disgregabile 形 分解[解体]しうる; 風化しうる

disgregamento 男 分解; 崩壊

disgregare 他 1 分解する; 粉々に[ばらばらに]する 2 分裂[崩壊]させる 3 [化]可溶化する —arsi 再 1 分かれる, 分解する; 粉々になる 2 分裂[崩壊]する 3 消散する, 分散する

disgregativo 形 分解させる, 崩壊させる, 分離[崩壊]の

disgregato 形 分解した, 崩壊した

disgregatore 形〔女[-trice]〕分解させる, 崩壊させる —男〔女[-trice]〕分解[崩壊]させる人

disgregazione 女 1 分解; 崩壊 2 [地質]風化

disguido 男 1 誤配 2 失策, 失敗

disgustare 他 1 不快[不愉快]にさせる; むかつかせる 2 うんざりさせる —arsi 再 1 嫌気がさす, うんざりする 2 (関係を)断つ

disgusto 男 嫌悪感, 不快感, むかつき, 嫌気

disgustoso 形 嫌らしい; 見たくもない; むかつくような; うんざりする

disidratante 形 水分を取り除く —男 脱水剤, 乾燥剤

disidratare 他 水分を取り除く, 脱水する —arsi 再 水分が抜ける, 脱水状態になる

disidratatore 男 除湿[脱水]装置

disidratazione 女 1 脱水, 乾燥 2 [医]脱水症状 3 (野菜などの)乾燥保存

disillabo 形 [言]2音節の; [詩]2音節詩行の —男〔言]2音節; [詩]2音節詩行

disilludere [6] 他〔過分 disilluso〕(幻想から)目覚めさせる, 迷いを覚ます —ersi 再 迷いから覚める, 幻滅する

disilluse disilludereの直・遠過・3単

disillusione 女 迷いから覚めること, 幻滅, 失望

disimballaggio 男 (包み・箱を)解く[あける]こと, 中身を取り出すこと

disimballare 他 (包み・箱を)解く[あける], 中身を取り出す

disimparare 他 1 (学んだことを)忘れる 2 癖[習慣]をなくす

disimpegnare 他 1 (約束・義務から)解放する, 自由にする 2 (障害から)救い出す 3 抵当を取り戻す, 質受けする 4 (ふさがっていた部屋・電話などを)再び使えるようにする, 空いた状態にする 5 [軍](敵の攻撃から)解放する 6 [建]仕切る, 隔てる 7 (仕事・義務などを)遂行する —arsi 再 1 (約束・義務から)解放される, 自由になる 2 切り抜ける 3 [軍・スポ](敵の攻撃を)かわす

disimpegnato 形 1 (社会・政治・思想的問題に対して)自由[無関心]な 2 (服装が)カジュアルな

disimpegno 男 1 解放, 解約 2 [建]アクセスルーム, 物置 3 社会・政治的責任の拒否, 社会・政治・思想的無関心 4 抵当の回収, 質受け 5 (サッカーで)敵の攻撃を避けてパスすること 6 [医]胎児が産道から出ること

disimpiego 男〔複[-ghi]〕失業; [総称的]失業者

disincagliare 他〔io disincaglio〕1 (船)離礁させる(暗礁から救い出す) 2 障害を取り除く —arsi 再 1 (船)離礁する 2 窮地を脱する

disincaglio 男 離礁; 厄介ごとから抜け出すこと

disincantare 他 1 現実に引き戻す, 迷いを覚ます 2 魔法を解く —arsi 再 1 迷いから覚める 2 魔法が解ける

disincantato 形 正気(現実)に戻った

disincanto 男 1 迷いから覚めること; 魔法が解けること; 懐疑的なこと

disincarnare 他 (霊魂などを)肉体から分離させる —arsi 再 (霊魂などが)肉体から離脱する

disincarnato 形 (霊魂などが)肉体から離脱した

disincentivante 形 意欲を失わせる —男 やる気をなくさせるもの

disincentivare 他 1 誘因[刺激]を取り除く 2 やる気を失わせる 3 [経]抑制[抑止]する

disincentivazione 女 動機を失わせること, 落胆

disincentivo 男 意欲を阻害するもの, 行動を抑制するもの

disincrostare 形 水垢(みずあか)を取る —arsi 再 水垢が取れる

disincrostazione 女 水垢(みずあか)を落とすこと

disindustrializzare 他 工業設備[施設]を取り除く, 脱工業化する

disindustrializzazione 女 工業設備[施設]を取り除くこと, 脱工業化

disinfestante 形 駆除する —男 駆除剤, 除草剤

disinfestare 他 (害虫などを)駆除する

disinfestatore 男〔女[-trice]〕(害虫などを)駆除する人

disinfestazione 女 (害虫などの)駆除

disinfettante 形 消毒[殺菌]する —男 消毒薬[剤], 殺菌剤

disinfettare 他 消毒[殺菌]する —arsi 再 (自分の体の一部を)消毒する

disinfettore 男〔女[-trice]〕消毒

disinfezione 319 **disonestà**

る人
disinfezione 囡 消毒, 殺菌
disinfiammare 他 炎症を取り除く
—**arsi** 再 炎症が消える
disinformare 他 不十分な[間違った]情報を与える
disinformato 形 (情報を)知らない, 誤った情報を知らされた
disinformazione 囡 情報の欠如, 不十分な[間違った]情報
disingannare 他 (真実を知らせて)誤り[思い込み]を正す; 幻滅させる
—**arsi** 再 考えを改める, 思い直す, 幻想を捨てる
disinganno 男 考えを改めること, 誤り[思い込み]を正すこと
disingranare 他 (歯車の噛み合わせ)を離す, クラッチを切る
disinibire 他 [io -isco] [心] (自分自身の)抑制を取り除く —**irsi** 再 [心] (自分自身の)抑制を失う
disinibito 形 1 [心]抑制のない 2 慎みのない, 大胆な, 開放的な
disinibitorio 形 脱抑制の, 抑制を解除する
disinibizione 囡 脱抑制; 大胆な[慎みのない]振る舞い
disinnamoramento 男 心が離れること, 愛情を失うこと
disinnamorare 他 心を離れさせる, 愛情を失わせる —**arsi** 再 心が離れる, 愛情がうせる
disinnescare 他 1 (地雷・爆弾の)信管を外す 2 (緊張こ)和らげる
disinnesco 男 (地雷・爆弾の)信管を外すこと
disinnestare 他 接続を切る; クラッチを切る —**arsi** 再 接続が切れる
disinnesto 男 接続を切ること
disinquinamento 男 (汚染の)浄化
disinquinare 他 (汚染を)浄化する
disinserimento 男 接続を断つこと, 電源を切ること
disinserire 他 [io -isco] 接続を断つ, 電源を切る —**irsi** 再 接続が切れる
disinserito 形 1 接続[電源]が切れた 2 (社会に)適応しない, 迎え入れられない
disinserzione 囡 1 [医] (骨に付着した部分の)腱 1 [筋肉]の断裂; 網膜周辺の剥離 2 接続を断つこと, 電源を切ること
disintasare 他 障害[詰まり]を取り除く —**arsi** 再 (管などの)詰まりが取れる
disintegrare 他 [io disintegro] 1 粉砕する 2 崩壊させる —**arsi** 再 粉々になる; 崩壊する; 跡形もなく消える
disintegrazione 囡 1 分解, 崩壊, 粉砕 2 [物]核分裂 (disintegrazione atomica [nucleare])
disinteressamento 男 無関心, 関心を失わせること
disinteressare 他 関心を失わせる[そらす] —**arsi** 再 関心を失う, 興味

を持たない
disinteressato 形 私利私欲のない; 愛他的な
disinteresse 男 1 無関心 2 無欲, 無私
disintossicante 形 解毒作用のある —男 解毒剤
disintossicare 他 [io disintossico] 1 毒を除去する, 解毒する 2 悪影響を取り除く —**arsi** 再 薬物[アルコール]中毒から立ち直る
disintossicazione 囡 解毒; 薬物[アルコール]中毒を治すこと
disinvestire 他 [経]投資を削減する
disinvolto 形 (過分 < disinvolgere) 1 自然な, 屈託のない 2 はきはきした, ためらいのない 3 厚かましい, 無遠慮な 4 (服装などが)ゆったりした, きつくない
disinvoltura 囡 1 自然さ, 屈託[気取り]のなさ 2 はきはきした言動 3 厚かましさ, 無作法 4 軽率, 不注意
disistima 囡 軽視, 侮り, 軽蔑, 無視
disistimare 他 軽んじる, 見くだす, 軽蔑する —**arsi** 再 (自分を)低く評価する
disitalianizzare 他 非イタリア化する, イタリア的特徴をなくす
dislessia 囡 [医]難読症, 読書障害
dislivello 男 1 (2点間の)高低差 2 相違, 差異
dislocamento 男 1 移転, 移動 2 [船]排水量
dislocare 他 1 移動[移転]させる 2 [船]…の排水量を持つ —**arsi** 再 位置づける
dislocato 形 (ある位置に)配置された; 移動[移転]した
dislocazione 囡 1 移動, 移転 2 [地質]断層 3 (結晶の転位 4 [医]脱臼 5 [言]文要素の通常位置からの移動
dismenorrea 囡 [医]月経困難症
dismettere [65] 他 [[伊]dismesso] 使わない, 利用しない; やめる, 中断する
dismise dismettere の直・遠過・3単
dismissione 囡 中断, 中止, 廃止
dismnesia 囡 [医]記憶障害
disneyano 形 1 ディズニーの 2 純真な, 無邪気な
disobbedire → disubbidire
disobbligare 他 [io disobbligo] (義務・約束から)解放する, 放免する —**arsi** 再 1 (義務・約束から)解放される, 免れる 2 (di)…にお返しをする, 報いる
disoccupare 他 [io disoccupo] 空ける; 開放する, 自由にする
disoccupato 形 1 失業した, 無職の; 手の空いた, 暇な 2 (場所が)空いている —男 [囡 -a] 失業者; 無職の人
disoccupazione 囡 失業; 無職
disomogeneità 囡 非同質性, 非均質性
disomogeneo 形 非同質の, 非均質の
disonestà 囡 1 不正直, 不誠実 2

放埓(らつ), 不道徳, 不品行

disonesto 形 1 不誠実な, 不正直な; 不当な; たちの悪い 2 不道徳な, 恥ずべき —男 [女 -a] 不誠実な人, 破廉恥な人

disonorare 他 1 名誉をけがす[傷つける], 辱める 2 たぶらかす, たらしこむ —**arsi** 再 評判を落とす, 面目を失う

disonorato 形 1 評判[名誉]が傷ついた, 不面目な 2 処女性を失った; 妻に裏切られた

disonore 男 不名誉; 恥, 面汚し

disonorevole 形 不名誉な, 恥ずべき

disopra, di sopra 副 上に, 上の方へ, 上の階に —男 [不変] 上部, 上面

disordinare 他 [io disordino] 1 散らかす, ひっくり返す 2 かき乱す, 困惑する 3 (命令を)撤回する —自 度を越す

disordinato 形 1 乱れた, 乱雑な 2 不明瞭な, 筋の通らない, 混乱した 3 だらしない, 片づけられない 4 不規則な, 不摂生な 5 均質[同質, 同種]でない

***disordine** [ディゾルディネ] 男 1 乱れ, 乱雑, 無秩序; 混乱 —In quella casa c'è un gran *disordine*. あの家の中はとんでもない乱雑だ. 2 不節制, 節度のなさ —*disordine* nel mangiare [bere] 暴食[暴飲, 深酒] 3 不規則, 無規律, 混乱, 管理の悪さ —il *disordine* dei servizi postali 郵便事業の非能率 4 [複数で] 騒動, 動乱, 騒擾(じょう), 擾(じょう)乱 —La manifestazione ha provocato gravi *disordini*. デモは大規模な騒乱を引き起こした.

disoressia 女 [医] 食欲不振

disorganicità 女 系統だっていないこと, 支離滅裂, 不統一

disorganico 形 [複 [男 -ci]] まとまりのない, 支離滅裂な, 不統一な

disorganizzare 他 (組織・秩序を)破壊する, 混乱させる —**arsi** 再 (組織・秩序が)破壊する, 混乱する

disorganizzato 形 1 (組織・秩序が)崩壊した, 混乱した 2 まごまごした, 手際の悪い

disorganizzazione 女 組織[秩序]の崩壊, 無秩序, 混乱

disorientamento 男 1 道に迷うこと 2 当惑, 狼狽(ろう) 3 [心] 失見当識

disorientare 他 1 道に迷わせる, 方向を見失わせる 2 まごつかせる, 困惑させる, 途方に暮れさせる —**arsi** 再 1 方向を見失う, 道に迷う 2 当惑する, 狼狽(ろう)する

disorientato 形 1 方向を見失った, 道に迷った 2 当惑した, 困惑した

disormeggiare 他 [io disormeggio] [io -isco] 1 (船)もやい綱を解く, 出航する 2 [空] (水上飛行機・飛行船の)係留を解く

disossare 他 1 (調理のために鶏や魚の)骨を取る 2 (果物などの)種を取る

disossidare 他 [io disossido] [化]酸素を除く, 酸化物を還元する

disostruire 他 [io -isco] 1 障害物を取り去る 2 [医]閉塞を取り除く —**irsi** 再 障害物がなくなる; [医]閉塞がなくなる

disostruzione 女 障害物がなくなること; [医]閉塞がなくなること

disotto, di sotto 副 下に, 下の方へ, 下の階に —形 [不変] 下の, 下側の, 下の階の —男 [不変] 下部, 下側, 下方

dispaccio 男 1 (重大問題に関する)公文書; 外交親書 2 書簡, 書類 —*dispaccio* telegrafico 電報

disparato 形 全く異なる, 共通点のない

dispari 形 [不変] 1 奇数の 2 異なった, 等しくない —男 [不変] 奇数

disparità 女 1 明らかな相違, 格差 2 (意見・思想の)不一致

disparte 副 [次の成句で] ▶ *in disparte* 別々に, 離して

dispendio 男 1 莫大な出費 2 浪費, 無駄遣い

dispendioso 形 1 非常に高価な, ぜいたくな, 不経済な 2 困難な, 骨の折れる

dispensa 女 1 食器棚; 食料貯蔵室 2 (雑誌などの)号, 巻, 分冊, (シリーズの)一部 3 店, 小売店 4 [法]適用免除

dispensabile 形 (義務から)免れうる, 免除されうる

dispensare 他 1 分配する, 分け与える; ふりまく 2 免除する —**arsi** 再 免れる, 控える, 慎む

dispensario 形 (無料または低料金の)診療所

dispensiere 男 [女 -a] 1 (船などの)食料係, 給仕係 2 分配者, 施与者

dispepsia 女 [医]消化不良

dispeptico 形 [複 [男 -ci]] 消化不良の —男 [複 [-ci] 女 [-a]] 消化不良の人

***disperare** [ディスペラーレ] 他 望みを失う, 絶望する; [di + 不定詞, che + 接続法]…するのを諦める —自 [di]絶望する; 観念する —**arsi** 再 絶望する; 落胆する

disperato 形 1 望みを絶たれた, 絶望[失望]した; 絶望的な, 見込みのない —situazione *disperata* 絶望的な状況 2 破れかぶれの, 捨てばちの, 向こう見ずな; 死に物狂いの —tentativo *disperato* 無謀な試み 3 激しい, 猛烈な —Raggiunse il treno con una corsa *disperata*. 列車はものすごい速さで到着した. 3 [緩和表現で] 心配な, 不安な, 気がかりな —男 [女 -a] 1 絶望した人 2 自暴自棄[やけ]になった人 3 [口]文なしの人, 貧乏人, みじめな人 4 悪党, ならず者

***disperazione** [ディスペラツィオーネ] 女 1 絶望, 失望, 落胆, 意気消沈 2 苦労[悩み]の種

disperdere [74] 他 [過分 disperso] 1 追い払う[散らす], 散乱させる 2 浪費する 3 投棄する 4 打ち勝つ —**ersi** 再 1 四散する, 散りぢりになる 2 (多くの事に手を出しすぎて)消耗する 3 無駄にな

disperdimento 男 → dispersione
disperse disperdere の直・遠過・3単
dispersione 女 1 分散, 四散; 浪費 2 〔化・物〕分散 3 〔統〕ばらつき
dispersività 女 分散性, ばらつき
dispersivo 形 1 (力や金を)無駄に使う; 無駄の多い 2 〔化・物〕分散する ― 男〔女 [-a]〕(力や金を)無駄に使う人; 無駄の多い人
disperso 形〔過分 < disperdere〕1 散らばった, 分散した 2 なくした, 消失した 3 (戦争や災害で)消息[行方]不明の ― 男〔女 [-a]〕消息[行方]不明者
dispetto 男 1 意地悪, 嫌がらせ 2 苛立ち, くやしさ, 腹立ち ▶ **a dispetto di A** [**per dispetto**] A(人)の意に[B(物)にも]かかわらず / **per dispetto** わざと
dispettoso 形 1 意地悪な, 悪意のある 2 不愉快な, 無礼な

‡**dispiacere**[1] [ディスピアチェーレ][76] 自〔過分 dispiaciuto〕 1 不愉快になる, いやになる, 気に入らない ―È un suono stridulo che *dispiace* all'orecchio. あれは耳障りな音だ. / **dispiacere a...** …が残念に思う / Non mi *dispiace* la vita di campagna. 田舎暮らしもなかなかいいものだ. 2 残念[遺憾]に思う, 悔やむ, 惜しむ ―mi *dispiace* 申し訳ありませんが(相手の意に添えない), お気の毒に, 残念です / Mi è *dispiaciuto* sapere che ti è morto il cane. 犬が死んだのは気の毒だったね. 3〔丁寧な表現・依頼で〕…してくれませんか ―Ti *dispiace* passarmi il sale? 悪いけど塩を取ってもらえないかな. ―**ersi** 再 残念に思う; 気を悪くする; わびる

dispiacere[2] 男 1 胸の痛み, 苦悩, 苦痛 ―Ho provato un grande *dispiacere* per la sua partenza. 彼が発ってひどく悲しかった. 2 遺憾, 残念, 機嫌, 心残り ―con molto *dispiacere* とても残念なことに 3 心配, 不安, 気がかり, 悩み ―Poverina, i *dispiaceri* l'hanno invecchiata. 気の毒に, 心配事で彼女は老け込んでしまった. 4 不愉快, 不機嫌, 苛立ち; 失望, 落胆

dispiaciuto 形〔過分 < dispiacere[1]〕 1 気の毒な, かわいそうな 2 残念に思う, すまないと思う
dispiacque dispiacere の直・遠過・3単
dispiegamento 男 明らかにする[なる]こと, 暴露すること
dispiegarsi 再 1 (山脈などが)見渡す限り広がる 2 広まる, 流布する
dispnea 女 〔医〕呼吸困難

‡**disponibile** [ディスポニービレ] 形 1 用意[利用]できる ―somma *disponibile* subito すぐ準備できる金額 2 自由に使える, 利用できる 3 ―Ci sono posti *disponibili* 空席はありますか. 3 体の空いた, 自由な, 融通がきく ―Oggi non sono *disponibile*. 今日は都合がつかない. 4 《a》 意欲的な, いとわない, …するつもりがある 5 偏見のない, 受容性のある, 心の広い

disponibilità 女 1 利用できること 2 意欲, やる気 3 助けになること, 役立つこと 4 (お金などの)融通; 余裕

‡**disporre** [ディスポッレ][79] 他〔過分 disposto〕 1 整頓[整列], 整理する, 配置[配列]する, 置く, 据える, 並べる ―Ho *disposto* i libri nella biblioteca secondo l'argomento. 図書館の本をテーマごとに整理した. 2 用意する, 準備する ―*disporre* la camera per gli ospiti お客さんのために部屋を整える 3《a》…(の)気に)させる 4 決める, 決心[決定]する 5 命じる, 定める ― 自《di》1 …を自由に使える, 思い通りにする 2 …を備えている, 持つ, 所有する ― **orsi** 再《a》 1 整列する, 並ぶ 2 覚悟する; 備える

dispose disporre の直・遠過・3単
dispositivo 形 (一定の目的のために)並べた, 配置した; 規定の ― 男 1 装置, 仕掛け 2 (判決などの)主文 3〔軍〕部隊の配置

‡**disposizione** [ディスポズィツィオーネ] 女 1 配置, 配列, 整理, 整頓, 整列 2 気分, 気持ち, 機嫌, 心構え ―essere in una buona [cattiva] *disposizione* d'animo 上機嫌[不機嫌]である 3 素質, 資質, 性向 ―avere *disposizione* per la musica 音楽の才能がある 4 規定, 規則, 命令, 指示 ―Sono a Sua [tua] *disposizione*. 何なりとおっしゃってください[何でも言ってね]. / **avere... a disposizione** …を自由にできる / **essere a disposizione di...** (人)の意のままになる

disposto 形〔過分 < disporre〕 1 (適切に)配置[配列]された 2 用意[準備]ができた 3 …するつもりがある, 進んでする 4 定められた ― 男〔法〕規定, 条項
dispotico 形〔複[男 -ci]〕1 専制[独裁]的な 2 横暴な, 独断的な
dispotismo 男 1 専制[独裁]政治 2 横暴, 独断的なこと
dispregiativo 形 けなした, 蔑んだ, 見くびった ― 男〔言〕軽蔑辞, 軽蔑語
dispregio 男 軽蔑, 見くびり; 軽蔑
disprezzabile 形 1 卑しむべき, 軽蔑すべき 2 何ら重要でない, 無視できる
disprezzare 他 1 軽蔑[侮蔑]する, 蔑む, 侮る 2 無視する, 見くびる ―**arsi** 再 自己嫌悪する
disprezzatore 形〔女 [-trice]〕 けなす, 蔑む, 見くびる ― 男〔女 [-trice]〕 軽蔑する人, 無視する人
disprezzo 男 1 軽蔑, 侮り 2 無視, 嘲笑
disprosio 男 〔化〕ジスプロシウム(元素記号 Dy)
disputa 女 1 (特別の話題に関する)議論 2 口論, 激論 3 (試合の)展開

disputabile 形 議論[論争]の余地のある，疑わしい

disputabilità 女 議論[論争]の余地のあること，疑わしいこと

disputare 自 [io disputo] 1 論争する，議論する 2 言い争う，口論する 3 争う，競争する ― 他 1 争奪する，競う 2 試合をする 3 論争する，議論する ―**arsi** 再 争い合う，競い合う

disquisire 自 [io -isco] (長々と詳しく)論じる

disquisitore 男 [女 [-trice]] (長々と詳しく)論じる人

disquisizione 女 長く詳しい論考[検証]

dissacrante 形 冒瀆(とく)する，冒瀆的な

dissacrare 他 1 (価値が高いと見なされたものを)あざ笑う，異議を唱える 2 神聖さを奪う

dissacratore 形 [女 [-trice]] 神聖さを奪う ― 男 [女 [-trice]] 神聖性を奪う人，冒瀆(とく)する人

dissacratorio 形 神聖さを奪う，冒瀆(とく)する

dissacrazione 女 1 (価値が高いと見なされたものを)あざ笑うこと，異議を唱えること 2 神聖さを奪うこと，冒瀆(とく)

dissalare 他 塩抜きする; (海水などを)脱塩する

dissalatore 男 塩分を除く装置

dissalazione 女 (海水などを)脱塩すること; 塩分除去

dissaldare 他 1 はんだ[溶接]を剥がす 2 (関係などを)断ち切る[壊す] ―**arsi** 再 1 (はんだ・溶接がとれて)分離する 2 (関係などが)壊れる

dissanguamento 男 1 血を抜き取ること，出血 2 (お金などを少しずつ)奪うこと

dissanguare 他 [io dissanguo] 1 (生命を危険にさらすほど)出血させる，血を抜き取る 2 (お金などを少しずつ)奪う ―**arsi** 再 1 (命に関わるほど)出血する，血を失う 2 資産を使い果たす

dissapore 男 (些細な)不一致，相違，誤解

disse dire の直・遠過・3 単

disseccamento 男 干からびること，干上がること

disseccare 他 1 干からびさせる，乾燥させる; (池などを)干す 2 消耗させる，疲れさせる ―**arsi** 再 1 干からびる，干上がる 2 消耗する

disseccativo 形 乾燥させる

disselciare 他 [io disselcio] (道路などの)舗装を剥がす

dissellare 他 (馬の)鞍を外す

disseminare 他 [io dissemino] 1 撒き散らす，ばら撒く，ちりばめる 2 広める，普及させる ―**arsi** 再 1 散らばる，散りぢりになる 2 広まる，流布する

disseminatore 形 [女 [-trice]] 撒き散らす，広める ― 男 [女 [-trice]] 広める人，普及者

dissennatezza 女 無分別，愚かさ，軽率; 狂気，錯乱; 支離滅裂

dissennato 形 無分別な，愚かな; 非論理的な，支離滅裂な

dissenso 男 1 (意見や利害の)対立，不同意 2 (少数派の)批判 3 反対派，反主流派

dissenteria 女 1 [医] 赤痢 2 《口》下痢

dissentire 自 意見が合わない，異を唱える ―Devo *dissentire* da voi su molti punti. 私は多くの点で君たちに反対しなければならない．

dissenziente 形 1 意見を異にする，同意しない 2 英国国教会に反対の ― 男女 1 意見を異にする人，同意しない人 2 英国国教反対者

disseppellimento 男 1 (死体を)掘り出すこと 2 発掘すること，明るみに出すこと 3 (忘れられていたものを)掘り起こすこと

disseppellire [106] 他 [過分 dis-sepolto, disseppellito] 1 (死体を)掘り出す 2 発掘する，明るみに出す 3 (忘れられていたものを)掘り起こす

dissequestrare 他 [法] 差し押さえを解除する; (差し押さえたものを)返還する

dissequestro 男 差し押さえの解除

dissero dire の直・遠過・3 複

dissertare 自 (詳細に・長々と)論じる，話す

dissertatorio 形 講演の，論考の，論文の

dissertazione 女 (特に学術的な問題についての)議論，講演，論考，論文

disservizio 男 (公共サービスの)非能率

dissestare 他 1 不均衡[不安定]にする 2 悪い状態にする 3 破産させる ―**arsi** 再 悪い状態になる

dissesto 男 1 不均衡，不安定 2 財政危機，破産

dissetante 形 喉の渇きを癒やす ― 男 清涼飲料

dissetare 他 1 喉の渇きを癒やす 2 満足させる，満たす ―**arsi** 再 1 喉の渇きが癒える 2 満足する

dissezione 女 1 [医] 解剖 2 詳細な分析

dissi dire の直・遠過・1 単

dissidente 形 (宗教・政治的に)意見を異にする，異論を持った ― 男女 (宗教・政治的に)意見を異にする人

dissidenza 女 (意見の)相違，不一致; 《総称的》意見を異にする人

dissidio 男 1 (意見・関心・感情の)強い対立 2 不和，口論

dissigillare 他 封を切る[あける]

dissimile 形 同じでない，異なる，違った ― non *dissimile* da... …にほぼ同じである

dissimmetria 女 不均整，非対称

dissimmetrico [複 [男 -ci]] 不均

整な, 非対称の
dissimulabile 形 隠す[偽る]ことのできる
dissimulare 他 [io dissimulo] 隠す, 偽る; …のふりをする
dissimulato 形 隠した, 偽った
dissimulatore 形 [女[-trice]] 隠した, 偽った 2 [女[-trice]] (真意を)隠す人, 猫かぶり
dissimulazione 女 1 隠すこと, 偽ること 2 [医] 届け出義務のある病気の申告をしないこと
dissipabile 形 消散しうる; 追い払える, 解消できる; 浪費しやすい
dissipare 他 [io dissipo] 1 散らす; 晴らす 2 浪費する —**arsi** 再 1 消散する, 消える 2 放蕩(うとう)する
dissipatezza 女 放蕩, 放埓(ほうらつ)
dissipato 形 放蕩(ほうとう)な, 道楽の
dissipatore 男 1 [女[-trice]] 浪費家, 放蕩(ほうとう)者 2 [電・機]ヒートシンク, 放熱器[板] 3 ディスポーザー 4 [登山]落下の際, ザイルの滑る速度を緩める装置
dissipazione 女 1 浪費, 蕩(とう)尽 2 放蕩, 放埓(ほうらつ) 3 [物]散逸
dissociabile 形 分離できる, 区別できる
dissociabilità 女 分離できること, 区別できること
dissociare 他 [io dissocio] 1 分離する, 引き離す 2 [化]解離させる —**arsi** 再 (da) (思想上の理由で)離れる, 意見を異にする
dissociativo 形 分離性の; [化]解離性の
dissociazione 女 1 分離, 分裂 2 [化]解離 3 [心]解離 4 [医]組織の分離
dissodamento 男 開墾, 開拓
dissodare 他 開墾する, 開拓する
dissolse dissolvere の直・遠過・3単
dissolto dissolvere の過分
dissolubile 形 溶解性の, 分解できる
dissolubilità 女 溶解性, 可溶性
dissolutezza 女 放蕩(ほうとう), 自堕落, 不品行
dissolutivo 形 溶解する, 分解する
dissoluto 形 放蕩(ほうとう)な, 自堕落な —**a** 女[-a]] 放蕩者, 身を持ちくずした人
dissoluzione 女 1 分解, 解体 2 消散; 払拭 3 腐敗 4 放蕩 4 溶解
dissolvenza 女 [映・放]溶暗, フェードアウト; 溶明, フェードイン —*dissolvenza di chiusura* フェードアウト[溶暗] / *dissolvenza di apertura* フェードイン[溶明] / *dissolvenza incrociata* クロスフェード
dissolvere [93] 他 [過分 dissolto] 1 分解する, 分解する, 崩壊させる —*dissolvere un legame* 関係を解消する 2 晴らす, 散らす, 追い払う —*Il sole ha dissolto la nebbia.* 太陽が霧を消散させた. / *dissolvere un dubbio* 疑いを晴

らす 3 溶かす —**ersi** 再 1 解体する, 崩壊する, 消滅する 2 溶ける, 溶解する
dissolvimento 男 → dissoluzione
dissonante 形 1 一致しない, 不調和な 2 [音]不協和音を出す
dissonanza 女 1 [音]不協和音 2 不一致, 不調和
dissonare 自 [io dissuono] 1 [音]不協和音を出す 2 一致しない, 調和しない
dissotterramento 男 1 (死体を)掘り出すこと 2 発掘, 明るみに出すこと 3 思い起こすこと
dissotterrare 他 1 (死体を)掘り出す 2 発掘する, 明るみに出す 3 思い起こす
dissuadere [75] 他 [過分 dissuaso] 思いとどまらせる, ひきとめる —*Lo dissuaderò dall'acquisto di quell'auto.* 彼があの車を買わないように思いとどまらせよう. —**ersi** 再 (熟慮して)思いとどまる
dissuase dissuadere の直・遠過・3単
dissuasione 女 思いとどまらせること; (国際政治で)抑止
dissuasivo 形 思いとどまらせる, 制止の; 抑止の
dissuaso dissuadere の過分
dissuggellare 他 開封する
distaccamento 男 1 [軍]派遣(隊), 分遣 2 分離, 剥離
distaccare 他 1 (da) 剥がす, 取り外す 2 (da) 引き離す, 遠ざける, 疎遠にする 3 [スポ](競技で)大差をつける 4 転任[転属]させる 5 [軍](特別任務に)派遣する —**arsi** 再 1 分離する; 離れる, 遠ざかる 2 際立つ, 目立つ
distaccato 形 1 分離した; 離れた 2 無関心な; 冷淡な, 慎み深い
distacco 男 [複[-chi]] 1 分離, 引き剥がし 2 遮断, 中断 3 遠ざけること, 引き離し; 別離 4 無関心, 無頓着, 冷淡 5 [スポ](競技の)大差, リード, ビハインド
distante 形 1 離れた, …の距離がある 2 遠い, 遠距離の 3 異なった, 別の 4 無関心な, 冷淡な, よそよそしい; うわの空の
***distanza** [ディスタンツァ] 女 1 間隔; 距離 —*tenere [mantenere] le distanze da...* (人)に気を許さない 2 遠く離れていること, 遠距離 —*a distanza* 遠くに, 離れて, 遠隔で 3 (時間的な)隔たり —*L'ho rivisto a distanza di 30 anni.* 30 年ぶりに彼に再会した. 4 相違, 差異, 差 —*C'è una bella distanza fra le nostre idee.* 私たちお互いの考えはずいぶん違う.
distanziamento 男 1 間隔を置いて配置すること 2 [スポ]追い抜くこと 3 勝ること
distanziare 他 [io distanzio] 1 一定の間隔を置く, 間隔を置いて配置する 2 [スポ]追い抜く, 引き離す 3 勝る, しのぐ —**arsi** 再 遠ざかる, 離れる
distanziato 形 1 (特にスポーツで)引き離された 2 一定の距離を置いた

distare 自〚複合時制なし〛**1** 距離がある，離れている **2** 隔たる，かけ離れる

distendere [117] 他 〚過分 disteso〛 **1**（手足などを）伸ばす，広げる **2**（精神的な緊張を）ほぐす，緩める —Quando sono agitato, la musica mi *distende*. 気持ちが高ぶったとき，音楽がなだめてくれる．**3** 広げる，伸ばす，開く —*distendere* una tovaglia テーブルクロスを広げる **4** 塗る，薄く伸ばす **5** 横たわらせる，寝かせる —**ersi** 再 **1** 緩む，やわらぐ；くつろぐ，リラックスする **2** 横たわる，寝そべる **3** 広がる，伸びる **4** 長々と説明を加える，敷衍(えん)する

distendibile 形 **1** 緩められる，ほぐせる **2** 伸ばせる，広げられる

distensione 女 **1**（手足を）伸ばすこと **2**（緊張の）緩和；［政］緊張緩和 **3**［スポ］（重量挙げの）ジャーク

distensivo 形 **1**（筋肉を）伸ばす **2** 緩める，ほぐす **3** 心が安まる，穏やかな **4**［政］緊張緩和の

distesa 女 **1** 広がり，広々とした空間［場所］；面積 **2** 連なり，列，連続 ▶*a distesa*（大きな声や音を）長く伸ばして

disteso 形 〚過分＜ distendere〛 **1** 伸ばした，広げた **2** 横になった **3** くつろいだ，リラックスした

distillabile 形 蒸留できる

distillare 他 **1** 蒸留する **2** 引き出す，抽出する **3** 滴り出る —自 [es] 滴る

distillato 形 **1** 蒸留した **2** 念入りな，洗練された —男 **1** 蒸留液，蒸留酒 **3**〚諸〛精髄，真髄

distillatore 形〚女 [-trice]〛蒸留する —男 **1** 蒸留器 **2**〚女 [-trice]〛蒸留酒製造者

distillazione 女〚化〛蒸留

distilleria 女 蒸留所，蒸留酒製造所

＊**distinguere**［ディスティングェレ］[37] 他〚過分 distinto〛**1**（da）（違いをはっきりと）見分ける［聞き分ける］，識別する —*distinguere* il bene dal male 善悪を見極める / Non lo *distinguo* da suo fratello. 彼と兄さんの見分けがつかない．**2** 分類［分割］する，区分する —*Distingueremo* gli studenti in tre gruppi. 学生を三つのグループに分けようと思う．**3**（区別のために）目印などをつける —*Distingue* la valigia con un'etichetta rossa. 彼はスーツケースに赤いラベルを貼って目印にしている．**4** 特徴［性格］づける —La parola *distingue* l'uomo dagli animali. 言葉によって人は動物と区別される．—**ersi** 再 **1** 違う，異なる，識別できる —Il mio telefonino *si distingue* dal tuo per il colore. 僕の携帯電話は色で君のと区別できる．**2** 目立つ；秀でる —Nella matematica *si distingueva* fra tutti. 数学で彼は誰よりも飛び抜けていた．

distinguibile 形 見分けられる，識別できる

distinguo 男〚不変〛（繊細な）区別；《口》杓(しゃく)子定規な区別，煩瑣(はんさ)な議論

distinse distinguere の直・遠過・3 単

distinta 女 一覧表，明細書，目録，カタログ

distintivo 形 識別［区別］する，特有の，特徴的な —男（識別するための）記章，ワッペン，バッジ

distinto 形 〚過分＜ distinguere〛**1** 分けられた，分割［分類］された **2** 異なった，違った，別の —*A* e *B* sono due cose ben *distinte*. AとBの二つは全く別のものだ．**3**（はっきりと）区別［識別］できる，明瞭な —parole poco *distinte* 不明瞭な言葉 **4** 上品な，洗練された，丁寧な **5**（手紙などで）尊敬する，優れた —*distinti saluti* 敬具

distinzione 女 **1** 区別，識別；差別 **2** 違い，差異 **3** 分離，分割 **4** 上品さ，洗練 **5** 敬意，尊敬

distogliere [120] 他 〚過分 distolto〛 **1**（da）…からそらす［離す］ **2** 思いとどまらせる，断念させる —**ersi** 再 **1** 思いとどまる，やめる **2** 気分転換

distolse distogliere の直・遠過・3 単

distoma 男〚複[-i]〛〚動〛ジストマ

distonia 女〚医〛ジストニア

distorcere [121] 他 〚過分 distorto〛 **1**（事実を）曲げる［ゆがめる］ **2** ねじる，曲げる —**ersi** 再 **1** 捻挫する **2** 身をよじる

distorcimento 男 **1**（事実を）曲げる［ゆがめる］こと **2** ねじること，曲げること

distorse distorcere の直・遠過・3 単

distorsione 女 **1** ゆがめること，歪(わい)曲 **2**［医］捻挫；脱臼 **3**［光］収差，ひずみ **4**［電子］ひずみ **5**［心］歪曲

distorto 形 〚過分＜ distorcere〛 誤った，ねじ曲がった

distraibilità 女 すぐに気が散ること

＊**distrarre**［ディストラッレ］[122] 他 〚過分 distratto〛 **1**（注意や視線を）そらす —*Ho distratto* gli occhi un attimo dal libro. 本からちょっと目をそらした．**2** 気を散らす，散漫にする —Questi rumori mi *distraggono*. この騒音では気が散ってしまう．**3** 楽しませる，面白がらせる **4**（資金を）流用する —**arsi** 再 **1** 気が散る **2** 気を紛らす；楽しむ **3**〚諸〛アバンチュールを求める

distrasse distrarre の直・遠過・3 単

distrattamente 副 ぼんやりして，上の空で

distrattivo 形 **1** 気晴らしに向いた **2** 捻挫の［による］

distrazione 女 **1** 注意散漫，うわの空，放心 **2** ささいな間違い［ミス］ **3** 気晴らし，娯楽 **4**〚諸〛情事，アバンチュール **5**（資金の）流用

distretto 男 地区，地域，管区；管理局

distrettuale 形 地域の，管区の

distribuibile 形 分配［配分］しうる，

distribuire [ディストリブイーレ] 他 [io -isco] **1** 分配する, 割り当てる —*distribuire* i posti agli invitati 招待客に席を割り当てる **2** 配布[配達]する —*distribuire* i giornali 新聞を配る **3** ふんだんに与える, ばらまく;《諸》[打撃を]与える —*distribuire* sorrisi 笑顔をふりまく **4** 配置[配列]する —*distribuire* i libri sugli scaffali 本棚に本を整頓する **5** 供給する, 配給する —*distribuire* il gas ガスを供給する —**irsi** 再 整列する

distributività 女 配分性, 供給性

distributivo 形 分配[配分]の, 供給の

distributore 男〔女[-trice]〕**1** 配布[分配, 配達]者, 配布係 **2** 配給[卸売]業者, 販売機; 給油機, ガソリンスタンド (distributore di benzina) **4**〔機〕配電器, ディストリビューター

distribuzione 女 **1** 分配, 配分 **2** 配布, 配達 **3** 授与, 分け与え **4** 配置, 配列 **5** 供給, 配給 **6**〔経〕流通(機構) **7**〔機〕調時装置 **8**〔言・統〕分布

districabile 形 ほぐせる; 解決しうる

districamento 男 ほどくこと; 解決

districare 他 ほぐく, 解きほぐす; 解決する —**arsi** 再 逃れる, 免れる

distrigare → districare

distrofia 女〔医〕栄養失調(症), 異栄養(症); ジストロフィー —*distrofia* muscolare 筋ジストロフィー

***distruggere** [ディストルッジェレ] [38] 他〔過分 distrutto〕**1** 完全に[取り返しがつかないほど]破壊する —La siccità ha *distrutto* il raccolto. 干魃(ばつ)は収穫に大打撃を与えた. **2** 絶滅[全滅]させる —*distruggere* gli insetti nocivi 害虫を撲滅する **3** 総崩れにする, 敗走させる **4** くじけさせる, だめにする, つぶす, 台無しにする, 破滅させる —*distruggere* una speranza 望みを断つ / La morte del figlio ha *distrutto* quell'uomo. 息子の死はあの人を打ちのめした. —**ersi** 再 健康を損なう;(体の一部を)痛める

distrusse distruggere の直・遠過・3単

distruttibile 形 破壊できる, 壊れやすい

distruttività 女 破壊性, 破壊力

distruttivo 形 破壊的な

distrutto 〔過分 < distruggere〕**1** 破壊された **2** 消耗した, やつれた

distruttore 形〔女[-trice]〕破壊する —男〔女[-trice]〕破壊者

distruzione 女 **1** 破壊, 崩壊 **2**〔複数で〕全滅, 壊滅, 荒廃 —le *distruzioni* causate dal terremoto 地震による壊滅 **3** 殲(せん)滅, 大量殺人 **4** 破壊する人[物], (破滅の)原因

***disturbare** [ディストゥルバーレ] 他 **1** 迷惑をかける, 邪魔をする,(気をそらす[散らす] —Il rumore mi *disturba*. 私は騒音にはうんざりする. / Disturbo se fumo? タバコを吸ってもいいですか. / Disturbo? お邪魔かな. **2** 妨げる, 阻む, かき乱す —La pioggia ha *disturbato* la cerimonia. 雨で式典が中断した. **3** 不快にさせる, 調子を崩させる —*disturbare* lo stomaco 胃の調子を悪くする —**arsi** 再 気遣う, 骨を折る —Non si *disturbi*! お気遣いなく. | お構いなく.

disturbato 形 **1** 迷惑した, 邪魔された **2** 神経症の, 精神障害の; 健康がすぐれない **3** (電波の干渉などで)乱された

disturbatore 形〔女[-trice]〕乱す, 困らせる, 迷惑をかける —男〔女[-trice]〕妨害者, 邪魔者

disturbo [ディストゥルボ] 男 **1** 迷惑; 邪魔, 妨害 **2** (体調や具合の悪いこと, 軽い疾患 **3** 電波障害[妨害]; 雑音

disubbidiente 形 言うことを聞かない, 反抗的な —男女 反抗的な人, 手に負えない人

disubbidienza 女 **1** 不服従, 反抗 **2** (命令や規律に対する)違反

disubbidire 自 [io -isco] (a) …に逆らう, 背く, 反抗する —他《口》背く

disuguaglianza 女 **1** 不同, 相違, 不均衡, 不平等 **2**〔数〕不等式

disuguagliare 他〔io disuguaglio〕不同にする, 相違させる, 不均衡にする

disuguale 形 **1** 同等でない, 等しくない, 不揃いな **2** 平坦でない, でこぼこした **3** 一定しない, 変わりやすい

disugualità → disuguaglianza

disumanità 女 非人間性, 無慈悲; 非人道的なこと

disumanizzare 他 人間性を奪う

disumanizzazione 女 人間性の喪失

disumano 形 非人間的な, 冷酷な, 不人情な

disumidire 他 [io -isco] 湿気を取る, 除湿する

disunibile 形 分けられる, 分離できる

disuniforme 形 不同の, 不均等な, 非均質の

disunione 女 **1** 不和, 不一致, 軋轢(あつれき) **2** 分離, 分裂

disunire 他 [io -isco] **1** 分ける, 分離する **2** 不和にする, ばらばらにする —**irsi** 再 **1** 分かれる, 離れる; 別居する **2**〔スポ〕(動きが)ぎくしゃくする

disunità 女 不統一, 不調和

disunitezza 女 不統一, 不調和; 不揃い, まとまりのなさ

disunito 形 不統一な, 不調和な; 不和な

disusare 他 使うのをやめる

disusato 形 使用されなくなった, 廃れた

disuso 男 不使用, 廃止

disutilità 女 **1** 無益, 無駄, 不適格, 無力 **2**〔経〕非有用性

disvalore 男 **1** 無価値 **2**〔哲〕反[無]価値 **3**〔経〕欠損, 価値の下落

ditale 男 **1** (裁縫の)指ぬき;(保護用

ditalino 男 1〚複数で〛小型のディターリ 2〚俗〛女性のマスターベーション

ditata 女 1 指で突くこと 2 指の跡;指ですくえる量

Dite 固名(男) 1〚ロ神〛ディーテ(冥界の神プルートー,ギリシャ神話のハデス) 2〚ダンテ『神曲』において〛魔王ルシファーの呼称 3 ディーテの市(ダンテ『神曲』地獄篇に現れる城塞都市)

diteggiatura 女〚音〛指使い,運指法,運指記号

*__dito__ [ディート] 男〚複[le dita;特定個々]の指の名称の複数は i diti]〛 1 (手足の)指 —*i diti mignoli* 両小指 2 指状の物;手袋の指の部分 —*dito di gomma* ゴムの指サック 3〚尺度〛指の幅 —*due dita di whisky* ウイスキーのダブル ▶ *contarsi sulla punta delle dita* (指で数えられるほど)極めて少ない *leccarsi le dita* (指をなめるほど)味を堪能する *mordersi le dita* 怒る;嘆く *non alzare [muovere] un dito* 一本動かそうとしない(何の手助けもしない) *toccare il cielo con un dito* とても幸せ[満足]である

ditola 女〚植〛ホウキタケ科のキノコ

ditone 男 太い[長い]指;〚口〛(足の)親指

*__ditta__ [ディッタ] 女 1〚商号や社名〛…商事,会社 2 劇団

dittafono 男〚商標〛ディクタフォン(連記用の口述録音再生機)

dittamo 男〚植〛ハナハッカの一種,洋種ハクセン

dittatore 男〚女[-trice]〛 1 独裁者;重鎮,大御所 —*dittatore in famiglia* 亭主関白 2 (古代ローマの)臨時執政官,独裁官,ディクタトル

dittatoriale 形 1 独裁者の,独裁官の,専制的な 2 横柄な,尊大な

dittatura 女 1 独裁制,独裁政権,独裁国家 2 専横,横暴 3 (古代ローマの)独裁官の職務[任期]

dittico 男〚複[-ci]〛 1 (古代ローマの)二つ折りの書字板 2〚美〛2 枚折りの絵画,ディプティカ

dittongo 男〚複[-ghi]〛〚言〛二重母音

diureṣi, diureși 女〚不変〛〚医〛排尿

diuretico 形〚複[男 -ci]〛〚医·薬〛利尿の,排尿促進な —男〚複[-ci]〛利尿剤

diurno 形 日の出から日没までの,日中の,昼間の —男 (床屋·洗面所·浴室などのついた)休憩施設

div. 略 divergenza〚物〛発散

diva 女 (トップクラスの)女優,歌手,スター —*diva del cinema* 銀幕の女王

divagare 自 1 本題からそれる,脱線する 2 当てもなくさまよう —他 楽しませる,気を紛らす

divagazione 女 本題からそれること,逸脱

divampare 自 [es] 1 (一気に)燃える,(突然)燃え広がる 2 かっとなる,激怒する 3 一気に広がる[流布する]

*__divano__ [ディヴァーノ] 男 1 ソファー —*divano letto* ソファーベッド 2 (オスマン帝国の)閣議 3〚文〛(アラビア·ペルシャなどの,同一著者による)全詩集

divaricabile 形 分岐させうる,広げられる

divaricare 他〚io divarico〛(腕や足を左右に)広げる,伸ばす;開(⁽ᵃ⁾)ける —*arsi* 再 広がる,開く

divaricazione 女 広げること,開(⁽ᵃ⁾)くこと;間隔

divario 男 相違,食い違い;ギャップ

divedere [126] 他〚次の成句で〛 ▶ *dare a divedere* 理解させる;明らかにする

diveggiare 自〚io diveggio〛スターのように振る舞う

divelga divellere の命·3 単;接·現·1 単[2 単, 3 単]

divelgo divellere の直·現·1 単

divellere [39] 他〚過分 divelto〛根こそぎにする,引き抜く

divelse divellere の直·遠過·3 単

divelto divellere の過分

*__divenire__ [ディヴェニーレ] [127] 自 [es]〚過分 divenuto〛〚名詞や形容詞を従えて〛…になる

divenne divenire の直·遠過·3 単

*__diventare__ [ディヴェンターレ] 自 [es]〚名詞や形容詞を従えて〛…になる —*È diventato rosso dalla vergogna.* 彼は恥ずかしさで真っ赤になった. ▶ *diventare di tutti i colori* (怒りや恥ずかしさで)動揺を顔に表す,どぎまぎする *diventare matto* 平常心を失う;躍起になる;周りが見えなくなる

diverbio 男 激しい口論

divergente 形 1 分岐する,分かれる 2 (意見が)対立する,異なる 3〚光·物〛発散の

divergenza 女 1 分岐,分かれること 2 (意見の)対立,相違 3〚気〛(高気圧帯からの気流の)発散 4〚物·数·光〛発散,散開

divergere 自〚複合時制なし〛 1 分岐する,分かれる 2 (意見が)異なる 3〚物·数·光〛発散する

diversificare 他〚io diversifico〛 1 多様化する,異ならせる;区別する 2〚経〛投資を分散させる[多角化する] —*arsi* 再 異なる,多様になる

diversificazione 女 1 多様化,相違;区別 2〚経〛投資の分散[多角化]

diversione 女 1 そらす[それる]こと;迂回,方向転換 2 本題からそれること 3〚軍〛陽動[牽(⁽ᵏ⁾)制]作戦

diversità 女 1 違い,差異,相違;多様性,変化 2〚婉〛同性愛

diversivo 形 そらす, 逸脱させる —男 気晴らし, 遊び

*****diverso** [ディヴェルソ] 形 **1** 同じでない, 違った, 異なる, 別の —È molto *diverso* da suo fratello. 彼は兄とずいぶん違う. **2**〖名詞の後で〗様々な, 多様な, 種々の —opinioni *diverse* 様々な意見 **3**〖集合名詞や名詞の複数に前置して〗多くの, たくさんの —Ho *diversi* amici in città. 町にはたくさんの友達がいる.

divertente 形 楽しい, 面白い, 愉快な, 陽気な

divertimento 男 **1** 楽しみ, 娯楽; 遊び, 気晴らし, レクリエーション, 趣味 — Buon *divertimento*! 楽しんでね. | Che bel *divertimento*! 何と楽しいんだろう. |〖反語〗うんざりだな. **2**《蔑》物笑いの種, 笑いぐさ **3**〖音〗ディヴェルティメント, 嬉(*)遊曲

*****divertire** [ディヴェルティーレ] 他 楽しませる, 愉快にさせる, 面白がらせる —**irsi** 再 **1** 楽しむ, 気を紛らす **2** 戯れに恋をする, もてあそぶ

divertito 形 楽しそうな

divetta 女 若手女優, 若手女性歌手

divezzo 形〖女[-a]〗離乳した幼児

dividendo 男 **1**〖数〗被除数 **2**〖金融〗配当(金), 配当金

*****dividere** [ディヴィーデレ] [40] 他〖過分 diviso〗**1** 分割する, 分ける, 区分する; 分配する —*dividere* l'eredità 遺産を分配する **2** 遠ざける, 引き離す, (仲などを)裂く —Il fiume *divide* la città vecchia da quella nuova. 川は旧市街と新市街を分断している. **3** 分かち合う, 共有する, 分担する —Ho diviso con lui gioie e dolori. 私は彼と苦楽をともにした. **4**〖数〗割る —*dividere* dieci per due 10 を 2 で割る —**ersi** 再 **1** 別れる, 離れる **2** 別居する **3** 分裂する; 分岐する; 分かれる **4** (様々なことに)夢中になる, 両立する **5** (他人と)分け合う

divieto 男 禁止, 禁制 —*divieto* di sosta 駐車禁止

divina 女 魅惑的な女優

divinare 他 **1** 予言する, 占う **2** 予見する, 見抜く

divinatorio 形 **1** 予言の, 占いの **2** 予知の, 予感の

divinazione 女 **1** 予言, 占い **2** 予感, 虫の知らせ

divincolare 他〖io divincolo〗振る, 揺り動かす —**arsi** 再 もがく, 身をよじる

divinità 女 **1** 神性, 神格, 神位 **2** 異教の神 **3** 卓越, 崇高, 気高さ

divinizzare 他 **1** 神性を与える, 神格化する **2** 崇める, 称賛する

divinizzazione 女 **1** 神格化 **2** 称賛, 礼賛

divino 形 **1** 神の —la *Divina* Commedia (ダンテの)『神曲』**2** 神授の, 天与の, 天来の **3** 神のような, 神々しい, 並外れた, 実に素晴らしい —bellezza *divina* この世のものとも思えぬ美しさ —男 神性, 神格

divisa¹ 女 **1** 制服, ユニフォーム **2** 座右の銘, 標語 **3** (紋章の)銘句, 図案, 意匠

divisa² 女〖金融〗外国為替, 外国通貨

divise dividere の直・遠過・3 単

divisibile 形 **1** 分けられる, 分割できる **2**〖数〗割り切れる, 整除できる

divisibilità 女 **1** 分けられること, 可分性 **2**〖数〗割り切れること, 被整除性

*****divisione** [ディヴィズィオーネ] 女 **1** 分配; 分割, 分離 **2**〖数〗割算 **3**〖軍〗師団 **4**〖スポ〗リーグ

divisionismo 男〖美〗色彩分割描法, ディヴィジョニスム

divisionista 形〖複[男 -i]〗〖美〗ディヴィジョニスムの —男女〖複[男 -i]〗ディヴィジョニスムの画家

divisionistico 形〖複[男 -ci]〗〖美〗ディヴィジョニスムの

divismo 男 **1** (芸能人の)ひけらかし, スター気取り **2** スター崇拝

diviso dividere の過分

divisore 男 **1**〖数〗除数; 約数 **2**〖機〗割り出し台

divisorio 形 分ける; 隔てる —男 間仕切り, 隔壁

divistico 形〖複[男 -ci]〗**1** スター気取りの **2** (スターに)熱狂する

divo 男〖女[-a]〗(芸能・スポーツ界の)スター

divorare 他 **1** むさぼるように食べる, がつがつ食べる **2** 苛(**)む, 苦しめる **3** むさぼり読む **4** (財産を)食い尽くす **5** (火事が)焼き尽くす, 破壊する **6** 食い入るように見つめる **7** すごい速さで通る〖進む〗—**arsi** 再 憔悴(***)する, やつれる; さいなまれる

divoratore 形〖女[-trice]〗むさぼる; 浪費する —男〖女[-trice]〗むさぼる人, がつがつした人

divorziare 自〖io divorzio〗(da) …と離婚する; 手を切る —**arsi** 再 (da) …と離婚する

divorziato 形 離婚した —男〖女[-a]〗離婚した人

divorzio 男 **1** 離婚, 離縁 **2** 絶縁, 分離

divorzismo 男 離婚制度の支持

divorzista 形〖複[男 -i]〗離婚制度支持の —男女〖複[男 -i]〗**1** 離婚制度支持者 **2** (離婚専門の)弁護士, 判事

divorzistico 形〖複[男 -ci]〗離婚の, 離婚制度支持(者)の

divulgabile 形 広まる; 普及しうる

divulgare 他 **1** 広める, 流布する, 普及させる **2** 漏らす, 暴露する **3** 大衆〖通俗〗化する —**arsi** 再 広まる, 流布する

divulgativo 形 **1** 普及に適した, 普及用の **2** 通俗的な, 平易な

divulgato 形 広まった; 大衆的な

divulgatore 形〖女[-trice]〗広める, 普及させる —男〖女[-trice]〗普及者,

宣伝者

divulgazióne 囡 広めること; 暴露; 大衆[通俗]化

‡dizionàrio [ディツィオナーリオ] 男 辞書, 辞典 —consultare il *dizionario* 辞書を引く

dizióne 囡 1 (正しく明瞭な)発音, 話し方, 言葉遣い 2 言い回し, 用語の選択 3 (公開の)朗読, 朗読

dl 略 decilitro デシリットル

d.l., D.L 略 decreto legge 緊急命令, 暫定措置令

D.Lg, D.L. vo 略 Decreto Legislativo 委任立法令

dm 略 decimetro デシメートル

D.M. 略 Decreto Ministeriale 省令

DNA 男 1〔生化〕デオキシリボ核酸(acido desossiribonucleico) 2 (新聞雑誌で)思想・政治・文化の母体[原型]

do¹ dare の直・現・1 単

do² 男〔不変〕〔音〕ド[C, ハ](の音)

dobbiamo dovere の直・現・1 複; 接・現・1 複

dobermann 男〔不変〕〔独〕ドーベルマン(大型犬の一種)

DOC, D.O.C., doc 形〔不変〕(ワイン・食料品が原産地や品質を保証する)商標のついた —略 統制原産地呼称(Denominazione di Origine Controllata)

doc. 略 documento 資料, 文献

‡dóccia [ドッチャ] 囡〔複[-ce]〕1 シャワー(室) —fare la *doccia* シャワーを浴びる 2 ずぶぬれになること, 水浸しになること 3 (屋根の)樋(ひ) 4 水車用導水路 —*doccia fredda* 興ざめ(するような知らせや出来事)

docciaschiuma 男〔不変〕〔商標〕シャワー用の入浴剤

docènte 形 教える —男女 教える人, 教師

docènza 囡 教えること; 教師の仕事; 大学教員資格

DOCG, D.O.C.G. 略 Denominazione di Origine Controllata e Garantita 統制保証原産地呼称

dòcile 形 1 素直な, 従順な 2 すぐに馴染む; 細工しやすい 3 (頭の回転が)速い

docilità 囡 1 素直さ, 従順さ; (学び取る)素質 2 展性, 可鍛性

dock 男〔不変〕1〔英〕波止場, 埠頭(ふとう); ドック 2 (貨車などの)積み下ろしプラットホーム

documentàbile 形 証明[確認]できる, 実証しうる

documentàle 形 資料[文献, 証拠]の

documentalista 男女〔複[男 -i]〕文献調査の専門家, 文献の鑑定家

documentàre 他 1 資料を備える, 資料[文献]で証明する 2 資料を提供する —**arsi** 再 詳細に調べる, 証拠資料を集める

documentàrio 形 文書の, 記録[資料]による, 資料となる —男 1 記録映画, ドキュメンタリー 2 資料[書類]一式

documentarista 男女〔複[男 -i]〕1 記録映画[ドキュメンタリー]製作者 2 文献を収集[分類]する人

documentarìstico 形〔複[男]-ci〕1 ドキュメンタリーの 2 資料[記録]による; 記録資料の

documentàto 形 1 必要書類を揃えた, 資料に基づく 2 詳細な調査に基づく, 実証的な 3 (問題に)精通した

documentatóre 男〔女[-trice]〕資料提供者

documentazióne 囡 1 資料調査[収集]; 資料による証明 2 資料[書類]一式

‡documènto [ドクメント] 男 1 書類, (公)文書 2 身分証明書, 証明書 3 証明, 立証 4 資料, 文献

documentoteca 囡 資料収集; 資料館

dodeca- 接頭「12」の意

dodecafonìa 囡〔音〕十二音技法

dodecafònico 形〔複[男 -ci]〕〔音〕十二音技法の

dodicènne 形 12 歳の —男女 12 歳の子供

dodicènnio 男 12 年間

dodicèsimo 形〔序数〕12 番目の; 12 分の 1 の —男 12 番目; 12 分の 1

‡dódici [ドーディチ] 形〔基数〕〔不変〕12 の —男〔不変〕12

dodicista 男女〔複[男 -i]〕トトカルチョで 14 試合中 12 試合の結果を的中させた人

dòga 囡 桶(おけ)板, 樽(たる)板

dogàna 囡 1 税関; 税関事務所; 税関吏 2 関税

doganàle 形 税関の; 関税の

doganière 男〔女[-a]〕1 税関の職員, 税関吏 2 財務警察官

dóge 男〔歴〕ドージェ(かつてのヴェネツィア共和国・ジェノヴァ共和国の総督[統領])

dóglia¹ 囡 1〔複数で〕陣痛 2 苦痛, 悩み

dòglia² dolere の接・現・1 単[2 単, 3 単]

dogliamo dolere の直・現・1 複

dògma 男〔複[-i]〕1 絶対的原理, ドグマ 2 (キリスト教会の)教義, 教理

dogmàtica 囡 教義学, 教理学

dogmaticaménte 副 1 厳格に, 非妥協的に 2 独断的に, 教条的に

dogmaticità 囡 教条的なこと, 独断的なこと

dogmàtico 形〔複[男 -ci]〕1 教義[教理]の 2 絶対的な, 反論を認めない, 教条的な —男〔複[-ci]女[-a]〕教条主義者; 教理神学者

dogmatismo 男 1 教条主義, 独断主義 2 独断的な態度

dogmatizzàre 他 …を教理として主張する —自 独断的に話す[主張する],

教条的に唱える

*__dolce__ [ドルチェ] 形 1(風味が)甘い, 口当たりのよい —acqua *dolce* 軟水 / caffè *dolce* 砂糖入りのコーヒー / patate *dolce* サツマイモ 2心地よい, 快適な, 優雅な —un *dolce* ricordo 懐かしい思い出 / *dolce* vita 甘い生活(何の心配もない勝手気ままで優雅な生活) / il *dolce* far niente 無為, のらくらすること; 安閑 3(素材が)柔らかい 4(性質が)柔和な, 温和な, 優しい —clima *dolce* 穏やかな気候 5(傾斜などが)緩やかな 6[言]有声の; 口蓋音の ―男 甘さ, 甘み; 甘いもの(ケーキ・菓子類) ―副 [音]静かに優美に, 甘く

__dolceamaro__ 形 1甘くて苦い 2つらく楽しい, ほろ苦い

__dolcemente__ 副 1甘く, 優しく 2少しずつ, 次第に

__dolcetto__[1] 男 お菓子, 一口ケーキ, 駄菓子

__dolcetto__[2] 男 ドルチェット(ピエモンテ地方のブドウ品種; その品種で作る赤ワイン)

__dolcevita__ 男女 [不変] タートルネックのセーター

__dolcezza__ 女 1甘さ, 甘み 2心地よさ, 柔らかさ, 穏やかさ 3愛らしさ, 優しさ 4温暖, 温和 5(行動の)丁寧さ, 優美さ, 注意深さ 6喜び, 楽しみ 7いとしい人, 愛する人

__dolciario__ 形 菓子の, 菓子製造の; 菓子製造者[職人]の ―男 [女-a] 菓子製造者[職人]

__dolciastro__ 形 1(甘さや甘えが)しつこい, くどい 2甘ったるい, 媚(こ)びた, きざな, うんざりする

__dolcificante__ 形 甘くする ―男 甘味料

__dolcificare__ 他 [io dolcifico] 1甘くする 2[化](飲用に, 硬水を)軟水にする

__dolcificazione__ 女 1甘みをつけること 2[化](硬水の)軟化

__dolciume__ 男 1(特に複数で)(甘い)菓子類 2胸の悪くなるような甘さ

__dolente__ 形 1痛む, 疼(うず)く 2悲しんでいる, 悲嘆に暮れた 3気の毒な, 心の痛む

__dolere__ [41] 自 [es] 1痛む —Mi *duole* la testa. 頭が痛い. 2[3人称単数で]非人称的に表現される, 遺憾である —Mi *duole* saperti ammalato. 君が病気だと知って心が痛む. ―ersi 再 1残念に思う[気の毒に]思う 2悔いる, 後悔する 3不平[不満]を言う

__dolga__ dolereの命・3単; 接・現・1単[2単, 3単]

__dolgo__ dolereの直・現・1単

__dolicocefalia__ 女 [人類]長頭

__dollaro__ 男 (通貨の)ドル —*dollaro* americano 米ドル

__dolo__ 男 [法][民法で]詐欺; [刑法で]故意, 犯意

__dolomia__ → dolomite

__dolomite__ 女 [地質]苦灰(くかい)石, ドロマイト

__Dolomiti__ 固名 [女複] ドロミーティ(アルプス山脈東部の山岳地帯)

__dolomitico__ 形 1ドロミーティの 2ドロマイトの

__dolorante__ 形 痛い, 痛みを感じる

__dolorare__ 自 痛みを感じる; うめく

*__dolore__ [ドローレ] 男 1(肉体の)痛み, 苦痛 —sentire un *dolore* alla schiena 背中に痛みを感じる 2(精神的)苦しみ, 悲しみ, 悲哀, 心痛, 苦悩 —morire di *dolore* 悲嘆のうちに死ぬ 3悩みの種[原因] 4[複数で][口]軽い病気, 持病, 体調不良; 陣痛

__Dolores__ 固名 [女性名] ドローレス

__doloroso__ 形 1痛い, 痛みを起こす, 苦しい 2つらい, 悲しい, 痛ましい 3不運な, 不幸せな

__doloso__ 形 [法]故意の, 犯意のある

__dolse__ dolereの直・遠過・3単

__D.O.M.__ 略 [ラ] Deo Optimo Maximo 至善至高なる神に

__dom.__ 略 domenica 日曜日

__doma__ 女 (動物, 特に馬を)調教する[飼いならす]こと

__domabile__ 形 飼いならせる

*__domanda__ [ドマンダ] 女 1質問, 問い —fare [rivolgere] una *domanda* 質問する / Che *domanda* [*domande*]! (質問がつまらない, 面倒な, 余計な時に)何て質問だ. 2申請, 申込, 出願, 要求 3[経]需要

*__domandare__ [ドマンダーレ] 他 1(質問として)聞く, 尋ねる, 質問する 2(許可などを)求める 3(価格などを)要求する 4要する, 伴う ―自 人[物]について尋ねる —Mi hanno *domandato* di te. みんな君のことを聞いてたよ. ―arsi 再 (なぜなんだろう, 大丈夫だろうか)と自問する, …かどうかと思う —*Mi domando* se è arrivato in tempo. 彼は時間通りに着いたのだろうか. ▶ *Mi domando e dico*. [驚きや憤りを表して] 一体どういうことだ. 何だこれは.

__domandina__ 女 狡猾(こうかつ)な[油断のならない]質問

__domani__ [ドマーニ] 副 1あした, 明日 —*domani* mattina [sera] 明朝[明晩] / Partirò *domani*. あす出発するつもりだ. 2いずれ, そのうち 3[反語]決して…ない —Sì, *domani*! いつかな(そんなことはありえない). ―男 [不変] 1翌日 2将来, 未来 —pensare al *domani* 先のことを考える ▶ *dopo domani* [*domani l'altro, l'altro domani*] 明後日(あさって) *oggi o domani* いずれ, 遅かれ早かれ

__domare__ 他 1(動物を)飼い馴らす; 調教[訓練]する 2(人を)服従させる, 征服する; 従順にさせる 3鎮める(鎮圧・鎮火・鎮静など) —*domare* una rivolta 反乱を鎮圧する 4(感情を)抑制[制御]する —*domare* la rabbia 怒りを抑える

__domatore__ 男 [女[-trice]] (猛獣の)調教師

domatrice 囡 (馬の調教・訓練用の)馬车

domattina [ドマッティーナ] 副 明朝,あすの朝(domani mattina)

domatura 囡 馬の調教

Domenica 固名 〖女性名〗ドメニカ

domenica [ドメーニカ] 囡 日曜日 ▶ **della domenica** 素人の,下手な

domenicale 形 1 日曜の 2 お休み(気分)の,浮かれた

domenicano 形 ドメニコ修道会の,ドメニコ派の ―囲 囡[-a] ドメニコ会士

Domenico 固名 〖男性名〗ドメニコ

domese 形 ドモドッソラ(の人)の ―囲 囡 ドモドッソラの人

domestica 囡 女中, お手伝い, メード

domestico 形〔複〖男 -ci〗〕 1 家の,家庭の 2 私的な,個人的な ―affari domestici 私用 3 (動物が)飼い馴らされた; (植物が)栽培された ―animali domestici 家畜 4 国内の ―囲 囡[-a] 使用人,召し使い

domiciliare¹ 形 住所の,住居の

domiciliare² 他〖io domicilio〗1〔法〕(銀行などに)支払い場所を,支払い請求をする 2 住居を与える ―**arsi** 再 住みつく, 定住する, 居を定める

domiciliato 形 定住する,住む

domiciliazione 囡 1 (手形の)支払い場所を指定すること 2 (公共料金の)振り替え,指定

domicilio 囲 1 住所,居住地 2 住居,家 ―consegna [servizio] a *domicilio* 宅配

dominabile 形 (感情・衝動を)抑制[御制]しうる

dominante 形 1 支配する,主導権を握った 2 優勢な,支配的な 3〔動〕(群れの)最上位の 4〔生物〕優占種の ―囡〔音〕(音階中の)第5度音,属音

dominanza 囡 1 支配; 優勢,優越 2〔生物〕優生,優位

dominare 他〖io domino〗1 支配する,服従させる ―Gli spagnoli *dominarono* l'Italia del sud. スペイン人は南部イタリアを支配した。2 見下ろす,見晴らす,そびえ立つ ―Il castello *domina* la città. 城は町の上にそびえている。3 (感情を)抑える 4 (心や関心を)奪う,占める 5 掌握[管理]する 6 精通[熟知]する ―自(su)1 …を支配する,統治する 2 優位に立つ,優る,圧倒する ―*Domina* sui suoi amici in velocità. 彼は友達の誰よりも足が速い。3 大成功を収める,人気を呼ぶ 4 優勢である,特徴[特色]づける ―**arsi** 再 自制する; 堪える

dominatore 形 囡[-trice] 支配する; 優勢な,抜きん出た ―囲 囡[-trice] 支配者,征服者

dominazione 囡 支配,統治

domineddio 囲〖不変〗神,主(とり)

Dominica 固名(女) ドミニカ国

Dominicana 固名(女) (Repubblica ~)ドミニカ共和国

dominicano 形 ドミニカ(人)の ―囲 囡[-a] ドミニカ人

dominio 囲 1 支配(力),統治(権) 2 抑制,制御 ―*dominio* di sé 自制心 3 領土,領地 4 領域(分),分野,...界 5〔法〕所有権 ▶ **di dominio pubblico** 共有[公共]財産の; 周知の

domino¹ 囲〖不変〗1 ドミノ(謝肉祭で着る,仮装用の絹の黒いフード付きマント) 2 ドミノを着用した人

domino² 囲〖不変〗ドミノ(28枚の牌を使うゲーム)

domino³ 囲 囡[-a] 主人,領主

Domitilla 固名 〖女性名〗ドミティッラ

Domiziano 固名(男) (Tito Flavio ~) ドミティアヌス(51-96; 古代ローマ皇帝; 在位 81-96)

Domodossola 固名(女) ドモドッソラ(ピエモンテ州ヴェルバーノ・クージオ・オッソラ県の町; アルファベット「D」の符丁)

don¹ [ドン] 囲〖不変〗〖聖職者への敬称〗…神父[師]; 〖主にスペイン人への敬称〗…殿[様]

don² 擬 ゴーン(鐘の音)

donare 他 1 贈る,贈呈する,与える; 寄贈[寄付]する 2 捧(ささ)げる,向ける ―*donare* affetto 愛情を注ぐ 3 (臓器や血液を)提供する ―自 (服などが)よく似合う,映りがよい ―Il blu ti *dona*. ブルーは君によく似合う。―**arsi** 再 没頭する,身を捧げる

Donata 固名 〖女性名〗ドナータ

Donatella 固名 〖女性名〗ドナテッラ

Donatello 固名(男) 1〖男性名〗ドナテッロ 2 ドナテッロ(1386頃-1466頃; フィレンツェ出身の彫刻家. 本名 Donato di Niccolò di Betto Bardi)

donativo 囲 贈り物,贈与,提供

Donato 固名〖男性名〗ドナート

donatore 囲 囡[-trice] 1 与える人,寄贈者 2 (臓器の)提供者,ドナー

donazione 囡 1 寄贈,寄付 2〔法〕贈与

Don Chisciotte 固名(男) ドン・キホーテ(セルバンテスの作品名,その主人公)

donchisciotte 囲〖不変〗ドン・キホーテのような人,熱狂的でほら吹きで非現実的な人

donchisciottesco 形〔複〖男 -chi〗〕ドン・キホーテ的な,空想的な

donchisciottismo 囲 ドン・キホーテ的性格[行動]

donde 副《文》1 どこから ―*Donde* vieni? 君はどこから来たの? 2〔関係詞的に〕そこから…するところの; …するところから,…するところへ 3 なぜ,どうして ―接《文》だから,したがって

dondolamento 囲 揺り動かすこと,揺れ動くこと

dondolare 他〖io dondolo〗揺り動かす; 揺する ―自 揺れ動く ―**arsi** 再 1 揺れる 2 ぐずぐずする; ぶらつく

dondolio 囲 絶え間ない揺れ動き

dondolo 囲 1 揺り椅子, ロッキングチェ

dondoloni (sedia a dondolo) **2** 揺れ動き; のらくらすること

dondoloni 副 揺れ動いて; のらくらと, ぶらぶらして

dongiovannesco 形 〖複〖男-chi〗〗ドン・ジョヴァンニ的な, 女たらしの

dongiovanni 男〖不変〗女たらし, プレーボーイ

dongiovannismo 男 ドン・ジョヴァンニ的性格[行動], プレーボーイの振る舞い

Donizetti 固名(男) (Gaetano 〜)ドニゼッティ(1797-1848; イタリアの作曲家)

‡**donna** [ドンナ] 安 **1** 女, 女性, 婦人 ―*donna* d'affari 女性実業家 / *donna* di strada [vita] 売春婦 **2** 妻; 恋人 ―la mia *donna* 妻 **3** 《口》家政婦, お手伝い **4** 夫人, 貴婦人; 女主人 **5** (D-) 聖母マリア(Nostra Donna) **6** (トランプやチェスの)クイーン **7**〖南伊〗…さん, …様, 奥さん ―形〖不変〗女性の ―*medico donna* 女医 / *donna* poliziotto 婦人警官 ▶ *da donna* 女性特有の; 女性用の

donnaccia 安〖複[-ce]〗浮気女; 娼婦

donnaiolo 男 女たらし, 漁色家

donnesco 形〖複[男-chi]〗女の, 女らしい, 女にふさわしい

donnetta 安 **1** 若い女性, 愛らしい女性 **2**〖蔑〗平凡な[ぱっとしない]女; 貧しい女 **3** ひ弱な男

donnicciola 安 **1**《蔑》卑しくおしゃべりな女 **2** 弱虫の男, 怖がりの男

donnina 安 小柄で愛らしい女性; 分別のある少女 ▶ *donnina allegra* 浮気女; 娼婦

donnino 男 **1** 愛らしい少女 **2** 女性的な男

donnola 安〖動〗イタチ

donnone 男 がっしりした体格の女性

dono 男 **1** 贈り物, プレゼント ―dare [ricevere] in *dono* プレゼントする[もらう] **2** 賜り物, 恵み **3** 才能, 素質, 天分 ―Ha il *dono* per la musica. 彼は音楽の才能がある.

donzella 安 **1** 少女, 若い女性 **2** 女中, メード **3**〖魚〗ハタ科の魚; ニジベラ

DOP 略 Denominazione di Origine Protetta 〖農〗保護指定原産地表示

dopamina 安〖生化〗ドーパミン

dopare 他〖スポ〗薬物を投与する

doping 男〖不変〗〖英〗薬物投与, ドーピング

‡**dopo** [ドーポ] 副 **1** 後で, のちに ―Lo farò *dopo*. それは後でするよ. **2**〖場所について〗次に, その後で ―Dovevi girare *dopo*. 次を曲がらなければいけなかったのに. ―Ti telefono *dopo* le otto. 8時過ぎに電話するよ. / È arrivato *dopo* di me. 彼は僕の後に着いた. **2**〖場所について〗次に, 先に, 向こうに ―incrocio si a sinistra. 交差点の向こうを左に曲がる. ―接 **1**〖過去分詞・不定詞を従えて〗…の後で ―*Dopo* mangiato sono andato al cinema. 食事の後で映画を見に行った. **2**〖che とともに〗…の後で, …してから ―*Dopo* che mi avrà telefonato, deciderò. 彼が電話をくれてから決めるよ. ―形〖不変〗次の, 続く ―il giorno *dopo* 翌日 ―男〖不変〗これから起こること, 未来 ―Devi pensare al *dopo*. 将来のことを考えなければいけないぞ.

dopobagno 男〖不変〗(化粧品について)入浴後に使う ―男〖不変〗入浴後に使う化粧品

dopobarba 男〖不変〗アフターシェーブ・ローション

dopocena 男〖不変〗夕食後

‡**dopoché** [ドポケ] 接 …した後で, …してから

dopodiché 副 その後, とうとう

dopodiscoteca 男〖不変〗(ディスコを出た後の)深夜の時間[気晴らし]

dopodomani 男 明後日(勞々)

dopoelezioni 男〖不変〗選挙の直後

dopoguerra 男〖不変〗戦後

dopolavorista 形〖複[男-i]〗職場クラブの会員の; (本業とは)別の仕事の ―男女〖複[男-i]〗職場クラブの会員; 副職を持つ人

dopolavoristico 形〖複[男-ci]〗**1** 職場クラブの(会員)の **2** 本業とは別の仕事の, 副職を持つ人の

dopolavoro 男〖不変〗職場クラブ; 本業とは別の仕事, 副職

dopopranzo 男〖不変〗昼食後 ―副 昼食後に, 午後の早い時間に

doposci 形 (衣服・靴について)スキーの後の, アフタースキー用の ―男 アフタースキー用の衣服[靴]

doposcuola 男〖不変〗(教育・レクリエーションのための)放課後の活動施設[時間]

dopo-shampoo 形〖不変〗リンスの ―男〖不変〗リンス

doposole 形〖不変〗(化粧品について)日焼けケアの ―男〖不変〗日焼けケア化粧品

dopoteatro 男〖不変〗(レストランなどで過ごす)観劇後の夜更けの時間

‡**dopotutto** [ドポトゥット] 副 結局, つまり

doppia 安 **1**《口》ツインルーム **2** (トトカルチョで)同一試合の2通りの結果に賭けること **3** ドブロン金貨 **4** (服の)裏返り布 **5** (本物と模造品, または模造品どうしを貼り合わせた)宝石 **6**〖天〗二重星 **7**〖言〗(強子音を表すために)2度繰り返された文字

doppiaggio 男 (映画の)吹き替え

doppiare¹ 他 [io doppio] **1** 2倍にする, 二重にする, 倍増する **2** 増やす, 増大させる **3**〖海〗(航行中に特定の地点を)通り過ぎる **4**〖スポ〗一周差をつける **5** (薄い生地に)裏をつける

doppiare² 他 [io doppio] (映画の)吹き替えをする

doppiatore 男 [女 [-trice]] (吹き替えの)声優

doppietta 女 1 二連式の猟銃 2 二連発 3 [スポ]二連勝;(サッカーで一選手が)2度得点すること;(ボクシングの)ワンツー 4 [車]ダブルクラッチ 5 2種類の石を貼り合わせた宝石

*__doppio__ [ドッピオ] 形 1 倍の, 2倍の —un *doppio* whisky ウイスキーのダブル 2 二重の, 2枚重ねの; 2度の —finestra con *doppi* vetri 二重窓 / giacca a *doppio* petto 上着 3 偽善的な, 裏表のある —È un tipo *doppio* [dalla *doppia* personalità]. 彼は裏表のある人物だ。4 意味が2通りに取れる, 曖昧な, 両方の 5 [植]八重(^や^)の, 弁の — 男 1 倍(の数量), 2倍 2 [スポ]ダブルス 3 [劇]一人二役 4 [ブリッジの]ダブル ▶ **a doppio senso** 曖昧な **a doppio taglio** (剣などが)両刃の; 両刃の剣の(プラスにもマイナスにもなる) **fare il doppio gioco** 裏切る, 欺く **vedérci doppio** 二重に(ぼやけて)見える; 酒に酔っている

doppiofondo 男 [複 [doppifondi]] (たんすやトランクの)二重底

doppiogiochismo 男 (特に政治で)対立する政党[国家]の双方と良好な関係を保とうとすること, 日和見主義

doppiogiochista 男女 [複 [男 -i]] 二心ある人, 二枚舌の人

doppiogioco 男 [複 [-chi]] 日和見主義, 裏表のある言行

doppiolavorista 男女 [複 [男 -i]] 副業をする人

doppione 男 1 副本, 複製, 写し; 重複[ダブった]品 2 [劇]一人二役 3 [言]二重語 4 [印]二重刷り, 重複

doppiopetto 形 [不変](上着が)ダブルの — 男 [不変]ダブルの上着[スーツ]

dorare 他 1 金箔(^はく^)を施す, 金めっきする 2 [料]揚げる前に溶き卵に浸し(揚げ)生地に溶き卵を塗る; きつね色に焼く[揚げる] 3 金色の光で照らす; 黄金色に似せる —**arsi** 再 きつね色[黄金]色になる

dorato 形 1 金めっきの; 金箔(^はく^)を貼った 2 金色の 3 [料]溶き卵にくぐらせてきつね色に焼いた

doratura 女 金箔(^はく^)を押すこと, 金めっきすること; 金箔

Dori 固名 [男複] ドーリア人

Doria 固名 [男] (Andrea 〜)アンドレア・ドーリア(1466-1560; イタリア・ルネッサンス期の軍人)

doriano 形 1 (ジェノヴァのサッカーチーム)サンプドリアの 2 サンプドリアの選手[サポーター]の — 男 [女 -a] サンプドリアの選手[サポーター]

dorico 形 [複 [-ci]] 1 (古代ギリシャ)ドーリア人の; アンコーナの 2 [芸・建]ドーリア[ドリス]式の

dorifora 女 [虫]ジャガイモハムシ, コロラドハムシ

dorio → dorico

dormicchiare 自 [io dormicchio] 1 うたた寝する, まどろむ 2 上の空になる, ぼんやりする;(感情が)潜む

dormiente 形 1 眠っている 2 (フリーメーソン会員で)活動していない — 男女 眠っている人 — 男 1 [建]横梁(^はり^), 横桁(^げた^) 2 [海]静索

dormiglione 男 [女 [-a]] 1 寝坊助(^すけ^), よく眠る人 2 怠け者, 無精者

*__dormire__ [ドルミーレ] 自 1 眠る —Ho *dormito* bene stanotte. 昨夜はよく眠った。/ cercare [trovare] da *dormire* 宿を探す 2 永眠する, 死んでいる 3 怠惰である,(やることが)遅い —Studia, non *dormire*! 怠けていないで勉強しなさい。/ Non *dormire*! 急げ, 早くしろ。4 静かである, 静止している —La città ancora *dormiva*. 町はまだ眠っていた。5 忘れられている, 顧みられない —La tua domanda *dorme* in qualche ufficio. 君の申請はどこかの部署で店晒(^だら^)しになっているよ。— 他 眠る —*dormire* un sonno tranquillo [tutto un sonno] 安眠する[ぐっすり眠る] ▶ **dormirci sopra** (落ち着いて考えるために)決定を延期する **dormire in piedi** とても眠い(立ったまま眠る) **dormire tra due guanciali** 安心する, 心配することは何もない(高枕で寝る) **dormirsela** 穏やかに[深く]眠る

dormita 女 1 熟睡, 安眠 2 (蚕の)眠

dormitina 女 うたた寝, 居眠り, 昼寝

dormitorio 男 (兵舎・寄宿学校などの多人数用の)共同寝室

dormiveglia 男 [不変] 半覚醒状態, 夢うつつ

Dorotea 固名 [女性名] ドロテーア

Doroteo 固名 [男性名] ドロテーオ

dorrei dolere の条・現・1 単

dorrò dolere の直・未・1 単

dorsale 形 1 背(中)の —muscolo *dorsale* 背筋 / pinne *dorsali* 背びれ / salto *dorsale* [スポ]背面跳び / spina *dorsale* 脊柱, 背骨 2 [言]舌背音の 3 [植]背軸の, 背性の — 男 (ベッドや椅子の)背, 背もたれ — 女 [地理]山の背, 尾根

dorso 男 1 背, 背中 2 背面 —*dorso* della mano 手の甲 3 [単数のみ] [スポ]背泳ぎ 4 [地理]尾根, 背 5 分水嶺

dosaggio 男 1 (適正・必要量を)計ること, 計量; 分量 2 (薬の)服用量, 投与量; 調合 3 混ぜ合わせ, 混合

dosare 他 1 (適正・必要量を)計る; 調合する 2 慎重に使う, 計算して使用する 3 しぶしぶ与える

dosato 形 1 適量の, 適正な 2 慎重な, 計算された

dosatore 形 [女 [-trice]] 計量に使う — 男 1 計量容器[機器] 2 [女 [-trice]] (化学・製菓工業で)調合する人

dose 女 1 (一定の)分量, 成分[原料]の割合 —la *dose* di zucchero per la torta ケーキに入れる砂糖の量 2 (薬の)服用量, 投与量 3 (一般的な)量 —una

buona *dose* **di coraggio** 大変な度胸 **4**〔譴〕分け前, 取り分, 負担 —Mi sono preso una buona *dose* di sgridate. 大目玉を食らった.

dossale 男 **1**（家具などに掛ける装飾的な）カバー **2**〈祭壇の〉正面掛け布 **3**〔建〕〈アーチ・穹隆の〉仮枠の小梁

dossier 男〔不変〕〔仏〕（ある問題・人物に関する）書類一式; ファイル;〔法〕関係書類

dosso 男 **1** 坂の頂上; 〈道路の〉隆起した区間; 小高い丘 **2**《古》背中, 体 —levarsi i vestiti di *dosso* 服を脱ぐ ▶ **togliersi un peso di dosso** 心配事を免れる, 肩の荷を下ろす

dotale 形〔法〕持参金に関する

dotare 他 (di) **1** (dotare A/B di C) (A〈人〉・B〈場所〉)にC〈物〉を備える〔供給する; 授ける〕—*dotare* la città di spazi verdi 町に緑の空間を作る **2**…に持参金を与える —**arsi** 再 備える, 身につける

dotato 形 **1** 備えた **2** 天分〔才能〕に恵まれた

dotazione 女 **1** 設備, 備品 **2**（法人・機関の）基金, 基本財産

＊**dote** ［ドーテ］女 **1**〈花嫁の〉持参金, 花嫁道具 **2** 素質, 天分, 美点 —La sua *dote* principale è la bontà. 彼の一番の長所は善良さだ.

dott. 略 dottore 学士, 医者

dotto[1] 形 **1** 学識のある, 博学な, 造詣の深い **2** 学問〔学究, 学術〕的な **3** 知識階級の —男〔女[-a]〕教養豊かな人, 物知り, 学者;《蔑》学者ぶった人, 知ったかぶりする人

dotto[2] 男〔解〕導管, 管

-dotto 接尾 「導管」「管」の意

dottorale 形 **1** 学士の **2**《諧・蔑》学者ぶった

dottorando 男〔女[-a]〕**1** 学士号を取得しようとする人 **2** 博士課程在籍者

dottorato 男 学士号; 博士課程 (dottorato di ricerca)

＊**dottore** ［ドットーレ］男〔女[dottoressa]〕**1** 学士（大学を卒業した称号, あるいはその称号を持つ人）—*dottore* in lettere [legge] 文〔法〕学士 **2**〔口〕医者 **3**〔劇〕ドットーレ（コンメディア・デッラルテの医者または弁護士の役）

dottoressa dottore の女性形

dottrina 女 **1** 学問, （体系的な）知識 **2** 教義; 主義, 学説, 理論 **3**〔宗〕教理問答, カトリック要理

dottrinale 形 **1** 教義上の, 主義上の **2** 学問の, 博識の, 博識をひけらかす

dottrinario 形 教条的な, 空論の —男〔女[-a]〕教条主義者, 空論家

dottrinarismo 男 教条主義

dott.ssa 略 〔dottore の女性形〕dottoressa（女性の）学士, 医者

double-face 形〔不変〕〔仏〕(生地・織物の) 両面の, ダブルフェイスの **2** リバーシブル —男〔不変〕ダブルフェイスの生地; リバーシブルの衣類

do ut des 成〈男〉〔ラ〕君が与えてくれるように私は与える

＊**dove** ［ドーヴェ］副 **1**〔疑問詞〕どこに, どこへ —Di *dove* sei?-Sono di Genova. 君の出身は？-ジェノヴァです. / Da *dove* viene Lei?-Vengo da Tokyo. どこからお越しに？- 東京から参りました. **2**〔関係詞〕…であるところの（場所）—la città *dove* sono nato 私が生まれた町 / Ecco *dove* ci siamo incontrati! ほら, ここが私たちの出会った場所よ. —男〔不変〕場所 —Non so né il *dove* né il quando. 場所も時間も分からない.

＊**dovere** ［ドヴェーレ］[42] 他 **1**〔補助動詞として不定詞とともに〕…しないといけない〔だめだ〕;〔否定で〕…してはいけない〔複合時制での助動詞の使い分けは, 不定詞がavereをとる場合は avere を, essereをとる場合は essere を用いる. 不定詞が再帰形の場合は, 再帰代名詞の位置によって使い分ける〕—*Devo* finire questo lavoro per domani. 明日までにこの仕事を終えなければならない. / Non lo *devi* dire a nessuno. (このことは)誰にも言っちゃだめだよ. / Ieri ho *dovuto* lavorare fino a tardi. 昨日は遅くまで働かなければならなかった. / Anche se pioveva, sono *dovuto* uscire. 雨が降っていたが, 出かけなければならなかった. / Ho *dovuto* alzarmi presto. / Mi sono *dovuto* alzare presto. 早起きしなければならなかった. **2**…にちがいない〔のはず〕—*Deve* essere qui vicino l'ufficio informazioni. 案内所はこの近くのはずだ. **3**…の必要がある —*Devo* dormire otto ore al giorno. 日に8時間は寝ないとね. **4**…するところで —*Devo* partire subito. これから出かけるところです. **5** 避けられない, 必然である —Tutti *dobbiamo* provare dolori. 誰もが悲しみを味わうものだ. **6**〔単independently〕（金や恩で）借りがある; （原因が）…による —Quanto Le *devo*? いくらお支払いすればよろしいですか. / Ti *devo* dieci euro. 君に10ユーロ借りている. / *Devo* a lui se sono ancora vivo. 僕がこうして生きていられるのも彼のおかげです. / Il danno è *dovuto* al maltempo. 被害は悪天候によるものです. —男 **1** 義務; 務め —fare il proprio *dovere* 義務を果たす, 本分を尽くす / i diritti e i *doveri* 権利と義務 **2** 適切な［ふさわしい］こと —fare... a *dovere* …を適切に［しっかり］行う ▶ **chi di dovere** 責任者, 担当者

doveroso 形 義務の, 当然の; 正当な, しかるべき

dovette dovere の直・遠過・3単

dovizia 女 豊富, 多量

dovrei dovere の条・現・1単

dovrò dovere の未・1単

dovunque 副 どこにも, どこでも, 至るところに —È un'erba che cresce *dovunque*. それはどこにでも生えている草だ.

dovuto — 腰 どこへ…しても —*Dovunque tu vada, ti seguirò.* 君がどこへ行くにしろ、ついて行くよ。

dovuto 形 **1** 支払うべき **2** 必要な,当然の **3** (a)…による,…によってもたらされる — 男 当然支払われるべきもの; 義務,債務

***dozzina** [ドッズィーナ] 女 ダース; 約12 —*una dozzina di uova* 卵12個 / *una dozzina di volte* 十数回 ▶ **a dozzine** 多量[多数]の **da [di] dozzina** 安っぽい, ちゃちな; 月並みな, 凡庸な, 二流の

dozzinale 形 安っぽい, つまらない; 平凡な, 陳腐な, 粗野な, 下品な

dozzinalità 女 **1** 平凡, 凡庸; 陳腐 **2** 粗野, 下品

D.P. 略 Decreto Presidenziale 大統領令

dr. 略 dottore, dottoressa 学士

dracma 女 ドラクマ(ギリシャの旧通貨単位)

draconiano 形 **1** 極めて厳格な, 過酷な **2**〔歴〕(古代ギリシャの立法家)ドラコン(のような)

draga 女 浚渫(しゅんせつ)機, 浚渫船

dragare 他 **1** 浚渫(しゅんせつ)する **2** 掃海する **3**《隠》(異性を)引っかける

dragaggio 男 浚渫(しゅんせつ); 〔海〕掃海作業

drago 男〔複[-ghi]〕**1** 龍, ドラゴン **2**《口》有能な, 素質のある人 **3** 観測用〔係留〕気球

dragoncello 男 **1**〔植〕タラゴン **2**〔魚〕カジカ

dragone 男〔女[-essa]〕**1** 竜, ドラゴン **2** 竜騎兵 **3** レガッタ用ボート

dragonessa 女 **1** 雌のドラゴン **2** 恐ろしい形相の女, 気性が激しい女

***dramma**¹ [ドランマ] 男〔複[-i]〕**1** 劇, 戯曲, 演劇, 芝居 —*il dramma greco* ギリシャ劇 **2** 悲しい出来事, 惨事 **3**〔誇張して〕劇的な事件〔状況〕, 問題, 困難 **4** 劇的瞬間[迫力], 盛り上がり

dramma² 女 ドラクマ(古代ギリシャの通貨単位)

drammaticamente 副 劇的に

drammaticità 女 劇性, 劇的迫力, 悲劇性

drammatico 形〔複男 -ci〕**1** 劇的な; ドラマチックな **2** 悲惨な, 悲痛な, 痛ましい

drammatizzare 他 **1** 誇張する, 芝居じみた表現をする **2** 劇にする, 脚色する

drammatizzazione 女 劇化, 脚色, 戯曲化

drammaturgia 女 劇作法, 演出法, ドラマツルギー

drammaturgico 形〔複男 -ci〕劇作法の, 演出法の

drammaturgo 男〔複[-i] 女[-a]〕劇作家

drammone 男 (過度に)感傷的な[悲壮]な演劇

drappeggiare 他〔io drappeggio〕**1** (布地に)優美なひだを寄せる **2** ドレープで飾る **3** (話・文章を)技巧的に仕立てる —**arsi** 再 (特にひだのある衣服で)身を覆う

drappeggio 男 **1** (衣類・カーテンなどの)優美なひだ **2**〔美〕(絵画・彫刻などの)着衣のひだの表現法

drappello 男 **1** 分隊, 小隊 **2** グループ, 集団

drappo 男 (絹の)高級生地[織物]

drasticamente 副 断固として, 徹底的に, 思い切って

drasticità 女 強烈[激烈]なこと, 徹底的なこと

drastico 形〔複男 -ci〕断固たる, 徹底的な, 思い切った

drenaggio 男 **1** 排水, 放水 **2** 排水装置, 放水管 **3**〔医〕排液, 排膿(はいのう)

Dresda 固名〔女〕ドレスデン(ドイツ東部の都市)

Driade 固名〔女〕〔ギ神〕ドリュアス(木の精霊, ニンフ(の一人))

dribblare 他 **1**〔スポ〕ドリブルする, ドリブルでかわす **2** (嫌なことをうまく)避ける

drin 擬 リンリン, チリンチリン(ベルの音)

dritta 女 **1** 有益な情報[助言] **2** 右手; 右側 **3**〔船〕右舷 ▶ **a dritta e a manca** 至る所に

drittaggine 女 狡猾(こうかつ), 抜け目なさ

drittata 女《口》ずる賢い行い, 巧妙な思いつき

dritto → diritto

drittofilo 男〔不変〕〔織〕(布地の)緯糸(よこいと)の筋目

drizzare 他 **1** まっすぐにする **2** 立てる —*drizzare un palo* 杭(くい)を立てる **3** 建てる —*drizzare un muro* 壁を建てる **3** 向ける —*drizzare gli occhi al cielo* 上空に目をやる ▶ **drizzare le orecchie** 聞き耳を立てる —**arsi** 再 **1** (まっすぐに)立つ **2** (恐怖で毛・髪の毛が)逆立つ

drizzatura 女 まっすぐにすること

droga 女 **1** 香辛料, スパイス **2** 麻薬 **3** 悪癖, 悪習 **4**〔薬〕生薬

drogaggio 男〔スポ〕薬物投与, ドーピング; 〔物〕(半導体への)ドーパントの注入

drogare 他 **1** (毒物や薬などを)混入する **2** 麻薬を飲ませる[打つ]; ドーピングする **3** (薬味・香料で)味をつける **4** かき立てる, 興奮させる, 刺激する —**arsi** 再 麻薬を摂取[常用]する

drogato 形 **1** 香辛料のきいた, 風味のついた **2** 麻薬中毒の —男〔女[-a]〕麻薬中毒患者

drogheria 女 食料雑貨店

droghiere 男〔女[-a]〕食料雑貨商

dromedario 男〔動〕ヒトコブラクダ

dromo-, -dromo 接頭, 接尾「競技場」「(競)走路」の意

drosera 女〔植〕モウセンゴケ

dr.ssa 略〔dottoreの女性形〕dottoressa (女性の)学士, 医者

druida, druido 男女〔複男 -i〕ドルイド(ケルト族の司祭)

druidico 形 〔複[男 -ci]〕ドルイドの

drupa 女 〔植〕石果, 核果(オリーブ·モモ·アンズなど)

druṣa 女 〔鉱〕晶洞

druṣo 男 〔宗〕(11世紀にエジプトで創設されたイスラム教徒の一派)ドルーズ派の— 男〔女[-a]〕ドルーズ派の人

D.S., d.S. 略 dal Segno 〔音〕ダル·セーニョ

dualismo 男 1 拮(きっ)抗, 対立, 敵対, 反目 2〔哲〕二元論

dualistico 形〔複[男 -ci]〕二元論の, 二元的な

dualità 女 1 二重性, 二元性 2〔数〕双対性

***dubbio¹** [ドゥッビオ] 男 1 不確かさ, 不明確; ためらい, 躊躇(ちゅう)—Sono nel *dubbio* se uscire o no. 外出しようかどうか迷っているんだ. 2 疑い, 疑念; 懸念, 恐れ, 不安—Ho il *dubbio* che non l'abbiano avvisato. 彼らが彼に知らせていないのではないかと心配だ. 3 疑問(点)—Il professore ha chiarito il mio *dubbio*. 先生は分からないところをきちんと説明してくれた. ▶ **senza dubbio** 間違いなく, 確かに

dubbio² 形 1 不確かな, 不明確な, 曖昧な 2 不審な, 怪しげな, いかがわしい

dubbiosità 女 不確か, 不明確; 不審, 怪しげなこと

dubbioso 形 1 迷っている, 確信がない 2 疑わしい, 怪しげな 3 不確かな, あやふやな

dubitabile 形 疑問の余地がある, 疑わしい

dubitare 自〔io dubito〕1 ためらう, 躊躇(ちゅう)する—I nostri amici *dubitano* circa l'acquisto della casa. 私たちの友人はまだ家を買うことを迷っている. 2 疑う, 怪しむ, 信じない—*Dubito* che lui riesca a farcela. 彼がうまくやりおおせるとは思わない. 3 心配する, 懸念する—*Dubito* che ormai sia troppo tardi. もはや遅すぎるのではないかと心配だ.

dubitativo 形 疑いを表す

dubitoso → dubbioso

dublinese 形 ダブリン(の人)の—男女 ダブリンの人

Dublino 固名(女) ダブリン(アイルランドの首都)

duca 男〔複[-chi]女[duchessa]〕公爵—*Duca* di Edimburgo (英国の)エディンバラ公

ducale 形 1 公爵の 2〔歴〕(ヴェネツィアの)ドージェの, 総督の—il Palazzo *Ducale* (ヴェネツィアの)ドゥカーレ宮殿

ducato 男 1 公爵の位 2 公国, 公爵領

Duccio 固名(男) (~ di Boninsegna) ドゥッチョ(1260?-1318頃; イタリアの画家. シエナ派の創立者)

duce 男 (民衆運動の)指導者; (D-)総帥(ムッソリーニを指して)

ducesco 形〔複[男 -chi]〕ムッソリーニをまねた, ムッソリーニ風の; 独裁者の

duchessa 女 女公爵; 公爵夫人, 公爵の娘

duchessina 女 公爵の(若い)娘

duchino 男 公爵の(若い)息子

***due** [ドゥーエ] 形(基数)〔不変〕1 2の, 二人の, 2個の—*due* paia di scarpe 靴2足 2 僅かの, いくらかの, ほんの少しの—Devo dirti *due* parole. 君にちょっと言うことがあるんだ. /La casa è a *due* passi da qui. 家はここからすぐだ. /mandare *due* righe a... (人に)短い手紙を書く—男〔不変〕1 2—il *due* (di) marzo 3月2日/le *due* 午前[午後]2時 2 (成績評価の)2 3 (トランプの)2—*due* di quadri ダイヤの2

duecentesco 形〔複[男 -chi]〕1200年代の, 13世紀の

duecentesimo 形 (序数) 200番目の; 200分の1の—男 200番目; 200分の1

duecentista 形〔複[男 -i]〕13世紀の芸術家の—男女〔複[男 -i]〕13世紀文化の研究者(特に芸術·文学の)

duecentistico 形〔複[男 -ci]〕13世紀の, 13世紀の芸術家の

duecento 形(基数)〔不変〕200の—男〔不変〕200

duecentometrista 男女〔複[男 -i]〕〔スポ〕200メートル走[競泳]者

duellante 男女 決闘者

duellare 自 1 決闘する 2〔スポ〕張り合う 3 論争する

duello 男 1 決闘, 果たし合い—sfidare... a *duello* (人に)決闘を挑む 2 (どちらも譲らない)議論, 論争; 闘争, 争い, 抗争; 激しい対戦[競演]—Il *duello* tra le due squadre si è chiuso in parità. 2チームの試合は引き分けに終わった.

duemila 形(基数)〔不変〕2000の—男〔不変〕2000

duemillesimo 形 (序数) 2000番目の—男 2000分の1

duepezzi 男〔不変〕(水着の)ビキニ; (洋服の)ツーピース

duettare 自 二重奏する, 二重唱する

duetto 男 1〔音〕二重奏, 二重唱 2《謔》(二人の間の)言い争い, 口げんか 3《謔》お似合いの二人

dugongo 男〔複[-ghi]〕〔動〕ジュゴン

dulcamara¹ 女〔植〕ズルカマラ

dulcamara² 男〔不変〕ペテン師, 食わせ者

dulcis in fundo 成〔ラ〕最後に(うまく行く); そのうえ

duna 女 砂丘

dunoso 形 砂丘の多い

***dunque** [ドゥンクェ] 接 1〔結論的に〕だから, それゆえ, 従って—Ho fame, *dunque* mangerò un panino. おなかが空いたのでパニーノでも食べるか. 2《話の締めくくり·再開·開始で》さて, ところで, では—*Dunque*, cosa stavo dicendo? えーと, 何の話をしていたのかな. 3〔疑問·

duo 感嘆文で返答を促して〕それで，それから —*Dunque? Hai deciso?* で，決めたかい．—男〔単数のみ〕結論，決定的瞬間，決心 —*Tra poco si arriverà al dunque.* まもなく結論に至るだろう．

duo 男〔不変〕**1**〔音〕→duetto **2** 演奏家の二人組 **3**〔諧〕いつも一緒の二人

duo- 接頭〔2」「2 倍」の意

duodecimale 形 十二進法の

duodeno 男〔解〕十二指腸

duole dolere の直・現・3 単

duoli dolere の命・2 単；直・現・2 単

duomo¹ 男〔司教座の置かれた〕聖堂，大聖堂；(町の中心の)教会

duomo² 男〔機〕ドーム

duopolio 男〔経〕複占(二者による寡占)

duplex 男〔不変〕**1**〔仏〕共同回線方式の電話機 **2** (ラジオ・テレビの)二元放送

duplicare 他〔io duplico〕**1** 写し〔複製〕を作る **2** 2 倍〔二重〕にする，倍増する —**arsi** 再 2 倍〔二重〕になる

duplicato 男 写し，複製，複写；副本

duplicatore 形〔女[-trice]〕2 倍〔二重〕にする，複製する 一男 複写機

duplicazione 女 複写，複製；2 倍，重複

duplice 形 **1** 二重の，2 倍の；二面性の —*Il problema è duplice.* 問題には二つの面がある．**2** 双方の，二者間の —*duplice alleanza* 二国同盟 一女 (競馬の)連勝複式

duplicità 女 **1** 二重性，二面性，重複 **2** 両義性，曖昧さ

duracino, duracino 形 核果性の，粘核性の(実離れの悪いモモ・サクランボなど)

duralluminio 男 ジュラルミン

*****durante** [ドゥランテ] 前 …の間，…中 —*durante l'estate* 夏の間 / *Ha piovuto durante la notte.* 一晩中雨が降り続いた．

*****durare** [ドゥラーレ] 自 [es/av] **1** 継続〔持続〕する，続く —*La pioggia durerà a lungo.* 長雨になるだろう．**2** 持ちこたえる，耐える，保つ —*La pietra dura più del legno.* 石は木材より長持ちする．/ *È durato poco in quel posto.* 彼はあの地位にわずかしか留まらなかった．一他 我慢する，辛抱する

durastro 形〈蔑〉かなり厳しい〔険しい〕

durata 女 **1** 継続〔持続〕時間，期間，(時間の)長さ〔流れ〕，経過 —*di lunga durata* 長続きする / *la durata di uno spettacolo* 上演時間 **2** 耐久性，持ちよさ —*stoffa di grande durata* とても長持ちする布地 **3**〔言〕(調音に要する)長さ

duraturo 形 続く，持続〔継続〕する

durevole 形 長持ちする，永続〔耐久〕性のある

durevolezza 女 耐久性，永続性

durezza 女 **1** 硬さ，硬度；〔化〕水の硬度 **2** 厳格さ，過酷，強硬 **3** (天候の)厳しさ，苛酷さ **4** 難しさ，困難 **5** どぎつさ，がさつさ，粗さ

*****duro** [ドゥーロ] 形 **1** 硬〔堅，固〕い —*pietre dure* 宝石 **2** 不快な，嫌な，重い，苦しい —*una dura esperienza* つらい経験 / *lavoro duro* 重労働 **3** (気候が)過酷な，寒い —*clima molto duro* 厳しい気候 **4** 難しい，困難な，理解しがたい —*esame duro* 難しい試験 **5** 厳格な，厳しい —*essere duro con i figli* 子供に厳しい **6** 頑固な，融通の利かない **7** (ワインが)未熟な **8** 鈍い，のろい，愚鈍な —*duro di mente* [testa, cervello] 頭が鈍い **9** (毛が)こわい，粗い —*tessuto duro* ざらざらした布地 **10**〔言〕硬音の — 男 **1** 硬〔堅，固〕い〔もの **2** 難事，難局，難しい状況 **3**〔女[-a]〕不屈の人，頑強な人 一副 **1** 激しく，熱心に；苦心して，やっとのことで —*lavorare duro* 仕事に打ち込む **2** 深く，十分に —*dormire duro* ぐっすり眠る ▶ *duro d'orecchi* 耳が遠い；(都合の悪いことは)聞こえないふりをする *osso duro* 手ごわい相手；難物

durometro 男 硬度測定計

durone 男 **1** (手足の)たこ **2** (大理石の)非常に硬い核

Duse 固名(女) (Eleonora 〜)ドゥーゼ(1858-1924; イタリアの女優)

duttile 形 **1** (金属などの)延性のある **2** 従順な，言いなりになる：順応性のある **3** 柔軟な，しなやかな

duttilità 女 **1** (金属などの)延性 **2** 順応性，柔軟性

duumvirato 男 (古代ローマの)二人連帯職，二頭政治

duvet 男〔不変〕〔仏〕綿毛，羽毛；ダウンジャケット

Dy 略〔元素記号〕disprosio〔化〕ジスプロシウム

dx 略 destro 右の

dyn 略 dina〔物〕ダイン

E, e

E¹, e¹ 女，男 **1** (イタリア語アルファベットの)5 番目の字母 —*E come Empoli* 〔符丁〕エンポリの E **2**〔音〕ホ音

E² 略 est 東 **2** スペイン

*****e²** [エ] 接〔母音，特に e の前では ed とすることが多い〕**1** そして，…と —*il pane e il vino* パンとワイン / *Maria ed Elena* マリアとエレナ / *il bello e il buono* 真善美 **2** …だが，しかし —*Prometti sempre e non mantieni mai.* 君は約束だけはするけど，全然守らない．**3**〔強調で〕—*E smettila di chiacchierare!* いい加減におしゃべりはやめろ．**4**〔e… e… の〕…も…も —*Alla festa partecipano e gli italiani e i giapponesi.* パーティーにはイタリア人も日本人もやって来る．**5**〔結果を表して〕それゆえに，だから —*Ieri ero stanco e sono andato subito a letto.* 昨日は疲れてい

たのですぐに寝た. **6**〔tutti [tutte] e +数詞; 冗語として〕—tutte *e* tre le ragazze〔それらの〕女の子3人とも
è essere の直・現・3単
Eaco 固名(男)〔ギ神〕アイアコス(アキレスの祖父, 冥界の審判者)
ebanista 男女〔複[男-i]〕(黒檀(ﾀﾝ)などの)高級家具職人, 指物師
ebanisteria 女 高級木材による工芸; 高級家具の店
ebanite 女 エボナイト, 硬質ゴム
ebano 男 1 黒檀(ﾀﾝ)の木材; 黒檀 2 漆黒 —形〔不変〕真っ黒の
ebbe avere の直・遠過・3単
ebbè → ebbene
*****ebbene** [エッベーネ] 接 1〔相手の意向を了解したうえで〕それでは 2〔答えを促して〕それで, で 3 ところで, それから
ebbero avere の直・遠過・3複
ebbi avere の直・遠過・1単
ebbrezza 女 1 酔い 2 陶酔, 興奮, 狂喜
ebbro 形 1 酔った 2 夢中になった, とりつかれた —男〔女[-a]〕1 酔っぱらい 2 夢中になった人, 我を忘れた人
Ebe 固名(女)〔ギ神〕ヘーベ(青春の女神)
ebete 形 頭の鈍い, 間抜けな —男女 間抜け, 馬鹿
ebetudine 女 頭が鈍いこと, 愚鈍
ebola 女〔医〕エボラ出血熱
ebollizione 女 1 沸騰, 煮沸 2 興奮, 熱狂 3 騒動
ebraico 形〔複[男-ci]〕ヘブライの; ヘブライ的 —男〔単数のみ〕ヘブライ語
ebraismo 男 1〔宗〕ヘブライズム(ヘブライ人の思想・文化) 2〔言〕ヘブライ語法
ebreo 形 ユダヤ[ヘブライ]の; ユダヤ[ヘブライ]人の —男〔女[-a]〕1 ユダヤ[ヘブライ]人 2〔蔑〕守銭奴, けち ▶ *l'Ebreo errante* さまようユダヤ人
Ebridi 固名(女複)(Isole 〜)ヘブリディーズ諸島(イギリス, スコットランドの北西にある諸島)
eburneo 形 象牙の; 白い
Ecate 固名(女)〔ギ神〕ヘカテ(呪術・妖怪変化・魔女の支配者とされる女神)
ecatombe 女 1 大量殺(ｻﾂ), 大虐殺 2 (古代ギリシャで)神への牛100頭[多数の動物]の生け贄(ﾆｴ)
Ecc. 略 eccellenza 閣下
ecc. 略 eccetera …など
eccedente 形 過剰の, 過剰な —男 過剰分, 超過分
eccedenza 女 1 超過, 過剰 2〔経〕余り, 剰余金
eccedere 他 超える; 優る —自 度を越す, 行き過ぎる
ecce homo 感電(男)〔ラ〕1 イバラの冠をかぶせられたキリストの図像 2〔聖〕この人を見よ(神の子ではない) 3 苦しむ人, 哀れな人
eccelga eccellere の命・3単; 接・現・1単[2単, 3単]
eccelgo eccellere の直・現・1単

eccellente 形 卓越した, 極上の, 特に優れた, 素晴らしい
eccellenza [エッチェッレンツァ] 女 1 優秀, 卓越 2 (E-)閣下, 猊(ｹﾞｲ)下
eccellere [43]〔es/av〕〔過分 eccelso〕抜きん出る, 優る
eccelse eccellere の直・遠過・3単
eccelso〔過分 < eccellere〕1 卓越した, 傑出した 2 非常に高い —男〔単数のみ〕(E-)神
eccentricità 女 1 常軌を逸していること, 風変わり, 突飛さ 2 (町の中心から)離れていること 3〔数・天〕離心率
eccentrico 形〔複[男-ci]〕1〔幾・機〕偏心の(軌道や円の中心が一つではない) 2 エキセントリックな, (性格や行動が)風変わりな, 奇抜な, 派手な —男〔複[-ci]女[-a]〕1 変わり者, 奇人, 変人 2 (歌や話を面白おかしく即興的に繰り出す)芸人
ecceomo → ecce homo
eccepibile 形 批判しうる, 議論の余地がある
eccepire 他〔io -isco〕1 異議を唱える, 反対する 2〔法〕抗弁する, (訴訟事実を)申し立てる
eccessivamente 副 きわめて, 非常に, 過度に
eccessività 女 過度, 行き過ぎ
eccessivo 形 行き過ぎた, 度を越した; 極端な
eccesso 男 1 過度, 過剰; (制限の)超過, オーバー 2 極度, 限度 3〔法〕越権, 職権濫用 ▶ *all'eccesso* 極度[極端]に *dare in eccessi* かんしゃくを起こす, かっとなる *in eccesso* 余分に; 十二分に *per eccesso* 過剰に
*****eccetera** [エッチェーテラ] 副 など, 等々, その他〔略 ecc.〕
eccetto 前 …を除いて, 以外は —Mangio di tutto *eccetto* gli spinaci. 私はホウレンソウ以外, 何でも食べる. ▶ *eccetto che* (1)…を除いて / Assomiglia molto a suo fratello *eccetto che* nel colore dei capelli. 彼は髪の毛の色以外, 兄さんにとてもよく似ている. (2)〔接続法とともに〕…でなければ / Andrò a sciare *eccetto che* non cambi il tempo. 天気が変わらなければスキーに行こう.
eccettuare 他〔io eccettuo〕除外する, 例外とする
*****eccezionale** [エッチェツィオナーレ] 形 1 例外的な, 異例な, 特殊な —caldo *eccezionale* 異例の暑さ 2 並外れた, 別格の, 最高の —offerta [prezzo] *eccezionale* 特価, 格安 *in via eccezionale* 特別に
eccezionalità 女 例外, 異例, 格別
eccezionalmente 副 1 特別に, 例外的に 2 非常に; たいそう上手に
*****eccezione** [エッチェツィオーネ] 女 1 例外, 異例, 特例 2 異議, 反対, 不服 3〔法〕異議(申し立て) ▶ *ad eccezio-*

ecchimosi, ecchimósi 女〔不変〕〔医〕溢(ﾂ)血斑, 斑状出血

eccì 間 ハクション(くしゃみの音)

eccìdio 男 大虐殺, 皆殺し

eccitàbile 形 興奮しやすい, 激しやすい

eccitabilità 女 1 興奮しやすさ;感受性, 感動しやすさ 2〔生化〕興奮性

eccitaménto 男 1 興奮, 刺激 2 そそのかすこと, 扇動

eccitante 形 刺激的な;興奮させる —男 刺激物, 興奮剤;覚醒剤

eccitare 他〔io eccito〕 1 (感情を)かき立てる, 興奮させる, 刺激する —La notizia *ha eccitato* tutti. その知らせに誰もが興奮した. 2 (欲望を)起こさせる, 呼び起こす —*eccitare* l'appetito 食欲をそそる 3 駆り立てる, そそのかす, 奮い立たせる —*eccitare* il popolo 民衆を扇動する —**arsi** 再 興奮する

eccitato 形 興奮した, 激した

eccitazióne 女 1 興奮, 激高, 刺激 2〔電〕励磁;〔物〕励起

ecciù 間 ハクション(くしゃみの音)

ecclesiale 形 (キリスト)教会の

ecclesiàstico 形〔複〔男 -ci〕〕 1 カトリック教会の 2 聖職者の 3 宗教の —男〔複[-ci]〕聖職者, 神父

‡**ecco** [エッコ] 間 1 (何かを指し示したり差し出したりする時) ほら(…だよ) —*Ecco* il resto. はい, おつりです. / *Ecco* il mare. ほら, 海だ(が見えるよ). / *Eccoci* a Roma! さあ, ローマだ(に着いたよ). 2 〔人や物が不意に現れたとき〕—*Ecco* la ragazza di cui ti parlavo. そら, 例の女の子がやって来たぞ. 3 〔強調したり, 話を始めたり終えたりする場合〕それで, そういうことだ —*Ecco* cos'è successo. これが起こったことだ. / *Ecco* tutto. これで終わり. / *Ecco* perché non ti ho telefonato. だから君に電話しなかったんだ. 4〔呼びかけに対して〕ここだ —Dove sei?-*Eccomi* qua. どこ?-ここだ, ここにいるよ. 5〔過去分詞を従えて完了を表す〕—*Ecco* fatto. さあ, 終わったぞ. 6〔間投詞として〕—*Ecco*! Hai rotto un altro piatto. ほら, また皿を割ったな. 7〔相手に同意して〕そうそう, そうだ 8〔言いよどむ時〕えーと ▶ *quand'ecco* (che) 不意にその時

eccóme 副 はい, もちろん;嘘じゃないよ

echeggiare [es/av]〔io eccheggio〕こだまする, 反響する —他 反響させる;(そのまま)繰り返す, まねる

ECG 略 elettrocardiogramma〔医〕心電図

echino 男 1〔建〕エキヌス(ドーリア・イオニア式のまんじゅう形の柱頭) 2〔動〕ウニ

echinococco 男〔複[-chi]〕〔動〕エキノコックス(条虫綱の条虫の総称)

echinoderma 男〔複[-i]〕 (E-)〔複数で〕〔動〕棘(ﾄｹ)皮動物

eclatante 形 知れ渡る, とどろく, 人目を引く

eclèttico 形〔複〔男 -ci〕〕 1 (芸術・科学で)種々の技法を取り入れた, 折衷主義の 2 折衷的な;様々な;多方面にわたる 3〔哲〕折衷主義の —男〔複[-ci]女[-a]〕 1 種々の技法を取り入れる芸術家[科学者] 2 幅広い興味を持つ人 3〔哲〕折衷主義哲学者

eclettismo 男 1 折衷主義 2〔蔑〕様々な意見の寄せ集め 3〔哲・美〕折衷主義

eclissare 他 1〔天〕(天体が他の天体を)食する 2 覆い隠す 3 凌(ｼﾉ)ぐ, はるかに優る —**arsi** 再 隠れる, 引っ込む

eclisse → eclissi

eclissi 女〔不変〕 (太陽や月の)食 (eclisse) —*eclissi* solare [lunare] 日[月]食 / *eclissi* parziale [totale] 部分[皆既]食

eclìttica 女〔天〕黄道

Eco 固名〔女〕〔ギ神〕エコー(ヘラの怒りに触れ, こだまを繰り返すのみになった妖精)

eco 男,女〔複[gli echi]〕 1 こだま, エコー, 反響 2 繰り返し, まね 3 模倣者, 追随者 4 短い記事 5 (社会的な)反響, 反応 6 なごり, 反映, 痕跡 7〔楽〕楽節を異音で繰り返す表現 8〔通信・電子〕エコー

eco-, -eco 接頭, 接尾 「家(の)」「自然環境(の)」「エコロジー(の)」の意

ecocatàstrofe 女 生態系異変, 環境異変

ecocìdio 男 生態系破壊, 環境破壊

ecoetichetta 女 エコマーク

ecografìa 女〔医〕超音波検査

ecologìa 女 生態学, エコロジー;自然環境保護

ecològico 形〔複[-ci]〕自然環境の;環境保護の, 環境にやさしい

ecologismo 男 環境保護を唱えること, エコロジー

ecologista 男女〔複〔男 -i〕〕生態学者;エコロジスト

ecologìstico 形〔複[-ci]〕環境保護の, 環境保護運動家の

ecòlogo 男〔複[-gi]女[-a]〕生態学者

ecomafia 女 廃棄物処理を違法に行う犯罪組織

ecòmetro 男 音響測深器

economato 男 会計[出納]係;会計[出納]課

‡**economìa** [エコノーミア] 女 1 経済, 経済活動 2 節約, 倹約 —*economia* della famiglia 家計(のやりくり) (fare *economia* 節約[始末]する) 3〔複数で〕貯金, 貯蓄 4 経済学 5 (作品や仕事の)構成, 計画, 構想, 機構

economicità 女 経済性, 経済効率

‡**econòmico** [エコノーミコ] 形〔複〔男 -ci〕〕 1 経済の, 経済的な, 経済学の 2 安上がりの, 経済的な 3 節約[倹約]する

economista 男女〔複〔男 -i〕〕経済

economizzare 学者, エコノミスト

economizzare 他 節約[倹約]する —自 (su) 節約する —*economizzare sulle spese per...* …への出費をセーブする

economo 男 [女 [-a]] 1 会計係, 財務系 2 節約家, 倹約家 —形 節約の, 倹約的な

ecopacifismo 男 非暴力的環境保護運動

ecopacifista 男女 [複 [男 -i]] 非暴力的環境保護運動の支持者

ecopelle 女 [単数のみ] 合成皮革

ecotassa 女 環境保護税

ecoterrorismo 男 環境保護を標榜するテロ行為

ecoterrorista 男女 [複 [男 -i]] 環境保護を標榜するテロリスト

écru 形 [不変][仏・織]さらしていない; 生成りの —男 [不変] 生糸

ecstasy 男 [不変][英]エクスタシー(麻薬)

ecto- 接頭「外の」「外側の」の意

-ectomia 接尾「除去」「摘出」の意

ectoplasma 男 1 [生物] 外形質 2 (神秘主義で)心霊体

ECU 略 [英]European Currency Unit 欧州通貨単位

Ecuador 固名 (男) エクアドル

ecuadoregno → ecuadoriano

ecuadoriano 形 エクアドル(人)の —男 [女 [-a]] エクアドル人

Ecuba 固名 (女) [ギ神]ヘカベ(トロイアの王妃)

ecumenicità 女 1 世界教会主義 2 普遍性

ecumenico 形 [複[男 -ci]] 1 全カトリック教会の, 全キリスト教会の 2 全般的, 普遍的な

eczema 男 [複[-i]][医]湿疹(しっ)

ed 接 …と, そして(e は母音で始まる語の前で, 好調音字 d を添えることが多い; → e²)

Ed. 略 editore 出版社, 発行人

ed. 略 1 edizione (書籍の)版 2 editore 出版社, 発行人

edam 男 [不変] (オランダの)エダムチーズ

edelweiss 男 [不変][独・植]エーデルワイス

edema, **edema** 男 [複[-i]][医] 浮腫, 水腫 —*edema cerebrale* [polmonare] 脳[肺]浮腫

eden 男 [不変] 1 (E-)エデンの園 2 楽園, 楽土

edera 女 [植]ツタ; セイヨウキヅタ

Edgardo 固名 [男性名]エドガルド

edicola 女 1 (街頭や駅の主に新聞・雑誌の)売店; キオスク 2 [建]壁龕(へきがん)

edicolante 男女 新聞・雑誌の売店の店員, 店主 (edicolista)

edicolista → edicolante

edificabile 形 建築可能な, 建築に適した

edificabilità 女 建築可能なこと

edificante 形 1 建設的な 2 啓発的な, 教訓的な; 模範的な, 典型的な

edificare 他 [io edifico] 1 建てる, 建築[建設, 建造]する 2 築く, 設立する 3 教化する, 啓発する —arsi 再 教化[啓発]される

edificazione 女 1 建築, 建造 2 教化, 啓発

edificio 男 1 建物, ビル 2 構造, 骨組み, 組織

edile 形 建築に関する —*assistente edile* 現場監督 / *impresa edile* 建設会社 —男女 建設[土木]作業員

edilizia 女 建築, 土木; 建築[土木]技術

edilizio 形 建築[土木]の, 建築[土木]技術の

Edimburgo 固名 (女) エディンバラ(英国, スコットランドの中心都市)

edipico 形 [複[男 -ci]] 1 [ギ神]オイディプスの 2 [心]エディプス・コンプレックスの

Edipo 固名 (男) [ギ神]オイディプス(王妃イオカステを母と知らず妻とし, テーバイの王となる)

edito 形 出版された, 発行された

editore 男 [女[-trice]]出版社; 発行人 —形 [女[-trice]]出版業の —*casa editrice* 出版社

editoria 女 出版業

editoriale¹ 形 1 出版(社)の 2 出版社で働く

editoriale² 男 社説, 論説

editorialista 男女 [複[男 -i]] 論説委員 —形 [複[男 -i]] 論説委員の

editrice 女 1 出版社 2 editore の女性形

editto 男 1 命令, 法令; 布告, 通達 2 (古代ローマの)法令

edizione 女 1 出版 2 (印刷物の)版 —*edizione tascabile* 文庫版 3 (新聞の)版 4 (ラジオ・テレビの)ニュース番組 5 (定期的催し物の)開催 —*la trentesima edizione della Mostra del Cinema di Venezia* 第 30 回ヴェネツィア映画祭 6 (映画や翻訳の)…版[バージョン] —*edizione inglese* [*giapponese*] 英語[日本語]版 7 [谑]格好, 姿

Edmondo 固名 [男性名]エドモンド

Edoarda 固名 [女性名]エドアルダ

Edoardo 固名 [男性名]エドアルド

edonismo 男 1 快楽主義[享楽]的な生き方 2 [哲]快楽主義

edonista 形 [複[男 -i]] 1 快楽主義[享楽]的な 2 [哲]快楽主義の —男女 [複[男 -i]] 1 快楽主義[享楽]的な人 2 [哲]快楽主義者

edonistico 形 [複[男 -ci]] 快楽[享楽]主義的の

-edro 接尾「(多面体の)面」の意

educabile 形 教育[訓練]できる

educabilità 女 教育[訓練]できること

educanda 女 1 (修道会などで)教育を受ける少女 2 内気ではにかみやの少女

educare [エドゥカーレ] 他 [io educo] 1 教育する 2 育てる, しつける 3 訓練[調教]する 4 慣らす 5 磨く, 鍛える —**arsi** 再 …に慣れる, …の訓練をする

educativo 形 1 教育の, 教育的な 2 教訓的な

educato 形 行儀[しつけ]のよい; 上品な, 洗練された

educatore 男 [女 [-trice]] 教育する人;（専門家としての）教育者

educazione [エドゥカツィオーネ] 女 1 教育; しつけ, 訓練 2 教養, 知識, 学識 3 礼儀正しさ, 行儀のよさ

edulcorante 形 甘みをつける —男 甘味料

edulcorare 他 [io edulcoro] 甘みをつける; 和らげる

edulcorato 形 甘みのついた; 和らいだ

edule 形 食べられる, 食用になる

Edvige 固名 [女性名] エドヴィージェ

EEG 略 elettroencefalogramma [医] 脳波図

efebico 形 [複 [男 -ci]] 青年の, 青年らしい; 未熟な

efebo, efebo 男 1 若者, 青年;《蔑》女々しい青年 2 (古代ギリシャで軍事訓練などに参加する)18歳から20歳の青年

efelide 女 そばかす

efesino 形 エフェソスの(人)の —男 [女 [-a]] エフェソスの人

Efesto 固名 [男] [ギ神] ヘファイストス, ヘパイストス(オリンポス十二神の一. 火と鍛冶の神. ローマ神話のウルカヌス)

effe 女, 男 [不変] イタリア語アルファベットのF(f)

effemeride 女 1 [歴]日録 2 定期刊行物 3 [天]天体暦

effeminatezza 女 女性的なこと; 女々しさ, 柔弱

effeminato 形 女性的な; 女々しい, 柔弱な

efferatezza 女 残忍, 凶暴性; 残虐行為

efferato 形 残忍な, 凶暴な

effervescente 形 1 泡立つ, 発泡する 2 快活な, 活発な; 興奮した, 熱狂した

effervescenza 女 1 泡立ち, 発泡 2 活発さ; 興奮, 熱狂

effettivamente 副 実際に, 現実に, 本当

effettività 女 現実性; 有効性

effettivo 形 1 実際の, 現実の 2 正規の, 常勤の —男 [女 [-a]] 正社員[職員], 正会員, 正選手, 正教員 2 [複数で] [軍] (部隊の)兵員; 実兵力 3 実質; 実際の総額[総数]

effetto [エッフェット] 男 1 効果, 効き目 2 印象, 衝撃 —La scena mi ha fatto un grande *effetto*. その光景は私に強烈な印象を与えた. 3 結果 4 [複数で]所持品, 所有物 —*effetti* personali 身の回り品 5 (ビリヤードなどの)スピン 6 [金融]手形 ▶ *a tutti gli effetti* あらゆる点で *fare effetto* 効果がある, …のように見える *in effetti* 現に, そのとおり *per effetto di...* …のために[せいで]

effettuabile 形 実行可能な, 実際的な

effettuabilità 女 実行可能性

effettuare 他 [io effettuo] 実行[実施]する, 実現する —**arsi** 再 実行[実現]される, 行われる

effettuazione 女 実行, 実施

efficace 形 1 効果的な; 確実な 2 印象的な, 興味を引く, 説得力のある

efficacia 女 [複 [-cie]] 1 効果, 効力, 効能 2 鋭さ, 力強さ, 説得力 3 [法]効力

efficiente 形 1 能率的な 2 有能な, 敏腕な 3 体調のよい, 活動的な

efficientismo 男 能率[効率]主義

efficientista 形 [複 [男 -ci]] 能率[効率]主義の —男女 [複 [男 -i]] 能率[効率]主義者

efficientistico 形 [複 [男 -ci]] 能率[効率]主義の

efficienza 女 1 能率, 効率 2 有能, 敏腕 3 体調, 健康, 活力 ▶ *in piena efficienza* (能力や性能を)最大限[フル]に発揮して

effige → effigie

effigiare 他 [io effigio] 1 (絵画・彫刻などで)表現する 2 肖像で飾る

effigie 女 [複 [-gie, -gi]] 1 肖像, 彫像 2 顔つき, 姿, 様子

effimera 女 [虫]カゲロウ

effimero 形 1 一日限りの 2 短命の, はかない, 束の間の —男 束の間の[短期間の]ものごと

efflorescenza 女 1 (壁・岩・地面などに出る)塩結晶, 白華(はっか) 2 [化]風化, 風解

effluire 自 [es] [io -isco] あふれ出る, 流出する

efflusso 男 (液体・ガスの)流出

effluvio 男 1 芳香作用; 香気, 香り 2《蔑》嫌な匂い, 悪臭 3 光の放射, 音の発散

effondere [55] 他 [過分 effuso] 1 発散する, 放つ 2 広める, 宣伝する 3 撒き散らす; 明らかにする, 漏らす —自 [es] あふれ出す, 流出する

effrazione 女 1 住居侵入, 押し込み;（鍵など防犯装置の）破壊 2（伝統的な規範・道徳に対する意図的な）違反

effuse effondere の直・遠過・3単

effusione 女 1 (愛情の)発露 2 (液体の)流出; (光・音の)発散 3 [物] (ガスの)噴出

effuso effondere の過分

e.g. 略 [ラ] *exempli gratia* たとえば

egemone 形 支配[主導]権を握る —男 指導者, 先導者

egemonia 女 (一国による)覇権, 支配権, ヘゲモニー

egemonico 形 [複 [男 -ci]] 支配的な, 覇権的な

egemonismo 男 覇権主義

egemonizzare 他 支配下に置く
egemonizzazione 女 支配下に置くこと
egeo 形 エーゲ海の ―il Mar *Egeo* エーゲ海
Egeria 固名(女) 〔ロ神〕エジェリア(ローマ王ヌマ・ポンピリオの愛妾(あいしょう))
-eggiare 接尾 名詞・形容詞の後に付いて動詞を作る
-eggio 接尾 -eggiare 型の動詞から派生した名詞の語尾
egida 女 1 保護, 庇(ひ)護, 防衛 2〔神〕アイギス(ゼウスがアテナに与えた盾)
Egidio 固名〔男性名〕エジーディオ
eginetico 形〔複[男 -ci]〕(ギリシャの)アイギナ島の
Egipane 固名(男)〔神〕アイギパン(牧場と家畜を司る神パンの一. 外貌はヤギに似る)
Egitto 固名(男) エジプト
egittologia 女 古代エジプト学
egittologico 形〔複[男 -ci]〕古代エジプト学の
egittologo 男〔複[-gi]女[-a]〕古代エジプト学者
egiziano 形 エジプト(人)の ―男 1 〔女[-a]〕エジプト人 2〔言〕古代エジプト語 3〔印〕(活字書体の)エジプシャン
egizio 形 古代エジプトの ―男 〔女[-a]〕古代エジプト人
＊**egli**[エッリ]形(人称)〔3 人称単数男性〕〔文〕彼は[が](《口》lui)
egloga 女 1 牧歌, 田園詩 2〔音〕叙情的で牧歌的な楽曲
ego 男〔不変〕〔心〕自我
ego- 接頭 「自分」「自分自身」の意
egocentricità 女 自己中心性
egocentrico 形〔複[男 -ci]〕自己本位な, 利己的な ―男〔複[-ci]女[-a]〕自分本位な人, 利己主義者
egocentrismo 男 自分本位, 利己主義
egoismo 男 利己主義; 身勝手
egoista 男女〔複[男 -i]〕エゴイスト; 自分勝手な
egoistico 形〔複[男 -ci]〕自己中心の, 利己的な
Egr. 略 egregio (手紙で)…様, …殿
egregio 形〔複[女 -gie]〕1 秀でた, 傑出した 2 莫大な 3 (手紙で)…様, …殿
egretta 女〔鳥〕シラサギ
eguale → uguale
egualitario 形 平等主義の ―男〔女[-a]〕平等主義者
egualitarismo 男 平等主義
egualmente → ugualmente
＊**eh**[エー]間 1〔文の最初に付けて, 諦め・望み・驚き・非難などを表して〕はぁ, ほう, あれ, やれやれ ―*Eh*, che bello! ほう, いいねえ. / *Eh, eh*, dove state andando? おやおや, どこへ行くんだい? 2〔via で続いて激励・憤りを表して〕さあ, そらっ ―*Eh* via! È una sciocchezza! 馬鹿な! 下ら

んことだ! 3〔文の終わりに付けて, 問い・確認などを表して〕…だろ, …だね ―È stata una bella festa, *eh*? いいパーティーだったね. 4〔名前を呼ばれた返事に〕ここだ, 何だ ―Mario!-*Eh*? なんだい? 5〔引き伸ばして返事の強調に〕そりゃもう ―È molto lontano?-*Eh*, come no! ずいぶん遠いのかい? - 遠いのなんって. 6〔*eh, eh* と重ねて皮肉な笑いを表す〕ひっひ, へっへ
＊**ehi**[エイ]間〔親しみ・威嚇・驚きなどを表して〕おい, やあ, こら, あれ ―*Ehi*, ragazzi andiamo al mare? おい, みんな, 海に行こうか. / *Ehi*, che roba!うわ, 一体何だれは.
ehilà 間 おい, おや ―*Ehilà*, c'è nessuno? おーい, 誰もいないのか.
ehm 間〔ためらい・言いよどみ・遠回しの威嚇や控えめな呼びかけなどを表して〕えーっ, うーん, あのう ―*Ehm*, ... mi scusi! あのう... すみませんが.
E.I. 略 Esercito Italiano イタリア陸軍
eia 間 さあ, そら; わあい
eiaculare 自〔io eiaculo〕射精する
eiaculazione 女 射精
eiettabile 形〔空〕(飛行機から)発射可能な
eiettore 男〔機〕(液体・ガス・粉末を排出する)エジェクター
Eiger 固名(男) アイガー山(スイス中部ユングフラウ山群の一つ)
Einaudi 固名(男) 1 (Luigi ～)ルイージ・エイナウディ(1874-1961; イタリアの経済学者. イタリア共和国初代大統領) 2 (Giulio ～)ジューリオ・エイナウディ(1912-99; Luigi の息子. 出版社エイナウディの創立者)
einsteiniano 形 アインシュタインの
einsteinio 男〔化〕アインスタイニウム(元素記号 Es)
elaborare 他〔io elaboro〕1 念入りに作る, 丁寧に仕上げる, 練り上げる 2〔生物〕合成する
elaboratezza 女 1 念入り, 精巧, 精緻; 洗練 2 困難, 複雑
elaborato 形 1 念入りな, 丹念な 2 複雑な, 困難な 3 (性能を上げるため)改造された ―男 作文, 課題, 筆記試験
elaboratore 形〔女[-trice]〕念入りな ―男〔女[-trice]〕1 入念に仕上げる人 2 エンジン改造の整備士 3 電子計算機, コンピューター
elaborazione 女 1 念入りに仕上げること 2〔情〕データ処理 3 エンジンの改造 4〔生物〕合成; 分泌
elargire 他〔io -isco〕1 (気前よく)与える 2 ふりまく
elargitore 形〔女[-trice]〕気前よく与える, 物惜しみしない ―男〔女[-trice]〕気前よく与える人
elargizione 女 1 気前よく与えること; 施し, 寄付 2 寄付金, 寄贈品
elasticità 女 1 弾力性, 伸縮性; 柔軟性 2 融通性, 適応性 3 敏捷さ, 機敏さ

elasticizzare 4 (精神の)柔軟性;《蔑》言いなりになること

elasticizzare 他 (生地に)伸縮性を与える

elasticizzato 形 伸縮性のある

elastico 形 〖複[男 -ci]〗 1 弾力(伸縮)性のある;柔軟な 2 融通の利く,(精神が)柔軟な;《蔑》言いなりになる 3 機敏な,鋭敏な,敏捷な ― 男 〖[-ci]〗 1 輪ゴム,ゴムひも 2 (マットレスを支えるベッドの)床板

elaterio 男 1〔植〕テッポウウリ 2〔虫〕コメツキムシ

elativo 形 1〔言〕出格の(内部から外部への動きを表す) 2〔言〕絶対最上級の

Elba 固名(男) エルベ川

elbano 形 エルバ島(の人)の ―男〖女[-a]〗エルバ島の人

Elda 固名〖女性名〗エルダ

eldorado 男 エルドラド,黄金郷

Eleazaro 固名(男) エレアザル(ヘブライの大司祭.アロンの息子)

elefante 男 1〔動〕ゾウ ―*elefante marino*〔動〕アザラシ 2 動きがのろく不器用な人

elefantesco 形 〖複[男 -chi]〗 1 象の 2 巨大な,並外れた;鈍重な

elefantessa 女 1 elefante の女性形 2 大きく鈍重な女

elefantiaco 形 〖複[-ci]〗 1 巨大な 2〔医〕象皮病の

elefantiasi 女〖不変〗 1 (構造の機能低下を伴う)過度の成長[膨張] 2〔医〕象皮病

elefantino¹ 男 小さな象;子象

elefantino² 形 1 象の 2 莫大な,途方もなく大きい 3 象牙で作った

＊**elegante** [エレガンテ] 形 1 上品な,優美な,趣味のいい,しゃれた 2 手際のいい,あざやかな,すっきりした

elegantone 男〖女[-a]〗〖皮肉で〗伊達(ﾀﾞﾃ)者,めかし屋,流行を追う人

eleganza 女 上品,優雅,趣味のよさ

＊**eleggere** [エレッジェレ] 〖64〗他〖過分eletto〗 1 選挙[選出]する 2 より好む,ひいきにする

eleggibile 形 選ぶに値する,被選挙権のある

eleggibilità 女 適任,適格;被選挙資格

elegia 女 1 (古典詩で)悲歌,哀歌 2 哀愁を帯びた詩,挽(ﾊﾞﾝ)歌 3〔音〕エレジー

elegiaco 形 〖複[男 -ci]〗 1 挽歌形式の,哀歌の 2 悲哀を帯びた ―男〖複[-ci]〗 1 悲歌[哀歌]の詩人 2〔詩〕哀歌体 5 歩格

*ele*m**entare** 形 1 基礎的の,初歩的な ―*scuola elementare* 小学校 2 簡単な,易しい;明らかな,当然の 3 要素の,〔化〕元素の 4 自然力の

elementari 女複 小学校

elementarità 女 1 簡単さ,容易さ 2 未発達なこと,幼稚性

＊**elemento** [エレメント] 男 1 要素,成分 2 部分,部品 3 一員,構成員〖分》;《謔》人物,やつ 4 要件,条件 5〔哲〕元素(古代における物質を形成する要素:空気,火,土,水) 6〖複数で〗自然力 7〖複数で〗基礎事実,データ 8〖複数で〗基本原理 9〔生物〕生息環境 10〔化〕元素 11〖複数で〗基本原理

elemosina 女 1 施し(物) ―*fare l'elemosina* a... …に施す / *chiedere l'elemosina* 施しを請う 2 献金,奉献

elemosinare 他 〖io elemosino〗 1 施しを請う 2 執拗(ｼﾂﾖｳ)に頼むを,懇願する

Elena 固名(女) 1〖女性名〗エレーナ 2〔ギ神〕ヘレネ(絶世の美女.トロイアの王子パリスに恋され,トロイ戦争が起こった)

elencabile 形 一覧にしうる,列挙しうる

elencare 他 1 一覧表[目録]を作る,リストアップする 2 列挙する,数え上げる

elencazione 女 一覧表[リスト]を作ること,列挙すること;一覧表,目録,名簿

elenco 男〖複[-chi]〗 1 一覧表,リスト,名簿 ―*elenco telefonico* 電話帳 2〔哲〕論駁(ﾊﾞｸ),反証

Eleonora 固名〖女性名〗エレオノーラ

elesse eleggere の直・遠過・3 単

elettività 女 選挙で選ぶこと;有資格,適任,適格;被選挙資格

elettivo 形 1 選挙による 2 自由選択の;随意の,任意の 3 好ましい,うってつけの

eletto 形 〖過分＜ eleggere〗 1 選挙された,選出された 2 選り抜きの,選りすぐりの 3 類まれな,卓越した

elettorale 形 1 選挙(人)の 2〔歴〕選帝[選挙]侯の

elettoralismo 男 選挙結果だけを重視すること

elettoralistico 形 〖複[男 -ci]〗 選挙結果だけを重視する

elettorato 男 1〖総称的〗有権者,選民 2〔歴〕(神聖ローマ帝国の)選挙侯の資格;選挙候補

elettore 男 〖女[-trice]〗 1 選挙人,有権者 2〔歴〕(神聖ローマ帝国の)選帝[選挙]侯

Elettra 固名(女) 〔ギ神〕エレクトラ(アガメムノンとクリュタイムネストラの娘)

elettrauto 男〖不変〗(自動車の)電気系統修理工[修理工場]

elettricista 男女〖複[男 -i]〗 電気技師,配線工

elettricità 女 1 電気 2 ピリピリした[険悪な]雰囲気

＊**elettrico** [エレットリコ] 形 〖複[男 -ci]〗 1 電気の,電動式の ―*corrente elettrica* 電流 / *stufa elettrica* 電気ストーブ / *centrale elettrica* 発電所 2 緊張した,落ち着かない 3 男〖複[-ci]〗女[-a]〗電気産業の労働者

elettrificare 他 〖io elettrifico〗 電化する

elettrificato 形 1 電化された 2 電気で動く,電流の通った

elettrificazione 女 電化;帯電

elettrizzabile 形 1 帯電しうる 2 興奮しやすい

elettrizzante 形 1 帯電する 2 興奮[熱狂]させる

elettrizzare 他 1 電気を通す, 帯電させる 2 興奮[熱狂]させる **—arsi** 再 1 帯電する 2 興奮[熱狂]する

elettrizzato 形 1 帯電した 2 興奮[熱狂]した

elettro 男 1 琥珀(こはく); 琥珀の宝石[装飾品] 2 琥珀金, エレクトラム

elettro- 接頭 「電気の」の意

elettrocalamita 女 電磁石

elettrocardiogramma 男 〖複[-i]〗 〔医〕心電図

elettrodo 男 〔電〕電極

elettrodomestico 男 〖複[-ci]〗 家庭用電化製品 —*elettrodomestici bianchi* 白物家電

elettrodotto 男 電力線, 送電線

elettroencefalografia 女 〔医〕脳波検査

elettroencefalografo 男 〔医〕脳波計

elettroencefalogramma 男 〖複[-i]〗〔医〕脳波図

elettrogeno 形 電力を作り出す, 発電する

elettrolisi, elettrolìsi 女 〖不変〗 〔化・物〕電気分解, 電解

elettrolitico 形 〖複[-ci]〗 電気分解の

elettromagnetico 形 〖複[男 -ci]〗 電磁石の, 電磁気の

elettromagnetismo 男 電磁気, 電磁力

elettromeccanica 女 電気機械学, 電気機械術

elettromeccanico 形 〖複[男 -ci]〗 電気機械学の, 電気機械術の

elettromiogramma 男 〖複[-i]〗 〔医〕筋電図

elettromotrice 女 電気機関車

elettrone 男 〔物〕電子

elettronica 女 電子工学

elettronico 形 〖複[男 -ci]〗 〔物〕電子の; 電子工学の

elettroshock 男 〖不変〗〔医〕電気ショック

elettrostatico 形 〖複[男 -ci]〗静電気の, 静電(気)学の

elettrotecnica 女 電気工学

elettrotecnico 形 〖複[男 -ci]〗 電気工学の, 電気工学技師の **—**男 〖複[-ci]女[-a]〗電気工学技師

elettrotreno 男 動力分散方式の列車(複数の車両に動力が備わっている)

*elevare [エレヴァーレ] 他 1 高くする —*elevare* il soffitto di una stanza 部屋の天井を高くする 2 (上に)向ける; (持ち)上げる —*elevare* gli occhi al cielo 空を見上げる 3 (経済的に)改良[改善]する —*elevare* il proprio tenore di vita 暮らし向きを改善する 4 (精神的に)向上させる, 高尚にする 5 昇進[出世]させる 6 科する, 与える; 通告[通知]する 7〔数〕累乗する **—arsi** 再 1 上がる, 昇る 2 昇進する 3 (精神的・道徳的に)高まる

elevatezza 女 1 高いこと, 高さ, 高度 2 偉大さ, 高貴, 気高さ

elevato 形 1 高い, そびえる 2 莫大な, 巨大な 3 裕福な 3 高貴な, 気品のある

elevatore 男 1 小型の昇降機[リフト] 2〔解〕挙筋

elevazione 女 1 高くすること, 高くなること, 上昇 2 昇進; (社会的な)向上 3〔天〕仰角, 高度 4〔カト〕聖体奉挙 5〔スポ〕ジャンプ力

elezione 女 1 選挙; 〖複数で〗(複数の人の)選出 —*elezione* del sindaco 市長選 / *elezioni* politiche [amministrative] 総選挙[地方選挙] 2 (自発的な)選択

El Greco 固名〔男〕エル・グレコ(1541頃-1614; ギリシャ出身のスペインの画家, 本名 Domenikos Theotokopoulos)

Elia¹ 固名 1〖男性名〗エリーア 2〖聖〗エリヤ, エリア(前9世紀ヘブライの予言者)

Elia² 固名〖女性名〗エーリア

eliambulanza 女 救急ヘリコプター

elianto 男〔植〕ヒマワリ属の植物

eliapprodo 男 (緊急地点の)ヘリポート

elibus 男〖不変〗乗客輸送ヘリコプター; 大型ヘリコプター

elica 女 1 スクリュー; プロペラ 2〖複数で〗らせん状のショートパスタ 3〔数〕螺線, 渦巻き線

elicoidale 形 らせん状の

elicoide 男 らせん状の **—**男〔数〕らせん体, らせん面

elicotterista 男女〖複[男 -i]〗ヘリコプターのパイロット

elicottero 男 ヘリコプター

elidere [44] 他〖過分 eliso〗 1〔数・物〕消去する, ゼロにする 2〔言〕母音を省略する **—ersi** 再 1〔言〕母音を消し合う, 相殺する 2〔言〕母音が省略される

Eligio 固名〖男性名〗エリージョ

eliminabile 形 除去[削除]できる

eliminare 他〖io elimino〗 1 除去[削除]する; 一掃する 2 排出する, 放出する 3 排除する, 除外する 4〔隠〕抹殺する **—**形 1 除去[削除]された 2 失格した **—**男〖女[-a]〗失格者

eliminatoria 女〔スポ〕予選 —*superare le eliminatorie* 予選を勝ち抜く

eliminatorio 形 (特にスポーツで)予選の, 選抜のための

eliminazione 女 1 除去, 一掃, 排除, 除外 2 排出, 放出 3〔スポ〕(予選での)敗退 4〔数〕消去(法)

Elio 固名〔男〕1〖男性名〗エーリオ 2〔ギ神〕ヘリオス(太陽神)

elio 男〔化〕ヘリウム(元素記号 He)

elio-, -elio 接頭, 接尾 「太陽(の)」の意

eliocentrico 形〖複[男 -ci]〗〔天・哲〕太陽中心の

eliocentrismo 男〔天〕太陽中心説

eliografia 囡 〔写〕ヘリオグラフィー(太陽光による焼き付け)

elioscopio 男 太陽観測望遠鏡

elioterapia 囡 〔医〕日光浴療法

eliotropio 男 1〔鉱〕血石, 血玉髄 2 (古代ギリシャの)日時計 3〔植〕ヘリオトロープ, ムラサキ科ダチルリソウ属の草木

eliporto 男 ヘリポート

Elisa 固名〔女性名〕エリーザ

Elisabetta 固名(女) 1〔女性名〕エリザベッタ 2(～ I d'Inghilterra)エリザベス1世(1533-1603; イングランドの女王: 在位 1558-1603) 3〔聖〕(Sant'～)聖エリザベツ, 聖エリザベット(洗礼者ヨハネの母)

elisabettiano 形 エリザベス一世の, エリザベス様式の

elise elidere の直・遠過去・3 単

Eliseo 固名(男) 1〔男性名〕エリゼーオ 2〔聖〕エリシア, エリゼオ(ヘブライの預言者. エリヤの後継者)

elisione 囡 1 除去, 削除 2〔言〕母音省略

elisir 男〔不変〕エリキシル; 霊薬; 食後酒

eliso elidere の過分

elitario 形 1 エリートの, エリート主義の 2 排他的な, エリート好みの

elitarismo 男 エリート主義[意識]

élite 囡〔不変〕〔仏〕エリート, 選ばれた人

ella 代(人称)(3 人称単数女性) 1(主語として)(書き言葉や形式的な文書で)彼女が, 彼女は 2〔文〕(敬称として)(男性・女性に)あなたが, あなたは 3(物を指して)それが, それは

elle¹ 囡,男〔不変〕イタリア語アルファベットの L(l)

elle² 代(人称) ella の複数形

elleboro 男〔植〕ヘレボルス, クリスマスローズ

ellenico 形〔複[男 -ci]〕ギリシャの; ギリシャ人の; (特に)古代ギリシャの

ellenismo 男 1 ヘレニズム 2〔芸〕古代ギリシャ風の模倣 3 ギリシャ語風の表現

ellenista 形〔複[男 -i]〕ギリシャ語風の —男女〔複[男 -i]〕1(古代)ギリシャ学者 2〔複数で〕(聖書をギリシャ語に訳した)70 人 3(新約聖書で)ギリシャ語を話したユダヤ人

ellenistico 形〔複[男 -ci]〕1 ヘレニズムの 2〔芸〕ヘレニズム風の —男〔単数のみ〕(アレキサンドリアで古代ユダヤ人が話した)ギリシャ語

ellenizzante 形 ヘレニズム風の

ellenizzare 他 ギリシャ化する —自 ギリシャ文化を模倣する

ellepì 男 LP レコード

-ellino 接尾〔名詞・形容詞に付いて〕「縮小」「親愛」を表す

ellisse 囡 1〔幾〕長円, 楕円 2〔天〕楕円軌道

ellissi 囡〔不変〕1〔幾〕→ ellisse 2〔言〕(それとなく分かる語句の)省略 3 欠落, 欠如

ellissoide 男 〔幾〕楕円面, 長円面

ellitticità 囡 1〔幾〕楕円形をしていること 2〔言〕(分かり切った語句が)省略されていること 3(表現の)簡潔さ; 言外に述べられていること

ellittico¹ 形〔複[男 -ci]〕1 楕円の, 円の 2〔植〕楕円形の葉

ellittico² 形〔複[男 -ci]〕1〔言〕省略の 2 省略の, 暗黙の

-ello 接尾〔名詞・形容詞に付いて〕「縮小」「親愛」を表す

elmetto 男 ヘルメット

elmo 男 1 兜(かぶと) 2〔紋〕兜形

elocuzione 囡 1 語句の選択; 表現の仕方, 語り口 2(修辞学の第三部門)呈示

elogiabile 形 称賛に値する, 感心な

elogiare 他〔io elogio〕称賛する, ほめる —**arsi** 再 自画自賛する

elogiativo 形 称賛の, ほめたたえる

elogiatore 形〔女[-trice]〕賛美の, ほめたたえる —男〔女[-trice]〕称賛する人, 賛美者

elogio 男 1 賛辞, 称賛, 称揚 —elogio funebre 追悼の辞, 弔辞 2(古代ローマの墓石の)銘文

eloquente 形 1 雄弁な; 説得力のある 2 表情豊かな, 意味深長な

eloquenza 囡 1 雄弁, 能弁 2 表現[説得]力, 意味ありげなこと

elsa 囡 (刀の)鍔(つば)〔柄(つか)〕

El Salvador 固名 エルサルバドル

elucubrare 他〔io elucubro〕1 じっくり考える, 熟考する; 〔皮肉で〕知恵を絞る 2(念入りに)仕上げる

elucubrazione 囡 1〔皮肉で〕(むだな)思案 2 苦心の作

eludere [6] 他〔過分 eluso〕1(巧妙に)逃れる, 避ける, かわす 2 ごまかす, だます

eludibile 形 回避できる, かわしうる

eluse eludere の直・遠過去・3 単

elusione 囡 (巧みな)回避, くぐり抜け, 言い抜け

elusività 囡 捉えどころのなさ, 分かりにくさ

elusivo 形 言い逃れの, いい加減な, 捉えどころのない

eluso eludere の過分

elvetico 形〔複[男 -ci]〕1 スイスの; スイス人の 2〔歴〕ヘルヴェティアの —男〔複[-ci]女[-a]〕スイス人

Elvezia 固名(女) スイス

Elvira 固名〔女性名〕エルヴィーラ

elzeviro 男 1〔印〕エルゼビル活字; エルゼビル版の小型本 2(新聞の)文芸欄

Em 略 emanazione radioattiva〔物〕放射能の発散

Em. 略 eminenza〔枢機卿に対する尊称〕猊下(げいか)

e.m. 略 elettromagnetico 電磁気の, 電磁石の

emaciare 他〔io emacio〕やせ衰えさせる, やつれさせる

emaciato 形 やつれた、やせ細った

e-mail 女 [英] 電子メール

emanare 自 [es] (da) 発散する；流れ出る；端を発する、由来する ─他 **1** 発する、放つ **2** [法] 発布する

emanazione 女 **1** 発散、放射；放射物 **2** (法律・法令の) 発布、公布 **3** 表出、現れ

emancipare 他 〔io emancipo〕 **1** (従属状態から) 解放する **2** (古代ローマで子供を) 父権から解放する；奴隷を解放する **3** 〔法〕 (婚姻契約した 16 歳以上の未成年に) 法的権利を与える ─**arsi** 再 解放される、自由になる

emancipato 形 **1** 解放された、自由な **2** [法] 親権から解除された

emancipazione 女 解放 ─*emancipazione* della donna 女性解放

Emanuela 固名 [女性名] エマヌエーラ

Emanuele 固名 [男性名] エマヌエーレ

emarginare 他 〔io emargino〕 **1** 社会の周辺に追いやる、置き去りにする **2** 欄外に注記する ─**arsi** 再 社会の周辺に身を置く、孤立する

emarginato 形 **1** 疎外された、除け者にされた **2** 欄外に書かれた

emarginazione 女 締め出し、排除；孤立、隔絶

ematico 形 〔複[男 -ci]〕〔医〕血液の

ematite 女 〔鉱〕赤鉄鉱

emato- 接頭 「血液」「血液の」の意

ematoma 男 〔複[-i]〕〔医〕血腫

emazia 女 〔生物〕赤血球 (globulo rosso)

embargo 男 〔複[-ghi]〕 **1** 〔法〕外国籍船舶に対する出入港禁止 **2** 〔経〕通商停止；禁輸；禁止

embè → ebbene

emblema 男 〔複[-i]〕 **1** 紋章、記章、エンブレム **2** 象徴、シンボル **3** 寓意画

emblematico 形 〔複[男 -ci]〕 **1** 象徴の、象徴的な **2** 〔芸〕エンブレムの、紋章の

embolia 女 〔医〕塞栓(そく)症

embolo 男 〔医〕塞栓子

embrice 男 **1** 〔建〕スレート **2** 〔海〕(進水時に船台にある船体を支える)索綱

embrio- 接頭 「胚(はい)」「胎児」の意

embriologia 女 発生学、胎生学

embrionale 形 **1** 胚(はい)の、胎児の **2** 未発達の、萌(きざ)芽期の

embrione 男 **1** 〔生物〕胚(はい)；(妊娠初期の) 胎児 **2** 〔植〕胚 **3** 芽生え、萌(きざ)芽 ▶ *in embrione* 初期の、未発達の

embrionico 形 〔複[男 -ci]〕 → embrionale

emendabile 形 修正 [訂正] できる；改善 [改良] できる；矯正しうる

emendamento 男 **1** 修正、訂正；改善 **2** (法案・議案の) 修正 (案)、訂正 (案) **3** (原典の) 校訂 **4** 〔農〕(土地の) 改良

emendare 他 **1** 修正する、訂正する **2** (品行を) 改める、矯正する **3** (原典を) 校訂する **4** [法] (法案・議案を) 修正する **5** [農] (土地を) 改良する ─**arsi** 再 (自らの欠点・悪習を) 改める、改善する

emergente 形 現れ出る、頭角を現す；(俳優などが) 売り出し中の

emergenza 女 緊急 [非常] 事態、急場、突発事件 ─ uscita d'*emergenza* 非常口 / in caso di *emergenza* 非常時 [まさかのとき] には

emergere [45] 自 [es] 〔過分 emerso〕 **1** (水面に) 現れる **2** (事実などが) 現れる、明らかになる **3** 頭角を現わす、抜きん出る

emerito 形 **1** 著名な、卓越した；〔皮肉で〕とてもひどい **2** 名誉称号の、名誉職の **3** (古代ローマで) 除隊した

emeroteca 女 新聞 [定期刊行物] 収集 (室)

emerse emergere の直・遠過・3 単

emersione 女 **1** (水面に) 浮上すること **2** 〔地質〕陸化、海底上昇 **3** 〔天〕(食の後の天体の) 再出現

emerso emergere の過分

emesso emettere の過分

emetico 形 〔複[男 -ci]〕〔薬〕嘔(おう)吐を催させる ─男 〔複[-ci]〕〔薬〕吐剤

emettere [65] 他 〔過分 emesso〕 **1** (光・熱・音などを) 出す、放つ、発する **2** 発布 [公布] する、出す **3** 表現する、述べる **4** (通貨・書籍などを) 発行する、(小切手などを) 振り出す

emettitore 男 〔電子〕(トランジスタの) エミッター

emettitrice 女 販売機、券売機

emi- 接頭 「半分」の意

-emia 接尾 「血液」「血液の」の意

emiciclo 男 **1** 半円、半円形 **2** 〔建〕半円形の構造 [建造物]；(古代劇場の) オーケストラボックス **3** 〔単数のみ〕下院 **4** 〔考〕半円形の日時計

emicrania 女 頭痛；〔医〕偏頭痛

emigrante 形 (故国や故郷から) 移民する、移住する ─男女 (故国や故郷からの) 移民、移住者；亡命者

emigrare [エミグラーレ] 自 [es/av] **1** (故国や故郷から) 移民する、移住する **2** 〔謔〕引っ越す **3** (動物が) 移動する、渡る

emigrato 形 移住した ─男 〔女 [-a]〕移民、移住者

emigrazione 女 **1** 移民、移住 ─ *emigrazione* stagionale (季節労働者の) 出稼ぎ **2** 〔単数のみ；総称的〕移民、移住者 **3** (動物の) 移動、渡り **4** 〔経〕(資本の) 流出

Emilia 固名(女) **1** エミリア地方 (エミリア・ロマーニャ州の一部) ─ Via *Emilia* エミリア街道 (Rimini-Piacenza 間を結ぶローマ街道、Aemilia 街道のイタリア語名) **2** 〔女性名〕エミリア

emiliano 形 エミリア地方 (の人) の ─ 男 〔女[-a]〕エミリア地方の人 **2** 〔単数のみ〕エミリア方言

Emilia-Romagna 固名(女) エミリア・ロマーニャ州 (イタリア北部の州；州都 Bo-

Emilio 固名 〔男性名〕エミーリオ

eminente 形 1 際立つ, 傑出した 2 高い, 突出した

eminentissimo 形 1 〔枢機卿に対する尊称として〕いとも令名高き —*eminentissimo* cardinale 猊下(%) 2 〔eminente の絶対最上級〕非常に高い —男 猊下 (略 Em.mo, Em.mo)

eminenza 女 1 卓越, 傑出 2 (E-) 猊下(%) 〔枢機卿に対する尊称〕 3 〔医〕隆起 4 高いこと; 丘, 高台

emiplegia 女 〔医〕片側麻痺, 半身不随

emirate__se アラブ首長国連邦(の人)の —男女 アラブ首長国連邦の人

Emirati Arabi Uniti 固名〔男複〕アラブ首長国連邦

emirato 男 1 イスラム教国の首長の称号 2 (イスラム教国の首長の)管轄区, 首長国

emiro 男 イスラム教国の首長, アミール

emise emettere の直・遠過・3 単

emisferico 形 〔複〔男 -ci〕〕半球の, 半球状の

emisfero 男 1 半球体 2 (地球・天の)半球 —*emisfero* boreale [australe] 北[南]半球 3 〔解〕脳半球

emissario¹ 男 1 〔地理〕(湖からの)排水, 流れ 2 配水管, 下水溝 3 〔医〕導出静脈 —形 放つ, 放出する

emissario² 男 〔女 -a〕密使, 密偵

emissione 女 1 放出, 放射 2 〔経〕(有価証券・紙幣・切手などの)発行 3 〔物〕放射 4 送信

emittente 形 1 振り出す —banca *emittente* 振り出し銀行 2 放送の, 放映の —女 放送局 —男女 手形振出人

emittenza 女 放送, 放映

Emma 固名〔女性名〕エンマ

emmental 男 〔不変〕(スイスの)エンメンタールチーズ

Em.mo 略 Eminentissimo 猊下(%)

emo- 接頭 「血液」「血液の」の意

E. mo 略 Eminentissimo 猊下(%)

emofilia 女 〔医〕血友病

emofiliaco 形 〔複〔男 -ci〕〕血友病の; 血友病患者の —男 〔複〔男 -ci〕女 -a〕〕血友病患者

emoglobina 女 〔生化・医〕血色素, ヘモグロビン

emolliente 形 1 〔薬〕皮膚[粘膜]を保護する, 抗炎症の 2 〔織〕(織物を)柔らかくする —男 皮膚軟化薬; (織物の)軟化剤

emolumento 男 報酬, 賃金

emorragia 女 1 〔医〕出血 2 大損失

emorragico 形 〔複〔男 -ci〕〕出血の

emorroide 女 〔医〕〔特に複数で〕痔(ぢ), 痔核

emostasi, emostasi 女 〔不変〕〔医〕止血

emostatico 形 〔複〔男 -ci〕〕〔医〕出血を止める, 止血の —男 〔複〔-ci〕〕止血剤

emoteca 女 血液銀行

emotività 女 情緒性, 感激性; 感動しやすいこと, 感じやすいこと

emotivo 形 1 感情の; 感情に基づく 2 感じやすい; 興奮しやすい 3 感情に訴える —男 〔女 -a〕感情家, 感激性の人

emottisi 女 〔不変〕〔医〕喀(%)血

emozionabile 形 感情的な, 激しやすい

emozionante 形 感動的な; エキサイティングな

emozionare 他 胸をどきどき[はらはら]させる; 感動〔興奮〕させる —**arsi** 再 あがる, 冷静さを失う

emozionato 形 興奮した, 激した

*‡**emozione** 〔エモツィオーネ〕女 1 気持ちの高ぶり, 感動 2 (心の)動揺, 興奮 3 〔心〕情動

Empedocle 固名 エンペドクレス (前 493 頃 -433 頃, ギリシャの哲学者)

empiema 男 〔複〔-i〕〕〔医〕蓄膿(%)症

empiere → empire

empietà 女 1 不信心, 不敬; 不敬な行い[言葉] 2 残忍, 残酷; 悪意, 悪業

empio 形 1 不信心な, 不敬な 2 無慈悲な, 残酷な —男 不敬な者; 無慈悲な者

empire [90] 他 〔過分 empito, empiuto〕満たす, 詰め込む

empireo 男 〔哲〕(古代・中世宇宙論の)最高天 2 天空; 天国 —形 最高天の; 天国の

empirico 形 〔複〔男 -ci〕〕1 経験による, 経験的な; 非科学的な 2 (前3世紀の医学校における)経験医学の 3 〔哲〕経験主義の —男 〔複〔男 -ci〕女 -a〕〕1 経験医学の信奉者 2 経験だけに頼る医者

empirismo 男 1 (理論ではなく)経験に基づく手法, 経験主義 2 〔哲〕経験論

empiuto empiere の過分

emporio 男 1 大商店, 百貨店, 大規模スーパーマーケット 2 雑多なこと, (様々なものの)乱雑な集まり 3 〔歴〕(古代の)商業の中心地, 市場; 文化の中心地

emù 男 〔鳥〕エミュー

emulare 他 〔io emulo〕1 競う, 張り合う, 凌駕(%)しようとする; まねる, 模倣する 2 〔情〕エミュレートする —**arsi** 再 競い合う, 張り合う

emulativo 形 競争的な, 張り合う

emulatore 形 〔女 -trice〕競争的な, 匹敵する —男 〔女 -trice〕競争者, ライバル; 模倣者 2 〔情〕エミュレーター

emulazione 女 1 (人・物事に対する)対抗心, 競争意識 2 〔情〕エミュレーション

emulo 男 〔女 -a〕ライバル, 競争者; 模倣者

emulsionante 形 乳化する —男 〔化〕乳化剤

emulsionare 他 1 乳化する 2 (特に料理で)混ぜ合わせる, 混合する

emulsione 女 1 〔化〕乳化; 乳液, 乳

濁液 2 (特に料理で)混ぜ合わせること, 混合すること 3 [写]感光乳剤

EN 略 Enna エンナ

en- 接頭「中に」の意

enallage 女 〔修〕転用語法, 代替法(形容詞を副詞の代わりに用いるなど, 文法形式を転用すること)

enalotto 男 〔不変〕エナロット(数字を組み合わせる宝くじ)

encarpo 男 〔建〕花綱(はなづな)装飾(花・果物を描いたり彫刻した装飾)

encaustica 女 〔美〕蠟(ろう)画法

encausto 男 1 〔美〕(古代の)蠟(ろう)画技法 2 (木材の)艶出し蠟

encefalico 形 〔複[男 -ci]〕〔医〕脳の

encefalo 男 〔医〕脳

encefalogramma 男 〔複[-i]〕〔医〕脳レントゲン写真

enciclica 女 〔カト〕回勅(教皇が全司教に送る書状)

enciclopedia 女 1 百科事典 2 (E-) 〔歴〕百科全書 3 《諸》博学な人

enciclopedico 形 〔複[男 -ci]〕 1 百科事典の 2 博学の, 該博な

enciclopedismo 男 1 百科事典的知識[関心] 2 〔哲〕百科全書主義

enciclopedistico 形 〔複[男 -ci]〕 1 百科事典的知識の, 百科全書主義の 2 百科事典の

enclave 女 〔不変〕〔仏〕他国領土内の領土〔飛び地〕

enclisi 女 〔不変〕〔言〕前接現象(強勢を持たない語が, 直前の語の一部として発音されること: mandami, dillo など)

enclisis → enclisi

enclitica 女 〔言〕前接語, エンクリティック(直前の語と結合してその一部として発音される, 強勢を持たない語)

enclitico 形 〔複[男 -ci]〕〔言〕前接的な —particella *enclitica* 前接語

encomiabile 形 賞賛に値する

encomiare 他 [io encomio] (公式の場で)賞賛する, 称える

encomiastico 形 〔複[男 -ci]〕賞美する, 賞賛する

encomio 男 1 (公式の)賛辞, 賞賛 2 (古代ギリシャの)賛歌 3 〔軍〕表彰

endecasillabo 形 〔詩〕11 音節詩行の —男 〔詩〕11 音節詩行

endemia 女 〔医〕風土病, 地方病

endemicità 女 (病気の)地域性, 風土性

endemico 形 〔複[男 -ci]〕 1 〔医〕風土病の 2 〔植・動〕ある地方特有の 3 (悪いことが)広がった, 根深い

endiadi 女 〔修〕二詞一意(ある概念を現すのに名詞を e で結んで表現すること: la notte buia (闇夜)を la notte e il buio (夜と闇)とするなど)

endo- 接頭「内部の」「中に」の意

-endo 接尾 -ere 動詞および -ire 動詞のジェルンディオを作る

endocardio 男 〔解〕心内膜

endocrino 形 〔生理〕内分泌の

endocrinologia 女 〔医〕内分泌学

endogamia 女 1 〔人類〕同族結婚, 内婚 2 〔生物〕同系交配

endogeno 形 1 内側から発生する, 内発的な 2 〔生物・医・地質〕内因性の

endoscopio 男 〔医〕内視鏡

endovena 女 〔医〕静脈注射

endovenoso 形 〔医〕静脈内の — iniezione *endovenosa* 静脈注射(endovena)

Enea 固名 1 〔男性名〕エネーア 2 〔ギ神・ロ神〕アイネイアス(トロイア軍の英雄. ローマ建国の祖)

energetico 形 〔複[男 -ci]〕 1 エネルギーの, エネルギーを生む 2 (薬や食物などが)力をつける —alimento *energetico* 栄養食 —男 〔複[-ci]〕栄養剤; 強壮剤

*energia [エネルジーア] 女 1 体力, 活力, 生気, 生命力 2 強い意志, 決断力 3 〔物〕エネルギー —*energia* elettrica [atomica] 電[原子]力 ► *consumare tutte le proprie energie* 自分の全力を尽くす

energico 形 〔複[男 -ci]〕 1 精力的な, 熱意のある 2 力強い, 断固たる 3 強い効果がある

energumeno 男 〔女[-a]〕 1 凶暴な人 2 非常に体力のある人

enfasi 女 〔不変〕 1 強調 2 誇張

enfatico 形 〔複[男 -ci]〕強調された; 断固とした; 際立った

enfatizzare 他 1 強調する, 目立たせる 2 誇張する

enfatizzazione 女 強調, 強勢

enfiare 他 [io enfio] ふくらませる, 拡大させる —自 [es]ふくらむ, 大きくなる

enfisema 男 〔複[-i]〕〔医〕気腫

enfiteusi 女 〔不変〕〔法〕(最低 20 年の)土地貸借権

engagé 形 〔不変〕〔仏〕社会[政治]参加の

engagement 男 〔不変〕〔仏〕社会参加, 政治参加

engineering 男 〔不変〕〔英〕工学, エンジニアリング

ENI 略 Ente Nazionale Idrocarburi イタリア炭化水素公社

enigma 男 〔複[-i]〕 1 謎, なぞなぞ — proporre [risolvere] un *enigma* 謎をかける[解く] 2 不可解なこと, 謎めいた言葉[話] 3 謎の人物, 得体の知れない人

enigmaticità 女 不可解なこと, 意味不明なこと

enigmatico 形 〔複[男 -ci]〕謎めいた; 不可解な; 曖昧な

enigmista 男女 〔複[男 -i]〕パズル[謎解き]の専門家

enigmistica 女 謎かけ[謎解き]のこつ; 謎解き

enigmistico 形 〔複[男 -ci]〕謎解きの, パズルの

Enio 固名(女) 〔ギ神〕エニュオ(戦いの女神. ローマ神話のベローナ)

ENIT 略 Ente Nazionale Italiano per il Turismo イタリア政府観光局

ENM 略 Ente Nazionale della Moda イタリア・モード協会

Enna 固名 エンナ(シチリア特別自治州の都市および県名; 略 EN)

enna → henna

-enne 接尾 「年」「年齢」の意

ennea- 接頭 「9」「九つの」の意

ennese 形 エンナ(の人)の ― 男女 エンナの人

ennesimo 形 1〖数〗n 番目の, 不定数の ―*ennesimo* grado n 次〖乗〗/ elevare all'*ennesima* potenza n 乗する 2 再三再四の ―Te lo ripeto per l'*ennesima* volta. 何回言ったら分かるの. ▶ **all'ennesima potenza** 最大限に

Ennio 固名〖男性名〗エンニオ

-ennio 接尾 「年」の意

eno- 接頭 「ワイン(の)」の意

enofilo 形 ワイン愛好の, ワイン愛好家の; ワイン醸造家の ― 男〖女[-a]〗ワイン愛好家, ワイン通; ワイン醸造家

enogastronomia 女 料理法とワイン醸造の知識

enogastronomico 形〖複[男-ci]〗ワインと食物に関する

enologia 女 ワイン研究, ワイン醸造学

enologico 形〖複[男-ci]〗ワインの, ワイン研究の

enologo 男〖複[-gi]女[-a]〗ワイン研究[醸造]の専門家

＊**enorme** [エノルメ] 形 1 巨大な, ばかでかい 2 ものすごい, とてつもない

enormità 女 1 巨大, 莫(ばく)大 2 ひどい行い, 大失態; 過失, 犯罪; 不適切な表現 3 重要性, 重大性; 並外れていること

enoteca 女 1 高級ワインのコレクション 2 高級ワインを売る店, エノテーカ; ワインを試飲する場所

enotecario 男〖女[-a]〗エノテーカの所有者

ENPA 略 Ente Nazionale Protezione Animali イタリア動物保護協会

en passant 慣句〖仏〗ついでに, ちょっと

en plein 慣句〖男〗1〖仏〗(ルーレットで一つの数字にすべてを賭けて)大当たりすること 2 大成功

Enrica 固名〖女性名〗エンリーカ

Enrichetta 固名〖女性名〗エンリケッタ

Enrico 固名 1〖男性名〗エンリーコ 2 (～ IV)仏国王アンリ4世(1553-1610; ブルボン朝を創始: 在位 1589-1610)

-ense 接尾 「民族」「市民」「国籍」「貴族階級」の意

ensemble 男〖不変〗〖仏〗1 合奏団; 重奏, 合唱 2〖服〗アンサンブル

ensi- 接頭 「剣(の)」の意

entasi 女〖不変〗1〖建〗エンタシス(柱身中央部のふくらみ) 2〖医〗筋肉の痙攣(けい れん)

ente 男 1 法人; 公共団体 ―*ente* autonomo 独立法人 / *ente* religioso 宗教法人 2〖哲〗存在; 本質

-ente 接尾 -ere 動詞および -ire 動詞の現在分詞を作る; (現在分詞から派生的に)名詞・形容詞を作る

enterico 形〖複[男-ci]〗〖医〗腸の

enterite 女〖医〗腸炎

entero- 接頭 「腸」の意

enteroclisma 男〖複[-i]〗1〖医〗浣(かん)腸 2 浣腸器; 膣(ちつ)洗浄器

entità 女 1 存在, 物 2 重要性, 実質, 実体: 大きさ 3〖哲〗本質

ento- 接頭 「内部の」「中に」の意

entomo-, -entomo 接頭,接尾 「昆虫」の意

entomologia 女 昆虫学

entomologo 男〖複[-gi]女[-a]〗昆虫学者

entourage 男〖不変〗〖仏〗(重要人物の)取り巻き, 周囲の人

entracte 男〖不変〗〖仏・音・劇〗幕間, 中休み

＊**entrambi** [エントランビ] 代(男複)〖女複[-e]〗二つ[二人]とも, 両方, 双方 ― 男 二つ[二人]ともの, 両方の, 双方の ―〖定冠詞 + 名詞複数形とともに〗*entrambe* le figlie 娘二人とも

entrante 形 1 次の, 来るべき 2 新任の, 新進の 3 でしゃばりの, ずうずうしい

＊**entrare** [エントラーレ] 自 [es] 1 入る ―*entrare* in casa 家に入る 2 納まる ―Questo libro *entra* a fatica nella cartella. この本はなかなかかばんに入らない. 3 加わる, 参加する 4 入社[入学, 入会]する 5 ぴったりと合う ―Le scarpe non mi *entrano* più. その靴はもう私には入らない. 6 (ある状態に)なる, 始まる ―*entrare* in guerra 戦争が始まる 7 関わり合いになる ▶ **entrarci** 関係がある / Io non c'*entro*. 私には関係ないです. **entrare nel vivo** 最も重要な段階に入る, 最大の山場を迎える

entrata 女 1 入口, 玄関 2 入場(料) ―*entrata* libera 入場無料 / Hai pagato l'*entrata*? 入場料は払った? 3〖複数で〗〖経〗収入, 収益 4〖コン〗インプット 5〖音〗演奏開始; 演奏中にある楽器が加わること, 指揮者の出すその合図 6〖言〗見出し語

entratura 女 1 (有力者との)つながり, 親しい関係 2 入れること; 入り口

entrecôte 女〖不変〗〖仏〗リブロース

entrée 女〖不変〗1〖仏・料〗アントレ(フランス料理でスープ・前菜の後に出る料理) 2〖音〗(17 世紀のオペラ・バレエで奏される)行進曲風の音楽

entrismo 男 (政党などを内部から改善しようとする)活動

＊**entro** [エントロ] 前 1〖時間〗…以内に; …中に ―*entro* un mese [domani] 1 か月以内[明日中に] 2〖場所〗…の中に, …の内部に

entrobordo 形〖不変〗船内式エンジンの ― 男〖不変〗船内式エンジン

entropia 囡 1 混沌, 混乱 2 [物]エントロピー 3 [経]資産価値低下の不可逆性 4 均質化, 一様化 5 [情](伝達における)情報の喪失

entroterra 男 [不変](海岸地帯の)後背地

entusiasmante 形 興奮させる, わくわくさせる

entusiasmare 他 熱狂[感激]させる **—arsi** 再 (di, per) 夢中になる, 熱中する

*__entusiasmo__ [エントゥズィアズモ] 男 1 熱狂, 熱中, 夢中 2 (古代ギリシャの)宗教的熱情, 霊感

entusiasta 形 [複[男 -i]] (di, per) 熱狂的な, 熱烈な —男女 [複[男 -i]] (何かに)熱中している人, …狂

entusiastico 形 [複[男 -ci]] 熱狂的な, 歓喜[感激]の

enucleare 他 [io enucleo] 1 問題の本質を明らかにする, 明示する 2 [医]摘出する

enucleazione 囡 1 問題の本質を明らかにすること, 明示 2 [医]摘出

enumerabile 形 列挙できる

enumerare 他 [io enumero] 数え上げる, 列挙する

enumerazione 囡 1 数え上げること, 列挙; 一覧表 2 [修]枚挙法

enunciabile 形 明確に[秩序立てて]述べうる

enunciare 他 [io enuncio] (見解や理論を)明確に述べる, (理路整然と)提示する

enunciativo 形 明確に述べている

enunciato 男 1 (見解や理論を提示する)表現, 言い回し; 提示, 表明 2 [哲・論]命題 3 [言]発話

enunciazione 囡 明確に述べること; 明示, 提示

enunziare → enunciare

enuresia, enuresi 囡 [不変] [医]遺尿症

-enza 接尾 「条件」「存在」「状態」の意

enzima 男 [複[-i]] [生化]酵素

Enzo 固[男性名] エンツォ

e/o 接 [書き言葉で]および・または

-eo[1] 接尾 「所属」の意

-eo[2] 接尾 「派生」「質」の意

E.O. 略 *Estremo Oriente* 極東

eolico[1] 形 [複[男 -ci]] アイオリス(人)の —男 [複[-ci]囡[-a]] アイオリス人

eolico[2] 形 [複[男 -ci]] (風の神)アイオロスの; 風の —*energia eolica* 風力エネルギー

Eolie 固(女複) エオリア諸島(ティレニア海域の群島; Lipari とも)

Eolo 固[男] [ギ神・ロ神]アイオロス(風の神)

épagneul 男 [不変] [仏]スパニエル犬

epanafora → anafora

epatico 形 [複[男 -ci]] [医]肝臓の; 肝臓病患者の —男 [複[-ci]囡[-a]] 肝臓病患者

epatite 囡 [医]肝炎 —*epatite virale* ウイルス性肝炎

epato- 接頭 「肝臓(の)」の意

eperlano 男 [魚]キュウリウオ科の魚

epi- 接頭 「上に」「追加」「連続」の意

epica 囡 1 [文]叙事詩 2 記念すべき出来事, 輝かしい事績

epicentro 男 1 [地]震央(震源の中心の地表の一点) 2 中心地

epicità 囡 (文学)作品の叙事詩的性格

epico 形 [複[男 -ci]] 叙事詩の; (叙事詩に謳(ﾆﾞ)われるほど)英雄的な; 勇壮な

epicureismo 男 [哲]エピクロス主義; 快楽主義的生活態度

epicureo 形 [哲]エピクロス主義の —男 [囡[-a]] エピクロス主義者, 快楽主義者

Epicuro 固(男) エピクロス(前 341-271; ギリシャの哲学者)

epidemia 囡 1 (伝染病の)流行, 蔓(ﾂﾞ)延; 伝染病, 疫病 2 (悪いことの)流行

epidemicità 囡 (病気の)流行性

epidemico 形 [複[男 -ci]] 流行病の, 伝染性の; [比喩]伝染する

epidermico 形 [複[男 -ci]] 1 表皮の 2 表面の, 外側の; 衝動的な, 即時の

epidermide 囡 1 [解・植]表皮 2 皮膚

Epifania 囡 [カト]1 月 6 日の公現祭 (→ Befana)

epiglottide 囡 [解]喉頭蓋

epigono 男 模倣者, 追随者, 信奉者

epigrafe 囡 1 (記念碑・墓・建物などの)碑文, 碑銘 2 (巻頭の)題辞, 引用句

epigrafico 形 [複[男 -ci]] 1 [考]碑銘の, 碑銘研究の 2 短い, 簡潔な

epigramma 男 [複[-i]] 1 [文]短い風刺詩 2 警句, 箴(ｼﾝ)言

epigrammista 男女 [複[男 -i]] 風刺詩人, 警句家

epilessia 囡 [医]癲癇(ﾃﾝｶﾝ)

epilettico 形 [複[男 -ci]] [医]癲癇(ﾃﾝｶﾝ)の —男 [複[-ci]囡[-a]] 癲癇症の患者

epilogo 男 [複[-ghi]] 1 終章, エピローグ 2 結末, 終局

episcopale 形 司教の, 司教管轄の

episcopato 男 [カト]司教の地位[任期]; 司教団

episio- 接頭 「(女性の)外陰部の」の意

episodicità 囡 1 挿話的なこと, 断片性 2 不規則性, 散発性

episodico 形 [複[男 -ci]] 1 挿話の 2 断片的な, ばらばらの 3 一時的な, たまの

*__episodio__ [エピゾーディオ] 男 1 挿話, エピソード 2 (印象的な)一場面, 挿話的な出来事 3 [文]挿話 4 (古代ギリシャ悲劇で二つの合唱曲に挟まれた)対話の部分 ▶ *a episodi* オムニバスの

epistasi 囡 [不変] (遺伝学の)エピスタシス

episteme 男, 囡 [哲]エピステーメ(主

epistilio 男 〔建〕(古代建築の)台輪(だいわ)

epistola 女 1 (特に古典的な作家の)書簡 2 〔宗〕(新約聖書の)使徒書簡; (ミサでの)使徒書簡の朗読 3 《諸》むやみに長く大げさな手紙 4 〔文〕(ラテン文学の)風刺詩; (現代文学の)教訓詩

epistolare 形 書簡[手紙]の, 書簡による[を介しての]

epistolario 男 1 〔宗〕(ミサで朗読される)使徒書簡集 2 (著名作家・有名人の)書簡集

epitaffio 男 1 墓碑銘, 碑文 2 (古代ギリシャ・ローマで, 戦没した英雄のための)追悼儀式[演説]

epitalamio 男 1 祝婚歌 2 〔文〕結婚を祝う詩

epitelio 男 〔解・植〕上皮

epitelio- 接頭 「上皮(の)」の意

epitesi 女 〔不変〕〔言〕語尾音添加

epiteto 男 1 形容詞句 2 侮辱, 無礼

epitome 女 梗概, 大要, 要約

Epitteto 固名 男 エピクテトス(55頃-135頃; 帝政ローマの思想家)

epizoo 男 〔動〕動物体表付着生物

*__**epoca**__ [エーポカ] 女 1 時代, 時期 ― l'*epoca* Heian 平安時代 2 当時, 時, 時点, 日時 ―all'*epoca* dell'incidente 事故当時, 事故が起きた頃 3 〔地質〕世(せい) 4 〔天〕元期 5 〔商〕期日

epocale 形 時代的; その時代特有の; 時代を画す

eponimo 男 〔女[-a]〕名祖(なおや)(都市・家系・時代・芸術運動などの名称になった歴史上または伝説の人物) ― (古代ギリシャ・ローマの)年代の名称になった執政官

epopea 女 1 〔文〕叙事詩; 英雄詩, 武勲詩 2 英雄的, 偉業

eporediense → eporediese

eporediese 形 イヴレーア(ピエモンテ州の町 Ivrea)(の人)の ― 男女 イヴレーアの人

equino 形 馬の; 馬のような ―carne *equina* 馬肉 ― 男 〔動〕ウマ科の動物

epos 〔不変〕 → epopea

*__**eppure**__ [エップーレ] 接 1 それでも, にもかかわらず, 何と言われても 2 〔間投詞的に反対や叱責を表して〕それでも, こら

epsilon 男 イプシロン(E, ε)(ギリシャ語アルファベットの5番目の字母)

EPT 略 Ente Provinciale per il Turismo イタリア地方観光局

epta- 接頭 「7」「七つ」の意

eptaedro → ettaedro

epurabile 形 追い出される, 除名される

epurare 他 1 追い出す; 除名する, 免職する 2 浄化する

epurato 形 1 追放された, 除名された 2 浄化された ― 男 〔女[-a]〕追放された人, 除名された人

epurazione 女 1 追放; 除名, 免職 2 〔歴・政〕粛清, 追放, パージ 3 浄化, 精製

equalizzatore 男 〔電子〕イコライザー

equanime 形 公正な, 公平な, 偏らない

equanimità 女 公正, 公平, 偏らないこと

equatore 男 赤道

equatoriale 形 1 赤道の; 赤道付近の 2 〔天〕赤道儀式の ― 男 〔天〕赤道儀

equazione 女 1 〔数〕等式, 方程式 2 〔化〕反応式, 方程式 3 〔天〕誤差, 均差 4 等しいこと, 同等

equestre 形 馬の, 馬術の, 騎手の, 乗馬[騎馬]の ―battaglia *equestre* 騎馬戦 / statua *equestre* 騎馬像 / circo *equestre* サーカス

equi- 接頭 「同等(に)」の意

equide 男 (E-)〔複数で〕〔動〕ウマ科の動物

equidistante 形 1 等距離の 2 (立場が)中立の

equidistanza 女 等距離; 中立的立場

equilibrare 他 釣り合わせる, 均衡させる ― **arsi** 再 釣り合う, 均衡を保つ

equilibrato 形 1 釣り合った, 均衡した 2 分別のある, 節度ある, 慎重な

equilibratore 形〔女[-trice]〕釣り合いを取る, 均衡させる ― 男 1〔機〕平衡装置 2〔空〕(尾翼の)安定装置 3(架体の)平衡装置 4〔船〕潜水艦の潜航深度維持装置

equilibratura 女 〔機〕(回転体の)平衡を取ること

equilibrio 男 1 釣り合い, 均衡, バランス, 調和 ―asse d'*equilibrio* (体操の)平均台 / mantenere [perdere] l'*equilibrio* バランスを保つ[崩す] 2 (情緒の)安定, 落ち着き, 冷静さ 3 良識

equilibrismo 男 1 軽業, 曲芸 2 (政治的に)難局を切り抜ける能力

equilibrista 男女 〔複[男-i]〕1 軽業師, 曲芸師 2 (政治で)難局を切り抜ける人

equinoziale 形 〔天〕昼夜平分時の, 春分[秋分]の

equinozio 男 1 昼夜平分時 ―*equinozio* di primavera [d'autunno] 春分[秋分] 2 〔天〕分点

equipaggiamento 男 1 装備, 身支度 2 装備品, 備品

equipaggiare 他 〔io equipaggio〕装備する, 装備を施す, 身支度する ― **arsi** 再 装備を調える, 支度をする

equipaggio 男 〔集合的〕乗組員, 乗務員, クルー

equiparabile 形 同等である, 釣り合っている

equiparare 他 〔io equiparo, equiparo〕同等と見なす, 等しくする, 釣り合わせる ― **arsi** 再 同等である, 釣り合う

equiparazione 女 同等にすること, 釣り合い

équipe 女〔不変〕〔仏〕チーム, グループ, 班
equipollente 形 同等の, 等価値の, 同義の
equiscomponibile 形 同等[同量]に分解できる
equiseto 男〔植〕トクサ; スギナ
equità 女 1 公平, 公正 2〔法〕衡平
equitazione 女 馬術, 乗馬
equivalente 形 1 等価値の, 同等の 2〔数〕等積の, 等値の ―男 1 同等の者[物], 等価 2〔言〕相当する語句[表現] 3〔化〕当量
equivalenza 女 1 同等, 等価 2〔数〕同値, 等値 3〔論〕等値
equivalere [125] 自 [es/av]〔過分 equivalso〕(a) 同等である, 等価値である, 同義である —Mille grammi *equivalgono* a un chilo. 1000 グラムは 1 キロと同じである. ―**ersi** 再 同等である, 等価値である
equivalse equivalere の直・遠過・3 単
equivalso equivalere の過分
equivocabile 形 誤解しやすい, 間違いやすい
equivocare 自[io equivoco] 間違える, 誤解する, 思い違いする
equivoco 形〔複[男 -ci]〕 1 曖昧な, はっきりしない 2 疑わしい, 怪しい 3 いかがわしい, 評判の悪い ―男〔複[-ci]〕1 誤解; (意味の)取り違え 2 曖昧さ
equo 形 公平な, 公正な
Er 略〔元素記号〕erbio〔化〕エルビウム
Era 固名(女)〔ギ神〕ヘラ(オリンポス十二神の一. ゼウスの妃で女神の主神. ローマ神話のユノー[ジュノー])
era¹ 女 1 紀元 —*era* cristiana 西暦紀元 2 時代, 時期 —*era* glaciale 氷河期 3〔地質〕代(era geologica)
era² essere の直・半過・3 単
Eracle 固名(男)〔ギ神〕ヘラクレス, ヘルクレス(ギリシア神話中最大の英雄. 数多くの武勇伝を持つ)
Eraclito 固名(男) ヘラクレイトス(紀元前 5～6 世紀のギリシャの哲学者)
erano essere の直・半過・3 複
erariale 形 国庫の; 国税の
erario 男 1 国庫 2 (古代ローマの公金・財宝を保管する)宝庫
erasmíano 形 エラスムスの
Eraşmo 固名(男) 1〔男性名〕エラーズモ 2 (~ da Rotterdam)エラスムス(1466 頃 -1536; オランダ出身の人文学者)
ERASMUS 略〔英〕European Community Action Scheme for the Mobility of University Students EU 内大学生流動化計画
Erato 固名(女)〔ギ神〕エラト(詩神の一. 合唱と恋愛詩を司る)
eravamo essere の直・半過・1 複
eravate essere の直・半過・2 複
*erba [エルバ] 女 1 草 —*erba* aromatica ハーブ / *erba* medica アルファファ / *erba* voglio わがままな欲求 / L'er-

E

ba voglio non cresce neanche nel giardino del re.〔諺〕(だだをこねる子供に)わがままは王様でも言ってはいけない(思いどおりにはならないこと). 2〔総称的〕芝生, 牧草 —fare *erba* (かいば用に)草を刈り集める 3〔複数で〕野菜 4〔隠〕マリファナ ▶ *fare di ogni erba un fascio* (何もかも)いっしょくたにする *in erba* 発芽したての; 未熟な
erbaccia 女〔複[-ce]〕雑草
erbaceo 形 1 草の, 草本の 2 (ワインが)草の香りのする
erbaggio 男〔特に複数で〕野菜, 青物
erbaio 男 1 草地 2 (飼料用作物の)栽培
erbaluce 男〔不変〕カナヴェーゼ種(白ワイン用のブドウ品種); カナヴェーゼ種のブドウから作る白ワイン ―女 カナヴェーゼ種の白ブドウ
erbario 男 1 植物標本集 2 植物図鑑
erbetta 女 1 小さな草木, 若草 2〔複数で〕香草, ハーブ;〔北伊〕ビート;〔中伊〕パセリ
erbi- 接頭「草(の)」の意
erbio 男〔化〕エルビウム(元素記号 Er)
erbivendolo 男〔女 -a〕八百屋
erbivoro 形 草食(性)の ―男 1 草食動物 2〔謔〕菜食主義者
erborinato 形 (チーズに)青カビの筋がついた
erborista 男女〔複[男 -i]〕薬草を採集する[売る]人
erboristeria 女 薬草採取[調合, 取引]; 薬草店
erboristico 形〔複[男 -ci]〕薬草採取の, 薬草店の
erboso 形 草が生い茂った
ercinico 形〔複[男 -ci]〕〔地質〕ヘルシニア造山期の
ercolanese 形 エルコラーノ(の人)の ―男女 エルコラーノの人
Ercolano 固名(女) エルコラーノ(カンパーニア州に存在した古代ローマの都市; 79 年の Vesuvio 山噴火により埋没)
Ercole 固名(男) 1〔男性名〕エルコレ 2 (~ I d'Este)エルコレ 1 世(1431-1505; フェッラーラ侯)
ercole 男 1 (E-)〔ギ神〕ヘラクレス 2 強靭(強)な男
ercolino 形 ヘラクレスの ―男 頑丈な男の子
erculeo 形 1 ヘラクレスの 2 超人的な, 並外れた
-ere 接尾 第二群規則動詞[ere 型動詞]の不定詞を作る
erebo 男 1 (E-)〔ギ神〕エレボス; 冥界
-ereccio 接尾「関係」「由来」「質」の意
erede 男女 1 相続人 —*erede* legittimo 法定相続人 / *erede* testamentario 遺言相続人 2 継承者, 後継者 3〔謔〕長子, 長男
eredità 女 1 遺産, 相続(財産) 2 継承, 伝統 3〔生物〕遺伝(形質)
ereditabile 形 相続しうる

ereditabilità 囡 相続しうること

ereditare 他 [io eredito] **1**(遺産として)相続する **2** 受け継ぐ

ereditarietà 囡 **1** 相続の可能性 **2** 遺伝, 遺伝形質

ereditario 形 **1** 相続の, 世襲の — principe *ereditario* 皇太子 **2**〔生物〕遺伝性の

ereditiera 囡 (莫大な財産の)女性相続者

-erello 接尾 「縮小」「愛着」の意

eremita 男〔複[-i]〕**1** 隠者, 世捨て人 —*vita da eremita* 隠遁(え)生活 **2**〔動〕ヤドカリ

eremitaggio 男 隠者の住み処, 庵(え); 人里離れた場所

eremitano 形 アウグスティヌス修道会の — 男 アウグスティヌス修道士

eremitico 形〔複[男 -ci]〕隠者の, 隠者のような; 人里離れた

eremo 男 隠者の住み処; 人里離れた修道院, 隠れ家

eresia 囡 **1**〔宗〕異端 **2** 非常識, 馬鹿げた考え **3** 大失敗, ひどい間違い

ereticale 形 異端の, 異端者の

ereticità 囡 異端性

eretico 形〔複[男 -ci]〕**1** 異端の **2** 非常識な — 男〔複[-ci]女[-a]〕**1** 異端者 **2** 無神論者

eretismo 男〔医〕過敏(症)

erettile 形〔生理・解〕勃起性の

erettivo 形 (男性器の)勃起の, 勃起機能の

eretto 形〔過分 < erigere〕**1**(姿勢や体の一部が)直立した, まっすぐな **2** 上を向いた **3** 建てられた, 設立された

erezione 囡 **1** 建築, 建設 **2** 創設, 設立 **3**〔生理〕(男性器の)勃起

erg 男〔物〕エルグ(エネルギーの CGS 単位)

erga omnes 成〔ラ・法〕万人に対して

ergastolano 男〔女[-a]〕終身刑服役囚

ergastolo 男 **1** 終身刑 **2**(終身刑服役者用の)刑務所 **3**(古代ローマの奴隷・農奴の)住居

ergativo 形〔言〕能格の — 男〔言〕能格

ergere [46] 他〔過分 erto〕上げる, 持ち上げる —**ersi** 再 直立する, 上がる, そびえる

ergo 接 だから, それゆえに — 男〔不変〕結論, 結末

ergo-, -ergo 接頭, 接尾「仕事(の)」の意

ergonomia 囡 人間工学, エルゴノミクス

ergonomico 男〔女[-a]〕人間工学の専門家

ergoterapia 囡〔医〕作業療法

eri essere の直・半過・2 単

-eria 接尾 **1**「仕事に関する活動や軍団」を表す: marineria 海軍 **2**「商店」「製造所」の意: calzoleria 靴屋 **3**「集合」を表す: biancheria 布類 **4** 軽蔑的な意味で「性質」「状態」を表す: asineria 愚行

erica 囡〔植〕ヒース

Eridano 固名(男) **1**〔ギ神〕エリダノス(ナイル川, ユーフラテス川, ポー川に例えられる) **2**〔天〕エリダノス座

erigere [35] 他〔過分 eretto〕**1** 建築する, 建てる **2** 創設する, 設立する **3** 昇進[昇格]させる —**ersi** 再 **1** …になる, 変わる **2** 上がる, 直立する

erigibile 形 建築しうる; 設立しうる

erinni 囡〔不変〕**1**〔ギ神〕復讐(ふ)の女神 **2**(E-)エリニュス(怒りと復讐の三女神); 逆上した女, 非情な女 **3** 呵責(かしゃく), 後悔

-erino 接尾「縮小」「愛着」を表す

erisipela 囡〔医〕丹毒

eristica 囡〔哲〕論争術

eritema 男〔複[-i]〕〔医〕紅斑

Eritrea 固名(女) エリトリア

eritreo 形 エリトリア(人)の — 男〔女[-a]〕エリトリア人

eritro-, -eritro 接頭, 接尾「赤い」の意

eritrocita 男〔複 -i〕→ eritrocito

eritrocito 男〔生物・解〕赤血球

erma 囡〔考〕(古代ギリシャで柱にのせた)ヘルメスの胸像

ermafrodito 形 **1**〔生物〕雌雄同体の, 両性具有の **2**〔植〕雌雄同花の, 両性花の **3** 異性愛の — 男 **1**〔生物〕雌雄同体, 両性具有 **2**〔植〕雌雄同花, 両性花

Ermanno 固名〔男性名〕エルマンノ

ermellino 男〔動〕イタチ科の動物; オコジョ, アーミン; その毛皮

ermeneutica 囡 (古文書, 特に聖書の)解釈学

Ermes 固名(男)〔ギ神〕ヘルメス(オリンポス十二神の一. ローマ神話のメルクリウス[マーキュリー])

ermeticità 囡 **1** 気密, 密閉 **2** 不可解, 不明瞭

ermetico 形〔複[男 -ci]〕**1** 密封[密閉]された **2** 難解な **3**〔文〕エルメティズモの — 男〔複[-ci]女[-a]〕エルメティズモの詩人

ermetismo 男 **1**〔哲〕エルメティズモ **2**〔文〕エルメティズモ(第一次世界大戦後のイタリアの詩派) **3** 不明瞭, 難解

Erminia 固名〔女性名〕エルミーニア

ermisino 男〔織〕高級絹織物

Ernestina 固名〔女性名〕エルネスティーナ

Ernesto 固名〔男性名〕エルネスト

ernia 囡 **1**〔医〕ヘルニア **2**〔植〕根瘤(こぶ)病

erniario 形〔医〕ヘルニアの

ero¹ 男 → eroina¹

ero² essere の直・半過・1 単

Erode 固名(男)〔聖〕ヘロデ(前 73 頃− 前 4; イエスの誕生を恐れたユダヤの王: 在位前 37− 前 4)

erodere [95] 他〔過分 eroso〕浸食する

Erodiade 固名(女)〔聖〕ヘロデヤ(ユダヤ

王ヘロデ・アンティパスの後妻でサロメの母)

erodibile 形 浸食される

Erodoto 固名(男) ヘロドトス(前 484 頃 -?; 古代ギリシャの歴史家)

＊**eroe** [エローエ] 男 (女 [eroina]) **1** 英雄, 偉人 **2** (小説や映画の)主人公; ヒーロー **3** 中心人物 **4** (古代ギリシャ神話の)人神

erogabile 形 配分可能な, 供給可能な

erogabilità 女 配分できること, 供給できること

erogare 他 [io erogo] **1** (慈善事業などに)割り当てる, 配分する **2** 供給する, 配給[配布]する

erogatore 形 [女 [-trice]] 供給する, 配給する ―男 分配器, ディストリビューター

erogazione 女 **1** 寄付; 配分 **2** 供給, 配給

erogeno 形 性欲を刺激する, 性感の

eroicità 女 英雄的なこと, 堂々としていること, 偉大さ

eroicizzare 他 英雄化する, 英雄扱いする

eroico 形 [複[男 -ci]] **1** 英雄的な **2** (文学などが)英雄に関する **3** 大胆な, 雄々しい, 果断な **4** 途方もない, 驚くべき

eroicomico 形 [複[男 -ci]] **1** [文] 英雄喜劇的な(滑稽な内容に荘重な言葉を使う) **2** 勇ましくかつ滑稽な

eroina¹ 女 [男 [eroe]] 女性の英雄; 女主人公; ヒロイン

eroina² 女 [化] ヘロイン

eroinomane 男女 ヘロイン中毒者

eroismo 男 並外れて勇敢なこと; 英雄的行為

erompere [96] 自 [過分 erotto] **1** 噴出する, 突発する **2** 感情をほとばしらせる

Eros 固名(男) [ギ神]エロス(恋愛の神. ローマ神話のクピドまたはアモール)

eros 男 [不変] **1** 愛の衝動; 性的本能 **2** [哲] (プラトン哲学で)至高善[真理]への愛 **3** [心] (フロイト派の)リビドー

erose erodere の直・遠過・3 単

erosione 女 **1** [地質]浸食 **2** [医]糜爛(びらん) **3** [治]腐食 **4** 漸減

erosivo 形 浸食する; 腐食性の

eroso 形 [過分 < erodere] **1** 浸食された; 腐食した **2** [植]器官の縁に不規則なぎざぎざのついた

eroticità 女 性欲をかき立てること, 好色なこと

erotico 形 [複[男 -ci]] **1** 性愛の **2** セクシーな, 性欲をかき立てる

erotismo 男 **1** 性欲, 性的傾向; 性的刺激, 性欲をかき立てる力 **2** (芸術作品で)エロティシズム

erotizzare 他 性的意味を与える

erotizzazione 女 性的意味を与えること

eroto-, -eroto 接頭, 接尾 「愛(の)」「性(の)」の意

erotomane 形 [心]色情狂の ―

男女 色情狂の人

erotomania 女 [心]色情狂, 異常性欲

erotto 形 [過分 < erompere] 噴出した; (激しい感情が)あふれ出た

erpete 男 [医]疱疹(ほうしん), ヘルペス

erpetologia 女 爬(は)虫類学, 両生類学

erpice 男 [農]砕土機, ハロー

errabondo 形 さまよう, 放浪する

errante 形 流浪の, さまよう; 落着きのない

errare 自 **1** 放浪[流浪]する, さまよう **2** (視線が)とりとめなく動く **3** 空想[夢想]する **4** 間違う, 誤る **5** 拡散する, 広まる

errata corrige 成句(男) [ラ]正誤表

errato 形 間違った

-errimo 接尾 (いくつかの形容詞で)「絶対最上級」を表す

erroneità 女 誤り, 間違い

erroneo 形 誤った, 間違った

＊**errore** [エッローレ] 男 **1** 誤り, 間違い, ミス; 思い違い, 誤解 ―fare [commettere] un *errore* 誤りを犯す / essere in *errore* 間違っている, 誤解している **2** 過ち, 罪 **3** [数・統]誤差 **4** [法]誤謬(ごびゅう), 錯誤 ▶ per errore 間違って; うっかり

erse ergere の直・遠過・3 単

Ersilia 固名 女・遠過 エルシリア

erta 女 急な坂, 険しい坂

erto 形 [過分 < ergere] **1** (斜面が)急勾配の, 急な, 険しい **2** (任務が)困難な **3** 直立した

erudibile 形 教育できる, 教えられる

erudire 他 [io -isco] **1** 教育する, 教える **2** 《謔》知らせる ―**irsi** 再 教養を身につける, 知識を得る

erudito 形 学識のある, 博識な ―男 学識のある人; 《蔑》知識は広いが理解の浅い人

erudizione 女 博学, 博識; 《蔑》皮相な知識

-eruolo 接尾 「(社会的に)卑しい, 地味な仕事をする人」の意

eruppe erompere の直・遠過・3 単

eruttare 他 [地質] (火山が)噴出する

eruttivo 形 **1** [地質]マグマ冷却[凝固]の; 噴火の, 噴出した **2** [医]発疹性の

eruzione 女 **1** (火山の)噴火, (溶岩の)噴出 **2** [医]発疹

Es 略 (元素記号) einsteinio [化]アインスタイニウム

es- 接頭 「排除」「分離」「由来」「剥奪」「強調」の意

esa- 接頭 「6」「六つの要素で」の意

esacerbare 他 **1** 悪化させる, 激しさを **2** 苛立たせる, 怒らせる ―**arsi** 再 悪化する, 激化する

esacordo 男 [音]6 音音階, ヘクサコード

esaedro 男 [幾]六面体

＊**esagerare** [エザジェラーレ] 他 [io esagero] 誇張する ―*esagerare* le conseguenze dell'accaduto 事件の成

esagerato

り行きを誇張する —自 1 度が過ぎる 2 言い過ぎる —Non *esagerare!* 大げさに言うな.

esagerato 形 1 誇張された, 大げさな, オーバーな 2 法外な, 過度の —男〔女[-a]〕大げさに言う[振る舞う]人

esagerazione 女 誇張, 過度, 極端

esagerone 男〔女[-a]〕〔諧〕大げさに言う人, ほら吹き

esagitare 他〔io esagito〕かき立てる, 気持をかき乱す

esagitato 形 1 かき乱された, 落ち着かない 2 激しい, 熱狂的な

esagitazione 女 (心の)動揺, 取り乱すこと

esagonale 形 1〔幾〕六角形の 2〔鉱〕6方晶系の

esagono 男 六角形

esalare 他 発散する; 吐き出す —自 [es](da)…から出る, 発散する ▶ *esalare l'ultimo respiro* 息を引き取る

esalatore 形〔女[-trice]〕(ガス・空気などの)排出用の, 通気のための —男 通気孔, 排気孔

esalazione 女 発散(物), 蒸気, ガス

esaltante 形 興奮させる, わくわくさせる

***esaltare**［エザルターレ］他 1 褒めたたえる, 称賛する —*esaltare...*(人)を褒めそやす 2 興奮[熱狂]させる —Il film mi *ha esaltato.* 映画は私を興奮させた. 3 際立たせる, 増大[増強]する —Il sale *esalta* i sapori dei cibi. 塩は食べ物の味を引き立たせる. 4 昇進させる —**arsi** 再 1 熱狂する, 夢中になる 2 自慢する, 誇る, うぬぼれる

esaltato 形 熱狂した, 夢中になった —男〔女[-a]〕熱狂者, 狂信者

esaltatore 形〔女[-trice]〕称賛する, 褒めそやす —男〔女[-trice]〕称賛者

esaltazione 女 1 称賛, 賞美 2 興奮, 熱狂 3 昇進 4 (器官の)機能亢(こう)進

esame**［エザーメ］男 1 点検, 検査 —*esame* del sangue 血液検査 2 検討, 吟味 —*esame* di coscienza 反省, 自省 3 試験 テスト —dare [fare] *l'esame* di matematica 数学の試験を受ける[する] / superare un *esame* 試験に受かる / *esame* scritto [orale] 筆記[口頭]試験 / *esame* di ammissione 入学試験 ▶ ***prendere in esame 検討[考慮する]

esametro 男〔詩〕6歩格

esaminabile 形 検討しうる, 検査しうる

esaminando 形 受験者の, 志願者の —男〔女[-a]〕受験者, 志願者

esaminante 形 試験をする —男女 試験官

***esaminare**［エザミナーレ］他 1 検査[点検]する; 検討する 2 試験をする, 試問する —**arsi** 再 自分自身を見る, 自分自身を見つめる

esaminato 形 受験した —男〔女[-a]〕受験者

esaminatore 形〔女[-trice]〕試験をする, 審査する —男〔女[-trice]〕試験官, 審査員

esangue 形 1 血が不足した, 大量に失血した 2 青白い; 生気のない

esanime 形 死んだような; 気絶した; 死んでいる

esano 男〔化〕ヘキサン

esantema 男〔複[-i]〕〔医〕発疹(しん)

esapode 男 (E-)〔複数で〕〔虫〕六脚類; 昆虫

esasperante 形 我慢できない, しゃくにさわる

esasperare 他〔io esaspero〕1 憤慨[激怒]させる 2 激化させる, 悪化させる —**arsi** 再 1 ひどくいらいらする, 激昂(こう)する 2 激化する

esasperato 形 1 苛立った, 激怒した 2 (感情が)頂点に達した

esasperazione 女 1 憤慨, 激怒 2 激化, 悪化

esastilo 形〔建〕6柱式の

esattamente 副 1 正確に, 厳密に 2 適切に, ふさわしく 3〔肯定・確認の返事で〕まさしく, そのとおり

esattezza 女 正確さ; 厳密さ

***esatto¹**［エザット］形 1 正確な, 的確な 2 精確[精密]な 3 時間[期限]を厳守する; 几帳面な —副 1 正確に, 正しく 2〔肯定・確認で〕そのとおり, まさしく

esatto²〔過分 < esigere〕1 要求された, 必要な 2 (金額・税金が)徴収された

esattore 男〔女[-trice]〕集金人; 徴収人[官]; 収税吏

esattoria 女 1 (国が法人などと交わす)徴税請負契約 2 徴税事務所, 収税局

Esaù 固名(男)〔聖〕エサウ, エザウ(イサクの息子. ヤコブの双子の兄)

esaudibile 形 受け入れられる, かなえられる; 満足させられる

esaudimento 男 かなえること; 満足させる[する]こと

esaudire 他〔io -isco〕かなえる, 聞き届ける; 満足させる, 意を満たす

esauribile 形 1 枯渇しうる, 有限の 2 解決[解明]されうる

esauribilità 女 1 枯渇しうること, 有限性; 解決されうること

esauriente 形 1 徹底的な, 余すところのない 2 申し分のない, 明々白々な

esaurimento 男 1 使い果たすこと, 枯渇; 徹底的究明 2 (心身の)消耗, 疲労困憊(ぱい); 抑鬱状態

esaurire 他〔io -isco〕1 完全にからにする —*esaurire* un pozzo 井戸を汲(く)みつくす 2 使い果たす, 枯渇させる —Ho *esaurito* le provviste. 蓄えを使い切ってしまった. 3 衰弱[消耗]させる —Il troppo studio mi *ha esaurito*. 勉強のし過ぎでへとへとにさせる. 4 徹底究明する 5〔化〕成分を除去する —**irsi** 再 1 空(から)になる, 枯渇する; (電池が)放電する

esaurito 2 尽きる, なくなる; 弱まる 3 消耗する, 疲れ果てる 4 (完全に)成し遂げられる, 尽くされる

esaurito 形 1 完全にからになった 2 使い果たした; 売り切れ[品切れ]の —tutto *esaurito* 売り切れ 3 満員の 4 疲れ果てた; ノイローゼになった

esaustivo 形 徹底的な, 申し分のない

esausto 形 1 使い果たした, 空(から)の; (電池が)放電した 2 疲れ果てた, へとへとになった

esautorare 他 [io esautoro] 1 権威[権限]を剥奪する, 免職する 2 信用[信頼]を失わせる

esavalente 形 〔化〕6 価の

esazione 女 1 (特に)税の取り立て 2 集金人の手数料

esborsare 他 支払う, 支出する

esborso 男 支出; 支払い金

esca[1] 女 1 餌, 擬餌 2 甘言, 誘惑, ご機嫌取り; ペテン 3 火口(ほくち) ▶ **dare esca a...** …を助長する **fare da esca** 囮(おとり)になる

esca[2] uscire の命・現・3 単; 接・現・1 単[2 単, 3 単]

escalation 男 〔不変〕 1 〔英〕(戦線の)拡大 2 (特に否定的に)(現象の段階的な)拡大, 上昇

escamotage 男 〔不変〕〔仏〕方便; やりくり, はぐらかし

escandescente 形 かっとなった, 激情に駆られた

escandescenza 女 怒りの爆発, 激怒

escapismo 男 現実逃避(の姿勢)

escara 女 〔医〕(火傷の後の)かさぶた

escatologia 女 〔神学・哲〕終末論

escatologico 形 〔複[男 -ci]〕〔神学・哲〕終末論の

escavatore 形 〔女[-trice]〕1 掘削の, 穴を掘る 2 (特に考古学で)発掘の —男 1 〔女[-trice]〕穴を掘る人; (考古学上の)発掘をする人 2 掘削機 3 〔医〕エキスカベーター(歯や骨を手術するためのメス)

escavatrice 女 掘削機

escavazione 女 1 穴を掘ること, 掘削; 発掘 2 〔医〕窩(か), 陥凹(おう)

esce uscire の直・現・3 単

Eschilo 固名(男) アイスキュロス(前 525-456; 古代ギリシャの三大悲劇詩人の一人)

eschimese エスキモー(の人)の —男女 エスキモーの人 —男 〔単数のみ〕エスキモー語

esci uscire の直・現・2 単; 命・2 単

escissione 女 〔医〕切除

esclamare 自 大声を出す

esclamativo 形 感嘆の —**punto** *esclamativo* 〔言〕感嘆符(!)

esclamazione 女 1 (感嘆や驚異の)声; 叫び 2 〔言〕間投詞(interiezione)

escludere [エスクルーデレ] 〔1〕他 〔過分 escluso〕 1 (場所から)締め出す 2 排除する, 除外する —Mi hanno escluso dalla squadra di calcio. みんな僕をサッカーチームに入れてくれなかった 3 抹消する, 削除する 4 (可能性を)全く受け付けない, 認めない —*Escludo* che lui abbia fatto una cosa del genere. 彼がこんなことをしたとは到底考えられない. 5 無効にする, 不可能にする —**ersi** 再 1 (あることに)参加しない 2 打ち消し合う, 排除し合う, 相殺する

escluse escludere の直・遠過・3 単

esclusione 女 締め出し, 除外, 排除, 追放 —*esclusione* di un nome da un elenco 名簿から名前を除外すること / senza *esclusioni* | senza alcuna *esclusione* すべて, 例外なく *a esclusione di...* …を除いて / A *esclusione* di te, tutti gli altri sono d'accordo. 君以外, 他のみんなは賛成だ. *per esclusione* 一つずつ可能性を排除しながら / procedere *per esclusione* 消去法で詳細細を調べる

esclusiva 女 独占的な権利; 〔商〕独占販売権

esclusivamente 副 もっぱら, 独占[排他]的に

esclusivismo 男 1 排他性, 独善さ 2 〔政・経〕排他主義, 独占主義

esclusivista 形 〔複[男 -i]〕1 排他的な, 独善的な 2 〔政・経〕排他主義の 3 独占販売の —男女 〔複[男 -i]〕排他的な人; 排他主義の人; 独占販売権を持つ人[店]

esclusività 女 排他的なこと, 独善; 独占

esclusivo 形 1 排他的な 2 独占的な —**modello** *esclusivo* 一点限りの商品 / **agente** *esclusivo* 総代理店 3 特権者専用の 4 独善的な

escluso 形 〔過分 < escludere〕 1 締め出された, 除外された, 排除された 2 〔前置詞的に〕…を除いて —Ha invitato tutti *escluso* te. 彼は君以外の全員を招待した. —男 〔女[-a]〕除外者

esco uscire の直・現・1 単

-esco 接尾 〔形容詞の語尾として〕「関連」「所属」「性質」の意

escogitare 他 [io escogito] 考案する, 発明する

escoriare 他 [io escorio] (皮膚を)擦りむく —**arsi** 再 (自分の皮膚を)擦りむく

escoriazione 女 すり傷, 擦過傷

escrementizio 形 糞(ふん)便の, 排泄(せつ)物の

escremento 男 糞(ふん)便, 排泄(せつ)物

escrescenza 女 1 〔医・植〕(いぼ・こぶなどの)異常生成物 2 突起, 突出部

escretore 形 〔女[-trice]〕〔生理〕排出[排泄(せつ)]の

escrezione 女 1 〔生理〕排出(作用) 2 〔植〕(樹脂の)分泌

escudo 男 エスクード(ポルトガルの旧貨幣単位)

Esculapio 固名(男) 〔ギ神〕アスクレピオ

ス(死者を蘇らせた名医、医神とされる)

escursione 囡 1 小旅行, 遠足, 山歩き; フィールドワーク —fare un'*escursione* 遠足に行く 2〔気〕(変化の)幅, 振幅

escursionismo 男 ハイキング

escursionista 男女〔複[男 -i]〕ハイカー

escursionistico〔複[男 -ci]〕ハイキングの

escusse escutere の直・遠過・3 単

escussione 囡〔法〕尋問, 審理

escusso escutere の過分

escutere [36] 他〔過分 escusso〕〔法〕尋問[審問]する

Esdra 固名(男) エズラ(紀元前 5 世紀ユダヤの祭司・律法学者)

-ese 接尾〔都市名・国名などに付いて〕「…人」「…語」「…方言」の意;「隠語」の意

escrabile 形 嫌悪すべき, 忌まわしい
escrando 形 嫌悪すべき, 忌まわしい
escrare 他 嫌悪する, 忌み嫌う
escrazione 囡 1 非難, 抗議; 憎悪 2 呪詛(^そ), 呪文

esecutività 囡〔法〕施行, 執行(可能性)

esecutivo 形 1 実行[実施]される; 実行[実施]の(ための) 2〔法〕執行される(べき) 3 行政の 一男 行政権; 行政機関

esecutore 男[女[-trice]] 1 執行者, 実行者 2 演技者, 演奏者

esecutorio 形〔法〕執行を認める, 実施されるべき

esecuzione 囡 1 実行 —*esecuzione* di un progetto 計画の実施 2〔音〕演奏, 演技 —Ha fatto una buona *esecuzione* al pianoforte. 彼は素晴らしいピアノの演奏をした。3 処刑 4〔法〕執行 5〔言〕言語運用

esedra, esèdra 囡 1〔建〕(古代ギリシャ・ローマの)エクセドラ 2 半円形の場所

esegesi, esègesi 囡〔不変〕(聖書・法典などの)解釈, 注釈, 評釈

esegeta 男女〔複[男 -i]〕1 (聖書・法典などの)解釈[注釈]者 2 評論家, 解説者

eseguibile 形 執行できる, 実行できる

*****eseguire** [エゼグイーレ] 他〔io eseguo〕1 実行する, 達成する, 果たす 2 演奏する, 演じる 3〔法〕執行する

*****esempio** [エゼンピオ] 男 1 模範, 手本 2 例, 実例 —citare un *esempio* 一例を引く 3 (同種の中で)典型[代表]的なもの ▶ dare il buon esempio 手本を示す *per* [*ad*] *esempio* 例えば prendere esempio da... …の例に倣う

esemplare¹ 形 模範的な, 典型的な —punizione *esemplare* 懲戒 —男 1 写し,(印刷物などの)部[冊, 枚], 実例 2 (動植物の)標本, 見本 3 手本, 模範

esemplare² 他 1 まねする, 模倣する 2 筆写する

esemplarità 囡 模範的なこと, 典型的なこと

esemplificabile 形 例証[実証]可能な

esemplificare 他〔io esemplifico〕例証する, 実証する

esemplificativo 形 例証のための, 実証に役立つ

esemplificazione 囡 例証, 例示

esentare 他〔da〕…を免除する

esentasse 囡〔不変〕免税の

esente 形 1〔da〕…を免除される; …を免れた 2〔経〕免税の

esenzione 囡 免除, 控除

esequie 囡複 葬儀, 葬式

esercente 形 店主の, 商人の 男女 店主, 小売商人, 商人

esercire 他〔io -isco〕(活動・職業を)営む, 行う;(店を)経営する

esercitabile 形 鍛えうる; 利用[行使]しうる; 従事しうる

*****esercitare** [エゼルチターレ] 他〔io esercito〕1 鍛える, 訓練する 2 (影響を)及ぼす 3 (権力や権利を)行使する, 振るう —*esercitare* il potere 権力を振るう 4 (職業に)従事する, 営む —*esercitare* l'avvocatura 弁護士業を営む —**arsi** 再 実行する, 練習する, 訓練する

esercitato 形 鍛えられた, 訓練された 2 熟練した, 経験を積んだ

esercitazione 囡 練習, 訓練

*****esercito** [エゼルチト] 男 1 軍隊 2 (人や動物の)大群; 大量, 多数

*****esercizio** [エゼルチーツィオ] 男 1 練習, 訓練, 体の運動 —*esercizi* ginnici 体操, 体育 / fare *esercizi* di... …の練習をする 2 練習問題, 問題集 3 行使, 実行 4 経営, 営業 5 小売店, 商店 6 会計年度

esibire 他〔io -isco〕1 見せる, 提示する 2 見せびらかす, ひけらかす —**irsi** 再 1 出演する, 演じる, 演奏する 2 (自分の)能力[力量]を証明する 3 ひけらかす

esibizione 囡 1 見せること, 提示 2 展示, 公開 3 見せびらかし, 誇示 4 公演, 興行, ショー, パフォーマンス 5 公開演技, エキシビション

esibizionismo 男 1 自己顕示 2〔心〕露出症

esibizionista 男女〔複[男 -i]〕1 自己顕示欲の強い人 2〔心〕露出狂; 露出症患者

esibizionistico 形〔複[男 -ci]〕1 自己顕示的な 2〔心〕露出症の

esigente 形 要求[注文]の多い, 口うるさい, 口やかましい

esigenza 囡〔複数で〕1 要求, 要望; 需要 —rispondere alle *esigenze* di... …の要望に応える 2 必要, 必需品

esigere [47] 他〔過分 esatto〕1 強く求める, 要求する —Naturalmente *esigeva* una risposta. 当然ながら彼は回答を求めていた。2 必要とする —È un lavoro che *esige* molta pazienza. そ

esigibile 形 (合法的に)取り立てうる、徴集しうる

esigibilità 女 (合法的に)取り立てうること、徴集しうること

esiguità 女 非常に少ないこと、わずかなこと

esiguo 形 1 非常に少ない、微々たる 2 弱い、かすかな 3 (体・手足が)ほっそりした、きゃしゃな

esilarante 形 陽気にさせる、楽しませる

esilarare 他 [io esilaro] 陽気にする、笑わせる、楽しませる **—arsi** 再 楽しむ、陽気になる

esile 形 1 きゃしゃな、やせ細った、細身の 2 かすかな、かぼそい、弱い 3 中身のない、乏しい

esiliare 他 [io esilio] 1 追放する、流刑にする 2 (ある場所から)締め出す、遠ざける 3 《謔》左遷する **—arsi** 再 1 (自分の意思で)遠ざかる、亡命する 2 引退する、引きこもる

esiliato 形 追放された **—**男 [女 **-a**] 流刑者; 亡命者

*__esilio__ [エズィーリオ] 男 1 国外追放、流刑 **—mandare... in** *esilio* …を国外追放[流刑]にする 2 亡命; 異郷の生活; 隠遁(;)生活 3 亡命先、流刑地

esilità 女 1 か細いこと 2 弱いこと 3 価値[効果]のないこと

esimere 他 [複合時制なし] 免除する、(負担から)解放する **—ersi** 再 免れる、逃れる

esimio 形 1 優れた、傑出した 2 (E-)《定型的な敬称表現として》…様、…殿

-esimo 接尾 (11 以降の)序数を作る: undicesimo 11 番目

Esíodo 固名(男) ヘシオドス(前 700 年頃のギリシャの詩人)

esistente 形 存在する、実在する **—**男 存在、現存

*__esistenza__ [エズィステンツァ] 女 1 存在、実在 2 生活、生涯 3 《哲》実存

esistenziale 形 1 存在に関する、生活の 2 《哲》実存の、実存主義の

esistenzialismo 男 《哲》実存主義

esistenzialista 形 [複[男 -i]] 《哲》実存主義(者)の **—**男女 [複[男 -i]] 実存主義者

*__esistere__ [エズィステレ] [12] 自 [es] (過分 esistito) 1 実在する、存在する **—**Credo che gli extraterrestri *esistano*. 私は宇宙人がいると思っている。 2 ある **—Non** *esiste* nessuna differenza. 何の相違もない。/ Non *esiste!* ありえない、信じられない。 3 生きる、生存する **—**Ha cessato di *esistere*. 彼は息を引きとった。 4 重要である、重視する **—Per lui non** *esiste* che il calcio. 彼にはサッカーだけが大事だ。

esistito 形 esistere の過分

esitante 形 1 躊躇(;)する、ためらう 2 不確かな、曖昧な、疑わしい

*__esitare__ [エズィターレ] 自 [io esito] ためらう、躊躇(;)する、迷う **—senza** *esitare* ためらうことなく

esitazione 女 ためらい、躊躇(;) **—con** *esitazione* 躊躇しながら、ためらいがちに

esito 男 1 結果; 成果 **—**esito degli esami 試験結果 / avere buon [cattivo] esito よい[悪い]結果になる 2 《商》売り上げ 3 回答 4 《言》語形[語音]などの変化

eskimo 男《不変》1 エスキモー; エスキモー語 2 フードつきのパーカ[アノラック] 3 《スポ》転覆したカヌーを立て直す操作

eso- 接頭 「外側の」「外に」の意

esocarpo 男 《植》外果皮

esocrino 形 《生理》外分泌(腺)の

esodo 男 1 (特に政治・宗教的な理由による国民・民族の)移住、移民 2 (E-)ユダヤ人のエジプト脱出 3 (E-)《単数のみ》《聖》出エジプト記 4 集団[大人数]の移動; (資本や財産の)外部への移動[流出]

esofago 男 [複[-gi]] 《解》食道

esogamia 女 1 《人類》外婚、族外婚 2 《遺伝学》の異系交雑

esogenesi 女 《不変》《生物・医》外因性; 《地質》外成

esogeno 形 1 外因性の; 《生物・医》外因性の 2 《地質》外成の

esonerare 他 [io esonero] 免除する、解放する **—arsi** 再 (義務・責任から)免れる、解放される

esonerato 形 免除された **—**男 [女 **-a**] 免除された人

esonero 男 免除、解放、控除

esopico 形 [複[男 -ci]] イソップの

Esopo 固名(男) イソップ(前 6 世紀前半?. ギリシャの伝説的寓話作家)

esorbitante 形 過度の、度を越えた、法外な

esorbitare 自 [io esorbito] 限度[一線]を超える

esorcismo 男 悪魔祓い(の儀式); 魔よけの呪文; 厄払い

esorcista 男女 [複[男 -i]] 1 悪魔祓いの祈祷(;)師[司祭] 2 《宗》祓魔(;)師

esorcistico 形 [複[男 -ci]] 悪魔祓い(の儀式)の

esorcizzare 他 1 悪魔[悪霊]を追い払う、悪魔祓いの儀式をする 2 遠ざける、避ける

esorcizzazione 女 1 悪魔祓い 2 遠ざけること、避けること

esordiente 形 (特に芸術・スポーツで)新進の、駆け出しの **—**男女 新人、駆け出し

esordio 男 1 デビュー、初舞台 2 始め、開始、出だし 3 開始、序文

esordire 自 [io -isco] 1 (舞台・スポーツなどで)デビューする、初登場をする 2 活動[仕事]を開始する 3 (講演・論文などを)語り[書き]始める

esortare 他 勧める; 言い聞かせる **—**

esortare A a fare B A(人)にB(物)をすることを勧める —**arsi** 再 励まし合う, 駆り立てる

esortativo 形 熱心に勧める[促す], 勧告の, 説得のための

esortazione 女 奨励, 勧告; 説得

esoscheletro 男〔動〕外骨格

esosfera 女〔天〕外気圏

esosità 女 1 貪欲さ, 強欲 2 (値段・要求が)法外なこと, 途方もないこと

esoso 形 1 貪欲な, 欲張りな, むさぼる 2 (値段・要求が)法外な, 途方もない

esoterico 形〔複〔男 -ci〕〕1 神秘的な, 不可解な 2〔哲〕秘教的な, 奥義の —男 弟子, 門弟

esoterismo 男〔哲・宗〕秘教, 密教

esoticità 女 異国風, 異国情緒, 異国趣味

esotico 形〔複〔男 -ci〕〕1 異国の, 外来の, エキゾチックな 2 風変わりな, 奇抜な —男〔複 -ci〕外来[異国風]のもの

esotismo 男 1 異国趣味[情緒] 2〔言〕外来語法

esotista 男女〔複〔男 -i〕〕(特に芸術家で)異国趣味の人

esotizzante 形 異国風の, 異国趣味の

espadrilles 女複 〔仏〕エスパドリーユ (縄底の布製の靴)

espandere [48] 他〔過分 espanso〕1 拡大[拡張]する 2 発散する, 放つ —**ersi** 再 広がる; 伸びる, 発展する; 膨張する

espandibile 形 広がりうる, 膨張しうる

espanse espandereの直・遠過・3単

espansione 女 1 拡大; 発展; 膨張 2 拡大[突出]部分 3〔物〕膨張 4〔数〕展開

espansionismo 男 (領土・経済の)拡張主義, 膨張主義

espansionista 形〔複〔男 -i〕〕(領土・経済の)拡張主義の, 膨張主義の —男女〔複〔男 -i〕〕(領土・経済の)拡張主義者, 拡大論者

espansionistico 形〔複〔男 -ci〕〕(領土・経済の)拡張主義(者)の

espansività 女 1 感情をあるがままに表すこと, 屈託のないこと 2 慈愛, 愛情

espansivo 形 1 膨張性の 2 外向的な, あけっぴろげな

espanso 形〔過分 < espandere〕膨張した, 拡大した

espatriare 自 [es, 稀に av]〔io espatrio〕故国を去る, 国外に出る

espatriato 形 故国を去った —男〔女 -a〕故国を去った人

espatrio 男 故国を去ること; 移住

espediente 男 1 窮余[苦肉]の策 2 やりくり ▶ *vivere di espedienti* その日暮らしをする

espellere [49] 他〔過分 espulso〕1 追い出す, 追放する 2 体外に出す

esperanto 男〔単数のみ〕エスペラント語 —形 エスペラント語の

Esperidi 固名〔女複〕〔ギ神〕ヘスペリデス (「ヘスペリデスの園」に住み, ヘラの黄金の林檎の木を守るニンフたち)

esperidio 男 柑橘(かんきつ)類の果実

‡**esperienza** [エスペリエンツァ] 女 1 経験, 体験 —*avere una grande esperienza* in [di]... …に経験豊富な / *avere poca esperienza* 経験の浅い 2 実験

esperimento 男 1 実験 —*fare un esperimento* 実験をする 2 (性質や性能などの)試験 3 演習, 試験

esperire 他〔io -isco〕1 実行する, 着手する 2 試す

esperto 形 1 専門的知識[技術]を有する, (その道に)詳しい —*essere esperto in [di]...* …に精通[熟練]している 2 経験豊かな, 老練な —男〔女[-a]〕専門家, エキスパート

espettorare 他〔io espettoro〕〔医〕痰(たん)を吐く

espettorato 男〔医〕痰(たん)

espiabile 形 償いうる, やり直しのきく

espiantare 他〔生物〕外植する, 体外で培養する

espianto 男〔生物〕外植, 体外培養; 外植片

espiare 他〔io espio〕1 (罪・過ちを)償う 2〔宗〕(神の怒りを鎮める)儀式を行う

espiatorio 形 罪の償いとなる, 贖(あがな)い罪の —*capro espiatorio* スケープゴート

espiazione 女 1 罪の償い, 贖(あがな)い 2〔宗〕(神の怒りを鎮める)儀式

espirare 他 息を吐き出す

espirazione 女 息を吐き出すこと, 呼気

espletamento 男〔官庁用語で〕履行, 完了

espletare 他〔官庁用語で〕履行する, 完了する

espletivo 形〔言〕虚辞の

esplicare 他〔io esplico〕成し遂げる, 実行する

esplicativo 形 説明する, 解説的な

esplicazione 女 1 実行, 実現, 実施 2 説明, 解明

esplicita 女〔言〕明示節

esplicitare 他〔io esplicito〕明確にする, 詳細に説明する

esplicitazione 女 明確[明白]にすること

esplicito 形 1 明白な, 明瞭な —*Sii esplicito!* はっきり言え. 2〔言〕明示的な —*proposizione esplicita* 明示節

esplodere [50] 自 [es]〔過分 esploso〕1 爆発する 2 突然[急に]…する —他 (弾丸を)発射する

esplorabile 形 1 探査[探検]できる; 精査しうる 2〔医〕診察できる

esplorare 他 1 綿密に調べる, 探査[探検]する 2 探る, 詮索する 3〔医〕検査

esplorativo [検診]する

esploratìvo 形 1 探査の, 調査の 2 [医]診察の

esploratore 形 [女 [-trice]] 調査(者)の ―男 [女 [-trice]] 調査者, 探検家, 探求者

esplorazione 女 1 探査, 探検 2 [医]診察, 検査 3 [軍]偵察 4 [電・通信]走査

esplose *esplodere* の直・遠過・3 単

esplosione 女 1 爆発 ―*esplosione primordiale* ビッグバン 2 突発, 勃発, (感情の)激発 3 反乱, 蜂起 4 [言](閉鎖音の)破裂 5 [機]爆燃

esplosivista 男女 [複[男 -i]] 爆弾テロの ―男 [複[男 -i]] 爆弾テロリスト

esplosività 女 爆発性

esplosìvo 形 1 爆発性の 2 爆発的な, 衝撃的な 3 [言]破裂音の ―男 爆発物, 爆薬

esploso 形 [過分 < esplodere] 1 爆発した 2 [言]破裂音の 3 分解組み立て図の

esponente 男女 1 代表者; スポークスマン 2 請願者, 申請者 ―男 1 [数]べき指数 2 [印]上付き文字[数字] 3 [言]見出し語; 主要語

esponenziale 形 1 [数]指数の 2 急激に増加する ―男 [数]指数関数

esponesti *esporre* の直・遠過・2 単

*__**esporre**__ [エスポッレ] [79] 他 [過分 esposto] 1 展示する, 掲示する ―*esporre le merci in vetrina* ショーウインドーに商品を陳列する 2 (空気や光に)さらす, 当てる ―*esporre una coperta all'aria* 毛布を外気にさらす 3 (困難や危険に)さらす ―*esporre... ai pericoli* ～を危険にさらす 4 (考えなどを)明かす; 言及する, 述べる ―*Gli ho esposto il mio pensiero.* 彼に私の考えを明かした. 5 [写]露出[露光]する ―**orsi** 再 1 身をさらす 2 危険を冒す 3 身を危うくする, 体面[評判]を傷つける

esportàbile 形 輸出できる

esportare 他 輸出する

esportatore 形 [女 [-trice]] 輸出する ―男 [女 [-trice]] 輸出者[業者]

esportazione 女 輸出; [複数で]輸出品

espose *esporre* の直・遠過・3 単

esposìmetro 男 [写・光]露出計

esposìtivo 形 解説の, 説明的な

esposìtore 形 [女 [-trice]] 1 解説[注釈]する 2 出品[出展]する ―男 [女 [-trice]] 1 解説者, 注釈者 2 出品者, 出展者

*__**esposizione**__ [エスポズィツィオーネ] 女 1 展示, 陳列 2 展覧[展示]会, 博覧会 3 (家や部屋の)向き ―*villa con ottima esposizione* とても立地のよい別荘 4 (空気や光に)さらすこと ―*Una lunga esposizione al sole è dannosa alla pelle.* 長く日光に当たることは皮膚に有害だ. 5 説明, 解説, 報告 ―*esposizione molto chiara* 非常に明快な説明 6 [写]露出[露光](時間) 7 [音](ソナタやフーガの)提示部 8 [物]照射, 輻(ふく)射

esposto *esporre* の過分

espresse *esprimere* の直・遠過・3 単

*__**espressione**__ [エスプレッスィオーネ] 女 1 (特に言葉による)表現 2 言葉, 語句, 言い回し ―*espressione idiomatica* 慣用句 3 表情; (意志や感情の)表れ 4 話し方, 声の調子 5 表現力 ―*libertà di espressione* 表現の自由 6 [数]式 7 [音]エスプレッスィオーネ, 豊かなフレージングで奏される部分; リードオルガンの強弱装置

espressionìsmo 男 [芸]表現主義

espressionìsta 形 [複[男 -i]] [芸]表現主義の ―男女 [複[男 -i]] 表現主義の芸術家

espressionìstico 形 [複[男 -ci]] 表現主義の, 表現主義芸術家の

espressività 女 表現力に富んでいること, 表現力

espressìvo 形 1 表現の 2 表現力のある, 表情に富んだ 3 [言]感情的な

espresso [エスプレッソ] 形 [過分 < esprimere] 1 明確な, はっきりした, 率直な 2 (食べ物が)すぐに提供できる ―*piatto espresso* すぐ出せる料理 3 急行の, 速い ―*treno espresso* 急行列車 4 速達の ―男 1 速達(便); 速達用切手 2 急行(列車) 3 エスプレッソコーヒー

*__**esprìmere**__ [エスプリーメレ] [20] 他 [過分 espresso] 表現する, 表す, 示す; 意味する ―*esprimere le proprie idee* 自分の意見を表明する ―**ersi** 再 1 (自分の考えや気持ちを)言い表す ―*esprimersi a parole [gesti]* 言葉[身振り]で表す 2 話す; 書く ―*Non so ancora esprimermi bene in italiano.* 私はまだイタリア語ではよく話せません.

esprimìbile 形 表現されうる

esprit 男 [不変] [仏]精神; 才気, 機知, エスプリ

espropriàbile 形 [法]財産を収用できる, 所有権を取り上げる

espropriare 他 [io *esproprio*] 1 [法](財産を)収用する, (所有権を)取り上げる 2 奪う ―**arsi** 再 捨て去る, 放棄する

espropriazione 女 1 [法]財産の収用, 所有権の剥奪 2 喪失

esproprio 男 [法]財産の収用, 所有権の剥奪

espugnàbile 形 (武力で)制圧しうる, 攻略可能な; [比喩]陥落しうる

espugnare 他 (武力で)制圧する, 攻略する; 勝つ

espulse *espellere* の直・遠過・3 単

espulsione 女 1 排出 2 (処分としての)退場, 追放, 除名

espulsìvo 形 追い出す, 排除する

espulso 形 [過分 < espellere] 追い

espulsore 出された, 排除された ―男〔女[-a]〕追放[除名]された人

espulsore 男 1 (火器の)薬莢(きょう)はね出し装置 2 追放する人

espungere [58] 他〔過分 espunto〕(テキストの疑わしい部分を)削除する

espunse espungere の直・遠過・3 単

espunto espungere の過分

espunzione 女 1 (テキストの疑わしい部分の)削除 2 抹消, 除去

Esquilino 固名 男 エスクイリーノの丘 (ローマ七丘の一つ)

essa 代 (人称) (3 人称単数女性)《文》それは[が]; 彼女は[が]《口》lei

-essa 接尾 「女性」の意

essai 男〔不変〕〔仏〕随筆, 試み; 試験

esse → esso

Esselunga 固名 女 エッセルンガ(イタリアのスーパーマーケット)

essendo essere のジェルンディオ

essenza 女 1 本質, 核心, 精髄 2 〔化〕(植物などの)エキス, 精油; 香水 3 〔哲〕本質

essenziale 形 1 本質的な, 肝心な 2 必要不可欠な 3 簡潔な; あっさりした ―男 最重要点, 肝心要(かんじん) ―studiare soltanto l'*essenziale* 要点だけを勉強する

essenzialità 女 本質性, 重要性; 簡潔さ

＊**essere**[1] [エッセレ] [→巻末動詞変化表] 〔es〕〔過分 stato〕自 1 〔繋辞; 性質・特徴・状態・身分などを表す〕…である ―*È* italiano. 彼はイタリア人だ. / *Siamo* studenti. 私たちは学生です. / Quella macchina *è* bella. あの車は素敵だ. / *essere* di… …の出身である / Di dove *sei* [dov'è]?-*Sono* di Firenze. どこの出身[どちらのご出身ですか]？-フィレンツェです. / *Siete* con noi o contro di noi? 君たちは私たちに味方するのか, それとも反対側につくのか？ / Questo lavoro non *è* per te. この仕事は君には向いていない. 2 存在する ―Dio *è*. 神は存在する. / Penso, dunque sono. 我思う, ゆえに我あり. 3 〔所在〕…にいる[ある] ―*essere* in casa 家にいる / *Siamo* alla stazione. 私たちは駅にいる. / Anna *è* da una sua amica. アンナは友達のところにいる. 4 〔状態〕…にいる[ある] ―*essere* in pericolo 危機に瀕している / *essere* in ansia 心配している / *essere* a letto 床に就いている / *Siamo* in estate. 今は夏だ. 5 〔非人称; 時間・月日・季節・年齢など〕…である ―*È* già tardi. もう遅い. / Che ora *è*?-*Sono* le tre. 何時ですか？-3 時だよ. 6 生じる, 起こる ―Che ne *sarà* di lui? 彼はどうなるのかな？ / *Sarà* quel che *sarà*. なるようになるさ. / Quel che *è* stato *è* stato. 忘れることにしよう(終わったことは終わったこと). 7 …の広さ[重さ]がある ―Il mio appartamento *è* (di) 60 mq. 私のアパートは 60 平方メートルです. / Il pesce *è* (di) due chili. 魚は2キログラムある. 8 〔複合時制で〕行く ―*Sei* mai *stato* a Venezia?-No, non ci *sono* mai *stato*. 君はヴェネツィアに行ったことがある？-いや, 一度もないよ. 9 着く, 到着する ―*Saremo* a Roma fra un po'. もう少しでローマに着く. 10 (金額・費用が)かかる ―Quant'*è*?-*Sono* 15 euro. おいくらですか？-15 ユーロです. 11 〔強調構文; essere... che / essere... a + 不定詞〕…するのは…である ―*È* lui che ha dipinto questo quadro. この絵を描いたのは彼だ. / *Sei stato* tu ad avvisarlo? 彼に知らせたのは君だったのか？ 12 〔非人称構文; essere + 形容詞 + che… / essere + 形容詞 + 不定詞〕…するのは…である ―*È* meglio che prenotiate prima. 前もって予約したほうがいいよ. / *È* possibile vederci domani? 明日会えるかな？ 13 〔è che〕…ということだ ―*È* che abbiamo perso una bella occasione. 私たちは折角のチャンスを失ったことだ. 14 〔疑問の強調〕一体… ―Com'*è* che? それはまたどうして？ / Quand'*è* che abbiamo visto quel film? 私たちがあの映画を見たのは一体いつだったかな. / Chi *è* che non ce l'ha? 持ってない人は誰ですか. ―助 1 〔主に移動・方向・状態・変化などを表す自動詞の過去分詞とともに複合時制を作る〕―*È* partito per la Francia. 彼はフランスに発った. / *Sono* arrivati ieri sera. 彼らは昨晩到着した. 2 〔再帰動詞の過去分詞とともに複合時制を作る〕―Stamattina mi *sono* svegliato presto. 今朝は早く目が覚めた. / Maria e Paolo si *sono* sposati. マリアとパオロは結婚した. 3 〔他動詞の過去分詞とともに受動態を作る〕―Il contratto *è* firmato dal direttore. 契約書は重役によって署名される. / Il vaso *è* stato rotto da un gatto. その花瓶は猫によって壊された. ▶ **C'era una volta...** 〔お伽話の語り出しに〕昔々…がありました. **Ci sei?** 分かってる？ | そっちにいるの？ **Ci siamo!** 分かったぞ. | さあやったぞ. | やっと着いたぞ. **Ci sono!** 分かった. **Come se niente fosse.** たやすく. | 平気で. **Così sia.** そうあれかし. | それならこれで. **E sia!** それ よし! | 同感だ. **esserci** [**esservi**] …がある[いる] / C'è una farmacia qui vicino? この近くに薬局はありますか. / Ci *sono* tanti turisti in piazza. 広場には大勢観光客がいる. / Che cosa [Che, Cosa] c'è? どうしたの. 何があったの. **essere in sé** [**fuori di sé**] 正気である[我を忘れて] **... or sono** …前に **può essere** 多分 **Sarà!** そうかもしれない. ひょっとしたら. **sia chi sia** 誰であろうと **sia come sia** それが何であろうとも **sia... sia [che]...** …も…も **sia... o...** …であろうと…であろうと

essere[2] 男 1 存在; 状態 ―gli *esseri* viventi 生物 / (gli) *esseri* umani 人

esserino 類 2 人物, やつ —È un povero *essere*. かわいそうなやつだ. 3 本質, 本性

esserino 男 (特に哀れを誘うような)幼き子; 小さな動物

essi → esso

essiccamento 男 乾燥, 脱水

essiccante 形〔化〕乾燥させる

essiccare 他 乾燥させる, 脱水する —自〔es〕乾く —**arsi** 再 乾燥する, 干上がる; 枯渇する

essiccativo 形 乾燥させる, 乾燥用の —男〔化〕乾燥促進剤

essiccatoio 男 乾燥機, 乾燥室

essiccatore 男 1〔女[-trice]〕乾燥させる人 2 乾燥機

essiccazione 女 乾燥, 脱水

__esso__ [エッソ] 代 (人称)〔複[essi] 女[essa, 複 esse]〕〔3人称単数男性〕それ; 彼

essudare 自〔av〕〔医〕滲(にじ)み出る, 染み出す

__est__ [エスト] 男 1 東, 東方; (E-)東部 —i paesi dell'*Est* 東欧 2〔形容詞的〕東に向いた, 東の, 東部の

establishment 男〔不変〕〔英〕支配者層, 主流派

estasi 女〔不変〕恍惚(こうこつ), 忘我, エクスタシー;〔宗〕脱魂

estasiare 他〔io estasio〕うっとりさせる, 恍惚(こうこつ)とさせる; 有頂天にさせる —**arsi** 再 うっとりする, 恍惚となる; 有頂天になる

estasiato 形 うっとりした, 恍惚(こうこつ)とした

__estate__ [エスターテ] 女 夏 —d'*estate* 夏に[の]/in *estate* 夏に[の]/*estate* di San Martino 小春日和; (年配者の精神的な)一時的な若返り

estatico 形〔複[男 -ci]〕忘我の, 恍惚(こうこつ)の; うっとりした; うっとりさせる

Este 固名(女) エステ家(中世から19世紀に及ぶイタリアの名家)

estemporaneità 女 即興, 即席, 即座

estemporaneo 形 1 即興[即座]の, 準備なしの 2〔蔑〕その場しのぎの, 軽率な 3 即興で話す[書く]

__estendere__ [エステンデレ] [117] 他〔過分 esteso〕1 広げる, 拡張[拡大]する 2 (権利などを)より多くの人に与える[認める] 3 (文書などを)作成する 4 広める, 普及させる —**ersi** 再 1 (空間・時間的に)広がる, 延びる 2 広まる 3 (ある話題に)こだわる, 引きのばす

estendibile → estensibile

estens. 略 拡張的に, 拡張; estensivamente 広義に; estensivo 拡張した

estense 形 エステ家の —男女 エステ家の人

estensibile 形 1 拡張しうる, 広げうる 2 他の人たちにも伝えられる —saluti *estensibili* alla famiglia〔挨拶で〕家族の皆様によろしく

estensibilità 女 拡張[拡大]しうること

estensione 女 1 拡張, 拡大 2 広さ, 広がり; 範囲 3〔生理〕(四肢の)伸展 4〔音〕音域 5〔医〕牽(けん)引 6〔言〕(語意の)拡充

estensivo 形 1 (本来の用法・意味を)拡張[拡大]した 2 (都市部や耕地で, 建物・人口が)低密度の 3〔物〕示量の

estensore 形 1 拡張[拡大]する, 伸ばす 2〔解〕伸筋の —男 1 起草者, 立案者 2〔スポ〕エキスパンダー

estenuante 形 ひどく疲れさせる, 疲労困憊(ばい)させる

estenuare 他〔io estenuo〕弱らせる, くたびれさせる —**arsi** 再 消耗する, くたびれる

estenuato 形 疲れ果てた, 消耗した

estenuazione 女 疲れきったこと, 疲労困憊(ばい)

estere 男〔化〕エステル

esterificazione 女〔化〕エステル化

esteriore 形〔esterno の比較級〕1 外側の, 外部の 2 うわべの, 表面上の —男 外部, 外面, うわべ

esteriorità 女 1 外部, 外観, 外見 2 見せかけ, うわべ

esteriorizzare 他 1 外面化する; (特に感情を)外に表す 2〔医〕(内臓を)体外に出す —**arsi** 再 (特に感情が)表に出る

esteriorizzazione 女 1 外面化すること; (特に感情を)表に出すこと 2〔医〕(内臓を)体外に出すこと

esternare 他 1 表す, 示す 2 (特に新聞・雑誌でイタリアの大統領が)表明する

esternazione 女 表現; 表明

__esterno__ [エステルノ] 形〔比較級 esteriore, 絶対最上級 estremo〕1 外の, 外側の, 外部の —pressioni *esterne* 外圧/medicinale per uso *esterno* 外用薬 2 (中心街から遠い)周辺地区の 3〔スポ〕アウェーでの試合の —男 1 外側; 外部; 外観 2〔映〕〔複数で〕野外撮影, ロケーション;〔劇〕屋外のセット 3〔スポ〕(球技の)外野手 4〔女[-a]〕(寄宿学校の)通学生徒

__estero__ [エステロ] 形 1 外国の 2 対外的な —politica *estera* 外交政策/commercio *estero* 外国貿易/Ministero degli Affari *Esteri* 外務省 —男 外国 ▶ **all'estero** 外国に[で]

esterofilia 女 外国熱, 外国崇拝

esterofilo 形 外国熱の, 外国崇拝の —男〔女[-a]〕外国崇拝の人

esterofobia 女〔徹底した〕外国嫌い

esterofobo 形 外国嫌いの, 外国嫌いの人の —男〔女[-a]〕外国嫌いの人

esteromania 女 (度の過ぎた)外国崇拝

esterrefatto 形 1 びっくりした, 呆(ほう)然とした 2 おびえた, 恐れた

estese estendere の直・遠過・3単

-estesia 接尾〔医〕「感覚(の)」「感度

esteso (の)」を表す

esteso 形〚過分< estendere〛 1 広い, 広大な 2 広範囲にわたる, 細部にわたった 3 広がった, 拡大した ▶ *per esteso* 完全に, 残さずに

est est est 固[男] エスト・エスト・エスト(ラツィオ州モンテフィアスコーネ産の白ワイン)

esteta 男女〚複[男 -i]〛 1 審美眼のある人;〚皮肉で〛生き方に凝りすぎる人 2〚芸〛耽(だん)美[唯美]主義者

estetica 女 1〚哲〛美学 2 (見た目の)美しさ, 美観

esteticità 女 (特に芸術作品の)美的価値[特徴]

estetico 形〚複[男 -ci]〛 1〚哲〛美学の 2 (見た目に美しい 3 (全身)美容の, エステティックの

estetismo 男 耽(たん)美[唯美]主義, 芸術至上主義

estetista 男女〚複[男 -i]〛エステティシャン

estetizzare 自 耽(たん)美[唯美]主義者の態度をとる

Estia 固[女]〚ギ神〛ヘスティア(オリンポス十二神の一. 炉の女神. ローマ神話のウェスタ)

estimale 形 財産[不動産]評価に関する

estimatore 男〚女[-trice]〛愛好家, 真価が分かる人;評価する人

estimo 男 1 資産(特に不動産)の査定[評価] 2〚歴〛財産評価

estinguere [37] 他〚過分 estinto〛 1 (火を)消す 2 癒やす, 鎮める —*estinguere la sete* 喉の渇きを癒やす 3 (借金などを)払う, 弁済する 4 絶滅[消滅]させる —*estinguere l'odio* 憎しみを拭い去る —**ersi** 再 1 (火が)消える 2 終わる, やむ 3 絶滅する 4 (家系が)絶える

estinguibile 形 1 消火できる;取り消しうる 2 債務を消滅させうる

estinse estinguere の直・遠過・3 単

estinto 形〚過分< estinguere〛 1 鎮火した;絶滅した;完済した 2〚婉〛亡くなった 3〚地学〛(火山が)活動を停止した —**男**〚女[-a]〛故人

estintore 男 消火器

estinzione 女 1 消火, (喉の渇きが)なくなること 2 (民族・動物の)絶滅;名家の断絶 3〚法〛(法的な関係・状態の)消滅;(口座の)解約

estirpabile 形 1 根絶できる;除去しうる 2 (外科手術で)摘出できる;(美容術で)取り除ける

estirpare 他 根絶する;根から除去する

estirpatore 形〚女[-trice]〛根こそぎにする, 撲滅する —男〚女[-trice]〛 1 撲滅する人, 根絶やしにする人 2〚農〛除草機, 根掘り機

estirpazione 女 根絶, 一掃;摘出;〚農〛除草, 根を掘り起こすこと

estivare 他 1 (家畜を高地で)夏季放牧する 2 (夏を)避暑地で過ごす

estivazione 女 1 (高地での)夏季放牧 2〚動〛夏眠 3 蚕の卵を一定温度に保つこと

estivo 形 1 夏(用)の;夏期[夏季]の —*vacanze estive* 夏季休暇 2〚植〛夏に収穫する

estone 形 エストニア(の人)の —男女 エストニア人 —男〚単数のみ〛エストニア語

Estonia 固[女] エストニア

estorcere [121] 他〚過分 estorto〛(力ずくで)奪う, (策略で)だまし取る

estorse estorcere の直・遠過・3 単

estorsione 女 1 強奪, 強要, ゆすり 2〚法〛財物強要

estorsivo 形〚法〛財物強要に関する

estorto 形〚過分< estorcere〛奪取[強要]された

estra- → extra

estradare 他〚法〛国外逃亡犯を引き渡す

estradizione 女〚法〛国外逃亡犯の引き渡し

estradosso 男 〚建〛アーチの外輪(りん)

estragone → dragoncello

estraibile 形 引き抜きうる, 取り出せる

estraneità 女 無関係なこと, 異質なこと, 外部であること

estraneo [エストラーネオ] 形 1 無関係の, かけ離れた 2 部外の, よその, 他人の —男〚女[-a]〛見知らぬ人, 部外者, 他人

estraniare 他〚io estranio〛引き離す, 遠ざける —**arsi** 再 疎遠になる, 離れる;引きこもる;孤立する

estraniazione 女 疎遠, 離間;孤立, 疎外

estrapolare 他〚io estrapolo〛 1〚数〛外挿[補外]する 2 (既知の事項から)推定[予測]する

estrapolazione 女 1〚数〛外挿, 補外 2 (既知の事項からの)推定[予測]

estrarre [122] 他〚過分 estratto〛 1 (da) 引き抜く, 抜き取る;(外科手術で)摘出する —*estrarre un dente* 抜歯する 2 採掘する 3 抜粋する 4 (くじの数字を)引く, くじを引く —*estrarre a sorte* 抽選する 5〚化〛抽出する 6〚数〛根を開く, 平方根を求める

estrattivo 形 1〚鉱〛採鉱の, 採掘の 2〚言〛(接頭辞が)否定を表す

estratto 〚過分< estrarre〛抜いた, 引き出された —男 1 エキス, 精油 —*estratto di lavanda* ラベンダーのエキス 2 抄本 3 抜粋, 抜き刷り 4 (くじの)当たり数字 5 要約

estrazione 女 1 抜き取ること;摘出 2 抽選, くじ引き —*estrazioni del lotto* ロトくじの抽選 3 生まれ, 血統, 素性 4 採掘 5〚化〛抽出 6〚数〛(根の)開法

estremamente 副 非常に, 極度に

estremismo 男 過激主義, 急進主義

estremista 形〔複[男-i]〕過激[急進]主義の —男女〔複[男-i]〕過激派, 急進主義者

estremistico 形〔複[男-ci]〕過激主義(者)の

estremità 女 1 端, 先端 2〔複数で〕手, 足

estremizzare 他 激化させる, (極限まで)拡大させる, 募らせる

estremizzazione 女 激化, 極度の悪化

*__estremo__ [エストレーモ] 形〔esterno の絶対最上級〕1 一番端の, 限界の — _Estremo_ Oriente 極東 2 極度[極端]な, 過激な —_estrema_ destra [sinistra] 極右[左] 3 徹底的な, 思い切った 4 重大な, 取り返しのつかない 5 緊急の, 急迫の —男 1 端 2 極み, 頂点, 絶頂 4〔数〕外項 5〔論〕(命題の)主辞

estremorientale 形 極東の

estrinsecamento 男 表現, 表明, 明示(estrinsecazione)

estrinsecare 他〔io estrinseco〕表現[明示]する —**arsi** 再 自己を表現する, 自分の考えを述べる

estrinsecazione 女 表現, 表明, 明示

estrinseco 形〔複[男-ci]〕1 非本質的な; 外部の 2〔医〕(筋肉が)外因性の

estro 男 1 斬新, 奇抜; 気まぐれ, 思いつき 2 想像力, 霊感, インスピレーション 3 激怒, 熱情 4〔虫〕アブ 5〔生物〕雌の発情期

estro- 接頭「外に[の]」の意

estromettere [65] 他〔過分で estromesso〕追放する; 締め出す

estromise estromettere の直・遠過・3 単

estromissione 女 追放, 排除, 除名

estrone 男〔生化〕エストロン(女性ホルモンの一種)

estrosità 女 1 奇抜, 斬新, 風変わり 2 気まぐれ, 移り気

estroso 形 1 風変わりな, 奇抜な, 空想力に富んだ 2 気まぐれな, 移り気な —男〔女[-a]〕気まぐれな人, 当てにならない人

estroversione 女〔心〕外向性

*__estroverso__ 形〔過分<estrovertere〉外向性の, 外向的な —男〔女[-a]〕外向的な人, あけっぴろげな人

estrovertere 他〔過分 estroverso, estrovertito; 遠過なし〕(欲求・感情を)外に向ける

estrovertito estrovertere の過分

estrusione 女 1〔工〕押し出し成型 2〔地質〕(溶岩などの)流出(物)

estuario 男 河口; (三角形の)入り江 —l'_estuario_ del Tamigi テムズ河口

esuberante 形 1 生い茂った, 繁茂した 2 あふれるばかりの, 豊富な 3 元気一杯の, 生き生きした

esuberanza 女 1 過剰, 過多 2 (草木の)繁茂 3 活発, 陽気

esuberare 自[es]〔io esubero〕多すぎる, 余りある —他 超える, 上回る

esubero 男〔官庁用語で〕過剰, 超過

esulare 自[av]〔io esulo〕(da)…とは無関係である, 筋違いである

esule 形 追放者の; 亡命者の —男女 追放された人; 亡命者

esultante 形 大喜びの, 狂喜した

esultanza 女 大喜び, 狂喜, 歓喜

esultare 自 大喜びする, 狂喜する

esumare (io esumo, esumo) 1 (死体を)掘り出す 2 (忘れられていたものを)掘り起こす, 復活させる

esumazione 女 1 (死体を)掘り出すこと 2 (忘れられていたものを)掘り起こすこと

et 接〔ラ〕そして〔電報でèと混同しないようにeの代わりに用いる〕

*__età__ [エタ] 女 1 年齢 —Abbiamo la stessa _età_. 私たちは同い年です / raggiungere la maggior _età_ 大人[成人]になる 2 (生涯の)時期, 期 —_età_ critica 思春期; 更年期 3 老化, 高齢 4 時代 —_età_ della pietra 石器時代

-età → -eto

etano 男〔化〕エタン

etanolo 男〔化〕エタノール

etc. 略 eccetera 等々

etcì → eccì

etciù → ecciù

Eteocle 固名(男)〔ギ神〕エテオクレス(オイディプスの子, ポリュネイケスの兄弟)

etere¹ 男 1 (古代宇宙論の)宇宙の澄んだ最上層; エーテル 2 大気, 天空 3〔放〕電波(空間); (新聞・雑誌で)電気通信業界

etere² 男〔化〕エーテル

etereo 形 1 神々しい, この世のものとも思えぬ 2 (古代宇宙論の)宇宙の澄んだ最上層の 3 大気の, 天空の; 空気のような, 希薄な

eterificazione 女〔化〕エーテル化

eternamente 副 永遠に; 絶え間なく

eternare 他 不朽[不滅]にする —**arsi** 再 不朽の名声を得る

eternità 女 1 永遠, 永久, 無窮 —per l'_eternità_ 永遠[永久]に 2 死後の世界, 来世 3 非常な長時間 4 (価値や名声の)不滅, 不朽

*__eterno__ [エテルノ] 形 1 永遠の, 永久の —_eterno_ riposo 永眠 2 不滅の, 不朽の 3 非常に長く続く, 果てしない 4 長持ちする —Queste scarpe sono _eterne_. この靴はとても丈夫だ. ▶ _in eterno_ 永遠に | _la città eterna_ ローマ

etero 略 → eterosessuale

etero- 接頭「ほかの」「異なる」の意

eterociclico 形〔複[男-ci]〕〔化〕複素環式の

eteroclito 形 1〔言〕不規則変化の 2 異常な, 風変わりな

eterodossia 女 1 (支配的な意見と

の)対立, 不一致, 異説 **2**〔宗〕異端, 非正統

eterodosso 形 **1** 異説の, 非正統の **2**〔宗〕異端の, 非正統の ― 男〔女 [-a]〕異端者

eterogeneità 女 異種, 異質;非均質性, 多様性

eterogeneo 形 **1** 異種の, 異質の, 多様な **2**〔言〕複数形で性が変わる名詞の **3**〔化〕異種混合の

eteromorfismo 男 **1**〔植〕異形 **2**〔地質〕同質異鉱

eteronomia 女〔哲〕他律(性)

eterosessuale 形 異性愛の, 異性愛の ― 男女 異性愛の人

eterosessualità 女 異性愛

eterosfera 女〔気〕異質圏

eterotermo 形〔生物〕変温性の

etesio 男〔特に複数で〕エテージ(夏期, 地中海東部に吹く北西風) ― 形 エテージの

ethos 男〔不変〕〔ギ・哲〕(人・社会・制度の)特質, 気風, エートス

etica 女 **1** 倫理学 **2** 倫理

etichetta[1] 女 **1** ラベル, シール **2**(何らかの評価を下す)レッテル

etichetta[2] 女 礼儀, エチケット;宮廷の作法

etichettare 他 **1** ラベルを貼る **2** 分類する

etichettatrice 女 ラベルを貼る機械;ラベルを作る機械

etichettatura 女 ラベルを貼ること;包装物の表示

etico 形〔複[男 -ci]〕倫理(学)の, 道徳の

etile 男〔化〕エチル

etilene 男〔化〕エチレン

etilismo → alcolismo

etilista → alcolista

etimo 男〔言〕語の原形, 語根

etimologia 女 **1** 語源学 **2** 語根

etimologico 形〔複[男 -ci]〕語源(学)に関する ―dizionario *etimologico* 語源辞典

etimologista → etimologo

etimologo 男〔複[-i]女[-a]〕語源学者[研究家]

etiope 形 エチオピア(人)の ― 男女 エチオピア人

Etiopia 固名(女) エチオピア

etisìa 女 **1** 肺結核 **2** 疲労, 衰弱

Etna 固名(男) エトナ火山(シチリア特別自治州の活火山)

etneo 形 エトナ火山の

etnìa 女(共通の身体的特徴・言語・文化に基づく)民族

etnicismo 男 民族性重視主義;《蔑》人種差別主義

etnico 形〔複[男 -ci]〕民族の

etno- 接頭「民族」「人種」の意

etnocentrico 形〔複[男 -ci]〕自民族中心主義の

etnocentrismo 男(他民族を蔑視する)自民族中心主義

etnografia 女 民族誌(学)

etnografico 形〔複[男 -ci]〕民族誌(学)の

etnografo 男〔女[-a]〕民族誌学者

etnologia 女 民族学

etnologico 形〔複[男 -ci]〕民族学の

etnologo 男〔複[-gi]女[-a]〕民族学者

-eto 接尾「ある種の植物や樹木の生育[栽培]場所」の意

étoile 女〔仏・劇〕花形, スター

etologia 女 動物行動学

etologo 男〔複[男 -gi]女[-a]〕動物行動学者

Etruria 固名(女) エトルリア(エトルリア人の居住圏を指す歴史的地域)

etrusco 形〔複[男 -chi]〕エトルリア(人)の ― 男 **1**〔複[-chi]女[-a]〕エトルリア人 **2**(単数のみ)エトルリア語

etruscologia 女 エトルリア学

etta- → epta-

ettaedro 男〔幾〕七面体

ettagonale 形 七角形の

ettagono 男〔幾〕七角形 ― 形 七角形の

ettaro 男 ヘクタール

ette 男〔不変〕〔否定文で〕何も…ない, 無;ほんの僅か

-ettino 接尾「縮小」を表す

etto [エット] 100 グラム, ヘクトグラム(ettogrammo の略) ―due *etti* di prosciutto ハム 200 グラム

etto- 接頭「100」の意

-etto 接尾「縮小」「親愛」「軽蔑」を表す

ettogrammo 男 100 グラム, ヘクトグラム

ettolitro 男 100 リットル, ヘクトリットル

ettometro 男 100 メートル, ヘクトメートル

ettopascal 男〔不変〕〔気〕ヘクトパスカル(記号 Pa)

Ettore 固名 **1**〔男性名〕エットレ **2**〔ギ神〕ヘクトル(トロイアの英雄)

Eu 略(元素記号) europio〔化〕ユーロピウム

eu- 接頭「よく」「よい」「本当の」の意

Eubea 固名(女) エウボイア島

euboico 形〔複[男 -ci]〕エウボイア島の

eucalipto 男〔植〕ユーカリノキ

eucaliptolo 男〔薬〕オイカリプトール, ユーカリ油

eucarestia → eucaristia

eucaristia 女〔カト〕聖体, 聖体拝領;感謝の祈り

eucaristico 形〔複[男 -ci]〕〔カト〕聖体の, 聖体拝領の

Euclide 固名(男) エウクレイデス(紀元前 300 年頃のギリシャの数学者, 英語名ユークリッド)

euclideo 形 ユークリッドの;ユークリッドの公理に合う

Eufemia 固名〔女性名〕エウフェーミア

eufemismo 男 〔修〕婉曲語法
eufemistico 形 〔複[男 -ci]〕婉曲語法の, 婉曲な
eufonia 女 〔言〕好[快]音調
eufonico 形 〔複[男 -ci]〕音調[口調]のよい
euforbia 女 〔植〕タカトウダイ属; トウダイグサ
euforia 女 1 上機嫌, 幸福感 2 〔心〕多幸症
euforico 形 〔複[男 -ci]〕上機嫌の; 〔心〕多幸症の
eufrasia 女 〔植〕コゴメグサ
Eufrate 固名(男) ユーフラテス川
Eufrosine 固名(女) 〔ギ神・ロ神〕エウフロシュネ(三美神カリテスの一)
eufuismo 男 〔文〕(16世紀英国の)ユーフイズム, 詩飾体
euganeo 形 エウガネイ人の; エウガネイ丘陵の
eugenetica 女 〔生物〕優生学
eugenetico 形 〔複[男 -ci]〕優生学の; 人種改良の
Eugenia 固名 〔女性名〕エウジェーニア
eugenia 女 〔植〕フトモモ属の樹木
Eugenio 固名(男) 1 〔男性名〕エウジェーニオ 2 (~ I)エウゲニウス1世(?-657; 75代教皇: 在位 654-657) 3 (~ IV)エウゲニウス4世(1383-1447; 207代教皇: 在位1431-47)
eugenista 男女 〔複[男 -i]〕優生学者, 人種改良論者
eugenolo 男 〔化〕オイゲノール
eugubino 形 グッビオの(人)の(iguvinoとも) ― 1 〔女[-a]〕グッビオの人 2 〔単数のみ〕グッビオ方言
Eulalia 固名 〔女性名〕エウラーリア
Eumenidi 固名(女複) (Erinni)〔複数で〕〔ギ神〕エウメニデ(復讐の三女神. ローマ神話のフリアイ)
eunuco 男 〔複[-chi]〕 1 〔歴〕去勢された男, 宦(かん)官 2 いくじのない男, 精気のない男 3 〔医〕生殖器[能力]を欠いた男
eupeptico 形 〔複[男 -ci]〕〔薬〕消化を助ける ― 男 〔複[-ci]〕消化剤
EUR 略(男) Esposizione Universale di Roma ローマ万国博覧会(現在は1942年に開催予定だった同博覧会のためムッソリーニによって建設されたローマ新都心を指す)
eurafricano 形 ヨーロッパとアフリカの, ヨーロッパとアフリカの民族・文明に関する
eurasiatico 形 〔複[男 -ci]〕 1 (地政学的に見た)ヨーロッパとアジアの 2 欧亜混血の ― 男 〔複[-ci]女[-a]〕欧亜混血の人
eureka 間 〔問題を解決した喜び・満足を表して〕分かった, これだ(アルキメデスが浮力の法則を発見したときの叫び声)
Euridice 固名(女) 〔ギ神〕エウリュディケ(森の木の精. オルフェウスの妻)
Euripide 固名(男) エウリピデス(前480頃-406頃; ギリシャの三大悲劇詩人の一人)

euristica 女 〔哲〕発見的方法論
euristico 形 〔複[男 -ci]〕発見的方法論の
euritmia 女 1 〔芸〕均整, 調和 2 〔医〕規則正しい心拍
euro 男 〔不変〕ユーロ(欧州連合の統一通貨)
euro- 接頭 「ヨーロッパ(の)」「ヨーロッパ人(の)」の意
euroamericano 形 欧米の
euroccidentale 形 西欧の
eurocentrico 形 〔複[男 -ci]〕ヨーロッパ中心主義の
eurocentrismo 男 〔政・歴〕ヨーロッパ中心主義
eurocity 男 〔不変〕ユーロシティ(ヨーロッパ国際特急列車)
eurocomunismo 男 ユーロコミュニズム
eurocomunitario 形 ヨーロッパ経済共同体の
euroconvertitore 男 ユーロと他国通貨の為替レートを計算する機械
eurocrate 男女 〔複[男 -i]〕ヨーロッパ共同体の官僚
eurodeputato 男〔女《稀》-a〕欧州議会の議員
eurodivisa 女 〔金融〕ユーロカレンシー, ユーロマネー
eurodollaro 男 〔金融〕ユーロダラー, ユーロドル
eurofunzionario 男 ヨーロッパ官僚組織の職員
Eurolandia 女 〔皮肉で〕経済・財政的に統合されたヨーロッパ
euromercato 男 ユーロ(金融)市場; 欧州共同市場
euromoneta → eurodivisa
Europa 固名(女) 1 ヨーロッパ 2 〔ギ神〕エウローペー, エウロパ
europarlamentare 形 欧州議会の ― 男女 欧州議会の議員
europarlamento 男 欧州議会
europeismo 男 (政治・経済・文化の)ヨーロッパ統一主義
europeista 形 〔複[男 -i]〕ヨーロッパ統一主義の ― 男女 〔複[男 -i]〕ヨーロッパ統一主義者
europeistico 形 〔複[男 -ci]〕ヨーロッパ統一主義(者)の
europeizzare 他 ヨーロッパ化する, 欧化する
europeizzazione 女 ヨーロッパ化, 欧化
＊**europeo** [エウロペーオ] 形 ヨーロッパの; ヨーロッパ人の ―Unione *Europea* 欧州連合, EU ― 男〔女[-a]〕ヨーロッパ人
europio 男 〔化〕ユーロピウム(元素記号 Eu)
europoide 形 ヨーロッパ人種の ― 男女 ヨーロッパ人種
euroscetticismo 男 ヨーロッパ統合懐疑論の立場

euroscettico 形 〖複[男 -ci]〗ヨーロッパ統合に懐疑的(人の) ―男〖複[-ci]女[-a]〗ヨーロッパ統合懐疑論者

eurostar 男〖不変〗ユーロスター(ヨーロッパの国際高速列車)

eurotassa 女(イタリアがEU加盟に際して支払った)特別拠出金(Contributo straordinario per l'Europa)

euroterrorismo 男 ヨーロッパにおける国際政治テロ

euroterrorista 男女〖複[男 -i]〗ヨーロッパの国際テロリスト

Eurovisione 女 ユーロビジョン(ヨーロッパ放送連合による国際放送網)

Eusebio 固名(男) 1〖男性名〗エウゼービオ 2 (~ di Cesarea)エウセビオス(260頃 –340; パレスティナの司教.「教会史の父」と呼ばれる)

Eustacchio 固名〖男性名〗エウスタッキオ

Eustachio 固名(男) 1〖男性名〗エウスターキオ 2 (Bartolomeo ~)バルトロメオ・エウスターキオ(1505頃 –74; イタリアの解剖学者)

eutanasia 女〖医〗安楽死

Euterpe 固名(女)〖ギ神〗エウテルペ(詩神の一; 音楽と叙情詩を司る)

eutichiano 形〖宗〗(異端の)エウティケス(派)の ―男〖女[-a]〗エウティケス派の信徒

eutocia 女〖複[-cie]〗〖医〗正常分娩(お)

eutocico 形〖複[男 -ci]〗〖医〗正常分娩(お)の

eutrofia 女〖医〗栄養良好

eutrofico 形〖複[男 -ci]〗1〖医〗栄養良好の 2 (河川・湖沼が)富栄養の

eutrofizzazione 女 (河川・湖沼の)富栄養化

eV 略 elettronVolt〖物〗電子ボルト

e.v. 略 era volgare 西暦

Eva 固名(女)1〖女性名〗エヴァ 2〖聖〗エヴァ, イブ(人類最初の女性)

evacuamento 男 立ち退き, 撤退, 避難

evacuare 他〖io evacuo〗1 引き払う, 立ち退く; 避難させる 2〖医〗(腸などを)空(ホ)にする, (膿(ゥ)などを)排出する, 排泄(ゼ)する ―自 出る, 避難する

evacuazione 女 1 立ち退き, 避難 2 排出, 排泄(ゼ)

evadere [51] 自〖es〗〖過分 evaso〗(da) 逃げる, 避ける, 免れる ―evadere dal carcere 脱獄する / evadere al fisco 脱税する ―他 1 逃れる, 回避する ―evadere il fisco 脱税する 2 処理する

evaditrice 女〖男[evasore]〗脱税者

evanescente 形 1 消えうせる, 消えていく 2 かすかな, ぼやけた 3 澄んだ, 純粋な 4 根拠のない, 内容のない 5〖言〗(母音・子音が)凋(タ)落性の

evanescenza 女 1 消えていくこと 2〖電〗フェージング

evangelico 形〖複[男 -ci]〗福音書の, 福音主義の; 福音書の教えにかなった ―男〖複[-ci]女[-a]〗福音主義者, 福音派の信徒

evangelismo 男 福音伝道; 福音主義

evangelista 男〖複[-i]〗1 福音書の著者; 使徒 2 原始教会の伝道者[布教者] ―男女〖複[男 -i]〗福音書の朗読者

evangelizzare 他 説き伏せる, 引き入れる 2 (キリスト教の)改宗させる

evangelizzatore 男〖女[-trice]〗伝道者の, 福音伝道者の; 《謔》(自分の考えに)引き入れようとする人 ―男〖女[-trice]〗伝道者, 福音伝道者; 《謔》(自分の考えに)引き入れようとする人

evangelizzazione 女 福音伝道

evaporabile 形 蒸発しやすい, 蒸発性の

evaporare 自 1〖es〗蒸発する 2〖es〗(匂いや味がなくなる 3〖es〗(蒸発によって)水分を失う, 濃縮される ―他 1 蒸発させる, 気化する 2 (感情を)吐露する

evaporativo 形 蒸発気化の

evaporatore 男 1 蒸発器, 蒸発装置 2 (暖房器具につける)加湿器

evaporazione 女 1 蒸発, 気化; 蒸気; (液体の)濃縮 2〖医〗蒸気療法

Evaristo 固名〖男性名〗エヴァリスト

evase evadere の直・遠過・3 単

Evasio 固名〖男性名〗エヴァージオ

evasione 女 1 脱走, 逃亡 2 逃避, 回避 ―evasione fiscale 脱税 3 気晴らし, 息抜き 4〖官庁用語〗回答; 実施

evasività 女 曖昧さ; 責任逃れ

evasivo 形 言い逃れの, 曖昧な, ごまかしの

evaso 形〖過分 < evadere〗逃げた, 脱走した ―男〖女[-a]〗逃走者, 脱走者

evasore 男〖女[evaditrice]〗脱税者, 義務を回避する人

evenienza 女 状況, 場合; 突発事態 ▶nell'evenienza いざというときは nell'evenienza che +〖接続法〗万一……の場合は

evento 男 1 出来事; 事件 2〖統・物〗事象

eventuale 形 (場合によっては)起こりうる; 不測の ▶varie ed eventuali〖官庁用語〗その他(会議事項の最後)

eventualità 女 (何かが)起こりうること, 可能性; 不測の事態 ▶nell'eventualità 万一の場合は nell'eventualità che +〖接続法〗万一……の場合は

eventualmente 副 場合によっては, もしものときに

evergreen 形〖不変〗〖英〗(歌手や歌が)人気を失わない, 不朽の ―男女〖不変〗不朽の作品

eversione 女 1 (革命・テロによる体制の)破壊, 転覆 2〖法〗廃止

eversivo 形 破壊的な, 打倒を目指す;

[法]廃止を目指す

evidente [エヴィデンテ] 形 **1** よく見える,目につく —Il danno è *evidente*. 損傷ははっきり分かる. **2** 明らかな,明白な,自明の —È *evidente* che non hai studiato. 君が勉強しなかったのは明らかだな.

evidentemente 副 明らかに; 疑いなく,確かに

evidenza 囡 **1** 明白な事実; 自明の理 —arrendersi all'*evidenza* 明白な事実に屈する **2** 強調,際立つこと,鮮明さ **3** 効果的表現 **4** 証拠書類,関係書類 **5** [哲] 証明 ▶ *mettere in evidenza* 強調する,目立たせる *mettersi in evidenza* 人目を引く

evidenziabile 形 明らかにしうる,目立たせうる

evidenziare 他 [io evidenzio] 明らかにする,目立たせる —**arsi** 再 明白になる,際立つ

evidenziatore 男 蛍光ペン —形 [女[-trice]] 明らかにする

evirare 他 **1** 去勢する **2** 弱める,衰弱させる

evirato 形 去勢された —男 **1** 去勢された人 **2** カストラート(去勢された歌手)

evirazione 囡 去勢; 無気力にすること

eviscerare 他 [io eviscero] 内臓を抜く

eviscerato 形 (売るために)内臓を抜かれた

evitabile 形 避けうる,防ぐことができる

evitabilità 囡 回避可能性

*__evitare__ [エヴィターレ] 他 [io evito] **1** 避ける,逃げる; かわす —*evitare* un pericolo 危険を回避する **2** (di + 不定詞) 慎む,控える,自制する —*evitare* di fumare タバコを吸うのをやめる **3** …しないようにする,阻止する,遠ざける —*evitare* una strage 虐殺を阻止する **4** (…に)面倒や苦労を)かけさせない —Vorrei *evitarti* di fare la fila. 君を行列に並ばせたくないんだけど. —**arsi** 再 **1** (面倒や苦労を)省く,背負い込まない **2** (お互いに)会わないようにする

evitato 形 (人や場所が)避けられた; (誰も)立ち向かわない

evo 男 **1** (歴史の大きな区分としての)時代 —*evo moderno* 近代 **2** 長期間

evocare 他 [io evoco] **1** 霊媒術などで死者の霊などを)呼び出す **2** (記憶を)呼び起こす; (想像で)再現する **3** (生き生きと)描き出す

evocativo 形 **1** 死者の霊を呼び出す **2** 記憶を呼び起こす

evocatore —囡 [女[-trice]] **1** 死者の霊を呼び出せる **2** 記憶を呼び覚ます —男 **1** [女[-trice]] 霊媒,降霊者 **2** (発生学の)喚起因子

evocazione 囡 **1** 死者の霊を呼び出すこと **2** 記憶,追憶 **3** (発生学の)喚起因子の作用

-evole 接尾 「能力」「傾向」を表す

evolse evolvere の直・遠過・3 単

evolutivo 形 発展[進化]の

evoluto 形 [過分 < evolvere] **1** (文明・文化が)発展した,進歩した **2** 偏見のない,心の広い **3** 精巧な,高度な **4** [生物]進化した

evoluzione 囡 **1** 発展,進化,進展,展開 **2** (体操・曲芸・ダンスなどの正確な動きを持った)旋回(動作) **3** [生物]進化 **4** [軍]部隊の展開,機動展開 **5** [空]アクロバット飛行 **6** [言] (音韻・形態・意味の)変化 **7** [地学] (火山の生成から消滅までの)漸進的変化

evoluzionismo 男 [生物・哲] 進化論

evoluzionista 男女 [複[男 -i]] [生物・哲]進化論者

evoluzionistico 形 [複[男 -ci]] [生物・哲]進化(論)の

evolvé evolvere の直・遠過・3 単

evolvere [52] 他 [過分 evoluto] 発展させる —自 [es/av] 発展[進化]する —**ersi** 再 発展[進化]する

evolvette evolvere の直・遠過・3 単

evviva 間 **1** [歓喜・称賛の叫び] 万歳 (W の文字で示すこともある) **2** [皮肉で]とんだ謙遜だ **3** [乾杯やくしゃみをしたときに] 乾杯: お大事に —男 [不変] 万歳,歓喜の声

ex 前 **1** 前の,元の,先の —*ex* presidente 元[前]大統領 / *ex* moglie 先妻 **2** [由来・起源] …から **3** [金融] …落ち[なし] —男女 [謔] 元の恋人 —Ho telefonato alla mia *ex*. 元彼女に電話した.

ex- 接頭 「外に」「出る」の意

ex abrupto 成 [ラ] 不意に,突然,いきなり

ex aequo 成 [ラ] 同等に,均等に —男 同時受賞

ex cathedra 成 [ラ] (法座から)権威を持って,尊大に

excursus 男 [不変] [ラ] (本筋からの)逸脱,余談; 概説

executive 男女 [英] 行政官; 重役

exempli gratia 成 [ラ] たとえば

exit 男 [不変] [劇] (演者・俳優の)退場

exit poll 成 [男] [英] (選挙の)出口調査

ex libris 成 [男] [ラ] 蔵書票

ex novo 成 [ラ] 始めから,最初から; 新たに

expertise 囡 [不変] [仏・美] 鑑定,鑑定書

explicit 男 [不変] [ラ] (本文の)締めくくりの言葉[文]

exploit 男 [不変] [仏] 偉業,快挙

expo 囡 [不変] [仏] 展示,展覧会,見本市

extra 形 [不変] [名詞の後に置いて] **1** 極上の —*burro di qualità extra* 最高品質のバター **2** 臨時の; 計算外の —男 [不変] **1** 計算外の出費,追加料金 **2** 臨時収入 **3** 内職 **4** 超過勤務 —男女 [不変] **1** [映] エキストラ **2** 余分[特別]のもの

extra- 接頭「外」「超」の意

extraatmosferico 形 [複[男 -ci]] **1** 大気圏外の **2** (人工衛星などを軌道に乗せるミサイルが)大気圏を越えていく

extracomunitario 形 欧州連合に加盟していない国の(人の), EU 外の —男[女 [-a]] 欧州連合に加盟していない国の人(特に, 発展途上国からの移民), EU 外の人

extraconiugale 形 婚姻外の

extracorporeo 形 [医] 体外の

extraeuropeo 形 ヨーロッパ外の, 非ヨーロッパの

extragiudiziale 形 [法] 法廷外の, 司法権の及ばない, 訴訟行為外の

extra-large 形 [不変] [英] エクストララージの —男 [不変] エクストララージ

extralegale 形 法の枠外の, 法の支配の及ばない

extralusso 形 非常に価値[値段]が高い

extranazionale 形 (一国の)領域を超えた, 領域外の

extraorario 形 (協定による)労働時間外の

extraparlamentare 形 議院外の, 反議会主義の —男女 院外野党

extrarapido 形 非常に速い; 感光反応が極めて速い

extrascolastico 形 [複[男 -ci]] 学校外の, 授業時間外の

extrasensoriale 形 [心] 超感覚の

extrasistole 女 [医] (心臓の)期外収縮

extra-small 形 [不変] [英] エクストラスモールの —女 [不変] エクストラスモール

extrasottile 形 非常に細い[薄い]

extra strong 形 [英] **1** (印刷用紙が)非常に丈夫な **2** 女 非常に丈夫な印刷用紙

extratemporale 形 時間外の(sovratemporale)

extraterrestre 形 地球外の —男女 地球外の生物; ET

extraterritoriale 形 治外法権の

extraterritorialità 女 治外法権

extraurbano 形 都市近郊の

extrauterino 形 子宮外の

extravergine 形 エクストラバージンの —olio *extravergine* di oliva エクストラバージンのオリーブオイル

extrema ratio 成 (女) [ラ] 最後の解決策[手段]

ex voto 成 (男) [ラ] 奉納物

Ezechia 固名(男) [聖] エゼキア(前 8-7 世紀; ユダ王国の王)

Ezechièle 固名(男) [聖] エゼキエル(前 7-6 世紀; 四大預言者の一人)

Ezio 固名 [男性名] エーツィオ

Ezra → Esdra

eziologia 女 **1** 原因論, 原因の究明; [医] 病因論 **2** [人類] (儀式・制度などの)起源の説明; (古代ギリシャ・ローマの自然・町などの)起源の神話的叙述

eziològico 形 [複[男 -ci]] **1** 原因論の, 病因論の; 原因を究明する **2** [人類] 起源[原因]に関する

-ezza 接尾 形容詞の語尾に付けて名詞を作る

F, f

F¹, f¹ 女,男 **1** (イタリア語アルファベットの)6番目の字母 —*F* come Firenze [符丁] フィレンツェの F **2** [音] ヘ音

F² 略 Francia フランス

f² 略 forte [音] フォルテ

f. 略 femminile 女性形

fa fare の命・2 単

＊**fa¹** [ファ] 副 (今から)…前に —*poco fa* 少し前に / *tanto tempo fa* ずいぶん前に

fa² 男 [音] ファ[F, ヘ] (の音)

fa' fare の命・2 単

fabbisogno 男 必要なもの, 必需品

＊**fabbrica** [ファッブリカ] 女 **1** 工場, 製作所 **2** 建設, 建築, 製造, 製作 **3** (カト) 教会財産管理委員会(fabbriceria) ▶ *essere in fabbrica* 建設中である *fabbrica di San Pietro [del Duomo]* いつ終わるのか分からない仕事

fabbricabile 形 建築[建設]できる; 製造できる

fabbricabilità 女 (土地が)建築[建設]可能なこと

fabbricante 形 建築[建設]する; 製造する —男女 製造業者, 工場主

fabbricare 他 [io fabbrico] **1** 製作する, 製造する, 生産する **2** 建設する, 建造する **3** 思いつく, 空想する; 企む, でっち上げる

fabbricato 形 建築[建設]された, 製造された —男 **1** (大きな)建物 **2** [総称的] (同じ建物・マンションの)住人たち

fabbricatore 女 [-trice]] 建築[建設]する, 製造する —男 [女 [-trice]] 建築[建設]者, 製造者; 作り手, 考案者

fabbricatorio 形 建築[建設]の, 製造に関する

fabbricazione 女 **1** 製造, 製作 **2** 建設, 建造

fabbriceria 女 [カト] 教会財産管理委員会

fabbro 男 **1** 鍛冶屋 **2** 《文》創造者 —*il fabbro dell'universo* 神

fabianismo 男 (19世紀英国の)フェビアン主義

Fabio 固名 [男性名] ファビオ

fabrianese 形 ファブリアーノ(の人)の —男女 ファブリアーノの人

Fabriano 固名(女) ファブリアーノ(マルケ州アンコーナ県の町; 製紙業で有名)

Fabrizia 固名 [女性名] ファブリーツィア

Fabrizio 固名 [男性名] ファブリーツィオ

fabulare 自 [io fabulo] **1** おとぎ話を

faccenda

どを語る **2** おしゃべりをする
*__faccenda__ [ファッチェンダ] 囡 **1** 用事、用件、仕事 **2**〔複数で〕家事 —*faccende domestiche* 家事 **3** こと、事柄、問題、事態
__faccendiere__ 形〔囡[-a]〕策謀にたけた、裏取り引きをする、フィクサーの ―男〔囡[-a]〕**1** フィクサー、黒幕 **2**〔報道用語で〕(概ね合法的に企業家を官庁に斡(あっ)旋する)仲介屋
__faccendone__ 男〔囡[-a]〕(成果を上げることなく)ただ忙しくしている人
__faccetta__ 囡 **1** 小さな顔 **2**(多面体・宝石の)小面
__facchinaggio__ 男 **1** ポーター[赤帽]の業務 **2** ポーターの報酬[運搬料] **3** 重労働
__facchinesco__ 形〔複〔男 -chi〕〕**1** ポーターの; 重労働の **2** 粗野な、無作法な
__facchino__ 男〔囡[-a]〕**1** ポーター、赤帽; 人足、運搬人 **2** 重労働をする人 **3** 粗野[無礼]な人
*__faccia__¹ [ファッチャ] 囡〔複[-ce]〕**1** 顔 ―*faccia* tonda [allungata] 丸い[細長い]顔 **2** 人相、容貌 **3** 表情、顔つき、顔色 ―*faccia* allegra 陽気な表情 **4** 厚かましさ、厚顔、無遠慮 ―Non ho la *faccia* di chiederglielo. 彼にずうずうしくそんなことは頼めないよ。**5**(物の)面、表面 ―due *facce* della medaglia メダルの表面と裏面 **6** 側面、局面、様相 ―diverse *facce* di un problema 問題の多くの局面 ▶ *Alla faccia!*〔驚き・羨望を表して〕何てことだ. *alla faccia di...*…を無視して *avere due facce* 偽善的である *avere una faccia tosta [di bronzo]* 厚かましい *di faccia a...*…の正面に[の] *dire le cose in faccia* 率直に話す *(a) faccia a faccia* 向かい合って *in faccia (a)...*…の前で *non guardare in faccia a nessuno* 人をかげ隔てしない *perdere [salvare] la faccia* 面目を失う[保つ]
__faccia__² fare の命・3 単; 接・現・1 単[2 単, 3 単]
__facciale__ 形 顔の、顔面の ―男(防護用の)マスク
__facciamo__ fare の直・現・1 複; 接・現・1 複; 命・1 複
*__facciata__ [ファッチャータ] 囡 **1**(建物の)正面、ファサード **2**(紙の表[裏]面; ページ) **3** 外見、外観、見かけ **4** 顔面をぶつけること **5** 幻滅 ▶ *di facciata* うわべだけの
__faccio__ fare の直・現・1 単
__facesse__ fare の接・半過・3 単
__facesti__ fare の直・遠過・2 単
__faceto__ 形 おどけた、ひょうきんな、機知に富んだ ―男 おどけさ、滑稽さ、機知
__faceva__ fare の直・半過・3 単
__facezia__ 囡 **1**(機知に富んだ)冗談、しゃれ **2** 滑稽さ、ひょうきんさ
__fachiresco__ 形〔複〔男 -chi〕〕(イスラム教・ヒンズー教の)苦行僧、托鉢(たくはつ)僧

の; 驚くべき
__fachiro__ 男(イスラム教・ヒンズー教の)苦行僧、托鉢(たくはつ)僧、行者
__facicchiare__ 他〔io facicchio〕《蔑》いやいやする、ぞんざいにする
__facies__ 囡〔不変〕〔ラ〕**1**〔医〕顔貌 **2**〔動・植〕外観、外見 **3**〔地質〕層相
*__facile__ [ファーチレ] 形 **1** 容易な、楽な ―*lavoro facile* 簡単な仕事 **2** 分かりやすい、理解しやすい、平易な ―*La lezione è facile.* 授業は易しい。**3** 手に入りやすい **4**…しやすい、…の傾向がある ―*Quell'uomo è facile all'ira.* あの人はすぐかっとなる。**5**(特に女性が)身持ちの悪い、尻軽な **6** 起こりそうな、ありうる、…しそうな ―*È facile che domani piova.* 明日は雨が降るかもしれない。―男〔単数のみ〕容易さ、たやすさ
__facilità__ 囡 **1** 容易さ、簡単さ **2** 分かりやすさ、理解しやすさ **3**(楽にできる)才能、流暢(りゅうちょう)さ **4** 傾向、性向
__facilitare__ 他〔io facilito〕**1** 容易にする **2** 便宜を図る、助力する **3**〔商〕支払いを延期する、信用貸しする
__facilitazione__ 囡 **1** 容易にすること **2** 便宜、助力、援助
__facilmente__ 副 **1** 容易に、やすやすと、苦もなく、楽に **2** たぶん、たいてい
__facilone__ 形〔囡[-a]〕無責任な、うわべの; いい加減につくられた ―男〔囡[-a]〕いい加減な人、だらしのない人、お調子者
__faciloneria__ 囡 いい加減なこと、表面的なこと、軽率
__facinorosità__ 囡 乱暴なこと、無法なこと
__facinoroso__ 形 乱暴な、無法な、無軌道な ―男〔囡[-a]〕乱暴者、無頼漢、無法者
__facocero, facocero__ 男〔動〕イボイノシシ
__facoltà__ 囡 **1** 能力、才能 **2**〔複数で〕知能、理解力 **3** 効能、効果 **4** 権限、権力、権利 **5**(大学の)学部 ―*consiglio di facoltà* 教授会 **6**〔複数で〕財産、資産
__facoltativo__ 形 任意の、随時の、選択可能な ―*fermata facoltativa* 随時停留所(乗降客があるときのみ停まる停留所)
__facoltoso__ 形 富裕な、金持ちの
__facondia__ 囡 **1** 流暢(りゅうちょう)さ、弁舌のなめらかさ、雄弁 **2**《蔑》饒(じょう)舌
__facondo__ 形 流暢(りゅうちょう)な、雄弁な、弁舌爽やかな
__facsimile__ 男 **1**(文書・草稿・署名などの)複製、複写 **2**(物・人が)うりふたつ **3** ファックス
__factotum__ 男女〔不変〕**1**(様々な仕事をこなす)人; 何でも屋 **2**《譏》(何でも一人でこなせるつもりでいる)人
__fado__ 男〔不変〕〔音〕ファド(ポルトガルの民謡)
__faentino__ 形 ファエンツァ(の人)の ―男 ファエンツァの人
__Faenza__ 固名〔囡〕 ファエンツァ(エミリア・

faenza ロマーニャ州ラヴェンナ県の町; 同名の陶器で知られる

faenza 囡 (乳濁釉(ゆう)をかけた)ファエンツァ風の)陶器

faesite 囡 〔建〕(上張り・断熱用の)薄板

faggeta 囡 → faggeto

faggeto 男 ブナの森

faggio 男 〔植〕ブナ; ブナ材

faggiola 囡 ブナの実

fagianella 囡 〔鳥〕ノガン

fagiano 男 〔鳥〕キジ

fagiolata 囡 1 インゲン豆を腹一杯食べること, 豆食い 2 インゲン豆のスープ

fagiolino 男 〔植〕サヤインゲン

fagiolo 男 1 〔植〕インゲンマメ 2 (大学の)2年生 3 〔複数で〕鶏の睾(こう)丸 ▶ *capitare a fagiolo* 折りよくやって来る

faglia¹ 囡 〔地質〕断層

faglia² → faille

fago-, -fago 接頭, 接尾 「食べる」「食べる人」の意

fagocitare 他 [io fagocito, fagociti] 1 〔生物〕菌を食べる 2 吸収する, 同化する, 併合する

fagocitazione 囡 1 〔生物〕食菌作用 2 吸収, 同化, 併合

fagocitosi 囡 〔不変〕〔生物〕食菌作用

fagottino 男 〔複数で〕ファゴッティーニ (詰め物をした四角い[丸い]パスタ)

fagottista 男女 〔複[男 -i]〕ファゴット奏者

fagotto¹ 男 1 大きな包み, 梱(こり)包 2 不恰好[不器用]な人 ▶ *fare fagotto* 立ち去る

fagotto² 男 〔音〕ファゴット; ファゴット奏者

fai fare の直・現・2単; 命・2単

faida 囡 1 〔歴〕(ゲルマン法の)復讐(しゅう)権 2 (復讐のための)党派の争い; (マフィアやカモッラの)抗争

faidate 形 〔不変〕日曜大工 (fai da te) 一形 〔不変〕素人仕事の, 自分でする

faille 囡 〔不変〕〔仏・織〕うね織り絹

faina 囡 1 〔動〕ブナテン 2 (細い顔つきの)邪(じゃ)な感じの人

fair play (男) 〔英〕フェアプレー, 公明正大な態度

falange 囡 1 (古代ギリシャの)重装歩兵密集隊形; 密集軍 (人・動物・物の)おびただしい数 2 〔政・歴〕ファランクス(フーリエの目指した協同社会) 4 〔政・歴〕スペイン内乱のファシズム運動; ファランヘ党; ファシストグループ 5 〔医〕指肢(し)骨

falangismo 男 1 〔歴・政〕ファランヘ主義 2 〔政〕ファシスト運動

falansterio 男 1 フーリエの目指した共同住宅; フーリエ主義に基づく空想的社会主義 2 〔蔑〕人が密集して住む大建造物

falasco 男〔複[-chi]〕〔植〕スゲ

falcata 囡 1 (馬術の)クルベット, 騰(とう)躍; 障害競走の飛越 2 〔スポ〕(競技者の)ストライド, 歩幅 3 足取り; 大股で歩くこと

falcato 形 1 鎌を備えた 2 鎌のように曲がった —*luna falcata* 三日月

falcatura 囡 1 鎌の形 2 湾曲, 反り

falce 囡 1 鎌 2 鎌の形のもの

falcetto 男 (草刈り用の)小型の鎌

falchetta 囡 〔船〕舷(げん)縁, 船べり

falchetto 男 1 小型の鷹(たか) 2 活発で抜け目ない少年

falciante 形 無慈悲な, 残酷な, 情け容赦ない

falciare 他 [io falcio] 1 鎌で刈る 2 命を奪う 3 〔スポ〕(サッカーで)トリッピングする(足払いで相手を倒す)

falciata 囡 鎌で刈ること; 〔量を表して〕1回の刈り取り分

falciatrice 囡 刈り取り機, 草[芝]刈り機

falco 男〔複[-chi]〕 1 〔鳥〕ハヤブサ 2 強欲な人, 聡明な人 3 〔政〕タカ派

falcone 男 1 〔鳥〕タカ 2 起重機

falconiere 男 鷹匠(しょう)

falda 囡 1 (幅広の)薄板 2 雪片, ぼた(ん)雪 —*nevicare a larghe falde* ぼた雪が降る 3 (衣類の)裾; 礼装用の服, 燕(えん)尾服 4 (帽子の)つば 5 〔複数で〕山の斜面, 山麓 6 〔地質〕地層 7 〔歴〕甲冑(ちゅう)の腰当て 8 (教皇が盛式ミサの際に着用する)裾の長い絹の白衣 9 〔建〕屋根の勾配 10 (動物の)腰肉 11 (帽子製作用の)ウサギの背皮 12 〔トスカーナ〕〔複数で〕(幼児用の)ハーネス

falegname 男 木工職人, 家具[建具]職人

falegnameria 囡 1 大工職, 大工仕事; 木工品 2 大工の仕事場

falena 囡 1 〔虫〕(蛾) 2 活発で落ち着かない人, 気まぐれな人 3 娼婦; 尻軽女

falerno 男 1 ファレルノ(カンパーニア地方のブドウ品種) 2 (同種ブドウで作られた)ワイン

falesa → falesia

falesia 囡 (海岸の)絶壁, 断崖

falla 囡 1 裂け目, 割れ目, 漏れ口 2 浪費, 無駄遣い

fallaccio 男 〔スポ〕(相手に対する)故意の反則

fallace 形 1 惑わせる, 誤らせる, 虚偽の 2 がっかりさせる, はかない, 当てにならない

Fallaci 固名(女) (Oriana ~)ファラーチ(1929-2006; イタリアのジャーナリスト・作家)

fallacia 囡 〔複[-cie]〕誤り, 虚偽

fallarsi 再 (製造で)欠陥品になる

fallibile 形 誤りがちな, 間違いやすい

fallibilità 囡 誤りやすいこと

fallico 形〔複[男 -ci]〕男根(崇拝)の, ファルスの

fallimentare 形 1 破産の, 倒産に瀕している 2 ひどい, 悲惨な

fallimento 男 1 〔法〕破産 2 不成功, 失敗 3 幻滅

fallire 自 [es/av] [io -isco] **1** 〖法〗破産[倒産]する **2** 仕損じる, 及ばない, 失敗する

fallito 形 **1** 破産した, 倒産した **2** 破産者の **3** 不成功の, 失敗した, 大成功でなかった ― 男 〖女[-a]〗 **1** 破産者 **2** 落伍者, 敗者

fallo¹ 男 **1** 誤り, 間違い **2** 過ち, 過失 **3** 〖スポ〗反則, ファウル, フォールト **4** 欠陥, 欠如 ► *mettere un piede in fallo* 足を滑らせる; へまをやる *senza fallo* 確かに, きっと

fallo² 男 陰茎, 男根;〔人類〕生殖力の象徴としての男根

fallocentrico 形 〖複[男 -ci]〗 男性優位主義の

fallocentrismo 男 男性優位主義

fallosità 女 〖スポ〗反則が多いこと

falloso 形 **1** 〖スポ〗反則の多い **2** (ガラス・陶器・織物などが)欠損の多い

fallout 男 〖不変〗〖英〗(放射性物質の)降下, 死の灰

falò 男 **1** (合図・祭典・枝を燃やすための)大かがり火, 焚(た)き火 **2** 混乱, 大騒ぎ

falpalà 男 **1** (19 世紀のスカートや袖の)フリル, ひだ飾り **2** (カーテンやテーブルクロスの)縁飾り

falsare 他 **1** (事実・真実を)曲げる, 歪(ゆが)曲する; 曲解する **2** 偽造する; (誰かをまねたり, 知られないように)声を変える

falsariga 女 **1** (まっすぐに書くために紙の下に敷く)罫線つき用紙 **2** 模範, 手本

falsario 男 〖女[-a]〗 (署名・紙幣・絵画などの)偽造者, 贋(がん)造者

falsetto 男 **1** (声を不自然に強く高く出すこと) **2** 〖音〗ファルセット, 裏声

falsificabile 形 偽造されうる[されやすい]

falsificabilità 女 偽造されやすいこと

falsificare 他 [io falsifico] 偽造[変造]する

falsificatore 男 〖女[-trice]〗 偽造者 ― 男 〖女[-trice]〗 偽造者

falsificazione 女 偽造, 贋(がん)造, 変造, 模造

falsità 女 嘘, 偽り; 不誠実

＊**falso** [ファルソ] 形 **1** 嘘の, 偽りの, 偽の, でたらめの ―*falsa testimonianza* 偽証 / *falsa partenza* フライング / *nota falsa* 〖音〗調子の外れた音 **2** 見かけの, うわべの **3** 誤った, 間違った, 根拠のない ―*notizia falsa* 誤報; 虚報 **4** 偽造[変造]の, 模造の ―*gioielli falsi* 模造宝石 **5** 不誠実な, 偽善的な ―*Mi sembra una persona falsa*. 彼は偽善者だと思う. ― 男 **1** 嘘, 偽り, 虚偽 **2** 贋(がん)作, 偽物, 模造品 **3** 〖法〗文書偽造; 偽証

falsopiano 男 (軽く傾斜しているが)平面に見える地面

fama 女 **1** 評判, 人気, 世評 ―*godere di buona* [*cattiva*] *fama* よい[悪い]評判を得る **2** 名声, 令名 ► *di fama* 有名な

＊**fame** [ファーメ] 女 〖単数のみ〗 **1** 空腹, 飢え ―*avere fame* お腹がすいている / *avere una fame da lupo* 腹ペコである **2** 渇望, 切望 ―*fame di soldi* 金銭欲 **3** 〖謔〗性的欲求不満 **4** 食糧難, 飢饉(きん) ► *morire di fame* 餓死する; 貧窮する

famelicità 女 欲しがること, 貪欲なこと

famelico 形 〖複[男 -ci]〗 **1** (特に動物が)飢えた, がつがつした **2** 熱望[切望]した

famigerato 形 **1** 悪名高い, 札付きの **2** 〖皮肉で〗名うての

＊**famiglia** [ファミーリャ] 女 **1** 家族, 家庭, 世帯 ―*famiglia numerosa* 大家族 / *famiglia nucleare* 核家族 **2** 一族, 血族 **3** 家系, 家柄, 血統 **4** (同種の)集団 ―*famiglia linguistica* 〖言〗語族 **5** (動植物の)科 ―*famiglia dei felini* 〖動〗ネコ科 **6** (マフィアの)ファミリー, 一家 ► *di famiglia* 家族同然の *in famiglia* 家族で, くつろいだ, うちとけた *mettere su famiglia* 結婚する

famigliare → familiare
famigliarità → familiarità
famigliarizzare → familiarizzare

famigliola¹ 女 (親密で仲のよい)小家族

famigliola² 女 〖植〗ナラタケ

familiare 形 **1** 家族の, 家庭的な **2** 家族用の, 家族に適した **3** うちとけた, くだけた **4** 慣れ親しれた, 周知の ― 男 女 家族(の構成員) ― 女 ステーションワゴン

familiarità 女 **1** 親しみ, 気安さ **2** 親密さ, 気さくなこと, 懇意; なれなれしさ, 無遠慮 **3** 熟練, 精通

familiarizzare 自 親しくなる, 心安くなる ― 他 親しませる, 慣れさせる ― **arsi** 再 熟練する, 精通する; 慣れる

familiarmente 副 親しく, 愛想よく, 友好的に

＊**famoso** [ファモーソ, ファモーゾ] 形 **1** 有名な **2** 〖謔〗評判の, 名うての

fan 男 〖不変〗〖英〗(スターなどの)ファン

fanale 男 (乗り物の)ライト, 標識灯

fanaleria 女 (車・ボートなどの)照明装置

fanalino 男 尾灯, テールランプ (*fanalino di coda*)

fanalista 男 〖複[男 -i]〗 燈台守り

fanatico 形 〖複[男 -ci]〗 狂信的な, 熱狂的な ― 男 〖複[-ci]女[-a]〗 狂信者; 熱狂的愛好者, ファン

fanatismo 男 **1** (宗教の)狂信 **2** 熱狂, 熱中

fanatizzare 他 狂信的にさせる, 熱狂させる

fanciulla 女 **1** 少女 **2** 若い独身女性 **3** 〖謔〗恋人

fanciullaggine 女 子供らしい振る舞い; 〖蔑〗子供じみた行為, おとなげない態度

fanciulleggiare 自 [io fanciulleggio] 子供らしく振る舞う, 子供じみたことをする

fanciullesco 形 〖複[男 -chi]〗 子供

の;〔蔑〕幼稚な,子供っぽい
fanciullezza 囡 1 (6歳から12歳までの)少年期 2 初期, 揺籃(ぶ)期
fanciullo 男 (小学生ぐらいの)子供, 少年 ―形 歴史の浅い, 初期の
fanciullone 男〔囡 [-a]〕お人好し, 間抜け, おめでたい人
fanculo → vaffanculo
fandango 男〔複 [-ghi]〕ファンダンゴ(スペインのアンダルシア地方の舞踏[舞曲])
fandonia 囡 馬鹿話, たわごと, ほら
fané 形〔不変〕〔仏〕 1 しおれた, しなびた, 褪(あ)せた 2 うっすらと埃(ほこり)のついた, あまり清潔でない
fanello 男 1〔鳥〕ムネアカヒワ 2〔ローマ〕(青年のふりをする)粋がった子供
fanfaluca 囡 1 つまらないもの[こと], くだらないこと, 取るに足りないこと 2 たわごと, ほら
Fanfani 国名(男) (Amintore ~)ファンファーニ(1908-99; イタリアの政治家・経済学者)
fanfara 囡 1 軍楽隊, ブラスバンド; ファンファーレ 2 豪華絢爛(けんらん)としたショー 3 大げさな演説
fanfaronaggine 囡 はったり, 空威張り
fanfaronata 囡 ほら吹き[香具師(やし)]のような言動, はったり, 空威張り
fanfarone 形〔囡 [-a]〕ほら吹きの, 自慢する, 空威張りの ―男〔囡 [-a]〕ほら吹き, 自慢屋
fanfaronesco 形〔複[男 -chi]〕ほら吹きの, はったり屋に特有の
fangaia 囡 ぬかるみ, 泥道
fanghiglia 囡 1 泥, ぬかるみ 2〔地質〕粘土の堆積
fanghino 男〔囡[-a]〕(温泉地の)泥浴療法の係員
fango 男〔複 [-ghi]〕 1 泥, ぬかるみ 2 堕落, 退廃 ―cadere nel *fango* 堕落する, 落ちぶれる 3 不名誉, 恥辱 4〔複数で〕温泉の泥; 泥浴
fangosità 囡 泥だらけのこと, ぬかるんでいること
fangoso 形 1 ぬかるんだ, 泥だらけの 2 卑しい, みじめな
fangoterapia 囡〔医〕(リウマチの)泥浴療法
fanno fareの直・現・3複
fannullone 男〔囡[-a]〕怠け者, 無精者
fanone 男 1〔カト〕(教皇が荘厳ミサに着る)二重のケープ 2 鯨のひげ
fanta- 接頭 「空想の」「非現実の」「架空の」の意
fantacalcio 男〔不変〕ファンタジーフットボール(実在の選手を選んで仮想のチームを作り, 実際のプレーの得点で勝敗を争うゲーム)
fantacronaca 囡 非現実的な記事
fantapolitica 囡 空想政治小説
fantapolitico 形〔複[男 -ci]〕空想政治小説の

fantascientifico 形〔複[男 -ci]〕空想科学の, SFの 2〔科学技術で〕最先端の 3 現在では実現不可能な; 馬鹿げた
fantascienza 囡 SF ―romanzo [film] di *fantascienza* SF小説[映画]
✲fantasia［ファンタズィーア］囡 1 想像力, 創意 2 幻想, 夢想 3 (無地に対する)色模様, 柄(がら) 4 気まぐれ, むら気, 思いつき 5〔音〕幻想曲 ―形〔不変〕模様[柄]入りの
fantasioso 形 奇想天外な, 独創的な; 風変わりな, 奇抜な
fantasista 男女〔複[男 -i]〕 1 (歌や話を面白おかしく即興的に繰り出す)芸人 2 (サッカーで)独創的な選手, ファンタジスタ
fantasistico 形〔複[男 -ci]〕(歌や話を面白おかしく即興的に繰り出す)芸人の; ファンタジスタの
fantasma 男〔複 [-i]〕 1 幽霊, お化け ―credere ai *fantasmi* 幽霊を信じる 2 (過去の)幻影, 幻覚 3 創造の産物, 夢想, 心象 ―形〔不変〕幽霊の, 幻の, 架空の ―scrittore *fantasma* ゴーストライター / vascello *fantasma* 幽霊船
fantasmagoria 囡 1 (次々と変化する)めくるめく映像[音響] 2 (人を幻惑・混乱させるような)多種多様, 千変万化, 混沌(こんとん) 3 魔術幻灯
fantasmagorico 形〔複[男 -ci]〕変幻自在に変わる, めくるめく
fantasmatico 形〔複[男 -ci]〕幻の, 空想の, 非現実の
fantasticare 自〔io fantastico〕空想にふける, 思い描く ―他 夢見る, 夢想する
fantasticheria 囡 1 空想, 想像, 夢想 2 非現実的なこと, 白昼夢, 夢想
fantastico 形〔複[男 -ci]〕 1 想像上の, 架空の 2 夢のような, 素晴らしい ―男〔単数のみ〕途方もないこと, 奇想天外なこと
fantastiliardo 男《諧》莫(ばく)大な数; 数え切れないほどのお金
fantastilione → fantastiliardo
fantasy 男〔不変〕〔英〕(小説・映画の)空想的[幻想的]作品
fante 男 1 歩兵 2 (トランプの)ジャック
fanteria 囡 歩兵隊
fantino 男〔囡[-a]〕騎手, ジョッキー
fantoccio 男〔複[-ce]囡[-a]〕 1 (等身大の)人形; 案山子(かかし) 2 言いなりになる人, でくの坊 ―形〔複[-ce]囡[-a]〕言いなりになる ―governo *fantoccio* 傀儡(かいらい)政権
fantolino 男〔囡[-a]〕幼児
fantomatico 形〔複[男 -ci]〕 1 幽霊のような, 幻の, 非現実の 2 つかまえられない; とらえどころのない
fantozziano 形 1 卑屈な, 屈従的な 2 ぎこちない 3 馬鹿げた, 悲喜劇的な
FAO〔英〕Food and Agriculture Organization 国連食糧農業機関(イタリア語では Organizzazione delle Na-

fara

zioni Unite per l'Alimentazione e l'Agricoltura.

fara 男〖不変〗 ファーラ(ノヴァーラ県のファーラやブリオーナの高級赤ワイン)

farabutto 男〖女[-a]〗破廉恥漢; 悪(名); ごろつき

farad 男〖不変〗〖物〗ファラド(静電容量の単位)

faraday 男〖不変〗〖物・化〗ファラデー(電気分解で用いられる電気量の単位)

faraglione 男 (海中の)離れ岩, 孤立岩

faraona 女〖鳥〗ホロホロチョウ

faraone 男 **1** ファラオ(古代エジプト王の称号) **2** 尊大な人

faraonico 形〖複[男 -ci]〗 **1** ファラオの **2** 非常に豪華な; 極めて野心的な[思い上がった]

farcire 他〖io -isco〗 **1**〖料〗食材を詰める **2** 詰め込む, 一杯にする

farcitura 女 詰め込むこと;〖料〗詰め物, 具

fard 男〖不変〗〖仏〗白粉(おしろい)

fardello 男 **1** 大型の重い荷物 **2** (精神的な)重荷, 負担, 重責

‡**fare**[1] [ファーレ] [53] 他〖過分 fatto〗 **1** する —*fare* i compiti 宿題をする / *fare* colazione 朝食をとる / *fare* il bagno 風呂に入る, 水浴びする / *fare* un viaggio 旅行をする / *fare* una risata 大笑いする / *fare* benzina ガソリンを入れる **2** 生む; 産む; 作る —Il ciliegio *ha fatto* frutti in abbondanza. 桜の木にたくさん実がなった. / *fare* figli 子供を産む / *fare* una azienda 会社を設立する **3** …の仕事[役割]をする —*fare* il medico 医者をしている / I nonni gli *hanno fatto* da genitori. 祖父母が彼の親代わりだった. **4** 思う, 考える, 見なす —Non lo *facevo* così intelligente. 彼があんなに頭がいいとは思っていなかった. **5** …にする〔させる〕 —*fare* felice… …の望みをかなえる / Lo *hanno fatto* sindaco. 人々は彼を市長に選んだ. **6** (計算で)…になる —Cinque per venti *fa* cento. 5かける20は100. **7** 言う —"Partirò domani", mi *fece* Giulio. ジュリオは「明日出発する」と私に言った. **8** 上演[上映]する —Che cosa *fanno* alla tv stasera? 今晩テレビで何をやってる? **9** (時間を)示す —Il mio orologio *fa* le tre. 僕の時計では3時だよ. **10**〖口〗…の値段である —Quanto *fa* questo? これはいくらですか? **11**〖口〗過ごす, 送る —*fare* le vacanze al mare 休暇を海で過ごす **12**〖fare + 自動詞の不定詞 + 人〗(人を)…させる;〖fare + 他動詞の不定詞 + 物 + a[da] 人〗(人を)(人に)…をさせる —Ti *faccio* vedere le foto della festa. 君にパーティーの写真を見せてあげよう. / Mi *fai* sapere a che ora arrivi? 何時に着くか知らせてくれる? / Stamattina *abbiamo fatto* venire l'idraulico. 今朝水道屋さんに来てもらった. —自 **1** 役立つ, 機能する —Questo lavoro non *fa* per me. この仕事は私に向いていない. **2** (時間が)経過する —*Fanno* dieci anni che abito qui. ここに住んで10年になる. **3**〖非人称で天候を表す〗…である —Oggi *fa* molto caldo [freddo]. 今日はとても暑い[寒い]. **4**〖Come *fare* a + 不定詞?〗どうして…できるのか —Come *hai fatto* ad acquistarlo? どうやってそれを手に入れたの? —**farsi** 再 **1** …になる —*farsi* buio [tardi] 暗く[遅く]なる / Si è *fatto* grande. 彼は大きくなった. **2** 移動する, 行く, 赴く —*farsi* avanti 前に移動する, 近づく **3** (自分のために)する, 作る —*farsi* bello 化粧する; 自慢する / *farsi* la barba [le unghie] ひげを剃(そ)る[爪を切る] / La mattina mi *faccio* la barba. 毎朝ひげを剃る. **4** (話などを)始める —*farsi* a dire 言い出す **5**〖隠〗麻薬を常用する **6**〖farsi + 不定詞 + da A〗Aに…してもらう —Mi *faccio* fare un vestito dal sarto. テーラーで服を仕立ててもらう. ▶ **avere a che fare con** [**non avere nulla a che fare con**] …と関係がある[無関係である] **darsi da fare** 懸命[必死]になる **Fa bene** [**male**] **alla salute.** 体のためにいい[悪い]. **far fuori** 始末する; 殺す; 使い尽くす **farcela** うまくやる / Non ce la *faccio* più! もうやってられない. **fare a botte** [**pugni**] 殴り合いをする **fare acqua** 波をかぶる; 悪い状況にある **fare a meno di...** …なしで済ませる **fare bene** [**male**] **a** + 不定詞 …するとよい[悪い] **fare due passi** [**una passeggiata**] 散歩する **fare fuoco** 発砲する **fare l'amore** セックスする **fare male a...** …にとってよくない; 痛む **fare per** + 不定詞 …しようとする **farla franca** 切り抜ける, 罪を免れる **farla grossa** 厄介ごとを起こす **farla lunga** 長引かせる **farsela con...** …と関係を持つ **farsi coraggio** 勇気を奮い起こす, 元気を出す **farsi male** (体を)痛める **farsi strada** 成功する; 成功する **farsi un nome** 有名になる **Non fa niente** [**nulla**]. 何でもない. **per farla breve** 早い話が, てっとり早く言えば **strada facendo** 途中で

fare[2] 男 **1** 行為; 態度 —Non mi piace il suo *fare*. 彼の態度は気に入らない. **2** 最初, 始まり —sul *far* del giorno [della sera, della notte] 夜明け[夕方, 夜中]に

farei fare の条・現・1 単

faretra 女 矢筒, 箙(えびら)

faretto 男 (可動式の)小型の照明, スポットライト

farfalla 女 **1**〖虫〗チョウ, ガ **2** 移り気な人; 身持ちの悪い女 **3** 蝶(ちょう)ネクタイ (cravatta a farfalla) **4**〖複数で〗ファルファッレ(蝶形のパスタ) **5**〖スポ〗(水泳の)バタフライ **6**〖謔〗嫌な通知[券]; 手形, 召喚状 ▶ **andare a**

farfallina 女 *caccia di farfalle* ぶらぶら過ごすけの分からないことを言う, 非常識なことを言うこと

farfallina 女 1 小型のチョウ[ガ] 2 軽薄[移り気]な女 3 蝶(ちょう)形の小パスタ

farfallino 男 1 蝶(ちょう)ネクタイ 2 移り気な人, 軽薄な奴

farfallone 男 1 [女 -a] 浮気者, 移り気な人 2 大失策, へま

farfugliare 自 [io farfuglio] ぼそぼそ話す, 口ごもる —他 もぐもぐ[ぶつぶつ]言う

farina 女 1 (穀物や豆・果物などの)粉; 小麦粉 *—farina bianca [gialla]* 小麦[トウモロコシ]粉 2 細粉, 粉末 ▶ *farina del proprio sacco* 自分一人でやった仕事[作品] *farina fossile* 珪藻(けいそう)土

farinata 女 1 (レンズ豆の粉で作る)薄いフォカッチャ 2 (小麦粉・ミルクなどで作る)スープ

faringale 形 1 → faringeo 2 [言]咽頭音の —女 咽頭音

faringe 女, 男 [解]咽頭

faringeo, faringeo 形 [解]咽頭の

faringite 女 [医]咽頭炎

farinoso 形 粉の, 粉状の —*neve farinosa* 粉雪

farisaico 形 [複 男 -ci] 1 [歴]パリサイ人の, パリサイ主義の 2 偽善的な, 偽りの

fariseismo 男 1 [歴]パリサイ主義 2 偽善, 形式主義

fariseo 男 [女 -a] 1 [歴]パリサイ派の人 2 偽善者, 形式主義者

farista 男女 [複 男 -i] 燈台守り

farmaceutico 形 [複 男 -ci] 薬剤の; 製薬の; 薬剤処方の

*★**farmacia** [ファルマチーア] 女 1 薬局 —*farmacia di turno* (交代制の)日曜祝日営業の薬局 / *farmacia portatile* 携帯用救急箱 2 薬学, 調剤術 3 (単数のみ)薬学部

farmacista 男女 [複 男 -i] 薬剤師, 薬屋

farmacistico 形 [複 男 -ci] 薬学の, 薬剤の

farmaco 形 [複 男 -ci, 《稀》-chi] 1 薬, 薬物 2 治療, 処方

farmacodipendente 形 [医]薬物依存の —男女 薬物依存者

farmacodipendenza 女 [医]薬物依存

farmacologia 女 薬理学

farmacologo 男 [複 -gi 女 -a] 薬理学者

farmacopea 女 [薬]薬局方(薬品の製法・品質・用法などを載せた公の規格書)

Farnesina 固名 (女) ファルネジーナ(イタリア外務省の異称)

farneticamento 男 精神錯乱, うわごと; たわごと

farneticante 形 精神錯乱の; 支離滅裂な

farneticare 自 [io farnetico] 1 (熱や精神錯乱で)うわごとを言う, わめく 2 わ

farneticazione 女 精神錯乱, うわごと; たわごと

farnia 女 [植]オーク

faro 男 1 灯台, 信号灯; 航路[航空]標識 2 (乗り物の)ヘッドライト 3 投光器 4 指標となる人[物]

farò *fare* の直・未・1 単

farragine 女 ごた混ぜ, 寄せ集め

farraginosità 女 (あらゆるものが)ごた混ぜになっていること, 錯綜, 混乱

farraginoso 形 1 ごた混ぜの, 寄せ集めの 2 無秩序な, 混乱した

farro 男 1 小麦(ヒトツブコムギ, エマーコムギ, スペルトコムギの3種の総称) —*farro piccolo [medio]* ヒトツブ[エマー]コムギ 2 [植]スペルトコムギ(*farro grande*)

farsa 女 1 笑劇, 道化芝居 2 茶番; お笑い種 —形 [不変] 見せかけの, 猿芝居の

farsesco 形 [複 男 -chi] 1 [劇]道化芝居の 2 おかしな, 馬鹿げた, 滑稽な

farsetto 男 ダブレット(中世に男子が着用した胴衣); (兵士が軍服の下に着る)薄手のセーター

far west 固 (男) 1 (米国・カナダの)極西部地方 2 暴力と犯罪がはびこる場所

fasc. 略 → fascicolo

fascetta 女 1 (輪状の)小型のバンド[帯] 2 (新聞・雑誌の)帯封 3 (女性用の)ガードル 4 [軍]肩帯 5 銃身を銃床に固定する金属の輪 6 [機]締金, クランプ

fascia 女 [複 -sce] 1 帯 2 包帯 3 帯封 4 地帯 5 階層, 層 6 [複数で] (昔, 新生児をくるんだ)巻き布 7 [軍]巻きゲートル 8 [建]平縁; 装飾等 9 [解]索状組織 10 [通信]周波帯, 帯域 11 [紋] (盾の)横帯 12 [機]ベルト; ピストンリング 13 [音] (弦楽器の)横板 ▶ *in fasce* 誕生したばかりの

fasciante 形 (服が腰に)ぴったりした

fasciare 他 [io fascio] 1 帯で巻く, 包帯する 2 締めつける 3 取り巻く 4 [船]ロープを補強する; 厚板[板金]を張る —**arsi** 再 1 (体の一部を)包帯で巻く; 身を包む, 着込む; (体の線にぴったりした服を)着る

fasciatoio 男 (赤ん坊の)着せ替え[オムツ換え]台

fasciatura 女 1 (特に)包帯を巻くこと, 包むこと, くるむこと 2 [総称的]包帯, 巻き布 3 [船] (ロープの摩擦がかかる部分に巻く)帯

fascicolare[1] 形 1 [植]維管束の, 束生の 2 [解]繊維束の

fascicolare[2] 他 [io fascicolo] 分冊[冊子]にする

fascicolo 男 1 小冊子, パンフレット 2 (定期刊行物の)各号, 分冊 3 資料, 関係書類 4 [解]線維束

fascina 女 薪の束(たば)

fascinazione 女 魅惑, 魅了, 魂を奪うこと

fascino 男 魅力, 魅惑, 魅了
fascinoso 形 魅惑的な, うっとりさせる
fascio 男 1束(☆) 2様々なもののかたまり, 多量 3〔解〕線維束 4〔植〕管〔維管〕束 5〔物〕光束 6〔俗〕ファシスト ▶*fare di ogni erba un fascio* 十把ひとからげにする *fascio littorio* 束桿(☆), 権標(古代ローマの権威の標章. ファシズムの象徴としても用いられた)
fascismo 男 1ファシズム, 全体主義的独裁政治体制 2(ムッソリーニの)国民ファシスト党による政治運動, ファッショ
*****fascista** [ファッシスタ] 男女〔複[男-i]〕ファシスト; ファシスト党員, ファシズム信奉者 — 形〔複[男-i]〕ファシスト[ファシズム]の; ファッシ的な —*governo* [*regime*] *fascista* ファシスト政権[政体]
fascistico 形〔複[男-ci]〕〔蔑〕ファシストの
fascistizzare 他 ファッショ化する
fascistizzazione 女 ファッショ化
fascistoide 形 (政敵から)ファシストと見なされる — 男女 (政敵から)ファシストと見なされいる人
fase 女 1(発達や変化の)段階, 局面, 時期, 様相 2〔物・電・天〕相, 位相 3〔生物・化・医〕相 4〔機〕ストローク ▶*in fase di...* ...の間, 進行中の
fashion 女〔不変〕〔英〕流行, ファッション
fasianide 男〔鳥〕キジ科
fasometro 男 (特に電気の)位相計
fastello 男 (草・藁(ξ)・薪・原稿などの)束
fast food 複合〔男〕〔英〕ファーストフード店; ファーストフード
fasti 男複〔歴〕ローマ暦で宗教的な拘束・禁忌を受けずに公務ができる日; ローマ暦 2偉業, 記念すべき出来事
*****fastidio** [ファスティーディオ] 男 1煩わしさ, 不快 2迷惑, 厄介, 面倒 — *Il fumo mi dà fastidio.* タバコの煙が迷惑だ. 3苛立ち, 腹立ち 4不一致, 対立, 相違 5嫌悪, 反感 6体調がすぐれないこと, 軽い病気
fastidioso 形 1面倒な, 厄介な, 煩わしい 2短気な, 気難しい
fastigio 男 1〔建〕建物の最上部; ペディメント 2〔美〕多翼祭壇画[ポリプティク]の最上部のパネル 3〔医〕(病気の)極期 4〔文〕頂上; 頂点
fasto¹ 男 (これ見よがしの)豪華さ, 富の誇示
fasto² 形〔歴〕(ローマ暦で)仕事をしてもかまわない[裁判で訴訟ができる]日
fastosità 女 豪華, 華麗, 壮麗, 壮観, 壮大, 荘厳
fastoso 形 豪華な, きらびやかな, 華麗な
fasullo 形 1偽の 2能力[資格]のない 3信用[信頼]できない
fata 女 1妖精 2美しく慈愛に満ちた女性 ▶*fata Morgana* 蜃(☆)気楼; 才

色兼備の女性
fatale 形 1運命[宿命]の 2避けがたい, 免れない 3決定的な 4致命的な 5魅惑[魅力]的な
fatalismo 男 1運命への服従(出来事を甘受して, それを変えようとしない態度), 諦観 2〔哲〕宿命論, 運命論
fatalista 形〔複[男-i]〕宿命[運命]だと諦める; 宿命論の, 運命論の — 男女〔複[男-i]〕宿命[運命]論者
fatalistico 形〔複[男-ci]〕宿命[運命]だと諦める, 宿命論者の
fatalità 女 1宿命, 運命, 不可避なこと 2不運 3(死をもたらす)できごと
fatalmente 副 1宿命的に, 不可避的に 2不運にも, あいにく, 残念ながら
fatalone 男〔女[-a]〕魅力的な人; 誘惑者
fatato 形 魅了された, うっとりした; 魔法の, 魔法をかけられた
*****fatica** [ファティーカ] 女 1苦労, 骨折り 2疲労 3活動, 仕事, 骨が折れる辛い仕事 4成果, 作品, 労作 ▶*a fatica* 苦労して *di fatica* 骨の折れる *dodici fatiche di Ercole* ヘラクレスの12の功業 *fatica d'Ercole* 困難で骨の折れる企て
faticabilità 女 (仕事の)疲労感, 疲れやすさ; 〔医〕機能疲労
faticare 自 (嫌になるほど)努力する; 働く — *faticare a +* 不定詞 何とか[かろうじて]...する; ...しづらい[しにくい]
faticata 女 骨折り仕事, 重労働, 苦役
faticosità 女 (苦労・疲れの)増大; 不快, 不都合; つらさ, 厳しさ
faticoso 形 1骨の折れる; 気疲れする 2困難な, 難しい
fatidico 形〔複[男-ci]〕 1(未来・運命を)予言する 2決定的な, 重大な
fatiscente 形 1(建物が)崩れそうな, 壊れかけの 2衰退[衰微]する
fatiscenza 女 崩壊, 倒壊
fato 男 1運命, 運 2(古代世界における)人と宇宙を支配する不可避の法則 3神意, 神託; 前兆, 兆候
fatt. 略 → *fattura*
fatta¹ 女 種類, タイプ
fatta² 女〔トスカーナ〕(猟師が目印とする)鳥獣の糞(☆)
fattaccio 男 1犯罪 2〔口〕〔複数で〕問題, 事柄, 関与 — *Fattacci miei.* 私の用件だ(口を出すな).
fatterello 男 価値のない出来事, たわいないこと; 逸話, 小話
fattezza 女 1〔複数で〕顔つき, 容貌, 目鼻立ち 2身体, 体つき
fattibile 形 実行できる, 実現可能な, たやすくできる — 男 実現可能なこと, できること
fattibilità 女 実現可能性
fattispecie 女〔不変〕〔法〕構成要件
fattivo 形 1有効な, 効果的な; よく働く, 活動的な 2〔言〕使役の — 男〔言〕使役動詞
*****fatto¹** [ファット] 男 1事実, 出来事, 事

件 —*fatto compiuto* 既成事実 / *fatto di sangue* 殺害, 殺戮(?) / *il fatto è che...* | *fatto sta che...* 事実[実際]は…である **2** 行動, 実行 —*passare dalle parole ai fatti* 言ったことを実行する **3**《複数で》個人的な[自分のこと] —*Fatti tuoi!* (君が一人で解決すべき)君の問題だ. / *Fatti miei!* (人に口出しされたくない)僕の問題だ. **4** (小説や映画の筋の中の)事件, 舞台 **5**《複数で》偉業, 武勲 ▶ *cogliere... sul fatto* …を現行犯でつかまえる *di fatto* 実際[事実上]の, 実際には, 事実的に *dire a... il fatto suo* …に遠慮なく言う; たしなめる *in fatto di...* …に関しては *per il fatto che...* …だから[なので] *sapere il fatto proprio* 要領がいい, 手際よくやってのける

fatto² [ファット] 形《過去＜ *fare*》**1** …で作られた, …製の —*fatto a mano* [*macchina*] 手[機械]製の / *fatto su misura* 別注の, オーダーメードの **2** …の形をした —*fatto a spirale* らせん状の **3** なされた, 完成された —*a cose fatte* 終わった時点で | *ben fatto* よくできた **4** 成熟した, 熟した —*uomo fatto* 成人, 大人 **5** 進んだ, (時が)経った —*a notte fatta* 夜更けに **6** …に適した[向いている] —*è* [*non è*] *fatto per me* 私に向いている[向かない] **7** 麻薬中毒の **8**《口》非常に疲れた ▶ *a conti fatti* 結論的に *Ben fatto!* よくやった. *detto fatto* すぐさま *Ecco fatto.* さあできた. *fatto in casa* 自家製の *Ormai è fatta!* もうどうしようもない. | もうちょっとで終わりだ(頑張ろう).

fattora 女 **1** → *fattore²* **2** 農場管理人の妻

fattore¹ 男 **1** 要因, 要素 —*fattori economici* [*politici*] 経済[政治]的要因 / *fattore campo* [スポ]試合がホームかアウェーかでの有利不利 **2**《数》因数 **3**《生物》(遺伝)因子 **4**《文》創造者 —*il divino* [*massimo*] *Fattore* 神

fattore² 男《女[-trice, -essa, -tora]》農場管理人

fattoressa 女 **1** → *fattore²* **2** 農場管理人の妻

fattoria 女 **1** 農場, 農園 **2** 農場経営 **3** 農場管理人事務所

fattorinaggio 男 雑用係の仕事[役割]

fattorino 男《女[-a]》雑用係; 配達係

fattucchiera 女 **1** 女の魔法使い, 魔女 **2** 女の詐欺師

fattura 女 **1** 製造, 制作, 製作; (衣服の)仕立て **2** できばえ, 仕上がり, スタイル, デザイン **3**《商》請求書; 送り状 **4** 魔法, 魔術

fatturabile 形〔商〕インボイスを作成しうる

fatturante 男女 請負で仕事をする人, 賃仕事をする人

fatturare 他 **1**〔商〕インボイスを作る; 請求書を送る; つけにする **2** 魔法をかける **3** 混ぜ物をする

fatturato 男〔商〕総売上高 —形 混ぜ物をした

fatuità 女 軽薄さ, 馬鹿げていること, 愚かさ

fatuo 形 内容のない, 軽薄な

fauci 女複 **1**〔解〕口腔 **2**〔諧〕口, 喉 —*le fauci del leone* ライオンの口 **3** 穴, 開口部 —*le fauci del vulcano* 火口

fault 男〔不変〕〔英・スポ〕(特にテニスの)サーブの失敗, フォールト

fauna 女〔総称的〕(ある地域や時代の)動物相

faunesco 形《複〔男 -chi〕》ファウヌスに似た[のような]; 好色でずる賢い

fauno 男 **1**〔ローマ神〕ファウヌス(ヤギの角と脚を持った半人半獣の森の神) **2** 好色でずる賢い人

Fausta 固名〔女性名〕ファウスタ

Faustino 固名〔男性名〕ファウスティーノ

Fausto 固名〔男性名〕ファウスト

fausto 形 **1** 運のよい, 幸先のよい, 縁起のよい **2** 善良な, 情け深い

fautore 男《女[-trice]》擁護者, 支持者, 唱道者 —形《女[-trice]》擁護の, 支持者の

fauve 形〔不変〕〔仏・美〕フォーヴィスム[野獣派]の, フォーヴィスムの芸術家の —男女〔不変〕フォーヴィスムの芸術家

fauvismo 男〔美〕フォーヴィスム, 野獣派

fava 女 **1**〔植〕ソラマメ **2**《俗》亀頭, ペニス ▶ *prendere due piccioni con una fava* 一挙両得, 一石二鳥 (豆一つで二羽の鳩を捕まえる)

favagello 男〔植〕キンポウゲ

favaggine 女〔植〕ハマビシ

favella 女 話す能力; 言語, 言葉

faverella 女 (馬用の)ソラマメを練った飼料

faveto 男 ソラマメ畑

favilla 女 **1** 火花, 火の粉, 閃(?)光 —*far faville* 輝かしい成果をあげる **2** (喜びや怒りを示す目の)輝き, きらめき **3** (情熱・憎しみ・怒りなどをかき立てる)理由, 原因 **4** 少量

favismo 男〔医〕(ソラマメを摂取することで起こる)激しい貧血, ソラマメ中毒

favo 男 **1** ハチの巣 **2**〔医〕黄癬(?)

favola 女 **1** 寓(?)話; おとぎ話, 童話, 昔話 —*favole di Esopo* イソップ寓話 **2** 作り話, 嘘 **3** (目を見張るような)人, 物 **4** 伝説, 神話 ▶ *da favola* 素晴らしい

favoleggiamento 男 **1** 物語を語ること **2**〔心〕虚言症

favoleggiare 自〔io favoleggio〕物語を語る; 作り話[よた話]をする —他 想像する, 思い描く

favoleggiatore 形《女[-trice]》物語を語る, 作り話をする —男《女[-tri-

favolista 男女〔複〔男 -i〕〕寓話作家

favolistica 女 1 (ある時代・民族の)寓話, 伝説 2 (文学の種類として)寓話ジャンル; 伝説研究

favolistico 形〔複〔男 -ci〕〕寓話の, 寓話に関する

favolosamente 副 驚くほど, 並外れて, 非常に

favoloso 形 1 寓(ぐう)話[おとぎ話]の 2 夢のような, 素敵な 3 嘘みたいな, 現実離れした, 無茶な

*__favore__ [ファヴォーレ] 男 1 好意, 好感 ―Si è guadagnato il *favore* del professore. 彼は先生に気に入られた. 2 親切, 思いやり, 優しさ ―Mi fai un *favore*? お願いがあるんだけど. / per *favore* どうか「すみませんが」お願いします 3 助け, 援助, 後援, 引き立て ―a *favore* di… …のために…に有利な 4 肉体関係をゆるす気があること

favoreggiamento 男 1〔法〕(不法行為を働く者への)幇(ほう)助, 隠匿 2 支持, 援助

favoreggiare 他〔io favoreggio〕 1 助ける, 支援する 2〔法〕(不法行為を働く者を)幇(ほう)助[隠匿]する

favorevole 形 1 好意的な, 肯定的な ―essere *favorevole* a… …に賛成である 2 好都合な, 有利な 3 その気がある

*__favorire__ [ファヴォリーレ] 他〔io -isco〕 1 (人が有利になるように, 人の願いがかなうように)助ける, 支援する, 尽力する ―È stato *favorito* dalla fortuna. 彼は幸運に後押しされた. / Non si deve *favorire* nessuno. 誰もえこひいきしてはいけない. 2 促進する, 振興する; 励ます, 奨励する ―*favorire* un progetto 計画の推進を図る 3〔丁寧な表現で〕手渡す, 差し出す ―*Favorite* i biglietti! 切符を拝見します. /〔状況から容易に推察できる動詞を省略して〕*Favorisca* in salotto. 応接間にお入り下さい. / Vuol *favorire* con noi?-Tanto per *favorire*. 一緒にお食事でもいかがですか?-ありがとうございます, お言葉に甘えて.

favorita 女 1 (権力者の)情婦, 愛人, 寵姫(ちょうき) 2 (一夫多妻制で)お気に入りの女性 3 ファヴォリータ(ピエモンテ州の白ブドウ品種; その品種で作るワイン)

favoritismo 男 えこひいき, 情実, 偏愛

favorito 形 1 お気に入りの, ひいきの 2 優勝候補の ―男 1〔女[-a]〕お気に入りの人〕 2〔女[-a]〕愛人 3〔複数形で〕長い頬ひげ

fax 男〔不変〕ファックス, ファクシミリ

faxare 他 ファックスで送る

faxista 男女〔複〔男 -i〕〕《諧》(政治的な意見を)ファックスで送る人

fazione 女 1 (闘争的な傾向の)党派, 派閥, 党 2 (スポーツで)対戦する両チームのファン集団

faziosità 女 党派色が強いこと, 偏向

fazioso 形 1 (妥協せず)党派性の強い, 偏向した 2 不公平な, 偏った 3 破壊的な, 革新的な ―男〔女[-a]〕暴力的で扇狭な人, セクト主義者

*__fazzoletto__ [ファッツォレット] 男 1 ハンカチ ―*fazzoletto* di carta ティッシュペーパー 2 スカーフ ―*fazzoletto* da collo [tasca] ネッカチーフ[ポケットチーフ] 3 小地所 ―*fazzoletto* di terra わずかな土地

f.c. 略 1 fuori corso (切手・貨幣が)通用していない; (大学で)規定年限を越えて在籍する 2 fuori combattimento ノックアウト 3 fuori campo 画面外で; 私生活で

f.co 略 franco 免税の, 自由港の

FE 略 Ferrara フェッラーラ

Fe 略 (元素記号)ferro 鉄

feb. 略 febbraio 2月

*__febbraio__ [フェッブライオ] 男 2月

*__febbre__ [フェッブレ] 女 1 熱 ―avere la *febbre* (a quaranta) 熱が(40度)ある 2 夢中になること, 熱狂, フィーバー ―*febbre* dell'oro (19世紀後半カリフォルニアの)ゴールドラッシュ 3《俗》梅毒 4《俗》〔複数で〕マラリア, 熱病 ―*febbri* malariche マラリア熱

febbriciattola 女 しつこく続く微熱

febbricitante 形 熱がある ―男女 熱のある人

febbricitare 自〔io febbricito〕 1 熱がある 2 悩む, 心配する

febbrile 形 1 熱の, 熱による 2 落ち着かない, 不安な 3 熱狂的な, 熱烈な

febbrilità 女 1 動揺, 不安 2 精力的な活動, 激烈な行動

febbrone 男 高熱

febeo 形〔ギ神〕ポイボスの, 太陽神アポロの

fecale 形 糞(ふん)便の, かすの

feccia 女〔複[-ce]〕 1 (樽底に残るワインの)澱(おり), かす 2 (社会において)最低のもの, くだらないもの ―la *feccia* della società 社会のくず

feccioso 形 1 澱(おり)だらけの, かすの多い 2 不愉快な, 下品な

fecciume 男 1 かすが多いこと 2 (社会の)最下層, 最低なもの

fece fare の直・遠過・3 単

feci 女複〔生理〕糞(ふん)便

feciale → feziale

fecola 女 (塊茎や根から取れる)粒状の澱粉(でんぷん); ジャガイモ澱粉

fecondabile 形 受精[受胎]可能な; 肥沃化できる, 豊かにしうる

fecondare 他 1 受精[受胎]させる 2 肥沃にさせる 3 成長させる, 豊かにする

fecondativo 形 受精[受胎]の(ための), 豊かにさせる

fecondatore 形〔女[-trice]〕受精[受胎]させる; 肥沃にさせる; 豊かにする ―男〔女[-trice]〕受精[受胎]させる人[動植物]; 肥沃にするもの

fecondazione 女 受精, 受胎; 受粉

fecondità 囡 1 繁殖力のあること, 生み出せること 2 肥沃さ, 多産性 3 (才能などの)豊かさ; 創造能力

fecondo 形 1 繁殖[生殖]力のある 2 多産の 3 肥沃な, 実り多い 4 想像[創造]力に富んだ 5 多作の

*__fede__ [フェーデ] 囡 1 信頼, 信用 — avere *fede* nella giustizia 正義を信じる 2 信仰 —*fede* in Dio 神への信仰 3 結婚指輪 —La *fede* si porta all'anulare sinistro. 結婚指輪は左手の薬指にします. 4 信条, 信念 —*fede* religiosa [politica] 宗教[政治]的信条 5 忠実, 誠実, 忠誠; 遵守 —mantenere *fede* alle promesse 約束を守ること 6 [官庁用語で]証明書 ▶ *in buona fede* 悪気なく *in fede* (書類の最後に)以上 *in mala fede* だます気で, 悪意で

fedecommesso 男 [法]信託遺贈
fededegno 形 信頼[信用]できる
Fedele 固名 [男性名]フェデーレ

*__fedele__ [フェデーレ] 形 1 忠実な, 誠実な; 貞節な 2 (約束や務めを)固く守る 3 (事実に)即した, (原典に)忠実な —traduzione *fedele* all'originale 原作に忠実な翻訳 4 熱心な, 常連の —男女 1 信徒, 信者 2 信奉者

fedelino 男 [複数で]フェデリーニ(ミネストラ用の細くて長いパスタ)
fedelissima 囡 [単数のみ] (F-)カラビニエーリ(イタリア国家憲兵隊)
fedelmente 副 1 忠実に, 誠実に 2 正確に, 細心に
fedeltà 囡 1 忠実, 誠実 2 正確さ, 精密さ 3 [電子]忠実度
federa 囡 枕カバー
federale 形 1 [政](国家間の)連合の, 連邦の 2 連邦国家の 3 (スポーツや組合の)連合の
federalismo 男 [政]連邦主義[制度]
federalista 形 [複[男 -i]] 連邦主義[制度]の; 連邦主義者の —男女 [複[男 -i]] 連邦主義者
federalistico 形 [複[男 -ci]] 連邦主義[制度]の; 連邦主義者の
federare 他 [io federo] 連合させる, 連邦制を敷く —**arsi** 再 連合する, 連邦制になる
federativo → federale
federato 形 連合[連邦]した; 連合[連邦]に加わった
federazione 囡 1 [政]連邦, 連盟 2 連邦国家 3 (スポーツ・組合・協会などの)連合体, 連盟
Federcalcio 固 *Federazione Italiana Giuoco Calcio* イタリアサッカー連盟(FIGC)
Federica 固名 [女性名]フェデリーカ
federiciano 形 [歴]フェデリーコ[フリードリッヒ]の; フェデリーコ2世(1194-1250)の
Federico 固名(男) 1 [男性名]フェデリーコ 2 (~ I, Barbarossa)フリードリヒ1世(赤髯)(1125頃-90; 神聖ローマ皇帝: 在位 1152-90) 3 (~ II)フリードリヒ(フェデリコ)2世(1194-1250; 神聖ローマ皇帝: 在位 1212-50) 4 (~ II, il Grande)フリードリヒ大王(1712-86; プロイセン王: 在位 1740-86)

fedifrago 形 [複[男 -ghi]] 不誠実な, 不実な; 《謔》浮気者の
fedina 囡 1 証明書 —*fedina penale* [法]犯罪証明書 2 [複数で]長い頬ひげ
Fedra 固名(女) [ギ神]パイドラ(クレタ王ミノスの娘, 英雄テセウスの妻)
feeling 男 [不変] [英]感覚, 感性, 感受性; 情感, 気分 —Fra loro due c'è stato subito *feeling*. あの二人はすぐにフィーリングが合った.
fegataccio 男 勇敢な[無鉄砲な]男
fegatella 囡 [植]スハマソウ属; 苔(こけ)類
fegatello 男 1 (網脂で巻いて串焼きやソテーにする)豚のレバー 2 [映]二つのシーンをつなぎ合わせる一断片 3 [予]予備の分として据むショット
fegatino 男 (鶏やハトの)レバー

*__fegato__ [フェーガト] 男 1 [解]肝臓 2 (料理用の)肝, レバー 3 肝っ玉, 根性, 度胸, 勇気 —avere *fegato* 勇気がある / Hai *fegato*, ragazzo! いい度胸だな. ▶ *rodersi* [*mangiarsi*] *il fegato* 怒りではらわたが煮えくり返る

fegatoso 形 1 暗褐色の 2 肝臓病の, 肝臓病患者の 3 怒りっぽい, 短気な 4 勇敢な; 無謀な —男 [女[-a]]肝臓病患者

felce 囡 [植]シダ
felceta 囡 シダの群生地, シダ園
felceto 男 → felceta
feldispato → feldspato
feldispatoide → feldspatoide
feldspato 男 [鉱]長石
feldspatoide 男 [鉱]准長石
Felice 固名 [男性名]フェリーチェ

*__felice__ [フェリーチェ] 形 1 幸せな, 幸福な —vivere *felice* 幸せに暮らす 2 幸運な, うらやましい —Sono *felice* per te! 君はついてるな. 3 うれしい, 喜ばしい —Sono *felice* di rivederti. 君にまた会えてうれしい. 4 好都合な, 申し分のない, よい結果の —L'esame ha avuto un risultato *felice*. 試験はうまく行った. 5 有能な, 巧みな —avere la penna *felice* 文才がある

felicemente 副 1 幸福に, 平穏に 2 うまく, 上首尾に, よい結果で
Felicita 固名 [女性名]フェリーチタ

*__felicità__ [フェリチタ] 囡 1 幸福, 喜び; 幸運 2 好都合, 適切さ 3 才能, 巧みさ, 熟練

felicitare 他 [io felicito] 1 幸福にする 2 祝う, 祝詞を述べる —自 栄える, 幸福に暮らす —**arsi** 再 1 (di, per) …を喜ぶ, うれしがる 2 祝う, 祝いを述べる

felicitazione 囡 [複数で]お祝い, 祝賀, 祝いの言葉

felide 男 〔動〕ネコ科の動物

felino 形男 1 猫の; 猫のような 2 狡猾(こうかつ)な, 陰険な —男 〔動〕ネコ科

fellatio 女 〔不変〕フェラチオ

Fellini 固名(男) (Federico ～)フェリーニ(1920-93; イタリアの映画監督)

fellone 形 裏切りの —男/女[-a]
1 裏切り者 2《謔》いたずら坊主

fellonesco 形〔複[男 -chi]〕裏切り者の, 悪党の; 極悪な

felpa 女 〔織〕フラシ天, プラッシュ(ビロードに似た毛足の長い生地)

felpare 他 フラシ天で張る[裏張りする]

felpato 形 1 フラシ天の; フラシ天で裏張りした; (フラシ天のように)柔らかな 2 弱められた, 和らげた —男 フラシ天の生地; フラシ天の衣類

feltrare 他 1〔織〕フェルトにする 2 フェルトで覆う[裏張りする]

Feltrinelli 固名(女) フェルトリネッリ(イタリアの書店・出版社)

feltrino 男 (床を傷つけないように椅子の脚や家具の下に貼る)粘着フェルト

feltro 男 1〔織〕フェルト 2 フェルトのロール 3 フェルト製品

feluca 女 1 (海軍将校などの)三角帽 2 〔船〕(地中海を航行していた)二本マストの小型船

femm. 略 femminile 女性の

femme fatale 熟語(女) 〔仏〕妖婦, ファム・ファタール

femmina 女 1〔女性形のみ〕女の, 雌の; 女らしい 2〔不変〕〔植〕雌性の 3〔不変〕〔機〕雌型の —女 1 女性; 雌 2《蔑》女 3 ひ弱で臆病な男性 4〔植〕雌性植物

femminella 女 1 小さな女 2 臆病な男, 意気地なしの男 3 〔船〕転柱(てんちゅう)索, ブレース 4〔動〕シバエビ

femmineo 形 女らしい, 女性の; 女々しい, 柔弱な

femminile 形 1 女性の, 女性独特の, 女性用の 2 女らしい 3 (女性が)魅力的な 4 (男性が)臆病な, 男らしくない 5〔言〕女性形の —男 1〔言〕女性形 2 女性の視点

femminilità 女 女性性, 女らしさ

femminilizzare 他 〔医〕女性化する

femminilizzazione 女 〔医〕女性化

femminismo 男 フェミニズム, 男女同権主義, 女権拡張運動

femminista 形〔複[男 -i]〕フェミニズムの, 男女同権論者の —男女〔複[男 -i]〕フェミニスト, 男女同権論者, 女権拡張論者

femministico 形〔複[男 -ci]〕フェミニズムの, 男女同権論者の

femminuccia 女〔複[-ce]〕1 若い女, 幼女, 女の新生児 2 軟弱な男, 臆病な男

femorale 形 〔解〕大腿(だいたい)部の

femore 男 1〔解〕大腿骨 2 大腿, ふともも 3 〔虫〕腿節

fendente 男 1 (サーベルで)上から下へ切ること 2 (刃物や鈍器を)上から振り下ろすこと 3 〔スポ〕(サッカーで)強いシュート

fendere 他〔過分 fenduto, 《古》fesso〕1 (縦に)割る, 裂く 2 切るように進む —fendere le onde [la folla] 波[人込み]をかき分けて進む —ersi 再 裂ける, 割れる

fendibile 形 断ち割ることができる, 裂けやすい

fendinebbia 形〔不変〕フォグライトの —男〔不変〕フォグライト, 霧灯

fenditura 女 1 割れ目, 裂け目, ひび, 亀裂 2〔物〕スリット

feneratizio 形 〔法〕高利の, 高利貸しの

fenicato 形 〔薬〕石炭酸[フェノール]を含む(調剤の)

Fenice 固名(女) (ヴェネツィアの)フェニーチェ劇場

fenice 女 1 〔神話〕フェニックス, 不死鳥 2 唯一の人[もの], 絶世の美女, 絶品 3 (フェニックスの像がついた)18 世紀パレルモで発行された金[銀]貨

fenicottero 男 〔鳥〕フラミンゴ

fenile 男 〔化〕フェニル基

fennec, fennek 男〔不変〕〔動〕フェネック, フェネックギツネ

feno-, -feno 接頭, 接尾 「現れ」「外観」「顕性の」の意

fenolo 男 〔化〕フェノール, 石炭酸

fenologia 女 生物季節学, フェノロジー

fenomenale 形 驚異的な, すごい —successo [memoria] *fenomenale* 空前の大成功[超人的な記憶力]

fenomenico 形〔複[男 -ci]〕1 現象に関する 2〔哲〕知覚を通して現れる

＊**fenomeno** [フェノーメノ] 男 1 現象 2 驚くべきこと, 驚異, 並外れた人 3 奇跡 4 《諧》奇人, 変人 5〔形容詞的〕驚くべき, 並外れた

fenomenologia 女 1 現象論; 現象全般 2〔哲〕現象学

fenoplasto 男 〔化〕フェノール樹脂, ベークライト

fenotipo, fenòtipo 男 (遺伝学の)表現型

Ferdinanda 固名〔女性名〕フェルディナンダ

Ferdinando 固名〔男性名〕フェルディナンド

ferecrateo 男 〔詩〕ペリクラテス詩行 —形 ペリクラテス詩行の

feretro 男 葬儀用の織物で覆われた棺; (葬儀の)棺

feria [フェーリア] 女 1〔複数で〕休暇; 休業 —*ferie* estive [natalizie] 夏季[クリスマス]休暇 / andare in *ferie* 休暇をとる 2〔カト〕平日(土曜・日曜を除いた)日

feriale 形 平日の —orario *feriale* 平日ダイヤ / giorni *feriali* 平日

feribile 形 傷つきやすい, 害されやすい

ferimento 男 負傷, けが; 損害, 痛手

＊**ferire** [フェリーレ] 他〔io -isco〕1 けが

を負わせる 2 苦痛を与える, (感情を)深く傷つける ―*ferire a... il cuore* ～の心を傷つける 3 不快感を与える ―**irsi** けがをする; 傷つく ▶ *senza colpo ferire* 一撃も加えず, 労せずして

ferita [フェリータ] 囡 1 けが, 傷 2 痛手, 苦痛, 苦悩

ferito 形 負傷した; 傷つけられた ―*ferito* nell'orgoglio 自尊心を傷つけられた ― 〔女[-a]〕負傷者

feritoia 囡 1 (塔・城砦などの)狭間(はざま), 銃眼 2 地下室の明かり取り[小窓] 3 (自動販売機などの)硬貨投入口

feritore 男〔女[-trice]〕1 攻撃者, 傷を負わせる人 2〔歴〕(古代の)槍騎兵 ― 形〔女[-trice]〕傷をもたらす, 傷つける; 攻撃者の

ferma 囡 1〔軍〕兵役期間 2 (猟犬が獲物の存在を知らせるためにとる)待獲姿勢 3〔漁〕(一方の岸からもう一方へ張られた)網

fermacalzoni 男〔不変〕(自転車に乗るときにつける)ズボンの裾を押さえるクリップ

fermacampioni 男〔不変〕(封筒や紙などを綴じる)留め金

fermacapelli 男〔不変〕ヘアピン, 髪留め

fermacarte 男〔不変〕文鎮, 紙押さえ

fermacravatta 男〔不変〕ネクタイピン

fermaglio 男 1 クリップ, 留め金, バックル 2 紙ばさみ 3 髪留め, ヘアピン 4 ブローチ, 飾り留め

fermamente 副 1 しっかりと, 堅くと 2 断固として, 動じることなく

fermanello 男 (高価な指輪が抜け落ちないようその上にはめる)留め指輪

fermaporta 男〔不変〕(扉の)あおり止め, ドアストッパー

fermare [フェルマーレ] 他 1 止める ―*fermare il sangue* 止血する / *far fermare un tassì* タクシーを止める 2 中断する, 中止する ―*fermare il gioco* プレーを中断する 3 (敵軍を)阻止[制止]する ―*fermare l'avanzata del nemico* 敵の進撃を阻む 4 留める, 固定する ―*fermare una finestra* 窓を固定する 5 (記憶に)留める, 心に刻む 6 呼び止める 7 予約する, 確保する ―*fermare una camera d'albergo* ホテルの部屋を予約する 8〔法〕拘留[拘禁]する 9 (保存のため肉や魚に)軽く火を通す ― 自 1 停車する 2〔命令で〕―*Ferma!* 止まれ 3 (猟犬が獲物を見つけた際に)立ち止まる ―**arsi** 再 1 (自然に)止まる 2 中断[中止]する 3 立ち止まる ―*Fermati! | Si fermi!* 止まれ. | 止まって下さい. 4 滞在する, とどまる

fermata 囡 1 止まること, 中断, 停止; 停車 2 停留所 ―*fermata obbligatoria* 常時停留所 / *fermata facoltativa* [*a richiesta*] 随時停留所(乗降客があるときのみ停まる) 3 (保存のため肉や魚に)軽く火を通すこと 4〔音〕フェルマータ, 延音記号(corona)

fermato 形 1 警察に抑留されている 2〔文〕決断力のある, 毅然とした ― 男〔女[-a]〕警察に抑留されている人

fermentabile 形 発酵しうる

fermentare 自 1 発酵する 2 沸き立つ, 激しく動揺する, 騒然とする, かき立てる

fermentativo 形 発酵力のある, 発酵性の

fermentazione 囡〔生化〕発酵(過程, 作用)

fermento 男 1〔生化〕発酵体, 酵素 2〔図〕精神の緊張, 不安; 熱狂, 興奮; (既存の秩序の変革に対する)渇望

fermezza 囡 1 意思の堅さ, 決然, 毅然, 頑固一徹 2 堅牢性, 不動, 堅固 3 (ネックレスなどの)留め金具

Fermi 固名(男) (Enrico ～)フェルミ(1901-54; イタリアの物理学者. アメリカに亡命し原爆製造に参加した)

fermio 男〔化〕フェルミウム(元素記号 Fm)

Fermo 固名 1〔男性名〕フェルモ 2 囡 フェルモ(マルケ州の都市)

fermo[1] [フェルモ] 形 1 静止した, 止まった 2 中断[中止]した 3〔命令で〕―*Fermo! | Fermi!* 止まれ. | やめろ. 4 断固とした, ゆるぎない, 決然とした, 果断な, 確信した ―*decisione ferma* 断固たる決意 5 (気候が)安定した 6 (空気が)むっとした; (水が)よどんだ 7 不景気な, 沈滞した ▶ *con la mano ferma* しっかりとした手つきで, ゆるぎなく *fermo posta* 局留め *fermo restando* 有効のまま

fermo[2] 男 1 掛け金, 止め金具 2 休止, 停止, 中断 3〔法〕拘留, 拘禁

fermoposta 男〔不変〕(郵便物の)局留め(fermo posta)

Fernando 固名〔男性名〕フェルナンド

fernet, fernet 男〔不変〕フェルネット(苦味のある薬草ベースの食後酒)

-fero 連結「生み出す」「引き起こす」の意

feroce 形 1 残忍な, 凶悪な 2 (動物が)獰(どう)猛な ―*bestia feroce* 猛獣 3 猛烈な, 耐え難い 4〔口〕非常に厳格な; 辛辣な

ferocemente 副 1 残酷に, 凶暴に 2 ひどく, 激しく

ferocia 囡〔複[-cie]〕1 残忍, 獰(どう)猛, 凶暴 2〔複数で〕残虐な行為

ferodo 男〔機〕ブレーキライニング

feromone 男〔生物〕フェロモン

ferraglia 囡 くず鉄の山, スクラップ

ferragostano 形 1 フェッラゴスト[聖母被昇天]の日の 2 のんびりした, 自由な

ferragosto 男 聖母被昇天の祝日(8月15日)

ferraiolo[1] 男 枢機卿の着用するケープ

ferraiolo[2] 男 鉄筋工

ferrame 男 鉄製品の山

ferramenta 男〔不変〕〔複数で〕金物

ferramento
類 —男, 女〔不変〕金物店

ferramento 男〔補強用の〕鉄[金属]の部材

Ferrara 固名〔女〕 フェッラーラ(エミリア・ロマーニャ州の都市；略 FE)

ferrare 他 1 鉄の部品で補強する — *ferrare* una scarpa 靴底に釘($\frac{}{}$)を打つ 2〔馬・牛に〕蹄($\frac{}{}$)鉄を打つ 3〔釣り針に魚をかけるために〕釣り糸を引っ張る

ferrarese 形 フェッラーラ(の人)の — 男女 フェッラーラの人 — 男〔単数のみ〕フェッラーラの方言

Ferrari 固名〔男〕 1 (Enzo 〜)フェッラーリ(1898-1988; イタリアの自動車会社フェラーリの創業者) 2 (Giuseppe 〜)(1811-76; イタリアの実証主義哲学者・政治家) 3 フェラーリ(イタリアの自動車メーカー)

ferrarista 男女〔複[男 -i]〕 1 フェラーリの車を運転[所有]する人 2 (オートレースで)フェラーリのサポーター

ferrata 女 1《口》アイロンをさっとかけること；(布地につけられた)アイロン跡 2〔スポ〕鉄ばしごやワイヤーなどが設置された登山ルート

ferrato 形 1 鉄部品で補強した、鉄材を張った 2 (馬が)蹄($\frac{}{}$)鉄をつけた 3 精通した、熟練した

ferratura 女 1 鉄部品で補強すること、鉄材を張ること 2 蹄($\frac{}{}$)鉄を打つこと

ferreo 形 1 鉄の、鉄製の 2 頑強な — salute *ferrea* 頑健 3 厳格な 4 頑固な、粘り強い

Ferreri 固名〔男〕 (Marco 〜)フェッレーリ(1928-97; イタリアの映画監督・俳優)

ferretto 男 1 小さな鉄製の器具[道具] 2 ブラジャーのワイヤー 3《口》歯列矯正の器具 4〔地質〕(粘土質の)赤色土 5〔虫〕(甲虫の)幼虫

ferriera 女 製鉄所、鋳鉄所

ferrigno 形 1 鉄の、鉄でできた 2 鉄分を含んだ 3 鉄色の 4 頑強な、強靭($\frac{}{}$)な；頑固な、無情な

ferrite 女 1〔化〕フェライト 2〔鉱〕鉄鉱石

*****ferro** [フェッロ] 男 1 鉄(元素記号 Fe) —minerale di *ferro* 鉄鉱石 / estrarre il *ferro* 鉄を採掘する 2 (鉄のような)強さ、堅さ、強靭(きょう)さ、厳格さ — salute di *ferro* 頑健 / uomo di *ferro* 意志強固な人 / memoria di *ferro* 抜群の記憶力 / stomaco di *ferro* 丈夫な胃 / alibi di *ferro* 鉄壁のアリバイ 3 鉄器、鉄製品、金属製品 —*ferro* da stiro アイロン / *ferro* di cavallo 蹄($\frac{}{}$)鉄 / carne [pesce] ai *ferri* 網焼き肉[焼き魚] 4〔複数で〕道具、用具 —i *ferri* del mestiere 仕事用の器具；(専門的な)ノウハウ / essere sotto i *ferri* 手術中である 5〔複数で〕鉄鎖、手錠、足かせ 6〔スポ〕(ゴルフのクラブの)アイアン 7 鉄色、暗灰色 8《隠》銃、ピストル 9《文》剣 ► *a ferro di cavallo* 蹄鉄形、U字形、半円形の *avere* [*usare*] *il pugno di ferro* 非常に厳格である *battere il ferro finché* [*quando*] *è caldo* 鉄は熱いうちに打て *essere ai ferri corti* (*con*)... …と対決している *essere in una botte di ferro* 安全なところにいる、完璧に保護される *mettere a ferro e fuoco* (戦火で)焼き尽くす、略奪[強奪]のかぎりを尽くす *toccare ferro* (鉄に触れて)厄払い[魔よけ]をする

ferro-[1] 接頭「鉄の」「鉄を含む」「2価鉄の」の意

ferro-[2] 接頭「列車の」「鉄道の」の意

ferrochina 男〔不変〕 フェッロキーナ(鉄分とキナベースの食後酒)

ferrocromo 男〔冶〕フェロクロム

ferrolega 女〔冶〕合金鉄、フェロアロイ

ferromagnetismo 男〔物〕強磁性

ferromodellismo 男 鉄道模型趣味

ferromodellista 男女〔複[男 -i]〕鉄道模型マニア

ferromodellistico 形〔複[男 -ci]〕鉄道模型趣味の

ferroso 形 1〔冶〕鉄でできた 2〔化〕2価鉄を含んだ

ferrotranviere 男 公共輸送機関労働者

ferrovecchio 男 1 くず鉄商 2 ポンコツ、がらくた 3 (病み衰えた)老人

ferrovia 女 鉄道 —*Ferrovie* dello Stato 国鉄(略称 FS)

ferroviario 形 鉄道の

ferroviere 男〔女[-a]〕鉄道員

Ferruccio 固名〔男性名〕フェッルッチョ

ferruginosità 女 鉄分を大量に含むこと

ferruginoso 形 1 鉄分を大量に含む 2 鉄錆($\frac{}{}$)色の、赤茶色の

fertile 形 1 肥沃な；豊饒な、豊かな 2 多産の 3〔物〕親(物質)

fertilità 女 1 耕作に適していること、肥沃 2 繁殖力があること、多産 3 豊かさ、生産力 4 人口[出生率]増加傾向

fertilizzante 形 肥沃にする —男 肥料

fertilizzare 他 1 (肥料を撒いて)土地を肥やす 2 燃料親物質を核分裂物質にする

fertilizzazione 女 1 肥沃化、量産化 2 燃料親物質を核分裂物質にすること

ferula 女 1 (昔使われた生徒の体罰用の)鞭($\frac{}{}$)、木べら 2 (厳しい)非難 3 (古代ギリシャ・ローマで聖職者の持った)細い杖

fervente 形 1 激しい、強烈な 2 灼($\frac{}{}$)熱の、燃えるような

fervere 自〔複合時制なし〕1 活況を呈する、白熱する、真っ盛りである 2 灼($\frac{}{}$)熱する、燃え上がる 3 (液体が)沸き立つ、発酵する

fervidezza 女 1 熱烈、激烈；熱中；

fervido 形 1 灼(しゃく)熱の 2 (海などが)荒れること,激動; (ワイン・ビールなどの)発泡,泡立ち 3 活発さ

fervido 形 1 灼(しゃく)熱の; 熱烈な,激しい 2 (海などが)大荒れの,激動する; (ワイン・ビールなどが)発泡する,泡立つ —il mare *fervido* 大荒れの海 3 激しい,強烈な 4 (人が)熱中した,熱狂的な 5 (才能・想像力が)生き生きした,奇抜な,独創的な

fervore 男 1 (感情の)激しさ,熱情,熱意,熱烈 2 〔愛〕激情,衝動,興奮 3 最高潮,真っ最中

fervorino 男 1 (特に宗教的な)短い説教 2 〔劇〕(昔行われていた,上演の前の演者による観客への)挨拶

fervoroso 形 熱烈な,強烈な; 熱狂的な,熱心な

ferzo 男 1 (船)帆布の一幅 2 (旗やシーツなどの)縞(しま)

fesa 女 〔北伊〕(子牛・牛の)腿(もも)肉

fescennino 形 卑猥(ひわい)な,淫らな,放縦な —男 (古代イタリアの田舎の祭りで歌われた,サトゥルヌス詩体の卑猥な歌)

fessacchiotto 男〔女-a〕馬鹿者,間抜け

fessaggine 女 愚かさ,愚鈍

fesseria 女 1 馬鹿げた行為〔話〕,愚行,たわごと 2 くだらなこと,些細なこと

fesso 形 馬鹿な,くだらない; 割れた,裂けた —fare *fesso...* …をだます —男〔女-a〕愚か者,間抜け

fessura 女 1 裂け目,割れ目,亀裂 2〔スポ〕(登山の)クラック 3〔解〕(脳などの)裂,裂溝

fessurarsi 再 ひび割れる,亀裂が入る

fessurazione 女 ひび割れ,亀裂,裂け目

‡**festa** [フェスタ] 女 1 祝祭日 —Le *Feste* クリスマスから元日までの期間 2 休日,休暇 —Oggi è *festa*. 今日は休みだ. 3 祭り; お祭り騒ぎ 4 誕生日,聖名の祝日 5 パーティー 6 喜び(のもと) ▶ a *festa* 祭日のように〔ために〕 *conciare... per le feste* …をぶちのめす *fare festa a...* …を大歓迎する *fare la festa a...* …を殺害する; …を盗む; (物を)たいらげる

festaiolo 形 1 お祭り〔パーティー〕好きな 2 どんちゃん騒ぎの,飲めや歌えの —男〔女-a〕お祭り〔パーティー〕好きな人,祭り〔パーティー〕のまとめ役

festante 形 楽しい,愉快な,お祭り気分の

festeggiamento 男 1 祝祭,祝典,お祭り 2 〔複数で〕祝祭の行事

festeggiare 他〔*io festeggio*〕 1 祝う 2 歓迎〔歓待〕する —自 喜ぶ,楽しむ

festeggiato 男〔女-a〕(パーティーの)主賓,主客,主役

festeggiatore 男〔女-trice〕祝う人,心から歓迎する人

festino 男 1 (気軽な)ダンスパーティー 2 友人たちとの食事〔昼食〕

festival 男〔英〕祭典,フェスティバル

festivaliere 男〔女-a〕(田舎の)祭りに参加する人

festivaliero 形 1 祭典〔フェスティバル,祭り〕の 2〔愛〕浮かれた,場違いに陽気な

festività 女 1 祝祭日 2 浮かれ気分,陽気

festivo 形 祝祭日の,休日の —orario *festivo* 休日ダイヤ / giorno *festivo* 祝日,休日

festone 男 1 (祭りなどの)花綱,花飾り 2〔建〕懸垂花装飾

festosità 女 お祭り気分,陽気,愉快

festoso 形 陽気な,上機嫌な —fare un'accoglienza *festosa* (祝宴を設けて)大歓迎する

festuca 女 1 (細い)藁(わら); (枯れた)細枝 2〔植〕ウシノケグサ属

fetale 形〔医〕胎児の

fetente 形 1 悪臭を放つ,ひどく臭い 2 非常に難しい 3〔愛〕卑しい,下劣な —男女 卑劣漢,人でなし

feticcio 男 1 熱狂的に崇拝される〔人〕,偶像 2〔宗〕呪物

feticismo 男 1〔人類〕呪物崇拝 2 盲目的崇拝 3〔心〕フェティシズム

feticistico 形〔複男-ci〕呪物崇拝の,フェティシズムの

feticizzare 他 呪物崇拝の対象にする

feticizzazione 女 呪物崇拝の対象にすること

fetido 形 1 悪臭を放つ,嫌な匂いの 2 卑しい,卑劣な,下賤(げせん)の 3〔地質〕瀝(れき)青の

fetidume 男 1〔総称的〕悪臭を放つもの〔場所〕 2〔総称的〕卑しい人; 不道徳的〔不品行〕な状態 3 悪臭

feto 男〔医〕胎児

feto- 連結「胎児(の)」の意

fetore 男 強い〔むかつくような〕悪臭

fetta 女 1 薄切り,スライス 2 細長い部分 3《口・諧》〔複数で〕足 4 (全体の)一部

fettina 女 薄切り

fettone 男 1 (パン・肉・野菜などの)厚切り 2〔諧〕大足 3〔動〕馬の蹄(ひづめ)を覆う角質層

fettuccia 女〔複-ce〕 1〔服〕(仕上げに使う)細長い布地,縁取りテープ 2〔農〕短冊状のビート(これから砂糖を取る) 3 直線道路 4〔スポ〕(登山で)ザイル代わりのナイロン製のひも

fettuccina 女〔複数で〕フェットチーネ(平たい麺),タリアテッレ

feudale 形 1〔歴〕領地〔封土〕の,封建主義の 2〔愛〕時代遅れの,権威的な,横暴な

feudalesco 形〔複男-chi〕〔愛〕旧式の,封建的な

feudalesimo 男〔歴〕封建制度〔主義〕

feudalismo → feudalesimo

feudo 男 1〔歴〕(封建領主が臣下に与える)権利,恩寵(おんちょう); 主従関係の契約 2

feuilleton 封土, 領地 **3** 大土地所有 **4** 封建的な社会〔世界〕

feuilleton 男〔不変〕〔仏〕**1**(新聞の)連載小説; 大衆小説 **2**〔蔑〕(文学・映画・テレビなどの)お涙頂戴的な作品

fez 男〔不変〕**1**〔服〕フェズ, トルコ帽(赤色で飾りひものついた帽子) **2**(赤色で青い房のついた狙撃隊員の)ベレー帽

feziale 男 (古代ローマで)宣戦布告や同盟の交渉などを執り行った 20 人の祭司

ff 略 fortissimo〔音〕非常に強く

f.f. 略 facente funzione 代行, 代理

FF.AA. 略 Forze Armate (イタリアの)軍隊

fff 略 fortissimo〔音〕非常に強く

FG 略 Foggia フォッジャ

FI 略 **1** Firenze フィレンツェ **2** Forza Italia フォルツァ・イタリア(政党)

fi 男, 女〔不変〕ファイ(Φ, φ)(ギリシャ語アルファベットの 21 番目の字母)

fiaba 女 **1** おとぎ話, メルヘン —raccontare una *fiaba* おとぎ話を話して聞かせる **2** 作り話, 嘘

fiabesco 形〔複[男-chi]〕**1** おとぎ話の, 作り話の **2** 現実離れした[想像を絶する]美しさの 一男〔複[-chi]〕(おとぎ話の)奇抜さ, 空想的要素

fiacca 女 **1** 疲労, 消耗; 無気力 **2** 緩慢, のろさ ► *battere la fiacca* いやいや働く, やる気がない

fiaccabile 形 疲れやすい, 消耗しやすい, 壊れやすい

fiaccamente 副 力なく, 物憂げに, いやいや

fiaccare 他 **1** 疲れさせる, 消耗させる, 衰えさせる **2** 折り曲げる, 砕く —**arsi** 再 疲れ果てる ► *fiaccare le costole [ossa]* 打ちのめす

fiaccatura 女 **1** 疲労, 衰弱, 消耗 **2**(切り離しやすいように用紙や半券に)ミシン目を入れること **3** 馬体の一番打撲しやすい部位; 馬具の摩擦による打ち身

fiacchezza 女 **1** 疲労困憊, 消耗, 衰弱; 弱さ, 脆さ, 虚弱 **2** 無気力, 生気のなさ

fiacco 形〔複[男-chi]〕**1** 虚弱な, 気力のない **2** 効果のない, 明快でない

fiaccola 女 **1** 松明, トーチ **2** 駆り立てるもの, 幟〔比喩〕愛

fiaccolata 女 (祭りや抗議行動の)松明行列〔集会〕

fiala 女 (ガラスの)小瓶, アンプル

fialetta 女 (特に薬の)小型瓶, アンプル

***fiamma**〔フィアンマ〕女 **1** 炎 **2**〔複数で〕火事 **3** 情熱 **4** いとしい人 —Francesca è una mia vecchia *fiamma*. フランチェスカは昔の恋人だ。**5** 真紅 **6** 赤面, 紅潮 **7**〔軍〕(部隊を表す)着色記章 —*Fiamme Gialle* 財務警察 **8**〔船〕長い三角旗 ► *andare in fiamme* 燃える *dare alle fiamme* 火をつける, 放火する *fare fuoco e fiamme* 躍起になる

fiammante 形 燃えるような, 鮮やかな ► *nuovo fiammante* 真新しい, まっさらの

fiammata 女 **1**(ぱっと燃え立つ)炎 **2**(感情や現象が)突発すること, 激発

fiammeggiante 形 燃えるような, 炎のように輝く

fiammeggiare 自〔io fiammeggio〕**1** 燃え上がる **2** きらめく, 光り輝く 一他〔料〕(羽をむしった鳥などの残り毛を取り除くために)さっと焼く, フランベする

fiammella 女 (ボイラー・湯沸かし器などの)パイロットランプ

fiammiferaio 男〔女[-a]〕マッチ工場の労働者

fiammifero 男 マッチ —accendersi come un *fiammifero* すぐにかっとなる

fiamminga 女 (食卓に料理を運ぶ楕(だ)円形の)皿

fiammingo[1] 形〔複[男-ghi]〕フランドルの, フラマン人の, フラマン語の 一男 **1**〔複[-ghi]女[-a]〕フラマン人 **2**〔単数のみ〕フラマン語

fiammingo[2] 男〔複[-ghi]〕〔鳥〕フラミンゴ

fiancata 女 **1** 側面, 側壁 **2**(船の)舷側

fiancheggiamento 男 **1**〔軍〕(行進する隊列や戦闘隊形の)側面の防御 **2** 間接的[側面的]援助, 支援

fiancheggiare 他〔io fiancheggio〕**1** 側面[脇]に位置する **2** 間接的に支援する **3**(移動する部隊や陣形の)側面を防御する

fiancheggiatore 形〔女[-trice]〕支援する, 援助する; (特に非合法政治集団などを)隠れて援助する 一男〔女[-trice]〕支援者; (特に非合法政治集団などを)隠れて援助する人, シンパ

***fianco**〔フィアンコ〕男〔複[-chi]〕**1** 横腹, 脇腹 **2**(口が長く胴部の平たい)水 —stretto [largo] di *fianchi* 腰の細い[太い] **3** 側面 ► *a fianco* すぐそばに, 近くに *di fianco* 側面に, 脇に *essere una spina nel fianco* 苦痛の種である *fianco a fianco* すぐそばで, くっついて *prestare il fianco a...* (非難や攻撃の)的になる

fiancuto 形 腰[ヒップ]の大きい

fiano 男 フィアーノ(カンパニア州のブドウ品種; その品種で作るワイン)

fiasca 女 **1**(口が長く胴部の平たい)水筒として使う容器 **2**(昔使われた皮・角・金属などの)火薬入れ **3**〔トスカーナ〕(牛乳などを運んだ藁(わら)で巻かれた)ガラス瓶

fiaschetta 女 **1** 小型の水筒 **2** 昔用いた弾薬を入れる, 革帯につるされた袋

fiaschetteria 女 (ワインを瓶に分けて小売りする)酒屋, 立ち飲み屋

fiaschetto 男 **1** 小型のフィアスコ **2**(特に高級ワイン用の 1 または 0.75 リットル入りの)フィアスコ

fiasco 男〔複[-chi]〕**1** フィアスコ(麦わらを巻いた首の細い酒瓶) —bere un *fiasco di Chianti* キアンティ(ワイン)を 1 本飲む **2**(上演・興行などの)不成功, 失敗 ► *fare fiasco* (作品などの)不評を買

う, 失敗する

FIAT 略 Fabbrica Italiana Automobili Torino フィアット

fiatare 自 1 (不平不満を言うために)口を開く ―**senza** *fiatare* 黙って, 何も言わずに 2 息をする, 呼吸する

fiatata 女 1 息を吐くこと; 臭い息 2 《隠》密告, たれこみ

***fiato** [フィアート] 男 1 息; 呼吸 ― *trattenere il fiato* 息を凝らす[殺す] / *mandare [spirare] l'ultimo fiato* 息を引き取る 2《口》活力, 耐久力 3 《音》管楽器(strumento *a fiato*) 4 少量, 僅か ▶ *avere il fiato grosso* 喘(ぎ)ぐ, 息を切らす (*tutto*) *d'un fiato* 一気に *in un fiato* 一息で, 一足飛びに *prendere fiato* 一休みする *senza fiato* 驚いた, あっけにとられた *sprecare il fiato* 無駄話をする

fiatone 男 1 大きな息 2 息苦しさ, 荒い息

fibbia 女 (ベルトや靴などの)締め金, 留め金

fiberglass 男 〔不変〕〔英〕繊維ガラス, ガラス繊維, ファイバーグラス

fibra 女 1 繊維, ファイバー 2 体質 3 特徴, 個性, 性格 4〔解〕線維 5〔複数で〕心の奥底

fibrato 形 1 繊維の現れた, 筋のついた 2〔紋〕葉が筋模様になった

fibrillare[1] 形〔生物〕微小繊維の

fibrillare[2] 自 1〔解〕(心筋が)細動する 2 非常に不安な状態に入る

fibrillazione 女 1〔医〕(筋肉の)線維攣(れん)縮; 心室細動 2 非常に不安な状態

fibrina 女〔生化〕線維素, フィブリン

fibrinoso 形〔医〕線維素を含む, 線維素状の

fibrocemento 男 石綿セメント

fibroide 形〔解〕線維性の

fibroina 女 フィブロイン, 絹素

fibroma 男〔複[-i]〕〔医〕線維腫

fibroscopio 男〔医〕ファイバースコープ (胃腸・膀胱(ぼう)などを診る内視鏡)

fibrosi 女〔不変〕〔医〕線維症

fibroso 形 繊維[線維]状の, 繊維[線維]質の; (結晶について)一方向に伸びた

fibula 女 1〔考〕(古代人の用いた)留め金 2〔解〕腓(ひ)骨 3 留め金[針], バックル

fibulare 形 1 留め金の形をした 2〔解〕腓(ひ)骨の ―男〔動〕(四足類の後肢の)腓, 軟骨

fica 女《俗》女性の性器; いかした女

ficata 女《隠》狡猾(こうかつ)[巧妙]な思いつき; 面白い[楽しい]こと

ficato 形 1 イチジクの果肉を練りこんだ 2 イチジクが植えられた

ficcanasare 自《口》他人のことに口を挟む, おせっかいを焼く, でしゃばる

ficcanaso 形〔不変〕おせっかいな, 詮索好きな ―男女〔複[男 不変または -i, 女 不変]〕おせっかい屋

ficcante 形 狙いを定める, 核心を突く

ficcare 他 1 打ち込む, 突っ込む, 押し込む 2《口》置く, しまい込む ▶ *ficcare gli occhi* 食い入るように見つめる *ficcare il naso* 鼻を突っ込む, 口出しする ―**arsi** 再 1 もぐり込む, 入り込む 2 刺さる, めり込む 3 置く, 入れる 4《口》身を隠す, 引きこもる 5(悪い状況に)引き込まれる

fiche 女〔不変〕〔仏〕1(賭け事で用いる点数計算用の)チップ 2(分類整理用の)カード 3 伝票, 明細書

ficheto 男 イチジク畑

fichetto 男〔女[-a]〕見かけにばかり気を配る人, 流行をひけらかす人

fichu 男〔不変〕〔仏・服〕(婦人用の)三角形のショール

Ficino 固名(男) (Marsilio ~) フィチーノ(1433-99; イタリアの哲学者)

fico[1] 男〔複[-chi]〕1〔植〕イチジクの実; イチジクの木 ―*fico d'India* ヒラウチワサボテン; その実 2〔否定〕《口》何も…ない ―*non capire un fico* 何にも分からない ▶ *un fico* (*secco*) 何でもないこと (niente, nulla) / *Non c'entra un fico.* 何の関係もない. / *Non m'importa un fico.* へっちゃら. | 関係ないよ.

fico[2] 形《隠》魅力的な, かっこいい; 素敵な, 楽しい, 流行の ―男〔女[-a]〕《隠》魅力的な人

fico- 接頭「海藻(の)」の意

-fico 接尾「…にする」「生み出す」の意

ficodindia 男 ヒラウチワサボテン(fico d'India)

ficomicete 男〔植〕藻菌類

ficone 男〔女[-a]〕《俗》(派手な美しさの)美男, 美女

fictio iuris 慣用〔女〕〔ラ・法〕法の擬制

fiction 女〔不変〕〔英〕作り話, 作り事, 虚構, 小説

ficus 男〔不変〕〔ラ・植〕フィクス属の植物, インドゴムノキなどの観葉植物

fidanzamento 男 婚約(期間)

***fidanzare** [フィダンツァーレ] 他 婚約させる ―**arsi** 再〈con〉…と婚約する; 婚約を交わす

***fidanzato** [フィダンツァート] 男〔女[-a]〕婚約者, フィアンセ; 恋人 ―形 婚約した

***fidare** [フィダーレ] 自 信頼する 1〔商〕掛け売りする, 貸し付ける 2 委ねる, 任せる ―**arsi** 再〈di〉(人を)信頼する, 頼りにする

fidato 形 1 信頼できる 2 (品質などが)保証された 3 (場所について)安心できる

fidecommesso → fedecommesso

fideismo 男 1〔哲〕信仰主義 2 (無批判に主義主張を信奉する)政治[思想]的態度

fideista 形〔複[男 -i]〕〔哲〕信仰主義の ―男女〔複[男 -i]〕信仰主義者

fideistico 形〔複[男 -ci]〕信仰主義の, 信仰主義者の; 盲目的信仰の, 狂信の

fideiussione 女〔法〕保証契約

fideiussore 男 〔法〕保証人
fido¹ 形 (人が)誠実な, 忠実な; (ものが)信頼できる, 確かな ―男 誠実な人, 忠実な人
fido² 男 貸し付け
***fiducia** [フィドゥーチャ] 女 〔複 [-cie]〕 1 信頼, 信用 2 自信, 確信 ―*avere fiducia in...* …に自信を持つ 3 〔政〕信任
fiduciario 形 信頼に基づく ―男 〔女 [-a]〕 1 (法人・機関に)委託されて仕事をする人 2 〔法〕受託者
fiducioso 形 自信に満ちた, 信頼[信用]した, 安心しきった
FIEG 略 Federazione Italiana Editori Giornali イタリア新聞発行者連盟
FIGC → Federcalcio
fiele 男 1 (特に動物の)胆汁 2 苦味, 痛み; 憎しみ, 恨み
fienagione 女 〔農〕干し草の取り入れ(時期); まぐさの保存法
fienile 男 干し草置き場
fieno 男 干し草, まぐさ
fienoso 形 干し草のような
fiera¹ 女 1 市(い5), (国際)見本市 ―*la fiera del libro* ブックフェア / *la zona della fiera* 見本市会場 2 大混乱[混雑], 大騒ぎ 3 移動遊園地
fiera² 女 1 野獣, 猛獣 2 残酷な人
fieramente 副 1 勇敢に, 力強く, 大胆に 2 残酷に, 無慈悲に 3 非常に, 途方もなく
fierezza 女 1 誇り, プライド ―*con fierezza* 堂々と, 胸を張って 2 胸腹, 大胆
fieri 男 〔不変〕 1 〔哲〕生成; 可能態 2 計画[完成]途中
fieristico 形 〔複 [男 -ci]〕 市(い5)の, 見本市の
fiero 形 1 自慢[誇り]に思う ―*Sono davvero fiero di te.* 君を本当に誇りに思う. 2 堂々とした, 大胆な
fiesolano 形 フィエーゾレ(の人)の ―男 〔女[-a]〕フィエーゾレの人
Fiesole 固名 女 フィエーゾレ(トスカーナ州フィレンツェ県の町; 風光明媚な観光地)
fievole 形 1 (声や音が)か細い, 弱い 2 (人が)虚弱な, 衰弱した
fifa¹ 女 〔口〕恐怖(paura)
fifa² 女 〔鳥〕タゲリ
FIFA 略 〔仏〕Fédération Internationale de Football Association 国際サッカー連盟, FIFA(フィーファ)
fifone 男 〔女[-a]〕 〔口〕怖がり ―形 怖がりの
fifty-fifty 副 〔英〕五分五分で ―形 〔不変〕〔経〕(契約・条項が)対等の
fig. 略 1 figura 図 2 figurato 絵や図の入った, 比喩的な
figa → fica
figaro 男 1 〔諧〕理髪師, 床屋 2 〔服〕スペイン風の短い上着, ボレロ 3 (F-)フィガロ(『セビリアの理髪師』『フィガロの結婚』の登場人物の名前)

figgere [21] 他 〔過分 fitto〕 1 打ち込む, 固定する 2 …に目をこらす, 凝視する 3 傷つける 4 定める
fighter 男 〔不変〕 〔英〕 1 〔スポ〕ファイター(ボクシングで常に前に出ていくタイプの選手) 2 《隠》《複数で》熱狂的で暴力的なファン
Figi 固名 (女複) フィジー
figiano 形 フィジー(人)の ―男 〔女[-a]〕フィジー人
***figlia** [フィッリャ] 女 1 娘 2 若い娘 3 〔官庁用語で〕(控えから切り離して発行される)領収証・証券類 4 成果, 結果
figliale → filiale
figliare 他 〔io figlio〕(動物が)子を産む
figliastro 男 〔女[-a]〕 継子(ままこ)
figliata 女 (動物の)一腹[同腹]の子
figliazione → filiazione
***figlio** [フィッリョ] 男 1 息子 ―*figlio di Dio* 神の子(イエスキリスト) / *figlio unico* 一人っ子 / *figlio di puttana* このやろう, くそったれ / *figlio d'arte* 芸術家の家系出身の芸術家 / *figlio di mamma* お母さん子, 親離れできない子 / *figlio di papà* 親の地位や財産に助けられた子; わがままな子 / *figlio del popolo* 庶民 / *figlio di nessuno* 捨て子 2 《複数で》子供 3 若者, 青年 4 落とし子 ―*Quel poeta è figlio della sua epoca.* その詩人は時代の申し子だ. 5 所産, 結果, 成果
figlioccio 男 〔女[-a]〕 名親が洗礼式に立ち会った子, 教子(きょうし), 名づけ子
figliolanza 女 1 〔総称的で〕子供, 子孫 2 (特に精神的に子が父親に頼る形の)父子関係, 師弟関係
***figliolo** [フィッリオーロ] 男 〔女[-a]〕 1 息子 2 青年, 若者 3 (F-)イエスキリスト(三位一体の第二位としての子)
figliuolanza → figliolanza
figliuolo → figliolo
figulina 女 1 〔建・美〕陶芸; 窯元, 陶器製造所 2 陶器, テラコッタ
figulinaio 男 〔女[-a]〕 〔建・美〕陶工, 陶器職人
***figura** [フィグーラ] 女 1 形, 形状, 形態 ―*figura rotonda* (*quadrata*) 丸い[四角い]形 2 容姿, 風貌, 外見, 体裁 ―*figura* slanciata すらっとしたスタイル 3 印象, 様子, 振舞い, 態度, 行動 ―*Che figura!* 何とみっともない! / *fare la figura di...* …のように見える[振る舞う] 4 人物, 気質, 人柄 ―*È stato una figura importante in paese.* 彼は国の重要人物だった. 5 人物像, 肖像, 画像, 絵姿 6 絵, 図, 図版, イラスト 7 象徴, 表象 ―*La figura della gloria è l'alloro.* 栄誉のシンボルは月桂樹だ. 8 (トランプの)絵札; (チェスの)ポーン以外の駒 9 〔幾〕図, 図形 10 〔修〕形喩, 文彩(*figura retorica*) ― *di figura* 格好のよい, 見栄えのする *fare bella figura* 成功する, ほめられる *fare brutta figura* 恥をかく, 笑われる *fare una bella [brutta] figura* 好印象[悪い印象]を与える

figuraccia 女〖複[-ce]〗醜態, みっともない格好, 不面目 —All'esame non ho saputo rispondere e ho fatto una *figuraccia*. 私は試験で答えられずに醜態をさらした.

figurante 形 かたどる, 象徴する —男女 〖劇・放〗端役; 凡庸な人, 取るに足りない人

*__figurare__ [フィグラーレ] 他 1 象徴する 2 表現する, 描写する 3 想像する 4 形作る —自 1 好印象を与える, 目立つ, 魅力がある —regalo che *figura* 素敵な[センスのよい]プレゼント 2 ある, 現れる; 表記[記載]される —Il suo nome non *figura* nell'elenco. 彼[彼女]の名前はリストにない. 3 分かる, 明らかになる 4 見なされる, 知られている —**arsi** 再 想像する; 予想[想定]する —*Figurati* le risate degli amici! 友達に笑われるだろうな.
▶ ***Figurati*** [*Si figuri, Figuriamoci*]! 〖お礼の返答〗とんでもない. お安い御用です. | 少しも. 全然. | もちろん(そうだ, そうじゃない).

figurativo 形 1 造形で表現される, 形象的な, 具象的な 2 象徴的な

figurato 形 1 図像の描かれた, 挿絵入りの 2 〖言葉遣いが〗比喩的な, 隠喩の, 修飾の多い

figurazione 女 1 図像で表現すること, 図像として表現されたもの, 形状, 形象, 形態 2 〖医〗(円・環状の)皮膚症状 3 〖スポ〗(ダンスやフィギュアスケートの)振り付け 4 〖音〗装飾, フィギュレーション; 低音部数字をつけること

figurina 女 1 (絵が印刷された)シール, カード, 絵札 2 小ぶりの彫像[絵] 3 愛らしい[優美な]姿(の女性)

figurinista 男女〖複[男-i]〗ファッション[服飾]デザイナー

figurino 男 1 小さな人物像 2 (ファッションモデルを描いた)デッサン, 意匠図 3 (流行の服を着た)おしゃれな人 4 ファッション雑誌

figurista 男女〖複[-i]〗〖美〗(17〜18世紀の)肖像画家

figuro 男 人相の悪い人, よた者, ならず者

figurona 女 好印象, 大成功

figurone 男 → figurona

fiiuu 擬 ピー, ピュー(口笛の音)

*__fila__ [フィーラ] 女 1 連なり, 列 2 連続, 一続き 3〖複数で〗(利害や思想を共有する)一群の人々[集団] ▶ ***di fila*** 連続して, ぶっ続けで / ***fare la fila*** 並んで[順番を]待つ / ***in fila indiana*** 一列縦隊で / ***mettersi in fila*** 並ぶ

filabile 形 紡いで糸にできる

filacciccoso → filaccioso

filaccioso 形 1 ほつれた, 擦り切れた 2 繊維質の —carne *filacciosa* 筋だらけの肉

filamento 男 1 (糸のように)細長いもの, 糸状[繊維状]のもの —*filamenti di bava* よだれの糸 2〖解〗繊条 —*filamenti nervosi* 神経線維 3〖電〗フィラメント 4〖植〗花糸 5〖天〗太陽の紅炎

filamentoso 形 繊維状の

filanca 女 〖商標〗フィランカ(ストッキングなどに用いる伸縮性に富む繊維)

filanda 女 紡績工場

filandaia 女 紡績工場の女子工員

filandiere 男〖女[-a]〗紡績工場の経営[所有]者

filandina → filandaia

filante 形 1 糸状の, 糸を引く 2 早く進む 3 流線型の —自 白ワインがバクテリアにより濁って粘むこと

filantropia 女 隣人愛, 博愛, 慈善

filantropico 形〖複[男-ci]〗博愛の, 慈善の

filantropismo 男 博愛主義

filantropo 男〖女[-a]〗博愛主義者, 慈善家

*__filare__[1] [フィラーレ] 他 1 糸にする, 紡ぐ 2 (金属などを溶かして)引き伸ばす 3 (蚕が)糸を吐く, (クモが)糸を張る 4 滴らせる 5〖音〗音を伸ばす 6〖船〗(ロープなどを)繰り出す, 緩める 7〖スポ〗(カヌーで漕ぐのを止めて)オールを水につけておく —自 1 糸をひく 2 [es]疾走する —Come *fila* quella macchina! 何て速いんだあの車は. 3 [es]経過する, 行われる —Il lavoro *fila* liscio. 仕事は順調に進んでいる. 4 [es]逃げる, 消える —*Fila* via! あっちへ行け. 5 [es]筋が通る —Il suo ragionamento non *fila*. 彼の考え方はつじつまが合っていない. 6 [es]《口》付き合う —**arsi** 再 尊敬し合う, 関心を示す ▶ ***filarsela*** 急いで立ち去る, こっそり逃げ出す

filare[2] 男 (樹木などの)列

filaria 女 〖動〗糸状虫, フィラリア

filarino 男 《口》(若者の)戯れの恋, 軽い恋愛; (戯れの恋の)相手

filarmonica 女 音楽愛好協会, 音楽協会

filarmonico 形〖複[男-ci]〗クラシック音楽を演奏する, 音楽活動[普及]の —男〖複[-ci]女[-a]〗オーケストラの団員, 音楽協会会員; 音楽愛好家

filastrocca 女 1 童謡, わらべ歌, 数え歌 2 くどい話, 長話

filatelia 女 切手収集[研究]

filatelica → filatelia

filatelico 形〖複[男-ci]〗切手収集[研究]の —男〖複[-ci]女[-a]〗1切手収集[研究]家 2切手売買業者

filatelista 男女〖複[男-i]〗切手収集[研究]家

filato 形 1 紡いだ, 糸状になった 2 連続した, 絶え間ない 3 一貫性のある, 論理的な —副 《口》ずっと, 絶えず —男 撚(*)りの糸, 織り糸, 編み糸

filatoio 男 1〖織〗紡績機 2 (紡績工場の)紡績部門; 紡績工場

filatore 男〖女[-trice]〗紡績工

filatrice 女 自動紡績機

filatura 女 紡績, 粗糸を紡ぐこと; 紡績

工場
fildiferro 男〖不変〗(ビニールなどで覆われた)針金
file 男〔英・コン〕ファイル
filellenico 形〖男 -ci〗 **1** ギリシャびいき[崇拝]の **2**〖歴〗ギリシャ独立主義の
filellenismo 男 **1** ギリシャびいき[崇拝] **2**〖歴〗(19世紀, オスマン帝国からの)ギリシャ独立運動
Filemone 固名(男) **1**〖ギ神〗ピレモン(ゼウスとヘルメスをもてなした信心深く貧しい農民) **2**〖聖〗フィレモン, ピレモン(パウロの「ピレモンへの手紙」の宛て人)
filettare 他 **1** (飾りひも・帯などで)飾る **2** ねじ山を切る, ねじ切りする **3**〖織〗縁飾りをする **4** 魚をおろす
filettatore〖女 -trice〗ねじ切り旋盤工
filettatrice 女 ねじ切り旋盤
filettatura 女 **1** (飾りひもや帯による)飾り, 飾りつけ **2** ねじ山切り **3**〖織〗縁飾り
filetto 男 **1** (リボンや細ひもの)縁飾り; 飾りひも, 帯 **2** (牛の)ひれ肉, (骨を抜いた鶏などの)胸肉, (中骨を取った魚の)切り身 **3**〖印〗罫, 罫線, 罫飾り **4** 活字の始点と終点におけるひげ飾り **4** ねじ山 **5** (時計のガラスとふちにある)溝 **6**〖馬〗馬銜(はみ); 手綱 **7** 西洋連珠(三目並べ) **8**〖解〗小帯
-filia 接尾 **1**「友情」「親愛」の意 **2**「好意」「共感」の意 **3**「素質」「傾向」の意
filiale 形 **1** 子の, 子にふさわしい —doveri *filiali* 子としての義務 **2** 支部の, 子会社の —女 支店, 支部, 支局, 出張所; 系列会社
filiazione 女 **1**〖法〗親子関係 **2** 起源, 由来, 派生
Filiberto 固名(男性名)フィリベルト
filibustiere 男 **1**〖歴〗17〜18世紀のカリブ海の海賊; (一般に)海賊 **2**〖女 -a〗ずる賢い人, 悪辣な人, 破廉恥な人 **3**〖女 -a〗《諧》抜け目のない人
filiforme 形 糸状の, 繊維状の
filigrana 女 **1** 金[銀]線細工(製品) **2** 繊細[精緻]な細工 **3** (紙幣などの)透かし模様
filigranato 形 **1** 金[銀]線細工で作られた; 透かし模様の入った **2** 念入りに推敲(こう)された, 極めて洗練された
filigranatura 女 透かし, 漉(す)き入れ
filino 男 **1** 細い糸 **2**〖単数のみ〗ごく少量
filippica 女 **1** (F-)〔デモステネスによるフィリッポ王に対する〕弾劾演説;〔キケロによるマルクス・アントニウスに対する〕弾劾演説 **2**《諧》辛辣(らつ)な議論, 悪口
Filippine 固名(女複)フィリピン
filippino¹ 形 フィリピン(人)の —〖女[-a]〗フィリピン人
filippino² 形 **1** フィリッポという名前の人の(特に, 聖フィリッポ・ネーリの) **2**〖カト〗聖フィリッポ・ネーリのオラトリオ会(士)の —男 **1** 聖フィリッポ・ネーリのオラトリオ会士; (F-)〖複数で〗聖フィリッポ・ネーリにまつわる宗教集会 **2** (F-)〖複数で〗(ドイツの

宗教改革者メランヒトンの)信奉者 **3** (16世紀ミラノで鋳造された)銀貨
Filippo 固名(男) **1**〖男性名〗フィリッポ **2** (〜 I)フェリペ2世(1527-98; スペイン王: 在位1556-98) **3**〖聖〗ピリポ, フィリポ(イエスの十二弟子の一人)
filippo (マケドニアの)フィリッポ2世金貨; (スペインの)フェリペ2世銀貨
filisteismo 男 俗物根性, 凡俗, 無教養
filisteo 形 **1**〖歴〗ペリシテ人の **2** 体制順応的な, 反動的な, 卑しい —男〖[-a]〗俗物, 無教養な人
fillade 女〖鉱〗千枚岩, フィライト
fillo-, -fillo 接頭, 接尾「葉(は)」の意
fillossera 女 ブドウの寄生虫;〔虫〕ネアブラムシ属
*film [フィルム] 男〖不変〗 **1** (作品としての)映画(→cinema) —andare a vedere un *film* 映画を見に行く **2**〖総称的〗映画 **3** フィルム
filmabile 形 撮影しうる; 映画化できる
filmare 他 撮影する; 映画化する
filmato 男 短編映画; (資料としての)映像 —形 撮影[映画化]された
filmetto 男 つまらない映画; (16ミリフィルムで撮った)アマチュア映画
filmico 形〖複[-ci]〗映画の
filmina 女 (特に教育用の)映画スライド
filminchiesta 男〖不変〗(時事問題や歴史的事件を調査した)映画
filmino 男〖口〗(アマチュアがスーパーエイトで撮る)短い映画
filmografia 女 (特定の監督や俳優の)映画作品リスト
filmone 男 大作映画
filmopera 男〖不変〗映画版オペラ
film-tivù 男 テレビ用映画
*filo [フィーロ] 男〖複1〜7は i fili, 8, 9は le fila〗 **1** 糸 **2** 線, コード, 針金, 電線, 電話線 —*filo* spinato 有刺鉄線, 鉄条網 **3** 糸状のもの **4** 方向, 向き, 進路 **5** 少量, 最小, 最低 —con un *filo* di voce か細い声で **6** (刃物の)刃 **7** 木目, 石目, 筋目 **8**〖複数で〗(織物の)経(たて)糸, 緯(よこ)糸 **9** 筋, 筋道, 筋の運び —Ho perso il *filo* del discorso. 話の筋が分からなくなった. ▶ **dare del filo da torcere a...** …を困らせる, てこずらせる **essere appeso [attaccato] a un filo** 重大な危機に瀕している **per filo e per segno** 綿密に, 事細かに **trovarsi sul filo del rasoio** 極めて危うい状態[立場]にある
filo-¹, -filo 接頭, 接尾「愛」「共感」「傾向」の意
filo-² 接頭 (輸送や通信で)「(電)線によって」の意
filoamericanismo 男 アメリカびいき, アメリカ愛好
filoamericano 形 アメリカびいきの —男〖[-a]〗アメリカびいきの人
filoarabo 形 アラブびいきの —男〖女[-a]〗アラブびいきの人

filobus 男〔不変〕トロリーバス
filoccidentale 形 西洋びいきの,西洋崇拝の ―男女 西洋びいきの人,西洋崇拝の人
filocinese 形 中国びいきの ―男女 中国びいきの人
filocomunismo 男 共産主義支持
filocomunista 形 共産党シンパの ―男女〔複[男 -i]〕共産党シンパ
filodendro 男〔植〕フィロデンドロン属
filodiffusione 女 有線放送
filodiffuso 形 有線放送の
filodiffusore 男 有線放送受信機
filodrammatica 女 素人劇団
filodrammatico 形〔複[-ci]男[-a]〕素人[アマチュア]役者 ―男〔複[男 -ci]〕素人[アマチュア]劇団の
filofascismo 男 ファシズム支持
filofascista 形〔複[男 -i]〕ファシズム支持の ―男女〔複[男 -i]〕ファシズム支持者
filogenesi 女〔不変〕〔生物〕系統発生
filogenetico 形〔複[男 -ci]〕〔生物〕系統発生の
filogovernativo 形 政府支持の,政府側の ―男〔女[-a]〕政府支持の人
filoinglese 形 英国びいきの ―男女 英国びいきの人
filoisraeliano 形 イスラエルびいきの ―男〔女[-a]〕イスラエルびいきの人
filologia 女 文献学;(文学資料に基づいた)言語史学
filologico 形〔複[男 -ci]〕1 文献学の 2〔音〕古楽器[ピリオド楽器]を用いた(演奏の),オリジナルに忠実な
filologismo 男 過度の文献学的解釈
filologo 男〔複[-gi]女[-a]〕文献学者
filomassone 形 フリーメーソンシンパの ―男女 フリーメーソンシンパ
filomonarchico 形〔複[男 -ci]〕君主制支持の ―男〔複[-ci]女[-a]〕君主制支持者
filonazista 形〔複[男 -i]〕ナチズム支持の ―男女〔複[男 -i]〕ナチズム支持者
filoncino 男 小型のバゲット[フランスパン]
filone 男 1 鉱脈 ―*filone* d'oro 金脈 2 思潮,潮流 3 (抜け目なく立ち回る)やり手 4 バゲット(筒型の細長いパン) 5〔複数で〕(牛の)脊髄 6 急流
filoneismo 男 初物好き
filoneistico 形〔複[男 -ci]〕初物好きの
filonucleare 形 原子力エネルギー開発推進の ―男女 原子力エネルギー開発推進派
filopalestinese 形 (イスラエルに対して)パレスチナ支持の ―男女 パレスチナ支持者
filopapale 形 教皇支持の ―男女 教皇支持者
filorientale 形 東洋びいきの ―男女 東洋びいきの人
filorusso 形 ロシアびいきの ―男〔女[-a]〕ロシアびいきの人
filosemitico 形〔複[男 -ci]〕ユダヤびいきの ―男〔複[-ci]女[-a]〕ユダヤびいきの人
filoso 形 1 糸状の;糸でできた 2 (肉について)筋の多い
filosocialismo 男 社会主義支持
filosocialista 形 社会主義支持の ―男女〔複[男 -i]〕社会主義支持者
filosofaglia 女《蔑》いんちき哲学者連中
filosofare 自〔io filosofo〕1 哲学的に思索する,哲学を研究する 2 (皮肉で)哲学者ぶる
filosofastro 男〔女[-a]〕1《蔑》凡庸な哲学者 2 哲学者ぶる人
filosofeggiare 自〔io filosofeggio〕哲学的に思索する;哲学者ぶる
filosofema 男〔複[-i]〕1〔哲〕三段論法 2 哲学的論証[概念] 3 (皮肉で)詭(ぎ)弁
filosofesco 形〔複[男 -chi]〕《蔑》哲学者ぶった
filosofessa 女 → filosofo
filosofia 女 1 哲学 2 哲学体系;哲理,原理 3 (大学の)哲学専攻科 4 人生観,世界観;主義,ポリシー 5《蔑》難解,いたずらに複雑化すること
filosofico 形〔複[男 -ci]〕1 哲学の 2《譜》上の空の,混乱した;平然とした,無関心な
filosofo 男〔女[-a,《譜》-essa]〕1 哲学者,哲学研究者 2 (不幸に対して)平然とした人,動じない人
filosovietico 形〔複[男 -ci]〕ソビエト連邦支持の ―男女〔複[男 -ci, 女 -a]〕ソビエト連邦支持者
filotedesco 形〔複[男 -chi]〕ドイツびいきの ―男〔複[-chi]女[-a]〕ドイツびいきの人
filovia 女 トロリーバス路線;トロリーバス
filoviario 形 トロリーバスの
filtrabile 形 濾(こ)過できる,濾過性の
filtrabilità 女 濾(こ)過できること
filtraggio 男 1 濾(こ)過 2〔写〕フィルターを用いて発色の強い色を押さえる処理
filtrare 他 1 (フィルターなどで濾(こ))す,濾(こ)過する;純化する 2 (光や音を弱めながら)通す 3 選別する,精選する,ふるいにかける ―自 [es] 1 染みとおる;にじみ出る 2 (光や音が)もれる 3 (情報などが)知れ渡る,広がる
filtrazione 女 濾(こ)過
filtro[1] 男 1 濾(こ)過器;フィルター 2 精選,ふるい 3 (巻きタバコの)フィルター;(カメラの)フィルター 4〔物〕濾波器
filtro[2] 男 魔法の薬,媚薬,ほれ薬
filugello 男〔虫〕カイコ
filza 女 1 一続き,一列,一連 ―*filza* di salsicce 一連なりのソーセージ 2 長い列,連続,連発 3 (図書館・資料館に保存された)資料や写本の一綴じ 4〔服〕ラン

ニングステッチ; 仮縫い

filzetta 囡〔料〕フィルツェッタ(細長いサラミ)

***finale** [フィナーレ] 形 **1** 最後の, 最終的な **2** 目的の ——男 **1** 最後, 最後; フィナーレ ——囡 **1** 決勝戦 **2**〔言〕末尾音; 目的節(proposizione finale)

finalismo 男〔哲〕目的因論

finalissima 囡 (特にスポーツの)最終戦, 決勝戦

finalista 男女〔複 男 -i〕**1** 決勝戦出場選手[チーム], ファイナリスト **2**〔哲〕究極目的論者

finalità 囡 **1**〔哲〕究極目的性 **2**〔複数で〕目的, 目標

finalizzare 他 **1** (一定の目標に)向ける, (目標に向けて)進ませる, 着手する **2**〔スポ〕(サッカーで)ゴールする

finalizzato 形 ある目的に向けられた

finalizzazione 囡 **1** 一定の目標を目指すこと; (目的の)実現 **2**〔情〕終了処理

finalmente 副 ついに, とうとう —*Finalmente* sei arrivato! やっと着いたなあ.

finanza 囡 **1** 財政, 財務; 金融〔経済〕状況 **2**〔複数で〕(個人の)経済状態 **3**〔複数で〕財務省 **4** 財務警察(guardia di finanza)

finanziabile 形 資金を供給[調達]しうる, 融資しうる

finanziamento 男 資金調達; 資金, 手元資金

finanziare 他〔io finanzio〕資金援助する, 融資[出資]する ——**arsi** 再 資金を調達する

finanziario 形 財政の, 金融の

finanziatore 男〔囡 -trice〕出資[融資]者 ——形〔囡 -trice〕資金援助の

finanziera[1] 囡 **1**〔服〕フロックコート **2** (ゴンドラに似た)オールで漕(こ)ぐボート

finanziera[2] 囡〔料〕フィンツィエーラ, フィナンシエール(鶏のレバーや内臓・キノコ・ピクルス・白ワインまたはマルサラ酒で作るピエモンテ州のソース)

finanziere 男〔囡 -a〕財政家, 財務家; 資本家; 金融業者, 銀行家

finca 囡 (帳簿や図表の)欄, 段

***finché** [フィンケ] 接 **1** …するまで, …する間[限り] —*Puoi* stare con noi *finché* vorrai. いつまでも一緒にいていいよ. / Ti aspetto qui *finché* non torni. 君が戻ってくるまで[戻らない間は]ここで待ってるよ.

***fine**[1] [フィーネ] 囡 **1** 終わり; 結末 —*a fine* mese 月末に **2** 死 —*essere in fin* di vita 臨終の際にある ——男 目的, 意図 ▶**alla fine** 最後に, 結局; ようやく **fare una brutta fine** 悲惨な結末に終わる; 不幸な最期を遂げる **in fin dei conti** 要するに, 結局は **senza fine** 終わりのない, 果てしない; 果てしなく

fine[2] 形 **1** 薄い **2** きめ(粒)の細かい, 細い **3** (人が)細い, ほっそりした **4** 聡明な, 鋭敏な **5** 鋭い, 鋭利な **6** 洗練された, 上品な, 繊細な **7** (仕事が)丹念な, 入念な **8** (品質が)最上の, 極上の **9** (空気が)澄んだ

finecorsa 男〔不変〕(列車・バスなどの)終点

finesettimana, fine settimana 男〔不変〕週末 —Buon *finesettimana!* よい週末を.

***finestra** [フィネーストラ] 囡 **1** 窓 **2** 眼(心の窓) **3**〔コン〕ウインドー

finestrato 形 **1** 窓のある, 窓のついた **2**〔服〕大きな升目模様の生地〔衣類〕 **3**〔紋〕(城・砦・教会などに)窓のついた

finestratura 囡〔総称的〕(建物・乗り物などの)窓, 窓の配置

finestrino 男 **1** 小窓 **2** (乗り物の)窓, 車窓

finezza 囡 **1** 薄さ **2** きめの細かさ, 細さ **3** 気品, 優雅, 繊細 **4** 明晰, 聡明 **5** 上質 **6** 鋭さ

fingere [33] 他〔過分 finto〕**1** ふりをする, (嘘を)装う —*fingere* di piangere 嘘泣きをする[泣くふりをする] / *fingere* sorpresa 驚いたふりをする / saper *fingere* 嘘がうまい / non saper *fingere* 嘘がつけない **2** (嘘を)信じさせる —*fingere* un pretesto 嘘の口実を信じさせる **3**〔che + 接続法〕(本当だと)思ってみる[考えてみる] —*Fingiamo* che tu vinca la lotteria, come spenderesti i soldi? もしも宝くじが当たったら賞金は何に使う? ——**ersi** 再 自分が…であるふりをする —*fingersi* preoccupato [cieco, morto] 心配している[目が見えない, 死んだ]ふりをする / telefonare *fingendosi* un altro [un'altra] 別人になりすまして電話する

finimento 男 **1**〔複数で〕馬具 **2** 一揃い, 一組, 一式 **3** 終了, 完成

finimondo 男 大惨事; 大混乱

***finire** [フィニーレ] 他〔io -isco〕**1** 終える, 済ませる —*finire* un libro 本を読み[書き終える] /〔目的語をとらずに〕Verrò quando avrò finito. 終わったら行くよ. / Non *hai* ancora *finito*? まだ終わらないの? / Ho appena *finito* di mangiare. ちょうど食べ終わったところだ. **2**〔di + 不定詞, finirla di + 不定詞, finirla con + 不定詞〕…を止める, 中止する —*Quando finirai* di lamentarti? いつまで文句を言うの? / *Finiamola* con questa storia. こんな話はもうやめよう. /〔非人称〕*Ha finito* di nevicare. 雪がやんだ. **3** 使い果たす; 食べ[飲み]きる —*finire* le scorte 蓄えを使い果たす **4** 殺す, 止めを刺す —*finire* con un colpo di pistola ピストルで止めを刺す ——自〔es〕**1** 終わる; やむ —L'esame *è finito* a mezzogiorno. 試験は正午に終わった. / Questa pioggia *finirà* presto. この雨はすぐやむ. / La cosa non *finisce* qui. このままでは済まない[済むと思ったら大間違い]. / Tutto *è finito*. 何もかもおしまいだ.

finitezza

/ *È finita!* もうだめだ．どうしようもない．**2** 底をつく，無くなる —*È finita* la benzina. ガソリンが切れた．/ *È finito* il vino. ワインがなくなった．**3** 端が…の状態になっている —Il sentiero *finisce* in un burrone. 小道を行くと峡谷に出る．/ un cappello che *finisce* a punta 先のとがった帽子 **4**（最後に）行き着く —*finire* all'ospedale [in prigione, sui giornali]（無茶をして）病院に収容される，刑務所に収監される，新聞種になる / Ho studiato tanto per *finire* disoccupato. 頑張って勉強したのに就職できない始末だ．/ *È finito* a lavorare nel negozio del padre. 結局は父親の店で働いてるよ．**5** 消える，隠れる —Dov'è *finito* Mario? マリオのやつ何してんの？/ Dov'è andata a *finire* la mia chiave? 僕の鍵はどこへ行ったんだ？**6** 最後の結末が…になる —Com'è andata a *finire* [Com'è finita] la partita? 試合はどうなったの？/ Dove siete andati a *finire*? あれからどこへ行った［どうなったの］？**7** 死ぬ —男〖単数のみ〗終わり，最後 ► **a non finire** とりとめもなく，いつまでも **finire con [per]** + 不定詞 最後には［ついに］…することになる / Finiremo per rimanere qui. このままここにいることになるだろう．**sul finire del giorno** 日暮れ［日没］に

finitezza 女 **1** 仕上げ，完成 **2**〖哲〗有限性

finito 形 **1** 終了した，完了した **2** 完成した，仕上がった **3**（人が）破滅した，疲れ切った；重病の，不治の **4**〖哲・数〗有限の **5**〖言〗定形の（動詞の人称・数・性の定まった）**6**〖紋〗（ハンマーの）柄の端が多色で彩られた

finitura 女（最後の）仕上げ

finlandese 形 フィンランドの；フィンランド人［語］の —男女 フィンランド人 —男〖単数のみ〗フィンランド語

Finlandia 国名（女）フィンランド

finnico 形〖複〖男 -ci〗〗**1** フィン族の，フィン語の **2**（誤用で）フィンランドの —男〖複 -ci〗女〖複 -a〗フィン族の人；〖誤用で〗フィンランド人

***fino¹ ［フィーノ］前 **1**…まで —*fino* a casa 家まで / *fino* in cima 一番上まで / *fino* in fondo すっかり；徹底的に，とことん / *Fin* quando [dove]? いつまで［どこまで］？**2**…から（ずっと）—*fin* d'allora あれ以来 / *fin* da bambino [piccolo] 子供の［小さい］頃から（ずっと）/ *fin* d'ora 今後は，今から —副〖語句を強調して〗でさえ，すら；いっそ，さらに —*Hai parlato fin troppo!* 君はあまりにもしゃべりすぎた．

fino² 形 **1** 細い，薄い **2** 鋭い，鋭敏な **3**〖俗〗しゃれた，趣味のよい **4** 純粋な

finocchio 男 **1**〖植〗ウイキョウ，フェンネル **2**〖俗〗男性同性愛者

***finora ［フィノーラ］副 今まで，これまでのところ

finse fingere の直・遠過・3単

finta 女 **1** 見せかけ，だまし **2**〖スポ〗フェイント **3**〖軍〗陽動 ► **per finta** 見せかけで，うわべで **fare finta di...** …のふりをする，（本当に起こると）考えてみる **fare finta di niente** 知らん顔する，知らんぷりする，しらばっくれる

fintantoché 接〔直説法・接続法動詞とともに〕…まで，…する限りは —Ti tengo compagnia *fintantoché* non arriva [arrivi] il treno. 電車が来るまで君と付き合うよ．

finto 形〖過分< fingere〗**1** 偽の，偽造の —porta [finestra] *finta* 壁に描かれたドア［窓］**2** まねた，似せた —*finta* battaglia 模擬戦 **3**（人が）だます，欺く，不実な，偽（ﾆｾ）の **4** 人工の，人造の —perle *finte* 模造真珠 **5**（様式が）オリジナルでない，…風の —*sedia finto* rinascimento ルネッサンス風の椅子

fio 男 年貢 ► **pagare [scontare] il fio** 罪を償う，報いを受けて，罰と付き合う

fiocamente 副 か細い声で；かすかに；薄暗く

fioccare 自 [es] **1**（雪のように）舞い散る **2** 雪が降る **3** 殺到する

fiocchetto 男 **1**〖複数で〗フィオケッティ（小さな蝶（ﾁｮｳ）形のスープ用パスタ）**2**〖料〗豚の腿（ﾓﾓ）肉で作るエミリア地方のソーセージ **3** 蝶ネクタイ

fiocco¹ 男〖複[-chi]〗**1** 飾り結び，蝶（ﾁｮｳ）結び **2**（羊毛や綿の）玉，ふさ **3** 雪片 **4**〖織〗繊維の束 **5**〖複数で〗（脱殻して食べやすく加工した）殻粒 —*fiocchi* d'avena オートミール ► **coi fiocchi** 極上の，秀逸な

fiocco² 男〖複[-chi]〗〖船〗船首三角帆，ジブ

fioccuto 形 **1** 毛玉のような **2**（尻尾が）毛の房になった **3** 小さな房飾りのついた

fiochezza 女（光や音が）かすかなこと；（声が）か細いこと

fiocina 女（捕鯨用の）銛（ﾓﾘ）

fiocinare 他（io fiocino）銛（ﾓﾘ）で突く —自 銛を打ち込む

fiocinata 女 銛（ﾓﾘ）の一撃

fiocinatore 男 銛（ﾓﾘ）の射手（ramponiere）

fiocine 男 ブドウの皮；ブドウの種

fioco 形〖複〖男 -chi〗〗（光や音が）かすかな，か細い，弱い

fionda 女 **1** ぱちんこ **2**（古代の）投石器，石鉄砲

fiondare 他 パチンコで撃つ —**arsi** 再 **1**〖口〗急いで行く，突進する **2** 没頭する

fioraio 男〖女 -a〗花屋，花売り

fiorame 男〖複数で〗花模様

fiorato 形 花模様の，花柄の

fiordaliso 男〖植〗ヤグルマソウ

fiordilatte 男〖不変〗**1** フィオーレ・ディ・ラッテ（牛乳で作るフレッシュチーズ）**2**（牛乳・砂糖・生クリームで作った）アイスクリーム

fiordo 男 フィヨルド, 峡湾

*__fiore__ [フィオーレ] 男 1 花 —essere in *fiore* 花盛りである 2 最良の部分, 精髄, 精華 —*fior di farina* 最高級品の小麦粉 / *fior di latte* 生クリーム 3 盛り, 最盛期 —*essere nel fiore* degli anni 青春真っ盛りである 4 美しい人［もの］ 5 本物, 本当 —È un *fior di* galantuomo [*mascalzone*]. 彼は正真正銘の紳士［悪党］だ. 6 表面 —a *fior d'acqua* 水面に, 水面すれすれに 7〔複数で〕（トランプの）クラブ 8 大量, 多量 —*fior di quattrini* 大金 9〔文〕詞華集 ▶ *a fiori* 花柄の *avere i nervi a fior di pelle* いらいらしている *far fiori* 花が咲く *essere tutto rose e fiori* 何もかも順調である *il fior fiore* 最上のもの［部分］

fiorente 形 1 栄える, 繁栄する 2（人が）美しい, 元気な 3 (di)…に富む, …であふれた

Fiorentina 固名(女) フィオレンティーナ（フィレンツェのサッカーチーム）

fiorentineggiare 他〔io fiorentineggio〕フィレンツェ風に話す［書く］

fiorentineria 女（気取った）フィレンツェ風の話し方

fiorentinismo 男〔言・文〕フィレンツェの話し言葉特有の表現［語法］

fiorentinità 女 1 フィレンツェ人であること 2 フィレンツェの文化的伝統

fiorentinizzare 他 フィレンツェ文化を受け入れさせる, フィレンツェ化する, フィレンツェ風にする —**arsi** 再 フィレンツェの文化［話し言葉］を身につける, フィレンツェ風になる

fiorentino 形 フィレンツェ（の人）の —男 1〔女 -a〕フィレンツェ人；フィレンツェの人［方言］の 2〔単数のみ〕フィレンツェの方言

Fiorenzo 固名〔男性名〕フィオレンツォ

fioretto¹ 男 1（信仰のための）禁欲行為 2 最上の部分, 最良部分 3〔複数で〕選集, 詩華集

fioretto² 男 1〔スポ〕（フェンシングで）先端にタンポをつけた剣, フルーレ競技 2〔鉱〕（発破石を作るために岩を砕く先端のとがった）鋼鉄の棒

fioriera 女 フラワーボックス；切り花用花器

fiorifero 形 花の咲く, 花の多い

fiorile 形 花の —男〔歴〕花月（フランス革命暦の第8月）

fiorino 男 1（オランダの通貨）ギルダー, （ハンガリーの通貨）フォリント 2 昔のフィレンツェ金貨, フロリン（ヨーロッパ諸国で鋳造された金［銀］貨）

fiorire 自 [es]〔io -isco〕1 花が咲く, 開花する —L'albero [Il giardino] è *fiorito*. 木[凡庭]に花が咲いた. 2 現れる, 浮かび出る 3 栄える, 繁栄する 4 活躍する, 名声を勝ち取る 5 実現する 6 カビが生える 7（壁などに湿気で）染みが浮かぶ 8 発疹［…］が出る

fiorista 男女〔複[男 -i]〕1 花屋, 草花栽培家 2 造花の製作者 3〔美〕花専門の静物画家

fiorita 女 1（祭りで地面に敷き詰められた）花や葉 2 散乱しているもの 3 草木の開花

fiorito 形 1 花の咲いた, 満開の, 花盛りの；花柄の 2（文体などが）華麗な, 凝った 3（カビ・染みなどで）覆われた 4〔音〕華やかな, 装飾的な 5〔紋〕花が多色で描かれた

fioritura 女 1 開花, 満開 2 繁栄 3 カビ 4 発疹（しん）5 文飾, 文体の華やかさ 6〔音〕フィオリトゥーラ（旋律に装飾を施すこと）

fiorone 男 1〔農〕（春の終わり, 夏の初めに実る）早生イチジク 2〔建〕（ゴシック建築に見られる尖頭状の飾りのような）花形装飾 3〔紋〕王冠の上の花草装飾

fiorrancino 男〔鳥〕キクイタダキ

fiorrancio 男〔植〕マリーゴールド, キンセンカ

fiottare 自 1《口》湧き出る, ほとばしり出る 2 うねる, 波打つ 3〔トスカーナ〕不平を言う, 泣き言を言う

fiottio 男 1 低い波立ち 2 泣き言, ぶつぶつ言うこと

fiotto 男 1 波, 波浪 2 潮騒 3（液体が流れ出す）音 4（液体の）ほとばしり, 噴出, 流出 5〔トスカーナ〕不平, 泣き言

Firenze 固名(女) フィレンツェ（トスカーナ州の州都；略 FI）

*__firma__ [フィルマ] 女 1 署名, サイン 2 署名すること 3 著名人, 有名な会社, ブランド ▶ *Ci farei la firma!* 文句なしに OK（願ったりかなったり）.

firmaiolo 男 1〔軍〕《蔑》自ら進んで入隊した人, 自発的に兵役期間を延長する人 2（書類や抗議行動などに）安易に署名する人

firmamento 男 1 天空, 大空 2（特に芸術の世界で）名声を得た人 3〔哲〕最高天

*__firmare__ [フィルマーレ] 他 1 …に署名する 2 批准する —**arsi** 再 自分の名前を署名する

firmatario 形 署名した —男〔女 -a〕署名者, 調印者

firmato 形 1 署名された 2 ブランド物の, 銘柄の

firmetta 女〔諧〕署名, サイン

fisarmonica 女 アコーディオン —*a fisarmonica* アコーディオン式の（蛇腹で折り畳める）

fisarmonicista 男女〔複[男 -i]〕アコーディオン奏者；アコーディオン製作者

fiscale 形 1 国税に関する —*codice fiscale* 納税者番号 / *legge* [*sistema*] *fiscale* 税法[税制] 2 厳格な, 口うるさい

fiscaleggiare 自〔io fiscaleggio〕断固とした態度で臨む, 厳しいやり方をとる

fiscalismo 男 1 過酷な納税制度 2（法律・規則を厳格に適用しようとする態度）

fiscalista 男女〔複[男 -i]〕1 税務[税制]専門家 2 やり方が厳格な人

fiscalistico 形〖複[男 -ci]〗過酷な納税制度の;(法律・規則を)厳格に適用しようとする; 税務[税制]専門家の

fiscalità 女 1 納税制度;(国家による)過度の課税, 重税 2 税務, 峻厳

fiscalizzare 他 1 国庫に移す, 税金で賄う 2 公認する, 正式なものとする

fiscalizzazione 女 1 国庫に移すこと, 税金で賄うこと 2 公認, 正式なものとすること

fiscella 女 (藤(ふじ)などで編んだ)リコッタチーズの水切りかご

fischiabile 形 1 (メロディーが)口笛で吹ける 2 (賛否を表す)口笛を吹く

fischiare 自〖io fischio〗1 口笛[指笛]を吹く; 笛を吹く 2 口笛のような音を出す;(鳥が)ピーピー鳴く,(蛇が)シューという音を立てる,(機械が)シューという,(風が)ヒューヒュー鳴る ―Mi *fischiano* le orecchie. 耳鳴りがする. ―他 1 口笛で抗議したり不満を表明する 2 注意や警告を笛で合図する ―*fischiare* un calcio di rigore ペナルティーキックのホイッスルを鳴らす

fischiata 女 1 (合図としての)口笛(を吹くこと) 2〖複数で〗非難[不賛成]の口笛 ―Fu subissato di *fischiate*. 彼は非難の口笛を浴びせられた. 3 (メロディーとしての)口笛(を吹くこと)

fischiatina 女 軽い口笛(を吹くこと)

fischiatore 形〖女[-trice]〗口笛を吹く, さえずる ―男〖女[-trice]〗口笛の吹ける人, 口笛を吹く人;(特に劇場で)非難の口笛を吹く人

fischierellare 他, 自 小さく[軽く]口笛を吹く

fischiettabile 形 (メロディーが)簡単に口笛で吹ける

fischiettare 他, 自 (特に浮き浮きして)小さく[軽く]口笛を吹く

fischiettio 男 長く口笛を吹くこと

fischietto 男 1 ホイッスル 2〖スポ〗審判 3〖複数で〗フィスキェッティ(スープ用のショートパスタ)

fischio¹ 男 1 口笛, 指笛 2 (汽笛・警笛・風などの)甲高い音 3 (不満や非難の)声, 野次 4 ホイッスル 5〖口〗〖否定〗何も(…ない) ▶ **prendere fischi per fiaschi** 取り違え[見間違い, 思い違い, 勘違い]をする

fischio² 男 ヒュー[ピュー, シュー]と長く続く音

fisciù → fichu

fisco 男〖複[-chi]〗1 国の税制 2 国税庁, 税務局 3 (古代ローマの)皇帝の財産

físheye 男〖不変〗〖英・写〗魚眼レンズ ―形〖不変〗魚眼レンズの

fisiatra 男女〖複[男 -i]〗〖医〗運動機能回復療法の専門医

fisiatria 女〖医〗運動機能回復療法

fisica 女 物理学

fisichetta 女《隠》(大学生間で言うところの)物理の実験[実習]

fisicità 女 物質[物理]的なこと, 物質[物理]性; 肉体性, 官能性

✻**físico** [フィージコ] 形〖複[男 -ci]〗1 自然(界)の 2 物理的な 3 体の, 肉体的の ―男〖複[-ci]〗〖女[-a]〗物理学者 2 肉体; 体格

fisima 女 妄想(に取りつかれていること); 気まぐれ, むら気; 奇妙な考え

fisio- 接頭 1〖生物〗「自然(の)」の意 2〖医〗「身体(の)」の意

fisiocrazia 女〖経〗重農主義

fisiognomia → fisiognomica

fisiognomica 女〖心・哲〗人相学, 観相学

fisiognomonia → fisiognomica

fisiologia 女 生理学; 生理機能

fisiologico 形〖複[男 -ci]〗1 生理学の; 生理上の 2 基準[標準]内に保たれた, 正常な ―tasso di disoccupazione *fisiologico* 一定の水準に保たれた失業率

fisiologo 男〖複[-gi]〗〖女[-a]〗生理学者

fisionomia 女 1 顔つき, 人相, 顔立ち, 表情 2 外観, 外見

fisionomico 形〖複[男 -ci]〗人相の, 顔立ちの; 外観の, 外見の

fisionomista 男女〖複[男 -i]〗人の顔を記憶している人 ―形〖複[男 -i]〗人の顔を覚えている

fisioterapia 女〖医〗物理[理学]療法

fissa 女《口》執着, 妄想, 固定[強迫]観念

fissabile 形 固定できる, 定めうる

fissaggio 男 1 固定; 取り付け, 据え付け 2〖化〗色留め 3〖写〗定着

✻**fissare** [フィッサーレ] 他 1 固定する, 取り付ける 2 じっと見つめる, 凝視する 3 (日時や価格・住まいなどを)決める, 定める 4 (心に刻み込む, 銘記する 5 (予約して)取る ―**arsi** 再 1 住みつく,(ある場所に)落ち着く 2 固執する, こだわる 3 凝視する,(精神を)集中する 4 じっと見詰め合う

fissativo 形 固定させる, 定着させる ―男 1〖化〗(染色・絵画の)色留め剤 2〖生化〗(顕微鏡観察する組織標本などの)固定液 3〖写〗定着

fissato 形 固定した, 定着した; 決められた, 指定された ―男 1〖女[-a]〗偏執狂, マニア 2 約束, 協定

fissatore 男 1 整髪料, ヘアスプレー 2〖写〗定着液 3〖女[-trice]〗(染め物の)色留めをする人

fissazione 女 1 固定, 定着, 決定 2 固執, 執着, 執念 3〖心〗固着 4〖生化〗(組織標本などを)固定すること,(窒素などを)固定すること

fisse figgere の直・遠過・3 単

fissi 男〖不変〗(軍隊・体育で)なおれ右[左]

fissione 女〖物〗裂開, 分裂 ―*fissione* nucleare 核分裂

fissipede 形〖動〗(イヌ・ネコなど)裂脚

fissità 女 固定されていること, 定着, 不動, 不変

fisso [フィッソ] 形 **1** 固定された, 変動しない *menu a prezzo fisso* 均一料金の定食メニュー / *stipendio* [*lavoro*] *fisso* 固定給[定職] / *prezzo fisso* 定価 **3** 定住した **3** (視線などを)すえること **4** (精神を集中)すること **5** 執着[固執]した ―*idea fissa* 固定観念(fissazione) **6** 常に同じ, 一定の ―副 じっと ―男 固定観念 ▶ ***tenere lo sguardo fisso*** [***gli occhi fissi***] ***su***...…を食い入るように見つめる

fistola 女 **1** [考](古代ローマの)水道管 **2** [カト](かつて教皇が聖杯からワインを飲むのに使った)金[銀]の管

-fita → -fito

fitina 女 [化・薬]フィチン

fitness 男, 女 [不変] [英] **1** フィットネス; (フィットネスによって作られる)理想的な体形 **2** [生物]適応度

fito-, -fito 接頭, 接尾 「植物(の)」の意

fitofago 形 [複[男 -gi]] [動]草食の ―男 [複 -gi] 草食動物

fitologia 女 植物学

fitta 女 **1** 激痛; 心痛 **2** [トスカーナ]へこみ, 傷 **3** [農](地面を)鋤で掘ったり掘って掘る深さ **4** (地面の)穴, 土地の陥没

fittacamere 男女 [不変] [口]部屋の貸し主, 家主

fittare 他 [口]貸す, 賃貸する; 借りる, 賃借する

fittavolo 男 [女 -a] (農地の)賃借人, 小作

fittezza 女 密集, 密生; 濃密さ

fittizio 形 偽の, 見せかけの; 非現実の, 幻想の

fitto¹ 形 [過分＜figgere] **1** 打ち込まれた, 深く食い込んだ **2** 濃い, 密な, ぎっしり詰まった ―*una fitta nebbia* 濃霧 / *un buio fitto* 真っ暗 **3** たびたびの, 頻繁な ―副 絶え間なく ―*nevicare* [*piovere*] *fitto* (*fitto*) 雪[雨]が降りしきる ―男 [単数のみ] **1** 最も密な[深い, 濃い]部分 **2** 真っ最中, 最高潮 ▶ ***a capo fitto*** 頭から, 頭を下にして

fitto² 男 **1** 賃借り; 借地 **2** 家賃, 地代

fiumana 女 **1** (川の)ゆったりした流れ **2** (人や物が)満ちあふれること, 殺到, 充満

fiume** [フィウーメ] 男 **1** 川, 河川 **2** 大量, 多量 ―*un fiume di*… 大量の… ―形 [不変] 非常に長い ―*romanzo fiume* 大河小説 / *riunione fiume* 延々と続く退屈な会議 ▶ ***a fiumi あふれるほど, 浴びるほど

fiutabile 形 嗅ぎタバコの; 嗅ぐことのできる

fiutare 他 **1** (動物がクンクン)嗅ぐ **2** 鼻から吸い込む, (嗅ぎタバコなどを)吸う **3** (危険などを)察知する ―**arsi** 再 (動物が)自分の匂いを嗅ぐ; 匂いを嗅ぎ合う

fiutata 女 **1** (特に動物が)匂いを嗅ぐこと **2** 鼻で吸い込む; 嗅ぎタバコ一回分の量

fiuto 男 **1** 嗅覚 **2** 勘 **3** 嗅ぐこと **4** 兆候, 気配

fixing 男 [不変] [英・金融]貴金属相場の値決め(時間)

flaccidezza 女 **1** たるみ, 弛緩; 無気力, 軟弱 **2** 蚕の軟化病

flaccidità 女 たるみ, 弛緩; 無気力, 軟弱

flaccido 形 **1** (体や筋肉が)弛緩した, たるんだ, しまりのない **2** (精神が)緩んだ, だらけた, 気力のない, 軟弱な **3** (音や光が)かすかな, 弱い

flacone 男 小さなガラス瓶, (香水などの)小瓶

flagellamento 男 **1** (波・風・雹(ひょう)などが)激しく打つこと **2** 鞭(むち)打ち

flagellare 他 **1** 鞭(むち)で打つ **2** (波・風・雹(ひょう)などが)激しく打つ **3** こきおろす, 厳しく批判する, 罵る **4** 悩ませる, 苦しめる ―**arsi** 再 (苦行・贖(あがな)い罪として)自分を鞭打つ

flagellatore 男 [女 -trice] 鞭(むち)打つ人; 非難する人

flagellazione 女 **1** (特に刑罰としての)鞭(むち)打ち **2** キリストの笞(むち)刑; [美]キリストの笞刑図 **3** (苦行・贖(あがな)い罪として)自分を鞭打つこと **4** 厳しい非難, 難詰

flagello 男 **1** 鞭(むち) **2** (波・風・雹(ひょう)などが)激しく打ちつけること **3** 災難, 惨事, 惨禍, 大損害, 不幸 **4** 害を与える人, 厄介者 **5** [動・植]鞭毛 **6** [植]匍匐(ほふく)茎 **7** 笞(むち)刑 **8** [口]大量, 多数

flagioletto 男 (16～17世紀の)縦型のフルート

flagrante 形 **1** [法]現行犯の ―*reato flagrante* 現行犯 **2** 明白な, 疑いのない ▶ ***essere colto in flagrante*** 犯行の現場を押えられる, (隠し事が)ばれる

flagranza 女 [法]現行犯

flambare 他 **1** 炎にあてて消毒する **2** [料]フランベする(ブランデーなどをかけて火をつける)

flambé 形 [不変] [仏]フランベした

flamenco 男 [複 -chi] フラメンコ

Flaminia 固有名(女) (Via ～) フラミニア街道(ローマとイタリア半島北東部を結ぶローマ街道)

Flaminio 固有名(男) (Gaio ～ Nepote) フラミニウス(?－前217; 古代ローマ共和政期の政治家)

flan 男 [不変] [仏] **1** [料]フラン(型に入れてオーブンで焼く料理) **2** [印]紙型

flanella¹ 女 [織]フランネル, ネル, 綿ネル

flanella² 女 無為, 怠惰

flangia 女 [複 -ge] [機]フランジ

flash 男 [不変] [英] **1** [写]フラッシュ **2** 速報, 特報

flashback 男 [不変] [英] **1** [映]フラッシュバック **2** 鮮明に思い出せる過去の時間[瞬間]

flato 男 [医](胃腸にたまった)ガス, げっぷ, おなら

flatulenza 囡 〔医〕胃腸にガスがたまること; 放屁(ˊ)

flautato 形 (特に声の音色が)柔らかい, が張りのある, フルートのような

flauto 男 1 笛, フルート *—flauto dolce* [diritto] リコーダー / *flauto traverso* 横笛式のフルート 2 フルート奏者

Flavia 固名 〔女性名〕フラーヴィア

Flavio 固名 〔男性名〕フラーヴィオ

flebile 形 1 かすかに聞こえる, 弱い, 低い 2 悲しげな, 哀れな

flebo → flebloclisi

flebo- 接頭「静脈(の)」の意

flebloclisi 囡 〔不変〕〔医〕(静脈から の)薬剤投与 *—flebloclisi a goccia* 点滴

flebotomo 男 1 〔医〕瀉(ˋ)血医 2 〔医〕ランセット(瀉血のために静脈を切開する器具) 3 〔虫〕チョウバエ, ブユ

flegreo 形 フレグレーオ地方(ナポリ西部の火山地域)の

flemma 囡 1 〔医〕粘液質(ヒポクラテスの四体液の一つ) 2 冷静, 沈着 3 無気力, 無感動, 無精; のろさ, 緩慢

flemmaticità 囡 遅いこと, のろま; 無精, 怠慢; 冷静, 沈着

flemmatico 形〔複[男 -ci]〕1 〔医〕(古代四体液説で)粘液質の 2 〔医〕(外界に対して)反応が緩慢な 3 遅い, のろい; 無精な, 怠慢な; 冷静な, 動じない

flemmone 男 〔医〕蜂巣炎

flesse flettere の直・遠過・3 単

flessibile 形 1 曲げやすい, 柔軟な 2 融通のきく, 適応性のある *—orario flessibile* フレックスタイム(自由出退勤制)

flessibilità 囡 1 しなやかさ, 柔軟性 2 順応性, 適応性 *—flessibilità mentale* 精神の柔軟さ 3 融通性, 変更可能なこと *—flessibilità dell'orario di lavoro* 労働時間に融通がきくこと

flessione 囡 1 曲げること, 屈曲, 湾曲, たわみ 2 〔スポ〕(体操で)体を伸ばした状態から曲げること; 手足の屈伸運動 3 (漸進的な)減少, 下落 *—flessione dei prezzi* 価格の低下 4 〔言〕屈折, 語形変化

flesso 形〔過分 < flettere〕1 折り曲げた 2 〔言〕(名詞・代名詞・形容詞などが)語形変化した, (動詞が)活用した

flessometro 男 巻き尺, メジャー

flessuosità 囡 屈曲性, 柔軟さ

flessuoso 形 1 しなやかな, 柔軟な, 柔らかい 2 曲がりくねった, 屈曲の多い

flettere [54] 他〔過分 flesso〕1 曲げる, たわませる 2 〔言〕語形変化させる, 活用させる *—ersi* 再〔過分 *—flettersi sulle ginocchia* 膝を折る 2 曲る, たわむ *—Le spighe si flettono al vento.* 麦の穂が風でたわむ. 3 〔言〕語形変化する, 活用する

flicorno 男 〔音〕フリューゲルホルン

flight-recorder 男〔不変〕〔英・空〕 フライトレコーダー(registrator di volo)

flint 男〔不変〕〔英〕フリントガラス

flippare 自 1 ピンボールで遊ぶ 2《隠》麻薬を使う; 興奮する, かっとなる ―他 (ピンボールで)レバーでボールを打つ

flippato 形《隠》(特に麻薬使用の後で)正気を失った; ぼうっとした, 麻痺した

flipper 男〔不変〕〔英〕ピンボールマシン

flirt 男 1 〔英〕(若者の)恋心; (大人の)浮気 *—avere un flirt con...* …と恋仲の関係にある 2 浮気している(男女)の相手

flirtare 自 1 戯れに恋をする, (遊びで)付き合う 2 (臨時的に)関係を持つ, 接触する 3 気後れせずに立ち向かう

flit 男〔不変〕(スプレー式の)殺虫剤

flittena 囡 〔医〕(火傷などの)水泡

flittene → flittena

f.lli fratelli 兄弟(商号などによく用いられる)

flocculazione 囡 〔化〕凝集, 凝結

flogistico 形〔複[男 -ci]〕〔医〕炎症性の(infiammatorio)

floppy disk 囲(男) 〔英〕フロッピーディスク

Flora 固名(女) 1 〔女性名〕フローラ 2 〔ロ神〕フロラ(春と花と豊穣の神)

flora 囡 1 〔植〕一地域の植物相 2 〔生物〕(一地域の)体内バクテリア(flora batterica)

floreale 形 1 花の, 花でできた 2 〔美〕リバティー様式の ―男 1 〔美〕リバティー様式 2 〔歴〕花月(フランス革命暦の第8月; fiorile)

floricoltore 男〔女[-trice]〕 花卉(ˋ)栽培業者

floricoltura 囡 花卉(ˋ)栽培[園芸]

floridezza 囡 1 満開, 繁茂 2 活力があること, 壮健; 豊満, ぴちぴちしていること *—floridezza di una ragazza* 若い女性の快活さ 3 繁栄, 隆盛

florido 形 1 満開の, 生い茂った 2 活力のある, 壮健な, 健康な 3 栄える, 繁栄する 4 生き生きした, 鮮やかな 5 〔医〕顕症期の 6 〔音〕華やかな, 装飾的な

florilegio 男 1 〔文〕詩華集, 名詩選, 選集 2 《謔》連発, 連続 *—un florilegio di parolacce* 悪口雑言

floriterapia 囡 〔医〕バッチフラワー治療法

floscezza 囡 柔らかさ, 締まりのなさ, 無気力

floscio 形〔複[女 -sce,《文》-scie]〕1 柔らかな, しなやかな *—colletto floscio* 柔らかいカラー[襟] 2 締まりのない, ぶよぶよの *—pelle floscia* たるんだ皮膚 3 無気力な, 活気のない *—carattere floscio* 軟弱な性格

flotta 囡 1 (一国または船会社の)全船舶 *—flotta aerea* (国家や航空会社が保有する)航空機 2 艦隊, 船団

flottante 形 1 〔海〕(商品を積んだ船が)まだ目的地に着かない 2 〔経・金融〕変動する ―男 〔金融〕浮動株

flottare 自 (水上飛行機が)水面を滑走する; (船が)浮かぶ, 揺れ動く ―他 1 〔農〕(丸太を)川に流して運ぶ 2 浮遊選鉱

flou 形 〔不変〕〔仏〕**1**〔織・服〕柔らかな, ゆったりした **2**〔写〕(フィルターで)輪郭をぼやかした, ソフトフォーカスの **3**〔論・言〕非限定的, 不定の ― 男〔不変〕〔仏〕(フィルターで)輪郭をぼやかす効果, ソフトフォーカス

flow chart 〔商〕(男)〔英〕フローチャート

fluente 形 **1** 流れる **2** 長く密生した ― *capelli fluenti* ゆるやかに垂れた髪 **3**(文体や言葉が)よどみのない, 流暢(ﾘｭｳﾁｮｳ)な

fluentemente 副 よどみなく, 流暢(ﾘｭｳﾁｮｳ)に, すらすらと

fluidamente 副 なめらかに, のびのびと

fluidificare 他〔io fluidifico〕**1**(液体に変える **2**(人間関係などを)なめらかにする **3**〔スポ〕(サッカーで)ディフェンダーを攻撃位置に上げる ― 自 流体になる ― **arsi** 再 流体になる

fluidificazione 女 流体化すること, 液化

fluidità 女 **1** 流動性 **2**(文体や表現の)よどみなさ, 流暢(ﾘｭｳﾁｮｳ)さ **3** 不安定, 変動性

fluido 形 **1** 流暢(ﾘｭｳﾁｮｳ)な, よどみない, 滑らかな **2** 流動的な, 変わりやすい **3**〔物〕流体の ― 男 **1**(液体や気体の)流動体 **2** 魅力, 霊力 ― *fluido magnetico* 神通力

fluire 自〔es〕〔io -isco〕**1**(絶え間なく)流れる, (血などが)湧き出る **2**(文章や言葉が)よどみなく出る, すらすら出る **3**(時が)経つ, 過ぎる, 経過する

fluitare 自〔es/av〕**1**(流れに)浮かぶ, 浮遊する **2** 流れる ― 他〔農〕(丸太を)川に流して運ぶ

fluorescente 形 蛍光性の ― *lampada fluorescente* 蛍光灯

fluorescenza 女 蛍光

fluoridrico 形〔複(男) -ci〕〔化〕フッ化水素の ― *acido fluoridrico* フッ化水素酸

fluorite 女〔鉱〕ほたる石

fluoro 男〔化〕フッ素(元素記号 F)

fluoruro 男〔化〕フッ化物

flusso 男 **1** 流出 **2**(人や物の)流れ **3** 満潮 **4**〔医〕異常流出 **5**〔物〕流量

flute 男〔不変〕〔仏〕(特にシャンパン用の)細長いグラス

flutto 男 (海の)波, 波浪; 〔地理〕(海岸近くの)波の動き

fluttuante 形 **1** 波立つ, うねる; 浮かんでいる **2** 一定しない, 変化する **3**〔経・金融〕変動する **4**〔医〕波動する

fluttuare 自〔io fluttuo〕**1** 波立つ, うねる **2** 水〔液〕面に浮かぶ **3**(風に)動かされる **4**(感情や意見が)揺れ動く, 変化する **5**〔経・金融〕変動する **6**〔医〕波動する

fluttuazione 女 **1** 波立ち, うねり **2** 変化, 揺れ **3**〔経〕変動 **4**〔医〕波動

fluviale 形 **1** 川の, 河川の **2** 川に棲む(生える) **3** 豊富な, 多量の

FM 略〔英〕Frequency Modulation 周波数変調, FM放送(イタリア語では modulazione di frequenza)

FMI 略 Fondo Monetario Internazionale 国際通貨基金, IMF

FO 略 Forlì フォルリ

Fo 固名(男) (Dario ～) フォー(1926–; イタリアの劇作家・俳優)

f.o.b. 略〔英〕free on board 本船渡し(イタリア語では franco (a) bordo)

fobia 女 **1** 恐怖症, 病的恐怖 **2** 嫌悪, 反感

-fobia 接尾 「恐怖」「反感」「過敏」の意

foca 女 **1**〔動〕アザラシ **2** アザラシの毛皮〔革〕 **3**〈諧〉動きの鈍い太った人

focaccia 女〔複 -ce〕**1** フォカッチャ **2**〔北伊〕イースト菌で発酵させた生地の焼き菓子 **3**〔南伊〕パイ生地に詰め物をした料理 ▶ *rendere pan per focaccia* 仕返しをする(正当化できない報復行為の喩え)

focaia 女 火打ち石, ライターの石(pietra focaia)

focalizzare 他 **1**(レンズなどの)焦点を合わせる **2**(問題などを)明確にする **3** 集中させる ― **arsi** 再 集中する, 中心を置く

focalizzazione 女 **1**〔光〕焦点を合わせること **2** 詳細(明確)な説明

focatico 男〔複 -ci〕(中世の)かまど税(各家のかまどの数に応じた租税)

foce 女 **1**〔地理〕河口, 流出口 **2** 港の入り口; 海峡

fochista → fuochista

foco → fuoco

focolaio 男 **1** 温床, 中心地 **2**〔医〕病巣, 主患部 **3** 炉辺, 暖炉

focolare 男 **1** 炉辺(レンガや石を敷いた部分); 暖炉 **2** 家庭 **3** 炉床

focomelia 女〔医〕アザラシ状奇形

focomelico 形〔複(男) -ci〕〔医〕アザラシ状奇形の ― 男〔複 -ci〕女〔-a〕〔医〕アザラシ状奇形の人

focometria 女〔光〕焦点距離測定

focometro 男〔光〕焦点距離測定器

focosità 女 熱情, 激しさ, 衝動性

focoso 形 **1** 情熱的な, 熱烈な, 激しやすい **2**(動物, 特に馬が)気性の激しい, 手に負えない

focus 男〔不変〕〔ラ・医〕感染源, 病巣

fodera 女 **1**(服の)裏地 **2**(ソファーなどの)上張り

foderame 男〔複数で; 総称的〕裏地

foderare 他〔io fodero〕裏張りする, カバーをつける

foderato 形 裏地のついた, 裏打ちされた; 覆われた

foderatura 女 裏打ち, 裏張り; 覆い, カバー

fodero 男 (刀の)さや, (銃の)ホルダーケース

foga 女 **1** 激烈, 熱烈; 熱狂, 夢中 **2** 性急, 高ぶり

Foggia 固名(女) フォッジャ(プーリア州の都市; 略 FG)

foggia 囡〔複[-ge]〕**1** 型, 形状, 外見 **2**〔服の〕スタイル, シルエット, カット **3** 着こなし; モード, ファッション **4**〔歴〕(肩までかかる頭巾の)垂れ布

foggiano 形 フォッジャ(の人)の ―男 **1**〔女[-a]〕フォッジャの人 **2**〔単数のみ〕フォッジャの方言

foggiare 他〔io foggio〕(独特の形状に)形作る, 作る ―**arsi** 再 (独特の)形を成す, 自己形成する

*__foglia__ [フォッリァ] 囡 **1** 葉 **2** 箔(ばく), 金属の薄片 ―*foglia d'oro*〔alluminio〕金箔[アルミホイル] **3**〔複数で〕葉模様 ▶ *mangiare la foglia* 相手の真意[事態の真相]を把握する

fogliame 男 **1**〔総称的〕葉 ―*rimuovere il fogliame secco dal marciapiede* 歩道の落ち葉を掃く **2**〔美〕葉飾り

foglietto 男 **1** チラシ, ビラ, パンフレット; 紙きれ **2**〔解・動〕薄膜 **3** (収集用の)切手シート **4**〔印〕遊び紙(製本で最初と最後の印刷されていないページ)

*__foglio__ [フォッリォ] 男 **1** 紙切れ; 用紙; ページ ―*foglio da disegno* 画用紙 **2** 印刷物; 新聞 **3** 書類, (申し込み)用紙 **4**《口》紙幣 **5** 薄い切片[板]

-foglio 接尾「葉(の)の形の」の意

foglioso 形 葉の生い茂った

fogna 囡 **1** 下水道, 排水溝 **2** 非常に不潔な場所 **3** 悪の巣 **4**《口》悪党; 口が悪い人, 大食漢

fognaiolo 男 **1**〔女[-a]〕下水道工 **2**《俗》豚の鼻の骨

fognare 他 下水道[排水溝]を整備する

fognario 形 下水道[排水溝]の

fognatura 囡 **1** 下水道設備 **2**〔農〕排水路[設備] **3** (園芸用の)鉢の底に敷く瀬戸物

föhn 男〔不変〕〔独〕フェーン(アルプスからの熱風)

foia 囡 **1** (動物の)発情, 盛り **2** 過度の欲求, 熱望

foiba 囡〔地質〕ドリーネ(石灰岩地域のすり鉢状の窪み)

foie-gras 男〔不変〕〔仏・料〕フォアグラ

fola 囡 **1** 嘘, 作り話 **2**《文》寓話, おとぎ話; 夢想

folade 囡〔動〕ニオイガイ

folaga 囡〔鳥〕オオバン

folata 囡 **1** 突風, 疾風 **2** (人や物があふれ出ること **3** (サッカーの)急襲

folclore 男 **1** 民俗学, フォークロア; 民俗, 民間伝承; (民衆的な)伝統 **2** (ある環境・状況の)特徴的な様相; 《戯》土俗性

folclorico 形〔複[男 -ci]〕民俗学の, 民間伝承の

folclorismo 男 民間伝承[芸能]に対する関心

folclorista 男女〔複[男 -i]〕民俗学者

folcloristico 形〔複[男 -ci]〕**1** 民俗学の, 民間伝承の **2** 風変わりな, 奇妙な

folgorante 形 電撃的な, 圧倒的な, 目もくらむ

folgorare 他〔io folgoro〕**1** 雷で打つ **2** 感電させる **3** にらみつける **4** 幻惑する, 惑わす

folgorazione 囡 **1** ひらめき, インスピレーション, 直観 **2**〔医〕高周波療法

folgore 囡 **1** 雷, 稲妻 **2** 輝き

folk 形〔不変〕〔英〕民俗の, 民間伝承の ―男 フォークミュージック

folk music 囲囡〔英〕(特にアメリカの)フォークミュージック, 民俗音楽

*__folla__ [フォッラ] 囡 **1** 群衆, 雑踏 **2** (考えや感情の)渦, 混乱 ―*una folla di...* もろもろの…

follare 他 **1**〔織〕織り目を密にする, 縮絨(じゅう)する **2** ブドウを絞る

folle¹ 形 **1** 気が狂った, 狂気の; 熱狂的な **2** 無分別な, 不合理な, 無謀な, 無茶な **3** とりつかれた, 夢中になった **4**《口》激しい, とても大きい **5**《口》高価な **6**〔機〕空回りの ―*essere in folle* 空回り[ニュートラル]の状態にある ―男女 **1** 狂人 **2** 無分別[軽率]な人

folle² 囡〔次の成句で〕▶ *folle bianca* フォッレ・ビアンカ(コニャックを作るブドウ品種)

folleggiamento 男 馬鹿騒ぎ, どんちゃん騒ぎ

folleggiare 自〔io folleggio〕**1** 浮かれ騒ぐ, はしゃぎ回る **2** 狂人のように振る舞う, 無分別なことをする

follemente 副 **1** 気が狂ったように, 無分別に **2** 熱烈に, 途方もなく

folletto 男 **1** (特に北欧のおとぎ話の)小妖精, 小鬼 **2** 腕白小僧, いたずらっ子

follia 囡 **1** 狂気 **2** 常軌を逸した行為 **3** 途方もない金額 **4**〔音〕フォリア(16～17世紀の舞踏曲) ▶ *alla follia* 熱狂的に, 我を忘れて

follicolare 形 **1**〔植〕袋果状の **2**〔医〕小胞の

follicolina 囡〔生化〕フォリクリン(女性ホルモンの一種), 卵巣ホルモン

follicolo 男 **1**〔植〕袋果 **2**〔解〕小胞, 濾(ろ)胞, 卵胞

follone 男〔織〕縮絨(じゅう)機

folto 形 **1** (草木が)生い茂った, 密生[密集]した **2** (髪が)濃い **3** 大勢の, 多数の, 大量の **4** 濃い, 深い ―男〔単数のみ〕深部; 真っ只中

fomentare 他 **1** 扇動する, かき立てる, 助長する ―*fomentare una rivolta* 反乱を引き起こす **2** 湿布する

fomentatore 形〔女[-trice]〕**1** 扇動する, かき立てる, そそのかす **2** 支持する, 助長する ―男〔女[-trice]〕扇動者

fomentazione 囡 **1** 扇動, 助長, 唤起, 教唆 **2**〔医〕(温)湿布

fomento 男《俗》(温)湿布

fon¹ 男〔不変〕ヘアドライヤー

fon² 男〔不変〕〔物〕フォン, ホン(音の強さの単位)

fonazione 囡 〔生理〕発音, 発声

fonda 囡 1〔海〕停泊地, 投錨（ぢゃう）地 2 低地, 窪地

fondaccio 男 1《俗》液体のかす〔澱（おり）〕 2（期限切れの）売れ残り品

fondale 男 1〔海〕水深, 深度 2〔劇〕舞台の背景, 書割

fondamentale 形 1 基本〔根本〕的な, 最も重要な 2〔音〕根音, 基音の — 男 1〔音〕根音, 基音 2 基礎, 基本

fondamentalismo 男 1〔宗〕根本主義（20世紀初頭, 米国のプロテスタントによる, 聖書の記述のみを信仰の根本にする教義）2 原理主義

fondamentalista 形〔複[男 -i]〕〔宗〕根本主義（者）の; 原理主義（者）の — 男囡〔複[男 -i]〕〔宗〕根本主義者; 原理主義者

fondamentalmente 副 根本的に, 全く, 本来; 主として, 特に

fondamento 男〔複[1, 2 は le fondamenta, 3 は i fondamenti]〕1 基礎, 土台 2〔ヴェネツィア〕〔複数で〕運河沿いの道 3 根拠, 基本原理

fondant 男〔不変〕〔仏〕粉砂糖; フォンダン（ボンボン）

fondante 形 根本の, 基礎の

***fondare** [フォンダーレ] 他 1 基礎を築く 2 建設〔建立〕する 3 設立〔創設〕する 4 基礎を置く —**arsi** 再〈su〉…に基づく, …を根拠とする

fondatamente 副 正当に, 根拠を持って

fondatezza 囡 妥当性, 正当性, 有効性

fondato 形 根拠に基づく, 正当な理由のある

fondatore 男〔女[-trice]〕創設者, 創立者, 設立者, 発起人

fondazione 囡 1 創立, 建設 2 財団, 基金 3〔建〕基礎工事 4 基本理念

fondello 男 1 底の部分 2 ズボンの尻当て布 3（弾丸・砲弾の）弾底, 薬莢 4 〔複数で〕《口・諧》尻, 臀（でん）部

fondente 形 溶けやすい,（特に果肉が）口の中でとろけるような — 男 1 フォンダン（ボンボン）(fondant) 2〔冶〕融剤

fondere [55] 他〔過分 fuso〕1 溶かす 2 鋳造する 3（モーターなどを）焼きつかせる 4 併合〔合体〕する 5（色などを）混ぜる — 自 1 溶ける 2（モーターなどが）焼きつく —**ersi** 再 1 溶ける 2 混ざり合う, 一体になる, 合併する

fonderia 囡 鋳造, 鋳込み; 鋳造所, 鋳物工場

fondiario 形 不動産の, 地所の

fondibile 形 1 溶解できる, 溶けやすい 2 一体化しうる

fondina¹ 囡 ピストルのケース, ホルスター

fondina² 囡〔北伊〕スープ皿

fondista 男囡〔複[男 -i]〕1〔スポ〕（ノルディック種目の）距離競争の選手; 長距離走者 2（新聞の）論説委員

fonditore 男〔女[-trice]〕1〔工〕鋳物工, 鋳造者; 鋳物工場主 2〔印〕活字鋳造工

fonditrice 囡〔印〕活字鋳造機

***fondo** [フォンド] 男 1 底, 最下部 —il fondo del mare 海底 2 奥, 奥底 —il fondo dell'armadio タンスの奥 / dal fondo del cuore 心の底から 3（向かって）一番端 —in fondo alla strada [al corridoio] 道［廊下］の突き当たりに 4 飲み残した量 —un fondo di vino [caffè] ワイン［コーヒー］のかす〔澱（おり）〕 5 売れ残り, 残り物 6 背景, 下地 —camicetta di seta a fiori blu su fondo bianco 白地に青い花柄の絹のブラウス 7 地所, 土地（財産）—un fondo di alcuni ettari 数ヘクタールの土地 / fondo abbandonato 荒れ地 8 資金, 基金 —lavori sospesi per mancanza di fondi 資金不足で中断した工事 / istituire un fondo pro terremotati [alluvionati] 地震［水害］の被災者を救済するための基金を設立する 9〔スポ〕持久力; 5km 以上の長距離（特にスキーの距離競争） 10 論説, 社説(articolo di fondo) 11 兆と, ついに現れ —C'è un fondo di verità in quella storia. その話にはかすかな信憑（ぴょう）性がある. 12〔音〕（弦楽器の）裏板 —pozzo fondo 深い井戸 / piatto fondo 深皿 / notte fonda 深夜 ▶ **a fondo** 深く, とてもよく **andare a fondo** 沈む **dare fondo a…** …を消費する, 使い果たす **fino in fondo** 最後まで; 徹底的に **in fondo** 結局, 要するに **senza fondo** 底なしの, 果てしない **toccare il fondo di…** …の絶頂に達する, どん底に陥る

fondoschiena 男〔不変〕《口・諧》尻, 臀（でん）部

fondotinta 男〔不変〕（美容の）リキッドファンデーション

fondovalle 男〔複[fondivalle]〕谷底

fondue 囡〔不変〕〔仏・料〕フォンデュ

fonduta 囡 〔料〕フォンドゥータ（湯煎（せん）したチーズに生クリーム・卵黄を溶き混ぜ, パンをつけて食べるヴァッレ・ダオスタやピエモンテ地方の料理）, フォンデュ

fonema 男〔複[-i]〕〔言〕音素

fonematica 囡〔言〕音素論

fonendoscopio 男〔医〕聴診器

fonetica 囡〔言〕音声学; 音声体系;（特定言語の）音組織

fonetico 形〔複[男 -ci]〕音声〔発音〕の, 音声学の

-fonia 接尾 「音(の)」「声(の)」の意

fonico 形〔複[男 -ci]〕1 音の, 音声の, 発音の 2〔電子〕音波の — 男〔複[-ci]女[-a]〕〔映・放〕録音技師

-fonico 接尾 「音(の)」「声(の)」の意

fono-, -fono 接頭, 接尾 1「音(の)」「声(の)」の意 2「特定の言語を話す」の意

fonoassorbente 形〔建〕防音の, 吸音の

fonografico 形〔複〔男 -ci〕〕**1** レコードプレーヤー〔蓄音機〕の **2** 録音の **3**（話や議論が）機械的に繰り返される

fonografo 男 レコードプレーヤー、蓄音機

fonogramma 男〔複[-i]〕**1** 電話電報 **2**〔言〕表音文字

fonokit, fonokit 男〔不変〕（警察の）音声識別技術

fonologia 女〔言〕音韻論；音韻体系

fonomorfologico 形〔複〔男 -ci〕〕〔言〕音韻論と形態論に関する

fonosimbolismo 男〔言〕音象徴

fonosintattico 形〔複〔男 -ci〕〕音素配列論の

fonoteca 女 レコード〔録音テープなど〕の収集；レコード〔録音テープ〕資料館

font 男〔不変〕〔英・情・印〕フォント、書体

＊**fontana**〔フォンターナ〕女 噴水、噴水盤

fontanazzo 男（川の増水時）堤防の下部から流出する水

fontanella 女 **1**（道端や広場に設置された）水飲み器、水飲み場 **2** 小型の噴水；水の噴出 **3**〔解〕泉門、ひよめき（乳児の頭蓋骨の隙間）

Fontanesi 固名（男）（Antonio 〜）フォンタネージ（1818-82；イタリアの画家．1876年に来日、工部美術学校で洋画を教える）

fontaniere 男〔女[-a]〕**1** 水道の配管修理工 **2** 水飲み場の維持管理に当たる人

fontanile 男 **1**〔地質〕水源 **2**〔農〕取水口、水門 **3**（水飲み場・洗濯場として使われる）水槽

fonte 女 **1** 水源、泉 **2** 由来、原因 **3** 出所、情報源 **4**〔歴〕聖書 ―**ma** 洗礼盤（fonte battesimale）

fontina 女 フォンティーナ（ヴァッレ・ダオスタのチーズ）

football 男〔不変〕〔英・スポ〕サッカー、フットボール

footing 男〔不変〕〔英〕ジョギング

foracchiare 他〔io foracchio〕小穴をたくさん開ける、穴だらけにする

foracchiatura 女 穴だらけにすること

foraggiamento 男 **1** 飼料を与えること **2**《諧·蔑》資金供与

foraggiare 他〔io foraggio〕**1** 飼料を与える **2** 養う、育てる **3**《諧·蔑》資金を提供する

foraggio 男（主に草の）飼料

foraminifero 男〔動〕有孔虫

forania 女〔カト〕司教代理職（vicariato foraneo）

forapaglie 男〔不変〕〔鳥〕ヨシキリ

forapietre 男〔不変〕〔動〕アゲマキ

forare 他 **1** 穴をあける；穴を掘る、貫通させる **2** パンクさせる ―**arsi** 再 穴があく、パンクする

forasiepe 男〔不変〕〔鳥〕ミソサザイ (scricciolo)

forastico 形〔複〔男 -ci〕〕非社交的な、人付き合いの悪い

foratino 男 **1**〔複数で〕フォラティーニ（ブカティーニに似た穴あきパスタ）**2** 穴あきレンガ

foratore 形〔女[-trice]〕穴を開ける 一男 **1**〔女[-trice]〕穴を開ける人 **2** 穴を開ける道具

foratura 女 穴を開けること、穴 ―la *foratura* dei biglietti ferroviari 列車の切符のパンチ穴

＊**forbici**〔フォルビチ〕女複 **1** 鋏(はさ) **2**（カニ・サソリなどの）はさみ **3**〔スポ〕（体操の）両脚開閉；（高跳びの）挟み跳び；（レスリングの）挟み締め

forbiciaio 男〔女[-a]〕**1** 鋏(はさみ)を作る〔売る〕人 **2** 金属板切断工

forbiciata 女 **1**（はさみで）大ざっぱに切ること；はさみで切る〔刺す〕こと ―dare una *forbiciata* ai capelli 頭をざっと刈る **2**〔スポ〕（サッカー）はさみ跳びでボールを空中で蹴ること；（幅跳び・三段跳びで）すばやい両足の開閉；（走り高跳びの）挟み跳び；（重量挙げの）前後への開脚；（水泳の）ばた足

forbicina 女 **1** 小型のはさみ **2**〔虫〕ハサミムシ

forbire〔io -isco〕**1** きれいにする、清潔にする；（金属や食器を）磨く、つやを出す **2** 洗練する ―**irsi** 再 拭う

forbitezza 女 洗練、上品

forbito 形 **1** 洗練された、上品な；適切な、入念な **2** つやつやした、ぴかぴかした

forca 女 **1**（干し草用の）熊手 **2** 絞首台；絞首刑 ▶ *a forca* 二又に分かれた

forcata 女 **1** 熊手の一撃 **2**（藁(わら)などの）熊手一かきの量

forcella 女 **1** フォーク状のもの、二又状のもの ―la *forcella* della bicicletta 自転車のフォーク **2** 二股に分かれた枝〔幹〕 **3** ヘアピン **4** 山の鞍部、切り立った崖の山道 **5**〔鳥〕鳥の叉(また)骨 **6**〔トスカナ〕牛の胸肉 **7**〔船〕櫂(かい)受け **8**〔軍〕夾叉(きょうさ)射撃 **9**〔音〕クレッシェンド〔ディミヌエンド、デクレッシェンド〕記号

＊**forchetta**〔フォルケッタ〕女 フォーク ▶ *essere una buona forchetta* 大食漢である *parlare in punta di forchetta* もったいぶって話す

forchettata 女 **1**（食べ物の）フォーク一刺しの量 **2** フォークで突き刺すこと

forchettiera 女 フォーク入れ

forchettina 女 ケーキ用のフォーク

forchetto 男（高いところに物を吊るす）先が二股に分かれた棒

forchettone 男 **1** 大型のフォーク、カーヴィングフォーク（肉を切るときに押さえる二股のフォーク）**2**《蔑》悪徳政治家

forchino 男（三つ股で真ん中が長い）熊手

forcina 女 ヘアピン

forcing 男〔英・スポ〕（ボクシングの）ラッシュ；（サッカーで）猛攻

forcipe 男〔医〕鉗子(%)
forconata 女 熊手の一撃; (干し草などの)熊手一かきの量
forcone 男 (農作業や干し草集めに使う)熊手
forcuto 形 フォーク状の, 股に分かれた
forense 形 法廷の
*****foresta** [フォレスタ] 女 森林, 山林 —*foresta* vergine 原生[原始]林
forestale 形 森林の —la *Forestale* 森林監視隊 / guardia *forestale* 森林監視員

Foresta Nera 国名(女) シュバルツバルト(ドイツ南西部の景勝地)

foresteria 女 (修道院や寄宿舎の)客用宿泊施設; (会社の)出張用宿泊所; 短期滞在
forestierismo 男 〔言〕外来語, 借用語; 翻訳借用
forestiero 形 外国の, 異国の —男 〔女[-a]〕外国人, よそ者
forfait[1] 男〔不変〕〔仏〕請負契約, 請負金額
forfait[2] 男〔不変〕〔仏・スポ〕棄権, 出場取り消し
forfettario 形 請負の
forfettizzare 他 請負額を決める, 前もって料金[報酬]を決める
forfettizzazione 女 請負額を決めること
forficula 女〔虫〕ハサミムシ
forfora 女 (頭の)ふけ
forforoso 形 ふけの多い
forgia 女〔複[-ge]〕(鍛冶場の)炉, 鍛冶場
forgiabile 形 鍛造しうる
forgiabilità 女 鍛造できること
forgiare 他〔io forgio〕1〔冶〕(金属を)鍛える, 鍛造する 2 形作る, 成形する —*forgiare* il carattere 性格を形作る, 人格を陶冶する
forgiatore 男〔女[-trice]〕1 鍛冶屋 2 形作る人, 陶治する人
forgiatura 女 鍛造
foriero 形 1 予告する, 予言する 2 予感させる, 前兆となる, 胸騒ぎを覚えさせる

Forlì 国名(女) フォルリ(エミリア・ロマーニャ州の都市; 略 FO)

forlivese 形 フォルリ(の人)の —男女 フォルリの人
*****forma** [フォルマ] 女 1 形, 形状, 形態 —*a forma* di... …の形をした 2〔複数で〕体つき, 体格 3〔複数で〕(女性の体の)丸み 4 人影, 物影 5 型, 種類, タイプ 6 形式, 様式 7 (うわべの)形式, 見せかけ, 体裁 8 表現形式; 構成, 構造 9 礼儀, 作法, エチケット 10 (スポーツ選手の)調子, 体調, 健康状態 11 型, 流し型, 鋳型, 型枠, 成形されたチーズ 12〔言〕形, 態, 語形 13〔印〕組版 14〔哲〕形式, (プラトン哲学の)イデア, (アリストテレス哲学の)形相 15〔法〕手続き —形〔不変〕理想的な, 最善の ▶ *essere in [giù di] forma* 体調がすこぶるよい[すぐ

れない] *pro forma* 形式上で; 〔商〕見積もりの *sotto forma di...* …の形式をした
formabile 形 形成できる, 造形できる
formaggella 女 小型の丸いチーズ
formaggetta 女 1 小型の丸いチーズ 2〔船〕(帆柱や旗竿の先の)檣冠
formaggiaio 男〔女[-a]〕チーズ製造者, チーズ販売業者
formaggiera 女 (食卓に置く)粉チーズ入れ; チーズをのせる皿
formaggino 男 (個別包装された)小粒のチーズ
formaggio 男 チーズ
formaldeide 女〔化〕ホルムアルデヒド
formale 形 1 形式の, 名ばかりの, うわべだけの —La sua cortesia è solo *formale*. 彼の礼儀正しさはうわべだけだ。 2 正式の, 公式の; 儀礼にかなった —incontro *formale* tra uomini politici 政治家の公式会談 3 (言葉遣いが)型どおりの, 堅苦しい 4〔哲・論〕形式の 5〔数・論・言〕論理形式に合った
formalina 女〔化〕ホルマリン
formalismo 男 1 形式を厳格に遵守すること, 形式主義 2〔芸・哲・数〕形式主義 3〔文〕(1914-30, ロシアの)フォルマリズム
formalista 形〔複[男 -i]〕形式主義(者)の —男女〔複[男 -i]〕形式主義者, 形式論者
formalistico 形〔複[男 -ci]〕形式主義的な
formalità 女 1 正式手続き, 正規の手続きを踏むこと —Per ottenere il passaporto occorre sbrigare alcune *formalità*. パスポートを取るには急いで手続きをする必要がある。 2 (社会的な)慣例, 儀礼; 形式的[儀礼的]な行為
formalizzare 他 1 正式なものとする, 公認[承認]する 2〔論・数〕形式化する —*arsi* 再 1 (礼儀知らずだと)驚く, あきれる, 憤慨する 2 うやうやしく[丁重に]振る舞う
formalizzazione 女 正式なものとすること, 公認; 形式化
forma mentis 熟(女)〔ラ〕思考様式, 考え方
*****formare** [フォルマーレ] 他 1 形作る 2 教育する, 訓練する 3 組み立てる 4 創り出す 5 設立する —*arsi* 再 1 生じる, 形成される 2 成長する, 発展する; 成熟する
format 男〔不変〕〔英・放〕構成, 形式, フォーマット
formativo 形 形成する; 養成[育成]の; 人間形成の, 心を育む —男〔言〕語の形成要素
formato 形 1 (身体的・精神的に)成熟した 2 (体つきが)均整のとれた 3〔海〕(波が)荒れて高い —男 1 (紙・書籍などの)大きさ, 判型 —libro di *formato* tascabile 小本形 2〔印〕印刷用紙の大きさ —volume di *formato* atlantico アトランチコ判, 全紙(紙を折らない) / *for-*

formatore 形〔女[-trice]〕養成[育成]の，人間形成の ―男〔女[-trice]〕1〔美〕石膏で像の型をとる人 2〔工〕鋳型工 3 教育者

formatrice 女〔冶〕鋳型製造機；〔工〕押し出し機

formattare 他〔コン〕フォーマットする

formazione 女 1 形成 ―*formazione del Governo* 組閣 2 結成 3 教育，訓練 4〔軍〕(攻撃や守備の)隊形，(飛行機の)編隊 5〔スポ〕隊形，フォーメーション 6〔地質〕塁層 7〔植〕植物層

-forme 接尾「形」「…の形を持つ」の意

formella 女 1〈レンガ・陶器・大理石などの〉タイル，化粧板 2〈木を植えるための〉地面の穴

formica¹ 女 1〔虫〕アリ ―*mangiare come una formica* 小食である / *fare come la formica* 将来に備えて貯蓄する 2〔複数で〕チクチクする感じ，蟻(ぎ)走感 3〔解〕*avere le formiche alle gambe* 足がしびれる

formica² 女〔商標〕フォーマイカ(合成樹脂塗料)

formicaio 男 アリの巣；群衆，人込み

formicaleone 男〔虫〕ウスバカゲロウ，アリジゴク

formichiere 男〔動〕アリクイ

formico 形〔複[男 -ci]〕〔化〕蟻(ぎ)酸の，メタン酸の

formicolare 自〔io formicolo〕1 大勢群がる，山ほどある ―*La piazza formicolava di gente.* 広場は人でごった返していた。2〔es〕しびれが切れる ―*Mi formicola un piede.* 足がしびれる。/ *Il braccio formicola.* 腕がしびれる。

formicolio 男 1 チクチクしたしびれ，蟻(ぎ)走感 2 雑踏，混雑

formidabile 形 1 ものすごい，とてつもない，抜群の 2 非常に強い

Formosa 固名(女) 台湾，美麗島

formoso 形 豊満な，スタイルのよい；美麗な

*__formula__ [フォルムラ] 女 1 (呪文や誓詞のような)決まり文句，定型文，常套(じょう)句 2 標語，信条 3 製法，処方，調理法 4 基準，原則 5〔数〕公式 6〔化〕化学式 7 (競技の)大会規約 ―*Formula uno* F1(フォーミュラ 1)

formulabile 形 表現できる，言い表せる

formulare¹ 他 1 (定型表現[決まり文句]で)述べる ―*formulare il giuramento in tribunale* 法廷で宣誓を述べる 2 表現する，表す

formulare² 形 定型表現[決まり文句]で述べられた

formulario 男 1 規則集，公式集 2 申し込み[申請]用紙

formulazione 女 述べること，表すこと，表現，表明

fornace 女 1〈レンガなどの〉窯(かま) 2 (蒸し風呂のような)場所

fornaciaio 男〔女[-a]〕窯[炉，レンガ工場]の所有者；窯[炉，レンガ工場]の工員

fornaio 男 1〔女[-a]〕パン職人；パン屋，パン屋の主人 2〔鳥〕カマドドリ，ジアメリカムシクイ

fornellata 女 燃料(特に石炭)の量

fornello 男 1 コンロ，レンジ，ホットプレート 2 (パイプの)火皿

fornibile 形 供給しうる，納入できる

fornicare 自〔io fornico〕1 密通する，姦(かん)淫する 2 内通する，秘密の関係を持つ

fornicatore 形〔女[-trice]〕密通する；内通する ―男〔女[-trice]〕密通者；内通者

fornicatorio 形 1 密通の，不義の，姦(かん)淫の 2 内通した；裏切りの，背信の

fornicazione 女 1 密通，姦(かん)淫 2 内通；裏切り，背信

fornice 男 1〔建〕筒形穹窿(きゅうりゅう)，半円筒天井 2〔解〕円蓋，脳弓

fornimento 男 1 供給，支給，補給；支給物，補給品，備品，調度品，装飾品 2 (剣の)握りの部分；(銃の)銃身を銃床につなぐ箇所

__fornire__ [フォルニーレ] 他〔io -isco〕1 供給する，支給する 2 (備品などを)備える 3〔官庁用語で〕見せる，提示する ―-irsi* 再〔di〕…を調達する，入手する ―*fornirsi dell'occorrente* 必要なものを揃える

fornito 形 1〔di〕…を備えた；必要なものが揃っている，品揃えが豊富な 2〔ben fornito で〕〔隠〕(男性が)性力絶倫の，(女性が)ぴちぴちした

fornitore 男〔女[-trice]〕調達業者，卸業者，(電気・ガス・電信などの)供給業者 ―形〔女[-trice]〕供給する

fornitura 女 供給，支給，補給，納入；供給品，納入品，支給品，備品

forno 男 1 (パンやピッツァを焼く)窯(かま)；オーブン 2 パン屋，パンの一業分 3 非常に暑い場所 4〔謔〕大きく開いた口 5 (劇場などの)不入り 6 炉，溶鉱炉 7〔医〕温熱療法 ▶*al forno* オーブンで焼いた

foro¹ 男 1 (古代ローマの)公共[中央]広場 2〔法〕法廷 3〔口〕弁護士業；弁護士団

foro² 男 1 穴 2 (銃などによる)傷

-foro 接尾「運ぶ」「支える」「生む」の意

forra 女 峡谷，山峡，渓谷

*__forse__ [フォルセ] 副 1 おそらく，たぶん ―*Forse domenica parto per le vacanze.* たぶん日曜日にバカンスに出かけるだろう。2〔疑問文で〕まさか…では；〔否定の疑問文で〕ひょっとして，もしかすると ―*Non è forse vero?* ひょっとしたら本当ではないのか？/ *Pensi forse che sia colpa mia?* まさか私のせいだと思っているの

か？ 3 〔数詞を従えて〕およそ、だいたい — Saranno *forse* le tre. 3時ごろだろう。 ―男 〔不変〕疑わしさ、疑念、不明確 ▶ essere in forse ためらう、確実でない *forse* (*che*) *si*, *forse* (*che*) *no* そうかも、そうではないかも

forsennatezza 女 狂気、精神錯乱

forsennato 形 常軌を逸した、狂った ―男 〔女[-a]〕狂人

forsythia 女 〔植〕レンギョウ

***forte** [フォルテ] 形 1 強い ―*uomo forte* 頑強な人／*sesso forte* 男性 2 激しい、きつい ―*forte temporale* 強烈な嵐／*forte* bevitore [fumatore] 大酒飲み[ヘビースモーカー] 3 丈夫な、長持ちする ―*tessuto forte* 丈夫な布 4 能力のある、得意な ―*essere forte* in inglese 英語が得意だ 5 かなりの、相当な ―*forte* somma di denaro 大金 6〔言〕強変化の 7〔言〕硬音の 8〔言〕強勢のある 9《口》感じのいい、愉快な、かっこいい ―副 1 力強く 2 激しく 3 大声で 4 フルスピードで 5〔動詞・形容詞の後で〕非常に、とても、大いに、大量に 6〔音〕強く ―男 1〔単数のみ〕(科目や種目の)得意 2 要塞 3〔単数のみ〕辛味；嫌な味 (意志の)強い人、強者 5〔単数のみ〕主力、主要部分 6〔不変〕〔音〕フォルテ ▶ *farsi forte di...* (自分の能力や強みを)信頼する、あてにする

fortemente 副 1 強く、力を込めて、激しく、熱烈に 2 とても、非常に

fortezza 女 1 砦(とりで)、要塞、城砦(じょうさい)、堡塁(ほうるい) ―*fortezza* volante 空飛ぶ要塞(第二次世界大戦の米国爆撃機B-17) 2〔服〕(表地と裏地の間に入れる)当て布 3〔神学〕剛毅(四つの枢要徳の一つ) 4 体力、耐久性、(困難に耐える)精神力 5〔船〕帆の補強布

fortificabile 形 強化しうる、防備を固めうる

fortificante 形 (薬が)強壮にする、元気にさせる

fortificare 他 〔io fortifico〕 1 (体・精神を)鍛える、強くする 2 要塞化する、堡塁(ほうるい)を築く ―**arsi** 再 1 (体・精神が)強くなる 2 (軍隊が)防備を固める

fortificato 形 要塞化した、防備を調えた

fortificatorio 形 強化のための、要塞化の

fortificazione 女 1 強化、鍛錬 2 防衛強化[施設]、要塞の建設；要塞、砦(とりで)

fortilizio 男 小さな要塞

fortino 男 小要塞、トーチカ

fortissimo 副 〔音〕きわめて強く ―男 〔音〕フォルティッシモ

fortuito, fortùito 形 予期せぬ、偶然の、思いがけない

***fortuna** [フォルトゥーナ] 女 1 運、運命 ―Buona *fortuna*! 幸運を祈ります。 2 幸運 3 財産、富 4 成功、大当たり 5 (芸術作品の)評価の変遷 ▶ *avere fortuna* 運のよい、ついている *di fortuna* 応急の、一時しのぎの *fare fortuna* 金持ちになる、立身出世する *per fortuna* 幸い、運よく *portare fortuna* 縁起がよい、ツキを呼ぶ

fortunale 男 強風、大風、疾風；大しけ

fortunatamente 副 幸い、運よく

fortunatissimo 形 〔挨拶で〕はじめまして、お目にかかれて幸いです

***fortunato** [フォルトゥナート] 形 幸運な、ラッキーな、ついている

fortunello 男 〔女[-a]〕非常に運のいい、ついている人

fortunoso 形 1 波乱に富んだ、多難な 2 偶然に恵まれた、まぐれ当たりの

forum 男 〔不変〕 1〔英〕公開討論会、(テレビの)討論番組、座談会 2 公共広場

foruncolo 男 〔医〕癤(せつ)、ねぶと

foruncoloso 形 癤(せつ)の多い

forviare → fuorviare

***forza** [フォルツァ] 女 1 力、強さ、体力 ―avere *forza* nelle braccia 腕力がある 2 (精神の)強さ、気力、元気、勇気 ―*forza* d'animo 精神力 3〔複数で〕能力、才能、天分 4〔複数で〕経済力 5 激しさ、勢い、強さ ―*forza* della natura 自然の猛威／*forza* d'urto 衝撃力 6 暴力、横暴 7 効果、効力 8 軍隊、警察 ―*forze* armate 国軍／*forze* di pace dell'ONU 国連平和維持軍／*forza* pubblica 警察の治安部隊 9 勢力 10〔物〕力；強度 ▶ *a forza di...* …の甲斐あって、…の挙句 *a tutta forza* 全速力で、力いっぱい *Bella forza!* 《諺》そりゃすごい。 *fare forza a...* …に無理強いする *fare forza su...* 力を込めて…を開ける[押す] *farsi forza* (くじけずに)頑張る、(怒らずに)我慢する *Forza!* 元気出して。｜頑張れ。 *forza maggiore* 不可抗力 *per amore o per forza* 好むと好まざるにかかわず、いやでも応でも *per forza* 当然、否応なしに、いやいや

forzabile 形 1 無理に開けうる、こじ開けうる ―serratura difficilmente *forzabile* 容易には開けられない錠前 2 乗り越えうる、打倒しうる、克服しうる

Forza Italia 固名(女) フォルツァ・イタリア(1994年～2009年に存在した政党の名前)

***forzare** [フォルツァーレ] 他 1 力ずくで押し込む 2 無理やり開ける、こじ開ける 3 無理やりさせる、強要する 4 目一杯働かせる、振り絞る 5 (速度を)速める 6 こじつける、(意味を)曲げる 7 目強姦(ごうかん)する ―自 1 きつすぎる、締めつける ―Questo abito *forza* un po' in vita. この服は腰回りがちょっときつい。 2 強く押す ―**arsi** 再 1 努力する、頑張る； (a) 努力して…する、…するよう努める ▶ *forzare la mano a...* …に無理にさせる

forzatamente 副 1 無理やり、強引に 2 しかたなく、強いられて、不自然に

forzato 形 1 無理やりの、不自然な 2 強制された ―lavori *forzati* 強制労働 3 やむをえない 4 こじつけの、曲解した 5〔音〕はっきりと強調して ―男 〔女[-a]〕

強制労働の受刑者

forzatura 囡 1 こじ開けること 2 こじつけの解釈［主張］ 3 促成栽培 4〔音声・楽器〕を通常の音域を越えて出す[奏する]こと

forziere 男〔昔，お金や貴重品を入れた錠つきの箱［長持ち］

forzista 形〔複[男 -i]〕フォルツァ・イタリアの，フォルツァ・イタリア党員の ―男女〔複[男 -i]〕フォルツァ・イタリア党員[支持者]

forzoso 形〔法・経〕法律で義務付けられた

forzuto 形〔諧〕体力のある，馬鹿力の，頑健な

Fosca 固名〔女性名〕フォスカ

foschia 囡〔靄(もや)・霧・煙などで〕薄暗くなること

fosco 形〔複[男 -chi]〕 1 黒っぽい，（色合いが）くすんだ —fosche nubi 灰色の雲 2 暗い，闇の —notte fosca 暗闇 3 曇った，黒ずけた —cielo fosco 曇り空 4〔目つきなどが〕険しい，恐ろしい —aspetto fosco 恐ろしい形相 5〔未来が〕不確かな，不吉な，縁起の悪い —futuro avvenire 予測のつかない将来 6 悲しい，否定的な —pensieri foschi 悲観的な考え

foscoliano 形〔文〕フォスコロの，フォスコロの文学作品の

Foscolo 固名(男)〔Ugo ~〕フォスコロ（1778-1827;イタリアの詩人・小説家）

fosfato 男〔化〕リン酸塩

fosfene 男〔複数で〕〔医〕光視力，眼内閃(せん)光

fosfina 囡〔化〕ホスフィン

fosfito 男〔化〕亜リン酸塩

fosforare 他〔io fosforo〕〔化〕リンと化合させる

fosforeggiare 自〔io fosforeggio〕燐(りん)光を発する；青光りする

fosforeo 形 リンの；燐(りん)光を発する

fosforescente 形 青白い光を発する

fosforescenza 囡 1〔物〕燐(りん)光（を発すること），青光りすること 2 きらめくこと，きらきら光ること 3〔複数で〕閃(せん)光

fosforo 男 1〔化〕リン〔元素記号 P〕 2《口》才能，知能，理解力，頭脳明晰 — avere fosforo 頭がよい 3《口》マッチ

fosgene 男〔化〕ホスゲン

fossa 囡 1〔自然の〕穴，くぼみ 2〔掘った〕穴，溝 3 墓穴 4〔解〕窩(か) 5〔地・地〕海溝(fossa oceanica) ► avere [essere con] un piede nella fossa 死にかけている scavarsi la fossa con le proprie mani 自ら墓穴を掘る，身を滅ぼす

Fossa del Giappone 固名(女) 日本海溝

Fossa delle Filippine 固名(女) フィリピン海溝，ミンダナオ海溝

fossato 男 1 溝，排水溝 2〔主に城などの〕堀，濠(ごう)

fosse essere の接・半過・3 単

fossetta 囡 顎(あご)のくぼみ；〔複数で〕えくぼ

fossi essere の接・半過・1 単[2 単]

fossile 形 1 化石の —carbone fossile 石炭 2 時代遅れの，旧弊な —男 1 化石 2 時代遅れの人［もの］ 3〔言〕化石語(成句や方言などにしか残っていない)

fossilizzare 他 1〔生物〕化石化する 2 固定化させる，停滞させる，進歩を止める —fossilizzare un rapporto 関係を硬直化させる —arsi 再 1 化石化する，化石になる 2 固定化する；時代遅れになる，進歩が止まる

fossilizzazione 囡 1〔生物〕化石化 2 時代遅れ

fosso 男 1〔主に排水や灌漑(かんがい)用の〕水路 2〔城などの〕堀，濠(ごう)

foste essere の直・遠過・2 複；接・半過・2 複

fosti essere の直・遠過・2 単

fot 男〔不変〕〔物〕ホト，フォト(照度の単位; 略 ph)

foto 囡〔不変〕fotografia の略

foto-, -foto 接頭, 接尾〔光(の)」の意

foto- 接頭「写真(の)」の意

fotoallergia 囡〔医〕太陽光線アレルギー

fotoamatore 男〔女[-trice]〕写真愛好家，アマチュアカメラマン

fotocalcografia 囡〔印〕写真製版(法)

fotocellula 囡〔電〕光電管，光電池，光電セル

fotochimica 囡〔化〕光化学

fotocolor 男〔不変〕〔写〕カラー写真

fotocomporre 79 他〔過分 fotocomposto〕〔印〕写真植字する

fotocomposizione 囡〔印〕写真植字；写真植字所

fotoconduttività 囡〔物〕光伝導性

fotocopia 囡 1 コピー，写真複写 — fotocopia a colori カラーコピー 2 非常によく似た人[もの]

fotocopiare 他〔io fotocopio〕写真複写する，コピーする

fotocopiatrice 囡 コピー機，写真複写機

fotocopiatura 囡 写真複写，コピー

fotocromatico 形〔複[男 -ci]〕〔物〕光発色性の，光互変性の

fotocronaca 囡 写真ルポルタージュ(reportage fotografico)

fotocronista 男女〔複[男 -i]〕報道カメラマン

fotoelasticità 囡〔物〕光弾性

fotoelettricità 囡〔物〕光電(効果)；光電子工学

fotoelettrico 形〔複[男 -ci]〕光電子の

fotofinish 男〔不変〕（ゴールの）写真判定(photo finish)

fotofit → fotokit

fotogenesi 囡〔生物〕発光

fotogenia → fotogenicità

fotogenicità 囡 写真写りのよさ

fotogenico 形〔複[男 -ci]〕写真写りのよい

fotogiornale 男 フォトジャーナル, グラフ

fotografare 他〔io fotografo〕**1** 撮影する, カメラで撮る **2** 精density表現［描写］する

＊fotografia ［フォトグラフィーア］ 女 **1** 写真; 写真術 —*fotografia* in bianco e nero [a colori] 白黒［カラー］写真 **2** 忠実で鮮明な表現［描写］ **3** (他人に)よく似た人

fotografico 形〔複[男 -ci]〕**1** 写真の —*macchina fotografica* カメラ **2** 写実的な, 詳細で鮮明な

fotografo 〔女[-a]〕カメラマン, 写真家

fotogramma 男〔複[-i]〕**1**〔写・映〕(フィルムの)コマ **2**〔写〕フォトグラム(印画紙の上に直接ものを置き, 露光させる技法)

fotoincisione 女〔印〕写真製版, グラビア印刷; 写真製版物, グラビア

fotokit, fotokìt 男〔不変〕(主に犯人の)モンタージュ写真

fotolaboratorio 男 現像室

fotolişi, fotolìşi 女〔不変〕〔生化〕光分解

fotolitico 形〔複[男 -ci]〕〔生化〕光分解の

fotomeccanica 女〔印〕写真製版

fotomeccanico 形〔複[男 -ci]〕写真製版の

fotometria 女〔物・化〕光度測定, 測光

fotometrico 形〔複[男 -ci]〕〔物・化〕光度測定の

fotometro 男 **1**〔物〕光度計, 測光器 **2**〔写・光〕露出計

fotomodello 〔女[-a]〕(写真の)モデル

fotomontaggio 男 合成写真, フォトモンタージュ

fotoreportage 男〔不変〕写真ルポルタージュ(reportage fotografico)

fotoreporter 男女〔不変〕報道カメラマン

fotoriproduzione 女 写真複写(物)

fotoromanzo 男 フォトロマンゾ(写真を多く使った劇画風の短編小説)

fotosafari 男〔不変〕(アフリカでの)動物写真撮影ツアー

fotosfera 女〔天〕(太陽・星などの)光球

fotoşinteşi 女〔不変〕〔化〕光による化学変化, 光合成 —*fotoşinteşi* clorofilliana〔生化・植〕光合成

fotostatico 形〔複[男 -ci]〕 フォトスタットの, 写真複写の

fototattişmo 男〔生物〕光走性

fototeca 女 フォトライブラリー, 写真資料館

fototelegrafia 女〔通信〕写真電送

fototelegrafico 形〔複[男 -ci]〕写真電送の

fototerapia 女〔医〕光線療法

fototessera 女 証明写真

fototipia 女〔印〕フォトタイプ, 写真凸版法

fototropişmo 男〔生物〕屈光性, 光屈性

fottere 他 **1**〔俗〕性的に支配する **2**〔俗〕だます, 欺く, かたる **3** 盗む, 奪う —自〔俗〕性交する, セックスする —**ersi** 再 **1** 無視する, 気にしない, 軽蔑する **2** (自分に)災難を招く, 墓穴を掘る ▶ **fottersene** 無視する, 関心を持たない / *Me ne fotto di lui*. 彼のことは気にしない.

fottio 男 **1**〔俗〕大量, 多量 **2**〔不定冠詞の後で副詞的に〕とても, 非常に —*Andare in discoteca mi piace un fottio*. 私はディスコに行くのが大好きだ. **3** 耐え難い大騒ぎ, 馬鹿騒ぎ

foulard 男〔不変〕〔仏〕**1** 薄絹 **2** スカーフ, ネッカチーフ

foularino 男〔不変〕小判のスカーフ

fox terrier 國[男]〔英〕フォックステリア(愛玩犬の一種)

fox-trot 男〔不変〕〔英〕フォックストロット(ラグタイムなどの曲で踊る社交ダンスのステップ及びリズム)

foyer 男〔不変〕〔仏〕劇場のロビー, ホワイエ

＊fra¹ ［フラ］ 前 **1** …の間に[で] —*Fra la camera e la cucina c'è il bagno*. 部屋と台所の間に洗面所がある. **2** …のうちで —*Il migliore fra di noi è Carlo*. 僕らのうちで一番優秀なのはカルロだ. **3** (今から)…後に —*Fra una settimana parto per la Francia*. 1週間後にフランスへ発つ. **4** (ある場所から)先に —*Fra cento metri c'è casa mia*. 100メートル先に私の家がある. ▶ **fra l'altro** とりわけ; そのうえ **fra me e me** 自分の心の中で **fra poco** もうすぐ, まもなく **fra tutto [tutti]** 全体で **parlare fra i denti** ぼそぼそ言う **parlare fra sé** 独り言を言う

fra² 男〔*frate* の語尾切断形〕修道士

fra- 腰飾〔「間に」の意

Fra' Angèlico 固名[男] フラ・アンジェリコ(1387?-1455; イタリアの画家. Beato Angelico とも. 本名 Guido di Pietro)

frac 男〔不変〕〔仏〕フロックコート, 燕(え)尾服

fracassare 他 **1** 粉砕する, 打ち壊す **2** 傷める, 悪い状態にする —*fracassare le ossa a...* …をひどく殴る —**arsi** 再 **1** 骨折する **2** 割れる, 砕ける, 壊れる

fracassato 形 **1** 破壊された **2** 疲れ果てた

fracassatore 〔女[-trice]〕砕く, 壊す, 傷める —男〔女[-trice]〕破壊者, 打ち砕く物

fracassio 男 **1** 粉砕, 破壊;〔集称的〕壊れた物 **2** 混乱, 無秩序 **3** (物が壊れるときの)ガシャン［ガラガラ］という音; しつこい騒音 **4** 大勢が声を上げて騒ぐこと

fracasso 男 **1** (何かが壊れる)大きな音

2 大騒ぎ, 大混乱 —fare *fracasso* 騒ぎ立てる《口》大暴れ, 多量

fracassone 男〔女[-a]〕**1**（しょっちゅう物を壊す）不器用な人, そこつ者 **2** 騒がしい人, やかましい人

fradicio 形〔複[女 -cie, -ce]〕**1** 腐った **2** 堕落した **3**（特に濡(ぬ)れた[酔った]状態を強調して）—bagnato *fradicio* ずぶ濡れの／ubriaco *fradicio* へべれけの, ぐでんぐでんの —男 **1** 腐った部分 **2** 腐敗, 堕落 **3** ぬかるみ

fradiciume 男〔総称的〕**1** 腐った物, 腐敗物 **2** 堕落, 汚職 **3** 湿った場所

fragile 形 **1** 壊れやすい **2** 虚弱な **3** 意志の弱い, 言いなりになる **4** はかない, かすかな **5** 内容に乏しい, 中身のない **6**（荷物の表記）ワレモノ

fragilità 女 **1** 壊れやすさ, もろさ **2** 虚弱, 病弱, 精神のもろさ **3** 不確実さ, 脆(ぜい)弱さ, 薄弱, 不十分

fragola 女〔植〕イチゴ —男〔不変〕イチゴの赤色 —形〔不変〕イチゴ色の —maglia color *fragola* 赤のセーター

fragolaia → fragoleto

fragolaio 男〔女[-a]〕イチゴを売る人

fragoleto 男 イチゴ畑

fragolino 形（色・形が）イチゴに似た —男 フラゴリーノ（アメリカブドウ uva fragola で作るワイン）

fragore 男 **1** 轟(とどろ)き音, 耳をつんざくような音 —il *fragore* del tuono 雷鳴のとどろき **2** 強い関心, 反響, 非難

fragoroso 形 **1** 大きな音を立てる **2** すさまじい, 反響を呼ぶ, 際立った

fragrante 形 いい匂いがする, かぐわしい

fragranza 女 芳香, かぐわしさ

fraintendere [117] 他〔過分 frainteso〕勘違いする; 誤った解釈をする —ersi 再（互いに）誤解する, 思い込む

fraintendimento 男 誤解, 思い違い, 取り違い

fraintese fraintendere の直・遠過・3 単

frainteso 形〔過分＜ fraintendere〕誤解した, 勘違いした —男 誤解, 思い違い

framboise 女〔不変〕〔仏〕ラズベリー, 木イチゴ; 木イチゴの蒸留酒[シロップ] —男〔不変〕濃赤色（ラズベリーの色） —形〔不変〕濃赤色の

frammentare 他（細かく）分割する, 断片化する —arsi 再 断片となる, 断片[細分]化する, ばらばらになる

frammentarietà 女 まとまりのなさ, 断片的なこと

frammentario 形 **1** 断片的な, ばらばらの **2**（議論や文章などの）一貫性のない, まとまりを欠いた

frammentato 形 **1** 断片から成る **2** まとまりのない, 首尾一貫しない

frammentazione 女 **1** 断片化, 破砕 **2**〔生物〕分裂

frammentismo 男〔文〕フラメンティズモ（短く鋭い表現を最高のものとする 20 世紀初頭イタリアの文芸思潮）

frammento 男 **1** 断片, 破片, かけら **2**（文学作品の）断片, 一節 **3**〔文〕フラメンティズモの短詩［叙情的散文］

frammesso 形〔過分＜ frammettere〕間に置かれた, 挿入された —男 挿入物

frammettere [65] 他 間に置く, 挿入する —ersi 再 間に入る, 介入する, 干渉する

frammezzare 他（別種のものを）差し挟む, 挿入する

frammischiare 他〔io frammischio〕混ぜる, 混合する —arsi 再 混ざる, 加わる

frammise frammettere の直・遠過・3 単

frammisto 形 混ざった, 混じり合った

frana 女 **1** 山崩れ, 地滑り **2** 崩れ落ちたもの **3** 崩壊, 暴落 **4** 悲惨, お手上げ **5**〔諸〕役立たず, 能無し, だめな人

franabile 形 地滑りする, 崩落しうる

franare 自 [es] **1** 地滑りする, (土砂や岩が)崩落する **2** 崩れる, つぶれる **3** 失敗する, ついえる

Franca 固名〔女性名〕フランカ

francamente 副 **1** 率直に, まじめに **2** 正直に言って, はっきり言って

Francesca 固名〔女性名〕フランチェスカ

francescana 女〔カト〕女子フランチェスコ会の修道女

francescanesimo 男 **1**〔カト〕（清貧を旨とする）聖フランチェスコの宗教運動 **2** 聖フランチェスコの精神性

francescano 形 **1**〔カト〕聖フランチェスコの; フランチェスコ会の, フランチェスコ会に属する **2** 質素な, 節制した, 粗衣の —男〔女[-a]〕フランチェスコ会の修道士

Francesco 固名（男）**1**〔男性名〕フランチェスコ **2**（～ I）フランソア 1 世（1494-1547; フランス王: 在位 1515-47）**3**（San ～ d'Assisi）アッシジのフランチェスコ（1181-1226; イタリアの聖人, フランチェスコ修道会を設立）

⁑francese [フランチェーゼ, フランチェーセ] 形 フランスの; フランス人[語]の —男女 フランス人 —男〔単数のみ〕フランス語

franceseggiare 自〔io franceseggio〕**1** フランス風を好む, フランス人をまねる **2** フランス語表現を多用する

franceseria 女〔蔑〕フランス趣味のひけらかし, フランスかぶれ

francesismo 男〔言〕(他言語に入った)フランス語特有の語法[表現] (gallicismo)

francesista 男女〔複[男 -i]〕（言語・文学・歴史などの領域における）フランス研究の専門家

francesizzare 他 フランス風にする, フランス語風にする —arsi 再 フランス風になる; フランス語化する

francesizzazione 女 フランス風にす

る[なる]こと
franchezza 囡 **1** 率直さ, 誠実さ, まじめさ **2** 無遠慮, 厚かましさ, ずうずうしさ
franchigia 囡〖複 -gie, -ge〗**1** 免除, 特権 **2**〖船員に対する〗上陸許可
franchising 男〖不変〗〖英・商〗フランチャイズ
Francia 固名(女) フランス
Franco 固名〖男性名〗フランコ
franco¹ 形〖複[男 -chi]〗**1** 素直な, 誠実な, 率直な **2**(規制のない)自由な **3** のびのびした, 屈託のない **4** 無関税の, 無料の —porto *franco* 自由港 / *franco* a bordo 積み渡し値段で, 本船渡しで(FOB) / *franco* a domicilio 配達無料で —副 率直に, 本音で ▶ *farla franca* 無事に逃れる, 罪を免れる
franco² 形〖複[-chi]〗**1**〖歴〗フランク族の **2**〖歴〗(十字軍の時代にギリシャ・トルコ・アラブから見た)キリスト教徒の **3** フランスの —男〖-chi〗囡[-a]〖歴〗〖複数で〗フランク族の人 **2**〖歴〗(十字軍の時代にギリシャ・トルコ・アラブから見た)キリスト教徒 —形〖言〗リングア・フランカ(地中海沿岸の港町で話された, ロマンス諸語とアラビア語やギリシャ語との混成語); 共通語, 通商語
franco³ 男〖複[-chi]〗**1** フラン(フランスやベルギーなどのかつての貨幣単位) **2**〈口〉リラ
franco- 接頭「フランス(人)の」の意
***francobollo**〖フランコボッロ〗男 郵便切手 —tre *francobolli* da ottanta yen 80円切手3枚
francofilia 囡 フランスびいき
francofilo 形 フランス(人)びいきの —男〖女[-a]〗フランス(人)びいきの人, 親仏家
francofobia 囡 フランス(人)嫌い
francofobo 形 フランス(人)嫌いの —男〖女[-a]〗フランス(人)嫌いの人
francofono 形 フランス語を話す; フランス語圏の —男〖女[-a]〗フランス語を話す人
Francoforte (sul Meno) 固名 (女) フランクフルト(アムマイン)
francolino 男〖鳥〗シャコ
francone, francone 形〖歴〗フランク人の; フランケン地方の; フランコニア語の —男〖単数のみ〗フランコニア語
francoprovenzale 男〖言・文〗フランコ・プロヴァンス語 —形〖言・文〗フランコ・プロヴァンス語の
frangente 男 **1** (打ち寄せ)砕ける波, 白波 **2** 苦境, 窮地, 非常事態
frangere [56] 他〖過分 franto〗壊す, 粉々にする —ersi 再 (波が)砕け散る
frangetta 囡 (額にかかる)短い前髪
frangia 囡〖複 -ge〗**1** 房飾り, フリンジ **2** (額が隠れるように)水平に切り揃えた前髪, バング **3** 潤色, 文飾 **4**〖政〗非主流派, 過激派 **5**〖光〗(干渉や回折による明暗の)縞
frangiare 他 [io frangio] 房で飾る
frangiatura 囡 房飾りをつけること; 房飾り
frangibile 形 壊れやすい, もろい
frangibilità 囡 壊れやすさ, もろさ
frangifiamma 男〖不変〗(台所用コンロの炎を均一にする)金網
frangiflutti 男〖不変〗防波堤 —形 防波堤の
frangionde → frangiflutti
frangipane 男〖植〗プルメリア
frangisole 男〖不変〗(建物の外部に設置する)ブラインド型の日よけ, ヴェネツィアン・ブラインド
frangitura 囡 **1**〖農〗オリーブ絞り, オリーブ絞りの時期 **2**〖農〗(穀物などを)挽(ひ)くこと; 土くれを崩すこと
frangivalanghe 男〖不変〗雪崩(なだれ)防止柵
franglais 男〖不変〗〖仏〗〖皮肉で〗(特に第二次世界大戦以降, 英語からフランス語に入った)新語
frangola 囡〖植〗クロウメモドキ
frankfurter 男〖不変〗〖独〗フランクフルトソーセージ
franoso 形 地滑り[山崩れ]しやすい
franse frangere の直・遠過・3単
franto frangere の過分
frantoio 男 **1** (特にオリーブの)圧搾機, 搾油機; 搾油工場 **2** 粉砕機, 砕石機
frantumare 他 粉々にする, 砕く —arsi 再 粉々になる, 砕ける
frantumato 形 粉々になった, 砕けた
frantumazione 囡 粉砕すること; (特に鉱物の)砕石
frantume 男〖複数で〗破片 —andare [mandare] in *frantumi* 粉々になる[する]
frappa 囡 **1**〖中伊〗〖複数で〗フラッペ(砂糖をまぶした揚げ菓子) **2**〖美〗葉飾り
frappè 形 (飲み物が)カキ氷と撹拌(かくはん)した —男〖不変〗フラッペ
frappone frapporre の直・遠過・2単
frapporre [79] 他〖過分 frapposto〗間に挟む, 差し入れる —orsi 再 (人が)介入する, とりなす; (物が)妨害する, 邪魔する
frappose frapporre の直・遠過・3単
frapposizione 囡 間に挟むこと, 挿入
frapposto 形〖過分 < frapporre〗間に挟まれた, 挿入された
frasale 形〖言〗文の
frasario 男 **1** ある人特有の言葉遣い, 仲間言葉, 同一集団の専門用語 **2**〖文〗名言集, 成句集
frasca 囡 **1** 葉の茂った枝 **2** 軽薄な人, 浮気女 **3**〖複数で〗気まぐれ, むら気 **4**〖複数で〗馬鹿話, たわごと, 戯言, 粉飾, 文飾 **5** (飲用の)小枝; (養蚕で)蔟(まぶし)に入れる小枝 ▶ *saltare di palo in frasca* (脈絡なく)急に話題を変える
frascame 男〖総称的〗葉の茂った枝
frascatano 形 フラスカーティ(の人)の

Frascati —男〔女 [-a]〕フラスカーティの人
Frascati 固名(女) フラスカーティ(ラツィオ州ローマ県の町)
frascati 男〔不変〕フラスカーティ(カステッリ・ロマーニ地域の白ワイン)
frascato 男 木の枝の覆い,木の枝で覆った住み処
frascheggiare 自〔io frascheggio〕1 (木の葉が)さらさらいう 2 軽率に振る舞う 3 ほらを吹く,でまかせを言う
fraschetta 女 1 小枝 2 軽薄な女,移り気な女 3〔印〕(手動印刷機で紙を固定する)チンパン
frascone 男 1 葉の茂った大枝 2 (燃やすための)枝の束 3〔船〕横静索に固定された大きな滑車
frascume 男 1 大量の枝 2 (言葉遣い[文体]の)過剰装飾
*__frase__ [フラーゼ] 女 1 (一区切りの)文章 2 言葉遣い,表現,句,成句 —*frase idiomatica* 慣用句,成句 / *frase fatta* 決まり文句 3〔音〕楽句,フレーズ
fraseggiamento 男 1 (特定の文体と構成で)文を組み立てること 2〔蔑〕美辞麗句を並べること 3〔音〕楽句に分け,それぞれの表現を際立たせること
fraseggiare 他〔io fraseggio〕1 文を組み立てる 2〔蔑〕美辞麗句を並べる 3〔音〕楽句に分ける
fraseggiatore 男〔女 [-trice]〕 1 (特定の文体と構成で)文を組み立てる人 2〔蔑〕美辞麗句を並べる人
fraseggio 男〔音〕楽句を区切る方法,分節法,フレージング
fraseologia 女 1 言い回し,言葉遣い,専門用語 2〔言〕慣用句,成句;表現法,語法,文体
fraseologico 形〔複〔男 -ci〕〕〔言〕慣用語法の
frassinella 女〔植〕ヨウシュハクセン
frassineto 男 トネリコの森
frassino 男〔植〕トネリコ;トネリコ材
frastagliamento 男 (縁に)ぎざぎざをつけること,刻み目をつけること
frastagliare 他〔io frastaglio〕(縁に)ぎざぎざをつける,刻み目をつける —**arsi** 再 ぎざぎざになる
frastagliato 形 ぎざぎざになった —*coste frastagliate* リアス海岸
frastagliatura 女 (縁に)ぎざぎざをつけること,刻み目をつけること
frastornamento 男 当惑,困惑,呆(ぼう)然
frastornante 形 迷惑な,邪魔な,呆(ぼう)然とさせる
*__frastornare__ 他 1 当惑させる,呆(ぼう)然とさせる,困らせる 2 (注意や行動を)そらす
frastornato 形 困惑した,呆(ぼう)然とした
frastuono 男 騒音,喧騒,大騒ぎ
frate 男 修道士(→ fra²) 2〔建〕(屋根裏の)窓形のスレート
fratellanza 女 1 兄弟関係;兄弟愛,兄弟の絆(きずな) 2 友愛,兄弟のような間柄 3 (理想をともにする)団体; 協会, 共済組合
fratellastro 男 異母兄弟,異父兄弟
fratellino 男 (特に幼い)弟
*__fratello__ [フラテッロ] 男 1 兄, 弟;〔複数で〕兄弟姉妹 —*mio fratello* 私の兄[弟] / *i miei fratelli* 私の兄弟 / *il mio fratello maggiore* [*minore*] 私の兄[弟] / *fratello di latte* 乳兄弟 / *fratelli siamesi* シャム双生児 2 同胞, 親友, 仲間 3 男性のキリスト教信者 4〔複数で〕キリスト教信者 5 (あるものに)似たもの 6 〔呼びかけ〕君, あんた
frateria 女〔総称的〕修道士; 修道士の集まる場所;〔複数で〕修道士会
fraternità 女 1 兄弟愛 2 同胞愛, 友愛, 連帯感
fraternizzare 自 1 (con) …と親交を結ぶ —*È capace di fraternizzare con chiunque.* 彼は誰とでも親しくなれる. 2 信条をともにする 3 (特に敵と)友好関係を樹立する
fraterno 形 1 兄弟の 2 同胞[同志]の, 友愛の
fratesco 形〔複〔男 -chi〕〕〔蔑〕修道士の, 修道士のような
fratina 女 1 前髪を切り揃えたカット 2 (特に修道院の食堂の)横長の大テーブル;(素朴な)横長のテーブル
fratino¹ 男 1 修道士見習い 2〔鳥〕シロチドリ
fratino² 形 修道士の
fratricida 男女〔複〔男 -i〕〕1 兄弟[姉妹]殺し 2 親しい人を殺す[害する]者 3 同胞に戦争を仕掛ける者 —形〔複〔男 -i〕〕兄弟[姉妹]殺しの; 身内[同胞]殺しの
fratricidio 男 兄弟[姉妹]殺し; 身内[同胞]殺し
fratta 女 1 やぶ, 茂み, 雑木林, 草むら 2〔中伊〕生け垣, 垣根
frattaglia 女〔複数で〕(動物の)内臓, 臓物
frattale 形〔数〕フラクタルの —男〔数〕フラクタル
frattanto 副 その間に, そうこうするうち (nel frattempo)
frattempo 男〔次の成句で〕▶ *nel frattempo* その間に, 一方で
fratto 形 1〔数〕分数の, 割った —*x fratto y* x 割る y, y 分の x 2 壊れた, 粉々になった
frattura 女 1 割れ目, 裂け目, 破損 2〔医〕骨折; ひび 3 断絶, 中断 4〔地質〕断層
fratturare 他 (骨を)折る, 砕く —**arsi** 再 骨折する
fraudolento 形 詐欺の, 不正の —男〔女 [-a]〕詐欺師, ペテン師
frazionabile 形 分割しうる
frazionabilità 女 分割可能なこと
frazionamento 男 1 分割, 細分 2〔化〕分別, 分別蒸留

frazionare 他 **1** 分ける, 分割する **2**〔化〕分別する, 分別蒸留する ――**arsi** 再 分かれる, 分裂する

frazionato 形 分割された, 分かれた

frazione 女 **1** 分割された部分 **2**〔数〕分数 **3**(地方自治体の一部をなす孤立した)集落 **4**〔スポ〕(リレーの)各走行区間 **5**〔化〕留分

frazionismo 男〔政〕派閥主義

freccetta 女〔複数で〕ダーツ

freccia 女〔複 -ce〕**1** 矢 **2**(道路標識の)矢印 **3**(自動車の)方向指示器, ウインカー(indicatore di direzione), **4**(時計などの)針 **5** 辛辣な言葉, 皮肉

frecciare 他〔io freccio〕**1** 矢で射る **2** 返すつもりがなく金を借りる ――自 矢を射る

frecciata 女 **1** 矢で射ること **2** 辛辣な批評[皮肉], 棘(とげ)のある言葉

freddamente 副 冷ややかに, 冷静に; 冷酷に

freddare 他 **1** 冷やす, 冷ます **2** 鎮める, 落ち着かせる **3**(冷酷に)殺す **4** すくみ上がらせる ――**arsi** 再 **1** 冷える, 冷める **2** 消える, 弱まる

freddezza 女 **1** 冷たさ **2** 冷ややかな態度, 無関心 **3** 冷静

freddino 形 少し寒いこと, うすら寒いこと ――Oggi fa un po' *freddino*. 今日は少しひんやりする.

＊**freddo** [フレッド] 形 **1** 寒い; 冷たい ――caffè [tè] *freddo* アイスコーヒー[アイスティー] / guerra *fredda* 冷戦 **2** 冷淡な, 冷静な **3** 面白みのない, 個性のない ――男 寒さ, 寒冷 ――Brrr! Fa *freddo* stasera. ああ, 今夜は冷えるなあ. / Che *freddo*! 寒い寒い! / Ho *freddo* ai piedi. 足が冷える. ▶ **a freddo** 興奮せず, 冷静に, 平然と **a sangue freddo** 冷静に, 冷淡に **non fare né caldo né freddo a...** …にはどうでもいい, 眼中にない **prendere freddo** 風邪を引く

freddoloso 形 寒がりの; 冷えた ――男/女[-a] 寒がりや

freddura 女 **1** だじゃれ, 語呂合わせ, 軽口, 地口 **2** 酷寒

freddurista 男女〔複[男 -i]〕しゃれ好き, しゃれのうまい人, ひょうきん者; 地口を得意にする芸人

free climbing 熟(男)〔英・スポ〕フリークライミング, 自由登攀(とうはん)

free jazz 熟(男)〔英・音〕フリージャズ

freelance 男女〔不変〕〔英〕フリーランサー, 自由契約者 ――形〔不変〕フリーランサーの

free rider 熟(男女)〔英・経〕ただ乗り

free shop 熟(男)〔英〕免税店(duty-free shop)

free-style 男〔不変〕〔英・スポ〕フリースタイル

freeware 男〔不変〕〔英・情〕フリーウェア

freezer 男〔不変〕〔英〕冷凍庫

＊**fregare** [フレガーレ] 他 **1** こする, 摩擦する, 磨く **2** だます **3**〔口〕盗む **4** 落第させる **5**〔俗〕セックスする ――**arsi** 再(自分の体を)こする, マッサージする ――*fregarsi le mani* こすり合わせる(満足のジェスチャー) ▶ **fregarsene** 聞く耳を持たない(無関心・無責任な態度で完全に無視する) / *Me ne frego! Chi se ne frega?* へっちゃら, 俺の知ったこと.

fregata¹ 女 **1**(きれいにするために)こすること, 拭くこと **2** 詐欺, ペテン **3**〔俗〕性交, セックス

fregata² 女〔海〕(18〜19世紀の)快速帆船; フリゲート艦

fregata³ 女〔鳥〕グンカンドリ

fregatura 女 **1** だまし, ペテン **2** 期待はずれ, 看板倒れ

fregiare 他〔io fregio〕**1**〔建〕フリーズ[帯状装飾]で飾る **2** 装飾する **3** 称号を授ける ――**arsi** 再 栄誉を授かる

fregio 男 **1** 装飾, 飾り **2**〔建〕フリーズ, 小壁, 帯状装飾 **3**〔軍〕階級章 **4**〔印〕飾り文字, 花文字 **5** 栄誉, 名誉の称号

fregna 女 **1**〔ローマ〕〔俗〕女性性器 **2**〔俗〕馬鹿げたこと, つまらないもの;〔複数で〕面倒, うんざりさせるもの

frego 男〔複[-ghi]〕**1** 取り消し線, 落書き **2**〔不定冠詞の後で副詞的に〕〔隠〕とても, 非常に

fregola 女 **1**(動物の)発情, 盛り;〔俗〕(人の)性的興奮[欲求] **2**〔俗〕欲求, 熱望

freisa 男〔不変〕フレイザ(ピエモンテ州のブドウ品種) ――女, 男〔複[男 不変, 女 -e]〕フレイザで作る赤ワイン

fremente 形 (感情が)強く動かされた, どきどきする, 震える

fremere 自 **1** (di) (動揺や情熱で)震える, どきどきする ――*fremere di gelosia* 嫉妬にわななく **2** 木がざわめき, 海が荒れる **3** (エンジンが)うなりを上げる ――他 熱望する **2** (熱狂的に)表明する

fremito 男 **1** 震え, 身震い, おののき, ぞくぞくすること **2** (人々の)ざわめき, ささやき, 声 **3** 樹木のざわめき, 海のうなり **4**〔医〕振動音

frenabile 形 抑制しうる, 制御可能な

frenaggio 男 **1**〔スポ〕(スキーやスケートの)制動 **2**〔総称的〕〔機〕制動装置

frenare 他 **1** (乗り物に)ブレーキをかける, 速度を緩める **2** (感情を)抑える, 堪える ――自 ブレーキをかける[かかる] ――**arsi** 再 **1** (自らの)動きを留める[緩める], ブレーキをかける **2** 抑制する, 自制する ――non riuscire a *frenarsi* dal ridere 笑いをこらえきれない ▶ **frenare la lingua** 口を慎む

frenastenia 女〔心・医〕精神薄弱[遅滞]

frenata 女 **1** ブレーキをかけること **2** (経済成長などの)低下

frenatore 男〔女[-trice]〕**1** (鉄道の)制動手 **2**〔スポ〕(ボブスレーの)ブレーキマン

frenatura 囡 ブレーキ(をかけること) ►*frenatura rapida* 非常用ブレーキ

frenesìa 囡 1 錯乱, 逆上 2 熱狂, 熱中

frenetico 形〔複[男 -ci]〕1 半狂乱の 2 熱狂的な 3 激しい

-frenia 接尾〔心・医〕「精神(の)」「(心の)病気(の)」の意

freniatrìa 囡 精神医学(psichiatria)

frenico 形〔複[男 -ci]〕〔解・医〕横隔膜の

freno 男 1 ブレーキ —*freno* d'emergenza 非常ブレーキ / *freno* a mano ハンドブレーキ 2 抑制, 歯止め 3 (馬の)はみ

freno- 〔医〕「横隔膜(の)」;〔心〕「精神(の)」の意

frenologìa 囡 骨相学

frenològico 形〔複[男 -ci]〕骨相学の

frenòlogo 男〔複[-gi]囡[-a]〕骨相学者

frènulo 男〔解〕小帯

frequentàbile 形 出入りでき, 付き合うのに値する

*****frequentare** [フレクェンターレ] 他 1 (常連として)通う —*Frequento* quel bar. あの喫茶店の常連です. 2 (学生・生徒として)通う —*Frequento* il secondo anno d'università. 大学の2年です. 3 (人と親しく)付き合う —*Lo frequento* da due anni. 彼とは2年前から付き合っています. —**arsi** 再 交際する, 付き合う

frequentativo 形〔言〕反復の —男〔言〕反復動詞 ►*verbo frequentativo* 反復動詞

frequentato 形 (場所が)大勢が出入りする, 人のよく集まる; 評判のよい —*bar poco frequentato* はやらないバール

frequentatore 男〔囡[-trice]〕常連, 常客

frequentazione 囡 1 足繁く通うこと, 出入り, 交際 2 熟読, 愛読; 愛好

frequente 形 度重なる, 頻繁に起こる —*di frequente* 何度も, 頻繁に

frequentemente 副 何度も, 頻繁に

frequenza 囡 1 頻発, 多発 2〔複数・脈拍数・発行回数などの〕頻度 3 精勤, 皆勤(休まずに出席すること) 4 人や車の波 5〔物〕振動数, 周波数

fresa 囡〔機〕フライス(カッター)

fresare 他 フライス盤で工作する

fresatore 男〔囡[-trice]〕フライス工

fresatrice 囡〔機〕フライス盤

freschetto 形 少し涼しい[冷えた] —男 心地よい涼しさ

freschezza 囡 1 涼しさ 2 新鮮さ, 生々しさ 3 自然さ, 活発さ

freschista 男囡〔複[男 -i]〕フレスコ画家(affreschista)

*****fresco** [フレスコ] 形〔複[男 -chi]〕1 涼しい, 爽やかな —Fa *fresco* oggi. 今日は涼しい. 2 新鮮な, 新しい —*pesce fresco* 新鮮な魚 3 (食べ物が)出来たての, 作りたての 4 (野菜や果物などが)とり[摘み]たての 5 (ペンキなどが)塗りたての, 乾いていない —*pittura* [*vernice*] *fresca* ペンキ塗りたて 6 最新[最近]の 7 …して間もない, …したばかりの 8 健康な, 生気に満ちた 9 疲れていない, 元気な 10 自然な, ありのままの —男〔複[-chi]〕1 涼しさ, 涼(ず) 2 涼しい場所 3〔美〕乾いていない漆喰(しっくい) 4 サマーウール(fresco di lana) ►*al fresco* 監獄に *col fresco* 朝夕の涼しい時間帯に *di fresco* 最近, …したばかり *essere fresco di…* …したばかりの *in fresco* 涼しい場所に *stare fresco* 大変なことになる, 困る, どうにもならない

Frescobaldi 固名(男) (Girolamo ~)フレスコバルディ(1583-1643; イタリアの作曲家)

frescolino 形 少し涼しい[冷えた] —男 爽やかな気候[大気]

frescura 囡 気持ちよい涼しさ[気温]

fresia 囡〔植〕フリージア

fretta [フレッタ] 囡 1 急ぎ; 早急 —*avere* (molta) *fretta* (とても)急いでいる 2 (動作などの)すばやさ, 迅速 ►*in fretta* 急いで; 大ざっぱに *in fretta e furia* 大急ぎで, 最速で

frettolosamente 副 急いで; 慌ただしく, あわてて

frettolosità 囡 急ぐこと, 慌ただしさ, せくこと

frettoloso 形 1 せっかちな; あわてた 2 一夜作りの, 拙速の

Freud 固名 1 囡(Anna F.-)フロイト(1895-1982; ウィーン生まれの精神分析学者) 2 男(Sigmund F.-)フロイト(1856-1939; オーストリアの精神分析学者)

freudiano 形 1 フロイトの, フロイト学説の, フロイト派の 2 無意識の —男〔囡[-a]〕フロイト派の学徒

fr.f 略 franco francese フランスフラン

friàbile 形 ぼろぼろになる, 砕けやすい, もろい

friabilità 囡 砕けやすさ, もろさ

Friburgo 固名(女) フリブール, フライブルク(スイス西部, フリブール州の州都)

fricandò 男 1 フリカンドー(炒(いた)めてから香草・野菜と煮た肉料理) 2〔ローマ〕ごたごた, 混乱

fricassea 囡 1 フリカッセ(煮込み料理) 2 ごちゃまぜ; 支離滅裂な文章[話]

fricativa 囡〔言〕摩擦音

fricativo 形〔言〕摩擦音の

fricchettone 男 社会規範を逸脱する若者, ヒッピー, 変人

frìggere [57] 他〔過分 fritto〕(油やバターで)調理する, 揚げ物にする —自 1 ジュッと音を立てる 2 (di, per) 苛立つ, じりじりする

friggìbile 形 (食べ物が)炒(いた)めることのできる, 揚げられる

friggitore 男〔女[-trice]〕フライ料理を作る人; フライ物を売る人

friggitoria 女 揚げ物店

friggitrice 女 フライ鍋, フライヤー

frigidario 男 1〔考〕(古代ローマの)冷浴室 2 冷蔵庫

frigidità 女 1〔医・心〕不感症 2 無感動, 無関心 3 冷たさ

frigido 形 1〔医・心〕不感症の 2 無感動な, 無関心な, 冷淡な 3 冷たい

frignare 自 1 (子供が)いつまでもぐずぐず言う, ぐずる 2 不平を言う, こぼす

frignone 男〔女[-a]〕むずかる子供; 泣き言[愚痴]を言う人

frigo 男〔不変〕冷蔵庫 (frigorifero の略)

frigobar 男〔不変〕(ホテルの部屋の)ミニ冷蔵庫

frigocongelatore 男 冷凍庫付き冷蔵庫

frigoconservazione 女 冷凍保存技術〔法〕

＊**frigorifero**〔フリゴリーフェロ〕男 冷蔵庫 —形 冷蔵の, 冷蔵庫の

frimaio 男〔歴〕霜月(フランス革命暦の第3月)

fringuello 男 1〔鳥〕ズアオアトリ 2 純情〔うぶ〕な人

frinire 自〔io -isco〕(セミが)ジージー鳴く, (コオロギが)コロコロ鳴く

frisbee 男〔不変〕〔英〕〔商標〕フリスビー

friscello 男 (製粉時に舞い上がる)細かい粉

frisse friggere の直・遠過・3単

fritillaria 女〔植〕バイモ属の植物

frittata 女 1 オムレツ 2〔口〕ごたごた, 面倒, 厄介ごと ▶ *fare una frittata* へまをする *La frittata è fatta.* もう取り返しがつかない. *rivoltare* [*rigirare*] *la frittata* 言動を変える

frittella 女 1 フリテッラ(小麦粉に砂糖, 卵を練りこんだ薄い揚げ菓子) 2 《口》油の染み

frittellone 男〔女[-a]〕《口》(油染みで)よごれた服を着ている人

fritto 形〔過分＜ friggere〕1 油[脂]で揚げた, フライにした 2 苦境に陥った, 進退きわまった —男 揚げ物, フライ, 天ぷら —*fritto misto di mare* 魚介類のフライの盛り合わせ ▶ *aria fritta* 空論, 中身のない話 *fritto e rifritto* 飽きあきする, くどくどしい

frittura 女 1 揚げること 2 揚げ物, フライ 3 揚げ物用の小魚 4《蔑》ごちゃまぜ

friulano 形 フリウリ(の人)の —男 1〔女[-a]〕フリウリの人 2〔単数のみ〕フリウリ方言

Friuli〔固名〕(男) フリウリ(オーストリア・スロヴェニアと国境を接するイタリア北部の山岳地方)

Friuli-Venezia Giulia, Friuli Venezia Giulia〔固名〕(男) フリウリ・ヴェネツィア・ジュリア特別自治州(イタリア北部の州; 州都 Udine)

frivoleggiare 自〔io frivoleggio〕軽薄に振る舞う, 馬鹿げたことを言う[言う]

frivolezza 女 軽薄, あさはか; 軽率な言動

frivolo 形 1 軽薄な, うわついた 2 取るに足りない, つまらない

frizionare 他 (体の一部)をこする, マッサージする —自《口》(自動車のクラッチ)を切る —**arsi** 再 (自分の体の一部を)強くこする[マッサージする]

frizione 女 1 マッサージ 2 摩擦 3〔車〕クラッチ(ペダル) 4 対立, 相反, 不一致

frizzante 形 1 (炭酸ガスの入った)発泡性の 2 (空気や風が)爽やかな 3 鋭い, 気のきいた 4 活発な, 生気に満ちた —男〔単数のみ〕発泡, 泡立ち

frizzantino 男 1 発泡性の白ワイン 2 清涼飲料

frizzare 自 1 (飲み物が口の中で)ぴちぴちはねる, 発泡する 2 ちくちくする, ひりひりする 3 (風などが)すがすがしい, 爽やかである 4 (焼けたものを水につけると)ジュッという 5 辛辣である, 棘(%)がある

frizzo 男 辛辣な言葉, 嘲り

fröbeliano 形 フレーベルの, フレーベル教育法の; フレーベル派の —男〔女[-a]〕フレーベル派の人

frocio 男《俗》男の同性愛者, ゲイ —形《複[女 -ce, -cie]》

frodabile 形 詐欺できる; ごまかしうる

frodare 他 1 だまし取る, 詐取する 2 ごまかす, 裏をかく

frodatore 男〔女[-trice]〕詐欺師, ペテン師

frode 女 1〔法〕不正行為 2 詐欺, ペテン

frodo 男〔単数のみ〕〔法〕密輸 —*merce di frodo* 密輸品 / *cacciatore di frodo* 密猟〔漁〕者

frogia 女〔複[-gie, -ge]〕(特に複数で)馬の鼻孔; 《諧》人の鼻孔, 大きな鼻の穴

frollare 自[es](肉が)熟成する —他 (肉を)熟成させる —**arsi** 再 1 (肉が)熟成する 2 (性格が)柔らかくなる

frollato 形 (肉が)熟成した

frollatura 女 (肉を柔らかくするための)熟成; 肉を熟成させる期間

frollino 男 フロッリーノ(さくさくしたビスケット)

frollo 形 1 (肉が)熟成した 2 (心身が)弱い, 無気力な

fromboliere 男 1 (古代の)投石器を使う戦士 2〔スポ〕(サッカーで)ストライカー

fronda¹ 女 1 葉の茂った小枝 2《複数で総称的に》(一本の木の)葉枝; 木 3《複数で》シダの葉 4 (文章の)過剰な修飾, 粉飾

fronda² 女 1 (17世紀フランスの)フロンド党 2 (特に同一組織内の)反乱, 反抗, 謀反

frondista 形《複[男 -i]》1 (17世紀

frondoso フランスの)フロンド党の, フロンド党員の 2 反乱の, 反体制の —**男女**〔複〕[男-i]〕 1 (17世紀フランスの)フロンド党員 2 反乱分子, 反体制派

frondoso 形 1 葉の生い茂った 2 (文体・作品が)装飾過剰の

front 男〔軍・スポ〕方向転換の号令 —*Front a destr!* 右向け右, 頭(かしら),右.

frontale¹ 男 1 額の, 前額の 2 正面の, 前面の 3 最前線の, 戦線の —男 1 正面衝突 2〔解〕前頭骨

frontale² 男 1 正面 2 (暖炉の)炉棚 3 (馬の)額革 4〔歴〕(特に女性用の)帯状の額飾り;(青(せいねん)の)顔正面を防護する部分;(馬の)額飾り

frontaliere 男〔女[-a]〕(仕事で他国へ毎日通う)国境付近の住民, 越境通勤者 —形 国境付近で暮らす

frontalino 男 1〔建〕階段の垂直面, 蹴込み板 2 (カーラジオの着脱できる)前面操作パネル

frontalità 女 1 正面に位置すること 2〔美〕(原始芸術・初期キリスト教美術などの)人物の正面像

frontalmente 副 正面に, 正面から

*****fronte** [フロンテ] 女 1 額(ひたい); 頭, 顔 —*Fronte a destra!* 右向け右. 2 正面 3 (隊列の)最前列 4 (カンツォーネや連の)冒頭部 5〔地理〕(氷舌の)最前面 —男 1 最前線 2 (政治・社会的な)協調, 戦線 3〔気〕前線 ▶ *a fronte alta* 胸を張って堂々と, 臆することなく / *di fronte* 正面に, 真向かいに *fare fronte a...* …に立ち向かう

fronteggiare 他〔io fronteggio〕 1 立ち向かう, 対抗する 2 面する, …の方に向く —Il palazzo *fronteggia* la piazza. 建物は広場に面している. —**arsi** 再 争う, 戦う, ぶつかり合う

frontespizio 男 1〔書物の表題紙, 扉 2〔建〕(建物の)正面, 装飾壁

frontiera 女 1 国境 2 限界 3〔複数で〕限界, 最前線 —nuove *frontiere* della scienza 科学の最先端

frontino 男 1〔トスカーナ〕手のひらで額を叩くこと 2 (馬の)額革 3 (特に俳優が使うはげ隠しの)部分かつら

frontismo 男〔政〕(左翼政党の)共闘路線, 共闘主義

frontone 男 1〔建〕(ギリシャ建築の)切妻破風(はふ), ペディメント; コーニス;(扉・窓の)切妻壁 2〔印〕(書物の章頭の装飾(capopagina);(暖炉の)炉棚

fronzolo 男〔複数で〕悪趣味で過剰な装飾;(論議や文章の)無駄な装飾, 余計な修飾

Frosinone 固名〔女〕フロジノーネ(ラツィオ州の都市; 略 FR)

frosone 男〔鳥〕シメ属, マシコ属の鳥

frotta 女 1 群れ, 大群, 集団 2 一味, 仲間

frottola 女 1 ほら, 作り話, 嘘 2〔文〕フロットラ(様々な韻律で歌われた, 格言やなぞなぞを含む庶民的な詩) 3〔音〕フロットラ(15世紀末のイタリアで流行した4声部の世俗歌)

frou-frou 形 1〔仏〕(特に婦人服に)飾りやレースがごてごてついた 2 (特に女性が)軽薄で気取った —男〔不変〕(リボン[レース]などの)婦人服の飾り

fr.s 略 franco svizzero スイスフラン

fru fru, frufrù 擬 サラサラ(衣擦れや足を引きずる音) —男〔不変〕サラサラという音

frugale 形 (食事が)つつましい, 粗食の, 倹約の

frugalità 女 粗食, つましさ, 倹約

frugare 自 隅々まで探す —他 1 (場所を)探し回る 2 注意深く観察する —**arsi** 再 (自分の服の中を)探し回る

frugata 女 急いでざっと探すこと

frugifero 形 実のなる

frugivoro 形〔動〕果実を常食とする

frugolare 自〔io frugolo〕(特に豚が鼻で)あちこち探し回る

frugoletto 男〔女[-a]〕やんちゃ坊主, お茶目

frugolo 男〔女[-a]〕やんちゃ[利かん気]な子

fruibile 形 利用できる, 享受できる

fruibilità 女 利用できること, 享受できること

fruire 自〔io -isco〕(di)(権利のあるものを)利用する, 享受する —*fruire* della pensione 年金を享受する —他 楽しむ, 喜ぶ

fruitore 男〔女[-trice]〕1 利用者, 使用者 2 (芸術作品の)享受者

fruizione 女 利用, 使用;(芸術・文化生活の)享受

frullare 自 1 (鳥が)羽ばたく 2 (コマが)回る 3 [es]〔考えが〕浮かぶ —他 (攪拌(かくはん)器で)かき混ぜる; 攪拌する

frullata 女 ざっとかき混ぜること

frullato 形 泡立てた, 攪拌(かくはん)した —男 ミルクセーキ

frullatore 男 ミキサー

frullino 男 ハンドミキサー

frullio 男 長く羽ばたく, 長々と回ること

frullo 男 (鳥の)羽ばたく音

frullone 男 ふるい, ふるい器(buratto)

frumentario 形 小麦の, 穀物の —男 (古代ローマの)糧食調達係

frumento 男 1 小麦;〔総称的〕小麦の粒 2〔複数で〕穀物, 穀類

frusciare 自〔io fruscio〕サラサラいう音を立てる

fruscio 男 1 物が擦れる音(衣擦れ・葉擦れ・足が床を擦る音など) 2 (レコードやテープの)雑音

fruscolo 男 枯れた小枝

frusinate 形 フロジノーネ(の人)の —男女 フロジノーネの人

frusta 女 1 鞭(むち) —far schioccare la *frusta* 鞭をピシッと打ち鳴らす 2 泡立て器 3 厳しい規律, 厳罰

frustare 他 1 (何度も)鞭(むち)で打つ 2 厳しく非難する, 酷評する 3 泡立て器で攪

frustata 女 **1** (鞭)の一撃 **2** 厳しい非難, 酷評 **3** 強い刺激, 激しくかき立てること

frustino 男 **1** 小さな鞭(むち); 乗馬用の鞭 **2** (競馬の)騎手 **3** 〖トスカーナ〗伊達(だて)男, 色男

frusto 形 **1** (衣類が)擦り切れた, 使い古した **2** 何度となく繰り返された, 聞き飽きた

frustolo 男 断片, かけら

frustrante 形 失望させる, 落胆させる

frustrare 他 **1** だめにする, 挫折させる —*frustrare* una speranza 希望をくじく **2** 〖心〗欲求不満を起こさせる

frustrato 形 欲求不満のたまった, 満たされない —男〖女[-a]〗欲求不満のたまった人

frustrazione 女 **1** 挫折, 頓挫, 落胆, 失望 **2** 〖心〗欲求不満, フラストレーション

*****frutta** [フルッタ] 女 **1** 果物, フルーツ **2** (食事の終わりの)果物, デザート ► *essere alla frutta* 終わりに; 非常に疲れて

fruttaiolo 男〖女[-a]〗〖トスカーナ〗果物屋

fruttare 自 **1** 利潤を生む **2** 実を結ぶ —他 **1** 産出する **2** (結果として)もたらす

fruttato¹ 男 〖農〗(1本の木・一栽培での)果物の収穫高 **2** 〖経〗利益, 収益, 利回り

fruttato² 形 **1** (ワインが)フルーティーな **2** (香水が)果物の香りの

frutteto 男 果樹園

frutti- 連結 「果実(の)」の意

frutticolo 形 果樹栽培の, 果物取引の

frutticoltore 男〖女[-trice]〗果樹栽培者

frutticoltura 女 **1** 果樹栽培 **2** 〖農〗果樹栽培法研究

fruttidoro 男 〖歴〗実月(みのりづき) (フランス革命暦の第12月)

fruttiera 女 果物皿

fruttifero 形 **1** 実のなる **2** 実り多い(豊かな) **3** (土地が)肥沃な **4** (動物が)多産の **5** 〖経〗利益を生む

fruttificare 自 [io fruttifico] **1** (植物が)実を結ぶ **2** 利益を生む, よい結果をもたらす

fruttificazione 女 (植物の)結実; 利益を生むこと

fruttino 男 **1** フルーツ味のグミ[キャンディー] **2** ポーションジャム **3** びん詰めのフルーツジュース

fruttivendolo 男〖女[-a]〗青果商, 果物屋, 八百屋

*****frutto** [フルット] 男 **1** 実, 果実 **2** 〖複数で〗農産物, 収穫物 —*frutti di mare* 海の幸 **3** 成果, 効果, 結果 **4** 利益, 利点, 実益 **5** 利子, 利息

fruttuosità 女 利益, 有用性, 有益性

fruttuoso 形 **1** 利益になる, もうかる, 収益の多い **2** 実りある, よい結果を生む **3** よく実のなる

f.t. 略 fuori testo 本文以外の

f.to 略 firmato 署名した

fu essere の直・遠過・3 単

fucilare 他 銃殺する, 射殺する

fucilata 女 発砲, 銃撃; 銃声

fucilatore 男〖女[-trice]〗銃殺刑を執行する人

fucilazione 女 銃殺, 銃殺刑

fucile 男 **1** (銃身の長い)銃; ライフル **2** 銃を装備した兵士; 射手

fucileria 女 **1** 大量の銃; 銃で武装した軍勢; 一斉射撃

fuciliera 女 銃架

fuciliere 男〖女[-a]〗**1**〖軍〗射撃兵, ライフル銃兵 **2**〖スポ〗トラップ[クレー]射撃の選手

fucina 女 **1** (鍛冶屋の)炉, 加熱炉; 鍛冶場 **2** 人格陶冶の場, (芸術やアイデアの)宝庫 **3** (悪の)温床

fucinare 他 **1** 〖冶〗(鉄などを)鍛える, 鍛造する **2** (アイデア・着想などを)生み出す; (陰謀などを)たくらむ

fucinatore 男〖女[-trice]〗〖冶〗鍛冶工, 鍛造者

fucinatura 女 〖冶〗鍛造

fuco¹ 男〖複[-chi]〗雄のミツバチ

fuco² 男〖複[-chi]〗〖植〗ヒバマタ(海藻の一種)

fucsia 女 〖植〗フクシア —形〖不変〗紫がかった濃いピンク色 —形〖不変〗紫がかった濃いピンク色の

fucsina 女 〖化〗フクシン(深紅色の染料)

*****fuga** [フーガ] 女 **1** 逃亡; 逃避 —*fuga dalla realtà* 現実からの逃避 **2** 漏れ, 流出 —*fuga di acqua [gas]* 水[ガス]漏れ / *fuga di notizie* 機密の漏洩(ろうえい) / *fuga dei cervelli* 頭脳流出 **3** 連続, 連なり **4** 〖音〗遁(とん)走曲, フーガ **5** 〖スポ〗(自転車競技の)スパート ► *darsi alla fuga* 逃げ出す *mettere in fuga* 敗走させる

fugace 形 束の間の, はかない

fugacemente 副 はかなく, 束の間に

fugacità 女 はかなさ, 無常, 束の間に過ぎること

fugare 他 晴らす, 消散させる; (疑念などを)払拭する

fugato 形 フガートの —男〖音〗フガート(フーガ風の楽句)

fuggente 形 逃げる, 消え去る, 過ぎ去る

fuggevole 形 束の間の, はかない

fuggiasco 形〖複[男 -chi]〗逃走する, 脱走する —男 *fugiaschi* 脱走兵, 逃亡兵 —男〖複[-chi]〗逃亡者, 逃走者, 脱走者

fuggifuggi 男〖不変〗(群衆が)慌てふためいて逃げ出すこと

*****fuggire** [フッジーレ] 自 [es] **1** 逃げる; 逃走する **2** 脱獄[脱走]する **3** 隠れる, 避難する **4** 急いで立ち去る **5** (時間が)速く経つ —他 **1** 避ける, 遠ざける, かわす **2**

fuggitivo

(場所を)離れる, 立ち去る

fuggitivo 形 **1** 逃げる, 逃亡した **2** 内気な, 引っ込み思案の **3** はかない, 一時の ―男〔女 [-a]〕**1** 逃亡者 **2** (特に自転車競技で)逃げ切り型の選手

-fugo 連尾「逃走させる」「追い払う」「逃げる」「遠ざかる」の意

fui essere の直・遠過・1 単

fulcro 男 **1** 〔機〕(てこの)支点, てこ台 **2** 本質, 要点, 真髄

fulgido 形 **1** 輝く, 光る, 明るい **2** 輝かしい, 素晴らしい, 卓越した

fulgore 男 輝き, 光彩, 光輝

fuliggine 女 **1** 煤(すす), 煤(すす)煙 **2** 〔植〕黒穂病

fuliginoso 形 **1** 煤(すす)だらけの, すすけた (煤のような)墨色の, 黒い

full 形〔不変〕〔英〕(ポーカーの)フルハウス

full immersion 成句(女)〔英〕(外国に一定期間滞在して学ぶ)外国語の集中学習 ―形〔不変〕外国語の集中学習の

full time 成句〔英〕常勤, 専任 ―形〔不変〕常勤の

fulmicotone 男 〔化〕綿火薬; ニトロセルロース

fulminante 形 **1** (病気が)突然襲う, 劇症の, 致死的な ―apoplessia *fulminante* 卒中 **2** 貫くような, 鋭い ―sguardo *fulminante* 刺すような目つき **3** (文章や言葉が)明快な, 正鵠(せいこく)を射た **4** 爆発する ―男 **1**〔トスカーナ〕マッチ **2**〔ロ神〕ジュピター

fulminare 他〔io fulmino〕**1** 雷で打つ ―Che il cielo mi *fulmini* se non è vero! 天地神明に誓って. / Dio ti *fulmini*! 天罰を受けるがよい. **2** 感電死させる **3** 震え上がらせる **4** 電撃シュート[パンチ]を浴びせる ―非人称 [es/av] 雷が落ちる, 稲妻が走る ―arsi 再 **1** (電球が)切れる **2** 感電する ▶ *fulminare con lo sguardo* にらみつける

fulminato¹ 男〔化〕雷酸塩

fulminato² 形 愕(がく)然とした, 打ちのめされた

fulminatore 形〔女 [-trice]〕**1** 雷を落とす **2** 破壊する, 絶滅する ―男〔女 [-trice]〕破壊者

fulmine 男 **1** 雷; 稲妻 **2** 稲妻のように速い人[物] ▶ *colpo di fulmine* 一目惚(ぼ)れ ▶ *fulmine a ciel sereno* 青天の霹靂(へきれき)

fulmineità 女 電撃的な速さ, 電光石火

fulmineo 形 **1** 雷のような **2** 非常に速い, 迅速な **3** 瞬間的な, 突然の; 即時の, 即刻の ―*incontro fulmineo* 一瞬の出会い / morte *fulminea* 即死 **4** 威嚇的な, 脅すような

fulminico 形〔複〔男 -ci〕(次の成句で)▶ *acido fulminico*〔化〕雷酸

fulminio 男 **1** 連続する雷, 稲妻が続けて走ること **2** 光が明滅すること

Fulvia 固名〔女性名〕フルヴィア

Fulvio 固名〔男性名〕フルヴィオ

fulvo 形 赤みがかった金色の, 黄褐色の ―男 赤みがかった金色, 黄褐色

fumabile 形 喫煙できる

fumaiolo 男 煙突;(汽船や蒸気機関車の)煙突

fumante 形 **1** 煙を出す, 蒸気を出す **2** (食べ物が)湯気の立つ, 熱々の, できたての **3** 崩壊しかけている ―rovine *fumanti* 壊れかけの遺跡 **4** 動転した, 我を忘れる

‡fumare [フマーレ] 他 (タバコなどを)吸う;〔目的語をとらずに〕喫煙する ―*fumare* una sigaretta [l'hascisc] タバコ[ハシッシュ]を吸う / Lei *fuma*? あなたはタバコを吸われますか? / Mi dispiace, nell'ufficio è vietato *fumare*. 申し訳ございませんが, 事務所の中は禁煙になっています. / Non riesco a smettere di *fumare*. なかなかタバコがやめられません. ―自 **1** 煙を吐く **2** 湯気[蒸気]が立つ ▶ *fumare come un turco* ヘビースモーカーである(トルコ人のように吸う) *fumare il calumet della pace* 和解する(インディアンが和解の印に平和のパイプを吸うことから) *Mi fuma la testa.* 頭がぼうっとして働かない. ―arsi 再〔強意で〕タバコを吸う **2** 無駄にする, 浪費する

fumaria 女 〔植〕カラクサケマン

fumario 形 煙に関する, 排煙の

fumarola 女 〔地質〕(蒸気・ガスの)噴出

fumata 女 **1** タバコの一服 **2** 煙の合図 ―*fumata* bianca [nera](コンクラーヴェで)新教皇[法王]が選出された[まだ選出されていない]合図の煙 **3**〔農〕霜害を防ぐために畑で藁(わら)などを燃やすこと

fumatina 女 急いでタバコを吸うこと

fumato 形〔隠〕(ハシッシュやマリファナなどを吸って)もうろうとした, ぼーっとした

fumatore 男〔女 [-trice]〕喫煙者; 喫煙席 ―non *fumatore* 禁煙者, 禁煙席

fumé 形〔不変〕〔仏〕灰褐色の, 黒ずんだ

fumeria 女 **1** (アヘンなど麻薬の)吸引所 **2**〔諧〕タバコの煙が充満した場所

fumettaro 男〔女 [-a]〕**1** 漫画家; コミック作家 **2**〔口〕漫画好きな人

fumettista 男女〔複〔男 -i〕〕**1** 漫画家, コミック作家 **2**〔蔑〕三流文士, 売文家

fumettistica 女 漫画制作; 漫画

fumettistico 形〔複〔男 -ci〕〕**1** 漫画の **2**〔蔑〕型にはまった, 紋切り型の, 陳腐な

fumetto 男 **1**〔複数で〕漫画 **2** (漫画の)吹き出し, バルーン **3**〔女〕安っぽくて取るに足りない」もの **4** アニス酒 **5** (魚の)ブイヨン

fumettone 男〔蔑〕(大衆向けの)陳腐な物語[映画]

fumigare 自〔io fumigo〕煙[蒸気]を出す

fumista 男女〔複〔男 -i〕〕**1**〔工〕(ストーブ・ラジエーター・暖炉などの)暖房器具

fumisteria 修理工 2暖房器具の製造者 3〖皮肉で〗作品で人を驚かせようとする芸術家; 冗談好きの人 4〖蔑〗ほら吹き, 人をかつぐ[煙に巻く]人, 不まじめな人

fumisteria 女 1煙に巻くこと, 欺くこと 2大言壮語, 大ぼら 3悪ふざけ, からかい, おどけること

fumistico 形〖複[男 -ci]〗(芸術作品が)大向こう受けを狙う; (サッカー選手が)派手な動きで歓心を買おうとする

fummo essere の直・遠過・1複

*****fumo** [フーモ] 男 1煙 —*fumo* di un camino 煙突[暖炉]の煙 /*fumo* di Londra ダークグレー 2〖単数のみ〗タバコの煙 —*fumo* passivo 受動喫煙 〖単数のみ〗喫煙 4湯気, 蒸気 5〖複数で〗(怒りや苦しみで理性が)鈍ること, 興奮 6〖隠〗ハシッシュ —形 〖不変〗濃灰色の, ダークグレーの ▶ *andare in fumo* 消える, だめになる *mandare in fumo* 台無しにする *tanto fumo e poco arrosto* うわべだけで中身がない, 口先だけの, 空騒ぎの *vedere... come il fumo negli occhi* …を煙たく思う, 嫌悪する *vendere fumo* すること, ぺてんにかける

fumogeno 形 1煙による, 煙を使った; 発煙性の —男 発炎筒; 発煙剤

fumosità 女 1煙ること, くすぶること 2曖昧さ, 不明瞭

fumoso 形 1煙の充満した, 煙だらけの 2曖昧な, 不明瞭な, 込み入った 3漠然とした, 中身のない 4うぬぼれた, 傲慢な 5(ワインが)アルコール度数の高い

funaio 男〖女 -a〗ロープ[網]製造業者, ロープ販売者

funambolesco 形〖複[男 -chi]〗1綱渡り芸人の 2危険な, むこうみずな, 大胆な, 運まかせの

funambolico 形〖複[男 -ci]〗→ funambolesco

funambolismo 男 1綱渡り 2妙技, 名人芸, 技巧 3窮地を脱する能力 4日和見主義, ご都合主義

funambolo 男〖女[-a]〗1綱渡り芸人 2(特にスポーツの)名手, 技巧派 3日和見主義の人

fune 女 綱, ロープ —*tiro alla fune* 綱引き

funebre 形 1葬式の —*cerimonia* [*corteo*] *funebre* 葬儀[葬列] 2悲しい, 痛ましい

*****funerale** [フネラーレ] 男 1葬式, 野辺の送り 2全く盛り上がらない式典や会議

funerario 形 1死亡の, 墓の —*cippo funerario* 墓碑 2埋葬の, 葬儀の

funereo 形 1哀れな, 悲しげな, 陰気な 2葬儀[葬式]の

funestare 他 苦しめる, 悲しませる, 打ちのめす

funesto 形 1死をもたらす 2死に関する; 悲惨な, 悼むべき —*notizia funesta* 悲報 3不吉な

fungere [58] 自〖過分 funto〗〖da〗…の役を務める, 代行する, 代理する

funghetto 男 1小さなキノコ 2ヌゲット(クリームを詰めた小さなキノコ形の菓子; キノコのかさの形をしたマルチ州の菓子) ▶ *al funghetto* [料](ナスやズッキーニを)細かく刻んでオリーブ油・ニンニク・香草とともに炒(いた)めた

funghicoltore 男〖女[-trice]〗キノコ栽培者

funghicoltura 女 キノコ栽培

funghicultore → funghicoltore

funghicultura → funghicoltura

funghire 自〖io -isco〗〖トスカーナ〗カビが生える

fungino 形 キノコの

fungo 男〖複[-ghi]〗1キノコ; マッシュルーム 2キノコ状のもの 3菌類 4〖医〗真菌感染症, 菌状腫

fungosità 女 1〖医〗菌状腫 2(形や匂いが)キノコに似ていること

fungoso 形 1(形や匂いが)キノコに似た 2〖医〗菌状腫の

funicolare 女 ケーブルカー —*funicolare aerea* ロープウエー

funivia 女 ロープウエー

funiviario 形 ロープウエーの

funk 男〖不変〗〖英・音〗ファンク, ファンキージャズ; 〖芸〗ポップアート

funky 形〖不変〗〖英〗ファンキージャズ; ファンキーダンス

funse fungere の直・遠過・3単

funto fungere の過分

funzionale 形 1機能の; 職務の 2機能的な, 実用的な, 便利な 3〖数〗関数の 4〖医〗(器官ではなく)機能の 5〖言〗機能に重点をおく 6〖建〗機能主義の

funzionalismo 男 〖建〗機能主義; 〖心〗機能心理学; 〖社〗構造機能主義; 〖政〗(ヨーロッパ諸国において経済協力を重視した)機能的連邦主義

funzionalità 女 機能性

funzionalizzare 他 機能的にする, 機能させる, 機能を高める

funzionalizzazione 女 機能化, 効率化

funzionamento 男 機能, 働き

funzionante 形 正常に機能する

*****funzionare** [フンツィオナーレ] 自 1正常に動く, 作動する 2機能[作用]する 3役割を果たす

funzionario 男〖女[-a]〗1公務員 2(会社の)役職者

*****funzione** [フンツィオーネ] 女 1職務, 任務, 活動 2機能, 作用 3役割, 目的 4(宗教上の)儀式 5〖言〗機能 6〖数〗関数 ▶ *fare la funzione di...* …の代わり[役目]を務める *in funzione di...* …に応じて[依存して]; …の肩書きで, …として

fuochista 男女〖複[男 -i]〗1火夫, かまたき, 機関助手; 〖軍〗(海軍の)機関兵 2花火職人[師], 花火屋

*****fuoco** [フオーコ] 男〖複[-chi]〗1火 —*fuochi* artificiali 花火 2火事 —*Al fuoco!* 火事だ. /*vigile del fuoco*

消火士 3 こんろ，かまど —a *fuoco* vivo [lento] 強火[弱火]で 4 暖炉 5[口] マッチ，ライター 6 高熱；焼けるような痛み 7 熱情，興奮 8 発砲 —arma da *fuoco* 火器 9[光]焦点，ピント 10[哲]火 (アリストテレスの四大元素の一つ) ► an- dare a fuoco 燃える dare fuoco 火 をつける，燃やす di fuoco 真っ赤な；情 熱的な fare fuoco 発砲する；砲火を浴 びせる fuoco di paglia 一時の情熱 [成功] fuoco di Sant'Antonio 帯 状疱疹(ほうしん) mettere a ferro e fuo- co 焼き尽くす，荒廃させる mettere a fuoco ピントを合わせる mettere la mano sul fuoco 請け合う，保証する mettere troppa carne al fuoco 一 度に多くのものを扱う prendere fuoco 火がつく，燃える；かっとなる soffiare sul fuoco (他人の怒りや不和を)かき立 てる tra due fuochi 立ち往生

fuorché 接 …を除いて，…以外は —So fare tutti i lavori di casa, *fuorché* stirare. 私は家事はアイロンがけ以外 は何でできます。 —前 …を除いて，…以 外は —Erano tutti presenti *fuorché* tuo fratello. 君の兄さん以外全員出席 していた．

*****fuori** [フォーリ] 副 1 外に[に，で] —*Fuori* piove a dirotto. 外は大雨だ．/ *Fuori!* 外へ出ろ．2 (家・仕事場・町の) 外へ —Sabato mangeremo *fuori*. 土 曜日は外食です．3 外国で —gente di *fuori* 外国人，異邦人 4 周辺地域で， 郊外で —前 …の外へ[に，で]，…から 離れて —Abitiamo *fuori* città. 私たち は郊外に住んでいます．—男[不変]外 側，外部 —*fuori* di una casa 家の外 側 ► essere fuori (厄介なことに)関 わらずに essere fuori di sé (怒りや喜 びで)我を忘れる far fuori 使い果たす， 食べ尽くす；殺す fuori commercio 生産中止の，非売品の fuori concor- so 無審査の fuori corso (大学の)規 定年限を越えた fuori luogo 場違いの， 不適当な fuori mano へんぴな[不便 な]ところに fuori misura 法外な，通常 の fuori pericolo (病人が)危機を脱し た fuori stagione 季節はずれの fuori tempo 遅れて；[音]調子が外れて fuori uso 使い物にならない，壊れた in fuori 外向きの，出っ張った lasciare fuori 排 除する，省く mettere fuori 発表する， 広める，出版[発行]する tagliare fuori 削除する，締め出す，切り離す，打ち切る

fuori- 接頭 「外に」の意

fuoribordo 男 1 (船)(水面に 浮かんだ)船の外側部分 2 船外機つきボー ト；船外機 —形[不変]船外機の，船 外機つきボートの

fuoriborsa 形[不変]証券取引所を 経ない取引の —男[不変]証券取引所 を経ない取引

fuoribusta 男[不変]給与外所得[収入]

fuoricampo 形[不変][映・写]画面 外の —男[不変]画面外

fuoriclasse 形[不変](特にスポーツ で)群を抜いた，超一流の —男女[不 変]超一流選手

fuori combattimento 男 1 (ボク シングで)ノックアウト 2 [女 [-a]]危害を与 えない人；役に立たないもの —形 1 (ボ クサーについて)ノックアウトされた 2 (人について)危害を加えることのない，おとなしくし た；(物について)役に立たない

fuoricorso 男[不変]1 (大学生が) 規定年限以上在籍する 2 (貨幣や切手 が)使用価値を失った —男形[不変]規 定年限以上在籍する大学生

fuorigioco 男[不変][スポ](サッカー やラグビーなどの)オフサイド —tattica del *fuorigioco* オフサイドトラップ

fuorilegge 男女[不変]無法者，アウトロー

fuorimano 副 (特に町から)離れて —形[不変]遠い，離った

fuorimisura, fuori misura 形 [不変]過度の，並外れた —副 過度に， 非常に

fuorionda 男[不変][放]有名人が 知らずに録られた出演前の会話

fuoripagina 形 ははみだし記事 (政治面に載ったスポーツ記事のような)

fuoripasto, fuori pasto 副 通常 の食事時間外で —形[不変]通常の食 事時間以外に食べる —男[不変]おや つ，間食

fuoriporta 副 町の周辺で，郊外で —形[不変]町外れの，郊外の

fuoriprogramma 男[不変]特別 番組；特別演奏[演技] —形[不変] 予定外の —副 予定外で，特別に

fuorisacco 男[不変]特別急送便 —形[不変]特別急送便の

fuoriscalmo 男[不変][スポ]アウト リガー付きボート[カヌー] —形[不変]ア ウトリガー付きの

fuoriscena 形[不変][劇]舞台の外 で演じられる

fuorisede, fuori sede 男女[不 変]自分の住む町以外で働く人 —形 [不変]自分の住む町以外で働く

fuoriserie 形[不変]特別の；格別の —安[不変]特別仕様の高級車 —男女[不変]超一流選手

fuoristrada 男[不変]ランドクルー ザー；マウンテンバイク —形[不変]オフ ロードの

fuoristradista 男女[複[男 -i]] オフ ロード車の所有者；運転者

fuoriuscire [124] 自 [es] 外へ出る， あふれ出す

fuoriuscita 安 1 あふれ出ること，流出 2 (特に政治的理由で)故国を去ること，亡 命

fuoriuscitismo 男 (特に非合法的 な)政治亡命；亡命者による国外での反政 府運動

fuoriuscito 男〔女 [-a]〕政治亡命者

fuorivia 副 遠い場所で, 家から離れて; 外国で —形〔不変〕遠く離れた

fuorviante 形 誤らせる, 間違えさせる

fuorviare〔io fuorvio〕他 道を間違えさせる, 正しい判断を誤らせる, 堕落させる —自 間違う, 誤った道を進む

furbacchione 男〔女 [-a]〕とてもずる賢い人

furbamente 副 抜け目なく, ずる賢く, 巧妙に

furbastro 男〔女 [-a]〕《蔑》ずる賢く立ち回ろうとしてボロを出す人

furbata 女 ずる賢さを露呈する行動

furberia 女 狡猾(こうかつ), 抜け目なさ, 悪賢さ, 巧妙

furbesco 形〔複[男 -chi]〕ずるい, 悪賢い, 目先のきく —男〔複[-chi]〕犯罪者の隠語

furbizia 女 狡猾(こうかつ), 抜け目なさ, 悪賢さ, 目先のきくこと

furbo 形 抜け目のない; 狡猾(こうかつ)な, ずるい

furente 形 激怒した, 怒り狂った

fureria 女〔軍〕主計部

furetto 男〔動〕フェレット, 白イタチ(ウサギなどを狩り出すのに使われた)

furfantaggine 女 ずるさ, 狡猾(こうかつ)さ; 悪業

furfantaglia 女 詐欺師集団, 悪党仲間, ならず者の群れ

furfante 男 1 悪党, ならず者, ごろつき 2 腕白坊主, 騒々しい人

furfanteria 女 ずるさ, 狡猾(こうかつ)さ; 悪業, ペテン行為

furfantesco 形〔複[男 -chi]〕詐欺師のような, 狡猾(こうかつ)な

furgonato 男 有蓋の車(ヴァン・ワゴン・ワンボックス・トラックなど)

furgoncino 男 小型のバン

furgone 男 バン(箱型の屋根付きトラック)

furgonista 男女〔複[男 -i]〕(ワゴン車などの)運転手

furia 女 1 激怒 2 猛威 3 火急 4 激怒〔逆上〕した人 ▶ **a furia di...** …を何度も繰り返して; **di furia** 大急ぎで; **montare [andare] su tutte le furie** 激怒する

furibondo 形 怒り狂った, かっとなった; 怒りを帯びた

Furie 固名 (女複)〔ロ神〕フリアエ(ギリシャ神話の復讐の女神エリニュスたちのローマ名)

furiere 男〔軍〕主計部付き下士官; (海軍)主計官

furiosamente 副 1 怒り狂って, 激怒して 2 猛烈に, すさまじく, 激しく 3 非常に急いで, 慌てふためいて

furioso 形 1 怒り狂った —*Orlando furioso*(アリオストの)『狂えるオルランド』 2 荒れ狂う, 猛烈な, 激しい —男〔女 [-a]〕狂人

furono essere の直・遠過・3 複

furore 男 1 激怒, 憤怒 2 激しさ, 激烈, 猛烈 3 激情, 狂乱, 興奮

furoreggiare 自〔io furoreggio〕1 熱狂させる, 称賛させる 2 大流行する

furtivamente 副 ひそかに, 人目を忍んで; 注意深く, 慎重に

furtività 女 ひそかなこと, 人目をはばかること

furtivo 形 1 ひそかな, 内密の —*con aria furtiva* こっそりとした様子で 2 盗まれた

furto 男 1 盗み, 窃盗(罪) 2 法外な価格〔報酬〕3 盗作, 剽(ひょう)窃

fusa 男複〔次の成句で〕▶ *fare le fusa* (ネコが満足して)喉を鳴らす; 甘える, 媚(こ)を売る

fusaggine 女〔植〕セイヨウマユミ; ニシキギ

fusata 女 一つのつむ(紡錘(ぼうすい))に巻き取る糸の量

fusato 形 紡錘(ぼうすい)形の

fuscello 男 1 枯れた小枝 2 麦わら, わらしべ 3 非常にやせた人; 取るに足りないもの

fusciacca 女 飾り帯, (正装用の)腰帯, 肩帯

fusciacco 男〔複[-chi]〕(行列のキリスト十字架像にかけられた)金[銀]刺繍の布

fuse fondere の直・遠過・3 単

fuseaux, fuseaux 男〔不変〕〔仏〕〔複数形〕スパッツ, レギンス

fusellatura 女 紡錘(ぼうすい)形にすること, 紡錘形

fusello 男 1〔織〕(レース編みの)ボビン, 糸巻き 2〔機〕車軸, ジャーナル 3〔印〕飾り罫

fusibile 形 溶解できる, 溶けやすい —男〔電〕ヒューズ

fusibilità 女 可溶性, 可融性

fusiforme 形 紡錘(ぼうすい)形の, 紡錘状の

fusillo 男〔複数で〕フジッリ(らせん状にひねったパスタ)

fusion 女〔不変〕〔英・音〕フュージョン

fusione 女 1〔物〕溶解, 融解 2 鋳造 3 連合, 合同, 合併 4 和合, 調和 5〔音〕フュージョン

fuso¹ 形〔過分< fondere〕1 溶けた, 溶解した 2 和合〔一致〕した

fuso² 男 1 (糸紡ぎ用の)紡錘(ぼうすい), つむ 2 紡錘形のもの ▶ *fuso orario* (経線15度で1時間の時差が生じる同一標準時の)時間帯

fusoliera 女 (飛行機の)胴体

fusorio 形〔冶〕鋳造の

fustagno 男 ファスチアン(ビロードのような綿布・ウール地)

fustame 男〔総称的〕樽(たる), 桶(おけ)

fustella 女 1 薬瓶に貼られた価格シール(医療費の払い戻しを受けるためにはがして使う) 2 シールの剥離紙 3 穴あけ器, パンチ

fustellare 他 1 穴あけ器で穴を開ける[型を抜く] 2 (処方箋(せん)に)薬の価格シールを貼る

fustigare 他 〔io fustigo〕 **1** 〔刑罰・拷問で〕鞭(ﾑﾁ)で叩く〔棒〕で叩く **2** 酷評する，厳しくとがめる **—arsi** 再 〔棒や鞭で〕殴り合う

fustigatore 男〔女[-trice]〕 **1** 鞭(ﾑﾁ)〔棒〕で叩く人 **2** 厳しい批評家，酷評家

fustigazione 女 **1** 鞭(ﾑﾁ)打ち，笞(ｼﾓﾄ)刑 **2** 改悛，贖(ｱｶﾞﾅ)い罪

fustino 男 （特に粉末洗剤などの）紙パック

fusto 男 **1** 木の幹，（草木の）茎 **2**（燭(ｼｮｸ)台や櫂(ｶｲ)の）グリップ **3**（人の）胴 **4** すらりとしたスポーツマンタイプの若者 **5**（家具の）骨〔枠〕組み **6** 円筒形の容器，ドラム缶 **7**〔建〕柱体，柱型

fustone 男 （特に粉末洗剤などの）大容量の紙パック

futile 形 中身のない；くだらない

futilità 女 **1** 無益，くだらなさ，取るに足りないこと **2** 無益な〔無意味な〕言動

futon 男〔不変〕〔日〕布団

future 男〔不変〕〔英・経〕先物取引

futuribile 形 未来に起こりうる〔実現しうる〕 **—** 男 **1** 未来に起こりうる〔実現しうること **2** 未来学；未来学者

futuribilità 女 未来に起こりうる可能性

futurismo 男 未来派（20世紀初頭のイタリアにおける前衛芸術運動）

futurista 男女〔複[男 -i]〕未来派の芸術家〔作家〕

futuristico 形〔複[男 -ci]〕未来派の

*****futuro** [フトゥーロ] 男 **1** 未来，将来 **—** in (un prossimo) futuro （近い）将来 **2**〔言〕未来時制 **3**〔複数で〕子孫，後世，後代 **—** 形 未来の，将来の

futurologia 女 未来学

futurologico 形〔複[男 -ci]〕未来学の

futurologo 男〔複[-gi]女[-a]〕未来学者

fuzzy 形〔不変〕〔英〕ぼやけた，不明瞭な，漠然とした

fz. 略 forzato 強調された

G, g

G¹, g¹ 女,男 **1**（イタリア語アルファベットの）7番目の字母 **—***G* come Genova〔符丁〕ジェノヴァの G **2**〔音〕ト音

G² 略 **1** golfo 湾 **2** giovedì 木曜日

g² 略 **1** grammo グラム **2** accelerazione di gravità〔物〕重力加速度

g. 略 *giorno* 日

gabardina → gabardine

gabardine 男,女〔不変〕〔仏〕ギャバジン；ギャバジンのコート

gabbamondo 男女〔不変〕詐欺師，ペテン師

gabbana 女 → gabbano

gabbano 男〔服〕（特に中世の毛皮で裏打ちされた袖付き）マント；野良着，作業服；（海兵・釣り人などの）防水コート

gabbare 他 **1** だます，欺く，ごまかす **2** からかう，馬鹿にする，あざ笑う **—arsi** 再 からかう，ちゃかす，だます

gabbia 女 **1** 鳥かご；檻(ｵﾘ) **2**〔口〕牢獄 **3** 被告席 **4** エレベーターシャフト（昇降路） **5**（階段の）吹き抜け **6**〔解〕胸郭 (gabbia toracica) **7** 梱(ｺﾘ)包用の箱

gabbiano 男〔鳥〕ユリカモメ

gabbiata 女 檻(ｵﾘ)の中の動物〔鳥〕の数

gabbiere 男〔海〕檣楼(ｼｮｳﾛｳ)員

gabbietta 女 **1**（発泡酒のビンの栓にかぶせる）針金 **2**（果物運搬用の）木箱

gabbione 男 **1** 大きな鳥かご〔檻〕(ｵﾘ) **2**（法廷の）被告席 **3** 蛇籠(ｼﾞｬｶｺﾞ)，石がまち **4**〔軍〕（堡塁築造の）堡藍(ﾎｳﾗﾝ)

gabbiotto 男 詰め所，守衛室，門衛所

gabella 女 **1**〔歴〕税，物品税；税関 **2**〔口〕重税 **3** ガベッラ銀貨（16世紀ボローニャで鋳造）

gabellare 他 **1**（偽りを）流布させる，（偽って）宣伝する **2**（本当だと）認める，うのみにする **—arsi** 再 …と信じ込ませる，（偽って）…で通す

gabelliere 男 **1**〔歴〕徴税人，収税吏 **2**〔諧〕税関のお役人，税務査察官

*****gabinetto** [ガビネット] 男 **1** WC，便所；便器 **2** 小さな部屋，応接室 **3** …室（診療室・実験室・展示室など） **4** 内閣；（大臣の）官房

Gabon 固名 男 ガボン

gabonese 形 ガボン(人)の **—** 男女 ガボン人

Gabriele 固名 男 **1**〔男性名〕ガブリエーレ **2**〔聖〕ガブリエル（聖母マリアにイエスの受胎を告げたとされる大天使）

Gabrieli 固名 男 **1** (Andrea ~)アンドレア・ガブリエーリ（1510-86；イタリアの作曲家） **2** (Giovanni ~)ジョヴァンニ・ガブリエーリ（1557-1612；イタリアの作曲家）

Gabriella 固名 女〔女性名〕ガブリエッラ

Gadda 固名 男 (Carlo Emilio ~)カルロ・エミーリオ・ガッダ（1893-1973；ミラノ出身の作家）

gadget 男〔不変〕〔英〕小間物，アクセサリー；（特に昇進目的の）贈り物

gadolinio 男〔化〕ガドリニウム（元素記号 Gd）

gaelico 形〔複[男 -ci]〕 **1**〔歴〕ゲール人の；ゲール語の，ゲール語を話す **2** スコットランド〔アイルランド〕人の **—** 男〔単数のみ〕ゲール[語]

Gaeta 固名 女 ガエータ（ラツィオ州の都市）

Gaetano 固名〔男性名〕ガエターノ

gaffe 女〔不変〕〔仏〕失言，失態

gag 男〔不変〕〔英〕ギャグ

gagà 男 きざな男，にやけた男，めかし屋，きどり屋

gagate 女 → giaietto

gaggia 女〔植〕ニセアカシア

gagliarda 女 **1**〔音〕ガイヤルド，ガリア

ルド(16世紀のフランス・北イタリアで流行した舞曲) **2**〔印〕ガリアルダ(9ポイントの活字)

gagliardamente 副 力強く,活発に;勇ましく,勇敢に

gagliardetto 男 **1**(軍艦の)長旗,三角旗 **2**ペナント,団旗

gagliardia 囡 **1**活力,活気,体力 **2**勇敢さ,勇猛;勇敢な行為,偉業

gagliardo 形 **1**強力[強靱(きょうじん)]な,生き生きとした **2**勇敢な

gaglioffaggine 囡 **1**馬鹿げていること,愚かさ;愚かな振る舞い[議論] **2**悪辣な言動

gaglioffata 囡 馬鹿げた行為;悪業

gaglioffo 男〔囡 -a〕**1**馬鹿,間抜け,とんま **2**悪人,悪党,ならず者,人でなし

gagnolare 自〔io gagnolo〕**1**(犬などが)クンクン鳴く **2**(人が)ぐずぐず言う,泣き言[不平]を言う

gaiamente 副 楽しく,陽気に,浮かれて;派手に,華やかに

gaiezza 囡 陽気さ;華美;お祭り気分

gaio 形 陽気な;華やかだ;はしゃいだ

galà 囡 **1**(特に公式の)レセプション,饗宴,祭典

gala¹ 囡 **1**(婦人服の)縁飾り,フリル **2**蝶ネクタイ

gala² 男 **1**豪華,豪奢(ごうしゃ) ―*essere* [*mettersi*] *in* (*gran*) *gala* 盛装する **2**〔軍〕満艦飾(*gran pavese*) **3**〔不変〕(公式の)レセプション,饗宴,祭典 ► *di gala* 豪華な;正装の

gala-, -gala 接頭, 接尾「乳(の)」「乳のような」の意

galacto- → galatto-

galante 形 **1**(男性が女性に対して)親切な,慇懃(いんぎん)な,お世辞上手な **2**気品のある,気高い,高潔な **3**恋愛の,性愛の ―*lettera galante* ラブレター **4**優美な,可愛らしい ―男 (女性に)親切な男性,ちやほやする男性

galantemente 副 (男性が女性に対して)親切に,慇懃(いんぎん)に,ちやほやと

galanteria 囡 (男性が女性に対して)親切なこと,慇懃(いんぎん)なこと,ちやほやすること;慇懃な振る舞い[言葉]

galantina 囡〔料〕ガランティーヌ(鶏肉に様々な詰め物をして,ゼリーを添えたもの)

galantuomo 男〔複 -uomini〕**1**紳士;正義漢 **2**〔南伊〕ブルジョア

galassia 囡 **1**〔天〕星雲,(G-)銀河,天の川(*Via Lattea*) **2**雑多なものの集まり **3**有名人の集団

Galatea 固名(囡)〔ギ神〕ガラテア(50人の海の妖精ネレイスの一人)

galateo 男 **1**礼儀作法,たしなみ **2**作法書

galatina 囡 ミルク味のキャラメル

-galattia 接尾「乳(の)」の意

galattico 形〔複[男] -ci〕**1**〔天〕銀河の **2**《口》素晴らしい,並外れた,卓越した

galatto-, -galatto 接頭, 接尾「乳(の)」「乳のような」の意

galea¹ 囡 ガレー船(地中海で中世から18世紀まで使われたオールと帆で進む軍船・商船);ガレー船送りの刑

galea² 囡 (古代ローマ兵士の)革のかぶと

galeazza 囡 ガレアス船(地中海で16～17世紀に使われた3本マストの軍船)

galena 囡〔鉱〕方鉛鉱

galenico 形〔複[男] -ci〕〔医〕ガレノスの,ガレノス派の

galeone 男 ガリオン船(16～17世紀の4本マストの商船・軍船)

galeopiteco 男〔複[-chi, -ci]〕〔動〕ヒヨケザル

galeotta 囡〔歴〕(小型快速の)ガレー船

galeotto¹ 男 **1**囚人 **2**〔歴〕ガレー船の奴隷[漕ぎ手] **3**ならず者

galeotto² 男 情事の仲介者 ―形 情事を取り持つ

galera 囡 **1**牢獄 **2**酷使される[耐えがたい]場所 **3**(床磨きの)大型ブラシ **4**〔歴〕ガレー船;ガレー船徒刑 ► *avanzo di galera* 常習犯;厄介者

galero 男 **1**(カト)(特に枢機卿の)赤い帽子 **2**(古代ローマで猟師・兵士・農民のかぶった)革製の縁なし帽

Galilea 固名(囡) ガリラヤ(パレスティナの北部の地方)

galileiano 形 ガリレオの,ガリレオ説の,ガリレオ派の ―男〔囡 [-a]〕ガリレオ派の人

Galileo 固名(男)(~ Galilei)ガリレオ(1564-1642;ピサ出身の物理学者・天文学者)

galileo 形〔歴〕ガリラヤの,ガリラヤ人の ―男〔囡 [-a]〕ガリラヤ人;(G-)イエス・キリスト;〔特に複数で〕キリスト教徒

galla 囡 **1**〔植〕(虫や菌による)こぶ **2**〔医〕(火傷の)水ぶくれ **3**いい加減な人[もの],非常に軽い人[もの] **4**(塗装面の)気泡,ふくれ ► *a galla* 水面に *restare a galla* 窮地を脱する *stare a galla* 浮く,浮かぶ *venire a galla* 表面化する,判明する

gallare 他 鶏卵を受精させる ―自 (鶏卵が)受精する

gallato 形 (鶏卵が)受精した

gallatura 囡 鶏卵の受精

galleggiabilità 囡 浮力

galleggiamento 男 浮遊,浮動 ―*linea di galleggiamento* 喫水線

galleggiante 形 浮かんでいる,漂っている ―*ponte galleggiante* 浮き橋 ―男 **1**浮き **2**(釣りの)浮き **3**(ラムネ玉のような)玉栓 **4**〔船〕台船,はしけ

galleggiare 自〔io galleggio〕**1**浮く,浮かぶ,浮遊する **2**際立つ,勝る **3**(軽々と)困難を切り抜ける

galleria 囡 **1**トンネル **2**坑道,地下道 **3**アーケード **4**画廊,美術館 ―*Galleria degli Uffizi* ウッフィーツィ美術館 **5**(伝統的な劇場の)天井桟敷,(現代の劇場の)

平土間上方の席

gallerista 男女〔複[男 -i]〕画廊経営者

Galles 固名(男) ウェールズ(英国, グレートブリテン島南西部の地域)

gallese 形 (英国)ウェールズの; ウェールズ人[語]の ―男女 ウェールズ人 ―男〔単数のみ〕ウェールズ語

galletta 女 1 堅パン(保存食として軍隊で用いられた) 2 (飲み物に浸して食べる)堅いビスケット; ダイエット用ビスケット 2〔船〕(帆柱や旗竿の先の)橘(たちばな)冠(formaggetta)

gallettificio 男 (特に軍隊用の)乾パン製造工場

galletto 男 1 若い雄鶏(おんどり) 2 生意気な若者, けんか早い若者; 女性に言い寄る男 3〔機〕蝶ナット 4〔植〕アンズタケ 5 (サッカーチームの)パーリの選手[サポーター]

gallicismo 男〔言〕ガリシズム(他の言語に入ったフランス語特有の語法), フランス語法

gallicizzare 他 フランス化する, フランス風にする ―自 フランス語の語法を用いる, フランスの風俗を伝える

gallico¹ 形〔複[男 -ci]〕 1〔歴〕ガリアの, ガリア人の 2 フランスの

gallico² 形〔複[男 -ci]〕〔次の成句で〕
► *acido gallico*〔化〕没食子(もっしょくし)酸の

galliforme 男〔鳥〕キジ類の鳥; (G-)〔複数で〕キジ目

gallina 女 1 雌鶏(めんどり) ―La *gallina fa coccodè.* 雌鶏は(卵を産むとき)コッコデと鳴く. 2 頭の悪い女性 ► *andare a letto con le galline* とても早く寝る *cervello di gallina* 馬鹿 *di gallina* 字の下手な *Gallina vecchia fa buon brodo.* 亀の甲より年の功. *zampe di gallina* 読めない字; 目尻のしわ

gallinaccio 男 1《口》シチメンチョウ 2〔植〕アンズタケ

gallinaceo 男〔鳥〕キジ類の鳥; (G-)〔複数で〕キジ目 ―形 雌鶏(めんどり)の

galliname 男 〔総称的〕《蔑》雌鶏(めんどり)

gallinella 女 1 若い雌鶏(めんどり) 2〔鳥〕シギ類 ―*gallinella d'acqua*〔鳥〕バン / *gallinella del Signore*〔虫〕テントウムシ

gallinesco 形〔複[男 -chi]〕雌鶏(めんどり)の(ような)

gallio 男〔化〕ガリウム(元素記号 Ga)

gallismo¹ 男 色男だとうぬぼれること, 男らしさを誇示する態度

gallismo² 男 フランス文化の流行

gallo¹ 男 1 雄鶏(おんどり), 鶏 ―Il *gallo fa chicchirichì.* 鶏は(目を覚ますと)キッキリキーと鳴く. 2 風見鶏 3〔スポ〕(ボクシングの)バンタム級 4 うぬぼれた男, 漁色家 ► *al canto del gallo* 夜明けに *fare il gallo* 思い上がる; 女性に言い寄る

gallo² 形〔歴〕ガリア(人)の ―男〔女

[-a]〕ガリア人

gallo-, -gallo 腰頭, 腰尾「ガリア(人)の」「フランス(人)の」の意

gallofilia 女 フランスびいき

gallofilo 形 フランス(人)びいきの ―男〔女[-a]〕フランス(人)びいきの人, 親仏家

gallofobia 女 フランス(人)嫌い

gallofobo 形 フランス(人)嫌いの ―男〔女[-a]〕フランス(人)嫌いの人

gallomane 男女 フランスに心酔している人

gallomania 女 フランスかぶれ

gallonare 他 モール[飾りひも]を施す

gallonato 形 1 モールで装飾した 2 モールのついた服を着た 3 (ふさわしくない)栄誉と成功を得た

gallone¹ 男 1 (特に制服の)モール, 飾りひも, 組みひも 2 (軍服の)山形袖章, (軍帽の)階級章

gallone² 男 ガロン(イギリスでは 4.546 リットル, アメリカでは 3.785 リットル)

galoche 女〔不変〕〔仏〕オーバーシューズ

galop 男〔不変〕〔仏・音〕ギャロップ

galoppante 形 (望ましくないことが)急速に進行する ―*inflazione galoppante* 急速なインフレ

galoppare 自 1 (馬が)ギャロップで走る, (人が馬に乗って)ギャロップで駆ける 2 (忙しく)走り[跳び]回る 3 疾走する 4 空想を羽ばたかせる

galoppata 女 1 (馬の)早駆け, (馬に乗って)疾走すること, ギャロップ 2 (特にスポーツで)早く走ること, 疾走 3 重労働, 苦役, 骨折り仕事

galoppatoio 男 馬の調教用走路, 乗馬用走路

galoppatore 男〔女[-trice]〕 1 ギャロップ競技用の馬 2 ギャロップを得意とする騎手 3 (長距離を)早足で歩く[駆ける]人

galoppinaggio 男 選挙運動員の活動

galoppino 男〔女[-a]〕 1 使い走り, メッセンジャーボーイ ―*galoppino elettorale* 選挙運動員 2〔機〕小型の滑車, プーリー

galoppo 男 ギャロップ, 疾走 ► *di [al] galoppo* 急ぎで, 慌ただしく

galoscia → galoche

Galvani 固名(男) (Luigi ~)ルイージ・ガルヴァーニ(1737-98; イタリアの解剖学者・化学者)

galvanico 形〔複[男 -ci]〕 1〔物〕ガルヴァーニの, ガルヴァーニ[直流]電気の 2〔治〕亜鉛めっきの

galvanismo 男 1〔物〕ガルヴァーニの動物電気の学説 2〔医〕直流電気療法

galvanizzare 他 1〔治〕亜鉛めっきする 2 興奮[熱狂]させる, 奮い立たせる 3〔医〕直流電気療法を施す ―*arsi* 再 興奮[熱狂]する, 奮い立つ

galvanizzato 形 1 直流電気をかけた; 亜鉛めっきした 2 興奮した, 熱狂した,

陶酔した

galvanizzatore 男〔女 [-trice]〕熱狂させる人, 心をとりこにする人 ——形〔女 [-trice]〕魅了する

galvanizzazione 女 1〔医〕直流電気療法 2〔冶〕亜鉛めっき

galvano- 接頭「電流」の意

galvanomagnetico 形〔複 [男 -ci]〕電磁気の

galvanometro 男〔電〕検流計

galvanoplastica 女〔工〕電気鋳造

galvanostegia 女〔冶〕電気めっき

*__gamba__ [ガンバ] 女 1 脚(尻から足まで), (動物の)脚 2 (家具などの)脚 3〔解〕下肢 4 (飛行機などの着陸装置の)支柱 5 (活字の)太縦線; (音符の)符尾, 縦棒 ▶ *andare a gambe all'aria* ひっくり返る; (事業などで)失敗する *darsela a gambe* 逃げる, ずらかる *essere in gamba* 健康〔有能, 優秀〕である *Gambe!* 逃げろ. *In gamba!* 〔別れるときに〕気をつけて. | 頑張れよ. *prendere sotto gamba* あなどる, 軽んじる

gambacorta 男女〔不変〕1《口》足の短い人, 片足をひきずる人 2《謔》最後に〔遅れて〕来る人

gambale 男 1 長靴〔深靴〕の脚部; 長靴全体 2 ゲートル, 脚絆(はん) 3 長靴の木型 4〔歷〕甲冑(ちゅう)のすね当て 5〔医〕膝から足首までの義足

gambalesta 男女〔不変〕《口》すばしこい人, 敏捷な人

gambaletto 男 1 (女性用の)膝下までのストッキング 2 (足首までの)アンクルブーツ 3〔医〕(膝から下の)ギプス

gambalunga 男女〔不変〕《口》足の長い人; 大股で歩く人, 疲れ知らずの人

gambata 女 1 足で蹴ること 2 歩幅の広いこと, 大股〔トスカーナ〕足払い

gamberetto 男 芝海老, 小エビ

gambero 男 車海老, ザリガニ ▶ *andare [fare] come i gamberi* 後ずさりする, バックする

gamberone 男〔動〕クルマエビ, テナガエビ, 大型のザリガニ

gambetta 女 1 小さな足, 細い足 2 足をすくうこと 3〔鳥〕エリマキシギ 4 ギャンビット(チェスでポーンなどを捨てる序盤の型) 5 (移植用の)オリーブの若木

gambetto 男 1 (靴の爪革(つめかわ)、枠革, 甲革 2 (チェスで)ポーンなどを捨てる序盤の手 3 足をすくうこと, 足払い

Gambia 固名(女) ガンビア

gambiano 形 ガンビア(人)の ——男〔女 [-a]〕ガンビア人

gambista 男女〔複 [男 -i]〕〔音〕ビオラダガンバ奏者

gambizzare 他 (特にテロリストなどが銃で)足を撃つ

gambizzato 形 (テロ攻撃で)足を撃たれた

gambizzazione 女 (テロリストなどが)足を撃つこと

gambo 男 1 (花の)茎, (葉や果実の)柄, (キノコの)軸 2 細長く支えになるもの, 足, 軸 ——*gambo di calice* ゴブレットの脚

gambuto 形 (人について)足の長い, 足の大きい

gamella 女 飯盒(はんごう), 携帯食器

gamete 男〔生物〕配偶子

gamia 女〔生物〕有性生殖

-gamia 接尾「結婚(の)」の意;「有性生殖(の)」の意

gamma¹ 男, 女〔不変〕1 ガンマ(Γ, γ)(ギリシャ語アルファベットの 3 番目の字母) 2〔天〕ガンマ星 ——形〔不変〕1 第三の, 3 番目の 2〔物〕ガンマ線の

gamma² 女 1〔音〕中世の音楽理論で音階の最も低い音(現代のト音); 音階, 音域 2 色の階調度(グラデーション) 3 範囲, 幅 4 一揃い, 一続き; 品揃え

gamma- 接頭「ガンマ線(の)」の意

gammaglobulina 女〔生化〕ガンマグロブリン

gammato 形 まんじ形の

gamo-, -gamo 接頭, 接尾「結婚(の)」「生殖(の)」の意

gamopetalo 形〔植〕合弁の

gamosepalo 形〔植〕合片萼(がく)の

ganaense 形 ガーナ(人)の ——男女 ガーナ人

ganascia 女〔複 [-sce]〕1 顎(あご) 2 (万力やペンチなどの挟んで)固定する部分; ブレーキシュー; (レールなどの)継ぎ目板 ▶ *mangiare a quattro ganasce* がつがつ〔大食い, 早食い〕する

ganascino 男 小さく華奢(きゃしゃ)な頬, 頬のふくらんだ部分

gancetto 男 (衣類の)小さなホック〔留め金〕

gancio 男 1 鉤(かぎ); 留め金, ホック 2〔スポ〕(ボクシングの)フック(パンチ) 3《隠》ずる賢い〔抜け目ない〕人

gandhiano 形 ガンジーの, ガンジー哲学の; ガンジー信奉者の ——男〔女 [-a]〕ガンジー信奉者

gandhismo 男 ガンジー主義

gang 女〔不変〕〔英〕1 悪党ども, ギャング;《謔》仲間, 同僚 2 ジャズバンド

gangetico〔複 [男 -ci]〕形 ガンジス川 (il Gange) の

ganghero 男 1 蝶番(ちょうつがい)のピン; 蝶番 2 ホック ▶ *uscire dai gangheri | essere fuori dai gangheri* 堪忍袋の緒が切れる, 激怒する

ganglio [ガングリオ] 男 1〔解〕神経節 2 中枢, 中心

gangster 男女〔不変〕〔英〕ギャングの一員, 犯罪者; 悪党

gangsterismo 男 ギャング行為, (組織的な)犯罪行為

gangsteristico〔複 [男 -ci]〕 ギャングの, ギャング行為の

Ganimede 固名(男)〔ギ神〕ガニュメデス(美貌のためゼウスにさらわれ, 不老不死の酌人となったトロイアの王子)

ganimede 男 しゃれ男, 色男, きざな男

ganzo 男〔女[-a]〕1《蔑》愛人;《口・謔》恋人 2《隠》ずる賢い人, 抜け目ない人 ―形《隠》素晴らしい, 魅力的な

gap 男〔不変〕〔英〕相違, 差, 隔たり, ギャップ

*__gara__ [ガーラ] 女 1 競技, 競争, レース 2 入札 (gara d'appalto)

*__garage__ [ガラージュ] 男〔不変〕1 ガレージ, 車庫; 自動車修理工場 2〔音〕ガレージロック

garagista 男女〔複[男 -i]〕ガレージ所有者[経営者], ガレージ管理人

garamond, garamond 男〔不変〕〔印〕ガラモン活字

garante 形 保証する, 担保する, 引き受ける ―男女 保証人, 担保人, 引受人

*__garantire__ [ガランティーレ] 他〔io -isco〕1 保証[保障]する 2 請け合う, 断言[確約]する ―**irsi** 再 保険に入る, (損害に)備える, 守る

garantismo 男〔法〕国家権力から個人の権利と自由を擁護する法律上の施策

garantista 形〔複[男 -i]〕〔法〕(国家権力から)個人の権利と自由を擁護する ―男女〔複[男 -i]〕〔法〕個人の権利と自由の擁護者

garantistico 形〔複[男 -ci]〕〔法〕(国家権力から)個人の権利と自由を擁護する

garantito 形 本物の; 確実な, 保証(書)付きの

*__garanzia__ [ガランツィーア] 女 1 証し, 確約 2 保証, 保障; 担保 3 保証書, 保証期間 4 保証金

garbare 自 [es, 稀に av] 気に入る, 好みに合う ―La tua idea mi *garba* molto. 私は君の考えがとても気に入っている.

garbatamente 副 丁寧に, 上品に, 礼儀正しく; 優美に, 巧みに

garbatezza 女 1 丁寧, 上品, 礼儀正しさ 2 親切, 好意

garbato 形 礼儀正しい; 人当たりのよい; 上品な

garbino 男 (アドリア海沿岸の)南西の風

garbo 男 1 礼儀正しさ; 優しさ; 上品さ, 優美さ 2 輪郭, 型, 形状 3 仕上げ 4 湾曲部 5 [トスカーナ]身ぶり, しぐさ

garbuglio 男 1 混乱, 紛糾 2 錯綜した事態, こんがらがった状況

garçonne 女〔仏〕自由で自立した女性 ―alla *garçonne* ボーイッシュな髪型

Garda 固名(男) (lago di ~) ガルダ湖

gardenia 女 1〔植〕クチナシ 2 クチナシの花

gareggiare 自 [io gareggio] 1 競争する, 競う, 張り合う 2 試合[競技]に参加する

garenna 女 (野生ウサギの)飼育場, 養兎場

garganella 女〔次の成句で〕► *bere a garganella* 容器に口をつけずに飲む; がぶ飲みする

garganello 男 1〔鳥〕カワアイサ; コガモ 2〔複数で〕ガルガネッリ(ペンネに似たパスタ)

gargantuesco 形〔複[男 -chi]〕1 巨大な, 並外れた 2 (食欲・空腹が)極端な, 度外れた

gargarismo 男 うがい;〔複数で〕うがい薬 ―fare i *gargarismi* うがいする 2 調子外れの歌

gargarizzare 自 1 うがいする 2 下手に歌う, 音をはずす ―他 1 …でうがいする 2 (音符の音に)弱く, はずして出す

gargarozzo 男〔俗〕喉

gargotta 女 安食堂, 安酒場

Garibaldi 固名(男) (Giuseppe ~) ガリバルディ(1807-82; イタリア統一運動の指導者)

garibaldino 形 1 ガリバルディ(部隊)の 2 大胆[豪胆]な, 勇敢な, 猛烈な ― alla *garibaldina* 勇猛果敢に ―男 1 ガリバルディ義勇軍兵士 ―mille garibaldini ガリバルディ千人隊 (i Mille) 2 (レジスタンス期の)ガリバルディ部隊

garitta 女 1 (兵舎・監獄の)哨(しょう)舎; 番小屋 2 (鉄道の)転路手の避難所; 制動手の乗務室

garofanato 形 カーネーションの香りの; クローブで味付けした

garofano 男 1〔植〕カーネーション 2〔植〕チョウジノキ ―chiodo di *garofano* 丁子(ちょうじ), クローブ 3 (G-)〔単数のみ〕イタリア社会党

garrese 男〔動〕背峰(馬など四足獣の肩甲骨間の隆起)

garretto 男 1〔動〕飛節(馬・牛などの後脚の足首の上の関節), 膝 2 (人の)くるぶし, かかとからふくらはぎの間

garrire 自〔io -isco〕1 (鳥が)チュンチュン[チュッチュ, チーチー]鳴く, さえずる 2 (帆や旗・カーテンが)はためく, パタパタ動く

garrito 男 1 (鳥の)甲高い鳴き声, さえずり 2 (帆や旗・カーテンが)はためくこと 3〔音〕はためき

garrota 女〔歴〕(スペインの)鉄輪の絞首刑用具

garrulo 形《文》1 (鳥が)さえずる, (動物が)甲高い声で鳴く 2 おしゃべりの, 話好きな, 饒(じょう)舌な 3 陽気な, 活気のある, 騒々しい

garza¹ 女 1 ガーゼ 2 紗(しゃ), 薄織物

garza² 女〔鳥〕サギ

garzare 他〔織〕(布を)毛羽立てる, 起毛する

garzatore 男〔女[-trice]〕〔織〕毛羽立て工

garzatrice 女 起毛機

garzonato 男 見習い, 奉公; 見習い[奉公]期間

garzone 男 (店の)小僧さん; (大工や左官の)見習い

*__gas__ [ガス] 男〔不変〕1〔物・化〕気体 2 ガス(燃料) ―a *gas* ガスの[で] / stufa a *gas* ガスストーブ 3 (エンジンの)混合気 ► *a tutto gas* 全速力で *dare del*

gas 加速する

gasare 他 1 (液体にガスを入れて)発泡させる(gassare) 2 毒ガスで攻撃する(gassare) 3 《口》興奮させる, 熱狂させる —**arsi** 自 興奮する, 舞い上がる

gasato 形 興奮した, 舞い上がった —男〘女[-a]〙興奮した人, 舞い上がった人

gascromatografia 女 〔化〕ガスクロマトグラフィー

gascromatografo 男 〔化〕ガスクロマトグラフ

gasdinamica 女 気体工[力]学

gasdotto 男 ガス・パイプライン[輸送管]

gasista 男女〘複[男 -i]〙ガス工事人, ガス器具取り付け人; ガス製造作業員; 〔工〕ガス発生炉系

gasolina 女 ガソリン, 揮発油

gasolio 男 軽油, ディーゼル油(benzina)

gasometro 男 ガスタンク

Gaspare 固名〘男〙 1 〘男性名〙ガスパレ 2 〘聖〙ガスパル(イエスの誕生を祝福した占星術者の一人)

gassare 他 1 (液体にガスを入れて)発泡させる 2 毒ガスで攻撃する

gassato 形 炭酸ガス入りの(frizzante) —acqua *gassata* 炭酸水 / bevande [bibite] *gassate* 炭酸飲料, 清涼飲料

gassificare 他 〘io gassifico〙ガスにする, 気化する

gassista → gasista

gassometro → gasometro

gassosa → gazzosa

gassoso 形 ガス状の, 気体の

gastaldo → castaldo

gastero- → gastro-

gasteropode 男 〔動〕腹足類(カタツムリなど)

Gastone 固名 〘男性名〙ガストーネ

gastri- → gastro-

gastrico 形 〘複[男 -ci]〙胃の —succo *gastrico* 胃液 / ulcera *gastrica* 〔医〕胃潰瘍

gastrite 女 〔医〕胃炎

gastro-, -gastro 接頭, 接尾 「腹部(の)」「胃(の)」の意

gastroenterico 形 〘複[男 -ci]〙〔医〕胃腸の

gastroenterite 女 〔医〕胃腸炎

gastroenterologia 女 〔医〕胃腸病学

gastroenterologo 男 〘複[-gi]〙女〘[-a]〙〔医〕胃腸病専門医

gastronomia 女 1 〘美食〙料理法 2 デリカテッセン, 惣菜屋

gastronomico 形 〘複[男 -ci]〙 美食術の, 料理法の; 美食の

gastronomo 男 〘女[-a]〙 1 料理の名人 2 食通, 美食家(buongustaio)

gastroscopia 女 〔医〕胃内視鏡検査

gastroscopio 男 〔医〕胃内視鏡

gâteau 男 〘不変〙〘仏〙(特に詰め物をした)菓子, ケーキ

gatta 女 1 雌猫 2 官能的な女性 ▶ *Gatta ci cova.* 何かがおかしい. | 疑わしい. *gatta da pelare* 難問 *gatta morta* 猫かぶり; 偽善者(gattamorta)

gattabuia 女 《俗》刑務所, 牢獄

gattaiola 女 (ドア下部に設けた)猫の出入り口

Gattamelata 固名〘男〙 ガッタメラータ (1370頃–1443; イタリアの傭(よう)兵隊長)

gattamorta 女 〘複[gattemorte]〙 ずるい人, 陰険な人, 猫かぶり

gattaro 男 〘女[-a]〙野良猫に餌をやる人

gatteggiamento 男 (ネコ科の動物の)目の輝き; (猫の目のように)色合いが変わる光

gatteggiante 形 (色が)見る位置によって変わる

gatteggiare 自 〘io gatteggio〙 1 猫のように動く 2 〘光〙(猫の目のように)色合いを変えて光る, きらきら光る

gattesco 形 〘複[男 -chi]〙《諧》猫のような

gattice 男 〔植〕ハクヨウ, ギンドロ

gattina¹ 女 1 雌の子猫 2 しなを作る[媚(こび)を売る]若い女 3 (少女あるいは愛人に対して)子猫ちゃん, おてんば

gattina² 女 (蚕の)硬化病

gattinara 女 〘不変〙ガッティナーラ(ヴェルチェッリ産の赤ワイン)

gattino¹ 男 子猫

gattino² 男 〔植〕尾状花序

★**gatto** [ガット] 男 猫, 雄猫 —*gatto delle nevi* 雪上車, スノーキャット / lingua di *gatto* ラングドシャ / occhio di *gatto* 猫目石, キャッツアイ ▶ *essere come cane e gatto* 犬猿の仲である *quattro gatti* 少人数

gattofilo 形 《諧》猫好きの —男〘女[-a]〙《諧》猫好き, 愛猫家

gattomammone 男 (童話の)猫のお化け

gattonare 自 1 (赤ん坊が)はいはいする 2 (肉食動物や猟師が獲物に気づかれないように)はうように進む

gattoni¹ 副 四つんばいで ▶ *gatton gattoni* 腹ばいで, 用心深く

gattoni² 男 〘複数のみ〙《俗》おたふくかぜ

gattopardo 男 〔動〕山猫, タイガーキャット —Il *Gattopardo* (ランペドゥーサの)『山猫』

gattuccio¹ 男 〔動〕ホシザメ, マダラトラザメ

gattuccio² 男 挽(ひ)き回し鋸(のこ), 回し挽き鋸

gauchesco 形 〘複[男 -chi]〙 ガウチョの

gauchisme 男 〘不変〙〘仏〙極左主義

gauchiste 形 〘不変〙〘仏〙極左主義

の —男女〔不変〕極左主義者

gaucho 男〔複[gauchos]〕〔西〕ガウチョ(アルゼンチン・ウルグアイのカウボーイ)

gaudente 形 快楽的な、享楽的な —男女 快楽主義者、道楽者

Gaudenzio 固名 〔男性名〕ガウデンツィオ

gaudio 男 1 (宗教的・精神的な)歓喜、至福 2 満足、満悦、喜び

gaudioso 形 喜びに満ちた、至福の

gauss 男〔不変〕〔物〕ガウス(CGS電磁単位系における磁束密度の単位)

gavazzare 自 どんちゃん騒ぎをする

gavetta 女 飯盒(㍻) ▶ *fare la gavetta* 下積みをする *venire dalla gavetta* 一兵卒[平、ノンキャリア]から出世する

gavettino 男〔軍〕金属製コップ

gavettone 男 1〔軍〕スープ用大型容器 2 (軍隊で)水の入った袋を同僚に投げつけるいたずら

gavi 男 ガヴィ(コルテーゼ種のブドウで作る白ワイン)

gaviale 男〔動〕インド[ガンジス]ワニ、ガビアル

gavina 女〔鳥〕チドリ

gavotta¹ 女 〔音〕ガヴォット(17~18世紀に流行したフランスの舞曲)

gavotta² 女〔魚〕ヒメジ

gay 男女〔不変〕〔英〕同性愛者 —形〔不変〕同性愛者の、同性愛者の集まる

gazebo 男〔不変〕〔英〕(庭園などの)休息所; あずまや

gazpacho 男〔不変〕〔西〕ガスパチョ(トマト・野菜・パンを入れた冷たいスープ)

gazza 女 1〔鳥〕カササギ 2 おしゃべりな女

gazzarra 女《蔑》(わめいたり、爆笑したりする)大騒ぎ、騒動、喧騒

gazzella 女 1〔動〕ガゼル 2 (カラビニエーレの)パトカー

gazzetta¹ 女 1 …新聞[新報] — *Gazzetta dello Sport* ガッゼッタ・デロ・スポルト紙 / *Gazzetta Ufficiale* 官報 2 (昔の)定期刊行物; 新聞 3 噂(㍻)好きな人

gazzetta² 女 ガゼッタ(16世紀ヴェツィアで鋳造された純度の低い貨幣)

gazzettiere 男〔女[-a]〕《蔑》売文家、三文文士、三流のジャーナリスト

gazzettino 男 1 (昔の)新聞、定期刊行物 2 (特定の話題を取り上げた新聞の)ニュース欄、コラム; (ラジオの)ローカルニュース —*gazzettino* teatrale 演劇・映画欄 3 ゴシップ好きな人、噂(㍻)好きな人

gazzettistico 形〔複[男-ci]〕1 新聞の 2《蔑》低級なジャーナリズムの

gazzosa 女 サイダー、ラムネ

G. di F. 略 Guardia di Finanza 財務警察

GE 略 Genova ジェノヴァ

Gea 固名(女)〔ギ神〕ガイア(カオスから生まれた大地の女神. 12柱のティタン神の母)

geco 男〔複[-chi]〕〔動〕ヤモリ

Gedeone 固名〔聖〕ギデオン、ゲデオン(旧約聖書士師記に現れる信仰の人)

geisha 女〔複[-e]または不変〕〔日〕芸者; 浮気女、娼婦

gel 男〔不変〕1〔化〕ゲル 2 ゼリー状の物質; (整髪料や化粧品の)ジェル

gelare 他 1 凍らせる、凍えさせる 2 ぞっとさせる、黙らせる —*gelare* il sangue 血を凍らせる、ぞっとさせる —自 1 [es]凍る、凍結[氷結]する 2 [es]強い寒さを感じる —Mi *gelano* le mani. 手がかじかむ. 3〔非人称〕[es/av]冷え込む、氷結する —**arsi** 再 1 凍る、凍結[氷結]する 2 凍える、かじかむ

gelata 女 1 (凍結を伴う)厳しい寒さ、霜、霜柱 2 膠着状態、遮断、封鎖

gelataio 男〔女[-a]〕アイスクリーム売り、アイスクリーム屋

gelateria 女 アイスクリーム店

gelatiera 女 アイスクリーム製造機

gelatiere 男〔女[-a]〕アイスクリーム屋[売り]

gelatiero 形 アイスクリーム製造販売の

gelatina 女 1〔料〕ゼラチン、アスピック; ゼリー —*gelatina* di frutta フルーツゼリー 2 (魚からとる)アイシングラス; (動物からとる)膠(㍻) —*gelatina* esplosiva 爆発性ゼラチン 3〔劇〕照明用のゼラチン板 4〔写〕ゼラチン感光紙

gelatinoso 形 1 ゼリー[ゼラチン]状の; ぶよぶよした、柔らかい 2 はっきりしない、うまく逃げる

gelato [ジェラート] 男 アイスクリーム —形 1 凍った; とても冷たい 2 (恐怖などで)凍りついた、こわばった

gelidamente 副 冷たく、冷淡に

gelido 形 1 凍てつく、肌を刺す(ほど冷たい) 2 冷淡な、冷ややかな

gelo 男 1 極寒、酷寒; 冬 2 氷結、氷; 霜、霜柱 3 (体の)寒気、ぞっとすること 4 冷淡さ

gelone 男 1〔医〕凍傷、しもやけ 2 ヒラタケ(ヒラタケ科の食用キノコ)

gelosia [ジェロスィーア] 女 1 嫉妬、やきもち 2 妬み、羨望 3 細心の注意、気遣い

geloso [ジェローソ、ジェローゾ] 形 (di) 1 嫉妬深い 2 妬んだ、うらやんだ 3 細心な、気遣う、精励な、責任感の強い 4 出し[貸し]惜しみする

gelseto 男 桑畑

gelso 男〔植〕クワ —*gelso* nero [moro] 黒イチゴ

Gelsomina 固名〔女性名〕ジェルソミーナ

gelsomino 男〔植〕ジャスミン、ジャスミンの花

gemellaggio 男 姉妹都市[校]の協定 —fare il *gemellaggio* con… …と姉妹都市[校]になる

gemellanza 女 双子の絆(㍻)

gemellare¹ 形 1 双子の、双生児の 2 よく似たもの同士の

gemellare² 他 姉妹都市にする —**arsi** 再 姉妹都市になる

gemello 形 1 双子[双生児]の, 多胎児の —cinque *gemelli* 五つ子 / città *gemella* di Milano ミラノの姉妹都市 2 一対(?)の, 対をなす —男 1〖女 [-a]〗双子, 多胎児 2 カフスボタン —un paio di *gemelli* 一対のカフス / perdere un *gemello* カフスの片方をなくす 3 (G-)〖複数で〗〔天〕双子座;〔占星〕双子宮

gemere 自 1 うめく, うなる, すすり泣く 2 きしる, キーキー[ギシギシ]いう —far *gemere* i torchi〔諧〕駄作を刊行する[世に出す] 3 (容器の)中身がなくなる 4 [es](液体が容器から)流れ出す, 滴る —他 1 嘆く, 悲しむ 2 流れ出させる

geminare 他〖io gemino〗倍にする, 二重にする

geminato 形 1 対(?)の, 組の, 対になった 2〔言〕(子音字)重複した 3〔植〕双生の 4 (結晶が)双晶

geminazione 女 1 対(?)[二重]になること, 重複 2〔言〕子音重複 3 (結晶の)双晶

Geminiani 固名 男 (Francesco 〜) ジェミニアーニ(1678-1762; コレッリに師事したイタリアの作曲家)

gemito 男 1 うめき(声), うなり(声) 2 (動物の)悲しげな鳴き声 3 心の動揺

Gemma 固名〖女性名〗ジェンマ

gemma 女 1〔植〕芽 2 宝石 3 珍しく貴重なもの[人], 逸品, 珠玉, 至宝

gemmare 自 芽を出す, 発芽する —他 (都心近辺に)副都心を形成する 2 宝石で飾る

gemmazione 女 1 発芽 2〔生物〕無性生殖 3 (都心近辺での)副都心の形成

gemmeo 形《文》宝石の, 宝石のように輝く

gemmifero 形 1 (土地が)宝石を産出する 2〔植〕芽を出す

gemmo- 接頭「芽(の)」「宝石(の)」の意

gemmologia 女 宝石学; 宝石鑑定

gemmoso 形 芽がぎっしり生えた; 宝石をちりばめた

gen. 略 1 generale 将軍 2 genere〔生物〕属 3 generalmente 一般的に; genericamente 大ざっぱに 4 gennaio 1月

gendarme 男 1 武装警官, 警備隊員, 憲兵(carabiniere) 2〔諧〕性格がきつく権柄ずくな女性

gendarmeria 女 1 (特にフランスの)憲兵(隊) 2 警察署

gendarmesco 形〖複[男 -chi]〗《蔑》憲兵の(ような)

gene 男〔生物〕遺伝子

-gene 接尾「生じる」「作り出す, 作り出された」の意

genealogia 女 1 系図[系統, 系譜]学, 家系の研究 2 血統, 家系

genealogico 形〖複[男 -ci]〗系統(学)の, 家系の

genealogista 男女〖複[男 -i]〗系図学者[研究者]

genepì 男 1〔植〕ヨモギ, ニガヨモギ 2 ジェネピ(ヴァッレ・ダオスタ地方のリキュール)

generabile 形 (簡単に)生み出される, 発生しうる

generabilità 女 (簡単に)生み出されること, 発生しうること

＊**generale** [ジェネラーレ] 形 1 全般[全体]的な —elezione [sciopero] *generale* 総選挙[ゼネスト] 2 世間一般の 3 (執務を)統括する, トップの —*direttore* [*segretario*] *generale* 取締役[書記長, 局長] / quartiere *generale* 総司令部 —男 1 将軍 2〖単数のみ〗全体, 総体 ▶ *in generale* 一般的に, 一般論として

generalesco 形〖複[男 -chi]〗《諧》(将軍みたいに)命令的な, 高飛車な, 断固とした

generalessa 女 1 将軍の夫人 2《諧》傲慢な女, 威張った女 3〔カト〕女子修道会長

generalissimo 男 最高司令官, 総司令官, 総統

generalità 女 1 一般性, 普遍性 2 大部分, 大多数 3〖複数で〗(住所・氏名・生年月日など)戸籍上のデータ 4 曖昧さ, 多様性

generalizio 形 (軍隊の)将軍の; (教団の)総長の

generalizzabile 形 一般化しうる, 普遍化できる; 広めうる

generalizzare 他 1 広める, 普及させる 2 一般化する, 普遍化する —自 一般化して話す —**arsi** 再 広まる, 普及する

generalizzazione 女 1 普及 2 一般化, 普遍化; 一般論; 総合, 概括 3〔心〕汎化

generalmente 副 一般[全般]的に, たいてい, 普通は

generare 他〖io genero〗1 生む, 生み出す 2 …の原因となる, 引き起こす — Il suo comportamento ha *generato* sospetti. 彼の態度は疑惑を招いた。 3〔数〕(点・線の移動で)線[面]を形成する 4〔言〕(規則によって)文を生成する —**arsi** 再 生じる, 起こる

generativismo 男〔言〕生成主義, 生成文法理論

generativo 形 1 生殖の, 生み出す; 発生の 2〔言〕生成文法の, 生成的な

generatore 形〖女 -trice〗発生の, 産出の, 生殖能力のある —男〖女 [-trice]〗1 発生させる人[もの], 生む人[もの] 2〔機〕発電機, (ガスなどの)発生器

generatrice 女〔数〕母線

generazionale 形 1 発生過程の 2 (ある)世代に特有の; 世代間の

＊**generazione** [ジェネラツィオーネ] 女 1 生殖, 繁殖 2 生産, 形成 3 (家族の)一世代 4 同時代の人々, ジェネレーション

—di nuova *generazione* 新世代の生成

*genere [ジェーネレ] 男 1 種類；ジャンル 2〔複数で〕品物, 商品 —*generi* alimentari 食料品 3〔言〕〔文〕性 4〔芸〕類 5〔論〕類 ▶ *del genere* その種の, そういう類いの *in genere* 一般的に, 概して

genericamente 副 一般的に, 包括的に；漠然と, 曖昧に

genericità 女 不明確, 不明瞭, 曖昧さ

generico 形〔複[男 -ci]〕1 総論[総称]的な, 一般的な, 包括的な 2 具体的でない, 漠然とした 3 専門的でない, オールラウンドな —*attore generico* どんな役柄もこなす俳優 —男 1〔単数のみ〕一般論, 総論 2〔複 -ci〕女〔-a〕端役, 脇役

genero 男 婿(むこ), 娘の夫, 娘婿 (→ nuora)

generosamente 副 1 気前よく, たっぷりと 2 私心なく, 人々のために 3 寛大に, 寛容に

generosità 女 1 高潔さ, 私欲のないこと 2 気前のよさ, 物惜しみしないこと 3 寛大, 寛容, 包容力 4 豊饒

*generoso [ジェネローソ, ジェネローゾ] 形 1 高潔な, 私欲のない 2 気前のよい 3 寛大な, 包容力のある 4 豊饒な, たくさんの

genesi 女〔不変〕発生, 起源; 発端, 由来; 初め, 始まり —女, 男〔単数のみ〕(G-)〔旧約聖書の〕創世記

-genesi 接尾 「発生(の)」「起源(の)」「発達(の)」の意

-genesia 接尾 「発達」「成長」の意

genetica 女〔生物〕遺伝学

genetico 形〔複[男 -ci]〕〔生物〕遺伝学の, 遺伝子の

genetista 男女〔複 -i〕遺伝学者

genetliaco 男〔複 -ci〕〔著名人・元首の〕誕生日 —形〔複[男 -ci]〕誕生の

genetta 女〔動〕ジェネット(ジャコウネコ科)

Gengis 固名〔男〕(~ Khan)チンギスハン(1167-1227; モンゴル帝国の創始者: 在位 1206-27)

gengiva 女〔解〕歯茎, 歯肉

gengivale 形〔解〕歯茎の, 歯肉の

gengivario 男〔薬〕歯肉疾患治療薬

gengivite 女〔医〕歯肉炎

genia 女 1〔蔑〕やから, 連中, 手合 2 種族, 血族

-genia 接尾 「起源(の)」「生成(の)」の意

geniaccio 男 1 天才気取り, 生半可な才能 2 (むら気のある)鋭敏な才能(を持った人)

genialata 女〔口・諧〕妙案, ひらめき

geniale 形 天才的な, 非凡な; 絶妙の

genialità 女 1 才能に恵まれていること, 天才的なこと 2 愛想のよさ, 感じのよさ

genialoide 男女 むら気のある天才

genico 形〔複 -ci〕〔遺伝〕遺伝子の

-genico 接尾 1「原因となる」「由来する」「生み出す」「生み出された」の意 2「再生するのに適した」の意

geniere 男〔軍〕土木工兵, 工兵

genietto 男 1〔美〕キューピッド像 2〔皮肉に〕並外れて頭のよい若者

genio 男 1 天才, 非凡な才能 2 才能, 素質, 性向 3 特質, 特性 4 好み, 嗜(しこう)好 5 妖精, 精霊, 魔神 ▶ *andare a genio a...* …の性分に合う, 気に入る / *Quel tizio non mi va a genio.* あいつは気に入らない. *avere un lampo di genio* 妙案がひらめく

genio- 接頭 「顎(あご)(の)」の意

genipi → genepì

genitale 形 1〔解・医〕生殖器の 2 生殖力のある —男〔複数で〕生殖器

genitivo 男〔言〕属格, 所有格

*genitore [ジェニトーレ] 男〔女 -trice〕親 —i *genitori* 両親, 父母

genitoriale 形 親の, 両親の

genitrice 女 生みの母; 母親

*gennaio [ジェンナイオ] 男 1 月

Gennaro 固名〔男〕1〔男性名〕ジェンナーロ 2 (San ~)聖ジェンナーロ(?-305; ナポリの守護聖人)

geno-, -geno 接頭, 接尾 「生じる」「作り出す, 作り出された」の意

Genoa 固名〔男〕 ジェノア(ジェノヴァをホームとするサッカーチーム)

genoano 形 ジェノアの選手[サポーター]の —男〔女 -a〕ジェノアの選手[サポーター]

genocidio 男 大量殺戮(さつりく)[虐殺], ジェノサイド

genoma 男〔複 -i〕〔生物〕ゲノム(染色体の一組)

Genova 固名〔女〕 ジェノヴァ(リグリア州の州都; 略 GE)

Genoveffa 固名〔女性名〕ジェノヴェッファ

genovese 形 ジェノヴァ(の人)[方言]の —*pesto genovese* ジェノヴァ風ペースト(バジルの葉, 松の実などをすりつぶしオリーブ油であえたもの) —男女 ジェノヴァの人 —男〔単数のみ〕ジェノヴァ方言

Genovesi 固名〔男〕(Antonio ~) ジェノヴェージ(1713-69; イタリアの哲学者・経済学者. ナポリ学派の祖とされる)

genovesizzarsi 再 ジェノヴァ風になる

genovina 女 ジェノヴィーナ金貨(18世紀ジェノヴァで鋳造)

gent. 略 gentile〔手紙で〕…様

gentaccia → gentaglia

gentaglia 女 不良仲間, 悪い連中

*gente [ジェンテ] 女 1〔集合的〕人々; (不特定の)人, 人間 —*C'è molta* [*poca*] *gente in piazza.* 広場にはたくさん人がいる[ほとんどいない]. 2 (一定の階級・身分・類型などに属する)人々 3 国民, 民族, 住民

gentildonna 女 貴婦人, 上流婦人, 淑女

Gentile 固名〔男〕 1 (Giovanni ~) ジェンティーレ(1875-1944; イタリアの哲

学者) 2 (~ da Fabriano)ジェンティーレ・ダ・ファブリアーノ(1370頃-1427; イタリアの画家)

gentile [ジェンティーレ] 形 1 優しい, 親切な, 思いやりのある —Sei stato gentile ad accompagnarmi. 送ってくれてありがとう. 2 礼儀正しい; 愛想のいい, 気がきいた —maniere gentili 礼儀正しい態度 3 気高い, 高潔な, 寛容な —animo gentile 寛容な心 4 上品な, 優美な, 優雅な, 洗練された —donne gentile 上品な女性 5 〔手紙で〕親愛なる, 敬愛する, …様 —Gentile Signora Pavese パヴェーゼ様 6 (素材が)加工しやすい, 柔らかい ▶ gentil sesso 女性

gentilezza 女 愛想のよさ, 優しさ, 親切, 厚意

gentiliano 形 〔哲〕ジェンティーレの, ジェンティーレ派の —男 〔女[-a]〕〔哲〕ジェンティーレ派

gentilizio 形 貴族の

gentilmente 副 1 親切に, 優しく 2 礼儀正しく, 丁重に 3 穏やかに, 上品に, 快く

gentiluomo 男 〔複[-uomini]〕 1 高貴の生まれの人, 貴族 2 紳士

gentleman driver 成句(男) 〔英〕アマチュアカーレーサー

gentleman rider 成句(男) 〔英〕アマチュアの乗馬選手

gent.ma 略 〔gentile の絶対最上級女性形〕gentilissima〔手紙で〕様

gent.mo 略 〔gentile の絶対最上級男性形〕gentilissimo〔手紙で〕様

gentucola 女 〔蔑〕貧民

genuflessione 女 1 (礼拝・敬意のために)片[両]膝を折ること, ひざまずくこと 2 こびへつらうこと, 卑屈な態度をとること

genuflettersi [54] 再 〔過分 genuflesso〕(礼拝・敬意のために)片[両]膝を折る, ひざまずく

genuinità 女 1 純粋さ; 高純度 2 率直さ, 誠実さ

genuino 形 1 天然[自然]の; 純粋な; 純正の 2 率直な, 本心からの

genziana 女 〔植〕リンドウ

geo-, -geo 接頭, 接尾 「地球の」「土地の」意

geocentrico 形 〔複[男 -ci]〕〔天〕地球を中心とした —teoria geocentrica 天動説

geocentrismo 男 地球中心説, 天動説

geochimica 女 〔地質・化〕地球化学

geochimico 形 〔複[男 -ci]〕〔地質・化〕地球化学の —男 〔複[-ci]女[-a]〕地球化学者

geode 男 1 〔鉱〕晶洞石, ジオード; 晶洞 2 〔医〕(骨・肺などの)空洞

geodesia 女 測地学

geodeta 男女 〔複[-i]〕測地学者

geodetica 女 測地線

geodetico 形 〔複[男 -ci]〕測地学の

geodinamica 女 地球力学

geodinamico 形 〔複[男 -ci]〕地球力学の

geofagia 女 1 〔心〕土食症 2 (民俗学で)土食い

geofisica 女 地球物理学

geofisico 形 〔複[男 -ci]〕地球物理学の —男 〔複[-ci]女[-a]〕地球物理学者

geografia 女 1 地理学; 地理 2 地形, 地勢

geografico 形 〔複[男 -ci]〕地理の, 地理学(上)の —carta geografica 地図

geografo 男 〔女[-a]〕地理学者

geoide 男 〔地理〕ジオイド

geolinguistica 女 〔言〕言語地理学

geologia 女 地質学

geologico 形 〔複[男 -ci]〕地質学(上)の; 地質の

geologo 男 〔複[-gi]女[-a]〕地質学者

geom. 略 → geometra

geomagnetico 形 〔複[男 -ci]〕〔物〕地磁気の

geomagnetismo 男 〔物〕地磁気

geomante 男女 土占い師

geomantico 形 〔複[男 -ci]〕土占いの, 土占い師の

geomanzia 女 土占い

geometra 男女 〔複[-i]〕測量士[技師] —男 〔虫〕シャクガ(幼虫はシャクトリムシ)

geometria 女 1 幾何学 2 (幾何学的)配列; 幾何模様

geometricamente 副 幾何学的に; 非常に正確[厳密]に

geometricità 女 幾何学性; 正確さ, 厳密さ

geometrico 形 〔複[男 -ci]〕 1 幾何学の; 幾何学的な 2 整然とした, 均整の取れた 3 論理的な

geometrizzare 他 1 幾何学的に証明する 2 (芸術的表現で)図案化する 3 (思考・議論を)厳密にする; 厳密に論じる —自 (幾何学的な精密さで)行う, 思考する

geomorfologia 女 地形学

geomorfologico 形 〔複[男 -ci]〕地形学の

geopolitica 女 地政学

geopolitico 形 〔複[男 -ci]〕地政学の

Georgia 固名(女) 1 グルジア 2 (米国の)ジョージア州

georgiano[1] 形 1 グルジア(の人)の 2 (米国の)ジョージア州(の人)の —男 〔女[-a]〕1 グルジア人 2 ジョージア州の人 3 〔単数のみ〕グルジア語

georgiano[2] 形 (英国の)ジョージ王朝の(1714-1830)

geostazionario 形 静止衛星の, 静止軌道の

geotecnica 女 地質工学

geotecnico 形 〔複[男 -ci]〕地質工

geotermia 女 地熱; 地熱学

geotermico 形 [複[男 -ci]] 地熱の

Geova 固名(男) ヤーウェ, エホバ(旧約聖書で用いられる神の名)

geranio 男 [植]ゼラニウム, テンジクアオイ

gerarca 男女 [複[男 -chi]] 1《諧・蔑》横柄な人, 横暴な人 2 [歴]ファシスト党の指導者 —男 [複[-chi]] 高位聖職者

gerarchia 女 1 ヒエラルキー, 階層(制), 位階(制) 2《特に複数で》高位の階級を占める人々 3 (動物社会の)序列 4 [神学]天使の階級[位階]

gerarchico 形 [複[男 -ci]] ヒエラルキーの, 階層[階級]制の

gerarchizzare 他 階層化する, 序列をつける

gerarchizzazione 女 階層化, 序列化

Gerardo 固名 [男性名] ジェラルド

gerbera, gèrbera 女 [植]オオセンボンヤリ, ガーベラ

Geremia 固名(男) [聖]エレミヤ(前7-6世紀; 四大予言者の一人)

geremiade 女 泣き言, 恨み言

gerente 男女 支配人, 幹事, マネージャー, 経営者, 興行主

gerenza 女 経営, 経営, 管理, 支配

gergale 形 隠語の, スラングの

gergalità 女 (やり方・話し方の)隠語的特徴

gergo 男 [複[-ghi]] 1 隠語, 通語; スラング 2 専門語, 術語 3 わけの分からない言葉

geriatra 男女 [複[男 -i]] 老人病専門医

geriatria 女 [医]老人病学, 老人医学; 高齢者診療科

geriatrico 形 [複[男 -ci]] 老人病学の

gerla 女 (籐(とう)などの)背負いかご, 荷かご

gerlo 男 [海]括帆索(かっぱんさく), ガスケット

germanesimo 男 ドイツ文化, ドイツ様式, ドイツ精神

Germania 固名(女) ドイツ(→ tedesco)

germanico 形 [複[男 -ci]] 1 ゲルマン(民族)の; ゲルマン語(派)の 2 ドイツ(人)の 一[言]ゲルマン語派

germanio 男 [化]ゲルマニウム(元素記号 Ge)

germanismo 男 1 [言]ドイツ語に由来する言葉[表現] 2 ドイツ特有のもの, ドイツの慣習

germanista 男女 [複[男 -i]] ドイツ研究家, ドイツ語[文学]研究者

germanistica 女 ドイツ研究, ドイツ語研究, ドイツ文学研究

germanizzare 他 ドイツ風にする, ドイツ化する —**arsi** 再 ドイツ風になる

germanizzazione 女 ドイツ化

Germano 固名 [男性名] ジェルマーノ

germano[1] 形 1 [歴]ゲルマン民族[語]の, チュートン人の 2 (現代)ドイツの —男 [-a] ゲルマン人

germano[2] 形 同父母から生まれた —sorella *germana* 実の姉[妹] —女 [-a] 兄弟

germano[3] 男 [鳥]マガモ

germanofilia 女 ドイツびいき

germanofilo 形 ドイツびいきの —男 [女 [-a]] ドイツびいきの人

germanofobia 女 ドイツ(人)嫌い

germanofobo 形 ドイツ(人)嫌いの —男 [女 [-a]] ドイツ(人)嫌いの人

germanofono 形 ドイツ語を話す; ドイツ語圏の —男 [女 [-a]] ドイツ語を話す人

germe 男 1 [生物]胚(はい), 胚芽 2 細菌, 病原菌 3 兆し, 芽生え, 萌芽 ▶ *in germe* 初期[未発達]の

Germi 固名(男) (Pietro ~) ジェルミ (1914-74; イタリアの映画監督)

germicida 形 [複[男 -i]] [薬]殺菌性の —男 [複[-i]] 殺菌薬[剤]

germinale[1] 男 [歴]芽月(フランス革命暦の第7月)

germinale[2] 形 1 [生物]胚の, 胚細胞の 2 初期の, 初めの

germinare 自 [es/av] [io germino] [植](種・胞子などが)発芽する; 芽生える, 生じる —他 発生[発芽]させる

germinazione 女 [生物](胚などの)成長初期段階; 発芽, 発生

germogliabile 形 発芽しうる

germogliare 自 [es/av] [io germoglio] 1 発芽する, 成長し始める 2 発生する, 起こる —他 芽を出させる

germoglio 男 1 新芽, 若芽 —*germoglio* di soia [bambù] モヤシ[タケノコ] 2 兆し, 端緒, 発端

gero-[1] 接頭 「年老いた」「老年(の)」の意

gero-[2] → iero-

-gero 接尾 「持っている」「身につけている」の意

Geroboamo 固名(男) [聖]ヤラベアム (北イスラエル王国の初代の王)

gerocomio 男 養老院, 老人ホーム

geroglifico [ジェログリーフィコ] 形 [複[-ci]] 1 (古代エジプトの)象形文字, 絵文字, ヒエログリフ 2 判読しにくい記号[文字], なぐり書き, 下手な字 3 なぞなぞ, 判じ物 —形 [複[男 -ci]] 象形文字の

Gerolamo 固名(男) 1 [男性名]ジェローラモ 2 (San Gerolamo)ヒエロニムス (342頃-420; 聖書学者・教父)

Geronimo 固名 [男性名] ジェローニモ

geronto- 接頭 「年老いた」「老年(の)」の意

gerontocomio 男 養老院, 老人ホーム

gerontocrate 男女 [諧](政治力を持った)老人, 長老

gerontocratico 形 [複[男 -ci]] 長

gerontocrazia 老政治[支配]の

gerontocrazia 女 長老政治, 老人支配

gerontologia 女〔医〕老人学, 老年学

gerontologico 形〔複[男 -ci]〕老人学の

gerontologo 男〔複 -gi〕女[-a]〕老人学専門家, 老人病専門医

gerundio 男〔言〕ジェルンディオ

gerundivo 男〔言〕(ラテン語の)動詞状形容詞, 受動分詞 —形 動名詞の, 受動分詞の

Gerusalemme 固名(女) エルサレム(イスラエル国の首都)

gessaio 男〔女[-a]〕1 石膏(ぅ)販売者 2 石膏細工人, 小型の塑像製作者

gessaiolo 男〔女[-a]〕1 石膏(ぅ)販売者 2 石膏細工人, 石膏像製作者 3〔工〕白亜坑員, 石膏砕石場作業員

gessare 他 1〔農〕石灰を撒く 2(ワインの濁りをとるのに)石灰を入れる 3 石膏(ぅ)を塗る

gessato 形 1〔医〕ギプスの 2(生地が)ピンストライプ(細い縦縞)の —男 ピンストライプの生地[服]

gessetto 男 チョーク, 白墨

gessino 男 1(小型の)石膏(ぅ)像 2 白亜のパイプ

*__gesso__ [ジェッソ] 男 1 チョーク, 白墨, (裁縫の)チャコ 2 石膏(ぅ); 石膏像, 石膏細工 3 ギプス

gessoso 形 1 白亜質の; 石灰石を含む 2 石膏(ぅ)のような 3 つやのない, 青白い

gesta 女〔不変〕〔複数で〕武勲, 偉業, 勲功 —le *gesta* di un eroe 英雄の偉業

gestaccio 男 下品な身ぶり

gestalt 女〔不変〕〔独・心〕形態, ゲシュタルト

gestante 女 妊婦 —形 妊娠している

Gestapo 略〔独〕Geheime Staatspolizei ゲシュタポ(ナチスドイツの国家秘密警察)

gestazione 女 1 妊娠; 懐胎期間 2 準備段階, 構想期間

gestibile 形 実行しうる, 運営しうる, 処理できる

gesticolamento 男 身ぶり手ぶりで表すこと, 身ぶり, ジェスチャー

gesticolare¹ 自〔io gesticolo〕身ぶり手ぶりで表す[話す], ジェスチャーを使う

gesticolare² 形 ジェスチャーの

gesticolato 形 ジェスチャーたっぷりの

gesticolatore 形〔女[-trice]〕(いつもジェスチャーを使う —男〔女[-trice]〕ジェスチャーを使う人

gesticolazione 女 身ぶり手ぶりで表すこと, 身ぶり, ジェスチャー

gesticolio 男 ひっきりなしにジェスチャーをすること

gestionale 形 経営[運営]の, 管理の

gestione 女 1 経営, 運営; 管理, 執行, 取り扱い 2 (管理・運営などの)期間

gestire¹ 他〔io -isco〕1 経営[運営]する, 管理する 2 行う, 企画する —*gestire* una trattativa 交渉する 3 統制する, 支配する 4 活用する, 利用する —*gestire* una situazione 状況を活用する 5 (慎重に)割り振る, 分配する —**irsi** 再 コントロールする, 管理する, 抑制する

gestire² 自〔io -isco〕《文》ジェスチャーを使う

*__gesto__ [ジェスト] 男 1 ジェスチャー; (合図や印としての)しぐさ, 動き 2 行動, 行為

gestore 男〔女[-trice, gestitrice]〕経営者, 管理人, 支配人, マネージャー —形〔女[-trice]〕経営[運営]する

gestuale 形 ジェスチャーの, ジェスチャーを用いた

gestualità 女 1 ジェスチャーの特性 2 (ある人の表現手段としての)ジェスチャー; ジェスチャーによる表現力

Gesù 固名(男) 1 イエス, イエズス —*Gesù* Cristo イエス・キリスト / *Gesù* bambino 幼子イエス 2 イエスの像[絵画, 彫刻] —間〔感嘆・驚き・悲しみ・苦痛などを表して〕あっ, あら, ちくしょう, ああ神様 —*Gesù*, come sei cambiata! おや, 君はずいぶん変わったね.

Gesualdo 固名(男) (Carlo ~)ジェズアルド(1560 頃 -1614; イタリアの音楽家)

gesuita 形〔複[男 -i]〕イエズス会(士)の —男〔複[男 -i]〕イエズス会士 —男女〔複[男 -i]〕《蔑》ずる賢い人, 抜け目ない人, 信用の置けない人

gesuitico 形〔複[男 -ci]〕1 イエズス会(士)の 2《蔑》偽善的な, 陰険な

gesuitismo 男 1 イエズス会の教義[主義] 2《蔑》偽善, 不実, 陰険

gesummaria 間〔驚き・悲しみ・苦痛などを表して〕うわっ, まあ, おや, 何てことだ

gesummio → gesummaria

gettacarte 男〔不変〕紙くずかご

*__gettare__ [ジェッターレ] 他 1 投げる, 投げつける 2 捨てる —usa e *getta* 使い捨ての / rasoio usa e *getta* 使い捨てカミソリ 3 浪費する —*gettare* il denaro 無駄遣いする 4 作る, 建設[建造]する —*gettare* le fondamenta 基礎を築く 5 放つ, 吹き出す, 浴びせる —Il vulcano *getta* la lava. 火山は溶岩を噴出している. 6 鋳造する, (型に)流し込む —自 芽を吹く —**arsi** 再 1 飛び込む; 飛びかかる —*gettarsi* nelle [tra le] braccia di... …を激しく抱きしめる 2 身を委ねる 3 (in) (川などが)流れ込む, 注ぐ ▶ *gettare il guanto* 決闘を挑む *gettare in faccia* (面と向かって)非難する, 責める *gettare le armi* [*la spugna*] 降伏する *gettare (la) polvere negli occhi a...* …の目をくらます, …をだます *gettare uno sguardo su* [*a*]... …をちらっと見る

gettata 女 1 投げること, 発射 2 鋳型

gettito 男 1〔経〕歳入、税収、収益、収入 2〔軍〕同年兵の数 3〔海〕(緊急時の)投げ荷 4(連続して)投げること、連射

getto 男 1 投げること、発射、投下 2 (液体・ガスの)噴出、噴射、ほとばしること 3 (鋳型に)流し込むこと、鋳造(物) 4〔建〕(セメント・コンクリートの)流し込み、成型 5〔植〕新芽 ▶ **di getto** 一息で、一気に

gettonare 他 1《口》(ジェットーネを使用する電話機で)電話する 2《口》ジュークボックスの曲を選ぶ

gettonato 形 《口》(曲や歌手がジュークボックスで)ヒットした; 非常に人気のある

gettone 男 1 (お金の代用品としての)コイン ―*gettone del telefono* (カード式になる前の)公衆電話用コイン、(自動販売機などの)コイン / lavanderia a *gettone* コインランドリー 2〔賭け事の〕チップ

gettoniera 女 1 ジェットーネ販売機 2 (機械の)ジェットーネ投入口 [保存箱]

geyser 男〔不変〕〔英〕間欠泉

Gezabele 固名〔女〕〔聖〕イゼベル(イスラエル王アカブの妻)

Ghana 固名〔男〕ガーナ

ghanese 形 ガーナ(人)の ―男女 ガーナ人

ghenga 女 一団、一味

ghepardo 男〔動〕チーター

gheppio 男〔鳥〕チョウゲンボウ

Gherardo 固名〔男性名〕ゲラルド

gheriglio 男 クルミの種、果実の仁

gherlino 男〔海〕(係留・曳(ひ)航などの)大綱

gherminella 女 ごまかし、ペテン、策略

ghermire 他〔io -isco〕1 (猛獣・猛禽が)爪で捕らえる 2 すばやく[力ずくで]つかむ

gherone 男 (シャツの)まち; 帆の補強布

ghetta 女 (靴の上部から足首を覆う)ゲートル、スパッツ

ghettizzare 他 1 ゲットーに閉じ込める 2 疎外する、孤立させる

ghettizzazione 女 隔離; 疎外、孤立

ghetto 男 1 ユダヤ人居住区、ユダヤ人街、ゲットー 2 スラム街、貧民窟 3 (少数民族の置かれた)孤立状態、疎外された状態

ghiacciaia 女 1 氷室(ひょうしつ); (水で冷やす)冷蔵庫; 冷凍庫 2 非常に寒い場所

ghiacciaio 男 氷河、万年雪

ghiacciare 自〔*io ghiaccio*〕1 [es] 凍る、凍結する; 冷える、冷める 2〔非人称〕[es/av] 氷結する ―他 1 凍らせる 2 ぞっとさせる ―**arsi** 再 氷結する、凍る; 冷える、冷める

ghiacciata 女 砕き氷を入れた飲み物

ghiacciato 形 1 凍りついた、氷結した 2 非常に冷たい、冷え切った

ghiacciatura 女 1 凍結、氷結 2 (宝石の)ひびのような白い傷

ghiaccio [ギアッチョ] 男 氷 ―palazzo del *ghiaccio* 屋内スケート場 / pattinaggio su *ghiaccio* アイススケート ―形〔複〔女-ce〕〕氷の、氷のような、とても冷たい ▶ **di ghiaccio** とても冷たい; 冷淡な、無関心な; 啞(あ)然とした / pezzo di *ghiaccio* クールな人 **rompere il ghiaccio** 心を開く、打ち解ける、沈黙を破る

ghiacciolo 男 1 つらら 2 アイスキャンデー 3 (宝石の)きず

ghiaia 女 砂利、バラス

ghiaiata 女 (地盤・道路を補強する)砂礫(されき) [バラス]の層

ghiaieto 男 砂利の堆積

ghiaietto 男 (10～20mmの大きさの)砂利

ghiaino 男 (1～10mmの大きさの)砂利

ghiaione 男 (斜面に堆積した)岩石、がれ

ghiaioso 形 砂利の多い

ghianda 女 1〔植〕ドングリ; カシの実 2〔植〕殻斗(かくと)果 3 (楕円形の)飾り、取っ手

ghiandaia 女〔鳥〕カケス

ghiandifero 形 (カシやナラが)ドングリを実らせる、ドングリの多い

ghiandola 女 〔解〕(分泌)腺 ―*ghiandola* lacrimale [sudoripara] 涙腺[汗腺]

ghiandolare 形〔解〕腺(状)の

ghibellino 形〔歴〕ギベリン党の、皇帝党の、反教皇派の ―男〔女 [-a]〕ギベリン党員、皇帝党員、反教皇派の人

Ghiberti 固名〔男〕(Lorenzo ～)ギベルティ(1378-1455; 初期イタリア・ルネサンスを代表する彫刻家)

ghibli 男〔不変〕〔アラビア〕ギブリ(アフリカから地中海に吹く熱風)

ghiera 女 1 金属リング; (傘などの)石突き 2〔建〕(外輪が見える)アーチ、アーキヴォールト 3〔機〕ナット

ghierato 形 金属リングがついた; 石突きのついた

ghigliottina 女 断頭台、ギロチン

ghigliottinare 他 ギロチンで首を落とす、断頭台にかける

ghigliottinatore 男〔女[-trice]〕1 (ギロチンの)死刑執行人 2 辛辣な批評家、酷評家

ghigna 女 しかめつら、渋面、むっつり顔; 恐い顔つきの人

ghignare 自 あざ笑う、嘲笑する;《口》笑う

ghignata 女 1 嘲笑、あざけり、冷笑 2《口》大笑い、爆笑

ghigno 男 あざ笑い、冷笑

ghignoso 形 皮肉な、いやみな; 嫌な感じの

ghimberga 女〔建〕(ゴシック建築で)両脇に尖塔を持つペディメント[切妻破風]

ghinea 女 ギニー金貨(イギリスの昔の貨

ghingheri 男複 〔次の成句で〕 ▶ **in ghingheri** 着飾って

ghiottamente 副 がつがつと, むさぼって, 食欲に

ghiotto 形 1 食いしん坊の, 食べ物に目がない —Mario è *ghiotto* di dolci. マリオは甘いものに目がない. 2 食欲をそそる 3 興味[好奇心]をそそる

ghiottone 男 1 〖女[-a]〗大食漢, 食い意地の張った人 2 〖動〗クズリ(イタチ科)

ghiottoneria 女 1 大食, 暴飲暴食 2 ごちそう, おいしい食べ物 3 貴重なもの, 珍品

ghiozzo 男 〖魚〗ハゼ

ghirba 女 1 水を入れる革袋〖防水加工した布袋〗 2《隠》〖軍隊で〗命 —portare a casa la *ghirba* 命拾いする

ghiribizzo 男 気まぐれ, 酔狂, 奇抜なアイディア

ghirigoro 男 1 殴り[走り]書き; 汚い字, 読めない字[サイン] 2 奇妙, 奇異

ghirlanda 女 1 花輪, 花冠 2 (人の)輪[一団]

Ghirlandaio 固名(男) ギルランダイオ (1449-94; イタリアの画家. 本名 Domenico Bigordi)

ghirlandaio 男〖女[-a]〗花輪[花飾り]売り

ghiro 男 〖動〗ヤマネ(リスに似た冬眠動物) ▶ **dormire come un ghiro** 熟睡[爆睡]する

ghironda 女 〖音〗ハーディガーディ

ghisa¹ 女 〖鉱〗(鋳物)鉄 —in *ghisa* 鋳物の

ghisa² 男〖不変〗〖ロンバルディア〗警察官

ghost 男〖不変〗〖英・情〗ゴースト(二重像の弱い方の画像)

*★**già** 〖ジャ〗副 1 もう, 既に —È *già* uscito. 彼はもう出かけた. 2 以前に —Ho *già* conosciuto Maria alla festa. 以前パーティーでマリアと知り合いになった. 3 〔名詞に前置して〕前に(かつては)…だった, 前の, 元の —il signor Moretti, *già* preside di facoltà 元学部長のモレッティ氏 4 〔返答〕そうそう, そうだよ, あっそう —Il tempo passa veloce, eh?-*Già*. 時が経つのは早いものだな. -そうだね. ▶ **di già** ええ!, もう?(こんなに早く, そんなに速く) **Eh, già!** そうとも. / その通り.

Giacarta 固名(女) ジャカルタ(インドネシア共和国の首都)

*★**giacca** 〖ジャッカ〗女 上着, ジャケット —*giacca* a vento アノラック, ウインドブレーカー

giacché 接 …なので, …である以上 —Ieri non sono uscito, *giacché* pioveva a dirotto. 昨日は大雨だったので出かけなかった.

giacchetta 女 ジャケット, ブレザー

giacchetto 男 (特に婦人用の)丈の短いタイトなジャケット

giacchio 男 投網(とあみ)

giaccone 男 防寒コート

giacente 形 1 未決済の, 未処理の 2 横たわった

giacenza 女 1 〔特に複数で〕在庫(品), 売れ残り品; 滞留, 滞貨 2 在庫[滞留, 滞船]期間 —giorni di *giacenza* 超過停泊, 滞船料 ▶ **giacenza di cassa** 手持ち資金

giacere [76] 自 [es] 〔過分 giaciuto〕 1 横たわる —*giacere* al suolo 地面に横たわる 2 (死んで)眠っている —Qui *giace*. (墓碑で)ここに眠る. 3 …にある[位置する] —Il lago *giace* nel mezzo della vallata. 湖は谷間の中央にある. 4 (感心しない)状態のままである —*giacere* nell'ozio 仕事もしないで遊びほうける 5 無視[放置]されている, 停滞している —**ersi** 交接する, 性交する

giaciglio 男 1 間に合わせの寝床, 粗末なベッド —*giaciglio* di paglia わら布団 2 犬小屋

giacimento 男 地層; 鉱床

Giacinto 固名(男) 1 〖男性名〗ジャチント 2 〖ギ神〗ヒュアキントス(アポロンに愛された美少年. その血から花が咲いたという. ヒヤシンスの名の由来)

giacinto 男 〖植〗ヒヤシンス

giacitura 女 1 横たわること, 横たわった姿勢 2 位置, 置き方, 在り方

giaciuto *giacere* の過分

Giacobbe 固名(男) 〖聖〗ヤコブ(イサクの子. 12 人の息子たちはイスラエルの 12 部族の祖とされる)

giacobino 形 1 〖歴〗ジャコバン党員の 2 〖政〗急進(過激)派の —男〖女[-a]〗ジャコバン党員; 急進(過激)派

Giacomo 固名(男) 1 〖男性名〗ジャコモ 2 (~ il maggiore) 〖聖〗大ヤコブ(ヨハネの兄弟. イエスの十二弟子の一人) 3 (~ il minore) 〖聖〗小ヤコブ, 主の兄弟ヤコブ(イエスの兄弟)

giacomo 男〖不変〗〔次の成句で〕 ▶ **fare giacomo giacomo** (疲労や恐怖で)足ががくがく震える

giacque *giacere* の直・遠過・3 単

giaculatoria 女 1 (短く繰り返される)祈り 2 とてもうんざりする話; しつこい哀願; 呪詛(じゅそ), 悪態

giaculatorio 形 熱心に唱えられた

giada 女 〖鉱〗翡翠(ひすい), 玉(ぎょく) —男〖不変〗緑色, 翡翠の色 —形〖不変〗緑色の

giaggiolo 男 〖植〗アヤメ, アイリス

giaguaro 男 〖動〗ジャガー, アメリカヒョウ —*amico del giaguaro* 敵の仲間, 裏切り者

giaietto 男 〖鉱〗黒玉, ジェット —di *giaietto* (瞳について)輝く漆黒の

giaina 形 〖不変〗ジャイナ教の, ジャイナ教徒の —男女〖不変〗ジャイナ教徒

giainismo 男 〖宗〗ジャイナ教

gialappa 女 〖植〗ヤラッパ(根茎から下剤を作る)

giallastro 形 黄味がかった, 黄色っぽい
giallaggiare 自 [io gialleggio] 黄ばむ, 黄色くなる
giallezza 女 黄色いこと
gialliccio 形 [複[女 -ce]] 薄黄色の, くすんだ黄色の
giallino 形 明るい薄黄色の ― 男 明るい薄黄色
giallista 男女 [複[男 -i]] 推理小説作家
giallistica 女 推理[探偵]小説(のジャンル)
*__giallo__ [ジャッロ] 形 1 黄色い ―*farina gialla* トウモロコシ粉 / *pagine gialle* 職業別電話帳, タウンページ 2 (顔色が)青ざめた, 血色の悪い 3 [刑事や探偵が登場する]事件物の, ミステリー[スリラー]の 4 黄色人種の ― 男 1 黄色 2 推理小説, サスペンス映画 3 (信号の)黄色; (卵の)黄身 4 [複数で]黄色人種 ▶ *Fiume Giallo* 黄河
giallognolo 形 あせた黄色の ― 男 あせた黄色
giallolino → giallino
giallona 女 果肉が硬く黄色いモモ
giallone 形 濃い[鮮やかな]黄色の ― 男 1 濃い[鮮やかな]黄色 2 [動]黄きょう病にかかった蚕
giallore 男 黄色; 黄疸(ﾀﾞﾝ)の出た顔色
giallorosa 形 [不変] (小説や映画について)恋愛推理[サスペンス]の
giallorosso 形 (サッカーチームのユニフォームが)黄色と赤の; (サッカーチームの)ローマ[カタンツァーロ]の ― 男 [女 -a] ローマ[カタンツァーロ]の選手[サポーター]
giallume 男 1 黄味がかった色; 病人[肝臓病患者]の顔色 2 黄色っぽい染み 3 [動] (蚕の)黄きょう病
Giamaica 固名(女) ジャマイカ
giamaicano 形 ジャマイカ(人)の
giambico [複[男 -ci]] 形 1 [詩]短長格の, 弱強格の 2 [文]風刺的, 挑発的な
giambo 男 1 [詩]短長格, 弱強格 2 [文]短長格の風刺詩
giamburrasca 男女 [不変] 腕白坊主, おてんば
giammai 副 1 決して…ない, いかなる時も…ない 《諧》絶対に…ない 2 時折
Giampaolo 固名 [男性名] ジャンパオロ
Giancarlo 固名 [男性名] ジャンカルロ
gianduia 男 [不変] 1 ジャンドゥイア (酒飲みジョヴァンニに扮した人 《諧》ピエモンテの住民 3 ジャンドゥイア(ハシバミの実を入れたトリノ生まれの柔らかいチョコレート)
gianduiotto 男 (トリノの)ナッツチョコレート
Gianfranco 固名 [男性名] ジャンフランコ
Gianluca 固名 [男性名] ジャンルーカ
Gianluigi 固名 [男性名] ジャンルイージ
Gianna 固名 [女性名] ジャンナ

giannetta 女 1 (昔の小型軽量の)槍(ﾔﾘ) 2 [歴] (軍隊で用いられた)指揮杖 3 (籐(ﾄｳ)の)ステッキ, 杖
Gianni 固名 [男性名] ジャンニ
giannizzero 男 1 [歴] イェニチェリ(トルコ皇帝の近衛兵) 2 《蔑》手下, 取り巻き
Giano 固名(男) [ロ神]ヤヌス(門の守護神, 前後を見る二つの顔をけ持つ)
Giansenio 固名(男) (Cornelio ~, Cornelius Otto Jansen)ヤンセン, ヤンセニウス(1585-1638; オランダのカトリック神学者)
giansenismo 男 1 [宗]ヤンセン主義, ジャンセニズム 2 道徳的に極めて厳格さ
giansenista 形 [複[男 -i]] ヤンセン派の; 道徳的に極めて厳しい人の ― 男女 [複[男 -i]]ヤンセン派の人, ジャンセニスト; 道徳的に極めて厳しい人
giansenistico → giansenista
giapp. 略 giapponese 日本語(の), 日本の
Giappone 固名(男) 日本
*__giapponese__ [ジャッポネーゼ, ジャッポネーセ] 形 日本の, 日本人の, 日本語の ― 男女 日本人 ― 男 [単数のみ] 日本語
giapponeseria 女 [特に複数で]日本の装飾品[骨董品]; 日本風をまねた装飾品
giapponesismo 男 1 日本の習慣風習の模倣 2 (外国語に入った)日本語の言葉[表現]
giapponesizzare 他 日本風にする
giara 女 1 大きな壺, 甕(ｶﾒ) 2 (昔の)油などを測る単位(約 17 リットル)
giardinaggio 男 造園, 園芸, ガーデニング
giardinetta 女 ステーションワゴン
giardinetto 男 1 小さな庭 2 [特に複数で] (遊具などがある)公園 3 (17世紀イタリアの花や葉をモチーフにした)金銀細工 4 [船]船尾 5 [経] (リスク分散のための)多角的投資 6 [料]果物の盛り合わせ, ミックスアイスクリーム; サラミと野菜の盛り合わせ
giardiniera 女 1 (主に吊り下げ式の)植木鉢, 鉢置き 2 酢漬けの野菜, ピクルス 3 ステーションワゴン 4 [歴]農産品運搬馬車; 幌なしの四輪馬車; (昔の)両側にデッキのついた無蓋車両 5 ミックスアイスクリーム
giardiniere 男 [女 -a] 植木屋, 庭師, 園芸家
*__giardino__ [ジャルディーノ] 男 1 庭, 庭園 ―*giardino zoologico* 動物園 \\ *giardino d'infanzia* 幼稚園 2 肥沃な地帯
giarrettiera 女 1 靴下留め, ガーター 2 レース編み
Giasone 固名(男) [ギ神]イアソン(メデイアの助けで黄金の羊皮を手に入れた)
Giava 固名(女) ジャワ島(インドネシア共和国の中心をなす島)

giava 囡 ジャヴァ(マズルカのリズムに似た3拍子の舞曲)

giavanese 形 ジャワ島の、ジャワ人[語]の ―男女 ジャワ人 ―男 〔単数のみ〕ジャワ語

giavazzo 男 1 (馬の毛が)黒くつやがあること 2→ giaietto ―形 (馬について)黒くつやのある毛並みの

giavellotto 男 投げ槍

gibbo 男 〔医〕背中のこぶ

gibbone 男 〔動〕テナガザル

gibbosità 囡 隆起、凸状、起伏、うねり

gibboso 形 1 (人・動物が)こぶのある 2 隆起した、凸状の; (地面が)起伏のある、うねった

giberna 囡 薬莢入れ

gibigiana 囡 1 〔ロンバルディア〕鏡[ガラス]から反射するきらめき 2 〔謔〕おしゃれをひけらかす女性

Gibilterra 固名(男) ジブラルタル(イベリア半島南端にあるイギリスの直轄植民地) ―Stretto di *Gibilterra* ジブラルタル海峡

gibus 男 〔不変〕〔服〕オペラハット

Gibuti 固名(男) ジブチ

gibutiano 形 ジブチ(人)の ―男 〔女[-a]〕ジブチ人

giga 囡 1 〔音〕ジグ(ヴィオラに似た中世の擦絃楽器) 2 〔音〕ジグ(17〜18世紀の速いテンポの舞曲)

giga- 接頭 「10⁹の」「10億倍の」の意

gigabyte 男 〔不変〕〔情〕ギガバイト

gigahertz 男 〔不変〕ギガヘルツ

gigante 形 巨大な、とても大きい ― slalom *gigante* (スキーの)大回転 ―男 〔女[-〈謔・蔑〉-essa]〕1 (神話や伝説の)巨人 2 巨漢、大男 3 大家、巨匠
▶ *fare passi da gigante* 大股で歩く; 一躍する、長足の進歩を遂げる

giganteggiare 自 〔io giganteggio〕1 そびえる、そびえ立つ 2 抜きん出る、傑出する、偉大である

gigantesco 形 〔複[男 -chi]〕巨人のような、馬鹿でかい、巨大な

gigantismo 男 1 〔医〕巨人症 2 肥大化 3 誇大妄想的傾向

gigantografia 囡 〔写〕巨大サイズの引き伸ばし(写真)

gigantomachia 囡 〔ギ神〕ギガントマキア(巨人族と神々の戦い)

gigaro 男 〔植〕アルム属(サトイモ科)の植物

Gigi 固名 〔男性名〕ジージ

gigionata 囡 見栄っ張りな言動、うぬぼれていること

gigione 男 〔女[-a]〕1 〔劇〕演技過剰の役者、大根役者 2 うぬぼれ[自己顕示欲]の強い人、芝居がかった人

gigioneggiare 自 〔io gigioneggio〕大げさに演じる; 芝居がかった振る舞いをする

gigioneria → gigionismo

gigionesco 形 〔複[男 -chi]〕演技過剰の; 自己顕示的な、芝居がかった

gigionismo 男 演技過剰、やり過ぎ; 芝居がかった振る舞い

gigliato 形 1 ユリで飾られた、ユリの絵[像]のついた ―la città *gigliata* フィレンツェ 3 (サッカーチーム)フィオレンティーナの 4 〔紋〕先端がユリの形をした ―男 1 〔女[-a]〕フィオレンティーナの選手[サポーター] 2 (フィレンツェの)フィオリーノ金貨; (ナポリ・シチリアの)カルリーノ銀貨

giglio 男 1 〔植〕ユリ(純粋・純白の象徴) 2 ユリの紋章

gigolò 男 (年上の)女に養われている男、つばめ、ジゴロ

gihad → jihad

Gilberto 固名 〔男性名〕ジルベルト

gilda 囡 〔歴〕ギルド、中世の同業組合

gilè ベスト、チョッキ、ジレ

gilerino (特に婦人用の)小さなベスト

gilet 男 〔不変〕〔仏〕チョッキ、ベスト

gillette 男 〔不変〕〔商標〕安全カミソリ ―形 〔不変〕(安全カミソリの)両刃 ―形 〔不変〕安全カミソリの、両刃の

gimcana, gimkana → gincana

gimcanista, gimkanista → gincanista

gimno-, -gimno 接頭,接尾 「裸の」「むき出しの」の意

gimnosperma 囡 〔植〕裸子植物

gimnoto 男 〔魚〕デンキウナギ 2 〔軍〕水雷

gin 男 〔不変〕〔英〕(蒸留酒の)ジン

Gina 固名 〔女性名〕ジーナ

gincana 囡 1 ジムカーナ、オートクロス; モトクロス; クロスカントリー 2 ジグザグ運転

gincanista 男女 〔複[男 -i]〕ジムカーナの選手

gine-, -gine → gino-, -gino¹

gineceo 男 1 (古代ギリシャの)婦人部屋 2 〔謔〕女性専用の場所、女部屋 3 〔植〕めしべ群

gineco- 接頭 「女性(の)」「雌(の)」の意

ginecofobia 囡 〔心〕女性恐怖

ginecologia 囡 〔医〕婦人科学

ginecologico 形 〔複[男 -ci]〕〔医〕婦人科学の

ginecologo 男 〔複[-gi]〕女[-a]〕〔医〕婦人科医

ginepraio 男 1 ビャクシン[ネズミサシ]の森 2 苦境、窮地 3 不明瞭な話、難解な文章

ginepreto 男 ビャクシンの茂み[群生地]

ginepro 男 〔植〕ネズ、ビャクシン

ginestra 囡 〔植〕エニシダ

ginestrella 囡 〔植〕ヒトツバエニシダ

ginestreto 男 エニシダの茂み[群生地]

Ginevra 固名(女) ジュネーブ(スイス西端の国際都市)

gin fizz 熟(男) 〔英〕ジン・フィズ

ginger 男 〔不変〕〔英〕ジンジャーエール

gingillarsi 再動 1 遊ぶ; (con) …をいじる 2 ぐずぐずする; ぶらぶらする、怠ける

gingillino 1 (特に女性が)小柄で

gingillo

愛らしい人 **2**〖女[-a]〗怠け者

gingillo 男 **1**(装飾用の)小物; がらくた; おもちゃ, 玩具 **2** やぼ用, 暇つぶし

gingillone 男〖女[-a]〗怠け者, のろま

gingiva → gengiva

ginkgo 男〖不変〗〖植〗イチョウ

ginnasiale 形 高等学校前期課程(5年制の最初の2年間)の; 高校の ——男女 高等学校前期課程の生徒

ginnasio 男 **1**(古代ギリシャの)練成所, ギュムナシオン **2**(5年制のイタリアの高校の最初の2年間), 高等学校前期課程 (の校舎)

ginnasta 男女〖複[男-i]〗**1** 体操選手[教師] **2** 体操のうまい人

ginnastica 女 (体の)運動, 体操; 体育 ——*ginnastica* aerobica エアロビクス(aerobica) / *ginnastica* artistica [ritmica] 体操[新体操] / *ginnastica* mentale 頭の体操 / *ginnastica* preparatoria 準備体操[運動]

ginnastico 形 → ginnico

ginnetto 男〖動〗ジネット馬(スペインの小型の馬, 動きが速い)

ginnico 形〖複[男-ci]〗**1** 体操の **2** 運動選手らしい, 矯健な

ginnoto → gimnoto

Gino 固名〖男性名〗ジーノ

gino-, -gino¹ 接頭, 接尾 「女性(の)」「雌(の)」の意

-gino² → -geno

ginocchiata 女 膝の一撃, 膝蹴り

ginocchiera 女 膝当て, サポーター

ginocchino 男〖次の成句で〗▶ **fare ginocchino**(自分の膝で)こっそり相手の膝に触れる

ginocchio [ジノッキオ] 男〖複[i ginocchi,(「両膝」の意で)le ginocchia]〗 **1** 膝 **2**(ズボンの)膝の部分 **3**〖船〗(オール受けに支えられた)オールの中央部分 ▶ *far venire il latte alle ginocchia* うんざりさせる *in ginocchio* ひざまずいて[た] *mettere in ginocchio* 打ち負かす, 危機に陥らせる

ginocchioni 副 ひざまずいて, 膝をついて

ginseng, ginseng 男〖不変〗〖植〗チョウセンニンジン; チョウセンニンジンの漢方薬

Ginzburg 固名(女) (Natalia ~)ナタリア・ギンズブルグ(1916-91; パレルモ出身の作家)

Gioacchino 固名〖男性名〗ジョアッキーノ

Gioacchino da Fiore 固名(男) ヨアキム・デ・フローリス(1130頃-1202; イタリアの神秘思想家. 千年王国思想を説いた)

gioachimismo 男〖宗〗ヨアキム思想(12世紀ヨアキムの予言的な神秘主義)

gioachimita 形〖複[男-i]〗〖宗〗ヨアキムの ——男女〖複[男-i]〗ヨアキム信奉者

Giobbe 男〖不変〗〖宗〗(旧約聖書の)ヨブ; 苦難に我慢強く耐える人

giocare [ジョカーレ] 自 **1** 遊ぶ, 戯れる ——*giocare* a carte トランプをする **2** いじる, もてあそぶ **3** プレーする, 試合をする ——*giocare* a tennis テニスをする **4** 賭けをする ——*giocare* al totocalcio トトカルチョをする / *giocare* in borsa 株に投機する **5** 巧みに操る **6** 振る舞う, 行動する ——Bisogna *giocare* d'intelligenza. 頭を働かせないといけない. **7** 影響を与える, 左右する **8** 危険にさらす **9** 冷やかす, からかう **10**(自然が独特の効果を)生み出す **11**(装置や部品が)なめらかに動く; (機械の)遊びがある ——他 **1**(試合を)する **2**(トランプの札を)出す, (駒を)動かす **3** 賭ける **4** 翻弄する, からかう ——**arsi** 再 **1** 賭けで失う **2** 棒に振る **3** 危険にさらす ▶ *giocare a carte scoperte* 率直に振る舞う, 意志をはっきり示す *giocare bene* [*male*] *le proprie carte* 事をうまく[へたに]処理する *giocare un tiro a...* …にいたずら[悪さ]をする *giocarsela*(状況や可能性を)うまく利用する *giocarsi la camicia* ギャンブル狂である; すべてを賭ける

Giocasta 固名(女)〖ギ神〗イオカステ(自分の子と知らずにオイディプスの妻となり自害)

giocata 女 **1** 試合, 競技, ゲーム **2** 賭け, 賭け金 **3**(ゲームの)手, (駒の)動き **4**(宝くじ・馬券などの)数字の組み合わせ

giocatore 男〖女[-trice]〗**1**(娯楽として)遊ぶ人 **2** 選手, 競技者 **3** 賭博師 **4** 投機家, 相場師

giocattolaio 男〖女[-a]〗玩具製造業者; おもちゃ屋

giocattolo 男 **1** おもちゃ, 玩具 ——*pistola giocattolo* おもちゃのピストル **2** なぐさみもの

giocherellare 自 **1**(a,con)(時々)…で遊ぶ **2**(con)ぼんやりと…をいじる **3**(サッカーで)遅攻する

giocherellone 男〖女[-a]〗遊び好きの人; おどけ者

giocheria 女 おもちゃ屋

giochetto 男 **1** 簡単[単純]な遊び **2** 朝飯前, 造作ないこと, 簡単なこと **3** 汚いまね, 悪ふざけ

giochicchiare 自 (io giochicchio) **1**(漫然と)遊ぶ **2**(遊びやスポーツがあまり)上手くない

gioco [ジョーコ] 男〖複[-chi]〗**1** 遊び, ゲーム; 遊び道具, おもちゃ ——*gioco* da ragazzi [bambini] 子供だまし / *gioco* dell'oca すごろく / *gioco* di parole しゃれ; 曖昧な表現 **2** 競技, 試合, 〈一試合のうちの)一勝負, ワンゲーム **3** 賭け事 ——*gioco* d'azzardo 賭博, ギャンブル **4**(競技や賭けの)やり方[ルール], 手法, 腕前, 試合運び ——*gioco* di gambe フットワーク **5**(トランプの)手 **6** たくらみ, 計略 **7** 冗談, ふざけること, いたずら **8**〖機〗遊び, 隙間 **9** 人の目を引きつける効果 ——*giochi d'acqua* 噴水, 人工滝 **10**(古代

giocoforza

ギリシャ・ローマの)競技会 ▶ **essere in gioco** (命運が)かかっている、危ぶまれる **fare buon viso a cattivo gioco** 諦める、甘んじる **fare il doppio gioco** 二股をかける **mettere in gioco** にさらす **per gioco** 冗談で、たわむれに **prendersi gioco di...** …をからかう

giocoforza 副 やむをえず、どうしても —essere *giocoforza* 必要である、不可避である

giocoliere 男 [女[-a]] 1 曲芸[軽業]師、ジャグラー 2 抜け目の無い[狡猾(ミミ゙)な]人 3 [スポ] (非常にボールさばきのうまい)選手

Gioconda 固名(女) モナ・リザ(レオナルド・ダ・ヴィンチの作品)

giocondamente 副 楽しく、愉快に、うれしそうに

giocondità 女 愉快、陽気、楽しさ

giocondo 形 1 愉快な、陽気な、満足げな 2 [口] 馬鹿な、愚かな

giocosità 女 滑稽、冗談、ふざけること

giocoso 形 冗談好きな、滑稽な、おどけた、おかしな

giogaia¹ 女 山並み、山脈

giogaia² 女 (牛など反芻(ミミ゚)動物の)喉袋、胸垂; (鶏などの)肉垂(ミミ゙)

giogo 男 [複 [-ghi]] 1 (特に一対の牛をつなぐ)軛(ﾋﾞﾙ) 2 服従、隷属、束縛、支配; 屈辱、侮辱 3 尾根、山の背 4 はかりの竿 5 [歴] くびき門、槍(ﾔﾘ)門(2本の槍を立て、その上にもう1本を渡し、服従のしるしに敗者をくぐらせた門)

__gioia¹__ [ジョイア] 女 1 喜び、歓喜、感激 2 喜びのもと 3 充実感、満足

gioia² 女 1 (特に複数で) 宝石 2 貴重な [愛する] もの

gioielleria 女 宝石店

gioielliere 男 [女[-a]] 宝石職人; 宝石[貴金属]商

gioiello 男 1 宝石 2 大切な物[人] —un *gioiello* di macchina 大切な車

gioiosamente 副 うれしそうに、楽しく、喜んで

gioioso 形 うれしい、楽しそうな、喜ばしい

gioire 自 [io -isco] 喜ぶ、うれしがる、楽しむ

Giolitti 固名(男) (Giovanni ~) ジョリッティ (1842-1928; イタリアの政治家)

Giona 固名(男) [聖] ヨナ (「ヨナ書」に伝えられるイスラエルの預言者)

Gionata 固名(男) [聖] ヨナタン (サウルの子)

Giordania 固名(女) ヨルダン

Giordano 固名(男) 1 [男性名] ジョルダーノ 2 (Umberto ~) ウンベルト・ジョルダーノ (1867-1948; イタリアの作曲家)

giordano 形 ヨルダン(人)の ―男 [女[-a]] ヨルダン人

Giorgia 固名 [女性名] ジョルジャ

giorgina 女 [植] ダリアの変種

Giorgio 固名 [男性名] ジョルジョ

Giorgione 固名(男) (~ da Castel-

giorno

franco) ジョルジョーネ (1478 頃 -1510; イタリアの画家)

giornalaio 男 [女[-a]] 新聞雑誌販売業者、新聞売り

__giornale__ [ジョルナーレ] 男 1 新聞、日刊紙 ―*giornale* radio ラジオのニュース 2 新聞社 3 定期刊行物、雑誌、ジャーナル 4 日記、日誌 5 [簿記] 仕訳帳

giornalese 男 [蔑] (難解なあるいは大げさな) 新聞雑誌特有の言い回し

giornaletto 男 (特に子供用の) 漫画雑誌

giornaliero 形 1 毎日の、一日(だけ)の ―biglietto *giornaliero* 一日乗車券(乗り放題) / lavoro *giornaliero* 日雇い労働 / paga *giornaliera* 日当、日給 2 変わりやすい、不安定な 3 日常の、平生の ―男 [女[-a]] 日雇い労働者

giornalino 男 (子供用の漫画やイラストの多い) 雑誌

giornalismo 男 1 ジャーナリズム 2 [総称的] 新聞界; 新聞雑誌 3 ジャーナリストとしての職

giornalista 男女 [複[男 -i]] (新聞) 記者、ジャーナリスト

giornalistico 形 [複[男 -ci]] ジャーナリズムの[的な]; 新聞雑誌の

giornalmente 副 毎日、日々

__giornata__ [ジョルナータ] 女 1 (朝から晩までの) 一日 2 一日の労働時間[仕事] 3 日当、日給 4 記念日、特定の日 5 歴史的な事件が起こった日 6 一日の道程 7 [スポ] 一節 ▶ **a giornata** 一日一日で **di giornata** その日の; (食べ物が)作りたての、新鮮な; (情報が)最新の **in giornata [entro la giornata]** 今日中に、その日のうちに **vivere alla giornata** その日暮らしをする

giornataccia 女 [複[-ce]] 天気の悪い日; ついてない日; つらい仕事の日

__giorno__ [ジョルノ] 男 1 一日、日; 一昼夜 ―Quanti *giorni*? 何日(間)? / Che *giorno* è oggi? 今日は何曜日? / Quante volte il *giorno* [al *giorno*]? 日に何度[回]? / Il *giorno* della vittoria è vicino. 勝利の日は近い。 2 日中 (日の出から日没まで) 3 日光、昼の光 4 記念日、特定の日 ―*giorno* feriale [festivo] 平日 [祝日] / il *giorno* di Natale キリスト降誕祭 5 一日の道程 6 [複数で] 時代、時期 7 人生、生涯 ▶ **a giorni** 数日中[後]に **al giorno d'oggi [ai nostri giorni, oggi giorno]** 今日(ゴロ) **contare i giorni** 待ちわびる **da tutti i giorni** 普段の、気を張らない **da un giorno all'altro** 突然、思いがけなく **di giorno** 昼間[日中]は **di giorno in giorno** 日に日に、日ごとに **fare [farsi] giorno** 夜が明ける **giorno e notte** 日夜、絶え間なく **giorno per giorno** 徐々に、だんだん **l'altro giorno** 先日 **ogni giorno [tutti i giorni]** 毎日 **prendere il giorno per la notte** 昼寝して夜起きてい

る(昼と夜が逆さまの生活) **qualche giorno** いつか, そのうち **Roma non fu fatta in un giorno.** 〖諺〗ローマは一日にして成らず. **sul far del giorno** [**allo spuntar del giorno**] 夜明けに **tutti i giorni** いつも, 頻繁に **un giorno o l'altro** いつか, そのうち **un giorno sì, un giorno no** 一日おきに **uomo del giorno** 時の人

Giosafatte 固名(男) 〖聖〗ヨシャファト, ヨシャパテ(前9世紀のユダ王国の王)

Giosia 固名(男) 〖聖〗ヨシヤ(前7世紀のユダ王国の王. ユダヤ教の改革を行った)

giostra 女 1 回転木馬, メリーゴーラウンド 2 (中世・ルネサンスの)騎馬試合, 馬上槍(%)競技

giostraio 男 〖女[-a]〗メリーゴーラウンドの所有者[係員]

giostrare 自 1 〖歴〗馬上槍(%)試合をする 2 戦う, 決闘する 3 ぶらつく, さすらう ―他 (自分の利益のために)利用する ―**arsi** 再 切り抜ける, 何とかする

giostratore 男 1 馬上槍(%)試合の騎士[競技者] 2 〖女[-a]〗うまく切り抜ける人

Giosuè 固名(男) 〖聖〗ヨシュア(古代イスラエルの民のカナン入植を指導した)

giottesco 形 〖複[男-chi]〗〖美〗ジョットの ―男 〖複[-chi]〗ジョット派の画家

Giotto 固名(男) (~ di Bondone) ジョット(1267頃-1337;トスカーナ出身の画家・建築家・彫刻家)

giov. 略 giovedì 木曜日

giovamento 男 有益, 利益, 効用

*__giovane__ [ジョーヴァネ] 形 1 若い ― uomo [donna] *giovane* 若い男性[女性] / più [meno] *giovane* 年下[年上]の 2 若者のような ―**essere** *giovane* di spirito 気が若い 3 青年向けの 4 経験の浅い, 未熟な 5 生まれて日の浅い ―**cane** *giovane* 生後間もない子犬 / **nazioni** *giovani* 新興国 / **vino** *giovane* 若い[熟成していない]ワイン ―男女 1 若者, 青年 2 助手, アシスタント ▶ *da giovane* 若い頃は

giovanetto → giovinetto

giovanile 形 1 若者の, 青少年の 2 青春時代の 3 若々しい 4 若者のための, 若者による

giovanilismo 男 1 (年にも関わらず)若く見せようとすること 2 〖政〗若者の好みや要求に合わせようとする傾向

giovanilista 形 〖複[男-i]〗 1 (年齢にも関わらず)若く見せようとする 2 〖政〗若者の好みや要求に合わせようとする ―男女 〖複[男-i]〗 1 若く見せようとする人 2 〖政〗若者の好み[要求]に合わせようとする人

giovanilistico 形 〖複[男-ci]〗 1 若く見せようとする 2 〖政〗若者の好み[要求]に合わせようとする

Giovanna 固名(男) 1 〖女性名〗ジョヴァンナ 2 (~ d'Arco) ジャンヌ・ダルク (1412-31;フランスの国民的英雄)

giovanneo 形 ジョヴァンニという名の人に関する;聖ヨハネの;教皇ヨハネス23世の

Giovanni 固名(男) 1 〖男性名〗ジョヴァンニ 2 (~ Evangelista) 〖聖〗ヨハネ(イエスの十二弟子の一人.「ヨハネ福音書」「ヨハネ黙示録」の著者とされる) 3 (~, il Battista) 〖聖〗バプテスマのヨハネ, 洗礼者ヨハネ 4 (~ senza Terra) ジョン失地王(1167-1216;プランタジネット朝第3代イングランド王: 在位 1199-1216)

giovannismo 男 聖ヨハネの福音書による教義

*__giovanotto__ [ジョヴァノット] 男 1 (たくましい)若者, タフガイ 2 〘口〙(中年の)独身男性

giovare 自 [es/av] (a) 1 恩恵[利益]をもたらす 2 〖非人称〗…に役立つ, …しやすい ―**arsi** 再 (di) 活用する, 役立てる

Giove 固名(男) 1 〖ロ神〗ジュピター(全知全能の神, ギリシャ神話のゼウス) 2 〖天〗木星 ▶ *per Giove!* 〘驚き・怒り・失望・不快・確信などを表して〙おやまあ, とんでもない, 本当に, 誓って

*__giovedì__ [ジョヴェディ] 男 木曜日 ― *giovedì* grasso 謝肉祭最後の木曜日 / *giovedì* santo 聖木曜日(復活祭前の木曜日) / *giovedì* nero 暗黒の木曜日(ニューヨーク証券取引所で株価が大暴落した1929年10月24日)

giovenca 女 若い雌牛, 未経産の雌牛

giovenco 男 〖複[-chi]〗 子牛, 若い雄牛

gioventù 女 1 青春(時代), 若い頃 ―**errori** [**peccati**] di *gioventù* 若気の至り 2 若者. 青年 ―**giochi** della *gioventù* (中高生の)スポーツ大会 / **ostello** della [per la] *gioventù* ユースホステル

giovereccio 形 〖複[-ce]女[-a]〗 〖トスカーナ〗(人が)生き生きとして好感が持てる

giovevole 形 有益な, 有用な, 役に立つ

gioviale 形 1 陽気な, 快活な, 感じのよい 2 ユピテルの;木星の

giovialità 女 陽気[快活]さ, 感じのよいこと, 上機嫌

giovialone 男 〖女[-a]〗 陽気な人, 愛想のよい人

gioviano 形 〖天〗木星の ―男 〖女[-a]〗 (SFで)木星人

giovinastro 男 〖女[-a]〗 不良, ちんぴら

*__giovincello__ 男 〖女[-a]〗 青二才, 軽薄な若者

giovine → giovane

giovinetto 男 〖女[-a]〗 少年, 若者 ―形 とても若い;生まれた[始まった]ばかりの

giovinezza 女 1 青春(期), 青年時代 2 若さ, 若々しさ, 活力

giovinotto → giovanotto

gip 囡〔不変〕ジープ
gipeto 男〔鳥〕ヒゲワシ
-gipio 腰尾「ワシ科の」の意
gippone 男 (特に軍用の)大型ジープ
gipsi- →-gipso-
gipso- 腰頭「石灰石(の)」「石膏(ミョッ)(の)」「白亜(ミ)の」の意
gipsoteca 囡 石膏(ミョッ)模型の収集(室)
gira- 腰頭「回す」「回る」の意
-gira →-giro
girabacchino 男 刳(ミ)子錐(ミ)(柄がコの字形になったハンドドリル)
girabecchino →girabacchino
girabile 形〔商〕裏書譲渡できる
giracapo 男〔トスカーナ〕めまい; 不快, 厄介
giradischi 男〔不変〕レコードプレーヤー
giradito 男〔俗〕瘭疽(ミ) (patereccio)
giraffa 囡 1〔動〕キリン 2 背が高くやせて首の長い人 3〔映・放〕(マイクなどを支える)アーム
girale 男〔建〕(植物を図案化した)渦形模様
giramento 男 1 回転 2 めまい 3〔次の用例で〕*giramento di coglioni* [palle, scatole]《俗》迷惑, 苛立ち, 不快
giramondo 男女〔不変〕1 放浪者, 浮浪者, 世界各地を渡り歩く人 2《謔》よく旅行する人
giranastri 男〔不変〕テープデッキ, カセットレコーダ
girandola 囡 1 (おもちゃの)風ぐるま 2 風向計, 風見(鶏) 3 移り気[気まぐれ]な人, ころころ考えを変える人 4 回転花火 5 めぐるばかり, 慌ただしいこと 6 回転噴水
girandolare 自〔io girandolo〕1 ぶらつく, ほっつき回る; 脇道に逸れる 2 空想[夢想]する
girandolino¹ 男 小さな風ぐるま, 風見(鶏)
girandolino² 男〔女[-a]〕ぶらぶらしている人, 怠け者
girandolone¹ 男〔女[-a]〕《口》放浪者; ぶらぶらしている人
girandolone² → girandoloni
girandoloni 副 ぶらぶらと, 放浪して
girante 男女〔商〕裏書(譲渡)人 — 囡〔機〕羽根車, 回転翼, ローター
*****girare** [ジラーレ] 他 1 回転させる, 回す —*girare il tappo* キャップを回す 2 歴訪する, 見て回る, 巡る —*girare l'Europa* ヨーロッパを周遊する 3 攪拌(ミミ)する, 掻き回す 4 (ページを)めくる, 裏返す 5 (方向を)変える; 避ける —*girare l'angolo* 角を曲がる 6 別の方法[切り口]で検討する 7 取り巻く 8〔映〕撮影する 9〔商〕(手形などに)裏書する; 譲渡する 10 通過する, 越える —自 1 回転する, 回る 2 (a) …に曲がる —*girare a destra* [sinistra] 右[左]に曲がる 3 (per) …を歩き回る, 散策する 4 取り巻く —*Le mura girano intorno a tutta la città.* 城壁は全市街を取り囲んでいる。 5 [es/av] 出回る, 流通[流布]する —*Gira la notizia che si sposeranno.* 彼らは結婚するそうだ。 6 出入りする ▶ *girare a vuoto* 空転[空回り]する *girare al largo* 距離を置く, 敬遠する *gira e rigira* あれやこれやした末に, 結局最後に *far girare la testa a...* …の目を回させる; …の平常心を失わせる —**arsi** 再 振り向く, (動きながら)向きを変える
girarrosto 男 回転式串焼き器
girasole 男〔植〕ヒマワリ
girata 囡 1 回転, 旋回 2〔商〕裏書 3 (トランプの)配布 4〔隠〕(軍隊で)小言, 叱責 5 散歩
giratario 男〔女[-a]〕〔商〕譲受人, 被裏書人
girato 形 1 回転した, 回った; 裏書した —*girato l'angolo* すぐ近くに 2 (ワインが細菌などで)変質した
giravite 男〔不変〕ドライバー, ねじ回し
giravolta 囡 1 くるりと回ること, 旋回, 一回転 2 でんぐり返し 3 (道・川などの)カーブ, 曲がりくねり 4 (意見や考えを)急に変えること, 日和見(ふる), 変節
giravoltola → giravolta
girella 囡 1 滑車, ベルト車, プーリー 2 (おもちゃの)こま 3 紡ぎ車 4〔機〕回し継ぎ手, さる環 —男〔不変〕日和見(ふる)主義者, 無節操な人
girellare 自 ぶらつく, 散歩する
girello 男 1 円盤[円, 輪]状のもの 2 (赤ん坊の)歩行器 3 (牛の)外腿の肉, ランプロース 4 アーティチョークの芯 5 (ビリヤードのキューの)革製のティップ
girellone 男〔女[-a]〕ぶらつく人, 怠け者, のらくら者
giretto 男 短い散歩
girevole 形 回転式の —*porta girevole* 回転ドア
girfalco → girifalco
girifalco 男〔複[-chi]〕〔鳥〕シロハヤブサ
girigogolo 男 1 (いたずら書きの)渦巻き, 曲線模様 2 込み入った[回りくどい]話; 意味不明な言葉
girino¹ 男〔動〕オタマジャクシ
girino² 男〔スポ〕イタリア[フランス]全土一周自転車ロードレースの選手
*****giro** [ジーロ] 男 1 周囲, 境界線 —*giro delle mura cittadine* 町の城壁の周囲 2 回転 —*giri del motore* エンジンの回転 3 一周, 周遊, ツアー; 迂回, 回り道 —*Giro d'Italia* イタリア一周自転車レース 4 行程 5 散歩, 散步 6 順番 7 期間 —*nel giro di una settimana* 一週間のうちに 8 (ネックレスなどの)連 9 (洋服の)腕繰り 10 流通, 流布 11 手続き 12 サークル, グループ 13〔隠〕不倫の関係 ▶ *andare in giro per...* (場所や物を)見て回る, ぶらつく *essere su [giù] di giri* (気分が)乗っている, 上機

giro- 嫌である[気落ちしている] *mettere in giro* 広める, 流布する *prendere in giro* からかう

giro-, -giro 接頭, 接尾 「円」「円形(の)」「回転」の意;

girobussola 女 〔海〕転輪羅針盤, ジャイロコンパス

girocollo 形〔不変〕1 丸首の 2 ショートネックレスの ―男〔不変〕1 丸首 2 ショートネックレス 3〔服〕首周りの寸法

giroconto 男〔商〕簡易振替

Girolamo 固名〔男性名〕ジローラモ

giromanica 女 袖周り, 袖ぐり, アームホール

gironda → ghironda

girone 男 1〔スポ〕ラウンド ―*girone all'italiana* リーグ戦, 総当たり方式 /*girone di andata* [*ritorno*] 前半[後半]戦 2 (ダンテの『神曲』地獄篇の)環(わ) 3 (船)(オールの)握り, 柄

gironzolare 自〔io gironzolo〕1 ぶらぶらする, 散歩する 2 (怪しげに)うろつく, つきまとう

gironzolone 男〔女[-a]〕ぶらつく人, ほっつき歩く人

giropilota 男〔複[-i]〕〔海・空〕自動操縦装置

giroscopico 形〔複〔男 -ci〕〕ジャイロスコープの

giroscopio 男〔海・空〕回転儀, ジャイロスコープ

girotondo 男 1 ジロトンド(カゴメカゴメのような遊戯) 2 速い回転運動

girotta 女 風向計

girovagare 自〔io girovago〕ぶらつく, さすらう, 放浪する

girovago 形〔複[男 -ghi]〕放浪の, 宿無しの; 巡回する ―男〔複[-ghi]女[-a]〕放浪者, 浮浪者

girovita 男〔不変〕腰回り, ウエスト

*****gita** [ジータ] 女 遠出, ドライブ, 小旅行 ―*gita scolastica* (学校の)遠足

gitana 女〔音〕ヒタナ(スペインの3拍子の舞曲)

gitano 形〔女[-a]〕スペインに住むジプシー ―形 スペイン・ジプシーの

gitante 男女 行楽客, ハイカー

gittata 女 射程[着弾]距離

gittern 男〔不変〕〔英・音〕ギターン(中世の撥弦楽器)

giu. 略 giugno 6月

*****giù** [ジュ] 副 1 下へ, 下に, 下で ―*tirare giù* 下へ引っ張る 2〔命令〕―*Giù!* 下げて[降ろして, 降りて, 伏せて]! /*giù le mani da...* …に手を出すな, …から手を引け 3〔冗語; 強調で〕―*scendere giù* 下へ降りる 4 落胆した, 元気のない ▶*andare giù a...* …の気に入る/*Questa storia non mi va giù.* この話は気に食わない. *andare su e giù* 行ったり来たり[上がったり下がったり]する *a testa in giù* 逆立ちした, 倒錯した, 逆さまの *buttare giù* 倒す; 飲み込む; 落胆させる; 書きなぐる *essere* [*sentirsi*] *giù* 調子が悪い, 気が滅入っている *giù di lì* およそ; それほど遠くない *su per giù* およそ, だいたい *venire giù* 下りる

giuba 女 (馬やライオンの)たてがみ

giubba¹ 女 1 (特に軍隊の)上着, 外套 2〔歴〕(下着の)袖付きチュニック 3〔スポ〕(厩舎ごとに決まった色の)騎手の上着 4〔トスカーナ〕フロック(コート)

giubba² → giuba

giubbetto 男 1 ショート丈の上着; (特にビロードの)郷土衣裳の上着 2〔スポ〕フェンシングのハーフジャケット[プロテクター]

giubbilare → giubilare²

giubbileo → giubileo

giubbilo → giubilo

giubbone 男 1 厚手の上着, (オートバイレーサーの)レザージャケット 2 (頑丈な生地でできた)仕事着 3〔トスカーナ〕フロック(コート)

giubbotto 男 ジャンパー, ブルゾン; (特に)革ジャン ―*giubbotto di salvataggio* 救命胴衣, ライフジャケット

giubilante 形 大喜びの, 歓喜に満ちた

giubilare¹ 形〔宗〕(25年または50年ごとの)聖年の

giubilare² 自〔io giubilo〕1 大喜びする, 歓喜する 2 (聖書で)讃美歌を歌う ―他 解任する, 任務からはずす

giubilazione 女 1 (年金を与えて)退職させること, お払い箱 2 名誉職にすること

giubileo 男〔宗〕(古代ユダヤの50年ごとの)聖年; (カトリックの25年ごとの)聖年, 特赦の年; 50周年

giubilo 男 大喜び, 歓喜

Giuda 固名 (~ Taddeo)〔聖〕ユダ(イエスの十二弟子の一人, ヤコブの子)

giuda 男〔不変〕裏切り者, 偽善者

giudaesimo → giudaismo

giudaico 形〔複[男 -ci]〕ユダヤの, ユダヤ人の

Giuda Iscariota 固名〔男〕〔聖〕ユダ(ヤコブの子ユダと区別して「イスカリオテのユダ」と呼ぶ)

giudaismo 男〔歴〕(バビロン捕囚以後の)ユダヤ教; ユダヤ主義

giudaizzare 自 ユダヤの儀式や風習に従う ―他 (儀式や風習を)ユダヤ化する

giudeo 形 ユダヤの, ユダヤ人の ―男〔女[-a]〕1 (古代)ユダヤの住民 2〔蔑〕守銭奴; 不実な人; 裏切り者

giudeocristiano 男〔女[-a]〕〔宗〕(カトリックに改宗した後も)ユダヤ教の規律を守っていた人

giudicabile 形 1 判断[評価]しうる 2〔法〕裁かれる(べき), 公判に付せられる ―男女〔法〕被告

giudicante 形 裁判官の; 判定[審査]する ―男女 裁判官; 審判[審査]員

*****giudicare** [ジュディカーレ] 他 1 判断する; 評価する, …と思う 2 判決を下す ―自 1 判断[評価]する 2 判決を下す ―*arsi* 再 思う, 見なす

giudicativo 形 判断[評価]に関する; 裁判の, 司法の, 判決を出す

giudicato 男 〔法〕(確定)判決
giudicatore 形 〔女[-trice]〕判定[審査, 鑑定]する —男 〔女[-trice]〕審査員, 審判, 鑑定人, 裁判官
giudicatorio 形 裁判の, 司法の; 判断をする
giudice 男女 1 裁判官, 判事 2 審判員, 審査員, ジャッジ 3 〔歴〕士師
giudicessa 女 女性裁判官
giudicioso → giudizioso
Giuditta 固名 (女) 1 〔女性名〕ジュディッタ 2 〔聖〕ユディット(旧約聖書に登場する女性)
giudiziale 形 〔法〕裁判[司法]の, 裁判官の
giudiziario 形 〔法〕裁判[司法]の, 裁判所の, 裁判官の
*__giudizio__ 〔ジュディーツィオ〕男 1 判断(力); 見識 —dente del *giudizio* 親知らず 2 〔法〕裁判; 判決 3 審判, 宣告, 決定 /*Giudizio* universale 最後の審判 / giorno del *Giudizio* 審判の日, 人類滅亡の日
giudizioso 形 判断力のある, 思慮分別のある, 賢明な
giudò 男 judo
giudoista → judoista
giuggiola 女 1 ナツメの実 2 ナツメの実を煎じてこねたドロップ 3 つまらない事 ► *andare in brodo di giuggiole* 大喜び[感激, 狂喜]する
giuggiolino 男 1 小太りの子供 2 ナツメの実の色, 赤黄色 —形 赤黄色の
giuggiolo 男 〔植〕ナツメの木
giuggiolone 男 〔女[-a]〕間抜けな, お人好し, うすのろ
*__giugno__ 〔ジューニョ〕男 6月
giugulare 形 〔解〕頸(けい)部の, 頸静脈の —女 頸静脈
giulebbe 男 1 〔トスカーナ〕(果物と砂糖を煮詰めた)シロップ 2 甘すぎる食べ物 3 感傷的な人, なよよした人 4 へつらい, お世辞 5 気楽, のんき
Giulia 固名 〔女性名〕ジューリア
Giuliana 固名 〔女性名〕ジュリアーナ
Giuliano 固名 (男) 1 〔男性名〕ジュリアーノ 2 (Flavio Claudio 〜, 〜 l'Apostata)ユリアヌス, 背教者ユリアヌス(332頃 -363; 古代ローマ皇帝; 在位 361-363. ギリシア古典と伝統的宗教を愛好. キリスト教を批判した)
giuliano¹ 形 ヴェネツィア・ジュリア地方の —男 〔女[-a]〕ヴェネツィア・ジュリア地方の人
giuliano² 〔歴〕ユリウス・カエサルの
Giulio 固名 〔男性名〕ジューリオ
giulivo 形 陽気な, 愉快な, 楽しい, 無頓着な
giullare 男 1 (中世の)吟遊詩人, 道化師 2《蔑》おどけ者, いい加減な奴
giullaresco 形 〔複[男 -chi]〕1 (中世の)吟遊詩人[道化師]の 2《蔑》おどけた, いい加減な
giumella 女 両手を合わせて作るくぼみ

giumenta 女 〔乗用の〕雌馬
giumento 男 〔女[-a]〕(ロバ・ラバなどの)荷役用の動物
giunca 女 〔船〕ジャンク(中国の帆船)
giuncacea 女 〔植〕イグサ科
giuncaceo 形 イグサでできた, イグサに似た
giuncaia 女 → giuncheto
giuncheto 男 イグサの密生地
giunchiglia 女 〔植〕キズイセン
giunco 男 〔複[-chi]〕イグサ
*__giungere__ 〔ジュンジェレ〕[58] 自 [es] 〔過分 giunto〕1 着く, 到着する, 達する, 届く —È *giunto* il momento di cominciare. 開始の時間が来た. / La cosa mi *giunge* nuova. その事は知らなかった. 2《a..., a +不定詞》あえて[思い切って]…する, 何とか[うまく]…する —È *giunta* a ottenere la laurea. 彼女は首尾よく学位を得た. —他 つなぐ, 合わせる, 結合する —*giungere* le mani を握り締める ► *giungere all'orecchio* 耳に入る *giungere in porto* 結論に至る, うまくいく
giungla 女 1 密林, ジャングル 2 非情な生存競争[覇権争い]の場 ► *legge della giungla* 弱肉強食の掟(おきて), 強者の論理
Giunone 固名 (女) 〔ロ神〕ユノ, ユーノー, ジュノー(ローマ神話における最高の女神. ユピテルの妃. ギリシア神話のヘラ)
giunone 女 大柄で豊満な女性
giunonico 形 〔複[男 -ci]〕1 (女神)ユーノーの 2 (女性が)均整が取れて豊満な
giunonio → giunonico
giunse giungere の直・遠過・3 単
giunta¹ 女 委員会, 専門部会, 評議会 —*giunta* consultiva 諮問委員会 / *giunta* delle elezioni 選挙管理委員会
*__giunta__² 〔ジュンタ〕女 1 追加(物) 2 布地の継ぎ足し 3 (おまけとしての)増量 4 接合(部), 継ぎ目 ► *per giunta* おまけに, さらに
giuntare 他 接合する, 縫い合わせる, 貼り合わせる
giuntatore 男 〔女[-trice]〕1 部品接合担当作業員 2 詐欺師, ペテン師
giuntatrice 女 1 〔映〕スプライサー(フィルムやテープをつなぐ装置) 2 (大工・建具屋の使う)木材接合器
giuntatura 女 接合, 結合, 貼り合わせ
giunto¹ giungere の過分
giunto² 男 〔機〕継手, ジョイント; 接合箇所, 継ぎ目 —*giunto* universale ユニバーサルジョイント
giuntura 女 1 連結, 接合 2 〔解〕関節(articolazione)
giunzione 女 接合(部), 結合(部); 継ぎ手
giuoco → gioco
giurabile 形 誓いうる, 誓うべき
giuracchiare 他 〔io giuracchio〕軽々しく誓う —自 安請け合いする

giuraddio 間 〔怒りや苛立ち・驚きを表して〕何だと、くそったれ —*Giuraddio*! Mi vendicherò. くそ、今に見てろ、やり返してやるからな.

giuramento 男 誓い、宣誓；誓約 — fare un *giuramento* 誓う

*__giurare__ [ジュラーレ] 他 1 誓う、宣誓する；誓約する —*giurare* fedeltà [venduta, amore eterno] a... …に対する忠誠[復讐(ふくしゅう)、永遠の愛]を誓う / *giurare* di dire la verità 真実を述べることを誓う 2 請け合う、断言する —Ti *giuro* che non sono stato io. 僕は絶対やってない. | やったのは僕じゃない. —**arsi** 再 1 誓い合う 2 堂々と表明する ▶ ***giurare su...*** …にかけて誓う、…について保証する ***giurarla*** 復讐を誓う

giurassico 形 [複[男-ci]] 〔地質〕ジュラ紀の —男 [複[-ci]] ジュラ紀

giurato 形 誓った、宣誓した —deposizione *giurata* 宣誓証言 / patto *giurato* 盟約 / amico *giurato* 無二の友 / nemico *giurato* 不倶戴天の敵 —男[女[-a]] 1〔法〕陪審員 2 審査員

giureconsulto 男 1(古代ローマの)法律顧問官 2 法学者、法律専門家

giurese → giurassico

giurì 男 審査委員会 —*giuri* d'onore 名誉委員会(個人の名誉や行為について審査する集まり) / *giurì* di autodisciplina pubblicitaria 広告審査会

giuria 女 1〔集合的〕審査員；審判団 —aspettare il verdetto della *giuria* 審査結果を待つ 2 陪審員、陪審団

giuridicamente 副 司法上、法律上、裁判上

giuridicità 女 適法性、合法性

giuridico 形 〔複[男-ci]〕 1 法律(上)の、司法(上)の、裁判(上)の 2 合法的な

giurisdizionale 形 司法[裁判]権の、管轄権の

giurisdizionalismo 男 (17～18世紀カトリック教国における)教権に対する国権優位の理論、政教分離

giurisdizionalista 男女 〔複[男-i]〕 (17～18世紀カトリック教国における)教権に対する国権優位の支持者

giurisdizionalistico 形 〔複[男-ci]〕(17～18世紀カトリック教国における)教権に対する国権優位の

giurisdizione 女 1〔法〕司法権、裁判権、管轄権 2 権限[管轄](の及ぶ範囲) —Non è materia di mia *giurisdizione*. それは私の管轄外の問題だ.

giurisperito 男〔文〕法学者、法律専門家

giurisprudenza 女 1 法学、法律学 2 法体系、法制 3 判決(文)、判例

giurisprudenziale 形 法学の

giurista 男〔複[男-i]〕法学者、法律専門家

Giuseppe 固名 (男) 1〔男性名〕ジュゼッペ 2〔聖〕ヨセフ(族長ヤコブの子) 3〔聖〕ヨセフ(イエスの母マリアの夫) 4〔聖〕ヨセフ(イエスの遺骸を引き取り埋葬した)

Giuseppina 固名 〔女性名〕ジュゼッピーナ

giuseppinismo 男〔歴〕(ハプスブルク家のヨーゼフ 2 世による)教権に対する国権優位体制

giuseppismo 男 → giuseppinismo

giusquiamo 男〔植〕ヒヨス

giusta 前〔官庁用語で〕…に従って、…のとおりに

giustacuore 男〔服〕ジュストコール (17～18 世紀の男子用上着. 初めは短くぴったりしたもので、のちにゆったりと膝丈のものになる)

giustamente 副 1 公正に、公平に 2 当然にも、正当に 3 正確に、正しく

giustapporre [79] 他〔過去 giustapposto〕近接させる、並置[並列]させる

giustappose giustapporreの直・遠過・3 単

giustapposizione 女 並置、並列、配合 —la *giustapposizione* di colori in un quadro 絵の配色

giustapposto giustapporreの過分

giustappunto 副〔強意で〕まさに、ちょうど

giustezza 女 1 正確；精密 2 適切、的確 3〔印〕行幅、段幅

giustifica 略 《口》→ giustificazione

giustificabile 形 正当と認められる、もっともな、筋の通った

giustificabilità 女 正当性、筋が通っていること

giustificante 形〔神学〕(神が人を)救う、(人の罪を)贖(あがな)う

*__giustificare__ [ジュスティフィカーレ] 他 [io giustifico] 1 正当性を証明する、正当化する 2 言い訳する、弁解[弁明]する 3 許す、許可する 4〔印〕(字間を調整して)行末を揃える —**arsi** 再 自己弁護する、身のあかしを立てる、弁解する

giustificatamente 副 正当に、当然に、やむをえず；合法的に；根拠に基づいて

giustificativo 形 正当化する、身のあかしを立てる、弁解の

giustificato 形 正当な理由による、是認[容認]された；合法的な

giustificatore 形〔女[-trice]〕正当化する —男〔女[-trice]〕正当化する人、弁解[弁明]する人

giustificatorio 形 正当化する(に足る)、弁解[弁明]の

giustificazione 女 1 正当化 2 釈明、言い訳 3 理由書、証明書 4〔印〕行揃え

giustificazionismo 男 言い訳ばかりすること、言い逃れようとする態度

giustificazionista 形〔複[男-i]〕言い逃ればかりしている —男女〔複[男-i]〕言い逃ればかりしている人

giustificazionistico 形 〔複[男

-ci]言い逃れしようとする態度[人]の
giustinianeo 形 ユスティニアヌスの —codice *giustinianeo* ユスティニアヌス法典
Giustiniano 固名(男) (〜 I)ユスティニアヌス(1世) (483頃-565; ビザンツ皇帝; 在位527-565)
Giustino 固名 (男性名)ジュスティーノ
***giustizia** [ジュスティーツィア] 女 1 正義; 公正, 公平 2 司法(権), 審判, 裁判 —corte [palazzo] di *giustizia* 法廷[裁判所] 3〔神学〕正義(四つの枢要徳の一つ) ▶ *farsi giustizia* 復讐(ふくしゅう)する, 自らの手で裁く
giustizialismo 男 1〔政〕政治目的を達成するために司法権を利用すること, 司法権の政治的利用 2 ペロン主義
giustizialista 形《複[男-i]》1 (政治的な理由で)司法権を利用する 2 ペロン主義の ―男女《複[男-i]》1 司法権を利用する政治家 2 ペロン主義者
giustiziare 他《io giustizio》処刑する
giustiziato 形 死刑を執行された, 処刑された ―男〔女[-a]〕処刑された人
giustiziere 男〔女《稀》-a〕1 死刑執行人 2 復讐(ふくしゅう)者
giustiziero 《文》→ giustiziere
***giusto** [ジュスト] 形 1 正義にかなった, 公正[公平]な —uomo *giusto* 公明正大な人 2 正しい; 正当な, 納得できる —la *giusta* ricompensa 妥当な報酬 / *Giusto*? そうでしょ? / 当りませんか? 3 正確な, 的確な —l'ora *giusta* 正確な時間 4 適切な, ふさわしい —la persona *giusta* per l'incarico 任務にふさわしい人 ―男 1 女[-a] 正義の人 2 正しさ, 正当性 —essere nel *giusto* 正しい ―副 1 正確[的確]に —Hai detto *giusto*. 君は正しく言い当てた. 2ちょうど, まさに —È arrivato *giusto* ora. 彼はちょうど今着いたところだ. 3 ほんの少し, ちょっとだけ —Verrò *giusto* a salutarti. ちょっと挨拶に伺うよ.
glabro 形 (男性の顔に)ひげのない, ひげを剃った; (体に)毛のない, 無毛の
glacé 形《不変》〔仏〕1 なめらかな, 光沢のある 2 糖衣でくるんだ, 砂糖漬けの
glaciale 形 1〔地質〕氷の; 氷河の, 氷河時代の, 氷期の 2 氷温の, 非常に冷たい[寒い] 3 (人が)冷淡な, 冷ややかな 4 (状況が)敵対的な, 冷えきった
glacialismo 男〔地質〕氷河期の周期に関する理論 2 氷河の生成現象
glacialità 女 非常に冷たい[寒い]こと; 冷淡, 冷酷
glaciazione 女〔地質〕氷河作用; 氷河期
glacio- 接頭「氷河(の)」の意
glaciologia 女〔地質〕氷河学, 雪水学
gladiatore 男 1 (古代ローマの)剣闘士 2〔女[-trice]〕攻撃的な人, ふてぶてしい人 3〔女[-trice]〕(冷戦時代に反共産活動を行った秘密組織)グラディオのメンバー
gladiatorio 形 1 (古代ローマの)剣闘士の 2 闘争[挑戦]的な, けんか[口論]好きな; 不遜な, 傲慢な
gladiolo 男〔植〕グラジオラス
glandola → ghiandola
glasnost 女《不変》〔露・政〕(ソビエト連邦のペレストロイカにおける)情報公開, グラスノスチ
glassa 女 1 (菓子などの)糖衣 2 ゼリー状のソース
glassare 他 1 糖衣を振りかける 2 ゼリー状のソースをかける
glassato 形 1 糖衣のかかった, ゼリー状のソースのかかった 2 なめらかな, つやつやした
glassatura 女 糖衣[ゼリー状のソース]をかけること

glauberite 女〔鉱〕石灰芒硝(ぼうしょう)
glauco 形《複[-chi]》1 淡い青緑色の 2〔植〕表皮が灰緑色の
glauco- 接頭「青色の」の意
glaucoma 男《複[-i]》〔医〕緑内障
glaucopide 形 青緑色の目をした(古代ギリシャの女神アテナの形容語)
glena → glene
glene 女〔解〕関節窩(か)
glenoidale → glenoideo
glenoide 形〔解〕浅いくぼみのある ―女〔解〕関節窩(か)
glenoideo 形〔解〕関節窩(か)の
gleucometro 男 (ブドウの絞り汁の)糖度測定器
***gli¹** [リ] 冠(定) 男性単数lo の複数形 [s + 子音, 母音, gn, pn, ps, x, z で始まる男性名詞複数の前につける. iで始まる男性名詞複数の前では gl'とすることがある]
***gli²** [リ] 代(人称)〔間接目的格〕1 彼に, 彼のために, 彼から —*Gli* ho spedito un pacco. 私は彼に小包を送った. / *Gli* piacciono gli spaghetti. 彼はスパゲッティが好きだ. 2 彼らに, 彼女らに 3〔口〕彼女に 4 《物・動物に対して, 名詞の性・数に関わりなく》それに, それらに 《lo, la, li, le, l', ne と結合して, glielo, gliela, glieli, gliele, gliel', gliene となる. 前置詞 a, da, di, in, su, (con)と結合して, agli, dagli, degli, negli, sugli, (cogli)となる》
glia [グリーア] 女〔解〕神経膠(こう), 神経支持質(→ nevroglia)
glicemia [グリチェミーア] 女〔生理〕高血糖(症)
glicemico [グリチェーミコ] 形《複[男-ci]》〔生理〕高血糖(症)の
glicerina [グリチェリーナ] 女〔化〕グリセリン
glicidico [グリチーディコ] 形《複[男-ci]》〔生化〕炭水化物の
glicina [グリチーナ] 女〔生化〕グリシン, アミノ酢酸
glicine [グリーチネ] 男〔植〕フジ
glico- [グリコ] → gluco-
glicogeno [グリコージェノ] 男〔生化〕グリコーゲン

gliel' 人称代名詞 gli + 定冠詞 l'
gliela 人称代名詞 gli + 定冠詞 la
gliele 人称代名詞 gli + 定冠詞 le
glieli 人称代名詞 gli + 定冠詞 li
glielo 人称代名詞 gli + 定冠詞 lo
gliene 人称代名詞 gli + 定冠詞 ne
glifo [グリーフォ] 男 1 [建] 装飾用の縦溝 2 [機] 連接器, リンク 3 象形文字
glifo-, -glifo [グリーフォ] 腰頭, 腰尾「彫ること」「溝をつけること」の意
glipto- [グリプト] → glitto-
glissando [グリッサンド] 副 [音] グリッサンドで ―男 [不変] グリッサンド (弦楽器やピアノで音階を滑らすように演奏すること)
glissare [グリッサーレ] 自 1 [音] グリッサンドで奏する 2 避けて通る, 無視 [軽視] する 3 滑る
glissato [グリッサート] → glissando
glittica [グリッティカ] 女 (宝石などの) 彫刻技法; 宝石彫刻研究
glittico [グリッティコ] 形 [複 -ci] (宝石などの) 彫刻技法の ―男 [女 [-trice]] 宝石の彫り師
glitto- [グリット] 腰頭「彫刻 (の)」の意
glittografia [グリットグラフィーア] → glittica
glittografo [グリットーグラフォ] 男 [女 [-a]] 宝石彫刻技法の専門家 [研究者]
glittoteca [グリットテーカ] 女 彫刻宝石の収集 (室)
gln 略 glutammina [化] グルタミン
glo- → glu-[1]
globale 形 1 全体の, 総体の, 包括的な 2 世界的な, 全世界の, 地球上の
globalismo 男 世界化, 世界統合主義; 汎地球主義; グローバリズム
globalità 女 全体性, 総体性
globalizzare 他 世界化する, 世界化にする
globalizzazione 女 [経・社] 国境を越えて経済・社会活動が世界化すること, グローバライゼーション
globalmente 副 総合的に, 全般的に, 全体として
globe-trotter 男女 [不変] 1 [英] 世界中を飛び歩く人 2 仕事や住まいを頻繁に変える人
globicefalo 男 [動] ゴンドウクジラ属
globiforme 形 球の, 球状の
globigerina 女 [動] グロビゲリナ属の有孔虫
globina 女 [生化] グロビン (ヘモグロビンに含まれる蛋白質)
globo 男 1 球, 球体 ―*globo* terrestre 地球, 地球儀 / *globo* celeste 天球儀 2 地球
globoide 男 球状に近い物体 [物質]
globosità 女 球状, 球形, 球体
globoso 形 球状の, 球形の
globulare 形 1 球状の, 球形の 2 [医] 赤血球の
globulina 女 [生化] グロブリン
globulo 男 1 [生物] 小体, 血球 ―*globulo* bianco [rosso] 白 [赤] 血球 2 小さな球体
globuloso 形 球状の, 球形の
gloglottare 自 1 (七面鳥が) ゴロゴロ鳴く 2 (液体が) ゴボゴボ [ドクドク] と音を立てる
gloglottio 男 (七面鳥が) ゴロゴロ鳴くこと; (液体が) ゴボゴボと音を立てること
glomerulo 男 1 [植] 団集 [団散] 花序 2 [解] 糸球体 ―*glomerulo* renale 腎糸球体
Gloria 固名 [女性名] グローリア
gloria[1] [グローリア] 女 1 栄光, 栄誉, 名誉 ―conseguire la *gloria* 名声を勝ち取る 2 誇りとなる人 [物]; 有名人, 名士 ―*vecchie glorie* 往年の名選手 [名優] 3 称賛, 賛美, 礼賛 ―rendere *gloria* a Dio 神を称える 4 栄華, 威光 5 (神の) 栄光, (天上の) 至福 6 [美] 光輪, 後光
gloria[2] 男 [不変] [宗] 栄光誦(しょう) (神の栄光を賛美する歌または言葉;「いと高きところには神の栄光あれ (Gloria in excelsis Deo)」で始まる賛歌)
gloriare 他 [io glorio] 《文》 称賛する, ほめたたえる ―**arsi** 再 (di) …を自慢する, 誇りにする
glorificare 他 [io glorifico] 1 神の栄光を賛美する, 礼賛する 2 神の栄光を称える, 天の至福を授ける ―**arsi** 再 自慢する, 誇る
glorificativo 形 称賛の, 礼賛の, 賛美する
glorificatore 形 [女 [-trice]] 称賛の, 賛美する ―男 [女 [-trice]] 称賛者
glorificazione 女 称賛, 賛美; 神の栄光を称えること, 天の至福を授けること
glorioso 形 1 栄光 [栄誉] ある, 輝かしい, 立派な 2 著名な 3 誇りに思う, 自慢する
glossa 女 1 (古代ギリシャの) 難解な [稀な] 表現 2 (欄外・行間の) 注解, 評注; (一般に) 注釈, 解説
-glossa 腰尾 → -glosso
glossare 他 1 注をつける, 注解 [注釈] する 2 (ある語の意味を) 同義語で明確にする
glossario 男 1 (難語や専門分野の) 用語辞典 2 (巻末の) 用語 [語彙] 解説
glossatore 男 [女 [-trice]] 1 注釈 [注解] 者 2 (中世の) 法注釈者
glossema[1] 男 [複 [-i]] 1 難語, 難解な表現 2 (欄外・行間の) 注
glossema[2] 男 [複 [-i]] [言] 言語素
glossematica 女 [言] 言理学, 言語素論
glossematico[1] 形 [複 [男 -ci]] 難語の, 方言の
glossematico[2] 形 [複 [男 -ci]] [言] 言理学の, 言語素論の
-glossia 腰尾「舌 (の)」の意;「発言 [言語] 障害 (の)」の意;「言語 (の)」の意
glossina 女 [虫] ツェツェバエ

glossite 囡〔医〕舌炎
glosso-, -glosso 接頭, 接尾 「舌(の)」の意;「言語(の)」の意
glossografia 囡 難解語研究
glossografico 形〔複[男 -ci]〕難語[古語]研究の
glossografo 男〔女[-a]〕(難語・古語の)注解者
glossoplegia 囡〔医〕舌麻痺
glottide 囡〔解〕声門
glotto-, -glotto 接頭, 接尾 「言語(の)」の意
glottocronologia 囡〔言〕言語年代学
glottodidattica 囡〔言〕外国語教育法
glottologia 囡 言語学
glottologico 形〔複[男 -ci]〕言語学の
glottologo 男〔複[-gi]女[-a]〕言語学者
glottotecnica 囡〔言〕新語研究
glu¹ 擬 1 ゴロゴロ(七面鳥・ホロホロチョウの鳴き声) 2 ゴクゴク(飲み込むときの音) 3 ゴボゴボ, トクトク(液体の流れる音)
glu² 男 acido glutammico〔生化〕グルタミン酸
glucide 男〔生化〕炭水化物
glucina → glicina
gluco- 接頭 「糖(の)」「ブドウ糖(の)」の意
glucosio 男〔生化・化〕ブドウ糖, グルコース
glugluttare → gloglottare
gluma 囡〔植〕(イネ科植物の)頴(えい), 苞頴(ほうえい)
glutammico 形〔次の成句で〕▶ *acido glutammico*〔生化〕グルタミン酸
gluteo 男〔特に複数で〕尻, 臀部 —形〔解〕臀部の
glutine 男〔生化〕グルテン, 麩(ふ)質
G.M. 男 Gran Maestro 騎士団の団長, グランドマスター
gnacchera → nacchera
gnagnera 囡 1 哀歌, 哀訴 2 かゆみ, むずがゆさ 3 欲望, むら気
gnais〔グナイス〕→ gneiss
gnam 擬 ガツガツ, ムシャムシャ(貪るように食べる音)
gnao 擬 ニャーニャー(猫の鳴き声)
-gnata → -gnato
gnato-, -gnato 接頭, 接尾 「顎(がく)[下顎, 頬](の)」の意
gnau → gnao
gnaulare 自 1 (猫が)ニャーニャー鳴く 2 (子供が)ぐずぐず泣く
gnaulata 囡 猫がニャーニャー鳴くこと; いつまでもぐずぐず言うこと
gnaulio 男 猫がニャーニャー鳴き続けること
gnaulo 男 猫が鳴くこと, 猫の鳴き声
gnaulone 男〔女[-a]〕1《諧》しつこく鳴く猫 2 ひっきりなしにぐずぐず言う人

gneiss〔グネイス, グナイス〕男〔不変〕〔地質〕片麻岩
gnocca¹ → gnocco
gnocca² 囡 1《俗》女性性器, 膣(ちつ) 2《俗》セクシーな女性
gnocco 男〔複[-chi]〕1〔複数で〕(ジャガイモなどを加えた柔らかい団子風のパスタ, ニョッキ 2《口》(クリームソースなどの)だま 3 間抜け, 馬鹿
gnome〔グノーメ, ニョーメ〕男〔不変〕〔文〕(特にギリシャ文学の)格言, 金言, 警句
gnomico 形〔複[男 -ci]〕〔文〕金言の, 格言的な, 警句の —男〔複[-ci]〕(特にギリシャ文学の)格言詩人
gnomo 男 地の精, 土の精, 小人
gnomologia 囡 1《修》(格言のように)簡潔で要を得た弁論 2 金言集, 格言集
gnomone 男 1 (日時計の)指時針; 日時計 2〔幾〕グノモン
gnomonica 囡 日時計製作法
gnornò 副《隠》(軍隊で上官に対して)そうではありません
gnorri 男女〔不変〕知らない[分からない]ふりをする人 —far lo *gnorri* 知らないふりをする
gnorsì 副《隠》(軍隊で上官に対して)そうであります
gnoseologia〔ニョゼオロジーア, グノゼオロジーア〕囡〔哲〕認識論
gnoseologico〔ニョゼオロージコ, グノゼオロージコ〕形〔複[男 -ci]〕1〔哲〕認識論の 2 認識に関する, 経験的知識に基づく
gnosi〔ニョーズィ, グノーズィ〕囡〔不変〕1〔哲・宗〕霊的認識, 神秘的直観 2 グノーシス主義
-gnosia 接尾「認識(の)」の意
gnosticismo 男〔哲・宗〕グノーシス主義
gnostico 形〔複[-ci]〕1 認識に関する 2 霊的認識の, グノーシス主義の —男〔複[-ci]女[-a]〕グノーシス派
gnu 男〔不変〕〔動〕ヌー, ウシカモシカ, オグロヌー
go 男〔不変〕〔日〕碁
goal 男〔不変〕〔英〕ゴール, 得点 —*goal partita* 決勝点 / fare [segnare] un *goal* 1 点決める
gobba 囡 1 こぶ; (動物の)こぶ 2 猫背 3 隆起, 突起
gobbo¹ 形 1 背中にこぶのある; 背中の曲がった 2 隆起した, 凸状の —男〔女[-a]〕背中にこぶのある人; 猫背の人, 背中の曲がった人 ▶ *fare un colpo gobbo* ずるい手口で成功する
gobbo² 男 1〔トスカーナ〕こぶ, 隆起, 突起 2《諧》賢者
gobbo³ 男〔映・放〕遮光幕; カンペ(台詞や進行指示を示したボード)
gobboni 副 背を曲げて, 猫背で
Gobetti 固名(男) (Piero ~)ゴベッティ(1901-26; トリーノ出身の反ファシズム政

治家・著述家)

goccia 囡〔複 [-ce]〕**1** しずく, 滴り **2**（液体の）微量, 少量 **3**《口》鼻水 **4** しずく型の装飾品 **5** 点滴薬, 点眼薬 ▶ *a goccia a goccia* 一滴ずつ, ぽたりぽたりと, 少しずつ *due gocce d'acqua* 瓜二つ *la goccia che fa traboccare il vaso* 我慢の限度を越えるもの

gocciare → gocciolare

gocciato 形 **1** しずくを散らした, 斑点のある **2**〔紋〕水玉模様の

goccio 男《口》(液体, 特に飲み物の)少量

gocciola 囡 しずく型の装飾品; 水滴; 小さなガラス球

gocciolamento 男 滴り, ぽたぽた落ちること

gocciolare 他〔io gócciolo〕ぽたぽた落とす, 滴らす —自〔es/av〕しずくを垂らす, 滴る, 漏れる

gocciolatoio 男〔建〕(ひさしなどの)水切り, 雨押さえ

gocciolatura 囡 **1** しずくが垂れること, 滴り **2** しずくの染み[痕跡]

gocciolio 男（継続的な）滴り

gocciolo → goccio

goccialone 男 **1**（雷雨の）大きな雨粒 **2**〔トスカーナ〕大型の散弾 **3**〔トスカーナ〕《口》鼻を垂らした人 **4**〔トスカーナ〕馬鹿, 間抜け; 心底ほれた人

*godere ゴデーレ〔59〕自〔di〕**1** 大いに満足する; …を心から喜ぶ, 歓喜する —*Godiamo per il tuo successo.* 私たちは君が成功して本当にうれしい。 **2** …に恵まれる, 享受する, 利用する —*Il nonno gode di ottima salute.* 祖父はとても健康に恵まれている。 **3** 愉快に過ごす **4**（セックスで）絶頂に達す —他 **1** 楽しむ, 味わう —*godere il sole* 日差しを楽しむ **2** 享受する, (よいもの・有利なものを)持っている —*godere una buona rendita* よい収入に恵まれる —ersi 再 楽しむ, （楽しく）味わう, 享受する —*Mi sono goduto una bella vacanza.* バカンスを大いに楽しんだ。 ▶ *godersela* 大いに楽しむ, 遊び暮らす

godereccio 形〔複〔女 -ce〕〕**1** 楽しい, 愉快な **2** 放蕩な, 浮かれた

godet 男〔不変〕〔仏・服〕フレアー

godezia 囡〔植〕アカバナ科

godibile 形 **1** 楽しい, 愉快な, 面白い **2**〔法〕用益権を持つ

godibilità 囡 **1** 愉快さ, 面白いこと **2** 利用可能なこと

godimento 男 **1** 楽しみ, 喜び; 快楽 **2** 喜びを与えるもの **3**〔法〕(権利の)享有, 所有

goditore 男〔女 [-trice]〕**1** 楽しむ人, 味わう人 **2** 享受する人 —男〔女 [-trice]〕楽しむ人; 享受する人

godrei godere の条・現・1 単

godrò godere の直・未・1 単

goduria 囡《口》《諧》楽しみ, 喜び

godurioso 形《諧》楽しい, 喜びを与える

goethiano 形 **1**〔文〕ゲーテの, ゲーテ作品の; ゲーテの影響を受けた **2** 晴朗な, 威厳のある, 堂々とした —男〔女 [-a]〕ゲーテの影響を受けた人

goffaggine 囡 **1** ぎこちなさ, 不器用さ **2** 無様な行為, 不調法 —*Ho combinato una delle mie solite goffaggini.* またいつものへまをやらかした。

gofferia → goffaggine

goffo 形 **1** ぎこちない, 不器用な; おずおず[ぐずぐず]した **2** 見苦しい, 不格好な

goffraggio → goffratura

goffrare 他 型押し[圧印, エンボス]加工する, 浮出しにする

goffratrice 囡〔工〕型押し機

goffratura 囡（革・布・紙・プラスチックなどの）型押し, エンボス加工; 浮出し（模様）

Goffredo 固名〔男性名〕ゴッフレード

gogna 囡 首かせ; さらし台 ▶ *mettere alla gogna* 公衆の面前で笑い物にする[恥をかかせる]

gogò 男 （1960年代にはやった）酒場 —*a gogò* たっぷりと, 豊富に, 好きなだけ

goi 男女〔不変〕非ユダヤ人

go-kart 男〔不変〕ゴーカート

gol → goal

*gola ゴーラ〕囡 **1** 喉 —*Mi fa male la gola.* | *Ho mal di gola.* 喉が痛い。 **2** 喉首, 喉元 **3** 食い意地, 大食, 暴飲暴食 —*peccato di gola*〔カト〕大食の罪（七つの大罪の一つ）**4** 狭い通路, 隘(ぁぃ)路 —*gola* del camino 暖炉の煙突 **5**（容器の）首 **6** 山峡, 峡谷 **7**〔機〕（滑車の）溝 **8**〔建〕波刻形(ﾅﾐ) ▶ *avere l'acqua alla gola* ピンチに立たされる, 苦境に陥る *avere un groppo [nodo] alla gola* 喉がつかえる, 涙が込み上げる *col boccone in gola* 食べたらすぐ, 食べるや否や *fare gola a...* …の食欲[欲望]をそそる *mentire per la gola* しゃあしゃあと嘘をつく *prendere... per la gola* …の首をつかむ; 無理強いする; 食べ物で…を引きつける *ricacciare le parole in gola a...* …の発言を撤回させる

golden goal 男〔英・スポ〕(サッカーの)ゴールデンゴール

Goldoni 固名〔男〕(Carlo 〜)ゴルドーニ(1707-93; ヴェネツィア出身の喜劇作家)

goldoniano 形〔劇・文〕ゴルドーニの, ゴルドーニ作品の

goleada 囡〔不変〕〔西・スポ〕大量得点による勝利

goleador 男〔不変〕〔西・スポ〕(サッカーの)エースストライカー

golem 男〔不変〕（ユダヤ神話の）ゴーレム（重労働をしたり, ユダヤ民族を迫害から守る粘土でできた自動人形[ロボット]）

goletta¹ 囡〔服〕カラー, 襟; 襟ぐりの飾り **2**（牛の）首の前肉, ブリスケ

goletta² 女〔船〕2本マストの帆船
golf¹ 男〔不変〕〔スポ〕ゴルフ
golf² 男〔不変〕(長袖の)セーター
golfino 男〔不変〕(特に婦人用の)セーター
golfista 男女〔複[男 -i]〕ゴルファー
golfistico 形〔複[男 -ci]〕ゴルフの
golfo 男 湾 —*golfo mistico* (劇場の)オーケストラボックス
Golgi 固名(男) (Camillo ～)ゴルジ (1843-1926; イタリアの病理学者. 1906年ノーベル賞受賞)
Golgota 固名(男) ゴルゴタの丘(キリストが磔(はりつけ)に処されたエルサレム郊外の丘)
Golia 固名(男) **1** ゴリアテ, ゴリアト(ダヴィデにより殺害されたペリシテ人の巨人) **2** (g-)企業, 国家などを圧迫する巨大な存在
goliardata 女 (自由気ままな)大学生の振る舞い
goliardia 女 (自由気ままな)大学生気質; 〖総称的〗自由気ままな大学生
goliardico 形〔複[男 -ci]〕**1** (中世の)遍歴聖職者の; (中世の)遍歴(神)学生の **2** 自由気ままな大学生らの **3** 軽薄な, 無分別な
goliardo 男 **1** 遍歴聖職者(特定の教会・教区に属さず活動した中世の聖職者); 遍歴学生(大学間を移動し, 様々な教師の授業を受けた中世の学生) **2** (自由気ままな)大学生; 〖蔑〗軽薄な[無責任な]若者 **3** 学生軍
gollismo 男〔歴〕ドゴール主義
gollista 形〔複[男 -i]〕〔歴〕ドゴールの, ドゴール主義の ——男女〔複[男 -i]〕ドゴール主義者
goloseria → golosità
golosità 女 **1** 食い意地(の張っていること), 食欲 **2** 渇望, 熱望 **3** ごちそう, 珍味
goloso 形 (di) **1** 食い意地の張った, …が大好物の —*ragazza golosa di dolci* 甘いものに目がない女の子 **2** 熱望する, …に飢えた, 物欲しげな **3** 食欲をそそる; 興味を起こさせる ——男[女 -a]大食家, 食いしん坊
golosone 男〔[-a]〕〘諧〙食いしんぼう
golpe¹ 男〔不変〕(特に軍事)クーデター
golpe² 男〔植〕(麦の)黒穂病
golpismo 男 クーデター実行主義[支持傾向]
golpista 形〔複[男 -i]〕クーデターの ——男女〔複[男 -i]〕クーデターを企てる人, クーデターに加わる人
golpistico 形〔複[男 -ci]〕クーデターの
gombito → gomito
gomena 女〔海〕(係留・曳(えい)航・進水用の)太綱, 大索
gomitare 他〔io gomito〕肘で押す[突く]
gomitata 女 肘で押す[突く]こと ——*farsi strada a gomitate* 人込みをかき分けて進む

gomitiera 女 (防護用の)肘あて
gomito 男 **1** 肘 **2** 急な屈曲部, 湾曲 —*strada piena di curve a gomito* 曲りくねった道 **3** 〔機〕(L字形の)継ぎ手
gomitolo 男 (糸や毛糸を巻いた)玉
***gomma** 女〔ゴンマ〕**1** ゴム; ゴム製, ゴム加工品 **2** 消しゴム **3** タイヤ **4** ガン(gomma da masticare) **5** 〔医〕ゴム腫
gommagutta 女 〔化・薬〕(下剤・顔料用の)藤黄(とうおう), 雌黄(しおう), ガンボージ
gommalacca 女 セラック(ワニスなどの原料になる)
gommapiuma 女〔不変または複[gommepiume]〕フォームラバー
gommare 他 **1** ゴムを塗る[引く] **2** タイヤを付ける
gommaresina → gommoresina
gommato 形 **1** (接着性の)ゴムを塗った[引いた] **2** タイヤの付いた
gommatura 女 **1** 〔工〕ゴムを塗る[引く]こと **2** (車の)タイヤのワンセット
gommina 女 (整髪用)ジェル
gommino 男 **1** (小型の)ゴムパッキング; (ビンなどの)ゴム栓 **2** (自転車の空気入れの)ゴムチューブ **3** (おもちゃの銃の)ゴムの弾
gommista 男女〔複[男 -i]〕**1** タイヤ販売[修理]業者 **2** ゴム(製品)製造作業員 ——男 タイヤ修理工場
gommone 男 (船外機付きの)ゴムボート
gommoresina 女 〔化〕ゴム樹脂(ゴムと樹脂の混合物)
gommosi 女〔不変〕〔植〕樹脂病, ゴム病
gommosità 女 ゴム質, 粘性
gommoso 形 ゴム質の, 粘着性の; ゴムのような
Gomorra 固名(女) 〔聖〕ゴモラ(住民の不道徳・不信仰のためソドムとともにヤハウェの神に滅ぼされたという悪徳の町)
gonade 女 〔解〕生殖腺, 〘口〙睾(こう)丸
gonado- 連結「生殖腺(の)」の意
gonadotropina 女 〔生化〕性腺刺激ホルモン
gondola 女 **1** ゴンドラ **2** 〔空〕(飛行機の)エンジンなどを収容する部分
gondoliera 〔音〕→ barcarola
gondoliere 男 ゴンドラの船頭
gonfalone 男 **1** (中世都市国家などの)旗; 軍旗 **2** (県・市・協会などの)旗
gonfia- 連結「膨張させる[する]」の意
gonfiabile 形 ふくらますことができる, 空気でふくらます
gonfiaggio 男 **1** 膨張, ふくらますこと **2** 偽らしさ, 誇張 **3** (物価の)暴騰
gonfiamento 男 **1** 膨張, ふくらむこと **2** 腫れ物 **3** 思い上がり
gonfianuvoli 男女〔不変〕威張り屋, 自慢家, ほら吹き
gonfiare 他〔io gonfio〕**1** ふくらませる, 膨張させる —*Le piogge gonfiano i fiumi.* 雨で河川が増水する. **2** 誇張する, 大げさにする —*gonfiare una notizia*

情報を誇張する 3 誉めそやして思い上がらせる[得意がらせる] 4《口》殴る、叩く — *gonfiare... di botte* …を棒で殴る — 自 [es]ふくらむ、膨張する、腫れる — **arsi** 再 1 膨張する、ふくらむ 2 (水かさが)増す、(海や川が)荒れる 3 思い上がる、気取る

gonfiata 囡 さっとふくらませること

gonfiato 形 1 膨張した、ふくらんだ 2 (牛の肉がエストロゲンなどによって)増大した

gonfiatoio 男 1 ポンプ、空気入れ 2 (ガラス細工の)吹き竿

gonfiatore 形〖囡[-trice]〗 ふくらませる、誇張する — 男〖囡[-trice]〗 1 ふくらませる人、誇張する人 2 へつらう者、おべっか使い

gonfiatura 囡 1 膨張、ふくらますこと 2 誇張、ほめたてること 3 へつらい、媚(こび)

gonfietto → gonfiatoio

gonfiezza 囡 1 ふくれていること; 腫物 2 (言葉や文体の)大仰さ、大言壮語 3 尊大、うぬぼれ

***gonfio** [ゴンフィオ] 形 1 ふくれた; 腫れた、むくんだ 2 誇張した、大げさな 3 思い上がった、うぬぼれた 4《俗》妊娠している — 男 腫れ、ふくれ; こぶ ▶ *a gonfie vele* すこぶる順調に(順風満帆)

gonfione 男 1 ぶよぶよ太った人 2 尊大な人、うぬぼれ屋

gonfiore 男 腫れ物

gonfo-〖接頭〗「釘(くぎ)」「釘状の」の意

gong 男〖不変〗〖音〗銅鑼(どら); 〖スポ〗(ボクシングの)ゴング

gongolamento 男 大喜び、狂喜

gongolante 形 大喜びの、とても満足した

gongolare 自 [io gongolo] 大いに喜ぶ、狂喜する

gongorismo 男〖文〗ゴンゴリズム(スペインの詩人ゴンゴラ風の華麗で難解な文体)

gongorista 形〖複[男 -i]〗 ゴンゴリズムの、ゴンゴリズム派の — 男女〖複[男 -i]〗ゴンゴリズム派

gongro → grongo

-gonia〖接尾〗「世代」の意

gonio-〖接頭〗「角度」の意

goniometro 男 角度計、測角計

***gonna** [ゴンナ] 囡 スカート — *gonna pantalone* キュロットスカート / *gonna a portafoglio* 巻きスカート(前重ねのスカート) / *gonna a pieghe* プリーツスカート / *gonna svasata* フレアスカート

gonnella 囡 1 スカート — *stare attaccato alla gonnella della mamma* 母親から離られず言いなりになる 2《諧》(特に複数で)女性 — *correre dietro alle gonnelle* 女の尻を追いかける / *in gonnella* (男性の多い職業で)女性の / *poliziotto in gonnella* 婦人警官 3《諧》法衣、僧服

gonnellino 男 1 (バレエ・スケート・テニス用の)短いスカート 2 男性用スカート(スコットランドのキルトなど)

gono-, -gono¹〖接頭〗〖接尾〗「世代」「生殖」の意

gono-, -gono²〖接頭〗〖接尾〗「角(かど)」の意

gonorrea 囡〖医〗淋疾(りんしつ)、淋病

gonorroico 形〖複[男 -ci]〗 淋病の — 男〖複[-ci]囡[-a]〗淋病患者

Gonzaga 固名〖男複〗(i ~)ゴンザーガ家(マントヴァの名家。モンフェラート侯を兼ねる)

gonzaghesco 形〖複[男 -chi]〗〖歴〗ゴンザーガ家の

gonzo 形 だまされやすい — 男〖囡[-a]〗馬鹿、間抜け、うすのろ

gora 囡 1 水車用導水路; 用水路 2 水溜り、ぬかるみ、沼 3 (顔に残った)涙や汗の跡、染み、よごれ

gorbia 囡 (杖(つえ)・旗竿(はたざお)などの)石突き

gordiano 形〖次の成句で〗 ▶ *nodo gordiano* ゴルディオスの結び目; 難問、難題

gorgheggiamento 男 1〖音〗急速に音を上下させながら同一の母音を歌うこと、ゴルジェッジョ 2 (鳥が)震え声でさえずること

gorgheggiare 自 [io gorgheggio] 1〖音〗急速に音を上下させながら同一の母音を歌う 2 (鳥が)震え声でさえずる — 他〖音〗ゴルジェッジョで歌う

gorgheggiatore 男〖囡[-trice]〗 ゴルジェッジョで歌う人

gorgheggio 男 1〖音〗ゴルジェッジョ(急速に音を上下させながら同一の母音に多くの音符を当て、速いパッセージを歌うこと) 2 (鳥の)震え声のさえずり

gorgia 囡〖複[-ge]〗 1 (フィレンツェ・トスカーナ方言で)母音間の閉鎖音が摩擦音になること 2〖音〗ゴルジェッジョ、トリル 3〖言〗口蓋垂音のr

gorgiera 囡 1 (鎧(よろい)の)喉当て、(フェンシングの)バペット 2〖服〗(16~17世紀の)ひだ襟

gorgo 男〖複[-ghi]〗 1 (川の)渦、渦巻き 2〖比喩〗渦、大混乱、騒ぎ

gorgogliamento 男 ブクブク[ゴボゴボ、グーグー]いうこと[音]

gorgogliare 自 [io gorgoglio] 1 (水の流れが)ブクブク[ゴボゴボ]いう 2 (腹が)グルグル鳴る 3 (うがいで)ガラガラいう 4〖化〗(ガスが液体の表面に)沸き上がる — 他〖化〗(ガスを純化・冷却するために)液体の中に通す

gorgoglio¹ 男 (胃や腸が)ゴロゴロ[グーグー]鳴る音; (配水管の中でするような)コポコポという音

gorgoglio² 男 ゴボゴボ、グツグツ(沸騰したり液体が流れる連続音)

gorgoglione 男〖虫〗アブラムシ、アリマキ(afide)

gorgone, gorgone 囡 1 (G-)〖ギ神〗ゴルゴン 2 恐ろしい形相で髪を振り乱した女

gorgoneo, gorgoneo 形 1 ゴルゴ

gorgono- の 2 恐ろしい, ぞっとするような

gorgono- 接頭 「ゴルゴンのような」の意

gorgonzola 男〖不変〗(ブルーチーズの)ゴルゴンゾーラ

gorgozzule 男〖諧〗喉

gorilla 男〖不変〗1〖動〗ゴリラ 2 粗野な男; タフガイ 3 ボディーガード

Gorizia 固名(女) ゴリーツィア(フリウリ・ヴェネツィア・ジュリア特別自治州の都市および県名; 略 GO)

goriziano 形 ゴリーツィア(の人)の ―男〖女[-a]〗ゴリーツィアの人

gospel 男〖不変〗〖英・音〗ゴスペル(米国黒人の宗教歌)

gossip 男〖不変〗〖英〗噂(うわさ)話, ゴシップ

gota 女 頬 ―gonfiare le *gote* 頬をふくらます

gotata → guanciata

gotazza → gottazza

gotha 男〖不変〗(地方の)名士; (ある集団の)エリート

gotico 形〖複[男 -ci]〗1〖歴〗ゴート族の; ゴート語の 2〖蔑〗野蛮な, 蛮族の 3〖芸・建〗ゴシックの 4 ゴシック体の 5 (言語・文字が)難解な, 分かりにくい 6 (文学・映画が)ゴシック風の, 奇怪な雰囲気の ―男 1〖単数のみ〗ゴート語 2 ゴシック芸術, ゴシック様式 3〖印〗ゴシック体

goticume 男 1〖蔑〗ゴシック風の作品 2 ドイツ風の習慣

goto 形〖歴〗ゴート族の, ゴート人の ―男〖女[-a]〗ゴート人, ゴート族

gotta 女〖医〗痛風

gottazza 女〖海〗(船底の水あかを汲(く)み出す)バケツ, あか汲み

gouache 女〖不変〗〖仏・美〗グワッシュ(顔料をアラビアゴムで練った水彩絵の具); グワッシュ画(法)

gourde 女〖不変〗グールド(ハイチ共和国の通貨単位)

gourmandise 女〖不変〗〖仏〗ごちそう, 珍味

gourmet 男〖不変〗〖仏〗食通, 美食家

governabile 形 統治[支配, 統御]しうる

governabilità 女 統治[支配, 統御]しうること

governante 男女 支配者, 統治者 ―男〖複数で〗国を動かす要人; 政府首脳 ―女 家政婦 ―形 統治する, 支配する

governare 他 1 治める, 統治する 2 管理[運営]する 3 支配する, 左右する, 規制する 4 (船の)舵を取る; (車や飛行機を)操縦する 5 飼育する 6 世話をする, 面倒を見る, 看護する 7〖農〗肥料を施す ―自〖船〗針路を保つ ―arsi 再 1 用意する, 備える 2 振る舞う; 自制する

governativo 形 政府の; 国家の; 政府を支える ―男 (反乱・暴動時などに政府によって配置される)軍人

governatorato 男 1 長官[総裁, 知事, 統治者]の職[地位, 任期] 2 長官[総裁, 知事, 統治者]の治める行政区域

governatore 男〖女[-trice]〗1 長官, 総裁, 知事, 総督; (米国の)州知事 2 理事, 役員

governatoriale 形 長官[総裁, 知事, 統治者]の; 長官の職に関する

governatura 女 (動物の)飼育; (作物の)施肥; (ワインの)醸造管理

governicchio 男〖皮肉で〗〖蔑〗(不安定で短命な)弱体内閣[政府]

governissimo 男 (議会多数派による)安定政府

*governo [ゴヴェルノ] 男 1 政府 2 内閣 3 政治体制 ―*governo monarchico [repubblicano]* 君主[共和]政体 4 管理, 運営 5 (船や乗り物の)操縦 6 (家畜の)飼育 7〖農〗施肥 8〖コン〗処理能力

gozzaniano 形〖文〗グイード・ゴッザーノ(Guido Gozzano)の; ゴッザーノ風の

Gozzano 固名(男) (Guido ~)ゴッザーノ(1883-1916; 黄昏(たそがれ)派を代表するイタリアの詩人)

Gozzi 固名(男) 1 (Gasparo ~)ガスパロ・ゴッツィ(1713-86; ヴェネツィアの文筆家) 2 (Carlo ~)カルロ・ゴッツィ(1720-1806; ヴェネツィアの文筆家, コンメディア・デッラルテを復活させる)

gozzo¹ 男 1 (鳥の)嗉嚢(そのう), 餌袋(えさぶくろ) (ingluvie) 2〖俗〗胃, 胃袋; 喉 3〖医〗甲状腺腫

gozzo² 男 (オールでこぎ, 帆を備えることもある)小船, ボート

gozzoviglia 女 馬鹿騒ぎ, 放蕩, 暴飲暴食

gozzovigliare 自〖io gozzoviglio〗どんちゃん騒ぎをする, 暴飲暴食する

gozzovigliata → gozzoviglia

gozzovigliatore 男〖女[-trice]〗放蕩者, 馬鹿騒ぎする人

gozzuto 形 餌袋(えさぶくろ)のある; (人について)喉袋のある

G.P. 略 Gran Premio グランプリ, 最優秀賞

GPS 略 〖英〗Global Positioning System グローバル・ポジショニング・システム, GPS(イタリア語では Sistema di Posizionamento Globale)

GR 略 1 Grosseto グロッセート; Grecia ギリシャ 2 Giornale Radio ラジオニュース

gr 略 grammo グラム

gracchiante 形 ひどく耳障りな[不愉快な]

gracchiare 自〖io gracchio〗1 (カラス・カエルが)カーカー[ガーガー]鳴く 2 ギャーギャー言う, がなる

gracchiata 女 (しつこく)カーカー[ガーガー]鳴くこと; ギャーギャー言うこと, がなること

gracchiatore 形〖女[-trice]〗カーカー鳴く; ギャーギャー言う, がなる ―男

gracchio〖女[-trice]〗**1** カーカー[ガーガー]鳴くカラス[カエル] **2** 耳障りな声で話す人, ギャーギャー言う人

gracchio¹ 男〘カラスやカエルの〙鳴き声

gracchio² 男〘鳥〙ベニハシガラス, キバシガラス

gracchio³ 男 頻繁に[長く]カーカー[ガーガー]鳴くこと

Gracco 固名(男) **1**〘家名〙グラッコ — i Gracchi グラックス兄弟 **2** (Tiberio Sempronio 〜)ティベリウス・グラックス (前162-133) **3** (Gaio Sempronio 〜)ガイウス・グラックス(前159-121; ティベリウスの弟. ともにローマ共和政末期護民官)

gracidamento → gracidio

gracidare 自 [io gracido] **1** (カエルが)ガーガー[ゲロゲロ]鳴く, (雌鶏(終)が)コッコッと鳴く, (カラスが)カーカー鳴く, (アヒルが)ガーガー鳴く **2**《蔑》ギャーギャーしゃべる

gracidatore 男〖女[-trice]〗(鳥や動物が)ガーガー鳴く —男〖女[-trice]〗**1** カーカー[ガーガー]鳴く鳥[動物] **2** おしゃべりな人

gracidio 男 (カエルが)ガーガーしつこく鳴くこと

gracile 形 きゃしゃな; 虚弱な; 繊細な

gracilità 女 繊細さ, もろさ, 虚弱さ

grad 略 gradiente〘物〙傾度;〘数〙勾配

gradassata 女 空威張り, ひけらかし

gradasso 男〖女[-a]〗自慢屋, ほら吹き

gradatamente 副 次第に, 徐々に, 少しずつ

gradazione 女 **1** 徐々に変化すること, 漸次的移行, 段階的変化 **2** (飲み物の)アルコール度数(gradazione alcolica) **3**〘音〙グラデーション **4**〘芸〙(絵画・彫刻の)グラデーション, 明暗[濃淡]による主題の強調 **5**〘写〙濃淡(のコントラスト) **6**〘地質〙平衡作用 **7**〘修〙漸層法

grader 男〘不変〙〘英〙(道路の)地ならし機

graderista 男女〘複[男 -i]〙地ならし機の操縦者

gradevole 形 心地よい; 感じのよい; 当たりの柔らかい

gradevolezza 女 心地よさ, 楽しさ; 好ましさ, 愛想よさ

gradiente 男 **1**〘物〙傾度, 勾配 — gradiente barico [barometrico] 気圧傾度 **2**〘数〙勾配, グラジェント

gradimento 男 **1** 満足, 喜び, 好み —È di tuo gradimento? それは君の好みなの? **2** 承認, 認可

gradina¹ 女 (大理石用の二つ以上の歯がある)鑿(%)

gradina² 女 グラディーナ(先史時代の丘陵地にある壁に囲まれた集落)

gradinare¹ 他 **1** (大理石用の鑿(%)で)彫る **2**〘芸〙(大理石に残された鑿の跡を)まねる

gradinare² 他〘登山〙(登りやすいように)ピッケルで氷に段をつける

gradinata 女 **1**〘玄関の〙大階段 **2** (劇場の)階段席, (スタジアムの)スタンド

gradinatura 女 鑿(%)で彫ること; (鑿(%)で彫った)跡, 溝

gradino 男 **1** (階段やはしごの)段 **2**〘スポ〙(登山の)足場

*__**gradire**__ [グラディーレ] 他 [io -isco] **1** 喜んで応じる; うれしく感じる —Ho gradito molto la tua visita. 君が来てくれて本当にうれしかった. **2** 欲する, 望む —Gradirei una risposta. 返事を頂きたいのですが. /Gradisce un caffè? コーヒーは如何ですか? ▶**Voglia gradire [Gradisca] i miei sinceri [cordiali] saluti** [手紙の結び]敬具

gradito 形 うれしい; 大歓迎の

*__**grado¹**__ [グラード] 男 **1** 段階 **2** 水準, 程度 —alto grado di civiltà 高度の文明 **3** 等級, 階級 —grado di parentela 親等 **4** 地位, 身分 —grado di capitano 大尉の位 **5** 状態, 立場 **6** (度数の)度 —grado alcolico アルコール度数 /venti gradi centigradi 摂氏20度/un angolo di 60 gradi 60度の角度 **7**〘言〙(形容詞・副詞の)級 —grado comparativo [superlativo] 比較[最上級] 級 **8**〘宗〙級 ▶**a grado a grado [per gradi]** 徐々に, 次第に, 少しずつ **essere in grado di...** …することができる

grado² 男 **1**〘文〙満足, 喜び, 好み **2** 感謝(の気持ち), 謝意

-grado 接尾「動く」「歩く」の意

graduabile 形 **1** 等級[段階]付けしうる, 調整可能な **2** 昇進[昇級]しうる

graduabilità 女 等級[段階]付けしうること, 調整可能; 昇進[昇級]しうること

graduale¹ 形 段階的な, 漸進的な

graduale² 男〘宗〙(ミサ聖祭の)昇階唱; ミサ曲集

gradualismo 男 漸進主義;〘生物〙漸進説

gradualista 形〘複[男 -i]〙〘政〙漸進主義の —男女〘複[男 -i]〙漸進主義者

gradualistico 形〘複[男 -ci]〙〘政〙漸進主義(者)の

gradualità 女 漸進性, 段階性

gradualmente 副 徐々に, 少しずつ

graduare 他 [io graduo] **1** 順位[段階]を付ける, (段階ごとに)並べる[分ける] **2** 目盛りを付ける —graduare un termometro 温度計に目盛を付ける **3**〘軍〙階級を授ける, 昇格させる **4** 延期[猶予]する **5** 徐々に強める[高めていく]

graduato 形 **1** 等級[段階]を付けた, 格付けした **2** 目盛りを付けた —bicchiere graduato 目盛り付きカップ —男〘軍〙下士官

graduatoria 女 **1** (功績・年齢などの順番による)名簿, リスト; 順序 **2**〘政〙機密区分

graduatorio 形 順位[段階]を決定す

る分類の, 格づけの

graduazione 囡 **1** 順位[段階]を付けること, (段階ごとの)分類 **2**(計測器の)目盛り, 目盛りを付けること

grafema 男〖複[-i]〗〖言〗書記素

grafematica 囡〖言〗書記素論

grafematico 形〖複[男-ci]〗〖言〗書記素(論)の

grafemica 囡 → grafematica

graffa 囡 **1** 中括弧, ブレース(｛ ｝) **2** 紙ばさみ, クリップ, (ホチキスの)針 **3**〖建〗かすがい, 締め金具 **4** クラッチ; 鉤爪(ｶｷﾞﾂﾒ)状の道具

graffare 他 クリップで留める

graffetta 囡 クリップ, (ホチキスの)針

graffiamento 男 引っかくこと, 傷つけること; 引ったくり

graffiante 形 辛辣な, 鋭い, 皮肉な

graffiare 他〖io graffio〗 **1**(爪で)引っかく; 傷つける **2** 酷評する **3**《俗》くすねる **—arsi** 再(自分の体を)引っかく, かき傷をつける

graffiata 囡 (すばやく)引っかくこと

graffiatore 形〖囡[-trice]〗引っかく; 引ったくる **—**男〖囡[-trice]〗引っかく人[動物, もの]; 引ったくり犯

graffiatura 囡 引っかき傷

graffietto 男 **1** 少し引っかく傷; かすり傷 **2** 筋[溝]をつける道具; 罫(ｹｲ)引き

graffio 男 引っかき傷; すり傷

graffire 他〖io -isco〗浅く彫る, (彫って)描く

graffitismo 男〖芸〗壁などにスプレーで線画を描く芸術運動, グラフィティーアート

graffitista 形〖複[男-i]〗 **1**〖建〗(壁がかき傷模様の) **2**〖芸〗(壁などに)スプレー画を描く, グラフィティーアートの **—**男囡〖複[男-i]〗**1**〖建〗壁に装飾的な浅い溝を彫る人 **2**〖芸〗グラフィティーアーティスト

graffito 男 **1**(石・金属・漆喰(ｼｯｸｲ)などに彫られた)筋, 溝 **2**〖考・人類〗(壁・石などに彫られた)模様, 文字 **3**(過ぎ去った流行・様式・風俗などに対する)追憶 **4**(壁や地下鉄の車両などにスプレーで描かれた)落書き

grafia 囡 **1** 語の綴り, 綴り字法; 正字法 **2** 筆跡, 書体

-grafia 腰尾「書くこと(の)」「描写」「記述」の意

grafica 囡 グラフィックアート[デザイン](版画・挿絵・ポスター・写真など); グラフィック **—grafica computerizzata** コンピューターグラフィックス

grafico 形〖複[男-ci]〗**1** 文字の, 書記法の **2** 図形[図表]の, グラフィックの **—**男 **1**〖複[-ci]〗グラフ, 図表 **2**〖複[-ci]囡[-a]〗グラフィックデザイナー

-grafico 腰尾「描写[記録](の)」「書かれた」「図表[図式](の)」の意

grafismo 男 **1** 書法; 線画の技法 **2**〖芸〗線描の優位

grafitaggio 男〖機〗(車の部品の)油と黒鉛による潤滑保護

grafitare 他 **1**〖機〗(車の部品を)

黒鉛で潤滑保護する **2**(電導体にするために)黒鉛を塗る

grafitazione 囡 **1**〖地質〗(炭素の)黒鉛化 **2**(電導体にするために)黒鉛を塗ること

grafite 囡〖鉱〗石墨, 黒鉛, グラファイト

grafitizzare 他 黒鉛化する

grafo 男 **1**〖数〗グラフ(データ構造) **2**〖言〗書記体(音素を表す最少単位の文字)

grafo- 腰頭「書くこと(に関する)」の意

-grafo 腰尾「書く[描く]人」; 「(データを)記録する装置」の意; 「特定の様式で[特定の人によって]書かれたもの」の意

grafologia 囡〖心〗筆相学, 筆跡学

grafologico 形〖複[男-ci]〗〖心〗筆相[筆跡]学の

grafologo 男〖複[-gi]囡[-a]〗〖心〗筆相[筆跡]学者

grafomane 形 書(字)狂の **—**男囡《謔》長々と書く人, 下手なくせに多作の作家

grafomania 囡 **1**〖心〗書(字)狂 **2**《謔》長々と書きたがること

grafospasmo 男 〖医〗書痙(ｶｲ)(chirospasmo)

gragnola 囡 **1**〖気〗霰(ｱﾗﾚ), 雹(ﾋｮｳ) **2**(打撃・発砲・質問などの)連発, 雨あられ **3** スープ用のパスタ

gragnolare 自〖es/av〗霰(ｱﾗﾚ)[雹(ﾋｮｳ)]が降る

gragnuola 囡 → gragnola

gramaglia 囡 喪服; 棺(ﾋﾂｷﾞ)にかける布 **—in** *gramaglie* 喪服を着た, 喪に服した

gramigna 囡 **1**〖植〗シバムギ, カモジグサ, ギョウギシバ **2**(あっという間に広がる)悪いこと[考え] **3**〖料〗グラミーニャ(スープ用のショートパスタ)

graminacea 囡 〖植〗イネ科の植物; (G-)〖複数で〗イネ科

graminaceo 形〖植〗イネ科植物の

-gramma 腰尾「文字(の)」「図(表)」の意

＊**grammatica** [グランマーティカ] 囡 **1** 文法 **2** 文法学, 文法研究 **3** 文法書 **4**(理論や芸術の)基本原理 ▶ *Vale più la pratica che la grammatica*. 《諺》習うより慣れろ.

grammaticale 形 文法の, 文法に関する; 文法規範に適(ｶﾅ)った

grammaticalità 囡〖言〗(構文や形式が)文法規範に適(ｶﾅ)っていること

grammaticalizzare 他〖言〗文法化させる **—arsi** 再〖言〗文法化する

grammaticalizzazione 囡 〖言〗文法化

grammaticalmente 副 文法的に, 文法上

grammaticheria 囡《蔑》文法に過度にこだわること

grammatico 男〖複[-ci]囡[-a]〗文法家, 文法学者 **—**形〖複[男-ci]〗文法の, 文法に適(ｶﾅ)った

grammatista 男囡〖複[男-i]〗(古

grammatologia 代ギリシャ(の)初歩の読み書きを教える教師; 初歩文法の教師

grammatologia 囡 〔言〕書記法研究

grammatologico 形 〔複[男 -ci]〕〔言〕書記法研究の

grammatura 囡 (布・紙の)1平方メートル当たりのグラム数

grammo 男 1 グラム 2 ほんの少し、わずか

grammo- 接頭 〔物・化〕「グラム(質量の単位)」の意

grammo-atomo, grammoatomo 男 〔複[grammi-atomo, grammoatomi]〕〔物・化〕グラム原子

grammofonico 形 〔複[男 -ci]〕蓄音器の

grammofono 男 蓄音器

grammo-molecola, grammomolecola 囡 〔複[grammi-molecola, grammomolecole]〕〔物・化〕グラム分子

gramo 形 1 不運な、不幸な、災難な 2 乏しい、不十分な; 粗悪な、質の悪い

gramola 囡 1 パスタの生地をこねる[練る]機械 2 (麻などの繊維を分離する)麻打ち機

Gramsci 固名(男) (Antonio 〜)グラムシ(1891-1937; イタリアの政治家・思想家. イタリア共産党創立に携わる)

gramsciano 形 〔政〕グラムシの、グラムシの思想の ―男〔囡 -a〕グラムシ政治思想の支持者

gran → grande

grana[1] 囡 1 粒、粒子 2〔口〕面倒、厄介

grana[2] 囡 〔単数のみ〕《口》金(露) ―essere pieno di grana 金持ちである

grana[3] 〔不変〕パルメザンチーズ; 粉チーズ

Granada 固名(囡) グラナダ(スペイン南部アンダルシア州の都市)

granaglia 囡 1〔複数で〕穀物、穀類 2 (細工用の)金銀の細かな粒

granaio 男 1 穀物倉庫 2 穀倉地帯

granaiolo 男 1 穀物の小売商 2〔鳥〕シマアジ(marzaiola) ―形 (特に鳥が)穀物を餌にする

granario 形 穀物[小麦]の

granata[1] 囡 ほうき

granata[2] 囡 1〔植〕ザクロの実(melagrana) 2〔鉱〕ザクロ石、ガーネット(granato[1]) ―男〔不変〕ザクロの実の色、暗赤色 ―形〔不変〕1 暗赤色の 2 (サッカーチームの)トリノの、トリノの選手[サポーター]の

granata[3] 囡 手榴弾、手投げ弾

granatiere 男 1〔歴・軍〕擲弾(鐵)兵 2〔軍〕(背の高い)精鋭の歩兵 3 背が高く頑強な人

granatina[1] 囡 1 ザクロのシロップ 2 グラナティーナ(シロップをかけたシャーベット状の飲み物) 3〔料〕パン粉をつけて揚げた肉[米]団子

granatina[2] 囡 〔織〕グレナディン(強く撚った糸を使う粗い織物)

granato[1] 男 1 ザクロ石、ガーネット 2〔化〕赤色の合成染料

granato[2] 男 1 ザクロの木(melograno) 2〔不変〕ザクロの実の色、暗赤色 ―形〔不変〕暗赤色の

granato[3] 形 粒から成る、粒状の

Gran Bretagna 固名(囡) 英国、イギリス(伊正式名 Regno Unito di Gran Bretagna e Irlanda del Nord)

grancassa 囡 〔音〕バスドラム

granceola → grancevola

grancevola 囡 〔動〕クモガニ

granché 代〔不定〕〔否定文で〕注目に値するもの、非常に面白いもの ―Il film non era un granché. その映画は大して面白くなかった. ―副〔否定文で〕とても、非常に ―Non amo granché la città. 私はそれほどその町が好きではない.

granchiesco 形 〔複[男 -chi]〕カニ特有の、カニのような

granchio 男 1〔動〕カニ 2 へま、どじ 3《俗》痙攣(旋) 4 (金づちの先の)釘(S)抜き ▶ **prendere un granchio** へまをする; 勘違いする

grancia → grangia

grandangolare 形 〔光〕広角の、広角レンズの ―男 広角レンズ(grandangolo)

grandangolo 男 〔光〕広角レンズ

grande [グランデ] 形 〔比較級 più grande, maggiore; 絶対最上級 grandissimo, massimo; 子音で始まる語の前では gran, 母音で始まる単数名詞の前で grand'とすることがある〕 1 大きい、広い; 年長の ―grande palazzo 大きな建物 / locale grande 50 metri quadrati 50㎡の部屋 / avere una gran fame おなかがぺこぺこだ / fratello [sorella] più grande 兄[姉] 2 背が高い ―Mio figlio è diventato più grande di me. 息子は私より背が高くなった. 3 素晴らしい、偉大な ―grand'uomo 偉人 / grande poeta 大詩人 4 成人した、大人の ―Cosa farai quando sarai grande? 大きくなったら何になる? 5 大事な、特別の、正式の grande occasione 特別の機会 6〔副詞的に〕とても、非常に ―gran bella ragazza とても綺麗な女の子 ―男囡 1 大人、成人 2 偉人、大物、名士 ―男〔単数のみ〕偉大さ、重要 ▶ **a gran voce** 大声で **alla grande** 盛大に、華々しく **di gran lunga** はるかに、断然 **fare le cose in grande** 盛大に糸目をつけずにやる **in grande** 大規模に、大々的に **in gran voga** 大流行の **un gran che** 大したもの; 非常に / non è un gran che 大したものじゃない

grandeggiare 自〔io grandeggio〕 1 そびえ立つ、そびえる 2 抜きん出る、傑出する 3 気取る、偉そうにする

grandemente 副 大いに、とても; 高

grandeur 囡 〔不変〕〔仏〕 **1** 1950-60年フランスの国威発揚政策 **2** 権勢の誇示

grandezza 囡 **1** 大きさ, 寸法, サイズ, かさ —*grandezza di una camera* 部屋の大きさ **2** 広大さ, 雄大さ —*grandezza di un lago* 湖の巨大さ **3** 偉大さ, 卓越 **4** 栄華, 繁栄; 権力, 権勢 **5** 高潔, 高尚; 寛大 —*grandezza di spirito* 精神の気高さ

grandguignol 男〔不変〕(G-)〔仏〕モンマルトルにあったグラン・ギニョール座; (19世紀フランスで流行した)猟奇劇, グロテスク劇

grandguignolesco 形〔複〔男-chi〕〕猟奇劇の; ぞっとする, 凄惨な, グロテスクな

Grandi Antille 固名(女複) → Antille

grandiloquente 形 大げさな, 大言壮語の(magniloquente)

grandiloquenza 囡 大言壮語, ほら(magniloquenza)

grandiloquo 形 大げさな, 仰々しい

grandinare 非人称 [es/av] 〔grandina〕 雹(ひょう)〔霰(あられ)〕が降る —自 [es] 雨霰[バラバラ]と降り出す

grandinata 囡 **1** (激しく降り続く)霰(あられ), 雹 **2** 雨あられと浴びせかける[降る]こと

grandinato 形 (乗り物の車体が)霰(あられ)〔雹(ひょう)〕で傷ついた

grandine 囡 **1** 雹(ひょう), 霰(あられ) **2** (霰のように)降り注ぐもの —*grandine di critiche* 非難の嵐

grandinio 男 霰(あられ)〔雹(ひょう)〕が激しく降り続けること

grandinoso 形 霰(あられ)〔雹(ひょう)〕の混じった

grandiosamente 副 壮麗に, 豪華に; 壮大に, 雄大に, 堂々と

grandiosità 囡 **1** 壮大, 雄大; 壮麗, 荘厳 **2** (富や権勢の)誇示

grandioso 形 **1** 壮大な, 荘厳な; 壮麗な, 見事な **2** 並はずれた, 途方もない **3** 偉そうな, もったいぶった, これみよがしの

grandisonante 形 朗々たる, 鳴り響く; 大げさな, 大言壮語の

grand prix 成句(男) 〔仏〕グランプリ, 大賞; (競馬・自動車・自転車の)国際レース

granduca 男〔複[-chi]〕大公; (帝政ロシアの)皇子の尊称

granducale 形 大公の, 大公国の

granducato 男 大公の位; 大公国, 大公領

granduchessa 囡 大公妃; 大公の娘

grandula 囡〔鳥〕シロハラサケイ

granduomo 男〔複[granduomini]〕偉人

granellare 他 **1** 粒状にする **2** 粉砂糖〔アーモンドパウダー〕で覆う

granello 男 **1** 小麦[穀物]の粒 **2** 果物の種, 豆類の実 **3** 微量, 少量, ごく僅か **4** 〔料〕子牛の睾(こう)丸

granellosità 囡 **1** 粒状, 顆粒 **2** (表面が)ざらざらしていること, 荒いこと

granelloso 形 → granuloso

granfia 囡 (動物の)かぎ爪

granfiare 他 〔io granfio〕 かぎ爪で捕まえる; ひっかく, わしづかみにする

granfiata 囡 **1** かぎ爪の一撃〔傷〕 **2** 辛辣な言葉, 毒舌

grangia 囡〔複[-ge]〕 **1** 〔歴〕(ベネディクト会修道院の)農園, 荘園; 農地一体の修道院 **2** 〔北伊〕(農家の)納屋, 格納庫 **3** 〔北伊〕(夏季放牧で牧人が使う)小屋

grangiere 男 〔歴〕(ベネディクト会修道院の)農園管理者

grani- 接頭 「穀物(の)」の意

granicolo 形 〔農〕小麦〔穀物〕栽培の

granicoltura 囡 〔農〕小麦〔穀物〕栽培

granifero 形 (豊富な)小麦が取れる, 穀物を生む

graniglia 囡 **1** (大きさ10mm以下の)砂利 **2** セメントに大理石の砕片を混ぜたもの(舗装に使う) **3** (金属表面の)研磨剤

granire¹ 自 [es] 〔io -isco〕 **1** 〔農〕(小麦や穀物が)実をつける **2** 生じる, 現れる **3** 〔トスカーナ〕子供の歯が生え始める

granire² 他 〔io -isco〕 **1** 粒状にする **2** 〔工〕(表面を)ざらざらにする

granita 囡 かき氷, みぞれ

granitico 形 〔複〔男-ci〕〕 **1** 〔地質〕花崗(こう)岩[みかげ石]でできた; 花崗岩に似た **2** 堅固な, ゆるぎない, 不屈の

granito¹ 男 **1** 花崗(こう)岩, 御影石 **2** 固さ, 堅固

granito² 形 **1** 粒状になった, 顆粒の **2** (表面が)ざらざらになった, ぶつぶつの **3** 〔音〕(音符を)はっきりと, 明瞭に

granito³ 形 **1** 実を結んだ, 種ができた; 成熟した **2** (女性が)豊満な, 肉づきのよい

granitoio 男 **1** 〔工・印〕(金属板を)ぎざぎざ[ざらざら]にするのみ[たがね, 彫刻刀] **2** 火薬を粒状にする器具

granitura¹ 囡 〔農〕(穀物が)実を結ぶこと; 結実期

granitura² 囡 **1** 粒状にすること, 顆粒にすること **2** (ガラス・金属の表面を)ざらざらにすること **3** 貨幣の縁にざらざらをつけること

granivoro 形 (特に鳥が)穀食の

Gran Maestro 男 〔歴〕(騎士団の)団長, グランドマスター

granmaestro → Gran Maestro

★**grano** 男 〔グラーノ〕 **1** 小麦; 小麦の粒 **2** 〔複数で〕穀物 **3** 粒, 粒子 —*grano di sabbia* 砂の粒子 **4** 微量, 少量 —*non avere un grano di buon senso* 常識のかけらもない **5** 〔単数のみ〕〔俗〕お金 **6** グレーン(0.0648 グラム)

grano- 接頭 「粒状の」「粒粒の」の意

granoso 形 **1** 穀物が豊富な; (土地が)小麦が豊かに実る **2** 粒でできた **3** 金持

ちの,裕福な
granoturco 男〖複[-chi]〗トウモロコシ(granturco)
Gran Paradiso 固名(男) グラン・パラディーゾ(ヴァッレ・ダオスタ特別自治州の山;イタリア最高峰) —Parco Nazionale del *Gran Paradiso* グラン・パラディーゾ国立公園(イタリア最初の国立公園)
Gran San Bernardo 固名(女) (Colle del 〜)グラン・サン・ベルナール峠(イタリア-スイス国境上,ペニン・アルプス山系の峠)
Gran Sasso d'Italia 固名(男) グラン・サッソ(アブルッツォ州,アペニン山脈の最高峰を含む山塊)
granseola → grancevola
granturco 男〖複[-chi]〗トウモロコシ(granoturco)
gran turismo 固(男) グランドツーリングカー —形〖不変〗グランドツーリングカーの;観光バスの
granturismo → gran turismo
granulare¹ 形 1 小さな粒でできた,粒状の 2〖地質〗(岩)が同様の大きさの結晶から成る
granulare² 他 (io granulo) 粒状[顆粒]にする;ざらざらにする
granulato 形 (表面が)粒状の,ざらざらした —男〖薬〗顆粒
granulazione 女 1 粒状にすること,顆粒化;ざらざらにすること 2〖医〗顆粒[肉芽]形成,肉芽組織
granulo 男 1 小さな粒 2〖薬〗顆粒[細粒]剤 3〖生物〗細胞内の小体;(小脳皮質の)顆粒細胞
granulocito 男 〖生物〗顆粒(白血)球
granuloma 男〖複[-i]〗〖医〗肉芽腫
granulomatosi 女〖不変〗〖医〗多発性肉芽腫
granulomatoso 形 〖医〗肉芽腫(様)の
granulometria 女〖鉱〗粒度分析
granulometrico 形〖複[男-ci]〗〖鉱〗粒度分析の
granulosità 女 1 粒状さ 2 (写真の)粒状度;粒度
granuloso 形 1 粒でできた,粒状の,顆粒の 2 (表面が)ざらざらした,荒い
graphic design 固(男) 〖英〗グラフィックデザイン
grappa¹ 女 グラッパ(ブドウの搾りかすを発酵させて作る蒸留酒)
grappa² 女 1〖建〗かすがい,締め付け金具,クランプ 2〖印〗中括弧(( )) 3 クリップ
grappetta 女 1 クリップ 2〖医〗縫合用の針
grappino¹ 男 小グラス一杯のグラッパ
grappino² 男〖船〗四爪(ﾂﾒ)アンカー
grappo 男 (果物などの)房(grappolo)
grappolo 男 1 (花や果物の)房 2 群れ,集団,一群,一団 ▶ *a grappoli*

房をなす;群れをなして
graptolite 男〖古生物〗筆石(ｾｷ)
grascia 女〖複[-sce]〗(中世の)食品全般(主に穀物);食料輸入税
graspo 男 ブドウの房(収穫後木に残った)粒の少ない小房(raspo)
grassaggio 男 潤滑油をさすこと
grassamente 副 1 豊かに,たっぷり 2 下品に,度を越して —ridere *grassamente* 馬鹿笑いする
grassatore 男〖女[-trice]〗強盗,追いはぎ
grassazione 女 (武器による)強盗,強奪
grassello 男 1 (肉の)脂身の小片 2〖化〗消石灰(calce spenta)
grassezza 女 1 肥っていること,肥満 2〖農〗土地が肥沃なこと 3 (液体の)粘性,濃度
‡**grasso** [グラッソ] 形 1 太った,肥満体の —bambino *grasso* 肥満児 2 脂肪分の多い,油っこい;油性の —settimana *grassa* カーニバルの最後の週 / giovedì *grasso* 謝肉祭最後の木曜日 3 肥沃な,肥えた 4 豊富な,多量の;裕福な,金持ちの —raccolto *grasso* 豊作 / annata *grassa* 豊年 5 下品な,野卑な,卑猥(ﾜｲ)な —parlare *grasso* 下品な話し方をする —男 1 脂肪,脂身,油脂;グリース 2〖女[-a]〗太った人 ▶ *a farla grassa* 多くても,せいぜい **essere grasso che cola** あまりにも多い
grassoccio 形〖複[女-ce]〗1 ふっくらした,肉付きのよい,丸ぽちゃの 2 (態度・言葉遣いなどが)下品な,野卑な
grassone 男〖女[-a]〗太った人,でぶ
grassottello 形 丸々とした,ぽっちゃりした(grassoccio)
grassume 男 1 (肉の)脂身 2《蔑》脂肪のかたまり;でぶ
grata 女 (特に鉄の)格子,格子戸[窓]
gratamente 副 感謝して,ありがたく
gratella 女 1 (流しの)格子蓋 2 焼き網
graticciare 他 (io graticcio) 格子(垣)で囲む
graticciata 女 (一連の)格子(垣)
graticciato 男 (果物の保存・乾燥用の)葦(ｱｼ)などで編んだ棚
graticcio 男 1 (果物などを乾かす)葦(ｱｼ)などで編んだ棚 2 (屋根や壁などを作るための)葦や木を格子状に組み合わせたもの;格子垣
graticola 女 1 焼き網,グリル 2 小さな格子[格子窓,格子戸] 3〖歴〗(火刑用の)炮烙(ﾎｳﾛｸ),焼き殺し 4〖美〗(図案を拡大縮小するための)格子状の網枠
graticolare¹ 形 網状の,格子状の
graticolare² 他 (io graticolo) 〖美〗(図案を拡大縮小する)格子状の網枠を置く
graticolato 形 格子(窓)を備えた,格子で仕切られた,格子状の —男 (木や金属の)格子

gratifica 囡 特別手当, 賞与, 奨励金, ボーナス

gratificante 形 満足のいく, 十分な

gratificare 他〔io gratifico〕**1** 特別手当[賞与, 奨励金, ボーナス]を与える **2**(心から)満足させる **3**(皮肉で)不当に侮辱を与える **—arsi** 再 (人に)取り入る

gratificato 形 **1** 特別手当をもらった **2**(心から)満足された, 満足させられた

gratificazione 囡 **1** 特別手当, 賞与, 奨励金, ボーナス **2** 心からの満足, 喜び

gratin 男〔不変〕〔仏・料〕グラタン

gratinare 他 グラタンにする

gratis 副 無料で, ただで **—Si può entrare** *gratis*. 入場無料です. **—**形〔不変〕無料の

gratitudine 囡 感謝の気持ち, 謝意

grato 形 **1** 感謝している, ありがたく思う **—essere** *grato* a... …に感謝している / Ti sono davvero *grato*. 君には本当に感謝している. **2** 心地よい, 気持ちのよい, 感じのよい

gratta- 接頭「引っかく」の意

grattacapo 男 **1** 心配, 不安, 気がかり, 苦労の種 **2** 厄介なこと, 面倒, 煩わしいこと

grattacielo 男 超高層ビル, 摩天楼

grattamento 男 爪でかくこと, 引っかくこと

grattare 他 **1**(爪で)かく **2** かき削る **3**《口》(すり)おろす **4**《俗》盗む **—**自 **1** きしる, 引っかかる, ぎしぎしと音を立てる **2**(動物が)引っかく **—arsi** 再 **1**(自分の体を爪でかく **2** 無為に過ごす ▶ *grattarsi la testa* 頭をかく(困り果てる, 難題を抱える)

grattata 囡 **1** 爪でかく[こする]こと **2**《口》(不手際な操作で)自動車の変速時にギアがきしること

grattatore 男〔女[-trice]〕**1** 引っかく人 **2**〔工〕金属表面を磨く人; (仕上げ塗りの前に)板を磨く人

grattatura 囡 引っかくこと; 引っかいた痕, 引っかき傷

grattugia 囡〔複[-gie]〕おろし金[器具]

grattugiaformaggio 男 電動チーズおろし器

grattugiare 他〔io grattugio〕(チーズなどを)すりおろす[つぶす] **—formaggio** *grattugiato* 粉チーズ

grattugiato 形 すりおろされた; おろしチーズの

gratuità 囡 **1** 無料, 無報酬であること **2** いわれのないこと, 不当なこと

gratuitamente 副 無料で, ただで

gratuito, gratùito 形 **1** 無料の, ただの **2** 理由[根拠]のない

gratulare 自〔io gratulo〕《文》うれしがる, 喜ぶ **—arsi** 再 うれしがる, 喜びを表す

gratulatorio 形 祝いの, 祝福の

gratulazione 囡 祝辞, 祝詞, 祝いの言葉; 喜び, 歓喜

gravabile 形 課税しうる, 課税対象となる

gravame 男 **1** 重荷, 負担 **2** 重税; 抵当(権) **3**〔法〕上訴

gravamento 男 **1** 重荷, 負担; 重圧 **2** 差し押さえ

gravare 他〔es/av〕重みがかかる, のしかかる **—Le responsabilità della famiglia** *gravano* **tutte su di me.** 家族への責任はすべて私にかかっている. **—**他 **1** 重荷を負わせる[課す], 圧迫する **—***gravare* **le spalle di un fardello** 両肩に荷を負わせる / *gravare* **di imposte i cittadini** 市民に税を課す **2** 苦しめる, 悩ませる **—arsi** 再 重荷を背負う; 義務[責任]を負う

gravato 形 **1** 重荷[負担, 責任]を負わされた **2** 税金[抵当権, 負債]を負わされた

grave [グラーヴェ] 形 **1** 重大な, 深刻な **—***grave* **malattia** 重病 / *grave* **problema** 重大な問題 **2** 骨の折れる, つらい **3** 厳粛な, 厳かな, 重々しい **4** 遅い, ゆっくりした **5** 重い **—fardello** *grave* 重い荷物 **6**〔音〕低音の; ゆっくりと **7**〔言〕(アクセント記号が)開口の(`) **—**男 **1**(単数のみ)重大さ, 深刻さ **2**〔物〕物体

gravemente 副 重く, 深刻に, ひどく **2** 厳粛に, 荘重に

gravezza 囡 **1** 厳粛, 荘重《文》重いこと, 重苦しいこと; 不快, 煩わしさ, 疲れ

gravi- 接頭「重々しい」「厳かな」の意

gravidanza 囡 妊娠 **—essere al terzo mese di** *gravidanza* 妊娠3か月である

gravido 形 **1** 妊娠した, 身重の **2** 満ちた, はらんだ, 一杯の **—nuvole** *gravide* **di pioggia** 雨をはらんだ雲

gravità 囡 **1** 重さ, 深刻さ **—Non hai capito la** *gravità* **della situazione.** 君は事態の深刻さが分かっていない. **2** 重大性, 重要性 **3** 危険性 **4** 厳格, 威厳 **5**〔物〕重力, 引力 **6**〔音〕低音

gravitare 自〔io gravito〕**1**〔天〕(重力[引力])によって中心点へと)向かう, (中心点の周囲を)回る **2**(政治的・経済的力に)引き寄せられる, (中心の周りを)従属的に回転する **3** 重みがかかる; (特に経済的に)負担がかかる

gravitazionale 形〔物〕重力(作用)の, 引力の

gravitazione 囡〔物〕重力(作用), 引力

gravosità 囡 **1** つらいこと, 厄介なこと; 重苦しさ, 圧迫すること, 過酷なこと **2** 重さ, 重たいこと

gravoso 形 **1** 重苦しい, つらい, うんざりする; 負担の大きい, 過酷な **2** 重い, 重みをかける

gray 男〔不変〕〔英・物〕グレイ(吸収線量のSI単位)

Graz 固名(女) グラーツ(オーストリアの都市)

Grazia 固名〔女性名〕グラーツィア

grazia [グラーツィア] 囡 **1** 気品, 優雅, 上品 **2** [複数で] (女性の)魅力, 容色 **3** 優しさ, 思いやり, 丁寧さ —*con grazia* 快く, 親切に **4** 情け, 厚意 —*essere [entrare] nelle grazie di...* …に気に入られる, …と親しくする **5** 許し, 寛大さ **6** (神の)恩寵, 恩恵 **7** [法]恩赦, 赦免 —*ottenere la grazia* 恩赦を受ける **8** (G-) [複数で] [ロ神]三美神 **9** [印]セリフ (字画の端にあるひげ飾り) ▶ *colpo di grazia* とどめ(の一撃), 致命傷 *concedere le proprie grazie* (女性が)身を任せる *grazia di Dio* 神のお恵み(豊かな食料や収穫など) *Grazie!* ありがとう. *grazie a...* …のおかげで *in grazia di...* …の力[尽力]で *Ministero di Grazia e Giustizia* 法務省 *per grazia ricevuta* 祈願によって, 誓いのとおり

graziabile 形 容赦しうる; 恩赦[赦免]に値する

Graziano 固名 [男性名] グラツィアーノ

graziare 他 [io grazio] **1** 恩赦を与え, 赦免する **2** (奇跡で)救う, 癒す

graziato¹ 男 [女[-a]] 赦免された人, 恩赦を受けた人

graziato² 男 [印]セリフ[ひげ飾り]のついた活字

grazie [グラーツィエ] 間 **1** (di,per)ありがとうございます, ありがとう —*Tante [mille, molte] grazie.* | [強調して] *Grazie tante [mille, infinite].* 本当にありがとうございます[ありがとう]. / *Grazie di cuore.* 心から感謝しています. / *Grazie di tutto.* 色々とありがとう. / *Grazie.-Prego.* ありがとう. - どういたしまして. / *Grazie per la tua telefonata.* 電話をありがとう. / *Grazie per essere venuto.* 来てくれてありがとう. / *Vuoi un aperitivo?-Sì, grazie [No, grazie].* 食前酒でもどう? - はい, ありがとう[いいえ, 結構です]. **2** [当然のことに対して皮肉・驚きなどで]何も不思議ではない, それもそのはず —*Questo cantante canta bene. -Grazie tante, ha avuto un grande maestro.* この歌手は歌がうまいな. - 当たり前だよ, 素晴らしい先生についたんだからね. **3** [不変]感謝, 謝意, 謝辞 —*grazie di cuore* 心からの感謝 ▶ *grazie a...* …のおかげで, …のために *Grazie a Dio [al cielo].* おかげさまで. | ありがたいことに.

graziosamente 副 優美に, 優雅に, しとやかに, 上品に, 魅力的に; 丁重に, 親切に

graziosissimo 形 **1** grazioso の絶対最上級 **2** [君主・国王などの尊称として]いと寛大な, いと慈悲深き

graziosità 囡 (振る舞いや態度の)優美さ, 上品さ, 優しさ, 魅力; 丁重な態度

grazioso 形 **1** 愛らしい; 上品な; 好感の持てる **2** 心地よい, 楽しい, 愉快な

gre 擬 ゲロゲロ(カエルの鳴きまねの音)

greca 囡 **1** 格子模様 **2** [服](女性用の)ショートチュニック

grecamente 副 古代ギリシャ様式で

grecastro 形 ギリシャ生まれのユダヤ人の —男 [女[-a]] ギリシャ生まれのユダヤ人

grecato 形 格子模様の

grecesco → grechesco

grecheggiare 自 [io grecheggio] (特に芸術や詩で)ギリシャ様式をまねる

grechesco 形 [複[-chi]] ギリシャの, ギリシャ人の

grechetto 男 **1** グレケット(ブドウの品種; その品種で作る辛口ワイン) **2** (16〜18世紀の)先端が動物や人の頭の装飾を持つ銃身

Grecia 固名(女) ギリシャ

grecismo 男 [言・文] (外国語に入った)ギリシャ語法; ギリシャ文化崇拝(ellenismo)

grecista 男女 [複[男 -i]] [言・文]古代ギリシャ文化[言語, 文学]研究者

grecità 囡 ギリシャ性; ギリシャ文化

grecizzante 形 ギリシャ風の, ギリシャ文化を模倣した —男女 ギリシャ風をまねる人

grecizzare 他 **1** ギリシャ語に翻訳する, ギリシャ語風にする **2** (他国人を)ギリシャ化する —自 ギリシャ風になる, ギリシャ文化[語法]に倣う —*arsi* 再 ギリシャ化する

grecizzazione 囡 ギリシャ化, ギリシャ風になること

greco [グレーコ] 形 [複[男 -ci]] ギリシャの, ギリシャ人[語]の —男 **1** [複[-ci] 女[-a]] ギリシャ人 **2** [単数のみ]ギリシャ語 **3** グレーコ(イタリア南部のブドウ品種; その品種で作るワイン) **4** [気]北東風

grecofono 男 [女[-a]] ギリシャ語を話す人 —形 ギリシャ語を話す, ギリシャ語使用地域の

grecolatino 形 (言語が)ギリシャ・ラテン語の特徴を示す

grecoromanista 男 [複[-i]] [スポ](レスリングの)グレコローマン・スタイルの選手

greco-romano 形 ギリシャ・ローマの歴史文化に関する

green 男 [不変] [英・スポ] (ゴルフの)グリーン

green keeper 成句(男女) [英・スポ]ゴルフ場管理人

gregale 形 羊[人]の群れの

gregario 男 [女[-a]] **1** (特に政党などの組織で)平の党員, 一般メンバー **2** [スポ](サイクリングチームで)サポート役の走者 **3** 一兵卒 —形 **1** 自主性のない, 指導力に欠ける **2** [動]群居[群性]する; [植]群生の, 族生の(氏族)の

gregarismo 男 **1** 依存, 従属, 受身 **2** [動・植]群生(傾向)

gregge 男 **1** 羊の群れ **2** [蔑]従属的な群衆; [文]多数の人々 **3** キリスト教徒たち, 信徒たち

greggio 形 [複[女 -ge]] **1** 未加工の,

未精製の、生の —petrolio *greggio* 原油 / seta *greggia* 生糸(ǐ) 2 荒削りの、粗野な; 未完成の、未熟な —男 原油

gregoriano 形 ローマ教皇グレゴリウスの

Gregorio 固名(男) 1 〔男性名〕グレゴーリオ 2 (~ I, San ~ Magno) グレゴリウス1世(540-604; 教皇: 在位590-604) 3 (~ VII) グレゴリウス7世(1020頃-85; 教皇: 在位1073-85. 神聖ローマ皇帝ハインリヒ4世を破門)

grembialata → grembiulata
grembiale 男 1 エプロン, 作業着; (子供の)スモック (grembiule) 2 〔カト〕(司教の用いる)膝掛け
grembiata → grembiulata
grembiulata 女 エプロン一杯の量
grembiule 男 1 エプロン 2 スモック, 上っ張り 3 エプロン一杯の量
grembo 男 1 (座った人の)胸と膝の間の空間, 膝上 —tenere in *grembo* (座った姿勢の女性が)膝の上で抱く 2 胎内 3 内部, 深部 ▶ portare in *grembo* 妊娠している

gremire¹ 他 〔io -isco〕 1 (人が場所を)埋め尽くす, 満員にする —La folla *gremiva* la piazza. 群衆は広場を埋め尽くしていた. 2 一杯にする, 満たす; 押し寄せる, 襲来する —irsi 再 (di) …で群がる, 込み合う, 一杯になる
gremire² → ghermire
gremlin 男 〔不変〕〔英〕小悪魔, グレムリン
Grenada 固名(女) グレナダ
grenadese 形 グレナダ(人)の —男女 グレナダ人
greppia 女 1 かいば[まぐさ]桶, まぐさ棚 2 〔謔〕(特に公的な)楽で保証された仕事, 公務員の仕事 3 食物, 栄養
gres 男 〔不変〕砂岩で作った陶磁器
greto 男 (川などの渇水期に現れる)河原, 川床
gretola 女 1 鳥かごの桟 2 〔トスカーナ〕言い逃れ, 口実
gretoso 形 (渇水期に現れる)広い川床の
grettezza 女 1 下劣さ, 卑劣さ, 低俗, 狭量, 偏狭 2 けち, しみったれ
gretto 形 卑しい, 狭量な; けちな, 吝嗇(りんしょく)
greve 形 1 〔文〕重い; 重苦しい, 息詰まる 2 (食べ物・料理が)重い, 不消化の 3 下品な, 粗野な 4 重々しい 5 〔文〕悲しい, 痛ましい
greyhound 男 〔不変〕〔英〕グレーハウンド(猟犬の一種)
grezzo → greggio
gridacchiare 自 〔io gridacchio〕 1 (大声で激しく)口論[抗議]する 2 ぶつぶつ言う, 不平を言う
gridare [グリダーレ] 自 1 叫ぶ, 大声を出す, どなる (痛みなどで)うめく, わめく 3 (動物が)ほえる —他 1 大声で言う, 叫んで言う 2 広める, 知らせる —*gridare... ai quattro venti* …を言いふらす

gridata 女 1 叫び声, わめき声 2 〔口〕叱責, 小言
gridato 形 (新聞の記事・見出しなどが)誇張した, 大げさな
gridatore 男 〔女[-trice]〕叫ぶ人, わめき散らす人, どなる人
gridellino 形 藤色の, 薄紫色の —男 藤色, 薄紫色
gridio 男 ひっきりなしに叫ぶこと, どなり続けること
grido 男 〔複〔1 は le grida, 2 は i gridi〕〕 1 叫び, どなり声 2 (動物の)鳴き声, 悲鳴, うめき声 ▶ *all'ultimo grido* 最新の, 流行の *di grido* 人気のある, 評判のよい
grifagno 男 1 (鳥が)肉食性の, 猛禽の 2 残忍な, 獰(どう)猛な —男 猛禽
griffa 女 1 〔機〕(ベルトなどの)留め金 2 〔複数で〕登山靴につける金属の釘(アイゼン) 3 〔スポ〕(ローラースケートのローラーを固定する)金具 4 〔映〕(映写機の)かぎ落とし爪 5 〔北伊〕(猛禽の)かぎ爪
griffare 他 (製品に)ブランドマークをつける
griffato 形 ブランドマークが入った, ブランド名入りの
griffe 女 〔不変〕〔仏〕ブランドマーク, ロゴマーク
Griffone 固名(男) 〔ギ神・聖〕グリフォン(〔ギ神〕ではワシの頭とライオンの胴体を持つ有翼の幻獣.〔聖〕ではエデンの園の門番)
griffone 男 グリフォン(ベルギー産の小型犬)
grifo¹ 男 1 (豚・イノシシなどの突き出た)鼻 2 〔謔・蔑〕(人の)面(つら) 3 〔ローマ〕転落, 没落
grifo² 男 〔紋〕グリフィン[グリュプス]の像
grifo³ 男 魚網の一種
grifone¹ 男 1 〔鳥〕シロエリハゲワシ 2 〔神話〕グリフォン, グリュプス(ワシの頭と翼, ライオンまたは蛇の胴体を持つ怪獣)
grifone² → griffone
grigia 女 〔複[-gie, -ge]〕〔口〕へま, 失態
grigiastro 形 灰色がかった, 薄よごれた —男 灰色がかった色
grigiazzurro 形 灰青色の —男 灰青色
grigio [グリージョ] 形 〔複[女 -gie, -ge]〕 1 灰色の, グレーの —materia *grigia* 大脳皮質, 知能 / cielo [tempo] *grigio* 曇り空 2 単調な, 退屈な 3 愚鈍な, 感受性の乏しい 4 憂鬱な, 物悲しい —男 灰色, グレー
grigione¹ 男 〔動〕グリソン(中南米のイタチ亜科の夜行性動物)
grigione² 形 (スイス)グラウビュンデン州(の人)の —男女 グラウビュンデン州の人 —男 〔単数のみ〕グラウビュンデン州の方言(ロマンシュ語)
grigiore 男 1 灰色がかった色 2 わびしさ, 物悲しさ 3 惨めさ, みすぼらしさ

grigio-verde, grigioverde 形〔複[grigioverdi]または不変〕灰緑色の —男 灰緑色; (1905-45年の)イタリア軍の軍服; (その軍服の)灰緑色

griglia 女 1 (魚や肉を焼く)網, グリル —*carne* [*pesce*] *alla griglia* 網焼き肉[魚] 2 格子, 鉄格子, 面格子; 格子窓[戸] 3 〔電子〕グリッド

grigliare 他 [io griglio] 網で焼く, グリルにする

grigliata 女 1 (肉・野菜・魚の)網焼き[グリル]料理 2 (野外での)バーベキュー

grigliato¹ 形 網[グリル]で焼いた —男 (肉・野菜・魚の)網焼き[グリル]料理

grigliato² 男 (斑岩やレンガの板を格子状に組んだ)床, パネル

grignolino 男 グリニョリーノ(ピエモンテ州, 特にアスティのブドウ品種; その品種で作る辛口赤ワイン)

grill 男〔不変〕〔英〕1 焼き網, グリル; 網焼き料理 2 グリルルーム, 簡易食堂; 高速道路の食堂

grillaia 女 1 コオロギの群棲地; 多数のコオロギ 2《譜》実入りの悪い小農園

grillettare 自 (揚げるときに)ジュージューいう —他 油[バター]で炒(ﾞ)める, 揚げる

grilletto 男 1 (銃の)引き金 2〔音〕口琴のリード 3《俗》クリトリス

grillo¹ 男 1〔虫〕コオロギ 2 奇想, 気まぐれ ▶ *avere grilli per la testa* 頭がおかしい, 正常でない *grillo parlante* 知ったかぶりのお説教屋 *mangiare come un grillo* 小食である

grillo² 男 グリッロ(マルサラ酒の原料となるシチリアの白ブドウ品種)

grillotalpa 女, 男〔複[le grillotalpe, ﾞi grillitalpa]〕〔虫〕ケラ

grillotto 男 (軍服の肩章やタピストリーの房飾りの)絹糸, 金糸, 銀糸

grill-room 男〔不変〕〔英〕グリルルーム (簡易なグリル料理を出す食堂)

grimaldello 男 1 (鍵を使わずに)錠前を開ける道具 2 便法, 方策, トリック

grinfia 女 (猛獣・猛禽の)爪

gringo 男〔複[-gos]女[-ga, 複-gas]〕《西》《蔑》(ラテンアメリカで)白人, (特に)アメリカ人

grinta 女 1 むっとした顔, 仏頂面, 恐ろしい顔つき; 厚顔 2 闘志, 根性, ガッツ

grintoso 形 断固とした, 気丈な; ガッツのある, 果敢な; 極めて力強い

grinza 女 (服や肌の)しわ ▶ *non fare una grinza* 非の打ち所がない, 一点の曇りもない

grinzo 形 しわだらけの

grinzosità 女 しわだらけのこと;《総称的》しわ

grinzoso 形 しわだらけの, しわしわちゃの

grip 男〔不変〕〔英〕(ゴルフクラブの)グリップ

grippaggio 男〔機〕(ピストンなどが摩擦で動かなくなること

grippare 自 1〔機〕(ピストンなどが摩擦・過熱などで)動かなくなる 2 完全に手詰まりになる, 膠着状態になる; 明晰さ[正気]を失う —*Se lavoro ancora a questi ritmi, rischio di grippare.* この調子でさらに働けば頭がおかしくなりそうだ. —他〔機〕(焼きつきを起こして)動きを止める

grisaglia 女 (白黒の霜降りで灰色に見える)綿[ウール]の布地; その生地で作る紳士服

grisaille 女〔不変〕1《仏》(白黒の霜降りで灰色に見える)綿[ウール]の布地; その生地で作る紳士服 2《美》グリザイユ(灰色の濃淡で描く単彩画法); その画法で描かれた作品

grisbi 男〔不変〕《仏》《隠》金(ﾞ); 盗品

grisella 女〔船〕(特に複数で)ラットイン, 段索

grisellino → gridellino

grisou 男〔不変〕《仏》(鉱山などの)爆発性ガス

grissineria 女 グリッシーニ製造工場

grissinificio 男 グリッシーニ製造工場

grissino 男 1 グリッシーニ(細長い棒状の乾パン) 2 非常に細い人

grisù → grisou

grisumetro 男 坑内ガス濃度計測器

grisutoso 形 (坑内の)爆発性ガスの, 爆発性ガスが発生している

grivna 女 フリヴニャ(ウクライナの貨幣単位)

grizzly 男〔不変〕〔英・動〕ハイイログマ

grò → gros-grain

groenlandese 形 グリーンランド(人)の —男女 グリーンランド人 —男〔単数のみ〕グリーンランド語

Groenlandia 固名(女) グリーンランド (北アメリカ北東部にある世界最大の島; デンマーク領)

grog 男〔不変〕〔英〕グロッグ酒(ラムまたはコニャックを湯で割り, 砂糖・レモンピールを加えたもの)

groggy 形〔不変〕《スポ》(ボクシングで)ふらふらの, グロッキーの; 疲労困憊(ﾞ)した

grolla 女 (ヴァッレ・ダオスタ地方の, 蓋と複数の注ぎ口を持つ木製の)コップ, そのコップで供される飲み物

gromma 女 1 酒石(ワイン発酵時に樽(ﾞ)内にたまる沈殿物で, 酒石酸の原料) 2 配管の水あか 3 燃えカス; パイプの火皿に残ったカス 4 血の塊, 凝血

grommare 自 酒石[水あか]がたまる —**arsi** 再 酒石[水あか]がたまる

grommoso 形 酒石[水あか]のついた, 沈殿物で覆われた

gronda 女 1 (建物の)軒, ひさし; 樋(ﾞ) 2 ひさし状のもの 3〔歴〕(首を保護する)かぶとの後部

grondaia 女 (屋根の)樋(ﾞ), 雨樋

grondante 形 (しずくが垂れるほど)しょぬれの, 滴る —*grondante di sudore* 汗だくの

grondare 自 1 [es] 流れ落ちる, (ひさしから)滴る; ぽたぽた落ちる —*Il sudore gli gronda dalla fronte.* 彼の額から

grondatura

汗が滴り落ちている. **2** びしょぬれになる — *grondare di sudore* 汗だくになる — 他 (たっぷりと)しずくを垂らす —Il tetto *gronda* acqua. 屋根が水を滴らせている.

grondatura 女 滴ること; ぽたぽた落ちる液体, しずく

grongo 男 [複 [-ghi]] 〔魚〕アナゴ

groom 男 [不変] 〔英〕(お仕着せを着た若い)召し使い; (ホテルの)メッセンジャーボーイ; 馬の飼育係

groppa 女 (馬などの)臀(%)部, 尻; 背, 背中; (人間の)肩, 背中 —saltare in *groppa* al cavallo 馬の背にまたがる ▶ *avere molti anni sulla groppa* 年老いている *piegare la groppa* 重労働に耐える *restare sulla groppa* (処分できないまま)手元に残る

groppata 女 馬が(背に乗る人を振り落とすため)飛び上がること

groppiera 女 (馬の)尻がい

groppo 男 **1** もつれ, からまり; 混乱, ごたごた **2** (激情で)喉[胸]が詰まること 〔気〕突風, はやて, スコール

gropponata 女 馬が(背に乗る人を振り落とすため)飛び上がること

groppone 男 **1** 〔諧〕(人の)背中, 両肩 —avere molti anni sul *groppone* 年をとっている, 老いている **2** (動物の)尻, 臀(%)部 **3** 動物の尻から取った革

gros → gros-grain

gros-grain 男 [不変] 〔仏〕グログラン(絹の畝織りの生地); グログランのリボン

grossa¹ 女 蚕の第三眠

grossa² 女 (度量衡の)グロス, 12ダース

grossaggine 女 無作法, 粗野; 不器用; 無知

grossetano 形 グロッセートの(人)の — 男 女 [-a] グロッセートの人

Grosseto 固名 (女) グロッセート(トスカーナ州の都市および県名; 略 GR)

grossezza 女 **1** 大きさ, 寸法, 太さ, 容積, 直径 **2** 大きいこと, 大型 **3** 無作法, 粗野, 愚鈍

grossier 形 [不変] 〔仏〕下品な, 粗野な, 無作法な

grossista 男女 [複 [男 -i]] 問屋, 卸売り業者

****grosso** [グロッソ] 形 **1** (大きさ・かさ・広さ・厚みなどが)大きい, 太い, 分厚い — *grosso salone* 大広間 / *muro grosso* 厚い壁 / *dito grosso* 親指 / *caccia grossa* 大物狩り / *città grossa* 大都市 **2** 強い, たくましい —*uomo grande e grosso* 偉丈夫 **3** 巨大な, 相当の — *grossa somma [cifra]* 莫大な金額 **4** 重要な, 有名な, 影響力のある —*pezzo grosso* 大物, VIP **5** 重大な, 重い — *grosso errore* 重大な誤り **6** 困難な, 骨の折れる —*grosso sforzo* 多大な骨折り[努力] **7** 粗野な, 無作法な, 雑な, 粗い — *parole grosse* 暴言, 罵声 **8** (織物で)目の粗い, 厚手の —*tessuto grosso* 粗い布地 / *sale grosso* 粗塩 / *essere grosso di cervello* 飲み込みが悪い **8** 《俗》妊娠した **9** (海が)荒れた — *mare grosso* 荒れた海 —男 **1** 主要部, 大部分, 大半; (軍隊の)主力 **2** (中世ヨーロッパ/レバントの)銀貨 — 副 太く, 大きく, 多量に ▶ *avere il fiato grosso* 息を切らす *di grosso* 非常に, とても *dirla grossa [dirle grosse]* 途方もない[大げさな]ことを言う *fare la voce grossa* 威張る *farla grossa* 大変なことをしでかす *grosso modo* ほぼ, おおよそ *Questa è grossa!* これはあんまりだ.

grossolanità 女 **1** 粗雑, いい加減 —lavorare con *grossolanità* いい加減に仕事をする **2** 粗野, 無作法 —agire con *grossolanità* ぶしつけに振る舞う **3** 下品, 野卑 —dire delle *grossolanità* 下品なことを口にする

grossolano 形 **1** (きめの)粗い, 粗末[粗悪]な —stoffa *grossolana* 粗い布 **2** 大ざっぱな, おおよその —calcolo [conto] *grossolano* 概算 **3** 粗野な, 荒っぽい, 下品な —uomo *grossolano* 無作法な人 **4** 大きな, 甚だしい —errore *grossolano* ひどい間違い

grossomodo → grosso modo

grosso modo 慣用 [ラ] ほぼ, およそ

grotta 女 **1** 洞窟; 穴蔵, 岩穴 — *Grotta Azzurra* (カプリ島の)青の洞窟 **2** (ワインの)地下貯蔵庫

grottesca 女 〔芸〕グロテスク様式[装飾, 模様]

grottesco 形 [複[男 -chi]] グロテスクな, 奇怪な, 奇妙な; 馬鹿げた —comportamento *grottesco* 奇妙な行動 —男 **1** [単数のみ] グロテスクなもの **2** 〔美〕グロテスク様式, 怪奇主義 **3** 〔印〕(活字書体の)グロテスク・サンセリフ

groupage 男 [不変] 〔仏〕荷物を同一目的地別に仕分けること

groupware 男 [不変] 〔英〕グループウエア(ローカルネットワーク用のソフト)

groviera 男, 女 [不変] グリュイエール・チーズ — 女 (穴だらけの)ぼろぼろの家[守備]

groviglio 男 (ひもや糸の)もつれ, からまり, 交錯; 混乱, 紛糾

grrr 擬 (特に漫画で)動物のうなり声 —間 ググッ, ウウッ(抑えつけた, あるいは爆発寸前の怒りの声)

gru 女 [不変] **1** 〔鳥〕ツル **2** クレーン, 起重機 —a gru クレーン式の **3** 〔映〕ドリー(カメラを取り付けた移動式台)

gruccia 女 [複 [-ce]] **1** 松葉杖(%) **2** コートハンガー **3** (鳥の)止まり木

grucciata 女 松葉杖(%)の一撃

gruccione 男 〔鳥〕ハチクイ

grufolare [io grufolo] **1** (豚やイノシシが食べ物を探すのに)鼻で地面を掘り返す **2** (人が)がつがつと騒々しく食べる —arsi 再 **1** (動物が泥の中で)転げ回る **2** 快楽にふける, 悪徳に身を任す

grugare 自 (ハトが)クークー鳴く

grugnire 自 [io -isco] **1** (豚などが)

grugnito ブーブー鳴く **2** 訳の分からないことをつぶやく, ぶつぶつ言う —他 もごもご言う, つぶやく

grugnito 男 **1** (豚などの)ブーブーいう鳴き声 **2** ぶつぶつ言う声, つぶやき声

grugno 男 **1** (豚やイノシシの)鼻先 **2** 《蔑・諧》(人の)面(つら), 鼻面 **3** しかめっ面, むっとした顔, 仏頂面

grugnone 〔女 [-a]〕 むっつりした[無愛想な]人

gruista 男女〔複[男 -i]〕クレーン操縦者

grullaggine 女 頭が弱いこと, 愚鈍; 愚行, 馬鹿げた話

grulleria 女 愚かさ, 愚鈍; 愚行, たわ言

grullo 形 **1** 頭の鈍い, 馬鹿な, 愚かな; お人好しの **2** ぼけた, ぼんやりした —男〔女 [-a]〕馬鹿, あほう, 間抜け

gruma → gromma

grumello 男〔不変〕グルメッロ(ネッビオーロ種のブドウで作る赤ワイン)

grumereccio 男 おくての干草[まぐさ](9月に刈り取る)

grumo 男 **1** (血や体液などの)かたまり **2** (混ぜ合わせの悪い)かたまり, だま

grumolo 男 (キャベツやレタスなどの)柔らかな中心部

grumoso¹ 形 **1** かたまり[だま]になった, かたまりの多い **2** 〔植〕根が紡錘形にふくらんだ

grumoso² 形 酒石[水あか]のついた

grunge 男〔不変〕〔英〕グランジ(だらしなくよごれた感じのファッション); 〔音〕グランジロック —形〔不変〕グランジの

gruppettaro 男〔隠〕(特に極左の)過激で反議会主義的なセクト —形 過激で反議会主義的なセクトの

gruppetto 男 **1** 小集団 **2** 〔音〕回音, ターン **3** (特に極左の)過激セクト

gruppista 男女〔複[男 -i]〕〔隠〕経営者とホームワーカーの仲介者

gruppo 男 [グルッポ] **1 集まり, 集団, 群れ —gruppo di turisti 旅行者の一団 **2** 仲間, グループ —gruppo sanguigno 血液型 **3** 〔動・植〕(分類上の)群 **4** 〔美〕群像 **5** 〔言〕言語群, 諸語 **6** 〔数〕群 **7** 〔化〕基 ▶in gruppo 皆一緒に, 団体で

gruppuscolarismo 男 (特に極左の過激な)セクト主義

gruppuscolo 男 (特に極左の)過激なセクト

gruyère 男〔不変〕〔仏〕(スイスの)グリュイエールチーズ

gruzzolo 男 **1** 金(かね)の蓄え, 積立貯金 **2** 小集団

Gs 略 gauss 〔物〕ガウス

gua' 間 〔トスカーナ〕(驚き・失望・諦めを表して)うわっ, あー, あーあ

guacamole 男〔不変〕〔西〕グワカモーレ, ガカモーレ, ワカモレ(アボカドに香辛料を加えたメキシコのスープ)

guaciaro 男〔鳥〕アブラヨタカ

guaco 男〔複[-chi]〕〔植〕ツルギソウ, ウマノスズクサ

guada¹ 女 四角い魚網

guada² 女〔植〕キバナモクセイソウ

guadabile 形 (川などを)渡ることができる

guadagnabile 形 稼ぐことができる, もうけ得る; 利益をもたらす

*guadagnare [グダニャーレ] 他 **1** もうける, 稼ぐ —guadagnare molti soldi 大金を稼ぐ **2** 勝ち取る, 手に入れる, 得る —guadagnare stima 好評を博す **3** (骨折り努力して)到達する, 達成する —guadagnare la vetta 苦労して頂上にたどり着く **4** 〔北伊〕(賭けで)獲得する —Ha guadagnato un milione alle corse. 彼は競馬で100万当てた. —自 見た目がよくなる, 見栄えがする —Guadagni con questo vestito. 君はこの服でぐっと引き立つよ. ▶guadagnarci 得をする; 見栄えがする **guadagnare tempo** 時間を稼ぐ **guadagnare terreno** (競争相手に)差をつける, 優位に立つ

Guadagnini 固名(男複) (i ~) グァダニーニ家(弦楽器製作で知られるイタリアの一族)

guadagno 男 **1** もうけ, 稼ぎ, 報酬 —avere un notevole guadagno 相当な稼ぎがある **2** 有利, 利益, 得 —Qual è il nostro guadagno in questo affare? この取引で我々にどんな得があるんだ?

guadagnucchiare 他〔io guadagnucchio〕《諧・蔑》かろうじて[やっとの思いで]稼ぐ

guadare 他 (川の浅瀬を)歩いて渡る, 渡河する

guado 男 **1** (浅瀬を)歩いて渡ること **2** 浅瀬 ▶a guado 浅瀬を歩いて

guai → guaio

guaiaco 男〔複[-chi]〕〔植〕ユソウボク

guaiacolo 男〔化・薬〕グアヤコール

guaime 男 二番草;(牧草の)二番刈り

guaina, guaìna 女 **1** (刀剣の)さや **2** 被覆(するもの) **3** ガードル; 体にぴったりした服 **4** 〔解〕鞘, 包 **5** 〔植〕葉鞘(ようしょう) (guaina fogliare)

*guaio [グアイオ] 男 **1** 災難, 厄介 —combinare un guaio 面倒を起こす **2** 〔複数で〕困難, 苦境 —Siete nei guai. 君たちは苦境に陥っている. **3** 〔間投詞的に; 次の成句で〕▶guai a + 不定詞 …したらただじゃすまないぞ **guai a te se...** もしも…なら承知しないぞ

guaiolare 自〔io guaiolo〕(特に犬が)クンクンと悲しそうに鳴く

guaire 自〔io -isco〕 **1** (特に犬が)クンクンと悲しそうに鳴く **2** 《諧》しくしく泣く, めそめそする

guaito 男 **1** (特に犬が)クンクンと悲しそうに鳴くこと **2** 《諧》しくしく泣く声, うめき声, 嘆き

gualca 女〔織〕縮絨(しゅくじゅう)

gualcare 他〔織〕縮絨(しゅくじゅう)する(follare)

gualcibile 形 しわになりやすい
gualcibilità 女 しわになりやすいこと
gualcire 他〔io -isco〕しわくちゃにする ―**irsi** 再 しわくちゃになる
gualdrappa 女 (馬の臀(ひ)部を覆う)鞍覆い,(式典やパレード用の馬の)盛装
Gualtiero 固名〔男性名〕グァルティエーロ
guanaco 男〔複[-chi]〕〔動〕グワナコ(野生のラマ)
＊**guancia**〔グァンチャ〕女〔複[-ce]〕**1** 頬,ほっぺ **2** (牛や豚の)頬肉
guancialaio 男〔女[-a]〕(競技場などで)座布団を貸す業者
guancialata 女 枕で殴ること
guanciale 男 **1** 枕 **2** 豚の頬肉の塩漬け ▶ *dormire tra [fra] due guanciali* 安心して眠る
guancialetto 男 **1** (肩などに入れる)パッド,詰め物 **2** ピンクッション **3** インク用スタンプ台
guancialino 男 **1** 小さい枕 **2** 針刺し,針山 **3** (お互いの腕を組み合わせてその上に仲間を乗せる)子供の遊び
guanciata 女 **1**〔トスカーナ〕平手で頬を打つこと,ビンタ **2**〔歴〕叙任の時,騎士の頬を軽く叩くこと **3**〔カト〕司教が受堅者の頬を軽く叩くこと
guanidina 女〔生化〕グアニジン
guano 男〔生化〕グアノ,鳥糞(ふん)石(海鳥の糞が堆積固化したもので肥料に用いる)
guantaio 男〔女[-a]〕手袋製造業者;手袋商
guanteria 女 手袋店;手袋製造所
guantiera 女 (菓子や飲み物を載せる)皿,トレー
guantificio 男 手袋工場
＊**guanto**〔グアント〕男 **1** 手袋 ―*guanti di pelle* 革の手袋 **2** コンドーム ▶ *calzare come un guanto* ぴったり合う,適合する *gettare il guanto* 挑戦を挑む;挑戦する *in guanti gialli* 立派な身なりの;礼を尽くして,丁重に *raccogliere il guanto* 決闘を受ける;挑戦に応じる *trattare con i guanti* 丁重にもてなす
guantone 男 大きい手袋;〔複数で〕(ボクシングの)グローブ
guapperia 女〔ナポリ〕カモッラ党員のやりかた,チンピラの振る舞い;カモッラのグループ
guappo 男 **1**〔ナポリ〕カモッラ党員;チンピラ,ならず者 **2** 尊大で恥知らずの男 ― 形 高慢な;派手な身なりの
guaracha 女〔西〕グワラーチャ(アフロキューバンリズムのダンス;その音楽)
guarana 女〔植〕ガラナ;その種子のペースト,ガラナ飲料
guaranà 女 → guarana
guarani 形 (パラグアイ・ブラジル・アルゼンチンの)グワラニ族の ― 男女 グワラニ族(の人) ― 男 **1** グワラニ語 **2** グワラニ(パラグアイの貨幣単位)
guarda- 接頭 「見張る(人)」「守る(人)」の意
guardabarriere 男女〔不変〕踏切番,信号手;(私道の)ゲート警備員
guardabile 形 眺めうる,目を引く,見て楽しい
guardaboschi 男女〔不変〕森林警備[監視]員
guardacaccia 男女〔不変〕猟場管理人[番人]
guardacenere 男〔不変〕暖炉[ストーブ]の囲い[ついたて]
guardacoste 男〔不変〕沿岸警備(員);沿岸警備艇,哨戒艇
guardadighe 男女〔不変〕ダム管理人
guardafili 男女〔不変〕架線作業員 ― 男〔不変〕(自動織機の糸切れ時の)停止装置
guardalinee 男女〔不変〕**1** 線審,ラインズマン **2** 保線係,線路作業員
guardamacchine 男女〔不変〕駐車場管理人
guardamano 男〔不変〕**1** 刀の鍔 **2** (銃の引き金の下に付ける)安全機 **3**〔海〕(タラップの)ロープの手すり **4** 作業用手袋
guardamerci 男女〔不変〕貨物管理人,積み下ろし係員
guardaparco 男女〔不変〕(特に国立公園の)警備[監視]員
guardapesca 男女〔不変〕漁業監視員
guardapetto 男 (ドリル作業時の保護用)胸当て
guardaporta 男女〔不変〕〔南伊〕門番,門衛
guardaporto 男女〔不変〕**1** 港内監視員 **2** 警備艦[艇],巡視船[艇]
guardaportone 男女〔不変また複[-i]〕門番,門衛,玄関番
＊**guardare**〔グァルダーレ〕他 **1** 見る,眺める ―*guardare la televisione [il telegiornale]* テレビ[ニュース番組]を見る / *guardare una vetrina* ショーウインドー[ケース]を眺める / *guardare fuori dalla finestra* 窓から外を見る / *guardare col binocolo* 双眼鏡で見る **2** (じっと)見る,鑑賞する ―*guardare un quadro [il panorama]* 絵[景色]を見る / *guardare... negli occhi [in faccia]* …の目をじっと見る,正視する / *Guarda!* ほら,いいかい,まあ **3** (ぼんやりと)見る,読む ―*guardare un giornale [una rivista]* 新聞[雑誌]を流し読みする **4** 調べる,確認する ―*guardare i conti [i documenti]* 計算[書類]を確かめる **5** 関心を示す ―*È così antipatica che nessuno la guarda.* 彼女は意地悪なので誰も相手にしない。**6** 見守る,監視する ―*far guardare i bambini dai [ai] nonni* 祖父母に子供の面倒を見てもらう / *I soldati guardano il ponte.* 兵士が橋の守りを固めている。― 自 **1** 見てみる,探してみる,調べてみる ―

Dov'è il papà?-*Guarda* nello studio. 父さんは？－書斎じゃない？ / *guardare* nel cassetto [sul dizionario] 引き出しを[辞書で]調べてみる 2 a) (a) …に留意[注意]する b) (di+不定詞, che+接続法) …するように努める[気をつける] —*Guarda* alla salute! 体に気をつけないといけなוֹ. /*Guarda* di fare presto. 早くしろ. /*Guarda* di ricordarti. 忘れちゃだめよ[しっかり覚えておいてね]. /*Guardate* che il cane non scappi di casa. 犬が家から逃げないようにしろよ. b) (che+直説法) (人に何かを気づかせたいとき) …に気を払う, …を考慮する; (a+不定詞) …を目標[目的]にする —*Guarda* che hai una scarpa slacciata. おい, 靴のひもがほどけているよ. / *Guarda* solo al suo successo. 彼は成功することだけを目指している. 3 (建物が) …に向いて[面して]いる —La finestra del bagno *guarda* a nord [sul cortile]. 風呂の窓は北向きである[中庭に面している]. —**arsi** 再 1 自分の姿を眺める —*guardarsi* nello [allo] specchio 鏡に姿を映して見る 2 身を守る —*Guardati* dal cane! 犬に注意して. 3 見つめ合う —*Si guardavano* l'un l'altro. 彼らは互いに見つめ合っていた. ▶ *guardare... dall'alto in basso* …を見下ろす[じろじろ見る] *guardare... di buon [mal] occhio* …を好意的に[悪意を持って]見る *guardare... di traverso* …を横目でにらむ[猜(ないぎ)疑の目で見る] *non guardare in faccia nessuno* 誰であろうと気にしない[かまわない] *senza guardare a...* …におかまいなく *stare a guardare* 傍観する

guardaroba 男[不変] 1 クローク 2 クローゼット 3 衣装一式 —Ha un ricco *guardaroba*. 彼女は衣装持ちだ.

guardarobiere 男[女[-a]] 1 衣装 [リンネル類]係 2 クローク係

guardasala 男女[不変] (美術館や会場の) 監視員

guardasigilli 男[不変] 1 (イタリアの) 法務大臣 2 [歴] 大法官

guardaspalle 男女[不変] ボディーガード —男[不変] [シチリア] ショール, 肩掛け

guardastiva 男女[不変] (船) 貨物室監視員

guardata 女 1 一見, 一瞥(ぺつ), ちらっと見ること —dare una *guardata* al giornale 新聞をさっと眺める 2 じっと見ること, 凝視 3 とがめるような目つき

guardavivande 男[不変] (半球状の) 皿覆い (coprivivande)

***guardia** [グアルディア] 女 1 警戒, 看視 —cane da *guardia* 番犬 / In *guardia*! 気をつけろ！ 2 (夜間·休日の)当直, 当番 —medico di *guardia* 救急病院[診療所]の当直医 3 警備隊; 警備員, 見張り, 衛兵, [口] 警察官 —*guardia* del corpo ボディーガード /*guardia* giurata ガードマン /*guardia* notturna 夜間警備員 /*Guardia* di Finanza 財務警察 /cambio della *guardia* 見張りの交替; 首脳陣の交替 /*guardia* svizzera (教皇庁の) スイス人衛兵 /*guardie* e ladri 探偵ごっこ 4 [スポ] ガード —abbassare la *guardia* ガードを緩める 5 危険水位 (livello di guardia) ▶ *mettere... in guardia* …に危険を知らせる *stare in guardia* 警戒する

guardia- 接頭 《口》「見る人」「監視する人」の意

guardiacaccia → guardacaccia
guardialinee → guardalinee
guardiamacchine → guardamacchine

guardiamarina 男[不変] (海軍の) 少尉

guardianaggio 男 管理人の職務
guardiania → guardianaggio

guardiano 男[女[-a]] 1 管理人; 番人 —*guardiano* di una villa 別荘の管理人 2 修道院長

guardiapesca → guardapesca
guardina 女 留置場

guardingo 形 [複[男-ghi]] 慎重な, 用心した

guardiola 女 守衛室, 門衛詰所

guardone 男[女[-a]] (人の裸や性行為などをのぞく) 助平魔, 窃視者

guardrail 男[不変] [英] ガードレール
guaribile 形 治せる, 癒やしうる, 回復しうる

guarigione 女 (病気の) 回復, 治癒 —essere in via di *guarigione* 快方に向かっている / Ti auguro una pronta *guarigione*! 早くよくなってね.

guarimento → guarigione

***guarire** [グァリーレ] 自 [es] (io -isco) 1 病気が治る —Mia figlia è *guarita*. 私の娘の病気が治った. 2 (病気や怪我が) 治癒する —La malattia *guarisce* in 3-5 giorni. その病気は3～5日で治る. —他 1 (病気を) 治す; (心を) 癒やす 2 (da) (悪癖や習慣を) 改めさせる —*guarire*... dal vizio del fumo …の喫煙をやめさせる

guaritore 形 [女[-trice]] 治る, 回復する —男[女[-trice]] 1 治癒する人, 回復する人 2 (科学によらず経験的な治療を行う) 民間療法家, 信仰療法士

guarnacca 女 1 (13～16世紀に流行した) 長袖のゆったりした上着 2 (農民の) 仕事着, 野良着 3 (昔の) 男性用室内衣

***guarnaccia*¹** 女 グアルナッチャ (カラーブリア州コゼンツァのブドウ品種; その品種で作る白ワイン)

guarnaccia² → guarnacca

Guarneri 固名[男複] (i ～) グヮルネーリ家 (優れた弦楽器製作で知られる一族)

guarnigione 女 駐屯部隊 (要塞の) 守備隊; 駐屯地, 要塞

guarnimento 男 1 飾り, 装備 2 装備; 艤(ぎ)装 3 守備隊, (防衛のための)軍備

guarnire 他 [io -isco] 1 (防御に必要なものを)供給する, 装備する; (船を)装する 2 飾る, 装飾する 3 (料理に)付け合わせを添える —*guarnire* l'arrosto con le verdure 焼肉に野菜を添える —**irsi** 再 1 (防御に必要なものを)備える, 自給する; 防備する 2 調達する, 揃える 3 (身を)飾る, 装う

guarnito 形 1《口》金持ちの, 裕福な 2 (馬が)馬具一式をつけた

guarnitore 形 [女-trice] 供給する, 備える; 装飾する —男 [女-trice] 供給する人[もの]; 装飾する人; 仕上げする人; (陶器の)絵付け職人

guarnitura 女 1 (防御に必要なもの)の供給, 装備 2 飾り, 装飾 3 (船)艤(ぎ)装

guarnizione 女 1 装飾(すること), 飾り 2 (料理の)付け合わせ, 添え物 3 パッキン, ガスケット

guasconata 女 ほら吹き, 自慢屋

guascone 形 (フランスの)ガスコーニュ(人)の; ほら吹きの —男 [女-a] 1 ガスコーニュ人 2 ほら吹き, 自慢屋

guasta- 連語「壊す(人)」「損なう(人)」の意

guastafeste 男女 [不変] 興をそぐ人, 水をさす人; (計画などを)台無しにする人

guastamestieri 男女 [不変] へまをする人, 不器用な人, 下手な人; (他人の仕事を)台無しにする人; (不正な競争で)邪魔する人

guastare 他 1 壊す —*guastare* un motore エンジンを壊す 2 害する, よごす 3 だめにする —La pioggia *ha guastato* la festa. 雨で祭が台無しになった. / non *guasta* 損にならない(あった方がよい) / Un po' di prudenza *non guasta*. 少し用心深くても損にはならない. —**arsi** 再 1 壊れる; 故障する —Il computer *si è guastato*. コンピューターが壊れた. 2 腐る 3 悪化する

guastastomaco 男 [複-chi, -ci]《口》消化に悪い食べ物

guastatore 男 [女-trice] 1 壊す人, 台無しにする人 2《文》略奪者, 破壊者 3 《軍》(土木)工兵, 対戦車工兵

guastatura 女 壊すこと, 損ねること

guasto 男 1 故障 —*riparare* un *guasto* 故障を修理する 2 損害, 被害 3 不和, 不仲 —形 1 壊れた; 故障した 2 腐った —frutta *guasta* 腐った果物 3 (体の部分が)傷んだ, 悪くなった —dente *guasto* 虫歯

Guatemala 固名 (男) グアテマラ

guatemalese 形 グアテマラ(人)の —男女 グアテマラ人

guatemalteco 形 [複男-chi] グアテマラ(人)の —男 [複-chi 女-a] グアテマラ人

guattire 自 [io -isco]《文》1 (猟犬が獲物を見つけたときに)ほえる 2 (哀れな声で)うめく

Guayana 固名 (女) ガイアナ

guazza 女 (多量の)露

guazzabuglio 男 1 寄せ集め, ごたまぜ, 散らかり, 混乱 2 雪と溶け合った水

guazzare 自 1 水しぶきをはね散らす[はねかける] 2 (水が)音を立てては)寄せる —他 [トスカーナ] 見る, 見つめる; (馬の元気を回復させるため)水中を歩かせる

guazzatoio 男 [トスカーナ] (馬などに水を飲ませたり歩かせたりする) 池

guazzetto 男 [料] シチュー

guazzo 男 1 水溜り; 水浸し 2 [トスカーナ] 浅瀬, 浅瀬を渡ること 3 [美] グワッシュ (gouache)

guazzoso 形 (多量の)露で濡れた

gubbino 形 グッビオの

Gubbio 固名 (女) グッビオ(ウンブリア州の都市)

guelfo 形 1 (12世紀の叙任権闘争で教皇を支持したバイエルン地方の領主の)ヴェルフ家の, 教皇支持派の 2 (13～14世紀イタリアの)グエルフ党(員)の, 教皇党(員)の 3《蔑》教会支持の, 聖職権主義の 4 [政]新グエルフ主義の —男 1 グエルフ党員, 教皇党員 2《蔑》聖職権主義者 3 グエルフィ銀貨(14世紀フィレンツェで鋳造された銀貨) 4 [政]新グエルフ主義者

guercio 形 [複女-ce] 1 斜視の, やぶにらみの; 片方の目が見えない人; 視力に障害がある 2 思慮分別のない —男 [女-a, 複-ce] 斜視の人

guéridon 男 [不変][仏](一本脚の)小型の丸テーブル

guerra [グエッラ] 女 1 戦争 —*dichiarare guerra* 宣戦布告する / *guerra atomica* 核戦争 / *guerra batteriologica* 細菌戦争 / *guerra civile* 内戦, 内乱 / *guerra fredda* 冷戦 / *guerra mondiale* 世界大戦 2 争い, 衝突 —*guerra* tra rivali ライバル間の争い ▶ *fare la guerra* 戦う

guerrafondaio 男 [女-a] (強硬な)主戦論者, 好戦主義者, 軍国主義者 —形 主戦論者の

guerraiolo 男 [女-a]《蔑》(強硬な)主戦論者, 好戦主義者, 軍国主義者

guerraiuolo → guerraiolo

guerreggiante 形 戦争を行う, 交戦中の —男 戦う人, 戦争[交戦]国

guerreggiare 自 [io guerreggio] 戦争する, 戦う —**arsi** 再 交戦する

guerreggiatore 形 [女-trice] 戦う; 好戦的な —男 [女-trice] 戦う人, 戦争する人; 好戦的な人

guerresco 形 [複-chi] 戦争の[に関する], 戦いの; 好戦的な

guerricciola 女 (短期間の)小規模な戦闘, 小競り合い, 取るに足りない戦い

guerriero 男 [女-a] 勇者, 武者; 戦士 —形 戦いの; 好戦的な

guerriglia 囡 ゲリラ戦

guerrigliero 男〖女[-a]〗ゲリラ(兵)

guest star 成囡〖英〗ゲスト, 特別出演者

gufaggine 囡 陰気なこと, 孤独な性格, 人嫌い

gufare 自 1 (フクロウが)ホーホーと鳴く; フクロウの鳴きまねをする 2〖隠〗不吉な話をする; 不幸をもたらす 3 (腹立ち・迷惑・疲れなどで)ため息をつく, 鼻を鳴らす —**arsi** 再〖ヴェネト.トスカーナ〗(隅に)隠れる

guffino 男〖歴〗GUF(Gruppi Universitari Fascisti 大学生ファシスト団)のメンバー

gufo 男 1〖鳥〗フクロウ —*gufo reale* ワシミミズク 2 陰気で人付き合いの悪い人

guglia 囡 1 (建物の)尖(とが)塔, 尖頂 2 (岩の)とがった頂

gugliata 囡 (縫い物をするために針に通す)1回分の糸, 糸の長さ

Guglielmina 固名〖女性名〗グリエルミーナ

Guglielmo 固名(男) 1〖男性名〗グリエルモ 2 (~ I il Conquistatore)ウィリアム1世征服王(1027-87;英国王:在位 1066-87. ノルマン朝を開く)

guianese 形 ガイアナ(人)の —男女 ガイアナ人

Guicciardini 固名(男) (Francesco ~)グイッチャルディーニ(1483-1540;イタリアの政治家・歴史家)

‡**guida** [グイーダ] 囡 1 運転, 操縦 —*cabina* [*posto*] *di guida* 運転室[席] / *patente di guida* 運転免許証 / *scuola guida* 自動車教習所 2 指導, 方針 3 案内, ガイド —*cane guida* 盲導犬 / *fare da guida a...* (人)を案内する / *guida turistica* 観光ガイド 4 案内書, ガイドブック —*guida telefonica* 電話帳 5 誘導路(線) 6 (階段や廊下の)長く細いじゅうたん

guida- 接頭「案内する」「誘導する」の意

guidabile 形 運転[操縦]しうる; 指導[命令]しうる

guidalesco 男〖複[-chi]〗 1 (荷役に用いる動物の)背中の擦り傷 2〖謔〗(肉体的・精神的な)痛み, 苦しみ 3〖動〗背峰(馬など四足獣の肩甲骨間の隆起)

guidapopolo 男〖不変〗民衆指導者, 扇動者, デマゴーグ

‡**guidare** [グイダーレ] 他 1 案内する, 導く —*guidare i turisti* 観光客を案内する 2 指導する 3 率いる —*guidare un progetto* プロジェクトを率いる 4 運転[操縦]する; (目的語をとらずに)車を運転する —*guidare un'auto* 車を運転する / *Guida bene* [*male*]. 彼は車の運転が上手[下手]だ. ▶ **guidare i passi di...** (人)に手ほどきする **guidare la mano** 達成[完成]へと導く —**arsi** 再 自制する, 適切に振る舞う

guidatore 男〖女[-trice]〗操縦者, 運転手

Guido 固名(男) 1〖男性名〗グイード 2 (~ d'Arezzo)グイード・ダレッツォ(990頃-1050頃;イタリアの音楽理論家)

guidoslitta 囡 ボブスレー, ボブスレー競技

Guinea 固名(女) ギニア

Guinea Bissau 固名(女) ギニアビサウ

Guinea Equatoriale 固名(女) 赤道ギニア

guineano 形 ギニア(人)の —男〖女[-a]〗ギニア人

Guinizelli 固名(男) (Guido ~)グイニツェッリ(1230頃-76頃;イタリアの詩人)

guinnes 男〖不変〗〖英〗第一位, 新記録

guinzagliare 他〖io guinzaglio〗(犬などを)ひもでつなぐ

guinzaglio 男 (動物をつなぐ)ひも, 鎖 —*tenere il cane al guinzaglio* 犬を鎖につなぐ / *mettere il guinzaglio al cane* 犬に鎖をつける / *tenere... al guinzaglio* (人)を制御する, コントロールする

guipure 囡〖不変〗〖仏〗ギピュールレース

guisa 囡〖文〗やり方, 方法 ▶ **a guisa di...** ...のように, ...風に

guitto 形 惨めに暮らす; みすぼらしい —男〖女[-a]〗1 貧乏な人 2 どさ回りの役者; 大根役者

guizzante 形 さっと動く, 身をひるがえす

guizzare 自〖es〗 1 さっと動く, 身をひるがえす 2 跳ね上がる; すばやく逃れる 3 ぱっと光る, ひらめく

guizzo 男 すばやい動き, 飛び跳ねること; 閃(せん)き, ぴかっと光ること

gulag 男〖不変〗〖露〗(ソ連の)強制収用所

gulasch 男〖不変〗〖独〗グヤーシュ, グーラーシュ(タマネギ・パプリカを加えたハンガリー風の牛肉の煮込み)

gulp 間〖英〗(驚きを表して)ウグッ, グッ

gurgle 間〖英〗ゴボゴボ, ドクドク(液体の立てる音)

gurkha 形〖不変〗(ネパールの)グルカ族の —男女〖不変〗グルカ族の人

guru 男〖不変〗1 (ヒンズー教の)教師, 導師 2 権威者, カリスマ的指導者 3 (男性用の)長くゆったりした上着

guscio 男 1 (クルミや卵などの)殻;貝殻, (甲殻類や亀などの)甲羅 2 覆い, カバー 3 (車・船舶・建造物の)枠組み, 骨組み ▶ **stare [chiudersi] nel proprio guscio** 自分の殻に閉じこもる *uscire dal guscio* 殻を破る

guscione 男 1 (大きな)殻, 甲羅 2 (生育不良で)中身のないクリの実

gustabile 形 味見できる, 賞味しうる

gustare 他 1 味わう, 味見する —*gustare il vino* ワインを味わう[テイストする] 2 楽しむ, 満喫する —*gustare la musica* 音楽を楽しむ —自〖es/av〗(a)(...の)気に入る —**arsi** 再 (喜んで)味わ

gustativo 形 〔解・生理〕味覚の

gustatore 男〔女[-trice]〕鑑定家, 目利き, 専門家

gustatorio 形 味覚に関する

Gustavo 固名(男) **1**〔男性名〕グスターヴォ **2**(~ Adolfo)グスタフ・アドルフ(1594-1632; スウェーデン国王: 在位1611-32)

gustevole 形 味のよい; 心地よい, 愉快な

*****gusto** [グスト] 男 **1** 味覚, 味 —gelato al *gusto* di fragola イチゴのジェラート **2** 好み, 嗜(し)好 —È di tuo *gusto*? 君の好みに合うかな? /questione di *gusti* 好みの問題 **3**(時代の)スタイル, 様式 —*gusto* liberty [barocco] リバティー[バロック]様式 **4**(趣味やセンスの)よさ ▶ **con gusto** おいしく; 上手に, 見事に ▶ **di buon [cattivo] gusto** センスのよい[悪い] **di gusto** 喜んで, 十分に; 趣味[センス]のよい **prenderci gusto** 慣れて好きになる **Tutti i gusti sono gusti.** 好みは人それぞれ.

gustosamente 副 味わい深く, おいしく; 楽しく, 愉快に

gustosità 女 **1** 味のよさ, おいしいこと **2** 楽しさ, 愉快, 心地よさ

gustoso 形 **1** おいしい, 美味な —piatto *gustoso* おいしい料理 **2** 愉快な, 楽しい —storia *gustosa* 愉快な話

guttaperca 女 〔化〕グッタペルカ樹脂

gutturale 形 喉の, 喉から発する —suono *gutturale* 〔言〕喉頭音

gutturalmente 副 喉音で

gutturnio 男 グットゥルニオ(ピアチェンツァの高級赤ワイン)

Guyana → Guayana
guyanese → guianese
Gy 略 gray〔物〕グレイ

H, h

H¹, h 女, 男 (イタリア語アルファベットの)8番目の字母 —*H* come Hotel〔符丁〕ホテルのH ▶ **non capire [valere] un'acca** 理解不能[無用の長物]である

H² 略 **1**〔道路標識の〕病院(ospedale) **2**〔化〕水素(idrogeno) **3** henry〔電〕ヘンリー(インダクタンスの単位) **4** ハンガリー

ha¹ avere の直・現・3 単

ha² 間〔皮肉・いやみで〕ほう, へえ —*Ha!* Credevi di farmela? ほう, 君は私をだませるとでも思っていたのか? —男 はっはっは(爆笑・大笑い)

ha³ 略 ヘクタール(ettaro)

habanera 女〔不変〕〔西・音〕ハバネラ(キューバの舞曲)

habeas corpus 成句(男)〔ラ・法〕人身保護令状

habitat 男〔不変〕〔ラ〕(動物の)生息地;(植物の)生育地, 自生地

habitué 男〔不変〕〔仏〕常連, 常客

habitus 男〔不変〕〔ラ〕**1**〔生物〕(総称的)(動植物の)習性 **2**〔医〕体質 **3** 態度, 姿勢; 習慣

hac 擬 ゴホッ, コホッ(咳の音) —男〔不変〕咳の音

hacienda 女〔西〕(南米の)大農場

hacker 男〔不変〕〔英・コン〕ハッカー

hackeraggio 男〔コン〕ハッキング

hafnio → afnio

hag 形 (コーヒーが)カフェイン抜きの(最初に特許をとったドイツの会社名に由来) —男〔不変〕カフェイン抜きのコーヒー

hahnio 男〔化〕ハーニウム

hai avere の直・現・2 単

haik 男〔不変〕〔アラビア〕(ベルベル族の)白く長い上衣

haikai → haiku

haiku 男〔不変〕〔日〕俳句, 俳諧

hair-stylist 男女〔不変〕〔英〕(流行を引き出す)美容師, 理容師, ヘアードレッサー

Haiti 固名(女) ハイチ

haitiano 形 ハイチ(人)の —男〔女[-a]〕ハイチ人

half-duplex 男〔不変〕〔英・通信〕半二重方式

halibut 男〔不変〕〔魚〕オヒョウ, カラスガレイ

hall 女〔不変〕〔英〕(ホテルなどの)ロビー, ホール

hallo 間〔英〕もしもし; ハロー

halloween 男〔不変〕〔英〕ハロウィーン(万聖節の前夜, 10月31日の夜)

hamada 男〔不変〕〔アラビア・地質〕ハマード(サハラ砂漠の砂礫高原)

hamburger 男〔不変〕〔英〕ハンバーガー

hamburgheria 女 ハンバーガーショップ

hammada → hamada

hammam 男〔不変〕〔アラビア〕トルコ式風呂

hamster 男〔不変〕〔独・動〕ハムスター; ハムスターの毛皮

han 間〔疑い・当惑・確認を求めて〕えっ, 何 —*Han*, cosa hai detto? えっ, 何て言ったの?

handball 男〔不変〕〔英・スポ〕ハンドボール(pallamano)

handicap 男〔不変〕〔英〕ハンディキャップ

handicappare 他 不利な条件を負わせる, ハンディキャップをつける

handicappato 形 体に障害のある —男〔女[-a]〕身体障害者

hangar 男〔不変〕〔仏・空〕格納庫(aviorimessa)

hanno avere の直・現・3 複

hanseniano 形 〔医〕ハンセン病の —男〔女[-a]〕ハンセン病患者

happening 男〔不変〕〔英〕ハプニング(即興と観衆参加を求める表現行為); ハプ

harakiri [男]〔不変〕〔日〕切腹; 自滅 — fare *harakiri* 切腹する, 自滅する; 自虐行為をする; 〔スポ〕(サッカーで)オウンゴールをする

hard [形]〔不変〕〔英〕激しい, 厳しい, 強力的な

hard-boiled [男]〔不変〕〔英・文・映〕ハードボイルド作品 —[形]〔不変〕ハードボイルドの

hard-core [形]〔不変〕〔英〕ハードコアポルノの;〔音〕ハードコア(パンクロックから発展した)の —[不変] ハードコアポルノ;〔音〕ハードコア

hard discount [語](男)〔英〕ディスカウントショップ

hard disk [男]〔不変〕〔英・コン〕ハードディスク

hardware [男]〔英・コン〕ハードウエア

harem [男]〔不変〕〔トルコ〕ハーレム

hascisc, hascisc [男]〔不変〕ハシシ, ハシッシュ

hashish → hascisc

haute couture [語](女)〔仏〕オートクチュール, 高級婦人服の仕立て

hawaiano [形] ハワイ(の人)の —[男]〔女[-a]〕ハワイの人

Hawaii [固名](女)〔英〕ハワイ

h.c. [略] → honoris causa

He [略]〔化〕ヘリウム(elio)

he [間]〔諦め・疑い・不確かさを表して〕ええと, さあ — *He*, può darsi. うん, 多分ね.

headhunter [男]〔不変〕〔英〕首狩り族; 政敵を論破しようとする人

headline [男]〔不変〕〔英〕(大)見出し, 表題

hegelianesimo → hegelismo

hegelianismo → hegelismo

hegeliano [形]〔哲〕ヘーゲル(派)の, ヘーゲル哲学の —[男]〔女[-a]〕ヘーゲル派, ヘーゲル研究者

hegelismo [男]〔不変〕〔哲〕ヘーゲル哲学

hei → ehi

henna [女] → henné

henné [男]〔植〕ヘンナ, ツマクレナイノキ, シコウカ; ヘンナ染料

henry [男]〔不変〕〔電〕ヘンリー(インダクタンスの単位; 略 H)

herpes [男]〔不変〕〔ラ・医〕ヘルペス, 疱疹

hertz [男]〔不変〕〔物〕ヘルツ(振動[周波]数の単位; 略 Hz)

hertziano [形](ドイツの物理学者)ヘルツの

hevea [女]〔植〕パラゴムノキ属の木

hezbollah [男]〔不変〕〔アラビア〕ヒズボラ(レバノンの急進的シーア派組織)

Hf [略]〔元素記号〕〔化〕ハフニウム(afnio, hafnio)

Hg [略]〔元素記号〕〔化〕水銀(mercurio)

hg [略] ettogrammo 100 グラム, ヘクトグラム

hi [間]〔驚き・不信・皮肉などを表して〕うわっ, うぇー — *Hi*, che schifo! うわっ, ひ

どいな! —[間] ひーひー, ひゃー(爆笑や泣き声) — *Hi, hi*, che ridere! ひゃー, こりゃ面白いわ!

hic [副] ひっく(しゃっくりの音)

hic et nunc [語]〔ラ〕今ここで, 直ちに **2** [語] 今ここに知覚しうる存在

hickory [男]〔不変〕〔植〕ヒッコリー; ヒッコリー材

hidalgo [男]〔不変〕〔西〕(スペインの)下級貴族

hi-fi [男]〔不変〕〔英〕(オーディオの)ハイファイ装置

high fidelity [語](女)〔英〕(再生装置などの)高忠実度, ハイファイ —[形] ハイファイの

high life [語](男)〔英〕上流社会, 社交界

high society [語](女)〔英〕上流社会, 社交界

high-tech [形]〔不変〕先端技術の, ハイテクの —[男],[女]〔不変〕〔建〕ハイテク建築

hi ho [間](ロバの鳴き声)ヒーホー

hindi [形]〔不変〕ヒンディー語の —[男]〔単数のみ〕ヒンディー語

hinterland [男]〔不変〕〔独〕大都市の影響下にある背域, 後背地, ヒンターランド

hip [男]〔不変〕〔英〕(通常 3 回繰り返して喝采の掛け声を表す)さあっ, それっ, 行けっ — *Hip, hip, hip*, urrà! やった, やった, やった, 万歳!

hip hop [語](男)〔英〕(音楽・ダンスの)ヒップホップ

hippy [形]〔不変〕〔英〕ヒッピー(風)の —[男],[女]〔不変〕ヒッピー; 反社会的な行動をとる長髪の若者

hit [男],[女]〔不変〕〔英〕大成功, 大当たり, ヒット

hitleriano [形]〔歴・政〕ヒトラーの, ヒトラー政治体制の, ヒトラー主義者の —[男]〔女[-a]〕ヒトラー主義者

hitlerismo [男]〔歴・政〕ヒトラー主義

hit-parade [男]〔不変〕〔英〕ヒットパレード, ヒットチャート; ベストセラーや人気商品の順位表

HIV [略] 〔英〕Human Immunodeficiency Virus ヒト免疫不全ウイルス(AIDS の原因ウイルス)

hl [略] ettolitro 100 リットル, ヘクトリットル

hm [間] **1**〔同意・理解を表して〕うん, ふん — *Hm*, ho capito. うん, 分かった. **2**〔疑い・当惑を表して〕うん, ふーむ, へえー — *Hm*, sarà ma non ci credo. うーん, そうかもしれないけど, 信じられないな.

Ho [略]〔元素記号〕〔化〕ホルミウム

ho avere の直・現・1 単

hobbista [男女]〔複[男 -i]〕趣味に熱中する人

hobbistica [女] **1**〔総称的〕趣味, 趣味に関する活動 **2** 趣味に使う材料や道具 **3** 趣味製品を作る工場, 趣味用品を扱う商売

hobbistico 形〚複[男 -ci]〛趣味の

hobby 男〚不変〛〚英〛趣味、ホビー; 道楽 —Ho l'*hobby* della cucina. 私の趣味は料理です.

hockeista 男女〚複[男 -i]〛〚スポ〛ホッケー選手

hockeistico 形〚複[男 -ci]〛〚スポ〛ホッケー(選手)の

hockey 男〚不変〛〚英・スポ〛ホッケー

holding 男〚不変〛〚英・経〛持ち株会社、親会社

hollywoodiano 形 ハリウッドの; 豪華な、けばけばしい、派手な

holmium 男〚化〛ホルミウム(元素記号Ho)

home 男〚不変〛〚英・コン〛ホーム(カーソルの出発点)

home computer 熟〔男〕〚英〛(家庭用の)パソコン

home page 熟〔男〕〚英・コン〛ホームページ

homing 男〚動〛(鳥や魚などの)帰巣[回帰]能力

homo 男〚不変〛〚ラ・生物・人類〛ヒト、人類

homo habilis 熟〔男〕〚ラ〛ホモハビリス(200万年前に石器を使用したヒト属)

homo novus 熟〔男〕〚ラ〛(貧しい家庭出身で)名声を得た人

homo sapiens 熟〔男〕〚ラ〛ホモサピエンス、人類

homunculus 男〚不変〛〚ラ〛**1** ホムンクルス(錬金術師が作り出そうとした人工生命体の小人) **2**〚医〛人体模型

Honduras 国名〔男〕ホンジュラス

honduregno 形 ホンジュラス(人)の —男〔女[-a]〕ホンジュラス人

honoris causa 熟〚ラ〛名誉を称える、名誉の印の; 名誉を称えて、栄誉の印として

hooligan 男〚不変〛〚英〛フーリガン(サッカーの試合で暴れ騒ぐサポーター)

horror 男〚不変〛〚英〛ホラー映画[小説] —形〚不変〛ホラーの

horror vacui 熟〔男〕〚ラ〛〚諧〛(空間を家具や装飾で埋めようとする)空間恐怖症;(絵画の)空白恐怖症

hors-d'œuvre 男〚不変〛〚仏〛オードブル、前菜

horse-power 男〚不変〛〚英・物〛馬力(略 hp, HP)

hostess 女〚不変〛〚英〛(飛行機・船などの)女性客室乗務員; 女性添乗員[ガイド];(会議・博覧会などで女性の)案内係

hot 形〚不変〛〚英・コン〛(ウエブサイトなどが)人気のある、話題の

hotel 男〚不変〛ホテル(albergo) —*hotel* di lusso 高級ホテル

hot line 熟〔女〕〚英〛(消費者用の)直通電話サービス

hot money 熟〔男〕〚英・経〛ホットマネー(国際金融市場の投機的な短期資金)

hot pants 熟〔男複〕〚英〛ホットパンツ(女性用のショートパンツ)

house 女〚不変〛〚英〛ハウス(ミュージック)

house boat 熟〔女〕〚英〛居住[遊覧]用の(平底の)船

house music 熟〔女〕〚英・音〛ハウスミュージック

house organ 熟〔男〕〚英〛社内報

hovercraft 男〚不変〛〚英〛ホバークラフト

hp, HP 略 horse-power 馬力

hub 男〚不変〛〚英〛ハブ空港;〚コン〛ハブ(LAN接続の中継装置)

hula 女〚不変〛〚音〛(ハワイの)フラ音楽、フラダンス

humour 男〚不変〛〚英〛ユーモア —avere il senso dello *humour* ユーモア感覚がある

humus 男〚不変〛**1**〚農〛(森林表面の肥沃な)腐食層、腐食土 **2**(考え・理念などの発展を助長する)土壌

hussita 形〚歴・宗〛フス派の —男女〚複[男 -i]〛フス派の信奉者(ussita)

hutu 形〚不変〛フツ族の —男〚不変〛(H-)〚複数で〛フツ族

Hz 略 hertz〚物〛ヘルツ

I, i

I¹, i¹ 女,男 **1**(イタリア語アルファベットの)9番目の字母 —*I* come Imola〚符丁〛イーモラのI **2** (I)ローマ数字の1

I² 略 **1** Italia イタリア **2** iodio〚化〛ヨウ素 **3** momento d'inerzia〚物〛慣性モーメント;(光・波・放射線の)強度 **4** intensità di corrente elettrica〚物・電〛電流強度

i²〚定〛il の複数形

i³ 略 **1** ufficio informazioni 案内所 **2** intensità di corrente elettrica〚物〛電流強度

i-¹ 接頭「不活性の」の意

i-² 接頭「異性(体)の」の意

-ia¹ 接尾 **1** 形容詞から派生した女性抽象名詞を作る: allegria 喜び **2** 集合・職務・社会的地位を表す: borghesia 中産階級 **3** 地名を表す: Lombardia ロンバルディア **4** 場所・店を表す: trattoria 軽食堂

-ia² 接尾 **1** 形容詞から派生した女性抽象名詞を作る: miseria 貧窮 **2** 地名を表す: Germania ドイツ

Iacopo 国名〔男〕〔男性名〕ヤコポ

iaculatore 男〚歴〛槍歩兵

Iadi 女複〔ギ神〕ヒアデス、ヒュアデス(天を支える巨人アトラスの娘たち)

Iafet → Jafet

iafetico 形〚複[-ci]〛〚聖〛ヤペテの —男〚言〛ヤペテ語族の —男〚言〛ヤペテ語族(ロシアの言語学者マール N.J.Marr の提唱したカフカス地方の諸言語)

Iafetide 男女〚聖〛ヤペテの子孫

iaguaro → giaguaro

-iale 接尾「(基の名詞に)関する」という意味の形容詞を作る: residenziale 居住の

ialinizzazione 囡 〔生物・医〕ガラス質化

ialino 厖 透明な, ガラス状の

ialinosi 囡〔不変〕〔医〕ヒアリン変性

ialite 囡〔鉱〕ハイアライト, 玉滴石;〔工〕(大理石模様の)ハイアライトガラス

ialo- 接頭「ガラス(の)」「透明の」の意

ialografia 囡〔印〕(フッ化水素酸を用いる)ガラス彫刻技法; その技法を用いた印刷

ialomero 男〔生物〕血小板の透明質

ialoplasma 男〔複[-i]〕〔生物〕(細胞質の)透明質

ialuronico 厖〔複[男 -ci]〕〔次の句で〕► *acido ialuronico*〔生化〕ヒアルロン酸

ialuronidasi 囡〔不変〕〔生化〕ヒアルロニダーゼ

iamatologia 囡〔歴・人類〕日本学(yamatologia)

iamatologo 男〔複[-gi]女[-a]〕〔歴・人類〕日本学者[研究者]

-iano 接尾「(名詞, 特に, 名前・地名)に関する」という意味の形容詞を作り, 名詞としても用いる: cristiano キリスト教の, キリスト教徒

iarda 囡 → yard

-iario 接尾 名詞から形容詞を作る: giudiziario 裁判の

-iasi 接尾 名詞に付けて「異常」「病理」を意味する女性名詞を作る

iato 男 1〔言〕イアートゥス, 母音接続(連続した二つの母音が別々に発音されること) 2〔解〕開口部 3 (特に時間的な)中断, 休止

-iatra 接尾「医者」の意

-iatria 接尾「治療」の意

iatro- 接頭「治療に関する」「治療用の」「薬用の」の意

iatrogeno 厖 (不適切な, または過度の)医療による, 医原性の

iattanza 囡 傲慢, 尊大, 高慢, 横柄; 虚飾

iattura 囡 不幸, 不運, 災難

ib. 略 → ibidem

ibericità 囡 イベリア半島における文化・言語などの類似性

iberico 厖〔複[男 -ci]〕1 イベリア半島の; スペイン(人)の 2〔言〕古代イベリア語の

iberismo 男 1 (外国語に入った)イベリア語の語法 2〔政〕スペイン・ポルトガル・中南米の政治・文化的連携強化運動

iberista 男女〔複[男 -i]〕イベリア半島の文化[文明, 言語]の研究者

ibernamento → ibernazione

ibernante 厖〔生物〕冬眠する, 越冬性の

ibernare 自〔生物〕冬眠する, 越冬する —他 1〔医〕低体温法にする 2 (実行を)延期する, 凍結する

ibernazione 囡 1〔生物〕冬眠, 越冬, 冬ごもり 2〔工〕(粘土などを)精製し, 柔軟さを高めるために冬場にさらすこと

ibero 厖〔歴〕古代イベリア人の —男〔女[-a]〕古代イベリア人

ibero- 接頭「イベリア半島の」「イベリア人の」の意

ibero-americano 厖 ラテンアメリカの —男〔女[-a]〕ラテンアメリカの人

iberoromanzo 厖〔言〕イベリア半島のロマンス系諸語の —男 イベリア半島のロマンス系諸語

ibi → ibis

ibid. → ibidem

ibidem 副〔ラ〕同じ箇所に, 同書[同章, 同節, 同ページ]に

ibis 男〔不変〕〔鳥〕トキ —*ibis sacro* アフリカクロトキ / *ibis bianco* シロトキ

ibisco 男〔複[-chi]〕〔植〕ハイビスカス, フヨウ属の木

ibridare 他 [io ibrido] 1〔生物〕雑種を作る, 交雑[交配]する 2 異種の物を混合する —**arsi** 再 (異種の物で)混合する

ibridatore 男〔女[-trice]〕〔生物〕異種混合[交配]する人

ibridazione 囡 1〔生物〕交雑, 交配, 雑種形成 2 混合, 混交

ibridismo 男 1 雑多, 寄せ集め, 混合, 混和 2〔生物〕異種混交, 交雑, 交配

ibrido 厖 1〔生物〕(動植物が)雑種の, 混血の 2 (様式やイデオロギーが)雑種の, 混交の 3〔言〕混種語の —男 1 (動植物の)雑種, 交配種 2 混合物, 混成物 3 混種語

ibrido- 接頭「雑種の」「混合の」の意

ibridoma 男〔複[-i]〕〔生物〕ハイブリドーマ(雑種[融合]細胞)

ibseniano 厖 イプセンの, イプセンの劇作法の

-icare 接尾「縮小」「反復」「派生」の意

icario 厖 (ギリシャ神話の)イカロスの; 飛行の

Icaro 固名(男)〔ギ神〕イカロス(ダイダロスの息子. 父の命に背いて海に墜死)

icastica 囡〔美・文〕図像[鮮やかな描写]による表現

icasticità 囡〔美・文〕現実描写性

icastico 厖〔複[-ci]〕〔美・文〕現実的な描写の; 的確な表現力の, 鮮明で効果的な

-icchiare 接尾〔動詞の語尾に付けて〕「縮小」「軽蔑」の意

-icchio 接尾〔名詞の語尾に付けて〕「縮小」「軽蔑」の意

-iccio 接尾〔形容詞・名詞の語尾に付けて〕「近似」「縮小」「軽蔑」「限定」の意

-icciolo 接尾〔名詞の語尾に付けて〕「縮小」「情愛」「軽蔑」の意

-icciuolo → -icciolo

ICE 略 Intercity Express インターシティーエクスプレス(ヨーロッパ高速列車)

iceberg 男〔不変〕〔英〕氷山

ice-field 男〔不変〕〔英〕氷原

-icello 接尾 〔名詞・形容詞の語尾に付いて〕「縮小」「情愛」の意

-iciatto 接尾 〔ごく限られた名詞の語尾に付いて〕「縮小」「軽蔑」の意

-iciattolo 接尾 〔限られた名詞の語尾に付いて〕「縮小」「軽蔑」の意

-icino 接尾 〔名詞・形容詞の語尾に付いて〕「縮小」「情愛」「減少」の意

icneumone 男〔動〕エジプトマングース

icno- 接尾 「痕跡」の意;「図面」「地図」の意

icnografia 女 平面図(法)

icnografico 形〔複[男 -ci]〕平面図(法)の

icnologia 女〔生物〕生痕学

-ico 接尾 1 「(基の名詞)に関する, 所属する」という意味の形容詞を作る 2 〔女性形 -ica で〕「規則」「活動」を表す女性名詞を作る 3 「有機酸の」の意;「原子価の高い」の意

icona 女 1 〔美〕(正教会の)聖画像, イコン 2 類似的記号 3 〔コン〕アイコン

iconicità 女〔美〕形象描写性, 造形性, 類似記号性

iconico 形〔複[男 -ci]〕〔美〕形象描写的, 造形的な; 類似記号的な

icono- 接尾 「(画)像の」の意;「聖画」の意

iconoclasta 形〔複[男 -i]〕偶像[聖画像]破壊主義(者)の; 因襲破壊主義者の ―男女〔複[男 -i]〕偶像破壊主義者; 因習打破主義者

iconoclastia 女 1 〔宗〕(8世紀ビザンツ帝国の)偶像[聖画像]破壊主義 2 因習打破[破壊]

iconoclastico 形〔複[男 -ci]〕偶像[聖画像]破壊主義(者)の; 因習打破主義者の

iconografia 女〔美〕図像学;(人物や主題の)(画)像; 図解

iconografico 形〔複[男 -ci]〕1 図像学の 2 伝統的様式の; 因習的な 3 図解の

iconografo 男〔女 [-a]〕図像学者; 肖像画家

iconolatra 形〔複[男 -i]〕(狂信的な)聖画[聖像]信仰(者)の ―男 1〔複 [-i]女 [-a]〕(狂信的な)聖画[聖像]信仰(者) 2〔複[-i]〕〔特に複数で〕偶像破壊主義者のローマ教会支持者に対する論争

iconolatria 女〔宗〕(過度に迷信的な)聖画[聖像]信仰

iconologia 女〔美〕図像解釈学

iconologico 形〔複[男 -ci]〕図像解釈学の

iconologista 男女〔複[男 -i]〕〔美〕図像解釈学者

iconoscopio 男〔電子〕アイコノスコープ, 撮像管

iconostaṣi, iconostaṣi 女〔不変〕1〔考〕(古代キリスト教会の)内陣と身廊の仕切り 2〔建〕聖障(正教会の内陣と信者席を区切る壁)

iconoteca 女 イコンの収集(室); 複製美術品の収集

icore, ícore 男 (ギリシャ神話の神々の血管を流れる)霊液

icoṣaedrico 形〔複[男 -ci]〕〔幾〕二十面体の

icoṣaedro 男〔幾〕二十面体

icoṣagono 男〔幾〕二十角形

icoṣidodecaedro 男〔幾〕三十二面体

icoṣitetraedro 男〔幾〕二十四面体; 等軸結晶構造

ics 女〔不変〕(アルファベットの)X(x) の文字[音]

ictio- → ittio-

ictiosi → ittiosi

ictus 男〔不変〕1〔ラ・詩〕強音, 揚音 2〔医〕発作

id. → idem

Ida 固名〔女性名〕イダ

idalio 形〔文〕(古代キプロス島の都市)イダリウムの; ヴィーナス[アフロディテ]の; 金星の

idatide 女〔医〕包虫; 嚢(のう)胞

idato- 接尾 「水(の)」の意

idatodo 男〔植〕排水組織

iddia → dea

iddio → dio¹

-ide¹ 接尾 「化合物」の意

-ide² 接尾 「属」「科」の意

*__idea__ [イデーア] 女 1 考え, 観念;〔哲〕イデア, 理念 ―un'*idea* chiara [sbagliata] 明確な[誤った]考え 2 意見, 見解 ―cambiare *idea* 意見を変える / le mie *idee* politiche 私の政治に対する意見 3 概念, 見当 ―non avere *idea* 分からない, 知らない / Non averne la minima *idea*. それについては全く知らない[見当もつかない]. 4 可能性, 予想 ―L'*idea* di incontrarla mi riempie di gioia. 彼女に会えるかもしれないと思うと胸がわくわくするよ. 5 意図, プラン ―Ho *idea* di passare qui l'estate. 夏はここで過ごすつもりです. 6 アイディア, 着想 ―È una bella *idea*, ma difficile da realizzare. 素晴らしい考えだけど実現するのは難しい. / Non è una cattiva *idea*. それは悪くないね. 7 感じ, 印象 ―Non dà l'*idea* di essere una persona seria. あの人はまじめな感じがしない. / Mi dà l'*idea* di essere un romanzo divertente. この小説面白そうだね. / Il cielo plumbeo mi dà l'*idea* che presto pioverà. すぐに雨になりそうな空模様だね. 8 ごく少量, 微量 ―aggiungere un'*idea* di sale 塩少々を加える 9 〔di〕(ぼんやりと)似たところ, …を思わせるところ ▶ **all'idea di...** …と思っただけで **neanche per idea** 決して…しない; とんでもない

ideabile 形 考案し得る, 計画し得る

*__ideale__ [イデアーレ] 形 1 理想的な; 完璧な, 最良の 2 想像上の ―男 理想; 理想像 ―il reale e l'*ideale* 現実と理想

idealeggiare 自 〔io idealeggio〕《雅》空想にふける, (理想を求めて)現実逃避する

idealismo 男 理想主義; 〔哲〕観念論, 唯心論; 〔芸〕観念主義

idealista 男女〔複[男 -i]〕理想主義者; 空想家; 〔哲〕観念論者 ─形〔複[男 -i]〕理想主義者の; 空想家の; 〔哲〕観念論者の

idealistico 形〔複[男 -ci]〕理想主義的な; 〔哲〕観念論的な; 〔芸〕観念主義の

idealità 女 1〔哲〕観念性 2 理想, 想像力

idealizzabile 形 理想化し得る

idealizzare 他 理想化する, 観念化する ─arsi 再 理想主義的な性格を帯びる

idealizzazione 女 理想化, 観念化

idealmente 副 理想的に; 観念的に, 抽象的に

ideare 他〔io ideo〕考え出す, 考案[発案]する

ideativo 形 考案[企画, 設計]に関する

ideatore 男〔女[-trice]〕発明者, 設計者, 計画[企画]者 ─形〔女[-trice]〕発明者の, 設計者の, 計画[企画]者の

ideatorio → ideativo

ideazione 女 考案, 発案, 発明, 企画, 計画, 設計; 観念化

idem〔指示〕〔不変〕〔ラ〕同著者の, 同上 ─副 同様に, また…も

identicità 女 同一, 全く同じこと

*__identico__ [イデンティコ] 形〔複[男 -ci]〕全く同じ; 何もかも似ている ─copia *identica* 全く同じ物; コピー, 偽物

identificabile 形 識別[確認]しうる, 見分けうる

identificabilità 女 識別[確認]しうること, 見分けうること

identificare 他〔io identifico〕1 同じもの[人物]と認める, 同一視する ─*identificare* un cadavere 死者の身元を確認する 2(動機や原因を)見定める; (責任のもとを)つきとめる, 確定する ─*identificare* la causa dell'incidente 事故の原因をつきとめる ─arsi 再 (con) …と同じである; …と一体になる[なりきる] ─Per molti la felicità *si identifica* con il denaro. 幸せはお金だと考えている人が多い. / *identificarsi* col protagonista di un film 映画の登場人物になりきる

identificativo 形 (同一であると)確認する, 識別する

identificazione 女 1 同一であることの確認; 身元の証明 2 同一化, 一体化 3〔心〕同一化, 同一視

identikit 男〔不変〕〔英〕1 モンタージュ写真 2 理想的な人間像

identità 女 1 同一であること, 完全な一致 ─confermare l'*identità* delle due foto 2 枚の写真が同じものかどうかを確かめる 2 (個性を際立たせる)特質, 個性 3〔心〕同一性, アイデンティティー 4〔哲〕同一性 5〔数〕恒等式; 恒等変換 6 本人であること; 身元 ▶ *carta d'identità* 身分証明書 *crisi d'identità* 自己認識の危機

ideo- 接頭「理念(の)」「理念(の)」の意

ideografia 女〔言〕表意文字法

ideografico 形〔複[男 -ci]〕〔言〕表意文字法の

ideogramma 男〔複[-i]〕〔言〕表意文字

ideogrammatico 形〔複[男 -ci]〕〔言〕(書法が)表意文字に基づく

ideologia 女 1 (時代・集団・社会階級の)考え方, イデオロギー 2〔哲・政〕観念形態

ideologicamente 副 観念的に, 空論的に

ideologico 形〔複[男 -ci]〕1 (時代・集団・社会階級の)考え方に関する, イデオロギーの 2〔哲・政〕観念形態の

ideologismo 男 教条主義, 空理空論

ideologista 男女〔複[男 -i]〕〔哲〕観念論者; 〔政〕教条主義者, 空論家

ideologizzare 他 特定のイデオロギーに導く, 観念的に解決[解釈]する

ideologizzato 形 特定のイデオロギーに従った[染まった]

ideologizzazione 女 特定のイデオロギーに導くこと, 観念的に解決[解釈]すること

ideologo 男〔複[-gi]女[-a]〕特定のイデオロギーを理論化する人; 《蔑》空論家

ideona 女〔口・諧〕途方もないアイディア, 素晴らしい思いつき

id est 感〔ラ〕つまり, すなわち

idest, idest → id est

idi 女複, 男複 イーディ(ローマ暦で, 3月・5月・7月・10月の 15 日; その他の月の 13 日)

idilliaco 形〔複[男 -ci]〕1〔文〕田園詩の, 牧歌の 2 田舎の, 田園の; のどかな, 穏やかな; (現実に関して)楽天的な

idillico → idilliaco

idillio 男 1〔文〕田園詩, 牧歌; 〔美〕田園風景画; 〔音〕田園詩曲 2 穏やかで満ち足りた暮らし 3 甘くロマンティックな物語

-idina 接尾「化学的類似に関連する」の意

idio- 接頭「特殊な」「特有の」の意

-idio 接尾「組織や器官の縮小」の意

idioblasto 男〔植〕異形細胞; 〔鉱〕自形変晶

idiocromatico 形〔複[男 -ci]〕〔鉱〕(化学組成による)自色の

idiocultura 女〔人類〕少数民族特有の文化

idiofono 男〔音〕(鐘のように, 素材そのものが振動する)体鳴楽器, イディオフォーン ─形 体鳴楽器の

idioglossia 女〔医・心〕構音欠如, 構語不全

idiografico 形〔複[男 -ci]〕特殊[個別]的な対象研究の

idioletto 男〔言〕個人[小集団]言語

idioma 男〔複[-i]〕**1**〔言〕(ある国・民族集団の)言語; (ある地域の)方言 —l'*idioma italiano* イタリア語 **2**(ある階層特有の)語法

idiomatico 形〔複[男 -ci]〕〔言〕(ある言語・方言・特定の個人に)特有の, 慣用的な —espressione *idiomatica* 慣用表現

idiomatismo → idiotismo¹

idiomorfo 形〔鉱〕固有の形を持つ —男 固有の形を持つ鉱物[結晶]

idiopatia 女〔医〕突発性疾患

idiosincrasia 女 **1**〔医〕特異体質 **2**(あるものに対する)強い嫌悪[反感]

idiosincratico 形〔複[男 -ci]〕**1**〔医〕特異体質の **2**(あるものに対する)強い嫌悪[反感]の

idiota 男女〔複[男 -i]〕**1** 馬鹿, 低能 **2**〔医〕知的障害者 —形〔複[男 -i]〕**1** 馬鹿な, 愚かな **2**〔医〕知的障害の

idiotaggine 女 愚かさ, 愚行

idiotismo¹ 男〔言〕(他言語にはない, ある言語特有の)表現, 語法

idiotismo² → idiozia

idiozia 女 **1** 愚かさ, 馬鹿, 愚行 **2**〔医〕重度の精神遅滞

idno- 接頭「塊茎」「トリュフ(の)」の意

ido 男〔不変〕〔言〕イド(エスペラントを簡略化した言語) —形〔不変〕イドの

idolatra 形〔複[男 -i]〕偶像崇拝の; 熱狂的に支持する, 狂信的な —男女〔複[男 -i]〕偶像崇拝者; 狂信的な人

idolatrare 他 偶像化する; 溺愛する

idolatria 女 **1** 偶像崇拝;〔聖〕異教崇拝 **2** 盲目的な愛; 熱狂的な称賛

idolatrico 形〔複[男 -ci]〕偶像崇拝の; 盲信の, 狂信の

idoleggiamento 男 偶像崇拝; 象徴化

idoleggiare 他〔io idoleggio〕**1**(人や物を)偶像化する **2**〔文〕象徴化する

idoletto 男〔考〕(先史時代の, 特に女神の)小彫像

idolo 男 **1** 偶像 **2** 人気者, アイドル **3**〔哲〕誤謬(ゞ゛), 先入観

Idomeneo 固名(男)〔ギ神〕イドメネウス(クレタの王)

idoneo 形 **1** 適任の, 資質[適性]のある, 必要条件を備えた —Non è *idoneo* per questo compito. 彼はこの任務にふさわしくない. **2** 進級[昇級]に値する, 今にも…しそうな **3** 適当な, ふさわしい, …にかなった —luogo *idoneo* per una vacanza バカンスに適した場所

idra 女 **1**〔ギ神〕(I-)ヒュドラ(九頭の大蛇) **2** イドラ銀貨(15 世紀フェッラーラで発行) **3**〔動〕ヒドラ(属) **4** *Idra* Maschio [Femmina]〔天〕大蛇[小蛇]座

idracido 男〔化〕水素酸

idragogo 形〔複[男 -ghi]〕〔薬〕駆水の, 利尿の —男〔複[-ghi]〕駆水剤, 利尿剤

idrante 男 消火栓; 消防ポンプ

idrargirismo 男〔医〕水銀中毒

idrartro 男〔医〕関節水腫

idratabile 形 保湿し得る, 水化し得る

idratante 形 **1**(化粧品の)湿潤剤の **2**〔化〕(水和作用を促進する)触媒の

idratare 他 **1** 水分を豊かにする, 湿らせる; (化粧品で肌を潤す) **2**〔化〕水和[水化]する —**arsi** 再 水分に富む

idratato 形〔化〕水和した

idratazione 女 保湿, 加湿;〔化〕水和

idrato 形〔化〕水和した; 水酸化物の —男 水和物, 水化物

idraulica 女 水力学, 水理学

idraulico 形〔複[男 -ci]〕**1** 水道の; 水力[水圧]を利用した —impianto *idraulico* 配管設備 / turbina *idraulica* 発電用水車 **2** 水力学の —男〔複[-ci]〕水道の配管工[修理工]

idrazide 女〔化〕ヒドラジド

idrazina 女〔化〕ヒドラジン

idria 女〔考〕ヒュドリア(古代ギリシャの, 三つの取っ手のある水瓶)

idrico 形〔複[男 -ci]〕水の

-idrico 接尾「水素酸」の意

idro → idrovolante

idro-, -idro 接頭, 接尾「水の」の意

idrobio 男 水生生物

idrobiologia 女 水生生物学

idrobiologico 形〔複[男 -ci]〕水生生物学の

idrobiologo 男〔複[-gi]〕女[-a]水生生物学者

idrocarburico 形〔複[男 -ci]〕〔化〕炭化水素の

idrocarburo 男〔化〕炭化水素

idrocefalia → idrocefalo

idrocefalico 形〔複[男 -ci]〕〔医〕水頭症の —男〔複[-ci]女[-a]〕水頭症患者

idrocefalo 男〔医〕水頭症

idrocele 男〔医〕水瘤(ゞ゜), 陰嚢(ゞ゜)水腫

idrochinone 男〔化〕ハイドロキノン, ヒドロキノン(写真の現像液・酸化防止剤などに用いられる)

idrocoltura 女〔農〕水耕法, 水耕栽培

idrocoria 女〔植〕(種子の)水[水流, 水滴]散布

idrocoro 形(種子の)水[水流, 水滴]散布性の

idrodinamica 女〔物〕流体力学, 水力学

idrodinamico 形〔複[男 -ci]〕流体力学の, 水力学の; (船)(船などが)水中で抵抗の少ない

idroelettrico 形〔複[男 -ci]〕水力電気[発電]の

idroestrattore 男 脱水機

idrofide 男〔動〕ウミヘビ

idrofilo 形 〔化〕親水性の;〔植〕水生の, 好水生の

idrofita 女 〔植〕水生植物

idrofobia 女 1 〔心・医〕恐水病 2（あるものに対する）強い嫌悪[不耐性] 3〔獣・医〕狂犬病(rabbia)

idrofobico 形 〔複[男 -ci]〕恐水病の; 狂犬病の

idrofobo 形 1〔獣〕狂犬病の;〔医〕恐水病患者の 2《口》怒り狂った, 激怒した 3〔化〕疎水性の ― 男〔女 -a〕狂犬病の犬; 恐水病患者

idrofonico 形〔複[男 -ci]〕形〔海〕水中聴音機の

idrofonista 男女〔複[男 -i]〕〔海〕水中聴音機操作手

idrofono 男〔海〕水中聴音機

idroforo 形 排水の ― 男〔医〕尿道カテーテル

idrofugo 形〔複[男 -ghi]〕防水の(idrorepellente)

idrogamia 女〔植〕水媒

idrogamo 形〔植〕水媒の

idrogenare 他〔io idrogeno〕〔化〕水素添加する, 水素化する

idrogenazione 女〔化〕水素添加

idrogenione 男〔化・物〕水素イオン

idrogeno 男〔化〕水素(元素記号 H)

idrogeologia 女 水文(がく)地質学

idrogeologico 形〔複[男 -ci]〕水文(がく)地質学の

idrografia 女 水路学; 水位[流量]学

idrografico 形〔複[男 -ci]〕水路学の; 水位[流量]学の

idrografo 男〔女 -a〕水路学者 ― 男 水位記録計

idrolași 女〔不変〕〔生化〕加水分解酵素

idrolişi, idrolìşi 女〔不変〕〔化〕加水分解

idrolitico 形〔複[男 -ci]〕〔化〕加水分解の

idrolito 男〔薬〕加水分解質

idrolizzare 他〔化〕加水分解する

idrolizzato 形 加水分解された ― 男 加水分解による生成物

idrologia 女 水文(がく)学

idrologico 形〔複[男 -ci]〕水文(がく)学の

idrologo 男〔複[-gi]女 -a〕水文(がく)学者

idromante 男女 水占い師

idromanzia 女 水占い

idromassaggio 男 水中マッサージ

idromeccanica 女〔物〕流体力学

idromele 男 ハチミツ酒;〔薬〕ハチミツ水

idrometallurgia 女〔冶〕湿式冶金

idrometeora 女〔地学〕大気水象

idrometra[1] 女〔医〕子宮留水

idrometra[2] 男女〔複[男 -i]〕流量測定技師 ― 女〔虫〕アメンボ

idrometria 女 流量[流速]測定

idrometrico 形〔複[男 -ci]〕流量[流速]測定の

idrometro 男 流量[流速]計

idropico 形〔複[男 -ci]〕〔医〕水症[水腫, 浮腫]の ― 男〔複[-ci]女[-a]〕水症[水腫, 浮腫]患者

idropinoterapia 女〔医〕鉱水を飲用する治療法

idropişia 女〔医〕水腫, 浮腫

idropittura 女 水性塗料

idroplano 男 水上滑走の ― 男 水中翼船, エアボート

idropneumatico 形〔複[男 -ci]〕〔物・機〕液気圧併用の

idroponica → idrocoltura

idroporto → idroscalo

idrorepellente 形 防水の, 撥(は)水の

idroricognitore 男〔空・軍〕偵察用飛行艇

idroscalo 男〔空・海〕水上機[飛行艇]発着場

idroscì 男〔特に複数で〕〔スポ〕水上スキー

idroscivolante 男〔船〕エアボート

idroscopio 男 ハイドロスコープ(水面下を探査する装置)

idrosfera 女〔地理〕水圏, 水界

idrosilurante 男〔空・軍〕雷撃機

idrosol 男〔不変〕〔化〕ヒドロゾル

idrosolubile 形 水溶性の

idrossido 男〔化〕水酸化物

idrostatica 女〔物〕流体静力学

idrostatico 形〔複[男 -ci]〕〔物〕流体静力学の

idroterapia 女〔医〕水治療法

idroterapico 形〔複[男 -ci]〕〔医〕水治療法の

idrotermale 形〔地質〕熱水の

idrotropişmo 男〔植〕水屈性, 屈水性

idrovia 女 水路, 水道

idrovolante 男 水上飛行機

idrovora 女 汲み上げ[排水]ポンプ

idrovoro 形〔機〕排水の, 汲み上げの

idrozoo 男〔動〕ヒドロムシ類

idruro 男〔化〕水酸化物

i.e. 略 〔ラ〕id est すなわち

iella 女《口》不運, 不幸

iellato 形《口》不運な, ついていない

iemale 形《文》冬の

iena 女 1〔動〕ハイエナ 2 残酷な人, 卑劣な人

-iera 腰 「入れる」「収容する」の意

ieraticità 女 神聖さ, 厳粛, 荘厳

ieratico 形〔複[男 -ci]〕1（特に古代の）聖職者の, 神官の ― *scrittura ieratica*〔言〕神官書体[文字] 2 厳粛な, 重々しい 3〔歴〕(ローマ皇帝の称号として)聖なる(augusto)

-iere 腰 「活動」「職業」「仕事」の意

＊**ieri** [イエーリ] 副 1 昨日 ― *ieri sera* 昨夜 2 つい最近に ― 男〔不変〕1 昨日 ― *Ieri è stato un bel giorno.* 昨日はいい日だった. 2 つい最近 3（それほど遠

しさを引き立てる —Questa pettinatura ti *imbellisce*. このヘアスタイルは君をチャーミングにしている. —自 [es] 美しくなる, より美しくなる —È *imbellita* con gli anni. 彼女は年ごとに綺麗になった. —irsi 再 美しくなる

imberbe 形 1 まだひげの生えない, ひげのない 2 未熟な, 経験のない, 青二才の 3 〔植〕芒(のぎ)のない

imberrettare 他 (縁なしの)帽子をかぶせる —arsi 再 (縁なしの)帽子をかぶる

imbestialire 自 [es] 〔io -isco〕 1 激怒する, 怒り狂う 2 (動物が)獰(どう)猛になる 3 下品になる, 醜くなる 4 激怒させる; 醜悪にする —irsi 再 かっとなる, かんかんに怒る

imbevere [15] 他 1 (液体に)浸す[つける], 染み込ませる —*imbevere* i biscotti di liquore ビスケットをリキュールに浸す 2 (液体を)吸収する —ersi 再 1 (液体を)吸い込む 2 (思想・主義などに)深く染まる

imbevibile 形 (まずかったり, 腐ったりして)飲むことのできない

imbiancamento 男 白くなること, 明るくなること

imbiancare 他 白くする, 白く塗る —La neve *imbianca* i tetti. 雪が屋根を白くする. —自 [es] 1 白くなる 2 明るくなる —arsi 再 白くなる; 明るくなる

imbiancata 女 1 白くなること, 白くすること 2 うっすらと雪が積もること 3 (壁を大ざっぱに)白く塗ること

imbiancatura 女 1 壁を白く塗ること, 漆喰(しっくい)を塗ること 2 〔織〕漂白 3 脱穀

imbianchimento 男 1 白くすること, 明るくすること 2 〔化〕脱色 3 〔農〕(藁(わら)などで覆い, 光を遮って)野菜を白く柔らかくすること

imbianchino 男 〔女 [-a]〕 1 左官 2 下手な画家

imbianchire 他 〔io -isco〕 1 白くする, 白く塗る 2 〔化〕脱色する; 〔織〕漂白する

imbibizione 女 (液体の)吸収; 〔化〕吸水膨潤

imbiettare 他 〔機〕くさびで締める

imbiondire 他 〔io -isco〕 金色にする, 金髪にする, キツネ色にする —自 [es] 金色になる —irsi 再 金色になる

imbirbonire 自 〔io -isco〕 悪党[やくざ者]になる

imbitumare 他 タールを塗る

imbizzarrire 自 [es] 〔io -isco〕 1 (馬が脚で蹴ったり立ち上がったりして)手に負えなくなる 2 (飲み物が)泡立つ —他 いらいらさせる, 興奮させる —irsi 再 1 (馬が脚で蹴ったり立ち上がったりして)手に負えなくなる 2 (人が)怒る, 苛立つ

imbizzire 自 〔io -isco〕 1 〔トスカーナ〕怒る, いらいらする; だだをこねる, わがままを言う 2 (馬が)興奮する

imboccamento 男 1 食べさせること 2 (道路に)進入すること

imboccare 他 1 (口に入れて)食べさせる 2 (管楽器を)くわえる, 口にあてる 3 (道などに)進み込む

imboccatura 女 1 口, 開口部 —*imboccatura* della bottiglia 瓶の口 2 入り口, 進入路 —*imboccatura* dell'autostrada 自動車道路の入り口 3 〔音〕(管楽器の)吹き口, マウスピース 4 (馬の)はみ

imbocco 男 〔複 [-chi]〕入り口, 進入口

imbolsire 自 [es] 〔io -isco〕 1 (健康を害するほど)太る 2 弱る, 衰える 3 〔獣〕(馬が)肺気腫〔喘(ぜん)息〕になる —irsi 再 1 (健康を害するほど)太る 2 〔獣〕(馬が)肺気腫〔喘(ぜん)息〕になる

imbonire 他 〔io -isco〕 1 (説き伏せて商品を)買わせようとする, (興行に)呼び込む 2 なだめる, おとなしくさせる —irsi 再 気に入られる, 取り入る —*imbonirsi*... (人)のご機嫌をとる

imbonitore 男 〔女 [-trice]〕 1 客引き, 呼び込み屋; テレフォンショッピングの司会者 2 なだめる人

imbonitorio 形 呼び込み屋のような, 大げさな, 仰々しい

imborghesimento 男 ブルジョワ化すること, 俗物的になること

imborghesire 自 〔io -isco〕《蔑》ブルジョワ化する —自 [es] 俗物化する, ブルジョワ根性になる —irsi 再 《蔑》俗物化する, ブルジョワ根性になる

imborghesito 形 俗物化した, 凡俗になった

imboscamento 男 1 兵役忌避 2 (つらい労働や重い任務を)免れること 3 (戦時に)商品や生活必需品を安全な場所に保管すること 4《諧》(私用に供するために)持ち去ること, 隠すこと 5 上蔟(じょうぞく)(繭を吐くために蚕の5齢幼虫が蔟(まぶし)に入ること)

imboscare 他 1 (兵役などを)回避させる 2 (つらい労働や重い任務を)免れさせる 3 (戦時に)商品や生活必需品を安全な場所に保管する 4《諧》(私用に供するために)持ち去る, 隠す —arsi 再 1 森に隠れる 2 (森などで)待ち伏せする 3 兵役を忌避する; 重い任務を免れる 4《諧》隠れる, もぐり込む —Ieri ti ho cercato tutto il giorno, dove *ti eri imboscato*? 昨日は一日中君を探してたんだけど, どこに雲隠れしてたの? 5 上蔟(じょうぞく)(繭を吐くために蚕の5齢幼虫が蔟(まぶし)に入る)

imboscata 女 1 待ち伏せ, 奇襲 2 罠(わな), 策略

imboscato 形 (戦争で)前線行きを免れた, 兵役を忌避する, 重い責務を免れた —男 〔女 [-a]〕 1 (戦争で)前線行きを免れた人, 兵役忌避者 2 重い責務を免れた人

imboscatore 男 〔女 [-trice]〕 1 兵役忌避の手助けをする人 2 (商品などを)

買い占め隠匿する人

imboschimento 男 (土地を)森林化すること, 植林すること; 森林になること

imboschire 他 [io -isco] (土地を)森林化する, 植林する —**irsi** 再 森林になる, 樹木が多くなる

imbossolare → imbussolare

imbottare 他 (特にワインを)樽(たる)に詰める

imbottatura 女 樽(たる)詰め; ワインの樽詰め時期

imbottavino 男 [不変] (ワイン樽(たる)詰め用の)大型じょうご

imbotte → intradosso

imbottigliamento 男 1 瓶詰め; (ガスをボンベに)充填すること 2 [海・軍] (港などの)封鎖 3 (交通の)障害 [妨害, 遮断]

imbottigliare 他 [io imbottiglio] 1 瓶詰めにする 2 閉じ込める, 出られなくする; 封鎖する 3 (交通を)遮断する

imbottigliato 形 1 瓶詰めにした 2 交通渋滞[麻痺]した

imbottigliatore 男 [女 [-trice]] 瓶詰めする人

imbottigliatrice 女 瓶詰め機

imbottigliatura → imbottigliamento

imbottire 他 [io -isco] 詰める, 込める, 挟み込む —*imbottire* di cotone un cuscino クッションに綿を詰める / *imbottire* i panini con formaggio e prosciutto パニーニにチーズとハムを挟む —**irsi** 再 (di) 1 (防寒で)厚着する —*imbottirsi* di maglioni 厚手のセーターを着込む 2 たらふく食べる, 満腹する; 詰め込む —*imbottirsi* di dolci お菓子を腹一杯食べる

imbottita 女 キルトの掛け布団, 羽毛布団

imbottito 形 1 (綿や羽毛で)詰め物をした; (肩などに)パッドの入った 2 (薬物やアルコールを)大量に摂取した

imbottitura 女 1 (綿や羽毛で)詰め物をすること; 詰め物; (肩などに)パッドを入れること 2 (薬物やアルコールを)大量に摂取すること 3 厚着すること 4 たらふく食べること

imbozzacchire 自 [es] [io -isco] (植物が)しおれる, しぼむ; 発育しない

imbozzimare 他 [io imbozzimo] 1 [織]糸にどうさ[サイズ]を塗る 2 ねばねばしたものを塗りつけてごす

imbozzimatura 女 [織]どうさ[サイズ]を塗ること

imbraca 女 1 (馬の)尻帯(しりおび) 2 (重量物積み下ろし用の)吊り索[鎖] 3 安全ベルト

imbracare 他 1 (上げ下ろしのために重量物に)ロープや鎖を巻きつける 2 (赤ちゃんに)おむつを当てる —**arsi** 再 [スポ](登山で)安全ベルトをつける

imbracatura 女 1 (上げ下ろしのために重量物に)ロープや鎖を巻きつけること; 吊り索[鎖] 2 (赤ちゃんに)おむつを当てること 3 [スポ](登山で)安全ベルトをつける

imbracciare 他 [io imbraccio] 腕に通す[当てる] —*imbracciare* il fucile (射撃体勢で)銃を肩に当てる

imbracciatura 女 1 腕に通す[当てる]こと; 腕を通す部分, 吊りひも, 環状の物

imbranato 形 不器用な, ぎこちない —男 [女 [-a]] 不器用な人

imbrancare 他 1 (人や動物を)群れにする, 集める 2 (人を)グループに受け入れる —**arsi** 再 1 (動物が)群がる, 群れをなして集まる 2 《蔑》集団に加わる; うさんくさいやつと付き合う

imbratta- [腰頭] 「よごす」「けがす」の意

imbrattacarte 男女 [不変] 《蔑》三文文士, へぼ文士, 売文家

imbrattamento 男 よごすこと, けがすこと, よごれ

imbrattamuri 男女 [不変] 1 (壁に)落書きをする人 2 《蔑》へぼ絵描き

imbrattare 他 1 よごす, けがす; 名誉を傷つける, 体面をけがす 2 下手な絵描きである, 下手な文を書く —**arsi** 再 よごれる, 泥だらけになる; 面目をつぶす

imbrattatele 男女 [不変] 《蔑》へぼ絵描き

imbrattatore 男 [女 [-trice]] 1 よごす人, けがす人 2 《蔑》へぼ絵描き

imbrattatura 女 よごすこと, けがすこと, よごれ 2 非常に下手な絵

imbratto 男 1 よごれ, 不潔, 汚物 2 非常に下手な絵 3 豚の餌; まずそうな食べ物

imbrecciare 他 [io imbreccio] 砂利[バラス]を敷く

imbrecciata 女 (道路舗装用に敷かれた)砂利, バラス

imbrifero 形 [地理]雨の多い; 雨水を集める

imbrigliamento 男 1 (馬などに)馬勒(ばろく)をつけること 2 服従させること, 支配すること 3 抑制すること

imbrigliare 他 [io imbriglio] 1 (馬などに)馬勒(ばろく) (おもがい・くつわ・手綱の一式)をつける 2 服従させる, 支配する 3 抑える, 抑制する 4 (上げ下ろしのために重量物に)ロープなどを巻きつける 5 (水路に大型ブロックで)障壁を作る 6 地盤を強化する —**arsi** 再 手綱が(馬の)脚に絡まる

imbrillantarsi 再 輝く, きらめく

imbrillantinare 他 (ポマードで)塗る —**arsi** 再 髪にポマードを塗る

imbroccare 他 1 命中させる, 中心を射る 2 言い当てる, 的中させる —*Ha broccato la risposta giusta.* 彼は正解を言い当てた. 3 *imbroccarla* (たまたま)当てる, 大当たりする —*L'hai imbroccata al primo colpo.* 君は一撃で的中させた. 4 (うまく)行き当たる, 出くわす —自 (オリーブが)つぼみをつける; (果実をつける植物が)芽を出す

imbrodare 他 (スープで)染みをつける, よごす —**arsi** 再 (スープで)よごす ▶

Chi si loda si imbroda.〔諺〕自賛すれば評判を落とすだけ.

imbrodolare 他 [io imbrodolo] **1** (スープで)染みをつける,よごす **2** いかがわしいことに巻き込む

imbrodolatura 女 **1** (スープで)よごすこと **2** 何の価値もない絵

imbrogliare 他 [io imbroglio] **1** もつれさせる,混乱させる;だます —*imbrogliare* la testa a... (人の)頭を混乱させる **2** 紛糾させる **3** 邪魔[障害]になる,場所を塞ぐ —Le sedie *imbrogliano* l'entrata. 椅子が入口を塞いでいる. **4**〔海〕(帆を帆桁にクリューラインで)縛る —**arsi** 再 **1** もつれる,混乱する **2** ややこしくなる

imbrogliata 女 詐欺,ペテン

imbroglio 男 **1** ごまかし,詐欺 —subire un *imbroglio* 詐欺に遭う **2** 窮地 **3** (ほどきにくいものの)絡まり —*imbroglio* di fili 糸の絡まり **4**〔音〕インブローリオ **5**〔海〕クリューライン

imbroglione 男〔女[-a]〕詐欺師,ペテン師 —形〔女[-a]〕詐欺師の,ペテン師の

imbronciare 自 [io imbroncio] すねる,ふくれる —**arsi** 再 すねる,ふくれる,仏頂面をする

imbronciato 形 **1** すねた,むっつりした,ふくれ面をした **2**(空が)暗い,悪天候になりそうな

imbrunire 自 [es] [io -isco] **1**(特に,日没後空が)薄暗くなる **2** 日に焼ける **3** 表情がかげる —非人称 [es] 日が暮れる,夕暮れになる,夜になる —男〔単数のみ〕日没,夕暮れ

imbrutire 自 [es] [io -isco] 粗野になる,野蛮になる —他 獣のようにする,非人間的にする —**irsi** 再 卑しくなる,粗野になる

imbruttire 他 [io -isco] **1** 醜くする,見苦しくする —Quella pettinatura la *imbruttisce*. あの髪型は彼女を台無しにしている. **2** 損ねる,壊す —Quegli edifici *imbruttiscono* il paesaggio. あれらの建物は美観を損ねている. —**irsi** 再 醜くなる,不格好になる

imbucare 他 **1** 投函する;ポストに入れる **2** 穴に入れる —**arsi** 再 **1**(動物が)穴に隠れる,巣に逃げ帰る **2**(人が路地などに)入り込む,もぐり込む **3** 引きこもる,潜む **4**〔謔・陰〕忍び込む,紛れ込む

imbucato 形 **1** 隠れた,もぐり込んだ,紛れ込んだ **2** 投函した

imbufalire 自 [es] [io -isco] かっとなる,怒り狂う,激昂する —**irsi** 再〔口〕かっとなる,逆上する,激怒する

imbullettare 他 鋲(びょう)で留める

imbullonare 他 リベットで締める

imburrare 他 **1** バターを塗る,バターで味付けする **2**〔トスカーナ〕ほめる,おだてる

imbussolare 他 [io imbussolo] **1** 薬莢(やっきょう)に火薬を詰める **2**(用紙を)投票箱に入れる

imbustamento 男 封筒に入れること;袋に詰めること

imbustare¹ 他 封筒に入れる;袋に詰める

imbustare² 他 コルセットで締める

imbustato¹ 形 封筒に入れた;袋詰めした

imbustato² 形 コルセットで締め付けた

imbustatrice 女 自動封入[封緘(ふうかん)]機,自動袋詰め[包装]機

imbutiforme 形 漏斗(じょうご)状の

imbutire 他 [io -isco] (金属板を)深絞り[へら絞り]する

imbutitura 女 (金属板の)深絞り,へら絞り

imbuto 男 漏斗(じょうご)

imene 男〔解〕処女膜

Imeneo 固名 男〔ギ神〕ヒュメナイオス(結婚と祝祭の神)

imeneo 男〔歴〕祝婚歌,結婚の賛歌

imenottero 男〔虫〕膜翅(まくし)類の昆虫

IMI 略 Istituto Mobiliare Italiano イタリア動産公社

imitabile 形 模倣できる,手本になる;複製できる

imitare 他 [io imito] **1** まねる **2** 模写する,模造する

imitativo 形 **1** 模倣的な,まねをする **2**〔言〕擬声の(onomatopeico)

imitatore 形〔女[-trice]〕模倣する,まねる —男〔女[-trice]〕模倣者;(有名人などの)物まねをする人

imitazione 女 **1** 模倣,まね **2** 偽造,模造(品) —gemma d'*imitazione* 模造宝石

Immacolata 固名〔女性名〕インマコラータ

immacolatamente 副 清く,けがれなく,純粋に

immacolatezza 女 潔白,無垢(く),純粋,純潔

immacolato 形 **1** 真っ白な,染み一つない清潔な **2** 罪のない,純潔な —*Immacolata* Concezione (聖母マリアの)無原罪の御宿り,無原罪の御宿りの祝日(12月8日)

immagazzinabile 形 保管[保存]しうる

immagazzinamento 男 倉庫に保管すること,保存すること

immagazzinare 他 **1** 倉庫に保管する **2** 蓄える,ため込む,保存する

immaginabile 形 **1** 想像できる,想像のつく,考えうる **2**〔特に否定文で〕信じうる,納得できる —Non è *immaginabile* che si comporti così. 彼がそんな振る舞いをするなんて考えられない. —男〔単数のみ〕想像しうる事柄

☆**immaginare**〔インマジナーレ〕他 [io immagino] **1** 想像する,思い描く —*Immagini* di essere in Italia. イタリアにいると想像してください. / Non era come l'*avevo immaginato*. それは私が想像し

ていたのと違っていた. **2** 思いつく, 発明する **—arsi** 再 **1** 考えてみる, 想像する —Ma *si immagini*. 〔感謝を述べた相手に向かって〕とんでもないです. **2**〖強調で〗信じる; 思い違いをする, 感ず

immaginario 形 想像上の —*numero immaginario*〖数〗虚数

immaginativa 女 想像力, 空想力

immaginativo 形 **1** 想像の, 想像による; 架空の, 空想的な **2**（人が）想像力［創造力］に富んだ

immaginazione 女 想像(力), 空想(したこと)

＊**immagine** ［インマージネ］女 **1** 姿 **2** 面影 **3** 絵, 映像 **4** 象徴 —La colomba è l'*immagine* della pace. ハトは平和の象徴だ. **5** イメージ **6** 本の挿絵; 聖画像 ▶ *a immagine di...* …を手本にして, …に似せて

imma ginetta 女 小さな聖者像

immaginifico 形〘複〖男 -ci〗〙**1** 想像力に富んだ **2**〔l'I-〕ダヌンツィオ(Gabriele D'Annunzio)の異名

immaginoso 形 想像力に恵まれた, 空想力豊かな; 隠喩に富んだ; 想像力による

immago → imago

immalinconire 他〘io -isco〙憂鬱にさせる, 物思いに沈ませる, 悲しませる **—irsi** 再 憂鬱になる, 物悲しくなる, ふさぎ込む

immancabile 形 **1** 欠くことのできない, 常にある, いつもの **2** 当然の, 必然的な

immane 形 **1** ひどい, けたはずれの, 恐ろしい —*immane* catastrofe すさまじい大惨事 **2** 苛酷な, つらい, 厄介な; へとへとにさせる, とても疲れさせる —*impresa immane* 骨の折れる仕事 **3** 巨大な, 広大な

immaneggiabile 形 扱えない, 処理できない, 御しがたい

immanente 形 **1** 生来の, 生得の, 本来の **2**〖哲〗内在的な, 内在の

immanentismo 男〖哲〗内在論

immanentista 男女〘複〖男 -i〗〙内在論者 **—**形〘複〖男 -i〗〙内在論者の

immanentistico 形〘複〖男 -ci〗〙内在論的な, 内在性に関する

immanenza 女〖哲〗内在, 内在性

immangiabile 形 口にならないので（腐っていて, まずくて）食べられない

immanicato 形 **1** 柄（握り, 取っ手）のついた **2**〘口〙つて［コネ］がある, 結びついている

immanità 女 **1** 巨大さ, 広大さ **2** 残酷, 残忍, 非道; 残酷な行為

immantinente 副《文》すぐに, 直ちに

immarcescibile 形 **1** 腐敗しない, 堕落しない **2** 不朽の, 不滅の

immarcescibilità 女 腐敗しないこと; 不朽であること

immateriale 形 **1** 非物質的な, 実体のない **2** 精神的な, 霊的な, 天上の —*bellezza immateriale* この世の物とも思えぬ美しさ

immaterialismo 男〖哲〗非物質論, 唯心論

immaterialità 女 非物質性, 非実体性

immatricolare 他〘io immatricolo〙**1**（大学への）入学を許可する **2**（車を）登録する **—arsi** 再（大学の）新入生になる

immatricolazione 女 **1** 登録 **2** 大学入学許可

immaturità 女 **1**（果物が）熟していないこと **2** 未熟さ

immaturo 形 未熟な; 稚拙な

immedesimare 他〘io immedesimo〙同一視する, 同化する **—arsi** 再 一体化する, 一つになる —*immedesimarsi* nel personaggio 登場人物になりきる

immedesimazione 女 一体化, 同一化, 同化

immediatamente 副 **1** すぐに **2** 直接に

immediatezza 女 **1** 直接性; 即時性 **2** 自然さ, 天真爛(らん)漫さ

immediato 形 **1** 即時［即座］の —*decisione* ［*risposta*］ *immediata* 即決［即答〕 **2** 直接の; 間を置かない, すぐに続く —*nell'immediato* futuro 近い将来に

immedicabile 形 **1** 不治の, 治せない **2** 修復できない, 回復できない, 取り返しのつかない

immelmare 他 泥でよごす; 中傷する, 誹謗(ぼう)する, 名誉をけがす **—arsi** 再 泥でよごれる;（中へ）落ち込む, 陥る, ふける

immemorabile 形（記憶にないほど）昔の, 大昔の

immemore 形 **1** 覚えていない, 思い出せない **2** 無頓着な, 意に介さない

immensamente 副 **1** 広大に, 莫大に, 限りなく, 果てしなく **2**〖誇張して〗非常に, とても

immensità 女 **1** 広漠さ **2** 無限, 無数

＊**immenso** ［インメンソ］形 **1** 無限の **2** 巨大な, 果てしなく広がる **—**男〘単数のみ〙無限, 果てしない広さ

immensurabile 形 計り知れない；（感情や欲求が）強い, 激しい, 深い

＊**immergere** ［インメルジェレ］［45］他〘過分 immerso〙**1** 浸す, 漬ける, 沈める **2** 突き刺す **—ersi** 再〖in〗**1** 身を沈める; 潜り込む —*immergersi* nell'acqua 水に潜る **2** 没頭する —*immergersi* nello studio 勉学に没頭する

immeritato 形 値しない, 相当しない, ふさわしくない; 不当な, 不公平な —*lode immeritata* 不相応な称賛 / *punizione immeritata* 不当な処罰

immeritevole 形 値しない, ふさわしくない

immersione 女 **1** 浸すこと, 浸入 **2**（潜水艦の）潜行 **3**〖船〗喫水 **4**〖地質〗沈降, 沈下 **5**〖天〗潜入

immerso 形 〔過分＜immergere〕1 浸かった, 沈んだ 2 没入した

immettere [65] 他 〔過分 immesso〕1 中に入れる, (液体や気体を)充填する —*immettere* acqua nei tubi パイプに水を通す 2 (流通市場に)投入する —*immettere* nuovi prodotti sul mercato 新製品を市場に出す 3 〔コン〕(データを)入力する —自 通じる, 至る —Il corridoio *immette* nella sala. 廊下は広間に通じている. **—ersi** 再 入る, 入り込む

immigrante 形 (外国・他地域から)移住する, 移民の **—男女** 移民, 移住者

immigrare 自 〔es〕(他国から)移住する, 移民する

immigrato 形 (他国からの)移民の, 移民した外国人の **—男** 〔女[-a]〕(就労目的の)移民, 外国人労働者 —*immigrato* clandestino 不法入国者

immigratorio 形 移民の, 移住の

immigrazione 女 移民(の入国) —ufficio (d')*immigrazione* 入国管理事務所

imminente 形 1 差し迫った, 切迫した —La guerra sembrava *imminente*. 戦争が今にも起こりそうだった. 2 すぐの, まもなくの 3 〔文〕張り出す, …の上にかかる

imminenza 女 切迫, 緊迫, 差し迫った状態

immischiare 他 〔io immischio〕巻き込む, 巻き添えにする, 関わらせる —Mi hanno *immischiato* nelle loro questioni di famiglia. 彼らは私を家族の問題に引きずり込んだ. **—arsi** 再 干渉する, ちょっかいを出す, 口出しする —Non ti *immischiare!* いらぬお世話だ！

immiscibile 形 〔化・物〕混和しない

immiserimento 男 貧乏にすること, 貧窮; 落胆, 衰弱; (評価を)下げること

immiserire 他 〔io -isco〕1 貧乏にする, 貧しくする 2 (精神的に)衰えさせる, がっかりさせる, 希望を失わせる 3 (価値・評価を)下げる; 見くびる **—自** 〔es〕貧乏になる; がっかりする **—irsi** 再 1 貧乏になる 2 惨めになる; 評価を落とす

immissario 男 〔地理〕(川の)支流; 湖に注ぐ川

immissione 女 中に入れること, 通すこと; 導入; 入力

immistione 女 1 混ざること, 混合 2 仲裁, 介入, 干渉

immite 形 〔文〕無慈悲な, 残酷な 2 (気候などが)厳しい, 寒い

immobile 形 不動の; 固定された **—男** 不動産, 固定資産

immobiliare 形 不動産の **—女** 不動産屋, 不動産会社

immobiliarista 男女 〔複[男 -i]〕不動産売買に携わる人

immobilismo 男 〔政・経〕現状維持政策, 静観政策

immobilistico 形 〔複[男 -ci]〕現状維持の政策の, 保守主義の

immobilità 女 1 不動; 固定 2 停滞, 沈滞 —*immobilità* economica 経済停滞

immobilizzare 他 1 固定する 2 動かなくする, 滞らせる **—arsi** 再 突然停止する[止まる]

immobilizzato 形 固定された, 動かなくなった, 麻痺した

immobilizzazione 女 1 固定, 不動, 停止, 麻痺 2 〔医〕(ギプスなどで)固定すること 3 〔経〕固定資本化すること

immoderatezza 女 節度がないこと; 過度

immoderato 形 (人が)節度のない, 極端な; (物が)過度の, 法外の

immodestia 女 1 尊大, 横柄, 傲慢, 思い上がり 2 無遠慮, 不謹慎

immodesto 形 1 尊大な, 高慢な, うぬぼれた, 横柄な 2 無遠慮, 慎みのない

immodico 形 〔複[男 -ci]〕抑制のない, 過度な, 法外な

immodificabile 形 変更できない, 修正できない; 不変の

immodificato 形 変更[修正]されていない, 変わらない, 不変の

immolare 他 1 (神に)生け贄(にえ)として捧げる, いけにえにする 2 犠牲にする, 捧げる —*immolare* la propria vita per una causa 理想のために命を捧げる 3 〔歴〕生け贄(にえ)に塩と小麦粉を振りかける

immolazione 女 生け贄(にえ)に捧げること; いけにえ, 犠牲

immollare 他 (液体に浸して)柔らかくする **—arsi** 再 1 (液体に浸って)柔らかくなる 2 ずぶぬれになる

immondezza 女 不潔さ, ごみ

immondezzaio 男 ごみ箱, ごみ集積場

immondizia 女 1 ごみ —camion dell'*immondizia* ごみ収集車 2 不潔, けがらわしさ

immondo 形 1 不潔な, よごれた 2 けがらわしい, 卑猥(ひわい)な —spirito *immondo* 悪魔

immorale 形 不道徳な, ふしだらな

immoralismo 男 不道徳主義; 〔哲〕非道徳主義, 背徳主義

immoralista 形 〔複[男 -i]〕不道徳主義の; 〔哲〕背徳主義の **—男女** 〔複[男 -i]〕不道徳主義者; 〔哲〕背徳主義者

immoralità 女 1 不道徳(性), 破廉恥, 堕落; 悪行; 非常識; 下品, 卑猥(ひわい) 2 不道徳な考え[言動]

immorbidire 他 〔io -isco〕柔らかくする **—自** 〔es〕柔らかくなる **—irsi** 再 柔らかくなる

immorsare 他 1 ほぞ穴継ぎをする (calettare) 2 〔建〕(壁に)待歯(まちば)をつける(ammorsare) 3 (堰(せき)やダム建築のために)隅石を積む

immorsatura 女 1 〔建〕待歯(まちば) 2 隅石, くさび石

immortalare 他 1 不滅[不朽]にする

immortale 形 1 不死の 2 不滅の, 不朽の —*fama immortale* 不朽の名声 —男女〚複数で〛〘神話〙神々, 半神

immortalità 女 1 不滅, 不朽, 不死 2 不朽の名声

immotivato 形 1 根拠[理由, 動機, 原因]のない 2 独断的な, 横暴な, 勝手な

immoto 形〘文〙不動の, じっとした

immune 形 1 (義務や責任を)免除された —*immune dal servizio di leva* 兵役を免除された 2 …を免れた, 自由な —*immune da errori* 過失のない 3〘医・生物〙免疫(性)の, 免疫を持った —*essere immune dal contagio* 伝染病に対して免疫がある

immunità 女 1〘法〙特権, 免責特権 —*immunità diplomatica* 外交特権 2〘医・生物〙免疫(性)

immunitario 形 1〘医・生物〙免疫(性)に関する 2〘法〙特権の

immunizzante 形〘医・生物〙免疫性を与える, 免疫にする

immunizzare 他〘医・生物〙免疫性を与える, 免疫にする —**arsi** 再 1 免疫になる 2 (悪影響から)身を守る, 防御する

immunizzazione 女 免疫化

immuno- 連結「免疫(の)」の意

immunodeficienza 女〘医・生物〙免疫不全

immunologia 女〘医・生物〙免疫学

immunologico 形〚複[男 -ci]〛〘医・生物〙免疫学の

immunologo 男〚複[-gi]女[-a]〛〘医・生物〙免疫学者

immunoreazione 女〘医・生物〙免疫反応

immunoterapia 女〘医〙免疫療法

immusire 自[es][io -isco] すねる, むっつりする

immusonirsi 再 むっつりする, むっとする, すねる, ふくれっ面をする

immusonito 形 むっつりした, すねた

immutabile 形 変わらない, 不変の, 変えられない

immutabilità 女 不変, 不易, 不動, 一定

immutato 形 変更されない; 従来と同じ

imo 形 1〘文〙最低部の, 最深部の 2 暗い, 不明瞭な, 謎めいた —男〚単数のみ〛1 最低部, 最深部 2 卑しい生まれの人, 最下層の人

Imola 固名(女) イモラ(エミリア・ロマーニャ州の都市)

imolese 形 イモラ(の人)の —男女 イモラの人

imp. 略 imperativo〘言〙命令法

impaccaggio 男 (特に機械で)箱詰めすること

impaccare 他 箱に詰める, 荷造りする

impaccatore 男〚女[-trice]〛 荷造り人

impaccatura 女 箱に詰めること, 荷造り

impacchettare 他 1 包む, 包み[束]にする, 包装する 2《隠》逮捕する

impacchettatore 男〚女[-trice]〛 包装用の —男女〚女[-trice]〛(食品などの)包装係

impacchettatrice 女〘工〙自動包装機

impacciare 他[io impaccio] 1 (動作を)妨げる; 邪魔をする 2 困惑させる —**arsi** 再 身動きがとれなくなる; 窮する

impacciato 形 1 混乱した; 困惑した; 不明瞭な 2 ぎこちない

impaccio 男 1 邪魔, 障害(物) 2 困惑 3 窮地 —*cavarsi [trarsi] d'impaccio* 窮地を逃れる

impacco 男〚複[-chi]〛〘医〙湿布, パップ, 圧定布 2 箱詰め, 荷造り; 包み

impadronirsi 再[io -isco](di) 1 自分の物にする, 奪う 2 体得[会得]する

impagabile 形 1 (価値が)計り知れない, 値がつけられない, 非常に貴重な 2 並外れた, 破格の, ずば抜けた

impaginare 他[io impagino]〘印〙割り付けをする, ページ組みする; 丁(兆)付けする

impaginato 形〘印〙割り付けした —男〘印〙見本組み, 組版

impaginatore 男〚女[-trice]〛〘印〙割り付け係, 丁(兆)付け係

impaginazione 女〘印〙割り付け; 丁(兆)付け

impagliare 他[io impaglio] 1 藁(%)で覆う, 藁を詰める; 藁で包装する 2 剥製にする

impagliasedie 男女〚不変〛椅子の藁(%)詰め職人

impagliatore 男〚女[-trice]〛 1 藁(%)を巻く[詰める]人; 藁製品を作る人 2 剥製師

impagliatura 女 藁(%)で覆うこと, 藁を詰めること

impala 男〚不変〛〘動〙インパラ

impalamento 男〘歴〙串刺しの刑

impalare 他 1〘歴〙串刺しの刑にする 2《卑》男色を行う 3〘農〙(特にブドウの木に)支柱を立てる —**arsi** 体をこわばらせる, 棒立ちになる

impalato 形 突っ立っている, 棒立ちの

impalatura 女 1〘農〙(特にブドウの木の)支柱を立てること 2〘歴〙串刺しの刑にすること

impalcare 他 1〘建〙床張りをする 2〘農〙剪(%)定する, 刈り込む

impalcatura 女 1 (仮設の)足場 2 (構造の)骨組み; 骨子 3 枝角

impallare 他 (ビリヤードで)ポークをする —**arsi** 再 1 (ビリヤードで)ポークラインに入る 2 窮地に陥る, 困る

impallidire 自[es][io -isco] 1 青ざめる 2 (色が)薄くなる, (光が)弱まる

impallinare 他 1 散弾で撃つ 2〘政〙予想外の敗北を喫する —**arsi** 再 1

impalmare 他 散弾で撃ち合う; (自分の体の一部を)散弾で撃つ 2《口》熱中する

impalmare 他 1 (男性が)結婚する 2 (女性と)婚約する ―**arsi** 再 (女性が)婚約する

impalpabile 形 1 (非常に微細なので)手で触れても感じられない, きめ細かな 2 はっきりしない, 微妙な 3 [医]触診で感知できない

impalpabilità 女 手触りを感じないこと, 微細

impaludare 他 沼地[湿地]にする ―自 [es] 沼地[湿地]になる ―**arsi** 再 1 沼地[湿地]になる 2 引きずり込まれる, 巻き込まれる

impanare¹ 他 パン粉をまぶす

impanare² 他 ねじ山を切る(filettare) ―自 (ねじが)締まる

impanatura¹ 女 パン粉をまぶすこと

impanatura² 女 ねじ山を切ること

impancarsi 再 1 思い上がった[生意気な]態度をとる; (自分を上位の人と)同等に見なす 2 ベンチ[テーブル]に座る

impaniare 他 [io impanio] 1 鳥もちを塗る; 鳥もちで捕まえる 2 [比](人を)だます, 陥れる, 巻き込む ―**arsi** 再 1 (鳥が)鳥もちにかかる 2 (鳥もちなどのねばしたもので)よごれる 3 巻き込まれる, 関わり合いになる

impannare 他 1 (窓に)布[厚紙]で覆う 2 布を織る ―**arsi** 再 (故障で)突然止まる, 故障する ―Mi si è impannata l'auto. 車がエンストした.

impannata 女 1 布[厚紙]を貼った木枠の窓, 布[紙]貼り窓 2 窓枠, (開き窓の片側の)扉, 戸当たり

impantanare 他 1 沼地[湿地]にする 2 泥でよごす, 泥をはねかける ―**arsi** 再 1 泥沼にはまり込む, ぬかるみで立ち往生する 2 巻き込まれる, 深入りする ―Si è impantanato nei debiti. 彼は借金漬けになった. 3 行き詰まる, 挫折する 4 沼地[湿地]になる

impaperarsi 再 [io mi impapero] 言い間違う, 言い損なう, とちる

impappinarsi 再 口ごもる, つっかえる, どもる

imparabile¹ 形 [スポ](サッカーのシュートが)防げない; (フェンシング・ボクシングの打撃から)身をかわしきれない, 避けられない

imparabile² 形 習得しうる, 覚えうる

imparacchiare 他 [io imparacchio]《蔑》なかなか身につかない[覚えない]

imparagonabile 形 比較できない, 無比の, 無類の

＊**imparare** [インパラーレ] 他 1 習う, 勉強する; 覚える, 習得する ―imparare a guidare 車の運転を習得する 2 (経験して初めて)思い知る, 悟る ► Così impari! ざまあみろ! imparare a memoria 暗記する

imparaticcio 男 1 (編み物や刺繡の基礎技術を学ぶ)簡単な作業 2 (初心者による訓練のための)仕事 3 不十分な知識, 生半可な知識 ―形 [複[女 -ce]] 不十分な, いい加減な

imparchettatura 女 (変形を防ぐために組み立ての裏側に入れる)木枠, 裏材, 裏板

impareggiabile 形 比類のない, 類まれな, 並ぶ者のない

impareggiabilità 女 比類のないこと, 無二, 無双, 無類

imparentare 他 (特に結婚により)縁組させる, 親戚にさせる ―**arsi** 再 (特に結婚により)親戚になる, 縁続きになる

impari 形 [不変] 平等でない, 劣った; 不均衡の

imparidigitato 形 [動]指が奇数の

imparipennato 形 [植]奇数羽状の

imparisillabo 形 1 [詩](詩行が)奇数音節の 2 [言](ギリシャ語・ラテン語の名詞・形容詞において)主格よりも斜格のほうが音節の多い

imparruccare 他 1 かつらをかぶせる 2 雪で覆う, 白くする ―**arsi** 再 かつらを着ける

imparruccato 形 1 かつらを着けた 2 雪で覆われた, 白くなった 3 誇張した, 大げさな; 厳かな

impartibile 形 与えうる, 教えうる, 伝えうる

impartire 他 [io -isco] 授ける, 与える, 伝える, 告げる

imparziale 形 公平[公正]な, 偏見[先入観]のない ―dare un giudizio imparziale 公正な判断をする

imparzialità 女 偏らないこと, 公平, 公正

impasse 女 [不変] 1 [仏]袋小路, 行き詰まり, 窮地 2 (トランプのブリッジで)フィネス

impassibile 形 感情を表さない, 冷淡な; 動じない, 冷静な

impassibilità 女 無感動, 無感覚, 冷淡; 冷静, 沈着, 落ち着き

impastamento 男 1 (小麦粉などを)練ること, こねること; 混ぜ合わせること 2 こねた物, (パンなどの)生地; (絵画の)厚塗り

impastare 他 (粉などを)こねる, 練る; 混ぜ合わせる ―impastare la farina con le uova 小麦粉を卵と練り合わせる ―**arsi** 再 結合する, 融合する

impastato 形 1 練られた, こねられた, 混合された 2 (疲労・眠気・酔いなどで声が)不明瞭な, ぼうっとした 3 舌苔(ぜったい)のついた 4 (目が)眠たげな, どんよりした 5 染みわたった, 充満した, …で一杯の

impastatore 男 [女[-trice]] [工]こねる人, 練る人, (パン生地などを)こねる人; 捏(こ)和機係

impastatrice 女 [工]捏(こ)和機, 混合[混練]機, 攪拌(かくはん)機

impastatura 女 → impastamento

impasticcarsi 再 (向精神薬や麻薬などを)常用する

impasticciare 他 [io impasticcio] 1 (パイ作りの材料を)混ぜ合わせる 2 ご

impasto 男 **1** 混合物, 混交; (異なった要素の混じり合った物) **2** (美)(絵の具の)厚塗り **2** こねること; こねた物

impastocchiare 他 [io impastocchio] **1** (弁解・口実・嘘などを)思いつく, 考え出す **2** だます, かつぐ, ペテンにかける

impastoiare 他 [io impastoio] **1** (牛や馬を)足かせでつなぐ **2** 妨げる, 邪魔する, 阻む, 制限する, 抑制する

impataccare 他 (口)油染み(大きな染み)でよごす **—arsi** 再 (口)大きな染みがつく, よごれる, 汚らくなる

impattare 他 (試合やゲームを)引き分けとする

impatto 男 **1** 衝撃, インパクト **2** 衝突 **3** (宇宙船の)着陸 **4** 影響 **5** (直接的な)接触, 接点

impaurire 他 [io -isco] 恐れさせる **—irsi** 再 おびえる, 怖がる **—Si impaurisce per il buio.** 彼女は暗闇におびえる.

impaveșare 他 (船) **1** 満艦飾を施す **2** 舷墙(げんしょう)[ブルワーク]を設ける

impaveșata 女 (船)舷墙(げんしょう), ブルワーク

impavidità 女 勇敢なこと, 大胆不敵

impavido 形 恐れを知らない, 勇敢な, 不敵な, 豪胆な

impazientare → impazientire

impaziente 形 **1** 辛抱[我慢]できない **—essere impaziente di +** 不定詞 …したくてたまらない **2** いらいらした, 短気な

impazientemente 副 我慢ならずに, いらいらして, じれて, もどかしく

impazientire 自 [es] [io -isco] 我慢できなくなる, いらいらする, もどかしがる **—他** いらいらさせる, じらす **—irsi** 再 我慢しきれなくなる, いらいらする

impazienza 女 **1** 苛立ち; 焦り **2** (文)忍耐できないこと

impazzare 自 [es/av] **1** たけなわになる, どんちゃん騒ぎになる **—La festa impazza.** 祭りは最高潮だ. /**La folla impazza per le strade.** 群衆が路上で大騒ぎしている. **2** 大流行する **—Impazza la moda delle minigonne.** ミニスカートが大ブームを起こしている. **—自** [es] **1** (天候が)荒れる, 猛威を振るう **2** (機械などが)狂う, いかれる **3** (トスカーナ)気が狂う **—他** 気を狂わせる, 熱狂させる

impazzata 女 (次の成句で) ▶ **all'impazzata** 狂ったように, 激しく, ひどく

impazzimento 男 **1** 気が狂うこと; 熱狂すること **2** 悩みの種, 難儀, 厄介ごと, 面倒なこと

*__impazzire__ [インパッツィーレ] 自 [es] [io -isco] **1** 気が狂う; 頭が変になる **—fare impazzire...** (人)を狂わせる /**Questo lavoro mi fa impazzire.** 厄介な仕事だ(頭が変になるよ). **2** 夢中になる **—impazzire per...** …にべた惚(ぼ)れである **3** (機械類の調子が)狂う **4** (料)(ドレッシングやソースが)分離する ▶ **da impazzire** 無茶苦茶な

impeccabile 形 **1** 欠点のない, 完全な **2** 申し分のない, 非の打ち所のない **3** (神学)罪を犯さない

impeccabilità 女 **1** 欠点のないこと, 完全, 完璧 **2** 非の打ち所がないこと, 非難の余地がないこと **3** (神学)罪を犯さないこと, 無罪性

impeciare 他 [io impecio] **1** タール[ピッチ]を塗る **2** (タールやねばねばしたもので)よごす

impeciatura 女 **1** タール[ピッチ]を塗ること **2** (タールやねばねばしたもので)よごすこと

impecorire 自 [io -isco] (羊のように)おとなしくなる, 従順になる, びくびくする **—他** 従わせる, 服従にさせる **—irsi** 再 (羊のように)おとなしくなる, 従順になる, おどおどする

impedantire 自 [es] [io -isco] 学者ぶる, 知識をひけらかす **—他** 衒学(げんがく)的にする **—irsi** 再 学者ぶる, 物知りぶる

impedenza 女 (物)インピーダンス(記号 Z)

impedibile 形 阻止できる, 避けられる

impediente 形 (法)妨げる, 障害になる

impedimento 男 **1** 阻止; 妨げ, 支障 **2** 障害; 身体障害

*__impedire__ [インペディーレ] 他 [io -isco] 阻止する; 邪魔する **—impedire a A di +** 不定詞 A(人)に…させない /**Carlo mi ha impedito di vedere sua sorella.** カルロは私を妹に会わせなかった.

impegnare 他 **1** (時間を)取らせる, (場所を)占める **2** 束縛する, 拘束する **—Il lavoro mi impegna molto.** 仕事で私はとても忙しい. **3** 質に入れる; 投資する **4** 予約する **5** (戦闘を)仕向ける, 挑発する **6** (目的語をとらずに)努力を要する **—arsi** 再 **1** 約束する **2** 専念する **—impegnarsi nello studio** 研究に専念する **3** 参加する

impegnativo 形 **1** 義務付けられた, 拘束力を持つ **2** 努力を要する, 骨が折れる **3** フォーマルの, 格式張った

impegnato 形 **1** 忙しい; 拘束された; 婚約した **2** 質に入れられた **3** 予約済みの **—camera impegnata** 予約の入った部屋 **4** (個人・グループ・芸術運動や作品が)社会・政治問題に関与する

*__impegno__ [インペーニョ] 男 **1** 約束, 用事 **—Ho molti impegni.** 私には用事がたくさんある. **2** 義務, 責任; 拘束 **—senza impegno** 拘束なしに, 気楽に **3** 熱意 **—con impegno** 熱心に **4** 社会・政治問題に対峙する知識人[芸術家]の態度 ▶ **mettersi d'impegno** 熱心になって

impegolare 他 [io impegolo] **1** タール[ピッチ]を塗る **2** (タールやねばねばしたもので)よごす **—arsi** 再 (面倒やごた

impelagarsi (ごたに)巻き込まれる, 関わり合いになる

impelagarsi 〘io mi impelago〙 (困難やあやしげなことに)巻き込まれる, 深入りする

impelare 他 (動物が)毛を撒き散らす, 毛だらけにする —**arsi** 再 (動物の)毛だらけになる

impellente 形 1 緊急の, 差し迫った, 切迫した 2 搔き立てる, 促す, 迫らせる

impellenza 女 緊急なこと, 急務

impellicciare[1] 他 〘io impelliccio〙 毛皮でくるむ, 毛皮をまとう

impellicciare[2] → impiallacciare

impenetrabile 形 1 入り込めない, 通り抜けられない, [スポ]切り崩せない —foresta *impenetrabile* 足を踏み入れられない森 2 (感情や考えを)表さない —sguardo *impenetrabile* 謎めいたまなざし 3 理解できない, 不可解な —l'*impenetrabile* mistero dell'universo 妙なる宇宙の神秘 4 〘物〙不可入性

impenetrabilità 女 1 入り込めないこと, 出入りできないこと 2 (感情や考えを)表さないこと 3 不可解, 不可知, 神秘的なこと 4 〘物〙不可入性

impenitente 形 1 悔い改めない, 改悛の情がない 2 (よくないことに)固執する, 頑固な

impennacchiare 他 〘io impennacchio〙 羽根で飾る; 〘諧〙(派手に)着飾る —**arsi** 再 〘諧〙(派手に)着飾る

impennaggio 男 〘空・軍〙(飛行機やミサイルの)尾翼, 尾部

impennare[1] 他 1 〘空〙(飛行機を)急上昇させる 2 (二輪車の前輪を上げ)後輪だけで走行する —**arsi** 再 1 (馬などが)後ろ脚で立つ; (二輪車が)後輪で立つ 2 〘空・船〙急上昇する, 急浮上する

impennare[2] 他 羽毛で覆う, 羽飾りを付ける —**arsi** 再 (鳥が)毛を生やす

impennata 女 1 (特に馬が)後ろ脚で立つこと 2 (飛行機や船の)急上昇, 急浮上 3 (二輪車の)後輪走行, ウィリー 4 (価格や相場の)急上昇, 騰貴

impensabile 形 1 考えられない, 想像もつかない, 思いもよらない 2 非常識な, 馬鹿げた, とんでもない

impensatamente 副 1 考えることなく, 軽率に 2 意外にも, 思いがけず

impensato 形 思いがけない, 予期せぬ, 意外な

impensierire 他 〘io -isco〙 心配させる, 悩ませる —**irsi** 再 心配する, 気にする, 悩む

impepare 他 コショウで香りをつける, コショウを振りかける

imperante 形 1 支配する, 君臨する 2 広く行き渡った, 流行する, 優勢な

imperare 自 1 (王権を)保持する[行使する] 2 支配する, 君臨する, 制する

imperativale 形 〘言〙命令法を含む, 命令を表す

imperatività 女 1 命令的なこと, 強制的なこと 2 〘法〙特例のないこと, 法規の義務性

imperativo 形 命令的な, 強制的な —男 1 〘言〙命令法 2 〘哲〙命令 —*imperativo* categorico [ipotetico] 定言的[仮定的]命令

‡**imperatore** [インペラトーレ] 男 〘女 [-trice]〙 皇帝; 天皇

imperatorio 形 1 皇帝の, 天皇の 2 尊大な, 権威的な

imperatrice 女 女帝; 皇后

impercepibile 形 目に見えない, 知覚できない

impercettibile 形 感知できない, 気づかないほどの

impercettibilità 女 感知[知覚]できないこと, ごく僅かな[微小な]こと

impercorribile 形 通り抜けられない, 通行できない

imperdonabile 形 許すことのできない, 容赦できない, 正当化できない

imperdonabilità 女 許しがたいこと, 容赦できないこと

imperf. 略 imperfetto 〘言〙半過去

imperfetto 形 1 完全でない, 出来の悪い 2 完了していない —È un'opera *imperfetta*. それは完成作品ではない. 3 〘言〙半過去の —tempo *imperfetto* 〘言〙半過去時制 —男 〘言〙半過去(時制)

imperfezione 女 1 不完全, 不十分, 不備; 欠陥, 欠如 2 (わずかな)欠点, 傷

imperforabile 形 穴を開けられない, 貫通できない; 〘スポ〙(対戦相手が)容易に得点を許さない

Imperia 固名(女) インペリア(リグリア州の都市および県名; 略 IM)

imperiale[1] 形 1 帝国の, 皇帝の 2 (古代ローマの)皇帝の, 帝政期の 3 荘厳な, 堂々とした —男女 皇帝派の人 —男 1 皇帝ひげ(ナポレオン3世のような下唇の下のとがったひげ) 2 〘旗〙帝〘歴〙神聖ローマ帝国軍 3 〘印〙インペリアル版

imperiale[2] 男 (トランクや人を載せる)馬車[昔のバス]の屋根[屋上部]

imperialismo 男 帝国主義

imperialista 形 〘複[男 -i]〙 帝国主義(者)の; 帝政主義(者)の —男女 〘複[男 -i]〙 帝国主義者; 帝政主義者

imperialistico 形 〘複[男 -ci]〙 帝国主義(者)の; 帝政主義(者)の

imperiese 形 インペリア(の人)の —男女 インペリアの人

imperiosità 女 1 尊大, 傲慢, 横柄, 権威的なこと 2 緊急, 切迫, 火急

imperioso 形 1 尊大な, 傲慢な, 横柄な 2 緊急の, 差し迫った, 切迫した

imperito 形 未熟な, 不慣れな, 下手な, 不器用な

imperituro 形 不滅の, 不死の, 永遠の —*fama imperitura* 不朽の名声

imperizia 女 未熟, 不慣れ, 未経験

imperlare 他 1 真珠で飾る 2 (汗・露などの小さな粒を)撒き散らす —Il sudore

gli *imperlava* la fronte. 彼の額に汗が玉となって滴った。 **—arsi** 再 [di] (汗・露などの小さな粒で)覆われる —La rosa *si è imperlata* di rugiada. バラが露に濡れきった。

impermalire 他 [io -isco] 怒らせる, いらいらさせる **—自** [es] 怒る, じりじりする **—irsi** 再 怒る, 憤慨する, いらいらする

impermeàbile 形 (a) 防水性の, (液体や気体を)通さない —*impermeabile all'acqua* 水を通さない, 防水の **—男** レーンコート, 雨ガッパ, 雨外套

impermeabilità 女 不浸透性, 不透水性

impermeabilizzante 形 不透水性の, 防水の **—男** 不透水性の物質, 防水剤

impermeabilizzare 他 防水加工する

impermeabilizzazione 女 防水加工[処理]

impermutàbile 形 交換できない, 変えられない; 変化しない

impermutabilità 女 不換性, 不変性

impermutato 形 不変の, 取り替えられない

imperniare 他 [io impernio] 1 ピボットで固定する, ピボットをつける; [機] (ピボットで)一方の部品を他方と連結する 2 (su)根拠[基礎]を置く —I lavoratori *imperniano* la protesta sullo stipendio. 労働者たちは抗議活動の中心を給与に置いている。 **—arsi** 再 (su) …に基づく, …を根拠とする

imperniatura 女 ピボットで固定すること; [総称的]ピボット, 旋回軸

impero 男 1 帝国 2 覇権, 絶対的な権力 3 [不変]帝政様式, アンピール様式 **—形** [不変]帝政様式の, アンピール様式の

imperscrutàbile 形 調べられない, 知りえない, うかがい知れない

imperscrutabilità 女 調べても分からないこと, 計り知れないこと, 不可解

impersonale 形 1 特定の人[個人]に関わらない, 一般的な 2 個性のない, 没個性的な, 独創性を欠く, 平凡な 3 [言]非人称の, 非人称構文の —*verbo impersonale* 非人称動詞 **—男** [言]非人称動詞

impersonalità 女 1 特定の人[個人]に関わらないこと, 非人格性 2 個性のないこと, 没個性, 平凡, 月並み

impersonalmente 副 1 非個人的に, 一般的に 2 没個性的に, 平凡に 3 [言]非人称で

impersonare 他 1 (抽象的なものを)人格化[擬人化]する, 象徴[体現]する —Il vestito bianco *impersona* la purezza. 白いドレスは純潔のシンボルである。 2 (役者が)…の役を演じる **—arsi** 再 1 (人と)同一化する, (状況に)一致する;

(役者が)役になりきる 2 体現する, 具現する **—In lei *si impersona* l'avarizia. 彼女は貪欲の権化だ。

imperterrito 形 1 取り乱さない, 平然とした, 無関心な 2 恐れない, ひるまない

impertinente 形 生意気な, 無礼な, 厚かましい, 恥知らずの, ずうずうしい **—男女** 生意気な人, 無礼者, ずうずうしい人

impertinenza 女 1 生意気, 無礼, 無作法, 厚かましさ 2 暴言, 横柄な言動

imperturbàbile 形 1 無関心な, 冷淡な, 平気な, 動じない, 無頓着な 2 (性格や性質が)冷静な, 落ち着きはらった, 腹の据わった

imperturbabilità 女 無関心, 冷淡, 無頓着; 冷静, 落ち着き

imperturbato 形 1 (物が)一切乱されていない[妨げられていない] —*quiete imperturbata* 全き静けさ 2 (人が)落ち着いた, 冷静な

imperversare 自 1 (特に自然現象が)猛威を振るう, 荒れ狂う, 損害を引き起こす —L'epidemia *imperversa* nel paese. その地域では伝染病が猛威を振るっている。 2 (譲)大流行する, 広く行き渡る 3 激怒する, 暴れ回る

impervietà 女 入れないこと, 通行できないこと

impèrvio 形 近づきがたい, 入れない; 通れない

impestare 他 1 ペスト[伝染病]に感染させる 2 性病の病人を移す 3 堕落させる, 台無しにする 4 悪臭を放つ

impetìgine 女 [医]膿痂疹(のうかしん)

impetiginoso 形 [医]膿痂疹(のうかしん)の **—男** [女 [-a]] [医]膿痂疹(のうかしん)患者

impeto 男 1 勢い, 激しさ 2 (感情の)爆発, 衝動 —*impeto* d'ira 怒りの爆発

impetrare 他 1 祈願によって授かる 2 懇願[嘆願]する

impettirsi 再 [io mi -isco] (胸を張って)尊大に構える, 思い上がる, 偉そうにする

impettito 形 (傲慢さや尊大さで)胸を張る, 威張る

impetuosità 女 猛烈さ, 激烈さ, 熱烈さ

impetuoso 形 1 猛烈な —*vento impetuoso* 暴風, 烈風 2 (気性が)激しい —Quella ragazza ha un carattere *impetuoso*. あの女の子は気性が激しい。

impiagare 他 傷を負わす; 心を傷つける **—arsi** 再 傷を負う, 傷つく

impiallacciare 他 (io impiallaccio) (薄板・大理石・レンガなどで)化粧張り[上張り]する

impiallacciatore 男 [女 [-trice]] 化粧張り[上張り]職人

impiallacciatura 女 化粧張り, 上張り; 化粧張り用の薄板

impiantare 他 1 設置する, 設備する, 備えつける, 取りつける, 組み立てる **—*im-**

impiantire

piantare un capannone 倉庫を据え付ける 2設立する, 起こす, 創設する — *impiantare* un commercio 商売を始める 3〔商〕(口座などを)開設する 4〔医〕人工装置を体内に挿入する —**arsi** 身を着ける, 構える, 位置する

impiantire 他〔io -isco〕床を張る
impiantito 男女〔複[男 -i]〕(装置などの)取り付け作業
impiantistica 女 (工業設備の)設計 設備部門
impiantito 形 1床の張られた 2床, 床板, 床張り
impianto 男 1設備, 装置, プラント — *impianto* stereo ステレオ装置 2設置; 開設
impiastrare 他 1 (ねとねとしたものを)塗る, 塗りたくる 2よごす, 汚くする —**arsi** 再 1 (ねとねとしたもので)よごれる 2厚化粧する
impiastricciare → impiastrare
impiastro 男 1膏(こう)薬, パップ剤, 湿布 2〔口〕へま, しくじり, 不首尾 3〔口〕うんざりさせる人, うるさい人, 厄介な人 4病弱な人, 虚弱な人
impiccabile 形 絞首刑にできる, 絞首刑にされうる
impiccagione 女 絞首刑
impiccare 他 1縛り首にする 2首を強く締めつける 3せき立てる, 攻め立てる 4《口》ぼったくる —**arsi** 再 首を吊る
impiccato 形 1絞首刑にされた; 首をくくった 2か細い, 抑制した, 押さえつけられた —男〔女[-a]〕絞首刑に処された人; 首吊りをした人 —voce da *impiccato* 弱々しい声
impicciare 他〔io impiccio〕邪魔する, 妨害する —**arsi** 再〔di〕口出しするかまう —Non *impicciarti* dei fatti miei. 僕にかまわないでくれ.
impicciato 形 1《口》(特に, 嫌なことで)忙しい, 暇がない 2複雑な, ややこしい, 込み入った 2苦境に陥った, 面倒に巻き込まれた
impiccinire 他〔io -isco〕1より小さくする, 小さく見せる 2貧弱にする, みすぼらしくする, 価値を低下させる —自〔es〕小さくなる, 小さく見える —**irsi** 再 (より)小さくなる
impiccio 男 1妨害, 邪魔, 障害(物) —essere di *impiccio* 邪魔になる 2厄介ごと, 難儀, 困った事態 —cacciarsi [trovarsi] in un *impiccio* 面倒ごとに巻き込まれる / cavare [togliere] dagli *impicci* 厄介ごとから救い出す
impicciolire 他〔io -isco〕小さくする —自〔es〕さらに小さくなる
impiccione 男〔女[-a]〕1おせっかいやき, 詮索好き 2面倒を引き起こす人, 厄介ごとをもたらす人
impiccioso 形 厄介ごとを引き起こす, 面倒をかける
impiccolire 他〔io -isco〕1 (より)小さくする, (さらに)小さく見せる 2 (価値や評価を)下げる[損なう] —自〔es〕(より)小さくなる —**irsi** 再 (より)小さくなる

impidocchiare 他〔io impidocchio〕シラミをはびこらせる, シラミをうつす —**arsi** 再 シラミにたかられる
impiegabile[1] 形 利用[使用]できる, 活用できる
impiegabile[2] 形 曲げられない, 曲がらない
impiegare 他 1 (時間を)かける — *impiegare* l'intera giornata 一日時間をかける / *impiegare* due ore per arrivare a casa 家に着くのに2時間をかける 2使う, 費やす —Ha *impiegato* tanti soldi in immobili. 彼は不動産にかなりのお金を使った. 3雇う —**arsi** 再 仕事職を得る, 就職する
impiegata 女 OL, 事務員
impiegatizio 形 勤め人の, 従業員の, 使用人の, サラリーマンの
impiegato 男〔女[-a]〕サラリーマン, 会社員 — *impiegato* statale 国家公務員 / *impiegato* delle poste 郵便局員
impiego 男〔複[-ghi]〕1使用, 利用 2職, 仕事 —senza *impiego* 失業した, 職のない
impietosire 他〔io -isco〕哀れを催させる, 同情を誘う, 気の毒に思わせる —**irsi** 再 気の毒[かわいそう]に思う, 不憫(ふびん)に思う — *Si impietosisce* con troppa facilità. 彼はすぐにほろりとしてしまう.
impietoso 形 1無情な, 無慈悲な, 情容赦のない 2 (天候が)激しい, 途絶えることのない
impietrire 他〔io -isco〕1石に変える, 石化する; 石のように堅くする 2無感覚にする, 呆(ぼう)然とさせる 3麻痺させる, 動けなくする —La paura lo *ha impietrito*. 恐怖で彼は立ちすくんだ. —自〔es〕1石になる 2茫(ぼう)然自失する —**irsi** 再 1石になる; 石のように堅くなる 2無感動になる, 正気を失う — Il suo cuore *si è impietrito*. 彼の心は固く閉ざされてしまった. 3麻痺する, 立ちすくむ
impietrito 形 1石(のよう)になった 2無感覚になった 3呆(ぼう)然とした, こわばった
impigliare 他〔io impiglio〕1からませる, 引っかける, もつれさせる 2巻き込む, 関わり合わせる —**arsi** 再 1からまる, 引っかかる —Il golf *si è impigliato* nella chiusura lampo. セーターがファスナーに引っかかった. 2巻き込まれる, 関わり合う
impignorabile 形〔法〕差し押さえられない
impigrire 他〔io -isco〕怠惰[無精]にする —自〔es〕怠惰[無精]になる —**irsi** 再 怠惰[無精]になる —Con l'età *si è impigrito*. 歳とともに彼は無精になった.

impilaggio 男 (山のように)積み重ねること、積み上げること

impilare 他 山と積む、積み上げる、積み重ねる

impillaccherare 他 [io impillacchero] [トスカーナ] 泥のはねでよごす

impinguamento 男 太ること、肥えること；豊かになること

impinguare 他 [io impinguo] 1 太らせる、(土地を)肥やす 2 満たす、一杯にする；豊かにする 3 詰め込む、散りばめる —自 [es] 太る、(土地が)肥沃になる —**arsi** 再 1 太る、(土地が)肥沃になる 2 豊富になる、裕福になる 3 精神的に豊かになる

impinzare 他 (食べ物を)詰め込む、たらふく食わせる —**arsi** 再 たらふく食べる、がつがつ食べる

impiumare 他 1 羽を詰め込む；羽で飾る —*impiumare un cuscino* 枕に羽毛を詰める 2 [織] 下染めする —**arsi** 再 (鳥の)羽が生え揃う

impiumatura 女 1 羽を詰め込むこと、羽で飾ること 2 [織] 下染め

implacabile 形 1 なだめられない、消しがたい、執念深い —*Il rivale divenne un suo nemico implacabile.* そのライバルは彼の不倶戴天の敵になった. 2 (天候が)厳しい、激しい、苛烈な 3 無慈悲な、冷酷な；頑固な

implacabilità 女 1 なだめられないこと、執念深さ 2 (天候の)厳しさ、激烈、苛烈さ 3 無慈悲、冷酷；頑固

implantologia 女 1 [医] (歯の)インプラント；インプラント歯科学 2 (頭髪の)植毛術

implementare 他 1 [哲] 履行する、実行する 2 [情] (機能や部品を)実装する

implicare 他 [io implico] 1 (苦難や危険に)巻き込む、関わらせる —*implicare... in uno scandalo* (人)をスキャンダルの巻き添えにする 2 (当然の結果として)意味する、含意する、…を含む —*L'amicizia implica stima e fiducia reciproche.* 友情はお互いの尊敬と信頼を伴うものだ. 3 前提とする、必要とする —*Studiare implica rinunciare a qualche divertimento.* 勉強するには多少は楽しみも諦めざるを得ない. —**arsi** 再 (不快なことに)巻き込まれる、関わり合いになる

implicazione 女 1 関わり合い、巻き添え、連累 2 含意、含み、含蓄、言外の意味 3 [論] 含意

implicitamente 副 暗に、それとなく

implicito 形 1 (当然のこととして)言外に含まれた、暗黙の 2 [数] 陰関数表示の 3 [言] 不明形の —*frase [proposizione] implicita* 不明形節 [不定詞・ジェルンディオ・分詞で表される]

implorante 形 請う、嘆願する、懇願する、哀願する

implorare 他 嘆願 [哀願] する —*implorare la grazia* 慈悲を乞う

implorazione 女 嘆願、懇願、哀願

implosione 女 1 [物] (外部圧力による)内破 2 [言] 閉鎖音における内破

implosivo 形 [言] 内破音の

implume 形 羽のない、まだ羽の生え揃っていない

impluvio 男 1 [考] (古代ローマの)中庭の雨水ため 2 [地理] 分水界

impoetico 形 [複男 -ci] 1 詩的でない、散文的な 2 感興に乏しい、感性を欠いた、平凡な

impolitico 形 [複男 -ci] 1 (政治的に)意義 [効果] のない 2 得策でない、不適当な、時宜を得ない 3 政治感覚のない；政治に無関係の、政治に無関心の —男 [複 -ci] 女 [-a] 政治嫌いの人、政治に無関係 [無関心] な人

impollinare 他 [io impollino] [植] 授粉 [受粉] する

impollinazione 女 [植] 授粉、受粉 —*impollinazione diretta [indiretta]* 自家 [他家] 受粉 / *impollinazione anemofila [entomofila, idrofila, zoofila, incrociata]* 風媒 [虫媒、水媒、動物媒、交雑] 受粉

impoltronire 他 [io -isco] 怠惰 [無精] にさせる —自 [es] 怠惰 [無精] になる —**irsi** 再 怠惰 [無精] になる

impolverare 他 [io impolvero] 1 埃(ほこり)だらけにする、埃でよごす 2 [農] (寄生虫駆除剤を)散布する —**arsi** 再 埃(ほこり)まみれになる

impolverato 形 埃(ほこり)だらけの、埃をかぶった

impolveratrice 女 [農] (殺虫剤の)散布器

impomatare 他 軟膏(こう)を塗る；ポマードを塗る —**arsi** 再 (体の一部に)軟膏を塗る；ポマードを塗る

impomatato 形 1 軟膏(こう)を塗った；ポマードを塗った 2 [皮肉で] 外見の手入れをしすぎる —*È sempre tutto impomatato.* 彼はいつもめかし込んでいる.

impomiciare 他 [io impomicio] 軽石でこする [磨く]

imponderabile 形 1 [物] 重さのない、不可量の；無視できるほどの重さの 2 明確にできない、評価できない、予想できない —男 (理性では)測り知れないもの、予測し得ないもの

imponente 形 1 堂々とした、威厳のあ

る **2**(数量が)圧倒的な

imponenza 囡 堂々たる様子, 荘厳さ, 壮大さ

imponibile 形 **1** 課すことのできる, 命令できる, 課せられる, 命じられる **2** 課税対象の —reddito *imponibile* 課税所得 —男 課税評価額

imponibilità 囡 **1** 課すことができること, 命令できること **2** 課税できること; 課税限度額

impopolare 形 **1**(物の)不評の, 評判の悪い;(人が)人気のない, 人望のない **2**(物が)はやらない,(人が)知られていない

impopolarità 囡 不評, 不人気

imporporare 他〔io imporporo〕深紅色[紫色]に染める —La luce del tramonto *imporpora* le montagne. 夕映えが山々を赤く染めている. —**arsi** 再 赤くなる —*imporporarsi* per la vergogna [rabbia] 恥ずかしさ[怒り]で真っ赤になる

imporrare 自〔es〕(特に木材が湿気で)腐り始める, 朽ちかける —他 腐らせる

*__**imporre**__* [インポッレ] [79] 他〔過分 imposto〕**1** 課す, 押しつける —Il governo *impose* nuove tasse. 政府は新たな税を課した. **2** 命じる **3** 上に置く —**orsi** 再 **1**(能力や権威で他を)制する, 圧倒する **2**〈di〉(評価や評判を)獲得する, 成功する

importabile¹ 形 **1**(服が着古されたり, 流行遅れや悪趣味なので)着ることができない **2**(荷物や重量物などが)運べない, 支えられない; 耐えられない, 我慢できない

importabile² 形 輸入できる

*__**importante**__* [インポルタンテ] 形 重要な, 大事な, 貴重な; 権威ある, 力のある —È un *importante* uomo politico. 彼は有力な政治家だ. —男〔単数のみ〕重要なこと —L'*importante* è mantenere la promessa. 大事なのは約束を守ることだ.

*__**importanza**__* [インポルタンツァ] 囡 重要性; 価値 ▶ **avere importanza** 重要である **darsi importanza** もったいぶる, 気取る

*__**importare**__*¹ [インポルターレ] 自〔es〕**1**〔3人称のみ〕重要である —Mi *importa* sempre la salute dei genitori. 両親が元気にしているかどうかいつも気になる. / Ciò che mi *importa* è superare questo esame. 僕にとって大切なのはこの試験にパスすることだ. / Non mi *importa* più niente di lui. あいつのことなんかもうどうでもいい. **2**〔3人称のみ; 非人称; di +〔不定詞〕, che +〔接続法〕で〕重要である, 影響を及ぼす; 気にかかる —Non mi *importa* di arrivare tardi. 遅く着いても私は気にしない. **3**〔3人称のみ〕必要である —Non *importa* aspettarlo. 彼を待つ必要はない. / Non *importa* che venga anche tu. 君まで来る必要はない. ▶ **Non importa! | Che importa?** 気にしなくていい, 関係ないよ. / *Non mi importa! | Che mi importa?* 気にしない, へっちゃら.

importare² 他 **1** 輸入する —*importare* vini dall'Italia イタリアからワインを輸入する **2**(技術や考えなどを外国から自国に)取り込む, 取り入れる **3**〔コン〕(情報やデータを)取り込む

importatore 男〔囡[-trice]〕輸入(業)者 —形〔囡[-trice]〕輸入する —paesi *importatori* di petrolio 石油輸入国

importazione 囡 **1** 輸入 **2** 輸入品[量]

importo 男 **1**〔経〕総計, 合計 **2** 合計金額, 総額

importunare 他 しつこく頼む, うるさくせがむ, いやがらせる, 迷惑をかける —Smettila di *importunarmi*! いつまでもしつこいぞ. / Scusi se La *importuno* a quest'ora. こんな時間にお邪魔して申し訳ありません.

importunità 囡 **1** しつこさ, うっとうしさ; 面倒, 厄介 **2** 時機を失すること, 不適当

importuno 形 **1** うっとうしい, 迷惑をかける, 悩ます, 困らす, しつこい **2** 面倒な, 煩わしい, うるさい, 厄介な **3** 時宜を得ない, あいにくの, 時期外れの, 不適当な

imposizione 囡 **1** 課すこと, 負わせること **2** 授けること, 付与すること —*imposizione* di un nome a un neonato 新生児に命名すること **3** 命令すること, 押し付けること; 規律, 規則, 掟(おきて) **4** 課税すること; 税金

impossessamento 男 奪うこと, 横領, 盗むこと

impossessarsi 再 **1** 手に入れる, 奪う, 横領する **2**〈婉〉盗む —Il ladro *si è impossessato* dei gioielli. 泥棒は宝石を奪った. **3**(感情や激情が)支配する **4** 身につける, 熟達する

impossibile [インポッスィービレ] 形 **1** 不可能な, ありえない —È *impossibile* arrivarci in tempo. 遅れずにそこに着くのは不可能だ. / È *impossibile* che tu finisca questo lavoro. 君がこの仕事を終えるのは不可能だ. **2** 無理な, どうしようもない —richiesta *impossibile* 無理な要求 / È un uomo *impossibile*. 彼は性格の悪い男だ. —男〔不変〕不可能なこと, ありえないこと

impossibilità 囡 不可能

impossibilitare 他〔io impossibilito〕**1** 不可能にする **2** 妨げる, 邪魔する

impossibilitato 形 **1** …できない **2** 妨げられた, 邪魔された

imposta 囡 **1** 税, 税金 —pagare le *imposte* 納税する **2**(両開きの)よろい戸

impostare¹ 他 **1** 計画[企画]する, 決める —*impostare* un progetto 計画を企てる **2** 輪郭を描く, 概略を記す —*impostare* la traccia di un romanzo 小説の筋書きを構想する **3**〔建〕(アーチなどの)レンガ積みをする;(基礎や骨組みから)

impostare 建築に着手する 4〔船〕建造する 5〔音・劇〕(正しい姿勢と横隔膜のコントロールで)発声の訓練をする 6 帳簿に記載する　—**arsi** 再 適切な位置につく, 構える

impostare² 他 ポストに入れる, 投函する(imbucare)

impostazione¹ 女 1 計画, 立案 2 概要, あらすじ 3〔芸術・技術・教養などの〕根本原理〔理論〕, 根拠, 基礎 4〔建〕基礎を築くこと, 基礎; 着工, 着手 5〔音・劇〕(発声器官や横隔膜の調整で)最適な発声のためのポジションをとること

impostazione² 女 ポストに入れること, 投函

imposto imporre の過分

impostore 男〔女[-a]〕いかさま師, 詐欺師, ペテン師

impostura 女 1 詐欺, いかさま, ペテン 2 偽物, 食わせ物

impotente 形 1 無力な, 無能な 2〔医〕(性的に)不能な —男〔医〕性的不能者

impotenza 女 1 無力, 無能; 無気力, 虚弱 2〔医〕勃起不能, インポテンツ; 生殖不能

impoverimento 男 1 貧しくなること, 貧困化 2 (精神的な)衰弱 3〔農〕(土地が)やせること

impoverire 他 [io -isco] 1 (より)貧しくする 2 奪う, 取り除く 3 (特に精神的に)弱める, 衰弱させる, 低下させる 4〔農〕(土地を)やせさせる, 不毛にする —自 [es] 貧しくなる, 困窮する —**irsi** 再 1 (より)貧しくなる 2 減る, 減少する 3 (精神的に)衰える, 衰弱する 4〔農〕(土地が)やせる

impraticabile 形 1 (道路・場所などが)通れない 2 (計画などが)実行不可能な 3〔スポ〕(グランドが)使用不能の 4 (人が)扱いにくい, 手に負えない

impraticabilità 女 1 通行不能; 使用不可能 2 実現不可能

impratichire 他 [io -isco] しつける, 訓練する, 教え込む —自 訓練を受ける, 仕込まれる —**irsi** 再 訓練を受ける, 仕込まれる

imprecare 自 呪う, 悪態をつく, 悪口雑言を浴びせる, 罵る —他 (他人の災いを)願う

imprecativo → imprecatorio

imprecatorio 形 呪う, 呪いの —男〔女[-a]〕呪う事; 悪態をつく人

imprecazione 女 1 呪うこと 2 呪いの言葉; 悪口雑言

imprecisabile 形 確定できない, 明確にできない

imprecisato 形 不確定の, 不明確な, 曖昧な, 漠然とした

imprecisione 女 1 不正確, 不明確 2 (軽微な)間違い, 誤り

impreciso 形 1 正確でない 2 はっきりしない, 曖昧な ▶ *in modo impreciso* 曖昧に

impredicibile 形 予想できない, 予測のつかない

impregiudicabile 形 偏見にとらわれない

impregiudicato 形 1 未決定の, 未確定の 2〔法〕(係争中に)未決の

impregnare 他 1 (液体を)染み込ませる —*impregnare un fazzoletto di profumo* ハンカチに香水を染み込ませる 2 妊娠〔受胎〕させる 3 (土地を)肥沃にする, (植物を)実り多くさせる —**arsi** 再 1 濡れる, 染み込む 2 充満〔飽和〕する, 一杯になる 3 (動物が)妊娠〔受胎〕する

impregnazione 女 浸透; 飽和, 充満

impremeditato 形 前もって計画されていない, あらかじめ考えられていない

imprendere [82] 他《過分 impreso》《文》始める, 着手する

imprendibile 形 1 捕まえられない, 取ることができない 2 堅固な, 難攻不落の

imprendibilità 女 捕らえられないこと

imprenditore 男〔女[-trice]〕企業家, 事業主; 請負人

imprenditoria 女 1 企業家階級 2〔総称的〕企業家〔事業〕活動

imprenditoriale 形 企業家〔事業主〕の

imprenditorialità 女 企業家としての能力〔資質, 手腕〕

impreparato 形 1 準備〔用意〕のできていない, 覚悟のない 2 (知識・教養が)身についていない —男〔女[-a]〕学力不足の生徒

impreparazione 女 1 準備不足 2 無能, 無力

***impresa** [インプレーサ, インプレーザ] 女 1 企て; 事業, 起業 2 企業, 会社 3 偉業, 武勲

impresario 男〔女[-a]〕1 (演劇・音楽会などの)興行主, 座元 2 経営者, 事業主

imprescindibile 形 除外〔無視〕できない, 必須の, 本質的な

imprescindibilità 女 除外〔無視〕できないこと, 必須であること

imprescrittibile 形 1〔法〕時効の制約を受けない 2 議論の余地のない, 明白な

imprescrittibilità 女〔法〕時効の制約を受けないこと

impresentabile 形 1 提出されない, 呈示されない 2 (乱雑で)公開できない; (みっともない格好なので)人前に出せない

impresse imprimere の直・遠過・3単

impressionabile 形 1 感じやすい, 感受性の強い, 動揺しやすい 2〔写〕(フィルムが)高感度の

impressionabilità 女 感じやすさ, 動揺しやすさ, (神経)過敏

impressionante 形 1 印象深い; 驚異的な 2 恐ろしい

impressionare 他 1 衝撃〔ショック〕を与える; 印象づける; 圧倒する 2 (フィルムを)感光させる —**arsi** 再 1 驚く, 動揺

する, 怖がる 2〔写〕感光する
impressionato 形 感じ入った, 驚いた, ぎょっとした
＊impressione [インプレッスィオーネ] 女 1印象, 感じ —avere (una) buona *impressione* di... (人)に好感を抱く / fare (una) buona [cattiva] *impressione* よい[悪い]印象を与える / Ho l'*impressione* che sia tardi. 手遅れの感じがする. / Ho l'*impressione* di non piacergli. 彼は私が嫌いみたい. / Ho la vaga *impressione* di aver sbagliato. 何となく間違ったような気がする. 2動揺, ショック —Il sangue gli fa *impressione*. 血を見ると彼は動揺する. 3 (書籍の)版, 刷 —terza *impressione* 第3刷 4印を押すこと, 刻印
impressionismo 男〔美〕印象派
impressionista 〔複［男 -i］〕〔美・文・音〕印象派の —男〔複[-i]〕〔美・文・音〕印象派の人, 印象主義者
impressionistico 形〔複［男 -ci］〕 1〔美・文・音〕印象派の, 印象主義者の 2 印象だけに基づく, うわべだけの, 表面的な
impresso 形 imprimere の過分
impressore 男〔女［impremitrice］〕〔印〕印刷工
imprestare 他〔俗〕貸す —farsi *imprestare*... (物)を借りる
imprestito 男〔俗〕貸すこと, 貸付
imprevedibile 形 予想[予見]できない
imprevedibilità 女 予想[予見]できないこと
impreveduto 形 予期しない, 予見できなかった, 不測の
imprevidente 形 先見の明のない, 不用意な, 軽率な, 無分別な
imprevidenza 女 不用意, 無思慮; 軽率[無分別]な言動
imprevisto 形 予期しない, 予想[予定]外の —男 不都合; 不測の事態
impreziosire 他 [io -isco] 1 (より)貴重なものにする, 値打ちを上げる 2 飾る, 豊富にする
imprigionamento 男 投獄, 監禁, 拘禁
imprigionare 他 1 収監する 2 閉じ込める 3 (流れを)せき止める —arsi 再 自ら進んで服従[従属, 隷属]する
imprimatur 男〔不変〕1〔ラ〕(ローマカトリック教会の)出版許可 2 許可, 承認, 是認
imprimé 形〔不変〕〔仏〕プリント生地の —男〔不変〕〔仏〕プリント生地
imprimere [20] 他〔過分 impresso〕1 (印や跡を押して)残す; (心や記憶に)刻む —*imprimere* un marchio 刻印を押す / *imprimere* un'orma sulla sabbia [neve] 砂[雪]の上に足跡を残す / *imprimere*... nella mente [nel cuore] …を胸に焼きつける 2 (運動を伝える, 心に刻まれる

imprimitura 女 (絵などの石膏(ᵞ)・にかわ・石灰による)下塗り, 粗塗り; 下地
improbabile 形 ありそうもない
improbabilità 女 1 ありそうもないこと, 起こりそうにもないこと 2 本当らしくないこと, 信じられないこと
improbo 形 1 骨の折れる, つらい, 面倒な 2 不誠実な, 不正直な, たちの悪い
improcedibile 形〔法〕(裁判が)続行不可能な
improcedibilità 女〔法〕(裁判の)続行不可能
improcrastinabile 形 延期され得ない
improcrastinabilità 女 延期され得ないこと
improducibile 形 1 生産[製造]できない 2〔法〕裁判にかけられない
improduttività 女 非生産的なこと, 不毛, 無駄, 効果の無いこと
improduttivo 形 1 不毛の, 収穫されない —terreno *improduttivo* 不毛の土地 2 もたらさない, 利益のない —investimento *improduttivo* 無駄な投資 3 効果の無い, 役立たずの
improferibile 形 口に出せない, 発音できない; 言ってはならない
impromptu 男〔不変〕〔仏・音〕即興曲
impronta¹ 女 1 押した印[跡] —*impronta* dei denti 歯形 2 痕跡, 形跡, 足跡
impronta² 女〔次の成句で〕▶ *all'impronta* 一目で, 即座に, すぐに
improntare 他 1 特徴づける, 目立たせる 2 印をつける, 跡を残す —arsi 再 (表情や音調を)帯びる
improntato 形 特徴がある; 印のついた, 跡を残した
improntitudine 女 厚かましさ, ずうずうしさ, 無遠慮, 無礼
impronto 形 厚かましい, ずうずうしい —男〔次の成句で〕▶ *all'impronto* 一目で, 即興で, 即席に
impronunciabile 形 発音できない, 発音しにくい; (道徳的に, あるいは, 宗教上)言ってはならない
improperio 男 侮辱, 無礼な言動 —caricare [coprire] di *improperi* 罵る, 侮辱する
improponibile 形 提案[提出]できない, 提案するのにふさわしくない[適切でない]
impropriamente 副 不適切に, 不適当に, 間違って
improprietà 女 不適切, 不適当, 間違い; 不正確, 曖昧さ
improprio 形 不適切[適当]な; 場違いの, 不似合いな
improrogabile 形 延期できない, 繰り延べできない
improrogabilità 女 延期できないこと
improvvidenza 女 無思慮, 軽率, 不用意
improvvido 形 先見の明のない, 思慮

improvvisamente 副 突然に, 不意に, 突然, 思いがけなく, いきなり

improvvisare 他 1 (準備もなく)即興でやる 2 即席で作る —**arsi** 再 即席で代役[不慣れな役]を務める

improvvisata 女 思いがけないうれしい驚き, 予期しないうれしい出来事; 突然のうれしい訪問

improvvisato 形 急ごしらえの, にわか作りの

improvvisatore 形 [女[-trice]] 即興的に作る —男[女[-trice]] 即興的[即席]に作る人; 即興詩人

improvvisazione 女 即興(演奏), 即興の講演[挨拶]

＊**improvviso** [インプロッヴィーゾ] 形 突然の, 急な —男 [音]即興曲 ▶ **all'improvviso [d'improvviso]** 突然, 急に

imprudente 形 軽率な, 不注意な, 無謀な

imprudentemente 副 軽率に, 無分別に, 軽はずみに

imprudenza 女 軽率(な行為), 不注意 —commettere un'*imprudenza* 軽率な行動をとる

impubblicabile 形 公表できない, 出版できない; 出版に値しない

impube → impubere

impubere 形 結婚適齢期に達していない —男女 結婚適齢期に達していない人; [生物]繁殖年齢に達していない動物

impudente 形 遠慮[慎み]のない, 厚かましい, ずうずうしい, 無礼な, 生意気な —男女 厚かましい人, 無礼な人

impudenza 女 遠慮[慎み]のないこと, 厚かましさ, ずうずうしさ, 無礼, 生意気

impudicizia 女 下品, 淫ら, 不謹慎, 恥知らず

impudico 形 [複[男[-chi]]] 下品な, 淫らな, 不謹慎な; 慎みのない, 恥知らずの

impugnabile 形 [法]異議を唱えられる

impugnabilità 女 [法]異議申し立てができること

impugnare¹ 他 (手でぎゅっと)つかむ, 握りしめる

impugnare² 他 1 [法]異議申し立てをする 2 反駁(ばく)[論駁]する, 反対する, 疑いを差し挟む

impugnatore 男 [女[-trice]] 反対する人, 異議を申し立てる人

impugnatura 女 1 (スポーツ用具の)握り[つかみ]方 2 取っ手, 握り, (刀・剣の)つか, 柄

impugnazione 女 1 [法]不服申し立て, 上訴 2 反論する[反対する]こと

impulsività 女 衝動性; (性格・言動の)直情性

impulsivo 形 衝動的な, 直情的な —男 [女[-a]] 衝動的な人

impulso 男 1 推進力 2 刺激 3 本能, 衝動 —acquisto [acquirente] per *impulso* 衝動買い[衝動買いをする人] 4 [物]力積 ▶ *d'impulso* [*per impulso*] 衝動的に

impunibile 形 処罰できない

impunibilità 女 処罰できないこと

impunità 女 刑罰を免れること; (刑事)免責

impunito 形 刑罰を免れた, 処罰を受けない —男 [女[-a]] [中洋]ならず者, チンピラ

impuntare 自 1 つまずく, よろめく 2 どもる, 口ごもる, (しゃべりが)つかえる —**arsi** 再 1 (馬などが足を踏ん張って)前へ動こうとしない 2 意地を張る, 固執する, 意固地になる —*impuntarsi* in un'idea ある考えに執着する 3 どもる, 口ごもる, (しゃべりが)つかえる

impuntatura 女 (馬などが足を踏ん張って)前へ動こうとしないこと; 意地を張ること, 頑固

impuntigliarsi 再 [io mi impuntiglio] 意地を張る, 固執する

impuntire 他 [io -isco] 1 刺し子にする, キルティングする 2 (縫い目を)細かく縫い合わせる

impuntitura 女 刺し子縫い, キルティング

impuntura 女 1 刺し子縫い, キルティング 2 半返し縫い

impunturare 他 刺し子縫いする; 半返し縫いする

impurità 女 1 不純, 不潔 2 不純物, 混じり物 3 不道徳, 不純行為 4 [言]純粋でないこと

impuro 形 1 不純な, 不潔な 2 混じり物[不純物]のある 3 不道徳な, 淫らな 4 [言]純粋でない

imputabile 形 1 負わせる[帰する]ことができる —L'insuccesso è *imputabile* alla sua negligenza. その失敗は彼の怠慢のせいだ. 2 責任があると見なされる, 責めを負う —essere *imputabile* di una sconfitta 敗戦の責任がある 3 訴訟[告発]された —男女 [法]被告人, 被疑者

imputabilità 女 責任を負うこと, 責任のあること

imputare 他 1 (過ちなどを…の)せいにする, (人や物に…)を帰する, 負わせる —Gli esperti *imputano* l'incidente alla tempesta. 専門家は事故を嵐のせいだと見ている. 2 [法]告発[告訴, 起訴]する 3 計上する

imputato 形 罪に問われた, 告訴された —男 [女[-a]] 被告, 被疑者

imputazione 女 1 (過ちなどを…の)せいにすること, (人や物に…)を帰する[負わせる]こと 2 [法]告訴, 告訴箇条 3 計上

imputrescibile 形 腐敗[分解]しない

imputridimento 男 1 腐敗, 腐食 2 堕落, 退廃

imputridire 自 [es] [io -isco] 腐る, 腐敗する —他 腐らせる

imputridito 形 腐敗した

impuzzolentire 他 [io -isco] 臭くする, 悪臭で満たす

✲in [イン] 前 《定冠詞と結合して nel, nei, nello, negli, nella, nelle, nell'》 **1** …の中で —vivere *in* città [campagna] 町[田舎]で暮らす **2** …の中へ —tornare *in* Giappone 日本に帰る **3** …の中を —passeggiare *nel* parco 公園を散歩する / viaggiare *in* Italia イタリアを旅行する / Ho tante idee *in* mente. 様々な考えが脳裏をよぎる. **4** 〔所要時間・期間〕…で —Finirò il lavoro *in* un mese. 私は1か月で仕事を終える予定です. / Roma non fu fatta *in* un giorno. 〔諺〕ローマは一日にして成らず. / *in* un attimo あっという間に **5** 〔限定した時間〕…に, …の中で —*in* autunno 秋に / *in* gioventù 若い時に / *nello* stesso tempo 同時に **6** 〔限定〕…に関して, …において —È laureato *in* medicina. 彼は医学の学位を持っている. / *in* pratica 実際上は / *in* teoria 理論上は / *in* realtà 実際は **7** 〔様式・様態〕…の, …のやり方で —*in* modo diverso 違ったやり方で / Non ti sopporto quando mi parli *in* questo tono. このような調子で話すあなたに私は我慢ならない. **8** 〔材料〕…製の, …の —scultura *in* legno 木彫り彫刻 **9** 〔目的〕…のために, …の目的で —prendere *in* affitto una camera 部屋を借りる / *in* omaggio おまけで, 景品で / *in* regalo プレゼントで / dare *in* prestito... …を貸す **10** 〔手段・方法〕…で —andare *in* treno 電車で行く / pagare *in* contanti 現金で払う / parlare *in* inglese 英語で話す **11** 〔in +定冠詞 + 不定詞〕…する際に, …する時に —*Nel* tornare a casa, ho incontrato un amico. 家に帰る時に, 私は一人の友人に出会った. **12** 〔数量・尺度〕…で **13** 〔配分〕…に, …で
▶ *in effetti* 実際 *in fin dei conti* 要するに, 結局は *in genere* 一般に; 普段は *in ogni modo* 何としてでも, いずれにせよ *in quanto a...* …に関しては *in tutto* 全部で

in- 接頭 〔b, m, p の前で im-, l, r の前で il-, ir-〕 **1**「…の中へ」の意 **2**「…でない」(否定)の意

INA 略 Istituto Nazionale delle Assicurazioni (イタリア)全国保険協会

inabbordabile 形 **1** 近づきにくい, よそよそしい **2** (高すぎて)手が出ない **3**〔海〕接岸できない

inabile 形 **1** 適性のない, 向かない, 不適格な; 能力がない, できない —essere *inabile* alla fatica 重労働には不向きである **2** 不器用な, ぶざまな, ぎこちない —mossa *inabile* ぎこちない動き **3** 下手な, 未熟な, 不慣れな —男女 (災害や事故などで)働けない人

inabilità 女 不適格, 不適性; 無能, 無力; 下手, 未熟

inabilitare 他 [io inabilito] **1** 無能〔無力〕にする, できないようにする **2**〔法〕欠格者とする

inabilitato 形 **1** 無能〔無力〕な **2**〔法〕欠格者と宣告された

inabilitazione 女 **1** 無能〔無力〕にすること, できないようにすること **2**〔法〕欠格者とすること

inabissamento 男 **1**(深みに)沈む〔落ちる〕こと **2** 破滅〔荒廃, 堕落〕すること

inabissare 他 **1**(深みに)沈める〔落とす〕 **2** 破滅〔荒廃, 堕落〕させる —**arsi** 再 **1**(海・湖)に沈む **2**(ある感覚に)満たされる, (心に)染みる —*inabissarsi* nel dolore 悲しみに打ちひしがれる **3** 没頭する, ふける —*inabissarsi* nello studio 勉学に打ち込む

inabitabile 形 (場所が)生活に適さない; (建物が)住めない

inabitabilità 女 (場所が)生活に適さないこと; (建物が)住めないこと

inabrogabile 形 廃止〔取消〕できない

inaccessibile 形 **1** 近づきにくい, 到達しがたい, 入りにくい —vette *inaccessibili* 到達し得ない頂上 **2**(人に対して)近寄りがたい; 影響されにくい —persona *inaccessibile* よそよそしい人 **3**(値段が)高すぎる, 手に入れにくい —prezzo *inaccessibile* 手が出ない値段 **4** 理解できない, 分からない —teoria *inaccessibile* 難解な理論

inaccessibilità 女 **1** 近づきにくいこと, 到達しがたいこと **2**(人に対して)近寄りがたさ, 付き合いにくさ **3**(値段が)高すぎること, 手に入れにくいこと **4** 不可解, 理解できないこと

inaccettabile 形 受け入れられない; 容認〔許容〕できない; 信じられない

inaccettabilità 女 受け入れられないこと; 容認〔許容〕できないこと

inaccordabile 形 **1** 譲歩できない, 許しがたい, 認められない **2**(楽器が)調律できない **3** 相容れない, 和解〔妥協〕できない

inaccostabile 形 **1** 近づけない; (人が)近寄りがたい **2**(考え方・理論などが)理解できない, 不可解な

inacerbare → inacerbire

inacerbire 他 [io -isco] **1** 悪化させる, 重くする, ますますひどくする, 募らせる **2** ますます怒らせる[いらいらさせる] —**irsi** 再 **1** 悪化する, ひどくなる **2** 怒る, 腹を立てる, いらいらする

inacetire 自 [es] [io -isco] 酢になる, 酸っぱくなる —他 酢にする, 酸っぱくする —**irsi** 再 酢になる: 酸っぱくなる

inacidimento 男 酢になる[なす]こと, 酸っぱくなる[なす]こと

inacidire 他 [io -isco] **1** 酸っぱくする —*inacidire* la salsa con succo di limone レモン汁でソースに酸味をつける **2** 不機嫌にさせる, 怒らせる —自 [es] 酸っぱくなる —**irsi** 再 不寛容になる, 耐えられなくなる —*inacidirsi* con l'età 年のせいで気難しくなる

inacidito 形 1 酸っぱくなった 2 気難しい, 御しにくい

inadattabile 形 適合[適応, 順応]できない

inadattabilità 女 適合[適応, 順応]できないこと

inadatto 形 1 不適当な, 不似合いな —abito *inadatto* alle circostanze その場にふさわしくない服 2 時宜を得ない, 折の悪い, 無作法な, 失礼な —parole *inadatte* 無礼な言葉 3 無能[無力]な, 不適格な —È *inadatto* a quell'incarico. 彼はあの任務に向いていない.

inadeguatezza 女 不適当, 不適切, 不十分; 不適格

inadeguato 形 1 不適当な, 不適切な, 不十分な 2 不適格な, 無能[無力]な

inadempibile 形 実現[実行]できない

inadempiente 形 (約束や義務を)果たさない, 履行しない —男女 (約束や義務を)果たさない人

inadempienza 女 (約束や義務を)果たさないこと, 不履行

inadempimento 男 (約束や義務を)果たさないこと, 不履行, 不遵守

inadempiuto 形 (義務が)果たされていないこと, 履行[実行]されていないこと

inadoperabile 形 1 役に立たない, 使い物にならない, 用済みの 2《謔》不適格な, 適性のない

inafferrabile 形 1 つかまらない, うまく逃げる 2 (音が)はっきりと聞こえない 3 分かりにくい, 理解しがたい

inafferrabilità 女 つかまらないこと, とらえどころがないこと, 理解しがたいこと

inaffidabile 形 1 信頼[信用]できない 2 不確実な, 曖昧な

inaffidabilità 女 1 信頼[信用]できないこと 2 不確かなこと, 曖昧なこと

inaffondabile 形 1 (船が)沈没しにくい, 沈まない 2《謔》(経歴の瑕(きず)にもかかわらず)地位を保つ

inagibile 形 1 (建物・公共施設などが)使用不能[不可]の 2 通行不能の, 通れない

inagibilità 女 1 (建物・公共施設などが)使用できないこと 2 通行不能[不可]

ingrestire 自 [es] [io -isco] 1 [トスカーナ] (果物, 特にブドウが)未成熟である, 酸っぱい味がする 2 [トスカーナ] (ワインなどが)酸っぱくなる

inagrire 他 [io -isco] [トスカーナ] 酸っぱくする —自 [es] [トスカーナ] 酸っぱくなる

INAIL 略 Istituto Nazionale per l'*Assicurazione* contro gli Infortuni sul Lavoro 全国労働災害保険協会

inalare 他 [医] (薬剤を)吸入する; 吸い込む

inalatore 形 [女 [-trice]] [医] 吸入器の —男 [医] 吸入器

inalatorio 形 [医] 吸入の —男 [医] 吸入室

inalazione 女 [医] 吸入

inalberamento 男 1 [船] (マストに旗を)掲げること; (旗などを)揚げること 2 樹木を植えること

inalberare 他 1 [船] (マストに旗を)掲げる; (旗などを)揚げる 2 樹木を植える —arsi 再 1 (馬などが)後ろ脚で立つ 2 かっとなる, 憤慨する 3 思い上がる, もったいぶる, 気取る

inalienabile 形 1 [法] (権利・財産が)譲渡[売却]できない 2 (権利が)廃止されない

inalienabilità 女 1 [法] (権利・財産が)譲渡[売却]できないこと 2 (権利が)廃止されないこと

inalterabile 形 1 変化[変形, 変質, 変色]しない; 傷まない, 低下しない 2 (感情・考えが)揺るがない, 不動の 3 動じない, 平静な, 落ち着いた

inalterabilità 女 1 変化[変形, 変質, 変色]しないこと; 低下しないこと, 傷まないこと 2 (感情・考えが)揺るがないこと, 不動 3 動じないこと, 平静, 落ち着き

inalterato 形 不変の, 変更されない

inalveare 他 [io inalveo] 1 (水を)水路に引く 2 (ある方向・目的に)導く, 向ける —arsi 再 1 水路に流れる 2 ある方向[目的]に向かう

inalveazione 女 水路を引くこと, 運河化

inamarire 他 [io -isco] 苦くする; 苦しくする, つらくする —irsi 再 苦くなる; 悲しむ, 悩む

inamidare 他 [io inamido] (アイロンがけのために)糊(のり)をつける

inamidato 形 1 糊(のり)のついた[きいた] 2《謔》胸を張った, 偉そうな —Camminava tutto *inamidato*. 彼はそっくり返って歩いていた. 3《謔》堅苦しい, 形式ばった —contegno *inamidato* よそよそしい態度

inamidatura 女 糊(のり)付け

inammissibile 形 1 許せない, (正当・有効と)承認しがたい, 受け入れがたい 2 [法] 必要要件を欠く, 証拠能力のない

inammissibilità 女 1 許せないこと, 認容できないこと 2 [法] (必要要件を欠いて)提出できないこと

inamovibile 形 1 取り除けない, 動かせない 2 免職[罷免, 解雇]できない

inamovibilità 女 転任[罷免]されないこと

inane 形《文》無駄な; むなしい

inanellamento 男 1 輪[渦巻き]状にすること 2 (鶏・鳥の脚に)識別環をつけること

inanellare 他 1 輪[渦巻き]状にする —*inanellare* i capelli con un ferro caldo ヘアアイロンで巻き毛にする 2 (移動の研究で)鳥の脚に識別環をつける 3 (最も多産なものを選別するのに)動物の脚に識別環をつける 4 (鎖状に)つなぐ, 関連させる —arsi 再 1 輪[渦巻き]状になる 2 指輪で飾る 3 (髪やひげが)カールする, 縮れ

る **4** 連鎖する
inanellato 形 **1** 輪[渦巻き]状になった **2**〔鳥〕識別環のついた **3** 指輪で飾った
inanimato 形 **1** 無生物の, 無機物の **2** 生命のない, 死んだ **3** (建物が)人の住んでいない, 空っぽの **4** (文学作品が)月並みな, 面白みのない **5**〔言〕無生の
inanizione 女 **1** 無気力, 無活動 **2**〔医〕飢餓性衰弱
inanonimo 形 非匿名の, (住所・氏名などの)身分を明かした —男〔女[-a]〕身分の分かる人, 匿名でない人
inappagabile 形 **1** (物が)満たされない, 不十分な **2** 飽くことを知らない, 決して満足しない
inappagamento 男 不満足, 欲求不満, 不満, 不平
inappagato 形 **1** かなえられない, 実現しない **2** 不満足の, 満たされない
inappannabile 形 **1** (ガラスやレンズが)曇らない **2** 輝きを失わない, かげることのない —reputazione *inappannabile* 不朽の名声 **3** けがれのない, 純粋な
inappellabile 形 **1**〔法〕上訴[控訴]できない **2** 最終的な, 決定の, 議論の余地のない
inappellabilità 女 **1**〔法〕上訴[控訴]できないこと **2** 決定的であること, 議論の余地のないこと
inappetente 形〔医〕食欲不振の
inappetenza 女〔医〕食欲不振
inapplicabile 形 (法律などが)適用できない, 応用できない, 当てはまらない
inapplicabilità 女 適用[応用]できないこと
inapplicato 形 適用されていない, 実施[施行]されていない
inapprendibile 形 習得できない, 習得しにくい
inapprensibile 形 理解できない, 不可解な
inapprezzabile 形 **1** (偉大さや貴重さが)計り知れない, この上もない —opera d'arte *inapprezzabile* 非常に貴重な芸術作品 **2** 些細な, 取るに足りない —danno *inapprezzabile* 軽微な損害
inappuntabile 形 非の打ち所のない, 申し分のない, 欠点のない, 完全な
inappuntabilità 女 非の打ち所がないこと, 無欠, 完璧
inappurabile 形 確認できない, 確かめられない, 証明できない
inarabile 形 耕作に適さない
inarato 形 耕されていない, 未開墾の
inarcamento 男 弓形に曲げること, アーチ状にすること
inarcare 他 弓形に曲げる, アーチ状にする —**arsi** 再 アーチ状になる
inargentare 他 **1** 銀を張る[塗る, かぶせる], 銀メッキする **2** (月が)…を銀色に輝かせる —**arsi** 再 銀色になる, 銀色に光る
inargentatura 女 銀張り, 銀めっき
inaridimento 男 **1** 乾燥, 干上がること **2** (感性・思想が)貧弱になること, 想像力が失われること
inaridire 他〔io -isco〕**1** 乾燥させる, からからにする —La siccità *ha inaridito* la campagna. 旱魃(かんばつ)で田畑が干上がった. **2** (感性・思想を)貧弱にする, 想像力を失わせる —自 [es] 干上がる, からからになる, しおれる —**irsi** 再 **1** 乾燥する, 干上がる **2** 萎える, しおれる, 生気をなくす
inarmonico 形〔複[男 -ci]〕不調和な, 調子外れの, しっくりしない
inarrendevole 形 頑固な, 強情な, 譲らない
inarrestabile 形 抑えきれない, 止めようのない, こらえきれない
inarrestabilità 女 抑制できないこと, 抗いがたいこと
inarrivabile 形 **1** 到達できない, 近寄れない, 通れない, 立ち入りできない **2** 比較できない, 無比の, ずば抜けた, 類まれな —furbizia *inarrivabile* 驚くべきずる賢さ
inarticolato 形 **1** (発音が)不明瞭な, 曖昧な **2** 関節のない —男〔動〕無関節類
in articulo mortis 成句〔ラ〕死の間際に, 臨終に; 死の間際の, 臨終の
inascoltato 形 聞いてもらえない, 無視された, 省みられない; かなえられない
inasinire 自 [es]〔io -isco〕愚かになる, 馬鹿になる, (能力が)さびつく —他 愚かにさせる, ぼうっとさせる —**irsi** 再 ぼける, ぼうっとする, 馬鹿になる —Smettila di *inasinirti* davanti alla televisione! テレビの前でほうけていたらだめだ.
inaspettato 形 予期しない, 意外な, 突然の
inasprimento 男 激化, 悪化; 増大, 拡大
inasprire 他〔io -isco〕**1** (ますます)つらくする, 厳しくする **2** (より)激しくする, 悪化させる, 増大する —自 [es] 酸っぱくなる —**irsi** 再 **1** 酸っぱくなる **2** 激化する, 荒々しくなる **3** 悪感情を募らせる, 反抗[敵対]的になる, 片意地を張る —La zia invecchiando *s'inasprisce*. おばは年老いて頑固になっている. **4** (気候が)寒くなる **5** (海が)荒れ狂う, 時化(しけ)になる
inassimilabile 形 同化できない;〔生物〕消化できない
inastare 他 **1** (旗や幟(のぼり)を)ポールの先に取りつける **2**〔軍〕銃身に銃剣をつける
inattaccabile 形 **1** 攻撃できない, 守りの堅い —fortezza *inattaccabile* 難攻不落の砦 **2** 腐食しない **3** 堅固な, 確固たる, 申し分のない —fede *inattaccabile* 揺るぎなき信仰
inattaccabilità 女 **1** 攻められないこと, 難攻不落 **2** 腐敗しないこと **3** 確固たること, 申し分のないこと
inattendibile 形 **1** (人が)当てにならない, 信頼[信用]できない, 信じられない **2** 根拠のない, 理由のない
inattendibilità 女 **1** (人が)当てにな

inattento 形 不注意な, 上の空の

inattenzione 女 不注意, 怠慢, 無関心

inatteso 形 予期しない, 意外な

inattingibile 形 1 汲み出せない; 引き出せない 2 到達できない

inattinico 形 [複[男 -ci]] 化学線を伝えない

inattivare 他 不活発にする, 不活性化する

inattivazione 女 不活化, 不活性化

inattività 女 不活発, 不活性, 不活動, 無活動, 休止

inattivo 形 1 不活発な, 活動しない, 怠惰な 2 (機械が)停止している 3 非生産的な, 利益のない, …をもたらさない —capitale *inattivo* 遊休資本 4 [化]無反応の 5 [地質]休火山の

inattuabile 形 実行[実現]不可能な

inattuabilità 女 実行[実現]不可能性

inattuale 形 1 時代遅れの, 古臭い 2 (状況や要求に)ふさわしくない, 向いていない

inattualità 女 時代遅れ, 陳腐化, すたれていること

inattuato 形 実行[実現]されていない

inaudito 形 1 信じられない, 並外れた, 途方もない 2 前代未聞の, 前例のない, 空前の

inaugurale 形 開会[開始]の, 就任の

inaugurare 他 [io inauguro] 1 (何かの始まりを)式典で祝う —*inaugurare* le Olimpiadi オリンピックの開会式を挙行する 2 (何かを)初めて使う, (新たに)開始する —*inaugurare* un'automobile 新車を初めて運転する / *inaugurare* un nuovo metodo 新方式を導入する

inauguratore 男 [女[-trice]] 開始[発会]者; [宗]叙任者

inaugurazione 女 (物事の始まりを祝す)式典; お披露目の祝宴 —cerimonia d'*inaugurazione* 落成式, 開会式

inauspicato 形 不吉な, 縁起の悪い, 不運な, 不幸な

inautenticità 女 本当[本物]でないこと

inautentico 形 [複[男 -ci]] 本当[本物]でない, 偽の —男 [単数のみ] 本当[本物]でないこと

inavvedutezza 女 不注意, 軽率, うかつ; 不注意[軽率]な行為

inavveduto 形 慎重さを欠く, 軽率な, 不注意な

inavvertenza 女 不注意, 怠慢, 手落ち; 不注意[無分別]な行為

inavvertibile 形 気づかない, 感じない, かすかな

inavvertitamente 副 何の気なしに, 思わず, ふと —*Inavvertitamente* ho fatto cadere tutti i fogli. 私はうっかりして書類を全部落とした.

inavvertito 形 気づかれていない, 見落とした, 見逃した

inavvicinabile 形 (人が)近寄りがたい;(値段が高くて)手が出ない

inazione 女 無活動, 動かないこと; 無為

inazzurrare 他 青色に染める —**arsi** 再 青くなる

inca 男女 [不変] インカ(人)の —男女 [不変] インカ人

incacchiarsi 再 〖婉〗かっとなる, 激怒する

incacchiatura 女 〖婉〗かっとなること, 激怒

incagliamento 男 1 座礁 2 手詰まりになること

incagliare 自 [es] [io incaglio] 座礁する —La nave *incagliò* in una secca. 舟が浅瀬に乗り上げた. —他 1 (船を)岸に打ち上げさせる 2 頓挫させる, 阻止[妨害]する —**arsi** 再 1 座礁する 2 中断する, 停止する

incaglio 男 1 座礁 2 中断, 停止 3 障害, 妨害, 邪魔, 支障

incaico → inca

incalcinare 他 1 [建]漆喰(ﾊｸｲ)を塗る 2 [農]石灰を撒く

incalcinatura 女 1 [建]漆喰(ﾊｸｲ)を塗ること 2 [農]石灰を撒くこと

incalcolabile 形 1 数えられない 2 計り知れない, 膨大な

incalcolabilità 女 数え切れないこと, 計り知れないこと, 莫大

incallimento 男 1 たこができること, 硬くなること 2 無感覚[無感動]になること

incallire 自 [es] [io -isco] 1 たこができる —Le mani *incalliscono* per il lavoro dei campi. 農作業で手にたこができる. 2 悪癖に染まる, 悪習に慣れる —他 1 たこを作る, 固くする 2 冷淡[無関心, 無感動, 無感覚]にする —**irsi** 再 1 たこができる 2 悪癖に染まる 3 (肉体的・精神的に)鍛錬[強く]する

incallito 形 1 たこのできた, 硬くなった, 角質化した 2 (悪習を)改めない, 直しようのない, 度しがたい

incalorimento 男 1 〖俗〗炎症 2 熱くなること, 興奮, 熱中

incalorire 他 [io -isco] 1 (消化器官に)炎症を起こさせる 2 興奮させる, 激化させる —**irsi** 再 1 炎症を起こす 2 興奮する, かき立てられる, 熱中する

incalzante 形 1 せき立てる, 急がせる 2 緊急の, 切迫した 3 執拗(ｼﾂ)な, しつこい

incalzare 他 追い立てる; せき立てる —自 差し迫る, 切迫する —**arsi** 再 相次いで[連続して]起こる, 引き続き起こる

incamerabile 形 [法](財産を国庫へ)移転できる, 押収[没収]できる

incameramento 男 [法](財産を国庫へ)移転すること, 押収, 没収

incamerare 他 [io incamero] 1 [法]押収[没収]する, 移転する, 帰属させる 2 占有[横領]する, 私用する

incamiciare 他 [io incamicio] 防

護[補強]材で覆う

incamiciatura 囡 覆い, 被覆, カバー

incamminare 他 **1** 向かわせる, 進ませる, 導く **2**（事業を）起こす **3** 始める, 取りかかる **—arsi** 再 **1**（…に向かって）歩き出す, 動き始める —*incamminarsi verso casa* 家に向かって歩き始める

incanagliarsi → incanagliarsi

incanaglimento 男 悪党[ならず者]になること; たち[意地]が悪くなること

incanaglire 自 [es] [io -isco] **1** 悪党[ならず者]になる, たち[意地]が悪くなる **2** 腹を立てる, 苛立つ —他（価値を）下げる[損なう] **—irsi** 再 悪党になる; たち[意地]が悪くなる

incanaglito 形 **1** 悪党になった; たちが悪くなった **2** 激怒した, いらいらした

incanalamento 男 運河化, 運河開設, 水路導入

incanalare 他 **1**…を水路[運河]に導く **2**…の方へ向ける, 行かせる, 進ませる **—arsi** 再 **1**（水が）水路[運河]に集まる **2**（…の方へ）向かう, 進む

incanalatura 囡 水路[運河]を開くこと; 水路, 運河, 掘割

incancellabile 形 決して消えない, 永遠の —*ricordo incancellabile* いつまでも残る思い出

incancrenire 自 [es] [io -isco] **1**［医］壊疽(えそ)になる **2**（ますます）根深くなる, 重大化する **—irsi** 再 **1**［医］壊疽になる **2**（ますます）根深くなる; …し続ける, 執拗(しつよう)になる

incandescente 形 **1**［物］（白熱光を発するくらい）高温[灼熱]の **2** 非常に熱い, 煮えたぎった **3** 熱烈な, 燃えさかる

incandescenza 囡［物］（高温で）白熱光を発すること

incannaggio → incannatura

incannare 他 **1**［織］糸巻きに糸を巻く **2**《俗》セックスする **3** 樽(たる)に栓口をつける **4** 棒で固定する,（包帯を）きつく巻く

incannatoio 男［織］糸巻き機

incannatore 男〔女[-trice]〕［織］糸巻き工

incannatura 囡 糸巻きに糸を巻く[巻き戻す]こと

incanniciata 囡 **1**（魚を捕る）梁(やな) **2** 葦で編んだ棚[柵]

incanniciatura 囡［建］木舞(こまい)

incannucciare 他 [io incannuccio] **1** 葦の防護柵で囲む[覆う] **2**（植物などに）葦の支柱を立てる

incannucciata 囡 **1** 葦の防護柵で囲む[覆う]こと, 葦で編んだ棚[柵] **2**（植物などに）葦の支柱を立てること **3**（椅子の座面や背を）葦で編む技術

incantamento 男 魔法にかけること

incantare 他 **1** 魔法にかける **2** 魅了する **—arsi** 再 **1** うっとりする, 見とれる,（見とれて）足を止める **2**（機械が）動かなくなる, 急に止まる

incantato 形 **1** 魔法にかけられた; 魔法の(力を持つ) **2** 茫(ぼう)然とした **3** 極めて美しい —*paesaggio incantato* 素晴らしく美しい景色

incantatore 形〔女[-trice]〕魅惑的な, うっとりさせる —男〔女[-trice]〕魔法使い, 魔術師; 魅力的な人, 魅惑する人

incantesimo 男 **1** 魔法, 魔術 **2**〔複数で〕誘惑, 魅力

incantevole 形 魅力的な, 素敵な

incanto¹ 男 **1** 魔法 **2** 魅力 **d'incanto** 完璧に, 見事に **per incanto** 忽(こつ)然と, 奇妙なことに

incanto² 男 競売, せり売り

incantucciare 他 [io incantuccio] 隅に置く, わきにやる **—arsi** 再 隅に行く[隠れる]

incanutimento 男 白髪になること

incanutire 自 [es] [io -isco] **1** 白髪になる; 年をとる **2** 白くなる, 蒼(あお)白になる —他 白髪にする **—irsi** 再 白髪になる

incapace 形 無能な; (di + 不定詞) …ができない —*E incapace di fare del male.* 彼は悪いことなどできない. —男女 無能な人, 能力のない人

incapacità 囡 無能(力), 不能

incaparbire 自 [io -isco] 頑固[強情]になる **—irsi** 再 頑固になる, 意地を張る

incapestrare 他（動物を）端綱(はづな)でつなぐ

incaponimento 男 意地を張ること, 固執すること

incaponirsi 再 [io mi -isco] 言い張る, 意地を張る, 固執する —*Si è incaponito a [di] studiare l'arabo.* 彼はアラビア語を勉強すると言ってきかなかった.

incappare 自 [es] **1**（不快・危険なことに）陥る;（損害を）被る[受ける] —*incappare in un'insidia* 策略にはまる **2** 厄介な[危ない]人に出くわす —他 マント[ケープ]で覆う

incappato 形 マント[ケープ]を羽織った —男 [C[-a]]［フィレンツェ］ミゼリコルディア会（慈善団体）に所属する人

incappellare 他［船］繋(けい)柱にロープの輪をかける; マストの先端に樋(とい)帽を取りつける **—arsi** 再 **1**《口》かっとなる, 激怒する **2** 帽子をかぶる

incappiare 他 [io incappio] 引き結びで締める

incappottare 他 コートでくるむ **—arsi** 再 コートを着込む

incappucciare 他 [io incappuccio] 頭巾[フード]をかぶせる **—arsi** 再 **1** 頭巾[フード]をかぶる **2** 頂上を覆う **3** 修道士になる

incappucciato 形 頭巾[フード]をかぶった —男（聖職者などの）頭巾[フード]をかぶった人

incaprettare 他 **1**（畜殺場に連れて行く）子ヤギのように足を縛る **2**《隠》（マフィアが）手足を縛ったロープを首に回し, 動くと窒息するようにして殺害する

incapricciarsi 再 [io mi incapriccio] (di) **1** ふと…する気になる **2** 夢中にな

る, 熱中する

incapsulamento 男 1 カプセルに包むこと 2〔医〕(歯に金やセラミックの冠を)かぶせること 3 (瓶などに)口金をつけること

incapsulare 他 〔io incapsulo〕1 カプセルに包む 2〔医〕(歯に金やセラミックの冠を)かぶせる 3 (瓶などに)口金をつける 4 要約する

incarceramento 男 投獄すること; 閉じ込めること

incarcerare 他 〔io incarcero〕1 刑務所に入れる, 収監する, 投獄[拘留]する 2 閉じ込める, 幽閉[監禁]する

incardinare 他 〔io incardino〕1 蝶番(ちょうつがい)を取りつける 2 (原理・原則に)拠る, 基礎を置く 3〔宗〕聖職者を教区[宗教機関]に入籍させる —**arsi** 再 根拠とする, 基づく

incardinazione 女 1 蝶番(ちょうつがい)を取りつけること 2 (原理・原則に)拠ること 3〔宗〕聖職者を教区[宗教機関]に入籍させること

incaricare 他 〔io incarico〕(di) (人に)…の任務を託す, …する仕事を頼む — Mi hanno incaricato di telefonargli. 私は彼に電話をするように頼まれた. —**arsi** 再 引き受ける, 請け負う, かまう, 世話をする

incaricato 形 担当の, 任務を託された —professore incaricato 非常勤講師 —男〔女[-a]〕担当者[官], 係員[官] —incaricato d'affari 代理大使 [公使]

incarico 男〔複[-chi]〕1 任務, 役割; 委任; 教職の任 —prendersi l'incarico di + 不定詞 …する役を引き受ける 2《文》重任, 重荷

incarnare 他 1 肉体を与える, 擬人化する, 具象化する, (抽象概念を)体現する 2 体現[実現]する —**arsi** 再 1 (特にキリストが)人間の姿になる, 化身となる 2 具体[具象]化する

incarnato¹ 男 1 肉色, 肌色, ばら色 2 顔色, 血色 —形 肉[肌]色の

incarnato² 形 具体化した, 化身した —Quell'uomo è l'avarizia incarnata. 奴はけちの権化だ.

incarnazione 女 1 肉体化, 具体化 2 化身, 権化 3〔宗〕受肉, 託身

incarnire 他 〔es〕〔io -isco〕爪が皮膚に食い込む, 巻き爪になる —**irsi** 再 1 爪が皮膚に食い込む, 巻き爪になる 2 深く根を下ろす

incarnito 形 (爪が)皮膚に食い込んだ, 巻き爪になった

incarognire 自 〔es〕〔io -isco〕1 人でなし[悪党]になる, 卑しくなる 2 怠惰[無精]になる —他 1 役立たずにする, 無能にする 2 苛立たせる, 煩わせる —**irsi** 再 1 人でなし[悪党, ならず者]になる, 卑しくなる 2 意地を張る, 固執する 3 (状況や関係が)悪くなる 4 (病気が)慢性化する 5 悪事外はばこる

incarrucolare 他 〔io incarrucolo〕 (ロープやチェーンを滑車の溝に)通す —**arsi** 再 (ロープが滑車から)外れる

incartamento 男 1 書類一式 2 紙に包むこと

incartapecorire 自 〔es〕〔io -isco〕1 (皮膚が羊皮紙のように)しわだらけになる 2 老いる 3 (精神・知性が)衰える, 枯渇する —**irsi** 再 1 (皮膚が羊皮紙のようにしわだらけになる 2 (精神・知性が)衰える, 枯渇する

incartapecorito 形 皮膚がしわだらけの; 非常に年老いた

incartare 他 紙に包む

incartata 女 簡単にざっと包むこと

incartatore 男〔女[-trice]〕包装係

incartatrice 女 包装機

incarto 男 1 (紙・袋・箱などの)包装材料 2 書類一式

incartocciare 他 〔io incartoccio〕1 紙袋に入れる 2 (紙などを)巻く, 丸める —**arsi** 再 (紙などが)丸まる

incartonare 他 1 ボール箱に詰める 2 (製本で)表紙に厚紙を張る

incasellare 他 1 仕切り[整理]棚に並べる[配置する] 2 (考えなどを)分類整理する

incasinare 他 1《口》散らかす, 台無しにする 2 混乱させる, もつれさせる 3 面倒[苦境]に陥れる —**arsi** 再 面倒[苦境]に陥る

incasinato 形 1 混乱(こんらん)とした, 混乱した —È stata una giornata incasinata. ひどい一日だった. 2 もつれた, 錯綜(さくそう)した —È una storia veramente incasinata. それは実に複雑な話だ. 3 脈絡のない, つじつまの合わない —discorso incasinato 支離滅裂な話 4 面倒[苦境]に陥った —In questo periodo sono veramente incasinato. このところ全くごたごたばかりだ.

incassabile 形 1 現金化できる, 換金しうる 2 はめ込むことができる

incassamento 男 箱に入れる[詰める]こと, 梱(こり)包, 荷造り 2〔言〕埋め込み

incassare 他 1 (金額を)受領する 2 (小切手などを)現金にする —incassare un assegno 小切手を現金化する 3 (金額を)売り上げる 4 箱に入れる 5 はめ込む 6〔スポ〕(ボクシングで)パンチに耐える 7〔スポ〕(サッカーで)得点される —**arsi** 再 (くぼみ・溝・境目などに)入り込む

incassato 形 1 箱詰めされた, 梱(こり)包された 2 (壁に)はめ込まれた, 作りつけの 3 絶壁に囲まれた 4 猪首(いくび)の 5 (目が)落ちくぼんだ 6〔言〕(節や句が)埋め込まれた

incassatore 男〔女[-trice]〕1 荷造り[梱(こり)包]係 2 辱めや侮辱を平然と受け流す人 3〔スポ〕打たれ強いボクサー

incassatura 女 1 箱詰め, 梱(こり)包, 荷造り 2 くぼみ, へこみ

incasso 男 1 収入, 売上高, 入金 2 造り付け, はめ込み —elettrodomestici

da *incasso* ビルトインの家電製品

incastellamento 男 **1** 支柱[骨組み]で補強すること, 足場を組むこと **2** 中世(都市)における塔や砦などの防御施設

incastellare 他 支柱[骨組み]で補強する, 足場を組む

incastellatura 女 骨組み, フレーム; 足場

incastonare 他 **1** 宝石を受座[爪]にはめ込む **2**(気取った表現や修辞を)差し挟む

incastonatore 男〔女[-trice]〕宝石を受座にはめ込む職人

incastonatura 女 **1** 宝石を受座[爪]にはめ込むこと **2**(気取った表現や修辞を)差し挟むこと

incastrare 他 **1** はめ[挟み]込む; つなぎ止める **2** 逃げられなくする, 陥れる —*Mi hanno incastrato.* 私ははめられた. —**arsi** 再 **1** しっかりとはまり込む, ぴったり合う **2** 食い込む, 動かなくなる

incastro 男 **1** はめ込み, 固定 **2** 継ぎ目, 接合箇所 **3** ほぞ穴, ほぞ継ぎ, くぼみ, 切り込み **4** ワードパズル(ある語にもう一つの語をはめて別の語を作る遊び: vaglia + est → vestaglia)

incatenacciare 他〔io incatenaccio〕かんぬきを掛ける, ボルトで締める

incatenamento 男 **1** 鎖で[鎖に]つなぐこと; 投獄 **2** 従属, 服従 **3**(思想などの)抑圧

incatenare 他 **1** 鎖で縛る, 鎖につなぐ **2** 束縛する,(表現の自由を)奪う **3** 閉鎖する —*incatenare* una strada 道路を封鎖する **4** 鎖で補強する —**arsi** 再 **1** 鎖(絆)でつながる, 連帯する, 結びつく

incatenatura 女 **1** 鎖で[鎖に]つなぐこと; 投獄 **2** 従属, 服従 **3**(思想などの)抑圧 **4**〔建〕タイロッドで補強すること

incatramare 他 タールで覆う, タールを塗る —**arsi** 再 タールでよごれる

incattivire 他〔io -isco〕**1** 悪くする, 不道徳にする, 不良にする **2** 怒らせる, いらいらさせる —自〔es〕**1** 悪くなる **2** 怒る, いらいらする —**irsi** 再 **1** 悪くなる, 意地悪になる **2** 腹を立てる, じりじりする **3**(植物が)野生化する **4**(ワインなどが)腐る **5**(傷が)炎症を起こす

incauto 形 **1** 不注意な, 不用意な, 軽率な **2** 向こう見ずな, 思慮の足りない, 無謀な

incavalcare 他〔軍〕大砲を砲架に据える

incavallatura 女〔建〕トラス, 桁組み(capriata)

incavare 他 **1** くり抜く, 掘り抜く, えぐる **2** くぼみをつける, へこませる; やつれさせる —*La malattia gli ha incavato* le guance. 病気で彼の頬はこけた. —**arsi** 再 **1** 空洞になる, へこむ, くぼむ **2** やせ細る, やつれる

incavato 形 **1** くり抜かれた, くぼんだ **2** やせた, やつれた

incavatura 女 **1** くり抜く[えぐる]こと **2** くぼむ[へこむ]こと; くぼんだ石を荒削りすること **2** くぼみ, へこみ, 穴, うつろ

incavezzare 他(牛馬に)端綱(はづな)をつける

incavicchiare 他〔io incavicchio〕杭で止める[固定する]

incavigliare 他〔io incaviglio〕木の杭[釘(くぎ)]で止める

incavigliatura 女 木の杭[釘(くぎ)]で止めること

incavo, incavo 男 くぼみ, へこみ, 穴, 溝

incavolarsi 再〔io mi incavolo〕〈婉〉かっとなる, 逆上する

incazzarsi 再〈俗〉激怒する, 荒れ狂う

incazzato 形〈俗〉激怒した, 逆上した

incazzatura 女〈俗〉激怒, 憤激, 逆上

incazzoso 形〈俗〉かっとなりやすい, すぐに腹を立てる, 怒った

incedere 自 厳かに進む, 堂々と歩く —男〔単数のみ〕歩き方, 歩きぶり, 歩調, 足取り

incedibile 形(財産・権利を)譲渡できない

incedibilità 女(財産・権利を)譲渡できないこと

incendiare 他〔io incendio〕**1** 燃やす, 焼く **2**(心や想像力を)刺激する, 燃え上がらせる —**arsi** 再 燃える, 焼ける

incendiario 形 **1** 火がつく, 放火の; 燃えやすい, 発火しやすい **2** 扇動的な, かき立てる, 刺激する, 扇情的な —男〔女[-a]〕**1** 放火者[犯人] **2** 扇動者

***incendio** [インチェンディオ]男 **1** 火事, 火災 —*È scoppiato un incendio.* 火災が発生した. / avvisatore d'*incendio* 火災報知器 **2** 激情 **3** 強い光, 輝き

incenerare 他〔io incenero〕灰を撒き散らす, 灰で覆う

incenerimento 男 灰にすること, 焼却

incenerire 他〔io -isco〕**1** 灰にする, 焼却する **2** ひるませる, 縮み上がらせる —*La risposta della maestra lo ha incenerito.* 先生の返答は彼を震え上がらせた. **3** 火葬にする —**irsi** 再 **1** 灰になる, 灰燼(じん)に帰す

inceneritore 男 焼却炉

incensamento 男 **1** 香を焚(た)くこと, 焼香 **2** へつらい, 追従, お世辞

incensare 他 **1** 香を焚(た)く, 焼香する **2** おもねる, 媚(こ)びる, へつらう, おべっかを言う, ごまをする —**arsi** 再 **1** 自画自賛する, 自慢する, うぬぼれる **2** おだて合う, うれしがらせる, むやみに誉め合う

incensata 女 **1** 香を焚(た)くこと, 焼香 **2** へつらい, ごますり, 追従, お世辞

incensatore 男〔女[-trice]〕おべっか使い, こびへつらう人, 口上手な人

incensatura 女 → incensamento

incensazione 女〔宗〕香を焚(た)く儀式

incensiere 男〔宗〕(釣り)香炉

incenso 男 1 香, 香の煙, インセンス — bruciare l'*incenso* [grani di *incenso*] 香を焚(ﾀ)く 2《文》香り 3 誉めそやすこと, おべっか ▶ *dare l'incenso a...* (人)に媚(ｺ)びへつらう, ごまをする

incensurabile 形 非の打ち所のない, とがめようのない, 欠点のない, 申し分のない

incensurabilità 女 非の打ち所のないこと, 申し分ないこと

incensurato 形 1《法》前科のない 2 申し分のない, とがめようのない

incentivante 形 刺激的な, 誘発する

incentivare 他 1 (援助や助成金で)奨励する, 促進する, 振興する, 助成する — *incentivare* l'aumento delle nascite 出生の増加を促進する 2 鼓舞する, 仕向ける, 刺激する — Il bel voto lo *ha incentivato* a studiare. よい成績が彼を勉学へとかき立てた.

incentivazione 女 奨励, 促進; 刺激, 激励, 鼓舞

incentivo 男 1 誘因, 刺激 2 奨励金, 報奨金, 助成金

incentrare 他 1 中心とする, 中心に置く, 基づく 2 命中[的中]させる, 中心に当てる —**arsi** 再 1 基づく, 根拠とする 2 集中する, 一点に集まる

incentro 男〚幾〛内心

inceppamento 男 1 停止, 故障, 中断 2 妨害, 妨げ, 障害, 邪魔

inceppare 他 1 邪魔する, 遮る, 妨げる, 妨害する, ふさぐ 2 足かせをはめる 3〔船〕錨(ｲｶﾘ)にストックをつける —**arsi** 再 1 (機械などが)動かなくなる; 中断する, 停止する 2〔船〕錨(ｲｶﾘ)がストックに絡む

inceppato 形 1 妨害された, ふさがれた, 邪魔された 2 ぎこちない, ぶざまな, 不格好な

inceppatura 女 1 停止, 故障, 中断 2 妨害, 妨げ, 障害, 邪魔

inceralaccare 他 封蠟(ﾛｳ)で封印する[覆う]

incerare 他 1 蠟(ﾛｳ)[ワックス]を塗る[引く], 蠟で磨く(つやを出す), 蠟で防水する 2 蠟でよごす

incerata 女 1 油布, オイルクロス 2 水夫用のコート

inceratino 男 (紳士帽の内側に縫い付ける)鬢皮(ﾋﾞﾝｶﾞﾜ), 汗取り革

incerato 形 1 蠟(ﾛｳ)[ワックス]を塗った, 蠟で磨いた, 蠟で防水した 2 油布, オイルクロス

inceratura 女 1 蠟(ﾛｳ)[ワックス]を塗ること, 蠟で磨くこと, 蠟で防水すること 2 蠟[ワックス]の膜

incerchiare 他 [io incerchio] 1 輪をかける — *incerchiare* una botte 樽(ﾀﾙ)にたがをはめる 2 輪形にする

incernierare 他 蝶番(ﾁｮｳﾂｶﾞｲ)[留め金]で止める, 蝶番をつける

inceronare 他 ドーランを塗る —**arsi** 再 (自分の顔に)ドーランを塗る

incerottare 他 絆創膏(ﾊﾞﾝｿｳｺｳ)を貼る —**arsi** 再 (自分の体の傷に)絆創膏を貼る

incertezza 女 1 不確実さ; 不明瞭さ 2 不安定 3 迷い, ためらい

‡**incerto** [インチェルト] 形 1 不確かな, 疑わしい 2 不安定な 3 確信のない, 決心のつかない —**一** 男 1 不確かなこと 2〔複数で〕不測の事態; 臨時収入

incespicare 自 [io incespico] 1 つまずく, よろめく — *incespicare* in uno scalino 階段でつまずく 2 とちる, どもる, 口ごもる, 言いよどむ, 言いそこなう — Durante l'interrogazione *hai incespicato* più volte. 口頭試問で君は何度もつっかえた.

incessabile 形 1 終りのない, やむ[途絶える]ことのない 2 抑えきれない — pianto *incessabile* とめどない涙

incessante 形 1 絶え間のない, ひっきりなしの, 間断ない, うち続く, 不断の — pioggia *incessante* 降りやまない雨 2 執拗(ｼｳｳ)な, しつこい, 長引く — lamentela *incessante* くどくどしい訴え

incesso 男 歩きぶり, 歩き方, 足取り

incesto 男 近親相姦(ｿﾞｳｶﾝ);〔法〕近親相姦罪

incestuoso 形 近親相姦(ｿﾞｳｶﾝ)の; 近親相姦罪を犯した

incetta 女 (投機的な)買い占め

incettare 他 1 (投機的に)買い占める 2 手に入れる, 調達する 3 雇う, 採用する

incettatore 男〚女[-trice]〛買い占める人

inchiavardare 他 ボルトで締める

‡**inchiesta** [インキエスタ] 女 1 調査 — commissione d'*inchiesta* 調査委員会 2 アンケート 3 (新聞の)特集記事

inchinare 他 (下向きに)曲げる, たわめる —**arsi** 再 1 お辞儀をする 2 敬意を表する 3 従う

inchino 男 お辞儀 — fare un *inchino* 頭を下げる

inchiodare 他 1 (物に)釘(ｸｷﾞ)を打つ 2 拘束[釘づけに]する 3 急停車させる —**arsi** 再 1 急に止まる 2 取りかかる, 思い込む 3《口》借金をする

inchiodata 女《口》急ブレーキ

inchiodato 形 1 釘(ｸｷﾞ)で止めた 2 固定された, 動かない

inchiodatore 男〚女[-trice]〛釘(ｸｷﾞ)を打つ人

inchiodatrice 女 自動釘(ｸｷﾞ)打ち機

inchiodatura 女 釘(ｸｷﾞ)を打つこと, 鋲(ﾋﾞｮｳ)留め

inchiostrare 他 [io inchiostro] 1〔印〕(ローラーや版面に)インクを塗る 2 インクでよごす —**arsi** 再 1 インクでよごれる

inchiostratore 男〚女[-trice]〛〔印〕インク工; インクローラー

inchiostrazione 女 1〔印〕(ローラーや版面に)インクを塗ること 2 インクでよごすこと

inchiostro 男 インク, 墨(ｽﾐ) — foglio macchiato d'*inchiostro* インクでよごれた[黒くなった]紙 / versare fiumi d'*in-*

chiostro 大量に書く

inciampare 自 [es/av] **1** つまずく — *inciampare* in un sasso 石につまずく **2**〔厄介な事や人に〕出くわす **3**〔うっかり〕違反する **4**〔読み書きで〕つかえる

inciampicare 自 [io inciampico]《口》よろめく,つまずく

inciampo 男 障害(物),邪魔もの

incidentale 形 **1** 偶発的な,思いがけない **2** 二次的な,付随的な,主要でない — proposizione *incidentale* 〔言〕挿入節

incidentalmente 副 **1** 偶然に,たまたま,ふと; 付随的に **2** ついでながら,ところで,ここだけの話だが

incidentato 形〔輸送機関が事故で〕損傷を受けた

***incidente** [インチデンテ] 男 **1** 事故 — *incidente* stradale 交通事故 **2**〔議論中に生じる〕二次的な言い争い

incidenza 女 **1**〔出来事の及ぼす〕影響[効果,結果] — l'*incidenza* del prezzo del petrolio sul costo della vita 生活費に及ぼす石油価格の影響 **2** 発生,現れること **3**〔物〕投射,入射

incidere[1] [30] 他〔過分 inciso〕**1**〔表面を〕切る,切開する **2** 刻む,彫り込む **3**〔音を〕吹き込む,録音する

incidere[2] [30] 自〔過分 inciso〕**1** 重荷となる,のしかかる,圧迫する — imposte che *incidono* sul reddito 収入に重くのしかかる税金 **2**〔深く〕影響を及ぼす〔与える〕— La morte del padre *ha inciso* molto sul suo carattere. 父親の死は彼の性格に明らかな痕跡を残した. — **ersi** 再 刻み込まれる,染み込む,入り込む

incinerare 他 [io incinero] **1**〔人類〕火葬にする **2** 焼いて灰にする

incinerazione 女 **1**〔化〕灰化(ﾊﾞ) **2**〔人類〕火葬

incinta 形〔女性形のみ〕妊娠した,身重の — essere *incinta* del secondo figlio 二人目の子を身ごもっている / essere *incinta* di tre mesi 妊娠3か月である / rimanere [restare] *incinta* 妊娠する

incipiente 形〔病気などが〕初期の,始まりの

incipit 男〔不変〕〔ラ〕〔文学作品の〕書き出し,始まり

incipriare 他 [io inciprio] 粉白粉(ﾍ)をつける — **arsi** 再 白粉を塗る

incirca 副 およそ,約,ほぼ ▶ *all'incirca* だいたい,ざっと

incirconciso 形 割礼を施していない(ユダヤ教徒でないことを表す)

incise incidere の直・遠過・3 単

incisione 女 **1** 切り込み,切開 **2** 版画; エングレービング **3** 録音

incisività 女 **1** 明瞭さ,明快; 表現力,説得力 **2** 活力,迫力; 効力,力強さ **3** 正確さ

incisivo 形 **1** 切る力[能力]のある **2** 鋭い,痛烈な **3**〔輪郭やラインが〕鮮明な,明瞭な — 男 門歯

inciso[1] 男 **1**〔言〕挿入語句 **2**〔音〕(楽節内で中核になる)小旋律 ▶ *per inciso* ところで, ちなみに, ついでながら

inciso[2] 形〔過分 < incidere[1]〕〔植〕(葉や萼(ｶ゙)が)縁が深く切れ込んだ

inciso[3] 形〔過分 < incidere[2]〕重荷となった; 影響を受けた

incisore 形〔女[-a]〕刻む,彫る — 男〔女[-a]〕彫刻師,彫版工,銅板師

incisoria 女 彫刻師の工房

incisorio 形 **1** 彫刻の **2**〔医〕切開[解剖]の

incistamento 男〔動〕(原生動物などが)包嚢(ﾉｳ)を形成すること

incistarsi 再〔動〕(原生動物などが)包嚢(ﾉｳ)を形成する

incitamento 男 激励,鼓舞,刺激,扇動,教唆

incitare 他 [io incito, incito]《a》刺激する; 励ます — *incitare* tutti a studiare di più もっと勉強するよう全員に発破をかける / *incitare* il popolo alla rivolta 民衆を扇動して暴動を起こさせる — **arsi** 再 激励し合う

incitatore 形〔女[-trice]〕激励する,鼓舞する,扇動する — 男〔女[-trice]〕激励[鼓舞]する人,扇動者

incitrullire [io -isco] 鈍くする,ぼうっとさせる — 自 [es] ぼける,ぼうっとなる — **irsi** 再 馬鹿になる,頭が鈍くなる

inciuccare 他 **1**《俗》酔わせる,麻痺させる **2** かき乱す,じゃまをする,呆(ﾎﾞｳ)然とさせる — **arsi** 再《俗》酔っ払う

inciuchire [io -isco] — 自 [es] 馬鹿になる,愚かになる — **irsi** 再 馬鹿になる,愚かになる

inciucio 男 対立する政治勢力同士による裏取引

incivettire 自 [es] [io -isco] (女性が)媚(ｺ)を売る, しなを作る — 他 気を引く, もてあそぶ

incivile 形 **1** 未開の **2** 旧態依然の,昔のままの **3** 粗野な,無作法な — 男女 無作法な人

incivilimento 男 **1** 文明化すること **2** 洗練

incivilire 他 [io -isco] **1** 文明化する,教化する **2** 洗練させる,垢抜けさせる — **irsi** 再 **1** 文明化する **2** 洗練される,磨かれる

inciviltà 女 **1** 野蛮,未開 **2** 無礼,無作法,失礼; 粗野,野卑

inclassificabile 形 **1** 分類できない; 定義できない **2**(試験や宿題が)評価できない,ひどい **3** 卑しい,下劣な,恥ずべき,非難されるべき

inclemente 形 **1** 無慈悲な,無情な,厳格な,融通の利かない **2** むごい,つらい — destino *inclemente* 過酷な運命 **3**(天候が)厳しい,荒れ模様の

inclemenza 女 **1** 無慈悲な,無情,厳格さ **2**(天候の)厳しさ,過酷さ

inclinabile 形 傾けられる

inclinare 他 1 傾ける, 傾斜させる —*inclinare* un recipiente 容器を傾ける 2 (一方に)曲げる, 下げる —*inclinare* la testa 頭を下方へ向けさせる, たれさせたいと思われせる —自 1 傾く, 曲がる, たわむ 2 気が向く, したいと思う —**arsi** 再 1 傾く, 曲がる 2 したいと思う, …の傾向がある

inclinato 形 1 傾いた, 傾斜した —piano *inclinato* 斜面 2 (a) …する傾向のある, …しがちな

inclinazione 女 1 傾斜 2 傾向, 好み —Ha un'*inclinazione* per una compagna di scuola. 彼はあるクラスメートに気がある. 3 素質 —avere *inclinazione* per la pittura 絵画の素質がある

incline 形 …の傾向がある, …しがちな —essere *incline* all'ira かっとなりやすい

inclinometro 男 〔船・空〕傾斜計, クリノメーター

inclito 形 《文》輝かしい, 傑出した, 高名

includere [1] 他 〔過分 incluso〕 1 挿入する 2 含める, 加える —**ersi** 再 名簿に載る

incluse includere の直・遠過・3 単

inclusione 女 1 含める[組み込む]こと, 包含, 算入 2〔生物〕封入 3〔数〕包含関係 4〔鉱〕包有物 5〔治〕介在物

inclusivo 形 (di) …を含む —*inclusivo* delle tasse [del servizio] 税込み[サービス料込み]の

incluso 形〔過分 < includere〕 1 挿入した —lettera *inclusa* 同封の書簡 2 含めた —IVA *inclusa* 税込み

incoagulabile 形〔医〕非凝固性の

incoagulabilità 女〔医〕非凝固性

incoativo 形〔言〕起動相の, 動作の開始を表す —男 起動動詞(verbo incoativo)

incoccare 他 1 矢をつがえる, (弓の)弦に矢筈(ﾔﾊｽﾞ)をかける 2〔船〕(マストなどに)環をはめる

incocciare 他 (io incoccio) 1〔中伊〕ぶつかる, 衝突する 2〔中伊〕偶然出会う, 出くわす —自 1 [es/av]〔中伊〕激しくぶつかる[衝突]する 2 [es/av]〔中伊〕偶然出会う 3 [es]〔トスカーナ〕かっとなる, いらいらする 4〔中伊〕(音)びっくりさせる, ぼうっとさせる, うるさがらせる —**arsi** 再 1〔中伊〕固執する, 言い張る 2〔トスカーナ〕激怒する, かっとなる

incodardire 自 [es] (io -isco) 臆病[卑怯(ﾋｷｮｳ)]になる —他 臆病[卑怯]にする

incoercibile 形 1 抑制できない, 抑えきれない 2〔物〕(ガスなどが)液化[圧縮]できない

incoercibilità 女 1 抑制できないこと 2〔物〕(ガスなどが)液化[圧縮]できないこと

incoerente 形 1 凝集[密集]しない, 結合力のない, ばらばらの —roccia *incoerente* もろい岩石 2 つじつまの合わない, 首尾一貫しない, 定見のない, 一致しない, 相反する —comportamento *incoerente* 無節操な振る舞い 3〔物〕非干渉性の

incoerenza 女 1 凝集[密集]しないこと, 結合力のないこと 2 つじつまの合わないこと, 一貫性のないこと, 脈絡のないこと 3〔物〕非干渉性

incogliere [120] 自 [es] 〔過分 incolto〕《諧》(不意に)起こる, 降りかかる —Mal me ne *incolse*. 不運がいきなり私を襲った. —他 不意をつく[襲う]

incognita 女 1〔数〕未知数 2 不明確さ, 予測できない, 疑問, 問題 3 謎めいた人, どこの誰とも知れない人

incognito 形 未知の —男 1 匿名 2《文》未知のもの ▶ in *incognito* 身分を隠して, お忍びで

incoiare 他 (io incuoio) 革で裏張り[補強]する —自 [es] 革のように堅くなる —**arsi** 再 1〔糊(ﾉﾘ)の〕で硬くなる, 革のように堅くなる

incollaggio → incollamento

incollamento 男 1 糊(ﾉﾘ)付けすること, 貼り付けること 2〔コン〕貼り付け, ペースト

incollare 他 1 糊(ﾉﾘ)付けする 2 貼り付ける —*copia e incolla* コピーアンドペースト —**arsi** 再 1 (糊(ﾉﾘ)で)つく, 貼りつく —Il francobollo non *si è incollato* alla cartolina. 切手が葉書につかなかった. 2 ずっといる, 離れない, 密着する —Mi *si è incollato* addosso per tutta la sera. 彼は一晩中私にまとわりついていた.

incollatore 男〔女 [-trice]〕糊(ﾉﾘ)付け係

incollatrice 女 糊(ﾉﾘ)付け機, 接着機

incollatura¹ 女 1 糊(ﾉﾘ)付け, 糊張り, 接着 2 接着面 3〔織〕どうさ[サイズ]引き(imbozzimatura)

incollatura² 女 1 (動物の)肩に続く首の関節 2 (競馬で)首の差, 僅差

incollerire 自 [es] (io -isco) かっとなる, かんしゃくを起こす —**irsi** 再 かっとなる, 激怒する, 立腹する

incollocato 形 仕事のない, 就職していない —男〔女 [-a]〕失業者, 未就職者

incolmabile 形 1 満たされない, 埋められない 2〔スポ〕取り戻せない

incolmabilità 女 1 満たすことができないこと, 埋められないこと 2〔スポ〕取り返しのつかない距離[間隔]

incolonnamento 男 縦に並べること;〔軍〕縦隊

incolonnare 他 1 縦に並べる 2 縦隊を作る, 整列させる 3 指図する, 仕向ける —**arsi** 再 縦に並ぶ, 縦隊になる

incolonnatore 男 (タイプライターやパソコンのキーボードの)タブキー

incolore 形 1 色のない, 無色の 2 (物が)精彩のない, さえない, 単調な;(人が)取るに足りない, くだらない, 没個性の

incoloro → incolore

incolpabile¹ 形 責任を負うべき、非難されるべき；告発されるべき

incolpabile² 形《文》罪[責任]のない

incolpabilità¹ 女 責められるべきこと、告発されるべきこと

incolpabilità² 女《文》罪[責任]のないこと

incolpare 他 1 責める、非難する、とがめる、告発する 2 …のせいにする、負わせる —*incolpare* le circostanze 状況のせいにする —**arsi** 再 1 罪[責任]を負う 2 お互いに非難し合う、責任を押し付け合う

incolpevole 形 罪のない、潔白

incolpevolezza 女 無罪、無実、潔白

incoltezza 女 1 (土地が)耕されていない 2 無教養、無知

incoltivabile 形 耕作に適さない

incolto 形 1 (土地が)耕されていない、未墾の 2 (草木が)自然のままの、野生の 3 手入れされていない、だらしない、洗練されない、垢抜けしない —*capelli incolti* もじゃもじゃの髪 4 無教養な、無知な；粗野な —男 未耕作地、未開墾地

incolume 形 無傷の、無事な、損害を受けていない

incolumità 女 無事、安全、損なわれていないこと

incombente 形 1 差し迫った、切迫した 2 義務[責任]がある —男 義務、責任

incombenza 女 義務、責務、任務

incombere 自 (複合時制なし) 1 (重大事や危険が)迫る、切迫する、今にも起こる —*Incombe* il pericolo di una guerra. 戦争の危機が迫っている。 2 (義務が)…に属する、のしかかる

incombustibile 形 不燃性の、難燃性の

incombustibilità 女 不燃性、難燃性

incombusto 形〔化〕不焼成の、焼き尽くされていない

incominciamento 男 開始、初め、始まり

***incominciare** [インコミンチャーレ] 他〔io incomincio〕始める —*incominciare* un discorso 演説を始める —自 [es] 1 始まる —*Lo spettacolo è incominciato*. ショーが始まった。 2 (a+不定詞) …し始める —*incominciare* a lavorare 働き始める

incommensurabile 形 1 計り知れない、無限の、果てしない 2 莫(ば)大な、とてつもない、桁違いの 3〔数〕通約できない

incommensurabilità 女 1 計り知れないこと、無限 2 莫(ば)大、広大、桁違い 3〔数〕通約できないこと

incommerciabile 形〔法〕市場取引の対象にならない

incommerciabilità 女〔法〕市場取引の対象にならないこと

incomodare 他 〔io incomodo〕迷惑[面倒]をかける、邪魔する、困らせる —Scusate, *incomodo*? すみません、お邪魔じゃないでしょうか？ —自 迷惑になる、苦になる —Se non Le *incomoda* verrei alle otto. ご都合がよろしければ 8 時に伺いますが。 —**arsi** 再 心配する、骨を折る —Non s'*incomodi*! おかまいなく。

incomodato 形 1 迷惑を受けた、邪魔された 2 気分がすぐれない

incomodo 形 1 快適でない、不快な、心地よくない 2 不適当な、都合[折り]の悪い —男 1 不都合、不便、厄介、迷惑、面倒、邪魔 2 気分が悪いこと、健康がすぐれないこと

incomparabile 形 1 比較できない、無比の、比類のない 2 並外れた、別格の、驚くべき、非常にすぐれた —La sua simpatia *incomparabile* gli procura molti amici. その素晴らしい魅力で彼は多くの友人を得ている。

incomparabilità 女 比較にならないこと、無比、無類

incompatibile 形 1 両立[共存]しない、一致しない、相容れない 2 許せない、受け入れがたい 3〔法〕兼任できない 4〔薬〕配合禁忌の 5〔数〕(方程式が)不能の 6〔情〕相互接続できない

incompatibilità 女 1 両立しないこと、不一致 2〔薬〕配合禁忌 3〔医〕(輸血・臓器移植での) 免疫機構の不適合 4〔情〕互換性のないこと

incompenetrabile 形〔物〕不可入性の

incompenetrabilità 女〔物〕不可入性

incompetente 形 1 無能な 2 適任でない 3〔法〕権限のない —男女 不適任者

incompetenza 女 無能力、無力、不適応；〔法〕無能力

incompianto 形 悲しまれない、惜しまれない

incompiutezza 女 不完全、不十分、未完成

incompiuto 形 未完成の、不完全[不十分]な

incompletezza 女 不完全、不十分、未完成

incompleto 形 不完全な、未完成の

incompostezza 女 1 乱雑、だらしのなさ、無秩序 2 取り乱すこと、動転 3 不体裁、不適当、下品

incomposto 形 1 雑然とした、乱雑な、散らかった 2 取り乱した、動転した 3 見苦しい、無作法な、下品な、体裁の悪い

incomprensibile 形 理解[納得]できない、不可解な

incomprensibilità 女 理解できないこと、不可解、謎めいた

incomprensione 女 1 理解できないこと、無理解 —I bambini soffrono dell'*incomprensione* degli adulti. 子供たちは大人の無理解に苦しんでい

る. **2** 誤解, 不和, 意見の相違 —Ogni *incomprensione* tra i fidanzati si è risolta. 恋人たちのいさかいはすべて収まった.

incompreso 形 **1** 分からない, 了解できない **2** 真価を認められない, 誤解された

incompressibile 形 〔物〕圧縮できない

incompressibilità 女 〔物〕非圧縮性

incomprimibile 形 **1** 抑えられない, 抑制[制御]できない, こらえきれない —felicità *incomprimibile* 抑えきれない喜び **2** 〔物〕圧縮できない

incomputabile 形 **1** 計算できない, 数え切れない, 計り知れない **2** (計れないほど)わずかな, 取るに足りない, 無視できる

incomunicabile 形 **1** 伝えられない, 報告[言及]できない —notizia *incomunicabile* 報道できないニュース **2** 言いようのない, 人に分かってもらえない —emozioni *incomunicabili* 名状しがたい感動

incomunicabilità 女 **1** 伝達できないこと **2** 他人と関係を築けないこと

inconcepibile 形 **1** 想像もできない, 考えられない, 思いもよらない **2** 信じられない, 途方もない

inconcepibilità 女 想像もできないこと; 信じられないこと

inconciliabile 形 両立しない, 一致しない, 相容れない, 対立する

inconciliabilità 女 相容れないこと, 共存できないこと, 妥協できないこと

inconcludente 形 **1** 結論の出ない, 結末のない **2** 無駄な, くだらない —chiacchiere *inconcludenti* つまらぬおしゃべり **3** (人が)役に立たない, 無能な —男 役立たず, 無能力者

inconcludenza 女 結論の出ないこと, 決着がつかないこと, 果てしないこと

inconcluso 形 終了していない, 決着のついていない, 結論の出ていない, 未完の

inconcusso 形 《文》揺らがない, 確固[断固]とした

incondizionatamente 副 無条件に, 絶対的に; 盲目的に

incondizionato 形 **1** 無条件の, 無制限の **2** 絶対的な, 完全な

inconfessabile 形 **1** 打ち明けられない, 口にできない, 告白できない **2** 恥ずべき, けがらわしい

inconfessato 形 **1** 隠された, 秘密の, 告白[白状]していない **2** 自認していない **3** 告解していない

inconfesso 形 **1** 〔法〕白状していない **2** 告解していない

inconfondibile 形 **1** 混同しようのない, 間違いようのない, 明白な, 紛れもない **2** 特有の, 独特の, 独自の —voce *inconfondibile* 特徴のある声

inconfortabile 形 **1** 慰めようのない **2** 心地よくない

inconfrontabile 形 比較できない, 無類の

inconfutabile 形 反駁(ばく)できない, 論破できない, 議論の余地のない

inconfutabilità 女 反駁(ばく)できないこと, 議論の余地のないこと

inconfutato 形 反駁(ばく)[論破]されない, 議論の余地のない

incongelabile 形 凍らない, 凍らせない

incongruente 形 論理性を欠く, 一致しない, 矛盾する, つじつまの合わない, 食い違った —affermazioni del tutto *incongruenti* 全く首尾一貫しない主張

incongruenza 女 不一致, 矛盾, つじつまの合わないこと, 支離滅裂

incongruità 女 不一致, 不適切, 不釣り合い; 一貫性のなさ, 矛盾

incongruo 形 不相応な, 不適当な, 不適切な; 一貫性のない, 矛盾した

inconoscibile 形 **1** 知り得ない, 理解し得ない; 人知を超えた **2** 〔哲〕不可知の

inconoscibilità 女 知り得ないこと, 不可解, 認識できないこと

inconsapevole 形 **1** 無意識の, 自覚のない —gesto *inconsapevole* 無意識のしぐさ **2** 気づかない —Era *inconsapevole* del pericolo. 彼は危険に気づいていなかった.

inconsapevolezza 女 **1** 無知, 知らないこと **2** 無意識, 無自覚

inconscio 形 〔複〔女 -sce, -scie〕〕無意識の, 気づかない, 故意でない, 自覚しない

inconseguente 形 **1** 前提から導かれない, 非論理的な **2** 一貫性を欠く, 矛盾した —persona *inconseguente* 無節操な人

inconseguenza 女 論理的でないこと, 矛盾, 無節操

inconsiderabile 形 取るに足りない, 無意味な, くだらない, つまらない, 重要でない

inconsideratezza 女 軽率, 無分別, 思慮のなさ

inconsiderato 形 軽率な, 無分別な, 不注意な, 思慮のない, 軽はずみな, 性急な —男 〔女 [-a]〕思慮の足りない人, 無分別な人

inconsistente 形 **1** 中身がない, 根拠のない **2** 硬さのない, 密でない

inconsistenza 女 **1** こわれやすいこと, もろいこと —*inconsistenza* di un materiale 素材のもろさ **2** (考え方・意見などの)薄弱さ, 内容に乏しいこと, 説得力を欠くこと

inconsolabile 形 (慰めようのないほど)悲嘆に暮れる, やるせない

inconsolabilità 女 慰めようのないこと, やるせなさ

inconsolato 形 何の慰めもない, 絶望した, 失意の

inconsueto 形 尋常でない, ただならぬ, 異様な

inconsulto 形 軽率な, 軽はずみな, 無

inconsumabile 形 消耗しない; 使い きれない, 消費できない

inconsunto 形 《文》変わっていない, 消滅しない

incontaminabile 形 汚染されない, けがされない

incontaminato 形 **1** 汚染されていない **2** 潔白な, けがれない, 高潔な

incontemplabile 形 予想[予期]し得ない

incontenibile 形 抑制できない, こらえきれない, 御しがたい

incontentabile 形 **1** 欲張りの **2** 難癖をつける

incontentabilità 女 **1** 飽くことを知らないこと, 満足しないこと **2** 好みの難しい[うるさい]こと, 厳しいこと

incontestabile 形 議論の余地のない, 明白な, 疑いのない, 確実な, 反駁(ばく)できない, 否定できない

incontestabilità 女 議論の余地のないこと, 明白, 確実

incontestato 形 議論の余地のない, 明白な

incontinente 形 **1**（衝動や欲求を）抑えきれない, 抑制できない **2**〔医〕失禁

incontinenza 女 **1** 自制できないこと **2** 淫乱, 色情的なこと **3**〔医〕失禁

*__incontrare__ ［インコントラーレ］ 他 **1** 出会う, 巡り合う —*Ho incontrato* degli amici per strada. 私は道で何人かの友人に出会った. /*incontrare* lo sguardo di... (人)と視線が合う **2** 会見する — *Devo incontrare* il direttore. 私は部長に会わなければならない. **3**（人気や評判を）得る **4**〔スポ〕対戦する ━ 自 [es] 《文》偶然出会う, 巡り合う ━**arsi** 再 **1**（互いに）出会う; 知り合う —*Ci siamo incontrati* a Parigi. 私たちはパリで知り合った. **2**〔スポ〕対戦する **3**（川や道が）合流する

incontrario 副《次の成句で》▶ **all'incontrario**《口》反対に, 逆に, 裏返しに

incontrastabile 形 **1** 争えない, 対抗し得ない, 逆らえない **2** 議論の余地のない, 疑いのない

incontrastato 形 疑いのない, 明白な, 確実な

*__incontro__[1] ［インコントロ］ 男 **1** 出会い —*punto d'incontro* 合流点; 合意点 **2** 集会; 会談 —*incontro* al vertice 首脳会談 **3** 対戦 —*incontro* di pugilato ボクシングの試合 **4** 成功, ヒット ▶ **fare un brutto incontro** 嫌な目に遭う, 会いたくない人物にでくわす **andare [venire] incontro a...** …に向かう, 応じる, 近づく

*__incontro__[2] ［インコントロ］ 副 **1** …の方へ, に向かって —*Mi è venuto incontro* con un sorriso. 彼は笑いながら私の方にやって来た. **2** 正面に, 向かいに, 反対側に **3** 反対に, それに反して ▶ **incontro**

a …の方に

incontrollabile 形 **1** 抑制[制御]できない, 手に負えない **2** 確かめられない, 検証できない

incontrollabilità 女 **1** 抑制[制御]できないこと **2** 確認できないこと, 調べられないこと

incontrollato 形 **1** 抑制されていない, 衝動的な **2** 確認されていない, 不確かな

incontroverso 形 〔法・哲〕争う余地のない

incontrovertibile 形 反駁(ばく)できない, 疑いのない, 明白な, 確実な

incontrovertibilità 女 反駁(ばく)できないこと, 疑いのないこと

inconveniente 男 不都合, 不便, 支障

inconvenienza 女 **1** 不適当, 不似合い **2** 不便, 不都合; 不利

inconvertibile 形 **1**〔経〕(紙幣が)兌(だ)換できない, 金(きん)や外貨と交換不可能な **2** 改宗できない

inconvertibilità 女 〔経〕兌(だ)換できないこと, 交換できないこと

inconvincibile 形 納得させられない, 説得し得ない

incoordinazione 女 **1** 不均衡, 不調整 **2**〔医〕協同運動失調

incoraggiamento 男 激励; 奨励 —essere di *incoraggiamento* per [a]... (人)にとって励みになる

incoraggiante 形 **1** 元気[勇気]づける, 励ます **2** 鼓舞する, 駆り立てる **3** 支援[支持, 擁護]する, 促進[助成]する **4** とても期待させる ━risultato *incoraggiante* 幸先のよい結果

incoraggiare 他 [io incoraggio] **1** 元気[勇気]づける, 励ます **2** 鼓舞する, 駆り立てる, (刺激して)…させる **3** 支援[支持, 擁護]する, 促進[助成]する ━**arsi** 再 **1** 励まし合う **2** 勇気[自信]を得る

incorare 他 → incuorare

incordare 他 (楽器や用具に)弦を張る ━**arsi** 再 (首の筋肉がこわばる[凝る]

incordatura 女 **1** (楽器や用具に)弦を張ること; (楽器や用具に)張られた弦 **2** (首の筋肉が)こわばる[凝る]こと

incornare 他 **1** 角で突く **2**〔隠〕(サッカーで)ヘディングする **3** (動物を動けなくしたり倒したりするのに)角をつかむ **4**《俗》夫[妻]を裏切る, 浮気する ━**arsi** 再 **1** 角で突き合う **2**《口》我を張る, こだわる

incornata 女 **1** 角で突くこと **2**（サッカーで)強烈なヘディング

incorniciabile 形 額[枠]にはめうる

incorniciare 他 [io incornicio] **1** 額縁[枠]に入れる, 額縁で飾る **2** (枠のように)取り囲む[囲む], 飾る **3**《俗》婚約者[夫, 妻]を裏切る, 不義を働く ▶ **da incorniciare** 記憶すべき, 忘れられない, 印象的な

incorniciatura 女 **1** 額縁[枠]に入れること, 額縁で飾ること **2** (枠のように)取り

incoronare 巻く[囲む]こと 3 額縁, 枠

incoronare 他 1 冠を授ける 2 (冠のように)上を飾る, 縁を飾る 3 〔音〕フェルマータ記号をつける —**arsi** 再 王冠を戴く

incoronata 女 (l'I-)〔単数のみ〕〔カト〕戴冠の聖母マリア

incoronazione 女 戴冠; 戴冠式

incorporabile 形 混合できる; 合体できる; 吸収しうる

incorporare 他〔io incorporo〕1 (むらなく)混ぜ合わせる, 混合する —*incorporare l'acqua con la farina* 水と小麦粉とをよく混ぜ合わせる 2 組み入れる, 合併する, 合体させる, 統一する —*incorporare un comune in una provincia* 地方自治体を県に編入する 3 吸収する —*Una multinazionale incorporerà l'azienda.* ある多国籍企業がその企業を吸収するだろう. —**arsi** 再 1 混ざる, 混じり合う 2 合体する, 加わる

incorporato 形 1 混合した; 合体した; 吸収した 2 含めた —*macchina fotografica con flash incorporato* フラッシュ内蔵のカメラ

incorporazione 女 1 よく混ぜること, 混合, 混和 2 合体, 合併, 組み込み 3〔法〕領土の併合 4〔言〕抱合(エスキモー語に見られるような, 動詞の中に名詞や代名詞を組み込むこと)

incorporeità 女 実体のないこと, 無形, 非物質性

incorporeo 形 1 実体のない, 無形の, 非物質的な, 霊的な 2 優美な, 霊妙な, 天上の, 神々しい —*bellezza incorporea* この世の物とも思えぬ美しさ

incorreggibile 形 1 手直しできない 2 手に負えない; 救い難い

incorregibilità 女 直しようのないこと; 手に負えないこと

incorrere [25] 自 [es]〔過分 incorso〕(不快な状況に)陥る; 被る, 負う, 受ける; 背負い込む, 招く —*incorrere in un guaio* 災難に見舞われる

incorrettezza 女 1 不適当, 不当, 間違い 2 無作法, 失礼

incorretto 形 1 間違いや不備[欠点]のある, 正しくない, 間違った, 不正確な 2 (基準や書式に対して)不適当な, 不適正な, 不相応な

incorrotto 形 1 腐敗していない 2 よごされていない, きれいな —*natura ancora incorrotta* まだ手付かずの自然 3 純粋な, 純潔な, 潔白な —*fede incorrotta* 純粋な信仰 4 誠実な, 堕落しない, 申し分のない —*giudice incorrotto* 清廉な裁判官

incorruttibile 形 1 買収されない 2 清廉潔白な

incorruttibilità 女 1 腐敗しないこと, 不変, 永続性 2 清廉潔白, 誠実

incorso incorrere の過分

incosciente 形 1 無意識の 2 自覚に欠ける, 無責任な, 無頓着な 3 無謀な, 無

鉄砲な —男女 無責任な人

incoscienza 女 1 無意識 2 自覚のなさ, 無責任 3 無謀, 無茶

incostante 形 1 変わりやすい 2 移り気な

incostanza 女 1 変わりやすいこと, 不定 —*incostanza del tempo* 天候不順 2 移り気なこと, 気まぐれなこと 3 根気のなさ, 忍耐力がないこと

incostituzionale 形 〔法〕憲法違反の, 違憲の

incostituzionalità 女 〔法〕憲法違反

incravattare 他 1 ネクタイをつける 2〔隠〕(高利で金を貸して)弱みにつけ込む —**arsi** 再 1 ネクタイをする 2 (男性が)正装する

increato 形 〔哲・神〕(神性について)創造されていない

※**incredibile** [インクレディービレ] 形 1 信じられない, 嘘みたいな 2 ありえない 3 馬鹿げた

incredibilità 女 信じられないこと, 途方もないこと

incredibilmente 副 1 信じられないほど, 信じられないことに 2〔形容詞を強調して〕非常に, 極端に, 並外れて —*spettacolo incredibilmente noioso* 恐ろしく退屈な番組

incredulità 女 1 疑い深いこと, 容易に信じないこと —*sguardo d'incredulità* 疑いのまなざし 2 不信心, 不信仰

incredulo 形 1 疑い深い, 容易に信じない 2〔宗〕無神論の —男〔女[-a]〕1 疑い深い人 2〔宗〕無神論者

incrementale 形 〔数〕増分の

incrementare 他 1 増やす, 増大させる, 拡大する 2〔数〕増分する

incremento 男 1 増加, 増大 2 増進, 促進

increscere → rincrescere

increscioso 形 不愉快な, 厄介な, 煩わしい, うんざりさせる

increspamento 男 → increspatura

increspare 他 1 縮める, しわを寄せる, 波打たせる —*Il vento increspa il mare.* 風が海にさざなみを立てる. / *increspare la fronte* 額にしわを寄せる 2 (紙や布に)ひだ[ギャザー]を寄せる —**arsi** 再 波打つ, うねる

increspato 形 1 (海や湖に)さざなみの立った 2 しわの寄った 3 ひだ[ギャザー]を寄せた

increspatura 女 1 縮めること, しわを寄せること, 波打たせること 2 (紙や布に)ひだ[ギャザー]を寄せること

incretinimento 男 馬鹿になること, ぼうっとすること, ぼけ

incretinire 他〔io -isco〕1 馬鹿[愚か]にする —*L'ozio incretinisce la mente.* 何もしないと馬鹿になる. 2 邪魔をする, ぼんやりさせる, 疲れさせる —*caldo che incretinisce* 頭をぼうっとさせる暑さ

incriminabile ―自 [es] 馬鹿になる, ぼうっとする, ぼける
 ―**irsi** 再 馬鹿になる, ぼうっとする, ぼける
incriminabile 形〔法〕告発[告訴]されるべき, 責めを負うべき
incriminare 他 [io incrimino] 1 〔法〕告発[告訴]する 2 犯罪と見なす
 ―**arsi** 再 犯罪を自白する
incriminato 形 1 〔法〕告発[告訴]された 2《謔》批判[非難]される, 議論的的の
incriminazione 女 告発, 告訴, 起訴, 嫌疑, 非難
incrinare 他 1 ひび[亀裂]を入らせる ―Lavandolo *ho incrinato* un piatto. 皿を洗っていて, ひびを入れてしまった. 2 損なう, つぶす, 壊す ―*incrinare* un'amicizia 友好関係を傷つける ―**arsi** 再 1 ひび[亀裂]が入る 2 壊れる, 台無しになる, 傷つく 3（音が）変わる ―La voce gli *s'incrinò* per l'emozione. 興奮で彼の声はうわずった.
incrinatura 女 1 ひび[亀裂]が入ること 2 ひび, 亀裂, 裂け目, 割れ目 3 不和, 仲たがい, 不一致 4 誠実さ[完全さ]の衰え ―*una fede salda e senza incrinature* 揺るぎなく誠実な信仰 5 (声その他の) 変化
incrociare 他 [io incrocio] 1 交差させる ―*incrociare* le braccia [le gambe] 腕[脚]を組む 2 (人や乗り物と)すれ違う 3 〔生物〕(2 の植物または動物を)交配させる ―自 1 (船や飛行機が)行き交う, 飛び交う ―**arsi** 再 1 交差する; すれ違う 2 行き違いになる 3 〔生物〕交配する ▶ *incrociare le braccia* ストライキをする
incrociato 形 1 交差した, 十字に置かれた 2 〔植〕交雑[交配]した 3 〔光〕偏光の
incrociatore 男 巡洋艦
incrociatura 女 交差すること; 交差点, 十字路
incrocio 男 1 交差点, 十字路 2 交配; 雑種, 交配種
incrodarsi [登山] (岩壁で) 上ることも下りることもできない状態になる
incrollabile 形 1 壊れない, 崩壊しない 2 揺るぎない, 堅固な 3 (人が) どんな逆境にもくじけない, 打ちのめされない
incrostamento 男 → incrostazione
incrostare 他 1 おり[沈殿物]の層で覆う, 外皮で覆う ―Il calcare e la ruggine *hanno incrostato* tutto l'impianto. 装置全体に石灰と錆がついた. 2 (表面を高価な物で覆う ―*incrostare* un bracciale di pietre preziose ブレスレットに宝石を散りばめる ―自 (表面を) 外皮を作る ―**arsi** 再 外皮で覆われる; 外皮を作って固まる ―I tubi *si sono incrostati* di calcare. 配管に石灰分がたまった.
incrostatura → incrostazione
incrostazione 女 1 おり[沈殿物]の層が覆うこと 2 (表面についた) 沈殿物の層, 外皮, 外層 3 (装飾用に) 張られた物, 化粧張り
incrudelire 他 [io -isco] 残虐行為を働く ―自 1 無情[無慈悲]になる, 残酷[残虐]になる 2 傷が悪化する; (悲しみや不幸が) 耐え難いものになる ―他 残酷[冷酷]にする ―**irsi** 再 残酷[無慈悲]になる
incrudimento 男〔冶〕加工硬化
incrudire 他 [io -isco] 1 悪化させる, 増大させる, 激しくする 2 〔冶〕加工硬化する ―自 [es] 1 (傷が) 悪化する 2 (天候が) 厳しくなる 3 残酷になる, 無慈悲になる 4 〔冶〕硬化する ―**irsi** 再 1 (豆などが) 生煮えになる 2 (傷が) 悪化する
incruento 形 流血を見ない, 無血の
incruscare 他 麩を振りまく
incubare 他 [io incubo, incubo] 〔生物〕抱卵する, 孵化する
incubatrice 女 1 (未熟児用の) 保育器 2 孵卵器
incubazione 女 1 〔生物〕抱卵, 孵卵, 孵化 ―*incubazione* artificiale 人工孵化 2 〔医〕潜伏期 3 〔生化〕定温放置[培養] 4 (計画や企画の) 熟成期間
incubo 男 1 悪夢 2 恐ろしい状態 ―*l'incubo* dei debiti 借金地獄 3 鬼のような人 4 夢魔
incudine 女 1 鉄床, 鉄敷 2 〔解〕きぬた骨 ▶ *essere [trovarsi] tra l'incudine e il martello* 進退きわまる
inculare 他 1《俗》男色をする, 肛門性交する 2《俗》だます, ペテンにかける 3《俗》(試験などで) 落第させる 4《口》(代名詞を伴い, 強調して) 注意を払う ―Chiedeva aiuto ma nessuno se lo *inculava*. 彼が助けを求めているのに, 誰も耳を貸さなかった.
inculata 女《俗》男色, 肛門性交
inculcare 他 (執拗に説得して) 吹き込む, 植えつける, 教え込む
inculcatore 形〔女[-trice]〕吹き込む ―男〔女[-trice]〕(思想や原理を) 吹き込む人
incultura 女 無教養, 無知, 無学
incunabolista 男女〔複[男 -i]〕インキュナブラの研究者[収集者]
incunabolo 男 1 (15 世紀の) 初期刊本, インキュナブラ 2〔複数で〕初期, 黎明期 ―*incunaboli* della civiltà 文明の揺籃期
incunabulo《文》→ incunabolo
incuneare 他 [io incuneo] 1 無理に押し込む[割り込ませる] 2 かき分ける, 押しのける 3 楔で止める ―**arsi** 再 1 食い込む, めり込む 2 割り込む, 無理に押し入る
incuoiare → incoiare
incuorare 他 1 励ます, 鼓舞する 2 吹き込む, 植えつける
incupire 他 [io -isco] 1 暗くする ―

incurabile

Le pareti scure *incupiscono* la stanza. くすんだ壁は部屋を薄暗くさせている. **2** 陰気[陰鬱]にする ―自 [es] **1** 暗くなる, 薄黒くなる **2** 陰気になる, 気を落とす ―**irsi** 再 暗くなる, 黒ずむ ―Il cielo *si è* improvvisamente *incupito*. 空が急に薄暗くなった. **2** 陰気[憂鬱]になる ―*incuprisi in volto* [*viso*] 顔を曇らせる

incurabile 形 不治の; 手の施しようのない ―男女 不治の病を患っている人

incurabilità 女 不治, 手の施しようのないこと

incurante 形 無頓着な, ぞんざいな, 無視する, 無関心な

incuranza 女 無頓着, ぞんざい, 無関心, 不注意

incurato 形 (病気や悪癖が)治らない

incuria 女 **1** (義務履行の)怠慢 **2** だらしなさ, 無頓着

incuriosire 他 [io -isco] 好奇心[興味]をそそる ―*Quella musica mi incuriosisce*. その音楽は私の好奇心をそそるものだ. ―**irsi** 再 好奇心を持つ, 知りたがる

incursione 女 **1** 侵入, 侵攻 **2** 急襲 ―*incursione aerea* 空襲, 空爆 **3** 《諧》(多人数での)思いがけない来訪

incursore 男 急襲[襲撃]する ―男 [軍]急襲隊員

incurvabile[1] 形 曲げられる

incurvabile[2] 形 曲げられない

incurvamento 男 曲げること, 曲がること; 曲がり, たわみ

incurvare 他 **1** (弓なりに)曲げる, 湾曲させる **2** (服従を表して)かがむ, 屈服させる, 服従させる ―**arsi** 再 曲がる, たわむ, 湾曲する

incurvatura 女 曲がり, たわみ, 湾曲

incurvire 他 [io -isco] 曲げる ―自 [es] 曲がる ―**irsi** 再 曲がる ―*Con gli anni si è molto incurvito*. 年を経て彼はずいぶん腰が曲がった.

incusse incutere の直·遠過·3 単

incusso incutere の過分

incustodito 形 警備[監視]のない, 無防備の ―*passaggio a livello incustodito* 無人踏切, 平面交差

incutere 他 [36] [過分 incusso] 引き起こす, 喚起する, そそる ―*incutere timore* 心配させる

indaco 男 [複[-chi]] **1** 藍, インディゴ **2** 藍色 ―形 [不変] 藍色の

indaffarato 形 忙しい; 慌ただしい

indagabile 形 研究[調査, 捜査]しうる

indagare 他 研究する, 調査する ―自 (su) (…について)捜査する, 調べる ―*La polizia indaga sull'omicidio*. 警察はその殺人事件について捜査を行っている.

indagatore 形[女[-trice]] 研究[調査, 捜査]する ―男[女[-trice]] 調査員, 捜査員, 研究者

indefinitezza

indagine 女 **1** 研究 **2** [複数で] 捜査

indarno 副 むなしく, 無益に, 無為に; [不変; 形容詞的] むなしい, 無駄な

indebitamento 男 借金[負債]を負わせること, 借金をすること; 借金, 負債; 恩義

indebitare 他 [io indebito] 借金[負債]を負わせる ―**arsi** 再 借金をする, 借り[恩義]がある ―*indebitarsi fino ai capelli* [*al collo*] 借金まみれになる[借金で首が回らない]

indebito 形 **1** (支払い)義務のない **2** 不当な, 不適当な, ふさわしくない ―*ottenere onori indebiti* 不相応な栄誉を手にする **3** 折りの悪い, 都合の悪い

indebolimento 男 弱らせること, 衰弱すること; 衰弱, 虚弱, 弱体化

indebolire 他 [io -isco] 弱らせる, 弱める ―自 [es] 弱る, 衰える ―**irsi** 再 弱る, 衰弱する

indecente 形 **1** はしたない **2** 見苦しい **3** ぞんざいな

indecenza 女 **1** 慎み[品]のなさ ―*È un'indecenza!* みっともないなあ. **2** 無礼, 非礼

indecidibile 形 決められない, 決定できない

indecidibilità 女 決定できないこと

indecifrabile 形 **1** 解読[判読]できない, 読めない **2** 曖昧な, 不明瞭な

indecifrato 形 解読[判読]されていない

indecisione 女 決断力のなさ, 優柔不断, 迷い

indeciso 形 **1** 決心がつかない, 優柔不断な ―*Sono indeciso*. 私は決めかねている. **2** 未決定[未解決]の **3** はっきりしない

indeclinabile 形 **1** [言]語形変化[格変化]しない **2** 避けられない, 免れない, 断れない, 拒否できない

indeclinabilità 女 **1** [言]語形変化[格変化]しないこと, 不変化 **2** 避けられないこと, 拒否できないこと

indecomponibile 形 分解できない, 分析できない

indecoroso 形 下品な, 無作法な, はしたない, 見苦しい, 粗野な

indeducibile 形 **1** 推論[演繹]できない **2** (税などの)控除できない

indeducibilità 女 **1** 推論[演繹]できないこと **2** (税などの)非控除

indefesso 形 **1** 疲れない, 疲れを知らない **2** 不断の, たゆみない, 飽きない, 倦(ウ)まない

indefettibile 形 **1** 欠点[欠陥]のない, 完全な **2** 変わらない, 朽ちることのない

indefettibilità 女 **1** 欠点[欠陥]のないこと, 完全 **2** 変わらないこと, 不朽

indefinibile 形 **1** 定義できない **2** 明確にできない, つかみどころのない, 曖昧な; 言いようのない, 名状しがたい

indefinibilità 女 定義できないこと; 曖昧なこと, 言い表せないこと

indefinitezza 女 不明確, 不定, 不

特定

indefinito 形 1 (特に数量が)不定の; 不明確な, はっきりしない, 漠然とした 2 決着のつかない, 未解決の 3 〖言〗不定の; (動詞の様態について)人称変化のない, イタリア語では不定詞・ジェルンディオ・分詞 ―男 不確定のもの, 不特定のもの

indeformabile 形 変形しない, 崩れない, 縮まない ―tessuto *indeformabile* 形態安定の生地

indeformabilità 女 変形しないこと

indegnità 女 1 値しないこと, ふさわしくないこと, 不相応, 不適格 2 卑劣[下劣]な行為, 恥ずべき行為

indegno 形 1 (di)…に値しない; 名が泣く, 名に恥じる 2 卑劣な, ひどい

indeiscente 形〖植〗(果皮が)不裂開の

indeiscenza 女〖植〗(果皮の)不裂開

indelebile 形 1 消え[消せ]ない ―inchiostro *indelebile* 不変色インク 2 忘れられない ―ricordo *indelebile* 忘れられない思い出

indeliberato 形 1 未決定の, 未解決の 2 故意でない, 不本意

indelicatezza 女 1 繊細さにかけること, 思いやりのなさ, 下品, 粗野, 無作法 2 下品[無神経]な行為

indelicato 形 気がきかない, 無神経な, 思慮の足りない, 無分別な

indelimitabile 形 範囲[限度]を定められない, 制限されない

indemagliabile 形〖織〗ほつれない, (靴下が)伝線しない

indemaniare 他 〔io indemanio〕〖法〗国有(財産)化する

indemoniare 他 〔io indemonio〕1 (悪魔が)取りつく 2 激怒させる ―自 [es] 激怒する ―**arsi** 再 激怒する

indemoniato 形 1 (悪魔に)取りつかれた 2 狂乱の, (怒りや興奮に)駆られた 3 活発な, 騒々しい ―bambino *indemoniato* じっとしていない子供 ―男〔女 [-a]〕悪魔に魅入られた人; 怒り狂った人, 活発な[落ち着きのない]人

indenne 形 1 無傷の, 損害を受けていない, 無事な 2 (汚染・伝染を)免れた

indennità 女 1〖法〗保障, 賠償, 補償; 補償金, 賠償金 2 (特別)手当て, 賞与 3 無傷, 無事

indennizzabile 形 補償[賠償]できる

indennizzare 他〖法〗補償[賠償]する

indennizzo 男 補償, 賠償; 補償金, 賠償金

indentare 自 1 (子供の)歯が生える 2 (歯車が)かみ合う ―他 歯形に溝をつける

indentro 副 内側[内部]に ▶ *all'indentro* 内側[内]に向けて ―La porta si apre *all'indentro*. そのドアは内側に開く. ―形〖不変〗〖次の成句で〗 *all'indentro* 内側[中へ]向いた / avere gli occhi *all'indentro* 落ちくぼんだ目をしている

indeperibile 形 腐らない, 傷まない, 壊れない

indeprecabile 形 (祈りによっても)避けられない, 不可避の, 免れ得ない

inderogabile 形 1〖法〗例外のない 2 違反できない, 遵守しなければならない

inderogabilità 女 1〖法〗例外のないこと 2 違反できないこと

indescrivibile 形 言葉にならない, 筆舌に尽くしがたい

indesiderabile 形 望ましくない, 好ましくない, 不愉快な ―ospite *indesiderabile* 招かれざる客

indesiderabilità 女 望ましくないこと, 嫌なこと, 気に障ること

indesiderato 形 望まれていない, 歓迎されない, 嫌な, 好ましくない

indeterminabile 形 はっきりしない, 不明確な, 確かめられない

indeterminabilità 女 不確定[不明確]なこと

indeterminatezza 女 不確定, 未確定, 不明確, 曖昧さ

indeterminativo 形 限定[確定]しない ―articolo *indeterminativo* 〖言〗不定冠詞

indeterminato 形 不確定な, 曖昧な, 未確定の, 未決定の

indeterminazione 女 不確定, 曖昧さ, 未確定, 未決定

indetonante 形〖化〗アンチノックガソリンの

indi 副〖文〗1 そこから 2 それから, その後で 3 …のせいで

India 固名(女) インド

indiana 形〖織〗インドサラサ

indianismo 男 インドの特質;〖言〗インドの言語の語法

indianista 男女〖複〖男 -i〕〕インド学者

indianistica 女 インド学

indianistico 形〖複〖男 -ci〕〕インド学の

indiano 形 1 インドの; インド人の 2 インディアンの, アメリカ先住民の 3 インド洋の ―Oceano *Indiano* インド洋 ―男〖女 [-a]〕1 インド人 2 インディアン, アメリカ先住民 ▶ *fare l'indiano* 知らんぷりをする, とぼける *in fila indiana* 縦一列に並んで, 一列縦隊で

indiare 他 〔io indio〕《文》神として祭る, 神格化する

indiavolamento 男 動揺させること; 動揺すること; 激怒すること

indiavolare 他 〔io indiavolo〕動揺させる, 不安にさせる; 混乱させる ―自 動揺する, 不安にかられる ―far *indiavolare* 激怒させる ―**arsi** 再 激怒する, 苛立つ, 憤慨する

indiavolato 形 1 激怒した, 怒り狂った 2〖詩張して〗非常に活発な 3 狂乱の,

indicabile 形 勧めてよい, 望ましい, 適した

＊indicare [インディカーレ] 他 (io indico) 1 指し示す, 教える —*indicare* la strada a... (人)に行き方を教える / Potrebbe *indicar*mi la strada per il Duomo? ドゥオーモへの道順を教えて頂けませんか? 2 表す, 意味する 3 示唆する, 勧める —Mi sai *indicare* un buon ristorante? お薦めのおいしいレストランはあるかな?

indicativo 形 1 示す, 表す 2 近似の, およその —*valutazione indicativa* 概算価格 [評価] 3 [言]直説法の —*modo indicativo* 直説法 4 それとなく示す, におわせる —男 1 [言]直説法 2 コード番号

indicato 形 1 示された, 表された 2 ふさわしい, 適切な; 適格な, 向いた

indicatore 形 [女 [-trice]] (情報などを)示す, 指示する —*cartello indicatore* 案内標識 —男 1 手引き, ガイドブック, 案内書 2 表示器, 指示器, インジケーター —*indicatore* di direzione 方向指示器 / *indicatore* di velocità 速度計 / *indicatore* stradale 道路標識 3 [化] (リトマス試薬のような)指示薬 4 [生物]指標 5 [経]経済指標 (*indicatore economico*) 6 [鳥]ミツオシエ

indicazione 女 1 表示, 標識 2 指示, 指図 3 注意書き, 使用法 4 [医]処方

＊indice [インディチェ] 男 1 人差し指 2 索引, 目次 —*indice* analitico ABC 順の索引 3 (計器の)針 4 指数, 率 —*indice* di ascolto 視聴率 5 指標, 表れ —*indice* di gradimento 人気度

indicibile 形 1 口にできない[出せない], 言葉にならない, 言い表せない, 言いようのない 2 計り知れない, 並外れた —*gioia indicibile* 途方もない歓喜

indicizzare 他 [経]指数に連動させる —*indicizzare* le pensioni 年金を物価指数にスライドさせる

indicizzato 形 [経]物価スライド制の
indicizzazione 女 [経]物価スライド制, 指数化方式

Indie Occidentali 固名(女複) 西インド諸島

indietreggiare 自 [es/av] (io indietreggio) 1 後退する, バックする 2 退却する

＊indietro [インディエートロ] 副 1 後ろに[へ, で]; 引き返して —*tornare indietro* 引き返す, 後戻りする / [(人を主語に)] essere *indietro* col lavoro 仕事が遅れている / [(人を主語に)] rimanere *indietro* negli studi 勉強が遅れている 2 (時間が)遅れて —L'orologio va *indietro*. 時計が遅れる. / mettere l'orologio *indietro* di 5 minuti 時計を5分遅らせる —形 [不変] 後進的な, 未発展の ▶ **all'indietro** 後戻りして, 逆方向に **dare indietro...** ...を返却する / Dammi *indietro* il libro! 本を返してくれよ. **fare macchina indietro** 振り出しに戻す **fare marcia indietro** 前言を撤回する, 手を引く **lasciare indietro** やり残す, 飛ばす

indifendibile 形 防御できない, 守りようのない, 弁護[擁護]の余地のない

indifeso 形 1 無防備な, 隙だらけの 2 自分を守れない, 無抵抗な

＊indifferente [インディッフェレンテ] 形 1 特に違わない, 大差ない —È *indifferente* per me. 私にはどうでもよい. 2 関心[乗り気]を示さない —con aria *indifferente* 何気なく 3 興味を起こさせない, つまらない —男女 無関心な人, 無感動な人 ▶ **fare l'indifferente** 興味がないふりをする

indifferentemente 副 区別なく, 同様に

indifferentismo 男 1 無関心主義 2 [哲]同一説

indifferenza 女 無関心, 無頓着, 冷淡さ

indifferenziabile 形 区別されない, 無差別の

indifferenziato 形 1 区別のない, 平凡な, 普通の 2 [生物](細胞・組織が)未分化の

indifferibile 形 延期できない, 猶予のない

indifferibilità 女 延期できないこと, 繰り延べできないこと

indigeno 形 1 土着の 2 地元の, 土地の —男 [女[-a]] 土着民

indigente 形 極貧の, 窮乏した

indigenza 女 極貧, 貧困, 窮乏, 貧窮

indigeribile 形 1 消化できない, 不消化の 2 厄介な, 我慢できない, 耐えられない

indigestione 女 消化不良 —fare *indigestione* di... ...を食べ過ぎる

indigesto 形 1 消化に[の]悪い 2 退屈な

indigete 形 [文]祖神の —男 祖神

indignare 他 憤激させる —**arsi** 再 (per) ...に憤慨する

indignato 形 憤慨した, 激怒した

indignazione 女 憤り, 憤慨

indigofera 女 [植]コマツナギ属

indigotina 女 [化]インディゴチン

indilatabile 形 膨張[拡張]しない

indilatato 形 膨張[拡張]していない

indilazionabile 形 延期できない, 先延ばしできない

indimenticabile 形 忘れ得ない

indimenticato 形 忘れられない, 記憶に残る

indimostrabile 形 証明[論証, 実証]できない

indimostrabilità 女 証明[論証, 実証]不可能

indimostrato 形 証明[論証, 実証]されていない

indio¹ 形 インディオの ー男[女 -a] インディオ;（I-）[複数で]中南米のインディオ

indio² 男 〔化〕インジウム（元素記号 In）

‡**indipendente** [インディペンデンテ] 形 **1** 独立[自立]した —paese *indipendente* 独立国 / proposizione *indipendente* [言]独立文[節] **2**（誰にもどこにも）依存しない, 束縛されない **3**（政治的に）偏りのない **4**（da）…と無関係な, 関連のない —È *indipendente* dalla mia volontà. それは私の意志とは関係ない. **5** 無党派[無所属]の ー男女〔政〕無党派議員

indipendentemente 副 自立して, 独立して, 自主的に, 自由に

indipendentismo 男 独立主義

indipendentista 形[複[男 -i]] 独立主義の ー男女[複[男 -i]] 独立主義者

indipendentistico 形[複[男 -ci]] 独立主義(者)の

indipendenza 女 **1** 独立, 自立(心) **2** 非関連性

indire [34] 他 〔過分 indetto, 命・2単は indici〕**1**（公式に）宣言する, 公布[布告]する —Il comune *ha indetto* un concorso. 市はコンクール開催を発表した. **2** 宣戦布告する

indirettamente 副 間接的に

indiretto 形 間接的な —discorso *indiretto* [言]間接話法

indirizzamento 男 **1** 差し向けること, 差し出すこと **2**〔情〕アドレスすること

indirizzare 他 **1**（人を）差し向ける **2**（人宛てに）差し出す, 送る —*indirizzare* un pacco ai genitori 両親に小包を送る **3** 向ける —*indirizzare* a... uno sguardo（人）に視線を向ける ー**arsi** 再 **1**（ある方向や場所に）向かう, 近づく **2** 傾く, …しがちである **3** 尋ねる, 意見を聞く, 助けを求める

indirizzario 男 **1** 住所録, アドレス帳; 郵送者名簿 **2**〔情〕ディレクトリー

indirizzatrice 女 宛名印刷機

‡**indirizzo** [インディリッツォ] 男 **1** 住所, アドレス —*indirizzo* del destinatario [mittente] 送付先[発信人]住所 / *indirizzo* IP [e-mail] IP [メール]アドレス **2**（当局や政治家に宛てた）声明, メッセージ **3** 学習指導, 方向付け ▶ *all'indirizzo di...* …宛ての, …に向けた

indiscernibile 形 識別[区別]できない, 見分けられない

indisciplina 女 （規律への）不服従, 反抗

indisciplinabile 形 **1** 無規律な, 無秩序な, 無軌道な —avere un carattere *indisciplinabile* 御しがたい性格である **2**（動物が）訓練[調教]できない

indisciplinatezza 女 無規律, 無秩序, 無軌道

indisciplinato 形 **1** 規律に従わない **2** 行儀の悪い, 反抗的な **3** 不摂生な, 乱れた

indiscreto 形 配慮[気配り]を欠いた, 無分別な, 無作法な, ぶしつけな —Non vorrei essere [Se non sono] *indiscreto*. 失礼します, 失礼ですが ー男[女 -a] 無思慮な人, ぶしつけな人

indiscrezione 女 **1** 無分別, 無思慮, ずうずうしいこと; 無分別な言動 **2** 秘密を保てないこと; 秘密を漏らすこと

indiscriminabile 形 識別[判別]できない, 差別[区別]できない

indiscriminato 形 無差別の, 無節操な, でたらめな, 見境のない, いっしょくたの

indiscusso 形 **1** 議論の余地のない, 明白な, 疑いない **2** 論議[討議]されていない

indiscutibile 形 議論の余地のない, 疑いようもない, 明白な, 申し分のない

indiscutibilità 女 異論のないこと, 疑いのないこと

indispensabile 形 **1**（絶対に）欠かせない,（必要）不可欠な **2** 余人をもって代えがたい ー男〔単数のみ〕必要不可欠なもの, 必需品 —l'*indispensabile* per vivere 生活必需品 / il minimo *indispensabile* 必要最低限

indispensabilità 女 絶対に必要なこと, 必須, 必要不可欠

indispettire 他〔io -isco〕怒らせる, いらいらさせる, うんざりさせる ー**irsi** 再 腹を立てる, いらいらする

indisponente 形 怒らせる, いらいらさせる, 悩ませる

indisponibile 形 **1** 利用[使用]できない, 通用しない **2**（人が）役に立たない, 不向きな **3**〔法〕自由に処分できない ー男〔法〕遺言者が自由に処分できない遺留分

indisponibilità 女 **1** 体調[気分]がすぐれないこと **2** 利用[使用]できないこと

indisporre [79] 他〔過分 indisposto〕いらいらさせる, 不機嫌にさせる —Il suo modo di comportarsi *indispone* i professori. 彼の態度は先生たちの気分を害している. ー**orsi** 再 いらいらする, 腹を立てる

indisposizione 女 **1** 気分がすぐれないこと, 体調不良, 軽い病気 **2** 嫌気, 気乗りがしないこと

indisposto 形〔過分 < indisporre〕体の具合が悪い, 気分がすぐれない;〔婉〕（女性が）生理中の

indissimulabile 形 偽れない, 隠せない

indissipabile 形 消す[晴らす]ことのできない

indissociabile 形 分離できない, 分かちがたい, 不可分の

indissolubile 形 溶解[分解, 融解]しない, 揺るぎない, 堅い, 壊れない

indissolubilità 女 溶解[分解, 融

indistinguibile 508 **indolore**

解]しないこと; 揺るぎなさ, 堅さ, 壊れないこと

indistinguibile 形 区別できない, 見分けがつかない —*gemelli indistinguibili* 見分けのつかない双子

indistinguibilità 女 見分けがつかないこと, 判別できないこと

indistintamente 副 **1** 区別なく, 無差別に, 分け隔てなく **2** 曖昧に, ぼんやりと, 不明瞭に

indistinto 形 **1** はっきりしない, 不明瞭な, ぼやけた **2** 明確に区別[分別, 分離]できない

indistricabile 形 **1**(もつれが)ほどけない, ほぐれない **2** 解決できない, 解けない

indistruttibile 形 頑強な, 頑丈な, 丈夫な; 強靭(きょう)な, 堅固な, 確固たる

indistruttibilità 女 頑丈, 丈夫, 強靭(じん), 堅固

indisturbato 形 乱されていない, 妨害されない, 邪魔の入らない, 平穏な

indivia 女 [植]エンダイブ, キクヂシャ

individuabile 形 (個々に)区別しうる, はっきりさせる

individuale 形 **1** 個人の, 個々の —*prova individuale* [スポ]個人競技, 個人種目 **2** 個別的な, 独特の

individualismo 男 **1** 個人主義, 利己主義 **2** [哲]個体主義

individualista 形 [複[男 -i]] **1** 個人主義(者)の, 利己主義(者)の **2** [哲]個体主義(者)の —男女 [複[男 -i]] **1** 個人主義者, 利己主義者 **2** [哲]個体主義者

individualizzare 形 [複[男 -ci]] **1** 個人主義(者)の, 利己主義(者)の **2** [哲]個体主義(者)の

individualità 女 **1** 個人であること, 単一[唯一]であること **2** 個性, 個人の特徴, 特性, 単一性 —*avere una forte individualità* 極めて個性的である

individualizzare 他 **1** 個性的にする, 個性を発揮させる **2** 個人の要求に合わせる —**arsi** 再 個性を発揮する, (独特の個性で)目立つ

individualizzazione 女 個別化, 個性化

individualmente 副 個々に, 個人で, 個人的に

individuare 他 [io individuo] **1** (他と区別して)見つける **2** 割り出す, 突き止める **3** 個性を与える —**arsi** 再 特徴[特色]づける

individuazione 女 **1** 個々に区別すること **2**(位置の)確定 **3**(個人的特性を)明らかにする[確定する]こと

individuo 男 **1** 個人; 個体 **2**《蔑》人, 男, やつ;《複数で》連中

indivisibile 形 **1** 分割できない, 不可分の;(商品が)分売できない **2**[数]割り切れない

indivisibilità 女 分割できないこと, 不可分; [数]割り切れないこと

indiviso 形 **1** 分割されていない, 共有

の, 共同所有の —*proprietà indivisa* 共有財産 **2**[植](葉の縁が)ぎざぎざのない, 全縁の

indiziare 他 [io indizio] 嫌疑[容疑]をかける

indiziario 形 [法]推定に基づく, 状況的な

indiziato 形 嫌疑のかかった, 容疑のある —男 [女[-a]]容疑者, 被疑者

indizio 男 **1** 兆候 **2** 手がかり, ヒント **3**[法]情況証拠

indizione 女 **1**(公式に)宣言すること, 公布, 布告, 告知, 告示 **2**(古代ローマの)15年ごとに行われた税の見直し(査定更正) **3**(中世の)15年紀

Indo 固名(男) インダス川

indo 形 インド(人)の —男 [女[-a]] インド人

indo- 接頭「インド(人)の」の意

indoario 形 インド・アーリアの, インド・アーリア人[語]の —男 [女[-a]] インド・アーリア人

indocile 形 従順でない, 手に負えない, 反抗的な, 扱いにくい;(動物が)飼いならされていない

indocilire 他 [io -isco] 従順にさせる, 手なずける, 飼いならす —自 [es] 従順になる, おとなしくなる —**irsi** 再 従順になる, 飼いならされる

indocilità 女 従順でないこと, 手に余ること, 飼いならされていないこと

indoeuropeista 男女 [複[男 -i]] 印欧語学者

indoeuropeistica 女 印欧語研究

indoeuropeo 形 [言]インド・ヨーロッパ語族の, 印欧語族の —男 インド・ヨーロッパ語, 印欧語

indoiranico 形 [複[男 -ci]] インド・イランの, インド・イラン語の —男 [複[-ci]女[-a]]インド・イラン語を母語とする人

indolcimento 男 **1** 甘くすること; 和らげること **2**(果物などから)渋みを取ること —*indolcimento delle olive* オリーブの渋みを取ること

indolcire 他 [io -isco] **1** 甘くする, 砂糖を加える **2** 和らげる, 優しくする **3**(果物などから)渋みを取る —自 [es] 甘くなる, 穏やかになる —**irsi** 再 甘くなる, 和らぐ

indole 女 性格; 性向, 性癖; 気質, 気性, 性分; 本性, 天性; 特質, 特性

indolente 形 **1** 無精な, 怠惰な, やる気のない **2**[医]無痛の

indolenza 女 **1** 無精, 怠惰, 無気力 **2**[医]無痛

indolenzimento 男 軽く痛むこと, こわばること, しびれること

indolenzire 他 [io -isco] 軽く痛ませる, こわばらせる, しびれさせる —**irsi** 再 軽く痛む, こわばる, しびれる

indolenzito 形 軽い痛みのある

indolo 男 [化]インドール

indolore 形 **1** 痛みのない, 痛くない —

indomabile 509 **indumento**

parto *indolore* 無痛分娩(ﾍﾞﾝ) / ago *in-dolore* 無痛(注射)針　**2**（結果や影響が）軽い　━**È stato un cambiamento *indolore*.** それは大勢に影響のない変更だった.

indomabile 形 **1** 飼いならせない, 家畜化できない **2** 曲がらない, 屈服しない ━*volontà indomabile* 不屈の意志 **3** 消せない, 鎮められない ━*incendio indomabile* 消火できない火事

indomabilità 女 **1** 飼いならせないこと **2** 曲げられないこと, 不屈

indomani 副 〔定冠詞とともに〕翌日, 次の日に ━**L'*indomani* partì per Firenze.** 翌日彼はフィレンツェへ旅立った. ━男〔不変; 定冠詞とともに〕**1** 翌日 **2**〔単数のみ〕将来

indomato 形 抑えられない, 鎮められない

indomenicato 形 日曜日用の服を着た; 着飾った

indomito 形 **1** 不屈の, 断固たる, くじけない **2** 飼いならせない

Indonesia 固名 女 インドネシア

indonesiano 形 インドネシアの; インドネシア人(語)の ━男 **1**〔女 [-a]〕インドネシア人 **2**〔単数のみ〕インドネシア語

indoor 形〔不変〕〔英・スポ〕屋内の, 室内の

indoramento 男 金箔(ﾊｸ)をかぶせること, 金めっきすること, 金色に塗ること; 金色に輝くこと

indorare 他 **1** 金箔(ﾊｸ)をかぶせる, 金めっきする, 金色に塗る **2** 金色に照らす[輝かせる] ━**arsi** 再 金色になる, 金色に輝く ▶ ***indorare la pillola*** 嫌なこと[苦しみ]を和らげる

indoratore 男〔女 [-trice]〕めっき職人, 箔(ﾊｸ)押し師

‡**indossare** [インドッサーレ] 他 着る, 身に着ける

indossatore 男〔女 [-trice]〕ファッションモデル

indosso 副 身につけて, 着て, はめて, かぶって ━**portare [mettersi, avere] *indosso* molti gioielli** たくさんの宝石をつけている

Indostan 固名 男 ヒンドゥスタン

indostano 形 ヒンドゥスタン(人)の ━男〔女 [-a]〕ヒンドゥスタン人

indotto¹ 形〔過分 < indurre〕**1**（外部要因で）引き起こされた, 誘発された **2**〔物〕（電荷・電流の）誘導された ━男〔電〕電機子, 接極子

indotto² 形 無学の, 無教養の ━男〔女 [-a]〕無知な人, 教養のない人

indottrinabile 形（政治思想などを）吹き込むことができる

indottrinamento 男（政治思想などを）吹き込むこと

indottrinare 他（政治思想などを）吹き込む, 教化する, 植えつける

indovinabile 形 推測できる, 言い当てられる

indovinare 他 **1**（直感で）見抜く, 推察する **2**（謎などの答えを）言い当てる, 的中させる ▶ ***non indovinarne (mai) una*** 失敗ばかりする　***tirare a indovinare*** 当てずっぽうで答える

indovinato 形 **1** 推察された, 言い当てられた **2** うまくいった, 成功した, よい結果に終わった

indovinello 男 **1** 謎 ━*risolvere un indovinello* 謎を解く **2** なぞなぞ

indovino 男〔女 [-a]〕占い師, 易者

indrappellare 他 分隊[小隊]を整列[配列]させる ━**arsi** 再 分隊[小隊]に整列する

indù 形 ヒンドゥー人の, ヒンドゥー教(徒)の ━男女 ヒンドゥー人, ヒンドゥー教徒

indubbiamente 副 疑いもなく, 明白に, 確かに

indubbio 形 疑う余地のない, 明白な, 確かな

indubitabile 形 疑いのない, 紛れもない, 確かな

indubitabilità 女 疑いのないこと, 確実さ, 明白さ

indubitatamente 副 疑いなく, 確かに, 明らかに

indubitato 形 議論の余地のない, 異議のない, 確かな, 明らかな

inducente 形〔物〕誘導の, 電磁誘導の

inducibile 形 誘導[誘発]できる, 誘導しうる

indugiare 自〔io indugio〕**1** ぐずぐずする, ためらう, 手間取る, 遅れる **2** 居続ける, 居残る, いつまでもいる ━他 遅らせる; 引き留める ━**arsi** 再 ぐずぐずする, 長居する

indugio 男 ぐずぐずすること, 遅滞, 遅延 ━*rompere* [*troncare*] *gli indugi* 決心する, 率先する

induismo 男〔宗〕ヒンドゥー教

induista 形〔複[男 -i]〕ヒンドゥー教(徒)の ━男女〔複[男 -i]〕ヒンドゥー教徒

induistico 形〔複[男 -ci]〕ヒンドゥー教(徒)の

indulgente 形 寛大[寛容]な, 情け深い ━*essere indulgente con sé stesso* 自分に甘い, わがままだ

indulgenza 女 **1** 寛容さ, 寛大さ, 甘やかし **2**〔宗〕免償, 贖宥(ｼﾞｭｸﾕｳ)

indulgere [60] 自〔過分 indulto〕**1** 応じる, 同意する, 同意する ━**La nonna *indulge* ai desideri dei nipoti.** おばあちゃんは孫のおねだりには甘くなる. **2**（悪習に）ふける, 身を任せる ━*indulgere al piacere del bere* 酒の快楽にひたる

indulse indulgere の直・遠過・3単

indulto¹ 男 **1**〔法〕恩赦, 赦免, 特赦 **2**〔宗〕贖宥(ｼﾞｭｸﾕｳ), 免罪

indulto² indulgere の過分

indumento 男〔総称的〕衣類, 衣服 ━*indumenti intimi* 肌着, 下着

indurimento 男 1 硬くすること, 固めること, 硬化 2 〔医〕硬化 3 〔冶〕硬化, 焼き入れ 4 〔化〕硬化剤

indurire 他 [io -isco] 1 硬くする, 硬化させる, 堅くする, 固める —Il sale *indurisce* le arterie. 塩分は動脈硬化を起こす. 2 強くする, 丈夫にする, 鍛える, 強健にする —Il lavoro *indurisce* le membra. 労働は手足の鍛錬になる. 3 非情にする, 無感覚にする, 冷淡にする, 気難しくする —Le disgrazie *induriscono* l'animo delle persone. 不幸は人の心をうつろにする. —自 [es]硬くなる, 固まる —**irsi** 再 1 硬化する, 固まる —*Si è già indurito* il cemento. セメントはもう固まった. 2 非情になる, 冷酷になる —Il suo cuore *si è indurito* col passare degli anni. 年を追うごとに彼の心は人間らしい感情を失っていった.

indurre [3] 他 [過分 indotto] 1 しむける, (人を)説得する —*indurre*... in errore (人)を誤った方向に導く / *indurre*... a credere (人)を信じるようにしむける 2 誘発する 3 〔哲〕帰納する —**ursi** 再 (やっと)決心[決意, 決定]する

indusio 男 1 〔植〕包膜, 包被 2 〔動〕包膜 2 (古代ローマの)ノースリーブの女性用チュニック

industre 形 よく働く, 勤勉な

*__industria__ [インドゥストリア] 女 1 (単数のみ)産業, 工業 2 企業, 工場

industrial design 商 (男) 〔英〕工業デザイン

industrial designer 商 (男女) 〔英〕工業デザイナー

*__industriale__ [インドゥストリアーレ] 形 産業[工業]の —*zona industriale* 工業地帯 —男女 企業家; 工場経営者

industrialismo 男 〔工業〕主義

industrializzare 他 産業[工業]化する —**arsi** 再 産業[工業]化する

industrializzato 形 1 産業[工業]化された 2《蔑》(文学・芸術作品が)大量生産[商品化]された

industrializzazione 女 1 産業[工業]化 2《蔑》(文学・芸術作品の)商品化

industrialmente 副 産業[工業]によって, 産業[工業]的に

industriarsi 再 最善[全力]を尽くす; 生活費を稼ぐためにあらゆる方法を試みる

industriosità 女 勤勉なこと, よく働くこと

industrioso 形 勤勉な, 一生懸命な, よく働く

induttanza 女 〔物〕インダクタンス; 〔電〕インダクタンス

induttivo 形 1 〔哲〕帰納法による, 帰納法的な 2 〔物〕誘導の

induttore 形 〔女[-trice]〕〔生物〕誘導の, 電磁誘導の; 〔生物〕誘導源の —男 〔電〕インダクタンスコイル; 〔生物〕誘導源; 〔化〕感応物質, 誘導質

induzione 女 1 推測, 推量, 推定 2 〔哲・論〕帰納法 3 〔物〕誘導, 感応 4 〔生物〕誘導 5 説得すること, 納得させること

inebetimento 男 ぼうっとすること, 呆(ぼう)然とすること

inebetire 他 [io -isco] ぼうっとさせる, 呆(ぼう)然[唖(あ)然]とさせる, 愚かにする —自 [es]ぼうっとなる, 無感覚になる —**irsi** 再 ぼうっとする, 呆(ぼう)然自失する

inebetito 形 呆(ぼう)然とした, 仰天した

inebriamento 男 1 酔うこと, 酩酊(めいてい) 2 陶酔, 夢中, 狂気, 有頂天

inebriante 形 酔わせる; 陶酔させる, 感動させる

inebriare 他 [io inebrio] 1 酔わせる, 酩酊(めいてい)させる 2 陶酔させる, 夢中にさせる, 非常に感動させる —*una musica che inebria* うっとりさせる音楽 —**arsi** 再 1 酔う, 酩酊(めいてい)する 2 陶酔する, 夢中になる, 歓喜する, 有頂天になる

ineccepibile 形 非の打ち所のない, 反論できない, 異議のない

ineccepibilità 女 非の打ち所のないこと, 申し分のないこと

inedia 女 絶食[飢え]が続くこと; 絶食[飢え]による衰弱 —*morire d'inedia*《口》死ぬほど[たまらなく]退屈する

inedificabile 形 (土地が)建築を禁止されている

inedificabilità 女 建築禁止

inedificato 形 (土地に)まだ建築[建設]されていない

inedito 形 1 出版されていない, 未刊の 2 未公表の, 未発表の 3 変わった, 経験[体験]したことのない, 新しい —*Ha raccontato una barzelletta inedita.* 彼は誰もが知らない笑い話を披露した.

ineducabile 形 教育できない, 教育が困難な

ineducato 形 無教養[教育]な, 無学な; 無礼な, 粗野な, 無作法な

ineducazione 女 無教養, 無学; 無礼, 無作法

ineffabile 形 1 言い表せない, 言葉にならない —*gioia ineffabile* 言い知れぬ喜び 2《諧》比類のない, 比べようもない

ineffabilità 女 言い表せないこと, 言語に絶すること

ineffettuabile 形 実行[実現]不可能

inefficace 形 1 効力のない 2 精彩のない

inefficacia 女 〔複[-cie]〕1 効果[効力]のないこと, 無効能 2 不十分, 説得力のなさ, 明快でないこと —*inefficacia di uno stile* 文体の平板さ 3 〔法〕無効

inefficiente 形 1 (機械などが)機能しない —*macchinario inefficiente* 非能率的な機械設備 2 無能な, 無力な —*impiegato inefficiente* 無能な社員

inefficienza 女 1 効率の悪いこと, 非能率 2 無能, 無力

ineguagliabile 形 比類のない, 無比の, 無類の, 無二の

ineguaglianza 囡 1 不公平, 不同, 不均衡, 不均等 —combattere contro l'*ineguaglianza* sociale 社会的不平等と闘う 2 規則[一貫]性のないこと, 不揃い, むらのあること 3 でこぼこ, 平らでないこと, 起伏

ineguagliato 形 無比の, 無類の, 無二の

ineguale 形 1 不同の, 等しくない, まちまちの, 一様でない 2 規則[一貫]性のない, 不揃いな, むらのある 3 (気性が)変わりやすい, 気まぐれな

inelegante 形 洗練されていない, あか抜けない, 野暮な, 粗野な, 無骨な

ineleganza 囡 無粋な, 野暮, 粗野, 下品

ineleggibile 形 選ばれる資格のない

ineleggibilità 囡 選ばれる資格のないこと

ineliminabile 形 排除できない, 取り除けない

ineludibile 形 避けられない, 逃れられない

ineluttabile 形 不可避の, 避けられない, 免れ得ない

ineluttabilità 囡 不可避なこと, 不可抗力

inemendabile 形 矯正できない, 直しようのない

inenarrabile 形 言い表せない, 言いようのない, 筆舌に尽くしがたい

inequivocabile 形 曖昧でない, 明確な, 疑いのない

inerbire 他 (io -isco) (斜面や路床が崩れるのを防ぐのに)草[芝生]を植える —**irsi** 再 草[芝生]が茂る

inerente 形 (a) …に関連[関係]する, 関わる

inerenza 囡 関連[関係]すること, 関わること

inerire 他 〖複合時制なし; io -isco〗関連[関係]する, 関わる

inerme 形 1 武装していない, 非武装の, 無防備の 2 無力な, 無能な —男女 無力な人

inerpicarsi 再 〖io mi inerpico〗(手足を使って苦心して)よじ登る, 這(は)い登る

inerpicato 形 交通不便で高地にある

inerte 形 1 無気力な 2 無為無策の 3 動かない, 不動の

inerzia 囡 1 無気力 2 惰性, 慣性 —forza d'*inerzia* 〔物〕慣性力 ▶ per *inerzia* [forza d'*inerzia*] 惰性で

inerziale 形 慣性の

Ines 国名 〖女性名〗イネス

inesattamente 副 不正確に, 間違って, 誤って

inesattezza 囡 1 正確でないこと, 不正確, 不精密 2 誤り, 間違い

inesatto¹ 形 1 正確でない, 不正確な, 誤った 2 ずぼらな, ぞんざいな, 無頓着な

inesatto² 形 未徴収の, 未回収の

inesaudibile 形 かなえられない, 聞き入れられない, 満たされない

inesaudito 形 満たされない, かなえられない

inesauribile 形 1 使いきれない, 無尽蔵の 2 非常に豊富な, 莫大な 3 (ある能力に)恵まれた

inesauribilità 囡 使いきれないこと, 無尽蔵, 無限

inesausto 形 尽きることのない, 無限の

inescare → innescare

inescusabile 形 許しがたい, 容赦できない, 弁解できない

inescusabilità 囡 許せないこと, 言い訳の立たないこと

ineseguibile 形 実行[実現]不可能

ineseguito 形 実行[実現]されていない

inesigibile 形 (債権が)取り戻せない, 取り立てられない, 回収不能の

inesigibilità 囡 (債権の)回収不能

inesistente 形 1 存在[実在]しない, 想像上の —Ti preoccupi di un pericolo *inesistente*. 君は取り越し苦労をしているよ. 2 内容[実質]のない, 取るに足りない —Questo romanzo ha una trama *inesistente*. この小説の筋はつまらない. 3〔法〕法的に存在しない

inesistenza 囡 存在[実在]しないこと

inesorabile 形 1 容赦のない, 冷酷な, 無情な, 無慈悲な, 厳格な 2 変えられない, 避けられない, 動かし得ない —destino *inesorabile* 逃れられない運命

inesorabilità 囡 1 仮借のなさ, 無慈悲, 冷酷 2 避け得ないこと, 不可避

inesperienza 囡 経験のなさ, 不慣れ, 未熟

inesperto 形 1 経験のない, 世間知らずの 2 未熟な, 駆け出しの

inespiabile 形 償われない, 贖うことのできない

inespiato 形 償われていない, 適切に処罰されていない

inesplicabile 形 説明がつかない, 理解しがたい, 不可解な, 謎の

inesplicabilità 囡 不可解なこと, 理解できないこと

inesplicato 形 説明[解釈, 理解]されていない

inesplorabile 形 1 探検[踏査]できない 2 底の知れない, 不可解な, 測りがたい

inesplorato 形 探検[踏査, 調査]されていない, 研究[探求]されていない

inesploso 形 (砲弾・ミサイルなどが)不発の

inespressivo 形 1 無表情な, 表情に乏しい, 生気のない —volto [sguardo] *inespressivo* 生気のない顔つき[まなざし] 2 平板な, 退屈な, 面白くない, 不明瞭な —stile *inespressivo* 単調な文体

inespresso 形 表されない, 明示[表明]されていない, 隠された, 暗黙の —pensieri *inespressi* ひそかな思い

inesprimibile 形 1 言い表せない, 表

現し得ない —angoscia *inesprimibile* 名状しがたい苦悩 **2** はっきりしない，不明確な —*inesprimibile* senso di malinconia 漠然とした寂しさ(ᵃᵇ)感

inespugnabile 形 **1** 攻撃[攻略]できない，堅固な —città *inespugnabile* 難攻不落の都市 **2** 腐敗[堕落]しない，買収されない —animo *inespugnabile* 清廉潔白な心

inespugnabilità 女 攻撃[攻略]できないこと；腐敗[堕落]しないこと

inespugnato 形 征服[攻略]されていない；腐敗[堕落]していない

inessenziale 形 非本質的な，副次的な，二次的な

inessenzialità 女 非本質性，副次[二次]的なこと

inessiccabile 形 涸(か)れることのない，無尽蔵の

inestensibile 形 広げられない，拡張できない，引き伸ばせない

inestensibilità 女 広げられないこと，伸ばせないこと

inestimabile 形 **1** 計り知れないほど値打ちがある，極めて貴重な **2** 莫大な，非常に大きい，とてつもない

inestinguibile 形 **1** 消すことのできない；鎮めることのできない —incendio *inestinguibile* 消火できない火事 / sete *inestinguibile* 癒やしがたい渇き **2** 永遠の，尽きることのない，強烈な，激しい —passione *inestinguibile* 燃え盛る情熱

inestinto 形 消せない，抑えきれない

inestirpabile 形 根絶できない，根深やしにできない；根深い，克服できない

inestricabile 形 **1** ほどけない；解けない，解決できない **2** もつれた，錯綜(ᵉ)した，込み入った

inettitudine 女 **1** 不適正，不適格，不向き **2** 無能，無能力

inetto 形 **1** …に不適当な，不向きな **2** 無能な，下手な，劣悪な **3** ぼんやりした，鈍な，何の価値もない —男〔女 [-a]〕不適格者，無能力者

inevaso 形 **1** 未決定の **2** 聞いてもらえない，顧みられない

inevitabile 形 避けられない，免れない，必然的な —男〔単数のみ〕必然，避けられないこと

inevitabilità 女 避けられないこと，必然性

in extremis 成句 **1**〔ラ〕死に臨んで，臨終に **2** 最終に —Siamo riusciti a prendere il treno *in extremis*. 私たちはぎりぎりで電車に間に合った．

inezia 女 **1** 些細なこと，取るに足りないこと，つまらないもの **2** 少量，僅か，少額 —Mi è costato un'*inezia*. それは二束三文だった．

inf. 略 *infinito*〔言〕不定詞

infagottare 他 **1**（多くの物を乱雑に）束ねる，包む，まとめる **2** 厚着させる，着ぶくれさせる，不格好にさせる —La mamma *infagotta* i bambini per uscire. お母さんはお出かけに，子供に暖かい格好をさせる．—**arsi** 再 **1** 厚着する，しっかり着込む **2** ぶざまな[野暮な]格好をする

infallibile 形 **1** 決して誤らない[間違わない] —verità *infallibile* 紛れもない真実 **2** 非常に正確な —strumento *infallibile* とても精密な器具 **3** 必ず効き目がある —rimedio *infallibile* 絶対効果のある治療法 **4** 確実な，明らかな

infallibilità 女 **1** 絶対誤らない[正しい]こと —l'*infallibilità* di Dio 神の無謬(ᵇᵉᵘ)性 **2** 極めて正確[精密]なこと **3** 絶対的な効果があること **4**〔神学〕（ローマカトリック教会・教皇の）不謬性

infalsificabile 形 偽造され得ない

infamante 形 悪評を招く，不名誉な，不面目な

infamare 他 中傷する，誹謗(ʰᵒᵘ)する **2** 名をけがす，辱める —**arsi** 再 恥をかく，面目を失う

infame 形 **1** 悪名高い，卑劣な，あくどい **2** 憎むべき，忌まわしい **3** 最悪の，最低の —男女 **1** 悪人《口》裏切り者

infamia 女 **1** 悪名，汚名，悪評；不名誉，不面目 —cadere nell'*infamia* 恥辱にまみれる **2** 恥ずべき言動 —commettere un'*infamia* 破廉恥な行為を犯す **3** 誹謗(ʰᵒᵘ)，中傷《口》最悪[最低]のもの —Questo libro è davvero un'*infamia*. この本は全くもってつまらない．

infanatichire 他〔io -isco〕狂信的にさせる，熱狂させる —自〔es〕狂信的に振る舞う —**irsi** 再 狂信的になる，熱狂する

infangare 他 **1** 泥でよごす，泥をはねかける **2** 名[体面]をけがす，面目を失わせる —**arsi** 再 **1** 泥でよごれる，泥まみれになる **2** 恥をかく，面目を失う

infanta 女 （スペイン・ポルトガルの）王女，皇女，内親王；親王[王子]の妃

infante¹ 男〔女 [-a]〕（スペイン・ポルトガルの長子を除く）親王，王子

infante² 男女 幼児，小児

infanticida 男女〔複 男 -i〕〔法〕嬰(ᵉⁱ)児[幼児]殺害者

infanticidio 男〔法〕嬰(ᵉⁱ)児[幼児]殺害

infantile 形 **1** 幼児(用)の —malattie *infantili* 小児病 / asilo *infantile* 幼稚園 **2** 子供っぽい，幼稚な

infantilismo 男 **1**〔医・心〕幼児症 **2** 幼児的言動，幼稚さ

infantilità 女 幼児的言動，未成熟

***infanzia** [インファンツィア] 女 **1**（小学校を卒業するまでの）幼年時代，幼少期 **2**〔集合的〕児童，少年少女 —letteratura per l'*infanzia* 児童文学 **3** 初期，始まりの頃

infarcimento 男 詰め物をすること；（料理用の）詰め物

infarcire 他〔io -isco〕**1**（食物に）詰め物をする，詰め込む **2** 一杯にする，満たす —Gli *hanno infarcito* la testa di

infarinare 他 **1** 小麦粉をまぶす[振りかける] **2** 小麦粉[粉]でよごす **3** 白くする **4**《諷》粉白粉(紛)を塗る **5** 生半可な知識を与える ━**arsi** 再 **1** 小麦粉でよごれる, 粉だらけになる **2** 手に小麦粉を振りかける **3**《諷》粉白粉(紛)を塗る

infarinatura 女 **1** 小麦粉をまぶす[振りかける]こと **2** 生半可な知識

infarto 男 〔医〕梗塞 ━*infarto* cardiaco [cerebrale] 心筋[脳]梗塞 ▶ *da infarto* べらぼうな; しびれる(ほど素晴らしい)

infartuato 形 〔医〕(特に心臓の)梗塞を起こした ━男[女[-a]] 梗塞を起こした人

infastidire 他 [io -isco] **1** 迷惑をかける, 邪魔する, 困らせる, いじめる ━*infastidire... con lamentele* 泣き言を言って(人)をうんざりさせる **2** しつこい痛み[苦痛]で不快にさせる **3** 胃を重苦しくする ━**irsi** 再 [per] …に苛立つ, うんざりする, かっとなる

infaticabile 形 **1** 疲れない, 疲れを知らない **2** 根気[辛抱]強い, 不断の ━*zelo infaticabile* 不屈の熱意

infaticabilità 女 **1** 疲れを知らないこと **2** 熱力, 粘り強さ, 一徹

＊**infatti** [インファッティ] 接 確かに, 事実, そのとおり ━副 〔返答として〕そのとおり

infatuare 他 [io infatuo] (束の間激しく)夢中に[熱狂, 興奮]させる ━**arsi** 再 夢中になる, 熱狂する

infatuato 形 (di) …に夢中になった, 熱狂した, のぼせ上がった

infatuazione 女 (一過性の)熱狂, 夢中になること, のぼせ上がり

infausto 形 **1** 不吉な, 縁起の悪い, 不運な **2** 苦しい, つらい, 悲しい, 不幸な

infecondità 女 **1** 不妊: 不毛 **2** 実を結ばないこと; 無益

infecondo 形 **1** 不妊の, 子を産まない **2** (土地が)不毛の, やせた **3** (よい結果を)生まない, 実を結ばない; 無益な, 無駄な

infedele 形 **1** 忠実でない; 不貞な, 不実な **2** (原文や事実に)忠実でない, 不正確 **3** 異教徒の ━男女 **1** 不実な人 **2** 不信心者; 異教徒

infedeltà 女 **1** (義務・責任・約束などに)忠実でないこと, 不正直, 信用できないこと **2** 不正確, 厳密でないこと **3** 不誠実な言動

＊**infelice** [インフェリーチェ] 形 **1** 不幸[不運]な **2** (身体的または精神的に)不自由な, 恵まれない **3** 悲しい, 惨めな **4** ぞんざいな, まずい ━*risposta infelice* まずい返答 ━男女 **1** 不幸[不運]な人, 哀れな人 **2** 身体的または精神的に病っている人

infelicità 女 **1** 不運, 不幸, 悲惨 **2** 残念, 遺憾, 望ましくないこと ━*infelicità di una scelta* 不本意な選択 **3** 不適当, 不適切 ━*infelicità di una domanda* 質問が的外れなこと **4** 悪さ, 不

都合 ━*infelicità del clima* 天候のひどさ **5** 災難, 災い

infeltrimento 男 フェルトのように硬くする[なる]こと; 〔織〕フェルト加工

infeltrire 他 [io -isco] フェルトのように(硬く)する; 〔織〕フェルトにする, フェルトで覆う ━自 [es] フェルトのように(硬く)なる ━**irsi** 再 フェルトのように(硬く)なる

inferenza 女 〔哲・論〕推理; 〔統〕統計的推論 (inferenza statistica)

inferi (I-) 〔神話〕冥界の神[住人]; 冥府, あの世, 死者の世界

inferì inferire の直・遠過・3 単

inferia 女 〔複数で〕(古代ローマで)祖先や冥界の神に捧げられた生け贄(蒻)[供物]

＊**inferiore** [インフェリオーレ] 形 〔basso の比較級〕 **1** (位置が)下の ━*abitare al piano inferiore* 下の階に住んでいる / *gli arti inferiori* 下肢, 脚 **2** (レベルが)低い, 下級の ━*scuola media inferiore* 中学校 / *inferiore alla media* 平均より低い ━男女 下の者, 目下, 部下

inferiorità 女 劣っていること, 劣等, 劣勢, 下級, 下位

inferiormente 副 下で, 下方に

inferire [61] 〔1, 2 では過分 inferto, 遠過・3 単 inferse; 3, 4 では過分 inferito, 遠過・3 単 inferì〕 **1** 一撃する, 食らわせる ━*Il malvivente gli ha inferto* una coltellata al petto. ならず者は彼の胸をナイフで刺した. **2** (損害を)引き起こす, 原因となる ━*Il crollo delle azioni ha inferto* un duro colpo all'azienda. 事業の急落が会社に大打撃をもたらした. **3** 推論[推定]する, 結論を導き出す **4** 〔船〕(帆・ロープを)固定する; 旗をロープに結びつける

inferito inferire の過分

inferitore 男[女[-trice]] 打撃を与える人, 損害を引き起こす人

inferitura 女 〔船〕(帆・ロープを)固定すること; (ロープを通すための)旗のへり縫いの部分

infermeria 女 (学校・兵営・企業などの)保健室[医務室, 診療所];《文》病室, 伝染病

infermiera 男[-e] 女性看護師

infermiere 男[女[-a]] 男性看護師

infermieristica 女 看護士に必要な保健衛生の知識と技術

infermieristico 形 [複男 -ci] 看護士の

infermità 女 **1** 病気, 疾患, 持病, 長患い **2** (精神的)弱さ, 欠点 **3** 不運, 災難

infermo 形 病気の, 病弱の ━男[女[-a]] 病人, 病弱な人

infernale 形 **1** 地獄の **2** 極悪[酷悪]な **3** 我慢できない ━*Fa un caldo infernale.* 我慢の限界を超えて暑い.

＊**inferno** [インフェルノ] 男 **1** 地獄 ━*l'Inferno* (ダンテの『神曲』の)地獄篇 **2**

inferocire 容赦のない苦痛 3 破壊, 混乱 ▶*d'inferno* 地獄のような, 最悪の *Va' all'inferno!* くたばっちまえ.

inferocire 他 [io -isco] 1 激高[激怒]させる 2 獰(ど)猛にする, 凶暴にさせる ―自 1 [es] 獰猛になる 2 残忍な行為を犯す ―irsi 再 1 獰猛になる 2 激高[激怒]する

inferriata 女 鉄製の柵[格子]

inferse inferire の直·遠過·3 単

infertile 形 (土地·植物が)不毛の, やせた

infertilire 他 [io -isco] 肥沃にする, 施肥する ―自 [es] 肥沃になる, 実り豊かになる ―irsi 再 肥沃になる, 実り豊かになる

infertilità 女 不毛, 不結実

inferto inferire の過分

infervoramento 男 熱狂, 興奮, 熱中, 夢中

infervorare 他 [io infervoro, infervoro] 熱狂[興奮, 夢中にさせる ―arsi 再 熱狂[興奮, 熱中]する, 夢中になる

infervorato 形 熱狂[興奮, 熱中]した, 夢中になった

infestamento 男 〔農〕(草が)はびこること, 侵入すること

infestante 形 荒らす, 横行する, はびこる

infestare 他 1 横行する, 荒らし回る, 群がる, 出没する ―I banditi *infestavano* le montagne. 盗賊が山に出没していた. 2 (昆虫や植物が)襲来する, はびこる, 食い荒す ―I parassiti *infestano* le rose. 寄生虫がバラにたかっている.

infestazione 女 横行, 出没, 蔓(まん)延, 侵入

infesto 形 1 敵対する, 対立する 2 有害な, 害になる 3 煩わしい, 面倒な 4 (草が)はびこる

infettare 他 1 感染[伝染]させる, 病気を移す 2 汚染する, よごす 3 堕落[腐敗]させる ―arsi 再 1 感染する, 病気にかかる 2 化膿(のう)する

infettatore 形 〔女 -trice〕感染させる; 堕落させる ―男 〔女 [-trice〕感染させる人[物]; 堕落させる人[物]

infettivo 形 感染する, 感染性の ―malattia *infettiva* 感染症

infetto 形 1 汚染された ―acqua *infetta* 汚水 2 感染した ―dito *infetto* 化膿した指 3 腐敗した ―男 〔女 [-a]〕感染者

infeudamento 男 → infeudazione

infeudare 他 [io infeudo] 1 〔歴〕封建制度に従わせる; 封土[知行, 俸禄]を与える 2 服従させる, 支配下に置く ―arsi 再 1 〔歴〕封臣[家臣]になる 2 服従[隷属]する

infeudazione 女 〔歴〕封土[知行]を与えること, 授封, 下封

infezione 女 1 感染; 感染症 ―fare *infezione* 感染する 2 腐敗

infiacchimento 男 弱くなること, 衰弱

infiacchire 他 [io -isco] 弱くする, 弱める, 衰弱させる ―自 [es] 弱くなる, 衰弱する ―irsi 再 弱くなる, 活力を失う

infialare 他 (特に薬を)小瓶に詰める

infialettare → infialare

infiammabile 形 1 すぐに火がつく, 引火性の 2 すぐにかっとなる ―carattere *infiammabile* かっとなりやすい性格 ―男 〔複数で〕可燃物

infiammabilità 女 1 燃えやすいこと, 引火性, 発火性 2 興奮しやすいこと, 激しやすいこと

infiammare 他 1 燃え上がらせる, 火をつける, 燃やす ―*infiammare* un combustibile 燃料を焚(た)く 2 赤くさせる ―Il sole al tramonto *infiamma* il cielo. 夕陽が空を真紅に染めている. 3 激化させる, 興奮させる ―I suoi discorsi *infiammano* il popolo. 彼の演説は民衆を熱狂させる. 4 炎症を起こさせる ―Il cloro della piscina mi *infiamma* gli occhi. プールの塩素で目が腫れる. ―arsi 再 1 燃え立つ, 火がつく ―un gas che *s'infiamma* facilmente 引火しやすいガス 2 赤くなる, 赤面する 3 激情にかられる; 恋い焦がれる, 憤慨する 4 炎症を起こす ―Mi si sono *infiammate* le gengive. 歯茎が腫れ上がった.

infiammato 形 1 燃やされた 2 紅潮した, 真っ赤になった 3 炎症を起こした ―gola *infiammata* 赤く腫れた喉

infiammatore 形 〔女 -trice〕1 燃やす, 火をつける 2 興奮[熱狂]させる ―男 〔女 [-trice〕1 燃やす人 2 熱狂させる人, 扇動者

infiammatorio 形 〔医〕炎症の, 炎症を起こす, 炎症性の

infiammazione 女 炎症, 赤く腫れること

infiascare 他 フィアスコ(fiasco)に詰める

infiascatura 女 フィアスコ(fiasco)に詰めること

infibulazione 女 〔人類〕陰門封鎖

inficiare 他 [io inficio] 〔法〕無効にする; 価値[評価]を奪う

infido 形 1 信頼できない, 当てにならない 2 偽りの, 見せかけの 3 危険な, 不安定な

infierire 自 [io -isco] 1 無慈悲[薄情]になる, 残虐になる 2 (病気や天災が)荒れ狂う, 猛威を振るう

infiggere [4] 他 〔過分 infisso〕1 押し込む, 突っ込む, 差し込む 2 (心に)とどめる, (強く)吹き込む ―rsi 再 1 食い込む, 突き刺さる 2 (頭に)入る, 刻み込まれる

infila- 腰接 「差し込む」「通す」の意

infilacapi → infilanastri

infilanastri 男 〔不変〕ひも通し, 大針

＊**infilare** [インフィラーレ] 他 1 (糸を)通す ―*infilare* le perle 真珠を数珠つなぎにする 2 (穴に)入れる ―*infilare* una

infilata 手紙をポストに入れる / *infilare* la chiave nella toppa 鍵穴に鍵を入れる 3 (道に)入る —*infilare* l'autostrada 高速に乗る 4 突き刺す 5 (人に服を)着せる; 着る —*infilare* il cappotto コートを着る 6 (続けて)言う, する —*infilare* un errore dietro l'altro 間違い続ける —**arsi** 再 1 (筒状の物を)身に着ける —*infilarsi* gli stivali ブーツを履く / *infilarsi* i guanti 手袋をはめる 2 入り込む, もぐり込む —*infilarsi* sotto le coperte 布団にもぐる / *infilarsi* nella macchina 車に乗り込む

infilata 女 ひもに通した物; 一続き, 数珠つなぎになった物 —un'*infilata* di perle 一連の真珠 / dire un'*infilata* di stupidaggini 馬鹿げた話を連発する

infilatura 女 1 通すこと, 差し込むこと 2 一続き, 数珠つなぎ

infiltramento 男 → infiltrazione

infiltrare 他 1 (ひそかに)潜入させる 2 [医]浸透[浸潤]させる —**arsi** 再 1 (液体や気体が隙間から)染み込む 2 (スパイのなどに)潜入する 3 (感情が知らず知らず)根を下ろす, はびこる

infiltrazione 女 染み込むこと, 浸透, 浸潤; 潜入

infilzamento 男 1 数珠つなぎにする, 通す; (糸や棒に)一列に並べる[配列する] 2 突き通す[刺す]こと 3 連続して言う[行う]こと

infilzare 他 1 数珠つなぎにする, 通す; (糸や棒に)一列に並べる[配列する] —*infilzare* pezzi di carne su uno spiedo 肉を串に刺す 2 突き通す, 貫通させる 3 突き刺す, 押し込む 4 連続して[立て続けに]繰り出す —*infilzare* un errore dietro l'altro 次々と間違いを犯す —**arsi** 再 刺し貫かれる, 突き刺される

infilzata 女 一続き, 一連, 一列

infilzatura 女 → infilzamento

infimo 形 《basso の絶対最上級》最下部の, 最低の, 最下級の; 最悪の, 粗悪な —男 《単数のみ》最低のもの

☆**infine** [インフィーネ] 副 1 最後に, やっと 2 結局, 要するに

infingardaggine 女 1 怠惰, 無精 2 虚偽, 偽り, 偽装; だますこと, 狡猾[ぶる]

infingardire 《io -isco》怠惰[無精]にさせる, やる気をなくさせる —自 [es]怠惰[無精]になる —**irsi** 再 怠惰[無精]になる

infingardo 形 1 怠惰[無精]な 2 偽りの, 嘘の —男 《女 -a》1 怠け者, 無精者 2 嘘つき, 偽る人

infingere [33] 他 《過分 infinto》《古》…を装う, …のふりをする; 偽る, 隠す —自 嘘をつく, だます —**ersi** 再 装う, ふりをする; 偽る, 隠す

infingimento 男 だますこと, ごまかし, 見せかけ, 偽り

infinità 女 1 おびただしい数量 —un'*infinità* di bugie 嘘八百 2 (時間・空間が)無限であること

infinitamente 副 1 無限に, 際限なく 2 大いに, 非常に多く

infinitesimale 形 1 非常に小さい, 微小[微量]の 2 [数]無限小の

infinitesimo 形 1 微小[微量]の 2 [数]無限小の —男 1 微小, 微量, 極小 2 [数]無限小

infinitivo 形 [言]不定法の, 不定詞(形)の

☆**infinito** [インフィニート] 形 1 無限の, 果てしない, 終わりのない 2 無数の, 非常に大量の —Grazie *infinite*. 本当にありがとう. 3 [言]不定詞の, 不定詞の —男 1 《単数のみ》無限; 宇宙 2 [言](動詞の)不定法, 不定詞 3 [数]無限大 4 (l-) 《単数のみ》[神学]神 ▶ **all'infinito** 限りなく, 延々と, 何度でも

infino 前 《文》…まで

infinocchiare 他 《io infinocchio》 1 《口》だます, ペテンにかける 2 ウイキョウ[フェンネル]の実で味付けする

infioccare 他 房で飾る —**arsi** 再 房飾りをつける

infiocchettare 他 小さな房で飾る —**arsi** 再 小さな房飾りをつける

infiochire 他《io -isco》(音や光を)弱める —自 [es](音や光が)弱まる —**irsi** 再 (音や光が)弱まる

infiorare 他 1 花で飾る, 花を撒き散らす 2 (di)…で飾る, 飾り立てる —**arsi** 再 1 花で覆われる[飾られる] 2 飾り立てる

infiorata 女 (宗教的祭典で教会や道路に)花を撒き散らすこと

infiorazione 女 花で飾る[覆う]こと

infiorescenza 女 [植]花序

infiorettare 他 1 飾り立てる, 粉飾[潤色]する 2 花で飾る

infiorettatura 女 飾り立てること; 花で飾ること

infirmare 他 [法]無効にする

infischiarsi 《io mi infischio》(di)《口》気にしない, 何とも思わない —*Me ne infischio* di te. 私にとって君のことはどうでもいい.

infisso 形 《過分 < infiggere》押し込まれた, 食い込んだ —男 1 (戸や窓の)枠; よろい戸 2 [言]挿入辞

infistolire 自 [es]《io -isco》1 常習化する, 定着させる 2 [医]瘻(ろう)管[瘻孔]を形成する —**irsi** 再 1 常習化する, 根付く 2 [医]瘻管[瘻孔]を形成する

infittire 他《io -isco》1 密にする, 濃くする, (生地の)目を詰める 2 頻繁にする —**irsi** 再 1 密になる, 濃くなる 2 頻繁になる

inflazionare 他 1 [経]通貨を膨張させる, インフレを起こす 2 非常に普及させる —**arsi** 再 非常に普及する

inflazione 女 1 インフレ 2 過剰な普及, 激増

inflazionismo 男 [経]インフレ傾向, インフレ政策

inflazionista 男女《複[男 -i]》[経]

inflazionistico インフレ[通貨膨張]論者

inflazionistico 形 〖複[男 -ci]〗インフレの, インフレを誘発する

inflessibile 形 1 確固たる, 不動の, 頑固な 2 曲がらない, 柔軟性のない

inflessibilità 女 1 不屈, 意志の堅いこと, 頑固 2 曲がらないこと, 柔軟性を欠くこと

inflessione 女 1 抑揚, 音調, 語調 2 屈曲, 湾曲

inflesso inflettere の過分

inflettere [54] 他 〖過分 inflesso〗 1 曲げる, 湾曲させる 2 (抑揚や音色で)声の調子を変える —**ersi** 再 変形する, たわむ

infliggere [5] 他 〖過分 inflitto〗 1 (罰を)科す, (苦しみを)与える, 加える, 負わせる 2 (スポーツで)敗北を帰す

inflizione 女 罰を科すこと, 苦しみを与えること

influente 形 影響を及ぼす, 影響力のある, 有力な —男 有力者, 実力者

✳influenza [インフルエンツァ] 女 1 影響(力)—subire l'*influenza* di... …の影響を受ける 2 〖医〗インフルエンザ —prendere l'*influenza* インフルエンザにかかる

influenzabile 形 影響を受けやすい, 暗示にかかりやすい

influenzale 形 〖医〗インフルエンザの, 流行性感冒の

influenzare 他 影響を及ぼす, 感化する; (行動や決定を)左右する, 意のままにする —**arsi** 再 1 影響し合う 2 インフルエンザにかかる

influenzato 形 1 影響された 2 インフルエンザにかかった

influire 自 〖io -isco〗(su) …に影響する; …を左右する

influsso 男 1 影響(力), 感化(力) 2 (占星術で)感応(力)

infocare → infuocare

infocato → infuocato

infoderare¹ 他 〖io infodero〗 (再び)鞘(ᡪ)に納める

infoderare² 他 〖io infodero〗 覆う, 包む

infognarsi 再 《口》深みにはまる, 抜け出せなくなる, 陥る

infoiare 他 〖io infoio〗 1 《俗》性的に刺激する, 性的快感を与える 2 興奮させる, 熱狂させる —**arsi** 再 1 性的に興奮する 2 興奮する, 熱狂する

in folio 形 〖印〗(全紙の)二つ折りの, 二折版

infoltimento 男 濃くなること, 密になること

infoltire 他 〖io -isco〗濃くする, 密生させる —自 〖es〗濃くなる, 密になる —**irsi** 再 濃くなる, 密になる

infondatezza 女 根拠[理由, いわれ]のないこと, 事実無根

infondato 形 根拠のない, いわれのない

infondere [55] 他 〖過分 infuso〗 1 吹き込む, 鼓舞する, 刺激する 2 (液体を)注ぐ —**ersi** 再 広がる, 伝わる

inforcare 他 1 熊手[三つ又(ᡧ)]でかきあげる 2 (馬や二輪車に)またがる —*inforcare* gli occhiali 眼鏡を鼻の上にずらしてかける 3 両腕でしっかり抱え込む —**arsi** 再 1 二股に分かれる 2 学校[授業]をさぼる

inforcatura 女 1 熊手でかきあげること 2 分岐, 分肢, 分枝 3 (人の)股

inforestierare → inforestierire

inforestierire 他 〖io -isco〗外国風にする —自 〖es〗外国風になる —**irsi** 再 外国風になる

informale 形 1 非公式の, 形式ばらない, 普段の 2 (言葉が)口語[会話]風の, くだけた 3 〖美〗非具象的な, アンフォルメル派の —男 〖美〗抽象芸術, 非定型芸術, アンフォルメル —男女 アンフォルメル派の人

informante 男女 〖言〗インフォーマント

✳informare [インフォルマーレ] 他 1 (人に)知らせる, 通知する —*informare* A di [su] B A(人)にB(物)を知らせる / *informare* i presenti sul programma [dei cambiamenti] 出席者に予定[変更]を通知する 2 〖文〗形成する, 形作る 3 (a) …に釣り合わせる, …に向ける —**arsi** 再 1 情報を得る[求める] 2 最新の情報を取り入れる 3 (a) …に適応[順応]する, 従う

informatica 女 情報科学 —女 〖単数のみ〗(大学の)情報科学部

informatico 形 〖複[男 -ci]〗情報科学の, 情報処理の; 情報処理の専門家の —男 〖女[-a]〗情報処理の専門家

informativo 形 情報[知識]を与える[伝える]

informatizzare 他 情報システム[コンピューター]を導入する, コンピューターで処理する

informato 形 通知された; 情報に通じた —essere ben *informato* di [su]... …にとても詳しい[精通している]

informatore 男 〖女[-trice]〗 情報提供者, 通報者, 密告者; 〖軍〗情報部に所属する者; 〖言〗インフォーマント(informante) —形 〖女[-trice]〗特徴づける, 特徴をなす

✳informazione [インフォルマツィオーネ] 女 情報; 指示 —chiedere un'*informazione* (何かを教えてもらうために)聞く, 問い合わせる / ufficio *informazioni* 案内所 / *informazioni* turistiche 観光案内所

informe 形 1 無定形[不定形]の, 形のない 2 詳細が明確でない, はっきりしない, 準備中の 3 変形した, 奇形の

informicolamento 男 むずむず[ぴりぴり]する感じ

informicolarsi 再 〖io mi informicolo〗(手足が)むずむず[ぴりぴり]する —Mi *si informicolano* le mani. 手がちくちくする.

informicolimento → informico-

lamento
informicolirsi → informicolarsi
informità 女 **1** 形のないこと, 無定形 **2** 奇形, 変形していること; 不格好, 醜悪
infornaciare 他 〔io infornacio〕〔トスカーナ〕窯(かま)[炉]に入れる
infornapane 男〔不変〕焼き窯(かま)用のシャベル
infornare 他 **1** (食べ物を)オーブンに入れる, (レンガなどを)窯(かま)に入れる, (燃料を)窯に入れる **2**《諧》大食らいする
infornata 女 **1** 窯(かま)に入れること **2** (食べ物など)一窯分の量; 一窯分の燃料 **3**《諧》大人数, 多数, 一群, 一団
infornatore 男〔女[-trice]〕(パンなどを)焼く人
infortire 他〔io -isco〕強くする —自 [es] (ワインが)酸っぱくなる **—irsi** 再 (ワインが)酸っぱくなる
infortunarsi 再 事故[災難]に遭う —Giocando *mi sono infortunato* a una caviglia. 私はプレー中に足首を痛めた.
infortunato 形〔女[-a]〕事故[災害]に遭った, 負傷した, 傷ついた —男〔女[-a]〕事故[災害]に遭った人, 負傷した人
infortunio 男 **1** 災害, 事故 —*infortunio* sul lavoro 労災 / subire un *infortunio* 事故に遭う **2**《文》不幸, 不運
infortunista 男女〔複[男 -i]〕労働災害防止の専門家
infortunistica 女 労働災害防止の研究
infortunistico 形〔複[男 -ci]〕労働災害の研究に関する
infoscare 他 暗くする, 濃くする, 曇らせる **—arsi** 再 暗くなる, 曇る
infossamento 男 **1** (農産物の保存のために)土中の穴に入れること **2** 掘ること, くぼませること **3** 穴, くぼみ; 沈下
infossare 他 **1** (農産物の保存のために)土中の穴に入れる **2** 掘る, うがつ, くぼませる —La malattia le *ha infossato* le gote. 病気で彼女の頬はこけた. **—arsi** 再 **1** 穴が開く, くぼむ, 沈む —Il terreno tende a *infossarsi*. 地盤沈下が起こりそうだ. / Gli *si sono infossati gli occhi* e le guance. 彼は目も頬も落ちくぼんだ. **2** 地中にもぐり込む
infossatura 女 → infossamento
infra[1] 副 下に, 下で, 下方を
infra[2] 前 …の間に; …の中に; (一定の期間)以内に
infra- 接頭「下の」「内部の」の意
infracidire 自 [es]〔io -isco〕腐る, 朽ちる; 堕落する **—irsi** 再 **1** ずぶぬれになる **2** 腐る, 腐敗する
infradiciamento 男 **1** 水につけること, びしょぬれになること **2** 腐敗; 堕落 **3** 〔農〕(菌類による木材の)腐敗病
infradiciare 他〔io infradicio〕**1** 水に浸す, びしょぬれにする **2** 腐らせる; (道徳的に)堕落させる **—arsi** 再 **1** ずぶぬれになる **2** 腐敗する; 堕落する
infradito 男, 女〔不変〕**1** (鼻緒のついた)草履, ビーチサンダル **2**〔不変; 男性形のみ〕(草履の)鼻緒 —形 草履の
inframezzare 他 間に入れる, 差し挟む **—arsi** 再 間に入る; 仲裁する
inframmettente 形 干渉する, おせっかいを焼く —男女 干渉する人, ちょっかいを出す人, おせっかい焼き
inframmettenza 女 干渉[介入]すること, いらぬ世話を焼くこと
inframmettere [65] 他〔過分 inframmesso〕間に置く[入れる] **—ersi** 再 間に入る, 干渉[介入]する; 仲裁する, 調停する
inframmischiare 他〔io inframmischio〕混ぜる, 混合する
infrancesare 他《蔑》フランス語風にする;《諧》梅毒[フランス病]を移す **—arsi** 再《蔑》フランス風になる
infrangere [56] 他〔過分 infranto〕**1** 粉々にする, 砕く, 壊す —*infrangere* un vetro ガラスを割る **2** 打ち破る, 勝つ, 敗走させる —*infrangere* l'assalto nemico 敵の攻撃を蹴散らす **3** 背く, 違反する —*infrangere* la promessa 約束を破る **4** 失望させる, がっかりさせる —*infrangere* le aspettative 期待を裏切る **—ersi** 再 **1** 砕ける, 割れる —Il vaso *si è infranto* sul pavimento. 花瓶が床で粉々になった. **2** 中断する, 中止する —L'assalto nemico *si è infranto* contro la resistenza delle nostre truppe. 敵の攻撃はわが軍の反撃に阻まれた. **3** 消えうせる, 消滅する —Ogni nostro progetto *si infrangeva* contro il suo divieto. 彼が禁止するので, 私たちの計画はどれもこれも立ち消えになっていた.
infrangibile 形 **1** 壊れない, 割れない; とても強固な —volontà [vincolo] *infrangibile* 強い意志[固い絆] / vetro *infrangibile* 強化ガラス **2** 反故(ほご)にできない
infrangibilità 女 壊れないこと, 割れないこと; 堅固, 不変, 揺るぎないこと
infrangimento 男 粉砕, 破壊; 違反, 違背
infranse infrangere の直・遠過・3単
infranto 形〔過分＜infrangere〕**1** 割れた, 粉々になった, 打ち砕かれた **2** 衰弱した, 消耗した **3** 妨げられた, 邪魔された
infrarosso 形〔物〕赤外線の —男 (スペクトルの)赤外部
infrascare 他 **1** (葉のついた)枝で覆う[隠す] **2** 枝[棒]で支える, 支柱を立てる **3** 装飾品で飾り立てる **—arsi** 再 **1** 枝[茂み]に隠れる **2** ごてごて飾り立てる **3** 巻き込まれる, 関わる
infrascatura 女 枝で覆うこと; 支柱
infrascritto 形 下記の, 後述の; 下[末尾]に署名した

I

infrasettimanale 形 週内に起こる [生じる] —chiusura *infrasettimanale* 休店日

infrasonoro 形 〔物〕可聴下音の, 可聴周波の

infrastruttura 女 1 基礎構造, 下部構造 2 (鉄道・道路・水道・学校・病院など)基幹設備[施設], インフラ

infrastrutturale 形 インフラに関する

infrasuono 男 〔物〕可聴下音, 可聴周波

infrattare 他《口》茂む[避難所]に隠す —**arsi** 再《口》姿を隠す, 森に隠れる

infrazione 女 1 (規律や義務などの)違反, 違背 2 〔医〕不完全骨折(infrazione ossea)

infreddare 他〔古〕冷やす, 寒くする —自 [es] 1 冷える, 寒くなる 2 風邪を引く —**arsi** 再 1 冷える, 寒くなる 2 (軽い)風邪を引く

infreddatura 女 軽い風邪

infreddolimento 男 冷えること, 凍えること

infreddolire 自 [es] [io -isco] 冷える, 凍える —他 冷やす, ぞくぞくさせる —**irsi** 再 冷える, 凍える, かじかむ

infrenabile 形 1 (衝動や感情を)抑えきれない, 制御[抑制]できない 2 (人が)短気な, 狭量な; (動物が)手に負えない, 御しがたい

infrequentabile 形 出入りできない [したくない], 交際できない[したくない]

infrequente 形 めったにない, 稀な, 珍しい

infrequentemente 副 稀に, めったに…しない

infrequenza 女 1 稀なこと, めったにないこと, 珍しいこと 2 (場所が)人けのない[閑散としている]こと

infrigidire 他 [io -isco] 冷やす, 寒くする —自 [es] 冷える, 寒くなる —**irsi** 再 冷える, 寒くなる

infrollimento 男 1 肉が柔らかくなること, 肉を柔らかくすること 2 活力を失うこと, 衰弱

infrollire 自 [es] [io -isco] (肉が)柔らかくなる, 食べ頃になる —他 1 肉を柔らかくする 2 活力を奪う, 弱くする —**irsi** 再 1 (肉が)柔らかくなる, 食べ頃になる —mettere la carne a *infrollirsi* in frigorifero 肉を冷蔵庫で寝かせる 2 弱くなる, 衰弱する

infronzolare 他 [io infronzolo] ひだ飾り[フリル]で飾る —**arsi** 再 着飾る, 身を飾る

infruttescenza 女〔植〕果実序

infruttifero 形 1 実を結ばない, 不毛の 2 〔経〕利益[収益]を生まない 3 意味のない, 無駄な, 無用な

infruttuosità 女 結実しないこと, 不毛

infruttuoso 形 1 実を結ばない, 不毛の 2 利益[収益]を上げない —capitale *infruttuoso* 遊休資本 3 無駄な, 役に立たない 4 不妊の, 生殖力のない

infula 女 1 (古代ギリシャ・ローマの)聖職者や生け贄(はぇ)の頭に巻いた, 緋色もしくは白色の飾り帯, 束帯 2 〔カト〕司教冠垂布

infundibolo 男 1 〔考〕(古代ギリシャ・ローマの)漏斗状の花瓶 2 〔解〕漏斗管

infundibuliforme 形 〔植〕漏斗状の, じょうご形の

infundibulo → infundibolo

infunghire 自 [es] [io -isco] 〔トスカーナ〕カビが生える, かびる; 腐る

infungibile 形 〔経・法〕代替不可能

infungibilità 女 〔経・法〕代替不可能なこと

infuocare 他 1 真っ赤に焼く; (火のように)赤くさせる —La rabbia gli *infuoca* il volto. 彼は怒りで顔を真っ赤にしている. 2 興奮させる, 熱狂させる —**arsi** 再 1 真っ赤に焼ける, 灼(しゃく)熱する; 真っ赤になる 2 興奮する, 熱狂する

infuocato 形 1 真っ赤になった; 非常に熱い, 火のように赤い 2 激した, 熱烈な, 熱狂した

infuori 副 〔次の成句で〕▶ **all'infuori** 外側へ, 外へ —形 〔次の成句で〕**all'infuori** 外へ向かう, 外側の —前 〔次の成句で〕**all'infuori di...** …を除いて / Nessuno ha finito il compito *all'infuori di* te. 君以外誰も課題を終えていない.

infurbire 自 [es] [io -isco] 悪賢くなる, ずる賢くなる —他 悪賢くする —**irsi** 再 悪賢くなる, 狡猾(こうかつ)になる

infuriare 自 [es] [io infurio] 1 激怒する 2 (天候などが)荒れ狂う —**arsi** 再 怒り狂う, 逆上する —Maria *si è infuriata* con me. マリアは私に激怒した.

infuriato 形 1 怒り狂った, 激怒した, 逆上した 2 (海や風が)荒れ狂う, 猛烈な

infuse infondereの直・遠過・3単

infusibile 形 溶融しない, 不溶解性の

infusibilità 女 不溶性

infusione 女 1 煎じ出し; 煎じ液, 浸出液 2 注入

infuso 形 〔過分<infondere〕煎じた, 煮出した —男 煎じ液, 浸出液

infusorio 男 〔動〕繊毛虫類

ing. 略 ingegnere 技師, エンジニア

ingabbiamento 男 [io ingabbio] 1 鳥かご[檻(おり)]に入れること 2 監禁 3 〔建〕骨組みを作ること

ingabbiare 他 1 鳥かご[檻(おり)]に入れる 2 閉じ込める, 監禁する; 《諧》投獄する 3 罠(わな)[ペテン]にかける 4 〔建〕骨組みを作る

ingabbiatura 女 1 〔建〕骨組み, 枠組み 2 鳥のおとり猟

ingaggiare 他 [io ingaggio] 1 選手契約[出演契約]を結ぶ; (兵士を)募集する 2 (戦闘を)開始する

ingaggio 男 1 スカウト 2 契約金

ingagliardire 他 [io -isco] 1 強化する, 丈夫にする 2 大胆にする, 鼓舞する —

ingalluzzire

Il successo lo *ha ingagliardito*. 成功して彼は活気づいた。 —自 [es] 1 強くなる 2 元気を出す —irsi 再 1 強くなる, 丈夫になる 2 元気を出す, 奮起する

ingalluzzire 他 [io -isco] 大胆にする, 勇気づける, 活発にする —自 [es] 大胆になる, 得意になる —irsi 再 自信をつける, 得意がる

ingannabile 形 だませる, だましやすい

ingannare 他 1 だます, 欺く, 裏切る —*ingannare gli amici* 友人を裏切る 2 (時間を)つぶす —*ingannare il tempo* 暇つぶしする / *ingannare la noia* 憂さ晴らしする —arsi 再 間違う, 過ちを犯す, 誤解する —*Se non mi inganno, è una persona onesta*. 私の間違いでなければ, 彼は誠実な人だと思います。

ingannatore 形 [女 [-trice]] 間違わせる, 誤解させる; だます, 欺く —男 [女 [-trice]] 詐欺師, だます人

ingannevole 形 偽りの, 詐欺の, ペテンの, 欺瞞(ぎ)的な, 信用できない, 惑わす

inganno 男 1 ごまかし, 策略 —*trarre in inganno* だます 2 誤解, 錯覚

ingarbugliare 他 [io ingarbuglio] 1 ごちゃまぜにする; (糸などを)もつれさせる 2 混乱させる, 紛糾させる, 面倒にする —arsi 再 1 (糸などが)もつれる; 混乱する, 複雑化する 2 しどろもどろになる, どもる

ingarbugliato 形 1 ごっちゃになった; (糸などが)からまった 2 混乱した, 錯綜した, 紛糾した

ingavonarsi 再 [船] (船が)傾く

ingegnaccio 男 《謔》奇抜な才能; 奇才

ingegnarsi 再 懸命になる, 奮闘する, 打ち込む —*Ingegnati per risolvere il problema*. 問題解決のために最善を尽くせ。

＊**ingegnere** [インジェニェーレ] 男 1 建築技師 2 技術者, エンジニア 3 工学部卒業者, 工学士

ingegneresco 形 [複 [男 -chi]] 《蔑》技術者的な, 融通の利かない, 四角四面の

ingegneria 女 工学, エンジニアリング

ingegneristico 形 [複 [男 -ci]] 工学の, 技術者の

ingegno 男 1 才能, 知性, 天分 —*aguzzare l'ingegno* 才能を研ぎ澄ます 2 天才, 才能に恵まれた人

ingegnosità 女 1 (人が)技巧にすぐれていること, 創意に富んでいること 2 (物の)巧みさ, 創意工夫 3 〔文〕 (文体の)気取り, 技巧に走り過ぎること, 凝り過ぎ

ingegnoso 形 1 創意工夫に富んだ, 手の込んだ 2 〔文〕 (文体の)技巧を凝らした, 凝り過ぎの —男 [女 [-a]] 独創的な人

ingelosire 他 [io -isco] 嫉妬させる —自 [es] 嫉妬する —irsi 再 嫉妬する, ねたむ

ingemmamento 男 宝石で飾ること, 美しくすること

ingemmare 他 1 宝石で飾る 2 美しくする, 飾る —I *fiori ingemmano i prati*. 花々が草原を美しく彩っている。 —arsi 再 宝石で飾り立てる

ingenerare 他 [io ingenero] 引き起こす, もたらす, 生じさせる —*ingenerare dubbi* 疑いを抱かせる —arsi 再 起こる, 生じる

ingenerosità 女 1 狭量 2 厳しさ, 厳格 —*l'ingenerosità del clima* 苛酷な風土

ingeneroso 形 狭量な, 利己的な

ingenito 形 1 生まれつきの, 生得の, 生来の, 先天的な, 天性の —*inclinazioni ingenite* 天賦の才能 2 (病気などが)先天性の

ingente 形 巨大な, 莫大な, 計り知れない

ingentilimento 男 洗練, 上品, 高尚

ingentilire 他 [io -isco] 1 洗練する, 上品にする, 磨きをかける 2 美しくする, 心地よくする —irsi 再 洗練される, 磨かれる; 美しくなる

ingenuità 女 1 純朴, 無邪気 2 馬鹿正直

ingenuo 形 1 純朴な, 無邪気な, お人好しの 2 悪意のない —男 [女 [-a]] 純朴な人, 無邪気な人, お人好し

ingerenza 女 1 参加, 関与; 介入, 仲裁, 口出し 2 責任, 任務

ingerimento 男 1 飲み込む[下す]こと, 嚥下(えんか) 2 参加, 介入

ingerire 他 [io -isco] 飲み込む, 飲み下す, 嚥下(えんか)する, おせっかいをする, 介入する

ingessare 他 1 (骨折した部分を)ギプスで固定する 2 動きを止める, (活動を)一時停止する

ingessatura 女 ギプスを巻くこと; ギプス

ingestione 女 飲み込む[下す]こと, 嚥下(えんか)

inghiaiare 他 [io inghiaio] 砂利を敷く, 砂利を撒く

Inghilterra 固名(女) イギリス, 英国; イングランド

inghiottimento 男 1 飲み込むこと 2 こらえること, 抑制, 我慢, 忍耐 3 消去, 隠すこと 4 消費, 消耗

inghiottire 他 [io inghiotto, inghiottisco] 1 飲み込む 2 (涙や恨みを)こらえる ▶ *inghiottire un boccone amaro* (非難や屈辱を)甘受する *inghiottire amaro e sputare dolce* 顔で笑って心で泣く

inghiottitoio 男 〔地質〕地裂, 穴; (石灰岩層の雨水を地下に導く)吸い込み穴

inghippo 男 1 詐欺, ごまかし, ペテン, いんちき 2 〔南伊〕不倫

inghirlandare 他 1 花輪[花冠]で飾る; 花輪のように取り巻く 2 ひどくおもねる, 激賞する

ingiallimento 男 黄色くなること, 黄ばむこと

ingiallire 他 [io -isco] 黄色に染める, 黄色くする —自 [es] 黄色くなる, 黄ばむ —**irsi** 再 1 黄色くなる, 黄ばむ 2 (思い出などが) 薄れる

ingigantire 他 [io -isco] 1 (途方もなく)拡大させる, 大きくする, 増す 2 (実際より大きく見せる, 誇張する —自 [es] (途方もなく)拡大する, 増加する —**irsi** 再 (途方もなく)拡大する, 大きくなる

inginocchiarsi 再 [io mi inginocchio] 1 跪(ひざまず)く 2 敬意を表する; 屈する

inginocchiato 形 (敬虔(けいけん)に・服従して) 跪(ひざまず)いた

inginocchiatoio 男 祈祷(きとう)台

ingioiellare 他 1 宝石で飾る 2 飾り立てる, 潤色する —**arsi** 再 宝石で身を飾る, 宝石をつける

ingiù, in giù 副 下へ, 下向きに; 遠くに 下向きの ▶ *all'ingiù* 下に, 下方に; 下向きの / *La pianta ha un ramo all'ingiù.* 木の枝が一本垂れ下がっている. *dall'ingiù* 下から上へ

ingiudicato 形 [法] 審理中の, 未決の

ingiungere [58] 他 [過分 ingiunto] (有無を言わさず)命じる, 命令する, 申し付ける

ingiuntivo 形 命令的な, 命令の

ingiunto ingiungereの過分

ingiunzione 女 命令, 指令; [法] 命令

ingiuria 女 1 侮辱, 辱めること —recare [fare] *ingiuria* a... (人)を侮辱する 2 (自然現象による)損害, 被害, 損傷 3 名誉毀損

ingiuriare 他 [io ingiurio] 侮辱する, 罵る, 誹謗(ひぼう)する —**arsi** 再 罵り合う

ingiurioso 形 侮辱の, 無礼な, 人を傷つける

ingiustificabile 形 道理に合わない, 弁解できない, 許せない, 受け入れられない

ingiustificato 形 正当と認められない, 不当な, 根拠のない

ingiustizia 女 不当, 不正, 不公平 —E un'*ingiustizia!* フェアじゃない. | 不公平だ.

ingiusto 形 不当[不正]な, 不法な, 不公平な —男 [女 -a] 1 不正をする人 2 [単数のみ] 不正なこと

*****inglese** [イングレーゼ, イングレーゼ] 形 イギリスの, 英国の, イングランドの; イギリス[英国]人の, イングランド人の 2 英語の —男女 イギリス[英国]人, イングランド人 —男 [単数のみ] 英語 ▶ *all'inglese* こっそりと(去る)

inglesismo → anglicismo

inglesizzare 他 英国風にする, 英語風にする

inglobamento 男 編入, 合体, 吸収

inglobare 他 組み入れる, 合体する, 吸収する

inglorioso 形 1 栄光[栄誉]のない 2 恥ずべき, 不名誉な, 卑しむべき

ingluvie 女 [不変] [鳥] 嗉嚢(そのう); [虫] 餌袋(えさぶくろ)

ingobbire 他 [io -isco] 猫背にする, 背中を曲げる —自 [es] 猫背になる, 背中が曲がる —**irsi** 再 猫背になる, 背が曲がる

ingoffare 他 不格好にする, ぶざまにする

ingoffire 他 [io -isco] 不格好にする, 不細工にする —自 [es] 不格好になる, ぎこちなくなる —**irsi** 再 不格好になる, ぎこちなくなる

ingoiare 他 [io ingoio] 1 飲み込む 2 がつがつと平らげる ▶ *ingoiare il rospo* (屈辱などに)黙って耐える

ingolfamento 男 1 [機・車] (キャブレターに)過剰の燃料を送る 2 (よくないことに)巻き込む[巻き込まれる]こと

ingolfare 他 1 (よくないことに)巻き込む, 陥れる, 追い込む 2 [機・車] (キャブレターに)過剰の燃料を送る 3 湾[入り江]に入れる —**arsi** 再 1 (厄介ごとに)巻き込まれる 2 (難事に)打ち込む, 没頭する 3 湾[入り江]を形作る 4 湾[入り江]に入る

ingollare 他 1 がつがつ[急いで]飲み込む 2 (文句を言わずに)耐える

ingolosire 他 [io -isco] 1 食欲をそそる —Quella torta mi *ingolosisce.* 私はあのケーキが食べたくてしょうがない. 2 誘う, 引きつける —*ingolosire*... con la promessa di una ricompensa 報酬を餌に(人)をそそる —自 [es] 食欲をそそられる —**irsi** 再 1 食い意地が張る, 食欲をそそられる 2 欲しがる, しきりに…したがる

ingombrante 形 1 (かさばって)場所を取る, 邪魔になる 2 (人が)邪魔になる, 厄介な, 口うるさい —parenti *ingombranti* やかましい親戚

ingombrare 他 (場所を)ふさぐ; (通行などを)妨げる —Questo divano *ingombra* la stanza. このソファーは部屋の場所を取る.

ingombro¹ 男 1 邪魔すること, 妨げること 2 邪魔者, 障害[妨害]物 3 空間, 容量

ingombro² 形 邪魔する, 妨げる, ふさぐ

ingommare 他 (ゴム糊(のり)で)糊付けする; ゴムを塗る[引く]

ingommatura 女 1 糊(のり)付け; ゴムを塗る[引く]こと 2 (塗られた)ゴムの層

ingordigia 女 [複 -gie] 1 大食, 暴飲暴食 —mangiare con *ingordigia* 食い貪(むさぼ)る 2 熱望, 渇望, 切望

ingordo 形 1 大食いの, 食い意地の張った 2 熱望[渇望]した, 貪欲な —男 [女 -a] 大食家, 大食い

ingorgare 他 (管やパイプを)詰まらせる —I capelli *hanno ingorgato* il lavandino. 髪の毛で洗面台が詰まった.

ingorgo 2 (混雑することで)阻止[遮断]する —Il traffico *ingorgava* la strada. 道路では交通渋滞が起きていた. **—arsi** 再 1 (管やパイプが)詰まる, ふさがる 2 (混雑で)立ち往生する

ingorgo 男〔複[-ghi]〕 1 (管などが)詰まること 2 渋滞 —*ingorgo* stradale 交通渋滞

ingovernabile 形 1 統治[支配]できない 2 (車や船が)制御できない

ingovernabilità 女 1 統治[支配]できないこと 2 (車や船が)制御できないこと

ingozzamento 男 1 (鳥が餌袋(ミミヘ)に)飲み込むこと 2 無理やり食べさせること 3 がつがつ食べる[飲み込む]こと

ingozzare 他 1 (鳥が餌袋(ミミヘ)に)飲み込む 2 無理やり食べさせる 3 がつがつ食べる[飲み込む] 4 我慢する, 耐える **—arsi** 再 がつがつ食べる, 貪り食う

ingracilire 他〔io -isco〕虚弱にする, 弱める —La malattia lo *ha ingracilito*. 病気で彼は弱った. **—irsi** 再 弱る, ひ弱になる

ingranaggio 男 1 歯車, ギア 2 メカニズム, 機構, 組織

ingranamento 男 歯車が嚙み合うこと, ギアを入れること

ingranare 自〔es〕1〔機・車〕歯車[ギア]が嚙み合う, ギアが入る 2 うまく[申し分なく]始まる —Finalmente gli affari cominciano a *ingranare*. 事業はやっと軌道に乗り始めている. **—他** 1〔機・車〕歯車[ギア]を嚙み合わせる, ギアを入れる 2 (過熱などで)焼きがつく

ingranchire 他〔io -isco〕(手足を)しびれさせる, 無感覚にさせる **—自**〔es〕(手足が)しびれる **—irsi** 再 (手足が)しびれる, 無感覚になる

ingrandimento 男 1 拡大, 拡張; 増大, 増加 2〔写〕引き伸ばし, 引き伸ばした写真

ingrandire 他〔io -isco〕1 大きくする, 拡大[拡張]する —*ingrandire* una foto 写真を拡大する 2 誇張する **—自**〔es〕大きくなる; 成長を遂げる **—irsi** 再 1 拡大[拡張]する; 増大[増加]する —La città *si è ingrandita* rapidamente. 町は急速に膨張した. 2 発展する, よくなる

ingranditore 男 拡大[拡張]する器具;〔写〕引き伸ばし機 **—形**〔女[-trice]〕(器具が)拡大する, 引き伸ばしの

ingrassaggio 男〔機〕潤滑油[グリース]を塗ること

ingrassamento 男 1 太らせること 2 施肥, 土地を肥やすこと 3 潤滑油を注すこと

ingrassare 他 1 太らせる, 太くする —Quella giacca ti *ingrassa*. あの上着は太って見えるよ. 2 (油を)塗る; (油を)さす —*Sono ingrassato* di due chili. 私は2キロ太った. 2 (私腹を)肥やす **—arsi** 再

ingrassatore 男〔女[-trice]〕油を注す人, 注油工 **—男** 注油[潤滑]装置

ingrasso 男 (動物を)太らせること, 肥育 **—mettere**〔tenere〕a *ingrasso* i vitelli 子牛を肥育する / oche da *ingrasso* 肥育用のガチョウ

ingraticciare 他〔io ingraticcio〕格子をつける, 格子で囲む

ingraticciata 女 (植物の支柱用の)格子, 格子の柵

ingratitudine 女 忘恩, 恩知らず —ricambiare un favore con l'*ingratitudine* più nera 恩を仇(ネ;)で返す

ingrato 形 1 恩知らずの, 薄情な 2 苦労し甲斐のない, 不毛の —terra *ingrata* 不毛の土地 3 感謝されない, 割に合わない; 不快な —È un lavoro *ingrato*. 割に合わない仕事だ. **—男**〔女[-a]〕恩知らず, 感謝しない人

ingravidare 他〔io ingravido〕妊娠[受胎]させる

ingraziarsi 再〔io mi ingrazio〕(人の)好意を得る, 機嫌を取る, へつらう —*Si è ingraziato* il capo per fare carriera. 彼は出世のために上役に取り入った.

ingrediente 男 1 成分, 材料, 原料 2 構成要素, 構成員

ingressivo 形〔言〕吸気音の;〔言〕起動相の

＊**ingresso**［イングレッソ］男 1 入口, 玄関 —*ingresso* principale 正面玄関 2 入場(料) —*ingresso* libero 入場無料 / biglietto〔prezzo〕d'*ingresso* 入場券[料] / vietato l'*ingresso* (ai non addetti)(関係者以外)立入禁止 3〔コン〕インプット, 入力

ingrinzire 他〔io -isco〕しわをつける **—自**〔es〕しわが寄る **—irsi** 再 しわが寄る, しわになる

ingrippare 自 焼き付く **—他** (焼き付きで)動かなくする **—arsi** 再 焼き付く, 動かなくなる

ingrommare 他 沈殿物[水垢(ネ;), 酒石]で覆う **—自** 沈殿物がつく **—arsi** 再 沈殿物がつく

ingrossamento 男 増大, 増加, 拡大

ingrossare 他 1 増やす, 増す, 増大させる, 拡大する —Le piogge *hanno ingrossato* i fiumi. 雨で川の水かさが増した. 2 太く[大きく]見せる —Quel vestito ti *ingrossa*. 君はその服を着ると太って見える. **—自**〔es〕1〔俗〕(動物が妊娠して)肥える 2 増える, 増加[増大]する **—arsi** 再 1 増える, 増加する, 拡大する 2 太る, 肥満する;〔俗〕(動物が妊娠して)肥える

ingrosso 男〔次の成句で〕▶ **all'ingrosso** 卸売りで, 大量に; 卸売りの; 大ざっぱに, おおよそ

ingrugnare 自〔es〕ふくれる **—arsi** 再 ふくれっ面をする, すねる, むっつりする

ingrugnato 形 ふてくされた, すねた, むっつりした

ingrullire 自 [io -isco] 1 [es] [トスカーナ] 馬鹿になる, 愚かになる 2 《口》冷静さ[自制心]を失う ―他 愚かにさせる

inguadabile 形 歩いて渡れない, 渡渉できない

inguaiare 他 [io inguaio] 1 《口》厄介ごとに巻き込む, 困らせる ―Io non c'entro, non mi *inguaiare*. 私には関係ないことだ, 巻き込まないでくれ. 2 《婉》妊娠させる ―**arsi** 再 《口》ごたごたに巻き込まれる, 窮地に陥る ―*Si è inguaiato* in un mare di debiti. 彼は莫大な借金で行き詰まった.

inguainare 他 1 しっかり包む[くるむ] ―Il vestito aderente le *inguainava* i fianchi. タイトな洋服は彼女の腰をぴったりと覆っていた. 2 鞘(さや)に収める 3 穴に通す

ingualcibile 形 しわにならない

inguantare 他 手袋をはめる ―**arsi** 再 手袋をはめる

inguantato 形 手袋をはめた

inguardabile 形 (酷くて)見ることができない, 直視できない

inguaribile 1 手の施しようのない, 治療できない, 治る見込みのない ―malattia *inguaribile* 不治の病 2 (悪癖などが)矯正できない, 直らない

inguinale 形 [解] 鼠蹊(そけい)部の

inguine 男 [解] 鼠蹊(そけい)部

inguino- 接頭 [解・医]「鼠蹊(そけい)部の」の意

ingurgitare 他 [io ingurgito] ぐっと[急いで]飲み込む, 飲み下す

inibire 他 [io -isco] 1 禁じる, 禁止する ―Il medico gli *ha inibito* il fumo. 医者は彼に喫煙を禁止した. 2 [心] (心理的に)抑制する, 阻止する ―La presenza del direttore lo *inibisce*. 彼は所長がいるとどうにも居心地が悪い. ―**irsi** 再 1 (衝動を抑制する 2 ひるむ, 尻込みする ―*inibirsi* a parlare in pubblico 人前で話すのを嫌がる

inibito 形 1 禁じられた 2 抑制された ―男 [女 -a] (自然な振る舞いが)抑制された人, 引っ込み思案の人

inibitore 形 [女 [-trice]] 禁じる, 抑制する ―男 [生化・薬] 抑制剤, 防止剤, 阻害剤

inibitorio 形 1 [法] 禁止の 2 [心] 抑制する, 抑止性の

inibizione 女 1 [法] 禁止, 禁止令 2 [心] 抑制, 抑圧 3 [生化] 反応抑制

inidoneità 女 不適性, 不適格, 無資格

inidoneo 形 適性のない, 不適格な, 不向きな, 資格のない

iniettabile 形 (体に液体を)注入できる

iniettare 他 1 (体に液体を)注入する, 注射する ―*iniettare* un vaccino [siero] ワクチン[血清]を注射する 2 (噛んだり刺したりして)入り込ませる ―Il serpente *iniettò* il suo veleno. 蛇は毒を送り込んだ. ―**arsi** 再 自分で注射する ―*iniettarsi* morfina [eroina] モルヒネ[ヘロイン]を打つ / *iniettarsi* di sangue (目が)充血する

iniettato 形 注射[注入]した ―avere gli occhi *iniettati* di sangue 目が充血する, 怒りで目が血走る

iniettore 男 注入器, 燃料噴射装置

iniezione 女 1 注射 ―*iniezione* endovenosa [ipodermica] 静脈[皮下]注射 / Hai bisogno di un'*iniezione* di coraggio [ottimismo]. 君には元気になる[くよくよしない]薬を注射しないといけないな. 2 注入; 噴射 ―*motore a iniezione* 燃料噴射エンジン

in illo tempore 成 [ラ] 《謔》大昔

inimicare 他 仲たがいさせる, 引き離す, 疎遠にする ―Il suo comportamento gli *ha inimicato* tutti i colleghi. 彼の態度は同僚から総すかんを食らった. ―**arsi** 再 仲たがいする, 不和になる, 敵になる ―Piero e Carlo *si sono inimicati* per causa tua. 君のせいでピエロとカルロは仲が悪くなった.

inimicizia 女 1 敵意, 敵愾(てきがい)心, 反目, 憎しみ, 恨み, 悪意 2 不一致, 矛盾

inimitabile 形 まねのできない, 無類の, 無比の, 比類のない; 模倣してはならない

inimitabilità 女 無類, 無比, 無双

inimitato 形 まねのない, 比類のない

inimmaginabile 形 1 想像を絶する, 想像できない, 思いも及ばない ―donna d'una bellezza *inimmaginabile* 絶世の美女 2 不合理な, 非常識な ―Lo aggredì con una violenza *inimmaginabile*. 奴は彼に許されざる暴力を働いた.

inimmaginabilità 女 想像を絶すること, 途方もなさ

inimmaginato 形 想像もできない, 思いもつかない

ininfiammabile 形 不燃の, 燃えない

ininfiammabilità 女 不燃性, 耐火性

ininfluente 形 影響を与えない, 重要でない, 価値[意義]のない, 取るに足りない

ininfluenza 女 影響を与えないこと, 重要でないこと, 権威[権限]のないこと

inintelligibile 形 1 (不合理・難解で)理解できない; (人知を超えて)分からない 2 聞こえない ―voce *inintelligibile* 聞き取れない声 3 判読[解読]できない ―grafia *inintelligibile* 読みにくい筆跡

inintelligibilità 女 難解, 理解できないこと

inintermediari 副 仲介[斡(あっ)旋]なしで

ininterrottamente 副 絶え間なく, ひっきりなしに

ininterrotto 形 途切れない, 連続した ―una serie *ininterrotta* di guai 災難の連続, 踏んだり蹴ったり

iniquità 女 1 不正, 不法, 不当 2 邪

iniquo 悪, 悪辣, 極悪 **3**《口》最低の仕事 **4** 逆境, 不幸 **5** 憎しみ, 怒り

iniquo 形 **1** 不正な, 不法な —sentenza iniqua 不当な判決 **2** 邪悪な, 悪辣な, 極悪の, よこしまな —parole inique 悪意に満ちた言葉 **3**《口》最悪の, 最低の, つらい, ひどい —lavoro iniquo 骨の折れる仕事

iniziale 形 初め[最初]の, 初期の —stipendio iniziale 初任給 / condizione iniziale 初期条件 / fase iniziale 初期段階 —**安** **1** 頭文字 —iniziale maiuscola 大文字の頭文字 **2**《複数で》イニシャル

inizializzare 他〔コン〕初期化する

inizializzazione 安〔コン〕初期化, 初期設定 —vettore di inizializzazione 初期化ベクトル

inizialmente 副 初めに, 最初に, 当初, 冒頭に

*__iniziare__ [イニツィアーレ] 他〔io inizio〕**1** 始める, 開始する —iniziare a lavorare 働き始める **2**（宗教などに）入会させる —自 [es] 始まる —È iniziata l'estate. 夏が始まった。—**arsi** 再 **1**（練習[訓練]）する, 慣れる —iniziarsi alla musica 音楽の練習をする **2** 始まる —Lo spettacolo si è appena iniziato. ショーは今始まったばかりだ。

iniziatico 形〔複〔男 -ci〕〕**1**（宗教や秘密結社の）加入儀式[手続き]に関する **2** 難解な, 理解できない

iniziativa 安 **1** 発案, 発議 —L'iniziativa è sua. そのアイディアを出したのは彼[彼女]です。**2** 主導, イニシアチブ, 率先 —avere l'iniziativa 主導権を握っている / prendere [assumere] l'iniziativa 主導権を取る, 率先する **3** 企画, 戦略, 事業 ▶ **di propria iniziativa** 自分で（考えて）**per iniziativa di...** (人)の発案で

iniziato 形 始まった; 加入した —**男**〔女[-a]〕**1**（宗教や秘密結社の）新加入者, 入会者 **2** 専門家, 玄人

iniziatore 男〔女[-trice]〕**1** 創始者, 主唱者, 主導者, 伝授者 **2**《諧》最初に恋の手ほどきをする人 —形〔女[-trice]〕（宗教や秘密結社の）加入儀式[手続き]に関する

iniziazione 安 **1**（宗教や秘密結社への）入会, 加入, 入門 **2**〔人類〕通過儀礼 **3** 訓練, 修行, 練習 **4**《諧》(性)の初体験 **5** 開始, 創始

*__inizio__ [イニーツィオ] 男 始め, 始まり, 最初 —dare inizio a... …を開始する ▶ **all'inizio** 初めは, 当初は

in loco 成〔ラ〕(同じ)場所に, 当所に

in medias res 成〔ラ〕（前置きなしで）問題の（話の）核心に[中心に]

in memoriam 成〔ラ〕（特に墓碑などで）記念に, 悼んで

innacquare 他〔io innacquo〕**1** 水で薄める[割る] **2** 水をかける[まく]

innaffiamento → annaffiamento

innaffiare → annaffiare

innaffiatoio → annaffiatoio

innalzamento 男 **1** 上げること, 上昇 **2**（垂直方向に）上がること;（記念碑・建物などの）建立 **3**（階級や地位が）上がること

innalzare 他 **1** 上げる; 立てる —innalzare gli occhi al cielo 視線を空に向ける **2** 建てる —innalzare un monumento 記念碑を建立する **3** 高める, 向上させる —**arsi** 再 **1** 上がる, 昇る —L'elicottero si sta innalzando. ヘリコプターは上昇中だ。**2** そびえる, 屹(きっ)立する —Una catena di monti s'innalzava all'orizzonte. 山脈は地平線にそびえ立っていた。**3**（強さや程度が）上がる —Si è innalzata la temperatura. 気温が上がった。**4**（階級や地位が）上がる —innalzarsi di rango ランクが上がる

innamoramento 男 恋すること, 惚(ほ)れること; 恋愛, 恋の情熱

*__innamorare__ [インナモラーレ] 他 **1**〔文〕恋心を抱かせる **2** 魅了する —**arsi** 再《di》**1** …に恋をする[恋心を抱く] **2** …に惚(ほ)れ込む —Mi sono innamorato della musica jazz. 私はジャズ音楽に夢中だ。**3** 愛し合う

innamorato 形《di》…に恋をした, …に熱中した —**男**〔女[-a]〕恋人 ▶ **essere innamorato cotto di...** …に恋焦がれている, べた惚(ほ)れする

innanzi 副 **1** 前に, 前方に, 先に;〔a を伴って前置詞として〕（…の）前に,（…より）前に **2** のちに, 後で **3** 以前に —tempo innanzi しばらく前に **4**〔形容詞的〕前の —la notte innanzi 前夜に —形〔単数のみ〕過去; 未来 ▶ **d'ora innanzi** 今後, これから以後 **per l'innanzi** 以前は; 以降は

innanzitutto 副 まず, 最初に, 何よりもまず

innario 男〔宗〕讃美歌集, 聖歌集

innatismo 男〔哲〕生得説

innato 形 **1** 生来[生得]の, 天賦の **2** 自然な, ありのままの

innaturale 形 **1** 自然に反する, 不自然な **2** わざとらしい, 人工的な

innavigabile 形 航行できない[しにくい]

innavigabilità 安 航行できないこと

innegabile 形 **1** 否定できない, 確実な —verità innegabile 疑いのない真実 **2** 明白な, 紛れもない —È innegabile che la colpa è anche tua. 明らかに君にも責任がある。

inneggiamento 男 **1** 讃歌を歌うこと **2** 称賛, 礼賛

inneggiante 形 **1** 称賛[礼賛]する **2** 熱狂[狂喜]する

inneggiare 自〔io inneggio〕**1** 讃歌を歌う; 賛歌を作る **2** 称賛[礼賛]する, ほめやそす

innervare 他 **1**〔解〕(体の特定部位に)神経を分布させる;(神経を)刺激する

2 活気づける, 活性化する **—arsi** 再〔解〕(器官や組織に)神経が分布[枝分かれ]する

innervazióne 囡〔解〕神経分布

innervosíre 他 [io -isco] 神経質にさせる, 苛立たせる —Quel rumore mi *innervosisce*. あの騒音には我慢ならない. **—irsi** 再 神経質になる, いらいらする, 腹が立つ —*Mi sono innervosito per il ritardo del treno*. 列車の遅れには全くうんざりしたよ.

innescaménto 男 **1** 餌をつけること **2** 火薬の装填, 雷管[信管, 導火線, 起爆剤]の取り付け **3** (化学反応などの)開始

innescáre 他 **1** 餌をつける **—inescare** l'amo 釣り針に餌をつける **2** (火器に)火薬を詰める, (爆弾に)雷管[信管, 導火線, 起爆剤]をつける **3** (化学反応などを)始める, 活性化する **—arsi** 再 (化学反応などが)始まる, 活性化する

innésco 男〔複-chi〕**1** 雷管, 信管, 導火線, 起爆剤 **2** (暴動や抗議を引き起こす)要因

innestábile 形 **1**〔農〕接ぎ木できる **2**〔医〕移植できる **3** 挿入できる

innestáre 他 **1**〔農〕接ぎ木する **2**〔医〕移植する **3**(装置に差し込む, 挿入する) —*innestare* una spina nella presa プラグをコンセントに差し込む **—arsi** 再 …にうまく[ぴったり]合う —*Qui la strada si innesta* nell'autostrada. ここで道は高速道路につながっている.

innestatóio 男 接ぎ木用ナイフ

innestatóre 形〔女[-trice]〕接ぎ木の **—** 男〔女[-trice]〕接ぎ木する人

innestatúra 囡〔農〕接ぎ木, 接ぎ穂; 接ぎ穂の接合点

innésto 男 **1**〔農〕接ぎ木, 接ぎ枝, 接ぎ穂 **2**〔医〕移植; 接種 **3**〔機〕クラッチ **4**〔電〕プラグ, ソケット **5** 挿入, はめ込み

innevaménto 男 積雪, 積雪[降雪]量 —*innevamento* artificiale 人工雪

innevare 他 雪で覆う **—arsi** 再 雪で覆われる

inno 男 **1** 賛歌; 国歌 (inno nazionale) **2** 賛美歌 **3** 賛辞

Innocènte 固名〔男性名〕インノチェンテ

***innocènte** [インノチェンテ] 形 **1** 無実の, 潔白な —dichiararsi *innocente* 潔白を表明する **2** 純真無垢(く)な, いたいけな **—**男女 **1** 無実の人 **2** 幼児(じ) **3**〔トスカーナ〕捨て子, 孤児院に託された子

innocentíno 男〔女[-a]〕(皮肉で) 無実のふりをする人

innocentismo 男 (被告の)無罪を支持すること

innocentísta 形〔複[男-i]〕(被告の)無罪を支持する **—** 男女〔複[男-i]〕(被告の)無罪支持者

innocènza 囡 **1** 無実, 無罪 **2** 純真無垢(く), 無邪気

Innocènzo 固名(男) **1**〔男性名〕インノチェンツォ **2** (~ III)インノケンティウス3世(1160-1216; ローマ教皇 : 在位1198-1216. 教皇政治の最盛期に在位)

innocuità 囡 無害, 無毒

innòcuo 形 **1** 危害を加えない, 無害の **2** 悪意[害]のない **—bugie** *innocue* 害のない嘘

innòdia 囡 賛美歌, 聖歌

innografía 囡 **1**〔音〕賛美歌[聖歌]作曲法 **2**〔宗〕賛美歌集, 聖歌集

innògrafo 男〔女[-a]〕〔音〕賛美歌[聖歌]作者

innología 囡 賛美歌学, 聖歌学 **2**〔音〕賛美歌[聖歌]作曲法

innòlogo 男〔複[-i]女[-a]〕賛美歌[聖歌]学者

innominábile 形 **1** (不道徳, はしたないので)口にできない, 口にすべきできない **2** 無価値の

innominato 形 無名の, 名前を伏せた **—** 男 無名の人; (I-)〔単数のみ〕インノミナート(マンゾーニの『いいなづけ』の登場人物)

innovaménto 男 革新, 刷新, 一新

innováre 他 **1** (新しい制度や方式を取り入れて)革新[刷新]する **—innovare** l'ordinamento scolastico 教育制度を一新する **2** (感情などを)呼び覚ます

innovatività 囡 革新的なこと

innovatívo 形 革新的な, 新機軸の

innovatóre 形〔女[-trice]〕革新的な, 刷新の **—** 男〔女[-trice]〕革新者, (新しいことの)導入者, 進取の気性に富む人

innovazióne 囡 革新, 刷新, (新しいことの)導入, 技術革新, 新技術

in núce 成句〔ラ〕簡潔な, 簡明な; 初期の, 萌芽期の; 手短に, かいつまんで

innumerábile 形 数で表せない, 無数の

innumerabilità 囡 数で表せないこと, 無数

innúmere 形《文》〔複数で〕無数の, おびただしい

innumerévole 形 数え切れない, 無数の **—innumerevoli** volte 何度も

ino- 接頭「繊維の」「線維の」の意

-ino 接尾 **1**〔名詞・形容詞の語尾に付けて〕「縮小」「情愛」「緩和」を表す: carino かわいらしい, きれいな **2**「民族」「地理」を表す形容詞・名詞を作る: fiorentino フィレンツェの, フィレンツェの人 **3**〔人名の語尾に付けて〕「弟子」「信奉者」「支持者」「会員」を表す: garibaldino ガリバルディ義勇軍兵士 **4**「職業」を表す: postino 郵便配達人 **5**「道具」「器具」を表す: accendino ライター

inoccultábile 形 隠せない, 秘密にできない

inoccupazióne 囡 失業, 未就労; 失業者

inoculábile 形 **1**〔生化・医〕(ワクチンを)接種できる **2** 染み込ませる, 浸透させる

inoculáre 他 [io inoculo] **1**〔医〕接種する, (組織に)植えつける —*inocula-*

inoculare *re* un virus ウイルスを接種する **2** (動物が毒を)注入する **3** (特に否定的な感情を)吹き込む, 忍び込ませる —*inoculare invidia* 妬みを植えつける **—arsi** 再 (ワクチンの)接種を受ける

inoculazione 女 **1** [医](薬物・免疫物質の)接種 **2** 吹き込むこと, 植えつけること

inodore 形 無臭の, 匂い[香り]のない
inodoro → inodore
inoffensivo 形 無害の, 害を及ぼさない; 攻撃的でない
inoltrare 他 **1** 提出する, 送る **2** 派遣する, 差し向ける **—arsi** 再 **1** 入り込む, 突入[潜入]する **2** (時間や季節が)たけなわになる, 最高潮に達する **3** (骨が折れることに)着手する, 始める
inoltrato 形 (時間が)経った, 進んだ —*a notte inoltrata* 夜更けに
***inoltre** [イノルトレ] さらに, その上, おまけに
inoltro 男 提出, 発送
inombrare 他 **1** 陰にする; 薄暗くする **2** 疑惑を抱かせる
inondamento 男 洪水, 氾濫
inondare 他 **1** 水浸しにする **2** あふれさせる **3** 侵入する, なだれ込む
inondato 形 氾濫した, 洪水の起こった, 水浸しになった **—**男〔女[-a]〕洪水の犠牲者
inondatore 形 〔女[-trice]〕洪水を起こす, 押し寄せる **—**男〔女[-trice]〕氾濫する物, 押し寄せる人
inondazione 女 **1** 洪水; 氾濫 **2** 侵入, 殺到
inonorato 形 《文》不名誉な, 尊敬されない
inoperabile 形 手術のできない
inoperante 形 無活動の, 効力のない
inoperosità 女 無活動, 不活発; 怠惰, 無精
inoperoso 形 **1** 無活動の, 不活発な; 怠惰な, 無精な **2** 使用していない, 遊休の
inopia 女 《文》極貧, 赤貧, 困窮
inopinabile 形 予想[予測, 予見]できない, 不測の
inopinato 形 予期しない, 意外な, 思いがけない
inopportunità 女 時宜を得ないこと, 不適当, 不適切
inopportuno 形 **1** 時機を失した, 折りの悪い, 不適当[不適切]な —*discorso inopportuno* 場違いな話題 **2** ずうずうしい, 無作法な, 場をわきまえない
inoppugnabile 形 **1** 議論[反論]の余地もない, 明白な **2** [法]異議[不服]申し立てできない
inoppugnabilità 女 **1** 議論[反論]の余地のないこと **2** [法]異議[不服]申し立てできないこと, 上訴できないこと
inorganicità 女 **1** [化]無機性 **2** 系統立っていないこと, まとまりのないこと
inorganico 形 〔複[男 -ci]〕**1** 生命を持たない, 無生物の; 鉱物に属する **2** 一体性のない, 非有機的な **3** [医]無機の **4** [言]非語源的な
inorgoglire 他 (io -isco) 得意にならせる, うれしがらせる, 威張らせる, 高慢にさせる —*Il mio successo ha inorgoglito il nonno.* 私の成功に祖父は大変満足した. **—**自 [es] 得意になる, 満足する **—irsi** 再 得意になる, 満足する, 横柄になる, 尊大になる —*L'allenatore si è inorgoglito per la vittoria.* 監督は勝利に大喜びした.
inorpellare 他 **1** 金ぴかの物で飾る **2** うわべを飾る[取り繕う], 偽装する **—arsi** 再 着飾る, 見かけを飾る
inorridire 他 (io -isco) 怖がらせる, ぞっとさせる —*Il film mi ha inorridito per la sua violenza.* 映画の激しさに私は戦慄した. **—**自 [es] ぞっとする, 恐怖を覚える **—irsi** 再 ぞっとする, 怖気をふるう, ぎくりとする
inosabile 形 あえてするべきでない, 思い切ってすることができない **—**男 思い切ってすること, 危険を冒すこと —*osare l'inosabile* あえて不可能に挑む
inosite 女 → inositolo
inositolo 男 [生化]イノシトール, イノシット
inospitale 形 **1** もてなしの悪い, 客あしらいの悪い, 不親切な —*gente inospitale* 無愛想な人たち **2** 快適でない, 住むのに適さない —*casa inospitale* 人の住めない家
inospitalità 女 もてなしの悪いこと, 無愛想, 不親切
inospite 形 《文》住めない, 住むのに適さない
inosservabile 形 **1** (規則が)従えない, 守られない, 遵守できない **2** 見ることができない, 知覚できない
inosservante 形 (規則や命令に)従わない, 遵守しない **—**男女 (規則や命令に)従わない人
inosservanza 女 (規則や命令に)従わないこと, 遵守しないこと —*È stato licenziato per inosservanza del regolamento.* 彼は服務違反で解雇された.
inosservato 形 **1** 人目につかない, 目立たない, 注目されない —*Riuscì ad allontanarsi inosservato.* 彼は誰にも気づかれずに離れることができた. **2** (法律などが)遵守されない, 無視された —*Il direttore si lamenta per il regolamento inosservato.* 校長は規則が守られないのを嘆いている.
inossidabile 形 **1** (金属が)錆(さ)びない, 酸化しない **2** 逆境[不運]に慣れた; 質を落とさない
inossidabilità 女 錆(さ)びないこと, 酸化しないこと
inottemperanza 女 [法]不履行, 違反
inox 形 [不変] ステンレス製の **—**男 [不変] ステンレススチール
in pectore 慣 **1** [ラ]公式に任命され

in primis ていない 2 秘められた、隠された

in primis 咸 〔ラ〕まず第一[初め]に、何よりもまず

INPS 略 Istituto Nazionale della Previdenza Sociale 社会保障保険公社

input 男〔不変〕〔英〕1〔経〕入力、インプット 2〔情〕入力情報 3 始めさせること、刺激 —dare l'*input* a... (人)にきっかけを与える

inquadrabile 形 合わせられる、はめられる、位置づけられる

inquadramento 男 1 額［枠］に入れること 2 配属、編成 3 (適切な状況や文脈に)位置づけること

inquadrare 他 1 額に入れる、枠にはめる —*inquadrare* una fotografia 写真をフレームに入れる 2 (文脈中に)位置づける、配置する、分類する —*inquadrare* un'opera nella letteratura del suo tempo ある作品をその時代の文学の中に位置づける 3 仲間入りさせる —*inquadrare* in un sindacato 労働組合に加入させる 4〔映・写〕フレームに収める、フレーミングする 5〔印〕縁飾りを施す 6〔軍〕部隊に編成する、隊形に配置する —**arsi** 再 1 (枠や背景に)はまる［納まる］、ぴったり合う、適合する 2 位置づけする、適応する

inquadratura 女 1 額に入れること、枠にはめること 2 縁飾り、枠組み 3〔写・映・放〕ショット、ワンカット、スナップショット

inqualificabile 形 1 恥ずべき、非難すべき、無作法な、卑しむべき、はしたない、下劣な 2 分類［格付け、限定］できない

inquartare 他 1〔紋〕盾形を四等分する；四等分した一つに図案を入れる 2〔冶〕(合金で)金4分の1、銀4分の3の割合にする 3〔農〕(種まきの前に土地を)4度耕す

inquartata 女〔スポ〕(フェンシングの)カルト、中段の構え

inquartato 形〔紋〕盾形が縦横に四分された —男〔紋〕盾形が縦横に四分された物

inquietante 形 1 不安にさせる、心配させる、苦しめる —silenzio *inquietante* 不気味な静寂 2 動揺させる、うろたえさせる、ぞくぞくさせる —sguardo *inquietante* 心をかき乱すまなざし 3 感嘆させる、驚かせる

inquietare 他 不安にさせる、動揺させる —**arsi** 再 1 腹を立てる、苛立つ 2 不安になる、落ち着かない

inquieto 形 1 不安な、落ち着かない 2 心配している 3 憤慨している、いらいらした

inquietudine 女 1 落ち着かないこと、不安、心配、懸念 —Non tenermi nell'*inquietudine*, dimmi tutto. 心配させないでくれよ、何もかも話してごらん。 2 心配の種 —essere tormentato da molte *inquietudini* 心配事だらけで悩まされる

inquilino 男〔女[-a]〕1 借家人、下宿人 2 共生生物

inquinabile 形 汚染しうる、よごしうる

inquinamento 男 1 汚染 —*inquinamento* atmosferico 大気汚染 2 堕落、腐敗

inquinante 形 汚染する、よごす —男 (生態上の)汚染物質

inquinare 他 1 汚染する 2 腐敗させる

inquinato 形 1 汚染された 2 腐敗した

inquinatore 形〔女[-trice]〕汚染する —男〔女[-trice]〕汚染する物［人］

inquirente 形〔法〕審査［取り調べ］を行う —男女 取り調べ官

inquisire 他〔io -isco〕1 (詳細に)調査［研究］する 2〔法〕取り調べる —自 1 (ぶしつけに悪意を持って)調べ上げる、詮索する 2〔法〕司法上の調査をする

inquisitivo 形〔法〕調査の 2 取り調べ官［調査官]の、尋問の

inquisitore 形〔女[-trice]〕1 詮索する、根掘り葉掘り聞く 2 取り調べ官［調査官］の、尋問の 3 鋭い、厳しい —男〔女[-trice]〕1〔歴〕宗教裁判官 2 調査官、取り調べ官 3 詮索する人

inquisitorio 形 1 尋問の、取り調べの 2 取り調べの、糾問される、厳しい 3〔歴〕異端審問の、宗教裁判の

inquisizione 女 1〔歴〕異端審問、宗教裁判所 2〔法〕取り調べ、調査 3 (執拗(きつよう)で強要的な)取り調べ、厳しい尋問

I.N.R.I. 略 〔ラ〕Iesus Nazarenus Rex Iudaeorum ユダヤ人の王ナザレのイエス

insabbiamento 男 1 砂を撒くこと、砂で埋めること 2 棚上げにすること、握りつぶすこと、頓挫

insabbiare 他〔io insabbio〕1 砂を撒く、砂で埋める；砂でよごす —Ho *insabbiato* tutto il vestito. 私の服は砂だらけになった。 2 棚上げにする、後回しにする、お流れにする —Un ministro corrotto *ha insabbiato* le ricerche. 汚職した大臣は調査を握りつぶした。 3 隠す、秘密にする (船を砂州に乗り上げさせる) —**arsi** 再 1 (昆虫が)砂にもぐる［隠れる］ 2 棚上げになる、頓挫する 3 (砂の堆積で港などが)使用不能になる；(船が)砂州に乗り上げる 4 にっちもさっちも行かなくなる 5 隠遁(いんとん)する；(特にアフリカの)植民地に移住する

insabbiatore 形〔女[-trice]〕1 棚上げにする、進行を阻止する 2 砂を堆積させる —男〔女[-trice]〕頓挫させる人、握りつぶす人

insaccamento 男 → insaccatura

insaccare 他 1 袋に入れる［詰める］ —*insaccare* la farina 小麦粉を袋詰めする 2 (ソーセージなどの)腸詰にする 3 (狭い場所に)押し込む、詰め込む、ため込む —*insaccare* tutti in un'unica stanza 一部屋に何もかも突っ込む 4 だぶだぶの服を着せる、厚着させる、みっともない格好をさせる —Tua mamma ti *ha insac*-

cato in un maglione enorme. お母さんは君にだぶだぶのセーターを着せた. **5** 押す, 入り込ませる —*insaccare la testa [il collo] tra le spalle* 首をすくめる **6**《隠》(サッカーで)ボールをゴールに入れる, 得点する **7**《俗》暴飲暴食する **8**《謔》金をため込む ―*arsi* 再 **1** 着ぶくれる, 不格好になる **2**(狭い場所に)無理に入る, 押し入る, 割り込む **3**(転倒や衝突で)強い衝撃を受ける **4**《隠》(サッカーで)ボールがゴールに入る, 得点する

insaccata 女 **1** 大ざっぱに袋に詰めること **2**(中身を詰めるのに)袋を揺する[振る]こと **3**(着地に失敗した時の)衝撃 **4**(乗り物の急発進や急停車で)乗客が押し合うこと

insaccato 男〖特に複数で〗ソーセージ, 腸詰め ―形 **1** 袋詰めされた **2** 腸詰めの **3** 押し込まれた **4**(服が)だぶだぶの, 着ぶくれした

insaccatore 形 女[-trice] 袋詰め用の; 袋詰めをする人 ―男 —*macchina insaccatrice* 袋詰め機 ―男 女[-trice] 袋詰めする人

insaccatrice 女 袋詰め機

insaccatura 女 **1** 袋詰め **2** 腸詰め **3** 詰め込み **4** 袋小路

insacchettamento 男 小袋に入れる[詰める]こと

insacchettare 他 小袋に入れる[詰める]

insacchettatrice 女 袋詰め機

***insalata** [インサラータ] 女 **1** サラダ ― *insalata cotta* 温野菜のサラダ / *insalata mista* ミックスサラダ **2** サラダ菜 ― *insalata canasta* サニーレタス **3** 混合, 混ぜ合わせたもの

insalatiera 女 サラダを入れる器, サラダボウル

insaldare 他 糊(のり)をつける

insalivare 他 つばで濡らす

insalivazione 女〖生理〗(咀嚼(そしゃく)時の)唾液混和

insalubre, insalùbre 形 健康を害する, 体に悪い

insalubrità 女 健康に害があること

insalutato 形 挨拶なしの, 挨拶されない

insalvàbile 形 救い出せない, 保護できない

insanàbile 形 **1** 治せない, 治療できない —*malattia insanabile* 不治の病 **2** 救いがたい, 回復できない —*errore insanabile* 取り返しのつかない過ち **3** 縮小[削減]できない, なだめられない —*odio insanabile* 執拗(しつよう)な憎しみ

insanguinare 他〖io insanguino〗血まみれにする, 血に染める ―*arsi* 再 **1** 血まみれになる —*insanguinarsi i vestiti* 服を血に染める **2** 殺人を犯す ▶ *insanguinarsi le mani* 罪を犯す

insanguinato 形 血まみれの, 血染めの

insània 女 **1** 狂気, 錯乱; 精神障害, 痴呆(ちほう) **2** 愚かな言動, 愚行 **3**〖心〗精神病

insanire 自〖es〗〖io -isco〗気が狂う[違う], 狂人のように振る舞う ―他 気を狂わせる

insano 形 **1** 理性を失った, 不合理な, 馬鹿げた, 無分別な —*passione insana* 常軌を逸した情熱 **2** 狂気の, 錯乱した

insaponare 他 **1** 石けんでこする[洗う] **2**(石けんの)泡で覆う, (石けんを)泡立てる **3**〖口〗媚(こ)びる, へつらう, ご機嫌を取る ―*arsi* 再 (石けんの)泡で覆う, 石けんでこする[洗う]

insaponata 女 **1**(石けんで)ざっと洗う **2**〖口〗おべっか, へつらい, 追従, おもねり

insaponatura 女 **1** 石けんでこする[洗う]こと **2**(石けんを)泡立てること **3**〖口〗へつらうこと, ご機嫌を取ること

insapore 形 **1** 無味の, 風味のない, まずい **2** 取るに足りない, つまらない

insaporire 〖io -isco〗味をつける, 味をそえる, おいしくする —*Ho aggiunto alla carne qualche spezia per insaporirla*. 私は肉の風味付けにスパイスを加えた. ―自〖es〗味がよくなる, おいしくなる ―*irsi* 再 味がよくなる, おいしくなる

insaporo → insapore

insaputa 女〖不変〗〖次の成句で〗
▶ *all'insaputa di* 知られずに, 知らせずに / *È tornato all'insaputa di tutti*. 彼は誰にも気づかれずに戻ってきた.

insaturàbile 形 **1**〖化〗不飽和の **2** 飽くことのない, 満足することのない

insaturo 形〖化〗不飽和の

insaziàbile 形 飽くことを知らない, 満足しない, 満たされることのない, 食欲な —*sete insaziabile* 癒やされぬ渇き

insaziabilità 女 飽くことを知らないこと, 満足しないこと

insaziato 形 満たされない, 満足しない

inscatolamento 男 箱詰め; 缶詰め

inscatolare 他〖io inscatolo〗箱に入れる, 箱詰めする; 缶詰めにする

inscatolatore 男 女[-trice] 箱詰めする人, 缶に詰める人

inscatolatrice 女 箱詰め機, 缶詰め製造機

inscenare 他 **1** 上演する; 舞台を設ける **2**(欺くために)見せかける, ふりをする —*inscenare un incidente* 事故を装う **3** これ見よがしに人の注目を集める —*inscenare una manifestazione di protesta* 派手に抗議行動を起こす

insciènza 女 無知, 無学, 無教養; 無意識, 無自覚

inscindìbile 形 **1** 分割[分離]できない, 切り離せない, 分けられない —*Il contenuto di un'opera è inscindibile dalla forma*. 作品の内容と形式は不可分である. **2** 壊れない, 固い, しっかりした —*legame inscindibile* 揺るぎない絆(きずな)

inscindibilità 女 **1** 分割[分離]できないこと, 不可分 **2** 壊れないこと, 不変

inscrisse inscrivereの直・遠過・3単

inscrittibile 形〔幾〕内接する

inscritto inscrivereの過分

inscrivere [103] 他〔過分 inscritto〕1〔幾〕内接させる 2登録する，加入させる **—ersi** 再 組み込まれる，位置づけられる

inscrizione 囡 1〔幾〕内接 2登録，加入

inscurire 他 暗くする，薄黒くする **—自** [es] 暗くなる，黒ずむ **—irsi** 再 暗くなる，黒ずむ

inscusabile 形 許しがたい，容赦できない，言い訳の立たない

insecchire 〔es〕〔io -isco〕乾く，乾燥する，干からびる **—他** 1乾かす，乾燥させる 2やせさせる，やつれさせる **—irsi** 再 乾く，干上がる，干からびる

insediamento 男 1任命，叙任，就任 —L'*insediamento* del presidente avverrà giovedì. 大統領の就任式は木曜日に行われる．2定住，住みつくこと

insediare 他〔io insedio〕1任務を与える，任命する，任じる 2（定住地に）住まわせる **—arsi** 再 1就任する 2（一時的に）身を落ち着ける，住む

insegna 囡 1看板，標識 —*insegna* luminosa [al neon] ネオンサイン / levare [ripiegare] le *insegne* 看板を掲げる〔下ろす〕2紋章，エンブレム；象徴 —*insegne* regali 王位の象徴（王冠と笏(しゃく)）3記章，バッジ 4旗，垂れ幕，バナー 5モットー ► **abbandonare le insegne** 降参する **all'insegna di...** …の名目で，…のもとに

insegnabile 形 教えることができる，教えやすい

insegnamento 男 1教えること，教授 —metodo d'*insegnamento* 教授法 2教育，教化 —*insegnamento* elementare [medio, superiore, universitario] 初等〔中等，高等，大学〕教育 3教科，科目 4教え，教訓，掟(おきて)，規則

insegnante 男女 先生，教師 **—形** 教える，教育する —corpo *insegnante*（一つの学校の）教師陣

***insegnare** [インセニャーレ] 他 1教える —*insegnare* l'inglese ai bambini 子供たちに英語を教える / Mia madre mi *ha insegnato* a cucinare. 母は私に料理を教えてくれた．2教え込む，しつける 3（道などを）示す —Può *insegnarmi* la strada per la stazione? 駅への道を教えてくれませんか

inseguimento 男 追跡，追求 —gara a *inseguimento*（自転車競技の）追い抜き

inseguire 他〔io inseguo〕1追いかける，追跡する —La polizia *inseguiva* un ladro. 警察は泥棒を追いかけていた．2追求する —*inseguire* un sogno 夢を追い求める **—irsi** 再 1追いかけ合う 2相次いで起こる

inseguitore 囡〔女[-trice]〕追いかける，つきまとう，追及する —squadra *inseguitrice* ランキング第2位のチーム **—男〔女[-trice]〕**1追跡者，追及者 —Il ladro è sfuggito per poco al suo *inseguitore*. 泥棒はすんでのところで追う者から逃げるところだった．2〔スポ〕（自転車競技で）追い抜き競争の選手

insellamento 男 1〔船〕キールや甲板がたわむこと 2（馬などに）乗る，乗せる

insellare 他 1（馬などに）鞍(くら)を置く；鞍に乗せる 2鞍の形に曲げる，たわませる 3〔船〕甲板にたわみをつける **—arsi** 再 1馬に乗る 2たわむ 3〔船〕船体がたわむ

insellatura 囡 1鞍(くら)をつけること，たわみ 2〔獣〕（動物の）背中のくぼみ 3〔船〕舷弧

inselvatichire 他〔io -isco〕1野生化する，（土地を）耕作しない 2非社交的にする，気難しくする，不機嫌にする —La solitudine lo *ha inselvatichito*. 孤独が彼をかたくなにした．**—自** [es] 1野性的になる 2非社交的になる，付き合いにくくなる **—irsi** 再 1野性的になる 2非社交的になる，気難しくなる

inseminare 他〔io insemino〕1〔生化〕（動物の雌に）受精させる，人工授精する 2種をまく

inseminazione 囡 受精，種まき，播種(はしゅ) —*inseminazione* artificiale 人工授精

insenatura 囡 入り江，小湾，入り海，小海峡

insensatezza 囡 1無分別，非常識，馬鹿げたこと 2軽率，軽はずみ，支離滅裂，不合理，矛盾

insensato 形 1常軌を逸した，非常識な 2無意味な，馬鹿な **—男〔女[-a]〕**常軌を逸した人，非常識な人

insensibile 形 (a) 1無感覚な —*insensibile* al freddo 寒さを感じない，寒さに強い 2冷淡な，無関心の —*insensibile* all'arte 芸術に無関心の 3かすかな，わずかな **—男女** 冷淡な人

insensibilità 囡 1無感覚，鈍感 —*insensibilità* al caldo [freddo] 暑さ〔寒さ〕に鈍感なこと 2無神経，冷淡，無頓着 —*insensibilità* al dolore altrui 人の苦しみに無関心なこと

inseparabile 形 分離できない，分けられない；離れがたい —due amici *inseparabili*（いつも一緒にいる）二人の別れがたい仲間

insepolto 形 埋葬されていない

insequestrabile 形〔法〕差し押さえ〔押収〕できない

insequestrabilità 囡〔法〕差し押さえ〔押収〕できないこと

inseribile 形 差し込める，挿入できる

inserimento 男 1挿入，差し込み，取り付け；記録 —l'*inserimento* di una spina nella presa プラグをコンセントに挿すこと / *inserimento* di dati in

inserire un computer コンピューターへのデータ入力 2（メインパイプへの）配管

inserire 他 〔io -isco〕 **1** 差し込む, 挿入する（リストなどに）入れる, 加える **2**（電源などに）つなぐ, 接続する —*inserire la retromarcia* ギアをバックに入れる **3**（新聞に告知や広告を）掲載する **—irsi** 再 **1**（体の一部や器官が他の器官と）付着する, つながる —*Il femore si inserisce nel bacino.* 大腿骨は骨盤に結合している. **2** 位置づける —*inserirsi ai primi posti della classifica* 成績[順位]の上位に入る **3** 溶け込む, 仲間入りする, 適応する —*Ti sei inserito nella classe.* 君はとてもよくクラスに馴染んだね. **4** 属する, 所属する —*Il romanzo si inserisce nel periodo di crisi del Romanticismo.* その小説はロマン主義が消えゆく時代の物だ.

inserito 形 （人が環境や集団に）よく溶け込んだ, 馴染んだ

inseritore 男 **1** 〔電〕連結器, コネクター; 整流器 **2** 〔女[-trice]〕挿入する人[物] —形 〔女[-trice]〕挿入する

inserto 男 **1** 関係書類一式 **2**（新聞などの）折り込み広告, 差し込み広告 **3**（本などの）挿入図[写真] **4**（映画・テレビなどで挿入される）短い映像 **5** 〔服〕パッチ —形 編んだ, 付属の

inservibile 形 役に立たない, 無用の, 用済みの, 実用にならない —*Questa vecchia pentola è ormai inservibile.* この古い鍋はもう使い物にならない.

inserviente 男女 （清掃などの）作業員; 雑役[雑務]係

inserzione 女 **1**（新聞などの）広告, 折り込み広告 **2**〔解〕（筋肉や腱の骨との）付着点 **3**〔織〕緯糸（ぬきいと） **4** 差し込み, 連結

inserzionista 男女 〔複[男-i]〕（新聞の）広告主

inserzionistico 形 〔複[男-ci]〕（新聞）広告の

insettario 男 昆虫飼育室

insetti- 接頭「昆虫（の）」の意

insetticida 形 〔複[男-i]〕殺虫性の —男 〔複[-i]〕殺虫剤

insettifugo 形 〔複[男-ghi]〕虫よけの, 防虫の —男 〔複[-ghi]〕防虫剤, 駆虫剤

insettivoro 形 〔動〕食虫性の —男 **1** 虫を食べる小型の哺乳類 **2**（I-）〔複数で〕食虫動物

insetto 男 **1** 昆虫 **2**〔蔑〕煩わしい人, 卑しい人, 虫けら

insicurezza 女 **1** 不安定, 変わりやすさ —*insicurezza economica* 経済的不安定 **2** 不安, 心配, 気後れ, 自信のなさ —*L'insicurezza di tuo figlio passerà con gli anni.* 君の息子のぐずぐずしたところは年とともに治っていくだろう. **3** 危険

insicuro 形 **1** 不安な, 心配な —*sentirsi insicuro* 自信が持てない **2** 曖昧な, ためらいのある —*carattere insicuro* 優柔不断な性格 **3** 不安定な, 揺らぐ —*Dopo il terremoto l'edificio è insicuro.* 地震の後, 建物はぐらついている. **4** 危険な, 危ない —*strade insicure* 危険な道路 **5** 信頼できない, 頼りにならない —*posto di lavoro insicuro* 保証のない職位 **6** 確実に確認されていない —*notizia insicura* 未確認情報 —男 〔女[-a]〕自信のない人, 不安定な人

insider 男女 〔不変〕〔英〕内部者

insider trading 男 〔不変〕〔英〕インサイダー取引

insidia 女 **1** 罠（わな） **2** 待ち伏せ **3** 目に見えない危険

insidiare 他 〔io insidio〕 **1** 罠（わな）にかける, 策略を弄する —*insidiare un reparto militare* 部隊を待ち伏せる **2**（策略や詐欺で）危害[損害]を与える —*insidiare il buon nome di...* (人）の名声をけがす **3** 誘惑する, たぶらかす, たらし込む —*insidiare una ragazza* 言葉巧みに女の子を誘う **4**（スポーツで）危険にさらす, 脅かす —自 (a) …に罠を仕掛ける, 侵害する

insidiatore 形 〔女[-trice]〕 **1** 罠（わな）にかける; 誘惑する **2** 狡猾（こうかつ）な, 油断のならない —男 〔女[-trice]〕罠を仕掛ける人, 策略家; 誘惑する人

insidioso 形 **1** 罠（わな）[計略]を仕組んだ —*domanda insidiosa* いっぱい食わせる質問 **2** 誘う, だます, 魅惑する —*Pochi resistono al fascino insidioso del suo sguardo.* 誰もがそのまなざしの魅力に惑わされる. **3** 危険な, 危ない **4** 信頼できない, 不誠実な, 陰険な

‡**insieme** [インスィエーメ] 副 **1** 一緒に **2** ひとまとめで —*Tavolo e sedie si vendono insieme.* テーブルと椅子はセットにして売られる. **3** 同時に —*Non parlate insieme!* 同時にしゃべらないで. / *tutti insieme* 皆一緒に, 全員で —男 **1** 集合, 全体 **2** 一揃いのセット **3** 一致, 調和 ▶ *insieme a* [*con*]... …と一緒に *nell'insieme* 全体として

insiemistica 女 〔数〕集合論

insiemistico 形 〔複[男-ci]〕〔数〕集合（論）の

insigne 形 **1** 有名な, 名声のある, 名高い, 高名の —*un insigne scienziato* 著名な科学者 **2** 悪名高い —*un insigne imbroglione* 名うてのペテン師 **3** 卓越した, 最高[最上]の, この上ない, 無比の —*monumento insigne* 傑作

insignificante 形 無意味な, くだらない

insignificanza 女 平凡, 凡庸, つまらなさ

insignire 他 〔io -isco〕(di)（称号・賞・職務などを）授ける —*insignire... della laurea ad honorem* （人）に名誉学位を与える

insilamento 男 サイロに貯蔵すること; 〔農〕生牧草貯蔵法

insilare 他 サイロに貯蔵する

insilatrice 女 穀物をサイロに貯蔵する機械；まぐさの圧縮梱（え）包機

insincerità 女 不誠実, 不正直, 偽善, 二枚舌

insincero 形 1 誠意のない, 不誠実な, 偽善の 2 人工的な, 不自然な

insindacabile 形 議論の余地のない, 異議のない, 反対できない；上訴できない

insindacabilità 女 異論のないこと, 反対できないこと, 確定性；上訴できないこと

insino 前 …まで ━副 …さえ

insinuante 形 1 (巧みに)入り込む, 染み通る, それとなく染み込ませる 2 (疑い)を起こさせるような 3 取り入る, 媚(こ)びる, 迎合する

insinuare 他 〔io insinuo〕 1 ほのめかす, それとなく言う ─Che cosa vuoi *insinuare*? 何を暗にほのめかしてるの？ 2 忍び込ませる, そっと差し入れる ─*insinuare* un foglio sotto la porta ドアの下に紙をそっと差し込む ━**arsi** 再 1 忍び込む 2 染み込む 3 (感情や考えが)気づかないうちに芽生える

insinuatore 形 〔女[-trice]〕1 (次第に)入り込む, ほのめかすような 2 取り入る, 機嫌を取る ━男〔女[-trice]〕うまく取り入る人, 媚(こ)びる人

insinuazione 女 1 当てこすり, ほのめかし 2 徐々に[巧く]入り込むこと 3 〔法〕破産の負債に対する債権者としての証明〔証拠書類〕

insipidezza 女 1 無味, 風味[塩気]がないこと, まずさ 2 面白みのないこと, 生気のないこと 3 (言動が)馬鹿げていること, つまらないこと

insipido 形 1 味のない, まずい 2 味気ない；くだらない ─film *insipido* 面白みのない映画

insipiente 形 馬鹿な, 愚かな, 浅はかな, 分別のない ━男女 馬鹿, 愚か者, 間抜け

insipienza 女 無知, 無学；頭の鈍さ, 愚かさ, 思慮のなさ

insistente 形 1 しつこい ─Non essere *insistente*! しつこくしないで. 2 長く続く ─pioggia *insistente* 長雨

insistenza 女 1 しつこさ, 執拗(よう)さ 2 〔複数で〕無理強い, 差し迫った申し込み ─cedere alle *insistenze* di... (人)のしつこい要求に折れる 3 中断しないこと, 尾を引くこと ─La pioggia cade con *insistenza*. 雨は降り止まない.

‡**insistere** [インスィステレ] [12] 自 〔過分 insistito〕 1 (in, su) 強調する, 固執する ─*insistere* su un argomento 一つの話題にこだわる 2 (a + 不定詞) 執拗(よう)に繰り返す[続ける] ─*insistere* a voler cambiare casa 引っ越したいと言い続ける

insistito 形 〔過分 < insistere〕 しつこく繰り返す, こだわり続ける

insito 形 1 生来の, 生得の, 天与の, 持ち前の ─qualità *insita* nel carattere di... (人)の性格に見る生まれつきの性質[特質] 2 暗黙の, 言外に含まれた

in situ 成 〔ラ〕1〔副詞的〕現場で, 現地で 2〔形容詞的〕〔地質〕同じ地層で発見された；〔医〕正常な位置の

insociabile 形 非社交的な, 交際嫌いの 2 両立[共存]しない, 一致しない, 相容れない

insociale 形 1 (物が)反社会的な, 非社会的な 2 (人が)非社交的な；協調性のない

insocialità 女 1 反社会性, 非社会性 2 非社交性, 交際嫌い

insocievole → insociale

insoddisfacente 形 不満足な, 満たされない, 飽き足らない ─risultati *insoddisfacenti* 十分な結果

insoddisfatto 形 1 不満な 2 満たされていない

insoddisfazione 女 不満足, 期待外れ, 失望, 落胆；不平, 不満 ─Era evidente l'*insoddisfazione* dei miei genitori. それは明らかに両親にとって期待外れだった. /l'*insoddisfazione* tipica dei giovani 若者特有の欲求不満

insofferente 形 1 (di,a) …に我慢できない, 耐えられない ─Sono *insofferente* di qualsiasi ritardo. 私はどんな遅れにも我慢ならない. 2 短気な, 怒りっぽい ─carattere *insofferente* せっかちな気性

insofferenza 女 1 我慢[忍耐]できないこと 2 短気, 怒りっぽさ, せっかち ─La sua *insofferenza* lo rende antipatico. その短気さで彼は反感を買っている.

insolazione 女 1 日光にさらすこと, 日干し 2〔医〕日射病 3〔気〕日射 4〔天〕受光太陽エネルギー量 5〔地質〕太陽光による岩石の分解[崩壊]

insolente 形 無礼な, 生意気な, 傲慢な, 横柄な

insolentire 他 〔io -isco〕横柄な態度をとる, 侮辱する ━自 1〔es〕横柄[尊大]になる 2 横柄に接する, 無礼なことを言う ━**irsi** 再 横柄[尊大]になる

insolenza 女 1 傲慢さ, 無礼 ─trattare... con *insolenza* (人)を乱暴に扱う 2〔複数で〕侮辱的な言動 ─dire *insolenze* a... (人)を罵倒する /scambiarsi delle *insolenze* 罵り合う

insolito 形 普通ではない, 異様な, ただならぬ ─È successo qualcosa di *insolito*. 何か普通でないことが起きた.

insolubile 形 1 解決できない, 説明できない 2〔絆(きずな)・関係(かんけい)などが〕ほどけない, 揺るぎない 3〔化〕不溶解性の

insolubilità 女 1 解決[説明]できないこと 2〔化〕不溶性 3〔絆(きずな)・縁などが〕固いこと, 揺るぎないこと

insoluto 形 1 未解決[解明]の 2〔化〕溶解していない 3〔法〕未払いの, 未納の

insolvente 形 〔法〕支払い不能の, 破

産した ―男女 支払い不能者, 破産者

insolvenza 女 〔法〕支払い不能, 破産

insolvibile 形 1〔法〕支払い不能の, 破産した 2〔法〕未払いの, 未納の 3 解決[解明]できない

insolvibilità 女 〔法〕支払い不能, 破産

＊insomma [インソンマ] 副 1 つまり, 早い話が 2〔返答〕ぼちぼち, まあまあ —Come è andata?-*Insomma*. どうだった？ - まあまあだね. 3〔苛立って〕それで(結局どうするの)？—*Insomma*, dove vuoi andare? それで, どこに行きたいわけ？ 4 全くに(本当に)(どうしようもない) —Ma i*nsomma!* まったくもう！

insommergibile 形 沈没しない, 浸水しない

insondabile 形 1（測定器で）測れない, 探査できない 2 理解できない, 底の知れない, 謎めいた —mistero *insondabile* 不可解な謎

insonne 形 眠れない; 不眠(症)の —passare una notte *insonne* 眠れない夜を過ごす

insonnia 女 不眠(症) —soffrire d'*insonnia* 不眠症にかかる

insonnolito 形 うとうとした, 眠たげな, まどろんでいる

insonorizzare 他 防音[遮音]する

insonorizzazione 女 防音, 遮音

insopportabile 形 我慢できない, 耐えがたい

insopportabilità 女 1 耐えられないこと, 我慢できないこと 2 短気, 狭量

insopprimibile 形 抑圧[抑制]できない, 抑えられない, 無視できない

insopprimibilità 女 抑圧[抑制]できないこと

insordire 他〔io -isco〕1 耳を聞こえなくする 2 びっくりさせる, ぼうっとさせる ―自〔es〕耳が聞こえなくなる, 聴覚を失う

insorgente 形 1（よくないことの）始まりの, 発端の, 生じる, 起こる, 現れる —infezione *insorgente* 初期感染 2 反乱[謀反]を起こし, 蜂起する ―男女 反乱を起こす人

insorgenza 女（病気やよくないことの）突然の)発生, 開始, 開始

insorgere [109] 自〔es〕〔過分 insorto〕1 反乱を起こし, 蜂起する 2（トラブルなどが）生じる, 起きる —*È insorta una difficoltà*. 障害が一つ持ち上がった.

insormontabile 形 乗り越えられない, 打ち負かせない, 切り抜けられない —difficoltà *insormontabile* 克服できない難題

insormontabilità 女 打ち勝てないこと, 克服できないこと

insorpassabile 形 無比の, 無類の, 比類のない

insorpassato 形 卓越[卓絶]した, 超えられない

insorse *insorgere* の直・遠過・3 単

insorto 形〔過分< insorgere〕反乱を起こした, 蜂起した ―男〔女 -a〕反乱を起こした者, 叛徒

insospettabile 形 1 容疑[嫌疑]のかからない, 疑いのない —L'uomo presentò un alibi che lo rese *insospettabile*. 男は容疑のかからないアリバイを示した. 2 思いもよらない, 予期しない, 予想外の, 望外の —In quella situazione ha dimostrato un coraggio *insospettabile*. あの場面で彼は意外な度胸を見せつけた.

insospettabilità 女 容疑[嫌疑]のないこと

insospettato 形 1 疑われていない, 容疑のかかっていない 2 意外な, 予想できない, 想像できない —Reagì con *insospettata* energia. 彼[彼女]は思いがけない力で反撃に出た.

insospettire 他〔io -isco〕疑惑[疑念]を抱かせる ―自〔es〕疑惑[疑念]を抱く ―irsi 再 疑う, 怪しむ

insostenibile 形 1 持ちこたえられない, 支えきれない —l'*insostenibile* attacco del nemico 防ぎきれない敵の攻撃 2 立ち向かえない, 手をつけられない —È una spesa per noi *insostenibile*. それは私たちにはとても支払えない料金だ. 3 支持[支援]できない, 擁護[弁護]できない —idee [principi] *insostenibili* 支持できない考え[方針] 4 我慢できない —dolore *insostenibile* 耐えられない痛み

insostenibilità 女 1 立ち向かえないこと, 対抗し得ないこと 2 支持[擁護]できないこと

insostituibile 形 置き換えられない, 取り替えられない, またとない, 埋め合わせのきかない —Il direttore lo considera un collaboratore *insostituibile*. 監督は彼をかけがえのない協力者だと見なしている.

insostituibilità 女 取り替えられないこと, 代替不可能

insozzare 他 1 よごす, 汚くする —*insozzare* la camicia d'inchiostro インクでシャツをよごす 2 けがす, 名誉を傷つける, 体面をけがす —Quel giovane ha *insozzato* il buon nome della famiglia. あの若造は一族の名声に泥を塗った. ―arsi 再 1 よごす, 染みをつける —*insozzarsi* i pantaloni ズボンをよごす 2 面目を失う, 堕落する, 体面を失う

insperabile 形 1 期待できない, 望めない —Un miglioramento è *insperabile*. 改善の見込みはない. 2 予期しない, 思いがけない —aiuto *insperabile* 予想外の援助

insperato 形 予想外の, 思いがけない, 意外な, 予期しない —Ha avuto un successo *insperato*. 彼は望外の成功を収めた.

inspessire → ispessire

inspiegabile 形 説明のできない, 訳

inspiegato 形 説明[解明]されていない, 理由が分からない, 原因不明の

inspirare 他 1 (空気・ガスなどを)吸い込む —*inspirare* ossigeno 酸素を吸入する / *inspirare* con la bocca 口で息をする 2 (空気などを肺に人工的に)送り込む

inspiratore 形〔女[-trice]〕1 吸入[吸気]の 2〔解〕呼吸筋の

inspiratorio 形〔生理・医〕吸気の

inspirazione 女 1 吸い込むこと, 吸入 2〔生理〕吸気

instabile 形 1 不安定な, ぐらつく —ponte *instabile* 揺らぐ橋 / seggiolina *instabile* 座りの悪い椅子 2 変わりやすい, 定まらない; 気まぐれな, 移り気な —Il tempo si mantiene *instabile*. 天候は一向に定まらない. / È una persona di umore *instabile*. 彼はお天気屋だ.

instabilità 女 1 不安定, ぐらつくこと 2 変わりやすさ, 変動; 移り気, 情緒不安定 —*instabilità* politica 政治的不安定 3〔通信〕ひずみ, ゆがみ 4〔化・物〕不安定性, 不安定度

installare 他 1 取り付ける, 設置する, 据え付ける 2〔コン〕インストールする 3 任命する, 就任させる 4 宿泊させる, (場所に)落ち着かせる —**arsi** 再 1 居を構える, (場所に)落ち着く 2《諧》くつろぐ, 座る —Quando *si installa* nella sua poltrona, nessuno riesce più a muoverlo. 彼は肘掛け椅子に座ったが最後, てこでも動かない.

installatore 男〔女[-trice]〕取り付け[据え付け]作業員

installazione 女 1 取り付け, 据え付け, 設置 2 設備, 装置, 施設 3 叙任, 任命, 就任 4 宿泊, 定住 5〔コン〕インストール

instancabile 形 1 疲れない, 疲れを知らない 2 たゆまない, 不断の, 飽くことのない, 根気強い

instancabilità 女 疲れを知らないこと 根気強さ, 不屈の忍耐力

instare 自〔複合時制なし〕1 圧力をかける, せきたてる 2 差し迫る, のしかかる 3 しつこくせがむ, 言い張る; 固執する

instaurare 他 設立[創立]する, 創始[創建]する, 起こす, 発足させる —*instaurare* una nuova tendenza 新しい流行を生む —**arsi** 再 始まる, 発足する, 起こる, 生じる

instauratore 男〔女[-trice]〕設立[創立, 創始]者

instaurazione 女 設立, 創立, 創始, 創建 —l'*instaurazione* democratica 民主主義の確立

insterilire → isterilire

instillare 他 1 (感情や教えを)徐々に染み込ませる, ゆっくり吹き込む[植えつける] —I genitori gli *hanno instillato* l'amore per la giustizia. 両親は彼に正義の大切さを教え込んだ. 2 一滴ずつ垂らす

instillazione 女 1 吹き込むこと, 教え込むこと 2 滴下, 点眼;〔医〕点滴

instituire → istituire

instradamento 男 向かわせること, 進ませること, 向かうこと

instradare 他 1 (ある進路に)向かわせる, 向ける —*instradare* il treno sul binario morto 列車を待避線に導く / *instradare* i giovani agli studi universitari 若者を大学教育に進ませる 2 始める, 開始する —**arsi** 再 向かう, 進む, とりかかる

insù 副 上のほうへ, 上向きに, 高いほうへ; より以上 —形 1 上方に向かう, 上方にある, 上に向かう ▶ *all'insù* 上に向かって, 高いほうへ; 上に向かう, 上方への / Paola ha il naso *all'insù*. パオラは獅子鼻だ. / guardare *all'insù* 見上げる

insubordinatezza 女 服従しないこと, 反抗すること, 従順でないこと —男女〔女[-a]〕従順でない人, 反抗者

insubordinato 形 服従しない, 従順でない; 手に負えない, 言うことを聞かない —男〔女[-a]〕従順でない人, 反抗者

insubordinazione 女 不従属, 不服従

insubre 形〔歴〕インスブリアの; ロンバルディアの —男女〔歴〕インスブリアの人;《文》ロンバルディアの人

insuccesso 男 不成功, 失敗

insudiciare 他 [io insudicio] 汚す, 汚くする, 不潔にする —*insudiciare* la tovaglia di sugo テーブルクロスをスープで染みをつける 2 名誉をけがす, 面目を失わす —**arsi** 再 1 汚れる, 不潔になる —*insudiciarsi* di unto [fango] 油[泥]でよごれる 2 名誉に傷がつく, 体面を失う

insufficiente 形 1 不足の, 不十分な 2 力不足の; (学業成績が)不可の

insufficienza 女 1 不足 —assolvere per *insufficienza* di prove 証拠不十分のため無罪を言い渡す 2 無能力; 不適格, 不適任 3 欠陥, 欠点 4 (成績の)不可 —prendere un'*insufficienza* 不可の成績をとる 5〔医〕機能不全 —*insufficienza* cardiaca 心不全

insufflare 他 1 吹き入れる, 吹き付ける 2 (感情などを)吹き込む, 植えつける

insufflatore 男〔医〕吹き入れ器, 吹入器

insufflazione 女 1 吹き入れること, 吹き付けること 2 (感情などを)吹き込むこと, 植えつけること 3〔医〕(空気の)吹き入れ, 吹送法, 通気 4〔宗〕(受洗者や洗礼の水に)息を吹きかけること

insulare 形 1 島の, 島形の, 島を形成する; 島部の, 島民の —Non conosco il dialetto *insulare*. 私は島部の方言は知らない. 2〔生理・解〕島状の, (特に)ランゲルハンス島の —男女 島民

insularismo 男 1 島で形成されていること 2 島国根性, 島国性, 狭量 3 自給自足; 単一性

insularità 囡 1 島から成ること 2 島国性, 偏狭

insulina 囡 〔医〕インシュリン

insulinico 形 〔複[男 -ci]〕〔医〕インシュリンの

insulinismo 男 〔医〕インシュリンアレルギー〔過敏症〕

insulinoterapia 囡 〔医〕インシュリン療法

insulsaggine 囡 1 面白みのないこと, ばかばかしいこと, 愚かなこと 2 無意味なこと, くだらなさ, 馬鹿げた考え, 愚行

insulso 形 1 面白くない, 陳腐な, 特徴のない, 愚かな, つまらない —fare domande de *insulse* 馬鹿げた質問をする / film *insulso* ありふれた映画 / persona *insulsa* 取るに足りない人 2 味のない, 風味のない

insultabile 形 侮辱されうる

insultante 形 1 侮辱する, はずかしめる 2 攻撃的な, 侵害する

insultare 他 侮辱する, 罵る —**arsi** 再 侮辱し合う, 罵り合う

insultatore 形 〔女[-trice]〕侮辱する, 害する ━男 〔女[-trice]〕侮辱する人, 無礼を働く人

insulto 男 1 侮辱, 侮辱的な言動 2 〔医〕発作

insuperabile 形 1 越えられない —valico *insuperabile* 通り越せない峠 2 克服できない, 打ち勝ちがたい —problema *insuperabile* 解決できない問題 3 無敵の, 太刀打できない, 卓絶した —attore *insuperabile* in un ruolo その役柄では並ぶ者のない俳優

insuperabilità 囡 克服できないこと, 無比, 無類, 無敵

insuperato 形 1 勝るものがない, 卓絶した, 無比の, 無類の; 不敗の, 負け知らずの —prodotto *insuperato* 卓越した製品 / tenore *insuperato* 並ぶ者のないテナー歌手

insuperbire 自 [es] 〔io -isco〕高慢になる, 横柄になる, 不遜になる, 偉ぶる, 得意になる ━他 思い上がらせる, 得意にならせる ━**irsi** 再 思い上がる, 偉ぶる, 威張る, お高くとまる, 得意がる —*Si è insuperbito* per il successo. 彼は成功して天狗(ｶﾞ)になった。

insurrezionale 形 反乱の, 暴動の

insurrezione 囡 1 反乱, 反逆, 暴動, 一揆, 謀反 —fomentare [reprimere] un'*insurrezione* 暴動を扇動[鎮圧]する 2 (抑えきれない感情や衝動の)表出, 現れ

insussistente 形 1 存在しない 2 根拠[理由, 原因]のない, 事実無根の —accusa *insussistente* いわれのない非難

insussistenza 囡 1 存在しないこと 2 根拠[理由]のないこと, 事実無根

int. 略 interno 内部

intabaccare 自 1 〔トスカーナ〕タバコでよごす 2 誘う, 誘惑する, そそのかす ━**arsi** 再 1 〔トスカーナ〕タバコでよごれる 2 熱狂[熱中]する; 恋愛に陥る

intabarrare 他 1 厚着をさせる, 厚い衣類でくるむ 2 マントで覆う ━**arsi** 再 1 厚着する 2 マントをはおる

intaccabile 形 1 切り込み[刻み目]をつけられる; 腐食しうる 2 損なう, 傷つける

intaccare 他 1 切り込み[刻み目, 溝]をつける —*intaccare* un tavolo con un temperino ナイフでテーブルに傷をつける 2 (刃物の刃を)こぼす 3 腐食させる, 蝕(ﾊ)む —l'acido *intacca* i metalli 酸は金属を腐食する 4 (病気が)冒す, 襲う, 傷つける —La tubercolosi *intacca* i polmoni. 結核は肺を冒す。 5 消費[利用]しだす —*intaccare* le provviste 蓄えを取り崩す 6 傷つける, 破壊する, 衰えさせる, 弱める —uno scandalo che *intacca* la sua reputazione 彼の評判を落とすスキャンダル 7 (風が)さざ波を立てる; (帆船が)風をはらませる ━自 どもる, つかえる

intaccatura 囡 1 切り込み[刻み目, 溝]をつけること 2 切り込み, 切り欠き; ほぞ穴, くぼみ; 刃のこぼれ

intacco 男 〔複[-chi]〕 1 切り込み, 溝, くぼみ 2 減少, 縮小; 損害, 被害

intagliare 他 〔io intaglio〕 1 彫る, 刻む, 浮き彫り[沈み彫り]にする —*intagliare* un motivo floreale nel legno 木材に花模様を彫る 2 (図案や模様に合わせて)切り抜く, 切り取る 3 (刺繍の)カットワークをする

intagliatore 男 〔女[-trice]〕 彫刻家, 彫り師

intagliatura 囡 彫り込み, 切り込み, 刻み目

intaglio 男 1 彫る[刻む]こと, 彫刻, 彫刻術 —maestro d'*intaglio* 彫刻師 2 彫り物, 彫刻物, 彫刻細工 —*intaglio* in avorio 象牙細工 3 (鍵などの)刻み目 4 カットワークの刺繍

intangibile 形 1 (お金を自由に)処分できない 2 冒してはならない, 不可侵の 3 触れることができない, 触れてはならない

intangibilità 囡 触れられないこと, 不可触性, 不可侵性

＊**intanto** [インタント] 副 1 その間に 2 とにかく 3 〔e intanto の形で不満を表して〕結局は, どっちみち ▶ ***intanto che...*** …する間に

intarlare 自 [es] 虫食いになる(tarlare) ━**arsi** 再 虫に食われる

intarlatura 囡 虫食い(tarlatura)

intarmare 自 [es] 虫が食う(tarmare) ━**arsi** 再 虫に食われる

intarmatura 囡 虫食い, 虫の食った穴

intarsiare 他 〔io intarsio〕 1 象嵌する, はめ込む, ちりばめる —*intarsiare* un mobile 家具を象嵌で飾る 2 潤色[粉飾]する

intarsiatore 男 〔女[-trice]〕象眼師

intarsiatura 囡 象眼すること; 象眼[はめ込み]細工

intarsio 男 1 象眼すること, はめ込むこ

と；象眼[はめ込み]細工(品) —decorare un tavolo a *intarsio* テーブルに象眼を施す **2** 〔医〕(歯の)充填物 **3** ある言葉の中へ別の言葉をはめ込み, 新たな言葉を作る遊び **4** 〔放〕二つの映像をオーバーラップさせること

intasamento 男 詰まること, 滞ること
intasare 他 〔(管などを)詰まらせる ▸ I rifiuti *hanno intasato* il lavandino. ごみが流しに詰まった. **2** (交通を)停滞させる —Un incidente *ha intasato* il traffico. 事故で交通が渋滞した. **—arsi** 再 詰まる —Si è intasato il tubo di scarico. 配水管が詰まった.
intasato 形 詰まった, 滞った, 停滞した
intascare 他 **1** (特に不正な金を)受け取る **2** ポケットに入れる
intatto 形 手付かずの, 未使用の, 無傷の —nevi [cime] *intatte* 処女雪[処女峰] **2** 元のままの
intavolare 他 〔io intavolo〕 **1** 始める, 口火を切る, 持ち出す —*intavolare* una trattativa 交渉にとりかかる **2** (テーブルやビリヤード台に)載せる **3** 〔統〕表に記入する[まとめる] **4** (不動産を)登記する
intavolato 形 始めた, とりかかった; 載せた —男 板で作った小屋; 板張りの床
intavolatura 女 **1** 〔音〕タブラチュア(音符の代わりに数字・文字などを用いる記譜法) **2** 始めること; (テーブルなどに)載せること
intavolazione 女 **1** 〔統〕(データを)表に記入する[まとめる]こと **2** 不動産登記
intedescare 他 ドイツ風にする, ドイツ化させる **—arsi** 再 ドイツ風になる, ドイツ化する
integerrimo 形 〔integro の絶対最上級〕 非常に誠実[正直, 清廉]な, 極めて公正[厳正]な
integrabile 形 **1** 補完しうる **2** 促進しうる **3** 統合しうる **4** 〔数〕積分しうる
integrabilità 女 **1** 補完[促進, 統合]しうること **2** 〔数〕積分できること
integrafo 男 〔数〕積分器, 求積器
integrale 形 **1** 全部の, 完全な —edizione *integrale* 完全版 / film in versione *integrale* ノーカット版の映画 / casco *integrale* フルフェースのヘルメット / riso *integrale* 玄米 / trazione *integrale* 四輪駆動 **2** 全麦の, 完全小麦粉の —pane *integrale* 全粒粉のパン **3** 〔数〕積分の —男〔数〕積分
integralismo 男 **1** (政治・経済・文化などにおける)原理主義 **2** 極めて不寛容なこと, 非常に厳格[強硬]なこと
integralista 形〔複[男 -i]〕〔歴〕ユニテリアン派の —男女〔複[男 -i]〕ユニテリアン派の信者; 原理主義者
integralmente 副 完全に, 全く, すっかり
integrante 形 **1** 補完[統合, 促進]する **2** (全体の)構成要素の, 必須の —La cravatta è un elemento *integrante* dell'abbigliamento maschile. 男性のファッションにネクタイは不可欠だ.
integrare 他 〔io integro〕 **1** 不足を補って完全なものにする, 補完する, 補足[追加]する —*integrare* l'alimentazione con delle vitamine 栄養をビタミンで補う **2** (人が組織や集団に仲間入りするのを)助ける —*integrare* i disabili nella società 身体障害者の社会参加を促進する **3** 統合する, 全体にまとめる —*integrare* gli uffici periferici sotto la stessa direzione 周辺の事務所を同一の管理下に置く **4** 〔数〕積分する **—arsi** 再 適応[順応]する —Mi sono *integrato* benissimo nella nuova scuola. 僕は新しい学校にすっかり慣れた. **2** 補い合う —due caratteri che si *tegrano* bene お互いによく補い合う性格
integrativo 形 補足[補完]の, 付加的な
integrato 形 **1** 補完[補足]した; 統合した **2** (人が社会や集団に組み入れられた, 仲間になった **3** 〔数〕積分された **4** 〔軍〕多国籍軍の —男 〔女[-a]〕(ある社会や集団に)組み入れられた人
integratore 形〔女[-trice]〕 補完する, 統合する, 合わせる —男 〔女[-trice]〕補完[統合, 促進]する人 —*integratore* alimentare 栄養補助食品 **2** 〔数〕積分器, 求積器(integrafo) **3** 〔電子〕集積回路
integrazione 女 **1** 補完, 補足, 補充, 付加 —lezioni di *integrazione* 補習, 補講 **2** (領土の)併合, 合併 **3** 統合, 融合, 融和, 合併 —*integrazione* europea ヨーロッパ統合 / *integrazione* razziale 人種差別撤廃 **4** (社会・文化・政治などに)組み入れること **5** 〔数〕積分 **6** 〔心〕統合, 融和
integrazionismo 男 人種差別撤廃主義
integrazionista 形〔複[男 -i]〕 人種差別撤廃主義(者)の —男女〔複[男 -i]〕人種差別撤廃主義者
integrazionistico 形〔複[男 -ci]〕 人種差別撤廃主義の
integrità 女 **1** 完全な状態, 完全, 無欠 **2** 無傷, 損なわれていないこと —*integrità* della lingua 言語の純粋性 **3** 健康, 健全; 処女であること **4** 清廉, 高潔, 廉直, 正直, 誠実 —*integrità* di costumi 品行方正
integro 形 **1** 完全な, 全部揃った —statua *integra* 完全な彫像 **2** 無傷の, 破損していない, 損傷のない —Anche si è anziano conserva *integre* le proprie capacità mentali. 彼は高齢だが全くぼけていない. **3** 清廉な, 高潔な, 誠実な —vita *integra* 清廉潔白な生き方
integumento 男 〔生物〕外皮, 外被; 〔植〕珠皮(tegumento)
intelaiare 他〔io intelaio〕 **1** 〔織〕織機[機(はた)]にかける **2** 〔機〕枠[骨組み]に

intelaiatura 取りつける; 枠[骨組み]を組み立てる **3** 始める, 着手する

intelaiatura 囡 **1** 基礎構造, 骨格; 体制 —l'*intelaiatura* di un sistema economico 経済体制の基礎構造 / l'*intelaiatura* di un romanzo 小説の筋[構想] **2** [織]機にかけること; 織機, 機(はた) **3** [建]骨組み, 軸組み, 枠組み, 骨格

intellegibile → intelligibile
intellegibilità → intelligibilità
intellettivo 形 知力の, 知性の, 知的な, 理知的な, 聡明な
intelletto 男 **1** 知性 **2** 理解力 **3** 知識人, 才人
intellettuale 形 **1** 知的な, 知能の **2** 知識人の, インテリの —男女 知識人, インテリ
intellettualismo 男 **1** [哲]主知主義 **2** 知性偏重, 知性の優越[支配]
intellettualista 形 [複[男 -i]] [哲]主知主義(者)の; 主知的な芸術家[文学者]の —男女 [複[男 -i]] [哲]主知主義者; 主知的な芸術家[文学者]
intellettualistico 形 [複[男 -ci]] **1** [哲]主知主義の **2** 知性的な, 理知的な
intellettualità 囡 **1** 知的であること, 知性, 知力 **2** 知識階級[階層]
intellettualizzare 他 **1** 知的に処理[解決]する **2** 知的にする —**arsi** 再 知的になる, 知性を働かせるようになる
intellettualizzazione 囡 知的に処理[解決]すること; 知的にする[なる]こと
intellettualoide 形 《蔑》インテリぶる, えせインテリの —男女 《蔑》インテリぶる人, えせインテリ
intelligence 囡 [不変][英]情報[諜(ちょう)報]機関
*__intelligente__ [インテッリジェンテ] 形 **1** 頭のいい, 賢い **2** 知的な, 知性を備えた —sguardo *intelligente* 知的な眼差し
*__intelligenza__ [インテッリジェンツァ] 囡 **1** 知能, 知性 —*intelligenza* artificiale 人工知能 **2** 才能, 才覚 **3** 知的な人, 才人 **4** (特に内々での)了解, 同意
intellighenzia 囡 知識階級, 知識人, インテリゲンチャ
intelligibile 形 **1** [哲]知性によって理解される **2** 容易に理解[感知]できる —*testo intelligibile* a tutti 誰にでもよく分かるテキスト —男 [哲]知性によって理解されるもの
intelligibilità 囡 **1** [哲]知性によって理解されること **2** よく分かること, 分かりやすさ
intemerata 囡 **1** 長く退屈な話[作品] **2** [口]叱りつけること, どなること
intemerato 形 徳の高い, 高潔な, 純粋な, 申し分のない
intemperante 形 **1** 節度のない, 不節制な, 過度の —*intemperante* nel bere 酒におぼれる **2** 過激な, 不謹慎な, 厳しい, 無遠慮な —*linguaggio intemperante* 乱暴な言葉遣い —男女 節度をわきまえない人
intemperanza 囡 **1** 不節制, 放縦, 過度 **2** (言動の)過激さ, 乱暴, 無遠慮
intemperie 囡 [不変] [特に複数で]悪天候, 天候不順, 荒れ模様
intempestività 囡 時宜を得ないこと, 間の悪さ, 場違い
intempestivo 形 不適当な, 場違いな, 時機を失した —*domanda intempestiva* 時宜を得ない質問
intendente 男女 **1** 監督官, 管理官 **2** 聡明な人, 理解力のある人 —男 **1** [軍]主計局長; 将校 **2** [歴]行政長官 —形《文》**1** 理解する, 分かる, 聞く **2** …に精通した
intendenza 囡 監督官の地位; 監督[管轄]区域; 行政庁
*__intendere__ [インテンデレ] [117] 他 [過分 inteso] **1** 理解する, 分かる **2** 聞こえる —*Ho inteso* un grido. 叫び声が聞こえた. **3** 意味[意図]する **4** [不定詞とともに]…するつもりでいる —*Che cosa intendi* dire? 何を言いたいの. | どう言う意味なの. / *Non intendevo* offenderlo. 私は彼を傷つけるつもりはなかった. —**ersi** 再 **1** 同意[合意]する, 一致する —*Ci siamo intesi* sul prezzo. 我々は価格について折り合った. **2** 理解し合う, 分かり合う —*Ci siamo intesi* male al telefono. 電話の話ではお互いよく分からなかった. / *Intendiamoci* bene. [念を押して]よろしいですね, 分かりますね. **3** (di)…に精通する, 熟練[熟達]する, 専門家である —*Alberto s'intende* di computer. アルベルトはコンピューターにとても詳しい. ▸ *dare ad intendere a...* (人)に信じさせる *intendersela con...* (人)と話し合う; (人)と恋愛関係を持つ *per intenderci* はっきり言えば *S'intende*. 当然だ. *S'intende che...* …は言うまでもない.
intendicchiare 他 [io intendicchio] 漠然と理解する —**arsi** 再 (di) 少しの知識がある
intendimento 男 **1** 意味, 意義 —cogliere l'*intendimento* di un passo 一節の意味をとらえる **2** 解釈, 説明 —commettere un errore nell'*intendimento* di un testo テキストの解釈を誤る **3** 目的, 意図, ねらい —manifestare i propri *intendimenti* 目的を明らかにする **4** 理解力, 知力, 知性
intenditore 男 [女[-trice]] 玄人(くろうと), 通; 鑑定家, 目利き —*intenditore* di vini ワイン通 / *A buon intenditor*, poche parole. [諺]よく知っている人には長い説明はいらない
intenerimento 男 **1** 柔らかくすること **2** 哀れ[同情]を催すこと, 心を動かすこと
intenerire 他 [io -isco] **1** 柔らかくする **2** 哀れ[同情]を催す, 心を動かされること —Le sue lacrime mi hanno *intenerito*. 彼女の涙にはじんと来た. —自 [es] 優しい気持ちになる, 感動する —**ir-**

intensificare si 再 1 柔らかくなる, 柔軟になる 2 慈しみ[愛情]を覚える, 感動する —È un uomo facile a intenerirsi. 彼はすぐにほろりとなってしまう人だ.

intensificare 他 [io intensifico] 1 激しくする, 強くする —intensificare un colore 色を濃くする 2 増す, 増やす, 増加[増大]させる —Se vuoi essere promosso, devi intensificare lo studio. 君は進級したいなら, もっと勉強しなければならない. —arsi 再 1 度を増す, 増大する —Le vendite si intensificano a Natale. 売り上げはクリスマスに増加する. 2 激化する, 強くなる —Il freddo si è intensificato. 寒さはますます厳しくなった.

intensificazione 女 激化, 強化; 増加, 増大

intensità 女 1 強烈さ, 激しさ, 厳しさ —studiare [lavorare] con intensità 熱心に勉強する[働く] 2 強さ, 強度 —intensità della luce 光の強度

intensivo 形 1 集中的な, 徹底的な —corso intensivo 集中講座 2 [言] 強意の

intenso 形 強い, 激しい; 深い —dolore intenso 激痛 / colori intensi 鮮烈な色 / traffico intenso 激しい交通量

intentabile 形 [法] 訴訟を起こせる, 提訴できる

intentare 他 [法] 訴訟を起こす, 提訴する

intentato 形 試されていない, 企てられていない —男 試されていない事柄 —non lasciare nulla d'intentato できる限りのことをする, あらゆる手段を尽くす

intento¹ 男 目的, 目標, ねらい —Ha raggiunto il suo intento. 彼は目標を達成した.

intento² 形 1 (a) …に集中した, 没頭した, 専念した —essere intento a leggere 読書に夢中になる 2 (何かを得ようと)決心する, (目標達成を)熱望する —essere intento alla realizzazione di un'impresa 計画実現を決意する

intenzionale 形 1 意図的な, 計画的な, 故意の, 自発的な —L'offesa era intenzionale. 無礼は意識的なものだった. / fallo intenzionale 故意の反則 2 [法] 計画的な, 故意の —omicidio intenzionale 計画殺人

intenzionalità 女 [法] 計画的なこと, 故意

intenzionalmente 副 意図して, わざと, 計画的に, 故意に

intenzionato 形 《a+不定詞》…のつもりである, …の意向がある, 決心している

*****intenzione** [インテンツィオーネ] 女 意図; 意向 —avere intenzione di + 不定詞 …するつもりでいる ► con [senza] intenzione わざと[うかっりと]

intepidire → intiepidire

inter. interiezione [言] 間投詞

interagente 形 互いに作用する, お互いに影響し合う

interagire 自 [io -isco] 相互に作用する, 影響し合う

interalleato 形 同盟国間の, 同盟国に共通の

interamente 副 全く, 完全に, 全面的に, もっぱら, ひたすら, 徹底的に —dire interamente la verità 真実をすっかり話す

interasiatico 形 [複[男-ci]] アジア諸国の相互関係に関する

interasse 男 [機] 軸距, ホイールベース

interatomico 形 [複[男-ci]] [物] 原子間の

interattivo 形 1 互いに作用する, お互いに影響し合う 2 [情] 対話式の

interaziendale 形 企業[会社]間の

interazione 女 相互作用, 相互に影響を与えること

interbancario 形 銀行間の

interbellico 形 [複[男-ci]] 両大戦間の

interblocco 男 [複[-chi]] [機] 連動装置

intercalare¹ 形 差し込まれた, 挿入された —男 口癖

intercalare² 他 1 差し挟む, 差し込む, 一定の間隔で挿入する 2 口癖のように言う

intercalazione 女 1 差し挟むこと, 差し込むこと, 挿入 2 [天] 閏(うるう)日, 閏月

intercambiabile 形 取り換えできる, 交換できる, 交代できる —pezzi [elementi] intercambiabili 交換部品

intercambiabilità 女 取り換えできること, 互換性, 交代できること

intercapedine 女 1 隙間, 空間 2 [建] (壁の)空隙, 空気層 3 [船] 防水隔室, コファダム

intercedere 自 1 仲裁する, 介入する, 間に入る, 取り持つ —Ho interceduto per lui presso il direttore. 私は部長に彼のことを取りなした. 2 [es] 関係する —Tra i due fatti non intercede alcun rapporto. 二つの出来事には何の関連もない. —他 嘆願する, 請願する

intercedritrice 女 → intercessore

intercellulare 形 [生物] 細胞間の, 細胞間にある

intercessione 女 仲裁, 仲介, 取りなし, 調停, 斡(あっ)旋; 嘆願

intercessore 男 [女 [intercedritrice]] 仲裁[仲介]する, 取りなす, 取り持つ —男 [女 [intercedritrice]] 仲裁[仲介]人, 調停人, 斡(あっ)旋者, 他を取り持つ[取りなす]人

intercettamento 男 → intercettazione

intercettare 他 1 妨げる, 阻止する, 途中で奪う, 横取りする —intercettare una lettera 手紙を盗み見る 2 (通信を)傍受する, 盗聴する 3 [スポ] インターセプトする 4 (流れを)遮る, 遮断する

intercettatore 男〔女[-trice]〕**1** 妨げる, 阻止する **2**〔軍〕迎撃の ―男 **1**〔女[-trice]〕妨げる人, 阻止する人, 横取りする人, 傍受者 **2**〔軍〕迎撃機[ミサイル], 防空戦闘機

intercettazione 女 **1** 妨げること, 阻止すること, 妨害, 遮断 **2** 傍受, 盗聴 **3**〔スポ〕インターセプト **4**〔軍〕迎撃

intercettore 男 〔軍〕迎撃機[ミサイル], 防空戦闘機

Intercity 男〔不変〕インターシティー(大都市間を結ぶ特急列車)

interclassismo 男〔政〕階級間協調主義

interclassista 形〔複[男 -i]〕〔政〕階級間協調主義の ―男女〔複[男 -i]〕〔政〕階級間協調主義者

interclassistico 形〔複[男 -ci]〕〔政〕階級間協調主義の

intercolunnio 男〔建〕柱間(はしらま)

intercomunale 形 **1** 自治体間の **2** 市外[長距離]通話の ―女 市外[長距離]通話

intercomunicante 形 通じている ―stanze *intercomunicanti* つながっている部屋 ―男 **1** 車両の通廊; 通路列車(列車の片側に廊下のついた列車) **2**〔通信〕内部通話装置, インターコム, インターホン

intercomunicazione 女 **1** 直接通じていること **2**(列車の)車両間を廊下で通行できること

interconfessionale 形〔宗〕諸宗派共同の, 諸教団間の

interconnessione 女 **1** 相互に関係[関連]していること **2**〔通信〕(電話・テレビなどの)通信網 ―trasmettere in *interconnessione* 同時放送する **3**〔通信〕相互接続

interconnettere [8] 他〔過分 interconnesso〕相互接続する, 同時放送する

intercontinentale 形 大陸間の, 大陸間を結ぶ

intercorrente 形〔医〕介入性の, 併発性の

intercorrere [25] 自〔es〕〔過分 intercorso〕 **1** (…の間に)ある, 間にある ―Tra noi *intercorrono* buoni rapporti. 私たちはとてもうまくいっている. **2** 過ぎる, 経過する ―Tra le due guerre mondiali *sono intercorsi* circa vent'anni. 両大戦間で約20年が経った.

intercostale 形 **1**〔解〕肋(ろっ)間の ―dolore *intercostale* 肋間痛, 肋間神経痛 **2**〔植〕葉脈間の **3**〔船〕肋材間の

interculturale 形 異文化間の

interdetto 〔過分 < interdire〕 **1** 禁じられた **2** 当惑した, 狼狽(ろうばい)した, まごついた, びっくりした, 唖(あ)然とした ―La notizia lo lasciò *interdetto*. その知らせに彼はうろたえた. ―男〔女[-a]〕〔法〕禁治産者 **2**〔口・諧〕馬鹿, 間抜け, 愚か者

interdigitale 形〔解〕指間の, 趾(し)間の

interdipendente 形 相互依存の

interdipendenza 女 相互依存, 相互関係

interdire [34] 他〔過分 interdetto〕 **1** 禁止する **2**〔法〕公民権を停止する **3**〔宗〕(聖職・特権を)停止する **4**〔軍〕(敵の攻撃を砲撃で)阻止する **5** 困惑〔動揺, 混乱〕させる, まごつかせる

interdisciplinare 形 学際的な, 様々な学問領域にまたがる

interdisciplinarità 女 学際的なこと, 学際的研究

interdisse interdireの直・遠過・3単

interdizione 女 **1** 禁止, 禁制, 停止 **2**〔法〕公民権停止 ―*interdizione giudiziale* 禁治産 **3**〔言〕婉曲語法[語句] **4**〔軍〕阻止

interessamento 男 **1** 興味, 関心 ―Dimostra poco *interessamento* al lavoro. 彼は全く仕事に興味を示さない. **2** 配慮, 親切, 優しさ, 思いやり ―Il suo *interessamento* per la mia salute mi ha commosso. 私の健康に対する彼の気遣いには感激した. **3** 介入, 仲裁, 仲介, 取りなし ―Ho ottenuto l'impiego grazie al loro *interessamento*. 私は彼らの力添えで仕事を手に入れた. **4** 巻き添え, 関わり合い, 関係

interessante 形 面白い, 興味深い ―argomento *interessante* 興味深い話題 ▶ ***stato interessante*** 妊娠 / Quella signora è in *stato interessante*. あの女性は妊娠している.

＊**interessare** [インテレッサーレ] 他 **1** 関心を抱かせる; 興味を持たせる ―*interessare* i giovani alla lettura 若者に読書への興味を持たせる / Questo film non ci *interessa*. この映画は我々には面白くない. **2** 関係する, 関与する ―È un problema che *interessa* noi tutti. それは我々全員に関わる問題だ. ―自〔es〕(a)(人)に関心[興味]を持たせる ―Questa cosa *interessa* a me. このことに私は関心がある. / Non gli *interessa* guadagnare. 金もうけは彼には興味がない. ―**arsi** 再(di) **1** 関心がある ―Ti *interessi* di musica pop? ポップ・ミュージックに興味があるかな. **2** 気を配る, かまう ―*Interessati* dei fatti tuoi! 大きなお世話だ.

interessatamente 副 計算ずくで, 不純な動機で

interessato 形 **1** 興味を持った, 関心のある ―mostrarsi *interessato* a... (物)に関心を示す / Quel bambino è *interessato* alle scienze. あの子は科学に興味を持っている. **2** 利害を考えた, 計算ずくの, 私心のある, 私利私欲の ―uomo *interessato* 下心のある人 **3** 関係した, 関わった, 利害関係のある ―

男〖女[-a]〗1 興味を持った人, 関心のある人 —Gli *interessati* al corso possono iscriversi presso la segreteria. 講座に関心のある人は事務所で申し込みできます. 2 関係者, 利害関係者 —La richiesta deve essere firmata dall'*interessato*. 申請書には当事者のサインが要る.

interesse** [インテレッセ] 男 1 利益, 利子 2 利害(関係) —*interessi* commerciali 商業上の利益 3 関心, 興味 —film di grande *interesse* 大いに関心を集めている映画 4 重要性 ▶ ***nell'interesse di... …のために

interessenza 女 〔経〕利益分配
intereuropeo 形 欧州諸国間の
interezza 女 1 全部, 全体, すべて, 総体 2 清廉, 高潔, 廉直
interfaccia 女〔複[-ce]〕 1〔化・物〕界面, 接触面 2〔電子・情〕仲介装置, インターフェース
interfacoltà 形 (大学の)学部間の; 学生委員会の —女 (大学の)学生委員会
interfalda 女 (箱の中に入れる厚紙の)仕切り
interfederale 女 連合[連盟, 協会]間の
interferenza 女 1〔物〕(音・電磁波・光などの)干渉;〔音・心〕干渉 2〔通信〕混信
interferenziale 形〔物〕干渉の, 干渉によって生じる
interferire 自 〔io -isco〕 1 (物が)悪影響を与える, 邪魔をする, 妨げる 2 口出しする, おせっかいする, 介入する, 干渉する —Non *interferire* in faccende che non ti riguardano! 関係のないことに首を突っ込むのはよせ.
interferometria 女〔物〕光の干渉を利用する光学研究
interferometro 男〔物〕干渉計
interferon 男〔不変〕〔生化〕インターフェロン
interferone → interferon
interfogliare 他 〔io interfoglio〕〔印〕(本などにメモや訂正のために)白紙をはさみ込む, (図版保護のために)白紙を挟む, (インクのよごれや裏移りを防ぐのに)白紙を綴じ込む
interfogliatura 女〔印〕(本などに)白紙を綴じ込むこと; 綴じ込まれた白紙, 間紙(あいし)
interfoglio 男 (本などに)綴じ込まれた白紙, 間紙(あいし)
interfono 男 インターホン, インターコム
intergalattico 形〔複[男-ci]〕〔天〕銀河系間の
interglaciale 形〔地質〕間氷期の
interiettivo 形 1〔言〕間投詞の, 間投詞の機能を持つ 2 間投詞の多用された
interiezione 女〔言〕間投詞
interim 男〔不変〕1〔ラ〕暫定期間, 暫定措置; 臨時代理 2〔歴〕仮信条協定

interinale 形 暫定期間[措置]の —男女 臨時代理人
interinato 男 暫定期間
interino 形 臨時の, 暫定的な, 仮の —男〖女[-a]〗臨時代理人
interiora 女複 1 (動物の)内臓, はらわた;《諸》(人の)腸, 内臓, はらわた 2 奥底, 深み, 深奥
interiore 形 1 内部[内側]の 2 内面の, 内面的な —男 内部, 内側
interiorità 女 1 内部, 内側, 内在性 2 (精神の)内面性
interiorizzare 他 内在化させる, 内面化させる —**arsi** 再 内在化する
interiorizzazione 女 内在化, 内面化
interista 形〔複[男-i]〕(サッカーチームの)インテルの, インテルのサポーターの —男女 インテルの選手[サポーター]
interlinea 女 1 行間 2〔印〕差し鉛, インテル
interlineare¹ 形 行間の, 行間にある
interlineare² 他〔io interlineo〕行間を入れる, 行を開ける
interlineatura 女 行間を入れること, 行間
interlocutore 男〖女[-trice]〗1 対話者, 対談する 2 (交渉などの)話し相手
interlocutorio 形 1 (政治で)予備会談の, 続行中の話し合いの 2〔法〕中間判決の
interlocuzione 女 1 話に割り込むこと, 話の途中で口出しすること 2〔法〕中間判決
interloquire 自 〔io -isco〕 1 話に割り込む, 話に口出しする 2 (議論や対話などで)話し出す
interludio 男 1〔音〕間奏, 間奏曲 2 気晴らし, 娯楽, 遊び —Questa breve vacanza è stata un piacevole *interludio*. この束の間の休暇はよい気晴らしになった.
intermediario 形 中継する, 仲介の, 媒介の, 仲裁の —男〖女[-a]〗1 仲介者, 仲裁者, 媒介者 2〔商〕仲買人, 代理業者, 周旋屋, ブローカー
intermedio 形 1 中間にある, 中間の, 間の —grado *intermedio* 中級 2〔化〕中間(生成)物
intermezzo 男 1〔劇〕幕間, 休憩時間 2〔音〕幕間劇(短くコミカルな音楽劇), 間奏曲
interminabile 形 いつまでも終わらない, どこまでも続く
interminato 形 無限の, 限りない, 果てしない
interministeriale 形〔政〕省庁間の, 大臣[閣僚]間の
intermissione 女 休止, 中絶, 中断
intermittente 形 断続的な, 間欠的な, 点滅する —luce *intermittente* 点滅灯 / pioggia *intermittente* 降ったり止んだりの雨, 五月雨
intermittenza 女 断続, 間欠, 周期

的なこと —*intermittenza* di un segnale信号の明滅

intermolecolare 形 〔物・化〕分子間の

internamente 副 1 内部に, 内側に, 中に 2 内面的に, 内心で, 心の中で

internare 他 1 抑圧する, 拘禁する 2 精神病院に収容する[閉じ込める] 3 中に押しやる **—arsi** 再 1 (海・川・道などが内部に)入り込む 2 (人が)踏み込む, 分け入る 3 じっと見据える 4 没頭する, ふける 5 役に立ちなる

internato¹ 男 1 寄宿学校の生徒であること; 寄宿学校生としての期間 2 寄宿学校, 全寮制の学校 3 医学研修生, インターン; インターンの期間

internato² 形 1 抑留された, 拘禁[拘束]された 2 精神病院に収容された —男〔女[-a]〕1 被抑留者, 被拘禁者 2 精神病院に収容された人

*__internazionale__ [インテルナツィオナーレ] 形 1 国際的な, 国際上の —*attore di fama internazionale* 国際的に有名な俳優 / *su scala internazionale* 世界規模で 2 国家間の —*scambio internazionale* 国際交流 —女 1 (I-)〔政・歴〕インターナショナル —*Internazionale socialista* 社会主義インターナショナル / *Seconda Internazionale* 第二インターナショナル 2 (I-)インターナショナルの歌

internazionalismo 男 1 国際協調主義; 国際共産[社会]主義 2 世界主義, コスモポリタニズム

internazionalista 形〔複[男 -i]〕国際協調主義(者)の; 国際共産[社会]主義(者)の —男女〔複[-i]〕国際協調主義者; 国際共産[社会]主義者

internazionalistico 形〔複[男 -ci]〕国際協調主義(者)の; 国際共産[社会]主義(者)の

internazionalità 女 国際的なこと, 国際性

internazionalizzare 他 1 国際化する 2 (領土を)国際管理下に置く **—arsi** 再 国際化する

internazionalizzazione 女 国際化; 国際管理化

internet 女〔不変〕(I-)〔英〕インターネット

internista 男女〔複[男 -i]〕〔医〕内科医

*__interno__ [インテルノ] 形 1 内の, 内側の —*scala interna* 室内階段 2 国内の —*politica interna* 内政 3 内在する, 内に秘めた; 心の —男 1〔単数のみ〕内部, 内側; 心の内, 心の中 —*all'interno* 内部で, 中で 2〔複数で〕室内, 建物の中 —*d'interni* 屋内の, 室内の 3 国内 —*Ministero degli Interni* 内務省 4〔女[-a]〕〔医〕インターン

internodio 男〔植〕節間

internodo → internodio

internografato 形 (封筒が細かい模様を印刷されて)不透明の

inter nos 慣〔ラ〕我々の間で, 内緒で, 内密に

internucleare 形〔生物・物〕核間の

internunzio 男〔カト〕教皇公使

*__intero__ [インテーロ] 形 1 全体の, 全部の —*biglietto intero* (割引していない)定価のチケット / *una giornata intera* 丸一日 2 完全な —*numeri interi* 整数 3 元のままの, 手付かずの —男 1 全体 2 整数 ▶ *a figura intera* 全身像の[で] (頭から足まで) *per intero* すっかり, 完全に

interoceanico 形〔複[男 -ci]〕〔地理〕大洋間の

interoculare 形〔解〕眼と眼の間の, 眼間の

interosseo 形〔解〕骨間の

interparietale 形〔解〕壁間の, 頭頂骨間の

interparlamentare 形 1〔政〕上下両院の 2 各国議会相互の

interpartitico 形〔複[男 -ci]〕政党間の

interpellante 形〔政〕(議会で)質問する —男女 (議会での)質問者

interpellanza 女〔政〕(議会での)質問, 説明要求

interpellare 他 1 (権威者・専門家・信頼できる人に)意見[助言]を求める, 相談する 2〔政〕(議会で)質問する

interpellato 形 (意見や助言を求められた, 質問された —男〔女[-a]〕(意見や助言を)求められた人, 質問された人; 答弁する人

interpersonale 形 対人関係の, 個人間の

interplanetario 形 惑星間の; (宇宙船・ロケットなどが)惑星に到達しうる —*viaggio interplanetario* 宇宙旅行

Interpol 固名(女)〔英〕インターポール, 国際刑事警察機構 (International Criminal Police Organization の略; イタリア語では Organizzazione Internazionale della Polizia Criminale)

interpolabile 形 1 (原本を)改竄(ざん)[改変]しうる 2〔数〕内挿[補間]しうる 3 間に入れることのできる

interpolare 他 (io interpolo) 1 (原本を)改竄(ざん)[改変]する 2〔数〕内挿する, 補間する 3 間に入れる, 差し挟む

interpolatore 形〔女[-trice]〕改竄(ざん)[改変]する —男〔女[-trice]〕改竄(ざん)者, 書き加える人

interpolazione 女 1 間に入れること, 差し挟むこと 2 (原本の)改竄(ざん), 改変; 挿入された語句 3〔数〕内挿法, 補間法

interponte 男〔船〕甲板間, 中甲板

interporre [79] 他〔過分 interposto〕1 間に置く[入れる] 2 ぐずぐずする, もたもたする; (遅らせたり阻止するために)言い訳する, 前置きする 3 口を挟む, 干渉する 4 間隔を置く, 交互[交替]にする 5〔法〕上訴[控訴]する **—orsi** 再 1 間に入

interporto 男 流通センター

interposizione 女 1 間に置く[入る]こと 2 仲介, 仲裁, 調停, 介入, 干渉 3 遅れ, 猶予 —senza *interposizione* 即刻, ぐずぐずしないで

interposto interporre の過分

interpretabile 形 解釈できる, 説明できる

interpretabilità 女 解釈できること

interpretare 他 〔io interpreto〕 1 解釈する, 説明する 2 代弁する 3 演じる, 演奏する

interpretariato 男 通訳の仕事

interpretativo 形 解釈の, 説明上の

interpretazione 女 1 解釈 2 〔劇・映〕演技, 役の解釈; 〔音〕演奏

interprete 男女 1 通訳 —fare l'*interprete* 通訳する / *interprete* simultaneo 同時通訳 2 演技者, 演奏家 3 代弁者 4 解釈者, 解説者, 注釈者

interprovinciale 形 県間の

interpungere 〔58〕他 〔過分 interpunto〕 1 句読点をつける 2 (言葉・ポーズ・ジェスチャーなどを)差し挟む

interpunzione 女 〔言〕句読法 (punteggiatura)

interrail 男〔不変〕〔英〕(鉄道の)インターレールパス

interramento 男 土中に入れる[埋める]こと, 土砂で埋めること

interrare 他 1 土中に入れる[置く] 2 土砂で覆う, 土砂で埋める 3 土でよごす —**arsi** 再 1 (入り江などが)土砂で埋まる 2 土中に入り込む —La radice *si è interrata* profondamente. 地中深く根が張った.

interrato 形 土中に入った, 埋まった —男 地階, 地下室

interrazziale 形 人種間の

interregionale 形 州間の, 地域間の —男 複数の地域をつなぐ列車, インテルレジョナーレ(略 IR)

interregno 男 1 (君主・教皇などの)空位期間 2 (歴史・人生などの)過渡期

interrelato 形 相関関係の, 相関性のある

interrelazione 女 相互関係

interrimento 男 1 〔地質〕沈泥, 堆積物 2 土砂で埋めること

interrogante 形 質問する, 尋問する —男女 (議会での)質問者

interrogare 他 〔io interrogo〕 1 (人に)尋ねる, 質問する 2 尋問する —I testimoni *sono stati interrogati*. 証人たちが尋問された. —**arsi** 再 良心に照らす, 自己分析[反省]する

interrogativo 形 いぶかしげな, 疑問を呈する —punto *interrogativo* 疑問符, クエスチョンマーク / sguardo *interrogativo* いぶかしげな視線 —男 1 疑問 2 謎, 不測のこと

interrogato 形 質問された, 尋問された —男〔女 -a〕質問された人, 尋問を受けた人

interrogatore 形〔女 [-trice]〕質問する, 尋問する —男 1〔女 [-trice]〕質問者, 尋問者 2〔電子〕応答機

interrogatorio 形 取り調べ官の, 尋問調の —男 〔法〕取り調べ —sottoporre... a un *interrogatorio* (人)を尋問する

interrogazione 女 1 口頭試問 2 質問 3〔言〕疑問文(proposizione interrogativa)

interrompere [インテッロンペレ] [96] 他〔過分 interrotto〕 1 中断する 2 (人の話や動きを)遮る, 邪魔する —Vi ho *interrotti*? お邪魔だったかな. / Non *interrompermi*! 私の話を遮らないで. —**ersi** 再 1 中途でやめる, 中断する 2 途切れる

interrompibile 形 中断できる, 遮断できる

interrotto 形〔過分 < interrompere〕1 中断された 2 遮断された

interruppe interrompere の直・遠過・3単

interruttore 男 スイッチ

interruzione 女 1 中断; 中止 —lavorare senza *interruzione* 休みなく働き続ける 2 遮断

interscambiabile 形 交換できる, 互換可能な, 交流できる

interscambiabilità 女 互換性, 交換可能なこと

interscambio 男 交流, 交換; 立体交差道路 —*interscambio* culturale 文化交流

interscolastico 形〔複[男 -ci]〕複数の学園間の; 学校の昼休みの

interscuola 女〔不変〕学校の昼休み

intersecare 他〔io interseco〕 横切る, 交差する —Il canale interseca i campi. その水路は田畑を横切って流れている. —**arsi** 再 交叉する

intersettoriale 形 学際的な, 複数の分野にまたがる

intersezione 女 交差; 交差点; 交点

intersindacale 形 労働組合間の

intersoggettivo 形 複数の主題に関する, 複数の主題間の

interstellare 形 星と星との間の, 星間の —mezzo *interstellare* 星間物質

interstiziale 形 隙間の, 隙間にある

interstizio 男 隙間, 裂け目

intertropicale 形 南北両回帰線間の

interuniversitario 形 複数の大学の提携の, 大学間の

interurbana 女 市外通話, 長距離電話

interurbano 形 1 都市間の —tram *interurbano* 都市間電気鉄道, インターアーバン 2 市外の —prefisso *interur-*

intervallare[1] 形 間隔の; 合間の

intervallare[2] 他 (時間や空間の)間を空ける, 距離を置く, ずらす

intervallo 男 **1** 間隔 **2** 間, 合間; 休憩時間 —fare un *intervallo* 休憩する **3** [音]音程 ▶ **a intervalli** 間隔を置いて, とぎれとぎれに

‡**intervenire** [インテルヴェニーレ] [127] 自 [es] [過分 intervenuto] **1** 割って入る, 介入する —*intervenire* in una conversazione 会話に割って入る **2** 参加する **3** [医]手術する **4** [文]生じる, 起こる

interventismo 男 [政]干渉政策, 干渉主義

interventista 男女 [複[男 -i]] 干渉主義者

intervento 男 **1** 介入, 仲裁 **2** 列席, 参加; (討議などの)発言, 意見を述べること **3** [医]手術(intervento chirurgico)

intervenuto[1] intervenire の過分

intervenuto[2] 男 [女[-a]] (集会・デモの)参加者, 出席者

intervista 女 **1** インタビュー; (記者)会見 **2** 面接 **3** アンケート

intervistare 他 インタビューする, (人に)取材する

intervistato 男 [女[-a]] インタビューされる人, 面接を受ける人

intervistatore 男 [女[-trice]] インタビュアー, 取材記者

intesa 女 **1** 了解, 合意 **2** 協調 **3** 協商 **4** [文]注意; 意図 ▶ **d'intesa con...** (人)と共謀する

intese intendere の直・遠過・3 単

inteso 形 [過分 < intendere] **1** (a) …を目的とした, めざした **2** 了承した, 合意した

intessere 他 織る, 編む

intessuto 形 満ちた, 散りばめられた —poesia *intessuta* di metafore 隠喩を散りばめた詩

intestabile 形 名義人に作成できる

intestardirsi 再 [io mi -isco] 固執する, こだわる

intestare 他 見出しをつける; …の名義にする

intestatario 男 [女[-a]] [法]名義人; 所有者

intestato[1] 形 見出しのある, レターヘッド入りの; …に宛てた

intestato[2] 形 [法]遺言を残さなかった —男 [女[-a]] 遺言を残さなかった人

intestazione 女 レターヘッド; 本の題名, 章の見出し, 標題; [法]名義

intestinale 形 [解]腸の

intestino[1] 男 [解]腸 —*intestino* tenue [crasso, cieco] 小腸 [大腸, 盲腸] ▶ **liberare l'intestino** [婉]腸を空にする(排泄すること)

intestino[2] 形 内部の —guerra *intestina* 内戦

intiepidire 他 [io -isco] (熱いものを)冷ます, ぬるくする; 弱まらせる —自 [es] 冷める, ぬるくなる —**irsi** 再 冷める, ぬるくなる; 弱まる

intimamente 副 深く, 奥まで; 心の奥で; 親密に, 密接して

intimare 他 [io intimo, intimo] 厳命する; [法]通告する —*intimare* a... di fermarsi (人)に止まるように命じる

intimazione 女 厳命; [法]通達, 通告

intimidatorio 形 脅迫的な, 威嚇的な

intimidazione 女 威嚇, 脅し

intimidire 他 [io -isco] **1** おじけさせる **2** 脅す, 脅迫する —**irsi** 再 臆病になる, おじけづく

intimismo 男 [美]アンティミスム, 親密派

intimistico 形 [複[男 -ci]] [美]アンティミスムの, 親密派の

intimità 女 親密さ, 親しみ; くだけた雰囲気, 和気あいあい; 内心

intimo 形 [interno の絶対最上級] **1** 親密な; 内輪の —amico *intimo* 親友 / ambiente *intimo* 和やかな雰囲気 **2** 深層の, 奥底の **3** 陰部の —biancheria *intima* 下着, 肌着 —男 **1** [単数のみ] 深部, 奥底 —nel proprio *intimo* 心の奥底で, ひそかに / nell'*intimo* 心の底では, 実際は **2** [女[-a]] 親友; 親族 **3** 下着, ランジェリー

intimorimento 男 脅し, おびえさせること, おびえること

intimorire 他 [io -isco] おびえさせる, 怖がらせる, 脅す —**irsi** 再 おびえる, 怖がる

intingere [119] 他 [過分 intinto] 浸す, 漬ける

intingolo 男 肉汁, 煮汁; ごちそう, 美味なもの; くだらない話

intinse intingere の直・遠過・3 単

intinto intingere の過分

intirizzimento 男 凍え, (寒さで)かじかむこと; 麻痺

intirizzire 他 [io -isco] 凍えさせる, かじかませる —Il vento gelido mi *ha intirizzito* le dita. 寒風で指がかじかんだ. —自 [es] 凍える, かじかむ —**irsi** 再 凍える, かじかむ

intirizzito 形 無感覚になった, (寒さで)凍えた; こわばった

intitolare 他 [io intitolo] **1** タイトル [表題, 題名]をつける —*intitolare* un film [libro] 映画[本]にタイトルをつける **2** (聖人や著名な人物にちなんだ)名前をつける —*intitolare* una via [piazza] a... 通り[広場]に…にちなんだ名前をつける —**arsi** 再 …と題される —La prima redazione dei "Promessi Sposi" s'*intitolava* "Fermo e Lucia". (マンゾーニの)『いいなづけ』の初版のタイトルは『フェルモとルチア』だった.

intitolazione 囡 タイトル付け, 表題を付けること;（通りや建物などに）名前を付けること

intoccabile 厖 触れてはいけない, 手を付けられない; 批判されない ー男囡 (インドのカースト制の最下層の)不可触民, パリア

intollerabile 厖 耐えられない, 我慢ならない

intollerabilità 囡 耐えられないこと

intollerabilmente 副 耐えられないほどに, 許しがたく

intollerante 厖 許容できない, 狭量で; 耐えられない, 我慢できない ー男囡 狭量な人

intolleranemente 副 狭量に; 耐えがたいほどに

intolleranza 囡 狭量, 不寛容;（食べ物等を）体が受けつけないこと, 過敏症

intonacare 他〔io intonaco〕漆喰(しっくい)を塗る ー*intonacare una parete* 壁に漆喰を塗る ー**arsi** 再《諧·蔑》厚化粧する

intonacatura 囡 漆喰(しっくい)を塗ること; 漆喰の仕上げ

intonaco 男〔複 [-ci, -chi]〕漆喰(しっくい), プラスター

intonare 他〔音〕調律する, 音を合わせる; 歌い[演奏し]始める; 調和させる ー**arsi** 再 調和する, 適応する

intonato 厖〔音〕調律された, 音程が合った; 調和した

intonazione 囡 1〔音〕調律, 音合わせ; (音合わせの)主音 2〔言〕イントネーション, 抑揚 3（色の）調和 4（文章の）調子; 語調, 口調

intonso 厖（本の）縁を裁断していない, ページを切っていない;《文》長髪の, 濃いひげの

intontimento 男 ぼうっとした状態, 放心, 茫(ぼう)然自失

intontire 他〔io -isco〕ぼうっとさせる, 鈍らせる; ふらふらさせる ー自〔es〕ぼうっとする, ふらふらになる ー**irsi** 再 ぼうっとする

intontito 厖 茫(ぼう)然とした, 麻痺した, ふらふらした

intoppare 自〔es〕つまずく, ぶつかる; 突然出会う, 出くわす ー*intoppare in un sasso* 石につまずく ー**arsi** 再 出くわす, 偶然出会う

intoppo 男 障害, 邪魔,《文》衝突, 闘い

intorbidamento 男 濁り, 不透明 ー*l'intorbidamento dell'acqua* 水の濁り

intorbidare 他〔io intorbido〕濁らせる, 不透明にする; かき乱す, 混乱させる ー自〔es〕濁る, 曇る ー**arsi** 再 濁る, 曇る; 混乱する

intorbidimento → intorbidamento

intorbidire → intorbidare

intormentire 他〔io -isco〕一瞬ぼうっとさせる[麻痺させる]

＊**intorno**［イントルノ］副《a, di, da を前置することがある》周囲で[に, を], 周辺で[に, を] ー*qui intorno* このあたりで / *all'intorno* あたりに, 周りに / *levarsi d'intorno* 立ち去る ー前《不変》周囲の ー*la casa e il terreno intorno* その家と周囲の土地 ー男 周囲, 周辺 ー*di [da] ogni intorno* 至る所で ▶ *guardarsi intorno* 警戒する, 状況[情勢]を見守る *intorno a...* a) …の周りに[を] ー*girare intorno al mondo* 世界を一周する b)《概数》約, およそ… ー*intorno alle dieci* 10時頃に c)…に関して *ronzare intorno a...* (人に)うるさくつきまとう, 言い寄る

intorpidimento 男 （四肢の）無感覚, しびれ; 無感動

intorpidire 他〔io -isco〕しびれさせる, 無感覚にさせる; 鈍らせる, ぼうっとさせる ー**irsi** 再 しびれる, 麻痺する

intoscanirsi 再〔io mi -isco〕(言葉遣いを)トスカーナ風にする

intossicare 他 1 中毒(症状)にする 2 毒する, 害する ー**arsi** 再《con》…で中毒になる

intossicato 厖 中毒になった, 毒された ー男〔囡 [-a]〕中毒患者

intossicazione 囡〔医〕中毒 ー*intossicazione alimentare* 食中毒

in toto 成句〔ラ〕完全に, すっかりと

intr. 略 intransitivo 自動詞

intra- 接頭 「中で」「内部に」の意

intracomunitario 厖 欧州連合内の, 共同体内部の

intradosso 男〔建〕(戸や窓の)内側, 内枠の厚めの部分

intraducibile 厖 翻訳不可能な; 言葉で表せない

intraducibilità 囡 翻訳不可能なこと; 言葉で表せないこと

intraducibilmente 副 翻訳できないほどに; 言い表せないほど

intralciare 他〔io intralcio〕妨げる, 邪魔する, 阻む; もつれさせる ー**arsi** 再 もつれる, 絡まる; 邪魔し合う

intralcio 男 邪魔なもの, 障害物, 足手まといー*essere d'intralcio a...* (人)の足手まといになる

intrallazzare 自 闇取引をする; 策略を巡らす

intrallazzato 厖

intrallazzatore 男〔囡 [-trice]〕陰謀を巡らす人, 闇屋, 裏取引をする人

intrallazzo 男 闇取引, 裏取引

intrallazzone → intrallazzatore

intramezzare 他 間に入れる[置く], 挿し入れる; 交互に行う

intramontabile 厖 永遠に続く, 不滅の, 不朽の

intramontabilmente 副 永遠に, 消え去ることなく

intramuscolare 厖〔医〕筋肉内の ー囡 筋肉内注射

intranet 女 〔不変〕〔英・コン〕イントラネット

intransigente 形 譲歩しない、譲らない、妥協しない、頑(がん)な ―男女 (政治や宗教の分野での)強硬派; 妥協しない人, 頑な人

intransigentemente 副 強硬に、頑に、極端に

intransigenza 女 強硬, 非妥協

intransitabile 形 (道路が)通行不可能な

intransitabilità 女 通行不可能なこと

intransitivo 形 〔言〕自動詞の ― *verbo intransitivo* 自動詞 ―男 自動詞

intrappolare 他 〔io intrappolo〕罠(わな)で捕まえる; 陥れる, 罠にはめる

intraprendente 形 臨機に対応する、積極的な; 押しの強い

intraprendentemente 副 積極的に、斬新に; 押しを強くして

intraprendenza 女 進取の精神, 冒険心, 積極性; 押しの強さ, 厚かましさ

intraprendere [82] 他 〔過分 intrapreso〕始める, 着手する ―*intraprendere un viaggio* 旅行を始める

intrapreso intraprendere の過分

intrasferibile 形 移動不可能な, (財産や証券を)譲渡できない

intrasferibilità 女 移動不可能なこと、譲渡不可能

intrasportabile 形 輸送[移送]不可能な

intrattabile 形 (性格や人について)扱いにくい, 手に負えない; (話題が)厄介な, タブーの; (物が)加工[処理]しにくい

intrattabilità 女 扱いにくいこと, 手に負えないこと

intrattenere [118] 他 楽しませる, もてなす; (話に)引っ張り込む; (関係を)持続する ―*intrattenere* buoni [cattivi] rapporti con... (人)とよい[悪い]関係を保つ ―**ersi** 再 長居する; (話をしながら)一緒に楽しく過ごす ―*Mi sono intrattenuto* con gli amici alla festa. 友人たちとパーティーで楽しく過ごした.

intrattenimento 男 1 もてなすこと, 引き止めて話をすること 2 エンターテインメント, 娯楽

intrattenitore 男 〔女[-trice]〕エンターテイナー, 芸人, コメディアン

intrauterino 形 〔解〕子宮内の

intravedere [126] 他 〔過分 intravisto〕1 ちらっと[かすかに, おぼろげに]見る; かいま見る 2 直観する, 見越す

intravisto intravedere の過分

intravvedere → intravedere

intrecciabile 形 編むことができる, 結わえられる

intrecciare 他 〔io intreccio〕1 (組んで)編む 2 結び合わす ―*intrecciare una simpatica amicizia* よい友人関係を結ぶ ―**arsi** 再 1 (髪を)おさげにする 2 絡み合う, 交錯する

intrecciatura 女 編むこと, 編み方

intreccio 男 1 編むこと; 編んだ物 ― *lavoro d'intreccio* かご細工(品) 2 (出来事や事象の)組み合わせ, 絡み 3 (作品の)筋書き, プロット

intrepidamente 副 大胆に, 勇敢に, 怖い物知らずで

intrepido 形 大胆な, 勇敢な, 恐れを知らない

intricare 他 もつれさせる, 絡ませる; (事態を)こんがらからせる, 込み入らせる ―**arsi** 再 もつれる, 絡まる, こんがらかる

intricatamente 副 もつれて, 絡まって

intricato 形 もつれた, 絡まった; (根や枝が)生い茂った, (草木が)密生した; 入り組んだ, 複雑な

intrico 男 〔複[-chi]〕(枝・糸・髪の)絡まり, もつれ; ごちゃ混ぜ, 混乱, ごたごた

intridere [62] 他 〔過分 intriso〕浸す; 練る, こねる ―**ersi** 再 染み込む, 漬かる

intrigante 形 策略を巡らす, 策謀好きの; おせっかいの; (人を)引き付ける, 魅力的な ―男女 策謀家; おせっかい

intrigare 他 もつれさせる; 邪魔する, 妨害する; 興味を抱かせる, 気を引く ―*una persona che intriga* 気になる人物 ―自 策略を巡らす ―**arsi** 再 窮地に陥る; 口を出す

intrigo 男 〔複[-ghi]〕策略, 陰謀, 罠(わな); ごたごた, 混乱, 複雑な状況

intrigone 男 〔女[-a]〕〔蔑〕策略家, 裏で暗躍する人

intrinsecamente 副 本質的に

intrinseco 形 〔複[-ci]〕内在する; 本来の, 本質的な; 親密な ―男 〔複[-ci]〕本質, 内部, 核心

intrippare 他 《俗》食べ物を詰め込むに; がつがつと食べる, 貪り食う ―**arsi** 再 《俗》がつがつと食べる; 貪る, のめり込む, 熱中する ―*intripparsi di musica rap* ラップ音楽にはまる

intrippato 形 《俗》(ドラッグで)ハイになった; 熱中した, はまった

intrise intridere の直・遠過・3 単

intriso 形 〔過分< intridere〕(di) …で濡れた, びしょぬれの; 染み込んだ, 浸透した

intristire 他 〔io -isco〕悲しませる, 落ち込ませる ―自 〔es〕悲しくなる, 元気がなくなる; しおれる, しぼむ ―**irsi** 再 悲しくなる, 落ち込む

intro- 接頭 「中に」「内部へ」の意

introdotto 形 〔過分< introdurre〕1 (in) …によく知られた, 顔の広い 2 (in) …に精通した 3 普及した, 出回っている

*****introdurre** [イントロドゥッレ] [3] 他 〔過分 introdotto〕1 差し込む ―*introdurre* la chiave nella serratura 鍵を錠に差し込む 2 取り入れる, 導入する 3 紹介する 4 入らせる, (中に)案内する 5 (物語や舞台に)登場させる, 入らせる ―**ursi** 再 入り込む, 忍び込む

introdusse introdurre の直・遠過・3単

introduttivamente 副 前置きで

introduttivo 形 前置きの, 導入部の —capitolo *introduttivo* 序章

introduzione 女 1 導入 2 紹介 —lettera d'*introduzione* 紹介状 3 手引き(書) —*introduzione* allo studio della biologia 生物学入門(書) 〔概説〕 4〔書物の〕序文, 導入部 5〔音〕序奏, イントロダクション

introiezione 女〔心〕(他人の考えなどを自分のものとして)無意識に取り込むこと, 取り入れ, 鵜呑(う)み

introitare 他〔io introito〕(税金として)徴収する, 入金する

introito 男 収入, 収益

intromettersi 〔65〕再 干渉する, 口を挟む; 間に割って入る

intromissione 女 介入, 侵入, 干渉, おせっかい, 口出し

intronare 他 (大音響で)くらくらさせる; 仰天させる —*intronare* gli orecchi 耳をつんざく **—arsi** 再 仰天する, 目を回す

intronato 形 茫(ぼう)然とした, くらくらした, 目を回した

intronizzazione 女 即位, 叙任; 即位式

introspettivo 形 内省的な, 内観の

introspezione 女 内省, 内観; 自己分析

introvabile 形 見つけられない, 発見できない; 入手不可能の; (人が)つかまらない

introvabilità 女 見つけられないこと; 入手不可能

introversamente 副 内向的に

introversione 女〔心〕内向, 内向性

introverso 形 内向的な —男〔女[-a]〕内向的な人, はにかみ屋の人

intrufolare 他〔io intrufolo〕そっと入れる, 忍び込ませる **—arsi** 再 忍び込む, 潜り込む

intrugliare 他〔io intruglio〕〔口〕(違う物質を)混ぜ合わせる; かき混ぜる, めちゃくちゃにする **—arsi** 再〔口〕1 混ぜ物を食べる〔飲む〕—*intrugliare* lo stomaco (混ぜ物を食べて)胃をこわす 2 よごれる, けがれる 3 厄介なことに巻き込まれる〔関わる〕

intruglio 男 混合した飲食物, 混ぜた物, 調合物; 出来の悪い文章〔仕事〕; 疑わしい話〔事柄〕

intruppare 他 (群れ・集団に)加える, 組み入れる **—arsi** 再 (群れ・集団に)加わる, 集まる, 参加する; グループを編成する

intrusione 女 1 闖(ちん)入, 乱入, 押し入ること 2〔地質〕貫入

intrusività 女 でしゃばること, 押しつけがましさ

intrusivo 形〔地質〕貫入の

intruso 形 侵入した, 闖(ちん)入した, でしゃばりの —男〔女[-a]〕侵入者, 闖入者, 出しゃばり

intuibile 形 直観できる, 見抜くことができる

intuibilità 女 直観できること

intuibilmente 副 直観的に

intuire 他〔io -isco〕1 (直感で)見抜く, 察知する 2 洞察する 3〔哲〕直観する

intuitivamente 副 直観的に

intuitività 女 直観的であること, 勘の鋭さ

intuitivo 形 直観の, 直観で分かる; 直観力のある

intuito 男 直観(力) —per *intuito* 直観で, 勘で

intuizione 女 1 直感, ひらめき 2 洞察力 —avere *intuizione* 洞察力がある 3〔哲〕直観

inturgidimento 男 腫れ, 膨張

inturgidire 自〔es〕〔io -isco〕腫れる **—irsi** 再 膨張する, 腫れる

inuguale → ineguale

inuit 形〔不変〕イヌイットの —男女〔不変〕イヌイット

inumanamente 副 非人間的に, 冷酷に

inumanità 女 非道, 非情, 冷酷; 非人情的な行為

inumano 形 非人間〔非人道〕的な, 非情〔無情〕的な, 冷酷な

inumare 他 埋葬する, (土に)埋める

inumazione 女 埋葬, 土葬

inumidimento 男 湿らせること, 湿ること

inumidire 他〔io -isco〕湿らす, 軽く濡らす **—irsi** 再 湿る, 濡れる

inurbamento 男 (農村から)都市への人口流出

inurbano 形 教養のない, 粗野な; (態度が)無礼な, 失礼な

inurbarsi 再 農村から都市に移住する; 都会風になる, あか抜ける

inurbato 男〔女[-a]〕都市移住者

inusato 形 使われなくなった, 廃れた; いつもと違う, 異常な

inusitato 形 普通ではない, 異常な, 稀な

inusuale 形 普通でない, 異常な

***inutile** [イヌーティレ] 形 役に立たない, 無用〔無駄〕な —spese *inutili* 無駄な出費 / È *inutile* + 不定詞 | È *inutile* che + 接続法/直説法 …しても無駄だ / È *inutile* che tu cerchi di persuaderlo. 彼を説得しようとしても無駄だ. / *Inutile* dire che... …であるのは言うまでもない.

inutilità 女 無用, 無益, 無意味

inutilizzabile 形 無用の, 使えない, 役に立たない

inutilizzabilità 女 役に立たないこと, 使用できないこと

inutilizzato 形 使われていない, 利用されていない

inutilizzazione 女 使用〔利用〕されていないこと, 未使用

inutilmente 副 無意味に; 無駄に; むなしく

invadente 形 でしゃばりの, おせっかいな —男女 でしゃばり, おせっかい

invadentemente 副 ずうずうしく, でしゃばって

invadenza 女 ずうずうしさ, でしゃばること

*__invadere__ [インヴァーデレ] [51] 他 [過分 invaso] **1** 侵略する **2** 侵入する; なだれ込む —I giovani *hanno invaso* la piazza. 若者たちが広場になだれ込んだ. **3** 浸水する —L'acqua *ha invaso* le case. 家屋が浸水した. **4** 蔓(はびこ)る **5** (情熱や感情が)占める, 占領する **6** 侵害する

invaditrice 女 [男[invasore]] (女性の)侵入者, 侵略者

invaghirsi 再 [io mi -isco] [di] 惚(ほ)れ込む, 熱愛する, のぼせ上がる

invalere [125] 自 [es] [3人称と過去分詞のみ] [過分 invalso] (慣習・意見が)普及する, 確立する

invalicabile 形 越えることができない, 通行不能の; 乗り越えられない, 克服できない

invalicabilità 女 越えられないこと

invalidabile 形 無効にできる

invalidamento 男 [法] 無効

invalidare 他 [io invalido] (法的に)失効させる; 無効にする

invalidità 女 **1** (身体的な障害） —pensione di *invalidità* 障害年金 **2** [法] 無効

invalido 形 **1** (体に)障害のある, 体の不自由な, (病気・体の障害・老齢のため)働けない **2** [法] 無効の —男 女 [-a] 障害者; 傷痍(しょうい)軍人

invalso 形 [過分 < invalere] (慣習・意見が)普及した, 行き渡った

invalutabile 形 評価不能の

invano 副 むだに, むなしく

invariabile 形 不変の, 一定の; [言] 無変化の

invariabilità 女 不変(性), 一定

invariabilmente 副 ずっと変わらずに, 一定に

invariatamente 副 変わらずに, 元のままに

invariato 形 不変の, 変化のない, 元のままの

invasamento 男 興奮, 熱狂, 感情の高ぶり

invasare[1] 他 (感情が)取りつく —**arsi** 再 夢中になる, 熱狂する, 興奮する

invasare[2] 他 (植物や種子を)鉢に植える

invasato 形 悪魔に取り憑(つ)かれた; 興奮した, 感情が高ぶった —男 女 [-a] 悪魔に取り憑(つ)かれた者; 狂信者

invasatura 女 鉢に植えること, 鉢植え; 植え替え用のプランター

invase invadere の直・遠過・3単

invasione 女 **1** 侵入, 侵略 **2** 殺到 **3** 浸透, 蔓(まん)延

invaso[1] 男 **1** 鉢に植えること, 鉢植え (invasatura) **2** (水槽・貯水池などの)容量

invaso[2] invadere の過分

invasore 形 [女[invaditrice]] 侵入する, 侵略する —esercito *invasore* 侵略軍 —男 [女[invaditrice]] 侵入[侵略]者

invecchiamento 男 老化, 老い; 熟成させること

*__invecchiare__ [インヴェッキアーレ] 自 [es] [io invecchio] **1** 老いる, 老ける **2** (食品が)古くなる; (流行が)廃る **3** (酒に)こくがでる —他 **1** 老けさせる; 老けたように見せる **2** (ワインやチーズを)熟成させる, こくを出させる **3** 古めかしくする —**arsi** 再 老いる, 老ける

invecchiato 形 老けた, 年老いた; 廃れた, 時代遅れの; (ワインなどが)熟成した

*__invece__ [インヴェーチェ] 副 それに反して, ところが ▶ *invece di...* …の代わりに *invece di* + 不定詞 …しないで, …する代わりに

invedibile 形 (映画や芝居が)見るに耐えない

inveire 自 [io -isco] 罵る, 非難する

invelenire 他 [io -isco] 憤慨させる, 恨みを抱かせる; 悪化させる —自 [es] 憤慨する; 悪化する —**irsi** 再 憤る

invendibile 形 売れない, 販売できない

invendibilità 女 売れないこと, 販売不振

invendicabile 形 適切に報復[復讐(ふくしゅう)]できない

invendicato 形 報復されない, 仕返しされない

invenduto 形 売れなかった, 売れ残りの —男 売れ残りの商品

*__inventare__ [インヴェンターレ] 他 **1** 発明する —Alessandro Volta *ha inventato* la pila nel 1799. アレッサンドロ・ヴォルタが1799年に電池を発明した. **2** 考え出す **3** でっち上げる —*inventare* una scusa 言い訳を作る —**arsi** 再 でっち上げる, 捏(でつ)造する —Si è inventato una bugia. 彼は嘘をでっち上げた.

inventariare 他 [io inventario] 目録を作る, 目録に入れる

inventario 男 **1** (商品・財産・蔵書などの)目録, 在庫品リスト —fare l'*inventario* di una biblioteca 図書館の蔵書目録を作成する **2** (目録による)在庫数 **3** 数え上げること, 列挙 —Lui mi ha fatto l'*inventario* dei suoi problemi. 彼は私に彼の悩みを数え上げて言った.

inventato 形 思いつきの; 架空の, フィクションの; でっち上げの

inventiva 女 創造力, 発明の才

inventività 女 創造力, 発明の才

inventivo 形 創造的な, 独創的な

inventore 男 [女[-trice]] **1** 発明の **2** 発明力のある, 創作力のある —男 [女[-trice]] **1** 発明者[家], 考案者 **2** (もの

を)流行させる人; (策略や面白い事を)思いつく人

invenzione 囡 **1** 発明(品) —brevetto d'*invenzione* 特許 **2** 創意, 工夫 **3** 作り話, でっち上げ **4**〔音〕インベンション

inverdimento 男 緑にすること

inverdire 他〔io -isco〕緑にする —La primavera *inverdisce* la campagna. 春は野を緑にする。 —自〔es〕緑になる —**irsi** 再 緑になる

inverecondia 囡 恥知らず, 厚顔無恥, 無遠慮

inverecondo 形 恥知らずな, ずけずけとした, 無遠慮な; 卑猥(ひわい)な

inverificabile 形 実証不可能の, 確かめられない

invernale 形 冬の, 冬場の, 冬季[冬期]の —abito *invernale* 冬服 / vacanze *invernali* 冬休み

invernata 囡 冬季, 冬期

invernengo 形〔複[男 -ghi]〕〔農〕冬に熟す

＊**inverno** [インヴェルノ] 男 冬 —in [d']*inverno* 冬に / da *inverno* 冬用の, 冬向きの

inverosimiglianza 囡 起こりそうにないこと, ありそうにないこと

inverosimile 形 ありそうにない, 起こりそうにない, 信じがたい —男 ありそうにないこと, 信じがたいこと —mangiare all'*inverosimile* 食べ過ぎる

inverosimilmente 副 ありそうにないほどに, 信じられないほどに

inversamente 副 逆に

inversione 囡 逆, 逆さま, 反対; 反転

inverso 形 逆の, 反対の —男 **1** 逆 **2**〔数〕逆数

invertebrato 形 **1** 脊椎のない **2** (人が)無気力な, 気骨のない —男 **1** 無脊椎動物 **2**〔女[-a]〕無気力な人, 気骨のない人

invertibile 形 逆にできる, 逆転できる

invertire 他 **1** (方向や順序を)逆にする —*invertire* la rotta (船や飛行機の)航路を変える **2** 入れ替える —*invertire* le parti 役割[立場]を入れ替える, 交替させる **3**〔化〕転化する **4**〔電〕(回路の電流を)逆流させる —**irsi** 再 逆になる, ひっくり返る

invertito 形 逆の, 逆向きの —zucchero *invertito* 転化糖 —男〔女[-a]〕同性愛者, ホモセクシュアル

investibile 形 投資[運用]できる

investibilità 囡 投資[運用]が可能なこと

investigabile 形 追究できる, 調査可能な

investigare 他〔io investigo〕**1** 追究する, 調査する **2**《文》発見する, さらに出す —自 **1**〔su〕…を究明する **2**《文》詮索する, 注意して観察する

investigativo 形 調査の, 調査に関する —agente *investigativo* 探偵; 捜査員

investigatore 男〔女[-trice]〕調査者[官]; (興信所の)探偵 —*investigatore* privato 私立探偵 —形〔女[-trice]〕調査する, 調査能力の

investigazione 囡 捜査, 取り調べ; 調査, 探究

investimento 男 **1** 投資 **2** 交通事故, 人身事故

investire 他 **1** (称号・権限などを)授与する, 付与する —*investire* A di B A (人)に B(物)を授ける **2** 激突する, (人を)乗り物ではねる **3** 襲う **4** 投資する —*investire* in borsa 株に投資する —**irsi** 再 **1** (任務や権限を)付与される —*investirsi* di una dignità 特権を与えられる **2** (役柄や登場人物と)一体になる

investito 男〔女[-a]〕交通事故の被害者

investitore 形〔女[-trice]〕(交通事故で)衝突した, ぶつかった —auto *investitrice* 事故車 —男〔女[-trice]〕**1** 運転事故を起こした人 **2** 投資家 —piccolo *investitore* 個人投資家

investitura 囡 (地位・官職などの)叙任, 授与

inveterato 形 (感情や態度が)改めにくい, 矯正しがたい; 慢性の, 習慣的な

invetriare 他〔io invetrio〕釉(うわぐすり)薬をかける; ガラスをはめる —*invetriare* una finestra 窓にガラスを入れる

invetriata 囡 ガラス窓, ガラス戸

invetriatura 囡 陶器に釉(うわぐすり)薬をかけること; (窓や扉に)ガラスを入れる[はめる]こと

invettiva 囡 非難の言葉, 悪口, 罵り

inviabile 形 発送可能な

＊**inviare** [インヴィアーレ] 他〔io invio〕**1** (物を)送る —*inviare* una lettera a un amico 友人に手紙を送る **2** (人を)派遣する

inviato 形 発送[派遣]された —男〔女[-a]〕**1** 特派員(inviato speciale) **2** 派遣された人, 使者

invidia 囡 **1** 妬み —morire d'*invidia* ひどく妬む **2** 羨望; [カト]嫉妬の罪 (七つの大罪の一つ)

invidiabile 形 うらやましい, ねたましい

invidiabilmente 副 うらやましいほどに, 妬ましく

invidiare 他〔io invidio〕**1** 妬む **2** 羨む —*invidiare* A a B A(人)の B (物)を羨ましく思う —T'*invidio* questo bel giardino. 私もこんな素敵な庭が欲しいわ。 **3**《文》遮る, 阻む

invidiosamente 副 嫉妬して, うらやましそうに

invidioso 形 妬んだ, 妬ましい —È *invidiosa* di te. 彼女は君を妬んでいる。 —男〔女[-a]〕嫉妬深い人

invigliacchire 自〔es〕〔io -isco〕臆病になる, 卑怯(ひきょう)者になる —他 弱める, 落胆させる —**irsi** 再 臆病になる, 卑怯になる

invigorire 他 〔io -isco〕 活気づける, 強化する ―自 〔es〕活気づく **―irsi** 再 活気づく, 強くなる

inviluppare 他 包み込む, 巻き込む **―arsi** 再 包まれる, 身を包む; 巻き込まれる, 関わる ―*invilupparsi* in un cappotto コートにくるまる

inviluppo 男 包む物; 包み

INVIM Imposta sull'Incremento di Valore degli Immobili (自治体の)不動産累進評価税

invincibile 形 1 不敗の, 無敵の ―avversario *invincibile* 勝てない敵 2 克服できない

invincibilità 女 無敵, 打ち負かせないもの; 乗り越えられないもの

invincibilmente 副 打ち負かしがたく, 克服しがたく

invio 男 1 送付, 発送[品] 2 派遣 3 〔コン〕エンター ―tasto d'*invio* エンターキー

inviolabile 形 侵す[犯す]ことのできない, 不可侵の

inviolabilità 女 不可侵性

inviolato 形 侵されていない, 損なわれていない, 元のままの ―partita a reti *inviolate* 無得点試合

inviperire 自 〔es〕〔io -isco〕激怒するっ, かっとなる, 激怒させる **―irsi** 再 激怒する, 激高する

inviperito 形 激怒した, 怒り狂った, かっとなった

invischiare 他 〔io invischio〕(窮地に)陥れる, 巻き込む, 誘い込む **―arsi** 再 巻き込まれる, (窮地に)追い込まれる

invisibile 形 1 目に見えない, 不可視の 2 表に現れない, 隠れた 3 (人が)姿を見せない, 見つけられない

invisibilità 女 目に見えないこと, 知覚できないこと

invisibilmente 副 見られずに, 気づかれずに

inviso 形 嫌われた, 不評の ―essere *inviso* a... (人)に嫌われている

invitante 形 1 魅惑的な 2 食欲をそそる ―piatto *invitante* 食欲をそそる料理

＊**invitare** 〔インヴィターレ〕他 1 招く, 招待する ―*invitare*... a cena (人)を夕食に招待する / Maria non mi *ha invitato* al suo matrimonio. マリアは私を結婚式に呼んでくれなかった. 2 誘い込む, 勧める ―*invitare*... a + 不定詞 (人)を…する気にさせる; (人)に…するようお願いする 3 挑発する 4〔目的語をとらずに〕カードを出させる **―arsi** 再 (招かれていないのに)押しかける

invitato 形 招待された ―男〔女[-a]〕招待客

＊**invito** 〔インヴィート〕男 1 招待(状) ―biglietto d'*invito* 招待状 2 誘い, 勧め 3 挑発, 誘惑

in vitro 〔形〕〔ラ〕試験管内の[で] ―fecondazione *in vitro* 体外受精

invitto 形 《文》不敗の, 無敵の

invivibile 形 (状況や環境について)生きていけない, 生活に適さない; 耐えられない ―La mia città è diventata *invivibile*. 私の町は住めなくなった.

invivibilità 女 生きるのに適さないこと

invocabile 形 加護を求められる, 懇願できる

invocare 他 1 (神などに呼びかけて)加護を求める ―*invocare* Dio 神に祈る 2 懇願する ―*invocare* pietà 慈悲を求める 3 (法律等に)訴える

invocativo 形 祈願のための

invocatore 男〔女[-trice]〕祈願する者

invocazione 女 祈願[祈り](の言葉)

invogliare 他 〔io invoglio〕…したい気を起こさせる, 促す ―Il bel tempo ci *invoglia* a uscire. 天気がよいと私たちは出かけたくなる.

involarsi 再 飛び立つ, 逃げる

involgarimento 男 俗悪化

involgarire 他 〔io -isco〕俗悪にする, 下品にする ―自 〔es〕俗悪になる, 下品になる **―irsi** 再 俗悪になる, 下品になる

involgere [131] 他 〔過分 involto〕包む, 巻き込む **―ersi** 再 包み込まれる, くるまれる

involontariamente 副 不本意にも, うっかりして

involontarietà 女 不本意, 故意でないこと

involontario 形 1 無意識な, 不本意の ―errore *involontario* うっかりした間違い 2 思いがけない

involtino 男〔料〕インヴォルティーノ(詰め物を入れて巻いた物) ―*involtino* primavera 春巻き

involto 形 〔過分< involgere〕包まれた, 巻き込まれた ―男 巻いた物, 包み

involtolare 他 〔io involtolo〕くるむ, 包む

involucro 男 包む物, 包装材料(包装紙など)

involutivo 形 退行の, 退化の, 衰退の

involuto 形 〔過分< involvere〕 1 《文》巻かれた, 包まれた 2 難解な, 複雑な

involuzione 女 1 退化, 退行, 衰退 2〔医〕萎縮

involvere [93] 他 〔遠過去なし; 過分 involto, involuto〕巻く, 包む **―ersi** 再 後退する, 退行する

invulnerabile 形 傷つけられ得ない, 不死身の; 攻撃をものともしない, 無敵の

invulnerabilità 女 不死身, 無敵

inzaccherare 他 〔io inzacchero〕泥でよごす, 泥のはねをつける, 泥だらけにする **―arsi** 再 泥でよごれる, 泥がはねつく

inzeppare 他 (di) …にぎっしりと詰める, 無理に押し込む ―*inzeppare* la valigia di vestiti スーツケースに服を詰め込む **―arsi** 再 腹一杯に詰め込む

inzolfare 他 〔農〕(ブドウの木に)硫黄を

散布する

inzolia 囡 インツォリア(白ワイン用のブドウ品種)

inzotichire 自 [es][io -isco] がさつになる, 粗野になる ―他 野暮ったくする, がさつにする ―**irsi** 再 野暮ったくなる

inzuccheramento 男 砂糖を加えること, 砂糖を振りかけること

inzuccherare 他 [io inzucchero] **1** 甘くする; 和らげる **2** …に砂糖を入れる[かける]

inzuccherata 囡 さっと砂糖を振りかけること

inzuccheratura 囡 砂糖をかけること, 砂糖を加えること

inzuppabile 形 浸すことができる, 濡(ぬ)らすことができる, 染み込ませる

inzuppamento 男 浸すこと, 染み込ませること, 液体を吸収すること

inzuppare 他 浸す; 濡(ぬ)らす ―**arsi** 再 (液体を)吸う; ずぶ濡れになる

***io** [イーオ] 代 (人称) **1** 一人称男性・女性単数主格; 主格は省略可能であるが, 主語を強調する場合, 主語を明確にさせる必要がある場合, stesso, medesimo, anche, neanche, neppure, nemmeno, proprio, appunto を伴う場合は省略しない 私は[が] sono studente (studentessa). 私は学生です. / Vai tu, io resto qui. 君が行けよ, 僕はここに残る. / Ci penso io! 僕が何とかするよ. | 私に任せて. / Io e te andremo al mare. 僕と君で海に行こう. / Io son io e tu sei tu. (意見や性格の違いを示して)僕は僕で, 君は君だ(君と僕とは違う). / Credi che io non sappia nulla? 私が何も知らないと思っているの? / Lo so anch'io. それは私も知っている. / L'ho fatto io stesso [medesimo]. 私自身がしました. ―男 [不変] **1** 自己, 自分自身 ―il proprio io 自己 **2** [哲]エゴ, 自我 ► che io sappia 私が知る限り …io che so io その他, 等々

I/O 略 [英]input-output [情]入出力

Ioab 固名 (男) [聖]ヨアブ(ダビデの甥, ダビデの軍の将)

iodico 形 [複[男 -ci]] ヨウ素の, ヨウ素を含む

iodio 男 [化]ヨウ素(元素記号 I)

ioga → yoga

iogurt → yogurt

Iolanda 固名 [女性名]イオランダ

iole 囡 [不変][船]ギグ(短艇)

iolla 囡 [船]ヨール(帆船)

ione 男 [化]イオン

ionico 形 [複[男 -ci]] **1** [化]イオンの **2** イオニア(人)の

ionio 形 **1** イオニア(人)の **2** イオニア海の ―Mar Ionio イオニア海 ―男 [女[-a]] イオニア人

ionizzare 他 イオン化する, 電離する

ionizzazione 囡 イオン化, 電離

ionosfera 囡 [地球物理]電離層, 電離圏

iosa 副 [次の成句で] ► **a iosa** 大量に, 豊富に

iota 男女 [不変] **1** イオタ(I, ι)(ギリシャ語アルファベットの9番目の字母) **2** [否定で] 全く, 一つも ―non sapere uno iota 一つも知らない

IP 略 [英]Internet Protocol インターネット・プロトコル

iper- 接頭 「超越, 過剰」の意

iperacidità 囡 [医]胃酸過多症

iperalimentazione 囡 過栄養, 栄養過剰

iperattività 囡 過剰行動, 過剰運動

iperattivo 形 過剰行動の, 異常に活発な

iperbarico 形 [複[男 -ci]] 高気圧の ―camera iperbarica 減圧室

iperbole 囡 **1** 誇張法[表現] **2** [幾]双曲線

iperbolicamente 副 誇張して, 大げさに

iperbolicità 囡 誇張, 大げささ

iperbolico 形 [複[男 -ci]] 大げさな; 誇張表現を用いる

ipercalorico 形 [複[男 -ci]] 高カロリーの

ipercorrettismo 男 [言]過剰訂正による形式や発音

ipercorretto 形 [言]過剰訂正の

ipercorrezione 囡 [言]過剰訂正, ハイパーコレクション

ipercritica 囡 酷評

ipercriticamente 副 酷評して, あまりにも厳しく

ipercriticismo 男 批判が過ぎること, 酷評的であること

ipercritico 形 [複[男 -ci]] 批判が過ぎる, 酷評の ―男 [複[-ci]女[-a]] 酷評家, 厳しく批判する人

iperdotato 形 並外れた才能の(superdotato)

ipereccitabile 形 特に怒りっぽい, 興奮しやすい

ipereccitabilità 囡 ひどく怒りっぽいこと, 興奮しやすいこと

ipereccitato 形 極度に興奮した

ipereccitazione 囡 極度の興奮状態

iperglicemia [イペルグリチェミーア] 囡 [医]高血糖症, 血糖過多

Iperione 固名 (男) [ギ神]ヒュペリオン

ipermarket 男 [不変] → ipermercato

ipermedia 男 [不変] [コン]ハイパーメディア

ipermercato 男 超大型スーパー(マーケット), ハイパーマーケット

ipermetrope 形 遠視の ―男女 遠視の人

ipermetropia 囡 [医]遠視

ipernutrire 他 [io ipernutro, -isco] 過分に栄養を摂らせる, 食べさせ過ぎる

ipernutrizione 囡 [医]過栄養(ipe-

iperproteico 形 [複[男 -ci]] 高タンパク質の, ハイプロテインの
iperprotettività 女 過保護
iperprotettivo 形 過保護の
iperrealismo 男 [美]スーパーリアリズム, ハイパーリアリズム; フォトリアリズム
iperrealistico 形 [複[男 -ci]] [美]スーパーリアリズムの, ハイパーリアリズムの
ipersensibile 形 1 [医]過敏症の 2 敏感すぎる 3 (器具が)高感度の ―男女 1 [医]過敏症患者 2 敏感すぎる人
ipersensibilità 女 感覚過敏
ipersostentatore 男 (航空機の)フラップ, 下げ翼
iperspazio 男 [数]超空間, ハイパースペース
ipertensione 女 [医]高血圧症
ipertermia 女 [医]熱中症, 高体温
iperteso 男 [女[-a]] [医]高血圧の人, 高血圧症患者 ―形 高血圧症の
ipertrofia 女 [医](組織や器官の)肥大
ipertrofico 形 [複[男 -ci]] [医](組織や器官の)肥大の
Ipno 固名[男] [ギ神]ヒュプノス(「眠り」の擬人神)
ipno- 接頭 「睡眠(の)」「催眠(の)」の意
ipnosi 女 [不変] 催眠(状態)
ipnoterapia 女 催眠療法
ipnoticamente 副 催眠状態で, 催眠状態に
ipnotico 形 [複[男 -ci]] 催眠の, 催眠術の
ipnotismo 男 催眠術
ipnotizzare 他 催眠術をかける; 魅了する, うっとりとさせる
ipnotizzatore 男 [女[-trice]] 催眠術師
ipo- 接頭 (場所・質・量・価値について)「下」「低」「過少」の意
ipoalimentazione 女 栄養不足
ipoallergenico 形 [複[男 -ci]] 低アレルギー反応の
ipocalorico 形 [複[男 -ci]] 低カロリーの
ipocentro 男 震源
ipocondria 女 [医]心気症; かなりの憂鬱
ipocondriaco 形 [複[男 -ci]] 心気症の; 重い鬱状態の ―男[複[-ci]女[-a]] 心気症患者
ipocoristico → vezzeggiativo
ipocrisia 女 偽善; 欺瞞(ぎ)
ipocrita 形 [複[男 -i]] 偽善的な ―男女[複[男 -i]] 偽善者
ipocritamente 副 偽善的に, 偽善者のように
ipodermico 形 [複[男 -ci]] [解]皮下の; [医]皮下注射の
ipofisi 女 [不変] [解]下垂体
ipogastrio 男 [解]下腹部
ipogeo 形 地下の ―sepolcro *ipogeo* 地下墓 ―男 地下墓, 地下の埋葬地
ipoglicemia [イポグリチェミーア] 女 [医]低血糖症
ipolipidico 形 [複[男 -ci]] [医]低脂肪の
ipometrope → miope
iponutrizione 女 [医]栄養不足, 栄養失調
iposodico 形 [複[男 -ci]] [医]低ナトリウムの ―sale *iposodico* 低ナトリウム塩
ipotalamo 男 [解]視床下部
ipoteca 女 抵当(権)
ipotecabile 形 抵当に入れることができる
ipotecabilità 女 抵当に入れることが可能なこと
ipotecare 他 抵当に入れる; (まだ所有していないものを)当てにする
ipotecario 形 抵当に関する ―creditore *ipotecario* 抵当債権者 / debitore *ipotecario* 抵当権設定者
ipotecato 形 抵当に入った; (将来において)義務づけられた, 拘束される
ipotensione 女 [医]低血圧(症)
ipotenusa 女 (直角三角形の)斜辺
ipotermia 女 [医]低体温症
ipotesi 女 [不変] 1 仮定, 仮説 ― formulare un'*ipotesi* 仮説を立てる 2 推測, 想定 3 起こりうる事, 偶発性 ▶ **nella migliore delle ipotesi** よくても, たかだか **nella peggiore delle ipotesi** 最悪でも, せいぜい **per ipotesi** 仮に
ipoteso 低血圧(症)の ―形 [女[-a]]低血圧症患者
ipoteticamente 副 仮説で, 仮定として
ipotetico 形 [複[男 -ci]] 仮説の, 仮定の; ありそうな, 起こりうる ―periodo *ipotetico* [言]仮定文
ipotiroidismo 男 [医]甲状腺機能低下症, クレチン症
ipotizzabile 形 仮定できる, 推測しうる, 憶測可能な
ipotizzare 他 仮定する, 仮説を立てる, 推測する
ipotrofia 女 [医](器官や組織の)退化
ipovedente 形 視覚障害の, 弱視の, ロービジョンの ―男女 視覚障害者, 弱視者
ippica 女 乗馬, 馬術; 競馬
ippico 形 [複[男 -ci]] 乗馬の, 馬術の
ippo-, -ippo 接頭, 接尾 「馬」の意
ippocampo 男 [魚]タツノオトシゴ, ウミウマ
ippocastano 男 [植]マロニエ, トチノキ
Ippocrate 固名[男] ヒポクラテス(前460頃-375; 古代ギリシャの医者)
ippodromo, ippòdromo 男 競馬場
ippofilo 形 馬好きの ―男 [女[-a]] 馬好きの人
ippoglosso 男 [魚]オヒョウ(カレイに

ippogrifo 男 ヒッポグリフ(上半身がワシで下半身が馬の伝説上の生物)

Ippolita 固名(女) **1**〔女性名〕イッポーリタ **2**〔ギリシャ神〕ヒッポリュテ(アマゾンの女王)

Ippolito 固名(男) **1**〔男性名〕イッポーリト **2**〔ギリシャ神〕ヒッポリュトス(エウリピデスの同名史劇の登場人物)

ippopotamo 男〔動〕カバ

iprite 女〔化〕マスタードガス, イペリット(化学兵器)

ipse dixit 成〔ラ〕彼がそれを言った(独断的意見の人に反論するために使う表現)

ipsilon 男,女〔不変〕**1** Y(y)のイタリア語名 **2** イプシロン(Ε, ε)(ギリシャ語アルファベットの5番目の字母)

ipso- 連結〔頂上〕〔頂点〕の意

ipso facto 成〔ラ〕まさにその事実によって

ipso iure 成〔ラ〕まさにその法によって

Ir 略〔元素記号〕iridio〔化〕イリジウム

IR 略 **1** interregionale インテルレジョナーレ(列車) **2** infrarosso 赤外線の **3** イラン

ira 女 **1** 怒り, 憤り —essere accecato dall'*ira* 怒りで目がくらむ **2** 憎悪, 嫌悪 —avere... in *ira* (人)を憎悪する / essere in *ira* a... (人)に憎まれる, 恨まれる **3** (自然の)猛威, 脅威 **4**〔カト〕憤怒の罪(七つの大罪の一つ) ▶ **ira di Dio** a)ひどく厄介な人[物] —dire un'*ira di Dio* su... (人)をひどく悪く言う b)惨事, 大混乱 —scatenare [fare] un'*ira di Dio* 大惨事を引き起こす c)超高値 —Quel giubbotto costa l'*ira di Dio*. あのジャンパーはとてつもなく高値だ.

iracheno 形 イラクの; イラク人の —男 **1**〔女[-a]〕イラク人 **2**〔単数のみ〕イラクで話されているアラブ語の方言

iracondamente 副 かっとなって, 短気を起こして

iracondia 女 怒りっぽいこと, すぐにかっとなること, 短気

iracondo 形 怒りっぽい, かっとなりやすい, 短気な —男〔女[-a]〕怒りっぽい人, 短気な人

Iran 固名(男) イラン

iraniano 形 イランの; イラン人の —男〔女[-a]〕イラン人

iranico 形〔複〔男 -ci〕〕イラン(人)の; イラン高原の; ペルシャ人[語]の —男 **1**〔複[-ci]の〕イラン人; ペルシャ人 **2**〔単数のみ〕ペルシャ語

Iraq 固名(男) イラク

irascibile 形 すぐかっとなる, 怒りやすい, 激しやすい

irascibilità 女 短気, 怒りっぽさ

irascibilmente 副 短気に, 怒りっぽく

iratamente 副 怒って, 立腹して

irato 形 腹を立てた, 怒った

ircocervo 男 **1** イルコチェルヴォ(半分がヤギで半分が鹿の架空の動物) **2** 架空のもの; 馬鹿げたこと

-ire 連結 第三群規則動詞〔ire 型動詞〕の不定詞を作る

Irene 固名 **1**〔女性名〕イレーネ **2**〔ギリシャ神〕エイレーネー(平和の女神)

irenismo 男〔宗〕和協神学(キリスト教分派間の和解を促進する神学); 平和主義

ireos 男〔不変〕〔植〕アイリス

IRI 略 Istituto per la Ricostruzione Industriale イタリア産業復興公社

iri 女〔不変〕《古・文》虹

iridato 形 虹色の; 多彩な —**maglia iridata** マイヨ・アルカンシエル(世界選手権自転車競技大会優勝者に与えられるジャージ) —男〔スポ〕世界選手権自転車競技大会チャンピオン

Iride 固名(女)〔ギリシャ神〕イリス(転地を結ぶ虹の女神. 神々の使者)

iride 女 **1** 虹 —**colori dell'*iride*** 虹の色 **2** (眼の)虹彩 **3**〔植〕アヤメ

iridescente 形 虹色の, 玉虫色の

iridescenza 女 虹色, 玉虫色

iridio 男〔化〕イリジウム(元素記号 Ir)

iris 男,女〔不変〕〔植〕アイリス

irizzare 他 IRI(イタリア産業復興公社)の管理下に置く

Irlanda 固名(女) アイルランド

irlandese 形 アイルランドの; アイルランド人[語]の —男 アイルランドの人 —男〔単数のみ〕アイルランド語

ironia 女 **1** 皮肉, 当てこすり —**fare dell'*ironia*** 皮肉る, からかう **2** アイロニー, 反語

ironicamente 副 皮肉を込めて, 皮肉で

ironico 形〔複〔男 -ci〕〕**1** 皮肉な, 嫌みな **2** 反語的な

ironizzare 他 皮肉る, からかう —自 (su)…に同意する

irosamente 副 立腹して, 激怒して, かっとなって

iroso 形 激怒した; 怒りっぽい

IRPEF 略 Imposta sul Reddito delle Persone Fisiche 所得税

IRPEG 略 Imposta sul Reddito delle Persone Giuridiche 法人税

irpino 形 イルピーニア(Irpinia)地方(現在のカンパーニャ州アヴェッリーノ)(の人)の —男〔女[-a]〕イルピニア地方の人

irraccontabile 形 語ることができない, 語ってはならない

irradiamento 男 発光, 照射, 放射

irradiare 他〔io irradio〕光を当てる, 照らす; 放つ, 発散する; (テレビやラジオで)伝える, 広める —**arsi** 再 光を発する, 輝く; (病気等が)広がる, 伝わる

irradiatore 形〔女[-trice]〕発散させる, 放射する

irradiazione 女 放射, 発散; 放射線(治療)

irraggiamento 男 (光の)発散, 放射

irraggiare 他〔io irraggio〕照らす; (光や熱を)放射する, 発散する —自

irraggiungibile [es] (光や熱を)発散する —**arsi** 再 発散する, 広がる

irraggiungibile 形 達することができない, 到達し得ない

irraggiungibilità 女 達成できないこと, 到達不可能

irraggiungibilmente 副 到達できないほどに

irragionevole 形 理性を持たない, 分別のない; 不合理な

irragionevolezza 女 理性のなさ, 非常識, 無分別; 不合理, 不条理

irragionevolmente 副 不合理に; 非常識に, 馬鹿げて

irrancidimento 男 (食品の脂肪分が)腐ること, 脂臭くなること, 酸敗

irrancidire 自 [es] [io -isco] 脂肪分が腐る, 脂肪臭くなる; 古臭くなる

irrappresentabile 形 表現できない, 描写できない; (演劇が)上演にふさわしくない —fatto *irrappresentabile* a parole 言葉で言い表すことのできない事実

irrapresentabilità 女 上演不可能[不向き]なこと

irrazionale 形 理性を持たない; 無分別な; 不合理な —numero *irrazionale* [数]無理数

irrazionalismo 男 不合理性, 不条理性; 非合理主義

irrazionalità 女 不合理(性), 不条理(性)

irrazionalmente 副 不合理に, 矛盾して

irreale 形 実在しない, 非現実的な —男 [単数のみ]実在しないもの, 非現実のもの

irrealisticamente 副 非現実的に

irrealistico 形 [複[男 -ci]] 現実的でない, 現実に基づかない

irrealizzabile 形 実現不可能な

irrealizzabilità 女 実現不可能なこと

irrealizzabilmente 副 実現不可能で

irrealizzato 形 達成できなかった, 実現しなかった

irrealmente 副 非現実的に

irrealtà 女 非現実性, 虚構

irreconciliabile 形 和解できない, 妥協できない

irrecuperabile 形 取り返しのつかない, 回復[回収]不能の

irrecuperabilità 女 取り返しがつかないこと, 回復[回収]不能

irrecuperabilmente 副 取り戻せないくらいに, 取り返しがつかないほど

irrecusabile 形 拒絶できない; 否定できない, 反駁(ばく)できない

irrecusabilità 女 拒絶できないこと; 否定[反駁(ばく)]し得ないこと

irrecusabilmente 副 拒絶できないくらいに; 否定[反駁(ばく)]できないほどに

irredentismo 男 イレデンティズム, 民族統一主義, 同一民族併合主義(同一民族でありながら居住地域が自国に属していない場合に, その地域を併合しようとする運動)

irredentista 男女 [複[男 -i]] 民族統一主義者

irredento 形 外国支配下にある, 領土未回復の

irredimibile 形 買い戻せない, 償還できない

irrefrenabile 形 制御できない, 抑えられない

irrefrenabilità 女 抑制できないこと, 制御不可能

irrefrenabilmente 副 抑制できないほどに, 抑えられないくらいに

irrefutabile 形 反駁(ばく)することができない, 認めざるを得ない

irrefutabilità 女 反駁(ばく)できないこと

irrefutabilmente 副 反駁(ばく)できないほどに, 紛れもなく

irreggimentare 他 (連隊に)編成させる; 厳しく統制する

irregolare 形 1 不規則な, 不揃いの —verbo *irregolare* [言]不規則動詞 / fare una vita *irregolare* 不規則な[乱れた]生活を送る 2 正規ではない, 不法な 3 気まぐれな, 変動しやすい —男女 非常識な人, 慣習に従わない人

irregolarità 女 不規則(性), 変則(性); 不揃い, でこぼこ; 不正行為

irregolarmente 副 不規則に, 変則的に

irrelatamente 副 関連なく, 無関係に

irrelato 形 関連性のない, 無関係の

irreligione 女 信仰心の欠如, 無宗教; 不信心, 不敬

irreligiosamente 副 不信心に

irreligiosità 女 無信仰, 不信心

irreligioso 形 無宗教の, 無信仰の; 不信心の

irremovibile 形 除去できない, 取り外せない, 移動できない; 断固とした, てこでも動かない —volontà *irremovibile* 固い意志

irremovibilità 女 揺るぎないこと, 動じないこと

irremovibilmente 副 強硬に, 揺るぎなく, 確固として

irreparabile 形 修理[修復]不可能な, 取り返しのつかない —errore *irreparabile* 取り返しのつかない間違い

irreparabilità 女 修理[修復]不可能, 取り返しのつかないこと

irreperibile 形 見つけられない, 追跡不可能な; 入手できない

irreperibilità 女 見つけられないこと, 探し出せないこと

irreprensibile 形 非難しようがない, 非の打ち所がない, 申し分のない

irreprensibilità 女 完璧さ, 申し分のなさ

irreprimibile 形 抑制できない, こらえきれない

irrequietamente 副 いらいらと, 落ち

irrequietezza 着きなく

irrequietezza 女 落ち着きのなさ, 不安, 動揺

irrequieto 形 落ち着かない, 不安な, 動揺した; そわそわした, 落ち着きのない

irrequietudine 女 不安な状態, 落ち着かないこと

irresistibile 形 抵抗できない, 我慢できない, 逆らえない —donna *irresistibile* 魅力的な女性

irresistibilmente 副 抵抗できないほどに

irresolubile 形 (結び目が)ほどけない; 解決できない —problema *irresolubile* 解決できない問題

irresolubilità 女 解決不可能, 解けないこと

irresolutamente 副 優柔不断に, ぐずぐずして

irresolutezza 女 優柔不断, 決断力のなさ

irresoluto 形 1 決断力のない, 優柔不断な 2〈文〉未解決の

irrespirabile 形 呼吸ができない; 息が詰まりそうな, 窮屈な —atmosfera *irrespirabile* 気詰まりな雰囲気

irrespirabilità 女 呼吸ができないこと; 息が詰まること, 気詰まり

irresponsabile 形 1 (di) 責任のない —Sono *irresponsabile* di quanto è successo. 起こった事に対して私には責任はない. 2〔法〕免責の 3 いい加減な, 無責任な

irresponsabilità 女 無責任

irresponsabilmente 副 無責任に

irrestringibile 形 (布や糸が)縮まない, 縮みにくい, 防縮性の

irretire 他〘io -isco〙網で捕らえる; 誘惑する, そそのかす

irreversibile 形 裏返し[逆]にできない, 逆向きにできない

irreversibilità 女 逆にできないこと, 不可逆性

irrevocabile 形 取り消せない, 撤回できない, 修正不能の;〔法〕最終の

irrevocabilità 女 撤回不能, 取り消せないこと

irrevocabilmente 副 取り返しがつかずに

irricevibile 形 受理され得ない, 容認できない

irriconoscente 形 恩知らずの, 感謝しない

irriconoscibile 形 見違えるほどの, 見分けがつかない

irriconoscibilmente 副 見違えるほど, 見分けがつかないほどに

irridere [89] 他〘過分 irriso〙嘲笑する, からかう

irriducibile 形 削減できない, 縮小できない; 曲げられない, 揺るがない, 不屈の —volontà *irriducibile* 固い意志

irriducibilità 女 削減できないこと, 縮小できないこと; 頑固さ, 堅固

irriducibilmente 副 削減しようがなく; 頑に, 頑固に

irriferibile 形 言ってはならない, 口にできない

irriflessivamente 副 軽率に, 考えずに

irriflessività 女 軽率さ, 思慮のなさ

irriflessivo 形 軽はずみな, 考えのない, 思慮のない

irriformabile 形 修正できない, 改正し得ない

irrigabile 形 (土地や田畑が)水を引くことができる, 灌漑(かんがい)できる

irrigare 他 1 (土地に)水を引く, 灌漑(かんがい)する —*irrigare* l'orto 畑に水を引く 2 (水流が)横切る 3〈文〉たっぷり注ぐ, 満たす 4〔医〕(治療するために傷口を)洗浄する

irrigatore 形〘女[-trice]〙〔農〕灌漑(かんがい)(用)の —男 1〔農〕灌漑装置 2〔医〕洗浄器, イリガトール

irrigazione 女 1 灌漑(かんがい) —impianto d'*irrigazione* 灌漑装置 2〔医〕(傷口の)洗浄

irrigidimento 男 こわばり, 硬化; しびれ

irrigidire 他〘io -isco〙硬くする, こわばらせる; しびれさせる —**irsi** 再 1 (体や体の一部が)硬くなる, こわばる; しびれる, 鈍くなる 2 (気候が)さらに寒くなる, 厳しさを増す 3 意地を張る

irriguardosamente 副 ずうずうしく, 無礼に

irriguardoso 形 無礼な, 失礼な, 配慮のない

irriguo 形 充分灌漑(かんがい)された, 水でたっぷり潤った; 灌漑用の —canale *irriguo* 灌漑用水路

irrilevante 形 1 取るに足りない, つまらない 2〔法〕関連性のない

irrilevanza 女 取るに足りないこと, つまらないこと

irrimandabile 形 延期できない, 先送りできない

irrimediabile 形 取り戻せない, 取り返しがつかない —danno *irrimediabile* 取り返しのつかない損害

irrimediabilità 女 取り返しのつかないこと

irrimediabilmente 副 取り返しがつかないほどに, 回復[修復]できないほど

irrintracciabile 形 追跡できない, 探し出せない

irrinunciabile 形〔法〕(財産や権利を)放棄できない, 放棄してはならない

irrinunciabilità 女〈稀〉(財産や権利を)放棄し得ないこと

irripetibile 形 1 二度と繰り返さない, 一回限りの 2 あまりに失礼な, 二度と口にすることができないような

irripetibilità 女 二度と繰り返さないこと

irripetibilmente 副 二度と繰り返せないほどに

irriproducibile 形 複製できない、二度と作り出せない

irriproducibilità 女 複製が不可能なこと、二度と作れないこと

irriprovevole 形 非の打ち所のない、申し分のない

irrise irridere の直・遠過・3 単

irrisione 女 愚弄、嘲り、からかい

irriso irridere の過分

irrisolto 形 未解決の、決着のつかない

irrisolvibile 形 解決できない、解き明かせない

irrisore 〔女[-a]〕嘲笑する、嘲りの、からかいの ― 男 〔女[-a]〕嘲笑する人、からかう人

irrisorio 形 嘲りの; 僅かな、取るに足りない

irrispettosamente 副 無礼に、敬意を払わずに

irrispettoso 形 無礼な、失礼な、無作法な

irritabile 形 怒りっぽい、かっとなりやすい; 〔医〕炎症を起こしやすい

irritabilità 女 短気、怒りっぽいこと; 刺激に反応しやすいこと

irritante 形 いらいらさせる、怒らせる; ひりひりさせる、炎症を引き起こす

irritare 他 〔io irrito,《稀》irrito〕いらいら[じりじり]させる、怒らせる ―È il suo comportamento che mi *ha irritato*. 私をいらいらさせたのは彼の態度だ. 2 〔医〕軽い炎症を起こさせる、ひりひりさせる ―*irritare* la pelle 皮膚をひりひりさせる ―**arsi** 再 いらいらする、怒る; ひりひりする、炎症を起こす

irritato 形 怒った、ひりひりする、炎症を起こした

irritazione 女 1 苛立ち、怒り 2 〔医〕軽い炎症

irritrattabile 形 取り消し不可能な

irritrattabilità 女 取り消し不可能

irrivelabile 形 暴露できない、明らかにできない[してはならない]

irriverente 形 失礼な、無礼な、失敬な

irriverentemente 副 失礼に、無礼に

irriverenza 女 無礼、失礼、不敬

irrobustimento 男 強くすること、強化

irrobustire 他 〔io -isco〕丈夫にする、強くする ―*irrobustire* i muscoli 筋肉を鍛える ―**irsi** 再 強くなる、丈夫になる

irrogare 他 〔io irrogo, irrogo〕〔法〕(罰などを)科する

irrompente 形 激しい勢いの、抗し難い

irrompere [96] 自 〔複合時制なし、過去分詞なし〕押し入る、殺到する

irrorare 他 (一面に)撒き散らす、(しずくで)濡らす

irroratore 男 〔女[-trice]〕撒き散らす人、噴霧用の ―**macchina** *irroratrice* 噴霧器 ― 男 噴霧器

irroratrice 女 農薬散布機

irrorazione 女 (しずくで)濡らすこと、(液体を)撒き散らすこと; 農薬散布

irruente 形 押し寄せる、なだれ込む; 過激な、激烈な; 衝動的な

irruentemente 副 激烈に、衝動的に

irruenza 女 激しさ、激烈; 衝動

irrugginire 他 〔io -isco〕錆(さ)びさせる ― 自 〔es〕錆びる ―**irsi** 再 錆びる

irruvidimento 男 荒らすこと、荒れること ―*irruvidimento* delle mani 手荒れ

irruvidire 他 〔io -isco〕荒らす、ざらざらにする ― 自 〔es〕荒れる ―**irsi** 再 荒れる

irruzione 女 (軍隊や警察の)急襲; 殺到、押し寄せること

irsuto 形 1 (ひげ・髪・毛などが)長くて濃い、剛毛の、毛深い 2 粗野な

irto 形 1 (ひげや髪などが)剛毛の、直毛の 2 (恐怖で)毛が逆立った; ちくちくする、突き刺す、とげとげしい 3 険しい

Isabella 固名(女) 1 〔女性名〕イザベッラ 2 (~ d'Este) イザベッラ・デステ (1474-1539; マントヴァ侯爵夫人) 3 (~ la Cattolica) イサベル 1 世 (1451-1504; カステーリャの女王: 在位 1471-1504)

isabella 形 〔不変〕淡黄色の、灰黄(かいこう)色の

isabellino 形 淡黄色の、灰黄(かいこう)色の

Isacco 固名(男) 〔聖〕イサク (イスラエルの族長)

Isaia 固名(男) 〔聖〕イザヤ (前 8 世紀後; 四大預言者の一人)

isba 女 イズバ (ロシアの典型的な農家)

isbaglio → sbaglio

ISBN 略 〔英〕International Standard Book Number 国際標準図書番号

iscariota 男女 〔複〔男 -i〕〕裏切り者、偽善者 ― 男 (I-) 〔単数のみ〕イスカリオテのユダ

ischeletrire 他 〔io -isco〕ガリガリにやせ細らせる、骸骨のようにする ―**irsi** 再 骸骨のようになる、骨と皮ばかりになる

ischemia 女 〔医〕虚血

Ischia 固名(女) イスキア島

ischia 男 〔不変〕イスキアワイン

ischio 男 〔解〕座骨

ischitano 形 イスキア島(の人)の ― 男 〔女[-a]〕イスキア島の人

iscrisse iscrivere の直・遠過・3 単

iscritto¹ 形 〔過分 < iscrivere〕登録した、入会した ― 男 〔女[-a]〕登録者、入会者

iscritto² 男 〔次の成句で〕 ▶ *per iscritto* 書面で、文書で

***iscrivere** [イスクリーヴェレ] [103] 他 〔過分 iscritto〕 1 (名簿やリストに名を)登録する、記載する; 入会させる、入学させる 2 (装飾目的で表面に)刻む 3 〔幾〕 → inscrivere ―**ersi** 再 (a) 1 登

iscrivere 録する 2 入学[入会, 加入]する —Mio fratello si è iscritto all'università. 弟が大学に入学した.

iscrivibile 形 人員に加えることができる, 登録可能な

iscrizione 女 1 登録 2 入学, 入会, 加入 —tassa d'*iscrizione* 登録料; 入学[入会]金 / tessera d'*iscrizione* 登録カード 3 碑文 4 〔幾〕→ inscrizione

ISDN 略 〔英〕Integrated Services Digital Network デジタル総合サービス網

iseano 形 イゼオ(湖)の

Iseo 固名(男) イゼオ(ロンバルディア州の町) —lago d'*Iseo* イゼオ湖

Isernia 固名(女) イゼルニア(モリーゼ州の都市および県名; 略 IS)

isernino 形 イゼルニア(モリーゼ州のコムーネ)(の人)の —男〔女 [-a]〕イゼルニアの人

Isidoro 固名(男) 1〔男性名〕イシードロ 2 (Sant' ~ di Siviglia)セビリアの聖イシードルス(560-636; スペインの神学者. 後期ラテン教父)

islam, islām 男〔不変〕(I-)イスラム教, イスラム世界[文化, 文明]

islamico 形〔複〔男 -ci〕〕イスラム(教)の, イスラム主義の —男〔女[-a]〕イスラム教徒

islamismo 男 イスラム教, イスラム主義

islamita 男女〔複〔男 -i〕〕イスラム教徒

islamitico 形〔複〔男 -ci〕〕イスラム教の, イスラム主義の

islamizzare 他 イスラム教に改宗させる; イスラム文化の影響を与える **—arsi** 再 イスラム教に改宗する; イスラム化する

islamizzazione 女 イスラム化, イスラム教化

Islanda 固名(女) アイスランド

islandese 形 アイスランドの; アイスランド人[語]の —男女 アイスランド人 —男〔単数のみ〕アイスランド語

ismo → istmo

-ismo 接尾 抽象名詞を作る:「状態」「特性」の意

ISO 略 〔英〕International Organization for Standardization 国際標準化機構 —形〔不変〕ISO 感度(写真の感度に用いる記号)

iso- 接頭 「等しい」の意

isobara 女〔気〕等圧線

isobata 女〔地理〕等深線

Isocrate 固名(男) イソクラテス(前 436-338; ギリシャの雄弁家・修辞家)

isocrono 形 等時性の; 等間隔で起きる

isofrequenza 女 等周波数

isoieta 女 (地図や気象図の)等降水量線, 等雨量線

isoipsa 女〔地理〕等高線

＊**isola** [イーゾラ] 女 島; 島民 —*isola* vulcanica 火山島 / *Isole* Britanniche ブリテン諸島 / *Isole* Falkland フォークランド諸島, マルビナス諸島 / *Isole* Filippine フィリピン諸島 / *Isole* Lipari (Eolie) リパリ(エオリア)諸島 / *Isole* Pontine [Ponziane] ポンツァ島

Isole Ponziane 固名(女) 1 ポンツァ島 2 (周囲とは異なった特徴を持つ)区画, 地域 —*isola* pedonale 歩行者天国

isolabile 形 孤立[分離]されうる, 隔離しうる

isolamento 男 1 孤立(化) 2 隔離 —cella d'*isolamento* 独居房 / reparto d'*isolamento* 隔離病棟 3〔物〕絶縁

isolano 形 島の, 島民の —男〔女[-a]〕島民

isolante 形 絶縁[断熱, 防音]の —nastro *isolante* 絶縁テープ —男 絶縁体; 断熱材, 防音材

＊**isolare** [イゾラーレ] 他〔io isolo〕 1 (周囲のものから)遮断する; 隔離する; 孤立させる 2 絶縁[断熱, 防音]する 3 (他の要素から)切り離して考える 4〔化〕単離する **—arsi** 再 1 閉じこもる; ひっそり暮らす 2 孤立する; 国交を断絶する

isolatamente 副 孤立して, 孤独に, 単独で, 切り離されて

isolato 形 1 孤立した —casa *isolata* 一軒家 2 孤独な 3 絶縁[断熱, 防音]された —男 街区, ブロック; 団地 —camminare per due *isolati* 2 ブロックを歩く

isolatore 男 絶縁体, 絶縁物

isolazionismo 男〔政〕孤立主義

isolazionista 男女, 形〔複〔男 -i〕〕〔政〕孤立主義者(の)

isolotto 男 (円形の)小島, 無人島

isomeria 女〔化〕異性

isomero 男〔化〕異性体;〔物〕異性核 —形 異性の

isometrico 形〔複〔男 -ci〕〕等量の, 同等の, 均一の

isomorfismo 男 1 (結晶の)類質同像, 同型 2〔数〕同型

isoscele 形〔幾〕二等辺の —trapezio *isoscele* 等脚台形 / triangolo *isoscele* 二等辺三角形

isoterma 女〔物・地理〕等温線

isotermico 形〔複〔男 -ci〕〕等温の, 等温線の

isotopo 〔化・物〕アイソトープ, 同位体, 同位元素 —*isotopo* radioattivo 放射性同位体, 放射性同位元素

ispanicità → ispanità

ispanico 形〔複〔男 -ci〕〕 1 古代スペイン(ヒスパニア)の 2 スペイン語圏の, ヒスパニックの —男〔複[-ci]女[-a]〕 1 ヒスパニア人 2 スペイン語圏の人

ispanista 男女〔複〔男 -i〕〕スペイン語[文学, 歴史, 文化]研究者

ispanità 女 ヒスパニズム; スペイン語圏の人々全体(の気質)

ispanizzare 他 スペイン風にする, スペイン文化に適合させる **—arsi** 再 スペイ

ispanizzazione 女 スペイン化

ispano 形 古代スペイン[ヒスパニア]の;《文》スペインの; スペイン語圏の —男 〖女[-a]〗ヒスパニア人;《文》スペイン人

ispano-americano 形 スペインとアメリカの; ラテンアメリカの —guerra *ispano-americana* 米西戦争 —男 〖女 [ispano-americana]〗ラテンアメリカ人

ispanofilo 形 スペインびいきの, スペイン狂の

ispanofono 形 スペイン語を母語とする; スペイン語圏の —男 〖女[-a]〗スペイン語を母語とする人

ispessimento 男 厚くすること, 濃厚にすること

ispessire 他 〖io -isco〗厚くする, 濃くする —**irsi** 再 厚くなる, 濃くなる; (人が)太る, 肥大する

ispettivo 形 検査の, 監査の; 検査官の —visita *ispettiva* 調査, 視察

ispettorato 男 検査官の職[任務], 検査官の任期

ispettore 男 〖女[-a]〗1 検査[検閲]官, 視察官, 視学官 2 警部

ispezionare 他 検査する, 監査する, 点検する; くまなく調べる

ispezione 女 1 検査, 監査 2 視察 —giro d'*ispezione* 視察旅行 3 〔医〕視診

ispidezza 女 毛[髪, ひげなど]が硬いこと, ざらざらしていること, ちくちくすること; 毛深いこと

ispido 形 1 (髪の毛・ひげなど)毛が硬い; 毛深い, 毛で覆われた 2 気難しい

ispirare 他 1 (感情や考えを)抱かせる, 吹き込む;《口》刺激を与える, 興味を抱かせる 2 霊感を与える, 創作意欲をかき立てる —**arsi** 再 (a) 1 霊感[着想, 創意]を得る —*ispirarsi* a un dipinto 一枚の絵から着想を得る 2 順応する, 合致する

ispiratamente 副 ひらめいて, インスピレーションで

ispirato 形 1 (感情や考えを)吹き込まれた, インスピレーションを受けた 2 霊感を受けた 3 魅惑的な, 刺激的な, 感動的な

ispiratore 形 〖女[-trice]〗インスピレーション(特に芸術的着想)を与える —男 〖女[-trice]〗インスピレーションを与える人

ispirazione 女 1 インスピレーション, 霊感, 着想 2 ひらめき 3 勧告, 奨励 4 (思想や文化的)方向づけ

Israele 固名〖男〗1 イスラエル(国名) 2 イスラエル(ヤコブの別名)

israeliano 形 イスラエルの; イスラエル人の —男 〖女[-a]〗イスラエル人

israelita 形 〖複[男 -i]〗ヘブライ民族の, 古代イスラエル人の, ユダヤ人の —男女〖複[男 -i]〗ヘブライ人, 古代イスラエル人, ユダヤ人

israelitico 形 〖複[男 -ci]〗古代イスラエル人の, ヘブライ人の, ユダヤ人の

issa 間 よいしょ, そら, えっさ(物を持ち上げたり押したりするときの掛け声)

issare 他 (綱や腕を使って)揚げる, 高く上げる; (重い物を)持ち上げる —**arsi** 再 よじ登る

-issimo 接尾 形容詞の絶対最上級を作る:「非常に」の意

issopo 男 〔植〕ヒソップ

-ista 接尾 「…をする人」「専門家」「主義者」の意

istamina 女 〔生化〕ヒスタミン

istantanea 女 〔写〕スナップ写真

istantaneamente 副 瞬時に, 即座に

istantaneità 女 即時性, 瞬時

istantaneo 形 1 瞬間的な, 一瞬の —risposta *istantanea* 即答 2 即席[インスタント]の —caffè *istantaneo* インスタントコーヒー

＊**istante**[1] [イスタンテ] 男 瞬間, 一瞬 ► all'[sull'] *istante* 一瞬で, すぐに *in un istante* 一瞬のうちに

istante[2] 男女 請願者, 申請者; 〔法〕原告

istanza 女 請願, 申請; 〔法〕申し立て, 訴訟; 必要, 要求 ► *a [per, su] istanza di...* …の求めに応じて

ISTAT 略 Istituto Nazionale di Statistica イタリア国家統計研究所

isterectomia 女 〔医〕子宮摘出術

isteria 女 〔医〕ヒステリー; ヒステリックな態度

istericamente 副 ヒステリックに, 興奮状態で

isterico 形 〖複[男 -ci]〗〔医・心〕ヒステリーの; ヒステリックな —crisi *isterica* ヒステリーの発作 —男 〖複[-ci]女[-a]〗〔医・心〕ヒステリー患者; ヒステリックな人

isterilimento 男 不毛, 不妊

isterilire 他 〖io -isco〗(土地を)不毛にする; (動物を)不妊にする; (知的または精神的に)貧しくさせる —**irsi** 再 (土地が)不毛になる; (動物が)不妊になる; (知的または精神的に)枯渇する

isterismo 男 〔医・心〕ヒステリー; 興奮[ヒステリー]状態

istero- 接頭 「子宮の」「ヒステリーの」の意

istigare 他 そそのかす, 扇動する

istigatore 男 〖女[-trice]〗扇動者, そそのかす人

istigazione 女 扇動, そそのかし, 誘導 —per [su] *istigazione* di... (人)にそそのかされて, 煽(あお)られて

istillare → instillare

istintivamente 副 本能的に

istintività 女 本能的であること, 本能性

istintivo 形 1 本能的な —azione *istintiva* 本能行動 2 衝動的な

istinto 男 1 本能; 直観 —*istinto* di conservazione 自己保存本能 2 素質, 性向, 気質 3 衝動 ► *per [d'] istinto* 本能的に, 直観的に

istintuale 形 本能特有の, 本能に関する

istituendo 形 設立[制定]されるべき, 設立[制定]される予定の

istituire 他〔io -isco〕 1 設立する, 創設する —*istituire* una commissione 委員会を立ち上げる 2 制定する 3 指名する 4 (関係を)定める ━**irsi** 再 生じる, 創始する

istituivo 形 設立[制定]のための

istituto 男 1 (教育研究や文化活動の)機関 —*istituto* d'istruzione 教育機関 2 (社会的な各種)団体施設 —*istituto* religioso 宗教団体, 教団 3 研究所 4〔法〕規範, 原則; 組織構造, 制度

istitutore 男〔女[-trice]〕設立者, 創設者; 舎監; (昔の貴族の子女の)家庭教師

istituzionale 形 制度に関する, 制度上の; 教義[学説]の原理の

istituzionalizzare 他 制度化させる ━**arsi** 再 制度化する

istituzionalizzazione 女 制度化

istituzionalmente 副 制度的に

istituzione 女 1 設立; 制定 2 制度 —*istituzioni* sociali 社会制度 3 機関, 団体 —*istituzione* assistenziale 福祉団体 4〔法〕遺言による相続人指名 5《口》しきたり, 慣例 6〔複数で〕(学問や規律の)基本的概念

istmico 形〔複[男 -ci]〕〔地理〕地峡の

istmo 男 1〔地理〕地峡 —l'*istmo* di Panama パナマ地峡 2〔解〕峡部

isto-, -isto 接頭, 接尾 「組織」の意;「組織学」の意

istogramma 男〔複[-i]〕〔統〕ヒストグラム

istologia 女〔生物・医〕組織学

istologico 形〔複[男 -ci]〕〔生物・医〕組織学の; (生物の)組織の, 組織部分の

istoria 女〔文〕→ storia

istoriare 他〔io istorio〕(史実や聖書に基づいた図像で)装飾する; 挿絵を入れる, 装飾を描く

istradare 他 経路を定める, 向かわせる ━**arsi** 再 向かう, 歩み出す

istriano 形 イストリア(半島)(の人)の ━男 1〔女[-a]〕イストリアの人 2 イストリアの方言

istrice 男 1〔動〕ヤマアラシ 2 怒りっぽい人, とげのある人

istrione 男〔女[-a]〕1 古代ローマの俳優 2 大根役者; 道化役者 3 芝居がかった振る舞いの人

istrionescamente 副《蔑》芝居がかって, 仰々しく

istrionesco 形〔複[男 -chi]〕大根役者のような; 道化のような; 芝居がかった

istrionicamente → istrionescamente

istrionico 形〔複[男 -ci]〕《蔑》大根役者のような; 道化のような; 芝居がかった

istrionismo 男 芝居がかっていること, 大げさな態度

istruire 他〔io -isco〕1 教育[教授]する, 教える —*istruire* un bambino nella musica 子供に音楽を教える 2 訓練する 3 (情報や助言を)与える —*istruire* A su B A/B(物)の情報を与える 4〔法〕(裁判のために)調べる —*istruire* una causa 訴訟の準備をする ━**irsi** 再 学問を身につける, 教育を受ける; 調べる

istruito 形 教育を受けた; 学識のある

istruttivamente 副 教育的に, 教訓的に

istruttivo 形 教育的な, 教育に役立つ; 教訓上の

istrutto 形《過分 < istruire》教育のある, 教養のある

istruttore 男〔女[-trice]〕1 教師, 教官 2 コーチ, インストラクター —*istruttore* di nuoto 水泳のコーチ 3〔形容詞的〕〔法〕予審を行う —giudice *istruttore* 予審判事

istruttoria 女〔法〕取り調べ, 予審

istruttorio 形〔法〕取り調べの, 予審の

istruzione 女 1 教育, 指導, 訓練 —*istruzione* obbligatoria 義務教育 2 教養, (教えられた結果の)知識 3〔複数で〕指示 4 使用法, 説明書 —libretto delle *istruzioni* 使用説明書 5〔法〕(裁判のための)準備, 証拠調べ, 予審

it. 略 italiano イタリア(語)の

itacese 形 (ギリシャの)イタカ島(Itaca)の ━男女 イタカ島の人

＊Italia〔イターリア〕固名(女) イタリア —L'*Italia* è un paese europeo. イタリアはヨーロッパの国だ. / andare in *Italia* イタリアへ行く / partire per l'*Italia* イタリアへ出発する / *Italia* centrale [settentrionale, meridionale] 中部[北, 南]イタリア / Viva l'*Italia*! イタリア万歳！

italianamente 副 イタリアの特性[慣習]に従って, イタリア(の)ように

italianismo 男〔言〕イタリア語特有の表現; イタリアの文化[芸術, 慣習]を取り入れる傾向, イタリアびいき

italianista 男女〔複[男 -i]〕イタリア語[文学, 文化]研究者

italianistica 女 イタリア語[文学, 文化]研究

italianità 女 イタリア的精神, イタリア人気質

italianizzabile 形 イタリア化しうる, イタリア(語)風にできる

italianizzare 他 イタリア化する, イタリア(語)風にする ━**arsi** 再 イタリア化する, イタリア(語)風になる

italianizzazione 女 イタリア化

italiano [イタリアーノ] 形 イタリアの; イタリア人[語]の —cucina *italiana* イタリア料理[文学] / popolo *italiano* [集合的] イタリア人 / Repubblica *Italiana* イタリア共和国 —男 1 [女[-a]] イタリア人 2 [単数のみ] イタリア語 —in *italiano* イタリア語で / parlare l'*italiano* イタリア語を話す / capire l'*italiano* イタリア語を理解する / professore d'*italiano* イタリア語の先生[教授]

italicità → italianità

italico 形 [複[男 -ci]] 1 古代イタリア(人)の 2《文》イタリアの 3 [印] イタリック体の —男 1 [単数のみ] イタリック語派 2 [印] イタリック体 3 (I-) [複数で] 古代イタリア人

italietta 女 (I-)〘蔑〙(地方性丸出しの)けちくさい社会[国家]

italiota 男女 [複[男 -i]] 1 古代イタリア南部のギリシャ植民地の人 2〘蔑〙教養のない鈍いイタリア人 —形 [複[男 -i]] 1 古代イタリア南部のギリシャ植民地の人の 2〘蔑〙教養のない鈍いイタリア人の

Italo 固名 [男性名] イタロ

italo- 接頭「イタリアの」「イタリア人[語, 文化]の」「イタリア起源の」の意

italoalbanese 形 イタリアとアルバニア(間)の

italoamericano 形 イタリアとアメリカ(合衆国)の; イタリア系アメリカ人の —男 [女[-a]] イタリア系アメリカ人

italofilo 形 イタリア(人)びいきの, イタリア(人)好きの —男 [女[-a]] イタリアびいき(の人), イタリア好きの人

italofobia 女 イタリア(人)嫌い, イタリア(人)に対する嫌悪感

italofobo 形 イタリア(人)嫌いの —男 [女[-a]] イタリア(人)嫌い, イタリア(人)に反感を持つ人

italofonia 女 イタリア語が話されていること, イタリア語圏

italofono 形 イタリア語を話す, イタリア語を使用している; イタリア語圏の —男 [女[-a]] イタリア語を話す人

italosvizzero 形 イタリアとスイスの; イタリアとスイスを分ける

ITAV 略 Ispettorato delle Telecomunicazioni e Assistenza al Volo 航空電気通信監督局

ITAVIA 略 Linee Aeree Interne Italiane イタリア国内航空

-ite 接尾 1「炎症」の意 2「鉱物」「爆薬」の意

item¹ 男 [不変] [英・情] アイテム; 項目, 品目

item² 副 [ラ] 同様に

iter 男 [不変] [ラ] 手続きの過程; (法案についての議会での)審議過程

iterabile 形 繰り返しが可能な, 反復されうる

iterare 他 [io itero] 再び行う, 繰り返す

iterativo 形 繰り返しの

iterazione 女 反復, 繰り返し

itinerante 形 旅回りの, 移動の, 巡回の

itinerario 男 1 道順, コース 2 行程, 旅程 3 旅の, 旅程に関する

-ito¹ 接尾 -ire 動詞の過去分詞を作る

-ito² 接尾「塩」の意

itterbio 男 [化] イッテルビウム(元素記号 Yb)

itterico 形 [複[男 -ci]] [医] 黄疸(だん)の —男 [複[-ci] 女[-a]] [医] 黄疸患者

itterizia 女 1 [医] 黄疸(だん) (ittero) 2 (抑えられていた)怒りの爆発, 激怒

ittero 男 [医] 黄疸(だん)

itti-, ittio- 接頭「魚(の)」の意

ittico 形 [複[男 -ci]] 魚に関する, 魚釣りの, 漁業の —allevamento *ittico* 魚の養殖

itticoltura 女 魚の養殖(法) (piscicoltura)

ittiofagia 女 魚食

ittiofago 形 [複[男 -gi]] 魚を常食とする —男 [複[-gi] 女[-ga]] 魚を常食にする人

ittiofilo 形 [女[-a]] 観賞魚愛好者

ittiolo 男 [薬] イクタモール, イヒチオール

ittiologia 女 魚類学

ittiologo 男 [複[-gi] 女[-a]] 魚類学者

ittiosi 女 [不変] [医] 魚鱗癬

ittita 形 [複[男 -i]] ヒッタイト人の —男女 [複[-i]] ヒッタイト人 —男 [単数のみ] ヒッタイト語

ittrio 男 [化] イットリウム(元素記号 Y)

ITU 略 [英] International Telecommunication Union 国際電気通信連合(イタリア名は Unione internazionale delle telecomunicazioni)

iucca 女 [植] ユッカ (yucca)

iugero 男 ユゲルム(古代ローマの表面積の単位)

Iugoslavia 固名 (女) (かつての)ユーゴスラビア

iugoslavo 形 (かつての)ユーゴスラビア(人)の —男 [女[-a]] (かつての)ユーゴスラビア人

iulo 男 [虫] ヤスデ

iunior → junior

iuta 女 [植] オウマ(黄麻), ジュート

IVA 略 Imposta sul Valore Aggiunto 付加価値税 —*IVA* inclusa [esclusa] 付加価値税込み[税抜き]

ivi 副 《文》そこに

Ivo 固名 [男性名] イヴォ

-ivo 接尾「性質」を表す形容詞を作る

Ivonne 固名 [女性名] イヴォンネ

ivoriano 形 コートジボワール(人)の —男 [女[-a]] コートジボワール人

Ivrea 固名 (女) 1 イヴレーア(ピエモンテ州 Torino 県の町) 2 (Arduino d'~ re d'Italia) イタリア王イヴレーア侯爵アルドゥイーノ(在位 1002-14)

-izia 接尾 形容詞に付けて抽象名詞を作

-izio 接尾 る: ami*cizia* 友情

-izio 接尾 形容詞や名詞を作る: cardi-na*lizio* 枢機卿の

-izzare 接尾 「…化する」の意

J, j

J¹, j 女,男 J(j)の字母(イタリア語アルファベットの21字母には数えず, i lungo「長いI」と呼ばれるようにIで代用) —J come Jersey 〔符丁〕ジャージーのJ

J² 略 1 日本 2 joule 〔物〕ジュール, 慣性モーメント

jab 男 〖不変〗〔英・スポ〗(ボクシングの)ジャブ

jabot 男 〖不変〗〔仏〗(シャツなどの)胸飾り, ひだ飾り

jacaranda 女 〔植〕ジャカランダ

jack¹ 男 〖不変〗 1 〔英〕(トランプの)ジャック 2 〔電〕ジャック(プラグの差し込み口)

jack² 男 (軍艦の)船首旗

jackpot 男 〖不変〗〔英〕(スロットマシーンの)特賞; (宝くじなどの)多額の積み立て賞金

jacobsite 女 〔鉱〕磁マンガン鉱

jacquard 形 〖不変〗〔仏・織〕ジャカード編み[編み機の] —男 〖不変〗ジャカード編み; ジャカード編み機

jacuzzi 女 〖不変〗〔商標〕ジャクージ, 泡風呂

Jafet 固名(男) 〔聖〕ヤペテ(ノアの息子の一人)

jainismo → giainismo

jais → giaietto

jaleo 男 〖不変〗〔西〕ハレオ(カスタネットを用いるアンダルシアの舞踊)

jazz 男 〖不変〗〔英〕ジャズ —形 ジャズの —Mi piace ascoltare musica *jazz*. 私はジャズを聴くのが好きだ.

jazz-band 女,男 〖不変〗〔英〕ジャズバンド

jazzista 男女 〖複[男 -i]〗ジャズ演奏家[作曲家]

jazzistico 形 〖複[男 -ci]〗ジャズの

J.C. 略 〔ラ〕Jesus Christus イエス・キリスト

jeans 男 〖不変〗〔英〕 1 ジーンズ(布) —giubbotto di *jeans* ジージャン, ジーンズジャンパー 2 〖複数で〗ジーンズ —un paio di *jeans* ジーンズ1本

jeanseria 女 ジーンズショップ

jeep 女 〖不変〗〔英〕ジープ

jersey 男 〖不変〗〔英〕ジャージー, メリヤス

jet 男 〖不変〗〔英〕 1 ジェット機(aeroreattore) 2 ジェットエンジン

jet lag, jetlag 男 〖不変〗〔英〕時差ぼけ

jet liner 函(男) 〔英〕ジェット旅客機

jet set 函(男) → jet society

jet society 函(女) 〔英〕ジェット族 (ジェット機で世界を駆け巡る金持ち)

jeunesse dorée 函(女) 〔仏〕ジュネスドレ(フランス革命時に君主制を支持した金持ちの青年たち); 金持ちのどら息子

jiddish → yiddish

jihad 男女 〖不変〗〔アラビア〕ジハード, 聖戦

jingle 男 〖不変〗〔英〕(ラジオ・テレビの)コマーシャル・ソング

job 男 〖不変〗〔英〕仕事, 職務; 〔コン〕ジョブ

jobber 男女 〖不変〗〔英・金融〕(株の)ディーラー; 〔商〕仲買人, 問屋

job sharing 函(男) 〔英〕ワークシェアリング

jockey 男 〖不変〗〔英〕(競馬の)騎手

jodel 男 〖不変〗〔独〕ヨーデル

jodler 男 〖不変〗〔独〕ヨーデル; ヨーデル歌手

jogger 男女 〖不変〗〔英〕ジョギングをする人

jogging 男 〖不変〗〔英〕ジョギング

joint 男 〖不変〗 〔英〕マリファナ[ハシッシュ]タバコ

joint-venture 男 〖不変〗〔英・経〕合弁[共同]事業(体)

jojoba 女 〔植〕ホホバ(種子の油は潤滑剤, 化粧品などに用いられる)

jolly 男 〖不変〗 1 〔英〕(トランプの)ジョーカー 2 万能選手

joule 男 〖不変〗〔物〕ジュール(仕事および熱量の単位)

joulometro 男 〔電〕ジュール[ワット]メーター

joyciano 形 〔文〕ジェイムズ・ジョイス(James Joyce)の —男 /女 [-a] ジョイスの信奉者[模倣者]

joystick 男 〖不変〗〔英・コン〕ジョイスティック(テレビゲームなどの操作装置)

JPY 略 〔英〕Japanese Yen (イタリア語で Yen giapponese)日本円

jr. 略 junior ジュニアの

judo 男 〖不変〗〔日〕柔道

judoista 男女 柔道家, 柔道をする人

judoka 男女 〖不変〗〔日〕柔道家

Jugoslavia 固名(女) (かつての)ユーゴスラビア

jugoslavo → iugoslavo

jujitsu → jujutsu

jujutsu 男 〖不変〗〔日〕柔術

juke-box 男 〖不変〗〔英〕ジュークボックス

julienne 女 〖不変〗〔仏・料〕(野菜の)千切り, 短冊切り; (千切り野菜の)スープ

jumbista 男女 〖複[男 -i]〗 ジャンボジェット機のパイロット

jumbo 形 〖不変〗 〔英〕ジャンボな, 巨大な —男 〖不変〗 1 ジャンボジェット機 (jumbo jet) 2 jumbo-tram の略

jumbo jet 函(男) 〔英〕ジャンボジェット機

jumbo-tram 男 大型路面電車

jump 男 〖不変〗〔英・音〕ジャンプ(スウィングジャズやリズム・アンド・ブルースの躍動的なリズム)

jumping 男〖不変〗〔英〕バンジージャンプ

jun. 略 junior ジュニアの

junghiano 形 〔心〕ユングの, ユング理論の; ユング派の(人)の —男女〖女[-a]〗ユング派の人

jungla → giungla

junior 形〖不変〗〔英〕(同名の家族の名前に添える)ジュニア(年下・弟・息子)の(iunior)

juniores 形〖不変〗〔スポ〗(16〜21歳の)ジュニアクラスの —男女〖女[-a]〗〔スポ〗(16〜21歳の)ジュニアクラスの選手

junker 男〖独・歴〗(貴族の)長男でない子息; 19世紀プロイセンの地主貴族

jupe-culotte 女〖不変〗〔仏〕キュロットスカート

jupon 男〖不変〗〔仏〕ペチコート

just in time 國(男)〔英・工〕ジャストインタイム(部品調達を直前にすることで過剰在庫を避ける方式)

juta iuta

Juve → Juventus

juventino 形 (サッカーチーム)ユヴェントゥスの; ユヴェントゥスの[サポーター]の —男 ユヴェントゥスの選手 —男女〖女[-a]〗ユヴェントゥスのサポーター

Juventus 固名(女) ユヴェントゥス(トリノのサッカーチーム; 略 Juve)

K, k

K¹, k¹ 女, 男 K(k)の字母(イタリア語アルファベット21字には数えず外来語に用いられる) —K come Kursaal〔符丁〕クルサルのK

K² 1 カンボジア 2 (元素記号)〔化〕カリウム(potassio) 3 kelvin〔物〕ケルビン; ボルツマン定数 4〖数〗比例定数 5〖コ〗2の10乗

k² 略 chilo, kilo キロ(単位に付けて1000倍を表す)

kafkiano 形 1〔文〕カフカの, カフカ信奉者(模倣者)の 2 不条理な, 不安にさせる, 幻想的で不可解な —男〖女[-a]〗カフカ信奉者[模倣者]

kainite 女〔鉱〕カイナイト

kaiser 男〖不変〗 1 (ドイツ語圏の)皇帝, カイザー 2《口》何でもないこと, 無 — Non me ne importa un *kaiser*! 私には全くどうでもよい. —女〖不変〗(ナシの)カイザー種

kajal 男〖不変〗(目の周りを縁取る青または黒の)化粧品, アイライナー(ペンシル)

kakemono 男〖不変〗〔日〕掛け物, 掛け軸

kaki¹ 男¹ → cachi¹

kaki² 形,男 → cachi²

kalashnikov 男〖不変〗〔露〕カラシニコフ(ロシア製の自動小銃)

kali- 國 「カリウム(の)」の意

kamala 女〔薬〕カマラ(クスノハカシワから作る駆虫剤, 下剤)

kamikaze 男〖不変〗〔日〕1 特攻隊員 2 自爆テロ ► *da kamikaze* 自殺行為の, 自爆的な

kantiano 形〔哲〕カントの, カント哲学の; カント派の —男〖女[-a]〗カント派の思想家, カント哲学研究者

kantismo 男〔哲〕カント思想, (カントの)批判主義

kaone 男〔物〕ケーオン, K中間子

kapò 男女 1 カポ(ナチ強制収容所で被収容者から選ばれた監視員) 2 (下の者に)暴虐に振る舞う人

kapok 男〔植〕カポック; パンヤ, ジャワ綿

kappaò 形 ノックアウトの —男 ノックアウト

kaputt 形〖不変〗〔独〗やられた, 参った, お手上げの —副 〖独〗見るも無残[惨憺(さんたん)たる状態]に

karakiri → harakiri

karakul 男〖不変〗〔動〕カラクール羊; その毛皮

karaoke 男〖不変〗〔日〕カラオケ

karate, karatè 男〖不変〗〔日〕空手

karateka 男女〖不変〗〔日〕空手家

karité 男〔植〕シアバターノキ(種子の胚から取れる脂肪で代用バターや石けんなどを作る)

karma 男〖不変〗〔宗・哲〕業, カルマ

kart 略 go-kart ゴーカート

kartismo 男〖スポ〗ゴーカートレース

kartista 男女〖複[男 -i]〗〖スポ〗ゴーカートの選手, ゴーカートをする人

kartodromo 男 〖スポ〗ゴーカートの走路

kasher 形〖不変〗〔ヘブライ〕(食べ物などがユダヤ教の)戒律に則った[適法の]

kashmir 男〖不変〗 1 カシミヤのじゅうたん 2 カシミヤ

katana 女〖不変〗〔日〕刀

kava 女〔植〕カバ(ポリネシア産. 根に麻酔作用がある); カバ酒

kava-kava → kava

kayak 男〖不変〗〔英〕カヤック(イヌイットなどが漁に用いるカヌー);〔スポ〕カヤック競技用の舟, カヤック競技

kayakista 男女〖複[男 -i]〗カヤック競技の選手

kazaco → kazako

Kazakistan 固名(男) カザフスタン

kazako 形 カザフスタン(人)の —男 1〖女[-a]〗カザフスタン人 2〖単数のみ〗カザフ語

kazoo 男 〔英・音〕カズー(アフリカ起源の, 振動板を持つ笛)

kc 略 chilociclo〔物〕キロサイクル

kcal 略 chilocaloria〔物〕キロカロリー

kebab 男〖不変〗〔トルコ・料〕カバブ

keirin 女〖不変〗〔日〕競輪

kellerina 女 ウエートレス

kendo 男〖不変〗〔日〕剣道

Kenia, Kenya 固名(男) ケニア

keniano, kenyano 形 ケニア(人)の —男 1〖女[-a]〗ケニア人

keniota 形〔複[男 -i]〕ケニア(人)の ―男女〔男 -i〕ケニア人

kennediano 形〔政〕ケネディ家の, (特に)J.F. ケネディの ―男〔女[-a]〕ケネディ家支持者

képi 男〔不変〕〔仏〕ケピ(chepì とも; 丸くひさしのついたフランス兵の帽子)

kepleriano 形〔天〕ケプラーの, ケプラーの法則の

kermes → chermes

kermesse 女〔不変〕〔(オランダ・フランス北部の)慈善市; 祭典, カーニバル

kernite 女〔鉱〕ケルナイト(ホウ素の原料)

kerosene 男 灯油, ケロシン(cherosene)

ketch 男〔不変〕〔英〕2 本マストの小型帆船

ketchup 男〔不変〕〔英〕ケチャップ

kevlar 男〔不変〕〔化〕ケブラー(高耐久性・高強度のポリアミド繊維)

keynesiano 形〔経〕ケインズ(理論)の ―男〔女[-a]〕ケインズ派の人, ケインズ学者

keyword 女〔不変〕〔英・情〕キーワード

kg 略 chilogrammo キログラム

KGB 略 Komitét Gosudárstvennoj Bezopásnosti ソ連国家保安委員会(イタリア語では Comitato per la Sicurezza dello Stato(servizio di spionaggio sovietico))

kgm 略 chilogrammetro 〔物〕キログラムメートル

khamsin 男〔不変〕〔アラビア・気〕ハムシン(サハラ砂漠からエジプトへ吹く乾燥した熱風)

khan 男〔不変〕〔歴〕ハーン, 汗(かん)(中世モンゴル・トルコの君主の尊称)

khanato 男 ハーン(君主)としての職務, ハーンの領土

khmer 形〔不変〕クメール族(の人)の ―男女〔不変〕クメール族; (K-)〔複数で〕カンボジア人 ―*khmer rosso* クメールルージュ(カンボジア共産党) ―男〔単数のみ〕クメール語

khomeinismo 男 ホメイニ主義

khomeinista 形〔複[男 -i]〕〔宗・政〕(イランの)ホメイニ主義の, ホメイニ派の人の ―男女〔複[男 -i]〕ホメイニ主義の人, (政治・宗教的に)強硬な原理主義の人

kHz 略 chilohertz 〔物〕キロヘルツ

kibbutz 男〔不変〕〔ヘブライ〕キブツ(イスラエルの農業共同体)

kick boxing 成(男)〔英・スポ〕キックボクシング

kidnapper 男〔不変〕〔英〕誘拐犯

kidnapping 男〔不変〕〔英〕(身代金目的の)子供の誘拐

kilim 男〔不変〕〔トルコ〕キリム(平毛織の鮮やかな色合いをしたじゅうたん)

killer 男〔不変〕〔英〕殺し屋, キラー, 刺客; 殺人犯 ―形〔不変〕〔英〕人を殺す ―*squalo killer* 人食い鮫

kilo- 接頭「1000」の意(chilo-)

kilobyte 男〔不変〕〔情〕キロバイト(1024 バイト)

kiloton → chiloton

kilowatt → chilowatt

kilowattora → chilowattora

kilt 男〔不変〕〔英〕キルト(スコットランドの男性用格子縞のスカート); (女性用のタータンチェックの)スカート

kimberlite 女〔鉱〕キンバーライト

kimono 男〔日〕着物(chimono)

kindergarten 男〔不変〕〔独〕幼稚園

kinderheim 男〔独〕(子供のための)キャンプ

king size 成〔英〕キングサイズの

kino 男〔不変〕キノ樹脂

kippur 男〔不変〕〔ヘブライ〕(ユダヤ人の)贖(しょく)罪の断食をする大祭

Kiribati 固名(男) キリバス

kiribatese 形 キリバス(人)の ―男 **1**〔女[-a]〕キリバス人 **2**〔単数のみ〕キリバス語

kirghiṣo, kirghizo 形 キルギスタン(人)の ―男 **1**〔女[-a]〕キルギス人 **2**〔単数のみ〕キルギス語

Kirghizistan 固名(男) キルギスタン(通称キルギス Kyrgyz)

kirsch 男〔不変〕〔独〕キルシュ, チェリーブランデー

kirschwasser → kirsch

kit 男〔不変〕〔英〕(日曜大工などの)用具一式, 材料[部品]一式; (用具一式を入れた)箱, パッケージ

kitsch 男〔不変〕〔独〕悪趣味な, 下品な; けばけばしい ―男〔不変〕悪趣味, 下品, キッチュ

kivi → kiwi

kiwi 男〔不変〕**1**〔鳥〕キウイ **2** キウイ(フルーツ)

kleenex 男〔不変〕〔英〕〔商標〕ティッシュペーパー

kleiniano¹ 形〔数〕クライン(Felix Klein)の

kleiniano² 形〔心〕クライン(Melanie Klein)の ―男〔女[-a]〕クライン派の人

klystron 男〔不変〕〔英・電子〕〔商標〕クライストロン, 速度変調管

km 略 chilometro キロメートル

km/h 略 chilometri all'ora キロメートル時

kmq 略 chilometro quadrato キロメートル平方

km/sec 略 chilometri al secondo キロメートル秒

knickerbocker 男〔不変〕〔英〕〔複数で〕ニッカーボッカー

knock-down 形〔不変〕〔英・スポ〕(ボクシングで)ノックダウンの ―男〔不変〕ノックダウン

knock-out 形〔不変〕〔英・スポ〕(ボクシングで)ノックアウトの; ぐったりした ―男〔不変〕ノックアウト

know-how 男 〔不変〕〔英〕技術的な知識, ノウハウ; 特殊技能

k.o. 略 〔英〕knock-out ノックアウト; ケーオー負け

koala 男 〔不変〕〔英・動〕コアラ

kohl 男 〔不変〕〔アラビア〕コール (エジプトやアラブで用いるアイライン用の黒いパウダー)

koilon 男 〔不変〕(古代ギリシャの劇場の) 階段〔観客〕席

koinè 女 1 〔言〕コイネー(古代ギリシャのアッティカ方言をベースにした共通語); 共通語, 標準語 2 (多民族間の文化・精神的)類似, 共通性

kolchoziano 形 コルホーズの ―男〔女[-a]〕(ソ連の)コルホーズの一員

kolchoz 男 〔不変〕〔露〕(ソ連の)コルホーズ, 集団農場

kolossal 男 〔不変〕〔独〕(映画・演劇の)一大巨編, 大作 ―形〔不変〕巨大な, とてつもない

KOMINFORM 略 Ufficio d'informazione dei partiti comunisti europei コミンフォルム, 欧州共産党情報局, 共産党国際情報局

KOMINTERN 略 Kommunisticeskij Internacional コミンテルン, 国際共産党, 第三インターナショナル(イタリア語では Internazionale Comunista (Terza Internazionale))

KOMSOMOL 略 Kommunisticeskij Sovieticeskij Molodiesh コムソモール, 共産主義青年同盟(イタリア語では Gioventù Comunista Sovietica)

kookaburra 男 〔不変〕〔鳥〕ワライカワセミ

kore 女 コレー(古代ギリシャのペールをまとった少女立像)

Kosovo 固名男 コソボ

kosovaro 形 コソボ(人)の ―男〔女[-a]〕コソボ人

kouros, kuros 男 〔不変〕〔ギ〕クーロス(古代ギリシャ・アルカイック期の裸身の青年立像)

KR 略 Crotone クロトーネ

Kr 略 〔元素記号〕〔化〕クリプトン (cripto)

kraal 男 〔不変〕〔アフリカーンス〕家畜用の柵; 垣をめぐらせた部落

krapfen 男 〔不変〕〔独〕クラプフェン (クリームやジャムの入ったドーナツ)

krill 男 〔不変〕〔英・動〕オキアミ

kronprinz 男 〔不変〕〔独・歴〕(ドイツ語圏の)皇太子

krug 男 〔不変〕〔独〕(素焼きで金属の蓋のついたビール用)ジョッキ

krypton → cripto

kt 略 chiloton〔物〕キロトン

Kublai → Qubilai

kulak 男女 〔不変〕〔露〕クラーク(帝政ロシア時代の富農)

kulturkampf 男 〔独〕(1871 年プロイセンのカトリック勢力に対する)文化闘争

kümmel 男 〔不変〕〔独〕キュンメル(クミンで香り付けしたリキュール)

kumquat, kumquat 男 〔不変〕〔植〕キンカン(の実)

kung fu 成句 男 〔中・スポ〕カンフー

kurciatovio 男 〔化〕ラザホージウム(元素記号 Rf)

Kursaal 男 〔不変〕〔独〕保養施設; (特に)湯治場の大広間, 遊技場, ダンスホール

Kuwait 固名 男 クウェート

kuwaitiano 形 クウェート(人)の ―男〔女[-a]〕クウェート人

kV 略 chilovolt〔電〕キロボルト

kVA 略 chilovoltampere〔電〕キロボルトアンペア

kW 略 chilowatt〔電〕キロワット

k-way 男 〔不変〕〔商標〕ポケッタブルレーンコート

kWh 略 chilowattora〔物〕キロワット時

kylix 女 〔不変〕キュリックス(古代ギリシャの, 二つの取っ手と細い脚を持つ広口の杯)

kyrie → kyrie eleison

kyrie eleison 間 〔ラ・カト〕(ミサにおける)「主よ, 哀れみたまえ」 ―男 〔不変〕「主よ, あわれみたまえ」で始まる賛歌, キリエ

kyrieleison → kyrie eleison

L, l

L¹, l¹ 女, 男 1 (イタリア語アルファベットの)10 番目の字母 ―L come Livorno〔符丁〕リヴォルノの L 2 (L)ローマ数字の 50

L² 略 1 (鉄道の)普通, 各停 2 Lussemburgo ルクセンブルク 3 lunedì 月曜日

l² 略 1 litro リットル 2 〔数〕lunghezza 長さ; linea 線

l'¹ 冠 〔定〕lo, la の省略形→ il, la¹

l'² 代 〔人称〕lo, la の省略形→ lo², la²

L. 略 1 Lira リラ(イタリアの旧貨幣単位) 2 Legge 法律

l. 略 1 legge 法律 2 libro 本

*****là** 〔ラ〕副 そこ[あそこ]に ► **al di là** 向こうに, 彼方に **più in là** 後で **qua e là** あちこちに

*****la¹** 〔ラ〕冠 〔定〕〔女性単数; 母音で始まる語の前では l'; 複数は le〕 **1** その; あの, 例の ―Questa è *la* tua macchina? これが君の車なのかい? / Prendi *la* medicina! 薬を飲みなさい. **2** 〔同種類・同種族のものを総称的に示して〕…というもの ―*La* tigre è una bestia feroce. トラは猛獣だ. **3** 〔女性の名前に, 主として称号を加えて〕…さん ―*la* signora Rossi ロッシさん / *la* professoressa Amati アマティ先生 / *La* Tina viene domani. (あの)ティーナが明日来る. **4** 〔世の中で唯一のものに付けて〕―*la* Terra 地球 / *la* luna 月 **5** 〔国・州・大陸などの固有名詞に付けて〕―*la* Toscana トスカーナ州 / *l*'Italia イタリア **6** 〔曜日に付けて〕毎…

la —*la* domenica 毎週日曜日に **7**〖数字に付けて〗…時 —*l'*una 1時 **8**〖時を表す名詞に付けて〗…の時間帯に; …につき —*la* mattina 朝に / *la* sera 夜に / tre volte *la* settimana 週に3度

***la**[2] 〔代〕(人称)〖直接目的格・3人称女性単数; 母音で始まる語の前では l'〗**1** 彼女を(に) —Conosci Paola?-No, non *la* conosco bene. パオラを知ってるか?-いや, あまりよく知らない. **2**〖多くは La で〗あなたを(に) —*La* ringrazio infinitamente. どうもありがとうございます(あなたに大変感謝いたしております). / Arriveder-*La*. さようなら. **3**それを —Mangia*la*! それを食べてね. **4**〖話す相手が分かっている事柄を指して〗そのこと —Ce *la* fai? うまくできるの? / Pianta*la*! やめなさい.

la[3] 男〔不変〕〔楽〕ラ[A, イ](の音)

labaro 男 **1**〔歴〕コンスタンティヌス帝の軍旗; (中世の)騎兵連隊旗 **2**(政治的・宗教的)旗印, 団体旗

labbia 女〔不変〕《文》顔, 顔つき; 表情, 顔色

labbo 男〔鳥〕トウゾクカモメ

labbra → labbro

***labbro** [ラッブロ] 男 **1**〖複〖le labbra〗〗唇; 〖複数で〗(人の)口 —*labbro* inferiore [superiore] 下[上]唇 / leggere sulle *labbra* 唇の動きを読む, 読唇術を使う **2**〖複〖i labbri〗〗(茶碗(な)や花瓶の)口 **3**〖複〖i labbri〗〗傷口
▶ *mordersi le labbra* (怒りや不安を抑えて)唇を噛む, 押し黙る

labe 女 **1**《文》よごれ, 染み; 欠点 **2**過ち; 瑕疵(が)

labello 男〔植〕唇弁

labiale 形 **1**唇の **2**〔言〕唇音の ― 女〔言〕唇音

labializzazione 女〔言〕唇音化

labiata 形〔植〕シソ科の植物; (L-)〖複数で〗シソ科

labile 形 **1**束の間の, はかない, 短命の; (記憶が)かすかな, ぼんやりした **2**〔心〕不安定な **3**〔化〕化学変化しやすい

labilità 女 **1**一時的であること, はかなさ, 弱さ **2**〔心・化〕不安定

labilmente 副 一時的に, 束の間に

labio 男 下唇(昆虫の口器)

labiodentale 形〔言〕唇歯音の ― 女〔言〕唇歯音

labiolettura 女〔医・言〕読唇術

labiopalatale 形〔言〕唇硬口蓋音の ― 女〔言〕唇硬口蓋音

labiovelare 形〔言〕唇軟口蓋音の ― 女〔言〕唇軟口蓋音

labirintico 形〖複〖男 -ci〗〗**1**迷路の, 迷宮のような; 入り組んだ, 分かりにくい **2**〔解〕内耳迷路の

labirintite 女〔医〕内耳炎

labirinto 男 **1**迷宮, 迷路 **2**混迷 **3**〔解〕内耳迷路

labirintopatia 女〔医〕内耳疾患

***laboratorio** [ラボラトーリオ] 男 **1**実験室 —*laboratorio* linguistico LL (視聴覚)教室 **2**仕事場, 工房

laboratorista 男女〖複〖男 -i〗〗実験技師

laboriosamente 副 骨折って; 勤勉に

laboriosità 女 **1**困難, 苦労 **2**勤勉, 精をだすこと

laborioso 形 **1**骨の折れる **2**勤勉な, よく働く **3**(時期が)多忙な

laborismo → laburismo

labrador, labradore 男〔不変〕**1**〔英〕ラブラドルレトリーバー(大型犬の一種) **2**〔魚〕ラブラドル(ラブラドル産のタラの一種)

labradorite 女〔鉱〕曹灰長石, ラブラドライト

labro → labbro

labronico 形〖複〖男 -ci〗〗《文》リヴォルノ(の人)の ― 男〖女 -a〗リヴォルノの人

laburismo 男〔政〕(英国の)労働者運動

laburista 形〖複〖男 -i〗〗〔政〕労働党の; 労働運動の ― 男女 労働党員

lacaniano 形〖心〕ラカンの; ラカン派の ― 男〖女 -a〗ラカン派の人

lacca 女 **1**ラッカー —*lacca* del Giappone 漆(でぁ) **2**漆器, 漆製品 **3**ヘアスプレー **4**(マニキュアの)エナメル ― 形〖不変〗深紅色の

laccare 他 **1**ラッカーを塗る, 漆(でぁ)を塗る **2**マニキュアを塗る ― **arsi** 再 (自分で)マニキュアを塗る

laccato 形 **1**ラッカーを塗った, 漆(でぁ)塗りの **2**マニキュアをした **3**(靴などが)エナメルの

lacchè 男 **1**(16～17世紀の)従者, 従僕 **2**追従者, ご機嫌取り

lacchezzo 男〖トスカーナ〗美味なもの, 珍味 **2**おべっか, お世辞

laccio 男 **1**投げ縄 **2**絆(だ) —*laccio* amoroso 愛の絆 **3**わな, たくらみ **4**細ひも —*laccio* da scarpe 靴ひも

lacciolo 男 **1**(鳥などの小動物を捕える)罠(な) **2**《文》策略

lacciuolo → lacciolo

Lacedemone 固名(男) **1**〔ギ神〕ラケダイモン(スパルタを建てたとされる) **2**ラケダイモン(スパルタまたはスパルタ人の別名)

lacerabile 形 引き[切り]裂ける

lacerabilità 女 引き[切り]裂けること

lacerante 形 **1**引き[切り]裂く **2**刺すような, 鋭い

lacerare 他〖io lacero〗**1**引き裂く, 切り裂く **2**さいなむ ― **arsi** 再 ぼろぼろになる, 《体》の一部(½)が)切れる

lacerazione 女 **1**裂く[裂ける]こと; 裂け目, ほころび **2**〔医〕裂傷

lacero 形 **1**引き裂かれた, 切り刻まれた **2**ぼろを着た

lacertide 男〔動〕カナヘビ; (L-)〖複数で〕カナヘビ科

lacerto 男 **1**《文》(腕や脚の)筋肉 **2**肉片

Lachesi 固名(女) 〖ギ神〗ラケシス(運命の三女神モイライの一)
laco 《文》→ lago
laconicamente 副 **1** そっけなく, 無愛想に **2** 手短に
laconicità 女 **1** そっけなさ, 無愛想 **2** 簡潔さ
laconico 形 〔複[男 -ci]〕 **1** (表現・文章が)簡潔な, 簡明な **2** (古代ギリシャの)ラコニア(人)の; スパルタ(人)の
***lacrima** [ラークリマ] 女 **1** 涙のしずく; 〔複数で〕涙 —*Lacrima* [Lacryma] Christi ラクリマ・クリスティ(南イタリア産のワイン) **2** 水滴状の物 ▶ *lacrime di coccodrillo* 嘘泣き, そら涙
lacrimabile 形 **1** 《文》哀れを誘う, 不憫(%)な **2** 陰鬱な
lacrimale 形 〔解〕涙の, 涙腺の
lacrimare 自 〔io lacrimo〕 涙が出る —Il freddo e il vento mi fanno *lacrimare* gli occhi. 寒さと風が目にしみる. —他 《文》嘆く, 悼む
lacrimato 形 《文》哀悼の, 哀惜される
lacrimatoio 男 〔考〕涙壺
lacrimazione 女 〔医〕涙分泌
lacrimevole 形 **1** 涙を誘う, 痛ましい **2** 《諧》お涙頂戴の
lacrimevolmente 副 悲痛に, 哀れを誘う
lacrimogeno 形 催涙性の —gas *lacrimogeno* 催涙ガス —男 催涙剤
lacrimosamente 副 涙ぐんで, 哀れを誘って
lacrimoso 形 涙ぐんだ; 涙を誘う, 涙ぐましい —voce *lacrimosa* 涙声
lacrosse 男 〔不変〕〔英・スポ〕ラクロス
lacuna 女 **1** 遮断, 空白; 不足, 欠落; (写本の)脱落, 脱漏 **2** 〔解〕裂孔, 小窩(")
lacunosamente 副 不完全に, 断片的に
lacunosità 女 断片性; 欠陥性
lacunoso 形 脱字の多い, 脱漏の, 欠落の; 不完全な, 不備な —manoscritto *lacunoso* 脱漏した写本
lacustre 形 湖の, 湖上の; 湖に住む[生育する]
laddove 副 …の場所に[で] —Andrò *laddove* c'è speranza. 希望のあるところへ行くつもりだ.
ladino 男 **1** 〔単数のみ〕ラディン語(ドロミテ語); ラディーノ語(ユダヤ・スペイン語) **2** 〔女[-a]〕ラディン語を話す人 —形 ラディン語(を話す人)の
Ladislao 固名(男性名) ラディズラーオ
ladreria 女 盗み, かっぱらい
ladresco 形 〔複[男 -chi]〕 泥棒の, 盗人のような
***ladro** [ラードロ] 男 〔女[-a]〕 **1** 泥棒 —*ladro* di galline [polli] こそ泥(ladruncolo) / *ladro* in guanti gialli 紳士のなりをした泥棒 **2** 暴利をむさぼる[私腹を肥やす]やつ —形 あこぎな, あくどい, えげつない ▶ **Al ladro!** 〔叫び声〕泥棒！

ladrocinio → latrocinio
ladronata 女 暴利, 法外な値段; ごまかし, 盗み
ladrone 男 〔女[-a]〕 追いはぎ, 大泥棒
ladroneria 女 泥棒[盗人]根性; 詐欺
ladronesco 形 〔複[男 -chi]〕 泥棒のような, あこぎな
ladruncolo 男 〔女[-a]〕 こそ泥
lagena 女 **1** (古代ローマの)瓶(%), 壺 **2** 〔動〕(魚類・両生類の内耳にある)つぼ, 突起
lager 男 〔不変〕〔独〕(ナチスの)強制収容所
***laggiù** [ラッジュ] 副 **1** 向こうの[下の]方に[で] **2** (遠い場所を暗に)あちらでは **3** 南方で
laghetto 男 小さな湖, 池
lagna 女 **1** 泣きごと; ぼやき —Finiscila con quella *lagna!* 泣きごとを並べるのはやめなさい. **2** うんざりさせる人[事], 退屈な人[事]
lagnanza 女 嘆き, 不平; 苦情, 抗議, 非難 —esporre le proprie *lagnanze* 苦情を述べる
lagnarsi 再 うめく, うなる; 嘆く, 不平を言う, 不満をもらす(di) —*lagnarsi* della malasorte 不運を嘆く
lagnone 形 〔口〕泣き虫の, めそめそする —男 〔女[-a]〕泣き虫 —Smettila di fare il *lagnone!* めそめそするのはやめなさい.
lagnosamente 副 悲しげに, 悲嘆にくれて
lagnoso 形 **1** (声が)悲しげな, 嘆くような; めそめそした —voce *lagnosa* 悲しげな声 **2** 退屈な, つまらない; 冗長な, くどい —film *lagnoso* つまらない映画
***lago** [ラーゴ] 男 〔複[-ghi]〕 **1** 湖 —*Lago* Lemano [di Ginevra] レマン湖[ジュネーブ湖] / *Lago* Maggiore マジョーレ湖(ピエモンテ州とロンバルディア州の州境にある湖) **2** (こぼれた大量の液体の)海 —un *lago* di sangue [olio] 血[油]の海 / essere in un *lago* di sudore 汗だく[まみれ]である
lagrima → lacrima
laguna 女 潟(%), 干潟; (L-)ヴェネツィア潟
lagunare 形 潟(%)の, 潟(%)湖の
L'Aia 固名(女) ハーグ(オランダ南西部の国際政治都市)
laicale 形 世俗の, 俗人の
laicamente 副 世俗主義的に, 俗人として
laicato 男 **1** 在家, 在俗(であること) **2** 平信徒会
laicismo 男 世俗主義
laicistico 形 〔複[男 -ci]〕 世俗主義の, 世俗的な, 非宗教的な
laicità 女 世俗性, 俗人であること; 宗教色のないこと —sostenere la *laicità* della scuola pubblica 公立学校の世

laicizzare 俗性を支持する

laicizzare 他 世俗化する, 宗教色を抜く; 還俗させる —*laicizzare* lo stato 国家を世俗化する —**arsi** 再 世俗化する, 宗教から分離する: 還俗する

laicizzazione 女 世俗化; 還俗

laico 形〔複[男 -ci]女 [-a]〕(聖職者に対して)世俗[一般人]の; 宗教色のない —男〔複[-ci]〕俗人, 一般人; (聖職者でない)一般信徒

laidamente 副 1 汚らしく, 見苦しく 2 下品に

laidezza 女 1 (嫌な)よごれ, 汚物, 不潔 2 卑猥(ひ)な言葉[行為] —*dire laidezze* 卑猥なことを言う 3 堕落, 下劣

laido 形 1 汚い, 不潔な, 醜い 2 卑猥(ひ)な, 下品な

Laio 固名〔男〕〔ギ神〕ライオス(テーバイ王. イオカステの夫でオイディプスの父)

-lalia 接尾「話」「話し方」の意

lallazione 女 喃(なん)語

lama¹ 女 1 刃; 刀身, 剣 2 薄く広がる層 3 〔スポ〕スケート靴の刃; アイスホッケーのスティックのブレード

lama² 男〔不変〕1〔動〕ラマ 2 ラマ(フランネルに似た毛織り)

lama³ 男〔不変〕〔宗〕ラマ(チベット仏教の僧)

lama⁴ 男 沼地, 湿地

La Manica 固名〔女〕ラ・マンシュ海峡, イギリス海峡(英国・ヨーロッパ大陸間の海峡)

lamantino 男〔動〕カイギュウ

lamare 他 (かんなやサンドペーパーで)凸凹を取り除く, 平らにする

lambda 男〔不変〕ラムダ(Λ, λ) (ギリシャ語アルファベットの 11 番目の字母)

lambello 男〔紋〕レイブル

Lamberta 固名〔女性名〕ランベルタ

Lamberto 固名〔男性名〕ランベルト

lambiccamento 男 思案, 苦心

lambiccare 他 1 熟考する 2 (蒸留器で)蒸留する —**arsi** 再 苦心する, 思案を重ねる ▶ *lambiccarsi il cervello* 知恵をしぼる, さんざん考える

lambiccato 形 思案した; (文章や考えが)ややこしい, 不自然な, わざとらしい

lambire 他〔io -isco〕(舌で)軽くなめる; 軽く触れる

lambretta 女 ランブレッタ(イタリア製バイク)

lambrusco 男〔複[-chi]〕ランブルスコ(エミリア地方のブドウの品種; その品種で作る発泡性赤ワイン)

lambswool 男〔不変〕〔英〕ラムズウール

lamé 男〔不変〕〔仏〕ラメ —形〔不変〕ラメの

La Mecca 固名〔女〕メッカ(サウジアラビア中西部の宗教都市)

lamella 女 1 (金属などの)薄片 2〔生物〕層板

lamellibranchio 男 (L-)〔複数で〕

〔動〕(カキやホタテなどの)二枚貝綱

lamentabile 形《文》痛ましい, 悲痛な

lamentanza 女《文》うめき声, 嘆き

＊**lamentare** [ラメンターレ] 他 悲しむ; 悼む; 嘆く —自 [es]《文》嘆く 2 非難する —**arsi** 再 不平[文句]を言う (di,per) 2 (痛みで)うめく

lamentazione 女〔複数で〕(聖週間に唱える)哀歌

lamentela 女 1 苦情, 不平, 不満 2《文》うめき声

lamentevole 形 1 悲しそうな, うめくような 2 哀れな, 痛ましい

lamentevolmente 副 悲しげに; 哀れに

lamento 男 1 うめき声; 悲痛な叫び 2 不平, 不満, 愚痴 3〔音〕ラメント, 哀歌, 挽歌

lamentoso 形 1 悲しげな, 哀れな 2 (人について)ぼやいてばかりの

lametta 女 安全カミソリの刃

lamia 女 ラミア(子供を食べる蛇の怪物)

lamiera 女 金属板, 鉄板

lamierista 男女〔複[男 -i]〕圧延工

lamina 女 1 薄板, 箔(はく) —*lamina d'oro* 金箔 2 (スキーの)エッジ

laminare¹ 薄板[薄層]状の

laminare² 他〔io lamino〕1 圧延加工する 2 化粧張りをする

laminato 形 1 ラメ入りの 2 薄板の —男 1 薄板, ベニヤ板 2 ラメ

laminatoio 男 圧延機, ロール機

laminazione 女 圧延

lamio 男〔植〕イラクサ

lampada [ランパダ] 女 1 明かり, 電灯; ランプ 2 フランベ用の卓上ガスコンロ[アルコールランプ]

lampadario 男 シャンデリア

lampadina 女 電球 —*lampadina tascabile* 懐中電灯

lampante 形 明白な, 明らかな

lampara 女〔漁〕集魚灯; 敷網漁船

lampeggiamento 男 1 稲妻, 閃(せん)光 2 点滅 3 (目の)輝き

lampeggiante 男 点滅灯 —形 点滅する, キラリと光る

lampeggiare 自〔io lampeggio〕1 〔空を主語に, あるいは非人称で〕空が(稲光で)光る; 点滅する; キラリ[チカッ]と光る 2 [es] (感情が)走る, (考えが)ひらめく

lampeggiatore 男 1 (車の)指示器, ウインカー; (作業などの)点滅ライト 2〔写〕フラッシュ

lampeggio 男 点滅

lampionaio 男 (街灯の)点灯夫

lampioncino 男 提灯(ちょうちん); 豆電球

lampione 男 街灯; (乗物などの)ライト

lampiride 女〔虫〕カラフトボタル —男〔虫〕ホタル (lucciola)

lampo 男 1 稲光, 稲妻 2 閃(せん)光; ひらめき —*chiusura lampo* ファスナー, チャック 3〔写〕フラッシュ 4 瞬時, ほんの一瞬 5 駿足の人[動物] —形〔不変〕瞬時の, あっという間の —女〔不変〕ファ

lampone 男 〔植〕キイチゴ, ラズベリー —形〔不変〕濃い赤紫色の

lampreda 女〔魚〕ヤツメウナギ

lampuga 女〔魚〕シイラ

***lana** [ラーナ] 女 1 羊毛, ウール —pura lana 純毛 2 羊毛のような化学繊維 3〔植物や毛virusなどの〕柔毛 ▶ *essere una buona lana* ろくでなしである, ひどい奴だ

lanca 女〔北伊〕1 三日月湖 2 沼地, 沼沢地

lanceolato 形 1〔植〕披針形の 2 槍(ᔂ)形の, 穂先形の

lancere → lanciere

lancetta 女 1 (時計やはかりの)針 2〔医〕ランセット, 刃針

lancia¹ 女〔複 [-ce]〕1 槍(ᔂ) 2 (中世の)槍騎兵 3 金属製の柵の格子の先端 4 (魚を捕る)銛(ᔂ)

lancia² 女〔複 [-ce]〕〔船〕ランチ；〔海〕カッター —*lancia di salvataggio* 救命ボート

lanciabombe 男〔不変〕迫撃砲；カタパルト

lanciafiamme 男〔不変〕火炎放射器

lanciamissili 男〔不変〕ミサイル発射装置 —形〔不変〕ミサイルを装備した

lanciarazzi 男〔不変〕ロケット弾発射装置；ロケット砲 —形〔不変〕信号ピストル (*pistola lanciarazzi*) —形〔不変〕ロケット砲の

***lanciare** [ランチャーレ] 他〔io lancio〕1 投げる 2 発射する 3 (車を)飛ばす 4 (不満などを)ぶつける —*lanciare un grido* 叫び声を上げる 5 (新商品や新人を世に)売り出すこと —*lanciare una moda* 流行を生み出す 6〔コン〕(プログラムを)実行する —**arsi** 再 1 (勢いよく)飛び込む, 身を投げ出す 2 没頭する

lanciasiluri 男〔不変〕魚雷発射装置

lanciatore 男〔女 [-trice]〕投げる人；〔スポ〕投擲(ᔂ)選手, 投手

lanciere 男 槍騎兵, 槍騎兵部隊

lanciforme 形 槍(ᔂ)形の

lancinante 形 (痛みが)刺すような, 鋭い —*mal di testa lancinante* 激しい頭痛

lancio 男 1 投げること；発射 2 広告, 宣伝；(人を世の中に)送り出すこと 3〔スポ〕(サッカーの)ボールのパス；(野球やクリケットの)投球

landa 女 1 荒地 2〔文〕平原

land art 國名〔女〕〔英・美〕ランドアート

landau 男〔不変〕〔仏〕(幌付き4輪の)ランドー馬車

ländler 男〔不変〕〔独〕(オーストリアやドイツ南部のダンス)レントラー

landò → landau

laneria 女 毛織物, 羊毛製品

Lanfranco 国名〔男性名〕ランフランコ

langue 女〔不変〕〔仏・言〕ラング

languidamente 副 力なく, せつなく

languidezza 女 1 物憂さ, けだるさ 2 無気力, 活力〔気力〕のなさ

languido 形 1 物憂げな；憔悴(ᔂ)した, 無気力な 2 (文章などが)迫力に欠ける

languire 自〔io languo, 《文》-isco〕1 衰弱する, 憔悴(ᔂ)する 2 萎(ᔂ)える, しおれる；活気を失う 3 不振になる, 沈滞する

languore 男 1 憔悴(ᔂ), 無気力；物憂さ, 感傷 2 空腹

languoroso 形 物憂げな, 感傷的な

laniccio 男 綿[毛]ぼこり

laniere 男〔女 [-a]〕羊毛加工業者, 毛織物商人

laniero 形 羊毛加工の, 毛織物取引の

lanificio 男 羊毛加工工場

lanigero → lanoso

lanista 男〔複 [-i]〕(古代ローマの)剣闘士師範；剣闘士養成所の所有者

lanolina 女〔薬〕ラノリン, 羊毛脂

lanosità 女 羊毛で覆われていること

lanoso 形 毛の多い；羊毛のような；もじゃもじゃの

lantana 女〔植〕1 ガマズミ 2 ランタナ

lantanide 男〔化〕ランタナイド

lantanio 男〔単数のみ〕〔化〕ランタン (元素記号 La)

lanterna 女 1 角灯, ランタン 2 灯台 3〔建〕(採光用のクーポラの)越し屋根 4〔映〕映写機の光源

lanugine 女 1 産毛 2〔植〕綿毛, 冠毛

lanuginoso 形 1 産毛で覆われた 2〔植〕綿毛で覆われた

Lanusei 女 ラヌセイ(サルデーニャ特別自治州の都市)

lanuto 形 羊毛で覆われた —男《文》羊

lanzichenecco 男〔複 [-chi]〕1〔歴〕(ルネサンス期の)ドイツ人傭兵 2 乱暴者；(権力者の)右腕, 手下

Laocoonte 国名〔男〕ラオコーン(トロイアの神官. トロイ戦争で木馬を市内に入れることに反対し殺された)

Laos 国名〔男〕ラオス

laotiano 形 ラオスの；ラオス人〔語〕の —男 1〔女 [-a]〕ラオス人 2〔単数のみ〕ラオス語

lapalissianamente 副 明らかに, はっきりと

lapalissiano 形 当たり前の, 分かりきった

laparatomia → laparotomia

laparo- 接頭〔腹〕「腹部」の意

laparoscopia 女〔医〕腹腔鏡検査

laparoscopico 形〔複 [男-ci]〕〔医〕腹腔鏡下の, 腹腔鏡検査の

laparoscopio 男〔医〕腹腔鏡

laparotomia 女〔医〕開腹, 腹壁切開

lapida 女〔トスカーナ〕石の蓋, 石の覆い

lapidare 他〔io lapido〕1 投石によって死刑にする, 投石する 2 酷評する

lapidario 形 1 石碑の, 碑文の 2 簡潔な ―男 1 石碑の博物館 2 〔中世の貴石事典〕「宝石の書」 3 〔女[-a]〕石工, 大理石職人

lapidatore 男〔女[-trice]〕1 投石する人; 酷評する人 2 〔金属の表面を削る〕きさげ工

lapidazione 女 投石による死刑

lapide 女 1〔大理石や石の〕墓碑 2 記念碑, 銘板

lapideo 形 石造の, 石の; 石細工の

lapidoso 形 《文》石だらけの, 小石の多い

lapillo 男〔考・地学〕火山礫(れき)

lapin 男〔不変〕〔仏〕ウサギ; ウサギの毛皮

lapis 男〔不変〕鉛筆

lapislazzuli 男〔不変〕〔鉱〕ラピスラズリ, 青金石

lappola 女 1〔植〕オナモミ 2〔羊の〕くず毛

lappone, lappone 形 ラップランド(の人)の ―男女 ラップランドの人 ―男〔単数のみ〕ラップ語

Lapponia 固名(女) ラップランド

lapsus 男〔不変〕〔ラ〕ちょっとした失敗, うっかりした誤り ▶ *lapsus calami* 書き間違い, 誤記 *lapsus linguae* 言い間違い, 失言

laptop 男〔不変〕〔英〕ラップトップ・コンピューター

L'Aquila 女 ラークイラ(アブルッツォ州の州都; 略 AQ)

lardaceo 形 ラードのような, ラード状の

lardellare 他〔料〕(肉に)ラードを差し込む

lardellatura 女《総称的》〔料〕差し込み用ラード; ラードを差し込むこと

lardello 男〔料〕ラードの小片

lardo 男 1 ラード, 豚脂 2 脂肪

lardoso 形 1 脂身の多い 2《蔑》でぶっちょの

largamente 副 1 広く, 大きく 2 たっぷりと, 気前よく 3 裕福に

largheggiare 自〔io largheggio〕気前のよさを見せる, 惜しみなく与える

larghetto 副〔音〕ラルゲット, やや遅く ―男〔音〕ラルゲットの曲

larghezza 女 1 横幅 2 広さ, 心の広さ, 気前のよさ

☆**largo**［ラルゴ］形〔複[男-ghi]〕1〔横幅の〕広い ―*strada larga 3 metri* 幅 3 メートルの道 2〔服や靴が〕大きい ―*largo in vita* ウエストがだぶだぶの 3〔言〕開口の 4〔人が〕寛大な, 気前のよい 5 豊富な, 多量の ―男 1 横幅; 幅 2 広い空間 3〔道が交差する〕小さい広場 4〔音〕ラルゴ ―副 1 遠くで, 離れて 2《文》広範囲に 3〔音〕(アダージョより)遅く ▶ *al largo* 沖に〔で〕 *stare alla larga da...* …から離れている

lariano 形 コモ湖の, コモ湖周辺の 2〔サッカーチーム〕コモの ―男〔女[-a]〕〔サッカーチーム〕コモの選手〔サポーター〕

larice 男〔植〕カラマツ; カラマツ材

lariceto 男 カラマツ林

laringe 女〔解〕喉頭

laringite 女〔医〕喉頭炎

laringoiatra 男女〔複[男-i]〕〔医〕喉頭専門医

laringoscopia 女〔医〕喉頭鏡検査

laringoscopio 男〔医〕喉頭鏡

laringotracheite 女〔医〕喉頭気管炎

laro 男〔鳥〕カモメ

larva 女 1〔古代ローマ神話の〕悪霊;《文》亡霊, 幽霊 2 やせこけた〔やつれた〕人 3〔動〕幼生, 幼虫

larvale 形〔動〕幼生の, 幼虫の

larvatamente 副 こっそりと, ひそかに

larvato 形 〔真実が〕隠された, ぼかした ―*larvate minacce* 遠回しな脅迫

larvicida 形〔複[男-i]〕幼虫駆除の ―〔複[-i]〕幼虫駆除剤

lasagna 女〔複数で〕〔料〕ラザニア(ミートソースとベシャメルをベースにした)パスタの重ね焼き, ラザーニャ

lasca 女〔魚〕ウグイ; コイ科の淡水魚

lasciapassare 男〔不変〕通行許可証, フリーパス

☆**lasciare**［ラッシャーレ］他〔io lascio〕1(手を)放す ―*Lasciami!* 放して。 2(人・物を)置いて行く〔来る〕, 置き忘れる 3(場所)を後にする, 離れる ―*Ti lascio qui.* ではここで(さようなら)。 4(仕事や習慣)をやめる, 捨てる 5 残す, 放置する ―*lasciare la luce accesa* 電灯をつけっ放しにする 6〔lasciare + 自動詞の不定詞 + 人〕(人)を…させておく; 〔lasciare + 他動詞の不定詞 + 物・事 + a 人〕(人)に…をさせておく; 〔lasciare che + 接続法〕…するままにさせる ―*lasciare andare...* (人)を引き止めない, (物)を我慢しない / *lasciare fare...* (人)の好きにさせる, 放っておく / *lasciare perdere...* …を問題にしない, なかったことにする / *lasciare stare...* (人)の邪魔をしない, (物)に手を出さない / *Lasciate che decida io.* 私に決めさせてね。 ―**arsi** 再 1 別れる; 離縁する ―*Quei due si sono lasciati.* あの二人は別れてしまった。 2〔自動詞的 + 不定詞〕つい…する ―*Quella ragazza si lascia piangere sempre.* あの女の子はいつも泣いてしまう。 3〔+ 他動詞の不定詞〕…されるままになる ―*Mi sono lasciato ingannare.* 私はだまされてしまった。 ▶ *lasciare a metà...* (事)を途中で止める〔中途半端な形で終わる〕

lascito 男〔法〕遺贈; 遺産

lascivamente 副 淫らに; だらしなく

lascivia 女 好色, 放蕩(とう)癖; 放埒(らつ), 自堕落

lascivo 形 好色な, 猥褻(わいせつ)な, 放恣(し)な

laser 男〔不変〕レーザー ―形 レーザーの

laserchirurgia 女〔医〕レーザー手術

laser disc 固名〔男〕〔英〕レーザーディス

laserfoto 囡〔不変〕レーザー写真
laserterapia 囡〔医〕レーザー治療
La Spezia 固名(女) ラ・スペツィア(リグリア州の都市; 略 SP)
lassativo 囲 便秘薬, 緩下剤 —囲 緩下剤の
lassismo 囲 1〔神学〕寛解主義 2 放任主義
lassista 厖〔複[男 -i]〕放任主義の —男女〔複[男 -i]〕放任主義者
lassistico 厖〔複[男 -ci]〕放任主義の
lasso¹ 囲 (時の)経過, 期間 —*lasso di tempo* ある程度の時の経過
lasso² 厖〔文〕疲弊した, 憔悴(ﾋﾟｮｳｽｲ)した
*__lassù__ [ラッス] 副 あの上に; 北に上がったところに; 天上に
lastex 囲〔不変〕〔商標〕ラステックス
lastra 囡 1(金属・ガラス・石などの)薄板 2(写真の)原板, 乾板 3〔口〕レントゲン写真 —*andare a farsi le lastre* レントゲン写真を撮りに行く
lastrame 囲 (石や大理石などの)板
lastratura 囡 (車の)板金塗装
lastricare 他 (io *lastrico*) 舗装する, 敷石を敷く
lastricato 囲 石畳, 敷石
lastricatore 囲〔囡[-trice]〕舗装工, 路盤工
lastricatura 囡 舗装
lastrico 囲〔複 -chi, 《稀》-ci〕石畳(の舗道) ►*sul lastrico* 路頭に迷った(状態に)
latamente 副 広く, 広範囲にわたって
latebra 囡《文》1 隠れ場所〔家〕2 心の奥底
latente 厖 潜在[潜伏]した, 隠れた; 〔心〕潜在性の
latentemente 副 隠れて, ひそかに
latenza 囡 潜在, 潜伏
laterale 厖 1 横(側)の, 側面の 2 付随的, 副次的な
lateralità 囡 1 横[側面]にあること 2〔心〕(脳機能の)左右差, 偏側性 3〔生理〕右[左]利き
lateralmente 副 横に, 脇に, 側面に
lateranense 厖 ラテラノの —*concilio lateranense* 〔歴〕ラテラノ公会議
latercolo 囲〔考〕レンガ碑文
laterite 囡 ラテライト, 紅土
laterizio 厖 レンガの, テラコッタの —囲〔複数で〕レンガ, 瓦
latice 囲 1〔植〕乳液 2(ゴムの原料)ラテックス
latifoglie 囡複 広葉樹
latifoglio 厖〔植〕広葉樹の
latifondiario 厖 大土地所有の
latifondismo 囲 大土地所有制
latifondista 男女〔複[男 -i]〕大地主, 大土地所有者
latifondistico 厖〔複[男 -ci]〕大土地所有の, 大地主の

latifondo 囲 広大な地所
latimeria 囡〔魚〕ラティメリア(現生のシーラカンス)
Latina 固名(女) 1 ラティーナ(ラツィオ州の都市; 略 LT) 2 (Via ～) ラティーナ街道(ローマのラティーナ門から南東方向に建設されたローマ街道)
latinamente 副 1 ラテン語で 2 ラテン風に
latineggiante 厖 ラテン語風の
latinense 厖 ラティーナ(の人)の —男女 ラティーナの人
latinese → latinense
latinismo 囲 (他の言語に入った)ラテン語特有の語法
latinista 男女〔複[男 -i]〕ラテン語学者, ラテン文学者 —厖〔複[男 -i]〕ラテン語学[文学]の
latinità 囡 ラテン性, ラテン世界に属すること; ラテン語文化
latinizzare 他 ラテン(語)化する —*arsi* 再 ラテン(語)化する
latinizzazione 囡 ラテン(語)化
latin lover 囲(男)〔英〕ラテン系の色男
*__latino__ [ラティーノ] 囲 1〔単数のみ〕ラテン語 2〔囡 -a〕古代ローマ人 —厖 1 ラテン語の 2 古代ローマの; 古代ローマ人の 3 ロマンス語の
latino-americano 厖 ラテンアメリカの —囲〔囡[-a]〕ラテンアメリカ人
latitante 厖〔法〕潜伏中の, 逃亡中の; 不在の —男女〔法〕潜伏者, 逃亡者
latitanza 囡 1〔法〕潜伏, 逃亡; 失踪 2 非合法性 3 指導力の欠如
latitudinale 厖 1〔地理〕緯度の 2 横に広がる
latitudinarismo 囲〔宗〕(英国国教会の)自由主義
latitudine 囡 1 緯度, 緯線(→ longitudine) —*latitudine nord* [*sud*] 北緯[南緯] 2〔複数で〕(緯度を基準にした)地方, 地帯
*__lato¹__ [ラート] 囲 1 側, 側面 —*dall'altro lato della strada* 道路の反対側で / *lato debole* 欠点, 弱点 2 脇腹 3 観点 4 縁, 端 5 血統, 家系 6〔幾〕辺 ►*da un lato* 一方で, 他方で; 片側に
lato² 厖《文》広い, 広大な
latore 囲〔囡[-trice]〕(手紙やカードの)配達人
latrare 自 1(犬が)吠えたてる 2 まくし立てる 3《文》たわごとを言う
latrato 囲 (犬の)うなり声, 吠える声
-latria 接尾「崇拝」の意
latrina 囡 1 公衆便所 2 汚い場所
latrocinio 囲 盗み, こそ泥
latta 囡 ブリキ(缶)
lattaio 囲〔囡[-a]〕牛乳屋, 牛乳配達人
lattaiolo 囲 1〔料〕(トスカーナやマルケの)プディング菓子 2 〔牛〕
lattame 囲〔化〕ラクタム
lattante 厖 母乳を飲んでいる —男女

lattasi

1 (生後6か月までの)乳児 2《口》子供っぽい人, ねんね

lattasi 女〖不変〗〖化〗ラクターゼ

lattato 形 乳白色の —男 乳酸塩

lattazione 女 授乳期

＊**latte** [ラッテ] 男 1 乳, 牛乳 —dente da *latte* 乳歯 / *latte* di mucca [soia] 牛乳[豆乳] 2 乳液 3 乳状のもの 4 〖植〗樹乳 5〖不変〗乳白色

lattemiele 男〖不変〗〖料〗生クリームとハチミツの甘い食べ物;〔ロンバルディア〕泡立て生クリーム —形〖不変〗(人が)好意的な, 優しい

latteo 形 牛乳の, 乳児の; 乳白色の, 乳のような

latteria 女 乳製品の店

latterino 男〖魚〗トウゴロウイワシ

lattescente 形 乳白色の, 乳状の

lattescenza 女 乳白色;乳状質

lattice → latice

latticello 男 乳漿(しょう)

lattcifero 形,男〖植〗乳液(を含む)細胞(の)

latticino 男 乳製品

lattico 形〖複[男-ci]〗〖生化〗乳の;乳酸を生じる

lattiera 女 ミルクピッチャー;(乳搾りの)容器, ミルク缶

lattiero 形 酪農の —industria *lattiera* 酪農工場

lattifero 形 乳を出す

lattiginoso 形 1 乳状の; 乳白色の 2〖植〗乳液を出す

lattime 男〖医〗乳痂(か), 小児湿疹(しん)

lattina 女〔清涼飲料などの〕缶

lattoalbumina 女〖化〗乳酸アルブミン

lattobacillo 男〖化〗乳酸菌

lattoniere 男 ブリキ職人

lattonzolo 男 離乳前の動物(特に子豚)

lattosio 男〖生化〗乳糖, ラクトース

lattuga 女 1 レタス, チシャ, サラダ菜 2 (15〜16世紀の男性のシャツの)ひだ飾りの付いた襟

lauda 女〖文〗賛歌, ラウダ(中世イタリアの非典礼的な詩)

laudano 男〖薬〗アヘンチンキ

laudativo 形〖諧〗賛美の, 賞賛すべき

laudator temporis acti 威〈男〉〔ラ〕伝統[保守]主義者; 固陋(ろう)な老人

laude 女〖文〗賛美, 礼賛;〖複数のみ〗〔カト〕賛課

Laura 固名〖女性名〗ラウラ

lauracea 女〖植〗クスノキ科の植物;(L-)〖複数で〗クスノキ科

laurea 女 大学卒業(の学位) —tesi di *laurea* 卒業論文

laureando 男〖女[-a]〗卒業見込みの学生 —形 卒業見込みの

laureare 他 (io laureo) 学士号[学位]を授与する —**arsi** 再 学士号[学位]を取得する, 大学を卒業する —*laurearsi* in lettere 文学士号を取得する

laureato 形 大卒の —男〖女[-a]〗大卒者 —*laureato* in lettere [medicina] 文学部[医学部]を卒業した者

laurenziano 形 1 聖ロレンツォの 2 (メディチ家の)ロレンツォ・イル・マニフィコの 3 (フィレンツェの)ラウレンツィアーナ図書館の

laurenzio 男〖化〗ローレンシウム(元素記号 Lr)

lauretano 形 ロレート(Loreto)(の人)の —男〖女[-a]〗ロレートの人

lauro 男 1 ローリエ, 月桂樹の葉 2〖植〗月桂樹

lauto 形 豊かな, 豪華な, ぜいたくな; 莫大な, 相当の —un *lauto* pranzo 豪華な食事

lava 女 溶岩

lavabiancheria 女〖不変〗洗濯機 (lavatrice)

lavabicchieri 男〖不変〗(業務用の)グラス洗浄器

lavabile 形 水洗いのできる; 水に強い

lavabo 男 1 洗面台, 洗面所 2 (ミサで)洗手礼; 洗礼盤

lavacassonetti 男〖不変〗ごみコンテナ洗浄車 —形〖不変〗ごみコンテナ洗浄の

lavacristallo 男〖不変〗(車の)ウインドウオッシャー

lavadita 男〖不変〗フィンガーボール

lavafari 男 → lavafaro

lavafaro 男〖不変〗(車の)ヘッドランプウオッシャー

lavaggio 男 洗うこと, 洗濯, 洗浄 ▶ *lavaggio a secco* ドライクリーニング *lavaggio del cervello* 洗脳

＊**lavagna** [ラヴァーニャ] 女 1 黒板 —*lavagna* luminosa オーバーヘッドプロジェクター, OHP / *lavagna* bianca ホワイトボード 2 石墨石, 粘板岩, スレート —形〖不変〗暗い青灰色の —男〖不変〗暗い青灰色

lavaindossa 形〖不変〗ノーアイロンで着用できる(lava e indossa) —男〖不変〗ノーアイロンで着用できる生地

lavamacchine 形,男〖不変〗洗車係

lavamani → lavamano

lavamano 男〖不変〗(3本脚の支柱のついた)洗面器

lavamoquette 男〖不変〗カーペットクリーナー

lavanda¹ 女 1《文》洗うこと, 洗濯 2〔カト〕(司祭の)手の洗浄 3〖医〗(腔の)洗浄

lavanda² 女〖植〗ラベンダー

lavandaia 女 1 (昔の)洗濯女 2 下品な女, 粗野な女

lavandaio 男〖女[-a]〗クリーニング屋, 洗濯屋

lavanderia 女 クリーニング店

lavandino¹ 男〔台所の〕流し; 洗面台

lavandino² 男〖植〗ラバンジン

lavandula 女〖植〗ラベンダー

lavapavimenti 女〔不変〕床用電動ポリッシャー

lavapiatti 男女〔不変〕(厨(ちゅう)房の)皿洗い;下働き —女〔不変〕皿洗い機(lavastoviglie)

*__lavare__ [ラヴァーレ] 他 **1** 洗う, 洗濯する —lavare i piedi al figlio 子供の足を洗う〔洗ってやる〕 **2** 洗い流す, 純化する, 清める **3**《口》(裏金を)資金洗浄する —**arsi** 再 (自分の体を洗う) —lavarsi i piedi (自分の)足を洗う ▶ **lavare il capo** 厳しくとがめる **lavarsene le mani** (そのことから)足を洗う, 手を引く;(そのことには)関わりたくない, 何も知りたくない

lavarello 男〔魚〕サケ科コレゴヌス属の魚;ホワイトフィッシュ

lavascale 男女〔不変〕(共同住宅の)階段清掃人

lavasciuga 女〔不変〕乾燥機付き洗濯機

lavasciugatrice 女 乾燥機付き洗濯機(lavasciuga)

lavasecco 男,女〔不変〕ドライクリーニング店;ドライクリーニング機 —lavasecco a gettone コインランドリー

lavastoviglie 女〔不変〕皿洗い機 —男女〔不変〕(厨(ちゅう)房の)皿洗いの人(lavapiatti)

lavata 女 **1** 一洗い, さっと洗うこと —darsi una lavata alle mani 手を洗う **2** ずぶ濡れ —prendersi una lavata びしょ濡れになる ▶ **lavata di capo** [__testa__] 叱責, 大目玉

lavatergifaro, lavatergifari 男〔不変〕ヘッドランプウォッシャー, ヘッドライトワイパー

lavatesta 男〔不変〕シャンプー台, 洗髪台

lavativo 男 **1**《俗》浣(かん)腸;浣腸器;浣腸剤 **2** 怠け者, 無精者

lavato 形 洗った, 洗濯した —stendere i panni lavati ad asciugare 洗濯物を干す

lavatoio 男 洗濯場, 洗濯場の水槽

lavatore 形〔女[-trice]〕洗う, 洗浄する —男 **1** 洗浄作業員 **2** ガス洗浄装置

lavatrice 女 洗濯機

lavatura 女 洗うこと, 洗濯, 洗浄(lavaggio) ▶ **lavatura a secco** ドライクリーニング

lavavetri 男女〔不変〕窓拭き業者;(路上の)窓拭き屋 —男 (車の)ワイパー —女〔不変〕電動ガラス洗浄機

lavello 男 **1** (台所の)流し, 洗面台(acquaio) **2**《文》洗盤

lavico 形〔複[男 -ci]〕溶岩の

lavoraccio 男 骨の折れる仕事, つらい作業

lavorante 男女 職人, 職工

*__lavorare__ [ラヴォラーレ] 自 **1** 働く, 仕事をする **2** 機能[作動]する **3** 繁盛する —他 **1** 加工する, 細工する **2** 耕す —**arsi** 再 説得に努める

lavorativo 形 仕事の;勤務日の

lavorato 形 **1** 加工された **2** 装飾を施された **3** 耕作された

lavoratore 男〔女[-trice]〕労働者;働き者 —形〔女[-trice]〕労働者の

lavorazione 女 加工, 作業

lavoretto 男 **1** 重要でない仕事, 容易な作業 **2** 臨時の仕事 **3** 粗悪な出来の作品 **4** いかがわしい仕事[行動]

lavoricchiare 自〔io lavoricchio〕**1** いやいや働く **2** (仕事が無いため)不定期に働く

lavorio 男 **1** 熱心な活動, 反復活動 **2** 陰謀, 策略

*__lavoro__ [ラヴォーロ] 男 **1** 仕事, 労働 —lavori domestici 家事労働 / lavoro nero 不法就労 / lavori forzati 強制労働 **2** 職 —cambiare lavoro 転職する / cercare lavoro 求職する / lavoro fisso 定職 / perdere il lavoro 失職する **3** 職場, 仕事の場所 —andare al lavoro 仕事に行く, 出勤する **4**〔単数のみ〕労働者階級 **5** 仕事で得られた成果, 製品 —lavori d'artigianato 手工芸品 **6** 自然作用 —lavoro dell'acqua 水の作用 **7**《口》厄介なこと **8**〔物〕仕事(量)

lay-out 男〔不変〕〔英〕割付け, レイアウト;地取り, 配置

laziale 形 **1** ラツィオ(州)(の人)の **2** (サッカーチーム)ラツィオの —男女 **1** ラツィオ(州)の人 **2** (サッカーチーム)ラツィオの選手[サポーター]

Lazio 男 ラツィオ州(イタリア中部の州;州都 Roma) —女 ラツィオ(ローマのサッカーチーム)

lazzaretto 男 伝染病院

Lazzaro 固名(男) **1**〔男性名〕ラッザロ **2**〔聖〕ラザロ(「ルカ福音書」中のイエスのたとえ話に出てくる貧者の名)

lazzaronata 女《口》無頼;いかさま

lazzarone 男〔女[-a]〕**1** ならず者, ごろつき **2**《諧》怠け者, 無精者

lazzeruola 女〔植〕アザロールの実

lazzeruolo 男〔植〕アザロール

lazzo 男 **1**〔劇〕(コンメディア・デッラルテの定型化された)コミカルな演技, パントマイム **2** おどけたしぐさ

L/C 略〔英〕Letter of Credit 信用状(イタリア語では Lettera di Credito)

LE 略 Lecce レッチェ

*__le__[1] [レ] 冠(定)〔女性複数〕**1**〔特定の, または了解される人や物の前で〕その, それらの;あの, あれらの —le amiche di Rita リタの友人たち / le mele che ho comprato ieri 私が昨日買ったリンゴ **2**〔固有名詞に前置して〕—le Alpi アルプス山脈 / Abbiamo invitato le Bianchi. 私たちはビアンキ家の女性たちを招いた。 **3**〔数字を伴って時刻を表して〕—le due 2時 / Sono le otto di sera. 夜の8時です。

*__le__[2] [レ] 代(人称)〔直接目的格・3人称女性複数〕**1** 彼女ら(を) —Aspettate

Maria e Gina?-Sì, *le* aspettiamo. 君たちはマリアとジーナを待つの？-はい，彼女らを待ちます．/ Devo aiutar*le*. 私は彼女らを手伝わなければならない．**2** それら(を) —Dove hai comprato quelle scarpe?-*Le* ho comprate a Firenze. どこでその靴を買ったの？-フィレンツェで買いました．/ Se ti piacciono queste, te *le* regalo. もしこれらを気に入っているのなら，君にプレゼントするよ．

★**le³** [レ] 代 (人称)〔間接目的格・3人称女性単数〕**1** 彼女(に) —Hai telefonato a Carla?-No, non *le* ho telefonato. カルラに電話した？-いや，しなかった．/ A tua sorella piace il gelato?-Sì, *le* piace molto. 君の妹さん，ジェラートは好きかな．-うん，とても好きだよ．**2** 〔敬称；男女ともに用いて；文章では多く Le〕あなた(に) —*Le* dispiace se fumo? タバコを吸ってもよろしいですか(あなたには不快ですか)．/ Posso chieder*le* una cosa? 一つお尋ねしてもいいですか？**3** 〔女性名詞を指して〕《文》それ(に)

leader 男女 〔不変〕〔英〕**1** 党首，首領；リーダー，指導者 **2** 〔スポ〕首位の選手[チーム]

leaderismo 男 (特に政治で)指導力を発揮(しようと)すること

leaderistico 形 〔複[男 -ci]〕指導力のある

leadership 女 〔不変〕〔英〕リーダーシップ，統率力

leale 形 **1** 誠実な，律儀な，忠実な **2** 公明正大な，フェアな

lealismo 男 〔政〕(権力組織への)忠誠，忠節；(宗主国への)忠誠主義

lealmente 副 忠実に，忠誠に，まじめに，正直に

lealtà 女 **1** 誠実さ，忠誠 **2** 公明正大さ

leasing 男 〔不変〕〔英〕リース

lebbra 女 **1** 〔医〕ハンセン病 **2** (人の心や社会をむしばむ)害毒 **3** (建物の)老朽化

lebbrosario 男 ハンセン病療養所

lebbroso 形 ハンセン病(患者)の —男 〔女[-a]〕ハンセン病の患者

leccaculo 男女 〔不変〕〔卑〕おべっか使い，ゴマすりをする人

lecca-lecca 男 〔不変〕ペロペロキャンディー

leccapiedi 男女 〔不変〕〔卑〕おべっか使い，追従する人

leccarda 女 (ロースターの)受け皿

leccare 他 **1** (舌で)なめる **2** おべっかを使う **3** (作品や仕事を)恐ろしく入念に仕上げる —**arsi** 再 **1** (動物が体を)なめる **2** おめかしする **3** (自分の指などを)なめる ▶ *leccarsi i baffi* [*le dita*] (何かを食べて)大満足する

leccata 女 **1** なめること **2** おもねり，へつらい

leccato 形 (文章・話が)凝りすぎの，技巧的な；きざな，気取った

Lecce 固名 (女) レッチェ(プーリア州の都市；略 LE)

leccese 形 レッチェ(の人)の —男女 レッチェの人 —男 〔単数のみ〕レッチェ方言

lecceto 男 トキワガシの森

lecchese 形 レッコ(の人)の —男女 レッコの人

lecchino 男 〔女[-a]〕《蔑》おべっか使い，ご機嫌取り

leccia 女 〔複[-ce]〕〔魚〕**1** アジ属の魚 **2** 大西洋にすむ細長・側扁の大型食用魚

leccio 男 〔植〕トキワガシ

Lecco 固名 (女) レッコ(ロンバルディア州の都市；略 LC)

leccornia 女 美味な食べ物，珍味

lecitamente 副 正当に，合法的に；許可を得て

lecitina 女 〔化〕レシチン

lecito 形 正当な，許された；合法的な，適法の

lectio brevis 成句 (女) 〔ラ〕短縮授業

LED 略 〔英〕light-emitting diode 発光ダイオード

Leda 固名 (女) 〔ギ神〕レダ(ゼウスと交わってポリュデウケスとヘレネを産んだ)

ledere [63] 他 〔過分 leso〕(人体を)傷つける，損う；侵害する —*ledere gli interessi altrui* 他人の権益を損なう —**ersi** 再 (事故などで人体の一部が)損傷する

lega¹ 女 **1** 同盟，連合 **2** 組合 **3** (不法行為目的の)徒党，共謀 **4** 〔金〕合金 **5** 《蔑》性質，性格

lega² 女 リーグ(距離の単位)

legaccio 男 ひも，編みひも

legale 形 **1** 法律(上)の **2** 適法の，合法的な —男 弁護士，法律家

legalismo 男 法律尊重主義，規則一点張り

legalista 男女 〔複[男 -i]〕法律尊重主義者 —形 法律尊重主義の

legalistico 形 〔複[男 -ci]〕法律尊重主義的な

legalità 女 合法[適法]性；遵法

legalitario 形 規則一点張りの，法律厳守の

legalizzare 他 **1** 合法化する，法律で認める **2** 〔法〕(署名・証書などの真正を)証明する，認証する —*legalizzare un certificato* 証明書が本物であることを認める

legalizzazione 女 **1** 合法化 **2** 認証

legalmente 副 合法的に，法律的に

legame 男 **1** 縛る[結ぶ]もの(ひもやロープの類) **2** 絆(きずな)，関係

legamento 男 **1** 〔解〕靱(じん)帯；腱鞘(けんしょう)のひも **2** 結びつけるもの[こと]；絆

legante 男 〔建〕(セメント・石灰などの)結合部材，つなぎ石；接合剤

★**legare¹** [レガーレ] 他 **1** 縛る，束ねる —*legare un mazzo di fiori* 花束を作る **2** つなぐ —*legare* il cane alla catena 犬を鎖でつなぐ **3** 結ぶ，結びつける —Ci *lega* un'amicizia di tanti anni. 私た

ちは長年の友情で結ばれている. **4**(宝石を金属に)はめ込む **5**〔料〕(スープやソースを)より濃く〔クリーム状に〕する **6**(合金にするために金属を)合わせる ─自〔con〕**1** …と仲よくなる **2**…と合う〔調和する〕**3**〔理論的に〕つながる ─**arsi** 再 **1**(自身や自分の体の一部をひもなどで)結ぶ, つなぐ (靴ひもや髪を)結ぶ **2**(愛情や絆で)つながる **3**調和する, 合う **4**一致する, 関連する **5**合金になる ▶ **legarsela al dito**(相手から受けた不当な行為や仕打ちを)絶対に忘れない

legare² 他〔法〕遺贈する, 遺譲する
legata 女 さっと束ねること
legatario 男〔女[-a]〕〔法〕遺産受取人
legatizio 形 教皇(代理)使節の
legato¹ 形 **1**結ばれた, つながれた, 縛られた **2**閉ざされた, 拘束された **3**(本が)綴じられた, 装丁した **4**ぎこちない, こわばった **5**(宝石などが)はめ込まれた **6**〔音〕レガートの 一男〔単数のみ〕〔音〕レガート
legato² 男 **1**教皇特使 **2**(古代ローマの)総督副官; 将軍補佐官
legato³ 副 〔音〕レガートに
legatore 男〔女[-trice]〕製本工
legatoria 女 **1**製本技術 **2**製本所
legatura 女 **1**結ぶ〔縛る〕こと, 束ねること; 結び目 **2**製本, 装丁 **3**〔医〕結紮 **4**〔音〕スラー **5**(宝石などの)はめ込み
legazione 女 **1**公使館; 〔集合的〕公使館員, 公使一行 **2**〔主に複数で〕〔歴〕(教皇国家の)行政区
legenda 女 凡例, キャプション, 略語表
*__legge__ 女 〔レッジェ〕**1**法律 ─ *legge civile* 民法 / *uomo di legge* 法律家, 弁護士 **2**法学 **3**法則 ─*le leggi della natura* 自然の法則 / *legge di gravità* 重力の法則 **4**掟(おきて) / *legge divina* 神の掟 / *legge morale* 道徳律 **5**(勝手な)論理 ▶ *fuori legge* 非合法の
leggenda 女 **1**伝説, 言い伝え; 《口》伝説の人, 語り継がれる人 **2**でっち上げ, 作り話 **3**凡例; (挿絵の)説明文, キャプション **4**(刻まれた)銘 **5**〔音〕レゲンダ
leggendario 形 伝説上の, 架空の ─男〔文〕聖人伝集
*__leggere__ 〔レッジェレ〕[64] 他〔過去 *letto*〕**1**読む; 〔目的語をとらずに〕読書する ─*leggere il giornale* 新聞を読む / *sapere leggere e scrivere* 読み書きができる / *leggere in silenzio* 黙読する **2**朗読する; 読んで聞かせる **3**読み取る, 解釈する ─*leggere la mano* 手相を見る / *Gli ho letto nel pensiero.* 私は彼の考えを察した.
leggerezza 女 **1**軽さ; 弱さ **2**軽快 **3**軽薄
leggermente 副 **1**わずかに, 少しばかり **2**軽く, そっと **3**軽率に, 軽々しく
*__leggero__ 〔レッジェーロ〕形 **1**軽い; (強さが)弱い ─*essere leggero come una piuma* 羽根のように軽い / *pesi leggeri*〔スポ〕ライト級, 軽量級 / *musica leggera* 軽音楽 **2**軽快な ─*Si è sentito più leggero.* 彼はさらに爽快な気分になった. **3**軽度の; わずかな, かすかな ─*avere il sonno leggero* まどろむ **4**軽薄な ─*carattere leggero* 軽薄な性格 / *prendere le cose alla leggera* 物事を軽くとらえる **5**(ワインやビールが)アルコールの強くない; (コーヒーや茶が)薄い; (タバコが軽い); (料理が)胃にもたれない ▶ *avere la mano leggera* 手先が器用である
leggerone 男〔女[-a]〕《口》お調子者; 楽天家
leggiadramente 副 しとやかに, 優美に
leggiadria 女 優美, 上品, 優雅
leggiadro 形 **1**(人物・見かけが)優雅な, 上品な **2**《文》穏やかな, 高貴な
leggibile 形 読みやすい; 読むに値する
leggibilità 女 判読できること; 理解できること; 分かりやすさ
leggicchiare 他〔io *leggicchio*〕**1**かろうじて〔苦労して〕読む **2**いやいや読む
leggio 男 書見台; 譜面台
leggiucchiare → *leggicchiare*
leghismo 男 (19~20世紀の)労働組合運動; 〔政〕北部同盟支持現象, 連邦制支持運動
leghista 男女 〔複[男-i]〕(19~20世紀の)組合労働者; 〔政〕北部同盟支持者, 連邦主義支持者
legiferare 自〔io *legifero*〕**1**法律を制定する **2**《謔》偉そうな口をきく
legionario 男 (古代ローマの)レギオン兵士; 非正規軍兵士 ─形 レギオンの
legione 女 **1**レギオン(古代ローマの軍団) **2**(特に統一運動期の義勇軍の)部隊 **3**多勢
legislativo 形 〔法〕立法の; 立法府の, 立法権のある
legislatore 男〔女[-trice]〕〔法〕立法者; 立法府[国会, 議会]議員
legislatura 女 〔法〕立法者の任期[任期]; 立法期間; 立法議会
legislazione 女 〔法〕立法; 〔総称的〕法律
legittima 女 〔法〕遺留分
legittimabile 形 嫡出子と認められる; 正当と認められる
legittimamente 副 合法的に
legittimare 他〔io *legittimo*〕**1**〔法〕嫡出子と認める **2**合法化する; 正当化する
legittimario 男〔女[-a]〕〔法〕遺留分権利者
legittimazione 女 **1**正当化, 合法化; 〔法〕(庶子の)認知 **2**〔法〕能力, 適格
legittimismo 男 〔歴〕正統王朝主義
legittimità 女 〔法〕合法性, 適法性, 正当性; 正統性, 嫡流
legittimo 形 **1**合法的な **2**正統な, 嫡出の **3**妥当な
legna 女 〔複[不変, または《文》-e]〕薪

(きき)
legnaia 囡 薪小屋
legname 男 材木
legnare 他 [口]こん棒で叩く[打つ]; 殴る, 叩く; 打ちのめす ―**arsi** 再 [口]ぶたれる, 叩かれる
legnata 囡 こん棒で殴ること, 殴打; [口]惨敗, 手痛い打撃
legnatico 男 [複 -ci] 1 [法] (共有林の)入会(いりあい)権, 採薪権 2 [歴] (封建領主への)薪(採取)税
*__**legno**__ [レーニョ] 男 1 木質, 木部 2 材木, 木材 ―*fatto*) di *legno* 木製の 3 木ぎれ, 薪(たきぎ); 棒 4 [複数で]木管楽器 ● **testa di legno** (蔑) 愚か者, 間抜け
legnoso 形 1 木の, 木質の; (木のように)硬い, 繊維状の 2 気難しい, 強情な; 荒っぽい ―*carattere legnoso* 荒っぽい性質 3 鈍い, 重い ―*passo legnoso* 重い足取り

lego 男 [不変] [商標] レゴ(プラスチック製の組み立ておもちゃ)
legume 男 [複数で] [植] 豆(インゲンマメ・エンドウマメ・ソラマメ・レンズマメ・ヒヨコマメなど)
leguminosa 囡 (L-) [複数で] [植] マメ科の植物

*__**lei**__ [レーイ] 代 (人称) [3人称女性単数] 1 [主格] 彼女は[が]; [男女にかかわらず敬称で Lei も用いられる]あなたは[が] ―*Come si chiama lei* [*Lei*]? 彼女[あなた]の名前は何ですか? / *Lei è la signora Rossi.* 彼女がロッシさんです. / *Scusi, Lei parla italiano?* すみません, あなたはイタリア語を話されますか? 2 [直接目的格; 強勢形]彼女を; [男女にかかわらず敬称で Lei も用いられる]あなたを ―*Chiamiamo lei* [*Lei*], *non lui*. 私たちが呼んでいるのは彼女[あなた]であって彼ではない. 3 [前置詞とともに; 強勢形]彼女; [男女にかかわらず敬称で Lei も用いられる]あなた ―*Domani vado al cinema con Lei*. 私は明日彼女と一緒に映画を観に行く. / *Dopo di Lei*. お先にどうぞ. / *Tocca a me?* -*Sì, tocca a Lei*. 私の番ですか? - はい, あなたの番です. ―囡 [単数で] 敬称 ―*dare del Lei* 敬語を使う ―囡 彼女, ガールフレンド

leitmotiv 男 [不変] [独]ライトモチーフ; 主題, 中心思想
lembo 男 1 端, 縁(ふち), 裾(すそ) 2 小さな部分, 一角
lemma 男 [複 -i] 1 [哲・数]補助定理 2 [言] (辞書の)見出し語, 項目
lemmario 男 1 (辞書・百科事典の)見出し語集 2 項目リスト
lemme lemme 熟 ゆっくりと, 静かに
lemna 囡 [植]コウキクサ; アオウキクサ
lemure 男 1 (古代ローマの)死者の霊, 亡霊 2 [動]キツネザル科の原猿類
lemuride 男 [動]キツネザル科の原猿類の動物; (L-) [複数で] [植]キツネザル科の原猿類

lena 囡 1 活力, 元気, 気力; 体力, スタミナ, 精力 2 [文]一息, 喘(あえ)ぎ
lenci 男 [不変] [商標] 柔らかいフェルト素材 ―囡 [不変]レンチドール(フェルトの人形)
lene 形 [文]繊細な, 柔らかい, 優しい
lenimento 男 1 鎮静, 緩和 2 鎮痛剤, 緩和剤
leninismo 男 [歴]レーニン主義
leninista 形 [複 [男 -i]] レーニン主義の; レーニン主義者の ―男囡 レーニン主義者
leninistico 形 [複 [男 -ci]] レーニン主義的な[に関する]
lenire 他 [io -isco] 和らげる, 鎮める, なだめる ―*pomata per lenire il bruciore* 炎症を緩和する軟膏 ―**irsi** 再 (痛みなどが)治まる, 鎮まる
lenitivo 形 [薬]鎮痛性の; (苦しみなどを)和らげる ―男 [薬]鎮痛剤, 鎮静剤; 緩下剤
lenocinio 男 1 売春周旋 2 [法]売春幹(あっ)旋
lenone 男 売春仲介人, ぽん引き; 売春婦のひも
lentamente 副 ゆっくりと, のろのろと; 静かに
lentare 他 1 [文]緩める, (速度を)落とす 2 リラックスさせる, 自由にする ―**arsi** 再 [文]弱まる, 衰える
lente 囡 1 レンズ; [複数で]眼鏡; コンタクトレンズ (*lenti a contatto*) 2 (振り子時計の)錘(おもり)
lentezza 囡 のろさ, 緩慢, 遅鈍
lenticchia 囡 [植]レンズマメ
lentiggine 囡 そばかす, 染み
lentigginoso 形 そばかすだらけの, ほくろのある
lentischio → *lentisco*
lentisco 男 [複 [-chi]] [植]ニュウコウジュ
*__**lento**__ [レント] 形 1 遅い ―*farmaco lento* 遅効性の薬 2 緩い, 緩んだ 3 (音楽が)遅い, ゆっくりとした ―男 1 (舞踏の)レント 2 [音]レント ―副 1 ゆっくり, 遅く ―*parlare lento* ゆっくり話す 2 [音]ゆっくりと, 遅いテンポで ● **a fuoco lento** 弱火(とろ火)で ● **lento come una lumaca** [**tartaruga**] 非常にのろい

lenza 囡 釣り糸
lenzuolo 男 シーツ[上下揃いのシーツは女性複数 *le lenzuola*, 上下揃いでない場合の複数は男性形 *i lenzuoli*] ―*le lenzuola di lino* リネンのシーツ上下一組 / *due lenzuoli* シーツ2枚

Leo 固名(男) 1 (~ I)レオ1世(400頃-461; ローマ教皇: 在位 440-461. 聖俗にわたり教皇権を高めた) 2 (~ III)レオ3世(655頃-741; ビザンツ皇帝: 在位 717-741. 聖画像禁止令を発し, 教会の東西分裂の原因をつくった) 3 (~ III)レオ3世(750頃-816; ローマ教皇: 在位 795-816.800 年カール大帝にローマ皇帝の帝冠を授けた) 4 (~ X)レオ10世

(1475-1521; ローマ教皇: 在位 1513-21. メディチ家出身. 免罪符を販売し, ルターによる宗教改革の発端をつくった) **5** (～XIII) レオ 13 世 (1810-1903; ローマ教皇: 在位 1878-1903. 教会の近代的地位の確立に貢献した)

leonardesco 形 〖複[男-chi]〗 **1** 〖美〗レオナルドの, レオナルドの作品の **2** レオナルド風の, 〖複[-chi]〗レオナルド信奉[模倣]者

Leonardo 固名 (男) **1** 〖男性名〗レオナルド **2** (～da Vinci) レオナルド・ダ・ヴィンチ(1452-1519; イタリアの芸術家・科学者. 多面的な創造力を発揮したルネサンスの巨匠)

Leoncavallo 固名 (男) (Ruggero ～) レオンカバッロ (1858-1919; イタリアの作曲家)

leone 男 〖女[leonessa]〗 **1** 〖動〗ライオン **2** (L-) 〖天〗獅子座; 〖占星〗獅子宮

leonessa 女 〖男[leone]〗雌のライオン

leonino 形 **1** ライオンの, ライオンのような ―coraggio leonino 勇猛 **2** 〖天〗獅子座の

leontopodio 〖植〗エーデルワイス, ウスユキソウ

Leopardi 固名(男) (Giacomo～) レオパルディ (1798-1837; イタリアの詩人)

leopardiano 形 〖文〗レオパルディの

leopardo 男 〖動〗ヒョウ

lepade 男 〖動〗エボシガイ

lepido 形 《文》機知に富んだ, 滑稽な

lepidottero 男 (L-) 〖複で〗〖虫〗鱗翅(ﾘﾝｼ)類

lepisma 女 〖虫〗シミ

leporino 形 ウサギの, ウサギのような―labbro leporino 〖医〗上唇裂, 口唇裂

lepre 男 〖動〗ノウサギ

leprotto 男 子ウサギ

leptone 男 〖物〗軽粒子

leptoquark 男 〖不変〗〖物〗レプトクォーク (粒子の一種)

leptospira 女 〖生物〗レプトスピラ (微生物の一種)

leptospirosi 女 《不変》〖医〗レプトスピラ症

lerciamente 副 よごれて, 不潔に; 不正に, 卑劣に

lercio 形 〖複[女-ce]〗 汚い, 不潔な; 卑劣な ―mani lerce 汚い手 ― 男 汚物, 不潔; 不正

lerciume 男 **1** 〖総称的〗汚物, 不潔なもの ―stanza piena di lerciume ごみだらけの部屋 **2** 不道徳; 悪い環境

lesbiaco 形 〖複[男-ci]〗《文》レスボス島の

lesbica 女 同性愛の女性, レズビアン

lesbico 形 〖複[男-ci]〗 **1** レスボス島の **2** 同性愛の女性の, レズビアンの ― 男 〖単数のみ〗レスボス島の言語

lesbio 形 レスボス島(の人)の ― 男 〖-a]〗レスボス島の人

lesbismo 男 女性の同性愛

lese ledere の直・遠過・3 単

lesena 女 〖建〗付柱, 扶壁柱

lesina 女 (靴屋が使う)錐(ｷﾘ), 千枚通し

lesinare 他 〖io lesino〗 出し惜しむ, 控える ― 自 けちけちする

lesionare 他 (建物などに)亀裂を生じさせる, 損害を与える, 傷つける

lesione 女 **1** 傷, 損傷; 〖建〗亀裂, ひび **2** 〖医〗機能障害, 病変

lesivamente 副 有害に, 不利に

lesività 女 **1** 損傷性 **2** 〖医〗有害性, 危険性

lesivo 形 **1** 侵害する **2** 〖医〗有害な, 危険な

leso 形 〖過分＜ledere〗 損害を受けた; 傷ついた

Lesotho 固名(男) レソト

lesothiano 形 レソト(人)の ― 男 〖女[-a]〗レソト人

lessare 他 ゆでる, ゆがく

lessata 女 さっと湯を通すこと

lessatura 女 ゆでること, ボイル

lesse leggere の直・遠過・3 単

lessema 男 〖複[-i]〗〖言〗語彙素

lessicale 形 〖言〗語彙の

lessicalizzare 他 〖言〗語彙化する

lessico 男 〖複[-ci]〗 **1** (特定の領域の)語彙集, 用語集 **2** 〖言〗辞書

lessicografia 女 **1** 〖言〗語彙研究, 辞書編纂法 **2** 辞書, 辞典

lessicografico 形 〖複[男-ci]〗〖言〗語彙研究の, 辞書編纂法の

lessicografo 男 〖女[-a]〗〖言〗 **1** 語彙研究者 **2** 辞書編集者

lessicologia 女 〖言〗語彙論

lessicologico 形 〖複[男-ci]〗〖言〗語彙論の, 辞書学の

lessicologo 男 〖複[-gi]女[-a]〗 語彙論研究者

lesso 形 ゆでた ― 男 ゆで肉

lestamente 副 すばやく, 敏捷(ﾋﾝｼｮｳ)に

lestezza 女 敏捷(ﾋﾝｼｮｳ), 敏速, 機敏, 迅速

lesto 形 すばやい, 迅速な; 短時間の ► lesto di mano

lestofante 男女 ペテン師, いかさま師, 詐欺師

letale 形 致命的な, 致死の

letalità 女 致死性

letalmente 副 死ぬほど, 極度に

letamaio 男 **1** 堆肥置き場, 積み肥場 **2** 不潔な場所, 汚い場所

letamare 他 堆肥を施す, (土地に)肥料をやる

letame 男 **1** 堆肥 **2** 汚物, 不潔 **3** 不正

letargia 女 **1** 〖医〗嗜(ｼ)眠, 昏睡 **2** 〖動〗冬眠 **3** 無気力

letargico 形 〖複[男-ci]〗 **1** 〖医〗嗜(ｼ)眠状態の, 昏睡状態の **2** 〖動〗冬眠の **3** 無気力な

letargo 男 〖複[-ghi]〗 **1** 冬眠 **2** 昏(ｺﾝ)睡 **3** 無反応, 無気力

Lete 男 〔単数のみ〕 1 〔ギ神〕レテ(忘却の川) 2 〔文〕忘却

leteo 形 〔ギ神〕(忘却の川)レテの

letifero 形 死をもたらす, 死を宣告する

Letizia 固名 〔女性名〕レティーツィア

letizia 女 喜び, 歓喜, 満足感

Leto 固名 〔女〕〔ギ神〕レト, レートー(ゼウスに愛され身ごもるが, 妃ヘラを恐れてデロス島でアポロンとアルテミスを出産)

letta 女 走り読み

*__lettera__ [レッテラ] 女 1 手紙 —*lettera* anonima 匿名〔差出人不明〕の手紙 / *lettera* commerciale [d'affari] 商業通信文 2 文字 —*lettera* minuscola 小文字 / *lettera* maiuscola 大文字 3 文書 4 文面 5 〔複数で〕文学;人文学 —uomo di *lettere* 文学者 ► __alla lettera__ 文字通りに, 正確に

letterale 形 文字の; 文字通りの, 逐語的な

letteralmente 副 文字通りに, 逐語的に

letterariamente 副 文字どおりに;正確に

letterarietà 女 文学性, 文語的であること

letterario 形 1 文学[文芸]の 2 文語の

letterato 男〔女[-a]〕文学(研究)者, 文芸家 —形 1 文学研究の 2 文学に通じた

*__letteratura__ [レッテラトゥーラ] 女 文学, 文芸 —*letteratura* italiana イタリア文学 / *letteratura* orale 口承文芸

lettiera 女 1 (家畜の)敷きわら, 寝わら 2 (猫の排泄)物用の砂

lettiga 女 輿(こし);担架

lettighiere 男〔女[-a]〕輿(こし)担ぎ;担架を運ぶ人

lettino 男 1 子供用ベッド 2 診察台 3 (ビーチなどの)デッキチェア

*__letto__[1]__ [レット] 男 1 ベッド, 寝床 —*camera da letto* 寝室 / *divano letto* ソファベッド / *letto* matrimoniale [alla francese] ダブルベッド[セミダブル] 2 (家畜の)敷きわら 3 結婚 4 〔口〕入院(期間) 5 床(とこ), 底 —*letto* del fiume 川底 6 〔文〕海底 7 〔地質〕地層;岩床 ► __a letto__ (病気や休息のため)寝ている __andare a letto__ 寝る __cascare dal letto__ (いつもより)早起きする

letto[2] leggere の過分

lettone, lettone 形 ラトビアの;ラトビア人[語]の —男女 ラトビア人 —男 〔単数のみ〕ラトビア語

Lettonia 固名 〔女〕ラトビア

lettore 男〔女[-trice]〕1 読者 2 (語学担当の)外国人講師 3 〔カト〕読師を務める人 4 〔コン〕読み取り装置 —*lettore* (di) compact disc CDプレーヤー

*__lettura__ [レットゥーラ] 女 1 読むこと, 読書 —*sala di lettura* 読書室 2 朗読 3 講読 4 解釈;評価 5 読み物 6 〔コン〕読み取り —*lettura* di un dischetto ディスクの読み取り

letturista 男女 〔複[男 -i]〕(水道・ガス・電気の使用量の)メーター調査員

leucemia 女 〔医〕白血病

leucemico 形 〔複[男 -ci]〕〔医〕白血病(患者)の, 白血病性の —男 〔複[-ci]女[-a]〕〔医〕白血病患者

leucisco 男 〔複[-chi]〕〔魚〕ローチ(コイ科の淡水魚)

leucite 女 〔鉱〕白榴(はくりゅう)石

leuco- 接頭 「白い」の意

leucocita 男 〔複[-i]〕→ leucocito

leucocito 男 白血球

leucocitosi 女 〔不変〕〔医〕白血球増加(症)

leucoma 男 〔複[-i]〕〔医〕角膜白斑

leucorrea 女 〔医〕白帯下(はくたいげ), こしけ

leva[1] 女 1 梃子(てこ), レバー 2 原動力

leva[2] 女 1 徴兵, 兵役 2 同期; 同世代 —*le nuove leve* 新しい世代

levanoccioli 男 〔不変〕(オリーヴやチェリーの)種抜き

levante 男 1 東, 東方;東風 2 レバント地方 —形 (太陽・月・星が)昇る —*l'Impero del Sol Levante* 日本

levantino 形 レバント地方(の人)の —男〔女[-a]〕レバント地方の人

levapunti 男 〔不変〕画鋲(がびょう)抜き, 釘(くぎ)抜き

*__levare__ [レヴァーレ] 他 1 上げる, 持ち上げる —*levare un grido* 叫び声を上げる 2 取り除く, 取り外す —男 〔単数のみ〕(太陽・月・星が)昇ること —**arsi** 再 1 脱ぐ;取り去る 2 (太陽などが)昇る;(風が)立つ;(高く)そびえる —*Si è levato un vento freddo.* 冷たい風が吹き始めた. / *La montagna si leva imponente.* 山が雄大にそびえ立つ. 3 起きる 4 立ち去る, 離れる ► __levare le tende__ 立ち去る, 退散する

levataccia 女 〔複[-ce]〕早起き —*fare una levataccia* 早起きする

levato 形 上にあげた, 上に伸ばした

levatrice 女 助産師, 産婆

levatura 女 1 資質, 能力;知性 2 重要性

Levi 固名 〔男〕1 〔聖〕レビ(ヤコブの三男) 2 (Carlo ~)レービ(1902-75;イタリアの作家. 反ファシスト. イタリア社会の矛盾を描いた「キリストはエボリにとどまりぬ」で知られる) 3 (Primo ~)レビ(1919-87;イタリアの作家. 自らのアウシュビッツ体験を描いた「これが人間だとしたら」で知られる)

leviatano 男 1 レビヤタン(旧約聖書に出てくる怪物) 2 〔哲〕リヴァイアサン, 専制君主制

levigare 他 〔io levigo〕1 滑らかにする, 磨く 2 洗練する

levigatezza 女 滑らかさ, 平坦さ

levigato 形 滑らかな, すべすべした, 平滑な

levigatore 男〔女[-trice]〕研磨作業員

levigatrice 女 研磨器

levigatura 女 磨くこと; つや出し

levigazione 女 研磨

levirato 男 〔人類〕レヴィラト婚

levitare 自 〔es/av〕〔io levito〕(心霊術などで)空中に浮揚する

levitazione 女 (心霊術などの)空中浮揚; 〔心〕(催眠療法の)浮揚

Levitico 男〔単数のみ〕〔聖〕レビ記

levitico 形〔複〔男 -ci〕〕(旧約聖書の)レビ族の

levriere → levriero

levriero 男 グレーハウンド(大型犬の一種) —*levriero* afgano アフガンハウンド

lewisite 女 〔化〕ルイサイト

***lezione** [レツィオーネ] 女 **1** 授業, レッスン —*lezione* di piano ピアノのレッスン / prendere *lezioni* di... ...の授業を受ける **2** (教科書の)課 **3** 注意, 忠告; 教訓; 罰 **4** (写本などの)読み方, 解釈; 異文

leziosaggine 女 気取り; てらうこと, きざ

leziosamente 副 気取って, きざに, わざとらしく

leziosità 女 わざとらしさ, 気取った態度 [言動]

lezioso 形 凝った, きざな

lezzo 男 悪臭, 臭気

LI 略 Livorno リヴォルノ

***li**[リ] 代(人称)〔直接目的格・男性複数〕**1** 彼らを(を) —Vorrei invitar*li* a cena. 私は彼らを夕食に招きたい. / Hai visto Mario e Gina?-Sì, *li* ho visti poco fa. マリオとジーナを見た？ - はい, 少し前に見かけました. **2** それらを(を) —*Li* hai trovati i tuoi occhiali? あなたの眼鏡は見つかった？ / Glie*li* ho dati. 私は彼にそれらをあげた. / Mangia*li* tutti! それらを全部食べなさい.

li[2] 冠(定)〔男性複数〕**1**〔古〕= i, gli **2**〔公文書の日付に用いる〕—*li* 20 aprile 4月20日

***lì**[リ] 副 **1** そこ[あそこ]に —Siediti *lì*. そこに座りなさい. **2**〔quello とともに〕その, あそこにある —quella casa *lì* あそこにあるあの家 **3**〔強調で〕—Fermo *lì*! ほら, 止まりなさい **4** その時に ▶ *di lì* そこから, そこを通って **di lì a**... それから...後に **lì per lì** 即座に, 直ちに

liaison 女〔不変〕〔仏〕**1**〔仏〕関係, 結びつき **2**〔言〕リエゾン

liana 女〔植〕つる植物

libagione 女 **1** 灌奠(かんてん)(古代ギリシャ・ローマの献酒) **2**《謔》痛飲

libanese 形 レバノン(人)の —男女 レバノン人

Libano 固名(男) レバノン

libbra 女 リッブラ(古代ギリシャ・ローマ, イタリアの重量単位で約300g); ポンド

libecciata 女 **1** (地中海の)南西の突風 **2** (南西の強風による)大波

libeccio 男 **1** (地中海の)南西から吹く湿った強風 **2**〔海〕南西の方角

libello 男 中傷文, 風刺文

libellula 女 **1**〔虫〕カゲロウ, トンボ **2** (動きの)しなやかさ, 優雅さ

liberaldemocratico 形 〔複〔男 -ci〕〕〔政〕自由民主的な

liberale 形 **1** 度量の大きい, 寛大な **2** 自由主義の —男 **1** 自由主義者 **2** 自由党員

liberaleggiante 形 自由主義的な

liberalismo 男 自由主義

liberalità 女 気前のよさ, 鷹(おう)揚, 寛容 —donare con *liberalità* 気前よく与える

liberalizzare 他 **1**〔経〕自由化する **2** 自由にする **3** 認める

liberalizzazione 女 〔経〕自由化; 解放

liberalmente 副 気前よく, 惜しげなく, 鷹(おう)揚に

liberamargine 男, 女〔不変〕マージンリリース・キー〔レバー〕

liberamente 副 自由に, 縛られずに; 率直に, あけすけに

***liberare** [リベラーレ] 他〔io libero〕**1** 自由にする; 解放する; 解き放つ, 救う —*liberare* un ostaggio 人質を解放する **2** (部屋や席を)空ける —*liberare* la camera prima di mezzogiorno (ホテルで)正午までにチェックアウトをする **3** (邪魔物を)取り除く —*liberare* la casa dai topi 家からネズミを駆除する **4** 免除[解除]する **5**〔金融〕完済する; 一部支払う —*-arsi* 再 **1**〔da,di〕解放される, 免除される **2** 自由になる

liberatore 形〔女 -trice〕解放する —男 解放者

liberatorio 形 **1** 解放の, 免除の **2**〔法〕債務を弁済する

liberazione 女 **1** 解放; 釈放 —Anniversario della *Liberazione* d'Italia イタリア解放記念日 **2** 免除, 解除

Liberia 固名(女) リベリア

liberiano 形 リベリア(人)の —男〔女 -a〕リベリア人

liberismo 男〔経〕自由貿易主義; 自由放任主義

liberista 形〔複〔男 -i〕〕自由主義の —男女〔複〔男 -i〕〕〔経〕自由経済論者; 自由貿易論者

***libero**[リーベロ] 形 **1** 自由な; 自分の好きにできる —esercizi *liberi*〔スポ〕自由演技, フリー / stile *libero*〔スポ〕自由形, フリースタイル **2** (時間や場所が)空いている —tempo *libero* 余暇, 余った時間 / Domani sei *libero*? 明日暇かな？ **3** 無料の —entrata *libera* 入場無料 **4** 独身[未婚]の **5**〔da〕...を免れた, 免除された **6** (言動が)無遠慮な, 無作法な —男〔スポ〕(サッカーやバレーボールの)リベロ(自由に交替できる守備専門の選手), (バスケットボールの)フリースロー ▶ *a piede libero* 保釈中の, 拘留されていない *a ruota libera* ブレーキをかけずに; 好き放題に *essere libero di* + 不定詞 自由に[遠慮なく]...できる

liberoscambismo 男 自由貿易主義

libertà [リベルタ] 女 **1** 自由 **2** 自主独立 —*libertà civili* 自由権, 市民的自由 **3** 休息, 自由な時間 **4** 制約の無さ, 好き勝手 ► *in tutta libertà* 遠慮なく, 安心して *prendersi delle libertà* なれなれしくなる[する] *prendersi la libertà di* + 不定詞 失礼を顧みず…する

libertario 形 自由主義の; 自由意志論の; 無政府主義の —男 [女 [-a]] 自由主義者; 自由意志論者; 無政府主義者

liberticida 形 [複 [男 -i]] 自由を圧殺する, 自由を弾圧[抑圧]する —男女 自由の破壊者, 自由の弾圧[抑圧]者

liberticidio 男 自由の弾圧[抑圧]

libertinaggio 男 放縦, 放蕩

libertinismo 男 [哲] (17世紀イタリアとフランスで起こった)自由思想

libertino 形 **1** 放縦な, 放蕩(ﾊﾞｳ)な —*vita libertina* 放蕩生活 **2** (古代ローマで)自由民となった —男 [女 [-a]] **1** 放蕩者 **2** [歴] 自由民

liberto 男 [女 [-a]] (古代ローマの)自由民

liberty 男 [不変] [英] リバティー(様式) (イタリアでのアールヌーヴォー様式の呼称) —形 リバティー様式の

Libia 固名 (女) リビア

libico 形 [複 [男 -ci]] リビア(人)の —男 [女 [-a]] リビア人 —男 [単数のみ] 古代リビア語

libidico 形 [複 [男 -ci]] [心] リビドーの

libidine 女 **1** 性衝動, 性欲 **2** 過度の欲望, 貪欲 —*libidine di denaro* 金銭への執着心 **3** [口] とても素晴らしいもの

libidinosamente 副 淫らに, いやらしく

libidinosità 女 淫ら, 猥褻(ﾜｲｾﾂ)

libidinoso 形 **1** 好色な **2** 物欲しげな, いやらしい —*parole libidinose* いやらしい言葉

libido 女 [不変] [心] リビドー

libra → libbra

libraio 男 [女 [-a]] [人を表して] 本屋 —*È un libraio.* 彼は本屋だ.

librario 形 本の; 出版の

librarsi 再 **1** 平衡を保つ **2** 空中で止まる, ホバリングする

libreria 女 **1** 書店 **2** 書棚, 蔵書

libresco 形 [複 [男 -chi]] 書物から得られた, 机上の

librettista 男女 [複 [男 -i]] [音] オペラの台本作者

libretto 男 **1** 小冊子 **2** (オペラの)台本 **3** (銀行の)通帳, 注文控帳

libro [リーブロ] 男 **1** 本, 書物 —*libro di poesie* 詩の本 / *libro bianco* 白書 **2** 分冊, 巻 **3** [複数で] 勉学 **4** 帳簿 **5** 日誌 ► *a libro* 折り畳み式の, 本を開く形の / *porta a libro* 折り畳み扉の入り口

licantropia 女 **1** [心] 狼化妄想症, リカントロピー **2** (民間伝承で)人狼, 狼つき

licantropo 男 [女 [-a]] **1** [心] 狼化妄想症患者 **2** 狼男 [女]

licaone 男 [動] リカオン

liccio 男 (織機の)綜絖(ｿｳｺｳ), ヘドル

licciolo 男 (織機の)綜絖(ｿｳｺｳ)枠

liceale 形 高校の; 高校生の —男女 高校生

liceità 女 合法性; 正当性 —*liceità di un comportamento* 行為の正当性

licenza 女 **1** 許可, 許可証 **2** (会社や軍隊での)一時休暇 **3** 卒業資格, 卒業証明書 —*esame di licenza* 卒業試験 **4** 放埓(ﾎｳﾗﾂ), 不節制

licenziabile 形 解雇される, 罷免される

licenziamento 男 解雇

licenziando 形 **1** 免状[資格]取得見込みの **2** 卒業寸前の —男 [女 [-a]] 免状[資格]取得見込み者

licenziare 他 (io licenzio) **1** 解雇する, 首にする **2** [法] (借家からの)退去を求める **3** 卒業を許可する —**arsi** 再 **1** 辞職[退職]する **2** (学業・課程を)修了する **3** いとま乞いする

licenziato 形 **1** 解雇された, 罷免された **2** 免状[資格]を得た —男 [女 [-a]] **1** 被解雇者 **2** 卒業免状取得者

licenziosamente 副 放縦に, ふしだらに; 度を越して

licenziosità 女 **1** 放縦, 放蕩(ﾊﾞｳ) **2** 自分勝手

licenzioso 形 放縦な, ふしだらな

liceo 男 高等学校

lichene 男 [植] 地衣類

Lico 固名(男) [ギ神] リュコス(「狼」の意. 同名の人物が複数存在する)

licopodiale 形 [植] ヒカゲノカズラ科の, シダ植物の; (L-) [複数で] ヒカゲノカズラ科

licopodio 男 [植] ヒカゲノカズラ

licosa 女 [動] クモ科

Lidia 固名 [女性名] リーディア

lido 男 海岸; 砂州

Liechtenstein 固名(男) リヒテンシュタイン

liechtensteiniano 形 リヒテンシュタイン(人)の —男 [女 [-a]] リヒテンシュタイン人

lied 男 [不変または複 [lieder]] [独] 歌曲, リート

Liegi 固名 (女) リエージュ(ベルギー東部の都市)

lietamente 副 楽しそうに, 陽気に; うれしそうに

lietezza 女 《文》満悦; 陽気

lieto [リエート] 形 うれしい, うれしそうな; 愉快な, 楽しい, 幸せな —*lieto (Lieta) di conoscerLa.* あなたとお知り合いになれて光栄です. / *lieto evento* 子供の誕生[出産] / *lieto fine* ハッピーエンド / *Sono lieto per le buone notizie.* 僕はそのよい知らせを聞いてうれしい. ► *Molto lieto [lieta].* 会えて光栄です.

lieve 形 **1** (重さが)軽い **2** 苦にならない **3** 軽度の **4** わずかな, かすかな **5** たやすい

lievemente 副 軽く, そっと; ほんの少し

lievitare 自 [es/av] 〖io lievito〗 **1** 発酵する; ふくらむ —La pasta non è [ha] *lievitata*. その生地はふくらまなかった. **2** 高まる, 激しくなる **3** (価格が)上昇する

lievitazione 女 **1** ふくれること; 発酵 —la *lievitazione* dell'impasto 練り生地の発酵 **2** 高騰

lievito 男 **1** 酵母菌, イースト **2** 感情[気分]を刺激するもの

lift¹ 男〖不変〗〖英〗(テニスの)トップスピン

lift² 男〖不変〗〖英〗エレベーターボーイ

liftare¹ 他〖スポ〗(テニスで)トップスピンをかける

liftare² 他 (美容整形術で)リフティングを施す

liftato 形 (美容整形術で)リフティングを施した —viso *liftato* リフティングした顔

lifting 男〖不変〗〖英〗リフティング, フェイスリフト

ligio 形〖複〖女 -gie, ge〗〗〖歴〗忠誠を誓った; 献身的な

lignaggio 男 **1** 家柄, 血統;《文》家系; 系譜 —una signora di antico *lignaggio* 旧家の婦人 **2**〖人類〗リニージ

ligneo 形 **1** 木の; 木質の **2**〖医〗木質化の, 木化の

lignite 女〖鉱〗亜炭, 褐炭

ligula 女 **1**〖考〗リグラ(古代ローマのスプーン) **2**〖植〗小舌, 葉舌; 舌状弁

ligure 形 リグリア(人)の —Mar *Ligure* リグリア海 —男女 リグリアの人 —男〖単数のみ〗リグリア方言

Liguria 女 リグリア州(イタリア北部の州, 州都 Genova)

ligustro 男〖植〗イボタノキ

Lilia 国名〖女性名〗リーリア

liliacea 女〖植〗ユリ科の植物; (L-)〖複数で〗ユリ科

liliale 形〖文〗(ユリのように)純白な, 純真な —女 ユリ目の植物

Liliana 国名〖女性名〗リリアーナ

lilla 男〖不変〗薄紫色 —形〖不変〗薄紫の

lillà 男〖不変〗〖植〗ライラック, リラ

lillipuziano 形 **1** (「ガリバー旅行記」の)小人国リリパットの **2** とても小さい —男〖女 -a〗とても小さい人, 小人

lima 女 やすり; 爪やすり(limetta)

limaccioso 形 濁った, 汚濁した; 泥だらけの, ぬかるみの —acqua *limacciosa* 濁った水

limacide 男〖動〗コウラナメクジ科の軟体動物; (L-)〖複数で〗コウラナメクジ科

limanda 女〖魚〗カレイ

limare 他 **1** (やすりで)研磨する, 削る **2** (性格や癖を)矯正する, 直す **3** (文章を)推敲(すいこう)する —**arsi** 再 (自分の爪に)やすりをかける

limato 形 **1** 研いだ, 滑らかな **2** (文章が)推敲された

limatura 女 **1** やすりがけ, 研ぐこと **2** やすりくず —*limatura* di ferro 鉄の鑢(たがね)くず

limbo 男 **1**〖カト〗古聖所 **2** (ダンテの『神曲』地獄篇の)リンボ, 辺獄 **3** 不確かな[どっちつかずの]状態

limetta 女〖植〗ライム

liminale 形〖心〗識閾(しきいき)の, リミナルの

limitabile 形 制限できる, 限定できる; 制限を受ける

limitabilità 女 制限できること

limitante 形 制限する

limitare¹ [リミターレ] 他〖io limito〗 **1** (所有地などの)境界を示す **2** (数量を)制限する; (出費や損失を)抑える, セーブする —*limitare* i danni 損失を抑える —**arsi** 再 —*limitarsi* nelle spese 出費[支出]を抑える / *limitarsi* a + 不定詞 ただ…するだけに留まる

limitare² 男 **1** 敷居 **2**《文》初め **3** 境界, 果て

limitatamente 副 **1** 制限して, 限定して **2** …に関するかぎりでは

limitatezza 女 限られていること, 欠乏, 不足 —*limitatezza* di vedute 視野の狭さ

limitativamente 副 限定的に, 制限して

limitativo 形 制限する, 限定的な

limitato 形 **1** 限られた; 制限された —tempo *limitato* 制限時間 **2** 不足した, 乏しい —ingegno *limitato* 乏しい才能 **3** 鈍感な, のろまな —uomo *limitato* di intuito 愚鈍な男

limitatore¹ 男〖機〗制限装置

limitatore² 形〖女[-trice]〗制限する, 限度をもうける

limitazione 女 制限, 限度; 抑制, 制限事項 —*limitazione* dei consumi 消費(量)の制限

limite [リーミテ] 男 **1** 境界(線) —al *limite* del bosco 森のはずれで **2** 限界, 限度; 節度 —*limite* di velocità 制限速度 —形〖不変〗極限の ▶ *al limite* 最悪の場合には, せいぜい ***passare i limiti*** 度を越す, 度が過ぎる

limitrofo 形 隣接する, 国境を接した

limnologia 女 湖沼学

limo 男 **1** 泥, ぬかるみ **2**〖地学〗シルト; (川や湖の)沈泥

limonaia 女〖農〗レモンの木の温床[温室]

limonata 女 レモネード; レモンスカッシュ

limoncello 男 リモンチェッロ(レモンの皮を用いて作るリキュール)

limone [リモーネ] 男 **1** レモン(の木[実]) —tè col [al] *limone* レモンティー / gelato al *limone* レモンフレーバーのジェラート / spremuta di *limone* レモンの生ジュース **2**〖不変〗レモン色 —形〖不変〗レモン色 —giallo *limone* レモンイエロー

limoneto 男 レモン園, レモン畑

limosino 形 リモージュ(の人)の —男〖女[-a]〗リモージュの人

limoso 形〖農〗泥土の

limousine 囡〖不変〗〔英〕リムジン

limpidamente 副 1 透明に 2 はっきりと；明快に

limpidezza 囡 1 透明 2 明晰；明るさ

limpido 形 透明な，澄んだ；明快な，明晰(_{せき})な

linacea 囡 〔植〕アマ科の植物；(L-)〖複数で〗アマ科

linaio 男 麻の投網(_{とあみ})

linaiola 囡 〔植〕ホソバウンラン

linaiolo 男〖[女 -a]〗1〔織〕麻の梳(^す)毛工 2 リネン販売業者

linaiuolo → linaiolo

linaria 囡 → linaiola

lince 囡〔動〕オオヤマネコ ▶ **occhio di lince** 慧(_{けい})眼, 鋭い眼力〔洞察力〕

linceo¹ 男 アカデミア・デイ・リンチェイ (Accademia dei Lincei) の会員 (1603年ローマに創設された自然科学・人文学研究のアカデミー)

linceo² 形 1 オオヤマネコのような 2 鋭い, 慧(_{けい})眼の —sguardo linceo 鋭い目つき

linciaggio 男 リンチ

linciare 他 (io lincio) リンチにかける, 私刑によって殺す

lindamente 副 1 清潔に, きちんと 2 平明に, 明瞭に

lindo 形 1 清潔な；(服装などが)こざっぱりした, きちんとした —lenzuolo lindo 真っ白なシーツ 2 平明な, 明瞭な；すっきりした —prosa linda 平明な散文

✳✳linea [リーネア] 囡 1 線, ライン —linea retta [curva] 直線〔カーブ〕 2 手のひらの線 —linea della vita [fortuna] 生命〔運命〕線 3 (温度計などの)目盛り 4 列, 行 —essere in prima linea 最前列にいる 5 輪郭, プロポーション 6 路線 —linea aerea [marittima] 航空〔海上〕路線 7 戦線 8 (電話の)回線 —È caduta la linea. 通話が途切れた. / Resti in linea. (電話を切らずに)お待ちください. 9 生産ライン 10 (商品の)シリーズ 11 (行動の)方向, 方針 ▶ **in linea d'aria** 直線距離に

lineamento 男〖複数で〗1 顔だち 2 概要, 概論

lineare 形 1 線の, 線状の 2 直線的な；長さの 3 単純明快な；筋の通った, 一貫した —comportamento lineare 一貫した行為 4〖数〗線型の, 一次の

linearità 囡 1 直線状 2 一貫性, 明快さ 3〔言〕線条性

lineetta 囡 ダッシュ記号；ハイフン

lineto 男 亜麻畑

linfa 囡 1〔文〕清水, 清流 2〔生理〕リンパ液 3〔植〕樹液 4 滋養物

linfadenite 囡〔医〕リンパ腺炎

linfangite 囡〔医〕リンパ管炎

linfatico 形〖複[男 -ci]〗1〔生理〕リンパの, リンパ液を分泌する；〔医〕リンパ体質の 2 不活発な

linfatismo 男〔医〕リンパ体質

linfo- 接頭 「リンパ」「リンパ液」の意

linfocito 男〔生物〕リンパ細胞, リンパ球

linfocitosi 囡〖不変〗〔医〕リンパ球増多症

linfogranuloma 男〖複[-i]〗〔医〕リンパ肉芽腫

linfoma 男〖複[-i]〗〔医〕リンパ腫

linfonodo 男〔解〕リンパ節

linfopenia 囡〔医〕リンパ球減少症

lingerie 囡〖不変〗〔仏〕ランジェリー

lingotto 男 インゴット(地金の塊), 延べ棒

✳lingua [リングア] 囡 1 舌；舌状のもの —mostrare la lingua (軽蔑して)舌を出す / lingua di terra 岬, 入り江 / lingua di gatto ラング・ド・シャ 2 (食用動物の)舌, タン 3 言語；国語 —lingua madre 母語 / lingua parlata [scritta] 口語〔文語〕/ lingua tedesca ドイツ語 4〖複数で〗外国語, 語学 —studiare lingue 外国語を学ぶ 5 言葉遣い, ものの言い方, 話し方 —la lingua delle classi colte 知識階級の話し方 6 文体 —la lingua del Manzoni マンゾーニの文体 ▶ **avere la lingua biforcuta** 二枚舌を使う **avere la lingua lunga** 口答えする, 乱暴なしゃべり方をする **mordersi la lingua** (言ったことを)後悔する **perdere la lingua** 唖(^あ)然とする, 言葉が出ない

linguaccia 囡〖複[-ce]〗1〖複数で〗(馬鹿にして)舌を出すこと —fare le linguacce 舌を出す 2 毒舌；毒舌家

linguacciuto 形 おしゃべりの；陰口の

linguaggio 男 1 (ある個人・集団・分野・社会に特有の)言葉, 表現の仕方 2 (音声や文字を使わない)言葉, 表現の仕方 3 用語；言葉遣い 4 文体, スタイル 5〔コン〕言語

linguale 形 1〔解〕舌の 2〔言〕舌音の

linguetta 囡 1〖諺〗噂(^{うわさ})好きな人, おしゃべり 2 舌状の小さな物

linguiforme 形 舌状の

linguina 囡〖複数で〗リングイーネ(断面が楕円形の細いパスタ)

linguista 男女〖複[男 -i]〗言語学者

linguistica 囡 言語学

linguisticamente 副 言語学的に

linguistico 形〖複[男 -ci]〗1 言語の 2 言語学の, 言語学的な

lingula 囡 1 リングラ(古代ローマの小さな剣) 2〔解〕小舌；舌状体

liniero 形 リネン製造の, リネン製品販売の

linificio 男 リネン工場

linimento 男〔薬〕リニメント剤

linkare 他〔情〕リンクする

Lino 固名〖男性名〗リノ

lino 男 1〔植〕アマ 2 リネン 3 (総称的)麻

linoleico 形〖複[男 -i]〗〔化〕リノール酸の

linoleum 男〖不変〗リノリウム

linone 男 〔織〕ローン(薄地のリネン)
linosa 女 〔植〕亜麻仁(ﾆﾝ)(アマの種子)
linotipia 女 〔印〕ライノタイプの植字; ライノタイプ植字機
linotype 女〔不変〕〔英・印〕ライノタイプ; ライノタイプ活字[印字]
lintro 男〔文〕小舟
liocorno 男 1 一角獣 2〔紋〕ユニコーン
liofante 男《文》ゾウ(elefante)
liofilizzare 他 凍結乾燥する
liofilizzato 形 凍結乾燥(フリーズドライ)の
liofilizzazione 女〔化〕凍結乾燥
liofilo 形〔化・物〕親液性の
liofobo 形〔化・物〕疎液性の
Lione 固名(女) リヨン(フランス南東部の都市)
lionese 形 リヨン(の人)の ―男女 リヨンの人
lionistico 形〔複〔男 -ci〕〕ライオンズクラブの
Lipari 固名(女) (isola di ~)リパリ島
liparide 女〔植〕ラン科リパリス属の植物
liparite 女〔鉱〕珪(ﾃ)石, 流紋岩
liparota 形〔複〔男 -i〕〕リパリ島(の人)の ―男女〔複〔男 -i〕〕リパリ島の人
lipasi 女〔化〕リパーゼ
lipemia → lipidemia
lipide 男〔化〕脂質
lipidemia 女〔医〕脂血症
lipo- 接頭 「脂肪(組織)」の意
lipoide 男〔生化〕リポイド, 類脂質
liposolubile 形〔化〕脂溶性の
liposuzione 女 脂肪吸引術
lipotimia 女〔医〕卒倒, 気絶
lippa 女〔トスカーナ方〕棒打ち遊び
Lippi 固名(男) (Fra Filippo ~)リッピ (1406-69; イタリアの画家・修道士)
Lipsia 固名(女) ライプチヒ(ドイツ東部の都市)
LIPU 略 Lega Italiana Protezione Uccelli イタリア鳥類保護連盟
liquame 男 下水, 汚水
liquazione 女〔冶〕溶離
liquefare [53] 他〔過分 liquefatto〕 1 液化する; 溶解する 2 浪費する ―**arsi** 再 《文》溶ける, 消えてなくなる
liquefazione 女 1 溶けること, 溶解 2〔化〕= condensazione
liquidabile 形 1〔法〕清算できる, 弁済可能な 2 打ちのめせる
liquidare 他〔io liquido〕 1 清算する 2 見切る, 一掃する 3 けりをつける 4 厄介払いする 5 打ち勝つ 6 殺す 7 酷評する
liquidatore 男〔女[-trice]〕〔法〕清算人, 管財人
liquidatorio 形 1〔法・経〕清算の, 決済の, 処分の 2 手厳しい, 容赦のない ―commento *liquidatorio* 酷評
liquidazione 女 1 清算, 弁済 2 在庫一掃, クリアランスセール 3 決着, 始末

4 解任, 解消 5 退職金
liquidità 女 1 液体, 流動体 2〔経〕流動性, 換金性; 流動資金[資産], 手元金
liquido 形 1 溶かした, 液状の; (原液を)薄めた; (濃度が)薄い ―dieta *liquida* 流動食 / gas *liquido* 液化ガス / detersivo *liquido* 水で薄めた洗剤 / salsa [crema] *liquida* 粘りけのないソース[クリーム] 2《文》澄んだ 3〔言〕(l や r の)流音の ―consonanti *liquide* 流音 4〔経〕現金化しやすい ―denaro *liquido* 現金 ―男 1 液体 2〔複数で〕現金
liquigas 男〔不変〕燃料用液化ガス
liquirizia 女〔植〕カンゾウ 2 甘草根のエキス; 甘草ドロップ[飴]
*liquore [リクオーレ] 男 1 リキュール(酒), 蒸留酒 2 液状の薬
liquoreria 女 蒸留酒工場[販売店]
liquoriero 形 蒸留酒の(liquoristico)
liquorista 男女〔複〔男 -i〕〕蒸留酒製造[販売]者
liquoristico 形〔複〔男 -ci〕〕蒸留酒の
liquoroso 形 アルコール度数の強い; リキュールのような, 甘口の
*lira[1] [リーラ] 女 1 リラ(イタリアの旧通貨単位; いくつかの国での通貨単位) ―*lira* sterlina 英国ポンド / *lira* turca [egiziana] トルコ[エジプト]リラ 2〔否定文で〕金銭 ―Sono senza una *lira*. 私は一文無しだ. ▶ *Non vale una lira.* 何の値打ちもない.
lira[2] 女 1 (楽器の)竪琴 2《文》詩作; 詩
lirica 女 1《文》叙情詩 2 オペラ, 歌劇
liricamente 副 叙情的に, 情感たっぷりに
liricità 女 叙情性; 叙事詩風
liricizzare 他 叙事詩風にする
lirico 形〔複〔男 -ci〕〕 1 叙情的な 2 歌劇の ―男〔女[-a]〕叙情詩人
lirismo 男 叙情, 叙情性; 情熱
Lisbona 固名(女) リスボン(ポルトガル共和国の首都)
lisca 女 1 魚の骨[小骨] 2〔織〕(麻・亜麻の)繊維くず
lisciare 他〔io liscio〕 1 磨く, 滑らかにする; (髪などを)なでつける; 美しく仕上げる ―*lisciare* una superficie 表面を磨く 2 (動物を)なでる ―*lisciare* un gatto 猫をなでる 3 へつらう, おだてる ―**arsi** 再 1 (動物が毛を)なめる 2 めかし込む, 着飾る 3 (髪などを)整える ▶ *lisciare il pelo* へつらう, こびる
lisciata 女 1 さっと磨くこと; 一削りすること; なでつけること ―dare una *lisciata* con la pialla かんなをかける 2 ごますり, お世辞
lisciatrice 女〔機〕研磨機
lisciatura 女 研磨, つや出し
liscio 形〔複〔女 -sce〕〕 1 (表面が)滑らかな, すべすべした; (海が)波静かな ―ca-

liscivia

pelli *lisci* ストレートヘア 2(家具などが)飾りのない, シンプルな 3(海が)穏やかな, 波のない 4困難な, 危険のない 5(飲み物が)ストレートの;(水が)ガスなしの —whisky[caffè] *liscio* ウイスキーのストレート[ブラックコーヒー] ―男 1[スポ]空振り, ファウルチップ, シュートミス 2(ワルツのような氷を滑るように踊る)社交ダンス ▶ **andare liscio**(物事が)順調に進む・ *liscio come l'olio* べた凪(なぎ)(油の表面のように波風の全く立たない状態)

lisciva 囡 1灰汁(あく);アルカリ性溶液[溶剤]

lisciviatrice 囡 (クリーニング店でかつて使われた)洗濯機

lisciviatura 囡 (パルプ製造の)蒸煮(じょう)

lisciviazione 囡 1[化]浸出 2→lisciviatura

liscoso 形 小骨の多い —trota *liscosa* 小骨の多いマス

lisergico 形[複[男 -ci]][化]リゼルギン酸(acido lisergico)

lisi 囡[不変] 1[生化]溶解 2[医]溌(か)散

lisi-, -lisi 接頭, 接尾「分解」「溶解」の意

liso 形 1すりきれた, ぼろぼろの 2《文》疲れ果てた, やつれた

lisoformio 男 [化]クレゾール石灰液

*lista [リスタ] 囡 1(布・革などの)帯状のもの 2一覧表, リスト, 名簿;明細書 —la *lista* degli invitati al matrimonio 結婚式の招待客名簿 / *lista* nera ブラックリスト 3メニュー —*lista* delle bevande 飲み物のリスト[メニュー]

listare 他 1縁取る 2へり地をつける 3[情](コンピューターの画面に)リスト表示する

listato 形 1縁取られた 2[情]リスティング

listatura 囡 リスト作成作業

listello 男 [建](補強用の)平縁

listino 男 価格表 —controllare un prezzo sul *listino* 価格表で値段を確認する ▶ ***listino dei cambi*** 為替相場表

litania 囡 1[カト]連禱(れん) 2くどい小言, ごたく —ripetere sempre la stessa *litania* 決まってくどくど小言を言う

litantrace 男 無煙炭

litargirio 男 [化]一酸化鉛, リサージ

lite 囡 1けんか, 口論 2論争, 訴訟

-lite 接尾「岩山」「鉱石」「化石」の意

litiași 囡[不変][医]結石症

litiașico 形[複[男 -ci]][医]結石症の

litico¹ 形[複[男 -ci]]石の, 石器時代の

litico² 形[複[男 -ci]][生化]細胞溶解の, 細胞溶解素の

litico³ 形[複[男 -ci]][化]リチウムの

litigante 形 けんかの当事者 2[法]訴訟当事者

*litigare [リティガーレ] 自 [io litigo] 1

言い争う, けんかする;仲たがいする —Quel ragazzo *litiga* sempre con tutti. あの青年はいつも皆とけんかになる. 2《con(人)と/per(物・事)のことで》訴訟を起こす ―**arsi** 男 争い合う, 競い合う

litigata 囡 激しい口論, 言い争い —fare una bella *litigata* 激しく言い争う

litigio 男 けんか, 口論

litigioso 形 1けんかっ早い, うるさ型の 2[法]係争対象(物)の ―男[囡[-a]]けんかっ早い人, けんか好き

litio 男 [化]リチウム(元素記号 Li)

litispendenza 囡 [法]重訴

lito-, -lito 接頭, 接尾「石」の意

litoceramica 囡 [建](砂岩質の)陶器タイル

litogenesi 囡[不変][地質]岩石形成

litogenetico 形[複[男 -ci]][地質]岩石形成の

litografare 他 [io litografo][印]石版刷りにする

litografia 囡 1[印]石版印刷(術) 2リトグラフ, 石版画

litografico 形[複[男 -ci]][印]石版印刷の;リトグラフの

litografo 男[囡[-a]][印]石版工, 石版師

litoide 形 [地質]岩石状の, 岩質の

litologia →petrografia

litologico 形[複[男 -ci]]岩石学の

litorale 形 沿岸の, 沿海の ―男 沿岸, 沿海 —il *litorale* adriatico アドリア海沿岸地方

litoraneo 形 海辺の, 沿岸の, 臨海の

litorano 形 《文》海辺の地に住む[生まれた]

litote 囡 [修]緩叙法, 曲言法

litoteca 囡 鉱石収集[コレクション]

litro 男 リットル —mezzo *litro* d'acqua 500mlの水

littore 男 リクトル, 先導警士(古代ローマの官吏)

littoriale 形 1(古代ローマでリクトルが捧げ持った)ファスケスの 2ファシスト党標章の

littorina 囡 ディーゼルカー

littorio 形 (古代ローマの)リクトルの, 先導警士の;ファシストの ―男 ファシスト党標章;(L-)[単数のみ]ファシズム

Lituania 固名(囡) リトアニア

lituano 形 リトアニアの;リトアニア人[語]の ―男[囡[-a]]リトアニア人 2[単数のみ]リトアニア語

liturgia 囡 [宗]典礼

liturgicamente 副 典礼によって, 礼拝式に従って

liturgico 形[複[男 -ci]][宗]典礼の

liutaio 男[囡[-a]] リュート製作[販売]者;弦楽器製作[修理]者

liuteria 囡 1リュート製作技術;弦楽器製作技術 2リュート製作工房

liutista 男囡[複[男 -i]] リュート奏者

liuto 男 [音]リュート

live 形 [不変] [英]ライブの, 生の, 実況の ―形 [不変]ライブ録音(盤)

livella 女 水準器, レベル

livellamento 男 1 水平化; 地ならし ―*livellamento di una strada* 道路の地ならし 2 均一化, 平等化 3 [電]補正, 調整, 等化

livellare 他 1 水平にする 2 均等[均一]にする, 均(きん)す ―**arsi** 再 1 水平になる 2 均等[均一]になる

livellario 形 [法]永代借地の, 小作契約の ―男永代小作人

livellatore 形 [女[-trice]]平等主義の; 差別撤廃論者の ―男[女[-trice]]平等主義者

livellatrice 女 [機]ブルドーザー

livellazione 女 水準測量, 高低測量

*__livello__[1]__ [リヴェッロ] 男 1 水平面の(高さ) ―*sopra* [*sotto*] *il livello del mare* 海抜[海面下] 2 水準, 程度の高さ, レベル ―*essere allo stesso livello* 同レベルである ▸ *ai massimi livelli* 最高級の, トップレベルの *passaggio a livello* (線路の)踏切

livello[2] 形 [法]永代借地の, 小作契約

Livia 固名 [女性名]リーヴィア

lividamente 副 1 青ざめて 2 恨んで, 妬んで

lividezza 女 蒼白, 鉛色, 土気色

livido 形 1 (打ち身・寒さのため)青紫の; 蒼白の; 鉛色の ―*mani livide per il freddo* 寒さで紫色になった手 2 恨みがましい, 妬んだ ―男 あざ

lividore 男 青ざめた顔; 蒼白, 土気色

lividura 女 青あざ, 紫斑

Livio 固名 (男) 1 [男性名]リーヴィオ 2 (Tito ~)リウィウス(前59-後17; 古代ローマの歴史家)

livore 男 怨恨, 妬み; 悪意, 辛辣さ

livornese 形 リヴォルノ(の人)の ―男女 リヴォルノの人

Livorno 固名 (女) リヴォルノ(トスカーナ州の海港都市; 略 LI)

livorosamente 副 恨んで, 敵意にみちて

livoroso 形 恨みのこもった, 悪意悪い

livrea 女 [歴](貴族・君主が高官や側近に下した)紋章付き衣裳; お仕着せ, 制服

lizza 女 (中世の)馬上槍(やり)試合場, 闘技場

LL.PP. 略 Lavori Pubblici 公共事業

LN 略 [政]Lega Nord 北部同盟

*__lo__[1] [ロ] 冠 [定] (男単数; gn, ps, s + 子音, x, z, i + 母音, j + 母音, y + 母音で始まる男性名詞単数の前で用いられる; 母音で始まる名詞の前では l' になる) その, あの, 例の; …というもの ―*lo sci* スキー / *lo xilofono* 木琴 / *l'otto 8 日* / *lo zucchero* 砂糖 ▸ *per lo meno* 少なくとも, せめて *per lo più* たいてい, おおむね

*__lo__[2] [ロ] 代 [人称] [直接目的格・3人称男性単数] 1 彼(を) ―Vedi Mario?-Sì, *lo* vedo spesso. マリオを見かけるかい?-うん, よく見かけるよ. / Oggi vado a trovar*lo*. 今日私は彼に会いに行く. 2 それ(を) ―Leggi*lo*! それを読みなさい. / Te *lo* do. 君にそれをあげる. 3 [前の文や句を受けて; 情報内容として]そのことを ―Non *lo* so. 私はそのことを知りません. ▸ *Chi lo sa!* さあね. | どうかな? *Lo sai che...?* 実はこのことを知ってて…なんだ.

lobare 形 [解]葉(よう)の; 裂片の ―*bronco lobare* 葉気管支

lobato 形 [生物]葉(よう)の, 裂片の

lobbia 女 [服]ホンブルグ帽

lobbismo 男 [政]ロビー活動, 陳情工作

lobbista 男女 [複[男 -i]] [政]ロビイスト

lobbistico 形 [複[-ci]] [政]陳情団体の, ロビイストの

lobby 女 [不変] [英・政]ロビイスト, 陳情団体

lobbying → lobbismo

lobelia 女 [植]ロベリア

lobo 男 [生物・解]葉(よう), 裂片 ▸ *lobo dell'orecchio* 耳たぶ

lobotomia 女 [医]ロボトミー, 前頭葉白質切除術

*__locale__[1] [ロカーレ] 男 1 (建物内の)部屋 ―*appartamento di cinque locali* 5 部屋のマンション 2 [飲食店や娯楽場の総称]店, たまり場 ―*locale di lusso* 高級な店 / *locale notturno* ナイトクラブ

*__locale__[2] [ロカーレ] 形 (ある特定の)地方[場所]の; 局地[局部]的な ―*cucina* [*storia, colore*] *locale* 郷土料理[史, 色] ―男 1 (鉄道の)普通電車[列車], 各駅停車(*treno locale*) 2 [複数で]地元[地域]住民

localismo 男 [政]地方主義, 地域主義

*__località__ [ロカリタ] 女 (観光地などの)場所, (特徴のある)区域

localizzabile 形 (一つの場所に)限定できる; 同定可能な

localizzare 他 1 位置を同定[測定]する 2 (広がるのを)抑える, 阻止する ―*localizzare un'epidemia* 伝染病の蔓延を食い止める ―**arsi** 再 (特定の場所に)限られる, とどまる

localizzatore 男 測位装置, 同定装置; (X線などの)照射装置

localizzazione 女 1 位置決定, 位置測定 2 局地化 3 [生理]局在 ▸ *localizzazione cellulare* [生理]細胞内局在

localmente 副 局地的に, 所によって, 局部的に

locanda 女 簡易ホテル, 安宿

locandiere 男 [女[-a]] 宿の主人

locandina 女 (宣伝広告の)ビラ, チラシ; (映画興行の)ポスター

locare 他 1 (家・部屋などを)貸す ―*locare una camera* 部屋を貸す 2 《文》

locatario 男〔女[-a]〕〔法〕賃借人; 借家人, 間借り人

locativo¹ 形〔法〕借家人の, 賃貸に関する

locativo² 〔言〕位置格の, 所格の —男〔言〕位置格, 所格

locatore 男〔女[-trice]〕〔法〕貸主; 家主

locazione 女〔法〕賃貸借 —*rinnovare una locazione* 賃貸契約を更新する

loc.cit. → loco citato

loco 男〔複[-chi]〕《文》場所

loco citato 成〔ラ〕上記引用箇所

locomobile 形 移動式蒸気機関〔発動機〕

locomotiva 女 機関車 —*locomotiva elettrica [a vapore]* 電気[蒸気]機関車

locomotore 形〔女[-trice]〕1〔医〕運動の 2 (鉄道で)移動の —男 電気機関車

locomotorio 形 1 移動の 2〔医〕運動の

locomotrice → locomotore

locomozione 女 1 移動, 輸送 2〔医〕運動

loculo 男 死者を埋葬[埋骨]した墓穴; 納骨堂, 棺(ひつぎ)を安置した壁内墓穴

locusta 女 1〔虫〕バッタ, イナゴ(cavalletta) 2 貪欲なやつ, 搾取する人

locuzione 女 成句, 慣用句

lodabile 形 1 称賛すべき 2《文》ふさわしい

lodare 他 ほめる, 称賛する —**arsi** 再 (di) 自慢する; 誇りに思う

lodativo → laudativo

lode 女 称賛; 賛辞 —*30 con lode* 秀 (大学の成績で満点の上)

loden 男〔不変〕ローデン(厚地の毛織物)

lodevole 形 称賛に値する, ほめるに足る

lodevolmente 副 立派に, みごとに, 素晴らしく

Lodi 女 ローディ(ロンバルディア州の都市)

lodola → allodola

lodolaio 男〔鳥〕チゴハヤブサ

Lodovico 固名〔男性名〕ロドヴィーコ

logaedico 形〔複[男-ci]〕〔詩〕散文詩体の

logaritmico 形〔複[男-ci]〕〔数〕対数の

logaritmo 男〔数〕対数

loggia 女〔複[-ge]〕1〔建〕ロッジャ, 開廊, 涼み廊下 2 (秘密結社などの)支部, 集会所 3〔解〕腔

loggiato 男〔建〕長い開廊

loggione 男 (劇場の)天井桟敷; 天井桟敷の観客

-logia 接尾「論議」「表現」「学」「学説」「教理」の意

logica 女 論理(学)

logicamente 副 論理的に; 必然的に

logicismo 男 1〔哲〕論理主義 2 理詰め, 理屈っぽさ

logicista 男女〔複[男-i]〕1〔哲〕論理主義者 2 理論家 —形〔複[男-i]〕〔哲〕論理主義の

logicità 女 論理性, 筋が通っていること

logico 形〔男複[-ci]〕論理の; 当然の —男〔複[-ci]女[-a]〕1 論理学者 2 理詰めで考える人

login 男〔不変〕〔英・情〕ログイン

logistica 女 1〔軍〕兵站(へいたん)学; 後方支援 2 物流, ロジスティクス

logisticamente 副 1〔軍〕兵站(へいたん)学によって 2 組織的に

logistico 形〔複[男-ci]〕1 兵站(へいたん)学の; 後方支援の 2 物流の, ロジスティクスの

loglio 男〔植〕ホソムギ属の植物

logo → logotipo

logo- 接頭「言葉」「言語」「論議」の意

-logo 接尾「学者」「専門家」「会話」の意

logopatia 女〔医〕言語障害

logopatico 形〔複[男-ci]〕〔医〕言語障害の —男〔女[-a]〕〔医〕言語障害者

logopedia 女〔医〕言語障害学; 言語療法

logopedista 男女〔複[男-i]〕〔医〕言語療法士

logorabile 形 すり減る, 損なわれやすい

logorabilità 女 消耗性

logoramento 男 摩耗, 消耗

logorante 形 消耗させる, 疲れさせる —*lavoro logorante* 骨の折れる仕事

logorare 他 (io logoro) 1 すり切らす, 使い古す 2 衰えさせる, 疲れさせる —*logorare un paio di scarpe* 1足の靴をはきつぶす —**arsi** 再 1 すり減る 2 精魂が尽きる; やつれる, ひどく疲れる —*Si è logorato con il lavoro.* 仕事でへとへとになった.

logorato 形 すり切れた; 疲れ[やつれ]果てた

logorio 男 消耗, 摩耗

logoro 形 すり切れた, やつれた

logorrea 女 1〔医〕語漏 2 多弁, 饒(じょう)舌

logos 男〔不変〕1〔哲〕ロゴス, (人間の)理性 2〔神学〕(カトリック教で)三位一体の第二位であるキリスト

logotipo 男 1〔印〕連字活字 2 (商品名・社名などの)ロゴ

Loira 固名(女) ロワール(フランス中部を流れる同国最長の河川)

lolita 女 《性的魅力のある》早熟な少女, ロリータ

lolla 女 (脱穀した時に出る)殻, もみ殻

lombaggine 女〔医〕腰痛

Lombardia 固名(女) ロンバルディア州 (イタリア北部の州; 州都 Milano)

lombardo 形 ロンバルディアの; ロンバルディアの人[方言]の —男 1〔女[-a]〕ロンバルディアの人 2〔単数のみ〕ロンバルディ

ア方言

lombare 形〔解〕腰の, 腰部の
lombata 女 リブロース, サーロインロース
lombo 男 1〔解〕腰, 腰部;〔複数で〕わき腹 2《文》〔複数で〕血筋, 出自 3〔動物の〕腰肉
lombricaio 男 湿地
lombrico 男〔複[-chi]〕〔動〕ミミズ
Lombroso 固名(男) (Cesare ~)ロンブローソ(1835-1909; イタリアの精神科医・法学者. 犯罪人類学の創始者)
londinese 形 ロンドン(人)の — 男女 ロンドンの人
Londra 固名(女) ロンドン(英国の首都)
longa manus 成句(女)〔ラ〕権力者の密偵; 影の組織
longarina → longherina
longevità 女〔不変〕長命, 長寿
longevo 形 長命の, 長寿の
longherina 女 1〔建〕鉄骨のアーキトレーブ 2 (鉄道の) 縦枕木
Longhi 固名(男) (Roberto ~)ロンギ(1890-1970; イタリアの美術史家)
longilineo 形 やせ型体型の;(手足が)すらりと伸びた — 男[女[-a]]背が高くやせた人
longitudinale 形 1 縦の 2〔地理〕経度の
longitudinalmente 副 1 縦に 2 経線に
longitudine 女 経度, 経線(→ latitudine) —longitudine est [ovest] 東経[西経]
longobardo 形 ランゴバルド族の — 男[女[-a]] ランゴバルド族の人; (L-)〔複数で〕ランゴバルド族
long playing 成句(男)〔英〕LPレコード
longuette 女〔不変〕〔仏・服〕ロンゲット(膝丈以上の服やスカート)
lontanamente 副 遠く, 離れて
lontananza 女 (時間的・距離的に) 遠く離れている[いた]こと ▶ in lontananza 遠くに[から]
lontanare 自 [es]《文》遠ざかる, 離れる — 他《文》遠ざける — arsi 再《文》遠ざかる, 離れる
*__lontano__ [ロンターノ] 形 1 遠い, 遠くの; —paese lontano venti chilometri 20キロ離れた土地 / La stazione non è lontana da qui. 駅はここからはそれほど遠くない. 2 遠い昔[先]の — epoche lontane 昔 3 漠然とした —C'è una lontana somiglianza fra loro. 彼らには何となく似た所がある. 4 異なる, 別の 5 (…)する気がない[したくない] — 副 遠くに, 離れて ▶ alla lontana 漠然と, 離れて / essere parenti alla lontana 遠縁の人
lontra 女〔動〕カワウソ —lontra marina ラッコ
lonza 女〔北伊〕豚の腰肉;〔中伊〕豚の腰肉のサラミソーセージ
look 男〔不変〕〔英〕見かけ, 格好, 風貌

loppa → lolla
loquace 形 1 よくしゃべる, 話好きの; 話上手な 2《文》(動物が)鳴き続ける 3 (…)をよく表す, 表情豊かな
loquacemente 副 饒(じょう)舌に, 表情豊かに
loquacità 女 饒(じょう)舌, 多弁; 雄弁
loquela 女 1 話す能力, 表現力 2《文》言葉遣い, 話し方
lord 男〔不変〕〔英〕1 (英国の)貴族, 上院議員; 卿 2 裕福で趣味のよい人
lordare 他 よごす, 汚染する 2 けがす, 冒瀆(とく)する — arsi 再 (体などを)不潔にする, よごす;(罪・犯罪などで)けがれる
lordo 形 1 (il)…でよごれた, 汚い 2〔商〕総額(経費や税を引く前)の, 総重量(容器の重さも含めた合計)の(→ netto)
lordosi 女〔不変〕〔医〕脊柱前湾症
lordume 男 1 汚物(の山), 不潔さ 2 腐敗, 堕落
lordura 女 よごれていること —la lordura di una stanza 部屋の汚さ
Loredana 固名〔女性名〕ロレダーナ
Loren 固名(女) (Sofia ~)ローレン (1934-; イタリアを代表する女優. 本名 Sofia Villani Scicolone)
Lorenza 固名〔女性名〕ロレンツァ
Lorenzo 固名〔男性名〕ロレンツォ
loretano → lauretano
lori¹ 男〔不変〕〔鳥〕インコ科[オウム科]の鳥
lori² 男〔不変〕〔動〕ロリス ▶ lori gracile ヤセドウケゲル
lorica 女 1 (古代ローマの兵士の)胴よろい; 甲冑(ちゅう) 2〔動〕被甲
loricato 形〔動〕被甲の — 男 (L-)〔複数で〕〔動〕被甲目の爬(は)虫類
*__loro¹__ [ローロ] 代〔3人称男性複数・女性複数〕1〔主格〕彼らは[が], 彼女らは[が]; 〔男女にかかわらず敬称で Loro も用いられる〕あなたがたは[が] —Loro sono vecchi amici. 彼らは旧友だ. 2〔直接目的格; 強勢形〕彼らを, 彼女らを;〔男女にかかわらず敬称で Loro も用いられる〕あなたがたを —Ho chiamato loro, non te. 私が呼んだのは彼らであって, 君ではない. 3〔間接目的格; 強勢形; 文中に主格や所有格の loro がない場合に用いられる〕彼らに, 彼女らに;〔男女にかかわらず敬称で Loro も用いられる〕あなたがたに —Regaliamo loro questo vaso. 彼らにこの壺を贈りましょう. 4〔前置詞とともに; 強勢形〕彼ら, 彼女らを;〔男女にかかわらず敬称で Loro も用いられる〕あなたがた —Andrò a teatro con loro. 私は彼らと一緒に芝居を見に行く予定です.
*__loro²__ [ローロ] 形〔所有〕〔不変〕1 彼らの, 彼女らの —la loro madre 彼らの[彼女らの]母親 / Il loro appartamento è vicino alla stazione. 彼らのアパートは駅の近くです. 2〔男女にかかわらず敬称で Loro も用いられる〕あなたがたの — 代〔所有〕彼らのもの, 彼女らのもの;〔男女にかかわらず敬称で Loro も用いられる〕あなたがた

のもの —Le nostre opinioni sono diverse dalle *loro*. 私たちの意見は彼らのとは異なっている.

losanga 囡 1 ひし形; ひし形のもの 2〔紋〕ひし形の模様

Losanna 固名(女) ローザンヌ(スイス西部, レマン湖北岸の観光・保養都市)

loscamente 副 不実に, 不正に

losco 形〔複[男 -chi]〕 1 (目つきが)恐ろしい, 邪悪な —sguardo *losco* 嫌な目つき 2 不審な, 怪しげな —traffici *loschi* 怪しげな商売

lossodromia 囡 1〔船〕航程線航法, 斜航法; 航程図(linea lossodromica) 2 (地図の)正角図法

lossodromico〔複[男 -ci]〕 1〔船〕航程線航法の, 斜航法の —linea *lossodromica* 航程線 2 正角図法の

Lot 固名(男)〔聖〕ロト(アブラハムの甥)

loto 男〔植〕ハス, ロータス(実を食べると記憶を失うという言い伝えがある)

lotofago 形〔複[男 -gi]〕ハスを食べる; ハス食い人の, ロトパゴスの —男〔複[-gi]〕〔複数で〕ハス食い人, ロトパゴス

*****lotta** [ロッタ] 囡 1 レスリング (技)—*lotta* greco-romana グレコローマンスタイル(レスリング) / *lotta* stile libero フリースタイル(レスリング) 2 (雌雄を決する)勝負, 競争; 闘争, 戦い —*lotta* di classe 階級闘争 / *lotta* per l'esistenza 生存競争 3 駆逐[撲滅]運動 —*lotta* contro il cancro [l'AIDS] がん[エイズ]撲滅運動 4 反目, 不和

*****lottare** [ロッターレ] 自 戦[闘]う —*lottare* per l'indipendenza 独立のために戦う / *lottare* contro lo sfruttamento della manodopera 労働者の搾取に対抗する / *lottare* col sonno 睡魔と闘う

lottatore 男〔女[-trice]〕格闘技の選手; 闘士

lotteria 囡 宝くじ; くじ

lottizzare 他 1 (土地を)区画する 2 (業務を)割り振る, 分担する

lottizzato 形 1 区画された, 区分された 2 割り振られた

lottizzatorio 形 1 区画の, 分割の 2 割り振りの, 分担の

lottizzazione 囡 1 分割, 区画 2 割り振り, 分担

lotto 男 1 ロト(数字選択式宝くじ) 2 ロット(一組・一山・一区画など, 同じ物を一定量まとめた単位)

lozione 囡 1〔薬〕外用水薬 2 ローション, 化粧水 —*lozione* dopobarba アフターシェービングローション

LP 略 long-playing LPレコード

LSD 略 lysergic acid diethylamide〔化・薬〕リセルグ酸ジエチルアミド

L.st 略 lira sterlina ポンド(英国などの貨幣単位)

LT 略 Latina ラティーナ

Ltd., ltd. 略 limited 有限会社

LU 略 Lucca ルッカ

Lubiana 固名(女) リュブリャナ(スロベニア共和国の首都)

lubricamente 副 淫らに, 放縦に

lubricità 囡 はしたなさ, 猥褻(ポミ)

lubrico, lubrico 形〔複[男 -ci]〕羞恥心のない, 猥褻(ポミ)な; 卑猥な, 下品な —conversazione *lubrica* 猥談

lubrificante 形 1 潤滑剤 2〔薬〕エモリエント剤 —形 滑りをよくする

lubrificare 他〔io lubrifico〕油をさす, 滑りをよくする —*lubrificare* il motore エンジンに注油する

lubrificazione 囡 潤滑; 注油, 塗油

Luca 固名(男) 1〔男性名〕ルカ 2〔聖〕ルカ(パウロの協力者.「ルカ福音書」「使徒行伝」の著者とされる)

Lucano 固名(男) (Marco Anneo ～)ルカヌス(39-65; ローマの叙事詩人)

lucano 形 1 バジリカータ州の; バジリカータ州の人[方言]の 2 ルカーニア(バジリカータの古名)の —男〔女[-a]〕バジリカータ州の人 2〔女[-a]〕ルカーニアの人 3〔単数のみ〕バジリカータ語

Lucca 固名(女) ルッカ(トスカーナ州の都市; 略 LU)

lucchese 形 ルッカ(の人)の —男女 ルッカの人

lucchetto 男 南京(笑)錠

luccicante 形 光り輝く, まばゆい; きらきらした

luccicare 自 [es/av]〔io luccico〕(きらきら)光る, 輝く

luccichio 男 きらめき, 輝き; きらびやかさ —*luccichio* dell'acqua 水面の輝き

lucciconi 男 大粒の涙

luccio 男〔魚〕カワカマス(海水魚のカマスはバラクーダ barracuda)

lucciola 囡 1〔虫〕ホタル 2 (劇場などの)案内嬢 3《婉》売春婦

lucco 男〔複[-chi]〕 ルッコ(14世紀フィレンツェで着用された男性用衣服)

*****luce** [ルーチェ] 囡 1 光 —*luce* naturale [artificiale] 自然[人工]光 2 日光, 陽光 —*luce* del sole 日光 3 明かり, 電気 —accendere [spegnere] la *luce* 明かり[電気]をつける[消す] 4 (宝石の)輝き; 光沢 5 信号 6〔複数で〕(乗り物の)ライト 7 観点, 視点 8 気配 9 前途の光, 光明 10〔建〕明かり取り ▶ **dare alla luce** 生む, 世に出す **fare luce** 明るくする, 照らす **fare luce su...** …を解明(しようと)する **mettere in luce** 明らかにする, 浮き彫りにする **vedere la luce** 生まれる, 完成される, 出版される **venire alla luce** 生まれる, 発掘される, 表面化する

lucente 形 (きらきら)光る, 輝く

lucentezza 囡 光沢, 輝き —la *lucentezza* della seta シルクの光沢

Lucerna 固名(女) ルツェルン(スイス, ルツェルン湖に臨む観光・保養都市)

lucerna 囡 1 石油ランプ, カンテラ 2 (憲兵の)山形帽; (司祭の)三角帽 ▶ *pesce lucerna*〔魚〕ミシマオコゼ属の魚

lucernaio 男 点灯夫

lucernario 男 天窓, 明かり取り

lucerniere 男 (木製の)ランプ台

lucernone 男《諧》(憲兵の)山形帽; 憲兵

lucertola 女 1 トカゲ(の皮) 2《諧》日光浴が好きな人

lucherino 男〔鳥〕マヒワ

Lucia 固名〔女性名〕ルチーア

Luciana 固名〔女性名〕ルチアーナ

Luciano 固名(男) 1〔男性名〕ルチアーノ 2 (~ di Samosata) ルキアノス(120頃-180頃; ローマ帝政期のギリシャの風刺作家)

lucidalabbra 男〔不変〕リップグロス

lucidamente 副 明快に, 明晰に, 分かりやすく

lucidamento 男 磨くこと, つや出し

lucidante 男 ワックス ―形 磨く, つやを出す

lucidare 他〔io lucido〕つやを出す, 磨く; 光らせる

lucidatore 男〔女[-trice]〕(金属・木工などの)磨き職人

lucidatrice 女 電動ポリッシャー

lucidatura 女 1 つや出し 2 透写

lucidezza 女 光沢, つや

lucidità 女 1 明晰さ, (頭の)さえ ―analisi condotta con *lucidità* 明晰な分析 2 (一時的な)正気状態, 意識の正常さ

＊**lucido** [ルーチド] 形 光沢のある, ぴかぴかの; 明晰(な)な ―男 1 輝き, 光沢 2 ワックス, つや出し

lucifero 形《文》発光する ―男 (L-)〔聖〕堕天使ルシファー

lucignolo 男 1 ろうそくの芯, 灯心 2 非常にやせた人 3〔織〕粗糸

Lucio 固名〔男性名〕ルーチョ

lucore 男《文》まばゆい光, 強い光; 輝き

lucrare 他 利益を得る; 荒かせぎをする

lucrativo 形 もうかる, 営利の

lucro 男 (不法な)もうけ, 利益, 得 ―attività a scopo di *lucro* 営利目的の活動

lucroso 形 利益のあがる, もうかる ―speculazioni *lucrose* 益になる投機

luculento 形《文》きらめく

lucullianamente 副 ぜいたくに, 豪勢に

luculliano 形 (食事が)ぜいたくな, 豪華な

Lucullo 固名(男) (Lucio Licinio ~) ルクルス(前118-前56; 古代ローマ・共和政期の将軍)

lucumone 男〔歴〕(エトルリアの)首長

luddismo 男 1〔歴〕ラッダイト運動 2〔政〕労働組合の打ち壊し運動

ludibrio 男 1 嘲り, 愚弄, 嘲笑 2 物笑いの種

ludico 形〔複[男 -ci]〕遊戯の, 遊びの

ludo 男〔複数で〕1 (古代ローマの)見せ物 2《文》娯楽

ludoteca 女 遊具コレクション; 遊具館

lue 女〔不変〕〔医〕梅毒

lug. 略 luglio 7月

lugana 男 ルガーナ(ガルダ湖南岸産の辛口白ワイン)

luganega → luganiga

luganiga 女 ルガネガ(ロンバルディアおよびヴェネト産のソーセージ)

Lugano 固名 (Lago di ~) ルガーノ湖 (スイス・ティチーノ州ととイタリア北部にまたがる湖)

＊**luglio** [ルッリォ] 男 7月

lugubre 形 陰鬱な; 悲痛な

lugubremente 副 悲しく, 暗く, 陰気に

＊**lui** [ルーイ] 代〔人称〕〔3人称男性単数〕〔主格〕彼は[が] ―*Lui* è il fratello di Anna. 彼はアンナの兄だ. 2〔直接目的格; 強勢形〕彼を ―Ho visto *lui*, ma non lei. 私は彼を見かけたのであって, 彼女ではない. / Incontrai proprio *lui*. 私はまさしく彼に出会った. 3〔前置詞とともに; 彼〕彼 ―Domani vado in centro con *lui*. 明日私は彼と一緒に街に行く. ―男 彼氏, ボーイフレンド

Luigi 固名(男) 1〔男性名〕ルイージ 2 (~ XIV, Il Re Sole) ルイ14世, 太陽王(1638-1715; フランス王: 在位1643-1715) 3 (~ Filippo) ルイ・フィリップ(1773-1850; フランス王: 在位1830-48)

Luigia 固名〔女性名〕ルイージャ

Luisa 固名〔女性名〕ルイーザ

lumaca 女 1 ナメクジ; エスカルゴ(食用のカタツムリ) 2 のろまな人

lumacone 男 1〔動〕オオクロナメクジ科 2〔女[-a]〕のろま, ぐず 3 悪賢い[腹黒い]人

lumbard 形〔不変〕〔政〕ロンバルディア同盟主義者の ―男女〔複[男不変, 女 -e]〕ロンバルディア[北部]同盟主義者

lume 男 1 明かり, ランプ; (月やろうそくの)光, 輝き 2 示唆, 助言 3《文》星 4〔複数で〕《文》目 5〔解〕管腔

lumeggiare 他〔io lumeggio〕1〔美〕ハイライトを入れる, 明るくする 2《文》照らす

lumen 男〔不変〕〔物〕ルーメン(光束の単位)

Lumen Christi 成句(男) 〔ラ・カト〕復活祭のろうそく

lumia 女〔植〕ルミーア(ミカン科カンキツ属の常緑低木)

lumicino 男 1 小さなランプ 2 かすかな灯火, 微光 ―vedere un *lumicino* in lontananza 遠くに灯りが見える

luminare¹ 男 権威者, 巨匠

luminare² 他〔io lumino〕《文》照らす ―自《文》光る, 輝く

luminaria 女 (祝祭時で広場などを飾る)イルミネーション, ルミナリエ

luminello 男 1 (ランプの)灯心支え 2 (旧式の銃の)雷管

luminescente 形〔物〕ルミネセンスの

luminescenza 女〔物〕ルミネセンス

lumino 男 1 小さなランプ 2 (ろうそくの)灯明

luminosamente 副 輝いて,明るく

luminosità 女 1 輝き,明るさ;明瞭さ 2 〔物〕明度;〔写〕透過光度

luminoso 形 1 明るい;光り輝く 2 明快な,見事な

lun. 略 lunedì 月曜日

*__luna__ [ルーナ] 女 1 〔天体の〕月 —*luna nuova [piena]* 新月[満月] / *mezza luna* 半月 / *eclissi di luna* 月食 2 (月のように)丸い形 3 〈他の惑星の〉月 4 太陰暦の月 5 手が届かないもの 6 現実とかけ離れた精神状態 ▶ *avere la luna [le lune] di traverso* 機嫌が悪い,気が立っている *chiedere la luna* 無理なお願いをする *essere ancora nel mondo della luna* まだこの世に生まれていない *luna di miele* 蜜月,新婚生活,ハネムーン *mostrare [far vedere] la luna nel pozzo* できもしない約束をしてだます

luna park 男〔不変〕遊園地

lunare 形 1 月の;月明かりの 2《文》銀(ぎん)色の

lunaria 女 〔植〕ルナリア, 合田草(ごうだそう) ▶ *lunaria selvatica* 〔植〕アリアリア(アブラナ科の野草)

lunario 男 (月の満ち欠け・祭日などの記述を含む)暦, 暦書

lunatico 形〔複[男 -ci]〕移り気な, 気まぐれな, 奇妙な ━男〔複[-ci]女[-a]〕気まぐれな人

lunazione 女 〔天〕朔(さく)望月

lunch 男〔不変〕〔英〕(軽い)昼食

*__lunedì__ [ルネディ] 男 月曜日

lunetta 女 1〔建〕(壁面の)半円形部分; 半月窓 2〔美〕リュネット 3〔カト〕聖体容器の半円形部 (樽(たる)底の)半円形部 4 チョッパー, 半月形包丁 5 靴の甲あて 6《口》爪の半月 7 (ルネサンス期の城塞の)半月堡 8 (時計のガラス蓋をはめる)溝縁

lunga 女 〔音〕ロンガ(定旋律の音符)

lungaggine 女 1 (仕事・話が)長びくこと; 長話 2 のろさ, 遅れ —*solite lungaggini della burocrazia* いつものお役所仕事

lungamente 副 1 長い間, 長期にわたって 2 長々と, 長ったらしく

lungarno 男 アルノ川沿いの道

lunge → lungi

lunghezza 女 1 (空間の)長さ; 縦 2 (時間の)長さ, 遅さ 3 (自転車競技・競馬・ボート競争などでの)着差

lungi 副 《文》はるか遠くに ▶ *lungi da...*《文》…から離れて / *essere ben lungi dal dire* 言うつもりは毛頭ない

lungimirante 形 先見の明のある; 用意周到な

lungimiranza 女 先見の明, 慧(けい)眼

*__lungo¹__ [ルンゴ] 形〔複[男 -ghi]〕1 長い 2《口》時間がかかる, 遅い 3 …の長さの 4 非常に背の高い 5 (飲み物が)薄い —*caffè lungo* 薄いコーヒー 6〔言〕長音の ▶ *a lungo* 長々と, 長時間 *alla lunga [a lungo andare]* どのみち, いずれ *avere la vista lunga* 遠くまで見える; 目先がきく, 先見の明がある *farla lunga* 話を長引かせる, 問題をこじらせる *in lungo e in largo* 隅々まで, 徹底的に *saperla lunga* よく知っている, 抜け目がない *tirarla in lungo* (会議などを)長引かせる

*__lungo²__ [ルンゴ] 前 …に沿って,…沿いに —*lungo il fiume* 川沿いに

lungodegente 男女 長期療養患者

lungodegenza 女 長期療養

lungofiume 男 川沿いの道

lungolago 男〔複 -ghi〕湖岸沿いの道

lungolinea 男〔不変〕〔スポ〕(テニスのストロークで)ストレート

lungomare 男 海沿いの道; 海岸通り; プロムナード

lungometraggio 男 長編映画

lungopò 男 ポー川沿いの道

lungotevere 男 テーヴェレ川沿いの道

lunotto 男 (自動車の)後部窓

lunula 女 〔幾〕月形, 弓形 ▶ *lunula ungueale* 〔解〕爪甲(そうこう)半月, 爪の半月

*__luogo__ [ルオーゴ] 男〔複 -ghi〕1 場所 2 地域, 地方 —*luogo di villeggiatura* リゾート, 保養地 / *prodotti del luogo* 地方名産品 3 (物・表面・体の)部分 4 現場, 現地 —*luogo del delitto* 犯行現場 5 (書物や文書の)一節 6 好機 ▶ *avere luogo* 開催される, 行なわれる; 生じる, 起こる *dare luogo a...* (人)に道を空ける, (事)のきっかけを与える *fuori luogo* 場違いの, 不適切な, 的外れの *in primo luogo* 第一に *luogo comune* 自明の理, 常套句

luogotenente 男 1 代理, 補佐, 副官 2〔軍〕陸軍中尉

luogotenenza 女 代理[補佐, 副官]の職[任期, 宿舎]

lupa 女 1 雌のオオカミ —*lupa capitolina* カピトリーノ[カピトル]の雌オオカミ(ローマを建国した双子の兄弟ロムルス Romolo とレムス Remo を育てたという伝説からローマ市の紋章になっている) 2 貪欲; (ダンテの『神曲』の中で)貪欲さのシンボル 3 売春婦; 官能的な女性 4 オリーブの幹の腐敗病

lupacchiotto 男 オオカミの子

lupaia 女 〔植〕トリカブト

lupanare 男 1 売春宿 2 退廃した場所

lupara 女 (猟銃の)弾薬筒; 猟銃

luparia → lupaia

lupercale (L-)男〔複数で〕(古代ローマの豊穣祈願祭)ルペルカリア祭

lupesco 形〔複[男 -chi]〕オオカミのような; 貪欲な

lupicante → astice

lupinella 女 〔植〕イガマメ

lupino¹ 男 〔植〕ウチワマメ

lupino² 形 オオカミのような

*****lupo** [ルーポ] 男 **1** 〔動〕オオカミ —*cane lupo* シェパード / *lupo della prateria* コヨーテ / *lupo* della montagna [コヨーテ]の毛皮 **3**〔残忍・横暴・貪欲の意味で〕—*mangiare come un lupo* がつがつと食い食う / *lupo grigio* トルコの極右テロリスト / *lupo mannaro* 狼男 ▶ **avere una fame da lupo** 腹ぺこである *gridare al lupo* 偽りの助けを求める（イソップ童話のオオカミ少年のように本当に困ったときには助けてもらえない） *In bocca al lupo! Crepi il lupo.*「オオカミに食われないように」という意で、舞台などに出る人にかける言葉）しっかり頑張って！- ありがとう. *lupo di mare*〔魚〕オオカミウオ；経験を積んだ船乗り

luppoleto 男 ホップ畑

luppolo 男 〔植〕ホップ

lupus 男〔不変〕〔医〕狼瘡(そう)

luridamente 副 不潔に，汚く

luridezza 女 **1** 不潔 **2** 腐敗

lurido 形 **1** ひどくよごれた，不潔な **2** 堕落した

luridume 男 **1** 汚いもの，不潔 **2** 卑しさ

lusinga 女 **1** ご機嫌取り，ごますり，お世辞 —*Ti ha attirato con mille lusinghe.* あいつは君を甘言でつった. **2**《文》誘い，奨励 **3**《文》頼み，懇願 **4**《文》期待，約束

lusingare 他 **1** 取り入る；媚(こ)びる，へつらう **2** 満足させる，その気にさせる **3** 欺く —**-arsi** 再 幻想をもつ

lusingatore 男〔女 -trice〕お世辞のうまい人，媚(こ)びへつらう人

lusinghevole 形《文》おもねる，喜ばせる

lusinghiero 形 **1** 満足させる，喜ばせる **2**（虚栄心を）くすぐる；おもねるような，媚(こ)びた

lussare 他 脱臼させる —**-arsi** 再 脱臼する

lussazione 女 脱臼

lussemburghese 形 ルクセンブルク（人）の —男女 ルクセンブルク人

Lussemburgo 固名 **1** 男 ルクセンブルク（大公国）**2** 女 ルクセンブルク（ルクセンブルク大公国の首都）

*****lusso** [ルッソ] 男 ぜいたく，豪華 ▶ *di lusso* デラックスな，とても高価〔高級〕な

lussuosamente 副 ぜいたくに，豪華に

lussuoso 形 豪華な，デラックスな

lussureggiante 形 **1** 草木が生い茂った **2** 豊饒(じょう)の；豊かな

lussureggiare 自〔io lussureggio〕繁茂する

lussuria 女 **1** 色欲，淫欲 **2**〔カト〕色欲の罪（七つの大罪の一つ）

lussuriare 自〔io lussurio〕**1**《文》色欲の罪をおかす **2**《文》安逸をむさぼる **3** 繁茂する，生い茂る

lussurioso 形 淫らな，淫乱の；いやらしい，猥褻(わいせつ)な

lustra 女《文》巣窟；（野生動物の）巣

lustrare 他 **1** 磨く，つやを出す **2**《文》照らす，明るくする **3**〔宗〕清める，祓(はら)う **4**《文》くまなく探す ▶ *lustrare le scarpe* へつらう，おもねる

lustrascarpe 男女〔不変〕**1** 靴磨き **2** おもねる人，おべっか使い —男〔不変〕電動靴磨き機

lustrata 女 一拭き，さっと磨くこと —*dare una lustrata agli argenti* 銀器を磨く

lustratura 女 磨き，つや出し

lustrazione 女 **1**〔宗〕（古代宗教の）清めの儀式，お祓(はら)い **2**〔カト〕聖水撒布

lustrino 男 **1** スパンコール **2** 虚飾 **3** サテン，光沢のある生地

lustro¹ 形 光沢のある，光り輝く —男 **1** 光沢，輝き **2** つや出し剤 **3** 名誉，名声

lustro² 男 5 年間（の区切り）

luteranesimo 男〔宗〕ルター主義

luterano 形〔宗〕ルターの，ルター派の —男〔女 -a〕ルター派の信者

Lutero 固名（男）（Martino 〜）ルター（1483-1546；ドイツの宗教改革者．聖書を独語訳し現代ドイツ語の基礎を築いた）

lutezio 男〔化〕ルテチウム（元素記号 Lu）

lutto 男 **1**（親族や親友の）逝去を悼むこと，喪に服すること **2** 哀惜，哀悼 —*abito [nastro] da lutto* 喪服〔喪章〕/ *essere in lutto* 喪中にある

luttuoso 形 **1** 悲嘆に暮れた，死の **2**《文》痛ましい，不吉な

lux 男〔不変〕〔物〕ルクス

luxmetro 男〔物〕照度計

M, m

M¹, m¹ 女，男 **1**（イタリア語アルファベットの）11 番目の字母 —*M come Milano*〔符丁〕ミラノの M **2**（M）（ローマ数字の）1000 **3**（M）地下鉄の表示

M² 略 Malta マルタ

m² 略 metro メートル

M. 略 martedì 火曜日；mercoledì 水曜日；metropolitana 地下鉄

m. 略 miglio マイル；monte 山；maschile 男性；mese 月

mA 略 milliampere ミリアンペア

*****ma** [マ] 接 **1** しかし，だが，ところが —*È intelligente ma pigra. 彼女は頭はよいが，怠け者だ.* / *Oggi fa freddo, ma il tempo è bello.* 今日は寒いがいい天気だ. **2**〔文頭で〕話題を転換して〕さて，それでは **3**〔驚きや強調を示して〕ああ，実に —男〔不変〕しかしという言葉，異論 —*Non c'è ma che tenga.* 何の文句もない．異議を唱えられない. ▶ **Ma no!** いやとんでもない. **non solo A ma anche B** A だけではなく B もまた

ma' 女〔不変〕お母さん(mamma)するほどに

macabramente 副 不気味に、ぞっとするほどに

macabro, màcabro 形 死体の、死を彷彿(ほうふつ)させる、身の毛がよだつ ―danza macabra 死の舞踏 ―男 おぞましさ

macaca 女 1〔動〕(ニホンザルなどの)オナガザル 2 愚かな醜い女

macaco 男〔複[-chi]〕1〔動〕オナガザルの通称 2 愚鈍な醜男

macao 男〔不変〕1 (カードゲームの)マカオ 2〔鳥〕アラマカオ、コンゴウインコ

macaone 男〔虫〕キアゲハ

maccabeo 男《口》のろま、とんま、間抜け

maccarello 男 〔南伊〕サバ(鯖)(scombro)

macché 間〔否定を強調して〕とんでもない;〔否定したい語の前に添えて〕…なんてとんでもない

maccherone 男 1〔複数で〕マカロニ 2 間抜け、とんま ▶**come il cacio sui maccheroni** 絶好のタイミングで、計ったように(マカロニにかけるチーズのように)、鴨がネギを背負(しょ)って

maccheronicamente 副 粗っぽく、下品に

maccheronico 形〔複[男 -ci]〕文法的に誤った、(発音・綴りを)間違った

＊**macchia**¹ [マッキア] 女 1 染み、よごれ ―macchia d'inchiostro インクの染み / macchia solare 太陽の黒点 2 斑点、〔医〕あざ ―le macchie del leopardo ヒョウの斑点 3 汚名、汚点 ―senza macchia 汚点のない 4〔美〕素描、点描

macchia² 女 やぶ、茂み ▶**alla macchia** 逃亡中の、姿を隠した; こっそりと、隠れて

macchiàbile 形 よごしうる、染色可能な

macchiaiolo 男〔女[-a]〕〔美〕マッキャイオーリ派(19 世紀トスカーナの芸術運動に属する画家)

macchiaiuolo → macchiaiolo

macchiare 他〔io macchio〕1 染みをつける、よごす; (コーヒーや紅茶に少量のミルクを落とす(またはその逆) ―macchiare la tovaglia col vino テーブルクロスをワインでよごす / macchiare il tè col latte 紅茶にミルクを落とす / macchiare il caffè コーヒーにミルクを落とす 2 (名前や名誉を)傷つける、けがす ―macchiare l'onore [il nome] di... (人)の名誉[名前]を傷つける ―**-arsi** 再 (自分の体や身に着けているものを)よごす; 面目を失う、ひんしゅくを買う

macchiato 形 1 よごれた 2 斑点のある、ぶちの 3 ミルク[コーヒー]を落としたcaffè macchiato 少量のミルクを加えたコーヒー

macchietta 女 1 (油彩もしくは鉛筆による)スケッチ 2 (映画や演劇の)風変わりでコミカルな人物、三枚目 3 変わり者、奇人

macchiettare 他 斑(まだら)模様にする、小さい染みをつける

macchiettato 形 斑点のついた

macchiettatura 女 斑点になること、飛び散った染み; 斑(まだら)模様

＊**macchina** [マッキナ] 女 1 機械、装置 ―macchina fotografica カメラ / macchina per [da] scrivere タイプライター / macchina per cucire ミシン / fatto a macchina 機械製の / scritto a macchina タイプされた 2 自動車 ―macchina da corsa レーシングカー 3〔複数で〕船舶の動力装置 4〔映〕撮影カメラ 5 戦争兵器 6 (何も考えずに)機械的に動く人 7 構造、機構 8〔文〕作品の筋立て 9〔スポ〕(自動車レースの)車間距離 10〔文〕建造物 11 策略、陰謀

macchinale 形 機械的な; 無意識の

macchinalmente 副 機械的に

macchinare 他〔io macchino〕(陰謀等を)企てる、たくらむ、もくろむ

macchinario 男 機械一式、機械装置、機械設備

macchinata 女《口》自動車の乗車定員; 洗濯機の最大容量

macchinazione 女 策略、陰謀

macchinetta 女 1 小さな装置[仕掛け]; コーヒーメーカー ―macchinetta del caffè コーヒーメーカー 2《口》歯列矯正器; バリカン ▶**a macchinetta** 機械的に

macchinina 女 ミニカー

macchinismo 男 1 機械装置;〔劇〕舞台装置、大道具 2〔歴〕機械文明

macchinista 男女〔複[男 -i]〕1 (機関車の)運転手、(機械の)操縦士 2 (劇や映画の)大道具(係)

macchinosamente 副 複雑に、難解に

macchinosità 女 複雑さ、凝り過ぎ、わざとらしさ

macchinoso 形 複雑な、凝った、技巧を凝らした

macchione 男 茂み

macco 男〔複[-chi]〕〔中伊・南伊〕空豆のスープ; 煮過ぎたスープ

macèdone 形 マケドニア(人)の ―男女 マケドニア人 ―男〔単数のみ〕マケドニア語

Macedonia 固名(女) マケドニア

macedonia 女 1 フルーツポンチ 2《蔑》(色々な要素の)ごた混ぜ、混沌

macedònico 形〔複[男 -ci]〕マケドニアの

macellàbile 形 (特に家畜について)屠殺可能な

macellabilità 女 食肉処理が可能なこと

macellaio 男〔女[-a]〕1 畜殺業者; 肉屋(の主人) 2《蔑》下手な外科医 3〔軍〕部下の命を大切にしない指揮官 4〔スポ〕故意に反則をするサッカー選手

macellare 他 畜殺する; 虐殺する

macellatore 男〖女[-trice]〗畜殺人; 肉屋 —同〖女[-trice]〗畜殺する, 食肉処理する

macellazione 女 畜殺, 屠畜

macelleria 女 精肉店

macello 男 1 食肉解体処理場; 畜殺 2 大量殺戮(?) 3〖口〗大混乱

macerabile 形 液体に浸せる

macerabilità 女 液体に浸せること

macerare 他 (io macero) 1 液体にふやけるまで浸す, (液体に漬けて)柔らかくする 2〖料〗マリネにする 3 分解させる, 腐敗させる —L'acqua *ha macerato* le foglie. 水が木の葉を腐らせた. 4 苦しめる —**arsi** 再 苦しむ

Macerata 固名(女) マチェラータ(マルケ州の都市; 略 MC)

maceratese 形 マチェラータ(の人)の —男女 マチェラータの人

macerazione 女 1 液体に浸す[ふやかす]こと 2 苦悩, 苦痛 3〖織〗亜麻などを水に浸して繊維を採取すること

macereto 男 1 瓦礫(?)でいっぱいの場所 2〔地質〕岩屑(?)なだれの堆積

maceria 女 1 (農地を区画する)低い石塀 2 〖複数で〗崩れた建物の破片, 瓦礫(?), 残骸

macero 男 液体に浸してふやかすこと 2 亜麻をふやかす桶(?) —形 1 水に浸された 2 うちひしがれた, やつれた

machiavelleria 女 マキアヴェッリ的な態度, 狡猾(?)な手段

machiavellesco 形〖複[男 -chi]〗 → machiavellico

Machiavelli 固名 (Niccolò ~)マキアヴェッリ(1469-1527; イタリアの政治思想家. 近代政治学の祖.『君主論』はイタリア文学史上最初の近代的散文でもある)

machiavelli 男〖不変〗マキアヴェッリ(ラミーに似たトランプゲーム)

machiavelliano 形 マキアヴェッリの

machiavellicamente 副 狡猾(?)に, ずる賢く, 巧妙に

machiavellico 形〖複[男 -ci]〗マキアヴェッリの; 権謀術数の, 狡猾(?)な

machiavellismo 男 マキアヴェリズム, 権謀術数

machiavellista 男女〖複[男 -i]〗 1 マキアヴェッリ研究者, マキアヴェリズム信奉者 2 狡猾(?)な人, 策に長けた人

machismo 男 マッチョ, 男らしさの誇示

macho 形〖不変〗〔西〕マッチョの, 男らしさを誇示する —男〖不変〗マッチョな人

macigno 男 大きな石, 巌(?); 砂岩

macilento 形 げっそりした, やせ細った, やつれ果てた

macilenza 女 衰弱, やつれ

macina 女 1 挽(?)き臼 2 (精神的)重圧, 重荷

macinabile 形 挽(?)くことが可能な, すり潰せる

macinacaffè 男 コーヒーミル

macinadosatore 男 (エスプレッソ用)自動計量付きコーヒーミル

macinapepe 男〖不変〗胡椒挽(?)き, ペッパーミル

macinare 他 (io macino) 1 粉にする, 細かく砕く —*macinare* ad acqua [a vento] 水車[風車]で挽(?)く 2 (肉を)ミンチにする 3 (休みなく)進む, 続ける; (食物を)むさぼる, がつがつと食べる; (得たものを)浪費する —**arsi** 再 身を粉にする, 心身をすり減らす ▶ *macinare chilometri* 長い道のりを休まずに進む

macinata 女 粉にすること, 挽(?)くこと

macinato 形 挽(?)いた, 粉末の —男 粉末; 挽き肉

macinatore 形〖女[-trice]〗 (機械が)粉挽(?)き用の —男〖女[-trice]〗粉を挽く人

macinatura 女 → macinazione

macinazione 女 粉にすること, 挽(?)くこと, 製粉

macinino 男 1 粉砕器 2 コーヒーミル (macinino da caffè) 3 ポンコツ

macinio 男 延々と粉を挽(?)くこと; 粉を挽く音

maciste 男 筋骨たくましい男性, 怪力男

maciullamento 男 繊維の木質部からの分離; 粉砕すること

maciullare 他 繊維を木質部から分離させる; 粉砕する, 押しつぶす —**arsi** 再 (自分の体の一部が)砕ける

maciullatura 女 粉砕, 押しつぶすこと; (麻をつぶして)繊維をとること

macramè 男〖織〗マクラメ

macro 女〖不変〗〔コン〕マクロ

macro- 接頭 「大きい」「大規模の」「進歩の速い」の意

macrobiotica 女 マクロビオティック, 自然食ダイエット, 長寿法

macrobioticamente 副 自然食で, 穀物菜食で

macrobiotico 形〖複[男 -ci]〗マクロビオティックの, 自然食の, 長寿法の

macrocefalia 女〔医〕大頭症, 巨大頭蓋症

macrocefalo 形 1〔医〕大頭症の 2 知力に乏しい, 鈍重な

macrocosmo 男 宇宙全体; 〔哲〕大宇宙

macroeconomia 女 マクロ経済学

macroscopicamente 副 ありありと, はっきり明白に

macroscopico 形〖複[男 -ci]〗 1 肉眼で見える; 巨視的な 2 全く明白な, 巨大な —*errore macroscopico* ひどい間違い

macrostruttura 女 マクロ構造

maculato 形 1 染みの付いた, よごれた 2 (毛皮などが)斑点模様の

Madagascar 固名(男) マダガスカル

madama 女 1 マダム, 奥方 2〖口〗売春宿の女経営者 3〖口〗警察

madamigella 女 令嬢; 〖諧〗お嬢ちゃ

Maddalena 固名〔女性名〕マッダレーナ

maddalena 女 1〔料〕マドレーヌ 2 悔い改めた罪人(女性)

maddalenino 形 ラ・マッダレーナ(サルデーニャのコムーネ)(の人)の —男〔女 [-a]〕ラ・マッダレーナの人

made in Italy 固名〔英〕1 男 イタリア製品 2 イタリア製の

Madera 固名(女) マデイラ島(北アフリカのモロッコ西方、大西洋上にあるポルトガル領マデイラ諸島の主島)

madera 男〔不変〕マデイラワイン(ポルトガルのマデイラ諸島産のワイン)

madia 女 1 パン生地のこね桶 2 食器棚

madido 形 (汗などで)湿った、濡れた

madiella 女 造り付けの棚、戸棚

madonna 女 1 (M-)聖母マリア —il mese della *Madonna* 5月(il mese mariano) 2 聖母マリアの名前を付けた教会や御堂 3 憧れの女性、マドンナ 4〔驚いたときの叫び声〕あれまあ

madonnaro 男〔女 [-a]〕(主に聖母の絵を舗道に描く)大道画家

madonnina 女 1 聖母マリアの小像 2 可憐(㍗)な少女 —*madonnina* infilzata ぶりっ子

madore 男 肌の湿り気

madornale 形 1 (誤りが)極めて大きい、甚だしい、途方もない 2 母方の

madornalità 女 莫大さ、膨大さ

madornalmente 副 甚だしく、膨大に

madras 男〔不変〕〔織〕マドラス織りの綿布; マドラスチェック

＊**madre** [マードレ] 女 1 母、母親; 母親代わりの女性 —diventare *madre* 子を産む、母親になる 2 修道女 —*madre badessa* 女子修道院長 3 (M-)〔単数のみ〕聖母 4 (M-)〔単数のみ〕カトリック教会 5 〔印〕母型 6〔文〕故郷; 大地 7 起源、出所 8 液体の沈殿した濁り 9〔植〕切り株; 母株 10〔官庁用語で〕原簿 —形〔不変〕1 母の、母である —regina *madre* 皇太后 / lingua *madre* 母語 2 根本的な、大元の —causa *madre* 根本原因 / casa [azienda] *madre* 本社[本店] / scheda *madre*〔コン〕マザーボード

madrelingua 女 母語、母国語、自国語 —男女〔不変〕母国語を話す人、母語話者、ネイティブスピーカー

madrepatria 女 母国、祖国、故国

madreperla 女 (ボタンや細工物の原料になる)真珠層、螺鈿(㍗) —男〔不変〕真珠母色 —形〔不変〕真珠母色の

madreperlaceo 形 真珠層の、螺鈿(㍗)の; 真珠母色の

madreperlato 形 真珠層の色つやの

madrepora 女〔動〕イシサンゴ

madreporico 形〔複〕男 -ci〕イシサンゴの

madreselva 女〔植〕スイカズラ(caprifoglio)

madrevite 女〔機〕雌ねじ、ナット; ダイス

Madrid 固名(女) マドリード(スペインの首都)

madrigale 男〔文〕マドリガーレ(牧歌的叙情詩)、恋歌;〔音〕マドリガーレ

madrileno 形 マドリード(の人)の —男〔女 [-a]〕マドリードの人

madrina 女 1 代母(洗礼式や堅信式に母親代わりに立ち会う女性); 名付け親(→ padrino) 2 (開会式や除幕式など)公式の儀式に主賓として列席する女性

madrinato 男 援助活動、ボランティア活動

MAE 略 Ministero degli Affari Esteri イタリア外務省

maestà 女 1 威厳、荘厳さ、気品 2 (M-)(王や皇帝の尊称)陛下 3〔美〕マエスタ(玉座の聖母子を描いたもの)

maestosamente 副 堂々と、威厳を持って

maestosità 女 壮大さ、堂々とした様子; 厳めしさ、威厳

maestoso 形 威厳のある、荘厳な、堂々とした —副〔音〕堂々と、マエストーソ

maestrale 男 (大西洋から地中海に吹く)北西風 —形 北西の

maestranza 女〔複数形で〕港湾労働者; (同一企業内の)労働者

maestria 女 1 熟達、熟練 2 巧妙さ、狡猾(㍗)さ

＊**maestro** [マエストロ] 男〔女 [-a]〕1 (小学校の)先生 2 (作曲家や指揮者に対する敬称)マエストロ 3 (音楽や美術の学校の)先生 —*maestro* del coro 合唱の先生 4 (伝統的な技や技術を伝授する)師匠、親方、棟梁(㍗) 5 (その道の)名人、名手、達人 —colpo da *maestro* 見事な技[腕前] 6〔男性形のみ〕(大西洋から地中海の西方に吹く)北西の風 —形 1 器用な、敏腕の —essere *maestro* nel + 不定詞 …することにかけては右に出る者がない(軽蔑や皮肉の意味にも) / mano *maestra* 名手、名人 2 主要な、メーンの —strada *maestra* 幹線道路 / via *maestra* メーンストリート; 安全確実な道[手段] ▶ **da maestro** 完璧な、会心の

Mafalda 固名〔女性名〕マファルダ

maffia → mafia

mafia 女 マフィア; (同類の)暴力的営利集団

mafiologia 女 マフィア研究

mafiologo 男〔複 [-gi]女 [-a]〕マフィア研究者

mafiosamente 副 マフィアのように、横柄に

mafiosità 女 マフィアであること; マフィアの仲間意識

mafioso 形 マフィアの; マフィアに似た、マフィアのような —男〔女 [-a]〕マフィア

mag. の構成員；暴力的営利企業の社員；《蔑》見るからにその筋の人；成金風を吹かせる人

mag. 略 maggio 5 月

maga 女 **1** 魔女, 魔法使い **2**《文》魅力的な女性, 魔性の女

magagna 女 **1** 欠陥, 欠点, 弱点 **2** 病弱さ, 疾患 **3** 悪徳

magagnato 形 **1**（果実が）傷んだ, 腐った **2**（人が）負傷した

＊magari [マガーリ] 間, 接〔単独で間投詞として；また接続詞として接続法の動詞とともに〕**1**〔願望や希望；単独あるいは接続法とともに〕だったらいいんだけど —Vorresti partire domani?-*Magari!* 明日出発したいんじゃないの？-できたら［だっていんだけど］。/ *Magari* vincessi alla lotteria! 宝くじが当たったらいいのになあ。 **2**〔肯定の強調〕もちろんだとも —Vuoi un po' d' insalata?-*Magari!* サラダはいる？-いるとも。 **3**〔万一の可能性〕もしかしたら…かもしれない **4**〔条件節として〕たとえ…であっても —Non permetterò quest'ingiustizia, *magari* dovessi rimetterci la vita. こんな不当な仕打ちは, たとえ命を失っても許せない。 **5**〔予測や推量〕おそらく —*Magari* non sapeva niente. 彼(女)は何も知らなかったのかもしれない。/ *Magari* non era neanche in casa. 彼(女)は家にもいなかったのかもね。 **6**〔不測の事態を想定して〕必要な場合は —*Magari* chiamami prima di venire. 来るから来る前に電話してね。 **3**〔最大限の可能性を想定して〕…だってありうる〔十分に考えられる〕— Sarebbe capace *magari* di negare tutto. 彼[彼女]は何もかも否定することだってできるんだから。/ Ti daranno *magari* dello scemo. 皆から「馬鹿」呼ばわりされかねないぞ。

magazzinaggio 男 倉庫搬入；倉庫保管[貯蔵]；倉庫保管料

magazziniere 男〔女 -a〕倉庫係, 倉庫業者

magazzino 男 **1** 倉庫；在庫 **2** 多量, 山積み(の品物) **3** 百貨店(grande magazzino)

Magellano 国名(男) (Ferdinando ~)マゼラン(1480 頃–1521；ポルトガルの航海者)

magenta 男〔不変〕深紅色, 紅紫色；マゼンタ(染料) — 形〔不変〕深紅色の；マゼンタ(染料)

maggese 形 5 月の収穫の — 男 休耕, 休閑；休閑地

＊maggio [マッジョ] 男 **1** 5 月 **2**〔トスカーナ〕(フィレンツェで 5 月に開かれる)音楽祭 ▶ *il primo maggio* メーデー

maggiociondolo 男〔植〕キングサリ

maggiolino¹ 男〔虫〕コフキコガネ

maggiolino² 男（花をモチーフにした）象眼入りの家具

maggiorana 女〔植〕マジョラム, マヨラナ

maggioranza 女 大多数, 大部分；(多数決の)過半数 ▶ *a maggioranza* 多数決で, 過半数の賛成［支持］を得て *in maggioranza* たいてい, おおむね

maggiorare 他 増大させる, 大きくする —*maggiorare* il prezzo 値上げをする

maggiorata 女 グラマラスな美女

maggiorazione 女 増大, 増加, (価格の)高騰

maggiordomo 男（貴族の館の）執事, 給仕頭

＊maggiore [マッジョーレ] 形〔grande の比較級〕**1** より大きい；より多数の —forza *maggiore* 不可抗力 **2** 年上の, 年長の —fratello *maggiore* 兄 / raggiungere la *maggior* età 成年に達する **3** 上位［上級］の **4**〔定冠詞とともに最上級で〕最大の, 最年長の, 最高の **5**〔音〕長調の — 男女 年長者；〔軍〕少佐 ▶ *andare per la maggiore* 大成功をおさめる, もてはやされる *la maggior parte* 大部分, 大多数 *per la maggior parte* ほとんど, たいてい

maggiorenne 男女（18歳以上の）成人, 成年 — 形 成人の, 成年の

maggiorente 男 重要人物, 大御所, 有力者

maggioritario 形〔政〕大多数の, 過半数の —partito *maggioritario* 多数党 / sistema *maggioritario* 多数代表制 — 男〔政〕多数代表制

maggiormente 副 もっと多く, ますます, さらにもっと

maghrebino 形 マグレブ(北西アフリカ諸国地域)(の人の)(maghrebino) — 男〔女 -a〕マグレブの人

magia 女 **1** 魔術 **2** 妖術, 呪い **3** トリック **4** 魅力

magiaro, magiaro 形 ハンガリー［マジャール］の；ハンガリー［マジャール］人の — 男〔女 -a〕ハンガリー［マジャール］人

magicamente 副 **1** 魔法で, 魔力で；並外れて, 驚異的に **2** 妖しく

magico 形〔複〔男 -ci〕〕**1** 魔法の **2** 魅惑的な, 素敵な **3** 神秘的な, 不可思議な

magio 男 **1**〔歴〕古代ペルシャの僧侶, ザラスシュトラ(ゾロアスター教の開祖)の信奉者 **2**〔複数で〕東方の三博士 —i Re Magi〔聖〕東方の三博士(キリスト生誕を祝うために東方から訪れたマギ国の賢王)

magione 女 住み処, 住居

magistero 男 **1** 教職；訓戒 —facoltà di *magistero* 教育学部 **2** 熟練, 熟達

magistrale 形 **1** 教師の, 教育の, 初等教育の **2** 厳格な, 厳しい **3** 見事な

magistrali 女複 師範学校

magistralmente 副 見事に, 手際よく, 入念に

magistrato 男〔女 -a〕**1** 判事, 司法官 **2**（古代やコムーネの時代の）行政官, 執政官

magistratura 女 司法官職; 司法府, 司法機関

＊maglia [マッリャ] 女 1 (編み針・鉤針・編み機による様々な)編み目 —lavorare a *maglia* [fare la *maglia*] 編み物をする 2 ニットウエア 3 (運動用の)ジャージ —*maglia* azzurra 青のジャージ(イタリア代表選手が国際試合で着用) / *maglia* gialla 黄色のジャージ(フランス一周自転車競技 Tour de France で総合順位トップの選手が着用する maillot jaune マイヨ・ジョーヌ) / *maglia* rosa ピンクのジャージ(イタリア一周自転車競技 Giro d'Italia で総合順位トップの選手が着用)

magliaio 男 〖女[-a]〗ニット工場の工員; ニット製品を扱う商人

magliaro 男 〖女[-a]〗 1 織物製品の行商人 2 ペテン師

maglieria 女 ニット製品; ニットウエアのブティック

maglierista 男女 〖複[男 -i]〗ニットの製作者; ニット工場の工員

maglietta 女 1 Tシャツ, アンダーシャツ 2 (額縁や鏡の裏にある)壁掛け用のフック

maglificio 男 ニット工場

maglina 女 (女性用衣類に用いる)ジャージーの布地

maglio 男 1 チルトハンマー 2 木槌の 3 (打球用の)槌, マレット

maglione 男 セーター, プルオーバー —*maglione* a collo alto ハイネックセーター

magma 男 〖複[-i]〗 1 〖地質〗マグマ 2 (考え・言葉・状況などの)ごちゃ混ぜ, 寄せ集め

magmatico 形 〖複[男 -ci]〗 1 マグマの 2 ごちゃ混ぜになった, 混乱した

magnaccia 男 〖不変〗〖ローマ〗(売春婦の)ひも, 情夫, ぽん引き

magnanimamente 副 寛大に, 優しく

magnanimità 女 寛大, 雅量

magnanimo 形 度量の大きい, 寛大な

magna pars 成句 (男女)〖ラ〗主力, 采配を振る者

magnate 男女 1 (企業などの)大立て者, 大物, 大御所; 資産家 2 〖男性のみ〗(中世都市の)有力者, 豪族

magnatizio 形 大立て者の, 富裕の, 貴族の

magnesia 女 〖化〗酸化マグネシウム

magnesio 男 〖化〗マグネシウム(元素記号 Mg)

magnete 男 磁石, マグネット

magneticamente 副 1 磁石で, 磁力で 2 ぴったりと, 抵抗できないほどに

magnetico 形 〖複[男 -ci]〗 1 磁石の, 磁気の —ago magnetico 磁針 / disco [nastro] *magnetico* 磁気ディスク [テープ] 2 誘惑的な, 人を引きつける

magnetismo 男 磁性, 磁気; 磁気学 2 人を惹きつける力, 魅力

magnetite 女 〖鉱〗磁鉄鉱, マグネタイト

magnetizzare 他 1 磁化する, 磁気を帯びさせる 2 (人を)魅了する, 引き寄せる

magnetizzazione 女 磁化

magneto- 連誘 「磁力の」「磁石の」の意

magnetofono 男 テープレコーダー

magnificamente 副 1 気前よく, 惜しみなく; 華々しく, 豪華に 2 立派に, 最高に

magnificare 他 〖io magnifico〗称賛する, ほめそやす; 栄光をたたえる, 崇める —*magnificare* Dio 神の栄光をたたえる —**arsi** 〖文〗自画自賛する, 自慢する

magnificat 男 〖不変〗〖ラ〗マニフィカト(聖母マリアへの讃歌) 2 〖諧〗食事

magnificazione 女 称賛

magnificenza 女 1 豪華, 絢爛(ﾗﾝ), 壮麗 2 並外れた魅力[美しさ], 荘厳 3 〖文〗雅量 4 目立つ特徴 5 〖歴〗王侯に対する呼称

＊magnifico [マニーフィコ] 形 〖複[男 -ci]〗 1 素晴らしい, 豪華な —il *magnifico* spettacolo della natura 眺望絶佳 2 気前のよい〖身分の高い人に添える尊称〗偉大なる —Lorenzo il *Magnifico* ロレンツォ・イル・マニーフィコ(ルネサンス期のメディチ家の当主) / *Magnifico* Rettore 大学の学長

magniloquente 形 (話や文体が)気取った, 大げさな, 仰々しい

magniloquenza 女 (話や文体の)誇張, 気取り, 仰々しさ

magnitudine 女 〖天〗(星の)光度, 等級

magnitudo 男 (地震の)マグニチュード

magno 形 〖文〗大きい, 広大な; 偉大な; (国や都市が)強大な, 富んだ ►**Magna Grecia** (南伊の古代ギリシャの植民都市)マグナ・グラエキア

magnolia 女 〖植〗モクレン属; タイサンボク(magnolia grandiflora)

magnosa 女 〖動〗セミエビ

magnum 形 〖不変〗 通常より大きい —男女 〖不変〗 1 (シャンパンやワインの)大瓶, マグナムボトル 2 (拳銃の)マグナム; マグナム弾

mago 男 〖複[-ghi]女[-a]〗 1 魔術師, 祈禱(ﾄｳ)師, 占い師 2 (童話の)魔法使い 3 奇術師, 手品師 4 達人, 名人

magone 女 1 〖北伊〗(鳥の)砂嚢(ﾉｳ) 2 深い悲しみ, 悲嘆, 苦悩

Magonza 固名(女) マインツ(ドイツ西部, ライン川中流の河港都市)

magra 女 1 〖気〗(川の)渇水, 低水位 2 (生活必需品の)欠乏, 食糧不足 —tempi di *magra* 不景気 2 〖口〗ぶざまな姿[印象] —fare una *magra* 醜態をさらす

magramente 副 貧しく; 不十分に, 乏しく

magrebino → maghrebino

magrezza 女 1 やせていること, 貧弱 2

magro 欠乏, 不足

＊magro [マーグロ] 形 **1** やせた, 細身の **2** 脂肪の少ない ―yogurt *magro* 低脂肪ヨーグルト **3** 乏しい, わずかな ―*cibo magro* 低カロリー低脂肪の食べ物 /*falso magro* 実際よりもやせて見える[着やせするたちの]人 **4** 悲惨な ―男 (肉の)赤身 ▶ *di magro* 肉を抜いた[で]; 野菜とチーズをベースにした[して]

magrolino 形 かなりやせた, きゃしゃな

＊mah [マー] 間 **1** 〖不確かさ・ためらいを表して〗さあ, どうかな **2** 〖不賛成・忍従を表して〗ああ, そう

＊mai [マーイ] 副 **1** 〖non... mai で〗決して[一度も]…でない ―Sei stato in Italia?-No, non ci sono *mai* stato. 君はイタリアへ行ったことがあるの？- いや, 一度も行ったことはない. /Non ho *mai* sentito [visto] una cosa simile. こんな[そんな]の聞いた[見た]ことがない. **2** 〖non... mai più で〗もう二度と…しない ―Non lo farò *mai* più. (やったことを)もう二度としないよ. **3** 〖Mai che + 接続法 (現在)で〗…したためしがない, しょっちゅう…する ―*Mai* che arrivi in tempo. 君は間に合ったためしがない[しょっちゅう遅れてくる]. /*Mai* che mi ascolti! 君は僕の話をまともに聞いたためしがない[しょっちゅう無視する]. /*Mai* che ti ricordi di telefonare! 忘れずに電話をかけたためしがない[しょっちゅう忘れる]. **4** 〖過去の経験〗今までに…したことがある ―Lei è *mai* stato in Francia? あなたはこれまでにフランスへ行かれたことはありますか？/Dimmi, l'hai *mai* vista? ちょっと聞くけど君は彼女に会ったことある？/È il vino migliore che io abbia *mai* bevuto. これまで飲んだ中で最高のワインだ. **5** 〖疑問の強調〗一体全体 ―Quando *mai* te l'ho detto? 一体いつ僕が君にそんなこと言った？/Come *mai* non sei venuto ieri sera? ゆうべは何で[どうして]来なかったの？ **6** 〖se mai で〗万一…だったら ―Se *mai* tu lo incontrassi, digli che devo parlargli. もしも彼に会うようなことがあれば, 話(話さないといけないこと)があると言っておいてくれ. ▶ *caso mai*... …の場合は, できたら, とりあえず(casomai) *il giorno che mai* 絶対来ない日 *Mai e poi mai!* 絶対ない. *Meglio tardi che mai.* 遅くなっても何もしないよりはましだ. *Non si sa mai.* あるかもしない(何が起こるか誰にも分からない). *più che mai* さらに, いっそう *quanto mai* 〖形容詞に後置して〗いつになく;〖形容詞に前置して〗この上なく /È stato un autunno caldo *quanto mai*. 今年の秋はこれまでにない暑さだった. /È un tipo *quanto mai* affascinante. 実に魅力的な人です.

Maia 固名(女) **1** 〖女性名〗マイア **2** 〖ギ神〗マイア(プレイアデスの一人) **3** 〖口神〗マイア(豊穣の女神)

maiala 女 **1** 雌豚 **2** 《俗》淫乱女

maialata 女 無作法な行為, 不潔な行為;(特に子供の)汚らしい言動

maiale 男 **1** 豚;〖単数のみ〗豚肉 **2** 大食いの人 **3** 不潔な人間 **4** 下品[卑猥(ひわい)]な人間; 太った人

maialesco 形 〖複[男 -chi]〗豚のような; 下品な, 汚い, 淫らな

maidico 形 〖複[男 -ci]〗トウモロコシの

mailing 男 〖不変〗〖英〗ダイレクトメール

maiolica 女 マジョルカ焼き

maiolicaio 男 〖複[女 -a]〗マジョルカ焼き職人

maiolicare 他 (io maiolico) マジョルカ陶板[タイル]で覆う

maionese 女 マヨネーズ

Maiorca 固名(女) マジョルカ, マヨルカ(バレアレス諸島中最大の島; スペイン領)

mais 男 〖不変〗〖植〗トウモロコシ

maiscoltura 女 トウモロコシ栽培

maiuscola 女 大文字(→ minuscola) ―scrivere con la *maiuscola* 大文字で書く

maiuscoletto 男 〖印〗スモールキャピタル

maiuscolo 形 **1** 大文字の **2** 《諧》とても大きい, はっきりした

maizena 女 〖料〗コーンスターチ

majorette 女 〖不変〗〖英〗バトンガール

make-up 男 〖不変〗〖英〗メーキャップ, 化粧

mako 男 〖不変〗〖魚〗アオザメ

mal male, malo の語尾切断形

mal-, mala- 接頭 〖名詞と形容詞に付けて〗「悪さ」「ひどさ」「まずさ」の意

mala → malavita

Malacca 固名(女) **1** マラッカ(マレーシアの港湾都市) **2** (lo Stretto di ～) マラッカ海峡(マレー半島とスマトラ島の間にある海峡) **3** (Penisola di ～) マレー半島, マラヤ半島(インドシナ半島から南に細長く突き出た半島)

malacca 女 〖植〗マラッカ籐(とう)

malaccetto 形 迷惑な, 嫌われた ―ospite *malaccetto* 歓迎されざる客

malaccio 男 重病, 厄介な病気 ―Non è *malaccio*! 悪くない.｜まずまずだ.

malaccortamente 副 不注意に, うっかりと, 軽率に

malaccorto 形 無分別な, 軽率な, 浅はかな, 不注意な

malachite 女 〖鉱〗孔雀石, マラカイト

malacreanza 女 無作法な, 無礼

malafede 女 不誠実, 不実 ▶ *agire in malafede* 誠意のない振る舞いをする

malaffare 男 〖複[maliaffari]〗いかがわしいこと, 不法なこと ―donna di *malaffare* 売春婦 /gente di *malaffare* 悪党, ごろつき

malaga 男 〖不変〗(スペインの)マラガワイン ―女 マラガワイン用のブドウ

malagevole 形 困難な, 厄介な, 険しい

malagiustizia 囡〔不変〕〔報道用語で〕役に立たない正義, 誤った裁定

malagrazia 囡 不作法, 品の悪さ, 無礼 ▶**di malagrazia** 無作法に, ぶしつけに, ぶっきらぼうに

malalingua 囡〔male lingue〕毒舌家, 噂(ᵘわさ)を広める人, ゴシップ好き

malamente 副 不正に, 不法に; 悪く, 下手に

malandato 形 傷んだ, 腐った; 悪化した

malandrinaggio 男 略奪行為, 山賊行為; 強盗, 盗賊

malandrinesco 形〔複[男 -chi]〕山賊の, 強盗の; 山賊のような

malandrino 男〔囡[-a]〕山賊, 盗賊; 悪党, ペテン師, ずる賢い奴 ─形 危なっかしい, 油断のならない

malanimo 男 悪意, 敵意 ▶**di malanimo** いやいやながら, 渋々

malanno 男 1（特に長患いの）病気, 持病 2 災害, 災難 3〔諧〕うるさい奴, 厄介者

malaparata 囡〔複[male parate]〕悪い［危険な］状況

malaparole 囡複 侮辱的な言葉, 悪口, 雑言

malapena 囡〔不変〕〔次の成句で〕▶**a malapena** やっとのことで, どうにか, かろうじて

malapianta 囡（人・機関・理論などで）非難すべき有害なもの

malaria 囡〔医〕マラリア

malarico 形〔複[男 -ci]〕〔医〕マラリアの; マラリアにかかった ─**febbre** *malarica* マラリア熱 / **zona** *malarica* マラリア感染地域

malasanità 囡 公衆衛生の悪さ

malasorte 囡〔複[male sorti]〕不運, 不遇, 災難

Malatesta 固名 1（男複（i ～）マラテスタ家（イタリア・ロマーニャ地方を支配した一族, 特にリミニ領主として知られる; 1295-1528） 2（Errico ～）マラテスタ（1853-1932; イタリアの無政府主義者） 3（Sigismondo Pandolfo ～）マラテスタ（1417-68; 1432年からリミニ・ファーノの領主）

malaticcio 形〔複[囡 -ce]〕病弱の, 病気がちの; 健康を害した

***malato**［マラート］形 1 病気の ─**essere** *malato* **di cuore** 心臓が悪い, 心臓病を患っている 2 気に病む; 病める ─男〔囡[-a]〕1 病人, 患者 2 まともでない人, 常軌を逸した人

***malattia**［マラッティーア］囡 1 病気 2 欠陥, 欠点 3 災いのもと

malauguratamente 副 不運にも, あいにく

malaugurato 形 不運な, 不吉な, 縁起の悪い; 望まない, あいにくの

malaugurio 男 不吉, 凶兆 ▶**uccello del malaugurio** 縁起の悪いことを言う人

malavita 囡〔単数のみ〕1 悪の世界, 暗黒街 ─*malavita* **organizzata** 犯罪組織 2 犯罪集団

malavitoso 男〔囡[-a]〕犯罪組織の人間, 極道者 ─形 悪の世界の, 犯罪組織の, 極道の

malavoglia 囡 不本意 ─**di** *malavoglia* しぶしぶ, 不承不承

malavvezzo 形 無作法な, 行儀の悪い; わがままな

Malawi 固名（男）マラウイ

malawiano 形 マラウイ（人）の ─男〔囡[-a]〕マラウイ人

Malaysia 固名（囡）マレーシア

malaysiano 形 マレーシア（人）の ─男〔囡[-a]〕マレーシア人

malazzato 形 病弱の, 虚弱な

malcapitato 形 不運な, 巡り合わせの悪い, 気の毒な ─男〔囡[-a]〕不運な人, 気の毒な人

malcelato 形（感情や気持ちを）うまく隠せない

malcerto 形 不安定な; 不確実な, はっきりしない

malcollocato 形 配置の悪い, 不適切な場所にある

malconcio 形〔複[囡 -ce]〕つぶれた, 傷んだ, めちゃくちゃな; やつれた, ぼろぼろの

malcondotto 形（管理・指導が）ずさんな

malcontento 形 不満[不服]の ─男 不満, 不平

malcorrisposto 形 報われない ─**affetto** *malcorrisposto* 報われない愛

malcostume 男 不品行, 乱行, 悪習

maldentato 形 歯並びの悪い

maldestramente 副 へたに, ぶざまに, 不格好に

maldestro 形 不器用な, 下手な, ぎこちない

maldicente 形 毒舌の, 悪口[陰口]を言う, 噂(ᵘわさ)好きの ─男囡 毒舌家, 悪口[陰口]を言う人

maldicenza 囡 悪口, 陰口, 中傷

maldisposto 形 敵意を持った, 悪意のある

maldistribuito 形 不平等な, 不均衡の

Maldive 固名（囡複）モルディブ

maldiviano 形 モルディブ（人）の ─男〔囡[-a]〕モルディブ人

***male**¹［マーレ］副 1〔比較級 peggio, 絶対最上級 malissimo, pessimamente; 動詞を修飾して〕悪く, ひどく, 下手に, 不十分に ─**vestire** *male* 着こなしが悪い / **dormire** *male* 寝心地が悪い / **trattare** *male* ひどい扱い方をする, 粗末にする / **mangiare** *male* 食事がまずい / **cucinare** [**suonare**] *male* 料理[演奏]が下手である / **stare** [**sentirsi**] *male* 調子[具合]が悪い / **sentire** [**vedere**] *male* 聞こえ[見え]にくい / **capire** *male* 誤解する / **andare** *male* うまく行かない 2〔間投詞として〕（非難・不承認

を示して)だめだ **3**《文》ほとんど…ない ▶ **meno male** よかった, それは何より (悪い状況を想定して, そうはならなかったとき)

male² [マーレ] 男〔語尾切断形 mal〕**1** 悪 **2** 害, 災い **3** 痛み, 苦痛, 病気 ▶ **andare a male** (食べ物が) 腐る, 傷む **fare male a...** …に害を与える; (肉体的・精神的) 苦痛を与える; 〔体の部位を主語に〕痛い, 痛む / Il fumo *fa male alla* salute. 喫煙[タバコ]は体[健康]によくない. / L'alcol *fa male al* fegato. 酒は肝臓を悪くする. / Ahi, mi *hai fatto male*! おい, 痛いじゃないか. / Mi *fa male* un braccio [la ferita]. 腕が痛い[傷が痛む]. **farsi male a...** …を負傷する / Ti sei *fatto male*? 大丈夫? (どこかけがしたかどうかを確かめる意味で) / Mi sono *fatto male* a un ginocchio. 私は膝を負傷した. **mal di...** …の痛み / *mal di* denti [testa, pancia, stomaco] 歯痛[頭痛, 腹痛, 胃痛] / *mal di* mare [montagna] 船酔い[高山病] **niente di male** 支障はない, 大事ない **portare male gli anni** (実際の年齢よりも) 老けて見える

maledettamente 副《口》ひどく, ものすごく; 猛烈に, すさまじく —Ero *maledettamente* stanco. 私はくたくたに疲れていた.

maledettismo 男 (フランス退廃主義の呪われた詩人たちの) 非順応主義[反体制] の動機

maledetto 形〔過分 < maledire〕**1** 呪われた, 嫌悪すべき, いまいましい **2** ものすごい, とてつもなくひどい

maledico 形〔複 -ci〕口の悪い, 中傷的な, 毒舌の —男〔複[-ci]女[-a]〕口の悪い人, 毒舌家

*****maledire** [マレディーレ] [34] 他〔過分 maledetto〕**1** 呪う, 恨む **2** (神が) 罰する; 嫌悪する —Il padre *maledisse* il figlio degenere. 父親は堕落した息子を勘当した. / Dio *maledisse* Caino. カインに天罰が下った. **3** 悪態をつく —**irsi** 再 自分を責める

maledisse maledire の直・遠過・3単

maledizione 女 **1** 呪い; 悪態 **2** (天罰のような) 災難, 災害; 嫌悪すべき人[事態] **3**〔間投詞として; 怒りや失望を表して〕くそっ, しまった

maleducatamente 副 行儀悪く, 無作法に, 下品に

maleducato 形 行儀の悪い, 無礼な —男〔女[-a]〕行儀の悪い人, 無礼者

maleducazione 女 不作法, 行儀の悪さ

malefatta 女 **1** 悪事, 悪行, 犯罪 **2**《文》誤り, 過失

maleficamente 副 邪悪に, 悪意を持って; 不吉に; 魔術で

maleficio 男 邪術, 妖術, 魔法

malefico 形〔複[男 -ci]〕**1** 邪悪な, 悪意のある; 有害な —influsso *malefi-co* 悪い運勢 **2** 魔術の, 魔法の

maleodorante 形 臭い, 悪臭を放つ

malerba 女 雑草; 害悪

malese 形 マレーシア(人)の —男女 マレーシア人 —男〔単数のみ〕マレーシア語

malessere 男 **1** 気分がすぐれないこと, 体の不調 **2** 不快感; 不安, 動揺

malestro 男 (未熟さや不注意による) 過失, しくじり, 粗相

malevolenza 女 敵意, 悪意, 憎悪

malevolmente 副 悪意で, 敵意を持って

malevolo 形 意地の悪い, 悪意のある, 敵意を持った —男〔女[-a]〕意地悪な人

malfamato 形 評判の悪い, 悪名高い; いかがわしい, 風紀の悪い

malfatto 形 出来の悪い, 粗雑な, 粗雑な; 不格好な, 醜い, 歪んだ —男 **1** 非難すべき行為, 犯罪; 過ち **2**〔複数で〕〔料〕マルファッティ(ニョッキの一種)

malfattore 男〔女[-trice]〕悪人, 悪党, 犯罪者

malfermo 形 **1** 不安定な, ぐらついた **2** (声が) 震える **3** 不健康な, ふらふらの

malfidato 形 **1** 疑い深い **2** 信用できない, 不誠実な —男〔女[-a]〕**1** 疑い深い人 **2** 信用できない人

malfido 形 疑わしい, 信用できない; 不確かな

malfondato 形 根拠のない, いわれのない

malformato 形 不格好な, 不細工な, 不完全な

malformazione 女 不格好, 奇形 —*malformazione* congenita〔医〕先天性欠損

malfunzionamento 男 不調, 機能不全

malgarbo 男 無作法, 無礼な振る舞い

malgaro 男〔女[-a]〕(夏場の牧場の) 羊飼い, 牧夫

malgascio 形〔複[男 -sce]〕マダガスカル(人)の —男〔女[-a, 複 -sce]〕マダガスカル人 **2**〔単数のみ〕マダガスカル語

malgiudicare 他〔io malgiudico〕不正な判断をする, 不当に裁く

malgoverno 男 悪政; 管理不行き届き, 身なりのだらしなさ

malgradito 形 **1** 歓迎されない, 不愉快な **2**《文》軽視された, 過小評価の

malgrado 前〔名詞句とともに〕…にもかかわらず —接〔接続法とともに〕…であるにもかかわらず —*Malgrado* piovesse forte, siamo partiti. 雨が激しく降っていたが, 我々は出発した. —副〔所有形容詞を先行させて〕(人)の意に反して, (人)は不本意ながら

Mali 固名(男) マリ

malia 女 **1** まじない, 呪術, 妖術, 魔術 **2** 魅惑, 魅力, 人を惑わすもの

maliano 形 マリ(人)の —男〔女[-a]〕マリ人

maliarda 囡 1 魔女 2 魅力のある女性, 妖女

maliardo 男 魔法使い, 妖術師 ― 形 魅了する, うっとりさせる

malignamente 副 意地悪く, 悪意を持って, 腹黒く

malignare 自 悪口を言う, けなす, 悪く考える ―*Pochi malignano sul suo conto.* 彼のことを悪く言う人は少ない.

malignità 囡 1 悪意, 敵意 2 悪事, 悪口 3〔医〕悪性

maligno 形 1 悪意のある, 意地悪な 2 悪性の, 致命的な 3《文》不吉な 4《文》不毛の ―男 1〔女[-a]〕意地悪な人 2 (M-)〔単数で〕悪魔

malimpiegato 形 悪用される, 誤用される

＊**malinconia** [マリンコニーア] 囡 1 憂鬱, わびしさ 2 メランコリー, 悲哀 3〔医〕鬱症

malinconicamente 副 憂鬱に, 物悲しげに

malinconico 形〔複[男 -ci]〕1 憂鬱な, 物憂い, 物悲しげな 2〔医〕(古代四体液説で)黒胆汁質の

malincuore 副〔次の成句で〕▶ *a malincuore* いやいや, 渋々

malintenzionato 形 悪意のある, 腹黒い, 意地の悪い ―男〔女[-a]〕悪意のある人, 腹黒い人, 意地悪な人

malinteso 形 誤解された ―男 誤解

Malipiero 固名(男) 1 (Gian Francesco ～)マリピエロ(1882-1973; イタリアの作曲家) 2 (Riccardo ～)マリピエロ(1914-2003; イタリアの作曲家. 1 の甥)

malizia 囡 1 悪意, 意地悪 2 賢さ, ずるさ

maliziosamente 副 悪意で, 意地悪く, ずるく

malizioso 形 意地悪な, ずるい; 有害な; いたずらな, 挑発的な

malleabile 形 1〔冶〕展性の, 可塑的な 2 柔軟な, 曲げやすい

malleabilità 囡 1〔冶〕展性, 可塑性 2 柔軟性, しなやかさ

malleolo 男〔解〕くるぶし

malleveria 囡〔法〕保証; 抵当; 保釈金

mallo 男〔植〕総苞(ほう)

malloppo 男 1〔中伊・南伊〕包み; 圧迫感, 重圧 2《口》盗品

malmaritata 囡 夫運の悪い女性

malmenare 他 1 打ちのめす, 痛めつける; 虐待する, いじめる 2 手荒く扱う ― *arsi* 再 殴り合う

malmesso 形 1 散らかった, 乱雑に置かれた; 手入れの行き届かない; (身なりが)だらしない 2 (経済・健康が)良くない

malnoto 形 あまり[ほとんど]知られていない

malnutrito 形 栄養失調[栄養不良]の

malnutrizione 囡 栄養失調[不良]

malo 形 悪い, よくない;《文》間違った, 誤った;《文》無礼に ▶ *in malo modo* 無作法に, 無礼に

malocchio 男 邪視(呪いをかける力があるという邪気に満ちた視線) ―*gettare [fare] il malocchio a...* 邪気に満ちた眼差しで(人)を睨(にら)む ▶ *di malocchio* 憎しみを込めて

malora 囡〔不変〕破滅, 失墜, 失脚 ―*Va' in malora!* くたばってしまえ.

malore 男 1 急な[一時的な]身体の不調 ―*essere colto da malore* 急に気分が悪くなる 2《文》病気 3《文》不運

malpagato 形 薄給の, 見合った給料を支給されていない

malpartito 形〔不変〕〔次の成句で〕▶ *a malpartito* 難儀な状況に, 苦境に

malpelo 形〔不変〕(伝承により, 赤毛の者が)性悪の, また賢い

malpensante 形 ひねくれた, ゆがんだ考えの ―男女 ひねくれ者, 他人を悪く言う人

malpreparato 形 準備不足の, 用意不十分の

malridotto 形 ぼろぼろの; 落ちぶれた, 零落した

malriposto 形 誤った人に託された

malriuscito 形 失敗した, うまく行かない, 不出来の

malsano 形 1 健康によくない, 体に有害な 2 健康でない, 病弱の 3 不健全な, 不道徳な

malservito 形 サービスの悪い, 客あしらいの悪い

malsicuro 形 1 安全でない, 安定しない 2 優柔不断な; 当てにならない, 不確かな

Malta 固名(女) 1 マルタ島(地中海中央部の島国, マルタ共和国の主島) 2 マルタ共和国

malta 囡 モルタル

maltagliato 男〔複数で〕マルタッリャーティ(ひし形の不揃いのパスタ)

maltempo 男 悪天候, 天候不順

maltenuto 形 手入れのしていない, 乱雑な

maltese 形 マルタの, マルタ島の; マルタ(島)の人の ―男女 マルタ(島)の人 ―男 1 マルチーズ(愛玩犬の一種) 2〔単数のみ〕マルタ語

maltinto 形 染めムラのある, 塗りの悪い

malto 男 麦芽, モルト

maltollerante 形 我慢できない, 耐えがたい

maltolto 形 不正に取得した, 不法入手の ―男 不当利得

maltosio 男〔生化〕麦芽糖, マルトース

maltrattamento 男 いじめ, 冷遇;〔複数で〕虐待 ―*maltrattamenti di animali* 動物虐待

maltrattare 他 1 虐待する, いじめる 2 乱暴に扱う

maltrattatore 男〔女[-trice]〕虐待者

maluccio 副 まあまあ悪く, いくぶんひどく

malumore 男 1 物憂さ; 憂さ, 鬱憤 2 不和, 仲たがい; 恨み, 遺恨

malva 女 〔植〕ゼニアオイ ―男〔不変〕薄紫[モーブ]色 ―形〔不変〕薄紫[モーブ]色の

malvacea 女 〔植〕アオイ科の植物; (M-)〔複数で〕アオイ科

malvaceo 形 アオイ科の; ピンクがかった薄紫色の

malvagiamente 副 よこしまに, 意地悪く, 悪意で

malvagio 形〔複〕女-gie〕邪悪な, 悪意のある; 不正な ―男〔女-a, 複-gie〕(M-)悪漢

malvagità 女 1 悪意; 悪業, 悪事 2《文》不快さ

malvasia 男〔不変〕マルヴァジーア種(ブドウの品種) ―女 マルヴァジーア(甘口白ワイン)

malversare 他 (金や財産を)横領する, 使い込む ―自 横領する

malversazione 女 横領, 使い込み, 着服

malvestito 形 ひどい身なりの, ぼろをまとった; 着こなしが下手な

malvezzo 男 悪癖, 悪習

Malvine → Isole Falkland

malvisto 形 悪く見られた, 軽蔑された, 疑いの目で見られた, 疎まれた

malvivente 男女 ならず者, やくざ, 不良

malvolentieri 副 いやいや, 渋々

malvolere [130] 他 憎む, 嫌う, 反感を抱く ―男〔単数のみ〕敵意, 憎しみ

malvolle malvolere の直・遠過・3 単

malvoluto 形 憎まれた, 嫌われた

malvone 男 〔植〕タチアオイ

mambo 男〔不変〕マンボ(キューバ起源のダンス); 〔音〕マンボ

Mameli 固名(男) (Goffredo ∼ di Mannelli)マメーリ(1827-49;イタリアの詩人・作家, 愛国者)

＊**mamma** [マンマ] 女 1〔口〕お母さん ―festa della *mamma* 母の日/figlio di *mamma* ママっ子, マザコン 2《文》乳房 3 面倒見のよい女性 ▶ ***Mamma mia!*** あれまあ, 何てこった

mammalucco 男 〔複〕男-chi〕〔歴〕マムルーク(イスラム世界の奴隷出身の軍人) ―男〔複-chi〕女-a〕馬鹿, 愚か者

mammario 形 乳房の

mammasantissima 男 〔不 変〕〔南伊〕〔口〕シチリアマフィアやナポリのカモッラの首領, 大ボス

mammella 女 乳房

mammellone 男 〔地質〕円頂丘

mammifero 形 哺乳動物の ―男〔複数で〕哺乳類

mammina 女 1〔親愛を込めた呼称〕お母さん 2 若い母親

mammismo 男 母親崇拝[依存], マザコン

mammografia 女 〔医〕マンモグラフィー, 乳房X線撮影(装置)

mammola 女 1〔植〕スミレ 2 とても内気な人, 地味な人, 恥ずかしがり屋

mammolo 男 マンモロ(トスカーナのブドウ品種; その品種で作る赤ワイン)

mammona 男〔単数のみ〕(堕落の原因となる)世俗の富 ―女 (M-)(キリスト教の強欲を司る悪魔の)マモン

mammone 形 母親にべったりの ―男〔女-a〕母親にべったりの子, お母さん子 ▶ ***gatto mammone*** 化け猫

mammut 男〔不変〕マンモス ―形〔不変〕ばかでかい, 巨大な

manager 男〔不変〕〔英〕(企業の)経営者, 支配人; (芸能やスポーツ関係の)マネージャー

manageriale 形 管理者の, 経営者の, マネージャーの ―*capacità manageriali* 経営[管理]能力

managerialità 女 経営[管理]能力, 経営手腕

Manasse 固名(男) 〔聖〕マナセ(前7世紀のユダ王国の王)

manata 女 1 ひとつかみ, 一握り分 ―una *manata* di sabbia ひとつかみの砂 2 平手打ち ―dare una *manata* sulle spalle 背中をどんと叩く

manca 女 左手; 左の部分, 左側

mancamento 男 1 卒倒, 失神, 気絶 2 不足, 欠乏

mancante 形 欠けた, 足りない, 不備の

＊**mancanza** [マンカンツァ] 女 1 不足; 不在 ―*mancanza* di cibo 食糧不足/sentire la *mancanza* di... …がいなくて寂しく思う / Sento molto la tua *mancanza*. 君がそばにいなくてとても寂しい. / Sono lontano dalla famiglia e ne sento molto la *mancanza*. 家族から遠く離れているのでとても寂しい. 2 過失 ―una grave *mancanza* 重大な過失 3 欠点, 欠陥 ▶ ***in [per] mancanza di...*** …がないので

＊**mancare** [マンカーレ] 自 [es; ただし 60 av] 1 (物を主語に: mancare a...で)(物)が(人に)ない[不足している] ―*Mancano* i soldi. お金がない[足りない]. / *Mi è mancato* il tempo [coraggio]. 私には時間[勇気]がなかった[足りなかった]. 2 (時間や距離が)あと…残っている ―*Mancano* cinque minuti alla partenza. 出発まであと5分です. / *Manca* un mese a Pasqua. あと一週間で復活祭だ. 3 (何かが)突然消える ―Gli *sono mancate* le forze. 彼は急に力尽きた. / *Mi è mancata* la vista. 私は一瞬目が見えなくなった. / *Manca* la luce [l'acqua]. 停電[断水]する. 4 (人が)不在である, 遠く離れている ―Mio padre *manca* da casa da quasi un mese. 父は1か月ほど前から家をあけている. / Ti aspetto domani sera, non *mancare*! あしたの晩待ってるからね, 絶対来てよ. 5 (…がいな

mancato

くて)寂しい —È partita solo ieri, ma mi *manca* molto. 彼女は昨日出発したばかりなのに僕はとても寂しい / Ti sono *mancata*? 私がいなくて寂しかった？ **6** 〖人を主語に〗mancare di... 〗…が欠けている、…を持っていない —*mancare* di fascino [speranza] 魅力[夢]がない / *Mancano* di esperienza. 彼らは経験が足りない． —他 **1** 失敗する、(的を)はずす；(得点を)逃す **2**〖チャンスなどを〗逃す **3** なおざりにする、省く ▶ *Ci manca [mancava] anche questa!* こんなの聞いてないよ．｜冗談じゃないよ．｜勘弁してくれよ(厄介ごとが重なったとき)．(*Non*) *Ci mancherebbe altro!* もちろん（そんなことがあっては困る）; もちろんですとも（相手の依頼を全面的に受け入れて）． *sentirsi mancare* 気を失う、気絶する

mancato 形 完成されなかった、達成されなかった；不成功の —film *mancato* 失敗に終わった映画

mancego 形〖複 -ghi〗ラマンチャの —男〖単数のみ〗(M-) ドン・キホーテ

mancese 形 満州の；満州族(の人)の —男女 満州族の人 —男〖単数のみ〗満州語

manche 女〖不変〗〖仏〗(トランプの)一巡、対戦；(スポーツの)予選試合

manchevole 形 不足した、不完全な

manchevolezza 女 **1** 不足、欠陥 **2** 不完全、不備

*****mancia** [マンチャ] 女〖複 -ce〗〗 **1** チップ —dare una *mancia* al cameriere ボーイに心づけを渡す / ricevere la *mancia* チップを受け取る **2** ほうび **3** 〖文〗贈り物

manciata 女 一握り分、ひとつかみ；少量

mancina 女 左手；左側

mancinismo 男 左利き

mancino 形 左の；左利きの —男〖女 -a〗左利きの人、サウスポー

manciuriano → mancese

manco¹ 副 …もない[すらない] —Non le ho parlato *manco* per un minuto. 彼女とは全く話したことがない． / Non ce n'è *manco* uno. 一つもない． ▶ *manco per sogno [idea]* めっそうもない、断じて

manco² 形〖複[男 -chi]〗欠けた、不足の —男〖複[-chi]〗欠乏、不足

manco³ 形 左の

mancolista 女 (コレクションを完成するための)未収集分リスト

mancorrente 男 (階段の)手すり

mandante 男女 〖殺し屋等を〗送り込む人、主犯；〖法〗委託者、委任者

mandarancio 男〖植〗マンダリンオレンジの一種、クレメンタイン

*****mandare** [マンダーレ] 他 **1** (物を)送る、発送する —*mandare* un pacco per posta 小包を郵送する **2** (人を)遣(ﾂか)わす、派遣する —L'ho *mandato* a prendere il giornale. 彼に新聞を取り

598

maneggevole

に行かせた． **3** 発する —*mandare* un grido 叫び声を上げる ▶ *mandare a monte [in fumo, in vacca]* 破綻させる、台無しにする *mandare giù* 飲み込む、我慢する *mandare via* (人を)追い払う、追い出す

mandarinesco 形〖複[男 -chi]〗 **1** (中国清朝の)官吏の **2** 権威的な、独占的な、占有する

mandarinetto 男 マンダリネット(オレンジリキュール)

mandarino¹ 男 〖植〗ミカン、マンダリン

mandarino² 男 〖歴〗(中国清朝の)役人、官吏；〖蔑〗権力を笠に着る人 — 形 中国の、北京の周辺地域の —cinese *mandarino* 北京官話、標準中国語

mandata 女 **1** 発送、派遣；1回の発送量 **2** 鍵の一回し

mandatario 男〖女 -a〗〖法〗代理人、受託者 —男 委任統治国

mandato 男 **1** 委任、委託；在職期間；委任統治 **2** 令状、委任状

mandibola 女 〖解〗下顎(ｶﾞｸ)、下顎(ｶﾞｸ)骨

mandibolare 形 〖解〗下顎(ｶﾞｸ)の —muscolo *mandibolare* 開口筋

mandola 女 〖音〗マンドラ(マンドリンより大きい弦楽器)

mandolinista 男女〖複[-i]〗マンドリン奏者

mandolino 男 〖音〗マンドリン

mandolone 男 〖音〗マンドローネ(マンドラより大きい弦楽器)

mandorla 女 **1** 〖植〗アーモンド；アーモンドの核(ｶｸ)；果実の核 —occhi a *mandorla* 切れ長の目 **2** 〖美〗アーモンドの形の装飾モチーフ

mandorlato 形 アーモンドが入った；アーモンドの形の —cioccolato *mandorlato* アーモンドチョコレート

mandorleto 男 アーモンド畑

mandorliero 形 アーモンドの —industria *mandorliera* アーモンド産業

mandorlo 男〖植〗アーモンドの木

mandra 女 → mandria

mandragola, mandragora 女 〖植〗マンドラゴラ、マンドレイク

mandria 女 **1** 家畜の群れ **2** 群衆、烏(ｳ)合の衆(mandria)

mandriano 男〖女 -a〗羊飼い、牧人、家畜の群れの番人

mandrillesco 形〖複[男 -chi]〗猥褻(ﾜｲｾﾂ)な、卑猥な、好色の

mandrillo 男 **1** 〖動〗マンドリル(オナガザル科) **2** 〖諧〗ヒヒ爺、スケベ爺

mandrino 男 (旋盤の)チャック装置、ドリルチャック

mandritta 女 右手；右側

mandritto 形 (手のひら・サーベルによる)右から左へ向かっての打撃

mane 男〖単数のみ〗〖文〗朝 ▶ *da mane a sera* 朝から晩まで、終日

-mane 接尾 「熱狂」の意

maneggevole 形 取り扱いが楽な、扱

maneggevolezza 囡 いやすい

maneggevolezza 囡 簡単操作, 簡便

maneggiabile 形 操作しやすい, 扱いが楽な

maneggiabilità 囡 操作のしやすさ, 簡便

maneggiamento 男 取り扱い, 操作, 処理

maneggiare 他〔io maneggio〕1 (粘土などを)こねる; 手で取り扱う 2 (道具などを)巧みに使う 3 管理運営する 4 (人や物を)操る

maneggiatore 男〔囡[-trice]〕1 (道具・器具を)巧みに扱う人 2 (金銭を含む事業の)管理者, 運営者

maneggio 男 1 扱うこと, 操作, 処理 2 (馬の)調教 3 奸(ﾔ)計, 策略

maneggione 男〔囡[-a]〕策士, 策謀家, 策略家

manescamente 副 乱暴に, 攻撃的に

manesco 形〔複[男-chi]〕1 けんかっ早い, すぐに手が出る, 乱暴な 2 (器具や武器が)手動の, 手で操作する

manetta 囡 1 取っ手, 栓, 調節つまみ 2〔複数で〕手錠 ▶ *a manetta* 全速力で; 最大限に

manforte 囡〔不変〕援助, 助力, 支え —Dobbiamo dare *manforte* a chi si trova in difficoltà. 我々は困っている人を助けなければならない.

Manfredi 固名(男) (～ di Hohen-staufen, ～ di Svevia)マンフレーディ (1232-66; ホーエンシュタウフェン朝の最後のシチリア王)

manga 男〔不変〕〔日〕(日本の)漫画

manganellare 他 こん棒[警棒]で殴る

manganellata 囡 こん棒[警棒]で殴ること

manganellatore 男〔囡[-trice]〕こん棒[警棒]で殴る人; 警棒で武装したファシスト

manganello 男 こん棒; 警棒

manganese 男〔単数のみ〕〔化〕マンガン(元素記号 Mn)

mangereccio 形〔複[女-ce]〕食べることができる, 食用の

mangeria 囡 公金横領, 公金着服

mangiabambini 男囡〔不変〕(童話の)人食い鬼

mangiabile 形 食べられる, 食用の

mangiacassette → mangianastri

mangiacristiani 男囡〔不変〕横柄な人, 高圧的な人; 口汚くどなる人

mangiadischi 男〔不変〕ポータブル・レコードプレーヤー

mangiafagioli 男囡〔不変〕がさつな人, 無骨な人

mangiaformiche 男〔不変〕〔動〕アリクイ

mangiafumo 形〔不変〕空気を清浄にする —candela *mangiafumo* 空気清浄効果のあるろうそく, ソイキャンドル / pianta *mangiafumo* 空気清浄植物

mangiafuoco 男〔不変〕火吹き大道芸人

mangiamosche → acchiappamosche

mangianastri 男〔不変〕カセットテープレコーダー

mangiapagnotte 男囡〔不変〕怠け者, ぐうたら

mangiapane 男囡〔不変〕怠け者, ごくつぶし ▶ *mangiapane a tradimento* 居候

mangiapatate 男囡〔不変〕1 ジャガイモを常食する人 2《諧・蔑》ドイツ人; 役立たず, 愚か者

mangiapolenta 男囡〔不変〕1 ポレンタをよく食べる人 2《諧・蔑》(ヴェネトやピエモンテなどの)北イタリアに住む人

mangiapreti 男囡〔不変〕聖職者嫌い, 聖職者を敵視する人

✴**mangiare** [マンジャーレ] 他〔io mangio〕1 食べる; 〔目的語をとらずに〕食事をする —L'hanno mangiato tutto. 全部食い尽くされた. / *mangiare* bene [male] 食事がおいしい[まずい] / fare da *mangiare* 食事を用意する 2 浪費する, 消費する; 浸食する —La ruggine *mangia* i metalli. 金属は錆(ｻ)びるものだ. 3 不法に稼ぐ 4 (カード遊びで)札を取る (チェスの)駒を取る 5 圧倒する, (脅しや叱責で)やりこめる —**arsi** 再 (特に好物を大量に)食べる —Si è *mangiato* due porzioni di spaghetti. 彼はスパゲッティを二人前たいらげた. — 男 食事, 食べ物 ▶ *mangiare bile* 強い恨み[怒り]を覚える *mangiare con gli occhi* (人や物を)物欲しそうな目でじっくり見る *mangiare la foglia* 相手の真意[事態の真相]を把握する *mangiare vivo* 罵倒される

mangiarino 男 ごちそう, 珍味

mangiasapone 男囡〔不変〕《蔑》南イタリアに住む人

mangiasoldi 形〔不変〕コイン作動式の —macchinetta *mangiasoldi* スロットマシーン — 男囡〔不変〕金遣いの荒い人; 月給泥棒

mangiata 囡 大食, たらふく食らうこと

mangiatoia 囡 1 かいば桶(ｵｹ), まぐさ桶 2《諧》食卓 3《蔑》役得

mangiatore 男〔囡[-trice]〕大食らい, 大食漢; (特定のものをよく食べる人 ▶ *mangiatrice di uomini* 男を手玉にとる女

mangiatoria 囡 1《諧》食べ物, 食事 2 不正利益

mangiatutto 男囡〔不変〕何でも食べまくる人, 好き嫌いのない大食い

mangiaufo 男囡〔不変〕タダ飯食い, 他人にたかる人

mangiauomini 男囡〔不変〕高圧的な人, 横柄な人 —囡〔不変〕男を翻弄

mangime 男 (家畜の)餌, 飼料
mangimificio 男 飼料製造工場
mangione 男〖女[-a]〗 1 大食漢, 大食い 2 公金横領者, 不当に利を得る者
mangiucchiare 他〔io mangiucchio〕少しずつかじる, ちびちび食べる — **arsi** 再 少しずつかじる, ちびちび食べる
mango 男〖複[-ghi]〗マンゴー
mangrova → mangrovia
mangrovia 女〖植〗マングローブ
mangusta 女〖動〗マングース
mania 女 1 妄想; 偏執, 偏愛; 奇癖 —*mania* di persecuzione 被害妄想 2〖医〗躁病
-mania 接尾「…狂, …マニア」の意
maniacale 形 狂気の; 熱狂的な; 妄想の
maniacalmente 副 妄想にとらわれて, 偏執的に; 熱狂的に
maniaco 形〖複[-ci]〗 1 偏執的な, 凝り性の; 熱狂的な 2 躁病の — 男〖複[-ci]女[-a]〗マニア, オタク; 偏執狂; 変質者
manica 女 1 袖, スリーブ; 袖状のもの; (空気や水を通す)チューブ, 管 —*maniche* lunghe 長袖 / senza *maniche* ノースリーブの / *manica* a vento 吹き流し 2 (la M-)イギリス海峡 3 集団, グループ —*manica* di delinquenti 犯罪者のグループ ▶ *in maniche di camicia* 上着を着ずに[脱いで] / *avere un asso nella manica* 切り札を持っている
manicaio 男〖貝〗マテガイ (cannolicchio)
manicaretto 男 1 ごちそう, 絶品 2 (文学の)珠玉作, 未発表作品
manicheismo 男〖宗〗マニ教
manicheo 形 マニ教の — 男〖女[-a]〗マニ教徒
manichetta 女 (布製などの)ホース; (事務員用の)袖カバー, 腕抜きと —*manichetta* antincendio 消火用ホース
manichino 男 マネキン人形; 人体模型
manico 男〖複[-ci, -chi]〗 1 (器具や容器の)取っ手, 握り, 柄(ᵉ) 2〖音〗(弦楽器の)棹(ᵉ) 3《口》優れた指導力 ▶ *avere il coltello dalla parte del manico* 実権を握っている
manicomiale 形 精神病院の
manicomio 男 1 精神病院 2 散らかった場所
manicotto 男〖服〗マフ;〖機〗スリーブ —*giunto a manicotto* スリーブ継ぎ手
manicure [マニキューレ] 女〖不変〗〖仏〗マニキュア — 男女〖不変〗マニキュリスト
***maniera** [マニエーラ] 女 1 仕方, やり方, 方法; 流儀, 慣習 2 様式, スタイル —*la maniera* degli impressionisti 印象派のスタイル 3〖複数で〗作法, マナー —*Non conosce le buone maniere.* 彼は礼儀を知らない. / *Che maniere sono queste?* 何て行儀が悪いんだ. ▶ *in nessuna maniera* 全く(…ない) / *in una maniera o nell'altra* あれやこれやと, 何らかのやり方で, 何とかして

manieratamente 副 気取って, 不自然に, わざとらしく
manierato 形 1 (芸術家が)マンネリズムの 2 きざな, 気取った, 不自然な
manierismo 男〖美〗マニエリズム, 技巧的な芸術や文学; マンネリズム
manierista 男女〖複[男 -i]〗〖美〗マニエリズムの画家[芸術家]; 伝統と技巧に偏った芸術家
maniero 男 (中世の)荘園領主の屋敷; 地方貴族の城
manieroso 形 気取った, 上品ぶった, きざな
manifattura 女 1 製作, 製造 2 工場, 製作所
manifatturiere 男〖女[-a]〗 (工場の)労働者, 従業員; 工場経営者
manifatturiero 形 製造の, 製作に関する
manifestabile 形 明白な, はっきりとした
manifestamente 副 明白に, はっきりと
manifestante 形 デモ参加の — 男女 デモ参加者
***manifestare** [マニフェスターレ] 他 明かす, 表明する — 自 デモに参加する — **arsi** 再 現れる, 判明する; 自分をさらけ出す, 態度を示す
manifestato 形 明白な, はっきりとした
manifestazione 女 1 表明 2 イベント 3 デモ
manifestino 男 (宣伝用の)チラシ, ビラ
manifesto¹ 男 1 張り紙, 掲示 2 宣言, 表明文
manifesto² 形 明白な, 確固とした
maniglia 女 1 取っ手, ノブ 2 吊り革
maniglione 男 大きな取っ手 —*maniglione* antipanico (非常口のドアに付けられている)パニックハンドル
manigoldo 男〖女[-a]〗 1 悪漢, ごろつき 2《死刑執行人 — 男《文》残酷
manina 女 1 小さい手 2 孫の手 3 手の形をしたお守りのペンダント
manioca 女〖植〗キャッサバ
manipolabile 形 変質されうる, 影響を受けやすい, 調合されうる
manipolare 他〔io manipolo〕 1 (両手で)こね合わせる, 練り混ぜる 2 変質させる, 悪くする
manipolativo 形 うまく操作できる, 巧みに扱える
manipolatore 男 1〖女[-trice]〗(薬剤などの)偽造者; 陰謀をめぐらす者 2 マニピュレーター, マジックハンド
manipolazione 女 練ること, 調合; 偽造, 改竄(ᵍ)
manipolo 男 1 (麦わらや穂の)束 2 (古代ローマの)軍隊; 分隊, 闘士の一団

maniscalco 男〔複[-chi]〕蹄鉄工

Manlio 固名〔男性名〕マンリオ

manna[1] 女 1〔聖〕マナ(旧約聖書「出エジプト記」に登場する食べ物) 2 恵み, 天恵, ありがたいもの 3 美味なもの, ごちそう; 甘露 ▶ *manna dal cielo* 天の恵み, 降って湧いた幸運

manna[2] 女 麦の穂の束

mannaggia 間〔失望・立腹・苛立ち・驚きを表して〕ええっ, くそっ —*Mannaggia la miseria!* ああ, 何てことだ.

mannaia 女 1(畜殺用の)大斧(ᄒᄋ), 大鉈(ᄂ); ギロチンの刃; 斬首用 2(迫り来る)脅威, 危険 3 木こりの斧; (料理用の)肉切り包丁

mannarino 男 (台形の大きな刃の)包丁

mannaro 形〔次の成句で〕▶ *lupo mannaro* 人狼(ぺ), 狼男, 狼憑(ᄀ)き

mannello 男 麦の穂[干し草, 小枝]の小さな束

mannequin 女〔不変〕〔仏〕ファッションモデル

mannite 女〔化〕マンニット, マンニトール (糖アルコールの一種)

＊mano [マーノ] 女〔複[le mani]〕 1 手 —*dare una mano a...* (人)に手を貸す, 手助けをする /*fatto a mano* ハンドメードの, 手作りの /*Mani in alto!* 手を上げろ! /*mano destra* [*sinistra*] 右[左]手 2 筆跡, 字体 3 (道路の)車線, 方向 4 (刷毛の)ひと塗り 5 (トランプの)一巡 6〔口〕性的関係 ▶ *a patata di mano* 近くに, そばに *avere le mani pulite* 清廉潔白である *di prima* [*seconda*] *mano* 新品[中古]の *man mano che...* …するにつれて *man mano* [*a mano a mano*] 少しずつ, 徐々に *mettersi le mani nei capelli* (悲嘆にくれて)髪をかきむしる *stare con le mani in mano* 何もしないでいる, 無為に過ごす

manodopera 女〔不変〕〔総称的〕労働力, 人手, 労働者; 労働コスト

manomesso manomettere の過分

manometro 男 圧力計, マノメーター

manomettere [65] 他〔過分 manomesso〕 1 傷つける, こじ開ける 2〔文〕変造する, 変形する; 侵害する

manomise manomettere の直・遠過・3単

manomissione 女 損壊; 変造, 改竄(ᄒ); 侵害

manomorta 女〔法〕死手(ᄂᄋ)譲渡

manonera 女 マーノ・ネーラ, ブラック・ハンド(20世紀初頭のシチリア, ニューヨークのマフィア系犯罪組織)

manopola 女 1 握り, グリップ, 取っ手 2 ミトン, 籠手(ᄒ), 手首覆い 3 (ラジオ・テレビの)つまみ, スイッチ

manoscritto 形 手書きの —男 手稿, 写本; 自筆原稿, 手書きの[タイプした]原稿

manovalanza 女 1 肉体労働, 力仕事 2〔総称的〕肉体労働者たち

manovale 男 (大工や左官の)下働き; 肉体労働者

manovella 女〔機〕ハンドル, クランク —*manovella d'avviamento* 始動ハンドル, クランク

manovra 女 1 操縦, 操作 2 策略, 計略; 政略 3〔海〕索具

manovrabile 形 操作できる, 扱いやすい

manovrabilità 女 操作のしやすさ, 操縦性能のよさ

manovrare 他 1 (機械などを)動かす, 操縦する 2 (自分の目的のために人を)動かす, 操る 一自 1 操縦する 2 策略を巡らす

manovratore 男〔女[-trice]〕操縦者, 操縦士; (公共輸送機関の)運転手 —形〔女[-trice]〕操縦者の

manovriero 形 操縦のうまい, 率先力のある, 主導の 一男〔女[-a]〕主導する人, 策士

manrovescio 男 1 手の甲で打つこと 2〔スポ〕逆手打ち, バックハンド

mansalva 女〔次の成句で〕▶ *a mansalva* 決然と, きっぱりと; 楽々と

mansarda 女 1 マンサード屋根 2 屋根裏部屋

mansardato 形 マンサード屋根の, マンサード様式の

mansionario 男 (企業や公団の協約による従業員の)職務分担リスト

mansione 女 職務, 任務

mansuetamente 副 おとなしく, 穏やかに, 温和に

Mansueto 固名〔男性名〕マンスエート

mansueto 形 1 (動物が)飼いならされた 2 温和な, 穏やかな

mansuetudine 女 従順, おとなしさ, 穏やかさ, 温和

manta 女〔魚〕マンタ, オニイトマキエイ

-mante 接尾「占い師」の意

mantecare 他〔料〕泡立てる, ホイップする, (リゾットやパスタに粉チーズを)練り込む

mantecato 形〔料〕クリーム状の, とろりとした 一男〔料〕マンテカート(ソフトクリーム状のジェラート)

Mantegna 固名(男) (Andrea 〜)マンテーニャ(1431-1506; イタリアの画家)

mantella 女 女性用マント, ケープ; (雨や防寒用の)短いマント

mantelletta 女 (僧衣や軍服の)上衣

mantellina 女 (女性用の)ケープ

mantello 男 1 マント 2 (動物の)毛, 毛並み 3 (緑・雪・霜など)大地に広がるの —*Un mantello di brina ricopre la terra.* 霜が一面に大地を覆う. 4 (軟体動物の)外套膜

＊mantenere [マンテネーレ] [118] 他 1 維持する —*mantenere la calma* 冷静さを保つ 2 扶養する —*Lui mantiene la famiglia.* 彼は家族を養っている. 3 (約束などを)守る —*Puoi mantenere*

mantenibile 形 1 持続できる, 保つことができる 2 遵守できる

mantenimento 男 1 維持, 保持 2 扶養, 養育 3 メンテナンス, 保守

mantenne mantenere の直・遠過・3単

mantenuto 男〔女[-a]〕《蔑》囲われ者, ひも

mantice 男 1 ふいご;(オルガンの)送風装置 2 (馬車の)折り畳み式の幌(ほろ)

mantide 女〔虫〕カマキリ

manto 男 1 マント;(表面や空間を覆うもの 2 覆い隠すもの, 偽りの仮面 3 (動物の)毛皮

Mantova 固名〔女〕 マントヴァ(ロンバルディア州の都市; 略 MN)

mantovana 女 1〔建〕飾り破風(はふ);(カーテンの)金具隠し 2〔料〕アーモンドケーキ

mantovano 形 マントヴァ(の人)の ―男 1〔女[-a]〕マントヴァの人 2〔単数のみ〕マントヴァ方言

manuale¹ 形 手の, 手を使った, 手仕事の;(機械などが)手動の ―lavoro *manuale* 手作業 ―男〔音〕(オルガンの)鍵盤

manuale² 男 ハンドブック, 手引き(書), 説明書 ―*manuale* d'istruzioni 取扱説明書 ▶ *da manuale* 模範となる, 手本の

manualistica 女 マニュアル[手引き]総類

manualistico 形〔複[男 -ci]〕 1 手引き書の, マニュアルの 2《蔑》大まかな, 浅い知識だけの

manualità 女 1 手仕事性 2 手先の器用さ

manualmente 副 作業で, 手仕事で

manubrio 男 1 (自転車やバイクの)ハンドル 2〔スポ〕ダンベル, 亜鈴

manufatto 形 手作りの, 手製の ―男 手工芸品, 手工業製品

manu militari 熟〔ラ・軍〕武力で

manutengolo 男〔女[-a]〕共犯者, 共謀者; 女衒(ぜげん), ぽん引き

manutentivo 形 管理[維持]の, メンテナンスの ―spese *manutentive* 維持費, 管理費

manutentore 男〔女[-trice]〕(設備・機械の)管理員, 補修係

manutenzione 女 維持, 保存, メンテナンス

manza 女 1 未経産の雌牛 2《蔑》挑発的な女

-manzia 接尾 「占い」「予言」の意

manzo 男 1 去勢された雄牛 2 牛肉, ビーフ

Manzoni 固名〔男〕 (Alessandro ~) マンゾーニ(1785-1873; イタリア・ロマン主義の代表的作家. 歴史小説「いいなづけ」は近代イタリア語の成立に寄与)

manzoniano 形《文》マンゾーニの ―男〔女[-a]〕マンゾーニの崇拝者; マンゾーニの模倣者

manzonismo 男《文》マンゾーニの作風の模倣; マンゾーニの言語論

mao 擬 ミャーオ(猫の鳴き声)

maoismo 男 毛沢東思想, 毛沢東主義

maoista 形〔複[男 -i]〕毛沢東の, 毛沢東主義の; 毛沢東主義者の ―男女〔複[男 -i]〕毛沢東主義者, 毛沢東信奉者

maoistico 形〔複[男 -ci]〕毛沢東主義の; 毛沢東主義者の

maomettano 形 ムハンマド[マホメット]の; イスラム教の ―男〔女[-a]〕イスラム教徒

maomettismo 男 イスラム教(islamismo)

Maometto 固名〔男〕 ムハンマド, マホメット(570 頃 -632; イスラム教の開祖)

maori, maori 形〔不変〕マオリ族の ―男女〔不変〕マオリ族の人 ―男〔単数のみ〕マオリ語

mapo 男〔植〕マーポ(マンダリンオレンジとグレープフルーツを交配させた柑橘(かんきつ)類の果物)

mappa 女 1 地図, 地形図 2 チャート, 図 3 鍵の(鍵穴に入れる)差し込み部分

mappamondo 男 地球儀; 平面球形図

mappatura 女 地図制作

maquillage 男〔不変〕〔仏〕化粧, メークアップ

mar. 略 martedì 火曜日; marzo 3月

marabù 〔鳥〕ハゲコウ; アフリカハゲコウ

marachella 女 悪ふざけ, いたずら

maragià 男 マーハラージャ

Maraini 固名〔男〕 (Fosco ~) マライーニ(1912-2004; イタリアの民族学者・東洋学者・作家)

maramaglia → marmaglia

maramaldeggiare 自〔io mara-maldeggio〕弱い者いじめをする; こきおろす, 厳しくけなす

maramaldesco 形〔複[男 -chi]〕卑しく横暴な

maramaldo 男〔女[-a]〕弱い者いじめをする人, 卑怯(ひきょう)者

marameo 間〔嘲笑・からかいで〕やーい, おやおや

marangone 男〔鳥〕ウ(鵜)

marasca 女 (リキュールの原料の)マラスカ種チェリー

maraschino 男 マラスキーノ(チェリーのリキュール)

marasco 男〔複[-chi]〕〔植〕サクランボ(マラスカ種)の木

marasma 男〔複[-i]〕1 衰弱 2 退廃, 衰退 3 混沌, 混乱

marasso 男〔動〕ヨーロッパクサリヘビ

maratona 囡 **1** マラソン; 長時間の過酷な歩行; 耐久レース **2** 延々と続くつらい活動[状態]

maratoneta 男囡〚複[男 -i]〛マラソンランナー[走者]

marca 囡 **1** 商標, ブランド **2** 印紙 — *marca da bollo* 収入印紙 **3**〘言葉の〙訛(なま)り **4** 半券, 引換券 ▶ *di marca* ブランドの, 銘柄品の

marcantonio 〚女[-a]〛背が高くがっしりした人

marcare 他 **1** 目印を付ける **2** 強調する **3**〘スポ〙マークする

marcasite, marcassite 囡〘鉱〙マーカサイト, 白鉄鉱

marcatamente 副 はっきりと, 強調して

marcatempo 男 **1** タイムキーパー, 計時係 **2** タイムレコーダー, 時間計測器

marcato 形 **1** 印をつけた **2** 目立った, 強調された

marcatore 男〚女[-trice]〛**1** 商品に刻印をする係, 印をつける人 **2**〘スポ〙得点者; 敵をマークする選手; スコアの記録係

marcatura 囡 **1** 印づけ, 刻印, 検印 **2**〘スポ〙得点すること, 敵をマークすること ▶ *marcatura a uomo* (バスケットボールやサッカーで)敵に離れずマークすること

Marcella 固名(女性名) マルチェッラ

Marcellino 固名〚男性名〛マルチェッリーノ

Marcello 固名(男) **1**〚男性名〛マルチェッロ **2** (Benedetto 〜)マルチェッロ(1686-1739; イタリアの作曲家・音楽理論家)

marcescente 形 **1** 腐っている, 朽ちている **2** 廃れている, 堕落した

marcescenza 囡 **1** 腐敗 **2** 堕落, 退廃, 衰微

marcescibile 形 **1** 腐敗しうる, 腐りやすい **2** 廃れうる, 堕落しやすい

Marche 固名(女複) マルケ州(イタリア中部の州; 州都 Ancona)

marchesa 囡 **1** 女侯爵, 侯爵夫人; 侯爵の娘 **2** (宝石の)マーキーズカット

marchesato 男 侯爵領; 侯爵の地位 [爵位]

marchese¹ 男 侯爵

marchese² 男〚俗〛月経

marchesina 囡 侯爵令嬢

marchesino 男 侯爵の令息

marchetta 囡 (ファシズム時代の)社会保障分担金の預かり証; (売春婦の給金の)引き取り札; 売春する人

marchiano 形 巨大な, ばかでかい — *errore marchiano* ひどい誤り

marchiare 他〚io marchio〛**1** 印をつける, 商標をつける **2** (家畜に)焼き印を押す **3**〘俗〙印を押す, 汚名を着せる

marchiatura 囡 **1** 印をつけること **2** 刻印, 商標 **3** 焼き印を押すこと

marchigiano 形 マルケ州の; マルケ州の人[方言] — 男 **1**〚女[-a]〛マルケ州の人 **2**〚単数のみ〛マルケ州の方言

marchingegno 男 **1** (複雑な)仕掛け, 装置, からくり **2** うまい手だて, 巧妙な策略

marchio 男 **1** 刻印 **2** 商標, ブランド **3** 目立った特徴

✽**marcia¹** [マルチャ] 囡〚複[-ce]〛**1** 行進;〘軍〙行進曲 **2** (乗り物の)変速ギア **3**〘スポ〙競歩

marcia² 囡〚複[-ce]〛〚俗〛膿(うみ), 膿(のう)汁

marcialonga 囡 〚複 marcelonghe〛〘スポ〙クロスカントリー・スキー, クロスカントリー・レース

marciano 形 **1** 聖マルコの **2** ヴェネツィアの **3** サンマルコ図書館の

marciapiede 男 **1** 歩道 **2** 街娼が道に立つこと **3** (駅の)プラットホーム

marciare 自〚io marcio〛**1** 行進する **2** (機械が)動く; (車が)走る **3** (物事が)はかどる

marciatore 男〚女[-trice]〛**1** 行進する者, 歩く人, 行進する人 **2**〘スポ〙競歩の選手 — 形〚女[-trice]〛歩行する, 行進する

marcio 形〚複〚女 -ce〛〛**1** 腐った **2** 化膿(のう)した **3** 朽ちた **4** 堕落した — 男 **1** 腐った部分[匂い, 味] **2** 化膿(のう)した部分 **3** 荒廃, 退廃; いかがわしい行為 ▶ *torto marcio* 完全な間違い / *Lui ha torto marcio.* 彼に全く非がある.

marcire 自[es]〚io -isco〛**1** (食物が)腐る, (傷口が)化膿(のう)する **2** (物が)朽ちる **3** (体が)なまる; (気力や知力が)衰える

marcita 囡 (ロンバルディアやピエモンテの)定期的に冠水される牧草地

marciume 男 **1** (木材や壁の)腐食部分, 腐敗 **2** (体の組織の)腐敗 **3** 堕落, モラルの低下

Marco 固名(男) **1**〚男性名〛マルコ **2**〘聖〙マルコ(パウロの協力者.「マルコ福音書」の著者)

marco 男〚複[-chi]〛**1** マルク(ユーロ導入前のドイツの貨幣単位) **2** マルコ(金銀を計量する昔の重さの単位)

Marco Antonio 固名(男) アントニウス(前 82-前 30; ローマ共和末期の政治家. アクティウムの海戦でオクタビアヌスに敗れた)

Marco Aurelio 固名(男) (Cesare 〜 Antonino Augusto)マルクス・アウレリウス(121-180; 古代ローマ皇帝: 在位 161-180.「自省録」を著した哲人皇帝)

Marconi 固名(男) (Guglielmo 〜)マルコーニ(1874-1937; イタリアの電気技術者. 無線電信装置を実用化した)

marconista 男囡〚複[男 -i]〛(船舶や飛行機の)無線[電信]技手

Marco Polo 固名(男) マルコ・ポーロ(1254-1324; イタリアの商人・旅行家.「東方見聞録」を口述)

marcorella 囡 **1**〘植〙ヤマアイ **2**〘トスカーナ〙ワインのカビ

✽**mare** [マーレ] 男 **1** 海, 海洋; 海辺の避

暑地 —via *mare* 船で, 海路で / *acqua di mare* 海水 / *andare al mare* 海岸[海水浴]に行く **2** 大量, 膨大さ —*un mare di gente* 大勢の人々 **3** 大きな広がり

marea 女 **1** 潮, 潮流 **2** 洪水, 大量の流れ

Mare del Giappone 固名(男) 日本海

Mare del Nord 固名(男) 北海

mareggiare 自 [io mareggio] (海が)波立つ, 荒れる, 時化(しけ)る

mareggiata 女 高波, 荒波, 時化(しけ)

mare magnum 熟(男)〔ラ〕大量;(物・人・出来事について)混乱, 混沌

maremma 女 海岸付近の沼地[湿地帯]

maremmano 形 **1** 海岸沼地[湿地帯](の人)の **2** マレンマ(の人)の — 男〔女 [-a]〕**1** 海岸沼地[湿地帯]の人 **2** マレンマの人 **3** マレンマ犬

maremoto 男 海震; 津波

marena 女〔魚〕マレーナ(コレゴヌス属)

marengo 男〔複[-ghi]〕20フラン金貨, ナポレオン金貨

mare nostrum 熟(男)〔ラ〕我が海, 地中海(古代ローマ人による表現)

marescialla 女 元帥[准士官]の妻;《謔》力強く権威的な女性

＊**maresciallo** [マレッシャッロ] 男〔軍〕(フランスなどの)元帥; (イタリアの)准士官

maretta 女 **1** (海の)軽く波立つ小波, さざ波 **2** 不穏な動き, 苛立ち, 小競り合い

marezzare 他 (布・板などに)波模様を塗る, マーブル模様をつける

marezzato 形 波模様の, 波紋の, マーブル模様の

marezzatura 女 波形[マーブル]模様をつけること; マーブル模様

margarina 女〔料〕マーガリン

Margherita 固名〔女性名〕マルゲリータ

margherita¹ 女〔植〕マーガレット, ヒナギク

margherita² 女〔料〕ピッツァ・マルゲリータ

Margherita di Navarra 固名(女) マルグリット・ド・ナバール(1492-1549; フランス王フランソワ 1 世の姉. フランス・ルネサンスの中心となった)

margheritina 女〔植〕デージー, ヒナギク

marginale 形 **1** 縁の, 限界ぎりぎりの; 欄外の, 余白の **2** 副次的な, 二次的な

marginalità 女 **1** 限界[崖っぷち]にいること, 周縁性 **2** (社会からの)孤立

marginalizzare 他 **1** (社会の)周縁に置く, 疎外する **2** 重視しない, 軽んじる

marginalizzazione 女 周縁化, 疎外

marginalmente 副 **1** 余白に, 欄外に **2** 付帯的に, 偶然に

marginare 他 [io margino] **1** 縁をつける **2** 縁に余白をつける

marginatore 男 (タイプライターの)マージン・タブ

marginatura 女 縁取り; 余白, 欄外

margine 男 **1** 端, 周辺(部) **2** 欄外の余白 **3** 利潤, 余白, マージン **4** (時間・空間・金などの)余裕, 余地

Maria 固名(女) **1**〔女性名〕マリア **2** (～, la Vergine)〔聖〕聖母マリア(イエスの母) **3** (～ Maddalena)〔聖〕マグダラのマリア(新約聖書に登場する女性)

Maria Antonietta 固名(女) マリー・アントワネット(1755-93; フランス王ルイ 16 世の妃. フランス革命時に処刑された)

Marianne 固名(女複) **1** (Isole ～)マリアナ諸島(西太平洋, 小笠原諸島の南方にある諸島) **2** (la fossa delle ～)マリアナ海溝(西太平洋, マリアナ諸島の東側にある海溝)

mariano 形 聖母マリアの

marijuana 女〔不変〕大麻, マリファナ

marimba 女〔音〕マリンバ

marina¹ 女 **1** 海辺, 海岸線 **2** (絵画で)海辺の風景(画) **3** 船舶保有量; 海軍 —*Marina Militare Italiana* イタリア海軍

marina² 男〔不変〕(ボートやヨットの)係留場所, マリーナ

marinaio 男 船員; 水兵

marinara 女 **1** (子供用の)セーラー服; セーラー[水兵]帽 **2**〔料〕ピッツァ・マリナーラ

marinare 他 **1**〔料〕マリネにする **2**《謔》取っておく **3** (責務を)避ける ▶ *marinare la scuola* [*le lezioni*] 学校をサボる

marinaresco 形〔複[男 -chi]〕**1** 船員[水兵]特有の, 船員[水兵]らしい **2** 航海の

marinaretto 男 **1** 若い船員[水兵] **2** 船乗りの孤児; セーラー服を着た子供

marinaro 形 海の, 海岸の; 航海の ▶ *alla marinara* **1** 白と青の横縞模様の;〔料〕マリナーラ(トマトソースと魚介類がベースの)の

marinata 女〔料〕マリネード, マリネ汁; ピクルスソース, 酢漬け汁

marinato 形〔料〕酢漬けした, マリネの

marine 男〔不変〕〔英〕アメリカ[イギリス]の海兵隊員

marineria 女 海軍; 船団 —*marineria veneziana* ヴェネツィア海軍

Marinetti 固名(男) (Filippo Tommaso ～)マリネッティ(1876-1944; イタリアの詩人)

Marini 固名(男) (Marino ～)マリーニ(1901-80; イタリアの彫刻家)

marinismo 男〔文〕マリーノの文体[詩のスタイル]

marinista 男女〔複[男 -i]〕〔文〕マリーノの文体の追従者[模倣者] — 形〔複[男 -i]〕マリーノの文体風の

Marino 固名(男) (Giambattista ～)マリーノ(1569-1625; イタリアの詩人. その詩風がマリニズモと呼ばれた)

marino¹ 形 海の, 海洋の —blu *marino* 濃紺の, ネイビーブルー(の)

marino² 男 マリーノ(ローマ近郊の白ワイン)

Mario 固名(男) **1**〔男性名〕マリオ **2** (Gaio 〜)マリウス(前157–前86; ローマの将軍・政治家)

marioleria 女 悪行, ペテン

mariolo 男〔女[-a]〕**1** 悪党, ならず者, 不正直者 **2**〔諧〕いたずらっ子

marionetta 女 **1** 操り人形, マリオネット **2** 他人の意のままに動く人間

marionettista 男女〔複[男 -i]〕操り人形師; 人形劇の舞台設営者

marionettistico 形〔複[男 -ci]〕操り人形の

Marisa 固名〔女性名〕マリーザ

maritabile 形 適齢期の; 結婚が可能な

maritale 形 **1** 夫の **2**《文》夫婦の, 婚姻の

maritare 他 嫁がせる, 結婚させる —*maritare* una figlia con... 娘を(人)に嫁がせる —**arsi** 再 結婚する

*__marito__ [マリート] 男 **1** 夫(→ moglie) —prendere *marito* 夫を持つ / in età da *marito* (女性が)結婚適齢期の / essere *marito* e moglie 夫婦である **2** 〔ローマ〕あんか

maritozzo 男 マリトッツォ(ブリオッシュにホイップクリームを詰めた菓子名)

marittimo 形 海の, 海辺にある; 航海の, 海運の —男 海運業関係者; 船員, 船乗り

marker 男〔不変〕〔英〕マーカー, マーキングペン

marmaglia 女〔蔑〕クズども, 卑しい者たち; 悪ガキたち

marmagliume 男 → marmaglia

marmellata 女 ジャム

marmifero 形 大理石の, 大理石を含む; 大理石を産出する

marmista 男女〔複[男 -i]〕大理石切り出し工

marmitta 女 **1** 鍋, 釜 **2**（自動車の）消音器, マフラー

marmittone 男 新参兵

*__marmo__ [マルモ] 男 **1** 大理石 —freddo [duro] come il *marmo* とても冷たい〔固い〕 **2** 大理石の像〔彫刻〕 **3**《文》墓
▶ *rimanere di marmo* 無表情である

marmocchio 男〔女[-a]〕〔諧・蔑〕（活発な）子供, ガキ

Marmolada 固名(女) マルモラーダ山（イタリア北部, 南チロル地方のドロミティ山地の最高峰）

marmoreo 形 大理石の, 大理石でできた; 大理石のような

marmorizzare 他 マーブル[大理石]模様を付ける

marmorizzato 形 マーブル[大理石]模様付きの —carta *marmorizzata* マーブルペーパー

marmorizzazione 女 マーブル[大理石]模様付け

marmotta 女 **1**〔動〕マーモット（高山に生息するビーバーに似た動物, モルモットとは異種）**2** マーモットの毛皮 **3** のろまな人, 怠け者

marmottina 女 **1**〔動〕マーモットの子 **2**〔俗〕（営業マンの）サンプルを入れたかばん

marna 女〔地質〕泥灰土

marò 男〔隠〕（イタリア海軍の）水兵, 海兵隊員; サンマルコ海兵隊の隊員

marocchinare 他 **1**（ヤギの）皮をなめす, モロッコ革にする; (布や紙を)モロッコ革風にする **2** 暴行する, 強姦(%)する

marocchino 形 モロッコ(人)の —男〔女[-a]〕モロッコ人 **2** モロッコ革 **3** マロッキーノ（ミルクコーヒーの一種）

Marocco 固名(男) モロッコ

maroso 男 **1** 大波, 高波, うねり **2**〔複数で〕撹(%)乱, 動揺 —animo in preda ai *marosi* 激しく揺れ動く心

marpione 男〔女[-a]〕狡猾(%%)に立ち回る人, ずる賢く利を得る人

marra 女 **1** 鍬(%) **2** 錨(%%)の先

marrano 男〔女[-a]〕**1** 裏切り者, 卑怯(%%)者 **2** 不作法者, 田舎者

marron 形〔不変〕〔仏〕栗; 栗色 —形〔不変〕栗色の, 茶色の —camicia *marron* 茶色のシャツ

marronata 女 **1** 栗のジャム **2**〔俗〕重大な間違い

*__marrone__ [マッローネ] 男 **1** 栗, マロン **2** 栗色 **3**〔複数で〕〔口〕睾(%)丸 **4**〔口〕大きな間違い —形 茶色の —giacca *marrone* 茶色の上着

marrubio 男〔植〕ニガハッカ

marruca 女〔植〕キリストノイバラ, ハマナツメ

Marsala 固名(女) マルサーラ（シチリア特別自治州トラーパニ県の港町; マルサーラワインで知られる）

marsala 男〔不変〕マルサーラワイン

marsalato 形（ワインが）熟成し過ぎた, マルサーラのような味の

marsalese 形 マルサーラ(の人)の —男女 マルサーラの人

marsc', marsch 間（軍隊で）前へ進め;〔諧〕（相手に促して）さあ, ほら

Marshall 固名(女複) マーシャル諸島

marsicano 形 マルシカ（アブルッツォ地方）(の人)の —男〔女[-a]〕マルシカの人

Marsiglia 固名(女) マルセイユ（フランス南部, 地中海に面する港湾都市）

marsigliese 形 マルセイユ(の人)の —男女 マルセイユの人 —女 (M-)ラ・マルセイエーズ（フランス国歌）

Marsilio da Padova 固名(男) パドバのマルシリオ（1290頃-1343頃; イタリアの政論家・哲学者）

marsina 女 燕(%)尾服

marsupiale 形〔動〕有袋類の —男〔動〕有袋類

marsupio 男 **1**（有袋類の）育児嚢(%) **2**（赤ん坊を背負う）バックパック, 背負

子(ﾋﾓ) **3** ウエストポーチ
mart. 【略】martedì 火曜日
Marta 固名〔女〕 **1**〔女性名〕マルタ **2**〔聖〕マルタ(旧約聖書に登場する女性)
martagone 男〔植〕マルタゴンリリー(カノコユリ亜属)
Marte 固名〔男〕 **1**〔口神〕軍神マルス **2**〔天〕火星
***martedì** [マルテディ] 男 火曜日 —*martedì* grasso (謝肉祭の最終日の)懺悔(ざんげ)の火曜日, マルディグラ
martellamento 男 **1** ハンマーで打つこと, ハンマーで連打すること **2** 動悸(ど) **3** 矢継ぎ早の質問, どんどん言葉を発すること **4** 執拗(しつよう)な苦悩
martellante 形 **1** 追い立てるような, どんどんせき立てる **2** 執拗(しつよう)な, 絶え間なくしつこい
martellare 他 **1** 金槌(かなづち)で打つ **2** 連打する —*martellare ... di domande* (人)を質問攻めにする —自 (心臓が)激しく鼓動する
martellata 女 **1** ハンマーの一撃 **2** 不意打ち, 不測の災い
martellato 形 **1** 金槌(かなづち)〔ハンマー〕で打たれた **2**〔音〕マルテッラート(力強いスタッカート)の
martellatura 女 金槌(かなづち)〔ハンマー〕で打つこと
martelletto 男 **1** (ピアノの)ハンマー **2** (議長・裁判官などが叩く)小槌(こづち) **3**〔医〕リフレックスハンマー
martellio 男 **1** 槌(つち)〔ハンマー〕で連打すること; 槌で連打する音 **2** (雨などが)絶え間なく打ちつける音 —*il martellio della pioggia sul selciato* 舗道に打ちつける雨
martello 男 **1** 金槌(かなづち), ハンマー **2** ハンマーの形をしたもの **3** 不安や心配の原因 **4**〔口〕うるさい奴; 女性にしつこく言い寄る男 **5**〔スポ〕(ハンマー投げの)ハンマー
martinella 女 **1** (中世の戦争時に鳴らした)鐘 **2** (上院・下院の)静粛を促す大きなベル
martinetto 男〔機〕ジャッキ —*martinetto idraulico* 油圧ジャッキ
martingala 女 バックベルト, ハーフベルト(上着の背のウエスト部分の飾りベルト)
Martini 固名〔男〕 (Simone ~)マルティーニ(1284 頃 –1344; イタリアの画家)
martini 男〔不変〕マティーニ(ベルモットのカクテル)
Martino 固名〔男性名〕マルティーノ
martin pescatore 函(男)〔鳥〕カワセミ
martire 男女 **1** 殉教者 **2** (生涯を何かに)捧げた人 **3** 犠牲者
martirio 男 **1** 殉教, 殉難; 献身 **2** 苦痛[心痛]の種
martirizzare 他 **1** 異端者として殺す, 殉教させる **2** 拷問にかける, 迫害する, 苦痛を与える —*arsi* 再 殉教する
martirologio 男 殉教録, 殉教者名簿; 聖人暦

martora 女〔動〕テン(貂)
martoriare 他 (io martorio) 拷問にかける, 痛めつける; 悩ませる —*Le zanzare mi hanno martoriato.* 私は蚊に悩まされた. —*arsi* 再 苦しむ, 悩む
martoriato 形 **1** 拷問にかけられた **2** 苦悩した
marxismo 男 マルクス主義
marxista 形〔複[男 -i]〕マルクス主義(者)の —男女〔複[男 -i]〕マルクス主義者
marxisticamente 副 マルクス主義的に
marxistico 形〔複[男 -ci]〕マルクス主義(者)の
marza 女〔農〕接ぎ木
Marzabotto 固名〔女〕マルザボット(エミリア・ロマーニャ州 Bologna 県の小村) —strage di *Marzabotto* マルザボットの虐殺(1944 年のナチスによる村民ら 771 名の虐殺事件)
marzaiola 女〔鳥〕シマアジ(カモ科)
marzamino → marzemino
marzapane 男〔料〕マジパン(菓子)
marzemino 男 マルゼミーノ(トレンティーノのブドウの一品種; その品種で作る赤ワイン)
marziale 形 **1** 戦争〔軍事〕にかかわる —*corte* [*legge*] *marziale* 軍法会議〔戒厳令〕 **2** 勇ましい —*arti marziali* (東洋の)武道, 武術 **3**〔口神〕軍神マルスの
marzialità 女 猛々しい態度, 勇壮さ
marziano 形 火星の —男 **1**〔女 -a〕火星人 **2** 奇人, 変人
***marzo** [マルツォ] 男 3月 —*marzo pazzerello* 天候不順
marzolina 女 マルツォリーナ(水牛のフレッシュチーズ)
marzolino 形 3月の —男 マルツォリーノ(羊の高級チーズ)
mas 男〔不変〕(イタリア海軍の)魚雷艇 (Motoscafo Armato Silurante または Motoscafo Anti Sommergibile の略)
Masaccio 固名〔男〕マザッチョ (1401–28 頃; イタリアの画家)
masaniello 男 扇動者, アジテーター
Mascagni 固名〔男〕 (Pietro ~)マスカーニ (1863–1945; イタリアの作曲家)
mascalcia 女 **1** 装蹄(そうてい)術 **2** 蹄鉄工の作業場
mascalzonaggine 女 悪意; 悪事, 悪行
mascalzonata 女 悪事, 悪行
mascalzone 男〔女 -a〕悪党, ならず者, ごろつき
mascara 男〔不変〕マスカラ
mascarpone 男 マスカルポーネ(北イタリア産のクリームチーズ)
mascella 女 顎(あご), 顎骨
***maschera** [マスケラ] 女 **1** 仮面, 被り物; (防具の)マスク —*maschera antigas* [*a ossigeno*] 防毒〔酸素〕マスク

maschera di bellezza フェーシャルパック / *maschera* all'argilla 泥パック **2** 仮面劇の役者 **3** 変装, 仮装 —*ballo in maschera* 仮面舞踏会 **4** [劇場・映画館の]案内係 **5** 見せかけ, 外見 ▶ ***gettare la maschera*** 本心を明かす **togliersi la maschera** 素性を明かす, 本性を現す

mascheraio 男 〔女[-a]〕 仮面製造者; 仮面貸し業者, 仮面販売者

mascheramento 男 **1** 仮面をつけること, 仮装, 変装 **2** 〔軍〕偽装工作

mascherare 他 〔io maschero〕 **1** 変装[仮装]させる **2** (穴などを)覆う **3** (本心などを)隠す, 偽る —**arsi** **1** 仮面をかぶる, 変装する; (被り物で顔を)隠す; 装う

mascherata 女 **1** 仮面舞踏会, 仮装パーティー; 仮装行列 **2** くだらない見世物[演出] **3** 〔音〕16世紀の祝祭用の曲

mascheratamente 副 偽って, こっそりと, 隠れて

mascherato 形 **1** 仮装した, 仮面をかぶった **2** 秘密の, 隠された —*ballo mascherato* 仮面舞踏会

mascherina 女 **1** ドミノ仮面(顔の上部だけ覆う仮面) **2** (衛生用)マスク **3** 仮装した子供 **4** (犬や猫の鼻口部分で)異なった色の部分 ▶ ***Ti conosco, mascherina!*** 仮面を被っていても誰だか分かる. / あなたの本心は分かっている.

mascherone 男 **1** 〔建〕(人や動物・怪獣などの)グロテスクな顔の装飾; 噴水の怪物をかたどった口 **2** (病気・感情の高ぶり・化粧などで)ゆがんだ恐ろしい顔

maschiaccio 男 **1** マッチョ(男臭い男性) **2** 男っぽい女性, お転婆

maschietta 女 おてんば, 活発な女の子

maschietto 男 **1** 男の子, 男の新生児 **2** 扉の蝶番(ちょうつがい)

maschile 形 **1** 男[男性]の; 男性用の **2** 男っぽい **3** 〔言〕男性形の —男 〔言〕 (名詞・形容詞・代名詞の)男性形

maschilismo 男 男性優位[優越]主義

maschilista 形 〔複[男 -i]〕 男性優位の —男女 〔複[男 -i]〕 男性優位主義者

maschilisticamente 副 男性優位に, 男性中心で

maschilistico 形 〔複[男 -ci]〕 男性優位主義(者)の

*****maschio** [マスキオ] 形 **1** 男[男性]の; 雄(おす)の —男 **1** 男, 男子 **2** 雄 **3** 差し込み器具, プラグ **4** 突起した部分, ほぞ **5** 主要な塔

maschione 男 〔俗〕筋骨隆々の魅力的な青年[男性]

mascolinità 女 男らしさ

mascolinizzarsi 再 (女性が)男性的になる

mascolino 形 男性の, 男っぽい; (女性が)女らしくない

mascotte 女 〔不変〕 〔仏〕マスコット, 縁起のよい人[動物]

M.A.S.E.R., Maser 略 〔英〕Microwave Amplification by Stimulated Emission of Radiation メーザー, マイクロ波エネルギーの増幅器(イタリア語では Amplificazione di Microonde mediante Emissione Stimolata di Radiazione)

masnada 女 **1** 〔文〕集団, グループ **2** 不良グループ, ワルの集団

masnadiere → masnadiero

masnadiero 男 不良, ギャング

masochismo 男 マゾヒズム

masochista 形 〔複[男 -i]〕 マゾヒズムの —男女 〔複[男 -i]〕 マゾヒスト

masochisticamente 副 マゾヒスティックに

masochistico 形 〔複[男 -ci]〕 マゾヒスト的な, マゾヒスティックな

Massa 女 マッサ(トスカーナ州の都市)

*****massa** [マッサ] 女 **1** 塊(かたまり); 大きな固まり **2** 大量, 多数 **3** 大衆, 群集; 集団, 徒党 **4** 〔物〕質量 **5** 〔電〕アース **6** 〔法〕(破産や相続での)資産, 債権, 債務 **7** 〔美・建〕マッス ▶ ***di massa*** 大衆[群集, 集団, 団塊]の, マスプロの ***in massa*** 一団となって; 大量に(まとめって) ***una massa di...*** たくさんの[山のような]..., ...の山[群れ]

massacrante 形 骨の折れる, 労苦を要する, 疲れさせる

massacrare 他 **1** 虐殺[殺戮(さつりく)]する **2** 叩きのめす **3** 破損する —**arsi** 再 **1** ひどく負傷する **2** 消耗する, 体をこわす

massacro 男 **1** 虐殺, 殺戮(さつりく) **2** 破壊

massaggiare 他 〔io massaggio〕 マッサージする, 揉(も)みほぐす

massaggiatore 男 〔女[-trice]〕 マッサージ師

massaggio 男 マッサージ, 按摩(あんま)

massaia 女 **1** 主婦 **2** 農家の主婦

massaio 男 農園主, 農場の主人

massello 男 **1** 金属の小さな塊, インゴット **2** 〔建〕ブロック (樹木の)心材, 赤身

Massenzio 固名(男) (Marco Aurelio Valerio ~) マクセンティウス(278頃-312; 古代ローマ皇帝: 在位306-312)

masseria 女 農園, 農場

masserizia 女 〔複数で〕家財道具一式

massese 形 マッサ(の人)の —男女 マッサの人

massicciamente 副 大規模に, 大掛かりに; ずっしりと, 力強く

massicciata 女 (鉄道や道路の)バラスト, バラス; 路床

massiccio 形 〔複[女 -ce]〕 **1** ひとかたまりの(ずっしりと重い) —*oro massiccio* 純金 **2** がっしりした, 頑丈な —*quercia massiccia* 樫の一枚板 **3** (規模が)大掛

かりな —男 (アルプスの)山塊, 連山

massificare 他 標準化に合わせる, 規格化する, 画一化する —**arsi** 再 標準化する, 没個性化する

massificazione 女 標準化, 没個性化

massima¹ 女 1 金言, 格言, モットー 2 原則, 原理 ▶ *in linea di massima* 一般に, 概して

massima² 女 1 最高気温 2 最大血圧, 心臓収縮圧 3 〖音〗(中世の記譜法での)最も長い音符の音符

massimale 形 最大の, 最高の —sconto *massimale* 最大割引 —男 最大限

massimalismo 男 1 マッシマリズモ(最大限綱領主義) 2 極端主義, 過激主義

massimalista 形 〖複[男 -i]〗 1 マッシマリズモの 2 極端主義, 過激派の —男女 〖複[男 -i]〗 最大限綱領主義者 2 過激派主義, 極端主義者

massimalistico 形 〖複[男 -ci]〗 1 最大限綱領主義の 2 過激[急進]派の, 極端主義の

massimamente 副 特に, とりわけ

massimario 男 格言集, 名言集, 箴(しん)言集; 〖法〗判例集

Massimo 固名〖男性名〗マッシモ

***massimo** [マッシモ] 形 〖*grande*の絶対最上級〗最大[最高]の —*temperatura massima* 最高気温 / *carico massimo* 最大積載量 / *massimo comun divisore* 〖数〗最大公約数 —男 最大限, 最高, 極限 ▶ *al massimo* 最大限で, せいぜい; 最悪の場合は

massivo 形 1 大量の, 大規模の 2 集団の

mass media 略(男複) 〖英〗マスメディア

massmediale → massmediatico

massmediatico 形 〖複[男 -ci]〗 マスメディアの, マスコミの

massmediologia 女 マスメディア学, マスメディア研究

massmediologo 男 〖複[-gi]〗女 〖[-a]〗マスメディア研究者[学者]

masso 男 岩石, 巨礫(れき) —*caduta massi* 落石

massone 男 1 フリーメーソン会員 2 石工, 石屋

massoneria 女 フリーメーソン

massonico 形 〖複[男 -ci]〗 フリーメーソンの —*loggia massonica* フリーメーソンの支部[ロッジ]

massoso 形 石だらけの

massoterapia 女 〖医〗マッサージ療法

mastectomia 女 〖医〗乳房切除術

mastello 男 (木製で棒やひもをかける取っ手の付いた)桶(おけ); だらい

master 男 〖不変〗1 主人, 親方, 先生 2 マスター(の称号), 修士 3 マスターテープ, マスター音源, オリジナル盤

masticabile 形 噛み砕ける, 咀嚼(そしゃく)できる

masticare 他 〖*io mastico*〗 1 (食べ物を)噛む, 噛み砕く —*gomma da masticare* チューインガム(*cicca*) 2 口ごもる 3 (知識として)少しかじる

masticatore 形 女 [-trice]〗 咀嚼(そしゃく)の —男 1 〖女 [-trice]〗噛み砕く人, 咀嚼する人 2 (老人や子供が食べやすいように)肉などを砕く器具

masticatorio 形 咀嚼(そしゃく)の

masticazione 女 噛み砕くこと, 咀嚼(そしゃく)

mastice 男 1 乳香樹脂液, マスティックの樹液 2 接着剤

mastino 男 1 マスチフ犬, イングリッシュ・マスチフ(大型犬の一種) 2 気難しい人, 頑固者

mastite 女 〖医〗乳腺炎

masto- 接頭 「乳房」の意

mastodonte 男 1 〖生物〗マストドン(絶滅したゾウ) 2 肥満した人, でぶ

mastodontico 形 〖複[男 -ci]〗 巨大な, 大規模の

mastoide 女 〖解〗乳様突起

mastoidite 女 〖医〗乳様突起炎

mastro 男 1 《文》主人, 師匠, 指導者; (職人の)親方 2 元帳, 台帳 —*libro mastro* 元帳, 台帳

Mastroianni 固名 (男) (Marcello Vincenzo Domenico 〜)マストロヤンニ(1924-96; イタリアの映画俳優)

masturbare 他 (他者に)手淫をする —**arsi** 再 自慰[オナニー]をする

masturbazione 女 オナニー, 自慰, マスターベーション

Masuccio Salernitano 固名 (男) マスッチョ・サレルニターノ(1410-75; イタリアの作家・説話作家. 本名 Tommaso Guardati)

matassa 女 1 (糸の)かせ 2 もつれ, 絡まり, 混乱 —*sbrogliare la matassa* 問題を解決する

match 男 〖不変〗〖英〗試合

mate 男 〖不変〗 1 〖植〗マテ; マテの葉 2 マテ茶

matematica 女 数学

matematicamente 副 1 数学的に 2 正確に, 確実に

matematico 形 〖複[男 -ci]〗 1 数学の, 数学的な 2 厳密な —男 〖複[-ci]〗女 〖[-a]〗数学者

Matera 固名(女) マテーラ(バジリカータ州の都市; 略 MT)

materano 形 マテーラ(の人)の —男 〖女 [-a]〗マテーラの人

materassaio 男 〖女 [-a]〗 マットレス製造者, 敷き布団[掛け布団]職人

materassato 形 (羊毛や羽毛を)詰めた, キルティングをした

materassino 男 1 (レジャー用)エアマット 2 (運動用)マット

materasso 男 1 (ベッドの)敷布団, マットレス; マット状の敷物 2 《隠》弱いボク

サー; スパーリング練習のボクサー

materia [マテーリア] 囡 **1** 物質 **2** 材料, 素材 **3** 科目, 教科; 題材 —Sa tutto in *materia* di musica. 彼は音楽のことは何でも知っている。**4** 動機, きっかけ ► ***materia grigia*** 知性, 知力 ***materia prima*** 原料

materiale [マテリアーレ] 形 **1** 物質的な **2** 物的な, 金銭的な **3** 物欲の強い —男 **1** 材料; 機材, 器具 **2** (研究のための)データ, 資料

materialismo 男 唯物主義, 唯物論; 物質主義, 実利主義

materialista 男女〔複[男 -i]〕唯物論者, 物質主義者 —形〔複[男 -i]〕唯物論の; 実利的な, 物質的な

materialisticamente 副 唯物論的に, 物質主義的に, 功利的に

materialistico 形〔複[男 -ci]〕唯物論の, 物質主義的な; 実利的な

materialità 囡 物質的であること, 物質性; 物欲, 卑俗

materializzare 他 具体化する, 物質化する, 形を与える —**arsi** 再 形あるものになる, 具体化する, 現実のものになる

materializzazione 囡 具体化, 具象化, 物質化

materialmente 副 物質的に, 具体的に; 実質的に

materialone 男〔女 [-a]〕(物欲にとらわれた)無作法な人間, 武骨者

maternamente 副 母親らしく, 母として, 慈愛に満ちて

maternità 囡 **1** 母性, 母親であること **2** 妊娠, 出産, 出産育児休暇; 産科 **3**《官庁用語で》(書類上の)母親の氏名 **4**〔美〕聖母子像

materno 形 **1** 母の; 慈愛に満ちた —latte *materno* 母乳 / allattamento *materno* 母乳保育 / scuola *materna* 幼稚園 **2** 母系の —nonno [zio] *materno* 母方の祖父[おじ]**3**《文》出生地の

Matilde 固名〔女性名〕マティルデ

matinée 囡〔不変〕〔仏〕マチネー, 昼間[午後]の公演[興行]

matita [マティータ] 囡 **1** 鉛筆 —appunti scritti a *matita* 鉛筆書きのメモ / *matita* automatica シャープペンシル(portamine) / *matita* da disegno デッサン用鉛筆 **2**(化粧用具の)ペンシル

matriarca 囡 女家長, 家母長;《謔》家庭の主権を握る女

matriarcale 形 母権制の, 母系制の

matriarcato 男 母権制, 母系制; 女性主権の組織[家]

matrice 囡 **1**〔文〕子宮 **2**(事件の)背景, 根源, 原因 **3** 原簿,(手形の)控え **4** 鋳型, 原型 **5**〔数〕行列

matriciano 形 → amatriciana

matricida 男女〔複[男 -i]〕母親を殺した者 —形〔複[男 -i]〕自分の母親を傷付けた —odio *matricida* 母親に対する憎しみ

matricidio 男 母親殺し

matricola 囡 **1** 登録簿 **2** 新入生, 新入り, 新人, 新兵 —numero di *matricola* シリアルナンバー, 通し番号, 学籍番号

matricolato 形 全くの, 徹底的な, 真っ赤な —bugiardo *matricolato* 真っ赤な嘘 / È un furfante *matricolato*. 彼は札付きのワルだ。

matrigna 囡 **1** 継母 **2** あまり優しくない母親, 冷たい母親 —Il destino gli fu *matrigna*. 運命は彼には無慈悲なものだった。

matrignesco 形〔複[男 -chi]〕継母の, 継母らしい

matrimoniale 形 婚姻の, 結婚の, 夫婦の —letto *matrimoniale* ダブルベッド / agenzia *matrimoniale* 結婚相談[紹介]所 —囡(ホテルの)ダブルルーム

matrimonialmente 副 婚姻に従って, 婚姻上

matrimonio [マトリモーニオ] 男 結婚, 結婚式 —certificato di *matrimonio* 婚姻証明書 / *matrimonio* civile 民事婚(役所での結婚)

matrizzare 自 (性格・容貌が)母親に似る

matrona 囡 **1** 上流階級の既婚女性 **2** 大柄で血色のよい巌丈な女

matronale 形 **1** 上流婦人の, 品位のある, 堂々とした **2** 豊満な, 血色のよい

matronalmente 副 上流婦人らしく, 気品に満ちて, しとやかに

matronimico 形〔複[男 -ci]〕母親の名前にちなんだ —男〔複[-ci]〕母親の名にちなんだ名前

matta 囡 **1**(トランプの)ジョーカー(jolly) **2** 狂女, 頭のおかしい女

mattacchione 男〔女 [-a]〕愉快な人, 面白い人, ひょうきん者

mattana 囡 不機嫌, 癇癪(^{かんしゃく}), イライラ, 気移り —Gli è presa la *mattana*. 彼は癇癪を起こした。

mattanza 囡 **1**(シチリアの)マグロの追い込み漁 **2** 大量虐殺, 皆殺し

mattarello 男 → matterello

mattatoio 男 畜殺場, 食肉処理場

mattatore 男〔女 [-trice]〕**1** 周りの役者を目立たなくする花形スター **2** 畜殺業者

mattazione 囡 畜殺

Matteo 固名〔男性名〕マッテーオ **2**〔聖〕マタイ(イエスの十二弟子の一人. マタイ福音書の著者とされる)

Matteotti 固名〔男〕(Giacomo 〜)マッテオッティ(1885-1924; イタリアの政治家. 反ファシスト)

matterello 男 麺棒(mattarello)

Mattia 固名〔男性名〕マッティーア **2**〔聖〕マティア(イスカリオテのユダに代わってイエスの十二弟子に入る)

mattina [マッティーナ] 囡 朝(日の出から正午まで) ► ***dalla mattina alla sera*** 朝から晩まで, 一日中(ぶっ通しで)

mattinata 女 **di prima mattina** 早朝に **fare mattina** (遊んで)夜を明かす,徹夜でする **tirare mattina** (遊んで)夜更かしする

mattinata 女 1 朝(の時間帯) 2 マッティナータ(朝に窓辺の女性に捧げる歌) ► **in mattinata** 午前中に

mattiniero 形 早起きの

***mattino** [マッティーノ] 男 1 朝(の始まり), 朝方 —il *mattino* tardi (presto) 朝遅く[早く] / il *mattino* dopo [seguente] 翌朝, 次の日の朝 2 始まり, 初期 ► **di buon mattino** 早朝に(di buon'ora)

***matto**[1] [マット] 形 1 気がふれた 2 型破りの —essere una testa *matta* 変人である 3 (数量的に)気が遠くなるような —fare spese *matte* 大散財をする 4 馬鹿げた; 不透明な 偽物の —oro *matto* いぶし金 / soldi *matti* 偽金 —男 女 [-a] 1 気がふれた人 2 型破りの[破天荒な]人 3 (タロットの)愚者 ► **andare matto per...** (人)を熱愛する, (物)に熱狂する, ご執心である **da matti** めちゃくちゃな[に] **diventare matto** 必死になる, 夢中になる

matto[2] 形 (チェスで)手詰まりの —男 チェックメイト ► **scacco matto** チェックメイト, 詰み

mattoide 形 変な行動をする, 挙動不審の —男女 頭のおかしい人, 風変わりな人

mattonaia 女 (レンガ工場に隣接する)レンガ置き場

mattonaio 男 [女 [-a]] レンガ製造業者

mattonata 女 1 レンガでの激しい一撃 2 《諧》退屈な読み物[上演], つまらないもの

mattone 男 1 レンガ 2 [不変] レンガ色 3 (消化不良を起こすような)食べ物 4 うんざりする人[物]

mattonella 女 (建築用の)レンガ状のもの, タイル ► **a mattonella** (布の柄が)チェックの

mattonificio 男 レンガ工場

mattutino 形 朝の, 早朝の; 早起きの —男 1 (カト)朝課 2 夜明けを告げる鐘の音 3 《文》夜明け, 早朝

maturamente 副 熟考して, じっくりと考えて, 慎重に

maturando 形 高校卒業[大学入学]資格試験を受ける(べき) —男 [女 [-a]] 高校卒業[大学入学]資格試験の準備中の学生

maturare 自 [es] 1 熟す, 熟れる 2 熟成する —fare [lasciare] *maturare* il vino [formaggio] ワイン[チーズ]を寝かす 3 成熟する 4 〔経〕満期になる —他 1 熟させる 2 (考えなどを)練り上げる —*maturare* una decisione 決心するまで熟考する 3 高校卒業資格を授与する

maturatamente 副 よく考えて, 熟考して, 慎重に

maturato 形 1 熟した, 実った; (利益が)配当[分配]される 2 (学生が)高校卒業資格試験に合格した —男 [女 [-a]] 高校卒業試験合格者

maturazione 女 1 熟すこと; 熟成; 成熟 2 〔医〕化膿 3 〔経〕満期

maturità 女 1 成熟, 熟成; 円熟期 —l'età della *maturità* 成年(イタリアでは18歳) 2 高校卒業[大学入学]資格試験 —dare la *maturità* 高校卒業資格試験を受ける

***maturo** [マトゥーロ] 形 1 熟した, 熟れた —frutta *matura* 熟した果実 2 成熟[円熟]した —di età *matura* 熟年の / I tempi sono *maturi*. 機が熟す. 3 (ワインやチーズが)熟成した 4 高校卒業[大学入学]資格試験に合格した

matusa 男女 [不変] 古臭い考え[時代遅れ]の中高年

Matusalemme 固名(男)〔聖〕メトシェラ(エノクの息子. 969年生きたとされる)

matusalemme 男 [不変] かなりの高齢者

Maura 固名〔女性名〕マウラ

Mauritania 固名(女)モーリタニア

mauritano 形 モーリタニア(人)の —男 女 [-a] モーリタニア人

mauriziano 形 モーリシャス(人)の —男 女 [-a] モーリシャス人

Maurizio 固名(男) 1 モーリシャス 2〔男性名〕マウリーツィオ

Mauro 固名〔男性名〕マウロ

mauro 形 モーリタニアの遊牧民の —男 1 モーリタニアの遊牧民 2 (M-)〔複数で〕モーリタニアのサハラ砂漠の遊牧部族

mausoleo 男 廟(ぴょう), 霊廟

mauve 形 [不変] 〔仏〕藤色の, 薄紫色の, モーブの —男 [不変] 〔仏〕藤色, 薄紫色, モーブ色

max 略 massimo 最大(の)

maxi[1] 形 [不変] 特大の —pizza *maxi* 特大ピッツァ

maxi[2] 形 [不変] マキシスカート(maxi-gonna)

maxi- 接頭 「最大の」「最高の」の意

maxicappotto 男 (くるぶしまでの長さの)ロングコート, マキシコート

maxigonna 女 (くるぶしまでの長さの)ロングコート, マキシスカート

maxillo- 接頭 「顎(あご)」の意

maximoto 女 [不変] (650ccより大きい)大型バイク, 大型自動二輪車

maximulta 女 巨額の科料[罰金]

maximum 男 [不変] 〔ラ〕最大量, 最高級, 最高水準

maxiprocesso 男 (被告が多過ぎるための)長い裁判; パレルモのマフィアの裁判(366人の被告に1年10か月を要した)

maxischermo 男 (テレビの)大型スクリーン

maxitamponamento 男 多重玉突き追突

maya 形 [不変] マヤの; マヤ人の —*cultura maya* マヤ文明 —男女 [不変] マヤ人 —男 1 [不変] (M-)〔複数で〕マ

ヤ族 2 〖単数のみ〗マヤ語
mazdaìsmo → mazdeismo
mazdeìsmo 男〖宗〗ゾロアスター教
mazurca → mazurka
mazùrka 女〖音・舞〗マズルカ
mazza 女 1 頑丈な短いこん棒, 杖($\tilde{z}$) 2（スポーツ用の）スティック —*mazza* da baseball 野球のバット / *mazza* da golf ゴルフクラブ 3〖音〗ドラムスティック 4 ハンマー, 大槌($\tilde{z}$) 5〖否定的に〗〘俗〙何一つ —Non ho capito una *mazza*. 私は全く訳が分からなかった.
mazzancolla 女〖中伊〗アシアカエビ（クルマエビ科）
mazzata 女 1 こん棒の一撃; 打撃, ショック —prendere... a *mazzate*（人）をぼこぼこに殴る
mazzetta¹ 女 1 札束; 賄賂, 上納金, 手数料, リベート
mazzetta² 女 1（色々な用途の）ハンマー 2〖建〗（ドアや窓の周りの）側柱
mazziere 男 1（式典で）職杖を携行する役 2（パレードの）バンド指揮者 3（カード遊びの）ディーラー
Mazzini 固名(男)（Giuseppe 〜）マッツィーニ(1805-72; イタリアの革命家・思想家)
mazzo 男 1（花などの）束 2（人々の）一団 3 トランプのセット
mazzolare 他 棒［槌($\tilde{z}$)］で殴り殺す; 激しく叩く
mazzuola 女 ステッキ, 杖($\tilde{z}$); 槌($\tilde{z}$), 木槌
mazzuolo 男（小振りの）ハンマー, 小槌($\tilde{z}$);（木琴や小太鼓の）スティック, ばち
MB 略 1 megabyte メガバイト 2〖英〗mountain bike マウンテンバイク
mb 略 millibar ミリバール
m.c.d. 略 massimo comune divisore 最大公約数
m.c.m. 略 minimo comune multiplo 最小公倍数
MC 略 1 Macerata マチェラータ 2 Monaco モナコ
Md 略(元素記号) mendelevio〖化〗メンデレビウム
m.d. 略 mano destra〖音〗右手
ME 略 Messina メッシーナ
＊**me** [メ] 代(人称)〖1 人称単数男女〗 1〖直接目的格; mi の強勢形〗私を, 私に —Cercate *me*? 私を探しているの? 2〖前置詞とともに〗私 —secondo *me* 私の意見では / per *me* 私のために / Vieni da *me* dopo. 後で私のところに来てね. 3〖間接目的格; mi の後に lo, la, li, le, ne を伴った場合〗私に —*Me* lo dai? 私にそれをくれるの? / *Me* la pagherai. 借りは返してもらうからな（覚えてろよ）. 4〖間投詞的に〗私は —Povero *me!* ああてみじめなんだ. 5〖主格補語〗私 —Tu non sei *me*. あなたは私ではない. ▶ *me stesso* [**stesso**] 私自身
mea culpa 成句(男)〖ラ〗（罪の告白の祈りの文言）己（$\frac{のれ}{}$）の過失; 自分の過ちの告白

meandro 男 1 川の湾曲〖蛇行〗; 曲がりくねった道 2〖複数〗見通せない心の奥底;（状況の）もつれ, 絡まり, 複雑さ
M.E.C. 略 Mercato Europeo Comune 欧州共同市場
mecca 女 (M-)〖単数のみ〗メッカ, 本拠地, 中心地; 幸福で豊かな地, 憧れの地
meccànica 女 1 力学 2（機械の構造に関する）技術, メカ 3（会社の）技術系 4 機械装置, 仕掛け
meccanicamente 副 機械によって; 機械的に
meccanicismo 男〖哲〗機械論
meccanicità 女 自動性, 機械的なさ
meccànico 形〖複[男 -ci]〗 1 力学の 2 機械の, 機械装置で動く 3 機械的な, 無意識な —男〖複[-ci]女[-a]〗(機械や自動車の)整備工, 修理工
meccanismo 男 1 機械装置 2 機構, 仕組み, メカニズム
meccanizzàbile 形 機械化されうる
meccanizzare 他 機械化する —*arsi* 再 機械化になる
meccanizzato 形 機械が備わった, 機械化された
meccanizzazione 女 機械化
meccano- 連頭〖機械(の)〗の意
meccanografia 女〖情〗データ処理, 情報処理
meccanogràfico 形〖複[男 -ci]〗データ処理の —centro *meccanografico* データ処理センター
mecenate 男(女) 文芸の保護［擁護］者
mecenatesco 形〖複[男 -chi]〗文芸の保護者の, パトロンの; メセナの
mecenatismo 男 文芸保護, パトロネージ, 芸術文化支援; メセナ
mèche 女〘不変〙〖仏〗(髪の)メッシュ
meco 代〖文〗私と一緒に; 胸の内では
medàglia 女 メダル, 勲章, 賞 —*medàglia* d'oro [d'argento, di bronzo] 金［銀, 銅］メダル; 金［銀, 銅］賞 / considerare l'altra faccia [il rovescio] della *medaglia* 問題を裏返して考える, 反対の事態[状況]を考慮する
medagliere 男 1 メダル［貨幣］の収集 2〖スポ〗競技会でチームが獲得したメダル数 3 メダルの陳列ケース
medaglietta 女 1（聖像などの）小さいメダル; 議員バッジ 2（ペットにぶら下げる）タグ, 迷子札
medaglione 男 1 大型メダル; 円形［楕円形］の浮き彫り;（ペンダントのロケット 2〖料〗メダイヨン（メダル型に切った肉料理） 3〖建〗メダル型の壁面装飾
medaglista 男(女)〖複[男 -i]〗 1 メダルの彫刻師［鋳造者］ 2〖メダル［古銭］収集家; メダル［古銭］研究家
medaglìstica 女 メダル彫刻技法［鋳造術］; メダル［古銭］研究
Medea 固名(女)〖ギ神〗メデイア（コルキスの王女. 魔法に通じた. 夫イアソンに裏切ら

れ、わが子を殺害した）
medesimo [メデーズィモ] 形 **1** 同じ、同一の **2** 自身の、自体の ー代(指示)〔定冠詞とともに〕**1** 同一人物 **2**〔単数で〕同一のもの、同じこと

media¹ 囡 平均、並み; 平均値[点] ―superiore [inferiore] alla *media* 平均以上[以下] / avere la *media* dell'otto [del 60] 平均点が8点[60点]である / *media* oraria 平均速度[時速] ▶ *in* [*di*] *media* 平均して、並みの程度[水準]で

media² 男〔不変〕〔複数で〕マスメディア
mediale 形 マスメディアの
mediamente 副 ほどほどに、まずまず; 平均して、普通に
mediana 囡 **1**〔数〕三角形の中線; 〔統〕メジアン、中央値 **2**〔スポ〕(サッカーなどの)ハーフバック
medianico 形〔複[男 -ci]〕霊媒の、降霊術の、交霊術の
mediano 形 中央の、中間の ―男〔スポ〕(サッカーなどの)ハーフバック
mediante 前 …によって、…を介して、…を通じて
mediare 他〔io medio〕調停する、仲介する ―自 仲介役をする、間に入る
mediatamente 副 間接的に
mediateca 囡 マルチメディア資料所蔵館
mediatico 形〔複[男 -ci]〕マスメディアの
mediato 形 間接的な、率直でない
mediatore 男〔囡 -trice〕仲介者、調停者、ブローカー ―形〔囡 -trice〕仲介の、間に入る ▶ *mediatore chimico* 神経伝達物質
mediazione 囡 **1** 調停、仲介、仲裁 **2** 仲買手数料
medicabile 形 治療可能な、治せる
medicalizzare 他〔医〕医学に任せる、医学に頼る
medicalmente 副 医学上
medicamento 男 **1** 医薬、薬剤 **2** 治療
medicamentoso 形 **1** 薬の、薬用の **2** 治療効果のある
medicare 他〔io medico〕**1** 治療する **2** 鎮静させる、癒やさせる
medicastro 男〔囡 -a〕ヤブ医者、へたくそな医者
medicazione 囡 治療、手当て
mediceo, medìceo 形 メディチ家の
medichessa 囡 **1**〔蔑〕女医 **2**〔謔〕医者気取りの女
Medici 固名 **1**〔男複〕(i ～)メディチ(フィレンツェの富豪・政治家一族. 学問・文芸を保護しルネサンスに寄与) **2**〔男〕(Cosimo de' ～, il Vecchio)コジモ・デ・メディチ(1389-1464; フィレンツェの富豪. メディチ家繁栄の基礎を築いた人物. 3 の祖父) **3**〔男〕(Lorenzo de' ～, il Magnifico)ロレンツォ・デ・メディチ、イル・マニフィコ(1449-92; メディチ家最盛期の当主. フィレンツェ

共和国を実質的に支配. 学問・芸術のパトロンとしても知られる)

medicina [メディチーナ] 囡 **1** 薬、治療薬 ―prendere la *medicina* 薬を飲む **2** 医学; 〔単数かで〕医学部 ―studiare *medicina* 医学を学ぶ / *medicina legale* 法医学
medicinale 形 薬効のある、薬用の ―erba *medicinale* 薬用植物、ハーブ ―男 薬、調剤
※**medico** [メーディコ] 男〔複[-ci]〕**1** 医者、医師 ―andare dal *medico* 医者に行く **2** 心を癒やすもの ―形〔複[男 -ci]〕**1** 医学[医者]の ―*certificato medico* 診断書 / *visita medica* 診察 **2** 治癒力のある
medicone 男 **1**〔謔〕名医 **2**〔口〕もぐりの医者
medie 囡複 中学校
medieuropeo 形 中央ヨーロッパの
medievale 形 **1** 中世の、中世に作られた **2**〔蔑〕中世的な
medievaleggiante 形 中世を取り入れた、中世風の
medievalismo 男 中世趣味; 中世研究
medievalista 男女〔複[男 -i]〕中世研究家
medievalistico 形〔複[男 -ci]〕中世研究の
medievalmente 副 中世風に、中世の習慣ように
medina 囡 (バザールやモスクのある)イスラム都市の旧市街
※**medio** [メーディオ] 形 **1** 中間の; 中程度の、並みの ―*scuola media* 中学校 / *dito medio* 中指 / *ceto medio* 中産階級 / *corso medio* 中級コース / *di media grandezza* 中型の **2** 平均の ―男 **1** 中指 **2**〔スポ〕ミドル級 **3**〔数〕(比例式の)内項

MEDIOBANCA, Mediobanca 略 Banca di Credito Finanziario メディオバンカ、イタリアの投資銀行
medioborghese 形 中産市民階級に属する、中流階級の
mediocre 形 **1** 平凡な、凡庸な **2** できの悪い; つまらない ―男女 凡人、目立たない人
mediocremente 副 平凡に、凡庸に
mediocrità 囡 月並みであること、凡人
medioevale → medievale
medioevo 男 中世(476-1492年、西ローマ帝国滅亡から新大陸発見までの時代)
medioleggero 男〔スポ〕ウエルター級
mediomassimo 男〔スポ〕ライトヘビー級
mediorientale 形 中東の
Medioriente 男 中東
meditabile 形 熟考すべき、考慮できる、検討できる
meditabondo 形 物思いにふけった、熟考の; 思慮深い

meditare 他 [io medito] **1** じっくり考える, 熟考する **2** 企てる, もくろむ ― 自 (su)…について熟考[瞑想]する

meditatamente 副 よくよく考えてから, 熟考の末に

meditativo 形 **1** 熟考する, 瞑想にふける **2** 思慮深い

meditato 形 **1** 熟考した上での **2** 前もって考えた

meditazione 女 熟慮, 熟考; 瞑想

mediterraneo 形 **1** 地中海の ― Mar *Mediterraneo* 地中海 **2** 地中海沿岸の国の(人)の ― 男 **1** (M-)地中海 **2** [女 -a] 地中海沿岸の国の人

medium[1] 男女 [不変] 霊能者, 霊媒; (空中浮遊や瞬間移動をする)超能力者

medium[2] 男 [不変] [英] マスメディア; 芸術家の(視覚的)表現媒体

medium[3] 男 [不変] [英] (洋服の)Mサイズの ― 女 [不変] [英] (洋服の)Mサイズの衣類, Mサイズの衣類

medusa 女 **1** [動] クラゲ **2** (M-) [ギ神] (ゴルゴンのうちの一人)メドゥーサ

mefistofelico 形 [複 男 -ci] **1** メフィストフェレス(ドイツの民間伝承の悪魔)の **2** 冷笑の, からかいの

mefiticamente 副 毒気を持って, 有害に

mefitico 形 [複 男 -ci] 息が詰まる, 悪臭を放つ; 腐敗した, 堕落した ― gas *mefitico* 下水で発生するガス(メタンガスなど)

mega- 接頭 「巨大な」「特大の」「ものすごい規模の」の意

megabyte 男 [不変] [情] メガバイト

megaconcerto 男 (大規模に集客する)ポピュラー音楽のコンサート, ロック・フェスティバル

megadirettore 男 [女 -trice] 《諧》大権力を有する指導者[部長, 局長]

megafonista 男女 [複 男 -i] メガフォンを使ってしゃべる人

megafono 男 メガホン

megagalattico 形 [複 男 -ci] 《諧》非常に重要な; 巨大な

megahertz 男 [不変] [物] メガヘルツ (略 MHz)

-megalia 接尾 [医] (組織・体の一部の) 「異常発達」「肥大」の意

megalite 男 [考] (新石器から金属器時代の)巨石記念物

megalitico 形 [複 男 -ci] [考] 巨石記念物の

megalito → megalite

megalo- 接頭 「大きい」「巨大な」の意

megalomane 形 誇大妄想狂の ― 男女 誇大妄想狂患者

megalomania 女 誇大妄想

megalopoli 女 [不変] メガロポリス, 巨大都市

megateneo 男 (アルコール・ドラッグなどで)悪評高いマンモス大学

megaton 男 [不変] [物] メガトン

megatone → megaton

megattera 女 [動] ザトウクジラ

megera 女 醜い(老)女, みすぼらしい女; 鬼婆, 意地の悪い女

***meglio** [メリョ] 副 [bene の比較級] より[もっと]よく ― stare *meglio* (体・体調の悪い状態が)よくなる / Lavati *meglio* le mani! もっときれいに手を洗いなさい. ― 形 [不変] **1** よりよい **2** [定冠詞とともに最上級で] 《口》最もよい ― 男, 女 [不変] 最良のもの[こと] ― il *meglio* 最善, ベスト ► **andare di bene in meglio** ますますよくなっていく **avere la meglio** 優位に立つ, 凌ぐ **essere meglio (non) +** 不定詞 …する(しない)ほうがよい **fare del proprio meglio** 最善を尽くす **in mancanza di meglio** 仕方なく, やむを得ず **Meglio che nulla.** ないよりはまし(これだけで我慢しよう). **per il meglio** 最善の方法で **per meglio dire** 言い換えれば, より正確に言えば **Tanto meglio!** それはよかった. | そのほうがありがたい.

***mela** [メーラ] 女 **1** [植] リンゴ(の実) ― torta di *mele* アップルパイ / bianco e rosso come una *mela* リンゴのような(健康的な)顔色 **2** リンゴの形をしたもの; [複数で] 真っ赤な丸々としたもの; [複数で] 《口》尻 ― 形 [不変] リンゴの ― verde *mela* アップルグリーン(淡い黄緑色)

melagrana 女 [植] ザクロの実

melagrano → melograno

melanconia → malinconia

Melanesia 固女 メラネシア(太平洋にある島々の三大区分の一つ)

melanesiano 形 メラネシア(の人)の ― 男 [女 -a] **1** メラネシアの人 **2** メラネシア諸語

mélange 男 [不変] [仏] **1** (色を)混ぜたもの, ごちゃ混ぜ; 多色の織物 **2** ホイップクリーム入りのコーヒー(ココア)

melangola 女 [植] ダイダイ(橙)の実

melangolo 男 [植] ダイダイ(橙)の木 (arancio amaro)

melanina 女 [生化] メラニン

melano- 接頭 「黒色の」の意

melanoma 男 [複 -i] [医] 悪性黒色腫

melanzana 女 [植] ナス

melarancia 女 [複 -ce] [植] スイートオレンジ[アマダイダイ]の実

melarancio 男 [植] スイートオレンジ[アマダイダイ]の木(arancio dolce)

melassa 女 糖蜜

melata 女 (葉や茎の)蜜, (アリマキなどが分泌する)蜜

melato → mielato

Melchiorre 固男 [聖] メルキオル (幼いイエスに贈り物を運んだ東方三博士の一人)

melensaggine 女 愚鈍, のろま; くだらなさ, 軽率な行為

melensamente 副 愚かにも; 軽率に

melenso 形 **1** 愚かな, 愚鈍な; 軽薄な, 軽率な **2** くだらない, つまらない

meleto 男 リンゴ園, リンゴ畑

-melia 接尾 「(四肢の)奇形」の意

meliloto 男 〔植〕シナガワハギ

melina 〔スポ〕(サッカーで相手側に得点させないための)時間稼ぎの作戦

melissa 女 〔植〕レモンバーム, セイヨウヤマハッカ

melitense 形 マルタ島(の人)の — 男女 マルタ島の人

mellifluamente 副 甘い調子で, 甘ったるく

mellifluità 女 甘ったるさ, わざとらしい気取り, しな

mellifluo 形 甘ったるい, 甘えた; 口のうまい

mellito 形 (音が)甘美な, 快い ▶ *diabete mellito* 〔医〕糖尿病

melma 女 **1** 泥, 泥土, ぬかるみ **2** 腐敗, 堕落; (社会での)はきだめ

melmoso 形 泥の, 泥だらけの, ぬかるんだ

melo 男 リンゴの木

melo- 接頭 「音楽(の)」の意

melodia 女 **1** 旋律, メロディー **2** (詩や声の)音調, 抑揚 **3** 美しい調べ, ハーモニー

melodica 女 〔音〕鍵盤ハーモニカ, ピアニカ

melodicamente 副 メロディーに合わせて, 美しい調子で

melodico 形〖複男 -ci〗**1** メロディーの, 旋律の **2** (イタリアの軽音楽で)親しみやすい曲の **3** 美しい旋律[調べ]の

melodiosamente 副 甘美な調べで

melodiosità 女 (楽曲の)旋律性, 音楽性

melodioso 形 (耳に)心地よい, うっとりするような; 甘美な, 調子の美しい

melodramma 男〖複 -i〗**1** 〔音〕音楽劇, オペラ **2** 大げさな感情表現, 芝居がかった態度 ▶ *da melodramma* 大げさな, メロドラマのような

melodrammaticamente 副 音楽劇のように, 大げさに, メロドラマ風に

melodrammaticità 女 (感情・言葉・身ぶりの)誇張し過ぎ, 大げさなこと

melodrammatico 形〖複男 -ci〗**1** 音楽劇の, オペラの **2** 大げさな, 誇張し過ぎた, わざとらしい; 芝居調の, 演劇調の; メロドラマのような

melograno 男 ザクロの木

melolonta 女 〔虫〕コフキコガネ

melomane 形 音楽好きの, 音楽マニアの — 男女 音楽マニア

melomania 女 音楽マニア(状態), 音楽好き

melone 男 〔植〕メロン; スイカ(melone d'acqua)

Melpomene 国名〈女〉 〔ギ神〕メルポメネ(文芸の女神ムーサの一)

membrana 女 **1** 〔解〕膜, 薄皮 — *membrana mucosa* 粘膜 / *membrana del timpano* 鼓膜 **2** 羊皮紙 **3** 〔音〕(打楽器の)振動板

membraniforme 形 膜[薄皮]状の

membranoso 形 膜質の, 膜でできた; 膜のような

‡**membro** [メンブロ] 男 **1** メンバー, 部員, 構成員 **2** 構成要素, 部品 **3** 〔解〕男性器, ペニス **4** 〔数〕(方程式の)辺〖複 [le membra]〗手足, 上下肢

memento 男 〖不変〗**1** 〔カト〕(ミサでの)死者の冥福の祈り **2** 警告, 訓戒 — Hai un debito con me, *memento*! 僕に借金していること, 忘れるなよ. ▶ *Memento mori.* 死を思え.

memo 男〖不変〗短い覚書, メモ, 控え

memorabile 形 記憶に残る, 忘れられない, 記念すべき

memorabilia 女 **1** 記念すべきもの(出来事・品物など) **2** (演劇・文化において)崇拝すべき人物[作品]

memorabilmente 副 忘れられないぐらい, 記憶に残るほどに

memorandum 男〖不変〗〔ラ〕**1** (外交上の)覚書 **2** (会社・組織での)覚書, 内部文書 **3** ノート, メモ帳, メモ用紙

memore 形 鮮明に記憶している, 忘れていない; 謝恩の **2** 〈文〉(場所が)思い出が詰まった

‡**memoria** [メモーリア] 女 **1** 記憶(力) — avere una buona *memoria* 記憶力がよい **2** 思い出; 思い出の品 **3** メモ, 備忘録 **4** 〖複数形で〗回想録 **5** 〔コン〕メモリー, 記憶装置 — *capacità di memoria* 記憶容量 ▶ *a memoria* そらで, 暗記して(記憶だけで何も見ずに) *avere la memoria corta* 何でもすぐに忘れる *in [alla] memoria di...* (人)を偲(しの)んで, (人)を忘れないために記念して

memoriale 男 **1** 覚書, 記録文書; 伝記, 年代記, 回顧録, 回想録 **2** 嘆願書, 陳情書

memorialista 男女〖複男 -i〗覚書文書の作成者, 回想録の作者, 伝記[年代記]作家

memorialistica 女 回顧録[日記, 覚書]を含む文学の分野

memorialistico 形〖複男 -ci〗伝記[年代記]作家の, 回顧録の著者の; 回顧録[年代記]文学の

memorizzare 他 **1** 暗記する, 記憶に刻む **2** 〔コン〕(データを)記録する, 記憶させる

memorizzazione 女 **1** 暗記すること **2** 〔コン〕情報の記憶

men meno の語尾切断形

menabò 男〔印〕編見本

menadito 男〖不変〗〖次の成句で〗▶ *a menadito* 精密に, 事細かに

ménage 男〖不変〗〔仏〕家政, 家事; 家庭生活

menagramo 男女〖不変〗縁起の悪い者, 不運をもたらす者

menare 他 **1** 導く **2** 過ごす **3** 振る — **arsi** 再 殴り合う ▶ *menare il can per l'aia* 物事を引き延ばす *me-*

nare (**le mani**) 殴る, 手を出す **menare ... per il naso** (人)をからかう, だます

menata 囡 《俗》小言, 愚痴; 退屈なこと, くだらないもの —Questo film è una *menata*. この映画はつまらないね.

menda 囡 (芸術・文学作品の)間違い, 欠陥, 欠点

mendace 形 偽りの, 嘘つきの

mendelevio 男 〔化〕メンデレビウム(元素記号 Md)

mendicante 男女 乞食, 物乞い —形 乞食の, 物乞いの

mendicare 他 [io mendico, mendico] (施しを)乞う; 嘆願する —自 物乞いをする

mendicità 囡 物乞い生活; 極貧

mendico 形 〔複[男 -chi]〕 物乞いの, 乞食の; 極貧の —男 〔複[-chi]女[-a]〕物乞い, 乞食

menefreghismo 男 我関せず[どうでもよい, だからどうした]という態度

menefreghista 男女 〔複[男 -i]〕我関せずの態度の人, ほかを気にかけない人 —形 〔複[男 -i]〕関係ない, 気にしない

meneghino 形 《諧》ミラノの; ミラノ市民の —男 1 〔女[-a]〕《諧》ミラノ市民 2 〔単数のみ〕《諧》ミラノ弁, ミラノ方言

Menelao 固名〔男〕 1 〔ギ神〕メネラオス(スパルタ王. ヘレネの夫) 2 メネラオス(アレクサンドリアで活躍した古代ギリシャの天文学者)

menestrello 男 (中世の)吟遊詩人, ミンストレル

meninge 囡 1〔複数で〕〔解〕髄膜 2〔複数で〕知力, 頭脳 ▶ **spremersi le meningi** 頭[知恵]を絞る

meningite 囡 〔医〕髄膜炎, 脳膜炎

menisco 男 〔複[-chi]〕〔解〕半月板; 〔物〕(円筒内の液体の表面張力による)凹凸面; 〔光〕凹凸レンズ

*****meno** [メーノ] 副 〔poco の比較級〕 1 (程度が)より少なく —Sono *meno* alto di te. 僕は君より背が低い. / *meno* di tre ore 3 時間未満 2 〔定冠詞とともに最上級で〕最も少なく, 最も…でない —Laura è la *meno* studiosa delle sorelle. ラウラは姉妹のうちで最も勉強でない. 3 (計算の)マイナス —Dieci *meno* tre fa sette. 10 マイナス 3 イコール 7. —形 〔不変〕(数量が)より少ない —Ho *meno* libri di te. 僕は君ほど本を持っていない. —男 1〔単数のみ〕最小限のもの 2 マイナス符号 3〔複数で〕少数派, 少数の人たち —前 …を除いて, …以外 ▶ **a meno che (non)** + 接続法 …でなければ, …の場合を除いて **fare a meno di...** …なしでする, …しないようにする **meno male** よかった, それは何より(悪い状況を想定した結果) **né più né meno** ありのままで, きっちりと **per lo meno** 少なくとも **venire meno** 不足する; 息く; 気を失う

menomante 形 減じる, 弱める, (身体上の機能を)損なう

menomare 他 [io menomo] 傷つける, 破壊する —自 [es]《文》弱まる, 減じる

menomato 形 損なわれた, 弱まった; 手足の不自由な, 不具の —男 〔女[-a]〕(特に身体上の)障害者

menomazione 囡 ハンディキャップ, 身体的障害

menopausa 囡 閉経期, 更年期

Menotti 固名〔男〕 (Gian Carlo ~) メノッティ(1911-2007; イタリア生まれのアメリカの作曲家)

mensa 囡 1 学生[社員]食堂 —mangiare in *mensa* 学食[社員食堂]で食べる 2 食卓 3 食事

mensile 形 毎月の, 月刊[月間]の —男 月給; 月刊誌

mensilità 囡 月に一回であること; (給料の)月払い; 月賦金

mensilmente 副 毎月, 月々

mensola 囡 〔建〕腕木, 持ち送り; 棚 —*mensola* del camino マントルピース

menta 囡 〔植〕ミント, ハッカ

mentale 形 1 精神[心]の 2 知的な, 頭脳の

mentalità 囡 ものの考え方, 心的態度, 心理状態 —avere una *mentalità* aperta 心が広い, 偏見がない

mentalmente 副 心の中で; 精神的に

mentastro 男 〔植〕マルバハッカ, アップルミント

*****mente** [メンテ] 囡 1 知力, 頭 2 精神, 心; 考え, 思い —essere malato di *mente* 精神を病んでいる / Che cosa le passa per la *mente*? 彼女の頭には何が浮かんでいるのだろう. 3 記憶 ▶ **a mente** そらで, 頭で, 暗記して **tenere a mente** 覚えている; 心に留める **tornare alla [in] mente** 思い出されてくる, (記憶が)よみがえる

-mente 接尾 形容詞に付けて副詞を作る:「…のように」の意

mentecatto 形 狂った, 頭のおかしい; 痴呆(ᵍ)の —男 〔女[-a]〕狂人, 頭のおかしい人; 低能, あほう

mentina 囡 ハッカドロップ

*****mentire** [メンティーレ] 自 [io mento, mentisco] 嘘をつく, だます

mentito 形 偽りの, 偽物の, 見せかけの

mentitore 形 〔女[-trice]〕嘘つきの, 不誠実な —男 〔女[-trice]〕嘘つき

mento 男 顎(ᵃ)

-mento 接尾 動詞に付けて名詞を作る

mentolo 男 〔化〕メントール

mentoniera 囡 〔音〕(バイオリンの)顎(ᵃ)当て

Mentore 固名〔男〕 メントル, メントール(『オデュッセイア』に登場するテレマコスのよき指導者)

mentore 男 信頼できる助言者, よき指導者

*****mentre** [メントレ] 接 1 …する間, …しているときに —Puoi passare a comprare il giornale *mentre* torni a casa? 帰りに新聞を買って来てくれる？ 2 他方，ところが一方は —A me piaccino i gatti *mentre* a lui piaccioni i cani. 私は猫が好きなのに, 彼は犬が好きだ. ▶ ***nel mentre che...*** …するうちに，…である間に

mentuccia 囡 〔複[-ce]〕〔植〕カラミント；ペニーロイヤルミント，メグサハッカ

menu 男 〔不変〕〔仏〕メニュー；セットメニュー —*menu* turistico 定食(menù)

menù → menu

menzionare 他 述べる，言及する，名を挙げて引き合いに出す

menzione 囡 言及, 陳述 —fare *menzione* di... …に言及する / degno di *menzione* 言及に値する，言及すべき

menzogna 囡 嘘, 虚言

menzognero 形 嘘つきの, 虚偽の；見せかけの, 幻想の

mer. 略 mercoledì 水曜日

meramente 副 本質的に；単に

meranese 形 メラーノ(の人)の —男女 メラーノの人

Merano 固名(囡) メラーノ(トレンティーノ・アルト・アディジェ特別自治州ボルツァーノ自治県の町；オーストリアからイタリアに割譲)

*****meraviglia** [メラヴィッリァ] 囡 1 感嘆，驚き —provare una gran *meraviglia* 感嘆する, びっくり仰天する 2 驚異 —le sette *meraviglie* del mondo 世界の七不思議 / paese delle *meraviglie* おとぎの国, ワンダーランド ▶ ***a meraviglia*** 完璧に, 申し分なく

meravigliare 他 〔io meraviglio〕驚かせる, 感嘆させる —**arsi** 再 〔di〕…に驚く, 感嘆する

meravigliato 形 驚いた, 驚嘆した, 啞(ぁ)然とした

meravigliosamente 副 驚くほどに, 素晴らしく, 申し分なく

*****meraviglioso** [メラヴィッリオーソ, メラヴィッリオーゾ] 形 素晴らしい, 驚異的な —男 驚異

merc. 略 mercoledì 水曜日

mercante 男 〔囡[-essa]〕商人 —*mercante* d'arte 画商 / *mercante* di morte [schiavi] 死の[奴隷]商人 ▶ ***fare orecchie da mercante*** とぼける, 聞こえないふりをする

mercanteggiare 自 〔io mercanteggio〕商売をする, 商う；値段の交渉をする —*mercanteggiare* in pietre preziose 宝石を商う —他 《蔑》(商品でないものを)取引する, 売買する

mercantesco 形 〔複[男-chi]〕《蔑》商人の，商人らしい —avidità *mercantesca* 商人らしい貪欲さ

mercantile 形 1 商いの，商売の 2 商人の 3 商業の, 商業が盛んな —città *mercantile* 商業都市 —男 商船

mercantilismo 男 重商主義

mercanzia 囡 1 商品, 品物 2 《蔑》つまらない物の山 —sapere vendere la propria *mercanzia* 自分をうまく売り込むことができる

mercatino 男 路上市場

*****mercato** [メルカート] 男 1 市場，マーケット —andare al *mercato* 市場に(買物に)行く / prezzo di *mercato* 市場価格 2 〔経〕市場 —*mercato* immobiliare 不動産市場 3 商取引 4 《蔑》闇取引 ▶ ***a buon mercato*** 安価な；安価に ***cavarsela a buon mercato*** 無難に切り抜ける ***Tre donne fanno un mercato.*** 女三人寄れば姦(ﾏ)しい.

merce 囡 1 商品 2 〔複数で〕貨物 —treno *merci* 貨物列車, 貨車

mercé 囡 1 《文》報酬, 褒賞, 謝恩；功績, 功労 2 慈悲；幸運 —前 …のおかげで ▶ ***alla mercé di...*** …のなすままに

mercede 囡 1 《文》報酬, 褒賞 2 慈悲；恩寵

mercenario 形 報酬目当ての, 金で雇われた —男 〔囡[-a]〕1 報酬目的で働く人, 金目当ての人 2 傭(ょぅ)兵, 外人部隊の兵士

merceologia 囡 商品学

merceologico 形 〔複[男-ci]〕商品学の

merceria 囡 1 小間物屋 2 裁縫用品や下着類

mercerizzare 他 (綿織物を)マーセル法で処理する[絹のようにする], マーセライズ加工をする

mercerizzazione 囡 マーセライズ加工, マーセル加工

merchandising 男 〔不変〕〔英・商〕販売促進, 商品化計画

merciaio 男 〔囡[-a]〕小間物商, 小間物屋

mercificabile 形 商品化できる

mercificare 他 〔io mercifico〕(商売の対象でないものを)商品化する

mercificazione 囡 商品化

*****mercoledì** [メルコレディ] 男 水曜日

mercuriano 形 水星の —男 (空想科学小説の) 水星人

Mercurio 固名(男) 1 〔ロ神〕メルクリウス, マーキュリー 2 〔天〕水星

mercurio 男 〔化〕水銀

merda 囡 1 《口》大便, 糞(ふ), くそ；クズ, 価値のないもの；くだらない奴 2 ひどい状況 —間 くそっ！ ▶ ***di merda*** ひどい, 嫌な, うんざりする, むかつくような

merdaccia 囡 〔複[-ce]〕《口》卑劣な奴, ひどい奴

merdaio 男 《俗》黄(ぉ)尿だらけの場所；肥だめ；とても汚い場所

merdata 囡 《俗》くだらない行為[話]

merdone 男 〔囡[-a]〕《俗》くだらない奴, 卑劣な奴；臆病な人間

merdoso 形 《俗》くそまみれの；ひどい

merenda 囡 (昼食と夕食の間の)間食, おやつ —fare *merenda* おやつを食べる

merendina 囡 (子供の)おやつ、軽食
meretrice 囡 売春婦
meretricio 男 売春 —形 売春婦の、売春婦のような; 売春の
meridiana 囡 日時計
meridiano 男 経線、子午線 —形 正午の、真昼の
meridionale 形 1 南の 2 南イタリア(の人)の —男女 南イタリアの人
meridionalismo 男 南イタリアの言葉; 南部問題(研究)
meridionalista 男女〖複[男 -i]〗南部問題研究家[専門家] —形〖複[男 -i]〗南部問題研究(家)の
meridionalistico 形〖複[男 -ci]〗南イタリア特有の、南部問題の、南部主義者の
meridionalità 囡 南イタリアの特性、南イタリア的気質
meridionalizzare 他 南イタリア的気質にする —**arsi** 再 南イタリア的気質になる
meridionalizzazione 囡 南イタリアの気質化
meridione 男 南、南方; 南部地方
meriggio 男 正午、真昼
meringa 囡〖料〗メレンゲ —*meringa all'italiana* イタリアンメレンゲ
meringata 囡〖料〗メリンガータ(ホイップクリームとメレンゲのケーキ)
meringato 形 メレンゲの
merino 男 メリノ羊; メリノウール —形 メリノ羊の; メリノウールの
*__meritare__ [メリターレ] 他〖io merito〗 1 …に値する[ふさわしい] —*Merita di ottenere una promozione.* 彼は昇格するのにふさわしい。 2 価値がある 3 獲得させる; もたらす —**arsi** 再 …に値する、ふさわしい
meritatamente 副 ふさわしく、正当に、当然
meritato 形 功績通りの、ふさわしい、当然の
meritevole 形 値する、価値がある —*meritevole di considerazione* 考慮に値する
meritevolmente 副 正当に、当然
*__merito__ [メーリト] 男 1 功績 2 長所 3 報酬、賞 4 本質、核心 ▶ *in merito a...* …について *per merito di...* …のおかげで
meritocratico 形〖複[男 -ci]〗能力主義の、実力主義の
meritocrazia 囡 能力主義、実力主義
meritoriamente 副 ふさわしく、堂々と
meritorio 形 称賛[褒賞]に値する
merla 囡 1 雌のツグミ 2〖北伊〗〖次の成句で〗 ▶ *i giorni della merla* 1月末の3日間(冬で最も寒い日と見なされている)
merlango 男〖複[-ghi]〗〖魚〗ヨーロッパ沿岸産のタラの一種

merlano → merlango
merlato 形 (城壁や塔に)銃眼[狭間]のある
merlatura 囡 (城塞や塔の)銃眼付き胸壁、狭間胸壁
merlettaia 囡 レースを編む女; レースを売る女性
merlettare 他 レースで縁飾りをする
merlettato 形 レースで縁取った、レースの縁飾りの
merlettatura 囡 レースで縁取ること; レースの飾り
merletto 男 ボビンレース、レース織り、レース編み
merlo[1] 男 1〖鳥〗ツグミ 2 お人好し、間抜け 3 (城壁や塔の最上部に等間隔に並んだ)凸部
merlo[2] 男 馬鹿、間抜け、あほう
merlot 男〖不変〗〖仏〗メルロー(赤ワイン用ブドウ品種; その品種で作る赤ワイン)
merlotto 男 1 若いツグミ 2〖諧〗おめでたい人、お人好し
merluzzo 男〖魚〗タラ
mero 形 1〖文〗純粋な、澄み切った、混じりけのない 2 含みのない、無垢(く)の ▶ *per mero caso* 全く偶然に
mesata 囡 1か月間; 月給; 毎月の入金
mescalina 囡〖化〗メスカリン(麻薬の一種)
mescere 他 (飲み物を)注ぐ;〖文〗混ぜる —**ersi** 再 (自分で飲み物を)注ぐ;〖文〗混ざる
meschinamente 副 みすぼらしく、けちくさく
meschinità 囡 貧弱さ、惨めさ、卑しさ; さもしい行為[話、考え]
meschino 形 1 浅ましい、さもしい 2 貧弱な、取るに足りない 3 惨めな、悲惨な —男〖女[-a]〗惨めな人
mescita 囡 1 混ぜること、(グラスに飲み物を)注ぐこと 2 ワインバー —*banco di mescita* (バーや居酒屋の)カウンター
mescitore 男〖女[-trice]〗バーテンダー
mescolabile 形 混ぜ合わせられる
mescolamento 男 混合、混ぜ合わせ
mescolanza 囡 混ぜ合わせ、組み合わせ、ミックス; 寄せ集め —*mescolanza di razze* 混血
mescolare 他 混ぜる、混ぜ合わせる —**arsi** 再 混ざる; 混じり合う
mescolata 囡 1 手早く混ぜること、ざっと混ぜ合わせること 2〖文〗寄せ集め
mescolatore 男 ミキサー —*mescolatore di cemento* セメントミキサー
mescolatrice 囡 → mescolatore
mescolatura 囡 混ぜること、混ぜ合わせること
mescolio 男 混ぜ続けること、時々かき混ぜること
*__mese__ [メーセ、メーゼ] 男 1 (年月の)月 —*il mese scorso* 先月 / *il mese pros-*

mesetto 男 ひと月足らず, 1か月弱

meṣo- 接頭「中央の」「中間の」の意

meṣone 男 〔物〕中間子

meṣopotamico 形〔複[男 -ci]〕メソポタミアの

meṣoterapia 女 〔医〕メソテラピー(注射による脂肪溶解の医療技術)

meṣoẓoico 形〔複[男 -ci]〕中生代の —男 〔地質〕中生代

***messa¹** [メッサ] 女 **1** ミサ —*andare alla* messa ミサに行く / *ascoltare* [*sentire*] *la* messa ミサを聴く **2**〔音〕ミサ曲

messa² 女 設置, セット —*messa in onda* 放送 / *messa in moto* 始動 / *messa a fuoco*〔写〕ピント[焦点]を合わせること / *messa a punto* 調整 / *messa in scena* 上演, 演出 ► **farsi la messa in piega** 髪をセットする

messaggeria 女 〔複数で〕(出版社の)配達業務; 運送業, 通運業

messaggero 男 〔女[-a]〕**1** 使者; メッセンジャー **2** 郵便配達員 —形〔文〕予告する, 予兆する

messaggio 男 **1** 伝言, メッセージ —*messaggio pubblicitario* 宣伝文句, 広告 **2** (政府や宗教機関からの)通信, 通達

messaggistica 女〔情〕インターネットによるメッセージ伝達, メッセージング, チャット

messale 男 **1** ミサ典書 **2**〈諧〉難解な分厚い本

messalina 女 放埒(ら)な女, 自堕落な女

messe 女 **1** 収穫, 取り入れ;〔複数で〕収穫期, 取り入れ期 **2** 大量, 豊富 **3** 成果

messere 男〔文〕〔重要人物への敬称としてかつて用いられた〕…殿; 紳士, 貴族の男性

messia 男〔不変〕**1** 救世主, メシア **2**〔単数のみ〕(M-)イエス・キリスト

messianico 形〔複[男 -ci]〕救世主の, メシアの

messianiṣmo 男 メシア信仰

messicano 形 メキシコ(人)の —男 **1**〔女[-a]〕メキシコ人 **2**〔料〕メッシカーノ(肉巻き料理)

Messico 固名(男) メキシコ —*Golfo del Messico* メキシコ湾

messidoro 男〔歴〕収穫月, メシドール(フランス革命暦の第10月)

Messina 固名(女) メッシーナ(シチリア特別自治州の都市; 略 ME) —*Stretto di Messina* メッシーナ海峡(シチリア島とイタリア本土との間の海)

messineṣe 形 メッシーナ(の人)の —男女 メッシーナの人 —男〔単数のみ〕メッシーナの方言

messinscena 女 **1** 上演, 演出; 舞台装置, 舞台のものすべて **2** ごまかし, まがい物, 見せかけ

messo¹ 男 **1**〔文〕使者, 伝令 **2** 配達員, 通達係

messo² mettere の過分

mestamente 副 悲しげに, 哀れに

mestare 他 かき混ぜる, かき回す —自 (何かを獲得するために)策略を巡らす

mestatore 〔女[-trice]〕扇動者, 策略家

mestica 女 絵の具の調合, (パレット上で)色を塗り合わせること

mesticare 他〔io mestico〕色[絵の具]を混ぜ合わせる, (パレット上で)色を塗り合わせる

mestierante 男女 **1** 職工 **2**〈蔑〉金だけのために働く人

***mestiere** [メスティエーレ] 男 **1** 仕事, 職業 —*conoscere bene il proprio mestiere* 仕事で有能である, 仕事ができる **2**〈蔑〉金もうけ目的の仕事 **3** 能力; 腕前 **4**〔北伊〕〔複数で〕家事 ► *di mestiere* 生業として; 常套(とう)手段として *essere del mestiere* プロの腕前である

mestizia 女 悲しさ, 哀れみ; 哀愁, 憂鬱

mesto 形 悲しそうな, 哀れな; 陰鬱な

mestola 女 木杓子(しゃくし), 玉杓子 —*mestola bucata* 網杓子

mestolame 男 杓子(しゃくし)類(一式), 台所道具類

mestolata 女 **1** 玉杓子(しゃくし)での打撃 **2** 玉杓子1杯分

mestoliera 女 玉杓子(しゃくし)掛け

mestolo 男 玉じゃくし, 大スプーン

Mestre 固名(女) メストレ(ヴェネト州の都市)

mestrino 形 メストレ(の人)の —男〔女[-a]〕メストレの人

mestruale 形 月経の —*dolori mestruali* 生理痛, 月経痛

mestruato 形 (女性が)月経のある

mestruaẓione 女 月経, 生理

mestruo 男〔複数で〕月経, 生理; 経血 —形 月経の

***metà** [メタ] 女 **1** 半分; なかば —*Hai la metà dei miei anni.* 君は私の半分ほどの年齢だ. **2** 中間点, 中心 **3**〈戯〉(結婚や愛情で結ばれた二人のうちの)片割れ, 伴侶 ► *a metà* 半分に; 中途半端に *a metà strada* 途中で

meta 女 **1** 目的地 **2** 目標, 目的 **3**〔スポ〕(ラグビーの)トライ

meta- 接頭「変形」「変換」「移動」の意

metabolico 形〔複[男 -ci]〕新陳代謝の ► *sindrome metabolica* メタボリックシンドローム

metaboliṣmo 男 〔生物〕(新陳)代謝 ► *metabolismo basale* 基礎代謝

metacarpo 男〔解〕中手骨, 掌骨

metafiṣica 女 **1** 形而上学 **2**〈蔑〉曖昧[難解]な論議

metafisicità 女 形而上学的であること; 絶対的価値

metafisico 形〖複[男 -ci]〗**1** 形而上学の, 形而上学的な **2**《蔑》《理論・持論が》曖昧な, 難解な, 分かりにくい ―男〖複[-ci]女[-a]〗形而上学者

metafora 女〖修〗メタファー, 隠喩, 暗喩 ▶ *parlando fuor di metafora* はっきり言うと *parlare per metafore* 隠喩で話す

metaforicamente 副 隠喩を使って ▶ *metaforicamente parlando* 比喩的に言えば, 例えると

metaforico 形〖複[男 -ci]〗隠喩の, 暗喩の, 比喩に富んだ

metalingua 女 → metalinguaggio

metalinguaggio 男〖言〗メタ言語

metallaro 男〖女[-a]〗ヘビーメタルファン, ヘビメタ愛好者 ―形 ヘビーメタルの

metallescente 形《車体が》メタリックの

metallicamente 副 金属音を立てて; 金属のように

metallico 形〖複[男 -ci]〗**1** 金属(製)の **2** メタリックな

metallifero 形 金属を含有する

metallizzato 形 メタリックの; メッキの ―*grigio metallizzato* シルバーグレー, 銀白色, メタリックシルバー

metallo 男 **1** 金属 **2** 合金 **3**〖音〗《俗》ヘビーメタル

metalloide 男〖化〗半金属

metallurgia 女 金属工学, 冶(ﾔ)金学

metallurgico 形〖複[男 -ci]〗金属工学の, 冶(ﾔ)金学の ―男〖複[-ci]女[-a]〗冶金工, 金属加工業の工具

metallurgista 男女〖複[男 -i]〗金属工学者, 冶(ﾔ)金学者

metalmeccanico 形〖複[男 -ci]〗金属加工の ―*industria metalmeccanica* 金属加工業 ―男〖複[-ci]女[-a]〗金属加工業の工具

metamorfico 形〖複[男 -ci]〗**1**〖動・植〗変態の **2**〖地質〗《岩が》変成の **3** 変身の, 変貌の

metamorfismo 男〖地質〗変成作用

metamorfosi 女〖不変〗変身, 転身, 変貌, 変容;〖動・植〗変態;〖生化〗変形

metanizzare 他 **1** メタンガスを供給する **2** メタンガス用に装置を換える

metano 男〖化〗メタン, 沼気(ｼｮｳｷ) ―*gas metano* メタン, メタンガス

metanodotto 男 メタンガスのパイプライン

metanolo 男〖化〗メタノール

metaplasma 男〖複[-i]〗〖生物〗細胞外マトリックス

metaplasmo 男〖言〗語音変異, 語形変異

metapsichica 女 超心理学(parapsicologia)

metastasi 女〖不変〗〖医〗《腫瘍細胞の》転移

Metastasio 固名(男) (Pietro ~) メタスタージオ(1698-1782; イタリアの作曲家)

metastatizzare 自〖医〗《腫瘍細胞が》転移する

metatarsale 形〖解〗中足骨の

metatarso 男〖解〗中足骨

metempsicosi 女〖不変〗〖宗〗《輪廻(ﾘﾝﾈ)》転生, 生まれ変わり

meteo 形〖不変〗気象の(meteorologico) ―*previsioni meteo* 天気予報 ―男〖不変〗天気予報, 気象情報

meteora 女 **1** 流星, 隕(ｲﾝ)石 **2** 気象

meteorico 形〖複[男 -ci]〗気象の, 天気の; 流星の

meteorismo 男〖医〗鼓腸(腸内ガスによる腹部の膨張)

meteorite 男, 女 隕(ｲﾝ)石

meteorologia 女 気象学

meteorologico 形〖複[男 -ci]〗気象の, 気象に関する

meteorologo 男〖複[-gi]女[-a]〗気象学者

meteoropatia 女〖医〗気象病

METEOSAT 略 〖英〗Meteorological Satellite メテオサット, 気象衛星(イタリア語では Satellite Meteorologico)

meticcio 形〖複[女 -ce]〗《白人とアメリカ先住民の》混血の ―男〖女[-a, 複 -ce]〗白人とアフリカ先住民《インディオ》との混血の人;〖動〗雑種

meticolosamente 副 念入りに, 細心の注意を払って

meticolosità 女 綿密さ, 慎重さ, 細心の注意

meticoloso 形 入念な, 細心の; 正確な, 綿密な

metile 男〖化〗メチル, メチル基

metilene 男〖化〗メチレン, メチレン基 ―*blu di metilene* メチレンブルー

metilico 形〖複[男 -ci]〗メチル(基)の ―*alcol metilico* メチルアルコール

metodica 女 方法論; 教授法

metodicamente 副 体系的に, きちんと

metodicità 女 手順のよさ, 秩序, 規則性

metodico 形〖複[男 -ci]〗秩序だった, きちょうめんな, 整然とした

metodismo 男〖宗〗メソジズム, メソジスト運動

metodista 男女〖複[男 -i]〗〖宗〗メソジスト, メソジスト派 ―形〖複[男 -i]〗メソジスト(派)の

metodo 男 **1** 方法, 方式, メソッド; 手順, 順序 **2** 教本

metodologia 女 方法論

metodologicamente 副 方法論的観点で

metodologico 形〖複[男 -ci]〗方法論の

Metone 固名(男) メトン(前 460 頃 -?;

古代ギリシャの数学者・天文学者)

metonimia, metonímia 囡〔修〕換喩

metraggio 男 **1** メートル法による測量 —vendere a *metraggio* メートル売りをする **2** 映画フィルムの長さ

metratura 囡 メートルでの長さの測量; メートルで計算した長さ; 平方メートルで表した区域

-metria 接尾「測定(学)」の意

metrica 囡〔文〕韻律(学)

metrico 形〔複[男-ci]〕**1** 測定の, メートル法の **2**〔文〕韻律の ▶ *il sistema metrico decimale* 十進法

-metrico 接尾「計測」の意

*__metro__[1] [メートロ] 男 **1** メートル —*metro quadrato* 平方メートル / *metro cubo* 立方メートル **2** (メートル用の)物差し, 巻尺 **3** 尺度, 判断基準 **4**〔詩〕韻律; 詩, 韻文 **5** 態度

metro[2] 男〔不変〕metropolitana の略

metro- 接頭「尺度」「計量」の意

-metro 接尾「尺度」「計量」の意;「測定用」の意

metrò → métro

métro 男〔不変〕〔仏〕地下鉄

metrologia 囡 **1** 度量衡学 **2** 韻律学

metronomo 男〔音〕メトロノーム

metronotte 男〔不変〕夜警, 夜間の警備員

metropoli 囡〔不変〕**1** 大都市; 中心地 **2** (古代ギリシャの植民地に対する)本国

metropolita 男〔複[-i]〕(正教会の)府主教; (カトリック教会の)首都大司教

metropolitana 囡 地下鉄, 都市高速鉄道(metrò)

metropolitano 形 **1** 大都市の, 中心地の; 本国の **2** 首都大司教区の —男〔囡[-a]〕**1** 大都市の住民 **2** 大都市の警官

*__mettere__ [メッテレ] [65] 他〔過分messo〕**1** 置く, 入れる —*Ha messo i piatti in tavola.* 彼女は食卓に皿を並べた. / *mettere* le mani in tasca ポケットに手を入れる / *mettere* paura a... (人)を怖がらせる **2** 取り付ける, 貼る —*mettere* il telefono 電話を設置する **3** (時間や費用を)かける —*Quanto tempo ci metti* per andare a scuola? 学校に行くのにどれくらいかかるの. **4** 付け加える **5** 注ぐ **6** 着る —*Non metti* mai il cappello. 君は帽子を被らないね. **7** 生じさせる, 引き起こす **8** (任務に)つかせる **9** 仮定する —*mettiamo* (il caso) che... / 接続法 …だと仮定しよう / *Mettiamo* che sia vero. それが本当だと仮定しよう. —自 (in) 流れ込む, 注ぐ **—ersi** 再 **1** 座る, 位置につく —*mettersi* a tavola 食卓につく / *mettersi* in piedi 立ち上がる **2** 身につける —*mettersi* in maschera 仮装する, 奇抜な服装をする ▶ *mettere su...* (事)を準備[支度]する, 企画[組織]する ***mettersi a*** + 不定詞 …し始める

mettibocca 男女〔不変〕話に割り込んでくる人, 口を挟む人, 出しゃばり

mettimale 男女〔不変〕人の仲を引き裂く人, ゴシップ好きのトラブルメーカー

mettiscandali 男女〔不変〕故意にスキャンダルを煽(ネホ)る人, スキャンダルメーカー

mettitutto 男〔不変〕(台所に置く)戸棚, 用具入れ

meublé 形〔不変〕〔仏〕(ホテルが)食事を提供しない

Meucci 固名(男) (Antonio ~)メウッチ(1808-89; イタリアの発明家. 電話を発明)

mezza 囡〔不変〕(ある時刻の)半時間後; 昼の 12 時半; 夜中の 0 時 30 分

mezzacalzetta 囡〔複[mezzecalzette]〕凡庸な人, 凡人, 二流の人

mezzacartuccia 囡〔複[mezzecartucce]〕ちび, いくじなし, 体力と知力で劣っている人

mezzacosta 囡〔複[mezzecoste]〕(傾斜と丘の)中腹

mezzadria 囡〔農〕折半小作制

mezzadro 男〔囡[-a]〕折半小作農; 小作人

mezzala 囡〔複[-i]〕〔スポ〕(サッカーの)ミッドフィールダー

mezzaluna 囡〔複[mezzelune]〕**1** 半月, 弦月 **2** イスラム世界のシンボル **3** チョッパー(半月形の包丁) ▶ *mezzaluna rossa* 赤新月社(イスラム教諸国の赤十字組織)

mezzana 囡 **1** (帆船の)ミズンマスト **2** 男女の仲を取り持つ女

mezzanino 男 中二階

mezzano 形 中間の, 中ほどの; 中流の, 並の —男〔囡[-a]〕男女の仲を取り持つ人, 女衒(ぜん), 客引き; 仲介人 **2** 中二階; (よい焼き具合の)レンガ

*__mezzanotte__ [メッザノッテ] 囡 **1** 午前 0 時 —a *mezzanotte* 夜中の 12 時に **2** 北

mezz'aria 囡〔次の成句で〕 ▶ *a mezz'aria* 宙で, 空中で

mezzasega 囡〔複[mezzeseghe]〕貧弱な人, 虚弱な人; 腰抜け, 間抜け

mezz'asta 囡〔次の成句で〕 ▶ *a mezz'asta* 半旗で

mezzatacca 囡〔複[mezzetacche]〕取るに足らない人, 凡人; ちび

mezzatinta 囡〔複[mezzetinte]〕**1** 中間色, ぼかし **2**〔美〕メゾチント(版画の技法)

mezzeria 囡 中央, 中央線; (道路の)センターライン

mezzero 男 (リグリア地方の女性が被っていた)大判のショール

*__mezzo__[1] [メッゾ] 形 **1** 半分の —*mezzo* litro di acqua 半リットルの水 **2** 不完全の, 完璧でない **3** 中間[中程度]の —*mezza* età 中年 / *uomo di mezza*

mezzo 621 **micidiale**

età 中年男 ―**男** 1 半分; 真ん中, 中央 ―nel *mezzo* della notte 真夜中に / mettersi in *mezzo* 割り込む, 邪魔をする 2 中間(地点, 時点) ―**副** ほぼ, ほとんど ―*mezzo* addormentato うとうとした ▶ **a mezz'asta** 半旗で

***mezzo**² [メッゾ] **男** 1 手段, 方法 ― *mezzi di trasporto* 交通手段 2〔複数で〕資力, 財力 3〔複数で〕能力, 才能

mezzo³ **形**(果実が)熟れ過ぎの, 腐りかけの; (心が)腐った, 堕落した

mezzobusto 男 胸像; (テレビのアナウンサーなどの)上半身像 ―*ritratto a mezzobusto* 上半身ポートレート

mezzocerchio 男 半円, 半円周

mezzocircolo 男 輪の半分, 丸の半分

mezzodì 正午(mezzogiorno)

mezzofondista 男女〔複[男 -i]〕〔スポ〕(陸上競技の)中距離競走の選手

mezzofondo 男〔スポ〕中距離競走; 中距離の競泳; (トラックで100kmを越えない)自転車競技

mezzoforte 男〔音〕メゾフォルテ

***mezzogiorno** [メッゾジョルノ] **男** 1 正午 ―*a mezzogiorno* 正午に 2 南; (M-)南イタリア ―*questione del Mezzogiorno* (イタリアの)南部問題

mezzolitro 男 半リットルの容量の瓶[デカンタ]; 半リットル量

mezzopunto 男〔複[mezzipunti]〕(刺繍の)テントステッチ, プチポワン

mezz'ora 女 30 分, 半時間; 短時間 ―ogni *mezz'ora* 30 分ごとに

mezzorilievo 男〔複[mezzirilievi]〕〔美〕(彫刻の)中浮き彫り, 半肉彫り

mezzosangue 男女〔不変〕片親が純血種の馬; 雑種; 混血の人 ―**形**〔不変〕片親だけ純血種の

mezzoservizio 男〔単数のみ〕パートタイムの家事代行〔家政婦〕サービス

mezzosoprano 男〔音〕メゾソプラノの音域 ―**男女**〔複[男 mezzosoprani, mezzisoprani, 女 mezzosoprane]〕〔音〕メゾソプラノ(の歌手)

mezzuccio 男 けちな手段[方策], 姑(こ)息なやり方

MF 略 Medium Frequency 中波(media frequenza)

MFE 略 Movimento Federalista Europeo 欧州連邦主義運動

Mg 略(元素記号) magnesio マグネシウム

mg 略 milligrammo ミリグラム

mhmm → mm¹

MHz 略 megahertz メガヘルツ

***mi**¹ [ミ] **代**(人称)〔1 人称単数〕1〔直接目的格〕私を ―*Mi* aspetti un momento? 少し待ってくれる? / Chi *mi* aiuta? 誰が私を手伝ってくれますか 2〔間接目的格〕私に(a me) ―Telefona*mi* dopo! 後で私に電話して. / *Mi* piace viaggiare. 私は旅行するのが好きです. 3〔再帰代名詞〕私自身を[に](me stesso [stessa]; a me stesso [stessa]) ―*Mi* alzo alle 7. 私は 7 時に起きる. / Vado a lavar*mi* le mani. 手を洗いに行きます. ▶ **Stammi bene.** 元気でいてね.

mi² **男**〔不変〕〔音〕ミ[E, ホ](の音)

MI 略 Milano ミラノ

mia → mio

miagolamento 男 猫の長いしつこい鳴き声

miagolare 自〔io miagolo〕(猫が)鳴く

miagolata 女 猫が長く鳴くこと; 切なくて耳障りなおしゃべり[歌]

miagolatore 男女[-trice] よく鳴く猫; 悲しげで感傷的な人

miagolio 男 猫がミャーゴと鳴く声; 悲しげな鋭い声

miagolone 男[女 -a] 絶えず鳴く猫; 不平や愚痴を言い続ける人

mialgia 女〔医〕筋肉痛; リウマチ痛

mialgico 形〔複[男 -ci]〕〔医〕筋肉痛の; リウマチ痛の

miao 男〔不変〕ミャーオという猫の鳴き声(をまねたもの) ―**間** ミャーオ, ニャー

miasma 男〔複[-i]〕(腐敗物が発する)有毒ガス, 瘴(しょう)気; ひどい悪臭

miasmatico 形〔複[男 -ci]〕有毒ガスを発生する, 毒気を出す; 瘴(しょう)気が原因の

MIB 略 Milano Indice Borsa ミラノ証券取引所時価総額加重平均株価指数

MIBTEL 略 Milano Indice Borsa Telematico ミラノ証券取引所電子取引株価指数

***mica**¹ [ミーカ] **副** 1 全然[少しも]…でない ―Non è *mica* vero! それは全く真実ではない. 2〔他の否定語を伴わないで〕―*Mica* sono matta! 私は狂ってはいないわよ. 3〔疑問文で用いて〕ひょっとしたら, もしかして ―Hai *mica* visto le mie chiavi? もしかして私の鍵, 見た? ▶ **Mica male!** なかなかいける. **mica tanto** あまり, それほど

mica² **女**〔鉱〕雲母, きらら

miccia 女〔複[-ce]〕導火線; 火縄

micelio 男〔植〕菌糸体

micete → fungo

Michela 固名〔女性名〕ミケーラ

Michelangelo 固名(男) (~ Buonarroti)ミケランジェロ(1475-1564; イタリアの彫刻家・画家・建築家. システィナ礼拝堂の「創世記」,「最後の審判」などを製作)

michelangiolesco 形〔複[男 -chi]〕ミケランジェロの, ミケランジェロの作品の; ミケランジェロの作風の

Michele 固名(男)〔男性名〕ミケーレ 2〔聖〕ミカエル(大天使の一; サタンと論議し神の威勢を示した)

michetta 女〔北伊〕ロゼッタパン(ローマの伝統的なバラの形をしたパン)

micidiale 形 致命的な, 致死的な; ひど

い, 耐えがたい —**veleno** *micidiale* 猛毒
micio 男〔女[-a, 複 -cie, -ce]〕子猫ちゃん; ニャンコ
mico- 接頭「菌」の意
micologia 女〔植〕真菌学, 菌学, 菌類学
micoṣi 女《不変》〔医〕真菌症
micro- 接頭「微小」の意
microaṣiatico 形〔複[男 -ci]〕アナトリア(半島)の, 小アジア(の人)の —男〔複[-ci]女[-a]〕小アジアの人
microbico 形〔複[男 -ci]〕微生物の
microbio 男〔生物・医〕(病原となる)微生物
microbiologia 女〔生物〕微生物学
microbo, mìcrobo 男 1 《複数で》微生物(microbio) 2 小柄な人; 《諧》子供 3《蔑》つまらない奴
microcefalia 女〔医〕小頭症
microchip 男《不変》〔英〕マイクロチップ
microchirurgia 女〔医〕顕微手術, マイクロサージェリー
microcircuito 男〔電〕小型回路, 集積回路
microclima 男〔複[-i]〕〔気〕微気候
microcomputer → microelaboratore
microcosmo 男 小宇宙; (宇宙の縮図としての)人間; 縮図
microcriminalità 女 (ひったくりやすりなどの)軽犯罪
microdelinquenza 女 軽犯罪(microcriminalità)
microeconomia 女 ミクロ経済学
microelaboratore 男〔コン〕マイクロコンピューター
microelettronica 女 ミクロ電子工学
microelettronico 形〔複[男 -ci]〕ミクロ電子工学の
microfibra 女 マイクロファイバー
microfiche 男《不変》マイクロフィッシュ
microfilm 男《不変》マイクロフィルム
microfilmare 他 マイクロフィルムにとる
microfonico 形〔複[男 -ci]〕マイクロフォンの
microfono 男 1 マイクロフォン 2《口》電話の受話器
microfotografia 女 1 顕微鏡写真 2 マイクロフィルム文書の複写
micron 男《不変》ミクロン(100万分の 1m)
Micronesia 固名(女) 1 ミクロネシア(太平洋にある島々の三大区分の一つ) 2 ミクロネシア連邦
micronesiano 形 ミクロネシア(の人)の —男 1〔女[-a]〕ミクロネシアの人 2 ミクロネシア諸語
microonda 女 マイクロ波 —**forno a** *microonde* 電子レンジ
microonde 男《不変》 電子レンジ (forno a microonde)
microorganiṣmo 男 → microrganiṣmo
microprocessore 男〔コン〕マイクロプロセッサ
microrganiṣmo 男〔生物〕微生物
microscheda 女 マイクロフィッシュ
microscopia 女 顕微鏡による検査
microscopico 形〔複[男 -ci]〕1 顕微鏡の, 顕微鏡による観察の 2 微細な, 顕微鏡でしか見えない;《諧》極小の
microscopio 男 顕微鏡
microsecondo 男 マイクロ秒(100万分の 1 秒)
microsolco 男〔複[-chi]〕レコードの溝; レコード盤 —**disco a** *microsolco* レコード
microspia 女 盗聴器(radiospia)
microtelecamera 女 マイクロTVカメラ, 超小型テレビカメラ
microtelefono 男 電話の送受信器, ハンドセット
Mida 固名(男)〔ギ神〕ミダス(小アジアのフリュギアの王. アポロンの怒りを買い, その耳をロバの耳に変えられた)
mida 女《不変》(ミダス王のように)苦労せず短期で裕福になった人 —男〔動〕食用の亀の一種
midi 形《不変》(スカートの丈が)ミディの —女《不変》ミディスカート
midolla 女 1 パンの柔らかい部分 2 果肉
midollare 形〔解〕骨髄の
midollino 男 (椅子の材料の)葦の茎の部分
midollo 男〔複[le midolla]〕1 髄(ﾂ̆), 骨髄 2《複数で》心の底
mie → mio
miei → mio
mielato 形 ハチミツで甘味を付けた; 甘ったるい, お世辞たっぷりの
miele 男 1 ハチミツ 2 かなり甘いもの 3 甘美なもの 4《不変》琥珀(ﾎﾞ)色 —形《不変》琥珀色の ▶ **luna di** *miele* ハネムーン
mielite 女〔医〕骨髄炎
mielo- 接頭「骨髄の」の意
mieloṣo 形 ハチミツの, ハチミツのような; 甘ったるい
mietere 他 1 刈り取る 2 (伝染病や戦争などが)命を奪う 3 大収穫をする, 結果を得る
mietitore 形〔女[-trice]〕刈り取りの —男〔女[-trice]〕刈り取りをする人
mietitrebbia → mietitrebbiatrice
mietitrebbiatrice 女〔農〕コンバイン ハーベスター, 刈り取り脱穀機
mietitrice 女〔農〕刈り取り機
mietitura 女 刈り取り, 収穫; 収穫量; 収穫期
miglia 女複 miglio(マイル)の複数形
migliaccio 男〔料〕(カンパーニアの)揚げたポレンタ; (エミリア・ロマーニャの)豚の血を使ったケーキ; (トスカーナの)トウモロコシの

粉と干しブドウで作ったフォカッチャ

migliaia 女 migliaio の複数形

***migliaio** [ミッリアイオ] 男 〔複[le migliaia]〕 **1** 1000程度 —decine di *migliaia* 数万 **2** 多数, 多数 ► *migliaia di...* 多数[無数]の…

migliarino 男 〔植〕セイヨウムラサキ; 〔鳥〕オオジュリン —*migliarino* di palude オオジュリン

miglio¹ 男 〔複[le miglia]〕 **1** マイル (約1.6〜1.8km) **2**〔複数で〕長い距離 **3** マイル標石, マイルストーン

miglio² 男 〔植〕アワ, キビ

migliorabile 形 改良できる, 改善可能な

miglioramento 男 改良, 改善, 改正; 向上, 好転

migliorare 他 よくする, 改良[改良]する —自 [es]よくなる, 改善される —**arsi** 再 (道徳的に)自己を改善する

***migliore** [ミッリオーレ] 形 〔buono の比較級〕よりよい; 〔定冠詞とともに上級で〕最高[最良]の —il mio *migliore* amico 私の親友 —男女 (道徳的および知的に)最も優秀な人 ► *nel migliore dei casi* せいぜい, よくても

miglioria 女 改良, 改善; 改築, 改修

mignatta 女 **1**〔動〕ヒル(蛭) **2** ヒルのような奴, 他人の利を貪る人, たかり

mignattaio 男 〔鳥〕ブロンズトキ

mignattino 男 〔鳥〕ハシグロクロハラアジサシ

mignola 女 オリーブの花のつぼみ

mignolo 男 (手足の)小指 —形 小指の

mignon 形〔不変〕〔仏〕縮小した, 小型の

mignotta 女 〔ローマ・中伊〕《俗》売春婦, 売女(ばいた), あばずれ

migrare 自 [es] **1** 移る, 移住する **2** (鳥や動物が)渡る

migratore 形 〔女[-trice]〕 渡る, 移住する —uccelli *migratori* 渡り鳥 —男〔女[-trice]〕移住者

migratorio 形 移住の, 移民の

migrazione 女 移住, 移動; 移民

mikado 男〔不変〕〔日〕天皇

Mila 固名(男) (Massimo 〜)ミラ(1910-88〔イタリアの音楽学者, 元ファシスト)

mila 形 (基数)〔不変; → mille〕 **1** 〔2000以上に用いる〕数千の —cento*mila* euro 10万ユーロ **2**〔口〕多数の

milady 女〔不変〕〔英〕(呼びかけで)奥方, 奥様

***milanese** [ミラネーゼ, ミラネーゼ] 形 ミラノの; ミラノの人[方言]の —男女 ミラノの人 —男〔単数のみ〕ミラノ方言

milanesizzarsi 再 ミラノ人のようになる

milanista 形〔複[男 -i]〕 (サッカーチームの)ミランの —男女〔複[男 -i]〕ミランの選手[サポーター]

Milano 固名(女) ミラノ(ロンバルディア州の州都, 略 MI)

Milena 固名〔女性名〕ミレーナ

miles gloriosus 成句(男) 〔ラ〕ほら吹き(喜劇の登場人物など)

miliardario 男〔女[-a]〕億万長者, 大富豪 —形 億万長者の, 大富豪の

***miliardo** [ミリアルド] 男 **1** 10億 —due *miliardi* di euro 20億ユーロ **2** 多数, 無数 —Te l'ho detto un *miliardo* di volte! そのことは何度も繰り返して君に言っただろう.

miliare 形 マイル表示の —pietra *miliare* マイル標石[里程標], マイルストーン; 歴史上の画期的な出来事

milionario 男〔女[-a]〕百万長者, 大金持ち —形 大金持ちの

milioncino 男 約100万の金額

***milione** [ミリオーネ] 男 **1** 100万 —tre *milioni* di abitanti 300万人の住民 / dieci *milioni* 1000万 / cento *milioni* 1億 **2** 多数 —un *milione* di volte 何度も

milione² 男 多数, 無数

milionesimo 形〔序数〕 100万番目の; 100万分の1の —男 100万番目; 100万分の1

militante 形 闘争的な, 闘志のある, 好戦的な —男女 闘士, 活動家

militanza 女 好戦性, 闘争心; 積極的行動

***militare¹** [ミリターレ] 形 軍人の, 軍用の; 戦争の —divisa *militare* 軍服 —男女 兵士, 軍人

militare² 自 [io milito] 入隊する; 活動に参加する

militarescamente 副 軍人らしく; きりっとして

militaresco 形〔複[男 -chi]〕軍人らしい, 軍人にふさわしい; きりっとした

militaria 女 軍事品, 軍関係の収集物 —negozio di *militaria* ミリタリーショップ

militarismo 男 軍国主義

militarista 形〔複[男 -i]〕軍国主義の —男女〔複[男 -i]〕軍国主義者

militaristicamente 副 軍国主義的に, 軍国主義者的に

militaristico 形〔複[男 -ci]〕軍国主義の, 軍国主義者の

militarizzare 他 兵役に就かせる, 入隊させる; 軍備を整える, 武装する —**arsi** 再 軍備に就く, 武装する

militarizzazione 女 軍国化, 武装化

militarmente 副 軍事的に, 軍事上; 軍隊式に

militassolto 形 兵役義務を済ませた —男 兵役義務を済ませた人

milite 男 兵隊, 兵士, 軍人; 戦士 ► *milite ignoto* 無名戦士

militesente 形 兵役義務を免除された —男 兵役義務を免除された人

militesenza 女 兵役義務免除

milizia 女 **1** 軍務, 軍歴 **2** 軍隊, 軍団 ► *Milizia Volontaria per la Sicurezza Nazionale* 国家義勇軍(黒シャツ隊)

miliziano 男[女[-a]]民兵

millantare 他 自慢する、大げさに言う；見栄を張る **—arsi** 再 自画自賛する、派手に自慢する

millantato 形 1 自慢した、ひけらかした 2 でっち上げの ▶ *millantato credito* (賄賂が絡む)利益誘導幹(ぁ)旋

millantatore 形[女[-trice]] うぬぼれた、ほら吹きの —男[女[-trice]] 自慢屋、うぬぼれ屋、ほら吹き

millanteria 女 うぬぼれ、虚栄；自慢、空威張り

*__**mille**__ [ミッレ] 形(基数)[不変；→ mila] 1000の；多数の —*mille* euro 1000 ユーロ / *Mille* grazie per il regalo. プレゼントをどうもありがとう。/ rompersi in *mille* pezzi 粉々に割れる —男[不変] 1000

millecento 女[不変] ミッレチェント (1950〜60年代の排気量1100ccのFIATの自動車)

millefiori 形[不変] 色々な花から作ったハチミツの —男[不変] 1 様々な花を蒸留したリキュール；色々な花から作ったハチミツ 2 モザイクガラス

millefoglie 男,女[不変] 〔料〕ミルフィーユ

millefoglio 男〔植〕セイヨウノコギリソウ

millenario 形 1000年の、1000年ごとの —男 1000年祭

millennio 男 1000年(間)

millepiedi 男[不変] 〔動〕ヤスデ

millerighe 形[不変] (包装紙で)しわ加工の、細かい筋をつけた；(布地の)畝(うね)織りの —男[不変] 1 ミッレリーゲ(表面が筋模様のマカロニ) 2 〔織〕畝(うね)織り

millesimale 形 1 1000分の1の 2 僅少の、ごくわずかの

millesimato 形 (ワインが)ビンテージのもの

millesimo 形(序数) 1000番目の；1000分の1の —男 1000番目；1000分の1

milleusi 形[不変] (道具が)万能の、多機能の —coltello *milleusi* ソムリエナイフ

milli- 接頭 「1000分の1の」の意

millibar 男[不変] 〔気〕ミリバール

milligrammo 男 ミリグラム

millilitro 男 ミリリットル

millimetrare 他 [io millimetro] ミリメートル単位で区分する、ミリ単位で計測する

millimetrico 形[複[男 -ci]] 1 ミリメートルの 2 ミリメートルの目盛りの —*scala millimetrica* ミリ単位物差し 3 精確な

millimetro 男 ミリメートル

milord 男[不変] 〔呼びかけで〕閣下、御前；英国紳士

milordo 男 → milord

milza 女〔解〕脾(ひ)臓

mimabile 形 身振りで表現できる

mimare 他 身振り[手振り]で表現する；まねる —自 〔演〕パントマイムを演じる

mimesi 女[不変] 1〔哲〕ミメーシス 2 模倣

mimetica 女 迷彩服

mimeticamente 副 模倣して；カムフラージュして、偽装して

mimetico 形[複[-ci]] 模倣[模写]の；偽装[擬態]の

mimetismo 男 1 〔動〕擬態；偽装、カムフラージュ 2〔蔑〕思想や信条を簡単に覆すこと、日和見主義

mimetizzare 他 偽装[カムフラージュ]する **—arsi** 再 1 (自分の身を)偽装する 2 擬態で身を隠す 3 (主義などを)変え る、変節する

mimetizzazione 女 擬態；偽装、変装、カムフラージュ

mimica 女 パントマイム；手振り、表情や体の動きによる表現力 —*mimica* facciale 顔の表情

mimicamente 副 身振りで、パントマイムで

mimico 形[複[男 -ci]] 1 パントマイムの、手振りの、ジェスチャーたっぷりの —*linguaggio mimico* 手話 / *arte mimica* 道化芝居

mimo 男 1 パントマイム[無言劇]の役者；〔蔑〕威厳のない俳優、軽い性格の面白い人 2 〔鳥〕マネシツグミ、モッキングバード

mimosa 女 1〔植〕ミモザ 2〔複数で〕ミモザの花と枝

Min. 略 ministro 大臣；ministero 省庁

min. 略 minuto (時間の)分；minimo 最小

mina 女 1 地雷、機雷 2 発破孔 3 (鉛筆の)芯

minaccia 女[複[-ce]] 1 脅し、脅迫 (罪) 2 脅威、恐れ

*__**minacciare**__ [ミナッチャーレ] 他 [io minaccio] 1 脅す、脅迫する 2 危険にさらす 3 …の恐れがある —La febbre *minaccia* di salire ancora. 熱がさらに上がる恐れがある。

minacciosamente 副 脅すように、威嚇的に

minaccioso 形 1 脅すような、威嚇的な 2 恐ろしい、険悪の

minare 他 1 地雷を設置する、発破をかける 2 (権威・評判・健康を)危険にさらす、損なわせる

minareto 男 (モスクに付随する)塔、ミナレット

minato 形 地雷を設置した —*campo minato* 地雷原；危険が潜む地域、難関

minatore 男[女[-trice]] 1 鉱夫、鉱員、炭坑労働者 2〔軍〕地雷兵

minatorio 形 威嚇するような、脅迫的な —*lettere minatorie* 脅迫状

minchia 女 《俗》ペニス；《口》〔否定文で〕何一つ —Non ci capisco una *minchia*. 全く分からない。—間〔驚き・苛立ちを表して〕何てことだ、く

そっ
minchionaggine 囡 《俗》愚かさ, 愚行, お人好し; 馬鹿げた話
minchionare 他 からかう, かつぐ, だます
minchionatore 男〔女[-trice]〕《口》からかう人, 悪ふざけをする奴
minchionatura 囡《口》からかうこと, 嘲ること, 悪ふざけ
minchione 男〔女[-a]〕1《口》愚かな人, ぼんやりした人 2 間抜け, おめでたい人 —形 愚かな, ぼんやりした
minchioneria 囡 1 お人好し, 単純さ, 愚かさ; 愚かな言動 2〔複数で〕くだらないこと, 些細なこと
*****minerale** [ミネラーレ] 形 鉱物の— acqua *minerale* ミネラルウオーター —男 鉱物, 鉱石 —囡 ミネラルウオーター
mineralista 男囡〔複[男-i]〕鉱物学者
mineralogia 囡 鉱物学
mineralogista → mineralista
minerario 形 鉱山の, 鉱物の —giacimento *minerario* 鉱床
Minerva 固名(女) 〔ロ神〕ミネルバ(技術・工芸の女神. ギリシャ神話の女神アテナ)
minerva[1] 囡 外科治療用器具(コルセット)
minerva[2] 囡〔不変〕〔複数で〕(ブックマッチの)ミネルバ[商標名]
*****minestra** [ミネストラ] 囡 1 具入りのスープ —*minestra* di verdura 野菜スープ 2 繰り返される退屈な状況[話]
▶ ***È sempre la stessa [solita] minestra.*** 毎度のこと. | よくある話だ.
minestrina 囡 パスタ入りの薄いスープ
minestrone 男 1 ミネストローネ(パスタ・米・豆・野菜の雑炊風スープ) 2 (雑多なものの)ごた混ぜ
mingere → orinare
mingherlino 形 1 やせた, ほっそりした, きゃしゃな, 虚弱な; みすぼらしい, やせこけた 2 取るに足りない
mini 囡〔不変〕ミニスカート(minigonna)
mini- 接頭「非常に小さい」「縮小した」の意
miniabito 男 ミニドレス
minialloggio → miniappartamento
miniappartamento 男 ワンルームマンション[アパート], 1 部屋とキッチンとバスルームのみのアパート
miniare 他 (io minio) 飾り文字で装飾を施す; 細密画を描く
miniato 形 (写本が)飾り文字で装飾された, 彩飾された
miniatore 男〔女[-trice]〕1 写本装飾画家, 細密画家 2 細部まできちんと描く画家
miniatura 囡 1 彩画, 細密画(法) 2 ミニチュア, 縮小サイズ —in *miniatura* 縮小した, ミニチュアの

miniaturista 男囡〔複[男-i]〕細密画家
miniaturistico 形〔複[男-ci]〕細密画法の
miniaturizzare 他〔電〕(装置などを)小型化する
miniaturizzazione 囡〔電〕小型化
minibar 男〔不変〕1 ホテルの部屋の冷蔵庫 2 (オフィスや列車での)飲み物や軽食を搭載したワゴン
minibus, minibus 男〔不変〕小型路線バス
miniera 囡 1 鉱山 2 源泉
minigolf 男〔不変〕ミニゴルフ
minigonna 囡 ミニスカート
minima 囡 1〔音〕2 分音符 2〔気〕最低気温 3〔医〕最低血圧
minimale 形 最小限の, 最小限の
minimalismo 男 1〔美〕ミニマルアート, ミニマリズム 2〔文〕ミニマリズム(1980 年代アメリカの文学運動) 3〔政〕ミニマム主義
minimalista 形〔複[男-i]〕1 ミニマルアートの, ミニマリズムの 2 ミニマム主義の —男囡〔複[男-i]〕1 ミニマリズムの芸術家[作家] 2 ミニマム主義者
minimamente 副 ごく僅かに, 最小限; 〔否定を強めて〕全く, 少しも —Non siamo *minimamente* preoccupati. 私たちは全く心配していない.
minimarket 男〔不変〕小さなスーパーマーケット, コンビニエンスストア
minimercato → minimarket
minimizzare 他 重大でないように見せる, 控え目に扱う
*****minimo** [ミーニモ] 形《piccolo の絶対最上級》最小[最低]の —prezzo *minimo* 最低価格, 最安値 / temperatura *minima* 最低気温 / senza il *minimo* dubbio 何の疑いもなく —男 最小, 最低 —al *minimo* 最小限, 最低でも / girare al *minimo* (エンジンを)アイドリングさせる
minimosca 男〔不変〕〔スポ〕(ボクシングの)ミニフライ級 —peso *minimosca* ミニフライ級
minimum 男〔不変〕〔ラ〕最低グレード[レベル, 量]
minio 男 1〔化〕鉛丹, ミニウム 2 (鉛丹から作る)赤橙(とう)色の錆(さ)び止め塗料
miniriforma 囡 限定領域での立法[行政]改革
ministeriale 形 大臣の, 内閣の; 政府の —compagine *ministeriale* 内閣
ministero 男 1 省庁 —*Ministero* delle Poste e delle Telecomunicazioni 郵政省 / *Ministero* dell'Interno 内務省 2 内閣 3 任務 4 聖職者の使命 ▶ ***Pubblico Ministero*** 検察(機関)
ministressa 囡 1《蔑》女性の大臣 2 大臣の妻
*****ministro** [ミニストロ] 男 1 大臣, 閣僚 —Primo *Ministro* 首相, 総理大臣 2

祭司 —ministro del culto 聖職者, 司祭 3 財産や組織の管理者

minoico 形〔複[男 -ci]〕1 ミノス王の 2 クレタ文明の —civiltà minoica クレタ文明, ミノア文明

minoranza 女 少数派

minorato 形 1 体が不自由になった, 精神的に衰弱した 2《蔑》馬鹿な, 愚かな —男 女[-a]身体障害者; 知的障害者

minorazione 女 減少, 減退, 縮小; 身体[知的]障害

☆**minore** [ミノーレ] 形〔piccolo の比較級〕1 より小さい, より少数の —comprare a prezzo minore 安値で購入する 2 年下の, 年少の; 未成年の —età minore 未成年(18歳未満) / fratello minore 弟 3〔定冠詞とともに最上級で〕最小の, 最年少の 4 下位[下級]の 5〔音〕短調の —do minore ハ短調 —男女 1 年少者, 年下の人 2 二流の芸術家 3 未成年者

minorenne 形 未成年の —男女 未成年者

minorile 形 未成年の —età minorile 未成年 / lavoro minorile 年少者労働

minorita 形〔複[男 -i]〕聖フランシスコ修道会の —男〔複[-i]〕聖フランシスコ修道会の修道士

minorità 女〔法〕未成年

minoritario 形 少数の, 少数派の

Minosse 固名(男)〔ギ神〕ミノス(死後に冥界の裁判官となった)

Minotauro 固名(男)〔ギ神〕ミノタウロス(人身牛頭の怪物. 迷宮ラビュリントスに幽閉されていたが, テセウスに殺された)

minuetto 男〔音〕メヌエット

minugia 女〔複[-gie, -ge]〕1〔複数で〕腸, はらわた; 〔音〕ガット, 腸線 2〔医〕縫合糸

minuscola 女 小文字(→ maiuscola)

minuscolo 形 1 微小な 2 小文字の —男 小文字

minusvalenza 女〔経〕資本損失

minuta 女 草稿, 下書き

minutaggio 男 (テレビやラジオの)分で表す放送〔収録〕時間

minutaglia 女〔複数で〕がらくた, 半端物

minutamente 副 細かく; 詳細に, つぶさに

minuteria 女 装飾用小物, 小間物, がらくた

minutino 男《口》瞬間, ほんの少しの時間 —Ancora un minutino e sono pronta. 用意ができるまでもう少し待ってください.

minuto¹ 形 1 微小な 2 ほっそりした 3 詳細な —男 最量少 ▶ **al minuto** 小売りで

☆**minuto²** [ミヌート] 男 1 分(ふん) 2 短時間, 瞬間 —Hai un minuto? ちょっと時間あるかな. / in un minuto すぐに, 直ちに 3〔幾〕(角度の)分 ▶ **spaccare il minuto** 時間を厳守する, 一分の狂いもない

minuzia 女 くだらないこと, 些細なこと; 詳細, 細かい部分

minuziosamente 副 詳細に, 逐一; 徹底的に, 完全に

minuziosità 女 詳細, 綿密

minuzioso 形 1 厳密な, 詳細な 2 細心の

minuzzaglia 女《蔑》がらくた; 下衆

minuzzolo 男 1 (パンの)かけら, くず; くだらないこと 2 小さい子, 小柄な人

minzione 女 放尿, 排尿

☆**mio** [ミーオ] 形〔所有〕〔複[miei]女[mia, 複 mie]〕私の —mio padre 私の父 / E la mia macchina. あの女の子の車だ. / Quelle ragazze sono le mie amiche. あの女の子たちは私の友人です. / a casa mia 私の家で —代〔所有〕〔定冠詞とともに〕私のもの —i miei 私の両親, 私の家族 / Questo appartamento è piu grande del mio. このアパートは私のより大きい. ▶ **Mamma mia!**《驚きを表して》大変だ. **Mio Dio!** おやおや. 何てことだ.

mio- 接頭「筋肉(の)」の意

miocardio 男〔解〕心筋

Miocene 男〔地質〕中新世

mioma 男〔複[-i]〕〔医〕(良性の)筋腫

miope 形 近視の, 近眼の —男女 近眼の人

miopia 女 1〔医〕近視 2 先見の明のなさ, 洞察力のなさ

miorilassante 男〔薬〕筋弛緩剤 —形〔薬〕筋弛緩剤の

miosi 女〔不変〕〔医〕縮瞳(しゅく), 瞳孔縮小

miosotide 女〔植〕ワスレナグサ(non-tiscordardimé)

mira 女 1 照準, 狙い 2 的(まと) 3 目標, 目的 4 (銃の)照準器 ▶ **prendere di mira...** (人)を攻撃の的にする, つけ狙う

mirabile 形 素晴らしい, 見事な, 感嘆すべき; 驚異的な

mirabilia 女複〔ラ〕驚異, 不思議

mirabilie → mirabilia

mirabilmente 副 素晴らしく, 見事な

mirabolano 男〔植〕ベニバスモモ, ミロバランスモモ

mirabolante 形 驚くべき, 見事な

miracolare 他[io miracolo]奇跡で治す[救う]

miracolato 形 奇跡的に治った, 奇跡を受けた —男 女[-a]奇跡的に治った人

☆**miracolo** [ミラーコロ] 男 1 奇跡, 驚異 2 神業(かみわざ) 3 驚異的な人[物]

miracolosamente 副 奇跡的に

miracolosità 女 奇跡的であること; 特異性

miracoloso 形 1 奇跡的な 2 驚異的な

miraggio 男 1 蜃気楼(%) 2 幻想, はかない夢

mirare 他 じっと見つめる; 狙う —自 (a) …を狙う; 熱望する, 欲しがる —**arsi** 再 自分自身を見つめる

mirato 形 狙いを向けた; 的を射た, 鋭い

Mirella 固名 〔女性名〕ミレッラ

miria- 接頭 「無数の」「1万倍の」の意

miriade 女 無数, 多数

miriapode 男 〔動〕多足類の節足動物(ムカデ・ヤスデなど); (M-) 〔複数で〕多足類

mirica 女 〔植〕ヤマモモ; 〔文〕ギョリュウ

mirino 男 1 (銃の)照星 2 (カメラの)ファインダー ► *essere nel mirino* 標的にされる, 狙われる

miristica 女 〔植〕ナツメグ, ニクズク

mirmecofago 男 〔複[-gi]〕〔動〕アリクイ(formichiere)

mirmidone, mirmidone 形 (テッサリアの民族)ミュルミドーン人の —男女 ミュルミドーン人

miro 形 《文》驚嘆すべき, 類いない

Mirra 固名(女) 〔ギ神〕ミュラ(キプロスの王女. 呪いによって父の子アドニスを産んだ)

mirra 女 〔植〕ミルラ, 没薬(ポ)

mirtacea 女 〔植〕フトモモ科の樹木; (M-) 〔複数で〕フトモモ科

mirteto 男 ギンバイカの茂み[生け垣]

mirtillo 男 〔植〕ブルーベリー, コケモモ

mirto 男 〔植〕ギンバイカ

mis- 接頭 「軽蔑」「否定」の意

misantropia 女 人間嫌い, 人間不信

misantropicamente 副 非社交的に, 人間嫌いで

misantropico 形 〔複[男 -ci]〕人間嫌いの, 人間不信の, 非社交的な

misantropo 形 人間嫌いの, 非社交的な —男〔女[-a]〕人間嫌いの人, 付き合いの悪い人

miscela 女 1 混合(物), ブレンド —*miscela di tabacco* パイプ用ブレンドタバコ 2 混合, ブレンド 3 コーヒーのブレンド

miscelare 他 混ぜる, ブレンドする —**arsi** 再 混じり合う —*L'olio e l'acqua non si miscelano.* 油と水は混ざらない.

miscelatore 形 〔女[-trice]〕混ぜる, ミックスする —男 ミキサー, シェーカー; (湯と水の)混合栓; (音や映像のミキシング装置

miscelatura 女 混合, ブレンド

miscellanea 女 1 記念論集, 論文集; 雑録, 文集, アンソロジー; 〔図書館の〕索引目録 2 混合, 寄せ集めたもの

miscellaneo 形 1 寄せ集めの, 雑多な 2 選集の, アンソロジーの, (本が)雑多な作家〔テーマ〕の

mischia 女 1 乱闘, けんか; 討論, 論争 —*gettarsi nella mischia* けんかに加わる 2 (ラグビーの)スクラム; (サッカーの)ゴール前の混戦

mischiare 他 〔io mischio〕混ぜる

—**arsi** 再 混ざる; (グループに)そっと忍び込む, もぐり込む; 干渉する

mischiata 女 手早く混ぜること —*dare una mischiata alle carte* トランプのカードを手早く切る

misconoscere [22] 他 〔過分 misconosciuto〕過小評価する, 価値を認めない, 軽視する

misconosciuto misconoscere の過分

miscredente 形 不信仰の, 無宗教の —男女 不信心者, 無神論者

miscredenza 女 不信心, 不信仰

miscuglio 男 混合(物)

mise¹ 女〔不変〕〔仏〕身なり; 衣服, 着衣

mise² mettere の直・遠過・3 単

miserabile 形 1 哀れな 2 貧弱な 3 軽蔑すべき —男女 1 哀れな人 2 貧乏人

miserabilmente 副 貧しく, 哀れに; 卑しく, 見苦しく

miseramente 副 粗末に, みすぼらしく; 哀れに, 痛ましく; 卑劣に

miserando 形 哀れむべき

miserere 男〔不変〕讃美歌

miserevole 形 哀れな, 痛ましい

miserevolmente 副 哀れに, 不憫(ぴ)にも

✱**miseria** [ミゼーリア] 女 1 極貧 2 惨めさ 3 貧弱, 乏しさ 4 つまらないもの, 陳腐 5 〔植〕ムラサキツユクサ ► *Porca miseria!* ちくしょう!

misericordia 女 1 同情, 哀れみ 2 〔間投詞的に〕驚愕を表して〕何たること 3 (M-) ミゼリコルディア会(13世紀にフィレンツェで創設された信心会)

misericordiosamente 副 慈悲深く, 情け深く

misericordioso 形 慈悲深い, 情け深い

misero 形 1 極貧の 2 惨めな 3 卑しい

miserrimo 形 〔misero の絶対最上級〕極貧の, 非常に惨めな

misfatto 男 重罪, 大罪, 悪辣な行為

miso 男〔不変〕〔日・料〕味噌(ポ)

miso- 接頭 「嫌悪」「憎悪」の意; 「不潔」の意

misofobia 女 不潔恐怖症, 潔癖症, 潔癖性

misoginia 女 女性嫌悪

misogino 形 女性嫌悪の —男 女嫌いの男性

misoneismo 男 (社会・政治・文化において)革新嫌い, 改革嫌い

misoneista 形 〔複[男 -i]〕革新〔改革〕嫌いの —男女 〔複[男 -i]〕革新〔改革〕嫌いの人

misoneistico 形 〔複[男 -ci]〕革新〔改革〕嫌いの

miss 女〔不変〕〔英〕1(未婚のイギリス系の女性の名前の前に付けて)…さん; イギリス人の家庭教師[ベビーシッター] 2 (美人コンテストの優勝者)ミス

missaggio 男 ミキシング(音の調整) —tecnico del *missaggio* ミキサー(音量や音質の調整担当者)

missare 他 音源[映像]を編集する, ミキシングを行う(mixare)

missile 男 ミサイル, ロケット

missilistica 女 ロケット[ミサイル]工学, 航空宇宙工学

missilistico 形〔複[男 -ci]〕ロケット[ミサイル]の

missino 形 イタリア社会運動(Movimento Sociale Italiano)の —男〔女[-a]〕イタリア社会運動支持者, イタリア社会運動党員

missionario 形〔女[-a]〕1 宣教師 2 使命に打ち込む人, 使節 —形 伝道の, 宣教師の; 使命に打ち込む, 使命感の

missione 女 1 使命, 特別任務 2 使節[派遣]団 3 出張 4 宣教

missiva 女 信書, 書簡

mister 男〔不変〕〔英〕1〔イギリス系の外国人に対する敬称, 苗字の前に付けて〕ミスター, …さん 2 美男コンテストの勝者 3〔スポ〕(サッカーの)コーチ, 監督

misteriosità 女 不思議さ, 不可解

*__misterioso__ [ミステリオーソ, ミステリオーゾ]形 1 不思議な, 謎めいた 2 不可解な 3 秘密的な, 隠れた —男〔女[-a]〕謎めいた人, 行動や考えを隠す人

*__mistero__ [ミステーロ]男 1 神秘, 謎 2 秘密 3〔複数で〕〔宗〕奥義 4 (中世の)聖史劇, 神秘劇

mistica 女 神秘主義, 神秘学, 神秘論; 神秘主義文学

misticamente 副 神秘的に; 神秘主義的に

misticeto 男 (M-)〔複数で〕〔動〕ヒゲクジラ

mistichegiante 形 神秘主義に傾いた; ある概念[理論, 態度]に心酔している

misticismo 男 神秘主義; 神秘主義的信仰

mistico 形〔複[男 -ci]〕1 神秘主義の, 神秘的な 2 (感情や精神状態が)強烈で深まった 3 心酔した —男〔女[-a]〕神秘主義者; 神秘主義作家

misticume 男〔蔑〕くだらない狂信に熱中する姿勢

mistificante 形 過ちに誘い込む, 惑わす, 煙に巻こうとする

mistificare 他 (io mistifico) 偽る; 欺く —*mistificare* la verità 真実をゆがめる

mistificatore 形〔女[-trice]〕だます, ペテンにかける —男〔女[-trice]〕人をだます奴, ペテン師

mistificatoriamente 副 だますように, 当惑させるように

mistificatorio 形 だますような, 人を惑わせる

mistificazione 女 だますこと, 当惑させること, ペテン; 虚偽, 歪曲

mistilingue 形〔不変〕多言語地域の; 多言語を話す; 多言語で書かれた —La Svizzera è un paese *mistilingue*. スイスは多言語国家だ.

mistione 女 混合, 融合

misto 形 混成[混合]の; 男女[混合, 混成, 共学]の —男 1 混合物, 混ぜ物 2〔料〕盛り合わせ

mistolana 形〔不変〕ウール混紡の —男〔不変〕ウール混紡

mistolino 形〔不変〕麻混紡の —男〔不変〕麻混紡

mistoseta 形〔不変〕シルク混紡の —男〔不変〕シルク混紡

mistrà 男〔中伊〕アニス酒(ワインとアニスの実のエッセンスの蒸留酒)

mistral 男〔不変〕ミストラル(フランス南東部に吹く地方風)

mistura 女 混合(物), 調合

*__misura__ [ミズーラ]女 1 寸法, 大きさ —Che *misura* ha? サイズはおいくつですか. 2 巻き尺, メジャー 3 手段, 措置 4 程度, 限界; 節度 —con *misura* 適度に / senza *misura* 度を越して, 過度に 5 計量, 測定(法) 6 基準 7〔詩〕韻律 8〔音〕拍子 ▶*a misura* 正確に, ぴったりと *a misura che...* …するに従って, …するにつれて *a misura d'uomo* のびのびと[した] (人間に合ったペース) *nella misura in cui...* …するある程度では, …の限りでは *su misura* あつらえた, 特注の, ぴったりの

misurabile 形 計測可能な, 測定できる

misurabilità 女 可測性

*__misurare__ [ミズラーレ]他 1 測定する, はかる 2 評価する 3 制限する —自〔数量を副詞的に伴って〕長さ[幅, 高さ, 重さ]が…ある —Il muro *misura* dieci metri. 壁の長さは10mである. —*arsi* 再 実力を試す; 自制する —*misurarsi* nel bere 酒をほどほどにする ▶*misurarsi un vestito* (仮縫いの)試着をする

misuratamente 副 適度に, ほどほどに

misurato 形 一定の, 標準的な; 適切な; 節度を守った, 控え目の

misuratore 男 1 測定器, 計量器 —*misuratore* di pressione 圧力計 2〔女[-trice]〕計測器

misurazione 女 測量, 測定

misurino 男 計量カップ, 計量用の容器 —*misurino* per cocktail カクテル用メジャーカップ

mite 形 1 温和な, 温厚な 2 穏やかな, 温暖な

mitemente 副 穏やかに, 温和に

mitezza 女 1 温和, 温厚 2 寛容 3 従順

miticamente 副 神話風に

mitico 形〔複[男 -ci]〕1 神話の; 伝説上の 2〔俗〕すごい, 素晴らしい

mitigabile 形 鎮静できる, 緩和できる

mitigare 他 (io mitigo) 鎮める, 緩和する, 軽減する —*arsi* 再 和らぐ, 穏健になる

mitigazione 囡 軽減, 緩和

mitilo 男〔貝〕ムラサキイガイ, ムール貝

mitizzare 他 神話化する; 称揚する, 伝説にする —自 神話をつくる

mitizzazione 囡〔宗〕神話化; 伝説化

mito 男 1 神話, 伝説 2 夢, ユートピア 3 神話[伝説]化された人[物]

mitocondrio 男〔生物〕ミトコンドリア

mitologia 囡 1〔総称的に〕神話 2 神話学, 神話研究

mitologicamente 副 神話的には, 神話によると

mitologico 形〔複[男 -ci]〕 1 神話の; 神話学の 2 伝説的な, 空想的な

mitomane 形〔心〕虚言症の —男囡〔心〕虚言症にかかった人

mitomania 囡〔心〕虚言症

mitra¹ 男〔不変〕(銃身の短い)軽機関銃

mitra² 〔宗〕(カトリックの)司教冠, (聖公会の)主教冠, (正教会の)宝冠

mitraglia 囡〔口〕機関銃, マシンガン

mitragliamento 男 機関銃での射撃, 機銃掃射

mitragliare 他〔io mitraglio〕 1 機関銃で撃つ, 機銃掃射をする 2 早口でまくし立てる —mitragliare... di domande (人)を質問攻めにする

mitragliata 囡 機銃掃射

mitragliatore 形〔女 [-trice]〕機関銃の —男 1〔女 -trice〕機関銃の狙撃手 2 軽機関銃(fucile mitragliatore)

mitragliatrice 囡 1 機関銃(mitra, mitraglia) 2 (機関銃のように)まくし立てる人

mitragliere 男 機関銃手

mitraglietta 囡 軽機関銃, サブマシンガン

mitraico 形〔複[男 -ci]〕〔宗〕ミトラ神の, ミトラ信仰の

mitraismo 男〔宗〕ミトラ教

mitrale 形 司教冠のような, 僧帽状の —囡〔解〕僧帽弁(valvola mitrale)

mitriaco → mitraico

mitridatico 形〔複[男 -ci]〕 1〔歴〕(ポントス王国の王)ミトリダテスの —guerre mitridatiche ミトリダテス戦争 2〔医〕ミトリダート法の

mitridatismo 男〔医〕ミトリダート法(毒の服用量を徐々に増して耐毒性を得る方法)

mitridatizzare 他〔医〕(ミトリダート法で)耐毒性を高める

mitteleuropeo 形 中欧の, 中央ヨーロッパの

mittente 男囡 差出人

mixage → missaggio

mixaggio → missaggio

mixare 他 1 混合する, ブレンドする 2 ミキシングをする

mixer 男〔不変〕〔英〕 1〔料〕ミキサー, フードミキサー 2 レコーディングエンジニア; (音響機器の)ミキサー

MKS 略 Metro Kilogrammo Secondo MKS 単位系

MKSA 略 Metro Kilogrammo Secondo Ampere MKSA 単位系

ml 略 millilitro ミリリットル

MLD 略 Movimento per la Liberazione della Donna 女性解放運動

mld 略 miliardo 10 億

mm¹ 間〔当惑・満足・焦り・失望などを表して〕うーん

mm² 略 millimetro ミリメートル

M.M. 略 Marina Militare イタリア海軍

Mn 略 (元素記号) manganese〔化〕マンガン

MN 略 Mantova マントヴァ

mnemo- 接頭「記憶(の)」の意

mnemonica 囡 記憶術

mnemonicamente 副 記憶して, 暗記で

mnemonico 形〔複[男 -ci]〕 記憶の, 暗記の —apprendimento mnemonico 丸暗記, 棒暗記

Mnemosine 固名〔女〕〔ギ神〕ムネモシュネ, ムネーモシュネー(記憶を擬人化した女神. ティタン族の一; ムーサたちの母)

mnemotecnica 囡 記憶術(mnemonica)

MO 略 Modena モーデナ

Mo 略 (元素記号) molibdeno〔化〕モリブデン

mo 副〔中伊・南伊〕今

mo' 男〔不変; modo の語尾切断形〕やり方, 流儀 ► *a mo' di*... として, ...ふうに

M.O. 略 Medio Oriente 中東

※**mobile** [モービレ] 形 1 可動式の, 動かせる —scala mobile エスカレーター / beni mobili 動産 / la (squadra) mobile (警察の)機動隊 2 不安定な 3 (顔の表情が)よく変わる 4《文》気まぐれな, 移り気な —男 1 家具 —mobile per ufficio オフィス家具 2〔仏〕〔不変〕〔美〕モビール

mobile-bar 男 飲料ボトルの収納棚

mobilia 囡〔不変〕家具一式

mobiliare 形 動産の —mercato mobiliare 証券市場

mobiliere 男〔女 [-a]〕家具製造業者; 家具屋

mobilificio 男 家具製造工場; 家具店

mobilio 男〔集合的〕家具(mobilia)

mobilità 囡 1 移動性, 可動性; くるくる[生き生きと]動くこと 2 (直感的な)迅速さ, 適応性; 変わりやすさ, 移り気, 気まぐれ

mobilitare 他〔io mobilito〕(軍隊に)動員する; 集める, 寄せる —arsi 再 力を注ぐ, 専心する

mobilitazione 囡〔軍〕動員; (参画への)要請, 召集

mobilmente 副 変わりやすく, 不安定に; 気まぐれに

moca → moka

mocassino 男 モカシン(シューズ)

moccio 男 鼻水, 鼻汁

moccioso 形 鼻水を垂らした, 洟(はな)垂れの ―男〔女[-a]〕洟垂れ小僧; 小僧っ子, 未熟者

moccolo 男 1 ろうそくの燃え残り 2《諧》鼻水 ―*avere il moccolo al naso* 鼻水を垂らす 3《俗》罵り言葉, 悪態 ―*tirare* [*mandare*] *moccoli* 悪態をつく, 罵る

mocetta 女 カモシカの乾燥肉(ヴァッレ・ダオスタの名産)

***moda** [モーダ] 女 1 流行 ―*alla moda* 流行の / *all'ultima moda* 最新流行の / *passare di moda* はやらなくなる, 時代遅れになる 2 ファッション ―*moda parigina* パリ・モード / *moda pronta* プレタポルテ / *alta moda* オートクチュール 3〔複数で〕服飾品, 装身具 ▶ *essere* [*andare*] *di moda* はやっている, 人気がある

modaiolo 形《蔑》最新流行の ―男〔女[-a]〕最新流行を追いかける人

modale 形 1 (行動)様式の 2〔言〕法の ―*verbo modale* (dovere, potere, volere などの)補助動詞(verbo servile) 3〔音〕旋法の

modalità 女 1 様式, 方式 2 手続き, 手順 3〔音〕旋法

modanare 他〔io modano〕繰形(くりかた)に合わせて作る

modanatura 女〔建〕繰形(くりかた)

modano 男 1〔建〕ひな形, 模型 2 (魚の網を編む)木製の網針

modella 女 1 (芸術作品の)女性モデル 2 ファッションモデル

modellabile 形 簡単に原型[模型]を作れる, 造形しやすい

modellare 他 1 (何かの)模型[原型]を作る 2 適応させる 3 (洋服を着る人の)体のラインを強調する ―**arsi** 再 合わせる, 順応する; 変わる, 改まる

modellatore 形〔女[-trice]〕型を取るための ―男〔女[-trice]〕型を取る人; 模型の考案者; (洋服の)パタンナー, 靴のデザイナー

modellino 男 1 模型, プラモデル 2 ミニチュア, 小型模型

modellismo 男 1 模型[原型]製作(技術) 2 プラモデル・コレクション

modellista 男女〔複[男 -i]〕1 原型[模型]製作者 2 (洋服の)パタンナー, 靴のデザイナー 3 (趣味での)プラモデル製作者

modellistica 女 模型[原型]製作技術

modellistico 形〔複[男 -ci]〕模型[原型]製作の

***modello** [モデッロ] 男 1 模範, 手本 2 原型 3 型, デザイン 4 書式 5〔女[-a]〕(絵や写真の)モデル 6 模型 ―〔不変〕模範となる

modem 男〔不変〕〔英・コン〕モデム

Modena 固名〔女〕モーデナ(エミリア・ロマーニャ州の都市; 略 MO)

modenese 形 モーデナ(の人)の ―男女 モーデナの人 ―男〔単数のみ〕モーデナ方言

moderabile 形 抑えられうる, ほどよく減らせる

moderare 他〔io modero〕抑える, ほどよく加減する; 低める, 弱める ―**arsi** 再 自制する, 慎む ―*moderarsi nel bere* 酒を適度に控える

moderatamente 副 適度に, ほどほどに

moderatezza 女 節度, 中庸

moderatismo 男〔政〕中道政治, 中道主義

moderato 形 1 節度のある, 控え目な 2 適度な, ほどよい 3 穏健な ―副〔音〕モデラートで, 中位の速さで ―男〔女[-a]〕(政治的に)穏健派の人

moderatore 形〔女[-trice]〕抑制の, 緩和の ―男 1〔女[-trice]〕調停者, 仲裁者 2 調節器, 調整器

moderazione 女 節度, 適度, 節制 ―*con moderazione* 控え目に / *senza moderazione* 慎みなく, 束縛なしに

modernamente 副 最近, 近頃; 現代的に, 近代的に

modernariato 男 1950〜60 年代の近代工芸品の収集

modernismo 男 現代主義, モダニズム;〔カト〕近代主義

modernista 形〔複[男 -i]〕モダニズムの, 現代[近代]主義の ―男女〔複[男 -i]〕モダニスト, 現代[近代]主義者

modernistico 形〔複[男 -ci]〕モダニズムの, 現代[近代]主義的な; モダニストの

modernità 女 現代性, 今日性

modernizzare 他 現[近]代化する, 最新式にする ―**arsi** 再 現[近]代化になる

modernizzazione 女 現代化, 近代化

***moderno** [モデルノ] 形 1 現代の ―*mondo moderno* 現代世界 2 現代[近代]的な, モダンな 3〔歴〕(アメリカ大陸発見からウィーン会議までの)近代の ―*sensibilità moderna* 現代感覚 ―男 1 現代[近代]的なもの 2〔複数で〕現代人 ▶ *alla moderna* 現代風に

modestamente 副 1 謙遜して, 謙虚に, 控え目に 2〔反語〕はっきり言って

modestia 女 1 謙虚, 謙遜 2 質素, 慎ましさ 3 欠乏, 不足

Modesto 固名〔男性名〕モデスト

***modesto** [モデスト] 形 1 謙虚な, 慎ましい, 質素な ―*a mio modesto parere* 私見では, 卑見では / *pretese modeste* 控え目な要求 2 乏しい, 貧しい ―*persona di intelligenza modesta* 知性に乏しい人 3 適度な, 手頃な 4 低い価値の ▶ *fare il modesto* 謙遜する

modicità 女 (価格が)低いこと, 小さいこと ―*la modicità dei prezzi* 廉価

modico 形〔複[男 -ci]〕適度な, まあまあの, 手頃な ―*prezzo modico* 安値

modifica 囡 改正, 修正; 変更
modificabile 厖 修正できる, 変更できる, 調整可能な
modificabilità 囡 修正[変更, 調整]可能なこと
modificante 厖 修正する, 変化させる
modificare 他 [io modifico] 改正[修正]する; 変更する **―arsi** 再 変わる, 改まる, 〔人の性格や容貌が〕変化する
modificatore 厖〔囡[-trice]〕修正する, 変更をもたらす **―**男〔囡[-trice]〕修正された人, 変更を行う者
modificazione 囡 修正, 調整, 変更
modista 囡 婦人帽製造[販売]業の女性 **―**男女 -i〕流行を追う人
modisteria 囡 婦人帽の店[製造工房]; 婦人帽製造者の技術[職業]

*__modo__ [モード] 男 **1** 仕方, 方法 **―***modo di dire* 言い方, 言い回し / *modo di camminare* 歩き方 **2** 場合, 機会; 見込み **3** 態度, 振る舞い;〔複数で〕行儀, 作法 **―**Non mi piacciono i suoi *modi*. 私は彼の振る舞いが気にくわない. **4** 限度, 限界 **5**〔言〕法, モード **―***modo indicativo* 直説法 / *modo congiuntivo* 接続法 **6**〔音〕旋法 ▶ *ad* [*in*] *ogni modo* とにかく, 何としても *a mio modo* [*a modo mio*] 自分なりに, 私のやり方で *ciascuno a suo modo* 各人各様に *in modo di* + 不定詞 [*che* + 接続法]…するように / *Ti lascio tranquillo in modo che tu possa concentrarti*. 集中できるように君をそっとしておいてあげる. *in nessun modo* 決して(…ない) *per modo di dire* いわば, 言ってみれば

modulabile 厖〔歌の〕調子を変えられる
modulare¹ 厖 **1** 書式の **2**〔建〕ユニット式の, 組み合わせ式の **―***mobile modulare* ユニット家具
modulare² 他 [io modulo] **1**〔音声に〕抑揚をつける, 調子を変える **2**〔電〕変調する
modulario 男〔1枚ずつ切り離して使う〕ブロック状の用紙[半券]
modulatamente 副 抑揚をつけて, 調子を変えて
modulatore 厖〔囡[-trice]〕調節する, 変調する **―**男 変調器
modulazione 囡 **1**〔音〕転調 **2**〔音や声の〕抑揚 **3**〔電〕変調
modulistica 囡〔文書の〕ひな形, 書式例
modulo 男 **1** 書式; 〔所定の〕用紙, 申込書 **2**〔建〕モジュール **3** 規範, 模範 **4**〔宇宙船の〕モジュール

modus operandi 慣〔男〕〔ラ〕仕事のやり方, 手口, 〔犯罪の〕手口
modus vivendi 慣〔男〕〔ラ〕生活様式, 折り合い, 融通案; 暫定協定
moffetta 囡〔動〕スカンク; スカンクの毛皮
mogano 男 **1** マホガニー〔材〕 **2**〔不変〕マホガニー色 **―**厖〔不変〕マホガニー色の
moggio 男 古代の穀物の計量単位; 古代の土地の測量単位
mogio 厖〔複 [女 -ge, -gie]〕がっかりした, 沈んだ, 打ちのめされた **―***andarsene mogio mogio* すごすご退散する

*__moglie__ [モッリェ] 囡 妻(→ marito) **―***essere marito e moglie* 夫婦である / *prendere moglie* 結婚する
mogliettina 囡《諧》若くてかわいらしい妻
mohair 男〔不変〕〔仏〕モヘア
moina 囡〔複数で〕甘言でだますこと, 口車にのせること **―***fare le moine a...* (人)におべっかを使う
Moira 固名〔女〕〔ギ神〕モイライ〔運命の三女神の(一)〕
moira 囡〔比喩〕運命
moiré 厖〔不変〕〔仏・織〕波形模様の, モアレの **―**男〔不変〕〔仏〕波形模様の布; 干渉縞, モアレ
moka 男〔不変〕モカ(コーヒー) **―**男〔不変〕エスプレッソメーカー
mola¹ 囡 石臼; 回転砥石(ぃし), グラインダー
mola² 囡〔魚〕マンボウ(pesce luna)
molare¹ 厖 石臼の, 挽(ひ)き臼の; 白歯の **―***dente molare* 白歯 **―**男 大白歯
molare² 他 磨く, 研ぐ; 臼で挽(ひ)く
molatore 厖〔囡[-trice]〕研磨用の **―***macchina molatrice* 研磨機 **―**男〔囡[-trice]〕研磨工
molatrice 囡 研磨機, 研削盤, グラインダー
molatura 囡 研磨
Moldavia 固名〔女〕モルドバ
moldavo 厖 モルドバの; モルドバ人の **―**男〔囡[-a]〕モルドバ人
mole 囡 **1** 大きさ, かさ **2** 多量 **3** 巨大建造物
molecola 囡 **1**〔化〕分子 **2** 微量
molecolare 厖〔化〕分子の
molestamente 副 しつこく, うるさく
molestare 他 **1** 困らせる, 苦しめる **2**〔行動を〕阻止する, 邪魔をする
molestatore 男〔囡[-trice]〕悩ます人, 迷惑な人, ストーカー
molestia 囡 煩わしさ, 迷惑, 不愉快 **―***molestie sessuali* セクハラ
molesto 厖 迷惑な, 厄介な; 執拗(しつよう)な, うるさい
molibdeno 男〔単数のみ〕〔化〕モリブデン(元素記号 Mo)
molisano 厖 モリーゼ州(の人)の **―**男 **1**〔囡[-a]〕モリーゼ州の人 **2**〔単数のみ〕モリーゼ方言
Molise 固名〔男〕モリーゼ州〔イタリア南部の州; 州都 Campobasso〕
molla 囡 **1** ばね, ぜんまい **2** 契機, 動機づけ **3**〔複数で〕火ばし, 火ばさみ ▶ *da prendere con le molle* 推奨しがたい, デリケートな

mollaccione 男〔女[-a]〕怠け者, 無精者, ぐず

mollare 他 1 放す, 緩める;《口》捨てる, 放棄する 2《口》(平手打ちなどを)食らわせる, 与える —自 やめる, 中止する; 降参する **—arsi** 再〔北伊〕ぐにゃぐにゃになる, ふやける; 柔らかくなる ▶ *mollare l'osso* 勝手に取った物を返す

molle 形 1 柔らかい 2 湿った 3 軟弱な 4《文》温和な —男 1 柔らかいもの 2 ぬかるみ

molleggiamento 男 伸縮性, 弾力があること

molleggiare 自〔io molleggio〕弾力を持って, 弾む —他 弾力を持たせる, バネを利かせる **—arsi** 再（体操等で）しなやかに動く —*molleggiarsi sulle ginocchia* 膝を屈伸する

molleggiato 形 弾力のある, クッションの効いた —*passo molleggiato* 軽快な足どり/*un'auto ben molleggiata*（サスペンションが効いた）乗り心地のよい車

molleggio 男 1 スプリング, バネ; サスペンション 2 弾力

mollemente 副 無気力に, けだるく; ぐにゃりと, 柔らかく

molletta 女 1 洗濯ばさみ; ヘアクリップ, ヘアピン 2〔複数で〕ピンセット, アイストング, 角砂糖つかみ

mollettone 男〔織〕メルトン, ダッフル（粗毛ラシャ）

mollezza 女 1 弱さ, 虚弱さ 2 柔らかさ, 柔軟 3〔複数で〕豪奢(ごう), ぜいたく —*vivere nelle mollezze* ぜいたくに暮らす

mollica, mollìca 女 パンの柔らかい部分;〔複数で〕パンくず

mollìccio 形〔複[女 -ce]〕やや柔らかい, 柔らかめの; 軟弱な —男 柔らかいもの; 泥土, ぬかるみ

mollo 形 1〔中伊・南伊〕水に浸かった, びしょぬれの 2〔ヴェネト〕(綱が)緩んだ, たるんだ ▶ *a mollo*（水に）浸かった

mollusco 男〔複 -chi〕1〔動〕軟体動物（貝類・タコ・イカなど）2 意志薄弱の人, 腰抜け

molo 男 防波堤, 突堤; 桟橋, 波止場

moloc, moloch 男〔不変〕1 モレク（古代中東で崇拝された神）2 脅威的権力 3〔動〕モロクトカゲ, トゲトカゲ

molosso 男 1 モロッス犬（古代の番犬・闘犬）2（古代ギリシャの）モロッス人 —形 モロッス人の

molotov 女〔不変〕火炎瓶(bomba molotov, bottiglia molotov)

molteplice 形 1〔複で〕数々の 2 多様な, 多重な 3〔植〕多弁の

molteplicemente 副 多様に, 様々に

molteplicità 女 多数, 多重性, 多様性

moltìplica¹ → moltiplicazione

moltìplica² 女 1〔機〕歯車比 2（自転車の）ギア 3 はめば歯車

moltiplicàbile 形 増加できる, 倍増可能な

moltiplicabilità 女 倍増可能

moltiplicando 男〔数〕被乗数

moltiplicare 他〔io moltìplico〕1（大幅に）増やす 2〔数〕掛ける, 乗じる —*moltiplicare per tre [quattro]* 3倍 [4倍] する **—arsi** 再 繁殖する, 増殖する; 増える

moltiplicativo 形 1 繁殖する, 増加する 2〔数〕乗法の

moltiplicatore 形〔女 [-trice]〕増加の, 繁殖の —男 増加させるもの;〔数〕乗数;〔電〕倍率器

moltiplicazione 女 1 増加 2〔数〕乗法, 積, 掛け算 3〔生物〕増殖, 繁殖

moltìssimo 形 非常に多い —副 非常に多く

moltitùdine 女 多数, 多量; 大群衆

＊**molto**［モルト］形（不定）たくさんの, 多くの —*molti soldi* 大金/*Ho molta fame.* お腹がぺこぺこだ. —副〔比較級 più, 絶対最上級 moltìssimo〕とても, 非常に —*Questo panino è molto buono.* このパニーノはとてもおいしい./*Non mi piace molto questo.* これはあまり好きではない. —代（不定）たくさんの物, 多量;〔複数で〕多くの人たち —*Ho molto da fare.* 私はすることがたくさんある./*È da molto che non lo vedo.* 彼に長い間会っていない.

Molucche 女（女複）(Arcipelago delle 〜) マルク諸島, モルッカ諸島

molucchese 形（インドネシアの）マルク[モルッカ]諸島(の人)の —男女 マルク[モルッカ]諸島の人

molva 女〔魚〕タラ科の魚

momentaccio 男（経済的に）不利な時期; 都合の悪い状況

momentaneamente 副 暫定的に, 一時的に; 目下のところ

momentàneo 形 一瞬の; 一時的な

＊**momento**［モメント］男 1 瞬間, 一瞬 —*Un momento.* 待って下さい./*Non c'è un momento da perdere.* ぐずぐずしている暇はない. 2 状況, 時期 —*È un brutto momento.* ひどい状況だ. 3 時機, 機会 —*È il momento giusto.* よい機会だ. 4〔物〕モーメント 5〔文〕重要性 ▶ *da un momento all'altro* すぐに, 今にも *in ogni [qualsìasi] momento* いつでも, どんな時でも *per il momento* さしあたり, 今のところは *sul momento* 直ちに, 即座に; すぐには

Momo 固名（男）〔ギ神〕モモス（非難や皮肉の擬人神）

mònaca 女 修道女, 尼僧

monacale 形 1 修道士の, 修道女の; 修道院の 2 厳格な

monacense 形 ミュンヘン(の人)の —男女 ミュンヘンの人

monachella 女 1 若い修道女; 慎み深い女性, 慎み深そうな女性 2〔鳥〕ヒタキ科の小鳥

monachese → monacense

monachesimo 男 修道生活(様式), 修道院の制度

monachina 女 1 若い修道女; 慎み深い女性, 慎み深そうな女性 2〔複数形〕火花, 火の粉 3〔鳥〕ソリハシセイタカシギ 4 つばの広い女性用麦わら帽子

monachino 男 1 若い修道僧 2〔鳥〕ウソ(ciuffolotto)

Monaco 固名(女) 1 モナコ(公国)(フランスの南東端部に国境を接した立憲君主国: Principato di Monaco) 2 (~ di Baviera)ミュンヘン(ドイツ南部の都市)

monaco 男〔複[-ci]〕1 修道士, 僧侶 2 あんか(prete) 3〔動〕モンクアザラシ 4〔動〕モンサキ(南米に生息するサル)

monade 女〔哲〕モナド, 単子

monarca 男女〔複[男 -chi]〕君主

monarchia 女 1 君主制 2 君主国

monarchicamente 副 君主制で

monarchico 形〔複[男 -ci]〕君主制の; 王政支持の ―男〔複[-ci] 女[-a]〕君主制支持者

monastero 男 修道院

monasticamente 副 修道士のように, 禁欲的に

monastico 形〔複[男 -ci]〕修道士の, 修道女の; 修道院の

moncherino 男 手や前腕を切断した腕

monco 形〔複[男 -chi]〕1 手や腕を切断された; 不具の 2 不完全な ―男〔複[男 -chi]女[-a]〕手や腕を失った人

moncone 男 1 切断後の残った腕[手足], 手足の基部 2 (長期間使用の)鉛筆の残った部分

monda 女 1 浄化, 除去; 〔農〕稲田の雑草除去 2 果実の皮むき

mondana 女《婉》売春婦

mondanità 女 1 世俗性 2 社交生活; 社交界, 上流階級

mondanizzare 他 世俗化させる, 俗っぽくする ―**arsi** 再 俗っぽくなる, 世俗にまみれる

mondanizzazione 女 世俗化

mondano 形 1 世俗の, 世間の 2 上流社会の, 社交界の

mondare 他 1 (不要なものを)取り除く, (皮や殻を)むく, さや[へた]を取る ―*mondare il riso* 稲田の雑草を除去する 2 浄化する, (罪から)解放する

mondariso 男女〔不変〕稲田の草取りの作業員

mondatura 女 (果実や野菜の)皮むき, 殻の除去; 雑草除去, 草刈り

mondezzaio 男 ごみため, ごみ捨て場; 〔中伊・南伊〕清掃員

＊**mondiale** [モンディアーレ] 形 1 世界の, 世界的な 2 並外れた, 驚くべき

mondializzare 他 世界規模にする, 国際的にさせる ―**arsi** 再 世界規模に広がる, 国際的になる

mondializzazione 女 国際化, 世界化

mondialmente 副 世界的に, 世界中で

mondina 女 1 稲田の草取り作業の女性 2〔トスカーナ〕ゆで栗

＊**mondo**¹ [モンド] 男 1 世界 ―*in tutto il mondo* 世界中で / *girare il mondo* 世界を巡る / *il Nuovo Mondo* 新世界(アメリカ) / *il Vecchio Mondo* 旧世界(ヨーロッパ・アフリカ・アジア) 2 天地, 全世界 3 天体 4 この世; 地球 5 全人類; 同じ文化に属する人々 6 社会, …界 ―*mondo della musica* 音楽界 / *mondo degli affari* ビジネス界 7 多数, 大量 8 石蹴り ―*divertirsi un mondo* 大いに楽しむ ▶ *andare all'altro mondo* 他界する *conoscere mezzo mondo* 顔が広い, 顔が利く *da che mondo è mondo* 大昔から *in capo al mondo* はるか遠くに *mandare... all'altro mondo* (人)を葬る; 殺す *mettere... al mondo* …を産む *uomo di mondo* 社交界の常連客 *venire al mondo* 生まれる

mondo² 形 1 (皮や殻を)除去した, きれいな, 清潔な; 澄みきった 2 潔白の

mondovisione 女 衛星放送(番組) ―*in mondovisione* 衛星放送で

monegasco 形〔複[男 -chi]〕モナコ公国の, モナコ公国民の ―男 1〔女[-a]〕モナコ公国の国民 2〔単数形のみ〕モナコ語(リグリア語の方言)

monelleria 女 悪さ, いたずら

monello 男〔女[-a]〕不良少年; 悪ガキ, いたずらっ子

Moneta 固名(男) (Ernesto Teodoro ~)モネータ(1833-1918; イタリアのジャーナリスト・愛国者. ノーベル平和賞受賞)

moneta 女 1 貨幣, 通貨 2 硬貨, コイン 3 金銭

monetabile 形 1 (金属で)鋳造できる 2 貨幣価値に換算できる

monetale 形 貨幣の, 通貨の

monetario 形 貨幣[通貨]の

monetina 女 小銭 ―*lanciare la monetina* (サッカーで)コイントスをする

monetizzabile 形 現金化できる, 通貨に換算できる

monetizzare 他 1 (金属を)貨幣に鋳造する 2 換金する, 金(かね)と交換する; 通貨に換算する

monetizzazione 女 貨幣鋳造; 換金, 現金換算

Monferrato 固名(男) モンフェッラート

monferrina 女 モンフェッリーナ(モンフェッラートの民俗舞踊)

monferrino 形 (ピエモンテ州)モンフェッラート(の人)の ―男〔女[-a]〕モンフェッラートの人

mongolfiera 女 熱気球

Mongolia 固名(女) モンゴル

mongolia 女 モンゴルの羊の毛皮

mongolico 形〔複[男 -ci]〕モンゴルの, モンゴル族の; モンゴル語の

mongolismo 男〔医〕ダウン症(sindrome di Down)

mongolo¹ 形 モンゴルの; モンゴル族の —男 1 [女[-a]] モンゴル人 2 (M-)[複数で]モンゴル族, 蒙古族 3 [単数のみ] モンゴル語

mongolo² 形 [女[-a]] 《古・蔑》愚かな人

mongoloide 形 モンゴル人種の; [医]ダウン症の —男女 1 モンゴル人種の人 2 (M-) [男性複数で]モンゴル人種 3 [医]ダウン症患者;《古・蔑》愚か者, 馬鹿

Monica 固名 [女性名] モニカ

monile 男 (貴金属の)ネックレス; 宝石

monismo 男 [哲]一元論

monito 男 叱責, 警告, 訓戒

monitor 男 [不変] [英] (コンピューターの)ディスプレー, モニター(画面)

monitoraggio 男 モニター監視

monitorare 他 [io monitoro] モニター装置を付ける; モニター監視をする

monitore¹ 男 [女[-trice]] 教育者; [スポ]体操のコーチ

monitore² 男 モニター艦(砲艦)

mono 形 [不変] モノラルの(monofonico)

mono- 接頭 「単一の」「唯一の」の意

monoblocco 形 [不変] 一体鋳造の, モノブロックの —男 [複[-chi]] [機]モノブロック

monocamera 女 ワンルームのアパート

monocamerale 形 [政] (議会が)一院制の

monocolo 形 単眼の;《文》片目の —男 単眼鏡, 片メガネ, 片レンズ

monocolore 形 [不変] 1 単色の, 1色だけの 2 [政] (政府が)一つの政党から成る

monocorde 形 抑揚のない, 単調な, 一本調子の

monocordo 男 [音]モノコード, モノコルド(弦が1本だけの楽器)

monocotiledone 形 [植]単子葉の —女 [植]単子葉植物

monocromatico 形 [複[男 -ci]] 単色の, モノクロの

monocromato → monocromatico

monocromia 女 単色; モノクロミー, 単色画法

monocromo, monocromo 形 単色の, 単彩の —男 単色画, 単彩画

monodia 女 [音]モノディ

monodico 形 [複[男 -ci]] [音]モノディの, 単声の, 独唱の

monodose 形 [不変] 1回服用量の

monofamiliare 形 一家族用の

monofase 形 [不変] [電]単相の

monofisismo 男 [神学]単性論, 単性説

monofisita 形 [複[男 -i]] [神学]単性論の, 単性説の —男女 [複[男 -i]] 単性論者

monofora 女 [建]上部がアーチ状で仕切りのない窓, 一連窓

monogamia 女 一夫一婦制, 単婚制

monogamico 形 [複[男 -ci]] 一夫一婦[単婚]制の

monogamo 形 一夫一婦の, 単婚の —男 [女[-a]] 一夫一婦主義者

monogenitoriale 形 —famiglia *monogenitoriale* 単親家庭, 一人親家庭

monografia 女 (ある問題に関する)研究論文, モノグラフ

monograficamente 副 専門研究的に

monografico 形 [複[男 -ci]] モノグラフの, 専門研究の —corso *monografico* sulla poesia di Manzoni マンゾーニの詩に関する専門講義 / museo *monografico* 一人の芸術家のみの作品展示の美術館

monogramma 男 [複[-i]] モノグラム(頭文字のロゴマーク等)

monogrammatico 形 [複[男 -ci]] モノグラムでできた, モノグラムの

monokini 形 [不変] モノキニ(トップレスの水着)

monolingue 形 [言]単一言語の; 一言語使用の, モノリンガルの —男女 一言語しか使わない人[住民], モノリンガル

monolinguismo 男 [言]単一言語使用, モノリンガリズム

monoliticamente 副 一枚岩のように, しっかり結束して

monolitico 形 [複[男 -ci]] 1 一枚岩の, モノリスの 2 首尾一貫した; 結束した

monolitismo 男 一枚岩的な結束

monolito, monolito 男 一枚岩; モノリス, 石柱, オベリスク

monolocale 男 ワンルームの住居 —形 [不変] ワンルームの —appartamento *monolocale* ワンルームマンション

monologare 自 [io monologo] 独り言を言う

monologo 男 [複[-ghi]] 1 一人芝居 2 モノローグ, 独白 3 独り言

monomane → monomaniaco

monomania 女 1 [医]偏執狂, モノマニア 2 凝り性, 病的執着

monomaniacale 形 [医]偏執狂の

monomaniaco 形 [複[男 -ci]] [医]偏執狂の —男 [複[-ci]] 女[-a]] 偏執狂者

monomio 男 [数]単項式

monomotore 形 [不変] 単発エンジンの —男 単発機

mononucleosi 女 [不変] [医]単核細胞症, 単核球症 ▶ *mononucleosi infettiva* 伝染性単核細胞症, 伝染性単核球症

monopattino 男 (子供用遊具他の)スクーター, キックスクーター

monopetto 形 [不変] (上着が)シングルの —男 [不変] シングルのジャケット[背広]

monopezzo 男 [不変] ワンピースの水着; モノキニ

monopiatto 男 ワンプレート料理

monoplano 男〔空〕単葉機
monopoli 男〔不変〕(ゲームの)モノポリー
monopolio 男 1 専売(権) 2 独占,独り占め
monopolistico 形〔複[男 -ci]〕専売(権)の; 独占的な
monopolizzare 他 専売する; 独占する, 独占権を得る
monopolizzatore 形〔女[-trice]〕専売の; 独占する —男〔女[-trice]〕専売する人; 独占する人
monopolizzazione 女 専売化,独占化
monoporzione 女 料理の一人前パック
monoposto 形〔不変〕一人乗りの —女〔不変〕一人乗りの自動車,単座自動車 —男〔不変〕一人乗りの飛行機,単座飛行機
monoptero 形 (ギリシャ・ローマ神殿が)単列の周柱を持つ
monorazione → monoporzione
monoreattore 男 単発ジェットエンジン
monoreddito 形〔不変〕収入源が一つの,一つの所得源の
monorotaia 女 モノレール —形〔不変〕モノレールの —ferrovia *monorotaia* モノレール
monosillabico 形〔複[男 -ci]〕〔言〕単音節の
monosillabo 形〔言〕単音節の —男 単音節語
monossido 男〔化〕一酸化物
monoteismo 男〔宗〕一神教
monoteista 形〔複[男 -i]〕一神教の —男女〔複[男 -i]〕一神教の信奉者
monoteistico 形〔複[男 -ci]〕一神教の, 一神教の信者の
monotematicamente 副 単一主題で
monotematico 形〔複[男 -ci]〕単一主題の;〔音〕単一主題[モチーフ]の
monotonamente 副 単調に
monotonia 女 単調さ; 退屈さ
monotono 形 1 単調な,変化のない 2 退屈な 3 (人が)常に同じやり方の, ワンパターンの
monottongo 男〔複[-ghi]〕〔言〕単母音
monouso 形〔不変〕使い捨ての
monovitigno 形〔不変〕単一のブドウの品種の
monovolume¹ 男,女〔不変〕〔車〕ミニバン —形〔不変〕ミニバンの
monovolume² 形〔不変〕単冊の辞典[事典] —形〔不変〕(辞典[事典]が)単冊の
monovulare 形 一卵性の
monozigote → monozigotico
monozigotico 形〔複[男 -ci]〕一卵性の
Monreale 固名(女) モンレアーレ(シチリア特別自治州パレルモ県の町)
monrealese 形 モンレアーレ(の人)の —男女 モンレアーレの人
monregalese 形 モンドヴィ(の人)の —男女 モンドヴィの人
mons. 略 monsignore 殿下, 閣下
monsignore 男 殿下, 閣下
monsone 男 モンスーン, 季節風
monsonico 形〔複[男 -ci]〕モンスーンの
monstrum 男〔不変〕〔ラ〕驚異的な出来事[現象]; 怪物, 並外れた人物
monta 女 1 (馬や牛の)交配, 交尾; 交配させる場所 2 馬に乗ること,馬の乗り方; 騎手
montacarichi 男〔不変〕(貨物用)昇降機,リフト
montaggio 男 1 (機械などの)組み立て 2〔映〕モンタージュ(映像編集)
※**montagna** [モンターニャ] 女 1〔集合的〕山; 山岳地方(での休暇) —andare in *montagna* (休暇で)山へ行く / *montagne* russe ジェットコースター 2 大量 —avere una *montagna* di cose da fare することが山ほどある
montagnola 女 塚, 小山; 積み重ね, 堆積
montagnoso 形 山地の, 山の多い
Montalcino 固名(女) モンタルチーノ(トスカーナ州にあるブルネッロワインの産地)
Montale 固名(男) (Eugenio ~)モンターレ(1896-1981; イタリアの詩人)
montanaro 1 山地に住む 2 山の生まれの —男〔女[-a]〕山地の住民
Montanelli 固名(男) (Indro ~)モンタネッリ(1909-2001; 20世紀イタリアを代表するジャーナリスト,作家・歴史家)
montanello 男〔鳥〕アトリ科の鳥
montano 形 山の
montante 男 1 まっすぐの支え,支柱;〔車〕ピラー; (サッカーの)ゴールポスト 2 (ボクシングの)アッパーカット 3 (会計の)決算額
montapanna 女〔不変〕生クリーム泡立て器
※**montare** [モンターレ] 自〔es〕1 (何かの上に)乗る, 登る —*montare* su una scala 段を上る 2 (星などが)昇る —La luna *monta*. 月が昇る. 3 (卵やクリームが)泡立つ, ふくらむ —fare *montare* la panna 生クリームを泡立てる 4 (in+名詞)〔心の状態を表して〕—*montare* in furia 激怒する —他 1 登る, 上る —*montare* le scale 階段を上る 2 (馬などに)乗る, またがる 3 (卵やクリームを)泡立てる, ふくらませる 4 (価値があると人に)信じ込ませる, そそのかす 5 (物事を)誇張する 6 (部品などを)組み立てる 7 (家などに)家具調度を備える 8〔映〕編集する —*arsi* 再 うぬぼれる, おごり高ぶる ▶ *montare il sangue alla testa a...* かっとなる, 頭に血がのぼる *montarsi la testa* おごり高ぶる, うぬぼれる
montascale 男〔不変〕ステアリフト,

階段昇降機

montasio 男 モンタジオ(フリウリ産チーズ)

montata 女 上昇

montato 形 **1** うぬぼれた，気取り過ぎの **2** (クリームを)泡立てた，ホイップした —panna montata ホイップクリーム —男〖女[-a]〗うぬぼれ屋

montatore 男〖女[-trice]〗 **1** 組み立て工 **2** 映画編集者

montatura 女 **1** 組み立て **2** (眼鏡などの)フレーム，枠 **3** 誇大宣伝，誇張

montavivande 男〖不変〗料理連搬用リフト[小型エレベーター]

‡**monte** [モンテ] 男 **1** (個々の)山 —cima del monte 山頂 / catena di monti 山脈 **2** 多量 —un monte di bugie 嘘八百 **3** 質屋(monte di pietà) **4** (トランプの)配り残りのカード; 捨てられたカード **5** 合計，総額 ▶ a monte 上流に; 元に戻って andare a monte だめになる，破綻する mandare a monte 破棄する，台無しにする

Monte Bianco 固名(男) モンブラン(フランスとイタリアとの国境にそびえるアルプス山脈の最高峰)

montebianco 男〖複[-chi]〗〖料〗モンブラン(ケーキ)

Montecitorio 固名(男) イタリア下院議事堂

montenegrino 形 モンテネグロ(人)の —男〖女[-a]〗モンテネグロ人

Montenegro 固名(男) モンテネグロ

montepremi 男〖不変〗(クイズや賭けの)賞金，高額の獲得金

montepulciano 男〖不変〗モンテプルチャーノ(ワイン)

Monte Rosa 固名(男) モンテローザ(スイスとイタリアとの国境にあるアルプス山脈第二の高峰)

Montessori 固名(女) (Maria ~)モンテッソーリ(1870-1952; イタリアの教育学者・女医.「モンテッソーリ教育」で幼児教育に貢献した)

montessoriano 形 モンテッソーリの，モンテッソーリ教育の —男〖女[-a]〗モンテッソーリ教育の追従者[支持者]

Monteverdi 固名(男) (Claudio ~)モンテベルディ(1567-1643; イタリアの作曲家)

montgomery 男〖不変〗ダッフルコート

monticello 男 **1** 盛り土，隆起した土地 **2** 堆積，積み重ね

montone 男 **1** 雄羊，マトン; 羊の毛皮，ムートン **2**〖諧〗精力のある男性

montuosità 女 山が多いこと，山地; 山の起伏

montuoso 形 山の多い，山地の; 起伏のある —catena montuosa 山脈

monumentale 形 **1** 記念碑の，記念建造物の; 記念碑に富んだ **2** 巨大な，堂々たる

monumentalità 女 記念碑であること; 壮大さ

‡**monumento** [モヌメント] 男 **1** 記念碑; 記念建造物; 遺跡 —visitare i monumenti di Roma ローマの名所旧跡を訪ねる **2** 不朽の名作 —monumento della pittura 絵画の傑作

Monviso, Monte Viso 固名(男) モンヴィーゾ山(イタリア北西部，コティアン・アルプスの最高峰)

Monza 固名(女) モンツァ(ロンバルディア州モンツァ・ブリアンツァ県の都市; サーキットで有名)

monzese 形 モンツァ(の人)の —男女 モンツァの人

moon boot 固〖男複〗ムーンブーツ(月面着陸の宇宙飛行士が履いていたものに似たブーツ)

moplen 男〖不変〗モプレン(化学繊維)

moquettare 他 モケットを敷き詰める

moquettato 形 モケットを敷き詰めた

moquette 女 〖不変または複[moquettes]〗〔仏〕(床などに敷き詰める)じゅうたん，モケット，カーペット(tappeto)

mora¹ 女〖植〗クワの実; 黒イチゴ

mora² 女 **1** (支払いなどの)滞り，遅れ **2** (遅滞による)罰金

mora³ 女 ブルネットの女性

‡**morale** [モラーレ] 形 **1** 道徳の; 道徳的な —senso morale 道徳心，良心 **2** 精神の —aiuto morale 精神的支援 / schiaffo morale 屈辱 —女 **1** 道徳律，モラル —società senza morale モラルのない社会 **2** 教訓，説教 —morale cattolica カトリックの教え **3** 結論 —morale della favola 結論，話の顛(テン)末 **4** 男 気力，精神状態 —essere su di morale 上機嫌である / essere giù di morale 気分が沈んでいる，不機嫌である

moraleggiante 形〖蔑〗訓戒を垂れた，道徳臭い

moraleggiare 自〖io moraleggio〗〖蔑〗訓戒を垂れる，道徳家的な態度をとる

moralismo 男 説教主義，教訓癖

moralista 形〖複[男 -i]〗教訓的な，道徳的な; 説教好きの —男女〖複[男 -i]〗説教好きの人; 道徳家，モラリスト

moralisticamente 副 教訓的に，道徳的に

moralistico 形〖複[男 -ci]〗教訓的な，説教主義的な

moralità 女 道徳性; 道義; 道徳劇

moralizzabile 形 教化されうる; 道徳的に説明できる

moralizzare 他 道徳的に改める，教化する —arsi 道徳的に改まる

moralizzatore 形〖女[-trice]〗教化する，道徳意識を高める —男〖女[-trice]〗道徳を説く者

moralizzazione 女 教化，道徳の改善

moralmente 副 道徳的に

Morandi 固名(男) (Giorgio ~)モランディ(1890-1964; イタリアの画家・彫刻

moratoria 囡 モラトリアム，一時停止；支払猶予(期間)

Moravia 固名(男) (Alberto ～)モラヴィア(1907-90; イタリアの小説家)

moravo, moravo 形 (チェコの東部)モラバの，モラビアの; モラバ[モラビア]の人の ― 男〖女 -a〗モラバ[モラビア]の人

morbidamente 副 1 柔らかく，柔軟に 2 穏やかに

morbidezza 囡 1 柔らかさ，柔軟さ 2 (性格の)穏やかさ，従順さ 3 (線や色使いの)柔らかさ

morbido 形 1 柔らかい，柔軟な，しなやかな 2 (性格が)やさしい，おとなしい 3 (しぐさや動きが)デリケートな，軽やかな ― 男 柔らかいもの

morbiglione 男 〚トスカーナ〛〚複数で〛良性の疱瘡(ほうそう)

morbillo 男 〖医〗はしか，麻疹(ましん)

morbo 男 1 病気，疫病，伝染病 2 悪徳

morbosamente 副 病的に

morbosità 囡 病的な状態，不健全さ

morboso 形 1 病的な，異常な 2 〖医〗伝染病の

morchia 囡 1 (オリーブ油の)油かす 2 (油脂やタールの)残りかす，残滓(ざんし)

mordace 形 1 〖文〗噛む 2 しっかり締まる 3 辛辣な，噛みつくような

mordacemente 副 辛辣に，皮肉に

mordacità 囡 辛辣さ

mordente 形 1 辛辣な，刺すような 2 皮肉的な ― 男 1 説得力; 根性，闘争意識 2 〖音〗モルデント 3 接着剤

mordere [66] 他 〚過分 morso〛 1 噛む，かじる 2 苦しめる，苛(さいな)む 3 侵食する，腐食させる 4 厳しく批判する，非難する 5 ちくちくさせる ― **ersi** 再 1 (自分の体に)噛みつく 2 噛み合う ▶ *mordersi la coda* 解決できない，悪循環に陥る *mordersi la lingua* 口をつぐむ，言いよどむ *mordersi le mani* 悔やむ，臍(ほぞ)を噛む

mordicchiare 他 〚io mordicchio〛少しずつかじる ― **arsi** 再 (自分の体を)少しずつかじる，繰り返し軽くかむ

mordorè 形 (皮革が)光沢のある金褐色の

morellino 男 モレッリーノ(トスカーナ州スカンサーノ産のワイン)

morello 形 (馬の毛が)黒ずんだ色の ― 男 黒馬

morena 囡 モレーン，堆石

morendo 副 〖音〗だんだん弱く，消え入るように

morenico 形 〚複[男 -ci]〛モレーンの，堆石の

morente 形 1 死にかけている，臨終の，消滅しつつある 2 (太陽が沈みかけの，(明かりが)薄れていく ― 男女 死にかけている人

moresco 形 〚複[男 -chi]〛ムーア人の; 〖芸・建〗ムーア様式の

more solito 慣用 〖ラ〗いつものように

moretta 囡 1 〚ヴェネツィア〛(顔の上半分だけを覆う)黒い半仮面 2 〖鳥〗キンクロハジロ(カモ科)

morettina 囡 1 黒髪で黒い目の少女; 黒い肌の少女 2 〚ヴェネツィア〛黒い半仮面

morettino 男 黒褐色の髪[肌]の快活な若者; 黒人の子供

moretto 形 黒褐色の ― 男 1 黒い肌[髪，目]の若者 2 チョコをコーティングしたアイスキャンデー

more uxorio 慣用 〖ラ・法〗内縁関係で

morfema 男 〚複[-i]〛〖言〗形態素

Morfeo 固名(男) 〖ギ神〗モルペウス(夢の神，眠りの神ヒュプノスの息子)

morfina 囡 モルヒネ

morfinomane 男女 モルヒネ中毒者，モルヒネ常用者

morfinomania 囡 モルヒネ中毒[依存]

morfo-, -morfo 接頭, 接尾 「形態」の意

morfologia 囡 1 〖生物〗形態学 2 〖言〗形態論 3 〖地質〗地形学

morfologico 形 〚複[男 -ci]〛 1 〖生物〗形態学の 2 〖言〗形態論の 3 〖地質〗地形学の

morfosintassi 囡 〚不変〛〖言〗形態統辞論

morgana 囡 〚次の成句で〛 ▶ *fata morgana* 蜃(しん)気楼

morganatico 形 〚複[男 -ci]〛貴賤(きせん)結婚の ― *nozze morganatiche* 貴賤結婚

moria 囡 (化学的要因や汚染による)動物[植物]の高い死亡率; 〖植〗ペと病

moribondo 形 危篤の，瀕(ひん)死の，臨終間際の ― 男〖女 -a〗危篤の病人，瀕死の重傷者

morigeratamente 副 節制して，慎ましやかに

morigeratezza 囡 節度，節制，禁欲(生活)

morigerato 形 節度のある，謹厳な ― 男〖女 -a〗節度のある人

moriglione 男 〖鳥〗ホシハジロ(カモ科)

＊**morire** [モリーレ] [67] 自 〚es〛〚過分 morto〛 〚(di,da)〛死ぬ，死にかけて…である ― *morire di malattia* 病死する / *morire di fame* 空腹で死にそうだ / *morire di freddo* 凍えるほど寒い / *morire di paura* 死ぬほど怖い / *morire dal sonno* 眠くて死にそうだ 2 枯れる; 絶える，途絶える; 廃れる ―Il giorno sta *morendo*. 日が暮れようとしている。/ Questo treno *muore* a Venezia. この列車の終点はヴェネツィアだ。/ Senza legna il fuoco *muore*. 薪がないと火は消える。 ▶ *da morire* ものすごく，ひどく / Sono stanco *da morire*. 疲れてくたくただ。

morirsene 長思いで死ぬ; 安らかに死ぬ

mormone 形 〖宗〗モルモン教の ― 男女 〖宗〗モルモン教徒

mormora 女〔魚〕タイの一種

mormorare 自 (io mormoro) 1 (風や木の葉が)ざわめく 2 つぶやく 3 (不平や不満を)ぶつぶつ言う; 悪口を言う, 噂(²⁰)する —他 ささやく, 小声で言う

mormoratore 形〔女[-trice]〕中傷する, 陰口を言う; 文句を言う, 不満をもらす —男〔女[-trice]〕中傷者; 不満を言う人

mormorazione 女 中傷, 陰口; 不満をもらすこと

mormoreggiare 自 (io mormoreggio)(ざわざわ・さらさら等)軽い音をたて続ける, ざわめく —L'acqua *mormoreggiava* nel ruscello. 小川を流れる水の音がしていた.

mormorio 男 1(不平や愚痴を)ぶつぶつ言うこと 2 (陰口や悪口を)ひそひそ話すこと 3 せせらぎ, ざわめき

moro¹ 形 黒ずんだ, 暗褐色の —男〔女[-a]〕1 ムーア人 2 肌[髪]の黒い人

moro² 男〔植〕クワの木

morosità 女〔法〕遅滞, 滞納; 滞納金

moroso¹ 形〔法〕遅滞の, 滞納の —inquilino *moroso* 家賃滞納者

moroso² 男〔女[-a]〕〔北伊〕恋人

morra 女 モッラ(古代ローマ時代から続くハンドゲーム) —*morra* cinese じゃんけん (morra giapponese)

morsa 女 1 (道具の)万力(ﾏﾝ) 2 (締めつけられるような)痛み

morse *mordere* の直・遠過・3 単

morsetto 男 万力; 留め金, 締め金, かすがい

morsicare 他 (io morsico) 嚙む, 嚙みつく; (虫が)刺す —**arsi** 再 (自分の体の一部を)嚙む

morsicatura 女 嚙むこと, 嚙んだ痕(ᶦ) —*morsicatura* di insetti 虫さされ

morsicchiare 他 (io morsicchio) 少しずつかじる

morsicchiatura 女 少しずつかじること

morso¹ 男 1 嚙むこと; 嚙み傷 2 虫刺され 3 (食べ物の)一口分 4 (馬の口につける)はみ 5 苦しみ 6 非難[批判]の言葉や文章

morso² *mordere* の過分

morta 女 よどみ; 停滞, 中断

mortadella 女 モルタデッラ(豚の脂身を練り込んだ大形のソーセージ)

mortaio 男 1 (薬などを乳棒で搗(ᵗ)る)乳鉢 2 すり鉢, 臼(ᵘˢ) 3 臼(ᵘˢ)砲, 迫撃砲

✻**mortale** [モルターレ] 形 1 死すべき 2 死ぬほどの 3 致命的な —男 (複数で) 人間 2《文》(死すべき運命の)肉体 ► *salto mortale* (体操や曲芸の)宙返り

mortalità 女 1 死亡率(tasso di mortalità) 2 死ぬこと, 滅びること

mortalmente 副 致命的に; ひどく, 甚だしく —ferire *mortalmente* 致命傷を負う

mortaretto 男 爆竹, かんしゃく玉

mortaṣa 女 ほぞ穴

✻**morte** [モルテ] 女 1 死, 死亡 —condanna a *morte* 死刑 / *morte* bianca 凍死; (特に安全対策の不備による)就労中の事故死 / *morte* cerebrale 脳死 / sul letto di *morte* 臨終の床で 2 ひどい苦悩 3 終末, 廃れること 4《口》最良の調理方法 ► *morte* 死ぬほど, 極度に, ひどく *avercela a morte con...*(人)を恨んでいる,(人)に悪意を抱く *questione di vita o di morte* 死活問題, 最重要[最優先]すべきこと *venire a morte* 死ぬ

mortella 女〔植〕ヤマモモ科の低木; ツゲ(bosso) = ギンバイカ(mirto)

morticino 男〔女[-a]〕死児

mortifero 形 致死の, 死に至らしめる; 死を予感させる, 不吉な

mortificante 形 屈辱的な

mortificare 他 (io mortifico) 1 (本能や欲望を)抑えつける 2 屈辱を与える, 侮辱する 3 劣化させる, 価値を下げる —**arsi** 再 1 (罪を償うために)苦行する, 禁欲する 2 恥ずかしく思う

mortificato 形 侮辱された; 恥ずかしく思う —Sono *mortificato*. 申し訳ありません.

mortificatore 形〔女[-trice]〕屈辱を与える —男〔女[-trice]〕侮辱する人

mortificazione 女 1 苦行, 禁欲 2 屈辱

✻**morto** [モルト] 形〔過分<*morire*〕1 死んだ —stanco *morto* へとへとに疲れた / Sono *morto*. 私には救いがない. | もうダメだ. 2 活気のない; (色の)くすんだ —foglie *morte* 枯れ葉 / natura *morta* 静物画 —男 1〔女[-a]〕死者, 死人 2《口·謔》蓄え, 隠し金, 埋蔵金 ► *a corpo morto* 全体重をかけて; 全精力をそそいで *angolo morto* 死角 *binario morto* 待避線; 暗礁, デッドロック *fare il morto* (水面に)大の字になって浮かぶ; 死んだふりをする *far risuscitare i morti* (死者を生き返らせるほど食べ物や飲み物が)すごくおいしい *punto morto* 行き詰まり, 解決策のない状態 *uccidere un uomo morto* 追い討ちをかける

mortorio 男 1 盛り上がらない集まり[宴会, 催し] 2 活気のない場所 3 葬儀

mortuario 男 死者の —camera *mortuaria* 霊安室

mosaicato 形 モザイクを散りばめた, モザイクで飾られた

mosaicista 男女《複〔男 -i〕》モザイク細工職人, モザイク師

mosaico¹ 男〔複[男 -ci]〕モザイク(技術, 細工, 模様); (文学作品や音楽作品などの)寄せ集め; (画像の)モザイク処理

mosaico² 形〔複[男 -ci]〕〔聖〕モーゼの ► *legge mosaica* モーゼの五書

Moṣca 固名(女) モスクワ(ロシア連邦の首都)

mosca [モスカ] 女 1 〔虫〕ハエ 2 (下唇の)ちょびひげ 3 付けぼくろ 4 (釣りの)毛ばり 5 (リキュールに入れる)煎ったコーヒー豆 —男〔不変〕(ボクシングの)フライ級 —pesi *mosca* フライ級 ▶ *far saltare la mosca al naso a...* (人)を怒らせる *mosca bianca* 珍無類な人[物] *restare con un pugno di mosche* 当てがはずれてがっかりする *saltare [montare] la mosca al naso* 苛立つ,怒る *Zitto e mosca!* 静かに.

moscacieca 女〔不変〕目隠し鬼 (人さんこちら手の鳴る方へ)

moscaiola 女 蠅帳(はえちょう), キープフードット

moscardino 男〔動〕ジャコウダコ

moscatello 形 マスカット(ブドウ)の香りの —男 マスカット(ブドウ)の変種; モスカテッロ(白ワイン)

moscato[1] 形 麝(じゃ)香の香りの; モスカート(ワイン)の, モスカート(ブドウ)の —*noce moscata* ナツメグ, ニクズク —男 モスカート(ワイン用ブドウの品種,マスカットの一種; その品種で作るワイン)

moscato[2] 形 (馬が)まだらの

moscerino 男 1 (ユスリカのように群がって飛ぶ)小さな虫 2〔蔑〕虫けら

moschea 女 モスク

moschettiera 女〔不変〕〔次の成句で〕▶ *alla moschettiera* (17世紀フランス国王軍の)近衛騎兵スタイルの

moschettiere 男 マスケット銃で武装した兵士; 17世紀フランス国王軍の近衛騎兵

moschetto 男 マスケット銃

moschettone 男 ばねホック; (登山道具の)カラビナ

moschicida 形〔複[-i]〕ハエを退治する —*carta moschicida* ハエ取り紙 —男〔複[-i]〕ハエ取りスプレー,殺虫剤

mosciame 男 干した魚肉 —*mosciame di tonno* マグロの干し肉[ジャーキー]

moscio 形〔複[女-sce]〕1 柔らかい, ぶよぶよの,張りのない 2 鈍い, 消耗した

mosco 男〔動〕ジャコウジカ

moscone 男 1〔虫〕ホホアカクロバエ 2 女性に言い寄る男 —*Le ronzava attorno un gruppo di mosconi*. たくさんの男たちが彼女につきまとっていた. 3 手漕ぎボートの一種 —*moscone da salvataggio* 救命ボート

moscovita 形〔複[男-i]〕モスクワ(人)の —男女〔複[男-i]〕モスクワの人

Mosè 固名〔男〕〔聖〕モーセ,モーゼ(紀元前13世紀頃の人,古代イスラエル民族の伝説の指導者)

mossa 女 1 動き,動作 2 駒の動き,手 3〔複数で〕動き出し,スタート ▶ *prendere le mosse da...* ...から始める,着手する *rubare la mossa* 相手を出し抜く,先駆ける

mosse *muovere* の直・遠過・3単

mossiere 男〔スポ〕スターター

mosso 形〔過分< *muovere*〕1 動かされた,揺れた,波打つ; 荒れた; (画像が)ぶれた 2 (土地が)耕された —副〔音〕モッソ, 速く

mostacciolo 男 モスタッチョーロ(伝統的な菓子)

mostarda 女 マスタード —*mostarda di Cremona* モスタルダ(クレモナ特産の果物のマスタードシロップ漬け)

mostardiera 女 マスタード入れ,モスタルダを詰めた容器

mosto 男 1 (発酵前の)ブドウの汁 2 果実の絞り汁

mostoso 形 ブドウの汁だらけの; ブドウの汁の匂いがする

mostra [モストラ] 女 1 展示会(場), 展覧会(場) —*mostra personale* 個展 / *mostra canina* ドッグショー 2 ディスプレー,ショーウインドー —*fare mostra di...* (勇気や賢明さを)示す / *mettere in mostra* 見せびらかす 3 見本,サンプル 4〔建〕(扉や窓の)縁取(ふちど) 5 時計の文字盤

mostrabile 形 見せることができる

mostrare [モストラーレ] 他 1 見せる 2 示す, 教示する 3 表す, 明らかにする 4 説明する —*arsi* 再 姿を見せる; 態度を表す

mostriciattolo 男 1 不格好な人[小動物] 2 出来の悪い作品

mostrina 女〔軍〕襟章,袖章

mostro [モストロ] 男 1 怪物,怪獣,モンスター 2 通り魔,殺人鬼,凶悪犯 3 並外れた才能の持ち主,非凡な人; (悪い意味で)普通ではない人 —*mostro sacro* 巨匠,鬼才 / *Questa donna è un mostro di avarizia*. この女はとんでもないけちんぼうだ.

mostruosamente 副 恐ろしく,すさまじく; 怪物のように

mostruosità 女 1 奇怪,奇形 2 非道,極悪; 残虐

mostruoso 形 1 怪物のような; 恐ろしい —*viso mostruoso* 恐ろしい顔 2 残虐な,凶悪な 3 並外れた

mota 女〔トスカーナ〕ぬかるみ,泥土

motel 男〔英〕モーテル

motilità 女 自動性,可動性

motivabile 形 納得できる, 弁明できる,もっともな

motivare 他 1 引き起こす, 動機となる; (何かをする)刺激[興味]を与える 2 理由を説明する —*arsi* 再 関心を抱く,やる気を出す

motivato 形 1 刺激を受けた,やる気のある 2 正当な理由のある,もっともな

motivazionale 形 動機に関する,誘因の

motivazione 女 動機づけ, 誘因; やる気

motivetto 男〔音〕簡単なモチーフ[動機]

motivo [モティーヴォ] 男 1 動機,理由 —*Per quale motivo?* どういう理由で?

2 モチーフ, メロディー; 曲 —*motivo* orecchiabile 覚えやすい旋律 ヒット曲 **3**（芸術作品の）主題, テーマ —*motivo* conduttore （音楽の）ライトモチーフ（特定の人物や場面や感情を思い起こさせるテーマ的楽想）；（作品の）テーマ, 中心思想 **4** 模様, 柄 (紋) —stoffa con *motivi* floreali 花柄の生地 ▶ *a motivo di...* …のために ▶ *per nessun motivo* 断じて[絶対に]…しない

＊**moto** [モート] 男 **1** 動き, 運動 —fare del *moto* 運動をする, エクササイズをする **2**（感情の）衝動, 爆発 —*moto* di stizza 憤慨(ふん), 怒りの爆発 **3** 騒動, 暴動 **4**（音）モート, 動き ━ 女〔不変〕バイク (motocicletta) ▶ *essere in moto* （機械が）動いている *mettere in moto* 動かす, 始動させる *mettersi in moto* （人の利益のために）動く, 尽力する

moto- 腰頭「モーターで動く」の意

motoaratore 男 **1**〔女[-trice]〕〔農〕トラクターの運転手 **2**〔農〕自動耕耘(え)機

motoaratrice 女 〔農〕自動耕耘(え)機

motoaratura 女 〔農〕自動耕耘(え)機による耕作

motobarca 女 モーターボート

motocarrista 男女〔複[男 -i]〕オート三輪の運転手

motocarro 男 オート三輪

motocarrozzetta 女 サイドカー

＊**motocicletta** [モトチクレッタ] 女 バイク, オートバイ

motociclismo 男 （オートバイの）ロードレース, オートバイ競技

motociclista 男女〔複[男 -i]〕ライダー; オートバイレーサー

motociclistico 形〔複[男 -ci]〕ロードレースの; オートバイの

motociclo 男 二輪車, 単車, オートバイ

motocross 男〔不変〕〔スポ〕モトクロス

motodromo 男 ロードレース用コース, オートバイ競技コース

motofurgone 男 有蓋オート三輪

motolancia 女〔複[-ce]〕モーター付きランチ（ボート）

motoleggera 女 （75ccから125ccまでの）自動二輪車, オートバイ

motonauta 男女〔複[男 -i]〕モーターボートの操縦者[所有者]

motonautica 女 モーターボートに関する活動全般, モーターボートレース

motonautico 形〔複[男 -ci]〕モーターボートに関する, モーターボートレースの

motonave 女 ディーゼル船

motopeschereccio 男 トロール船

motoraduno 男 オートバイの大会[競技会], ライダーの集会

motorcaravan 男〔不変〕キャンピングカー (camper)

＊**motore** [モトーレ] 男 **1** エンジン; モーター —guasto al *motore* エンジンが壊れた, エンジンの故障の / accendere [spegnere] il *motore* エンジンをかける[切る] **2** 原動力; 動機 —Il profitto è il *motore* dell'economia. 利益は経済の原動力だ. **3**（古代や中世の天文学や哲学で）天体や空の運行の原動 ▶ *a motore* エンジンが付いた

motoretta 女 原動機付き自転車, スクーター

motorino 男 小型バイク; モペット, 原動機付き自転車

motorio 形 **1** 筋肉運動の **2** 運動の, 体の動きの

motorismo 男〔スポ〕オートレース

motorista 男女〔複[男 -i]〕エンジンの修理工, 機械工

motoristica 女 スポーツカーの設計と製造

motoristico 形〔複[男 -ci]〕スポーツカーの, モーターの

motorizzare 他 エンジンを装備する, 動力化する; 車を配備する ━ **arsi** 再 （移動手段の）車を持つ

motorizzato 形 車を持っている, 車で移動できる

motorizzazione 女 動力化, 機械化; 自動車の大衆化[普及], モータリゼーション

motoscafo 男 モーターボート

motoscuter 男〔不変〕スクーター

motoscuterismo 男 スクーターの実用法

motoscuterista 男女〔複[男 -i]〕スクーターの運転者[所有者]

motosega 女 チェーンソー

moto-sidecar 女〔不変〕サイドカー (motocarrozzetta)

motosilurante 女〔軍〕（魚雷を搭載した）小型戦闘艇

motoslitta 女 スノーモービル

mototurismo 男 バイクツーリング

mototurista 男女〔複[男 -i]〕ツーリングライダー

mototuristico 形〔複[男 -ci]〕バイクツーリングの, ツーリングライダーの

motovedetta 女 巡視船 —*motovedetta* costiera 沿岸警備艇

motoveicolo 男 （エンジン搭載の）二[三]輪車

motovelodromo, **motovelodromo** 男 二輪車（自転車）競技場

motozappa 女 農耕機, 耕耘(え)機

motrice 女 エンジン, モーター; 機関車

motteggiare 自〔io motteggio〕冗談を言う, ふざける, おどける ━ 他 からかう

motteggiatore 形〔女[-trice]〕冗談を言う, ふざける, からかいの ━ 男〔女[-trice]〕ふざける人, からかう人

motteggio 男 冗談, ジョーク, 悪ふざけ, からかい, いやみ

mottetto 男 **1** 短詩 **2**〔音〕モテット

motto 男 1 冗談, しゃれ, 気の利いたこと 2 モットー, 格言 —non proferire *motto* 黙っている

motuproprio 男 自発教令, 国家元首が自身で発布する法令

mou 女〖不変〗〔仏〕ミルクキャラメル(caramelle mou) —形〖不変〗ミルクキャラメルの

mouse 男〖不変〗〔英〕(コンピューターの)マウス

mousse 女〖不変〗〔仏・料〕ムース

movente 男 動機 —movente del delitto 犯行動機

movenza 女 物腰, 所作, ポーズ

moverei muovere の条・現・1 単

moverò muovere の直・未・1 単

movesse muovere の接・半過・3 単

moveva muovere の直・半過・3 単

moviamo muovere の命・1 複; 接・現・1 複

movibile 形 移動できる, 可動の

movimentare 他 活気づける —**arsi** 再 活気づく, 生き生きする

movimentato 形 1 活気のある 2 交通量の多い 多難に満ちた

✱**movimento** [モヴィメント] 男 1 動き, 運動 —movimento operaio [studentesco] 労働[学生]運動 / *movimento del pendolo* 振り子の運動 2 (人や車の激しい)往来; (人員の)大移動 —*movimenti dei passeggeri nell'aeroporto* 空港での乗客の流れ 3 (思想・文化・芸術などの)傾向, 動向 4 〔音〕速さの度合, テンポ 5 (絵画・彫刻・建築の)動的効果, 躍動感, ムーブマン

moviola 女 〔映〕ムビオラ(フィルム編集用ビューアー); スローモーション —alla *moviola* スローモーションで

mozambicano 形 モザンビーク(人)の —男〖女[-a]〗モザンビーク人

Mozambico 固名〘男〙モザンビーク

mozarabico 形〖複[-ci]〗(イスラム教徒支配下のスペインのキリスト教徒)モサラベの

mozartiano 形 〔音〕モーツァルトの, モーツァルトの作品の

mozione 女 動議, 発議

mozzafiato 形〖不変〗息をのむような, どきっとするほどの

mozzare 他 切断する, 切り離す —*mozzare il fiato* 息切れさせる —**arsi** 再 ちぎれる, 切断される; 途切れる

mozzarella 女 1 モッツァレラ(チーズ) 2 弱々しい人

mozzicone 男 (ろうそくやタバコの)焼け残った部分, 使い残り —*mozzicone di sigaretta* タバコの吸い殻

mozzo¹ 形 切断された; 中断された, 途切れた

mozzo² 男 1 〔海〕見習い水夫の少年 2 下働きの少年 —*mozzo di stalla* 馬丁見習い

mozzo³ 男 〔機〕ハブ, こしき(車輪の中央), プロペラの中心部

mq 略 metro quadrato 平方メートル

ms. 略 manoscritto 写本

MSF 略 Medici Senza Frontiere (Médecins Sans Frontières) 〔仏〕国境なき医師団

MSI 略 Movimento Sociale Italiano イタリア社会運動(イタリアの政治結社)

MSI-DN 略 Movimento Sociale Italiano-Destra Nazionale イタリア社会運動・国民右翼(イタリアの政治結社)

MT 略 Matera マテーラ

mucca 女 乳牛, 雌牛 —*mucca pazza* 狂牛病

✱**mucchio** [ムッキオ] 男 積み重ねた山; 大量, 多数 —un *mucchio di sassi* 石ころの山 / un *mucchio di soldi* 大金 ▶ *sparare nel mucchio* 乱射乱撃する; 誰彼なしに攻撃[挑発]する *un mucchio* やけに, めっぽう / *mangiare un mucchio* 無茶食いする / Mi piace *un mucchio*. めっぽう好きだ.

muci 間 (猫を呼ぶための鳴き声)ミーミー

mucillaggine → mucillagine

mucillagine 女〔植〕粘液; ゴム糊(ぬ)

muco 男〖複[-chi]〗粘液, 鼻汁

mucosa 女〔解〕粘膜

mucoso 形〔解〕粘膜の; 粘液の

muda 女 換羽(鳥の羽毛の生え変わり)

muezzìn 男〖不変〗〔トルコ〕ムアッジン(イスラム教の礼拝を呼びかける係)

muffa 女 黴(かび) —sapere di *muffa* カビ臭い, 時代にそぐわない ▶ *fare la muffa*〘物を主語に〙カビが生える; 〘人を主語に〙だらける

muffire 自[es] [io -isco] カビが生える

muffo 形 カビが生えた

muffola 女 1 ミトン 2 マッフル(炉[窯]の間接加熱室)

muflone 男〔動〕ムフロン(野生の羊の一種); ムフロンの毛織物

mugghiare 自 [io mugghio] 1 (牛が鳴く 2 (苦しくて)うめく 3 (海・風・雷が)とどろく

muggine 男〔魚〕ボラ

muggire 自 [io -isco] 1 (牛が鳴く 2 (苦痛や怒りで)わめく 3 (海や風や雷が)怒号する

muggito 男 1 牛の鳴き声 2 わめき[うめき]声 3 怒号

mughetto 男 1〔植〕ドイツスズラン 2〔医〕鵞口瘡(がこうそう), 口腔(こうくう)カンジダ症

mugic, mugico 男〖不変〗(1917年以前の)ロシアの農奴

mugnaia¹ 女 粉屋の妻[娘]

mugnaia² 形〖不変〗〘次の成句で〙 ▶ *alla mugnaia* (魚の調理で)ムニエルの

mugnaio 男〖女[-a]〗粉屋の主人; 製粉業者

mugolare 自 [io mugolo] 1 (犬が悲しそうに)クンクン鳴く 2 (犬がクンクン鳴くように)泣きごとを言う —他 (不平や愚

痴</2>ぶつぶつ言う

mugolio 男 (犬が)クンクン鳴くこと; (人が)めそめそすること, 愚痴ること

mugugnare 自 不平を言う, 愚痴をこぼす

mugugno 男 不平, 愚痴, 泣き言

mujaheddin 男〖不変〗〔アラビア〗ムジャヘディン(イスラム過激派)

mulacchia 女〔トスカーナ・鳥〕ニシコクマロガラス; ハイイロガラス

mulattiera 女 1 ラバ追いの女性 2 荷車が通れる(車が通れない)山道; 細道, 小道

mulattiere 男〔女 -a〕ラバ追い

mulattiero 形 ラバの, ラバ用の

mulatto 形 白人と黒人の混血の ― 男〔女 [-a]〕白人と黒人の混血児, ムラート

muliebre, muliebre 形《文》女性の, 女性らしい

mulinare 他 回す; もくろむ, 企む ― 自 ぐるぐる回る; 空想する

mulinello 男 1 渦巻き, (風や水の)渦 2 回転させること 3 (釣り竿の)リール 4 換気扇 5 (おもちゃの)風車

mulino 男 製粉場; 粉砕機 ―*mulino ad acqua* [*a vento*] 水車[風車]小屋 ・ *combattere contro i mulini a vento* (ドン・キホーテが風車に戦いを挑んだように)仮想の敵と戦う; 無駄なことに精を出す *parlare come un mulino a vento* 早口でよどみなく話す(立て板に水) *tirare l'acqua al proprio mulino* 私利私欲のために強引なことをする(我田引水)

mullide 男 〔魚〕ヒメジ科の魚; (M-)〖複数で〗ヒメジ科

mulo 男 1 〖動〗ラバ 2 のろまの頑固者 3〘蔑〙私生児

multa 女 1 罰金 ―*multa penitenziale* 違約金 2 処罰, 罰則

multare 他 罰金を科する

multi- 腰頭「マルチ(多数の)」の意味

multicentrico 形〖複[男 -ci]〗多極主義の

multicolore 形 多色の ―*collana di perle multicolori* 色違いの真珠を多く使ったネックレス

multiconfessionale 形 (国家や法的組織が)多宗教を認める

multiculturale 形 多文化の

multiculturalismo 男 多文化主義, マルチカルチャリズム

multidisciplinare 形 学際的な

multidisciplinarità 女 学際的研究

multietnico 形〖複[男 -ci]〗多民族の

multiforme 形 多様な, 多種多彩な

multiformità 女 多様性

multifunzionale 形 多機能の; 多目的の

multifunzionalità 女 多機能性, 多目的性

multifunzione 形〖不変〗多機能の, 多目的の(multifunzionale)

multilaterale 形 多面的な; 多国間の

multilateralità 女 多面性

multilingue 形〔言〕多言語の

multilinguismo 男 多言語併用, 多言語使用(主義)

multilinguistico 形〖複[男 -ci]〗多言語使用の

multimedia 形〖不変〗〔英〗マルチメディアの ― 男〖不変〗マルチメディア

multimediale 形 マルチメディアの

multimedialità 女 マルチメディアの技法[産物]

multimiliardario 形 何十億も所有する ― 男〔女 -a〕大富豪, 億万長者

multimilionario 形 何百万も所有する ― 男〔女 -a〕大金持ち, 百万長者

multimodale 形 色々な様式の

multinazionale 形 多国籍の ― 女 多国籍企業

multipiano 形〖不変〗(建物が)多層の, 多重の ―*parcheggio multipiano* 立体駐車場

multiplo 形 1 複合的な, 多くの部分[要素]から成る 2 倍数の ― 男〔数〕倍数 ―*minimo comune multiplo* 最小公倍数

multiprogrammazione 女〔情〕マルチプログラミング

multiproprietà 女 1〔法〕不動産共同使用, タイムシェアリング 2 共同使用の不動産

multirazziale 形 多民族の

multiruolo 形〖不変〗複数の役割をする, 多機能の

multisala 形〖不変〗(映画館が)複数のスクリーンのある ―*cinema multisala* シネマコンプレックス, 複合映画館 ― 男, 女〖不変〗シネマコンプレックス

multisale → multisala

multischermo 形〖不変〗マルチスクリーンの

multiscopo 形〖不変〗多目的の

multisettoriale 形 多分野の, 多方面にわたる

multitrapianto 男 (一人の患者への)多臓器移植

multiusi → multiuso

multiuso 形〖不変〗多目的の; 異なる用途に使える

multivideo 形〖不変〗マルチ画面の ― 男〖不変〗マルチ画面

multivisione 女 マルチビジョンシステム

multizonale 形 多地域の

mummia 女 1 ミイラ 2 やせこけた人, 無口で非社交的な人; 昔かたぎの偏屈者

mummificare 他〔io mummifico〕ミイラにする ―**arsi** 再 1 ミイラ化する; やせこける, ひからびる 2 時代遅れになる

mummificazione 女 ミイラにすること, ミイラ化すること

mundial 男〖不変〗〔西〗(サッカーの)ワールドカップ(大会)

mungere [58] 他 〔過分 munto〕 **1** (牛や羊の)乳をしぼる **2** (金を)しぼり取る, 巻き上げる; 横領する

mungitoio 男 **1** 搾乳場, 酪農場 **2** 搾乳桶(形)

mungitore 形 〔女[-trice]〕乳搾りの ―男〔女[-trice]〕乳搾りをする人

mungitrice 女 搾乳器

mungitura 女 乳搾り, 搾乳

municipale 形 地方自治体[市町村]の

municipalismo 男 地方自治主義; 〔蔑〕郷土愛(campanilismo)

municipalista 形 〔複[男 -i]〕地方自治の, 郷土愛の ―男女 〔複[男 -i]〕地方自治主義者

municipalistico 形 〔複[男 -ci]〕郷土愛の

municipalità 女 地方自治体; 市当局

municipalizzare 他 市当局の管轄下に置く, 市有にする, 市営にする

municipalizzata 女 (地方自治体の出資の)公社

municipalizzazione 女 市営化

municipio 男 **1** 市役所, 町村役場 **2** 地方自治体 **3** (古代ローマや中世の)自治都市

munificamente 副 気前よく

munificenza 女 気前のよさ, 物惜しみをしないこと; 寛大なこと

munifico 形 〔複[男 -ci]〕気前のよい, 物惜しみしない; 寛大な, おおらかな

munire 他 〔io -isco〕備え付ける, 備えを固める ―*munire* la città di mura 町を城壁で囲む ―**irsi** 再 自給する, 調達する ―*munirsi* di denaro per un viaggio 旅行の金を用意する

munito 形 防備された; 備わった, 装備した

munizione 女 **1** 〔複数で〕弾薬 **2** 軍需品

munse mungere の直・遠過・3 単

munto mungere の過分

muoia morire の命・3 単; 接・現・1 単[2 単, 3 単]

muoio morire の直・現・1 単

muore morire の直・現・3 単

muori morire の直・現・2 単; 命・2 単

✳**muovere** [ム オーヴェレ] [68] 他 〔過分 mosso〕 **1** 動かす ―Il vento *ha mosso* le foglie. 風で葉がざわめいた. **2** 引き起こす ―*muovere* i primi passi (赤ちゃんが)歩き始める／Quella scena *ha mosso* in tutti il riso. そのシーンは皆の笑いを引き起こした. ―自 [es/av] **1** (動きを)開始する; 向かう **2** 発する **3** 〔トスカーナ〕発芽する ―**ersi** 再 動く ―Non *ti muovere*! 動くな.

muoverei muovere の条・現・1 単

muoverò muovere の直・未・1 単

muovesse muovere の接・半過・3 単

muoveva muovere の直・半過・3 単

muoviamo muovere の命・1 複; 接・現・1 複

mura 女複 〔muro 男の複数形〕(町を囲む)防壁, 城壁 ―le *mura* domestiche 我が家 ▶ **chiudersi tra quattro mura** 家に閉じこもる; ひっそりと暮らす

muraglia 女 **1** 城壁, 防壁 ―la *Muraglia* Cinese 万里の長城 **2** (山岳の)絶壁

muraglione 男 大規模な城壁; 〔船〕補助帆の一種

murale 形 壁面の, 壁の, 壁用の ―carta *murale* ウォールマップ, 壁掛け地図 ―男 → murales

murales 男複 〔西〕壁画

muralista 男女 〔複[男 -i]〕壁画家 ―形 〔複[男 -i]〕壁画家の

murare 他 **1** 壁でふさぐ **2** 防壁で囲って守る **3** 壁に塗り込める; 壁の空間にはめ込む(壁で囲まれた場所に)閉じ込める **4** 〔目的語をとらずに〕壁をつくる ―**arsi** 再 閉じこもる, 引きこもる

murario 形 壁作りの ―arte *muraria* レンガ積み, 石工術

murata[1] 女 〔船〕船の側面, 船壁

murata[2] 女 〔カト〕出入り禁制の修道院の尼僧

murato 形 (町などが)城壁で防備された

muratore 男 〔女[-trice]〕石工, レンガ[ブロック]職人, 左官

Muratori 固名 男 (Ludovico Antonio ~)ムラトーリ(1672-1750; イタリアの歴史家・古典学者)

muratura 女 壁で塞ぐこと, 壁作り, 石積み; レンガ積みの技術

murena 女 〔魚〕ウツボ

muretto 男 (囲いや柵の)低い壁; 橋の欄干

muriatico 形 〔複[男 -ci]〕〔次の成句で〕 ▶ **acido muriatico** 塩酸

muricciolo 男 (土地や建物の境界を示す)低い壁

murice 男 〔動〕ホネガイ

muride 男 〔動〕ネズミ科の動物; (M-)〔複数形〕ネズミ科

✳**muro** [ムーロ] 男 **1** 〔複[i muri]〕壁, 塀(ã) ―*muro* di mattoni [pietre] レンガ[石]塀 **2** 〔複[le mura]〕→ mura **3** 〔複[i muri]〕障害物, ブロック **4** 〔地〕岩床 ▶ **a muro** 壁に組み込んだ ▶ **battere la testa contro il muro** 絶望する, 自暴自棄になる **con le spalle al muro** 八方塞がりの窮地 **da muro** 壁掛け用の **parlare al muro** 馬の耳に念仏

musa[1] 女 **1** 〔ギ神〕ムーサ, ミューズ; 詩的霊感 **2** 〔文〕詩人

musa[2] 女 〔植〕バショウ

musacea 女 〔植〕バショウ科の植物; (M-)〔複数形〕バショウ科

musagete 形 〔単数のみ〕《文》〔アポロンの呼称として〕ミューズを導く ―男 〔ギ

musata 女 鼻面[顔面]での攻撃

muscari 男〔不変〕〔植〕ムスカリ

muschiato 形 麝(じゃ)香の(香りの)

muschio¹ 男 1 苔(こけ)(musco) 2〔不変〕苔色 —形〔不変〕苔色の

muschio² 男 麝(じゃ)香

muschioso 形 苔で覆われた, 苔むした

musco → muschio¹

muscolare 形 筋肉の

muscolatura 女 筋肉組織

muscolo 男 1 筋肉 2〔複数で〕(知力や精神力に対する)体力, 腕力 ▶ *essere tutto muscoli* (*e niente cervello*) 筋肉隆々だが知能はない

muscoloso 形 筋肉質の; がっしりした

muscoso 形〔文〕苔(こけ)で覆われた

muscovite 女〔鉱〕白雲母(うんも)

museale 形 博物館の

***museo** [ムゼーオ] 男 博物館, 美術館 —*museo di scienze naturali* 自然科学博物館 / *pezzo da museo* 博物館行きのもの, 時代遅れのもの

museografia 女 博物館学

museografico 形〔複[男 -ci]〕博物館学の

museologia 女 博物館学

museologo 男〔複[-gi]女[-a]〕博物館学者

museruola 女(犬や馬の口にはめる)口輪, 口かせ

musetta 女 1(馬の首にぶら下げる)飼葉袋 2 → musette

musette 女〔不変〕〔仏・音〕ミュゼット(バグパイプに似た楽器); ミュゼットのための楽曲

musetto 男 1 小顔, 可愛い顔 2 自動車の前面部分

***musica** [ムーズィカ] 女 1 音楽 —*musica classica* [*jazz*] クラシック[ジャズ]音楽 / *musica pop* [*rock*] ポピュラー[ロック]ミュージック / *musica da camera* 室内楽 / *ascoltare la musica* 音楽を聴く 2 曲 —*fare musica* 演奏する 3 楽譜 —*leggere la musica* 譜面を読む 4 楽団, バンド 5 心地よい音[響き] —*musica del mare* 海の音 6〔皮肉で〕騒音, 止まらない単調な音 ▶ *È sempre la stessa musica!* 耳にたこができるよ. | いつも同じだね.

musicabile 形 曲をつけられる

musical 男〔不変〕〔英〕ミュージカル

musicale 形 音楽の, 音楽的な; 音楽演奏の

musicalità 女 音楽性

musicalmente 副 音楽的に, 調和的に

musicante 男女 ミュージシャン, バンドマン, 楽団員;《蔑》へぼ音楽家 —形 楽器を奏でる

musicare 他〔io musico〕作曲する, 音楽をつける

musicassetta 女 音楽カセットテープ

music-hall 男〔不変〕〔英〕ミュージックホール, 音楽演芸

musichetta 女 軽い短い曲, 小品;《蔑》駄作の楽曲

musicista 女〔複[男 -i]〕1 音楽家, 作曲家 2 演奏家

musicologia 女 音楽学

musicomane 形《諧》音楽狂の, 音楽マニアの —男女《諧》音楽狂, 音楽マニア(の人)

musicomania 女《諧》音楽狂い

musicoterapia 女〔心〕音楽療法

musino → musetto

musivo 形 モザイク芸術[技術]の —*arte musiva* モザイクアート

muso 男 1(動物の)顔, 鼻づら 2《蔑・諧》(人間の)顔, 面(つら) —*brutto muso* 仏頂面(の人) 3(車体や車両の)前部, (飛行機の)機首 ▶ *a muso duro* きっぱりと *fare il muso* しかめっ面[仏頂面]をする *torcere il muso* 眉をひそめる, 額にしわを寄せる

musone 男〔女[-a]〕むっつりした人, ふさぎ込んだ人 —形 むっつりした, ふさぎ込んだ

musoneria 女 むっつりすること, ふさぎ込むこと

mussola 女 モスリン

mussolina → mussola

Mussolini 固名〔男〕(Benito ~)ムッソリーニ(1883-1945; イタリアの政治家. ファシスト党を結成し独裁体制を確立)

mussoliniano 形 ムッソリーニの —男〔女[-a]〕ムッソリーニの信奉者

mussulmano → musulmano

must 男〔不変〕〔英〕必需品, 不可欠なもの

mustacchio 男〔複数で〕濃い長髭(ひげ)

mustelide 男〔動〕イタチ科の動物; (M-)〔複数で〕イタチ科

musulmano 形 イスラム教の, イスラム教徒の —男〔女[-a]〕イスラム教徒

muta¹ 女 1 変化; (動物の)毛変わり, (鳥の)換羽, (蛇等の)脱皮 2 ウエットスーツ

muta² 女 1(狩りに伴う)3,4 匹の猟犬の一群 2 そり引きの一団 3 馬車を引く 2 頭一組の馬

mutabile 形 変化しうる, 変わりやすい —*umore mutabile* むら気

mutabilità 女 移り気; 可変性

mutabilmente 副 移り気に, 気まぐれに; 変わりやすく

mutamente 副 静かに, 黙って

mutamento 男 変化; 移り変わり

mutanda 女〔複数で〕(下着の)パンツ, ショーツ —*mettersi* [*togliersi*] *le mutande* パンツをはく[脱ぐ]

mutande 女複 → mutanda

mutandine 女複 女性[子供]用ショーツ

mutandoni 男複 (ウールや厚手の)冬用ショーツ, 毛糸のパンツ

mutante 男女〔生物〕突然変異体, ミュータント

mutare 他 変える,変更する ―自 [es] 変わる ―**arsi** 再 変わる,変形する; 着替える ―*mutarsi* d'abito 服を着替える

mutatis mutandis 成 〔ラ〕変えるべきものを変えて,必要な変更を加えて

mutazione 女 1 変化,変質,変容 2 交換 3 突然変異

mutevole 形 変わりやすい,不安定な; 移り気な

mutevolezza 女 変わりやすいこと,不安定,移り気

mutilare 他 1 (体の一部を)失わせる,(手足等を)切断する 2 (重要な部分を)削除する,損なう

mutilato 形 (戦争や事故などで)身体の一部を失った,体の部位に障害のある ―男〔女 [-a]〕身体障害者

mutilazione 女 1 (手足の)切断,身体障害 2 (重要な部分の)破損

mutilo 形 破損した,重要な所が欠けた

mutismo 男 1 〔医〕無言症 2 沈黙,黙秘

muto 形 1 口の利けない; (恐怖などで)声が出ない 2 言葉にならない ―*rabbia muta* 言いようのない怒り 3 無声の ―男〔女 [-a]〕口の利けない人 ▶*cinema* [*film*] *muto* 〔総称的〕無声映画; (個別の)無声映画 *fare scena muta* 黙り込む,だんまりを決め込む

mutua 女 共済〔互助〕組合; 健康保険 ―*libretto della mutua* 健康保険証,組合員証

mutuabile 形 健康保険の,共済組合の

mutualismo 男 1 〔生物〕相利共生 2 相互扶助

mutualisticamente 副 相互扶助で; 共生して

mutualistico 形 〔複 男 -ci〕 1 相互扶助の,共済の 2 〔生物〕相利共生の

mutualità 女 相互扶助

mutuamente 副 相互的に,互いに

mutuare 他 〔io mutuo〕 (消費貸借で)貸し借りをする; 借り入れる

mutuato¹ 形 相互扶助を利用する ―男〔女 [-a]〕健康組合員,共済組合員

mutuato² 形 引き出された,由来した

mutuo¹ 形 相互の

mutuo² 男 長期貸し付け,貸付金,ローン ―*mutuo ipotecario* 抵当貸付

mV 略 millivolt 〔電〕ミリボルト

M.V. 略 Maria Vergine 聖母マリア

MVSN 略 Milizia Volontaria per la Sicurezza Nazionale 国防義勇軍(黒シャツ隊)

Myanmar, Myanmar 固名(男) ミャンマー(旧称 Birmania)

N, n

N¹, n¹ 女, 男 (イタリア語アルファベットの)12番目の字母 ―*N come Napoli*

〔符丁〕ナポリの N

N² 略 1 Norvegia ノルウェー 2 nord 北

n² 略 〔数〕不定整数

n. 略 numero 番号

NA 略 ナポリ

Na 略 〔元素記号〕natrium 〔化〕ナトリウム(sodio)

nababbo 男 1 (ムガル帝国時の)インドの太守 2 ぜいたく三昧の成金,大金持ち

nabuk 男 〔不変〕ヌバック(起毛させた牛革; 英語の nubuck から作られた語)

nacchera 女 〔複数で〕カスタネット ―*suonare le nacchere* カスタネットを打ち鳴らす

nacque nascere の直・遠過・3単

Nadia 固名 〔女性名〕ナディア

nadir 男 〔不変〕〔天〕天底

nafta 女 ナフサ; 軽油

naftalina 女 〔化〕ナフタリン

naïf 形 〔不変〕〔仏・美〕素朴派の ―*arte naïf* 素朴派,ナイーヴ・アート ―男〔不変〕素朴派の画家

naia¹ 女 〔隠〕兵役に服する義務,徴兵

naia² 女 〔動〕コブラ,毒蛇

naiade 女 〔ギ神〕(水の妖精)ナイアス

nailon → nylon

Namibia 固名(女) ナミビア

namibiano 形 ナミビア(共和国)の; ナミビア人の ―男〔女 [-a]〕ナミビア人

Nanchino 固名(女) ナンキン(南京)(中国,江蘇省の省都)

nanchino 男 〔織〕南京木綿(夏服用の平織りの綿布)

nandù 男 〔鳥〕ダーウィンレア,アメリカダチョウ

nanerottolo 男〔女 [-a]〕 1 《蔑》ちび,小人(ﾋﾞ) 2 《蔑》無能な奴

nanismo 男 〔医〕小人症; 発育不全

nanna 女 《幼》ねんね,《文》子守唄(ninnananna) ―*andare a nanna* [*fare la nanna*] ねんねする

nano 形 極小の ―*albero nano* 盆栽 2 発育不全の ―男 1 (童話に登場する)小人; 発育不全の人 ―*Biancaneve e i sette nani* 『白雪姫と七人の小人』 2 とても背の低い人 3 知性とモラルに欠けた人

nano- 接頭 1 「極小の」「矮小の」の意; 〔医〕「小人症の」の意 2 「10億分の1」の意

napalm 男 〔不変〕〔英・軍〕ナパーム(弾)

napea 女 〔ギ神〕(森の妖精)ナパイア

Napoleone 固名(男) 1 (~ Bonaparte または ~ I)ナポレオン1世(1769–1821; フランス第一帝政の皇帝; 在位 1804–14/15) 2 (~ III)ナポレオン3世(1803–73; フランス第二帝政の皇帝; 在位 1852–90)

napoleone 男 1 ナポレオン金貨 2 (コニャック用の)ナポレオングラス 3 (トランプ

ゲームの)ナポレオン

napoleonico 形 〔複[男 -ci]〕ナポレオンの

napoletana 女 1（ドリップ方式の）ナポリ式コーヒーメーカー 2 ナポリ風ピッツァ (pizza alla napoletana)

napoletanità 女 ナポリ(人)気質

napoletanizzare 他 ナポリ風にする —**arsi** 再 ナポリ風になる

napoletano 形 ナポリの；ナポリの人［方言］の —男 1〔女[-a]〕ナポリの人 2〔単数のみ〕ナポリ方言 3〔複数で〕（ミネストラ用の）細長いパスタ 4 葉巻きの名称 ▶ *alla napoletana* ナポリ風の

Napoli 固名(女) ナポリ(カンパーニア州の州都；略 NA)

napoli 男〔不変〕〈蔑〉ナポリ人，（北伊に移住した）イタリア南部の出身者 —女〔不変〕〈口〉ナポリ風ピッツァ

nappa 女 1 飾り房 2〈諧〉大きな鼻 3 ナパ革

nappare 他 1 房で飾る 2〔料〕（食べ物に）ソースをかける

Narbona 固名(女) ナルボンヌ(フランス南西部の都市)

narbonese 形 （フランスの）ナルボンヌの

narcisismo 男 ナルシシズム, 自己愛；自己陶酔

narcisista 男女〔複[-i]〕ナルシシスト，ナルシスト，自己陶酔タイプの人

narcisisticamente 副 自己陶酔して，うぬぼれて

narcisistico 形〔複[男 -ci]〕ナルシシズムの，自己愛的な，自己陶酔の

narciso 男 1〔植〕スイセン 2 自己愛に浸る男性，自己陶酔男；(N-)〔ギ神〕ナルキッソス(水面に映る自分の姿に見とれて水仙になった美青年；ナルシストの語源)

narco 男〔不変〕→ narcotrafficante

narcodollaro 男〔複数で〕麻薬取引で得た汚い金(US ドル)，麻薬ダラー

narcolessia 女〔医〕ナルコレプシー(突然睡眠の発作を起こす睡眠障害)，居眠り病

narcolira 女〔複数で〕麻薬取引で得た金

narcomafia 女 麻薬密売専門のマフィア

narcosi 女〔不変〕〔医〕麻酔にかかった状態，麻酔による昏睡状態

narcoterapia 女〔医〕催眠療法，睡眠療法

narcoterrorismo 男 麻薬犯罪［テロ］

narcoterrorista 男女〔複[-i]〕麻薬テロリスト

narcotici 形〔不変〕（警察の）麻薬捜査班の —女〔不変〕麻薬捜査員，麻薬捜査班

narcotico 形〔複[男 -ci]〕眠気を催させる；〈諧〉退屈な，退屈な —男〔複[-ci]〕睡眠薬，麻酔；麻薬

narcotizzare 他 1〔医〕麻酔をかける，麻痺させる 2 茫(ぼう)然とさせる —Le sue parole mi *hanno narcotizzato*. 彼の発言に私は唖(あ)然とした。

narcotrafficante 男女 （国際的）麻薬業者

narcotraffico 男〔複[-ci]〕（国際的）麻薬取引

nardo 男〔植〕コウスイガヤ，ベニカノコソウ —*nardo italiano* ラベンダー

narghilè 男 水タバコ，水ギセル，水パイプ

narice 女 鼻の穴，鼻孔

narrabile 形 話して聞かせられる，語りうる

narrante 形 語る，話して聞かせる —voce *narrante* ナレーター(の声)

narrare 他 （出来事や物語を詳しく）話して聞かせる；叙述する —自 (di)…について話して聞かせる

narrativa 女 （文学作品のジャンルとしての）物語

narrativo 形 物語の；叙述体の，物語形式の —stile *narrativo* 物語体

narratore 男〔女[-trice]〕ナレーター，語り手；物語の作者

narrazione 女 物語ること，語り，叙述

nartece 男 （教会堂の入口の）拝廊

narvalo 男〔動〕イッカク（一角）

NAS 略 Nucleo Antisofisticazioni (イタリア国家憲兵の食品衛生部隊)

NASA 略 〔英〕National Aeronautics and Space Administration アメリカ航空宇宙局(伊 Amministrazione Nazionale dell'Aeronautica e dello Spazio)

nasale 形 鼻の；鼻にかかった，鼻音の —voce *nasale* 鼻声 —女〔言〕鼻母音，鼻子音 —男 1〔解〕鼻骨 2（鼻を保護するための）兜(かぶと)の鼻当て

nasalità 女 1 鼻にかかった声 2〔言〕鼻音性

nasalizzare 他 （特に子音を）鼻音で発音する —**arsi** 再 鼻音化する

nascente 形 芽生えかけた，世に出始めた；昇る，上がる —*sole nascente* 朝日

*****nascere** ［ナッシェレ］[69] 自 [es]〔過分 nato〕 1 生まれる —*Sono nato a Nagasaki, il 24 ottobre 1979*. 私は1979年10月24日長崎で生まれました。/*Quella casa ha visto nascere Manzoni*. あれがマンゾーニの生家です。 2 生える，芽生える —*Tanti fiori nascono in primavera*. 春には多くの花が芽を出す。/*Al bimbo sono nati due denti*. 子供に2本の歯が生えた。 3 (da)…に端を発する —*Il torrente nasce da una piccola sorgente in montagna*. その渓流は山中の小さな泉から発している。 4（星・天体が）上がる，昇る 5（感情が）生まれる，湧く 6 突然生じる，起きる ▶ *essere nato ieri* 青二才である *nascere con la camicia* 人がうらやむほど恵まれている *vedere nascere...* (人)が生まれるのを見る

nascita [ナッシタ] 囡 **1** 誕生, 出生 — data di *nascita* 生年月日 / luogo di *nascita* 出生地 **2** 発端 **3**〖複数で〗出生率(natalità) **4** 源, 出身, 家柄

nascituro 形 もうすぐ生まれる, 生まれる予定の —男〔囡-a〕胎児

nasco 男〔複[-chi]〕ナスコ(サルデーニャ島カンピダーノのブドウ品種; その品種で作る白ワイン)

nascondere [ナスコンデレ] [70] 他〔過分 nascosto〕**1** 隠す —*nascondere* il viso tra le mani 顔を手で覆い隠す / Le nuvole *nascondevano* il sole. 太陽は雲に隠れていた. **2**(感情などを)包み隠す **3** 知られないようにする —*nascondere* uno scandalo スキャンダルを隠す —**ersi** 再 隠れる —*Si è nascosto* dietro la porta. 彼はドアの後ろに隠れた. ▶ *gettare il sasso e nascondere la mano* 自分のやった悪事の責任をとらない

nasconderella 囡〔ローマ〕かくれんぼ(nascondino)

nascondiglio 男 (物の)隠し場所;(人の)隠れ家

nascondino 男 (子供の遊びの)かくれんぼう

nascose nascondere の直・遠過・3単

nascostamente 副 隠れて, 密かに, こっそりと

nascosto 形〔過分＜nascondere〕隠れた, 埋もれた; 密かな

NASDAQ 略 〔英〕National Association of Securities Dealers Automated Quotations ナスダック(伊 Quotazione automatizzata dell'Associazione nazionale degli operatori in titoli)

nasello 男〔魚〕メルルーサ

naso [ナーソ, ナーゾ] 男 **1** 鼻; 動物の鼻面; 顔 —soffiarsi il *naso* 鼻をかむ / avere il *naso* chiuso 鼻がつまる / *naso* a patata 団子鼻, 平たい鼻 / *naso* aquilino ワシ鼻 / con il *naso* 鼻声で **2** 嗅覚 —avere *naso* 嗅覚が鋭い; 鼻が利く, 勘が鋭い **3** (器具などの)突出部分 ▶ *a naso* 直感で, 勘で *ficcare il naso* 鼻を突っ込む, 口出しをする. *lasciare... con un palmo di naso* (人)をがっかりさせる, (人)をあきれさせる. *rimanere* [*restare*] *con un palmo di naso* がっかりする, あきれる.

nasone 男〔囡-a〕《諧》鼻が大きい人

nassa 囡 (籐(とう)で編んだ釣り用の)魚を受ける網, 筌(うえ)

nastrare 他 (絶縁)テープを巻く

nastriforme 形 リボンの形をした, テープ状の

nastrino 男 **1** (軍服の)装飾用リボン **2** 〖複数で〗ナストリーニ(ミネストラ用のパスタ)

nastro 男 **1** (装飾用の)リボン; 勲章のリボン; インクリボン; 帯状のもの; テープ —*nastro* d'asfalto (舗装)道路 / *nastro* di lutto 喪章 / *nastro* inaugurale (テープカット用の)リボンテープ / *nastro* di partenza [*arrivo*] スタート[ゴール]のテープ / *nastro* magnetico 磁気テープ **2**〖複数で〗リボン状のパスタ **3**〖口〗カセットテープ

nastroteca 囡 録音テープの収集[コレクション], テープ・ライブラリー

nasturzio 男〔植〕ノウゼンハレン, ナスタチウム, キンレンカ

nasuto 形 とても大きな鼻の; 鼻が利く, 鋭敏な

natabile 形 航行可能な

Natale 固名〔男性名〕ナターレ

natale 形 生まれた, 誕生した —città *natale* 生まれた町 / giorno *natale* 誕生日(compleanno) —男 **1** (N-)〖単数のみ〗クリスマス **2**〖複数で〗出生; 素性 ▶ *dare i natali a...*〔場所を主語に〕(人)の出生地である

Natalia 固名〔女性名〕ナターリア

natalità 囡 出生率

natalizio 形 **1** クリスマスの —*vacanze natalizie* クリスマス休暇 **2** 誕生日の —男 誕生日

Natanaele, Nataniele 固名（男）〔聖〕ナタナエル(イエスの弟子. 十二弟子のバルトロマイと同一人物)

natante 形 水面に浮かぶ, 水面を漂う —男 小舟, 渡し船

natatoia 囡 (水生哺乳類や魚類の)ひれ, 水かき

natatorio 形 泳ぎに関する, 泳ぎの

natazione 囡 泳ぎ, 水泳

Nathan 固名（男）〔聖〕ナタン(ダビデ王の宮廷に仕えた預言者)

natica 囡 尻, 臀(でん)部

natimortalità 囡〔統〕死産率

natio 形〔文〕故郷の, 出身地の; 生まれつきの, 天性の

natività 囡〔文〕誕生; キリストの降誕, 聖母マリアの誕生

nativo 形 **1** 生地の, 故郷の;《di》…生まれ[出身]の —Sono *nativo* di Milano. 私はミラノの生まれです. **2** 生まれつきの, 生来の **3**〔鉱〕天然の —男〔囡-a〕出身者;〖複数で〗先住民, 土着民

NATO 略〔英〕North Atlantic Treaty Organization 北大西洋条約機構(伊 Organizzazione del Trattato dell'Atlantico del Nord; 略 OTAN)

nato 形〔過分＜nascere〕**1** 生まれた **2** 生まれつきの, 生来の **3** (女性の)旧姓が…の —Maria Rossi *nata* Bianchi 旧姓がビアンキであるマリア・ロッシ —男〔囡-a〕**1**〖複数で〗ある時期に生まれた人 **2**〔文〕子供

natrice 囡〔動〕ユウダ属の蛇, ヨーロッパヤマカガシ

natta 囡〔医〕頭皮の皮脂嚢(のう)胞[嚢腫]

natura [ナトゥーラ] 囡 **1** 自然 —le

naturale

leggi della *natura* 自然の法則 / le meraviglie della *natura* 自然の驚異 / contro *natura* 自然に逆らって / *natura* morta 静物画 / pagamento in *natura* 現物払い **2** 性質, 性格 —*natura* umana 人間性 **3** 種類 —Qual è la *natura* del problema? どういった種類の問題ですか. **4**《婉》女性器

naturale 形 **1** 自然の, 天然の —legge *naturale* 自然法則 / acqua *naturale* 無炭酸水 **2** 自然な, 気取らない **3** 当然の, ごく普通の ▶ **al naturale** 実物大の, 等身大の

naturalezza 女 自然さ, 気取りのなさ, 素直さ

naturalismo 男 自然主義

naturalista 男女〔複[男 -i]〕自然主義者; 自然科学者 —形〔複[男 -i]〕自然主義的の; 自然科学の

naturalisticamente 副 自然科学的に; 自然主義的に

naturalistico 形〔複[男 -ci]〕**1** 自然主義的な **2** 自然科学の **3** 写実的な

naturalità 女 **1** 自然さ **2**〔法〕(外国人への)市民権賦与

naturalizzare 他〔法〕(外国人に)市民権を賦与する —**arsi** 再 市民権を得る; (習慣や言葉が)移入する, 取り入れられる

naturalizzazione 女〔法〕(外国人の)市民権取得;〔生物〕帰化

naturalmente 副 当然, もちろん

naturamortista 男女〔複[男 -i]〕静物画家

naturismo 男 自然崇拝; 裸体主義, ヌーディズム; 自然主義

naturista 男女〔複[男 -i]〕自然崇拝者; 裸体主義者, ヌーディスト

naturistico 形〔複[男 -ci]〕自然崇拝の, 裸体主義の, ヌーディストの

naufragare 自〔io naufrago〕**1**[es] (船が)遭難する, 難船する **2**(人が)海難事故に遭う **3**(事業などに)失敗する, 挫折する

naufragio 男 **1**(船の)遭難, 難船, 難破 **2** 失敗, 挫折 ▶ **fare naufragio** 失敗する　**fare naufragio in porto** あと一歩のところで失敗する

naufrago 男〔複[-ghi]女[-a]〕海の遭難者, 海難事故の生存者, 漂流者 —il recupero dei *naufraghi* 海難事故の生存者の救出

naupatia 女〔医〕船酔い

Nauru 国名(男) ナウル

nauruano 形 ナウル(の人)の

nausea 女 **1** 吐き気 —avere la *nausea* 吐き気がする **2** 嫌悪感, ひどい不快感

nauseabondo 形 **1** 吐き気を催させる, むかつくような; ひどく不快な **2** きざな, わざとらしい

nauseante 形 吐き気を催させる; 嫌悪感を抱かせる

nauseare 他〔io nauseo〕吐き気を催させる; 嫌悪を抱かせる —**arsi** 再 吐き気を催す, 嫌になる

nauseato 形 吐き気を催す, 嫌悪を感じる —Sono *nauseato* dalle [delle] sue parole. 私は彼の発言にむかつく.

nautica 女 航海学; 航海術; 航海, 航行

nautico 形〔複[男 -ci]〕航海の —sci *nautico* 水上スキー

nautilo 男〔動〕オウムガイ

navale 形 船の, 船舶用の —battaglia *navale* 海戦 / cantiere [ingegnere] *navale* 造船所[造船技師] / forze *navali* 海軍

navalmeccanica 女 造船学, 造船技術

navalmeccanico 形〔複[男 -ci]〕造船の, 造船技術の —男〔複[-ci]〕造船従事者

Navarra 国名(女) (スペインの)ナバラ州; ナバラ王国

navarrese → navarrino

navarrino 形 (スペインの)ナバラ州の; ナバラ王国の; ナバラの人の —男〔女 -a〕ナバラの人

navata 女〔建〕(教会の)身廊(%), 側廊 —*navata* centrale 身廊 / *navata* laterale 側廊

＊**nave**［ナーヴェ］女 **1** 船, 船舶 —*nave* traghetto フェリー / *nave* mercantile 商船 / *nave* a vela 帆船 / Abbandonare la *nave*! 退艦せよ! **2**《文》小舟; 人生の航路 **3**(14～18世紀の) 3本マストの帆船

navetta 女 **1**(織機の)杼(°), シャトル; 糸巻き **2**(近距離間の)シャトル便, 連絡便 —*navetta* spaziale スペースシャトル / autobus *navetta* シャトルバス

navicella 女 **1** 小型船舶 **2**(飛行船の下部に取り付けられた)箱型の乗組室, (気球の)ゴンドラ

navigabile 形 航行可能な; (船が)航行可能な; (飛行機が)航空に適した

navigabilità 女 航行可能なこと

navigante 形 航行している —男女 航行者, 航海者; 乗組員, 船乗り

navigare 自〔io navigo〕**1** 航海[航行]する —*navigare* per il Mediterraneo [sul Nilo] 地中海を航海する[ナイル川を航行する] **2** (船で) 渡る, (飛行機で)旅行する —*navigare* su un traghetto per la Sicilia フェリーでシチリア島に渡る **3**(雲などが)漂い流れる —Le nuvole *navigano* per il cielo. 空を雲が流れる. **4**(事業などを)うまく切り回す **5**〔コン〕(インターネットで)情報を検索する —*navigare* su [in] Internet ネットサーフィンをする —他 船で進む[通る]

navigato 形 **1** 船乗りが熟練した **2** 経験豊富な, 世慣れた

navigatore 男〔女 -trice〕**1** 航海する人; 船乗り; 航海士, 飛行士 **2**(自動車ラリーレースの)ナビゲーター **3** ナビゲーションシステム(自動ルート表示装置) —*navi-*

navigatorio *gatore* satellitare カーナビ ―形 〖女[-trice]〗航海者の, 船乗りの

navigatorio 形 航海の, 航行の

navigazione 女 航行, 航海

naviglio 男 1 (ミラノにあるような)運河, 用水路 2 船団

navimodellismo 男 船舶のスケールモデル

navone 男〖植〗セイヨウアブラナ

nazareno 形 ナザレ(の人)の ―男 1〖女[-a]〗ナザレの人 2 (N-)〖単数のみ〗イエス・キリスト ▶ *alla nazarena* (髪が)肩まで垂れた

nazi 形〖不変〗ナチスの ―男女〖不変〗ナチス党員

nazifascismo 男 ナチ・ファシズム

nazionale 形 1 国の 2 国民の 3 全国規模の ―女〖スポ〗ナショナルチーム ―男女 ナショナルチームの選手

nazionalismo 男 国家主義, 民族主義, ナショナリズム

nazionalista 形〖複[男 -i]〗国家主義の, 民族主義の ―男女〖複[男 -i]〗国家主義者, 民族主義者

nazionalisticamente 副 国家主義的に

nazionalistico 形〖複[男 -ci]〗国家主義的の, 国家主義的な

nazionalità 女 1 国家; 市民権, 国籍 ―*Di che nazionalità sei?* 君はどこの国の人なの. 2 国民性

nazionalizzare 他 国有化[国営化]する

nazionalizzatore 男〖女[-trice]〗国有化政策支持者

nazionalizzazione 女 国有化, 国営化

nazionalmente 副 全国的に, 国家規模で; 国民的に, 民族的に

nazionalpopolare 形《蔑》大衆的な, 俗っぽい

nazionalsocialismo 男 ナチズム, 民族社会主義, ドイツ国家社会主義

nazionalsocialista 男女〖複[男-i]〗ナチス党員, 民族社会主義者 ―形〖複[男 -i]〗ナチズムの, 民族社会主義(者)の

nazionalsocialistico 形〖複[男-ci]〗ナチズムの, 民族社会主義の

‡**nazione** [ナツィオーネ] 女 1 国, 国家 ―*l'Organizzazione delle Nazioni Unite* 国連, 国際連合 (略 UN, ONU) 2〖総称的〗国民 ―*la nazione italiana* イタリア国民

naziskin 男女〖不変〗〖英〗ナチスキン (ナチスに傾倒する極右のスキンヘッドの若者)

nazismo 男 ナチズム, 民族社会主義, ドイツ国家社会主義

nazista 形〖複[男 -i]〗ナチスの ―男女〖複[男 -i]〗ナチス党員, 民族社会主義者, ドイツ国家社会主義者;《蔑》極右の人種差別主義者

nazistico 形〖複[男 -ci]〗ナチスの,

民族社会主義の, ドイツ国家社会主義の;《蔑》ナチスのような, ナチスらしい

nazistoide 形 ナチスキン[ナチス党員]の特徴を持つ ―男女 ナチス党員[民族社会主義者]のような人

Nb 略〖元素記号〗niobio ニオブ

N.B. 略 Nota Bene 注

N.B.C. 略〖英〗National Broadcasting Company (in USA)全国放送 (イタリア語では Compagnia Nazionale di Radiodiffusione)

Nd 略〖元素記号〗neodimio ネオジム

N.d.A. 略 Nota dell'Autore 著者の注釈, 原注

N.d.E. 略 Nota dell'Editore 出版者の注釈

N.d.R. 略 Nota del Redattore, Nota della Redazione 編集者の注釈

'ndrangheta 女 ンドランゲタ(カラブリア州を拠点とする犯罪組織)

N.d.T. 略 Nota del Traduttore 訳注

NE 略 Nord-Est 北東

Ne 略〖元素記号〗neon ネオン

‡**ne** [ネ] 代 1〖di + 名詞[代名詞]を受けて; 人については 3 人称のみ〗―*Conosci Lisa? Tutti ne parlano male [bene].* リーザを知ってる? みんな(彼女のことを)悪く[よく]言ってる. (ne = di Lisa) / *Sono lontano dalla famiglia e ne sento molto la mancanza.* 家族から遠く離れてとても寂しい. (ne = della famiglia) 2〖di + 名詞[代名詞]を受けて; 日本語の単位(…つ, …個, …冊, …人など)の意味で〗―*Quanti anni hai? -Ne ho venti.* 君は何歳? -20 歳です. / *Quante persone ci sono? -Ce ne sono una decina.* 何人いますか? -10 人ほどです. / *Quante sigarette fumi al giorno? -Ne fumo una ventina [un pacchetto].* 一日にタバコを何本吸うの? -20 本ぐらい[一箱]吸うね. / *Quante ne vuoi? -Damm*e*ne due.* (キャラメルなどがあって)いくつ欲しい? -2 個ちょうだい. 3〖di questo [quello, ciò]を受けて〗―*Ne parleremo domani.* これについては明日相談しましょう. / *Non me ne importa niente.* (それは)僕にはどうでもいいことだよ. / *Non me ne sono accorto.* (そのことに)気づかなかった. / *Me ne pento veramente.* (そのことで)本当に後悔している. 4〖da questo [quello, ciò]を受けて〗そのことから, そこから ―*Non ne abbiamo ottenuto nulla.* 我々はそこから何も得なかった. 5〖慣用的に〗―*Quanti ne abbiamo oggi?* 今日は何日ですか? / *Che ne sarà di lui?* 彼はどうしてるかな? / *Che ne dici? | Che te ne pare?* (意見を求めて)どうかな?, どう思う? / *Non ne posso più!* (限界を表明して)もうこれ以上は無理! | もう我慢できないよ. ―間 ここ[そこ]から ―*Sei andata a scuola? -Sì, ne torno proprio adesso.* 学校へは行ったの?

- ええ、ちょうど今そこから帰るところなの. / Ora me ne vado. それじゃあ行くよ[失礼します].

né [ネ] 接 〖二つの要素の否定〗AでもBでもない —*Né* io *né* lui l'abbiamo vista. 僕も彼も彼女には会わなかった. / Viene anche Luisa? Non mi ha detto *né* sì *né* no. ルイザは来るかな? 僕には来るとも来ないとも言わなかった. / Non mi piace studiare *né* lavorare. 僕は勉強するのも働くのも嫌いだ. ▶ **non dire né a né b** うんともすんとも言わない **senza capo né coda** とりとめのない, くだらない

ne' nei(前置詞 in + 定冠詞 i)の省略形

neanche [ネアンケ] 副 …もない, …さえない —Non ce n'è *neanche* uno. 一つもない. / Io non fumo, e tu? - *Neanch'*io. 僕はタバコを吸わないけど, 君は? - 僕も(吸わない). / Se non verrai tu, non andrò *neanch'*io. 君が来ないのなら僕も行かないよ. / *Neanche* un bambino farebbe una cosa simile. 子供でもそんなことはしないだろうに. —接 〖接続法とともに〗…さえ…ない(のに), …すら…ない(としても) —Si è arrabbiata *neanche* l'avessi insultata. 彼女を侮辱してもいないのに怒ったんだ(侮辱したのなら話は別だけど). ▶ **neanche a farlo apposta** 全く偶然に, たまたま **neanche per sogno** 〖全面否定で〗夢にも, まさか; ちっとも, 全然

nebbia [ネッビア] 女 1 霧 —*nebbia* fitta 濃霧 2 もやもや, (精神や頭脳の働きを)鈍らせるもの 3 〖植〗うどんこ病, 白さび病

nebbiolo 男 ネッビオーロ(北伊の黒ブドウの品種; その品種で作る高級赤ワイン)

nebbione 男 濃霧

nebbiosamente 副 曖昧に, ぼんやりと

nebbiosità 女 (あまり濃くない)霧がかった状態; 曖昧さ, 不明瞭さ

nebbioso 形 1 霧に包まれた, 霧の多い —stagione *nebbiosa* 霧がよく発生する季節 / Quest'anno abbiamo avuto un inverno *nebbioso*. 今年の冬は霧がよく発生した. 2 曖昧な, 不明瞭な —ricordi *nebbiosi* 曖昧な記憶

nebula → nebulosa

nebulare 形 〖天〗星雲の

nebulizzare 他 1 (液体を)霧状に吹き付ける, 噴霧する 2 (駆除剤などを)散布する

nebulizzatore 男 スプレー, 霧吹き, 噴霧器

nebulizzazione 女 霧状にすること, 噴霧

nebulosa 女 〖天〗星雲

nebulosamente 副 曖昧に, 不明瞭に

nebulosità 女 1 不明瞭さ, 曖昧さ 2 曇天; 星雲

nebuloso 形 1 霧のかかった, もやの; 曇った, ぼんやりした 2 曖昧な, 不明瞭な

nécessaire 男 〖不変〗〖仏〗(携帯する小物を入れる)ケース, ポーチ

necessariamente 副 必ず, 絶対的に, 必要に迫られて, 必然的に —non... *necessariamente* 必ずしも…だとは限らない

necessario [ネチェッサーリオ] 形 1 必要な, 欠かせない —il tempo *necessario* a prepararsi 用意するのに必要な時間 2 避けられない, 必然の —男 必需品, 必需品 —il *necessario* per vivere 生活必需品 / fare il *necessario* 必要なことをする ▶ **essere necessario** + 不定詞 [che + 接続法] 〖非人称〗…する必要がある

necessità [ネチェッスィタ] 女 必要(性); 欠かせないもの, 無いと困るもの ▶ **di prima necessità** 絶対不可欠な

necessitare 自 [es] [io necessito] 1 ⟨di⟩…を必要とする —Questa pianta *necessita* di poca acqua. この植木にはほとんど水をやらなくてよい. 2 〖非人称〗必要である —*Necessita* che siate prudenti. 慎重であることが必要だ.

necro- 接頭 「死人」「死骸」「死体の」の意

necrofagia 女 〖生物〗腐肉食性

necrofago 形 〖複[男 -gi]〗(動物が)腐肉[死肉]食いの

necrofilia 女 死体性愛, 死体愛好, 屍姦(しかん)

necroforo 男 死体運搬人, 墓掘人

necrologia 女 死亡告示, 死亡記事; 追悼文

necrologico 形 〖複[男 -ci]〗死亡告示の; 追悼の

necrologio 男 1 (新聞などの)死亡告示, 死亡記事 2 鬼籍, 過去帳

necrologista 男女 〖複[男 -i]〗(新聞の)死亡記事担当

necropoli 女 〖不変〗1 ネクロポリス(古代文明の埋葬地), 古墳 2 都市近郊の墓地[霊園]

necropsia → autopsia

necroscopia → autopsia

necroscopico 形 〖複[男 -ci]〗検死の, 死体解剖の —esame *necroscopico* 検死

necroscopo 男 〖女[-a]〗〖医〗検死官

necrosi 女 〖不変〗〖医〗ネクローシス, 壊死(えし)

necrotico 形 〖複[男 -ci]〗〖医〗壊死(えし)の

necton 男 〖不変〗〖生物〗ネクトン(水中の遊泳生物の総称)

nederlandese → neerlandese

neerlandese → neerlandese

neerlandese 形 オランダ(人)の —男女 オランダ人 —男 〖単数のみ〗オランダ語

nefandamente 副 極悪非道に, 悪辣に

nefandezza 囡 悪辣, 極悪; 残虐な行為

nefando 厖 悪辣な, 極悪非道の, ひどい

nefasto 厖 不吉な, 縁起の悪い

nefelometria 囡〔生物〕比濁分析, 比濁法

nefoscopio 男〔天〕測雲器

nefrectomia 囡〔医〕腎臓摘出術

nefrite¹ 囡〔医〕腎炎

nefrite² 囡〔鉱〕軟玉, ネフライト

nefritico 厖〔複 男 -ci〕〔医〕腎炎の —男〔複 -ci〕囡〔-a〕腎炎患者

nefro-, -nefro 接頭, 接尾「腎臓」の意

nefrolito 男〔医〕腎石, 腎臓結石 (calcolo renale)

nefrologia 囡〔医〕腎臓学

nefropatia 囡〔医〕腎不全, 腎障害

nefrosi 囡〔不変〕〔医〕ネフローゼ

negabile 厖 否定できる, 断れる

＊**negare** [ネガーレ] 他 1 否定する—*Nego di averlo detto!* 私はそれを言ってません！ 2 断る —**arsi** 再 拒否する, 退ける; 避ける

negativa 囡 1 否定の態度[返答] 2〔写〕陰面, ネガ

negativamente 副 否定的に, 非好意的に; 消極的に; 不利に

negativismo 男〔心〕拒絶症; 否定的[拒否的]態度

negatività 囡 否定性, 消極性; 陰性

negativo 厖 1 否定の, 否定的な, 拒否の 2 逆の, 敵対した; 悲観的な 3 有益でない, 不利な 4 望ましくない 5〔検査結果が〕陰性の 6 負の, マイナスの 7〔写〕ネガの —男〔写〕陰画, 陰極の(→ positivo) —副〔無線通信で〕いいえ(の返事);《口》〔冗談で〕いいえ, そうでない

negato 厖 不向きの, 適していない —*È negata per la musica.* 彼女は音楽に向いていない.

negatone 男〔物〕電子

negatore 男〔囡 -trice〕否定する者, 拒否者 —厖〔囡 -trice〕否定する, 拒絶する

negazione 囡 否定, 反対;〔言〕否定

neghittosamente 副 のろのろと, だらだらと, 怠惰に, 無駄に

neghittosità 囡 怠惰, 無精

neghittoso 厖 怠惰な, 無精な; のろのろした, 無気力な

neglesse negligere の直・遠過・3 単形

negletto 厖〔過分 < negligere〕1 手入れの行き届いていない, 無視された 2 だらしない, ずさんな

negli 前置詞 in + 定冠詞 gli

négligé 男〔不変〕〔仏〕女性用部屋着, ガウン

negligente [ネグリジェンテ] 厖 1 怠慢な, だらしない 2 不注意な

negligentemente 副 だらしなく, 怠惰に

negligenza [ネグリジェンツァ] 囡 怠慢, 不注意

negligere [ネグリージェレ] 他〔過分 negletto〕おろそかにする, なおざりにする; 注意を払わない, 軽んじる

negoziabile 厖（財産や手形などが）売買[譲渡]可能な; 契約できる, 交渉できる

negoziabilità 囡 売買[譲渡]可能; 交渉可能

negoziale 厖 1 売買[譲渡]の, 取引の, 交渉の 2〔法〕法律行為の

negoziabilità 囡 1 契約可能, 交渉されること 2 法律行為であること

negozialmente 副 法律行為として

negoziante 男囡 店主, 商店主

negoziare 他 (io negozio) 1 売買する, 取引をする 2 交渉する, 折衝する —自 1 協議する, 話し合う 2 商う

negoziato 男 交渉, 協議, 折衝

negoziatore 男〔囡 -trice〕交渉人, 協議をする者

negoziazione 囡 売買, 譲渡; 取引, 交渉, 折衝

＊**negozio** [ネゴーツィオ] 男 1 店, 商店 —*gestire un negozio* 店を経営する 2 取引, 交渉; 商談 —*concludere un negozio* 商談をまとめる ▶ *negozio giuridico*〔法〕法律行為

negriero 厖（黒人）奴隷売買の —*navi negriere* 奴隷船 —男〔囡 -a〕1 奴隷商人 2 暴君, 人使いの荒い主人

negrità → negritudine

negritudine 囡 アフリカ人[黒人]の特性, アフリカ人[黒人]の意識[主張]

negro 厖 黒人の —男〔囡 -a〕1 黒人 2《隠》ゴーストライター

negroafricano 厖 アフリカ黒人の

negroamericano 厖 アメリカ黒人の

negromante 男囡 降霊術師; 魔術師, 占い師, 手相見

negromantico 厖〔複 男 -ci〕降霊術の; 魔術の

negromanzia 囡 降霊術; 占い, 魔術

negroni 男〔不変〕ネグローニ(カンパリ・ベルモット・ドライジンを合わせたカクテル)

neh 間〔ピエモンテ・ロンバルディア〕（確認のために添える）そうだよね, 違うかな —*Te l'avevo detto, neh?* (この話を)言ったとあるよね.

nei 前置詞 in + 定冠詞 i

nel 前置詞 in + 定冠詞 il

nell' 前置詞 in + 定冠詞 l'

nella 前置詞 in + 定冠詞 la

nelle 前置詞 in + 定冠詞 le

nello 前置詞 in + 定冠詞 lo

nelumbio → nelumbo

nelumbo 男〔植〕ハス の実

nematode 男〔動〕線形動物, 線虫; (N-)〔複数で〕線形動物門

nembo 男 1〔文〕雨雲, 霞(かすみ)をもたらす雲 2 大勢, たくさん

nembostrato 男〔気〕乱層雲

nemeo 厖〔ギ神〕ネメアの ▶ *leone*

nemeo ネメアの獅子(♂)

Nèmesi 图女 〔ギ神〕ネメシス(神の怒りと罰とを擬人化した女神)

nèmesi 男 〔不変〕天罰, 神罰

*****nemico** [ネミーコ] 形 〔複[男-ci]〕**1** 敵意のある; 敵対する; 反対の **2** 有害な —La droga è *nemica* della salute. ドラッグは体を蝕む. —男 [複 [-ci]女[-a]] **1** 敵; 反対者[勢力] — farsi dei *nemici* 不仲になる, 敵対し合う / *nemico* pubblico 社会の敵(公開捜査中の凶悪犯) **2** 敵兵, 敵国 —passare al *nemico* 敵に寝返る

*****nemmeno** [ネンメーノ] 副 …もない, …さえない —Non mi ha *nemmeno* salutato. あいつ僕に挨拶もしなかった. / Non ci penso *nemmeno*. そんなこと考えてもいないよ. / *Nemmeno* io ci sono stato. 僕も(そこへは)行かなかった. —接 〔接続法とともに; 譲歩的に〕《口》…でもないのに —Ho dovuto pagare la bottiglia intera *nemmeno* l'avessi bevuta tutta. 全部飲んでもいないのに一本分払わされた.

nenia 女 **1** 葬送歌; 子守唄 **2** 愚痴, くどくど言うこと

nenufaro → nenufero

nenufero 男 〔植〕黄色の花が咲くスイレン科の植物

neo[1] 男 **1** ほくろ **2** つけぼくろ **3** ささいな疵(キズ)

neo[2] 男 → neon

neo- 接頭 「新しい」の意

neoassunto 形 新採用の, 新入りの —男〔女[-a]〕新採用者, 新入り —l'addestramento dei *neoassunti* 新採用者研修

neoclassicamente 副 新古典主義的に, 新古典主義によって

neoclassicismo 男 新古典主義

neoclàssico 形 〔複[男-ci]〕新古典主義の —男 〔複[男-ci]〕新古典主義者; 新古典主義, 新古典主義様式

neocolonialismo 男 新植民地主義

neodeputato 形 初当選の, 新しく選出された —男〔女[-a]〕初当選の議員, 新議員

neodimio 男 〔化〕ネオジム(元素記号Nd)

neodiplomato 形 (高校の)新卒の —男〔女[-a]〕(高校の)新卒者, (専門職の)新資格取得者

neoeletto 形 選出されたばかりの, 初当選の —男〔女[-a]〕初当選の議員, 当選して間もない議員

neoellènico 形 〔複[男-ci]〕(言語や文化が)現代ギリシャの —男 現代ギリシャ語 (neogreco)

neofascismo 男 ネオファシズム

neofascista 男女〔複[男-i]〕ネオファシスト —形 〔複[男-i]〕ネオファシストの, ネオファシズム信奉の

neòfita 男女〔複[男-i]〕**1** 新改宗者; (成人の)カトリックの新信者 **2** (哲学や政治思想などに)染まったばかりの人, 新入り, 新加入者

neofitismo 男 新入りらしい熱のこもった態度

neoformazione 女 **1** (グループや政治集団などの)新結成, 新設立 **2** 〔医〕新生物[腫瘍] **3** 〔言〕新語

neogene, neogene 男 (N-)〔地質〕新第三紀

neoghibellinismo 男 〔歴〕新ギベッリーニ主義

neogòtico 形 〔複[男-ci]〕ネオ・ゴシックの, ゴシック・リバイバルの —architettura *neogòtica* ゴシック・リバイバル建築

neogreco 形 〔複[男-ci]〕現代ギリシャの —男 現代ギリシャ語

neoguelfismo 男 〔歴〕新グエルフィ主義

neoimpressionismo 男 〔美〕新印象派, 新印象主義

neoindiano 形 現代インドの —letteratura *neoindiana* 現代インド文学 —男 ヒンディー語(及び今日のインドで話されている言語)

neolatino 形 〔言〕ロマンス語の, ラテン語が源になる言語の; ラテン語起源の語を話す民族[国]の —lingue *neolatine* ロマンス諸語 —男《複数で》ロマンス語を話す民族

neolaureato 形 (大学)新卒の —男〔女[-a]〕(大学)新卒者

neolìtico 形 〔複[男-ci]〕新石器時代の —男 新石器時代

neologia 女 〔言〕新造語法

neologismo 男 〔言〕新語(句)

neomicina 女 〔薬〕ネオマイシン(アミノグリコシド系抗生物質)

neon 男 〔不変〕〔化〕ネオン; ネオンサイン, ネオン灯

neonatale 形 〔医〕新生児の

neonato 形 生まれて間もない; できて間もない —男〔女[-a]〕新生児

neonazismo 男 ネオナチ, ネオナチズム

neonazista 男女〔複[男-i]〕ネオナチに傾倒している人, ネオナチ信奉者

neopaganèsimo 男 新異教主義

neopatentato 形 自動車免許取りたての —男〔女[-a]〕自動車免許を取得したばかりの人, 自動車運転の初心者

neoplasia 女 〔医〕腫瘍, 新組織形成

neoplatònico 形 〔複[男-ci]〕新プラトン主義の —男 〔複[-ci]〕新プラトン派の哲学者

neoplatonismo 男 〔哲〕新プラトン主義, ネオプラトニズム

neopositivismo 男 〔哲〕新実証主義, 論理実証主義

neoprene 男 〔化〕ネオプレン, クロロプレンゴム

neopresidente 男女 新大統領, 新総裁, 新社長, 新会長

neopromosso 形 昇進[進級]したての —男〔女[-a]〕新昇進[進級]者

neorealismo 男 (小説や映画の)ネオリアリズモ, 新現実主義

neorealista 男女〔複[男 -i]〕ネオリアリズモの作家 ―形〔複[男 -i]〕ネオリアリズモの

neoterico 形〔複[男 -ci]〕〔文〕ヘレニズム的詩をめざすラテン詩人の; 現代風の, 革新的な

neotestamentario 形 新約聖書の

Neottolemo 固名(男) 1〔ギ神〕ネオプトレモス(アキレスの息子) 2 ネオプトレモス2世(エピロス王)

neozelandese 形 ニュージーランド(人)の ―男女 ニュージーランド人

neozoico 形〔複[男 -ci]〕〔地質〕第四紀の, 新生代の ―男 (N-)〔単数のみ〕〔地質〕第四紀, 新生代

Nepal 固名(男) ネパール

nepalese 形 ネパールの(人)の ―男女 ネパール人 ―男〔単数のみ〕ネパール語

nepente 女〔植〕ウツボカズラ ―男 ネペンテス(古代ギリシャの苦痛や悲しみを忘れさせる飲み物)

nepeta 女〔植〕イヌハッカ

nepitella 女〔植〕メグサハッカ, カラミント

nepotismo 男 縁故主義, 縁者[身内]びいき; ネポティズム

nepotista 形〔複[男 -i]〕縁者[身内]びいきの ―男女〔複[男 -i]〕縁者[身内]びいきする人

nepotistico 形〔複[男 -ci]〕縁者[身内]びいきの, ネポティズムの

*__neppure__ [ネップーレ] 副 …もない, …さえしない―Non ha *neppure* ringraziato. 彼は感謝すらしなかった. ―接〔譲歩的に〕…でもないのに ▶ **neppure per idea [sogno]** まさか, 決して(しない)

nequizia 女 悪意, 邪心

nerastro 形 黒ずんだ, 黒っぽい

nerazzurro 形 青みがかった黒色の; 〔スポ〕インテルの(クラブカラーが青と黒のサッカーチーム) ―男 インテルの選手

nerbata 女 鞭(ξ°)で打つこと, 棒で叩くこと; 叱責

nerbo 男 1 革の鞭(ξ°) 2 肉体的な力, 力強さ, 活力; 活気

nerboruto 形 たくましい, 筋骨隆々の

nereggiare 自〔io nereggio〕《文》黒く見える, 黒くなる ―他 黒く染める

nereide 女 1〔ギ神〕(海に住むニンフ)ネーレーイス 2〔動〕ゴカイ

Nereo 固名(男) 〔ギ神〕ネレウス(海神. 船乗りの保護者)

neretto 形 (目や髪の色が)黒っぽい ―男 1〔印〕ボールドフェース, 肉太活字体 2 ネレット(ピエモンテやロマーニャ産の赤ワイン)

nerezza 女 1 黒さ; (顔等の)暗さ, 陰気さ 2 翳(ξ°)り, 衰退, 零落

nericcio 形〔複[女 -ce]〕黒ずんだ

neritico 形〔複[男 -ci]〕(水深0~200メートルの)浅い海の

*__nero__ [ネーロ] 形 1 黒い, 黒っぽい; 浅黒い ―gatto *nero* 黒猫 / diventare *nero* al sole 日に焼けて黒くなる 2 黒人の 3 暗い, 不運な ―messa *nera* 黒ミサ 4 非合法の ―lavoro *nero* ヤミ商売 5 よごれて真っ黒の 6 腹黒い 7 陰うつな, 悲観的な; 激怒した ―男 1 黒(色) 2 黒人 3 黒[炭]の色 4 黒い部分 ―il *nero* degli occhi 瞳 5 (白に対比させて)黒 6〔経〕黒字; (税逃れのために)帳簿に載せない収入 7 (チェスの)黒駒 ▶ **bestia nera** 勝てない怖い相手 ***di umor(e) nero** 不機嫌な, ふさぎ込んだ **pecora nera** はみ出し者 **vedere tutto nero** ペシミストである, 考え方が悲観的である

nerofumo 男〔不変〕煤(ξ°) ―形〔不変〕墨のような, 真っ黒の

nerognolo 形 黒みがかった, 黒っぽい ―男 黒みがかった色

Nerone 固名(男) (~ Claudio Cesare Augusto Germanico) ネロ (37-68; 古代ローマ皇帝: 在位 54-68. 暴君として知られる)

nerone 男 残虐非道な人物, 暴君ネロのような人

neroniano 形 1 暴君ネロの 2 無慈悲の, 冷酷な, 残虐な

nerume 男 黒ずみ ―il *nerume* dell'argenteria 銀製品の黒ずみ

nervatura 女 1〔解〕神経系統; 〔植〕葉脈 2〔建〕(ドーム天井の)リブ, 迫持(ξ°)の肋(ξ°)

nervetto 男 1 肉の繊維 2〔複数で〕〔料〕ネルヴェッティ(子牛の腱のマリネ)

nervino 形 神経に関する, (薬物が)神経系統に効く, 神経を鎮静させる ―gas *nervino* 神経ガス

nervo 男 1 神経 ―*nervo* ottico 視神経 2〔複数で〕苛立ち, 落ち着きのなさ ―avere i *nervi* (a fior di pelle) いらいらしている 3〔複数で〕活力, 元気 4〔文〕弦楽器の弦 5〔植〕葉脈 ▶ **dare sui [ai] nervi a...** (人の)気[しゃく]にさわる(ことをする)

nervosamente 副 苛立って; 落ち着きなく

nervosetto 形〔諧〕とても不安げな, かなりそわそわした[落ち着きのない]

nervosismo 男 いらいら; そわそわ

*__nervoso__ [ネルヴォーソ, ネルヴォーソ] 形 1 いらいらした, そわそわした 2 神経(系)の 3 筋肉質の, 引き締まった 4 力強い, 迅速な 5 葉脈の多い ―男 苛立ち, いらつき ―avere il *nervoso* 苛立っている

nespola 女 1〔植〕カリンの実 2〔複数で; 間投詞的に〕驚きや腹立ちなどを示して)ああ, これは! 3 殴打; 平手打ち

nespolo 男〔植〕カリン(の木)

Nesso 固名(男) 〔ギ神〕ネッソス(ケンタウロス)

nesso 男 関連, 連結, つながり, リンク ▶ **nesso causale** 因果関係

*__nessuno__ [ネッスーノ] 代〔不定〕〔単数のみ〕1 誰も, 一人も(…しない) ―Non

parla nessuno. | *Nessuno* parla. 誰も話さない. **| Non è venuto nessuno. | *Nessuno* è venuto.** 誰も来なかった. **2** 誰一人, 何一つ(も…ない) —*Nessuno* dei miei colleghi [*Nessuna* delle mie colleghe] era presente. 私の同僚[女性の同僚]は一人も出席していなかった. **/ C'è qualche rivista?-No, non ce n'è *nessuna*.** 何か雑誌ある？‐一冊もないよ. **3** 〔疑問文等で〕誰か(qualcuno) —**C'è *nessuno*?** 誰かいますか？ —圃(不定)〚不定冠詞 uno と同じ語尾変化; 単数名詞に前置して〛〘数がゼロであることを強調〙—**Non c'è *nessun* albero [*nessuna* macchina].** 木が 1 本[車が 1 台]もない. **/ Non lo dirò a *nessun* altro.** (このことは)他の誰にも言わないからね. **/ Non ha *nessun* valore.** それは何の価値もない. **/ Non ho *nessuna* fretta.** ちっとも[全然]急いでない. **/ Non ne ho *nessuna* voglia [intenzione].** その気[そのつもり]は全くない. **/ Hai *nessun* libro da prestarmi?** 何か本を貸してくれないかな. —男〚単数のみ〛取るに足りない ▶ **da *nessuna* parte** どこにも **in *nessun* modo** 絶対に, 断じて(…ない) **in *nessun* posto** どこにも **terra di *nessuno*** 中立地帯

Nestore 固名(男) 〚ギ神〛ネストル(ピュロスの王)

nestore 男 長老, 博識で雄弁な年長者

nestoriano 形 (キリスト教の)ネストリウス派の —男/女[-a] ネストリウス派の信者

Nestorio 固名(男) ネストリウス(?-451頃; シリア出身のコンスタンチノポリス総主教)

net 男〚不変〛〔英・スポ〕(テニスや卓球の)ネット; ネットワーク

nettamente 副 はっきりと, 明瞭に; きっぱりと, 明確に

nettapenne 男〚不変〛(布を重ねた)筆ふき

nettapiedi 男〚不変〛ドアマット, 靴拭い; 靴の泥落とし(鉄製の鉤状の道具)

nettapipe 男〚不変〛(タバコの)パイプ掃除具

nettare¹ 男 **1** (花の)蜜 **2** 不老不死の飲み物 **3** 美酒, 甘露

nettare² 他 きれいにする, 掃除する, 拭う —**arsi** 再 (体の一部や身につけているもの)をきれいにする, 拭う

nettarina 女 〔植〕ネクタリン(の実), ズバイモモ

nettarino 形 ネクタリンの —**pesca *nettarina*** ネクタリン

nettario 男 〔植〕(被子植物の)蜜腺

nettatoia 女 (左官用の)コテ板

nettatoio 男 清掃用具

nettezza 女 **1** 清潔さ —***nettezza* urbana** 行政サービスとしての清掃作業[ごみの収集, 廃品回収], 市の清掃局 **2** 鮮明さ

netto 形 **1** 清潔な **2** 鮮明な **3** 正味の(→ lordo) —**peso *netto*** 正味重量 —男 正味重量, 純利益 ▶ **avere le mani nette** 清廉潔白である **chiaro e netto** はっきりと **dare un taglio netto** (きっぱり)やめる, 打ち切る **di netto** 一撃のもとに, 物の見事に; 突然, 不意に **netto in busta** 手取りの月収[月給]

nettuniano 形 海王星の; 〔地質〕水成論の

nettunio¹ 男〔化〕ネプツニウム(元素記号 Np)

nettunio² 男 ネプトゥヌス[ネプチューン]の, 海神の

nettunismo 男 〔地質〕水成論

Nettuno 固名(男) **1** 〔ロ神〕ネプトゥーヌス(海神. 英語名ネプチューン. ギリシャ神話のポセイドン) **2** 〔天〕海王星

netturbino 男/女[-a] 道路清掃員, ごみ収集人

network 男〚不変〛〔英〕ネットワーク, 通信[連絡]網

neuma 男〚複[-i]〛〔音〕ネウマ(中世のネウマ譜で用いられた音符記号)

neurectomia 女 〔医〕神経切除術

neurite 女 〔医〕神経炎

neuro 女〚不変〛神経科, 精神病院

neuro- 連結辞「神経(の)」の意

neuroblasto 男 〔生物〕神経芽細胞

neurochirurgia 女 〔医〕脳神経外科学

neurochirurgo 男 〚複[-ghi]女[-ga]〛 脳神経外科医

neurodeliri 男〚不変〛(昔の)精神病院

neurolettico 男 〚複[-ci]〛 〔薬〕抗精神病薬, 神経弛緩薬 —形〚複[男 -ci]〛神経系統を鎮める

neurologia 女 〔医〕神経学

neurologico 形 〚複[男 -ci]〛 〔医〕神経学の

neurologo 男 〚複[-gi]女[-a]〛 〔医〕神経科医

neurone 男 〔生物・医〕ニューロン, 神経細胞

neuropatia 女 〔医〕神経病

neuropatico 形 〚複[男 -ci]〛 神経病の —男〚複[-ci]女[-a]〛 神経病患者

neuropatologia 女 〔医〕神経病理学

neuroplegico 男 〚複[-ci]〛 神経弛緩薬, 抗精神病薬(neurolettico) —形〚複[男 -ci]〛神経系統を鎮める

neuropsichiatra 男女〚複[男 -i]〛 〔医〕神経精神医学の専門医

neuropsichiatria 女 〔医〕神経精神医学

neuropsicologia 女 〔心・医〕神経心理学

neurotomia 女 〔医〕神経切除術

neurotossico 形 〚複[男 -ci]〛 神経毒の, 神経組織に有毒な

neurotossina 女 〔生化〕神経毒

neurovegetativo 形〔植物性機能を担う〕自律神経系の

neustria 女〔虫〕オビカレハ(カレハガ科の蛾)

neutrale 形 中立(国)の, 中立の立場の

neutralismo 男〔政〕中立主義;〔生物〕(進化論における)中立説

neutralista 男女〔複[男 -i]〕中立主義者 ―形〔複[男 -i]〕中立主義(者)の

neutralistico 形〔複[男 -ci]〕中立主義(者)の

neutralità 女 中立(の立場)

neutralizzabile 形 1 中立化しうる; 無効にできる 2〔化〕中和できる

neutralizzare 他 1 中立にする 2 (反作用や反対勢力)を抑える, 無害[無毒]にする 3〔化〕中和させる 4〔スポ〕(競技を一時)中断させる, タイムをかける

neutralizzazione 女 1 中立化, 中立; 無効 2〔化〕中和 3〔スポ〕タイムアウト

neutralmente 副 中立の立場で, 偏らずに

neutrino 男〔物〕ニュートリノ, 中性微子

neutro 形 1 はっきりしない, 並の, 中間の; 個性のない 2〔言〕中性の ―sostantivo *neutro* 中性名詞 3〔化〕中性の ―男〔言〕中性

neutrone 男〔物〕中性子, ニュートロン

nevaio 男 万年雪

nevato 形《文》雪に覆われた; 雪のように真っ白な; 寒い, 凍える ―男 万年雪; 氷河の表面, 粒状氷雪

*****neve** [ネーヴェ] 女 1 雪 ―la prima *neve* 初雪 / *neve* farinosa [fresca] 粉雪[新雪] / un fiocco di *neve* 雪のひとひら / *neve* perenne 万年雪 / catene da *neve* (車の)チェーン / fare un pupazzo di *neve* 雪だるまを作る / Fiocca la *neve*. 雪が降る. / racchetta da *neve* かんじき / montare a *neve* (卵白や生クリームを)泡立てる 2《文》肌の白さ 3《俗》コカイン

nevicare 自[代]〔非人称〕[es/av][nevica] 雪が降る ―È [Ha] *nevicato* per tutto il giorno. 一日中雪が降った.

nevicata 女 降雪 ―una grossa *nevicata* 豪雪

neviera 女 雪室(ゆきむろ)

nevischiare 自[代]〔非人称〕[es/av][nevischia] みぞれが降る

nevischio 男 みぞれ

nevosità 女 雪が多いこと; (平均)降雪量

nevoso 形 雪の; 雪の多い; 雪に覆われた ―男〔歴〕雪月(フランス革命暦の第4月)

nevralgia 女〔医〕神経痛 ―*nevralgia* intercostale 肋(ろく)間神経痛

nevralgico 形〔複[男 -ci]〕〔医〕神経痛の

nevrastenia 女 1〔医〕神経衰弱 2 癇癪(かんしゃく), ヒステリー; 強い苛立ち

nevrastenico 形〔複[男 -ci]〕〔医〕神経衰弱の; 癇癪(かんしゃく)を起こしやすい, ヒステリックな, 怒りっぽい ―男〔複[-ci]女[-a]〕神経衰弱患者; 癇癪持ち

nevrite 女〔医〕神経炎

nevro- 接頭「神経(の)」の意(neuro-)

nevroglia 女〔解〕グリア細胞, 神経膠(こう)細胞

nevropatia → neuropatia

nevrosi 女〔不変〕〔医〕ノイローゼ, 神経症 ► *nevrosi ossessiva* 強迫性障害, 強迫神経症

nevroticamente 副 神経質に, いらいらして

nevrotico 形〔複[男 -ci]〕神経症の, ノイローゼの; 神経過敏の, 情緒不安定な; かっとなりやすい, ヒステリックな ―男〔複[-ci]女[-a]〕神経症患者, ノイローゼ患者; 情緒不安定な人

nevrotizzare 他 神経質にさせる, いらいらさせる ―**arsi** 再 いらいらする, 神経質になる, ノイローゼになる

nevrotizzazione 女 ノイローゼ化, 神経症になること; 神経過敏になること

nevvero 間〔念押しのため始めか終わりに添える〕ほらね, そうでしょう

new deal 成句〔英〕ニューディール政策; 新しい政治の流れ

new economy 成句〔英〕ニューエコノミー

newsletter 女〔不変〕〔英〕メールマガジン; (定期刊行の)会報

newton 男〔不変〕〔英・物〕ニュートン(力の単位)

newtoniano 形 (科学者の)ニュートンの

New York 固名(女) ニューヨーク

newyorkese 形 ニューヨーク(の人)の ―男女 ニューヨークの人

N.H. 略 Nobilis Homo 貴族

Ni 略〔元素記号〕nichel〔化〕ニッケル

ni¹ 男女〔不変〕ニ, ニュー(N ν)(ギリシャ語アルファベットの13番目の字母)

ni² 副 肯定でも否定でもなく ―男〔不変〕《口》(肯定でも否定でもない)あやふやな答え

nibbio 男〔鳥〕トビ, トンビ

nibelungico 形〔複[男 -ci]〕ニーベルンゲンの ―ciclo *nibelungico* ニーベルンゲンの歌

nibelungo 形〔複[男 -ghi]〕ニーベルング族の ―男〔複[-ghi]〕ニーベルング族

Nicaragua 固名(男) ニカラグア

nicaraguegno 形,男〔女[-a]〕→ nicaraguense

nicaraguense 形 ニカラグア(人)の ―男女 ニカラグア人

nicchia 女 1〔建〕ニッチ, 壁龕(へきがん) 2 待避所 3 自分に適した仕事, くつろげる場所

nicchiare 自〔io nicchio〕躊躇

nicchio (ﾆｯｷｮ)する, ためらう

nicchio 男 **1** 一枚[巻き]貝の殻 **2** 《文》聖職者の三角帽子

nichel 男 〖不変〗〔化〕ニッケル(元素記号 Ni)

nichelare 他 〖io nichelo〗(金属の表面を)ニッケルめっきする

nichelatura 女 ニッケルめっき

nichelcromo 男 ニクロム

nichelino 男 (第二次世界大戦前に流通していた)20 チェンテジモ硬貨

nichilismo 男 〔哲〕ニヒリズム, 虚無主義

nichilista 男女 〖複[男 -i]〗ニヒリスト, 虚無主義者; 無政府主義者, 革命家 ―形 〖複[男 -i]〗ニヒリストの, ニヒリズムの

Nicodemo 固名(男) 〔聖〕ニコデモ(イエスに共感したパリサイ派のユダヤ人)

Nicola 固名〖男性名〗ニコーラ

Nicoletta 固名〖女性名〗ニコレッタ

Nicolò 固名〖男性名〗ニコロ

Nicosia 固名(女) ニコシア(キプロス共和国の首都)

nicotina 女 ニコチン

nicotinismo 男 〔医〕ニコチン中毒 (tabagismo)

nictalope 形 〔医〕夜盲症の; 昼盲症の

nictalopia 女 〔医〕夜盲症, 鳥目; 昼盲症

nicto- 連頭 「夜(の)」「闇(の)」の意

nictofobia 女 〔心〕暗黒恐怖症

nidiace 形 (ひな鳥が)まだ巣立ちしていない, 巣離れしていない

nidiaceo →nidiace

nidiata 女 **1** 一孵(ｶｴ)りのひな鳥; (動物の)一腹の子 **2** 一家の子供たち

nidificare 自 〖io nidifico〗巣を作る, 巣ごもる; 定住する ―Le rondini *nidificano* sotto i tetti. ツバメは軒下に巣を作る.

nidificazione 女 巣作り

nido 男 **1** 巣 **2** 生家, 故郷 **3** マイホーム ―asilo *nido* (3 歳までの子供の)託児所 **4** 巣窟

niellare 他 〖io niello〗ニエロ[黒金]で象眼する

niellatura 女 ニエロ象眼, 黒金象眼

niello 男 ニエロ, 黒金

✶**niente** 〔ニエンテ〕代〖不定〗〖不変〗 **1** 何も(…ない) ―Non ho comprato *niente*. 何も買わなかった. / Non ho detto *niente*. 何も言わなかった, 黙っていた. / C'è qualcosa di nuovo?-No, *niente* di speciale. 何か変わったことある? - いや, 特に何も. / Nient'altro. それ以外は何もない[いらない]. / Nient'altro? ほかに何か? **2** つまらないもの, ささいな事; 取るに足りない人 ―形〖不変〗**1** 無, 存在しないこと **2** わずかなもの ―形〖不変〗〖量がゼロであることを強調〗何も, 一つも ―*Niente* zucchero? 砂糖はいらない? / *Niente* vino. ワインはいらない. ―副 全く…でない ―Non c'entra *niente*. 何の関係もない. / Non vale *niente*. くだらない, 無駄だ. ▶ *buono a niente* 役立たず, ろくでなし *Di niente.* いいんですよ(お礼や詫びに対して). *dolce far niente* 悠悠自適 *fare finta di niente* 知らんぷりをする *niente affatto* 全く, 全然, ちっとも *niente da fare* どうしようもない *niente di male* [*grave*] たいしたことはない, 心配するほどではない *niente meno che* [驚きを表して] 何と *niente (di) più* ただそれだけ, 他の何物でもない (*non*) *fa niente* 何でもない, かまわない

nientedimeno 副 驚いたことに, 何と(…も) (nientemeno)

nientemeno 副 [驚きを表して] 何と…も(nientedimeno) ―Guadagna *nientemeno* che un milione al mese. 彼は何と月に 100 万も収入がある.

nientepopodimeno 副 《諧》全くもって, 何と(nientemeno の強調形)

nientologo 男 〖複[-gi]女[-a]〗《諧》知ったかぶりをする人

Nietzsche 固名 (男) (Friederich Wilhelm ～)ニーチェ(1844-1900; ドイツの哲学者)

nietzschianesimo 男 ニーチェ思想

nietzschiano 形 ニーチェの, ニーチェ思想の

Nievo 固名(男) (Ippolito ～)ニエーヴォ (1831-861; イタリアの小説家・愛国者)

nife 男 〔地質〕ニフェ(地球の核)

nigella 女 〔植〕クロタネソウ

Niger 固名(男) ニジェール

Nigeria 固名(女) ナイジェリア

nigeriano¹ 形 ニジェール川の ―il bacino *nigeriano* ニジェール川流域

nigeriano² 形 ナイジェリア(人)の ―男〖女[-a]〗ナイジェリア人

nigerino 形 ニジェール(人)の ―男〖女[-a]〗ニジェール人

night 男 〖不変〗〔英〕ナイトクラブ

night club 成句〔男〕ナイトクラブ

nigritella 女 〔植〕コクラン

Nilo 固名(男) ナイル(アフリカの北東部を北流し, 地中海に注ぐ世界最長の川)

nilotico 形 〖複[男 -ci]〗ナイル川の; ナイル川流域の住人

nimbo 男 後光, 光背(ﾋｶﾞｲ);《文》まばゆい光

ninfa 女 **1** ニンフ, 妖精;《文》美しい娘 **2** 〔虫〕さなぎ

ninfale 形 ニンフ[妖精]の, ニンフ[妖精]のような ―男 妖精物語

ninfea 女 〔植〕スイレン

ninfeo 男 ニンファエウム(ニンフを奉った神殿);〔往に勝まれた壁ｶﾞや彫刻のあるあずまやや休〕憩の場

ninfetta 女 美しい若い娘; 誘惑的な早熟の少女, ロリータ

ninfomane 形 (女性が)淫乱の, 色情狂の ―女 淫乱

ninfomania 女 〔医〕ニンフォマニア, 女子色情症(性欲亢進過剰), 淫乱症

ninna 女 《幼》ねんね, おねむり(nanna)

ninnananna 女 子守唄

ninnare 他 子守唄であやす; ゆりかごを揺らす —*ninnare* il bambino 子供を寝かしつける

ninnolo 男 1 おもちゃ, 玩具 2 装飾用の小間物;〔蔑〕つまらぬ物, がらくた

nino 男〔女 -a〕〔親愛の情を込めた呼び方〕かわいい子

Niobe 固名〔女〕〔ギ神〕ニオベ(タンタロスの娘. 子を殺されて悲しみ, 遂に石と化した)

niobio 男〔化〕ニオブ(元素記号 Nb)

nipiologia 女〔医〕小児学(puericultura)

*****nipote** [ニポーテ]男女 1 甥(おい), 姪(めい); 姪の夫, 甥の妻 2 孫 3〔複数で〕子孫

nipotismo → nepotismo

nipponico 形〔複[男 -ci]〕日本(人)の(giapponese)

nirvana 男〔不変〕涅槃(ねはん); 至福, 円満

nirvanico 形〔複[男 -ci]〕涅槃(ねはん)の; 至福の

nisba 副〔隠〕全く(ない), 何も(ない)

nisseno 形〔シチリアの〕カルタニッセッタ(の人)の —男〔女[-a]〕カルタニッセッタの人

nistagmo 男〔医〕眼球振盪(とう)

nitidamente 副 はっきりと, 鮮明に, 明確に

nitidezza 女 清潔さ, きれいさ; 鮮明さ, 明確さ

nitido 形 1 清潔な, 澄んだ, 鮮明な; 晴れた 2 はっきりした, 明確な; 簡潔な

niton 男〔不変〕〔化〕ニトン(ラドンの旧称)

nitrare 他 硝酸処理をする

nitratare 他〔農〕硝酸塩で施肥する

nitratazione 女〔化〕硝化作用

nitrato 男〔化〕硝酸塩

nitratura 女 肥料としての硝酸処理(nitrazione)

nitrazione 女〔化〕硝酸処理

nitrico 形〔複[男 -ci]〕5 価の窒素を含む —acido *nitrico* 硝酸

nitrificazione 女〔化〕硝化

nitrire 自〔io -isco〕馬が いななく

nitrito¹ 男 (馬の)いななき

nitrito² 男〔化〕亜硝酸塩

nitro 男〔化〕ニトロ化合物

nitro- 腰頭「ニトロ化合物」「硝酸」の意

nitroglicerina [ニトログリチェリーナ]女〔化〕ニトログリセリン

nitroso 形〔化〕3 価の窒素を含む

niveo 形 雪のように白い; 雪で覆われた

nivometro 男 降雪計, 雪量計

nix 副〔口〕全然(違う), とんでもない

Nizza 固名〔女〕ニース(フランス南東部の観光・保養都市)

nizzardo 形 ニース(の人)の —男〔女[-a]〕ニースの人 2〔単数のみ〕(N-) ジュゼッペ・ガリバルディ

nizzese 形 ニッツァ・モンフェッラートの(人)の —男女 ニッツァ・モンフェッラートの人

No 略 1 (元素記号) nobelio〔化〕ノーベリウム 2 Novara ノヴァーラ

*****no** [ノ]副 1 いいえ; そうじゃない, 違う —Penso di *no*. そうじゃない[違う] と思う. / *No*, grazie. いいえ, 結構です. / Ti diverti o *no*? 楽しんでいるの, それとも楽しんでいないの? 2〔疑問文に添えて肯定の答えを求める〕そうでしょう? —男〔不変〕否定, 拒否; 反対票 —un *no* chiaro e tondo はっきりした拒否 ► *Come no! | Perché no!* もちろんそうだ. *Ma no!*〔驚き・失意を表して〕まさか, とんでもない. *un giorno sì e uno no* 隔日に, 一日おきに

No. 略 numero 番号

nobel, Nobel 男〔不変〕ノーベル賞; ノーベル賞受賞者

nobelio 男〔化〕ノーベリウム(元素記号 No)

nobildonna 女 貴婦人

*****nobile** [ノービレ]形 1 高貴な, 気品のある 2 貴族の, 貴族的な 3 (ワインやブドウが)優れた品質の, 高級な —男女 貴族

nobilesco 形〔複[男 -chi]〕〔蔑〕貴族らしい

nobiliare 形 貴族の, 貴族らしい

nobilitare 他〔io nobilito〕1 貴族に叙する; 高貴にする, 品格を上げる, 威厳を持たせる 2 (道徳的に)美しくする —*arsi* 再 精神的に高まる; 威厳を持つ, 格が上がる

nobilitazione 女 貴族に叙すること, 貴族になること; 威厳[高貴さ]が増すこと, 質の向上

nobilmente 副 威厳さを持って, 堂々と, 気品にあふれて

nobiltà 女 1 高貴, 気品 2 貴族(階級) 3 卓越, 優秀さ

nobilume 男〔蔑〕貴族のやつら, 貴族ども

nobiluomo 男〔複[nobiluomini]〕(男性の)貴族, 貴族階級の男性

nocca 女 1 指関節 2 (馬の)膝関節

nocchiere 男〔文〕舵(かじ)手, 船頭, 舵(かじ)取り

nocchiero → nocchiere

nocchio 男 1 (木の)こぶ, 節 2 膨張, 腫れ —i *nocchi* della schiena 脊椎

noccia nuocere の命・3 単; 接・現・1 単[2 単, 3 単]

noccio nuocere の直・現・1 単

nocciola 女〔植〕ハシバミの実, ヘーゼルナッツ —形〔不変〕ハシバミ色[薄茶色]の —男〔不変〕ハシバミ色

nocciolaia 女〔鳥〕ホシガラス

nocciolaio 男〔女[-a]〕ヘーゼルナッツ売り

nocciolato 形 ヘーゼルナッツ入りの —男 ヘーゼルナッツチョコレート

noccioleto 男 ハシバミの実[ヘーゼルナッツ]の畑

nocciolina 女 小さなナッツ類 —*noccolina* americana ピーナッツ(arachide)

nocciolino 男 小さなこぶ, しこり
nocciolo¹ 男 (果物の)芯, 種; 核心, 真髄
nocciolo² 男 〔植〕ハシバミの木
noce 男 1 〔植〕クルミの木 2 〔不変〕クルミ色 —女 クルミ; ナッツ —*noce di cocco* ココナッツ, ヤシの実
nocella 女 〔解〕手首の出っ張った骨, 豆状骨
nocepesca 女 〔複〔nocepesche, nocipesche〕〕〔植〕ネクタリンの実
nocepesco 男 〔複〔nocepeschi, nocipeschi〕〕〔植〕ネクタリンの木
nocerei nuocereの条・現・1 単
nocerò nuocereの直・未・1 単
nocesse nuocereの接・半過・3 単
noceto 男 〔植〕クルミ林
noceva nuocereの直・半過・3 単
nociamo nuocereの直・現・1 単; 命・1 複; 接・現・1 複
nocino 男 クルミ酒, クルミのリキュール
nociuto nuocereの過分
nocivamente 副 有害に
nocività 女 有害性, 危険性
nocivo 形 有害な; 精神をむしばむ
nocque nuocereの直・遠過・3 単
NOCS 略 Nucleo Operativo Centrale di Sicurezza 中央機動部隊(イタリア国家警察の対テロリズムの特殊部隊)
nodale 形 節の; 中核をなす —*il punto nodale del problema* 問題の核心
nodello 男 〔動〕球節
nodino 男 装飾用の小さなリボン; (刺繍の技法の)フレンチノット
nodo 男 1 結び, 結び目; もつれ, からまり 2 (樹木の)ふし, こぶ, 精神的な結びつき 3 絆(きずな) 4 結合[合流]点 5 (文学作品の)筋 6 圧迫感, 息苦しさ 7 〔海〕渦 8 ノット(船の速度の単位) 9 〔生物〕節; 〔医〕結節(nodulo) ▶ *avere un nodo alla gola* (悲しみや感激で)のどがつかえる, 胸が一杯になる
nodosità 女 節くれだっていること; 木のこぶ[節目]
nodoso 形 節くれだった, 節のある
nodulo 男 〔医〕結節; 小さなこぶ; 小さい結び目, からまり; 〔地質〕団塊
NOE 略 Nucleo Operativo Ecologico (イタリア憲兵隊の)環境保全のための機動部隊
Noè 固名(男) 〔聖〕ノア(旧約聖書の洪水物語の主人公)
☆**noi** [ノーイ] 代(人称) 〔1人称複数男性・女性〕 1 〔主語として〕私たち, 我々; 〔非人称的に〕皆, 人々 —*Lo facciamo noi.* 私たちがそれをやります. / *noi altri [altre]* 我々は 2 〔直接目的格; 強勢形〕私たち(を), 我々(を) —*Hanno chiamato noi.* 彼らが呼んだのは, 私たちです. 3 〔前置詞とともに; 強勢形〕私たち, 我々 —*da noi* 私たちのところ[国, 地方]では, 当地では 4 〔君主の自称として〕朕(ちん), 余
☆**noia** [ノイア] 女 1 退屈, 倦(けん)怠(たい)(感) —*noia insopportabile* 耐えがたい倦怠 / *Che noia!* ああ, うっとうしい. 2 煩わしさ, 厄介なこと[仕事] ▶ *dare noia a...* (人)に迷惑をかける, 煩わせる *venire a noia* うんざりさせる, 退屈させる
noialtri 代(人称) 〔女複[-e]〕〔相手と反対の立場であることを強調して〕私たち —*Noialtri giovani non la pensiamo così.* (私たち)若い連中の考えは違います 〔女性に限る場合は noialtre〕.
noiosamente 副 退屈に, 鬱々として; うるさく, うっとうしく
noiosità 女 退屈さ, だるさ, 憂鬱さ; うっとうしさ, 厄介さ
☆**noioso** [ノイオーソ, ノイオーゾ] 形 1 退屈な, 憂鬱な 2 嫌な, うっとうしい, うるさい, 厄介な
noisette 男 〔不変〕〔仏〕ハシバミ色, 薄茶色 —形 〔不変〕ハシバミ色の, 薄茶色の
noleggiare 他 (*io noleggio*) (レンタルで)借りる, 貸す
noleggiatore 男 〔女[-trice]〕賃借りする人; 賃貸しする人
noleggio 男 1 レンタル, リース 2 レンタル[リース]料金 3 (乗り物の)レンタル店 —*auto a noleggio* レンタカー / *sci a noleggio* 貸しスキー
nolente 形 〔文〕望まない, 気乗りがしない ▶ *volente o nolente* 望もうとも望まざるとも
nolo 男 1 (空輸や海運の)輸送費 2 チャーター料; レンタル契約
nomade 形 流浪の, 放浪の; 遊牧民の —*vita nomade* 放浪生活, 遊牧生活 —男女 遊牧民; 放浪者, 流浪者; ジプシー
nomadismo 男 遊牧生活; 流浪[放浪]生活
☆**nome** [ノーメ] 男 1 名前, 名称 —*nome di battesimo* 洗礼名 / *nome di famiglia* 姓, 苗字 / *nome d'arte* 芸名 2 〔言〕名詞 —*nome proprio* 固有名詞 / *nome comune* 普通名詞 3 名声, 評判 —*buon nome* よい評判, 名高いこと ▶ *a nome di...* …の代わりに, …の代理で, …の紹介で *chiamare le cose col loro nome* 歯に衣(きぬ)着せない *farsi un nome* 名を成す, 名声を馳(は)せる *in nome di...* …の名において[名のもとに]
nomea 女 悪評
nomenclatura 女 1 用語法, 命名法 2 用語体系 3 専門用語
nomenklatura 女 〔露・政〕(旧ソ連の)共産貴族, 特権階級(えり)
-nomia 接尾 「統制」「管理」「学問」の意
nomignolo 男 渾名(あだな), ニックネーム, 愛称
nomina 女 任命, 指名
nominabile 形 1 名指しできる 2 任命される資質のある
nominale 形 〔言〕名詞の; 名前の; 名

ばかりの —suffisso *nominale* 名詞接尾辞 / appello *nominale* 点呼

nominalismo 男〔哲〕唯名論

nominalizzare 他〔言〕(接尾辞などを付けて)名詞化する

nominalizzatore 形〔女[-trice]〕名詞接尾辞の —男〔言〕名詞接尾辞

nominalmente 副 名目上, 建前として

*__nominare__ [ノミナーレ] 他〔io nomino〕**1** 名前で呼ぶ, 名指す; 名前を知っている **2** 任命する, 指名する —*È stato nominato* presidente. 彼は会長に任命された.

nominativamente 副 名前で, 名指しで

nominativo 形 **1** 名前を記載した; 登録された **2**〔言〕主格の —男 **1** 氏名 **2**〔言〕主格

nominato 形 指名された, 名前を呼ばれた; 言及された

nominatore 形〔女[-trice]〕指名する —男〔女[-trice]〕指名者

nomo- 接頭「法」「規則」の意
-nomo 接尾「専門家」の意

*__non__ [ノン] 副 **1**〔動詞に前置して否定の意味を表す〕…ではない, …しない —*Non* è vero. それはありえない. / Lui *non* ha fratelli. 彼には兄弟はいない. / *Non* c'era nessuno a casa. 家には誰もいなかった. / Me ne sono andato subito per *non* volerlo. 私は彼に会わないように早々に立ち去った. **2**〔不定詞に前置して, 親称 tu に対する否定命令で〕…するな —*Non* fuggire. 逃げるな. **3**〔形容詞や副詞に前置して〕…でない, …でなく —È una storia *non* semplice. それは単純ではない話だ. / Ci sono andato, ma *non* volentieri. 私はそこへ行ったが, 自らすすんでではなかった. **4**〔名詞に前置して反対の意味を表す〕…でない —*non* fumatori 非喫煙者, タバコを吸わない人 ▶ **non... (altro) che...** …にすぎない, …でしかない **non A ma B** A ではなくて B **Non c'è di che!** どういたしまして. **Non è che** +［接続法］…というわけではない. **non sempre...** いつも[必ずしも]…とは限らない

nona 女〔カト〕9 時課(正午から午後 3 時の間にあたる);〔音〕9 度(音程)

nonagenario 男〔女[-a]〕90 歳の人 —形 90 歳の

non aggressione 慣(女) 不可侵, 不侵略

non allineato 慣(男) 非同盟の, 中立の

non belligerante 慣(男) 非交戦の

non belligeranza 慣(女) 非交戦

nonchalance 女〔不変〕〔仏〕無頓着, 無関心

nonché 接 さらに, その上; …はもちろんのこと[言うまでもなく] —Le telefonerò *nonché* le scriverò. 彼女には電話するのはもちろん, 手紙も出そう.

nonconformista 男女〔複[男 -i]〕**1** 反逆者, 体制に従わない人 **2** 非協力者 **3** 非国教徒

noncurante 形 **1** 無頓着な, 気にかけない **2** 無関心の, 冷淡な

noncurantemente 副 無関心に, 冷ややかに

noncuranza 女 無頓着, 無関心, 気にかけないこと

nondimeno 接 それでも, とはいえ, それにもかかわらず

none 女複 ノーナエ(ローマ暦で, 3月・5月・7月・10月の7日; その他の月の5日)

nonetto 男〔音〕九重奏曲[団]

non fumatore 慣(男)〔女[-trice]〕タバコを吸わない人

nonio 男 ノギス(長さを測定する道具)

*__nonna__ [ノンナ] 女 **1** 祖母, おばあさん **2**〔親しみを込めて年配者への呼びかけで〕ばあさん, ばあちゃん

nonnismo 男《隠》弱い者いじめ,(兵隊が)新入りをからかう[いじめる]こと

*__nonno__ [ノンノ] 男 **1** 祖父, おじいさん —*nonno* paterno [materno] 父方[母方]の祖父 / i miei *nonni* 私の祖父母 **2**〔親しみを込めて年配者への呼びかけで〕じいさん, じいちゃん **3**〔複数形で〕祖先

nonnulla 男〔不変〕つまらないこと, 些細なこと, 取るに足りないこと

Nono 固名(男) (Luigi ~) ノーノ(1924 -90; イタリアの作曲家)

*__nono__ [ノーノ] 形〔序数〕9 番目の; 9 分の 1 の —男 9 番目; 9 分の 1

*__nonostante__ [ノノスタンテ] 接〔*nonostante* che〕+［接続法］…ではあるが, たとえ…にしても —*Nonostante* io fossi stanco, sono uscito con loro. 私は疲れていたが, 彼らと出かけた. —前 …にもかかわらず —*Nonostante* il brutto tempo, si è radunata tanta gente. 悪天候にもかかわらず, 多くの人が集まった.

non plus ultra 慣(男)〔ラ〕極致, 最高潮, 絶頂

nonsense 男〔不変〕〔英〕→ nonsenso

nonsenso 男 ナンセンス, 意味のないこと

nonsoché 形〔不変〕いい知れぬ, 言いようのない —男〔不変〕何とも言えないもの, 不自然なこと(non so che)

non stop 慣〔英〕ノンストップの, 休みなしの

nontiscordardimé 男〔不変〕〔植〕ワスレナグサ(non ti scordar di me)

non udente 慣(男女) 聴覚障害者 —形 聴覚障害者の

nonviolenza 女 非暴力

norcino 形 ノルチャ(ウンブリアの都市 Norcia)(の人)の —男〔女[-a]〕ノルチャの人

*__nord__ [ノルド] 男〔不変〕北, 北方; 北部; (N-)北欧 —vento da *nord* 北風 /

il *nord* dell'Europa 北欧 ―*lato nord* 北側〔不変〕/ *parete nord* (山の)北壁 / *Polo Nord* 北極

nordafricano 形 北アフリカ(の人)の ―男 1〔女 [-a]〕北アフリカ人

nordamericano 形 北米(の人)の; 合衆国の ―男〔女 [-a]〕北米の人; アメリカ人, 合衆国民

nordcoreano 形 北朝鮮(の人)の ―男〔女 [-a]〕北朝鮮人

nord-est 男〔不変〕北東 ―*vento dal nord-est* 北東からの強風

nordest → nord-est

nordeuropeo 形 北欧(の人)の ―男〔女 [-a]〕北欧の人

nordico 形〔複[男 -ci]〕北欧(の人)の ―*sci nordico* ノルディック種目(距離, ジャンプ, 複合, バイアスロン) ―男〔複[-ci]女 [-a]〕北欧の人

nordirlandese 形 北アイルランド(の人)の ―男女 北アイルランドの人

nordista 形〔複[男 -i]〕(アメリカの南北戦争時の)北部の州の, 連邦支持の; 北部の ―*esercito nordista* 北軍 ―男女〔複[男 -i]〕(アメリカ南北戦争の)連邦支持者; 北部の人

nordoccidentale 形 北西の, 北西部の

nordorientale 形 北東の, 北東部の

nord-ovest 男〔不変〕北西

nordovest → nord-ovest

noria 女 (灌漑(がい)用水を汲み上げるための)水車

Norimberga 固名(女) ニュルンベルク(ドイツの南部の都市)

norma 女 1 規範, 規則 2 基準, 規格 3 指示, 注意書き 4 慣例 5 例, 手本 ▶ *a norma di...* …に従って[基づいて] / *di norma* 普通に[通常に]は

*****normale** [ノルマーレ] 形 1 正常な, 普通の 2 通常の, 標準的な ―女 ノーマルガソリン, レギュラーガソリン ▶ *scuola normale* (旧制の)師範学校

normalista 男女〔複[男 -i]〕ピサの高等師範学校生〔卒業生〕

normalità 女 正常 ▶ *tornare alla normalità* 正常に戻る

normalizzare 他 正常に戻す, 正常化させる; 規格化する, 標準化する ―*arsi* 再 正常化する, 平常[通常]に戻る

normalizzazione 女 正常化, 平常化; 標準化, 規格化, 規格統一

normalmente 副 通常, 普通は; 正常に; 垂直に

Normandia 固名(女) ノルマンディー(フランス北西部の地方)

normanno 形 ノルマン(人)の; ノルマンディー(人)の ―男 1〔女 [-a]〕ノルマン人; ノルマンディー人 2〔単数のみ〕ノルマンディーの方言

normativa 女 規約, 規則, 規定

normativamente 副 規範的に, 規定としては

normatività 女 規定性, 規範性

normativo 形 規定となる, 規範的な

normazione 女 規格化; 立法, 法規制定

normo- 接頭「正常な」の意

normocito 男〔医〕赤血球

normografo 男 ステンシル

normopeso 形〔不変〕〔医〕標準[正常]体重の

normotermia 女〔医〕正常体温, 平熱

normotipo 男〔医〕正常体格

norna 女 ノルン(北欧神話の9人の運命の女神の各々)

norvegese 形 ノルウェーの; ノルウェー人[語]の ―男女 ノルウェー人 ―男〔単数のみ〕ノルウェー語

Norvegia 固名(女) ノルウェー

-nosi 接尾「疾病(の)」の意

noso- 接頭「疾病(の)」の意

nosocomio 男〔医〕病院(ospedale)

nosofobia 女〔医〕疾病恐怖症, 心気症(patofobia)

nosografia 女〔医〕疾病分類(学)

nosologia → nosografia

nossignore 副〔目上の男性への返答で〕いいえ;〔強い否定を表して〕とんでもない

nostalgia 女 1 郷愁, ノスタルジア 2 懐古の情, 慕情

nostalgicamente 副 郷愁にかられて, 懐かしく, 切なく

nostalgico 形〔複[男 -ci]〕1 郷愁にかられた 2 切なくとした, 懐古の念に浸った ―男〔複[-ci]女 [-a]〕懐古主義者

no-stop 形〔不変〕休みなしの, ノンストップの ―副 休みなしで, ノンストップで

nostra → nostro

nostrale → nostrano

nostrano 形 (地(ぢ)の人が他に対して)地の, 地元の ―*uovo* [*pollo*] *nostrano* 地卵[地鶏] / *alla nostrana* 郷土風に ―男 地物

nostre → nostro

nostri → nostro

*****nostro** [ノストロ] 形〔所有〕〔1人称複数〕私たちの, 我々の ―*nostra madre* 私たちの母 / *i nostri giorni* [*i giorni nostri*] 今, 現在 / *i nostri tempi* 我々の時代, 若かりし頃 / *Cosa Nostra* シチリアマフィアの(別称) ―代〔所有〕私たちのもの ―*La sua macchina è rossa e la nostra è nera.* 彼の車は赤で, 我々のは黒だ. / *Sta dalla nostra.* 彼は我々の側だ. / *Viviamo del nostro.* 私たちは自活している.

nostromo 男〔海〕甲板長, ボースン

*****nota** [ノータ] 女 1 メモ, 注記 ―*nota dell'autore* 著者の注, 原注 / *prendere nota* メモを取る / *degno di nota* 注目すべき 2 通知, 知らせ ―*nota diplomatica* 外交文書 3 目録, 請求書 ―*nota degli invitati* 招待客のリスト / *nota del medico* 治療費の請求書 4〔音〕音符; 音, 調べ ―*nota stonata* 調

子外れの音; 耳障りな音 **5** 目立つ点, 特徴 **6** 評価, 評定 **7**〔口〕タバコの一口分の煙

notabene, nota bene 男〔不変〕注意, 注意書

notabile 形 注意すべき, 注目すべき ―男女 要人, 著名人, 名士

notaio 男〔女[-a]〕**1** 公証人 **2**〔歴〕書記

‡**notare¹**〔ノターレ〕他 **1** 気づく, 目につく ―*notare* un comportamento strano 奇妙な振る舞いに気がつく **2** 強調する, 目立たせる ―come *nota* l'autore 著者が強調しているように / farsi *notare* 目立つ, 目を引く / fare *notare* che... …ということを指摘する **3** 印を付ける; メモする ―*notare* le spese 出費を付ける

notare² → nuotare

notaresco 形〔複[男 -chi]〕〔蔑〕公証人の, 公証人らしい

notariato 男 公証人の活動, 公証人の職務

notarile 形 公証人の

notaro 男 → notaio

notazione 女 **1** 目印をつけること, 記号や番号を振ること;〔音〕記譜法 **2** 注意書き, メモ; 観察, 所見

notes 男〔不変〕〔仏〕(1 枚ずつはがせる)ノート, レポート用紙, 用箋(bloc-notes)

‡**notevole**〔ノテーヴォレ〕形 **1** 著しい, 注目すべき **2** (数量が)かなりの, 相当な

notevolmente 副 著しく, 相当, 目立って

notifica 女 通知, 通告, 通達

notificare 他〔io notifico〕通知する, 通告する; 公示する, 公表する

notificazione 女 通知, 通告, 通達; 公示, 公表

‡**notizia**〔ノティーツィア〕女 **1** 知らせ, ニュース, 情報 ―una buona [bella] *notizia* よい知らせ / una brutta [cattiva] *notizia* ひどい[悪い]ニュース / *notizie* sportive スポーツニュース / fare *notizia* 評判になる, 興味をかき立てる / dare *notizia* di... …を知らせる, 報道する **2** 消息, 便り ―Non ho sue *notizie*. 私は彼の消息を知らない. **3**《文》知識, 認識

notiziario 男 ニュース欄, ニュース放送

‡**noto¹**〔ノート〕形 **1** よく知られた, 周知の ―com'è *noto* 周知のように / rendere *noto* 広める, 宣伝する **2** 有名な, 著名な ―un *noto* scrittore 有名な作家 ―男〔単数のみ〕知られていること, 周知のこと

noto² 男《文》南風

notocorda 女〔解〕脊索

notoriamente 副 周知のように;〔蔑〕悪名高く

notorietà 女 知名度; 名声, 評判; 悪評

notorio 形 周知の; 明白な; 悪名高い

nottambulismo 男 夜遊び癖

nottambulo 男〔女[-a]〕夜遊び癖のある人; 夢遊病者

nottata 女 夜間, タベ ―perdere la *nottata* [fare *nottata*, fare *nottata* bianca] 徹夜する, 眠れぬ夜を過ごす

Notte 固名(女)〔ギ神〕ニュクス, ニクス(夜の女神)

‡**notte**〔ノッテ〕女 **1** 夜, 夜間 ―*notte* di Natale クリスマスイブ / *notte* di San Silvestro 大晦日(ぉぉみそか)の夜 / di *notte* 夜に, 夜間 / questa *notte* 今夜 / portiere di *notte* 夜警 / camicia da *notte* 寝間着, パジャマ **2** (宿泊客の)晩 ―passare due *notti* a Roma ローマで 2 泊する **3** 夜の闇;《文》闇, 暗がり, 暗黒 ▶ **a notte fonda** 深夜に, 夜分遅くに **fare la notte** 夜勤する; (病院で)晩に付き添う **fare notte** 遅くなる **giorno e notte** 日夜, 絶え間なく **nel cuore della notte** 真夜中に **notte bianca [in bianco]** 徹夜 **sul fare della notte** 夕暮れに **tirare notte** 夜更かしする

nottetempo 副 夜間に, 夜のうちに, 夜中に

nottiluca 女〔動〕夜光虫

nottola 女 **1**〔動〕ユーラシアヤマコウモリ **2**〔鳥〕ヨタカ **3** 扉の掛け金

nottolino 男 小さい掛け金;〔機〕歯止め

nottolone 男 **1**〔鳥〕ヨタカ **2** 夜に出歩く人, 夢遊病者

nottua 女〔虫〕ヤガ

notturna 女 ナイター, ナイトゲーム

notturno 形 **1** 夜の, 夜間の; 夜行性の; 夜間営業の **2**《文》黒っぽい色の, くすんだ ―男 **1**〔音〕夜想曲, ノクターン **2** 夜景画[写真] **3** (ラジオの)深夜放送 **4**〔カト〕宵課, 夜課

notula 女 請求書 ―la *notula* dell'avvocato 弁護料請求書

noumeno 男〔哲〕物自体, 本体

nov. 略 novembre 11 月

nova 女〔不変〕〔ラ・天〕新星

novalgina 女 解熱剤; リウマチ治療剤

‡**novanta**〔ノヴァンタ〕形(基数)〔不変〕90 の ―*novanta* volte su cento 十中八九, ほとんど, 大体 ―男〔不変〕90

novantenne 形 90 歳[年]の, 90 年を経た ―男女 90 歳の人

novantennio 男 90 年間, 90 年(の期間)

novantesimo 形(序数) 90 番目の; 90 分の 1 の ―男 90 番目; 90 分の 1

novantina 女 90 ほど, 約 90 ―essere sulla *novantina* 90 歳に近い

Novara 固名(女) ノヴァーラ(ピエモンテ州の都市; 略 NO)

novarese 形 ノヴァーラ(の人)の ―男女 ノヴァーラの人

novatore 形〔女[-trice]〕革新的な ―男〔女[-trice]〕(文化や政治の)革新者, 改革者

novazione 女 1更新 2刷新, 革新

nove [ノーヴェ] 形(基数)〔不変〕9の —〔不変〕9 —il nove (野球などの)9人編成のチーム

novecentesco 形〔複[男 -chi]〕1900年代の, 20世紀の

novecentesimo 形(序数) 900番目の, 900分の1の —男 900番目; 900分の1

novecentismo 男 モダニズム; 20世紀初頭の文学芸術の潮流

novecentista 形〔複[男 -i]〕1 20世紀の, 20世紀の文化や風俗の 2 モダニズムの —男女〔複[男 -i]〕1 20世紀に生まれた人 2 モダニスト 3 20世紀の芸術や文化の研究者

novecentistico 形〔複[男 -ci]〕20世紀の芸術や文化の, モダニズムの

novecento 形(基数)〔不変〕900の; 1900年代の, 20世紀の —〔不変〕900; (N-)20世紀

novella 女 1 (中世の)説話 2 短い物語; 短編小説 —buona *novella* 福音書

novellame 男〔総称的〕稚魚, 幼魚

novellare 自 物語を話す; 物語を書く; 出来事を述べる

novelliere 男 1〔女[-a]〕物語作家, 短編作家 2 (同一作家の)短編小集

novellino¹ 形 1 未熟な, 芽を出したばかりの; 初心者の, 新米の —男〔女[-a]〕未熟者, 初心者, 新米

novellino² 男〔文〕短編小説集

novellistica 女 短編小説の技法;〔総称的〕短編小説

novellizzazione 女 (ヒットした映画の)脚本の小説化, ノベライズ

novello 形 1 生まれたばかりの, できたての 2 新米の, なりたての 3 再来の —男〔文〕新芽, 若芽, 若枝

*__novembre__ [ノヴェンブレ] 男 11月 —il primo *novembre* 11月1日, 諸聖人の日, 万聖節

novembrino 形 11月の

novemila 形(基数)〔不変〕9000の —男〔不変〕9000

novena 女〔カト〕ノベナ(9日間の祈り)

novenario 形〔言〕9音節の;〔詩〕9音節詩行の —男〔言〕9音節;〔詩〕9音節詩行

novendiale 形 (古代ローマの)9日間続く儀式 —男 1〔歴〕9日間の儀式〔服喪〕 2〔主に複数で〕(ローマ教皇死去に続く)9日間の葬いの儀式

novennale 形 9年間の, 9年続く; 9年ごとの

novenne 形 9歳の, 9年の —男女 9歳の子供

novennio 男 9年間, 9年の期間

novero 男 1〔文〕数 2 部類, 種類

novilunio 男〔天〕新月, 朔(さく)

novissimo 形 最後の, 最新の —男〔複数形で〕〔神学〕四終(死・審判・地獄・天国)

novità [ノヴィタ] 女 1 新しさ, 斬新さ 2 新製品 3 新情報〔技術〕 —Ci sono *novità*? 何か(今までと)変わったことある?

noviziale 形 修練者の, 修練期間の

noviziato 男〔カト〕修練期間; 見習い[徒弟]期間, 見習い[徒弟]の身分

novizio 男〔女[-a]〕〔カト〕修練者, 見習い僧[尼]; 初心者, 見習い

nozionale 形 概念の

nozione 女 概念, 観念

nozionismo 男 知ったかぶり, 聞きかじりの知識; 知識主義

nozionista 男女〔複[男 -i]〕えせ学者, 浅学者, 生かじりの知識尊重者

nozionisticamente 副 聞きかじって, 生かじりで

nozionistico 形〔複[男 -ci]〕聞きかじりの, 生かじりの; 浅学の, 生半可の

nozze 女複 結婚式 —viaggio di *nozze* 新婚旅行 / *nozze* d'oro 金婚式

Np 略〔元素記号〕nettunio ネプツニウム

n.ro 略 numero 番号

ns/ 略 nostro 当社の, 弊社の

ns. 略 nostro 当社の, 弊社の

N.S. 略 Nostro Signore 我らが主(イエス・キリスト)

Nt 略〔元素記号〕niton〔化〕ニトン(ラドン)

N.T. 略 1 Nuovo Testamento 新約聖書 2 Non Trasferibile (小切手の)譲渡禁止

NU 略 1 Nazioni Unite 国際連合 2 Nuoro ヌーオロ

N.U. 略 1 Nettezza Urbana 市の清掃局 2 Nobil Uomo 貴族(の男性)

nuance 女〔不変〕〔仏〕ニュアンス, 微妙な意味[音, 色彩]の差異

nube 女 雲; 雲状のもの; 煙り, もや ▶ *nube alta* [*bassa*] 高[低]層雲

nubiano 形 ヌビア(の人)の —男〔女[-a]〕ヌビアの人

nubifragio 男 (特に夏の)豪雨, 土砂降り

nubilato 男 独身女性である身分[状態]

nubile 形 (女性が)独身の, 未婚の(→ celibe, scapolo) —女 未婚女性

nuca 女 うなじ, 首筋

nucleare 形 1 核の, 核を成す 2〔生物〕細胞核の 3 原子核の; 核エネルギーの; 核兵器の —centrale *nucleare* 原子力発電所 / energia *nucleare* 原子力 —男〔単数のみ〕核エネルギー, 原子力

nuclearista 形〔複[男 -i]〕原子力発電所建設に賛成の —男女〔複[男 -i]〕原子力発電所建設賛成派

nuclearizzare 他 核武装する; 原子力エネルギーを供給する —**arsi** 再 原始力エネルギーを用いる

nuclearizzazione 女 核武装; 原子力エネルギー供給

nucleasi 女〔不変〕〔生化〕ヌクレアーゼ(核酸分解酵素の総称)

nucleico 形〔複[男 -ci]〕〔生化〕核

nucleo の, 原子核の ― *acido nucleico* 核酸

nucleo 男 **1** 中心, 核心 **2** 小さな集団, 一団 **3**〔生物〕細胞核 **4** 原子核 **5**〔天〕彗星の核 **6**〔地学〕地核

nucleolo 男〔生物〕核小体, 仁

nucleone 男〔物〕核子

nucleoplasma 男〔複[-i]〕〔生物〕核原形質, 核質

nudismo 男 ヌーディズム

nudista 形〔複[男 -i]〕ヌーディズムの ― 男女〔複[男 -i]〕ヌーディスト

nudità 女 **1** 裸の状態; むき出し, 露出 **2** 素朴さ, 簡素さ; 率直さ

＊**nudo** [ヌード] 形 **1** 裸の ― *piedi nudi* 裸足(ﾊﾀﾞｼ) / *gambe nude* 素足 / *mezzo nudo* 裸同然の **2** むき出しの, 飾りのない, ありのままの ― *stanza troppo nuda* 殺風景な部屋 ― 男 裸体画, 裸像 ► *a mani nude* 素手で *a occhio nudo* 肉眼[裸眼]で *mettere a nudo* 暴露する *nudo e crudo* 正真正銘の, 赤裸々な

nugolo 男 **1**〔文〕(荒天をもたらす)怪しい雲 **2** 大群, 大勢

＊**nulla** [ヌッラ] 形 (不定)〔不変〕何も(…ない) ― *Non è nulla.* 大したことではない. / *Non fa nulla.* 何でもない, 取るに足りないことだ. ― 副 全く…でない ― 男 無, 存在しないもの; だめな人, つまらないもの ― *creare dal nulla* 無から作り出す / *sentirsi un nulla* 自分がだめな奴だと感じる ► *per nulla* 全く, ちっとも(…ない)

nulladimeno 接〔文〕それにもかかわらず, それでも

nullafacente 形 働かない, 怠惰に過ごす ― 男女 怠け者

nullaggine 女 無価値なもの, 無意味; 無能, 不適格

nullaosta〔不変〕**1** 認可証 **2**《諾》許可

nullatenente 形 資産のない; 貧困の ― 男女 資産のない人; 困窮者

nullatenenza 女 貧困, 困窮

nullificare 他〔io nullifico〕無にする, 無効にする ― *arsi* 再 無となる, なくなる

nullipara 女〔医〕未経産婦

nullismo 男 ニヒリズム(nichilismo); 無能, 不適格

nullista 男女〔複[男 -i]〕ニヒリスト, 虚無主義者

nullità 女 **1** 価値のなさ, つまらないこと; 無能な人 **2**〔法〕無効

nullo 形 **1** 無価値の, 無駄な; 無効の **2**〔スポ〕引き分けの ― *partita nulla* 引き分け試合

nume 男 **1** 神 **2** 神性 **3** 重要人物, 大物 ► *nume tutelare* 守護神

numerabile 形 数えられる, 番号を付けられる ― *nome non numerabile*〔言〕不可算名詞

numerabilità 女 数えられること, 計算可能なこと

numerale 形 数の ― 男〔言〕数詞 ► *numerale cardinale* 基数

numerare 他〔io numero〕**1** 番号を付ける[打つ, 振る] **2**《文》数える, 勘定する

numerario 形 数の, 数字で表した ― 男 通貨; 現金

numerato 形 番号の付いた ― 男〔複数で〕座席指定席

numeratore 男〔女[-trice]〕**1** 計算者 **2** 自動計算機, 計数器 ― *numeratore automatico* 自動計算機 / *numeratore meccanico* 計数器, カウンター **3** (分数の)分子

numerazione 女 **1** 番号付け, ナンバリング **2**〔数〕命数法

numericamente 副 数字上, 数から見て, 数字で

numerico 形〔複[男 -ci]〕数の, 数に関する, 数字上の

＊**numero** [ヌーメロ] 男 **1** 数, 数字 ― *numero arabo* [*romano*] アラビア[ローマ]数字 / *numero negativo* [*positivo*] 正[負]数 / *numero cardinale* [*ordinale*] 基[序]数 / *un gran numero di...* 多数の…, 大量の… **2** 番号, 番地 ― *numero di telefono* 電話番号 / *numero di matricola* 登録番号 / *abitare al numero 8* 八番地に住む **3** (シリーズ物の)…号 ― *il prossimo numero* 次号 / *numero zero* [*speciale*] 創刊[特集]号 **4** (靴の)サイズ ― *Che numero porti?* 靴のサイズはいくつ? **5** 番号の入った札; (くじの)番号 **6** 人数, 個数; 員数 **7** (バラエティーショーやサーカスの)演目 **8** こっけいな状況[人物] **9** 大多数 **10**〔複数で〕素質, 才能 **11**〔言〕数 **12**〔官庁用語で〕定数, 定員 **13**〔詩〕韻律 ► *avere dei numeri (per...)* (…の)素質[資質]がある *dare i numeri* 口から出まかせを言う, でたらめを言う *numero chiuso* (学部や講座の)定員 *numero uno* ナンバーワン(の), トップ(の); 主要な, 最大の *numero verde* フリーダイヤル

numerosamente 副 おびただしく, 多数

numerosità 女 多数

＊**numeroso** [ヌメローソ, ヌメローゾ] 形 数が多い; 多人数の

numismatica 女 貨幣学, 古銭学

numismatico 形〔複[男 -ci]〕貨幣学の, 古銭学の ― *museo numismatico* 貨幣博物館 ― 男〔複[-ci]〕女[-a]〕貨幣研究家, 貨幣学者

nummularia 女〔植〕リシマキア・ヌンムラリア(サクラソウ科)

nummulite 女〔地質〕貨幣石(新生代第三紀の有孔虫の化石), ヌンムライト

nummulitico 形〔複[男 -ci]〕貨幣石の, 貨幣石を含む ― 男〔複[-ci]〕〔地質〕貨幣石紀, 古第三紀

nuncupativo 形〔法〕(遺言が証人立ち会いのもとで)口頭の(現行法では無効)

nunziatura 囡 〔カト〕教皇大使の職 ► *nunziatura apostolica* 教皇大使の職

nunzio 男 《文》**1** 使節, 使者 **2** 告げるもの, 兆候 **3** 〔カト〕教皇大使 ► *nunzio apostolico* 教皇大使

nuoccia nuocere の命・3 単; 接・現・1 単[2 単, 3 単]

nuoccio nuocere の直・現・1 単

nuocere [71] 自 害になる, 損なう —Lo stress *nuoce* alla salute. ストレスは健康を害する.

nuociuto nuocere の過分

nuora 囡 〔息子の〕嫁(→ genero)

nuorese 形 ヌーオロ(の人)の ——男女 ヌーオロの人 ——男〔単数のみ〕ヌーオロの方言

Nuoro 固名(女) ヌーオロ(サルデーニャ特別自治州の都市; 略 NU)

*__nuotare__ [ヌオターレ] 自 **1** 泳ぐ; (in) …につかる —*nuotare* a stile libero [a rana, sul dorso, a farfalla] 自由形で[平泳ぎ, 背泳ぎ, バタフライで]泳ぐ **2** 浮かぶ, 浮遊する **3** 〔口〕(服や靴が大きすぎて)だぶだぶである —*nuotare* nei pantaloni (履いている)ズボンがゆるい ▶︎ 泳ぐ —*nuotare* i 100 metri in un minuto 100 メートルを 1 分で泳ぐ ▶︎ *nuotare nell'abbondanza* 裕福な暮らしをする; 何もかも与えられている *nuotare nell'oro* 大金持ちである

nuotata 囡 一泳ぎ, 泳ぐこと; 泳ぎ方, 泳法 —andare a fare una *nuotata* 泳ぎに出かける

nuotatore 男[囡[-trice]] **1** 泳ぐ人, 泳者, 競泳選手 **2** 泳げる動物

nuoto 男 水泳 —*nuoto* a rana [a farfalla] 平泳ぎ[バタフライ] / *nuoto* sincronizzato シンクロナイズドスイミング ► *a nuoto* 泳いで

nuova 囡 知らせ, ニュース —buona *nuova* よい知らせ

Nuova Caledonia 固名(女) ニューカレドニア島(南太平洋, メラネシアの島)

Nuova Delhi 固名(女) ニューデリー(インドの首都)

Nuova Guinea 固名(女) ニューギニア島(オーストラリア大陸の北方にある世界第二の島)

nuovaguineano 形 パプアニューギニア(人)の ——男〔囡[-a]〕パプアニューギニア人

nuovaiorchese 形 ニューヨークの ——男女 ニューヨーカー, ニューヨーク市民

nuovamente 副 再び, もう一度, 新たに

Nuova York 固名(女) ニューヨーク

nuovayorkese → nuovaiorchese

Nuova Zelanda 固名(女) ニュージーランド

*__nuovo__ [ヌオーヴォ] 形 **1** 新しい, 新品の —patate *nuove* 新ジャガイモ / i *nuovi* venuti 新顔, 新人たち **2** 新たな, 別の; 新生の —il *nuovo* anno 新年 / Ho letto un *nuovo* romanzo. 私はさらにもう一つ小説を読んだ. 初めて見る[聞く] —Questo nome non mi è *nuovo*. 私はこの名前に聞き覚えがある. ——男 〔単数のみ〕**1** 新しいもの **2** 新作, 新品 ► *come nuovo* 新品同様の *di nuovo* 再び, また *nuova frontiera* ニューフロンティア *nuovo di zecca* 真新しい, できたての *per nuovo* 新品価格で

nuraghe 男 ヌラーゲ(サルデーニャの先史時代の石の建造物)

nuragico 形 〔複[男 -ci]〕ヌラーゲの

nurse 囡 〔不変〕〔英〕保母, ベビーシッター, 英語の家庭教師

nursery 囡 〔不変〕〔英〕育児室, 保育室, 子供部屋

nutazione 囡 〔天〕章動

nutria 囡 〔動〕ヌートリア

nutribile 形 養育されうる, 培われうる

nutricare 他 《文》**1** 養育する **2** 教育する, 磨く

nutrice 囡 乳母

nutriente 形 滋養[栄養]のある

nutrimento 男 食糧; 養分, 栄養物; 糧(ᆞ)

*__nutrire__ [ヌトリーレ] 他 〔io -isco〕**1** …に食物[栄養]を与える, 授乳する, 飼育する **2** (目的語をとらずに)滋養[栄養]になる; 養う, 豊かにする, 育てる **3** (感情などを)抱く —*nutrire* dei dubbi 疑いを抱く ——**irsi** 再 摂取する, 食べる; 糧にする —*nutrirsi* di vegetali [carne] 菜[肉]食する ► *nutrirsi bene* 栄養をとる[つける]

nutritamente 副 豊富に, 充実して, ぎっしりと

nutritivo 形 栄養の, 栄養のある —valore *nutritivo* 栄養価

nutrito 形 元気な, 栄養の行き届いた; ぎっしりとした, 密な; 中身の濃い, 内容が充実した

nutrizionale 形 〔医〕栄養摂取の, 栄養上の

nutrizione 囡 栄養摂取, 滋養; 栄養物

nutrizionista 男女 〔複[男 -i]〕〔医〕栄養学者, 栄養学の専門医

*__nuvola__ [ヌーヴォラ] 囡 **1** 雲 —cielo senza *nuvole* 雲一つない空, 晴天 **2** (蒸気・霧・煙・埃(ᆢ)の)雲のような固まり —*nuvola* di polvere もうもうと立つ埃 **3** 《文》大量, 無数 ► *avere la testa tra* [*fra*] *le nuvole* ぼんやりとしている, いつも夢見心地である *cadere dalle nuvole* 仰天する, 唖(ᆞ)然とする *vivere nelle* [*fra le*] *nuvole* 現実離れしている

nuvolaglia 囡 堆積した雲, 広がった雲海

nuvolato 形 **1** 《文》曇った **2** (紙や布が)雲のような黒い染みのある

nuvoletta 囡 **1** 小さな雲 **2** (漫画の)吹き出し

nuvolo 形 雲で覆われた, 曇った ——男 **1** 曇天, 曇り **2** 大量, 多数(nugolo)

nuvolosità 女 曇天, 曇っていること
nuvoloso 形 曇りの, 曇った
nuziale 形 結婚(式)の —anello *nuziale* 結婚指輪 / abito [torta] *nuziale* ウエディングドレス[ケーキ] / marcia *nuziale* 結婚行進曲 / cerimonia *nuziale* 結婚式(nozze)
nuzialità 女 婚姻率
nylon 男〔不変〕〔英〕ナイロン

O, o

O¹, o¹ 女, 男 (イタリア語アルファベットの)13番目の字母 —O come Otranto〔符丁〕オ(ー)トラントのO
O² 略 ovest 西
*****o** [オ] 接〔母音(特にo)で始まる語の前では, 好音字dを付けて, odとすることがある〕**1** あるいは, または; それとも —La sera leggo un libro *o* guardo la tv. 夜は読書をしたり, テレビを見たりします. / Vieni sì *o* no? 来るの, 来ないの？ **2** さもないと —Sbrighiamoci, *o* non troveremo posto. 急ごう, でないと席がないよ. **3** つまり, すなわち —la musica *o* l'arte dei suoni 音楽すなわち音の芸術
OACI 略 Organizzazione per l'Aviazione Civile Internazionale 国際民間航空機関
oasi 女〔不変〕**1** オアシス **2** 憩い, 安らぎ
ob- 接頭「反対」「逆」「裏」の意
obbedire → ubbidire
obbiettare → obiettare
obbiettivo → obiettivo
obbligare 他〔io obbligo〕〔obbligare A a + 不定詞〕で A(人)に…する義務を課す, (責務として)…させる —Il tuo invito mi *obbliga* a rimanere. 君が頼むのだから残らなければならないね. —**arsi** 再 義務がある, 強いられる, …しなければならない
obbligatissimo 形〔obbligatoの絶対最上級〕(書簡の最後に)感謝[謝意]を込めて —Suo *obbligatissimo* 敬具
obbligato 形 **1** 義務のある, 強いられた; 恩義を感じた; 感謝している **2** 定型化された
obbligatoriamente 副 義務的に, 無理やり, やむを得ず
obbligatorietà 女 強制, 義務づけ, 必須
obbligatorio 形 義務的な, 必須の
obbligazionario 形 債務の, 債券の —capitale *obbligazionario* 借入資本金
obbligazione 女 **1** 義務, 債務 **2** 感謝の念, 恩義 **3** 債務証書, 債券
*****obbligo** [オッブリゴ] 男〔複[-ghi]〕**1** 義務, (契約などの)取り決め, 必須条件 **2** 謝意, 恩義 ▶ *d'obbligo* (法律や慣例で)義務づけられた, 必須の
obb.mo 略 obbligatissimo 感謝の念を込めて; 敬具
obbrobrio 男 **1** 不名誉, 不面目; ぞっとするもの, 悪趣味なもの **2**〔複数で〕侮辱
obbrobriosamente 副 不名誉にも; 趣味悪く, ぞっとするほどに
obbrobrioso 形 不名誉な, 恥ずべき; 嫌悪すべき, ぞっとする, 悪趣味な
obelisco 男〔複[-chi]〕オベリスク
oberare 他〔io obero〕負担をかけ過ぎる —Mi *hanno oberato* di lavoro. 私は過重な仕事を負わせられた.
oberato 形 (出費・負債・仕事の)負担が多過ぎる
obesità 女 肥満, 〔医〕脂肪症, 脂肪蓄積
obeso 形 肥満の, 太り過ぎの; 〔医〕脂肪症の
obi 男〔不変〕〔日〕帯; 〔スポ〕(柔道や空手の)帯
obice 男〔軍〕榴(りゅう)弾砲
obiettante 男女 反対[反論]者, 異議を唱える者
obiettare 他 反対する, 反論する, 異議を唱える
obiettivamente 副 公平に, 偏らず, 客観的に
obiettività 女 客観性; 不偏, 公平
obiettivo 男 **1** 目的, 目標 **2** 標的 **3** (対物)レンズ 一形 客観的な, 偏見のない
obiettore 男〔女[-trice]〕反対者 —*obiettore* di coscienza 良心的兵役拒否者; 妊娠中絶に反対する医師
obiezione 女 反対, 反論, 異議 —*obiezione* di coscienza 良心的兵役拒否; (医師による)妊娠中絶拒否
obitorio 男 (身元確認・検死のための)死体置き場; (病院の)死体安置所
obituario 男 死亡記事, 死亡告示
oblativo 形 献身的な, 利他的な
oblatore 男〔女[-trice]〕**1** 寄贈者, 寄進者, 奉納者 **2**〔法〕(違反による)罰金を支払う者
oblatorio 形 寄贈の, 寄進の, 奉納の; 罰金支払いの
oblazione 女 寄進, 奉納; 〔カト〕奉納物, 供え物; 〔法〕(法律違反による)罰金の支払い
oblio 男 忘却
obliquamente 副 斜めに; ずるく, 不正に
obliquità 女 傾斜していること, 傾き, ゆがんでいること
obliquo 形 **1** 斜めの, 傾斜した, ゆがんだ **2** 不正な, まっとうでない **3** 不実な, ずるい **4** 邪悪な
obliterare 他〔io oblitero〕(切手や印紙に)消印を押す, (切符に)刻印を入れる
obliteratrice 女 消印器, 刻印器
obliterazione 女 消印, 刻印, 検印
oblò 男 **1** 船窓 **2** (ドラム式洗濯機の)

投入口
oblomovìsmo 男 (19世紀のロシア貴族の典型である)無頓着な態度, オブローモフ主義
oblungo 形 〔複[-ghi]〕横長の, 細長い
obnubilamento 男 意識の混濁
obnubilare 他 [io obnùbilo] (精神・意識・判断力を)曇らせる, ぼうっとさせる
oboe 男 〔音〕オーボエ
oboìsta 男女〔複[男 -i]〕オーボエ奏者
òbolo 男 1 (小額の)寄付金, 施し; (教会への)献金 2 (ギリシャの)オボルス銀貨
obsolèto 形 廃れた, 使われなくなった; 時代遅れの
obtòrto còllo 感 〔ラ〕意に反して, 嫌々ながら, 渋々
OC Onde Corte 短波
òca 女〔鳥〕ガチョウ ▶ *far venire la pelle d'oca* ぞくっとさせる, 鳥肌を立たせる *gioco dell'oca* (上がり)すごろく
ocàggine 女 愚かさ, 軽率さ, 軽薄さ
ocarina 女〔音〕オカリナ
occ. occidentale 西の, 西洋の
occamìsmo 男〔哲〕オッカム主義
occasionale 形 偶然の, 偶発の
occasionalità 女 偶然性, 偶発性
occasionalmente 副 1 偶然, 思いがけず 2 時折
occasionare 他 原因となる, 引き起こす
‡**occasióne** [オッカズィオーネ] 女 1 機会, チャンス —in *occasione* di... …に際して, …の折に / cogliere [perdere] l'*occasione* チャンスをつかむ[失う] 2 バーゲン, 安売り —Questo televisore è una vera *occasione*. このテレビは本当にお買い得だ. 3 理由, 根拠 —essere *occasione* di... …を引き起こす, …のもとになる 4 状況 ▶ *d'occasione* 安売り[特価]の
occhiàia 女 1 眼窩(´), 眼のくぼみ 2 〔複数で〕目の下のくま
occhialàio 男〔女[-a]〕眼鏡製造者[販売者, 修理者], 眼鏡屋(人)
‡**occhiale** [オッキアーレ] 男〔複数で〕眼鏡 —*occhiali* da miope 近視用の眼鏡 / *occhiali* da presbite 老眼鏡 / *occhiali* da sole サングラス / portare gli *occhiali* 眼鏡をかけている
occhialétto 男 メガネ柄, または眼窩(´)にはめ込む)片メガネ, モノクル
occhiali → occhiale
occhialino → occhialetto
occhialóne 男〔複数で〕(風や埃(ੰੰ)よけに使用した)操縦士用ゴーグル 2 〘謔〙派手な眼鏡をかけている人
occhialùto 形 眼鏡をかけた
‡**occhiata¹** [オッキアータ] 女 1 すばやく見ること, 一瞥(ੰੰ) —dare un'*occhiata* a... …をちらっと見る 2 (文書などに)さっと目を通すこと, チェックすること; 監視
occhiata² 女〔魚〕スズキ目タイ科の魚

occhieggiare 他 [io occhéggio] (注意を引こうとして)ちらちら見る, (興味を持って)見つめる —自 ちらっと姿を見せる, 見え隠れする
occhièllo 男 1 (ひも通しやファイル用の)小穴 2 鳩目(´), ボタンホール 3〔印〕標題のページ, 前扉 4 (新聞の)小見出し
occhièra 女 (目の洗浄用の)アイカップ, 洗眼器
occhiétto 男 1 いきいきとした眼差し; 狡猾(´)な目つき; 含みのある目つき 2 ボタンホール
‡**òcchio** [オッキオ] 男 1 目 —*occhi* a mandorla 切れ長の目 / avere gli *occhi* blu 青い目をしている 2 視力; 視線, まなざし —visibile a *occhio* nudo 肉眼で見える / dare un *occhio* a... …に注目する 3 目の形をしたもの, 穴, くぼみ —*occhio* del formaggio チーズの穴 4 判断力, 鑑識眼 5 (動物の体の)斑点, 目のような模様 6〘口〙非常な高値 7〔植〕芽 ▶ *a occhi chiusi* 躊躇(´)せず, 即座に *chiudere un occhio* 大目に見る, 目をつぶる *con la coda dell'occhio* 横目で, 窺(´)いつつ *essere tutt'occhi* 警戒心が強い, とても用心深い *non chiudere occhio* 一睡もしない *senza chiudere occhio* まんじりともせず *spalancare gli occhi* 目を丸くする *strizzare l'occhio* 目配せする, ほのめかす *un occhio della testa* 目をむくほどの高額 *uovo all'occhio di bue* 目玉焼き
occhiolino 男 小さい目 —fare l'*occhiolino* ウインクする, 目で合図する
occhiùto 形 多くの目を持つ(特にギリシャ神話のアルゴスのこと); 用心深い, 慎重な
‡**occidentale** [オッチデンターレ] 形 1 西の 2 西洋の, 西洋的な —男女 西洋人
occidentalizzare 他 西洋化させる, 西洋風にする —**arsi** 再 西洋化する, 西洋風になる
occidentalizzazióne 女 西洋化
occidènte 男 1 西, 西方 2 (O-)西洋, 西洋諸国
occipitale 形〔解〕後頭部の —*osso occipitale* 後頭骨
occìpite 男〔解〕後頭部, うなじ
occitànico 形〔複[男 -ci]〕オクシタニア(の人)の; オック語の —男〔複[-ci]〕女[-a]〕オクシタニアの人
occitàno 形 オクシタニアの, オック語の —男〔単数のみ〕オック語
occlùdere [1] 他 [過分 occluso] (流れを)ふさぐ, 閉じる, 遮断する —**ersi** 再 塞がる
occluse occludere の直・遠過・3 単
occlusióne 女 閉塞, 閉塞, 妨害
occlusivo 形 1 閉鎖の, 妨害する, 閉塞の 2〔言〕閉鎖音の
occluso occludere の過分
occorrènte 男 必需品, 必要なもの

occorrenza 囡 必要, 必需; 必需品 —all'*occorrenza* 必要な場合に, もし必要なら

occorrere [オッコッレレ] [25] 自 [es] 〖過去 occorso〗〖3人称単複のみ; 非人称の場合も〗…が必要である —A me *occorre* più tempo per decidere. 決断するには私にはもっと時間が必要だ. / *Occorrono* due ore per completare questo compito. この課題を仕上げるのに2時間必要だ. / *Occorre* che lei si spieghi meglio. 彼女はもっとうまく考えを説明しなければならない.

occorse occorrere の直・遠過・3単
occorso occorrere の過分

occultabile 形 隠すことができる, 秘密にできる

occultamento 男 隠匿, 隠蔽

occultare 他 1 隠す, 隠蔽する 2 〔天〕食を引き起こす, (天体を)隠す —**arsi** 再 潜む, 隠れる

occultazione 囡 1 隠匿, 隠蔽 2 〔天〕掩(え)蔽, 星食

occultismo 男 神秘学, 隠秘学, オカルト主義, オカルティズム

occultista 男女〖複[男 -i]〗神秘学の信奉者, オカルト主義者

occultistico 形〖複[男 -ci]〗神秘学の, オカルト主義者の

occulto 形 隠された, 秘められた —男 神秘主義に関するもの, オカルト —il mondo dell'*occulto* オカルトの世界

occupabile 形 占められうる, 費やされうる; (人が)雇用されうる

occupante 形 占領している, 占有する —l'esercito *occupante* 占領軍 —男女 (土地・建物の)占有者, 居住者 —*occupante* abusivo 不法占有者

*occupare** [オックパーレ] 他 〖io occupo〗 1 占める; (場所や地位を)占領する —*occupare* un posto in treno 列車の座席を取る / *occupare* la mente 気にかかる, 心にかかる / *Occupati* degli affari tuoi. 口出しをするな. / Quel tavolo *occupa* la stanza. あのテーブルは部屋の空間を取る. 2 (時間を)費やす, 割く —*occupare* il tempo leggendo 読書で時間を費やす 3 (職務・任務に)就く 4 雇う —L'hanno *occupato* in banca. 彼は銀行で雇われた. —**arsi** 再 (di) 1 …に専念する, …を専業とする 2 職を見つける 3 …の面倒を見る, 世話する

*occupato** [オックパート] 形 1 (場所や時間が)ふさがった; 占められている, 空きのない —Questo posto è *occupato*. この席は空いていない. / È *occupata* a preparare la cena. 彼女は夕食の準備で忙しい. / Ho le mani *occupate*. 手がふさがっている. 2 (電話が)話し中の —Il telefono è *occupato*. 電話が話し中だ. 3 雇われた —È *occupato* presso un'agenzia pubblicitaria. 彼は旅行代理店に勤めている. —男女[-a] 被雇用者

occupazionale 形 職業に関する, 雇用の —crisi *occupazionale* 雇用危機

occupazione [オックパツィオーネ] 囡 1 仕事 2 占領 3 雇用

oceaniano 形 オセアニア(の人)の —男女[-a] オセアニアの人

oceanico 形〖複[男 -ci]〗 1 大洋の; (1000メートル以上の深さの)海にある 2 広大な, たくさんの

Oceano 固名 〖ギ神〗オケアノス(海神, 巨人神ティタン族の一)

*oceano** [オチェーアノ] 男 1 大洋, 海洋 —*Oceano* Atlantico 大西洋 / *Oceano* Pacifico 太平洋 2 大量, 無限 —un *oceano* di… 大量の…, 無限大の… ▶ essere una goccia d'acqua nell'*oceano* 何の影響もない

oceanografia 囡 海洋学
oceanografico 形〖複[男 -ci]〗海洋学の
oceanografo 男〖女[-a]〗海洋学者

ocello 男 1 (クジャクの)尾羽の斑点, (チョウの)羽の丸い模様 2 (無脊椎動物の)単眼

ochetta 囡 1 無邪気で知恵のまわらない娘 2 (病人用の)吸い飲み

ocotona 囡〖動〗ナキウサギ

ocra 囡〔鉱〕黄土 —男〖不変〗黄土色, オークル —形〖不変〗黄土色の

OCSE 略 Organizzazione per la Cooperazione e lo Sviluppo Economico, OECD 経済協力開発機構

ocraceo 形 黄土を含む; 黄土色の

oculare 形 目の —bulbo *oculare* 眼球 —男〔光〕接眼レンズ, アイピース

oculatamente 副 慎重に, 用心深く, 抜け目なく

oculatezza 囡 用心深さ, 慎重さ

oculato 形 用心深い, 慎重な; (判断や選択が)賢明な

oculista 男女〖複[男 -i]〗眼科医

oculistica 囡〔医〕眼科学

oculistico 形〖複[男 -ci]〗眼科学の, 眼科医の

oculo 男〔建〕円形窓

od → o²

oda udire の命・3単; 接・現・1単[2単, 3単]

odalisca 囡 (オスマン帝国の)ハレムの女奴隷, オダリスク

oddio 間〖失望・不快・残念・当惑を表して〗おや, まあ, うわあ, 何と

ode¹ 囡 頌〖詩〗歌, 頌詩
ode² udire の直・現・3単

odeon, odeon 男〖不変〗(古代ギリシャの)音楽堂; (映画や演劇の)劇場

O.d.G. 略 Ordine del Giorno 協議事項, 議事日程表

odi udire の直・現・2単; 命・2単

odiabile 形 憎むべき, 忌まわしい

*odiare** [オディアーレ] 他〖io odio〗 1 憎悪する, 憎む 2 反感を持つ, 嫌悪する

—arsi 再 1 自己を憎む[嫌悪する] 2 お互い憎しみ合う, 嫌悪し合う

odiato 形 嫌われた, 憎まれた

odiernamente 副 現在, 目下, 今日

odierno 形 今日の, 昨今の, 現代の

*****odio** [オーディオ] 男 1 憎しみ 2 反感, 嫌悪感 ― *odio feroce* 激しい憎悪

odiosamente 副 憎々しげに, 憎しみを込めて

odiosità 女 憎しみ, 憎悪, 嫌悪

odioso 形 憎らしい, 我慢できない

odissea 女 延々と続く波瀾(らん)万丈(の旅), 冒険旅行

odo udire の直・現・1 単

odontalgia 女 歯痛

odontalgico 形〔複[男 -ci]〕歯痛の; 歯痛を和らげる —男 歯痛薬

odonto-, -odonto 接頭, 接尾 「歯」の意

odontoiatra 男女〔複[男 -i]〕〔医〕歯科医

odontoiatria 女〔医〕歯学, 歯科学

odontoiatrico 形〔複[男 -ci]〕〔医〕歯学の, 歯科学の

odontologia → odontoiatria

odontologico → odontoiatrico

odontotecnica 女 歯科技工術

odontotecnico 形〔複[男 -ci]〕歯科技工の —男〔複[-ci]女[-a]〕歯科技工士

odorabile 形 匂いを嗅げる, 匂いが分かる

odorante 形 匂いを出す, 匂いがする

odorare 他 1 匂いをかぐ 2 怪しむ —自 匂いがする

odorato 男 嗅覚

*****odore** [オドーレ] 男 1 匂い —buon [cattivo] *odore* 芳香[悪臭] / C'è *odore* di fumo. 煙の匂いがする. /sentire *odore* di bruciato 焦げ臭い 2〔複数で〕香草, ハーブ 3 兆候, 気配 ▶ *in odore di...* …の見通しが立った, …が間近に迫った

odorifero 形 いい匂いのする, 芳香の成分を含む

odorino 男 いい匂い; 《婉》悪臭

odoroso 形 かぐわしい香りの, いい匂いがする, 芳香を放つ

off 形〔不変〕〔英〕(スイッチの表示の)オフ, 切〔不変〕(映画や演劇等の)前衛の, 商業ベースから外れた

*****offendere** [オッフェンデレ] [32] 他〔過分 offeso〕1 侮辱する, (感情などを)害する, 怒らせる ―*offendere A in B* B(人)のA(物)を傷つける 2 (規範・礼儀等に)反する, 背く ―*offendere il buon senso* 良識に反する 3 (体を)傷つける, 損害を与える —**ersi** 再 1 気分を害する, 怒る ―*Si offende per un nonnulla.* 彼はちょっとしたことですぐに怒る. 2 お互いに侮辱し合う

offendibile 形 気を悪くしうる; (軍隊が)攻撃を受けやすい

offenditore 男〔女[-trice]〕攻撃者

offensiva 女 攻撃, 攻勢 ―*offensiva di pace* 平和攻勢

offensivamente 副 侮辱して, 不快に; 攻撃的に

offensivo 形 1 侮辱的な; 腹立たしい 2 攻撃的な, 攻撃用の

offensore 男〔女[offenditrice]〕無礼な人; 攻撃者

offerente 男女 提供者, 寄進者; (競売の)入札者

offerse offrire の直・遠過・3 単

offerta 女 1 提供 2 提供(されたもの) 3 付け値 4 寄付(金) 5 (市場への)供給 ▶ *in offerta* 奉仕品の

offerto offrire の過分

offertorio 男〔宗〕司祭によるパンとワインの奉納; 奉納祈願と叙唱

offesa 女 1 侮辱; 侵害; 冒瀆(とく) 2 攻撃 3 損害

offese offendere の直・遠過・3 単

offeso 形〔過分 < offendere〕1 侮辱された, 気を悪くした, むっとした 2 (体の器官や部分が)傷ついた, 損傷した —男〔女[-a]〕侮辱を受けた人, 気を悪くした人 —*Non fare l'offeso.* むっとしないでよ.

office 男〔不変〕〔英〕(厨(ちゅう)房と食堂の間にある)配膳室

officiante 形 (特に宗教的な)職務を行う, 司宰する —男女 (宗教儀式の)司宰者

officiare 自〔io officio〕儀式[ミサ]を執り行う, 司宰する —他 (宗教儀式・ミサなどを)司宰する, 挙行する

officina 女 1 工場 2 作業場, 実験室 3 仕事場, 工房

officinale 形 1 薬局で作られた, 薬局用の 2 薬効のある, 薬用の

*****offrire** [オッフリーレ] [72] 他〔過分 offerto〕1 差し出す, 提供する; 贈る ―Quanto mi *offri* per quello? その見返りに何をくれるの? /La finestra *offre* una bella vista. 窓からきれいな景色が見えます. 2 (飲み物・食事を)ごちそうする ―Posso *offrirti* un caffè? コーヒーをおごらせてくれる? /*Offro* io! 私がおごるよ. 3 申し出る 4 (商品を)供給する, 販売する —**irsi** 再 自ら申し出る; 身を捧げる; 現れる, 生じる ―*Si è offerto* di accompagnarci. 彼は私たちを送ると申し出た.

offuscamento 男 1 (空が)暗くなること, 曇ること 2 (心が)曇ること, 心の翳(かげ)り 3 (視界が)ぼやけること, 曇ること

offuscare 他 1 暗くする, 曇らせる 2 翳(かげ)らせる, ぼやけさせる —**arsi** 再 1 暗くなる, 曇る 2 ぼやける, 翳る

ofide 男〔動〕ヘビ; (O-)〔複数で〕ヘビ亜目

oftalmia 女〔医〕眼の炎症

oftalmico 形〔複[男 -ci]〕1〔解〕眼の器官の 2〔医〕眼病の —*clinica oftalmica* 眼科病院

oftalmo-, -oftalmo 接頭, 接尾 〔解・医〕「眼」「眼の」「視力の」の意

oftalmoiatra 男女〔複[男 -i]〕〔医〕

眼科医
oftalmologia 囡 〔医〕眼科学
oftalmologico 形 〔複〔男 -ci〕〕〔医〕眼科学の, 眼科医の
oftalmologo 男 〔複 -gi〕囡〔-a〕〔医〕眼科医
oggettistica 囡 (贈答品や調度などの)装飾品; 贈答品部門, 室内調度部門
oggettivabile 形 客観視できる, 客観的に扱える
oggettivamente 副 客観的に, 事実に基づいて; 公平に
oggettivare 他 客観視する, 客観的に扱う; 客観性を持たせる ― **-arsi** 再 客観性を帯びる, 現実化する, 具体化する
oggettivazione 囡 客観化, 具体化
oggettività 囡 客観性, 公平性
oggettivo 形 **1** 客観的な **2** 公正な, 偏見のない **3**〔言〕目的語の **4**〔哲〕対象の
‡**oggetto** [オッジェット] 男 **1** 物, 物体 ―*un oggetto prezioso* 貴重品 **2** 対象 ―*oggetto di invidia* 嫉妬の対象 **3** 主題, 題目 ―*oggetto di controversia* 論争の主題 **4** 目的 ―*oggetto di un progetto* プロジェクトの目的 **5**〔言〕目的語 ―(complemento) *oggetto* diretto [indiretto] 直接[間接]目的語 **6**〔哲〕対象 ▶ *in oggetto* 対象の, 問題の
‡**oggi** [オッジ] 副 男 **1** 今日 ―*il giornale d'oggi* 今日の新聞 / *oggi pomeriggio* 今日の午後 **2** 今日(ご), 現在 ―*la gioventù d'oggi* いまどきの若者たち ▶ *a tutt'oggi* 今日までは, 今までのところ *dall'oggi al domani* 今では, 現代は *dall'oggi al domani* 予告なしに, 突然 *oggi a otto* 一週間後[以内]に, 来週のうちまでに *oggi o domani* いずれ, 近いうちに *oggi giorno* 今日, 今時; 現代 *oggi stesso* 今日中に
oggidì 副 今日; 現在, 現今 ― 男 〔不変〕今日; 現今, 現代
oggigiorno 副 今日(ご), 現今, 現在
ogiva 囡 **1**〔建〕対角線リブ, オジーブ **2**〔軍〕(弾丸やミサイルの円錐(ご)形の)弾頭部分, ノーズコーン
ogivale 形 **1**〔建〕オジーブの; ゴシック様式の **2**〔軍〕(弾丸やミサイルの)弾頭部分の
ogm 略 organismo geneticamente modificato 遺伝子組み換え作物
‡**ogni** [オンニ] 形(不定) **1**〔単数名詞に前置して〕どの…も, すべての ―*ogni scusa è buona* どの言い訳も **2** 毎…, …ごとに[おきに] ―*ogni giorno* 毎日 / *ogni sei ore* 6時間ごと[おき]に / *ogni volta che...* …するたびに ▶ *a ogni modo* とにかく, いずれにしても *ogni tanto* 時々, たまに *in ogni caso* ともかく, どんな場合でも
ogniqualvolta 接 …するごとに, …するたびに
ognissanti 男 〔不変〕(特に O-) 諸聖人の日, 万聖節(11月1日)
‡**ognuno** [オニューノ] 代(不定)〔男性単数のみ〕誰でも, 誰もみな; それぞれ ―*Ognuno ha i propri problemi.* 誰でも問題を抱えているものだ. / *Ognuno di noi ha i suoi difetti.* 我々の誰にでも欠点はある. ―形(不定)〔単数のみ〕〔文〕あらゆる, すべての
‡**oh** 間 〔驚き・侮蔑・苦悩・哀れみ・疑念などを表して〕おお, ああ;〔笑い声を表して繰り返して〕あはははは ―*Oh, oh che ridere!* あははは, 何とおかしいんだ.
ohé 間 〔注意を喚起して〕おーい
ohi 間 〔精神的・肉体的苦痛の叫びの〕おっ, あっ
ohibò 間 〔軽蔑・非難・驚嘆を表して〕ああ, うわっ
ohimè 間 〔苦痛・絶望・苦悩などを表して〕おお, ああ
oibò → ohibò
OIPC 略 Organizzazione Internazionale di Polizia Criminale, INTERPOL 国際刑事警察機構
-oide 接尾 「類似」「近似」の意
O.I.L. 略 Organizzazione Internazionale del Lavoro 国際労働機関, ILO
oilà 間 〔注意を喚起, あるいは挨拶の決まり文句で〕おーい, おーい ―*Oilà, non c'è nessuno?* おーい, 誰もいないのか.
oimè → ohimè
ok 間 〔英〕オーケー(bene, va bene, d'accordo)
okapi 男 〔不変〕〔動〕オカピ
okay → ok
O.L. 略 Onde Lunghe〔物〕長波
olà 間 〔横柄に, またはふざけて〕おい, おい, こら
Olanda 固名(囡) オランダ
olandese 形 **1** オランダの; オランダ人[語]の **2** エダムチーズの ― 男囡 オランダ人 ― 男 **1**〔単数のみ〕オランダ語 **2** エダムチーズ
Olbia 固名(囡) オルビア(サルデーニャ特別自治州の都市. オルビア・テンピオ県の中心都市)
olbiese 形 オルビア(の人)の ― 男囡 オルビアの人
olé 間 〔西〕オーレ(フラメンコなどでのかけ声);《諧》〔励まし, または何かをするときに〕それ, そら行け
oleandro 男 〔植〕キョウチクトウ
oleario 形 油の
oleastro → olivastro²
oleato 男 〔化〕オレイン酸塩, オレイン酸エステル ― 形 油を塗った, 油をまき散らした
oleico 形〔複〔男 -ci〕〕〔化〕オレイン酸の ―*acido oleico* オレイン酸
oleifero 形 (植物・果実・種子が)油脂を含んだ
oleificio 男 搾油工場
oleo-, -oleo 接尾 接頭 「油」の意
oleodotto 男 パイプライン, 輸送管路

oleografia 囡 **1** オレオグラフィー, 油絵風の石版術; 油絵風の石版画 **2** 独創性に欠けるイラスト[絵画]

oleograficamente 副 **1** 油絵風の石版術で **2** 独創性に欠けて, 個性がなくて

oleografico 形[複[男 -ci]] **1** オレオグラフィーの, 油絵風の石版画の **2** 独創性のない, 個性のない

oleosità 囡 油性, 脂っこいこと

oleoso 形 油を含む, 油性の, 脂っこい

olezzare 自《文》かぐわしい匂いがする, 芳香を出す《諧》悪臭を放つ

olezzo 男 **1**《文》芳香 **2**《諧》悪臭, 異臭

olfattivo 形 嗅覚の

olfatto 男 嗅覚 —*l'organo dell'olfatto* 嗅覚器官

olfattorio → olfattivo

Olga 固名 [女性名] オルガ

oliare 他 [io olio] **1** (機械に)油をさす **2** 買収する

oliatina 囡 賄賂, 袖の下

oliatore 男 油差し, 注油器

oliatura 囡 注油

oliera 囡 オリーブ油と酢を入れる容器のセット

oligarchia 囡 寡頭制, 寡頭政治, 少数独裁制

oligarchicamente 副 寡頭制で, 少数独裁で

oligarchico 形[複[男 -ci]] 寡頭制の, 寡頭政治の, 少数独裁の 一男[複[-ci]女[-a]]寡頭政治の独裁者

oligo- 連頭 「少数[少量]の」の意

oligominerale 形 《次の成句で》► *acqua oligominerale* ミネラル含有量が少ない軟水, オリゴ・ミネラルウォーター

oligopolio 男 寡占(市場)

Olimpia 固名(女) オリンピア(古代ギリシャの宗教的中心地; オリンピック競技発祥の地)

olimpiade 囡[複数で]オリンピック競技; オリンピアード(オリンピックに続く4年間) —*olimpiadi invernali* 冬季オリンピック

olimpicamente 副 平気で, 平然として

olimpicità 囡 冷静, 平然, 自若

olimpico 形[複[男 -ci]] **1**(ギリシャの都市)オリンピアの; オリンピック(競技)の **2** オリンポス山の **3** 平然とした, 冷静な

olimpionico 形[複[男 -ci]] オリンピック競技で勝利を収めた 一男[複[-ci]女[-a]]オリンピック競技の優勝者

olimpo 男 (O-)オリンポス山, 神の住む天界; 特権階級のグループ[階層]

-olino 連尾 [-ino の変形; 形容詞や名詞に付けて]「小さい」「愛らしい」の意

*****olio** [オーリオ] 男 **1** 油, オイル(植物油・潤滑油・灯油・化粧品など) —*pittura a olio* 油絵 / *colore a olio* 油絵の具 / *olio d'oliva* オリーブオイル, オリーブ油 / *sardine sott'olio* オイルサーディン / *olio santo* [カト]聖油 **2** 油絵(の作品) ► *liscio come l'olio*(波風が立たない)穏やかな, 凪(な)いだ *olio di gomito* 活力

*****oliva** [オリーヴァ] 囡[植]オリーブの実 一男[不変]オリーブ色 一形[不変]オリーブ色の —*verde oliva* オリーブグリーン

olivastro¹ 形 (肌の色が)褐色の, オリーブ色がかった —*pelle olivastra* オリーブがかった肌

olivastro² 男[植]野生種のオリーブ(の木)

olivetano 形 [カト]オリヴェート会の 一男 オリヴェート会の修道士; (O-)[複数で]オリヴェート(修道)会

oliveto 男 オリーブ園; オリーブが自生している林

olivetta 囡 オリーブの形をした飾りボタン; (カーテンやクッションに付ける)くるみボタン

olivicoltore 男[女[-trice]] オリーブ栽培者, オリーブ栽培業者

olivicoltura 囡 オリーブ栽培

olivo 男[植]オリーブの木

olmaia 囡 → olmeto

olmeto 男 ニレの林

olmio 男 [化]ホルミウム(元素記号 Ho)

olmo 男[植]ニレの木

-olo 連尾 「小さい」の意; 「出自」を表す

olocausto 男 **1**[宗](古代世界において)祭壇で焼かれる生け贄(にえ) **2**(民族・人種・宗教グループの)組織的大量殺戮, ホロコースト; 犠牲

olocene 男 (特に O-)[地質]完新世

Oloferne 固名(男)[聖]ホロフェルネス(アッシリアの将軍)

olografia 囡 [光]ホログラフィー(ホログラムの製造技術)

olografo 形 [法]自筆の —*testamento olografo* 自筆の遺言

ologramma 男[複[-i]][光]ホログラム

olona 囡 [織]帆布, ズック

oloturia 囡 [動]ナマコ

OLP 略 Organizzazione per la Liberazione della Palestina パレスチナ解放機構(PLO)

oltraggiabile 形 侮辱されうる, 汚されうる

oltraggiare 他 [io oltraggio] 憤慨させる, 侮辱する, 誹謗する

oltraggio 男 **1** 侮辱, 誹謗, 中傷; 冒瀆(とく) **2** 損害, 損傷

oltraggiosamente 副 侮辱的に, 横柄に, 無礼に

oltraggioso 形 侮辱的な, 冒瀆(とく)的な; 無礼な, 横柄な, 不謹慎な

oltralpe 副 アルプスの向こうに, アルプスを越えて, アルプス以北に 一男 アルプス以北の土地[地域]

oltranza 囡《文》行き過ぎ, 度が過ぎること, 過度 —*a oltranza* 最後まで, 徹底

的に; 度を過ごして

oltranzismo 男 (政治における)極端主義, 過激主義

oltranzista 男女 [複[男 -i]] (政治における)極端論者, 過激論者 ― 形 [複[男 -i]] (政治の)極端論の, 過激主義の

oltranzisticamente 副 過激主義的に

oltranzistico 形 [複[男 -ci]] 過激主義的な, 過激論者の

*__oltre__ [オルトレ] 前 1 …の向こうに, …を越えて ―*oltre* le frontiere 国境の向こうに / ben *oltre* la mezzanotte 真夜中をかなり過ぎて 2 …以上 ―bambini *oltre* i sei anni 6 歳以上の子供たち 3 …以外 さらに先々に; それ[これ]以上は ―Non posso aspettare *oltre*. これ以上は待てません. ► *andare oltre* さらに進む; 度を越す *oltre a...* …のほかに, …と一緒に *oltre che...* …ばかりか, おまけに *oltre ogni dire* 口では言えないほど

oltre- 接頭 「向こうに」「越えて」の意

oltreconfine 副 国境の向こうに, 国境を越えて ― 男 [単数のみ] 国境を越えた地域, 国境の向こうの ― 形 [不変] 国境の向こうの

oltrecortina 副 鉄のカーテンの向こうに ― 男 [単数のみ] 鉄のカーテンの向こうの国々 ― 形 [不変] 鉄のカーテンの向こうの ―*paesi oltrecortina* 鉄のカーテンの向こうの国

oltrefrontiera 副 国境の向こうに, 国境を越えて ― 男 [単数のみ] 国境の向こうの地域[国] ― 形 [不変] 国境を越えた

oltremanica 副 (ヨーロッパ大陸から)イギリス海峡の向こうに ― 男 [単数のみ] イギリス海峡の向こう側, イギリス海峡を越えた地域 ― 形 [不変] イギリス海峡の向こうの

oltremare 副 海の向こうに, 海を越えて ― 男 1 [単数のみ] 海の向こうの国[土地, 地域] 2 [不変] 濃い青, 群青色, ウルトラマリン ― 形 [不変] 群青色の

oltremarino 形 1 海の向こうの ―*paesi oltremarini* 海の向こうの国々, 海外 2 群青色の ― 男 1 海外 2 群青色, ウルトラマリン

oltremisura 副 並外れて, 甚だしく, 過度に

oltremodo 副 並外れて, 極度に

oltremontano 形 (イタリアから見て)アルプスの向こうの, 山の向こう側の; 外国の

oltremonte 副 山の向こうに ― 男 [単数のみ] 山の向こうの土地[地域, 国]

oltreoceano 副 大西洋の彼方に[向こうに] ― 男 [単数のみ] 大西洋の彼方の土地[地域, 国] ― 形 [不変] 大西洋の彼方の

oltrepassabile 形 越えることができる

oltrepassare 他 越える, 通り越す

oltretomba 男 [不変] あの世, 死後の世界

oltretutto 副 それに(加えて), おまけに

O.M. 略 Onde Medie [物] 中波

-oma 接尾 [医]「腫瘍」「腫れ」の意

omaccino 男 小柄でずんぐりした男性

omaccio 男 強面(こわおもて)の大男

omaccione 男 気だてのやさしい大男

omaggiare 他 [io omaggio] 敬う

omaggio 男 1 敬意, オマージュ 2 [複数で] 丁重な挨拶 ―I miei *omaggi*. どうぞよろしくお願いします. 3 プレゼント; おまけ 4 (中世の)騎士の臣従礼 ► *buono omaggio* (商品の)無料引換券

omai 副 [文] 今はもう, もはや(ormai)

Oman 固名 (男) オマーン

omanita 形 [複[男 -i]] オマーン(人)の ― 男女 [複[男 -i]] オマーン人

omaro 男 [動] ロブスター, オマール海老

ombelicale 形 へその

ombelicato 形 (物体の)真ん中がへそ状の

ombelico 男 [複[-chi]] 1 へそ 2 中心点, 中心のゾーン ―*ombelico di una città* 町の中心

*__ombra__ [オンブラ] 女 1 影 ―*proiettare la propria ombra sul muro* 壁に自分の影を映す 2 陰, 日陰 ―*all'ombra di...* …の陰に隠れて; …の近くに; …の保護のもとで / *L'albero fa ombra*. 木は日陰をつくる. 3 暗がり ―*le ombre della sera* 夕闇 4 ぼんやりとしたもの, もやもや ―*senza ombra di dubbio* 疑い一つなく 5 亡霊 ―*il regno delle ombre* 黄泉(よみ)の国 6 わずかな染み 7 はかないもの 8 (心の)翳(かげ)り; 苦悩 9 ごくわずかな量 10 [ヴェネト] 8 分の 1 リットル; 小さいグラスワイン ► *all'ombra del Cupolone* ローマで *all'ombra della Madonnina* ミラノで *avere paura della propria ombra* 大の怖がりである (自分の影におびえる) *essere l'ombra di sé stesso* やつれ果てる, 別人になる *nell'ombra* ひっそりと, 人目を避けて *ombre cinesi* 影絵 (手を組み合わせて動物の形などを映す)

ombreggiare 他 [io ombreggio] 1 (明かりから)陰にする, 陰を作る, 暗くする ―*I pioppi ombreggiavano il viale*. ポプラが並木道に陰を作っていた. 2 [美] 陰影を作る

ombreggiato 形 1 明かりが遮られた, 陰になった 2 [美] 陰影のついた

ombreggiatura 女 [美] 陰影(法), 明暗

ombrellaio 男 [女 -a] 傘職人, 傘屋, 傘の製造業者; 傘の販売者; 傘の修理屋

ombrellata 女 傘での一撃, 傘で殴る[叩く]こと

ombrellifera 女 [植] セリ科の植物; (O-) [複数で] セリ科

ombrellino 男 日よけ, 日傘, パラソル

*__ombrello__ [オンブレロ] 男 1 傘; 傘の形をしたもの ―*ombrello pieghevole* 折り畳み傘 / *aprire [chiudere] l'om-*

ombrellone 男 大きな日よけ傘; ビーチパラソル

brello 傘を開く[畳む] **2** 防御, 防具 — *ombrello atomico* 核の傘

ombretto 男 アイシャドー

ombrina 女 〖魚〗ニベ科の魚

ombrosità 女 **1** 日陰であること **2** (人物が)難しいこと, 怒りっぽいこと, 猜(さい)疑心が強いこと

ombroso 形 **1** 日陰の, 陰を作る, 鬱(うっ)蒼った **2** (馬が)おびえやすい **3** 気難しい, 怒りっぽい, 疑い深い

omega, omega 男, 女 〖不変〗オメガ (Ω, ω) (ギリシャ語アルファベットの24番目の文字)

omelette 女 〖不変〗〖仏〗オムレツ

omelia 女 **1** (ミサでの)説教, 説法 **2** 《謔》説教じみた談話

omeo-, omeo- 接頭 「同等の」「同類の」「類似の」の意

omeopata 男女 〖複[男 -i]〗〖医〗同毒[種]療法医

omeopatia 女 〖医〗同毒療法, 同種療法, ホメオパシー

omeopaticamente 副 〖医〗同毒[種]療法によって

omeopatico 形 〖複[男 -ci]〗 **1** 〖医〗同毒[種]療法の **2** (医師が)同毒[種]療法を行う—*cure omeopatiche* 同毒[種]療法 — 男 〖複[-ci]女[-a]〗同毒[種]療法医

omerico 形 〖複[男 -ci]〗ホメロスの, ホメロス風; 勇壮な, 叙事詩的な

Omero 固名(男) ホメロス (前8世紀後半頃のギリシャの詩人. 叙事詩『イリアス』『オデュッセイア』の作者と伝えられる)

omero 男 〖解〗上腕(骨)

omertà 女 沈黙すること, (マフィアの)血[沈黙]の掟

omertoso 形 沈黙の誓いの, 沈黙の掟の

omesso omettere の過分

omettere [65] 他 〖過分 omesso〗省略する; 抜かす; (入れ)忘れる

ometto 男 質素で教養のない小男; 大人っぽい少年

omicciolo 男 愚かな小男

omiciattolo 男 貧相で愚鈍な小男

omicida 形 〖複[男 -i]〗殺人の, 殺人犯の — 男女 〖複[男 -i]〗殺人者, 殺人犯人

omicidio 男 殺人(行為); 殺人罪

omicron 男, 女 〖不変〗オミクロン (O, o) (ギリシャ語アルファベットの15番目の字母)

ominaccio 男 粗野な大男

ominide 男 〖生物〗二足直立の哺乳動物; (O-)〖複数で〗ヒト科

omino → ometto

omise omettere の直・遠過・3単

omissibile 形 省略可能な, 省ける

omissione 女 **1** 省略, 脱落, 遺漏 **2** 〖法〗不作為

omissis 男 〖不変〗〖ラ・法〗以下省略

OMM 略 Organizzazione Meteorologica Mondiale 世界気象機関

omnidirezionale 形 全方向に伝わる[向く], 全方向式の —*antenna omnidirezionale* 全方向受信アンテナ

omnium 男 〖不変〗〖ラ・スポ〗オープン (出場資格の制限のない大会); 出走馬の制限のない競馬

omnivoro → onnivoro

omo¹ → uomo

omo² 男女 〖不変〗同性愛者 (omosessuale の略) — 形 〖不変〗同性愛の

omo- 接頭 「同じ」「同様の」の意

omofobia 女 ホモフォビア (同性愛や同性愛者に対する嫌悪や偏見)

omofonia 女 **1** 〖言〗同音異字, 同音異義 **2** 〖音〗ホモフォニー

omofonico 形 〖複[男 -ci]〗 **1** 〖言〗同音(異義)の **2** 〖音〗ホモフォニーの

omofono 形 **1** 〖言〗同音の, 同音異義の **2** 〖音〗ホモフォニーの — 男 〖言〗同音異義語

omogeneamente 副 同質に, 均質に

omogeneità 女 **1** 同質(性), 同種(性) **2** 類似, 相似

omogeneizzare 他 同質にする, 均質化する

omogeneizzato 男 〖主に複数で〗離乳食; 乳状にした物, 均質化したもの

omogeneizzazione 女 均質化

omogeneo 形 **1** 同種の, 同質の **2** 均質の

omografo 形 〖言〗同形(異音)異義の — 男 〖言〗同形(異音)異義語

omologabile 形 公的に認証されうる; 法的に認められうる

omologamente 副 一致して, 相同で

omologare 他 〖io omologo〗〖法〗法[基準]に適合していると認める, 適法と認める; …を承認[認可, 批准]する

omologato 形 基準[規格]に適合した, 認可された

omologazione 女 基準適合の認可, 有効性の認定

omologia 女 **1** 相応関係, 相似, 一致 **2** 〖生物〗相同関係

omologico 形 〖複[男 -ci]〗 **1** 相似の, 一致の **2** 〖生物〗相同の

omologo 形 〖複[男 -ghi]〗 **1** 一致する, 相似の **2** 相同の — 男 〖複[-ghi]女[-a]〗相補う二つのものの片方, 相応するもの, 同類

omomorfo 形 (二つ以上のものが)同形の, 等しい形の

omone 男 筋骨たくましい男, 背が高くがっしりした男

omonimia, omonimia 女 **1** 同名異人 **2** 同音異義語 **3** 〖生物〗異物同名

omonimo 形 同名の, 同音異義の — 男 **1** 〖言〗同音異義語 **2** 〖女[-a]〗同名異人; 異物同名

omoplata, omoplata → scapola

omosessuale 形 同性愛の, ホモの, ゲイの —男女 同性愛者, ホモ, ゲイ
omosessualità 女 同性愛
omosex 形〔不変〕同性愛の —男女〔不変〕同性愛者, ゲイ
omozigosi 女〔不変〕〔生物〕ホモ接合型, ホモ接合体, 同型接合体
omozigote 形〔生物〕ホモ接合体の —男〔生物〕ホモ接合体
OMRI 略 Ordine al Merito della Repubblica Italiana イタリア共和国功労勲章
OMS 略 Organizzazione Mondiale della Sanità 世界保健機構, WHO
omuccio → omiciattolo
omuncolo 男 1 貧相な小男, 貧弱な男性 2 ホムンクルス
on 形〔不変〕〔英〕電源が入った —男〔不変〕〔英〕点灯, 操作中 —L'interruttore è sull'on. スイッチが入っている.
on. 略 onorevole〔議員に対する敬称〕議員, 先生
onagro, onagro 男 1〔動〕アジアノロバ, オナガー 2（古代の）投石器
onanismo 男 オナニー, 自慰
onanista 男女〔複[男 -i]〕自慰に溺れる者 —形〔複[男 -i]〕自慰の
onanistico 形〔複[男 -i]〕自慰の, オナニーの; 自己陶酔の
oncia 女〔複[-ce]〕1 オンス（約3グラム）2 微量
onco-, -onco 接頭, 接尾 1〔医〕「腫瘍」「腫れ物」の意 2〔地質〕「堆積」「塊」の意 3〔動・植〕「鉤(かぎ)」の意
oncologia〔医〕1 腫瘍学 2（病院の）腫瘍科
oncologico 形〔複[男 -ci]〕〔医〕腫瘍学の
oncologo 男〔複[-gi]女[-a]〕〔医〕腫瘍学の専門医
＊onda [オンダ] 女 1 波, ウエーブ —cresta dell'*onda* 波頭 2 波動, 波形 — un'*onda* di folla 人の波 3（テレビ・ラジオの）電波 ► *a onde* 波打って, 波型に[の] *andare in onda* 放送[放映]が始まる *essere in balia delle onde* 波のなすままになる, 波にもてあそばれる *essere in onda* 放送される *mandare in onda* 放送[放映]する, 流す *sulla cresta dell'onda* 最高潮[絶好調, 絶頂期]の（状態に）
ondata 女 1 波が打ち寄せること 2 波のように押し寄せること 3 急激な変動 ► *ondata di caldo [freddo]* 熱波[寒波]
onde 副《文》どこから; 何故 —接 そこから; …するために; それで, そのために
ondeggiamento 男 1 揺れ, うねり; 波動, 振動 2 気持ちの動揺, 迷い
ondeggiante 形 1 揺れる, 波打つ 2 不安定な, 動揺する
ondeggiare 自〔io ondeggio〕1（波のように）揺れ動く 2（考えなどが）揺らぐ, 迷う

ondina 女 1〔神話〕オンディーヌ, 水の精 2 熟達した女性泳者, 競泳の女性チャンピオン
ondosità 女 うねり, 波形, 波立ち
ondoso 形 波立つ, うねる, 波の
ondulante 形 波打つ, 波立つ; 波を立たせる
ondulare 自〔io ondulo〕軽く波打つ, 揺れる, 振動する —他 うねらせる, 波動を起こさせる, 波打たせる —**arsi** 再 波打つ, 波のようになる —*ondularsi i capelli* 髪にウエーブをつける
ondulato 形 波打つ, 波打ちする, 波立つ; うねる, 起伏する
ondulatorio 形 波打つ, 波状の, 波動する
ondulazione 女 1 波動, 波状, うねり 2 起伏 3（髪の）ウエーブ
onduregno 形 ホンジュラス（人）の —男〔女[-a]〕ホンジュラス人
-one 接尾 1「増大」「拡張」の意 2〔化〕「酸素や炭素の存在」の意 3〔物〕「構成要素」の意
onerare 他〔io onero〕責務を課す, 重荷を負わせる（特に税務上）
onere 男 責務, 負担, 義務, 責任 — *oneri fiscali* 税金
onerosamente 副 重く, 重圧的に, 厳しく
onerosità 女 負担, 重圧, 重苦しさ
oneroso 形 負担になる, 重荷の
onestà 女 正直, 公正
onestamente 副 誠実に; 正直に言って
＊onesto [オネスト] 形 1 正直な, 誠実な; まじめな, 実直な —È un politico *onesto*. 彼は誠実な政治家だ. 2 正当な, ちゃんとした —prezzo *onesto* 適正な価格 —男〔女[-a]〕正直者 2〔単数で〕公正なもの, 妥当なもの
onestuomo 男〔複[onestuomini]〕誠実な男性, 善良な人, お人好し
onice 男〔鉱〕縞瑪瑙(しまめのう), オニキス
-onimia 接尾「名前」「名前の」の意
-onimo 接尾「名前」の意
oniricamente 副 夢のように, 夢見心地に
onirico 形〔複[男 -ci]〕夢の; 夢のような, 夢見心地の
oniro- 接頭「夢（の）」の意
oniromanzia 女 夢判断, 夢占い
onisco 男〔複[-chi]〕〔動〕ワラジムシ, ダンゴムシ
on-line 形〔不変〕〔英〕（装置が）つながっている, 作動中の;（コンピューターが）オンラインの
onni- 接頭「すべて」「万物」「至る所に」の意
onnicomprensivo 形 すべてを含む, 包括的な
onnipossente → onnipotente
onnipotente 形 全能の; 大きな権力[影響力]を持つ; 絶大なる —Dio *onnipotente* 全能の神 —男（O-）神

onnipotenza 囡 全能; 絶大な力, 大きな影響力

onnipresènte 形 1 遍在する 2《諧》あらゆる所で出会う, どこででも遭う

onnipresènza 囡 1 遍在 2《諧》(人が)どこにでもいること

onnisciènte 形 1 全知の; 教養豊かな, 博識の 2 物知りだと思い込んでいる

onnisciènza 囡 1 全知; 博識, 豊かな教養 2 博識であるとうぬぼれること

onniveggènte 形 何でも見通せる, すべてを見抜く

onniveggènza 囡 天眼通(てんげんつう); 何でも見通す力

onnìvoro 形 1 何でも摂取する, 何でも食べる, 雑食の 2 (知識・教養などを)何でもむさぼる

Onòfrio 固名〖男性名〗オノーフリオ

onomàstica 囡〖言〗固有名詞学

onomàstico 男〖複[-ci]〗同名聖人の祝日(自分の洗礼名と同じ聖人の祝日を誕生日のように祝う) ― 形〖複[男 -ci]〗〖言〗固有名詞に関する

onomatopèa 囡〖言〗擬声語, 擬音語, オノマトペ

onomatopèico 形〖複[男 -ci]〗擬声語の, 擬音語の

onoràbile 形 尊敬すべき, 立派な; 名誉ある

onorabilità 囡 名声, 誉れ, 立派さ; 尊敬すべきこと

onorànza 囡 1 名誉 2《複数で》儀式, 式典 ―*onoranze* funebri 葬儀, 葬礼

onoràre 他 1 尊敬する, 敬愛する 2 栄誉[誉れ]を与える 3 遂行する 4 支払う ―*onorare* una cambiale 手形を支払う ―**arsi** 再 誇りとする, 光栄に思う

onoràrio 形 名誉ある ―*professore onorario* 名誉教授 ― 男 手数料, 礼金

onoratézza 囡 名誉あること, 高貴

Onoràto 固名〖男性名〗オノラート

onoràto 形 名誉ある, 尊敬される, 立派な, 高潔な

‡**onóre** [オノーレ] 男 1 名誉; 名声 ― offendere l'*onore* a... …の名誉を傷つける / Questa azione non ti fa *onore*. このような行動は君の名誉にならない. / Lui fa *onore* al suo paese. 彼は故郷の誉れだ. 2 栄光, 栄誉 3 尊敬, 敬意 ―in *onore* di... …に敬意を表して; …のために 4《複数で》名誉の称号, 叙勲 ▶ **fare gli onori di casa** 客をもてなす **farsi onore** 名声を博す, 際立つ **parola d'onore** 固い約束;〖表現として〗絶対に, 誓って **uomo d'onore**(沈黙の掟(おきて)を守る)マフィアの男

onorévole 形 尊敬に値する, 名誉ある ―男女 イタリア国会議員

onorevolézza 囡 尊敬, 高潔さ

onorevolménte 副 名誉にふさわしく

onorificènza 囡 勲章, 爵位

onorìfico 形〖複[男 -ci]〗名誉上の ―titolo *onorifico* 名誉称号

ónta 囡 不名誉, 恥辱 ―ad *onta* di... …にもかかわらず

ontologìa 囡 存在論

ontològico 形〖複[男 -ci]〗存在論的な

ONU 略 Organizzazione delle Nazioni Unite 国際連合

oo- → ovo-

OO.PP. 略 opere pubbliche 公共事業

op 間〖動きを誘ったり拍子やリズムを付ける掛け声〗ほっ, おっ, さっ ▶ **op là(oplà)** そうれっ, あらよっと, どっこいしょ

Op. 略 opera 作品;〖音〗オペラ

OPA 略 Offerta Pubblica di Acquisto〖経〗株式公開買い付け

opàco 形〖複[男 -chi]〗1 不透明な, 光を通さない;〔物〕放射熱[放射線]を通さない 2 くすんだ, 光沢のない 3 鋭さのない, 鈍い

opàle 男, 囡 オパール ― 男〖不変〗〖文〗オパール色

opalescènte 形 オパールのような乳白色の

opalescènza 囡 乳白光

opalìna 囡 乳白ガラス

opalìno 形 乳白色の, オパール色の

op.cit. 略 opera citata 引用の著作〖文献〗

O.P.E.C. 略〔英〕Organization of Petroleum Exporting Countries 石油輸出国機構(イタリア語では Organizzazione dei Paesi Esportatori di Petrolio)

‡**òpera** [オーペラ] 囡 1 仕事, 作業 ― essere all'*opera* 仕事中である / mettersi all'*opera* 仕事に着手する 2(仕事による)成果; 行い, действие ―È *opera* sua. それは彼の仕事だ. 3(芸術の)作品 ―le *opere* di Leonardo レオナルドの作品 4〖音〗オペラ ―*opera* lirica 歌劇, オペラ 5 労働 6(慈善・福祉)団体 ▶ **per [a] opera di...** …のおかげで, …のせいで

operàbile 形 実行できる, 手術が可能な

operabilità 囡 実行可能, 手術可能

operàio 形 労働者の ―classe *operaia* 労働者階級 ― 男〖[-a]〗労働者

‡**operàre** [オペラーレ] 自〖io opero〗 1 行動する, 働く ―*operare* per la pace 平和のために働く 2 作用する, 効く ―*operare* bene [male] うまく[悪く]作用する 3 運算[演算]する ― 他 1 手術をする ―*operare* il malato al cuore 病人の心臓を手術する / Sono stato *operato* ieri. 私は昨日手術を受けた. 2 生む, もたらす ―*operare* un progresso 進歩する / *operare* miracoli 奇跡をもたらす ―**arsi** 再 1 起こる, 生じる 2《口》手術を受ける

operatività 囡 行動力, 影響

operativo 形 影響のある, 効果のある
operato 形 手術を受けた ―男 性転換手術を受けた者
operatore 男〔女[-trice]〕1 オペレーター 2 作業員, 操作員 3 (テレビや映画の)カメラマン 4 (株の)取引人
operatorio 形 手術に関する ―sala *operatoria* 手術室
*__operazione__ [オペラツィオーネ] 女 1 手術 ―subire un'*operazione* 手術を受ける 2 作戦, 行動 3 (投機的な)取引, 売買 4 〔数〕運算, 演算 ―le quattro *operazioni* 四則計算
opercolo 男 魚のえら蓋(ふた), 巻き貝の蓋; (ご夕類の)蘚(こけ)蓋; 生物の体内の蓋
operetta 女 軽歌劇, オペレッタ
operettista 男女〔複[男 -i]〕オペレッタの作曲家
operettistico 形〔複[男 -ci]〕1 オペレッタの 2 くだらない, 軽薄な
operista 男女〔複[男 -i]〕オペラの作曲者
operistico 形〔複[男 -ci]〕オペラに関する ―stagione *operistica* オペラ・シーズン
operosità 女 活発, 勤勉, よく働くこと
operoso 形 活動的な, 熱心な, よく働く; 活動している
-opia 腰尾 「視覚」の意: astenopia 眼精疲労 / miopia 近視
opificio 男 工場, 製造所
opimo 形 太った; 肥沃な
opinabile 形 議論の余地のある, 異論を挟むべき, 批判しうる
opinare 他〔文〕考える, 見なす, 想定する ―*Opiniamo* che non sia vero. 真実でないと考える.
*__opinione__ [オピニオーネ] 女 1 意見, 考え ―secondo la mia *opinione* 私の考えでは / cambiare *opinione* 意見を変える, 考えを改める / essere dell'*opinione* che... ... という考えである / *opinione* pubblica 世論 2 評価 ―avere una buona [cattiva] opinione di... ... に好感[反感]を持つ
opinion leader 国(男女)〔英〕オピニオンリーダー
opinion maker 国(男女)〔英〕世論指導者
opisto- 腰頭 「後路の」「後部の」の意
opistodomo 男 ギリシア神殿の後部回廊
Oporto 固名(女) オポルト(ポルトガルの港湾都市ポルトの旧称)
opossum 男〔不変〕〔動〕オポッサム, フクロネズミ
opoterapia 女 臓器療法(動物の臓器からの抽出物, 特に内分泌腺の投与による療法)
opoterapico 形〔複[男 -ci]〕臓器療法の
oppiaceo 形 阿片の, 阿片を含んだ ―男 阿片剤
oppiare 他〔io oppio〕1 阿片を混ぜる, 阿片を投与する 2 抑圧させる
oppiato 形 阿片を混ぜた
oppio 男 1 阿片 2 麻酔剤
oppiomane 男女 阿片中毒者 ―形 阿片中毒の
oppiomania 女 阿片中毒
opponente 形 対立する, 反対の ―男女 対立者, 反対者, 敵
opponibile 形 反対できる
*__opporre__ [オッポッレ] [79] 他〔過分 opposto〕1 (...で)対抗する 2 防御する 3 反対する ―*opporre* resistenza a... ...と善戦する ―**orsi** 再 (a) 1 ...に抵抗する, 立ち向かう 2 反対する ―*Mi oppongo!* 異議あり. / La realtà *si oppone* ai miei desideri. 私の願望は現実に阻まれている.
opportunamente 副 都合よく, ちょうどよい時に
opportunismo 男 日和見主義, ご都合主義
opportunista 男女〔複[男 -i]〕日和見主義者, 便宜主義者 ―形 日和見主義的な
opportunisticamente 副 日和見主義的に
opportunistico 形〔複[男 -ci]〕日和見主義的な, ご都合主義的な
opportunità 女 1 好都合, 適時性 2 好機, チャンス
opportuno 形 適切な, ちょうどよい, 都合のよい ―*ospite poco opportuno* 歓迎されない[喜ばれない]客
oppositivo 形 反対する, 対立する
oppositore 男〔女[-trice]〕反対者, 敵対者
opposizione 女 1 対抗, 抵抗; 反対 ―*opposizione* della famiglia 家族の反対 2 (政府に対する)反対勢力, 野党 3 対照, 反駁(ばく) 4〔法〕異議申し立て ▶ ***passare all'opposizione*** 野党に移る
oppostamente 副 反対に, 逆に
opposto 形〔過分＜ opporre〕1 反対[向かい]側の 2 正反対の, 逆の ―男 反対, 逆
oppressione 女 1 抑圧, 抑制 2 圧迫感, 息苦しさ
oppressivamente 副 抑圧的に, 重苦しく
oppressivo 形 1 抑圧的な, 過酷な 2 重苦しい
oppresso opprimere の過分
oppressore 形〔女[-a, opprimitrice]〕圧制的な ―男〔女[-a, oppri- mitrice]〕圧制者
opprimente 形 抑圧的な, 押しつぶすような
opprimere [20] 他〔過分 oppresso〕1 抑圧する, 虐げる 2 (心配・倦怠・苦悩・責任が)重くのしかかる, 重苦しくする 3 消耗させる, 疲れさせる
oppugnabile 形 攻撃しうる
oppugnabilità 女 攻撃しうること

oppugnare 他 攻撃する, 批判する
oppugnatore 男【女[-trice]】攻撃者, 論敵
oppugnazione 女 攻撃, 論駁
‡**oppure** [オップーレ] 接 1 あるいは, それとも 2 そうでなければ
-opsia 接尾「見ること」「視覚」の意: necropsia 検死
optacon 男【不変】【英】視覚障害者用の光学式読字器, オプタコン(optical tactile converter の略)
optare 自 二者択一をする
optical 形 【英】オ(ッ)プアート(目の錯覚をねらって作る芸術)の
optimum 男【不変】【ラ】最高レベルのもの
optional 男【不変】【英】(車や家電の)オプション品
opto-, -opto 接頭, 接尾「光学」「視覚」の意: optometria 検眼
optoelettronica 女 光電子工学, 光エレクトロニクス
optoelettronico 形〔複[男-ci]〕光電子工学の
optometria 女 検眼
optometrico 形〔複[男-ci]〕検眼の
optometrista 男女〔複[男-i]〕検眼士
optometro 男 視力測定器
opulento 形 豊かな, 富裕な, けばけばしい
opulenza 女 豊富さ, 富裕, 豪奢(ごう); 冗漫
opunzia 女〔植〕オプンティア, ウチワサボテン
opus 男【不変】【ラ・音】(作曲家の)作品番号
opuscolo 男 小冊子, パンフレット
opzionabile 形 選択が可能な
opzionale 形 任意の, 随意の; オプションの
opzionare 他〔io opziono〕選択権[優先権]を得る
opzione 女 選択, 取捨; 選択権
or 副 ora の語尾切断形
‡**ora** [オーラ] 女 1 (60分単位の)時間 —Quante *ore*? 何時間? / un quarto d'*ora* 15分 / mezz'*ora* 半時間 2 時, 時刻 —Che *ora* è?-Sono le due. 今何時(は)? -2時. / A che *ora*? 何時に? / Fino a che *ora* 何時まで? / *ora* legale 夏時間 / *ora* locale 現地時間 / *ora* di pranzo 昼食の時間 —副 1 今, 現在; 今さっき 2 これから, 今から 3 〔間投詞的〕等位接続詞的]さあ, ほら; ところで ▶ **alla buon'***ora* ついに, やっと **all'***ora* 毎時, 1時間で **a** *ore* 時給の; (使用料が)1時間単位の **a quest'*ora*** 今頃(は); こんな時間に; この時間帯は **di buon'***ora* 朝早くに **di** *ora* **in** *ora* 次第に, 徐々に; 今か今かと **d'***ora* **in poi** 今後, これから先は **le** *ore* **piccole** 午前零時から3時まで / fare le *ore* piccole (何か楽しいことで)夜更かしする **non**

vedere l'*ora* di + 不定詞 …したくてたまらない, 今すぐ…したい **ora di punta** ラッシュアワー / Preferisco non guidare nelle *ore di punta*. ラッシュ時には運転をしたくない. **passare un brutto quarto d'*ora*** ピンチに陥る[立たされる]
oracolare 形 神託の; 権威のある, もったいぶった
oracolo 男 1 神託, 神のお告げ; 権威ある言葉 2 お偉方
orafo 形 金細工の, 貴金属細工の —arte *orafa* 金細工芸術 —男【女[-a]】金細工職人, 金細工師
orale 形 1 口の 2 口頭[口述]の, オーラルの —男 口頭試問
oralità 女 口承性, 口伝
oralmente 副 口述で, 口頭で
‡**oramai** [オラマイ] → ormai
orango 男〔複[-ghi]〕オランウータン
orangutan, orangutano → orango
orante 形 祈っている, 祈りを捧げるポーズの —男女 1 祈る人 2 オランス(古代ローマの壁画で, 手を拡げて祈りを捧げる像)
orare 自〔文〕祈る —他 懇願する, 嘆願する
‡**orario** [オラーリオ] 男 1 時刻表, ダイヤ —*orario* ferroviario 列車時刻表 / essere in *orario* 時間通りである 2 時間割, 日程 —*orario* delle lezioni 授業の時間割 3 営業時間, 勤務時間 —fuori *orario* 時間外の / fuori dell'*orario* di lavoro 勤務時間外の, 残業の —形 1 1時間当たりの, 1時間ごとの —segnale *orario* 時報 2 時間に関する —in senso *orario* (時計の針のように)右回りの / fuso *orario* 同一標準時の時間帯, 時差
orata 女〔魚〕ヨーロッパヘダイ(タイ科の食用魚)
oratore 男【女[-trice]】 1 演説者, 雄弁家 2 (会議などの)発言者
oratoria 女 雄弁術, 弁論
oratoriale 形〔音〕演説調の
oratoriamente 副 演説調で
oratoriano 形 オラトリオ会の —男〔複[男女]〕オラトリオ会員(サン・フィリッポ・ネーリの教えに従う宗教教団)
oratorio 男 1 小礼拝堂, (教会に隣接した)青少年の娯楽施設, オラトリオ会 2 〔音〕オラトリオ —l'*Oratorio* di san Filippo Neri オラトリオ会 —形 演説の, 演説調の; 厳かで誇張し過ぎの口調の
oraziano 形 ホラティウスの, ホラティウスの詩の
Orazio 固名【男】 1 【男性名】オラーツィオ 2 (Quinto ~ Flacco)ホラティウス(前65–前8; 古代ローマの詩人)
orazione 女 1 (神・聖母・聖人たちへの)祈り, 祈祷(とう) 2 民衆への講話, 演説
orbace 男 1 (サルデーニャの)羊毛の織物 2 ファシストの黒の制服
orbaco 男〔複[-chi]〕〔文〕月桂樹

orbe 男 《文》丸, 輪; 球体, 天体 —l'*orbe* terracqueo 地球 /l'*orbe* cattolico カトリック世界

orbene, or bene 接 《結論にかかる時や話を促す時に》さて, 従って

orbettino 男 〔動〕アシナシトカゲ

orbicolare 形 円形の, 球形の

orbita 女 1〔天〕(天体の)軌道 2 境界, 行動範囲 3〔解〕眼窩(か)

orbitale 形 軌道の; 眼窩(か)の

orbitante 形 軌道を描く, 軌道上の

orbitare 自 (io orbito) 1 軌道を描く, 軌道に沿って動く 2 (政治・経済の影響を受けて)回る, 動く

orbo 形 1 目の見えない, 失明した 2 《文》判断力の欠けた 3《文》(親しい人や必要なものを)欠いた, 持っていない —男 盲人

orca 女 1〔動〕シャチ, オルカ 2 (人間を食う民間伝承上の)海の怪物

orchessa 女 [男 orco] (伝説などの)人食い鬼の妻; 太った醜女

orchestra 女 1 オーケストラ, 管弦楽(団) 2 オーケストラボックス 3 オルケストラ (古代ギリシャの劇場に設けられた合唱や舞踏用の空間)

orchestrale 形 オーケストラの, オーケストラのための —男女 オーケストラの団員

orchestrare 他 1 管弦楽用に編曲する 2 企画する, 編成する

orchestratore 男 [女 -trice] 1 管弦楽用作曲者; オーケストラの指揮者 2 企画者, コーディネーター

orchestrazione 女 管弦楽(作曲)法, 編曲法; 編成, 配置

orchidacea 女 〔植〕ラン科の植物; (O-) 〔複数で〕ラン科

orchidea 女 〔植〕ランの花; (一般名称で)ラン科の植物

orchite 女 〔医〕睾(こう)丸炎

orciaia 女 〔トスカーナ〕抽出したばかりのオリーブオイルを詰めた壺を保管する場所

orciaio 男 [女 -a] 〔トスカーナ〕テラコッタの壺や容器を製造する(売る)人

orcio 男 (油等を入れる)テラコッタの壺

orciolaio → orciaio

orciolo 男 取っ手のついた壺, 蛸(たこ)壺

orco 男 [複 -chi](女 orchessa)] 1 (伝説や童話の)人食い鬼, 人さらい 2 (子供をおどすときの)怖いおじさん 3 (O-) 〔単数のみ〕(ギォ神・ロ神)冥界, 冥府

orda 女 1 (動物や人の)群れ, 群衆; 遊牧民の群れ 2 不良グループ

ordalia 女 神明裁判

ordalico 形 [複 男 -ci] 神明裁判の

ordegno → ordigno

ordigno 男 1 装置, 仕掛け 2 爆破装置, 爆弾

ordinabile 形 1 整理されうる 2 命令しうる 3 注文できる

ordinale 形 順序を示す —男 序数

ordinamento 男 1 配置, 配列 2 注文; 規定 3 体系, 組織, 制度

ordinando 男 [女 -a] 〔カト〕叙階を受ける者

ordinanza 女 命令, 規定

*__ordinare__ [オルディナーレ] 他 (io ordino) 1 整理する, 片づける 2 命令〔指図〕する 3 注文〔発注〕する 4《文》制定する, 規定する 5〔カト〕叙階する —arsi 再 1 整列する, 並ぶ 2《口》(身につけたものや髪などを)整える

ordinariamente 副 普段, 普通は

ordinariato 男 大学教授職; 司教職

ordinarietà 女 普通であること; 凡庸

ordinario 形 1 普通の 2 通常の, 正規の 3 凡庸な, 平凡な 4 粗末な, 粗野な —男 1 普通のこと, 通常 2[女 -a] 大学教授, 正教員 3〔カト〕(直轄権を持つ)教区司祭

ordinata 女 急いで整理すること —dare un'*ordinata* a... …を手早く片づける

ordinatamente 副 きちんと, 整えて

ordinativo 形 統制の, 管理の —男 注文, オーダー; 支払い命令書

ordinato 形 1 きちんとした, 整えられた, (人が)几帳面な 2〔カト〕叙階を授けられた

ordinatore 男 [女 -trice] 1 命令する者 2 計算機, コンピューター —primo [supremo, sommo] *ordinatore* 神 —男 [女 -trice] 命令する者, 順序だてる

ordinatorio 形 〔法〕実行命令の

ordinazione 女 1 命令, 整理 2 注文, 発注; (飲食物の)オーダー 3〔カト〕叙階(式) 4 医師の処方

*__ordine__ [オルディネ] 男 1 順序, 順番 —in *ordine* alfabetico アルファベット順に /l'*ordine* di partenza [arrivo] [スポ]スタート[着]順 2 秩序, 整理 —essere in *ordine* (家・タンスなどが)整頓されている, きちんとしている / mettere in *ordine* 整頓する, 整える 3 等級, 種類 4 命令, 指図 —Non prendo *ordini* da nessuno. 私は誰からの命令も受けない。/ Agli *ordini*! 〔軍〕イエス, サー！ 5 規則の遵守 6 (宗教の)団体, 修道会; (中世の)騎士団 —*ordine* monastico 修道会 7〔カト〕叙階; 〔複数で〕聖職者の序列 8〔歴〕身分, 階級 9〔商〕注文 10〔建〕様式 11〔軍〕隊形 ▶ *di prim'ordine* 第一級の, 最高級の *parola d'ordine* 合い言葉, パスワード *per* [con] *ordine* 順を追って

ordire 他 (io -isco) 1 縦に糸をかけて織物を織る 2 企画する, 建造する; (陰謀などを)企てる

ordito 男 1 織物の縦糸, 糸のもつれや絡まり 2 文学作品の筋書き

orditoio 男 織機

orditore 男 [女 -trice] 1 織物製造の職人 2 陰謀を企てる者

orditura 女 1 機械の工程 2 屋根の梁(はり) 3 小説の粗筋, 策略

oreade 女 〔神話〕山に棲む妖精, オレアード

orecchia 女 1 耳 2 (本やノートのページの)端の折り目 3 耳状のキノコの通称

orecchiabile 形 (音楽の旋律が)耳で覚えやすい, 親しみやすい

orecchiabilità 女 (曲の)親しみやすさ, 覚えやすさ

orecchiabilmente 副 耳慣れしやすく, 親しみやすく

orecchiante 形 (音楽が)聞き覚えの; 耳学問の ― 男女 聞き覚えで歌う[演奏する]人; 耳学問の人

orecchiare 自 [io orecchio] 聞き耳を立てる, こっそり聞く ― 他 聞きかじる

orecchietta 女 1 小さい耳; 耳の形をしたパスタ 2 [解]心房 3 ヒラタケ

orecchino 男 イヤリング, ピアス

*__orecchio__ [オレッキオ] 男 [複 [gli orecchi, le orecchie]] 1 耳 ―*orecchio* esterno [medio, interno] 外[中, 内]耳 2 聴力; 優れた聴力の持ち主 ―avere un *orecchio* fino 耳がいい 3 (容器などの耳状の)取っ手 4 ページの折り目 ▶ *a orecchio* 聞き覚えで(楽譜を見ずに) *dare una tirata d'orecchi a...* (人)を叱る *entrare da un orecchio e uscire dall'altro* [物・事を主語に]すぐに忘れる, 尻から抜ける *essere duro d'orecchi* 耳が遠い, とぼける *fare orecchie da mercante* 聞こえないふりをする, とぼける *prestare orecchio* 耳を貸す, 信じる, 本気にする *tendere l'orecchio* 聞き耳をたてる *tenere le orecchie ben aperte* 注意深く聞く *tirare gli orecchi a...* …を叱る, 注意する

orecchione 男 1 大きい耳 2 [動]ウサギコウモリ 3 [口] [複数で]流行性耳下腺炎, おたふくかぜ

orecchiuto 形 1 耳の大きい, 耳の長い 2 無知の, 無礼な

orefice 男女 1 彫金師, (貴金属や宝石の)細工師 2 貴金属[宝石]商

oreficeria 女 (貴金属や宝石の)細工技術, 貴金属細工製品; 貴金属細工の店[仕事場]

oreo- 接頭 「山」の意

Oreste 固名 男 1 [男性名]オレステ 2 [ギ神]オレステス(アガメムノンとクリュタイムネストラの子)

oretta 女 小一時間, 1 時間ほど

orfano 形 片親[両親]のいない; 孤児の ― 男 [女[-a]]片親[両親]のいない子供; 孤児

orfanotrofio 男 孤児院

Orfeo 固名 男 [ギ神]オルフェウス(トラキアの詩人・竪琴の名手)

orfico 形 [複[男 -ci]] 1 オルフェウスの, オルフェウス教の 2 神秘的な 3 (絵画の)オルフィズムの

orfismo 男 1 オルフェウス教 2 オルフィズム(未来派の影響を受けたキュービズムにおいて発展した絵画の傾向)

organaio → organaro

organaro 形 オルガンの, オルガン製作技術に関する

organaro 男 [女[-a]]オルガンの製作者, オルガン職人

organdi, **organdis** 男 [不変] [織]オーガンジー

organetto 男 1 手回しオルガン, アコーデオン(fisarmonica diatonica) ―*organetto di Barberia* 手回しオルガン 2 [鳥]ベニヒワ

organicamente 副 組織的に, 系統立てて; 有機的に

organicare 他 [io organico] (化学物質を無機状態から)有機化させる

organicità 女 組織立って構成されていること, まとまりがあること

organico 形 [複[男 -ci]] 1 有機物[体]の 2 器官[臓器]の 3 有機的な, 系統立った ― 男 [複[-ci]] [総称的]構成員, スタッフ

organigramma 男 [複[-i]] (企業の)組織図, 運営組織図

organismo 男 1 有機体, 生物 2 有機的組織

organista 男女 [複[男 -i]] オルガン奏者

organistico 形 [複[男 -ci]] オルガンの, オルガン奏者の ―*arte organistica* オルガン奏法 / *musica organistica* オルガン音楽

organizer 男 [不変] [英]スケジュール管理の手帳, システム手帳 ―*agenda organizer* システム手帳

*__organizzare__ [オルガニッザーレ] 他 1 (催しなどを)準備する, 主催する; 組織[編成]する ―*organizzare una gita* 遠足の準備をする 2 有機体にする ―**arsi** 再 組織する, 整える, 準備する ―*organizzarsi per uscire* 外出の用意をする

organizzativamente 副 組織的に

organizzativo 形 組織の

organizzato 形 組織された, 秩序だった

organizzatore 男 [女[-trice]] 1 主催者; 発起人 2 [生物]形成体 ― 形 [女[-trice]] 1 組織する ―*comitato organizzatore di...* …組織委員会 2 [生物]形成体の

organizzazione 女 1 組織 2 機構, 制度 ―*Organizzazione delle Nazioni Unite*(ONU) 国連, 国際連合

organo 男 1 器官, 臓器 2 機械装置 3 機関, 機構 4 機関誌[紙] 5 [楽器の]オルガン

organogenesi 女 [不変] 器官形成, 器官形成学

organografia 女 1 [植]器官記述(学) 2 [音]楽器誌

organoletticamente 副 感覚器官による感知で

organolettico 形 [複[男 -ci]] 感覚器官で感知されうる, 器官感覚受容性の ―*esame organolettico* 匂い・味・色などによる食品やワインの官能検査

organologia 女 1 器官学 2 楽器学

organologico 形 [複[男 -ci]] 1 器

organologo 官学の 2 楽器学の

organologo 男〔複[男 -gi]女[-a]〕 1 器官学研究者 2 楽器学研究者

organoterapia 女〔医〕臓器療法

organum 男〔不変〕〔ラ・音〕オルガヌム (中世初期のポリフォニーの最初の形)

organza 女〔織〕オーガンジー

organzino 男〔織〕オーガンジン, 諸撚糸

orgasmico 形〔複[男 -ci]〕オーガズムの

orgasmo 男 1 オーガズム, 性的興奮 2 興奮, 動揺

orgastico 形〔複[男 -ci]〕オーガズムの

orgia 女 1 (古代ギリシャの)秘教儀式, 酒神祭; 乱痴気騒ぎ, お祭り騒ぎ, 馬鹿騒ぎ 2 行き過ぎ

orgiasticamente 副 抑制なく, 好き放題に

orgiastico 形〔複[男 -ci]〕1 秘教儀式の; 乱痴気騒ぎの 2 激情あふれた

orgoglio 男 1 高慢, うぬぼれ 2 自尊心, 誇り; 自慢(の種)

orgogliosamente 副 高慢に, うぬぼれて, 自慢げに

orgogliosità 女 尊大, うぬぼれ, 傲慢

orgoglioso 形 1 高慢な, 威張った 2 誇りに思う, 自慢する, 満足した —essere *orgoglioso* di... …を誇りとしている

ori- 接頭「金の」「金色の」の意

oriafiamma → orifiamma

oricalco 男〔複[-chi]〕1 銅と亜鉛の合金, 真鍮(ちゅう) 2〔文〕ブラス, 軍用ラッパ

oricanno 男〔文〕香水を入れる貴金属の小瓶

orice 男〔動〕オリックス

orientabile 形 向きを変えられる, 可動の

orientale 形 1 東の 2 東洋の, 東洋的な; アジアの国の, 近東諸国の —男女 東洋人; 東洋[近東]諸国の人

orientaleggiante 形 東洋風の特徴を見せる, 東洋の趣きがある

orientalismo 男 オリエンタリズム, 東洋趣味

orientalista 男女〔複[男 -i]〕1 東洋学者, オリエント学者 2 オリエンタリズムの追従者

orientalistica 女 東洋学, オリエント学

orientalistico 形〔複[男 -ci]〕東洋文化に関する; 東洋学の; 東洋趣味の —ricerca *orientalistica* 東洋研究

orientalizzante 形 東洋風の, 東洋の趣きのある

orientalizzare 他 東洋の習慣を取り込ませる, 東洋風にする —自 東洋風になる —arsi 再 東洋文化の様相を帯びる

orientalizzazione 女 東洋化, 東洋風になること

orientamento 男 1 方向づけ; オリエンテーション —senso dell'*orientamento* 方向感覚 2 方角 3 方針, 志向

orientare 他 1 (方向・方角を)定める 2 向かわせる, 導く —arsi 再 1 (自らの)位置を確かめる 2 向かう, 気持ちが傾く 3 理解する

orientativamente 副 方向性としては; おおよそ

orientativo 形 方向づけのための; 概算の

orientazione 女 方位, 方向

＊**oriente** [オリエンテ] 男 1 東, 東方 —viaggiare verso *oriente* 東へ旅する 2 東洋 —Vicino [Medio, Estremo] *Oriente* 近東[中東, 極東]

orienteering 男〔不変〕〔英〕オリエンテーリング

orifiamma 男〔歴〕12～14世紀のフランス王家の軍旗(赤地に星と金の炎の模様); 閲兵式用の旗

orificio → orifizio

orifizio 男 (パイプ・チューブ・壺の)そそぎ口, 開口部分 —*orifizio* anale 肛(こう)門 / *orifizio* di una bottiglia 瓶の口

origami, origami 男〔不変〕(日本の)折り紙, 折り紙細工

origamista 男女〔複[男 -i]〕折り紙の熟練者, 折り紙細工を作る人

origano 男〔植〕オレガノ

orige → orice

originale 形 1 最初の, 元の —peccato *originale* 原罪 2 独創的な, 奇抜な 3 原文の, 原典の —男 原物, 原本, オリジナル; 原典, 原文; (写真や肖像画の)本人 —男女 少し風変わりな人

originalità 女 1 独創性, 創意 2 本物[原本]であること 3 新奇さ, 奇抜さ

originalmente 副 独特に, 奇抜に

originare 他 [es] [io origino] (da) …に端を発する; …が発端となる —自 始める, 引き起こす, 生み出す —arsi 再 起源を持つ, 起こる

originariamente 副 最初は, 元来

originario 形 1 (di) …原産の; …出身の 2 元の, 本来の

originatore 男〔女[-trice]〕 創始者, 創作者

＊**origine** [オリージネ] 女 1 起源, 発端 —l'*origine* della vita 生命の起源 2 出所, 由来, 原因 —avere *origine* da... …から生じる / dare *origine* a... …を引き起こす, …の原因となる 3 生まれ, 血筋 —di *origine* italiana イタリア出身の; イタリア系の

origliare 他 [io origlio] こっそりと聞く, 立ち聞きする

origliere 男〔文〕枕

orina → urina

orinale 男 (寝室に持ち込む)便器

orinare 自 排尿する, 放尿する —他 排尿する —*orinare* sangue 血尿を出す

orinario → urinario

orinata 女 排尿, 一回の放尿量

orinatoio 男 男子用小便器; 公衆便所

oriolo¹ 男〔鳥〕キガシラコウライウグイス

oriolo² 男 〔トスカーナ〕時計(orologio)

Orione 固名(男)〔ギ神〕オリオン(巨人で美男の狩人. 愛犬シリウスとともに天空の星座となる)

oristanese 形 オリスターノ(の人)の —男女 オリスターノの人

Oristano 固名(女) オリスターノ(サルデーニャ特別自治州の都市および県名; 略OR)

oritteropo 男 〔動〕ツチブタ

oriundo 形 (…の)出身の —*oriundo di Milano* ミラノの出身の —男〔女[-a]〕(…の)出身者

orizzontale 形 水平な, 横の —女〔複数で〕クロスワードパズルの横のカギ

orizzontalità 女 水平であること, 水平な状態

orizzontalmente 副 水平に, 横に

orizzontare 他 正確な位置づけ[方向づけ]をする —**arsi** 再 自分の位置が分かる, (状況や問題を)理解する

‡**orizzonte** [オリッゾンテ] 男 1 地平線, 水平線 —*linea dell'orizzonte* 地平線 2 見通し, 展望 —*Questo lavoro mi apre nuovi orizzonti.* この仕事で私に新たな展望が開ける.

ORL 略 otorinolaringoiatria 耳鼻咽喉科学

Orlando 固名〔男性名〕オルランド

orlare 他 縁取りをする, …の縁を形成する —*orlare un fazzoletto di pizzo* ハンカチにレースの縁取りをする —**arsi** 再 (di) (…で)縁取られる, 囲まれる
▶ *orlare il cappello* 辱める, 恥じ入らせる

orlato 形 (色や別の材質で)縁取られた —*tazza orlata d'oro* 金の縁取りのあるカップ

orlatore 男 1〔女[-trice]〕縁取りを行う人 2 縁取り用のミシン(の部品)

orlatrice 女 1 縁取りを行う女性職人 2 縁取り用のミシン 3 板金の縁を曲げる機械

orlatura 女 縁取りをすること

orléans 男〔不変〕〔仏〕羊毛50%の夏用服地(男性用上着に用いられる)

orlo 男 1 縁(ふち), 端, 極限 —*essere sull'orlo del precipizio* 崖っぷちに立たされる 2 (縁や裾の)飾り, 折り返し

orlon 男〔不変〕〔商標〕アクリル繊維, オーロン

orma 女 1 足跡 2 痕跡, 跡

‡**ormai** [オルマイ] 副 1 今となっては, もはや —*Ormai è tardi.* 今となってはもう遅い. 2 ついに, やっと —*Ormai siamo arrivati.* やっと着いた.

ormeggiare 他〔io ormeggio〕(船を錨(いかり)やロープで)停泊させる, (飛行機やヘリコプターを)地上に固定する —**arsi** 再 停泊する

ormeggiatore 男〔女[-trice]〕港の船の係留の担当者

ormeggio 男 1 停泊, 係留 2〔複数で〕係留に使う綱や鎖

ormonale 形 ホルモンの

ormone 男 ホルモン

ormonico 〔複[-ci]〕→ ormonale

ormono- 接頭 「ホルモン」「ホルモンに関する」の意

ormonoterapia 女 〔医〕ホルモン療法

ornamentale 形 装飾用の

ornamentazione 女 装飾; 〔音〕装飾音

ornamento 男 1 飾り, 装飾(品) 2 誇れる人[物]; 美徳 3〔音〕装飾音(abbellimento)

ornare 他 飾る, 装飾する —**arsi** 再 で身を飾る

ornatamente 副 装飾をふんだんに使って, ぜいたくに

ornatezza 女 修辞的に装飾すること, 優雅さ

ornatista 男女〔複[男-i]〕装飾職人, 装飾画家

ornato 形 装飾された, 優美な —男 装飾; (デザインの)装飾技法

ornatore 男〔女[-trice]〕装飾家, 装飾品製作専門の職人

orneblenda 女 〔鉱〕ホルンブレンド, 普通角閃(かくせん)石

ornello 男 〔植〕マンナアッシュ, マンナトネリコ

orniello → ornello

ornitico 形〔複[男-ci]〕鳥の, 鳥類学の

ornito-, ornito- 接頭 「鳥」の意

ornitologia 女 鳥類学

ornitologico 形〔複[男-ci]〕鳥類学の

ornitologo 男〔複[男-gi]女[-a]〕鳥類学者

ornitomanzia 女 鳥占術(鳥の動作や鳴き声での占い)

ornitorinco 〔複[-chi]〕〔動〕カモノハシ

orno → ornello

‡**oro** [オーロ] 男 1 金, 黄金 —*oro zecchino* 純金 / *Zecchino d'oro* 少年少女歌謡祭(の金賞) / *corsa all'oro* ゴールドラッシュ 2 金色 —*capelli d'oro* 金髪 3〔複数で〕金製品 4 富, 金(かね) 5〔スポ〕金メダル ● *a peso d'oro* 金製の; 金色の *per tutto l'oro del mondo* 決して, どんなことがあっても(…しない)

oro- 接頭 1「口」の意 2「山」の意

orobancea 女 〔植〕ハマウツボ科の植物; (O-)〔複数で〕ハマウツボ科

orobanche 女〔不変〕〔植〕ハマウツボ

orobico 形〔複[男-ci]〕1 コモやベルガモの 2 (サッカーチームの)アタランタ(Atalanta)の

orogenesi 女〔不変〕造山運動

orogenetico 形〔複[男-ci]〕造山運動の

orografia 女 山岳学, 山岳誌, 山岳図

orografico 形 〔複[男 -ci]〕山岳学の

orologeria 女 **1** 時計製造[修理]技術 **2** 時計店 **3** 時計の装置, 時計仕掛け —a *orologeria* 時限装置の

orologiaio 男〔女[-a]〕時計屋

*__orologio__ [オロロージョ] 男 **1** 時計 — *orologio* da polso 腕時計 / Il mio *orologio* va avanti [indietro]. 私の時計は進んでいる[遅れている]. **2** 正確さ, 几帳面さ —un'ora d'*orologio* きっちり1時間 / essere un *orologio* (人が)時計のように正確である, 几帳面である

oronasale 形 〔解〕口と鼻の

oronimia 女 〔言〕山岳名称学, 山岳地名研究

oronimo 男 〔言〕山岳名称

oroscopia 女 占星術, 星占いの技法

oroscopico 形 〔複[男 -ci]〕占星術の

oroscopo 男 星占い, 前兆

orpello 男 **1** (金に似た色の)銅と亜鉛の合金 **2** 派手でけばけばしい装飾; 虚飾

orpimento 男 〔鉱〕雄黄, 石黄

orrendamente 副 ぞっとするほど, 恐ろしく, 戦慄するほどに

orrendo 形 恐ろしい, 身の毛のよだつ, 不快さを起こす

orribile 形 **1** 恐ろしい **2** 実に不快な[まずい, ひどい]

orribilmente 副 恐ろしく, ぞっとするほど, とてもひどく

orridamente 副 恐ろしく, 身が震えるほどに

orrido 形 恐怖を引き起こす, ぞっとする; ひどい, 嫌悪を起こさせる —男 激流を見下ろす断崖絶壁, 峡谷

orripilante 形 激しいショックを起こさせる, とても醜い, ひどい

orripilare 自 [es][io orripilo] 恐怖[戦慄]を味わう —他 恐怖を抱かせる, ぞっとさせる

orripilazione 女 (寒さや強い感情で)鳥肌が立つこと

*__orrore__ [オッローレ] 男 **1** 恐怖; ホラー **2** 嫌悪 **3** 惨劇, 惨事

orsa 女 雌グマ —*Orsa* Maggiore [Minore] 大[小]熊座

orsacchiotto 男 子グマ; クマの縫いぐるみ

orsaggine 女 人付き合いの悪いこと, 愛想の悪いこと

orsatto 男 《文》子グマ

orsetto 男 **1** 子グマ; クマの縫いぐるみ **2** 安物の毛皮

Orsini 国名(男複)(gli 〜)オルシーニ家(13世紀～16世紀; ローマの名門貴族)

orsino 形 クマの; クマのように不格好な

orso 男〔女[-a]〕**1** 〔動〕クマ —*orso* bruno ヒグマ / *orso* bianco シロクマ **2** 人付き合いの悪い人; 無骨者 ▶ **vendere la pelle dell'orso prima di averlo ammazzato** 捕らぬ狸の皮算用

Orsola 国名〔女性名〕オルソラ

orsolina 女 ウルスラ会の修道女

orsù 間 〔励ましたり促して〕さあ, ほら

ortaggio 男 〔主に複数で〕青物, 野菜類

ortense 形 菜園の, 菜園で生える —pianta *ortense* 野菜

ortensia 女 〔植〕アジサイ

ortica 女 〔植〕イラクサ ▶ **gettare alle ortiche** 放棄する; 棒に振る

orticaio 男 イラクサが生え放題の放置された場所

orticante 形 (肌が)ちくちくするような

orticaria 女 〔医〕蕁麻疹(じんましん)

orticolo 形 園芸の, 野菜栽培の

orticoltore, orticultore 男〔女[-trice]〕(野菜作りの)園芸家

orticoltura, orticultura 女 園芸, 野菜栽培

ortivo¹ 形 菜園の, 菜園畑で栽培した

ortivo² 形 (太陽などの天体が)昇る, 出る

*__orto__ [オルト] 男 **1** 菜園, 野菜畑 —*orto* botanico 植物園 **2** 《文》庭

orto- 接頭 「正しい」「正確な」の意

ortocentrico 形 〔複[男 -ci]〕〔数〕三角形の垂心の

ortocentro 男 〔数〕三角形の垂心

ortoclasio 男 〔鉱〕正長石

ortodontico 形 〔複[男 -ci]〕歯列矯正の

ortodontista 男女 〔複[男 -i]〕歯列矯正専門の歯科医

ortodonzia 女 歯科矯正学

ortodossia 女 **1** 正統派, 正統であること **2** 〔宗〕正教

ortodosso 形 〔宗〕正教の; 正統の —la Chiesa cristiana *ortodossa* 〔宗〕正教会 —男〔女[-a]〕〔宗〕正教徒; 正統派の人

ortoepia 女 〔言〕発音学, 正音学, 正音法

ortoepicamente 副 正しい発音で

ortoepico 形 〔複[男 -ci]〕〔言〕正音学の; 正しい発音の

ortofloricoltura, ortofloricultura 女 野菜や花の栽培

ortoflorofrutticolo 形 野菜・花・果樹栽培の

ortoflorofrutticoltore 男〔女[-trice]〕野菜・花・果樹栽培従事者

ortoflorofrutticoltura, ortoflorofrutticultura 女 野菜・花・果樹栽培

ortofonia 女 **1** 〔言〕正音学, 正音(法) **2** 〔医〕言語療法, 発声障害の矯正, 発音矯正

ortofonico 形 〔複[男 -ci]〕〔医〕発声障害矯正の; 〔言〕正音(法)の

ortofonista 男女 〔複[男 -i]〕〔医〕発声障害矯正の専門家, 言語療法士

ortofrutta 女 〔不変〕(売り物の)野菜と果物 —negozio di *ortofrutta* 青果店

ortofrutticolo 形 野菜と果物の栽培の

ortofrutticoltore, ortofruttico-tore 男〔女[-trice]〕野菜と果物の栽培従事者

ortofrutticoltura, ortofrutticul-tura 女 野菜と果物の栽培

ortogenesi 女〔不変〕〔生物〕定向進化

ortogenetico 形〔複[男 -ci]〕〔生物〕定向進化の

ortognatismo 男〔人類〕正顎(額から顎(あご)にかけての線がまっすぐになっている顔の形状)

ortognato 形〔人類〕正顎(がく)の

ortognatodonzia → ortodonzia

ortogonale 形〔数〕垂直の,直角の

ortogonalità 女〔数〕垂直,直角

ortogonalmente 副 垂直に

ortografia 女 1 正書[正字]法 2〔建〕投影図

ortograficamente 副 正字法に従って,正しい綴りで

ortografico 形〔複[男 -ci]〕〔言〕正字法の,正書法の,正しい綴りの

ortolano 男〔女[-a]〕1 菜園家;青果商 2〔鳥〕ズアオホオジロ ―形 菜園の,野菜畑の

ortomercato 男 青果市場

ortopedia 女 整形外科学

ortopedicamente 副 整形外科の見地から,整形外科的に

ortopedico 形〔複[男 -ci]〕整形外科の ―男〔複[-ci]〕整形外科医

ortotomo 男〔鳥〕サイホウチョウ

ortottero 男 (O-)〔複数で〕〔虫〕バッタ目の

ortottica 女 視力矯正,視能訓練

ortottico 形〔複[男 -ci]〕視力矯正の,視能訓練の

ortottista 男女〔複[男 -i]〕視能訓練士

ortovivaismo 男 育苗法

ortovivaista 男女〔複[-i]〕育苗家

orvietano 形 オルヴィエート(の人)の ―男 1〔女[-a]〕オルヴィエートの人 2(オルヴィエートのある住民が作り出したという伝承の)万能薬

Orvieto 固名〔女〕オルヴィエート(ウンブリア州の都市)

orvieto 男 オルヴィエート産の白ワイン

orzaiolo, orziuolo 男〔医〕麦粒腫,ものもらい

orzare 自(帆船の)船首を風上に向ける

orzata¹ 女 船首を風上に向けること

orzata² 女 アーモンドシロップ

orzato 形 大麦粉で作られた ―pane *orzato* 大麦パン

orzo 男〔植〕オオムギ

OS 略〔英・コン〕Operating System オペレーティングシステム(sistema operativo)

Os 略(元素記号) osmio〔化〕オスミウム

OSA 略 Organizzazione degli Stati Americani 米州機構(英 OAS, Organization of American States)

osabile 形 敢えて挑みうる

osanna 間〔神を賛美する叫び〕オザンナ,ホサナ,ホザンナ ―男〔不変〕賛美の声,歓声

osannare 自 歓声を上げる,賛美する ―他 賛美する,賞賛の的にする ―Quello scrittore è stato osannato dal pubblico. あの作家は大衆の称賛を浴びた.

＊osare [オザーレ] 他 1〔不定詞とともに〕あえて[思い切って]…する ―Nessuno *osava* dirgli il vero. 誰も彼に本当のことをあえて言わなかった. 2 試みる,挑む ▶ *osare il tutto per tutto* 一か八かやってみる

osbergo 男〔複[-ghi]〕《文》(中世の)鎖帷子(くさりかたびら)(usbergo)

Oscar 固名〔男性名の〕オスカル

oscar 男 1 (O-)アカデミー賞の小像 2 金賞,第一席

oscenamente 副 卑猥(ひわい)に,淫らに,醜悪に

oscenità 女 1 卑猥(ひわい)さ,慎みのなさ;卑猥な行為[しぐさ,話] 2 悪趣味な事物

osceno 形 1 卑猥(ひわい)の,猥褻(わいせつ)の,淫らな 2 最低の,悪趣味の,ひどい ―vestito *osceno* 趣味の悪い服

oscillante 形 不安定な,変動する

oscillare 自 1 振動する,揺れる 2 (物価が)変動する

oscillatore 男 発振回路

oscillatorio 形 震動する,動揺する,変動する

oscillazione 女 1 震動,振動,変動 ―*oscillazione* di prezzo [temperatura, quotazione in borsa] 価格[気温,株式市況]の変動 2 意見の変化

oscillo- 連接「変動」「変動に関する」の意

oscillografia 女 オシログラフ振動記録

oscillografico 形〔複[男 -ci]〕オシログラフの

oscillografo 男 オシログラフ(電流・電圧の変化を記録する装置)

oscillogramma 男〔複[-i]〕オシログラム(オシログラフやオシロスコープで得られた記録)

oscillometria 女〔医〕(動脈拍動の)振動測定

oscillometro 男〔医〕オシロメーター(動脈拍動測定器);船の横揺れを測定する器械

oscilloscopio 男〔電〕オシロスコープ(電流波形記録計)

oscino 男〔鳥〕スズメ亜目の小鳥;(O-)〔複数で〕スズメ亜目

osco 形〔複[男 -ci, -chi]〕オスク(人)の ―男 1〔複[-ci, -chi]女[-a]〕オスク人 2〔単数のみ〕オスク語

osco-umbro 形〔複[男 osco-umbri]女[osco-umbra]〕(古代イタリアのインド・ヨーロッパ語族の言語)オスク・ウンブリア語の ―男〔単数のみ〕オスク・ウンブ

リア語 —iscrizione in *osco-umbro* オスク・ウンブリア語の碑文

oscurabile 形 暗くされうる, 曇らされる

oscuramente 副 不明瞭に, ぼんやりと; 人に知られないままに

oscuramento 男 1 暗くすること, 暗くなること, 曇らせること 2 灯火管制 3 視力の衰え

oscurantismo 男 蒙昧主義, 反啓蒙主義

oscurantista 形〔複[男 -i]〕蒙昧主義の, 反啓蒙主義の (oscurantistico) —男女〔複[男 -i]〕蒙昧主義者, 反啓蒙主義者

oscurantistico 形〔複[男 -ci]〕蒙昧主義(者)の, 反啓蒙主義(者)の

oscurare 他 暗くする, 翳(かげ)らせる; ぼんやりさせる, 曖昧にする —**arsi** 再 暗くなる, 曇る; ぼんやりする —*oscurarsi in viso* 顔が曇る

oscurazione 女 暗くすること, 暗くなること; 翳(かげ)り, 曇ること

oscurità 女 1 暗がり, 暗闇 2 不明瞭さ, 難解さ 3 無名

***oscuro** [オスクーロ] 形 1 暗い, 黒ずむい —*notte oscura* 闇夜, 暗い夜 2 不明瞭な, 難解な 3 無名の, 世に知られていない —*scrittore oscuro* 無名の作家 —男 暗がり, 暗闇 —副 曖昧に —*parlare oscuro* 曖昧にしゃべる ▶ *essere all'oscuro (di...)* (…を)知らずに[知らされないで]いる

osé 形〔不変〕〔仏〕露骨な, 大胆な

osella 女 ヴェネツィアのオゼッラ銀貨

-osi 腰尾「病状」「症状」の意

-oside 腰尾「グルコシド」「配糖体」の意

-osio 腰尾「炭水化物」の意: glucosio ブドウ糖

osmanico 形〔複[男 -ci]〕オスマントルコの

osmio 〔化〕オスミウム(元素記号 Os)

osmo- 「匂い」「浸透」の意

osmometro 男 浸透圧計, 嗅覚計

osmosi 女〔不変〕1 (液体間の)浸透 2 (異なった人間・文化などの間の)交流

osmotico 形〔複[男 -ci]〕1 浸透性の 2 (異なる人間・事物間での)相互交流の, 意見の浸透の

osmunda 女〔植〕セイヨウゼンマイ

oso 形〔文〕大胆な, 勇敢な

-oso 腰尾 主に名詞に付けて形容詞を作る:「…が多い」「…の性質の」の意

***ospedale** [オスペダーレ] 男 (総合)病院 —*ospedale civile* 公立病院 —*andare all'ospedale* 病院に行く; 入院する / *ricoverarsi in ospedale* 病院に収容される

ospedaliero 形 病院の —*medico ospedaliero* 勤務医 —男〔女[-a]〕看護人, 付き添い

ospedalità 女 1 入院, 入院期間; 入院費 2 病院の機構

ospedalizzare 他〔官庁用語で〕入院させる

ospedalizzato 男〔女[-a]〕〔官庁用語で〕病院に収容された人, 入院患者

ospedalizzazione 女〔官庁用語で〕病院に入れること, 入院させること

ospitabile 形 もてなしを受けられる, 歓待される

ospitale 形 もてなしのよい, 客あしらいのよい; 居心地のよい

ospitalità 女 1 歓待, 歓迎 2 (客として)もてなすこと, 泊めること

ospitalmente 副 よいもてなしで, 手厚くもてなして

ospitante 形 1 客を迎える —*famiglia ospitante* ホストファミリー 2〔スポ〕ホームの —*squadra ospitante* ホームチーム

ospitare 他〔io ospito〕1 客として家に迎える 2 ゲストとして招く 3 (記事などを)掲載する 4 (場所が人を)収容できる; (場所が品物を)収納している, 保管している 5〔生物〕寄生させる

***ospite** [オスピテ] 男女 1 (客をもてなす家の)主(ぬし) 2 (もてなしを受ける)客 —*camera degli ospiti* ゲストルーム 3〔生物〕宿主 —形 1 客をもてなす —*famiglia ospite* ホストファミリー 2 客の —*squadra ospite*〔スポ〕ビジターチーム, アウェーチーム

ospizio 男 養護施設, ホーム

ossa 女複 → osso

ossal- 腰頭「シュウ酸から出る」「シュウ酸を含む」の意

ossalato 男〔化〕シュウ酸塩

ossalico 形〔複[男 -ci]〕〔化〕シュウ酸の —*acido ossalico* シュウ酸

ossalidacea 女〔植〕カタバミ科の植物; (O-)〔複数で〕カタバミ科

ossalide 女〔植〕カタバミ科カタバミ属の植物

ossame 男《文》(人間や動物の)骨の山

ossario 男 納骨堂, 納骨所

ossatura 女 骨格; 骨組み

osseina 女 オセイン(骨の成分の40%を占めるタンパク質)

osseo 形 1 骨の 2 (動物の)骨で作った 3 骨のような

ossequente 形 深い敬意を表す, 丁寧な, 丁重な —*ossequente a...* …に従順な

ossequiare 他〔io ossequio〕1 敬意を払う, 敬意を表して挨拶をする 2 媚(こ)びへつらう

ossequiente → ossequente

ossequio 男 1 深い敬意 2〔複数で〕恭しい挨拶 —*i miei ossequi* (手紙の)敬具

ossequiosamente 副 恭しく, 丁重に, 媚(こ)びへつらって

ossequiosità 女 丁重さ; 従順, 服従, 媚(こ)びへつらい

ossequioso 形 1 敬意を払った, 丁

重々態度の **2** 服従的な; 媚(こ)びへつらう

osservabile 形 観察できる, 遵守される

osservabilmente 副 観察できるように, 明らかに

osservante 形 (規律や法を)遵守する —essere *osservante* dei regolamenti 規則を守る / frate *osservante* フランチェスコ会修道士 —男女 宗則に忠実に従う信者

osservanza 女 **1** (法律や規則の)遵守 **2** (複数で)戒律, 規律

*__osservare__ [オッセルヴァーレ] 他 **1** 注視する —*osservare* qualcosa di strano 奇妙な物を じっと見る **2** 観察[観測]する —*osservare*... al microscopio 顕微鏡で…を観察する **3** 気づく; 指摘する, 明示する **4** (規則を)守る, 従う —*osservare* la legge 掟(おきて)に従う —**arsi** 再 **1** (自分の姿を)じっと見る **2** お互いに見つめ合う

osservatore 形〖女 [-trice]〗観察する —男〖女 [-trice]〗観察者, 監視者, オブザーバー

osservatorio 男 **1** 天文台; 観測所; 監視所 **2** (経済や社会現象の)研究所

osservazione 女 **1** 観察, 観測 **2** 考察, 所見 **3** 非難, 批判

ossessionante 形 執拗(しつよう)に心に浮かぶ, つきまとう, 強迫観念にとりつかれる **2** うるさく繰り返される

ossessionantemente 副 うるさく, しつこく, 執拗(しつよう)に

ossessionare 他 うるさくつきまとう; 悩ませる, 苦しめる —**arsi** 再 妄想の虜になる, 苦しむ

ossessione 女 **1** 妄想, 強迫観念 **2** 悪夢, 頭痛の種

ossessivamente 副 強迫観念にとらわれて, 取り憑(つ)かれたように

ossessività 女 強迫性, 執拗(しつよう)さ

ossessivo 形 強迫観念的な, 執拗(しつよう)につきまとってくる; 単調に繰り返される —男〖女 [-a]〗強迫観念にとらわれた人

ossesso 形 悪魔憑(つ)きの; 激しく感情的に動揺した —男〖女 [-a]〗悪魔に取り憑かれた人, 取り乱した人

ossi- 接頭 「とがった」「鋭い」の意;「酸の」「酸素」「骨」の意

*__ossia__ [オッスィーア] 接 つまり, すなわち, 言い換えれば

ossiacetilenico 形〖複[男 -ci]〗〔化〕酵素アセチレンの

ossiacido 男〔化〕オキシ酸, オキシ酸, 酸素酸

ossidabile 形 酸化しやすい, 錆(さ)びやすい

ossidabilità 女 酸化しやすさ

ossidante 形 酸化力のある, 酸化させる —男 酸化剤

ossidare 他 [io ossido] 酸化させる, 錆(さ)びつかせる —**arsi** 再 酸化する, 錆びる

ossidativo 形 酸化の, 酸化させる

ossidazione 女〔化〕酸化, 錆(さ)びること

ossidiana 女〔鉱〕黒曜石

ossidionale 形 包囲の, 攻略の

ossido 男〔化〕酸化物

ossidoriduzione, ossido-riduzione 女〔化〕酸化還元反応

ossidrico 形〖複[男 -ci]〗〔化〕酸素と水素を混ぜた —fiamma *ossidrica* 酸水素炎 / cannello *ossidrico* 酸水素吹管

ossidrile 男〔化〕ヒドロキシ基, 水酸基

ossiemoglobina 女〔生化〕酸素ヘモグロビン

ossifero 形 骨の化石を含む

ossificare 他 [io ossifico] 骨にする, 骨化させる —**arsi** 再 骨になる, 骨化する

ossificazione 女 骨化

ossifraga 女〔鳥〕オオワシカモメ

ossigenare 他 [io ossigeno] **1** 酸素を添加する —*ossigenare* i polmoni 肺に酸素を送る **2** (経済的に)援助する, 活気づける —*ossigenare* un'azienda in crisi 企業を財政的援助する —**arsi** 再 **1** きれいな空気を吸う **2** (髪を)脱色する, 明るい色にする —*ossigenarsi* i capelli 自分の髪を脱色(して金髪に)する

ossigenato 形 **1** 酸素を多く含む —acqua *ossigenata* オキシドール(消毒殺菌や脱色用の過酸化水素水) **2** 髪を脱色した

ossigenatore 男〔医〕(血液への)酸素供給器

ossigenatura 女 (毛髪の)オキシドールでの脱色

ossigenazione 女 酸化; オキシドールでの脱色

ossigeno 男 **1** 酸素 —bombola di *ossigeno* 酸素ボンベ / maschera a *ossigeno* 酸素マスク **2** 新鮮な空気 **3** 息吹き, 生気 **4** (経済的)援助 ▶ *essere all'ossigeno* 危篤[瀕死]の状態にある

ossigenoterapia 女〔医〕酸素療法

ossitonizzare 他〔言〕最後の音節にアクセントをつける

ossitono 形〔言〕(ギリシャ語の)最後の音節にアクセントのある

ossiuriasi 女〔不変〕〔医〕蟯(ぎょう)虫症

ossiuro 男〔動〕蟯(ぎょう)虫

*__osso__ [オッソ] 男 **1**〖複 le ossa〗骨, 骨格 **2**〖複数で〗遺骸; (謔)人間の体 **3**〖複 gli ossi〗骨状の物; 骨製品 **4** (果物の)芯, 核 ▶ *essere di carne e ossa* (血の通う生身の)人間である, 人間にすぎない *farsi le ossa* 経験を積む *in carne e ossa* 本物[正真正銘]の; 本人自らが *osso duro* 扱いにくい人[物], 難物

ossobuco 男〖複[ossibuchi]〗〔料〕オッソブーコ, オッソブッコ(子牛のすね肉を髄入りの骨ごと煮込んだ料理, ミラノの名物)

ossoniense → oxoniense

ossuto 形 骨張った、骨太な

ostacolare 他〔io ostacolo〕妨げる, 邪魔する; 困難にする **—arsi** 再 邪魔し合う

ostacolista 男女〔複[男 -i]〕**1** 障害走の選手 **2** 障害競争馬

ostacolo 男 障害(物) —corsa ad *ostacoli* ハードル競走;(馬術や競馬の)障害

ostaggio 男 人質

ostare 自〔法〕(a) 反対する, 妨げる

oste 男〔女[-essa]〕(飲食店や宿屋の)主人, 亭主

osteggiare 他〔io osteggio〕敵対する, 断固阻止する; 包囲する, 攻撃する **—自** 戦う, 争う; 野営する

osteggiatore 形〔女[-trice]〕敵対する, 対立する **—男**〔女[-trice]〕敵対者

osteite 女〔医〕骨炎

ostello 男〔文〕食事付きの宿泊施設, 宿 —*ostello* per la gioventù ユースホステル

ostendale 男〔文〕旗, 軍旗

ostensorio 男〔カト〕聖体顕示台

ostentare 他 見せびらかす, 誇示する; 装う

ostentatamente 副 あからさまに, ひけらかすように

ostentato 形 見せびらかしの, 誇示した, これ見よがしの

ostentazione 女 見せびらかし, 誇示, 虚勢を張ること

osteo- 接頭「骨」の意

osteoarticolare 形 骨と関節の

osteoartrite 女〔医〕骨関節炎

osteogenesi 女〔不変〕〔医〕骨形成

osteoide 形〔医〕骨に似た, 骨のような

osteolisi 女〔不変〕〔医〕骨溶解

osteologia 女〔医〕骨学, 骨解剖学

osteologico 形〔複[男 -ci]〕〔医〕骨学の

osteologo 男〔複[-gi]女[-a]〕〔医〕骨学の研究者, 骨学者

osteoma 男〔複[-i]〕〔医〕骨腫(良性の骨の腫瘍)

osteomielite 女〔医〕骨髄炎

osteopatia 女〔医〕**1** 骨炎 **2** オステオパシー

osteoporosi 女〔不変〕〔医〕骨粗鬆(しょう)症

osteoporotico 形〔複[男 -ci]〕〔医〕骨粗鬆(しょう)症の **—男**〔複[-ci]女[-a]〕骨粗鬆症患者

osteosarcoma 男〔複[-i]〕〔医〕骨肉腫

osteria 女 **1** 居酒屋, 簡易食堂 **2**〔口〕[間投詞的に; 驚き・怒り・失望を表して] ああ, 何とまあ

ostessa 女 (飲食店や宿屋の)女将(おかみ)

ostetrica 女 助産婦

ostetricia 女〔複[-cie]〕〔医〕産科学

ostetrico 形〔複[男 -ci]〕産科の **—男**〔複[-ci]女[-a]〕産科医

Ostia 固名(女) オスティア(ラツィオ州の Ostia Antica と Lido di Ostia の両地区を複合した地域)

ostia 女 **1**〔カト〕聖餐(さん)式のパン, ホスチア **2** オブラート **3**〔北伊〕[驚きを表して] 何とまあ, すごいなあ; そんな馬鹿な, ひどいなあ

ostichezza 女 嫌なもの, 堪えがたいもの

ostico 形〔複[男 -ci]〕堪えがたい, 不愉快な; 困難な, まずい —*compito ostico* つらい任務

ostiense 形 オスティア(ローマ郊外の町)(の人)の **—男女** オスティアの人

ostile 形 **1** 敵対する, 敵意のある; 反対の **2** もてなしの悪い, 快適でない

ostilità 女 **1** 敵意; 対立, 反対 **2**〔複数で〕敵対行為, 戦争

ostilmente 副 敵意を持って, 敵対して

ostinarsi 再 固執する, 固持する; (悪い状況が)長く続く —*ostinarsi* in un'idea ある考えにとらわれる / *ostinarsi* a + 不定詞 頑として…する / *ostinarsi* a non parlare 頑なに口を閉ざす / Si ostina a far freddo. 寒さが一向に和らがない

ostinatamente 副 かたくなに, 頑固に, 粘り強く

ostinatezza 女 頑固, 強情; 執拗(よう)さ, 粘り強さ, 根気強さ

ostinato 形 **1** 頑固な, 強情な **2** 執拗(よう)な, 飽くなき, 根気強い **3**(予測より)長引く, 長く続く **4**〔音〕オスティナート(パターンを繰り返す) —*basso ostinato* 執拗(よう)低音 **—男**〔女[-a]〕頑固者

ostinazione 女 頑固, 強情, 片意地

ostracismo 男 **1**(古代アテネの)陶片追放, オストラシズム **2** 追放, 放逐; 流刑, 村八分 —dare l'*ostracismo* a... (人)を除名する, 追放する

ostracizzare 他 **1**(古代アテネで)陶片追放にする **2** 対抗する, 妨害する

ostrica 女 牡蠣(かき) —*ostrica* perlifera 真珠貝

ostricaio 男 **1**〔女[-a]〕牡蠣(かき)を採って売る人 **2** 牡蠣の養殖場

ostricoltore 男〔女[-trice]〕牡蠣(かき)の養殖業者

ostricoltura 女 (食用または真珠のための)牡蠣(かき)の養殖

ostro[1] 男〔文〕(貝から採った)紫色, 緋(ひ)色, 朱色; 紫に染めた衣 **2** 肌のピンク色

ostro[2] 男〔文〕南風; 南

ostrogotico 形〔複[男 -ci]〕東ゴートの

ostrogoto 形 **1** 東ゴート(人)の **2** 未開の, 教養のない; 理解不能の, 訳の分からない **—男 1**〔女[-a]〕東ゴート人; 野蛮人, 教養のない人 **2**〔単数のみ〕東ゴート語; 不可解な言葉

ostruire 他〔io -isco〕塞ぐ, 妨げる, 封鎖する —*ostruire* la strada 道を封鎖

する —**irsi** 再 塞がる、詰まる
ostruzione 囡 1 閉塞、障害物、閉鎖、邪魔 2 〔医〕閉塞
ostruzionismo 男 1 (議会等での)妨害、組織的妨害 議事妨害、フィリバスター / fare *ostruzionismo* a... (人)の邪魔をする 2 (スポーツで相手チームに対する)反則的な妨害
ostruzionista 形 〖複[男 -i]〗議事妨害の —男女 〖複[男 -i]〗議事妨害者
ostruzionisticamente 副 議事妨害のやり方で
ostruzionistico 形 〖複[男 -ci]〗議事妨害の —*manovra ostruzionistica* 議事妨害の戦術
otaku 男 〔不変〕〔日〕オタク、サブカルチャーに傾倒する人
otalgia 囡 〔医〕耳痛
otalgico 形 〖複[男 -ci]〗〔医〕耳痛の
otarda 囡 〔鳥〕ノガン
otaria 囡 (オットセイ・トド・アシカ・オタリアなどの)アシカ科の海生哺乳類の通称
otello 男 1 極度に嫉妬深い男 2 (O-)オセロ(シェークスピア作の悲劇の主人公)
otico 形 〖複[男 -ci]〗耳の
-otico 腰尾 1 -osi で終わる名詞から形容詞を作る:「…にかかった」「…を引き起こすような」の意 2 限られた名詞からの派生で、軽蔑的な意味の形容詞を作る
otite 囡 〔医〕耳炎 —*otite media (esterna, interna)* 中耳炎〔外耳炎、内耳炎〕
otitico 形 〖複[男 -ci]〗〔医〕耳炎の
oto-, -oto 接頭,接尾 〔医〕「耳」の意
otoacustico 形 〖複[男 -ci]〗〔医〕難聴に関係する
otocione 男 〔動〕オオミミギツネ
otoiatra 男女 〖複[男 -i]〗〔医〕耳科専門医
otoiatria 囡 〔医〕耳科学
otoiatrico 形 〖複[男 -ci]〗〔医〕耳科学の
otolite 男 耳石(動物の内耳にある炭酸カルシウムの結晶)
otologia 囡 〔医〕聴覚器官を研究する学問分野
otopatia 囡 〔医〕耳の疾患
otorino 男 〔不変〕〔口〕耳鼻咽喉科医(otorinolaringoiatra の略)
otorinolaringoiatra 男女 〖複[男 -i]〗〔医〕耳鼻咽喉科医
otorinolaringoiatria 囡 〔医〕耳鼻咽喉科学(略 ORL)
otorinolaringoiatrico 形 〖複[男 -ci]〗〔医〕耳鼻咽喉科学の
otoscopia 囡 〔医〕耳鏡検査
otoscopio 男 〔医〕耳鏡
otrantino 形 オトラント(の人)の —男〔女[-a]〗オトラントの人
Otranto 固名(男) 1 オトラント(プーリア州の町);イタリア最東端の居住区 2 (Canale di ～)オトラント海峡(アドリア海とイオニア海を結ぶ、イタリア・アルバニア間の海峡)
otre 男 (かつて液体を運ぶのに用いた)革袋、革袋分の量 —*bere un otre di vino* 一袋分のワインを飲む / *essere gonfio [pieno] come un otre* かなり飲み食いした
ott. 略 ottobre 10 月
otta- 接頭「8」の意
ottacordo 男 (古代ギリシャで使われていた)8 弦のリラに似た楽器
ottaedrico 形 〖複[男 -ci]〗八面体の
ottaedro 男 八面体
ottagonale 形 八角形の
ottagono 男 八角形
ottale 形 八進法の —*il sistema numerico ottale* 八進法
ottanico 形 〖複[男 -ci]〗〔化〕オクタンの、オクタンを含む
ottano 男 〔化〕オクタン
*__**ottanta**__ [オッタンタ] 形(基数)〔不変〕80 の —男 〔不変〕80
ottantenne 形 80 歳の、80 年の —男女 80 歳の人、80 年のもの
ottantennio 男 80 年間
ottantesimo 形 (序数) 80 番目の;80 分の 1 の —男 80 番目;80 分の 1
ottantina 囡 約 80 —*essere sull'ottantina* およそ 80 歳である
ottarda 囡 → otarda
ottastilo 形 〔建〕神殿の正面に八つの柱のある
ottava 囡 1 〔カト〕8 日間にわたる祝祭 2 〔詩〕8 行詩節 3 〔音〕オクターブ
Ottavia 固名〔女性名〕オッターヴィア
ottavino 男 〔音〕ピッコロ
Ottavio 固名〔男性名〕オッターヴィオ
*__**ottavo**__ [オッターヴォ] 形 (序数) 8 番目の;8 分の 1 の —男 1 8 番目;8 分の 1 2 〔印〕八つ折り判
ottemperanza 囡 遵守、規定や要求に従うこと —*in ottemperanza a...* (物)に従って
ottemperare 自 〔io ottempero〕(規定や要求に)従う、応じる —*ottemperare a una legge* 法律に従う
ottenebramento 男 暗くなること;ぼやけること、曇ること —*ottenebramento della mente* 頭の働きが鈍ること
ottenebrare 他 〔io ottenebro〕暗くする、曇らせる;ぼんやりさせる、鈍らせる —**arsi** 再 暗くなる、ぼやける —*Gli si è ottenebrata la vista.* 彼の目がぼやけた.
*__**ottenere**__ [オッテネーレ] [118] 他 1 得る、手に入れる —*ottenere un grande successo* 大成功を収める / *ottenere un permesso* 許可を得る 2 採取[抽出]する —*ottenere il sidro dalle mele* リンゴからシードルを造る
ottenibile 形 入手できる、獲得できる
ottenimento 男 獲得、到達、達成
ottenne¹ 形 8 年の、8 年経った、8 歳の —男女 8 歳児
ottenne² ottenere の直・遠過・3 単
ottennio 男 8 年間

ottentotto 形 コイコイ人の —男 [女[-a]] コイコイ人 2 コイコイ人が話す言語 3 無教養の人, 粗野な者

ottetto 男 1 〔音〕八重奏, 八重唱 2 〔情〕8 ビット 3 〔化〕オクテット

ottica 女 1 光学 2 (光学機器の)製造技術 3 ものの見方, 視点, 意見 —cambiare *ottica* 視点を変える

otticamente 副 視覚的に

ottico 形 〔複[男 -ci]〕 1 眼の, 視覚 [視力]の —nervi *ottici* 視神経 2 光学の —男 〔複[-ci]女[-a]〕 眼鏡屋

ottimale 形 最良の, 最適な —condizioni *ottimali* 最高の条件

ottimamente 副 きわめて, 最良に

ottimismo 男 楽観[楽天]主義

ottimista 男女 〔複[男 -i]〕楽観主義者 —形 〔複[男 -i]〕楽観[楽天]的な

ottimisticamente 副 楽天的に, 楽観視して

ottimistico 形 〔複[男 -ci]〕 楽観的な, 楽天的な

ottimizzare 他 最適にする, 最良にする

ottimizzazione 女 1 最良にすること 2 〔コン〕システムの最適化

***ottimo** [オッティモ] 形 〔buono の絶対最上級〕とてもよい, 最高の, 極上の —un'*ottima* idea 最高のアイディア / di *ottimo* umore 上機嫌の[で] —男 極上品; (成績の)優 —Ha preso un *ottimo* in matematica. 彼は数学で最高の成績を取った.

***otto** [オット] 形 (基数)〔不変〕 8 の —男〔不変〕8 ▶ *in quattro e quattr'otto* あっという間に

otto- → opto-

-otto 接尾「親愛」「縮小」「拡大」の意

***ottobre** [オットーブレ] 男 10 月 —essere nato in [a] *ottobre* 10 月生まれである

ottobrino 形 10 月の; 10 月に熟す

ottocentesco 形 〔複[男 -chi]〕 1 (歴史・芸術・文化面での)1800 年代の —letteratura *ottocentesca* 19 世紀文学 2 時代遅れの

ottocentesimo 形 〔序数〕 800 番目の; 800 分の 1 の —男 800 番目; 800 分の 1

ottocentista 男女 〔複[男 -i]〕 1 1800 年代の芸術家や作家 2 19 世紀文学・芸術・社会を専門とする研究家 3 (陸上や水泳の)800 メートルの選手

ottocentistico 形 〔複[男 -ci]〕 19 世紀に関する

ottocento 形 (基数)〔不変〕 800 の —男〔不変〕1 800 2 (O-)1800 年代 3 (陸上や水泳の)800 メートル競技

ottomana 女 1 長椅子, オットマン 2 畝(2)のある織物の一種, オットマン

ottomano 形 オスマントルコ(人)の —Impero *Ottomano* オスマン帝国 —男 1 〔女[-a]〕オスマントルコ人 2 〔単数のみ〕オスマントルコ語 3 畝(2)織り物

ottomila 形 (基数)〔不変〕 8000 の —男〔不変〕8000

ottonaio 男〔女[-a]〕真鍮(♮ゅう)細工の職人

ottoname 男 真鍮(♮ゅう)細工品

ottonare 他 表面を真鍮(♮ゅう)で覆う

ottonario 形 〔言〕8 音節の; 〔詩〕8 音節詩行の —男 〔言〕8 音節; 〔詩〕8 音節詩行

ottonatura 女 真鍮(♮ゅう)めっきを施すこと, 真鍮の上張り

Ottone 固名 (男) 1 〔男性名〕 オットーネ 2 (~ I il Grande) オットー大帝 (912-973; ザクセン王朝 2 代目ドイツ王: 在位 936-973). 初代神聖ローマ皇帝: 在位 962-973)

ottone 男 1 真鍮(♮ゅう) 2 〔複数で〕金管楽器

ottotipico 形 〔複[男 -ci]〕 視力表の —tavola *ottotipica* 視力表

ottotipo 男 視力表

ottovolante 男 ジェットコースター

ottuagenario 形 80 歳の, 約 80 歳の —男〔女[-a]〕80 歳の人, 80 歳くらいの人

ottundere [23] 他 〔過分 ottuso〕鈍らせる, 和らげる, すり減らす —**ersi** 再 (先が)丸くなる, 鈍る

ottundimento 男 鈍ること —*ottundimento dei sensi* 鈍感になること

ottuplicare 他 〔io ottuplico〕 8 倍にする

ottuplice 形 8 つの部分から成る

ottuplo 形 8 倍の —男 8 倍の量

otturamento 男 → otturazione

otturare 他 ふさぐ, 詰める —**arsi** 再 詰まる

otturatore 形〔女[-trice]〕ふさぐ, 閉鎖する —男 1 閉鎖装置 2 (写真機の)シャッター 3 (水道管の)水流を遮断する装置 4 (歯科医の)歯の充填用器具

otturazione 女 詰めること; (歯の)詰め物

ottusamente 副 鈍く, 鈍感に

ottusangolo 形 鈍角の —triangolo *ottusangolo* 鈍角三角形 —男 〔幾〕鈍角三角形

ottuse ottundere の直・遠過・3 単

ottusità 女 (刃物が)切れないこと; なまくら, 鈍感さ —*ottusità mentale* 頭の鈍さ / *ottusità d'udito* 耳が遠いこと, 難聴

ottuso 〔過分 < ottundere〕 1 鈍い —angolo *ottuso* 鈍角 2 鈍感な 3 反応が遅い

OUA 略 Organizzazione dell'Unità Africana アフリカ統一機構 (2002 年に解消. 現在はアフリカ連合 African Union, Union Africaine)

out 形〔不変〕〔英〕流行から廃れた, 時代遅れの —男〔不変〕〔英・スポ〕(テニスの)アウト; (サッカーの)オフサイド; (ボクシングの)ノックアウト

outdoor 形〔不変〕〔英〕(スポーツ競技

outing 〔英〕…が屋外で行われる; 野外の, アウトドアの

outing 男〔不変〕〔英〕同性愛者であることを公表すること; 私的なことを公にすること

outlet 男〔不変〕〔英〕アウトレット, 格安の値段でブランド品を売る場所

output 男〔不変〕〔英・コン〕出力, アウトプット

outsider 男女〔不変〕〔英〕ダークホース, 競争で勝ち目のない人; 部外者, アウトサイダー

outsourcing 男〔不変〕〔英〕アウトソーシング, (部品等の)外部調達, (業務の)外部委託

ouverture 女〔不変〕〔仏・音〕序曲

ovaia 女〔不変, または複[-e]〕〔解〕卵巣

ovaiolo 形 卵をたくさん産む —男 1 女[-a]〕卵売り 2 エッグスタンド

ovale 形 卵形の, 楕(だ)円形の —palla *ovale* ラグビー —男 卵形, 楕円形

ovaliforme 形 卵の形をした

ovalizzare 他 卵形にする, 楕(だ)円形にする —**arsi** 再 卵形になる, 楕(だ)円形になる

ovalizzazione 女 卵形にすること, 卵形になること

ovarico 形〔複[男 -ci]〕1 卵巣の 2 〔植〕子房の

ovario 男 1 卵巣 2 〔植〕子房

ovatta 女 1 脱脂綿 2 綿の詰め物 —*ovatta americana* カポック, パンヤ

ovattare 他 綿で詰める; 音を弱める

ovattato 形 綿で詰め物をした; 音を弱めた

ovattatura 女 綿の詰め物

ovazione 女 (古代ローマで, 凱(がい)旋将軍を称えた)小凱旋式; (民衆・聴衆の)大喝采, 熱列な歓迎

ove 接 1 …する場合には 2《文》…である一方 —副〔疑問詞として〕《文》どこに[で, へ]

over 形〔不変〕〔英〕(年齢が)…歳以上の —*over* settanta 70 歳以上の人 —男〔不変〕〔英〕横泳ぎ

overbooking 男〔不変〕〔英〕(飛行機やホテルでの)オーバーブッキング

overdose 女〔不変〕〔英〕薬の飲み過ぎ, 過剰服用

overdrive 男〔不変〕〔英〕1〔車〕トップギアよりも高いギア, オーバードライブ装置 2〔音〕(ゆがんだ音を出すための)エフェクター

*****ovest** —オーヴェスト 男〔不変〕西, 西方 —a *ovest* di... …の西に —形〔不変〕西の, 西部の —nella zona *ovest* di Londra ロンドン西部に

ovetto 男 小さい卵形の菓子(特にチョコレート) —*ovetti* di Pasqua 復活祭の卵形チョコ

ovidotto, ovidutto 男〔解〕卵管

ovile 男 1 羊[ヤギ]小屋 2 我が家; 生家, 故郷 ▶ *tornare all'ovile* よりを戻す, 元のさやにおさまる, 出戻る

ovino 形 羊[ヤギ]の —男 1 羊, ヤギ —un gregge di *ovini* 羊やヤギの群れ 2 (O-)〔複数で〕羊[ヤギ]類

oviparismo 男 → oviparità

oviparità 女 卵生

oviparo 形 卵生の —男 卵生動物

OVNI 略 Oggetti Volanti Non Identificati 未確認飛行物体, UFO

ovo 男《口》卵(uovo)

ovo- 連結「卵」の意

ovocellula 女 1 卵球 2 卵子

ovoidale 形 卵のような形の

ovoide 形 卵のような形の —男 卵形のもの

ovolaccio 男〔植〕ベニテングタケ(ovolo malefico)

ovolo 男 1 タマゴタケ 2 胚(はい)珠 3 (建物の)繰形, 繰形の装飾モチーフ

ovopositore 男 (昆虫の雌にある)産卵管

ovovia 女 卵形の二人乗りゴンドラのロープウェー

ovoviviparismo 男 → ovoviviparità

ovoviviparità 女 卵胎生

ovoviviparo 形 卵胎生の —男 卵胎生動物

ovulazione 女〔生物〕排卵

ovulo 男 1 小さい卵の形のもの 2 胚(はい)珠 3 卵子

ovunque 接〔接続法とともに〕どこで…しても —副 いたるところに, どこでも

ovvero 接 1 つまり, すなわち, 言い換えれば 2 または, あるいは

ovverosia 接 つまりは, あるいは

ovvia 間〔トスカーナ〕〔元気づけ・励ましで〕さあ, ほら —*Ovvia*, andiamo! さあ, 行こうよ

ovviabile 形 前もって備えられる, 対処できる

ovviamente 副 明らかに, 当然

ovviare 自〔io ovvio, ovvii〕(不都合なことに対して)措置を講じる —*ovviare* a un inconveniente トラブルの対策をとる

ovvietà 女 明白さ, 明瞭さ

ovvio 形 明らかな, 当然の

oxalidacea → ossalidacea

oxford 男〔不変〕〔英〕オックスフォード(斜子(なな)織りの綿織物)

oxfordiano 形 オックスフォード(の人)の —男〔女 [-a]〕オックスフォードの人; オックスフォード大の大学生[卒業生]

oxi- → ossi-

oxoniense 形 オックスフォード(の人)の —男女 オックスフォードの人

ozelot 男〔不変〕〔動〕オセロット(ネコ科ヒョウ属)

oziare 自〔io ozio〕無為に過ごす, ぶらぶらする

ozieggiare 自〔io ozieggio〕無駄に時を過ごす

ozio 男 1 無為, 安逸; 余暇, ゆとりの時間 2〔複数で〕有閑, 余裕のある生活

oziosaggine 女 無精, 怠惰

oziosamente 副 何もしないで, 無駄に, むなしく

oziosità 女 怠惰さ, 怠け癖; むなしさ, 無意味さ

ozioso 形 1 何もしない, 怠惰な; 暇な, のんびりとした 2 無駄な, 無用な —男 〖女[-a]〗怠け者

ozonico 形 〖複[男 -ci]〗オゾンの

ozonizzare 他 オゾンで処理する, オゾン化する

ozonizzatore 男 オゾン発生器

ozonizzazione 女 オゾン化, オゾン処理

ozono 男 オゾン

ozonometro 男 オゾン計

ozonosfera 女 オゾン層

ozonoterapia 女 〔医〕オゾン療法

P, p

P¹, p 女, 男 (イタリア語アルファベットの)14番目の字母 —*P come Palermo* 〔符丁〕パレルモのP

P² 略 1 駐輪, 駐車(*posteggio*) 2 *Portogallo* ポルトガル

p. 略 1 *pagina* ページ 2 *piano* 〔音〕弱く

PA 略 *Palermo* パレルモ

pa' 男 〖不変〗パパ, 父ちゃん(*papà*)

pacare 他 静める, 和らげる, なだめる —**arsi** 再 落ち着く, 静まる

pacatamente 副 穏やかに, 落ち着いて

pacatezza 女 冷静, 沈着 —*con pacatezza* 冷静に

pacato 形 穏やかな, 冷静な

pacca 女 (親しみを込めて)平手で叩くこと; 殴打, 平手打ち —*dare una pacca sulla spalla a...* (人)を励ます / *dare [prendere] le pacche* 《俗》競争で勝つ〔負ける〕

pacchetto 男 1 (タバコなどの)小箱 —*un pacchetto di sigarette* タバコ一箱 2 (手紙などの)束; まとめたもの, セット —*pacchetto azionario* 大量の持ち株 3 旅行会社のパック旅行 4 〔スポ〕(サッカーやラグビーの)選手陣 —*pacchetto difensivo [d'attacco]* 守備〔攻撃〕陣 5 〔コン〕パッケージソフト 6 〔コン〕パケット, データブロック

pacchia 女 〖口〗1 楽しい時間; 恵まれた状態〔環境〕; ありがたいこと〔話〕 2 ごちそう

pacchianamente 副 けばけばしく, 派手に

pacchianata 女 下品な振る舞い

pacchianeria 女 下品〔野卑〕なこと〔もの〕

pacchiano 形 上品さを欠いた, 悪趣味の, 粗野な —男 〖女[-a]〗南伊の伝統衣装を着た農民

pacchiare 自 〖io pacchio〗がつがつむさぼり食う

pacchione 男 大食い, 食を好む者

pacciame 男 落ち葉, 朽ち葉, 枯れ枝

pacciume → pacciame

*****pacco** [パッコ] 男 〖複[-chi]〗包み, 小包 —*Le faccio un pacco regalo?* プレゼント用包装にいたしましょうか. / *pacco postale* 郵便小包

paccottiglia 女 安物, がらくた, 粗悪品

*****pace** [パーチェ] 女 1 平和 2 和平, 和解 —*trattato di pace* 講和条約 3 安らぎ, 平穏 —*avere la coscienza in pace* 心が平安である 4 静けさ, 静寂 ▶ *essere in pace con sé stesso* 心を安らかにしている *fare (la) pace con...* …と和解する

pace car 女 〖不変〗〔英〕セーフティーカー

pacemaker 男 〖不変〗〔英〕心臓ペースメーカー

pachanga 女 〖不変〗〔西〕パチャンガ (チャチャチャに似たキューバ起源の舞踊)

pachiderma 男 〖複[-i]〗1 厚皮動物(ゾウやサイなど) 2 図体が大きくのろまな人 3 面の皮の厚い人, 鈍感な人

pachidermico 形 〖複[男 -ci]〗ゾウ(サイ)のような

pachistano 形 パキスタン(人)の —男 〖女[-a]〗パキスタン人

paciere 男 〖女[-a]〗調停人, 仲裁者 —*fare da paciere* 仲裁役をつとめる

pacificabile 形 和解できる, 良好な状態になれる

pacificamente 副 平穏に, 友好的に, 静かに

pacificamento → pacificazione

pacificare 他 〖io pacifico〗平和な状態に戻す, 仲直りさせる, 和解させる, 鎮める —**arsi** 再 和解する, 静まる, おさまる —*pacificarsi con la famiglia* 家族と仲直りする

pacificatore 形 〖女[-trice]〗調停の役割の, 和解的な —男 〖女[-trice]〗調停者, 仲裁役

pacificazione 女 和解, 調停, 平静 —*fare opera di pacificazione* 調停を行う

pacifico¹ 形 〖複[-ci]〗1 穏やかな, 穏健な; 平和を愛する —*uomo pacifico* 温厚な男 / *È un cane pacifico.* おとなしい犬だ. / *nazione pacifica* 平和を愛する国家 / *Oceano Pacifico* 太平洋 2 明白な, 明らかな —*È una verità pacifica.* それはまぎれもない真実だ.

pacifico² 形 〖複[男 -ci]〗太平洋の, 太平洋沿岸の

pacifismo 男 平和主義, 平和運動

pacifista 形 〖複[-i]〗平和主義の —*teoria pacifista* 平和論 —男女 〖複[-i]〗平和主義者

pacifistico 形 〖複[男 -ci]〗平和主義の, 平和主義者の

pacioccone 形 人のよい, 温厚な —

Pacioli 男[女[-a]] 太っていて温厚な人

Pacioli 固名(男) (Luca ～)パチョーリ(1445-1517; イタリアの数学者)

pacione 男[女[-a]] 温和な人, もの静かな落ち着いた人 —形 温和な

paciosamente 副 穏やかに, のんびりと

pacioso 形 穏やかな, もの静かな, 温厚な

pacotiglia → paccottiglia

padanità 女 ポー川流域とその住民の独自性

padano 形 ポー川(流域)の

padella 女 1 フライパン —fare saltare in *padella* でじゃが芋を炒(いた)める 2 (病人用の)差し込み便器 3 油染み 4 (狩猟で)標的をはずすこと —fare *padella* 的をはずす ▶ **cadere dalla *padella* nella [alla] brace** 泣き面に蜂

padellaio 男[女[-a]] フライパン製造職人, フライパン販売者

padellata 女 フライパン一杯分; フライパンでの一撃 —una *padellata* di patate fritte フライパンで一回に揚げる分量のフライドポテト

padellina 女 1 小さいフライパン 2 燭(しょく)台のろうそくの受け皿

padellino 男 小さい両手鍋

padiglione 男 1 パビリオン; 仮設の建物, あずまや; 分館, 別棟 2 自動車のルーフ, 耳翼

padiscià 男 パーディシャー(ペルシャやアフガニスタンの国王のかつての称号); (オスマン帝国の)スルタン

Padova 固名(女) パードヴァ(ヴェネト州の都市名; 略 PD)

padovano 形 パドヴァ(の人)の —男[女[-a]] パドヴァの人

***padre** [パードレ] 男 1 父(親) —diventare *padre* 父親になる /di *padre* in figlio 父から子へ, 親子代々 2 神父 —il Santo *Padre* ローマ教皇 3 始祖 4 (P-)創造主, 神 —il *Padre* Eterno 神 5 創始者 —Galileo è il *padre* della scienza moderna. ガリレオは近代科学の父である. 6 源, 原因 7 (複で)(古代ローマの)元老院議員(padri coscritti)

padreggiare 自 [io padreggio] (性格・目鼻立ち・癖が)父親に似る

padrenostro 男 我らの父, 主の祈り

padreterno 男 [複[padreterni]] 神; 重要人物, 一目置かれる人

padrigno → patrigno

padrino 男 1 代父(洗礼式や堅信式に父親代わりに立ち会う男性); 名付け親(→ madrina) 2 マフィアのボス, (特に政界の)権力者 3 (決闘の)介添人

padrona 女 女主人; (女性の)店主, 雇い主, 持ち主

padronale 形 主人の, 私有の, 雇用者の

padronanza 女 1 主人であること, 支配権; 精通 2 感情の抑制

padronato 男 主人であること, 雇用者階級

padroncino 男[女[-a]] 1 若主人, 主人の息子; 小さい会社の所有者 2 個人タクシーの運転手

***padrone** [パドローネ] 男 1 主人; 飼い主; 持ち主 —*padrone* di casa 家長, 家の持ち主, 家主 2 雇い主; 店主 3 支配者 —essere *padrone* di... …に精通している 4 [海]船長 5 (カード遊びのパッサテッラで)飲ませるワインの量を取り仕切る役

padroneggiare 他 [io padroneggio] 支配する, 意のままにする, 主人のように支配する; 精通する —*padroneggiare* i propri sentimenti 感情を抑える / *padroneggiare* una materia ある題材に精通する —arsi 再 自制する, 自分を抑える

padronescamente 副 横柄に, 主人づらして

padronesco 形 [複[男 -chi]] 主人ぶった, 横柄な

padule 男 [トスカーナ]沼

paduloso → paludoso

paella 女 [不変] [西]パエリア, パエーリャ(バレンシアの郷土料理)

paesaggio 男 1 景色, 風景(画, 写真) 2 地帯 —*paesaggio* montano 山岳地帯

paesaggismo 男 風景画法; 風景描写

paesaggista 男女 [複[男 -i]] 風景画家

paesaggistica 女 風景画法, 風景画

paesaggisticamente 副 風景の点で

paesaggistico 形 [複[男 -ci]] 風景の, 風景画の

paesanamente 副 田舎風に

paesano 形 田舎[地方]の; 郷土[地方]色の強い —男[女[-a]] 田舎の人; 同郷の人

paese** [パエーゼ] 男 1 村, 村落 —*paese* di montagna 山村 2 地方, 地域 3 国, 祖国; 国民 —*paese* d'origine 出身国 4 故郷 —nel mio *paese* 私の故郷で ▶ ***Paese che vai, usanza che trovi. [諺]郷に入れば郷に従え.

paesello 男 小さな村, 生まれ故郷

Paesi Bassi 固名(男複) オランダ (→ Olanda)

paesista 男女 [複[男 -i]] 独特の感性と鋭さで風景の描写をする人

paesistico 形 [複[男 -ci]] 風景に関する, 風景画の

paf 擬 (平手打ちや物が地面に落ちる音)ピシャッ, パシャッ, バーン —間 (突然の思いがけないことで)ああ!

paffete → paf

paffutello 形 (子供が)丸々と太った

paffutezza 囡 ふくよかなこと, 丸々と太っていること

paffuto 形 (体, 特に顔や頬が)丸々とした, ふくよかな, ぽっちゃりの —bimbo dal viso *paffuto* ぽっちゃり顔の赤ん坊

pag. 略 pagina ページ

paga 囡 **1** 賃金, 給料 —giorno di *paga* 給料日 / *paga* mensile 月給 / busta *paga* 給料袋 **2** 償い **3** 報酬, 報い

pagabile 形 支払える, 支払われるはずの

pagaia 囡 パドル(カヌーやカヤックの櫂)

pagaiare 自〔io pagaio〕パドルで漕ぐ

pagamento 男 支払い; 納付額 —*pagamento* in contanti [a rate, in natura] 現金払い[分割払い, 現物払い] / L'ingresso è a *pagamento*. 入場は有料です.

paganamente 副 異教徒として, 異教的に

paganeggiante 形 唯物論的·快楽主義的な見方をする

paganeggiare 自〔io paganeggio〕異教徒として生きる, 異教徒的に振る舞う

paganesimo 男 **1** 異教, 多神教崇拝 **2** 異教民族; 異教徒的な態度

Paganini 固名(男) (Niccolò 〜)パガニーニ(1782-1840; イタリアのバイオリン奏者·作曲家)

paganità 囡 異教であること, 異教世界

paganizzare 他 異教化する, 異教に改宗させる —自 異教的に振る舞う —**arsi** 再 異教徒になる

paganizzazione 囡 異教化すること

pagano 形 異教の, 異教徒の, 多神教の —男 囡[-a]異教徒

pagante 形 支払いの —男囡 支払人

***pagare** [パガーレ] 他 **1** 払う, 支払う —*pagare* in contanti [con un assegno] 現金で[小切手で]支払う / Ha pagato la macchina a rate. 彼は車の代金を分割で支払った. **2** おごる —Lasciate che *paghi* io la cena. 夕食をおごらせてください. **3** ツケを払う, 償う —Me la *pagherai*. 今に見ていろよ! 覚えてろ. —**arsi** 再 (報酬·チップなどを)ある金額で満足する

pagatore 形〔囡[-trice]〕支払いの —男〔囡[-trice]〕支払人; 保証人

pagella 囡 **1** 通信簿, 成績通知表 **2** 評価

pagello 男〔魚〕タイ科の魚(マダイに近い)

paggetto 男 ペイジ, ベールボーイ(花嫁のウエディングドレスの裾を持つ男の子)

paggio 男 **1** (中世の宮廷に仕える)騎士, (貴族や奥方に仕える)小姓 **2** ペイジ(paggetto) —capelli alla *paggio* おかっぱ頭

pagherò 男 約束手形

paghetta 囡 小遣い, 駄賃

***pagina** [パージナ] 囡 **1** ページ **2** (文章の)一節, (著作の)部分; 紙面 —*le pagine* più interessanti del libro その本の最も面白いところ **3** エピソード, 出来事 **4**〔文〕文体, 文章のスタイル **5**〔印〕1ページの組版, 丁(ちょう) **6**〔植〕葉の表面(表·裏ともに) ▶ **pagine gialle** 職業別電話帳

paginatura 囡 頁[ページ]付け

paginazione 囡 頁[ページ]付け, 丁(ちょう)付け

paginone 男 (雑誌の)折り込みページ

paglia 囡 **1** 藁(わら) —cappello di *paglia* 麦わら帽子 **2** ストロー **3**《俗》紙巻タバコ; マリファナ **4** スチールウール **5** (鋳造の際に生じる)金属の表面のひび割れ —形〔不変〕淡い黄色, 麦わら色 —男〔不変〕淡い黄色の ▶ **paglia e fieno** 黄と緑のタリアテッレを合わせたパスタ料理 **uomo di paglia** 価値のない人, つまらない奴

pagliaccesco 形〔複[男 -chi]〕道化の, 道化じみた, 滑稽な

pagliaccetto 男 ロンパース(幼児服); テディ(女性用下着)

pagliacciata 囡 道化のおどけたしぐさ, 悪ふざけ; 不まじめな行い

pagliaccio 男〔囡[-a, 複 -ce]〕**1** ピエロ, 道化師 **2** おどけ者, ふざけた奴 —fare il *pagliaccio* おどける, ふざける

pagliaio 男 **1** 藁(わら)の山 **2** 藁小屋(藁を保存する)

pagliaresco 形〔複[男 -chi]〕藁(わら)で作った, 藁の

pagliato 形 麦わら色の

pagliericcio 男 藁(わら)やトウモロコシの葉を詰めた大袋(かつてマットレスとして使用)

paglierino 形 麦わら色の, 淡黄色の

paglietta 囡 **1** 麦わら帽子 **2**〔ナポリ〕ぱっとしない弁護士 **3** スチールウール, スパンコール —*paglietta* di ferro スチールウール

paglione → pagliericcio

pagliuzza 囡 **1** 藁(わら)の切れ端; 金や金属の薄片 **2**〔複数で〕スパンコール

pagnotta 囡 **1** 丸いパン **2** 生活費 —guadagnarsi la *pagnotta* 生活費を稼ぐ

pago¹ 男〔複[-ghi]〕報酬, 給料 —in *pago* di... …と交換に, …と引き換えに

pago² 形〔複[男 -ghi]〕満足して —essere *pago* di [per]... …に満足している

pagoda 囡 仏塔, パゴダ

pagro 男〔魚〕タイ科の魚

paguro 男〔動〕ヤドカリ

paia parere の接·現·1単[2単, 3単]

paidofilia → pedofilia

paidologia → pedologia²

paillard 囡〔不変〕〔仏〕パイヤール(仔牛肉の網(あみ)焼き)

paillette 囡〖不変〗〖仏〗スパンコール

paio¹ [パイオ] 男〖複[le paia]〗 1 (人や物の)一対(%); 一組; (二つの同じ物から成るものの)一つ —un *paio di scarpe* 靴1足 / un *paio di occhiali* 一つの眼鏡 / due *paia di forbici* はさみ2丁 2 少しの数[量], 二三の数[量] —un *paio di settimane* 数週間

paio² parere の直・現・1 単

paiolata 囡 大鍋1杯分の(食べ物の)量

paiolo 男 (銅やアルミ製の)大鍋 —cucinare la polenta nel *paiolo* 大鍋でポレンタを料理する

paisa 囡〖不変〗 パイサ(100分の1ルピーに相当するインド・バングラデシュ・パキスタンで使われる通貨の補助単位)

paisà 男囡〖南伊〗〖呼びかけで〗同郷人, 同胞

Paisiello 固名(男) (Giovanni ~)パイジエッロ(1740-1816; イタリアの作曲家)

paiuolo → paiolo

Pakistan 固名(男) パキスタン

pakistano → pachistano

pal. 略 palude (地図上の)沼

pala 囡 1 スコップ, シャベル 2〖複数形で〗(船や飛行機の)スクリュー, プロペラ 3 オールの水かき, 舵(%)の板 4〖スポ〗クリケットのバットの端の板部分 5 水車の羽根 ▶ *con la pala* 大量に

palacongressi 男〖不変〗 会議施設(palazzo per congressi)

paladinesco 形〖複[男 -chi]〗 シャルマーニュの12人の騎士の

paladino 男 1〖歴〗中世の騎士(特にシャルルマーニュ帝に仕えた12人の騎士) 2 擁護者

palafitta 囡 1 水上家屋, 杭上(きょう)家屋 2〖考古〗杭上家屋, パイル

palafittare 自 杭(い)を打ち込む — 他 杭で補強する

palafitticolo 形 杭上(きょう)家屋居住の —〖女 -a〗杭上家屋居住者

palafreniere 男 (中世の)馬丁; 軍事学校の馬術教師

palafreno 男 (中世で旅や閲兵で用いられた)乗用馬

palaghiaccio 男〖不変〗 屋内スケート場

palamidone 男 1 フロックコート 2 ひょろ長い人; 無作法な人

palamita 囡〖魚〗ハガツオ —*palamita sarda* カツオ

palanca 囡 1 大きな木の梁(柱); 建築現場の足場にかける板; 船橋 2 1または2 ソルド銅貨;〖複数で〗小銭

palancato 男 工事現場の囲い

palanchino 男 1 (東洋で用いられていた)輿(i) 2 (石などを取り除くためにレバーとして使う)鋼鉄の棒

palancola 囡 (運河や船の上に通行や乗船のために置く)大きな木の板;〖建〗矢板(土止めや水止めのために打ち込む板状の杭(き))

palandrana 囡 男性用のゆったりした部屋着 —〖謔〗大きすぎてだぶだぶの服

palasport 男〖不変〗 体育館

palata 囡 1 スコップを動かすこと, スコップの一撃, スコップ1杯分の量 2 オールでの水の一かき; 水泳の腕の一かき ▶ *a palate* 大量に

palatale 形 口蓋の —consonante *palatale*〖言〗硬口蓋音 —囡〖言〗口蓋音

palatalizzare 他 硬口蓋音化させる —**arsi** 硬口蓋音化する

palatalizzazione 囡〖言〗口蓋音化, 硬口蓋音化

Palatino 固名(男) パラティーノの丘(ローマ七丘の一つ)

palatino 形 1 口蓋の 2 ローマの丘の; 王宮の —conte *palatino* パラティン伯

palatizzare → palatalizzare

palatizzazione → palatalizzazione

palato 男 1〖解〗口蓋 2 味覚 3 食通

palatura 囡〖農〗(野菜や果物の)添え木付け; 添え木の季節

palazzaccio 男〖報道用語で〗裁判所

Palazzeschi 固名(男) (Aldo ~)パラッツェスキ(1885-1974; イタリアの作家. 本名 Aldo Giurlani)

palazzetto 男 体育館, 室内スポーツ施設(劇やコンサートも行われる場所)

palazzina 囡 (庭に囲まれた)屋敷, 邸宅

palazzinaro 男〖女 -a〗 悪徳建設業者

palazzo [パラッツォ] 男 1 (公共施設や民間の)大きなビル[建物] —*palazzo dello sport* 体育館 / *palazzo del ghiaccio* アイススケート場 2 大邸宅, 館 —*palazzo rinascimentale* ルネサンス期の館 3 宮殿; 宮廷 —*palazzo reale* 王宮 4 政府, 政治権力の場

palchettista 男囡〖複[男 -i]〗 劇場の桟敷所有者[契約者]

palchetto 男 1 棚, 本棚 2 劇場の桟敷席, ボックス席

palco 男〖複[-chi]〗 (1)(板張りの)壇; 演壇 2 舞台(palcoscenico の略) 3 (劇場の)ボックス席, 桟敷 —*palco delle autorità* 貴賓席 / *palco di proscenio* (舞台に近い)特等席 4 板張りの床, 床板; 天井 5〖建〗(改築や修繕のための)足場 6〖農〗分枝 7 牡鹿の枝角

palcoscenico 男〖複[-ci]〗 1 (劇場の)舞台, ステージ 2 劇場 3 演劇

Pale 固名(女)〖ローマ神〗パレス(牧畜の女神)

paleggiare 他 (io paleggio) 1 スコップで掘る —*paleggiare la terra* 土をスコップで掘る 2 ブドウの木を支柱で支える

palemone, palemone 男 小エビ

paleo-, paleo- 接頭 「古い」「元の」の意

paleoantropologia 囡 古人類学

paleobiografia 囡 古生物地理学

paleobiologia 囡 古生物学

paleobotanica 囡 古植物学

paleobotanico 形 〔複[-ci]〕古植物学の ―男〔複[-ci]囡[-a]〕古植物学者

paleocapitalismo 男 初期の資本主義

paleocapitalista 男囡〔複[男 -i]〕初期の資本主義の有産階級者;《蔑》古臭い企業意識に縛られている資本主義者 ―形〔複[男 -i]〕初期の資本主義の

paleocapitalisticamente 副 初期の資本主義的に

paleocapitalistico 形〔複[男 -ci]〕初期の資本主義の, 初期の資本主義者の

paleocristiano 形 初期キリスト教の ―arte paleocristiana 初期キリスト教美術

paleogene 男〔地質〕古第三紀

paleogeografia 囡 古地理学

paleogeografico 形〔複[男 -ci]〕古地理学の

paleografia 囡 古文書学 ―paleografia musicale 古楽譜解読術

paleograficamente 副 古文書学の見地から

paleografico 形〔複[男 -ci]〕古文書学の

paleografo 男〔囡[-a]〕古文書学者

paleolitico 形〔複[男 -ci]〕旧石器時代の ―男 旧石器時代

paleontologia 囡 古生物学

paleontologicamente 副 古生物学的に

paleontologico 形〔複[男 -ci]〕古生物学の

paleontologo 男〔複[-gi]囡[-a]〕古生物学者

paleopatologia 囡 古病理学

paleozoico 形〔複[男 -ci]〕古生代の ―男 古生代

paleozoologia 囡 古動物学

paleria 囡 基礎や支柱用の杭(ﾜ); キャンプ用テント設営備品一式

palermitano 形 パレルモ(の人)の ―男 1〔囡[-a]〕パレルモの人 2〔単数のみ〕パレルモ方言

Palermo 固名(囡) パレルモ(シチリア特別自治州の州都; 略 PA)

palesamento 男 暴露, 漏洩(ｴ)

palesare 他 明らかにする, 暴露する ―palesare un pensiero [un segreto] 考えを明らかにする ―arsi 再 自分の正体を明かす

palese 形 明白な, はっきりした ―farsi palese 実態が明らかになる

palesemente 副 明白に, はっきりと

Palestina 固名(囡) 1 パレスチナ(地方) (地中海東岸一帯の地域) 2 パレスチナ(自治区)

palestinese 形 パレスチナ(人)の ―男囡 パレスチナ人

palestra 囡 1 体育館, スポーツジム; (体育館で行われる)競技, 体育 2 (知的・道徳的)鍛錬, 修練 3 (古代ギリシャ・ローマの)体育場

Palestrina 固名 (男) (Giovanni Pierluigi da ~) パレストリーナ(1525頃 -94; イタリアの作曲家)

paletnologia 囡 先史民族学

paletnologico 形〔複[男 -ci]〕先史民族学の

paletnologo 男〔複[-gi]囡[-a]〕先史民族学者

paletot 男〔不変〕〔仏〕コート, 外套, ダスターコート

paletta 囡 1 小型のスコップ 2 (料理用の)へら 3 アイスクリーム用のスプーン 4 (ケーキなどの)サーバー 5 (鉄道の)出発合図用の円板

palettare 他 支柱用の杭(ﾜ)を打つ ―palettare una vite ブドウの木に支柱を立てる

palettata 囡 スコップ1杯分の量; スコップでの殴打 ―una palettata di sabbia スコップ1杯の砂

palettizzabile 形 フォークリフトのパレット[荷台]に搭載できる

palettizzare 他 パレット上に(貨物の)商品を)載せる

paletto 男 木や金属の小さな杭(ﾜ), 差し錠

pali 男〔不変〕パーリ語(インドの仏教経典のための言語) ―形〔不変〕パーリ語の ―lingua pali パーリ語

palindromico 形〔複[男 -ci]〕回文の

palindromo 男 回文(逆から読んでも同じで意味をなす語句) ―形 回文の

palingenesi 囡〔不変〕復活, 新生, 蘇生; 革新

palingeneticamente 副 復活を経て

palingenetico 形〔複[男 -ci]〕復活の, 新生の, 蘇生の; 革新の

palinodia 囡 1〔文〕改鋳詩 2 前言撤回の文章[談話]

palinsesto 男 1 重ね書きをした羊皮紙, パリンプセスト; 間違いや訂正だらけの古文書 2 テレビ[ラジオ]の番組表

palio 男 1 (競技の)賞金 2 (中世の競馬の勝者に与えられた)絹の小旗 3 (P-) シエナのパリオ祭(7月2日と8月16日に開催) ▶essere in palio (競技に)賞金がかかっている

paliotto 男 教会の祭壇前部の(布・大理石・象牙などの)装飾, アンテペンディウム

palissandro 男〔植〕ローズウッド

palizzata 囡 囲いの柵

*palla [パッラ] 囡 1 ボール, 球; 球状のもの ―palla di neve 雪玉 / giocare a palla 球技をする, ボール遊びをする / palla da bowling [tennis, biliardo] ボウリング[テニス, ビリヤード]の球 / palla ovale ラグビー(のボール) 2 砲弾, 弾丸 3

ガレー船の奴隷の足に鎖でつけたおもり **4** 嘘, ほら —raccontare *palle* 嘘を吹く **5**〖複数で〗〚俗〛睾(㌍)丸; 面倒, 迷惑 —Che *palle*! 〖迷惑・苛立ちを表して〗ああ, もう! **6** (かつて使われていた)投票用の白または黒の *palla* ▶ ***pesce palla***〖魚〗フグ

pallabase 囡 〖単数のみ〗〔スポ〕野球(baseball)

pallacanestro 囡 〔スポ〕バスケットボール

Pallade 固名(女)〔ギ神〕パラス(女神アテナの別名)

palladiano 形 〔建〕パッラーディオの, パッラーディオ様式の

Palladio 固名(男) (Andrea ~) パッラディオ(1508-80; イタリアの建築家)

palladio 男 **1** アテネの守護女神パラスの神像; 保護, 守護 **2**〚化〛パラジウム(元素記号Pd) —地 純粋のパラスの

pallamano 囡〖不変〗〔スポ〕ハンドボール(palla a mano)

pallamuro 男〖単数のみ〗〔スポ〕ゲーリックハンドボール(スカッシュに似たラケットを使わないスポーツ)

pallanuotista, pallanotista 男女〖複[男-i]〗水球の選手

pallanuoto 囡〔スポ〕水球

pallata 囡 ボールによる打撃

pallavolista 男女〖複[男-i]〗バレーボールの選手

pallavolo 囡〔スポ〕バレーボール

palleggiamento 男 **1**〔スポ〕ドリブル, 送球 **2**(罪の)なすり合い

palleggiare 他 〖io palleggio〗**1** ドリブルする, パスする **2**(槍(㌍)を投げる前にバランスをとって)上に向ける —**arsi 1**(ボールなどを)パスし合う **2**(責任や罪を)なすり合う

palleggiatore 男〖女[-trice]〗(バレーボールの)セッター; ドリブルの名手

palleggio 男 **1**〔スポ〕ドリブル **2**(責任や罪の)なすり合い

pallente 形 色褪(ぁ)せた, 蒼(ぁ)白の

pallesco 形〖複[男-chi]〗(15世紀フィレンツェの)メディチ家とメディチ党支持の —地 メディチ党の

pallet 男〖不変〗〔英〕フォークリフト用パレット, 荷運び台

pallettata 囡 (テニスで)ボールを打つこと

pallettone 男 猟銃の弾丸

palliamento 男 隠し立て, 言い逃れ

palliare 他〖io pallio〗偽る, 事実をゆがめる

palliativo 形 (薬で)痛みを一時的に抑える, 一時しのぎの —男 **1** 鎮痛剤 **2** 一時しのぎ, 取り繕い

pallidamente 副 青白く, ぼんやりと, 弱々しく

pallidezza 囡 蒼(ぁ)白, 淡さ, (色の)薄さ

*****pallido** [パッリド] 形 **1** (顔色が)青白い —Come sei *pallido*! ひどい顔色だぞ. **2** (色彩が)薄い, 淡い —verde *pallido* 薄緑色 **3** 弱い, ぼんやりした —*pallido* chiarore 薄明かり / ricordo *pallido* ぼんやりとした記憶 / Non ne ho la più *pallida* idea. そのことは全く分かりません.

pallina 囡 小さい球状の物; おはじき, ビー玉 —*pallina* da tennis [golf] テニス[ゴルフ]ボール

pallino 男 **1** (ビリヤードの)玉 **2** (猟銃の)散弾 **3** (模様の)水玉 —a *pallini* 水玉模様の **4** 強迫観念, 固定観念 **5** 熱中 ▶ *avere il pallino di...* …に固執している, …に凝っている

pallonata 囡 **1** ボールの一撃 **2** ほら, 大嘘

palloncino 男 風船, 提灯; 〔トスカーナ〕ホオズキ

pallone 男 **1** (サッカーやバスケットボールの)ボール —giocare a *pallone* サッカーをする **2** 気球 **3**〚化〛フラスコ ▶ ***avere [sentirsi] la testa come un pallone*** 頭がぼんやりする; 頭痛がひどい; ***essere nel pallone*** 精神的に混乱状態にある ***pallone gonfiato*** うぬぼれ屋

pallonetto 男 〔スポ〕(テニスの)ロブ; (サッカーの)ループ・シュート

pallore 男 青ざめた顔色; ものが色褪(ぁ)せていること; 薄明るさ

pallosamente 副 うんざりするほどに, 飽きるほど

pallosità 囡 退屈さ, うっとうしさ

palloso 形 退屈な —film *palloso* つまらない映画

pallottola 囡 **1** 小さな球 **2** 銃弾

pallottoliere 男 (ソロバンのような)計数盤

pallovale 囡 ラグビー(palla ovale)

palma 囡 **1** 手のひら **2**〚植〛ヤシ, シュロ —Domenica delle *Palme* 復活祭の前の日曜日 / cuori di *palma* ヤシの芯, パルミット **3** (勝者に与えられる)賞, 褒賞 —ottenere la *palma* 勝利を得る **4** 〖動〗水かき

palmare 形 **1** 手のひらの **2** 明らかな, 疑いのない —computer *palmare* タブレット型パソコン

palmarès 男〖不変〗〔仏〕(スポーツや芸術コンクールの)入賞者リスト, 過去の勝者記録

palmata 囡 平手打ち; (棒や物差しで生徒の手のひらを叩く)体罰

palmato 形 手のひらの形の

palmento 男 **1** 挽(º)き臼 **2** ブドウを圧搾して発酵させる場所 ▶ ***mangiare a quattro palmenti*** 口に食べ物を放り込む, がつがつと食べる

palmeto 男 ヤシ林

palmiere 男 聖地巡礼者

palmipede 男 (水かきを持つ)水鳥

palmite 男 ブドウの若枝, ブドウの木

palmizio 男 シュロの木, 祝別されたシュロの枝

palmo 男 掌尺(親指の先から小指の先までの長さ: 約25cm) ▶ ***palmo a***

palmo 徐々に; 詳しく *restare con un palmo di naso* 馬鹿にされる, がっかりする

palmoso 形 シュロが生い茂る

palm top 男〔不変〕〔英〕パームトップパソコン, 手のひらサイズのコンピューター

palo 男 1 杭, 支柱 —*palo del telegrafo* 電信柱 2 長身でやせた人 3〔スポ〕ゴールポスト 4〔口〕(泥棒や強盗の)見張り役 —*fare il palo* (泥棒の)見張り役をする ▶ *saltare di palo in frasca* 話題を意味なく変える

palombaro 男〔女[-a]〕潜水夫

palombo 男〔魚〕ホシザメ;〔鳥〕ヤマバト

palpabile 形 1 手でさわれる; 実体のあるような 2 明白な, はっきりした

palpabilità 女 1 手でさわれること 2 明瞭, 明白

palpabilmente 副 1 手でさわるように 2 明瞭に, 疑いなく

palpamento 男 手や指で触れること

palpare 他 手でさわる[なでる], 指先で触れる;(医者が)触診する

palpata 女 そっと軽く触れること, なでること

palpazione 女 手で長く触れること; 触診

palpebra 女 まぶた

palpebrale 形 まぶたの

palpebrare 自 まばたきする

palpeggiare 他〔io palpeggio〕執拗に体をさわる

palpitante 形 動悸がする, 震える; ドキドキする, わくわくする; 生々しい —*essere palpitante d'emozione* 感動で震える

palpitare 自〔io palpito〕1 痙攣する; 動悸を打つ —*Il cuore mi palpita.* 心臓がどきどきする。2 (胸や心が)ときめく, どきっとする —*palpitare di gioia* うれしさでわくわくする

palpitazione 女 動悸, 震え

palpitìo 男 動悸

palpito 男 1 心拍 2 切望

palta 女〔北伊〕沼地, 湿地, 泥土

paltò 男 (厚手の)オーバーコート

paltoncino 男 子供用オーバーコート; 女性用スプリングコート

paltone 男 物乞い

paltoniere 男 物乞い; だらしない人

paludamento 男 1 派手な衣装, だぶついた悪趣味の服 2 華美すぎる文体装飾 3 パルダメントゥム(古代ローマの将軍の外衣)

paludatamente 副 重々しく, 仰々しく, もったいぶって

paludato 形 1 派手に着飾り過ぎた, 重々しい, 仰々しい 2 パルダメントゥムを着用した

palude 女 沼(地), 湿原, 湿地帯

paludicolo 形 沼地に生息する, 沼地に生えている

paludismo 男 〔医〕マラリア(malaria)

paludoso 形 沼の多い, 湿地の; じめじめした, 活気のない

palustre 形 沼の, 沼地特有の; 沼に生える, 沼で生息する

pam 擬 (射撃音や水に落ちる音・打撃[衝撃]音など)バン, パン

pamela 女 (顎の下でリボンで結ぶ)つばの広い麦わら帽

pamfete 擬 (落下音や衝撃音を表して)パン, ポン, ドボン

pampa 女〔複[pampas]〕〔西〕パンパ(アルゼンチン中部のラプラタ川流域の草原地帯)

pampano → pampino

pampeano 形 パンパ(の人)の —男〔女[-a]〕パンパの人

pamphlet 男〔不変〕〔仏〕誹謗文書, 風刺の利いた冊子

pamphlettista 男女〔複[男 -i]〕誹謗[風刺]冊子の作者

pamphlettistica 女 誹謗[風刺]冊子の制作

pamphlettistico 形〔複[男 -ci]〕誹謗[風刺]冊子の

pampineo 形 ブドウの葉で装飾した, ブドウの葉が茂った

pampino 男 ブドウの葉, ブドウの若枝;〔複数で〕ブドウ

pampsichismo → panpsichismo

Pan 固名(男)〔ギ神話〕パン(牧人と家畜の神. ヤギの角・ひげ・下半身を持つ半獣神. ローマ神話のファウヌス)

pan- 接頭「全体」の意

panacea 女 万能薬(ギリシャ神話の癒しの女神パナケイアから)

panafricanismo 男 汎アフリカ主義

panafricanista 男女〔複[男 -i]〕汎アフリカ主義者 —男〔複[男 -i]〕汎アフリカ主義の

panafricano 形 アフリカ大陸全体の, 汎アフリカ主義の

Panama 固名(男) パナマ

panama 男〔不変〕1 パナマ帽 2 (カーテンやシーツに用いる)綿とウール混紡の布

panamegno → panamense

panamense 形 パナマ(人)の —男女 パナマ人

panamericanismo 男 汎アメリカ主義

panamericano 形 アメリカ大陸全体の, 汎アメリカ主義の

panarabismo 男 汎アラブ主義, アラブ民族主義

panarabo 形 アラビア諸国間関係の, 汎アラブ主義の

panare 他 パン粉をまぶす

panasiatico 形〔複[男 -ci]〕アジア大陸全体の, 汎アジア主義の

panasiatismo 男 汎アジア主義

panata 女 硬くなったパンのスープ, パンのミルク粥

panatenaico 形〔複[男 -ci]〕全アテネ祭の

Panatenee 〔女複〕 全アテネ祭

panca 〔女〕 長椅子, ベンチ ━scaldare le *panche* 無為に過ごす, ぶらぶら過ごす; (学校で勉学意欲なく)出席するだけである

pancarré, pancarrè 〔男〕 (トーストやサンドイッチ用の)白いパン

pancera → panciera

pancetta 〔女〕 **1** 豚バラ肉, 塩漬けの豚バラ肉(生ベーコン) **2** 亀の腹甲板 **3** (動物の腹部の皮でつくった安物の)毛皮

panchetta 〔女〕 (ピアノ演奏用などの)背もたれのない長椅子, 足を載せるスツール

panchetto 〔男〕 低いスツール, 足載せ台

panchina 〔女〕 ベンチ; 〔スポ〕控えの選手, 補欠 ━essere [stare] in *panchina* 補欠でベンチ入りしている

panchinaro 〔男〕〔女[-a]〕〔スポ〕控えの選手, ベンチウォーマー

pancia 〔女〕〔複[-ce]〕 **1** おなか, 腹 ━avere la *pancia* 腹が出ている, 太っている; 妊娠している / avere mal di *pancia* 腹が痛い **2** 胴体部分 ━la *pancia* di un vaso 壺(つぼ)の胴の部分 **3** (容器の)出っ張り, ふくらみ **4** 輪形部(アルファベットの文字の丸いカーブの部分) **5** (表面の)膨張 ▶ *grattarsi la pancia* のらくらする / *mettere su pancia* 腹が出る, 太る / *stare a pancia all'aria* ごろごろする, ぶらぶらする

panciata 〔女〕 **1** (飛び込みで)水面に腹を打ちつけること **2** 満腹, 腹一杯

panciera 〔女〕 鎧(よろい)の胴の部分, 腹巻き

panciolle 〔副〕 寝そべって ━in *panciolle* 何もしないでごろごろとして

panciona 〔女〕 腹の出た女性

pancione 〔男〕 **1** 臨月近くの女性の腹; 太った人 **2** 反芻(はんすう)動物の第一胃

panciotto 〔男〕 チョッキ, ベスト(gilet)

panciuto 〔形〕 腹が大きく突き出た, (物が)いくぶん突き出た; (容器の)丸みのある形の

pancone 〔男〕 **1** 厚い板; 大工など職人の仕事台 **2** 〔音〕オルガンの風箱の底部

pancotto 〔男〕 パンのスープ

Pancrazio 〔固名〕〔男性名〕 パンクラーツィオ

pancrazio 〔男〕 パンクラチオン(古代ギリシャの格闘技, レスリングとボクシングを合わせたもの)

pancreas 〔男〕〔不変〕〔解〕膵(すい)臓

pancreatico 〔形〕〔複[男 -ci]〕〔解〕膵(すい)臓の

pancreatite 〔女〕 〔医〕膵(すい)炎, 膵臓炎

panda 〔男〕〔不変〕〔動〕パンダ ━*panda gigante* ジャイアントパンダ / *panda minore* レッサーパンダ

pandemia 〔女〕 パンデミック(世界的な流行病), 汎流行病

pandemico 〔形〕〔複[男 -ci]〕 汎流行病の

pandemio 〔形〕 万人の, 共有の ━*venere pandemia* 売春婦

pandemonio 〔男〕 **1** 悪の巣窟, 伏魔殿 **2** 大騒ぎ, 大混乱(ミルトンが地獄の首都につけた名称から)

pandiculazione 〔女〕 あくびをしながら伸びをすること

pandispagna 〔男〕〔不変〕 スポンジケーキ(pan di Spagna)

pandit 〔男〕〔不変〕 パンディット(インドのバラモンに属するサンスクリット語と文学に精通した学者の称号)

pandolce 〔男〕 パンドルチェ(ジェノヴァのクリスマスケーキ)

Pandora 〔固名〕〔女〕 **1** 〔ギ神〕パンドラ(プロメテウスに腹を立てたゼウスが, 復讐として送り込むため粘土で作られた) **2** 〔天〕土星の衛星

pandoro 〔男〕 パンドーロ(ヴェローナの伝統的なクリスマスケーキ)

★pane 〔男〕 [パーネ] **1** パン ━*pane* [a] cassetta 食パン(pancarré) / *pane al latte* ミルクパン / *pane arabo* 軟らかい丸パン / *pane tostato* トースト **2** (生活の)糧 **3** 心[精神]の糧 **4** (バターなどの)塊; (石けんなどの)固まり **5** 〔農〕(移植した植物の根の周囲に入れる)土の塊, 土くれ ▶ *Non si vive di solo pane.* 人はパンのためにのみ生くるにあらず. *Se non è zuppa è pan bagnato.* 代わり映えがしない. | 五十歩百歩. *per un tozzo di pane* わずかな金額で

panegirico 〔男〕〔複[-ci]〕 賞賛の詩句; 聖人への賛辞; 行き過ぎの誉め言葉 ━〔形〕〔複[男 -ci]〕 誉め過ぎの

panegirista 〔男女〕〔複[男 -i]〕 賛辞の作成者; 大げさに誉める人

panel 〔男〕〔不変〕〔英〕 **1** 調査対象サンプル **2** 電話の自動交換システム **3** (企業の)幹部会議, 研究者の討論会

panellenico 〔形〕〔複[男 -ci]〕 全ギリシャ人の

panellenismo 〔男〕 (19世紀の)全ギリシャ統一運動

panello 〔男〕 油かす

panereccio 〔男〕〔俗〕瘭疽(ひょうそ)(指先の化膿性の炎症)

panettatrice 〔女〕 バター包装機

panetteria 〔女〕 パン屋(の店); パン製造工場

panettiere 〔男〕〔女[-a]〕 パン屋, パン焼き職人

panetto 〔男〕 **1** 円筒状[六面体に分けた]部分 **2** 〔劇〕開幕時の拍手

panettone 〔男〕 (クリスマス用の大きな)ケーキパン, パネットーネ

paneuropeo 〔形〕 全ヨーロッパの, 汎ヨーロッパ主義の

panfilo 〔男〕 ヨット; (中世の)ガレー船より小さい軍船

panforte 〔男〕 パンフォルテ(シエナのクリスマスケーキ)

pangermaneşimo → pangermanismo

pangermanismo 〔男〕 汎ゲルマン主義

pangermanista 男女〔複[男-i]〕汎ゲルマン主義者 —形〔複[男-i]〕汎ゲルマン主義の

pangermanistico 形〔複[男-ci]〕汎ゲルマン主義の, 汎ゲルマン主義者の

pangiallo 男 パンジャッロ(ローマのクリスマスケーキ)

pangolino 男〔動〕センザンコウ

pangrattato 男 パン粉

pania 女 1 鳥もち 2〔複数で〕誘惑, 甘言 —cadere nelle *panie* a... (人)の罠(ǎ)にはまる

panico¹ 形〔複[男-ci]〕牧神パンの;〔文〕汎神論的自然の —*poesia panica* 天来の詩 —男〔複[-ci]〕恐慌, パニック

panico² 男〔複[-chi]〕〔植〕アワ(粟)

paniera 女 (藤(ǎ)などを素材とする)浅いかご

panieraio 〔女[-a]〕かご作りの職人, かごを売る人

panierata 女 かご1杯の容量; かごを使っての一撃

paniere 男 (主に藤(ǎ)で編んだ)かご

panierino 男 (学校に持参するおやつを入れる)子供が使う小さなかご

panificabile 形 パン製造に適した

panificare 自〔io panifico〕パンを製造する —他 パンを作るために使う —*panificare* la farina 小麦粉をパン作りに使う

panificatore 〔男〔女[-trice]〕パン焼き職人

panificazione 女 パン製造

panificio 男 パン製造所, パン屋

paninaro 〔男〔女[-a]〕パニナーロ (1980年代のミラノでサンドイッチバーにたむろして流行の先端にいた若者)

panineria → paninoteca

panino 男 丸パンのサンドイッチ, パニーノ

paninoteca 女 パニーノの店(panineria)

panione 男 鳥もち竿(š)

panislamico 形〔複[男-ci]〕汎イスラム主義の

panislamismo 男 汎イスラム主義

panismo 男 (芸術や文学的立場としての)人の自然への浸透, 自然との一体感

panitaliano 形 汎イタリアの

panlogico 形〔複[男-ci]〕汎論理主義の

panlogismo 男 汎論理主義

panna¹ 女 生クリーム; 乳皮 —*panna montata* ホイップクリーム

panna² 女〔海〕帆船を停止させる操作; 停船状態 ► *essere in panne* 停船状態にある; ▶ 立ち往生する

pannare 自 (牛乳が)クリーム状になる

pannarone, **pannerone** 男 ロンバルディアの苦みのあるチーズ

panne 女〔不変〕〔仏〕(車の)エンジンの突然の故障 —*avere l'auto in panne* 車が急に動かなくなる

panneggiamento 男 襞(ǎ)をつけること

panneggiare 自〔io panneggio〕襞(ǎ)をつける; (絵画や彫刻で)均整の取れた襞を描く

panneggio 男 布の均整の取れた襞(ǎ); (絵画や彫刻の)衣襞(ǎ)表現

pannellare 他 (切り取ったり装飾する目的で)表面にパネルを張る

pannellatura 女 (装飾や分離目的での)設置パネル

pannellista 男女〔複[男-i]〕パネル設置の専門家

pannello 男 1 パネル, 画板; 羽目板, 装置用パネル 2 女性服の飾り用別布 3 封筒の小窓

pannicello 男 端切れ, 赤ちゃんのおむつ;〔複数で〕ぼろ着

pannilano → pannolano

pannilino → pannolino

panno 男 1 (羊毛の)布地 —*cappotto di panno* ウールのコート 2 (掃除用の)布 3〔複数で〕衣類 ► *mettersi* [*essere*] *nei panni di...* (人)の立場になって考えてみる

pannocchia 女 1 (トウモロコシ・麦・稲の)穂;〔植〕円錐(š)花序, 複総状花序 2〔動〕シャコ(canocchia)

pannolano 男 ウール, 毛織物

pannolenci 男〔複[不変をはかる pannilenci]〕(手芸に用いる)フェルトに似た柔らかい布

pannolino 男 1 おしめ, おむつ 2 生理用ナプキン

pannolone 男 大人用おむつ

panoplia 女 甲冑(ǎǎj)一式(壁にかけて装飾用にする)

*****panorama** [パノラーマ] 男〔複[-i]〕1 眺望, 景色 2 展望, 概観 3〔劇〕ホリゾント

panoramica 女 1 (映画や写真の)パノラマ撮影; 見晴らしのよい道路 2 歯のパノラマレントゲン写真

panoramicamente 副 眺めの点で, 全体にわたって

panoramicità 女 眺望のよさ

panoramico 形〔複[男-ci]〕眺めのよい, 見晴らしのよい, 全景を見渡せる

panpepato 男 パンペパート(アーモンド・ハチミツ・コショウなどで作るフェッラーラのパンケーキ)

panporcino 男 シクラメン属の植物

panpsichismo 男 汎心論

panromanzo 形 全ロマンス語に共通の

pansé 女〔植〕パンジー, 三色スミレ

panslavismo 男 汎スラブ主義

panslavista 形〔複[男-i]〕汎スラブ主義の —男女〔複[男-i]〕汎スラブ主義者

panslavo 形 全スラブ民族[スラブ諸国]特有の

panspeziale 男 パンスペツィアーレ (certosino di Bologna ボローニャのクリスマスケーキ)

pantacalza 女 → pantacollant
pantacollant 男〔不変〕スパッツ
pantagonna 女 キュロットスカート
pantagruelicamente 副 ものすごく大食いに，猛烈にがつがつと
pantagruelico 形〔複[男 -ci]〕パンタグリュエルに匹敵する，大食漢の，食好きの；膨大な —appetito *pantagruelico* ものすごい食欲
pantalonaio 男〔女[-a]〕ズボンの仕立て専門職人
pantaloncino 男〔複数で〕丈の短いズボン，半ズボン，ショートパンツ
＊**pantalone** [パンタローネ] 男 1〔複数で〕ズボン，スラックス —*pantaloni corti* ショートパンツ，半ズボン 2 (P-)〔劇〕(コンメディア・デッラルテの)パンタローネ ▶ *farsela nei pantaloni* おののく
pantaloni → pantalone
pantano 男 泥土，沼地，泥沼；窮地
pantanoso 形 ぬかるみの，泥の；道徳的に堕落した
pantedesco 形〔複[男 -chi]〕(文化や政治面から見た)全ドイツの，汎ドイツの
pantegana 女 1〔北伊〕ドブネズミ 2《蔑》売春婦
panteismo 男 汎神論
panteista 男女〔複[男 -i]〕汎神論者 —形 → panteistico
panteisticamente 副 汎神論的に
panteistico 形〔複[男 -ci]〕汎神論の，汎神論者の
Pantelleria 固名(女) 1 パンテッレリーア(シチリア特別自治州トラーパニ県の都市) 2 パンテッレリーア島(シチリア海峡にある島)
panteon → pantheon
pantera 女 1〔動〕ヒョウ 2《諧》官能的な女性 3《口》パトカー
pantesco 形〔複[男 -chi]〕パンテッレリーア島(民)の —男〔複[-chi]女[-a]〕パンテッレリーア島民(l'isola di Pantelleria はシチリア島の西南，アフリカの近くにある島)
pantheon 男〔不変〕パンテオン，万神殿；多神教の神々；(P-)殿堂，墓廟(ぼびょう)
panto- 接頭「すべて」「あらゆる」の意
pantocratore 男 宇宙の支配者，全能の神 —Cristo *pantocratore* 宇宙の支配者キリスト(ビザンチン美術特有のキリスト像) —形〔女[-trice]〕全能の
pantofola 女 スリッパ，上履き
pantofolaio 男〔女[-a]〕 1 スリッパ製造者，スリッパ販売業者 2《蔑》無精で無気力な生活を好む者
pantoforeria 女 スリッパ工場，スリッパ販売店
pantografico 形〔複[男 -ci]〕写図器の，パントグラフの，パントグラフの
pantografista 男女〔複[男 -i]〕パントグラファー(写図器を使ってガラスや金属面を刻む専門職人)
pantografo 男 写図器，縮図器，パントグラフ；集電装置，パンタグラフ
pantomima 女 パントマイム，無言劇，

身振り，手まね
pantomimicamente 副 パントマイムで
pantomimico 形〔複[男 -ci]〕パントマイムの
pantomimo 男 パントマイム，無言劇 —男〔女[-a]〕パントマイム役者
pantropicale 形 (植物で)汎熱帯で生育する
pants 男複〔英〕(特に女性用の)ショートパンツ
panunto 男〔トスカーナ〕串焼き肉の脂であぶったパン —Mastro *Panunto* 料理人
panurgo 男〔複[-ghi]〕ならず者，詐欺師
panzana 女 嘘，ほら，作り話
panzanella 女〔料〕パンツァネッラ(パンのサラダ)
panzarotto → panzerotto
panzer 男〔不変〕〔独〕(第二次世界大戦でのドイツ軍の)戦車
panzerotto 男〔料〕パンツェロット(モッツァレッラ・リコッタチーズ・ハムなどを包んで揚げた大きなラヴィオリ，カルツォーネとも言う)
Paola 固名(女) 1〔女性名〕パオラ 2 パオラ(カラブリア州コゼンツァ県の町)
paolano 形 パオラ(の人)の —男〔女[-a]〕パオラの人
Paolino 固名〔男性名〕パオリーノ
paolino 形 聖パウロの，教皇パウロの
Paolo 固名(男) 1〔男性名〕パオロ 2〔聖〕パウロ(初期キリスト教の伝道者) 3 (〜 VI) パウルス6世(1897-1978；ローマ教皇：在位 1963-78)
paonazzo 形 赤紫色の，緋(ひ)色の，(顔色などが)紫がかった，真っ赤な —avere le mani *paonazze* per il freddo 寒さで手が赤くなる，手が霜焼けになる
＊**papa** [パーパ] 男〔複[-i]〕1 法王，教皇 —Morto un *papa* se ne fa un altro. 《諺》代わりの人はいくらでもいる(法王が亡くなっても他の誰かが法王になる). 2《諧》(グループ内の)実力者 ▶ *a ogni morte di papa* ごく稀に **stare [vivere] da [come] un papa** 裕福な暮らしをする
＊**papà** [パパー] 男 お父さん，パパ ▶ *figlio di papà* 甘やかされた息子，わがままな息子；親の権力や財力に頼る子供，親の七光
papabile 形 (枢機卿が)教皇に選ばれる可能性のある，ある役職に選出[任命]されそうな
papaia 女〔植〕パパイア(実・木)
papale 形 ローマ教皇の，教皇が発布する —*papale papale*〔副詞句〕明白に，はっきりと，直接的に
papalina 形 (高位聖職者や教皇が着用する)半額帽；(昔，年長の男性が被った室内用の)ベレー帽
papalino 形 (カトリック教会首長としての)教皇の —le truppe *papaline* 教皇軍 —男〔女[-a]〕教皇の支持者，教皇

派; 教皇軍の兵士
papamobile 男 教皇公用車(防弾ガラス張りで, 教皇が立ったままでいられる車)
paparazzo 男 パパラッチ(有名人を追いかけて写真を撮るカメラマン)
papato 男 教皇の要職, 教皇権; 教皇在位期間; (P-)教皇庁
papaveracea 女 ケシ科の植物
papaveraceo 形 1 ケシの; 催眠作用の 2 うんざりするような
papaverico 形 〔複[男 -ci]〕ケシの; 退屈極まる
papaverina 女 パパベリン(阿片から採れるアルカロイド, 鎮痙(ﾎﾟ)薬に用いる)
papavero 男 1 〔植〕ケシ —*papavero selvatico* ヒナゲシ, 虞美人草 2 国の要人, VIP
papera 女 1 若いガチョウの雌 2 小娘 3 へま, ミス
paperback 男 〔不変〕〔英〕ペーパーバックの本
paperina 女 踵(ｶｶﾄ)の低い柔らかい女性用シューズ, バレエシューズ(ballerina)
Paperino 固名(男) ドナルドダック
papero 男 若いガチョウの雄; 馬鹿男
paperone 男 富豪, 長者
papessa 女 女教皇; 女王気取りに威張った女性
papilionacea 女 マメ科の植物
papilionide 男 アゲハチョウ科のチョウ
papilla 女 1 〔解〕乳頭 2 〔植〕乳頭状突起
papillare 形 乳頭状の
papillon 男 〔不変〕〔仏〕蝶(ﾁｮｳ)ネクタイ
Papini 固名(男) (Giovanni ~)パピーニ(1881-1956; イタリアの作家. ナショナリスト)
papiraceo 形 パピルスの —*carta papiracea* パピルス紙
papiro 男 1 パピルス; パピルス紙 2 パピルス古文書 3 長ったらしい手紙, くどい文書 4 ラテン語とイタリア語を混ぜた文体の文書
papirologia 女 パピルス古文書学
papirologico 形 〔複[男 -ci]〕パピルス古文書学の
papirologista 男女 〔複[男 -i]〕 → papirologo
papirologo 男 〔複[-gi]女[-a]〕パピルス古文書学者
papismo 男 教皇権支持派全体, 教皇権支持運動
papista 男女〔複[男 -i]〕教皇権擁護者
papistico 形 〔複[男 -ci]〕教皇権擁護運動の, 教皇権擁護者の
pappa 女 流動食, 離乳食;《幼》まんま —*pappa* molle 軟弱な奴, 女々しい人, 甘ったれ / *pappa reale* ローヤルゼリー ▶ *trovarsi la pappa fatta* 自分で苦労せず成果を得る
pappa- 語幹 「食べる」「食べる人」の意
pappacchione 男 大食漢, 食いしん坊, とんま

pappaceci 男 〔不変〕怠け者, ぐうたら
pappagallescamente 副 オウムのように, おうむ返しに —*ripetere pappagallescamente* おうむ返しに繰り返す
pappagallesco 形 〔複[男 -chi]〕オウムのような
pappagallessa 女 雌のオウム; おしゃべりな女性
pappagallismo 男 1 他人の行動や言葉を機械的に繰り返す傾向 2 通りすがりの女性を口説くこと
pappagallo 男 1 〔鳥〕オウム 2 (他人の)受け売り〔猿まね〕をする人 3 (路上で女性を)ナンパする男 4 (同じことを繰り返す)テープの声 5 尿瓶(ｼﾋﾞﾝ) ▶ *a pappagallo* 同じことを何度も繰り返して(馬鹿の一つ覚えのように)
pappagorgia 女 〔複[-ge]〕二重あご
pappalardo 男 1 食いしん坊, 大食漢 2 間抜け; 盲信家
pappalasagne 男 1 大飯食らい 2 お人好し; 役立たず
pappamolla → pappamolle
pappamolle 男女〔不変〕無精者, 怠け者
pappardella 女 1 〔複数で〕〔料〕パッパルデッレ(フェットチーネよりも幅の広い玉子麺) 2 くどくてまとまりのない談話
pappare 他 がつがつと食べる, たらふく食べる; 不正な利潤をむさぼる —*arsi* 再 がつがつと平らげる, むさぼり食う
pappata 女 大食すること, ごちそう; (不正な)もうけ
pappatore 男 〔女[-trice]〕 1 食欲に任せるだけ考える人, 大食漢 2 たかり, 居候
pappatoria 女 1 大食, 飽食, ごちそう 2 不法な金もうけ
pappina 女 1 軽い流動食, 離乳食 2 湿布剤 3 叱責; 〔北伊〕平手打ち
pappino 男〔女[-a]〕 1 〔トスカーナ〕病院の雑務係 2 〔隠〕看護師, 衛生兵
pappo 男 〔植〕冠毛(タンポポやアザミなどに見られる)
pappolata 女 1 どろどろに煮詰めた料理 2 くどくて退屈な話
pappone 男 1 大食漢 2 売春婦のひも
papposo 形 1 粥(ｶﾕ)のようにどろどろの 2 〔植〕冠毛を持つ
paprica, paprika 女 (香辛料の)パプリカ
pap-test 男 〔不変〕〔英〕パップテスト(子宮がん検診の摘出塗抹細胞診)
papuano 形 〔不変〕パプア島(の人)の, ニューギニア(の人)の; パプア諸語の — 男 〔不変〕パプア島の人 — 男 〔単数のみ〕パプア諸語
Papua Nuova Guinea 固名(女) パプアニューギニア
par. 略 paragrafo パラグラフ
para 女 パラゴム(パラゴムの樹木から採れる天然ゴム)
parà 男 パラシュート部隊の兵士, パラ

シュート降下者

para-¹ 接頭 「防御」「保護」の意
para-² 接頭 「疑似」「類似」「副次的」の意
-para 接尾 「(女性が)出産した」「生む, 生産する」の意
parabancario 形 銀行の副次業務の —男 銀行の副次業務分野
parabile 形 (スポーツで)防御可能な
parabola 女 1 (宗教的・道徳的な)寓話, たとえ話 2 放物線;軌道 3 パラボラアンテナ 4 (事象の)推移
parabolano 男 おしゃべりな人, ほら吹き
parabolicamente 副 たとえ話で, 寓意的に
parabolico 形〔複[男 -ci]〕寓意的な; 放物線状の —antenna *parabolica* パラボラアンテナ
paraboloide 男 放物線面; パラボラアンテナ
parabolone 男〔女[-a]〕おしゃべり, ほら吹き
parabordo 男〔船〕防舷材(接岸時の衝撃を和らげる, ブルワークにつけられた黒いゴムの塊)
parabrace 男〔不変〕ストーブの囲い, 暖炉の囲い柵(parafuoco)
parabrezza 男〔不変〕(自動車の)フロントガラス
paracadutare 他 (人や物を)パラシュートで投下する —**arsi** 再 パラシュートで降下する
paracadute 男〔不変〕パラシュート
paracadutismo 男 スカイダイビング, パラシュートで降下
paracadutista 男女〔複[男 -i]〕落下傘兵; パラシュートで降りる人, スカイダイバー
paracadutistico 形〔複[男 -ci]〕パラシュート降下の, パラシュート降下者の
paracalli 男〔不変〕ウオノメ保護パッド, ウオノメ用絆創膏(ばんそうこう)
paracarro 男 (道路の縁の)車の侵入を防ぐための石柱
paracenere 男〔不変〕(暖炉の前に置く)灰よけの金属製の囲い
paracera 男〔不変〕ろうそくのろうの受け皿
paracolpi 男〔不変〕(衝撃緩和のため)ドアや窓につける緩衝装置
paradenti 男〔不変〕(ボクシングの選手のための)マウスピース
paradigma 男〔複[-i]〕1 模範, 範例 2 科学的思考の枠組み, パラダイム 3〔言〕語形変化表
paradigmaticamente 副 模範として; 語形変化的に
paradigmatico 形〔複[男 -ci]〕模範的な, 範例の; パラダイムに関する
paradisiaco 形〔複[男 -ci]〕楽園[天国]の, 天国のような; 至福の, 恍惚(こうこつ)とさせる
***paradiso** [パラディーゾ] 男 1 天国, 楽園 —*paradiso* terrestre エデンの園 (地上の楽園) / il *Paradiso* (ダンテの『神曲』の)天国篇 / uccello del *paradiso*〔鳥〕ゴクラクチョウ / andare in *paradiso* 天国に召される, 死ぬ 2 天国の人々 3 天国[楽園]のような状態 4 理想的な場所
paradossale 形 筋の通らない, 逆説的な, 矛盾した; 奇抜な
paradossalità 女 逆説性; 不条理, 不合理
paradossalmente 副 逆説的に
paradosso 男 逆説, パラドックス; 矛盾; 通常の理念から外れた事物 —形 逆説の
parafango 男〔複[-ghi]〕(車の)泥よけ, フェンダー
parafarmaceutico 形〔複[男 -ci]〕処方箋不要の医薬品の
parafarmacia 女 処方箋不要医薬品[ダイエット薬品, 化粧品]の製造; 処方箋不要医薬品を販売する業種
parafarmaco 男〔複[男 -ci]〕処方箋不要の医薬品; ダイエット薬, 化粧品, 衛生用品
parafernale 形 (夫が管理するが)妻が所有する財産の
paraffina 女 パラフィン
paraffinico 形〔複[男 -ci]〕パラフィンの
parafiamma 形〔不変〕耐熱防火の —男〔不変〕防火壁
parafrasabile 形 やさしく言い換えられる, 意訳できる
parafrasare 他 容易に理解しやすく書き[言い]換える, パラフレーズする, 意訳する
parafrasi 女〔不変〕1 パラフレーズ, 意訳, 分かりやすく書き換えたもの 2〔音〕原曲の編曲版
parafrasticamente 副 やさしく言い換えて
parafrastico 形〔複[男 -ci]〕分かりやすく言い換えた, 意訳的な
parafulmine 男 避雷針
parafuoco 男〔複[-chi]〕(暖炉やストーブの前に置く)熱よけの仕切り
paraggio 男 沿岸水域;〔複数で〕近隣, 周辺 ▶ *nei paraggi* 近くに
paragocce 男〔不変〕滴もれ防止の栓(salvagocce)
paragoge → epitesi
paragonabile 形 比較できる, 匹敵しうる
paragonare 他 1 比較する, 対照させる —*paragonare A a B* AをBと比較する 2 (別のものに)たとえる —**arsi** 再 (con) …と自分を比較する
paragone 男 1 比較, 対照 2 類似, 類例 ▶ *in paragone a..., a paragone di...* …に比べて[と比較して] *Non c'è paragone!* 比べものにならない, 匹敵するものがない. *pietra di paragone* 試金石; 別のものにたとえるための言葉[表現]

paragrafare 他 [io paragrafo] パラグラフ[段落, 節]に分ける

paragrafo 男 (著作品の)節, パラグラフ, 段落

paraguaiano 形 パラグアイ(人)の —男 〔女[-a]〕パラグアイ人

Paraguay 固名(男) パラグアイ

paralessi → preterizione

paralessia 女 [医]錯読症

paraletterario 形 大衆[娯楽]文学の

paraletteratura 女 大衆文学, 娯楽文学

paralipomeni 男複 (文学作品の)補遺; (旧約聖書の)歴代誌上下二書

paralisi 女〔不変〕[医]麻痺 —essere colpito da *paralisi* 体が麻痺する / *paralisi* infantile [医]小児麻痺(poliomielite) / la *paralisi* del traffico 交通の麻痺状態

paralitico 形〔複[男-ci]〕麻痺の, 麻痺した —男〔複[-ci]女[-a]〕麻痺した人, 麻痺患者

paralizzare 他 1 麻痺させる 2 停滞させる

paralizzato 形 麻痺した

parallela 女 1 平行線 2 平行定規 3 [複数で]平行棒

parallelamente 副 平行に, 並行して, 同時に

parallelepipedo 男 平行六面体

parallelismo 男 (直線や面の)平行関係; 対応, 類似

parallelizzare 他 平行に配置する; (同時に同じ作業を展開する)二つの機器を作動させる

parallelo 形 平行する; 並行的な —due strade *parallele* 並行する二つの道路 —男 1 比較対照 2 並列 3 〔スキーの〕パラレル 4 [地理]緯線, 平行圏 5 [幾]平行円

parallelogrammo 男〔複[-i]〕平行四辺形

paralume 男 (ランプや電灯の)かさ, シェード

paramano 男 1 レンガ, ブロック 2 (コートや上着の)袖口の別素材の部分

paramedico 男〔複[-ci]〕(医師免許を必要としない)医療従事者 —形〔複[-ci]〕医療補助の

paramento 男 (教会の祭壇の)装飾用の掛け布; 法衣

parametro 男 媒介変数, パラメーター; 統計の母集団の特性値; 判断基準

paramilitare 形 準軍事[軍隊]的な

paramine 男〔不変〕防雷具, パラベーン

paramosche 男〔不変〕はえ帳; はえ叩き

paranco 男〔複[-chi]〕滑車

paraninfo 男 1 (古代ローマで)宴会後に花婿の家に新郎新婦を案内する者 2 仲人; ぽん引き

paranoia 女 [心]偏執病, パラノイア; 〔口〕被害妄想

paranoicamente 副 偏執病にかかったように

paranoico 形〔複[男-ci]〕偏執病の; 妄想癖の —男〔複[-ci]女[-a]〕偏執病患者; 偏執狂

paranormale 形 超常の, 科学では説明ができない —fenomeni *paranormali* 超常現象

paranza 女 トロール漁の漁船; (ナポリのカモッラ団の隠語で)カモッラ団員のグループ

paraocchi 男〔不変〕(馬の)目隠し, ブリンカー ▶ avere i *paraocchi* (自論に凝り固まって)周りが見えない *coi paraocchi* 猪(氵)突猛進に, 盲目的に

paraorecchie 男〔不変〕防寒用耳当て[耳覆い]; ラグビーのヘッドギア

parapalle 男〔不変〕射撃場の的の背後の堤防; (ボクシングの)カップロテクター

parapendio 男〔不変〕パラグライダー

parapetto 男 欄干, 手すり, ガードレール

parapiglia 男〔不変〕(群衆の突然の)押し合い, 混乱; 雑踏, 騒乱

parapioggia 男〔不変〕雨傘

paraplegia 女〔複[-gie]〕[医]対(?)麻痺

parapolitico 形〔複[男-ci]〕政治グループの活動を支持する運動[連合]の

parapsichico 形〔複[男-ci]〕心霊現象の

parapsicologia 女 超心理学

parapsicologico 形〔複[男-ci]〕超心理学の

parapsicologo 男〔複[-gi]女[-a]〕超心理学者

parare 他 1 掛け布で飾る; (祝祭用に)飾り立てる; 〈文〉準備する 2 (損害などから)守る, 防御する 3 さえぎる 4 避ける 5 〔スポ〕(サッカーなどでキーパーが)ゴールを阻止する; (フェンシングやボクシングで)攻撃をかわす 6 [トスカーナ]ひきとめる 7 [北伊]遠ざける 8 [トスカーナ]導く, 家畜の群れを追い立てる —自 向かう, 目指す —arsi 1 式服を着る; 〈謔〉派手に着飾る 2 身を守る 3 急に現れる

parascolastico 形〔複[男-ci]〕課外の, 補習の

parasole 男〔不変〕 1 日傘, パラソル 2 [写]レンズフード

paraspalle 男〔不変〕(アイスホッケーやアメリカンフットボールの選手の)防具, 肩当て, プロテクター

paraspigolo 男 (家具の)角の保護カバー

parassita 男女〔複[男-i]〕 1 寄生虫, 寄生動物[植物] 2 他人を食い物にする人間 —形〔複[男-i]〕寄生の; 寄生動物[植物]の

parassitariamente 副 寄生して, 寄生虫のように

parassitario 形 寄生虫の, 寄生の; 寄生虫によって引き起こされる; 寄生虫のよ

parassiticamente 副 寄生して, 他人にすがって

parassitico 形 〔複[男 -ci]〕寄生の, 寄生虫の; 寄生的な

parassitismo 男 寄生, 寄生状態

parastatale 形 半官半民の, 公社の ― 男女 公社の従業員

parastato 男 公社

parastinchi 男〔不変〕(スポーツ選手がつける)脛(すね)当て

parata 女 1 避けること, かわすこと; (サッカーやホッケーの)ゴールキーパーの捕球 2 閲兵式, パレード, 行進

paratia 女 (船・飛行機の)隔壁, 仕切り

paratifo 男 〔医〕パラチフス

paratiroide 女 〔解〕副甲状腺

parato 男 (布や織物の)壁飾り, タピストリー ―carta da *parati* 壁紙

paratoia 女 水門

paraurti 男〔不変〕1 (車の)バンパー 2 (鉄道の)緩衝装置

paravento 男 1 衝立(ついたて); 屏風(びょうぶ) 2 隠れ蓑(みの)

parcamente 副 控えめに, ほどよく, 慎ましく

parcella 女 1 謝礼, 報酬; 請求書, 明細書 2 小さい部分; 小区画の土地評価

parcellizzare 他 細かく分ける, 分割する

parcellizzazione 女 細分化

parcheggiare 他 〔io parcheggio〕1 駐車させる; 〔目的語をとらず〕駐車する 2《諧》少しの間預ける ―*parcheggiare* i figli dai nonni 祖父母のところに子供を預ける

parcheggiatore 男〔女[-trice]〕駐車場の管理人[監視員]; (着陸した飛行機の)誘導係

***parcheggio** [パルケッジョ] 男 駐車(場) ▶ di *parcheggio* 暫定の, 過渡の

parchimetro 男 パーキングメーター

***parco**[1] [パルコ] 男〔複[-chi]〕1 公園, 自然公園 2 広大な敷地, 大庭園 ―*parco* dei divertimenti 遊園地, テーマパーク / *parco* giochi 遊び場 3 (会社や団体の)駐車場 4 (ある時代・地域の)通行車両全体

parco[2] 形〔複[男 -chi]〕1 控えめの, 慎みのある; けちな, しみったれた 2 質素な

parcometro → parchimetro

par condicio 伊国(女)〔ラ〕(放送の)公平原則; 〔法〕債権者の平等

pardon 間 〔仏〕(うぼったり, 発言や行動の許可を得るための)すみません, ごめんなさい

***parecchio** [パレッキオ] 形(不定) かなりの(数量の) ―*parecchie* volte 何度も, たびたび / *parecchio* tempo fa ずっと以前, 大昔に ―代(不定) かなりの数の人[もの] ―Ce ne sono *parecchi*. かなりの数がいる[ある]. / Ho speso *parecchio*. 散財してしまったよ. ―副 かなり, 相当 ―È piovuto *parecchio*. 雨がかなり降った.

pareggiabile 形 平らにできる; 引き分けになりうる

pareggiamento 男 平らにすること; 清算

pareggiare 他 〔io pareggio〕1 平らにする, ならす 2 精算する, 決済する 3 匹敵する, 同等にする 4 (試合を)引き分ける ―L'Inter *ha pareggiato* la partita col Milan. インテルはミランと試合を引き分けた. ―自 (con)…と引き分ける ―**arsi** 再 1 同等になる 2 引き分ける

pareggio 男 1 同点, 引き分け ―raggiungere il *pareggio* 同点に追いつく / La partita è terminata con un *pareggio*. 試合は引き分けに終わった. 2 損益分岐点 ―bilancio in *pareggio* 均衡予算

parentado 男 親戚全員; 血縁, 血統, 親族

parentale 形 両親の; 遺伝性の; 親戚の, 親族の

***parente** [パレンテ] 男女 1 親戚, 親族 ―*parente* prossimo [stretto] 近親者 / *parente* acquisito 姻戚 2 似たもの, 近いもの 3《文》親; 先祖

parentela 女 1 血縁関係 2〔総称的〕親戚縁者 3 (同系統の)親近性

parentesi 女〔不変〕1 括弧; 括弧付きの話 ―*parentesi* graffa 中括弧({ }) / *parentesi* quadra 角括弧([ ]) / *parentesi* tonda 丸括弧(( )) / *parentesi* uncinata 山形括弧(〈 〉) 2 挿入句; 話の脱線 ―fra [tra] *parentesi* ちなみに, ついでながら 3 (二つの活動の)合間, 中休み

parentetico 形〔複[男 -ci]〕挿入句の, 括弧に入った

pareo 男〔不変〕パレオ(ポリネシアの民族衣装)

***parere**[1] [パレーレ] [73] 自 [es] 〔過分 parso〕1 …のように思われる[見える] ―*Pare* buono. おいしそうだ. / Non *pare* vero! 信じられない, 嘘みたい. / Carlo *pare* annoiarsi [non volerci credere]. カルロは退屈している[信じたくない]ようだ. / *Pare* ieri. (遠い昔のことを)まるで昨日のようだ. / *Pare* un secolo. (つい最近のことを)まるで遠い昔のようだ. 2〔非人称的〕(di + 不定詞, che + 接続法) …(の)ような気がする ―Mi *pare* di conoscerti. 君を知っているような気がするよ. / *Pare* che domani farà bel tempo. 明日はいい天気になりそうだ. / *Pare* che nevichi. 雪になりそうだ. / Mi *pareva*! (悪い結果に)やっぱりそうか. / Ti *pare*?) Non ti *pare*? (同意を求めて)そうでしょ? / そうじゃない? / Che te ne *pare*? どう思う? ▶ **Ma le pare!** どういたしまして.

parere[2] 男 (個人的な)考え, 判断; (専門家の)意見, アドバイス ―a mio *parere*, a parer mio 私の考えでは, 個人的には / cambiare [mutare] *parere* 考えを変える, 気が変わる / sentire il *parere*

paresi di un avvocato 弁護士のアドバイスを聞く

pareṣi, pareși 囡〖不変〗〖医〗不全麻痺, 軽度麻痺

＊parete [パレーテ] 囡 **1**(部屋の)壁, 壁面 —*le pareti* della stanza 部屋の壁面 / tra le *pareti* domestiche 内輪で, 家庭内で **2**(山の)岩壁, 絶壁 **3**(空間・物体・体内器官を仕切る)壁, 面

＊pari [パーリ] 形〖不変〗**1** (外見・長さ・高さなどが)同じ, 等しい; 同等[対等]の **2** (表面が)平らな, 水平の **3** 偶数の **4**〖解〗(器官や臓器が)対(ﾂｲ)の —男〖不変〗**1** 同等のもの **2** 偶数 —男女〖不変〗同僚, 仲間 —trattare... da *pari* a *pari* ...を対等に扱う —副 等しく, 同等に, 同じように ▶ *alla pari* 同水準[レベル]で; 等価で; (家賃と食費の代償として家事を手伝う)住み込みの[で] *di pari passo* 同じ歩調で; 並行して *pari e patta* 同点による引き分け

paria¹ 男〖不変〗パーリア(インドのカーストの最下層に属する者); (社会の)のけ者, 浮浪者

paria² 男 貴族の地位と称号; 貴族階級

Paride 固名〖男〗〖ギ神〗パリス(伝説上のトロイアの王子. トロイ戦争の発端を作った)

parietale 形 壁に描かれた

parietaria 囡〖植〗ヒカゲミズ

parificare 他〖io parifico〗平等にする, 同等であると認める

parificazione 囡 同等[平等]にすること, (国による)私立学校の法的認可

Parigi 固名〖女〗パリ

pariginizzato 形 パリの流行や慣習に従った; フランス化した

parigino 形 パリの; パリの人の —男〖女 -a〗パリの人 ▶ *alla parigina* パリ流[風]の

pariglia 囡 対(ﾂｲ)になっている人[動物, 物]; 同種の2頭の引き馬

parigrado 形〖不変〗同等の地位[レベル]の —男女〖不変〗同じ等級[レベル]の者

Parini 固名〖男〗(Giuseppe ～)パリーニ(1729-99; イタリアの詩人)

pario 男 (ギリシャの)パロス島の

pariolino 形 (ローマの)パリオーリ地区(の人)の —男〖女 -a〗パリオーリ地区の人; パリオーリ地区の右派のブルジョア

Pariṣe 固名〖男〗(Goffredo ～)パリーゼ(1929-86; イタリアの小説家)

parisillabo 形 (名詞や形容詞で)音節が同数の —男 同じ音節数の名詞[形容詞]

parità 囡 **1** 同等, 平等 **2**〖スポジュース〗**3**〖数・物〗奇偶性 ▶ *a parità di*... ...が同じ場合は

paritariamente 副 同等に, 平等に

paritario 形 同等の, 平等の

pariteticità 囡 同等[平等]であること

paritetico 形〖複〗〖男 -ci〗同等[平等]の原則に基づく

parka 男〖不変〗〖英・服〗パーカ

parkinsoniṣmo 男〖医〗パーキンソン病

parlabile 形 話されうる

parlamentare¹ 形 議会[国会]の, 議会制の —男女 **1** 国会議員 **2**《謔》議会のやり方で振る舞う[話す]; 礼儀正しい

parlamentare² 自 (合意に達するために)交渉する, 討議する

parlamentariṣmo 男 議会制度

parlamentariṣta 形〖複〗〖男 -i〗議会制度の —男女〖複〗〖男 -i〗議会制度支持者

parlamentarmente 副 議会の慣例に従って

parlamentino 男 小規模の議会; 少人数から成る会議

parlamento 男 **1** 議会, 国会 —convocare [sciogliere] il *parlamento* 国会を召集[解散]する / *parlamento* europeo 欧州議会 **2** (中世や近世の)市民議会, 市民集会

parlante 形 **1** 話す, 語る; 物を言いたな, 表情豊かな —*occhi parlanti* 表情のある生き生きとした目 **2** 明白な

parlantina 囡 口が達者なこと, 流暢(ﾘｭｳ)に語ること, 饒(ｼﾞｮｳ)舌

＊parlare¹ [パルラーレ] 他 **1** 話す, しゃべる; (in)...語で話す —*Parliamo* in italiano! イタリア語で話しましょう. / Pronto, chi *parla*? (電話で)もしもし, どなたですか. **2** (con) (人)と話をする[相談する] **3** (a)(人)に声をかける, 話がある **4** (di)...を話題にする, ...について話す —*parlare* bene di...(人)をほめる / *parlare* male di...(人)の悪口を言う **5** 対話する, 議論する **6** 講義を行う, 講演する, 演説する **7** (考えや感情を別の手段で)語る —*parlare* a gesti 身ぶりで示す / *parlare* con gli occhi 目で物を言う **8** 秘密をもらす, 打ち明ける **9**〖口〗(con)...と関係がある, 仲がよい **10** 表現する, 訴えかける —他 (外国語を)話す —Lei *parla* inglese? あなたは英語を話しますか. / Lei *parla* molto bene il giapponese. あなたは日本語がとてもお上手ですね. —**arsi** 再 **1** 言葉を交わす, 話し合う **2** よい[友好]関係である **3**〖口〗恋愛関係にある ▶ *parlare a vanvera* でたらめを言う *parlare con il muro* [*al vento*] 聞く耳を持たぬ人に言う *parlare da solo* 独り言を言う *parlare del più e del meno* 雑談する *parlare tra sé e sé* 独り言を言う, 一人でぶつくさ言う *per non parlare di*... は言うまでもなく

parlare² 男 **1** 話し方; 言葉遣い **2** 話, おしゃべり

parlata 囡 (地方や個人の独特な)話し方, 言葉遣い; 長くてくどい話

parlato 形 口語の, 口頭の; (映画の)トーキーの —男 口語[映画やテレビの]せりふ部分; 〖映〗トーキー; (ミュージカルやオ

parlatore ペレッタの)せりふ部分

parlatore 男〔女[-trice]〕弁が立つ人, 雄弁家

parlatorio 男 面会所[室]

parlottare 自 (二人以上が)小声でひそひそ話す; ざわざわと音を立てる

parlottìo 男 (二人以上が)ずっとひそひそ話すこと

parlucchiare 他〔io parlucchio〕(ある言語を)たどたどしく話す —自 小声でひそひそ話す

Parma 国名〔女〕パルマ(エミリア・ロマーニャ州の都市; 略 PR)

parma 男〔不変〕パルマハム(prosciutto di Parma)

parmense 形 パルマ(の人)の —男女 パルマの人 —男〔単数のみ〕パルマ方言

parmigiano 形 パルマ(の人)の —男 1〔女[-a]〕パルマの人 2 パルメザンチーズ(parmigiano reggiano) ►*alla parmigiana* パルマ風に

Parnaso 国名〔男〕パルナソス(ギリシャ中部の高峰; 古代ギリシャの聖地)

parnaso 男〔不変〕〔文〕詩的インスピレーション; 詩; (ある国・時代・文明における)詩人たち

paro-, -paro 接頭, 接尾 「生む」「生んだ」の意

parodìa 女 パロディー, 模作; ある人物のカリカチュア的物まね; 替え歌

parodiare 他〔io parodio〕パロディーを作る, 模倣する, まねる

parodicamente 副 パロディーで, もじって

parodico 形〔複〔男 -ci〕〕パロディーの

parodista 男女〔複〔男 -i〕〕パロディーの作者, 物まねをする人

parodisticamente 副 パロディーで

parodistico 形〔複〔男 -ci〕〕パロディーの

***parola** [パローラ] 女 1 単語 —*in una parola* 一言で言うと, 要するに / *parole crociate* クロスワード(cruciverba) 2 言葉, 表現 —*parola* chiave キーワード / *parola d'ordine* 合い言葉, パスワード / *uomo di poche parole* 口数の少ない男性 / *libertà di parola* 言論の自由 3 約束 —*parola d'onore* 固い約束; 〔表現として〕絶対に, 誓って / *donna di parola* 約束を守る女性 4 忠告, 教え 5 話す力[能力] —*perdere la parola* 口がきけない; 失語症になる 6 話し方, 話し言葉, 言葉遣い 7 意見を言うこと 8〔複数で〕口先だけの言葉 9〔複数で〕歌詞 —*parole* e musica di... …の作詞作曲 ►*avere la parola facile* 話し上手である, 口達者である *È una parola!* 言うのは簡単だ. *in altre parole* 言い換えると *in poche parole* 要するに *prendere la parola* 発言する

parolàccia 女〔複[-ce]〕悪い[下品な]言葉

parolàio 形 よくしゃべる, まとまりなく話す, だらだらしゃべる —男〔女[-a]〕お

しゃべり, よくしゃべる人, だらだらと話す人

paroletta 女 甘言, お世辞

paroliere 男〔女[-a]〕(歌やミュージカルの)作詞者

parolina 女 ひとこと, 小言; 甘い言葉, 優しい言葉

parolona 女 → parolone

parolone 男 難解な言葉, 大げさで意味の無い言葉

parossìsmo 男 突然の発作, 痙攣(攣), ひきつけ; 激情

parossisticamente 副 発作的に

parossìstico 形〔複〔男 -ci〕〕発作的な, 感情が爆発した, 激情にかられた

paròtide 女〔解〕耳下腺

parotite 女〔医〕耳下腺炎 —*parotite epidemica* おたふく風邪

parquet 男〔不変〕〔仏〕寄木細工の床

parràsio 形 アルカディアの

parrèi parere の条・現・1 単

parricida 男女〔複〔男 -i〕〕父親殺し, 父親[近親者]を殺した者; 祖国の裏切り者 —形〔複〔男 -i〕〕父親殺しの

parricìdio 男 父親殺し, 尊属殺人; 祖国への裏切り

parrò parere の直・未・1 単

parrocchetto 男〔鳥〕インコ

parròcchia 女 1 教区, 教区教会 2 教区の住民 3 門閥

parrocchiale 形 教区の, 教区司祭の —*archivi parrocchiali* 教区記録保管所 —自 教区教会(chiesa parrocchiale)

parrocchiano 男〔女[-a]〕教区民

pàrroco 男〔複[-ci]〕教区司祭

parrucca 女 1 かつら 2《謔》ぼさぼさの毛髪 3《蔑》反動主義者, 古臭い考えの人 —〔中伊〕叱責

parruccàio 男〔女[-a]〕かつらを製造する[販売する]者

parrucchiere 男〔女[-a]〕美容[理容]師; 床屋

parrucchino 男 つけ毛, ヘアピース

parruccone 男〔女[-a]〕時代遅れの人, 古臭い考えを変えない石頭

parse parere の直・遠過・3 単

parsimònia 女 倹約, 出費の抑制; 節制

parsimoniosamente 副 節約して, 節制して

parsimonioso 形 質素な, 節制した

parso parere の過分

partàccia 女〔複[-ce]〕1 (演劇や映画の)悪い役割; ひどい振る舞い 2 非難, 叱責

***parte** [パルテ] 女 1 (全体の)部分, 一部 2 分け前, 取り分 3 (漠然と一帯を指して)あたり, へん 4 (こちら, あちら)側, (こちらの, あちらの)方 —*Da che parte è andato?* 彼はどっちへ行ったのか? 5 役目, 役割; (俳優の)役 —*fare la parte del cattivo* 悪役を演じる 6〔音〕パート 7 部品 8 党派 ►*a parte* 別にして, 切り離して, 除外して *d'altra parte* 他方,

partecipabile 形 参加可能な, 共有できる

partecipante 形 参加する —男女 参加者, 関係者

*__partecipare__ [パルテチパーレ] 自 [io partecipo] (a) 1 参加する, 加わる —*partecipare* a una riunione 会議に加わる 2 貢献する 3 共有する, 分かち合う —*partecipare* alla gioia degli amici 友人と喜びを分かち合う —他 1《文》(他人と)分ける 2 告知する, 知らせる

partecipato 形 全員の協力[是認]で完了した

partecipazione 女 1 参加, 加入 2 (感情の)共有 3 通知, 案内状 —*partecipazione* di matrimonio 結婚通知 4 分配, 分け前 —*partecipazione* azionaria 持株

partecipe 形《di》(何かを)共有した; 共ител責任の; 知らされている

parteggiare 自 [io parteggio]《per》味方する, 応援する; 支持する, 擁護する

partenariato 男 共同制作; パートナーシップ

parteno- 接頭「(生殖現象で)受精なしに起こる」の意

partenogenesi 女《不変》〔生物〕単為生殖

Partenope 固名(女) 〔ギ神〕パルテノペ (海の怪物サイレン(セイレン)の一)

partenopeo 形 ナポリの; ナポリ(の人)の; ナポリのサッカーチームの —男〔女 [-a]〕ナポリの人; ナポリのサッカーチームの選手[サポーター]

partente 形 出発する —男女 出発する人, (スポーツで)競技をスタートする選手

*__partenza__ [パルテンツァ] 女 1 出発 —*partenza* del treno 列車の出発 / Il treno è in *partenza*. 列車が発車しようとしている. / essere di [in] *partenza* 出発するところである 2 始め, 開始, スタート —falsa *partenza*〔スポ〕フライング

particella 女 1 小部分 2〔言〕(副詞や前置詞などの)不変化詞

particina 女 (映画や演劇の)脇役, 端役

participio 男 〔言〕分詞 —*participio* presente [passato] 現在[過去]分詞

particola 女 1 小部分 2〔言〕小詞 3 ミサの聖体の小片

*__particolare__ [パルティコラーレ] 形 1 (他とは異なる)特別な, 特殊な, 独特の —situazione *particolare* 特殊状況 / Non è accaduto nulla di *particolare*. 特に何も起こらなかった. 2 際立った, 並外れた —bellezza *particolare* 並外れて美しい女性 3 個人的な, 私的な 4 詳細な —男 細部, 詳細; (絵画などの)部分 ▶ in *particolare* 特に, とりわけ

particolareggiare 自 [io particolareggio] 詳細に述べる —他 詳しく述べる

particolareggiatamente 副 詳述して

particolareggiato 形 詳細な, 緻密な

particolarismo 男 自己中心主義, 利己主義; 偏愛, えこひいき

particolarista 男女〔複[男 -i]〕→ particolaristico —男女〔複[男 -i]〕1 自己中心主義者 2 (グラフィックアートで)細密な表現のスペシャリスト

particolaristicamente 副 自己中心的に, 排他的に

particolaristico 形〔複[男 -ci]〕自己中心主義の; 利己的な, 自己中心の

particolarità 特殊性, 独特であること; 細部; 独自性, 特質, 特徴

particolarizzare 他 詳細に述べる, 明確に示す

particolarmente 副 特に, 極めて

partigianeria 女 (政治の分野での)党派的態度[行動]

partigianescamente 副 派閥的に, 党派的に

partigianesco 形〔複[男 -chi]〕〔蔑〕党派的な

*__partigiano__ [パルティジャーノ] 男〔女 [-a]〕1 (祖国の解放のために戦う)遊撃兵, ゲリラ隊員; (第二次世界大戦中のナチスやファシズムと戦った)義勇兵, パルチザン 2 (党派・主義・思想の)熱烈な支持者 —形 1 党派的な 2 パルチザンの

*__partire__[1] [パルティーレ] 自 [es] 1 出発する, 出かける —*partire* per il mare [le vacanze] 海[休暇]に出かける 2 旅立つ —È *partito* per Londra. 彼はロンドンへ旅立った. 3 発車する —Il treno *parte* alle otto. 列車は8時に出る. 4 始まる, 起点となる 5《口》壊れる, はじける —È *partito* il tappo. コルク栓が飛んだ. 6《口》酔っ払う; 訳の分からないことを言う, おかしくなる —Quando beve *parte* subito. 彼は酒を飲むとすぐにつぶれてしまう.

*__partire__[2] [パルティーレ] 他 [io -isco] 1《文》分ける, 分割する 2《文》他人と分け合う

*__partita__[1] [パルティータ] 女 1 試合, ゲーム —*partita* di tennis テニスの試合 / *partita* a carte カードゲーム, トランプの勝負 / vincere [perdere] una *partita* 試合に勝つ[負ける] 2 (商品のまとまった)数量, 取引量 —acquistare una *partita* di caffè コーヒーを商取引で購入する 3〔音〕パルティータ, 組曲, 変奏曲 4 (帳簿の)記入, 記帳 5 挑戦, 対決; 抗争

*__partita__[2] [パルティータ] 女 1《文》出発

partitario 2《文》死

partitario 男 (会社の)顧客名簿, 帳簿, 台帳

partitella 女 (特にサッカーの)練習試合, 遊びの試合

partiticamente 副 政党的に, 政党のために

partiticità 女 政党の独自性; 政党結成の傾向

partitico 形〖複[男-ci]〗政党の

partitino 男 少数党

partitissima 女 (サッカーの)重要な試合, 注目を集める試合

partitivo 形 全体のうちの一部を示す —articolo *partitivo*〖言〗部分冠詞

*partito［パルティート］男 1 政党 —*partito* d'opposizione 反対党, 野党 2 解決策, 決断 —Non so che *partito* prendere. 決断ができない. 3 状態, 状況 —La malattia mi ha ridotto a mal *partito*. 病気が悪化してひどい状態になってしまった. 4《古》結婚に釣り合う相手

partitocraticamente 副 政党支配体制で, 政党支配体制の慣行に従って

partitocratico 形〖複[男-ci]〗政党支配体制の

partitocrazia 女 (議会や政府よりも力を持つ)政党支配体制

partitona 女 → partitone

partitone 男 高レベルの大きな試合

partitura 女〖音〗総譜, オーケストラスコア

partizione 女 分割, 分配; 分割した部分

partner 男女〖不変〗〖英〗(演劇・スポーツ・ダンスなどの)パートナー, 相方; 恋人, 連れ合い; (仕事の)共同事業者

parto 男 1 出産, 分娩(%) —essere al primo *parto* 初産である / sala *parto* 分娩室 2 所産, 結晶 —*parto* della fantasia 作り話, 嘘, デマ

partoriente 女 妊婦 —形 妊娠中の

partorire 他〖io -isco〗1 出産する, 分娩(%)する 2 生む, 引き起こす

part time 職(男)〖英〗パートタイム勤務, アルバイト —形〖不変〗〖英〗パートタイムの

parve parere の直・遠過・3 単

parvenu 男〖不変〗〖仏〗成り上がり者

parvenza 女 外見, 外観; 漠然とした類似, 兆候

parziale 形 1 部分的な, 一部の, 局部的な 2 不公平な, えこひいきする

parzialità 女 不公平, えこひいき; 不公平な行為[振る舞い]

parzializzabile 形 二, 三の部分に分割されうる; (水流の)分量調節ができる

parzialmente 副 部分的に, 一部はえこひいきして

pascere 他〖過分 pasciuto〗1 (牛などが)牧草を食べる; (人が)飢えて渇望する; (家畜を)牧草地で草を食べさせる 2 糧にす る —**ersi** 再(di) …を食べる, 摂取する, 糧とする

pascià 男 パシャ(オスマントルコの高官の称号); お大尽 —vivere come un *pascià* ぜいたく三昧の暮らしをする

pasciuto 形〖過分 < pascere〗満腹の; 満足した, 栄養状態のよい, 血色のよい, まるまる太った

pascolare 他〖io pascolo〗(牧草地で家畜を)放牧する, 世話する —自 (家畜が)牧草地で草を食べる

Pascoli 固名(男) (Giovanni ~)パスコリ(1855-1912; イタリアの詩人)

pascolo 男 1 放牧場, 牧草地 2 放牧家畜

Pasolini 固名(男) (Pier Paolo ~)パゾリーニ(1922-75; イタリアの詩人・小説家・映画監督)

*pasqua［パスクア］女 1 (P-)復活祭 (春分後の満月の次の日曜日) —lunedì di *Pasqua* 復活祭の月曜日 / *Pasqua* alta [bassa] 復活祭の巡りが遅い[早い]年 2 (ユダヤ教の)過ぎ越しの祭 ► ***contento come una pasqua*** 大満足, 大喜び ***uovo di Pasqua*** イースターエッグ(復活祭の卵型のチョコレート)

Pasquale 固名〖男性名〗パスクアーレ

pasquale 形 復活祭の

Pasqualina 固名〖女性名〗パスクアリーナ

pasquetta 女 1 復活祭の翌日(月曜日) 2 主顕節(1月6日)

pass. 略 passato 過去

passabile 形 受容できる; まあまあできの, 及第点の

passabilmente 副 まあまあ, まずまず

passacaglia 女〖音〗パッサカリア(スペイン起源の古い舞曲)

*passaggio［パッサッジョ］男 1 通過, 通行 —*passaggio* di macchine 車の通行 2 通路 —*passaggio* pedonale 歩道 3 往来 4 推移, 移行, 変化 5 船旅; 乗船料金 6 (人を)車で送ること 7〖スポ〗パス 8 (文学や音楽作品の)一節 9 有名人や政治家のテレビ出演 10〖音〗経過楽句 ► ***dare un passaggio a...*** (人)を車に乗せてあげる ***di passaggio*** 短く, 手短に; 短期間[時間]の, 通りがかりの; いつも通る[立ち寄る] ***passaggio a livello*** 踏切

passamaneria 女 (あらゆるタイプの)飾りひも; リボンやひもの工場[店]

passamano¹ 男 リボン, 飾りひも, 組みひも, モール

passamano² 男〖不変〗1 順々に手渡すこと 2〖北伊〗(階段の)手すり

passamontagna 男〖不変〗目出し帽

passanastro 男〖不変〗穴飾りをしたレースの飾りひも

passante 男女 通行人 —男 1 ベルト通し 2〖スポ〗(テニスの)パッシングショット —形 1〖紋〗(盾に描かれた)歩行状態の動物の 2 (ワインが)まろやかで口当たりのよい, アルコール度数の低い

passaparola 男〖不変〗(兵士が隊列の最後尾まで)小声で命令を口伝えすること; 伝言ゲーム

passapatate 男〖不変〗 ポテトマッシャー(schiacciapatate)

passaporto 男 1 パスポート, 旅券 2 (何かの)実現を保証するもの

passare [パッサーレ] [es] 1 通る, 通過する —*passare* per... …を通過する 2 (時間が)過ぎる, 経つ —Il tempo *passa* velocemente. あっという間に時が経つ. / Sono appena *passate* le sette. 7時を過ぎたところだ. 3 (da) …に立ち寄る —*passare* dallo zio おじの所に立ち寄る 4 (a) …に合格する, 進級[昇級]する 5 (tra) …の間に(違いや関係)がある —Tra me e te *passa* una grossa differenza. 私と君には大きな違いがある. 6 終わる, 消える —Ti è *passato* il raffreddore? 風邪は治ったの? 7 認められる 8 (per) 見なされる, …で有名である —他 (時間を)過ごす —*passare* l'estate a Venezia ヴェネツィアで夏を過ごす 2 越える, 越す —*passare* la piazza 広場を通り過ぎる 3 通す, 通過させる —*passare* il filo nell'ago 針に糸を通す 4 (苦難などを)受ける, 体験する 5 手渡す, 取って渡す; (電話を)つなぐ —*Passami il sale*. 塩を取って. / Mi passi il signor Bianchi, per favore. ビアンキさんに電話をつないでください. 6 移す, 動かす 7 上映する, 上演する 8 伝える, 伝達する 9 耐える, 甘んじて受ける 10〖料〗さっと炒(いた)める; 軽く浸す 11 (表面を)さっと拭く, 塗る —**arsi** 自 互いに与え合う; 感染し合う ▶ *col passare del tempo* 時が経つにつれて *passarla liscia* 無難に切り抜ける *passarsela* 暮らす, 生活を送る

passascotte 男〖不変〗〖船〗デッキシートをつなぎ止める装置

passata 女 1 すばやく通ること, 通過, ざっと(目を)通すこと 2〖料〗(調理中に)さっと火を通すこと; 裏ごし; スープ; トマトピューレ[ソース] 3 ペンキを塗ること ▶ *di passata* すばやく, さっと

passatella 女 (居酒屋でカードやサイコロ遊びをしながら)ワインを飲ませるゲーム

passatello 男〖複数形〗 パッサテッロ(パスタの一種) —形 (人が)もう若くない; (人が)やつれ果てた, (物が)かなりすり切れた

passatempo 男 気晴らし, 遊び, 趣味 —*per passatempo* 趣味で[に]

passatista 形〖複[男 -i]〗因襲的な, 保守的な —男女〖複[男 -i]〗文化的保守派

＊**passato** [パッサート] 形 1 過ぎ去った, 過去の;〖言〗過去時制の —la settimana *passata* 先週 / participio *passato* 〖言〗過去分詞 / raccontare le cose *passate* 過去のことを語る / Sono le otto *passate*. 8時過ぎだ. 2 行き過ぎた; 熟れ過ぎの; 盛りを越えた —verdura *passata* 古くて傷んだ野菜 3〖料〗裏ごしした —男 1 過去 —in *passato* 昔, 過去に / il *passato* prossimo [remoto]〖言〗近[遠]過去 2〖料〗裏ごし, ピューレ —*passato* di pomodoro トマトピューレ

passatoia 女 1 (廊下や階段や出入り口の)じゅうたん 2 (駅構内の)線路の踏切

passatoio 男 (水流を歩いて渡るための)踏み石, 飛び石, 渡し板

passatura 女 縫い, ほころびの修繕

passatutto 男〖不変〗野菜裏ごし器(passaverdura)

passaverdura 男〖不変〗野菜裏ごし器(passatutto)

passavivande 男〖不変〗(厨(ちゅう)房から食堂への)料理の渡し口

passeggero 男〖女[-a]〗 乗客 —treno [nave] *passeggeri* 客車[客船] —形 一時的な, 一過性の —nuvole *passeggere* 過ぎゆく雲

passeggiare 自 [io passeggio] 散歩する; 行ったり来たりする —*passeggiare* lungo i viali 並木道を散歩する / Passeggiava nervosamente su e giù. 彼はいらいらと行ったり来たりしていた.

passeggiata 女 1 散歩 —fare una *passeggiata* 散歩する 2 遠足, トレッキング 3 特に努力を要しない企て 4〖船〗プロムナード・デッキ

passeggiatore 男〖女[-trice]〗 散歩を好む人, 散歩を習慣としている人

passeggiatrice 女 1 散歩を好む女性 2 娼(しょう)婦

passeggino 男 ベビーカー, 乳母車

passeggio 男 1 散歩, 散策 —andare a *passeggio* 散歩に出る 2 散歩道, 散策する場所 3 人出

passe-partout 男〖不変〗〖仏〗1 マスターキー; 解決の鍵 2 額縁の写真や絵の台紙

passeraio 男 スズメの大群のさえずり; (特に子供たちの)騒々しい話し声

passerella 女 1 タラップ; 花道, 張り出し舞台; キャットウォーク 2 (劇・政治・スポーツなどの)有名人の顔揃え

passeriforme 男 スズメ類の鳥

passero 男〖鳥〗スズメ

passerotto 男 1 (生まれて間もない)小スズメ 2 (呼びかけ)(愛情を込めて子供などへ)坊や 3 重大な見落とし

passi 男〖不変〗通行許可証, パス

passibile 形 (責任や負担を)被りうる, 受けやすい

passiflora 女〖植〗トケイソウ

passim 副〖ラ〗(引用で複数箇所にあることを示して)あちこちに, 諸処に

passino 男 こし器, パス

passio 男〖不変〗〖ラ〗(聖週の間に読まれた)歌われる福音書中のキリストの受難

passionale 形 情熱の, 情熱的な

passionalità 女 情熱的なこと

passionalmente 副 情熱を込めて, 情熱的に

passionario

passionario 男 キリスト受難物語; 聖人の殉教の書

＊passione [パッスィオーネ] 女 **1** 情熱, 熱意; 熱愛 —con *passione* 感情を込め, 情熱的に / avere una *passione per*... …に夢中になる, …に熱中する **2** 苦痛, 苦悩 **3** 受難;〔音〕受難曲;〔劇〕受難劇

passista 男女〔複[男 -i]〕長時間速度・ペースを維持できる走者(特に自転車競技選手)

passito 形 干しブドウから作るワインの —男 パッシート, ストローワイン(干しブドウから作るワイン)

passivamente 副 消極的に, 無抵抗に

passivante 形〔言〕動詞に受身的機能を持たせる —si *passivante* 受身の si

passivismo 男 受動主義, 消極的姿勢

passività 女 **1** 消極性, 受動性 **2**〔経〕負債, 損失

passivo 形 **1** 受身の, 消極的な —fu*mo passivo* 受動喫煙 **2**〔言〕受動態の, 受身の **3** 負債の —男 **1**〔言〕受動態 **2** 負債

＊passo¹ [パッソ] 男 **1** 歩(ほ), 歩幅 —fare un *passo* avanti 前進する **2** 短い距離 **3** 歩き方, ペース —tenere il *passo* ペースを維持する **4** 足跡, 足音 —sentire dei *passi* 足音を聞く / tornare sui propri *passi* 来た道を戻る, 引き返す **5**(ダンスの)ステップ **6** 通行; 通路 —*passo* carrabile (ガレージに入るための歩道上の)自動車通路 **7** 動き, 決断 **8** 文学作品[楽曲]の一節 **9** (馬の)自然な歩み **10** 峠 —*passo* alpino アルプスの峠 ▶ *a due [pochi] passi* すぐ近くに, 歩いてすぐの所に *al passo coi tempi* 時代に即して; 現代的な, 今風の *a passo d'uomo* (乗り物が)歩くような速さで, のろのろと *di buon passo* 早足で, 快調なペースで *di pari passo* 歩調を合わせて, 並行して *fare due [quattro] passi* (散歩がてら)歩いて行く, 散歩する

passo² 形 乾燥した, しなびた —uva *passa* 干しブドウ

Passo del Brennero 固名 男 ブレンネル峠, ブレンナー峠(イタリアとの国境にある峠; 古くから重要な交通路)

Passo del Gran [Piccolo] San Bernardo 固名 男 グラン[プチ]・サン・ベルナール峠, 大[小]サンベルナール峠(スイス・イタリア[フランス・イタリア]国境の峠)

password 男〔不変〕〔英〕パスワード

＊pasta [パスタ] 女 **1** パスタ(麺類や小麦粉を練ったもの) —*pasta* fresca [secca] 生麺[乾麺] / *pasta* frolla 菓子用の生地 **2** ペースト(状のもの) —*pasta* d'acciughe アンチョビーペースト / *pasta* dentifricia 練り歯磨き / *pasta* di mandorle マジパン, アーモンドペースト **3** 小さなケーキ **4** (桃や梨の)果肉 **5** (人の)性質, 性格, 気質 ▶ *avere le mani in pasta* 手慣れている, 深く関わる *essere di pasta frolla* 根性がない, 頼りない, もろい *essere della stessa pasta* 同じ性質である, 根は同じ

pastafrolla 女 菓子用パイ生地

pastaio 男〔女[-a]〕パスタ製造販売業者, 製麺業に携わる者

pastasciutta 女 (一般的な)パスタ料理(「ゆでて水気を切ったパスタ」の意味でスープに入れるパスタと区別して)

pastasciuttaio 男〔女[-a]〕《口語》パスタをこよなく愛する人 —形 パスタ好きの

pasteggiare 自〔io pasteggio〕食事をする; 宴会に参加する —他 ゆっくり味わって飲食する

pastella 女〔料〕パステッラ(揚げ物の生地)

pastello 男 パステル; パステル画法; パステル画 —形〔不変〕パステル調の色彩

pastetta 女 **1** 詐欺, 策略; 不正選挙 **2**〔南伊〕→ pastella

pasticca 女 **1** (トローチのような)錠剤, 糖錠 —*pasticca* alla menta ハッカ入りトローチ **2** 指輪の彫刻した石

pasticceria 女 **1** ケーキ製造技術 **2** ケーキ **3** ケーキ屋, 洋菓子店

pasticciare 他〔io pasticcio〕台無しにする, ぶちこわしにする; よごす

pasticciere 男〔女[-a]〕ケーキ職人, 菓子職人;(販売者としての)ケーキ屋

pasticcino 男 プチケーキ, プチパイ

pasticcio 男 **1** パイ, オーブン焼きのパスタ **2** ぞんざい[でたらめ]な仕事 **3** 難題, 厄介; 災難 —mettersi in un *pasticcio* 面倒なことに巻き込まれる **4**〔劇・音〕(18世紀の)パスティッチョ

pasticcione 男〔女[-a]〕でたらめな仕事をする人, ぞんざいな人間

pastiche 男〔不変〕〔仏〕パスティーシュ, (文学や音楽作品の)模作, (様式や技法の)寄せ集め

pastiera 女 パスティエーラ(ナポリのパイ菓子)

pastificare 他〔io pastifico〕(小麦粉を)パスタに製麺する —*pastificare* la farina 小麦粉を練ってパスタにする —自 パスタを作る

pastificatore 男〔女[-trice]〕製麺業者, パスタ作りの職人

pastificazione 女 パスタ製造, 製麺

pastificio 男 製麺所, パスタ製造所

pastiglia 女 **1** (トローチのような)錠剤; (喉飴(あめ)のような)ドロップ **2** (水に溶かして使う)錠剤, タブレット —*pastiglia* per la tosse 咳止め **3** しっくい

pastina 女 (スープに入れる)小粒のパスタ

pastinaca 女 **1**〔魚〕アカエイ **2**〔植〕パースニップ(セリ科)

pasto 男 食事 —all'ora dei *pasti* 食事時に / prima dei *pasti* 食前に /

pastocchia 女 (人をだますための)作り話, ほら話

pastoia 女 (放牧の際に家畜の前足につなぐ)ロープ; 束縛, 拘束

pastone 男 1 (ふすまやトウモロコシ粉を水で溶いた)家畜の飼料 2 煮過ぎのスープ, ゆで過ぎのパスタ 3 ごちゃ混ぜ, 寄せ集め

pastorale 形 1 羊飼いの; 牧羊の 2 聖職者の, 司教の ―男 パストラーレ, 牧歌, 田園曲[詩], 牧歌劇 ―女 司教杖

☆**pastore** [パストーレ] 男 1 〔女[-a]〕羊飼い 2 司教, 司祭; 牧師 3 牧羊犬

pastorella 女 1 〔音〕クリスマスキャロル 2 〔文〕パストゥレル(騎士と女羊飼いの対話形式の叙情詩)

pastorello 男〔女[-a]〕羊飼い;〔文〕アルカディア派の詩人

pastorizia 女 牧畜業, 畜産業

pastorizio 形 牧畜の, 畜産の ―prodotti *pastorizi* 畜産物

pastorizzare 他 (食品を)低温殺菌する

pastorizzato 形 低温殺菌された

pastorizzazione 女 低温殺菌, パスチャライゼーション

pastosità 女 1 (物体や素材の)ほどよい柔らかさ; (色・音などの)甘美さ, 柔らかさ 2 (ワインの)芳醇さ

pastoso 形 練り生地のような堅さ[柔らかさ]の; (音・声が)温かくて抑揚のある; (ワインが)薄甘口の

pastrano 男 (特に軍隊用の)厚手の外套

pastrocchio 男 〔北伊・中伊〕ごちゃた, ごた混ぜ

pastura 女 1 放牧; 牧草地; 牧草 2 魚釣りの撒き餌

patacca 女 1 外見は価値のありそうな偽物 2 派手なメダル[記章] 3 懐中時計 4 大きな油染み

pataccone 男 1 派手な記章[メダル] 2 懐中時計

patagio 男 (コウモリなどの)翼膜; (蝶の)頸板

patagonico 形 〔複[-ci]〕パタゴニア(の人)

patapum 擬 バン, ドン, ドスン, ドボン (爆発音, 地面や水に落ちる音)

patapunfete 擬 バシャ, ドスン(水や地面への落下音)

patarino 形 パタリ派の ―男〔女[-a]〕パタリ派の信奉者

☆**patata** [パタータ] 女 1 ジャガイモ, ポテト ―*patata* americana [dolce] サツマイモ(batata) 2 不器用な人, 鈍感な人 ― spirito di *patata* ダジャレを言う人)

patatina 女 1 新ジャガイモ;〔複数で〕フライドポテト 2 丸ぽちゃの女の子

patatone 男〔口〕無骨でのろまな男

patatrac 擬 ドサッ, ドシン(重量のある大きなものが崩れたり砕けたりする音) ―男〔不変〕崩壊, 破綻, 暴落

pâté 男〔不変〕〔仏・料〕パテ

patella 女 1 〔解〕膝蓋骨, 膝の皿 2 〔貝〕カサガイ

patema 男〔複[-i]〕深い苦しみ, 憂慮 ―*patema* d'animo 心痛

patena 女 聖体皿

patentare 他 免許[許可]証を与える

patentato 形 免許を取得した;《諧》お墨付きの(否定的な意味で) ―cretino *patentato* 正真正銘のあほう

patente[1] 女 1 免許(証); 運転免許(証) ―*patente* di guida 運転免許(証) / prendere la *patente* 免許を取得する 2 (悪い意味の)公認, 烙印 ― Ti daranno la *patente* di bugiardo. 君は嘘つきの烙印を押されるだろう.

patente[2] 形 明らかな, 明白な

patentino 男 期限付き免許; 仮免許証

pater 男〔不変〕〔ラ〕我らが父; 主の祈り

patera 女 (古代ローマで神への献上酒を注ぐための)椀状の盃

pateracchio 男 策略, 不明瞭な取り決め

patereccio 男 〔医〕瘭疽

pater familias 慣(男)〔ラ〕家長

paternale 女 説教, 訓戒

paternalismo 男 1 家父長的な態度; 温情主義的な態度 2 干渉政治

paternalista 男女〔複[男-i]〕家父長[温情]主義者

paternalisticamente 副 家父長主義的に, 温情主義的に

paternalistico 形 干渉政治の; 家父長[温情]主義的な ―politica *paternalistica* 温情主義政策

paternamente 副 父親らしく, 父親として

paternità 女 1 父性, 父親であること; (書類で)父親の氏名 2 (芸術作品の)作者 3 聖職者への尊称 ―Vostra *Paternità* 神父様

paterno 形 1 父親の; 父方の 2 父親のような

Pater noster, paternoster 慣 (男)〔ラ〕我らの父(Padre nostro)

paternostro 男 1 (P-)我らの父 2 ロザリオの珠の一つ

pateticamente 副 痛ましく, 哀れに

pateticità 女 哀れさ, 悲壮性

patetico 形〔複[-ci]〕1 涙を誘うような 2 めそめそした 3 見苦しい ―男〔複[-ci]〕1 涙を誘うもの, 感傷的なこと 2 女[-ca]〕涙もろい人, あまりに感傷的な人

patetismo 男 悲壮感が過ぎる傾向

pathos 男〔不変〕(芸術作品の)強い感情を呼び起こす力; 哀感

-patia 接尾 「情熱」「感情」「愛情」の意; 「病気」「苦しみ」の意

patibolare 形 死刑の, 死刑台の; 死刑に値するほどの

patibolo 男 死刑台; 死刑

-patico 接尾 形容詞を作る:「苦しんだ」

「患っている」の意

patimento 男 苦しみ,苦痛,苦悩 ― *patimento* morale 精神的苦痛

patina 女 **1**(物の表面の)つや,曇り,翳(かげ)り **2**(古さを出すための)うわぐすり,ニス

patinare 他 [io patino] **1**(芸術作品などで)表面に古さを帯びさせる **2**(人工的に古さを出すために)釉(ゆう)薬を塗る

patinato 形 うわべだけの[人工的な]完璧さを持つ ―bellezza *patinata* 人工美

patinatura 女 (表面の古さを出すための)上塗り

patinoso 形 古錆(ふるさび)のような,錆に覆われた

patio 男 スペイン風住宅の中庭,パティオ

＊**patire**[1] [パティーレ] 他 [io -isco] **1**(被害などを)受けて苦しむ **2**耐える,許容する ― 自 苦しむ;心を痛める;(物が)傷む

patire[2] 男 苦しみ,苦痛

patito 形 苦しんだ,衰弱した ― 男[女 [-a]]愛好者,心酔者

pato- 接頭 「病気」の意

patofobia 女 [心]疾病恐怖症

patogenesi 女 [不変] [医]病気の生成と経過のメカニズム,発病学;病原論,病因論

patogeno 形 [医]発病させる,病因となりうる

patognomonico 形 [複[-ci]] [医]特定の病気の兆候の

patois 男 [不変] [仏] **1**パトワ(狭い地域で用いられる方言),俚(り)言,田舎言葉 **2**ピエモンテやアオスタの方言

patologia 女 **1**[医]病理学 **2**病気 **3**(商社・組織・政治社会状況や人間関係の)病理

patologicamente 副 病理学的に,異常に,病的なまでに

patologico 形 [複[-ci]] 病理学の,異常の,度を越した,機能異常の

patologo 男 [複[-gi]女[-a]] 病理学者

patos → pathos

patri- 接頭 「父方の」「男系の」の意

＊**patria** [パートリア] 女 **1**祖国,故国 ―amor di *patria* 祖国愛 **2**発祥地,原産地 ―L'Italia è la *patria* della pizza. イタリアはピッツァの発祥地だ.

patriarca 男 [複[-chi]] **1**家父長,族長;(旧約聖書の)ヘブライ民族の元祖,始祖 ―il *patriarca* Abramo 父祖アブラハム **2**(東方正教会の)総主教

patriarcale 形 **1**家父長の,家父長らしい;気取らず厳格な **2**総主教の

patriarcalmente 副 家父長制で,家父長らしく

patriarcato 男 家父長制;家父長の権限

patrigno 男 継父

patrimoniale 形 財産の,資産の ― 女 資産税,財産税

patrimonialmente 副 資産に関して

patrimonio 男 **1**財産,資産 **2**(文化的な)遺産,(個人的な)資質 ―*patrimonio* culturale 文化遺産

patrio 形 父親の,先祖の;祖国の ―suolo *patrio* 祖国

patriota 男 女 [複[男 -i]] **1**愛国者 **2**同郷者

patriotta → patriota

patriottardo 形 愛国心に熱狂した ― 男 [女[-a]] (窶度を越した愛国者

patriotticamente 副 愛国心から,愛国者として

patriottico 形 [複[男 -ci]] 愛国(者)の,愛国的な

patriottismo 男 愛国心

patristico 形 [複[男 -ci]] (初期キリスト教会の)教父の ―scritti *patristici* 教父の著作

Patrizia 固名 [女性名] パトリーツィア

patriziato 男 貴族階級

Patrizio 固名 [男性名] パトリーツィオ

patrizio 形 貴族の,貴族らしい ― 男 [女[-a]] 貴族

patrizzare 自 (外見や振る舞いで)父親に似る,父親にそっくりである

patro- 接頭 「父親」「父親に関する」の意

patrocinare 他 (裁判で)弁護する;弁護士をする;支持する,後押しする

patrocinatore 男 [女[-trice]] 弁護をする者;弁護士;擁護者,支持者

patrocinio 男 (裁判での)弁護;支援,支持

Patroclo 固名(男) [ギ神]パトロクロス(神話に登場する英雄)

patrologia 女 教父神学,教父文献の研究

patron 男 [不変] [仏] **1**主人;スポーツやイベントの主催者 **2**(洋裁の)型紙

patronale 形 守護聖人の

patronato 男 **1**保護,後援;福祉団体,慈善団体 **2**(聖職者の)候補者推薦権 **3**(古代ローマの)主人と解放奴隷の法的関係

patronessa 女 (慈善目的の)イベントの女性スポンサー

patronimicamente 副 父の名前にちなんで

patronimico 男 [複[-ci]] 父親や先祖から取った名前[苗字,あだ名] ― 形 [複[男 -ci]] 父親[先祖]の名前を取った[名前にちなんだ]

patrono 男 [女[-a]] **1**守護聖人 **2**支援者,後援者 **3**[法]弁護人

patta[1] 女 (ゲームでの)同点,引き分け

patta[2] 女 錨爪(いかりづめ)の先端

patta[3] 女 (ポケットの)垂れた蓋;ボタン隠しの布;(ズボンの)前の開閉部分

patta[4] 女 [中伊・北伊](頭や肩への)平手打ち

pattare → impattare

patteggiabile 形 交渉可能な,折衝できる

patteggiamento 男 交渉, 折衝, 談合, 駆け引き; (司法上の)取引

patteggiare 自 [io patteggio] 交渉する, 談合する, 駆け引きする —他 取引をする —自 交渉を行う; 妥協する

patteggiatore 男 [女 [-trice]] 交渉人

pattinaggio 男 スケート, スケーティング —*pattinaggio* a [su] rotelle ローラースケート / *pattinaggio* su ghiaccio アイススケート

pattinamento 男 (車輪が路面で)滑ること, タイヤの空回り

pattinare 自 [io pattino] スケートをする, スケートで滑る; (自動車が濡れた[凍った]路面で)スリップする

pattinatoio 男 (アイススケートまたはローラースケート用の)スケートリンク

pattinatore 男 [女 [-trice]] スケーター

pattino¹ 男 1 スケート靴(のエッジ); (スケート靴の)ブレード —*pattini* a rotelle ローラースケート靴 2 (そり・ヘリコプターの)滑走部分

pattino² 男 (手漕ぎの)二双舟, ペダルボート

*__patto__ [パット] 男 1 協定, 協約 2 合意事項[条件], 取り決め ▶ *a nessun patto* 決して(…ない) *a patto di* + 不定詞 [che + 接続法] …するのなら *venire a patti con...* (人)に妥協する, 合意する

pattuglia 女 パトロール(隊), 偵察(隊)

pattugliamento 男 パトロール隊が行う業務

pattugliante 男女 パトロール隊員

pattugliare 自 [io pattuglio] パトロールをする —他 (地域を)巡回する, パトロールする

pattugliatore 男 [女 [-trice]] → pattugliante

pattuglione 男 (夜間の大がかりな)市中パトロール(隊)

pattuire 他 [io -isco] 協定[取り決め]に従って定める

pattume 男 ごみ, 屑; 泥

pattumiera 女 1 ごみ箱 2 汚い場所, ごみ溜め

paturnia 女 《口》[複数で] うつ状態, ふさぎ込むこと, 憂鬱 —*avere le paturnie* ふさぎ込む

paulista 形 [複[男 -i]] サンパウロ(の人)の —男女 [複[男 -i]] サンパウロの人

paulonia 女 [植] キリ(ゴマノハグサ科キリ属)

pauperismo 男 (資源不足・経済危機や戦争から生じる国全体の)貧困状態, 赤貧; (宗教思想としての)清貧

paupulare 自 [io paupulo] (クジュクが)甲高く鳴く

*__paura__ [パウーラ] 女 恐れ, 恐怖; 不安, 心配 —*avere paura* 恐がる, 心配する ▶ *avere paura di* + 不定詞 [che + 接続法] (心配や不安な気持ちで)…するかもしれない, …ではないかと思う *per*

paura di + 不定詞 …するのを恐れて, …しないように

paurosamente 副 恐ろしそうに, ぎょっとして; すさまじく, ひどく

pauroso 形 1 怖がりの 2 恐ろしい 3 すごい, とてつもない

pausa 女 1 休止, 中断; 休憩(時間) —*pausa caffè* コーヒーブレーク / *pausa pubblicitaria* (テレビ・ラジオの)コマーシャル / *pausa pranzo* ランチブレーク 2 間(ま), ポーズ 3 [音] 休止符

pausare 他 [io pauso] 中断する, 休みを入れる —*pausare il discorso* 話の途中で一息入れる —自 息を入れる, 一休みする

pavana 女 パヴァーヌ(16～18世紀に流行した舞踊); [音] パヴァーヌ(舞踊音楽)

Pavarotti 固名 (男) (Luciano ~) パバロッティ(1935-2007; イタリアのテノール歌手)

pavé 男 [仏] 舗道, 舗装道路

paventare 他 (事物を)怖がる; 危ぶむ, 心配する

pavesare 他 旗などで飾る —*pavesare la contrada a festa* 町に祭の飾りつけをする

Pavese 固名 (男) (Cesare ~) パヴェーゼ(1908-50; イタリアの作家・詩人)

pavese¹ 形 パヴィーア(の人)の —男 パヴィーアの人 —女 [料] パヴィーア風スープ(zuppa alla pavese; 野菜のスープにパンと卵を加えたもの)

pavese² 男 1 中世の長方形の大楯 2 [船] 装飾用の旗 —*gran pavese* 満艦飾

Pavia 固名 (女) パヴィーア(ロンバルディア州の都市; 略 PV)

pavidamente 副 びくびくとして, 怯(お)えて

pavidità 女 臆病

pavido 形 怯(お)えた, 臆病な, 気の小さい

pavimentale 形 床(ゆか)の, 舗装の

pavimentare 他 床(ゆか)を張る; 舗装する

pavimentatore 形 [女 [-trice]] 舗装工事を行う —*macchina pavimentatrice* 舗装機 —男 [女 [-trice]] 舗装工事作業員

pavimentazione 女 床(ゆか)張り; 道路舗装

pavimentista 男女 [複[男 -i]] 舗装工事作業員

*__pavimento__ [パヴィメント] 男 床(ゆか), 床張り —*pavimento di legno* 板張りの床

pavoncella 女 [鳥] タゲリ

pavone 男 [女 [-a, -essa]] 1 [鳥] クジャク 2 見栄っ張り, うぬぼれ屋 —男 [不変] クジャク色 —形 [不変] クジャク色の —*blu pavone* ピーコックブルー

pavoneggiarsi 再 [io mi pavoneggio] 1 威張る, 気取る; うぬぼれる 2

偉そうに歩く
pavonia 囡〔虫〕クジャクヤママユガ
pay-tv 囡〔不変〕〔英〕有料テレビ
pazientare 自 耐える, 我慢する ― 他 我慢する
paziente 形 1 忍耐力のある, 我慢強い 2 入念な, 丹念な ―男囡 患者
pazientemente 副 我慢強く, 辛抱して, 根気よく
***pazienza** [パツィエンツァ] 囡 1 忍耐 (力); 我慢, 辛抱; 根気 ―avere *pazienza* 我慢する, 辛抱する / *gioco di pazienza* パズル / *perdere la pazienza* 堪忍袋の緒が切れる 2 (カト)(カルメル会修道士の)袖なしの肩衣 ▶ *Pazienza!* 仕方ない. | しょうがない. | 諦めよう. *Santa pazienza!* どうか何とぞ.
pazzamente 副 狂ったように; 最高に, かなり
pazzarello → pazzerello
pazzariello 男 (ナポリの)路上道化師, チンドン屋
pazzeggiare 自〔io pazzeggio〕狂ったように奇妙な振る舞いをする, 馬鹿なまねをする
pazzerello 男〔囡 [-a]〕軽率で風変わりな人物 ―形 不安定な気候の
pazzerellone 男〔囡 [-a]〕陽気な変人, ひょうきん者
pazzesco 形〔複[-chi]〕気が狂った; 膨大な, 甚だしい; 並外れた, 異常な ― *Fa un caldo pazzesco!* ものすごい暑さだ.
pazzia 囡 狂気; 馬鹿げたこと, 常識外れ
***pazzo** [パッツォ] 形 狂った; 馬鹿げた; 異常な, 並外れた ―*pazzo di gioia* 狂喜した ―男〔囡 [-a]〕精神障害者, 狂人; 変人, 無謀な人
pazzoide 形 少し奇抜な, 風変わりな ―男囡 少々変わった人
Pb 略〔元素記号〕piombo 鉛
PC 略 1 Piacenza ピアチェンツァ 2 〔英〕Personal Computer パーソナルコンピューター
p.c. 略 1 per conoscenza お知らせまで; per condoglianze 哀悼の意を表して; per congedo お別れのしるしに 2 parte civile (刑事事件の)損害賠償請求側, 附帯私訴
p.c.c. 略 per copia conforme 原文通りの写しで
PCI 略 Partito Comunista Italiano イタリア共産党
P. co 略 picco (地図上の)山頂
PCUS 略 Partito Comunista dell'Unione Sovietica ソビエト連邦共産党
PD 略 1 Padova パドヴァ 2 Partito Democratico 民主党
Pd 略〔元素記号〕palladio パラジウム
P.D. 略 partita doppia 複式簿記
P. d'A. 略 Partito d'Azione 行動党
PDCI 略 Partito dei Comunisti Italiani イタリア共産主義者党
PDIUM 略 Partito Democratico Italiano di Unità Monarchica 君主主義統一イタリア民主党
PDS 略 Partito Democratico della Sinistra 左翼民主党
PdUP 略 Partito di Unità Proletaria プロレタリア統一社会党
PE 略 Pescara ペスカーラ
p.e. 略 per esempio 例えば
peana 男〔不変または複 [-i]〕1 (P-)アポロンの呼称 2 (古代ギリシアの)アポロンや他の神々を讃える合唱曲; 凱(がい)旋の歌; 祝賀の演説
peata 囡〔北伊〕商品運搬用の大きな平底船(ヴェネツィアの潟で用いられた)
pecari 男〔不変〕〔動〕ペッカリー; ペッカリーの革(靴など革製品に用いられる)
pecca 囡 欠陥, 欠損; 罪
peccaminosamente 副 罪深く
peccaminosità 囡 (態度・行動の)罪深さ, 不義
peccaminoso 形 邪悪な, 罪深い; 不義の
peccare 自 罪を犯す; 過ちを犯す, 誤る; 不備がある
***peccato** [ペッカート] 男 1 (宗教・道徳上の)罪, 過ち ―*i peccati capitali* (カト)七つの大罪 / *peccato originale* (アダムとイブの)原罪 / *peccati di gioventù* 若気の至り 2 残念な[惜しい, もったいない]こと ―*Che peccato essere arrivati in ritardo!* 間に合わなくて残念だったね. ▶ *dire il peccato e non il peccatore* 罪を話題にしても罪人の名は口にしない, デリケートな話は実名を伏せて言う *È un peccato che* + 接続法 …なのは残念です.
peccatore 男〔囡 [-trice]〕罪人(ざい)
pecchia 囡〔トスカーナ〕ミツバチ
pece 囡 (防水用の)ピッチ, やに ―*nero come la pece* 真っ黒な, 真っ暗な
pecetta 囡 〔中伊・南伊〕1 (衣類の)油脂の染み 2 絆創膏(ばんそうこう); (紙や他の材料の)修繕用の切れ端 ―*mettere una pecetta* 修繕する; 取り繕う
pechblenda 囡 〔鉱〕歴青ウラン鉱, ピッチブレンド
pechinese 形 北京(の人)の ―男囡 北京の人 ―男 1〔単数のみ〕北京語 2 ペキニーズ(小型犬の一種)
Pechino 固名(囡) 北京
pecioso 形 やにのような, やにが付いた, やにでよごれた
pecora 囡 1〔動〕ヒツジ 2 臆病な人, 意志薄弱な〔卑屈な〕人 ―*comportarsi da pecora* 臆病に振る舞う, 卑屈になる ▶ *la pecora nera* (家族や集団の)嫌われ者, 鼻つまみ者 *contare le pecore* 寝付けない, 不眠である
pecoraggine 囡 臆病, 気弱, 愚鈍; 愚行; 屈従
pecoraio 男〔囡 [-a]〕羊飼い; 粗野で無教養の人 ―形 (人が)無作法な, しつ

pecorame 男 羊の集まり；《蔑》羊のようにおとなしい連中

pecoreccio 形〔複〔女 -ce〕〕悪趣味な，俗悪の —男 羊糞や悪臭；羊小屋の糞(ﾞ)尿；抜け出せない窮地

pecorella 女 1 子羊 2 従順で温和な人；《権威や指導》に忠実な人

pecorescamente 副 羊のように，気弱に，隷属的に

pecoresco 形〔複〔男 -chi〕〕（態度が）臆病な，卑屈な，従順な

pecorino 形 1 羊の；従属的な 2 ペコリーノ（チーズ）の —男 ペコリーノチーズ

pecorone 男 臆病者，消極的な人，従順な人

pecorume 男《蔑》臆病者の集まり，従順な人たち；臆病，媚(ﾋ)へつらい

pectina 女〔化〕ペクチン

peculato 男 公金［官物〕横領，使い込み

peculiare 形 特有の，固有の，独特な

peculiarità 女 特性，特質，独自性

peculiarmente 副 特に，独特に

peculio 男 1 （ローマ法で）特有財産（家長から子や奴隷に託された財産） 2 倹約して貯めた蓄え

pecunia 女《諧》金銭 —*Mi manca la pecunia.* お金の持ち合わせが無い．

pecuniariamente 副 金銭的に，お金に関して

pecuniario 形 金銭に関する，金銭上の

pedaggio 男 1 （道路や橋の）通行料，通行税 —*pedaggio autostradale* 高速料金 2 賄賂

pedagna¹ 女〔不変〕〔中伊・南伊〕〔次の成句で〕▶ *a pedagna* 徒歩で

pedagna² 男 1 ボートの踏み板；ストレッチャー；矢板 2〔トスカーナ〕木の大枝

pedagogia 女 教育学

pedagogicamente 副 教育学に基づいて，教育学上

pedagogico 形〔複〔男 -ci〕〕教育学の

pedagogista 男女〔複〔男 -i〕〕教育学者

pedagogo 男〔複〔-ghi〕女〔-a〕〕教育者，家庭教師；(古代ギリシャの）子供の*教育担当の奴隷*

pedalabile 形（道路で）自転車で楽に通行できる，自転車走行に適した

pedalare 自 ペダルを踏む，自転車をこぐ

pedalata 女（自転車などの）ペダルを踏むこと；ペダルの踏み方；自転車走行

pedalatore 男〔女〔-trice〕〕ペダルを踏む人；自転車に乗る人；自転車競技で）速く力強くペダルを踏む選手

pedale 男 1 ペダル；〔音〕ペダル鍵盤 —*pedale del freno* ブレーキペダル 2（靴職人が用いる）固定用の革帯 3 木の幹や枝の下部

pedaliera 女 1（車や装置の）ペダル部分；（自転車の）ペダルやペダルクランクの部分 2〔音〕オルガンのペダル鍵盤

pedalino 男（男性用）ソックス；個性や意志が欠けた人

pedalò 男 水上自転車，ペダルボート

pedana 女 1 足置き台；演壇 2〔スポ〕踏切板

pedante 形 博識ぶった，衒(ｹﾞ)学的な；規則にこだわった，こせこせした詮索好きの —男女 杓(ｼｬｸ)子定規な人；《古》教師，子供の教育係

pedanteggiare 自〔io pedanteggio〕規則にこだわる，杓(ｼｬｸ)子定規に事を行う

pedantemente 副 規則にこだわって，物知り顔に

pedanteria 女 規則へのこだわり，細かいことにこだわること；博識ぶった行為［態度，話し方］

pedantescamente 副 規則にうるさく

pedantesco 形〔複〔男 -chi〕〕規則にこだわり過ぎの，細かいことにうるさ過ぎる

pedata 女 足跡；蹴ること，足蹴(ｹﾞ) —prendere... *a pedate* ...を蹴る

pedecollina 女 丘のふもとの地域

pedecollinare 形 丘のふもとの

pedemontano 形 山のふもとの；(道路が）山麓を横切る —*zona pedemontana* 山麓地帯

pedemonte 男 山麓，裾野

pederasta 男〔複〔-i〕〕少年愛嗜(ｼ)好者

pederastia 女 少年愛，少年との同性愛

pederastico 形〔複〔男 -ci〕〕少年愛好者の，少年愛の

pedestre 形（文章が）低レベルの，飾らない；並の，ありふれた

pedestremente 副 凡庸に，ありふれて

-pedia 接尾「教育」「規律」の意

pediatra 男女〔複〔男 -i〕〕小児科医

pediatria 女 小児科学

pediatricamente 副 小児科学の観点から

pediatrico 形〔複〔男 -ci〕〕小児科（学）の，小児の治療用の

pedibus calcantibus 副〔ラ〕徒歩で

pedicolare 形 シラミの；シラミが原因の病気の

pediculosi 女〔不変〕〔医〕シラミ寄生症

pedicure 女〔不変〕ペディキュア —男女〔不変〕ペディキュア師

pediera 女 ベッドの足元〔足側〕の板

pedignone 男〔複数で〕足のしもやけ〔凍瘡〕

pedigree 男〔不変〕〔英〕(特に犬や馬の）血統書；《諧》社会階層

pediluvio 男 足浴

pedina 女 ボードゲーム(*gioco della dama*)の駒；チェスの駒

pedinamento 男 尾行, 追跡

pedinare 他 尾行する; (女性を)ストーカーする

pedissequo 形 追従する, 盲従の; 精確にまねただけの

pedivella 女 (自転車の)ペダルクランク

pedo-¹ 接頭 「土壌の」「土地の」の意: pedologia 土壌学

pedo-² 接頭 「子供の」の意

pedofilia 女 ペドフィリア, 小児性愛

pedofilo 形 小児性愛の ─男〖女[-a]〗小児性愛者

pedologia¹ 女 土壌学

pedologia² 女 小児科学

pedologo 男〖複[-gi]女[-a]〗土壌学者

pedometro 男 万歩計(contapassi)

pedonale 形 歩行者の, 歩行者専用の

pedonalizzare 他 (車両を締め出して)歩行者専用にする

pedonalizzazione 女 (市街地の道路の)歩行者専用化

pedone 男 1 歩行者 2 (チェスの)ポーン, 歩兵

peduccio 男 1〔トスカーナ〕豚足 2〔建〕(アーチを支えるための)コーベル, 持ち送り

pedula, pedúla 女〖複数で〗登山靴

peduncolo 男〖植〗花茎, 花梗; 長く細く伸びたもの

pegamoide 男女〖商標〗人工皮革

pegaseo 形 ペガサスの;〖天〗ペガサス座の ─fonte pegasea〖ギ神〗(ペガサスの蹄の跡から湧き出た)ヒッポクレネの泉

Pegaso 固名(男) 1〖ギ神〗ペガサス(有翼の天馬) 2〖天〗ペガサス座

*peggio [ペッジョ] 副〖male の比較級〗と[もっと]悪く ─形〖不変〗1 より悪い ─Oggi il tempo è *peggio* di ieri. 今日は昨日より天気が悪い. / non c'è niente di *peggio* che... …ほどひどいものはない 2〖定冠詞とともに最上級で〗最悪の ─男〖不変〗最悪の事態 ─temere il *peggio* 最悪の事態を恐れる ▶ **alla meno peggio** 何とか, どうにか **di male in peggio** ますます悪く[ひどく]

peggioramento 男 悪化

peggiorare 他 悪化させる ─自〖es, (人が主語) es/av〗悪化する

peggiorativamente 副 一層悪化させて, さらに悪くさせて

peggiorativo 形 悪化させる, さらに悪くさせる ─男〖言〗軽蔑辞

peggiore 形〖cattivo の比較級〗1 より悪い, もっとひどい 2〖定冠詞とともに最上級で〗最低[最悪]の ─nel *peggiore* dei modi 最悪の方法で ─男女 最低[最悪]の人間

pegno 抵当, 担保; (ゲームの)チップ, 点棒; 証(^{あかし}), 証拠

pegoliera 女 ピッチ積載船(ピッチを入れたボイラーを積載した船)

peignoir 男〖不変〗〖仏〗(肩にかける)化粧用ケープ, バスローブ, 部屋着

pel 前置詞 per +定冠詞 il

pela- 接頭 「毛を抜く, 皮をむくのに使う」の意

pelagico 形〖複[男 -ci]〗外洋の, 外洋に棲(^す)む

pelago 男〖複[-ghi]〗1 外洋, 遠洋 2 大量, 多量 3 難局, 大苦境

pelame 男 (動物の体を覆う)毛, 毛並み

pelandrone 男〖女[-a]〗怠け者, 無気力な人, 無精者

pelapatate 男〖不変〗ジャガイモの皮むき器

pelare 他 1 毛を抜く, 羽をむしる 2 (野菜などの)皮をむく ─*pelare* le patate ジャガイモの皮をむく 3 ぼる, ぼったくる ─ In quel negozio ti *pelano*. あの店ではぼったくられる. ─**arsi** 再 1〖強調の意で〗皮をむく; 肌を擦りむく; 毛が抜ける, はげる 2 憔悴(^{しょうすい})する, 苦悩する

pelargonio 男〖植〗テンジクアオイ

pelasgico 形〖複[男 -ci]〗ペラスギ人の

pelata¹ 女 (皮を)むくこと, (草木などを)引き抜くこと; 損害

pelata² 女 はげ頭; はげた部分

pelato 形 1 はげた, スキンヘッドの 2 木の生えていない, 葉の落ちた 3 皮をむいた ─男《口》頭のはげた男性;〖複数で〗湯むきトマト(の缶詰)

pelatura 女 1 毛を抜くこと, 皮をむくこと 2 ペテン, 詐欺

Peleo 固名(男)〖ギ神〗ペレウス(ギリシャ神話の英雄. アキレスの父)

Pelide 固名(男)〖ギ神〗ペリアス(ギリシャ神話の英雄. イオルコスの王)

peligno 形 ペリーニ人の ─男〖不変〗〖複数で〗(アブルッツォの古代民族の)ペリーニ人

pellaccia 女〖複[-ce]〗1 動物の分厚い皮[なめし革] 2 人生 3 苦境に強い[慣れた]人間; 厚顔無恥な人間

pellagra 女〖医〗ペラグラ, ナイアシン欠乏症

pellame 男 なめし革; なめし革の製品

pellaro 男 ペッラロ(レッジョ・カラブリア州の赤ワイン)

*pelle [ペッレ] 女 1 皮膚, 肌 2 皮革 3 命 4 (果実・野菜の)皮 5 痛みや労苦に耐えうる人, 頑張る人 ▶ **avere [sentirsi] i nervi a fior di pelle** とても苛立っている, 神経がピリピリしている **avere la pelle dura** とてもタフである **non stare (più) nella pelle** しびれを切らす, 居ても立ってもいられない **pelle d'oca** 鳥肌 **rimetterci [lasciarci] la pelle** 亡くなる

pellegrina 女 (19世紀初頭の)女性用の短いマント

pellegrinaggio 男 巡礼; 歴訪; 遍

pellegrino 歴 —andare in *pellegrinaggio* 巡礼に行く, 巡礼する

pellegrino 男〔女[-a]〕 **1** (聖地への)巡礼者 **2**《文》旅人 ―形 **1** 旅する **2** 渡り鳥の ―falco *pellegrino* ハヤブサ **3**《文》巡礼の; 独創的な

pellerossa 男女〔不変〕 インディアン, 北米先住民

pelletteria 女 **1** 皮革製品 **2** 皮革製品店〔工場〕

pellettiere 男〔女[-a]〕 皮革製品の製造者〔販売者, 修理者〕

pellicano 男 **1**〔鳥〕ペリカン **2**(中世の図像や文学の)救世主キリストの象徴

pelliccería 女 毛皮の製造技術; 毛皮製造工房〔工場〕; 毛皮店;〔総称的に〕毛皮

pelliccia 女〔複[-ce]〕 毛皮のコート

pellicciaio 男〔女[-a]〕 毛皮製造〔販売, 修理〕業者

pellicciotto 男 毛皮のジャンパー

Pellico 固名(男) (Silvio ~)ペッリコ(1789-1854; イタリアの文学者, 愛国者)

pellicola 女 **1** (写真の)フィルム **2** 映画 **3** 薄皮, 薄膜 ―*pellicola* per alimenti (食品保存の)ラップ

pellicolare 形 薄皮の, 薄膜の

Pellizza da Volpedo 固名(男) (Giuseppe ~)ペッリッツァ・ダ・ヴォルペード(1868-1907; イタリアの画家)

pellucidità 女 半透明

pellucido 形 半透明の

‡**pelo** [ペーロ] 男 **1** (人間の)体毛 **2** (動物の)毛, 毛皮 **3** 〔植〕毛茸(もうじょう) **4** (ウールの)けば **5** (液体の)表面 **6** (副詞的)ほんの少し, ごくわずか ▶ *a pelo* 鞍(くら)なしで, 裸馬で *al pelo* ぴったりと; 表面にぎりぎりで, 土壇場で *cercare* [*trovare*] *il pelo nell'uovo* 小さなことにこだわる, こせこせして口うるさい *fare il pelo e il contropelo* こき下ろす, くそみそにけなす *non avere peli sulla lingua* 歯に衣(きぬ)着せぬ *per un pelo* 惜しくも, タッチの差で; かろうじて, 何とか

Pelope 固名(男) 〔ギ神〕ペロプス(タンタロスの子)

peloponnesiaco 形 ペロポネソス半島(の人)の ―男〔複[-ci]女[-a]〕ペロポネソス半島の人

Peloponnèso 固名(男) ペロポネソス半島(ギリシャ南部の半島)

pelosità 女 毛深さ, 多毛さ

peloso 形 **1** 毛の多い, 毛深い; (動物の)毛が長い **2** (生地が)肌触りのよい **3** (本心を隠した)下心のある

pelta 女 (古代ギリシャの)楕円の小さく軽い楯; (古代ローマの)長方形の小楯

peltato 形 小楯で武装した

peltro 男 ピューター, しろめ(錫(すず))系の合金

peluche 女〔不変〕〔仏・織〕フラシ天, プラッシュ ―*orsacchiotto di peluche* クマの縫いぐるみ ―男〔不変〕(フラシ天の)縫いぐるみ

peluria 女 産毛; (青年の)生えはじめのひげ; 生まれたばかりの鳥の羽毛; けば, 綿毛

pelvi 女〔不変〕〔解〕骨盤

‡**pena** [ペーナ] 女 **1** 罰, 処罰 ―*pena di morte* 死罪 **2** 苦痛, 心痛, 心労 ― Mi fa *pena*. それは私にはつらいことだ. ▶ *a mala pena* かろうじて, 何とか(a malapena) *valere la pena di* + 不定詞〔che + 接続法〕〔非人称〕…するだけの価値がある, …の努力が報われる

penale 形 刑罰に関する, 刑法上の ― diritto *penale* 刑法 ―女 罰金, 違約金

penalista 男女〔複[男 -i]〕 刑法学者; 刑事専門弁護士 ―形〔複[男 -i]〕刑法学の, 刑事専門の

penalità 女 処罰, 罰金;〔スポ〕ペナルティー

penalizzante 形 罰則を科す, ハンデを与える

penalizzare 他 ペナルティーを科す, 罰則を与える

penalizzazione 女 〔スポ〕ペナルティーを科すこと; ペナルティー

penalmente 副 刑法に従って, 刑罰によって

penalty 男女〔不変〕〔英〕(サッカーの)ペナルティーキック

penare 自 (肉体的・道義的・精神的に)苦しむ; 苦労する, 難儀する ―finire di *penare* 長く苦しんだ後に死ぬ

pencolante 形 傾いた, よろめいた; 揺らめいた, あやふやな

pencolare 自〔io pencolo〕 傾く; よろめく, 揺れる; (選択に)迷う, 決心がつかない

pendaglio 男 首飾り, ペンダント; (首・手首などにかける)装飾品 ―*pendaglio da forca* 悪党

pendant 男〔不変〕〔仏〕**1** 対照, 対(つい), 釣り合い ―Questa tappezzeria fa *pendant* con la tenda. この壁紙はカーテンに合う. **2** ドロップ式イヤリング

pendente 形 **1** 垂れ下がった; 傾いた **2** 未決定の ―*torre pendente* 斜塔 ―男 ペンダント, (首飾り・腕輪・イヤリングから)垂れ下がった装飾部分;〔複数で〕ドロップ式イヤリング

pendentif 男〔不変〕〔仏〕ペンダント

pendenza 女 **1** 傾き, 傾斜; 勾配 **2** 係争, 未払いの勘定

pendere [113] 自 **1** 垂れ下がる, ぶら下がる; 《su, sopra》差し迫る **2** (一方に)傾く **3** 未解決である

pendice 女 (山や丘の)斜面

pendio 男 傾斜, 斜面 ―strada in *pendio* 下り坂

pendola 女 振り子時計(orologio a pendolo)

pendolamento 男 振り子の揺れ

pendolare[1] 男女 (遠方から)通勤〔通学〕する人

pendolare[2] 形 **1** 振り子の揺れのような **2** 遠距離通勤〔通学〕の

pendolare³ 自 [io pendolo] 振り子のように揺れる, 往復運動をする

pendolarismo 男 1 振り子のように揺れること; (二者間を行ったり来たりの)曖昧な態度 2 通勤, 通学

pendolarità 女 → pendolarismo

pendolarmente 副 振り子のように揺れて

pendolinista 男女 [複男 -i] ダウジング(振り子を用いる)で鉱脈や水脈を感知する人, ダウザー

pendolino¹ 男 ダウジングで用いる振り子の装置

pendolino² 男 ペンドリーノ(振り子式の特急列車)

pendolo 男 振り子 —orologio a *pendolo* 振り子時計

pendulo 形 垂れ下がった, ぶら下がった

pene 男 [解]ペニス, 陰茎

peneio 形 [ギ神](ダフネの父親の)ペネイオス(Peneo)の —fronda *peneia* 月桂樹

Penelope 固名(女) [ギ神]ペネロペ(オデュッセウスの貞淑な妻. テレマコスの母)

penelope 女 家事にいそしむ貞淑な妻

Peneo 固名(男) [ギ神]ペネイオス(河神. ダフネの父. 娘を月桂樹に変えた)

penepiano 男 [地]準平原

penetrabile 形 浸透しうる, 貫通しうる; 見抜ける, 理解できる

penetrabilità 女 浸透性, 貫通性; 見抜けること, 理解度

penetrale 男 (古代ローマの家や神殿の)奥の部分; 秘密の場所; (心の)最も秘めた部分

penetrante 形 1 貫通する 2 極めて効く 3 鋭い, 貫くような; お見通しの —occhi *penetranti* 何もかも見通す目, 千里眼

penetrantemente 副 鋭く, 突き刺すように

penetrare 自 [es] [io penetro] 1 〈in〉入り込む, 食い込む —Il freddo mi *penetra* nelle ossa. 寒さが骨までしみる. 2 侵入する 3 浸透する 4 (真相や相手の真意を)見抜く, 看破する 5 染み込む, 入り込む ― 他 1 染み込む, 入り込む 2 看破する

penetrativo 形 貫通力のある; 鋭い, お見通しの

penetrazione 女 1 浸透, 貫通; 突破, 侵入 2 頭脳の鋭さ, 洞察力

penicillina 女 [薬]ペニシリン

peninsulare 形 半島の; 半島生まれの, 半島に住んでいる ―男女 半島の出身者[住民]

penisola 女 1 半島 —*Penisola* Balcanica バルカン半島 2 (P-)イタリア(半島) —la *Penisola* イタリア

penitente 形 自分の罪を悔いた ― 男女 告解者, 贖(しょく)罪者

penitenza 女 1 (自分の犯した罪に対する)反省, 後悔; 罪を償う行為 —fare *penitenza* 悔い改める, 罪の償いをする 2 [カト]告解 3 遊びの罰(ゲーム); (子供に反省の念を促す)軽い罰

penitenziale 形 償いの, 後悔の, 贖(しょく)罪の

penitenziario 形 刑務所の ―男 刑務所

penitenziere 男 [カト](司教座聖堂での)聴罪司祭, 赦免司祭代理

penitenzieria 女 [カト](教会内にある)告解所

‡**penna** [ペンナ] 女 1 ペン —*penna* a sfera ボールペン(biro) / *penna* stilografica 万年筆 / *penna* d'oca 羽根ペン 2 羽, 羽毛 3 (文章の書き方, スタイル; 著作活動, 文筆業; 作家 4 矢の羽根の部分 5 [複数で]ペンネ(斜めに短く切った筒状のパスタ)

pennacchio 男 1 帽子の羽飾り 2 (装飾用の)羽毛の房 3 (文)葉の茂った枝, (ミモザなどの)房 4 噴き出す煙, 噴煙 —*pennacchio* di vapore [fumo] 蒸気[噴]煙

pennaiolo 男 1 ペンとインク入れ 2 かつてペンなどを販売していた人; ヘボ文士, 売文家

pennarello 男 フェルトペン, 筆ペン

pennato¹ 形 羽根のある; 羽根の形の ―男 [文]鳥

pennato² 男 (枝の剪(せん)定用の)鎌

pennellare 他 (塗料などを)刷毛で塗る; 刷毛で上塗りをする

pennellata 女 (刷毛での)一塗り; 画筆の使い方, 筆さばき; 絵画技術

pennellessa 女 平塗り用の大きな刷毛

pennellificio 男 刷毛製造工場

pennello¹ 男 1 刷毛(はけ); 絵筆 2 絵を描く技術, 絵画 3 画家 4 [海]小さな錨(いかり) ▶ **a pennello** ぴったり, 完璧に

pennello² 男 [船]二等辺三角形の信号旗

pennetta 女 [複数で]ペンネッテ(小さいペンネの形のパスタ)

pennino 男 ペン先

Pennine 固名(男) ペニン・アルプス(スイス・イタリア国境, ワリス・アルプスの別名)

pennone 男 旗竿(ざお); 軍旗, 隊旗; [船](マストに横にわたした)帆桁

pennuto 形 羽毛のある, 羽根の生えた ―男 鳥

penny 男 [不変] [英]ペニー(貨幣単位)

penombra 女 薄明かり, 薄暗がり —angolo in *penombra* 薄暗い片隅

penosamente 副 骨折って, やっとのことで; つらそうに

penosità 女 骨折り, 厄介さ, 苦痛, へこらさ

penoso 形 1 つらい, 痛ましい 2 骨の折れる, 厄介な

pensabile 形 想像できる, 考えられる ―男 想像されうること —oltre il *pensabile* 想像を超えて

pensante 形 思考する, 考える能力がある

pensare [ペンサーレ] 自 **1** 考える, 思う **2** (a) …を思い浮かべる, 思い起こす **3** 気遣う, 配慮する **4** (di) …について判断する, 意見がある —Cosa ne *pensa*? | Che ne *pensi*? (意見を求めて)どう思いますか. —他 **1** (di+不定詞, che+接続法) 考える, 思う —*Penso di sì* [no]. そうだ[違う]と思います. / *Penso che sia vero*. それが本当のことだと思います. / *Penso di andare in Italia*. 私はイタリアへ行くことを考えています. / *Penso che loro vadano in Italia*. 私は彼らがイタリアへ行くと思います. **2** 考え出す —*pensare uno scherzo* ジョークを思いつく ▶ ***Ci penso io!*** 任せてください. | 私が何とかします. ***Pensaci bene!*** よく[しっかり]考えなさい. ***pensare di***+不定詞 …しようと思う[つもりでいる]

pensata 女 思いつき, アイデア, 着想 —*avere* [*fare*] *una pensata* 考えが浮かぶ

pensatamente 副 よく考えて, 慎重に; 故意に

pensatoio 男 《諧》瞑(めい)想できる静かな場所

pensatore 男〔女 [-trice]〕思索家, 思想家; 哲学者

pensée 女〔不変〕〔仏〕パンジー, 三色スミレ(viola del pensiero)

pensierino 男 **1** (小学生に課せられる)短い作文 **2** (大したものではない)贈り物

*__**pensiero**__ [ペンスィエーロ] 男 **1** 考え, 意見 —*cambiare pensiero* 考えを改める **2** 考え方, 思想 **3** 気遣い, 思いやり, 配慮 —*Un pensiero che conta*. 気は心. **4** (心ばかりの)品物, 手土産 **5** (芸術作品や文学の)着想の動機, モチーフ ▶ ***darsi pensiero di...*** …を気にかける, 心配する ***essere*** [***stare***] ***in pensiero per...*** …を心配する, 気がかりである

pensierosamente 副 考え込んで, 物思いにふけって

pensierosità 女 考え込むこと, 物思いにふけること, 憂慮

pensieroso 形 物思いにふけった, 気苦労の多い, 心配そうな

pensile 形 宙にぶら下がった, 宙に浮いた —*mobile pensile* 吊り戸棚 —男 吊り戸棚

pensilina 女 (駅のホームや停留所などの)庇(ひさし), 雨よけの屋根

pensionabile 形 年金目的に算定できる; 年金を受給できる

pensionamento 男 年金支給

pensionante 男女 **1** (ペンションの)宿泊人, 下宿人[間借り人] **2** 入院患者

pensionare 他 (労働者を退職させて)年金生活に入らせる —**arsi** 再 年金生活に入る

pensionato¹ 男 **1**〔女 [-a]〕年金受給者 **2** 寄宿舎 —*pensionato per studenti* 学生寮 / *pensionato per anziani* 老人ホーム —形 年金受給(者)の

pensionato² 男 (有料で食事や宿泊を提供する)宿泊施設, 寮 —*pensionato per anziani* 老人ホーム

*__**pensione**__ [ペンスィオーネ] 女 **1** 年金, 恩給 —*andare* [*essere*] *in pensione* 年金生活に入る[をしている] / *pensione di vecchiaia* 老齢年金 **2** 食事付きの下宿, ペンション —*pensione completa* 1泊3食付き / *mezza pensione* 1泊2食付き

pensionistico 形〔複〔男 -ci〕〕年金の

penso 男 (昔, 生徒に罰として科せられた)宿題

pensosamente 副 物思いに沈んで, 考えに夢中になって

pensosità 女 考え込むこと

pensoso 形 考え込んだ, 物思いにふけった; 熟考する; 憂鬱な

penta- 接頭 「5」「五つの要素から成る」の意: pentacordo〔音〕五弦琴; 5音列

pentaedro 男 五面体

pentagono 男〔幾〕五角形; (il P-) ペンタゴン, 米国防総省

pentagramma 男〔複 [-i]〕〔音〕五線譜

pentametro 男〔詩〕5歩格の —形 五歩格の

pentano 男〔化〕ペンタン

pentarca 男〔複 [-chi]〕五頭政治の各構成員

pentarchia 女 五頭政治

Pentateuco 男〔単数のみ〕モーセ五書

pentathlon 男〔不変〕〔スポ〕五種競技(pentatlo, pentalon) —*pentathlon moderno* 近代五種競技

pentatlo → pentathlon

pentatlon → pentathlon

pentavalente 形〔化〕5価の

pentecostale 形 〔宗〕ペンテコステの, 五旬節の; ペンテコステ派[運動]の —男女 ペンテコステ派

pentecostalismo 男〔宗〕ペンテコステ運動

Pentecoste 女〔単数のみ〕〔宗〕五旬節, 聖霊降臨, ペンテコステ

Penteo 固名(男)〔ギ神〕ペンテウス(テーベ王. ディオニュソス信仰に反対したため八つ裂きにされた)

Pentesilea 固名(女)〔ギ神〕ペンテシレイア(アマゾンの女王. トロイ戦争で活躍したがアキレスに殺された)

pentimento 男 後悔, 悔悛(かいしゅん); (意見や気持ちや態度の)修正; 書き直し, 加筆修正

pentirsi 再 (di) 後悔する; 惜しむ; 考えを変える —*Si è pentito di non averlo fatto*. 彼はそれをしなかったことを後悔した. / *pentirsi dei propri peccati* 罪を悔い改める

pentitismo 男 (身の安全や減刑と引き換えに)犯罪組織の転向者が検察側に協

力すること

pentito 男〔女[-a]〕テロやマフィア組織からの転向者(捜査に協力して見返りを受ける); 悔悛(%)する人

pentodo 男〔電〕5極真空管

pentola 女 鍋, 深鍋; 鍋の中身 —*pentola* a pressione 圧力鍋 / Hanno mangiato una *pentola* di minestra. 彼らはスープを一鍋たいらげてしまった.

pentolame 男 鍋類, 様々な形の鍋一式

pentolata 女 鍋1杯分の量; 鍋での一撃

pentolino 男 小さい片手鍋; 小鍋一杯分の量

pentosio 男〔化〕五炭糖(炭素5個から成る単糖類)

pentotal 男〔不変〕〔薬〕ペントタール(注射用麻酔薬)

pentothal → pentotal

penultimo 形 最後から2番目の — 男〔女[-a]〕最後から2番目

penuria 女 不足, 欠乏, 欠如 —*penuria* di cibo 食糧不足

penzolare 自〔io penzolo〕ぶら下がる, 宙に揺れる

penzoloni 副 ぶら下がって揺れながら, 宙ぶらりんで

peon, peone 男〔複[男女 peones]女[-a]〕〔西〕1 (中南米の)日雇い労働者 2 政党の中で言いなりになるぱっとしない議員

peonia 女〔植〕シャクヤク, ボタン

pepaiola 女 コショウ入れ; ペッパーミル

pepare 他 コショウをふる, コショウで味付けする —*pepare* una bistecca ステーキにコショウをふる

pepato 形 コショウの利いた; 辛(%)い, 辛辣な; 手厳しい, 意地の悪い

***pepe** [ペーペ] 男〔植〕コショウ; (香辛料の)コショウ —*pepe* macinato [in grani] 粉[粒]コショウ ▶ *sale e pepe* 白髪まじりの; ごま塩色の *essere tutto pepe* 快活である, 元気がいい

peperino 男 元気のよい[活発な]人; 〔複数で〕スープに浮かべるコショウの粒に似たパスタ

peperonata 女〔料〕ペペロナータ(ピーマンを使った料理)

peperoncino 男〔植〕トウガラシ —*peperoncino* rosso チリペッパー, 赤トウガラシ / *peperoncino* in polvere 粉トウガラシ

peperone 男〔植〕(緑・赤・黄)ピーマン ▶ *farsi {diventare} rosso come un peperone* (怒り・羞恥で)顔が赤くなる

pepiera → pepaiola

pepita 女 天然の金塊, 原石の塊 —*pepita* d'oro 金塊

peponide 男女〔植〕ウリ科の植物

peppola 女〔鳥〕アトリ

pepsi cola 國(女)〔商標〕ペプシコーラ

pepsina 女〔生化〕ペプシン

peptico 形〔複[男 -ci]〕消化の, 消化を助ける

peptide 男〔生化〕ペプチド

***per** [ペル] 前 1〔目的地〕…に向けて, …行きの —partire *per* l'Italia イタリアに(向けて)出発する / il treno [l'autobus] *per* l'aeroporto 空港行きの列車[バス] 2〔通過や経由〕…を通って — passare *per* Firenze フィレンツェを経由する / passeggiare *per* il giardino 公園を散歩する / salire [scendere] *per* le scale 階段を上る[下りる] 3〔時間・期間〕を強調して〕…の間, …を通して〔普通は省略される場合が多い〕— (*Per*) Quanti giorni al mese? 月に何日(間)? / Ti ho aspettato (*per*) due ore. 2時間(もの間)君を待っていた. / (*per*) tutto il giorno 一日中(ずっと) / (*per*) tutta la vita (この先)一生, 生涯(を通じて) 4〔原因〕…のために —gemere *per* il dolore 苦痛でうめく 5〔目的〕…のために, …を求めて;〔不定詞とともに〕…するために —macchina *per* scrivere [cucire] タイプライター[ミシン] / lotta *per* la sopravvivenza 生存競争(生き残るための戦い) / viaggio *per* turismo 観光旅行 / *Per* quando prenoti il biglietto? いつの(ための)切符を予約するの? / C'è posta *per* me? 何か私宛の郵便物は届いていませんか? / C'è una chiamata *per* Lei. お電話が入っております. 6〔手段〕…を使って, …で — *per* telefono 電話で / spedire... *per* posta 郵便で…を送る 7〔様式〕…で — *per* caso 偶然に, たまたま / *per* scherzo 冗談で 8〔配分〕…につき —tre *per* volta 1度に3人[個] / in fila *per* due 2列に / *per* cento 100につき, パーセント 9〔限定〕…については —*Per* me va bene. 私はそれでいいです. 10〔時間の限定〕…(まで)には —Sarò di ritorno *per* domani. 明日には戻っていると思います. / Sarà pronto *per* la prossima settimana. 来週には用意が整っています. / *Per* quando devi finire? いつまでに仕上げないといけないの? 11 (計算の×)… 掛ける —Due *per* due fa quattro. 2掛ける2は4. 12〔結果〕…するには, なので… —È troppo tardi *per* ripensarci. 考え直すには遅すぎる[遅すぎるので考え直せない]. 13〔譲歩; +形容詞 + che + 接続法〕たとえ…であっても —*per* poco che sia たとえわずかでも 14〔代価〕…で —vendere una macchina *per* due centomila yen 20万円で車を売る 15〔過ち・手柄〕…で —*per* eccesso di velocità 速度違反で, スピード違反で 16〔尺度・広がり〕…にわたって 17〔交換・代理〕…と, …の代わりに —capire una cosa *per* un'altra 大事な物を別の物と誤解する 18〔比較〕…の割には 19〔叙述〕…として —dare una notizia *per* certa ニュースを確かなものとする 20〔祈り・説教・誓い〕…にかけて, …に誓って —*per l'amor di Dio* 神の愛にかけて, 後生だから ▶ *per certo* 確かに *per cui*《口》そのために, なので *per esempio* 例えば *per lo meno* 少なくとも *per lo più* たいてい *per mezzo di...* …によって, …を通じて *per ora* 今のところは *per tempo* 早く, あらかじめ *per via che* …[直説法]…なので *per via di...* …によって, …を通じて *stare per* + 不定詞 …しそうだ, …するところだ

*pera [ペーラ] 女 1〔植〕セイヨウナシ, 洋梨 2 洋梨の形をしたもの 3《諺》頭 4《口》ヘロインの注射 ▶ *a pera* とりとめのない, 要領を得ない *cascare come una pera cotta* 疲労困憊(こんぱい)ですぐに寝入る(ばたんきゅうの状態); 一目惚(ぼ)れで恋い焦がれる; いとも簡単にだまされる *grattarsi la pera* 頭を掻く(困ったときや何かを思い出すために)

peracido 男〔化〕過酸
peraltro 副 しかし, ところが, だが, 他方
perbacco 間〔感嘆・驚愕・立腹を表して〕ああ, 何とまあ
perbene 形〔不変〕善良な, 誠実な, 社会的にきちんとした; 良家の — 副 きちんと, ちゃんと
perbenismo 男《蔑》気取り, 体裁をよく見せようとすること, 良家ぶること
perbenista 形 気取った態度の — 男女〔複[男 -i]〕気取った態度の人
perbenisticamente 副 気取って, 上品ぶって
perbenistico 形〔複[男 -ci]〕気取った, 上品ぶった
perborato 男〔化〕過ホウ酸ナトリウム (perborato di sodio)
perca 女〔魚〕スズキ科の淡水魚
percalle 男〔織〕綿の平織り布, ギンガム
percentile 男〔統〕百分位数, パーセンタイル値
percento 男〔不変〕パーセント —形 パーセントの — 副 パーセントで
percentuale 形 パーセントで示される —女 百分率での割合, パーセンテージ; 歩合
percentualizzare 他 パーセンテージで表す
percentualizzazione 女 パーセント表示
percentualmente 副 割合から見て, パーセントで示して
percepibile 形 感知できる, 知覚される; 回収できる
percepibilità 女 感知しうること; 回収できること
percepire 他〔io -isco〕1 感知する, 知覚する; 察知する, 直感する —*percepire un pericolo* 危険を察知する 2 徴収する, 受領する
percettibile 形 知覚されうる, 感知されうる

percettibilità 女 感知力
percettibilmente 副 感知できるほどに
percettivamente 副 感知して, 敏感に
percettività 女 感知能力
percettivo 形 知覚の, 感知の; 感知しうる, 鋭敏な
percezione 女 1 知覚, 感知, 察知 2 徴収, 受領
*perché [ペルケ] 副 1 なぜ, どうして —*Perché te ne vai così presto?* なぜこんなに早く帰ってしまうの. / *Gli ho chiesto perché lui l'avesse fatto.* 私は彼になぜそれをしてしまったのかと尋ねた. / *Perché non vieni con noi?* 僕たちと一緒に来ないか. 2〔不定詞とともに〕なぜ…なのか —*Perché tornare subito?* なぜすぐ帰るのか — 接続 1 …[直説法]だから, なぜなら —*Lo compro perché mi piace.* 好みに合うのでそれを買います. 2〔接続法とともに〕…するために, …するように —*Ripetimelo perché capisca bene.* よく分かるようにそれを繰り返して言ってちょうだい. — 男 理由, 動機; 目的; 疑問 —*Se insiste ancora, ci deve essere un perché.* まだ言い張るのなら, 理由があるはずだ. ▶ *E* [*Ma*] *perché...?* 〔疑問を強めて〕またどうして. ||一体なぜ. *Perché mai?* 一体なぜ. *Perché no?*（誘いなどに対して）もちろん, いいとも. *Perché no.*（理由を求められたときに）だめなものはだめ.
perciatello 男〔複数で〕ペルチャテッリ (ブカティーニより太い穴あきパスタ)
*perciò [ペルチョ] 接 それで, その結果, 従って —*Non mi rispondeva nessuno, perciò sono andato via.* 返答がなかったので, 私は立ち去った.
perclorato 男〔化〕過塩素酸塩
percolazione 女 液体が浸透すること, 透水
percome 男〔不変〕《口》事が生じた様態, 状況 —*il perché e il percome*（詳細な）理由
percorrenza 女 移動時間, 走行距離
percorrere [25] 他〔過分 percorso〕1（道や距離を）歩く, 走る, 通る 2（場所を）横切る, 通り抜ける —*percorrere l'Italia in treno* 列車でイタリアを横断する
percorribile 形 通行できる, 横断可能な; 納得できる, 受け入れられる
percorribilità 女 通行可能なこと; 納得できること
percorse percorrere の直・遠過・3単
percorso¹ 男 1 道程, 旅程 2 走行（区間, 距離）
percorso² percorrere の過分
percossa 女 （こぶし・平手・蹴りなどの）一撃, 殴打; 殴打による傷; 衝撃
percosse percuotere の直・遠過・3

percosso percuotere の過分

percuotere [104] 他 〖過分 percosso〗 1 (手・足・物で)打つ, 叩く; (物で)激しく打つ 2 苦しめる, 悩ませる

percussione 女 打つこと, 殴打, 打撃 —strumento a *percussione* 打楽器

percussionista 男女 〖複[男 -i]〗打楽器奏者(特にジャズやラテン音楽のバンドの)

perdendosi 副 ペルデンドスィ〖音〗音を消え入るように次第に弱めて, ペルデンドスィ —男〖不変〗ペルデンドスィの指示に従って演奏すべき一節

perdente 形 敗北した, 負けた —男女 敗者

*__perdere__ [ペルデレ] [74] 他 〖過分 perso, perduto〗 1 なくす, 失う —*Ho perso il portafoglio.* 財布をなくした. 2 (時間などを)むだにする, 浪費する —*perdere* (il) tempo 時間をむだにする 3 逸する, 逃す, 乗り遅れる —*perdere* il treno 列車に乗り遅れる 4 損をする 5 負ける 6 (血を)流す 7 破滅に追い込む —自 1 (色)減る, 減少する —*perdere di valore* 価値を下げる 2 赤字になる, 損失を出す —**ersi** 再 1 (道などに)迷う; 見失う 2 時間をむだにする 3 (徐々に)消える, 消滅する ▶ *Bisogna saper perdere.* 何事も引き際が肝心. *perdere il filo* 話が支離滅裂になる, 自分が何を話していたか分からなくなる *perdere la faccia* 信用を落とす, 面目をつぶす *perdere la lingua* 何も言えなくなる, 話せなくなる *perdere la testa per...* (人)に夢中になる, ぞっこん惚れ込む

perdiana 間 〖驚き・腹立ち・断言の強調を表して〗ああ

perdibile 形 負けるかもしれない, 敗北の可能性の

perdifiato 男〖不変〗〖次の成句で〗 ▶ **a perdifiato** 息の続く限り, 息が止まりそうになるまで *gridare a perdifiato* 絶叫する

perdigiorno 男女〖不変〗怠け者, 無為に時を過ごす者

perdinci 間 〖失望・苛立ち・驚きを表して〗ああ, 何と

perdindirindina → perdinci, perdio

perdio 間 〖失望・苛立ち・驚きを表して〗ああ, 何て事だ

*__perdita__ [ペルディタ] 女 1 喪失, 紛失, 損失 —*perdita di memoria* 記憶喪失 / *perdita di conoscenza* 意識不明, 失神 2 (液体やガスの)漏れ 3 別離, 死 4 敗北 5 被害, 損害 ▶ *a perdita d'occhio* 見渡すかぎり *in perdita* (収支決算が)赤字の, 欠損が出た

perditempo 男〖不変〗時間の無駄遣い, 暇つぶし —男女〖不変〗怠け者, 暇な人

perdizione 女 (道徳的・精神的な)損害, 破滅

perdonabile 形 許せる; 取り返しがつく

*__perdonare__ [ペルドナーレ] 他 許す, 勘弁する, 容赦する —*Perdonami per il ritardo.* 遅れてごめんなさい. —自 (a) (人)を許す —non *perdonare a...* (人)を許さない, (人)の命を奪う

perdono 男 許し; 詫(わ)び —concedere il *perdono* 許す / chiedere *perdono* 詫びる

perduellione 女 (ローマ法で)反逆罪; (現代の)国家反逆罪

perdurare 自 1 [es/av] 持続する, 継続する 2 ⟨in⟩ 固執する, 続ける —*perdurare* in un vizio 悪習をやめずにいる

perdutamente 副 (恋愛で)猛烈に, どうしようもないほどに

perduto 形 〖過分 < perdere〗 1 なくした, 失った, 紛失した 2 途方に暮れた, 絶望した 3 亡くなった

peregrinamente 副 奇妙に, 並外れて; 念入りに

peregrinare 自 1 さまよう, さすらう 2 〖文〗巡礼する

peregrinazione 女 彷徨(ほうこう), 放浪; 聖地巡礼

peregrinità 女 希有, 特異; 奇抜さ

peregrino 形 1 希有の, 珍しい; 奇抜な 2 異国の —男〖女 [-a]〗巡礼者, 放浪者

perenne 形 永遠の, 永久に続く; 絶えることのない

perennemente 副 永久に; 途絶えることなく

perento 形 〖法〗(期限切れで)上訴権が消滅した; 廃れた, 使われなくなった

perentoriamente 副 猶予を認めずに, 断固として

perentorietà 女 揺るぎないこと, 断固としていること

perentorio 形 1 猶予を認めない; 反論や異議を認めない 2 きっぱりとした

perenzione 女 〖法〗(2年間の期限の)上訴権消滅

perepepè 擬 ペレペペッ(ラッパの音をまねたもの)

perequare 他 〖io perequo〗〖経〗等分する, 均等にする

perequazione 女 調整, 均一化, 同等化 —*perequazione* salariale 賃金の均一化

perestroika, perestrojka 女〖露〗ペレストロイカ(1980年代後半のソビエト連邦の政治や経済の改革運動); 政治改革のあらゆる局面

pereto 男 梨畑

peretta 女 1 梨の形をした物[装飾], (梨の形の)電気のスイッチ 2 イチジク型の浣(かん)腸

perfettamente 副 完璧に, 完全に; 絶対的に, 徹底的に

perfettibile 形 完成できる, 完全になりうる(perfezionabile)

perfettivo 形 1 完成できる 2〔言〕完了相の —男〔言〕完了相

perfetto [ペルフェット] 形 完全な、完璧な、申し分のない —in perfetto orario まさに時間ぴったりに / Nessuno è perfetto. 誰にでも欠点はある。 —男〔言〕完了時制

perfezionabile 形 完成できる、完全になりうる

perfezionabilità 女 完成できること、完成[改良]の可能性

perfezionamento 男 完全なものにすること; 改良、改修、修正

perfezionando 男〔女[-a]〕(大学院)研修課程の学生、大学院生 —形 (大学院)研修課程の

perfezionare 他 完璧にする、完成する; 完了する —**arsi** 再 完璧なものになる; 研修課程[研究科]に進学する; 進歩する、前進する

perfezionatore 男〔女[-trice]〕完成者

perfezione 女 完全、完璧さ —**alla perfezione** 完璧に、見事に

perfezionismo 男 完璧主義、完全主義

perfezionista 形〔複[男 -i]〕完璧[完全]主義的な、完璧[完全]主義者の —男女〔複[男 -i]〕完璧[完全]主義者

perfezionisticamente 副 完璧[完全]主義的に

perfezionistico 形〔複[男 -ci]〕完璧[完全]主義的な、完璧[完全]主義者の

perfidamente 副 悪意で、意地悪く

perfidia 女 悪意、意地悪さ、不実さ

perfido 形 悪意のある、ひどい; 不実な

***perfino** [ペルフィーノ] 副 …でさえも、…までも —Lo sanno tutti, perfino i bambini. そのことは皆が知っている、子供でさえもね。

perforabile 形 穴をあけることができる

perforabilità 女 穴をあけること; (岩石を)穿(うが)つ孔[貫通]可能なこと

perforante 形 (声が)鋭い; (眼差しが)刺すような; (銃弾が)貫通できる

perforare 他 1 穴をあける、貫通させる 2 (奥・底に向かって)穴を掘る —**arsi** 再 貫通する、穴があく

perforatore 形〔女[-trice]〕穴をあける、穴をあけるための —男 (金属やセメントに)穴をあける機具、パンチ

perforatrice 女 (穴を開ける)パンチ、ドリル; 削岩機

perforazione 女 穴あけ、貫通

performance 女〔不変〕[英] 1 (演劇やスポーツでの)成績、実績 2 (商品の)売り上げ実績; 収益率 3 (演劇などの芸術での)パフォーマンス、自己顕示 —**performance art** パフォーマンスアート

performativo 形〔言〕遂行的な、遂行動詞の —**verbo** performativo 遂行動詞

perfusione 女〔医〕灌(かん)流; 灌水

pergamena 女 羊皮紙; 羊皮紙写本[文書]

pergamenaceo 形 羊皮紙の —**manoscritto** pergamenaceo 羊皮紙手稿

pergamenato 形 (紙や布を)羊皮紙のように加工した

pergola 女 (公園や庭の藤・バラ・ツタ・ブドウなどの)つる棚、パーゴラ —pergola di glicini 藤棚

pergolato 男 (大勢の人が涼める)長く大きなつる棚 —形 つる棚が設置された —**tettoia** pergolata つる棚の屋根

Pergolesi 固名(男) (Giovanni Battista ~)ペルゴレージ(1710-36; イタリアの作曲家)

Peri 固名(男) (Jacopo ~)ペーリ(1561-1633; イタリアの作曲家)

peri- 接頭 「周囲」「近隣」の意

periarterite 女〔医〕動脈周囲炎

periartrite 女〔医〕関節周囲炎

peribolo 男 (古代ギリシャ・ローマ世界の)聖域、神殿の神域

pericardio 男〔医〕心膜、心嚢(のう)

Pericle 固名(男) ペリクレス(前 495 頃 -429; 古代アテネの政治家)

pericolante 形 倒れ[崩れ]かかっている; 倒産の恐れのある —**casa** pericolante 崩壊しそうな家

pericolare 自 (io pericolo) 1 危険を冒す 2 (建物が)倒れかかっている; (船が)遭難の恐れがある; (人間関係や計画が)消えかかっている

***pericolo** [ペリーコロ] 男 1 危険、危険性 —Non c'è pericolo. 心配無用; (否定の返事で)絶対にない 2 **essere in [fuori] pericolo** 危険な状態にいる[を脱する] 2 (被害をもたらす)有害物、危険な人物 —pericolo pubblico 凶悪犯 3 《口》(悪いことについての)可能性、見込み、畏れ ▶ **Non c'è pericolo che +** 接続法 …するはずはない.

pericolosamente 副 危うく、危険を冒して

pericolosità 女 危険性

***pericoloso** [ペリコローソ、ペリコローゾ] 形 危険な、危ない —È pericoloso sporgersi. 身を乗り出すと危険だ。 / gioco pericoloso (サッカーの)ラフプレー

pericondrio 男〔解〕軟骨膜

perielio 男〔天〕近日点

periferia 女 1 郊外、周辺部 2 円周、縁

periferica 女 (マウスやキーボードなどの)コンピューターの周辺機器

perifericamente 副 近郊に、郊外に; 中心から離れて

periferico 形〔複[男 -ci]〕周辺地域の、郊外の; 副次的な、補足的な

perifrasi 女〔言〕婉曲的な[遠回しの]表現、迂(う)言法

perifrastico 形〔複[男 -ci]〕婉曲の、遠回しの; 迂(う)言法の

perigeo 男〔天〕近地点

perimetrale 形 周囲の, 周辺の
perimetralmente 副 周囲[周辺]に沿って
perimetria 女〔幾〕周囲測定;(視野計での)視野計測
perimetrico 形〔複[男 -ci]〕周辺の, 周囲の;視野計測の
perimetro 男 1(多角形の)周囲の長さ 2(建物などの)周囲, 外周 3〔医〕視野計
perinatale 形 周産期の(妊娠28週目から出産後7日まで)
perineo 男〔解〕会陰
periodare 自〔io periodo〕文章を構成する;〔楽〕楽節でメロディーを作る ― 男〔単数のみ〕文章構成;文体
periodicamente 副 定期的に, 周期的に
periodicità 女 周期的な繰り返し;(出版物の)定期刊行
periodico 形〔複[男 -ci]〕定期[周期]的な ― 男 定期刊行物
*__periodo__ [ペリーオド] 男 1 時期, 期間 ―*periodo* di prova 試用期間 / Abitavo a Londra in quel *periodo*. その時期に私はロンドンに住んでいた。―il *periodo* vittoriano ビクトリア時代 3〔地質〕紀 4〔医〕段階 5〔音〕楽節, ピリオド 6〔言〕(複数の文から成る)文章 ―*periodo* ipotetico 仮定文 7〔天〕周期 8〔数〕(循環小数の)循環節
periodontite 女〔医〕歯周炎
peripatetica 女 街娼(しょう)
peripatetico 形〔複[男 -ci]〕アリストテレス学派の ― 男〔女[-a]〕アリストテレス学派の学者
peripezia 女〔複数で〕思いがけない展開, 波瀾万丈; どんでん返し
periplo 男 島[大陸]周航
periptero 形 (ギリシャやローマの神殿が)列柱に囲まれた, 周柱式の
perire 自〔es〕〔io -isco〕(事故で)死ぬ;(愛のために)苦しむ, やつれ果てる; 滅びる, 消失する
periscopio 男 潜望鏡
perissodattilo 男 (P-)〔複数で〕〔動〕ウマ目, 奇蹄(てい)目(ウマ・サイ・バクの3科)
peristalsi 女〔不変〕〔生理〕蠕(ぜん)動
peritarsi 再〔io mi perito〕(di) 躊躇(ちゅうちょ)する, ためらう
perito 男〔女[-a]〕専門技術者, エキスパート; 有資格者 ―*perito* commerciale 会計士 ― 形 熟練した
peritoneo 男〔解〕腹膜
peritonite 女〔医〕腹膜炎
perittero → periptero
perizia 女 熟達, 専門的技能; 査定, 評価, お墨付き ―*perizia* calligrafica 筆跡鑑定
perizoma 男〔複[-i]〕1 (古代ギリシャの競技用または温泉入浴用の)腰布;(未開人の)腰布 2 ビキニショーツ, タンガ, Tバック;(ストリッパーの)バタフライ

perla 女 1 真珠, パール ―*perla* barocca バロック真珠(大きくていびつな天然の真珠) / *perla* coltivata 養殖真珠 / la *perla* dell'Adriatico アドリア海の真珠(ヴェネツィア) 2 華, 宝, 鑑(かがみ) ―(gettare) le *perle* ai porci 豚に真珠(を投げ与える), 猫に小判 3 真珠の形のもの ―*perle* da bagno バスパール(入浴剤) 4(言葉や文章での)大きな間違い 5〔複数で〕〔文〕歯 6(薬や化粧品などを詰めた)卵形のカプセル ― 形〔不変〕真珠色の ―grigio *perla* 淡い灰色, パールグレー ― 男〔不変〕真珠, パール
perlaceo 形 真珠のような, 真珠色の
perlaquale 形〔不変〕(人物が)立派な, 品のある; 文句の申し分のない, 素晴らしい ― 副 よく, 申し分なく
perlato 形 真珠色の, 真珠に似た; 真珠で飾った;(米や麦に)真珠のようなつやをつけた
perlifero 形 真珠を産出する ―molluschi *perliferi* 真珠貝
perlina 女 1〔複数で〕真珠状の玉(ガラスやプラスチック製); 小粒の真珠 2 寄木のさねはぎ板
perlite 女〔地質〕真珠岩, パーライト
perlomeno 副 せめて, 少なくとも(per lo meno)
perlopiù 副 たいてい, 概して(per lo più)
perlustrare 他 捜索する, 偵察する, 巡回する
perlustratore 男〔女[-trice]〕巡視員, 偵察員 ― 形〔女[-trice]〕巡回する, 偵察の
perlustrazione 女 巡視, 巡回, 偵察; 捜索
permafrost 男〔不変〕〔英〕永久凍土
permagelo → permafrost
permale 男〔トスカーナ〕憤慨, 恨み
permalosità 女 怒りっぽいこと, 短気
permaloso 形 怒りっぽい, 短気な; 気難しい
permanente 形 永久の, 永続的な ― 男 1 鉄道員の乗車無料パス 2〔軍〕常備軍 ― 女 1(美術館の)常設展 2(頭髪の)パーマ
permanentemente 副 永久に, 変わらず
permanenza 女 維持, 継続; 滞在, 定住 ―di *permanenza* ずっと, 永続的に
permanere [92] 自〔es〕〔過分 permaso, permanso, permasto〕居続ける, 永住する; (状態が)続く
permanganato 男〔化〕過マンガン酸塩
permanso permanere の過分
permase permanere の直・遠過・3単
permaso permanere の過分
permasto permanere の過分
permeabile 形 (液体や気体を)浸透

permeabilità 囡 浸透性, 通気性

permeare 他 [io permeo] 浸透する, 染み込む —**arsi** 再 含む, 充満する

‡**permesso** [ペルメッソ] 〔過分 < permettere〕許可された —男 1 許可(証) —chiedere il *permesso* di parlare 発言の許可を求める / *permesso* di soggiorno 滞在許可証 2 休暇 —in *permesso* 休暇中の ▶ **Permesso?** (入室の許可を求めて)よろしいですか. | (入室時に)失礼します. お邪魔します. | (車内や人込みの中で)ちょっと通してください.

‡**permettere** [ペルメッテレ] [65] 他〔過分 permesso〕許す, 許可する; 可能にする —*permettere* a A di + 不定詞 A(人)が…するのを許す;〔物事を主語に〕そのために A(人)が…できるようになる 2 容赦する, 我慢する —Non *permetto* che lui mi parli così. 彼が私にそのような話し方をするのは我慢ならない. —**ersi** 再 〔di + 不定詞〕(経済的に)…する余裕がある; 無礼にも[非を顧みず]…する —Non *mi posso permettere* di comprarlo. 私にはそれを買う経済的余裕がない. ▶ **tempo permettendo** 天気がよければ

permiano 形〔地質〕ペルム紀の

permise permettere の直・遠過・3 単

permissivamente 副 甘く, 寛容に

permissivismo 男 寛容過ぎる態度, 自由放任主義

permissività 囡 寛容過ぎること, 甘やかし過ぎ, 放任

permissivo 形 放任の, 寛容な, (しつけや処分の)甘い

permuta 囡〔法〕交換

permutare 他 [io permuto] 交換する, 置き換える

pernacchia 囡〔嫌悪や軽蔑を表して〕(舌と唇で発する)ブルルルという音

pernice 囡〔鳥〕ヤマウズラ

perniciosamente 副 有害に, ひどく

perniciosità 囡 有害性, 悪性

pernicioso 形 有害な, 危険性のある, 悪性の —malaria *perniciosa*〔医〕悪性[熱帯熱]マラリア

perno 男 1 軸, 心棒, ピボット 2 中心的存在, 中軸, 要(かなめ)

pernottamento 男 一泊, 宿泊, 外泊

pernottare 自 外泊する, 一夜を過ごす

‡**però** [ペロ] 接 1 しかし, だが —E simpatico, *però* è un po' avaro. 感じはいいよ, でもちょっとがめついね. / Sarà un capolavoro, *però* non mi piace. 傑作なんだろうけど, 僕は嫌いだ. 2 それでも, せめて…だけは —Se anche non vai, devi *però* telefonargli. 行かないにしても, 彼に電話ぐらいは入れておかないとだめだよ. 3〔驚嘆と賞賛の間投詞として〕ほう, すごい, たいしたもんだ —*Però*, niente male! ほう, 悪くないね. | けっこういけるね.

pero 男 洋梨の木

perone 男〔解〕腓(ひ)骨

peronospora 囡〔植〕ツユカビ属;〔植〕白渋(しらしぶ)病, うどん粉病

perorare 他 [io peroro, peroro] 擁護する, 強く支持する —自 弁を振るう, 弁論する

perorazione 囡 熱弁, 弁論; (聴衆を感動させるような)演説の締めくくりの部分

perossido 男〔化〕過酸化物

perpendicolare 形 直立した, 垂直の, 他と垂直に交わる —囡 垂線; 直角に交差する道

perpendicolarità 囡 垂直, 直立

perpendicolarmente 副 垂直に, 真っ逆さまに

perpendicolo 男 垂線 —a *perpendicolo* 垂直に

perpetrare 他 [io perpetro] (不道徳あるいは不法なことを)行う

perpetua 囡 司教の世話をする下女; 年配で噂(うわさ)好きの家政婦

perpetuabile 形 永続しうる

perpetuamente 副 永遠に, 永久に; 止むことなく

perpetuare 他 [io perpetuo] 永続させる, 不朽のものにする —**arsi** 再 永続する, 存続する

perpetuatore 形 不滅にする, 存続させる —男〔女[-trice]〕不滅にする者, 存続させる者

perpetuazione 囡 永続, 存続, 不滅

perpetuo 形 1 永遠の, 永久の 2 無期の, 終身の

perplessamente 副 当惑して, あやふやに

perplessità 囡 当惑, ためらい

perplesso 形 当惑した, とまどった; 啞(あ)然とした; 決めかねている

perquisire 他 [io -isco] 捜査する, 捜索する

perquisizione 囡 捜査, 捜索 —mandato di *perquisizione* 捜査令状 / *perquisizione* domiciliare 家宅捜索

perse perdere の直・遠過・3 単

persecutore 男〔女[-trice]〕1 迫害者 2 うるさい奴, しつこい人 —形〔女[-trice]〕迫害する

persecutoriamente 副 迫害して, 苦しめて

persecutorio 形 迫害者の

persecuzione 囡 1 迫害 —mania di *persecuzione* 被害妄想 2 厄介なもの

Persefone 固名〔女〕〔ギ神〕ペルセフォネ, ペルセポネ(ゼウスと穀物の女神デメテルの娘, 冥界の王ハデスにさらわれその妻となった)

perseguibile 形 追求できる, 達成可能な;〔法〕訴追できる

perseguibilità 囡 追求可能なこと;〔法〕訴追できること

perseguimento 男 追求, 達成;

perseguire 〘法〙訴追

perseguire 他〔io perseguo〕**1** 追求する;〔法〕訴える; 責め立てる **2** 継続する

perseguitare 他〔io perseguito〕**1** 迫害する **2**〔執拗(♯)に〕悩ます, 苦しめる

perseguitato 男〔女[-a]〕迫害を受ける者 —形 迫害の対象の, 迫害を受ける

Perseo 固名(男)**1**〔ギ神〕ペルセウス(ギリシャ神話の英雄, アンドロメダを救い妻とした) **2**〔天〕ペルセウス座

perseverante 形 粘り強い, 根気のある

perseverantemente 副 粘り強く, 根気を持って

perseveranza 女 辛抱強さ, 忍耐, 粘り強さ

perseverare 自〔io persevero〕(in) 耐える, 粘る, 固執する —*perseverare* nell'errore 過失を認めようとしない

persiana 女 よろい戸, ブラインド

persiano 形 ペルシャ(の人)の —*tappeto persiano* ペルシャじゅうたん —男 **1**〔女[-a]〕ペルシャ人 **2**〔単数のみ〕ペルシャ語 **3** カラクールの毛皮; ペルシャ猫

persicaria 女〔植〕タデ属の植物

persico¹ 形〔複[-ci]〕**1**〔魚〕スズキ科の淡水魚 —*Golfo Persico* ペルシャ湾 **2**〔中伊・北伊〕桃の木[実]

persico² 形〔複[男 -ci]〕ペルシャ湾の, ペルシャ湾沿岸地域の

persino → perfino

persistente 形 **1** 長引く, しつこい **2**〔植〕宿存性の

persistentemente 副 執拗(♯)に; 持続して, ずっと

persistenza 女 持続, 執拗(♯)さ

persistere [12] 自〔過分 persistito〕(in/a +[不定詞]) 固執する, 執着する; 持続する —*Persiste* nel vizio. 彼は悪習をやめようとしない.

perso 形〔過分 < perdere〕**1** 無駄に過ごした —*È tempo perso*. 時間の無駄だ. **2** 負けた **3** 心が奪われた, 放心の ► *darsi per perso* 絶望する, 諦める *perso per perso* やけになって, どうしようもなく

٭**persona**[ペルソーナ] 女 **1** 人, 個人, 人物, 人柄 —*È una brava persona*. 彼はすぐれた人物だ. / *persona di servizio* 使用人, 召し使い **2** 身体, 容姿 —*abito poco adatto alla sua persona* 彼の体にあまり合っていない服 **3**〔言〕人称 —*prima [seconda, terza] persona* 1人称[2人称, 3人称] **4**〔法〕法人, 機関 **5**〔心〕(ユング心理学の)ペルソナ;〔哲〕ペルソナ **6**〔神学〕三位一体の位格 ► *di persona* 本人自ら, 直接に *in prima persona* 直接に *per [a] persona* 一人当たり

٭**personaggio**[ペルソナッジョ] 男 **1** 重要人物, 有名[著名]人 **2**(作品の)登場人物 —*personaggi* e interpreti キャスト, 配役 **3** 風変わりな人物, 特異な人物 —*Lui* è un *personaggio* singolare. 彼は変わった奴だ.

٭**personale**[ペルソナーレ] 形 **1** 個人の, 個人的な, 私的な —*per motivi personali* 個人的な理由で, 一身上の都合により **2**〔言〕人称の —*pronome personale* 人称代名詞 —男 **1**〔総称的〕職員, スタッフ **2** 容姿, 外見 **3**〔スポ〕(バスケットボールの)反則 —女〔美〕個展

personalismo 男〔哲〕人格主義; 個人中心主義

personalista 男女〔複[男 -i]〕〔哲〕人格主義者; 個人の利益だけを求める者 —形〔複[男 -i]〕人格主義の; 自己中心の

personalistico 形〔複[男 -ci]〕人格主義に関する; 個人中心的な

personalità 女 **1** 個性, 人格 —*personalità forte [debole]* 強い[弱い]性格 **2** 名士, 有力者 —*personalità* dello Stato 政府の要人 ► *personalità giuridica* 法人格

personalizzare 他 個人的なものにする, 私有化する; 個人の好み[要求]に合わせる

personalizzazione 女 個性化, 私有化

personalmente 副 個人的に(は)

personcina 女 小さくてひ弱そうな人, きゃしゃな人

personificare 他〔io personifico〕擬人化する; 象徴化する

personificato 形 (性質や欠点について) 具現化された, 化身になった —*Lui è la pigrizia personificata*. 彼は怠惰そのものだ.

personificazione 女 擬人化; 化身, 権化

perspicace 形 勘の鋭い, 洞察力のある; 頭脳明晰な

perspicacemente 副 鋭敏に, 洞察力を持って

perspicacia 女〔複[-cie]〕鋭敏; 聡明

perspicuamente 副 明快に, はっきりと

perspicuità 女 明快, 明晰, はっきりしていること

perspicuo 形 明らかな, はっきりした, 分かりやすい

persuadere [75] 他〔過分 persuaso〕(di) …について納得させる; (a +[不定詞]) …するよう説得する —*Il padre ha persuaso il figlio a restare*. 父親は息子をとどまらせようと説得した. —**ersi** 再 (di) …を納得する, 確信する

persuadibile → persuasibile

persuaditrice → persuasore

persuase persuadere の直・遠過・3 単

persuasibile 形 (人が) 説得されやす

い; (物が)信じられやすい

persuasione 囡 説得すること[されること]; 納得, 確信

persuasivamente 副 説得して, 納得させるように

persuasivo 形 **1** 説得力のある, 納得させる; 押しの強い, 丸め込むような **2** 成功した

persuaso 形〖過分 < persuadere〗納得した, 確信した; 決断した, 覚悟している —Siamo *persuasi* a partire. 私たちは出発することにした.

persuasore 男〖女[persuaditrice]〗説得上手の人

pertanto 副 それで, だから

pertica 囡 **1** 長い棒(農作業で用いられる); 長身でやせた人; (運動遊戯の)はん登棒 **2** ペルティカ(古代ローマで用いられた計測の単位)

pertinace 形 しつこい, 執拗(しつよう)な, 頑固な —carattere *pertinace* 頑固な性格

pertinacemente 副 しつこく, 頑固に, かたくなに

pertinacia 囡〖複[-cie]〗頑固一徹, 強情, 粘り強さ

pertinente 形 (物や人と)密接に関係する, 関与する, 関連する

pertinentemente 副 密接に関係して, 関連して

pertinenza 囡 関連, 関係, 関与; 所有権

pertosse 囡〖医〗百日咳(ぜき)

pertugio 男 小さな穴, 裂け目, 割れ目; とても狭い通路

perturbamento 男 攪(かく)乱, 混乱, 動揺

perturbare 他 攪(かく)乱する, 混乱させる; 大騒ぎさせ, かなり狼狽(ろうばい)させる —**arsi** 再 **1** 落ち着きを失う, 混乱する **2** (天候が)荒れる

perturbatamente 副 混乱して, ひどくうろたえて

perturbativo 形 混乱させる, 動揺させる; 荒れさせる

perturbato 形 **1** 動揺した; 放心した **2** (天候が)荒れた

perturbatore 形〖女[-trice]〗攪(かく)乱する, かき乱す, 狼狽(ろうばい)させる —男〖女[-trice]〗攪乱者, 扇動者

perturbazione 囡 **1** 騒乱, 混乱; 動揺 **2** (気象)攪(かく)乱

Perù 固名(男) ペルー共和国

perù 男 莫大な財宝[金額]

Perugia 固名(女) ペルージャ(ウンブリア州の州都); 略PG

Perugino 固名(男) ペルジーノ(1448頃-1523; イタリアの画家. 本名 Pietro Vannucci)

perugino 形 ペルージャ(の人)の —男〖女[-a]〗**1** ペルージャの人 **2**〖単数のみ〗ペルージャ方言

peruviano 形 ペルー(人)の —男〖女[-a]〗ペルー人

pervadere [51] 他〖過分 pervaso〗(香りなどが)広がる, 浸透する, 染み込む; (感情が)入り込む, 行き渡る —Il profumo di caffè *ha pervaso* la stanza. コーヒーの香りが部屋に広がった.

pervase pervadere の直·遠過·3 単

pervasivo 形 浸透する, 広がる, 充満する

pervaso 形〖過分 < pervadere〗(匂いや感情が)充満した, いっぱいの —La stanza era *pervasa* dal profumo dei fiori. 部屋は花の匂いで満ちていた.

pervenire [127] 自 [es]〖過分 pervenuto〗**1** たどり着く; (目的に)到達する **2**〖法〗属する, …の所有になる —Mi è *pervenuta* un'eredità. 遺産が私のものになった.

pervenuto pervenire の過分

perversamente 副 邪悪に

perversione 囡 腐敗, 堕落, 退廃; 歪(ゆが)曲, 倒錯 —*perversione* sessuale 性的倒錯

perversità 囡 邪悪さ, 不品行, 倒錯; 悪い状況, (天候の)悪さ

perverso 形 極悪の; 意地悪な; 変質の, 倒錯の; 異常な

pervertimento 男 堕落, 悪化, 腐敗, 衰退

pervertire 堕落させる, 悪に導く; 悪化させる, 低下させる —**irsi** 再 悪くなる, 堕落する

pervertito 形 腐敗した, 邪悪な, よこしまな; 倒錯の —男〖女[-a]〗性的倒錯者

pervicace 形 頑固な, 強情な, 意地っ張りの, 人の意見に耳を貸さない

pervicacemente 副 頑固に, 意地を張って

pervicacia 囡〖複[-cie]〗頑固さ, 強情

pervinca 囡〖植〗ツルニチニチソウ —男〖不変〗青紫 —形〖不変〗青紫色の

p.es. 略 per esempio 例えば

pesa 囡 計量; 計量器; 計量所

pesabambini 男, 形〖不変〗乳児用体重計 —形 乳児用体重計の —bilancia *pesabambini* ベビースケール

pesabile 形 重さを量ることができる

***pesante** [ペザンテ, ペサンテ] 形 **1** 重い —bagaglio *pesante* 重い手荷物 **2** (服が)厚手の —abito *pesante* 厚手の服 **3** つらい, 苛酷な —incarico *pesante* つらい任務 / parole *pesanti* 過酷な言葉 **4** 退屈な, 憂鬱な, うるさい —Lui è un tipo *pesante*. 彼は退屈な[うるさい]人物だ. **5** 消化の悪い, 重たい —*pesante* da digerire 消化しにくい / sentirsi lo stomaco [la testa] *pesante* 胃[頭]が重く感じる **6** 重苦しい, (動きが)鈍い **7** (建物·調度·様式などが)重々しい, 重圧感のある **8** 悪趣味の, 俗っぽい

pesantemente 副 **1** 重く, どっしりと; 厚着で, 重苦しく, 深く **2** やっとのこと

pesantezza 囡 1 重さ, 重苦しさ; 消化の悪さ; 鈍さ 2 〔文体の〕冗長さ, 大げさなこと 3 煩重さ; つまらなさ, 悪趣味

pesapersone 男, 囡 〔不変〕体重計 ―形 〔不変〕体重計の ―bilancia *pesapersone* 体重計

＊**pesare** [ペサーレ, ペザーレ] 他 1 (何かの)重さを計る ―*pesare* due etti di formaggio チーズ200グラムを計る 2 〔慎重に〕検討する, 吟味する ―自 [es/av] 1 …の重さ[目方]がある ―Quanto *pesi*? 君の体重はどのくらい? 2 大変重い ―Questa valigia non *pesa*. このスーツケースは重くない. 3 重要である 4 責任がある, 重荷である 5 耐えがたい; 残念である ―**arsi** 再 自分の体重を計る ▶ *pesare le parole* 言葉を選んで慎重に話す

pesarese 形 ペーザロ(マルケ州のコムーネ)(の人)の ―男女 ペーザロの人 ―男 〔単数のみ〕ペーザロ方言

Pésaro 固名 (女) ペーザロ(マルケ州の都市; 略 PS)

pesata 囡 〔計量した〕重さ, 重量; 1回で計った物の量 ―una *pesata* di farina 1回計量分の小麦粉

pesato 形 考慮された, 熟考された ―opinione ben *pesata* 熟慮された意見

pesatore 男 〔女[-trice]〕計量係(の公務員)

pesatura 囡 計量; 〔スポ〕運動選手の試合前の計量

pesca¹ 囡 〔植〕モモ ―形 〔不変〕桃色の, ピンクがかった黄色 ―形 〔不変〕モモの ―color rosa *pesca* 桃色

pesca² 囡 1 魚釣り, 漁; 漁獲 ―andare a *pesca* 釣りに出る 2 くじ引き

pescaggio 男 魚釣り; (船の)喫水

pescanoce 囡 〔植〕ネクタリン

Pescara 固名 (女) ペスカーラ(アブルッツォ州の都市; 略 PE)

pescare 他 1 (魚介類を)とる, 釣る 2 (水から物を)すくい上げる 3 (くじやカードを)引く 4 (探し回った末に)見つける, 発見する ―自 1 釣りをする 2 (船の)喫水が…である ―Questa nave *pesca* 10 metri circa. この船の喫水は約10メートルだ.

pescarese 形 ペスカーラ(アブルッツォ州)(の人)の ―男女 ペスカーラの人 ―男 〔単数のみ〕ペスカーラ方言

pescata 囡 漁; 1回の漁獲量

pescato 男 漁の獲物

pescatora 形 〔女性形のみ〕〔次の成句で〕▶ *alla pescatora* 漁師風の / risotto [spaghetti] *alla pescatora* 漁師風リゾット[スパゲッティ](魚介類を使った料理)

pescatore 男 〔女[-trice]〕1 漁師, 釣り人 ―*pescatrice* subacquea 海女(あま) / martin *pescatore* カワセミ / rana *pescatrice* (魚の)アンコウ / villaggio di *pescatori* 漁村 2 (P-) 〔単数のみ〕聖ペトロ

＊**pesce** [ペッシェ] 男 1 魚 ―*pesce* gatto ナマズ / *pesce* luna マンボウ / *pesce* palla フグ / *pesce* spada カジキ(マグロ) / *pesce* di mare [d'acqua dolce] 海水魚[淡水魚] 2 〔単数のみ〕魚肉 3 純真でだまされやすい人 4 (P-) 〔複数で〕〔天〕魚座; 〔占星〕双魚宮 5 〔トスカーナ〕腕の筋肉, 二頭筋 6 〔南伊〕〔口〕ペニス ▶ *essere un pesce fuor d'acqua* 陸(おか)へ上がった河童 *non essere né carne né pesce* 個性[特徴]がない *non sapere che pesci pigliare* 途方に暮れる *pesce d'aprile* エープリルフール[四月馬鹿](日の悪戯) *prendere... a pesci in faccia* (人)を手荒に扱う

pescecane 男 〔複[pescicani, pescecani]〕1 〔魚〕サメ 2 成金(特に戦争成金)

pescetto 男 1 小さな魚 2 ペッシェット(魚の形をしたマジパンの洋菓子)

peschereccio 形 〔複[女 -ce]〕漁業の ―男 漁船

pescheria 囡 1 魚屋, 魚市場 2 〔ミラノ〕フライ用の小魚

pescheto 男 桃畑

peschicolo 形 桃生産の

peschicoltore 男 〔女[-trice]〕桃生産業者 ―形 〔女[-trice]〕桃生産業者の

peschicoltura 囡 桃生産業

peschiera 囡 養魚池

pesciaiola 囡 1 魚をゆでるための鍋 2 〔鳥〕ミコアイサ

pesciaiolo 男 〔女[-a]〕魚屋

pesciera 囡 (二重底で水切りができる)魚をゆでるための鍋

pescino 男 1 小さな魚 2 (湿地での魚釣り用の)小舟

pesciolino 男 小魚 ―*pesciolino* rosso 金魚

pescivendola 囡 《蔑》下品で粗雑な女

pescivendolo 男 〔女[-a]〕魚売り, 魚屋, 魚の行商人

pesco 男 〔複[-chi]〕桃の木

pescosità 囡 魚が多くいること

pescoso 形 (川や海で)魚が多くいる, 魚が豊富な

peseta 囡 ペセタ(1998年まで発行のスペインの通貨単位)

pesiera 囡 分銅, 秤(はかり)のおもり; 分銅の収納ケース

pesistica 囡 〔スポ〕重量挙げ, ウエートリフティング(sollevamento pesi)

＊**peso¹** [ペーゾ, ペーソ] 男 1 重さ, 重量 ―un *peso* di 40kg 40キロの重さ / *peso* piuma [medio, massimo] (ボクシングの)フェザー[ミドル, ヘビー]級 2 体重, ウエート ―prendere [perdere] *peso* 体重が増える[減る] 3 重圧, 負担 ―il *peso* degli anni 年月の重み 4 重要

peso 性, 影響力 —avere un grosso *peso* 大きな影響力を持つ **5** 金属の重り, 砲丸 —lancio del *peso* 砲丸投げ / sollevamento *pesi* 重量挙げ —形 重い(pesante) ▶ **a peso d'oro** 高価格で

peso² 男〖不変または複[pesos]〗〖西〗 ペソ(中南米諸国・フィリピンなどの通貨単位)

pessimamente 副 非常に悪く

pessimismo 男 悲観主義, ペシミズム

pessimista 形〖複[男 -i]〗悲観主義の; 厭(え)世的な —男女〖複[男 -i]〗悲観主義者, 厭世論者

pessimisticamente 副 悲観的に

pessimistico 形〖複[男 -ci]〗悲観主義的な, 悲観的な —atteggiamento *pessimistico* 悲観的態度

*__**pessimo**__ [ペッシィモ] 形〖cattivo の絶対最上級〗最悪[最低]の; とてもまずい —avere un *pessimo* carattere ひどい性格している

pesta 女 **1**〖複数で〗足跡; 人間や動物が通った痕跡 **2** 困難な状況, 窮地

pestaggio 男 暴行, 暴力; 乱闘, 殴り合いのけんか

pestare 他 **1** (粉状や粒状に)砕く, つぶす **2** 踏みつける **3** 叩く, ぶつ ▶ *pestare i calli* 人の痛い口を出す, 干渉する

pestata 女 砕くこと, つぶすこと; 踏みつけること; 殴り合い

peste 女 **1** 疫病, ペスト **2** 害毒, 社会悪 **3** 腕白小僧

pestello 男 乳棒, すりこぎ; 肉叩き

pesticciare 他〖io pesticcio〗しつこく踏みつける —自 足踏みをする

pesticida 男〖複[-i]〗農薬(殺虫剤・除草剤・植物成長調整剤など)

pestifero 形 **1** 疫病を伝染させる, 伝染性の; ペストの **2** 吐き気を催す, 嫌な **3**〖諧〗(子供が)腕白過ぎる

pestilenza 女 **1** ペスト; 破滅, 災難 **2** 堪えられない悪臭

pestilenziale 形 **1** ペストの; とても有害な **2** 悪臭の

pesto 形 (衝撃で)めちゃくちゃになった; (疲労や病で)消耗した, 衰弱した —男 細切れ, ミンチ(肉); ペスト・ジェノヴェーゼ(オリーブオイル・バジリコ・ニンニク・松の実・ペコリーノチーズ・パルミジャーノチーズをペーストにしたもの)

pestone 男 大きなすりこぎ; 踏みつけること

petalo 男 花びら, 花弁

petardo 男 **1** 爆竹, クラッカー **2** (鉄道の)信号雷管 **3** (鉱山で)岩を砕くために用いる爆薬, 発破

petauro 男〔動〕フクロモモンガ(petauro dello zucchero)

petecchia 女〔医〕点状出血, 溢(いっ)血点

petecchiale 形〔医〕点状出血の —tifo *petecchiale* 発疹(しん)チフス

petizione 女 請願, 嘆願 —fare [rivolgere] una *petizione* 請願する

peto 男 屁(へ), おなら —tirare [fare] un *peto* おならをする

Petrarca 固名(男)(Francesco ~)ペトラルカ(1304-74; イタリア・ルネサンス期の詩人. 当代きっての人文学者)

petrarcheggiare 自〖io petrarcheggio〗ペトラルカの詩をまねる; 闊(かっ)達で装飾的な文体を用いる

petrarchescamente 副 ペトラルカ風に

petrarchesco 形〖複[男 -chi]〗ペトラルカの, ペトラルカの作品に関する; ペトラルカの作風をまねた

petrarchismo 男 ペトラルキズム(14世紀末から15,16世紀のペトラルカの詩を模倣する風潮); ペトラルカの文体の研究と模倣

petrarchista 男女〖複[男 -i]〗ペトラルカの作風を模倣する作家[詩人]; ペトラルカ研究家 —形〖複[男 -i]〗ペトラルキズムにおける

petro- 接頭「石」「岩」(に関する)の意

petrochimica 女 記載岩石学の一部門; 石油化学(petrolchimica)

petrodollaro 男〖複数で〗オイルマネー, オイルダラー

petrografia 女 記載岩石学

petrolchimica 女 石油化学

petrolchimico 形〖複[男 -ci]〗石油化学の

petroldollaro → petrodollaro

petroliera 女 タンカー, 油送船

petroliere 男〖女[-a]〗**1** 油田の所有者, 石油産業の企業家 **2** 石油産業の労働者

petroliero 形 石油に関する, 石油精製の

petrolifero 形 石油を産出する; 石油採掘[精製, 産業]の

*__**petrolio**__ [ペトローリオ] 男 **1** 石油 —*petrolio* grezzo 原油 / lampada a *petrolio* 石油ランプ **2**〖不変〗ダークブルーグリーンの —verde *petrolio* ダークブルーグリーン(色)

petroniano 形〖文〗ボローニャの —男 サッカーチームのボローニャの選手

pettegola 女〔鳥〕アカアシシギ

pettegolare 自〖io pettegolo〗噂(うわさ)話をする, 陰口をたたく

pettegolezzo 男 うわさ話, 陰口, ゴシップ

pettegolio 男 延々と続ける陰口[噂(うわさ)話]; ざわざわとうるさいおしゃべり

pettegolo 形 (悪意のある)世間話が好きな, おしゃべりな —男〖女[-a]〗おしゃべり, ゴシップ好き

pettegolume 男 大きく広まる噂(うわさ) [陰口]

pettinare 他〖io pettino〗**1** (他人の)髪を櫛(くし)でとく; 調髪[整髪]する —*pettinare* la figlia 娘の髪をとく **2** (動物の毛を)すく **3** こき下ろす, 非難する —**arsi** 再 (自分の)髪を櫛でとく; 髪を

pettinata 囡 **1** (さっと)髪を櫛(´)でとくこと **2** 厳しい非難, 叱責
pettinato 形 (織物を)梳(´)毛した ― 男 梳毛織物
pettinatrice 囡 **1** (女性)美容師 **2** 梳(´)毛機
pettinatura 囡 **1** 髪型, ヘアスタイル **2** 髪をとかすこと, 調髪 **3** 〔織〕梳(´)毛
pettine 男 **1** 櫛(´) **2** 手機(´)の筬(´) **3** 〔貝〕イタヤガイ科の二枚貝
pettinella 囡 細かい歯の小さな櫛(´)
pettinino 男 櫛(´)形の小さい髪留め
pettirosso 〔鳥〕(ヨーロッパ)コマドリ
***petto** [ペット] 男 **1** 胸, 胸部 ―stringere... al *petto* (人)を抱きしめる, ハグする / malattia di *petto* 肺病, 胸の病気 / attacco di *petto* 心臓発作 **2** 心 **3** (女性の)乳房; 胸囲, バスト **4** (牛の)胸肉; (鶏肉の)ささみ **5** (衣服の)前の部分, 胸のあたり ―giacca a un *petto* シングルボタンのジャケット / giacca a doppio *petto* ダブルのジャケット ▶ *il do di petto* 最高の出来栄え, 絶品, 逸品; (テノール歌手の)最高音のド *prendere... di petto* …に正面から取り組む
pettorale¹ 男 (馬の)革の胸帯; (スポーツ選手の胸や背中に付ける)ゼッケン
pettorale² 形 胸の ―pinne *pettorali* 胸びれ ― 男 〔複数で〕〔解剖〕胸筋
pettorina 囡 (エプロンやサロペットの)胸当て部分
pettoruto 形 **1** 胸板の厚い; 豊満なバストの **2** 胸を張った, 威張った
petulante 形 口うるさい, やかましい; 生意気な, 厚顔無恥の
petulantemente 副 口うるさく, 厚かましく, ずうずうしく
petulanza 囡 生意気, 厚顔無恥, 傲慢さ
petunia 囡 〔植〕ペチュニア, ツクバネアサガオ
peuh 間 〔反感や耐えられない気持ちを表して〕ふっか, ああ
peyote 男〔不変〕**1** 〔植〕ウバタマサボテン, ロフォフォラ **2** ペヨーテ(ロフォフォラから作るドラッグ)
pezza 囡 **1** 布切れ, 端切れ; 雑巾, ぼろ切れ ―bambola di *pezza* 縫いぐるみ **2** 〔織〕ロール, 1反 ―una *pezza* di seta シルク1反 **3** (動物の)斑点, ぶち **4** 文書, 書類 ―*pezza* d'appoggio 証拠書類 **5** 小区画の耕作地; (古代ローマの農地面積の単位) **6** 〔トスカーナ〕畜殺された肉; 〔中伊〕牛肉, もも肉 ▶ *pezza da piedi* 無能な人, 能無し; (兵士の)ゲートル
pezzame 男 布や革の切れ端; 〔総称的〕(車やガラスを拭く)布切れ, ぼろ布
pezzato 形 (動物の体に)斑点がある, まだらの, ぶちの ― 男 まだらの馬
pezzatura¹ 囡 まだら模様, 斑点
pezzatura² 囡 (商品の)サイズ, 大きさ
pezzente 男女 物乞い, 生活困窮者; 守銭奴
***pezzo** [ペッツォ] 男 **1** 小片, 切れ端 ―*pezzo* di legno 木片 / *pezzo* di vetro ガラス片 / *pezzo* d'antiquariato 骨董品 **2** 部品, パーツ; (衣類の上下などの)部分 ―*pezzo* di ricambio 交換部品, スペア **3** 紙幣, 貨幣 **4** (絵·家具などの)芸術品 ―*pezzo* raro 希少品 **5** (音楽の)曲; (小説の)一節 ―*pezzo* forte (歌手や俳優の)最も得意とする曲や技, 十八番 **6** (新聞の)記事 ―leggere un *pezzo* di cronaca 報道記事を読む **7** しばらくの間; かなり長い期間 ―aspettare un *pezzo* しばらく(少し)待つ / È da un pezzo che non ci vediamo. しばらくです. / 久しぶりですね. **8** (美しさや資質を強調, または知性の欠如を示して)人間, 人物 ―*pezzo* di ragazza 美しい女の子 / *pezzo* d'asino 馬鹿 **9** 〔軍〕大砲(pezzo d'artiglieria) **10** 区画, 区間 ▶ *andare in* (*mille*) *pezzi* 粉々になる, 砕け散る *pezzo grosso* 大物, 要人, VIP
pezzuola 囡 (物や傷口に巻きつける)大きな布切れ
p.f. 略 per favore お願い致します; prossimo futuro 〔商業通信文で〕近い将来
pfennig 男〔不変〕ペニヒ(ユーロ以前のドイツの通貨単位)
pfui 間 〔からかい・嘲笑・軽蔑・無関心を表して〕ふっ ― 男〔不変〕嘲笑〔軽蔑〕の声
PG 略 Perugia ペルージャ
P.G. 略 Procura Generale 検事総局; Procuratore Generale 検事総長
Phnom Penh 固名 囡 プノンペン(カンボジア王国の首都)
photo finish 囲〔不変〕〔英〕写真判定 ―al *photo finish* 写真判定で
PI 略 Pisa ピサ
pi 男女〔不変〕pの字母名と音; ギリシャ語アルファベットの第16番目の文字(Π, π) ―*pi* greco [greca] 円周率
P.I. 略 Pubblica Istruzione 公教育; Pubblico Impiego 公務
piaccia piacere の命·3単; 接·現·1単[2単, 3単]
piaccio piacere の直·現·1単
piacente 形 (人物が)好感の持てる, 惹きつける
piacentino 形 ピアチェンツァ(の人)の ― 男 **1** 囡[-a] ピアチェンツァの人 **2** 〔単数のみ〕ピアチェンツァ方言
Piacenza 固名 囡 ピアチェンツァ(エミリア·ロマーニャ州の都市; 略 PC)
***piacere**¹ [ピアチェーレ] [76] 自 [es] 過分 piaciuto〕(a) **1** 好む, 気に入る ―Mi [A me] *piace* il nuoto [nuotare]. 私は水泳〔泳ぐ〕が好きです. / Ti [A te] *piacciono* gli spaghetti? 君はスパゲッティが好きですか. / Vi *piace* la

piacere musica jazz? 君たち、ジャズは好き？／Gli [Le] è *piaciuta* la canzone. 彼[彼女]はその曲が気に入った．／Mi piaci tanto. 僕は君が大好きだ．／Non ti *piaccio*? 君は僕が嫌いなの？ **2**〔自由選択や意志を示して〕…したい，…してみたい ―Mi *piacerebbe* andare in Germania. 私はドイツに行ってみたい．► *come pare e piace a...* …の好きなように *piaccia o non piaccia* 好きでも嫌いでも，いやおうなしに

__piacere__[2] [ピアチェーレ] 男 **1** 喜び，楽しみ ―(Molto) *Piacere*, Sandro. サンドロです(どうぞ)よろしく．/ Mi fa molto *piacere* stare con lui. 彼と一緒にいるととても楽しい．**2** 気晴らし，娯楽 **3** 好意，親切 ―chiedere un *piacere* a... (人)に頼み事をする／Mi faresti un *piacere* di imbucare la lettera? 悪いけど手紙を投函してもらえないかな？► *a piacere* 好きなだけ，遠慮なく *con piacere* 喜んで(応じます) *di piacere* 気晴らしの(足の向くまま気の向くままの) *Fammi il piacere!* お願い(言うことを聞いて，やめて)．｜勘弁してよ．*Il piacere è (tutto) mio.* こちらのほうこそ(どうぞ)よろしく．*Mi fai un piacere?* お願いがあるんだけど．*(Molto) Piacere di conoscerLa.* お近づきになれて光栄です．*per piacere* どうかお願いします

piacevole 形 **1** 気持ちのいい，素敵な **2** 楽しい，愉快な **3** 感じのいい，愛嬌(あいきょう)のある

piacevolezza 女 快適さ，楽しさ，愉快さ，心地よさ；冗談，しゃれた文句

piacevolmente 副 愉快に，快適に，楽しく

piacimento 男 好み，嗜(し)好 ―aggiungere sale a *piacimento* 好みで塩を加える／a mio [tuo, suo] *piacimento* 私の[君の，彼(女)の]好きなように「思うままに]

piaciucchiare 自 [es] [io piaciucchio] (完全にではないが)結構気に入る[好みだ]

piaciuto piacere の過分

piacque piacere の直・遠過・3 単

piadina 女 ピアディーナ(ロマーニャ地方の平らなフォカッチャ)

piaga 女 **1** 切り傷，裂傷 **2** (社会的)問題，悪 ―la *piaga* dell'alcolismo アルコール依存症問題 **3** 深い悩み，(心の)傷 **4** 鼻持ちならないやつ ―Smettila di fare la *piaga*! うんざりさせないでくれ．｜迷惑なことはやめて．

piagare 他 切り傷をつくる，傷つける ―Quelle scarpe mi *hanno piagato* i piedi. あの靴のせいで靴擦れができた．

piaggeria 女 へつらい，お世辞

piagnisteo 男 (子供が)泣くこと，むずかること，しゃくりあげ；泣き言

piagnone 男 [女[-a]] 泣き虫；愚痴をこぼす人，泣き言を言い続ける人

piagnucolare 自 [io piagnucolo] しくしく[めそめそ]泣く；嘆く ―他 愚痴る，不満げに言う

piagnucolio 男 (特に子供が)むずかること，すすり泣き，嗚咽(おえつ)

piagnucolone 男 [女[-a]] 泣き虫，よく泣く人 ―形 よく泣く，泣き虫の

piagnucolosamente 副 めそめそして，むずかって

piagnucoloso 形 めそめそした，泣き虫の；すすり泣きの

pialla 女 (大工道具の)鉋(かんな)

piallare 他 かんなで削る

piallata 女 さっとかんなで削ること，かんな掛け

piallatore 男 [女[-trice]] かんなを掛ける人，かんな工 ―形 [女[-trice]] かんなを掛ける，かんな盤担当の

piallatrice 女 かんな盤，平削(ひらけずり)盤，プレーナー

piallatura 女 かんな掛け；かんなくず，おがくず

pialletto 男 小型のかんな

piamente 副 慈悲深く，敬虔(けいけん)に

piana 女 平地；平野部

pianale 男 **1** 平地 **2** (荷車やトラックの)荷台

pianamente 副 **1** (文章表現)単純明快に **2** ゆっくりと，静かに；穏やかに

pianeggiante 形 平らな，勾配の少ない

pianeggiare 自 [io pianeggio] (土地が)平坦である ―他 平らにする

pianella 女 **1** (かかとの低い)スリッパ **2** (舗道や屋根を覆うのに用いる)タイル

pianerottolo 男 **1** (階段の)踊り場 **2** 岩場の平らな部分，岩棚

pianeta[1] 男 [複[-i]] **1** 惑星，遊星 **2** (共通性が顕著な)集団，世界 ―il *pianeta* della moda ファッション界 **3** 《文》運命，宿命

pianeta[2] 女 (カトリック司祭がミサで着用する)祭服

piangente 形 涙を流した，泣いている；とても悲しそうな ―salice *piangente* [植]シダレヤナギ

__piangere__ [ピアンジェレ] [77] 自 [過分 pianto] **1** 泣く，涙を流す ―*piangere* di gioia [dalla gioia] うれし涙を流す／È un film che fa *piangere*. 泣かせる(感動的な)映画だ．／Il fumo mi fa *piangere*. 煙が目にしみる．／Mi viene da *piangere*. 泣きそうになる．**2** (精神的に)苦しむ，悩む；嘆く **3** (動物が)うなる，うめく **4** (しずくが)滴る；雨が降る ―Il cielo si mette a *piangere*. 雨が降り始める．―他 **1** (涙を)流す **2** (人の死を)嘆き悲しむ，悼む ―*piangere* un amico 友の死を悼む **3** 後悔する，惜しむ ► *piangere lacrime di coccodrillo* 悲しむふりをする，嘘泣きする

pianificabile 形 計画可能な

pianificabilità 女 計画可能なこと

pianificare 他 [io pianifico] プランを立てる，計画する

pianificatore 形 〖女[-trice]〗計画に役立つ; 計画する, 立案する ― 男 〖女[-trice]〗計画者, プランナー

pianificazione 女 計画立案, 計画化

pianigiano 形 平地に住む; 平地の, 平地にある[いる] ― 男 〖女[-a]〗平地の住民

pianino 副 ゆっくりと, そっと, 静かに

pianista 男女 〖複[男 -i]〗ピアニスト

pianistico 形 〖複[男 -ci]〗ピアノの, ピアノに関する ―concerto *pianistico* ピアノ協奏曲

Piano 固名 (男) (Renzo ~)ピアノ (1937-): イタリアの建築家)

‡**piano**¹ [ピアーノ] 形 **1** 平らな ―piatto *piano* ディナー皿 / superficie *piana* 平面 / figure *piane* 平面図形 **2** 平易な, 分かりやすい ―parlare in modo *piano* 分かりやすく話す **3** (障害のない)競走の ―i 200 metri *piani* 200 メートル走 **4** 〖文〗優しい, 慎ましい **5** 〖言〗後ろから 2 番目の音節にアクセントがある ― 副 **1** ゆっくり, 急がずに ―camminare *piano* ゆっくり歩く **2** 小声[低い声]で ―Parla più *piano*! 声を落として, **3** 〖音〗弱く ― 男 〖不変〗〖音〗ピアノ ► *pian piano* とてもゆっくりと; 徐々に, 少しずつ

‡**piano**² [ピアーノ] 男 **1** プラン, 計画, 予定 **2** 設計図, 見取図, 平面図 **3** 企て, もくろみ

‡**piano**³ [ピアーノ] 男 **1** (建物の)階 ―il primo [secondo] *piano* 2[3]階 / il *piano* terra [terreno] 1 階 / palazzo di quindici *piani* 15 階建ての建物 **2** 面, 平面; (テーブル等の)表面 ―*piano* di legno [marmo] 木[大理石]の面 **3** 平野, 平地 **4** (映画の)ショット ―primo *piano* クローズアップ / *piano* americano 頭から膝上までのショット **5** レベル ―mettere due persone sullo stesso *piano* 二人を同等[平等]に扱う **6** 見解, 観点 **7** 〖地質〗地層 ► *in piano* 水平に

pianoforte 男 ピアノ ―*pianoforte* verticale アップライトピアノ / *pianoforte* a coda グランドピアノ

pianola 女 ピアノーラ(自動演奏ピアノ)

pianoro 男 台地, 高地

pianoterra 男 〖不変〗一階

pianse piangere の直・遠過・3 単

‡**pianta** [ピアンタ] 女 **1** 植物, 草木 **2** 地図, 縮図; 見取り図, 設計図 **3** 足の裏 **4** 靴底部分 **5** 〖文〗家系, 一族 ► *di sana pianta* すっかり, 丸ま, 全部 *in pianta stabile* 常勤の, 常しの; いつもいる / impiegato *in pianta stabile* 正社員 / Lui è *in pianta stabile* a casa tua. 彼は君の家に入りびたりだね.

piantabile 形 (植物や種を)植えられる; (場所が)植物を栽培できる, 種をまくことができる

piantaggine 女 〖植〗オオバコ

piantagione 女 大農園, 大農場, プランテーション ―*piantagione* di caffè コーヒー農園

piantagrane 男女 〖不変〗口論[けんか]好きの人, 立ちはだかる

piantana 女 垂直な支柱; フロアスタンド

‡**piantare** [ピアンターレ] 他 **1** 植える, (種を)蒔く **2** 打ち込む, 固定する **3** 捨てる, 手を切る; 放棄する, やめる ―**arsi** 再 **1** (人と)向き合う, 立ちはだかる **2** 〖口〗居つく, 居座る **3** 〖口〗(車が泥やぬかるみに)はまる **4** 深く刺さる **5** (恋愛関係を)やめる, 別れる ► *piantarla* やめる / Vuoi *piantarla* di gridare? 叫ぶのをやめてくれない?

piantata 女 (一定の配置で)樹木や植物を植えること, 植木の配列

piantato 形 **1** 耕作された, 栽培された **2** 打ち込まれた; 釘(くぎ)づけの, 不動のままの ―terreno *piantato* a vigne ブドウ畑

piantatore 男 〖女[-trice]〗栽培[耕作]者; 農園主

pianterello 男 むずがって少し泣くこと

pianterreno 男 地上階, 1 階(略 T)

piantina 女 **1** (縮小した)地図, 見取り図 **2** 苗木

pianto¹ 男 **1** 泣くこと; 涙 ―scoppiare in *pianto* (突然)泣き出す, 声を出して泣く / asciugare il *pianto* 涙を拭く[ぬぐう] **2** 悲嘆, 苦悩, 苦痛 **3** 厄介の種, 困りもの **4** (動物の)悲しげな鳴き声 **5** 〖植〗(根や幹から)樹液が出ること ► *pianto greco* (だらだら続く)泣き言, 愚痴

pianto² 形 〖過分 < piangere〗哀悼された, その死を悼まれる

piantonamento 男 **1** 見張り, 監視 **2** 苗木の移植

piantonare 他 **1** (警察が場所・建物・被疑者を)見張る, 監視する **2** (苗木を)移植する

piantone¹ 男 警備兵, 歩哨(しょう)兵, 当番兵; 他人の行動を監視する人 ―stare di *piantone* 見張る, 監視する

piantone² 男 (車の)ステアリングコラム

piantumare 他 (住居に)垣根や樹木を植える

piantumazione 女 垣根や樹木を住居に配置すること

‡**pianura** [ピアヌーラ] 女 平原, 平野 ―*Pianura* Padana ポー平原 / *Pianura* Romana ローマ平原

pianuzza 女 〖魚〗ツノガレイ(passera di mare)

piastra 女 **1** (金属や玉などの)板, プレート **2** 鉄板, ホットプレート ―cuocere alla *piastra* 鉄板で調理する **3** 鎧(よろい)の金属板 ―armatura a *piastre* プレートアーマー, 板金鎧 **4** カセットデッキ **5** (通貨単位の)ピアストル **6** ヘアアイロン

piastrella 女 **1** (床や壁に張る)タイル ―pavimento di *piastrelle* タイル張りの床 **2** おはじき ―giocare a *piastrelle*

piastrellaio 男 [女[-a]] タイル職人; タイル製造[販売]業者

piastrellamento 男 1 タイル張り 2 (飛行機の着陸・着水時の)バウンド; (モーターボートの水上での)バウンド

piastrellare 他 タイルを張る —自 (飛行機が着陸・着水時の)バウンドする; (モーターボートが水面で)バウンドする

piastrellista 男女[複[男 -i]] タイル職人

piastrina 女 1 鑑札, 識別票 2 [生物] 血小板

piatire 自 [io -isco] 裁判で争う; 論議する; しつこくせがむ, 嘆願する

piattaforma 女 1 台board, 高台 2 土台 3 (発射や飛び込みの)台 —*piattaforma di tiro* 砲座 4 (バスや列車の)昇降口, デッキ 5 (政党の)綱領, 政策要綱 —*piattaforma elettorale* 選挙綱領 6 (コンピューターの)プラットフォーム

piattaia 女 水切り, 皿立て; 皿の収納棚

piattamente 副 単調に, 味気なく, 退屈に

piattello 男 小皿; 皿状のもの; [スポ] クレー射撃のクレー(素焼きの皿) —*tiro al piattello* クレー射撃 / *piattello labiale* (アフリカや南米の先住民の)唇飾り

piatteria 女 皿の在庫; 皿や食器類の製造工場[販売店]

piattezza 女 平らなこと; 平坦さ, 単調, 面白味のなさ —*piattezza di un racconto* 話の退屈さ

piattina 女 1 [電]導線 2 (鉱山で使う)手押し車; (移動撮影のカメラを載せる)台車

piattino 男 取り皿, 受け皿 —形 1 平らな, 平坦な 2 (単調で)退屈な, 味気ない

***piatto¹** [ピアット] 男 1 皿 —*piatto da frutta* フルーツ皿 2 (個別の)料理, 品 —*piatto del giorno* (レストランの)本日のおすすめ料理 3 皿状の物; ターンテーブル 4 [複数で][音]シンバル

piatto² 形 1 平らな; 面白味のない, 単調な 2 (ワインが)酸味のない

piattola 女 1 [虫]毛ジラミ 2 しつこくつきまとう人; 恐がり屋 —*avere sangue di piattola* 度胸がない, ノミの心臓を持つ 3 [トスカーナ]ゴキブリ

piattonare 他 刀の平たい部分で打つ

piattonata 女 刀の平たい部分での一撃

piattume 男 (同じことの繰り返しから生じる)倦怠感, つまらみ

Piave 固名(男) ピアーヴェ川(イタリア北部を流れ, アドリア海に注ぐ川; 第一次世界大戦における戦場として有名)

piazza** [ピアッツァ] 女 1 広場(主に四方を建物で囲まれた) —*mettere in piazza...* (物を)公表する, おおやけにする 2 (広場の)人々, 市民 3 [経]市場, マーケット —*assegno su [fuori] piazza* 現金化する銀行が市内にある[市外の]小切手 4 (シーツなどのサイズに用いられる)ベッドの空間 —*coperta a due piazze* ダブルの掛け布団 5 [文]自由な空間, スペース 6 [諺]頭のはげた部分 —*andare in piazza* はげ頭になる 7 巡業劇団が見世物や演劇を上演する場所 8 [軍]砦(とりで), 要塞 ► ***fare piazza pulita 一掃する, すべて持ち去る *piazza d'onore* [スポ]上位(2位と3位, または2位から4位まで)

piazzaforte 女 [複[piazzeforti]] 要塞都市; (政党や集団の)拠点

piazzaiolo 形 下品な, 行儀の悪い —*maniere piazzaiole* 無作法 —男 [女[-a]] 下品な人, 粗野な人間

piazzale 男 1 (見晴らしのきく)広場, 空地; 駅前広場; (駅などの)構内 2 (空港の)エプロン

piazzamento 男 配置, 設置; 順位; [スポ]グラウンドでの選手の配置

piazzare 他 1 据えつける, 設置する 2 (訪問販売で)売る, 売りさばく —**arsi** 再 1 腰を据える 2 よい仕事に就く 3 [スポ]上位に入賞する

piazzata 女 (人前での)言い争い, どなり合い

piazzato 形 1 (仕事などで)高い位置に配属された 2 (体格が)頑丈な 3 [スポ]よい順位の; (競馬で)2着か3着の —形 (競馬の)2着か3着

piazzista 男女 [複[男 -i]] セールスマン, 外交員; 行商人

piazzola 女 1 (道路の)待避所; (空港の飛行機の)待避スペース 2 [軍]砲座

picaresco 形 [複[男 -chi]] 悪漢[ピカレスク]小説の; 悪漢[ピカレスク]小説のような —*romanzo picaresco* ピカレスク小説

picaro 男 ピカレスク小説の主人公; 放浪者, 山師, 悪漢

picca¹ 女 1 白い長槍(やり); 槍兵; (闘牛で)ピカドールの槍 2 (トランプの)スペード —*asso di picche* スペードのエース

picca² 女 片意地, 対抗意識; 腹いせ

piccante 形 1 (味が)ぴりっと辛い, 辛みの; 辛辣な 2 (話が)きわどい

piccarsi 再 1 (di + 不定詞)意地を張る, 固執する; (知っている[できる]と)うぬぼれる 2 (per)気を悪くする, 腹を立てる, 憤慨する

piccata 女 1 [料]ピカタ 2 槍(やり)の一突き

piccato 形 1 立腹した, 憤慨した 2 [料]レモンとパセリと香辛料で味つけした

picchettaggio 男 ピケを張ること, ピケ

picchettamento → picchettaggio

picchettare 他 1 (場所に)ピケを張る, 封鎖する 2 杭(くい)を打って固定する 3 [服]布の縁に刻み目を入れる —自 [音] (弦楽器で)音を短く切る, ピッケタートで演奏する

picchettato 男〔音〕ピッケタート, 短くスタッカートで弾くはじくこと

picchettatore 男〔女[-trice]〕ピケを張る人; スト中にピケに参加する人

picchettatura 女 (杭(⼩)の打ち込みによる)区分設定; 打ち込まれて並んだ杭

picchettazione → picchettatura

picchetto 男 1 (ストや抗議の)ピケ; ピケ隊 2 前哨(⼩)隊 —*picchetto d'onore* 儀仗(⼩)兵 3 杭(⼩)

‡**picchiare** [ピッキアーレ] 他 (io picchio) 1 打つ; 殴る, ぶつ 2 叩く, ノックする —自 1 何度も叩く, 打つ 2 こだわる, しつこく頑張る —**arsi** 再 お互いを殴り[叩き]合う. 自分の額を手でぴしゃりと打った. ▶ *picchia e ripicchia* 頑張り続けて, しつこくし続けて

picchiata 女 1 思わず打つ[叩く]こと; 連続して打つ[叩く]こと —*dare una picchiata alla porta* ドアをとんとんと叩く 2 (飛行機の)急降下 —*scendere in picchiata* 急降下する / *Il dollaro è in picchiata*. ドルは急降下する

picchiatello 男〔女[-a]〕少し頭のおかしい人, 風変わりな人, 奇抜な人 —形 頭のおかしい, 変わり者の

picchiato 形 少し頭が変な, 風変わりな振る舞いをする, 変人の

picchiatore¹ 男〔女[-trice]〕暴力を振るう人; 豪腕のボクサー

picchiatore² 男 急降下爆撃機(第二次世界大戦時の)

picchierellare 他 すばやく叩く[打つ] —自 とんとんと叩く[打つ] —*La pioggia picchierellava sui vetri delle finestre*. 雨が窓ガラスに当たっていた.

picchiettare 他 軽くとんとんと打つ, 斑点を打つ, 点描する —自 1 とんとんと叩く[打つ] 2〔音〕→ picchettare

picchiettato 形 斑点のついた —男〔音〕→ picchettato

picchiettio 男 長く[連続して]叩くこと, 連打

picchio¹ 男〔鳥〕キツツキ

picchio² 男 叩くこと, ノック; 叩く音 —*di [in un] picchio* 突然に

picchiotto 男 ドアノッカー

piccineria 女 けち, しみったれ, 物惜しみ, 狭量; けちくさい行動

piccino 形 1 小さい, 幼い 2 けちな, 卑劣な —男〔女[-a]〕子供, 子

picciolo¹ 男〔植〕花梗(⼩), 花柄

picciolo² 形 1《文》小さい; 短期間の 2 質素な, 貧しい —男 1 子供 2〔トスカーナ〕小銭 —*non valere un picciolo* 全く価値がない, ろくでもない

piccionaia 女 1 鳩小屋 2 家屋の最上階, 屋根裏部屋; (劇場の)天井桟敷; 天井桟敷の観客

piccioncino 男〔女[-a]〕1 小バト 2 愛する人, 恋人

piccione 男〔女[-a]〕〔鳥〕ハト —*piccione selvatico* 野バト ▶ *prendere due piccioni con una fava* 一石二鳥になる

picco 男〔複[-chi]〕1 (とがった)山頂, 峰 2 (グラフの)頂点, ピーク ▶ *a picco* 垂直に, 切り立った *andare* [*colare*] *a picco* 沈没する

piccoletto 男〔女[-a]〕小柄な人, 背の低い人 —男 小柄な, 背の低い

piccolezza 女 小さいこと; つまらない事, 些細な事; 狭量, けちくささ

‡**piccolo** [ピッコロ] 形〔比較級 più piccolo, minore, 相対最上級 il più piccolo, il minore, 絶対最上級 piccolissimo, minimo〕1 小さい, 小さな; 年少の, 年下の —*È piccolo per la sua età*. 彼は年齢の割には小さい. / *È una donna piccola*. 彼女は小柄な女性だ. / *flauto piccolo* (楽器の)ピッコロ 2 わずかな, 少ない 3 つまらない, 取るに足りない 4 けちな, 卑劣な —*animo piccolo* 狭量な心 5 小規模の, ささやかな —*chiedere un piccolo favore* ちょっと頼み事をする 6 社会的地位の低い —男〔女[-a]〕1 子供, 子 —*Da piccola le piaceva nuotare*. 子供の頃彼女は泳ぐのが好きだった. 2 小柄な人; 小さいもの 3 中世の小額紙幣 ▶ *farsi piccolo* 恐縮する *in piccolo* 縮小した *nel proprio piccolo* 自分なりに

piccolotto 男〔女[-a]〕身長の低い人, 背の低い

picconare 他 1 つるはしで打つ[壊す] 2 (マスコミが体制を)激しく批判[非難]する —自 (批評や非難で)揺さぶりをかける, 動揺させる

picconata 女 1 つるはしの一撃 2 (体制への)辛辣な批判

picconatore 男〔女[-trice]〕1 つるはしを振るう人 2 痛烈な体制批判者 —形〔女[-trice]〕1 つるはしを振るう 2 痛烈な体制批判的する

piccone 男 つるはし

picconiere 男 つるはしを使う労働者

piccoso 形 頑固な, 意地っ張りの; 怒りっぽい, 機嫌が変わりやすい

piccozza 女 1 ピッケル 2 小さいつるはし

piceno 形 アスコリ・ピチェーノ地方の

pici 男複〔料〕ピーチ(シエナの名物パスタ)

pico- 腰接〔1兆分の1〕の意

Pico della Mirandola 固名(男) ピーコ・デラ・ミランドラ(1463-94; イタリアの人文学者・哲学者)

pidiessino 形 左翼民主党の —男〔女[-a]〕左翼民主党党員, 左翼民主党支持者

pidocchieria 女 吝嗇(⼩), けち; けちな振る舞い[態度]

pidocchio 男 1〔虫〕シラミ 2 けちくさい人

pidocchiosamente 副 けちくさく, 物惜しみをして

pidocchioso 形 1 シラミだらけの, シラ

piduista 男女〔複[男 -i]〕P2(フリーメーソン)のメンバー ―形 P2(フリーメーソン)のメンバーの

piè 男 足(piede) ▶ *a piè di...* …の下に, …のふもとに *a piè fermo* 恐れずに, 勇敢に *saltare a piè pari* 途中を省く(両足を揃えて跳ぶ)

pièce 女〔不変〕〔仏〕戯曲

pied-à-terre 男〔不変〕〔仏〕(短期滞在用の)小さなアパート

piedatterra → pied-à-terre

pied-de-poule 男〔不変〕〔仏〕千鳥格子のウールの生地, 千鳥格子, ハウンドトゥース模様; 千鳥格子の服 ―形〔不変〕千鳥格子の

‡**piede** [ピエーデ] 男 1 足(くるぶしから下の部分) ―collo del *piede* 足首 / pianta del *piede* 足の裏 2 脚, 支柱 3 麓(ふもと) ―*ai piedi di...* …のふもとに 4 〔植〕根元; (キノコの)軸 5 (昔の長さの単位の)ピエーデ(約30cm) 6〔詩〕脚韻 ▶ *a piedi* 徒歩で, 歩いて *dalla testa ai piedi* 頭のてっぺんからつま先まで, 全身すっかり *darsi la zappa sui piedi* 墓穴を掘る *dormire in piedi* 眠くてたまらない; ぼけている *in piedi* 立った[起きた]状態で *in punta di piedi* つま先で *su due piedi* 即座に, すぐに

piedino 男 1 小さい足 ―fare *piedino* (テーブルの下で互いに)足を触れ合わせる 2 (新聞の下部に挿入された)小さな記事, 広告 3 (ミシンの)押さえ金

piedipiatti 男女〔不変〕〔蔑〕警官, お巡り, 巡査

piedistallo 男 (彫像や記念碑の)台座, (柱の)礎(いしずえ)

piega 女 1 折り目, 折れ目 ―la *piega* dei pantaloni ズボンの折り目 / gonna a *pieghe* プリーツスカート 2 曲げる[曲がる]所 3 ひだ, しわ ―abito pieno di *pieghe* しわだらけの服 4 傾向, 癖 ▶ *fare la messa in piega* 髪をセットする *prendere una brutta piega* 悪い方向に行く

piegabaffi 男〔不変〕(就寝時に用いられていた)口ひげの形を保つための布製のマスク; 口ひげをカールする器

piegabile 形 折り畳める, 折り畳まれる, 曲げやすい

piegaciglia 男〔不変〕ビューラー, アイラッシュカーラー

piegaferro 男〔不変〕鉄筋曲げ機

piegamento 男 折り畳むこと, 折り曲げること; 屈伸, 屈曲 ―*piegamento* sulle gambe スクワット

‡**piegare** [ピエガーレ] 他 1 折る, 曲げる ―*piegare* il lenzuolo シーツを畳む 2 (頭などを)下げる ―*piegare* il capo を下げる 3 服従[屈服]させる ―Non riuscirai a *piegarlo*. 君は彼を屈服させられないだろう. ―自 1 曲がる; たわむ 2 方向を変える ―**arsi** 再 曲がる, 折れる; 屈服する ―*piegarsi* in due (激痛や笑いをこらえられなくて)体を二つに曲げる, 体をよじる

piegata 女 折り畳むこと, 曲げること ―Ha dato una *piegata* al giornale. 彼は新聞を畳んだ.

piegato 形 1 折れた, 曲がった; 折り畳まれた 2 屈した, 降参した

piegatondino 男 鉄筋曲げ機(macchina piegaferro)

piegatrice 女 (製本での)折り畳み機, 紙折り機; (金属の)折り曲げ機

piegatura 女 折る[折れる]こと, 曲げる[曲がる]こと; 折り目

pieghettare 他 (服や紙に)プリーツをつける, ひだをつける

pieghettato 形 プリーツ加工をした, ひだのある ―男 プリーツ

pieghettatura 女 プリーツ加工, ひだ付け; プリーツ, ひだ

pieghevole 形 1 折り畳める, 折り畳み式の ―bicicletta *pieghevole* 折り畳み自転車 2 簡単に折り曲げられる[曲がる] 3 折れやすい, 屈服しやすい 4 多方面の, 多才の ―男 (折り畳んだ)パンフレット

pieghevolezza 女 曲げやすさ, 柔軟さ

piego 男〔複[-ghi]〕(書類や手紙を密封した)包み, 束

Piemonte 固名〔男〕ピエモンテ州(イタリア北部の州; 州都: Torino)

piemontese 形 ピエモンテ(の人)の ―男女 ピエモンテの人 ―男〔単数のみ〕ピエモンテ方言

piemontesismo 男 ピエモンテ人らしさ, ピエモンテ人の特性

piemontesità 女 ピエモンテ人であること, ピエモンテ人の特色

piemontesizzarsi 再 ピエモンテ方言の特徴を持つ, ピエモンテ方言化する

piena 女 1 (警戒線を超える)増水, 大水 ―in *piena* (河川が)増水して, 氾濫して 2 (感情の)高まり 3 (人や物の)洪水, 氾濫

pienamente 副 完全に, 全く

pienezza 女 充満, 一杯なこと, 満ちること; 完全, 十分さ

‡**pieno** [ピエーノ] 形 1 (di)…で一杯の, …だらけの, …に満ちあふれる ―bicchiere *pieno* d'acqua 水がなみなみと入ったコップ / essere *pieno* di sé うぬぼれている, 高慢である 2 満ちた, 完全な, 全面的な ―luna *piena* 満月 / avere la pancia *piena* お腹が一杯である 3 丸々とした, ぎっしり中身が詰まった 4 最高の 5〔口〕(女性や動物の雌が)妊娠した ―男 1 絶頂 2 真っ只中 ―nel *pieno* della notte 真夜中に 3 満タン ―fare il *pieno* di... …で満タンにする ▶ *a tempo pieno* (パートに対して)フルタイムの[で], 常勤の[で] *fare il pieno* (ガソリンを)満タンにする *giorno pieno* 真っ昼間 *in piena notte* 真夜中に *in pieno inverno*

真冬に *pieno zeppo* 超満員の, ぎっしり詰まった
pienone 男 (劇場や催しでの)満員の観客; (旅館や観光地が)人であふれること
pienotto 形 小太りの, ふっくらした
pierino 男 腕白で生意気な子供[少年]のこと(ジョークの登場人物としてよく使う名前)
Piero 固名〔男性名〕ピエーロ
Piero della Francesca 固名(男) ピエーロ・デッラ・フランチェスカ(1415頃-92; イタリアの画家)
pierre 男女〔不変〕広報[宣伝広告]担当者, PR(Pubbliche Relazioni の略)
pierrot 男〔不変〕〔仏〕道化役者, ピエロ
‡**pietà** [ピエタ] 女 **1** 哀れみ, 同情 ―fare pietà 哀れみを起こさせる, 同情させる / sentire [provare] *pietà* per... (人)に同情する, 哀れむ **2**〔文〕敬愛の情 **3**〔カト〕憐れみ, 慈悲(聖霊の七つの贈り物の一つ); 信心, 信仰 **4** (P-)〔美〕ピエタ像 ▶ *per pietà* (助けを求めて)お願いだから
pietanza 女 (特にメインの)料理, おかず
pietaniera 女 (金属製の)弁当箱
pietas 女〔不変〕〔ラ〕(両親や祖国や神への)愛情, 献身, 敬意
pietismo 男 敬虔(ツ)主義, ピエティズム;《蔑》うわべだけ取り繕った信仰心
pietista 形 → pietistico ―男女〔複[男 -i]〕敬虔(ツ)主義者; 信心ぶった人
pietistico 形〔複[男 -ci]〕敬虔(ツ)主義の, 敬虔主義者の; 敬虔主義に従う;《蔑》敬虔ぶった, うわべだけの信心の
pietosamente 副 慈悲深く, 哀れみ深く; 情け深く; 哀れみを催すように
pietoso 形 **1** 慈悲深い, 哀れみ深い ―bugia *pietosa* (相手を悲しませないための)罪のない嘘 **2** 哀れな, 惨めな **3** ひどい, 不出来の, 粗悪な
‡**pietra** [ピエートラ] 女 ―*pietra* filosofale 賢者の石 / *pietra* preziosa 宝石 / età della *pietra* 石器時代 ▶ *avere il cuore di pietra* 冷たい心を持つ *essere duro come la pietra* 冷酷である *porre la prima pietra* 土台作りをする, 基礎を築く
pietraia 女 石だらけの場所; 採石場; 石が堆積したところ
pietrame 男 石の山, 石の堆積; (建物や道路工事用の)石材
pietrata 女 (手あるいは投石機での)投石, 石の一撃
pietrificare 他〔io pietrifico〕石化させる, 石(のよう)にする; (呼天じて)動けなくする, 麻痺させる ―**arsi** 再 石(のよう)になる; (恐怖で)動けなくなる, 身がすくむ
pietrificato 形 石化した; (堅さや外観が)石のような **2** 唖(ア)然とした, 身がすくんだ
pietrificazione 女 石化, 石のようになること
pietrina 女 ライターの(発火用の)石 ―

pietrina focaia ライターの石
pietrisco 男〔複[-chi]〕石の破片, 砕石, 砂利(コンクリートや舗道に用いられる)
pietrista 男女〔複[男 -i]〕**1** 人造石製造工 **2** (外壁などを石や木に似せて塗る)塗装屋
Pietro 固名(男) **1**〔男性名〕ピエトロ **2**〔聖〕ペトロ, ペトロ(イエスの十二弟子の筆頭, カトリック教会の初代教皇) **3** (~ il Grande)ピョートル1世, ピョートル大帝 (1672-1725; ロシア皇帝: 在位 1682-1725)
pietroburghese 形 サンクトペテルブルク(の人)の ―男女 サンクトペテルブルクの人
pietroso 形 **1** 石の多い, 石だらけの **2** 石製の; 石の中に掘られた; 石のように硬い ―muro *pietroso* 石の壁
pievano 男 教区司祭
pieve 女 教区; 教区教会
piezo- 接頭 「圧力」「圧縮」の意
piezoelettricità 女〔物〕圧電気
piezoelettrico 形〔複[男 -ci]〕〔物〕圧電気の
pif 間 ピシャリ(軽く叩く[打つ]音) ―*pif e paf* ピシパシッ(平手打ち2回の音)
pifferaio 男〔女[-a]〕ファイフ奏者
pifferaro 男 → pifferaio
piffero 男 **1**〔音〕縦笛の一種; (鼓笛隊の)横笛; ファイフ; ファイフの奏者 **2**〔否定文で〕《口》何も, 何一つ ―Non capisco un *piffero*. 私は全く何も理解していない.
piffete → pif
pigiama 男〔複[-a, -i]〕パジャマ
pigiare 他〔io pigio〕強く圧迫する, ぐいと押す, 詰め寄る ―自 主張する, 頑として譲らない ―**arsi** 再 群がる, 押し寄せる ▶ *pigia pigia* 群衆
pigiata 女 あわてて詰めること, 圧迫すること
pigiatore 形〔女[-trice]〕(ブドウを)踏みつぶす ―男〔女[-trice]〕ブドウを踏む人
pigiatrice 女 ブドウの圧搾機
pigiatura 女 押すこと, 圧迫すること; (ワインを作る過程での)ブドウの圧搾
pigionante 男女 貸し家の住人, 借家人; 下宿[間借り]人
pigione 女 (土地や部屋の)賃貸(料), 家賃
‡**pigliare** [ピリャーレ] 他〔io piglio〕取る, つかむ; (人や物を)拾う ―自 くっつく, (植物が)根づく ▶ *pigliarsela* 怒る, 根に持つ(prendersela)
pigliatutto 男女〔不変〕すべてを独り占めする人 ―形〔次の成句で〕▶ *asso pigliatutto* カードゲームでエースがすべてを取ること
piglio 男 **1** つかむこと, 取ること **2** 目つき, 顔の表情 **3** 口調; 文体, 文の書き方
pigmalione 男 **1** ピグマリオン(若者の資質を見いだして育てる人) **2** (P-)〔ギ神〕ピグマリオン(自作の乙女像に恋したので, アフロディテがこれに生命を与えて妻とさ

pigmentazione 囡〔生物〕色素沈着(メラニン色素の蓄積);染色

pigmento 男〔生物〕色素;顔料,染料

pigmeo 形(中央アフリカの)ピグミーの —男〖女[-a]〗**1** ピグミー族 **2** 背丈の低い人;無能な人,くだらない人間

pigna 囡 **1** 松かさ(状のもの) —*pigna d'uva* ブドウの房 **2**〔建〕松かさ状の装飾,鐘楼の先端の装飾,ピナクル ► *avere le pigne in testa* 頭がおかしい,気が変である *pigna verde*(非常にけちな人)

pignatta 囡 **1** テラコッタの深鍋;(あらゆるタイプの)鍋;鍋1杯の分量 **2**(中が空洞の)れんが

pignolaggine → pignoleria

pignoleria 囡 つまらないことにこだわること,こせこせした態度;こせこせした行為

pignolescamente 副 こせこせして,小さなことにこだわって

pignolesco 形〖複[男 -chi]〗細か過ぎる,こうるさくし過ぎる

pignolo 形 こせこせした,口うるさい,潔癖症の —男〖女[-a]〗(悪い意味での)完璧主義者,こせこせする人

pignone 男 **1**(川の浸水を防ぐための円錐形の)堤防,突堤 **2** ピニオン(嚙み合う二つの歯車のうちの小さい方)

pignoramento 男〔法〕差し押さえ —*pignoramento immobiliare* 不動産の差し押さえ

pignorare 他〖io pignoro〗〔法〕差し押さえる;(借金の担保として)預ける,質に入れる

pigolare 自〖io pigolo〗**1**(巣で鳥が)ピーピー鳴く **2**(子供が)めそめそ泣く,しくしく泣く;むずがる

pigolio 男 **1**(小鳥やひな鳥の)ピーピーという鳴き声 **2** 子供のすすり泣き;(遠くで聞こえる人の)ざわめき,ひそひそ

pigramente 副 怠けて,怠惰に;ゆっくりと

pigrizia 囡 **1** 無精,無気力,やる気のなさ **2**(動物の)動きののろさ

pigro 形 **1** 無精な,やる気のない **2** 動きがのろい,鈍い —男〖女[-a]〗怠け者,無精者

pigrone 男〖女[-a]〗大怠け者,大変な無精者

PIL, pil 略 Prodotto Interno Lordo 国内総生産

pila 囡 **1**(積み重ねた物の)山,山積み —*una pila di libri* 本の山 **2** 乾電池,懐中電灯 —*pila atomica* 原子炉 **3**〔情〕スタック

pilaf, pilaf 形〖不変〗〔料〕ピラフにした,ピラフの —男〖不変〗〔料〕ピラフ

pilare 他 (米を)脱穀する

pilastro 男 **1**(物を支える)柱 —*pilastro ottagonale* 八角柱 **2**(集団や組織を)支える人,大黒柱 —*È il pilastro della famiglia.* 彼は一家の大黒柱だ. **3**〔スポ〕(登山での)絶壁,切り立った岩壁

Pilato 固名(男)〔聖〕ピラト(? -38頃;古代ローマ領ユダヤの第5代総督)

pilatura 囡 脱穀

pilifero 形 毛を生やす;毛で覆われた,毛の

pillola 囡 **1** 丸薬,カプセル;ピル **2** 不愉快な状態[物] **3**《諸》弾丸 ► *ingoiare la pillola* 嫌なことを我慢する

pilone 男 **1** 橋脚 **2** 太い支柱;高圧線用の鉄塔 **3**〔スポ〕(ラグビーのポジションの)プロップ

piloro 男〔解〕幽門

pilota 男女〖複[男 -i]〗**1** パイロット;レーサー —*pilota spaziale* 宇宙飛行士 / *secondo pilota* 副操縦士 **2** 水先案内人 —形〖不変〗**1** 水先案内の —*pesce pilota*〔魚〕ブリモドキ,パイロットフィッシュ **2** 先駆けとなる,実験的な —*scuola pilota* モデル校 ► *pilota automatico* 自動操縦装置

pilotabile 形 操縦できる,操作できる —*motoscafo facilmente pilotabile* 簡単に操縦できるモーターボート

pilotaggio 男 (飛行機や自動車の)操縦;水先案内 —*cabina di pilotaggio* 操縦室

pilotare 他 **1** 操縦する;(知らない場所へ)案内する **2**(目的に従って)導く,(望まれる結果へと)進ませる —*pilotare una crisi politica* 政治危機を打開する

piluccare 他 **1**(ブドウを一粒ずつ)房からもぎとって食べる;(食べ物を)少しずつ食べる,あちこち取って食べる;拾い読みする;少しずつ金をせしめる **2**《文》少しずつ苦しめる

pim 擬 パン(発砲音)

pimento 男〔植〕ピメント,オールスパイス,ジャマイカペッパー(果実と葉が香辛料に用いられる)

pimfete 擬 ポチャン,ドボン(水に落ちる音);パン(事の突然の思いがけない幕切れを示す音)

pimpante 形 **1** 活発な,さっそうとした,きびきびとした **2** 派手な,けばけばしい

pimperimpera 男〖不変〗〔次の成句で〗► *polvere del pimperimpera* (奇術師が用いる)魔法の粉

pimpinella 囡〔植〕バラ科の植物(ワレモコウなど);セリ科の植物(アニスなど)

PIN 略〔英〕Personal Identification Number 個人識別番号(イタリア語では numero di identificazione personale)

pina 囡 〔トスカーナ〕松かさ

pinacoteca 囡 (絵画が主の)美術館,絵画館

pinastro 男〔植〕カイガンショウ(地中海沿岸の松, pino marittimo)

pince 囡〖不変〗〔仏・服〕縫いひだ,ダーツ,タック

pindarico 形〖複[男 -ci]〗ピンダロスの,ピンダロスの詩の;ピンダロスの作風の,ピンダロスをまねた —*volo pindarico* 唐突に話題が変わること,飛躍

Pindaro 固名(男) ピンダロス(前522-

442(または前 518-438); 古代ギリシャの合唱叙情詩人)

Pindemonte 固名 (男) (Ippolito 〜)ピンデモンテ(1753-1828; イタリアの詩人・文学者)

pineta 女 松林

ping-pong 男 [不変][英]卓球, ピンポン; 議論の応酬

pingue 形 1 肥満の, 太った 2 豊富な, 多量の

pinguedine 女 肥満, 脂肪の多さ, 太り過ぎ

pinguemente 副 豊富に, 充分に, 十二分に

pinguino 男 1[鳥]ペンギン 2 チョコレートでコーティングしたアイスクリーム

pinna 女 1(魚の)ひれ 2(水泳や潜水でつける)足びれ, フィン 3《口》(バイクやスクーターの)ウイリー(走行)

pinnacolo 男 1(ゴシック建築の)小尖塔 2 険しい峰[頂]

pinneggiare 自 [io pinneggio] フィンを付けて潜水で泳ぐ

pinnipede 形 [動]四肢がひれ状の; アシカ亜目の ― 男[複数で]アシカ亜目の動物(アシカ・アザラシ・オットセイ・セイウチなど)

pino 男 [植]マツ ―ago di *pino* 松葉 / *pino* vulcanico (火山の噴火による)キノコ雲

Pinocchio 固名(男) ピノッキオ(コッローディの『ピノッキオの冒険』の主人公)

pinocchio 男 [トスカーナ]松の実(pinolo)

pinolo 男 松の実

pinot 男 [不変][仏]ピノ(フランス原産のブドウの品種; その品種で作るワイン) ― *pinot* bianco [grigio, nero] ピノ・ビアンコ[グリージョ, ネーロ]

pinta 女 パイント(液体を測る単位)

Pinturicchio 固名(男) ピントゥリッキオ (1454-1513; イタリアの画家. 本名 Bernardino di Betto)

pinza 女 1[複数で]ペンチ; 挟む道具, トング ―*pinze* da ghiaccio アイストング 2(甲殻類の)はさみ 3[医](外科器具の)ピンセット

pinzare 他 1 ホチキスで綴じる; ペンチで挟む 2《隠》現行犯で逮捕する 3[トスカーナ](虫が)刺す, (鳥が)つばむ

pinzata 女 [トスカーナ]虫が刺すこと

pinzatrice 女 ステープラー, [商標]ホチキス(cucitrice, spillatrice)

pinzetta 女 ピンセット

pinzillacchera 女 [複数で]《謔》つまらない[くだらない]物, 些細なこと

pinzimonio 男 ピンツィモニオ(オイル・酢・塩・コショウのドレッシング); 生野菜をピンツィモニオに浸した料理

Pio 固名 [男性名]ピオ

pio[1] 形 1 敬虔(✓)な, 信心深い 2 慈悲深い 3 慈善の ―*opera pia* 慈善事業 4 むなしい, はかない

pio[2] 擬 ピーピー, ピヨ(ヒヨコや巣のひな鳥の鳴き声)

piogeno 形 化膿(ぅ)をもたらす ― 男 化膿

pioggerella 女 小雨; 霧雨, こぬか雨

‡**pioggia** [ピオッジャ] 女 [複[-ge]] 1 雨 ―sotto la *pioggia* 雨の中で / la stagione delle *piogge* 雨季, 雨期 2 一斉射撃, 連射 ―una *pioggia* di critiche 降り注ぐ批判の雨

piolo 男 (円筒状の)杭(✓), 棒, 支柱

piombaggine 女 1[地質](炭素鉱物)グラファイト, 石墨, 黒鉛 2[植]ルリマツリ(イソマツ科)

piombaggio 男 鉛での封印

‡**piombare** [ピオンバーレ] 自 [es] 1 落下する ―Ieri sera un fulmine *è piombato* su quell'albero. 昨夜雷があの木に落ちた. 2 不意にやって来る 3 急襲する ― 他 鉛で封印する; 鉛を詰めてふさぐ

piombatura 女 鉛で封印すること; 封印用の鉛; 歯の詰め物, 充填

piombifero 男 [化]鉛を含む, 鉛が抽出される ―giacimento *piombifero* 鉛の鉱床

piombino 男 (垂直を確認するためにひもに吊るした)鉛の玉; (おもりに使う)鉛; (小包の封印用の)鉛; (空気銃の)鉛の弾

piombo 男 1 鉛; 鉛の重り; (鉛の)封印 ―tubo di *piombo* 鉛管 / filo a *piombo* 測鉛線 / Mi sento le gambe di *piombo*. 脚が鉛のように重い. 2 銃弾 3[不変]鉛色 ―男[不変]鉛色の ▶ *a piombo* 垂直に; 真っ逆さまに *con i piedi di piombo* 慎重に, 用心深く(石橋を叩いて)

pioniere 男 [女[-a]] 1 先駆者, パイオニア, 開拓者 2[軍]工兵

pionierismo 男 パイオニア[開拓者, 先駆者]の態度[姿勢]; 革新的気性, 進取の精神

pionieristicamente 副 開拓者[先駆者]のように, 進取の精神で

pionieristico 形 [複[男 -ci]] 開拓者[先駆者]の, 開拓者[先駆者]的な ―spirito *pionieristico* 開拓者精神

pioppaia 女 → pioppeto

pioppeto 男 ポプラを植えている場所; ポプラの林

pioppo 男 [植]ポプラ

piorrea 女 [医]膿(✓)漏 ―*piorrea* alveolare 歯槽膿漏

piovano[1] 形 雨の ―acqua *piovana* 雨水

piovano[2] → pievano

piovasco 男 [複[-chi]] 土砂降りのにわか雨, スコール

‡**piovere** [ピオーヴェレ] [78] 非人称 [es/av] 雨が降る; 雨漏りする ―*Pioverà* domani. 明日は雨だろう. / Piove a dirotto. 土砂降りである. / *piovere* a catinelle 土砂降りの雨が降る ― 自 [es] 1 (人や物が)殺到する, 降り注ぐ 2 (髪が)垂れ下がる ▶ *piovere dal cielo* 思い

pioviccicare [伊伊] [es/av] [(pioviccica)] 小雨が降る
piovigginare [伊伊] [es/av] [(piovig-gina)] 小雨[霧雨]が降る
piovigine 囡 小雨, 霧雨
pioviginoso 形 小雨模様の, 霧雨の
piovosità 囡 多雨, 雨の多さ; 平均降雨[降水]量
piovoso 形 雨の多い; 雨模様の —男 [暦]雨月 (フランス革命暦の第 5 月)
piovra 囡 1 [動]マダコ 2 人の血をしぼる悪魔のような人間 3 (犯罪などの)組織, マフィア
piovve piovere の直・遠過・3 単
pipa 囡 1 パイプ —fumare la *pipa* パイプ喫煙をする / *pipa* in radica ブライヤーパイプ 2 パイプ 1 回分のタバコの量 3 《複数で》パイプ状のショートパスタ 4《諺》長い大きな鼻 5《口》黙ること —fare *pipa* 静かにする, 黙る / Pipa! [間投詞的]黙れ.
pipata 囡 パイプを吸うこと; パイプタバコの一服; パイプの中のタバコの量 —fare [farsi] una *pipata* パイプタバコを吸う
piperita 形 [女性形のみ] ペパーミントの —menta *piperita* ペパーミント
pipetta 囡 (実験機具の)ピペット, 液量計
pipì¹ 囡《口》おしっこ —fare (la) *pipì* おしっこをする / Mi scappa la *pipì*. おしっこが漏れちゃう.
pipì² 囡《幼》小鳥, ヒナ; ひよこ
Pipino 固名(男) (~ il Breve)ピピン, 小ピピン(714-768; フランク王: 在位 751-768. カール・マルテルの子, カール大帝の父. カロリング朝を開く)
pipistrello 男 1 [動]コウモリ 2 (19 世紀に用いられた)男性用マント, インバネス (コート)
pipita 囡 1 爪のささくれ 2 鳥の舌の伝染病 —avere la *pipita* 常に喉が渇いている, とても寡黙だ
pippiolino 男 (刺繍やレースやリボンに施す)縁飾り, ピコット
Pippo 固名 [男性名]ピッポ
piqué 男 [仏]ピケ, 浮き出し織りの生地
piramidale 形 ピラミッドの形の, ピラミッド状の; 巨大な
piramidalmente 副 ピラミッドの形で, ピラミッドのように
piramide 囡 1 ピラミッド; ピラミッド形の —a *piramide* ピラミッド形の / una *piramide* di frutta 山積みのフルーツ / *piramide* umana 人間ピラミッド 2 ピラミッド型の階層制
pirandelliano 形 ピランデッロの, ピランデッロの作品の; ピランデッロのような —男 [女 [-a]]ピランデッロの信奉者[模倣者]
Pirandello 固名(男) (Luigi ~)ピランデッロ(1867-1936; イタリアの劇作家・小説家)

piranha 男 [不変] [魚]ピラニア
pirata 男 [複[-i]] 1 海賊 —*pirata* dell'aria ハイジャック犯 / *pirata* della strada ひき逃げ犯; 暴走族 / nave di *pirati* 海賊船 2[コン]ハッカー —形 [不変]著作権を侵害する, 海賊版の, 無認可の —CD *pirata* 海賊版の CD
pirateggiare 自 (io pirateggio) 海賊行為をする; 欺く, 不実に行動する
pirateria 囡 1 海賊行為, 詐欺行為, ぼったくり —*pirateria* aerea ハイジャック 2 著作権無罪, 窃
piratescamente 副 海賊のように
piratesco 形 [複[男 -chi]] 1 海賊の, 海賊に関する 2 詐欺の, 不法の
pirenaico 形 [複[男 -ci]] ピレネー山脈の —penisola *pirenaica* イベリア半島
Pirenei 固名(男複) ピレネー山脈(フランスとスペインの国境にある山脈)
piretro, pietro 男 [植]シロバナムシヨケギク, 除虫菊
pirico 形 [複[男 -ci]] 火の, 火を作り出す —polvere *pirica* 火薬
pirite 囡 [鉱]パイライト, 黄鉄鉱
pirla 男女 [不変] 1 馬鹿, 間抜け, 世間知らず —男 [不変] [北伊]ペニス
piro- 接頭「火(の)」「熱(の)」の意
piroetta 囡 (ダンスの)ピルエット; 敏捷(びん)に回る動き
piroettare 自 ピルエットをする; くるくる回る
pirofila 囡 耐熱鍋[容器]
pirofilo 形 (ガラスなどの)耐熱の
pirofobia 囡 火[熱]恐怖症
piroga 囡 丸木舟
pirografia 囡 焼き絵術; 焼き絵
pirolisi 囡 [不変] [化]熱分解(dissociazione termica)
piromane 形 放火癖に取りつかれた —男女 放火魔
piromania 囡 放火癖, 放火狂
pirometro 男 高温計
piroscafo 男 汽船, 蒸気船
pirosi 囡 [不変] [医]胸焼け
pirotecnica 囡 花火の打ち上げ[制作]技術; 花火
pirotecnico 形 [複[男 -ci]] 花火の; 花火制作に適した; 火花の散るような —spettacolo *pirotecnico* 打ち上げ花火 —男 [複[-ci]女[-a]] 花火製造者, 花火師
Pirra 固名(女) ピュラ(エピメテウスとパンドラの娘)
Pirro 固名(男) ピュロス(前 319-272; 古代ギリシャのエピロス王及びマケドニア王)
Pirrone 固名(男) ピュロン(前 360 頃-270 頃; ギリシャの思想家)
pirronismo 男 懐疑主義, 懐疑論
pirronista 男女 [複[男 -i]] 懐疑論者, 懐疑主義者, ピュロンの信奉者 —形 懐疑論の, 懐疑主義の; 懐疑的な, 疑い深い
pirronistico 形 [複[男 -ci]] 懐疑論

Pisa 固名(女) ピサ(トスカーナ州の都市; 略 PI)

Pisano 固名(男) **1** (Nicola ~)ピサーノ(1220 頃 -80; イタリアの彫刻家) **2** (Giovanni ~)ピサーノ(1250 頃 -1314 頃; イタリアの彫刻家・建築家, ニコラの息子)

pisano 形 ピサ(の人)の ―男〔女[-a]〕**1** ピサの人 **2**〔単数のみ〕ピサの方言

piscia 女〔複[-sce]〕〔単数で〕〔俗〕小便, 尿

pisciacane 男 〔植〕セイヨウタンポポ (dente di leone)

piscialletto 男〔不変〕**1** おねしょをする子供; まだ未熟な若僧 **2**〔植〕セイヨウタンポポ

pisciare 自〔io piscio〕**1**〔俗〕小便をする, 放尿する; 排泄(はいせつ)する ―*pisciare sangue* 血尿を出す **2** 言い[書き]過ぎる ―*arsi* 再〔強調して〕小便をする ―*pisciarsi sotto dalla paura* [*dal ridere*] ちびるほど恐がる [笑う]

pisciasangue 男〔不変〕〔獣〕ピロプラズマ症, バベシア症

pisciata 女 **1** 小便をすること; 1回の小便の量 **2** 長くて中身のない話

pisciatoio 男《俗》男性用便器; 公衆便所

piscicolo 男 魚の飼育の, 養魚の

piscicoltore 男〔女[-trice]〕養魚家

piscicoltura 女 養魚(法), 養魚術

pisciforme 形 魚の形をした

*__piscina__ [ピッシーナ] 女 プール ―*andare in piscina* プールに泳ぎに行く / *piscina coperta* 屋内プール / *tuffarsi in piscina* プールに飛び込む

piscio 男〔俗〕小便

piscione 男〔女[-a]〕大量に小便をする人(特に子供のこと)

pisellaia 女 エンドウ畑

pisellaio 男 → pisellaia

pisello 男 **1** エンドウ豆 **2**《俗》ペニス ―形〔不変〕薄緑色の ―*verde pisello* 薄緑色

pisolare 自 うたた寝をする, 仮眠をとる

pisolino 男 昼寝, 仮眠

pisolo 男 うたた寝, 仮眠

pispola 女 **1**〔鳥〕マキバタヒバリ **2** 笛 **3** 可愛く快活な若い女性 **4** ほら, 作り話

pisside 女〔カト〕チボリウム, 聖体容器

pissi pissi 擬 ヒソヒソ(低い話し声やささやき) ―男 ざわめき, ささやき

pista 女 **1** 通った跡, わだち **2** 跡, 手がかり **3**〔スポ〕トラック, 走路, コース, スケートリンク, ゲレンデ, ジャンプ台 **4**(飛行機の)滑走路 **5**(磁気テープや映写フィルムの)トラック(pista magnetica) **6**(吸引前に整えた)帯状になった麻薬の粉

pistacchio 男 〔植〕ピスタチオの木[実]

pistillo 男〔植〕雌蕊(しずい), めしべ

Pistoia 固名(女) ピストイア(トスカーナ州の都市; 略 PT)

pistoiese 形 ピストイア(の人)の ―男女 ピストイアの人 ―男〔単数のみ〕ピストイア方言

pistola 女 ピストル, 拳銃

pistolero 男〔女[-a]〕(西部劇の)ガンマン, 拳銃使い, 悪党

pistolettata 女 拳銃での発砲, ピストルの発射

pistolino 男〔幼〕おちんちん, 陰茎

pistolone 男 → pistolotto

pistolotto 男 演説口調の文書[手紙], 大げさな文面

pistone 男 **1**〔機〕ピストン; 圧力モーター **2**〔音〕(金管楽器の)バルブ部分のピストン

Pitagora 固名(男) ピタゴラス, ピュタゴラス(前 560 頃 -480 頃; ギリシャの哲学者・数学者)

pitagorico 形〔複[男 -ci]〕ピタゴラスの, ピタゴラス学派の ―男 ピタゴラス学派の人

pitale 男 おまる, しびん

pit bull 成句〔男〕〔英〕pit bull terrier ピットブルテリア(米国産の闘犬)

pitecantropo 男〔人類〕ピテカントロプス, ジャワ原人

pitoccare 自 物乞いをする ―他 執拗(しつよう)に乞う, しつこく要求する

pitoccheria 女 けちであること; けちくさい行い

pitocco 男〔複[-chi]女[-a]〕物乞い; けち, 守銭奴 ―形〔複[男 -chi]〕けちな, しみったれた

Pitone 固名(男) (P-)〔ギ神〕ピュトン(巨大な蛇, デルフォイ神託所の番人)

pitone 男〔動〕ニシキヘビ; ニシキヘビの皮

pitonessa 女 ピュティア(デルフォイのアポロン神殿の巫女); 女占い師, 女予言者

pit stop 成句〔男〕〔英〕(自動車レースの)ピットストップ

pittare 他〔南伊〕描く, 色を塗る

pittima¹ 女 〔鳥〕オグロシギ ―*pittima lapponica*〔鳥〕オオソリハシシギ

pittima² 女 しつこくうさぎる奴

pittografia 女 ピクトグラフ(絵文字・象形文字を使った表現)

pittogramma 男〔複[-i]〕絵文字, 象形文字; ピクトグラフ

*__pittore__ [ピットーレ] 男〔女[-trice]〕**1** 画家 **2** ペンキ屋

pittorescamente 副 鮮やかに, 絵のように美しく

pittoresco 形〔複[男 -chi]〕**1** とても美しい, 目に鮮やかな **2** 情緒[風情]のある ―男 目に鮮やかな美しさ; 情緒[風情]のあること

pittoricamente 副 絵画的に, 絵に描いたように

pittoricismo 男 (詩や音楽や造形芸術で)絵画的な効果を求める傾向

pittorico 形〔複[男 -ci]〕絵画の, 画家の; 絵画的な, 絵画的な効果のある

pittura 囡 **1** 絵, 絵画; 美術 —*pittura a olio* [*tempera*] 油彩 [テンペラ] 画 / *la pittura fiamminga* フランドル絵画 **2**(文章や技術の)的確な表現 **3**《文》像, 姿 **4**ペンキを塗ること; ペンキ, ニス, エナメル **5**《口》化粧

pitturare 他 **1** 描く, 絵で飾る; ペンキを塗る **2**化粧をする, おしゃれを塗る

pituitario 形〔解〕粘液の; 脳下垂体の —*ghiandola pituitaria* 脳下垂体

***più** [ピウ] 副〔*molto*の比較級〕**1**(程度が)より多く, もっと —È *più* alto di me. 彼は僕より背が高い. / Non fumano *più*. 彼らはもう喫煙していない. / Non lo farò *più*. それを決してやらないつもりだ. **2**〔定冠詞とともに最上級〕最も, 一番 —Questo è il film *più* bello che io abbia mai visto. これは今まで観たうちで最も素晴らしい映画だ. **3**(計算の)プラス —Tre *più* sette fa [fanno] dieci. 3 + 7 = 10 —形〔不変〕(数量が)より多い —*più* volte 何度も —男〔不変〕[単数のみ]最も重要なもの, 最大 **2**プラス **3**[複数で]大多数の人間 —前 …に加えて, …の他に ▶*a più non posso* 全力で, 精一杯 *al più presto* 早くても(一番早くて) *al più tardi* 遅くても(一番遅くて) *di più* さらに, もっと; ほかに, 他に *essere fra i più* 他界する, 死ぬ *il più... possibile* できるだけ… *in più* 加えて, さらに *non poterne più* もう我慢できない *parlare del più e del meno* 雑談する *per lo più* たいてい, 概して *più che mai* これまで以上に, ますます *più o meno* 大体, 約; それほど, あまり *tanto più* なおさら

piuma 囡 **1** 羽, 羽毛 **2**とても軽いもの **3**《文》翼 **4**[複数で]《文》ベッド, 敷布団 —男〔不変〕[スポ]フェザー級 (*peso piuma*)

piumaggio 男 鳥の羽毛(体全体の)

piumato 形 (鳥が)羽毛で覆われた; 羽飾りをつけた —*cappello piumato* 羽飾りのある帽子

piumino 男 **1**(鳥の)綿毛, ダウン; 羽毛枕[布団]; ダウンジャケット **2**化粧パフ; 羽根ほたき

piumone 男 羽毛布団; ダウンジャケット

piumoso 形 羽毛で覆われた, 羽根で一杯の; 羽毛のように柔らかな;〔植〕綿毛が密生した

piumotto 男 ダウンジャンパー, ダウンジャケット

***piuttosto** [ピウットスト] 副 **1** それよりも —Scrivigli, o *piuttosto* vai a trovarlo. 彼に手紙を書きなさい, いやもとより会いに行け. **2**より頻繁に —Piove *piuttosto* d'estate che d'inverno. 冬よりも夏の方が雨がよく降る. **3**なかなか, けっこう —*piuttosto* presto けっこう早く ▶*piuttosto che* [*di*]... …よりもむしろ / Conviene prendere l'aereo *piuttosto* che il treno. 列車より飛行機に乗るのがよい.

piva 囡 **1**バグパイプ **2**北伊の古い舞踊;《文》ティビア(古代ローマのフルート) **3**仏頂面 —avere la *piva* 仏頂面になる ▶*andarsene con le pive nel sacco* 何も成果なく引き揚げる

pivello 男[囡[-a]]〔蔑〕未熟な若者, 青二才, 世間知らず; 初心者

piviale 男〔カト〕(聖職者が儀式や行列で着用する)マントの形の法衣

piviere 男〔鳥〕チドリ

pizia 囡 ピュティア(古代ギリシャのデルフォイのアポロン神殿の巫女); 女予言者

pizz. 略 *pizzicato*〔音〕ピチカート, ピッツィカート

pizza 囡 **1** ピッツァ, ピザパイ —*pizza al taglio* 切り売りのピッツァ / *pizza bianca* ピッツァ・ビアンカ(トマトソースを使わないピッツァ) **2**[映]フィルムを入れる箱, フィルム **3**うっとうしいもの —Che *pizza*! 何てつまらないんだろう.

pizzaiolo 男[囡[-a]] ピッツァ[ピザ]職人, ピッツァ店主 —alla *pizzaiola* ピッツァソースで調理した, ピッツァソースの

pizzeria 囡 ピッツァ[ピザ]屋, ピッツァ専門料理店

pizzetta 囡(軽食でつまむ)小さいピッツァ

Pizzetti 固名(男)(Ildebrando ~) ピツェッティ(1880-1968; イタリアの作曲家)

pizzicagnolo 男[囡[-a]](ハムやチーズなどの)食料品店の店主

pizzicare 他 [io *pizzico*] **1**(親指と人差し指で)つねる, つまむ **2**(鳥が)つつく;(虫が)刺す —Una zanzara mi *ha pizzicato*. 蚊に刺された. **3**(食物が)舌を刺す;(衣服が)むずむずさせる —I peperoncini *pizzicano* la lingua. トウガラシはぴりっと舌を刺す. **4**(犯罪の現場で)取り押さえる; 逮捕する **5**言葉でちくちく刺す, からかう **6**[音]ピチカート[ピッツィカート]で弾く, つまびく —自(物を主語に)ひりひり[ぴりぴり, むずむず, ちくちく]する —Mi *pizzica* il naso. 鼻がむずがゆい. / Con questo fumo mi *pizzicano* gli occhi. 煙が目にしみる.

pizzicato 男〔音〕ピチカート[ピッツィカート], ピチカート[ピッツィカート]奏法; ピチカート[ピッツィカート]奏法を用いる楽節

pizzicheria 囡(ハムやチーズを主に販売する)食料品店

pizzichino 形(食べ物が)ぴりっと辛い;(飲み物が)発泡性の

pizzico 男[複[-chi]] **1**つねること **2**(虫刺されの)痛み, 痒(か)み **3**(数量の)ひとつまみ, 少々 —un *pizzico di sale* 塩少々

pizzicore 男 **1**かゆみ, ひりひりすること **2**気まぐれ, 移り気

pizzicottare 他 つねる; ちくちくからかう

pizzicotto 男(ふざけて)つねること —dare un *pizzicotto* sulla guancia 頬をつねる

pizzo 男 1 (布地・編地の)レース 2 あごひげ 3 (山の)先端, 最高峰 4 (マフィアなど暴力組織に支払う)みかじめ料, 上納金

pizzòcchero 男 〖複数で〗幅広で厚いそば粉のタリアテッレ

pizzóso 形 《口》うっとうしい, うんざりするような

pizzutèllo 男 ピッツテッロ(ラツィオやトスカーナ産のブドウの品種; その品種で作るワイン)

pl. 略 plurale 〖言〗複数(の)(形)

placàbile 形 緩和できる, 鎮められる; なだめることができる

placàre 他 鎮める, 和らげる; 落ち着かせる, なだめる —**arsi** 再 鎮まる, 落ち着く

placca 女 1 金属板, プレート; (戸口の上や横にかける)表札; 記章, 勲章 2〖医〗斑点, プラーク —*placca batterica* 歯垢(こう)

placcare 他 1 (金や銀で)表面をめっきする 2〖スポ〗(ラグビーで)タックルする; しっかり掴(つか)んで阻止する

placcatura 女 めっき; めっきした金属; めっき作業

placchétta 女 〖美〗浅浮き彫り; (眼鏡の)クリングス

placèbo 男 〖不変〗〖薬〗偽薬, プラシーボ —*effetto placebo* プラシーボ効果

placènta 女 〖解〗胎盤; 〖植〗胎座

placentàto 形 〖動〗胎盤を有する —男 〖複数で〗〖動〗真獣下綱(こう)の, 有胎盤哺乳類

placet 男 〖不変〗〖ラ〗是認, 賛成

placidaménte 副 静かに, 穏やかに; 悠々と

placidità 女 平穏, 温厚, 温和; 静寂

Plàcido 固名 〖男性名〗プラーチド

plàcido 形 穏やかな, 静かな; (場所が)心地よい; (動物が)おとなしい

plafond 男 〖不変〗〖仏〗部屋の天井; 上限, 最大限度

plafonièra 女 シーリングライト(天井に取り付ける照明器具)

plaga 女 〖文〗遠くの果てしない地域; 天空

plagiàre 他 〖io plagio〗 1 盗作する, 剽(ひょう)窃する; (他人の意見を)まねる, 模倣する 2 心理的に服従させる

plagiàrio 男 〖女[-a]〗 盗作(剽(ひょう)窃)者 —形 盗作(剽窃)する

plagiatóre 男 〖女[-trice]〗 盗作(剽(ひょう)窃)者; 支配者, (他人を意のままに)隷属させる者

plàgio 男 盗作, 剽(ひょう)窃; 盗作した作品; 人を隷属状態に置く罪

plaid 男 〖不変〗〖英〗プラッド, 格子縞の肩掛け[毛布]

planaménto 男 滑走, 滑空

planàre 自 滑空する; (船が)水面を滑走する

planàta 女 滑走, 滑空

plància 女 〖複[-ce]〗 1〖船〗船橋, ブリッジ 2〖計器盤; 〖船〗タラップ 3 (自動車の)ダッシュボード, 計器盤

plancton 男 〖不変〗浮遊生物, プランクトン

planetàrio 形 惑星の; 地球規模の, 世界的な —男 プラネタリウム; 〖機〗惑星運動装置

plani- 接頭 「表面」「平面」の意

planimetrìa 女 平面測量; 平面図

planimètrico 形 〖複[男 -ci]〗 平面測量の

planisfèro 男 平面球形図

plantàre 形 足裏の, 足底の —男 靴の中敷, 靴の内底

plantìgrado 形 蹠行(しょこう)動物(哺乳類で足裏すべてを地につけて歩行する)の —男 蹠行動物; のろまな人

plasma 男 〖複[-i]〗 1〖物〗プラズマ, 放射性物体 2〖解〗血漿(しょう) 3〖生物〗原形質 4〖鉱〗濃緑玉髄

plasmàbile 形 可塑性のある, 形を変えられる; (人が)柔軟な考えの, 簡単に訓練できる —*materiale plasmabile* 可塑性物質

plasmabilità 女 可塑性

plasmàre 他 造形する, 形成する; 訓育する

plasmòdio 男 1〖生物〗変形体 2〖動〗マラリア病原虫

plàstica¹ 女 1 プラスチック, 合成樹脂 —*sacchetto di plastica* (スーパーやコンビニで使われる)ビニール袋 2 造形芸術 3〖医〗形成外科手術

plàstica² 女 1〖医〗整形外科手術 2 造形芸術, 彫塑芸術

plasticaménte 副 可塑的に, 思うままに(変形して); 生き生きとした表現で

plasticità 女 1 可塑性; 柔軟性 2 従順さ; 適合性

plàstico 形 〖複[男 -ci]〗 1 可塑性のある, 柔軟な 2 造形の; 彫塑的な 3 (造形芸術で)動きや調和の完璧な —男 1 (建築物や地形の)模型 2 プラスチック爆弾 —*esplosivi al plastico* プラスチック爆弾

plastificàre 他 〖io plastifico〗 (可塑剤や加熱で物質を)柔軟にする; プラスチック材で覆う —*plastificare la copertina di un libro* 本にカバーをかける

plastilìna 女 〖商標〗プラスチシン(工作用粘土)

platanéto 男 プラタナスの植林地

plàtano 男 〖植〗プラタナス, スズカケの木

platèa 女 1 (劇場や映画館の)1 階の席 2 観客 3〖建〗基礎 4〖海〗乾ドックの基部 5〖地質〗海台 —*platea continentale* 大陸棚

plateàle 形 1 厚かましい, あからさまな; 明白な; 公然の —*errore plateale* 明らかな過失 2〖蔑〗下品な, 俗っぽい

plateàlità 女 あからさまなこと, これ見よがし; 明白さ

plateàlmente 副 1 あからさまに, これ見よがしに 2 俗っぽく, 下品に

plateau 男 〖不変または複[plate-

platense 形 ラプラタ川流域の

platessa 女 〔魚〕ツノガレイ(passera di mare)

platinare 他 〔io platino〕プラチナでコーティングする; (髪を)プラチナ色に染める

platinato 形 プラチナ色に染まった; 髪がプラチナ色の —**bionda** *platinata* プラチナブロンドの女性

platino 男 単数の〜 **1** 白金, プラチナ **2** プラチナ色 ―形〔不変〕プラチナ色の ― biondo *platino* プラチナブロンド

Platone 固名(男) プラトン(古代ギリシャの哲学者)

platonicamente 副 **1** プラトン哲学に従って **2** 精神的に, プラトニックに; 理想的に

platonico 形〔複[男 -ci]〕**1** プラトンの, プラトン哲学の **2** 精神的な, 観念的な, (実現しない)純粋に心だけの —amore *platonico* プラトニック・ラブ, 精神的恋愛 ―男 プラトン学派

platonismo 男 **1** プラトン哲学, プラトン主義 **2**〔文〕精神的恋愛(の概念または実践)

plaudente 形 手を叩く, 拍手する; 拍手喝采の

plaudire [123] 自〔io plaudo〕拍手する, 熱狂的に賛成する, 完全に同意する ―他《文》賛同する, 賛成して受け入れる

plausibile 形 妥当な, もっともらしい; 称賛に値する

plausibilità 女 もっともらしさ, 納得できること

plausibilmente 副 もっともらしく, 妥当なふうに

plauso 男 拍手; 同意, 承認; 称賛

Plauto 固名(男) (Tito Maccio 〜) プラウトゥス(前254頃-184頃; 古代ローマの喜劇作家)

playback 男〔不変〕〔英〕(映画の)アフレコ; 口パク —cantare in *playback* 口パクで歌う

p.le piazzale (大きな)広場

plebaglia 女 《蔑》下層民; 野次馬, 下衆(ゲス), 衆愚

plebe 女 (古代ローマの)平民;《蔑》下層民, 庶民;《文》(貴族に対して)庶民, 平民;《文》群衆

plebeamente 副 下品に, 粗雑に

plebeo 形 **1** 平民の, 庶民の **2** 卑しい;《蔑》粗雑な, 下品な —origini *plebee* 卑しい生まれ ―男〔女 [-a]〕平民, 庶民; 下品な人

plebiscitariamente 副 満場一致で; 国民投票で

plebiscitario 形 満場一致の; 国民投票の

plebiscito 男 満場一致; 国民投票; (古代ローマの)平民会議での決議

-plegia 接尾 「麻痺」の意

Pleiadi 固名(女複) **1**〔ギ神〕プレイアデス(アトラスとプレイオネの7人の娘. 英語名はレアデス. ゼウスによってハトの姿に変えられ, 7つの星となった) **2**〔天〕プレアデス星団

pleiade 女 卓越した才能を持つ人々の集団 —*pleiade* di artisti 天才芸術家たち

pleistocene 男〔地質〕更新世, 洪積世

plenariamente 副 完全に, 十分に

plenario 形 完全な, 全面的な; 全員出席の

plenilunio 男 満月

plenipotenziario 形 全権のある ―男 特命全権大使, (外国に派遣されている)大使

plenum 男〔不変〕〔ラ〕全体会議

pleonasmo 男 **1**〔修〕冗語法 **2** 余剰, 過剰

pleonasticamente 副 冗語的に, 余剰に

pleonastico 形〔複[男 -ci]〕**1**〔修〕冗語法の **2** (動作や行動が)必要ない, 余剰の, 余分の

plesso 男〔解〕網状組織, 叢(ソウ)

pletora 女 **1**〔医〕多血症 **2** 過多, 過剰

pletoricamente 副 過剰に

pletorico 形〔複[男 -ci]〕**1**〔医〕多血症の **2** 過剰な, 豊富な; 誇張した ―男〔医〕多血症患者

plettro 男 **1** (マンドリンやギターの)ピック, 爪 **2** 詩的霊感

pleura 女〔解〕胸膜腔(コウ)

pleurite 女〔医〕胸膜炎, 肋(ロク)膜炎

pleuro-, -pleuro 接頭, 接尾 「側面(の)」「側方(の)」「肋(コツ)骨(の)」「胸膜(の)」の意: *pleuro*polmonite 胸膜肺炎

plexiglas, plexiglas 男〔不変〕〔商標〕プレクシグラス(アクリル樹脂)

PLI 略 Partito Liberale Italiano イタリア自由党

plico 男〔複[-chi]〕(特に封印された)封書 —aprire un *plico* 封筒を開封する

Plinio 固名(男) **1** (〜 il Giovane) 小プリニウス(61/62-113頃; 古代ローマの政治家, 2の甥でのちに養子) **2** (〜 il Vecchio) 大プリニウス(23/24-79; 古代ローマの官吏・博物学者)

plinto 男 **1**〔建〕(柱・彫像の)台座, (先端を欠いたピラミッド形の)ブロック **2**〔スポ〕跳び箱

pliocene 男〔地質〕鮮新世

plissé 形〔不変〕〔仏〕プリーツ[ひだ]の付いた —gonna *plissé* プリーツスカート ―男〔不変〕プリーツ加工の布地

plissettatura 女 プリーツ加工; プリーツ, ひだ

plop 擬 ポチャン, パシャッ(液体に物が落ちる音) ―男〔不変〕ポチャン[パシャッ]という音

plotone 男 **1**〔軍〕小隊, 分隊 **2**〔スポ〕(自転車競技の)選手の一群

pluf 擬 ポチャンという音 ―男〔不変〕

ポチャン(水への落下音)

plumbeo 形 **1** 鉛の, 鉛製の; 鉛色の, グレーの **2** 重苦しい, 陰気な ―*cielo plumbeo* どんよりと曇った空

plurale 形 複数の ―男〔言〕複数(形)

pluralismo 男 **1**〔哲〕多元論 **2** 社会的多元主義

pluralista 形〔複[男 -i]〕多元論の, 多元主義の ―男女〔複[男 -i]〕多元論者, 多元主義者

pluralistico 形〔複[男 -ci]〕多元論の, 多元主義の, 多元論[主義]者の

pluralità 女 多様性; 多数, 複数

pluralizzare 他〔言〕複数(形)にする ―*pluralizzare un nome* 名詞を複数形にする

pluri- 接頭「二つ以上(の)」「複数(の)」の意

pluricampione 男〔女[-essa]〕〔スポ〕(タイトルを複数回獲得した)優勝者, チャンピオン

pluricellulare 形〔生物〕多細胞の ―*organismo pluricellulare* 多細胞生物

pluriclasse 女 複式学級 ―形 複式学級の ―*scuola pluriclasse* 複式学級の学校

pluridecennale 形 数十年の, 数十年にわたる

pluridecorato 形 何度も叙勲された ―男 何度も叙勲された人

pluridimensionale 形 多次元の; 多方面にわたる

pluridimensionalità 女 多次元

pluridirezionale 形 多方向の

pluridisciplinare 形 学際的な, 複数の学問体系の; 諸研究分野の

pluridisciplinarità 女 学際的研究

pluriennale 形 何年にもわたる, 長期の

plurigemellare 形 多胎出産の

plurilaureato 形 複数の学士号を持つ ―男〔女[-a]〕複数の学位保持者

plurilingue 形〔不変〕(人・地域・テキストが)多言語使用の

plurilinguismo 男 多言語主義, 多言語使用

plurilinguistico 形〔複[男 -ci]〕多言語主義の, 多言語使用の

plurimiliardario 形 億万長者の ―男〔女[-a]〕億万長者, 大富豪

plurimilionario 形 (金銭を)何百万も所有する ―男〔女[-a]〕百万長者, 大金持ち

plurimillenario 形 何千年もある[続く]

plurimo 形 多数の, 多重の, 複式の

plurimotore 形 複式エンジンの ―*aereo plurimotore* 複発機 ―男 複発機

plurinazionale 形 多国籍の

plurinominale 形 連記投票制の ―男 連記投票制

pluriomicida 男女〔複[男 -i]〕複数殺人犯 ―形〔複[男 -i]〕複数殺人の

pluripartitico 形〔複[男 -ci]〕〔政〕多党の, 多党制の ―*governo pluripartitico* 多党政府

pluriposto 形〔不変〕(乗り物で)多数の座席がある ―男〔不変〕座席数の多い乗り物[飛行機]

plurireddito 形〔不変〕複数の収入のある ―*famiglia plurireddito* 複数の収入源を持つ家族

plurisecolare 形 何世紀にもわたる, 数世紀も続く

plurisettimanale 形 一週間に何度もある

plurisettoriale 形 多部門[領域]にわたる

pluriuso 形〔不変〕多目的の(multiuso)

plurivalente 形 多くの価値を持つ, たくさんの可能性を持つ;〔化〕多価の

plusvalenza 女 (不動産・動産の)価値の値上がり, 増価

plusvalore 男〔経〕剰余価値

Plutarco 固名 プルタルコス(46-120頃; ギリシャの哲学者・伝記作者. 英語名プルターク)

pluto- 接頭「富(の)」の意

plutocrate 男女 金権政治家, 金権支配者 ―形 金権支配の

plutocratico 形〔複[男 -ci]〕金権支配[政治]の, 金権政治家[支配者]の ―*governo plutocratico* 金権政府

plutocrazia 女〔蔑〕金権政治;(政治権力を有する)富裕階級

Plutone 固名(男) **1**〔ロ神〕プルートー(冥界の神. ギリシャ神話のハデス) **2**〔天〕冥王星

plutoniano 形 冥王星の ―男〔女[-a]〕(仮想上の)冥王星人

plutonio 男〔化〕プルトニウム(元素記号 Pu)

pluviale 形 雨の, 雨水の ―男 雨樋(とい)

pluvio- 接頭「雨(の)」の意

pluviometro 男 雨量計

PM 略 Pubblico Ministero 検察官; Polizia Militare 憲兵

P.M. 略 Pontefice Massimo 最高神祇(ぎ)官(古代ローマの神職)

p.m. 略〔ラ〕post meridiem 午後

pneumatico 形〔複[-ci]〕タイヤ ―*pneumatici da neve* スノータイヤ ―形〔複[男 -ci]〕**1** 圧縮空気で動く ―*sospensione pneumatica* エアサスペンション **2**〔哲〕魂の, 霊の

pneumo- 接頭「空気」「ガス」「呼吸」「肺」の意

pneumococco 男〔複[-chi]〕〔生物〕肺炎球菌, 肺炎レンサ球菌

pneumologia 女 呼吸器学

pneumopatia 女〔医〕肺の病気一般, 肺病

pneumotorace 男〔医〕気胸 ―

pneumotorace spontaneo 自然気胸

PNF 略 Partito Nazionale Fascista ファシスト党

PNL 略 Prodotto Nazionale Lordo 国民総生産(英語のGNPにあたる)

PO Prato プラート

Po 固名(男) ポー川

po'¹ poco の短縮形 ▶ *un po'* 少し, 少々, ちょっと *un po' di...* …を少し[少々]

poc 擬 ポン, ポッ(小爆発や破裂する音)

pochette 女[不変] 1 [仏] (小さなバッグの)ポシェット 2 [音]ポシェットバイオリン

pochezza 女 不足, 欠乏; 凡庸さ; みすぼらしさ

pochino 形 ほんのわずかの —un *pochino* [副詞的]ほんの少し, ちょっとだけ

*****poco** [ポーコ] 形[不定][複[男 -chi]]ほんの少しの, 少ししかない —C'è *poco* rumore. ほとんど騒音がない. / I veri amici sono *pochi*. 真の友人は少ししかいない. / avere *poca* forza 力がほとんどない, 体力がほとんどない —副[比較級 meno, 絶対最上級 pochissimo, minimamente]ほんの少しか, ほとんど(…でない) —Mangia *poco*. 彼は少食だ. 一代[不定] 1[単数のみ]ほんの少しのもの —*poco* fa 少し前に, たった今 / Ho *poco* da dire. 言うことはほとんどない. 2[複数で]わずかな人々, 少数の人々 —Siamo in *pochi*. 我々は少人数だ. ▶ *a poco a poco* 少しずつ, 徐々に *fra poco* まもなく, もうすぐ *per poco* もう少しで, 危うく; もう少しで; 安価で *poche volte* 滅多に *un bel po'* かなり, けっこう(満足できる程度)

podagra 女[医](足の親指の関節の)痛風

podalico 形[複[男 -ci][医]胎児が逆子の —parto *podalico* 逆子分娩(%)

poderale 形 農園の, 農場の —*casa* [abitazione] *poderale* 農家

podere 男 農家, 農場 —*podere* tenuto a frutteto 果樹園

poderosamente 副 力強く, 強大に

poderoso 形 1 たくましい, 力強い; (権力や効力が)強い 2 (芸術作品や文章が)表現力豊かな

***podestà** 男 (中世コムーネの)ポデスタ, 行政・司法長官; (ファシズム期の)任命制の市長

Podgorica 固名(女) ポドゴリツァ(モンテネグロの首都)

podio 男 1 (古典建築物の)基礎部分, 土台 2 指揮台; 演壇; 表彰台

podismo 男 [スポ](長[短]距離・クロスカントリー・マラソン・競歩など)陸上競技

podista 男女[複[男 -i]] 1 陸上競技の競走選手 2 脚力に自信のある人

podistico 形[複[男 -ci]][スポ]競走の, 競走者の

podo-, -podo 接頭, 接尾「足[脚](の)」「蹄(%)(の)」「ひれ(の)」「花梗(%)(の)」の意

podologia 女[獣]足病学; [医](整形外科の)足病治療

podologo 男[複[-gi]女[-a]] [医]足病治療専門医; たこやうおのめの治療師; ペディキュア師

poema 男[複[-i]] 1 (一編の)詩, 韻文 2 長たらしい文章 3 驚異的なもの, 素晴らしいもの

poemetto 男 短い詩, 小詩

*****poesia** [ポエズィーア] 女 1 詩 —*poesia* epica 叙事詩 / *poesia* lirica 叙情詩 / raccolta di *poesie* 詩集 2 詩心 —Sono privo di *poesia*. 私には詩心がない.

poeta 男[複[-i]女[-essa]] 1 詩人 —*poeta* laureato 桂冠詩人 2 詩心のある人; 想像力に長けた人; 夢想家

poetare 自 詩を作る —他 韻文で書く, 詩で詠う

poetastro 男[女[-a]] へぼ詩人

poeteggiare 自 [io poeteggio] 時折詩を書く; 詩人を気取る

poetessa 女 女流詩人

poetica 女 詩学; 詩論; 作詞法

poeticamente 副 1 詩的に, 詩のように 2 熱を込めて, 魅惑的に

poeticità 女 (言葉やイメージや状態の)詩的性格

poeticizzare 他 詩的なものにする

poetico 形[複[男 -ci]] 1 詩の, 詩的な 2 詩人・(肌)の —男[単数のみ]詩心を抱かせるもの

poetizzare 他 韻文[詩]にする; 詩的なものにする

poffarbacco 間 [驚愕(%)・驚嘆・侮蔑・苛立ちを表して]へえ(poffare)

poffare 間 [驚き・嫌気・怒り・侮蔑を表して]そんな馬鹿な

poggiaferro 男[不変] アイロン立て

poggiapiedi 男[不変] オットマン, 足載せ台

poggiare¹ 他 [io poggio] 横たえる, もたせかける; 置く —自 もたれる, 基礎を置く —Quella casa *poggia* su una collina. あの家は丘の上に建っている.

poggiare² 自 [io poggio] 1 [海](船が)風下に移動する, (港に)避難する 2 移動する, 横に動く —*poggiare* a destra [sinistra] 右[左]に移動する

poggiatesta 男[不変] ヘッドレスト, 頭支え

poggio 男 小高い丘, 高台

poggiolo 男 バルコニー

poh 間 [軽蔑・嫌悪・反感を表して]あ, いやだ

*****poi** [ポーイ] 副 1 後で, その後で —Lo farò *poi*. 後でそれをするつもりだ. / Prima passerò dalla banca, *poi* verrò da te. まず銀行に寄って, その後で君のところに行く. 2 それから, さらに —Non ho voglia di uscire e *poi* sono un po' raffreddato. 出かける気になれないし, それに風邪気味なんだ. 3 さて, では 4 つまり,

結局は **5**〖強調で〗 —Questa *poi!* おやまあ、これはこれは. —男〖不変〗将来、未来 ▶ *da allora in poi* あれ以来、それからは / *d'ora in poi* 今後、これから先は / *mai e poi mai* —い、決して(…ない) / *prima o poi* いつかきっと、遅かれ早かれ / *senno di poi* 後知恵

poiana 女〖鳥〗ノスリ

***poiché**〖ポイケ〗接 …だから、…なので —*Poiché fuori faceva freddo, sono rimasto a casa.* 外は寒かったので私は家にいた.

-poieși 接尾「形成」「生産」の意

poietico 形〖複男 -ci〗形成の、生産の

-poietico 接尾「生産[形成]に役立つ」の意

poinsettia 女〖植〗ポインセチア(stella di Natale)

pointer 男〖不変〗〖英〗イングリッシュポインター(猟犬の一種)

pois 男〖不変〗〖仏〗(服地の模様の)小さい水玉 —*vestito a pois* 水玉模様の服

poker 男〖不変〗〖英〗ポーカー(ゲーム)

pokerino 男《口》(友人の間で行う)ポーカー

polacca 女〖音〗ポロネーズ

polacchina 女(女性用)アンクルブーツ

polacchino → polacchina

polacco 形〖複男 -chi〗ポーランドの; ポーランド人[語]の —男 **1**〖複[-chi]女[-a]〗ポーランド人 **2**〖単数のみ〗ポーランド語

polare 形 **1** 極の、北[南]極の —*stella polare* 北極星 / *circolo polare* 北[南]極圏 **2** 極地の —*freddo polare* 極寒 **3**〖化〗極の

Polaria 女〖不変〗空港警察(Polizia di frontiera aerea)

polarità〖物〗両極生; 正反対、対立

polarizzare 他 **1**〖物〗分極[偏光]をもたらす **2**方向付ける; 引き寄せる、引き付ける —**arsi** 再 (ある方向へ)傾く、偏向する

polarizzazione 女〖物〗偏光; 偏向、(注意の)引き付け

polca → polka

polemica 女 論争、論戦、ポレミック

polemicamente 副 挑発的に

polemicità 女 論争的素質、(文章や話の)挑発的な調子

polemico 形〖複男 -ci〗論議の、論争の; 挑発な、論争好きの

polemista 男女〖複男 -i〗論客、論者 —形〖複男 -i〗論争好きの

polemistico 形〖複男 -ci〗論客特有の、議論好きの

polemizzare 自 熱論を闘わす; 反論する

polena 女〖海〗(船の)船首像

polenta 女 ポレンタ(トウモロコシの粉をスープで練り固めた料理)

polentata 女 ポレンタを腹一杯食べること

polentone 男〖女[-a]〗 **1** ぐず、のろま **2**《イタリア北部の人を侮辱した呼びかけ》ポレンタの大食い

pole position 慣〖女〗〖英〗(モーターレースで)最も有利なスタート位置、ポールポジション; 有利な立場

poleṣano 形 (クロアチアの都市)プーラ(の人)の —男〖女[-a]〗プーラの人

poleṣe 形 (クロアチアの都市)プーラ(の人)の —男 プーラの人

POLFER 略 Polizia Ferroviaria 鉄道警察

poli- 接頭「多数」「多量」の意

-poli 接尾「都市(の)」の意

poliambulatorio 男 総合診療所、総合医療施設

poliammide 女〖化〗ポリアミド

poliandria 女 一妻多夫制

policentrico 形〖複男 -ci〗多極の; 多極主義の、多極構造の

policentrismo 男 多極主義

policlinico 男〖複[-ci]〗総合病院

policromatico 形〖複男 -ci〗多色の、多彩な

policromia 女 多色装飾

policromo, policromo 形 多色の

poliedricità 女 多面であること; (人の)多面性、多彩

poliedrico 形〖複男 -ci〗多面の、多様の; 多才な、多彩な

poliedro 男 多面体

poliennale 形 長年の、長期の

poliestere 男〖化〗ポリエステル —形 ポリエステルの

polietilene 男〖化〗ポリエチレン

Polifemo 固名(男)〖ギ神〗ポリフェモス(一つ目の巨人族キュクロプスの一人)

polifonia 女 **1**〖音〗対位法、ポリフォニー、多声音楽 **2** 音の同時多重発生

polifonico 形〖複男 -ci〗〖音〗対位法の、ポリフォニーの

polifunzionale 形 多機能の

poligamia 女 複婚; 一夫多妻制(稀に一妻多夫制)

poligamicamente 副 一夫多妻(制)で、複婚によって

poligamico 形〖複男 -ci〗一夫多妻(制)の、複婚の

poligamo 形 (社会や集団が)一夫多妻(制)の —男〖女[-a]〗複数の配偶者を持つ者、一夫多妻[一妻多夫]主義者

poligeneși 女〖不変〗多元的起源

poliglotta 形〖複男 -i〗多言語を話す[用いる]、多言語で書かれた —*regione poliglotta* 多言語圏 —男女〖複男 -i〗多言語に通じた人、数カ国語を話す人

poligonale 形 多角形の —女 折れ線

poligono 男 **1**〖幾〗多角形 **2** 射撃練習場 —*poligono di tiro* 射撃場

poligrafico 形〔複[男 -ci]〕印刷の, 複写の ―stabilimento *poligrafico* 印刷工場 ―男〔女 -a〕印刷工

poligrafo 男〔女[-a]〕**1** 様々な主題を扱う作家 **2** 謄写機 **3** 脳波などを記録する装置, ポリグラフ, 嘘発見機

polimerizzazione 女〔化〕重合

polimero 形〔化〕重合体の ―男〔化〕重合体, ポリマー

polimorfico 形〔複[男 -ci]〕多形の

polimorfo 形 多様な形を持つ; (動物・植物・鉱物が)多形の

Polinesia 固名〔女〕ポリネシア(太平洋にある島々の三大区分の一つ)

polinesiano 形 ポリネシア(人)の ―男 **1**〔女[-a]〕ポリネシア人 **2**〔単数のみ〕ポリネシア諸語

polinomio 男〔数〕多項式

polio 女〔不変〕〔医〕小児麻痺, ポリオ(poliomielite の略)

poliomielite 女〔医〕脊髄性小児麻痺, 急性灰白髄炎

poliomielitico 形〔複[男 -ci]〕脊髄性小児麻痺の, 急性灰白髄炎の ―男〔複[-ci]〕女[-a]〕脊髄性小児麻痺患者, 急性灰白髄炎患者

polipetto 男 **1**〔動〕ジャコウダコ **2**〔医〕小さなポリープ

polipo 男 **1**〔動〕イソギンチャク **2**〔医〕ポリープ **3**〔動〕タコ(polpo)

polis 男〔不変〕ポリス(古代ギリシャの都市国家)

polisaccaride 男〔生化〕多糖

polisemia 女〔言〕多義

polisettoriale 形 多部門の, 多分野の

polisillabo 形〔言〕多音節の ―男〔言〕多音節語

polisintetico 形〔複[男 -ci]〕多総合的な, 多要素の統合の

polispecialistico 形〔複[男 -ci]〕多専門医の

polisportiva 女 多種スポーツ団体

polisportivo 形 多種スポーツの ―*società polisportiva* 多種スポーツ団体

Polissena 固名〔女〕〔ギ神〕ポリュクセネ(トロイアの王女)

polista 男女〔複[男 -i]〕〔スポ〕ポロ(競技)の選手 ―形〔複[男 -i]〕ポロ競技の

politeama 男〔複[-i]〕(様々な上演用の)劇場, アリーナ, 多目的ホール

politecnico 形〔複[男 -ci]〕理工〔応用〕科学の ―男 工科大学

politeismo 男 多神教

politeista 男女〔複[男 -i]〕多神論者, 多神教の信者 ―形〔複[男 -i]〕多神教の, 多神論者の

politeisticamente 副 多神教によると, 多神教に従って

politeistico 形〔複[男 -ci]〕多神教の, 多神論者の ―religione *politeistica* 多神教

politematico 形〔複[男 -ci]〕**1**(文学[芸術]作品が)多様なテーマ[モチーフ]で発展する **2**〔音〕様々なモチーフの

politene 男 → polietilene

politezza 女 きめ細やかさ, 滑らかさ; 洗練, 気品

*__politica__ [ポリーティカ] 女 **1** 政治, 政治学 **2** 政策, 方針 **3** 駆け引き, 策略

politicamente 副 **1** 政治的に, 政治的に **2** 巧妙に, 抜け目なく ―*politicamente corretto* ポリティカリー・コレクト, 政治的に妥当な

politicante 男女 (私権を得るためだけに熱心な)政治屋 ―形 (私権のための)政治活動の, 政治屋の

politicastro 男〔女[-a]〕あくどい政略家, 二流[三流]政治家

politichese 男 政治家独特の言葉遣い[言い方]

politicismo 男 (文化・芸術・科学活動などに比べて)政治活動を重視する傾向

politicità 女 政治性, 政治色の濃さ

politicizzare 他 政治色をつける; 政治的に興味を持たせる ―**-arsi** 再 政治色に染まる; 政治に関心を持つ

politicizzazione 女 政治化, 政治に染まること

*__politico__ [ポリーティコ] 形〔複[男 -ci]〕政治の, 政治に関する, 政治的な ―男〔複[-ci]〕女[-a]〕政治家

politicone 男〔女[-a]〕〔蔑〕不誠実な政治家; 策士

politologia 女 政治学

politologo 男〔複[-gi]〕女[-a]〕政治学者, 政治(学)の専門家

polittico 男〔複[-ci]〕〔美〕多翼祭壇画, ポリプティック

poliuretanico 形〔複[男 -ci]〕ポリウレタンの

poliuretano 男〔化〕ポリウレタン

polivalente 形 **1** 多様な効果がある, 多目的の; 多くの意味を持つ **2**〔化〕多価の

polivalenza 女 **1** 多目的性; 多解釈[意義]性 **2**〔化〕多価

polivinile 男〔化〕ポリビニル

*__polizia__ [ポリツィーア] 女 **1** 警察, 国家警察 ―*polizia scientifica* 科学捜査班 / *agente di polizia* 警察官 / *stato di polizia* 警察国家 **2** 警察署 **3** 警察の車, パトロールカー

Poliziano 固名〔男〕(Angelo ~)ポリツィアーノ(1454-94; イタリアの詩人・人文学者)

poliziescamente 副 警察のように; 専制的に

poliziesco 形〔複[男 -chi]〕**1** 警察の, 警察のような **2** 探偵[刑事]物の **3** 横暴な, 権威的な ―男 推理小説, 探偵小説

*__poliziotto__ [ポリツィオット] 男〔女[-a]〕警官, 巡査 ―*poliziotto privato* 私立探偵 ―形〔不変〕警察の ―*cane poliziotto* 警察犬

polizza 女 (保険などの)証書, 証券

polka 女〔音〕ポルカ

polla 女 1 水脈, 水源, 源泉 2《文》詩的спокойな想 3 つぼみ, 若芽

pollaio 男 1 鶏小屋 2 汚いところ 3 喧騒, 混乱

pollaiolo 男〔女 [-a]〕養鶏業者

Pollaiuolo 固名〔男〕 1 (Antonio ~)ポライウォーロ(1432-98; イタリアの画家・彫刻家) 2 (Piero ~)ポライウォーロ (1441-96; イタリアの画家・彫刻家. 1の弟)

pollame 男 家禽(きん)類

pollanca 女 1 雌の七面鳥, 雌の若鶏 2《諧》魅力的な若い娘

pollastra 女 1 雌の若鶏 2《諧》人好きのする若い娘

pollastro 男〔女 [-a]〕 1 若い雄鶏 2《諧》お人好しのだまされやすい若者, 世間知らずの若者

Pollenzo 固名〔女〕 ポレンツォ(ピエモンテ州 Cuneo 県の町) ―Battaglia di *Pollenzo* ポレンティアの戦い(402 年, スティリコ率いる西ローマ帝国軍がアラリックの西ゴート軍を退ける)

polleria 女 鳥肉店, 家禽(きん)店

pollice 男 1 (手の)親指 2 尺度のインチ(2.54cm)

pollicoltore 男〔女 [-trice]〕養鶏業者

pollicoltura 女 養鶏業, 養禽(きん)の技術

pollicultore → pollicoltore
pollicultura → pollicoltura

polline 男 花粉

pollino 形 鶏の

pollinosi 女〔不変〕〔医〕花粉症

pollivendolo 男〔女 [-a]〕鶏肉屋

**pollo [ポッロ] 男 1 若鶏 2〔単数のみ〕鶏肉, チキン ―*pollo* arrosto ローストチキン 3 お人好し, 世間知らず ▶ *andare a letto [alzarsi] coi polli* 早寝[早起き]をする / *fare ridere i polli* 馬鹿げたことをする[言う]

pollone 男 1 (幹の切り口や根元から出る)若枝, 若芽 2《文》子孫

Polluce 固名〔男〕 1〔ギ神〕ポルックス, ポリュデウケス(カストルと双子の兄弟) 2〔天〕双子座のβ星(ポルックス); 土星の第34衛星(ポリュデウケス)

polmonare 形 肺の

**polmone [ポルモーネ] 男 1 肺 ―a pieni *polmoni* 深く息を吸い込んで, ありったけの息で 2 緑地帯 ―*polmone* verde 小公園, グリーンエリア 3 活力の源, 原動力

polmonite 女〔医〕肺炎

polo¹ 男 1 極, 極地 ―*Polo* Nord [Sud] 北極[南極] 2〔物〕極; 磁極 3 極端, 正反対 4 中心 ―*polo* d'attenzione 引力の中心 5 連合, 集団; (政党の)同盟

polo² 男〔不変〕〔スポ〕ポロ(競技)

polo³ 女〔不変〕ポロシャツ ―形 ポロシャツの ―*maglietta polo* ポロシャツ

polonese 女 ポーランドじゅうたん, ポロネーズじゅうたん ―男〔音〕ポロネーズ

Polonia 固名〔女〕 ポーランド

polonio 男〔化〕ポロニウム(元素記号 Po)

polpa 女 1 精肉 2 (エビやカニの)身; (果物の)実, 果肉 3 論旨, 要点 ▶ *polpa dentaria*〔解〕歯髄

polpaccio 男 脹脛(ふくらはぎ)

polpastrello 男 指の腹(指紋のあるふくらんだ部分)

polpetta 女 1 肉団子, ミートボール 2 (有害動物駆除目的の)毒入り餌

polpettone 男 1 ミートローフ 2 長くて飽き飽きする話[著作, 演劇, 映画]

polpo 男〔動〕タコ

polposo 形 1 (果実の)果肉が多い, (魚や肉の)肉厚な; 肉[果肉]のような 2 (ワインが)こくのある

polputo 形 1 果肉の多い 2 筋肉質の; 豊満な 3 (ワインが)こくのある; (土地が)肥沃な

polsino 男 1 (シャツの)袖口, カフス 2〔複数で〕〔俗〕手錠

polso 男 1 手首 ―orologio da *polso* 腕時計 2 脈拍 ―sentire il *polso* 脈を測る 3 活力, 精力 ―uomo di *polso* 精力家 4 袖口 ▶ *tastare il polso a...* (人の)脈を測る; (人の)意図を探る

Polstrada 略 Polizia stradale 交通警察

polta 女 (中庭で放し飼いの家禽(きん)用の)餌; 混ぜ物, 粥(かゆ)状のもの

poltiglia 女 (まずそうな)どろどろした混ぜ物; ぬかるんだ泥

poltrire 自 〔io -isco〕ベッドでぐずぐず過ごす; 怠惰に過ごす, 何もしないで過ごす

poltrona [ポルトローナ] 女 1 肘掛け椅子, アームチェア ―sedersi in *poltrona* アームチェアに座る 2 (劇場の)1階正面特別席 3 権力の座

poltronaggine 女 怠惰

poltroncina 女 小さい肘掛け椅子; (劇場の)平土間席

poltrone 男〔女 [-a]〕無精者, 怠け者, のらくら過ごす人

poltroneria 女 無為, 怠惰, 無精

poltronissima 女 (劇場の)正面最前列の席

poltronite → poltroneria

*polvere [ポルヴェレ] 女 1 埃(ほこり); 砂埃 ―alzare *polvere* 埃を立てる / mobili coperti di *polvere* 埃をかぶった家具 2 粉, 粉末, パウダー ―in *polvere* 粉状の / *latte* in *polvere* 粉末ミルク / *polvere* bianca 白い粉(麻薬) 3 火薬 ▶ *dare fuoco alle polveri* 争いを起こす / *ridurre in polvere* 粉々にする; 破壊する / *gettare la polvere negli occhi a...* (人)を欺く, だます

polveriera 女 1 爆薬庫, 弾薬庫, 火薬庫 2 紛争地域 ―essere [stare] seduti su una *polveriera* 一触即発の

事態である
polverificio 男 火薬工場, 弾薬工場
polverina 女 1 薬包, 粉薬;《隠》粉末の麻薬, コカイン 2（食品に混ぜる）不純物
polverino 男（吸い取り紙のない頃にインクを乾かすために用いられた）砂, おがくず; 石炭の細かい粉
polverio 男（風や車や人々などによって引き起こされる）一陣の埃(ほこり)［塵(ちり)］
polverizzabile 形 粉末にできる
polverizzare 他 1 粉末にする, 粉砕する; 霧状にする; 細分する 2 打ちのめす, 快勝する;（財産を）つぶす 3（菓子に砂糖を）まぶす
polverizzatore 男 霧吹き, 噴霧器, スプレー
polverizzazione 女 粉末にすること, 粉砕, 分解
polverone 男 大量に舞い上がる塵(ちり)［埃(ほこり)］, もうもうと立ち上る砂埃
polveroso 形 1 埃(ほこり)をかぶった, 埃っぽい 2 粉のような, きめの細かい
polverulento 形（実質または外観が）粉末の; 粉で覆われた;《文》埃(ほこり)を立てる
polverume 男《蔑》あたり一面の埃(ほこり); 埃に覆われた不要物
polviscolo → pulviscolo
pomata 女 軟膏(なんこう); ポマード
pomellato 形（馬が）まだらの, ぶちの, 連銭葦毛(れんぜんあしげ)の
pomellatura 女 馬のまだら模様
pomello 男 1 頬骨;（刀の）柄頭(つかがしら) 2 取っ手,（ドアの）ノブ
pomeridiano 形 午後の
****pomeriggio** ［ポメリッジョ］男（日没までの）午後 —nel [di] pomeriggio 午後に / il lunedì pomeriggio 毎月曜の午後
pomice 女 軽石
pomiciare 他 [io pomicio] 軽石で磨く —自《俗》長い間いちゃつく, 抱擁してキスし続ける
pomo 男 1 リンゴ —pomo d'Adamo のどぼとけ 2《文》リンゴに似た丸い果実; リンゴの木 3 丸い握り［取っ手］ —pomo del bastone 杖(つえ)の握りの部分 ▶ *pomo della discordia* 不和の原因
pomodorata 女（侮蔑・非難・抗議を示して）トマトをぶつけること
****pomodoro** ［ポモドーロ］男 トマト —salsa di pomodoro トマトソース / pomodori pelati 皮むきホールトマト
pomolo 男 握り, 取っ手
pompa[1] 女 ポンプ —pompa aspirante 吸い上げポンプ
pompa[2] 女 壮麗, 華麗 —pompe funebri 葬礼
pompaggio 男 ポンプで吸い上げること, ポンプでの操作
pompare 他 1 ポンプで吸い上げる; ポンプを使って空気を入れる;〔比喩〕吸い取る, 吸い上げる —pompare le gomme della bicicletta 自転車のタイヤに空気を入れる 2 大げさに騒ぎ立てる,（話を）膨らませる
pompata 女 1 回のすばやいポンプでの汲み上げ［注入］—dare una pompata agli pneumatici タイヤに空気を入れる
pompato 形 大げさな, 誇張した;《口》うぬぼれた
pompeggiarsi 再 [io mi pompeggio] 気取る, うぬぼれる
Pompei 固名 女 ポンペイ（79 年のヴェスヴィオ火山の噴火によって埋没した, カンパーニア州ナポリ県にあった古代都市）
pompeiano 形 ポンペイ（の人）の;（ポンペイの壁画のような）赤色の —男〖女[-a]〗ポンペイの人
pompelmo 男 グレープフルーツの実［木］
Pompeo 固名(男) 1〖男性名〗ポンペーオ 2 (Gneo ~ Magno) ポンペイウス（前 106-前 48; 古代ローマの政治家）
pompetta 女 スプレーの押しボタン;（ボールペンやシャープペンシルの）ノック部分
pompiere 男〖女[-a]〗1 消防士 —chiamare i pompieri 消防を呼ぶ 2 もめ事の火消し役, 仲介役
pompista 男女〖複[男 -i]〗ポンプの係; ガソリンスタンドの店員
pompon 男〖不変〗〔仏〕（帽子などに付ける）ポンポン, 飾り玉
pomposamente 副 豪奢(ごうしゃ)に, 華やかに; 派手に, 大げさに
pomposità 女 豪華絢爛(けんらん); 傲慢, 気取り; 誇張
pomposo 形 1 豪華な, 華麗な 2 虚勢を張った, うぬぼれた 3（文章や言葉が）大げさな, 仰々しい 4〖音〗荘厳な
ponce 男 → punch[1]
poncho 男〖不変〗〔西・服〕ポンチョ
ponderabile 形 1 重量測定が可能な 2 熟考しうる［すべき］
ponderabilità 女 1 重量測定可能なこと 2 熟考の可能性
ponderare 他 [io pondero] 熟考する, よく考える
ponderatamente 副 慎重に考えて, 熟考して
ponderatezza 女 思慮深さ, 慎重な姿勢
ponderato 形 沈着冷静な, 思慮深い
ponderazione 女 吟味, 考慮, 考察
ponderoso 形 1（読んで解釈するのが）困難な, 分かりにくい 2 重苦しい, 退屈な
pone porre の直・現・3 単
ponendo porre のジェルンディオ
ponente 男 西, 西方; 西風
ponentino 男（トスカーナ南部やラツィオに海から吹く）夕方の西風
ponesse porre の接・半過・3 単
poneva porre の直・半過・3 単
ponga porre の命・3 単; 接・現・1 単 [2 単, 3 単]
pongo[1] 男〖不変〗〖商標〗ポンゴ（子供

pongo　が工作で用いるプラスチック粘土)

pongo² porre の直・現・1 単

poni porre の命・2 単

＊ponte [ポンテ] 男 **1** 橋 —*ponte* levatoio 跳ね橋 /*ponte* ferroviario 鉄道橋 /gettare un *ponte* 橋を架ける 2 橋渡し **3** (船の)甲板, デッキ —*ponte* di comando 船橋, ブリッジ **4** 飛び石連休を利用にすること —fare un *ponte* di una settimana 7 連休にする **5** [建]足場 **6** [医](歯の)ブリッジ **7** [スポ](体操などの)ブリッジ **8** 自動車の車輪 **9** (時計の)歯車の軸の支え, 受け **10** (眼鏡の)ブリッジ(ponticello) **11** (トランプ遊びの)ブリッジ —形 [不変]橋渡しの, 暫定的な —*governo ponte* 暫定政府

pontefice 男 **1** 教皇庁の高位聖職者 —sommo *pontefice* ローマ教皇[法王] **2** (古代ローマの)大神官

ponteggio 男 (建設現場の)足場

ponticello 男 **1** 小さい橋 **2** [音](弦楽器の弦を支える)駒, ブリッジ; (眼鏡の)ブリッジ

pontiere 男[女[-a]] **1** 《諧》勝手に連休をつくる人 **2** 《諧》対立グループ間の交渉[橋渡し]をする政治家

pontificale 形 **1** 教皇の, ローマ法王の **2** [皮肉で] もったいぶった, 厳かな —男 荘厳司教ミサ; 教皇[司教]用典礼書

pontificare 自 [io pontifico] **1** (教皇や司教が)ミサを執り行う **2** 《諧》尊大[横柄]な態度で話す

pontificato 教皇の位, 教皇在位期間

pontificio 形 [複[女 -ce]] 教皇の

pontile 男 桟橋, 埠頭(ふとう)

pontino 形 ポンツァ島(民)の —男 [女[-a]] ポンツァ島民

pontone 男 平底ボート, はしけ, 浮船

ponzese 形 ポンツァ島(民)の —男女 ポンツァ島民

ponziano 形 ポンツァ島の

pool 男 [不変] [英]企業連合, カルテル; (専門家たちが共同で調査するための)チーム —*pool* di giornalisti 記者団

pop art 歯(女) [英]ポップ・アート

pope 男 [不変] (正教会の)司祭

popeline 女 [不変] [仏・織]ポプリン (毛・絹・木綿の平織り)

poplite 男 [解]膝窩(しつか), ひかがみ(膝関節の後ろのくぼんだ部分)

popò 男 《幼》うんち —男 尻

popolamento 男 移民, 植民; 定住, 定着

popolano 形 民衆の, 大衆の —男 [女[-a]] 民衆, 大衆, 市民

＊popolare¹ [ポポラーレ] 形 **1** 一般大衆の; 人民の —*case popolari* 公営住宅 / *prezzi popolari* 低価格, 手頃な値段 **2** 人気のある, ポピュラーな —Il calcio è lo sport più *popolare* in Italia. サッカーはイタリアで最も人気のあるスポーツだ.

popolare² 他 [io popolo] (人々が)住みつく; 植民する —**arsi** 再 (定住者で)あふれる; 群がる

popolareggiante 形 (文学の)民話調の, 民間伝承風の; (音楽の)民謡風の

popolarescamente 副 庶民風に, 通俗として

popolaresco 形 [複[男 -chi]] 民衆的な, 大衆向きの, 庶民的な, 通俗的な

popolarità 女 **1** 大衆性 **2** 人気, 評判 —acquistare *popolarità* 人気を博する

popolarmente 副 大衆向きに; 庶民向きに; 一般的に, 通常

popolato 形 人が住む; 人が多い, 混雑した, 満員の; 密集した —*giardino popolato* di erbacee 草ぼうぼうの庭

popolazione 女 **1** 人口 **2** (同一地域の)住民; 集団 **3** [生物] (一地域の植物相や動物相の)個体群

popolino 男 《蔑》下層民, 卑しい人々

＊popolo [ポーポロ] 男 **1** 国民, 民衆; 市民 —il *popolo* italiano イタリア国民 / il *popolo* di Firenze フィレンツェ市民 **2** 一般大衆, 庶民 —gente del *popolo* 民衆, 大衆

popoloso 形 人口の多い, 人口密度が高い

poppa¹ 女 **1** 船尾, 艫(とも) —avere il vento in *poppa* 追い風を受けて進む; 順調に進む **2** 《文》船 **3** 飛行機の尾部; 自動車の後部

poppa² 女 (哺乳類の)乳房

poppante 男女 乳飲み子, 乳児; 未熟者 —形 乳を吸う; 未熟な

poppare 他 **1** (おっぱいや哺乳瓶から乳を)吸う —*poppare* il latte del seno materno 母親のおっぱいを飲む **2** (目的語をとらずに)乳を吸う

poppata 女 授乳; 一回の授乳量

poppatoio 男 哺乳瓶

poppavia 副 [次の成句で] ▶ a *poppavia* 船尾で

popputo 形 《諧》巨乳の, 大きなおっぱいの

populismo 男 人民[大衆, 民衆]主義, ポピュリズム

populista 男女 [複[男 -i]] 人民[大衆, 民衆]主義者 —形 [複[男 -i]] 人民[大衆, 民衆]主義の

porca 女 雌豚; 淫売

porcaccione 男 [女[-a]] 汚い人; 卑猥(ひわい)な人

porcaggine 女 不道徳な行い, 不実な行為; 卑猥(ひわい)さ

porcaio¹ 男 とても不潔な場所; いかがわしい所

porcaio² 男 [女[-a]] 養豚業者, 豚飼い

porcaro → porcaio²

porcata 女 卑劣な行為; 卑猥(ひわい)な行動[表現]; つまらないもの, 駄作 —Questo film è una *porcata*. この映画はひどい出来だ.

porcellana 女 **1** 磁器(製品) —

porcellanare 他 釉(%)薬をかける、ほうろうを引く

porcellanato 形 釉(%)薬をかけられた、ほうろう引きの; 磁器の色つやに似た

porcellino 男 [女-a] 1 子豚 2 《謔》太った子;《口》(遊びまたは食べて体をよごした)汚い子供 3 豚の貯金箱

porcello 男 [女-a] 1 若い豚 2 不潔な人; 卑猥(%)な人;《口》大食いの太った人

porcellone 男 [女-a] 1 大きな豚 2 よく体をよごす人, 不潔な人; 卑猥(%)なことをする人, 猥褻(%)な行為をとる人

porcheria 女 1 汚い[悪質]行為 2 最低[劣悪]なもの 3 汚いもの, ごみ, がらくた

porcheriola 女 つまらないもの, 粗悪品; 有害な食べ物[飲み物]

porchetta 女 子豚の丸焼き

porchetto 男 小さな豚; 若い豚

porcilaia 女 → porcile

porcile 男 豚小屋; とても汚く乱雑な場所

porcino 形 豚の; 豚のような ―男〖植〗ポルチーニ ―形 ポルチーニの ― fungo porcino ポルチーニ茸

porco 男 [複-ci] 女 [-a] 1 豚; 豚肉 ―mangiare come un *porco* (豚のように)がつがつと食べる, むさぼり食う 2 不潔な人, 汚い人 ―男 [複-ci] ひどい, 嫌な ▶ *piede di porco* かなてこ *Porco cane! | Porca miseria!* ちくしょう.

porcone 男 1 大豚 2《謔》とても不潔な[よごれた]男; 性的に抑制のきかない男;《蔑》猥褻(%)な男

porcospino 男 1〖動〗ヤマアラシ; ハリネズミ 2 気難しい人, 扱いにくい人

Pordenone 固名 (女) ポルデノーネ(フリウリ・ヴェネツィア・ジュリア特別自治州の都市; 略 PN)

pordenonese 形 ポルデノーネ(の人)の ―男女 ポルデノーネの人

porfido 男〖地質〗斑岩

porfirizzazione 女 粉砕, 粉末化

porgere [109] 他〖過分 porto〗 1 差し出す; 提供する, 与える ―*Gli porga* i miei saluti. 彼によろしくお伝えください. / *porgere* aiuto a... (人)に手を貸す, (人)を援助する 2 目的語をとらずに態度で示す, 身ぶりを交えて示す言う, 表明する 4《文》引き起こす 5《文》(言葉や視線などを)向ける ▶ *porgere l'altra guancia* 黙って屈辱に絶える(福音書「頬を打たれたら」の教えより)

porno 形〖不変〗ポルノの ―男〖不変〗ポルノ雑誌; ポルノグラフィー, 猥褻物(pornografico, pornografiaの略)

porno- 連結「ポルノ」「ポルノの」の意

pornoattore 男 [女-trice] ポルノ俳優

pornocassetta 女 ポルノのビデオカセット

pornocinema 男〖不変〗ポルノ映画館

pornodivo 男 [女-a] ポルノ映画のトップ俳優

pornofilm 男〖不変〗ポルノ映画

pornofumetto 男 ポルノ漫画 ―i *pornofumetti* giapponesi 日本のポルノ漫画

pornografia 女 ポルノグラフィー, ポルノ, 猥褻(%)文書[絵画, 映画, 写真]

pornografico 形 [複男-ci] ポルノの; 猥褻(%)な, 好色の

pornografo 男 [女-a] ポルノ作家, ポルノ画家

pornolocale 男 ポルノショーを上演するナイトクラブ

pornorivista 女 ポルノ雑誌

pornoromanzo 男 ポルノ小説

pornoshop 男〖不変〗〔英〕ポルノショップ

pornoshow 男〖不変〗〔英〕ポルノショー

pornostampa 女〖単数のみ〗ポルノ出版物

pornostar 男女〖不変〗〔英〕ポルノ映画[ショー]のスター

pornovideo 男〖不変〗ポルノビデオ

poro 男 1 (皮膚の)毛穴; (葉の)気孔 2〖天〗小さな太陽黒点

porosità 女 多孔性, 有孔性

poroso 形 小さな穴が多い

porpora 女〖不変〗 1 赤紫色の染料; 赤紫色で染めた布; (枢機卿の)緋(%)色の衣 2 皇位や枢機卿の地位 ―形〖不変〗赤紫色, 紫色, 緋色の

porporato 形 (公職のシンボルとして)緋(%)色の衣を着用した ―男 枢機卿

porporino 形 赤紫色の, 紫色の, 緋(%)色の, 深紅の

‡**porre** [ポッレ] [79] 他〖過分 posto〗 1 置く, 入れる ―*porre* i fiori nel vaso 花瓶に花を入れる 2 提示する, 差し向ける ―**orsi** 再 (ある位置につく, 取りかかる ▶ *poniamo* (*il caso*) *che* + 接続法 …と仮定しよう *porre la prima pietra* 着工する, 仕事に取りかかる

porrei porreの条・現・1 単

porro 男 1 ポロネギ(地中海原産のネギ) 2 疣(%)

porrò porreの直・未・1 単

porroso 形 疣(%)だらけの

porse porgereの直・遠過・3 単

Porta 固名 (男) (Carlo ~)ポルタ (1775-1821; イタリアの詩人)

‡**porta** [ポルタ] 女 1 扉, ドア ―*bussare alla porta* ドアをノックする, ドアを叩く / *il ragazzo della porta accanto* 隣家の男の子 2 (空港の)ゲート 3 門, 城門 4 (ゴールキーパーが守る)ゴール 5《文》峠, 淵 6〖コン〗ゲート ▶ *a porte aperte* 公開の[で] *a porte chiuse* 非公開の[で] *chiudere la porta in faccia a...* (人)の頼みを頭ごなしに拒絶する, (人)

を門前払いにする **essere alle porte** 近くに迫っている，すぐそこまで来ている／Natale è *alle porte.* もうすぐクリスマスだ．**mettere... alla porta** …を追い払う，追い出す **porta a porta** すぐ近所に，隣り合って；訪問販売の **prendere la porta** 立ち去る，出て行く **sfondare una porta aperta** むだなことに精を出す（開いた扉をぶち破るの意）

porta- 接頭「何かを入れる[運ぶ]物」の意

portaaghi, porta-aghi, porta aghi 男［不変］（縫い針や編み針の）収納ケース；（縫い針を刺して蓋(ふた)をする布製の）携帯針刺し

portabagagli 男［不変］1 （自動車の屋根の）ルーフキャリア 2 （列車などの）荷物置き場 3 ポーター ――形［不変］荷物を運ぶための―carrello *portabagagli* ショッピングカート

portabandiera 男女［不変］旗手；（政治や文化運動の）主唱者 ――男［不変］旗竿(ざお)，旗用のポール ――形［不変］旗手の

portabastoni 男［不変］（玄関に置く）ステッキ立て，ステッキ掛け

portabiancheria 男［不変］洗濯物入れ

portabile 形 1 携帯できる，運ぶことができる 2 （服やアクセサリーが）着用できる 3 《文》耐えうる

portabiti 男［不変］洋服掛け，ハンガー；洋服キャリーバッグ

portabito → portabiti

portabollo 男 自動車税納税証明書［ケース］

portaborse 男女［不変］《蔑》かばん持ち（要人の助手や秘書）

portabottiglie 男［不変］ワイン置き，ワインホルダー，ワイン収納ケース，ボトルラック

portacarta 男［不変］トイレットペーパー・ホルダー

portacarte 男［不変］カード［名刺］入れ，紙入れ，書類入れ

portacasco 男［不変］（オートバイの）ヘルメット入れ；ヘルメット袋 ――形［不変］ヘルメットを入れる―sacca *portacasco* ヘルメット袋

portacassette 男［不変］カセットテープ収納ケース

portacatino 男［不変］（洗面器や水差しを置く）3本足の）昔の洗面台

porta-cd 男［不変］CD収納棚；（ポータブルの）CD収納ケース ――形［不変］CD収納の―custodia *porta-cd* CD保管箱［収納ケース］

portacenere 男［不変］灰皿

portachiavi 男［不変］キーホルダー

portacipria 男［不変］コンパクト

portacolori 男［不変］1 ［スポ］（自転車競技や競馬で）所属団体のシンボルカラーを着た選手 2 チームの花形選手；政党やグループで最も著名な人物

portacravatte 男［不変］（タンスの中などの）ネクタイ掛け

portadischi 男［不変］（レコードプレーヤーの）ターンテーブル；レコード収納ケース［棚］ ――形 ターンテーブルの；レコード収納の―piatto *portadischi* ターンテーブル

portadocumenti 男［不変］書類入れ，パスケース，カード入れ ――形［不変］カード入れの，書類を入れる

portadolci 男［不変］デザート入れ ――形［不変］デザート入れの

portaerei 女［不変］航空母艦，空母

portafiammiferi 男［不変］マッチ入れ［箱］

portafinestra 女 ［複portefinestre］］フランス窓

portafiori 男［不変］花瓶

portafogli 男 → portafoglio

portafoglio 男［不変］1 財布 2 書類かばん 3 有価証券一覧表，ポートフォリオ 4 大臣のかばん；大臣の職務［職位］―ministro senza *portafoglio* 無任所大臣

portafortuna 男［不変］お守り，縁起かつぎの品

portafotografie 男［不変］写真立て，写真入れ

portafrutta 男［不変］フルーツ入れ，果物皿 ――形［不変］フルーツ入れ[果物皿]の

portaghiaccio 男［不変］氷入れ，アイスバケット，ワインクーラー ――男［不変］氷を入れる―secchiello *portaghiaccio* ワインクーラー

portagioie 男［不変］宝石箱，宝石入れ ――形［不変］宝石箱[宝石入れ]の

portagioielli 男 → portagioie

portagomitoli 男［不変］毛糸玉入れ

portagomitolo → portagomitoli

portagrissini 男［不変］（食卓に置く）グリッシーニ入れ[立て]，グリッシーニホルダー

portaimmondizie 男［不変］ごみ箱(pattumiera)

portaincenso 男［不変］香皿，香立て

portalampada 男［不変］（電球の）ソケット

portalampade 男 → portalampada

portalapis 男［不変］鉛筆補助軸；筆箱，ペンケース

portale 男（教会や宮殿などの）装飾を施した大扉［門］；（インターネットの）ポータルサイト

portalettere 男女［不変］郵便配達人

portamatita 男［不変］鉛筆補助軸

portamatite 男［不変］筆箱，筆入れ

portamento 男 1 立ち振る舞い，物腰，姿勢；動作，行動 2 ［音］ポルタメント

portamina 男［不変］シャープペンシル；鉛筆補助軸

portamine 男［不変］シャープペンシル

portamonete 男［不変］小銭入れ

portamùsica 男〖不変〗(ピアノの近くに置く)楽譜棚

portante 形 支える、運ぶ

portantina 女 (バロック時代の)一人用の輿(ﾖ); 持ち運び用の椅子; 担架

portantino 男 1〖女[-a]〗(病院の)担架係 2〖歴〗輿(ﾖ)などの担ぎ手、運搬人

portanza 女 積載量; 〖空〗揚力

portaocchiali 男〖不変〗眼鏡ケース、眼鏡入れ ―形〖不変〗眼鏡をつなぐ鎖の ―**catenella** *portaocchiali* 眼鏡チェーン

portaoggetti 男〖不変〗小物入れ ―形〖不変〗小物入れの

portaombrelli 男〖不変〗傘立て

portaordini 男女〖不変〗〖軍〗伝令; (馬や乗り物による)使者

portapacchi 男〖不変〗1 (自転車の)荷台; (自動車の)ルーフラック 2 小包配達人

portapatente 男〖不変〗免許証入れ [ケース]

portapenne 男〖不変〗筆箱、ペンケース; ペン差し; ペン軸

portapillole 男〖不変〗ピルケース

portapipe 男〖不変〗パイプ置き

portaposate 男〖不変〗カトラリー(スプーン・フォーク・ナイフ)置き、カトラリーボックス

portapranzi → portavivande

portare** [ポルターレ] 他 1 (目的地まで)物を運ぶ、持って行く[来る]; 贈る ―*portare* un pacco alla posta 小包を郵便局へ持って行く / *portare* uno zaino in spalla リュックを背負っている / Cosa ti *ha portato* Babbo Natale? サンタクロースさんは何を持ってきてくれたの. / Che cosa mi *hai portato* dall'Italia? イタリアのお土産は何かしら. 2 (目的地まで)人を運ぶ、同行[連行]する ―*portare* i bambini a scuola 子供を学校まで送る / Posso *portare* mia sorella alla festa? 妹をパーティーに連れて行ってもいいですか. / La polizia *ha portato* l'arrestato in questura. 警察は逮捕した男を署に連行した. 3 着用する、携帯する ―*portare* la cravatta ネクタイをしている / *portare* gli occhiali 眼鏡をかけている / *Porto* sempre con me un ombrello pieghevole. 私はいつも折り畳みの傘を携帯している. / Che taglia [numero di scarpe] *porti*? 君の服[靴]のサイズは? 4 体に(傷跡などが)ある; (ひげを)生やす、髪を…にしている ―*portare* la barba ひげを生やしている / *portare* i capelli lunghi [corti] 髪をロング[ショート]にしている 5 …の名前を持つ ―*portare* il cognome della signorina (結婚前の旧姓を使っている)[名乗っている] 6 (重量制限を示唆して)乗れる、積める、(重みに)耐える ―Questo camion *porta* dieci tonnellate. このトラックの最大積載量は10トンだ. 7 (成果や被害を)もたらす ―*portare* fortuna [sfortuna] 幸運[不幸]を招く 8《口》運転する、操縦する 9 支持する、肩入れする 10《口》(物が)表示する、言及する 11 伝える 12 (証拠や例を)提示する 13 (感情を)抱く 14 仕向ける、誘い込む 15《口》(算数で)繰り上げをする ―自 1 (乗り物が)…に行き着く、至る 2 (道などが)通じる ―Tutte le strade *portano* a Roma. すべての道はローマに通ず. ―**arsi** 再 1 赴く、向かう 2 移動する、寄る ―*Portati* un po' a sinistra. ちょっと左に寄って. 3 携帯する、持参する 4 (健康状態が)…である ―Come ti *porti*? 調子はどう. 5 振る舞う ► ***portare a termine 終了する ***portare alla luce*** 世に出す、明るみに出す ***portare avanti*** 進展させる ***portare pazienza*** 耐える、我慢する ***portare via*** 連れ去る、持って行く

portareliquie 男〖不変〗聖遺物箱[壺]

portarifiuti 男〖不変〗ごみ箱 ―形〖不変〗ごみ箱の ―**cestino** *portarifiuti* くずかご、ごみ箱

portaritratti 男〖不変〗写真立て、肖像入れ

portariviste 男〖不変〗マガジンラック

portarossetto 男〖不変〗口紅ケース ―形〖不変〗口紅を入れる ―**astuccio** *portarossetto* リップスティックケース

portarotoli 男〖不変〗キッチンペーパーホルダー

portarotolo 男〖不変〗(トイレの)ペーパーホルダー; キッチンペーパーホルダー

portasapone 男〖不変〗石けんケース

portasaponetta → portasapone

portasaponette → portasapone

portasci 男 (自動車の屋根に装着する)スキーキャリア ―形〖不変〗スキーキャリアの

portasciugamani → portasciugamano

portasciugamano 男〖不変〗タオルハンガー、タオル掛け

portascopino トイレブラシ入れ

portasigarette 男〖不変〗シガレットケース、タバコ入れ

portasigari 男〖不変〗葉巻入れ、葉巻ケース; シガレットケース

portaspazzolini 男〖不変〗歯ブラシ入れのコップ、歯ブラシスタンド ―形〖不変〗歯ブラシを入れる ―**bicchiere** *portaspazzolini* 歯ブラシ入れ

portaspazzolino 男 (プラスチック製の筒型の)歯ブラシ立て、歯ブラシ入れ ―形〖不変〗歯ブラシ立て[入れ]の ―**astuccio** *portaspazzolino* 歯ブラシ入れ

portaspilli 男〖不変〗針刺し、ピンクッション; 針入れ

portassegni 男〖不変〗小切手入れ、小切手ケース

portastecchini 男〖不変〗爪楊枝入れ

portastendardo 男女〔不変〕旗手 —男〔不変〕(ファサードにある)旗を固定する台

portastuzzicadenti 男〔不変〕爪楊枝入れ

portata 女 1 (コース料理の)一品, 一皿 —piatto da *portata* 大皿, 盛り皿 2 (船や車の)積載量 3 (能力などが達する)範囲, 限界 4 重要性, 価値 5 (一定時間での)水の流出量 ▶ *a [alla] portata di mano* 手を伸ばせば届くところに, 手元に *alla portata di...* …には理解できる, …向きの

portatessera → portatessere

portatessere 男〔不変〕定期入れ, 身分証ケース

portatile 形 携帯用の, ポータブルの —男 モバイルパソコン

portato 形 1 向いている, 適した; 傾向がある —essere *portato* alla pittura 絵の才能がある 2 (感情に)流された, 動かされた —*portato* dalla rabbia 怒りにかられた —男 結果, 産物

portatore 男〔女[-trice]〕運搬人, 支える人; ポーター; (伝言を)伝える人 —*portatore* sano 保菌者, 無症候性キャリア

portatovagliolo 男〔不変〕ナプキンリング, ナプキンホルダー

portattrezzi 男〔不変〕携帯工具入れ, 工具袋

portauova 男〔不変〕卵ケース

portauovo 男〔不変〕エッグスタンド, ゆで卵立て

portautensili, portautensili 〔不変〕工具入れ, 工具箱 —形 工具入れ[箱]の —cassetta *portautensili* 工具箱

portavalori 男女〔不変〕現金輸送係員 —形〔不変〕現金輸送の —furgone *portavalori* 現金輸送車

portavaşi 男〔不変〕フラワースタンド, 植木鉢置き

portavivande 男〔不変〕保温ジャー付き弁当箱, 保温容器; (料理を載せて運ぶための)カート —男〔不変〕料理運搬用の —carrello *portavivande* 料理用カート[ワゴン]/elevatore *portavivande* 料理用エレベーター

portavoce 男女〔不変〕スポークスマン, 代弁者 —男〔不変〕〔音〕クラリネットのレジスター・キー

porte-enfant 男〔不変〕クーファン(新生児を寝かせて持ち運ぶかご)

portello 男 通用口; (通気用の)隙間, 小窓

portellone (船や飛行機の)昇降口; (ハッチバック車の)ハッチ

portento 男 驚異, 奇跡; 驚異的な人物

portentosamente 副 驚異的に, 奇跡的に

portentoso 形 驚異的な; 驚嘆すべき, 並外れた

portfolio 男〔不変〕〔英〕紙ばさみ, ポートフォリオ

porticato 形 回廊のある —男 (大規模な)柱廊, 回廊 —il *porticato* di piazza San Pietro サンピエトロ広場の回廊

portico 男〔複[-ci]〕1 (広場や道路に面した屋根付きの)通路, 回廊; (ホテルやビルの玄関にある屋根付きの)車寄せ 2 (農家のひさしの下の)物置き

portiera 女 1 (自動車の)ドア 2 ドアカーテン

portierato 男 門衛[守衛]の職務

portiere 男〔女[-a]〕1 門衛, 管理人 2〔スポ〕ゴールキーパー

portinaia 女 1 女性の門番 2《蔑》噂(²ð)好きの出しゃばり女

portinaio 男 門衛, 守衛, (アパートの)管理人 —形 僧院の門を守る —suora *portinaia* 門衛の尼僧

portineria 女 門衛所, 管理人室

* **porto** [ポルト] 男 1 港 —entrare in *porto* 入港する / *porto* franco 自由港 2《文》最終目標[目的地] 3《文》慣れ親しんだ[安心な]場所, 安全な所, 逃げ場 ▶ *andare in porto* うまくまとまる, 終わる *porto di mare* 多くの人でにぎわっている場所

porto² 男 輸送, 運送; (商品配送にかかる)送料

porto³ 男〔不変〕ポートワイン

porto⁴ porgere の過分

Portogallo 固名〔男〕ポルトガル

* **portoghese** [ポルトゲーゼ, ポルトゲーゼ] 形 ポルトガルの; ポルトガル人[語]の —男女 1 ポルトガル人 2 切符を買わずに入場[乗車]する人(ローマのポルトガル大使館主催の演劇にポルトガル人であれば誰でも招待券なしで入れたことから) —fare il *portoghese* ただ乗り[ただ見]する, ただでもぐり込む —男〔単数のみ〕ポルトガル語

portolano 男 航海案内書

portoncino 男 (門の一部をくり抜いた)通用口

portone 男 正門, 表門

portoricano 形 プエルトリコ(人)の —男〔女[-a]〕プエルトリコ人

portuale 形 港の, 港湾の —男女 港で働く人, 港湾労働者

portualità 女 港の特性, 港湾内の活動状態

portuario 形 港の

portuoso 形 港がたくさんある

porzione 女 分けた一部, 分け前; (食べ物の)一人前 —mezza *porzione* 半人前

posa 女 1 設置, 据え付け; じっとしていること, ポーズをとること 2 気取った様子

posa- 連頭「置くための」の意

posacavi 男〔不変〕海底[地中]ケーブル敷設の —女〔不変〕海底ケーブル敷設船

posacenere 男〔不変〕灰皿

posaferro 男〔不変〕アイロン置き台

(appoggiaferro)
posamine 形〖不変〗水雷[機雷]敷設の ―男〖不変〗水雷[魚雷]敷設船 ―女〖不変〗水雷艇, 魚雷艇
posamolle 形〖不変〗火ばし立て, 火ばさみ立て
posapiano 男女〖不変〗〖謔〗のろま
*__posare__ [ポザーレ, ポサーレ] 他 **1**(支えるものの上に)置く ―*posare il giornale sul tavolo* テーブルの上に新聞を置く **2**(慎重に・そっと)置く, 横たえる **3**(電話線や配管を)据えつける ―自 **1**[es][su]…に支えられる[基づく] **2**ポーズを取る; 気取る **3**〖文〗中断する, やめる **4**(液体が)沈殿する, 底に澱(おり)がたまる ―**arsi** 再 そっと降りる, 舞い降りる
posata 女〖複数で〗カトラリー(スプーン・フォーク・ナイフなどの類)
posatamente 副 冷静に, 落ち着いて
posate 女複 ポザーテ(フォーク・スプーン・ナイフなど), カトラリー
posateria 女 カトラリーセット
posatezza 女 冷静さ, 平静, 落ち着き払った様子
posato 形 思慮深い, 冷静な, 落ち着いた
posatoio 男(鳥かごの)止まり木
posatore 男〖女[-trice]〗**1**配線[配管]工 **2**気取り屋
posatura 女 (液体の底の)沈殿物, 澱(おり), かす
poscritto 男 追伸, P.S.(post scriptumの略)
pose porreの直・遠過・3単
Poseidone 固名〖ギ神〗ポセイドン(海神. オリンポス十二神の一. ローマ神話のネプトゥヌス[ネプチューン])
positiva 女〖写〗陽画, ポジ
positivamente 副 肯定的に, 好意的に; 積極的に; 有利に; 明確に
positivismo 男 **1**〖哲〗実証主義 **2**実利主義
positivista 男女〖複[男 -i]〗実証主義者, 実利主義者 ―形〖複[男 -i]〗実証主義の
positività 女 有利さ; 確実性, 実証性
positivo 形 **1**肯定的の, 肯定的な **2**確実な, 有効な; 実証的な **3**好意的な, 前向きの, 積極的な **4**望ましい **5**(人が)現実的な, 理想や夢に走らない **6**〖医〗(検査結果が)陽性の **7**正の, 陽の, プラスの **8**〖写〗ポジの **9**〖言〗(形容詞・副詞が)原級の **10**〖音〗(15〜16世紀の)ポジティヴオルガンの ―男 **1**〖写〗ポジ, 陽画(→ negativo) **2**〖音〗(15〜16世紀の)ポジティブオルガン ―副〖無線通信で〗はい(の返事); 〖口〗〖冗談で〗はい
posizionale 形 位置の, 地位の
posizionamento 男 配置, 位置決め
posizionare 他 配置する, 適した所に置く ―**arsi** 再 位置につく
*__posizione__ [ポズィツィオーネ] 女 **1**位置, 場所 ―*luci di posizione*(昼間の走行で安全確認のためにつける)ヘッドライト **2**姿勢, 状態 ―*posizione fetale* (膝を胸につけて丸まった)胎児の姿勢 / *posizione d'attenti* 気をつけの姿勢 / *prendere posizione* (賛成か反対かの)立場を表明する **3**地位, 順位; ポジション ―*posizione sociale* 社会的地位 **4**意見, 信念 **5**〖軍〗陣地
posola 女(馬具の)あぶみ革
posolino 男(馬具の)尻がい
posologia 女 薬量学; 投薬量
posporre [79] 他 〖過分 posposto〗後に置く ―*posporre il cognome al nome* 名前の後に苗字を置く
posposizione 女 後置
posposto posporreの過分
possa potereの接・現・1単[2単, 3単]
*__possedere__ [ポッセデーレ] [105] 他 **1**(財産などが)ある, 所有している; (能力や性質が)ある, 持っている ―*possedere una bella voce* 美しい声の持ち主である **2**(知識に)精通している, 熟知している **3**〖受動態で〗(感情などに)とらわれる, 駆られる ―*È posseduto dalla passione della musica.* 彼は音楽への情熱にとらわれている.
possedimento 男 所持, 所有; 〖複数で〗土地の所有
posseditrice possessoreの女性形
posseduto 形 悪魔に憑(つ)かれた ―男〖女[-a]〗悪魔に憑かれた人
possente 形 筋骨たくましい; 権力のある; 強力な, すさまじい
possentemente 副 強力に, 力強く
possessione 女 **1**所有; 土地所有, 不動産 **2**悪魔憑(つ)き
possessivamente 副 独占的に
possessività 女 独占欲の強さ
possessivo 形 独占欲の強い, 占有的な
possesso 男 **1**所有; 〖複数で〗所有地, 不動産 ―*entrare in possesso di...* …の所有者になる / *in possesso* 所持する, コントロールできる **2**熟知, 精通
possessore 男〖女[posseditrice]〗所有者, 所有主; (タイトルや記録の)保持者
possiamo potereの直・現・1複
*__possibile__ [ポッスィービレ] 形 **1**可能な **2**ありうる; 起こりうる ―*Non è possibile!* まさか, ありえない. **3**〖口〗許容できる, 耐えうる ―*se(è) possibile* もしできれば ―男〖単数のみ〗ありうること, 起こりうること; できること ―*nei limiti del possibile* できる範囲で ▶ *il più presto possibile* できるだけ早く
*__possibilità__ [ポッスィビリタ] 女 **1**可能性, 見込み **2**〖複数で〗力, 能力, 資力
possibilmente 副 できれば, なるべく
possidente 男女 資産家; 土地所有者

posso potere の直・現・1単

post- 接頭「後ろ」「後に」の意

✱posta [ポスタ] 囡 **1** 郵便(局); 郵便物 —inviare per *posta* 郵送する / fermo *posta* 局留め郵便 **2** 新聞や雑誌などのコラムの表題 **3** 隠れ場所, (狩猟で獲物を)待ち伏せるところ —fare la *posta* a... (人)を待ち伏せする **4** 駅馬車の馬を交替させる地点, 宿駅(stazione di *posta*) **5** 賭け金 ▶ **a (bella) posta** わざと

postacelere 男囡〔不変〕イタリア国内速達郵便

postagiro 男〔不変〕郵便振替

postale 形 郵便の, 郵便に関する — codice (di avviamento) *postale* 郵便番号(CAP) / conto corrente *postale* 郵便振替口座(c.c.p.) / casella *postale* 私書箱 / cassetta *postale* 郵便ポスト / ufficio *postale* 郵便局 / vaglia *postale* 郵便為替(V.P.) —男 郵便の輸送手段(飛行機・車など)

postatomico 形〔複[男 -ci]〕原子力時代の[に続く], 核戦争後の

postazione 囡 配置, 配備; 〔軍〕大砲の配置, 兵士の配置[配属]

postbellico 形〔複[男 -ci]〕戦後の, 大戦後の

postclassico 形〔複[男 -ci]〕古典時代後の, 古代ギリシャ・ローマの後の

postcomunismo 男 ポスト・コミュニズム, ポスト共産主義

postcomunista 男囡〔複[男 -i]〕ポスト共産主義者 —形〔複[男 -i]〕ポスト共産主義の

postcongressuale 形 会議後の

postdatare 他 (実際よりも)日付を遅くする —*postdatare* un assegno 小切手の振出の日付を遅らせる

postdatazione 囡 先(き)日付(先送り日付)

posteggiare 他〔io posteggio〕駐車[駐輪]する

posteggiatore 男〔囡[-trice]〕**1** 駐車場の係員 **2**〔ローマ〕露天商 **3**〔ナポリ〕流しの楽師[歌手]

posteggio 男 **1** 駐車(場), 駐輪(場) —*posteggio* vietato 駐車禁止 / *posteggio* gratuito [a pagamento] 無料[有料]駐車場 / tassa di *posteggio* 駐車料金 **2** 露天商が店を出す場所

postelegrafico 形〔複[男 -ci]〕郵便電信業務の —男〔複[-ci]囡[-a]〕郵便電信業務従事者, 郵便電信局員

postelegrafonico 形〔複[男 -ci]〕郵便電信電話業務の —男〔複[-ci]囡[-a]〕郵便電信電話業務従事者, 郵便電信電話局員

postelementare 形 初等教育後の

postema 囡 **1**〔俗〕心配事, 嫌悪感 **2**〔医〕膿(のう)瘍

postergare 他 軽視する, なおざりにする; 遅らせる

posteriore 形 **1** 後ろの; 後部の, 後方の —ingresso *posteriore* 裏口 / zampe *posteriori* (動物の)後ろ足 **2** (時間が)後の, 後の —男〔口〕尻

posteriorità 囡 (時間的に)後であること, 遅れていること; (場所が)後であること

posteriormente 副 後ろに; 後で — Il giardino è situato *posteriormente* al palazzo. 庭は建物の裏にある.

posterità 囡〔集合的〕後世の人々; 子孫, 末裔(まつえい); 後世

postero 形 後の, 後世の —男〔複数で〕子孫 —tramandare ai *posteri* 子孫に伝える

postfazione 囡 (本の)あとがき

postfestivo 形 祝日の次の —un giorno *postfestivo* 祝日のあくる日

posticcio 形〔複囡 -ce〕偽の, 人工の —dente *posticcio* 義歯 —男 付け毛, かつら

posticino 男 狭い空間, 余地; 心地よい場所

posticipare 他〔io posticipo〕延期する, 繰り延べる

posticipatamente 副 延期して, 予定より後で

posticipato 形 後払いの —pagamento *posticipato* 代金後払い

posticipazione 囡 延期, 先送り, 繰り延べ

posticipo 男 延期; 〔スポ〕選手権試合の延期; 延期試合

postiglione 男 (郵便馬車や駅馬車の)御者

postilla 囡 **1** (テキストの余白への)手書きの注釈, 書き込み; 脚注, 傍注 **2** 詳細な説明

postillare 他 注を付ける —*postillare* un testo テキストに注をつける

postillatore 男〔囡[-trice]〕注釈者

postindustriale 形 脱工業化の

postino 男〔囡[-a]〕郵便配達人

postmilitare 形 兵役後の

postmoderno 形 ポストモダニズムの

post mortem 形〔ラ〕死後の

✱posto¹ [ポスト] 男 **1** 場所, 位置 —*posto* di ristoro 休憩所 **2** (劇場や車の)席, 座席 **3** スペース, 空間 —Potrebbe farmi *posto*, per favore? 席を詰めて下さいませんか? **4** 職, ポスト —*posto* di lavoro 定職; 職場 **5** 立場 —se fossi al tuo *posto* 私がもし君なら ▶ **a posto** 整った, 片づいた, きちんとした; 適切に —〔essere tutto *a posto* すべて整った[思いどおりの]状態にある / mettere tutto *a posto* きれいに片づける[整える], 申し分のない状態にする **al posto di...** …の代わりに **quel posto** トイレ **sul posto** 現場で, 現地で

posto² porre の過分

postoperatorio 形 外科手術後の

postribolare 形 売春宿の; 売春の; 下品な, みだらな

postribolo 男 売春宿

postrivoluzionario 形 革命後の

post scriptum 慣(男)〔ラ〕追伸,

P.S.

postulante 男女 嘆願者, 請願者 ―形 執拗(よう)に請う, 嘆願の

postulare 他 [io postulo] 1 嘆願する, 懇願する 2 必然的に伴う, もたらす

postulato 男 1 [数]公理 2 [カト]聖職志願期

postumo 形 父親の死後に生まれた; 作者の死後に出版された; 後に生じる ―男 名残り, 傷跡; 後遺症

postuniversitario 形 大学卒業後の, 学士号取得後の

postura 女 (町・建物・場所の)位置; (人間や動物の)通常の姿勢

potabile 形 飲める, 飲料に適した ―acqua *potabile* 飲料水

potabilità 女 飲めること;《諧》受容可能

potabilizzare 他 (水を)飲用可能にする ―*potabilizzare* l'acqua di un pozzo 井戸水を飲めるようにする

potabilizzazione 女 飲用可能化

potare 他 (樹木を短く)刈り込む, 剪(せん)定する; (話などを)はしょる

potassa 女 [化]炭酸カリウム

potassio 男 [単数のみ] [化]カリウム

potatura 女 (樹木や生け垣の)刈り込み, 剪(せん)定; [集合的]剪定された枝

potentato 男 強大な国家[政府]; 君主, 元首

***potente** [ポテンテ] 形 1 強力な, 権力のある, 影響力を持つ ―uomo *potente* 有力者 2 よく効く ―veleno *potente* 劇薬 3 強靭な, 力に満ちた 4 (人が)表現力豊かな, 芸術的才能のある 5《口》(飲み物が)濃い; アルコール度の高い ―男女 [複数で]権力者, 実力者

potentemente 副 力強く, 激しく; 効果的に

potentino 形 ポテンツァ(の人)の ―男女[-a] ポテンツァの人

Potenza 固名女 ポテンツァ(バジリカータ州の州都); 略 PZ

***potenza** [ポテンツァ] 女 1 力 2 勢力 3 権力 [有力]者 4 [複数で] 列強, 大国 5 (薬の)効能, 即効性

potenziale 形 1 潜在的な, 起こりうる 2 [言]潜在の ―男 1 潜在力, 可能性 2 [物]ポテンシャル ―*potenziale elettrico* 電位 3 [言]可能法

potenzialità 女 可能性, 潜在能力, 潜在性

potenzialmente 副 潜在的に, もしかすると

potenziamento 男 1 強化, 増強, 発展, 拡張 2 薬の相乗作用

potenziare 他 [io potenzio] 1 増強する, 強化する; 発展させる 2 (薬の効き目を)相乗作用で増大させる

***potere** [ポテーレ] [80] 自 [es/av] 1 [補助動詞として; 不定詞とともに] a) ~できる(状態にある) ―Non *può* venire oggi. 彼は今日は来れない。―*Potrei* chiederti un favore? お願いがあるのですが。 b) [許可] …してもよい ―*Posso* entrare? 入っていいですか。 c) [可能性] …かもしれない ―*Può* essere vero. それは本当かもしれない。 d) [否定文で] …のはずがない, ありえない 2 [単独で] 力[能力, 影響力]がある ―形 1 (何かができる)力, 能力, 権限 2 影響力, 支配力 3 権力, 政権 ―*potere* assoluto 絶対的権力 ―il quarto *potere* 言論界, 出版界, ジャーナリズム / il quinto *potere* 放送メディア 4 経済力, 軍事力; 覇権, 支配権 ▶*a più non posso* 全力で, 力の限り **Non ne posso più.** (限界を表明して)もうこれ以上は無理。もう我慢できない。 **non potere non +** 不定詞 …せずにはいられない, …しないわけにはいかない **può darsi** そうかもしれない, ありえる **può darsi che +** 接続法 …という可能性がある, …かもしれない **può essere** 多分

potestà[1] 女 権力, 権威; 権力者

potestà[2] → podestà

pot-pourri 男 [不変] [仏]ポプリ; 寄せ集め, ごちゃ混ぜ

potrei potere の条・現・1 単

potrò potere の直・未・1 単

potta 女《俗》(女性の)外陰部

poveraccio 男[女[-a, 複 -ce]] 哀れな人, 気の毒な人

poveramente 副 貧しく

poverello 形 かわいそうな, 哀れな ―男[女[-a]](極貧のため)哀れを催す人, かわいそうな人

poveretto 男[女[-a]] 哀れな人, 貧しくてかわいそうな人

poverino 男[女[-a]] (貧しく不幸なため)気の毒な人, 哀れな人

***povero** [ポーヴェロ] 形 1 貧しい, 貧乏な ―famiglia *povera* 貧しい家庭 2 みすぼらしい, 貧弱な ―pasto *povero* 粗末な食事 3 (di) …が不足した [乏しい] ―È *povero* di fantasia. 彼は想像力に乏しい。 4 [名詞に前置して](同情あるいは軽蔑の意味で)哀れな, かわいそうな; 今は亡き ―*pover'*uomo (poveruomo) 哀れな男 / *povero* diavolo [cristo] 哀れな人 / *Povero* te! 気の毒に。/ *Povero* me! 何てことだ。/ il *povero* nonno 今は亡き祖父 ―男 [女[-a]]貧乏人; 物乞い

poveromo → poveruomo

povertà 女 1 貧乏, 貧困 2 不足, 欠乏 3 清貧

poveruomo 男 哀れな男; つまらない男, けちくさい奴

pozione 女 水薬の1服分;《諧》飲み物; 秘薬

pozza 女 1 水たまり 2《文》(ダンテの『神曲』地獄篇の)スティージュの沼 3 地面や床に流れた大量の液体 ―*pozza* di sangue 血の海

pozzanghera 女 水たまり; ぬかるみ

pozzetta 女 (液体を注ぐために作る)くぼみ; (顎(あご)や頬のくぼみ, えくぼ

pozzetto 男 1 (液体を貯蔵する)穴,

井戸, 下水槽; 下水口 **2**(船の)コックピット

pozzo 男 **1** 井戸 **2** (地面の)穴 **3** 豊富, 大量 ► *avere un pozzo di quattrini* [*soldi*] 大金を持っている *essere un pozzo di scienza* 物知りである

pp. 略 **1** pianissimo〔音〕ピアニッシモ **2** pagine《pagina の複数形》ページ

PPI 略 Partito Popolare Italiano イタリア人民党

PP.TT. 略 Poste e Telegrafi (郵便・電信を扱う)イタリア郵便局

P.Q.M. 略 Per Questi Motivi このような理由のため《裁判記録や判決文で用いられる》

PR 略 Parma パルマ

Pr 略 (元素記号) praseodimio〔化〕プラセオジム

p.r. 略 per ringraziamento 感謝のしるしに, お礼に

PRA 略 Pubblico Registro Automobilistico 陸運局, 陸運事務所

Praga 固名(女) プラハ

praghese 形 プラハ(の人)の ―男女 プラハの人

pragmaticamente 副 実際的に, 実践的に

pragmatico 形 〔複〔男 -ci〕〕実践的な, 実用的な, 実際的な

pragmatismo 男 実用主義, プラグマティズム

pragmatista 形 〔複〔男 -i〕〕実際〔実用〕的な ―男女〔複〔男 -i〕〕実用主義者, プラグマティスト

pragmatisticamente 副 実用面で; 実用主義的に

pragmatistico 形 〔複〔男 -ci〕〕実用主義的な, 実際的な

pralina 女 (菓子の)プラリネ; プラリネ入りチョコレート

pralinato 形 (菓子で)カラメルやチョコレートをからめた ―男〔料〕プラリネの入った菓子

prammatica 女 慣例 ―*di prammatica* 慣例通りの, お定まりの

prammatismo → pragmatismo

pranoterapia 女 手かざし療法

pranzare 自 食事をする, 昼食をとる

pranzetto 男 手軽なおいしい食事

***pranzo** [プランゾ] 男 **1** 食事《その日の主要な食事で, 主に昼食を指す》 ―*camera* [*sala*] *da pranzo* ダイニングルーム **2** (客を招待する)夕食会, 晩餐(さん)会; (フルコースの)ディナー ―*pranzo d'onore* 祝賀会

praseodimio 男〔単数のみ〕〔化〕プラセオジム(元素記号 Pr)

prassi 女〔不変〕実践; 慣行; (慣例となっている)手続き, 手順

Prassitele 固名(男) プラクシテレス(前4世紀頃のギリシャの彫刻家)

prataiolo 男 草原に棲(す)む ―男〔植〕ハラタケ

pratellina 女 野菊, デージー(pratolina)

pratense 形 牧草の

prateria 女 大平原, プレーリー; 草地, 牧草地

pratese 形 プラート(の人)の ―男女 プラートの人

***pratica** [プラーティカ] 女 **1** 実行, 実践; 実際, 実態 ―*la teoria e la pratica* 理論と実践 **2** 体験, 経験; 精通 ―*Non ho pratica di questa zona*. この地域は私はよく知らない. **3** (実践的な)訓練, 練習 **4** (儀式などの)礼法, 手順 **5** 〔複数で〕(必要な)書類, 手続き ► *in pratica* 実際には; 事実上; つまり *fare pratica* 練習する, 訓練する *mettere in pratica* 実行に移す, 実践する

praticabile 形 **1** 実行可能な; 実践的な, 実用的な **2** 通行可能な

praticabilità 女 **1** 通行可能 **2** 実行可能(性)

praticabilmente 副 実用的に

praticaccia 女〔複-ce〕《口》(理論的根拠のない)経験から得た能力〔知識〕

praticamente 副 **1** 実践的に; 実際に, 実質的に **2** 要するに

praticantato 男 見習い期間, 研修期間

praticante 男女 **1** 見習い, 研修生, 実習生 **2** 熱心な信者

praticare 他〔io pratico〕**1** 実行に移す, 実践する; (専門職やライフワークとして)仕事や運動を)する **2** (人と)付き合う; (場所に)出入りする **3** 実施する, 遂行する ―*praticare un foro nella parete* 壁に穴をあける ―自 付き合う; 出入りする

praticità 女 実用性, 利便性

***pratico** [プラーティコ] 形 〔複〔男 -ci〕〕**1** 現実的な, 堅実な ―*senso pratico* 常識, 現実的な感覚 **2** 実用的な, 便利な, 使いやすい ―*lezione pratica di scuola guida* (自動車学校の)路上実習 **3** 経験豊富な, 腕のいい **4** (場所や情報に)精通した, 詳しい ―*essere pratico del posto* その場所に詳しい ―男〔複[-ci] 女[-a]〕経験豊富な人, 精通者

praticone 男〔女[-a]〕《蔑》経験から得た技術のみの職人

pratile 男〔歴〕草月(フランス革命の第9月)

prativo 形 牧草地の

Prato 固名(女) プラート(トスカーナ州の都市; 略 PO)

***prato** [プラート] 男 **1** 野原, 草原 **2** 芝生, 草地 ―*tennis su prato* ローンテニス, テニス

pratolina 女〔植〕デージー, ヒナギク

pravo 形《文》邪悪な, 無情な

PRC 略 Partito della Rifondazione Comunista 共産主義再建党

pre- 接頭 (時間や空間での)「前」「先」の意

preaccennato 形 先に触れた, 前述の, 上述の

preadolescente 形 思春期の始まりの頃の —男女 思春期が始まった頃の子供

preadolescenza 女 10～14歳の頃, 思春期の初めの頃

preadolescenziale 形 思春期の初めの

preaffrancare 他 返信用郵便切手を同封する

preaffrancatura 女 返信用の郵便切手の同封

preallarme 男 警報に先立つ合図; 警告

prealpino 形 プレアルプス地方の

preambolo 男 前口上, 序言

preannunciare 他 (io preannuncio) 予告する, 予言する

preannunciatore 形 [女[-trice]] 前兆の, 予告する —男 [女[-trice]] 予告者, 予言者

preannuncio 男 予告, 前兆

preavvertimento 男 予告; 前兆

preavvertire 他 予告する; 予感する

preavvisare 他 予告する

preavviso 男 1 予告 2 (解雇や解約の)事前通告

prebarba 形 〔不変〕プレシェーブローションの —gel *prebarba* プレシェーブジェル —男 〔不変〕プレシェーブローション

prebellico 形 〔複[男-ci]〕戦争直前の, 戦前の

prebenda 女 1 〔カト〕聖職禄 2 (苦労せず, または不法に得た)収入

precampionato 形 〔不変〕選手権試合前の —男 (選手権試合前の)トレーニングや親善試合の期間

precariamente 副 不安定に; 一時的に

precariato 男 パート勤務;〔総称的〕パートタイマー, 非常勤職

precarietà 女 不安定, 不確実; 暫定性

precario 男〔法〕一時的な貸借 —形 不安定な, 一時的な, 暫定の

precauzionale 形 用心深い; (損害や危険の)予防の

precauzionalmente 副 用心深く, 慎重に; 予防に

precauzione 女 1 用心, 慎重 2 予防措置[対策]

*__**precedente**__ [プレチェデンテ] 形 前の, 先にあった[起こった] —il giorno *precedente* il [al] matrimonio 結婚式の前日(に) / la fermata [il semaforo] *precedente* (少し前に通過した)一つ前の停留所[信号] —男 1 先例, 前例; 前歴 —*precedenti* penali 前科 2 〔複数で〕(官庁用語で)先例集

precedentemente 副 前もって, あらかじめ

precedenza 女 1 先行 2 優先(権) —dare la *precedenza* a... …を優先させて ▶ *in precedenza* 事前に, 前もって

*__**precedere**__ [プレチェーデレ] 他 1 先行[先導]する 2 先に起こる[生じる] 3 前にある[位置する]; 優る —自 (時間的に)先立つ

precettare 他 1 〔軍〕(除隊者を)召集する, 動員する 2 (ストライキ中の労働者を)仕事に復帰させる, 仕事を再開させる

precettazione 女 1 (ストライキの労働者への)仕事の再開命令 2 (除隊者の)召集; (軍のための)財産の徴用

precettista 男女〔複[男-i]〕規則や指示を命じる者

precettistica 女 教則集, 規範; 規律尊重の教育方法

precettisticamente 副 規律を尊重して

precettistico 形〔複[男-ci]〕厳しい規律に基づく

precetto 男 1 掟(おきて), 規律, 規範; 戒律 2 勧告, (偉い人の)教え

precettore 男 [女[-trice]] (良家の)家庭教師, 個人教師

*__**precipitare**__ [プレチピターレ] 自 [es] (io precipito) 1 (高所から)落ちる, 墜落する 2 (状況などが)悪化する; (悪い結末へと)急速に進む 3〔化〕沈殿する —他 1 (高所から)落とす, 突き落とす; 転落させる 2 急がせる, 早める —*precipitare* una decisione 急いで決定する 3 破滅させる, (悪い情況に)転落させる —**arsi** 再 1 身を投じる, 飛び込む 2 急行する

precipitato 男〔化〕沈殿物

precipitazione 女 1 落下;〔複数で〕降雨, 降雪 —*precipitazione* atmosferica 降水 2 大急ぎ, 性急 3〔化〕沈殿物

precipite 形〔文〕真っ逆さまに落ちる, 急激に落下する; 険しい

precipitevolissimevolmente 副〔諧〕大急ぎで, まっしぐらに

precipitosamente 副 大急ぎで, 躊躇(ちゅうちょ)せずに; 軽率に

precipitosità 女 思慮の無さ, 性急

precipitoso 形 急激な; (人が)せっかちな, 軽率な; 険しい

precipizio 男 1 崖, 断崖, 絶壁 2 (物質的あるいは道徳的)破滅 ▶ *a precipizio* 真っ逆さまに; 切り立った, 垂直に —*correre a precipizio* まっしぐらに走る

precipuo 形 1 主要な, 基本的な, 本質的な 2 独自の, 独特の

precisabile 形 特定可能の, 決定できる

precisamente 副 正確に, まさに

precisare 他 確定する, 決定する; 明確にする

precisazione 女 明確化, 厳密さ; 解明

precisino 形 細かい配慮のある, 几帳面な

precisione 女 1 正確, 的確 —con *precisione* 正確[的確]に / per la *precisione* 念のために, 正確を期して 2 精密, 厳密

preciso [プレチーゾ] 形 **1** 正確な, 正しい —alle tre *precise* きっかり3時に **2** 几帳面な, 手を抜かない **3** よく似た, 同タイプの —È *preciso* a suo padre. 彼は父親そっくりだ.

precitato 形 (本や論文が)前掲の

preclassico 形 古典期以前の

precludere [1] 他 [過分 precluso] 遮断する; 阻止する, 遮る

preclusione 女 **1** 妨害, 邪魔 **2** [法]棄却

preclusivo 形 閉鎖的な, 排除する

precluso precludere の過分

precoce 形 (植物や果物が)早生の; 早熟の, 普通より早い発達の; 早めの —bambino *precoce* 早熟の[ませた]子供

precocemente 副 早熟に, 早生で

precocità 女 早生, 早咲き; 早熟

precognizione 女 予知, 予見

precolombiano 形 コロンブスの発見前のアメリカの

preconcetto 形 予断の —男 予断, 偏見, 先入観

precondizione 女 前提条件

preconfezionato 形 **1** 前もって包装された, 販売前に包装した **2** 事前に(大衆の好感度を)調査済みの

precongressuale 形 会議に先立つ

preconiugale 形 結婚前の

preconizzare 他 予言する, 予測する; 告知する, 公表する

preconsonantico 形 [複[男 -ci]] [言]子音の直前の

precorrere [25] 他 [過分 precorso] …の先を行く, 先駆ける; (質問や要望などを)言われる前に行う —自 [es]《文》前を走る; (時間に)先立つ; (表明していない要望を)満足させる

precorrimento 男 先駆, 先行

precorritore 形 [女[-trice]] 前兆となる, 先駆ける, 予告する —男 [女[-trice]] 先駆者

precorritrice 女 → precorritore, precursore

precorso precorrere の過分

precostituire 他 [io -isco] あらかじめ構成する, 前もって組み立てる

precostituito 形 (考えを)前から持っていた

precotto 形 調理済みの

precristiano 形 キリスト教以前の

precucinato → precotto

precursore 形 [女[precorritrice]] 前兆の, 前を行く —男 [女[precorritrice]] 先駆者; 前兆

preda 女 **1** 強奪品, 分捕り品 —*preda* di guerra 戦利品 **2** 餌食(えじき), 犠牲; 獲物 ▶ *in preda a...* …にとらわれた, …から逃れられない, に為すすべもない

predare 他 捕まえる; 盗む, くすねる; 餌食にする

predatore 形 [女[-trice]] 分捕る, 略奪の; (動物が)捕食性の, 肉食の —男 [女[-trice]] 略奪者; 捕食[肉食]動物

predatorio 形 捕食性の; 略奪の

predecessore 男 [女[-a]] 前任者, 先人; [複数で]祖先

predella 女 教壇, 講壇; 祭壇を置く台座

predellino 男 乗降用のステップ[踏み台]

predestinare 他 前もって運命づける; (神が)運命づける

predestinato 形 運命づけられた, 宿命の —男 [女[-a]] 宿命を背負わされた人

predestinazione 女 運命, 宿命

predeterminabile 形 事前に決定できる

predeterminare 他 前もって決定する

predeterminatamente 副 あらかじめ決められて

predeterminazione 女 前もって決定すること

predetto 形 [過分 < predire] 前記の, 前述の

predica 女 **1** 司祭の説教 **2** 《口》叱責, 長くてうっとうしい説教

predicare 他 [io predico] **1** 説教する **2** 訓戒を垂れる, 小言を言う **3** 説法する; 勧告する **4** ほめる, 賞賛する

predicativo 形 [言]述語の, 述部の; 叙述的な

predicato 男 [言]述語, 述部

predicatore 男 [女[-trice]] 説教師, 伝道者 —*predicatore* itinerante (中世の)巡回説教師 —形 [女[-trice]] 説教する

predicatorio 形 《蔑》説教師のような, 説教じみた

predicazione 女 布教, 説教

predicozzo 男 [諧]説教, 叱責, 小言

predigerito 形 読みやすくした, 一般向きにした

predilesse prediligere の直・遠過・3単

prediletto 形 [過分 < prediligere] お気に入りの, 一番好きな —男 [女[-a]] お気に入り

predilezione 女 偏愛, ひいき, 愛好

prediligere [81] 他 [過分 prediletto] より好む, ひいきにする

predire [34] 他 [過分 predetto] 予言する

predisporre [79] 他 [過分 predisposto] **1** 手はずを整える, 段取りを決める **2** 心積もりをする **3** (病気や悪い精神状態に)なりやすくする —**orsi** 再 (a) …を覚悟する

predisposizione 女 傾向, 性向; 素質 —avere una *predisposizione* per la musica 音楽の才能がある, 音楽に向いている

predisposto 形 [過分 < predisporre] **1** 前もって手はずを整えた **2** 傾

predizione 囡 予言, 予報, 予告

predominante 形 有力な, 卓越した; 多数の, 優勢の

predominantemente 副 卓越して, 優勢で

predominanza 囡 優位, 優勢

predominare 自〔io predomino〕優勢である, 優位に立つ; (数や力が)勝っている

predominio 男 優勢, 優位; 支配, 覇権

predone 男 略奪者, 強盗; 盗賊 ―*predoni* del mare 海賊

preelementare 形 初等教育前の

preelettorale 形 選挙前の

preesistente 形 以前に存在した, 以前からある ―*modificare una legge preesistente* 先の法令を改正する / *riportare la situazione alle condizioni preesistenti* 情勢を以前の状態に戻す

preesistenza 囡 以前の存在; 前世

preesistere [12] 自〔es〕〔過分 preesistito〕以前に存在する

prefabbricare 他〔io prefabbrico〕1 プレハブ工法で建てる 2 前もって製造する

prefabbricato 形 1 プレハブの 2 (考えや判断・書類などが)形だけの, お決まりの ―男 プレハブ

prefabbricazione 囡 1 前もって製造すること 2〔建〕プレハブ工法, プレファブリケーション

prefatore 男〔囡 [-trice]〕序文の書き手

prefazio 男〔カト〕(ミサの)序唱

prefazione 囡 序文, 前書き

preferenza 囡 好み, 優先;〔複数で〕えこひいき ―*fare delle preferenze per...* (人)をひいきする

preferenziale 形 優先の, 優遇の ―*corsia preferenziale* バス優先レーン

preferenzialmente 副 優先的に

preferibile 形 好ましい, 選ぶべき

preferibilità 囡 より好ましいこと

preferibilmente 副 より好んで, むしろ, できれば ―*Da consumarsi preferibilmente entro...* 賞味期限は…

＊**preferire** [プレフェリーレ] 他〔io -isco〕(…のほうを)より好む, (優先して)選ぶ ―*Preferisci il vino rosso o il vino bianco?* ワインは赤と白のどっちがいい? / *Preferisco andare a piedi.* 歩いて行くほうがいい。/ *Preferisco il mare alla montagna.* 山よりも海のほうが好きだ。/ *Gli è stata preferita* la candidata più giovane. 彼よりも若い女性の候補者が選ばれた。

preferito 形 お気に入りの, ひいきの ―Qual è il Suo scrittore *preferito*? あなたのお気に入りの作家は誰ですか。/ Qual è la tua squadra *preferita*? 一番好きなチームはどこ? (どこのファンなの?) ―男〔囡 [-a]〕お気に入りの人[品]

prefestivo 形 祭日[休日]前の

prefettizio 形 知事の; 知事が発布した

prefetto 男 1 知事 2 (古代ローマの)総督, 長官 3 教皇庁の省の長官

prefettura 囡 知事職, 知事の任務; 県庁 ―*andare in prefettura* 県庁に行く

prefica 囡 (葬儀での)泣き女;《謔》悲観する人, 泣き言を言う人

prefiggere [4] 他〔過分 prefisso〕前もって定める; 前に置く ―**ersi** 再 決意する

prefigurare 他 前もって表す[示す], 予想する

prefigurazione 囡 予示, 予想

prefinanziamento 男 事前融資, 前貸し

prefissare 他 前もって定める; (語に)接頭辞として付ける

prefisso 形〔過分 < prefiggere〕予定された ―*all'ora prefissa* 予定の時刻に ―男 1 市外局番 ―*prefisso internazionale* 国際電話の国番号 2〔言〕接頭辞

preformare 他 前もって作成[形成]する

preformazione 囡 前もっての作成[形成]

pregadio 男〔不変〕〔中伊〕カマキリ

＊**pregare** [プレガーレ] 他 1 頼む, 頼む ―Ti *prego* di ascoltarmi [credermi]. 頼むから僕の話を聞いて[信じて]くれよ。/ La *prego* di spegnere la stufa. どうかストーブを消してください(お願いします)。/ Ti *prego*, mi presti quel CD? ねえお願い, あの CD 貸してくれない? / Siete *pregati* di fare silenzio. どうかお静かに願います。2 祈る, 祈願する ―*pregare* Dio di esaudire... (人)の願いがかなうように神に祈る / *pregare* tra [per] sé 心の中で[自分自身に]祈る ▶ *farsi pregare* 遠慮する

pregevole 形 価値のある, 高価な; 高く評価された

pregevolezza 囡 価値のあること; 評価に値すること

pregevolmente 副 評価できるほどに

preghiera 囡 願い, 祈り; 祈願

pregiarsi 再〔io mi pregio〕誇りとする; 名誉に思う ―*Mi pregio* di comunicarLe. 謹んで御連絡申し上げます。

pregiatissimo 形〔pregiato の絶対最上級〕…殿 ―*Pregiatissimo* Direttore 部長[社長]殿

pregiato 形 極上の, 逸品の ―*vino pregiato* 高級ワイン

pregio 男 1 優秀さ, 卓越 2 (質や価値の)高さ ―*di pregio* 価値のある 3 長所, 美点 4 評価

pregiudicabile 形 損害を被りうる, 危険のありそうな

pregiudicare 他〔io pregiudico〕

pregiudicato 損害を与える, 損なう;（健康を）害する
pregiudicato 男〔女[-a]〕前科者
pregiudiziale 形〔法〕決定する前に検討[考慮]すべき;（刑事裁判で）訴訟前に解明されるべき問題の —女 先決すべき案件
pregiudizievole 形 損傷をもたらしうる, 害になるような
pregiudizio 男 1 偏見, 先入観 2 損害, 損失 3 迷信
pregiatissimo... 殿
preg.mo 略 pregiatissimo... 殿
pregnante 形（女性や動物の雌が）妊娠している;（文や言葉が）含みのある, 内容の濃い —女 妊婦; 妊娠している動物
pregnanza 女 妊娠;（言葉や表現の）含み
pregno 形 1（雌が）子を孕($\frac{1}{}$)んだ;（女性が）妊娠した 2（物で）満ちた, 一杯の —gli occhi *pregni* di pianto 涙で一杯の目
*__prego__ [プレーゴ] 間 1 「どうぞ…なさってください」の気持ちで 1 さあ, どうぞ；（感謝や謝罪の返答に）どういたしまして, いいんですよ；「「どうかもう一度おっしゃってください」の気持ちで」何でしょうか
pregresso 形 前歴の; 以前の
pregustare 他 試食する, 先に味わう; 心待ちにする, 期待する
pregustazione 女 試食; 期待感, 楽しみに待つこと
preindustriale 形 産業化以前の
preiscrizione 女（講座の）予備登録
preistoria 女 先史時代; 始まり, 起源の段階
preistoricamente 副 1 先史時代に 2《諧》大昔のように, 時代遅れで
preistorico 形〔複〔男-ci〕〕1 先史時代の 2《諧》大昔の, 時代遅れの
prelatizio 形 1 高位聖職者の 2〔法〕先買権の, 優先買取権を有する
prelato 男 高位聖職者
prelatura 女〔カト〕高位聖職者の職[任務, 管轄地域]
prelavaggio 男（洗濯の）下洗い, 予洗
prelazione 女〔法〕優先買取（権）, 先買, 先取
prelevamento 男 1（預金等を）引き出すこと; 取り立て, 徴収 2 逮捕;（人を）迎えに行くこと 3（血液や液体の）サンプル採取
prelevare 他 1 引き出す;（預金の一部を）下ろす 2（人を）強引に捕まえる 3《諧》（人を）迎えに行く —Verrò a *prelevarti* alla stazione. 駅に迎えに行くよ. 4（分析のために）採取する
prelibatamente 副 素晴らしく, おいしく
prelibatezza 女 おいしさ; 美味なもの
prelibato 形 おいしい; 秀でた, 上等の
prelievo 男 1 引き出し, (預金の)引き下ろし 2 サンプル, 標本採取
preliminare 形 前置きの, 準備の, 予備の —男〔複数で〕予備行為, 予備段階

preliminarmente 副 序の口で, 準備段階で
preludere [6] 自〔過分 preluso〕(a) …の前兆となる, 予告する; 前置きとなる
preludiare 自〔io preludio〕〔音〕前奏曲を奏でる; 序を形成する
preludio 男〔音〕序曲, 前奏曲, プレリュード；（書物の）序; 前兆
preluso preludere の過分
pré-maman 形〔不変〕〔仏〕妊婦用の —vestito *pré-maman* マタニティードレス —男〔不変〕妊婦服, マタニティードレス
premarcato 形（用紙や領収書に）必要なデータが印刷済みの
prematrimoniale 形 結婚前の
prematuramente 副 時期尚早に, 予定より早まって —parto avvenuto *prematuramente* 早産
prematuro 形 早まった, 時期尚早の; 未熟の —neonato *prematuro* 未熟児 —男〔女[-a]〕未熟児, 早産児
premeditare 他〔io premedito〕あらかじめ計画を練る, 前もって熟考する —*premeditare* la vendetta 復讐($\frac{しゅう}{}$)を企む
premeditatamente 副 熟考した上で, 考え抜いた末に
premeditato 形（犯行が）計画的な
premeditazione 女 1 前もって計画を練ること 2〔法〕予謀
premere 他 1 押す; 押しつぶす —*premere* il pulsante（機械の）ボタンを押す 2 追い立てる, 引き倒す 3《文》踏みつける 4《文》絞る; 虐げる, 苦しめる —自 1 押さえる, 圧力を加える —*premere* sull'acceleratore アクセルを踏む 2 大切である, 気にかかる —Mi *preme* saperlo. それを知りたくて気になる.
premessa 女 前置き, 序言；（三段論法の）前提 —*premessa* maggiore [minore] 大[小]前提
premesso premettere の過分
premettere [65] 他〔過分 premesso〕前提とする, 前置きで述べる
premiabile 形 褒賞に値する, 称賛されるべき
premiare 他〔io premio〕1 賞を与える 2（精神的に）報いる
premiato 形 受賞した —男〔女[-a]〕受賞者
premiazione 女 受賞, 褒賞; 表彰式, 授賞式
premier 男女〔不変〕〔英〕首相, 総理大臣
premilitare 形（ファシズム時代の）軍事教練課程 —形 軍事教練課程の
preminente 形 抜群の, 秀でた, 卓越した
preminentemente 副 群を抜いて, 卓越して
preminenza 女 抜群さ, 傑出, 卓越

premio [プレーミオ] 男 **1** 賞, 褒美, 表彰 —*Premio* Nobel [Oscar] ノーベル [アカデミー] 賞 / Gran *Premio* グランプリ **2** 賞品, 賞金 —concorso a *premi* 懸賞のかかったコンテスト **3** 奨励金, 奨励金 **4** 保険料 (premio di assicurazione) —形 〔不変〕 懸賞 [褒美] の —licenza [viaggio] *premio* 褒美の特別休暇 [賞賛旅行]

premoderno 形 現代以前の

premolare 形 〔解〕小白歯の —dente *premolare* 小臼歯 —男 小臼歯

premonitore 形 〔女[-trice]〕 予告する, 警告する; 前兆となる —sogno *premonitore* 正夢 —男 〔女[-trice]〕予告 [警告] する人

premonitorio 形 予兆の, 予感する, 予告の

premonizione 女 予感, 前兆, 虫の知らせ; 警告, 予告

premorienza 女 〔法〕(ある人またはある日時より)前に死ぬこと

premorire [67] 自 [es] 〔過分 premorto〕〔法〕(ある人またはある日時より)前に死ぬ

premorto premorire の過分

premunire 他 (io -isco) (軍隊の)防備を固める: 防ぐ, 守る, 備える —**si** 再 自衛する, 備える —*premunirsi* contro le malattie 病気に備える

premura 女 **1** 配慮, 思いやり, 世話 —mostrare *premura* verso... (人に)配慮する, 気配りをする **2** 急ぎ(の用) ▶ avere *premura* 急ぐ

premurare 他 せかす, 急がせる —**arsi** 再 気遣う, 手早く配慮する

premurosamente 副 気を遣って, てきぱきと

premurosità 女 配慮, 気遣い

premuroso 形 (人を)思いやる, いたわる, 気遣う

premuto 形 押し込んだ, 潰した

prenascere [69] 自 [es] 〔過分 prenato〕〔法〕他者よりも前に生まれる

prenatale 形 出生前の

prenato prenascere の過分

*prendere [プレンデレ] [82] 他 〔過分 preso〕 **1** (手で)取る, つかむ, 捕まえる —*prendere*... per il braccio (人の)腕をつかむ, 腕を引っ張る **2** (道具を使って)取る, つかむ; (トランプのカードを)引く, 取る **3** (乗り物を)利用する, 乗る —*prendere* l'aereo per andare a Londra ロンドンに行くため飛行機に乗る **4** (物を)食べる, 飲む —La mattina *prendo* il caffè. 朝私はコーヒーを飲みます. **5** 手に入れる; 買う **6** 持って行く —*Prendi* l'ombrello. 傘を持って行きなさい. **7** 受ける, 受け取る **8** 巻き上げる, 持ち去る, 奪う **9** (的を) 射る; (獲物を)捕る **10** (人を)捕える, 迎える —È venuto a *prender*mi alla stazione. 彼は駅に私を迎えにきてくれた. **11** (病気に)かかる **12** (戦いで町などを)征服する, (性的に人を)征服する, 魅了する **13** (物が場所を)取る, 占める **14** (時間を)取る, 拘束する **15** (肉体的または精神的に)襲う, 攻める **16** (人を)雇う, 受け入れる; (人を)認める, 選ぶ **17** (道を)取る, 選択する **18** (自然の)風に体をさらす —*prendere* il sole 日光浴をする **19** (感情を)抱く —*prendere* paura 怖れる **20** 解釈する, 理解する **21** (per) (...と)間違える, 取り違える —自 **1** 向かう **2** (火が)つく **3** (セメント・石膏が)固まる **4** 生じる, 起こる —Cosa ti *prende*? 一体どうしたの？ —**ersi** 再 **1** しがみつく, つかまる **2** つかみ合う, 取り組み合う **3** うまくやっていく, 気が合う **4** 受ける, 被る —*prendersi* una ramanzina 小言をくらう ▶ *prenderci* 〈口〉見抜く, 直観する *prendere* a + 不定詞 ...し始める *prendere appunti* 書き留める, メモする *prendere in affitto* 賃借する, 借りる *prendere posto* 席に着く *prenderle da...* ...に殴られる; (試合で)負ける *prendersela* (怒って・気分を害して)むくれる, ふくれる

prendibile 形 得られる, 入手可能な

prendibilità 女 入手可能, 獲得できること

prendisole 男 〔不変〕 サンドレス

prenditore 男 〔女[-trice]〕 受取人; 〔スポ〕キャッチャー, 捕手

prenome 男 洗礼名

prenotare 他 予約する —*prenotare* un tavolo al ristorante レストランのテーブルを予約する —**arsi** 再 (per) ...の予約を入れる —*prenotarsi* per un viaggio 旅行を申し込む

prenotato 形 予約をした, 予約済みの —posti *prenotati* 予約席

prenotazione 女 予約 —fare [annullare] una *prenotazione* 予約をする[取り消す]

prensile 形 (動物の手足等が)物をつかめる, つかむ機能のある

prensione 女 物をつかむこと, 把握, 捕捉

prenuziale 形 結婚前の

preoccupante 形 心配させる, はらはらさせる

*preoccupare [プレオックパーレ] 他 (io preoccupo) 心配させる —**arsi** 再 **1** (per) 心配する —Non si *preoccupi*. どうぞ御心配なく. **2** (di) 慎重に手早く取り計らう

preoccupato 形 心配している, 不安な

*preoccupazione [プレオックパッツィオーネ] 女 心配, 不安, 恐れ —dare delle *preoccupazioni* a... (人)に心配をかける, (人)の心配の種である

preoperatorio 形 外科手術に先立つ

preordinamento 男 前もっての準備, あらかじめ整えること

preordinare 他 (io preordino) あらかじめ定める, (目的を見越して)前もって整

preordinatamente 副 前もって定めて

prep. 略 preposizione 前置詞

prepagamento 男 前払い, 前金払い

prepagato 形 プリペイドの, 料金前払いの

‡**preparare** [プレパラーレ] 他 1 準備する, 用意する —*preparare* la tavola 食卓の準備をする / *preparare* la valigia 旅支度をする 2 (飲み物を)入れる 3 訓練する, 備えさせる 4 取っておく **—arsi** 再 支度する, 備える —*prepararsi* per un esame 試験に備える

preparativo 準備の **—**男 〖複数で〗準備, 支度

preparato 形 準備[支度]の整った; 経験を積んだ, 修業を経た, 鍛えられた —insegnante *preparato* 有能な先生 **—**男 調合剤, 調合薬; 調理済みの食品

preparatorio 形 準備の; 予備の

preparazione 女 1 準備, 用意, 支度 —essere in *preparazione* 準備中である 2 予備, (競争や競技に向けての)練習 3 経験, 知識 4 調合した薬; 手の込んだ料理

prepensionabile 形 早期希望退職が可能な, 早期年金取得ができる

prepensionamento 男 早期年金受給

prepensionare 他 期日より早く年金を与える

prepensionato 男〖女[-a]〗早期年金受給者

preponderante 形 (数や重要性において)優勢の

preponderanza 女 (数や重要性や影響力について)優勢, 優位

preporre [79] 他 〘過分 preposto〙 …の前に置く; 優位に置く; 先頭[首位]に置く

prepositivo 形 〘言〙前に置かれた; 前置詞の働きの

preposizionale 形 〘言〙前置詞の; 前置の

preposizione 女 1 前置 2 〘言〙前置詞 —*preposizione* articolata 冠詞前置詞

preposto¹ —男 指導者; 監督

preposto² preporre の過分

prepotente 形 1 横暴な, 横柄な, 傲慢な 2 抵抗できない, ものすごい **—**男女 横暴な人 —fare il [la] *prepotente* 横柄に振る舞う

prepotentemente 副 横暴に, 横柄に, 傲慢に

prepotenza 女 1 横暴, 傲慢 2 衝動, 抑えられない激しさ ▶ *di prepotenza* 強引に, 無理やり

prepotere 男 絶大な権力, 専横

prepubertà 女 思春期前の時期

preraffaellismo 男 ラファエル前派

preraffaellista 形〖複[男 -i]〗ラファエル前派の **—**男女〖複[男 -i]〗ラファエル前派の画家[作家]

preraffaellita 形〖複[男 -i]〗ラファエル前派の **—**男女〖複[男 -i]〗ラファエル前派の追従者[模倣者]

preregistrare 他 あらかじめ録音[録画]する

preriscaldamento 男 予熱, あらかじめ温めること; (食品の箱詰め前の)加熱処理

prerivoluzionario 形 革命前の

prerogativa 女 特権; 特色, 特徴

preromanticismo 男 前ロマン主義

preromantico 形〖複[男 -ci]〗前ロマン主義の **—**男〖複[-ci]女[-a]〗前ロマン主義者

pres. 略 presente 現在

presa 女 1 つかむこと, 捕らえること, つかみ; (鍋の蓋に)などの)つかむところ —*presa* del coperchio 蓋のつまみ / una *presa* di sale ひとつまみの塩 2 (電気の)コンセント; 端子 3 (消火栓などの)給水口 4 占領 5 撮影 —macchina da *presa* 映画用カメラ 6 (トランプで対戦相手から)取ったカード; チェスの取り駒 ▶ *essere alle prese con...* …に取り組んでいる *in presa diretta* 生中継で, ライブ放送で *presa di posizione* 立場(を明らかにすること) *presa in giro* からかい

presagibile 形 予想できる, 予見されうる

presagio 男 予言, 予告; 兆し, 前触れ; 予感, 胸騒ぎ

presagire 他 〘io -isco〙予見する, 予知する, 予感する; 予言する

presago 形〖複[男 -ghi]〗予感する, 予知する; 前兆の

presalario 男 (大学生のための)奨学金

presbi- 連結 「老年」「老人性の」の意

presbiopia 女 老眼

presbite 形 老眼の **—**男女 老眼の人

presbiteriano 形 〘宗〙長老派教会の **—**男〖女[-a]〗〘宗〙長老派教会に属するプロテスタント信者

presbiterio 男 1 聖堂内陣 2〖カト〙司祭館 3 長老派会

presbitismo 男 → presbiopia

prescegliere [99] 他 〘過分 prescelto〙選り好む, 選ぶ

prescelto 形〖過分＜ prescegliere〙選ばれた, 抜擢された **—**男〖女[-a]〗選ばれた人[物]

prescientifico 形〖複[男 -ci]〗近代科学以前の

prescienza 女 神の予知; 予見

prescindere [101] 自 〘過分 prescisso〙(da) …を考慮に入れない, 除外する —a *prescindere* da... …は別として, …を除けば

prescisso prescindere の過分

prescolare → prescolastico

prescolastico 形〖複[男 -ci]〗就学

prescritto (年齢)前の, 義務教育前の

prescritto 形〔過分< prescrivere〕〔法〕時効が成立した ―男 規定

prescrivere [103] 他 〔過分 prescritto〕 1 (法律などで)規定する 2 (医者が薬を)処方する, 指示を与える 3 〔法〕時効により無効にする ―**ersi** 再 〔法〕時効になる

prescrivibile 形 (薬が)処方できる; 健康保険の ―*farmaco prescrivibile* 健康保険による薬

prescrizione 女 1 規定, 命令; 処方 2 〔法〕時効, 時効による権利消滅 ―*andare* [*cadere*] *in prescrizione* 時効になる

prese prendere の直・遠過・3 単

presegnale 男 予告信号

preselezionare 他 前もって選択する

preselezione 女 1 予備選抜 2 〔電〕プリセット

presenile 形 初老の, 老いにさしかかった; 初老期の

presentabile 形 人前に出せる, 人目にさらすことができる, 見せられる

presentabilità 女 人前に出せること, 呈示できること

*__presentare__ [プレゼンターレ] 他 1 (人を)紹介する ―*Le posso presentare mio fratello?* 弟をあなたに紹介してもよいですか. 2 司会をする 3 提示する, 差し出す, 示す ―*presentare il passaporto alla dogana* 税関でパスポートを提示する ―**arsi** 再 1 出頭する; (人前に)現れる 2 自己紹介する ―*Permettete che mi presenti.* 自己紹介をさせてください. 3 (選挙に)出馬する 4 (印象で)…に見える, 様相を呈する 5 起こる, 生じる

presentatore 男〔女 [-trice]〕 1 提示[提出]する人 2 司会者, 紹介者

presentazione 女 1 提出, 提示; プレゼンテーション 2 紹介 ―*lettera di presentazione* 紹介状 3 展示会, 披露会 4 〔宗〕神への奉献 5 〔カト〕聖母マリアの神殿奉献 6 〔法〕(裁判所などへの)出頭

*__presente__[1] [プレゼンテ] 形 1 出席している, 居合わせる 2 現在の, 今の; この 3 〔言〕現在時制の ―男女 出席者, 列席者 ―*i presenti e gli assenti* 出席者と欠席者 ―男 1 現在 ―*problemi del presente* 現在の問題 2 〔言〕現在時制 ▶ *avere presente* 覚えている, (誰のことか何のことか)分かる *fare presente* 変更などを知らせる, 明確にする *tenere presente* 記憶に留める, 覚えておく

presente[2] 男 贈り物, 贈呈品, プレゼント

presentemente 副 現在のところ, 目下

presentimento 男 予感, 虫の知らせ, 胸騒ぎ

presentire 他 胸騒ぎを覚える, (悪い)予感がする

*__presenza__ [プレゼンツァ] 女 1 出席, 同席 2 存在(感) 3 心霊現象 4 外見, 容姿 ▶ *alla presenza di...* (人)の面前に *bella presenza* 容姿端麗 *firma di presenza* 記帳 *in presenza di...* (人)の前で

presenzialismo 男 (公的・社会的行事などに)必ず姿を現すこと

presenziare 自 〔io presenzio〕 (式典や行事に)参列する, 出席する ―*Il ministro ha presenziato alla cerimonia.* 大臣はその式典に参列した.

presepe 男 1 プレゼーピオ 2 〔文〕厩(ぅまや)

presepio 男 プレゼーピオ(キリスト生誕の場面を表現したミニチュアの飾り物)

preservare 他 保存する, 守る, 防ぐ

preservativo 男 コンドーム

preservazione 女 保存, 保持

preside 男女 1 (中学・高校の)校長 ―*preside di facoltà* (大学の)学部[学科]長 2 (古代ローマの)総督

*__presidente__ [プレズィデンテ] 男女 会長; 議長; (P-)大統領 ―*Presidente del Consiglio* 首相 / *Presidente della Repubblica* 共和国大統領

presidentessa 女 1 presidente の女性形 2 大統領[会長]夫人

presidenza 女 1 大統領[会長, 校長]職; 大統領[会長, 校長]の任期 2 大統領府, 会長[校長]室 3 重役会, 役員会

presidenziale 形 大統領[会長, 議長, 校長]の; 共和国大統領の ―**i** 女 〔複数で〕大統領選

presidenzialismo 男 大統領制, 大統領集権主義

presidenzialista 男女 〔複 [男 -i]〕大統領制支持者, 大統領集権主義者 ―形 大統領制の, 大統領集権の

presidenzialistico 形 〔複 [男 -ci]〕大統領制の, 大統領集権主義者の

presidiare 他 〔io presidio〕 軍隊を配備する, 駐屯させる; (軍隊や警察が)占拠する, 守備を固める, 防衛する ―*presidiare la fortezza* 要塞を防衛する

presidio 男 1 駐屯隊, 守備隊; 武装配備 2 防御, 保護; 援助, 支援

presiedere 他 議長を務める 管理する, 統括する; 責任ある立場にある

presina 女 鍋つかみ

preso 形 〔過分< prendere〕 1 (席が)ふさがった, 予約済みの; 多忙な, 手がふさがっている 2 心が奪われた, 惹き付けられた

pressa 女 1 プレス機械 2 群衆, 雑踏 3 〔スポ〕(重量挙げの)プレス 4 圧縮

pressacarte 男 〔不変〕 文鎮(fermacarte)

pressante 形 緊急の; 切迫した, 執拗(ぅ)な

pressantemente 副 切迫して, 緊急に

pressapochismo 男 ぞんざいなやり方, 大ざっぱな振る舞い

pressapochista 男女 〔複 [男 -i]〕

大ざっぱな[几帳面ではない]人
pressapochistico 形〔複[男 -ci]〕大ざっぱなやり方の，ぞんざいさを示す
pressapoco 副 大体，ざっと，およそ
pressappochismo → pressapochismo
pressappochista → pressapochista
pressappoco → pressapoco
pressare 他 押しつぶす，押す，圧迫する —La folla mi *pressava*. 私は人混みに押されていた．
pressatura 女 圧縮すること；プレスすること
pressing 男〔不変〕〔英・スポ〕プレッシング(相手チームに圧力をかけること)；(人や物に)強い圧力[プレッシャー]をかけ続けること
pressino 男 タンパー(エスプレッソコーヒー豆のフィルターの押さえ)
***pressione** [プレッシ*オ*ーネ] 女 1 押すこと，圧力(をかけること) —fare *pressione* su... …に圧力をかける 2 血圧 —avere la *pressione* alta [bassa] 高血圧[低血圧]である 3 気圧 —alta [bassa] *pressione* 高[低]気圧
***presso** [プレッソ] 副〔場所の副詞を先行させて〕近くに —qui *presso* この近くに —前 1 …の近くで[そば]に —*presso* il mare 海の近くに 2 …のもとで 3 〔宛名の)…方[気付] —男〔複数で〕近く，近辺 —nei *pressi* di Milano ミラノ近郊に
pressoché 副 ほぼ，およそ
pressurizzare 他 与圧する，加圧する
pressurizzazione 女 与圧，加圧
prestabile 形 貸されうる，貸与可能な
prestabilire 他〔io -isco〕前もって定める，あらかじめ取り決める
prestabilito 形 あらかじめ定められた，前もって決めた —data *prestabilita* 期日
prestamente 副 早く，短期間で；急いで，直ちに
prestanome 男女〔不変〕名前を貸す人，名義人
prestante 形 均整のとれた；たくましい
prestanza 女 1 均整美，強靭(きょう)さ 2 (金銭の)貸与；税金
***prestare** [プレスタ*ー*レ] 他 貸す；提供する —*prestare* aiuto a... (人)に力を貸す，(人)を手伝う / *prestare* orecchio [attenzione] a... (人)の話に耳を貸す —arsi 再 力を貸す，協力する；適合する
prestasoldi 男女〔不変〕金貸し，高利貸し
prestatore 男〔女[-trice]〕貸す人；〔蔑〕高利貸し
prestavoce 男女〔不変〕声優
prestazione 女 1 奉仕，活動 2 能率，効率；〔複数で〕性能；〔スポ〕成績，記録
prestezza 女 迅速さ，機敏さ

prestidigitazione 女 手品
prestigiatore 男〔女[-trice]〕マジシャン，手品師〔奇術師〕
prestigiazione 女 手品
prestigio 男 1 信望，威信 2 まやかし —gioco di *prestigio* マジック，手品
prestigiosamente 副 威信を持って，高級に
prestigioso 形 高名な，評価の高い，威信のある
prestissimo 副〔音〕極めて速いテンポで —男〔不変〕〔音〕極めて速いテンポの楽曲
***prestito** [プレスティト] 男 1 貸し，貸付(金)；融資，ローン —dare [prendere] in *prestito* 貸す[借りる] 2 (図書の)貸し出し 3 (スポーツ選手の)期限付き移籍 4 〔言〕借用語
***presto** [プレスト] 副 1 すぐに 2 早く —È ancora *presto*. まだ早い．3 〔口〕速く，急いで 4 容易に，簡単に 5 〔音〕(アレグロより)速く —形〔文〕敏速な；用意が整った —男〔不変〕〔音〕プレスト ▶ *al più presto* なるべく早く；早くても，急いでも *A presto!* (早い再会を期して)またね，近いうちに．*fare presto* 急いで [速く]する *il più presto possibile* できるだけ速く，最速で *più presto del solito* いつも〔普段〕より早く *presto o tardi* 遅かれ早かれ，どのみち
presule 男 高位の聖職者，司教
presumere [13] 他〔過分 presunto〕1 推測する 2 うぬぼれる —*presumere* di capire ogni cosa 何でも分かっているとうぬぼれる
presumibile 形 推測できる，推定できる；見積もることができる，算定可能な
presumibilità 女 推定〔推測〕可能なこと
presumibilmente 副 恐らく，多分
presunse presumere の直・遠過・3単
presuntivamente 副 推定して，予測して
presuntivo 形 推定の，予測の
presunto 形〔過分 < presumere〕推定される，疑われた
presuntuosamente 副 うぬぼれて，ずうずうしく
presuntuoso 形 うぬぼれが強い，高慢な —男〔女[-a]〕うぬぼれ屋，高慢な人
presunzione 女 1 推定 2 うぬぼれ
presupporre [79] 他〔過分 presupposto〕推定する，予測する；前提とする
presupposizione 女 推定，推測，前提(条件)
presupposto 形〔過分 < presupporre〕仮定の，推測された —男 前提；必要条件
prêt-à-porter 男〔不変〕〔仏〕プレタポルテ —collezione *prêt-à-porter* プレタポルテ・コレクション
***prete** [プレーテ] 男 1 神父，司祭；聖職

pretendente 男名 志願者; 王位復権を要求する者 ―男 女性を口説く者, 求婚者

‡**pretendere** [プレテンデレ] [117] 他 〖過分 preteso〗 **1** (不当に・必要以上に)要求する **2** (断固)主張する; うぬぼれる ― *pretendere di avere ragione* 自分が正しいと主張する ―自 切望する, 熱望する

pretensione 女 (無茶な)要求; うぬぼれ, 思い上がり

pretenziosamente 副 気取って, もったいぶって

pretenziosità 女 気取り, けばけばしさ

pretenzioso 形 **1** うぬぼれた, 思い上がった; 気取った **2** 派手な, けばけばしい ―男〖女 [-a]〗うぬぼれ屋

preterintenzionale 形 〔法〕不本意の, 故意ではない; 加害者の意図しなかった重罪の ―*reato preterintenzionale* 結果的加重罪

preterito 形 過去の ―男 **1** 過去に; 〖複数で〗過去の人たち, 古代人《謔》尻

preterizione 女 〖修〗逆言法

pretesa 女 **1** 要求; 主張 **2** 気取り, てらい ▶ *senza pretese* 気さくな, 気取らない

pretesco 形 《蔑》(偽善者で二枚舌の)坊主らしい, 聖職者らしい

preteso pretendere の過分

pretesto 男 **1** 口実, 言い訳 **2** 機会

pretestuosamente 副 言い訳に, 口実として

pretestuosità 女 もっともらしさ, 口実らしいこと

pretestuoso 形 口実の, 言い訳がましい

pretino 形 聖職者の;《蔑》坊主っぽい

pretore 男 **1** 下級判事 **2** (古代ローマの)法務官

pretoriano 形 (古代ローマの)法務官の ―男 **1**《蔑》(権力者の)取り巻き;《謔》イデオロギーの支援者 **2** (古代ローマの)近衛兵, 親衛隊

pretorio 形 **1** 下級判事の **2** (古代ローマの)法務官の; (古代ローマの)親衛隊の

prettamente 副 全く, 純粋に, 典型的に, 特徴的に

pretto 形 混じり気のない, 純粋の ―*oro pretto* 純金

pretura 女 法務官の職

prevalente 形 優位の, 卓越した; 主要な

prevalentemente 副 専ら, 主に

prevalenza 女 **1** 優位, 優勢 **2** (土木工学の)水頭, ヘッド ▶ *in prevalenza* たいてい, 大部分は

prevalere [125] 自 [es/av] 〖過分 prevalso〗まさる, 上回る; 制する, 勝つ ― *prevalere sul nemico* 敵に勝つ ― **ersi** 再 (di) …を利用する

prevalso prevalere の過分

prevaricare 自 〖io prevarico〗 職権を濫用する; 汚職〖収賄〗の罪を犯す; 道徳に背く ―他 違反する, 背く

prevaricatore 形〖女[-trice]〗濫用する, 背く, 背信の ―男〖女[-trice]〗権力濫用者

prevaricazione 女 権力濫用, 不正; 汚職

‡**prevedere** [プレヴェデーレ] [126] 他 〖過分 previsto〗 **1** 予測〖予想〗する **2** 予知〖予告〗する, 予見する

prevedibile 形 予測可能な; すぐに見当がつく, 分かりきった

prevedibilità 女 予測〖予見〗の可能性

prevedibilmente 副 見通しで, 予測して

preveggente 形 未来が見える, 先を見通せる; 用心深い ―男女 先を見通せる人

preveggenza 女 将来を見通す能力, 先見の明; 用心深さ

prevendita 女 (チケットの)前売り; (販売前)予約

prevenibile 形 予防できる, 未然に防げる

prevenire [127] 他 〖過分 prevenuto〗(人より)先に着く; (人より)先に行動する; 予防する, 未然に防ぐ; 先に知らせる

preventivabile 形 見積もることができる, 予測できる

preventivamente 副 予防策として; あらかじめ, 先に

preventivare 他 見積もる; 予算を組む; (好ましくない出来事の可能性を)予想する

preventivato 形 見積もりの, 予測の ―男 予測されたもの, 予期したこと

preventivo 形 **1** 予防の, 防止する **2** 見積もりの, 予測された

prevenuto 形 〖過分 < prevenire〗偏見を持った, 先入観のある

prevenzione 女 (災害などの)防止〖予防〗策; 偏見, 先入観

previamente 副 あらかじめ(in precedenza)

previdente 形 先を見越した, 先見の明のある; 思慮深い, 用心深い

previdentemente 副 先を見越して; 用心深く

previdenza 女 **1** 先見(の明), 将来への配慮〖用心〗 **2** 保障, 保険

previdenziale 形 社会保障に関する

previo 形 前もっての, 先立つ

previsionale 形 先行き〖見通し〗に関する

previsione 女 予測, 予想 ― *previsioni del tempo* 天気予報 ▶ *in previsione di...* …を見越して, …に備えて

previsto 形 〖過分 < prevedere〗

prevocalico 形 〔複[男 -ci]〕〔言〕母音のすぐ前の

prevosto 男 〔カト〕司祭長, 大聖堂参事会長

preziario 男 価格[値段]表 ― 形 価格の, 値段の

preziosamente 副 凝って, 大事に, 高価に

preziosismo 男 〔習慣や芸術で〕気取ること, 洗練美を求めること

preziosità 女 貴重さ; 希少価値; 〔芸術や文学作品で〕作風が凝っていること, 気取り, 洗練

*__prezioso__ [プレツィオーソ, プレツィオーゾ] 形 1 高価な, 貴重な ―metallo *prezioso* 貴金属 / pietra *preziosa* 宝石 / tempo *prezioso* 貴重な時間 2 大事な, 大切な 3 洗練された, 凝った, 〈蔑〉凝り過ぎた, 気取った ― 男 〔複数で〕宝石

prezzaccio 男 とても安い値段, 値下げ価格

prezzare 他 評価する; 値札をつける

prezzario 男 値段表, 価格リスト

prezzato 形 〈商品の〉値札のついた

prezzatrice 女 ハンドラベラー, 値札貼り機

prezzatura 女 値札貼付

prezzemolo 男 パセリ

*__prezzo__ [プレッツォ] 男 1 値段, 価格; 値札 ―*prezzo* alto 高価格 / a buon *prezzo* 安価で / a *prezzo* ridotto 割引価格で / tirare sul *prezzo* 値切る 2 価値, 代價 ▶ *a caro prezzo* 高い代價[大きな犠牲]を払って *a prezzo di...* ...を代價にして *non avere prezzo* 非常に貴重である

prezzolare 他 〔io prezzolo〕〔殺し屋やスパイを〕雇う, 買収する

prezzolato 形 買収された, 金で雇われた

PRI 略 Partito Repubblicano Italiano イタリア共和党

*__prigione__ [プリジョーネ] 女 1 刑務所, 監獄 2 〔監獄のような〕抑圧された場所 3 〈文〉支配, 隷属状態

prigionia 女 戦争捕虜の状態; 監禁状態

*__prigioniero__ [プリジョニエーロ] 男 〔女 [-a]〕囚人, 捕虜, とりこ ― 形 捕虜の, とらわれた, とりこにされた ―essere *prigioniero* di... ...のとりこになる

prillare 自 〔トスカーナ〕くるくる回転する ―far *prillare* una trottola こまを回す ― 他 急速に回す

*__prima__[1]__ [プリーマ] 副 1 (ある時点より)前に, 先に 2 (ある地点より)手前で[に] 3 まず, 最初に 4 以前は, それまでは 5 〔接続助詞的〕〔(di + 不定詞)...する前に; (che + 接続法)...する前に, ...しないうちに ―Chiudo il gas *prima* di andare a letto. 寝る前にガスの栓を閉める. / Tornerò a casa *prima* che faccia buio. 暗くなる前[ならないうち]に家に帰るよ. ― 前 (di) ...より前に ―*prima* dell'alba 夜明け前に / *prima* della fine del mese 月末までに / *prima* di te 君より先に[早く] ― 形 〔不変〕その前の ―il giorno *prima* その前の日 / l'anno *prima* その前の年 ▶ *come prima* これまで同様, 以前のように *più* [*meno*] *di prima* 今まで以上[以下]で *prima che posso* [*potrò*] できるだけ早く *prima d'ora* 今までに *prima di tutto* まず最初に, 真っ先に, いの一番に *prima o poi* 遅かれ早かれ, いつかは *quanto prima* なるべく早く

prima[2] 女 1 第1学年 2 (列車の)一等; (飛行機の)ファーストクラス 3 (自動車やバイクの)ローギア 4 (オペラや演劇の)初演 5 (バレエで足の)一番ポジション 6 〔音〕(音程の)一度

primariamente 副 先ず第一に; 主として

primariato 男 医長職; 医長職の任期

primario 形 第一の, 最も重要な; 主要な, 首席の ― 男 1 医長 2 第一次産業(農・林・水産業)

primate[1] 男 1 〔カト〕主座大司教 2 霊長類の動物

primate[2] 男 (P-)〔複数で〕〔動〕霊長目

primaticcio 形 〔複[女 -ce]〕(野菜や果物が)早生の; (花が)早咲きの

primatista 男女 〔複[男 -i]〕記録保持者, レコードホルダー

primato 男 1 首位(の座), 第1位 2 〔スポ〕記録, レコード ―battere un *primato* 記録を破る / *primato* olimpico オリンピック記録

*__primavera__ [プリマヴェーラ] 女 1 春 ―in *primavera* 春に 2 春のような気候 3 〈文〉(人生の)青春期; 初期 4 《文》花盛りの草原 5 〈諧〉(人生の)各年, 毎年 6 〔スポ〕(サッカーの)18歳未満のユースチーム 7 〔植〕プリムラ, サクラソウ(primula) 8 〔トスカーナ〕ヒナギク ― 形 〔不変〕(サッカーの)ユースチームの ▶ *Una rondine non fa primavera.* 〈諺〉早合点は禁物(ツバメ一羽で春にはならない).

primaverile 形 1 春の, 春季[春期]の 2 春のような

primeggiare 自 〔io primeggio〕首位にいる, トップクラスである; 際立つ

primiera 女 1 プリミエーラ(トランプゲームの名称), 〈トランプゲームの〉スコーパーでつと6を多く集めること 2 プリミエーラ(スープ用の小型パスタの名称)

primiero 形 〈文〉最初の; 起源の, 本来の

primigenio 形 起源の, 原始の, 最古の

primina 女 (6歳に満たない子供が通う場合の)小学校の一年クラス

primino 男 (特に専門高校の)一年生
primipara 女 初産婦 ―形 初産の
primitivamente 副 **1** 原初に, 元来 **2** 粗野に, 粗雑に; 素朴に
primitività 女 未開の状態; 無教養, 未熟さ
primitivo 形 **1** 元の, 本来の ―*significato primitivo di una parola* 言葉の元の意味 **2** 原始の(時代), 原始的な ―*uomo primitivo* 原始人 **3** 未開の, 粗野な ―男 [女 -a] **1** 原始人; 野蛮人 **2** [美]13〜15世紀の芸術家
primizia 女 **1** (果物や野菜の)初物 **2** (季節はずれの)珍しい果物[野菜] **3** ホットな話題[情報] **4** (発売前の)新作, 新曲, 新製品
Primo 固名 [男性名]プリーモ
*****primo** [プリーモ] 形 **1** (序数で) 一番目の, 最初の **2** 初めの方の, 初期の ―*nel primo pomeriggio* 午後の早いうちに / *nei primi anni '70* 1970年代の初めに **3** (ランクが)筆頭の, 最高の **4** 主要な, 基本的な ―男 **1** [女 -a] 最初の人[物]; 首位 ―*E stato il primo ad arrivarci.* 最初にそこに着いたのは彼だった. **2** 朔日(ついたち) ―*Oggi è il primo febbraio.* 今日は2月1日だ. **3** (時間の)1分 **4** (料理の)プリモ・ピアット, 第1番目の料理(ミネストラ・パスタ・リゾットのこと) ―第一に, 主として ▶ **alle prime armi** 初心者の **della prima ora** 古参の **di prima mano** 直接手に入れた **in primo luogo** 第一に **per la prima volta** 初めて, 一回目に **per prima cosa** まず初めに, 最初に **primo piano** 最高水準; クローズアップ **sulle prime** 当初, 最初は
primogenito 形 (夫婦間に)最初に生まれた, 長子[長男]の ―男 [女 -a] 長子, 長男
primogenitura 女 長子の身分; 長子の特権[相続権]
primordiale 形 **1** (地球や人類の)起源の, 創世の; 初めの, 始まりの **2** 時代遅れの
primordialmente 副 **1** 最初に, 原始に **2** 時代に遅れて
primordio 男 [複数で] 初め, 始め, 原始, 起源
primosale 男 [不変] プリモサーレ(フレッシュチーズの一種)
primula 女 [植]プリムラ, サクラソウ ―*primula rossa* 紅はこべ; 捕らえられない人
primulacea 女 (P-) [複数で] [植]サクラソウ科
primus inter pares 成句 男 [ラ] 筆頭責任者
princesse 女 [不変] [仏]プリンセスラインのドレス(ウエスト部分で切り替えがない)
*****principale** [プリンチパーレ] 形 主な, メーンの; 主要な, 最も重要[大切]な ―*via principale* メーンストリート / *strada principale* 幹線道路 / *lo scopo principale* 主目的 ―男女 **1** (部局の)責任者, ボス **2** 雇い主
principalmente 副 おもに, 主として, もっぱら
principato 男 **1** 君主の務めと特権; 君主による統治; 君主が統治する領土; 覇権 **2** [神学]権(ごん)天使(天国で九つの階級のうち第七位階の天使)
*****principe** [プリンチペ] 男 [女 [-essa]] **1** 王子, 皇太子; プリンス ―*principe ereditario* 皇太子 / *principe azzurro* 夢の王子様 **2** (一国の)君主 **3** 権力者, 第一人者 **4** 富豪 **5** (古代ローマの)重装歩兵 ―形 主要な, より重要な
principescamente 副 君主のように, ぜいたくに, 豪奢(ごうしゃ)に
principesco 形 [複 男 -chi] 君主の, 君主らしい; 豪奢(ごうしゃ)な, ぜいたくな
*****principessa** [プリンチペッサ] 女 **1** 王女, 皇太子妃; プリンセス **2** お姫様のように暮らす女性
principiante 男女 **1** 初心者, ビギナー **2** 見習い
principiare 他 (io principio) 始める ―自 (a) …に取りかかる, …し始める ―*Il bambino ha principiato a camminare.* その子は歩き始めた. ―自 [es] (物が)始まる
*****principio** [プリンチーピオ] 男 **1** 初め, 始まり ―*al [in, dal, da, sul] principio* 初めに, 初めは, 当初 **2** 発端, 原因 **3** 原理, 原則, 基本的な考え **4** 倫理的価値 **5** [複数で] 教訓, 規律 **6** [化] (物質の)成分 ▶ **per principio** 原則として, 信条として
priora 女 [カト]女子修道院長
priorato 男 **1** [カト]修道院長の職 **2** (中世都市国家の)執政官の職[権力, 任期]
priore 男 **1** [カト]修道院長 **2** (中世都市国家の)執政官, 行政長官
priorità 女 **1** (重要性・価値・緊急さで他よりも)優位にあること; 優先
prioritariamente 副 優先して
prioritario 形 優先する, 重要な
prisma 男 [複 -i] **1** [幾]角柱; [光]プリズム ―*prisma triangolare [rettangolare]* 三角[四角]柱
prismatico 形 [複 男 -ci] 角柱の, プリズムの
privacy 女 [不変] [英]プライバシー, 私的なこと ―*violare la privacy di...* (人の)プライバシーを侵害する
privare 他 **1** (privare A di B で) A (人)からB(物)を奪う, 剥奪する **2** 取り除く, 無くす ―*arsi* 再 (di) (自ら進んで)捨てる, 断つ
privata 女 私営のラジオ局[テレビ局]; 私立学校
privatamente 副 個人的に; 内密で, こっそりと
privatista 男女 [複 男 -i] **1** 私立学校生; (学校に通わずに試験に臨む)受験生 **2** [法]私法学者

privativa 女 専売; 独占

privativo 形 1 奪う, 奪うことができる 2〘言〙否定の意を表す接頭辞の

privatizzabile 形 私有化されうる, 民営化できる

privatizzabilità 女 私有化[民営化]が可能なこと

privatizzare 他 民営化する, 私有化する

privatizzazione 女 民営化, 私有化

‡**privato** [プリヴァート] 形 1 私有の —strada *privata* 私道 2 私立の, 民間の —scuola *privata* 私立学校 3 私的な, 個人的な —faccenda *privata* 私用 —男〖女[-a]〗個人, 私人 2 私生活, プライバシー

privazione 女 剝奪; 放棄; 喪失, 欠如

privilegiare 他〖io privilegio〗特典を与える, ひいきする; 重視する

privilegiato 形 特権を持つ;(特典や素質に)恵まれた —regione *privilegiata* per il clima temperato 穏やかな気候に恵まれた地域 —男〖女[-a]〗特権者, 特別扱いの人

privilegio 男 1 特権, 特典 2 特別な名誉, 光栄

‡**privo** [プリーヴォ] 形〈di〉…が無い, …が不足した —È *privo* di denaro. 彼は文無しだ. / *privo* di idee originali 独創的な考えが欠けた / *privo* di sensi 気を失った

prm 擬 (車やバイクの)アクセルをふかす音

pro¹ 男〖不変〗利益, 有益, 利点 —A che *pro* affannarsi tanto? こんなに懸命になって何になるのだろう.

pro² 前 …のために, …に味方して, …に賛成して —男〖不変〗(状況や選択での)賛成側 —i *pro* e i contro 賛成と反対, 長所と短所

pro³ 男女〖不変〗〘スポ〙プロ選手(professionista の略) —形〖不変〗〘スポ〙プロの

proavo 男 1 曾祖父 2〖複数で〗先祖

probabile 形 (十中八九)ありそうな, あり得る

probabilismo 男〘哲〙蓋然論

probabilità 女 見込み, 公算, 確率

probabilmente 副 きっと, たぶん

probamente 副 高潔に, 誠実に

probante 形 確証のある, 納得させる

probativo 形 証明するための, 立証の

probatorio 形〘法〙証拠の, 証拠となる

probità 女 高潔, 誠実, 正直

‡**problema** [プロブレーマ] 男〖複[-i]〗1 問題 2 解決すべき難題, 困った状況, トラブル —risolvere un *problema* トラブルを解決する • **Non c'è problema.** 何も問題はない, 大丈夫だ.

problematica 女 (ある懸案に関する)諸問題;(特定の教義や運動に特有の)問題提起

problematicamente 副 問題提起して; 疑わしく, 怪しく

problematicità 女 不確実さ, 疑わしさ, 曖昧さ

problematico 形〖複[男 -ci]〗1 問題提起の, 論議を呼ぶ 2 不確実な, 曖昧な; 物議をかもす

problematizzare 他 問題化する;(重要視して)検討する

probo 形 正直な, 誠実な

pro bono pacis 慣〖ラ〙平和という善のために

proboscidato 形 (動物が)吻(ふん)を備えた —男 (P-)〖複数で〗〘動〙ゾウ目, 長鼻目

proboscide 女 1 (象などの)鼻;(昆虫の)吻(ふん) 2〘謔〙とても長く不格好な鼻

proboviro 男〖複[probiviri]〗(労使関係の)調停役

procacciare 他〖io procaccio〗手に入れさせる, 持たせる; 獲得に努める —*procacciare* il sostentamento alla famiglia 家族の食べ物を手に入れる

procacciatore 男〖女[-trice]〗(自分や他人のために)入手しようと頑張る人 —*procacciatore* d'affari 周旋屋, ブローカー

procace 形 1 挑発的な, 官能的な; 誘惑的な, うっとりさせる 2 厚かましい

procacemente 副 1 挑発的に, 誘惑するように 2 厚かましく

procacità 女 1 挑発的な態度, 官能 2 厚かましさ, ずうずうしさ

pro capite 慣〖ラ〙一人当たり, 頭割りで[の]

‡**procedere** [プロチェーデレ] 自 1 [es] 進む, 前進する 2 [es] 起因する, 生じる —Questo comportamento *procede* dal suo egoismo. この態度は彼の身勝手さから出たものだ. 3 続行する 4 振る舞う —*procedere* da persona educata 礼儀正しく振る舞う 5 開始する;〘法〙訴訟を開始する

procedimento 男 1 方法, 手法 2 (法的な)手続き

procedura 女 手続き, 手順 —*procedura* civile [penale]〘法〙民事[刑事]訴訟手続

procedurale 形 手続きに関する

procellaria 女〘鳥〙ウミツバメ

processabile 形 告訴[起訴]されうる

processare 他 1 起訴する, 裁判にかける 2 (厳しく)詰問する, 詰問する

processionaria 女〘虫〙ギョウレツケムシガ

processione 女 1 行列, 行進 —andare [camminare] in processione 行進する 2 (同じ方向へ進む)人[動物]の列; 長蛇の列

‡**processo** [プロチェッソ] 男 1 過程, プロセス 2 製法, 工程 3 裁判 —sotto *processo* 裁判中の, 裁判にかけられた 4 訴訟, 詰問 5〘文〙振る舞い, 行動 6〘解〙突起; 骨端

processore 男 (コンピューターの)処

理装置, プロセッサー
processuale 形 訴訟の
procinto 男〔不変〕〔次の成句で〕
► **essere in procinto di** + 不定詞 まさに…しようとしている, …するところだ
procione 男〔動〕アライグマ属の哺乳類 —*procione lavatore* アライグマ
proclama 男〔複[-i]〕宣言, 布告, 公表
proclamare 他 宣言する, 布告する —**arsi** 再 宣言する, 公言する
proclamazione 女 宣言, 布告
proclisi 女〔不変〕〔言〕後接
proclitico 形〔複[男 -ci]〕〔言〕後接の —*particella proclitica* 後接語
proco 男〔複[-ci]〕(P-)〔複数で〕(『オデュッセイア』の)ペネロペの求婚者たち
proconsole 男 (古代ローマの)前執政官, 属州総督
procrastinabile 形 延期できる
procrastinare 他 [io procrastino] 延期する
procrastinatore 男〔女[-trice]〕遅延者
procrastinazione 女 延期, 遅延
procreabile 形 生まれうる, 生み出されうる
procreare 他 生む; 生み出す
procreatore 男〔女[-trice]〕生む人, 親 —形 出産の, 生み出す
procreazione 女 出産, 生み出すこと; 生殖
procura 女 1 検事局, 検察庁 —*procura generale* 検察庁 2 代理(権); 委任状
*__**procurare**__ [プロクラーレ] 他 1 (a) …のために手に入れる, 見つける 2 善処する, 努力する —*procurare di finire il lavoro presto* 早く仕事を終えるよう努力する / *procurare che sia pronto tutto* すべてが整うよう善処する 3 (災難などを)もたらす —**arsi** 再 1 (自分のために)手に入れる 2 (災難などを)被る, 招く —*procurarsi una ferita* けがをする
procuratore 男〔女[-trice]〕〔法〕代理人; 検察官, 検事 —*procuratore della Repubblica* 検事
proda[1] 女 1 岸 2 端, 縁 3〔トスカーナ〕ベッドの端
proda[2] 女 船首(prua)
prode 形 優れた力量の; 度胸のある, 勇敢な —男 〔不変〕勇者
prodemente 副 勇敢に
prodezza 女 1 勇敢, 大胆; 勇ましい行為 —*fare [compiere] grandi prodezze* 手柄を立てる 2《蔑》厚かましい行為, 向こう見ず ► *Bella prodezza!* 《謔》大したお手柄だ.
pro die 〘ラ〙(薬の服用量について)一日につき
prodigalità 女 浪費癖, ぜいたく, 無駄遣い; 気前のよさ
prodigalmente 副 浪費して, ぜいたく三昧に; 気前よく

prodigamente 副 浪費して, 放蕩(ﾄﾞ)して; 気前よく
prodigare 他 [io prodigo] 浪費する; 気前よく与える〔渡す〕—**arsi** 再 尽力する, 専念する
prodigio 男 驚異, 奇跡; 天才, 異才 —形〔不変〕—*bambino prodigio* 神童, 天才児
prodigiosamente 副 奇跡的に; 非凡に, 驚異的に
prodigiosità 女 非凡さ, 異才ぶり
prodigioso 形 奇跡的な, 並外れた, 驚異的な; 天才的な
prodigo 形〔複[男 -ghi]〕金遣いの荒い; 気前のよい, 物惜しみしない —*il figlio prodigo* (悔い改めた)放蕩(ﾄﾞ)息子 —男〔女[-ga]〕浪費家; 気前のよい人
proditoriamente 副 裏切って, 卑劣にも
proditorio 形 裏切りの, 背信の, 欺瞞(ﾏﾝ)の
*__**prodotto**__[1] [プロドット] 男 1 生産品, 製品 2 生産物, 産物 —*prodotti della terra* 農産物, 大地の恵み 3 成果, 結果 4〔数〕積
prodotto[2] produrre の過分
prodromo 男 1 兆候, 前触れ 2〔医〕前駆症状
producente 形 生産的な, 建設的な, よい結果をもたらす
producibile 形 生産可能の, 生産できる
producibilità 女 生産可能なこと
*__**produrre**__ [プロドゥッレ] [3] 他〔過分 prodotto〕1 生み出す, 産出する 2 生産する, 作り出す, 制作する —*produrre opere letterarie* 文学作品を作る 3 もたらす, 引き起こす 4〔官庁用語で〕提出する 5〔法〕申し立てる, 提示する —**ursi** 再 1 被る 2 生じる 3 (人前に)現れる, 登場する
produsse produrre の直・遠過・3 単
produttivamente 副 たっぷりと, 豊富に; 有益に
produttività 女 生産性, 生産力
produttivo 形 1 生産的な, 豊かな 2 生産に関する 3 経済的効果のある, 利を生む —*terreno produttivo* 肥沃な土地
produttore 男〔女[-trice]〕1 生産者, 製造元 2 (映画の)プロデューサー, 製作者 3 セールスマン, 営業担当 4 種馬 (stallone) —形〔女[-trice]〕生産する〔名詞に後置させて〕—*industria produttrice di automobili* 自動車製造業 / *paesi produttori di tabacco* [*petrolio*] タバコ[石油]産出国
*__**produzione**__ [プロドゥツィオーネ] 女 1 生産, 製造 —*produzione in serie* 大量生産 2 生成 3〔総称的〕芸術作品 4 (映画・演劇・番組の)製作 5〔法〕(裁判での証拠などの)提出, 提示
proemio 男 (文学作品の)序, 序文, 前書き

prof 男女〔不変〕先生、教授(professore の略);〔スポ〕プロ選手(professionista の略)

prof. 略 professore 先生、教授; profondità 深さ

profanabile 形 冒瀆(ﾎ)されうる、けがされうる

profanare 他 けがす、冒瀆(ﾄ)する

profanatore 形〔女[-trice]〕神聖なものをけがす、冒瀆(ﾄ)的な、不敬な、不遜の ―男〔女[-trice]〕冒瀆(ﾄ)者、神をけがす者

profanazione 女 冒瀆(ﾄ)、不敬

profano 形 1 世俗の、俗っぽい 2 冒瀆(ﾄ)的な、世俗的でない ―musica profana 世俗音楽 ―男 1 世俗的なもの 2 女 [-a]俗人、俗物、素人

proferire 他〔過分 proferto; io -isco〕1 (厳かに)言う、発する ―proferire un giuramento 誓いを立てる 2《文》呈する、明らかにする

proferse proferire の直・遠過・3 単

proferto proferire の過分

professare 他 表明する;(宗教や政治イデオロギーなどを)信奉する、従う;(職業として)従事する、行う ―professare il socialismo 社会主義に心酔する / professare l'avvocatura 弁護士業を営む

professionale 形 職業の; プロの、専門門的な

professionalità 女 職業的な特質、専門的な性格; 専門職、プロ意識

professionalizzare 他 専門職にする、プロ化する ―professionalizzare un hobby 趣味を仕事にする

professionalmente 副 プロとして、職業的に

***professione**[プロフェッスィオーネ]女 1 職業 2(特に医師・弁護士などの)専門職 3 表明、明言 ―fare professione di... …を表明する

professionismo 男 1 職業[専門]的意識、専門家としての能力 2〔スポ〕プロとしての意識

professionista 男女〔複[男-i]〕1 専門的な職業人 ―libero professionista フリーランサー 2〔スポ〕プロ選手

professionistico 形〔複[男-ci]〕1 職業人の、専門職の 2 プロ選手の

professo 形〔カト〕(修業期間修了時に)厳粛な誓約を行った

professorale 形 先生の、教授の; 先生用の;《蔑》先生ぶった、学者気取りの

***professore**[プロフェッソーレ]男〔女[-essa]〕1(中学・高校の)先生、(大学)教授 2 教師 3 医長 4 教養豊かな人; 学者ぶる人

professoressa 女 professore の女性形

professorino 男〔女[-a]〕(経験の浅い)若い先生[教授]

professorone 男〔女[-a]〕大先生、権威

profeta 男〔複[-i]女[-tessa]〕1 予言者 2 易者、占い師

profetare 他 予言する、神託を伝える ―自 予言する

profetessa 女 profeta の女性形

profeticamente 副 予言者のように

profetico 形〔複[男-ci]〕予言者の; 予言者風の、予言者のような

profetizzare 他 神託で啓示する; 予言する ―自 予言する

profezia 女 1 予言 2 警告、注意

proficuamente 副 有益に、有利に

proficuo 形 有益な、有利な; もうかる、利益を生む

profilamento 男 輪郭を描くこと

profilare 他 1 輪郭を描く 2 縁取りで飾る 3 (金属棒を)形鋼(ﾅ)にする ―**arsi** 再 1 輪郭を現す、浮き出る 2 迫る、差し迫る

profilassi 女〔不変〕〔医〕病気の予防策

profilato 形 くっきりと輪郭をつけられた; 縁取りのついた ―男〔建〕構造用鋼

profilatoio 男 彫刻刀

profilatticamente 副 予防のために

profilattico 形〔複[-ci]〕予防に関する ―男〔複[-ci]〕コンドーム

profilatura 女 輪郭を描くこと、縁取ること; 縁取りの装飾

profilo 男 1 横顔 2 プロフィール 3 輪郭、外形 4 概略、あらまし 5 縁取り、縁飾り 6 (立体の)断面 7 地層の断面 8 彫刻型 ▶ **di profilo** 横から、横向で

profiterole 男〔不変〕〔仏〕〔複数で〕プロフィトロール(チョコレートソースをかけたシュークリーム)

profittare 自 1 前進する、進歩する; 利益を得る 2 利用する ―profittare dell'occasione per + 不定詞 その機会を利用して…する

profittatore 男〔女[-trice]〕不当利得者、搾取者

profittevolmente 副 有益に

profitto 男 1 利益、得 ―voto di profitto 得点 2 効果、成果 3 収益、利潤 ―conto profitti e perdite 損得勘定、損益計算書

profluvio 男 (液体の)大量の流出; 大量、多量 ―un profluvio di lacrime とめどなく流れる涙

profondamente 副 深く; かなり、強烈に

profondare 他 深みに落とす、浸す; 掘り下げる ―**arsi** 再 沈む、浸る

profondere [55] 他〔過分 profuso〕浪費する、乱費する; 気前よく与える ―**ersi** 再 強く気持ちを表わす

profondimetro 男 深度計

profondità 女 1 深さ、低さ 2 奥行き; 立体感 3 深み、奥底

***profondo**[プロフォンド]形 1 深い、奥深い ―pozzo profondo 深い井戸 / mente profonda 洞察力 / notte profonda 深夜 / significato profondo 真意、深意 / verde profondo 深

pro forma 緑 2低い、重い —voce *profonda* 太い声 3濃い 4非常に際立った、くっきりとした —男 1底、奥 2《心》無意識 —副 深く

pro forma 〔ラ〕1形式上 2慣用の、慣例の 3男 形式 —È solo un *pro forma*. それは単に形式に過ぎない.

prof.ssa 略 professoressa 女性の先生〔教授〕

profugo 男〔複-ghi〕女〔-a〕難民、避難民；亡命者 —形〔複〔男-ghi〕〕難民の、亡命した

profumare 他 （芳香剤や香水で）香りをつける —*profumare* il collo 首に香水をつける —自 芳香を放つ —*profumare* di pulito 清潔な匂いがする —**arsi** 再 香水をつける〔振る〕

profumatamente 副 1気前よく、高値で 2《諧》芳香を放って

profumato 形 1香りをつけた、芳香を放つ 2多額の、多大な —mancia *profumata* 多額のチップ

profumeria 女 1香水調合の技術 2化粧品店；香水製造所 3〔複数で〕化粧品

profumiere 男〔女[-a]〕香水〔化粧品〕製造業者，香水〔化粧品〕販売業者

profumiero 形 香水〔化粧品〕製造の

*****profumo** [プロフーモ] 男 1香水 —boccetta di *profumo* 香水の瓶 2香り、芳香 3 （よい）気配 4《文》兆候、疑惑

profusamente 副 大量に、たっぷりと；ぜいたくに、気前よく

profusione 女 大量の流出；浪費、乱費；過剰 —a *profusione* 大量に、たっぷりと

profuso profondere の過分

progenitore 男〔女[-trice]〕（一族の）始祖；〔複数で〕先祖

progesterone 男〔生化〕プロゲステロン、黄体ホルモン

progettare 他 1計画〔企画〕する 2設計する

progettatore 男〔女[-trice]〕→ progettista

progettazione 女 企画、デザイン、設計

progettista 男女〔複〔男-i〕〕設計者、設計技師

progettistica 女 デザインエンジニアリング、設計施工法

progettistico 形〔複〔男-ci〕〕設計の、設計施工の

*****progetto** [プロジェット] 男 1計画、企画 2設計（図）

progettuale 形 企画の、設計に関する、設計施工の

progettualità 女 企画〔計画〕の立案性

prognosi 女《不変》〔医〕（病気の）予後

prognostico 形〔複〔男-ci〕〕〔医〕予後の

*****programma** [プログランマ] 男〔複[-i]〕1プログラム、番組 2計画、予定（表）—in [fuori] *programma* 予定内〔外〕の 3時間割、カリキュラム 4〔政〕（政党の）綱領 5〔情〕プログラム

programmabile 形 計画可能な、手順を組める

programmabilità 女 計画の可能性

programmare 他 1計画する、プログラムを組む；計画（表）に入れる、予定に入れる 2〔情〕プログラムを作る

programmaticamente 副 計画に従って、計画として；故意に、わざと

programmatico 形〔複〔男-ci〕〕計画に関する、計画に従った；故意の、計画的な —discorso *programmatico* 基調演説

programmato 形 あらかじめ企画された；計画的な、たくらまれた、故意の

programmatore 男〔女[-trice]〕〔情〕プログラマー；（経済政策の）計画立案者

programmazione 女 1計画作成、プログラム作成〔編成〕—*programmazione* televisiva テレビ番組 2〔情〕プログラミング

progredire 自〔av（生物が主語）/es（非生物が主語）〕〔io -isco〕前進する；進歩〔向上〕する

progredito 形 進化した；高水準に達した

progressione 女 1進歩、前進、発展 2〔音〕進行 3〔数〕数列 —*progressione* aritmetica [geometrica] 等差〔等比〕数列

progressismo 男 〔政〕革新主義、進歩主義

progressista 男女〔複〔男-i〕〕進歩〔革新〕主義者 —形 進歩〔革新〕主義者の

progressivamente 副 次第に、徐々に

progressivismo 男 《蔑》革新〔進歩〕主義

progressività 女 発展性、向上性 —*progressività* delle imposte 累進課税

progressivo 形 1累増〔累減〕する 2進歩〔革新〕的な 3〔言〕進行形の 4〔音〕（ジャズやロックが）プログレッシブな

*****progresso** [プログレッソ] 男 1進歩、上達、向上 —fare *progressi* (人が) 上達する、向上する 2発展、進展

*****proibire** [プロイビーレ] 他〔io -isco〕1禁止する —Il medico gli *ha proibito* di fumare. 医者は彼にタバコを禁じた. 2妨げる —Il maltempo ci *ha proibito* di uscire. 悪天候のために私たちは外出できなかった.

proibitivo 形 禁止する、妨げる；度を超した、抑制するほどの —prezzo *proibitivo* 法外な値段

proibito 形 禁じられた —È *proibito* fumare qui. ここは禁煙です. / È se-

veramente *proibito* + 不定詞 …厳禁 / **frutto** *proibito* 禁断の木の実 / **sogno** *proibito* 見果てぬ夢

proibizione 囡 禁止, 禁令, 差し止め

proibizionismo 男 (アメリカ合衆国の)禁酒法; 禁酒法時代(1920-33に施行)

proiettare 他 1 (スライドや映画を)映す, 映写する 2 投射[投影]する 3 (影や光を帯状に)放つ, 伸ばす 4 投げ出す, 噴出する 5 (問題を)先送りにする —**arsi** 再 1 (影や光が帯状に)伸びる 2 思いを馳(¹)せる 3 身を投じる

proiettile 男 1 弾(たま), 弾丸 2 発射物[体]

proiettivo 形 投影の

proiettore 男 1 映写機, プロジェクター 2 投光器 3 (舞台の)照明, ライト

proiezione 囡 1 映写, 上映 2 投影, 投射 —**cabina di** *proiezione* 映写室 3 [スポ](柔道の)投げ技, 立ち技 4 [心]投射 5 [統]推定, 見積もり

prolasso 男 [医](腸や子宮の)下降, 脱出

prole 囡 〔総称的〕子供たち; 《文》子供; 子孫

prolegomeni 男複 序言, 序説

proletariato 男 プロレタリアート, 無産[労働者]階級

proletario 形 プロレタリア[無産階級]の —男〔女 -a〕無産者, 賃金労働者

proletarizzare 他 プロレタリア化させる —**arsi** 再 プロレタリア化する

proletarizzazione 囡 プロレタリア化

proliferare 自〔io prolifero〕繁殖する; 増殖する; 流布する, 蔓(はびこ)延する

proliferazione 囡 増殖, 繁殖; 激増, 蔓(はびこ)延

prolificare 自〔io prolifico〕1 子を生む; 繁殖する; (植物が)発芽する 2 はびこる, 蔓(はびこ)延する

prolificazione 囡 生殖, 繁殖, 増殖

prolificità 囡 多産; 多作

prolifico 形〔複 男 -ci〕多産の, 繁殖力のある; 多作の —**scrittore** *prolifico* 多作の作家

prolissamente 副 だらだらと, くどくどと, 長ったらしく

prolissità 囡 くどいこと, 冗長さ

prolisso 形 くどい, しつこい, 冗長な; 長ったらしい

pro loco 成句(女) 〔ラ〕文化・芸術・スポーツ振興機構

prologo 男〔複 -ghi〕1 (劇・オペラの)序, 序幕 2 プロローグ, 序言 3 (出来事の)発端

prolunga 囡 (テレビや電話の)延長コード; (机や食卓の)長く延ばせる部分

prolungabile 形 延長できる, 延期できる, 猶予されうる

prolungabilità 囡 延長可能; 延期[猶予]が可能なこと

prolungamento 男 延長; 延長した部分

prolungare 他 長くする, 延ばす, 延長する —**arsi** 再 1 長くなる, 延びる 2 ぐずぐずする, もたつく, (話が)長引く

prolungatamente 副 長い間, 長々と

prolungato 形 長々と続く

prolusione 囡 1 (大学の)開講初回講義 2 開会の辞

promanare 自〔es〕発散する, 広がる; 発生する —他 発する, 放つ

pro manuscripto 成句(男) 〔ラ〕(修正されるべき)草稿, 校正原稿

promemoria 男〔不変〕メモ, 控え, 覚書

‡**promessa** [プロメッサ] 囡 1 約束, 確約 —**fare una** *promessa* **a...** (人)に約束をする / **mantenere** [**rompere**] **una** *promessa* 約束を守る[破る] 2 (特にスポーツ界の)ホープ

promesso 形〔過分 < promettere〕約束された; 結婚を誓った —*promesso* **sposo** [*promessa* **sposa**] 《文》婚約者, フィアンセ / **terra** *promessa* [カト]約束の地(カナン, 現在のパレスチナ); 豊饒(ほうじょう)の地, 楽園 —男〔女 -a〕婚約者

Prometeo 固名(男) 1 [ギ神]プロメテウス(ティタン神族の一. 天上の火を人間のために盗んだことでゼウスの怒りを買うが, ヘラクレスに救われる) 2 [天]土星の第16衛星; (p-) [化]プロメチウム

promettente 形 将来有望な

‡**promettere** [プロメッテレ] [65] 他〔過分 promesso〕1 約束する, 必ず[きっと]…すると言う —**Mi** *promise* **che sarebbe venuto.** 彼は来ると約束した. 2 (目的語をとらずに)嘱望される, 有望である, 見込みがある —**ersi** 再 1 結婚を約束する, 婚約する 2 神に身を捧げる

promezio 男 [化]プロメチウム(元素記号 Pm)

prominente 形 突出した; (体のうちで)著しく突き出た; 目立った —**pancia** *prominente* 突き出た腹

prominenza 囡 突出部; (体の)目立つ部分

promiscuamente 副 区別なく, ごた混ぜに

promiscuità 囡 雑交, 混乱, ごた混ぜの状態

promiscuo 形 1 ごた混ぜの, 入り交じった 2 男女混ざった; [言]通性の

promo 男〔不変〕(近日公開の映画などテレビでのスポット宣伝)

promontorio 男 1 岬, 海に突き出た断崖 2 [解]突起

promosso 形〔過分 < promuovere〕進級[昇進, 昇格]した —男〔女 -a〕進級[昇進, 昇格]した者

promotore 形〔女 [-trice]〕促進する, 推進する —男〔女 [-trice]〕プロモーター, 推進者, 発起人

promo-video 男〔不変〕ビデオクリップ, プロモーションビデオ

promozionale 形 (商品の)販売促

promozione 囡 1 進級, 昇進, 昇格 2 販売促進 3 (チェスのポーンの)成り

promulgare 他 (法律を)公布する; (理論や教義を)発表する, 広める

promulgatore 男〔女[-trice]〕(法律の)公布者; (理論や教義の)提唱者, 発表者

promulgazione 囡 発布, 公布, 発表; 流布, 普及

promuovere [68] 他〔過分promosso〕1 (及第点をつけて)通す; 進級[昇進, 昇格]させる 2 促進[増進]する 3 (チェスのポーンを)成らせる 4 (刺激して)催させる

pronao 男 (ギリシャ・ローマ時代の神殿の)柱廊式玄関, プロナオス; (教会などの)前面の柱廊

pronipote 男女 曾孫(ミル);〔複数で〕子孫

prono 形 1 横たわった, うつ伏せの; かがんだ, 下を向いた 2 従順な, 逆らわない

pronom. 略 pronominale 代名詞の

pronome 男〔言〕代名詞 —*pronome* dimostrativo [interrogativo, personale, possessivo, relativo] 指示[疑問, 人称, 所有, 関係]代名詞

pronominale 形〔言〕代名詞の

pronosticabile 形 予想されうる, 予想できる —esito *pronosticabile* 予想結果

pronosticare 他 [io pronostico] 1 予想[予報]する 2 前兆を示す

pronostico 男〔複[-ci]〕1 予想, 予報 2 前兆, 前触れ

prontamente 副 すばやく, さっと, 即座に

prontezza 囡 1 機敏さ, 俊敏さ 2 即効性

*__pronto__ [プロント] 形 1 用意[準備, 支度]ができた; (注文の品などが)できあがった 2 機敏な, 俊敏な, 即座の — *pronto soccorso* 救急病院; 救急箱 ▶ *auguri di pronta guarigione* お大事に(一日も早い快復を祈って) **essere pronto a** + 不定詞 ちょうど…しようとしている; すぐにでも…する気でいる **essere pronto a...** すぐ[よく]…する, …がる, …っぽい / *essere pronto al riso* すぐ[よく]笑う / *essere pronto al dolore* 痛がる / *essere pronto all'ira* 怒りっぽい **Pronto, chi parla?** もしもし, どちらさまですか.

prontuario 男 ハンドブック, 便覧, (薬の)処方書

pronuba 囡 (女性の)結婚仲立ち人, 恋愛の取り持ち役

pronubo 男〔女[-a]〕1 結婚仲立ち人, 恋愛の取り持ち役 2 (古代ローマの)花嫁の介添人 —形 (結婚や恋愛を)取り持つ, 仲に立つ

*__pronuncia__ [プロヌンチャ] 囡〔複[-ce]〕1 発音; 話し方 —Ha una buona *pronuncia*. 彼はきれいな話し方をする. 2〔法〕判決

pronunciabile 形 発音しやすい, 楽に発音できる

pronunciabilità 囡 発音のしやすさ

*__pronunciare__ [プロヌンチャーレ] 他 [io pronuncio] 1 発音する —*Pronunci benissimo l'italiano*. 君はイタリア語の発音がとてもうまい. 2 言う, 表明する; 発表する —**arsi** 再 自分の意見を明言する; 判決を下す

pronunciato 形 1 (体の部分で)目立った, 突き出た 2 際立った, 明らかな; 強い匂いの —男〔法〕判決

pronunzia → pronuncia

propagabile 形 伝播(ば)されうる, 流布できる; 増殖しうる

propagabilità 囡 伝播(ば)[流布]可能なこと; 増殖できること

propaganda 囡 宣伝(活動), プロパガンダ

propagandabile 形 宣伝可能な, 広められる

propagandare 他 宣伝する, 売り込む

propagandista 男女〔複[男 -i]〕(政治・宗教・イデオロギーなどを)宣伝する人, 宣伝担当; (商品の)宣伝係

propagandisticamente 副 宣伝として, 宣伝に関して

propagandistico 形〔複[男 -ci]〕宣伝に関する —campagna *propagandistica* 宣伝キャンペーン

propagare 他 繁殖させる, 増殖させる; 広める, 拡散させる —**arsi** 再 増殖する; 広がる

propagatore 男〔女[-trice]〕普及者, 伝播(ば)者 —形 普及させる, 伝播する

propagazione 囡 繁殖; 普及, 伝播(ば), 流布

propaggine 囡 1 分枝, 分派; 支脈 2〔農〕取り木(枝を地中に曲げて埋める方法)

propalare 他 (秘密を)漏らす, 暴く — *propalare un segreto* 秘密を漏らす —**arsi** 再 漏れる, 広まる

propalazione 囡 (噂(ふさ)やデマの)流出, 流布, 普及

propano 男〔化〕プロパン

propedeutica 囡 (学問・研究の)予備知識

propedeutico 形〔複[男 -ci]〕(学問・研究のための)予備知識の, 準備の; 予備教育の, 予備課程の

propellente 男 (ミサイルやロケットの)推進燃料 —形 推進させる

propendere [113] 自〔過分 propeso, propenso〕(per) 遠過 io propendei, propesi〕(per) …の傾向になる —*propendere per il sì [no]* 賛成[反対]に傾く

propensione 囡 生来の傾向, 嗜(し)好, 好み; 傾向 —avere *propensione per...* (人に)好感を抱く

propenso 形 〔過分 < propendere〕(a) …に傾いた, 好意的な —essere propenso a... …したいと思う, …に気が向く

propilene 男 〔化〕プロピレン

propileo 男〔複数で〕(古代建築の寺院などの)柱廊式玄関

propinare 他 1 (毒やまずいものを)飲ませる —Mi ha propinato un pessimo caffè. 私はひどくまずいコーヒーを飲まされた. 2 無理やり聞かせる; 信じ込ませる —自 乾杯する

propiziamente 副 好都合に, うまく

propiziare 他〔io propizio〕なだめる, 機嫌を取る

propiziatorio 形 なだめるための, 機嫌取りの; 縁起のよい

propiziazione 女 なだめること, 機嫌取り; 神の怒りを鎮めるための儀式

propizio 形 1 慈愛に満ちた, 情けある, 好意的な 2 都合のよい

propoli 男女〔不変〕プロポリス, 蜂蠟(ろう)

proponente 形 発議する, 提案する —男女 発議者, 提案者

proponibile 形 提案できる, 申請できる

proponibilità 女 提案できること

proponimento 男 意図, 目標, 企て, 決意

‡**proporre** [プロポッレ] [79] 他〔過分 proposto〕1 提案する, 申し出る —Mi hanno proposto di fare una vacanza con loro. 一緒に休暇を過ごそうと彼らは私に申し出た. 2 勧める, 推薦する —**orsi** 再 決意する

proporzionabile 形 比例できる, 釣り合わせられる, 適合できる

proporzionabilmente 副 比例して, 釣り合って

proporzionale 形 比例の, 釣り合った

proporzionalità 女 比例

proporzionalmente 副 比例して, 適応して

proporzionare 他 比例させる, 釣り合わせる; 適合させる —**arsi** 再 比例する, 適合する

proporzionatamente → proporzionalmente

proporzionato 形 釣り合いの取れた, 比例した; 適合した

proporzione 女 1 (二つの要素の)均衡, 釣り合い, バランス 2 大きさ, 寸法 3 割合, 比率 4〔数〕比例, 比 ▶ **in proporzione** 比例して, それ相応に **in proporzione a...** …に比べて[対比して]

propose proporre の直・遠過・3 単

propositivo 形 提案を含む

‡**proposito** [プロポージト] 男 1 意図, 目的 2 決意, 覚悟 3 主題, 話題 ▶ **a proposito** ところで, そういえば; ちょうどいいときに, タイミングよく **a proposito di...** …について[関して] **di proposito** わざと, 故意に; まじめに, 真剣に **in proposito** これに関して, このことについて / Non so niente in proposito. これについては何も知りません.

proposizione 女 1 〔言〕文, センテンス —proposizione semplice [composta] 単文[複文] / proposizione enunciativa [interrogativa, esclamativa, imperativa] 平叙[疑問, 感嘆, 命令]文 2 〔言〕節, クローズ —proposizione principale [subordinata, coordinata] 主[従属, 等位]節 3 〔数〕(問題や定理の)陳述, 命題 4 〔文〕提案, 発議

‡**proposta** [プロポスタ] 女 提案, 発議, 申し出 —proposta di matrimonio 求婚, プロポーズ

proposto proporre の過分

propriamente 副 まさに; 正確に

proprietà 女 1 特性, 特質 2 正確さ, 適正さ —parlare con proprietà di linguaggio 言語を正しく話す 3 資産, 財産 4 所有物[権], 所有地 —casa di proprietà マイホーム

proprietario 男〔女[-a]〕持ち主, オーナー —形 所有する, 所有者の

‡**proprio** [プロプリオ] 副 まさに, ちょうど; 全く, 本当に —形〔所有〕1〔特に非人称的な表現の所有形容詞として〕自分の, 自らの —Ognuno ama la propria famiglia. 誰でも自分の家族を一番大切なものです. / Si deve curare la propria salute. (人は皆)自分の健康に留意しないといけない. 2 固有の, 特有の 3 適正な —男〔単数のみ〕個人の所有物 ▶ **in proprio** 自立して **proprio adesso** たった[ちょうど]今 **Proprio così.** 全くその通り. | おっしゃる通りです. **vero e proprio** まさにその, 正真正銘の

propugnare 他 防衛する; (考え・理論などを)支持する

propugnatore 男〔女[-trice]〕1 (思想や理論の)擁護者, 明言者 2 (戦争で)防衛する者, 守備者

propulsione 女 1 推進力 —propulsione a getto ジェット推進 2 刺激, 衝撃, はずみ

propulsivo 形 推進力の, 推進する

propulsore 男 推進機関[装置]; 投石器, 投槍器

prora 女 船首, 舳先(へさき)

proravia 女 船首の付近 —a proravia 船首[へさき]の方に

prorettore → vicerettore

proroga 女 (期日の)延長, 延期, 猶予

prorogabile 形 (期日を)延期[延長]できる, 猶予されうる

prorogabilità 女 延期[延長, 猶予]の可能性, 延長可能なこと

prorogare 他〔io prorogo〕延期[延長]する, 猶予する

prorompente 形 激しい勢いの, 抑えられない; あふれんばかりの

prorompentemente 副 ものすごい勢いで、抑えられないほどに; あふれんばかりに

prorompere [96] 自 〔過分 prorotto〕噴出する、飛び出す; どっとあふれる; (人が)急に現れる

prorotto prorompere の過分

prosa 女 1 散文 —opera in *prosa* 散文作品 2 ありきたりの日常、(日々の)単調さ —essere stufo della *prosa* quotidiana 日々の単調さに飽き飽きする

prosaicamente 副 1 散文的に 2 ありきたりに、平凡に

prosaicità 女 1 散文的であること 2 凡庸、平凡さ、想像力のなさ

prosaicizzare 他 1 (伝説や寓(ぐう)話を)現実を帯びたものに換える 2 散文調にする

prosaico 形 〔複〔男 -ci〕〕 1 散文の、散文体の 2 面白味のない、平凡な、退屈な

prosasticamente 副 1 散文調で、散文的に 2 平凡に、面白味が欠けて

prosastico 形 〔複〔男 -ci〕〕 1 散文で書かれた 2 散文調の、飾り気のない文体の

prosatore 男 〔女[-trice]〕散文作家

proscenio 男 舞台の前部、プロセニアム、張り出し舞台

prosciogliere [102] 他 〔過分 prosciolto〕 1 〔法〕無罪放免にする、釈放する 2 (道徳的義務から)解放する

proscioglimento 男 1 〔法〕控訴棄却; 無罪放免、釈放 2 解放、免除

prosciolto prosciogliere の過分

prosciugamento 男 干拓、干上がらせること

prosciugare 他 1 (池などを)干す、干拓する 2 乾燥させる、乾かす 3 (体力や金銭を)消耗させる、干上がらせる ―**arsi** 再 1 乾く 2 消耗する、尽きる 3 やせる

*__prosciutto__ [プロシュット] 男 ハム —*prosciutto* crudo 生ハム (自然熟成のもの) / *prosciutto* cotto (熱処理をした)ハム / panino al [col] *prosciutto* ハムサンドイッチ

proscritto 形〔過分< proscrivere〕法律で禁じられた; (古代ローマで)追放された ―男〔女[-a]〕追放者; 亡命者

proscrivere [103] 他 〔過分 proscritto〕追放する; 法律で禁じる

proscrizione 女 追放; 廃止、禁止

prosecco 男 プロセッコ(ヴェネットのブドウの品種; その品種で作る発泡性白ワイン)

prosecutore 男〔女[-trice]〕継承者

prosecuzione 女 続行、継続

proseguibile 形 続行・継続できる

proseguimento 男 続行、継続 —Buon *proseguimento*! (旅の途中で出会った人に)これから先もいい旅を。|(仕事や食事の手を止めさせた人に)おじゃましました、どうぞ楽しんで〔頑張って〕お続けください。

proseguire 他 〔io proseguo〕(休まずに)先を続ける、続行する ―自 [es/av] (引き続いて)行なわれる、続行する

proselitismo 男 熱心な入信勧誘、(思想や政治の)宣伝

proselito 男〔女[-a]〕(宗教・政治などでの)新加入者

Proserpina 固名(女) 〔ロ神〕プロセルピナ(農業の女神。ギリシャ神話のペルセフォネ)

prosieguo 男 〔官庁用語で〕継続、続き —in *prosieguo* di tempo 続いて、その後

prosit 間 〔ラ〕乾杯; (勤めを終えた人に)お疲れ様でした; (くしゃみをした人に)お大事に

prosodia 女 〔言〕韻律学; 韻律構造の研究

prosodico 形 〔複〔男 -ci〕〕韻律学の

prosopopea 女 1 横柄、もったいぶった態度 2 〔修〕擬人法、活喩法

prosperamente 副 幸せに、順調に

prosperare 自 〔io prospero〕順調に進む、繁盛する、(植物が)すくすく育つ; (健康などに)恵まれる; 栄える

prosperità 女 繁栄、裕福; 安泰、順調

Prospero 固名〔男性名〕プロスペロ

prospero 形 1 繁栄している 2 順調な、好都合な、幸運な

prosperosamente 副 順調に; 繁栄して

prosperoso 形 1 繁栄した、繁盛した 2 元気な、丈夫な; 豊満な

prospettare 他 1 …に面する —La terrazza *prospetta* il mare. テラスから海を見渡せる。2 提示する、提案する —*prospettare* il programma 計画を提示する ―自 [es] 面する、見晴らす —La finestra *prospetta* sul viale. その窓は並木道に面している。―**arsi** 再 現れる、予見させる

prospetticamente 副 遠近法によって

prospettico 形 〔複〔男 -ci〕〕遠近法の、遠近法に関する

prospettiva 女 1 (将来の)見通し、展望 2 見込み、可能性 3 見品、観点 4 見晴らし、眺望 5 遠近法、遠近画法

prospetto 男 1 (正面の)眺め、景色 2 建物の正面; 正面図; 一覧表

prospezione 女 採鉱見込み、試掘

prospiciente 形 …を臨む、…に面した —balcone *prospiciente* il cortile 中庭に面したバルコニー

prossimamente 副 近々、もうすぐ

prossimità 女 (場所・時間が)近いこと —in [nella] *prossimità* di… …の近くに、接近して

*__prossimo__ [プロッスィモ] 形 1 この次の、今度の —la *prossima* volta 次回 / il mese *prossimo* 来月 : Scende alla *prossima* fermata. 次のバス停で降りて下さい。2 (場所が)すぐ近くの 3 (時間的に)近い、目前に迫った —Le vacanze sono ormai *prossime*. 休暇はもうすぐだ。/ passato *prossimo* 〔言〕

近過去 / trapassato prossimo〔言〕大過去 ー**a 1**〔女[-a]〕(順番を待つ)次の人 ―Chi è il *prossimo*? 次はどなたですか. **2**〔単数のみ〕;(キリスト教の)隣人 ▶ *Ama il prossimo tuo come te stesso.* あなた自身を愛するようにあなたの隣人を愛しなさい(『聖書』の隣人愛の教え).

prostata 女〔解〕前立腺

prosternare 他 地面に投げつける, 叩きのめす **ーarsi** 再 (地面に)ひれ伏す

prostilo 男〔建〕前柱廊式[プロステュロス式]建築(特にギリシャやローマの神殿)

prostituire 他〔io -isco〕売春させる; 金のために売る **ーirsi** 再 売春する, 身売りする

prostituta 女 売春婦, 娼婦

prostituzione 女 売春, 身売り

prostrare 1 倒す, 殺す; 衰弱させる **2** 侮辱する **ーarsi** 再 ひれ伏す, 屈服する; 卑下する

prostrato 形 衰弱した, へとへとになった

prostrazione 女 衰弱, 体力消耗; 意気消沈; 平伏

protagonismo 男《蔑》主役願望, 中心人物でいたがること, 目立ちたがり

protagonista 男女〔複[男 -i]〕**1** 主人公, ヒーロー[ヒロイン] **2** 立役者, 主役

protagonistico 形〔複[男 -ci]〕目立ちたがりの, 主役願望の

Protagora 固名(男) プロタゴラス(前485頃 -410頃; ギリシャの哲学者)

protasi 女〔不変〕**1**〔文〕(古典の叙事詩の)導入部分 **2**〔言〕(仮定文の)条件節

*****proteggere** [プロテッジェレ] [83] 他〔過分 protetto〕**1** 守る, 保護する **2** 擁護する, 助成する **ーersi** 再 身を守る

proteico 形〔複[男 -ci]〕蛋白〔銓〕質の, 蛋白質を含む ―alimento *proteico* 蛋白質の豊富な食品

proteiforme 形 多様な形をとれる, 多面的な, 多方面な ―attore *proteiforme* 様々な役を演じられる俳優

proteina 女〔生物〕蛋白〔銓〕質

pro tempore 成〔ラ〕一時的に, 予定的に, 臨時で

protendere [117] 他〔過分 proteso〕前に伸ばす, 差し出す ―*protendere un braccio verso*... (人に向かって両腕を差し伸べる **ーersi** 再 身を乗り出す, 伸びる, 突き出す

Proteo 固名(男) **1**〔ギ神〕プロテウス(海神. 予言と変身の力を有する) **2**〔天〕海王星の第8衛星

proteo 1〔魚〕ホライモリ **2**〔生物〕プロテウス属の細菌

protervamente 副 高慢に, 横柄に

protervia 女 傲慢さ, 高慢さ, 横柄さ

protervo 形 傲慢な, 横柄な

protesi 女〔不変〕〔医〕人工的補欠物 ―*protesi* acustica 補聴器

proteso proténdere の過分

protesse proteggere の直・遠過・3単

protesta 女 抗議(行動); 異議(の申し立て)

protestante 形 プロテスタントの ― 男女 プロテスタント

protestantesimo 男 プロテスタント教会; プロテスタント主義, プロテスタンティズム

protestare 自(contro) …に対して抗議する, 異議を唱える; 批難[批判]的発言をする **1** 主張する, 明言する **2**〔法〕有価証券の不払いを確認する **ーarsi** 再 自分の意志を明言する

protestatario 形 抗議の, 抗議[不同意]を表明する

protesto 男 (約束手形の)引受拒絶証書, 不渡り宣告

protettivamente 副 防護して, 保護の姿勢で

protettivo 形 保護の, 保護用の, 保護する

protetto¹ proteggere の過分

protetto² 男〔女[-a]〕お気に入り, 目をかけられている人

protettorato 男 保護国, 保護領

protettore 形〔女[-trice]〕**1** 保護者, 擁護者; 守護者 ―stato *protettore* 宗主国 **2** (売春婦の)ひも, ポン引き

protezione 女 **1** 保護, 愛護 ―*protezione dell'ambiente* 環境保護 / *protezione degli animali* 動物愛護 **2** 保護用の装置 **3**〔コン〕プロテクト **4** 救助, 援助 **5** 後援, 支援 **6** えこひいき, 偏愛

protezionismo 男 保護対策, 保護貿易

protezionista 男女〔複[男 -i]〕保護貿易論者; 環境保護論者 ― 形 保護貿易論の; 環境保護の

protezionistico 形〔複[男 -ci]〕保護貿易対策の, 保護貿易論の

protide 男 → proteina

protiro 男〔建〕(古代ローマの)住居の玄関の間; (初期キリスト教及びロマネスク様式の教会の)柱廊式小玄関

proto- 接頭 (時間・空間的に)「最初の」の意

protoattinio 男〔単数のみ〕〔化〕プロトアクチニウム

protocollare 他 (正式に)記録する, 記載する, 登記する ― 形 正式文書記載の, 文書通りの; 儀礼的な, 正式の

protocollo 男 **1** 公文書, 登記簿, 条約議定書; 外交儀礼 ―foglio *protocollo* 所定の用紙 **2** (コンピューターの)プロトコル

protomartire 男女 キリスト教信仰の最初の殉教者; 〔単数のみ〕聖ステファヌス

protone 男〔物〕陽子, プロトン

protoplasma 男〔複[-i]〕〔生物〕原形質

prototipo 男 原型, 模範; 試作品

protozoo 男〔生物〕原生動物, 単細胞動物

protrarre [122] 他 〔過分 protratto〕長引かせる, 延長する ― **arsi** 再 長くなる, 長引く

protrattile 形 (舌や爪が)外[前]に出せる

protratto protrarreの過分

protrazione 女 延長; 延期

protuberante 形 外に突き出た, 突起した, 隆起した; 腫れた, こぶになっている

protuberanza 女 隆起部分;《諺》こぶ

prov. 略 provincia 県

***prova** [プローヴァ] 女 **1** 試み, 試し ―cabina [camerino] di *prova* フィッティングルーム, 試着室 / fare una *prova* 試す / periodo di *prova* 試用期間 / *prova* di stampa 試し刷り **2** 試験, テスト ―*prova* scritta [orale] 筆記[口頭]試験 **3** 証拠, 証言 ―dare *prova* di coraggio 勇気があることを証明する **4** リハーサル ―fare le *prove* リハーサルをする / *prova* d'orchestra オーケストラ・リハーサル **5**〔スポ〕試合, 競技 **6** 試練 ― *a prova di...* …に耐えうる, …を予防する *a prova di bomba* 堅固な, 爆撃に耐えうるほどの *a prova di scasso* 盗難防止の

provabile 形 証明できる, 立証できる

provabilità 女 証明[立証]可能なこと

provapile 男 〔不変〕バッテリーチェッカー

***provare** [プロヴァーレ] 他 **1** 試す, 試みる ―Posso *provare* quella gonna? そのスカートを試着していいですか. **2**〔目的語をとらずに〕(a + 不定詞) …してみる ― *Proviamo* a risolvere questo problema. この問題を解決してみましょう. / Dai, *provaci!* ほら, 試してごらん. **3** リハーサルをする **4** (苦難を) 経験する, 味わう **5** 試験する, テストする **6** 証明する **7** (感情を) 感じる ― **arsi** 再 張り合う, 争う; (結果を得るために) 懸命になる

provatamente 副 確実に

provato 形 **1** 立証された, 実証済みの **2** 労苦の痕跡が分かる ―un viso *provato* dal dolore 苦痛でへとへとの表情

provatura 女 プロヴァトゥーラ(水牛の乳から作るラツィオ産のチーズ)

proveniente 形《da》…から来る, …に由来する

provenienza 女 出身地, 出所, 原産地; 源, 由来

provenire [127] 自〔es〕〔過分 provenuto〕《da》**1**…から来る, 出身である **2**…から生じる, 由来する

provento 男 収入, 所得, 収益

provenuto provenireの過分

provenzale 形 プロヴァンス(の人)の; 南仏(の人)の ― 男女 プロヴァンスの人 ― 男〔単数のみ〕プロヴァンス語

proverbiale 形 諺(ことわざ)の; 周知の, 評判の

proverbialmente 副 諺(ことわざ)で; 周知のように

***proverbio** [プロヴェルビオ] 男 諺(ことわざ), 格言

provetta 女 **1** 試験管 **2**〔工〕試験用の小片

provetto 形 経験を積んだ, 熟練した

Province Basche 固名(女複) バスク(地方)(ピレネー山脈西部, フランスとスペインにまたがる地域)

***provincia** [プロヴィンチャ] 女〔複 [-ce]〕**1** 県(州の下位にある地方行政区画) **2** (大都市に対して)田舎, 地方 ―abitare in *provincia* 田舎に住む / città di *provincia* 地方都市 **3** (古代ローマの) 属州 ▶ *provincia ecclesiastica* [カト] 教会管区

***provinciale** [プロヴィンチャーレ] 形 **1** 県の ―consiglio *provinciale* 県議会 / giunta *provinciale* 県政(評議会) **2** (都会に対して) 田舎の ― 〔カト〕教会管区長 (padre provinciale) ― 男女 地方出身者, 田舎の人 ― 女 県道

provincialismo 男 田舎根性, 田舎臭さ; お国なまり, 田舎言葉

provino 男 **1** オーディション **2** (印刷や写真の) 試し刷り, 試し焼き **3**〔工〕試験用の小片(provetta) **4** 試験管; 計量用の器具

provocabile 形 原因となりうる; 挑発されうる, 扇動されうる

provocante 形 挑発的な; 扇情的な

provocantemente 副 挑発的に, 刺激的に

***provocare** [プロヴォカーレ] 他〔io provoco〕**1** 引き起こす, 原因となる **2** 挑発する, 怒らせる; そそのかす, 扇動する; 情欲をそそる

provocatore 形〔女[-trice]〕扇動する, 挑発する ―insulto *provocatore* 挑発的な中傷 ― 男女〔女[-trice]〕扇動者

provocatoriamente 副 挑発的に, 扇動して

provocatorio 形 挑発的な, 扇動的な, (人を) 怒らせる, 挑戦的な

provocazione 女 挑発, 扇動, 教唆 ―Non reagire alle *provocazioni*. 挑発に乗るな.

provola 女 プローヴォラ(イタリア南部産の水牛の乳から作るチーズ)

provolone 男 プロヴォローネ(イタリア南部産の牛の乳から作るチーズ)

***provvedere** [プロッヴェデーレ] [126] 自〔過分 provveduto, provvisto〕**1** 用意する, 準備する ―*provvedere* al necessario per la gita 旅行に必要なものを用意する **2** 世話する, 養う, 面倒を見る ―*provvedere* alla famiglia 家族の面倒を見る **3** 対処する, 対策を講じる ― 他 与える, 持たせる, 世話をする ― **ersi** 再 自分のために用意する, 入手する

provvedimento 男 対策, 措置

provveditorato 男 (国の独立法人の) 監督機関, 監督庁 ―*provveditorato* agli studi 地方教育委員会

provveditore 男〖女[-trice]〗監督者, 管理部門の責任者 —*provveditore agli studi* 教育長

provvidenza 女 **1** (P-)神の摂理 **2** 僥倖(ぎょう), 幸運 **3** 奇特な人 **4** 用意, 支給; 対策

provvidenziale 形 **1** 神の摂理の, 神意による **2** 幸運な

provvidenzialità 女 都合のよいこと, 時宜を得ること

provvidenzialmente 副 **1** 神の摂理のおかげで **2** 思いがけなく, 幸運にも

provvido 形 先見の明のある, 目配りがきき, 将来の配慮ができる

provvigione 女 仲介料, 手数料

provvisoriamente 副 暫定的に, 仮に

provvisorietà 女 暫定性, 一時的であること

provvisorio 形 仮の, 一時の; 臨時の, 暫定的な

provvista 女 **1** 蓄え, 買いだめ[置き] **2**(銀行口座の)引出金, 預金

provvisto 形〖過分＜provvedere〗…を備えた; …の素質のある —*telefonino provvisto di videocamera* ビデオカメラ付きの携帯電話

prozac 男〖不変〗〖商標〗プロザック, 抗うつ剤

prozia 女 大伯母, 大叔母

prozio 男 大伯父, 大叔父

prr 間 (車やバイクの)アクセルをふかす音

prua 女 船首, 舳先(へさき); (飛行機の)機首

prudente 形 **1** 慎重な, 用心深い **2**《文》思慮深い, 賢明な

prudentemente 副 慎重に, 用心深く

prudenza 女 **1** 慎重さ, 用心深さ; 思慮深さ **2**〖神学〗分別(四つの基本徳のうちの一つ)

prudenziale 形 慎重な, 用心深い, 思慮深い —*misure prudenziali* 予防策

prudenzialmente 副 思慮深く, 慎重に

prudere 自〖複合時制なし〗かゆい — *La pelle prude.* 皮膚がかゆい. / *Sentirsi prudere* 体がかゆい / *Mi prude la lingua.* しゃべりたくてうずうずする. | 黙っていられない(私の舌がかゆい). / *Mi prudono le mani.* 殴りたくて手がむずむずする.

prugna 女〔植〕セイヨウスモモ, プラム — *prugna secca* プルーン —男〖不変〗プラム[濃紫]色 —形〖不変〗プラム[濃紫]色の

prugno 男 セイヨウスモモ[プラム]の木 —*prugno selvatico* スピノサスモモの木

prugnola 女 スピノサスモモの実

prugnolo 男 スピノサスモモの木

prunella 女 プラムの蒸留酒

pruneto 男 **1** イバラに覆われた場所[土地] **2** 厄介で込み入った状況[問題]

pruno 男〔植〕イバラ

pruriginoso 形 **1** かゆい, ちくちくする **2** そそられるような

prurito 男 かゆみ, むずがゆさ —*avere prurito alla schiena* 背中がかゆい

Prussia 固名 (女) プロイセン

prussianesimo 男 プロイセン[プロシア]の軍国主義精神

prussiano 形 プロイセン[プロシア]の; 権威主義の —男 **1**〖女[-a]〗プロイセン[プロシア]人 **2**〖単数のみ〗古プロイセン語

PS 略 **1** *Pubblica Sicurezza* 保安警察; *Polizia di Stato* 国家警察; *Partito Socialista* 社会党 **2** *Pesaro* ペーザロ

ps → pss

P.S. 略 *Post Scriptum* 追伸

PSDI 略 *Partito Socialdemocratico Italiano* イタリア社会民主党

pseudo- 接頭「偽りの」「見せかけだけの」の意

pseudocultura 女 えせ文化[教養]

pseudointellettuale 形 えせインテリの —男女 えせインテリ

pseudonimo 男 ペンネーム, 筆名, 雅号

pseudonotizia 女 もっともらしい偽のニュース

pseudoprofeta 男〖複[-i]〗偽[インチキ]占い師

pseudoscientifico 形 〖複[男 -ci]〗疑似科学の

pseudoscienza 女 疑似科学

PSI 略 *Partito Socialista Italiano* イタリア社会党(1994年に解散)

psi¹ 男〖不変〗プシー(Ψ, ψ) (ギリシャ語アルファベットの23番目の字母; ラテン文字のps に相当する)

psi² → pss

psicanalisi → psicoanalisi

Psiche 固名(女)〖ギ神〗プシュケー, プシケ(クピド[エロス]の妻. 息・魂・生命の意)

psiche 女〖不変〗**1** 精神, 心の働き全体 **2** 大型の鏡, 姿見

psichedelico 形〖複[男 -ci]〗幻覚を引き起こす; サイケデリックな —*droghe psichedeliche* 幻覚剤

psichiatra 男女〖複[男 -i]〗精神科医

psichiatria 女 精神医学; (病院の)精神科

psichiatrico 形〖複[男 -ci]〗精神医学の

psichicamente 副 心理学的に, 心理的に

psichico 形〖複[男 -ci]〗精神の, 心の, 心理的な —*trauma psichico* 精神的トラウマ

psico- 接頭「心(の)」「精神(の)」「心理的行動の」の意

psicoanalisi 女〖不変〗精神分析(学)

psicoanalista 男女〖複[男 -i]〗精神分析学者, 精神分析医

psicoanalitico 形〖複[男 -ci]〗精

psicoanalizzare 神分析の, 精神分析学の ―terapia *psicoanalitica* 精神分析療法

psicoanalizzare 他 精神分析を行う

psicoastenia 女〔医〕精神衰弱

psicofarmaco 男〔複 -ci〕向精神薬(鎮静剤・精神安定剤・抗うつ剤など)

psicofisica 女 精神物理学

psicofisico 形〔複〔男 -ci〕〕 1 精神物理学の 2 精神的物理的両面の

psicolabile 形 情緒障害に陥りやすい, 情緒障害の ―男 情緒障害者

psicologia 女 1 心理学 2 心理(状態) 3 心理分析

psicologicamente 副 心理的に, 心理学的に

psicologico 形〔複〔男 -ci〕〕心理学の; 心理的な

psicologismo 男 1〔哲〕心理主義 2〔文学での〕心理描写傾向

psicologista 男女〔複〔男 -i〕〕心理主義者 ―形 1〔哲〕心理主義の 2 心理描写傾向の

psicologistico 形〔複〔男 -ci〕〕 1〔哲〕心理主義の 2 心理主義的の

psicologo 男〔複 -gi〕女〔-ga〕1 心理学者 2 人の心が読める人, 心理を理解できる人

psicomotorio 形〔医〕精神運動の

psicopatia 女 精神病, 精神疾患

psicopatico 形〔複〔男 -ci〕〕精神病の, 精神病を患った ―男〔複 -ci〕女〔-a〕精神病患者

psicosi 女〔不変〕1 精神病 2 強迫観念, 恐怖, 集団ヒステリー

psicosomatico 形〔複〔男 -ci〕〕心身相関の ―disturbi *psicosomatici* 心身症

psicoterapeuta 男女〔複〔男 -i〕〕心理療法医, 心理療法士, 心理療法専門の精神分析学者

psicoterapia 女 心理[精神]療法, サイコセラピー

psicoterapista 男女〔複〔男 -i〕〕サイコセラピスト, 心理療法士

psicotico 形〔複〔男 -ci〕〕精神病の ―男〔女 -a〕精神病患者

PSIUP 略 Partito Socialista Italiano di Unità Proletaria プロレタリア統一社会党

psoriasi 女〔不変〕〔医〕乾癬(%)(慢性の皮膚角化疾患)

pss 間〔不変〕(注意を引くための音)しーっ

pst → pss

PT 略 1 Poste e Telecomunicazioni 郵便と電信(郵便局); Polizia Tributaria 税務警察 2 Pistoia ピストイア

Pt 略 platino〔化〕プラチナ, 白金

ptero-, -ptero 接頭, 接尾 「(鳥の)翼」「(昆虫の)羽」「魚の鰭(%)」の意

Pu 略(元素記号) plutonio〔化〕プルトニウム

pu 擬 → puh

puah 間〔嫌悪を表して〕ああ嫌だ

pubbli- 接頭 「公的(の)」「公(の)」の意

pubblicabile 形 公開できる, 広められる; 出版可能な ―libro *pubblicabile* 刊行できる本

pubblicamente 副 人前で; 公に

__pubblicare__ [プッブリカーレ] 他〔io pubblico〕1 出版する, 刊行する 2 公表する, 公示する

pubblicazione 女 1 出版, 刊行; 出版物, 刊行物 2 公布, 公示

pubblicista 男女〔複〔男 -i〕〕(新聞や雑誌の)フリーライター; 公法学者

pubblicistica 女 1 新聞や雑誌のライターの活動; 時事的性格の出版物 2 公法学者の研究[学説]

pubblicità 女 1 宣伝, 広告; コマーシャル ―*pubblicità* televisiva テレビコマーシャル / rivista piena di *pubblicità* 広告だらけの雑誌 2 公開

pubblicitario 形 宣伝[広告]の ―男〔女 -a〕広告業者

pubblicizzare 他 宣伝する, 公にする

pubblicizzazione 女 (製品や映画・舞台などの)宣伝; 流布, 公表

__pubblico__ [プッブリコ] 形〔複〔男 -ci〕〕1 公共の, 公衆の ―mezzi di trasporto *pubblico* 公共輸送機関 / servizio *pubblico* 公益事業 / giardino *pubblico* 公園 2 公の, 公的な, 公開の ―rendere *pubblico* 公開する ―男 一般の人々, 公衆; 観客, 聴衆 ▶ **in pubblico** 人前で, 公然と

pube 男〔解〕恥丘, 恥骨

pubertà 女 第二次性徴期, 思春期

Puccini 固名〔男〕(Giacomo ~) プッチーニ(1858-1924; イタリアの作曲家)

pucciniano 形 プッチーニの, プッチーニ風の, プッチーニのファンの ―男〔女 -a〕プッチーニのファン

pudibondo 形 内気な, 恥ずかしがりの; 慎み深い

pudicamente 副 恥ずかしそうに, はにかんで

pudicizia 女 謙遜, はにかみ, 内気

pudico 形〔複 -chi〕謙遜した, 控えめな, 内気な

pudore 男 1 恥じらい, 羞恥心 2 慎み, 遠慮

puericultore 男〔女 -trice〕1 小児学専門の小児科医 2 新生児保育の保父[保母]

puericultura 女 小児学

puerile 形 1 子供の, 子供らしい ―età *puerile* 幼年期 2 子供っぽい, 幼稚な; たわいもない, くだらない ―errore *puerile* つまらない間違い

puerilità 女 子供っぽさ, 幼稚さ; 子供じみた言動 ―fare *puerilità* 幼稚なことをする

puerilmente 副 幼稚に, 子供じみて

puerpera 女 (出産したばかりの)産婦, 産褥(%)期の女性

puerperale 形 産褥(%)期の

puerperio 男 (出産後60日以内の)産褥(さん)

puf, puff[1] 男 〖不変〗クッションタイプの椅子

puff[2] 男 1 シューッ(空気などが抜けていく音、蒸気機関車の音) 2 ポチャン、ドスン 3 フーフー(息を切らしてあえぐ音)

pugilato 男 ボクシング、拳闘

pugilatore 男 → pugile

pugile 男女 ボクシング選手、ボクサー

pugilisticamente 副 拳闘[ボクシング]に関して；こぶしをポキポキ鳴らして

pugilistico 形 〖複男 -ci〗ボクシング[ボクサー]の

Puglia 固名 (女) プーリア(イタリア南部の州；州都 Bari)

pugliese 形 プーリア(の人)の ——男女 プーリアの人 ——男 〖単数のみ〗プーリア方言

pugnalare 他 短剣で刺す、刺し殺す

pugnalata 女 1 短剣[短刀]での一刺し 2 思いがけない強烈な事件[言葉]

pugnalatore 男 〖女 -trice〗短剣で刺す人；裏切り者

pugnale 男 短剣、短刀、匕首(あいくち)

‡**pugno** [プーニョ] 男 1 握りこぶし 2 げんこつ、パンチ —tirare un *pugno* a... (人)にげんこつを食らわす / prendere a *pugni*... (人)を殴る 3 一握り(の量)；少数、少量 ►fare a *pugni* 殴り合う；相反する、合わない / Questa camicia *fa a pugni* con quella gonna. このシャツはあのスカートと合わない. *pugno di ferro* 厳しいやり方 *restare con un pugno di mosche* 何の収穫もなく[手ぶらで]戻る *tenere* (*avere*) *in pugno* 好きなように扱う、牛耳る

puh 感 プッ(唾を吐く音を表したもの) ——間 〖嫌悪や不快感を示して〗ああ

pula 女 もみ殻

pulce 女 〖虫〗ノミ —mercato delle *pulci* ノミの市 ►*mettere una pulce nell'orecchio a...* (人)に疑惑を抱かせる

pulciaio 男 ノミだらけの場所；ひどく不潔な所

pulcinaio 男 ひよこ[ヒナ]の飼育場

pulcinella 女 1 (P-)プルチネッラ(コンメディア・デッラルテの道化役) 2 軽薄で考えをむやみに変える人 ►*pulcinella di mare* 〖鳥〗ツノメドリ *segreto di Pulcinella* 公然の秘密(プルチネッラの「秘密」は誰でも知っていることから)

pulcinellata 女 プルチネッラがするような動き、道化のしぐさ、おどけた振る舞い

pulcinellesco 形 〖複男 -chi〗道化師のような、ふざけた、おどけた

pulcino 男 1 ヒヨコ 2 ひよっこ、幼い子供 3 世間ずれしていない人 4 (15歳以下の)少年サッカー選手 ►*bagnato come un pulcino* ずぶ濡れ *pulcino nella stoppa* 未熟者、世間知らずの甘ちゃん

pulcioso 形 ノミだらけの

puledro 男 〖女 -a〗 1 子馬；(サラブレッドの)新馬 2 落ち着きのない[元気な]若者

puleggia 女 〖複 -ge〗滑車

‡**pulire** [プリーレ] 他 〖io -isco〗 1 掃除する、よごれを落とす、きれいに手入れする —*pulire il pavimento* 床を掃除する / *pulire i vetri* ガラスを磨く 2 (余計なものを)取り除く 3 (金や instinctの袋を)掠め取る、身ぐるみはぐ 4 改良する、入念に仕上げる ——*irsi* 再 体のよごれを取る、体を洗う

puliscipenne 男 〖不変〗ペンふき、筆ふき

pulisciscarpe 男 〖不変〗靴磨き用クロス、靴拭きフト

pulita 女 さっと拭き取ること、一拭き、一磨き

pulitamente 副 1 正しく、誠実に；きちんと；礼儀正しく 2 きれいに

pulito 形 1 きれいな、清潔な 2 クリーンな(汚職をしない、環境を汚さない) 3 一文無しの ——男 清潔な場所、きれいな面

pulitore 男 〖女 -trice〗掃除人、清掃係

pulitura 女 1 清掃、掃除；磨き 2 修正、仕上げ

pulizia 女 1 清潔さ、清らかさ 2 〖複数で〗掃除 —*fare le pulizie* 掃除する ►*fare pulizia* (不用な物を)一掃する

pull 男 〖不変〗プルオーバー(pullover の略)

pullman 男 〖不変〗 1 〖英〗観光バス；(ロマンスシートの)バス 2 路線バス 3 特別客車

pullover 男 〖不変〗〖英〗セーター、プルオーバー

pullulare 自 〖io pullulo〗うようよ現れる、たくさんいる；あふれている —*Le strade pullulano di macchine.* 道路は車だらけだ.

pulmino 男 小型バス、マイクロバス

pulmistico 形 〖複男 -ci〗リムジン[観光]バス(を使って)

pulpito 男 1 (教会の)説教壇 2 (古代ローマの)講壇 3 (古代ローマの)演劇の舞台

pulsante 男 押しボタン、スイッチ ——形 脈打つ、振動する

pulsantiera 女 ボタンパネル

pulsare 自 脈打つ、振動する

pulsazione 女 1 脈拍 2 パルス 3 振動

pulsione 女 衝動、刺激；やる気、駆り立てられる気持ち

pulvinare 男 (古代ローマの)神々の像を置いた祭礼用の寝台；ローマ皇帝の寝台

pulviscolare 形 塵(ちり)の、埃(ほこり)の

pulviscolo 男 埃(ほこり)、塵(ちり)

pum 感 ボン(発砲や爆発の音)；ドスン(重々しい落下音)

puma 男 〖不変〗〖動〗ピューマ

pumfete 感 ドスン、ボシャッ(地面や水への鈍い落下音)

punch[1] 男 〖不変〗〖英〗パンチ(ラムやオレ

キュールに湯・砂糖・柑橘(かんきつ)類の皮などを混ぜた飲み物

punch² 男〔不変〕〔英〕(ボクシングの)パンチ

punctum dolens 成(男)〔ラ〕問題点, 弱点, 痛い所

pungente 形 1 先のとがった 2 ちくちくする, 鼻をつく; 肌を刺すような 3 辛辣な, 痛烈な; 胸を突く, 痛恨の —*ironia pungente* 辛辣な皮肉

pungentemente 副 ちくちくと, 刺すように

pungere [58] 他〔過分 punto〕1 刺す, 突く 2 (皮膚を)ちくちくさせる 3 (匂いや味が)ぴりっとする, つんとする (寒さが)刺す 5 (感情を)傷つける, かき乱す, 苦しませる 6 刺激を与える

pungiglione 男 毒針 —*pungiglione dell'ape [dello scorpione]* 蜂[サソリ]の毒針

pungitopo 男〔植〕ナギイカダ

pungolare 他 [io pungolo] 1 (牛を)突き棒でつつく 2 刺激する, 駆り立てる, 追い込む

pungolo 男 1 (牛を追うための)突き棒 2 刺激, 鼓舞, 奨励, 駆り立てること

punibile 形 罰せられうる, 処罰に値する, 罰すべき

punibilità 女 処罰の可能性, 処罰されうること

punico 形〔複[男 -ci]〕カルタゴ(人)の —*guerre puniche* ポエニ戦争

punire 他 [io -isco] 1 罰する, 処罰する 2 ペナルティーを科する, 損害を与える

punitivo 形 処罰的な, 処罰のための

punizione 女 1 罰, 懲罰 —*infliggere una punizione* 罰を科する 2〔スポ〕(サッカーの)ペナルティー —*calcio di punizione* ペナルティーキック

punk 形〔不変〕〔英〕パンクロックの —*musica [moda] punk* パンクロック[パンクファッション] —男〔不変〕パンクロック —女〔不変〕パンクスタイルの人

punse pungere の直・遠過・3 単

＊**punta¹** [プンタ] 女 1 (とがった)先, 先端; 矢尻;〔音〕爪の先端部 —*a punta* 先のとがった / *fare la punta a...* (物)の先をとがらせる / *con la punta delle dita* 指先で 2 ほんの少し, 微量 —*una punta d'aglio* ニンニク少々 3 頂点, ピーク; 山頂; 海に突き出た岬 4〔医〕脳波図の急な動き 5 馬のひづめの前の部分 6〔美〕ドライポイント(puntasecca) 7 集団の先頭, 前線 8〔スポ〕前衛 9《文》(刀剣による)傷; 感情の激しさ 10 激痛 11 最大値[量], ピーク 12 ワインの酸味 13 口調, 言葉のニュアンス ▶ *avere... sulla punta della lingua* 口から出かかっているが(思い出せない) / *contare sulla punta delle dita* 数少ない / *in punta di piedi* つま先立って, 忍び足で / *l'ora di punta* ラッシュアワー

punta² 女 猟犬が獲物を狙う姿勢, 猟犬の不動の姿勢

puntale 男 (とがった部分の)先, 先端部 —*puntale dell'ombrello* 傘の先

puntamento 男 照準を合わせること, 狙いをつけること

＊**puntare** 他 1 突き付ける, 強く押し当てる —*puntare i piedi* 足を踏ん張る; 頑として譲らない, 踏みとどまる 2 (目標に)向ける, ねらいを定める —*puntare lo sguardo su...* …を見つめる 3 賭ける 4 (犬が)獲物を嗅ぐ 5〔直接目的語をとらずに〕(su)信頼する, 頼る 6 ピンで留める —自 1 攻撃する 2 (verso) 向かう, …の方へ進む 3 (a) 狙いを定める

puntasecca 女〔美〕ドライポイント(銅版画の技法); ドライポイントで仕上げた作品; ドライポイント用の道具

puntaspilli 男〔不変〕ピンクッション, 針山 —形〔不変〕針山の —*cuscino puntaspilli* ピンクッション

puntata 女 1 (刀剣類による)一突き, 一刺し 2 (駆け足の)小旅行, 観光 3 賭け, 賭け金 4 (連続テレビ小説などの)一話 5〔スポ〕(サッカーなどで敵への)反撃

puntatina 女 ちょっと訪れること, 立ち寄ること

puntato 形 狙いをつけられた, 向けられた; 突っ張った, 押し当てられた

punteggiare 他 [io punteggio] 1 点々をつける, 点描する —*punteggiare delle linee* 点[点々]を打つ 2 句読点を打つ; 中断する

punteggiatura 女 点描, 点々, 斑点; 句読点

punteggio 男 得点, 点数, スコア

puntellamento 男 支柱での支え, 補強

puntellare 他 支柱で支える; 補強する

puntellatura 女 支柱で支えること, 強化すること, 補強

puntello 男 1 支えになる大きな梁(はり); 突っ張り棒 2 (経済的または精神的に)支えてくれる人

punteria 女〔機〕タペット;〔軍〕照準装置

punteruolo 男 千枚通し, 錐(きり)

puntiforme 形 小さな点のような, 点状の —*macchia puntiforme* 点のような染み

puntiglio 男 1 片意地, 意固地 —*per puntiglio* 意地になって 2 大きな意欲

puntigliosamente 副 意地を張って, かたくなに

puntigliosità 女 片意地, 頑固

puntiglioso 形 1 頑固な, 強情な 2 正確な, 入念な

puntina 女 1 画鋲(びょう) 2 レコード針 3 極少量 —*aggiungere una puntina di sale* ごくわずかの塩を加える

puntinismo 男〔美〕点描, 点描主義

puntino 男 1 小さな点 2 (省略を表す)点々 —*puntini puntini* 等々 ▶ *a puntino* 入念に; ぴったりに, きちんと

＊**punto¹** [プント] 男 1 点, ピリオド —*punto di vista* 視点, 観点 / *Punto e*

punto basta! 《口》これでおしまい！〔きっぱりと終わりにする時に用いる言い方〕 **3** 《i の i の点；〔音〕付点，スタッカートの点 **3** 得点 **4** (特定の)場所 —*punto debole* 弱点 / *punti cardinali* 東西南北 **5** (特定の)時点; (特定の)度合，段階 —*a buon punto* いいタイミングで，はかどって / *a un certo punto* ある時点で / *essere sul punto di...* …するところである **6** (裁縫や編み物の)縫い目，編み目；織り目 **7** (手術糸を縫った)針数 —*togliere i punti* 抜糸する **8** (視界の遠くにある)点のような物体の姿 **9** 問題点，論点 **10** (話や文章のある)箇所 **11** (書類を留めるための)クリップ **12** 進行の程度，進み具合 **13** (クーポンやカードの)ポイント **14** (貴金属の)カラット **15** 〔印〕(活字の)ポイント ▶ *arrivare* [*giungere*] *a tal punto che...* …するほどまで *di tutto punto* 完全に，完璧に *due punti* コロン(:) *mettere a punto* 整える，調整する *punto e virgola* セミコロン(;)

punto² pungere の過分

punto³ 厖〔トスカーナ〕〔否定文で〕何の…も —代(不定)〔トスカーナ〕〔単数のみ〕何一つ —副〔トスカーナ〕〔否定文で〕全く…ない

puntuale 厖 **1** 時間を厳守する，遅刻しない，期限を守る —*I treni sono puntuali.* 列車は時間通りに運行している．**2** (分析や報告が)正確な **3** 〔言〕(動詞が)瞬時相の **4** 〔数〕点の

puntualità 囡 時間厳守；正確さ，几帳面さ

puntualizzare 他 正確にする，明確にする

puntualizzazione 囡 明確化

puntualmente 副 時間厳守で；明確に，詳細に

puntura 囡 **1** 刺し傷 **2** 注射 **3** 刺すような痛み，激痛

puntuto 厖 **1** とがった，先の鋭い **2** 視線の鋭い，見抜くような

punzecchiamento 男 **1** ちくちく刺すこと，つつくこと，揶揄(ゃゆ)

punzecchiare 他 〔io punzecchio〕 **1** (先のとがったもので)ちくちく刺す **2** 皮肉を言って悩ませる，からかう，揶揄(ゃゆ)する

punzecchiatura 囡 → punzecchiamento

punzonare 他 金型(_{かながた})で圧印する；(金属板に)穴をあける

punzonatrice 囡 押し抜き機

punzonatura 囡 圧印，打印；押し抜き

punzone 男 金型(_{かながた})；穿(_{うが})孔機，錐(_{きり})

può potere の直・現・3 単

puoi potere の直・現・2 単

pupa¹ 囡 お人形；可愛い女の子，かわい子ちゃん

pupa² 囡 〔虫〕さなぎ

puparo 男〔女 [-a]〕シチリアのマリオネット芝居の劇場主；マリオネットの人形師

pupattola 囡 **1** 人形 **2** 頭の弱い［軽薄な］若い美人

pupazzetto 男 **1** (子供が描くような)人物画，カリカチュア **2** 小さなぬいぐるみ

pupazzo 男 **1** 人形，操り人形 —*pupazzo di neve* 雪だるま **2** 操り人形のような人，自主性に欠けた人

pupilla 囡 **1** 瞳孔，目；〔複数で〕瞳，目 **2** 非常に大切な人［もの］

pupillo 男〔女 [-a]〕**1** 〔法〕被後見人，被保護者 **2** お気に入り

pupo 男〔女 [-a]〕小さい男の子，赤ちゃん；(シチリアの)人形劇の人形

pupù 男〔不変〕〔幼〕うんち

pur pure の語尾切断形 —*pur* + ジェルンディオ たとえ…でも

puramente 副 純粋に；悪意なく，混ぜ物なしで；単に

purché [プルケ] 接〔接続法とともに〕ただし…するという条件つきで —*Andremo al mare domenica prossima purché non piova.* 雨が降らないのなら次の日曜に海に行こう．

purchessia 厖〔不変〕どんな…でも，何の…でも —*fare un lavoro purchessia* どんな仕事でもする —副 何とかして，どうにかこうにか

pure [プーレ] 接 **1** …もまた；…だけれども；それでも；おまけに，その上 —*È capricciosa, pure mi piace.* 彼女はわがままだけれど，それでも私は好きだ．**2** 〔pur + ジェルンディオの形で〕たとえ…であっても **3** 〔benché, sebbene + 接続法 とともに強意で〕〔文〕それでも —副 **1** やはり，とにかく **2**〔命令法とともに〕どうぞ，遠慮なく —*Entra pure!* どうぞ入って．▶ *pur di* + 不定詞 …するために，…するためなら *pure se...* …であっても，…にかからず / *Pure se farai tardi, passa da me.* 遅くなっても立ち寄ってくれ．*sia pure* たとえ…でも

purè 男 ピューレ(野菜の裏ごし)

purea 囡 → purè

purezza 囡 **1** 澄み切った美しさ **2** 清らかさ，清純さ **3** (言語などの)純正さ

purga 囡 **1** 下剤 **2** 浄化 **3** 追放，パージ

purgante 厖 浄化する，清める —男 下剤

purgare 他 **1** 浄化する，清める **2** (食料品の)よごれを取る，不純物を除去する **3** 下剤を与える **4** (文書などの)誤りを訂正する —**arsi** 再 **1** 下剤を飲む **2** 魂のけがれを浄化させる，身を清める

purgativo 厖 下剤の，お通じの

purgatorio 厖 **1**〔カト〕煉(_{れん})獄．—il *Purgatorio* (ダンテの『神曲』の)煉獄篇 **2** 苦悩

purificare 他〔io purifico〕不純物を取り除く，純化する；清める，浄化する

purificatore 厖〔女 [-trice]〕魂を浄化する，罪を清める；(心や体を)リフレッシュする —男〔女 [-trice]〕**1**〔工〕浄化【精製】のプロセス担当係 **2** 儀式で清める人

purificatorio 形 浄化[純化]作用のある

purificazione 女 純化, 浄化; 清めること

purismo 男 1 言語純化運動, 国語純化論 2 《美》純粋主義

purista 男女〔複[男 -i]〕言語純化論者 ―形〔複[男 -i]〕言語純化論の ― movimento *purista* 言語純化運動

puristicamente 副 言語純化論の考えに従って

puristico 形〔複[男 -ci]〕言語純化論の

puritanesimo 男 1 ピューリタニズム, 清教徒主義 2 厳し過ぎる道徳的態度

puritano 形 1 清教徒の, 清教徒主義の 2 厳格過ぎる道徳の ―男〔女[-a]〕清教徒; 厳格なモラリスト

*__puro__ [プーロ] 形 1 純粋な ―*oro puro* 純金 2 澄み切った;（空が）雲一つない 3 潔白な, けがれていない 4 清純な, 純情な 5 本物の, 他意のない 6 （言語などが）元のままの, 純正の;（学問が）理路整然とした, 理論的な 7 〔哲〕純粋の 8 単純な, 単なる ―男〔女[-a]〕正直な人, 純粋な人 ▶ *per puro caso* 全く偶然に / *per pura curiosità* ほんの好奇心から

purosangue 男女〔不変〕純血種, サラブレッド ―形〔不変〕1 純血種の 2《謔》（何代にもわたって）土地に住み着いている

purpureo 形 紫色の, 紫がかった, 赤紫色の ―男 紫色, 赤紫色

*__purtroppo__ [プルトロッポ] 副 あいにく, 残念ながら ―*Purtroppo stasera non posso venire alla festa.* 残念ながら, 今夜はパーティーに行けない.

purtuttavia → tuttavia

purulento 形 膿(う)が出る, 化膿(のう)する

pus 男〔不変〕膿(う)

pusillanime 形 臆病な, 弱気の; 卑怯(ひきょう)な ―男女 臆病な人間

pusillanimità 女 臆病さ, 気弱な態度

pustola 女〔医〕おでき, 出来物, 腫れ物

pustoloso 形 おできの, 吹き出物の; 吹き出物だらけの

putacaṣo, puta caṣo 副 ひょっとして, 仮に

putativo 形 想定上の, 噂では

putiferio 男 大騒ぎ, 騒動

putredine 女 腐敗; 堕落

putrefare [53] 自〔過分 putrefatto〕腐る, 傷む ―他 腐らせる ―**arsi** 再 腐る, 傷む; 堕落する, 腐敗する

putrefattivo 形 腐敗の, 腐敗させる

putrefatto 形〔過分 < putrefare〕腐った, 腐敗した; 堕落した

putrefazione 女 腐敗; 堕落

putrella 女〔建〕桁(けた), 建築構造用鋼

putrescente 形 腐りつつある, 腐敗状態の

putrescibile 形 腐敗しやすい

putrido 形 1 腐った, 腐敗した ―*odore putrido* 腐敗臭 2 堕落した ―男〔単数のみ〕腐敗, 堕落

putridume 男 1 腐敗物 2 退廃, 堕落

puttana 女 1 娼婦, 売春婦; あばずれ, 尻軽女 2 （私利私欲のために）寝返る人間 ―形〔女性形のみで〕（強調して）ひどい, いまいましい

puttanaio 男《口》1 乱雑で汚い所; 混乱, 大騒ぎ 2 厄介ごと, 面倒なこと 3 大量 ―*un puttanaio di gente* たくさんの人々

puttanata 女 1《俗》愚かなこと, くだらないもの 2 悪業, 裏切り行為

puttaneggiare 自〔io puttaneggio〕1 売春をする; 売春婦のように振る舞う 2 曖昧な態度をとる

puttanella 女 1 ふしだらな若い娘 2 プッタネッラ（イタリア南部のブドウの品種）

puttanescamente 副 売春婦[娼(しょう)婦]のように

puttanesco 形〔複[男 -chi]〕売春婦[娼婦]の ―*spaghetti alla puttanesca*〔料〕娼(しょう)婦風スパゲッティ

puttaniere 男 売春婦の常連客; 女たらし

putto 男〔女[-a]〕1《美》（裸体の）キューピッドや天使の画像, プット 2 幼児

putupum 擬 ポン, ポン（落下音や爆発音）

puzza 女〔北伊〕《文》→ puzzo

puzzacchiare → puzzicchiare

puzzare 自 1 悪臭を放つ 2（di）…の匂いがする, …の気配がする ―*puzzare di pesce* 魚臭い / *Questa roba puzza di furto.* これはきっと盗品だよ. 3 うんざりさせる, 嫌悪を催させる

puzzicchiare 自〔io puzzicchio〕かすかに悪臭を放つ, 少しにおう

puzzle 男〔不変〕《英》ジグソーパズル; クロスワード; パズル, なぞなぞ

puzzo 男 1 悪臭, 鼻につく匂い ―*puzzo di bruciato* 焦げ臭い匂い 2（嫌な）気配, 兆し, 匂い

puzzola 女〔動〕イタチ

puzzolente 形 悪臭を放つ, 臭い, 嫌な匂いの

PV 略 Pavia パヴィーア

p.v., p/v 略 prossimo venturo〔通信文で〕次の ―il 20 p.v. 来月の20日

PZ 略 Potenza ポテンツァ

P. za 略 Piazza 広場

Q, q

Q, q¹ 女, 男（イタリア語アルファベットの）15番目の字母 ―*Q come Quarto*〔符丁〕クアルトの Q

q² 略 quintale 100キログラム; qua-

drato 平方
qasba 囡 →casbah
Qatar 固名(男) カタール
qatariota 形 [複[男 -i]] カタール(人)の —男女 [複[男 -i]] カタール人
q.b. 略 quanto basta 適量
qc. 略 qualcuno 誰か
q.c. 略 qualcosa 何か
q.co 略 qualcosa 何か
q.cu 略 qualcuno 誰か
QI 略 Quoziente d'Intelligenza 知能指数
qlco. 略 qualcosa 何か
qlcu. 略 qualcuno 誰か
q.pl. 略 quantum placet 〔薬〕任意量

*__qua__ [クァ] 副 **1** こちら[こっち](へ, に, で) —di qua こちらから / di qua di... …のこちら側に **2**〖questo や ecco を強めて〗こちら, では **3** この局面で, この時点で ▶ al di qua di... …のこちら側で　da quando in qua? いつから？　di qua e di là あちこちに

quaccherismo 男 クエーカー教徒の活動
quacchero 男 [女[-a]] クエーカー教徒 —形 クエーカー教徒の —alla quacchera 気軽に, 格式張らずに
quacquerismo → quaccherismo
quacquero → quacchero
quad 男 クワッド(熱量の単位)
quaderna → quaterna
*__quaderno__ [クァデルノ] 男 **1** ノート, 帳面 —quaderno di cassa 帳簿, 会計簿 **2** 定期刊行物の分冊
quadra[1] 囡 角括弧(parentesi quadra)
quadra[2] 囡 **1** 〔中伊〕ケーキやフォカッチャの一切れ **2**〔北伊〕四角の床, やり方 —trovare la quadra 同意に達する
quadrabile 形 〔帳簿で〕帳尻を合わせられる —bilancio non quadrabile 合わない勘定
quadragesima 囡 四旬節(quaresima) —domenica di quadragesima 四旬節の第一日曜日
quadragesimale 形 四旬節の(quaresimale)
quadragesimo 形 40番目の(quarantesimo)
quadrangolare 形 **1** 四角形の **2** 〔スポ〕4チーム総当たり制の
quadrangolo 男 四角形 —男 四角形
quadrante 男 **1** 〔幾〕象限, 四分円 **2** 文字盤 —il quadrante dell'orologio 時計の文字盤 |)| quadrante solare 日時計
quadrare 他 **1** 四角形にする, 面積を正方形で表す **2**〔数〕2乗する **3** 帳尻を合わせる —自 [es/av] 合致する, 気に入る —La sua opinione non mi quadra per niente. 彼の意見は私には全く気に入らない.

quadratico 形 〔複[男 -ci]〕〔数〕二次の, 平方の
*__quadrato__ [クァドラート] 形 **1** 正方形の, 四角い **2** 平方の —cento metri quadrati (= 100 mq) 100平方メートル **3** まじめな, 良識のある **4** たくましい, がっしりした —男 **1** 正方形, 四角 **2**〔数〕2乗—Il quadrato di 4 è 16. 4の2乗は16. **3** 〔格闘技の〕リング **4**〔軍〕円陣, (軍艦内の士官・下士官用の)食堂
quadratura 囡 **1** 四角形にすること; 求積法 —la quadratura del cerchio 定規とコンパスでは解けない問題, 解決不可能な問題 / quadratura mentale 明確な考え **2**〔数〕2乗すること; 直角位相 **3** 帳尻を合わせること **4**〔美〕(天井を装飾するための)遠近法による絵画, クアドラトゥーラ(建築と絵画の区別をつかなくする手法)
quadraturismo 男 〔美〕クアドラトゥーラの手法による絵画(の種類)
quadraturista 男女 〔複[男 -i]〕〔美〕クアドラトゥーラを用いる画家 —形 〔複[男 -i]〕〔美〕クアドラトゥーラ(を用いる画家)の
quadrello 男 〖1のみ複[le quadrella]〗 **1** (中世の)投げ槍(⸺), 矢, 短剣 **2** 補強用のひし形のまち, (手袋の指と指の間の)当て布 **3** 子牛, 豚, 羊の腰肉 **4** (椅子張り職人が使う)太い針 **5**〖複[男]で〗四角いパスタ **6** おとりに使う小鳥を入れる四角い鳥かご **7** 定規(righello)
quadreria 囡 画廊; 絵画の収集
quadretta 囡 ボッチェのプレーヤー4人から成るチーム
quadrettare 他 格子縞(⸺)をつける
quadrettato 形 格子縞(⸺)模様の —pavimento quadrettato 格子縞, 碁盤縞の床
quadrettatura 囡 格子縞(⸺)をつけること, 格子縞の網(⸺)目
quadretto 男 **1** 小さい四角なもの, 小さな絵 —tovaglia a quadretti チェックのテーブルクロス / carta a quadretti 方眼紙 **2** (人の気をひく)ちょっとした情景 **3**〖複[男]で〗スープ用の小さい四角いパスタ
quadri- 連結 「4」の意
quadrica 囡 〔数〕二次方程式で表される曲線[面]
quadriciclo 男 (16歳以上オートバイ免許で乗れる)軽四輪車
quadricipite 男〔解〕太腿四頭筋
quadricromia 囡〔印〕CMYK(シアン・マゼンタ・イエロー・ブラックの4色印刷)
quadridimensionale 形 四次元の
quadridimensionalità 囡 四次元であること
quadriennale 形 4年間の; 4年ごとの —囡 クアドリエンナーレ(4年ごとに開催される美術展) —la quadriennale di Roma ローマ・クアドリエンナーレ
quadriennalmente 副 4年ごとに
quadriennio 男 4年間
quadrifoglio 男 **1** 四つ葉のクローバー

2 四つ葉型のインターチェンジ

quadrifonia 囡 4チャンネルの音響システム

quadrifonico 形〔複〔男〕-ci〕〕4チャンネルステレオの —sistema sonoro quadrifonico 4チャンネルステレオシステム

quadrifora 囡〔建〕(3本の柱で)四分されている窓(finestra quadrifora) —形〔窓が3本の柱で〕四分された

quadrifronte 形 四つの正面がある

quadriga 囡〔古代ローマの〕四頭立て二輪戦車

quadrigario 形 四頭立て二輪戦車の —男 四頭立て二輪戦車の御者

quadrigato 男〔ローマ帝国で紀元前251年に鋳造された〕銀貨(裏に四頭立て二輪馬車が刻まれている)

quadrigemino 形 四つ子を妊娠している, 四つ子の出産の

quadrigetto 男 4発ジェット機

quadriglia 囡〔音・舞踊〕カドリール

quadrigliati 男複 カドリール(トレッセテに似た4人2組で行うカードゲームの一種)

quadriglio → quadrigliati

quadrilatero 男 四辺形 —形 四辺形の

quadrilingue 形〔複[quadrilingui]または不変〕4言語を話す, 4か国語で書かれた —男囡 4言語を話す人

quadrilione 男 (イタリア・フランス・米国の)100兆, (ドイツ・英国の)100万の4乗(10の24乗)

quadrilobato 形 4枚の葉を呈する —foglia quadrilobata 4枚葉

quadrilobo 形〔植〕4枚の葉を持つ —男〔建〕ゴシック様式の装飾のモチーフで)4枚の葉や花弁の形をしたもの

quadrilocale 形 台所とバスルームの他に4部屋のある住居

quadrilogia 囡〔劇・オペラなどの)四部作;〔古代ギリシャの)四部劇(tetralogia)

quadrilustre 形 20年の, 20年ごとの(ventennale)

quadrimestrale 形 4か月の, 4か月続く; 4か月ごとの

quadrimestralità 囡 4か月間; 4か月の定期

quadrimestralmente 副 4か月ごとに

quadrimestre 男 4か月; 学期

quadrimotore 形 4発ジェットエンジンの飛行機 —男 4発ジェットエンジンの

quadrinomio 男〔数〕四項式

quadripartire 他〔io -isco〕四つの部分に分ける, 四分割する

quadripartitico 形〔複[男]-ci〕四政党連立の

quadripartito 形 四つの部分に分けられた; 四政党連合の —男 四政党連立内閣

quadripartizione 囡 四分割

quadripetalo 形〔植〕四つの花弁を持つ

quadripolare 形〔電〕4端子の

quadripolo 男 4端子の電気回路

quadriportico 男〔複[-ci]〕〔建〕四角い中庭を囲む回廊

quadriposto 形〔不変〕(飛行機や船の)4座席の —男〔不変〕4人乗りの飛行機[船, 乗り物]

quadrireattore 男 4発ジェット機(quadrigetto)

quadrireme 囡〔古代ローマの〕櫂(かい)が4段のガレー船

quadrirotore 形〔不変〕ローター(回転翼)が四つの —elicottero quadrirotore 4ローターヘリコプター

quadrisillabico 形〔複[男]-ci〕〔言〕4音節語の

quadrisillabo 形〔言〕4音節語の;〔詩〕4音節詩行の —男〔言〕4音節語;〔詩〕4音節詩行(quaternario)

quadrittongo 男〔複[-ghi]〕〔言〕(1音節中での)四つの母音あるいは半母音連続

quadrivalente 形〔化〕原子が4価の

quadrivio 男 **1** 十字路, 四つ角の交差点 **2**〔歴〕中世の大学の四科(算術・幾何学・天文学・音楽)

‡**quadro**[クアードロ] 形 **1** 四角い **2** たくましい, がっしりした **3**〔数〕平方の —男 **1**(額縁に入った)絵, 絵画 **2** 光景, 場面, 描写 **3** 四角 —a quadri 格子縞(じま)の **4** 図表 **5**(テレビの)画面, (映画の)カット, (劇の)場 **6**〔複数で〕(トランプの)ダイヤ —carta di quadri ダイヤの札 **7**〔電〕配電盤, 計器盤 **8**〔複数で〕〔軍〕士官(名簿) **9**(政治や会社組織の)幹部 ▶ **testa quadra** 頑固者, 石頭

quadrotta 囡 紙の特殊な寸法の判(27cm × 42cm)

quadru- → quadri-

quadruccio 男〔複数で〕スープに入れる小さい四角形のパスタ(quadretto)

quadrumane 形(猿を指して)4本の手の —男 猿(scimmia)

quadrumvirale 形 四頭政治のメンバーの

quadrumvirato, quadrunvirato 男〔古代ローマの〕四頭政治; 4人で形成される指導集団

quadrumviro, quadrunviro 男 四頭政治のメンバー

quadrupede 男 四本足の動物 —形 四本足の

quadruplatore 男 古代ローマの公職の告訴人(有罪となった被告の没収財産の4分の1を受け取った)

quadruplicare 他〔io quadruplico〕**1** 4倍にする **2** 大幅に増やす —**arsi** 再 4倍になる

quadruplicazione 囡 4倍にすること, 4倍になること

quadruplice 形 四つの部分[要素]から成る —Quadruplice Alleanza 四国

quadruplicità 囡 4要素から成ること

quadruplo 形 4倍の —男 4倍

quadrupolo 男〔電〕4端子

quagga 男〔不変〕〔動〕クアッガ(アフリカ南部に生息していたシマウマに似た動物)

quaggiù 副 **1** この下で **2**（南北の南を示唆して）こちらか[では] **3**（あの世に対して）この世に

quaglia 囡〔鳥〕ウズラ

quagliare 自 [es]（io quaglio）**1**〔中伊・南伊〕凝結する，凝乳する **2** 望ましい結論に達する

quagliere 男 ウズラのオスの鳴き声に似た鳥笛，鶉笛(ﾌﾟｽﾞﾗ)

quagliodromo, quagliòdromo 男 ウズラ狩り用の犬を訓練する囲いのある場所

quai 男〔不変〕〔仏〕**1** 駅のプラットホーム **2** 岸壁，突堤 **3** 川岸

***qualche** [クァルケ] 形〔不定〕〔不変〕**1**（常に数えられる名詞の単数形に前置して）いくらかの，数… —*qualche* mese fa 数か月前に **2** 何[いつ，どこ]か… —*da qualche* parte どこかで

qualcheduno → qualcuno

***qualcosa** [クァルコーザ，クァルコーザ] 代〔不定〕〔単数のみ〕**1** 何か —*qualcosa* di bello [buono, nuovo, speciale] 何かいいこと[おいしいもの，変わったこと，特別なもの] / *qualcosa* da mangiare [bere] 何か食べる[飲む]物 / *qualcos*'altro ほかに何か，何かほかに **2**（皮肉で）大量，かなりのもの；〔副詞的〕ずいぶん **3**（文）〔副詞的のみ〕いくぶん，一部分は —男〔単数のみ〕**1**（不定冠詞 un を前置して）何か，あるもの **2** ひとかどの人物，重要な人

***qualcuno** [クァルクーノ] 代〔不定〕〔女 [-a]〕〔単数のみ〕**1** 誰か **2** 何人か；いくつか —*qualcun* altro 誰かほか[別]の人 / *qualcun*'altra 誰かほか[別]の女性 —男〔単数のみ〕立派な人，偉い人 —*diventare qualcuno* 出世する

***quale** [クアーレ] 代 **1**〔疑問代名詞〕どちら，どれ；何，誰 —*Qual* è la tua macchina? 君の車はどれ[どちら]? / *Quale* preferisci, A o B? A と B のどちらがいい? / *Qual* è il tuo sport preferito? 君の一番好きなスポーツは何ですか. / *Quale* delle tre è più brava? （女性）三人のうちで一番上手[優秀]なのは誰ですか. / *Qual* è il tuo indirizzo [numero di telefono]? 君の住所[電話番号]は? **2**〔関係代名詞：常に定冠詞とともに先行詞の性・数に対応〕…であるところの —Questo è l'ufficio nel *quale* lavora mio padre. ここが僕の父が働いている事務所です. / La zia di Carlo, la *quale* abita a Milano, arriverà domani. カルロの叔母さん，彼女はミラノに住んでるんだけどね，あした来るんだよ. —形 **1**〔疑問形容詞〕どのような，どういう —*Quali* fiori pensi di regalarle? どんな花を彼女にプレゼントするつもり? / *Quale* genere di libri leggi? どういうジャンルの本を読むの. / Non so *quale* abito mettere. どんな服を着たらいいか分からない. / A *quale* domande non hai saputo rispondere? どういう質問に答えられなかったの. / Per *quale* ragione [motivo]? なぜ?（どういうわけ[理由]で） **2**（come と同義）…のような，…といった —poeti *quali* Leopardi e Pascoli レオパルディやパスコリのような詩人 / in una grande città, *quale* Parigi o Londra パリとかロンドンといった大都市では —間（特に喜怒哀楽の名詞とともに）何とも言えないほどの —*Quale* gioia [orrore, disgrazia]! 感激[恐ろしい，ひどい]! ▶ *tale e quale* (*a*...) (…に)よく似た，そっくりの

qualifica 囡 **1**（人物評価としての）呼名；呼ばわり，レッテル **2**（専門職の）資格

qualificabile 形 評価しうる，見なしうる

qualificante 形 重要な，顕著な

qualificare 他（io qualifico）**1** 特徴づける，目立たせる；修飾する **2** 評価する，見なす；評定する，判定する **3** 資格を与える —*arsi* 再 **1** 自称する，自ら名乗る **2** 資格を得る

qualificativo 形 特性を表す，特徴づける —aggettivo *qualificativo*〔言〕品質形容詞

qualificato 形 **1** 有能な，適した —personale *qualificato* 有能なスタッフ **2** 専門知識のある **3** 信頼される，確かな **4**（社会的に）上流の **5**〔法〕（刑を）加重された

qualificatore 男〔女 [-trice]〕評価者 —形〔女 [-trice]〕評価する，判定する

***qualità** [クァリタ] 囡 **1** 質，品質，性質，特性 **2** 美徳，美点 **3** 種類，タイプ —*diverse qualità* 様々な種類 ▶ *di qualità* 高品質の，高級な *in qualità di*... …として

qualitativamente 副 質の点から

qualitativo 形 質に関する —analisi *qualitativa*〔化〕定性分析 —男（商品の）品質

qualora 接〔接続法とともに〕万一…の時には —*Qualora* avvenissero dei cambiamenti, ditemelo. 万一変更がある場合には，私に言ってください.

***qualsiasi** [クァルスィーアスィ] 形〔不定〕〔不変〕（主に特殊名詞に前置して）どんな[いかなる]…でも；（名詞に後置させて）ありきたりの，ありふれた —*in qualsiasi* momento いつでも（いつでも）/ *qualsiasi* cosa 何でも（どんなことでも）/ una marca *qualsiasi* どんな銘柄でも / un giorno *qualsiasi* いつでも（いつの日でも） / una penna *qualsiasi* どんなペンでも（ペンなら何でも） —代〔不定〕

【選択を求められた返事に】何でも, 誰でも

qualsivoglia (不定)〔不変または複[qualsivogliano]〕どんな…でも(qualsiasi)

‡**qualunque** [クァルンクェ] 形 (不定)〔単数のみ〕**1**〔常に単数名詞に前置して; 接続法とともに〕どんな［いかなる］…でも —*qualunque* cosa accada 何が起こっても / *qualunque* cosa tu dica [faccia] 君が何を言っても[しても] / *qualunque* sia il prezzo 値段がいくらであっても / *Vedrò qualunque* film tu voglia consigliarmi. 何かいい映画あったら教えて, 何でも見るから(君が僕に薦めたいような映画ならどれでも見るよ). **2**〔名詞に後置させて〕ありきたりの, ありふれた —*uomo qualunque* ありふれた人間, 凡人

qualunquismo 男 **1**〔歴〕クアルンクイズモ(第二次世界大戦中ローマで起こった, どんな人間の権利も守るという運動) **2** 政治や社会問題に無関心な態度

qualunquista 男女〔複[男 -i]〕**1**〔歴〕Uomo Qualunque (どんな人間でも)運動の追従者 **2** 政治や社会問題に無関心な人, ノンポリ —形 ノンポリの

qualunquisticamente 副 クアルンクイズモ風に, ノンポリに

qualunquistico 形〔複[男 -ci]〕クアルンクイズモの, ノンポリの

qualvolta, qual volta 接 …するごとに, …するたびに(ogniqualvolta)

quandanche 接〔接続法とともに〕たとえ…でも —*Quandanche* lavorassi fino a tardi, non riusciresti a finire entro oggi. たとえ遅くまで働いても, 今日中に終われないよ.

‡**quando** [クァンド] 副(疑問) いつ —*Quando* saranno pronte le foto? 写真はいつ出来上がりますか. / Da *quando* lavori qui? いつからここで働いているの. / Di *quando* è questa chiesa? この教会はいつ頃[どの時代]のものですか. / Fin *quando* pensi di restare qui? いつまでここにいる[滞在]するつもりなの. / Per *quando* devi finire? いつまでに仕上げないといけないの. / Per *quando* prenoti il biglietto? チケットはいつの分を予約するの. —接 **1** …するとき —*Quando* leggo, uso gli occhiali. 読むときは眼鏡をかける. / Da *quando* lavoro, ho meno tempo libero. 仕事についてからは自由な時間が減ったよ. / Le fotocopie saranno pronte per *quando* arriverai. 君が来るまでにコピーは用意できてるよ. / *Quando* ero giovane, andavo spesso al cinema. 若い頃は映画によく行ったものです. **2**〔関係副詞として〕《口》…のときの, …であるところの —Mi ricordo bene del giorno *quando* ci siamo incontrati. 私たちが出会った日のことを私はよく覚えている. —男〔不変〕いつ(日程・日時など) —Non so il dove e il *quando*. いつどこであるのか分からない(具体的な場所と時間を知らない). ▶ *chis-*

sà quando いつになったら(…なのか) *di quando in quando* 時々, たまに

quandunque 接《文》…する時はいつでも

quantico → quantistico

quantificabile 形 数量で表される

quantificare 他〔io quantifico〕数量化して表す

quantificazione 女 定量化, 数量化

quantile 男〔統〕分位, 変位置

quantistico 形〔複[男 -ci]〕〔物〕量子論の

‡**quantità** [クァンティタ] 女 **1** 量, 数量 **2** 大量, 多数 **3**〔言〕(韻律の)音量, 音長 ▶ *in quantità* 大量に, たくさん

quantitativamente 副 量の面で, 量的に

quantitativo 形 量の —*analisi quantitativa*〔化〕定量分析 —男 量

‡**quanto** [クァント] 形 **1**〔数量の疑問形容詞〕いくつの…, どれだけの— —*Quante* volte [persone]? 何度[何人]? / *Quanto* zucchero [sale]? 砂糖[塩]はどれだけ? / *Quanta* febbre hai? 熱は何度あるの. / *Quanti* amici hai invitato? 友達は何人招待したの. **2**〔数量の感嘆形容詞〕なんて多くの— —*Quanta* gente! すごい人出だ. / *Quanti* sbagli! 間違いだらけだ. / *Quante* bugie racconta! 嘘ばっかり! / *Quante* volte te l'ho detto! 何れだけ何度も言って聞かせたのに(君に言ったのに). **3**〔数量の関係形容詞〕すべての… —Puoi portare *quanti* amici vuoi. 友人を好きなだけ連れて来ていいよ. **4**〔tanto と対句で〕…と同じ数量の —Mangio tanto pane *quanto* riso. 私は米と同じくらいパンを食べる. —副 **1**〔tanto と対句で〕…と同じほど —È tanto bello *quanto* intelligente. 彼は頭も顔もいい. **2**〔感嘆副詞〕何と —*Quanto* è bello il primo amore! 初恋って何て素敵なんでしょう. / *Quanto* sei ingrassato [dimagrito]! すごく太った[やせた]じゃない. **3**〔疑問副詞〕(尺度や分量が)どれほど, どれだけ —*Quanto* hai mangiato? どれだけ食べたの? —代 **1**〔数量の疑問代名詞〕どれだけ, いくら —*Quanto* costa?) *Quanto* viene? いくらですか. / *Quant'è*? 全部でいくらですか. / In *quanti* siete?-Siamo in tre. 何人ですか. - 三人です. / *Quanti* [*Quante*] ne vuoi? いくつ欲しい? **2**〔数量の関係代名詞〕…だけの数量を全部 —Prendine *quanto* vuoi! 欲しいだけ取って. / Ho mangiato tutto *quanto*. (一つも残さず)全部平らげた. / C'erano tutti *quanti*. (誰一人欠けることなく)皆揃っていた. **3**〔感嘆の代名詞〕何て多くの人[物] —*Quante* gliene ho dette! どれだけ彼に繰り返して言ったことか. ▶ *per quanto ne so [io ne sappia]* 私が知る限りでは *per quanto riguarda...*

…に関しては **Quanti ne abbiamo oggi?** 今日は何日ですか.
quantomai, quanto mai 副 この上なく, 非常に, とても
quantomeno, quanto meno 副 せめて, 少なくとも
quantum 男〖複[quanta]〗〚ラ・物〛量, 定量, 量子
quantunque 接〚譲歩;接続法とともに〛…ではあるが; だが, しかし
quaquaraquà 男女 (マフィアの隠語で)密告者, スパイ; ろくでなし
‡**quaranta** [クァランタ] 形(基数)〖不変〗40の ―男〖不変〗40
quarantena 女 1 40日間 2 検疫期間 3 除外 ―mettere... in *quarantena* (人)を隔離する, のけ者にする
quarantennale 形 40年続く, 40年の ―男 40年祭
quarantenne 形 40歳の, 40年の ―男女 40歳の人
quarantennio 男 40年間
quarantesimo 形(序数) 40番目の, 40分の1の ―男 40番目; 40分の1
quarantina 女 約40
quarantino 形〚農〛短期間で育成する穀物(特にトウモロコシ)の
quarantottata 女〚諸・戯〛大騒ぎをするが効果のない政治デモ(1848年の革命騒動に由来した語)
quarantottesco 形〖複[男 -chi]〗〚歴〛1848年の騒動の; 仰々しいが支離滅裂の
quarantottesimo 形(序数) 48番目の; 48分の1の ―男 48番目; 48分の1
quarantotto 形(基数)〖不変〗48の ―男〖不変〗1 48 2 騒動, 混乱 ►*a carte quarantotto* 台無しに, めちゃくちゃに *fare un [il] quarantotto* 騒ぎを起こす
quarantottore, quarantott'ore 女〖不変〗(数日の旅行用の)小型のスーツケース
quaresima 女〚カト〛四旬節(復活祭前の40日間) ►*essere lungo come la quaresima* 動きがのろい, 長ったらしい *fare [rompere] la quaresima* 断食をする[やめる]
quaresimale 形 四旬節の ―男 四旬節の説法; 四旬節に食べる菓子
quaresimalista 男〖複[-i]〗四旬節の説法を行う聖職者
quark¹ 男〖不変〗〚英・物〛クオーク(ハドロンを構成する素粒子)
quark² 男〖不変〗〚独〛柔らかい低脂肪のチーズ
quarta 女 1 (学校の)4年, 第4学年 2 (ギアの)第四速 3〚音〛4度音程 4 (バレエの足の)4番ポジション 5〚スポ〛(フェンシングの)4番の構え 6〚古〛羅針方位; 円周の4分の1 ►*partire in quarta* 最速で発進する; 最初から全力を注ぎ込む
quartabuono, quartabono 男 (大工が用いる)直角二等辺三角形の定規
quartana 女〚医〛四日熱(良性マラリア)
quartare 他 四つの部分に分ける
quartato 形 (人間や動物が)頑丈な, たくましい
quarterback 男〖不変〗〚英〛(アメリカンフットボールの)クォーターバック
quarteria 女〚農〛四輪作, 四周期輪作
quartettista 男女〖複[男 -i]〗〚音〛四重奏[唱]の構成員; カルテットの作曲者
quartettistico 形〖複[男 -ci]〗〚音〛四重奏[唱]の, カルテットの
quartetto 男 1〚音〛四重奏[唱](曲), カルテット 2 (仲間の)四人組
quartica 女〚幾〛四次の代数曲線
quartierato 形〚船〛船尾と船首が特に広い
‡**quartiere** [クァルティエーレ] 男 1 (町の)地区, 界隈 ―*quartiere residenziale* 住宅地域, 住宅街 /*i quartieri alti* 高級地区 2 兵舎 3〚トスカーナ〛マンション, アパート
quartiglio → quadrigliati
quartina 女 1〚修〛4行詩節 2 切手4枚組 3〚音〛4連符 4 (用紙の)四つ折り判
quartino 男 1 (ワインの)4分の1リットル 2〚古〛(北イタリアでかつて用いられた)液体や穀物の計器 3〚隠〛麻薬の最小服用量
quartirolo 男 クアルティローロ(ロンバルディア産のチーズ)
‡**quarto** [クァルト] 形(序数) 4番目の, 第四の ―男 1 4分の1; 15分 ―*un quarto d'ora* 15分 /*tre quarti d'ora* 45分 2〚女[-a]〛4番目の人[物] ►*quarti di finale*〚スポ〛準々決勝 *primo* [*ultimo*] *quarto di luna* 上弦[下弦]の月
quartodecimo 形(序数) 14番目の ―男 14番目(quattordicesimo)
quartogenito 形 4番目に生まれた ―男〖女[-a]〗第四子
quartultimo, quart'ultimo 形 最後から数えて4番目の ―男〖女[-a]〗最後から4番目の人[物]
quarzifero 形〚鉱〛石英[クォーツ]を含む
quarzite 女〚鉱〛主に石英から成る岩, 珪(けい)岩
quarzo 男〚鉱〛石英, クォーツ ―*orologio al quarzo* クォーツ時計
quarzoso 形〚鉱〛石英を含有する
quasar 男,女〖不変〗〚英・天〛(光学望遠鏡で見えない)恒星のように見える天体, クエーサー(quasi-stellar objectの略)
‡**quasi** [クアーズィ] 副 1 ほぼ, …近く ―L'ho pagato *quasi* 50 mila yen. それに5万円ほど払った. /Non la vedo da *quasi* un anno. 1年近く彼女に会ってない. 2 もう少しで(…するところ) ―*Qua-*

quasiché … *si cadevo.* 危うく転ぶ[落ちる]ところだった. / *Quasi quasi* la richiamo. もう一度彼女に電話してみようかなあ. ―接【接続法とともに】まるで[あたかも]…のように ―*Si comportava quasi* fosse il padrone. 彼はまるで主人みたいに振る舞っていた. ▶ **non... quasi mai** めったに…ない

quasiché, quasi che 接【接続法とともに】まるで, あたかも (come se)

quasimente 副【トスカーナ】およそ, ほとんど

Quasimodo 固名(男) **1** カジモド(ユゴーの長編小説『ノートルダム・ド・パリ』の主人公) **2** (Salvatore 〜) クアジーモド (1901-68; イタリアの詩人. ノーベル文学賞受賞)

quasimodo 男【不変】〔ラ〕復活祭後の最初の日曜日の (domenica in albis, domenica di quasimodo)

quassia 女【植】クワッシャ(ニガキ科の植物, 薬用)

quassina 女【化・薬】クワッシャから取れる有効成分

quassio 男【植】クワッシャから取れる木材の ―男 クワッシャから取れる木材

quassù 副 この上に; (南北の北を示唆して)こちらに[では]

quater 形【不変】〔ラ〕第四の, 4番目の

quaterna 女 **1** ロットでの当たりの四つの組み合わせ数字; トンボラの横並びの四つの数字 **2**【数】4要素から成る総体 **3** 最終選考に残った4人[4作品]のリスト

quaternario 形 **1** 四つの要素から構成される **2**【詩】4音節の **3**【地質】第四紀の, 新生代の ―*era quaternaria* 第四紀, 新生代 ―男 **1**【詩】4音節の詩 **2**【地質】新生代

quattamente 副 音を立てずに, 隠れて; 地面に這いつくばって

quatto 形 (隠れるために)身をかがめた[低くした]

quattordicenne 形 14歳の, 14年来の ―男女 14歳の者, 14年もの

quattordicesima 女 (クリスマスのボーナス以外に支給されるひと月分の)報奨金

quattordicesimo 形【序数】 14番目の; 14分の1の ―男 14番目; 14分の1

quattordici [クァットルディチ] 形【基数】【不変】14の ―男【不変】14

quattrino 男 **1** お金, 金銭 **2** (13〜19世紀に鋳造された)少額貨幣 ▶ *fior di quattrini* 相当な額 *non avere il becco di un quattrino* 文無し[おけら, 素寒貧]の状態

quattrinoso 形【口】富裕な, 金持ちの (danaroso, ricco)

quattro [クアットロ] 形【基数】【不変】**1** 4の **2** 少しの ―男【不変】4 ▶ *dire ai quattro venti...* …を言いふらす *dirne quattro a...* (人)を激しく叱る *È vero come due più* [e] *due fanno quattro.* まぎれもない真実である, 明白である. *fare quattro chiacchiere* 少しおしゃべりをする *fare quattro passi* 散歩する *farsi in quattro per...* (人)のために尽くす *in quattro e quattr'otto* 瞬く間に, すぐに

quattrocchi, quatt'occhi 男【不変】【鳥】ホオジロガモ ―男女【不変】眼鏡をかけた人 ▶ *a quattrocchi* [*quatt'occhi*] 内密に, 一対一で

quattrocentesco 形【複[男 -chi]】1400年代の, 15世紀の ―*letteratura quattrocentesca* 15世紀の文学

quattrocentesimo 形【序数】 400番目の; 400分の1の ―男 400番目; 400分の1

quattrocentino 形 (書誌学で)15世紀の, 1400年代に印刷された

quattrocentista 男女【複[男 -i]】**1** 1400年代の芸術家や作家, 1400年代研究の専門家 **2**【スポ】1400メートル走の陸上選手, 1400メートル自由形の水泳選手

quattrocentistico 形【複[男 -ci]】15世紀の, クアトロチェントの, 1400年代の芸術家[作家]の

quattrocento 形【基数】400の ―男【不変】**1** 400 **2** 1400年代, 15世紀

quattrofoglie 男【不変】【紋】4枚の花びらの花の図

quattromila 形【基数】4000の ―男【不変】4000

quattroporte 形【不変】(自動車の)4ドアの ―男【不変】4ドア車

quattroruote 女【不変】**1** 4輪駆動車 **2** (Q-) イタリアの自動車専門雑誌の名前

Qubilai 固名(男) フビライ(モンゴル帝国の第5代皇帝; 在位 1260-94)

quebecchese 形 (カナダの)ケベック(の人)の ―男女 ケベックの人

quebracho 男【不変または複[quebrachos]】【西】ケブラチョ(ポッチェのボールや家具を製造するのに使う南米産の木)

quechua 男【不変】【西】(南米先住民の)ケチュア族, ケチュア語 ―形【不変】ケチュア族の, ケチュア語の

quegli[1] 代【指示】【単数のみ】《文》前者; あの人

quegli[2] → quello

quei → quello

quel → quello

quel' → quello

quella → quello

quelle → quello

quelli → quello

quello [クエッロ] 形【指示】【名詞の前で定冠詞と同じ語尾変化をする; quel-quei, quello-quegli, quella-quelle; 母音で始まる単数名詞の前ではquell'で始まる】あの; あの ―*quel ragazzo* あの青年 / *quei bambini* あの子供たち / *quegli studenti* あの学生たち / *Passami quel libro.* あの本を取ってくれ. / *Quelle ragazze sono le amiche di mia sorella.* あの女の子たちは私の姉の

友人たちだ. —代(指示) 1 あれ, あのこと; あの人 —Chi è quello? あれは誰? / I tuoi occhi sono neri e *quelli* di tuo fratello sono azzurri. 君の目は黒いが, 弟の目は青い. 2 [questo「後者」と対句的に] 前者 3 [関係代名詞の先行詞として] …すること[物, 人] —Farò *quello* che potrò. できることをするつもりだ.

querceto 男 オークの森林

quercia 女 [複 -ce] [植] オーク(カシ・カシワ・ナラなど); オーク材

quercino 男 [動] メガネヤマネ

querciola, querciuola 女 若いオークの木

querela 女 1 [法]告訴 2《文》嘆き

querelabile 形 [法]被告訴人になりうる

querelante 形 [法]告訴側の —男女 告訴人

querelare 他 [法]告訴する —L'hanno querelato per calunnia. 彼は誣(*)告罪で告訴された. —**arsi** 再 不平を言う, 嘆く

querelato 形 [女 -a] [法]被告人, 被告訴人

querelle 女 [不変] [仏] (文化や政治の)論議, 論争

querimonia 女《文》嘆き, うめき声, 動物の痛ましい鳴き声

querulamente 副 哀れに, 嘆きながら

querulo 形 嘆く調子の声の, しょっちゅう不満を言う, 動物の哀れを誘う声の

query 女 [不変または複 queries] [英・情]質問, 疑問

quesito 男 質問, 疑問, 問題, 要求

quest' → questo

questa → questo

queste → questo

questi¹ 代(指示) [単数のみ]《文》後者; この人

questi² → questo

questionare 自 議論する, 口論する —*questionare* con A su B B(物)のことで A(人)と口論する

questionario 男 アンケートの質問, 質問表, 質問用紙 —riempire un *questionario* アンケート用紙に記入する

☆**questione** 女 [クェスティオーネ] 1 問題(点) 2 疑問(点) 3 論題, 論点; 論争 —*questione* meridionale (イタリアの)南部問題 ▶ *è questione di...* …の問題である ▶ *È questione di* vita o di morte. 生きるか死ぬかの問題だ. **in questione** 問題になっている **venire a questione** 口論になる

question time 腐(男) [英・政] (国会での)大臣への質問時間, (政治家への)記者会見

☆**questo** [クエスト] 形(指示) [母音の前では省略形 quest' も可能] この —*Questo* gatto è molto carino. この猫はとても可愛い. / *questa* mattina 今朝 / *quest*'anno 今年 —代(指示) [男性; 女 -a]] これ, このこと; この人 —Quale ti piace di più, *questo* o quello? これとあれ, どっちの方が好き? / E con *questo*? それで? / それがどうしたっていうの? 2 [quello「前者」と対句的に] 後者

questore 男 1 警察署長, 県警本部長 2 (古代ローマの)財務官

questua 女 托鉢(ﾀｸﾊﾂ), 寄進; 施し, 募金

questuante 形 寄進をもらう, 托鉢(ﾀｸﾊﾂ)をする —frati *questuanti* 托鉢僧 —男女 施しを求める人, 物乞い

questuare 自 (io questuo) 物乞いをする, 施しを請う —他 施しを求める —*questuare* appoggi 援助を求める

questura 女 1 警察署, 本署(県警本部) 2 (古代ローマの)財務官職

questurino 男 [蔑]警官, 巡査, おまわり(poliziotto)

quetare → quietare

queto → quieto

quetzal 男 [不変] 1 [鳥]ケツァール(キヌバネドリ科の鳥) 2 ケツァル(グアテマラの通貨単位)

☆**qui** [クィ] 副 1 ここに[こっち](へ, に, で) —Vieni *qui*! こっちへ来い. / Tutto *qui*. これで全部です. 2 [questo や ecco を強めて] こちらに, ここに 3 この時点で ▶ *qui e là* あちこちに *qui vicino* この近くに[で]

quia 男 [不変]《文》論議や状況の要点, 核心 —venire al *quia* 要点に触れる

quiche 女 [不変] [仏]キッシュ(パイ料理の一種)

quid 男 [不変] 1 [不定冠詞とともに]何か 2 いくらかの金額

quidam 男 [不変]《文》見知らぬ人, (知らない)やつ

quiescente 形 1 休止状態の, 休眠状態の —vulcano *quiescente* 休火山 2 潜在している

quiescenza 女 1 静止状態, 無活動 2 [官庁用語で]退職 3 [植]休眠状態 4 火山の活動休止状態

quietamente 副 静かに, 穏やかに, 安らかに

quietanza 女 受領証[書], 領収証[書]

quietanzare 他 領収のサインをする, (領収証を)発行する —*quietanzare* una ricevuta [un vaglia] 領収証[為替]を発行する

quietare 他 落ち着かせる, なだめる, 和らげる, 鎮める —*quietare* l'ira 怒りを鎮める —**arsi** 再 落ち着く, 静まる —La tempesta *si è quietata*. 嵐が静まった.

quietazione 女 1 静けさ, 穏やかさ 2 領収証

quiete 女 1 静けさ, 静寂; 平穏, 安らぎ —*quiete* dell'anima 心の平静 2 休息, 安息 3《文》永遠の眠り

quietismo 男 1 [歴]キエティスム, 静寂主義 2 現実をありのまま受け入れること,

quietista 出来事への無関心さ; 静かな生活への愛着

quietista 男女〔複[男 -i]〕**1**〔歴〕静寂主義者 **2** 波風を立てずに静かな生活を愛する人

quietistico 形〔複[男 -ci]〕〔歴〕静寂主義の, 静寂主義者の

quieto 形 **1** 静かな, 穏やかな, のどかな **2** 落ち着いた, おとなしい

quillaia 女〔植〕シャボンノキ

quinario 形〔詩〕5音節の詩行の

quinci 副《文》ここから; 今から, これから ―*quinci* e quindi どちら側でも, 両面で / da *quinci* innanzi 今後 / da *quinci* addietro 今まで

quinconce, quincunce 女, 男〔農〕(植木の)五葉配列

quinconciale 形〔農〕五葉配列の

＊**quindi** [クインディ] 接〖『その結果』の意味で〗それで, だから ―Non mi ha telefonato, *quindi* non verrà. 彼から電話がなかった, だから来ないだろう. ―副 それから, その後; それで, それゆえ

quindicennale 形 15年続く, 15年ごとの ―男 15周年

quindicenne 形 15歳の ―男女 15歳の人

quindicennio 男 15年間

quindicesimo 形(序数) 15番目の; 15分の1の ―男 15番目; 15分の1

＊**quindici** [クインディチ] 形(基数)〖不変〗15の ―男〖不変〗15

quindicina 女 **1** 約15, およそ15人 **2** 15日の労働期間 **3** 15日分の賃金

quindicinale 形 15日間の, 15日ごとに生じる ―*ferie quindicinali* 15日の休暇 ―男 隔週刊行の雑誌

quindicinalmente 副 隔週に

quinquagenario 形 50歳の ―男〖女[-a]〗50歳の人, 50年の物, 50周年

quinquagesima 女 四旬節の最初の日曜の前の日曜日

quinquagesimo 形(序数) 50番目の; 50分の1の ―男 50番目; 50分の1 (cinquantesimo)

quinquatrie 女複 古代ローマのミネルヴァを祝う祭

quinquennale 形 5年続く, 5年ごとに起きる ―*piano quinquennale* 5か年計画 ―男 5周年

quinquennalità 女 5年間, 5年の分割支払い

quinquennalmente 副 5年ごとに

quinquennio 男 5年間

quinta 女 **1**〔劇〕舞台の裾の垂れ幕 **2** 第5学年 **3**〔車〕(ギアの)第5速 **4** (バレエの)足の第5ポジション **5**〔音〕5度音程 ▶ *dietro le quinte* 陰で, 裏で

quinta essenza → quintessenza

quintale 男 100キログラム, キンタル (略 q)

quintana 女 **1**〔医〕五日熱 (febbre quintana) **2** (中世起源の)馬上からの槍(%)試合 **3** ローマの野営地の道路

quinteria 女〔農〕五年輪作(最初の年は休耕で, 続く4年は小麦や穀類)

quinterno 男 用紙5枚の重ね折り

quintessenza 女 **1** 真髄, 精髄, 醍醐味 **2** 典型, essenza **3** 化身 **4** (アリストテレスによる第五元素の)エーテル **4** 非常に純度の高いエッセンス

quintettistico 形〔複[男 -ci]〕〔音〕五重奏[唱]の, クインテットの

quintetto 男 **1**〔音〕五重奏[唱](曲), クインテット **2** (仲間の)5人組, 5人グループ

quintile 男〔歴〕ローマ暦の5番目の月 (7月に相当する)

Quintiliano 固名(男) クインティリアヌス (35頃-100頃; 古代ローマの修辞学者)

quintilione 男 (現代のイタリア・フランス・合衆国で)10の18乗; (かつてのイタリア・現代のドイツ・イギリスで)100万の5乗

Quintino 固名〖男性名〗クインティーノ

quintino 男 **1** 5分の1リットル **2** 5分の1リットルの容器 **3** 5分の1リットルのワイン

Quinto 固名〖男性名〗クイント

＊**quinto** [クイント] 形(序数) 5番目の, 第五の; 5分の1の ―男 **1** 5番目; 5分の1 **2**〖女[-a]〗5番目の人[物]

quintodecimo 形(序数) 15番目の; 15分の1の ―男 15番目; 15分の1 (quindicesimo)

quintogenito 形 5番目に生まれた ―男〖女[-a]〗5番目に生まれた人

quintultimo 形 最後から数えて5番目の, 終わりから5番目の ―男〖女[-a]〗終わりから5番目の人[物]

quintuplicare 他〔io quintuplico〕5倍にする ―*arsi* 再 5倍になる

quintuplice 形 五つの要素や部分から成る

quintuplo 形 5倍の ―男 5倍

qui pro quo 成句(男) 間違い; 誤解, 勘違い

quiproquò → qui pro quo

Quirinale 固名(男) **1** クイリナーレの丘 (ローマ七丘の一つ) **2** イタリア大統領官邸

quirinalista 男女〔複[男 -i]〕イタリア共和国大統領官邸担当の記者

quirinalizio 形 イタリア共和国大統領に関する

Quirino 固名(男) **1**〖男性名〗クイリーノ **2**〔ロ神〕クイリヌス (ユピテルやマルスとともにローマ三主神の一. ローマ建国者ロムルスと同一視される)

quiritario 形 古代ローマ市民の, 古代ローマの

quirite 男女 古代ローマ市民 ―古代ローマ市民の;《諧》現代ローマの

quiritta, quiritto 副《文》まさにここで, この場に; この場に, 今

quisquiglia → quisquilia

quisquilia 女 つまらないこと, 些細なこと

quivi 副《文》あちらに; その時 ―男〖不変〗この地; この場所

quiz 男 〖複 [quizzes]または不変〗〖英〗小試験, 設問; クイズ

quokka 男 〖不変〗〖動〗クオッカワラビー

quorum 男 〖不変〗〖ラ〗定足数 — raggiungere il *quorum* 定足数に達する

quota 女 **1** 分け前, 配当 **2** 分担(量, 額) **3** 標高, 海抜, 高度

quotare 他 **1** 分担額を割り当てる, 値をつける; 評価する — *quotare* il terreno 土地の値をつける / *quotare* i soci per trenta euro 会員の会費を30ユーロに決める **2** (ある場所の)標高を定める **—arsi** 再 支払いを分担する

quotato 形 高く評価された, 名高い

quotazione 女 **1** 相場, 株価;(外貨の)レート **2** (個人の能力に対する)評価

quotidianamente 副 毎日, 連日

quotidianità 女 日常性, 平凡な日常生活

‡**quotidiano** [クォティディアーノ] 形 日常の, 日々の; 毎日の **—** 男 日刊紙, 新聞 ► *pane quotidiano* 生活の糧; 本職

quotista 男女 〖複[男 -i]〗〖経〗有限会社の共同経営者

quotizzare 他 〖経〗取り分として分割する; (土地を)区画化する — *quotizzare* un terreno 土地を区画化する

quotizzazione 女 〖経〗分配, 分け前の分割; (土地の)区画化

quoto 男 〖数〗(割り算で)余りのない商 (quoziente esatto)

quoziente 男 率, 指数;〖数〗商 — *quoziente* d'intelligenza 知能指数 / *quoziente* reti (特にサッカーの)得点率

R, r

R¹, r 女,男 (イタリア語アルファベットの)16番目の字母 —R come Roma 〖符丁〗ローマのR

R² 略 ルーマニア

RA 略 Ravenna ラヴェンナ

ra- 接頭 「反復」「強調」の意

rabarbaro 男 〖植〗ダイオウ, ルバーブ; ラバルバロ[ルバーブ]酒

rabberciare 他 [io rabbercio] **1** 調整する, 整える **2** 修正する — *rabberciare* una sedia 椅子を修理する

rabberciatura 女 調整, 修繕, 修正; 調整済みのもの

rabbi 男 〖不変〗〖宗〗ラビ, 先生(ユダヤ律法学者に付ける称号)

‡**rabbia** [ラッビア] 女 **1** 怒り, 激怒 — fremere di [dalla] *rabbia* 怒りで身震いする / Mi fa *rabbia* vedere quella scena. あの場面を見ると腹が立つ。 **2** 恨み, 嫉妬 **3** (自然の)猛威 — *rabbia* del vento 荒れ狂う風 **4** 熱心さ **5** 狂犬病 ► *Che rabbia!* 何ていまいましい。

rabbico 形 〖複[男 -ci]〗 狂犬病にかかった; 狂犬病の

rabbinico 形 〖複[男 -ci]〗〖宗〗ラビの

rabbinismo 男 〖宗〗ラビの教義

rabbinista 男女 〖複[男 -i]〗〖宗〗ラビの教義の研究者

rabbino 男 〖宗〗ラビ, ユダヤ社会の精神的指導者; ユダヤの律法学者

rabbiosamente 副 激怒して, 猛烈に

rabbioso 形 **1** 怒りっぽい **2** 猛烈な, 激しい **3** 狂犬病の

rabboccare 他 (容器の縁まで)満たす, 一杯にする; 満タンにする

rabbocco 男 〖複[-chi]〗 満杯にすること, 縁まで一杯なこと

rabbonire 他 [io -isco] おとなしくさせる, 静かにさせる **—irsi** 再 (海が)凪(ぎ)になる; 静かになる

rabbrividire 自 [es] [io -isco] (寒さ・悪寒・恐怖に)震える, 身震いする

rabbruscare 自 [es] 〖トスカーナ〗(天気が)ひどくなる, 悪くなる —Domani il tempo *rabbruscherà*. 明日天気は悪くなるだろう。 **—arsi** 再 **1** (天気が)曇る, 崩れる **2** (人が)機嫌を損ねる, 顔を曇らせる

rabbuffare 他 **1** (髪を)ぐちゃぐちゃにする, 台無しにする —Il vento mi *rabbuffa* i capelli. 風が私の髪を乱す。 **2** (人を)どなる, 叱咤(しった)する — *rabbuffare* il bambino 子供を叱る **—arsi** 再 **1** (天候が)荒れ模様になる **2** 〖文〗つかみ合いのけんかをする

rabbuffato 形 **1** 髪が乱れた, (体毛や毛髪が)くしゃくしゃの, もつれた **2** (海が)荒れ模様の

rabbuffo 男 叱責, 叱咤(しった)

rabbuiarsi 再 **1** 暗くなる, 翳る **2** (顔を)曇らせる, 暗い表情になる

rabdomante 男女 占い棒で水脈[鉱脈]を探し当てる者, ダウザー

rabdomantico 形 〖複[男 -ci]〗 棒占いの, ダウザーの

rabdomanzia 女 (占い棒での)水脈[鉱脈]探査, ダウジング

rabicano 形 (馬に)白い斑点のある **—** 男 白斑(はく)の馬

racc. 略 raccomandata 書留郵便

raccapezzare 他 **1** 苦労して集める[収集する] **2** やっとのことで見つける; 何とか把握する **—arsi** 再 何とか理解する, 対処する

raccapricciante 形 おぞましい, ぞっとするような

raccapricciare 自 [es] [io raccapriccio] 恐怖でぞっとする, 身の毛がよだつ; 寒気[嫌悪]でぞくぞくとする **—** 他 ぞっとさせる, 怖がらせる **—arsi** 再 身の毛がよだつ, ぞっとする

raccapriccio 男 身震い; 戦慄(せんりつ)

raccattacenere 男 〖不変〗〖トスカーナ〗(炉の下の)灰だめ, 灰受け

raccattapalle 男 〖不変〗 (テニスなどの球技試合の)ボールパーソン

raccattare 他 1 拾い上げる 2 拾い集める, 集める 3 回収する

racchetta 女 1 (テニスや卓球の)ラケット —*racchetta da ping-pong* 卓球用ラケット 2 (雪上を歩く)かんじき 3 スキーストック (*racchetta da sci*) 4 (自動車の)ワイパー

racchio 形 〔俗〕醜い, 下品な —男〔女[-a]〕醜く下品な人

racchiudere [18] 他 〔過分 racchiuso〕 1 収納[収容]する, しまう 2 含む, 含意する 3 (感情などを)秘める —**ersi** 再 1 含まれる, 内在する 2 隠れる, 潜む

racchiuse racchiudere の直・遠過・3単

racchiuso racchiudere の過分

raccogli- 圖頭 「集める」「拾う」の意

raccoglibriciole 男〔不変〕食卓のパンくず掃除の器具

*__raccogliere__ [ラッコッリエレ] [120] 他 〔過分 raccolto〕 1 拾う 2 収穫する 3 集中させる 4 集める, まとめる 5 収集する 6 受ける, 得る —**ersi** 再 1 集まる 2 (in) (ある考えに)集中する, 専念する ▶ *Chi semina vento raccoglie tempesta.* 自業自得. | 身から出た錆(さび).

raccoglimento 男 精神集中; 瞑(めい)想 —*Lo ascoltavo con raccoglimento.* 私は彼の話をじっと聴いていた.

raccoglitìccio 形〔複〔女 -ce〕〕 寄せ集めの, かき集めの —男 寄せ集め

raccoglitore 男〔女[-trice]〕 1 収集家; 収集係, 収集担当 2 紙挟み, ファイル —形〔女[-trice]〕収集用の

raccolse raccogliere の直・遠過・3単

raccolta 女 1 収穫; 収穫物 —*raccolta dei funghi* キノコの収穫 2 回収 3 収集, コレクション —*raccolta di francobolli* 切手の収集 / *raccolta di poesie* 詩集 4 集会

raccoltamente 副 精神を集中させて, 一心に

raccolto 形〔過分＜raccogliere〕 1 集めた 2 束ねた 3 身を丸くした 4 一心不乱の 5 (部屋などが)落ち着ける —男 1 収穫(期); 収穫物, 収穫高 2 (募金の)総額; (署名などの)総数

raccomandàbile 形 推薦できる, お勧めの

*__raccomandare__ [ラッコマンダーレ] 他 1 推薦[推奨]する 2 任す, 託す 3 強く促す —*Gli ho raccomandato di arrivare in tempo.* くれぐれも間に合って着くように彼に頼んだ. —**arsi** 再 1 (a) 頼る ▶ *Mi raccomando.* 頼むよ. | 頼むから (言うこと聞いて, 言ったとおりにして).

raccomandata 女 書留(便) —*per raccomandata* 書留で

raccomandato 形 1 有力者に擁護された, 有力者から推挙された 2 書留の —*pacco raccomandato* 書留小包 —男〔女[-a]〕有力者から推挙された人 —*raccomandato di ferro* 強力なコネがある人, 強い後ろ盾を持つ人

raccomandatore 男〔女[-trice]〕推薦人, 推挙人

raccomandazione 女 1 推薦, 推奨 —*lettera di raccomandazione* 推薦状 2 忠告, 助言 3〔官庁用語で〕書留郵便

raccomodamento 男 修理, 修繕; 元に戻すこと

raccomodare 他 〔io raccomodo〕修理する, 修繕する; 元に戻す

racconciare 他 〔io racconcio〕《文》1 修繕する, 修理する 2 和解させる

raccontàbile 形 語られてもよい

*__raccontare__ [ラッコンターレ] 他 (物語のように)話す, 語る; (物語を)話して聞かせる —*Che mi racconti? 最近何があった? | 近況は?* / *raccontare frottole* でたらめを言う —*arsi* (di) …について話す, 語る —**arsi** 再 自分のことを語る ▶ *raccontare per filo e per segno* 一部始終を話して聞かせる

racconto 男 (物語のように)話すこと; 短い話[物語], 短編小説 —*racconto poliziesco* 推理小説

raccorciamento 男 短縮

raccorciare 他 〔io raccorcio〕縮める, 簡潔にする —**arsi** 再 短くなる, 縮む

raccordare 他 連結する, つなぎ合わせる —**arsi** 再 つながる

raccordo 男 連結; 接続路

raccozzare 他 何とかかき集める —**arsi** 再 集まる, 出会う

racemo 男《文》ブドウなどの房

Rachele 固名(女) 〔聖〕ラケル (ヤコブの妻)

rachide 男, 女 1〔解〕脊柱 2〔鳥〕羽軸 3〔植〕花軸

rachìtico 形〔複〔男 -ci〕〕 1 くる病の; 虚弱な 2 元気のない —男〔複[-ci]女[-a]〕くる病患者

rachitismo 男 1〔医〕くる病 2〔植〕発育不全, 虚弱

racimolare 他 〔io racimolo〕何とかしてかき集める

racket 男〔英〕暴力団; 恐喝, ゆすり

rada 女 停泊地

Radamanto 固名(男) 〔ギ神〕ラダマンテュス (冥界の審判者)

radar 男 1 レーダー 2 直感(力), 勘 —*avere il radar* 勘が鋭い —形〔不変〕レーダーの —*uomo radar* 航空管制官

radarista 男女〔複〔男 -i〕〕〔軍〕レーダー係; レーダー技師

radd. 略 raddoppiamento 倍増

raddensare 他 (さらに)濃くする, 密にする —**arsi** 再 (さらに)濃くなる, 凝縮する

raddobbo 男 (船の)改修, 修理, 修復

raddolcibile 形 甘くできる, 緩和できる

raddolcimento 男 甘くすること; 緩和

raddolcire 他 [io -isco] **1** 甘味を付ける, さらに甘くする;(声や表情を)甘くする, 和らげる **2** 優しくする, 穏やかにする —**irsi** (気候が)和らぐ;(性格が)柔和になる

raddoppiabile 形 倍加できる, 倍増できる

raddoppiamento 男 **1** 倍加, 倍増 **2** 〔言〕(語の)重複, 前辞反復

raddoppiare 他 [io raddoppio] **1** 倍にする, 倍増する **2** 増強[強化]する —自 **1** [es] 2 倍になる **2** (ビリヤードで)空クッションをする **3** (馬術の)二蹄跡運動をする —**arsi** 再 倍になる, 倍増する

raddoppiato 形 **1** 倍の, 二重の; かなり増えた **2** 二つに折り畳んだ

raddoppio 男 **1** 倍増; (線路の)複線化 **2** 〔スポ〕(サッカーの)セカンドゴール

raddrizzabile 形 まっすぐにできる; 補正可能な

raddrizzamento 男 **1** まっすぐにすること, 正しく直すこと, 補正, 矯正 **2** 〔電〕直流変換

raddrizzare 他 **1** まっすぐにする **2** 正す, 矯正する **3** 〔物〕(整流器を通じて交流を)直流にする —**arsi** 再 **1** まっすぐになる[戻る] **2** 更生する

radente 形 **1** (表面を)剃(ｿ)る, 削(ｹｽ)ぐ 2 すれすれの, かすめる

radenza 女 (地面に)すれすれの動き, 地面をかすめること

radere [84] 他 [過分 raso] **1** (カミソリで)剃(ｿ)る **2** (根こそぎ)刈り取る, 切り倒す **3** (地面や水面を)かすめる —**ersi** 再 自分のひげを剃る —radersi la barba ひげ剃りをする ▶ **radere al suolo** 完全に破壊する

radezza 女 稀(ﾏﾚ)なこと

radiale¹ 形 放射状の,《古》光線の —trapano radiale ラジアルボール盤, ラジアルドリルマシン —男 ラジアルタイヤ —女 放射状線; (郊外と都心を結ぶ)放射線道路

radiale² 形 〔解〕撓(ﾄｳ)骨の —osso radiale 撓骨 —男 〔解〕撓骨

radialista 男 [複[男 -i]] ラジアルボール盤作業の —男女 [複[男 -i]] ラジアルボール盤の作業担当者

radialmente 副 放射状に

radiante¹ 形 《文》光を放つ, 輝く; (光や熱を)放射する —男 〔天〕(流星群の)放射点

radiante² 男 〔幾〕弧度, ラジアン

radiare 他 [io radio] 除籍する, 脱退させる; (資格を)剥奪する, 追放する

radiato 形 除籍された, 除名された, 追放された —男 [女[-a]] 除名者, 除籍者, 追放された者

radiatore 男 ラジエーター, (暖房装置の)放熱器, (エンジンの)冷却器

radiatorista 男女 [複[-i]] ラジエーター取り付け[修理]工

radiazione¹ 女 (光や熱などの)放射, 放射エネルギー, 放射線

radiazione² 女 除籍, 除名, 追放

radica 女 **1** (家具の材料になる)クルミの根 **2** (パイプなどの材料になる)エリカ[ブライヤー]の根

radicale 形 **1** 根の **2** 根本的な, 基本的な **3** 過激な, 急進的な —partito radicale 急進党 **4** 〔言〕語根の —男 **1** 〔言〕語根 **2** 〔数〕累乗根 **3** 〔化〕ラジカル; 遊離基 —男女 急進主義者

radicalismo 男 急進主義, 過激主義; 過激なこと

radicalità 女 過激性, 急進的なこと

radicalizzare 他 急進化させる, 過激化させる —**arsi** 再 過激化する

radicalizzazione 女 急進化, 過激化

radicalmente 副 根本的に; 徹底的に, 完全に

radicamento 男 根付くこと, 定着, 浸透

radicare 自 [es] [io radico] **1** 根を下ろす, 根付く **2** (考えが)浸透する, 定着する —Tanti pregiudizi *sono radicati* nella società. 多くの偏見が社会に浸透している. —他 (思想等を)吹き込む —**arsi** 再 根付く, 浸透する, 定着する

radicato 形 根付いた, 定着した, 浸透した; 根深い

radicchio 男 〔植〕キクニガナ, チコリ, トレビス

radice 女 **1** 根, 根元 —mettere *radici* 根付く, 根が張る —*radice dei capelli* 髪の付け根 **2** 根源, 起源 **3** 〔数〕平方根, ルート **4** 〔言〕語根

radicolare 形 〔解・医〕(神経の)根の, 歯根の

radiestesia → radioestesia

***radio**¹ [ラーディオ] 女 〔不変; radiofonia の略〕**1** ラジオ; 無線機 —accendere [spegnere] la *radio* ラジオをつける[消す] / ascoltare la *radio* ラジオを聴く **2** ラジオ放送局

radio² 男 〔解〕撓(ﾄｳ)骨

radio³ 男 〔化〕ラジウム(元素記号 Ra)

radio- 接頭 「光線の」「レントゲンの」「ラジウムの」「無線の」の意

radioabbonato 男 [女[-a]] ラジオ放送加入者; ラジオ聴取者

radioamatore 男 [女[-trice]] アマチュア無線士, 無線愛好家

radioamatoriale 形 無線愛好家の

radioascoltatore 男 [女[-trice]] ラジオ聴取者, ラジオリスナー

radioascolto 男 **1** (ラジオ局の)外部からの無線傍受の時間帯 **2** ラジオ放送を聴くこと

radioattività 女 〔物〕放射能

radioattivo 形〔物〕放射能を持つ, 放射性の

radioaudizione 女 ラジオ聴取; ラジオ放送番組

radiobiologia 女〔生物〕放射線生物学

radiobussola 女〔空・海〕ラジオコンパス(電波による自動方向探知器)

radiocanale 男 ラジオのチャンネル

radiocarbonio 男〔化〕放射性炭素, 炭素14(炭素の放射性同位体)

radiochirurgia 女〔医〕放射線外科学

radiocomandare 他 無線で操縦する, 遠隔操作する

radiocomandato 形 無線操縦の

radiocomando 男 無線操縦(装置), ラジオコントロール

radiocommedia 女 [55] ラジオコメディー, 放送劇

radiocomunicazione 女 無線連絡, 無線通信

radioconversazione 女 ラジオ座談会, ラジオ対談

radiocronaca 女 (ラジオの)実況放送

radiocronista 男女〔複[男 -i]〕(ラジオの)実況放送者, 解説者 —*radiocronista* sportivo ラジオのスポーツ解説者

radiodiffondere [55] 他〔過分 radiodiffuso〕ラジオで放送する

radiodiffuse radiodiffondere の直・遠過・3 単

radiodiffusione 女 ラジオ放送

radiodiffuso radiodiffondere の過分

radiodramma 男〔複[-i]〕ラジオドラマ, ラジオ放送劇

radioestesia 女 (放射線を感知して)鉱脈や水脈を見つける手法, ダウジング

radioestesico 形〔複[男 -ci]〕ダウジングの

radioestesista 男女〔複[男 -i]〕鉱脈や水脈を感知する人, ダウザー

radiofaro 男 ビーコン, 無線標識

radiofonia 女 ラジオ放送, 無線放送

radiofonicamente 副 ラジオを通じて, 無線で

radiofonico 形〔複[男 -ci]〕ラジオ放送の, 無線の

radiofonista 男女〔複[男 -i]〕(軍隊の)無線技術者, 無線技術兵

radiofrequenza 女 無線周波数

radiogalassia 女 電波銀河(電波を放射している銀河)

radiogiornale 男 ラジオニュース (giornale radio)

radiogoniometro 男 電波方向探知機

radiografare 他〔io radiografo〕レントゲン写真に撮る; 詳細に分析する

radiografia 女 レントゲン[X 線]写真

radiograficamente 副 レントゲン写真を使って

radiografico 形〔複[男 -ci]〕レントゲン写真の, レントゲン写真による

radiogramma 男〔複[-i]〕レントゲン写真, X 線写真

radioguida 女 無線誘導

radioguidare 他 無線操縦[誘導]する —*radioguidare* un missile ミサイルを無線誘導する

radiointervista 女 ラジオインタビュー

radioisotopo 男〔化・物〕放射性同位体, 放射性同位元素

radiolina 女 トランジスタラジオ

radiologia 女〔物〕放射線学; 放射線医学

radiologicamente 副 放射線学的に

radiologico 形〔複[男 -ci]〕放射線(医)学の

radiologo 男〔複[-gi]女[-a]〕放射線専門医, 放射線学の研究者

radiomessaggio 男 ラジオ[無線]を通じてのメッセージ

radiometro 男 放射計, ラジオメーター

radiomobile 女 無線車 —*radiomobile* della polizia 無線パトカー

radioonda 女 電波

radiopilota 男〔空〕無線操縦[誘導]装置

radioregistratore 男 ラジカセ

radioricevente 形 無線を受信する —女 無線受信装置, ラジオ; 受信局

radioricevitore 男 ラジオ[無線]受信機

radioricezione 女 無線受信, ラジオ受信

radioriparatore 男〔女[-trice]〕ラジオ[無線]装置の修理工

radioripetitore 男 無線中継器; ラジオ放送の中継局

radiosamente 副 燦々(さん)と, 光り輝いて, 陽気に

radioscopia 女 X 線透視(検査)

radioscopico 形〔複[男 -ci]〕X 線透視検査の, レントゲン透視の

radioservizio 男 (船舶や航空機への)無線誘導サービス; ラジオ[無線]放送による報告記事

radiosità 女 光り輝いていること, まばゆさ, 輝き

radioso 形 光り輝く, きらきらした, まばゆい; 明るい, 陽気な —*sorriso radioso* 輝く微笑

radiosonda 女 ラジオゾンデ

radiospia 女 盗聴器

radiostazione 女 ラジオ放送局

radiostereofonia 女 ラジオのステレオ放送

radiostereofonicamente 副 (ラジオの)ステレオ放送で

radiostereofonico 形〔複[男 -ci]〕(ラジオの)ステレオ放送の

radiosveglia 女 目覚まし[タイマー]

radiotassì, radiotaxi 男 [不変] 無線タクシー

radiotecnica 女 無線通信工学; [物]電波工学; 無線通信技術

radiotecnico 形 [複[男 -ci]] 無線通信工学の, 電波工学の ― 男女 [複[-ci]女[-a]]無線通信工学者, 電波工学者; 無線通信技師

radiotelecomandare 他 無線操縦する

radiotelecomando 男 無線操縦(装置)

radiotelefonìa 女 無線電話; 無線[ラジオ]放送

radiotelefònico 形 [複[男 -ci]] 無線電話の; 無線[ラジオ]放送の

radiotelèfono 男 無線電話機

radiotelegrafare 自 [io radiotelegrafo]無線電信を送る ― 他 無線電信で送信する

radiotelegrafìa 女 無線電信, 無線電信術

radiotelegràfico 形 [複[男 -ci]] 無線電信の, 無線電信術の

radiotelegrafista 男女 [複[-i]] 無線通信士

radiotelescòpio 男 電波望遠鏡

radiotelevisione 女 ラジオ・テレビ放送; ラジオ・テレビ放送局

radiotelevisivo 形 ラジオ・テレビ放送(局)の

radiotelevisore ラジオ・テレビ受信機

radioterapìa 女 [医]放射線療法

radioterapico 形 [複[男 -ci]] 放射線療法の, 放射線療法に関する ―cure *radioterapiche* 放射線治療(法)

radioterapista 男女 [複[男 -i]] 放射線療法専門医

radiotrasmèttere [65] 他 [過分 radiotrasmesso]ラジオで放送する

radiotrasmettitore 男 無線[ラジオ]放送装置

radiotrasmissione 女 無線放送, ラジオ放送

radiotrasmittente 女 送信機; 送信局, 放送局

radioutènte 男女 ラジオ聴取者

rado 形 密でない, まばらの ▶ *di rado* めったに(…ない) *non di rado* よく, 頻繁に

radon 男 [化]ラドン(元素記号 Rn)

radunàbile 形 集められる

radunare 他 1 集める, 集合させる, 集結する 2 蓄積する, 積み重ねる ―*arsi* 再 集まる, 集合する

radunata 女 集まること, 集合; [集合的]集まった人

raduno 男 集まり, 集会, 大会

radura 女 (森林の中の)草地

rafanello → ravanello

rafano 男 [植]セイヨウワサビ, ホースラディッシュ ―*rafano rusticano* セイヨウワサビ, ワサビダイコン(barbaforte)

Raffaèla 固名 [女性名]ラッファエーラ

Raffaèle 固名(男) 1 [男性名]ラッファエーレ 2 [聖]ラファエル(大天使の一. 旅人の守護者)

Raffaèlla 固名[女性名]ラッファエッラ

raffaèlla 形 [不変] [女性形のみ; 次の成句で] ▶ *alla raffaella* ラファエロ風の / *pettinarsi alla raffaella* ラファエロ風の肩までの長さの髪型にする

raffaellèsco 形 [複[男 -chi]] [美]ラファエロの, ラファエロ風の

Raffaèllo 固名(男) (~ Sanzio)ラファエロ(1483-1520; イタリアの画家・建築家. 盛期ルネサンスの古典主義様式を確立した)

raffazzonamento 男 補修, 手直し

raffazzonare 他 直す, 補修する, 手直しをする ―*raffazzonare un vestito* 服を修繕する

rafferma 女 兵役の期間延長

raffermare 他 (仕事や任命の内容を)再確認する; [軍]繰り返し確かめる ―*arsi* 再 [トスカーナ] 1 兵役期間を延長する 2 堅くなる

raffermo 形 (パンが)古びて堅くなった

raffica 女 1 突風 ―*raffica di neve* 吹雪 2 連発, 連射; 一斉射撃 ―*raffica di domande* 質問攻め / *raffica di mitra* 機銃掃射 ▶ *a raffica* 矢継ぎ早に, 立て続けに

raffigurabile 形 1 見分けられる, 識別できる 2 描くことができる, (画像で)表現できる

raffigurare 他 1 (図像で)表現する, 描き出す 2 象徴する 3《文》(姿や外観から)見分ける, 分かる

raffigurazione 女 表現, 表現されたもの, 表象 ―*la colomba quale raffigurazione dello Spirito Santo* 聖霊の象徴としてのハト

raffinamento 男 精製, 洗練

raffinare 他 精製する, 洗練する; より良くする, 優雅にする ―*raffinare il petrolio* 石油を精製する / *raffinare la lingua* 言葉遣いを美しくする ―*arsi* 再 上品になる, 洗練される

raffinataménte 副 優雅に, 上品に

raffinatézza 女 1 優美, 洗練, 上品さ, 高級 2 [複数で] 美味なもの

raffinato 形 1 洗練された, 優雅な, 上品な 2 精製された ―*petrolio* [*zucchero*] *raffinato* 精油[精糖]

raffinazione 女 [工]精製

raffinerìa 女 精製所, 精製工場

ràffio 男 鉤()のついた棒

rafforzamento 男 強化, 補強

rafforzare 他 強める, 強化する ―*arsi* 再 強化される, 増強する ―*I dubbi si rafforzano di giorno in giorno.* 疑いは日に日に増してゆく.

rafforzativo 形 強化する, 増強する; [言]強調の

raffreddamento 男 冷やすこと, 冷え

ること, 冷却
raffreddare 他 冷たくする, 冷やす; 冷ます —**arsi** 再 冷える; 冷める; 風邪を引く

raffreddato 形 冷えた; 冷めた; 風邪を引いた

raffreddatura 女 冷却; 風邪

☆**raffreddore** [ラッフレッドーレ] 男 風邪 —avere un *raffreddore* 風邪を引いている / prendersi il *raffreddore* 風邪を引く

raffrenabile 形 抑えられる, 抑制できる

raffrenamento 男 抑制

raffrenare 他 ブレーキをかける; 抑制する, 抑える

raffrontare 他 対比させる, 比べる

raffronto 男 対比, 比較, 対照

rafia 女 〔植〕ラフィアヤシ(マダガスカル産); ラフィア(ラフィアヤシの葉からとれる天然素材)

rafting 男 〔不変〕〔英〕ラフティング, いかだを使っての川下り

rag. 略 ragioniere 会計士, 計理士

ragade 女 (皮膚の)ひび割れ, 亀裂

raganella 女 1 〔動〕アマガエル 2 がらがら(木製の玩具)

ragas 男複 (サルデーニャの伝統衣装の)男性用の短いスカート

☆**ragazza** [ラガッツァ] 女 1 女の子, 少女 2 若い娘 3 《口》彼女, 恋人 4 《口》女店員

ragazzaccio 男 〔女[-a, 複-ce]〕 1 乱暴者, 横暴な若者 2 《謔》〔好意的な非難や愛情を込めた呼びかけ〕ねえ, お前 3 《謔》男勝りの女性

ragazzata 女 子供っぽい振る舞い, 浅はかな若者の行動; くだらないもの

☆**ragazzo** [ラガッツォ] 男 1 男の子, 少年 —Da *ragazzo* abitavo in campagna. 子供の頃は私はいなかに住んでいた. 2 若者, 青年 3 《口》彼氏, 恋人 4 《口》息子 5 店員, 手伝いの若者

ragazzone 男 〔女[-a]〕大柄でたくましい若者

raggelare 他 急に凍らせる, 冷たくする; ぞっとさせる —Le sue parole mi *raggelarono* il sangue. 彼の言葉に私はぞっとした. —自 [es] 凍る, 凍える; ぞっとする —**arsi** 再 凍える, 冷たくなる; ぞっとする

raggera → raggiera

raggiante 形 1 光を放つ, 輝く 2 (喜びや満足に)嬉々(ᵋ)とした 3 放射する

raggiare 自 〔io raggio〕1 (太陽など天体が)光り輝く, 光を放つ 2 (喜びなどを)表す, 発する —他 (光線を)出す; 照らす

raggiato 形 1 放射状になった 2 《文》明るい, 輝いた

raggiera 女 後光; 放射状

☆**raggio** [ラッジョ] 男 1 光線, 光 —*raggio* di luna 月光 2 〔物〕放射線, 熱線 —*raggi* X エックス線 / fare i *raggi* 《口》レントゲン写真をとる 3 (中心から放射状に広がる)線 4 (車輪の)スポーク 5 範囲 6 〔数〕半径

raggirabile 形 だましやすい, ペテンにかけやすい

raggirare 他 だます, ペテンにかける

raggiratore 男 〔女[-trice]〕 ペテン師, 詐欺師

raggiro 男 詐欺, ペテン; 策略, 計略

☆**raggiungere** [ラッジュンジェレ] [58] 他 〔過分 raggiunto〕1 …に追いつく 2 到達する, 達成する 3 (標的を)射る

raggiungibile 形 到達しうる, 達しうる

raggiungimento 男 到達, 達成, 成就

raggiunse raggiungere の直・遠過・3 単

raggiunto raggiungere の過分

raggomitolamento 男 糸玉にすること; うずくまること

raggomitolare 他 〔io raggomitolo〕(巻いて)糸玉にする; 再び丸める —**arsi** 再 (体を)縮める, 丸くなる, うずくまる

raggomitolato 形 1 (糸玉に)巻き取られた 2 かがみ込んだ, うずくまった

raggranellare 他 (お金を)少しずつ何とかかき集める

raggricciarsi 再 〔io mi raggriccio〕身震いする, 縮こまる

raggrinzamento 男 → raggrinzimento

raggrinzare → raggrinzire

raggrinzimento 男 しわを付けること, しわを寄せること

raggrinzire 他 〔io -isco〕しわを付ける, しわを寄せる —*raggrinzire* la fronte 額にしわを寄せる —**irsi** 再 しわが寄る

raggrinzito 形 (顔や衣類が)しわの寄った

raggrottare 他 きつくしわを寄せる, (眉を)ひそめる —*raggrottare* le ciglia 眉をひそめる

raggrumare 他 凝固させる —自 [es]凝固する —**arsi** 再 凝固する —La crema *si è raggrumata*. クリームが凝固した.

raggruppamento 男 1 集めること, 集まること 2 集団, グループ, 群れ 3 分類

raggruppare 他 1 寄せ集める 2 (グループ別に)集める, まとめる —**arsi** 再 集まる, 群がる

raggruzzolare 他 〔io raggruzzolo〕少しずつ集める[蓄える]

ragguagliare 他 詳細に知らせる —*ragguagliare*... sulle ultime notizie 最新のニュースを(人)に詳しく伝える

ragguaglio 男 1 正確で詳細な報告[情報] 2 比較

ragguardevole 形 1 注目に値する, 考慮すべき, 重要な 2 莫大な, かなりの —un numero *ragguardevole* di per-

sone かなりの人数
ragguardevolezza 囡 重要さ; かなり多いこと
ragguardevolmente 副 相当, 著しく
ragia 囡〖複[-gie, -ge]〗〖植〗針葉樹の樹脂
ragià 男 ラジャ〖インドの君主の称号, rajah とも〗
ragionamento 男 1 論理, 推論 2 (自己弁護のための)理屈, 言い訳
ragionare 自 1 (理路整然と)考える, 話す, 説く 2 理屈[文句]を言う, 言い訳する
ragionatamente 副 良識を持って, 論理的に
ragionato 形 理性的に判断した; 論理的な
ragionatore 男〖囡[-trice]〗正しい判断ができる人, 良識を持って論じる人
***ragione** [ラジョーネ] 囡 1 理性, 判断力; 良識 —perdere la *ragione* [il lume della *ragione*] かっとなる, 理性を失う 2 道理, 正当さ 3 論証, 推論 4 理由, わけ; 原因, 根拠 —Non c'è *ragione* di arrabbiarsi. 怒る理由がない. 5〔数〕比率 ▶ *a maggior ragione* なおさら, なお一層 *a ragione* 正当に *a ragion veduta* 十分吟味したうえで; 故意に *avere ragione* 言い分が正しい, 筋が通っている *di santa ragione* こっぴどく; 正当な理由で / Gliele ho date *di santa ragione*. 私は彼をたっぷりと殴ってやった.
ragioneria 囡 会計学, 簿記; 会計部門; 会計士専門学校
ragionevole 形 1 理にかなった, 合理的な, 筋の通った 2 良識のある 3 妥当な, 適切な
ragionevolezza 囡 良識, 理にかなっていること
ragionevolmente 副 良識的に, 合理的に, 理性的に
ragioniere 男〖囡[-a]〗会計士, 会計[経理]係
ragionieristico 形〖複[男 -ci]〗1 簿記の, 会計の; 会計士の 2《謔》あまりにも細かい, こだわり過ぎの
raglan 男〖不変〗ラグランの—maniche *raglan* [a *raglan*, alla *raglan*] ラグラン袖 —男〖不変〗〖服〗(ラグラン袖のついた)男性用のゆったりしたオーバーコート
ragliamento 男 ロバが長く[繰り返し]力強く鳴くこと
ragliare 自 1 (ロバやラバが)鳴く 2《謔》耳障りな声で歌う[話す]; くだらないことを言う[書く]
raglio 男 1 (ロバの)長く力強い鳴き声 2 教養のない間の抜けた話[文章]
raglio 男 1 ロバの鳴き声 2《謔》調子はずれの歌, 聞くに堪えない声; 馬鹿な話
ragnatela 囡 1 クモの巣 2 着古してすり切れた布 3 罠(%) —tessere una *ra-*

gnatela di inganni 策略の罠を掛ける
ragno 男〖動〗クモ ▶ *non cavare un ragno dal buco* 何の成果[効果]もあがらない
ragtime 男〖不変〗〖英・音〗ラグタイム
ragù 男〖料〗ミートソース
Ragusa¹ 固名(女) ラグーザ〖シチリア特別自治州の都市; 略 RG〗
Ragusa² 固名(男) (Vincenzo 〜) ラグーザ(1841-1927; イタリアの彫刻家. 1876年に来日, 洋風彫刻の基礎を築いた)
ragusano 形 ラグーザ(の人)の —男 1〖囡[-a]〗ラグーザの人 2 カチョカヴァッロに似たチーズ
raguseo 形 ドゥブロヴニク(の人)の —男〖囡[-a]〗ドゥブロヴニクの人
raia 囡〖魚〗エイ〖ガンギエイ目〗
raid 男〖不変または複[raids]〗〖英〗空襲; 急襲, 敵地侵入; (主に自動車の)長距離耐久テスト[レース]
raider 男女〖不変〗〖英〗企業を乗っ取る者
raidista 男女〖複[男 -i]〗自動車長距離耐久レース参加者 —形〖複[男 -i]〗自動車長距離耐久レースに参加する
raiforme 男 (R-)〖複数で〗〖魚〗ガンギエイ目
Raimondo 固名〖男性名〗ライモンド
raion 男〖不変〗レーヨン(rayon)
rais 男〖不変〗1〖歴〗アラブ諸国の首長[指揮官] 2 マグロ漁の漁労長
raitro 男 (16世紀フランス, フランドルの)ドイツ人騎兵
RAI-TV 略 Radiotelevisione Italiana イタリア放送協会
rajah, rajah → ragià
ralenti 男〖不変〗〖仏〗→ rallentamento, rallentatore
rallargare 他《口》広げる, 拡大する
rallegramenti 男複 祝福の言葉—Ti faccio mille *rallegramenti*. 本当におめでとう.
rallegrare 他 陽気にする, 明るくする—**arsi** 再 1 (さらに)陽気になる; 喜びを味わう 2 (di) 心から喜ぶ 3 …を祝福する —*Mi rallegro* con te per la promozione! 昇進おめでとう.
rallentamento 男 1 速度を遅くすること; 低下, 衰退 2〖映〗スローモーション
rallentando 副〖音〗だんだん緩やかに —男〖不変〗〖音〗レレンタンド
rallentare 他 1 (速度やテンポを)遅くする, スローダウンする 2 緩める, 減らす —自 1 [es] 減速する —*rallentare* in curva カーブで減速する 2 [es/av]《勢いが》弱まる —**arsi** 再 (速度が)遅くなる; (勢いが)弱まる
rallentatore 男 スローモーション撮影[映写]装置 —形〖囡[-trice]〗減速する, スローモーションの ▶ *al rallentatore* 非常にゆっくり, スローモーションで
rallignarsi 再 再び根が付く, 再生する
rallista 男女〖複[男 -i]〗ラリー(特に自

rallistico 動車競技)の参加者
rallistico 形〖複[男 -ci]〗ラリーの ― gare *rallistiche* ラリーレース
rally 男〖不変〗(各種キャンペーンのための)大会, 集会;(自動車の)ラリー
RAM 女〖不変〗〖英・コン〗ランダムアクセスメモリ(Random Access Memory の略)
ramadan 男〖不変〗〖アラビア〗ラマダン, 断食月(イスラムのヒジュラ暦の第9の月. 断食と禁欲が課せられる)
ramaglia 女 木から剪(き)定された枝葉; 乾燥した枝の束;《文》灌(かん)木の茂み
ramaio 男 銅細工職人
ramaiolo 男 (金属または木製の)玉じゃくし, 玉じゃくし一杯分の量
ramanzina 女 ひどく叱ること, 叱責, 小言
ramare 他 (表面を)銅で覆う; 硫酸銅溶液を散布する
ramarro 男〖動〗ヨーロッパミドリトカゲ
ramato 形 1 銅で覆われた; 銅色の, 銅色がかった 2〖化〗硫酸銅を含む
ramatura 女 (表面を)銅で覆うこと; 硫酸銅溶液の散布
ramazza 女 (庸用の)大きなほうき 1 ― *essere di ramazza*《隠》(軍隊で)掃除当番である
ramazzare 他 ほうきで掃く, 寄せ集める ― *ramazzare il cortile* 中庭を掃く
rambismo 男 1 攻撃性と暴力むき出しの態度 2 映画の主人公ランボーに対する憧れ[崇拝]
rambo 男〖不変〗(映画の)ランボーのような大胆不敵な人物; 攻撃的かつ暴力的な人, 力自慢の人
rame 男 銅; 銅細工品
ramengo 男〖複[-ghi]〗 1〖北伊〗滅亡, 破滅 ―*andare a ramengo* 破滅する 2〖トスカーナ〗棒
ramificare 自〖io ramifico〗枝を出す; 枝分かれする ―**arsi** 再 枝分かれする
ramificatamente 副 枝分かれして
ramificazione 女 分枝, 枝分かれ; 分派
ramingo 形〖複[男 -ghi]〗(人が)さすらう, 彷徨(ほうこう)う
ramino 男 1〖中伊・北伊〗(牛乳からクリーム成分をすくいとる)穴じゃくし 2 (トランプゲームの)ラミー
rammagliare 他 (織物の)編み目を繕う
rammagliatrice 女 繕いを職業とする女性
rammagliatura 女 繕いをすること
rammaricare 他〖io rammarico〗苦しめる, つらくさせる ―**arsi** 再 後悔する, 悔やむ
rammarico 男〖複[-chi]〗遺憾, つらさ; 後悔, 嘆き
rammendare 他 (衣服のほころびや破れを)縫って直す, かがる, 繕う
rammendatore 男〖女[-trice]〗繕

いを職業とする人, かけはぎ[かけつぎ]職人
rammendo 男 かがり, 繕い ―*ago da rammendo* かがり縫い用の針
rammentare 他 記憶に呼び起こす, 思い出させる; 覚えている; 思い起こさせる ―**arsi** 再 覚えている, 記憶にある; 思い出す
rammodernare 他 近代化する, 近代的にする; 新しくする ―**arsi** 再 近代的になる, 新しくなる
rammollimento 男 軟化; 軟弱化
rammollire 他〖io -isco〗柔らかくする; 弱くする, 軟弱にする ―自 [es] 柔らかくなる, 柔軟になる; 弱くなる ―**irsi** 再 柔らかくなる; 弱くなる
rammollito 形 柔軟な; 軟弱な, 弱々しい ―男〖女[-a]〗体の弱い人; 弱虫, 気の弱い人, 軟弱者
rammorbidare → rammorbidire
rammorbidire 他〖io -isco〗柔らかくする; 和らげる, 穏やかにさせる ―自 柔らかくなる; 柔和になる ―**irsi** 再 柔らかくなる; 和らぐ
ramno 男〖植〗クロウメモドキ科の植物
__ramo__ [ラーモ] 男 1 枝 ―*ramo secco* (人・物・分野について)役立たず 2 支流, 支線 3 分家 4 分科 ―*Non è il mio ramo*. それは私の専門分野ではない. ► *avere un ramo di pazzia* ちょっと頭がおかしい[変わっている]
ramolaccio 男 〖植〗ハツカダイコン (ravanello)
ramoscello 男 小枝
ramosità 女 枝の多いこと
ramoso 形 枝の多い; 枝分かれした
rampa 女 1 スロープ, 傾斜路, (高速道路の)ランプ; タラップ; (踊り場間の)一続きの階段 ―*rampa di lancio*〖軍〗ミサイル発射台 2 短くて急な上り坂 3《文》(動物の)爪のある足
rampante 形 1 よじ登る; 後ろ足で立ち上がった 2 野心的な, 野望を持つ ―*politico rampante* 野心的な政治家 ―男 (踊り場間の)一続きの階段 ―男女 野心家 ► *arco rampante*〖建〗フライングバットレス, 飛び梁(はり)
rampantismo 男 出世主義
rampicante 形 (動物が)よじ登る; (植物が)はい上がる, 蔓(つる)のある ―男 蔓植物, 蔓草
rampichino 男 1〖鳥〗キバシリ 2〖植〗蔓(つる)性植物 3 マウンテンバイク
rampino 男 1 鉄鉤(かぎ), 鉄鉤棒; U字形の釘(くぎ) 2 詭弁, 言い訳, 口実
rampogna 女 厳しい叱責
rampognare 他 叱責する, 厳しくとがめる
rampollo 男 1《文》湧き水, 水の噴出 2《文》若枝; 子孫, 末裔(まつえい)
rampone 男 1 (捕鯨用の)銛(もり) 2〖複数で〗(登山用の)アイゼン 3 (木や電柱に登るために靴に付ける)スパイク底
ramponiere 男 捕鯨漁で銛(もり)を打つ担当の船員

rana 囡〔動〕カエル —nuoto a rana 平泳ぎ / *rana pescatrice* 〔魚〕アンコウ / *uomo rana* 潜水夫, フロッグマン

ranch 男〔不変〕〔英〕(北米の)牧場, 放牧場

ranchero 男〔複[rancheros]]〔西〕牧場の労働者, 牧場主

rancho 男〔不変〕〔西〕(アメリカ南部やメキシコの)家畜飼育をする大農場, 牧場

rancico 形〔複[男 -chi]]〔トスカーナ〕悪臭の, 嫌な匂いの —男〔複[-chi]]口に残る不快な味; かすれ声

rancidezza 囡 嫌な匂い[味]がすること

rancido 形 1(油などの)嫌な匂いの, 悪臭のする 2《蔑》古臭い, 時代遅れの —男 悪臭, 嫌な匂い

rancidume 男 1 悪臭, 嫌な味, 腐ったた食べ物 2《蔑》時代遅れのもの

ranciere 男〔軍〕給食兵

rancio 男 1(軍隊の)食事 2給食; 粗食

*****rancore** [ランコーレ] 男 恨み, 遺恨; (内に秘めた)悪意, 憎悪 —*serbare rancore verso* [*contro*]... (人)に恨みを抱く

rancorosamente 副 恨みがましく, 恨めしそうに

rancoroso 形 恨みがこもった, 憤慨した

rancurarsi 再《文》悼む, 深く悲しむ

randa 囡〔海〕スパンカー; 円を描くための道具 ► *a randa a randa*

randagio 形〔複[女 -gie, -ge]] さまよう, うろつく —*gatto* [*cane*] *randagio* 野良猫[犬] —男 野良犬[猫]

randagismo 男 ペットの野良化[野良犬, 野良猫]の状況; 住所不定の放浪(%)な生活

randellare 他 こん棒で打つ

randellata 囡 こん棒で打つこと —*prendere... a randellate* (人)をこん棒で殴りつける

randello 男 木の棒, こん棒

random 形〔不変〕〔英〕任意の, 無作為の; 手当たり次第の —副 手当たり次第に

randomizzare 他 無作為に抽出する

ranetta → renetta

ranger 男〔不変〕〔英〕1森林監視員 (guardia forestale) 2特別攻撃隊員

rangifero 男〔動〕トナカイ

rango 男〔複[-ghi]] 1階層, 階級 2身分, 地位, ランク 3〔軍〕隊列

rangolo 男〔文〕不安, 心配

rangutan 男〔不変〕《俗》オランウータン

rangutano → rangutan

ranista 男女〔複[男 -i]] 平泳ぎの泳者

rannicchiare 他〔io rannicchio〕(狭い所に)収容する, 取り入れる, 縮める —*arsi* 再 かがむ, しゃがむ

rannicchiato 形 縮こまった, 体をすぼめた; しゃがみ込んだ

ranno 男〔トスカーナ〕(洗濯に使用されていた)灰汁(%)

rannoso 形〔トスカーナ〕灰汁(%)を含む, 灰汁のような

rannuvolamento 男 曇らせること, 曇ること

rannuvolare 他〔io rannuvolo〕曇らせる, かき乱す, 暗黒くする —自 [es]雲で覆われる, 曇る —*arsi* 再 曇る, (顔)が曇る, 不安になる

rannuvolata 囡 突然空が曇ること

ranocchia → ranocchio

ranocchio 男 1〔俗〕カエル 2背が低く醜悪な人;《活発な子供へ親しみを込めて》やんちゃ坊主

rantolare 自〔io rantolo〕苦しそうな息をする, 喘(ぁ)ぐ, ぜいぜいとする; 苦悶(%)する

rantolio 男 長く続く喘(ぁ)ぎ

rantolo 男 1苦しそうな呼吸, 喘(ぁ)ぎ, 息切れ 2〔医〕ラッセル音, ラ音

rantoloso 形 息が荒い, 苦しそうな呼吸の, 喘(ぁ)いだ

ranuncolacea 囡〔植〕キンポウゲの植物; (R-)〔複数で〕キンポウゲ科

ranuncolo 男〔植〕ラナンキュラス(キンポウゲ科キンポウゲ属)

rap 男〔不変〕〔英〕ラップ音楽 —形〔不変〕ラップの —*musica rap* ラップ音楽

rapa 囡 1〔植〕カブ, カブラ 2知性の低い人 3《口》つるつるに剃った頭, スキンヘッド; はげ頭 —*farsi la rapa* 丸坊主にする ► *testa di rapa* 馬鹿

rapace 形 1貪欲な, 強欲な 2猛鳥の, 肉食の —*uccello rapace* 猛禽(%), 猛鳥 —男 猛禽類, 肉食の鳥

rapacemente 副 貪欲に, 強欲に

rapacità 囡 貪欲, 強欲; 獰(%)猛

rapare 他《俗》丸刈りにする, 丸坊主にする —*arsi* 再 丸坊主になる, 丸刈りにしてもらう —*raparsi a zero* 頭を剃(*)る, スキンヘッドになる

rapata 囡 丸刈り, 丸坊主頭にすること

raperonzolo 男〔植〕カブラギキョウ

rapida 囡 急流, 早瀬

rapidamente 副 すみやかに, 迅速に

rapidità 囡 1速さ 2急速, 迅速

rapidizzare 他 さらに加速させる, もっと急がせる —*arsi* 再 もっと速くなる

*****rapido** [ラーピド] 形 1高速の 2すばやい, 迅速な 3瞬時の, あっという間の —男 特急列車

rapidograph 男〔不変〕製図ペン

rapimento 男 1誘拐 2魅惑, 魅了

rapina 囡 1強盗(事件), 強奪; 略奪, 略奪品 —*rapina in banca* 銀行強盗 / *uccelli da* [*di*] *rapina* 猛禽(%)類 2 横領; 法外な要求額 3《文》女性をさらうこと

rapinare 他 1強奪する; 略奪する 2 脅し取る

rapinato 形 強盗の被害を受けた; 強奪された —男〔女[-a]]強盗の被害者

rapinatore 男〔女[-trice]] 1強盗

(の犯人), 略奪者 **2** 誘拐者
rapinosamente 副 激しく
rapinoso 形《文》魅惑的な —sguardo rapinoso うっとりとさせるまなざし
rapire 他 〔io -isco〕 **1** 強奪する, 誘拐する **2** 魅了する, 心を奪う
rapito 形 **1** 誘拐された **2** 心を奪われた, 魅了された, うっとりとした —男〔女[-a]〕誘拐された人
rapitore 男〔女[-trice]〕強奪者, 誘拐犯 —形〔女[-trice]〕強奪の, 誘拐の
raponzolo → raperonzolo
rappacificare 他 〔io rappacifico〕 和解させる, 仲直りさせる, 調停する —**arsi** 再 和解する, 仲直りする —rappacificarsi con... (人)と和解する
rappacificazione 女 和解, 調停
rappallottolare 他 〔io rappallottolo〕丸める
rappare 他〔音〕ラップ(を乗せた)音楽にする
rappattumare 他 体裁として仲直りさせる, 一時的に和解させる —**arsi** 再 表面上[一時的に]和解する
rapper 男女〔不変〕〔英・音〕ラッパー, ラップを歌う歌手; ラップの愛好者
rappezzamento 男 継ぎもの, 修繕
rappezzare 他 **1** 継ぎを当てる; 修繕する **2** うまくまとめる, 取り繕う; 補修する
rappezzatura 女 継ぎを当てること; 手直し
rappezzo 男 継ぎ当て, 補修; 当て布
rapportabile 形 比較しうる, 対照できる, 匹敵する
rapportare 他 **1**《文》報告する, (口頭・文書で)伝える **2** 比較する, 対照する —**arsi** 再 関わる, 関連する
*__rapporto__ [ラッポルト] 男 **1** 関係, 関連性 —essere in buoni [cattivi] rapporti con... (人)と仲がよい[悪い] **2** 報告書, レポート **3** (自転車の)変速ギア **4** 比率
rapprendere [82] 自〔es〕〔過分 rappreso〕凝固する —他 濃くする; 固まらせる, 凝固させる —**ersi** 再 凝固する, 固まる; (驚きで)体が固まる
rappresaglia 女 報復, 復讐, 仕返し; 腹いせ
rappresse rapprendere の直・遠過・3 単
rappresentabile 形〔劇〕上演でき る; 表現できる, 描写できる
rappresentabilità 女 上演できること; 表現可能なこと, 描写可能なこと
*__rappresentante__ [ラップレゼンタンテ] 男女 **1** 代表者 **2** 代理人[店] —rappresentante legale 法定代理人 **3** セールスマン, 外交員 **4** (時代や主義や芸術運動を)象徴する人物, 中心人物 —形 **1** 代表する, 代理の **2** 表現する
rappresentanza 女 代表, 代理, 代行 —in rappresentanza di... (人)の代理として, 代表して
*__rappresentare__ [ラップレゼンターレ] 他 **1** 表現する, 描写する **2** 代弁する **3** 象徴する —La colomba rappresenta la pace. ハトは平和を象徴する. **4** 上演する, 演じる **5**《文》呈示する **6** 形成する, 体現する
rappresentativa 女 代表団;〔スポ〕代表チーム
rappresentatività 女 (個人あるいは団体の)象徴的な[代表的な, 典型的な]能力
rappresentativo 形 描写する, 象徴的な; 代表的な, 典型的な; 代表権を持つ
rappresentazione 女 **1** 表現, 描写 **2** 表示 **3** (芝居やショーの)上演, 公演 **4**〔哲〕表象
rappreso rapprendere の過分
rapsodia 女 **1**〔音〕狂詩曲, ラプソディー **2** (古代ギリシャの)吟遊詩人の芸; 朗読される詩の一節
raptus 男〔不変〕〔ラ〕発作的暴力の衝動; 突然の創造的ひらめき
rara avis 慣(句)〔ラ〕類い稀なる人[物]
raramente 副 稀に, 滅多に(…しない) —La vedo raramente. 私は彼女には滅多に会わない.
rarefare [53] 他〔過分 rarefatto〕薄める; 回数を減らす —**arsi** 再 薄くなる, 希薄になる
rarefattibile 形 薄められうる, 希薄になりうる
rarefatto 形〔過分＜ rarefare〕薄まった; 洗練された, 繊細な
rarefazione 女 薄めること, 薄められること, 希薄, 希釈
rarefece rarefare の直・遠過・3 単
rarità 女 希有なもの[こと], 珍品; 滅多にないこと
*__raro__ [ラーロ] 形 **1** 珍しい, 稀(まれ)な —bestia rara 変人 **2** めったにない —rare volte めったに(…しない) / È raro che venga in treno. 彼が電車で来ることはめったにない. **3** 貴重な —collezione rara 貴重なコレクション ▶ più unico che raro 比べる物のない, たった一つの
ras 男〔不変〕**1** ラス(エチオピアの地方の諸侯の尊称) **2**〘蔑〙地方の小権力者
rasare 他 **1** (表面を)滑らかにする, 平らにならす **2** (ひげやむだ毛を)剃る; (髪の毛を)剃る —rasare la testa a zero 頭を丸める, スキンヘッドにする —**arsi** 再 自分のひげ[むだ毛, 頭髪]を剃る
rasatello 男〔織〕綿繻子(しゅす)
rasato 形 **1** 剃った; つるつるに剃った **2** 滑らかな; 平らな, 平坦な
rasatura 女 剃ること; 滑らかにすること, 表面をつるつるにすること
raschera 男〔不変〕〔北伊〕ラスケーラ(ピエモンテ産のチーズ)
raschiabile 形 削(けず)ぎ落とせる, こすり取れる
raschiamento 男 **1** 削(けず)ぎ落とすこと, こすり取り **2**〔医〕搔爬(そうは)

raschiare 〔io raschio〕 こすって磨く; (よごれなどを)こすり取る, 削り取る —自 (音を立てて)こすれる, きしる ►*raschiare il fondo del barile* 残り少ない蓄えをかき集める, なけなしの金をはたく / *raschiarsi la gola* 咳払いをする

raschiata 囡 さっとこすり取ること, ざっと削り取ること

raschiatoio 男 削(ケ)ぎ落とし用ナイフ

raschiatore 男〔女[-trice]〕削(ケ)ぎ落としの仕事をする人

raschiatura 囡 削(ケ)り落とし, こすること; 削ぎ落とした痕跡; 削ったかす

raschiettare 他 (削りナイフで)削(ケ)ぎ落とす —*raschiettare* una superficie 表面をこすってきれいにする

raschietto 男 1 削(ケ)ぎ落とし用ナイフ; 削ぎ落とし用の道具 2 (靴の泥落としのために玄関に置く)薄い金属版

raschino 男 → raschietto

raschio 男 1 咳払いで喉がいがらっぽいこと 2 こすり取ること, 削(ケ)り落とし; 引っかく音, こする音

rasciugare 他〔トスカーナ〕乾かす, ぬぐう; 乾燥させる —*arsi* 再〔トスカーナ〕乾燥する, 乾く

rase radereの直・遠過・3単

rasentare 他 1 かすめる, かする 2 (状況・目標に)ほとんど達する, 接近する

rasente 副 かすめて, ごく近くで —前 すれすれのところで, かすめて ►*volare rasente* l'acqua 水面すれすれを飛ぶ

raso¹ 形〔過分< radere〕1 (きれいに)剃った —a pelo raso (動物が)毛の短い 2 (植え込みや芝生が)きれいに手入れされた 3 (コップに液体が)なみなみと注がれた

raso² 男〔織〕サテン, 繻子(シ゛ュ)

rasoiata 囡 カミソリの一撃

rasoio 男 カミソリ —*rasoio* usa e getta 使い捨てのカミソリ / *rasoio* di sicurezza 安全カミソリ

rasoterra 副 地上すれすれに —形〔不変〕地面を這(ハ)うような; 並みのレベルの, つつましい —男〔不変〕〔スポ〕(サッカーなどで)地面すれすれの弾道のキック

raspa 囡 石目やすり, 粗目やすり

raspamento 男 やすりをかけること, やすりで磨くこと

raspare 他 1 やすりをかける 2 ひりひりさせる, 刺激する 3 (爪や足で)何度も引っかく —自 1 (爪や足で)引っかく; 引っかき回す, 探し回る 2 嗄(シャガ)れた[不快な]音をたてる

raspatura 囡 粗目のやすりをかけること; やすりで出た削りくず —*raspatura* di gallina ひどい乱筆, 判読不能の筆跡

raspo 男〔農〕(収穫後に残る)粒のほとんど付いていないブドウの小房

raspollare 他〔農〕摘み残したブドウの房を集める

raspollatura 囡〔農〕摘み残しのブドウの房の収穫

raspollo 男 実のない[粒のほとんどない]ブドウの房

rasposo 形 ざらざらとした感触の; (匂いや味が)酸っぱい, つんとくる

rassegna 囡 1 (詳細な)検討, 点検 —passare in *rassegna*... (物)を検査する, 点検する 2 (軍隊の)査閲, 閲兵 —passare in *rassegna* le truppe 部隊を閲兵する 3 報告; 評論, 論評 4 展覧会, 催し物 5 (映画の)フェスティバル

rassegnare 他 1〔文〕戻す, 再び手渡す —*rassegnare* le dimissioni 辞表を提出する 2 (職務・任務を)諦める; 閲兵する —*arsi* 再 (a) …に黙って従う, …を甘んじて受ける; 諦める

rassegnatamente 副 諦めて

rassegnato 形 諦めた, 屈した

rassegnazione 囡 諦め, 断念; 甘受, 忍従; 我慢, 辛抱 ►*con rassegnazione* 諦めて, 甘んじて

rasserenamento 男 1 空が晴れ渡ること, 快晴 2 心の平静を取り戻すこと

rasserenante 形 落ち着かせる, 元気づける

rasserenare 他 澄み渡らせる, 安心させる —*arsi* 再 1 晴れる 2 安心する, ほっとする

rassettamento 男 整頓, 調整, 修理

rassettare 他 1 整理[整頓]する 2 修理[修繕]する 3 (問題などを)片づける —*arsi* 再 (衣服や髪の乱れを)整える; 身支度[身繕い]をする

rassettatura 囡 片づけ, 整頓, 修理

rassicurante 形 確信させる, 元気づける, 安心させる

rassicurare 他 安心させる; 元気づける —*arsi* 再 安心する, 自信する

rassicurazione 囡 安堵(ト゛), 安心感; 自信, 確信

rassodabile 形 強化できる, 固められる

rassodamento 男 強化, 硬化, 固まること, 固まること

rassodante 形 (運動で)強化する, 活力を与える; (肌に)張りやつやを与える —crema *rassodante* トーニングクリーム

rassodare 他 強化する, 硬くする, 固める —*arsi* 再 強化する, 硬化する, 固まる

rassomigliante 形 1 似ている; 同様の, 類似の 2 忠実な, そっくりの —*rassomigliante* all'originale オリジナルに忠実な

rassomiglianza 囡 類似, 類似点, 似ていること

rassomigliare 自〔es/av〕(a) 似ている —*Rassomiglia* tantissimo a sua madre. 彼女はとても母親に似ている. —*arsi* 再 (互いに)似ている

rassomigliato 形 似た, そっくりに複製した, コピーした

rasta 形〔不変〕〔英〕ラスタファリズムに感化された[傾倒した] —男女〔不変〕ラスタファリズムの信奉者

rastafarianismo ラスタファリズム(1930年代にジャマイカで興った宗教運

動)

rastafariano 形 ラスタファリズムの —〔女 [-a]〕ラスタファリズムの信奉者

rastrellamento 男 1 熊手で集めること 2 (警察の)ローラー作戦; (軍隊の)掃討作戦

rastrellare 他 1 熊手でかき集める, 熊手で清掃する 2 (軍や警察が)くまなく探す

rastrellata 女 1 ざっと熊手でかき集めること; 熊手の一掃きで集められる草や葉の量 2 熊手による一撃, 一掃き

rastrelliera 女 1 まぐさ棚, かいば桶(ホ) 2 銃架 3 自転車置き台 4 (洗った後の)皿置き

rastrello 男 熊手, レーキ, かき集める道具

rastremato 形 〘建〙先細型の

rastremazione 女 〘建〙(柱を)徐々に細くすること, 先細にすること; 先細部分

rastro 男 〘文〙熊手; 〘農〙土かき機

rata 女 (月賦などの)1回分の支払い —pagare [comprare] a rate 分割払いにする[分割払いで購入する] / rata mensile 月賦

ratafià 男 ラタフィア(リキュール)

rataplan 擬 ラタプラン(太鼓を打つ音をまねた声)

rateale 形 分割払いの —vendita rateale 割賦(主に月賦)販売

ratealista 男女〘複[男 -i]〙分割払いの商品を販売促進する人

ratealizzare 他 分割して支払う

ratealizzazione 女 分割払い

ratealmente 副 分割払いで

rateare 他 分割払いにする; 分割払いの額(回数, 期日)を決める —rateare la somma da pagare 支払額を分割する

rateazione 女 分割払い

rateizzare → rateare

rateizzazione → rateazione

ratelo 男 〘動〙ラーテル(イタチ科), ミツアナグマ

rateo 男 (会計の)見越し; 分割(払い); 日歩

ratifica 女 〘法〙批准, 承認, 認可

ratificare 他 〔io ratifico〕(条約などを)批准(³ネ)する, 承認する

ratificazione 女 批准(ꣻ), 承認

rating 男〘不変〙〘英・経〙格付け

rattamente 副 すばやく, 迅速に

ratticida 男 殺鼠(ン)剤(topicida)

rattizzare 他 (火を)かき立てる, 燃え上がらせる; (感情や情熱を)再びかき立てる

ratto¹ 男 (topoより大きい)ネズミ

ratto² 男 強奪 —il ratto delle Sabine 〘歴〙サビーニ族の女の略奪

ratto³ 形 速い, 迅速な, 敏捷(ツェッ)な

rattoppare 他 継ぎを当てる; 何とか取り繕う

rattoppato 形 1 継ぎが当たった; (身なりに構わず)継ぎはぎだらけの服装の 2 何とか修繕した

rattoppo 男 1 継ぎ, 継ぎ当ての布; 修繕 2 手直し

rattrappimento 男 麻痺(³), かじかみ, しびれ; 痙攣(ﾆﾝ)

rattrappire 他 〔io -isco〕(四肢を)しびれさせる, 麻痺(³)させる, 痙攣(ﾆﾝ)させる —irsi 再 しびれる, 麻痺する, 痙攣する

rattristante 形 悲しみを誘う, 悲しませる

rattristare 他 悲しませる —arsi 再 悲しくなる, いたたまれない

rattristire → rattristare

raucamente 副 しゃがれ声で, かすれた音で

raucedine 女 声が出にくいこと; かすれ声, しゃがれ声

rauco 形〘複[-chi]〙(人について)声がかすれた[しわがれた], ハスキーな, しゃがれ声[ハスキーボイス]の; (声や音が)不明瞭な, こもった

ravanello 男 〘植〙ラディッシュ, ハツカダイコン

rave 男〘不変〙〘英〙(ダンス音楽で楽しむ)夜通しの野外ロックコンサート(rave party)

raveggiolo 男 〔トスカーナ〕ラヴェッジョーロ(羊乳のフレッシュチーズ)

Ravenna 固名(女) ラヴェンナ(エミリア・ロマーニャ州の都市; 略 RA)

ravennate 形 ラヴェンナ(の人)の — 男女 ラヴェンナの人 —男〘単数のみ〙ラヴェンナ方言

raviolatore 男 ラヴィオリの型抜き器

raviolatrice 女 ラヴィオリ製造機

raviolo 男 〘複数で〙ラヴィオリ

ravizzone 男 〘植〙セイヨウアブラナ

ravvalorare 他 価値を引き上げる, 価値を高める

ravvedersi [126] 再 〘過分 ravvisto〙悔い改める

ravvedimento 男 改心

ravviare 他 整え直す, 片づける —ravviare i capelli 髪をきちんとする —arsi 再 1 身なりを整える 2〘文〙来た道を戻る

ravviata 女 すばやく整えること, 急いで片づけること —darsi una ravviata ai capelli 髪を急いで直す / dare una ravviata alla camera 部屋を急いで片づける

ravvicinare 他 1 近づける, さらにもっと引き寄せる 2 仲直りさせる —arsi 再 接近する, さらに近づく; 和解する —ravvicinarsi alla famiglia 家族と和解する

ravvisabile 形 見分けられる, 認めることができる

ravvisare 他 見分ける, 認識する, 識別する

ravvisto ravvedersi の過分

ravvivabile 形 よみがえらせうる, 活気づけられる

ravvivamento 男 よみがえらせること, 活気づけること, 活気づくこと

ravvivante 形 元気づける, 活気づける

ravvivare 他 再び元気づける, よみがえ

ravvolgere [131] 他 〔過分 ravvolto〕ぐるぐる巻きにする, 何度も包む —**ersi** 身をしっかり包む —*ravvolgersi in una coperta* 毛布にくるまる

ravvolse ravvolgere の直・遠過・3単

ravvolto ravvolgere の過分

rayon 男〔不変〕レーヨン (raion)

raziocinante 形 思考力のある, 推論する

raziocinio 男 思考力, 判断力, 推論

razionabile 形 1 配給制にできる, 支給可能な 2《文》合理的な, 理性的な

razionale 形 1 理性的な 2 合理的な 3 目的に合致した

razionalismo 男 合理主義, 合理論

razionalista 男女〔複[男 -i]〕合理主義者

razionalisticamente 副 合理論に従って, 合理主義的に

razionalistico 形〔複[男 -ci]〕合理論の, 合理主義の

razionalità 女 合理性, 理性があること

razionalizzabile 形 理性的に表されうる

razionalizzare 他 合理化する, 機能的にする

razionalizzato 形 合理化された, 機能的になった

razionalizzazione 女 合理化

razionalmente 副 合理的に

razionamento 男 配給, 配給制

razionare 他 配給する, 分配する

razione 女 (食べ物の)一人前, 一人分の分配量

****razza**[1] 〔ラッツァ〕女 1 人種 —*razza bianca* [*gialla*] 白色[黄色]人種 2 種族, 品種 —*cavallo di razza* サラブレッド; 生え抜き / *di razza pura* 純血種の 3 一族, 家系 —*essere di buona razza* 良家の出身である 4 〔蔑〕種類, タイプ, 型 —*Che razza di storie stai raccontando?* 一体何の話をしているんだ? ▶ *fare razza a sé* 他と交わらない[異質である], 別行動をとる

razza[2] 女 (車の)スポーク

razza[3] 女 〔魚〕エイ

razzatore 男 (種の保存のための)純血種の動物

razzia 女 略奪目的の武装襲撃, (特に家畜の)窃盗

razziale 形 種の, 人種の

razzialmente 副 人種の点から, 人種的に

razziare 他 (家畜や財産を武装襲撃して)強奪する, 略奪する

razziatore 男〔女[-trice]〕略奪者, 強奪者

razzismo 男 人種差別, 人種的偏見

razzista 男女〔複[男 -i]〕1 人種差別をする人, 人種的偏見を持つ人 —形〔複[男 -i]〕人種差別をする, 人種的偏見を持つ

razzisticamente 副 人種差別的に

razzistico 形〔複[男 -ci]〕人種差別的な, 人種的偏見の

razzo 男 打ち上げ花火; ロケット弾, 照明弾 —*come un razzo* 電光石火のごとく

razzolare 自〔io razzolo〕(鶏が地面を)引っかいたりつついて餌を探して動く; かき回して探す

razzolatura 女 引っかき回すこと

Rb 略〔元素記号〕rubidio〔化〕ルビジウム

RC 略 Reggio (di) Calabria レッジョ・カラブリア

RCA 略 Responsabilità Civile Autoveicoli 自動車損害賠償責任保険

R.D. 略 Regio Decreto 勅令

RE 略 Reggio (nell') Emilia レッジョ・エミリア

Re 略〔元素記号〕renio〔化〕レニウム

****re**[1] 〔レ〕男〔不変〕女[regina] 1 王, 国王; 王様, 王族 —*pranzo da re* 豪華な正餐(ㄣ) 2 王者, 鉄人 —*il re degli animali* 百獣の王 3 トランプ[チェス]のキング

re[2] 男〔不変〕〔音〕レ[D, ニ]の音

re- 接頭 「反復」「反動」「後退」「強調」の意

Rea 固名〔女〕〔ギ神〕レア

reaganismo 男 レーガノミックス(アメリカのレーガン政権時の経済政策)

reagente 形〔化〕反応する, 反作用の —〔化〕反応物質; 試薬

reagire 自〔io -isco〕(a) 1 …に反抗[抵抗]する, 反発する 2 反応する —*reagire bene agli antibiotici* 抗生物質によく反応する

reale[1] 形 1 国王の, 王立の; 王室[王家]の —*palazzo reale* 王宮 2 王にふさわしい ▶ *scala reale* (ポーカーの)ロイヤルフラッシュ

****reale**[2] 〔レアーレ〕形 現実の; 本当の, 実際の —*tempo reale* リアルタイム / *numeri reali* 〔数〕実数

realismo 男 1 現実主義 2 写実主義, リアリズム 3 〔哲〕実在論

realista 男女〔複[男 -i]〕1 リアリスト, 現実主義者 2 写実派の画家, 写実主義の作家 3 実在論者

realisticamente 副 1 現実的に; 現実主義的に 2 〔文・美〕写実主義的に; 〔哲〕実在論的に

realistico 形〔複[男 -ci]〕1 現実的な, 現実主義の 2 〔哲〕実在論の; 〔文・美〕写実主義の

realizzabile 形 実現可能な, かなえられる

realizzabilità 女 実現の可能性

****realizzare** 〔レアリッザーレ〕他 1 実現させる, 達成する —*Ha realizzato un sogno.* 彼は夢を実現させた. 2 実行に移す 3 気づく, 悟る —*realizzare l'importanza della discussione* 議論の重要性に気づく 4 現金化する, 換金する

realizzato 805 **recinzione**

5 〚スポ〛(サッカー・バスケットボールで)得点する **—arsi** 再 1 実現する 2 力を発揮する,能力を示す

realizzato 形 願望をかなえた,望みを達成した —È un uomo *realizzato* sul lavoro e nella vita. 彼は仕事と人生で成功を収めた男だ.

realizzatore 男〚女[-trice]〛 1 (アイディアや計画を)実行する人,成し遂げる人 2 〚スポ〛得点をあげる人

realizzazione 女 1 実現,達成 2 〚スポ〛得点

realizzo 男 資産の売却,資産の現金化

realmente 副 1 現実に,実際に 2 王のように,立派に

***realtà** [レアルタ] 女 1 現実 2 現実性,真実味 3 実情,実態 ▶ *in realtà* 実は,実際は

reame 男 君主制国家; (お伽(とぎ)話の)王国

reatino 形 リエーティ(の人)の —男〚女[-a]〛リエーティの人

reato 男 犯罪,違法行為 —commettere un *reato* 犯罪を犯す

reattanza 女〚電〛リアクタンス(交流回路においてコイルやコンデンサーに発生する電気抵抗)

reattivamente 副 反作用で,反発して

reattività 女 反応性,反発

reattivo 形 1 反作用の,反応性の 2 〚電〛リアクタンスを持つ —男〚化〛反応物質,試薬

reattore 男 1 ジェットエンジン 2 反応炉 —*reattore* nucleare 原子炉 3 〚化〛反応器 4 〚電〛リアクトル

reazionario 形 政治的反動の —男〚女[-a]〛反動主義者

reazionarismo 男 反動主義,保守主義

reazione 女 1 反動,反発 2 反応 —*reazione* a catena 連鎖反応

rebbio 男 1 熊手やフォークの先 2 〚音〛音叉(さ)の二又の棒の部分

Rebecca 固名〚女〛〚聖〛レベッカ(イサクの妻)

reboante 形 1 とどろく,響き渡る 2 〚蔑〛大げさに話して中身のない —discorso *reboante* 中身のない話

rebus 男〚不変〛 1 判じ物(文字や絵から隠された意味や文章を当てる謎解き) 2 不可解な事件; 謎めいた人物 3 読みにくい筆跡; 意味不明な絵

rebus sic stantibus 成句 〚ラ〛こういうわけで,このような状況なので

recalcitrante 形 (馬が御者や乗り手に)逆らう,前に進もうとしない

recalcitrare 自〚io recalcitro〛 (馬などが)蹴ったりして動こうとしない; 反抗する(ricalcitrare)

recanatese 形 (マルケ州の)レカナーティ(Recanati)(の人)の —男女 レカナーティの人

recapitare 他〚io recapito〛 発送する,配達する

recapito 男 1 配達,送付 2 配達[送付]先(の住所)

recare 他 1 運ぶ,もたらす; 知らせる,伝える 2 原因となる,引き起こす **—arsi** 再 行く,おもむく

recedere 自 1 後退する; 諦める 2 (感染・病などが)弱まる,和らぐ

recensione 女 論評,書評; 検閲 —fare la *recensione* di... …の書評を書く

recensire 他〚io -isco〛 1 (書物や演劇などを)批評する 2 検閲する

recensitrice 女 → recensore

recensore 男〚女[recensitrice]〛 1 評者,書評を書く人 2 検閲者

recensorio 形 1 書評の,評者の 2 検閲(者)の

***recente** [レチェンテ] 形 最近の,近頃の ▶ *di recente* 最近

recentemente 副 最近,近頃

recentissime 女複 最新のニュース,最新のテレビニュース

recepire 他〚io -isco〛 1 受容する, (思想や考えに)同調する 2 把握する,理解する

reception 女〚不変〛〚英〛ホテルのフロント

receptionist 男女〚不変〛〚英〛フロント係

recessione 女 1 後退; 撤回 2 〚経〛景気後退

recessivamente 副 1 景気後退で 2 劣性遺伝で

recessività 女〚生物〛劣性遺伝

recessivo 形 1 景気後退の 2 取り下げの,解除の 3 劣性遺伝の

recesso 男 1 後退,隠れ場所,心の奥底 2 〚法〛取り下げ,撤回,解除

recettore 男 1 〚生物〛感覚器官,受容体,レセプター 2 受信機,受信機

recidere [30] 他〚過去 reciso〛 切断する,断ち切る **—ersi** 再 切れる,ひびが入る,裂ける

recidibile 形 切り落とせる

recidiva 女 1 〚法〛再犯 2 〚医〛再発

recidivamente 副 1 再犯で; 同じ間違いを繰り返して 2 (病気が)再発して,ぶり返して

recidività 女 1 (同じ間違いの)繰り返し; 再犯 2 病気の再発

recidivo 形 1 同じ間違いをした; 再犯の 2 (病気の再発の —男〚女[-a]〛再犯者,常習犯

recingere [19] 他〚過去 recinto〛 取り囲む,(柵や生け垣で)囲む

recinse recingere の直・遠過・3 単

recintare 他 柵で囲む,柵で境界をつくる

recinto¹ 男 1 囲い(柵・垣根・塀・フェンスなど) 2 囲われた場所,境内

recinto² recingere の過分

recinzione 女 柵(で囲むこと),囲い

—*recinzione* in legno 木の柵

recioto 男 レチョート(ヴェローナのデザートワイン)

recipe 男 〔不変〕〔ラ〕処方; 処方箋

recipiente 男 容器(含う), 容器

reciprocamente 副 相互的に, お互いに

reciprocità 女 相互依存状態, 相互作用, 相互関係

*reciproco [レチープロコ] 形 〔複[男-ci]〕相互の, 相互的な —*numeri reciproci* 〔数〕逆数 / *verbo riflessivo reciproco* 〔言〕相互的再帰動詞 —男 〔言〕相互的再帰動詞

recisamente 副 きっぱりと, はっきりと

recise recidere の直・遠過・3 単

recisione 女 切断; 決然とした様子

reciso 形 〔過分 < recidere〕 1 切り落とされた 2 決然とした, きっぱりとした

recita 女 1 上演, 公演 2 暗唱, 朗読 3 ふり, 見せかけ

recitabile 形 演じられる, 上演可能な

recital 男 〔不変〕〔英〕独奏会, 独演会, リサイタル

*recitare [レチターレ] 他 1 暗唱する; 演じる 2 ふりをする, 見せかける ▶ *recitare la commedia* ふりをする, 装う

recitativo 男 1 暗唱の, 朗読の, 演技の 2 〔音〕叙唱の —男 〔音〕(オペラの)レチタティーヴァ, 叙唱

recitazione 女 1 暗唱; 朗読 2 演技

reclamare 他 1(権利として)強く求める, 主張する 2(緊急に物を)必要とする —自 抗議する; 苦情を言う, クレームをつける

réclame 女 〔不変〕〔仏〕宣伝, 広告; (宣伝用の)ビラ, ポスター, 看板

reclamistico 形 〔複[男-ci]〕 宣伝の, 広告の

reclamizzare 他 宣伝する, 広告する —*reclamizzare una merce* 商品を宣伝する

reclamizzato 形 宣伝を貼り付けた —*auto reclamizzata* 自社宣伝を貼った社用車, ラッピングカー

reclamizzazione 女 宣伝すること, 宣伝

reclamo 男 抗議; 苦情, クレーム —*ufficio reclami* お客様ご相談窓口

reclinabile 形 傾けられる, 下へ曲げられる —*sedile reclinabile* リクライニングシート

reclinare 他 下方へ曲げる, 傾ける —*reclinare il sedile dell'auto* 車のシートを倒す —**arsi** 再 下に傾ける, かがむ

reclinato 形 傾いた, 下に曲げた

reclino → reclinato

reclusione 女 1 隔絶, 隔離, 幽閉 2〔法〕拘禁, 投獄, 拘留; 懲役

recluso 形 隔離された, 投獄された —男〔女[-a]〕懲役囚, 囚人

reclusorio 男 監獄, 牢獄; (厳しい戒律で)自由がない環境

recluta 女 1 新入会員[党員] 2 新人 3 新兵

reclutamento 男 〔軍〕新兵募集; 人員募集

reclutare 他 1〔軍〕徴募する, 新兵を募集する 2 雇う, 募集する

recondito 形 人里離れた, 遠く隠れた, 秘密の, 隠された

record 男 〔不変〕〔英〕最高記録, レコード —*record mondiale [nazionale]* 世界[国内]記録 / *stabilire un record* 最高記録を樹立する

recordman 男 〔不変〕〔スポ〕記録保持者(primatista)

recriminare 自 (io recrimino) 後悔する, 悔しがる; 抗議する, 非難し返す —*recriminare sul passato* 過去を引きずる

recriminatorio 形 非難に満ちた, 恨み言の

recriminazione 女 非難, 苦情, クレーム, 抗議

recrudescenza 女 1 悪化, 再燃 2 (病気の)ぶり返し, 再発

recto 男 〔不変〕 紙やページの表側, コインやメダルの表側

recuperabile 形 取り戻せる, 回収できる; 取り返しのつく, 償える

recuperabilità 女 取り戻せること, 回収できること; 償えること

recuperare 他 (io recupero) 1(元の正常な状態を)取り戻す 2 回復させる, 復旧させる; 復帰させる 3 救出[救助]する 4 再生[再利用]する 5 再試合を行う

recupero 男 1 回復 2 復旧; 復帰 3 救出, 救助 4 再生, 再利用 5 再試合

redare 他〔文〕相続する

redarguire 他 (io -isco) 激しく非難する, 責める

redasse redigere の直・遠過・3 単

redatto redigere の過分

redattore 男〔女[-trice]〕1 (新聞社の)デスク, 編集責任者; (出版物の)編集者 2 (文書・資料の)執筆者

redazionale 形 編集の, 編集者の

redazionalmente 副 編集上, 編集の点で

redazione 女 1(出版物の)編集; 編集部 2(文書の)作成 3 版 —*la prima redazione* 初版

redde rationem 成句 男〔ラ〕最後の審判; 収支決算

redditiere 男〔女[-a]〕所得のある人; 不労所得で生活する人, 高額所得者

redditività 女 収益力, 所得能力

redditizio 形 収益を出す, 高利の, もうかる

reddito 男 所得, 収入 —*reddito annuo* 年収 / *imposta sul reddito* 所得税

redditometro 男 納税者の推定収入を測るための指数[係数]

redense redimere の直・遠過・3 単

redento 形〔過分 < redimere〕(領土や人民の)解放された, 救われた

redentore 男 (R-) [単数のみ] 罪の贖(あがな)い主 (イエス・キリスト)

redenzione 女 1 罪の贖(あがな)い, 贖(とく)罪 2 解放, 釈放

redigere [85] 他 [過分 redatto] (文書を)作成する, 起草する; 編集する

redimere [86] 他 [過分 redento] 1 解放する, 自由にする 2 (キリスト教で罪を)償う 3 (拘束から)解く, 救う **—ersi** 再 自由になる, 解放される

redimibile 形 償いうる; 買い戻しができる, 償還できる

redine 女 [主に複数形で] 手綱; 主導権

redingote 女 [不変] [仏] ルダンゴト (1900年代の初めまでヨーロッパで着用された)後ろに裾のある膝丈の男性用上着; (1700〜1900年代初めまでヨーロッパで着用された)ウエストのある女性用上着

redivivo 形 生き返った; 生まれ変わりの; 長年経ってから姿を現した **—** 男 [女 [-a]] 生まれ変わり, 長年経ってひょっこり現れた人

reduce 形 (戦争・冒険・追放などから)帰還した; 危機的状況を脱したばかりの **—** 男女 (戦争・冒険・追放からの)帰還者; 生存者

reducistico 形 [複 男 -ci] 帰還者の, 生存者の

reduplicazione 女 反復(法)

refe 男 [織] (2本の糸を合わせた)強い撚(よ)り糸

referee 男 [不変] [英] 1 [スポ] 審判, レフェリー 2 [論文等の]審査員

referendariamente 副 国民投票で

referendario 形 国民投票の, 世論調査の

referendarista 形 [複 男 -i]] 国民投票派の, 世論調査に賛成の **—** 男女 [複 男 -i]] 国民投票支持者, 世論調査賛成派

referendum 男 [不変] 1 国民[住民]投票 2 世論調査

referente 形 関連する; 報告を通じて述べるにとどまる **—**commissione *referente* 公聴会 **—** 言] (語・句の)指示対象 **—** 男女 (政治活動・組織の)代表者; 照会先

referenza 女 1 [複数形で] 人物の信用調査, 身元証明書; 身元保証書 2 [言] 指示

referenziare 他 [io referenzio] 身元を保証する **—** 自 身元保証書を提出する

referenziato 形 身元の確かな; 能力のある **—**cercasi personale *referenziato* 有能なスタッフ募集

referto 男 医師の診断書, 鑑定書; 報告

refettoriale 形 (修道院や寄宿学校の)食堂の

refettorio 男 (修道院や寄宿学校の)食堂

refezione 女 軽い食事 **—**refezione *scolastica* 学校給食

refill 男 [不変] [英] (ボールペン・ライター・香水などの)詰め替え, リフィル

reflex 男 [不変] [英] 一眼レフカメラ

refolo 男 (一定方向の)軽い風

refosco 男 [複 -chi] レフォスコ(フリウリ[ヴェネツィア・ジュリア, イストリア]の赤ワイン用ブドウの品種; その品種で作る赤ワイン)

refrattarietà 女 1 無関心, 無感覚, 冷淡 2 溶解しにくいこと, 耐熱性 3 [医] 不応性, 免疫性

refrattario 形 1 無感覚の, 無反応の, 無関心の 2 耐熱性の 3 [医] 免疫性の

refrigerante 形 心地よく冷たい, 爽快な; 温度をさます, 熱を下げる, 冷却する **—**doccia *refrigerante* 冷たくて気持ちよいシャワー **—** 男 冷却装置, フリーザー

refrigerare 他 [io refrigero] 冷やす, 冷却する **—**refrigerare *la gola con una bibita fredda* 冷たい飲み物で喉をすっきりさせる **—arsi** 再 体を冷やす, (シャワーなどで)すっきりする **—**refrigerarsi *con un buon bagno* 風呂に入ってさっぱりする

refrigeratore 男 冷却装置; 冷凍庫, フリーザー **—** 形 [女 [-trice]] 冷却用の

refrigerazione 女 冷却, 冷凍 **—**impianto di *refrigerazione* 冷却装置

refrigerio 男 1 涼(すず), 涼しさ **—**cercare un po' di *refrigerio all'ombra* 木陰にいくらかの涼を求める 2 慰め, 慰安

refugium peccatorum [羅] (男) [ラ] 罪人の拠り所(聖母連禱(もう)の一節, 聖母マリアを指す); 救いを求める者に寛容な人物, 安全な居場所

refurtiva 女 盗品, 盗まれた財産や持物

refuso 男 印刷ミス, ミスプリント(errore di stampa)

regalabile 形 贈るのに適した **—**oggetti *regalabili* 贈答好適品

*__regalare__ [レガラーレ] 他 1 プレゼントする, 贈る **—**regalare *un anello alla fidanzata* 恋人に指輪を贈る / Mio padre mi *ha regalato* una bicicletta. 父親が僕に自転車をプレゼントしてくれた. 2 (惜しみなく)与える, [諧] (殴打などを)食らわせる 3 [口] 安値で売る **—arsi** 再 [諧] 自分に贈る, 自分用に購入する

regalato 形 特価の, ただ同然の

regale 形 1 王の, 王にふさわしい 2 豪華な, 壮麗な

regalia 女 1 (中世の)王権, 皇帝の権力 2 [複数形で] 小作人が地主に渡す現物納入 3 (使用人への)心付け, 祝儀

regalistica 女 多種多様な贈答品

regalità 女 1 王であること 2 威厳さ, 豪華さ, 高貴さ

regalmente 副 1 王にふさわしく 2 荘厳に, 威厳をもって

*__regalo__ [レガロ] 男 1 プレゼント, 贈り物 **—**regalo *di compleanno* 誕生日プ

レゼント / articoli da *regalo* 贈答品, ギフト / carta da *regalo* 包装紙 **2** 喜び, うれしいこと

regamo 男 〔北伊・植〕オレガノ(origano)

regata 囡 〔スポ〕レガッタ(ボートレース競技)

reggae 男 〔不変〕〔英・音〕レゲエ — musica *reggae* レゲエ音楽

reggente 形 **1** 支える, 支配する; 摂政の **2** 〔言〕主節の —proposizione *reggente* 主節 — 男女 — 囡 〔言〕主節

reggenza 囡 **1** 摂政職, 摂政権 **2** 〔言〕支配 — 形 〔不変; 名詞に後置して〕摂政期の

*__reggere__ [レッジェレ] [87] 他 〔過分 retto〕 **1** 支える, 支持する, (落とさないように)持つ **2** 対抗する, (重力や圧力などに)耐える —*reggere* l'alcol アルコールに強い **3** 乱暴する, 治める —*reggere* uno stato 国家を支配する **4** 〔言〕(主に動詞が)…を従える, …をとる —自 **1** (a) 耐える —Non potrà *reggere* alla tensione. 彼は緊張に耐えられないだろう。 **2** (効力や状態が)保たれる, 持つ **3** 効力を持つ, 妥当である; 踏みとどまる, こらえる ▶ *reggere il sacco a...* (人)の共犯者である(手を貸す, 片棒を担ぐ) *reggersi la pancia dalle risa* 腹をかかえて笑う

reggi- 接頭 「支える」「…を持つ物[者]」の意

reggia 囡 〔複[-ge]〕王宮, 宮殿, 宮廷, 御殿

reggiano 形 レッジョ・エミリア(の人) — 男 〔女[-a]〕 **1** レッジョ・エミリアの人 **2** パルミッジャーノ・レッジャーノ・チーズ

reggibile 形 支えられる; まっすぐ立てる, 直立できる

reggicalze 男 〔不変〕ガーターベルト

reggilibro, reggilibri 男 〔不変〕ブックエンド, 本立て

reggilume 男 〔不変〕ランプを吊る部分, ランプの台

reggimento 男 **1** 連隊 **2** 多勢, 大勢

reggino 形 レッジョ・カラーブリア(の人)の — 男 〔女[-a]〕レッジョ・カラーブリアの人 **2** 〔単数のみ〕レッジョ・カラーブリア方言

Reggio (di) Calabria 固名 囡 レッジョ・カラーブリア(カラーブリア州の都市; 略 RC)

Reggio (nell')Emilia 固名 囡 レッジョ・エミリア(エミリア・ロマーニャ州の都市; 略 RE)

reggipetto → reggiseno

reggiposata 男 〔不変〕カトラリー置き(ナイフ・フォークなどを置く物)

reggiseno 男 ブラジャー

reggitenda 男 〔不変〕カーテンポール, カーテンフック — 形 〔不変〕カーテンポールの, カーテンフックの

regia¹ → reggia

regia² 囡 (オペラ・演劇・映画などの)演出, 監督

regicida 男女 〔複[男 -i]〕王を殺した人 — 形 〔複[男 -i]〕王を殺す手段の, 王を殺すための

regicidio 男 王殺し, 君主暗殺

regime 男 **1** 政体, 体制 —*regime* parlamentare 議会政治体制 **2** 制度 **3** (状況の)動向 **4** (食事を中心とした)養生法, 食餌療法 —essere a *regime* ダイエット中である / *regime* alimentare 食餌療法 **5** (機械や装置の)動作状況 ▶ *girare a pieno regime* (モーターが)全速力で回転する

Regina 固名 〔女性名〕レジーナ

*__regina__ [レジーナ] 囡 〔男[re]〕 **1** 女王; 王妃 **2** クイーン, 華(₂) —ape *regina* 女王蜂 / Venezia è la *regina* dell'Adriatico. ヴェネツィアはアドリア海の女王である。 **3** トランプ[チェス]のクイーン

Reginaldo 固名 〔男性名〕レジナルド

reginetta 囡 ミスコン優勝者

regio 形 〔複〔女 -gie〕〕王の, 王立の

regionale 形 **1** 地方の; 地方に固有の —cucina *regionale* 郷土料理 / treno *regionale* (短い距離で各駅に停まる)ローカル列車 **2** 州の

regionalismo 男 **1** 郷土愛, 地域主義, 地方主義 **2** 地方分権主義 **3** 地方独特の言い方

regionalista 男女 〔複〔男 -i〕〕地方主義者; 地方分権主義者 — 形 〔複〔男 -i〕〕地方主義(者)の; 地方分権主義(者)の

regionalisticamente 副 地方主義的に, 地方分権主義的に

regionalistico 形 〔複〔男 -ci〕〕地方主義の, 地方分権主義者の

regionalizzare 他 (政治機構等を)地方分権化する, 地方に分ける

regionalizzazione 囡 地方分権化, 地方分散化

regionalmente 副 地方ごとに, 地域分

*__regione__ [レジョーネ] 囡 **1** 地方; 地域圏 **2** (便宜的に「州」と訳されるイタリアの20の行政区; 数個の「県(provincia)」から成る) **3** 領域, 範囲

regista 男女 〔複〔男 -i〕〕 **1** (映画・演劇の)監督; 演出家, ディレクター **2** 〔スポ〕司令塔, プレーメーカー

registicamente 副 演出の点で, 演出家[監督]の観点から

registico 形 〔複〔男 -ci〕〕演出の, 演出家の, 監督の

registrabile 形 記録できる; (レコードやテープに)録音可能な

registrare 他 **1** 録音[録画]する **2** 記する **3** 登録する

registrata 囡 (テレビ・ラジオの)収録番組

registrato 形 登録された; 録音放送の, 録画放送の —marchio *registrato*

登録商標

registratore 男 テープレコーダー, 録音機, ボイスレコーダー; 記録器 —*registratore a cassette* カセットデッキ, カセットテープレコーダー / *registratore di cassa* キャッシュレジスター / *registratore di volo* (飛行機の)フライトレコーダー, ブラックボックス

registrazione 女 1 録音; 録画 —*studio di registrazione* 録音スタジオ 2 記録 3 登録, 登記 4 (機械の)調節, 調整

registro 男 1 記録簿; 登録[登記]簿; 帳簿 —*registro di classe* クラス名簿 2 登記所 —*andare al registro* 登記所に行く 3 〔音〕声域, 音域 —*registro di soprano [tenore]* ソプラノ[テノール]の音域 (機器類の)調節装置 5 〔情〕(コンピューターの)記憶装置 6 〔印〕トンボ(十字形の印) ▶ *cambiare registro* (まるで別人のように)態度を変える

regiudicata 女 〔法〕確定判決

regnante 形 君臨する, 支配する, 統治する — 男女 君主

regnare 自 1 君臨する; 支配する 2 優勢である — 他 《文》支配する

*__regno__ [レーニョ] 男 1 王国; 世界 2 王位; 在位期間 3 (支配力が行き届く)領域 4 (自然界を三分する)…界 ▶ *regno di Dio* 天国

Regno Unito 男 英国, 連合王国

*__regola__ [レーゴラ] 女 1 規則, ルール 2 規準, 規範 3 節度, 節制 4 〔言〕文法の規則 5 〔数〕解法 6 〔カト〕修道会会則 7 (日常的な)習慣 ▶ *di regola* 普通, 概して, 原則として / *in regola* きちんと, 規範通りに / *senza regola* 際限なく, 節度なく

regolabaffi 男 〔不変〕シェーバー, 電気カミソリ器

regolabile 形 規制できる, 調整可能な
regolamentare[1] 形 規則の, 規定の, 法定の
regolamentare[2] 他 法律で規定する, 規制する; 規律を守らせる —*regolamentare la circolazione stradale* 交通規制をする

regolamentazione 女 規定を守らせること; 法による規制

regolamento 男 1 規則, 規定 —*regolamento scolastico* 校則, 学則 / *regolamento interno* 内規 2 〔商〕支払い, 債務の完済

*__regolare__[1] [レゴラーレ] 形 1 規則正しい, 一定の, 定期的な 2 正常な, 普通な 3 正規の, 適法の 4 几帳面な, 生真面目な 5 〔言〕規則的な 6 〔カト〕修道会の

*__regolare__[2] [レゴラーレ] 他 〔io regolo〕 1 規制する 2 (機械を)調節[調整]する 3 整頓する 4 解決する 5 〔スポ〕(自転車競技で)ラストスパートで勝つ —**arsi** 再 適切に行動する; 慎む, 自制する

regolarità 女 1 規則正しさ —*con regolarità* 定期的に 2 均整, 均等 3 正常性

regolarizzabile 形 正常化できる, 調整可能な

regolarizzare 他 正規のものにする, 正常化する, 調整する —**arsi** 再 (脈や交通が)正常なものになる

regolarizzazione 女 正常化, 正規化

regolarmente 副 規則正しく, 正常に, 定期的に

regolata 女 調整, 調節 —*dare una regolata a...* (エンジンや機械装置を)調節する / *darsi una regolata* 自制する, 態度を改める

regolatamente 副 適度に

regolativo 形 秩序正しい, 規定[規範]に従った

regolato 形 1 規制された, 規定[規則]に従った 2 適度の

regolatore 男 調整装置, 調節器 —*regolatore di pressione* 圧力調整装置 / *regolatore del volume* 音量調整装置 — 形 〔女 -trice〕調節する, 調整する

regolazione 女 1 調整, 調節 2 規制

regolo 男 堅い木片[金属片]; 定規 —*regolo calcolatore* 計算尺

regredire 自 〔es〕〔io -isco〕 1 後退する, 後戻りする 2 緩和する, 減じる, 弱まる

regressione 女 後退, 後戻り, 退行; 弱まること, 減少, 緩和

regressivamente 副 後退して

regressivo 形 後退した, 退行した —*fenomeno regressivo* 退化現象

regresso 男 1 後退, 退化, 逆戻り 2 減退, 低下, 緩和

reidratante 形 (化粧品が)保湿の, 潤いを戻す —*maschera reidratante* 保湿パック

reidratare 他 (皮膚を)再びしっとりとさせる, 潤いを戻す, 保湿する —**arsi** 再 再び潤いが戻る

reidratazione 女 保湿

reietto 形 見捨てられた, 社会的に疎外された, 経済的に圧迫された — 男 〔女 -a〕見放された人, 社会から疎外された人, 経済的困窮者 —*essere un reietto della società* 社会からの落伍(ご)者である

reiki 男 〔不変〕〔日〕レイキヒーリング(霊気療法)

reimbarcare 他 再び乗り込ませる —*reimbarcare i passeggeri sulla nave* 乗客を再び乗船させる —**arsi** 再 再び乗る

reimbarco 男 〔複 -chi〕再乗船, 再搭乗, 再搭載, 再び乗る[乗せる]こと

reimmergere [45] 他 〔過分 reimmerso〕再び浸す —**ersi** 再 浸る, つかる

reimmettere [65] 他 〔過分 reimmesso〕再び中に入れる, 再導入する —**ersi** 再 再び入り込む —*reimmettersi* nella corsia di sorpasso また追い越し車線に入る

reimpiantare 他 再設置する; 再開する; (植物を)再び植える, 植え直す

reimpianto 男 再設置, 再び据えること; 新たな設備; 再び植えること

reimpiegare 他 再び使う, 再雇用する —**arsi** 再 再雇用される

reimpiego 男 [複 -ghi] 再使用, 再利用, 再雇用

reimpostare 他 再び基礎を築く[土台を作る], 再整備をする; 再び決める, 再び着手する

reimpostazione 女 再開, 再整備, 再着手

reincaricare 他 再び委任する, 再び任務を託す

reincarico 男 [複 -chi] 再任, 再度の任務

reincarnare 他 再び肉体を与える; 生まれ変わらせる; (死んだ人に)生き写しである —自 [es] (病から)回復する, 生きて戻る —**arsi** 再 生まれ変わる

reincarnazione 女 1 [宗]輪廻(りんね), 転生, 生まれ変わること 2 生き写し, 生まれ変わり, 化身

reingaggio 男 再雇用, 再採用; 再契約

reingresso 男 再び入ること, 再入場, 再登場

reinscriversi [103] 再 再配置される; 再び位置づけられる

reinsediare 他 [io reinsedio] 再び就任させる; (本部等を)以前の場所に戻す —**arsi** 再 再び任務に就く; 以前の場所にまた落ち着く

reinserimento 男 再挿入, 再び差し込むこと; 復帰

reinserire 他 [io -isco] 再び挿入する, 再び差し込む; 復帰させる —**irsi** 再 (in) 復帰する

reinstallare 他 1 再び設置する, 再び据え付ける 2 再インストールする

reintegra → reintegrazione

reintegrabile 形 回復させられる, 復帰可能の; 再び補いうる

reintegrare 他 [io reintegro] 元に戻す, 回復させる —**arsi** 再 (人が)元の環境[家庭, グループ]に戻る, 復帰する

reintegrativo 形 回復させる, 元に戻す —restauro reintegrativo di opere d'arte 芸術作品の修復

reintegratore 男 [女 -trice] (伝統や風習を)復活させる人, 再現する人 —形 [女 -trice] (伝統や風習を)復活させる, 再現する

reintegrazione 女 回復, 復帰

reinterpretare 他 [io reinterpreto] (作品や事件に)再び注釈をつける, 再び読み直す, 再評価する

reinterpretazione 女 再解釈, 再評価

reintrodurre [3] 他 [過分 reintrodotto] 再び取り込む, 再び導入する —**ursi** 再 再び入る, 再び普及する

reinventare 他 再び発明する, 考案し直す, 新たに創作する —**arsi** 再 自分を作り直す, 自分を改める

reinvestimento 男 (地位・職務を)再び任命すること; 再投資

reinvestire 他 (地位・職務を)再び任命する; 再び投資する

reità 女 有罪

reiterabile 形 反復可能な, 繰り返し可能な

reiterare 他 [io reitero] 繰り返して言う, 反復する

reiteratamente 副 何度も, 繰り返して

reiterazione 女 繰り返して言うこと, 反復すること

relais 男 [不変] [仏]継電器 (relè)

relativamente 副 1 いくぶんかは, 割と 2 (a) …に関しては(は)

relativismo 男 相対主義

relativista 形 [複 男 -i] 相対主義の —男女 [複 男 -i] 相対主義者

relativisticamente 副 相対主義的に

relativistico [複 男 -ci] 形 相対主義の, 相対論の

relatività 女 相対性, 相関性

relativizzare 他 相対的にする, 相対化する —**arsi** 再 相対的になる, 相対的な価値を帯びる

relativizzazione 女 相対化

relativo 形 1 (a) …に関する; …に応じた 2 まずまずの, それなりの 3 [言] (文法で)関係の —pronomi *relativi* 関係代名詞

relatore 男 [女 -trice] 1 (会議や研究会の)報告者, 発表者 2 (卒業論文の)指導教官 —形 [女 -trice] 報告する, 発表をする

relax 男 [不変] [英]リラックス, 息抜き, くつろぎ

relazionale 形 関連のある, 関係のある

relazionalità 女 関連性, 関係

relazionare 他 報告する —**arsi** 再 関係を結ぶ, 関連する

relazione [レラツィオーネ] 女 1 関係; つながり, きずな —essere in relazione con... …と関係がある, つながっている / *relazione* di causa ed effetto 因果関係 / *relazione* uomo-donna 男女関係 / *relazione* padre-figlio 親子関係 2 報告, レポート ▶ *in relazione a...* …に関して

relè 男 継電器 (relais)

relegare 他 [io relego] 1 追放する, 遠くへ追いやる; (隔離されたところに)幽閉する 2 片づける, しまう —**arsi** 再 離れる, 遠くへ行く; 引きこもる, 隠遁(いん)する

relegato 男 [女 -a] 左遷された者, 追放された者

relegazione 女 遠くにやられること, 左遷; 幽閉, 監禁; 追放, 流刑

religione [レリジョーネ] 女 1 宗教; 信

religiosa —*religione cristiana* キリスト教 2 教義, 教理; 信条 3 信奉, 尊重 4《文》神聖な感覚 ▶ *Non c'è più religione.* ひどい世の中になったものだ.

religiosi 男 尼僧, 修道女

religiosamente 副 宗教的に, 教義に従って, 神妙に

religiosità 女 信心深さ, 信心; 宗教性; 勤勉さ, 熱意, 細心の注意

religioso 形 1 宗教(上)の 2 信心深い, 敬虔な 3 修道士[女]の 4 恭しい; 良心的な —男 [女 [-trice]] 修道士

reliquia 女 1 聖人の遺物, 聖遺物;《文》故人の遺品 2 思い出[記念]の品 3 《複数で》《文》(難破船や墜落した飛行機の)残骸, 残存物

reliquiario 男 聖遺物箱, 整骨箱

relitto 男 各自残りの, 残存の —男 1 (難破船や飛行機の)残骸 2 落ちぶれた人, 社会的落伍(ご)者

remainder 男《不変》〔英〕在庫一掃の値下げ本; 在庫の廉価本を売る書店

remare 自 1 (櫂(か)で)漕(こ)ぐ 2 奮闘する

remata 女 櫂(か)での一撃; 櫂の一漕(こ)ぎ, 漕ぐこと

rematore 男 [女 [-trice]] 漕(こ)ぎ手

remiero 形 漕(こ)ぎ手の, 櫂(か)に関する

remigare 自〔io remigo〕羽ばたく

Remigio 固名〔男性名〕レミージョ

reminiscenza 女 1 昔の名残りの記憶, あやふやな回想 2 (音楽や文学の)無意識の模倣

remissibile 形 容赦できる —*colpa remissibile* 許せる過ち

remissione 女 1 容赦, 赦免; (義務・借金の)免除 2 素直さ, 従順さ 3 〔医〕小康状態

remissivamente 副 従順に

remissività 女 従順, 素直さ

remissivo 形 従順な, 素直流に従う

Remo 固名〔男〕 1〔男性名〕レーモ 2 〔ロ神〕レムス(伝説上の初代ローマ王ロムルスの双子の弟)

remo 男 (ボートや舟の)櫂(か), 櫓(ろ), オール

remora 女 1 躊躇(ちゅうちょ), ためらい 2 支障, 遅延 3〔魚〕コバンザメ

remoto 形 遠く離れた; 遠い昔の, 手の届かない, ほど遠い —*passato remoto* 〔言〕(時制の)遠過去

remunerare → rimunerare

remunerativo → rimunerativo

rena 女 砂, 砂地盤, 砂漠 —*costruire sulla rena* 砂上に楼閣を築く

renaiola 女 〔植〕オオツメクサ

renaiolo, renaiuolo 男 砂の掘削と輸送の担当員

renale 形 〔解・医〕腎臓の

renano 形 ライン川の

renard 男《不変》〔仏〕キツネの毛皮

Renata 固名〔女性名〕レナータ

Renato 固名〔男性名〕レナート

★rendere [レンデレ] [88] 他《過分 reso》1〔形容詞とともに〕…の状態にする —*Quella notizia mi ha reso felice.* その知らせに私はうれしくなった. 2〔rendere *A a B*で〕B(人)にA(物)を与える [示す]; B(人)にA(物)を戻す, 返却する —*Grazie, a buon rendere!* ありがとう, 今度はこちらがお返しをしますね. 3 (利益や効果を)生む, もたらす 4 翻訳する 5 (芸術作品・文章・談話などで)表現する, 表す —**ersi** 再 1 …になる 2《文》屈服する ▶ *rendere pan per focaccia* 仕返しする, 報復する *rendersi conto di...* (物)に気づく, 悟る, 納得する

rendez-vous 男《不変》〔仏〕1 会う約束, デート 2 人が集まる場所 3 (二つの宇宙船や人工衛星などの)ランデブー

rendiconto 男 1 決算報告 2 報告 (書)

rendimento 男 1 返却, 引き渡し 2 (仕事の)能率, 効率 3〔物〕効率; 収益, 利潤

rendita 女 (給与所得以外の)雑収入; 不労所得 —*vivere di rendita* 金利(不労所得)で生活する

rene 男 1〔解〕腎臓 2《複[le reni]》腰, 背中

renetta 女 レネッタ(フランス原産の酸味のある青リンゴ)

reniforme 形 腎臓の形をした

renio 男 〔化〕レニウム(元素記号 Re)

renitente 形 反抗する, 服従しない, 反逆する —男女 徴兵に従わない者 —*renitente alla leva* 徴兵忌避者

renitenza 女 対抗, 不服従; 徴兵忌避

renna 女 1〔動〕トナカイ 2 トナカイのなめし革, バックスキン

Reno 固名〔男〕ライン川(ヨーロッパ西部の大河)

renosità 女 砂の多いこと

renoso 形 砂の多い

Renzo 固名〔男性名〕レンツォ

reo 形 罪を犯した —男 [女 [-a]] 罪を犯した者 ▶ *reo confesso* 自白した犯人

reo- 接頭 「流れ」「流出」の意

reobarbaro〔俗〕→ rabarbaro

reometro 男 電流計

reparto 男 1 (組織内の担当)部門, 部局 2 (病院の)科 3 売場, コーナー 4 集団, 一団 5〔軍〕部隊, 小隊

repellente 形 1 嫌悪感を催させる, 不愉快な 2 防虫の, 虫よけの —男 防虫剤

repellenza 女 1 嫌悪 2 撥(はっ)水性

repellere [49] 他《過分 repulso》はねつける, 遠ざける, 拒む —自 嫌悪感を催させる

repentinamente 副 ふいに, 突然に

repentinità 女 突然のこと

repentino 形 突然の, 突発的な

reperibile 形 見つけられる, 探し当てることができる

reperibilità 囡 発見の可能性
reperimento 男 発見
reperire 他 [io -isco] 見つけ出す
reperto 男 (研究・調査過程での)発見，発見物 —*reperto archeologico* (考古学の)発見物，出土品
repertorio 男 **1** 目録, リスト **2** 選集 **3** レパートリー
replica 囡 **1** 繰り返し **2** 複製, レプリカ **3** 反論
replicabile 形 繰り返し可能の; 複製可能の **2** (劇などを)再び上演できる
replicabilità 囡 複製可能なこと, 繰り返せること
replicante 男女 (SFの)アンドロイド
replicare 他 [io replico] **1** 再び行う, 繰り返す; 再演する **2** 反論する
replicatamente 副 繰り返して, 何度も
reportage 男 [仏]現地報告, 現地ルポ
reporter 男女 [英]記者; 通信員, 特派員; レポーター
represse reprimereの直・遠過・3単
repressione 囡 **1** 鎮圧 **2** 抑制
repressivamente 副 抑圧的に, 弾圧して
repressività 囡 抑圧的なこと, 弾圧の傾向
repressivo 形 抑圧的な, 弾圧的な
represso 形 [過分 < reprimere] 抑えた, 鎮圧された —*ira repressa* こらえた怒り
repressore 男 [囡 [reprimitrice]] 抑圧者, 弾圧者 — 形 [囡 [reprimitrice]] 抑圧する, 弾圧する
reprimenda 囡 厳しい叱責, 非難
reprimere [20] 他 [過分 represso] **1** (反乱などを)鎮圧する **2** (感情を抑える, 抑制する
reprimibile 形 抑えられる, 抑制できる
reprimitrice 囡 → repressore
reprint 男 [不変] [英]増刷, 復刻版
reprobo 形 神に罰せられた, 神罰に値する — 男 [囡 [-a]] 神罰に値する者, 神に罰せられた人, 悪人
reps [不変] 男 [仏]レップ織り(横うね織り)の布地
***repubblica** [レプッブリカ] 囡 共和国; 共和制 —*repubblica democratica* [federale] 民主 [連邦] 共和国 / *repubblica delle banane* バナナ共和国 (政情不安な中米の小国を指す) / *Repubblica Italiana* イタリア共和国
repubblicanamente 副 共和制で, 共和主義で
repubblicanesimo 男 共和制, 共和主義
repubblicano 形 共和国[制]の — 男 [囡 [-a]] 共和主義者, 共和制支持者
repubblichino 形 [歴]イタリア社会共和国の — 男 [囡 [-a]] イタリア社会共和国支持者

repulisti 男 [不変] [口]あるものを完全に消滅させること —*fare repulisti* すっかり[すべて]盗む, 完食する
repulsione 囡 嫌悪感, 反感
repulsivamente 副 感じ悪く, ぞっとするほど
repulsività 囡 感じが悪いこと
repulsivo 形 反感を呼ぶ, 嫌悪感を起こさせる; 反発する
repulso repellere の過分
reputare 他 [io reputo] 見なす, 判断する, …と思う —*arsi* 再 自分を…だと思う —*reputarsi intelligente* 自分が知的だと思う
reputato 形 高く評価された
reputazione 囡 評判, 評価, 尊敬
requie[1] 囡 [単数のみ] 落ち着き, 安息 —*non avere* [*trovare*] *requie* 落ち着かない
requie[2] 男, 囡 [不変] [俗]レクイエム
requiem 男 [不変] [ラ]レクイエム(死者への祈り), ミサ曲
requisire 他 [io -isco] **1** 徴発する, 徴用する; 横収りする, 取り上げる, 没収する **2** [諧](人を)足止めする, 独占する
requisito 男 資質, 要件, 適性
requisitoria 囡 検察側の論告, 激しい非難
requisizione 囡 徴発, 徴用
resa 囡 **1** 降伏 **2** 返還 **3** 見返り **4** 収益 **5** 効率, 能率
rescindere [101] 他 [過分 rescisso] [法]無効にする, 破棄する —*rescindere il contratto* 契約を破棄する
rescindibile 形 [法]破棄できる, 無効にできる, 取り消せる
rescisse rescindere の直・遠過・3単
rescissione 囡 [法]破棄, 無効, 取り消し
rescisso rescindere の過分
rese rendere の直・遠過・3単
resecare 他 [io reseco] 切る, 切除する
reseda 囡 [植]モクセイソウ
reset 男 [不変] [英]リセット, 計器などを初期の状態に戻すこと
resettare 他 リセットする
resezione 囡 切除
residence 男 [不変] [英]長期滞在用ホテル
residente 形 居住している, 在住の — 男女 居住者
residenza 囡 **1** 居住(地); 滞在(地) —*luogo di residenza* 居所, 家 / *cambiare residenza* 居住地を変える **2** 所在地, 本拠地 **3** 官舎, 官邸 **4** (祭壇中央の)聖体顕示台
residenziale 形 居住の, 住居の —*zona residenziale* 居住区域, 住宅地
residuale 形 残余の —*debito residuale* 負債の残り
residuato 形 残った — 男 残り, 余

り —*residuato* bellico 余剰軍需品
residuo 形 残った, 余りの —男 1 残り, 余り; 残高 2 残滓(ざ), 残留物
resina 女 樹脂, やに
resinato 形 松脂(やに)の匂いのする, 松脂が入った —男 (ギリシャの松脂入りワイン)レツィーナ, レッチーナ
resinoso 形 松脂(やに)の, 松脂を含む
resipiscente 形 改心を示す, 悔い改めた
resipiscenza 女 悔い改めること, 改心
resistente 形 丈夫な, 頑丈な, 強い
resistentemente 副 頑丈に
***resistenza** [レスィステンツァ, レズィステンツァ] 女 1 抵抗, 反抗 2 強度, 耐久性 3 〔歴〕抵抗運動, レジスタンス 4 (電熱器の)ニクロム線
resistenziale 形 〔歴〕レジスタンスの
***resistere** [レスィステレ, レズィステレ] [12] 自 《過分 resistito》(a) 1 …に抵抗[反抗]する 2 …に耐える, 我慢する; 持続する, 持つ —*resistere* agli urti 衝撃に耐える
resistibile 形 抵抗できる, 逆らえる
resistito resistere の過分
resistore 男 〔電〕抵抗器
reso rendere の過分
resocontare 他 詳細な報告で説明する, 計算書に入れる
resocontista 男女 〔複 [男 -i]〕 (会議などの)報告者, (専門の話題の)報道記者, ジャーナリスト
resoconto 男 1 報告(書); レポート —*resoconto* di un congresso 会議の報告書 2 決算報告
Respighi 固名 (男) (Ottorino 〜)レスピーギ(1879-1936; イタリアの作曲家. イタリア器楽の復興に貢献した)
respingente 形 拒否的な, 反発する —男 1〔機〕緩衝装置 2《諧》《複数で》女性の豊かなバスト
***respingere** [レスピンジェレ] [33] 他 《過分 respinto》1 はね返す, 撃退する 2 はねつける, 却下する 3 落第させる, 落とす
respinse respingere の直・遠過・3 単
respinta 女 1 強く押し返すこと 2〔スポ〕(サッカーやバドミントンで)クリア
respinto[1] respingere の過分
respinto[2] 男《女[-a]》留年生, 落第生
respirabile 形 呼吸できる, 呼吸に適した, 心地よい
respirabilità 女 呼吸できること, 呼吸に適していること
***respirare** [レスピラーレ] 自 1 呼吸する, 息をする 2 息をつく, 一息入れる —他 1 吸い込む, 呼吸する 2 肌で感じる
respiratore 男 1 呼吸器, 酸素吸入器 2 (潜水具の)シュノーケル
respiratorio 形 呼吸の, 呼吸用の
respirazione 女 呼吸, 酸素吸入 —*respirazione* artificiale 人工呼吸

***respiro** [レスピーロ] 男 1 息, 息遣い —fare un *respiro* 息をつく, 息を吐く / fino all'ultimo *respiro* 最期まで, いまわの際まで / tirare un *respiro* di sollievo ほっとする / trattenere il *respiro* 息を止める, 息を殺す 2 (ほっと)一息, 一服 —lavorare senza *respiro* 休みなしに働く 3〔音〕息継ぎ, ブレス
***responsabile** [レスポンサービレ] 形 1 (事故や問題などに)責任がある, 責任をとるべき[問われる] —Chi è *responsabile*? 誰に責任があるのか. 2 責任感のある, 判断力のある 3 (ある行動について)罪のある —男女 1 責任者 2 (問題を起こした)張本人, 犯人
***responsabilità** [レスポンサビリタ] 女 責任 —Di chi è la *responsabilità*? 誰の責任なのか.
responsabilizzare 他 責任を負わせる, 責任を取らせる —**arsi** 再 責任を取る
responsabilizzazione 女 責任を取ること, 責任を取らせること
responsabilmente 副 責任を持って, 自覚して
responso 男 1 神託 2 重大な声明; 医師の診断結果
responsorio 男 (教会での)応唱, 答唱
ressa 女 混雑, 人込み, 人だかり
resse reggere の直・遠過・3 単
resta[1] 女 (中297・北伊)魚の骨
resta[2] 女 (船)網を操作するための太い麻綱
resta[3] 女 (1400年代の鎧(よろい)の)右の槍(やり)受け
restante 形 残っている, 余りの —il tempo *restante* 残り時間 —男 残余, 残り
***restare** [レスターレ] 自 [es] 1 残る —A me *restano* pochi soldi. 私にはほとんど金がない. / Non ci *resta* che piangere. 我々は泣くしかないのだ. 2 滞在する, とどまる —Gli amici *resteranno* da noi. 友人たちが私たちに滞在する予定だ. 3《主に形容詞とともに》…の状態になる —*restare* a bocca aperta 啞(あ)然とする / *restare* in piedi 立ったままでいる / *restare* sorpreso 驚く 4 (思いや考えが)残る, 存続する 5《口》…の位置にある 6 合意する, 賛成する ▶ *restarci male* 失望する, 気落ちする
restaurabile 形 修復可能な, 修理できる
restaurare 他 〔io restauro〕1 修復する, 修理する 2 元に戻す —**arsi** 再《諧》化粧する
restauratore 形 《女[-trice]》修復専門の; 修復する 《男[-trice]》 修復の専門家, 修復家; 修復する人, 復興させる人
restaurazione 女 (政府や制度・慣習の)復興, 復帰
restauro 男 1 (建物や芸術品の)修

restio 復, 修理 2《文》休息; 代償

restio 形 (荷運びの馬などが)進もうとしない, 気乗りがしない —男 馬が前進したがらないこと

restituibile 形 返却可能な, 返却すべき —prestito *restituibile* a rate ローン融資

restituire 他 [io -isco] 1 返す, 返却する —*Ho restituito* il libro alla biblioteca. 私は図書館に本を返した. / *restituire* una visita 返礼訪問をする 2 元の状態に戻す, 復帰させる

restituzione 女 1 返却 2 お返し, 返礼

＊**resto** [レスト] 男 1 残り, 余り 2 おつり —Tenga il *resto*. おつりは取っておいてください. 3 [複数で] 遺構, 廃墟; 食べ残し —*resti* mortali 遺体, 死骸 / *resti della cena* 夕食の残りもの 4 [数] 引き算の残り, 差; (割り算の) 剰余, 余り ▶ *del resto* しかし; やはり, それでも **per il resto** それとは別に, それはさておき

restone 男 レストーネ (鉛色に白い斑点の大型の猟犬) —形 レストーネ種の —*cane restone* レストーネ犬

restringere [115] 他 [過分 ristretto] 1 狭くする, 縮める 2 減らす, 抑える —**ersi** 1 縮まる; 狭まる; 減る 2 身を縮める, 詰める

restringibile 形 縮むかもしれない, 小さくなりうる

restringimento 男 縮小, 縮めること, 細くすること

restrinse restringere の直・遠過・3単

restrittivamente 副 限定的に

restrittività 女 限定性, 制限性

restrittivo 形 制限する, 限定的な

restrizione 女 減少, 縮小, 制限 —parlare senza *restrizioni* 制限なくぺらぺらしゃべる

resurressi 男 [不変] (R-) 《文》 キリストの復活

resurrezione → risurrezione

resuscitare → risuscitare

retaggio 男 1《文》土地相続 2 (文化や芸術の) 遺産

retata 女 1 投網(なげあみ) 2 一網打尽; (警察の) 手入れ

＊**rete** [レーテ] 女 1 網, ネット —*rete di vendita* 販売網 / *rete aerea* [ferroviaria, stradale] 航空 [鉄道, 道路] 網 2 ネットワーク; チャンネル 3 [スポ] (サッカー・ホッケー・水球などの) 得点, ゴール; (球技用の) ネット 4 (列車の) 網棚 5 社会的なネットワーク 6 [解] (血管や神経の) 網状組織

reti 男複 (R-) [集合的] ラエティア人

reticella 女 小さな網 [ネット]

reticente 形 黙秘する, 話すのをためらう, 口の重い

reticentemente 副 黙秘して, 渋って

reticenza 女 1 黙秘, 黙止 2 [修] 頓絶法

retico 形 [複 [男-ci]] ラエティア (ローマ帝国の属州) (人) の —男 [単数のみ] ラエティア語

reticolare 形 網目状の —他 [io reticolo] 網にする, 網目をつくる

reticolato 男 1 (フェンス用の) 金網 2 網目, 格子模様 —*reticolato di filo spinato* 有刺鉄線の鉄条網 —形 網目の, 格子状の —*foglio reticolato* グラフ用紙

reticolo 男 1 網目状のもの, 網目 2 (牛などの) 反芻(はんすう)類の第二胃 3 [光] レチクル

retina¹ 女 [解] (眼球の) 網膜

retina² 女 ヘアネット

retinico 形 [複 [男-ci]] 網膜の

retinite 女 [医] 網膜炎

retino 男 虫取り網, 魚や小動物を捕獲する網

retore 男 1 古代ギリシャの雄弁家; 修辞学の教師 2 (蔑)修辞を多く使って話したり書いたりする人

retorica 女 1 修辞, 修辞技法, レトリック 2 修辞学 3 美辞麗句

retoricamente 副 修辞的に; 修辞学的に; 美辞麗句を使って

retoricità 女 誇張, 中身の無さ

retorico 形 [複 [-ci]] 1 修辞の, 修辞技法の, レトリックの 2 誇張した

retoromanzo 形 レト・ロマンス語の —男 レト・ロマンス語

retour match 成句 (男) [英] 復帰試合, 復帰戦

retrattile 形 出し入れを自由にできる, 伸縮可能の —*unghie retrattili* (ネコ科の動物の) 伸縮自在の爪

retrattilità 女 伸縮性

retrazione → ritrazione

retribuire 他 [io -isco] 報酬を支払う, 報いる

retributivamente 副 報酬に関して, 褒美で

retributivo 形 仕事の報酬の, 報われる

retribuzione 女 報酬, 賃金, 褒美 —*retribuzione a premio* 奨励金

retrivo 形 反動の, 文化や社会の進歩に反対する —*idee retrive* 反動思想 —男 [女 -a] 保守的な人, 反動思想を持つ人

retro¹ 男 裏, 裏面; 正面の反対側, 後ろ側 —副 《文》後ろに, 背後に

retro² 男 [不変] 《口》店の奥 (*retrobottega* の略)

retro³ 女 [不変] 《口》 バックギア (*retromarcia* の略)

retro- 接頭 「後へ」「元へ」の意

retroattivamente 副 [法] 遡及して

retroattività 女 [法] 遡及性

retroattivo 形 [法] 遡って効力を発する, 遡及性のある

retroazione 女 1 フィードバック 2 [電] ハウリング

retrobottega 男, 女 [複 [男不変, 女 -ghe]] (倉庫やトイレがある) 店の奥の部

retrocamera 囡 次の間, 控えの小部屋

retrocarica 囡 (銃弾の)後込め, 後装(ﾞ) —a retrocarica 後装式の

retrocedere [116] 圓 [es] 〖過分 retrocesso〗 **1** 後退する, 退却する **2**〔スポ〕降格する —他 **1** 退却させる **2**〔スポ〕降格させる

retrocedimento 男 退却, 後退

retrocesse retrocedere の直・遠過・3 単

retrocessione 囡 **1** 後退, 退却 **2** 降格, 格下げ

retrocesso retrocedere の過分

retrocucina 男,囡〖不変〗台所の裏の小部屋(貯蔵庫に充てられる)

retrodatabile 囲 前の日付にすることが可能な

retrodatare 他 (実際よりも)前の日付にする

retrodatazione 囡 前の日付にすること; (文学・芸術作品を実際よりも)制作年を古くすること

retroflesso 囲 後屈した, 反った

retrofrontespizio 男 本の扉の裏, 扉裏(著作権と版について表示)

retrogrado 囲 逆行する, 反動の, 反動主義の —男〖女[-a]〗反動主義者, 保守主義者

retroguardia 囡 後衛, バック; しんがり

retrogusto 男 後味

retromarcia 囡 〖複[-ce]〗 **1** バック(ギア) —fare retromarcia バックする; 退く, 撤回する, 諦める **2** (テープの)巻き戻し

retronebbia 男〖不変〗(濃霧の時に点灯する)車の後部の赤いライト

retropalco 男〖複[-chi]〗 **1** 舞台の奥, 舞台の後部 **2** 舞台奥の小部屋

retroproiezione 囡 映写スクリーン

retrosapore 男 後味

retroscena 男,囡〖不変〗観客からは見えない舞台の部分, 舞台裏(背景の裏と横の部分) —男〖不変〗舞台裏での動き

retrospettiva 囡 (芸術家の)回顧展 —in retrospettiva 振り返って, 回顧して

retrospettivamente 副 回顧して, 後ろを振り返って

retrospettivo 囲 過去を顧みる, 回顧的な —mostra retrospettiva 回顧展

retrostante 囲 後ろにある

retroterra 男〖不変〗 **1** 後背地(主要な都市や港の後方地域) **2** バックグラウンド, 背景

retrovendere 他 売り戻す, 元の売り主に売却する

retroversione 囡 **1** 後ろに曲がること, 反転; 〔医〕後屈, 後傾 **2** (翻訳を)原語に訳し直すこと

retrovia 囡 〖主に複数で〗〔軍〕後方, 後衛, 前線の後ろの補給基地

retrovisivo 囲 後ろを見るための —specchietto retrovisivo (車の)バックミラー

retrovisore 男 (車の)バックミラー —retrovisore laterale サイドミラー —囲 後ろを見るための —specchietto retrovisore (車内の)バックミラー

retta[1] 囡〖次の成句で〗▶ **dare retta a...** (人)の言うことを聞く, 言うとおりにする

retta[2] 囡 直線

retta[3] 囡 寄宿代, 寮費 —pagare la retta del collegio 寮費を支払う

rettale 囲 〔医〕直腸の

rettamente 副 公正に, 正しく

rettangolare 囲 長方形の

rettangolo 囲 直角を有する —triangolo rettangolo 直角三角形 —男 **1** 長方形 **2** (長方形の)フィールド, グラウンド, コート

rettifica 囡 **1** 調整, 修正 **2** (法律の)改正, 修正 **3** (印刷物の)校正

rettificabile 囲 修正[訂正]可能な, 改良できる

rettificare 他 〖io rettifico〗 **1** まっすぐにする; 修正[訂正]する, 調整する **2** 研磨する **3**〔電〕直流に変える, 整流する

rettificazione 囡 **1** 修正, 訂正; 直線にすること, まっすぐにすること **2** 研磨 **3**〔電〕整流

rettifilo 男 道路や鉄道の直線コース (rettilineo)

rettilario 男 (動物園の)爬(ﾞ)虫類ゾーン, 爬虫類館

rettile 男 **1** 爬(ﾞ)虫類の動物; 冷血動物 **2** 信用できない人 —囲 (植物が)這(ﾞ)い上がる, 這う

rettilineo 囲 一直線の, まっすぐな —strada rettilinea 直線道路 —男 直線の道; 〔スポ〕直線コース —rettilineo d'arrivo ゴール前の直線, ホームストレッチ

rettitudine 囡 正直, 公正, 誠実

retto[1] 囲 **1** まっすぐな, 一直線の —angolo retto 直角 **2** 真っ正直な, 高潔な **3** 正しい, 規則に合った —男 **1**〖単数のみ〗公正さ **2**〔解〕直腸 **3** (本の)奇数ページ, 右側のページ

retto[2] reggere の過分

rettorale 囲 学長の, 総長の

rettorato 男 **1** 学長[総長]の職務[任期] **2** 学長[総長]室のある建物

rettore 男〖女[-trice]〗 **1** (大学の)学長, 総長 **2** 信心会の代表

rettoscopia 囡 〔医〕直腸鏡検査

rettoscopio 男 〔医〕直腸鏡

reuccio 男 (童話の)若い王, 皇太子

reuma 男 〖複[-i]〗〔医〕リウマチ痛

reumatico 囲 〖複[男-ci]〗〔医〕リウマチの

reumatismo 男 〔医〕リウマチ

reumatizzare 他 〔医〕リウマチにかからせる —**arsi** 再 〔医〕リウマチにかかる

rev. reverendo 敬愛する, 尊師, 〖聖

職者への尊称〕…様
revanscismo 男 〔政〕失地回復［奪回］主義
revanscista 形 〔複[男 -i]〕失地回復主義の —男女 〔複[男 -i]〕失地回復主義者
reverendo 形 様，殿〔聖職者に添える敬称で「尊師」の意味〕 —男 神父
reverenziale 形 敬意を表した，畏怖の
reverenzialmente 副 畏怖の念に満ちて
reversale 女 預かり証書 —*reversale* ferroviaria 鉄道荷物預かり証
reversibile 形 逆にできる，裏返しにできる；リバーシブルの
reversibilità 女 逆にできること，裏返しにできること，可逆性；リバーシブルにできること
reversibilmente 副 逆に，裏返しに
reversina 女 （毛布の上に折り返す）シーツの端部分
revisionare 他 1 見直す，修正する 2 （エンジンや車を）点検する
revisione 女 1 （広義で）見直すこと 2 （書物の）改訂 3 （機械の）点検，整備 —*revisione* totale オーバーホール 4 （裁判の）再審
revisionismo 男 （マルクス主義における）修正主義
revisionista 形 〔複[男 -i]〕 修正主義の，修正主義者の —男女〔複[男 -i]〕修正主義者
revisionistico 形 〔複[男 -ci]〕 修正主義の，修正主義の；修正主義者の
revisore 男〔女[-a]〕 1 検査係 —*revisore* dei conti 会計監査人 2 修正者，校正者；検閲係
revival 男 〔不変〕〔英〕（芸術傾向や文化様式の）復活，復興，リバイバル
revivalismo 男 1 （習慣や文化様式の）復活，再流行 2 信仰復興運動
revivalista 形 〔複[男 -i]〕 文化復興[復活]の，文化的[信仰]復興運動支持者の —男女〔複[男 -i]〕 文化的[信仰]復興支持者
revivalistico 形 〔複[男 -ci]〕 文化的復興(支持者)の；信仰復興(支持者)の
reviviscenza 女 1 復活，再生，覚醒 2 文化的復興
revoca 女 1 取り消し，撤回；廃止，廃案 2 免職
revocabile 形 取り消せる，廃止できる
revocabilità 女 取り消し可能なこと，撤回可能性
revocare 他 〔io revoco〕1 取り消す，翻す，撤回する；無効にする，廃止する 2 免職する，解任する
revolver 男〔不変〕〔英〕リボルバー，回転式拳銃
revolverata 女 リボルバーによる射撃
revulsione 女 〔医〕誘導法〔患部から他の部位へ血液を誘導する方法〕

revulsivo 形 〔医〕誘導法の；誘導を起こす —男 〔薬〕誘導剤
RF 略 Radiofrequenza 無線周波数
rf. 略 rinforzando 〔音〕リンフォルツァンド
RFT 略 Repubblica Federale Tedesca ドイツ連邦共和国
rfz. 略 rinforzando 〔音〕リンフォルツァンド
RG 略 Ragusa ラグーザ
Rh 略 〔元素記号〕rodio 〔化〕ロジウム
rhodesiano 形 （アフリカの）ローデシア（人）の —男〔女[-a]〕ローデシア人
rhum → rum
RI 略 1 Repubblica Italiana イタリア共和国 2 Rieti リエーティ
ri 男 〔不変〕（日本の長さの単位の）里
ri- 接頭 「再び」「反対側へ」「完全に」の意
riabbaiare 自 〔io riabbaio〕再び吠(ﾎ)える
riabbandonare 他 再び捨てる —**arsi** 再 再び身を委ねる，再び集中する
riabbassamento 男 再び降ろすこと，再び下げること
riabbassare 他 再び降ろす，再び［さらに］下げる —**arsi** 再 再び下がる，さらに低くなる；身をさらにかがめる —La temperatura *si riabbasserà*. 気温はさらに低くなるだろう．
riabbattere 他 再び倒す，再び打倒する —**ersi** 再 1 （地面に）倒れ込む，再びくずおれる 2 再び落胆する
riabbellire 他 〔io -isco〕 再び[もっと]美しくする，再び[もっと]美しく装飾する —**irsi** 再 さらに美しくなる
riabboccare 自 1 再び釣り針に引っかかる，再び餌に食い付く —Il pesce *ha riabboccato*. 魚がまた釣れた．2 再び罠(ﾜﾅ)にかかる
riabbonare 他 再び定期契約をさせる —**arsi** 再 再び定期契約をする，定期契約を更新する —*Mi sono riabbonata* a una rivista. 私は雑誌の予約購読を更新した．
riabbottonare 他 再びボタンをかける，ボタンをきちんとかけ直す —**arsi** 再 服のボタンをかけ直す，服のボタンをきちんと閉める
riabbracciare 他 〔io riabbraccio〕1 再び抱きしめる 2 （信条や意見を）受け入れる[分かち合う] —**arsi** 再 再び抱き合う
riabilitante 形 〔医〕機能回復の
riabilitare 他 〔io riabilito〕1 再び能力［資格］を与える；〔医〕機能を回復させる 2 〔法〕権利を回復させる；名誉[社会的評価]を回復させる 3 修復する，復元する —**arsi** 再 自分の名誉を回復[挽回]する
riabilitativo 形 〔医〕（四肢・障害を受けたところの）機能回復の
riabilitazione 女 1 新たな資格付与 2 〔医〕機能回復訓練，リハビリ(テーション)；名誉回復

riabitare 他 〔io riabito〕 再び住む —自(元いた場所に)再び住み着く

riabituare 他 〔io riabituo〕 再び慣れさせる, 再びなじませる **—arsi** 再 再び慣れる —*riabituarsi* a un lavoro 仕事に再び慣れる

riaccadere [16] 自〔es〕再び起こる, 再び生じる

riaccalappiare 他 〔io riaccalappio〕再び罠(な)で捕獲する; (人を)再び罠にかける, 再びペテンにかける

riaccalcarsi 再 再び群がる, 再び押し寄せる

riaccampare 他 再び権利や要求を出す **—arsi** 再 再び野営する

riaccaparrare 他 再び買い占める, 手付金を支払って再び購入予約をする

riaccapigliarsi 再 再び口論する, 再びつかみ合いのけんかをする

riaccasarsi 再 再婚する

riaccelerare 自 〔io riaccelero〕 再加速する, さらに加速する —他 再び速める, さらに加速させる

riaccendere [82] 〔過分 riacceso〕再び火をつける, 再び点灯する; 再びスイッチを入れる **—ersi** 再 再燃する

riaccennare 他 再び合図をする, 身ぶりで示し返す —自 再び合図する, 再び身ぶりで示す

riaccensione 女 再燃

riaccentrare 他 再び集中させる, さらに集中させる

riaccerchiare 他 〔io riaccerchio〕再び取り囲む, 再び包囲する

riaccertare 他 再確認する, 再評価する **—arsi** 再 改めて納得する, 再確認する

riaccettare 他 再び受ける, 再び承諾する, 再び認める

riacchiappare 他 再び引っつかむ, 取り戻す

riacciuffare 他 再び捕らえる

riacclamare 他 再び迎え入れる, 再び称賛する

riaccoccolarsi 再 〔io mi riaccoccolo〕再びうずくまる, 再びしゃがむ

riaccogliere [120] 〔過分 riaccolto〕他 再び迎える, 再び受け入れる

riaccollarsi 再 (負担を)再び引き受ける —*riaccollarsi* le spese 経費を再負担する

riaccomiatare 他 再び挨拶をして帰ってもらう **—arsi** 再 再び挨拶をして去る

riaccomodare 他 〔io riaccomodo〕再び修理する, 再び調整する **—arsi** 再 再びくつろぐ, 再び和解する —*riaccomodarsi* sul divano もう一度ソファーに座る

riaccompagnare 他 再び同行する, 再び(家まで)送る

riaccoppiare 他 〔io riaccoppio〕再びカップルにする, (動物を)再び交尾させる

riaccorciare 他 〔io riaccorcio〕 再度〔さらに〕短くする, 縮める **—arsi** 再 再び〔さらに〕短くなる, 縮む

riaccordare 他 (楽器を)再び調律する, テニスラケットのガットを再調整する **—arsi** 再〔con〕再び和解する, 再び一致する

riaccorgersi [2] 再〔過分 riaccorto〕再び気づく, 再び悟る

riaccorpare 他 再び合併する, 再統合する

riaccostare 他 再び近づける, (扉や窓を)再び半開きにする **—arsi** 再 再び接近する, (イデオロギーや宗教に)再び傾く

riaccovacciarsi 再 〔io mi riaccovaccio〕再びうずくまる, 再びしゃがむ

riaccreditare 他 〔io riaccredito〕再び信用させる, 信頼を強める; 再び信用貸しをする **—arsi** 再 再び信用〔信頼〕を高める

riaccucciarsi 再 〔io mi riaccuccio〕(犬が)再び伏せをする; 再びうずくまる

riaccusare 他 再び非難する, 再び告発する **—arsi** 再 自分の罪〔非〕を認める

riacquistabile 形 買い戻すことができる

riacquistare 他 1 買い戻す 2 取り返す, 回復させる

riacquisto 男 買い戻し;(健康や信用の)回復

riacuire 他 〔io -isco〕再び鋭くする, さらに鋭くする **—irsi** 再 (病気が)さらに悪化する, 痛みがひどくなる

riacutizzare 他 再び鋭くする; 再び悪化させる —*riacutizzare* un dolore 痛みを一層ひどくする **—arsi** 再 鋭さが増す; 再び〔さらに〕悪化する

riacutizzazione 女 再悪化〔激化〕すること

riadagiare 他 〔io riadagio〕 再び横にする, 元に戻す **—arsi** 再 再び横になる, 再び身を委ねる, 再び溺れる

riadattabile 形 リフォームできる, 改造可能な

riadattamento 男 再適応, 再適合

riadattare 他 1 再び適合〔適応〕させる 2 リフォームする, 改良する; 改築する **—arsi** 再 再び適応する, 再び慣れる —*riadattarsi* al lavoro 仕事にまた慣れる

riaddentare 他 再び噛みつく, 再びかじる

riaddormentare 他 再び眠らせる **—arsi** 再 再び寝入る, 再び眠り込む

riaddossare 他 1 再びもたせかける 2 再び押し付ける, (責任や任務や罪を)再び負わせる **—arsi** 再 1 (人や物に)再びもたれる 2 (責任や任務や罪を)再び背負い込む, 再びかぶる

riadirarsi 再 再び腹を立てる

riadombrare 他 再びぼんやりさせる, 再び影を落とす **—arsi** 再 1 (馬が)再び立ちすくむ 2 (人が)再び顔を曇らせる, 再び怒る〔いらいらする〕

riadoperabile 形 再利用できる
riadoperare 他 〔io riadopero〕再び使用する, 再利用する **—arsi** 再 再び骨折る, 再尽力する
riadottare 他 **1** 再び養子をもらう **2** (方法・主義などを)自分のものとして再び選ぶ
riaffacciare 他 〔io riaffaccio〕(疑いや提案を)再び示す[さらけ出す] **—arsi** 再 再び顔を出す, 再び姿を見せる; 再び心に浮かぶ
riaffermare 他 再び[さらに熱く]断言する **—arsi** 再 (自分の価値を)再確認する
riaffermazione 女 再確認
riafferrare 他 再びつかむ **—arsi** 再 (a) 再びしがみつく, 再びすがりつく
riaffezionarsi 再 再び愛着を感じる
riaffiatarsi 再 再び親しくする, 再び仲よくなる
riaffibbiare 他 〔io riaffibbio〕**1** (留め金などで)再び留める, 締める **2** (平手打ちを)再び食らわせる —*riaffibbiare uno schiaffo* 再びピシャリと叩く
riaffilare 他 再び研ぐ[磨く], もっと研ぐ[磨く] —*riaffilare il coltello* ナイフをしっかりと研ぐ
riaffiorare 自 〔es〕再び浮かぶ, 再び水面に現れる; 記憶によみがえる
riaffittare 他 (家やアパートを)再び貸す, 再び借りる
riaffollare 他 (人が)再び群がる, 再び押し寄せる, 再び満杯にする **—arsi** 再 再び群がる, 再び殺到する
riaffondare 他 再び沈める, 再び突っ込む **—自** 〔es〕再び沈み込む, 再びはまり込む
riaffratellare 他 (兄弟のような関係に)再び結びつける **—arsi** 再 再び兄弟のように結びつく
riaffrettare 他 再び速める, 再び急ぐ —*riaffrettare l'andatura* 再び歩調を速める **—arsi** 再 さらに急ぐ
riaffrontare 他 再び直面する, 再び立ち向かう **—arsi** 再 再び対抗する
riagganciare 他 〔io riaggancio〕再び連結する; 再び掛ける[吊るす]; 通話が終わった受話器を再び置く —*riagganciare i vagoni alla locomotiva* 機関車に車両を連結する **—arsi** 再 再び結びつく
riaggancio 男 再連結
riaggiogare 他 (牛を)再びくびきにつなぐ; 再び屈従[屈服]させる
riaggiustare 他 再び修繕する, 再び直す; 再調整をする **—arsi** 再 (着用しているものを)整え直す
riaggravare 他 再び重くする, 再び[もっと]悪化させる —*riaggravare una situazione* 状況をさらに悪化させる **—arsi** 再 (病状が)さらに悪化する
riaggregare 他 再びグループにまとめる, 再合併する **—arsi** 再 再びグループに加わる

riagguantare 他 再び捕まえる
riagitare 他 再び揺さぶる, さらにかき乱す; 再び動揺させる[不安にさせる]; (問題を)再び提起する **—arsi** 再 再び不安になる[動揺する]
riallacciamento 男 再び結びつけること, 再締めること
riallacciare 他 〔io riallaccio〕**1** (靴ひも・ベルトを)再び締める; (コートのボタンを)再び留める **2** (関係を)再び結ぶ —*riallacciare un'amicizia* 再び友情を結ぶ **—arsi** 再 (靴ひも・ベルトを)再び締める; (コートのボタンを)再び留める 再び結びつく
riallargare 他 再び広げる, 再び大きくする —*riallargare la strada* 道幅を拡張する **—arsi** 再 再拡張する, 再び広がる
riallineamento 男 **1** 再び一列に並べる[並ぶ]こと **2** (外国為替相場の変動による)再調整
riallineare 他 〔io riallineo〕**1** 再び一列に並べる **2** 再調整する **—arsi** 再 再び一列に並ぶ
riallungare 他 再び伸ばす **—arsi** 再 再び手足を伸ばす, 再び寝そべる, 再びくつろぐ
rialto 男 高地, 台地, 高くなった所
rialzamento 男 **1** 再び上げること, 再び起こすこと **2** 再び[より]高くなった部分
rialzare 他 **1** (下げた物を)上げる —*rialzare la testa* 元気を取り戻す **2** (倒れた物や落ちた物を)持ち上げる **3** (今までより)高くする **—自** 〔es〕より高くなる, 上がる **—arsi** 再 **1** 再び立ち[起き]上がる; 再起する **2** (値段や価値が)上がる
rialzato 形 **1** より高くなった, 浮き上がった **2** 立てられた, 上に向いた —*bavero rialzato* 立てた襟
rialzo 男 **1** 上昇, 高騰 **2** 隆起したところ, 突起 **3** (靴などの)上げ底
riamare 他 **1** (人の)愛に応える **2** 再び愛する
riammalarsi 再 病気を再発する
riammettere [65] 他 〔過分 riammesso〕(放逐や除名の後に)再び許す, 再び認める
riammissibile 形 再び許される, 再び認められうる
riammissione 女 再入会[再加入]の許可 —*riammissione in una scuola* 再入学許可
riammobiliare 他 〔io riammobilio〕再び家具を揃える, さらにきれいに家具を備え付ける
riammogliarsi 再 〔io mi riammoglio〕(男が)再婚する, 再び妻をめとる
riammucchiare 他 〔io riammucchio〕再び積み上げる, 再び貯め込む
riandare [7] 自 〔es〕再び行く; 元に戻る **—他** 《文》思い出す, 回想する
rianimare 他 〔io rianimo〕**1** 意識を回復させる **2** 元気[活気]づける **—arsi** 再 **1** 意識を回復する **2** 元気[活気]

を取り戻す
rianimato 形 再び活気づいた, 再び元気になった
rianimazione 女 意識の回復; 蘇生 —sala di *rianimazione* 術後回復室
riannebbiare 他 〔io riannebbio〕 再び曇らせる, 再び霧がかかる; 再び鈍らせる —**arsi** 再 再び鈍る
riannessione 女 再結合, 再統合, 再合併
riannettere [8] 他 〔過分 riannesso〕 再び結び付ける, 再び統合する, 再び合併する
riannodare 他 再び結ぶ —*riannodare un'amicizia* 再び友情を結ぶ —**arsi** 再 (ネクタイを)結び直す; 再びつながる[関連する]
riannunziare 他 〔io riannunzio〕 再び知らせる, 再び告げる
riannuvolarsi 再 〔io mi riannuvolo〕 再び曇る, 再び雲で覆われる; 狼狽する, 顔を曇らせる
riaperto riaprire の過分
riapertura 女 再び開けること, 再び開くこと; 再開
riappacificare 他 〔io riappacifico〕 和解させる, 調停する —**arsi** 再 和解する, 仲直りする
riappacificazione 女 和解, 仲直り, 調停
riappaltare 他 再び入札させる; 再び請け負わせる
riapparecchiare 他 〔io riapparecchio〕 再び準備する, 準備し直す
riapparire [9] 自 [es] 〔過分 riapparso〕 再び現れる, 再び姿が見える
riapparizione 女 再出現, 再登場
riapparso riapparire の過分
riapparve riapparire の直・遠過・3単
riappassionarsi 再 再び熱中する
riappendere [113] 他 〔過分 riappeso〕 再び吊るす, 再び掛ける
riappese riappendere の直・遠過・3単
riappeso riappendere の過分
riappiccicare 他 〔io riappiccico〕 再び貼り付ける, 再び糊(%)付けする —**arsi** 再 再びつきまとう, 再びぴったりとくっつく
riappisolarsi 再 〔io mi riappisolo〕 また居眠りをする, 再びうとうとする
riapplicare 他 〔io riapplico〕 再び貼り付ける, 再び押し付ける —**arsi** 再 再び熱中する
riappoggiare 他 〔io riappoggio〕 再びもたせかける, 再び立てかける —**arsi** 再 再びもたれる[寄りかかる]; 再び頼る
riappressarsi 再 再び近づく
riapprodare 自 [es/av] 再び着岸する, 再上陸する
riappropriarsi 再 〔io mi riapproprio〕 (di) 再び自分の物にする, 取り戻す, 取り返す

riappropriazione 女 取り返すこと, 取り戻すこと
riapprossimarsi 〔io mi riapprossimo〕 再び近づく, 再び接近する
riapprovare 他 再び認める, 再び同意する
riappuntare 他 再び先をとがらせる, さらに鋭くさせる
riaprire [10] 他 〔過分 riaperto〕 **1** 開け直す **2** 再開する —**irsi** 再 再び開く; 再開される
riardere [11] 自 [es] 〔過分 riarso〕 再び燃え上がる; 燃え尽きる, からからに干上がる[乾く]
riarginare 他 〔io riargino〕 再びせき止める, 再び堤防で囲む
riarmamento 男 再武装
riarmare 他 再武装させる, (武器を)再び装填する, (道や鉄道を)補強する —**arsi** 再 再武装する
riarmo 男 再武装, 火器の再装填
riarso 形 〔過分 < riardere〕 干からびた, 乾燥した, 乾いた, 燃えた —*labbra riarse* 乾いた唇
riasciugare 他 再び乾かす, さらに乾燥させる —**arsi** 再 (自分の体を)再び乾かす; 再び乾く
riascoltare 他 再び聴く, 聴き直す —**arsi** 再 自分の声を聴き直す
riasfaltare 他 アスファルトで再び舗装する
riassaggiare 他 〔io riassaggio〕 再び味を見る, 再び味わう
riassalire [97] 他 再び攻める, 再び襲う
riassaltare 他 再び襲撃する
riassaporare 他 再び楽しんで味わう
riassegnare 他 再び委ねる, 再びあてがう
riassentarsi 再 再び[しばらくの間]遠ざかる
riassestamento 男 再整理
riassestare 他 再び整理する, きちんと片づけ直す —**arsi** 再 きちんと片付く, 再び安定する
riassettare 他 再び整理する, 再び整頓する, 再び片づける —**arsi** 再 再び身なりを整える
riassetto 男 再整理, 再編成
riassicurare 他 再び保証する; 保険契約を更新[継続]する —**arsi** 再 再確認する; 保険契約を更新[継続]する
riassicurazione 女 〔法〕再保険
riassociare 他 〔io riassocio〕 再び参加させる; 再び結合する, 再び統合する —**arsi** 再 再び参加する; 再び結合する
riassoggettare 他 再び服従させる —**arsi** 再 再び服従する
riassoldare 他 (傭(%)兵・刺客・スパイを)再び雇う; 再び(兵士を)徴募する
riassopire 他 〔io -isco〕 再び眠気を催させる, 再びうとうとさせる —**irsi** 再 再び眠くなる, 再び眠気を催す
riassorbibile 形 再び吸収されうる

riassorbimento 男 再吸収
riassorbire 他 [io riassorbo, -isco] 再び[完全に]吸収する；再利用する，再び使う
riassortimento 男 商品の品揃えの更新，新在庫品
riassottigliare 他 [io riassottiglio] 再び薄くする，再び細くする **—arsi** 再 再び薄くなる，再び細くなる
riassumere [13] 他 [過分 riassunto] 1 手短にまとめる，要約する 2 再び負う；再び雇う
riassumibile 形 要約できる，手短にまとめられる；再び引き受けられる
riassunse riassumereの直・遠過・3単
riassuntivamente 副 要約して，概要としては
riassuntivo 形 要約の，概略の，概要の，大筋をまとめた
riassunto 形 〔過分 < riassumere〕 1 要約された 2 再び負われた；再び雇われた **—**男 要約，レジュメ
riassunzione 女 再び引き受けること；再雇用
riattabile 形 修繕できる，直すことができる
riattaccare 他 1 再び付ける，再び掛ける 2《口》(通話を切るため受話器を)置く 3《口》(話・愚痴を)再開する 4 さらなる攻撃に移る **—**自 再び始める **—***riattaccare a piangere* また泣き始める **—arsi** 再 再びくっつく
riattamento 男 修理，修繕，リフォーム
riattare 他 修繕する，修理する，リフォームを施す **—***riattare un vestito* 服をリフォームする
riattendere [117] 自 〔過分 riatteso〕再び夢中になる，再び熱中する **—***riattendere allo studio* 勉学に没頭する
riattingere [119] 他 〔過分 riattinto〕再び汲み上げる，再び入手する **—***riattingere l'acqua dal pozzo* 再度井戸から水を汲む
riattivabile 形 再び動かせられる，再び駆動できる
riattivare 他 (機械などを)再び動かす，再び駆動させる
riattivazione 女 1 再駆動 2《化》再生
riattizzare 他 (火・感情を)再び燃え立たせる，再びかき立てる
riattrarre [122] 他 〔過分 riattratto〕再び引きつける，再び魅了する
riattraversare 他 再び渡る，再び横断する
riattualizzare 他 再び今日風にする，再び現実化させる
riaugurare 他 再び願う，再び望む
riavere 他 [io rió] 1 再び持つ 2 回復する 3 取り戻す，返却してもらう **—ersi** 再 1 (病気などから)回復する，元気になる 2 意識を回復する

riavvampare 自 [es] 再び赤くなる，再び火がつく，再び燃える
riavvelenare 他 再び毒を盛る，再び毒殺する；再び害を与える，再び苦しませる **—arsi** 再 再び毒を飲む；再び身を持ち崩す
riavventare 他 再び投げる，再び放つ **—arsi** 再 再び飛びかかる，再び襲いかかる
riavvertire 他 再び知らせる[告げる]；再び感知する
riavviare 他 再始動する；(コンピューターを)再起動させる **—arsi** 再 再始動する，再起動する
riavvicinamento 男 仲直り；再接近
riavvicinare 他 再び近づける，再び仲直りをさせる **—arsi** 再 仲直りする，よりを戻す；再び近づく
riavvincere [128] 他 〔過分 riavvinto〕再び締めつける，(ツタが)再び巻きつく，再び魅了する
riavvistare (飛行機や船を遠くから)新たに見つける，見分ける
riavvolgere [131] 他 〔過分 riavvolto〕再び巻きつける，巻き直す；再びくるむ **—ersi** 再 さらに巻きつく[絡みつく]；再びくるまる
riavvolgimento 男 1 再び巻きつけること[巻きつくこと]，再びくるむ[くるまる]こと 2 (磁気テープや映画フィルムの)元の位置に巻き戻すこと
riavvolto riavvolgereの過分
riazzuffarsi 再 再び殴り合いのけんかをする
ribaciare 他 [io ribacio] さらに何度もキスをする，お返しのキスをする **—arsi** 再 再びキスをし合う
ribadibile 形 言い張ることができる，繰り返し主張できる
ribadire 他 [io -isco] (釘(※)の先を)曲げる；(主083を)強調し，強調して言う
ribagnare 他 再び濡(%)らす **—arsi** 再 再び濡れる
ribalderia 女 1 悪党らしい振る舞い[行動]，卑劣な行為，悪行 2《謔》駄作の芸術作品
ribaldo 男 1 不正直な者；悪党，ごろつき 2 (中世の)略奪者 **—**形 悪党の，ごろつきの，チンピラらしい
ribalenare 自 [es] 再びひらめく，再び頭をよぎる
riballare 自，他 再び踊る
ribalta 女 1 揚げ戸(床・屋根・天井の上下に開閉する戸) 2 舞台の最前部 ▶ *venire* [*essere*] *alla ribalta* 脚光を浴びる
ribaltabile 形 上下を逆にできる，ひっくり返せる **—**男 (トラックの)傾斜荷台
ribaltamento 男 上下逆にすること，ひっくり返すこと
ribaltare 他 ひっくり返す，逆さまにする，上下逆にする **—**自 [es] ひっくり返る，逆さまになる，上下逆になる **—arsi** 再

転覆する, ひっくり返る

ribaltone 男 **1**（乗り物での）激しい揺れ[衝撃] **2**（政局の）大混乱, 大波乱

ribassare 他（価格・価値を）下げる, 減じる —自[es]（価格・価値が）下がる

ribassista 形〔複[男 -i]〕（株式相場の）下落の —男女〔複[男 -i]〕（株が安くなるのを予想する）売り方, 弱気筋

ribasso 男 **1**（価格の）下落 **2** 引き ► *essere in ribasso* 評価が下がっている, 信用をなくしている

ribattere 他 **1** 再び[繰り返し]打つ[叩く] **2** 拒否する, 却下する **3** 反駁する, 反論する —自 **1** 再び打つ[叩く] **2** 再び言い張る —**ersi** 再 再びいがみ合う, 再び争う

ribattezzare 他（洗礼が無効である疑いが出た際に）洗礼を再び行う; 新しい名前をつける

ribattino 男 リベット, 鋲(ぴょう)

ribattitura 女 再び[繰り返し]打つこと

ribattuta 女 **1** 再び[繰り返し]打つこと; [スポ]（サッカーやバレーボールで）相手の陣地に返球すること **2**[音]リバットゥータ（17〜18世紀の装飾音）

ribeca 女〔音〕レベック（マンドリンに似た形の中世の弓奏弦楽器）

ribeccare 他 **1**（鳥が）再びついばむ, 再びつつく **2** 再び捕らえる

ribechista 男女〔複[男 -i]〕[音]レベック奏者

＊**ribellarsi** [リベッラルスィ] 再 ⓐ **1** 反乱[謀反]を起こす **2** 断固反対する, 反抗する

ribelle 形 **1** 反逆する, 謀反の **2** 反抗的な, 規則を守らない —男女 反逆者, 反徒, 暴徒

ribellione 女 **1** 反乱, 謀反 **2** 反抗心, 反感

ribellismo 男（政治や社会での）反抗的な態度, 反逆的な傾向

ribellista 形〔複[男 -i]〕反抗的な態度の, 反逆的な —男女〔複[男 -i]〕反抗的な人, 反逆者

ribellistico 形〔複[男 -ci]〕反逆的な, 反抗的な, 反逆者の

ribenedire [34] 他〔過分 ribenedetto〕再び祝福を与える

ribere [15] 他 再び飲む

ribes 男〔不変〕[植]スグリ(の実) — marmellata di *ribes* スグリのジャム

ribobolo 男（フィレンツェ特有の）諺(ことわざ), 格言, モットー

ribolla 男, 女〔不変〕リボッラ（フリウリの赤・白ブドウの品種）—男〔不変〕リボッラ（甘口の赤・白ワイン）

ribollimento 男 **1** 再沸騰 **2** 動揺

ribollio 男 **1** 激しい沸騰 **2** 激しく沸騰する音

ribollire 自 **1** 再び煮え立つ, 沸騰する **2** 発酵する; 沸き立つ **3** 煮えくり返る,（憤りで）震える —他 再び煮る, 沸かし直す

ribollita 女 [料]リボッリータ（トスカーナの名物料理のパンと野菜のごった煮）

ribollitura 女 再び沸騰させること, 沸かし直すこと; 沸かし直したもの

ribonucleico 形〔複[男 -ci]〕〔次の成句で〕► *acido ribonucleico* リボ核酸（RNA）

ribrezzo 男 嫌悪感, 毛嫌い —avere *ribrezzo* dei serpenti 大の蛇嫌いである（見ただけでぞっとする）

ribruciare (io ribrucio) 再び焼く, 燃やす —自[es] 再び焼ける —**arsi** 再 再び焼ける, 再び燃える, 再び火傷をする

ribucare 他 再び穴をあける —**arsi** 再 また穴があく

ribuscare 他（マイナス要素のものを）再び取る[いただく];（金を）再び得る —*ribuscare* il raffreddore また風邪を引く —**arsi** 再 再び手に入る

ribussare 自（戸口を）再び[何度も]叩く —他 叩き返す

ributtante 形 嫌悪感を起こさせる, 身震いするような, 胸が悪くなるような

ributtare 他 **1** 再び投げる, 再び放り出す, 投げ返す; 元に戻す **2** 吐き出す **3**（植物が）再び芽を出す —自 嫌悪感を抱かせる, 反感を持たせる —**arsi** 再 再び身を投げ出す; 再び専念する[身を入れる]

ricacciare [io ricaccio] 他 **1** 再び追い出す; 追い返す, 押し戻す **2** ぐっと飲み込む, 抑える; 再び入れる[置く] —*ricacciare* in gola le lacrime 涙をこらえる **3**[口]再び取り出す[引き出す] —**arsi** 再 **1** 再び入り込み, もぐり[忍び]込む;（首を）突っ込む **2** 抑える, こらえる

ricadere [16] 自[es] **1** 再び倒れる[落ちる] **2**（以前の状態に）逆戻りする **3**（カーテンや髪などが）垂れ下がる **4**（上に上がったものが）落下する **5**（責任などが）のしかかる

ricaduta 女 **1**（病気の）再発 **2** 再転落 **3** 再犯 **4** 反動, 余波

ricalare 他 再び降ろす —自[es] 再びゆっくり[徐々に]降下する —**arsi** 再（壁沿いまたは急斜面沿いに）ゆっくり降りる

ricalcabile 形 敷き写せる, 転写できる —disegno *ricalcabile* トレースできる図案

ricalcare 他 **1** 模倣する, 敷き写す, 複写[転写]する **2** 何度も踏みつける **3** 強く押しつける

ricalcatura 女 **1** 敷き写し, トレース; トレースした図案 **2** 模写, 複写

ricalcitrante → recalcitrante

ricalcitrare → recalcitrare

ricalco 男〔複[-chi]〕透写, 敷き写し, トレース

ricamare 他 **1** 刺繍する **2**（文や話などを）飾り立てる **3** でっち上げる; けなす

ricamato 形 刺繍を施した, 刺繍で飾った

ricamatore 男〔女 [-trice]〕**1** 刺繍をする人, 刺繍師 **2** 入念な仕事をする人, 装飾的な筆記をする人

ricambiare 他 [io ricambio] **1** 交

ricambio 換する, お返しをする —*ricambiare* l'invito [la visita] a... 招待[訪問]のお返しに(人)を招く[訪ねて行く] **2** 再び変える —**arsi** 再 (服を)また着替える, (挨拶を)交わし合う

ricambio 男 **1** (お祝いやお礼の)交換, やりとり **2** 予備, スペア; 万年筆のカートリッジインク **3** 人事異動 **4** 〖生物〗代謝

ricambista 男女〔複[男 -i]〕自動車の交換部品販売者

ricamminare 自 再び歩き始める

ricamo 男 **1** 刺繍 —*ricamo a mano* [*a macchina*] 手[機械]刺繍 **2** 入念な装飾が施された芸術作品 **3** 〔複数で〕《虔》でっち上げ, 尾ひれ

ricancellare 他 再び[何度も]取り消す, 再び削除する, 再び消去する

ricandidare 他 〔io ricandido〕再び候補を立てる —**arsi** 再 再び立候補する

ricantare 他 もう一度歌う; 繰り返して言う

ricapitare¹ 自 〔es〕〔io ricapito〕再び偶然に行く, 再び居合わせる;〔3 人称のみ〕再び生じる

ricapitare² → recapitare

ricapitolare 他 〔io ricapitolo〕要約する

ricapitolazione 女 要約, 概要

ricarica 女 **1** 再充填, 再充電 **2** リフィル, 補充用

ricaricabile 形 再充填ができる, 再び補充できる

ricaricare 他 〔io ricarico〕**1** (車や馬などに荷を)再び積む **2** 再び充填する, 再び充電する —**arsi** 再 **1** 再び荷[責任]を負う **2** エネルギーを補充する, 元気を回復する

ricascare 自 〔es〕再び落ちる[陥る] ▶ *ricascarci* 同じ過ちを繰り返す

Ricasoli 固名(男)（Bettino ～) リカーソリ(1809-80; イタリアの政治家)

ricattabile 形 恐喝できる, ゆするができる

ricattare 他 恐喝する, ゆする

ricattatore 男〔女 -trice〕恐喝者, ゆすり —形〔女 -trice〕恐喝の, ゆすりの

ricattatoriamente 副 強要して

ricattatorio 形 恐喝の, 強要する

ricatto 男 恐喝, ゆすり

ricavabile 形 抽出できる, 抜き出すことができる

ricavalcare 他 (馬に)再びまたがる —自 再び馬に乗って行く

ricavare 他 **1** 手に入れる, 獲得する **2** 抜き出す, 取り出す, 掘り出す **3** 引き出す

ricavato 男 **1** 収入; 収益, もうけ **2** 成果, 利益

ricavo 男 **1** 収益; 売上高 **2** 採掘(物), 抽出(物)

riccamente 副 豊富に, 豊かに; ぜいたくに, 豪奢(ヤ)に

Riccarda 固名〖女性名〗リッカルダ

Riccardo 固名(男) **1**〖男性名〗リッカルド **2**(～ I d'Inghilterra, ～, Cuor di Leone)リチャード1世, 獅子心王 (1157-99; 英国王: 在位 1189-99)

ricchezza 女 **1** 富, 富裕; 財産 **2** 豊かさ, 資源 **3** 豊富さ

Ricci 固名(男)(Matteo ～)マテオ・リッチ(1552-1610; イタリアのイエズス会宣教師. 中国名・利馬竇(ポ))

ricciarella 女 〔複数で〕〖料〗リッチャレッリ(フェットチーネに似た, 端がぎざぎざのパスタ)

ricciarello 男 〖料〗リッチャレッロ(シエナのアーモンドケーキ)

riccio¹ 形 縮れ毛の, 巻き毛の —男 **1** 縮れ毛, 巻き毛 **2** 渦巻き状のもの —*ricci di burro* 渦巻き状に削ったバターの小片

riccio² 男 **1**〖動〗ハリネズミ **2**(栗の)いが —*riccio di mare* ウニ

ricciolino 男 **1**《口》(子供の)巻き毛の **2**(野菜の)縮れた葉の —*insalata ricciolina* リーフレタス 《口》巻き毛, カール

ricciolo 男 巻き毛, カール

riccioluto 形 巻き毛の髪の, 縮れた

ricciuto 形 (頭髪や体毛が)巻き毛の, 縮れ毛の, 縮んだ

＊**ricco** [リッコ] 形〔複 -chi〕**1** 金持ちの, 裕福な —*essere ricco sfondato* 大金持ちである **2** 豊かな, 豊富な —*È un paese ricco di petrolio.* 石油資源に恵まれた国だ. **3** 密な, 濃い **4** 活発な, 活気のある **5** 肥沃な **6** 豊饒な **7** 豪華な **8**《口》莫大な **9**(衣服が)ゆったりした; 飾りのついた —男〔女 -a〕金持ち

riccone 男〔女 -a〕大金持ち, 大富豪

ricedere 他 再び譲る; 再び売り渡す —自 再び屈服する, 再び降参する

ricelebrare 他 〔io ricelebro〕再び祝う

ricenare 自 再び夕食をとる

ricensurare 他 再び検閲する, 再び非難する

＊**ricerca** [リチェルカ] 女 **1** 研究, 探究; 調査 **2** 捜索, 探求 ▶ *alla ricerca di...* …を求めて, …を探して

ricercabile 形 探し求められる, 探索できる; 調査可能の

ricercapersone 男〔不変〕ポケットベル

ricercare¹ 他 **1** 再び探す **2** 詳しく調べる; 限なく探す **3** (言葉や表現を)選ぶ **4** 求める, 望む

ricercare² 男 〖音〗(器楽曲様式の)リチェルカーレ

ricercatamente 副 気取って, 上品に, きざに

ricercatezza 女 上品さ, 洗練さ;〔複数で〕気取り, きざな様子

ricercato 形 **1** 求められた, 探求された; 捜査中の, 指名手配の **2** 評判の高い **3** 洗練された, きざっぽい, 凝った —男〔女

ricercatore [-a] 指名手配者

ricercatore 形 〔女[-trice]〕研究の, 探索の, 探求の ― 男 〔女[-trice]〕研究者, 研究員, 調査員

ricetrasmittente 形 (電波を)送受信する ― 女 携帯無線機, トランシーバー

ricetta 女 1 調理法, レシピ 2 処方箋 3 治療法, 方策

ricettacolo 男 1 巣窟, たまり場; 隠れ家 2 〔植〕花床, 花托

ricettare 他 1 《文》もてなして泊める 2 (盗品を)買い取る, 故買する

ricettario 男 料理のレシピ本; 処方箋用紙の束

ricettatore 男 〔女[-trice]〕故買屋

ricettazione 女 故買

ricettivamente 副 反応よく, 敏感に; 感度よく

ricettività 女 受容性, 収容能力; 感度

ricettivo 形 1 受容性のある, 吸収する; 収容力のある 2 感受性の強い, 敏感な

ricetto 男 1《文》隠れ家 2 もてなし ― dare *ricetto* かくまう, 泊める

ricevente 形 受け取る, 受領する ― 男女 受取人; 臓器移植を受ける人, 被輸血者

‡**ricevere** [リチェーヴェレ] 他 1 受け取る, もらう; 被る ―*ricevere*... in dono 贈り物に…をもらう 2 迎え入れる, 歓迎する ―*ricevere* gli amici cordialmente 温かく友人たちを迎える 3 体験する, 味わう 4 収容する 5 (電波などを)受信する

ricevibile 形 受け入れられる, 受けることができる

ricevimento 男 1 受け取ること, 受け入れること 2 歓迎(会), レセプション 3 受付, フロント

ricevitore 男 1 受信機; 受話器 2 (公共料金の)徴収者, 出納係

ricevitoria 女 1 集金所, 収税事務所 2 (ロットやトトカルチョの)賭けの配当金を受け取る場所

ricevuta 女 1 領収証[書], レシート 2 受け取ること, 受領

ricezione 女 1 受け取ること 2 受信, 受像 3 (文化・イデオロギー・政治の)受容

richiamabile 形 再び呼び戻せる, 再召集できる

‡**richiamare** [リキアマーレ] 他 1 改めて呼ぶ[声をかける, 電話する] 2 呼び戻す ― *richiamare* alla memoria 思い起こす, 回顧する 3 (注意や関心を)呼ぶ, 引く 4 (誤りなどを)注意する, 叱る 5 引用する ―**arsi** 再 (a) 言及する

richiamato 男 再召集された兵士

richiamo 男 1 (注意を喚起する)合図, 信号 (2) 参照記号 2 召還 3 叱責, 警告 4 誘惑

richiarire 他 [io -isco] 再び説明する

richiedente 形 要求する, 請求する ― 男女 申請者, 請求者

‡**richiedere** [リキエーデレ] [17] 他 〔過分 richiesto〕 1 再び求める, 要請する 2 必要とする ―Questa pianta *richiede* poca acqua. この植物にはほとんど水がいらない. 3 (購入目的で)探し求める

richiesta 女 1 要求, 要望 2 願い出, 申し出 3 申請(書), 願書 4 (商品の)注文; 請求額

richiesto 形 〔過分 < richiedere〕要望されている, 需要のある, 必要な

richinare 他 (視線や顔を)再び下げる

richiudere [18] 他 〔過分 richiuso〕再び閉める, 外部から再び遮断する; (蓋やキャップを)しっかり閉める ―**ersi** 再 1 再び閉まる; (傷口などが)ふさがる 2 (霧や雲が)新たに濃くなる 3 隠れる, 閉じこもる; 没頭する 4 (自分の服の)ボタンをかけ直す

richiusura 女 再び閉める[閉まる]こと

riciclabile 形 リサイクルが可能な, 再利用できる

riciclabilità 女 リサイクル可能なこと, 再利用ができること

riciclaggio 男 1 再生利用, リサイクル 2 スタッフの再教育 3 (不正行為で得た金を)流通させること ―*riciclaggio* di denaro sporco 資金洗浄

riciclare 他 1 再生利用する 2 (廃棄物を)リサイクルする 3 (人材の配置転換をする 4 (不正行為で得た金を)流通させる ―**arsi** 再 (別の衣装・役柄で)再登場する

riciclatore 男 〔女[-trice]〕資金洗浄を行う人

riciclo 男 1 周期的繰り返し, 循環 2 再生利用, リサイクル

ricingere [19] 他 〔過分 ricinto〕(ベルトで)再び締める, 再び巻く, 再び取り巻く

ricino 男 〔植〕トウゴマ, ヒマ ―olio di *ricino* ヒマシ油

riclassificare 他 [io riclassifico] 再分類する

riclassificazione 女 再分類

ricodificare 他 [io ricodifico] 再び成文化する; 新たに独特に解釈をする

ricogliere [120] 他 〔過分 ricolto〕 1 再び集める, 再び拾い上げる 2 再び不意をつく, 再び急に襲う 3 (その場を)利用する

ricognitivamente 副 偵察が目的で

ricognitivo 形 1 偵察の 2 〔法〕有効性を認める

ricognitore 男 1〔女[-trice]〕〔軍〕偵察兵 2〔軍〕偵察機, 偵察艦

ricognizione 女 1 偵察; 探索 ― aereo da *ricognizione* 偵察機 2 認知, 承認, 認可

ricollegabile 形 再びつなぐことができる, 再び接続できる

ricollegare 他 1 再び接続する, 再びつなぐ 2 再び関係づける ―**arsi** 再 1 (ラジオやテレビで)再び交信する 2 再び関連する[つながる]

ricollocamento 男 再び元の位置に置くこと, 再配置

ricollocare 他 [io ricolloco] 再び元の所に置く; 別の所に配置する ―**arsi**

ricolmare 他〔過分 ricolmato〕再び満たす[一杯にする] **—arsi** 再 再び[完全に]満杯になる

ricolmo 形 満杯の —l'animo *ricolmo di amarezza* 苦しみであふれんばかりの心

ricolorare 他 再び色をつける, 色を塗り直す; 顔色を元に戻す **—arsi** 再 再び色づく

ricolorire 他〔io -isco〕1 再び色を取り戻させる 2 赤面させる **—irsi** 再 再び色がつく

ricoltivare 他 再び耕す, 再び耕作する

ricomandare 他 再び命令する, 再び指揮する

ricombattere 自 再び戦闘を始める —他 再び攻撃する

ricombinante 形 組み換えの —DNA *ricombinante* 遺伝子組み換え —男 (遺伝子の)組み換え

ricombinare 他 1 再び組み合わせる 2 複数の化学物質を反応させる **—arsi** 再 再び組み合わさる; 化合する

ricombinazione 女 再配合, 組み換え

＊**ricominciare** [リコミンチャーレ] 他〔io ricomincio〕再開する, やり直す —自 1 [es] 再び始まる 2 [es/av] 〈a + 不定詞〉再び…し始める

ricommettere [65] 他〔過分 ricommesso〕再びしでかす —*ricommettere lo stesso errore* 同じ過ちを犯す

ricommuovere [68] 他〔過分 ricommosso〕再び動かす, 再び感動させる **—ersi** 再 再び感動する

ricomparire [9] 自 [es]〔過分 ricomparso〕再び現れる, 再び姿を見せる

ricomparsa 女 再び姿を見せること, 再出現, 再登場

ricompattare 他 再びコンパクトにする, (いくつかの要素を)再び一つにまとめる **—arsi** 再 さらにコンパクトになる; さらに固まる[まとまる]

ricompattazione 女 再びコンパクトになること, もっと凝縮されること, もっと強固なものになること

ricompensa 女 報酬; (悪い意味で)報い

ricompensabile 形 報いのある, 報酬に値する

ricompensare 他 1 (報酬で)報いる, お返しする 2 仕返しする

ricompiere 他 再び遂行する

ricompilare 他 再び寄せ集める, 再び編集する

ricompilazione 女 再編集, 再編纂

ricomporre [79] 他〔過分 ricomposto〕1 再び組み立てる, 再び整える, (論理的に)整理し直す 2 きちんと整える, (着衣や髪の乱れなどを)直す; (表情を)再び作る **—orsi** 再 気を取り戻す, 平常心に戻る

ricomposizione 女 1 再び組み立てること, 組み直すこと 2 修理, 修復; 再建 3 解決, 決着

ricompra 女 買い戻すこと

ricomprabile 形 買い戻せる, 再び買うことができる

ricomprare 他 再び買う, 買い戻す, 買い直す

ricomprimere [20] 他〔過分 ricompresso〕再び圧力をかける

ricomunicare〔io ricomunico〕再び伝達する, 再び伝える **—自** 再び連絡を取る

riconcedere [116] 他 再び授与する, 再び同意する

riconcentrare 他 再び集める, 再び集中させる **—arsi** 再 再度集合する; 再び集中する

riconcepire 他〔io -isco〕1 再び着想する, 再び思いつく 2 再び子をもうける

riconciare 他〔io riconcio〕1 (革を)再びなめす; (タバコを)再び乾燥する 2 再びひどい状態にする **—arsi** 再 再び落ちぶれる, 再び悪い状態になる

riconciliabile 形 和解できる, 調停可能な

riconciliabilità 女 和解が可能なこと

riconciliare 他〔io riconcilio〕1 和解させる, 調停する 2 (評価や好感を)取り戻す, 回復させる **—arsi** 再 (con) (人)と和解[仲直り]する, わだかまりを解く; (同僚などを)さらに獲得しようと努める

riconciliatore 形〔女 -trice〕和解の, 調停の —男〔女 -trice〕調停者, 和解の取りもち役

riconciliazione 女 和解, 調停

ricondannare 他 再び糾弾する, 再び有罪にする

ricondensare 他 さらに濃くする, もっと濃縮する **—arsi** 再 もっと濃くなる, さらに濃厚になる

ricondire 他〔io -isco〕再び味付けする, さらに調味する

ricondizionare 他 再び条件づける, 再び左右させる[振り回す]

ricondotto ricondurre の過分

riconducibile 形 再び導くことができる, 再び元に戻せる

ricondurre [3] 他〔過分 ricondotto〕1 また連れて行く 2 (元の場所へ)連れ戻す; (元の正常な状態に)戻す 3 (a)…の原因[せい]にする

riconferma 女 再確認; (役目などの)更新

riconfermabile 形 再確認ができる

riconfermare 他 再び確認する **—arsi** 再 自ら再確認する

riconfessare 他 再び告白する, 再び白状する **—arsi** 再 再び[新たに]自分の罪を認める[自白する]

riconficcare 他 再び[さらに深く]打ち込む **—arsi** 再 もっと突き刺さる, もっと食い込む

riconfinare 他 再び流刑にする, 再び遠くに追いやる

riconfiscare 他 再び没収する

riconfondere [55] 他 〖過分 riconfuso〗再び混ぜ合わせる,再び混同する —**ersi** 再 再び混ざる,再び溶け込む

riconformarsi 再 再び順応する,再び適合する

riconfortare 他 再び慰める,再び元気づける —**arsi** 再 元気になる,ほっとする

riconfuso riconfondere の過分

riconfutare 他 〖io riconfuto〗再び反駁(ばく)する

ricongedare 他 (挨拶をして)再び帰ってもらう —**arsi** 再 再びいとま乞いをする,再び去る

ricongegnare 他 (装置を)再び組み立てる

ricongelare 他 再冷凍する —**arsi** 再 再び凍る

ricongiungere [58] 他 〖過分 ricongiunto〗再び結びつける,再び結合させる —**ersi** 再 再び一つになる,再び一緒になる

ricongiungimento 男 再結合,再び一つになること

ricongiunzione 女 再結合,再び一つにまとまること

riconnettere [8] 他 〖過分 riconnesso〗再びつなぐ,再び結びつける —**ersi** 再 再びつながる

riconoscente 形 感謝している,ありがたく思っている —mostrarsi riconoscente a... (人)に感謝の気持ちを示す / Ti sono infinitamente riconoscente. ほほとても感謝しているよ.

riconoscenza 女 感謝の気持ち

＊**riconoscere** [リコノッシェレ] [22] 他 〖過分 riconosciuto〗**1** (既知の人や物と)分かる —riconoscere... da lontano 遠くから(その人)だと分かる / Scusa, non ti *avevo* riconosciuto. ごめん,君のことが分からなかった(君とは気づかなかった). **2** (自分に関わることと)認める,認識する,認知する —**ersi** 再 **1** 自分が…であると認める **2** 認知し合う

riconoscibile 形 見分けられる,認識できる

riconoscibilità 女 見分けられること,認識可能,何であるかが分かること

riconoscibilmente 副 認識できて,見分けられて;認識できるように

riconoscimento 男 **1** 認識 **2** 認知,承認 **3** 賛辞,賞揚

riconosciuto 形 〖過分 < riconoscere〗見分けられた,識別できた;万人が認める

riconquista 女 再征服

riconquistare 他 (失地などを)奪回する;取り返す

riconsacrare 他 再び神に捧げる[奉納する],再び聖別する

riconsacrazione 女 再奉納すること;再聖別

riconsegna 女 返還;再交付,再委託

riconsegnare 他 **1** 再び手渡す **2** 返還する

riconsiderare 他 〖io riconsidero〗考え直す,再考する,再び評価する

riconsiderazione 女 再考,再検討,再評価

riconsigliare 他 〖io riconsiglio〗再び忠告する —Ti *riconsiglio* di fare in fretta. 急ぐように改めて君にアドバイスするよ.

riconsolare 他 さらに励ます,再び元気づける —**arsi** 再 再び元気になる,再びほっとする

riconsolidare 他 〖io riconsolido〗もっと強化する,さらに強める —**arsi** 再 さらに強くなる

riconsultare 他 再び相談する,再び意見を求める;(本などを)さらに詳しく調べる —**arsi** 再 再び相談する —*riconsultarsi* con l'avvocato 弁護士に再び相談する

ricontare 他 再び数える,再計算する,数え直す

ricontrarre [122] 他 〖過分 ricontratto〗**1** 再び筋肉を緊張させる **2** 再び(借金などを)負う;(契約や友情を)再び結ぶ —**arsi** 再 再び体を緊張させる

ricontrollare 他 再びしっかりと点検する,再び確かめる

riconvalidare 他 〖io riconvalido〗再び効力を持たせる;再び確認する

riconvenire [127] 自 〖過分 riconvenuto〗改めて合意を表明する —他 再び協定する —*riconvenire* il prezzo 価格協定をする

riconversione 女 再転向;再転換

riconvertire 他 (宗教など)再び転向させる;再び考えを変えさせる —**irsi** 再 再び改宗する,再び改心する

riconvincere [128] 他 〖過分 riconvinto〗再び納得させる,再び説得する —**ersi** 再 再び納得する

riconvocare 他 〖io riconvoco〗再び召集する

riconvocazione 女 再召集

ricoperto 形 〖過分< ricoprire〗(完全に)覆われた;コーティングされた,(金属が)めっきされた

ricopertura 女 覆うこと;カバー,覆い

ricopiare 他 〖io ricopio〗**1** すべて写し取る,写し直す **2** 忠実に再現する

ricopiatura 女 複写;模写

ricoprente 形 カバーになる,コーティング材の

ricopribile 形 カバーされうる,覆われうる

ricoprimento 男 覆うこと,コーティングすること;カバー,覆い

＊**ricoprire** [リコプリーレ] [10] 他 〖過分 ricoperto〗**1** (表面を完全に)覆う,敷きつめる,撒き散らす **2** (重責を)負う,(要職に)就く **3** (表面を)めっきする,かぶせる **4** 〘di〙…で満たす —**irsi** 再 **1** (自分の

ricordabile 形 記憶すべき, 記念すべき

*__ricordare__ [リコルダーレ] 他 1 覚えている —Non *ricordo* il suo nome. 私は彼の名前を覚えていない. / una serata da *ricordare* 思い出に残る夕べ 2 思い出させる —Lei mi *ricorda* mia sorella. 彼女を見ると私は姉のことを思い出す. 3 …に言及する 4 追悼する —**arsi** 再 (di) 1 覚えている 2 覚えておく, 忘れないようにする

*__ricordino__ 男 1 みやげ, 記念の品 2 (故人の)形見の品; 小さな聖像

*__ricordo__ [リコルド] 男 1 思い出 —*ricordi* d'infanzia 幼い頃の思い出 2 思い出[記念]の品, 形見 3 [複数で] (過去の)跡, 痕跡

ricoricare 他 [io ricorico] 再び横にする, 再び寝かせる —**arsi** 再 再び横になる, 再び寝る

ricorreggere [87] 他 [過分 ricorretto] 再び訂正する, 新たに修正する —**ersi** 再 (自分の過ちを)再び改める, 再び直す

ricorrente 形 1 遡る; 繰り返す, 循環する 2 [医]回帰性の —男女 [法]申立人, 請求者

ricorrentemente 副 周期的に, 繰り返して, 循環して

ricorrenza 女 1 記念日 —*ricorrenze* festive 祝祭日 2 再発, 繰り返し

*__ricorrere__ [リコッレレ] [25] 自 [es] [過分 ricorso] 1 (a) (問題解決のために)相談する, 頼る; (法的手段に)訴える —*ricorrere* a un medico 医師に頼る 2 (a) (目的達成の手段として)使用する —*ricorrere* all'astuzia ずるい手を使う 3 (記念日や祝祭日が)巡ってくる —Fra poco *ricorre* il nostro anniversario di nozze. もうじき私たちの結婚記念日が巡ってくる. 4 (主題やモチーフが)何度も繰り返される 5 再び駆けつける, (出発点に)駆け戻る —他 [距離を目的語として]走って戻る

ricorretto ricorreggere の過分

ricorso¹ 男 1 (保護・援助・忠告を求めて)頼ること 2 周期的な繰り返し, 循環 3 [法]請求, 請願

ricorso² ricorrere の過分

ricospargere [111] 他 [過分 ricosparso] 再びまき散らす, 新たにばらまく

ricostituente 男 強壮剤 —形 元気を回復させる, 強壮の

ricostituire 他 [io -isco] 再構成する, 再編する, 作り直す; 回復させる —**irsi** 再 再編される, 作り直される; 回復する

ricostituzione 女 再構成, 再構成

ricostringere [115] 他 [過分 ricostretto] 再び強いる

ricostruibile 形 再建できる, 復元可能な

ricostruibilità 女 再建[復元]可能なこと

ricostruire 他 [io -isco] 1 再建する 2 再現[構成]する 3 整形する

ricostruttivamente 副 再建[復元]のために

ricostruttivo 形 再建用の, 復元のための

ricostruttore 男 [女 [-trice]] 再建者 —形 [女 [-trice]] 再建する, 建て直しのための

ricostruzione 女 1 再建, 復元 2 復興 3 再現

ricotta 女 リコッタチーズ(乳清から作った軟らかいチーズ) ▶ *di ricotta* 弱い, 軟弱な

ricottaio 男 [女 [-a]] 1 リコッタチーズの製造[販売]者 2 [謔]リコッタチーズを大食いする人

ricotto 形 [過分 < ricuocere] 二度火を入れた, 焼き[煮]直した —*carne ricotta* 二度焼きした肉

ricottura 女 二度焼き, 煮直し

ricoverare 他 [io ricovero] (病院や施設に)収容する, 入れる —**arsi** 再 1 (病院などに)入る, 収容される 2 避難する

ricoverato 形 (病院などの施設に)収容された —男 [女 [-a]] (病院などに)収容された者, 入院患者

ricovero 男 1 収容, 入院 2 避難所, 救済施設; 老人ホーム

ricreare 他 1 再び創作する, 再び生み出す 2 元気を回復させる, 新たに活力を与える, 気晴らしをさせる —**arsi** 再 元気を回復する; 気分転換をする

ricreativamente 副 気晴らしに, 気分転換に

ricreativo 形 (余暇を利用した)骨休めの, 気分転換の

ricreazione 女 1 レクリエーション 2 (学校の)休憩時間

ricredersi 再 考えを改める

ricrescere [26] 自 [es] 1 再生する, 再び成長する —*Sono ricresciute* le erbacce. 雑草がまた伸びた. 2 [南伊]膨張する, 量が増える —他 再び増長させる

ricrescita 女 再成長; 増長, 高騰 —*ricrescita* dei prezzi 価格の値上がり

ricucire [27] 他 1 再び縫う, 縫い直す, 縫い合わせる 2 寄せ集める

ricucitura 女 縫合, 修繕, 繕う作業

ricuocere [28] 他 [過分 ricotto] 焼き[煮]直す, 再び火を入れる

ricuperare → recuperare

ricurvare 他 再び曲げる, さらに曲げる —**arsi** 再 さらに曲がる, 湾曲する

*__ricurvo__ 形 もっと曲がった, 湾曲した; (人が)腰の曲がった, 背中の曲がった

ricusare 他 拒否する, 拒絶する, 受け付けない —*ricusare* di mangiare 食事を拒否する —**arsi** 再 拒絶する, はねつける

ridacchiare 自 [io ridacchio] (馬鹿にして)ふっと笑う, 嘲笑する

ridanciano 形 1 よく笑う, 陽気な性

格の **2** 笑わせる, 滑稽な —storiella *ridanciana* 滑稽な小話

ridare [29] 他 (io ridò) **1** もう一度与える; 新たに与える **2** 再放送する **3** 返す, 戻す —**arsi** 再 再び耽る; 再び専念する —*ridarsi* all'alcol 再び酒浸りになる ▶ *dagli e ridagli* 何度も頑張って[繰り返して]

ridarella 女 笑いを我慢できないこと; 失笑 —Non è riuscita a frenare la *ridarella*. 彼女は思わず吹き出してしまった.

ridarello 形 よく笑う, すぐに笑う; 陽気な

ridda 女 **1** (手をつないで踊る速いテンポの)輪舞 **2** めちゃくちゃな動き, すばらしい動き —*ridda* di automobili 車の乱暴な運転

ridefinire 他 (io -isco) 定義し直す, もっと細かく規定する, さらにはっきりと決める

ridefinizione 女 再定義; 再規定

ridente 形 **1** うれしそうな, 幸せそうな; 心地よい **2** 輝く, きらめく

***ridere** [リーデレ] [89] 自 〖過分 riso〗 笑う —far *ridere* 笑わせる, おかしい /*ridere* a più non posso 大笑いする / **2** 馬鹿にする, あざ笑う; 愚弄する —**ersi** 再 **1** 全く心を許さない, 気に留めない **2** 《di》からかう, 馬鹿にする ▶ *C'è poco [Niente] da ridere.* 馬鹿にできない, 笑い事ではない. *Ma fammi ridere!* ばかばかしい, ちゃんちゃらおかしい. *Ride bene chi ride ultimo.* 油断大敵. | 楽観は禁物.

ridestare 他 再び覚醒させる; 再び呼び覚ます, よみがえらせる —**arsi** 再 再び目を覚ます; よみがえる

rideterminare 他 再び定める, さらに明確にする

ridettare 他 再び口述させる, 再び書き取らせる

ridetto ridire の過分

ridicolaggine 女 可笑しさ, ばかばかしさ, くだらなさ

ridicolamente → ridicolmente

ridicolizzabile 形 物笑いの種にできる, からかうことができる

ridicolizzare 他 愚弄する, あざ笑う, 物笑いの種にする

ridicolmente 副 ばかばかしく, 滑稽にも

***ridicolo** [リディーコロ] 形 **1** 滑稽な, 馬鹿げた **2** くだらない, つまらない —男 〖単数のみ〗 滑稽さ, くだらなさ

ridimensionamento 男 見直し, 再評価; (規模の)縮小, リストラ

ridimensionare 他 見直す, 再評価する; (規模を)縮小する, リストラをする —**arsi** 再 (企業や組織が)規模を再編する, 縮小する

ridipingere [33] 他 〖過分 ridipinto〗 再び描く; 再び色を塗る, 色を塗り直す

ridire [34] 他 〖過分 ridetto〗 再び言う, 繰り返す; 告げる, 言いふらす; 非難する, 異議を唱える

ridiscendere [100] 自 [es] 〖過分 ridisceso〗 (上がったところから)降りる, 下る —他 再び降りる[下る]

ridiscutere [36] 他 〖過分 ridiscusso〗 (問題を)再び検討する, 検討し直す —自 再び討議する, 再び論争する

ridisegnare 他 再び作図する, 再びデッサン[スケッチ]を描く **2** 手直しする, 改正する, 修正する

ridisfare [107] 他 〖過分 ridisfatto〗 再び分解[解体]する; 再び溶かす —**arsi** 再 再び分解する; 再び溶ける

ridisporre [79] 他 〖過分 ridisposto〗 再び並べる, 再び整理する, 配置し直す, 配置し直す —*ridisporre* i mobili del salotto リビングの家具の模様替えをする —**orsi** 再 並び直す, 再び列をつくる

ridistaccare 他 再び引き離す, 再び分離する —**arsi** 再 再びはがれる, 再び離れる

ridistendere [117] 他 〖過分 ridisteso〗 再び[さらに]伸ばす[拡げる] —**ersi** 再 再び体を伸ばす, 再び横になる

ridistillare 他 (液体を)再び蒸留する

ridistinguere [37] 他 〖過分 ridistinto〗 再び区別する, 再び識別する[見分ける]

ridistribuire 他 (io -isco) 再び配る, 再び配分する; 配り直す

ridistribuzione 女 再分配, 再配分, 配り直し

ridivenire [127] 自 [es] 〖過分 ridivenuto〗 さらに…になる, 再び…に変化する

ridiventare 自 [es] (前の状態に)なる, 戻る

ridividere [40] 他 〖過分 riviviso〗 再び[さらに]分割する, 分割し直す

ridolere [41] 自 再び痛む

ridomandare 他 **1** 再び問う, 再び尋ねる **2** 返済を求める —*ridomandare* dei soldi 返金を要求する

ridonare 他 新たに贈る, 再び与える; (失ったものや除かれたものを)元に戻す —**arsi** 再 再び没頭する

ridondante 形 冗長な, 過剰な; もったいぶった, 大げさな, 凝り過ぎの

ridondantemente 副 過剰に, 大げさに

ridondanza 女 冗長, 過剰, 過多

ridondare 自 [es] 度を超す, 多過ぎる, 有り余る; …の結果になる, 判明する

ridosso 男 (自然の, あるいは人為的な)遮蔽(しゃへい) —a *ridosso* 近くに, すぐそばに

ridotto 形 〖過分< ridurre〗 **1** (ひどい状態に)成り果てた, 落ちぶれた **2** 縮小した; 値引きした —fotocopia *ridotta* 縮小コピー /edizione *ridotta* 縮刷版 / prezzo *ridotto* 割引価格 —男 〖(劇場の)ホワイエ; (大劇場に付属した)小劇場

ridrizzare 他 再びまっすぐにする

riducente 形 〔化〕還元させる ―男 〔化〕還元剤

riducibile 形 1 減らすことができる, 縮小できる 2 〔化〕還元できる

riducibilità 女 減らしうること, 縮小可能なこと

*__ridurre__ [リドゥッレ] [3] 他 〔過分 ridotto〕 1 縮小する ―*ridurre* una giacca 上着のサイズを縮める 2 減らす, 低くする 3 (悪い状態や物に)変える ―*ridurre* un vaso in frantumi 壷を粉々にする 4 引き戻す, 連れ戻す 5 改造する, 変形する 6 改作する; 〔音〕編曲する ― **ursi** 再 1 小さくなる 2 減る 3 (悪い状態になる ―*ridursi* in miseria 貧困に陥る 4 引退する, 隠れる

riduttivamente 副 簡略して, かいつまんで

riduttivo 形 1 減少する, 制限する; 簡略化した 2 〔化〕還元の

riduttore 男〔女[-trice]〕(文学や劇作の)改作者, 翻案者 ―男 1 〔化〕還元剤 2 〔電〕アダプター

riduzione 女 1 縮小, 減少 2 値引き, 割引 3 書き換え, 手直し; 改作; 〔音〕編曲 4 変換, 還元

rieccitare 他 再び刺激する, 再び興奮させる ―**arsi** 再 再び興奮する

riecco 副 またここに(ある, 現れた)

riecheggiamento 男 再び反響すること; (概念や理論の)模倣, まね, 再興

riecheggiare 自 [es/av] [io riecheggio] 再び反響する, こだまする; (既存の作家をまねたテーマや作風が)復活する, 復興する ―他 (既存の作家のスタイル)を反映させる, 取り入れる ―*romanzo che riecheggia* Pirandello ピランデッロを思わせる小説

riedificare 他 [io riedifico] 再び建てる, 再び建造する

riedificatore 男〔女[-trice]〕再び建設する人 ―形〔女[-trice]〕再び建設する

riedificazione 女 再建, 改築

riedito 形 再版の, 再発行された

riedizione 女 1 再版, 改訂 2 再演, 再映画化

rieducabile 形 再教育可能な, 更生させられる

rieducare 他 [io rieduco] 1 再教育する, 更生させる 2 機能を回復させる, リハビリを施す

rieducativo 形 1 〔医・心〕再教育〔更生〕が目的の 2 機能回復の

rieducazione 女 1 再教育, 更生 2 機能回復

rielaborare 他 [io rielaboro] 再び手を入れて作り直す, 練り直す, さらに磨きをかけて仕上げる

rielaborazione 女 1 手直し, 練り直し, 書き直し 2 改作, 脚色; (文学作品の)映画化

rileggere [64] 他 〔過分 rieletto〕 再選する, 再任する

rieleggibile 形 再選できる, 再び任命できる

rieleggibilità 女 再選できること

rielezione 女 再選挙

riemanare 他 再び発散する; 再び発布[公布]する

riemergere [45] 自 [es] 〔過分 riemerso〕 再び浮上する; 再び表面化する, 再び現れる

riemersione 女 再浮上; 再び現れること

riemerso riemergere の過分

riemigrare 自 [es] 再び(他国へ)移住する

riempia riempire の命・3単; 接・現1単[2単, 3単]

riempibile 形 満たすことができる, 詰め込める

riempimento 男 詰め込むこと, 満杯にすること; (書類の空白を)記入して埋めること

riempio riempire の直・現・1 単

*__riempire__ [リエンピーレ] [90] 他 1 満たす, 詰める ―*riempire* un fiasco di vino ワインの瓶にワインを詰める 2 (空欄や余白を)埋める ―*riempire* un questionario アンケートに答える / *riempire* un modulo 用紙に(必要事項を)書き込む 3 (場所に)充満する 4 ふんだんに与える ―**irsi** 再 1 満ちる, 充満する 2 たらふく食べる ▶ *riempire... di premure* 親身になって[至れり尽せり]…の世話をする

riempisca riempire の命・3単; 接・現・1単[2単, 3単]

riempita 女 満杯にすること, 詰め込むこと

riempitivo 形 詰める, 詰めるための, 満たすための ―男 1 詰め物 2 (言葉やフレーズの)余計な付け足し, 能書き

riempitura 女 詰め込むこと, 満杯にすること; 詰め物

rientrante 形 入り込んだ, へこんだ, くぼんだ

rientranza 女 1 くぼみ, へこみ 2 入り江

*__rientrare__ [リエントラーレ] 自 [es] 1 (出た場所に)戻る, 帰る ―*Sono rientrato* a casa alle 9. 私は9時に帰宅した. 2 元の状態に戻る 3 〔口〕(財産や貸した金が)手元に戻る 4 〔口〕(皮膚のあざが)急速に引く 5 実現しない, なしになる 6 くぼむ, 中に引っ込む 7 含まれる

rientrato 形 実行されない, (計画や案が)棚上げになった, 成就されない

rientro 男 1 帰還, 戻ってくること 2 〔トスカーナ〕出費の回収, 収入

Rienzo 固名〔男〕 (Cola di ~)コーラ・ディ・リエンツォ(1313-54; ローマ執政官)

riepilogare 他 [io riepilogo] 要約する, 概括する, 簡単にまとめる

riepilogativamente 副 要約して

riepilogativo 形 要約の, 要旨をまとめた, 概括する

riepilogo 男〔複[-ghi]〕要約, 総括,

まとめ

riequilibrare 他 再び釣り合わせる、再び平衡状態にする —**arsi** 再 再び釣り合う、再びバランスがとれる、再び平衡になる

riequilibrio 男 再びバランスがとれること、再び平衡になること

riesame 男 再試験、追試験;再審査

riesaminare 他 〔io riesamino〕再試験する、再審査する、再び調べる

rieseguire 他 〔io rieseguo〕再び実行する;再び演奏する

riesercitare 他 〔io riesercito〕再び訓練する;(活動・職業を)再び行う

riesiliare 他 〔io riesilio〕再び追放する —**arsi** 再 自ら進んで再び追放になる

riespellere [49] 他 〔過分 riespulso〕再び追いやる、再び追い出す;(組織から)再び除名する

riesplodere [50] 他 〔過分 riesploso〕再び発射させる、再び撃つ —自 [es] 再び爆発する

riesplorare 他 再び探検する、再び探索する、念入りに探査する

riesporre [79] 他 〔過分 riesposto〕再び述べる、再び説明する;再び掲示する、再び展示する —**orsi** 再 (危険・損害に)再びさらされる

riesportare 他 再輸出する

riesportazione 女 再輸出

riesposizione 女 再展示

riesposto riesporre の過分

riespugnare 他 再び陥落させる、再び征服する

riespulso riespellere の過分

riessere [essereと同変化] 自 [es]〔過分 ristato〕元の(状態に)戻る;元の(場所に)戻る —Ci *risiamo*!(同じことの繰り返しでげんなり)またか.

riestendere [117] 他 〔過分 riesteso〕再び拡張する、さらに拡大する —**ersi** 再 再び広がる

riestrarre [122] 他 〔過分 riestratto〕再び抽出する、再び引き出す、再び取り出す

riesumabile 形 再び明るみに出せる、再び見直されうる、再評価されうる

riesumare 他 墓から掘り出す;再び明るみに出す;(古着等をひっぱり出して)また使う

riesumazione 女 発掘;再び明るみに出すこと、再び見直すこと

Rieti 固名(女) リエーティ(ラツィオ州の都市;略 RI)

rietino → reatino

rievocare 他 〔io rievoco〕 1 (霊などを)再び呼び出す 2 思い起こす、回想する 3 追悼する

rievocativamente 副 回想して、追悼しながら

rievocativo 形 思い起こすための、追悼の、回想の

rievocazione 女 思い起こすこと、回想すること;追憶、追悼

rifabbricare 他 〔io rifabbrico〕再び建造する、再建する、建て直す

rifacibile 形 作り直しができる、やり直せる

rifacimento 男 1 やり直し、作り直し、再建 2 改作、翻案

rifacitore 男 〔女[-trice]〕 改作者、脚色者、翻案者

rifallire 自 [es/av]〔io -isco〕再び失敗する —自 [es] 再び破産[倒産]する

***rifare** [リファーレ] [53] 他 〔過分 rifatto〕 1 やり直す、作り直す —*rifare* le chiavi di casa 家の鍵を作り直す 2 (何度も)繰り返す —*rifare* gli stessi errori 同じ誤りを繰り返す 3 再選する 4 まねる 5《使役で》再び…させる 6 補償する 7《口》味を良くするために料理し直す 8《口》新調する、取り替える —**arsi** 再 1 再び…になる 2 (経済的損失から)立ち直る、回復する 3《口》美容整形の手術を受ける

rifasciare 他 (包帯や布で)再び巻く —**arsi** 再 再び包帯で巻く、布で再び包む

rifecondare 他 再び肥沃にする、(動植物を)再び受精させる

rifendere [32] 他 〔過分 rifesso〕再び縦に割る、再び切り裂く —**ersi** 再 再び割れる、再び裂ける

riferibile 形 言及できる、口に出せる

riferimento 男 1 言及、引用、参照 2 関係、関連 3 基準点

***riferire¹** [リフェリーレ] 他 〔io -isco〕 1 報告する、伝える 2 (告げ口として)漏らす、ばらす 3 関連[関係]づける —他 (行政機関が)文書で報告する —**irsi** 再 (a) 1 …について述べる[言及する] —A chi *ti riferisci*? 誰のことを言ってるんだ？ 2 …と関係がある

riferire² 他 〔io -isco〕再び傷つける、再び負傷させる

rifermare 他 再び止める —**arsi** 再 再び足を止める

rifermentare 自 1 再び発酵する 2 動揺する、心がざわめく

rifermentazione 女 再発酵

riferrare 他 (馬に)再び蹄(ひづめ)鉄を打つ

rifesteggiare 自 〔io rifesteggio〕再び祝う

riffa 女 1 (民営の)宝くじ、富くじ 2 (トスカーナ)暴力、横暴 ▶ *di riffa o di raffa* 何としてでも

rifiatare 他 1 一息つく、少し休む;息をする、呼吸する 2《特に否定文で》口を開く、しゃべる —Mi hanno guardato senza *rifiatare*. 彼らは一言もしゃべらず私を見た.

rificcare 他 再び打ち込む[押し込む、突っ込む] —**arsi** 再 1 再び食い込む、のめり込む;再び潜り込む[入り込む] 2 (災難などに)再び遭う

rifilare 他 1 再び紡ぐ 2 端を切り揃える、縁を整える 3《口》(人に不要な[不愉快な]物を)与える、押しつける

rifilatura 囡 縁を整えること,端を揃えること

rifiltrare 他 再び濾過(ﾛｶ)する,再び漉(ﾋ)す

rifinanziamento 男 再融資;融資額

rifinanziare 他 〔io rifinanzio〕再融資する **—arsi** 再 再び自己資金でまかなう

rifinire 他 〔io -isco〕 **1** 仕上げる,完成させる **2** 〔トスカーナ〕消耗させる **—自** 〔es〕行き着く **—irsi** 再 〔トスカーナ〕活気をなくす,力が尽きる

rifinito 形 **1** 仕上げられた,完成された **2** 〔トスカーナ〕(空腹や疲労で)ぐったりした

rifinitura 囡 仕上げ(の作業)

rifiorire 自 〔es〕〔io -isco〕 **1** 再び花が咲く **2** 再び繁栄する,再び活気づく **3** (表面に)染み[カビ]がまた広がる

rifiorita 囡 新たな開花

rifioritura 囡 **1** 再び開花すること,新たな開花 **2** 再び栄えること,再生,復興,復活 **3** 染み[カビ]の広がり

rifischiare 自 〔io rifischio〕再び口笛を吹く,口笛を吹き返す **—他** 口笛で吹き返す;(秘密を)口外する,告げ口する

rifiutabile 形 拒否できる,断ることができる

***rifiutare¹** [リフュターレ] 他 断る,拒否する **—** *rifiutare* un invito 招待を断る / *rifiutare* di rispondere 返答を拒否する **—arsi** 再 拒否する,拒絶する **—** *Mi rifiuto* di rispondere. 私は絶対に答えません.

rifiutare² 再び嗅ぎつける

rifiuto 男 **1** 拒否 **2** 〔複数で〕ごみ,廃棄物 **—** *rifiuti* domestici 家庭のごみ,生ごみ / *rifiuti* industriali 産業廃棄物 ▶ ***rifiuto della società*** 社会のクズ,人間のクズ

riflagellare 他 再び鞭(ﾑﾁ)打つ

riflessante 形 髪の色艶を明るくする **—** shampoo *riflessante* ヘアカラー用シャンプー **—男** (色と艶用の)整髪料

riflesse riflettereの直・遠過・3単

riflessione 囡 熟考,熟慮 **2** 反射

riflessivamente 副 熟考して,反省した上で

riflessività 囡 思慮深いこと

riflessivo 形 **1** 熟慮の;思慮深い,注意深い **2** 〔言〕再帰の **—** verbo *riflessivo* 再帰動詞

riflesso** [リフレッソ] 形 〔過分＜riflettere〕 **1** 反射した **—** luce *riflessa* 反射光 **2** (像が鏡などに)映った **—男** (光の)反射;反射神経 **—** *riflesso* condizionato 条件反射 **2** 結果,影響,余波 ▶ ***di riflesso その結果,従って

riflettente 形 反射する,反射する

***riflettere** [リフレッテレ] [54] 他 〔過分 riflesso〕 **1** 映す,反映する **—** Le acque del lago *riflettono* le montagne. 湖面が山々を映し出す. **2** (光を)反射する **—自** 〔過分 riflettuto〕〔su〕熟考[熟慮]する;沈思[黙考]する **—** Vorrei più tempo per *riflettere*i. 考える時間がもっと欲しいんだけど. **—ersi** 再 **1** 映る **—** La luna *si riflette* nelle acque. 月が水面に映っている. **2** (光が)反射する **3** 影響する

riflettore 形 反射する **—** telescopio *riflettore* 反射望遠鏡 / schermo *riflettore* レフ(映画や写真の撮影に使う反射板) **—男** 投光器,(舞台や競技場の)照明

rifluire 自 〔es/av〕〔io -isco〕再び流れる;再び流れ込む,再び押し寄せる;逆流する **—** La folla *rifluiva* in strada. 群衆は道にまたあふれていた.

riflusso 男 **1** 逆流;引き潮 **2** 低下,減少 **3** (政治制度の)復活

rifocillare 他 (飲食物で)元気を取り戻させる **—arsi** 再 (食べ物を摂取して)元気を回復する

rifoderare 他 〔io rifodero〕(服の)裏打ちをやり直す

rifoderatura 囡 裏打ちのやり直し

rifomentare 他 再び挑発する,再び揺さぶる,再び煽(ｱｵ)る

rifondare 他 再建する

rifondatore 男 〔女[-trice]〕(政党や機関の)再建者,改革者 **—形** 〔女[-trice]〕再建する,改革の

rifondazione 囡 (政党や機関の)再建,再創設

rifondere [55] 他 〔過分 rifuso〕 **1** 再び溶かす **2** 修正を加える **3** (損失を)補償する,返金する

rifondibile 形 再び溶かすことができる;補償できる

riforare 他 再び穴を開ける,再び貫通する **—arsi** 再 再び穴が開く

riforestazione 囡 再植林

riforma 囡 **1** 改革,(法の)改正 **—** la *Riforma* protestante 宗教改革 / *riforma* sociale 社会改革 **2** 〔軍〕(不適格による)兵役免除

riformabile 形 改革できる,改正できる,修正できる;形を変える

riformare 他 **1** 改革する **2** 改造する,再編する **3** (軍人を)退役させる **—arsi** 再 再び生じる[形成される]

riformato 形 **1** 〔宗〕改革派の **2** 〔軍〕軍務不適格の **—男** 〔女[-a]〕**1** 改革派の修道士 **2** 軍務不適格者

riformatore 男 〔女[-trice]〕 改革者;宗教改革派 **—形** 〔女[-trice]〕改革する,改革するための

riformatorio 男 教護院,児童自立支援施設,少年院

riformazione 囡 新形成

riformismo 男 社会改良主義

riformista 男女 〔複[男 -i]〕(社会)改良主義者 **—形** 〔複[男 -i]〕改良主義の

riformisticamente 副 社会改良主義に従って

riformistico 形 〔複[男 -ci]〕(社会)

riformulare 改良主義の

riformulare 他〔io riformulo〕再び定式化する，再び明確に述べる[表現する]

riformulazione 囡 再公式化，再表明

rifornibile 形 再供給できる，再供給可能な

rifornimento 男 （食糧や物資の）補給；〔複数で〕補給物資，（食糧などの）備蓄 —fare *rifornimento* 補給する / stazione [posto] di *rifornimento* ガソリンスタンド，給油所

rifornire 他〔io -isco〕供給する；補給する —*rifornire A di B* A に B を供給する /*rifornire la città di viveri* 町に食糧を供給する —**irsi** 再〔di〕(自分のために) 取り揃える，買い置きする

rifornito 形 在庫が豊富な

rifornitore 男〔囡[-trice]〕1 供給者，補給者；調達係 2 空中給油機 —形〔囡[-trice]〕供給する，補給する

rifrangere [56] 他〔過分 rifranto, rifratto〕1 再び粉々にする，再び砕く 2 (光を)屈折させる —**ersi** 再 1 砕ける 2 (光が)屈折する

rifrazione 囡 (光・音波・電磁波の)屈折

rifreddo 形〔料〕冷製の —*pollo rifreddo* 鶏の冷製 —男〔料〕冷製

rifriggere [57] 他〔過分 rifritto〕炒(い)め直す，再び揚げる；(同じことを)焼く，繰り返す —自 長く揚げる[炒(い)める]

rifritto 形〔過分<rifriggere〕1 再び揚げた，揚げ直した 2 言い古された，使い古された

rifrittura 囡 揚げ直し，二度揚げ；揚げ直した食べ物

rifrugare 他 再び探し回る，かき回して探す —自 くまなく[つぶさに]探す

rifuggire 自〔es〕1 再び逃げる 2 回避する，避ける

rifugiarsi 再〔io mi rifugio〕1 身を隠す 2 …に生きがい[よりどころ]を求める

rifugiato 男〔囡[-a]〕亡命者 —*rifugiato politico* 政治亡命者 —形 亡命した，避難した

rifugio 男 1 避難所，隠れ家 —*rifugio alpino* 山小屋 / *rifugio antiaereo* 防空壕(ごう) / *rifugio atomico* 核シェルター / *rifugio del CAI* イタリア山岳協会(Club Alpino Italiano)の山荘 2 生きがい，よりどころ —trovare *rifugio nella religione* 宗教によりどころを見出す

rifulgere [91] 自〔es/av〕〔過分 rifulso〕きらめく，きらきら輝く

rifulse rifulgere の直・遠過・3 単

rifulso rifulgere の過去分

rifumare 他 (タバコを)再び吸う；再び喫煙する；禁煙をやめる

rifusione 囡 1 (金属を)再び溶かすこと 2 (作品・文書の)手直し，改作 3 返金，払い戻し

rifuso rifondere の過分

riga 囡 1 線，筋(すじ) —tracciare una *riga* 線を引く 2 (文章や表の)行 —scrivere due *righe* a... (人)に短信を送る 3 (人の)横一列 —mettersi in *riga* 一列に並ぶ；服従する 4 定規，ものさし 5 (頭髪の)分け目 ▶ *a righe* 縞模様[ストライプ]の；罫線を引いた

rigaglia 囡〔複数で〕鳥の内臓，モツ

rigagnolo 男 小川，わずかな水の流れ；(道路の両端を)流れる雨水

rigare 他 1 線を引く 2 (線状の)傷をつける 3 (液体が)筋を引いて流れる，伝う —Le lacrime gli *rigavano* il volto. 涙が彼の頬を伝っていた．—**arsi** 再 1 筋がつく，線が引かれる ▶ *rigare diritto* [*dritto*] きちんとしている，ちゃんとする，(問題を起こさず)立派に生きる

rigata 囡 1 定規で叩くこと 2 (机の上の)線状の傷，こすった跡

rigatino 男 1 細縞(じま)の綿の布，リネン 2〔複数で〕〔料〕(パスタの)リガティーニ

rigato 形 縞(しま)の，線を引いた；ひっかき傷のある；跡の残った —*volto rigato di lacrime* 涙の跡のある顔

rigatone 男 1〔農〕(種まきの)溝掘り機 2〔複数で〕〔料〕(パスタの)リガトーニ

rigattiere 男〔囡[-a]〕古物商

rigatura 囡 線を引くこと，罫を引くこと；罫線，引っかいた跡

rigelare 他 再び凍らせる，再冷凍する —自〔es〕再び凍る —**arsi** 再 再び凍る

rigenerabile 形 再生できる，生まれ変われる

rigenerare 他〔io rigenero〕1 再生する，再び生み出す；生まれ変わらせる 2 (健康を)回復させる

rigenerativo 形 再生させる，生まれ変わらせる；〔化〕再生させる

rigeneratore 形〔囡[-trice]〕再生させる，よみがえらす；(文化的・社会的・精神的に)更生させる —男〔囡[-trice]〕再生させるもの

rigenerazione 囡 再生，更生，復活

rigettare 他 1 再び投げる，投げ返す 2 吐く 3 拒否する，却下する —**arsi** 再 再び身を投げる

rigetto 男 1 拒否，却下 2 拒否反応

righello 男 物差し，定規

righettare 他 細かい罫線を引く

rigiacere [76] 自 再び横たわる

rigidamente 副 厳格に，厳密に

rigidezza 囡 1 硬いこと，硬さ 2 極寒 3 厳格さ

rigidità 囡 1 硬さ 2 厳しさ，厳格さ，厳密なこと 3 (天候の)厳しさ

rigido 形 1 硬質の，硬い 2 硬直した，曲がらない 3 厳しい，厳格な —*temperature rigide* 厳しい寒さ

rigiocare 自 再び遊ぶ，再び賭けをして遊ぶ —他 再び賭ける

rigirare 他 1 ぐるぐる回す 2 隅々まで見て回る 3 巡回する 4 取り囲む 5 たらい

rigirata 囡 1 再び回すこと —*dare una rigirata alla chiave* 鍵をガチャガチャ回す 2 かき混ぜること

rigiro 男 あちこち動き回ること; 右往左往

rigiudicare 他 [io rigiudico] 1 再び判断する, 再び評価する 2 再び裁く

rigo 男 [複 -ghi] 1 線, 罫線 2 短い手紙, 短信

rigodere [59] 他 再び享受する —自 再び喜びを得る —**ersi** 再 再び楽しむ

rigoglio 男 1 〔植〕生い茂ること, 繁茂 2 旺盛さ, 活発

rigogliosamente 副 生い茂って, 生き生きと; 活発に, 旺盛に

rigogliosità 囡 旺盛, 全盛

rigoglioso 形 1 (植物が)生い茂った 2 豊満な, 旺盛な; (知識等が)豊かな

rigogolo 男 〔鳥〕ニシコウライウグイス

rigoletto 男 (舞踏の)リゴレット

rigonfiamento 男 ふくらむこと; 膨張, ふくらみ, 腫(は)れ

rigonfiare 他 [io rigonfio] 再びふくらませる —自 [es] 膨張する —**arsi** 再 ふくらむ, 腫れる; 再びふくらむ

rigonfio 形 ふくれた, 腫れた; 量が増した —男 ふくらみ, 腫れ

rigore 男 1 〔文〕厳しさ, 厳格さ 2 厳しい寒さ 3 〔スポ〕厳罰 —*calcio di rigore* (サッカーの)ペナルティーキック ► *di rigore* 不可欠な, 厳守すべき *a rigor di logica* 論理的に

rigorismo 男 厳格主義, 厳粛主義

rigorista 形 [複 男 -i] きわめて厳格な —男女 1 厳格主義者 2 〔スポ〕(サッカーの)ペナルティーキッカー

rigoristico [複 男 -ci] 形 厳格主義の, 厳格な

rigorosamente 副 厳格に, 厳密に; もっぱら

rigorosità 囡 厳格さ, 厳密さ

rigoroso 形 厳格な; 厳密な, 几帳面な

rigovernare 他 1 (食器類の)洗い物をする, (食事の)後片づけをする —*rigovernare i piatti* 皿洗いをする; 皿をきれいに平らげる 2 (家畜の)世話をする, (ペットを)飼う

rigovernata 囡 食器洗いを急いですること

rigovernatura 囡 1 洗い物, 後片づけ 2 (洗い物で出た)汚水

rigraffiare 他 [io rigraffio] 再び引っかく

riguadagnare 他 再びもうける, 再び手に入れる —**arsi** 再 (失った物を)再び取り戻す

*****riguardare** [リグァルダーレ] 他 1 もう一度見る, 再び見る 2 …に関係がある 3 考慮[配慮]する —**arsi** 再 1 (自分の)健康に気をつける, 体を大切にする —*Riguardati!* お大事に! 2 (*da*) …に注意する, 用心する ► *per quanto riguarda...* …に関して

riguardato 形 注意した, 用心した, 健康に気をつけている

*****riguardo** [リグァルド] 男 1 注意, 配慮 2 尊敬 —*ospite di riguardo* 貴賓 3 関連, 関係 —*riguardo a...* …に関して ► *degno di riguardo* 注目に値する

riguardosamente 副 丁重に, 丁寧に

riguardoso 形 丁寧な, 丁重な; 落ち着き払った

riguarnire 他 [io -isco] (料理に)さらに添える, 必要な物を再び供給する

riguastare 他 再び壊す —**arsi** 再 再び壊れる; 再び仲が悪くなる

riguidare 他 再び案内する, 再び導く; 再び運転する

rigurgitante 形 (*di*) …で満杯の, あふれそうな

rigurgitare 他 [io rigurgito] 吐く, もどす; 流出させる, あふれさせる —自 1 (場所が)あふれる, 氾濫する; (人や物で)あふれる —*La piazza rigurgitava di studenti.* 広場は学生であふれていた. 2 [*es*] (液体が)逆流する

rigurgito 男 1 あふれること, あふれ返ること 2 (感情が)突然湧き起こること 3 (社会や文化の)現象の出現

rigustare 他 再び味わう —**arsi** 再 〔強調の意味で〕再び味わって楽しむ

rilacerare 他 [io rilacero] 再び引き裂く, ずたずたに引きちぎる

rilamentare 他 再び悔やむ[嘆く] —**arsi** 再 再び嘆く

rilanciare 他 [io rilancio] 1 再び投げる, 投げ返す 2 再び加速する 3 守り立てる, 盛り上げる 4 改めて世に出す[売り出す] 5 (競り値を)つり上げる 6 (ポーカーで)レイズする, 掛け金を引き上げる —**arsi** 再 再び降下する, 再び飛び降りる

rilancio 男 1 再び投げること, 投げ返すこと, 返球 2 見直し, 再流行, 改めて世に出すこと 3 (競売での)値段の釣り上げ; (ポーカーでの)賭け金の釣り上げ

rilasciare 他 [io rilascio] 1 交付する, 発行する —*rilasciare un passaporto* パスポートを交付する 2 釈放する, 解放する 3 また捨てる, 再び放棄する 4 (筋肉・神経を)緩める —**arsi** 再 緊張を解く

rilasciato 男 解放された人; 汚染残余物の不慮の流出

rilascio 男 1 解放, 釈放 2 交付, 発行

rilassamento 男 ほぐすこと, 和らげること; 緩和

rilassante 形 リラックスさせる, 緩和する

rilassare 他 1 (緊張などを)ほぐす, 和らげる 2 (縛りを)緩める —**arsi** 再 リ

ラックスする; 緩む
rilassatezza 囡 **1** (精神的)たるみ, 緩み **2** (道徳的)退廃, (威厳や権威の)低下
rilassato 形 **1** 緊張のない, 緩んだ **2** 退廃した, 低下した, たるんだ
rilastricare 他 〔io rilastrico〕再び舗装する
rilavare 他 再び[何度も]洗う ―**arsi** 再 (体または体の部分を)再び洗う, 洗い直す
rilavatura 囡 洗い直し, 何度も洗うこと; すすぎ用の水
rilavorare 自 再び働く ―他 作り直す, 作業し直す
rilavorazione 囡 再び働くこと; 作り直し, 再作業
rileccare 他 **1** 再び舐(な)める, 繰り返し舐める **2** (文章などを)凝って仕上げる
rileccata 囡 念入りな仕上げ
rileccatura → rileccata
rilegamento 男 縛り直すこと, 結び直し; 製本のやり直し
rilegare 他 **1** 縛り直す, 結び直す **2** 製本する ―*rilegare* un libro in pelle 本を革で装丁する **3** (宝石を)はめ込む, 埋め込む
rilegatore 形 〔囡 -trice〕製本の ―artigiano *rilegatore* 製本職人 ―男 〔囡 -trice〕製本業者
rilegatrice 囡 製本機
rilegatura 囡 **1** 製本; 装丁 **2** (宝石の)はめ込み[埋め込み]
rileggere [64] 他 〔過分 riletto〕再読する, 読み直す[返す]
rilegittimare 他 〔io rilegittimo〕(組織や機関の)合法性を認める, 信望を取り戻させる ―**arsi** 再 信用を再び得る, 信望を取り戻す
rilento 形 ゆっくりした, 躊躇(ちゅうちょ)する ► *a rilento* ゆっくりと, 慎重に
riletto rileggere の過分
rilettura 囡 再読, 読み返すこと
rilevabile 形 明らかにできる, 注目すべき
rilevabilità 囡 目立つこと, 明らかさ
rilevamento 男 **1** 測量, 観測 **2** 方位角 **3** 引き継ぎ, 交替
rilevante 形 **1** 重要な, 目立つ **2** 相当な, かなりの
rilevantemente 副 著しく, 顕著に
rilevanza 囡 重要性
rilevare 他 **1** 目立たせる, 強調する **2** 検証する **3** (データや証拠を)集める, 引き出す **4** 指摘する **5** 後を継ぐ **6** 〈文〉再び上げる[起こす] **7** 交替する, 代わる ―自 **1** 〈文〉重要である **2** (目的達成に)役立つ ―**arsi** 再 浮かび上がる
rilevatario 形 譲渡の, 後継の ―男 〔囡 -a〕譲渡を受ける人, 後継者
rilevato 形 浮き彫りになった, 突出した ―男 盛り土
rilevatore 形 〔囡 -trice〕測量の, 測定の ―男 **1** 測角羅盤 **2** 〔囡 -trice〕測量者, 測定者
rilevazione 囡 データの収集, リサーチ, 測定
rilievo 男 **1** 突出部 **2** 重要性 **3** 〔集合的〕山地; 〔複数で〕高地 **4** 浮き彫り, レリーフ ―*mettere... in rilievo* …を浮き彫りにする, 強調する **5** 非難, 叱責 **6** 観察, 観測
rilucente 形 輝く, きらめく
rilucere 自 〔過分なし; 複合時制なし〕光を発する, 輝く
rilustrare 他 再び磨く, 完全なものにする ―自 きらめく, 輝く
riluttante 形 ためらった, 気が乗らない ―男 乗り気でない人
riluttanza 囡 **1** ためらい, 乗り気のなさ **2** 〔物〕磁気抵抗, リラクタンス
riluttare 自 ためらう, 嫌がる
rim- → ri-
rima 囡 **1** 韻; 脚韻 ―"Rosa" fa *rima* con "cosa". rosa と cosa は韻を踏む. **2** 〔複数で〕韻文, 詩句 ► *rispondere per le rime* すかさず応酬する
rimacchiare 他 〔io rimacchio〕**1** 再び染みを付ける, 再びよごす **2** 再び辱める ―**arsi** 再 **1** (自分の体を)再びよごす **2** 自分の評判を落とす
rimacinare 他 〔io rimacino〕**1** さらに細かく挽(ひ)く **2** 熟考する
rimaciullare 他 さらに押しつぶす, さらに噛み砕く
rimagliare 他 〔io rimaglio〕編み目を繕う
rimagliatrice 囡 編み目を繕う女性
rimandabile 形 返送できる, 延期可能な
＊**rimandare** [リマンダーレ] 他 **1** 先送りする, 延期する **2** 再試[追試]を受けさせる **3** (人を別の場所に)行かせる, 回す; (元の場所に)送り返す, 送還する **4** (注などで)参照させる
rimandato 形 再試験の, 追試の ―男 〔囡 -a〕再試[追試]の学生
rimando 男 **1** 返送 **2** 延期 **3** (テキストの別の箇所の)参照 ► *di rimando* 即座に(答えて)
rimaneggiamento 男 再び手を入れること, 手直し, 改作; 再編
rimaneggiare 他 〔io rimaneggio〕再び手を入れる, 手直しをする; 再編成する
rimanente 形 残った, 残っている ―denaro *rimanente* 残金 ―男 〔単数のみ〕残り, 残余 ―男 〔複数で〕残った人々, 他の者たち ► *per il rimanente* とはいえ, しかしながら
rimanenza 囡 残余; 〔複数で〕倉庫に残っている売れ残り
＊**rimanere** [リマネーレ] [92] 自 [es] 〔過分 rimasto〕**1** 残る ―*Mi rimangono* pochi soldi. 私の残金は少ししか残っていない. **2** 滞在する ―*Sono rimasto* dai nonni. 私は祖父母のところに滞在した. **3** 〔主に形容詞とともに〕…の状態になる **4** 合意する, 了解し合う **5** 〈口〉(…

rimanga の)位置にある[いる] ▶ *rimanerci* 呆気(ポ゚)にとられる, 気落ちする *rimanerci bene* 満足する *rimanerci male* 気を悪くする, がっかりする *rimanerci secco* 死ぬ; びっくり仰天する *rimanere di stucco* 唖(ア)然とする

rimanga rimanere の命·3単; 接·現·1単[2単, 3単]

rimangiare 他 〔io rimangio〕再び食べる, さらに食べる —**arsi** 再 言ったことを実行しない, 翻す —*rimangiarsi una promessa* 約束を取り消す

rimango rimanere の直·現·1単

rimante 形 韻を踏む

rimarcabile 形 注目すべき, 目立つ

rimarcare 他 1 目立たせる; 明らかにする, 指摘する 2 〔スポ〕再び得点を入れる

rimarchevole 形 注目されるべき, 著しい

rimare 他 韻を踏ませる —自 詩を作る; 韻を踏む

rimarginare 他 〔io rimargino〕〔医〕接合する; 鎮める —*rimarginare il dolore* 痛みを和らげる —自 〔es〕(傷が)ふさがる, 癒着する —**arsi** 再 (傷が)癒着する (痛みが)和らぐ

rimarginazione 女 〔医〕傷口の癒着

rimario 男 脚韻集, 脚韻辞典

rimaritare 他 再婚させる —**arsi** 再 (女性が)再婚する

rimarrei rimanere の条·現·1単

rimarrò rimanere の直·未·1単

rimascherare 他 〔io rimaschero〕再び仮面をかぶらせる; 再びカムフラージュする —**arsi** 再 再び仮面をかぶる

rimase rimanere の直·遠過·3単

rimasticare 他 〔io rimastico〕1 再び[何度も]噛む 2 受け売りを言う 3 よくよく考える

rimasticatura 女 1 再び[何度も]噛むこと 2 (他人の)受け売り, (話の)蒸し返し, 同じ話の繰り返し

rimasto rimanere の過分

rimasuglio 男 残り物, 残りかす; 食べ残し, 残飯

rimato 形 韻を踏んだ

rimatore 男 〔女[-trice]〕俗語を用いる詩人;《蔑》へぼ詩人 —*rimatore del Trecento* 14世紀の詩人

rimbacuccare 他 再びぐるぐる巻きにする, しっかりと包み込む —**arsi** 再 再びくるまる, しっかりとくるまる

rimbaldanzire 自 〔es〕〔io -isco〕もっと自信を持つ, さらに大胆になる —他 さらに自信を持たせる —**irsi** 再 もっと自信を持つ, 自信を取り戻す

rimbalzare 自 〔es/av〕1 跳ね返る, はずむ 2 (光が)反射する, (音が)反響する 3 (情報が)広まる

rimbalzello 男 水切り(水面に小石を水平に投げて, 水面を飛び跳ねさせる遊び)

rimbalzino 男 コイン投げ(コインを壁に投げて, 地面に引いた線の近くで跳ねさせる遊び)

rimbalzo 男 跳ね返ること, はずむこと, バウンド —*di rimbalzo* 跳ね返って; 間接的に

rimbambimento 男 ぼけること, 老人ぼけ, もうろく

rimbambire 自 〔es〕〔io -isco〕ぼける, もうろくする —他 ぼけさせる, 分別を失わせる —**irsi** 再 ぼける

rimbambito 形 ぼけた, もうろくした —男 〔女[-a]〕ぼけた人

rimbarbarimento 男 再び[もっと]野蛮[無作法]になること

rimbarbarire 自 〔es〕〔io -isco〕再び野蛮[無作法]になる, 零落する —他 再び野蛮[無作法]にさせる —**irsi** 再 落ちぶれる, 再び野蛮な状態になる

rimbarcare → reimbarcare

rimbarco → reimbarco

rimbeccare 他 (辛辣に)やり返す, 反駁(バ゚)を加える —**arsi** 再 辛辣にやり合う, 論駁し合う

rimbecco 男 〔複[-chi]〕絶妙な即答, 反駁(バ゚)

rimbecillimento 男 愚かになること, ぼけること

rimbecillire 自 〔es〕〔io -isco〕1 愚か[馬鹿]になる, ぼける 2 茫(ボ゚)然とさする —他 1 愚かにする 2 茫然とさせる, ぼうっとさせる —**irsi** 再 愚か[馬鹿]になる

rimbecillito 形 ぼけた, 愚かになった; ぼうっとした —男 〔女[-a]〕ぼうっとなった人; 頭がぼけた人, もうろくした人

rimbellire 他 〔io -isco〕もっと美しくする —自 〔es〕もっと美しくなる —**irsi** 再 もっと美しくなる

rimbiancare 他 再び白くする, 白く塗り直す —自 〔es〕再び白くなる —**arsi** 再 再び白くなる

rimbiondire 他 〔io -isco〕再び金髪にする —自 〔es〕再び金髪になる —**irsi** 再 再び金髪になる

rimboccare 他 (衣服の裾やシーツの端などを)折り返す —**arsi** 再 着衣の裾をまくる[折り返す] —*rimboccarsi le maniche della camicia* シャツの袖をまくる

rimboccatura 女 (裾の)折り返し, (衣類やシーツの)折り返すこと

rimbombante 形 1 とどろく, 大きく響く; 騒々しい, やかましい 2 大げさな, 誇張した

rimbombare 自 〔es/av〕響く, とどろく; 鳴り響く

rimbombo 男 響く音, 轟(ゴ゚)音

rimborsabile 形 返済できる, 払い戻しのできる

rimborsabilità 女 償還可能なこと

rimborsare 他 払い戻す; 還付する

rimborso 男 払い戻し; 還付金

rimboschimento 男 再植林, 森林の再生

rimboschire 他 〔io -isco〕再び植林する —自 〔es〕再緑化する, 再び木が茂

rimbrogliare 他 〔io rimbroglio〕 再び混乱させる; 再びだます

rimbrottare 他 辛辣に叱る, 厳しくとがめる

rimbrotto 男 叱責, 非難

rimbrunire 他 〔io -isco〕〔トスカーナ〕暗くする **—irsi** 再 暗くなる, 憂鬱になる

rimbruttire 他 〔io -isco〕再び醜くする, さらにもっと醜くする **—自** [es] さらに醜くなる **—irsi** 再 さらに醜くなる

rimbustare 他 再び封筒の中に入れる

rimediabile 形 補正可能な, 償える

rimediare 自 〔io rimedio〕(a) 1 …を償う, 補償する **—**rimediare a un errore 過失を償う 2 …を工面する **—他** 1 償う 2 繕う; (急場で)作る 3 かき集める; (嫌なものを)手に入れる

rimedicare 他 再び治療する

rimedio 男 1 治療(薬) 2 防止〔改善〕策 ▶ **A mali estremi, estremi rimedi.** 毒を以て毒を制す

rimeditare 他 〔io rimedito〕再び考慮する, 考え直す **—自** (su) 再び熟慮する

rimescere 他 (飲み物を)再び注ぐ

rimescolamento 男 (何度も)かき混ぜること, 混合; 動揺, 狼狽

rimescolare 他 〔io rimescolo〕よくかき混ぜる, 再び混ぜ合わせる; ごちゃごちゃにする **—**rimescolare il sangue ドキドキさせる, 動揺させる **—arsi** 再 1 人込みに混じる〔紛れ込む〕 2 うろたえる, 動揺する

rimescolata 女 かき混ぜること, かき回すこと

rimescolio 男 ずっと何度もかき回すこと; かなりの動揺〔狼狽〕

rimessa 女 1 元に戻すこと 2 (農具や家畜の)収納, 収容 3 車庫 ▶ **rimessa laterale** (サッカーの)スローイン **rimessa in gioco** (球技で)プレー再開

rimessaggio 男 (乗り物の)収納, 格納

rimesso rimettere の過分

rimestamento 男 再びかき回すこと

rimestare 他 再びかき回す; (細部まで)詮索する **—自** かき回して散らかす **—**rimestare nel cassetto 引き出しをかき回す

rimestio 男 1 ずっとかき回すこと 2 かなりの動揺

＊**rimettere** [リメッテレ] [65] 他〔過分 rimesso〕1 (元の位置や状態に)戻す **—**rimettere in ordine 片づける 2 (a + 不定詞) …し直す 3 先送りする, 回す **—**rimettere la gita all'estate 旅行を夏に延期する 4 (食べた物を)吐く, もどす 5 (罪を)赦す **—**rimettere i peccati a... (人)の罪を赦す 6 再び着用する 7 呼び出す, 再び呼き寄せる 8 (植物が再び芽を)出す 9〔官庁用語で〕送付する 10 委ねる, 委託する **—ersi** 再 1 回復する; (健康状態が)戻る; (悪天候が)よくなる 2 (a) 再開する 3 再び着用する 4 信頼する, 頼り切る ▶ **rimetterci** 失う

rimiagolare 自 〔io rimiagolo〕再び(猫が)鳴く; 再び金切り声で歌う; また愚痴を言う

riminese 形 リミニ(の人)の **—男女** リミニの人

Rimini 固名 (女) リミニ(エミリア・ロマーニャ州の都市; 略 RN)

rimirare 他 (感嘆して)じっと見つめる, 凝視する, うっとりと眺める **—arsi** 再 自分の姿に見とれる

rimischiare 他 〔io rimischio〕再び〔長時間〕混ぜる **—arsi** 再 (ある集団に)紛れ込む, 群衆に混ざる

rimise rimettere の直・遠過・3 単

rimisurare 他 再び測定する, ちゃんと計り直す

rimmel 男〔不変〕マスカラ

rimminchionire 他 〔io -isco〕馬鹿者にさせる, ぼけさせる **—自** [es] 馬鹿になる, ぼける **—irsi** 再 馬鹿になる, ぼける

rimodellare 他 再び型を取る, 型を新たに作る, 再び造形する **—arsi** 再 再び着想を得る; 新たな特徴を帯びる

rimodernamento 男 現代化, 近代化; 最新化, 刷新

rimodernare 他 より近代〔現代〕化する; 最新のものにする **—arsi** 再 現代〔近代〕化する, 現代風になる, 最新のものになる

rimodernata 女 手直し, 更新

rimondare 他 1 すっかり〔改めて〕きれいにする 2 再び剪定する

rimonta 女 1 (機械を)組み立て直すこと 2〔スポ〕(試合の途中で負け点や大差を)挽回すること 3 渡り鳥の帰還 4 週行

rimontaggio 男 (装置の)組み立て直し

rimontare 自 [es] 1 再び乗る, 再び登る; (高い所に)再び上がる 2 遡る **—他** 1 再び組み立てる, 組み立て直す 2 遡って進む 3 再び馬に乗る 4 (試合中に)挽回する

rimorchiare 他 〔io rimorchio〕1 (車を)牽引する, (船を)曳航する; (人を)連れ回す, 引っ張って行く **—**farsi rimorchiare dagli amici 友人たちに引っ張り回される 2 誘って口説く, 引っ掛ける

rimorchiatore 男 引き船, タグボート; (飛行機の)牽引引機 **—形**〔女 [-trice]〕牽引する **—**velivolo rimorchiatore (飛行機の)牽引機

rimorchio 男 1 トレーラー 2 牽引, 曳航

rimordere [66] 他〔過分 rimorso〕1 再び噛む, 噛み返す 2 (良心を)苦しめる; 非難する, とがめる **—ersi** 再 お互いに噛み合う

rimorire [67] 自 [es] 〔過分 rimor-

rimormorare to} もう一度死ぬ

rimormorare 他 〔io rimormoro〕再び[何度も]小声でぶつぶつ言う —*rimormorare* una preghiera 祈りの文句を唱える —自 つぶやく, ざわめく, ささやく

rimorsicare 他 〔io rimorsico〕再びかじる, 再び噛みつく

rimorso 形 〔過分＜rimordere〕さいなまれた —男 良心の呵責(かしゃく); 悔悟

rimorto 形 〔過分＜rimorire〕衰弱した, 疲れ果てた, 全く生気のない

rimosse rimuovere の直・遠過・3単

rimosso rimuovere の過分

rimostranza 女 抗議

rimostrare 他 再び示す, 再び見せる, 再び提示する —自 抗議する —**arsi** 再 再び姿を見せる, 再び登場する

rimovibile 形 移動可能な, 除去できる

rimozione 女 1 除去, 撤去, 移動 2 解任, 免職, 罷免 3〔心〕(感情の)抑圧

rimpacchettare 他 包み直す

rimpadronirsi 再〔io -isco〕再び獲得する, 再び習熟する

rimpaginare 他〔io rimpagino〕(組版を)再び組み直す

rimpaginatura 女 → rimpaginazione

rimpaginazione 女 (組版の)組み直し

rimpagliare 他〔io rimpaglio〕再び藁(わら)を巻く, 再び藁を詰める; 剥製を直す

rimpagliatura 女 再び藁(わら)で巻くこと, 再び藁を詰めること; 剥製の修復

rimpallare 他 送り返す; (責任や義務を)委任する —自 [es] (ビリヤードで)キャノンを突く —**arsi** 再 (責任や任務を)他へ委ねようとする

rimpallo 男 (ビリヤードの)キャノンショット; (サッカーの)ボールのバウンド

rimpanare 他 再びパン粉をつける, パン粉をつけ直す

rimpannucciare 他〔io rimpannuccio〕1 新しい服に着替えさせる 2 (極貧状態から経済的に)きちんとさせる —**arsi** 再 経済的によくなる

rimpantanarsi 再 再び泥沼になる, 再び苦境に陥る, 再びはまり込む —*rimpantanarsi* nei debiti 借金まみれになる

rimparare 他 習得し直す, 再び習う

rimparentarsi 再 再び縁続きとなる

rimpastare 他 1 再び練る, 練り直す 2 (内閣を)改造する

rimpasto 男 練り直し —*rimpasto* di un *testo* テキストの練り直し 2 組閣の直し

rimpatriare 他〔io rimpatrio〕(捕虜や難民などを)本国[故国]に送還する —自 [es] 帰国[帰還]する

rimpatriata 女 (久しく会っていなかった)友人同士の宴会, 同窓会

rimpatriato 形 帰国[帰国]した, 本国送還になった —男 〔女[-a]〕帰国者,

帰還者, 本国送還者

rimpatrio 男 本国送還, 帰還

rimpazzire 自 [es]〔io -isco〕再び狂う, 再び気が変になる, 再び熱中する

rimpegnare 他 再び拘束する, 再び義務を負わせる —**arsi** 再 再び専心する, 再び請け負う

rimpetto 副 正面に, 向かいに —男 〔単数のみ〕(建物の)正面

rimpiangere [77] 他 〔過分 rimpianto〕惜しむ, 悔やむ; (過去や故人を)懐かしむ

rimpianto 形 〔過分＜rimpiangere〕惜しむべき —男 1 哀悼 2 未練; 後悔

rimpiastrare 他 再びべとべとと塗りたくる; (べとべとした物で)またよごす —**arsi** 再 再びべとべとになる, 再びべとべとと体をよごす —Il bambino *si è rimpiastrato* le mani a tavola. その子は食卓でまた手をべとべとにした.

rimpiastricciare 他〔io rimpiastriccio〕(di)…でまた塗りたくる, 再び塗りたくってよごす —*rimpiastricciare* di sugo la tovaglia テーブルクロスをまたソースでよごす —**arsi** 再 また塗りたくってよごれる

rimpiattare 他 狭い秘密の場所に閉じ込める[隠す] —**arsi** 再 見つけられないように隠れる —giocare [fare] a *rimpiattarsi* かくれんぼうをして遊ぶ

rimpiattino 男 かくれんぼう —giocare a *rimpiattino* かくれんぼうをする

rimpiazzare 他 (人員を)交替させる, 配置換えをする; (職務を)引き継ぐ; (物を)取り替える

rimpiazzo 男 人員交替; (物の)取り替え, 交換; 代わりの人, 代用物

rimpicciolire 他〔io -isco〕再び[さらに]小さくする, 縮小する —自 [es] さらに小さくなる —**irsi** 再 さらに[もっと]小さくなる

rimpiccolire 他〔io -isco〕さらに[再び]小さくする; 縮小する —自 [es] さらに小さくなる, さらに小さく見える; 貧弱になる —**irsi** 再 さらに[もっと]小さくなる

rimpiegare 他 再び使う, 再び雇用する(reimpiegare) —**arsi** 再 再び職に就く

rimpiego → reimpiego

rimpigrire 他〔io -isco〕再び[さらに]怠惰にさせる —自 [es] 再び怠惰になる, さらに怠け者になる —**irsi** 再 さらに怠け者になる

rimpinguare 他〔io rimpinguo〕1 さらに[もっと]太らせる, 再び太らせる, 金で満杯にする; 豊かにする —**arsi** 再 1 さらに太る, また太る 2 富む, 豊かになる

rimpinzamento 男 腹一杯食べさせる[食べる]こと; (知識を)詰め込ませる[詰め込む]こと

rimpinzare 他 腹一杯食べさせる, 過度に詰め込ませる —**arsi** 再 腹一杯

(食べ物を)詰め込む

rimpinzata 囡 たらふく食べること, 大食い

rimpiombare 他 再び鉛を詰める, 鉛を詰め直す, 再び鉛をかぶせる —*rimpiombare* un dente 歯の詰め物をやり直す

rimpolpare 他 **1** さらに太らせる, 再び肉付けをする **2** 富ませる, 豊かにする —**arsi** 再 また肉がつく, 太る

rimpoltronire 他 (io -isco) さらに怠け者にする, 再び怠け者にする —自 [es] 再び[さらに]怠け者になる —**irsi** 再 再び[一層]怠け者になる

rimporporare 他 (io rimporporo) 再び真っ赤にする —自 [es] 再び真っ赤になる —**arsi** 再 再び真っ赤になる, 再び赤面する

rimpossessarsi 再 再び所有する, 取り戻す

rimpoverire 他 (io -isco) 再び[もっと]貧しくさせる —自 [es] 再び[さらに]貧しくなる —**irsi** 再 再び[さらに]貧しくなる

rimpratichire 他 (io -isco) 再び[さらに]熟達させる —自 [es] 再び[さらに]熟達する, 上達する —**irsi** 再 再び[もっと]熟達する

rimpresse rimprimere の直・遠過・3単

rimpresso rimprimere の過分

rimpreziosire 他 (io -isco) 再び[もっと]貴重なものにする —**irsi** 再 さらに高価になる, もっと価値が上がる

rimprigionare 他 再び監禁する, 再び閉じ込める

rimprimere [20] 他 (過分 rimpresso) 再び刻む, 再び刻印する

rimproverabile 形 とがめられうる, 非難されるべき

rimproverare 他 (io rimprovero) **1** 叱る, 怒る **2** とがめる —**arsi** 再 **1** 自らを叱る **2** 自責の念に駆られる **3** 後悔する

rimprovero 男 **1** 叱責 **2** とがめ, 非難

rimputridire 自 [es] (io -isco) 腐る, 腐敗する

rimuggire 自 (io -isco) **1** (牛が)悲しげなうなり声をあげる **2** (風や嵐が)ヒューとうなる

rimuginare 他 (io rimugino) **1** ひっくり返して探す, かき回す **2** 何度も思い返す, くよくよ考える —自 しつこく思い出す

rimunerabile 形 報いのある, あがなわれる

rimunerare 他 (io rimunero) **1** 報いる, 報いを与える **2** 報酬を支払う

rimunerativamente 副 報いられて, 報酬が多く, もうかって

rimuneratività 囡 報酬の多さ, 利潤の多さ

rimunerativo 形 報いられる, 報いの多い, 利益[もうけ]の大きい

rimunerazione 囡 報酬, 報賞

rimungere [58] 他 (過分 rimunto) 再び乳を搾る, 再び搾取する

rimuovere [68] 他 (過分 rimosso) **1** 再び動かす; 取り除く, 除去する **2** 移す, 撤去する; 解任する **3**〔心〕抑圧する —**ersi** 再 **1** 再び動く **2** 思いとどまる, 諦める

rimurare 他 再び壁を作る, 再び壁で塞ぐ

rimutare 他 再び変える —*rimutare* opinione 意見をまた変える —自 [es] 再び変わる —**arsi** 再 再び変わる —*rimutarsi* in... …に再び変わる

rin- → ri-

Rinaldo 固名〔男性名〕リナルド

rinalgia 囡 鼻の痛み

rinarrare 他 再び語る

rinascere [69] 自 [es] (過分 rinato) **1** もう一度生まれる, 生まれ変わる **2** 復活する, 再興する; よみがえる, 元気を取り戻す —sentirsi *rinascere* 生き返るような気分である **3** 再び開花する, 新たに芽生える

rinascimentale 形 ルネサンスの

rinascimento 男 (R-) 〔単数のみ〕ルネサンス —形〔不変〕ルネサンスの

rinascita 囡 再生, 復活, 復興

rinascondere [70] 他 (過分 rinascosto) 再び隠す —**ersi** 再 再び隠れる

rinato 形 (過分 < rinascere) 元気になった, 生気を取り戻した

rinavigare 自 (io rinavigo) 再び航海する —他《文》(以前航行した同じルートを)また航行する

rincagnato 形 (顔や鼻が)犬のようにぺしゃんこの

rincalzare 他 **1**〔農〕(植物の根元に)しっかりと土を盛る; 根元を固める, 固定する **2**(マットレスの下に)シーツやカバーを折り込む **3**《文》(転ばないように)支える **4**《文》執拗(しつよう)に追う, 迫る

rincalzo 男 **1** 根元での盛り土の作業; 支柱, 支え **2** 補強, 援助 **3**〔スポ〕補欠選手(riserva) ► *di rincalzo* 補強に

rincamminarsi 再 再び歩き出す

rincantucciarsi 再 (io mi rincantuccio) 隅に身を潜める

rincarare 他 値上げする —自 [es] 値上がりする, 値上げになる ► *rincarare la dose* 事をさらに悪化させる, もっとひどくさせる

rincarcerare 他 (io rincarcero) 再び投獄する

rincarnare → reincarnare

rincarnazione → reincarnazione

rincaro 男 値上げ, 値上がり

rincarognire 自 [es] (io -isco) さらに意地悪になる, もっと人でなしになる, もっと卑屈になる

rincartare 他 再び紙で包む, さらに念入りに包む

rincartocciato 形 1 きちんと紙に包まれた 2 身をすぼめた、縮こまった、うずくまった

rincasare 自 [es] 帰宅する

rincastrare 他 再びはめ込む; 再び困った目に遭わせる

rincatenare 他 再び鎖でつなぐ、再び [さらにもっと]束縛する

rincattivire 自 [es] さらに悪化する —**irsi** 再 もっと悪くなる、さらに悪化する

rincerottare 他 再び絆創膏(ばんそうこう)を貼る; 手当しする

rinchinarsi 再 1 再び腰を屈める、再び [さらに深く]お辞儀をする 2 卑下する、屈服する

rinchiodare 他 再び釘(くぎ)で打ち付ける、再び拘束する

rinchite [虫]ゾウムシ

rinchiudere [18] 他 〔過分 rinchiuso〕閉じ込める、監禁する —**ersi** 再 閉じこもる

rinchiuso 形 〔過分＜ rinchiudere〕空気がこもった、むれた

rinciampare 自 [es/av] 再びつまずく; 再び出くわす

rincitrullire 他 [io -isco] 愚かにさせる、鈍らせる、啞(あ)然とさせる、茫(ぼう)然とさせる —自 [es] ぼける、鈍る; ぼうっとする —**irsi** 再 ぼける、馬鹿になる; 啞然とする、仰天する

rincivilire 他 [io -isco] さらに教養をつけさせる、もっと文明化させる、さらに啓発する —**irsi** 再 さらに教養がつく、もっと洗練される

rincocefalo 男 (R-)〔複数で〕〔動〕ムカシトカゲ目

rincofolo 男 (R-)〔複数で〕〔虫〕ゾウムシ科

rincoglionimento 男 馬鹿になること、もうろく

rincoglionire 他 [io -isco] 愚かにさせる、ぼけさせる —自 [es] ぼける、馬鹿になる —**irsi** 再 馬鹿になる、ぼける

rincoglionito 形 《俗・蔑》反応が鈍い、頭の回転が遅い —男〔女[-a]〕頭の鈍い人

rincollare 他 糊(のり)付けし直す、さらにしっかり糊付けする

rincolpare 他 再び嫌疑をかける、再び罪を着せる

rincontrare 他 再会する —**arsi** 再 再会する

rincoraggiare 他 [io rincoraggio] 再び[もっと]鼓舞する、もっと励ます

rincorare → rincuorare

rincordare 他 (楽器に)弦を張り直す

rincorniciare 他 [io rincornicio] 再び額縁にはめる

rincoronare 他 再び冠をかぶせる、再び冠状に囲む; 再び額に入れる

rincorporare 他 [io rincorporo] 再び吸収する、再び合併する、再び混ぜ合わせる —**arsi** 再 再び混じり合う

rincorrere [25] 他 〔過分 rincorso〕追いかける、追跡する —**ersi** 再 追いかけ合う —giocare a *rincorrersi* 鬼ごっこをする

rincorsa 女 (ジャンプのための)助走、はずみ —prendere la *rincorsa* 助走する

rincrescere [26] 自 [es] 〔過分 rincresciuto〕(a + 人) (人)が残念に思う; (人)が嫌な思いをする —Mi *rincresce* di non poterti aiutare. 残念だけど君を助けられない. / Mi *rincresce* per quello che è successo. 起こったことを遺憾に思います. / Ti *rincresce* aprire la finestra? 窓を開けてくれないかな.

rincrescimento 男 1 残念な気持ち、遺憾 —provare *rincrescimento* 残念に思う 2《文》迷惑、不快

rincresciuto rincrescere の過分

rincretinimento 男 ぼうっとすること; 啞(あ)然となること、放心、仰天; もうろく

rincretinire 他 [io -isco] 間抜けにさせる; 茫(ぼう)然とさせる、仰天させる、放心状態にする —自 [es] 馬鹿になる: ぼうっとする、仰天する —**irsi** 再 愚鈍になる; 茫然とする

rincretinito 形 愚鈍になった、啞(あ)然とした、茫(ぼう)然自失の —男〔女[-a]〕愚鈍な人; ぼうっとした人、茫然となった人

rincrociare 他 [io rincrocio] 再び交差させる、再び巡り合う —**arsi** 再 再び交差する、再びすれ違う

rincrudelire 自 [es] [io -isco] さらに残虐になる —**irsi** 再 もっと残酷になる

rincrudimento 男 (病気等の)悪化、ぶり返し; 悪化、激化、深刻化

rincrudire 他 [io -isco] さらに過酷にする、もっと厳しくする; 激化する、悪化させる —自 [es] さらに厳しくなる; 激化する、悪化する —**irsi** 再 さらに厳しくなる; 激化する、悪化する

rinculare 自 [es/av] (特に動物が)後ずさりする; (車が)いきなりバックする —自 [av] (大砲や銃器が発射の反動で)後ろへはねる、後座(こうざ)する

rinculata 女 後ずさり、後退

rinculcare 他 再び[もっと強く]刻みつける

rinculo 男 1 (動物や車の)後ずさり、後退 2 (大砲の)後座(こうざ)、(銃器の)発射の反動

rincuorare 他 (言葉やしぐさで)励ます、慰める; 勇気を奮い起こさせる —**arsi** 再 元気を取り戻す、自信を回復する

rincuorato 形 元気を取り戻した、自信を持った

rincupire 他 [io -isco] さらに暗くする、もっと曇らせる —自 [es] さらに暗くなる、曇る —**irsì** 再 再び暗くなる、もっと曇る

rindebitare 他 [io rindebito] 再び[さらに]負債を負わせる —**arsi** 再 再び[さらに]負債を負う

rindirizzare 他 再び進ませる、さらに差し向ける —**arsi** 再 再び向かう

rindossare 他 再び着る

rindurire 他 再び硬くする —自 [es] 再び硬くなる、さらに硬くなる —irsi 再 再び硬くなる、さらに硬くなる

rinegare 他 再び否定する

rinegoziabile 形 再び取引可能な；再交渉できる、再協議が可能な

rinegoziabilità 女 再交渉[再協議]の可能性

rinegoziare 他 [io rinegozio] 再取引をする、再交渉する；再び話し合う、協議し直す

rinegoziato 男 (合意済み事項の)数回にわたる再交渉の(全体)

rinegoziazione 女 再交渉、再協議、再取引

rinettare 他 再びきれいにする、きれいに掃除する

rinevicare 自 [es/av] [rinevica; 非人称] 再び雪が降る

rinf. 略 rinforzando [音] リンフォルツァンド

rinfacciare 他 [io rinfaccio] (過失や欠点を) 面と向かって言う、非難する、なじる —arsi 再 お互いになじり合う

rinfagottare 他 再び[もっと]包む、再び[さらに]着ぶくれをさせる —arsi 再 再び[さらに]着ぶくれする

rinfangare 他 再び泥でよごす、再び面目を潰す —arsi 再 再び泥でよごれる、再び恥をかく

rinfarinare 他 再び粉をまぶす

rinfervorare 他 [io rinfervoro] 再び熱狂[興奮]させる —arsi 再 再び熱狂[興奮]する

rinfiammare 他 再び燃やす、再び煽(ｱｵ)る —arsi 再 再び燃える

rinfiancare 他 (側壁に支柱等を入れて)補強する

rinfianco 男 [複[-chi]] 支柱、補強；支援、励まし

rinfierire 自 [io -isco] 1 (su)…で再びもっと残忍に扱う 2 [es] (病気や天災が) さらに激しくなる

rinfilare 他 1 再び糸を通す；再び着用する；再び進入する 2 正確に繰り返す —arsi 再 再び着用する、(ある場所に)再び入り込む —rinfilarsi nella stessa strada 同じ道にまた入る

rinfittire 自 [es] [io -isco] さらに濃くなる、さらに密になる —irsi 再 さらに濃くなる、さらに密になる

rinfocolare 他 [io rinfocolo] 火の勢いをかき立てる；(感情や情熱を)再び燃え上がらせる —arsi 再 (感情が)もっと強烈[鮮やか]になる

rinfoderare 他 [io rinfodero] 1 (さやケースに)収める 2 言わずにおく、するのをやめる

rinfornare 他 再びオーブン[かまど]に入れる

rinfornata 女 オーブン[かまど]で焼き直すこと

rinforzando 男 [不変] [音] リンフォルツァンド

rinforzare 1 補強する、強化する 2 元気にする —arsi 再 強くなる、強まる；元気になる

rinforzato 形 1 さらに強化した、さらにしっかりした 2 (ピッツァやパニーニが)モッツァレッラチーズや具材がたくさん入った

rinforzo 男 1 補強、強化 2 補強材；当て布 3 (複数で) [軍] 援軍 4 支援；心の支え

rinfrancare 他 1 再び勇気を吹き込む、再び自信を持たせる 2 元気づける、活力をつける —arsi 再 1 再び勇気がわく、もっと自信をつける 2 元気を回復する、さらに活力を得る

rinfrancato 形 勇気[自信]を取り戻した、元気[活力]を回復した

rinfrescante 形 1 爽やかな 2 (飲料が)清涼感で喉の乾きをいやす 3 (薬剤が)浄化作用のある、炎症止めの —bibita *rinfrescante* 清涼飲料水 —男 炎症止めの薬

rinfrescare 他 1 冷やす；涼しくする 2 (手入れをして)きれいにする —自 [es] 1 涼しくなる 2 (海) (風力が)強まる —arsi 再 リフレッシュする、さっぱりする ▶ *rinfrescare la memoria a...* (人)に思い出させる

rinfrescata 女 1 涼しくなること、爽やかになること、気温が下がること 2 (暑いときに)さっと水を浴びること 3 (部屋の壁を)新しくすること

rinfresco 男 1 立食パーティー、ビュッフェ 2 軽い飲み物と食事

rinfusa 女 (船の積み荷の)ばら荷 ▶ *alla rinfusa* 乱雑に、でたらめに

ring 男 [不変] [英] (ボクシングの)リング

ringagliardire 他 [io -isco] 強くする —自 [es] (心身ともに)強くなる —irsi 再 (心身ともに)強くなる

ringalluzzare → ringalluzzire

ringalluzzire 他 [io -isco] さらに元気づける、うきうきさせる、得意がらせる —自 [es] うきうきする、快活[陽気]になる；(謔) ふてぶてしくなる —irsi 再 うきうきする；(謔) ふてぶてしくなる

ringalluzzito 形 意気揚々とした、うきうきとした

ringhiare 自 [io ringhio] 1 (犬などが)歯をむき出しでうなる 2 (激しい怒りで)歯ぎしりする —他 荒々しく言う

ringhiera 女 手すり、欄干 —appoggiarsi alla *ringhiera* 手すりに寄りかかる

ringhio 男 1 (犬の)うなり声 2 (人の)荒々しいどなり声

ringhioso 形 1 (犬が)うなる 2 (人間が)荒々しい態度の、いきまいた

ringiovanimento 男 若返り、活性化

ringiovanire 他 [io -isco] 若く見せる、若返らせる —自 [es] 若返る；若見える

ringiovanito 形 (年齢より)若く見える

ringoiare 他 〔io ringoio〕 **1** 再び飲み込む **2** 取り消す, 撤回する; (言葉や感情を)抑える —Gli facciamo *ringoiare* tutto ciò che ha detto. 彼に前言を撤回させよう

ringranare 自 **1** 再びうまく歯車が噛み合う; (自動車が)再びギアが入る **2** また順調に進み始める

ringraziamento 男 **1** 感謝; 〔複数で〕感謝のしるし, お礼 **2** 〔カト〕神への感謝

*__ringraziare__ [リングラツィアーレ] 他 〔io ringrazio〕 〔人を目的語として〕…に感謝する, お礼を言う —La *ringrazio*. ありがとうございます. / Ti *ringrazio* molto per il tuo sostegno. 支援してくれてどうもありがとう

ringrosso 男 さらに大きくすること, 増大, 増強

ringuainare 他 (刃物を)再びケースに戻す, さやに収める

ringurgitare 他 再び飲み込む

rinite 女 〔医〕鼻炎 —*rinite* allergica アレルギー性鼻炎

rinnamoramento 男 再び恋に落ちること

rinnamorarsi 再 再び恋に落ちる

rinnegamento 男 否定, 否認

rinnegare 他 (自分とは無縁のものとして)否定[否認]する —*rinnegare* la religione 宗教を否定する

rinnegato 形 (キリスト教を)棄教した; (教えや信用を)裏切った, 背信の —男 〔女 [-a]〕棄教者; 背信者, 背教者

rinnovabile 形 一新できる, 回復可能な; (契約等が)更新[延長]できる

rinnovabilità 女 回復可能なこと; (契約の)更新[延長]が可能なこと

rinnovamento 男 **1** 一新, 刷新, 革新; 更新 **2** 復活, 再生

*__rinnovare__ [リンノヴァーレ] 他 **1** 改めてする[言う], 更新する **2** 一新する, 刷新する —*rinnovare* un locale 店をリフォームする **3** (新品に)取り替える —**arsi** 再 **1** 新しくなる; 更新される **2** 再生する, 回復する **3** 繰り返される

rinnovato 形 新しく手直しされた; 繰り返された

rinnovatore 形 〔女 [-trice]〕一新する, 刷新する, 革新的な, 改革的な —男 〔女 [-trice]〕革新者, 改革者

rinnovazione 女 **1** 一新, 革新; 更新 **2** 〔法〕再審理, 審議のやり直し

rinnovo 男 **1** 更新; 取り替え —*rinnovo* della patente 免許の更新 **2** 〔農〕(土の活性化のための)深耕

rino-, -rino 連結 接尾 「鼻」の意

rinobilitare 他 〔io rinobilito〕 再び爵位を与える; 再び高い地位に戻す

rinoceronte 男 〔動〕サイ

rinofonia → rinolalia

rinolalia 女 鼻声

rinolofo 男 〔動〕キクガシラコウモリ

rinomanza 女 名声, 評判, 知名度が高いこと

rinomato 形 名高い, 名が通った

rinominare 他 〔io rinomino〕再指名する; 再選する, 再び任命する

rinoplastica 女 〔医〕鼻形成術

rinorragia 女 〔医〕鼻出血

rinoscopia 女 〔医〕鼻腔検査

rinoscopio 男 〔医〕鼻鏡

rinotare 他 再び注目する

rinotificare 他 〔io rinotifico〕 再通知する, 再通告をする

rinquadrare 他 再び枠にはめる, 再び額縁に入れる; 配置する, 組み入れる

rinsaccare 他 **1** 再び袋に詰め込む **2** (中身をしっかり詰めるために袋や入れ物を)床に叩き付ける —**arsi** 再 首をすくめる

rinsaldamento 男 強固にすること; 強化

rinsaldare 他 補強する, 強化する —**arsi** 再 もっと固まる, はっきりしたものになる

rinsanguare 他 〔io rinsanguo〕 **1** 輸血する **2** 新しい活力[エネルギー]を与える; (資材や金を)供給する —**arsi** 再 活力を取り戻す; 経済的に回復する

rinsanguinare 他 〔io rinsanguino〕 再び血まみれにする, 再び血でよごす; 再び赤く染める —**arsi** 再 再び血まみれになる[血でよごれる]; また赤く染まる

rinsaponare 他 再び石けんをつける —**arsi** 再 再び石けんを塗る

rinsaporire 他 〔io -isco〕 再び(もっと)味を付ける —**irsi** 再 味がもっとよくなる, さらに味が付く

rinsavimento 男 正気に戻ること, 理性を取り戻すこと

rinsavire 自 〔es〕〔io -isco〕理性を取り戻す, 正気に戻る —**irsi** 再 正気に返る, 理性を取り戻す

rinsecchire 自 〔es〕〔io -isco〕乾燥する; (人が)やせる —Il pane *rinsecchisce* subito. パンはすぐに干からびてしまう. —他 乾かす, さらに干からびさせる —**irsi** 再 乾く; やせる

rinsecchito 形 堅くなった; やせこけた —pane *rinsecchito* 干からびて堅くなったパン

rinsegnare 他 再び教える, 改めてまた教える

rinselvatichire 他 〔io -isco〕 再び野生に戻す; 付き合いにくくさせる, 非社交的にする —自 〔es〕野生に戻る, 野生化する; 付き合いにくくなる, 社交的でなくなる —I cani abbandonati *rinselvatichiscono*. 捨て犬が野生化する. —**irsi** 再 野生に戻る; 非社交的になる

rinserrare 他 再びかんぬきをかける, 閉じ込める —**arsi** 再 中に閉じこもる

rinserrato 形 **1** (人が)閉じこもった, 隔離された **2** (物が)閉まった, 締め付けられた

rinsudiciare 他 〔io rinsudicio〕 再びよごす —**arsi** 再 またよごれる, 新たによごれる

rinsuperbire 他 〔io -isco〕 再び[さら

rintanare に]高慢にさせる, 再び思い上がらせる **―自** [es] さらに高慢にする[思い上がる] **―irsi** 再 再び[もっと]高慢になる, もっと天狗(ﾃﾝｸﾞ)になる

rintanare 他 巣穴に追い込む **―arsi** 再 巣穴に戻る, 巣穴に逃げ込む

rintasare 他 再び詰まらせる, 再び塞ぐ **―arsi** 再 再び詰まる[塞がる] ―Il traffico si è rintasato. 交通がまた渋滞した.

rintascare 他 再びポケットに入れる

rintavolare 他 [io rintavolo] (対話や議論を)再開する; (交渉に)再び取りかかる

rintegrare 他 再び統合する, 回復させる **―arsi** 再 復帰する

rintegratore → reintegratore

rintelaiare 他 [io rintelaio] (絵を)再び額縁にはめる; フレームを取り付ける

rintenerire 他 [io -isco] 再び[より]柔らかくする **―irsi** 再 1 さらに柔らかくなる 2 深く感動する

rinterramento 男 (水流や池の中の)堆積した沈殿物

rinterrare 他 1 再び土を入れて埋める; 地中に埋める, 埋葬する 2 (植物を)植える **―arsi** 再 土で埋まる, (土砂が)堆積する

rinterro 男 埋め立て; (河口等に)物が沈殿すること

rinterrogare 他 [io rinterrogo] 再尋問する; 改めて口頭試問を行う

rintiepidire 他 [io -isco] 再び[かなり]生暖かくする **―自** [es] 再び[かなり]生暖かくなる **―irsi** 再 再び[かなり]生暖かくなる

rintoccare 自 [es/av] 鳴り続ける, 次々と鳴る **―他** (時計が)鐘で時を告げる ―Il pendolo ha rintoccato le sette. 振り子時計が7時を告げた.

rintocco 男 [複[-chi]] 鐘の音; (時を告げるチャイムや時計の)音 ―rintocchi funebri 弔いの鐘

rintonacare 他 [io rintonaco] 漆喰(ｼｯｸｲ)を塗り直す, プラスターを塗り替える

rintonacatura 女 漆喰(ｼｯｸｲ)の塗り替え

rintontimento 男 驚愕(ｷｮｳｶﾞｸ), 仰天, 茫(ﾎﾞｳ)然自失, 放心状態, 啞(ｱ)然とすること

rintontire 他 [io -isco] 《口》ひどく[再び]ぐったりと[ふらふら]にさせる, (感覚が)かなり麻痺する; 驚愕(ｷｮｳｶﾞｸ)させる, 茫(ﾎﾞｳ)然とさせる **―自** [es] ひどくへとへと[ふらふら]になる; 仰天する, ひどく驚く **―irsi** 再 ぼうっとする, へとへとになる; ひどく驚く

rintoppare 自 (人と)再び出くわす **―自** [es] (人や物に)偶然出くわす[出会う] **―arsi** 再 (人や物と)巡り合う, 偶然出くわす

rintorbidare 他 [io rintorbido] (水を)再び[かなり]濁らせる, 再び[ひどく]かき乱す **―arsi** 再 再び濁る

rintorpidire 他 [io -isco] 再び[かな り]しびれさせる; ひどく弱らせる **―irsi** 再 ますますしびれる[弱る]

rintracciabile 形 追跡できる, 発見できる

rintracciabilità 女 追跡できること, 跡をたどれること, 見出しうること

rintracciare 他 [io rintraccio] 1 追跡する 2 探し出す, 見つけ出す

rintrecciare 他 [io rintreccio] (ひもや髪などを)再び[しっかりと]編む, きちんと編み直す **―arsi** 再 再び[きちんと]交差する[編まれる]; (話の筋が)もっとこじれる, さらに複雑になる

rintristire 自 [es] [io -isco] 再び[かなり]元気をなくさせる, 再び[かなり]沈ませる, 再び[ひどく]憂鬱にさせる **―irsi** 再 再び[かなり]気が沈む, 再び[ひどく]憂鬱になる

rintrodotto rintrodurre の過分

rintrodurre → reintrodurre

rintronamento 男 轟(ﾄﾞﾛ)音, とどろき

rintronare 自 [es] (雷が)とどろく; (雷鳴のように)響く, とどろく **―他** 耳をつんざく

rintronato 形 1 (あまりの騒音[疲労]で)ぼうっとした, 茫(ﾎﾞｳ)然となった 2 (人が)鈍い

rintuzzare 他 1 鈍らせる, 先を丸くする 2 抑制する 3 はねつける, 押し返す

rintuzzato 形 1 (刃物などが)鈍い, 先の丸くなった 2 はねつけられた

rinumerare 他 [io rinumero] 再び番号を付ける, 再び数える

rinuncia 女 [複[-ce]] 1 放棄, 辞退 2 断念 3 [複数で] 経済的な犠牲, 出費

rinunciabile 形 放棄可能な, 辞退できる, 断念できる

*__**rinunciare**__ [リヌンチャーレ] 自 [io rinuncio] (a) 1 (権利などを)放棄する, (賞などを)辞退する **―rinunciare** a un'eredità 遺産相続を放棄する 2 (やりたいことを)諦める, 断念する ―Ha rinunciato a partire. 彼は出発を断念した.

rinunciatario 形 1 放棄[辞退]する 2 諦めやすい, 従順な, 言いなりになる, 盲従的な, 優柔不断な **―男** 〖女[-a]〗 1 辞退者, 辞任者 2 屈服しやすい人, 諦めやすい人

rinunzia → rinuncia

rinunziare → rinunciare

rinunziatario → rinunciatario

rinutrire 他 [io rinutro, rinutrisco] 再び養う[はぐくむ]

rinvangare → rivangare

rinvasare 他 (大きい植木鉢に)植え替える; (液体を別の容器に)移し替える

rinvaso 男 移し替え; (別の植木鉢への)植え替え

rinvenibile 形 再発見が可能な

rinvenimento 男 1 (なくした物の)再発見 2 (元気・鮮度の)回復

rinvenire¹ [127] 他 〖過分 rinvenuto〗 1 (手がかりなどを)発見する 2 解明[究明]する

rinvenire² [127] 自 〔es〕〔過分 rinvenuto〕1 意識を取り戻す 2 (乾燥したものが水を吸って)元の形に戻る

rinvenitore 形 〔女[-trice]〕発見した ― 男 〔女[-trice]〕発見者

rinverdimento 男 (植物が)青々となること, 生き生きすること; 若返ること

rinverdire 他 〔io -isco〕青々とさせる, よみがえらせる; 活力を与える, 若返らせる ― 自 〔es〕(植物が)生き生きとする, 緑に戻る

rinvestire 他 1 (任務や力を)再び付与する 2 再投資する

rinviabile 形 延期できる, 引き延ばせる; 返送できる

rinviare 他 〔io rinvio〕1 送り返す 2 延期する 3 参照させる 4 〔スポ〕返球する

rinvigorire 他 〔io -isco〕もっと強くする, もっと元気にさせる, さらに活力を与える ― 自 〔es〕元気[活力, 気力]を取り戻す ― **-irsi** 再 気力[活力]を回復する

rinvio 男 1 返送 2 延期 3 〔スポ〕返球 4 参照 5 付箋

rinvitare 他 再び招待する, お返しに招待する ― **-arsi** 再 (招かれていないのに)再び押しかける

rinvogliare 他 〔io rinvoglio〕(やる気を)再び起こさせる

rinzaffo 男 (建物の壁の)粗塗り, 目地にモルタルを詰め込むこと

rinzuppare 他 再び浸す, 再び染み込ませる ― **-arsi** 再 再び水浸しになる, 再び濡(ぬ)れる

rio 男 細い水路, 小川; (ヴェネツィアの)小運河

riobbligare 他 〔io riobbligo〕再び義務づける, 再び強いる ― **-arsi** 再 再び義務づけられる, 再び強いられる

rioccultare 他 再び隠す, 再び隠蔽する ― **-arsi** 再 再び隠れる

rioccupare 他 再び占有[占領]する ― **-arsi** 再 再び従事する, 再び携わる ― *rioccuparsi di politica* 政界に戻る

rioccupazione 女 再占有, 再占領; 再従事

rioffendere [32] 他 〔過分 rioffeso〕再び怒らせる, 再び侮辱する ― **-ersi** 再 再び気分を害する, 再び憤慨する

rioffrire [72] 他 〔過分 riofferto〕再び提供する, 再びおごる ― **-irsi** 再 1 (a)再び身を捧げる 2 (di+不定詞)…することを再び申し出る

rioffuscare 他 再び暗くさせる, 再び曖昧にさせる ― **-arsi** 再 再び曇る[翳(かげ)る], 再び曖昧になる

rionale 形 地区の

rione 男 〔〈代〉⟩地区

rioperare 他 再手術をする

riordinamento 男 再整頓, 再編

riordinare 他 〔io riordino〕1 整理, 整頓する 2 建て直す, 再編する 3 再注文する

riordinazione 女 再注文, 再発注

riordino 男 再編成

riorganizzare 他 再び組織する, 再編する, 編成し直す ― **-arsi** 再 準備し直す

riorganizzazione 女 再組織, 再編成

riornare 他 再び飾る, さらに装飾を加える

rioscurare 他 再び暗くする, 再び翳(かげ)らせる ― **-arsi** 再 再び暗くなる[曇る, ぼやける]

riosservare 他 再び観察する[見守る]

riottenere [118] 他 再び得る, 再び獲得する

riottosamente 副 がさつに, けんかっ早く; 反抗的に

riottosità 女 けんかっ早いこと, けんか好き; 御し難いこと

riottoso 形 けんか好きな, 争いに走る; 手に負えない, 反抗的な

ripa 女 1 岸, 浜 2 険しい場所, 崖

ripagare 他 1 返礼する 2 仕返しする 3 弁償する 4 再び払う

ripalpitare 自 〔io ripalpito〕(心臓が)また早く打つ, 再び動悸(ぎ)が激しくなる, またドキドキする

riparabile 形 修理可能な; 償うことができる

‡riparare [リパラーレ] 他 1 保護する, 守る ―*riparare... dalla pioggia* 雨から…を守る 2 修理する, 直す 3 償う ― 自 1 〔es〕(安全な場所に)避難する 2 (a)償う, 修復する ― **-arsi** 再 身を守る, 身を防ぐ ―*ripararsi dal sole* 日光を避ける

riparata 女 〔口〕(その場しのぎの)修理

riparato 形 (場所が悪天候や極端な暑さ寒さから)保護された, 防御された

riparatore 形 〔女[-trice]〕1 (欠陥・過ちを)取り除く, 是正する 2 修理した, 修繕した ― 男 〔女[-trice]〕修理人, 修繕人; 修理工

riparatorio 形 是正する, 軌道に乗せ直す, 修繕する

riparazione 女 1 修理 2 賠償, 補償

ripareggiare 他 〔io ripareggio〕再び刈り込む, 再び手入れをする ―*ripareggiare una siepe* 垣根を刈り込む

riparella 女 1 (家具や壁の)隙間を埋める石片 2 〔植〕ミソハギ

riparlare 自 再び話す, 別の機会に話す ― **-arsi** 再 (口論の後で)再び話し合う, 話し合って和解する

riparo 男 1 (日光や南風などを)防ぐもの ―essere al *riparo* dalla pioggia 雨宿りをする 2 避難所 3 対策, 根廻 ― correre ai *ripari* 対策を講じる

ripartibile 形 分割できる; 分配できる

ripartire¹ 自 〔es〕1 再び出発する 2 再始動する

ripartire² 他 〔io -isco〕さらに分割する, 分配する, 分担する ― **-irsi** 再 分け合う

ripartizione 女 1 再分割, 分配; 配

当 2部局, 部署

ripassare 他 1再び横切る[越える]; (料)再びふるいにかける 2もう一度手渡す 3二度通過させる 4読み直す, 見直す 5習する 6《口》どなる, 叱る 6(表面上を)塗り重ねる —自 [es] 1再び通る, (同じ場所に)戻る 2改めて来る[立ち寄る] — **arsi** 再《口》読み直す

ripassata 女 1ざっと点検すること, さっと見直すこと; 復習 2叱責, 小言

ripasso 男 1復習 2(鳥の)渡り, (魚の)回遊

ripatteggiare 他 [io ripatteggio] 再交渉をする, 再び協定する —自 再び交渉に入る, 再び駆け引きをする

ripeccare 自 再び罪を犯す, (悔い改めた後に)また過ちを犯す

ripeggiorare 自 [es] 再び[さらに]悪化する —他 再び[さらに]悪化させる

ripensamento 男 1再考, 熟考 2翻意

*__ripensare__ [リペンサーレ] 自 1再考する, 考え直す 2思いを馳(は)せる

ripentirsi 再 再び悔いる, 再び後悔する

ripercorrere [25] 他 [過分 ripercorso] 再び通る, 再び通過する; 過去の思い出を辿(たど)る

ripercuotere [104] 他 [過分 ripercosso] 再び[何度も]打つ[叩く]; 叩き返す, 殴り返す —**ersi** 再 (否定的な)影響を及ぼす

ripercussione 女 反響, 影響

riperdere [74] 他 [過分 riperso] 再び紛失する —自 新たに損失を被る

riperdonare 他 再び許す[容赦する, 大目に見る]

ripesare 他 計量し直す, 新たに計量する —**arsi** 再 自分の体重を測り直す

ripescaggio 男 (捨てられていたり忘れられていたものの)回収, 復活, 再検討

ripescare 他 1再び魚を釣る 2水中から引き上げる 3(行方不明のものを)見つけ出す 4再考する, 再提案する

ripestare 他 再び踏みつける[押しつぶす]; さらにぶつ[叩く]

ripetente 男女 留年生 —形 留年(生)の

ripetenza 女《口》留年すること

*__ripetere__ [リペーテレ] 他 1繰り返す, 反復する 2やり直す; (落第したため)再履修する 3再び達成する, 重ねる —**ersi** 再 1繰り返される —La storia si ripete. 歴史は繰り返される. 2同じことばかり言う, 繰り返して言う

ripetibile 形 繰り返されうる, 反復できる

ripetibilità 女 反復できること, 反復の可能性; 反復性

ripetitivamente 副 繰り返して, 反復的に

ripetitività 女 反復性

ripetitivo 形 繰り返される; いつも同じで, 代わり映えがしない

ripetitore 形 [女 [-trice]] 繰り返す —stazione *ripetitrice* ブースター, 中継局 —男 1(通信)中継器 2 [女 [-trice]] 繰り返す人, リピーター; プロンプター

ripetizione 女 1反復, 繰り返し 2復習 3(個人授業による)補習 4(修辞技法の)反復法 5(法)(二重支払いに対する)返還請求

ripettinare 他 [io ripettino](髪を)再び梳(す)く, (髪を)きちんととかし直す —**arsi** 再 (自分の髪を)再びとかす

ripetutamente 副 何度も, 繰り返して

ripetuto 形 何度も言われた[された], 度々の

ripiacere [76] 自 [es] [過分 ripiaciuto] 再び気に入る

ripianare 他 平らにする; 収支を合わせる, 貸借を決算する —**arsi** 再 再び平らになる

ripiangere [77] 自 [過分 ripianto] 再び泣く

ripiano 男 1(斜面の途中の)平地, 岩棚 2棚板, 棚

ripiantare 他 再び植える, 植え替える

ripianto ripiangere の過分

ripicca 女 仕返し, 腹いせ —per *ripicca* 腹いせに, 嫌がらせに

ripicchiare 他 再び打つ[叩く]; ぶつける —自 再び打つ[叩く]; 再び[何度も]ノックする; しつこくする[続ける] —*ripicchiare* alla porta ドアを何度もノックする —**arsi** 再 再び叩き合う; 着飾り過ぎる

ripicchiata 女 再び打つ[叩く]こと

ripidamente 副 険しく, 急に

ripidezza 女 (傾斜が)急であること, (道が)険しいこと

ripidità 女 (道が)険しいこと, (傾斜が)急であること

ripido 形 (傾斜が)急な

ripiegabile 形 折り畳める, 巻くことができる

ripiegamento 男 1撤退, 撤収 2放棄, 断念

ripiegare 他 1折り重ねる, 畳む; (手足を)曲げる 2折り返す —自 1引き返す; 退却する 2(別の解決策へと)それる —**arsi** 再 体を折り曲げる; (枝などが)曲がる

*__ripiegata__ 女 急いでさっさと折り畳むこと —dare una *ripiegata* al bucato 洗濯物を畳む

ripiegatura 女 折ること, 畳むこと; 折り畳んだ跡

ripiego 男 [複 [-ghi]] 便法, 方便; やりくり, 算段 ► *di ripiego* 苦肉の策の

ripieno 形 一杯入った[詰まった]; 《di》…で一杯の —cannelloni *ripieni* di carne 肉の詰まったカネロニ —男 1詰め物 2(音)リピエーノ

ripigiare 他 [io ripigio] 再び踏む, 再び圧搾する

ripigliare 他 [io ripiglio] 《口》再び取る; 再び始める —自 《口》(植物が)再

ripiombare 自 [es] 再び真っ逆さまに落ちる,再びどさっと落ちる[倒れ込む];また落ち込む 他 落ち込ませる;再び鉛で覆う,鉛で封印し直す

ripiovere [78] 自 〖非人称〗 1 [es/av] (雨が)再び降る 2 [es] 再び落ちる,再び降る;再び大量に起こる[降り注ぐ]

ripisciare 自 〖俗〗再び小便をする —**arsi** 再〖強調の意〗再び小便をする

riplacare 他 再び鎮める,再び和らげる —**arsi** 再 再び鎮まる,再び落ち着く

riplasmare 他 再び形成する,再び造形する

ripopolamento 男 再移住,再び人口が増えること;(ある地域での)減少した動物[植物]の繁殖

ripopolare 他 〖io ripopolo〗再び移住する;減少した動物[植物]を繁殖させる —**arsi** 再 再び人口が増える

riporgere [109] 他 〖過分 riporto〗再び差し出す[手渡す],手渡し返す —*Riporgimi il sale.* 塩をまた取ってちょうだい.

riporre [79] 他 〖過分 riposto〗 1 (元の場所へ)戻す,しまう 2 改めてする 3 再び提出[提案]する —**orsi** 再 (ある状態・位置に)再びつく

riportabile 形 持ち帰れる;返却できる,元に戻せる

***riportare** [リポルターレ] 他 1 再び持って行く,もう一度連れて行く 2 (元の場所へ)戻す,連れ戻す 3 報告する,言及する 4 被る —*riportare* gravi ferite 重傷を負う 5 書き写す,模写する 6 〖数〗繰り上げる;(簿記で)繰り越す —**arsi** 再 再び言及する

riporto[1] 男 1 持ち運ぶこと —*cane da riporto* レトリーバー犬 2 〖数〗繰り上げ;(簿記で)繰り越し 3 アップリケ 4 (はげ隠しのための)髪の毛

riporto[2] riporgere の過分

riposante 形 心が落ち着く,心が休まる;穏やかな

***riposare** [リポサーレ,リポザーレ] 自 1 休憩[休息]する 2 休む,眠る;永眠する,埋葬されている 3 基礎を置く 4 (液体などが)ねかされている,熟成される 5 〖農〗(田畑が)休耕する 他 休ませる;落ち着かせる —**arsi** 再 体を休める,休息[休息]する

riposata 女 休息,休憩

riposato 形 1 (休息して)元気を回復した 2〖文〗静かな,穏やかな

riposino 男 短い休息,昼寝 —*fare un riposino pomeridiano* 少し午睡をとる

riposizionare 他 置き直す,配置を換える —**arsi** 再 位置が変わる,配置が換わる

***riposo** [リポーソ,リポーゾ] 男 1 休憩,休息 —*prendersi un'ora di riposo* 一時間の休息をとる 2 休養,休み;休業 —*Buon riposo!* よく休んでください. / *giorno di riposo* 休日 3〖文〗静けさ,平穏さ 4 休めの姿勢 5〖農〗休耕 6〖音〗終止和音

ripossedere [105] 他 再び所有する

ripostiglio 男 物置,物入れ;隠れ場所

riposto 形〖過分 < riporre〗孤立した,ぽつんと離れた;隠された,密かな 男〖南伊〗物置,食器棚;(船)食糧貯蔵庫

ripotare 他 新たに刈り込む,剪(せん)定し直す

ripotatura 女 新しく剪(せん)定すること,最新の剪定法

ripranzare 自 再び昼食をとる

ripraticare 他〖io ripratico〗再び実行[実施]する

riprecipitare 他〖io riprecipito〗 1 再び落とす,再び真っ逆さまに落とす 2 さらに急がせる —自 [es] 1 再び真っ逆さまに落ちる,新たに落ち込む 2 さらに急ぐ —**arsi** 再 大急ぎで行く

ripredicare 他〖io ripredico〗再び説教する

ripregare 他 再び願う,さらに懇願する;再び祈る

ripremere 他 再び押す,再び圧迫する —*ripremere un pulsante* 押しボタンを再び押す

ripremiare 他〖io ripremio〗再び賞を与える

***riprendere** [リプレンデレ] [82] 他〖過分 ripreso〗 1 再び取る —*riprendere* moglie [marito] 再婚する 2 取り戻す,ひき抜く 3 再び所有する 4 回復する —*Ha ripreso* conoscenza. 彼は意識を回復した. 5 再び襲う 6 再開する 7 撮影する 8 非難する,叱る 9 (衣服の)寸法を詰める[縮める] —自 [es/av] (a + 不定詞)また…し始める —*riprendere* a piovere また雨が降り始める 2 元気を回復する 3 (車の)加速性能がよる 4 [es] 再開される —*Le lezioni riprenderanno fra poco.* まもなく授業が再開される. —**ersi** 再 1 再び手に取る 2 回復する,気を取り直す

riprensione 女 非難,叱責

riprensivo 形 非難めいた,叱責の,責めるような

ripreparare 他 再び準備[支度]をする —**arsi** 再 再び身支度をする,再び備える

ripresa 女 1 回復 2 再開 3 加速性 4 撮影 5〖スポ〗(サッカーなどの)後半戦;(ボクシングの)ラウンド 6 (衣服の寸法詰めや修正のために)折った部分,ひだ ➤ *a più riprese* 何度も中断しながら

ripresentare 他 再び提出する,再び示す;再び紹介する —**arsi** 再 再び現れる,再登場する;〖政〗立候補する

ripreso riprendere の過分

riprestare 他 再び貸す —**arsi** 再 再び力を貸す,再び加担する

ripretendere [117] 他〖過分 ripre-

ripristinabile 形 復旧できる、使用可能に修復できる

ripristinare 他〘io ripristino〙**1**（正常な状態に）戻す **2** 修復する、復旧する **3** 復活させる

ripristinatore 男〘女[-trice]〙修復する人、復旧させる人 ——男〘女[-trice]〙修復させる、復旧させる、正常に戻す

ripristino 男 回復、修復; 復旧

riprocessare 他 再び起訴する、再び裁判にかける

riprodotto riprodurre の過分

riproducibile 形 再生[複製]しうる

riproducibilità 女 複製可能なこと

riprodurre [3] 他〘過分 riprodotto〙再生する; 複製をつくる ——**ursi** 再 **1**（動植物が）繁殖する; 自己再生する **2**（状況が）繰り返される、再発する

riproduttivo 形 再生[複製]技術の; 生殖の、繁殖の

riproduttore 形〘女-trice〙繁殖の; 再生の ——男〘女[-trice]〙**1** 種畜 **2** 複写機、再生装置

riproduzione 女 **1** 複製、複写 **2** 増刷 **3** 再生、再現 **4** 生殖、繁殖

riprofumare 他 再び香りをまき散らす

riprogrammare 他 **1** 再び計画を作成する **2**（コンピューターの）プログラムを書き換える

riprogrammazione 女（コンピューターの）プログラムの書き換え

ripromettere [65] 他〘過分 ripromesso〙再び約束する ——**ersi** 再（di + 不定詞）（何かをしようとする）意志がある

riproponibile 形 再提案できる

riproporre [79] 他〘過分 riproposto〙再び提案する; 再び持ち出す、復活させる ——**orsi** 再 再び登場する; …しようと意図する

riproposta 女 提案の繰り返し、再提案

riproposto riproporre の過分

riprotestare 自 再び抗議する

riprova 女 新たな証拠; 確証 ——a *riprova di…* …の確証として

riprovare¹ 他 再び試す; 再び感じる、再び味わう ——自 再び試してみる ——*riprovare* ad accendere il computer 再びコンピューターを起動しようとする ——**arsi** 再 再び試着する; 再び試みる

riprovare² 他 非難する

riprovazione 女 非難、厳しい叱責、誹謗（ぼう）

riprovevole 形 非難に値する、とがめるべき

riprovevolmente 副 非難に値するほどに

ripubblicabile 形 再版[再発行]に値する、再版すべき

ripubblicare 他〘io ripubblico〙再版する

ripubblicazione 女 再版、改訂版

ripudiabile 形 拒否しうる、認められない

ripudiare 他〘io ripudio〙**1** 拒否する、認めない **2**（自分の物であると）認めない、縁を切る; 取り消す、放棄する

ripudio 男 **1** 離縁 **2**（教義などの）放棄

ripugnante 形 不快な、嫌悪を催させる

ripugnantemente 副 不快に、胸がむかつくほどに

ripugnanza 女 嫌悪、不快感、嫌気

ripugnare 自 嫌悪感をかき立てる、不快に感じさせる、胸がむかつく

ripulire 他〘io -isco〙**1** 掃除をし直す **2** 大掃除する **3** 何もかも盗む **4** 仕上げる、清書する ——**irsi** 再 **1** 身ぎれいにする、身なりを整える **2** 洗練される、上品な身のこなしをする

ripulita 女 きちんと身なりを整えること、さっと身繕いをすること; 掃除の仕上げ、大掃除

ripulitura 女 **1** 掃除、清掃 **2**（文学作品の）修正、（本文の）校正、手直し

ripullulare 自 [es]〘io ripullulo〙再びあふれ返る ——Ogni domenica il centro *ripullula* di gente. 毎週日曜は町は人で一杯になる.

ripulsa 女 **1** 反感、反発 **2**〘文〙拒否、拒絶

ripulsione → repulsione

ripulsivo → repulsivo

ripungere [58] 他〘過分 ripunto〙再び刺す[突く] ——**ersi** 再（自分の体を）再び刺す

ripuntare **1** 再び突く、再び突き立てる; 再び狙いを向ける **2** 新たに賭ける ——自 再び向かう

ripunto ripungere の過分

ripurgare 他 再び清める、再び浄化する ——**arsi** 再 **1** 再び身を清める、再び汚名を晴らす **2** 再び下剤を飲む

riquadrare 他 四角形にする、四角に切る

riquadratura 女 四角形にすること

riquadro 男 四角形、四角の物;（天井や壁の）四角に区切った面

riqualificare 他〘io riqualifico〙**1** 再評価する、よりよい格付けをする **2** 再訓練する ——**arsi** 再 さらによい評価を受ける

riqualificazione 女 **1** 再評価、格上げ **2** 再訓練、再教育

risacca 女 引き波、離岸流

risaia 女 水田、稲田

risaiolo 男〘女-a〙水田の作業従事者; 水田作業の監視人; 水田の所有者

risalare 他〘もっと〙塩を加える

risalassare 他 **1** 再び血を採る **2**（金を）さらに搾り取る

risaldare 他 再び[ちゃんと]溶接[はんだ付け]する ——**arsi** 再（傷が）癒着する

risaldatura 女 再溶接、再接合; 接着部分

＊**risalire** [リサリーレ] [97] 自 [es] **1** 再

risalita

び上(ｶﾞ)る 2 (価格などが)再上昇する 3 回顧する, 昔の話をする —*risalire* ai giorni dell'infanzia 幼年時代を回顧する 4 (a) …に遡る —Il fatto *risale* agli anni Ottanta その出来事は1980年代に起こった. —他 1 (同じ場所を)また上る, 何度も上り下りする 2 (流れに)沿って進む 3 (流れの)上流に向かう

risalita 囡 再上昇, (降りた所から)登ること

risaltare 自 1 目立つ, 際立つ 2 突き出ている, 浮き立っている 3 再び跳ね上 [es] 再び飛び乗る —他 再び飛び越える

risalto 男 目立つ部分, 際立つ部分; 突出部, 浮き彫り

risalutare 他 再び挨拶をする, 挨拶を返す

risanabile 形 回復の見込みのある; 健全な場所に変えられる

risanabilità 囡 回復[開発]の可能性

risanamento 男 1 回復, 治癒 2 開発, 土地の改良 3 建て直し, 健全化

risanare 他 1 回復させる, 治す, 健全にする 2 開発する, 開墾する 3 (経済的に)立て直す, 改良する —自 1 完治する, 回復する —arsi 再 また健康になる, 治癒する, 傷が癒着する

risanguinare 自 [io risanguino] 再び出血する —他 輸血する

risapere [98] 他 [io risò, lei risà] (噂(ｳﾜｻ)などから間接的に)知るようになる

risaputo 形 周知の, よく知られた; 当然の

risarcibile 形 賠償[補償]できる; 払い戻しができる

risarcibilità 囡 賠償[補償]可能なこと

risarcimento 男 損害賠償(金)

risarcire 他 [io -isco] 賠償[補償]する

risata 囡 どっと笑うこと, 爆笑, 高笑い —farsi quattro *risate* 大笑いする

risatina 囡 (皮肉や嫌みの)抑えた笑い, くすくす笑い —fare una *risatina* tra sé e sé 忍び笑いする

risbadigliare 自 [io risbadiglio] 再び[繰り返して]あくびをする

risbagliare 自 [io risbaglio] 再び間違う —他 再び間違う[誤る] —arsi 再 再び間違える

risbarcare 自 [es] 再び下船する, 再び上陸する

risbirciare 他 [io risbircio] 再びちらっと横目で見る, 再び目の端で窺(ｳｶｶﾞ)う

riscagliare 他 [io riscaglio] 投げ返す —arsi 再 再び襲う —*riscagliarsi* contro l'avversario 敵を再び襲う

riscaldabile 形 再び温[暖]められる

riscaldamento 男 1 暖房 (装置) —*riscaldamento* a gas ガス暖房 / *riscaldamento* centralizzato セントラルヒーティング / *riscaldamento* globale 地球温暖化 2 ウオーミングアップ —esercizi di *riscaldamento* ウオームアップエ

risciacquare

クササイズ 3 軽い発熱; 軽い炎症 4 性的衝動[刺激] 5 (文)怒り, 苛立ち

riscaldare 他 1 温め直す, 再加熱する 2 暖房する, 暖める 3 (興奮や刺激で)熱くする —自 [es] 1 熱を出す, 熱くなる; [非人称で]暑くなる 2 (エンジンが)過熱する —arsi 再 1 温[暖]まる; (エンジンが)過熱する 2 かっとする[なる] 3 活気づく

riscaldata 囡 さっと温めること, 少し暖まること —dare una *riscaldata* a... 少し…を温める

riscaldato 形 1 暖房の効いた 2 (冷めた料理が)再加熱された, 温め直された

riscappare 自 [es] 再び逃げる

riscaricare 他 [io riscarico] (積んだ荷物を)再び降ろす, (装填したものを)再び撃つ

riscattabile 形 買い戻せる

riscattare 他 1 買い戻す 2 (金銭で)自由にする, 釈放[解放]させる —arsi 再 1 立ち直る, 持ち直す 2 自由の身になる

riscatto 男 1 買い戻し 2 (金銭による)釈放, 解放 3 身代金, 代償

risceglire [99] 他 [過分 riscelto] 再び[さらにじっくりと]選ぶ, 選び直す

riscendere [100] 他 [過分 risceso] 再び降りる —*riscendere* le scale 階段をまた降りる —自 [es] 再び下る

rischiacciare 他 [io rischiaccio] 再び押す, 再び押しつぶす —arsi 再 再び押しつぶす —*rischiacciarsi* un dito nella porta ドアに指を挟んでしまう

rischiaramento 男 明るくなること, 輝くこと; 澄み渡ること

rischiarare 他 明るくする, 輝かせる; 澄ませる, すっきりさせる —自 [es] (天候が)晴れる, 澄み渡る —arsi 再 晴れる, 明るくなる; 澄み渡る

***rischiare** [リスキアーレ] 他 [io rischio] (命などを)賭ける, 危険にさらす; (不利やリスクを)覚悟で行う —*rischiare* la vita 命を賭ける —自 (di) 危うく…しそうになる, …する恐れがある —*Ha rischiato* di sbagliare. 彼は危うく間違うところだった. / *Rischia* di piovere. [非人称で]雨が降りそうだ.

***rischio** [リスキオ] 男 1 危険, リスク —mettere a *rischio* 危険にさらす, 賭ける 2 不測の事態, 未知; 危険な状況[行為] ▶ correre il rischio 危険を冒して

rischiosamente 副 危険を冒して, 向こう見ずに

rischiosità 囡 危険性

rischioso 形 危険な, リスクの大きい

rischizzare 自 [es] (液体が)再び跳ねる, 再び飛び散る; 跳ねて戻ってくる

risciacquare 他 [io risciacquo] (よごれをきれいに)すすぎ落とす, 洗い落とす ▶ risciacquare i panni in Arno 純粋なイタリア語に書き改める([アルノ川で衣服のよごれを洗い落とす]. マンゾーニが自分の『いいなづけ』の初稿をフィレンツェの語

risciacquata / **riservare**

法で書き改めて決定稿にしたこと) — **arsi** 再 再び[丁寧に]洗う —*risciacquarsi la bocca* 口をきれいにすすぐ

risciacquata 女 さっと洗い流すこと, 手early くすすぐこと —*dare una risciacquata alle stoviglie* 食器をさっと洗う

risciacquatura 女 1 すすぎ; すすぎで使った水 2 味の薄い飲み物

risciacquo 男 1 (食器洗いや洗濯の)すすぎ; 口をすすぐこと 2 うがい薬

riscintillare 自 再び[さらに]きらきら輝く

risciò 男 (アジアで都市の移動手段として用いられている)人力車, リクシャ, 輪タク

risciogliere [102] 他 〔過分 risciolto〕再び解く, 再び溶かす —**ersi** 再 再び解放される, 再び溶ける

riscolare 他 再び水を切る, 再び排水する

riscolpire 他 〔io -isco〕再び彫る[刻む]

riscommettere [65] 他 〔過分 riscommesso〕再び賭ける, 再び断言する

riscontare 他 (罪を)償う; (手形を)再割引する —自 手形の再割引を実行する

risconto 男 手形の再割引

riscontrabile 形 1 明らかにできる, 指摘しうる 2 調査しうる, 確かめられる 3 照合できる, 比較できる

riscontrare 他 1 比較対照する, 照合する 2 検証する 3 (誤り等を)見つける —**arsi** 再 再び偶然出会う[出くわす]

riscontrata 女 手早い照合[検査]

riscontro 男 1 照合, 比較 2 検証 3 確証 4 (商業通信文での)返信

riscoperta 女 再発見, 再評価

riscoperto riscoprire の過分

riscoppiare [10] 自 〔io riscoppio〕1 再び爆発する, 再び勃発する 2 (植物が)新たに発芽する

riscoprire [10] 他 〔過分 riscoperto〕再び発見する, (過去に見過ごされていたものを)見直す[再評価する]

riscorrere [25] 他 〔過分 riscorso〕1 再びざっと目を通す 2 回想する

riscossa 女 再征服, 奪回

riscosse riscuotere の直・遠過・3 単

riscossione 女 (給料・賃貸料・税の)入金, 徴収; 入金[徴収]額

riscosso riscuotere の過分

riscrittura 女 書き直し, 書き写し; 改ざん; 焼き直し

riscrivere [103] 他 〔過分 riscritto〕1 再び書く; (手紙の)返事を書く 2 書き直す, 書き換える

riscuotere [104] 他 〔過分 riscosso〕1 (お金を)受け取る 2 得る, 獲得する 3 激しく振る[揺する] 4 目を覚まさせる —**ersi** 再 1 意識[感覚]が戻る; 自分を取り戻す 2 はっと目を覚ます, ぎくっとする

riscuotibile 形 入金可能な, 受け取るべき, 徴収すべき

riscuotibilità 女 入金可能なこと; 徴収できること

riscuotimento 男 (眠りや無反応から)はっと覚めること; (金銭の)徴収

riscuotitore 男 〔女[-trice]〕集金人, 徴税官 —男 〔女[-trice]〕集金の, 入金の

riscurire 他 〔io -isco〕再び[さらに]暗くする, もっと濃くする —自 〔es〕再び[さらに]暗く[濃く]なる —**irsi** 再 再び[もっと]暗く[濃く]なる

risdegnarsi 再 再び憤慨する

risdrucciolare 自 〔es/av〕〔io risdrucciolo〕1 再び足を滑らせる, 再び足を踏み外す 2 再び後退する

risdrucire 他 〔io risdrucisco, risdrucio〕再び縫い目をほどく, (服や布を)さらに裂く —**irsi** 再 (服が)さらに裂ける

rise ridere の直・遠過・3 単

riseccare 他 再び[さらに]乾燥させる[干上がらせる] —自 〔es〕干からびる —**arsi** 再 乾く, 干からびる

risecchire 自 〔es〕〔io -isco〕乾く, 干からびる —**irsi** 再 乾く

risedere [105] 自 〔es〕再び座る —**ersi** 再 再び座る, 座り直す

risegare 他 再びのこぎりで挽く

risegnare 他 再び印を付ける, 再び記す, 再び示す

riseguitare 他 再び続ける —*riseguitare a parlare* さらに話し続ける

riseminare 他 〔io risemino〕再び種をまく

risentimento 男 1 怒り, 恨み 2 〔医〕後遺症

risentire 他 1 再び感じる, 再び聞く 2 痛感する, 味わう —自 (影響を受けて)苦しむ; (影響を被る; (飲食物が)匂う —**irsi** 再 1 憤慨する, むかっとする —*Mi sono risentito per il suo comportamento.* 私は彼の態度にむかついた. 2 また声を聞く[通話する] ▶ *Ci risentiamo.* | *A risentirci.* 〔電話やラジオの別れの挨拶〕ではまた, さようなら.

risentitamente 副 腹を立てて, 憤慨して, むっとして

risentito 形 憤慨した, むかっとした

riseppellire [106] 他 〔過分 riseppolto〕再び埋葬する, 埋め直す —**irsi** 再 再び閉じこもる, 新たに孤立した[遠い]所に隠遁する

riserbo 男 1 思慮深さ, 慎重さ 2 自制, 口の堅さ, 内密さ

riseria 女 精米所

riserrare 他 閉め直す, (開いていたところを)きちんと閉める

*__riserva__ [リセルヴァ, リゼルヴァ] 女 1 蓄え, 予備 —*riserva di acqua* 水の蓄え 2 留保 —*con riserva* 条件付きで / *senza riserve* 無条件で 3 控え, 交代要員 4 (自然や居留の)保護地域 5 年代物のワイン

*__riservare__ [リセルヴァーレ, リゼルヴァー

riservatamente 副 慎重に, 控えめに

riservatezza 女 1 慎み深さ, 思慮分別, 口の堅さ 2 内密

riservato 形 1 (特別に)指定された, 専用の, 優先の 2 取り扱い注意の, 親展の 3 控え目な, 遠慮深い, 内気な

riservire 他 再び仕える, 再び奉仕する —**irsi** 再 再び利用[使用]する

riservista 男女 [複[男 -i]] 1 [軍]予備役 2 予備員, 補欠選手

risfavillare 自 再び[もっと]光り輝く, きらめく

risforzare 他 再びこじ開ける; もっと力強く取りかかる —**arsi** 再 再び全力で取り組む, さらに精一杯努力する

risgorgare 自 [es] 再びほとばしる

risguardo 男 (本の)見返し

risibile 形 人を笑わせる, 滑稽な, ばかばかしい

risibilità 女 滑稽さ, 可笑(ホホ)しさ, ばかばかしさ

risibilmente 副 可笑(ホホ)しく, 滑稽に

risicare 他 [io risico] [トスカーナ]危険を冒す ▶ *Chi non risica non rosica.* [諺] 虎穴に入らずんば虎児を得ず.

risicatamente 副 大胆にも, 危険を冒して

risicato 形 1 限定された, 乏しい, 縮小された 2 危険好きの, 大胆

risicolo 形 米作の, 米の生産の

risicoltore 男 [女 [-trice]] 米の耕作者, 稲作従事者

risicoltura 女 稲作, 米作

risiedere 自 定住する, 在住する; …にある[存する]

risiero 形 稲作の, 精米の

risificio 男 精米所 (riseria)

risigillare 他 再び[しっかりと]封印する

RisiKo! 男 [不変] [商標] リスク(世界征服ゲーム, ボードゲーム版とコンピューター版がある) 2 (政治経済の分野での)複雑な争いの状況

risipola 女 [俗] [医]丹毒

risistemare 他 再び体系づける 2 再び整理する, 再び片づける —**arsi** 再 (椅子やソファーの上に)再び座る

risma 女 1 連(紙の数量単位, 400枚か500枚が una risma) 2 [蔑](人の)部類, 種類, タイプ —Sono della stessa risma. 彼らは同類[似た者同士]だ.

riso¹ 男 [複 *le risa*] 笑い ▶ *Il riso fa buon sangue.* 笑いは健康のもと. | 笑う門(だ)には福来たる.

***riso²** [リーソ, リーゾ] 男 米; [植]イネ —carta di riso 和紙

riso³ ridere の過分

risocializzare 他 (離れていた人を)社会復帰させる —*risocializzare* un tossicodipendente 麻薬中毒者を社会に復帰させる —**arsi** 再 社会復帰する

risoffiare [io risoffio] 他 再び吹く, 再び吹き付ける 一 自 内緒で伝える, 告げ口をする

risoggiungere [58] 他 [過分 risoggiunto] 再び付け加える[言い添える] — 自 再び言い添える

risognare 自 再び夢を見る —他 再び夢に見る —**arsi** 再 《口》[強調の意] 再び夢を見る

risolare → risuolare

risolcare 他 再び畝を作る, 再び溝を作る, 再び耕す

risolino 男 薄ら笑い, 唇でふっと笑うこと

risollevare 他 1 再び持ち上げる, 再び上に向ける; 再提起する 2 再び安心させる, 再び元気づける 3 再び反乱を起こさせる —**arsi** 再 1 再び上がる 2 再び自由の身になる 3 立ち直る, 回復する

risolse risolvere の直・遠過・3 単

risolto 形 [過分 < risolvere] 解決した, 解けた

risolubile 形 1 解決できる, 解ける 2 [法]解約できる, 解除できる

risolubilità 女 1 解決できること 2 [法]解約できること

risolutamente 副 きっぱりと, 決意を持って

risolutezza 女 決意, 決断, 決然

risolutivamente 副 決定的に

risolutivo 形 1 解決する, 解決のための 2 決定的な, 最終的な 3 [医]溶解剤

risoluto 形 [過分 < risolvere] 決心力のある; 決心した, きっぱりとした

risolutore 形 [女 [-trice]] 解くことができる, 解決できる —男 [女 [-trice]] 解決できる人; (なぞなぞやゲームの)正解者

risoluzione 女 1 決意, 決心, 決断, 決定 2 解除, 解消 3 [音]不協和音の解決

* **risolvere** [リゾルヴェレ, リゾルヴェレ] [93] 他 [過分 risolto, 《稀・文》risoluto] 1 (問題などを)解く, 解決する 2 決める, 決着をつける 3 分解する —自 [音](不協和音から協和音へ)解決する —**ersi** 再 1 決意する; 解決する, 解明する 2 [医]治癒する

risolvibile 形 解決可能な, 解くことが可能な; [法]解約できる

risolvibilità 女 解決できること; 解約できること

risommare 他 再び合計する — 自 [es] 再び表面に浮上する

risommergere [45] 他 [過分 risommerso] 再び水に沈める —**ersi** 再 再び沈む

risonante 形 反響する, 響く, こだまする

risonanza 女 1 [物]反響, 響き, 共鳴 2 評判, 騒ぎ

risonare → risuonare

risorbire [io -isco] 再びちびちび飲む —**irsi** 再 《口》再び耐える[我慢す

risorgere [109] 自 [es] 〔過分 risorto〕 1 また昇る 2 よみがえる；再生する，復活する

risorgimentale 形 リソルジメント(イタリア国家統一運動)の，リソルジメントの時代の

risorgimento 男 1 復興 2 (R-)イタリア国家統一運動，リソルジメント

risorsa 女 1 資源，財源 —risorse energetiche エネルギー資源 2 手腕，資質

risortire 他 (io -isco)（結果として）新たに得る，再び達成する —自 [es] 再び出る

risorto 形〔過分< risorgere〕復活した，再生した，再興した —男 (R-)〔単数のみ〕イエス・キリスト

risospingere [33] 他 〔過分 risospinto〕再び押し返す

risospirare 他 再びため息をつく，再び嘆く —他 再び熱望する

risostenere [118] 他 再び支える，再び支持する，再び主張する

risotterrare 他 再び埋める，再び隠す

risotto 男〔料〕リゾット(スープで煮込んだ米料理)

risottomettere [65] 他 〔過分 risottomesso〕再び従わせる，再び服従させる —**ersi** 再 (人の意志や権力に)再び服従[屈服]する

risovvenire [127] 自 [es]〔過分 risovvenuto〕再び心に浮かぶ，再び記憶によみがえる —**ersi** 再 再び助ける〔援助する〕

rispalmare 他 再び塗る，上塗りし直す

rispandere [110] 他 〔過分 rispanto〕(広い面に)再び広げる，再びまき散らす

rispargere [111] 他 〔過分 risparso〕(あちこちに)再びばらまく，再び配置する —**ersi** 再 再び散らばる

＊**risparmiare** [リスパルミアーレ] 他 (io risparmio) 1 節約する，始末する 2 貯める，蓄える 3 損害を被らせない；容赦する 4 救う，襲わない ▶ *risparmiare il fiato* 黙っている(話しても無駄だから) —**arsi** 再 1 (di) わざわざ…しない，(言葉や行動を)控える —Puoi *risparmiarti* di venire. わざわざ来なくてもいいよ．2 健康に留意する

risparmiatore 形 〔女[-trice]〕節約する，蓄える —男〔女[-trice]〕倹約家，貯蓄家

risparmio 男 1 節約，倹約 2 貯金，貯蓄 —comprare... con i propri *risparmi* (物)を自分の小遣いで買う

risparso rispargere の過分

rispaventare 他 再び怖がらせる，再びぎょっとさせる —**arsi** 再 再び怖がる，再びぎょっとする

rispazzare 他 (ほうきで)再び掃く，再び一掃する

rispecchiamento 男 映すこと，反映

rispecchiare 他 〔io rispecchio〕 1 映し出す 2 反映する 3 表現する —**arsi** 再 1 自分を映し出す；反映する，映る 2 現れる，示される，様子を示す —Nel suo volto *si rispecchiava* la paura. 彼の表情に恐怖が表れた．

rispedire 他 〔io -isco〕再発送する；返送する

rispedizione 女 再発送；返送

rispegnere [112] 他 〔過分 rispento〕再び消す，(スイッチを)再び切る —**ersi** 再 再び消える

rispendere [113] 他 〔過分 rispeso〕(金銭を)再び使う，再び費やす

risperare 他 再び望む，再び期待する

rispettabile 形 1 尊敬に値する，尊重すべき；善良な 2 かなりの数量の；〔諧〕ばかでかい

rispettabilità 女 尊重，よい評判

rispettabilmente 副 著しく，相当に

＊**rispettare** [リスペッターレ] 他 1 尊敬する，大切にする 2 尊重する，従う

rispettato 形 尊敬される，評判のよい

rispettivamente 副 それぞれ，めいめいに

rispettivo 形 それぞれの，めいめいの

＊**rispetto** [リスペット] 男 1 尊敬，敬意 —avere *rispetto* per... …を尊敬する 2 尊重，遵守 3 観点，視点 4 (他者への)配慮，心遣い 5〔文〕(トスカーナの民衆詩の形式)リスペット ▶ *rispetto a...* …に関して〔ついて〕；…と比べて[比較して]

rispettosamente 副 丁寧に，丁重に，敬意を払って

rispettoso 形 丁重な，敬意を示す，恭しい

rispianare 他 再び平らにする

rispiegare 他 1 再び広げる〔開く〕 2 再び〔もっとうまく〕説明する

rispifferare 他 〔io rispiffero〕再び口をすべらせる，再びうっかりしゃべる

rispingere [33] 他 〔過分 rispinto〕再び押す

risplendente 形 きらきら輝く，きらめく

risplendentemente 副 きらきら輝いて，明るく

risplendere 自〔複合時制なし〕光り輝く，きらめく

rispogliare 他 〔io rispoglio〕再び脱がせる —**arsi** 再 再び脱ぐ

rispolverare 他 〔io rispolvero〕 1 再び埃(ﾎｺﾘ)を払う 2 再び見直す，再利用する

rispolverata 女 1 さっと埃(ﾎｺﾘ)を払い直すこと 2 再評価，見直し

rispondente 形 一致する，適応する，ふさわしい

rispondenza 女 1 一致，適合 2 反響，反応

＊**rispondere** [リスポンデレ] [94] 自〔過分 risposto〕 1 (応答・返答として)答える —*rispondere* a una domanda 質問に答える 2 返事する，返事を書く

risposare 3 言い返す, 口答えする —Non *rispondere a tua madre!* 母親に口答えをするな. **4** (di) …の責任を持つ[取る] **5** (a) …に応じる, 反応する; 反響する **6** (a) …に適合する, 合致する **7** (a) (部屋・扉・窓などが) 面する, 通じる **他** 返答する ▶*rispondere picche* にべも無く拒絶する, 門前払いを食わせる

risposare 他 再婚する —**arsi** 再 再婚する

rispose rispondere の直・遠過・3 単

☆risposta [リスポスタ] 囡 **1** 答え, 応答 **2** 返事, 返信 **3** 反応 **4**〔スポ〕反撃 **5**〔音〕(フーガやリチェルカーレの主題に対する) 応唱

risposto rispondere の過分

risprangare 他 かんぬきを掛けて閉め直す, しっかりとかんぬきを掛ける

rispronare 他 再び拍車をかける, さらにはっぱをかける

rispuntare 自〔es〕再び現れる, 再び出て来る; (植物が) 再び芽を出す —他 (植物や髪の) 先端を再び切る, 再び刈り込む

risputare 他 再び吐く[吐き出す] —自 再びつば[たん]を吐く

risquadrare 他 さらにじろじろと見る[眺める], 再び注意深く観察する —*risquadrare... da capo a piedi* 頭のてっぺんからつま先まで (人) を眺める

risquillare 自 再び鳴り響く, (電話が) 再び鳴る

rissa 囡 取っ組み合い[殴り合い]のけんか, 乱闘; 激論

rissaiolo 形 けんかっ早い —男〔囡-a〕けんかっ早い人

rissare 自 けんかする, 口論する

rissosità 囡 けんか好きなこと, けんかっ早いこと

rissoso 形 けんかっ早い, すぐけんかする

ristabilimento 男 **1** (状況や秩序の) 回復, 復活; (政治的) 修復, 再建 **2** (健康面の) 回復

ristabilire 他〔io -isco〕安定を図る, 建て直す, 回復させる —**irsi** 再 回復する, 安定を取り戻す

ristagnante 形 滞る, よどんだ

ristagnare[1] 自 **1** よどむ, 流れない, 滞る **2** 沈滞する, 不調に陥る —他 流れを止める, よどませる

ristagnare[2] 他 再び錫(ţ)めっきをかける, はんだ付けをやり直す

ristagnatura 囡 新たに錫(ţ)めっきをかけること, 再びはんだ付けをすること

ristagno 男 よどみ, 滞り; 停滞, 沈滞

ristampa 囡 増刷, 再版, 重版

ristampabile 形 増刷[再版, 重版] 可能な

ristampare 他 増刷する; 再版[重版]する

ristare [114] 自〔es〕再び[何度も]とどまる —**arsi** 再〔文〕立ち止まる, ぐずぐずする

ristarnutire 自〔io -isco〕再びくしゃみをする

ristendere [117] 他〔過分 risteso〕再び広げる[伸ばす] —**ersi** 再 再び体を伸ばす, 伸びる, 広がる

ristimare 他 再び評価する

ristirare 他 (衣類に) 再びアイロンをかける, アイロンをかけ直す —**arsi** 再 (体の部分や着衣を) 伸ばす, 伸ばし直す

☆ristorante [リストランテ] 男 レストラン, 食堂 —*vagone ristorante* 食堂車

ristorare 他 (エネルギーを補給して) 元気にさせる, 回復させる; 慰める —**arsi** 再 (栄養補給や休養で) 元気を取り戻す

ristoratore 形〔囡-trice〕元気を回復させる —男〔囡-trice〕**1** レストランの所有者[経営者, 支配人] **2** (駅に隣接する) レストラン

ristorazione 囡 外食産業, フードサービス, 仕出し

ristoro 男 **1** 元気を回復すること; 慰め, 安らぎ **2** 活力の源

ristrappare 他 再び剥がす, 再び力ずくで離す

ristrettezza 囡 **1** 狭いこと, 窮屈さ **2** 窮乏, 欠乏; 貧弱さ, みすぼらしさ

ristretto 形〔過分 < restringere, ristringere〕**1** とても狭い, 窮屈な **2** 制限された, 限られた; 閉じ込められた, 孤立した **3** 乏しい, わずかの; 狭量な, 心の狭い **4** 濃縮の —*caffè ristretto* 濃いコーヒー

ristringere [115] 他〔過分 ristretto〕再び[もっと力を込めて] 締める —**ersi** 再 **1** (手を再び[もっと] 握り合う **2** (身につけているものを) もっと締める

ristrutturabile 形 構造改革可能な

ristrutturare 他 構造改革する, リストラを図る

ristrutturazione 囡 構造改革, リストラ

ristuccare 他 再びスタッコを吹き付ける

ristuccatura 囡 スタッコ仕上げのやり直し

ristudiare 他〔io ristudio〕再び[さらにしっかりと] 学ぶ

ristupire 他〔io -isco〕再び驚かせる, 再び唖(ţ)然とさせる —**irsi** 再 再び驚く, 再びびっくりする

risucchiare 他〔io risucchio〕**1** 再び吸う **2** (渦に) 巻き込む, 吸い込む; 吸い寄せる

risucchio 男 **1** 渦巻き; (海の) 返す波 **2** (飲み物を) するっと吸い込むこと

risudare 自 再び汗をかく

risuggellare 他 再び密封する, 再び封印する; 再び強固にする

risultabile 形 結果として生じうる

risultante 形 結果として生じる —囡〔物〕合力; (総括して) 結果

risultanza 囡〔官庁用語; 複数で〕調査結果

☆risultare [リスルターレ, リズルターレ] 自〔es〕**1** (結果として) 生じる, 起こる **2** (結果から) 明らかである —*per quanto mi* *risulta* 私が知る限りでは **3** …という結果になる —Mi *risulta* difficile crederlgi. 私にとって彼を信じることは難しい.

＊risultato [リズルタート, リズルタート] 男 **1** 結果, 成果 **2** 成績, 成績

risuolare 他 (すり減った)靴底を張り替える

risuolatura 女 靴底の張り替え; 張り替えた靴底

risuolificio 男 靴底修理の作業場, 靴修理屋

risuonare 自 [es/av] **1** 反響する, 響く; 鳴り渡る **2** 何度もよみがえる **3** 再び鳴る —他 再び鳴らす

risurrezione 女 **1** 生き返り, 蘇生 **2** 復活, 復興; (R-)キリストの復活

risuscitare 他 [io risuscito] **1** (死者を)生き返らせる, 蘇生させる **2** (リバイバル)でよみがえらせる **3** (昔の感情などを)呼び覚ます, 再燃させる —自 [es] 生き返る; (元気や健康を)取り戻す

risuscitatore 形 [女[-trice]] 死者を復活させられる; 興味を呼び覚ますことができる —男 [女[-trice]] 死者をよみがえらせる者; (物や人に対する)興味を呼び覚ます人

risvegliare 他 [io risveglio] **1** 再び起こす, 目覚めさせる **2** (感情を)呼び起こす, 呼び覚ます **3** 刺激する, かき立てる —arsi 再 **1** 目が覚める; 意識を取り戻す; 目を覚ます, 覚醒する **2** 再び活発になる, 甦える

risveglio 男 **1** 目覚め **2** 再生, 復活 **3** 覚醒

risvoltare 他 (巻いた物を)再びほどく —自 [es/av] (歩いていくうちに)また曲がる, 方向を変える

risvolto 男 **1** (衣服の)折り返し, カフス **2** 本のカバーの袖部分 **3** 封筒のフラップ **4** 含蓄, ほのめかし

rit. 略 ritardando〔音〕リタルダンド

Rita 固 [女性名] リータ

ritagliare 他 [io ritaglio] 再び[もっと]切る, 切り抜く

ritaglio 男 もっと切ること, 切り抜くこと; (紙・布などの)切れ端; (新聞や雑誌の)切り抜き

ritappare 他 再び栓をする

ritardabile 形 遅らせられる, 延期できる

ritardando 副 〔音〕だんだん遅く —男 [不変]〔音〕リタルダンド

ritardare 自 遅れる, 遅くなる —他 遅らせる; 邪魔する, 妨害する

ritardatario 男 [女[-a]] 遅刻者, 滞納者 —形 遅刻の, 遅納の

ritardato 形 **1** 遅れた, (進度が)低下した **2** 遅れて始まった[生じた] **3** 延期された **4** 知能の遅れた

＊ritardo [リタルド] 男 **1** 遅れ, 遅延; 遅刻 —essere in *ritardo* 遅れている / arrivare in *ritardo* 遅れて着く, 遅刻する **2** (進度の)低下 **3**〔音〕保続音

ritassare 他 再び課税する; 査定し直す

ritassazione 女 新たな課税, 再課税

ritastare 他 再び[何度も]さわる

ritegno 男 **1** 抑制, 自制 **2** 慎み, 遠慮

ritelefonare 自 [io ritelefono] 再び電話をかける

ritemere 他 再び恐れる[怖がる]

ritemperare 他 再び先をとがらせる —*ritemperare* la matita 鉛筆を削る

ritemprare 他 **1** (金属に)再び焼きを入れる **2** 活力を与える, 強化する —arsi 再 元気を回復する, 体力を取り戻す

ritendere [117] 他〔過分 riteso〕再び張る; (罠(な)を)再び仕掛ける —*ritendere* un tranello 罠をまた仕掛ける

＊ritenere [リテネーレ] [118] 他 **1** 考える, 思う —*Ritengo* che sia vero. それは本当だと思う. **2** 抑える **3** 記憶に留める **4**〔官庁用語で〕控除する —ersi 再 **1** 思い込む, 自分を…だと思う **2** 我慢する, 自分を抑える

ritentare 他 再び試みる; 再び誘惑する

ritenuta 女 控除, 自制

ritenzione 女 〔医〕分泌閉止 —*ritenzione* di urina 尿閉

ritergere [45] 他〔過分 riterso〕再び拭う[乾かす] —ersi 再 再び拭う —*ritergersi* il sudore col fazzoletto ハンカチで汗を拭う

riterminare 他 [io ritermino] 再び終える[完了する]

riterse ritergere の直・遠過・3 単

riterso ritergere の過分

ritese ritendere の直・遠過・3 単

riteso ritendere の過分

ritessere 他 再び織る, 再び編む; 再び仕組む[企む]

ritessitura 女 新たな機織; 罠(な)をまた仕掛けること

ritingere [119] 他〔過分 ritinto〕再び[別の色で]染める

ritinto 形〔過分 < ritingere〕再び染めた, 別の色で染め直した

ritintura 女 染め直し, 再び染めること

＊ritirare [リティラーレ] 他 **1** 引っ込める, 取り入れる **2** 退去させる, 撤退させる —*ritirare* le truppe dal fronte 戦線から部隊を退却させる **3** 撤回する **4** 受け取る, もらう **5** 撤収する, 回収する **6** もう一度投げる —arsi 再 **1** 引退する, 身を引く **2** 手を引く **3** 帰宅する, 寝る; 隠居する **4** (布地が)縮む **5** (水が)引く, (水位が)下がる

ritirata 女 **1** 撤退, 退却, 退去 **2**〔軍〕帰営 **3** 公衆便所, 列車内のトイレ ▶ *battere in ritirata* 急いで立ち去る[立ち退く]

ritirato 形 隠遁(え)した, 引退した

ritiro 男 **1** 撤退, 回収 **2** (免許や許可の)取り消し **3** 隠居; 引退

ritmare 他 リズムをつける, 調子をつける —*ritmare* il cammino 歩調をとる

ritmato 形 リズムのとれた, リズミカルな

-ritmia 接尾 「リズムに関する」の意

ritmica 女 韻律学

ritmicamente 副 リズミカルに, リズム

に合わせて

ritmicità 囡 リズミカルであること

ritmico 厖 〔複〔男 -ci〕〕リズミカルな

ritmo 男 1 リズム, 調子, 拍子 2 規則的な繰り返し, 律動 3 〔文〕韻律 4 〔音〕拍; …調

rito 男 1 儀礼, 儀式 2 習慣, 風習 3 手続き, 手順 ▶ *di rito* 慣例の, 習慣的な

ritoccare 他 1 再び触れる 2 修整する, 手直しする, 手を加える —自 《a》(人)に再び順番が回ってくる

ritoccata 囡 (芸術作品の)修整, 手直し;(髪や衣服を)直すしぐさ

ritocco 男 〔複〔-chi〕〕 1 (芸術作品の)修整, 手直し 2 (法や規定の)修正, 改正

ritogliere [120] 他 〔過分 ritolto〕再び取り除く, 再び取り去る —**ersi** 再再び脱ぐ;再び移動する,再び立ち去る

ritollerare 他 再び耐える, 再び我慢する

ritombolare 自 〔es〕〔io ritombolo〕再び墜落する, 再び真っ逆さまに落ちる

ritorcere [121] 他 〔過分 ritorto〕再び(より強く)絞る;(相手の意見に)反論する, 言い返す —**ersi** 再 再びゆがむ(曲がる, よじれる)

ritorcibile 厖 さらに絞れる, 曲げることができる;言い返せる

ritormentare 他 再び悩ませる[苦しめる] —**arsi** 再 再び悩む[苦しむ]

☆**ritornare** [リトルナーレ] 自 〔es〕 1 (離れた場所に)戻る, 帰る —*È ritornato* da un lungo viaggio. 彼は長旅から戻った. 2 (元の状態に)戻る, 復帰する;よりを戻す 3 思い返す, 回顧する 4 ぶり返す, 再発する 5 生じる, 出てくる 6 (結果として)…になる —他 〔南伊〕返却する ▶ *ritornare in sé* 意識が回復する, 正気に返る *ritornarsene* 引き返す, 帰る

ritornello 男 1 (詩歌や楽曲の)繰り返しの部分, リフレーン 2 毎度の話, いつもの講釈

☆**ritorno** [リトルノ] 男 1 戻る[帰る]こと 2 (往復の)復路, 帰り 3 帰還, 復帰 4 回想, 回顧 5 〔スポ〕後半戦 6 返却, 返還 ▶ *andata e ritorno* 往復 *essere di ritorno da...* …から帰って[戻って]くる

ritorsione 囡 反論, 反駁(ぱく), 言い返すこと;仕返し, 報復(ぷく)

ritorta 囡 (柴や薪を束ねるのに用いる)しなやかな若枝で作ったひも

ritorto 厖 〔過分＜ ritorcere〕ゆがんだ, よじれた, ねじれた

ritosare 他 再び毛を刈り込む

ritossire 自 〔io ritosso, ritossisco〕再び咳をする

ritradurre [3] 他 〔過分 ritradotto〕翻訳し直す, 再び翻訳する

ritraduzione 囡 再翻訳, 翻訳のやり直し, 翻訳の改訂版

ritrapiantare 他 再び移植する

ritrarre [122] 他 〔過分 ritratto〕 1 引っ込める 2 引き離す, そらす 3 描写する; 肖像を描く 4 引き出す —**arsi** 再 1 後退する 2 (計画や任務から)身を引く, 降りる 3 自画像を描く

ritrascorrere [25] 他 〔過分 ritrascorso〕 (時を)再び過ごす;再び通る

ritrasformare 他 再び変形させる;以前の形に戻す —**arsi** 再 再び変形する;以前の形に戻る

ritrasmettere [65] 他 〔過分 ritrasmesso〕 1 (特に返信で)再び伝える 2 (テレビやラジオで)再放送する

ritrasmissione 囡 再び伝達すること;再送信, 再放送

ritrattabile 厖 撤回できる, 取り消せる

ritrattabilità 囡 撤回の可能性

ritrattamento 男 1 再考, 再検討 2 (核燃料の)再処理加工

ritrattare 他 1 再び扱う;(再使用のために)加工する 2 (発言を誤りとして)取り消す

ritrattazione 囡 1 再考, 再検討 2 前言撤回, 発言の取り消し

ritrattista 男女 〔複〔男 -i〕〕肖像画家[彫刻家];人物や状況描写に長(た)けた人

ritrattistica 囡 肖像画法, 肖像画制作の技術;(時代区分や一人の画家ごとの)肖像画 —la *ritrattistica* degli impressionisti 印象派の肖像画

ritrattistico 厖 〔複〔男 -ci〕〕肖像(画)の

☆**ritratto** [リトラット] 厖 〔過分＜ ritrarre〕描かれた, 描写された —男 1 肖像, 肖像画 2 生き写し

ritraversare 他 再び横切る[渡る], 再び横切って戻る

ritrazione 囡 引き戻し, 撤回

ritremare 自 再び震える

ritritare 他 再び(もっと細かく)刻む

ritrito 厖 〔蔑〕言い古された, 誰でも知っている

ritroncare 他 再び切断する

ritrosamente 副 もじもじと, おずおずと

ritrosia 囡 内気, 内向的なこと, 引っ込み思案

ritroso 厖 1 内気な, 引っ込み思案の 2 嫌がる, 気の進まない —男 〔女 [-a]〕引っ込み思案の[内気な]人 —Non fare il *ritroso*. もじもじしてはダメ. ▶ *a ritroso* 後退して, 逆に

ritrovabile 厖 見つけ出せる, 取り戻せる

ritrovamento 男 発見

☆**ritrovare** [リトロヴァーレ] 他 1 再び見つける[会う];(探し物を)見つける 2 (新しく)発見する 3 取り戻す —Ha *ritrovato* il sorriso. 彼女は再び微笑むようになった. 4 見いだす, 認める —**arsi** 再 1 (ある場所に, 期せずして)いる, 居合わす 2 (ある立場や状況に)置かれる, 戻る 3 (自分の居場所が)分かる;落ち着ける, 居心地がよい 4 再会する

ritrovato 男 1 発明, 発見 2 方策

ritrovo 男 1 会合, 集い; 会場, 会合[集合]場所 2 盛り場, たまり場

ritto 形 まっすぐな, 直立した, 垂直の

rituale 形 1 儀式の 2 慣習的な, 慣例の ―男 1 儀式, 典礼 2 慣例, しきたり

ritualismo 男 儀式偏重主義

ritualista 男女 〔複[男 -i]〕 儀式に詳しい人; 儀式偏重主義者 ―形 〔複[男 -i]〕儀式に詳しい; 儀式偏重主義(者)の

ritualisticamente 副 儀式的に, 儀式主義的に

ritualistico 形 〔複[男 -ci]〕 儀式の, 儀式主義の, 儀式偏重の

ritualità 女 儀式的な形式, 儀式的性格

ritualizzare 他 儀式化する, 慣習化する; 典礼の規範を制定する

ritualizzazione 女 儀式化, 典礼化, 慣習化

ritualmente 副 儀式に従って, 慣習的に

rituffarsi 再 再び飛び込む, 再び没頭する

rituonare 自 [es/av] 1 [非人称] 再び雷鳴がとどろく 2 雷に似た音を出す

riturare 他 再び[さらにもっと]栓を詰める ―**arsi** 再 再び詰まる

riubriacare 他 再び酔わせる ―**arsi** 再 再び酔っ払う

riudire [123] 他 再び聞く[聴く]

riumiliare 他 再び侮辱する, 再び屈辱を与える ―**arsi** 再 再び卑下する, 再び悔しい思いをする

riungere [58] 他 〔過分 riunto〕油やクリームなどを再び塗る ―**ersi** 再 (di) …を再び体に塗る, しみがつく, よごれる

riunificare 他 [io riunifico] 再び統一する, 再び統合する ―**arsi** 再 再び統合する, 再び一緒になる

riunificazione 女 再統一, 再統合

＊**riunione** [リウニオーネ] 女 1 集会, 会合, 会議 2 競技大会 3 和解, 復縁

＊**riunire** [リウニーレ] 他 [io -isco] 1 (一箇所に)集める 2 (一つに)まとめる 3 召集する ―**irsi** 再 1 集まる 2 (会議・集会が)開かれる 3 和解する, よりを戻す

riunito 形 連合した, 提携した

riunto riungere の過分

riurlare 自 再び声を上げる[叫ぶ] ―他 どなって言い返す

riurtare 自 再び衝突する ―他 再びぶつかる

riusabile 形 再び使える

riusare 他 再び使用する ―自 〔口〕また流行する

＊**riuscire** [リウッシーレ] [124] 自 [es] 1 (試みた結果)うまくできる, うまく行く; 成功する, 成果を上げる ―Non *riesco* a capire. どうしても理解できない. / La leone non *riusciva* di addormentarsi. 彼女は寝つけなかった. 2 思われる, 見える 3 再び出る 4 (道が)通じる, 出る 5 結論に達する, 終わる 6 …になる

riuscita 女 1 成功, 成果 2 達成, 成就

riuscito 形 成果の出た, うまく行った, 成功した ―ben *riuscito* 成功した / mal *riuscito* ひどい出来の

riuso 男 再使用, 再利用, (放置された)場所や建物の)再生

riutilizzabile 形 再利用できる

riutilizzare 他 再利用する

riutilizzazione 女 再利用, 再生

riutilizzo 男 再利用

＊**riva** [リーヴァ] 女 1 (川・湖・海の)岸 ―in *riva* al lago 湖畔に 2 [海]船の一番高い所

rivaccinare 他 再び[別の]ワクチン接種をする

rivaccinazione 女 ワクチン再接種, 別のワクチン接種

rivale 男女 競争相手, ライバル ―*rivale* in amore 恋敵 / *rivale* in politica 政敵 ―形 競争相手の

rivaleggiare 自 [io rivaleggio] (con) …と競う, 争う, 張り合う

rivalersi [125] 再 〔過分 rivalso〕 (di) 1 …を何度も利用する 2 損失を取り返す; 怒りを人にぶつける

rivalicare 他 (山脈等を)再び越えて戻る

rivalità 女 対抗意識

rivalorizzare 他 再び[さらに高く]価格をつける ―**arsi** 再 新たな価値を得る

rivalsa 女 補償; 復讐 (ﾌｸ), 報復

rivalso rivalersi の過分

rivalutare 他 評価し直す, 見直す, 再評価する ―**arsi** 再 再評価を得る

rivalutativo 形 (特に貨幣の)再評価に関する

rivalutazione 女 評価の増大, 再評価, 評価の見直し

rivangare 他 再び鋤(ｽｷ)で掘る; (過去を)ほじくり返す ―自 記憶がよみがえる ―*rivangare* nei ricordi 思い出がよみがえる

rivangatura 女 鋤(ｽｷ)で掘り直すこと, 再耕作

rivarcare 他 再び越える[またぐ]

＊**rivedere** [リヴェデーレ] [126] 他 〔過分 rivisto〕 1 (人に)再び会う, 再会する ―Spero di *rivederti* presto. またすぐ君に再会できますように. 2 (映画や芝居を)もう一度見る 3 (思い出の場所を)再び訪れる 4 ありあり[まざまざ]と覚えている, 思い出す ―La *rivedo* ancora col suo vestito rosa. ピンクの服を着た彼女をよく覚えている. 5 見直す, 手直しする; 再検討[点検]する; 復習する ―**ersi** 再 再会する ―Non *si sono* mai più *rivisti*. 彼らはもう二度と会うことはなかった.

rivedibile 形 1 また見ることができる 2 [軍]召集を猶予された

riveduta 女 ざっと修正すること, 校正

riveduto 形 校正された, 改訂された

rivelabile 形 明らかにできる, 漏(ﾓ)らすことができる

rivelabilità 女 明示性, 暴露性

rivelare [リヴェラーレ] 他 **1** (秘密など を)明かす, 漏らす, 暴く —*rivelare* un segreto di stato 国家機密を暴く **2** (感情などを)示す, 表す —Lo sguardo ha *rivelato* le sue idee. その眼差しで彼の考えが分かった. **3** (見えないものを)検知する, 検出する —**arsi** 再 **1** (隠れていたことが)現れる, 露見する, 表面化する **2** (実態・実体が)明らかになる **3** (神性が)現れる, 認められる

rivelatore 形 〔女[-trice]〕暴露する, 明示する —男 検出器

rivelazione 女 **1** 暴露, 発覚 **2** 注目の的, 新星 **3** 〔宗〕啓示, 天啓

rivendere 他 **1** 転売する, 再販売する **2** さらに伝える

rivendibile 形 再販[転売]可能な

rivendibilità 女 再販[転売]できること

rivendicare 他 〔io rivendico〕 **1** (権利などを)強く求める, 主張する **2** 犯行声明を出す

rivendicativo 形 権利主張に関する, 権利要求のための

rivendicatore 形 〔女[-trice]〕(権利回復を)要求する —男 〔女[-trice]〕(権利回復の)要求者, 請求者

rivendicazione 女 (権利や財産の)回復要求[請求]

rivendicazionismo 男 権利要求[請求]を進める傾向

rivendita 女 **1** 転売 **2** 小売業者 **3** (タバコや塩の)委託販売

rivenditore 男 〔女[-trice]〕 小売り商人, 中古品販売者, 古物商

rivenire [127] 自 [es] 〔過分 rivenuto〕 帰る, 戻る

rivenuto rivenire の過分

riverberare 他 〔io riverbero〕 (光や熱を)反射させる; 反響させる —自 [es] (光や熱が)反射する; (音が)反響する —**arsi** 再 (光や熱が反射する; 音が)反響する

riverberazione 女 (光・熱の)反射, (音の)反響

riverbero 男 反射光, 熱の反射, 照り返し, 反響音

riverente 形 尊敬の念を抱く, 敬意を表す, 恭しい

riverentemente 副 恭しく, 丁重に

riverenza 女 **1** 尊敬の念, 敬意 **2** 丁重なお辞儀, 跪(*)拝礼

riverire 他 〔io -isco〕 深く尊敬する, 格段の敬意をもって挨拶をする

riverito 形 尊敬された, 畏敬の念を抱かれた

riverniciare 他 〔io rivernicio〕 ニス[ペンキ]を再び塗る[塗り直す]

riverniciata 女 手早くさっとニス[ペンキ]を塗り直すこと —dare una *riverniciata* alle porte 扉にさっとペンキを塗り直す

riverniciatura 女 ニス[ペンキ]の塗り直し, ニス[ペンキ]の再塗装

riversamento 男 再び注ぐこと

riversare 他 再び注ぐ, (たこぼして)中身をぶちまける, まき散らす —**arsi** 再 (液体が)流れ出る, あふれ出る; (人が)あふれ出る

riverso 形 仰向けになった

rivestimento 男 **1** 上張り, 上塗り **2** 張り地, 特殊塗料

rivestire [リヴェスティーレ] 他 **1** 再び身に着ける **2** 着替えさせる **3** 上張りする, 上塗りする —*rivestire* un muro con la carta da parati 壁紙を張る **4** (感情を)包み隠す **5** (制服や礼服を)着用する **6** (地位や称号を)与える, 授ける **7** (性質や特徴などを)帯びる —**irsi** 再 再び着る

rivestito 形 **1** (家具など)上張り[上塗り]を施した **2** 新しい[上等の]服を着た **3** (称号や任務を)授けられた —*rivestito* di potere 権力を身にまとった

rivestitura 女 上張り, 上塗り; 上張りや上塗りの材料

ribrare 自 再び振動する

Riviera 固名 (女) リビエラ(イタリア北西部の地中海沿岸地方)

riviera 女 水路や湖の岸辺, 海岸

rivierasco 形 〔複[男 -chi]〕川岸[湖岸, 海岸]沿いに住む; 川岸[湖岸, 海岸]沿いにある —男 〔複[-chi]女[-a]〕川岸[湖岸, 海岸]沿いの住民

rivincere [128] 他 〔過分 rivinto〕 再び勝つ, 損失分を取り戻す

rivincita 女 雪辱; 雪辱戦, リターンマッチ

rivisitare 他 〔io rivisito〕 再び訪問する; (文学作品などを)別の視点から再考する

rivisitazione 女 文化的現象の再考[再解釈]

rivissuto rivivere の過分

rivista [リヴィスタ] 女 **1** 目を通すこと, 見直し **2** 雑誌 **3** バラエティー, 演芸 **4** (特に軍隊などの)パレード —passare in *rivista* le truppe 〔軍〕軍隊を閲兵する

rivistaiolo 形 (バラエティー演芸のような)軽薄な, くだらない —男 〔諧〕雑誌編集の協力者

rivisto rivedere の過分

rivitalizzare 他 新たに活性化する —**arsi** 再 新たな活力を得る

rivitalizzazione 女 新活性化, 活力の再生

rivivere [129] 自 [es/av] 〔過分 rivissuto〕 **1** 再生する, 生き返る **2** 力を取り戻す, 復活する **3** 存続する —他 (過去の時間を)再び過ごす, 再体験する; 回想する

rivivificare 他 〔io rivivifico〕 活力をよみがえらせる, 再び活気づける —**arsi** 再 元気になる, 再び活力を得る

rivivificazione 女 再び活気づける[活気づく]こと, 再び活性化

rivo 男 小川; (液体が)大量にあふれること —*rivi* di lacrime あふれる涙

rivogare 自 再び櫂(かい)で船を漕(こ)ぐ

rivolare 自 1 [es/av] 再び飛ぶ 2 [es] まっしぐらに戻る; 思い起こす

rivolere [130] 他 再び欲する; 返却を要求する

‡**rivolgere** [リヴォルジェレ] [131] 他 〖過分 rivolto〗 1 (人や場所に)向ける 2 (人に向かって)向ける, 言う —*rivolgere* la parola a... (人)に言葉をかける 3 (考えなどを)めぐらす, 反駁(はんばく)する 4 何度も向ける[回す] —**ersi** 再 1 向く, 向き直る 2 (人や場所に)向かう; (人に向かって)話しかける —Dove [A chi] posso *rivolgermi*? どこに行けば[誰に言えば]よいか. 3 (a) …に専念する

rivolgimento 男 1 ひっくり返すこと, ひっくり返ること 2 変革, 急変, 変動, 激動

rìvolo 男 小川; (汗や血が体から)滴り落ちること —un *rivolo* di sangue 流れ落ちる血

rivolta 女 反乱, 暴動

rivoltante 形 嫌悪を催させる, 不快な, むかつく

rivoltare 他 1 裏返す, ひっくり返す 2 かき混ぜる, こねまわす 3 吐き気を催させる —**arsi** 再 1 振り返る, 振り向く 2 変化する 3 反抗する 4 (動物が)はむかう, 襲う ▶ *rivoltare lo stomaco* むかつく, 吐き気を催す *rivoltarsi nel letto* 寝つけない *rivoltarsi nella tomba* (死者が)安らかに眠れない, 草場の陰で泣く

rivoltato 形 (服を)裏返した

rivoltella 女 ピストル, 拳銃, リボルバー(回転式連発銃)

rivoltellata 女 リボルバーの発砲

rivolto 形 〖過分 < rivolgere〗 振り返った, …を向いた; …に向けられた, 狙いをつけた —男 〖音〗和音の転回

rivoltolare 他 〖io rivoltolo〗 再び[何度も]転がす; よく混ぜ合わせる, よくかき回す —**arsi** 再 さらに[何度も]転がる

rivoltolìo 男 頻繁に[続けて]転がすこと[転がること]

rivoltolone 男 突然激しく転がること; 身震い

rivoltoso 形 反乱[暴動]に加わる, 反乱[暴動]を支持する —男〖女[-a]〗反逆者, 暴徒

rivoluzionare 他 1 革命を起こす 2 (社会や生活構造を)根こそぎ変える 3 混乱させる —**arsi** 再 根本的に変わる

rivoluzionario 形 1 革命の, 革命的な 2 新鮮な, 画期的な —男〖女[-a]〗革命家, 過激派

‡**rivoluzione** [リヴォルツィオーネ] 女 1 革命 —*rivoluzione* industriale 産業革命 2 革新, 刷新 3 大混乱 4 (中心点や軸のまわりを動く物体の)回転 5〖天〗公転

rivomitare 他 〖io rivomito〗 再び吐く

rivotare 他 再び投票する, 再び票を投じる —自 再び投票する —**arsi** 再 (a) …に再び献身する[没頭する]

rivuotare 他 再び空にする —**arsi** 再 再び空になる

rizo-, -rizo 接頭, 接尾「根」の意

rizoma 男〖植-i〗根茎(地下茎の一種, 横に這う茎)

rizzamento 男 まっすぐに立てること, 直立すること

rizzare 他 まっすぐに立てる, 起こす; 建てる —**arsi** 再 直立する, 立ち上がる, (動物が)後ろ足で立ち上がる, (体毛や髪の毛が)逆立つ

rizzata 女 (動物が)耳をぴんと立てること, 耳をそばだてること

R.M. 略 Ricchezza Mobile 動産

RN 略 Rimini リミニ

Rn 略 radon〖化〗ラドン

RNA 男〖不変〗リボ核酸(acido ribonucleico の略)

RO 略 Rovigo ロヴィーゴ

ro 男, 女 ロー(P, ρ) (ギリシャ語アルファベットの 17 番目の文字)

road movie 〖外〗(男)〖英〗ロードムービー

roaming 男〖不変〗〖英〗ローミング(携帯電話をエリア外でも他の通信サービスから受けられるシステム)

roano 形 (馬が)葦毛(あしげ)の —男 葦毛の馬

roarrr, roarrr 擬 ライオンや他の野獣の唸(うな)り声をまねた音声; 車のエンジン音に似せた音声

roast beef 〖外〗(男)〖英〗ローストビーフ

‡**roba** [ローバ] 女 1 物; 物事, 事柄 —È successa una *roba* incredibile. 信じられない事が起きた. / *roba* da matti 話にならない, ばかばかしい, あほらしい 2 個人の所有物, 家財道具 3 食料 —*roba* da mangiare 食べ物 4 衣類; 布地 5 商品 6 財産 7《口》麻薬 ▶ *Ma che roba!* 何てことだ.

robaccia 女〖複[-ce]〗1 安物; まずい食べ物 2 くだらない芸術[文学]作品

ròbbia 女〖植〗アカネ

Roberta 固名〖女性名〗ロベルタ

Roberto 固名〖男性名〗ロベルト

robinia 女〖植〗ニセアカシア, ハリエンジュ

robiola 女 ロビオーラチーズ(ピエモンテやロンバルディア産)

robivecchi 男女〖不変〗古物商

roboante → reboante

robot 男〖不変〗ロボット; (他者の意のままに)機械的に動く人間 —*robot* industriale 産業用ロボット

robotica 女 ロボット工学; (組み立て作業の産業用ロボットによる)自動作業化

robòtico 形〖複[男 -ci]〗1 ロボットの, ロボット工学の 2 意志や感覚の欠如した —男〖複[-ci]女[-a]〗ロボット研究者, ロボット工学の専門家

robotizzare 他 1 ロボットを使ってオートメーション化する 2 無気力にさせる, 非人間的に扱う —**arsi** 再 1 (生産部門が

robotizzazione ロボットで)自動作業化になる 2 ロボットのようになる

robotizzazione 女 ロボットによるオートメーション化, ロボット化

robustamente 副 頑強に, がっしりと, 力強く

robustezza 女 1 頑強さ, 強固さ 2 ワインのこく

*__robusto__ [ロブスト] 形 1 がっしりした, 頑強な, 丈夫な —signora _robusta_ でっぷりとした女性 / vino _robusto_ フルボディワイン 2 強固な, 堅牢な

rocambolescamente 副 冒険的に, 予測不能で, あっと驚くほどに

rocambolesco 形 [複[男 -chi]] 大胆不敵の

rocamente 副 しわがれ声で, 鈍い音で

rocca[1] 女 1 (高台にある)城塞, 砦(とりで) 2 心身ともに強い人間 3 [スポ] (登山での)切り立った山頂, 峰

rocca[2] 女 糸巻き棒

roccaforte 女 [複[rocchefoti, roccaforti]] 1 要塞, 堅陣 2 (活動の)拠点

rocchetto 男 1 糸巻き, ボビン 2 巻き枠, リール 3 (糸などの)一巻き

rocchio 男 円筒状のもの; (ウナギやメカジキの)ぶつ切り

roccia 女 [複[-ce]] 1 岩, 岩石; 岩場, 岩壁; 岩盤, 一枚岩 —alpinismo su _roccia_ ロッククライミング 2 たくましい人, 力持ち; 精神的に強い人 3 [トスカーナ]垢(あか)

rocciatore 男 [女[-trice]] ロッククライマー

roccione 男 岸壁の突出部分; 岩壁, 断崖

rocciosamente 副 きっぱりと, しっかりと, 力強く

roccioso 形 岩の, 岩の多い; 頑強な, 強力な —Montagne _Rocciose_ ロッキー山脈

Rocco 固名 [男性名] ロッコ

roccolo 男 (野鳥捕獲の)かすみ網; 策略

rochezza 女 しわがれ声, かすれ声

rock 男 [不変] [英・音] ロックンロール (rock and roll の略) —形 ロックンロールの, ロックの —concerto _rock_ ロックコンサート

rock and roll 固[男] [英・音] ロックンロール; ロックンロールで踊るダンス

rocker 男女 [不変] [英] ロック歌手, ロック音楽の作者; ロックンロール愛好者

rockettaro 男 [女[-a]] [諧] ロック音楽の作者/歌手, 演奏者); ロック音楽のファン

rockstar 女 [不変] [英] ロック音楽で成功したミュージシャン, ロックスター

roco 形 [複[男 -chi]] 1 しわがれ声の; 小さい声の 2 (音が)低くてこもった

rococò 男 (18世紀前半の)ロココ様式 —形 ロココ様式の

rodaggio 男 1 試運転期間; 慣らし運転 2 慣れ, 調整

Rodano 固名 男 ローヌ(フランス南東部の河川)

rodare 他 試運転をする, 慣らし運転をする; 慣らす, 順応させる —arsi 再 慣れる, 適応する

Rodari 固名 男 (Gianni 〜) ロダーリ (1920-80; イタリアの児童文学作家・教育学者)

rodense 形 ロードス島(の人)の —男女 ロードス島の人

rodeo 男 ロデオ(アメリカのカウボーイの伝統的なスポーツ)

rodere [95] 他 [過分 roso] 1 かじる 2 (諧)ばりばりかじる, 少しずつ食べる 3 蝕(むしば)む, 浸食する 4 消耗[憔悴(しょうすい)]させる, さいなむ —ersi 再 (爪などを)噛む; 苦悶(くもん)する ▶rodersi il fegato (怒りや苛立ちで)じりじりする

Rodi 固名 女 ロードス島(エーゲ海南端の島; ギリシャ領)

rodiano 形 ローディ・ガルガニコ(の人)の —女 [-a] ローディ・ガルガニコの人

rodibile 形 かじる[侵食する]ことができる

rodiese → rodense

rodigino 形 ロヴィーゴ(の人)の —男 [-a] ロヴィーゴの人

rodimento 男 1 かじること, 浸食 2 (嫉妬からくる)苦悩, 心痛

rodio [化] ロジウム(元素記号 Rh)

roditore 男 [動] 齧(げっ)歯類(ネズミなど前歯でかじる動物) —形 [女[-trice]] 1 かじる, 噛(か)む 2 苦痛の, 苦労の

rododendro 男 [植] シャクナゲ

Rodolfo 固名 [男性名] ロドルフォ

roentgen 男 [不変] レントゲン (röntgen)

rogatoria 女 [法] (他の裁判所への)査問依頼文書

rogatorio 形 [法] (他の裁判所への)査問依頼の

roggia 女 [複[-ge]] 灌漑用水路

rogito 男 公正文書

rogna 女 1 [医] 疥癬(かいせん) (scabbia) 2 厄介者, 厄介なもの

rognone 男 (畜殺された動物の)腎臓; 腎臓料理

rognosamente 副 厄介にも, 迷惑なやり方で

rognoso 形 1 [医] 疥癬(かいせん)にかかった 2 厄介な, 煩わしい

rogo 男 [複[-ghi]] 1 火刑のために積み上げられた薪(たきぎ)の山; (中世・ルネッサンスの)焚(た)き火 2 大火

Rolando 固名 [男性名] ロランド

rollare 他 きつく巻く, 丸める; (タバコを)手で巻く —自 (船や飛行機が)横揺れする

rollè 男 [料] 色々な詰め物をロールした肉

rollio 男 (船や飛行機の)横揺れ

ROM 略 [英] Read Only Memory 読み出し専用メモリー

rom 形〖不変〗ロマの、ジプシーの — 男女〖不変〗ロマ、ジプシー

Roma 固名(女) ローマ(イタリアの首都; ラツィオ州の州都; 略 RM)

Romagna 固名(女) ロマーニャ地方(エミリア・ロマーニャ州のアドリア海側)

romagnolo 形 ロマーニャ地方(の人)の — 男〖女[-a]〗ロマーニャ地方の人 2〖単数のみ〗ロマーニャ方言

romanamente 副 ローマ風に、ローマの習慣通りに

romancio 形〖複〖女 -ce〗〗(スイスのグラウビュンデン州で用いられている)ロマンシュ語の — 男〖単数のみ〗ロマンシュ語

romando 形 (スイスで話されている)フランス語の — 男〖単数のみ〗(スイスで話されている)フランス語

romanella 女 ロマーニャ地方の俗謡の恋歌

romanesca 女 ロマネスカ(16〜17世紀に流行した、ガリアルダに似たダンス)

romanesco 形〖複〖男 -chi〗〗(中世や近現代)ローマの — 男〖単数のみ〗(中世や近現代の)ローマ方言

Romania 固名(女) ルーマニア

romanico 形〖複〖男 -ci〗〗(10世紀末〜13世紀初めの)ロマネスク様式の — 男〖複[-ci]〗ロマネスク美術、ロマネスク建築

romanista 形〖複〖男 -i〗〗(サッカーチームの)ローマの —tifoso *romanista* ローマチームのサポーター — 男女〖複〖男 -i〗〗1 ローマ法の研究者; ロマンス語〖文学〗研究者, (中世・近現代の)ローマ文化の研究者 2 (サッカーチームの)ローマの選手〖サポーター〗

romanistica 女 ローマ法研究, ロマンス語学〖文献学〗研究

romanità 女 古代ローマ人の特性; ローマ人であること

romanizzare 他 (人や地域を)(古代)ローマ化する; ローマ風にする **—arsi** 再 (古代)ローマ化する; ローマの人間のようになる

romanizzazione 女 ローマ化、ローマの人間らしくなること

Romano 固名(男) 1〖男性名〗ロマーノ 2 (Giulio 〜)ジュリオ・ロマーノ(1499-1546; イタリアの建築家・画家)

✦**romano**〖ロマーノ〗形 1 古代ローマ(の人)の; ローマ(の人)の —numeri *romani* ローマ数字 2 ローマカトリック教会の、ローマ教皇庁の 3 (印)ローマン体の — 男〖女[-a]〗古代ローマ人; ローマ(の人)2〖単数のみ〗ローマ方言 ➡ **pagare** [fare] **alla romana** 割り勘で支払う、それぞれの勘定分を支払う

romanticamente 副 1 ロマン主義的に 2 感傷的に、ロマンチックに

romanticheria 女 感傷的傾向, 気取り過ぎ

romanticismo 男 1 ロマン主義 2 感傷主義的傾向; 空想的な[感傷的な]雰囲気

romantico 形〖複〖男 -ci〗〗1 ロマン主義の、ロマン派の 2 感傷的な、ロマンチストの、夢想家の 3 (場所などが)ロマンチックな、夢のような — 男〖複[-ci]〗女[-a]〗1 ロマン主義者 2 夢想家、ロマンチスト

romanticume 男 激化し過ぎて陳腐なロマン主義性、感傷的過ぎる態度や行動

romanza 女 1 物語風の叙事詩; 〖音〗ロマンス(18〜19世紀に流行した声楽曲または器楽曲)

romanzabile 形 小説になり得る

romanzare 他 (実際の出来事を)冒険小説風に描く〖述べる〗

romanzato 形 冒険小説風に描かれた〖述べられた〗

romanzescamente 副 小説のように、現実離れして

romanzesco 形〖複〖男 -chi〗〗1 小説の、小説のような、現実離れした 2 騎士道の

romanzetto 男 (軽い内容の)短編恋愛小説

romanziere 男〖女[-a]〗小説家

✦**romanzo**〖ロマンゾ〗男 1 小説, フィクション —*romanzo* sceneggiato 連続テレビ小説 2 夢物語 —La sua vita è un *romanzo*. 彼の人生は小説のようだ. 3 波瀾万丈 4 恋愛物語 — 形 ロマンス語の

rombare 自 鈍い騒音を出す, 轟(とどろ)音をたてる, とどろく

rombico 形〖複〖男 -ci〗〗ひし形の

rombo¹ 男 ひし形

rombo² 男〖魚〗ヒラメ

rombo³ 男 (雷鳴などの)轟(とどろ)音, 騒音, 大音響

romboidale 形〖幾〗偏菱(へんりょう)形の

romboide 男 1〖幾〗偏菱(へんりょう)形 2〖解〗菱形筋 — 形〖解〗菱形筋の — muscolo *romboide* 菱形筋

romeno → rumeno

romeo 形 1 (中世の)聖地巡礼者の、(後の時代の)ローマ巡礼者の 2 ローマ巡礼者が通る —strada *romea* ローマ巡礼路 — 男〖女[-a]〗聖地巡礼者、ローマ巡礼者

romice 女〖植〗ギシギシ(タデ科)

romitaggio 男 隠者の住み処, 人里離れた場所

romitico 形〖複〖男 -ci〗〗隠者の、隠者用の; 人気のない、人里離れた

romito 形 隠者のような、寂しい、孤独の — 男〖女[-a]〗隠者

romitorio 男 1 隠者の住み処; 僧院, 僧院の独房 2 人里離れた場所

Romolo 固名(男) 1〖男性名〗ロモーロ 2〖口神話〗ロムルス(紀元前753年に双子の弟レムスとともにローマを創建したとされる伝説上の初代ローマ王)

✦**rompere**〖ロンペレ〗[96] 他〖過分 rotto〗1 割る、折る、壊す —Ho rotto un vaso. 壺を壊してしまった. 2 (ロープなどを)ひき抜く、ひきちぎる 3 穴を開ける 4 なぎ倒す 5 (関係を)断つ — 自 1 うるさ

rompi くする, 煩わせる **2** 絶交する —*rompere con la famiglia* 家族と縁を切る **3** (in) (感情的に)突然…する —**ersi** 再 **1** 割れる, 折れる, 壊れる **2** うんざりする ▶ *rompere le scatole* 厄介をかける, うんざりさせる / *Non rompere le scatole a tutti!* 皆に迷惑をかけないでよ.

rompi 男女 [不変]《隠》ずうずうしく迷惑な奴, 厄介者, 出しゃばり(rompiscatole の略)

rompiballe 男女 [不変]《俗》迷惑な人 —形 [不変]迷惑な

rompibile 形 壊すことができる, 壊れやすい

rompicapo 男 難題, 難問

rompicazzo → rompiscatole

rompicoglioni → rompiscatole

rompicollo 男女 [不変] 向こう見ずな人 ▶ *a rompicollo* 一目散に, 猪突(ҍょう)猛進で

rompighiaccio 男 [不変] **1** 砕氷船 **2** アイスピック, アイスピッケル

rompimento 男 **1**《文》壊すこと, 壊れること **2** 我慢ならない煩わしさ, 面倒; 厄介者

rompipalle → rompiscatole

rompiscatole 男女 [不変]《口》厄介者, うるさい[しつこい]人間

rompitura 女 壊すこと, 割ること, 破壊; 迷惑, 面倒

Romualdo 固名 [男性名] ロムアルド

ron, ron ron 男 ゴロゴロ(猫が喉を鳴らす音); グーグー(いびきの音) —男 [不変] 単調なやり方[話]

roncola 女 なた鎌(雑草を刈る道具)

ronda 女 **1** (軍の)巡回 **2** (警察の)パトロール

rondella 女 ワッシャー, 座金; 小さい円盤状のもの

rondine 女 [鳥]ツバメ —*nido di rondine* [料]ツバメの巣 / *rondine di mare* [魚]アジサシ; [魚]ミドリトビウオ ▶ *Una rondine non fa primavera.* 一羽のツバメで春が来た[冬が終わった]と判断してはいけない(一つのことで全体を楽観視することを戒めた諺).

rondinella 女 [不変] ロンディネッラ (黒ブドウの品種) —女 (ロンディネッラから作られるワイン用の)黒ブドウ

rondinino 男 孵(ҍ)化したばかりのツバメの子

rondinotto → rondinino

rondò 男 **1** [音]ロンド **2** ロータリー, 円形広場

rondone 男 [鳥]ヨーロッパアマツバメ

ronfare 自 **1** 高いびきをかく **2** 猫が喉をゴロゴロ鳴らす

röntgen 男 [不変][独]レントゲン(放射線量の単位)

ronzare 自 **1** ブーンとうなる[音を立てる] —*Mi ronzano le orecchie.* 耳鳴りがする. **2** (人が)しつこくうろつく **3** (考えなどが)渦巻く —*Mi ronzano in testa mille dubbi.* 数々の疑惑が頭に渦巻く. ▶ *ronzare intorno a...* (ストーカーのように)(人)にうるさく付きまとう

ronzino 男 駄馬

ronzio 男 **1** (虫の)ブーンという音 **2** (飛行機や車や拡声器の)耳障りな音

Rosa 固名 **1** 固名[女性名]ローザ **2**（Salvator 〜）ローザ(1615-73; イタリアの詩人・画家)

‡**rosa** [ローザ] 女 **1** [植]バラ —*rosa canina* [di macchia, selvatica] 野バラ **2** 美しい女性;《文》女性美 **3** 候補者集団; [スポ]予選通過者グループ **4** 丸くまとめた髪 **5** (ダイヤモンドの)ローズカット **6** [音] (弦楽器の)サウンドホール **7** (教会などの)円花窓, ローズウインドー, バラ窓 —男 [不変] ピンク, 桃色 —形 [不変] ピンクの —*romanzo rosa* (女性向きの)恋愛小説

rosaio 男 バラの木, バラ園

Rosalia 固名 [女性名] ロザリーア

rosanero 形 **1** 黒ずんだピンク色の **2** (パレルモのサッカーチーム)ロザネーロの —男 [不変] (サッカーチーム)ロザネーロの選手[サポーター]

rosario 男 **1** ロザリオ(聖母マリアへの祈り, その祈りに使う長い数珠) **2** 長く連なったもの; 数珠つなぎ

rosato 形 **1** ピンク色の **2** バラの, バラの香りの **3** (ワインの)ロゼの —男 ロゼワイン

rosbif 男 [不変] ローストビーフ(roast beef)

rose rodere の直・遠過・3単

rosé 男 [不変][仏]ロゼワイン

rosellina 女 小さいバラ; キンポウゲなどの草花

roseo 形 **1** バラ色の **2** 幸福な **3** [不変; 常に名詞に後置させて]薄いピンク色の

roseto 男 バラ園

rosetta 女 **1** (宝石の)バラの形, ローズカット **2** バラの形にしたリボン **3** ロゼッタ(少し硬めの小さな丸パン) **4** [機]ワッシャー

rosicare 他 [io rosico] **1** 浸食[腐食]する; 少しずつかじる **2** もうける, 得る

rosicato 形 **1** かじられた **2** (顔が)落ちくぼんだ, げっそりした; (皮膚が)あばただらけの

rosicchiare 他 [io rosicchio] **1** かじる; (食物などを)少しずつ噛(ҍ)んでたべる **2** (スポーツで劣勢を)少しずつ挽(ҍ)回する

rosignolo 男《文》ナイチンゲール

rosmarino 男 [植]ローズマリー

roso rodere の過分

rosolaccio 男 [植]ヒナゲシ(papavero)

rosolare 他 [io rosolo] (かき混ぜながら)キツネ色に焼く[炒(ҍ)める] —**arsi** 再 **1** キツネ色に焼ける **2** (日焼けのために)長時間日光浴をする

rosolata 女 手早くキツネ色に焼くこと[炒(ҍ)めること]

rosolatura 女 キツネ色にこんがり焼くこと[炒(ҍ)めること]

rosolia 女 [医]風疹(ҍ)

rosoliera 囡 ロゾリオ用のクリスタルの瓶とグラスのセット

rosolio 男 ロゾリオ(アルコール度数の低い香りのよい甘いリキュール)

rosone 男 バラの形の模様; バラ窓(ステンドグラスの円形窓)

rospo 男 1 〖動〗ヒキガエル —coda di *rospo* 〖魚〗アンコウ 2 〖蔑〗醜い人, 嫌悪を催させる人

rossa 囡 レッドビール(birra rossa)

rossastro 形 赤味がかった, 赤茶けた

rosseggiante 形 赤い, 赤味を帯びた, 赤らんだ

Rosselli 固名 1 男形 〖家名〗ロッセッリ —i *Rosselli* ロッセッリ兄弟 2 男形 (Carlo ~)カルロ・ロッセッリ(1899-1937) 3 男形 (Nello ~)ネッロ・ロッセッリ(1900-37; カルロの弟. ともに反ファシズムの政治家・ジャーナリスト)

rossese 男 ロッセーゼ(リグリア産のブドウの品種; その品種で作る赤ワイン)

rossetto 男 紅(に); 口紅, 頬紅 —darsi il *rossetto* 紅を引く, 口紅を塗る

rossiccio 形〖複[女 -ce]〗赤味がかった, 赤茶けた —男 赤茶色

Rossini 固名 (Gioacchino ~)ロッシーニ(1792-1868; イタリアの作曲家)

*__rosso__ [ロッソ] 形 1 赤い, 赤色の —vino *rosso* 赤ワイン / diventare *rosso* 赤面する 2 赤毛の; (涙や疲れで)目が赤い; (日焼けなどで)赤い肌の 3 赤身の 4 赤字の —男 1 赤, 赤色 2 赤毛の人 3 左翼 4 (卵の)黄身 5 赤ワイン 6 赤字 7 赤信号

rossoblù 形 赤と青のユニフォームのサッカーチームの(ボローニャ・ジェノア・カリアリ)の —男囡 〖不変〗ボローニャ〖ジェノア・カリアリ〗のチームの選手〖サポーター〗

rossonero 形 (赤と黒のユニフォームのサッカーチームの)ミランの, フォッジャの —男〖女[-a]〗ミラン〖フォッジャ〗の選手〖サポーター〗

rossore 男 (顔色の)紅潮, 赤面, 赤らみ

rosticceria 囡 総菜屋, デリカテッセン

rosticciere 男〖女[-a]〗デリカテッセンの店主

rostrato 形 (船が)船嘴(に)装飾のある; (鳥が)鉤(ぎ)状のくちばしを持つ

rostro 男 (猛禽類の)鉤(ぎ)状に曲がったくちばし

Rota¹ 囡 教皇庁〖ローマ〗控訴院(Tribunale della Rota Romana)

Rota² 固名 (男) (Nino ~)ロータ(1911-79; イタリアの映画音楽家)

rota → ruota

rotabile 形 自動車が通行できる —囡 室〖鉄道〗車両

rotaia 囡 1 線路, レール, 軌道 2 わだち

rotale 形 教皇庁〖ローマ〗控訴院の

rotante 形 自転する, 回転する

rotare → ruotare

rotariano 形 ロータリークラブの —男

〖女[-a]〗ロータリークラブの会員

rotativa 囡 印刷輪転機

rotatoria 囡 (ロータリー交叉点での)車の循環, ラウンドアバウト; ロータリーでの循環交通の標識

rotatorio 形 回転の, 循環する

rotazione 囡 1 回転, (天体の)自転, 循環 2 交替

roteare 〖io roteo〗旋回する —他 振り回す; (恐怖や敵意で目を)きょろきょろ動かす

rotella 囡 1 小さな車輪, ローラー —sedia a *rotelle* 車椅子 / *rotella* tagliapasta パスタローラー, パスタカッター 2 (機械装置の)小さな輪, 軸のまわりの輪 3 (社会や経済機構の中の)重要でない人 4 〖文〗丸い染み

rotellista 男囡 〖複[男 -i]〗ローラースケーター

rotocalco 男 〖複[-chi]〗輪転グラビア(印刷); グラビア印刷物 —rivista a [in] *rotocalco* グラビア雑誌

rotocalcografico 形 〖複[男 -ci]〗グラビア印刷の, グラビアの

rotolamento 男 転がること, 転がすこと

rotolare 他 〖io rotolo〗(樽(な)などを押して)転がす —自 [es]転がる, 転げる —*rotolare* giù dalle [per le] scale 階段を転げ落ちる —**arsi** 再 (のたうって, 何度も向きを変える, 寝返りを打つ

rotolino 男 写真用フィルム

rotolio 男 (円形・円柱形のものが)回転すること; ゴロゴロと転がり続ける音

rotolo 男 筒状に巻いた物, ロール ▶ **andare a rotoli** (計画などが)御破算になる, 台無しになる

rotolone 男 転がること; 転落

rotoloni 副 真っ逆さまに転落して; 破滅して, 台無しに

rotonda 囡 1 円形の建物 2 (R-)(ローマの)パンテオン; (ヴィチェンツァの)ヴィッラ・カプラ

rotondamente 副 明瞭に, はっきりと

rotondeggiante 形 丸みを帯びた

rotondeggiare 自 〖io rotondeggio〗円形である, 円形になる

rotondetto 形 豊満な, ふっくらした

rotondità 囡 1 丸さ, 丸いこと, 円熟, (絵画や彫刻の)輪郭のまろやかさ 2 〖複数で〗〖諧〗女性の体の丸み

*__rotondo__ [ロトンド] 形 1 丸い, 円形の 2 丸みのある, まろやかな —un vino dal gusto morbido e *rotondo* 口当たりがよくまろやかなワイン 3 (数が)端数のない, 概算の —cifra *rotonda* 端数を切り捨てた数字

rotore 男 機械の回転部, ローター, モーターの回転子; ヘリコプターの回転翼

rotta¹ 囡 1 航路, 空路, ルート 2 (行動や思考の)方針, 路線

rotta² 囡 1 (川の土手の)決壊 2 敗退, 敗走 ▶ **a rotta di collo** 一目散に, 猛スピードで

rottamaio 男 1 くず鉄業者 2 自動車のスクラップ集積場

rottamare 他 (車を)スクラップにする

rottamazione 女 くず鉄の回収と再利用

rottame 男 スクラップ; 古くてうまく動かない車, 肉体的[精神的]にすぐれない人 —*rottami* di ferro 鉄くず

rottamente 副 ぼろぼろに, ばらばらに; だしぬけに

rottamista 男女〔複[男 -i]〕くず鉄業者

rotto rompere の過分

rottura 女 1 壊れる[壊す]こと 2 切断, 破断; 骨折 —*rottura* di un braccio [una gamba] 腕[脚]の骨折 3 破壊, 解消; 断絶, 絶交 —*rottura* di un fidanzamento 婚約解消

rottweiler 男〔不変〕〔独〕ロットワイラー犬(護身犬・警察犬として用いられる)

rotula 女〔解〕膝蓋骨, 膝皿

roulette 女〔不変〕〔仏〕ルーレット, ルーレットゲーム —*roulette* russa ロシアンルーレット

roulotte 女〔仏〕トレーラーハウス; キャンピングカー

roulottista 男女〔複[男 -i]〕トレーラーハウスで常に移動する人

roulottopoli 女〔不変〕(被災者・ホームレス・難民などが居住する)トレーラーの仮設住宅群

round 男〔不変〕〔英〕(ボクシングの)ラウンド; (白熱した議論や交渉の)段階

routine 女〔仏〕(生活や仕事の)いつもの手順[やり方], 日常 —di *routine* いつもの, 通常の

rovello 男 激怒, 癇癪(かんしゃく), 苦悩

rovente 形 真っ赤に焼けた, 灼(や)く熱の, 熱のこもった

rovere 男, 女 〔植〕ダーマスト(ブナ科, 建材や家具用)

rovereto 男 ダーマストの森

rovesciabile 形 裏返せる, 転覆できる

rovesciamento 男 ひっくり返すこと, 倒すこと, 転覆

‡rovesciare [ロヴェッシャーレ] 他〔io rovescio〕 1 裏返す, ひっくり返す —*rovesciare* la tasca ポケットを裏返す 2 倒す —*rovesciare* il governo 政府を倒す 3 こぼす; 浴びせる —*rovesciare* la minestra sulla tovaglia テーブルクロスにスープをこぼす 4 覆す —**arsi** 再 1 転覆する, ひっくり返る 2 こぼれる; 大雨が降る 3 殺到する, あふれる

rovesciata 女 〔スポ〕(サッカーで)オーバーヘッドキック

rovesciato 形 1 上下が逆の, 話が逆の 2 裏返しの, (袖など)折り返した

rovescio 形〔複[女 -sce]〕 1 裏の, 裏側の 2 あおむけの —男 1 裏, 裏側 —*rovescio* della mano 手の甲 / *rovescio* della medaglia メダルの裏面; 物事の裏側[悪い面] 2 (服や帽子の)折り返し 3〔スポ〕(テニスの)バックハンド 4 豪雨 5 破滅, 転落, 突然の不運; 破産 ▶*a rovescio* あべこべに, 逆に, 裏返しに

rovescione 男 1 (払いのけるように)武器で激しく叩くこと, 手の甲で打つこと 2 土砂降りの雨, 激しく打ち付ける雹(ひょう)

rovescioni 副 仰向けに; 逆さまに; 裏返しに

roveto 男 イバラで覆われた地面; イバラの茂み

Rovigo 固名〔女〕ロヴィーゴ(ヴェネト州の都市; 略 RO)

rovigotto → rodigino

rovina 女 1 崩壊, 倒壊 —palazzo in *rovina* 倒壊した建物 2 痛手, 損害 3 失墜, 破滅 4 破滅の原因となる人[もの] 5〔複数で〕残骸, 廃墟; 遺跡, 遺構

rovinaccio 男 瓦礫(がれき)

rovinafamiglie 男女〔不変〕(主に不倫で)家庭を崩壊させる者

‡rovinare [ロヴィナーレ] 他 1 損害を与える 2 だめにする, 台無しにする —*rovinare* la reputazione di... (人)の評判を落とす 3 破壊する, 破壊させる —自[es] 1 (建物が)崩壊する 2 崩れる 3 地滑りを起こす 4 (人が)落下する —**arsi** 再 1 損なわれる, 悪くなる 2 身を滅ぼす, 破滅する

rovinato 形 1 崩壊した, 朽ち果てた 2 損傷を受けた, 台無しになった

rovinio 男 音を立ててどんどん崩れ落ちること; 崩壊

rovinosamente 副 激しく, 激烈に

rovinoso 形 破壊的な, 損害を与える, 激烈な

rovistare 自 入念にかき回して探す —他 (何かを嗅ぎつけて[求めて])ひっくり返す, めちゃくちゃにかき回す

rovistio 入念に騒々しく探し続けること

rovo 男〔植〕いばら(トゲのある植物); キイチゴ

rozzamente 副 粗雑に; 無作法に, 粗野に

rozzezza 女 粗雑, 荒削り; 無作法, 無教養

rozzo 形 1 無作法な, 教養のない; 粗野な, 野卑な 2 ざらざらした, ごつごつの, 粗削りの

RP 略 Riservata Personale 親展; Relazioni Pubbliche 広報; Reverendo Padre 敬愛すべき神父さま

R.P.G. 略 〔英〕(Report Program Generator) Generatore di Tabulati〔情〕アールピージー, プログラミング言語

R.R. 略 Ricevuta di Ritorno 返品の受領書

rrrr 略 ルルルル(自動車やバイクのエンジン音)

RSM 略 Repubblica di San Marino サンマリノ共和国

RSU 略 Rappresentanze Sindacali Unitarie 労働組合代表; Rifiuti Solidi Urbani 都市の廃棄物[ごみ]

Ruanda 固名〔男〕ルワンダ

ruandese 形 ルワンダ(人)の —男女 ルワンダ人

rubacchiare 他〔io rubacchio〕こそ泥をはたらく, 少しずつちょろまかす

rubacuori 男女〔不変〕もてる人, 魅力ある人 —形〔不変〕誘惑的な, うっとりさせる

rubagalline 男女〔不変〕価値のない窃盗をする者, こそ賊

rubamazzetto → rubamazzo

rubamazzo 男 スナップ(トランプゲームの一種)

rubare [ルバーレ] 他〔a〕(人から物を)盗む;(人から人[物]を)奪う —Mi hanno *rubato* la borsa. 私は財布を盗まれた. / Gli hanno *rubato* la bicicletta. 彼は自転車を盗まれた. / La morte lo ha *rubato* alla famiglia. 死が家族から彼を奪った. / Posso *rubarti* un minuto? ちょっとお邪魔してもいいかな.

rubato 形 1 盗まれた 2〔音〕ルバート奏法の —*tempo rubato* テンポ・ルバート, ルバート奏法 —男〔音〕ルバート奏法

rubeola → rosolia

ruberia 女 盗み, 略奪

rubicondo 形 真っ赤な, (顔色がもともと)赤い —*viso rubicondo* 赤ら顔

rubidio 男〔化〕ルビジウム(元素記号 Rb)

rubinetteria 女 (水道の)蛇口やガスコックの設備一式

rubinetto 男 蛇口; (ガスなどの)コック

rubino 男 ルビー, 紅玉

rubizzo 形 (容貌が)生き生きとした, 血色のよい

rublo 男 ルーブル(ロシアの貨幣単位)

rubrica, rubrica 女 1 (ABCのインデックス付き)住所録, 電話帳 —*rubrica telefonica* 電話帳 2 (新聞や雑誌の)欄, コラム 3 (テレビやラジオの)特集番組 4 標題見出し

ruca → ruchetta

ruchetta 女〔植〕キバナスズシロ, ルーコラ

rucola 女〔植〕ルーコラ, ロケット菜

rude 形 1 (気性が)荒っぽい, 粗野な 2 (仕事などが)骨の折れる, つらい

rudemente 副 荒っぽく, 粗野に, 乱暴に

rudere 男〔複数で〕廃墟, 遺跡; 遺物

rudezza 女 (気性が)荒っぽいこと, 無骨さ

rudimentale 形 1 (学問や技芸などの)初歩的学習の 2 大ざっぱに用意した

rudimento 男 基本原理, 学習の初歩, 基礎知識

ruffianata 女 売春斡旋, ぽん引き, 男女の仲のとりもち

ruffianeggiare 自〔io ruffianeggio〕ぽん引きをする; 媚(こ)びへつらう

ruffianeria 女 売春斡旋, ぽん引き行為; 媚(こ)びへつらい

ruffiano 男〔女[-a]〕売春斡旋業者, ぽん引き; おべっか使い

ruga 女 (特に顔の)しわ

rugbista 男〔複[-i]〕ラグビー選手

rugby 男〔不変〕〔英・スポ〕ラグビー

ruggente 形 吠(ほ)える, うなる

Ruggero 固名〔男性名〕ルッジェーロ

ruggine 女 1 錆(さび); 赤錆 2 遺恨 —Tra loro c'è della *ruggine*. 彼らの間にはいくぶん恨みがある. —男〔不変〕錆色の, 赤味かった茶色 —形〔不変〕錆色, 赤茶けた

rugginosità 女 錆(さび)ついていること

rugginoso 形 錆(さび)だらけの; なおざりにされた; 赤茶けた, 錆色の

ruggire 自〔io -isco〕1 (猛獣が)ほえる 2 (人や自然が)うなる, 怒号する

ruggito 男 1 (猛獣の)ほえる声, 咆哮(ほうこう) 2 (風や波の)荒れ狂う音; 怒号, 怒声 —*il ruggito del mare in tempesta* 嵐の中の海のうなり

rugiada 女 1 露(つゆ) —*goccia di rugiada* 露のしずく 2〔文〕慰め

rugliare 自〔io ruglio〕1 (動物が)うなる 2 鈍く伸びた音をたてる

rugosità 女 1 顔にしわがあること 2 表面がざらざらすること

rugoso 形 1 しわだらけの 2 (表面が)ざらざらの

rullaggio 男 1 タキシング(飛行機の滑走路走行) 2〔スポ〕跳躍前の足の蹴り

rullare 自 (太鼓が連打されて)鳴り響く, (飛行機が)タキシングをする

rullata 女 → rullaggio

rullino 男 写真用フィルム

rullio 男 太鼓の連打音

rullo 男 1 (太鼓の)連打 2 ローラー 3 (フィルムの)巻

rum 男〔不変〕ラム酒

rumba 女〔舞踊・音〕ルンバ

rumeno 形 ルーマニア(人)の —男 1〔女[-a]〕ルーマニア人 2〔単数のみ〕ルーマニア語

ruminante 男 反芻(はんすう)動物 —形 (動物が)反芻する

ruminare 他〔io rumino〕1 反芻(はんすう)する 2 熟考する

ruminazione 女 反芻(はんすう); 強迫観念

rumine 男 (反芻(はんすう)動物の)こぶ胃, 瘤胃

rumore [ルモーレ] 男 1 音, 物音 —*rumore del vento* 風の音 2 騒がしさ, 騒音, 喧騒(けんそう) —Non fare *rumore*! 騒ぐな. 3 反響, 物議 —Si è fatto molto *rumore* attorno alle sue parole. 彼の発言には大きな反響があった.

rumoreggiare 自〔io rumoreggio〕1 鈍い音を出し続ける, うなる, ざわざわと音をたてる; 響く 2 (人々が)がやがやと騒ぐ

rumorio 男 1 鈍く弱く続く騒音 2 ざわめき, ひそひそと話す声

rumorista 男女〔複[男 -i]〕(劇場・ラジオ・映画などの)音響効果係

rumorosamente 副 騒々しく, うるさく

rumorosità 女 あまりに騒がしいこと,騒音

rumoroso 形 騒がしい, 騒々しい, やかましい, うるさい

runa 女 〔言〕ルーン文字

runico 形 〔複[男 -ci]〕〔言〕ルーン文字の —alfabeto *runico* ルーン文字

ruolino 男 小記録簿, 小名簿

ruolo 男 1 役, 役割, 役目 —*ruolo* principale 主役 / avere un *ruolo* di primo piano 主導的な役割をする 2 名簿, 登記簿 3 (社会に及ぼす)影響 ▶ *di ruolo* 常任の, 常勤の

*****ruota** [ルオータ] 女 1 車輪; 輪の形をしたもの —*ruota* di scorta スペアタイヤ 2 (回転式の)輪 —*ruota* della roulette ルーレットの回転盤 ▶ *a ruota libera* とめどなく, 抑えなく

ruotare 自 1 回る, 回転する 2 円を描いて飛ぶ —他 回す, 回転させる

ruotino 男 (緊急用の)小さなスペアタイヤ

rupe 女 断崖, 絶壁

rupestre 形 1 断崖の, 岩山の 2 岩壁の中の

rupia 女 ルピー(インド・パキスタン・インドネシアほかアジアやアフリカ諸国の通貨単位)

ruppe rompere の直・遠過・3 単

rurale 形 1 田舎の, 農村の 2 農業の, 農耕の —男女 〔複数で〕田舎[農村]の人

ruralità 女 田舎の特色, 田舎の伝統

ruscellamento 男 水の流れ

ruscellare 自 小川のように流れる; 大量に流れる

ruscello 男 小川

rush 男 〔不変〕〔英〕(目標への最後の)追い込み; 殺到

ruspa 女 地ならし機, 掘削機

ruspante 形 1 (鶏が)地面を引っかく; (鶏が)放し飼いで飼育された 2 《口》(生産物が)自然の, 未加工の

ruspare 自 (鶏が)地面を引っかく, 餌を探してついばむ —他 地ならし機で整地する

ruspista 男女 〔複[男 -i]〕地ならし機の運転者

russare 自 いびきをかく

Russia 固名 女 ロシア

Russia Bianca 固名 女 → Bielorussia

russificare 他 ロシア化させる —**arsi** 再 ロシア化する, ロシア人のようになる

russificazione 女 ロシア化

*****russo** [ルッソ] 形 ロシアの; ロシア人[語]の —insalata *russa* ロシアサラダ(賽の目に切った野菜をマヨネーズであえたもの) / montagne *russe* ジェットコースター —男 1 女[-a]ロシア人 2 (単数のみ)ロシア語

russofilia 女 ロシアびいき, ロシア好き

russofilo 形 ロシア好きの, ロシアびいきの —男 〔女[-a]〕親露家, ロシア愛好者

russofobia 女 ロシア嫌い

russofono 形 ロシア語を話す —男 〔女[-a]〕ロシア語を話す人

rusticamente 副 田舎風に, 素朴に; 粗野に

rusticano 形 1 田舎の, 田園風の, 農民の 2 粗野な, 粗雑な

rustichezza 女 素朴さ, 無骨さ, 付き合いの悪さ

rusticità 女 厄介な非社交性, 無作法さ; つくりが粗雑なこと

rustico 形 〔複[男 -ci]〕1 田舎の, 田園の 2 (物が)素材のままの, 飾り気のない 3 (態度が)無作法な, 無骨な —男 〔複[-ci]〕納屋; (農家の)離れ

Rut 固名 女 〔聖〕ルツ(旧約聖書に登場する女性)

ruta 女 〔植〕ヘンルーダ

rutenio 男 〔化〕ルテニウム(元素記号 Ru)

ruteno 形 ルテニア[ウクライナ](人)の —男 〔女[-a]〕ルテニア[ウクライナ]人

rutilante 形 深紅の, 鮮やかな赤の

ruttare 自 げっぷをする

rutto 男 げっぷ

ruttore 男 (電流の)遮断装置

ruvidamente 副 荒っぽく, ぶっきらぼうに, ぞんざいに

ruvidezza 女 1 (表面が)ざらざらなこと 2 荒々しさ, 無作法

ruvido 形 1 (表面が)ざらざらした; (皮膚が)ひびの切れた, あかぎれのある 2 (気性が)荒い, 粗野な

ruzzare 自 (子供や動物が)走ったり飛び跳ねたりする, はしゃぐ

ruzzo 男 はしゃぐこと; 浮かれ騒ぎたい気持ち; 気まぐれ

ruzzola 女 独楽(ﾞ)

ruzzolare 自 [es] [io ruzzolo] 転倒する; 転がる —*ruzzolare* (giù) dal letto 朝早く起きる —他 転がす, 地面に落とす

ruzzolone 男 転倒, 転落 —fare un *ruzzolone* 転ぶ

S, s

S¹, s¹ 女, 男 (イタリア語アルファベットの)17 番目の字母 —S come Savona〔符丁〕サヴォーナの S ▶ *ad S* S 字型の[に]

S² 略 1 (元素記号) sulphur〔化〕硫黄 2 スウェーデン 3 sabato 土曜日 4 sud 南

s² 略 secondo 秒

s- 接頭 「逆に」「強く」「離れて」の意

S. 略 santo [santa] 聖… —*S.* Francesco 聖フランチェスコ

SA 略 Salerno サレルノ

sa sapere の直・現・3 単

s.a. 略 senza anno 年記載なし

sab. 略 sabato 土曜日

Saba¹ 固名 女 (古代王国の)シバ

Saba² 固名(男) (Umberto ～)サーバ (1883-1957; トリエステ出身の詩人ウンベルト・ポーリの筆名)

sabatico → sabbatico

sabatino 形 土曜の

*****sabato** [サーバト] 男 土曜日 —il *Sabato Santo* 聖土曜日 / il *sabato* 毎週土曜日 / *sabato grasso* 謝肉祭の最後の土曜日

sabaudo 形 サヴォイア家(の人)の — 男[女[-a]]サヴォイア家の人

sabba 男[不変] (サタンを敬って深夜に開かれる)悪魔や魔女の儀式[祝宴], サバト

sabbatico 形[複[男 -ci]] 1 ヘブライの安息日に関する 2 魔女の儀式や祝宴の, 乱痴気騒ぎの

sabbato → sabato

*****sabbia** [サッビア] 女 1 砂 2 [結石] 3 (テレビ画面の)砂嵐, サンドストーム — 男[不変] 砂色, サンドベージュ —形[不変] 砂色の, サンドベージュの —*pantaloni color sabbia* サンドベージュのパンツ

sabbiare 他 [io sabbio] 砂をかける (insabbiare)

sabbiatura 女 砂吹き, 砂風呂

sabbiera 女 砂箱(列車や路面電車の車輪の滑り止め用にまく砂を入れる箱)

sabbionaio 男 [女[-a]] 砂堀り[砂の輸送]に従事する作業員(renaiolo)

sabbione 男 砂地の地域, 風による砂土の堆積; (登山で)石の斜面

sabbioniccio 男 砂[泥炭土]が混ざった土

sabbioso 形 1 砂の多い, 砂だらけの 2 砂状の, 砂のような 3 [医]結石の

sabeismo 男 1 サービア教(ユダヤ教に近い宗教) 2 古代アラビアの星辰(ﾁ)崇拝

sabelliano 形 サベリウス教義の — 男[女[-a]]サベリウスの信奉者

sabellico 形[複[男 -ci]] (古代イタリアの)サベッリ人の

sabeo 形 サバの

Sabina 固名[女性名] サビーナ

sabina 女[植]サビナビャクシン

Sabino 固名[男性名] サビーノ

sabino 形 サビーニ族(イタリア中部の古代種族)の; サビーニ語の — 男 1[女[-a]]サビーニ人 2[単数のみ]サビーニ語

saborra 女 バラスト, 底荷(zavorra)

saborrare 他 底荷を積み込む

sabot 男[不変] [仏]木靴, サボ

sabotaggio 男 怠業; 妨害行為, サボタージュ, ボイコット

sabotare 他 妨害行為をする

sabotatore 男 [女[-trice]] 妨害行為を行う人

sabra 男女[不変] イスラエル生まれのユダヤ人

sacca 女 (布・皮などが素材の)かばん, 袋

saccade 男[医] (視線を変えた時などでの)がたっき運動, サッケード

saccaia 女 袋, 背負い袋

saccapane 男 雑嚢(ｿﾞｳ)

saccardo 男 1 (中世の軍隊で)荷物や道具を運搬する係 2 略奪者, 略奪者

saccari- → saccaro-

saccarifero 形 砂糖を含む, 砂糖製造の

saccarificare 他 [io saccarifico] 糖化する

saccarificazione 女 多糖類の加水分解(ブドウ糖が得られる)

saccarimetria 女 溶液中のショ糖(甘み成分)の濃度測定

saccarimetrico 形[複[男 -ci]] 糖度測定の

saccarimetro 男 検糖計

saccarina 女 サッカリン

saccarinato 形 サッカリンを含んだ

saccaro- 接頭 「砂糖」の意

saccaroide 形 (岩石の)角砂糖状の — 男 角砂糖状の鉱石

saccarometria → saccarimetria

saccarometrico → saccarimetrico

saccarometro → saccarimetro

saccaromicete 男 酵母菌

saccarosio 男 ショ糖, 2糖類

saccata 女 袋 1 杯分の

saccato 形[医]囊(ﾉｳ)状の

saccatura 女[気]気圧の谷

saccense 形 シャッカ(Sciacca)(の人)の — 男女 シャッカ(シチリアのアグリジェントのコムーネ)の人

saccente 形 知ったかぶりの — 男女 知ったかぶりをする人

saccentemente 副 知ったかぶりして

saccenteria 女 知ったかぶり(をすること)

saccheggiamento 男 略奪, 破壊

saccheggiare 他 [io saccheggio] 1 略奪[強奪]する; (家や店を)荒らす 2 盗む, 剽窃(ﾋｮｳｾﾂ)する

saccheggiatore 男 [女[-trice]] 略奪者 —形 [女[-trice]] 略奪の

saccheggio 男 略奪, 強奪

saccheria 女 袋製造所

sacchetta 女 小さい袋; (馬の首にかける)まぐさ袋

sacchettatrice 女 紙袋製造機

Sacchetti 固名(男) (Franco ～)フランコ・サッケッティ(1330頃-1400頃; イタリアの詩人・物語作家. 晩年は行政長官を歴任)

sacchettificio 男 袋製造工場

sacchetto 男 小さい袋 —*sacchetto di plastica* スーパーの袋, レジ袋

sacciforme 形 囊(ﾉｳ)状の, 袋状の

sacciutezza 女 知ったかぶり

sacciuto 形 知ったかぶりの — 男 知ったかぶり, 学者気取り

*****sacco** [サッコ] 男[複[-chi]] 1 袋 — *sacco a pelo* 寝袋, シュラフ 2 一袋分 3 《口》大量, 多量 4 修道士の服, 僧衣 5 粗雑な布地; 袋用の布 6 かばん, リュック 7 《口》千リラ札 8 [歴]略奪 —il

saccoccia

sacco di Roma ローマ劫掠(ごうりゃく) **9** サッコ(昔のイタリアでの容量の単位) **10**《口》腹, 胃 **11**〔スポ〕(ボクシングの)サンドバッグ ▶ **al sacco** 弁当にした / colazione [pranzo] **al sacco** 昼の弁当 **a sacchi** ふんだんに, 大量に **mettere... nel sacco** (人)をまるめこむ, だます **sacco di patate** とても粗野な人 **sacco di stracci** ひどい身なりの人 **un sacco di...** 山のような[大量の]... **vuotare il sacco** 包み隠さず話す, 白状する

saccoccia 囡〔中伊〕[複[-ce]]〔中伊〕ポケット(tasca); 袋, 背負い袋

saccocciata 囡〔中伊〕ポケットの容量分

saccolo 男 小袋, (女性が持つ, 刺繍などを施した)小型のポーチ

saccomannare 他 略奪する, 強奪する

saccomanno 男 追いはぎ, 強盗; 略奪

saccone 男 トウモロコシの葉や藁(わら)を詰めた大きな袋(かつてマットレスとして使用した)

saccopelista 男女 [複[男-i]] (野外で)寝袋にくるまって眠る旅行者

saccopiuma 男 [複[sacchipiuma]] 鳥の羽根を詰めた寝袋

sacculare 形 小嚢(のう)の, 嚢状の

sacculo 男 〔解〕小嚢(のう), 球形嚢

sacello 男 小礼拝堂 ―*sacello* mortuario (埋葬まで遺体を安置する)墓場入り口の礼拝堂

sacerdotale 形 司祭の

sacerdote 男 1 聖職者, 司祭 2 (ユダヤ教の)祭司 3 (思想や教義の普及に)熱心な人, 布教者

sacerdotessa 囡 1 (キリスト教やユダヤ教以外の)女司祭, 巫女(みこ) 2 (芸術の)女性の愛好者, (思想や教義の普及に)熱心な女性 3《婉》売春婦

sacerdozio 男 司祭の地位, 司祭職

sacerta 囡 神聖であること

sachè → sakè

sachertorte 囡〔複[sachertorten]〕〔独〕ザッハートルテ

sacra → sagra

sacrale 形 神聖な; 仙骨の

sacralgia 囡 〔医〕仙骨痛

sacralità 囡 神聖なもの

sacralizzare 他 (人・物・場所・寺院を)神聖化する

sacralizzazione 囡 (人・物・場所・寺院の)神聖化, 聖別

sacralmente 副 神聖に

sacramentale 形 1 秘跡に関する 2《諧》習慣的な, お定まりの

sacramentalmente 副 秘跡によって; 厳粛に

sacramentare 他 1 秘跡を授ける 2 誓う ―自 呪う, 冒瀆(とく)する, 罵る ― **arsi** 再 秘跡を受ける

sacramentario 男 1〔カト〕ミサや秘跡を執り行うための古い典礼書 2 聖餐(さん)

864

sadicamente

形式論者 ―形 秘跡の

sacramentato 形 呪われた, 冒瀆(とく)された

sacramente 副 畏敬をもって, 厳粛に

sacramento 男 1 秘跡, サクラメント ―i sette *sacramenti* (カトリック)の七つの秘跡(洗礼・聖体・婚姻・叙階・堅信・告解・終油) 2 聖体(パンとブドウ酒) 3 聖霊(とう)の言葉, 聖態

sacrare 他 聖別する, 神に捧げる ―自 呪う, 冒瀆(とく)する ― **arsi** 再 身を捧げる, 献身する

sacrario 男 1 聖具室; 聖水盤, 壁龕(がん) 2 納骨所

sacratissimo 形 最大の敬意に値する

sacrato 形 神に捧げられた, 奉納された; 神聖な

sacrestana 囡 → sagrestana

sacrestano → sagrestano

sacrestia → sagrestia

sacrificabile 形 生け贄(にえ)にされうる

sacrificale 形 生け贄(にえ)の

sacrificamento 男 犠牲, 神への捧げもの

sacrificare 他 [io sacrifico] 1 犠牲にする 2 生け贄(にえ)として捧げる 3 むだにする, 活用しない ―自 1 生け贄を捧げる 2〔カト〕ミサを挙行する 3 献身する ― **arsi** 再 身を捧げる

sacrificato 形 1 犠牲にされた 2 台無しになった

sacrificatore 男 [女[-trice]] 犠牲を行う者 ―形 犠牲の

‡ **sacrificio** [サクリフィーチョ] 男 1 犠牲, 献身 2 (神への)供物

sacrifico 形 [複[男-ci]]《文》犠牲の

sacrifizio 男《文》犠牲, 献身

sacrilegamente 副 不信心に, 冒瀆(とく)して

sacrilegio 男 冒瀆(とく)

sacrilego 形 [複[男-ghi]] 冒瀆(とく)する, 不敬行為をする ―男 [複[-ghi] 女[-a]] 不敬な輩, 冒瀆(とく)する者

sacripante 男 1 畏敬の念を起こさせる大柄で威厳のある人 2 ほら吹き, 空威張りをする人 ―fare il *sacripante* 威張る

sacrista 男 [複[-i]] 聖具室係

sacristano 男 [複[-a]] 聖具保管係

sacristia → sagrestia

‡ **sacro** [サクロ] 形 1 神聖な, 聖なる 2 犯すことのできない 3 崇高な, 崇高な 4 不可欠な ―男 [単数のみ] 神聖, 聖なるもの ▶ **Le Sacre Scritture** 聖書

sacrosantamente 副 極めて神聖に, 絶対確実に

sacrosanto 形 1 神聖で敬虔(けん)な, 絶対確実な 2 正当な, ふさわしい

sadduceo 形 サドカイ派(の人)の ―男 [女[-a]] サドカイ派の人

sadiano 形《文》サド侯爵の, サド侯爵の思想や作品に関する

sadicamente 副 サディスト的に, 残虐に

sadico 形〔複[男 -ci]〕サディスト的な,残虐な ―男〔複[-ci]女[-a]〕サディスト

sadismo 男 サディズム, 加虐的嗜好

sadomaso 形〔不変〕サドマゾの(sa-domasochistico の略) ―男女〔不変〕サドマゾヒスト(sadomasochista の略)

sadomasochismo 男 サドマゾヒズム(同一人物にサディズムとマゾヒズムが現れること)

sadomasochista 男女〔複[男 -i]〕サドマゾヒズムにとらわれた人

sadomasochisticamente 副 サドマゾ的に

sadomasochistico 形〔複[男 -ci]〕サドマゾ的に, サドマゾヒスト特有の

saduceo 形 サドカイ派(の人)の ―男〔女[-a]〕サドカイ派の人

saetta 女 1《文》矢; 太陽光線 2 稲妻, 閃(セン)光 3 [スポ](サッカーで)すばやく唐突なシュート 4 錐(キリ)

saettame 男 同時に放たれた矢の本数

saettamento 男 1 矢の連続した発射; 繰り返し ―un *saettamento* di domande 矢継ぎ早の質問 2《文》矢による殺害 3 矢の量

saettante 形 矢を射る, 矢のすばやい ―男〔ギリシャ神話の〕アポロン

saettare 他 1《文》矢で射る; (光・雷光などを)放つ 2[スポ](サッカーで)勢いよくシュートする 3 にらみつける, (敵意ある視線を)投げかける ―自 1[es]矢のように速く走る[飛ぶ] 2[es/av]落雷する ―arsi 再 電撃結婚する

saettata 女 矢を射ること

saettato 形 (葉が)矢尻状の

saettatore 男〔女[-trice]〕《文》弓の射手, 弓術家 ―形〔女[-trice]〕《文》射手の

saettella 女 (石や金属や木に細工を施すための)ドリルの先

saettia 女 1 (16〜18世紀に用いられた, 3本マストの帆船 2 (15本のろうそく用の)三角燭台

saettiera 女 (敵から隠れて攻撃するのに使った)城壁の狭間の穴

saettiere 男 弓の射手

saettiforme 形 (葉が)矢尻状の

saettolo 男〔植〕ブドウの木の1年目の若枝

saettone 男 1〔動〕コルブロ(蛇の一種) 2 建築物の斜めにかける補強部分

saettuzza 女 ドリルの先

safari 男〔不変〕(東・中央アフリカの)猛獣狩り, サファリ; 猛獣狩りの旅団

safarista 男女〔複[男 -i]〕サファリの参加者

safena 女〔解〕(下肢の)伏在静脈

safeno 形〔解〕下肢の静脈の

safety car 熟(女)〔英〕(自動車レースで事故などの時に)他の参加車を先導する車

safety engineer 熟(男女)〔英〕安全管理士, 安全技師

saffica 女〔詩〕サッフォー風の詩節

safficamente 副 サッフォーの詩風に

saffico 形〔複[男 -ci]〕サッフォー風の

saffismo 男 女性の同性愛(lesbismo)

safranale 男〔化〕(サフランの精油にある)アルデヒド

saga 女 (北欧の中世の神話や伝説を題材にした)英雄物語, サガ, サーガ

sagace 形 1 (動物の)嗅覚が鋭い 2 (人間が)抜け目のない, 勘の鋭い

sagacemente 副 抜け目なく

sagacia 女〔複[-cie]〕鋭さ; 狡猾(コウカツ)さ, 抜け目のなさ

sagacità 女 抜け目のなさ

sagari 女〔不変〕《文》アマゾネスが戦闘で用いた斧(オノ)

sagarzia 女 ピンク色のイソギンチャク(よくカニに付着している)

sagena 女 1 魚や鳥をとる小さい網(アミ) 2 (海岸の航行に用いられた)中世の船 3 サージェン(1918年までロシアで使用された長さの単位)

saggezza 女 良識, 分別, 賢明さ

saggiamente 副 賢明に

saggiare 他〔io saggio〕1 金属の純度を調べる 2 吟味する

saggiatore 男〔女[-trice]〕金属の分析者 ―男 金属用精密天秤(テンビン)

saggiatura 女 試金; 試金の際に金属に刻まれた傷

saggiavino 男〔不変〕ワインの試飲用のガラス管, ピペット

saggina 女〔植〕サトウモロコシ

sagginale 男〔植〕モロコシの茎

sagginato 形 (馬が)葦毛の

saggio¹ 形 良識のある, 賢明な ―男〔女[-a]〕賢人, 知識や経験を積んだ者

saggio² 男 1 分析 2 試験 3 評論, エッセイ, 小論 4 (才能や性能を)実地に示すこと; (性能の)実演, (研究成果の)発表会

saggiolo 男 1 試飲用ワインやオイルの見本 2 貨幣を計る天秤(テンビン)

saggista 男女〔複[男 -i]〕エッセイスト

saggistica 女 評論を書く技術; 文芸批評

saggistico 形〔複[男 -ci]〕評論の

sagitta 女 矢

sagittale 形 矢の形の, 矢尻状の

sagittare 他《文》(矢で)射る ―自 矢で射る

sagittaria 女〔植〕クワイ

sagittario 男 1 射手(イテ) 2 (S-)〔天〕射手座; 〔占星〕人馬宮 3〔鳥〕ヘビクイワシ(serpentario)

sagittato 形〔植〕葉が矢尻状の

sagittifero 形 矢を入れている

saglia 女 綾(アヤ)織り, サージ

sagliente 形《文》→ saliente

sago 男〔複[-ghi]〕古代ローマの兵士の小マント

sagola 女〔船〕旗を揚げるのに用いられ

る綱

sagoma 囡 1 輪郭, かたち, 影 2 型 3 (射撃練習用の)人間をかたどった標的 4 《口》変人

sagomare 他 [io sagomo] 輪郭や形に合わせて作る —**arsi** 再 形をなす

sagomato 形 型に合わせて作られた

sagomatore 男〔囡[-trice]〕フライス盤の作業員(fresatore); ワインやオイルの容器の点検係

sagomatrice 囡 (建材や石での作業に用いられる)型取りの機械

sagomatura 囡 1 型取り 2 輪郭

sagora → sagola

sagra 囡 1 収穫祭 2 祝祭

sagramento → sacramento

sagrare 他 呪う, 悪態をつく —自 罵る, 呪う

sagrato 男 教会正面の前庭; 教会に隣接する墓地

sagrestano 男〔囡[-a]〕聖具保管係

sagrestia 囡 (教会の)聖具室

sagrì 男 小型のサメ

sagrificare → sacrificare

sagrificio → sacrificio

sagrifizio → sacrificio

sagrilegio → sacrilegio

sagrilego → sacrilego

sagrinato 形 シャグリーン革の

sagrino 男 小型ザメ

sagrista 男〔複[-i]〕聖具室係

sagristia → sagrestia

sagro → sacro

sagù 男 サゴ(ヤシの幹から採る澱(でん)粉)

saguaro 男〔植〕ベンケイチュウ(サボテン科)

sahariana 囡 サファリジャケット

sahariano 形 サハラ砂漠の —男〔地質〕新世代

sahel, sahel 男〔地理〕サヘル(サハラ砂漠南端の東西に広がる帯状の地域)

saheliano 形〔地質〕サヘルの

sahib 男〔不変〕〔英〕(イギリスの植民地で白人に対して)ご主人様, 旦那

sai sapere の直・現・2 単

saia 囡 綾(あや)織り, サージ

saiga 囡〔動〕アンテロープ, レイヨウ

saina → saggina

sainale → sagginale

Saint Christopher e Nevis 固名 (囡) セントクリストファー・ネーヴィス

saint-honoré 男囡〔不変〕〔仏〕(フランスの菓子)サントノレ

Saint Lucia 固名(囡) セントルシア

saintpaulia 囡〔植〕セントポーリア, アフリカスミレ

Saint Vincent e Grenadine 固名 (囡) セントビンセント及びグレナディーン諸島

saio 男 1 修道服 —vestire [prendere] il *saio* 修道僧になる 2 古代ローマの兵士のマント

saitico 形〔複[男 -ci]〕(古代エジプトの首都であった)サイスの

sakè, sake 男〔不変〕〔日〕日本酒

sala¹ [サーラ] 囡 1 広間 2 (公共の)室, ホール —*sala* da pranzo ダイニングルーム / *sala* da ballo ダンスホール / *sala* d'aspetto 待合室 / *sala* giochi ゲームセンター / *sala* operatoria 手術室

sala² 囡 車軸

salacca 囡 1〔中伊・北伊〕(海水または淡水に棲む)ニシン 2 塩漬けや薫製のニシン 3〔トスカーナ〕(蔑)サーベル; 平手打ち

salaccaio 男〔複[-a]〕ニシンの行商人

salace 形 1 淫らな, 卑猥(ひわい)な 2 辛辣な

salacemente 副 淫らに; 辛辣に

salacità 囡 卑猥(ひわい), 卑俗; 辛辣さ

Saladino 固名(男) サラディン(1138-93; エジプトのアイユーブ朝の創始者: 在位 1169-93)

salagione 囡 (特に)魚の塩漬け

salaia 囡〔歴〕塩の販売店, 塩の専売

salaiolo 男〔囡[-a]〕〔歴〕塩の小売り商人

salama 囡 豚の腸詰め(フェッラーラ特産)

salamandra 囡 1 サンショウウオ, サラマンダー 2 火トカゲ

salamanna 囡 サラマンナ(琥珀色の高級ブドウ)

salame 男 1 サラミ(ソーセージ) 2 ロールケーキ 3《蔑》のろまな人, あほう 4《口》陰茎

salamelecco 男〔複[-chi]〕(複数で)格式張ってへつらい過ぎるお世辞や挨拶 —fare troppi [mille] *salamelecchi* a... (人)にぺこぺこしすぎる

salamella 囡 サラメッラ(短期間の熟成のマントヴァ産サラミソーセージ)

salamino 男 1 小型のサラミ(ソーセージ) 2 サラミーノ(モーデナのブドウ, ランブルスコの変種)

salamistra 囡 うぬぼれの強い女性

salamistro 形 うぬぼれた, 知ったかぶりの

salamoia 囡 (食物を塩漬けするための)塩水 —in *salamoia* 塩漬の

salamoiare 他 [io salamoio] 塩漬けにする

salamone → salmone

salangana 囡〔鳥〕アナツバメ

salapuzio 男 小柄で博識ぶった男

salare 他 1 塩で味をつける, 塩を振りかける 2 塩漬けにする 3〔北伊・中伊〕(授業を)さぼる

salariale 形 給料に関する

salariare 他 [io salario] 給料を支払う, 雇用する

salariato 形 給料をもらった —男〔囡[-a]〕賃金労働者

salario 男 給金, 賃金(ラテン語の「塩の給与」が原義)

salassare 他 1 血を採る, 瀉(しゃ)血する 2 大金を搾り取る —**arsi** 再 多額の出費をする

salassata 女 〔皮肉で〕多大な出費
salassatura 女 血を採ること
salasso 男 1 血を採ること, 瀉(しゃ)血 2 高額の出費
salata 女 塩をかける行為 —dare una salata a... …に塩をかける
salatamente 副 1 大量の塩をかけて 2 高額に 3 辛辣に
salatino 男 〔塩味のついた〕クラッカー —salatino al formaggio チーズクラッカー
salato 形 1 塩味の; 塩辛い 2 〔値段が〕高い 3 辛辣な —男 1〔単数のみ〕塩味 2〔複数で〕豚の塩漬け肉
salatoio 男 〔チーズ工場の〕塩水槽, 塩蔵室
salatore 男〔女 -trice〕肉やチーズに塩を加える係
salatura 女 加塩, 塩漬け
salbanda 女 〔地質〕〔特に粘土質の〕岩屑(がんせつ)質の物質の総称
salbastrella 女 〔植〕ワレモコウ
salce 《文》→ salice
salcerella 女 〔植〕リシマキア(湿地帯・沼地に生育する多年生草本植物)
salciaia 女 〔堀や渓流の堤沿いにある〕小さいヤナギの垣根
salciaiola 女 スズメ類の食虫性の鳥
salciccia 女 〔俗〕= salsiccia
salcigno 形 1〔トスカーナ〕ヤナギの 2 節くれだった, (肉が)硬い 3 (人が)やせた, 扱いにくい
salcio 男《文》ヤナギ
salciolo, salciuolo 男 ヤナギの若枝(かごを編んだり,植物を支柱に結わえるのに用いる)
salcrauto, salcrauti 男 ザワークラウト
salda 女 1 洗濯用糊(のり) 2〔トスカーナ〕放牧用の草地
saldabile 形 1 清算されうる 2 溶接によって固定されうる
saldaconti 男〔不変〕1 会計事務所 2 簿記台帳 3 取引記録
saldacontista 男女〔複男 -i〕会計係, 簿記係
saldamente 副 しっかりと, 頑丈に
saldamento 男 1 はんだ付け 2 清算 3〔医〕瘢痕形成(cicatrizzazione)
saldare 他 1 つなぐ, 接合する 2 (はんだで)溶接する 3 清算[決済]する —arsi 再 1 (元通りに)つながる 2 (はんだで)付く, 結合する
saldato 形 1 はんだ付けされた, 溶接された 2 清算済みの
saldatoio 男 はんだごて
saldatore 男 1 はんだごて 2〔女 -trice〕溶接工
saldatrice 女 溶接機
saldatura 女 1 接合, 溶接, 接着 2 接合点, 接着点 3 過渡期
saldezza 女 強さ, 頑丈さ, 堅固さ; 確実性 —saldezza d'animo 精神の強さ
saldo¹ 男 1 清算 2 残余部分 3 バーゲン, 特売
saldo² 形 堅固な, 丈夫な
☆**sale**［サーレ］男 1 塩 —sali da bagno バスソルト 2 良識, 分別 ▶**avere sale in zucca** [**non avere sale in zucca**] 頭がよい[悪い] **restare di sale** びっくりする, 仰天する
saleggiola 女 〔植〕カタバミ
salentino 形 サレント(の人)の —男〔女 -a〕サレント人
Salento 固名 男 1 サレント地方(プーリア州南東部の半島域) 2 (il ~) サレント半島
salernitano 形 サレルノの; サレルノの人[方言]の —男 1〔女 -a〕サレルノの人 2〔単数のみ〕サレルノ方言
Salerno 固名〔女〕サレルノ(カンパーニア州の都市および県名; 略 SA)
sales engineer 熟〔男女〕〔英〕販売専門技術者
salesiano 形 サレジオ会の —男〔女 -a〕サレジオ会員(1859年に司祭ジョヴァンニ・ボスコによって設立されたカトリックの修道会)
salesman 男〔不変〕〔英〕外交販売員
sales manager 熟〔男女〕〔英〕販売部門の責任者
salga salire の命・3単; 接・現・1単[2単, 3単]
salgemma 男〔不変〕岩塩
salgo salire の直・現・1単
saliare 形 〔歴〕サリ族の
salibile 形 上ることができる
salicacea 女 ヤナギ科の植物
salice 男 〔植〕ヤナギ —salice piangente シダレヤナギ
saliceto 男 ヤナギが植えられている土地; ヤナギの林
salicilammide 女 〔化〕サリチルアミド(鎮静・解熱剤として用いる)
salicilato 男 〔化〕サリチル酸塩[エステル]
salicile 男 〔化〕サリチル酸から出る一価の残寄
salicilico 形〔複男 -ci〕〔化〕サリチル酸の —acido salicilico サリチル酸
salicilizzazione 女 サリチル酸塩による保存処理
salicina 女 〔化〕サリシン(ヤナギやポプラの樹皮に含まれる配糖体. 解熱剤に用いられる)
salicineo 形 ヤナギに関する
salico 形〔複男 -ci〕〔歴〕(フランク族の)サリ族の
salicornia 女 〔植〕アカザ科サリコルニア
saliente 形 1 上昇する, 突き出た 2 重要な —男 突出部
salienza 女 突出; 傑出, 重要性
saliera 女 (食卓用の)塩入れ
salifero 形 塩を含む, 塩を産出する —giacimento salifero 岩塩層
salificabile 形 塩に変えることができる
salificare 他〔io salifico〕…を塩に

salificazione 変える
salificazione 〖女〗塩に変えること, 塩化
salina 〖女〗 1 塩田 2 岩塩鉱 3 〔中伊・南伊〕料理用の塩
salinaio 〖男〗〖女[-a]〗塩田で働く人
salinare 〖形〗塩田の ━〖自〗塩田から塩を採る
salinaro 〔中伊〕→ salinaio
salinatore → salatore
salinatura 〖女〗塩を採ること
salinella 〖女〗メタンや海水と混ざった粘土; (泥炭土を発する)エトナ山地域の小噴火山
salinità 〖女〗塩分, 塩の濃度
salino 〖形〗塩の, 塩を含んだ —soluzione salina per lenti a contatto コンタクトレンズの洗浄液 ━〖男〗1 塩気 2〔北伊〕塩入れ
salinometro 〖男〗〔化〕塩分計, 検塩計
salinoso 〖形〗《文》塩の, 塩を含んだ
＊**salire** [サリーレ] [97] 〖自〗[es] 1 上がる; 登る, 昇る —La temperatura sale. 気温が上昇する. 2 乗る —salire su [in]... (乗り物)に乗る ━〖他〗(階段などを)登る
salisburghese 〖形〗 ザルツブルグ(の人)の ━〖男女〗ザルツブルグの人
Salisburgo 〖固名〗〖女〗ザルツブルク(オーストリア中部の都市)
saliscendi 〖男〗〖不変〗1 (扉や窓の)掛け金, かんぬき 2 (照明器具の)天井からの高さ調節装置
salita 〖女〗1 上ること, 上り; 上り坂 —strada in salita 上り道 2 上昇, 急騰 ▶ in salita 上りの; 困難な, 険しい
salitoio 〖男〗はしご, 上るのに用いられる用具
salitore 〖男〗〖女[-trice]〗上る人 ━〖形〗〖女[-trice]〗上る
saliva 〖女〗唾液
salivare, salivale 〖形〗 唾液の, 唾液に関する —dotto salivare 唾液管 / ghiandola salivare 唾液腺
salivare 〖自〗唾液を分泌する
salivatorio 〖形〗唾液分泌に関する
salivazione 〖女〗唾液分泌
sallustiano 〖形〗(古代ローマの歴史家)サルスティウスの, サルスティウスの作品の
Sallustio 〖固名〗〖男〗 (Gaio ~ Crispo)サルスティウス(前 86-35 頃; ローマの政治家・歴史家)
salma 〖女〗1 遺体, 亡き骸 2《古》穀物や液体の計測で用いられていた単位 3《文》(魂に対しての)肉体
salmarino 〖男〗〖複[sali marini]〗〔化〕塩化ナトリウム, 食塩(sale marino, sal marino)
salmastro 〖形〗(海水の濃度よりも低い)塩を含んだ, 塩味の ━〖男〗〖単数のみ〗塩味, 塩の香り
salmastroso 〖形〗塩の匂いがする, 塩を含んだ

salmeggiamento 〖男〗讃美歌詠唱
salmeggiare 〖自〗[io salmeggio] 讃美歌を歌う, 聖歌を朗誦する ━〖他〗(讃美歌を)詠唱する, 歌う
salmeggiatore 〖男〗〖女[-trice]〗 讃美歌を歌う[詠唱する]人
salmeria 〖女〗〔軍〕輜重(しちょう)
salmerino 〖男〗〔魚〕サケ科イワナ族の魚
salmerista 〖男〗〖複[-i]〗〔軍〕輜重(しちょう)に配属された兵士
salmì 〖男〗〔料〕サルミ(野禽の肉を煮込んだもの), シチュー —lepre in salmì ウサギの煮込み
salmiaco 〖男〗〖複[-ci]〗アンモニウムの塩化物で構成された無色の鉱物
salmista 〖男〗〖複[-i]〗詩編の聖歌作曲者[詠唱者]; (il S-)ダビデ, 詩編作者
salmistrare 〖他〗(牛や豚の舌に塩や硝酸をすり込み, 香草とともに数日塩水に浸けてから)ゆでて加工する
salmo 〖男〗旧約聖書の詩編; 教会の聖歌
salmodia 〖女〗詩編の歌; 聖歌の詠唱法
salmodiare 〖自〗[io salmodio] 聖歌を歌う
salmodico 〖形〗〖複[男 -ci]〗 聖歌の, 詩編の
salmografo 〖男〗詩編の作者[詠唱者]
salmonare 〖他〗(養殖中のマスにカロチンが豊富な甲殻類を与えて魚肉に)サケのような色を着ける
salmonato 〖形〗サケの色の着いた —trota salmonata サケの色が着いたマス
salmonatura 〖女〗(マスやサケの肉を)サーモンピンク色に着色すること
salmone 〖男〗1〔魚〕サケ, サーモン 2〖不変〗サーモンピンク ━〖形〗〖不変〗サーモンピンクの
salmonella 〖女〗1〔生物〕サルモネラ菌 2〔口〕サルモネラ症
salmonellosi 〖女〗〖不変〗〔医〕サルモネラ病, サルモネラ食中毒
salmonide 〖男〗〔魚〕サケ科の魚; (S-)〖複数で〗サケ科
salmoriglio 〖男〗魚や肉のグリル用調味料
salnitraio 〖男〗硝酸カリウムを製造する作業員
salnitro 〖男〗〔化〕硝酸カリウム, 硝石
salnitroso 〖形〗硝石の, 硝石を含む —terreno salnitroso 硝石を含む地盤
Salò 〖固名〗〖女〗 1 サロ(ロンバルディア州, Garda 湖畔の町) 2 (Repubblica di ~)サロ共和国(1943 年, ムッツリーニを首長として設立された暫定的国家; イタリア社会共和国の通称)
salodiano 〖形〗 サロ(Salò) (の人)の ━〖男〗〖女[-a]〗サロの人
salolo 〖男〗〔化〕サリチル酸フェニル
Salomè 〖固名〗〖女〗〔聖〕サロメ(ユダヤ王ヘロデ・アンティパスの後妻ヘロデヤの娘)
Salomone 〖固名〗〖男〗1〔聖〕ソロモン, サロモン(前 10 世紀頃; 統一イスラエル王国の王) 2〖女複〗(Isole ~)ソロモン諸島(南

太平洋の国)
salomone 男 (ソロモンのように)並外れて賢い博識な人
salomonese 形 ソロモン諸島(の人)の —男女 ソロモン諸島の人
salomonicamente 副 厳密に, 公正に
salomonico 形〔複[男 -ci]〕**1**(旧約聖書の)ソロモン王の **2**公平な, 偏らない —giudizio *salomonico* 公明正大な裁定
salone 男 **1**大広間, ホール **2**展覧会場 **3**〔中伊·南伊〕理容店, 美容室 —*salone* di bellezza 美容室
saloon 男〔英〕(19世紀後半のアメリカ西部の)酒場, バー
salopette 女〔不変〕〔仏〕サロペット, オーバーオール
salottiero 形 **1**サロンの, サロン通いの **2**軽薄な, 見せかけの
salotto 男 **1**応接間, 居間 **2**応接間での集まり, 社交的な集い ▶ da *salotto* 社交界の; くだらない, うわべだけの
salpa 女 **1**〔動〕サルパ **2**〔魚〕タイ科の魚
salpaancora 男〔不変〕アンカーウインチ(船舶の錨(いかり)を巻き上げる機械)
salpare 他 回収する, 海底から引き上げる —*salpare* l'ancora 錨(いかり)を上げる —自 [es] 出港する
salpinge 女〔医〕卵管, 耳管 **2**(古代ギリシャで戦闘時に使用した)ラッパ
salpingectomia 女〔医〕卵管摘出
salpingite 女〔医〕卵管炎, 耳管炎
salpingografia 女〔医〕(造影剤を用いた)卵管のX線検査
salsa[1] 女 ソース, たれ —*salsa* di pomodoro トマトソース
salsa[2] 女〔不変〕〔西·音〕サルサ(キューバまたはプエルトリコ発祥の音楽)
salsamentario 男 女[-a]〔トスカーナ〕豚肉加工食品店〔店主〕
salsamenteria 女〔トスカーナ〕(ハム·ソーセージ·チーズなどを扱う)食料品店
salsamento 男 ソースや塩で味つけた辛い料理; サラミソーセージ
salsarella 女〔植〕スイバ, スカンポ
salsato 形 ソースで味をつけた
salsedine 女 **1**塩気, 塩っぱさ, 塩分含有度 **2**〔医〕ヘルペス, 紅斑
salsedinoso 形 塩を含む, 塩気のある
salsese 形 サルソマッジョーレ(Salsomaggiore パルマ県の都市)(の人)の —男女 サルソマッジョーレの人
salsezza 女 塩気, 塩味
salsiccia 女〔複[-ce]〕ソーセージ
salsicciaio 男 女[-a]〕ソーセージ加工製造者
salsicciotto 男 (生で食べられる)大型ソーセージ
salsiera 女 ソース入れ
salso 形 塩味の, 塩分のある —l'acqua *salsa* del mare 海水 —男 塩味

salsobromoiodico 形 〔複[-ci]〕〔薬〕塩化物·臭化物とヨウ化ナトリウムを含んだ温泉の
salsoiodico 形〔複[男 -ci]〕〔薬〕塩化物とヨウ化ナトリウムを含む
salsuggine 女〔文〕塩味, 塩気
salsugginoso 形 塩辛い, 塩気のある
salsume 男 塩味; 塩漬けの食糧, 腸詰め肉, 塩漬け肉
saltabecca 女〔トスカーナ〕バッタ **2**ぴょんぴょん跳びながら歩く人
saltabeccare 自 **1**バッタのように跳ねて歩く **2**脈絡なしに話題を移す
saltabellare 自〔文〕軽く跳ぶ, ぴょんぴょん跳ぶ
saltabello 男 軽く跳ねること
saltafossi 男〔不変〕〔トスカーナ〕二輪馬車 **2**川釣り用の小型ボート **3**無分別[放埒(ほうらつ)]な人
saltafosso 男〔北伊〕罠(わな), 悪だくみ
saltaleone 男 渦巻きばね
saltamartino 男 **1**〔トスカーナ〕コオロギ, バッタ **2**落ち着きなく動き回る子供; 考えをころころ変える人
saltambanco → saltimbanco
saltamento 男 跳躍, 跳ぶこと
saltanseccia 女〔複[-ce]〕《文》移り気な人
*__saltare__ [サルターレ] 自 **1**跳ぶ, 跳ねる, ジャンプする —*saltare* dalla gioia 喜びで跳ねる **2**[es] 飛び乗る, 飛び降りる, 飛び込む —*saltare* in acqua 水に飛び込む / *saltare* su un treno 列車に飛び乗る **3**[es] (電気系統が)切れる, 飛ぶ **4**[es] 破裂する, 飛び散る —他 **1**飛び越える **2**(食事などを)抜く, 飛ばす **3**油やバターで強火で炒(いた)める ▶ far *saltare* la mosca al naso 苛立たせる, 怒らせる *saltare* di palo in frasca 急に話題を変える, 脈絡のない話をする *saltare* fuori 突然現れる, 飛び出す
saltarello 男 サルタレッロ(アブルッツォ州やラツィオ州の伝統舞踊)
saltarupe 男〔不変〕〔動〕レイヨウ, アンテロープ
saltato 形 強火でキツネ色に炒(いた)めた, ソテーした
saltatoio 男 上で飛び跳ねることができる場所や物; (鳥かごの中の)止まり木
saltatore 男 女[-trice]〕**1**《文》曲芸師, 軽業師, ダンサー **2**〔スポ〕走り高跳びや走り幅跳びの選手; スキーのジャンプの選手 **3**障害馬 —形 跳躍する
saltatorio 形 踊りの, 踊り手の
saltazione 女〔文〕舞踏, ダンス
saltellamento 男 ぴょんぴょん跳ぶこと
saltellante 形 跳ねながら動く; (光や炎が)ちらちらまたたく
saltellare 自 **1**ぴょんぴょん跳ねる跳ねる —*saltellare* per la gioia 小躍りする **2**(ボールなどが)はずむ **3**(心が)ときめく —Il cuore le *saltellava* in petto per

l'emozione. 彼女の心は感情の高ぶりでときめいていた.

saltellato 形 〔音〕サルテッラート(弦楽器の弓を弾ませる奏法)

saltellio 男 継続的な跳躍

saltello 男 1 (地面から足がほとんど離れないほどの)軽い跳躍; 〔複数で〕(体操で)軽く飛び跳ねること 2 バッタ, イナゴ

salteIIoni, salteIIone 副 跳ねながら —camminare a saltelloni 跳ねながら歩く

salterellare 自 跳びながら小走りする, ぴょんぴょんと跳ぶ

salterello 男 1 ぴょんぴょん跳ねること 2 爆竹 3 〔音〕チェンバロの弦をはじくための爪のついた木片, ジャック 4 (踊りの)サルタレッロ

salterio 男 1 〔音〕プサルテリウム 2 旧約聖書の詩篇 3 尼僧のヴェール

salticchiare 自 〔io salticchio〕ぴょんぴょん跳ぶ, 軽く跳ぶ

saltico 男〔複[-ci]〕(黒い小さな)クモ

saltimbanco 男〔複[-chi]女[-a]〕1 (大道の)軽業師 2 いかさま師, ペテン師

saltimbocca 男 〔不変〕〔料〕サルティンボッカ(生ハムとセージを使った子牛の肉のソテー; ローマの名物料理)

saltimpalo 男 〔鳥〕ノビタキ

＊salto [サルト] 男 1 跳躍, ジャンプ — spiccare un salto ジャンプする, 跳び上がる 2 飛躍, 急上昇 3 〔スポ〕(スキーなどの)ジャンプ競技 4 急な落差 5 瀑布, 急勾配による水流 6 短い訪問, ちょっと立ち寄ること —fare un salto a... …に立ち寄る

saltometro 男 〔スポ〕走り高跳びの目盛りの付いた支柱

saltuariamente 副 不定期に

saltuarietà 女 不規則さ; 不連続, 偶発性

saltuario 形 不定期の, 時たまの

saluberrimo 形 〔salubre の絶対最上級〕極めて健全な

salubre 形 健康によい; 健全な

salubremente 副 健康的に, 健全に

salubrità 女 健康によいこと, 健全であること

salumaio 男 豚肉加工従事者(販売者), ハムやソーセージの販売者

salume 男〔複数で〕豚肉の加工食品(ハムやソーセージ); 塩漬けにした食品

salumeria 女 豚肉加工食品の専門店

salumiere 男 豚肉加工食品屋

salumificio 男 豚肉加工工場

salureşi 〔不変〕〔医〕無機塩排泄(の)

saluretico 男〔複[-ci]〕〔医〕塩分排泄(の)剤 —形〔複[男 -ci]〕塩分排泄を促進する

＊salutare¹ [サルターレ] 他 1 挨拶する —salutare... con un cenno del capo (人)に会釈する, うなずく / Salutami i tuoi. 家族の皆さんによろしく. 2 別れを告げる, 見送る 3 訪ねる —Domani verrò a salutarti. 明日君のところに行くつもりだ. 4 迎え入れる —arsi 再 挨拶し合う

salutare² 形 健康によい, 健康に役立つ

salutarmente 副 健康的に

Salutati 固名(男) (Coluccio ~)サルターティ(1331-1406)ペトラルカ没後のイタリアを代表する人文主義者)

salutatore 男〔女[-trice]〕1 挨拶をする者 2 〔歴〕(ローマ帝国で)敬意を表明しに行く者

salutatorio 形 挨拶の —男〔歴〕(ローマ帝国の)謁見の間; (修道院や寄宿学校の)面会室, (教区司祭が司教を迎えるための)小礼拝堂

salutazione 女 挨拶 —salutazione angelica (聖母マリアへの)天使祝詞

＊salute [サルーテ] 女 1 健康, 体の状態 2 安全, 保障 ▶ (bere) alla salute di... (人)の健康を祝して乾杯(する) —Salute! 乾杯! ! | 〔くしゃみをした人に〕お大事に. | 〔驚嘆して〕わあ, すごい.

salutevole 形 健康の, 健康にする; 挨拶の, 挨拶を表す

salutevolmente 副 有益に, 楽々と

salutino 男〔口〕(親しい相手のところに)挨拶に立ち寄ること —Vengo a farti un salutino dopo. 後で君のところに挨拶に行くよ.

salutismo 男 ヘルシズム, 健康至上主義

salutissimo 男〔複数で; 手紙の最後に書く挨拶の決まり文句〕—salutissimi da noi 私たちから挨拶を込めて

salutista 男女〔複[男 -i]〕1 健康至上主義者 2 救世軍のメンバー —形〔複[男 -i]〕健康至上主義の

salutisticamente 副 健康第一に

salutistico 形〔複[男 -ci]〕健康至上主義の, 健康至上主義者の

＊saluto [サルート] 男 挨拶(のしぐさ[言葉]) —distinti saluti 敬具 / rivolgere il saluto a... (人)に挨拶する

salva 女 1 祝砲; 一斉射撃 2 (笑いや拍手が)一斉に起こること —una salva di risate [applausi] 一斉の爆笑[拍手喝采]

salva- 接頭 「救助や保護に役立つ」の意

salvabile 形 救うことができる —男 救済されうるもの, 破滅から逃れうるもの —salvare il salvabile 救えるものはすべて救う

salvacondotto 男 (管轄当局から発行される)入場許可証, 通行証; 召喚状

salvadanaio, salvadanaro 男 貯金箱

Salvador → El Salvador

salvadore → salvatore

salvadoregno 形 エルサルバドル(人)の —男〔女[-a]〕エルサルバドル人

salvagente 男〔不変, または複[-i]〕1 救命具(浮き輪や胴衣) 2 (道路の)安

salvagocce 全地帯, 中央分離帯

salvagocce 男 〖不変〗(液垂れ防止の)特殊な栓〖注ぎ口〗

salvaguardare 他 守る, 防御する —*salvaguardare i propri diritti* 自分の権利を守る **—arsi** 再 身を守る —*salvaguardarsi dai rischi* 危険から身を守る

salvaguardia 女 保護, 監視, 防御 —*la salvaguardia dell'ambiente naturale* 自然環境保護 / *a salvaguardia di...* …を守って

salvamano 男 〖不変〗(機械工が用いる)防護手袋, 手腕カバー

salvamento 男 救助, 救済 —*a salvamento* 安全に, 無事に

salvamotore 男 〖不変〗モーターの安全装置

salvamuro 男 〖不変〗部屋の壁面の羽目板

salvapunte 男 〖不変〗(鉛筆やボールペンの)キャップ; (靴底のつま先を保護する)半月状の金属やゴム

*salvare [サルヴァーレ] 他 **1** 救う, 救い出する, 助ける —*salvare la vita a...* (人)の命を救う **2** (危険や被害から)守る **3** (機能や状態を)保つ, 守る —*salvare la faccia* 面目を保つ **4** 〖コン〗保存する, セーブする **—arsi** 再 **1** (da)…から逃れる **2** 危険を回避する, 身を守る **3** 無事でいる

salvaschermo 男 (パソコンの)スクリーンセーバー

salvastrella 女 〖植〗ワレモコウ

salvatacchi 男 〖不変〗 → salvatacco

salvatacco 男 〖複 [-chi]〗(靴のヒールの摩耗を防ぐために付ける金属やゴムの)ヒールチップ

salvataggio 男 **1** 救助作業; 救済措置 **2** 〖スポ〗(サッカーで)キーパーや選手がゴールを阻止する動き

Salvatore 固名 〖男性名〗サルヴァトーレ

salvatore 男 〖女 [-trice]〗**1** 人命救助者, 救済者 **2** (il S-)イエス・キリスト **—形** 〖女 [-trice]〗**1** 救助する, 救済する **2** 精神的な救いの

salvatutto 形 〖不変〗複雑な問題を完全に解くのを可能にする

salvavita 形 〖不変〗命を救うことができる —*cane salvavita* 救助犬 **—男** 〖不変〗〖商標〗(電気機器に付ける)安全装置

salvazione 女 精神的な救済

salve 間 〖親しい相手に〗やあ, どうも **—男** 〖不変〗挨拶

Salvemini 固名(男) (Gaetano 〜) サルヴェーミニ (1873-1957; イタリアの政治家・歴史学者. イタリア社会党党員)

salveregina, Salve Regina 男女 〖不変〗(ロザリオの祈りの初めや最後に唱えられる)聖母マリアへの祈りの文句

salvezza 女 **1** 安全(保障) **2** 救い, 救済 **3** 逃げ道 **4** 〖スポ〗チームのランクが下がらないこと, リーグ落ちをしないこと

salvia 女 〖植〗セージ; サルビア

salvietta 女 **1** 紙製の食卓用ナプキン; お手拭き **2** 〖北伊〗タオル

salvifico 形 〖複 [男 -ci]〗精神的な救済をもたらす

salvo 形 無事な, 安全な, 救われた **—前** …以外の, …を除いて ▶ *salvo che non* + 接続法 ただし…しない場合に限り, …する場合にはこの限りにあらず

samara 女 〖植〗翼果

samaridio 〖植〗双翼異果(二つの翼果から成る果物)

samaritano 形 (古代パレスチナの一地方)サマリア(人)の **—男 1**〖単数のみ〗(サマリアで話されていた)セム語系言語 **2**〖女 [-a]〗サマリア人

samba 男 〖複[男不変, 女 [-e]]〗サンバ(ブラジルの民族舞踊, またその音楽)

sambernardo → sanbernardo

sambista 男女 〖複[男 -i]〗サンバの踊り手〖作曲者, 歌手〗 **—形** 〖複[男 -i]〗サンバの

sambuca 女 サンブーカ(アニス酒に似たリキュール)

sambuco¹ 男 〖複 [-chi]〗〖植〗ニワトコ(スイカズラ科の植物)

sambuco² 男 〖複 [-chi]〗(紅海やインド洋で航行に用いられた)帆船

sammarinese 形 サンマリノ共和国の; サンマリノ人の **—男女** サンマリノ人

samoano 形 サモアの; サモア人[語]の **—男 1**〖女 [-a]〗サモア人 **2**〖単数のみ〗サモア語

Samoa 固名(女複) サモア

samoiedo 形 サモイェード族の; サモイェード語の **—男 1**〖単数のみ〗サモイェード語 **2** サモイェード犬 **3**〖女 [-a]〗ウラル系サモイェード族の人

samovar 男 〖不変〗〖露〗サモワール(ロシアのお茶用湯沸かし器)

sampan, sampang 男 〖不変〗(中国など)極東の小型木造平底船, サンパン

sampdoriano 形 (サッカーチームの)サンプドーリアの **—男** 〖女 [-a]〗サンプドーリアの選手〖サポーター〗

sampiero → sampietro

sampietrino 男 **1** サンピエトロ寺院の補修や装飾に従事する職人 **2** 18世紀末に鋳造された教皇庁発行の銅貨 **3** ローマ市街やサンピエトロ寺院前の石畳

sampietro 男 〖魚〗マトウダイ

samsara 男 〖不変〗〖サンスクリット〗(インド哲学・宗教の)輪廻(2A)転生

Samuele 固名(男) 〖聖〗サムエル(古代イスラエルの予言者・最後の士師)

samum 男 〖不変〗シムーン(中近東やアフリカの砂漠で発生する熱風の砂嵐)

samurai 男 〖不変〗〖日〗武士, 侍

san santo の語尾切断形

sanabile 形 **1** 治療可能な, 矯正しうる —*ferita sanabile* 治癒可能な傷 **2**〖法〗新たに有効とされる

sanabilità 囡 治癒しうること
sanabilmente 副 治癒可能で
sanale 〔トスカーナ〕→ sagginale
sanamente 副 健やかに, 健全に
sanamento 男 回復; 治療; 開墾
sanare 他 1 (病気・傷を)治す, 癒やす 2 (土地を)開墾する 3 正常な状態に戻す —自 〔es〕治る **—arsi** 再 治る, 治癒する; (痛み等が)おさまる, 鎮まる
sanatore 形 〔女[-trice]〕治癒する; 罪から解放する **—**男〔女[-trice]〕治療する者
sanatoria 囡 〔法〕(法的に無効な行為の)追認
sanatorio 男 サナトリウム **—**形 〔法〕追認の
sanbabilino 男〔女[-a]〕ミラノの中産階級のネオ・ファシストの若者(1960～70年)
sanbernardo 男 〔不変, または複[-i]〕セントバーナード(大型犬の一種)
sancire 他 〔io -isco〕1 〔法〕承認する, 批准する 2 確定する, 確認する
sancta sanctorum 慣(男) 〔ラ〕至聖所; 特権ある少数のみが入れる場所
sanctificetur 男女〔不変〕〔ラ〕信心家ぶった偽善者
sanctus 男 〔不変〕〔ラ〕サンクトゥス, 三聖唱; (ミサで)サンクトゥスを行う時間
sanculotto 男〔女[-a]〕1 〔歴〕サンキュロット(フランス革命の労働者階級の革命支持者) 2 急進的過激派
sandalificio 男 サンダル工場
sandalo[1] 男 白檀(びゃくだん), 白檀のお香
sandalo[2] 男 サンダル
sandalo[3] 男 底の平らな小舟
sandolino 男 スカル(パドルで漕ぐ, 一人または二人用の競技用ボート)
Sandra 固名〔女性名〕サンドラ
sandracca 囡 サンダラック(ワニスを作るために使用される木の樹脂)
Sandro 固名〔男性名〕サンドロ
sandwich 男〔不変〕〔英〕サンドイッチ
sanfedismo 男 〔歴〕サンフェディズモ(反動主義的反自由主義的なイデオロギー傾向)
sanfedista 形〔複[男 -i]〕〔歴〕サンフェディズモの擁護者の, サンフェディズモの擁護者の, 反動主義者の **—**男女〔複[男 -i]〕サンフェディズモの擁護者, 反動主義者
sanforizzare 他 (織物を)サンフォライズ〔防縮〕加工をする
Sangallo 固名(男) 1 (da ~)サンガッロ(フィレンツェの技術者一門. 1480年代から三世代にわたって名工を輩出) 2 (Giuliano da ~)ジュリアーノ・ダ・サンガッロ(1443/45-1516; 建築家. 老アントニオの兄) 3 (Antonio da ~ il Vecchio)老アントニオ・ダ・サンガッロ(1453/55-1534; 教皇アレクサンドロス6世の建築技師. ジュリアーノの弟) 4 (Antonio da ~ il Giovane)若アントニオ・ダ・サンガッロ(1484-1546; 建築家. 本名 Antonio di Bartolomeo Cordini)

sangallo 男〔不変〕イギリス刺繡をした織物 **—**形〔不変〕イギリス刺繡の **—**pizzo *sangallo* イギリス刺繡
sangiacco 男〔複[-chi]〕〔歴〕(オスマン帝国の)行政長官
San Gimignano 固名(女) サン・ジミニャーノ(トスカーナ州 Siena 県の町)
sangiovese 男〔不変〕サンジョヴェーゼ(赤ワイン用のブドウ品種; その品種で作る赤ワイン)
San Gottardo 固名(男) (Passo del ~)サン・ゴタール峠(スイス, アルプスのサン・ゴタール山塊を越える峠)
sangria 囡〔不変〕〔西〕サングリア(赤ワインをソーダやオレンジジュースなどで割り, 果物を加えた飲み物)
※**sangue** 〔サングエ〕男〔単数のみ〕1 血, 血液 2 血筋, 血統, 家系; 祖先, ルーツ 3 何もかも, 全身全霊 4 大虐殺 5 〔医〕多血質(ヒポクラテスの四体液の一つ) 6 〔間投詞として〕*—sangue di Bacco!* 何てことだ. |こんちくしょう. **—**形〔不変〕血の色の **—**rosso *sangue* 血のような赤 ▶ *all'ultimo sangue* 生きるか死ぬかの, 生死を賭けた *al sangue* (肉の焼き具合が)レアの *a sangue caldo* 興奮して *a sangue freddo* 冷静に, クールに; 冷たく, 冷徹に *farsi cattivo sangue* 怒る, 腹を立てる *sudare [sputare] sangue* 血のにじむ思いをする
sanguemisto 男女〔複[男 -i]女不変〕雑種の動物, (人間の)混血, 混血者
sangui- 腰頭 「血(の)」の意
sanguifero 形 血液循環の; 血を含む, 血を運ぶ
sanguificare 他〔io sanguifico〕造血を促進する
sanguificazione 囡 血管新生, 造血
sanguigna 囡 (パステルのための)赤味がかった黄土; 赤味がかった黄土で作るパステル; 赤味がかった黄土のパステル画
sanguigno 形 1 血の, 血液の **—**pressione *sanguigna* 血圧 / gruppo *sanguigno* 血液型 2 血の色をした, 真っ赤な 3 血気盛んな 4〔医〕(古代四体液説で)多血質の **—**男〔不変〕〔文〕血の色
sanguinaccio 男 サングイナッチョ(豚の血を使ったソーセージ; チョコレートクリームに豚の血を入れた菓子)
sanguinante 形 1 (肉が)血の滴る 2 (心が)傷ついた, 苦痛にさいなまれた
sanguinare 自〔io sanguino〕1 出血する 2 (胸が)痛む
sanguinariamente 副 残虐に, 残忍に
sanguinario 形 流血を好む, 凶暴な, 残虐な **—**男〔女[-a]〕残虐な人, 暴君
sanguinella 囡〔植〕ハナミズキ
sanguinello 男 サングイネッロ(シチリア産のブラッド・オレンジ)
sanguinolento 形 1 出血する, 血が

sanguinosamente 止まらない 2 (肉が)レアで血の滴る; 血なまぐさい
sanguinosamente 副 血まみれで
sanguinoso 形 1 血まみれの; 流血の, 血なまぐさい 2 致命的な
sanguisuga 女 1 〔動〕ヒル 2 強欲な人, たかり; 迷惑な人
sanificare 他 〔io sanifico〕(食品関係の設備や器具を)消毒する, 殺菌する
sanificazione 女 (食品関係の設備・器具の)消毒, 殺菌;〔食品関係〕
sanità 女 1 健康, 健全さ 2 保健, 衛生 —Organizzazione Mondiale per la *Sanità* 世界保健機関 / Ministero della *Sanità* 保健省
sanitario 形 保健衛生の, 公衆衛生の —男 1 〔官庁用語で〕医師 2 〔複数で〕水回りの設備 (洗面台・シャワー・便器など)
sanitarista 男女〔複 男 -i〕衛生用品の発案〔販売〕者
sanitizzazione → sanificazione
Sanluri 女 サンルーリ (サルデーニャ特別自治州の都市)
San Marino 固名 1 男 サンマリーノ 2 女 サンマリーノ共和国 (の首都)
Sannazaro 固名 (男)(Iacopo 〜) サンナザーロ (1457-1530; イタリアの詩人・人文主義者)
Sannio 固名 (男) サムニウム, サンニオ (古代カンパーニア地方のオスク人居住地域)
sannita 形〔複 男 -i〕〔歴〕サムニウム人の —男女〔複 男 -i〕〔歴〕サムニウム人
sannitico 形〔複 男 -ci〕〔歴〕サムニウム人の
sanno sapere の直・現・3 複
*__sano__ [サーノ] 形 1 健康な, 丈夫な 2 健康によい 3 健全な, 良識のある, 正常な 4 〔中伊・南伊〕完全な, まるごとの 5 正직な, 公正な ▶ **di sana pianta** 完全に, 何から何まで ▶ **sano e salvo** 無事に
San Paolo 固名 (女) サンパウロ (ブラジル南部に位置する南米最大の都市)
sanpietrino → sampietrino
sanremese 形 サンレモ(の人)の —男女 サンレモの人
Sanremo, San Remo 固名 (女) サンレモ (リグリア州の都市)
sanrocchino 男 巡礼者のケープ, 女性用の肩マント
sansa 女 オリーブの搾りかす
San Sabba 固名 (女) (La Risiera di 〜) サン・サッバ精米所 (1943-45 年, ナチス占領下の Trieste において強制収容所として使用される)
sanscrito 男〔単数のみ〕サンスクリット, 梵(ぼん)語 —形 サンスクリット〔梵語〕の
sansevieria 女〔植〕サンセベリア, チトセラン
sans façon 副〔仏〕気取らずに, 気軽に, 格式張らずに
sans-gêne 形〔不変〕〔仏〕平然とした, 無遠慮な, 厚かましい —副 平然と, 無遠慮に

Sansone 固名 (男)〔聖〕サムソン (怪力の士師の一人. 古代イスラエルの英雄)
sansone 男 筋骨隆々の怪力の持ち主 (旧約聖書のサムソンより)
santabarbara 女 1 戦艦の弾薬庫 2 一触即発の状況
santamente 副 1 聖人にふさわしく, 神聖さをもって 2 公正に, 清廉潔白に
Sant'Anna di Stazzema 固名 (女) サンタンナ・ディ・スタッツェーマ (トスカーナ州 Lucca 県の小村) —l'Eccidio di *Sant'Anna di Stazzema* サンタンナ・ディ・スタッツェーマの虐殺 (1944 年, ナチスによる村民ら 560 名の殺害)
Sant'Elena 固名 (女) セントヘレナ島 (南大西洋上の火山島; 英国領)
Sant'Elia 固名 (男) (Antonio 〜) サンテリア (1888-1916; イタリアの建築家)
santerellina 女 無邪気さや純真さを装う若い娘, かまとと —fare la *santerellina* かまととぶる
santerello 男 〔女 -a〕 1 純真で善良な若者 2 〔皮肉で〕信心深さを装う者
santiagheno 形 (チリの)サンチャゴ(の人)の —男女〔複 -a〕サンチャゴの人
santiddio 間〔失望・驚きを表して〕何てことが
santificabile 形 列聖の可能性のある
santificante 形 列聖する, 神聖なものにする
santificare 他〔io santifico〕神聖なものにする, 列聖する, 称える —arsi 再 聖人になる
santificatore 形 神聖化する, 祝聖する —男〔女 -trice〕列聖する者
santificazione 女 聖化, 列聖
santino 男 小さい宗教画〔イコン〕; 死者を記念した画像のカード
santippe 男〔単数のみ〕口やかましく文句ばかり言う妻 (ソクラテスの妻のクサンティッペから)
santissimo 男〔カト〕聖体, 聖餐(さん); 臨終時の聖体拝受 —形 極めて神聖な
santità 女 1 神聖さ; 尊厳, 清廉 2 (S-) 聖下〔教皇に対する尊称〕—Sua *Santità* 教皇聖下
*__santo__ [サント] 形〔単数名詞に前置される場合, 子音で始まる男性名詞の前では san, ただし s + 子音で始まる男性名詞の前では santo, 母音で始まる男性名詞および女性名詞の前では sant', それ以外の女性名詞の前では santa となる; 複数名詞の前では santi (男), sante (女) と規則変化する〕 1 聖なる, 神聖な —campo *santo* 墓地 2 〔聖人の呼び名〕聖… 3 慈悲深い, 聖人のような —男〔女 -a〕 1 聖人 2 聖人のような人, 慈悲深い人 3 聖名祝日 ▶ **in santa pace** のんびりと, 何の心配もなく ▶ **La Santa Sede** バチカン, ローマ教皇〔法王〕庁 ▶ **Non c'è santi che tengano.** もうなすすべがない. | 何も止める手段がない. ▶ **Settimana Santa** 聖週 (復活祭前の 1 週間) ▶ **tutto il santo giorno** まる一日, 一日中

santocchio 形 信者ぶった，信仰心があるように偽った ―男〔女[-a]〕信仰心ありげに偽る人；偽善者

santofilla 女〔生化〕キサントフィル（葉緑体や卵黄に含まれる黄色の色素）

santolina 女〔植〕ワタスギギク

santolo 男〔北伊〕代父，名付け親

santone 男〔女[-a]〕隠者；カリスマ的な人物

santonina 女 サントニン（回虫駆除薬）

santoreggia 女〔複[-ge]〕〔植〕キダチハッカ，セイボリー

santuario 男 1 教会，聖堂（特に聖遺物や奇跡に関わる品を安置したり，奇跡が起こった場所に建てられた教会）―*santuario* scintoista 神社 2 聖域，神域 3 安らぎの場

sanvincentese 形 セントビンセント（人）の ―男女 セントビンセント人

sanzionabile 形〔法〕認可[批准]されうる

sanzionare 他〔法〕認可[批准]する；制裁規定により罰する

sanzionatore 形〔女[-trice]〕1〔法〕認可[批准]する 2 制裁する ―男〔女[-trice]〕認可[制裁]する者

sanzionatorio 形 1 認可，批准 2 制裁措置に関する

sanzione 女〔法〕認可，批准；制裁措置

São Tomé e Príncipe 固名〔女〕サントメ・プリンシペ

sapa 女 ブドウの絞り汁を煮詰めたもの（調味料）

sapere¹ [サペーレ] [98] 他 1（知識や情報として）知る，知っている ―*Sai* dove abita Mario? マリオがどこに住んでいるか知ってるかい？ / Non *lo so*. 知りません。2（補助動詞として；不定詞とともに）（能力・技術として）…できる ―*So* guidare la macchina. 私は車の運転ができます。 / Quante lingue straniere *sa* parlare? 何か国語を話せますか。 ―自 1（di）…の匂い[味]がする ―Questa sala *sa* di fumo. この部屋は煙臭い。2 …の気がする ―Mi *sa* che piove. 雨が降りそうな気がする。 ▶ *Lo sai che...?* 実はね，…なんだよ。 *saperla lunga* 抜け目がない，狡猾(こうかつ)である，抜け目が無い

sapere² 男 知識，学識，博識

sapido 形 1 味のよい，おいしい 2（話者が）ウイットに富んだ，（話が）気の利いた，ユーモアのある

sapiente 形 1 博識の，学識豊かな 2 賢明な，思慮深い ―男女 哲人，賢者

sapientemente 副 賢明に，思慮深く，巧みに

sapientone 形 知ったかぶりの ―男〔女[-a]〕知ったかぶりをする者，エセ学者

sapienza 女 1 賢明さ，賢知 2 学識，博識 3（La S-）ローマ大学

saponaceo 形 石けんのような，石けんに似た

saponaria 女〔植〕シャボンソウ；シャボンソウの根から採れる物質

saponata 女 1 石けん水，石けんの泡 2 お世辞，おべっか

sapone [サポーネ] 男 石けん ―*ragazza* acqua e *sapone* 化粧っ気のない[飾り気のない]女の子

saponetta 女 1 化粧石けん 2 (19世紀の)懐中時計

saponiero 形 石けんの，石けん製造に関する ―*industria saponiera* 石けん産業

saponificare 他〔io saponifico〕〔化〕鹸化させる

saponificazione 女〔化〕鹸化

saponificio 男 石けん工場

saponina 女〔化〕サポニン（ステロイドの配糖体）

saponoso 形 石けん液を含んだ，石けん状の

sapore [サポーレ] 男 1 味，風味 2 味わい，面白み ―*parole dal sapore* amaro 辛辣な言葉 / *senza sapore* 味のない，面白味のない 3 活気 4〔複数で〕香草

saporitamente 副 おいしそうに，風味よく，大いに，心ゆくまで

saporito 形 1 おいしい，風味のある 2 塩味のきいた 3 ウイットに富んだ，しゃれた ―*parola saporita* ウイットに富んだ言葉 4（勘定や値段が）高すぎる，法外な 5 満ち足りた，快い

saporoso 形 1 風味のよい，濃くておいしい 2 気の利いた，(話が)人の気を引く，惹きつける

sappi sapere の命・2 単

sappia sapere の命・3 単；接・現・1 単[2 単, 3 単]

sappiamo sapere の直・現・1 複

saprei sapere の条・現・1 単

saprò sapere の直・未・1 単

sapro- 接頭「腐敗」「分解」の意

saprofita 男〔複[-i]〕腐生植物

saprofito 形 腐生植物の ―男 腐生植物

saprofitismo 男〔生物〕腐生

sapropelite 女〔地質〕腐泥

saputello 形 大人っぽく振る舞う，ませた，知ったか顔の ―男〔女[-a]〕ませた子供，物知り顔をする者

saputo 形〔文〕博識な；有名な；〔蔑〕物知り顔をする，知ったかぶりの ―男〔女[-a]〕〔蔑〕知ったかぶりをする人

Sara 固名〔女〕1〔女性名〕サラ 2〔聖〕サラ（アブラハムの妻，初名サライ）

sarà essere の直・未・3 単

sarabanda 女 1〔音〕サラバンド（舞曲，舞踊）2 馬鹿騒ぎ

saracco 男〔複[-chi]〕（梯(はしご)形で短い握りのある）引き鋸(のこ)

saraceno 形（中世・ルネッサンス期の）イスラム教徒の；サラセン人の ―*grano saraceno* ソバ ―男（中世・ルネッサンス期の）イスラム教徒；サラセン人

saracinesca 女 1 シャッター，鎧(よろい)

saracino 戸; (城や要塞の)落とし格子 **2** 水門

saracino → saraceno

sarago 男〔複 -ghi〕〔魚〕アフリカチヌ

Saragozza 固名(女) サラゴサ(スペイン北東部の古都)

Sarajevo 固名(女) サラエボ(ボスニア・ヘルツェゴビナの首都)

sarcasmo 男 辛辣な皮肉; 辛辣で人を小馬鹿にした文章[言い回し]

sarcasticamente 副 皮肉を込めて, 嫌味っぽく

sarcastico 形〔複[男 -ci]〕皮肉な, 当てこすりの, 辛辣な言い方をする

sarchiare 他〔io sarchio〕(土をほじくりながら)鍬(<ruby>鍬<rt>くわ</rt></ruby>)で雑草を除去する

sarchiatrice 女 除草機

sarchiatura 女 鍬(<ruby>鍬<rt>くわ</rt></ruby>)で雑草を刈ること

sarchio 男 鍬(<ruby>鍬<rt>くわ</rt></ruby>)の一種

sarco- 接頭「肉(の)」「肉質の」の意

sarcofaga 女〔虫〕ニクバエ

sarcofago 男〔複 -ghi, -gi〕(古代の)石棺

sarcoma 男〔複[-i]〕〔医〕肉腫

sarda¹ 女〔魚〕イワシ

sarda² 女〔鉱〕紅玉髄, カーネリアン

sardanapalesco 形〔複[男 -chi]〕放埒(ほうらつ)でぜいたく三昧の生活の; 豪奢(ごうしゃ)すぎる

sardanapalo 男 堕落的で華美な生活をおくる者

Sardegna 固名(女) **1** サルデーニャ島 **2** サルデーニャ特別自治州(イタリア南部の州)

sardegnolo 形 (特に動物を指して)サルデーニャの;〔蔑・諧〕サルデーニャ人の

sardella 女《口》(油漬けの)イワシ

sardina 女 **1**〔魚〕イワシ **2** (油漬けの)イワシ, (オイル)サーディン

sardismo 男 (第一次世界大戦後の)サルデーニャの自治独立運動

sardità 女 サルデーニャらしさ, サルデーニャの固有性[独自性]

sardo 形 サルデーニャの; サルデーニャ人[語]の 一男 **1**〔女 -a〕サルデーニャの人 **2**〔単数のみ〕サルデーニャ語

sardonia 女〔植〕タガラシ

sardonica 女〔鉱〕紅(べに)縞瑪瑙(しまめのう), サードニクス

sardonicamente 副 あざ笑って

sardonico 形〔複[男 -ci]〕嘲笑した, 皮肉な; 人を馬鹿にした

sarebbe essere の条・現・3 単

sarei essere の条・現・1 単

sargasso 男 **1** ホンダワラ類の海藻 **2** サルガッソ海(Mar dei Sargassi)

sargia 女〔複 -ge〕〔織〕サージ

sargo → sarago

sari 男〔不変〕サリー(インドの民族衣装)

sariga 女〔動〕オポッサム

sarissa 女 (マケドニアで使われていた)戦用の長い槍(やり)

sarmata 男〔複[-i]〕 サルマティア人 一形〔複[男 -i]〕サルマティア(人[語])の

sarmatico 形〔複[男 -ci]〕〔歴〕サルマティアの; サルマティア人[語]の 一男〔単数のみ〕サルマティア語

sarmento 男 (ブドウなどの)垂れ下がっている蔓(つる)

sarò essere の直・未・1 単

Sarpedone 固名(男)〔ギ神〕サルペドン(ホメロスが描いた英雄)

Sarpi 男 (Paolo 〜) サルピ(1552-1623; イタリアの神学者・歴史家)

sarrocchino → sanrocchino

sartia, sartia 女〔船〕(マストの先端から舷側に張る)横静索(おうせいさく), シュラウド

sartiame 男〔船〕索具, 綱具

sartina 女 仕立て屋の若いお針子

sarto 男〔女 -a〕 **1** 仕立て屋, 洋服屋, テーラー **2** ファッションデザイナー **3** (映画演劇の)衣装係

sartoria 女 **1** (オーダーメードの)洋裁店, ブティック **2** 仕立ての技術

sartoriale 形 洋服屋の, 仕立て屋の

sartorio 形〔次の成句で〕 一 *muscolo sartorio*〔解〕縫工筋(大腿骨の筋肉)

sartù 男 サルトゥ(ナポリの米・モッツァレラ・キノコ・卵のプディング)

sasanide 形〔歴〕(ペルシャの)ササーン朝の 一男 (S-)〔複数で〕ササーン朝

sassaia 女 小石だらけの地面

sassaiola 女 的に向かって石を投げること, 石を投げ合うこと

sassaiolo 形 (動物が)石の上や岩の間に棲む

sassarese 形 サッサリの; サッサリの人[方言]の 一男女 サッサリの人 一男〔単数のみ〕サッサリ方言

Sassari 固名(女) サッサリ(サルデーニャ特別自治州の都市および県名; 略 SS)

sassata 女 投石

sassella 女 サッセッラ(ロンバルディア州ソンドリオ産のブドウ品種; その品種で作る辛口の赤ワイン)

sassello 男〔鳥〕ワキアカツグミ

sasseto 男 → sassaia

sassifraga 女〔植〕ユキノシタ

***sasso**〔サッソ〕男 **1** 石 一*tirare un sasso* 石を投げる **2** 岩, 岩山 ▶*essere di sasso* 冷淡である, 動じない *restare di sasso* あっけにとられる

sassofonista 男女〔複[男 -i]〕サクソフォン奏者

sassofono〔音〕サクソフォン

sassofrasso 男〔植〕サッサフラス

sassolino¹ 男 (サッスオーロの)アニスのリキュール

sassolino² 男 **1** 小石 **2** (精神的)負担, 不安の種

sassone 形 (ドイツの)ザクセン州の; ザクセンの人の; ゲルマン民族サクソン(人)の 一男〔単数のみ〕ザクセン方言; サクソン語 一男女 ザクセン人; サクソン人

Sassonia 固名(女) ザクセン(ドイツの東部地方)

sassoso 形 石の多い, 岩肌の

sassuolo 男 サッスオーロ(エミリアの赤

ワイン)
satana 男〖不変〗悪意のある人間, 悪魔のような人物
satanasso 男 1《俗》サタン, 悪魔; 悪人 2 騒々しい子供
satanicamente 副 悪魔のように, 冷酷に
satanico 形〖複[男 -ci]〗悪魔の, 悪魔のような
satanismo 男 サタニズム, 悪魔主義, 悪魔崇拝
satanista 形〖複[男 -i]〗悪魔主義の, 悪魔主義者の —男女〖複[男 -i]〗悪魔主義者, 悪魔崇拝者
satellitare 他 衛星を介しての
satellite 男 1 衛星; サテライト —*satellite* artificiale 人工衛星 2 衛星都市（権力者の）追従者, 取り巻き —形〖不変〗衛星の —*stato* [*città*] *satellite* 衛星国[都市]
satellitismo 男（経済的・政治的な）隷属状態
satin 男〖不変〗〔仏〕繻子(しゅす), サテン
satinare 他 [io satino] 1（布や紙に）つや出しをする 2（金属, 特に宝石の）表面のつやを消す
satinato 形 1（宝石が）マット加工された 2 光沢を加えられた 3 シルクのように滑らかな
satinatura 女 つや出し; マット加工
satira 女 風刺, 当てこすり
satireggiare 他 [io satireggio] 風刺する, 皮肉る —自 風刺する, 風刺文を書く
satirescamente 副 好色に
satiresco 形〖複[男 -chi]〗サテュロスの, 好色な, 淫らな
satiricamente 副 風刺を込めて, 皮肉っぽく
satirico 形〖複[男 -ci]〗風刺の, 皮肉の; 辛辣な; 風刺文を書く
satiro 男 1〖ギ神〗サテュロス 2 病的に好色な男
satollare 他 満腹にさせる, 腹一杯食べ物を詰め込ませる —**arsi** 再 腹一杯食べる, たらふく食べる
satollo 形 1 満腹の, 腹一杯食べた 2《文》満足した
satrapessa 女 極端に権力を濫用する女性
satrapia 女〖歴〗古代のペルシア帝国の州の総督が統治する区域, その統治期間や任務
satrapo 男 1〖歴〗古代ペルシア帝国の州の総督の称号, サトラップ 2 権力を振りかざす者, 権力を濫用する者
saturare 他 [io saturo] (di) …で一杯にする, あふれさせる; 飽和させる —**arsi** 再 充満する, 一杯になる
saturazione 女 飽和, 飽和状態; 充満
saturnale 形 サトゥルナリア神の, サトゥルナリア祭の
Saturnali 男複 サトゥルナリア祭（古代ローマの 12 月の収穫祭）
saturnia 女〖虫〗ヤママユガ科のガ
saturniano 形（SFの）土星人の —形 土星の;（占星術の土星生まれのため）憂鬱な気質の
saturnino 形 1 土星の 2（土星の影響で）陰鬱な, 沈んだ
saturnismo 男〖医〗鉛中毒
Saturno 固名（男） 1〖ロ神〗サートゥルヌス（農耕の神. ギリシャ神話のクロノス）2〖天〗土星
saturno 男 1 陰気な人 2《古》鉛
saturo 形（di）充満した, 浸み渡った, 一杯の; 飽和状態の
saudiano 形 サウジアラビア(人)の —男女[-a] サウジアラビア人
saudita 形〖複[男 -i]〗サウジアラビア(人)の —男女〖複[男 -i]〗サウジアラビア人
Saul 固名（男）〖聖〗サウル（イスラエル王国最初の王: 在位前 1049-07）
sauna 女 サウナ風呂; 蒸し暑い場所
sauro¹ 男 トカゲ;〖複数で〗爬(は)虫類
sauro² 形（馬が）栗毛の, 赤茶色の —男 栗毛の馬
sauropterigio 男（S-）〖複数で〗（古代の爬(は)虫類の）鰭(ひれ)竜類
sauté 形〖不変〗〔仏・料〗ソテーした —男〖料〗ソテー, 炒(いた)め物
sauvignon 男〖不変〗〔仏〗ソーヴィニョン（ブドウの品種）; ソーヴィニョン・ブラン（白ワイン）
savana¹ 女（アフリカ・アメリカ・オーストラリアの）熱帯地域, サバンナ
savana² 男〖不変〗茶色がかった黄色 —形〖不変〗茶色がかった黄色の
savarin 男〖不変〗〔仏〗サバラン（ババに似たリング型のケーキ）
Saverio 固名（男） 1〖男性名〗サヴェーリオ 2（Francesco ~）ザビエル(1506-52; スペイン出身のキリスト教宣教師. 日本にキリスト教を伝える)
saviamente 副 賢明に, 慎重に
Savina 固名〖女性名〗サヴィーナ
Savino 固名〖男性名〗サヴィーノ
savio 形 賢明な, 思慮深い; 良識ある; 健常な —男〖女[-a]〗賢者
Saviore dell'Adamello 固名（男）サヴィオーレ・デッラダメッロ（ロンバルディア州サヴィオーレ渓谷の町）
Savoia 固名（男複）（i ~）サヴォイア家（10〜11 世紀に興ったとされる王家. イタリア統治 1861-1946）
savoiardo 形 サヴォイア地方の; サヴォイア地方の人[方言]の —*biscotti savoiardi* ビスコッティ・サヴォイアルディ（細長く柔らかいビスケット） —男 1〖女[-a]〗サヴォイア地方の人 2〖単数のみ〗サヴォイア方言 3 ビスコッティ・サヴォイアルディ
savoir-faire 男〖不変〗〔仏〗(人)機転が利くこと, 交渉や駆け引きの才能
Savona 固名（女）サヴォーナ（リグリア州の都市および県名; 略 SV）
Savonarola 固名（男）（Girolamo ~）サヴォナローラ(1452-98; イタリアのドミ

savonarola ニコ会士. 破刑され火刑に処せられた)

savonarola 囡 (ルネサンス時代の)折り畳み椅子

savonese 形 サヴォーナの; サヴォーナの人[方言] ー男 サヴォーナの人 ー男 [単数のみ] サヴォーナ方言

savuto 男 サヴート(カラーブリア産辛口白ワイン)

saziabile 形 満たされうる, (熱望や欲求が)満足させられる

saziare 他 [io sazio] 1 満腹させる, (飢えや渇きを)癒やす 2 飽きさせる, うんざりさせる ー**arsi** 再 [di] 満腹になる, 満足する; 飽きる

sazietà 囡 1 満腹; 満足 2 嫌気 ▶ ***a sazietà*** 嫌ほど, たらふく

sazio 形 1 満足[満腹]した 2 飽きた, うんざりした

Sb 略 (元素記号) stibium [化]アンチモン

sbaccanio 男 しつこく響く騒音
sbaccellare 他 (豆の)さやをむく
sbaccellatura 囡 さやをむくこと, 殻をはずすこと

sbaciucchiamento 男 何度も執拗(ょう)にキスをする[交わし合う]こと

sbaciucchiare 他 [io sbaciucchio] 何度もしつこくキスをする ー**arsi** 再 執拗にキスを交わし合う

sbadataggine 囡 軽率, 不注意; 軽はずみな行動

sbadatamente 副 うっかりと, 不注意にも

sbadato 形 不注意な, うかつな; 軽率な ー男 [女 [-a]] 不注意な人, 軽率な人

sbadigliamento 男 大きなあくびをすること, 何度もあくびをすること

sbadigliare 自 [io sbadiglio] あくびする

sbadigliarella 囡 抑えられずにあくびすること

sbadiglio 男 あくび
sbafare 他 1 がつがつと食べる, むさぼり食う 2 他人にたかって飲食する 3 無料で手に入れる, せしめる ー**arsi** 再 [強調の意味で] がつがつと食べる

sbafata 囡 (特に他人のおごりで)大食いすること

sbafatore 男 [女 [-trice]] 他人にたかって飲み食いする人; たかりの常習者

sbaffare 他 (口紅やインクなどの)染みをつける, よごす ー**arsi** 再 染みでよごれる

sbaffo 男 口ひげの形の染み
sbafo 男 《口》飲み食いを他人にたかること ▶ ***a sbafo*** ただで, 無料で

sbafone 男 《口》他人にたかる人; 大食い

*****sbagliare** [ズバッリアーレ] 自 [io sbaglio] 1 誤る, 間違う ー***sbagliare a scrivere una parola*** スペルを書き間違う 2 勘違いする ー他 間違える; 取り違える ー*Ho sbagliato il calcolo.* 私は計算を誤った. / *sbagliare numero* 間違い電話をする / *sbagliare strada* 道を誤る ー**arsi** 再 間違う, 誤る

sbagliato 形 1 間違えた, 誤った; 思い違いの, 取り違えた 2 不適切な; 失敗の, 不出来の

*****sbaglio** [ズバッリォ] 男 1 誤り, 間違い, ミス ー*sbaglio di ortografia* 誤字, スペルミス 2 判断ミス 3 思い違い, 勘違い, 過失 ー*sbagli di gioventù* 若気の至り

sbalestramento 男 1 方向を失うこと, 逸脱 2 混迷, 狼狽(ばい)

sbalestrare 自 的を得ない, 戯れ言を言って筋道をはずす ー他 移動させる; 混乱させて窮地に追い込む, かき乱す

sbalestrato 形 動転した, 戸惑った; バランスを失った, (気持ちが)不安定な ー男 [女 [-a]] (精神状態が)不安定な人

sballare 他 1 (梱包を)解く, 中身を出す 2 《口》ほらを吹く ー自 1 計算間違いをする; 軽率なことをする [言う] 2 ドラッグでハイになる, 陶酔する; 興奮する

sballato 形 1 常軌を逸脱した, 道理を欠いた; 失敗の, 不出来の 2 でたらめの, めちゃくちゃな ー男 [女 [-a]] 《隠》アルコールや麻薬中毒者; 自堕落な生活を送っている者

sballatura 囡 荷解き作業
sballo 男 1 荷を解くこと 2 《隠》アルコールまたは麻薬が効いていること; 熱狂, 興奮 ▶ ***da sballo*** すごい

sballone 男 [女 [-a]] 1 《口》ほら吹き 2 《隠》麻薬常習で放埒(ほう)な生活を送っている者

sballottamento 男 揺すること, 揺れること, 振動

sballottare 他 1 (手の中のものを)揺する, 揺さぶる; 振動させる ー*Le onde sballottano la barca.* 波がボートを揺する. 2 何度も移動させる

sballottio 継続的な振動
sbalordimento 男 驚愕(がく), 仰天, 動揺, 狼狽(ばい)

sbalordire 他 [io -isco] 1 仰天させる, 度肝を抜く 2 茫(ぼう)然[啞(あ)然]とさせる 3 びっくりする; 啞然とする ー**irsi** 再 驚嘆する

sbalorditivamente 副 びっくりさせるほどに, 驚異的に

sbalorditivo 形 啞(あ)然とさせる, びっくりさせる; 大げさな, 度を超した

sbalordito 形 呆然とした, びっくり仰天した; 動転した, 麻痺した

sbaluginare 自 [es/av] [io sbalugino] 微かにぴかぴか輝く; 突然心にひらめく, 考えがちらっと浮かぶ

sbalzamento 男 跳ねること, 跳ね飛ばすこと

sbalzare 他 1 跳ねさせる, 放り出す 2 浮き彫り細工をする ー自 [es] 跳ねる, はずむ, 急に落ちる; (価格が)急に変動する

sbalzellare 他 揺らす, 振動させる ー自 小刻みに進む

sbalzo 男 1 突然動くこと, 振動, 跳び上がること; 急な変動 ー*a sbalzi* 変則的

sbancamento 男 (建物や道路の基礎工事のための)掘削,掘り返し,整地

sbancare 他 (賭博で大勝ちして)胴元を破産させる;破産させる,破滅させる —自 賭けで持ち金すべてを擦る —**arsi** 再 (胴元が)破産する;一文無しになる

sbandamento 男 横滑り, スリップ

sbandare 自 1 (自転車が)横滑りする, スリップする;(船や飛行機が)傾く 2 (人がイデオロギーや思想から)離れる, 遠ざかる —他 (グループを)解散させる —**arsi** 再 解散する, 離散する

sbandata 女 スリップ, 横滑り;逸脱, 横道にそれること

sbandato 形 落伍した, 脱落した —男〔女 -a〕落伍者, 脱落者

sbandieramento 男 旗を振ること;(自分の才能や特権を)誇示すること

sbandierare 他 1 旗を振り動かす 2 見せびらかす 3 言いふらす

sbandierata 女 旗の大きなはためき;(祝祭での)旗手による旗振りの演技

sbandieratore 男〔女 -trice〕(祝祭で旗を振る芸を披露する)旗手

sbandire 他〔io -isco〕追放する, 遠ざける

sbando 男 (道徳や思想で)道を外れること;混迷, 混沌(%) —allo sbando 流れ任せの, 成り行き任せの

sbaraccare 他 (物を)撤去する, 立ち退かせる —自〔口〕荷物をまとめて退去する

sbaragliamento 男 大敗

sbaragliare 他〔io sbaraglio〕(軍隊やスポーツの対戦相手を)打ち負かす, 叩きのめす

sbaraglino 男 トリックトラック(バックギャモンに似たゲーム)

sbaraglio 男 敗北, 敗走

sbarazzare 他 (邪魔なものを)取り除く, (面倒なものから)解放する —sbarazzare A da B A から B を取り除く / sbarazzare A di B A を B から解放する —**arsi** 再〔di〕…から解放される, 自由になる

sbarazzino 男 〔口〕やんちゃ坊主, 腕白 —形 やんちゃな, 腕白の —alla sbarazzina (帽子の被り方が)斜めに, あみだに

sbarbare 他 1 ひげを剃(*)る 2 (植物を)根こそぎ引き抜く —**arsi** 再 (自分の)ひげを剃る

sbarbatello 男 青二才

sbarbato 形 ひげを剃(*)った;ひげがまだ生えていない, ひげのない —男〔女 -a〕〔口〕子供, 少年

sbarbatura 女 ひげを剃(*)ること

sbarbettatura 女 (ブドウや果樹の)土から外に出た根の除去

sbarbicare 他〔io sbarbico〕(植物を)根こそぎ抜く;(悪感を)根絶する

sbarcare 自〔es〕〔io sbarco〕下船する, 上陸する —他 (船から)降ろす, 上陸させる ▶ *sbarcare il lunario* その日暮らしをする, 何とか暮らしていく

sbarco 男 1 下船, 上陸 2〔軍〕上陸作戦 —sbarco in Normandia ノルマンディー上陸作戦

sbardare 他 (馬から)馬具をはずす

sbarellamento 男 ふらつくこと, よろめくこと;〔隠〕ドラッグでふらふらな状態, トリップしていること

sbarellare 自〔口〕1 ふらつく, よろめく;不安定な言動をする 2 つじつまの合わないことを言う〔する〕

sbarra 女 1 (木や金属の)棒 2 かんぬき, 横木 3 格子, 柵 4 (削除・修正の)横線, 縦線, 斜線 5 (ダンスのレッスン室の)バー —esercizi alla sbarra バーレッスン 6〔スポ〕鉄棒 ▶ *dietro le sbarre* 獄中に, 刑務所で

sbarramento 男 遮断;遮断するもの —fuoco di sbarramento〔軍〕集中砲火, 弾幕 / sbarramento antiaereo〔軍〕対空砲火

sbarrare 他 1 遮断する, ふさぐ —sbarrare la strada 道路を封鎖する 2 かんぬきをする 3 (目などを)大きく開く —sbarrare gli occhi per il terrore 恐怖で目をかっと見開く

sbarrata 女 棒での一撃

sbarrato 形 (バスや路面電車が)急行の

sbarretta 女 (区切りを示すための)斜線, 縦線

sbassare 他〔口〕(もっと)低くする, 下にする;減じる, 弱める —**arsi** 再 低下する

sbastire 他〔io -isco〕しつけ糸をほどく

sbatacchiamento 男 ドスンと鳴る音

sbatacchiare 他〔io sbatacchio〕1〔口〕揺さぶる, 強く叩き続ける, 激しく打つ 2 こてんぱんにやっつける —自 ガタガタと音を立てる

sbatacchiata 女 瞬間に叩きつけること

sbatacchio 男 (ドアや窓の)バタンバタンと連続して鳴る音

sbatacchione 男 激しい衝撃音

sbattere〔ズバッテレ〕他 1 激しく振る〔打つ, 叩く〕—sbattere le palpebre 眼をぱちぱちさせる, まばたきする 2 (ドアなどを)バタンと閉める —Mi ha sbattuto la porta in faccia. 彼は私の目の前でドアをピシャリと閉めた〔門前払いを食らわせた〕. 3 投げつける 4 (卵やクリームを)攪拌(%%)する, 混ぜる —Sbatte l'uovo con un pizzico di sale. 塩ひとつまみを加えて卵をかき混ぜてください. 5 追い払う, 放り出す —**ersi** 再 動揺する;〔口〕没頭する, 専心する ▶ *sbattersene*〔俗〕(人や物を)全く無視する, 気にかけない

sbattezzare 他 1 キリスト教信仰を棄てるよう仕向ける 2 改名させる —**arsi** 再 キリスト教信仰を棄てる;(あるものを得るために)全力を尽くす;改名する

sbattighiaccio 男〔不変〕(カクテル

sbattimento を作るための)シェーカー

sbattimento 男 1 激しく打つ[叩く]こと 2 全力を尽くすこと 3《俗》ひどく退屈すること

sbattitoia 女 洗濯板

sbattitoio 男 → sbattitoia

sbattitore 男 電動泡立て器, 電動撹拌(%)器 ―形〖女[-trice]〗撹拌する, 泡立てる

sbattitura 女 (食物を)撹拌(%)すること

sbattiuova 男〖不変〗泡立て器

sbattuta 女 さっと撹拌(%)すること

sbattuto 形 疲労や衰弱が表れた; 青白い顔の, 疲れ切った

sbavamento 男 よだれが垂れること

sbavare 自 1 よだれを垂らす 2 染み出る, にじむ ―他 よだれでよごす

sbavato 形 1 よだれを垂らした 2 (色が)にじんだ, ぼやけた

sbavatura 女 1 よだれを垂らすこと; よだれ(状)の跡; にじみ, よごれ 2 余計な話や言葉

sbavone 男《口》しょっちゅうよだれを垂らす人

sbeccare 他 陶器やガラス容器の縁や口を割る ―**arsi** 再 注ぎ口や縁が欠ける[割れる]

sbeffare 他 (悪意で冷たく)嘲笑する, からかう

sbeffeggiamento 男 からかい続けること; 嘲笑や冷やかしの言葉[しぐさ]

sbeffeggiare 他〖io sbeffeggio〗執拗(きつ)にからかう, 意地悪く嘲笑する

sbeffeggiatore 男〖女[-trice]〗しつこくからかう者, 嘲笑する人

sbellicarsi 再 大笑いをする ―*sbellicarsi* dalle risa [dal ridere] 笑い転げる

sbendare 他 包帯を取る, 眼帯をはずす

sberla 女 平手打ち

sberleffo 男 しかめっ面, 嘲りのしぐさ

sberrettare 他 (ベレー帽を)脱ぐ ―**arsi** 再 恭しく脱帽する

sbertucciare 他〖io sbertuccio〗1 〔トスカーナ〕からかう, 嘲る 2 しわくちゃにする, ひどい扱いをする ―自 しかめっ面をする

sbevacchiare 自〖io sbevacchio〗《口》酒をがぶ飲みする

sbevazzare 自 酒をがぶ飲みする, 深酒をする

sbevazzatore 男〖女[-trice]〗大酒飲み

sbevicchiare → sbevucchiare

sbevucchiare 自〖io sbevucchio〗適度に酒をたしなむ, 少量の酒を習慣的に飲む

sbiadire 自 [es]〖io -isco〗色あせる, 退色する ―他 色をあせさせる ―**ersi** 再 色あせる, 退色する

sbiaditamente 副 色褪(あ)せて, 生気を欠いて

sbiaditezza 女 色褪(あ)せていること, 生気がないこと

sbiadito 形 色あせた

sbiancante 形 漂白する ―男 漂白剤

sbiancare 他 1 白くする; 漂白する 2 退色させる ―自 白くなる; 青ざめる ―**arsi** 再 白くなる; 青ざめる

sbianchire 他〖io -isco〗白くする; さっとゆでる ―自 [es]《文》白くなり始める

sbicchierare 自 1 楽しく酒盛りをする 2 〔トスカーナ〕(居酒屋で)グラスワインを売る

sbiecamente 副 斜めに, はすかいに

sbieco 形〖複〖男 -chi〗〗斜めの, 傾いた, 曲がった ―男 バイアス生地; バイアステープ ▶ *di sbieco* 斜めに, 斜(はす)に; それとなく *guardare di sbieco* 横目で見る[にらむ]

sbiellare 自 1 (運転者が)エンジンの故障を起こす 2《口》正気を失う

sbiellato 形《口》ぼんやりした, ふらふらの, 正気でない

sbiettare 他 ボルトを抜く ―自 [es] 足を踏みはずす, 滑る; そっと立ち去る

sbigottimento 男 狼狽(33), 動揺, 肝をつぶすこと

sbigottire 他〖io -isco〗1 狼狽(33)させる 2 肝をつぶさせる, ぎょっとさせる ―自 [es] 狼狽する; 唖(あ)然とする ―**irsi** 再 狼狽する; 唖然[茫然]然とする

sbigottito 形 ひどく狼狽(33)した[動揺した], 唖(あ)然とした

sbilanciamento 男 平衡を失うこと, 不均衡

sbilanciare 他〖io sbilancio〗平衡を失わせる; 経済的不均衡を生じさせる ―自 片方に傾く ―**arsi** 再 体の平衡を失う, 一方に傾く

sbilanciato 形 一方に傾いた, 平衡でない

sbilancio 男 不均衡; 財政的損失

sbilencamente 副 不格好に, ゆがんで

sbilenco 形〖複〖男 -chi〗〗1 ゆがんだ, いびつな 2 体[腰]が曲がった 3 斜視の 4 (話が)論理的でない, 突飛な

sbirciare 他〖io sbircio〗盗み見する; (こっそり)のぞく, 窺(かが)う ―*sbirciare... con la coda dell'occhio* …をこっそりと窺う

sbirciata 女 ちらっと盗み見すること

sbirraglia 女〖総称的〗(昔の)警官;《蔑》お巡り; 警官や兵士の一団

sbirresco 形〖複 -chi〗1《蔑》警官の, お巡りの 2 専横な, 横暴な, 権力を笠に着た

sbirro 男〖女[-a]〗《蔑》警官, お巡り, デカ

sbizzarrire 他〖io -isco〗(想像力や感情を)吐露する ―**irsi** 再 (自分の心のうちを)ぶちまける; 気晴らしをする

sbloccare 他 1 元の状態に戻す, 動き

sblocco

を再開する —*sbloccare* una situazione (行き詰まった)状況を打開する **2** 禁止[規制]を解除する **3** 制約を撤廃する —圓(ビリヤードの玉が)ポケットの縁に当たって外に跳ねる **—arsi** 再 元の状態に戻る; 平常心に戻る

sblocco 男〔複[-chi]〕**1** 規制解除 **2** ブレーキを緩める操作

sbobba 囡《隠》(軍隊や刑務所の)まずいスープ; まずくて食べたくないような食事

sbobinamento 男 録音内容を書き写すこと

sbobinare 他 (録音した講演, 会議やインタビューを)書き写す

sbobinatura 囡 → sbobinamento

sboccare 圓 [es] **1** (川や流水が)流れ込む —*Il fiume sbocca in un lago.* その川はある湖に流れ込む. **2** (道が)…に達する[至る] **3** (人が)押し寄せる[移動する] **4** (…の)結果になる[至る] **5** 突発する, あふれ出る —他 **1** (不純物を取り除くため, ビンから液体を少量)流す **2** (皿などの縁を)欠く

sboccataggine 囡 汚い言葉を使うこと, 低俗なものの言い方

sboccatamente 副 口汚く, 下品に

sboccato 形 **1** 口汚い, 下品な言葉遣いの **2** (容器が)欠けた, 割れた

sbocciare 圓 [es] 〔io sboccio〕**1** つぼみが開く, 芽を出す **2** 生じる, 始まる —他 (ボッチェで)相手の球に当てる

sboccio 男 開花, 芽生え

sbocco 男〔複[-chi]〕**1** (狭いところや暗いところからの)出口 **2** 貿易港 **3** 就職口 **4** 販路

sbocconcellare 他 **1** ちびちびかじりながら食べる, 少量を食べる **2** 少量ずつに分ける; (皿などの端を)欠く

sbocconcellato 形 (パニーニや菓子パンを)かじった, 食べかけの

sbocconcellatura 囡 少しかじること, かじった食べ物のかけら; 食べ物のかじった痕

sboffo 男 (婦人服の)袖のふくらみ, ギャザー —*maniche a sboffo* パフスリーブ, ちょうちん袖

sbollare 他 開封する, 封印をはがす

sbollentare 他 (食材を)湯通しする

sbollire 圓 〔io -isco〕**1** [es] (怒りが)鎮まる, 平静になる **2** 沸騰が止む

sbolognare 他 **1**《口》偽物をつかませる **2**《口》(嫌な相手を)追い払う

sboom 男〔不変〕(諸)急にはやらなくなった現象, ブームの逆

sbordare 他 縁を除く —圓 [es/av] 縁からはみ出る; (液体が容器から)あふれ出る

sbornia 囡 **1**《口》酩酊(ス)**2**《俗》陶醉

sborniare 他 〔io sbornio〕酔わせる —**arsi** 再《口》酔っ払う

sborsare 他 (高額を)支払う, 出費する

sborso 男 支払い, 出費; 支払い額

sbranare

sboscare 他 (森林を)切り開く, 伐採する

sbottare 圓 [es] (笑いや涙が)一瞬にしてこみあげる; 突然感情を吐露する —*sbottare* a ridere どっと笑い出す

sbottata 囡《口》(笑いや涙の)突然の噴出; 感情をほとばしらせること

sbotto 男 (抑えられない突然の)感情の発散, ぶちまけ

sbottonare 他 ボタンをはずす **—arsi** 再 **1** (自分の服の)ボタンをはずす; ボタンがはずれる **2** 心を開く, 胸の内を明かす

sbottonato 形 ボタンをかけていない

sbottonatura 囡 ボタンをはずすこと

sbozzare 他 **1** (彫刻を)粗削りをする; デッサンする, スケッチをする **2** (物語や計画の)大筋を立てる

sbozzimare 他 〔io sbozzimo〕〔織〕(布の)糊抜きをする

sbozzino 男〔トスカーナ〕(粗削り用の)かんな

sbozzo 男 粗削り; スケッチ, ラフ; 草案

sbozzolatura 囡 蚕の化蛾("); 繭を集めること

sbracamento 男《口》冷静さ[自制心]の喪失; モチベーションを失うこと, 怠惰

sbracare 他 ズボンを脱がせる —圓 ズボンを脱ぐ **—arsi** 再 **1**《口》ズボンを脱ぐ, 紐を緩めて楽になる **2** 下品に振る舞う; 奮闘する

sbracataggine → sbracatezza

sbracatezza 囡 だらしなさ, 品のない態度

sbracato 形 **1** ズボンを穿いていない; ズボンがずり落ちそうな; 服の着方がだらしない **2** 行儀の悪い, 無作法な, 粗野な

sbracciarsi 再 〔io mi sbraccio〕**1** 袖をまくり上げる **2** 大きく腕を振る, 派手な身ぶりをする **3** 懸命になる

sbracciato 形 腕まくりをした, 腕をむき出しにした; (服の)袖無しの

sbraccio 男 **1** 腕を振り回すのに必要な空間 **2**〔スポ〕(競技前に)腕を振り回すウオーミングアップ **3**〔軍〕肩にかけた銃を下ろす動作

sbraciare 他 〔io sbracio〕(炭をかき混ぜて)火勢を強くする —*sbraciare* il camino 暖炉の火をかき立てる

sbraciatoio 男 火かき棒

sbraco 男〔複[-chi]〕**1**〔中伊〕ほころび, 裂け目 **2** 滑稽なもの, ばかばかしく可笑しいこと

sbrago 男〔複[-ghi]〕〔北伊〕→ sbraco

sbraitare 圓 〔io sbraito〕大声でわめく; 腹を立ててまくし立てる —他 興奮して言う

sbraitone 男〔女[-a]〕大声でまくし立てる[わめく]人

sbramare 他 **1**《文》(欲望を)満足させる **2** (米を)脱穀する

sbranamento 男 ずたずたにすること, 八つ裂きにすること

sbranare 他 ずたずたに引き裂く; ひどく

苦しめる

sbrancare 他 1 (家畜を)群れから離す; 群れを散らす 2 集団から離す, 集団を解散させる —**arsi** 再 (群れや集団から)離れる

sbrancato 形 離脱した, 解散した

sbrancicare 他 [io sbrancico] 《口》しつこく撫でる, 触りまくる

sbrancicone 男〖女[-a]〗《口》しつこく撫で回す人

sbrandellare 他 ずたずたに引き裂く

sbrandellato 形 (布が)引き裂かれた, ぼろぼろに破れた

sbrattare 他 (場所を)整頓する, 片づける, きれいにする

sbratto 男 整頓, 掃除, 片づけ —**di sbratto** (使用していない物や家具を入れる)物置

sbravazzare 自 高慢な言動をする

sbreccare 他 (皿や容器の縁を欠く; 壁に傷をつける —**La macchina ha sbreccato il muro.** 車は塀にぶつかり傷をつけた. —**arsi** 再 (容器の)縁が欠ける; (壁に)ひびが入る

sbrecciare 他 [io sbreccio] (壁に)ひびを入れる; (陶器や磁器の)縁を欠く —**arsi** 再 (壁に)ひび割れる; (陶器の)縁が欠ける

sbrendolo 男 〔トスカーナ〕ぼろ切れ, 着古のぼろ; すり切れた衣服, つぎはぎだらけの服

sbriciare 他 [io sbricio] 〔トスカーナ〕粉々にする, 細かくする —**arsi** 再 〔トスカーナ〕粉々になる

sbriciolabile 形 粉々にできる, ぼろぼろにできる

sbriciolamento 男 ばらばら[粉々]にすること

sbriciolare 他 [io sbriciolo] 1 粉々にする, 粉砕する 2 壊滅させる 3《口》パンくず[粉, かけら]でよごす —**arsi** 再 1 粉々になる, 粉砕する 2 崩壊する, 壊滅する 3 パンくずで体をよごす

sbriciolatura 女 粉々にする[なる]こと, 粉砕

sbrigabile 形 さっと済ますことができる, 手早く処理できる

***sbrigare** [ズブリガーレ] 他 1 手早く終える[処理する] 2《口》(用事が済んだ人を)さっさと帰す 3 (厄介な状況や人から)解放させる —**arsi** 再 1 急ぐ, 手早くする 2 (di)(用事や人から)解放される

sbrigativamente 副 大急ぎで, ざっと

sbrigatività 女 手早さ, 迅速

sbrigativo 形 手早い, 迅速な; 急場しのぎの

sbrigliamento 男 1 くつわを外して馬を自由に歩かせること 2 想像の赴くままにすること

sbrigliare 他 [io sbriglio] 1 (馬を)手綱を緩めて自由に歩かせる 2 (感情や想像)を自由にする —**arsi** 再 1 (馬が)手綱から自由になる 2 拘束から解き放たれる, 自由になる

sbrigliatezza 女 拘束のなさ, 自由奔放

sbrigliato 形 1 (馬が)手綱を緩められた 2 とても活発な, 騒々しい 3 放埒(ほうらつ)な, 自由奔放の

sbrinamento 男 1 (冷蔵庫の)霜取り 2 (車の窓の)曇りを取ること —*sbrinamento del lunotto dell'automobile* リアウインドーの曇りを取ること

sbrinare 他 1 (冷蔵庫の)霜を取る 2 (車窓の)曇りを取り除く

sbrinatore 男 デフロスター, 霜取り装置, 曇り取りの装置

sbrinatura 女 霜取り, 曇り取り

sbrindellare 他 びりびりに引き裂く, ずたずたにする —自 [es/av](服が)ぼろぼろになる —**arsi** 再 1 (衣類が)ぼろぼろになる, ずたずたになる 2 (雲が)消散する

sbrindellato 形 1 (衣類が)ぼろぼろの; ぼろをまとった 2 投げやりな[ぞんざいな]雰囲気の

sbrindellone 男〖女[-a]〗ぞんざいな姿の人, 服装がだらしない人

sbrinz 男《不変》〔独〕(スイスの)ブリエンツチーズ

sbroccare 他 1 〔トスカーナ〕(まだ切っていない枝を)剪(せん)定する 2〔織〕絹を洗う

sbrocco 男《複-chi》1 洗浄した絹の残余物 2 (靴屋が以前使っていた)錐(きり)

sbrodare 他 〔トスカーナ〕(スープなどの液体で)染みを付ける, よごす

sbrodolamento 男 (スープをこぼして)よごすこと, 染みを付けること

sbrodolare 他 [io sbrodolo] 1 (スープやソースなどで)染みを作る, よごす 2 (話や文を)だらだら長くしてうんざりさせる

sbrodolata 女 1 (スープなどで)染みを付けること; (液体による)服の染み[よごれ] 2 長くて中身のない話

sbrodolatura 女 → sbrodolamento

sbrodolone 男〖女[-a]〗1 (飲食していつも染みをつける人 2 長ったらしく話す[文を作る]人

sbrogliare 他 [io sbroglio] 1 ほどく 2 (もつれた件を)解決する —**arsi** 再 面倒なことから逃れる ► *sbrogliarsela* 窮地を脱する, やり抜く

sbronza 女 酩酊(めいてい); 感情の高揚, 陶酔

sbronzarsi 再 酔っ払う, 酩酊(めいてい)する

sbronzo 形 (酒に)酔った

sbruffare 他【怒りや苛立ちを表して】鼻をならす; ほらを吹く —*sbruffare una risata* 笑って噴き出す

sbruffonata 女 ほら吹きの言動; 大ぼら; 自慢

sbruffone 男〖女[-a]〗はったり屋, ほら吹き

sbruffoneria 女 はったり屋[ほら吹き]であること; 空威張り

sbucare 自 [es] 1 突然現れる 2 (穴や巣から)出る; (広い[明るい]場所に)出る

sbucciapatate 男〖不変〗ジャガイモの皮むき器

sbucciare 他 [io sbuccio] 1 (果物や野菜の)皮をむく 2 すり傷をつける, すりむかせる —**arsi** 再 1 (体の一部を)すりむく —*sbucciarsi un ginocchio* 膝をすりむく 2 (蛇や昆虫が)脱皮する, 殻から出る

sbucciatore 男 (果物や野菜の)皮むき器, ピーラー

sbucciatura 女 1 (果物等の)皮をむくこと 2 擦り傷

sbudellamento 男 (動物や魚の)内蔵[はらわた]を抜くこと

sbudellare 他 1 (動物や魚の)内臓[はらわた]を取る 2 (人の)腹を刺して重傷を負わせる —**arsi** 再 腹を刺し違える

sbuffante 形 (衣服や衣服の一部分が)ふくらんだ

sbuffare 自 1 息が荒くなる 2 ため息をつく 3 煙[蒸気]を噴き出す

sbuffata 女 1 (失望や不快感からの)ため息 2 一陣の埃[煙]

sbuffo 男 1 (口や鼻からの)一吹き, 鼻を鳴らすこと; (人や動物から出る)一息 2 一陣の風 3 (服の)ふくらみ, ギャザー

sbugiardare 他 (人の)嘘を暴く — *L'ho sbugiardata davanti a tutti.* 私は皆のいる前で彼女の嘘を暴いた.

sbullettare 他 鋲(ミョゥ)を抜く —自 [トスカーナ] (湿気で)漆喰(シッ)に穴があく

sbullonamento 男 ボルトを外すこと

sbullonare 他 1 ボルトを外す 2 危機に陥れる, 不安定にする

sbullonato 形 1 ボルトの外れた 2 (人が)無感動の, 風変わりな, 奇抜な

sburocratizzare 他 役所の手続きを簡略化する

sburocratizzazione 女 役所の手続きの簡略化

sburrare 他 (バターや生クリームを得るために)牛乳から乳脂を分離する

sbuzzare 他 1 [トスカーナ] 内臓[はらわた]を抜く 2 腸に達する傷を負わせる

scabbia 女 1 [医] 疥癬(カィ) 2 [植] 黒星病

scabbiosa → scabiosa

scabbioso 形 1 疥癬(カィ)にかかった —男[女 -a] 疥癬にかかった人

scabino 男 (中世に王や皇帝によって任命された)裁判官

scabiosa 女 [植] マツムシソウ

scabrezza 女 ざらざらしていること, うろこ状

scabro 形 1 ざらざらの, 粗い 2 (文章が)簡潔な, 飾り気なしの

scabrosamente 副 不明瞭に, 分かりにくく

scabrosità 女 1 (表面の)粗さ, 凹凸 2 (論題の)難点

scabroso 形 1 ざらざら[ごつごつ]した 2 (状況が)厄介な, 難解な

scacazzamento 男 糞(ミ)尿をまき散らすこと

scacazzare 自 ところかまわず排便[排尿]する —他 排泄(ミズ)物でよごす

scaccato 形 格子縞の, チェックの

scacchiare 他 [io scacchio] (ブドウなど果樹の)無駄な芽を摘む

scacchiera 女 チェスボード ▶ *a scacchiera* 市松模様に

scacchiere 男 (軍事上の)領域, 地域

scacchismo 男 チェス競技

scacchista 男女〖複[男 -i]〗チェスの選手

scacchistico 形〖複[男 -ci]〗チェス競技の, チェスの選手の

scaccia 男女〖不変〗(狩猟の)勢子 —〖不変〗勢子を用いての狩猟

scacciacani 男女〖不変〗おもちゃのピストル

scacciafumo 男〖不変〗(大砲の)圧縮空気注入装置

scacciamosche 男〖不変〗はえ叩き

scacciapensieri 男〖不変〗[音] 口琴, ジューズハープ

scacciare 他 [io scaccio] 1 追い出す, 追放する 2 (疑惑などを)払拭する

scacciata 女 スカッチャータ(シチリアのデザート用のピッツァ)

scaccino 男 教会の清掃係, 寺男

scacco 男〖複[-chi]〗1 格子縞(シ゚) 2 チェス; チェスのチェック(王手をかけること) —*scacco al re* 王手 3 敗北, 失敗 ▶ *scacco matto* (チェスの)詰み, チェックメイト; 敗北

scaccolare 他 [io scaccolo]《俗》鼻くそを取る —**arsi** 再 自分の鼻くそを取る

scaccomatto 男 1 (チェスの)詰み, チェックメイト 2 完敗, 挫折

scadde scadere の直・遠過・3 単

scadente 形 1 安物の 2 不十分な, 劣った, 力量不足の

scadenza 女 1 期限, 有効期限 2 支払い期日, 満期

scadenzare 他 期限を設ける

scadenzario 男 支払い予定表, (期限を記した)予定表

scadere [16] 自 [es] 1 期限が切れる, 無効になる —*Questo latte è scaduto.* この牛乳は賞味期限切れだ. 2 (重要性・評価・質が)減じる, 低下する

scadimento 男 (質や評価の)低下, 衰退 —*lo scadimento della cultura* 文化の衰退

scaduto 形 1 衰えた, 低下した 2 期限が切れた

scafandro 男 潜水服

scafare 他《口》さらに気の利くようにする, 抜け目なくさせる —**arsi** 再 以前より気さくになる

scafato 形 利口な, 抜け目のない

scaffalare 他 棚を作る, 棚を設置する; 棚に並べる —*scaffalare i libri* 本を棚に並べる

scaffalata 囡 一棚分の書物の量
scaffalatura 囡 棚を取り付けること; 棚に並べること
scaffale 男 1 棚, 本棚 2 陳列棚
scafista 男〖複[男 -i]〗1 スカーフォ[艇体]の修理工 2《隠》(モーターボートでタバコを運ぶ)密輸業者
scafo 男 1 (船や飛行艇の)本体, 船体 2 (水上飛行機の)機体 3 (スキー靴や登山靴の)シェル
scafo- 腰頭「船形の」の意
-scafo 腰尾「船」の意
scafopodo 男 (S-) [複数で] 〖動〗堀足綱(ほりあし), ツノガイ類
scagionare 他 無罪を証明する, 嫌疑を晴らす ―**arsi** 再 自分の潔白を証明する
scaglia 囡 薄片, かけら; 鱗(うろこ)
scagliabile 形 薄く剥がせる; 投げつけることができる
scagliare¹ 他 [io scaglio] 1 投げつける 2 (侮辱などを)浴びせる ―**arsi** 再 1 襲いかかる 2 罵倒する
scagliare² 他 [io scaglio] 1 魚の鱗(うろこ)を落とす 2 薄く剥がす ―**arsi** 再 薄く剥がれる
scagliola 囡 人造大理石
scaglionamento 男 1 〖軍〗梯(てい)形編成 2 (支払い・休暇・時間編成で)間隔をあけての配置
scaglionare 他 1 〖軍〗梯(てい)形編成をとらせる 2 一定の期間を置いて配分する ―**arsi** 再 〖軍〗梯形編成になる
scaglione 男 1〖文〗段丘 2 区分けされたものの各部分 3〖軍〗梯(てい)形編隊
scaglioso 形 鱗(うろこ)で覆われた; 簡単に薄く剥がれる
scagnare 自 [トスカーナ] (猟犬が)執拗(しつよう)に吠える
scagnozzo 男〖女[-a]〗〖蔑〗取り巻き, 手下, 子分 2 能無し
**scala [スカーラ] 囡 1 階段 ―*scala mobile* エスカレーター 2 はしご ―*scala a pioli* 長ばしご, 脚立 3 段階, 度合い 4 縮尺, 比率 5〖音〗音階 (scala musicale) ―*scala maggiore [minore]* 長[短]音階 / *scala diatonica* 全音階 ▶ *su larga [vasta] scala* 大規模に
scalabile 形 登ることができる, よじ登ることができる
scalandrone 男 (船と波止場をつなぐ)タラップ
scalare¹ 他 1 (壁などを)よじ登る, (はしごで)登る 2 高低順に並べる 3 (総額から)差し引く ―*scalare un debito* 分割払いで借金を弁済する
scalare² 形 段になった; 段階的に減った
scalarmente 副 徐々に, だんだんと
scalata 囡 よじ登ること; 登頂 ▶ *dare la scalata* 這い上がる; 頂上を目指す
scalato 形 1 だんだん減少した 2 (髪型が)段カットの, レイヤーカットの ―*taglio scalato* レイヤーカット

scalatore 男〖女[-trice]〗〖スポ〗登山家, ロッククライマー; 上り坂に強い自転車競技選手
scalcagnare 他 1 かかとで踏む 2 かかとをすり減らす ―自 地面にかかとを打つ
scalcagnatamente 副 ひどく, みすぼらしく
scalcagnato 形 1 (靴が)使い古した, (かかとが)すり減った 2 (人が)みすぼらしい, 卑しい
scalcare 他 (調理した肉を)細かく切る, 切り分ける
scalciare 自 [io scalcio] (動物が)蹴る, 蹴飛ばす ―他 蹴飛ばす
scalciata 囡 蹴ること
scalcinare 他 (漆喰(しっくい)[モルタル]を)剥がす ―**arsi** 再 漆喰が剥がれる[落ちる]
scalcinatamente 副 だらしなく, みすぼらしく
scalcinato 形 1 漆喰(しっくい)が剥がれた; おんぼろの, みすぼらしい 2 無能な
scalcinatura 囡 漆喰(しっくい)[モルタル]が剥がれること; 漆喰が剥がれた部分
scalco 男 [複[-chi]] (中世やルネサンス期の)食卓の肉の切り分け係; 執事, 給仕頭 ―*coltello da scalco* カービングナイフ
scalda- 腰頭「暖める」「暖めるための」の意
scaldaacqua 男〖不変〗湯沸かし器
scaldabagno 男〖不変〗湯沸かし器
scaldabanchi 男女〖不変〗《諧》(座っているだけの)やる気のない学生; 怠け者, 役立たず
scaldaletto 男〖不変〗(ベッドを暖めるための熱い炭を入れた)あんか
scaldamani 男〖不変〗(手を暖めるための)あんか
scaldamuscoli 男〖不変〗レッグウォーマー
scaldapanche → scaldabanchi
scaldapiatti 男〖不変〗料理保温器
scaldapiedi 男〖不変〗(足を暖めるための)あんか, 足温器
scaldare 他 1 温める, 熱くする ―*scaldare il latte* ミルクを温める 2 熱中させる 3 (エンジンを)暖める ―自 熱を発する, 熱くなる ―**arsi** 再 1 熱くなる 2 (体が)暖まる
scaldaseggiole → scaldabanchi
scaldata 囡 (急いで)暖めること
scaldavivande 男〖不変〗料理保温器
scaldiglia 囡 カイロ, 暖をとる道具
scaldino 男 (炭火を入れて暖めるテラコッタや銅製の)あんか
scaldo 男 (中世の)スカンジナビア宮廷の吟遊詩人
scalea 囡 (重要な建物の正面の)大階段
scaleno 形 不等辺の
scaleo 男 脚立

scaletta 囡 1 小さいはしご 2 概略; (映画やテレビの)脚本の概要[草案]

scalettare 他 1 階段状にする[切る] 2 草稿を作る

scalfare 他 (上着)の袖ぐりを作る

scalfire 他 [io -isco] (鋭いもので)表面を刻む, 切り込みを入れる; 表面に傷を付ける

scalfittura 囡 表面に傷を付けること, 引っかくこと; 引っかき傷, かすり傷

scalfo 男 [服]袖ぐり

scaligero 形 1 (ヴェローナの)スカーラ家の 2 ヴェローナの 3 (ミラノの)スカラ座の

scalinare 他 (ロッククライミングで)足の踏み場を作っていく

scalinata 囡 (玄関ホールの)大階段

scalino 男 (階段やはしごの)段, 踏み段

scalmana 囡 [俗] 1 (寒さ・冷えによる)体調の悪さ, 悪寒 2 顔の火照り 3 一時的な熱中, 興奮

scalmanarsi 再 せっせと動き回る, 熱中して動く

scalmanato 形 熱のこもった; 興奮した

scalmiera 囡 (ボートの)オール受け

scalmo 男 (船の)肋材; オール受け

scalo 男 寄港[寄航]地 —*scalo* aereo 中継飛行場 / *scalo* ferroviario 貨物駅 / *scalo* merci 流通センター

scalogna 囡 《口》不幸, 不運, 災い

scalognato 形 不運な, 不幸の

scalogno 男 [植]エシャロット

scalone 男 (建物内の)大階段

scaloppa → scaloppina

scaloppina 囡 [料]スカロッピーナ, エスカロップ(子牛の薄切り肉の料理)

scalpare 他 1 (勝利のしるしとして)頭皮を剥ぐ 2 (外科手術で)頭皮部分を持ち上げる

scalpellare 他 1 のみで刻む[彫る] 2 [医](外科で)メスで刻む[切る], 頭蓋を切開する

scalpellatore 男 [囡-trice] のみで石を彫る人, 彫刻師 ― 形 のみで石を彫る[刻む]

scalpellatura 囡 1 のみで彫る[刻む]こと 2 [医]メスで切開すること

scalpellino 男 1 石工 2 下手な彫刻家

scalpello 男 1 (工具の)のみ, たがね 2 [医]メス

scalpicciare 自 [io scalpiccio] (すばやく)少し足を引きずって歩く

scalpiccio 男 歩く音

scalpitare 自 [io scalpito] 1 (馬が)蹄で地面を叩く 2 苛立つ, 地団駄を踏む

scalpitio 男 1 (馬が)何度も蹄を打ち鳴らすこと 2 ずっと苛立ち続けること

scalpo 男 (戦利品として)剝ぎ取った毛髪付き頭皮

scalpore 男 怒りの抗議, 激しい反論, 大騒ぎ, 激論

scaltrezza 囡 狡猾さ, 抜け目のなさ

scaltrire 他 [io -isco] 1 利口にさせる, 狡猾にする 2 熟練させる; 洗練させる ―*irsi* 再 1 利口になる, ずる賢くなる 2 熟練する; 洗練する

scaltrito 形 1 狡猾な, 抜け目のない, ずる賢い 2 熟練した; 洗練した

scaltro 形 1 抜け目のない, 如才ない, 鋭い, 利口な; 狡猾な 2 熟達した

scalzabile 形 素足になれる

scalzacane, scalzacani 男囡 〔不変〕ひどく落ちぶれた人; 能無し, 不器用者

scalzamento 男 裸足にさせること, 素足になること

scalzapelli 男 〔不変〕(マニキュア用)甘皮切り

scalzare 他 1 素足[裸足]にさせる 2 (根元の)土を取り除く, 根元を露出する 3 (ある任務から)追い出す, 解任する; 衰えさせる ―*arsi* 再 素足[裸足]になる

scalzo 形 1 裸足の 2 [カト]素足でサンダル履きの修道士の

scamato 男 布団叩き棒

scambiabile 形 1 取り違えやすい 2 物々交換ができる

scambiare 他 [io scambio] 1 交換する, 取り替える 2 取り違える ―*L'ho scambiato per Mario.* 私は彼をマリオだと人違いした. 3 (意見を)交わす ―*arsi* 再 (互いに)交換する, 交わす ―*scambiarsi regali* プレゼントを交換する

scambietto 男 [バレエの]アントルシャ

scambievole 形 相互の

scambievolezza 囡 相互関係

scambievolmente 副 相互に

†**scambio** [スカンビオ] 男 1 交換, 交流 ―*scambio di opinioni* 意見交換 / *scambi culturali* 文化交流 2 貿易, 交易 ―*libero scambio* 自由貿易 3 取り違え, 間違い ―*scambio di persona* 人違い 4 (線路を切り替える)ポイント 5 [スポ]サッカーのパス

scambista 男囡 〔複[男-i]〕 1 (鉄道の)転轍手 2 株式仲買人, ブローカー

scamiciamento 男 上着を脱いでシャツ姿になること; シャツを脱ぐこと

scamiciarsi 再 [io mi scamicio] (上着やセーターを脱いで)シャツ姿になる; シャツを脱ぐ

scamiciato 形 シャツ姿の; シャツを着ていない ― 男 エプロンドレス, ジャンパースカート

scamone 男 牛の腰肉, ランプ

scamonea 囡 [植]ヒルガオ科

scamorza 囡 1 [料](アブルッツォ・モリーゼ・カンパニア産の)スカモルツァ・チーズ 2 《蔑》能無し, 虚弱な人

scamosciato 形 セーム革の, スエードの

scamozzare 他 (実のない)枝を刈り込む

scampagnata 囡 田舎への日帰りの小旅行, ピクニック

scampanacciata 囡 土鈴や鍋など

scampanare を叩いての大騒ぎ(イタリアの地方の伝統行事; 年配者の結婚を祝ったり冷やかしたりする)

scampanare 自 1 (鐘が)鳴り響く, 鳴り渡る 2 鐘や鍋を鳴らして冷やかす 3 (スカートやパンツの)裾が広がる

scampanata 女 鐘を打ち鳴らすこと; 鐘や鍋を打ち鳴らて騒ぐこと

scampanato 形 (スカートやパンツの)裾が釣り鐘状の, フレアの

scampanellare 自 しつこく呼び鈴を鳴らし続ける

scampanellata 女 呼び鈴を強くずっと押し続けること

scampanellio 男 長い間呼び鈴を鳴らすこと

scampanio 男 (祝祭のしるしとして)鐘が長く打ち続けられる音

scampare 自 [es] 1 (a)〜を免れる (da)〜から逃れる 2 避難する ― 他 1 (危険や悪いことから)救う 2 (被害を)避ける, 回避する ▶ *scamparla bella* 窮地を脱する

scampato 形 (危険や災難から)逃れた, 助かった; 避けられた

scampo 男 1 救い; 逃げ道 2 手長エビ

scampolo 男 1 端切れ, 残り切れ 2 残り, 残余

scanalare 他 溝をつける, (装飾用の)溝を彫る

scanalato 形 装飾の溝をつけた

scanalatura 女 (硬い面に)溝を彫ること, 溝をつけること

scancellabile 形 抹消することができる, 消去できる

scancellare 他 抹消する, 消去する ―**arsi** 再 消える

scancellatura 女 抹消, 消去, 取り消し

scancellazione 女 消すこと, 抹消, 取り消し

scandagliabile 形 探ることができる, 深さを測ることができる

scandagliamento 男 〔海〕水深の測定; 探査, 調査

scandagliare 他 [io scandaglio] 1 水深を測る 2 探査する 3 探りを入れる

scandaglio 男 1 測深機 2 水深測量 3 計算, 見積もり

scandalismo 男 スキャンダルを流す傾向, スキャンダル中心の傾向

scandalista 男女〔複[男 -i]〕スキャンダルを煽(ಹ)る人

scandalisticamente 副 中傷的に, スキャンダラスに

scandalistico 形 〔複[男 -ci]〕スキャンダラスな, 醜聞の

scandalizzare 他 怒らせる, あきれさせる ―**arsi** 再 騒ぎ立てる, 憤慨する

scandalizzato 形 慣慨した, 腹を立てた; 誹謗(ひぼう)中傷された

scandalo 男 1 スキャンダル 2 恥, 恥ずべき行為[言葉] ―Che *scandalo*! 何て恥知らずな! 3 あまりにひどいこと, 行き過ぎ, 法外なもの ▶ **fare** [**dare**] *scandalo* 物議をかもす

scandalosamente 副 非常識に, とんでもないほどに

scandaloso 形 非常識な, 聞いてあきれるような, とんでもない

Scandinavia 固名(女) スカンディナビア(ヨーロッパ北部の半島域)

scandinavo, scandinavo 形 スカンジナビアの; スカンジナビア人の ― 男〔女[-a]〕スカンジナビア人

scandio 男〔化〕スカンジウム

scandire 他 [io -isco] 音節をゆっくり切りながら発音する

scannafosso 男 排水溝, 排水路

scannamento 男 (動物の)喉を切って殺すこと

scannapagnotte 男女〔不変〕ぐうたら者, 怠け者; 役立たず

scannare 他 1 (動物の)喉を切って殺す; 虐殺する, 惨殺する 2 (高利などで)経済的に破滅させる ―Non andare in quella trattoria perché ti *scannano*. あの料理店は値段が高過ぎるから行ってはだめだよ. ―**arsi** 再 1 喉をかき切って自殺する 2 激しく口論する

scannato 形 一文無しの, 無一文の

scannatoio 男 1 畜殺場 2 いかがわしい場所

scannellare 他 1 溝をつける, 溝を彫る 2 (糸巻きから)糸をほどく

scannellato 形 1 溝をつけた 2 (糸巻きから)糸をほどいた

scannello 男 1 (封筒や便箋を保管する)文箱 2 牛の尻肉

scanner 男〔不変〕〔英〕(コンピューターの)スキャナー

scannerizzare 他 (コンピューターに)読み込む, スキャナーで読み取る, スキャンする

scanno 男 (議会や裁判官用の)装飾を施したどっしりとした椅子

scansabile 形 避けることができる

scansabrighe 男女〔不変〕厄介ごとを回避する人, 面倒嫌い

scansafatiche 男女〔不変〕怠け者

scansare 他 遠ざける, 避ける ―**arsi** 再 脇に寄る, 場所をあける

scansia 女 (本や皿を置く)棚

scansione 女 言葉を明確に区切って発音すること

scanso 男 避けること ―**a** *scanso* **di...** 〜を避けるために

scantinare 自 1 (弦楽器が)音を外す 2 場違いに振る舞う

scantinato 男 地階

scantonare 自 1 (人と会うのを避けて)角をすばやく曲がる; そそくさと消える 2 (責任や任務を)避ける, かわす ― 他 角を丸くする

scantucciare 他 [io scantuccio] (パンを端から)砕く, かじる

scanzonatamente 副 からかって, あざ笑って, ふざけて

scanzonatezza 囡 嘲笑するような態度, 皮肉な態度

scanzonato 形 気楽に構えた, 皮肉な, からかいの

scapaccione 男 後頭部への平手打ち

scapare 他 (塩漬けにする前に)魚の頭を切り落とす

scapataggine 囡 軽率, 不注意; 怠慢

scapato 形 軽率な, うっかりの; 無分別な

scapecchiare 他 [io scapecchio] (亜麻や大麻の)繊維くずを梳(す)く

scapestrataggine 囡 放埓(らつ)さ, 自堕落

scapestratamente 副 非常識に, だらしなく

scapestrato 形 だらしない, でたらめな; 向こう見ずの, 無鉄砲な ―男〔女[-a]〕非常識な人, 無鉄砲な人; 厄介者, ろくでなし

scapezzare 他 〔農〕剪(せん)定する; 先端を刈り込む

scapicollarsi 再 1 まっしぐらに駆け下りる 2 走る, 急ぐ 3 懸命になる ―*scapicollarsi* per finire il compito 課題を終えようと躍起になる

scapicollo 男 急斜面, 険しく切り立った場所 ―a *scapicollo* 真っ逆さまに, 急斜面で

scapigliare 他 [io scapiglio] 髪を乱す ―**arsi** 再 1 髪がくしゃくしゃになる 2 不規則な生活を送る, 放埓(らつ)な生活をする

scapigliatamente 副 だらしなく, 髪がくしゃくしゃで

scapigliato 形 1 (髪が)くしゃくしゃの 2 (生活が)だらしない, 自堕落な 3 〔文〕スカピリアトゥーラの ―男〔女[-a]〕1 勝手気ままな人 2 〔文〕スカピリアトゥーラの参加者

scapigliatura 囡 1 勝手気まま, 自由奔放 2 〔文〕スカピリアトゥーラ(19世紀後半のロンバルディアの文芸運動)

scapitare 自 [io scapito] 1 損をする 〔scapitarci の形もある〕 2 信用を落とす ―他 (金を)なくす

scapito 男 ダメージ, 損害; 損益, 損失 ► *a scapito di*... …の低下[不利]に

scapitozzare → capitozzare

scapo 男 1 (植物の)茎 2 〔建〕柱身

scapocchiare 他 [io scapocchio] (釘(くぎ)や針の)頭を抜く[取る]

scapola 囡 〔解〕肩胛(こう)骨

scapolare¹ 男 スカプラリオ(修道服の肩布); 修道僧の外衣

scapolare² 他 [io scapolo] (船・錨(いかり)や鎖などを障害物から引き上げる; (障害物を)避ける ―自 [es/av] (危うい所を)うまく逃げる[避ける] ► *scapolarla [scapolarsela]* 困難を切り抜ける(→ cavarsela, scamparla bella) / *L'abbiamo scapolata* per miracolo. 我々は奇跡的に逃れた.

scapolare³ 形 肩胛(こう)骨の

scapolo 男 (男性の)独身(→ celibe, nubile) ―形〔男性のみ〕独身の, 妻帯していない

scapolone 男 中高年の独身男

scappamento 男 1 (車の)排気管 2 (時計の)逃がし止め 3 (ピアノの)エスケープメント

‡**scappare** [スカッパーレ] 自 [es] 1 逃げる; 消える, いなくなる ―*scappare di casa* 家から逃げる, 家族を捨てる 2 急いで立ち去る 3 出る; はみ出る; 漏れる ―*Gli scappa* la camicia dai pantaloni. 彼のズボンからシャツがはみ出ているよ. / *Mi scappa* (la pipì). (おしっこが)漏れそうだ. 4 抑えきれないで(態度に出てしまう) ―*Mi è scappato* un sorriso. 笑みを抑えきれなかった.

scappata 囡 1 ちょっと立ち寄ること ―*fare una scappata dal panettiere* パン屋に立ち寄る 2 口からふと出た言葉, 不用意に漏らした言葉 3 (許されうる)過ち ―*scappata di gioventù* 若気の過ち

scappatella 囡 軽い恋愛, 浮気, アヴァンチュール

scappatoia 囡 1 逃げ道, 抜け道 2 言い逃れ

scappavia 男女〔不変〕抜け道; 言い逃れ, 回避策

scappellare 他 (帽子を)脱ぐ; (キノコの)傘を取る ―**arsi** 再 帽子を脱いで挨拶をする

scappellata 囡 帽子を脱いでの挨拶

scappellotto 男 (ふざけて親しみを込めて)後頭部をぴしゃりと叩くこと

scappottare 他 (車の)サンルーフを開ける

scappucciare 他 [io scappuccio] 1 (ペンのキャップを取る 2 (人の)頭巾[フード]を脱がせる ―自 つまずく

scapricciarsi 再 [io mi scapriccio] 気まぐれ[わがまま]を満足させる, 思いつくままにする

scapsulare 他 [io scapsulo] (ケースから抜たなどの容器に)取り外しする, 取り出す

scarabeo¹ 男 〔虫〕コガネムシ科の甲虫; スカラベ, 甲虫石

scarabeo² 男 〔虫〕スクラブル(ゲーム盤の文字の場所を替えて語を完成するゲーム)

scarabillare 他 (弦楽器を)爪弾く, はじく

scarabocchiare 他 [io scarabocchio] 1 走り書きする, なぐり書きする 2 下手な字で書く

scarabocchiatura 囡 走り[なぐり]書き, 乱筆, 落書き; 乱筆で書いた文音

scarabocchio 男 1 (インクなどの)よごれ 2 乱筆, なぐり書き 3 落書き

scaracchiare 自 [io scaracchio] 〔俗〕痰(たん)を吐く

scaracchio 男 〔俗〕痰(たん)

scaracchione 男〔女[-a]〕痰(たん)を吐く癖のある人

scarafaggio ゴキブリ, アブラムシ

scaraffare 他 (ワインなどをデカンタから[に])注ぐ, 移す

scaramanticamente 副 まじないで, 厄よけに

scaramantico 形 (複[男 -ci]) まじないの, 厄よけのための

scaramanzia 女 まじない, 厄よけ

scaramuccia 女 (複[-ce]) 小競り合い; いさかい, ちょっとした口論

scaraventare 他 思い切り投げつける, 叩きつける —**arsi** 再 突然飛びかかる, 急襲する

scarcassato 形《口》(特に輸送手段が)不調の, 壊れそうな —un vecchio autobus scarcassato がたがた走る古いバス

scarcerare 他 [io scarcero] (刑務所から)釈放する

scarcerazione 女 釈放

scardassare 他 1 (織物の繊維くずを)カード機で梳(す)く 2 虐待する, 酷使する

scardassatore 男 (女[-trice]) 梳(す)き職人

scardassatura 女 〔織〕カーディング

scardassiere 男 (女[-a]) 梳(す)き職人

scardasso 男 (羊毛を梳(す)くための)梳(す)毛具, コーミングカード

scardinamento 男 1 (蝶番(ちょうつがい)を外して)こじ開けること 2 覆すこと

scardinare 他 [io scardino] 1 (力ずくで蝶番(ちょうつがい)を外して)こじ開ける 2 根拠がないことを証明する, 覆す —**arsi** 再 1 (扉や窓が)蝶番から外れる 2 覆される, 壊れる

scarica 女 1 一斉射撃, 連射, 連発, 連打 2 放電 —scarica elettrica 放電, 感電 3 急な下痢

scaricabarile, scaricabarili 男 (不変)(子供の遊びで)背中合わせになって腕を交互に背に相手を乗せるゲーム

scaricalasino 〔不変〕(子供の遊びの)馬跳び

scaricamento 男 1 荷下ろし 2 〔コン〕ダウンロード

scaricare 他 [io scarico] 1 (荷を)降ろす 2 放出[排出]する 3 (重荷を)下ろす 4 (目的地に着いて乗客を)降ろす 5 捨てる, 追い払う 6 投げつける, 浴びせる 7 (銃を)発射する 8 〔コン〕ダウンロードする —**arsi** 再 1 (自分の荷を)降ろす 2 (負担から)解放される 3 (雷が)落ちる 4 (嵐などが)襲う 5 (電池などが)切れる

scaricatore 男 (女[-trice]) (運送業の)搬出搬入の係員; 荷物運び, ポーター 2 荷降ろしの機械 3 放電器

scarico 男 (複[-chi]) 1 荷物を降ろすこと 2 排出, 排気; 排水管 3 廃棄物, ごみ置き場 —gas di scarico 排気ガス —形 (複[男 -chi]) 1 荷物を降ろした 2 (負担が)軽くなった, からっぽの; 心が晴れやかな 3 (電池が)切れた 4 (心や体が)沈んだ, 疲れ切った

scarificare 他 [io scarifico] 1 〔医〕(診療のため皮膚や粘膜を)切る, 切開する 2 〔農〕(樹液を採るために樹皮に)傷をつける; (機械で土を)耕す 3 (道路工事で)ルーターで舗装をはがし起こす

scariola → scarola

Scarlatti 固名 (男) 1 (Alessandro ~) アレッサンドロ・スカルラッティ(1660-1725; イタリアの作曲家) 2 (Domenico ~) ドメニコ・スカルラッティ(1685-1757; 作曲家・チェンバロ奏者. Alessandro の子)

scarlattina 女 〔医〕猩(しょう)紅熱

scarlatto 形 1 緋(ひ)色の, 深紅の 2 (暑さ・労苦・興奮などで)顔が紅潮した, ほてった —男 〔不変〕緋色, 深紅色

scarmigliare 他 [io scarmiglio] めちゃくちゃにする, もつれさせる —Il vento gli ha scarmigliato i capelli. 風で彼の髪が乱れた. —**arsi** 再 髪を乱す

scarnamente 副 素っ気なく, 無味乾燥に; 簡潔に

scarnificare 他 [io scarnifico] 1 (骨の周りの肉を)削ぎ取る, 引き裂く 2 簡略化にする —scarnificare un concetto 考えをまとめる

scarnire 他 [io -isco] 1 肉を削ぎ取る 2 簡略化する —**irsi** 再 やせ細る

scarno 形 1 がりがりにやせた, 肉のない 2 簡潔な, 飾り気ない; 無味乾燥の

scaro 男 〔魚〕ブダイ

scarogna → scalogna

scarola 女 〔植〕チコリ, レタス

***scarpa** [スカルパ] 女 1 靴 —due paia di scarpe 靴 2 足 / scarpe da basket [tennis] バスケット [テニス]シューズ / Che numero di scarpe porti? 靴のサイズはいくつ? 2 無能な人 3 斜面, (地面の)傾斜

scarpata 女 1 斜面 2 靴での一撃

scarpetta 女 子供靴; 婦人靴; (かかとが低くて軽い)スポーツシューズ —scarpette da pugile ボクサーシューズ / fare la scarpetta 《口》パンでソースをすくう

scarpiera 女 シューズボックス; 携帯用靴袋

scarpinare 自 (歩きにくい道を)長い間へとへとになって歩く; 長距離を歩く

scarpinata 女 (特に山道を)へとへとになるまで歩くこと

scarpino 男 (パーティーやダンス用の)エレガントで軽い婦人靴

scarpone 男 1 登山靴, スキー靴 2 古参のアルプス兵 3 〔スポ〕反則だらけの二流のサッカー選手 4 役立たず, 粗野な人

scarroccio 男 〔海〕偏流

scarrozzare 他 (馬車や車で)連れ回す —scarrozzare gli ospiti per la città 客たちを車に乗せて町を案内する —自 (馬車や車で)動き回る, ぶらつく

scarrozzata 女 馬車[車]で出かけること, ドライブ, 遠出

scarrucolamento 男 (綱や鎖が)滑車の溝を滑ること

scarrucolare 自 [io scarrucolo] (綱や鎖が)滑車の溝を滑る; (綱や鎖が)滑車からそれる —他 (綱や鎖を)滑車から取り除く

scarrucolio 男 滑車の軋(きし)る音, 滑車が動く時に出す音

scarruffare 他 (髪を)乱す, くしゃくしゃにする —**arsi** 再 (髪が)乱れる, もつれる

scarsamente 副 不十分に, 不足して

scarseggiare 自 [io scarseggio] 1 残り少なくなる 2 (di)不足する —scarseggiare di denaro お金がない

scarsezza 女 欠乏, 不足

scarsità 女 欠乏, 不足

*__scarso__ [スカルソ] 形 1 乏しい, 欠乏した 2 足りない, 弱い —Lui è scarso in latino. 彼はラテン語が弱い. / un'ora scarsa 一時間弱, 一時間足らず

scartabellare 他 さっと目を通す, パラパラとページをめくる —自 書類をかき回して探す

scartabello 男 帳面, 小冊子;(価値のない)短い著作

scartabile 形 捨てられそうな, はねのけられる

scartafaccio 男 ばらばらになった本, 綴じ方の悪い本[ノート]

scartamento 男 (鉄道の)軌間(きかん) (左右レール内側の最短距離)

scartare 他 1 包み紙を開ける 2 (不用・不良なものとして)はねる, 捨てる 3 [スポ](サッカー・ラグビーなどで)ボールを持ったまま敵をかわす —自 (車などが)急に方向を変える, 急に斜行する

scartata 女 1 突然横にそれること 2 叱責 3 包みを開けること 4 (不用なものを)捨てること

scartavetrare 他 紙ヤスリ[サンドペーパー]で磨く

scartavetrata 女 さっと紙ヤスリ[サンドペーパー]で磨くこと

scartellare 自 カルテルの協定に違反する, カルテル破りをする

scartina 女 1 (トランプゲームで)役に立たないカード 2 ほとんど価値のない物, 役に立たない人間

scarto¹ 男 1 (不用な商品の)廃棄, 廃棄処分物 2 役に立たない人 3 (トランプゲームで)カードで捨てること

scarto² 男 1 突然横にそれること 2 差, 大差

scartocciare 他 [io scartoccio] 1 (トウモロコシの)皮をむく 2 包装をはがす[開く] —**arsi** 再 包装紙を開けるような音を出す

scartoffia 女 《蔑・諧》くだらない文書, 価値のない文書;《複数で》役所の書類

scassaquindici 男《不変》(二人で行う morra に似た)じゃんけんゲーム

scassare 他 1 壊す, つぶす 2〔農〕(土地を)深く掘り耕す

scassato 形 壊れた, 潰れた

scassatore 男〔女[-trice]〕厄介者, 迷惑な人

scassinamento 男 こじ開けること

scassinare 他 (扉・窓・引き出し等を)こじ開ける, 鍵を破る —scassinare una porta ドアをこじ開ける

scassinatore 男〔女[-trice]〕押し込み強盗

scasso 男 1 押し込み 2〔農〕開墾

scatafascio 男 乱雑, ごちゃごちゃ —a scatafascio 乱雑に

scatarrata 女 騒々しく痰(たん)を吐くこと

scatarrone 男〔女[-a]〕よく痰(たん)を吐く人

scatenamento 男 1 鎖を外すこと 2 (感情の)爆発

scatenare 他 1 扇動する, 駆り立てる 2 (感情を)むき出しにする, あらわにする —**arsi** 再 荒れ狂う, 逆上する

scatenato 形 (感情が)爆発した, 抑制できない, 手に負えないほどの

scatenio 男 鎖がガチャガチャいう音

*__scatola__ [スカートラ] 女 1 箱, ケース; 缶詰め 2 一箱分, 箱やケースの中身 —una scatola di cioccolatini チョコレート一箱 3 箱の形をしたもの —scatola nera フライトレコーダーブラックボックス ▶ **rompere le scatole a...** (人)を悩ませる, うんざりさせる

scatolaio 男〔女[-a]〕箱の製造[販売]業者

scatolame 男 食料品を詰める箱[缶]各種

scatolificio 男 箱[缶]製造工場

scatolone 男 荷造り[梱包]用の大箱

scattante 形 1 筋力のある, 馬力のある 2 敏捷(びんしょう)な, 迅速な

*__scattare__ [スカッターレ] 自 [es] 1 (バネや留め金が)はずれる (安全装置などが)作動する 3 飛び出す, ダッシュ[スパート]する 4 怒る, 癇癪(かんしゃく)を起こす —他 (カメラのシャッターを切って写真を)撮る —Ho scattato una fotografia. 私は写真を一枚撮った.

scattista 男女〔複[男 -i]〕1 [スポ]スプリンター 2 敏捷(びんしょう)に動く[行動する]人

scatto 男 1 (バネなどが)はずれること; バネ仕掛けの装置 2 ダッシュ, スパート 3 シャッターを切ること 4 (感情の)激発, 癇癪(かんしゃく) 5 (電話の)通話単位 ▶ **a scatti** (特に歩き方や話し方が)ぎくしゃくと **di scatto** 突然, 突如; 出し抜けに, いきなり

scattoso 形 1 (苛立ちや怒りで)しょっちゅう癇癪(かんしゃく)を起こす 2 (車が)加速力に優れた

scaturire 自 [es] [io -isco] 1 ほとばしり出る, 湧き出す 2 発する, 由来する

scautismo → scoutismo

scavalcamento 男 飛び越えること; 凌駕(りょうが)すること

scavalcare 他 1 飛び越える 2 凌駕(りょうが)する 3 落馬させる

scavallare 自 1 (子供が野外で)駆け

scavare 他 1 掘る, 深くする 2 発掘する, 掘り出す 3 くぼませる; やせ細らせる 4 (忘れられていたものを)思い出させる, 記憶をよみがえらせる

scavato 形 やせこけた, やつれた; 憔悴(しょうすい)した

scavatore 形[女-trice] 穴掘り作業の, 掘削の —macchina *scavatrice* 掘削機 —男 1[女-trice] 穴掘り作業員 2 掘削機

scavazione → escavazione

scavezzacollo 男 断崖 —男女《不変》《蔑》向こう見ずの若者 ► a *scavezzacollo* 大急ぎで, 性急に

scavezzare 他 1 木の先端を剪(せん)定する, 木の枝を折る; 折る, 砕く 2 (馬の)端綱(はづな)を解く

scavino 男 (果物や野菜の)芯抜き器

scavo 男 1 穴を掘ること 2 掘削 3 発掘(現場) 4 (服の)襟ぐり, 袖ぐり

scazzare 他 大失敗をする, 派手に間違う —自 不快な[煩わしい]ものである, 煩わしい —Mi *scazza* andarci. そこに行くのはうんざりだ. —**arsi** 再 腹を立てる; うんざりする, 落胆する

scazzato 形 がっかりした; 飽きた, うんざりした

scazzo 男 《隠》1 口げんか, 口論, 仲違い 2 《複数で》難しい状況, トラブル

scazzottare 他 《俗》げんこつで殴る —**arsi** 再 《俗》げんこつで殴り合う

scazzottata 女 《俗》殴り合いのけんか

scazzottatura 女 《俗》殴り合いのけんか; 非難, 批判

scegli scegliere の直・現・2単; 命・2単

scegliamo scegliere の直・現・1複; 命・1複

*__scegliere__ [シェッリエレ] [99] 他《過分 scelto》1 選ぶ, 選択する 2 選り好む —Ho scelto di viaggiare in Germania per le vacanze. 休暇でドイツを旅することにした. 3 選別する, 分け分ける

sceiccato 男 (アラブの)族長[首長]の位[特権]; 族長支配下の領土

sceicco 男[複-chi] (アラブ諸国の)首長, 族長

scelga scegliere の命・3単; 接・現・1単[2単, 3単]

scelgo scegliere の直・現・1単

scellerataggine 女 邪悪なこと, 極悪非道; 残酷さ, 醜行

scelleratamente 副 残酷に, 極悪非道に

scelleratezza 女 邪悪, 極悪非道; 残酷な行為

scellerato 形 邪悪な, 極悪の; 残酷な, 残忍な —男[女-a]極悪人

scellino 男 シリング(英国の貨幣単位)

scelse scegliere の直・遠過・3単

*__scelta__ [シェルタ] 女 1 選択, 選別, 選り分け 2 選集

scelto 形《過分< scegliere》1 選りすぐりの, 精選の; 精鋭の 2 高級の, 優良の

scemare 自 [es] 1 弱まる, 減少する 2 (星・天体が)沈む —他 弱める, 減らす

scemata 女 1《口》馬鹿げた言動, 愚行 2 くだらない著作[出し物] 3 つまらないもの

scemenza 女 愚かさ, 愚行

scemenzaio 男 1《口》愚行のすべて 2《集合的》愚かな人々

*__scemo__ [シェーモ] 形 1 馬鹿な, 愚かな 2 くだらない, つまらない —男[女-a] 馬鹿, あほう

scempiaggine 女 愚かさ, 愚鈍; 愚かな言動

scempiamente 副 単一に; 愚かにも

scempiare 他 [io scempio] 1 単一にする, 一つにまとめる, 二重を一重にする 2 破壊する

scempio¹ 男 破壊; 殺戮(さつりく)

scempio² 形 1 単一の, 一重の 2 愚かな

*__scena__ [シェーナ] 女 1 場面, シーン —*scena* d'amore ラブシーン 2 舞台 —Gli attori sono in *scena*. 俳優たちが舞台に出ている. / fuori *scena* 舞台裏 / messa in *scena* 演出 3 光景, 景色 —*scena* straordinaria 異常な光景 4 言い争い ► *andare in scena* 上演される; (俳優が)演じる *colpo di scena* 逆転, どんでん返し *fare scena* 印象づけようとする, インパクトを与える *fare scena muta* 黙り込む, だんまりを決め込む *uscire di scena* 舞台を去る, 引退する

scenario 男 1[劇]舞台装置, 舞台の背景 2 風景, 素晴らしい景色 3 (事件の)現場状況; (事の)展開, 背景 4 (コメディア・デッラルテの)筋書き 5 映画のシナリオ 6 見せかけ, ふり 7 大げさな表現 8 けんか, 騒動

scenata 女 激しい口げんか, どなり合い

*__scendere__ [シェンデレ] [100] 自 [es]《過分 sceso》1 下へ下りる, 下がる; (レベルや値段が)下がる, 減じる —*scendere* in cantina 地下蔵に下りる / Le lacrime gli *sono scese* sulle guance. 涙が彼の頬を伝った. 2 降りる, 下車する —*scendere* dal treno 列車を降りる / Scendiamo alla prossima fermata. 次の停留所で降りましょう. 3 (ある場所で)足を止める; 滞在する, 泊まる 4《口》やせる, 体重が落ちる 5 (道などが)下降する, 傾斜する 6 (雨などが)落ちる 7 垂れ下がる 8(a)屈服する, 妥協する —他 降りる, 下る —*scendere* le scale 階段を下りる

scendibagno 男《不変》バスマット

scendiletto 男《不変》1 ベッド脇に置くラグ 2 (女性用)室内着, ナイトガウン

sceneggiare 他 [io sceneggio] (文学作品を演劇や映画・ラジオ用に)脚色する, 劇化する

sceneggiata 囡 1 ナポリの大衆演劇 2 大げさな演出

sceneggiato 男 連続テレビドラマ

sceneggiatore 男〔女[-trice]〕(映画やテレビの)脚本家

sceneggiatura 囡 脚本, シナリオ

scenetta 囡 喜劇の寸劇, コント; 笑えるエピソード

scenicamente 副 舞台に関して, 演劇的に見て

scenico 形〔複[男 -ci]〕舞台に関する, 劇の

scenografia 囡 舞台背景画法, 舞台装飾技法, 舞台美術, 舞台装置

scenograficamente 副 舞台装飾的に, 舞台美術的に

scenografico 形〔複[男 -ci]〕舞台装飾の, 舞台美術の, 舞台装置の

scenografo 男〔女[-a]〕舞台装飾家, (映画・テレビの)美術監督

scentrare 他 1 軸を狂わせる, 中心から外す 2 〔中伊〕使えなくする, 壊す —**arsi** 再 1 軸が狂う 2 〔中伊〕衝突する

scentrato 形 《口》(人が)奇抜な, 変わった

scentratura 囡 軸が狂うこと, 中心からずれること

sceriffo 男 1 (米国の)保安官, シェリフ; 《俗》警備員 2 (アラブの)首長

scervellarsi 再 頭をしぼる, 懸命に考える

scervellato 形 軽率な, 思慮の欠けた —男〔女[-a]〕軽率な人, 無分別な人

scese scendere の直・遠過・3 単

sceso scendere の過分

scespiriano → shakespeariano

scetticismo 男〔哲〕懐疑論; 懐疑的な態度

scettico 形〔複[男 -ci]〕1 懐疑論の, 懐疑論者の 2 疑い深い —男〔複[-ci]〕女[-a]〕1 懐疑論者 2 疑い深い人

scettro 男 1 (王が持つ)笏(しゃく); 君主の権力, 王権 2 首位の座; 〔スポ〕チャンピオンのタイトル

scevro 形 欠けた, 免れた

scheda 囡 1 カード —*scheda magnetica* 磁気カード 2 用紙 —*scheda elettorale* 投票用紙 / *scheda bianca* 白票 3 〔情〕プリント基板 —*scheda madre* マザーボード

schedare 他 (情報などを)カードに記入する; 目録を作成する

schedario 男 カード索引; カード保管棚[箱]

schedarista 男女〔複[-i]〕カード索引係

schedaristico 形〔複[男 -ci]〕カードの, カード索引の —*sistema schedaristico* カード方式

schedato 形 (警察に)記録がある, (警察に指紋等の)データが残っている

schedatore 男〔女[-trice]〕カード作成係, カード索引係

schedatura 囡 カードに記入すること, カード作成, 目録作成

schedina 囡 小さなカード; トトカルチョの用紙

schedografico 形〔複[男 -ci]〕カードの, カード索引の

schedone 男 (区分け用の)大判で厚紙のカード

scheggia 囡〔複[-ge]〕破片, かけら, 切れ端 —*scheggia di pietra* 石のかけら / *scheggia impazzita* 危険分子 ▶ **come una scheggia** すばやく

scheggiabile 形 簡単に傷つく[割れる, 砕ける]

scheggiare 他 (io scheggio) (物の)縁を壊す[欠く, 割る] —**arsi** 再 (縁が)欠ける, 割れる

scheggiatura 囡 縁の破損

scheletricamente 副 かいつまんで, 要点だけで

scheletricità 囡 やせ細った外見

scheletrico 形〔複[男 -ci]〕1 骸骨の; やせ細った 2 要点だけの, 概要の

scheletrire 他 (io -isco) 極端にやせさせる, 骸骨のようにさせる —**irsi** 再 かなりやせる, 骸骨のようになる

scheletrito 形 1 がりがりにやせた 2 (木や枝の)葉が落ちた

scheletro 男 1 骨格, 骸骨 2 骨組み

schema 男〔複[-i]〕1 図式, 図解 2 要点 3 素案, レイアウト 4 チャート, スキーム

schematicamente 副 1 図式で 2 概要で

schematicità 囡 図式化, 図解すること

schematico 形〔複[男 -ci]〕1 図式の, 図解の 2 概要的な, 要点の 3 偏狭な

schematismo 男 図式的であること; 狭量さ

schematizzare 他 図式で表す, 図式化する

schematizzazione 囡 図式化

scherma 囡 1 〔スポ〕フェンシング —*tirare di scherma* フェンシングをする 2 〔スポ〕(ボクシングの)カウンターブロー

schermaggio 男 遮蔽壁, シールド

schermaglia 囡 1 〔文〕刀剣での決闘 2 言い争い, 論戦 3 言葉での恋愛の駆け引き

schermare 他 覆いをかぶせる; 防御する —*schermare una lampada* 明かりに覆いをかける

schermata 囡 (パソコンの)液晶画面

schermatura 囡 覆いをかけること; 遮蔽壁

schermidore → schermitore

schermire 自 (io -isco) 刀剣で決闘する —他 守る, 防御する —**irsi** 再 身を守る, 自衛する; (身を守って)かわす, 避ける

schermistico 形〔複[男 -ci]〕フェンシングの —*tecnica schermistica* フェンシングの技法

schermitore 男〔女[-trice]〕フェン

シングの選手,刀剣で闘う人;フェンシングをたしなむ人;有段のボクサー

schermo 男 **1** スクリーン,銀幕 **2** 画面 **3** 防御,保護 —*schermo di protezione* 防御スクリーン

schermografia 女 レントゲン技術;レントゲン写真

schernire 他 〔io -isco〕嘲笑する,冷やかす,馬鹿にする

scherno 男 嘲笑,冷やかし,悪ふざけ

＊**scherzare** [スケルツァーレ] 自 ふざける,はしゃぐ;冗談を言う —*Non c'è da scherzare.* 冗談を言っている場合ではない. / *C'è poco da scherzare!* (状況を)軽く見てはいけない,事は重大だ. —他 冷やかす,からかう

scherzevolmente 副 冗談で,ふざけて

＊**scherzo** [スケルツォ] 男 **1** 冗談,しゃれ —*per scherzo* しゃれで,ふざけて / *Non dirlo neanche per scherzo!* それは冗談でも言ってはいけないよ. **2** からかい,冷やかし,いたずら —*scherzo del destino* 運命のいたずら **3** 難しくないこと **4**〔音〕スケルツォ **5**〔文〕滑稽詩 ▶ *scherzi a parte* 冗談は別にして,冗談はさておき

scherzosamente 副 冗談で,ふざけて,滑稽に

scherzosità 女 (話や状況を)冗談めかすこと,ふざけること

scherzoso 形 冗談の,ふざけた;おどけた,滑稽な —È *un tipo scherzoso.* 彼は冗談好きの奴だ.

schettinaggio 男 ローラースケート

schettinare 自 〔io schettino〕ローラースケートで滑る

schettinatore 男〔女[-trice]〕ローラースケートをする人

schettino 男〔複数で〕ローラースケート靴

schiacciamento 男 押しつぶすこと,(ボタンを)押すこと

schiaccianoci 男〔不変〕クルミ割り器

schiacciante 形 圧倒的な

schiacciapatate 男〔不変〕ポテトマッシャー

＊**schiacciare** [スキアッチャーレ] 他 〔io schiaccio〕**1** 押しつぶす —*schiacciare le patate* ポテトをつぶす **2** (ボタンを)押す **3** 打ち負かす,粉砕する **4**〔スポ〕スマッシュ[スパイク]する ▶ *schiacciare un sonnellino* [*pisolino*] うたた寝する,仮眠する —*arsi* 再 つぶれる;ぺちゃんこになる

schiacciasassi 男〔不変〕(地面をならす)ローラー;石を砕いて砂利にする機械

schiacciata 女 **1** 押しつぶすこと **2**〔スポ〕スマッシュ,スパイク **3**〔料〕スキアッチャータ(フォカッチャの一種) —*schiacciata alla fiorentina* スキアッチャータ・アッラ・フィオレンティーナ(フィレンツェの伝統のケーキ)

schiacciato 形 ぺちゃんこの,つぶれた;低い鼻の —*naso schiacciato* 獅子鼻

schiaffare 他 激しく投げつける,叩きつける;平手打ちを食らわす —*schiaffare... in galera*《口》(人を)投獄する

schiaffeggiare 他 〔io schiaffeggio〕**1** 平手で打つ,横っ面を張る **2** (ボールなどを)手のひらで打つ **3** (風や波が)激しく打ちつける

schiaffeggiatore 男〔女[-trice]〕平手打ちをする人

schiaffo 男 **1** 平手打ち —*dare uno schiaffo a...* (人)に平手打ちを食わせる / *prendere... a schiaffi* (人)の顔をピシャリと打つ **2** 侮辱 ▶ *avere una faccia da schiaffi* 厚かましい態度をとる,反感を買うような顔をしている

schiamazzare 自 **1** (鳥が)鳴き騒ぐ **2** (人が)大きな声で騒ぐ,うるさく騒ぐ

schiamazzatore 男〔女[-trice]〕うるさく騒ぐ人,騒々しい人

schiamazzo 男 うるさい声,馬鹿騒ぎ

schiantare 他 **1** へし折る,砕く,割る —*Il fulmine ha schiantato quell'albero.* 雷があの木を真っ二つに割ってしまった. **2** 打ちのめす —*schiantare il cuore a...* (人)の心を打ち砕く —自 [es] 死ぬ,くたばる —*schiantare dalle risate* ひどく大笑いする —*arsi* 再 激突して大破する

schianto 男 **1** 折れること,砕けること **2** 折れる[砕ける]音,爆発音 **3** 苦しみ,痛み **4** 非常に美しい人물 —*Quella ragazza è uno schianto!* あの娘はステキだ. ▶ *di schianto* 突然,急に

Schiaparelli 固名 (Giovanni Virginio 〜) スキアパレッリ (1853-1910;イタリアの天文学者)

schiappa 女 能無し,落ちこぼれ

schiarimento 男 明らかにすること;解釈,解明

schiarire 他 〔io -isco〕明らかにする,明るくする —自 [es] 明るくなる;(空が)晴れる **2** [es/av]〔非人称〕晴天になる;夜が明ける —*irsi* 再 明るくなる,はっきりする

schiarita 女 晴天;緩和,好転

schiatta 女 同じ血筋[血統],一族

schiattare 自 [es] **1** 爆発する **2** 我慢の限界にいる **3**《口》死ぬ,くたばる

schiavardare 他 ボルトを外す[抜く]

schiavismo 男 奴隷制度

schiavista 形〔複〕[男 -i]〕奴隷制を擁護する —男女〔複〕[男 -i]〕奴隷制擁護者;奴隷の主人,奴隷商人

schiavistico 形〔複〕[男 -ci]〕奴隷制の,奴隷制擁護の,奴隷制擁護者の

schiavitù 女 **1** 奴隷の身分[境遇] **2** 隷属状態

schiavizzare 他 奴隷にする;自由を拘束する

schiavo 男〔女[-a]〕奴隷;(悪癖の)とりこ —形 奴隷の,とりこになった —Era *schiavo del gioco.* 彼はギャンブルのとりこになっていた.

schidione 男 〔トスカーナ〕(肉用の)焼き串

*****schiena** [スキエーナ] 女 背, 背中 ▶ ponte a *schiena* d'asino 太鼓橋 ▶ colpire alla *schiena* 裏切る / voltare la *schiena* 逃げる, 去る / voltare la *schiena* a... (人)を裏切る, 見捨てる

schienale 男 1 (椅子の)背もたれ 2 (鎧(よろい)の)背当て部分

schienata 女 1 (相手に)背中をぶつける[打ち当てる]こと 2〔スポ〕(レスリングの)フォール

schiera 女 1 隊列, 部隊 2 集団, 一団 ―*schiere* di tifosi 群がるファンたち / villette a *schiera* テラスハウス ▶

schieramento 男 1 配列, 配置 2 陣形, 隊形 3 党派, 勢力 4〔スポ〕フォーメーション, ラインアップ

schierare 他 配置する, 整列させる ―**arsi** 再 1 整列する, 列に並ぶ 2 味方につく

schiettamente 副 純粋に, 率直に, 誠実に

schiettezza 女 純粋さ, 率直さ, 誠実さ

schietto 形 1 純粋な, 混じり気のない 2 偽りのない, 誠実な 3 飾り気のない, 率直な 4〔文〕細身の, やせた ▶ a dirla *schietta* 率直に言うと

schifare 他 嫌悪する, はねつける; 嫌悪を催させる, むかつかせる ―**arsi** 再 嫌悪感を持つ, むかつく

schifato 形 1 不快な, 嫌気がさす 2 軽蔑された, 蔑視された, 嫌がられる

schifezza 女 嫌悪感を抱かせるもの, 嫌なもの; 醜悪なもの

schifiltosamente 副 気難しく, 好き嫌いが激しくて

schifiltoso 形 好みにうるさい, 気難しい ―男〔女[-a]〕好みにうるさい人, 気難しい人

*****schifo**[1] [スキーフォ] 男 見た[聞いた]だけで胸がむかつくような物[人] ▶ fare *schifo* 嫌である, むかつく, 胸くそが悪い, 話にならない

schifo[2] 男 小型船, 小さいボート

schifosamente 副 吐き気を催すほどに, 胸が悪くなるほど

schifosità 女 不快なもの, むかつくほどひどいもの

schifoso 形 1 むかつく, 胸くそが悪い, 嫌な 2 ひどい, 最低の

schioccare 自 ピシッ[パチン]と音が鳴る ―fare *schioccare* la frusta 鞭(むち)をビュンと鳴らす ―他 (指を)鳴らす; (キスで)音を立てる; 舌打ちをする

schiocco 男〔複[-chi]〕(鞭(むち)の)パシッ; (指の)パチン; (キスの)チュッ; (舌打ちの)チェッ

schiodare 他 1 釘(くぎ)を抜く 2〔口〕動かす, 移動させる ―**arsi** 再 1 (釘を抜いたために)はずれる, 離れる 2〔口〕動く, 移動する

schioppettare 自 〔中伊・北伊〕 → scoppiettare

schioppettata 女 銃撃, 発砲 ―a una *schioppettata* da qui 射程距離内に

schioppo 男 鉄砲, ライフル; 〔諧〕猟銃 ―a un tiro di *schioppo* 射程距離で; 至近距離で

schiribizzo 男 → sghiribizzo

schisto → scisto

schisto- 接頭 「割れた」「裂けた」の意

schitarrare 自 ギターをジャンジャン鳴らし続ける, 下手なギターを弾き続ける

schitarrata 女 (聴き手を無視した)ギターの下手な長演奏

schiudere [18]〔過分 schiuso〕 1 少し[ゆっくりと]開ける, 半開きにする ―*schiudere* gli occhi 薄目を開ける 2 示す, 明らかにする ―**ersi** 再 1 少し[ゆっくりと]開く; つぼみが開く 2 現れる, 見える

schiuma 女 1 泡 ―*schiuma* da bagno バブルバス 2 よだれ ▶ avere la *schiuma* alla bocca 泡を吹いて怒る

schiumare 他 (液体の泡をすくい取る ―*schiumare* il latte 牛乳の膜をすくう ―自 泡を立てる

schiumarola 女 網杓子(しゃくし)

schiumogeno 形 (液体を加えると)泡立つ物質の, 発泡性の ―男 消火器 (estintore a *schiuma*)

schiumosità 女 発泡性

schiumoso 形 泡の出る, 泡立つ

schiusa 女 開くこと; 殻から出ること ―la *schiusa* dei pulcini ヒヨコの孵(ふ)化

schiuse schiudere の直・遠過・3 単

schiuso schiudere の過分

schivabile 形 避けられる, 回避できる

schivamente 副 おずおずと

schivare 他 避ける, かわす

schivata 女 避けること, 回避, 身をかわすこと

schivo 形 引っ込み思案の, 内気な; (褒賞を恥じらいから)嫌がる, 避けたがる; 気後れする ―男〔女[-a]〕気後れする人, 内気な人

schizo- 接頭 「分割」「分離」「分裂」の意

schizofrenia 女〔医〕統合失調症; 統合失調症の言動

schizofrenicamente 副 統合失調症のように

schizofrenico 形〔複 男 -ci〕統合失調症の ―男〔複[-ci]女[-a]〕統合失調症患者

schizoide 形 統合失調症質の ―男女 統合失調症質の人

schizzare 自 [es] 1 (液体が)噴き出す 2 跳びはねる, 飛び出す ―Un pesce è *schizzato* fuori dell'acqua. 魚が一匹水から飛び出した. ―他 1 (水や泥を)はねる, 散らす; (di) A に B ではねを飛ばす ―*schizzare* la camicia di sugo シャツにソースがはねる 2 (液体を)吐き出す, 吹き出す 3 スケッチする, 素描する ―**arsi**

schizzata 再 (液体が)はねる, はねてよごれる

schizzata 囡 (液体が)はねること; (液体の)はね, よごれ, 染み

schizzato 形 《俗》支離滅裂な[ちぐはぐな]振る舞いの, 極端に動揺した態度の

schizzetto 男 小さなスプレー; 水鉄砲

schizzinosamente 副 気難しく

schizzinoso 形 気難しい, 好みがうるさい, 要求の多い

schizzo 男 1 (水や泥の)はね 2 (液体の)噴出 3 スケッチ

schola cantorum 囲(女)〔ラ〕(聖堂の)聖歌隊席; 典礼での合唱; 聖歌隊の養成学校

***sci** [シ] 男〔不変〕1 スキー —*sci nordico* [*alpino*] ノルディック[アルペン]スキー / *sci nautico* 水上スキー 2 スキーの板 —*un paio di sci* 一組のスキー板

scia 囡 1 航跡 2 (光や煙の)筋

scià 男 シャー(イラン革命前の国王の称号)

sciabecco 男 〔複[-chi]〕(17〜18世紀に地中海で用いられた)3本マストの帆船

sciabica 囡 1 トロール網(%), トロール漁船 2〔トスカーナ・鳥〕バン(ツル目クイナ科)

sciabile 形 スキーで滑れる, スキーが可能な —*neve sciabile* スキーに適した積雪

sciabilità 囡 (雪について)スキーが可能なこと —*la sciabilità della neve* スキーが可能な雪の状態

sciabola 囡 サーベル

sciabolata 囡 1 サーベルの一撃 2 (闇を貫く突然の)光の輝き 3 軽率な主張[判断] 4〔スポ〕サッカーのロングパス

sciabolatore 男〔囡[-trice]〕1 サーベルを操る人; (フェンシングの)サーベルの選手 2 痛烈かつ軽率に判断を下す人 ━ 形〔囡[-trice]〕サーベルを操る, フェンシングのサーベルの

sciabordare 他 1 (容器ごと液体を揺らす 2 (布類を水で)すすぐ ━ 自 (水が)打ち寄せる, 音を立てて当たる ━*Il mare sciaborda contro gli scogli.* 海水が岩壁に当たる.

sciabordio 男 1 (容器ごと液体を)揺らすこと 2 (衣類を水で)すすぐこと 3 水[液体]がピチャピチャ揺れること, 波が当たること ━*lo sciabordio delle onde* 砕け散る波の音

sciacallaggio 男 火事場泥棒; 他人の不幸につけ込んで盗みをすること

sciacallo 男 1 〔動〕ジャッカル 2 他人の不幸につけ込んで利を得る者

sciacchetrà 男 シャケトラ(リグリアのチンクエテッレ産の甘口デザートワイン)

sciacquadita 囡〔不変〕フィンガーボウル

sciacquare 他〔io sciacquo〕すすぐ, ゆすぐ ━*arsi* 再 (自分の体を)水ですすぐ

sciacquata 囡 すすぐこと, すすぎ

sciacquatura 囡 すすぎ, 水洗い; すすぎ水 —*sciacquatura di piatti* 《蔑》水っぽいまずいスープ / *sciacquatura di bicchieri* まずくて薄いワイン

sciacquio 男 1 水の流れる[落ちる]音; さざ波の音, 波が打つ音

sciacquo 男 1 口をゆすぐこと, うがい —*fare degli sciacqui* うがいをする 2 うがい薬 3 すすぎ

sciacquone 男 トイレの水洗装置; 水洗便所 —*tirare lo sciacquone* トイレの水を流す

sciagura 囡 大惨事, 大事故

sciagurato 形 1 悲惨な, 痛ましい 2 いまいましい, 呪われた 手に負えない, どうしようもない; 無責任な ━ 男〔囡[-a]〕1 気の毒な人 2 どうしようもない人, 無責任な人

scialacquamento 男〔トスカーナ〕浪費, 乱費, 無駄遣い

scialacquare 他〔io scialacquo〕1 浪費する, 無駄遣いをする, (金を)ばらまく 2 惜しみなく与える

scialacquatore 男〔囡[-trice]〕浪費家 ━ 形〔囡[-trice]〕浪費の, 無駄遣いの

scialacquio 男 浪費し続けること, 浪費癖

scialacquone 男〔囡[-a]〕浪費家, 金遣いの荒い人

scialare 自 ぜいたくをする ━ 他 浪費する, (金を)どんどん使う

scialatore 男〔囡[-trice]〕浪費家, 金遣いの荒い人 ━ 形〔囡[-trice]〕浪費の, 金遣いの荒い

scialbo 形 1 青ざめた, 血の気の失せた; 表情のない 2 くだらない, つまらない 3 (食べ物が)味のない

scialbore 男 血の気のなさ, 蒼白さ; 表情のなさ

sciallato 形 (ドレス・上着・コートが)ショールカラーの

scialle 男 ショール, 肩掛け

scialo 男 浪費, 乱費

scialone 男〔囡[-a]〕《口》浪費家, 浪費癖のある人, 金遣いの荒い人

scialuppa 囡 (船舶に装備の櫂(*)またはモーターで動く)ボート, 小舟 —*scialuppa di salvataggio* 救命ボート

sciamano 男 シャーマン; 魔術師, 祈禱(*)師

sciamare 自 [es/av] 1 (ミツバチなどが)分封(*)[分蜂]する 2 (人が)集団で移動する

sciamatura 囡 (ミツバチの)分封(*) (古巣を捨てて移動すること)

sciame 男 1 ミツバチの群れ 2 大群, 大集団 —*sciame di zanzare* 蚊の大群 ▶ *a sciami* 群れをなして

sciampista 男女〔男[-i]〕(美容院の)シャンプー係, 洗髪担当

sciampo → shampoo

sciancare 他 足を不自由にさせる ━*arsi* 再 足が不自由になる

sciancato 形 足が不自由な,(足が不自由なため)足を引きずって歩く —男〔女[-a]〕足が不自由な人

sciancrare 他 (ウエストにフィットするように服を)修正する, 服のウエストを詰める

sciancrato 形 1 (服が)ぴったりしたウエストの 2 (スキー板やスノーボード板の)センター部分で細くなった

sciancratura 女 1 ウエストフィットの服のライン; 服のくびれたウエストの部分 2 (スキーやスノーボード板の)センター部分のやや細くなった部分

sciantosa 女 (音楽喫茶やバラエティーショーを行う飲食店の)歌手

sciantung 男〔不変〕〔織〕シャンタン, 山東絹(shantung)

sciarada 女 1 (ゲームの)シャレード(単語やフレーズを当てる遊び) 2 複雑な問題

sciare 自 スキーをする

sciarpa 女 1 スカーフ; マフラー 2 (肩から腰に斜めにかけたり, 腰に巻く)飾り帯, 懸章 3 包帯, 三角巾

Sciascia 固名(男) (Leonardo ~) シャーシャ(1921-89; シチリア出身の作家. 社会の暗部を照らす著作を残す)

sciata 女 スキーで滑降すること; スキーの滑り方

scialgia 女 → sciatica

sciatica 女〔医〕坐骨神経痛

sciatico 形〔複[男 -ci]〕〔解〕坐骨神経痛の; 坐骨の, 坐骨神経の —男〔複[-ci]〕〔解〕坐骨神経

sciatore 男〔女[-trice]〕スキーヤー

sciatorio 形 スキーの

sciattamente 副 投げやりに, ぞんざいに

sciatteria 女 なおざり, だらしなさ, 粗雑

sciatto 形 (服装が)だらしない, 乱雑な; 粗雑な, ぞんざいな, ずさんな

sciattone 男〔女[-a]〕1《口》だらしない身なりの人 2 注意力に欠けた人, ぞんざいな振る舞いの人

scibile 男 叡智のすべて —*scibile* umano 人智

sciccheria 女《俗》シックなこと, 優美さ, 上品

sciccosamente 副 シックに, あか抜けて

sciccoso 形《俗》シックな, 上品な, あか抜けた, 優美な

scientemente 副 意識的に, 自覚して

scientifica 女 科学捜査班

scientificamente 副 科学的に

scientificità 女 科学性

scientifico 形〔複[男 -ci]〕1 科学の, 科学的な 2 学術の, 学問の, 学術的な

scientismo 男〔哲〕科学主義

‡**scienza** [シェンツァ] 女 1 科学, 学問 —*scienza* applicate 応用科学 / *scienze* naturali 自然科学 2 (主に高等学校での)生物, 科学, 地学; (大学での)数学, 物理, 自然科学 3 学術研究 4 知識, 教養 —uomo di *scienza* 科学者; 博学な人, 学者 ▶ *avere la scienza infusa* (勉強しないで)物知りのふりをする

scienziato 男〔女[-a]〕科学者

Scilla 固名(女) 1〔ギ神〕スキュラ(美を妬まれ怪物に変えられた娘) 2〔ギ神〕スキュラ(ミノスの愛を求めて海鳥になる)

scimmia 女 1〔動〕サル 2 猿まね[物まね]をする人 —fare la *scimmia* a... ...のまねをする 3《口》酩酊(ﾒｲﾃｲ), 深酔い 4《口》薬物依存

scimmiesco 形〔複[-chi]〕猿の, 猿のような

scimmione 男〔女[-a]〕1 オランウータン, ゴリラ 2 粗野で醜い大男

scimmiottamento 男 猿まね, へたなまね

scimmiottare 他 1 猿まねをする 2 (人の身ぶりを)まねる

scimmiottatura 女 まねをすること, ふざけること

scimmiotto 男 1 若猿, 子猿 2 不格好な人 3《口》かわいい子

scimpanzé 男〔動〕チンパンジー

scimunito 形 愚か者, のろま, うすのろ —形 思慮のない, 馬鹿げた

scinauta 男女〔複[男 -i]〕水上スキーヤー

scinco 男〔複[-chi]〕〔動〕スキンク, トカゲ

scindere [101] 他〔過分 scisso〕割る, 分ける; 切り離す, 区別する;《文》切り裂く —*scindere* un argomento in due tematiche 論題を二つのテーマに分ける —**ersi** 再 分かれる, 分離する;《文》裂ける

scindibile 形 分けられる, 分離可能な

scingere [19] 他〔過分 scinto〕《文》帯[ベルト]をとる, ほどく, 解く —**ersi** 再 (束縛から)解き放たれる

scintigrafia 女〔医〕シンチグラフィー

scintigramma 男〔複[-i]〕〔医〕シンチグラム

scintilla 女 1 火花, 火の粉 2 輝き, きらめき 3 ひらめき —*scintilla* dell'ispirazione 思いつき 4〔電〕(放電による)スパーク 5 動機, 要因

scintillamento 男 閃(ｾﾝ)光, 輝き

scintillante 形 輝く, きらめく —occhi *scintillanti* 輝く瞳

scintillare 自 輝く, きらめく —Le stelle *scintillano*. 星が輝いている.

scintillazione 女 1 スパーク, またたき 2〔物〕シンチレーション 3〔天〕光度

scintillio 男 まばゆい輝き

scintillografo 男〔医〕シンチグラム記録器

scinto scingere の過分

scintoismo 男〔宗〕神道

scintoista 男女〔複[男 -i]〕〔宗〕神道の信者

scintoistico 形〔複[男 -ci]〕〔宗〕神道の, 神道信者の

sciò 間 しっしっ, さあさああっちへ行け

scioccamente 副 愚かにも、馬鹿らしくも

scioccante 形 ショッキングな、衝撃的な

scioccare 他 ショックを与える

scioccato 形 ショックを受けた、衝撃を受けた

＊sciocchezza [ショッケッツァ] 女 1 馬鹿なこと、馬鹿げたこと 2 つまらない物、値打ちのない物 —litigare per una *sciocchezza* くだらないことでけんかをする / costare una *sciocchezza* 安価である

sciocchezzaio 男 馬鹿げた意見[主張]の集まり

sciocchezzuola 女 取るに足りないもの、つまらないもの

sciocco 形〔複[男 -chi]〕馬鹿な、愚かな; 気の抜けた、つまらない —È un'idea *sciocca*. それは馬鹿な考えだ. 一男〔複[-chi]女[-a]〕間抜け、馬鹿者

sciogli sciogliere の直・現・2単; 命・2単

sciogliamo sciogliere の直・現・1複; 命・1複

scioglibile 形 解ける、解決できる

＊sciogliere [ショッリェレ] [102] 他〔過分 sciolto〕1 解く、ほどく 2 解放する、免除する 3 (水・雪・バターなどを)溶かす 4 解散する、散会する 5 (契約などを)解消する 6 解決する、解明する、解釈する 7 (体の一部を)もみほぐす 一自〔文〕出帆する —**ersi** 再〔文〕1 自由になる、解放される 2 解散する 3 (水・雪・バターなどが)溶ける 4 ほどける 5 リラックスする ▶ *sciogliere le campane* (キリストの復活を祝して)鐘を打ち鳴らす

scioglilingua 男〔不変〕早口言葉

scioglimento 男 1 解き放つこと、溶かすこと 2 取り消し、解消 3 散会、解散 4 結末; 解決、解明

sciolga sciogliere の命・3単; 接・現・1単[2単, 3単]

sciolgo sciogliere の直・現・1単

sciolina 女〔スポ〕スキー用ワックス

sciolinare 他〔スポ〕スキーの板にワックスを塗る

sciolse sciogliere の直・遠過・3単

sciolta 女《口》下痢

scioltamente 副 のびのびと、軽快に

scioltezza 女 1 (動きの)軽やかさ、敏捷(びんしょう)さ —muoversi con *scioltezza* 軽快な動きをする / scrivere con *scioltezza* ペンが滑らかに走る 2 気楽さ、自然さ

sciolto 形〔過分< sciogliere〕1 ほどけた 2 つながれていない 3 溶けた 4 解放された 5 自由闊(かっ)達な 6 (品物が)ばら売りの —vino *sciolto* 量り売りワイン ▶ *avere la lingua sciolta* 弁が立つ

scioperante 男女 ストライキをする人 一形 ストライキ中の

scioperare 自[io sciopero] 1 ストライキをする 2 (諸)だらだらと過ごす

＊sciopero [ショーペロ] 男 ストライキ —*sciopero* della fame ハンガーストライキ / *sciopero* generale ゼネスト

sciorinare 他 1 (特に洗濯物を)干す、風に当てる; 広げる、伸ばす 2 見せびらかす、展示する; (ニュースなどを)広める、漏らす —*sciorinare* le proprie ricchezze 自身の富をひけらかす 3 並べ立てる、連発する —*sciorinare* complimenti お世辞を並べたてる 一**arsi** 再《文》1 服を脱ぐ 2 動き回る

sciovia 女 スキーリフト

sciovinismo 男 ショービニズム; 狂信的愛国心, 狂信的排外[民族]主義

sciovinista 男女〔複[男 -i]〕国粋主義者, 狂信的排外[民族]主義者

sciovinistico 形〔複[男 -ci]〕狂信的愛国者の, 狂信的排外[民族]主義者の

Scipione 固名〔男〕 1 (～ l'Africano Maggiore)大スキピオ(前236-184; 古代ローマの将軍. 通称大アフリカヌス) 2 (～ l'Africano Minore)小スキピオ(前185-129; 古代ローマの将軍. 通称小アフリカヌス)

scipitaggine 女 1 無味; 面白みのないもの 2 たわごと、馬鹿げた言動

scipitezza 女 1 風味のなさ、無味 2 愚か、馬鹿; 馬鹿げた言動

scipito 形 1 風味のない、味のよくない —una pietanza *scipita* 風味のない料理 2 魅力にかける, 愚かな; 味気ない, 面白くない —risposta *scipita* ありきたりの返事

scippare 他 ひったくる; 剥奪する

scippatore 男〔女[-trice]〕ひったくり犯

scippo 男 ひったくり; 略奪

sciroccale 形 1 シロッコの, 熱風の 2 《文》蒸し暑い, うだるような

sciroccata 女 (シロッコによる)嵐, 時化(しけ)

scirocco 男〔複[-chi]〕 1 南東(の風) 2 熱風, シロッコ

sciroppare 他 シロップ漬けにする

sciroppato 形 シロップ漬けの

sciroppo 男 シロップ —*sciroppo* d'acero メープルシロップ

sciropposo 形 甘みの強い; 甘ったるい

scisma 男〔複[-i]〕 1〔宗〕教会分裂 2 (政党などの)分裂, 分離

scismatico 形〔複[男 -ci]〕 1〔宗〕教会分裂(派)の 2 分裂の, 分離の

scisse scindere の直・遠過・3単

scissione 女 1 分裂, 切断, 分割 2〔法〕株式分割

scissionismo 男 (政治やイデオロギーの)分裂的傾向, 分離主義, 分派活動

scissionista 男女〔複[男 -i]〕分離主義者, 分派活動家

scissionistico 形〔複[男 -ci]〕分離主義的の, 分裂主張派の

scisso scindere の過分

scissura 女 1 裂け目, 割れ目, 裂片 2 (意見の)相違, 不一致, 不和 3〔解〕

裂溝

scisto 男 〔地質〕片岩
scistosità 女 〔地質〕片岩特有の石理
scistoso 形 片岩の, 片岩質の
scitala → scitale
scitale 男 (古代ギリシャでスパルタが用いた)秘密文書, 暗号文書
sciupacchiare 他 〔io sciupacchio〕小さな傷をつける
sciupare 他 1 ぼろぼろにする, だめにする 2 無駄遣いする
sciupato 形 1 損なわれた, 壊れた, 擦り減った 2 浪費された, 無駄になった 3 やつれた, 疲れきった 4 悪化した, 堕落した
sciupatore 男〔女 -trice〕破壊する人, 台無しにする人
sciupio 男 (習慣的な)無駄遣い, 浪費癖; ぜいたく
sciupo 男 浪費
sciupone 男〔女 -a〕浪費家, 金遣いの荒い人
sciuscià 男 (第二次世界大戦直後に靴磨きや物売りをしていた)浮浪児
*__scivolare__ [シヴォラーレ] 自 〔io scivolo〕1 [es/av] 滑る, 滑走する 2 [es] 転倒する 3 [es] 横滑りする, ずれて行く 4 [es] 滑り落ちる —Il vaso mi è scivolato di mano. 壺が私の手から滑り落ちた. 5 [es] (かばんやポケットに)そっと落ちる, さっと入る —fare scivolare A in tasca a B B(人)のポケットにAをさっと差し入れる 6 (su)こだわらない, 問題にしない 7 [es] (話題などが)それる, はずれる 8 [es] 延期になる
scivolata 女 滑ること; 転ぶこと
scivolo 男 1 (丸太を滑り落とす)斜路; 進水台, 滑走台 2 滑り台
scivolone 男 1 滑って転ぶこと —fare uno scivolone sul ghiaccio 氷上で滑って転ぶ 2 大きなしくじり, 手痛い敗北 3 (急激な)下落
scivolosità 女 滑りやすさ, つるつるしていること
scivoloso 形 1 (表面が)滑りやすい, つるつる滑る —I sassi del torrente sono scivolosi. 急流の石は滑りやすい. 2 つかみにくい 3 (人について)はっきりしない
sclera 女 〔解〕(眼球の)強膜
sclerare 自 〔隠〕頭がおかしくなる, 気が変になる
sclero- 接頭「固い」の意
sclerosi 女 〔医〕硬化(症), 硬変, 硬直 ▶ *sclerosi a placche* 多発性硬化症
sclerotico 形〔複〔男 -ci〕〕1 〔医〕硬化した, 硬変した; (眼球の)強膜の 2 硬直した, 凝り固まった 3 もうろくした
sclerotizzare 他 〔医〕硬化させる; 硬直させる —**arsi** 再 〔医〕硬化する; 硬直する
sclerozio 男 〔植〕菌核
scocca 女 車体, ボディー
scoccare 他 1 撃つ, 発射する, 放つ, 射る, 投げる 2 (視線などを)向ける, 投げかける —*scoccare* occhiate sprezzanti 軽蔑のまなざしを向ける 3 (鐘が)時を打つ —自 [es] 1 勢いよく飛び出す, 突進する; (ばねが)はねかえる, 留め具が外れる 2 (時鐘が)鳴る 3 (時期が)来る —*Era scoccata* l'ora dell'unità nazionale. 国家統一の時が来ていた. 4 (稲妻が)走る, (火花が)勢いよく出る
scocciante 形 煩わしい, うっとうしい, 退屈な
scocciare 他 〔io scoccio〕1 邪魔をする, 煩わす 2 うるさく付きまとう —**arsi** 再 (di)うんざりする, 悩まされる
scocciato 形 退屈した, いらいらした
scocciatore 男〔女 -trice〕うんざりさせる人, 退屈な人, うるさい人
scocciatura 女 迷惑, 厄介ごと
scodare 他 尾を切る
scodato 形 尾を切った, しっぽのない
scodella 女 深皿, スープ皿; 碗(杌)
scodellare 他 1 (スープなどを)皿にそそぐ, つぐ —*scodellare* la polenta polenta を皿に分ける 2 たやすくやってのける, 楽々と思いつく 3 (秘密などを簡単に)暴露する —*scodellare* in pubblico le proprie vicende personali 自身の身の上を皆の前で明かす
scodinzolamento 男 1 (犬が)しっぽを振ること 2 (スリップによる)蛇行
scodinzolare 自 〔io scodinzolo〕1 (犬が)しっぽを振る 2 ぺこぺこする, おもねる, ごまをする 3 〔謔〕(女性が)腰を降って歩く
scodinzolio 男 (犬が)しっぽを振り続けること
scogliera 女 岩礁, 岩壁
scoglio 男 1 (海の)岩場, 岩礁 2 障害, 難題
scoglionare 他 うんざりさせる, 迷惑をかける —**arsi** 再 〔俗〕うんざりする, 迷惑する, 退屈する
scoglionato 形 ひどく退屈した, 本当に迷惑した, うんざりした —avere un'aria *scoglionata* ひどく迷惑そうである
scoglionatura 女 〔俗〕迷惑, 厄介ごと, 退屈
scoglioso 形 岩だらけの, 岩礁の多い
scoiare → scuoiare
scoiattolo 男 1 〔動〕リス 2 敏捷(びんしょう)な人
scolabottiglie 男〔不変〕(水切り用の)瓶立て
scolapasta 男〔不変〕(パスタの)水切りざる
scolapiatti 男〔不変〕(食器の)水切りかご[ラック]
scolare¹ 他 1 ぽたぽた落とす, 排水する, 水を切る —*scolare* i piatti 皿の水切りをする 2 〔謔〕一気に飲む —自 [es] (液体が)少しずつ垂れる, ぽたぽた落ちる —L'acqua è *scolata* tutta la notte dal rubinetto. 水は一晩中蛇口から漏れていた.
scolare² 形 学校の

scolaresca 女 〔総称的〕(1学級または1校の)全生徒

scolaretto 男 [女 -a] 1 児童 2 もじもじしている人

scolarità 女 就学率

scolarizzare 他 学校に通わせる; 義務教育を受けさせる

scolarizzazione 女 就学率

scolaro 男 [女 -a] 1 (小・中学校の)生徒 2 弟子, 門下生

scolastica 女 スコラ哲学

scolasticità 女 1 学校教育 2《蔑》教条的なこと

scolastico 形 〔複[男 -ci]〕 1 学校の, 教育に関する —anno scolastico 教育年度 2《諺》学校の規範に縛られた, 没個性の 3 スコラ哲学の —男〔複[-ci]〕1 (中世の)学校の哲学や自由七科の教師 2 スコラ哲学者

scolatoio 男 雨樋, 排水管; 水切り台

scolatura 女 1 水[液体]を切ること; 滴り, しずく 2《口・諺》一滴残さず飲み干すこと

scoliosi 女 〔医〕脊柱側湾

scollacciarsi 再 [io mi scollaccio] 胸の開いた服を着る

scollacciato 形 1 胸の開いた; 襟ぐりの開いた —maglietta scollacciata 襟ぐりの大きいシャツ 2 色っぽい, きわどい, 慎みのない —spettacolo scollacciato 淫らな光景

scollamento 男 1 襟ぐりを大きくすること 2 剝離

scollare[1] 他 剝がす, 引き離す —scollare il francobollo dalla busta 切手を封筒から剝がす —**arsi** 再 1 剝がれる 2 結束を失う

scollare[2] 他 襟ぐりをつける —scollare a tondo [a punta] 丸首[Vネック]にする —**arsi** 再 襟ぐりの大きな服を着る

scollato 形 襟ぐりの大きい, 胸の開いた —vestito da sera scollato ロープデコルテ

scollatura 女 1 襟ぐりの開き 2 (首筋・胸元の)露出

scollegamento 男 引き離すこと, 接続の切断

scollegare 他 分離させる, 連続[接続]を断つ —**arsi** 再 はずれる; 接続が切れる

scollo 男 襟ぐりの開き, ネックライン

scolo 男 1 排出, 排水 2 排水路, 排水管 3 排出物

scolopendra 女 〔動〕オオムカデ

scolopio 男 〔カト〕スクオーレ・ピーエ修道会の会員

scoloramento 男 退色

scolorare 他 色褪せさせる, (顔色を)悪くさせる —**arsi** 再 色あせる; (顔面が)蒼白になる

scolorimento 男 1 色が抜けること, 退色 2 (顔面の)蒼白なこと

scolorina 女 インク消し

scolorire 他 [io -isco] 1 色を薄くする, 退色させる —La candeggina scolorisce i tessuti. 漂白剤は生地の色を落とす. 2 弱める, 曖昧にする —自 [es] 1 色あせる, 退色する 2 薄れる, ぼやける —Col tempo i ricordi si scoloriscono. 時とともに記憶は薄れていく. —**irsi** 再 1 色あせる, 退色する; 青ざめる 2 薄れる, ぼやける

scolorito 形 1 色あせた 2 青ざめた

scolpare 他 無罪にする, 無実を証明する —**arsi** 再 身の潔白を証明する, 自己弁護する

scolpire 他 [io -isco] 1 彫る, 彫刻する 2 刻み込む, 影響を与える 3 (髪に)カミソリでレイヤーを入れる

scolpito 形 1 彫刻された, 彫られた; 彫刻で飾られた 2 彫りの深い, くっきりした; 印象に残った, 刻みつけられた —viso scolpito 彫りの深い顔立ち

scombinare 他 1 混乱させる, かき乱す —Il vento ha scombinato i fogli. 風は木の葉をあちこちに散らした. 2 取り消す, 無効にする 3 転覆させる, ひっくり返す

scombinato 形 1 混乱した, 乱雑な, めちゃくちゃな —giornata scombinata めちゃくちゃな一日 2 不埒(ふらち)な 3 無効の, 失敗した —男 [女 -a] いい加減な人間

scombro 男 〔魚〕サバ(sgombro)

scombussolamento 男 1 転覆, 波乱 2 (内面的)動揺, 動転; 不安定

scombussolare 他 [io scombussolo] 1 転覆させる, ひっくり返す 2 台無しにする 3 かき乱す —scombussolare lo stomaco 吐き気を催させる, 消化不良にする

scombussolio 男 大騒ぎ, 大混乱

scommessa 女 1 賭け; 賭け金 2 賭けのようなもの, リスクを伴うこと —Quell'impresa è stata una vera scommessa. あの企ては本当に賭けだった.

scommettere[1] [65] 他 〔過分 scommesso〕 1 賭ける 2 賭けてもよい, 絶対に…である —Scommetto che sei innamorato. 君は絶対に恋をしている.

scommettere[2] [65] 他 〔過分 scommesso〕 断ち切る, 分離する

scommettitore 男 [女 -trice] 賭けをする人; 賭博師, 博徒

scommise scommettere の直・遠過・3単

scomodamente 副 居心地悪く, 不便で

scomodare 他 [io scomodo] 1 迷惑[面倒]をかける, 悩ます, 心配させる —Non vorrei scomodare nessuno. ご面倒をおかけしたくない. 2 引き合いに出す —自 (金銭的に)問題がある, 厄介なことになる —**arsi** 再 1 …の労を取る, わざわざ…する 2 席を立つ, 席をかわる —Non si scomodi, scendo alla prossima fermata! そのままお座りください, 次の停

留所で降りますから.

scomodità 囡 〔居心地・勝手などが〕悪いこと, 不便, 不自由; 迷惑

scomodo 形 1 快適でない 2 居[乗]り, 座り, 使い] 心地の悪い 3 不便な, 面倒な 4 (人が)気難しい; 迷惑な

scompaginamento 男 1 乱雑にすること; 混乱 2 (本などの)解体

scompaginare 他 〔io scompagino〕 1 (秩序・均衡などを)乱す, めちゃくちゃにする, 転覆する; (心を)動揺させる —*scompaginare* un progetto 計画を台無しにする 2 (本やノートなどを)解体する, ばらばらにする —**arsi** 再 1 解体する, ばらばらになる 2 混乱する, 転覆する

scompaginato 形 1 無秩序な, ひっくり返った 2 (本やノートが)ばらばらになった

scompagnare 他 (対(?)のものを)ばらす, 不揃いにする —*scompagnare* un paio di guanti 手袋を片方だけにする

scompagnato 形 (対(?)だったものが)片方になった, 半端な, 揃っていない, 不備な

＊**scomparire** [スコンパリーレ] 自 [es]〔過分 scomparso, ただし 4 では過分 scomparito; 4 では io -isco も〕 1 (人が)姿を消す, 消える;《婉》死ぬ 2 (物が)なくなる, 消える; 廃れる, 使われなくなる 3 (病気や伝染性の事象が)やむ, 終結する 4 (他と比べて美しさや価値などが)目立たない, 見劣りする, 不格好である —Vicino a lei io *scompaio*. 彼女の近くだと私は目立たない.

scomparsa 囡 1 消失, 死; 〔法〕失踪, 行方不明 2 紛失 3 絶滅 —*scomparsa* dei dinosauri 恐竜の絶滅 ▶ **a scomparsa** 収納式の

scomparso 形 〔過分 < scomparire〕消えた, 姿を消した, 死んだ —男〔女 [-a]〕1 行方不明者 2 故人

scompartimento 男 1 (列車の)コンパートメント 2 仕切り, 区画

scomparto 男 区切られた部分, (中の)仕切り

scompensare 他 〔io scompenso〕 1 バランスを失わせる 2 〔医〕不全を起こさせる

scompenso 男 1 不均衡, アンバランス 2 〔医〕代償不全 ▶ *scompenso renale* 〔医〕腎不全

scompigliare 他 〔io scompiglio〕 1 混乱させる, 攪(?)乱する, 台なしにする —Il vento mi *ha scompigliato* i capelli. 風で髪の毛が乱れた. 2 動揺させる, 当惑させる

scompigliato 形 1 混乱した, めちゃくちゃな 2 ひっくり返った; 動揺した

scompiglio 男 1 大混乱, 大騒ぎ 2 動揺, 錯綜

scompisciarsi 再 〔io mi scompiscio〕 1 小便でもらす, 小便をもらす 2 大笑いする —*scompisciarsi* dalle risa 笑いころげる

scomponibile 形 分解できる; 分析可能な

scomporre [79] 他 〔過分 scomposto〕 1 分解[解体]する; 分析する —*scomporre* una libreria 書架を解体する 2 かき乱す, 動揺させる

scomposizione 囡 1 分解, 解体; 分割 2 分析

scompostamente 副 だらしなく, 見苦しく, 無作法に, 乱暴に

scompostezza 囡 1 粗雑さ, 乱雑さ 2 不均衡, 不摂生

scomposto 形 〔過分 < scomporre〕1 分けられた, 分解された 2 乱れた; 無作法な, 下品な 3 (様式や文体などが)一貫性のない

scomputabile 形 割引できる, 控除できる

scomputare 他 〔io scomputo〕(総額から)引く, 除く

scomputo 男 控除, 割引, 差し引き

scomunica 囡 1 〔宗〕破門 2 追放, 除名

scomunicabile 形 破門を免れない

scomunicare 他 〔io scomunico〕 1 〔宗〕破門する 2 (公然と)非難する, 容認しない; 追放する, 除名する

scomunicato 形 1 破門された; 追放された, 除名された 2 《謔》不信心な, 不敬な 3 禁止された, 検閲された —男〔女 [-a]〕破門[追放]された者

sconcatenato 形 ばらばらな, つながりのない; 支離滅裂な, 一貫性のない

sconcertante 形 狂わせる, 調和[秩序]を乱す; 当惑させる, あわてさせる

sconcertare 他 混乱させる, 乱す; 当惑させる, うろたえさせる —Il suo comportamento mi *sconcerta*. 彼[彼女]の行動は私を惑わせる. —**arsi** 再 当惑する, まごつく, 動揺する

sconcertato 形 困惑した, 当惑した, 狼狽(??)した

sconcerto 男 1 調和[秩序]が乱れること; 混乱, 無秩序 2 動揺, 当惑

sconcezza 囡 1 猥褻(??), 淫ら; 下品, 不作法 2 醜悪, 見苦しさ; 不出来

sconciamente 副 下品に, 見苦しく, みっともなく

sconciare 他 〔io sconcio〕 1 悪くする 2 捻挫[脱臼]させる 3 損ねる, 台無しにする

sconcio 形 〔複 [女 -ce]〕 1 醜悪な, 見苦しい 2 不体裁な, 不格好な; 下品な, 淫らな —男 1 破廉恥なこと 2 出来損ない, みっともない物

sconclusionato 形 つじつまの合わない, 一貫性のない, 漫然とした

scondito 形 味つけのされていない, ドレッシングなしの —副 味つけせずに, ドレッシングをかけずに —*mangiare scondito* ドレッシングなしで食べる

sconfessare 他 1 撤回する, 取り消す 2 (他人の言行を公然と)否認する

sconfessione 囡 1 撤回, 取り消し 2 否認, 反対

sconficcare 他 1 引き抜く, 根こそぎ

sconfiggere にする 2 はずす、取りはずす

sconfiggere [21] 他 〔過分 sconfitto〕1 打ち破る、打ち負かす 2 (病気を)克服する 3 撲滅する、排除する

sconfinamento 男 越境；脱線、逸脱

sconfinare 自 越境する、境界を越える；逸脱する、はみ出す

sconfinato 形 1 越境した 2 果てしない、広大な；とてつもない

sconfitta 女 1 敗北、負け 2 撲滅、克服 —*sconfitta* dell'analfabetismo 文盲[非識字]の撲滅

sconfitto 形 〔過分＜ sconfiggere〕打ち負かされた、敗北した ―男 〔女 [-a]〕敗者

sconfortante 形 がっかりさせる、失望させる —esito *sconfortante* 落胆する結果

sconfortare 他 がっかりさせる、失望させる、やる気をなくさせる ―**arsi** 再 落胆する、失望する、意気消沈する

sconfortato 形 落胆した、失望した、やる気をなくした

sconfortevole 形 落胆させる、希望を失わせる、やる気をなくさせる

sconforto 男 1 落胆、意気消沈 2 失望、失意

scongelamento 男 1 解凍 2 凍結[統制]の解除

scongelare 他 1 解凍する 2 凍結を解除する

scongelazione 女 解凍

scongiurabile 形 避けられる、遠ざけられる

scongiurare 他 1 回避する 2 魔よけをする 3 嘆願する

scongiuro 男 魔よけ、厄払い；呪文

sconnessamente 副 脈絡なく、散漫に

sconnesse sconnettere の直・遠過・3 単

sconnessione 女 連結[接続]の切断；まとまりのなさ、支離滅裂

sconnesso 形 〔過分＜ sconnettere〕1 連結の悪い 2 一貫性のない、支離滅裂な

sconnettere [8] 他 〔過分 sconnesso〕引き離す、引き剥がす ―自 とりとめのないことを言う、脈絡のない話をする ―**ersi** 再 1 剥がれる、離れる 2 接続が切れる

sconoscente 形 恩知らずの、感謝しない

sconoscenza 女 忘恩

sconoscere [22] 他 (他人の才能や恩を)認めない、顧みない

＊**sconosciuto** [スコノッシュート] 形 1 未知の；見たことがない；正体不明の 2 知られていない、無名の —attore *sconosciuto* 無名俳優 3 経験したことがない ―男 〔女 [-a]〕知らない人、見知らぬ人

sconquassare 他 1 破壊する、粉砕する 2 (体調を)狂わせる ―**arsi** 再 1 粉々になる、つぶれる 2 乱れる

sconquassato 形 壊れた、つぶれた；乱れた、動転した —mobile tutto *sconquassato* すっかりがたのきた家具

sconquasso 男 1 クラッシュ、破壊；混乱、動揺 2 —mettere a *sconquasso* 壊す

sconsacrare 他 1 (教会や祭壇などを)俗用に供する 2 神聖さを奪う

sconsacrato 形 俗用の

sconsacrazione 女 1 (神聖なものの)俗用 2 神聖さを奪うこと

sconsideratamente 副 軽はずみに、無分別に

sconsideratezza 女 無分別、軽率；無鉄砲、向こう見ず

sconsiderato 形 思慮のない、早まった、軽率な

sconsigliabile 形 勧められない、賢明でない

sconsigliare 他 〔io sconsiglio〕1 〈a＋人＋di＋不定詞〉…しないように助言する —Gli ho *sconsigliato* di frequentare quei ragazzi. あの青年たちと付き合わないように彼に助言した。2 断念させる

sconsolante 形 失望させる、落胆させる、意気をくじく

sconsolare 他 がっかりさせる、意気消沈させる；悲しませる ―**arsi** 再 失望する、打ちひしがれる

sconsolatamente 副 がっかりして、打ちひしがれて

sconsolato 形 意気消沈した、打ちひしがれた

scontabile 形 1 割引きできる、控除可能な 2 (罪を)償える

scontare 他 1 値引く、割り引く 2 (罪を)償う、(代償を)払う

scontato 形 1 控除された、割り引いた —prezzi *scontati* del 30% 3 割引きの値段 2 (罪が)償われた 3 予見された、当然の、ありふれた

scontentare 他 不満を抱かせる、がっかりさせる；不快にさせる

scontentezza 女 不満、不平、失望

scontento 形 不満な；不機嫌な ―男 不満、失望

＊**sconto** [スコント] 男 値引き、割引き —fare uno *sconto* 値引きする / Non si fanno sconti. 値引き[割引き]をしない。/ tasso di *sconto* 割引率 / tasso ufficiale di *sconto* 基準割引率及び基準貸付利率(公定歩合)

scontrare 他 ばったり出会う、出くわす ―**arsi** 再 1 (互いに)ぶつかる、衝突する 2 激突する、交戦する

scontrino 男 レシート、領収証；引換券、預り証 —lo *scontrino* del guardaroba クロークの預り証

scontro 男 1 衝突、激突 2 戦闘、対戦

scontrosamente 副 気難しく、つっけんどんに

scontrosità 女 1 無愛想、気難しい

scontroso 性格 2 短気

scontròso 形 1 気難しい, 扱いにくい, 不機嫌な —ragazzo chiuso e *scontroso* 内向的で気難しい男の子 2 短気な, 怒りっぽいな

sconveniènte 形 1 不適当な, 似つかわしくない, 場違いな —un comportamento *sconveniente* 失礼な振る舞い 2 利益にならない, もうからない, 引き合わない

sconveniènza 女 不適当; 無作法, 下品

sconvocare 他 [io sconvoco] (会議などの召集を)取り消す, 無効にする

sconvolgènte 形 1 衝撃的な, ショッキングな —una notizia *sconvolgente* 衝撃的な知らせ 2 混乱させる, 動揺させる

sconvòlgere [131] 他 [過分 sconvolto] 1 ひっくり返す, 転覆させる 2 混乱させる, 動転させる —ersi 再 1 ひっくり返る 2 気が動転する

sconvolgiménto 男 1 転覆, 混乱; 変調, 不具合 2 動揺, 狼狽(ろうばい)

sconvòlto 形 [過分 < sconvolgere] 1 混乱した, かき乱された 2 動転(動揺)した, 気が転倒した

scoop 男 [不変] [英]スクープ, 特種

scoordinaménto 男 不調整, 不均衡

scoordinato 形 不調和な, 調子はずれの; (体の動きが)ぎくしゃくした

scoordinazióne 女 → scoordinamento

scooter 男 [不変] 1 [英]スクーター 2 [船]滑走帆船

scooterista 男女 [複 [男-i]] スクーターに乗る人; スクーターの所有者

scooterìstico 形 [複 [-ci]] 1 スクーター野郎の 2 スクーター製造技術の

scopa¹ 女 (床用の)ほうき

scopa² 女 [植]エリカ, ヒース

scopa³ 女 スコーパ(イタリアのカード遊び)

scopare 他 1 掃く, 掃除する 2 [歴] (罰として)ほうきで叩く —自 《俗》セックスする

scopata 女 1 (さっとほうきで)掃くこと —dare una *scopata* al pavimento 床をさっと掃く 2 ほうきで叩くこと 3 《俗》セックス

scopatóre 男 [女[-trice]] 1 ほうきで掃く人; [カト](教皇の部屋の清掃や管理をする)侍従官 2 《俗》セックス好きな人

scopatura 女 掃除, 掃くこと

scoperchiaménto 男 1 (ふたや覆い)を取ること 2 (秘密の)暴露

scoperchiare 他 [io scoperchio] 蓋(ふた)を取る, 覆いを取る

scopèrta 女 発見

scopertaménte 副 隠さずに, 公然と, 率直に, むきだしに

scopèrto 形 [過分 < scoprire] 1 覆い(蓋(ふた))のない, 屋根のない —automobile *scoperta* オープンカー 2 むきだしの, 裸の —spalle *scoperte* むき出しの背中 3 発見された, 暴かれた 4 無防備の, 保護されていない 5 (職・地位が)空席の 6 率直な, ざっくばらんな —comportamento *scoperto* 屈託のない態度 7 明白な —*scoperto* imbroglio あからさまな詐欺 8 [商]無担保の, 未払いの, 貸越し[借越し]の —assegno *scoperto* 無担保手形 —男 1 屋外 2 [商]当座貸越し[借越し]; 無担保 ▶ *allo scoperto* 屋外で; 公然と; [商]未払いで, 貸越で

scopéto 男 ヒースの茂った荒野

scopétta 女 小さなほうき, 手ぼうき

scopétto → scopetta

scopettóne 男 1 (長い柄の)床みがき 2 (複数で)《諧》長い頬ひげ

-scòpia 腰尾 「検査」「観察」の意

scopiazzare 他 そっくり写す, 書き写す; 猿まねをする

scopiazzatóre 男 [女[-trice]] いい加減に書き写す人; そっくりまねをする人

scopiazzatura 女 適当に書き写すこと; まる写し

scopino 男 1 (トイレ用の)掃除ブラシ 2 [スポ](カーリングの)ほうき

-scòpio 腰尾 「観察する道具」の意

*****scòpo** [スコーポ] 男 目的, 目標 —senza *scopo* 何となく, 当てもなく ▶ *allo scopo di...* …の目的で

scopolamìna 女 [化・薬]スコポラミン(鎮痛薬)

*****scoppiare¹** [スコッピアーレ] 自 [es] [io scoppio] 1 爆発する, 破裂する —*È scoppiata una bomba.* 爆弾が炸(さく)裂した. 2 突然起こる, 勃発する —*È scoppiata la guerra.* 戦争が勃発した. 3 こらえきれずに…する —*È scoppiato a ridere [in una risata].* 彼は思わず吹き出した. / *scoppiare a piangere [in lacrime]* わっと泣く

scoppiare² 他 [io scoppio] (対(つい)のものを)切り離す, 分ける

scoppiato 形 精根尽き果てた, 疲労困憊(はい)した; [スポ](競技者の)限界にきた, 中途で力尽きた

scoppiatura 女 [スポ](極度の疲労による)急激な衰え, 減退

scoppiettare 自 1 パチパチ音を立てる 2 (声などが)響きわたる, 次々に起こる —*La camera scoppiettava di risate.* 部屋には笑い声が響きわたっていた.

scoppiettìo 男 1 断続的なパチパチという音 2 (笑い声などが)次々に起こること

scòppio 男 1 爆発, 破裂 —bomba a *scoppio* ritardato 時限爆弾 2 爆音 [破裂]音 —*scoppio* di tuono 雷鳴, 雷のとどろき 3 突発, 勃発

scòppola 女 1 (首筋を)平手打ちすること; 強い殴打 2 (経済的な)大打撃, 大きな痛手

scopriménto 男 覆いを取ること; 発見, 暴露

*****scoprire** [スコプリーレ] [10] 他 [過分 scoperto] 1 カバーを取る, 蓋を取る —

scoprire una pentola 鍋の蓋を取る **2**(衣服を)脱ぐ)肌を出す —*scoprire* le gambe 脚をむき出しにする **3** 発見する,見出す **4** 明かす,打ち明ける **—irsi** 再 **1**(自分の体の一部分を)脱ぐ,あらわにする —*scoprirsi* il capo 帽子をぬぐ,(敬意を表して)脱帽する **2**(寝具をはぐ)薄着になる **4**(隠れ場所に)姿を出す,出てくる **5**(対戦で)ガードを低くする **6** 自分の意図をあらわにする

scopritore 男〔女 [-trice]〕発見者
scoraggiamento 男 がっかりさせること,失意
scoraggiante 形 落胆させる,やる気を失わせる,がっかりさせる
scoraggiare 他〔io scoraggio〕**1** がっかりさせる **2** 不安にさせる **3** 障害[妨げ]になる **—arsi** 再 がっかりさせる;自信を失う
scoraggiato 形 落胆した,気力をなくした,失望した
scoramento 男 落胆,失望
scorbuto 男〔医〕壊血病
scorciare 他〔io scorcio〕**1** 短くする,縮める,(丈を)詰める;短縮する,要約する **2**〔美〕短縮法で描く
scorciatoia 女 **1** 近道 **2** 最短の手段[方法]
scorcio 男 **1**〔美〕短縮法 **2** 終わり,末期 **3** 一部分,一角 **4** 明確な表現〔叙述〕▶ *di scorcio* かいつまんで,一目で
scordare¹ 他 忘れる **—arsi** 再《di》忘れる,覚えていない ▶ *non ti scordar di me* 忘れな草
scordare² 他 (特に楽器の)調子を狂わす,調律を乱す **—arsi** 再 調子が狂う,音程を外す
scordato¹ 形 忘れられた,忘れ去られた
scordato² 形 調子外れの,調律されていない
scoreggia 女〔複 [-ge]〕《俗》大きなおなら〔屁〕(ヘ)
scoreggiare 自〔io scoreggio〕《俗》おならをする,屁(ヘ)をこく
scorfano 男 **1**〔魚〕フサカサゴ **2**〔女 [-a]〕醜い人
scorgere [109] 他〔過分 scorto〕見える,見つける;気づく —senza farsi *scorgere* 気づかれずに,こっそり
scoria 女 **1**〔冶〕スラッグ,鉱滓(ル) **2**〔地質〕スコリア,岩滓 **3** 廃棄物,くず,がらくた ▶ *scoria radioattiva* 核廃棄物
scornare 他 **1** 角(ツ)を折る,角を除く **2** 恥をかかせる;面目を失わせる,嘲笑する **—arsi** 再 **1** 自分の角(ツ)を折る **2** 侮辱される,物笑いの種になる;失敗する
scornato 形 **1** 角(ツ)を折った **2** 侮辱された,笑いものにされた
scorno 男 ひどい辱め,恥辱,屈辱
scorpacciata 女 たらふく食べること,満腹;満喫 —fare una *scorpacciata* di dolci お菓子を腹一杯食べる
scorpena 女〔魚〕カサゴ
scorpione 男 **1**〔動〕サソリ **2** (S-)

〔天〕蠍((tr))座;〔占星〕天蠍((tr))宮 **3** サソリのような人,毒のある人
scorporare 他〔io scorporo〕**1**〔法〕(財産などの)一部を分割する;部分収用する —*scorporare* un'eredità 遺産を一部分割する **2** 引き離す,分離する,分ける —La società ha deciso di *scorporare* il settore di ricerca. 会社は研究部門の独立を決定した. **3**〔経〕付加価値税(IVA)と価格を別に表示する
scorporo 男 **1** 分離,独立 **2**〔法〕(財産などの)分割;部分収用
scorrazzare 自 **1**(子供が)駆け回る,歩き回る —I bambini scorrazzavano nel giardino. 子供たちは庭を走り回っていた. **2** 色々なことに夢中になる,少しずつかじる **—** 他 あちこち連れ回す
scorrazzata 女（気晴らしに）外に出ること —fare una *scorrazzata* con la moto ちょっとバイクでドライブする
***scorrere** [スコッレレ] [25] 自〔es〕〔過分 scorso〕**1** 流れる,走る —Il traffico *scorre* bene. 交通は渋滞なく動いている. **2** 過ぎ去る —Le ore scorrono veloci [velocemente]. 時が速く過ぎ行く. **—** 他 **1** ざっと目を通す **2** 回想する
scorreria 女 侵入,侵略;襲撃,急襲
scorrettamente 副 誤って,無作法に,不公平に
scorrettezza 女 **1**（言葉などの）誤り,ミス,誤用 **2** 無作法,非礼 **3** 不正〔反則〕行為
scorretto 形 **1** 正確でない,間違いのある **2** だらしない,非常識な **3**〔スポ〕フェアでない
scorrevole 形 **1** 滑る,滑らかに動く,流れるような;(車の流れが)スムーズに進む —Il traffico oggi è *scorrevole*. 今日は車の流れがスムーズだ. **2**（言葉などが）よどみのない,のびのびした —traduzione *scorrevole* 自然な翻訳
scorrevolezza 女 **1** 動きの滑らかさ,(車の)スムーズな流れ **2** 流暢さ,自由な発想
scorribanda 女 **1**（突然の）侵入,侵略,襲撃 **2** 駆け足の旅行,さっと見て回ること **3**（いつもと違う研究やテーマへの）脱線
scorrimento 男 **1** 滑ること,(車の)流れ;（液体の）流出 **2**〔地質〕地滑り,スリップ;（氷河などの）前進,小断層 **3**〔コンピューターの〕スクローリング,画面移動
scorsa 女 ざっと目を通すこと —dare una *scorsa* veloce al manuale マニュアルをざっと読む
scorse scorgere の直・遠過・3 単
scorso 形〔過分＜ scorrere〕過ぎ去った;（昨年・先月・先週などの）昨…,先… —l'anno *scorso* 去年 / domenica *scorsa* 先週の日曜に **—** 男 うっかりのミス,間違い —*scorso* di penna 書き損じ / *scorso* di parola 言い間違い
scorsoio 形 滑る,(結び目などが)引くと解ける

scorta 囡 **1** 警護, 護衛 **2** 蓄え, 予備; 在庫 ―形【不変】〔軍〕護衛の, 護送の ―*nave scorta* 護送船 ▶ *sulla scorta di*... …によると, …に基づいて

scortare 他 警護する, 護衛[護送]する

scortecciare 他〔io scorteccio〕**1** (木などの)皮を剥ぐ[むく] **2** (壁などの漆喰(しっくい)やニスを)剥がす

scortese 形 無愛想な, つっけんどんな; 無礼な, 無作法な

scortesemente 副 無作法に, ぶしつけに

scortesia 囡 無作法, 非礼, 粗野; 無礼な振る舞い, 失礼な行為

scorticamento 男 **1** (樹皮・果皮を)むく[剥ぐ]こと, すりむくこと **2** (お金を)巻き上げること, 丸裸にすること

scorticare 他〔io scortico〕**1** 皮を剥ぐ **2** (皮膚を)すりむく ―*La scarpa mi ha scorticato il calcagno*. 靴ずれでかかとがむけた. **3** (人から)暴利をむさぼる, 金をぼる **4** 手厳しい試練を与える, 痛めつける

scorticatura 囡 **1** 皮を剥ぐこと **2** 擦過傷, すりむき

scorto *scorgere* の過分

scorza 囡 **1** (木の)皮, 樹皮 **2** (柑橘(かんきつ)類の)厚い皮 ▶ *essere di scorza dura [avere la scorza dura]* (非難や侮辱に)動じない, 鈍感である

scorzonera 囡〔植〕フタナミソウ, キクゴボウ

scoscendere [100] 他〔過分 *scosceso*〕《文》裂く, (ものすごい力で)折る ―自〔es〕崩れる, 崩壊する

scoscendimento 男 崩壊, 崖崩れ

scosceso 形〔過分< *scoscendere*〕(坂や斜面が)険しい, (崖が)切り立った

scosciare 他〔io scoscio〕(鶏など の)股(また)の1本をはずす; 大腿(だいたい)部を脱臼させる

scosciato 形 (スリットの入った服で)太股(ふともも)があらわになった

scossa 囡 **1** 揺れ, 振動 **2** 衝撃, ショック ―*prendere la scossa* 感電する

scosse *scuotere* の直・遠過・3 単

scosso 形〔過分< *scuotere*〕**1** 揺れた **2** 気が転倒した, うろたえた **3** 損害を受けた, ひどく傷ついた

scossone 男 激しい衝撃, 激しい震動 ▶ *a scossoni* 断続的に, ときどきに

scostamento 男 **1** 離すこと, 分離 **2**〔経〕差額, 開き

scostante 形 寄せつけない, 無愛想な, (態度などが)よそよそしい, 冷淡な ―*Il capo oggi è scostante.* 今日のボスは近寄りがたい.

scostare 他 **1** 少し離す[動かす] **2** 避ける, よける ―*arsi* 再 **1** 遠ざかる, 離れる; 脇へ寄る **2** 離反する

scostolare 他〔io scostolo〕(タバコの)葉柄を除く; (キャベツなどの)葉を取る

scostumatamente 副 ふしだらに, 放埓(ほうらつ)に, だらしなく

scostumatezza 囡 ふしだら, 自堕落; 放埓(ほうらつ), 放縦

scostumato 形 ふしだらな, だらしない; 放埓(ほうらつ)な, 放縦な

scotch 男〔不変〕〔英〕**1**〔商標〕粘着テープ, セロハンテープ **2** スコッチウイスキー

scotendo *scuotere* のジェルンディオ

scotennare 他 (動物の)皮を剥ぐ[むく]; 〔人類〕頭皮狩りをする

scotennatura 囡 (動物の)皮剥ぎ; 〔人類〕頭皮狩り

scotere → *scuotere*

scotesse *scuotere* の接・半過・3 単

scoteva *scuotere* の直・半過・3 単

scotiamo *scuotere* の直・現・1 複; 接・現・1 複

scotta¹ 囡〔船〕シート, 帆脚綱

scotta² 囡〔北伊〕乳清

scottadito 男〔不変〕〔料〕(肉やサラミなどの)網焼き ▶ *a scottadito* 網焼きの

scottante 形 **1** 燃えるような, 焼けるような **2** 痛烈な, 辛辣な ―*rimprovero scottante* 激しい叱責 **3** 扱いにくい, 面倒な **4** 緊急の, 差し迫った ―*problema scottante* 緊急の問題

scottare 他 **1** 火傷させる ―*Il caffè mi ha scottato la lingua.* コーヒーが熱くて舌を火傷した. **2** (肉などを)軽くあぶる; 湯通しする **3** 苛立たせる, 失望させる ―自 **1** とても熱い **2** とても興味深い, 気になる ―*faccenda che scotta* ホットな[気になる]問題 **3** [es] いらいらさせる, うんざりさせる **4** (品物や金が)出所が不法である ―*roba che scotta* 盗品, 怪しい品 ―*arsi* 再 **1** 日に焼ける; (体の一部を)火傷する **2** 痛い目にあう

scottata 囡 さっと火を通すこと ―*dare una scottata alle verdure* 野菜にさっと火を通す

scottato 形 **1** 火傷した, ほてった **2** 痛い目にあった, 傷ついた

scottatura 囡 **1** (ひりひりする)日焼け, 火傷; 焼くこと **2** つらい経験, 心の痛手

scottex 男〔不変〕〔商標〕ティッシュペーパー

scotto¹ 男〔文〕宿賃, 食事代 **2** 代償, 報酬, 返礼

scotto² 形〔過分< *scuocere*〕ゆで[煮, 焼き]過ぎた, 火を通し過ぎた ―*pasta scotta* ゆで過ぎたパスタ

scout 男女〔不変〕〔英〕ボーイ[ガール]スカウト ―形〔不変〕ボーイ[ガール]スカウトの ―*raduno scout* ボーイスカウト大会

scoutismo 男 ボーイスカウト

scoutista 男女〔複[男 -i]〕ボーイスカウト

scoutistico 形〔複[男 -ci]〕ボーイスカウトの

scovare 他 **1** (動物を)穴から追い出す, 追い払う **2** 見つけ出す, 探り出す, 探し当てる ―*Ho scovato per caso questo libro in un baule.* 私は偶然この本をか

scovolino ぱんの中に見つけた.
scovolino 男 棒ブラシ
scovolo 男 1 銃身掃除網 2 瓶洗いブラシ
Scozia 固名(女) スコットランド
scozia 女 〔建〕大えぐり, スコティア
scozzare 他 札[カード]を切る
scozzata 女 (トランプの)札を切ること
scozzese 形 1 スコットランドの; スコットランド人[語]の 2 タータンチェックの —tessuto *scozzese* タータンチェック —男女 1 スコットランド人 2 とてもちた人 —男 1 〔単数のみ〕スコットランド語 2 タータンチェックの服[布] —女 〔音・舞踊〕スコットランドの民族舞踊(曲)
scozzo 男 札[カード]を切ること
scozzonare 他 1 (動物を)調教する, 訓練する; 仕込む, しつける 2 熟練させる, 洗練させる
scrambler 男〔不変〕〔英〕(モトクロス用の)バイク
scranna 女 ハイバックチェアー
scranno → scanno
scraper 男〔不変〕〔英〕スクレーパー
scratch 男〔不変〕〔英〕 1 スタートライン 2 〔スポ〕(テニスで)出場停止; (ゴルフで)ハンディなしの競技者
screanzato 形 1 粗野な, がさつな, 育ちの悪い; 無礼[失礼]な, 無作法な —男〔女-a〕がさつな人, 無作法な人
screditare 他〔io scredito〕信用を傷つける; 評判を悪くする —**arsi** 再 評判を落とす, 信頼をなくす
screditato 形 信用[信頼]をなくした; 評判を落とした, 不評の
screening 男〔不変〕〔英・医〕スクリーニング; 選別調査
screen saver 成句(男)〔英・コン〕スクリーンセーバー
scremare 他 1 (牛乳から)クリームをすくい取る 2 選別する, 精査する
scremato 形 1 クリームを分離した[すくい取った] 2 選別した, ふるいにかけた
scrematrice 女 (牛乳の)クリーム分離器
scrematura 女 1 (牛乳から)クリームを分離する[すくい取る]こと 2 選別, 厳選
screpolare 他〔io screpolo〕ひび[亀裂]を生じさせる —**arsi** 再 ひび[亀裂]が入る, 裂ける; ひびが切れる
screpolatura 女 ひび, 裂け目, 亀裂; (皮膚の)ひび, あかぎれ
screziare 他〔io screzio〕多彩色にする, まだら模様にする
screziato 形 まだらの, ぶちの
screziatura 女 1 染み[斑点]があること 2 まだら入り, まだら, ぶち
screzio 男 不和, (ちょっとした)いさかい
scriba 男〔複[-i]〕〔歴〕 1 書記, 筆記者;《文》写字生 2 (ユダヤ教の)律法学者, パリサイ派の学者
scribacchiare 他〔io scribacchio〕 1 書き散らす, なぐり書きする 2《蔑》(つまらない作品を)書く[創作する]

scribacchino 男〔女-a〕 1 三文文士 2 取るに足りない仕事をする人
scricchiolamento 男 キーキー[ギーギー]と鳴る音; きしり
scricchiolare 自〔io scricchiolo〕 1 (ミシミシ・キー・キュッと)きしむ 2 (人間関係が)ぎくしゃくする, ひびが入る
scricchiolio 男 きしみ, きしむ音 2 危機[苦難]の明らかな兆し
scricciolo 男 1〔動〕ミソサザイ 2 (特に子供に対して)おちびさん, やせ
scrigno 男 1 金庫, 宝石箱, 貴重品箱 2 宝庫
scriminare → discriminare
scriminatura 女 (頭髪の)分け目
script 男〔不変〕→ sceneggiatura
scrisse scrivere の直・遠過・3 単
scristianizzare 他 (キリスト教を)棄てさせる, キリスト教原理の排除
scristianizzazione 女 (キリスト教の)棄教
scriteriatamente 副 無鉄砲に, でたらめに
scriteriato 形 1 良識に欠けた, 非常識な, 軽率な —ragazza *scriteriata* e inaffidabile 無分別で信用できない女の子 2 (行為や話などが)でたらめな, いい加減な —男〔女-a〕軽率な人, 良識のない人
***scritta** [スクリッタ] 女 1 (書かれた)文字, 文章, メモ; (短い)文書 —*scritta pubblicitaria* 宣伝文句 2 看板 3〔法律〕証文, 契約書
scritterello 男 短文, 雑文
scritto 形〔過分 < scrivere〕 書かれた; 明文化された, 明記された; 筆記の —esami *scritti* 筆記試験 / lingua *scritta* 文語, 書き言葉 / *scritto* a mano 手書きの —男 1 書いた[書かれた]もの 2 文書, 著書
scrittoio 男 机, 書き物机, 事務机
scrittore 男〔女-trice〕作家
scrittorio 形 筆記用の, (中世の)写字の
scrittura 女 1 筆跡; 書体; 活字体 2 書くこと, 書法 3〔文〕著作, 文書 4〔法〕証文, 証書 5 (俳優と劇場間の)契約
scritturabile 形 出演契約できる
scritturale¹ 形 記載による —男 軍部の主計
scritturale² 形 聖書の —男女 聖書原典主義者
scritturare 他 1 出演[講演]の契約をする 2〔商〕台帳[帳簿]に記入する
scritturazione 女 (契約による)拘束, しばり; (帳簿への)記載
scrivania 女 1 机 2〔コン〕デスクトップ
scrivano 男〔女-a〕下級[代書]屋; (官庁の)書記, 事務員, 係
scrivente 男女 (官庁の申請書などの)執筆者
***scrivere** [スクリーヴェレ] [103] 他〔過分 scritto〕 1 書く —*scrivere* un sag-

scrivicchiare → scrivucchiare

scriviritto 男〔不変〕(立ったまま書くための)傾斜天板つき机

scrivucchiare 他《io scrivucchio》書きなぐる、書き散らす、いやいや書く；(つまらぬものを)書く、創作する

scroccare 他 1《口》たかる、せびる；居候する 2 だまし取る、せしめる、くすねる — *scroccare* un pacchetto di sigarette タバコを 1 箱せびる

scrocchiare → scricchiolare, crocchiare

scrocchio 男 キーキー[キュッ、カシャッ]と鳴る音；きしり

scrocco 男〔複 -chi〕1 (ばねなどの)はね返り、カチッ[カチリ]という音 2 ばね付き掛け金

scroccone 男〔女 -a〕他人の金で飲み食いする人；居候

scrofa 女 1 雌豚 2 売春婦

scrollare 他 1 (激しく)振る、揺り動かす、揺さぶる —*scrollare* le briciole dalla tovaglia テーブルクロスをはたく 2 目覚めさせる、発奮させる —**arsi** 再 1 体を激しく揺する 2 目覚める、覚醒する ▶ *scrollare* il capo [*le spalle*] 頭を振る[肩をすくめる] *scrollarsi* di dosso 払いのける、振り落とす

scrollata 女 1 振ること、激しく揺さぶること —dare una *scrollata* all'albero [alla tovaglia] 木[テーブルクロス]を揺さぶる[はたく] 2 刺激、鼓舞

scrollone 男 乱暴に揺すること、激しい揺さぶり

scrosciante 形 1 どしゃ降りの、(滝などが)轟(とどろ)く音を立てて 2 うなる、とどろく

scrosciare 自 [es/av]《io scroscio》1 (雨が)激しく降る；(水が)激しく流れる 2 ごうごうと鳴り響く —*Scrosciavano* gli applausi. 割れんばかりの拍手が鳴り響いていた.

scroscio 男 1 (雨の)ひどい降り、土砂降り —*scroscio* di pioggia 土砂降りの雨 2 ザーザー(豪雨の音)、ゴーゴー(激流の音) 3 とどろき、轟(とどろ)く音 —*scroscio* di applausi 割れんばかりの拍手 / *scroscio* di risate [pianto] 爆笑[号泣] 4 (テレビやラジオの)サンドストーム ▶ *a scroscio* 激しく、激しい音を立てて

scrostare 他 1 (漆喰(しっくい)・ペンキなどを)剥がす、除去する；かさぶたを剥がす 2《口》こそげる、焦げを取り除く —**arsi** 再 むける、剥がれる；かさぶたが取れる — L'intonaco *si scrosta* dalla parete. 漆喰が壁から剥がれる.

scrostatura 女 (塗り・漆喰(しっくい)・かさぶたなどの)剥離

scroto 男〔解〕陰嚢(いんのう)

scrupolo 男 1 気がとがめること、後ろめたさ 2 遠慮、気兼ね 3 細心、綿密 ▶ *con scrupolo* 丹念に、几帳面に *farsi scrupolo* 気兼ねする、気が引ける *fino allo scrupolo* 申し分なく、この上なく *senza scrupoli* 平然と、平気で / *uomo senza scrupoli* (悪い意味で)平気で何でもする人

scrupolosamente 副 1 誠実に 2 慎重に；徹底的に

scrupolosità 女 1 良心のとがめ、(道徳的な)ためらい 2 慎重、綿密

scrupoloso 形 1 良心的な、誠実な 2 慎重な、綿密な、入念な

scrutabile 形 詮索する、観察できる

scrutare 他 1 綿密に調べる、吟味する 2 追究する、考察する

scrutatore 形〔女 -trice〕探るような、詮索するような —男〔女 -trice〕(選挙の)開票立会人

scrutinare 他 1 (選挙で)開票する 2 成績判定をする

scrutinatore 男〔女 -trice〕1 (選挙の)開票立会人 2 成績判定者

scrutinio 男 1 開票、得票数の集計 2 (学期末の)成績判定

scucchiaiare 自《io scucchiaio》1 スプーン[フォーク、ナイフ]で音を立てる 2〔スポ〕(サッカーで)インサイドドリブルをする

scucire [27] 他《io scucio》1 (縫い目を)ほどく、ほころびを広げる 2《俗》支払う、(お金を)かすめとる —**irsi** 再 ほどける、ほころびる

scucito 形 1 縫い目がほどけた、ほころびた 2 支離滅裂な、まとまりのない

scucitura 女 (縫い目を)ほどくこと、ほころび、ほつれ

scuderia 女 1 厩(うまや)、馬小屋、厩(うまや)舎 2 訓練施設 3〔スポ〕(モータースポーツの)レーシングカー、レース出場チーム

scudetto 男 1 盾形のワッペン(サッカーのイタリア選手権を制したチームが翌シーズンにユニフォームの胸につける盾形の三色旗) 2 イタリア選手権(試合) —vincere lo *scudetto* イタリア選手権で優勝する

scudiero 男 (中世の騎士の)従者、騎士見習い；宮廷の高官

scudisciare 他《io scudiscio》鞭(むち)を打つ

scudisciata 女 鞭(むち)打ち

scudiscio 男 (乗馬用の)鞭(むち)

scudo¹ 男 1 盾；防御、保護 —farsi *scudo* con le braccia 両腕を盾にして身を守る 2〔紋〕盾形の紋章 3 遮蔽(物)、シールド

scudo² 男 1 5 リラ銀貨 2〔歴〕スクード金貨[銀貨] 3 エスクード(ポルトガルの通貨単位)

scugnizzo 男〔女 -a〕1〔ナポリ〕いた

sculacciare ずら小僧, がき 2 浮浪児
sculacciare 他 〔io sculaccio〕(子供の尻を)叩く, ピシャリと打つ
sculacciata 女 (罰として尻などを)平手で打つこと
sculaccione 男 (子供の尻を)思いっきり叩くこと
sculdascio 男 (中世ロンゴバルド族王家の)官吏
sculettare 自 腰を大きく振って歩く
scultore 男〔女[-trice]〕彫刻家
scultoreo 形 1 彫刻の, 彫刻[彫像]のような 2 力強い, 際立った
scultorio → scultoreo
scultura 女 彫刻
scuocere [28] 他 〔過分 scotto〕煮すぎる[ゆですぎる, 焼きすぎる], 加熱しすぎる —**ersi** 煮えすぎる[ゆだりすぎる, 焼けすぎる]
scuoiamento 男 (動物の)皮を剥ぐこと
scuoiare 他 〔io scuoio〕(動物の)皮を剥ぐ
scuoiatura 女 (毛皮加工の第一工程で)皮剥ぎ
*__scuola__ [スクオーラ] 女 1 学校; 教育界 —andare a *scuola* 学校に行く / *scuola* elementare 小学校 / *scuola* media 中学校 / *scuola* di cucina 料理教室 2 授業; 学校教育 —fare *scuola* 教える 3 学校の生徒・職員全体 4 考えを同じくする人々; (文学・美術の)派 —*scuola* fiamminga フランドル派 / *scuola* di pensiero 学派, 流派 5 (中世の)同業組合
scuolabus, scuolabus 男 〔不変〕スクールバス
scuotendo scuotere のジェルンディオ
scuotere [104] 他 〔過分 scosso〕1 振る, 揺り動かす —*scuotere* la testa (否定や疑問を表して)首を横に振る / *scuotere* le spalle (無関心を示して)肩をすくめる 2 (無気力などから人を)刺激して覚醒させる, 揺り起こす; 動揺させる 3 (da)思いとどまらせる 4 振り落とす —自 揺れる —**ersi** 1 びくっとする, はっとする; (眠りなどから)覚める 2 動揺する, 取り乱す 3 (体から)振り払う, 振り落とす
scuotesse scuotere の接・半過・3単
scuoteva scuotere の直・半過・3単
scuotiamo scuotere の接・現・1複
scuotimento 男 振動, 揺れ; 身震い; 衝撃
scure 女 斧(おの), まさかり
scurire 他 〔io -isco〕黒くする —自 [es] 黒ずむ —L'argento *scurisce* col tempo. 銀は時が経つにつれて黒ずむ. —〔肚極〕[es/av] 暗くなる —**irsi** 黒くなる; 暗くなる
*__scuro__[1] [スクーロ] 形 1 暗い, 薄暗い —notte *scura* 闇夜 2 黒っぽい —verde *scuro* ダークグリーン 3 (顔つきが)険しい, 曇った 4 不吉な, 不運な 5 理解しにくい 6 〔音〕(声や音が)鈍い響きの —男 1 闇, 暗がり 2 (絵の)影の部分, 陰影 3 黒っぽい色, くすんだ色
scuro[2] 男 (部屋を暗くするためのドアや窓の)内扉, 板戸
scurrile 形 下品な, 粗野な, 卑猥(ひわい)な
scurrilità 女 下品, 猥褻(わいせつ); 下卑た言動
scurrilmente 副 下品で, 卑猥(ひわい)に
*__scusa__ [スクーザ] 女 1 許し, 謝罪 —chiedere *scusa* a... (人)に許しを請う 2 言い訳, 言い逃れ, 口実 —Hai sempre una *scusa* pronta. 君はいつでも言い逃れがうまい. ▶ *Chiedo scusa.* 《話を切り出すときに》すみません, 失礼ですが.
scusabile 形 許せる, 正当化しうる
scusante 形 正当化する —女 弁解, 言い訳, もっともな理由
scusare [スクザーレ] 他 1 許す, 理解を示す —*Scusami.* | *Mi scusi.* | *Scusate*mi. すみません, ごめんなさい. 2 (人の)言い分を認める, 弁護する —**arsi** 再 1 謝る, わびる —*Mi scuso* per il ritardo. 遅れてごめんなさい. 2 弁解する, 自己弁護する
scusato 形 許された, 是認された
scuterista → scooterista
sdaziamento 男 関税支払い, 通関手続き
sdaziare 他 〔io sdazio〕関税を払う, 通関する
sdebitarsi 再 〔io mi sdebito〕借金を返済する(精神的な)借りを返す, 報いる
sdegnare 他 1 軽蔑する, 退ける, ひどく嫌う 2 憤慨させる —**arsi** 再 憤慨する —*Mi sono sdegnato* per il suo comportamento. 私は彼の振る舞いに憤りを覚えた.
sdegno 男 1 憤り, 憤慨, 義憤 2 軽蔑, 侮蔑
sdegnosamente 副 蔑んで, 見下して
sdegnosità 女 1 憤慨 2 傲慢, 横柄
sdegnoso 形 1 怒りに満ちた, 軽蔑的な 2 (人を)馬鹿にした, 蔑視する
sdentare 他 歯を折る[欠く] —*sdentare* un pettine くしの歯を折る —**arsi** 再 歯が抜ける[折れる, 欠ける]
sdentato 形 歯の抜けた[折れた, 欠けた]
sdentatura 女 歯が抜けること[折れること, 欠けること]
sdilinquimento 男 1 気取り, しな, わざとらしさ 2 気絶, 卒倒
sdilinquirsi 再 〔io mi -isco〕1 弱る, 気を失う, 失神する 2 涙もろくなる 3 お世辞を並べ立てる, 気取る
sdipanare 他 1 (巻いた糸を)ほどく, 繰りとる 2 (問題を)解決する
sdoganabile 形 通関できる
sdoganamento 男 通関
sdoganare 他 通関する

sdolcinatezza 囡 気取り, 見せかけ
sdolcinato 形 1 わざとらしい, 気取った 2 甘ったるい, 甘美な
sdolcinatura 囡 わざとらしい態度, きざな話しぶり
sdoppiamento 男 二つに分けること; 分離, 分割
sdoppiare¹ 他 [io sdoppio] (二つのものを)一つにする[重ねる]
sdoppiare² 他 [io sdoppio] 二つに分ける **—arsi** 再 二つに分かれる
sdorarsi 再 金めっき[金箔]が剥がれる
sdottoreggiare 自 [io sdottoreggio] 物知り顔に語る
sdraia 囡 デッキチェア
sdraiare 他 [io sdraio] 横たえる, 寝かせる **—arsi** 再 横になる, 寝そべる
sdraiato 形 1 横になった, 寝そべった 2 [植]→ strisciante 3 [建]擁壁の
sdraio¹ 男 横になること, 寝そべること; 小休憩, 昼寝 —poltrona a *sdraio* リクライニングシート / sedia a *sdraio* デッキチェア
sdraio² 男 [不変] デッキチェア, 寝椅子
sdrammatizzare 他 (事件などを)控えめに扱う, 大げさにしない, 深刻にしない —Non te la prendere, cerca di *sdrammatizzare!* 怒らないで, 大げさに考えないようにしなさい.
sdrammatizzazione 囡 (事件などを)重大視しないこと, 大げさにしないこと
sdrogarsi 再 薬物依存から抜け出す
sdrucciolare 自 [es/av] [io sdrucciolo] 滑る; 滑って転ぶ
sdrucciolevole 形 1 滑りやすい, つるつるした 2 困難な, 扱いにくい, 厄介な
sdrucciolo 形 [言]語末から3番目の音節にアクセントのある
sdruccioloni 副 滑って転んで
sdrucire 他 [io sdrucisco, sdruci] (縫い目を)ほどく, 引き裂く **—irsi** 再 ほころびる, 裂ける, ほどける
sdrucito 形 引き裂かれた, ほころびた; すりきれた
sdrucitura 囡 1 縫い目をほどくこと, 裂くこと 2 ほころび, 破れ; 裂け目, 割れ目 —mettere una toppa sulla *sdrucitura* 破れた箇所に継ぎをあてる

***se**¹ [セ] 接 1 もしも…なら —Se lo vedi, digli che sono a casa. もし彼に会うなら, 私が家にいると伝えて. / Se domani farà bel tempo, andremo al mare. もし明日よい天気なら, 海に行こう. / Se fossi in te, accetterei subito. もし僕が君なら, すぐに承諾するね. 2 [従属節で] …かどうか —Non mi ricordo se il museo è aperto oggi. 博物館が今日開いているかどうか覚えていない. ―男 [不変] 1 疑い, 不確かさ 2 条件 —Accetto ma con un *se*. 条件つきで承諾します. ▶ **anche se...** たとえ…でも / È furbo *anche se* non sembra. そう見えなくても, 彼は抜け目がない. **se mai...** もし…だとしたら **se no** さもなければ

se² [セ] 代(人称) [3人称単数・複数] 1 [再帰代名詞の3人称 si が lo, la, li, le, ne に前置した場合] 自分に, 自分に対して, 自分のために —*Se* ne va. 彼[彼女]は立ち去る. / Non *se* la sono cavata. 彼らはうまく切り抜けられなかった. 2 [再帰代名詞 si の強勢形; 通常は sé であるが, medesimo や stesso を後置することでアクセント符号がなくなることもある] —*se* stesso [*se* stessa, *se* stessi, *se* stesse] 自分自身

***sé** [セ] 代(人称) [再帰代名詞3人称単数・複数; stesso, medesimo を添えて強調する場合は, アクセント記号をつけないこともある] 1 [直接目的格; 強勢形] 自分自身を —Considera *sé* stesso più degli altri. 彼は自分を他の人たちより高く評価している. 2 [前置詞とともに; 強勢形] 自分自身 —Parla sempre di *sé* stesso [stessa]. 彼[彼女]はいつも自分のことばかりしゃべっている. ―男 (S-) [心]内心 ▶ *Chi fa da sé fa per tre.* 人を巻き込まずに自分でやるのがよい. *in sé* それ自体は *va da sé* 当然である

sebaceo 形 [解]皮脂の, 皮脂分泌の
Sebastiano 固名(男) (San ~)聖セバスティアーノ(3世紀; 帝政ローマの軍人, 殉教聖人)
sebbene 接 [接続法とともに] …なのに, …にもかかわらず —*Sebbene* fosse stanco, è uscito con gli amici. 彼は疲れていたけれども, 友人たちと出かけた.
sebo 男 [生理]皮脂
sec. secolo 世紀; secondo 秒; secondario 二次的なる
secante 形 1 分断する 2 [幾]交わる, 点を共有する ―囡 1 [幾]割線 2 [数]セカント, 正割
secare 他 1《文》切断する, 横切る 2 [幾]交わる
secca 囡 1 浅瀬, 干潟, 砂州 2 枯渇, 干上がること
seccamente 副 1 素っ気なく, きっぱりと 2 簡潔に, 凝縮して
seccante 形 1 煩わしい, 面倒な, 厄介な 2 (人が)うるさい, うんざりさせる
***seccare** [セッカーレ] 他 1 乾かす, 乾燥させる 2 煩わす, 面倒[厄介]をかける ―自 [es] 乾く, 干からびる; 干上がる; 干からびる **—arsi** 再 1 乾く, 乾燥する; 干上がる; 干からびる 2 煩わしく思う, 苛立つ
seccato 形 1 乾燥した, 干からびた 2 うんざりした, 怒った, いらいらした
seccatoio 男 1 乾燥室, 乾燥器 2 [船](甲板洗浄用の)長柄のモップ
seccatore 名(男)(-trice, 囡) 1 うんざりさせる人 2 厄介者, 邪魔者
seccatura 囡 煩わしさ, 面倒, 厄介
secchezza 囡 1 乾燥, 渇き 2 やせぎす 3 (文章や話などの)素っ気なさ, 味気なさ
Secchi 固名(男) (Angelo ~)セッキ (1818-78; イタリアの天文学者)
secchia 囡 バケツ, 手おけ

secchiata 囡 **1** バケツ1杯 **2** バケツによる一撃

secchiello 男 **1** 小さな手おけ[バケツ] **2** バケツ型のかばん —*secchiello del ghiaccio* アイスペール, 水入れ

secchio 男 バケツ, 手おけ(secchia)

secchione 男 **1** 大きな手おけ[バケツ] **2** コンクリート運搬容器 **3**《蔑》がり勉

***secco** [セッコ] 形〔複[男 -chi]〕**1** 乾いた, 乾燥した; 乾燥させた —*fiori secchi* ドライフラワー **2** 素っ気ない, 断固たる **3**（ワインが）辛口の **4**（人が）やせぎすの, 骨と皮だけしかない **5**（打撃が）強烈な **6** 荒々しい, 乱暴な ―― 男 乾燥; 乾燥した場所[気候] ▶ *lavaggio a secco* ドライクリーニング ▶ *essere a secco* 金に困っている; ガス欠である

secentenne → seicentenne
secentesco → seicentesco
secentesimo 形 → seicentesimo
secentismo 男 → seicentismo
secentista〔複[男 -i]〕 → seicentista

secernere 他〔過分 secreto〕〔生理〕分泌する

secessione 囡 **1** 分離, 離脱 —*la guerra di secessione americana* アメリカ南北戦争 **2**〖美〗分離派, ゼツェッション —*secessione viennese* ウィーン分離派

secessionismo 男 分離[脱退]主義

secessionista 形〔複[男 -i]〕**1** 分離[脱退]主義の **2**〖美〗分離派[ゼツェッション]の ―― 男女 分離[脱退]主義者

secessionistico 形〔複[男 -ci]〕 分離[脱退]主義の

secolare 形 **1** 百年に一度の; 昔からの, 何世紀にもわたる **2** 世俗的な, 現世の

secolarità 囡 世俗性, 俗心

secolarizzare 他 世俗化させる; 還俗させる

***secolo** [セーコロ] 男 **1** 世紀, 100年 —*nel secolo scorso* 前世紀に **2** 長い歳月 —È *un secolo che non lo vedo.* ずいぶん長い間彼に会っていない. / *Era un secolo!* 久しぶりだね. **3**〔複数で〕非常に長い期間 —*da secoli* かなり前から **4** 今世紀, 今の時代 **5** 俗世間; (宗教上から見た) 俗界 ▶ *al secolo* 俗称では

seconda 囡 **1** 第2学年; (乗物の) 二等席; (車の) セカンドギア, (変速機の) 第2速 **2**〖スポ〗(フェンシング・体操などの) 第二の構え, セコンド; (バレエの) 2番ポジション **3**〖音〗2度音程 ▶ *a seconda di...* ...に応じて ▶ *a seconda che* + 接続法 ...の場合に応じて

secondamento 男〖医〗産後(鈍)

secondariamente 副 **1** 2番目に, 二次的に; 副次的に **2** (時間的に) 次に, その後

secondarietà 囡 (重要性・関心などが) 副次的[二次的]であること

secondario 形 副次[二次]的な, 二義的な —*scuola secondaria* 中学校 / *strada secondaria* 脇道

secondino 男 看守; 守衛

Secondo 固名〖男性名〗セコンド

***secondo**[1] [セコンド] 形〔序数〕**1** 2番目の, 第二の —*seconda classe* 二等車 / *secondo piano* (建物の) 3階 / *secondo piatto* (肉や魚のメインディッシュ) **2** 後期の —*Romanticismo secondo* 後期ロマン主義 **3** 重要でない, 二次的な **4** もう一つの, 別の **5**《文》好ましい, 都合のよい ―― 男 **1** 第2番目; (二つのうちの) 後者 **2** 秒 **3**〖料〗メインディッシュ **4** 決闘の介添え人 **5**〖スポ〗(ボクシングの) セコンド ―― 副 第二に ▶ *di seconda mano* 中古の ▶ *in secondo luogo* 第二に ▶ *in secondo piano* 背後に, 裏方に

***secondo**[2] [セコンド] 前 **1** ...によれば, ...の考え[見解]では —*secondo me* 私の意見では / *secondo gli esperti* 専門家の意見によると **2** ...に従って, ...に応じて —*giocare secondo le regole* ルールに従ってプレーする ▶ *secondo che* + 直説法 ...するままに ▶ *secondo che* + 接続法 ...の場合に応じて

secondogenito 形 第二子の ―― 男[女[-a]]第二子

secondogenitura 囡 第二子の地位[立場]

secrétaire 男〔不変〕〖仏〗ライティングビューロー

secretivo 形〖生理〗分泌の, 分泌性の

secreto 形〔過分< secernere〕〖生理〗分泌された ―― 男〖生理〗分泌物, 分泌液

secretore 形〔女[-trice]〕〖生理〗分泌の, 分泌する

secrezione 囡 **1**〖生理・医〗分泌(作用), 分泌物[液] **2**〖言〗語彙素の自立

security 囡〔不変〕〖英〗警備組織

sedanino 男〔複数で〕セダニーノ(ショートパスタの一種)

sedano 男 **1** セロリ **2**〔複数で〕セダニ(パスタの一種)

sedare 他 **1** なだめる, 和らげる; 鎮圧する, 抑える **2** 満たす, 癒やす —*sedare la sete [la fame, il dolore]* 渇き[空腹, 痛み]を癒やす ―― **arsi** 再 鎮まる, 和らぐ, 落ち着く

sedativo 形〖薬〗鎮静させる, 痛みを和らげる ―― 男〖薬〗鎮静剤, 鎮痛剤

***sede** [セーデ] 囡 **1** (組織の) 所在地 **2** (要職者の) 居住地 **3** (活動の) 拠点, 本部 ▶ *in sede di...* (物の) 期間に, (物の) 進行中に *La Santa Sede* バチカン, ローマ教皇[法王]庁

sedentario 形 **1** いつも座っている, ほとんど体を動かさない —*fare un lavoro sedentario* デスクワークをする **2** 出無精の, 家にこもりがちの **3**〖人類〗定住の —*popolazioni sedentarie* 定住民族

sedentarizzare 他 (遊牧民などを) 定住させる

***sedere**[1] [セデーレ] [105] 自[es] **1** 座

sedere る, 腰をおろす —*sedere* a tavola 食卓につく / *sedere* su una sedia [per terra] 椅子に[地べたに]座る **2** 任に就く; 会議を行う —他 座らせる —**ersi** 再 座る, 席につく

sedere² 男 お尻, 臀(で)部

*__sedia__ [セーディア] 女 椅子 —*sedia* a dondolo 揺り椅子, ロッキングチェア / *sedia* a sdraio デッキチェア

sedicenne 形 16歳の —男女 16歳の人

sedicente 形 自称の, 偽称の

sediceṣimo 形〔序数〕16番目の; 16分の1の —男 **1** 16番目; 16分の1 **2**〔口〕十六折り ▶ *in sediceṣimo* a) 十六折り判で b)〔蔑〕(人について)三流の, つまらない

*__sedici__ [セーディチ] 形〔基数〕〖不変〗 16の —男〖不変〗 16

sedicina 女 (総数が)16(程度)

sedile 男 座席, シート, 腰掛け

sedimentare 自 [es/av] **1** 沈殿する, 堆積する; 寝かされる, 蓄積される **2** 鎮まる, 治まる —**arsi** 再 沈殿する; 堆積する

sedimentato 形 沈殿した, 堆積した, 根づいた

sedimentazione 女 **1**〔地学〕堆積;〔化〕沈降, 沈殿 **2** 熟成, 蓄積

sedimento 男 **1**〔化〕沈殿物,〔地学〕堆積物, おり, かす **2** 蓄積

sedizione 女 暴動, 反乱, 謀反

sedizioṣo 形 **1** 扇動的な, 挑発的な **2** 乱暴な, 不穏な, けんか好きな —男〖女 [-a]〗扇動者, 謀反人, 反抗者

sedotto sedurre の過分

seducente 形 誘惑的な, 魅力的な

seducibile 形 そそのかされやすい, 誘惑されやすい

sedurre [3] 他〖過分 sedotto〗 **1** 誘惑する, そそのかす **2** 魅了する

seduta 女 **1** ミーティング; 集会, 会合 **2** (カウンセリングなどの)面談, 相談

seduto 形 座っている, 腰かけた

seduttivo 形 魅惑的な, 誘惑するような

seduttore 男〖女[-trice]〗 誘惑者, 女たらし, 女殺し —形〖女[-trice]〗誘惑するような —sguardo *seduttore* 誘惑的な眼差し

seduzione 女 **1** 誘惑, そそのかし **2** 魅力, 魅惑 —la *seduzione* del potere 権力の魅力

sega 女 **1** のこぎり **2**〔俗〕(男性の)マスターベーション **3**〔口〕無,〔否定文で〕何一つ **4** 無能な奴 **5**〔音〕ミュージカル・ソー

segala → segale

segale 女 ライ麦;〔集合的〕ライ麦の種

segaligno 形 **1**〔パン〕ライ麦の **2** (人が)やせた, 細身の

Segantini 固名(男) (Giovanni ~) セガンティーニ(1858-99; トレント出身の画家)

segare 他 **1** のこぎりで切る; 鎌で刈る; 切断する **2** (皮膚に跡が残るほど)強く締める **3** (のこぎりを引くように)弦楽器をへたに弾く **4** (学校を)サボる **5** 落第させる

segato 形 (のこぎりで)切られた —男〔農〕裁断した干し草[まぐさ]

segatrice 女 機械鋸(こ)

segatura 女 **1** のこぎりによる切断作業 **2** おがくず

Segesta 固名(女) セジェスタ(シチリア特別自治州のギリシャ遺跡)

seggio 男 (要職者の)椅子, 座 — *seggio* reale 王座 / *seggio* parlamentare 議席 / *seggio* elettorale 投票所; 選挙管理委員会

seggiola 女 椅子, 腰掛け

seggiolaio 男〖女[-a]〗椅子製造業者[修理職人]

seggiolino 男 **1** 幼児用肘掛椅子; 折畳用椅子 **2** (電車などの)補助椅子 **3** 教皇の椅子

seggiolone 男 **1** 安楽椅子 **2** 幼児の食事用椅子

seggiovia 女 (スキー用の)リフト

segheria 女 製材所, (大理石などの)石切り工場

seghetta 女 **1** 小さな鋸(こ) **2** アンブルカット **3** (馬の)鼻ばさみ

seghettare 他 刻み目[切り込み]をつける, ぎざぎざに切る

seghettato 形 のこぎり状の, ぎざぎざになった

seghetto 男 手挽(ぴ)き鋸(こ), つる鋸

segmentale 形 部分に分かれた, 分節[区分]から成る

segmentare 他 分割[区分]する, 分ける; 分裂させる, 細分する

segmentato 形 切断された, 切り取られた

segmentazione 女 **1** 区分, 分割, 分節 **2**〔生物〕分裂, 卵割 **3**〔情〕セグメント化, 区分化

segmento 男 **1** 部分, 区分; 切片 **2**〔幾〕線分, (円の)弧 **3**〔生物〕体節, 環節

segnalabile 形 **1** 印をつけられる, 記録[記入]可能な **2** 注目すべき, 素晴らしい

segnalare 他 **1** (合図や信号で)知らせる, 警告する **2** (人を)推薦する, 推す —**arsi** 再 目立つ, 抜きん出る

segnalatore 男〖女[-trice]〗 **1** 信号手[係], 通信兵 **2** 信号器

segnalazione 女 **1** 信号, 標識 — *segnalazioni* ottiche [acustiche] 視覚[聴覚]信号 **2** 知らせ, 情報伝達 **3** 推薦, 推挙

segnale 男 信号, 合図, シグナル —*segnale* orario 時報 / *segnale* stradale 道路[交通]標識

segnaletica 女〔総称的〕信号, 標識 ▶ *segnaletica stradale* 道路標識

segnaletico 形〖複男 -ci〗 (犯罪者などの)特徴を記載した

segnalibro 男 しおり, しおりひも

segnalinee 男女 〔不変〕〔スポ〕線審, ラインズマン; 副審

segnapassi 男 〔不変〕 〔医〕ペースメーカー

segnaposto 男 〔不変〕 (座席を示す)ネームプレート, (予約を示す)座席札

segnaprezzo 男 〔不変〕 (商品の)値札, 値札シール

segnapunti 男 〔不変〕〔スポ〕得点掲示板, スコアボード, スコアブック ―男女 〔不変〕 (バスケットボール・バレーボールの公式戦の)スコアラー

*__segnare__ [セニャーレ] 他 **1** しるし[目印]を付ける **2** 書き記す, メモする **3** 指し示す ―Il mio orologio *segna* le due. 私の時計の針は二時を指している。 **4** 〔スポ〕得点する ―*segnare* tre reti (サッカーで)3得点する **5** 跡を残す **6** (他者に)十字を切ってやる ―__arsi__ 再 十字を切る

segnatamente 副 特に, 際立って

segnatasse 女 〔不変〕 郵便料金不足検印, 郵便料金不足票

segnato 形 **1** 印のついた, 目印をつけられた; 刻まれた, 際立った **2** 定まった, はっきりした

segnatura 女 **1** 印をつけること, 目印 **2** (図書館の)書架記号, 整理番号 **3** 〔スポ〕スコア, 得点記録

segnavento 男 〔不変〕 風向計, 風見鶏

segnavia 男 〔不変〕 (山の)道案内, 道標

*__segno__ [セーニョ] 男 **1** (何かを示す)しるし ―È un buon *segno*. よい兆しだ。 **2** 記号, 符号 ―dal *segno* 〔音〕ダル・セーニョ **3** 跡, 痕跡 **4** 合図, サイン ―fare *segno* di sì 合意の合図をする **5** 標的, 的 ―tiro a *segno* 〔スポ〕ライフル射撃 **6** 限界, 限度 ―passare il *segno* 限界を超える, 度を超す **7** 星座 ―Di che *segno* sei? 君の星座は何かな？ ▶ **per filo e per segno** 綿密に, 事細かに **segno zodiacale** [__dello zodiaco__] (星占いの)星座

sego 男 〔複[-ghi]〕 獣脂, 油脂

segregare 他 〔io segrego〕 **1** 監禁する, 幽閉する; (病人などを)隔離する, 分離する ―*segregare* un malato nato infetto 病人を隔離する **2** 遠ざける, 疎外する ―__arsi__ 再 引きこもる, 離れる, 隠退する ―*segregarsi* in casa 家に引きこもる

segregato 形 隔離[分離]された; (社会などから)孤立した, 遠ざけられた

segregazione 女 **1** 分離, 隔離, 孤立 **2** (集団などからの)疎外 ―la *segregazione* degli extracomunitari 域外外国人の差別

segregazionismo 男 人種差別

segreta 女 独房, 地下牢

segretamente 副 秘密裏に, 内密に, こっそりと

segretaria 女 (女性の)秘書

segretariato 男 **1** 書記[秘書]の職, 2 事務局, 秘書課, 官房, 書記局

*__segretario__ [セグレターリオ] 男 〔女 [-a]〕 **1** 秘書 **2** 事務官, 事務局員 **3** 書記, 幹事 ―*segretario* di stato (アメリカ合衆国などの)国務長官

segreteria 女 **1** 事務局; 秘書課; 書記局 ―*segreteria* telefonica 留守番電話 **2** 書記[秘書]の任務[任期]

segretezza 女 秘密, 口が堅いこと ―Mi fido della tua *segretezza*. 私は君の口の堅さを信じる。

*__segreto__ [セグレート] 男 **1** 秘密 ―*segreti* del mestiere 職業上の秘密 **2** 秘訣(けつ) **3** 心底, 胸中 **4** 神秘 ―形 秘密の; 秘密を守る, 口が堅い ―tenere *segreto*... (物を)隠しておく, 内緒にする / agente *segreto* スパイ

seguace 男女 **1** 信奉者, 追随者 **2** 従者, 家来

seguente 形 次の, 次に続く ―pagina *seguente* 次のページ / La situazione è la *seguente*. 状況は以下の通りです。

segugio 男 **1** 猟犬, ブラッドハウンド **2** 有能な刑事[探偵]

*__seguire__ [セグイーレ] 他 〔io seguo〕 **1** (人の)後について行く[来る]; (人や物の)後を追う ―Gli amici lo *seguirono*. 友人たちが彼について行った。/ *Seguimi*! 私について来て。 **2** (表示などに)沿って行く, 従って行く ―*seguire* le istruzioni 注意書きに従う **3** (規則などに従う, 倣う **4** (特定の対象に強い関心を示して欠かさず)観る, 読む, 聴く, 通う, 出席する ―Tanti giovani *seguono* quella trasmissione. 多くの若者がその番組を観ている。/ Mi *segui*? 私の言う事が分かってる？(ちゃんと聴いて理解できてるの？) ―自 [es] **1** 後に続く, 続いて来る ―*Segue* alla pagina successiva. 次ページに続く。 **2**《文》起こる, 生じる

seguitare 他 〔io seguito〕 (活動などを)続ける ―自 [es/av] **1** 続ける, 続く ―Mio figlio ha deciso di *seguitare* gli studi. 息子は学業を続けることを決した。/ La pioggia è *seguitata* durante la notte. 雨は一晩中降り続けた。 **2** [es]《文》次に起こる, 結果として…となる

*__seguito__ [セーグイト] 男 **1** 続き; 連続 **2** 随行, お供 **3** 賛成, 支持, 同意 **4** 結果 ▶ **di seguito** 連続して, 絶え間なく **in seguito a...** [**a seguito di...**] …に続いて, …の結果として

*__sei__[1] [セーイ] 形 (基数) 〔不変〕 6の ―男 〔不変〕 6; (学校の成績の)及第点

sei[2] essereの直・現・2 単

Seicelle 固名 (女複) セーシェル

seicellese 形 セーシェル(人)の ―男女 セーシェル人

seicenne 形 600年の, 600年経った

seicentesco 形 〔複[男 -chi]〕 1600年代の, 17世紀の

seicentesimo 形 (序数) 600番目

seicentismo 男 1600年代[17世紀]特有の文化的傾向

seicentista 名[複[男-i]] 17世紀の芸術家[文学者]の —男女[複[男-i]] 17世紀の芸術家[文学者]

Seicento 固名(女)[不変] セイチェント (フィアット社製自動車)

seicento 形 (基数)[不変] 600の —男[不変] 600; (S-) 17世紀, 1600年代

seigiorni, sei giorni 女[不変] 6日間レース(2人1組で行われる自転車のトラックレース)

seigiornista 男[複[-i]] (自転車の)6日間レースに参加する選手

seimila 形 (基数)[不変] 6000の —男[不変] 6000

selce 女 1 [地質]燧(*ひうち*)石, フリント, 火打ち石 2 敷石 3 [文]石, 岩

selciare 他 (io selcio) 舗装する, 覆う

selciato 形 (小さな敷石や砂利で)舗装した, 石畳の —strada selciata 舗装道路 —男 敷石, 舗装(道路)

Selene 固名(女) [ギ神]セレネ(月の女神. 羊飼いエンデュミオンを愛した)

seleniano 形 月の, 月に生息する —男 (想像上の)月世界の人

selenio 男 [化]セレン

selettività 女 選択性, 選択力; 分離度

selettivo 形 1 選択する, 選り好みする —criterio selettivo 選択基準 2 選択度[分離度]の高い

selettore 男 [通信]チューナー, セレクター

selezionare 他 選抜[精選]する, 選りすぐる

selezionato 形 1 選ばれた, 選り抜きの 2 専用の

selezionatore 形 (女[-trice]) 選ぶ, 選択する, 精選する —男 1 選り分ける人; 分離器 2 [スポ]代表選考委員

selezione 女 1 選抜, 精選 2 ふるいにかけること, ふるい落とすこと 3 精選品, 珠玉集 4 [生物]淘汰 —selezione naturale 自然淘汰

self-service 男 [不変] [英]セルフサービスの食堂

sella 女 1 馬の鞍(*くら*) —montare in sella 馬に乗る 2 (自転車やバイクの)サドル 3 牛のあばら肉[鞍下肉] 4 (山の峰と峰の間の)鞍(*くら*)部

sellaio 男 (女[-a]) 馬具職人, 皮革製造[修理]職人, 馬具屋

sellare 他 鞍(*くら*)を置く[つける]

selleria 女 1 馬具店, 馬具製造[製造技術] 2 車の内装[内張り], 車の内装品製造[修補]

sellino 男 (自転車・バイクの)サドル

selz → selz

selva 女 1 森, 森林 2 [文]木, 茂み 3 (ある場所であふれ返る)群衆 4 大量, 多量 5 [稀][文]メモ, ノート ▶ *una selva di...* 大量の...

selvaggia → selvaggio

selvaggiamente 副 猛烈に, 激しく; 不作法に, 粗野に

selvaggina 女 1 狩猟の獲物 2 野生動物の肉

selvaggio 形 (複[女-ge]) 1 野生の; 未開の —bestie selvagge 野獣 2 野蛮な, 残酷な 3 法規に従っていない, 秩序のない —男 (女[-a, 複-ge]) 1 未開人 2 野蛮な人, 粗野な人

selvaticamente 副 粗野に, 乱暴に

selvatichezza 女 1 (動物について)野性; (植物の)自生 2 野生味 3 気難しさ, 粗暴さ

selvaticità 女 野性

selvatico 形 (複[男-ci]) 1 野生の, 自然に育った —fiori selvatici 野の花 2 (人が)粗野な, 扱いにくい —男 (複[-ci]) 1 鳥獣の匂い 2 野生林; 未開墾の土地, 荒れ地

selvicoltura → silvicoltura

selvoso 形 1 森林に覆われた, 木の生い茂った 2 (ひげ・毛髪・眉毛などが)濃い, 多い

selz 男 [不変] 炭酸水, ソーダ水

Sem 固名(男) [聖]セム(ノアの三人の息子の長兄. セム族の祖とされる)

*‡**semaforo** [セマーフォロ] 男 信号(機) —semaforo rosso [verde, giallo] 赤[青, 黄]信号 / fermarsi al semaforo 信号で停止する

semantica 女 [言]意味論

semantico 形 (複[男-ci]) [言]意味論の; 意味に関する

sembianza 女 [文]容貌, 姿, 顔つき; [複数で]外見, 外観, 様子

*‡**sembrare** [センブラーレ] 自 [es] 1 ...のようだ, ...みたいだ —Questi esercizi sembrano facili. これらの問題は簡単なようだ. / Sembri stanco. 君は疲れているようだ. 2 ...に似ている 3 [非人称; di + 不定詞, che + 接続法] ...のように思われる, ...ような気がする —Mi sembra di sì. そのようだね. / Mi sembra di no. 違うみたいだ. / Mi sembra di sognare. 私は夢を見ているみたいだ. / Mi sembra che ci sia uno sbaglio. 一つ間違いがあるような気がする.

seme 男 1 種, 種子 —seme di girasole ヒマワリの種 / banca del seme 精子バンク 2 元, 原因 —seme dell'odio 憎悪の種 3 (トランプの) 4 種のマーク 4 精液 5 [複数で]セーミ(種の形をしたスープ用のパスタ)

Semele 固名(女) [ギ神]セメレ(ゼウスに愛されたがその輝きを直視し灰となる)

semente 女 (種まき用の)種

semenza 女 1 (種まき用の)種 2 [文]原因, 根源, もと

semenzaio 男 苗床

semestrale 形 半年続く; 半年に1度の

semestralità 囡 6か月分の払い込み金額

semestre 男 1 半年 2 (2学期制の)学期, セメスター 3 (家賃などの)半年分

semi- 接頭 「半」「準」の意

semiacerbo 形 未熟な, 少し酸っぱい

semianalfabeta 形[複[男 -i]] 読み書きがやっとの; 〘蔑〙無教養な, 無学な ―男女 かろうじて読み書きができる人; 〘蔑〙無知なやつ

semiaperto 形 半開きの, 少し開いた

semiarido 形 やせた土地の

semiartigianale 形 職人の手が入った

semiasse 男 1 〘数〙半軸 2 (車の)駆動軸, ドライブシャフト

semiautomatico 形 〘複[男 -ci]〙 半自動式の

semibarbaro 形 後進的な, 未開発の; (知識・教養が)乏しい; 粗野な

semibiscroma 囡 〘音〙64分音符[休符]

semibrado 形 (冬だけの)牧舎飼育の, 放し飼いに近い

semibreve 囡 〘音〙全音符, 全休符

semibuio 形 ほの暗い, うす暗い

semicerchio 男 〘幾〙半円, 半円形

semichiuso 形 半ば閉じた, ほぼ閉じられた

semicircolare 形 半円[半円形]の

semicircolo 男 半円, 半円形

semiconduttore 男 〘物〙半導体

semicoperto 形 半ば覆われた, 部分的に隠れた

semicotto 形 半煮え[生(な)煮え]の, 半焼け[生焼け]の

semicroma 囡 〘音〙16分音符[休符]

semicrudo 形 半生(な)の

semicupio 男 1 座浴用の浴槽 2 半身浴, 腰湯, 座浴

semidio 男 1 半神半人 2 〘諧〙お偉方

semidistrutto 形 半壊の, 壊れかけの

semidotto 形 半可通な

semiesonero 男 半分免除[免責]; 一部控除

semifestivo 形 勤務時間短縮の, 半ドンの

semifinale 囡 〘スポ〙準決勝

semifinalista 男女 〘複[-i]〙 〘スポ〙準決勝出場選手

semifluido 形 半流動状の

semifreddo 形 1 熱くも冷たくもない 2 (デザートの)セミフレッドの ―男 セミフレッド(クリーム・メレンゲや生クリームを添えた, ジェラートに類似したデザート)

semigratuito 形 一部無料の, 半額の

semilavorato 形 半加工の, 半仕上げの

semilibero 形 半自由民の ―男 〘女[-a]〙半自由民, 半隷属状態の人

semilibertà 囡 〘法〙(囚人の)外出許可

semiliquido 形 半液体状の

semiminima 囡 〘音〙4分音符[休符]

semimpermeabile 形 半浸透性の

semina 囡 種まき; 種まきの時期

seminabile 形 種まきに適した

seminale 形 〘植〙種の, 播種の

*__seminare__ [セミナーレ] 〘io semino〙 1 種をまく ―*seminare* i fagioli インゲン豆の種をまく / *seminare* un campo a grano 小麦畑に種をまく 2 まき散らす, ばらまく 3 広める, 流布させる 4 (競走で他を)大きく引き離す; (追跡を)かわす, 逃れる ―Il ladro *seminò* i poliziotti. 泥棒は警官の追跡をかわした. ▶ *Chi non semina non raccoglie.* 〘諺〙まかぬ種は生えぬ. *Chi semina vento raccoglie tempesta.* 災いの種をまく者はもっとひどい目に遭うことになる.

seminario 男 1 神学校 2 研究の場, 研修会, 講習会; ゼミナール, 演習

seminarista 男 〘複[-i]〙 1 神学生 2 《隠》(大学の)ゼミ生

seminaristico 形 〘複[-ci]〙 1 神学生の 2 (大学の)ゼミ生の

seminativo 形 播種に適した ―男 播種地

seminato 形 1 種をまいた; まき散らした, 散乱した 2 〘紋〙(盾にユリ・星などの)図柄があしらわれた

seminatore 男 〘女[-trice]〙 1 種をまく人 2 (噂などを)広める人, 扇動者

seminatrice 囡 〘農〙種まき機

seminfermità 囡 発作的な疾病 ▶ *seminfermità mentale* 〘法〙心神喪失

seminfermo 形 発作的な疾病の ―男 〘女[-a]〙発作的な疾病患者

semino 男 1 小さい種 2 〘複数で〙セミーニ(スープ用のパスタの一種) 3 カボチャの種

seminomade 形 〘人類〙半遊牧の ―男女 半遊牧民

seminterrato 男 半地階

seminudo 形 半裸の

seminuovo 形 ほぼ新品の; 建ってもない

semio- 接頭 「記号」「徴候」「きざし」の意

semiologia 囡 〘言〙記号論, 記号学

semioscurità 囡 薄明かり, 薄暗がり

semioscuro 形 薄明かりの, たそがれの

semiotica 囡 〘複[-che]〙記号論, 記号学

semiperiferia 囡 都市周辺

semiprofessionista 男女 〘複[男 -i]〙〘スポ〙セミプロの競技者 ―形 〘複[男 -i]〙セミプロの

semipubblico 形 〘複[男 -ci]〙 公共に近い; 半官半民の, 第三セクターの

Semiramide 固名 〘ギ神〙セミラミス(アッシリアの伝説上の女王)

semiretta 囡 〔幾〕半直線

semirigido 形 1 やや固めの, 柔軟ではない 2 半剛体の —男 (襟·袖口などの) 芯地

semisfera 囡 〔幾〕半球面

semita 男女 〔複[男 -i]〕セム語族 —形 〔複[男 -i]〕セム語族の

semitico 形 〔複[男 -ci]〕セム族[人]の

semitono 男 〔音〕半音

semitrasparente 形 半透明の

semivocale 囡 〔言〕半母音

semivuoto 形 半分空の, 空に近い

semmai 接 〔接続法とともに〕もし〔万一〕…の場合は —*Semmai* ti interessasse, telefonami. もし興味がある場合は, 私に電話して. —副 もしもの場合[時]は, いざという時は —*Semmai* ci vado io. なんなら私がそこに行く.

semola 囡 1 ふすま, ぬか, 粗挽(ʊ̈)きの硬質小麦粉 2 〔謔〕そばかす, ほくろ

semolato 形 〔硬質小麦が〕挽(ʊ̈)かれた, 粉になった

semolino 男 セモリナ粉; セモリナ粉のパスタを使ったスープ

semovente 形 自動(式)の

Sempione 固名〔男〕シンプロン峠(アルプス, ペニン山系の峠; スイス領)

*__**semplice**__ [センプリチェ] 形 1 (形式などが) 単純な, 簡単な —domanda *semplice* 簡単な質問 / È una storia *semplice*. それは簡単な話だ. 2 (飲み物が) 何も混ぜない, ストレートの 3 飾り気のない, シンプルな 4 (性格が) 純朴な, 無邪気な, 単純な —gente *semplice* 素朴な人々 5 〔名詞に前置して〕ただの, 単なる, 普通の —È una *semplice* formalità. ただの形式的なものに過ぎない. 6 〔名詞に後置して〕階級が最低の, 平(ʊ̈)らの —男女 純朴な人, 素朴な人 —男 薬草

semplicemente 副 1 素朴に, 飾り気なく; 平易に 2 単に, 要するに

semplicione 男〔女[-a]〕お人好し, 間抜け —形 お人好しの

sempliciotto 形 だまされやすい, 間抜けな, 無邪気な —男〔女[-a]〕お人好し, 間抜け, うぶな人

semplicismo 男 短絡的な見方, 安易な考え

semplicistico 形〔複[男 -ci]〕短絡的な, 単純すぎる

semplicità 囡 1 簡単, 平易, 簡潔 2 簡素, 質素 3 素朴, 無邪気

semplicizzare 他 単純化する, 一面的な見方をする

semplificare 他 〔io semplifico〕簡単にする, 単純化する —**arsi** 再 より簡単になる, より単純化する

semplificazione 囡 簡素[平易]化, 単一化

*__**sempre**__ [センプレ] 副 1 常に, いつでも, いつも —Arriva *sempre* in ritardo. 彼女はいつも遅刻する. 2 ずっと, 今でも, 相変わらず —Anche dieci anni dopo, era *sempre* lo stesso. 10 年経っても彼は相変わらず昔のままだった. 3 〔限定的に〕ただ…だけ, …という条件で —Puoi scrivermi, *sempre* se ti fa piacere. そうしたいのなら私に手紙をくれてもいいよ. 4 〔譲歩的に〕とはいえ, それでも ▶ *non sempre* いつも[必ずしも]…とは限らない *per sempre* いつまでも, 永遠に *sempre più* ますます, さらにどんどん

sempreverde 形 常緑の —pianta *sempreverde* 常緑植物 —男女 常緑樹

semprevivo 男 〔植〕センペルビブム, ヤネバンダイソウ

sena 囡 〔植〕センナ

senape 囡 1 〔植〕カラシナ 2 マスタード, からし; 〔料・薬〕からし粉, からしエキス —cataplasma di *senape* からし湿布 —男 〔不変〕からし色 —形 〔不変〕からし色の

senario 形 〔言〕6 音節の; 〔詩〕6 音節詩行の —男 〔言〕6 音節; 〔詩〕6 音節詩行

senato 男 1 (古代ローマの) 元老院 2 (S-) 二院制の上院 —*senato* accademico (大学の) 学部長会議

senatore 男〔女[-trice]〕上院議員; 元老院議員

senatoriale 形 上院[元老院]の, 評議会の; 上院[元老]議員の, 評議員の

Seneca 固名〔男〕(Lucio Anneo ~) セネカ (前 4 頃 -65; ローマの哲学者)

senecio → senecione

senecione 男 〔植〕サワギク[キオン]属

Senegal 固名〔男〕セネガル

senegalese 形 セネガル(人)の —男女 セネガル人

senescenza 囡 1 〔生物〕老化, 老衰, エイジング 2 老齢, 老境

senese 形 シエナの; シエナの人[方言]の —男女 シエナの人 —男 〔単数のみ〕シエナ方言

senile 形 老年期の, 老人性の; 老衰の, もうろくした

senilità 囡 老年期, 老齢; 老化(現象), 老衰

senior 形 〔不変〕〔ラ〕年長の

seniores 形 〔不変〕〔スポ〕シニアクラスの —男女 シニアの競技者

Senna 固名〔女〕セーヌ川 (フランス北部の川)

senna → sena

senno 男 1 良識, 知性 2 正気, 理性 ▶ *essere fuori di senno* 戯れ言を言う *perdere il senno* [*uscire di senno*] 理性を失う, 気が狂う *tornare in senno* 正気に戻る

sennò 副 さもなければ, そうでないと (se no) —Usciamo, si fa tardi *sennò*. 出かけよう, そうでないと遅くなる.

sennonché 接 1 しかし, けれども, だが —Stavo per uscire *sennonché* si mise a piovere. 出かけようとしたが雨が降り出した. 2 《文》除いて

seno¹ 男 **1**(特に女性の)胸,乳房 —stringere al *seno*...(人)を胸に抱きしめる **2** 懐(ﾌﾄｺﾛ),胎内 —in *seno* a...の内部で,…の懐に,…に守られて **3** 心の奥底 **4**〔文〕内部,中心;天の一部分 **5**〔解〕洞(ﾎﾗ)(器官や骨のくぼみ) **6**〔地理〕小湾,入江,浦 **7** スカートやマントのひだ ▶ *allevare* [*nutrire*] *una serpe in seno* いずれ裏切られる人を援助する,恩を仇で返されることになる

seno² 男〔数〕正弦,サイン(→ coseno)

senofobia → xenofobia

senofobo → xenofobo

Senofonte 固名(男) クセノフォン(前426頃-前355頃;古代ギリシャの著作家)

sensale 男女 (特に農産物や家畜類の)仲買人,ブローカー ▶ *sensale di matrimoni*〔男性形で〕結婚の周旋者[仲介者]

sensatezza 女 良識,分別,判断力

sensato 形 良識ある,思慮深い,賢明な

*****sensazionale** [センサツィオナーレ] 形 センセーショナルな

sensazionalismo 男 センセーショナリズム,扇情主義

sensazione 女 **1** 感覚 **2** 感じ,気持ち

senseria 女 仲介業,仲介業務;仲介[仲買]手数料

*****sensibile** [センシービレ] 形 **1** 感じられる,知覚できる **2** 感覚が鋭い,鋭敏な;敏感な,過敏な —essere di animo *sensibile* 多感な心を持つ / essere *sensibile* al freddo 寒さに敏感である,寒がりである **3** 感度が高い **4** 著しい,顕著な —fare *sensibili* progressi 躍進する ―男〔単数のみ〕感覚で知覚できるもの ―女〔音〕導音,全音階の第7音

sensibilità 女 **1** 感覚 **2** 敏感さ,鋭敏さ **3** 感性,感受性 **4** 感度,感光度

sensibilizzare 他 **1**〔化・物〕感作(ｶﾝｻ)する,(抗原に対して)敏感にする **2**〔写〕感光性を与える **3** 意識させる,喚起する —*sensibilizzare* la popolazione sul problema dell'alcolismo. アルコール依存症の問題に住民の関心を向けさせる. ―arsi 再 **1** 強い関心を持つ **2**〔医〕抗原に敏感になる

sensibilizzatore 男〔写〕感光剤

sensibilizzazione 女 **1**〔化・物〕感作(ｶﾝｻ) **2**〔写〕増感 **3**(世論などの)喚起

sensitiva 女〔植〕オジギソウ

sensitività 女 感受性,感じやすさ;敏感,過敏;感度

sensitivo 形 感覚の,知覚の;感受性の強い,敏感な,神経過敏な —funzione *sensitiva* 感覚機能 ―男〔女 -a〕**1** 敏感な人 **2** 超能力者,霊媒

*****senso** [センソ] 男 **1** 感覚(器官) —i cinque *sensi* 五感 **2**〔複数で〕官能,性欲 **3** 感じ,気持ち —*senso* di responsabilità 責任感 **4** 感受性,センス **5** 意味,意義 —*discorso* senza *senso* 意味のない話 / in un certo *senso* ある意味では **6**(運動の)方向,向き —a doppio *senso* 対面交通 / in *senso* orario 時計回りで ▶ *buon senso* 良識 *senso comune* 常識 *senso unico* 一方通行

sensore 男 センサー,感知器

sensoriale 形〔物〕感覚器官の;〔心〕知覚作用の

sensorio 形〔物〕→ sensoriale ―男〔物〕感覚(器)官

sensuale 形 官能的な;好色な

sensualità 女 官能,肉欲;情動

sentenza 女 **1** 判決(文) —emettere [pronunciare] una *sentenza* 判決を下す **2** 格言,警句

sentenziare 他〔io sentenzio〕判決を言い渡す,判決を下す;(審判などが)判定する ―自 きざな話し方をする,したり顔で自説を語る

sentenzioso 形 **1** 判決の,裁定の **2** 格言[警句]に富んだ,もったいぶった

sentiero 男 (田舎や山の)小道,細道

sentimentale 形 **1** 感傷的な,涙もろい,センチメンタルな **2** 愛情の,恋の ―男女 感傷的な人,涙もろい人

sentimentalismo 男 感傷的な傾向,センチメンタリズム

sentimentalista 男女〔複[男 -i]〕感傷主義者,センチメンタリスト

sentimentalità 女 感傷,涙もろさ

*****sentimento** [センティメント] 男 **1** 感情,心 **2** 情,愛情 **3** 感覚,意識

sentina 女 **1**〔船〕ビルジ **2** 巣窟,吹きだまり,たまり場

sentinella 女 見張りの兵士,歩哨(ﾎｼｮｳ) ▶ *essere di sentinella* 歩哨に立つ,見張りをする

*****sentire** [センティーレ] 他 **1**(五感で)感じる —*sentire* caldo 暑く感じる / Non *sento* più le dita per il freddo. 寒さでかじかんで指の感覚がない. **2** 味わう **3** 聞く,聞こえる —*sentire* un urlo 叫び声を聞く / Non ti *sento* bene. 君の声がよく聞こえない. **4**(人の)話を聞く —Stammi bene a *sentire*. よく聞いて頂戴. ―自 **1**(di)…の味がする,…の匂いがする **2** 感性が豊かである ―irsi 再 **1** 自分を…だと感じる,…の気分である —Mi *sento* bene. 私は気分がよい. **2**(互いに)電話で話す ―男〔単数のみ〕感覚,感受性 ▶ *farsi sentire* 自分の話を聞いてもらう;自分の声[足音]を聞かれる;近況を知らせる,連絡する *sentirci* 耳が聞こえる *sentirsela di* + 不定詞 …するだけの力[勇気]がある;…できる状態にある / Non *me la sento di* andare a Roma. 私はローマに行く気力がない.

sentitamente 副 心から,真心を込めて

sentito 形 **1** 聞かれた,感じた **2** 心からの,深甚な,偽りのない ▶ *per sentito dire* 噂(ｳﾜｻ)によると *sentiti ringra-*

ziamenti 〔書簡の定型句で〕深謝

sentore 男 1 予感, 兆し; ほのめかし, 暗示 2《文》匂い, 香り

senusso 男〔女[-a]〕サヌーシーア派教徒

＊**senza** [センツァ] 前 1 …なしで, …抜きで —Ieri sono uscito *senza* ombrello. 昨日は傘を持たずに出かけた. / Non posso fare niente *senza* di te. 君なしでは何もできない. / *senza* che + 接続法 …することなしに / Andò via *senza* che nessuno se ne accorgesse. 誰にも気づかれずに彼は立ち去った. 2〔不定詞とともに〕…せずに, …しないで —parlare *senza* interrompersi 途切れることなく話す ▶ **senz'altro** 確かに, 必ず, きっと **senza tetto [casa]** ホームレス **senza dubbio** 疑いなく, 間違いなく **senza tetto** 自然災害で家を失った人

senzacasa 男女〔不変〕→ senza casa

senzatetto 男女〔不変〕→ senza tetto

Seoul, Seul 固名(女) ソウル(大韓民国の首都)

sepaiola 女〔中伊・動〕ズグロムシクイ; ノドジロムシクイ

sepaiuola → sepaiola

sepalo 男〔植〕萼(がく)片

separabile 形 分離[区分]できる, 引き離せる

＊**separare** [セパラーレ] 他 1 分ける, 分離する; 別れさせる —*separare* un ragazzo dagli amici 友人たちから若者を引き離す 2 区別する —*separare* il bene dal male 善悪を区別する —**arsi** 再(da) …と別れる, …から遠ざかる; 別居する —Giovanni e Paola *si sono* già *separati*. ジョヴァンニとパオラは既に別れた.

separatamente 副 別々に; 離れて; 単独に, 別個に

separatismo 男〔政〕分離主義, 分離独立運動; 政教分離

separatista 男女〔複[男 -i]〕分離主義者, 分離独立運動論者; 分離擁護者 —形 分離主義の

separatistico 形〔複[男 -ci]〕〔政〕分離主義の, 分離独立運動の

separato 形 1 分けられた, 別にした —chiedere i conti *separati* 勘定を別々にしてもらう 2 別居した 3 離れて, 隔絶した —男〔女[-a]〕別居中の夫[妻]

separazione 女 1 分離 2 別居 3 離別

séparé 男〔不変〕〔仏〕(レストランなどの)個室; (間仕切りで隔てられた)場所

sepiolite 女〔鉱〕海泡石

sepolcrale 形 1 墓の, 墓場のような 2 ぞっとする, 物悲しい, 陰気な —silenzio *sepolcrale* しじま, 静寂

sepolcro 男 1 墓, 墓所, 埋葬地 2 〔カト〕聖体安置所, 聖墓

sepolto seppellire の過分

sepoltura 女 1 埋葬, 埋葬式 2《文》墓所, 埋葬地

seppe sapere の直・遠過去・3単

seppellimento 男 埋めること, 埋葬, 土葬

＊**seppellire** [セッペッリーレ] [106] 他〔過分 sepolto, seppellito〕 1 埋葬する 2 地に埋める, 隠す; 埋没させる 3 忘れ去る, 葬り去る —*seppellire* il passato 過去を葬る —**irsi** 再 閉じこもる; 埋没する —*seppellirsi* in casa 家に閉じこもる

seppia 女〔動〕イカ, モンゴウイカ —nero di *seppia* イカ墨; セピア —男〔不変〕セピア色 —形〔不変〕セピア色の

seppure 接 たとえ…であっても, もしかりに…だとしても —*Seppure* costasse un patrimonio, lo comprerei. たとえ巨額の費用がかかっても, 私はそれを買うだろう.

sepsi 女〔不変〕〔医〕敗血症 —形〔不変〕敗血症の

sequela 女 (不運・災難の)連続, 一続き, 数珠つなぎ —una *sequela* di disgrazie 不運の連続

sequenza 女 1 (順序だった)一続き, 連続 2 (映画の)ワンカット, シーン 3 (トランプの)続き札, (ポーカーの)ストレート 4 〔音〕(キリスト教聖歌の)セクエンツィア 5 〔言〕(要素の)連続 6〔数〕数列 7〔生化〕塩基配列

sequenziale 形 1 シークエンスの, 連続の 2〔カト〕続誦の

sequenzialità 女 (規則的な)連続性, 逐次性

sequestrabile 形 1〔法〕差し押さえ可能な 2 押収[没収]できる 3 誘拐されうる

sequestrare 他 1〔法〕差し押さえる; 押収[没収]する 2 押収[没収]する 3 (不法に)監禁する, 誘拐する

sequestrato 形 1〔法〕差し押さえられた 2 押収[没収]された 3 誘拐された, 監禁された

sequestro 男 1〔法〕差し押さえ 2 押収, 没収 3 不法監禁, 誘拐

sequoia 女〔植〕セコイア

ser 男〔不変〕〔歴〕殿, 閣下, 貴下, 様 (貴族などの名前につける敬称)

＊**sera** [セーラ] 女 1 夕方, 夜(日没から深夜までの時間帯) —Buona *sera*. こんばんは, よい夜を. / questa *sera* 今晩 / tutta la *sera* 一晩中 / tutte le *sera* 毎晩 ▶ **dalla mattina alla sera** 朝から晩まで **mattina e sera** 常に, いつも

seracco 男〔複[-chi]〕〔地質〕セラック, 塔状氷塊

serafico 形〔複[男 -ci]〕 1《文》セラフィム[熾(し)天使]の 2 穏やかな, 平然とした

Serafino 固名〔男性名〕セラフィーノ

serafino 男 1〔神学〕セラフィム, 熾(し)天使 2〔服〕(前ボタンの)丸首シャツ

serale 形 夕方の, 夜の, 夜間の

serata 女 1 夕べ, 夕刻 2 夜会, 夜宴;

(演劇の)夜の部 ―**Buona *serata!*** よい夜を(楽しんでください). ▶ ***prima serata*** (テレビの)ゴールデンアワー

serbare 他 1 取っておく, 蓄えておく 2 (感情などを)持ち続ける ―*serbare un segreto* 秘密を守る / *serbare rancore a...* (人)に恨みを抱き続ける **―arsi** 再 保つ, 保たれる

serbatoio 男 1 水槽, タンク; 貯水池 2 源泉, 宝庫 3 弾倉

Serbia 固名(女) セルビア(バルカン半島中央部の内陸国; 正称セルビア共和国)

serbo¹ 形 セルビア(の人)の **―**男 1 (女[-a])セルビア人 2 [単数のみ]セルビア語

serbo² 男 [次の成句で] ▶ ***in serbo*** 別に, わきに /*mettere* [*tenere, avere*] *in serbo* 蓄える, 保存しておく

serbocroato 形 セルビア・クロアチア(語)の **―**男 [単数のみ]セルビア・クロアチア語

serenamente 副 穏やかに, 心静かに; 冷静に, 公平に

serenata 女 [音]セレナーデ

serendipità 女 (科学分野などで)価値のあるものを偶然見つける能力[才能], セレンディピティー

serenella 女 [北伊・植]ライラック, リラ(lillà)

serenissimo 形 1 sereno の絶対最上級 2 [歴]殿下(王公への敬称)

serenità 女 1 晴朗 2 平穏, 平静 3 [歴](王侯への敬称)殿下

＊**sereno** [セレーノ] 形 1 快晴の, 雲一つない 2 のどかな, 落ち着いた ―*animo sereno* 落ち着いた心 **―**男 1 快晴, 晴天 2 [文]澄み切っていること, 空の輝き 3 静けさ, 穏やかさ ▶ ***fulmine a ciel sereno*** 青天の霹靂(へきれき)

sergente 男 1 [軍]軍曹 2 横暴な人

Sergia 固名 [女性名]セルジャ

Sergio 固名 [男性名]セルジョ

serial 男 [不変] [英] 1 (テレビやラジオの)連続物語[ドラマ], 続き物 2 連載小説

seriale 形 1 シリーズの, 連続の, 系列の 2 [情]シリアルの, 直列の ―*stampante seriale* シリアルプリンター

serial killer 成句(男女) [英]連続殺人犯

seriamente 副 まじめに, 本気で; ひどく, 深刻に

serico 形 [複[男 -ci]]絹の, 絹糸の, 絹製の; (光沢・手ざわりが)絹のような ―*capelli serici* 絹のようなつややかな髪

sericoltore 男[女[-trice]] 養蚕家

sericoltura 女 養蚕(業)

sericultore → sericoltore

＊**serie** [セーリエ] 女 [不変] 1 連続, 一続き, 系列 2 (同系の)セット, シリーズ 3 (プロスポーツの)リーグ ―*serie* A [B] セリエ A [B] 4 [数]級数 5 [数]級数 6 [音]音列, セリー ▶ ***di serie*** 量産の *fuori serie* 特別仕様の; 並外れた *in*

serie 連続して; 大量生産の[で] ***una serie di...*** 一連の…

serietà 女 1 まじめ, 真剣, 厳粛さ 2 確実性, 信頼度 ―*serietà di idee* 意見の確かさ 3 深刻さ, 重大さ, 重要性

serigrafia 女 [印・美]シルクスクリーン印刷

＊**serio** [セーリオ] 形 1 (態度が)真剣な, まじめな, 本気の ―*opera seria* [音]オペラ・セリア 2 (表情などが)深刻な, 不安げな 3 (事態が)重大な, 深刻な 4 (病気が重い, 重度の **―**男 [単数のみ]真剣さ, 本気 ▶ ***sul serio*** まじめに, 本気で

seriola, sèriola 女 [魚]カンパチ

seriosamente 副 1 まじめに, 本気で 2 深刻に, ひどく

serioso 形 1 生まじめな, 本気の 2 重大な, 深刻な

sermone 男 1 [文]言語, 地域語 2 [文]演説, 対話 3 (宗教上の)説教, 法話 4 [謔]くどくどしい話; 長ったらしい叱責[小言]

serotino 形 1 [文]夕方の, 晩の 2 [植] (花・実が)晩生の

serpaio 男 1 蛇の巣, 蛇だらけの場所 2 放置された土地 3 蛇捕り, 蛇使い

serpe 女 1 (無毒の)蛇 2 腹黒い人, 偽善者 3 (昔の火器の)点火装置; 火縄銃

serpeggiante 形 曲りくねった, 蛇行する

serpeggiare 自 [io serpeggio] 1 蛇行する, 曲がりくねる 2 忍び込む, 密かに広がる

serpentario 男 [鳥]ヘビクイワシ

serpente 男 1 [動]ヘビ 2 蛇軍 3 陰険[冷酷]な人間

serpentina 女 1 蛇行した線, 曲がりくねった道 2 [スポ](スキーの)ジグザグ滑走; (サッカーの)ジグザグドリブル

serpentino 形 [文]蛇のような, 蛇の **―**男 1 [機]らせん管, 蛇管 2 [鉱]蛇紋岩

serpentone 男 1 大きな蛇 2 長蛇の列 3 [音](古楽器の一種で)セルパン 4 (道路の)分離帯

serra¹ 女 1 温室, 温床 ―*effetto serra* 温室効果 / *gas serra* 温室効果ガス 2 閉鎖された場所, 堰(せき)

serra² 女 [地理](西アルプスの)山脈, 峡谷

serrafilo 男 [電]端子; コネクタクランプ

serraglio¹ 男 1 (サーカスの)檻; 檻に入れられた動物 2 騒々しい一団

serraglio² 男 1 [歴](イスラム教国の)後宮つき宮殿 2 ハーレム, 愛人の群れ

serramanico 男 [複[-i]] [次の成句で] ▶ ***coltello a serramanico*** ジャックナイフ, 折り畳みナイフ

serramento 男 窓枠; よろい戸

serranda 女 シャッター, 巻き上げ式よろい戸, 雨戸

serrare 他 1 (しっかり)締める, 閉じる, 強くつかむ[握る]; せき止める, 封鎖する ―

serrata 囡 *serrare* l'uscio di casa 戸締まりをする / *serrare* le righe 行を詰める **2** 取り囲む, 包囲する; 締め出す, 排除する **3** 強化する, 速める **4**《文》隠す **—arsi** 再 閉まる —La porta *si serrò* per il vento. 風でドアが閉まった. **2** 握りしめる; (感情で) 締めつけられる

serrata 囡 **1**〔経〕工場閉鎖, ロックアウト **2** (中小企業の) 休業

serrate 男〔不変〕〔スポ〕(試合終了まぎわの) 総攻撃

serrato 形 **1** (しっかり) 閉じられた, 締まった, 握られた —pugni *serrati* 握りしめたこぶし **2** ぴったりした, きつい **3** 速い, 加速した; せき立てる, 差し迫った

serratura 囡 錠, 錠前, ロック, 安全装置 —*serratura* a combinazione コンビネーションロック, ダイヤル錠

Serse 固名(男) (〜 I)クセルクセス(?-前465; アケメネス朝ペルシャの王: 在位前465-466)

serva 囡 お手伝い, メード, 下女

servaggio 男《文》隷属状態; (感情に) 囚われた

servente 男女《文》(組織・機関の) 用務員, 雑務係

server 男〔不変〕〔英・情〕(ローカルネットの) サーバー

servetta 囡 **1** 若いお手伝い **2**〔蔑〕おしゃべりな女

servibile 形 **1** 役に立つ, 使用に適した **2** 食卓に出せる

servidore → servitore

servigio 男 奉仕, 親切な行為, もてなし

servile 形 **1** 奴隷の, 奴隷にふさわしい **2**〔蔑〕卑屈な, こびへつらう **3** (文芸などのスタイルが) 独創性のない **4**〔言〕補助の —verbo *servile* 補助動詞

servilismo 男 卑屈さ, 奴隷根性, 追従

＊**servire** [セルヴィーレ] 自 **1** [es] 役に立つ —A che cosa *serve* questo? これは何に役立つの. / La tua telefonata non *è servita* a nulla. 君からの電話は全く無用だった. **2** [es] 使う, 必要とする, (使うために) 要る —Mi *serve* la macchina. 私は車を使いたい. **3** 奉公する —他 **1** 仕える, 奉公する —*servire* lo Stato 国家に仕える / Per *servir*La! 何なりとお申し付けください. **2** 勤める, 勤務する **3** (料理を食卓に) 出す, 給仕する **4** (客に) 対応する **5**〔スポ〕(単独で) ボールをサーブする; ボールをパスする **6** (ゲームで) 札を配る **—irsi** 再 **1** [di] 利用する —*servirsi* del dizionario 辞書を利用する **2** 常用する —*Mi servo* spesso in questa gelateria. 私はこのジェラート屋によく来る. **3** (出されたものを) 取る —*Servitevi*, signori! どうぞご自由に召し上がってください.

servitore 男〔女[-trice]〕 **1** 召し使い, お手伝い **2** 献身者, 奉仕者 **3**〔手紙の結び〕しもべ

servitù 囡 **1**〔集合的〕使用人, (ホテルなどの) 従業員 **2** 奴隷の状態 **3** 隷属

servizievole 形 よく気が利く, 世話好きな, 助けになる

＊**servizio** [セルヴィーツィオ] 男 **1** 勤めること, 勤務, 奉公, 兵役 —donna di *servizio* 家政婦 / essere in *servizio* 勤務している, 奉公している / porta di *servizio* 通用門, 通用口 / *servizio* civile (兵役に代わる) 民間での社会奉仕 **2** もてなすこと, 奉仕, 給仕, サービス(料) —conto comprensivo del *servizio* サービス料込みの勘定 **3** (公共・公益の) 事業, 施設; (会社の) 部門, 局員 —*servizio* postale 郵便業務 / *servizio* vendite 販売部門 **4** (交通の) 運行, 便 **5**〔複数で〕水回り (台所・浴室・トイレ), 水回りで使う必要品 **6** カトラリーや食器の一式, セット —*servizio* di bicchieri グラスセット **7**〔スポ〕サーブ, サービス **8**〔複数で〕〔口〕仕事, 用事 ▶ **fuori servizio** 使用不能の; 非番の; (乗り物が) 回送中

＊**servo** [セルヴォ] 男〔女[-a]〕 **1** 召し使い, 使用人, 下男; 僕(しもべ) **2**〔歴〕(中世の) 奴隷 —形《文》政治的自由のない, 自立していない

servofreno 男〔車〕サーボブレーキ

servosterzo 男〔車〕パワーステアリング

sesamo 男〔植〕ゴマ ▶ **Apriti sesamo!** 開けゴマ.

＊**sessanta** [セッサンタ] 形〔基数〕〔不変〕60の —男〔不変〕60 —È sui *sessanta*. 彼は60歳位だ.

sessantenne 形 60歳の —男女 60歳の人

sessantennio 男 60年間

sessantesimo 形〔序数〕60番目の; 60分の1の —男 60番目のもの; 60分の1

sessantina 囡 約60, 60程度

sessantottesco 形〔男[-chi]〕1968年の学生運動の

sessantottino 男〔女[-a]〕1968年の学生運動に参加した人

sessantottismo 男 1968年の学生運動

sessione 囡 (議会などの) 会期, (法廷の) 開廷期; (大学の) 試験期間

sessismo 男 性差別(主義), セクシズム

sessista 形〔複[男 -i]〕性差別主義者の, セクシズムの, 性差別的な —男女〔複[-i]〕性差別主義者

sesso 男 **1** 性; 性別 —gentil *sesso* 女性. / sesso debole 女性. / sesso forte 男性 **2** セックス **3** 性器

sessuale 形 性に関する, 性的の; 性器の —delitto a sfondo *sessuale* 性犯罪

sessualità 囡 **1**〔生物〕性別, 雌雄性 **2** 性欲, 性行動, 性的関心

sessualizzazione 囡 **1**〔生物〕性別化, 性的特徴の付与 **2** 性的興奮

sessuato 形 1〔生物〕有性の, 生殖器を備えた 2〔言〕性別のある

sessuofobia 女〔心〕セックス恐怖症

sessuofobo 形〔女[-a]〕〔心〕セックス恐怖症患者

sessuologia 女〔医・心〕性科学

sessuologo 男〔複[-gi]女[-a]〕〔医・心〕性科学者

sestante 男 1 六分儀 2（古代ローマの）青銅貨（6分の1アス）

sestetto 男 1〔音〕六重唱（曲），六重奏（曲），六重奏団 2《謔》六人組，六人衆

sestiere 男〔歴〕（イタリアの都市の）6分の1街区，区域，地区；（ヴェネツィアで六つに分けられた）地区

sestina 女 1〔詩〕6行詩節 2〔音〕6連音符

☆**sesto¹**［セスト］形（序数）6番目の；〔女〕6分の1 —il *sesto senso* 第六感 —男 6番目；6分の1

sesto² 男 1〔建〕（アーチの）湾曲部 2〔農〕植樹の配列 ▶ *in sesto* きちんとした；常態の / *rimettere in sesto* una macchina 車を元通りにする

sestultimo 形 最後から6番目の

sestuplicare 他〔io sestuplico〕6倍にする

sestuplo 形 6倍の —男 6倍の量

set 男〔不変〕〔英〕一式, セット

☆**seta**［セータ］女 絹，シルク —capelli di *seta* 絹のような髪, つややかな髪 / *seta* pura 正絹, 純絹

setacciamento 男 1 ふるいにかけること 2 精査

setacciare 他〔io setaccio〕1 ふるいにかける 2 細かく検討する, 精査する 3 隈なく捜査する —La polizia *ha setacciato* la zona alla ricerca dell'ostaggio. 警察は人質捜索で一帯を隈なく調べた.

setacciata 女 さっとふるいにかける；ふるいにかける分量

setacciatore 男〔女[-trice]〕ふるいにかける人

setacciatura 女 1 ふるいにかけること 2 ふすま, ぬか, もみがら

setaccio 男 ふるい, 裏ごし器 —passare al *setaccio* le informazioni ricevute 受け取った情報を精査する

☆**sete**［セーテ］女〔喉の〕渇き；渇望 ▶ *avere sete* 喉が渇いている

seteria 女 1 絹織物工場, 絹糸工場 2 絹物商店 3〔複数形で〕絹製品

setificato 形 絹のようなタッチの

setificio 男 絹糸工場, 絹織業

setola 女 （豚・イノシシなどの）剛毛；《謔》（人間の）長くて硬い毛

setolino 男 剛毛［たてがみ］製のブラシ［刷毛］

setoloso 形 （動物が）剛毛で覆われた；剛毛の —capelli *setolosi* 硬い髪の毛

setoso 形 絹のような

sett. 略 settembre 9月

setta 女 1 セクト, 宗派, 分派 2《蔑》閉鎖［特権］集団；秘密結社

☆**settanta**［セッタンタ］形（基数）〔不変〕70の —男〔不変〕70

settantenario 形 70歳の, 70年経った, 70年ごとの —男 70周年記念

settantenne 形 70歳の —男女 70歳の人

settantennio 男 70年間

settantesimo 形（序数）70番目の；70分の1の —男 70番目；70分の1

settantina 女 約70；70歳

settare 他 1 あらかじめ調節する［据え付ける］, プリセットする 2〔コン〕セットアップする

settario 形 1 セクトの, 宗派の, 分派の, 学派の 2 教派的な, 派閥的な —男〔女[-a]〕（分派した）宗徒, 派閥

settarismo 男 セクト主義, 派閥主義

☆**sette**［セッテ］形（基数）〔不変〕7の —男〔不変〕7 ▶ *avere sette vite come i gatti* 驚異的な生命力を持つ

settebello 男 1（トランプの）ダイヤの7, （タロットカードの）貨幣の7 2（ローマ・ミラノ間の特急列車）セッテベッロ号 3〔スポ〕水球のナショナルチーム

settecentesco 形〔複[男-chi]〕1700年代の, 18世紀の

settecentesimo 形（序数）700番目の；700分の1の —男 700番目；700分の1

settecento 形（基数）〔不変〕700の —男〔不変〕700；（S-）1700年代, 18世紀

☆**settembre**［セッテンブレ］男 9月

Settembrini 固名〔男〕(Luigi 〜) セッテンブリーニ(1813-76；ナポリ出身の文学者・愛国者)

settembrino 形 9月の —男〔植〕ハマシオン, ウラギク

settemila 形（基数）〔不変〕7000の —男〔不変〕7000

settenario 形〔言〕7音節の；〔詩〕7音節詩行の —男〔言〕7音節；〔詩〕7音節詩行

settennale 形 7年ごとの, 7年に1度の；7年続く

settenne 形 7歳の, 7年経った —男女 7歳の子供

settennio 男 7年の期間［任期］

settentrionale 形 1 北の, 北の出身の 2 北方の；北イタリアの 3 北欧の —gli Stati dell'Europa *settentrionale* 北欧諸国 —男女 北イタリアの人；北欧の人

settentrionalismo 男 1〔歴〕北イタリア中心主義 2〔言〕北イタリアの言葉遣い

settentrionalizzare 他 北イタリア化する

settentrione 男 北(部)；(S-)北イタリア

setteottavi 男〔不変〕(婦人用)七分丈のコート

setter 男〔不変〕〔英〕セッター(猟犬の一種)

setticemia 女〔医〕敗血症

settico 形〔複[男-ci]〕**1**〔医〕敗血症の **2** 保菌の, 伝染性の

settile 形(材料が)切りやすい

***settimana** [セッティマーナ] 女 週, 週間 —la *settimana* scorsa (prossima) 先週[来週] ▶ *il fine settimana* 週末, ウイークエンド

settimanale 形 **1** 1週間の; 週に1度の —*paga settimanale* 週給 —男 週刊誌

settimanalmente 副 毎週, 週ぎめで

settimino 形 妊娠7か月で生まれた赤ん坊の —男 **1**〔女[-a]〕妊娠7か月で生まれた赤ん坊 **2**〔音〕七重奏(曲), 七重唱(曲)

***settimo** [セッティモ] 形(序数) 7番目の; 7分の1 —男 **1** 7番目; 7分の1

setto 男〔解〕隔膜

settore[1] 男 **1** 分野, 部門, セクター **2**(座席などの)区切り **3** 扇形の空間

settore[2] 男〔女[-trice]〕解剖検査官

settoriale 形 分野[部門]に関する; 分野[部門]別の

settorialismo 男 セクト主義, 派閥主義

settuagenario 形 70歳の —男〔女[-a]〕70歳の人

settuagesima 女〔カト〕七旬節

set-up 男〔不変〕〔英・コン〕セットアップ

severamente 副 厳しく, 厳格に; 厳密に

Severini 固名(男)(Gino 〜)セヴェリーニ(1883-1966; アレッツォ出身の画家)

Severino 固名(男性名)セヴェリーノ

severità 女 **1** 厳格さ, 謹厳 —*punire con severità* 厳しく罰する **2**(身なりの)簡素さ

Severo 固名(男) **1**(男性名)セヴェーロ **2**(Lucio Settimio 〜)セウェルス(146-211; ローマ皇帝; 在位 193-211)

***severo** [セヴェーロ] 形 **1** 厳しい, 厳格な **2** 飾らない, 簡素な

sevizia 女〔複数で〕虐待, 酷使, 性的暴力

seviziare 他〔io sevizio〕虐待する, 苦しめる, 拷問する; 暴行する

seviziatore 男〔女[-trice]〕 虐待者; 暴行者

sex appeal 成(男)〔英〕性的魅力, 色気

sex shop 成(男)〔英〕ポルノショップ

sexy 形〔不変〕〔英〕セクシーな, あでやかな;(映像などが)淫らな, エロティックな

sezionale 形(官庁などの)部局の, 課の

sezionare 他 **1**〔医・化〕解剖する **2**〔生物〕(細胞組織を)薄片に切断する **3**〔電〕絶縁する

***sezione** [セツィオーネ] 女 **1**(組織内の)分課, 分科 **2** セクション —*sezione dei fiati*〔音〕ホーンセクション **3** 断面図

sfaccendare 自(特に家事で)てきぱきと動く, 熱心に働く

sfaccendato 形 **1** 仕事のない, 暇な **2**〔蔑〕怠けた —男〔女[-a]〕〔蔑〕のらくら者, 怠け者

sfaccettare 他(宝石に)切り子面を作る,(立方体の)角を落とす

sfaccettato 形 **1** 切り子面の **2** 多様な側面の

sfaccettatura 女 **1** 切り子面, 小平面 **2**(問題などの)局面, 様相

sfacchinare 自《口》がむしゃらに働く —*Ho sfacchinato tutto il giorno in casa.* 私は一日中家でせっせと働いた. **2** がり勉する

sfacchinata 女 重労働

sfacciataggine 女 厚かましさ, 横柄; 図々しい言動

sfacciatamente 副 ずうずうしく, 生意気にも

sfacciato 形 **1** ずうずうしい, 生意気な **2** けばけばしい, 派手な —男〔女[-a]〕ずうずうしい[生意気な]やつ

sfacelo 男 **1** 衰弱 **2** 滅亡, 崩壊 **3** 解体, 破産, 離散

sfagiolare 自 [es]《口》気に入る, 好みに合う

sfagno 男〔植〕ミズゴケ

sfaldabile 形(薄片状に)剥がれやすい

sfaldamento 男 **1** 薄片 **2** 分裂, 解体

sfaldare 他 薄片にする, 薄く剥がす —**arsi** 再 薄片になる, 薄く剥がれる

sfaldatura 女 **1** 薄片(sfaldamento) **2**〔鉱〕劈(へき)開性

sfalsamento 男 **1** ずれる[ずらす]こと **2**〔空〕(複葉機の翼を)前後にずらすこと

sfalsare 他 **1** ずらす, 互い違いに並べる **2**〔スポ〕(相手の攻撃を)かわす, そらす

sfamare 他 飢えを満たす; 養う —**arsi** 再 飢えを満たす

sfare [53] 他〔過分 sfatto〕**1** 分解する, 解体する **2**(雪・氷を)溶かす **3**《文》憔悴(しょうすい)させる, 苦しめる

sfarfallamento 男 **1**〔虫〕羽化 **2**〔電〕(光の)明滅, ゆらぎ **3**〔光〕フリッカー, 画面のちらつき

sfarfallare 自 **1**〔虫〕羽化する **2** ひらひら飛ぶ **3**(男・女を)次々に変える **4**(光が)ゆらめく,(映像などが)ちらつく

sfarfallio 男 **1** ひらひらと飛び回ること **2**(雪・花びらなどが)舞うこと, 波打つこと

sfarfallone 男〔女[-a]〕(特に言葉の)大きな誤り, 間違った使い方

sfarinamento 男 製粉, 粉砕

sfarinare 他 挽(ひ)いて粉にする, 粉々にする —自 [es] 粉になる —**arsi** 再 粉になる, 砕ける

sfarzo 男 華麗, 豪華, 豪奢(ごうしゃ) —*nozze celebrate con grande sfarzo* 盛大に挙行された結婚式

sfarzosamente 副 豪華に, 派手に, 盛大に

sfarzosità 囡 豪華, 華やかさ, 華美
sfarzoso 厖 華美な, 豪華な, ぜいたくな
sfasamento 男 1 ずれ, 相違, 不一致 2 (心の)動揺, 混乱
sfasare 他 1 〔電〕位相を変化させる 2 混乱させる, 調子を狂わせる
sfasato 厖 1 〔電〕位相のずれた 2 調子の狂った
sfasciacarrozze 男〔不変〕自動車解体業者, スクラップ部品販売者
sfasciamento 男 1 (包帯・結び目などを)解くこと 2 破壊, 崩壊, 解体, 分裂
sfasciare[1] 他〔io sfascio〕包帯〔縄〕をほどく, (結び目などを)解く
sfasciare[2] 他〔io sfascio〕つぶす, 壊す, 解体する ―**arsi** 再 1 壊れる, つぶれる, ばらばらになる 2 (体が太って)ぶよぶよになる
sfasciato[1] 厖 (包帯などを)はずした, 解いた, ほどいた
sfasciato[2] 厖 1 つぶれた, 解体された, 壊れた 2 (体形が)くずれた, 締まりのない, ぶよぶよした
sfascio 男 崩壊, 解体, 滅亡 ▶ **a sfascio**〔口〕大量の
sfascismo 男〔報道用語で〕破壊的な
sfascista 男女〔複〔男 -i〕〕〔報道用語で〕破壊分子
sfasciume 男 廃墟, がらくた, スクラップ
sfatare 他 正体をあばく, 事実無根であることを示す
sfaticare 自 がむしゃらに働く, 骨を折る, 励む
sfaticato 厖 無精な, 怠惰な, ぶらぶらしている ―男〔囡 -a〕無精者, 怠け者
sfatto 厖 1 分解した, 解体した 2 憔悴(ᴸょうすい)した, 疲労困憊(ʜᴀɪ)の 3 腐った, 傷んだ 4 (体が)たるんだ
sfavillante 厖 きらきら光る, きらめく
sfavillare 自 1 光り輝く, 火花を放つ, きらめく 2 (怒りに)燃える; (喜びで)輝く ―Il suo volto *sfavilla* di gioia. 彼〔彼女〕の表情は喜びできらきらしている.
sfavillio 男 1 (連続的な)きらめき, 火花 2 目の輝き
sfavore 男 不評, 反感; 不利益 ▶ **a sfavore** 反対して, 不利に
sfavorevole 厖 不利な; 好意的でない, 反対の ―essere *sfavorevole* all'iniziativa 企画に反対する
sfavorire 他〔io -isco〕冷遇する, 不利にする, 損害を与える
sfebbrare 自〔es〕熱が下がる
sfebbrato 厖 熱が下がった
sfegatarsi 再〔io mi sfegato〕〔口〕精一杯努力する, 尽力する, 没頭する
sfegatato 厖 1 熱狂的な, 猛(ᴍᴏ̄)突猛進の ―tifoso *sfegatato* 熱狂的なサッカーファン 2 猛烈な, 激烈な ―男〔囡 -a〕熱狂する人, 夢中になる人
sfenodonte 男〔動〕ムカシトカゲ
sfenoide 男 1 〔解〕蝶形(ちょうけい)骨 2 〔鉱〕スフェノイド ―形 蝶形骨の

sfera 囡 1 球, 球体; 球形のもの ―*sfera* terrestre 地球 / *sfera* celeste 天球 2 領域, 範囲 3 社会的階層, 社会階級 4 時計の針 ▶ **penna a sfera** ボールペン
sfericità 囡 球体, 球形; 球状構造
sferico 厖〔複[-ci]〕球の; 球状の, 丸い
sferoide 男〔幾〕回転楕円面, 長球
sferometro 男 球面計
sferoscopio 男〔天〕天体図
sferragliamento 男 カタカタ, ガチャリ (固い物がぶつかる音)
sferragliare 自〔io sferraglio〕カタカタ[カチャカチャ]と鳴る
sferrare 他 1 蹄鉄をはずす 2《文》(愛・情熱の束縛から)自由にする 3 打撃を加える, 反撃する ―*sferrare* un calcio [un pugno, uno schiaffo] a... …を力一杯蹴る[殴る, 平手打ちを食らわす] ―自 (船)(錨(ɪᴋᴀʀɪ)の)鎖がはずれる
sferrato 厖 蹄鉄がはずされた
sferruzzare 自 (すばやい手つきで)編み物をする
sferza 囡 1 鞭(ᴍᴜᴄʜɪ), 鞭ひも 2 (自然現象の)打撃, 攻撃
sferzante 厖 1 打ちつける 2 痛烈な, 激しい
sferzare 他 1 鞭(ᴍᴜᴄʜɪ)打つ 2 (強風などで)激しく波打つ, 叩きのめす 3《文》痛罵する, 苦しめる
sferzata 囡 1 鞭(ᴍᴜᴄʜɪ)打ち 2 (他人への)激しい非難, 厳しい評価; 辛辣な皮肉[当てこすり]
sfiammare 自 (火が)燃え上がる, 大きな炎を出して燃える ―他〔口〕炎症を鎮める[和らげる] ―**arsi** 再《口》(炎症が)おさまる, 和らぐ
sfiancare 他 1 (わき・側面を)へこませる, (わき腹に)穴をあける 2 極度に疲労させる, 損なう ―**arsi** 再〔口〕(脇腹・側面が)へこむ, 穴があく 2 へとへとになる, 疲れ果てる
sfiancato 厖 1 疲れきった, 憔悴(ʟʏᴏᴜsᴜɪ)した 2 (服の)ウエストが締まった
sfiatare 自 (空気・ガスなどが)漏れる; (息・蒸気などを)吐き出す, 噴き出す ―**arsi** 再 1 (吹奏楽器の)耳ざわりな音が出る; (声が)かすれる 2《口》息切れする
sfiatato 厖 1 耳ざわりな, 音色がさえない; かすれた 2《口》息を切らした, 喉がかれた
sfiatatoio 男 1 通気孔, 排気口 2 〔動〕(クジラの)噴気孔
sfibbiare 他〔io sfibbio〕バックル[留め金]をはずす ―**arsi** 再 (自分の)バックル[留め金]をはずす
sfibrante 厖 ひどく疲れる, 消耗させる
sfibrare 他 1 (植物繊維を細かく砕く, 分離[除去]する 2 消耗させる, 弱らせる ―**arsi** 再 1 繊維を砕く 2 消耗する
sfibrato 厖 1 繊維を分離[除去]した

sfida 囡 **2**すりきれた **3**疲れ果てた

sfida 囡 **1**挑戦 **2**決戦, 勝負 **3**挑発 —sguardo di *sfida* 挑発的な視線 / dire... con aria di *sfida* 挑発的に…を言う

sfidante 形 挑戦する, 挑むような — 男女 挑戦者; 反抗者

sfidare 他 **1**挑戦する; (決意に)挑む **2**(危険などに)勇敢に立ち向かう

sfidato 形 挑戦を受けた, 挑まれた — 男女 被挑戦者, タイトル保持者

sfiducia 囡 [複[-cie]] **1**不信(感) —voto di *sfiducia* 不信任投票 **2**自信のなさ, 弱気, 悲観

sfiduciare 他 [io sfiducio] **1**自信[希望]を失わせる, 落胆させる **2**[政](内閣)不信任投票をする —**arsi** 再 落胆する, がっかりする

sfiduciato 形 **1**気落ちした **2**信用[信頼]しない **3**[政]不信任の

sfiga 囡〈口〉不運, 災難

sfigato 形 不運な, 災難に遭った — 男[女[-a]]不運な人, ついてない奴

sfigurare 他 **1**形を崩す (顔つき・表情を)変える — 自 悪い印象を与える; 恥をかく —Non vorrei *sfigurare* davanti a tutti. みんなの前で恥をかきたくない.

sfigurato 形 醜くなった, 変わり果てた; ゆがんだ

sfilacciare 他 [io sfilaccio] (布など の糸を)ほぐす, ほどく; (細長く)裂く — **arsi** 再 (糸が)ほどける[ほつれる]; ばらばらになる, 分裂する

sfilacciato 形 **1**ほどけた, ほつれた **2**切り裂かれた, ばらばらになった —男[織]綿撒(ぎゃく)糸

sfilacciatura 囡 **1**ほどけること, ほつれ **2**(布などの)ほぐし作業

sfilare[1] 他 **1**抜き取る **2**糸を抜く, 糸をほどく —*sfilare* il maglione セーターをほどく —**arsi** 再 (糸が)抜ける; (糸から)はずれる

sfilare[2] 自 [es/av] **1**練り歩く, (列になって)行進する; ファッションショーに出る **2**相次いで起こる[現れる] — Le immagini *sono sfilate* nella sua mente. 彼[彼女]の頭にイメージが次々に浮かんだ.

sfilare[3] 他 **1**ほつれさせる, すり切れさせる; 抜く, はずす **2**抜き取る, 盗む —**arsi** 再 ほつれる, ほどける; はずれる, ばらばらになる

sfilata 囡 行列, パレード —*sfilata* di moda ファッションショー

sfilatino 男 [中イタ]バゲット, 棒パン

sfilettare 他 [料](魚を)三枚におろす

sfilza 囡 **1**長い列 **2**連続; 多数, 多量 —*sfilza* di parole 矢継ぎ早の言葉

sfilzare 他 (糸・串から)抜く

sfinato 形 (顔・体が)やせた, 細くなった

Sfinge 固名囡 **1**[ギ神]スフィンクス(女性の頭部と雌獅子の胴体を持つ有翼の怪物)

sfinge 囡 **1**謎めいた[得体の知れない]人物 **2**[虫]スズメガ

sfinimento 男 極度の疲労, 衰弱

sfinire 他 [io -isco] (体力・気力を)使い果たす, 消耗させる —**irsi** 再 力尽きる, 精魂尽き果てる

sfinitezza 囡 疲労困憊(はい), 消耗, 衰弱

sfinito 形 疲れきった

sfintere 男 [解]括約筋; 肛門

sfioccare 他 (綿・羊毛を)ほぐす, ちぎる

sfioramento 男 触れること, かすめること

sfiorare 他 **1**軽く触れる, かすめる **2**ざっと目を通す —*sfiorare* con lo sguardo さっと見る **3**(思い・疑惑などが)よぎる **4**(問題などに)簡単に言及する **5**(状況などに)近い, 達成寸前である —*sfiorare* il codice [l'illecito] 違法[不正行為]すれすれである

sfiorire 自 [es] [io -isco] **1**花が散る, しおれる **2**(美しさなどが)色あせる

sfiorito 形 しぼんだ, しおれた; (女性の容色・外見が)衰えた, 色あせた

sfioritura 囡 しおれること; 容色の衰え

sfirena 囡 [魚]カマス

sfittare 他 (貸し間などを)空ける, 入居者[借り手]のないままにする —**arsi** 再 (部屋が)空く

sfittire 他 [io -isco] 薄くする, まばらにする; 間引く, 剪(せん)定する —**irsi** 再 薄くなる, まばらになる

sfitto 形 (部屋が)空いている, 占有されていない

sfizio 男 気まぐれ, 思いつき —L'ho comprato per *sfizio*. ほんの気まぐれで買ってしまった.

sfiziosità 囡 面白さ; おいしさ

sfizioso 形 突飛な, 面白い; おいしそうな

sfocato 形 **1**[写]ピントはずれの, 焦点がずれた **2**はっきりしない, 曖昧な **3**つまらない

sfociare 自 [es] [io sfocio] **1**(川が)流れ込む **2**(道が)通じる **3**(結果を)もたらす —La discussione *è sfociata* in una lite. 討論は口論になってしまった. — 他 河口を広げる

sfocio 男 **1**(水が)流れ込むこと, 河口 **2**解決策, 出口

sfoderabile 形 **1**(ソファーなどが)張り替えられる **2**(衣服の)裏地をはずせる

sfoderare[1] 他 [io sfodero] **1**(銃などを)フォルダーから抜く, (剣を)鞘から抜く **2**取り出す, (不意に)示す **3**見せびらかす

sfoderare[2] 他 [io sfodero] (衣服の)裏地をはずす, (ソファーなどの)張り地を取る

sfoderato 形 裏(地)のついていない

sfogare 他 (不満や悩みを)吐き出す, ぶちまける —*sfogare* la rabbia 怒りをぶちまける — 自 [es] **1** (液体が)流れ出る **2** (不満などが)噴き出す —**arsi** 再

sfogatoio 1 (con)(人)に悩みを打ち明ける 2《a+不定詞》思う存分…して楽しむ —*Mi sono sfogato a mangiare.* 私は心ゆくまで食べた.

sfogatoio 男 (ガス・煙などの)排気孔

sfoggiare 他 [io sfoggio] (服装・持ち物などを)見せびらかす; (能力などを)誇示する, 着飾る —自 派手に暮らす[振る舞う]

sfoggio 男 1 富の誇示, 見せびらかすこと; (能力などを)ひけらかすこと 2 ぜいたくな暮らし

sfoglia 女 1 (金属の)薄片 2 〔料〕薄く伸ばしたパスタ, 菓子用の生地 —*pasta sfoglia* 折りパイ生地 3 〔中俚〕トウモロコシの外皮; トウモロコシの皮をむく作業

sfogliare¹ 他 [io sfoglio] 花弁を取る, 葉を摘む —**arsi** 再 葉が落ちる, 剝がれ落ちる

sfogliare² 他 [io sfoglio] (本などの)ページをぺらぺらめくる; 流し読み[拾い読み]する —*sfogliare il giornale* 新聞を流し読みする —**arsi** 再 (本の)ページが剝がれる, (本が)ばらばらになる

sfogliata¹ 女 〔料〕折りパイ

sfogliata² 女 ざっと目を通すこと

sfogliatella 女 〔料〕スフォリアテッラ (ナポリのパイ菓子の一種)

sfogliato 形 ざっと目を通された

sfogliatrice 女 〔農〕トウモロコシの皮むき機

sfogliatura 女 (本などのページをめくること)

sfogo 男 〔複-ghi〕 1 (悩みなどを)明かすこと, (心情の)吐露 —*valvola di sfogo* ストレスのはけ口 2 出入り口, 排気口 —*sfogo d'aria* 通気孔 3 吹き出物

sfolgorante 形 光り輝く, きらきらした; まばゆい, まぶしい —*sorriso* [*bellezza*] *sfolgorante* まぶしい笑顔[美しさ]

sfolgorare 自 [io sfolgoro] 燦(さん)然と輝く, 煌(きら)らと光る; (表情・目などが)輝く, きらめく

sfolgorio 男 (連続的に)光り輝くこと, 光彩

sfollagente 男〔不変〕警棒

sfollamento 男 1 (場所からの)解散, 強制退去 2 避難 3 人員の削減

sfollare 自 [es/av] 1 (群衆が)分散[解散]する, (人の波が引く) 2 (一時的に)避難する, 退去する —他 1 (群衆が場所を)後にする, 立ち去る 2 (強制退去などで場所を)無人状態にする;〔官庁用語で〕(人員を)削減する —**arsi** 再 (場所が)無人(むじん)になる

sfollato 形 (危険地域から)避難した, 疎開した —男〔女-a〕避難者, 疎開者

sfoltimento 男 1 まばらにすること, 間伐, 剪(せん)定 2 人員削減

sfoltire 他 [io-isco] 1 まばらにする, 間引きする, 剪伐する, 剪(せん)定する —*sfoltire le sopracciglia* 余分な眉毛を抜く 2 (数を)減らす, 人員を削減する —*sfoltire gli inviti* 招待客を減らす —**irsi** 再 (髪などが)薄くなる, まばらになる

sfoltita 女 1 まばらにすること 2 削減 3 髪をすくこと

sfoltitrice 女 (髪の)すきバサミ

sfondamento 男 1 底を抜くこと, 陥没, 破壊 2 〔軍〕突破

sfondare 他 突き破る, (穴を開けて)壊す —*sfondare la porta* ドアをぶち破る —自 成功する —**arsi** 再 底が抜ける, 穴が開く —*Il pavimento si è sfondato.* 床が抜けた.

sfondato 形 1 底の抜けた, 壊れた 2 〔口〕底なしの, とんでもない; 非常に幸運な —*ricco sfondato* 大金持ち —男〔解〕腟(ちつ)

sfondo 男 1 背景, 遠景 —*figura a sfondo di marino* 海をテーマにした人物像 2 事情, 環境 —*a sfondo sociale* 社会的背景の 3 (道路の)出口, 抜け口

sfondone 男 ひどい間違い, 大失敗

sforacchiare 他 [io sforacchio] (弾丸などで)穴だらけ[ハチの巣]にする

sforacchiatura 女 穴だらけにすること; 小さな穴

sforamento 男 1 限度を超えること; (テレビの)放送時間の延長 2 〔経〕予算限度額の超過

sforare 自 1 限度を超える; (テレビの)放送時間を延長する 2 〔経〕予算限度額を超える

sforbiciare 他 [io sforbicio] (はさみで)ざっくり切る —自 1 すばやくはさみを使う 2 〔スポ〕(サッカーで)ボレーキックする; (走り高跳びで)はさみ跳びする

sforbiciata 女 1 裁断, カット 2 〔スポ〕(サッカーの)ボレーキック; (走り高跳びの)はさみ跳び

sformare 他 1 形を崩す, 外観[形状]を損なう 2 (ケーキなどを)型から取り出す —**arsi** 再 形が崩れる, 不格好になる, 体形[顔の線]が崩れる

sformato 形 形の崩れた, 不格好な —男〔料〕パイ料理, キッシュ

sfornare 他 1 オーブンから取り出す; 調理する 2 窯から取り出す 3 〔口〕手早く量産する

sfornata 女 1 オーブンから取り出すこと, オーブンで調理されたもの 2 量産, 大量に出ること —*la sfornata dei film di Natale* クリスマス映画の量産

sfornato 形 1 オーブンから出した —*lasciar raffreddare la torta appena sfornata* オーブンから出したケーキを冷ましておく 2 〔口〕大量生産の 3 焼成の

sfornito 形 不足している, 品薄の; 欠いた, 備えていない —*dispensa sfornita* 食糧のないパントリー

sfortuna 女 1 不運, 不幸; 災難 —*Il numero 17 porta sfortuna.* 数字の17は不運をもたらす

sfortunatamente 副 不運にも, あいにく, 残念ながら

sfortunato 形 1 不運な, 不幸な, 惨め

Sforza な 2 成功しない, うまく行かない

Sforza 固名 1 男複 (i ~) スフォルツァ家 (ルネサンス期北イタリアの名家. 芸術家の庇護者) 2 男 (Ludovico Maria ~ il Moro) ロドヴィコ・スフォルツァ, ルドビコ・イル・モーロ(1452-1508; 1494年よりミラノ公. レオナルド・ダ・ビンチを宮廷に招いたことで知られる)

sforzando 男 〖不変〗〖音〗スフォルツァンド

sforzare 他 1 力を尽くさせる 2 (a+不定詞)…するよう強制する 3 こじ開ける 4 〈文〉暴行する —**arsi** 再 (di+不定詞) 頑張って…する; 無理をして…する —Mi sforzavo di rimanere sveglio. 私は睡魔と闘っていた.

sforzatamente 副 無理やりに, いやや

sforzato 形 1 強いられた, 不自然な, わざとらしい —atteggiamento sforzato わざとらしい態度 2 (事実が)ゆがめられた, 独断の

* **sforzo** [スフォルツォ] 男 1 努力, 苦労; 緊張 —fare ogni sforzo 全力を尽くす, あらゆる努力をする / senza sforzo 楽々と 2 〖機〗応力 3 〈文〉軍隊

sfottere 他 からかう, 嘲笑する —**ersi** 再 (互いに)からかい合う

sfottimento 男 からかい, 嘲笑

sfottitore 男 〖女[-trice]〗からかう人, 皮肉屋 —形 〖女[-trice]〗からかいの, 冷やかしの

sfottitura 女 からかい, 嘲笑(sfottimento)

sfottò 男 《口》からかい, 嘲笑

sfracellare 他 押しつぶす, (自動車などが)轢(ひ)く, 打ち砕く —**arsi** 再 1 粉々になる, 砕ける 2 激突する

sfracello 男 破壊, 蹂躙(じゅうりん)

sfragistica 女 印章学

sfrancesizzare 他 脱フランス化する —**arsi** 再 フランスの感化から免れる

sfrangiare 〖io sfrangio〗フリンジにする —**arsi** 再 (縁が)ほぐれる, ほつれる

sfrangiato 形 フリンジ[房飾り]をつけた, 縁取られた; ほつれた

sfrangiatura 女 1 ほぐす[ほぐれる]こと; (布の端の)ほぐれ, ほつれ 2 フリンジ, 房飾り

sfrascare 他 枝や葉を除く, (森や生け垣の木を)まばらにする

sfratarsi 再 僧衣を脱ぐ, 還俗する

sfrattare 他 立ち退かせる; 追い出す —自 [es/av] 立ち退く; 去る, 離れる

sfrattato 形 立ち退かされた; 〖法〗強制退去の —男 〖女[-a]〗〖法〗強制退去者

sfratto 男 (賃貸契約での)立ち退き, 地上げ —dare lo sfratto 立ち退かせる, 追い立てる

sfrecciare 自 〖io sfreccio〗矢のように早く飛ぶ[走る]

sfreddarsi 再 冷たくなる, さめる

sfregamento 男 1 こすること, 摩擦 2 〖医〗肋膜[胸膜]摩擦音

sfregare 他 1 こする, 摩擦する, マッサージする —sfregare l'argento per lucidarlo 銀のつやを出すために磨く 2 引きずる, かする; 傷をつける —**arsi** 再 する, (体を)こすりつける ▶ sfregarsi le mani (喜びを表して)手を揉(も)む

sfregata 女 すばやくすること

sfregatura 女 こすること, 磨くこと

sfregiare 他 〖io sfregio〗1 切り傷をつける, (芸術作品などに)傷をつけて損ねる —sfregiare il viso a... (人)の顔に切り傷をつける 2 名誉を傷つける, 面目を失わせる, 体面をけがす —**sfregiare**... nell'onore (人)の名誉を傷つける

sfregiato 形 切り傷のついた, (顔に)傷[傷跡]のある —男 〖女[-a]〗(顔に)傷[傷跡]のある人

sfregiatore 男 〖女[-trice]〗傷をつける人, 損なう人

sfregio 男 1 (顔の)傷, 火傷[できもの]の跡; (芸術作品などへの)傷, 損傷 2 恥辱, 不面目

sfrenare 他 1 解き放つ, 自由にする —sfrenare la fantasia 想像力を発揮する 2 (反乱・暴力などを)激しくあおる —**arsi** 再 解放される, 暴走する

sfrenatamente 副 1 抑え切れずに 2 際限なく

sfrenatezza 女 1 節度のなさ, 抑制の欠如 2 〖複数で〗奔放, 放埒(ほうらつ); 無茶, 無謀

sfrenato 形 1 節度のない, セーブしない; 不謹慎な 2 止められない, 手に負えない; 無際限な

sfrigolare 自 〖io sfrigolo〗(油などが)ジュージューと音を立てる; パチパチはねる

sfrigolio 男 (油などが)ジュージューと音を立てること; パチパチはねること

sfrittellare 他 《口》染みをつける —sfrittellare la tovaglia テーブルクロスに染みをつける 2 フリッテッレ[揚げ菓子]をたくさん作る

sfrittellato 形 染みでよごれた; 《口》油の染みだらけの

sfritto 形 (油・バターなどを)熱した

sfrondare 他 1 (枝・葉を)取り去る 2 (文章・スピーチなどを)短くする —**arsi** 再 1 落葉する 2 余計なところがなくなる

sfrondatura 女 1 (葉・枝を)取り去ること, 落葉 2 (余計な部分の)カット

sfrontatamente 副 1 厚かましく, 恥知らずに 2 並はずれて

sfrontatezza 女 厚かましさ; 厚顔無恥

sfrontato 形 1 恥知らずな 2 無遠慮な, 慎みのない

sfrusciare 自 〖io sfruscio〗(木の葉が)サラサラ[カサカサ]と音を立て続ける; 衣ずれの音が続く

sfruscio 男 (長く続く)サラサラという音; 衣ずれの音

sfruttabile 形 最大限利用できる, 加工できる

sfruttamento 男 1 活用, 利用 —*sfruttamento di uno spazio* 空間の利用 2 酷使, 搾取

sfruttare [スフルッターレ] 他 1 (他人を)利用する, 酷使[搾取]する —*sfruttare la manodopera* 労働者を酷使する 2 (何かを)最大限に活かす 3 (土地や資源を)有効に利用する, 開発する —*sfruttare una risorsa* 資源を有効利用する

sfruttato 形 搾取された, 利用された; 乱用された —男〔女[-a]〕搾取[利用]された人

sfruttatore 男〔女[-trice]〕搾取者, 他人を利用する人; ぽん引き

sfuggente 形 1 (人・表情などが)曖昧な, はっきりしない, 捉えどころのない 2 引っ込んだ, 後退した —*fronte sfuggente* はげあがった額

sfuggevole 形 束の間の, はかない, 短い

sfuggire [スフッジーレ] 自 [es] 1 (a) (人)から逃れる, (物事)を免れる 2 (物が人の手から)滑り落ちる 3 (言葉が人の口から)漏れる, 口を滑らす 4 (人を間接目的語, 物・事を主語に)(人)が(物・事)を見逃す, 失う, 逸する, 忘れる —*Mi sfugge il suo nome*. 私は彼の名前が思い出せない. —他 避ける, 回避する

sfuggita 女 流出, 排出; 短い訪問 —*di [alla] sfuggita* 急いで, 手短に

sfumare 自 [es] 1 消える, 消散[消失]する 2 (輪郭が)ぼやける 3 (色合いが)弱まる —他 1 (濃淡を)淡くする, ぼかす 2 (調子を徐々に)弱める 3 (髪を)段カットする

sfumato 形 1 煙[蒸気]のように消えた, 雲散霧消した, 立ち消えになった 2 (色について)陰影[濃淡]のある, ぼかした, (形が)ぼやけた; 曖昧な, 漠然とした —*ricordo sfumato* 色あせた思い出 3 段[レイヤード]カットの —男 1 〔美〕スフマート, ぼかし画法 2 〔織〕オンブレー・クロス

sfumatura 女 1 微妙な意味合い, ニュアンス —*sfumatura di ironia* 皮肉めいた意味合い 2 濃淡, ぼかし 3 (髪の毛の)段カット

sfumino 男 〔美〕擦筆

sfumo 男 (美)(擦筆・布などによる)ぼかし

sfuriare 自 [io sfurio] 怒りをぶちまける; (感情が)高まる, 激しくなる

sfuriata 女 1 (怒りなどの)爆発, 激怒, 激高 2 (気象現象について)突然の噴出 —*una sfuriata di vento* 突風

sfuso 形 ばら売りの, 量り売りの —*vino sfuso* 量り売りのワイン

sgabellata 女 腰掛けによる一撃

sgabello 男 腰掛け, スツール; 足のせ台

sgabuzzino 男 (窓のない)物置部屋; 小さくて狭い部屋

sgambare 自 大またですたすた歩く, 急ぎ足で歩く

sgambata 女 1 〔スポ〕ウォーミングアップ 2 長距離の歩行

sgambato 形 (水着などが)短い, ハイレグの

sgambatura 女 ハイレグ

sgambettare¹ 自 1 (子供が)足をばたばた[ぶらぶら]させる —*Il piccolo sgambettava nella culla*. その坊やは揺りかごの中で足をばたつかせていた. 2 小またでちょこちょこ歩く, 駆ける —*Il bambino sgambetta dietro la madre*. その男の子は母親の後についてちょこちょこ歩く. 3 ぎこちなく踊る

sgambettare² 他 足を引っかけて倒す; (卑劣なやり方で)打ち勝つ —*Il calciatore ha sgambettato l'avversario*. サッカー選手は足を引っかけて相手を倒した.

sgambetto 男 1 〔スポ〕つまずかせること, 足とり, (柔道などの)足払い —*dare [fare] lo sgambetto a...* つまずかせる, 足で引っ掛ける 2 不正行為, 策略

sganasciare 他 [io sganascio] 1 顎(あご)の関節を外す 2 〔トスカーナ〕壊す, ばらばらにする —**-arsi** 再 顎が外れる, 大笑いする

sganascione 男 (頬への)平手打ち, (顎(あご)への)一撃

sganciamento 男 1 鉤[留め金]を外すこと 2 (爆弾などの)投下 3 〔軍〕断交, 断絶

sganciare 他 [io sgancio] 1 切り離す, 取り外す —*sganciare un vagone* 車両を切り離す 2 投下する, 発射する 3 (お金を)出す —**-arsi** 再 1 (留めたものが)はずれる 2 手を切る, 解消する

sgancio 男 1 (爆弾などの)投下 2 〔電〕(水平に線の入る)画像の乱れ

sgangherare 他 [sganghero] 蝶番(ちょうつがい)を外す; 壊す —**-arsi** 再 1 蝶番(ちょうつがい)が外れる 2 壊れる, つぶれる

sgangherato 形 1 蝶番(ちょうつがい)がはずれた 2 (家具などが)ぐらくら, がたがたする 3 (態度が)しまりのない, だらしない, 下品な

sgarbataggine 女 粗野な振る舞い, 無礼な言動

sgarbatamente 副 ぶしつけに, 無作法に; 下品に

sgarbatezza → sgarbataggine

sgarbato 形 1 無作法な, 無礼な, ぶしつけな —*essere sgarbato con...* (人)に対して無礼である 2 無器用な —男〔女[-a]〕無作法な人, 無礼な人

sgarberia 女 粗野な振る舞い

sgarbo 男 無礼, 非礼

sgarbugliare 他 [io sgarbuglio] 1 (もつれを)解きほぐす 2 解決する, はっきりさせる

sgargiante 形 (色が)鮮やかな, 強烈な, 派手な

sgarrare 自 〔口〕(人が)厳密さを欠く, 間違いを犯す, (義務を)怠る; 狂っている, 正確でない —*orologio che non sgarra di un secondo* 1秒たりとも狂わない

時計下

sgarro 男 1《口》間違い, 狂い; 怠慢 2 (裏の世界の)掟破り

sgarza 女 〔鳥〕アカガシラサギ —*sgarza* ciuffetto〔鳥〕カンムリサギ

sgasare → sgassare

sgassare 他 (炭酸飲料水の)ガスを抜く 一自 《隠》エンジンをふかす **—arsi** 再 (炭酸飲料水の)気が抜ける

sgassato 形 ガス[気]の抜けた

sgattaiolare 自 [es/av] 〔io sgattaiolo〕すばやく[こっそりと]抜け出す

sgelare 他 1 解凍する, 溶かす 2 (雰囲気を)和ませる, 穏やかにする 一自 [es/av] (氷・雪などが)解ける **—arsi** 再 (凍ったものが)解ける

sgelato 形 解凍された, (氷・雪などが)解けた

sgelo 男 解けること, 雪解け

sghembo 形 斜めの; ゆがんだ; (上下に)クロスする —a [di] *sghembo* 斜めに, はすに 一自 斜めに, はすに: ゆがんで

sgherro 男 1〔歴〕私兵, 横暴な兵; 憲兵 2《蔑》警官

sghiacciare 他 [io sghiaccio] (凍ったものを)解かす **—arsi** 再 解ける, 解凍する

sghiaiare 他 [io sghiaio] (砂利を)一掃する

sghignazzamento 男 嘲笑, あざ笑い

sghignazzare 自 馬鹿にして笑う, 嘲笑する

sghignazzata 女 高笑い, 哄笑

sghignazzo 男 → sghignazzata

sghimbescio 形 斜めの, はすの, ゆがんだ ▶ *a* [*di*] *sghimbescio* 斜めに, はすかいに, ゆがんで

sghiribizzo → ghiribizzo

sgobbare 自《口》精を出して働く; がり勉する

sgobbata 女《口》よく働くこと, がり勉

sgobbone 男〔女[-a]〕働き者; がり勉

sgobboneria 女《口》働き者であること; 勤勉

sgocciolamento 男 滴り落ちること; 滴り, しずく

sgocciolare 自 [es/av] [io sgocciolo] しずくが垂れる, 滴る —*È sgocciolata* acqua dal soffitto. 水が天井からポタリポタリ落ちてきた. / Il rubinetto *sgocciola*. 蛇口からしずくが落ちる. 一他 しずくを垂らす; しずくを切る —*Sgocciola* bene il bicchiere prima di asciugarlo. コップを拭く前によく水を切りなさい.

sgocciolatoio 男 1 雨だれよけ; 雨だれよけの庇 2 水切り

sgocciolatura 女 1 (水などが)滴ること, しずく 2 (容器に残った)数滴; 水滴の染み[跡] —È rimasta una *sgocciolatura* di vino. ワインが一滴残った.

sgocciolio 男 (絶え間ない)滴り, 滴

sgocciolo 男〔複数で〕最後の数滴; 最後, 終末 ▶ *agli sgoccioli* 尽き果てようとしている, 終わりかけている / L'anno scolastico è *agli sgoccioli*. 学年度の終わりが近い.

sgolarsi 再 声をからす, 声をからしてしゃべる

sgolato 形 (声が)かれた, しゃがれた

sgomberare → sgombrare

sgombero 男 1 片づけ 2 移転, 退去; 引っ越し ▶ *da* [*di*] *sgombero* 物置用の

sgombraneve 男〔不変〕除雪車

sgombrare 他 1 (邪魔を)片づける, 取り払う, 一掃する 2 (不安などを)払拭する 3 (場所から)退去させる 一自《口》立ち去る, 退去する **—arsi** 再 1 (場所が)空(さ)になる 2 (空が)晴れる, 雲がなくなる 3 (不安や心配が)なくなる

sgombro¹ → scombro

sgombro² 形 片付いた, 空っぽの, 一掃された

sgomentare 他 びっくりさせる —La notizia mi *ha sgomentato*. その知らせは私をひどく動揺させた. **—arsi** 再 うろたえる, 動揺する

sgomento 男 驚愕(ぎ), 戦慄 一形 驚愕した

sgominare 他 [io sgomino] 敗走させる, 打ち破る

sgomitare 他 [io sgomito] 肘で突く 一自 1 人波をかき分ける 2 必死になる **—arsi** 再 肘で突き合う

sgomitolare 他 [io sgomitolo] (巻いたものを)ほどく, 解く **—arsi** 再 (もつれたものが)ほどける

sgommare 他 ゴム質を抜く, (封筒などの)糊(%)を取り除く[剝がす] **—arsi** 再 ゴム[糊]が取れる[剝がれる]

sgommata 女《隠》タイヤのきしり

sgommato 形 タイヤの外れた; (タイヤが)ひどく磨り減った

sgommatura 女〔織〕(にじみ止め用の)糊(%)抜き; (絹の)精錬(セシリンの除去)

sgonfiare¹ 他 [io sgonfio] 1 空気[ガス]を抜く —*sgonfiare* il pallone ボールの空気を2割れを引かせる —Il ghiaccio mi *ha sgonfiato* il gomito. 氷で肘の腫れが引いた. 3 (規模や評価を)縮小する **—arsi** 再 1 空気が抜ける 2 腫れが引く 3 (人が)しゅんとなる, 自信をなくす

sgonfiare² 自〔複合時制なし; io sgonfio〕《婦人服で》ふくらみ[パフ]ができる

sgonfiato 形 1 空気[ガス]が抜けた, へこんだ 2 腫れがひいた

sgonfiatura 女 1 (ボール・タイヤなどの)空気[ガス]を抜くこと, 空気が抜けること 2 腫れがひくこと

sgonfio¹ 形 1 空気[ガス]が抜けた, 収縮した 2 腫れのひいた

sgonfio² 男 (婦人服の)ふくらみ[パフ]

sgonfiotto 男 1 (トスカーナの)揚げ菓子, ズゴンフィオット 2 (衣服の)ふくらみ, ふんわりしたギャザー

sgorbia 女 丸のみ

sgorbiare¹ 他 [io sgorbio] (インクの染みなどで)汚す

sgorbiare² 他 [io sgorbio] 1 丸のみで彫る 2 すりむく

sgorbiatura 女 木彫り

sgorbio 男 1 インクの染み 2 走り[なぐり]書き, へたくそな絵 3 醜い人

sgorgare 自 [es] 1 噴出する, ほとばしる —L'acqua *sgorga* dalla fonte. 水は泉から噴き出ている. 2 (言葉・感情などが)あふれ出る, 流れ出る —他 《文》多量に流出させる

sgozzamento 男 (喉を切って)家畜を殺すこと, 畜殺

sgozzare 他 1 (喉を切って)畜殺する, 殺す 2 (法外な値段・高利で)金を絞り取る

sgradevole 形 1 不愉快な, 嫌な, 気にさわる —odore *sgradevole* 嫌な匂い 2 (人について)厄介な, 嫌な —Non invitarlo più, è proprio una persona *sgradevole*. 二度とヤツを呼ぶな, 全く厄介者だ.

sgradevolezza 女 不愉快であること; 厄介であること

sgradevolmente 副 不愉快にも, 厄介なことに

sgradire 他 [io -isco] 気に入らない —自 [es/av] 迷惑に思う, 嫌う

sgradito 形 1 不愉快な, 嫌な 2 (人について)迷惑な, 厄介な, 歓迎されない —ospite *sgradito* 歓迎されない客

sgraffiare 他 [io sgraffio] 引っかく, 引っかき傷をつくる

sgraffiatura 女 引っかくこと, 引っかき傷

sgraffignare 他 《口》盗む, くすねる

sgraffio 男 1 引っかき傷 2 [美] 引っかき絵に使う錐(ホロ)

sgrammaticare 自 [io sgrammatico] 文法的な誤りを犯す

sgrammaticato 形 (文法の)誤りだらけの; (人について)文法の間違いの多い

sgrammaticatura 女 文法的誤り

sgranamento¹ 男 [農] さや[殻・外皮]をむくこと; (豆・トウモロコシなどの)実を取ること

sgranamento² 男 歯車の音

sgranare¹ 他 1 [農] さや[殻・外皮]をむく, (豆・トウモロコシなどの)実を取る 2 [農] (綿を)繰る 3 (機関銃などを)連射する ▶ *sgranare gli occhi* 目をむく *sgranare il rosario* ロザリオを繰りながら祈る

sgranare² 他 (結晶[粒子]を)つぶす, 壊す —arsi 再 砕ける, ばらばらになる

sgranare³ 他 1 [機]歯車[ギア]からパーツを取り外す 2 (きしむ音を立てて)ギアチェンジをする —arsi 再 [機]歯車[ギア]が外れる

sgranato 形 [農] さや[殻・皮]をむいた

sgranatoio 男 [農] (トウモロコシの)実を外す手動の機械

sgranatore 男 [農] さや[殻・外皮]を除く機械

sgranatrice 女 [織] 綿繰り機

sgranchire 他 [io -isco] (筋肉・関節を)柔軟にする —irsi 再 筋肉[関節]を伸ばす, ほぐす —*sgranchirsi le mani intirizzite dal freddo* 寒さでかじかんだ手をほぐす

sgranocchiare 他 [io sgranocchio] 《口》ガリガリ食べる, ムシャムシャ食べる

sgrassare 他 1 脂肪を取り去る —*sgrassare il brodo* スープの表面に浮いた脂を取る 2 油の染み[よごし]を取る

sgravare 他 1 (苦悩・心配などから)解放する —*sgravare... da un senso di colpa* (人)を罪の意識から解放する 2 (負担を)軽くする 3 《俗》分娩する —arsi 再 1 (苦悩・心配などから)解放される —*sgravarsi dalle preoccupazione* 気が楽になる 2 《俗》分娩する

sgravio 男 (負担などの)軽減; (悩み・心配などからの)解放 ▶ *sgravio fiscale* 税負担の軽減; 税金の撤廃

sgraziataggine 女 ぶざまなこと, 不愉快なこと; 無作法

sgraziatamente 副 不格好に, ぎこちなく

sgraziato 形 ぶざまな, 野暮ったい; 調子はずれの

sgretolamento 男 ぼろぼろになること; 打ち砕くこと

sgretolare 他 [io sgretolo] ぼろぼろにする; 打ち砕く —*L'umidità ha sgretolato l'intonaco.* 湿気が漆喰(ミミ)をぼろぼろにした. —arsi 再 粉々になる, 解体する

sgretolato 形 粉々[ぼろぼろ]になった

sgretolio 男 粉々[ぼろぼろ]に砕けること; 崩れる音

sgridare 他 大声で叱る, ガミガミどなる

sgridata 女 大声で叱ること

sgrillettare¹ 自 (油などが)ジュージュー音を立てる, パチパチはねる

sgrillettare² 他 引き金を引く

sgrondare 他 しずくを切る —*sgrondare un fiasco* フィアスコに残ったしずくを切る —自 1 (洗濯物などの水が)滴り落ちる —*mettere a sgrondare la biancheria* 洗濯物の水を切る 2 大きな水滴がざっと落ちる

sgrondatura 女 1 しずくを切ること 2 しずく, 雨だれ

sgroppare¹ 他 (馬などを)ひどく疲れさせる —自 1 (馬などが)脊柱を折る 2 (人が)へとへとになる

sgroppare² 他 (もつれ・絡まりを)解きほぐす

sgroppata 女 1 (馬が)後ろ脚を跳ね

sgrossamento 上げること 2 速歩による乗馬 3 〔スポ〕（自転車競技の）走行トレーニング

sgrossamento 男 粗削り、下ごしらえ

sgrossare 他 1（木材・石材などを）粗削りする 2 草稿[草案]をつくる 3 熟練させる、洗練させる、教化する 4 浄水する —**arsi** 再（人が）洗練される

sgrovigliare 他 [io sgroviglio] 1（糸の）もつれを解く 2 紛糾を解決する —**arsi** 再 1（もつれ・結び目が）ほどける、解ける 2（問題が）解決する

sgrugnare 他（顔面を）張り倒す

sgrugnata 女（顔面を）殴る[打つ]こと

sguaiataggine 女 無作法、無礼な言動

sguaiatamente 副 下品に、無礼に、ぶしつけに

sguaiato 形 行儀の悪い、見苦しい、だらしない —男 [女-a] 行儀の悪い人、だらしない人

sguainare 他 鞘(さや)から剣を抜く ▶ **sguainare la spada** 闘いを始める、論争を始める

sgualcibile 形 しわになりやすい

sgualcire 他 [io -isco]（服・紙などを）しわくちゃにする —**irsi** 再 しわになる

sgualcito 形 しわくちゃの、しわだらけの

sgualcitura 女 しわくちゃにすること；しわ

sgualdrina 女〔蔑〕売春婦；尻軽女

sguanciare 他 [io sguancio]〔建〕隅切(すみき)りにする

sguancio 男 〔建〕隅切(すみき)り

****sguardo** [ズグァルド] 男 1 視線 —alzare [abbassare] lo *sguardo* 視線を上げる[下げる] 2 目つき、まなざし 3 視覚能力 4 風景 ▶ **al primo sguardo** 一目で；すぐに

sguarnire 他 [io -isco] 1 防備を撤去する、守備隊を撤退させる —*sguarnire i confini* 境界線の防備を撤去する 2（服などの）縁取りを取り除く

sguarnito 形 1 防備力[手段]を欠いた 2 縁取りのない、殺風景な —stanza *sguarnita* 殺風景な部屋

sguattero 男 [女-a] 1（料理店の）皿洗い、下働き 2《蔑》奴隷

sguazzare 自 1 しぶきをあげる 2 ゆったりする、のびのびする ▶ **sguazzare nell'oro** 大金持ちである

sguincio 男〔建〕隅切(すみき)り

sguinzagliare 他 [io sguinzaglio] 1（繋(つな)ぎから犬などを）解き放つ —*sguinzagliare i cani da guardia* 番犬を解き放つ 2（繋ぎを解いて人を）追跡させる —**arsi** 再 追跡する、捜索する

sguizzare 自 [es] 1（魚などが）ぴちぴちはねる、身をくねらせる 2 手から逃げる

sgusciare 他 [io sguscio] 1（豆・卵などの）さや[殻]を取り除く 2〔建〕溝形(みぞがた)を作る —自 [es] 1（ひなが）殻から出る 2（考え・意見などが）明らかになる 3（手から）滑る、すり抜ける；逃げる —Il piatto mi *è sgusciato* di mano. 皿が手から滑り落ちた。4（義務・しがらみから）逃れる、免れる —**arsi** 再（爬(は)虫類が）脱皮する

sgusciato 形 さや[殻]を取り除いた

sgusciatrice 女〔農〕脱穀機、さや取り機

sgusciatura 女（豆などの）さや取り、殻[外皮]の除去

sguscio 男 1 丸のみ 2〔建〕溝形(みぞがた)

shaker 男〔不変〕〔英〕シェーカー

shakerare 他 シェーカーを振る

shakespeariano 形 シェークスピアの

shalom 間〔ヘブライ〕〔挨拶〕シャローム（こんにちは、さようなら；「平安あれ」の意）

shampista 男女〔複[男-i]〕シャンプー担当者

shampoo 男〔不変〕〔英〕シャンプー

Shanghai 固名（女）シャンハイ（上海）（中国、長江河口に位置する政府直轄市）

shantung 男〔不変〕〔英・織〕シャンタン、山東絹

share 男〔不変〕〔英・放〕視聴率

shareware 男〔不変〕〔英・コン〕シェアウエア

sharia 女〔アラビア・宗〕シャリーア（イスラムの聖典）

shatzu → shiatsu

sheqel 男〔不変〕〔ヘブライ〕シェケル（イスラエルの通貨単位）

sherpa 男〔不変〕〔英〕（ヒマラヤ登山の）シェルパ

sherry 男〔不変〕〔英〕シェリー酒

shetland 男〔不変〕〔英〕シェトランドウール；シェトランドウール製の織物 —形（馬・牛・羊などが）シェトランド産の

shiatsu 男〔不変〕〔日〕指圧

shift 男〔英・情〕シフトキー；（ビット位置・コードなどの）移動

shintoismo → scintoismo

shintoista → scintoista

shintoistico → scintoistico

shoccare → sciccare

shoccato → sciccato

shock 男〔不変〕〔英〕衝撃、ショック、打撃 ▶ **shock petrolifero** オイルショック **shock traumatico**〔医〕外傷性ショック

shockterapia 女〔医〕ショック療法

shogun 男〔不変〕〔日〕将軍

shogunato 男 将軍の地位、武家政治

shopping 男〔不変〕〔英〕買い物、ショッピング

show 男〔不変〕〔英〕1 バラエティー、娯楽番組 2（皮肉で）自作自演のショー

shrapnel 男〔不変〕〔英・軍〕榴(りゅう)散弾

shunt 男〔不変〕〔英〕1〔電〕分路 2〔医〕シャント、短絡

SI 略 Siena シエナ

***si**[1][スィ] 代《3人称単数・複数の再帰代名詞》1〔直接目的格〕自分自身（を）

—Mario *si* alza alle sette. マリオは7時に起きる. **2**〔間接目的格;直接目的格の代名詞との組み合わせは se lo [la, li, le, ne]〕自分自身に,についての,のために) —*Si* lavano le mani. 彼らは手を洗う. / *Se* la compra. 彼[彼女]は自分用にそれを買う. / Lucia *si* è messa il cappotto. ルチアはコートを着た. **3**〔直接目的格または間接目的格; 相互の再帰〕互いを(に, と) —*Si* salutarono e *si* strinsero la mano. 彼らは挨拶をかわして握手をした. **4**〔直接目的格・間接目的格の区別をせず, -sene の形で特定の動詞に付けて; 次の成句で〕 ▶ ***andarsene*** 立ち去る / Se ne andranno subito. 彼らはすぐに立ち去るだろう.

***si**[2] [スィ] 代〔特に主語を限定しない一般的な表現に用いられる〕**1**〔非人称;直接目的語を伴わない動詞は3人称単数形. 再帰動詞の場合は ci si になる. 形容詞は男性複数形で対応される〕—*Si* mangia bene in Italia. イタリアでは美食できる. / *Si* arriva prima in macchina. 車の方が早く到着する. / Ci *si* sveglia presto in montagna. 山では早く目が覚める. / *Si* era tutti stanchi. 皆疲れていた. **2**〔受動;単数形の直接目的語を伴う場合は動詞は3人称単数形. 複数形の直接目的語を伴う場合は動詞は3人称複数. 直接目的格の代名詞を伴う場合は lo [la, li, le] si, ne を伴う場合は se ne となる〕—*Si* vede il mare. 海が見える. / Qui *si* comprano i biglietti. ここで切符が買えます. / *Si* vedeno le stelle cadenti. 流れ星が見える. / Le *si* vede. それらが見える. ▶ *si dice che...* …と言われている, …とのことだ

si[3] 男〔不変〕〔音〕シ[B, ロ]の音)

***sì** [スィー] 副 はい —*Sì*, grazie. はい, ありがとう. / Penso [Credo] di *sì*. そう思います. / Pare di *sì*. そのようです. — 男 肯定, 賛成 ▶ *dire di sì* はいと言う *essere tra il sì e il no* 迷っている, 決めかねている *la lingua del sì* イタリア語 *sì e no* 約, およそ / Saranno *sì* e no tre chilometri da qui. ここからおよそ3キロの距離だろう.

sia[1] essere の接・現・1単[2単, 3単], 命・3単

sia**[2] [スィーア] 接〔次の成句で〕▶ ***sia A sia* [*che*] *B A も B も(ともに) / Ci sono *sia* mele *sia* pere. リンゴも梨もある. / Sarebbe bello andare *sia* al mare che in montagna. 海に行っても山に行っても素晴らしいだろうね. ***sia che* + 接続法** *sia* che + 接続法であろうと / Per me non fa differenza *sia che* venga lui *sia che* venga un altro. 彼が来ようが他の人が来ようが私には同じことだ.

siamese 形 **1** シャムの, タイの; シャム[タイ人][語]の **2** 一心同体の —gemelli *siamesi* シャム双生児, 結合双生児 — 男女 シャム人, タイ人 — 男 **1**〔単数のみ〕シャム語, タイ語 **2** シャム猫

siamo essere の直・現・1複; 命・現・1複; 接・現・1複

Sibari 固名〔女〕シバリ(現在のターラント湾岸域からカラーブリア北部州境までに相当する古代ギリシャの植民地)

sibilante 形〔言〕歯擦音の — 男〔言〕歯擦音

sibilare 自〔io sibilo〕ピュー[ヒュー, シュー]と音を立てる

sibilio 男 長く続くピュー[ヒュー, シュー]という音

sibilla 女 **1** (古代ギリシャ・ローマの)巫女(ふじょ) **2** 女の預言者, 占い師

sibillino 形 **1** 巫女(ふじょ)の **2** 不可解な, 謎めいた —risposta *sibillina* 謎めいた返事

sibilo 男 ピュー[ヒュー, シュー]という音 —*sibilo* del vento 風のうなり声

sic 副〔ラ〕この[その]ように; 原文のまま

sicano 形 **1** (シチリア南西部の古代部族)シカーニ人の **2**〔文〕シチリアの

sicario 男 刺客, 殺し屋

siccativà 女〔化〕乾燥性

siccativo 形〔化〕乾燥性の — 男〔化〕樹脂酸塩

sicché 接 **1** だから, したがって, それで **2**〔疑問を表して〕それで?

siccità 女 干魃(かんばつ); 異常乾燥

siccitoso 形 乾燥しやすい, 旱魃(かんばつ)になりやすい

***siccome** [スィッコーメ] 接 …なので — *Siccome* sono stanca, stasera non esco con voi. 私は疲れているので, 今夜はあなたたちと出かけない.

sic et simpliciter 成句〔ラ〕他に加わることなし

Sicilia 固名〔女〕**1** シチリア島 **2** シチリア特別自治州(イタリア南部の州)

siciliana 女〔音〕シチリア舞踏[舞曲]

sicilianità 女 シチリア人であること; シチリアの固有性

sicilianizzato 形 シチリアに同化した

siciliano 形 シチリアの; シチリア人[方言]の — 男 **1**〔女 *-a*〕シチリア人 **2**〔単数のみ〕シチリア方言

sicilitudine 女 シチリア人に特徴的な習慣[態度]

sicinno 男 (古代ギリシャの)フリュギア舞踏

sicofante 男 **1** (古代ギリシャの)告発者 **2** 密告者, スパイ

sicomoro 男〔植〕エジプトイチジクの木

sicoşi 女〔不変〕〔医〕毛瘡(もうそう)

sic stantibus rebus 成句 → rebus sic stantibus

siculo 形 **1** (シチリアの古代部族)シクリ人の **2**〔諸〕シチリア人の — 男〔女 *-a*〕**1**〔歴〕シクリ人 **2**〔諸〕シチリア人

sicumera 女 自信過剰, うぬぼれ

sicura 女 (携行銃器などの)安全装置; (扉などの)開閉安全装置[レバー]

sicuramente 副 確かに; 必ず, もちろん; 確信を持って

sicurezza [スィクレッツァ] 囡 **1** 安全, 確実 —cintura di *sicurezza* 安全ベルト, シートベルト / pubblica *sicurezza* 警察, 公安 / trattato di *sicurezza* 安全保障条約 / uscita di *sicurezza* 非常口 **2** 確信, 自信 —con *sicurezza* 確信を持って

sicuro [スィクーロ] 形 **1** 安全な, 安心できる —mezzo di trasporto *sicuro* 安全な輸送手段 **2** 確かな, 確実な —*informazione sicura* 確かな情報 / Sono *sicuro* che verrà. 彼はきっと来る. **3** 腕のよい, 熟練の —guidatore *sicuro* 腕のよい運転手 —男〔単数のみ〕安全, 確実 —副 確かに —Sicuro! もちろんだ! ▶ **al sicuro** 安全な場所で〔状態に〕/ **di sicuro** 確実に, 間違いなく

sidecar 〔不変〕〔英〕(オートバイの)サイドカー; 側車付きのオートバイ

siderale 形 **1** 星の, 恒星の **2** 計り知れない, 限りない —differenza *siderale* 雲泥の開き

sideralmente 副 無限に, けたはずれに

sidero-, -sidero 接頭, 接尾 〔ギ〕「鉄」の意

siderografia 囡 〔美〕鋼板彫刻

siderolite 囡 シデロライト, 石鉄隕石

siderosi 囡〔不変〕〔医〕鉄症

siderurgia 囡 製鉄, 鉄鋼

siderurgico 形〔複〔男〕-ci〕製鉄〔鉄鋼〕の —男〔複〔-ci〕女〔-a〕〕製鋼所従業員, 鉄工

Sidotti 固名〔男〕(Giovanni ~)シドッティ(1668-1715; パレルモ出身の宣教師・司祭. 屋久島に上陸, 逮捕され江戸で獄死)

sidro 男 シードル(リンゴやナシの汁を発酵させて作る弱アルコール飲料)

sieda sedere の命・3単; 接・現・1単〔2単, 3単〕

siede sedere の直・現・3単

siederei/sederei sedere の条・現・1単

siederò/sederò sedere の直・未・1単

siedi sedere の直・現・2単; 命・2単

siedo sedere の直・現・1単

siemens 男〔独・電〕ジーメンス

Siena 固名〔女〕シエナ(トスカーナ州の都市および同県名; 略 SI)

sienite 囡 〔鉱〕閃(ｾﾝ)長石

siepe 囡 **1** 生け垣, 垣根 **2**〔スポ〕障害物, 障害物競走 —tremila *siepi* 3000 メートル障害 3人制

siero 男 **1** 乳漿(ｼﾞｮｳ), 乳清 **2**〔医〕血清

sieronegativo 形〔医〕血清反応が陰性の

sieropositivo 形〔医〕血清反応が陽性の

sieroprofilassi 囡〔不変〕〔医〕血清予防法

sierosa 囡 〔解〕漿(ｼﾞｮｳ)膜

sierosità 囡 〔生物〕漿(ｼﾞｮｳ)液性

sieroso 形 〔医・生物〕漿(ｼﾞｮｳ)液状の, 漿液性の

sieroterapia 囡 〔医〕血清療法

sieroterapico 形〔複〔男〕-ci〕〔医〕血清療法の

sierra 囡〔不変〕〔西〕(鋸歯状の)山脈

Sierra Leone 固名〔女〕シエラレオネ

sierra-leonese シエラレオネ(人)の —男女 シエラレオネ人

siesta 囡〔不変〕〔西〕昼寝, 午睡

siete essere の直・現・2複

siffatto 形 このような, そのような; あんな, そんな

sifilide 囡 〔医〕梅毒

sifilitico 形〔複〔男〕-ci〕〔医〕梅毒の —男〔複〔-ci〕女〔-a〕〕梅毒患者

sifone 男 **1** サイフォン, 吸い上げ菅 **2**〔動〕(貝などの)水管 **3**(炭酸水を入れる)サイフォン瓶

sig. 略 signore …氏〔様, さん〕

sigaraio 男〔女〔-a〕〕タバコ製造工場の工員

sigaretta [スィガレッタ] 囡 (紙巻き)タバコ —*sigarette* nazionali 国産タバコ

sigariera 囡 葉巻きケース

sigaro 男 葉巻 —*sigaro* avana ハバナ葉巻

sigh 間〔英〕フーッ(ため息をつく音)

sigillare 他 **1** 封印する, 封をする **2** しっかり閉める, 密封する

sigillato 形 封印した, 密閉した

sigillatura 囡 封印; 検印

sigillo 男 **1**(封印するための)印章, シール **2** 封印

sigla 囡 (頭文字などを使った)略号, 略記 —*sigla* musicale (番組の)テーマ音楽

siglare 他 署名する; 花押(ｵｳ)をする

siglario 男 略語一覧

siglato 形 花押(ｵｳ)が記された, (新聞記事で)頭文字で署名した

siglatura 囡 頭文字で署名をすること; 頭文字の署名, 花押(ｵｳ)

sigma 男〔不変〕**1** シグマ(Σ, σ)(ギリシャ語アルファベットの18番目の字母) **2**〔解〕S 状結腸

sigmoideo 形〔解〕シグマ形の, S 状の

sigmoidite 囡〔医〕S 状結腸炎

sig.na 略 signorina …様〔嬢〕

signifero 形 (古代ローマの)旗手の

significante 形〔文〕意味ありげな, 表情に富む; 重要な, 意味のある —男〔言〕シニフィアン, 能記

significare [スィニフィカーレ] 他〔io significo〕**1** 意味する —Che cosa *significa* questa parola? この言葉は何の意味なの. / Questo cartello *significa* che è vietato fotografare qui. この掲示はここは撮影禁止という意味です. **2** 意義がある, 重要である —Quel lavoro *significa* molto per me. あの仕事は私には大いに意義がある.

significativo 形 **1** 有意義な, 意義深い **2** 意味深長な

significato 男 **1** 意味, 意義 —privo di *significato* 意味のない **2** 価値 **3**

〔言〕シニフィエ, 所記

signora [スィニョーラ] 囡 **1** 大人の女性, 婦人；ミセス **2** 既婚の女性, 奥さん, …夫人；妻, 家内(略 sig.ra) —Buonasera, signora Rossi. こんばんは, ロッシさん. / Tanti saluti alla Sua signora. 奥様によろしく. **3** 裕福な女性, マダム；貴婦人 ▶ **Nostra Signora** 聖母マリア

signore [スィニョーレ] 男 **1** 大人の男性；ミスター **2** ご主人, …氏(略 sig.) —Buongiorno, signor Bianchi. こんにちは, ビアンキさん. **3** 裕福な人, 紳士；高貴な人, 貴族 **4** (il S-)主, 神 ▶ **Nostro Signore** イエス・キリスト

signoreggiare 他 〔io signoreggio〕 **1** 支配する, 領有する **2** 見下ろす；抑圧する, 抑制する —自 君臨する

signoria 囡 **1** 統治力, 支配力 **2** 領主[君主]の権力, 領主[君主]制度, 領地；〔歴〕(フィレンツェなどの共和政都市国家の)政権, 政府 **3**〔高位の人・貴族などに対する尊称〕閣下

signorile 形 **1** (中世やルネサンスの)貴族の **2** 紳士的な, 洗練された **3** 立派な, 豪華な

signorilità 囡 紳士[淑女]らしさ；気品, 上品, 洗練

signorina [スィニョリーナ] 囡 **1** 若い女性；ミス **2** 未婚の女性, お嬢さん, …嬢(略 sig.na) —cara signorina Bruni 親愛なるブルーニさん / Questo non è uno sport per signorine. これは女の子向きのスポーツではない.

signorino 男 **1** 坊ちゃま **2**〔謔〕お坊ちゃん

signornò 副〔軍〕〔上官に対する否定の返事〕そうではありません

signorone 男〔囡-a〕裕福な男, 富豪

signorotto 男 **1** 小地主 **2** 地方の紳士, 郷士

signorsì 副〔軍〕〔上官に対する肯定の返事〕はい, そうであります

sig.ra 略 signora …様[さん, 夫人]

sikh 形〔宗〕シーク教徒の —男 不変 シーク教徒

Sileno 固名(男)〔ギ神〕シレノス(森の神. 半人半馬として描かれる)

silenziário 男〔史〕(古代ローマで)沈黙を強制された奴隷；(ビザンツ帝国で)式部官

silenziatore 男 **1** 車のマフラー **2** (拳銃などの)サイレンサー, 消音装置 **3** 沈黙させるもの

silenzio [スィレンツィオ] 男 **1** 静寂, 静けさ —il silenzio della notte 夜の静寂 **2** 沈黙 —rompere il silenzio 沈黙を破る **3** (電話や手紙の)連絡をしないこと —Scusa per il mio silenzio. ずっとご無沙汰していてごめんね. **4** 口外しないこと —mantenere il silenzio su un segreto 秘密を口外せずにいる **5** 忘却

silenziosità 囡 静けさ, 静寂

silenzioso 形 **1** 無口な, 口数の少ない —protesta silenziosa 無言の抗議 **2** 騒音[雑音]を出さない —aspirapolvere silenzioso 音の静かな掃除機 **3** 静かな —camera silenziosa 静かな部屋

silfide 囡 **1**〔神話〕(北欧の)大気の精 **2** ほっそりして愛らしい女性

silhouette 囡 不変 〔仏〕 **1** (女性の)ほっそりした体の線[輪郭] **2**〔美〕シルエット, 半面画像

silicato 男〔化〕ケイ酸塩

silice 囡〔化〕シリカ(ケイ素の酸化物)

siliceo 形〔化〕シリカを含む；〔地質〕多量のケイ土を含有する

silicio 男〔化〕ケイ素

siliconare 他 シリコン加工[処理]をする；(整形で)シリコンを注入する

siliconato 形 シリコン加工[処理]した；(唇・乳房などが)シリコンで整形された

silicone 男〔化〕シリコン, ケイ素化合物

siliconico 形〔複 男-ci〕シリコンから成る

silicosi 囡 不変 〔医〕珪〔肺〕肺症

Silla 固名(男) (Lucio Cornelio ~) スッラ(前 138-78; 共和政ローマの将軍. 内戦の末, 独裁官となる)

sillaba 囡〔言〕音節, シラブル —dividere una parola in sillabe 単語を音節に分ける / non dire una sillaba 一言も話さない, 黙り込む

sillabare 他〔io sillabo〕 **1** (音節ごとに切って)発音する[書く] **2** たどたどしく話す

sillabario 男 (小学校の)初等読本, 綴字教本

sillabazione 囡 音節区分

sillabico 形〔複 男-ci〕〔言〕音節の, 音節から成る

silloge 囡《文》詩華集, 選集

sillogismo 男〔哲·論〕三段論法, 演繹(%)；**2** 手の込んだ議論, 詭(%)弁

sillogistico 形〔複 男-ci〕〔哲·論〕三段論法の

sillogizzare 他〔哲·論〕三段論法で論じる —自 **1** 三段論法を用いる, 演繹(%)的に推論する **2** へりくつをこねる

silo 男 **1** サイロ；貯蔵庫 **2**〔軍〕ミサイル格納庫

silo- 連結〔ギ〕「木」の意

silofono → xilofono

silografia → xilografia

Silone 固名(男) (Ignazio ~)シローネ (1900-78; ラクイラ出身の小説家)

siluramento 男 **1** 魚雷[水雷]攻撃 **2** 左遷, 解雇 **3** 妨害

silurante 形〔軍〕魚雷を装備した —囡〔軍〕魚雷[水雷]艇

silurare 他 **1** 魚雷で攻撃する **2** 失脚させる, 左遷する **3** (計画などを)妨害する, 失敗させる

siluratore 形〔囡-trice〕魚雷を発射する —男 **1**〔軍〕水雷手 **2** 左遷する人

siluriano 形〔地質〕シルル紀の —男〔地質〕シルル紀

siluride 男 (S-) 〖複数で〗〖魚〗ナマズ科
siluriforme 形 魚雷形の
siluripedio 男 〖軍〗魚雷試射場
siluro 男 1 魚雷; 水雷 2 裏工作(人を失脚させるための)
Silvana 固名 〖女性名〗シルヴァーナ
Silvano 固名(男) 1 〖男性名〗シルヴァーノ 2 〖ロ神〗シルウァヌス(森の神, 土俗的崇拝の対象)
Silverio 固名 〖男性名〗シルヴェーリオ
silvestre 形 1〖文〗森の, 樹木の茂った 2 森に住む〖ある〗; 野性の
Silvestro 固名 〖男性名〗シルヴェストロ
Silvia 固名 〖女性名〗シルヴィア
silvia 女 1 〖鳥〗ノドジロムシクイ 2 〖植〗ヤブイチゲ
silvicolo 形 森[林]の; 森に住む
silvicoltura 女 林学; 森林管理, 植林[育林]
Silvio 固名 〖男性名〗シルヴィオ
sima¹ 女 〖建〗(古代神殿の)凹面のモールディング
sima² 女 〖地質〗シマ層
simbiosi 女 〖不変〗 1〖生物〗共生 2 共存, 共益関係
simbiotico 形 〖複(男 -ci)〗〖生物〗共生の; 共生関係にある
simboleggiare 他 (io simboleggio) 象徴する, 象徴である; 象徴化する
simbolicamente 副 象徴的に, 象徴として
simbolicità 女 象徴性, 象徴的な性格
simbolico 形 〖複(男 -ci)〗 1 象徴する, 象徴的な 2 記号[符号]を用いた — numero *simbolico* 象徴的意味を持つ数字 3 名目的な, 形だけの
simbolismo 男 1 象徴性, 象徴的意味 2 〖美・文〗象徴主義 3 記号体系
simbolista 男女 〖複(男 -i)〗〖美・文〗象徴派, 象徴主義者, サンボリスト —形 〖複(男 -i)〗象徴主義の, 象徴派の
simbolizzare 他 象徴する, 象徴的意味を与える
simbolizzazione 女 象徴的表現, 表象
simbolo 男 1 象徴, シンボル —La colomba è il *simbolo* della pace. ハトは平和の象徴だ. 2 記号
simbologia 女 1 象徴学, 記号論 2 象徴[記号]体系
Simeone 固名(男) 1 〖男性名〗シメオーネ 2 〖聖〗シメオン(ヤコブとレアの子でシメオン族の祖)
similare 形 1 類似した, 相似の 2 等質[同一, 均質]の
similarità 女 1 類似性, 相似 2 等質[同質, 均質]性
***simile** [スィーミレ] 形 1 (a) …に似た, …と似たような —Quelle due macchine sono *simili*. あの 2 台の車は同じようだ. / L'aquila è *simile* al falco? ワシはタカと同じようなものですか. 2 そのような —Non ho mai detto una cosa *simile*. 私はそのようなことは言っていない. 3 〖幾〗相似の —男女 似たもの, 同類
similitudine 女 1〖文〗類似 2 〖修〗直喩 3〖数〗相似
similmente 副 同様に, 同じように
similoro 男 〖不変〗模造金
similpelle 女 〖不変〗人工皮革
simmetria 女 1 (左右の)対称, シンメトリー; 〖生物〗相称; 〖数〗対称性 2 釣り合い, 調和
simmetricamente 副 対称的に, 均整のとれた
simmetricità 女 対称性; 相似性
simmetrico 形 〖複(男 -ci)〗対称の, 相称の; 釣り合った
Simona 固名 〖女性名〗シモーナ
Simone 固名(男) 1 〖男性名〗シモーネ 2〖聖〗シモン(?-67 頃; イエスの十二弟子の一人. ペテロの本名)
simoneggiare 自 (io simoneggio) 〖文〗聖職[聖物]売買をする
Simonetta 固名 〖女性名〗シモネッタ
simonia 女 1〖カト〗聖職[聖物]売買の罪 2 (神の掟にそむく)大罪
simoniaco 形 〖複(男 -ci)〗〖カト〗聖職[聖物]売買の —男〖複(-ci)〗女[-a]〗聖職[聖物]売買者
simpatetico 形 〖複(男 -ci)〗 (考え・性格などが)ぴったり一致した
***simpatia** [スィンパティーア] 女 1 好感, 好くこと —avere [provare] *simpatia* per... (人)に好感を持つ/persona di grande *simpatia* とても魅力ある人物 2 共感, 同感 3〖医〗交感 ► *andare a simpatie* 自分の好みで判断する
simpaticamente 副 親切に, 愛想よく, 感じよく
***simpatico**¹ [スィンパーティコ] 形 〖複(男 -ci)〗感じのよい, 好感の持てる, 人好きのする, 愛想のよい —È *simpatica*. 彼女はいい人だ. / Mi è molto *simpatico*. 彼は(私には)とても好感が持てる. / Non è *simpatico* andarsene senza salutare. 挨拶せずに立ち去るのは感じがよくない. ► *inchiostro simpatico* 不可視インク
simpatico² 形 〖複(男 -ci)〗 交感神経の —男〖複(-ci)〗交感神経
simpatizzante 形 (党派・運動・イデオロギーなどに)同調[共鳴]する —男女 シンパ, 同調[共鳴]者
simpatizzare 自 好意を抱く, 共感する; (考え・立場などに)共鳴する, シンパとなる —*simpatizzare* per una squadra あるチームのサポーターになる
simpetalo 男 〖植〗合弁の, 合生花弁の
simplex 男 〖不変〗〖英〗単方向通信方式; (電話の)単独使用回線
simposiarca 男 〖複(-chi)〗 (古代ギリシャ・ローマで)饗宴の主宰者
simposio 男 1 シンポジウム, 公開討論会 2 (古代ギリシャ・ローマの)饗宴, 酒宴
simulabile 形 模倣できる, 模造でき

simulacro 男 1 似姿, 像, 偶像; 幻影, 面影 2《文》亡霊, 影 3〔航空機などの〕実物大模型

simulare 他〔io simulo〕1 装う, ふりをする 2 まねる, 擬態する 3 シミュレーションを行う, 模擬実験する

simulato 形 1 見せかけの, 仮装した 2 シミュレーションした, 模擬実験した

simulatore 男〔女 -trice〕1 まねをする人, ねこかぶり 2〔機〕シミュレーター, 模擬実験装置

simulatorio 形 偽りの, うわべだけの

simulazione 女 1 シミュレーション, 模擬実験 2 ふり, 見せかけ 3 擬装

simultanea 女 同時通訳 ▶ *in simultanea* 同時通訳を介して

simultaneamente 副 同時に

simultaneismo 男〔美〕シミュルタネイスム, 同時主義

simultaneista 男女〔複 男 -i〕1 同時通訳者 2〔チェスで〕同時に複数の対戦をする人

simultaneità 女 同時性

simultaneo 形 同時に起こる〔行う〕—*traduzione simultanea* 同時通訳

simun 男〔不変〕シムーン〔北アフリカの熱風〕

sin 略 seno〔数〕サイン

sin- 接頭〔ギ〕「ともに」「一緒に」の意

sinagoga 女 1 シナゴーグ; ユダヤ教徒の集会 2 ヘブライ人; ヘブライズム

sinaitico 形〔複 男 -ci〕シナイ半島の, シナイ山の

sinalefe 女〔詩〕母音融合

sinallagma 男〔複 -i〕〔法〕双務契約

sinallagmatico 形〔複 男 -ci〕〔法〕双務的な

sinantropo 男〔人類〕シナントロプス, 北京原人

sinapsi 女〔不変〕〔医〕シナプス

sinartrosi 女〔不変〕〔解〕不動〔関節〕結合

sinassi 女〔不変〕〔宗〕シナクシス〔初期キリスト教の礼拝集会〕

sincarpico 形〔複 男 -ci〕〔植〕多花果の, 集合〔複合〕果の

sinceramente 副 率直に, ありのままに, 誠実に; 実を言うと, 正直なところ

sincerarsi 再 確かめる, 確認する; 確信する —*sincerarsi della situazione* 状況を確かめる

sincerità 女 真心; 誠実, 誠意; 率直 —*con tutta sincerità* 真心を込めて

***sincero**〔スィンチェーロ〕形 1 誠実な —*persona sincera* 誠実な人 2 偽りのない, 本物の

sincipite 男〔解〕頭頂部; 前頭部

sincopare 他〔io sincopo〕1〔言〕（語中の音素・音節・文字を）落とす, 省略する 2〔音〕シンコペーションする, 切分音を置く

sincopato 形 1〔言〕語中音消失の 2〔音〕シンコペーションされた

sincope 女 1〔医〕失神, 気絶 2〔言〕語中音消失 3〔音〕切分, シンコペーション

sincretismo 男 1〔宗・哲〕諸説〔諸派〕混合主義, シンクレティズム 2〔言〕融合

sincro 男〔不変〕1〔電〕シンクロ変換器 2〔スポ〕シンクロナイズド・スイミング

sincronia 女 1 同時性, 共時性 2〔言〕共時態 ▶ *in sincronia* 同時に, 同調して

sincronicamente 副 1 同時に 2 共時態で

sincronico 形〔複 男 -ci〕1 同時に起きた 2〔言〕共時的に

sincronismo 男 1 同時性, 共時性 2〔物〕同期, 同速性 3〔映〕（映像と音声の）同時

sincronistico 形〔複 男 -ci〕1 同時性の, 同時発生の 2〔物・電〕同期の, 同速性の 3〔映〕（映像と音声が）同期した

sincronizzare 他 1 同時にする — *sincronizzare il lavoro di tutti i reparti* すべての課の仕事を同時にする 2〔物・電〕同期させる, 同速させる 3〔映〕同調させる

sincronizzato 形 1 同時に発生した; 同時化された 2（時計の）時刻が合わされた

sincronizzatore 男 1〔電〕同期装置 2〔映〕シンクロナイザー

sincronizzazione 女 1 同時化, 同調 2〔電〕同期化, 同調 3〔映〕シンクロナイゼーション, 同期録音

sincrono 形 1 同時発生の, 同一周期の 2〔電〕同期の

sincrotrone 男〔物〕シンクロトロン

sindacabile 形 1 非難すべき 2 制御できる

sindacale 形 労働組合の

sindacalismo 男〔政〕サンディカリズム, 労働組合主義〔運動〕

sindacalista 男女〔複 男 -i〕〔政〕サンディカリスト, 労働組合主義者; 労働組合員

sindacalistico 形〔複 男 -ci〕サンディカリストの, 労働組合主義〔運動〕の; 労働組合員の

sindacalizzare 他〔政〕1 労働組合をつくる 2 組合意識を持たせる —**arsi** 再〔政〕1 労働組合に加入する 2 組合意識を持つ

sindacare 他〔io sindaco〕（他人の行為を）厳密に調べる；（法人などを）管理する, 監査する —自〔口〕批判する, 評価をくだす

sindacato¹ 男 1 労働組合 2 企業連合

sindacato² 男 1 管理, 監督, 監査 2〔口〕（態度・意見などの）評価, 検討

***sindaco**〔スィンダコ〕男〔複 -ci〕女〔-a〕1 市長, 町長, 村長 2（会社・企業の）監査役

sindone 女 1〔歴〕（ヘブライ人の）屍衣, 経帷子(きょうかたびら) 2〔カト〕聖骸布

sindrome 囡 〔医〕症候群 —*sindrome di Stoccolma* ストックホルム症候群

sinechia 囡 〔医〕癒着

sinecura 囡 1 無任所聖職録 2 閑職

sineddoche 囡 〔修〕提喩

sine die 成 〔ラ〕無期限に

sinedrio 男 1 (古代ギリシャの)都市代表の集会 2 (ユダヤの最高議会)サンピドリン 3 (特に権威者の集まる)会議, 集会

sine qua non 成 〔ラ〕不可欠のもの, 必須条件

sinereṣi 囡 〔不変〕 1 〔言〕合音 2 〔化·物〕シネレシス

sinergia 囡 1 〔生物〕共働作用, 相乗作用 2 協働関係

sinergico 形 〔複[男 -ci]〕 1 〔生物〕共働作用の 2 〔経〕相乗効果の

sinestesia 囡 〔心·言〕共感覚; 共感

sinfiṣi 囡 〔不変〕〔解〕(二つの骨の)結合

sinfonia 囡 1 交響曲, シンフォニー 2 (音·色彩·映像等の)調和 3 〔皮肉で〕騒音 4 〔諧〕長ったらしい退屈な談話

sinfonico 形 〔複[男 -ci]〕交響曲の, シンフォニーの

sinfonista 男女 〔複[男 -i]〕交響曲の作曲家; 交響楽団員

sinforoṣa 囡 (婦人用の)つば広の帽子

singaleṣe 形 スリランカの; シンハラ(人[語])の —男女 シンハラ人 —男〔単数のみ〕シンハラ語

Singapore 固名(女) シンガポール(共和国及び首都名)

singaporiano 形 シンガポール(人)の —男〔女[-a]〕シンガポール人

singeneṣi 囡 〔不変〕〔生物〕共通起源; 同時発生

singenetico 形 〔複[男 -ci]〕〔生物〕共通起源の; 同時発生の

singhiozzare 自 1 しゃっくりをする 2 すすり泣く, 泣きじゃくる 3 (車などが)不規則に止まらずに進む

singhiozzo 男 1 しゃっくり 2 すすり[むせび]泣き —*scoppiare in singhiozzi* わっとむせび泣く ▶ ***a singhiozzo*** [*singhiozzi*] 断続的な, (時々)思い出したように

single 男女 〔不変〕〔英〕シングル, 独身者

singola 囡 (宿泊施設の)シングルルーム

singolare 形 1 特異な, 風変わりな —*vestire in modo singolare* 風変わりな服装をする 2 単独の; 並外れた —*singolare bellezza* 並外れた美しさ 3 〔言〕単数の —男 1 〔言〕単数 2 〔スポ〕シングルス —*singolare* femminile [maschile] 女子[男子]シングルス

singolarista 男女 〔複[男 -i]〕〔スポ〕シングルスのテニスプレーヤー

singolarità 囡 1 特異性, 特色; 単独 2 奇妙, 異常 3 〔数〕特異点

singolarmente 副 1 個々に, 一人ずつ 2 とりわけ, 特に; 際立って

singoletto 男 〔物〕一重項, (スペクトルの)単一の線

singolo [スィンゴロ] 形 1 個々の, 個別の 2 唯一の, 単一の 3 一人用の, シングルの —*camera singola* (ホテルの)シングルルーム —男 1 〔女[-a]〕個人 2 〔スポ〕個人戦, シングル —*singolo* maschile 男子シングル 3 〔スポ〕(野球の)シングルヒット 4 シングル盤

singulto 男 しゃっくり; むせび泣き

siniscalco 男 (中世の王侯·貴族の)執事

sinistra [スィニストラ] 囡 1 左手 2 左, 左側, 左方 —*girare a sinistra* 左に曲がる / *sulla sinistra* 左側に, 左手に / *tenere la sinistra* 左側通行をする 3 〔政〕左派, 左翼 4 〔紋〕(盾の)向かって右側の部分 ▶ ***a destra e a sinistra*** 右に左に, あちこち, あらゆる所で

sinistramente 副 1 悪意にみちて, 邪悪に 2 悲しく, 暗く

sinistrare 他 損害[打撃]を与える, 破壊する

sinistrato 形 被災した, 災害にあった; 傷ついた —男 〔女[-a]〕被災者, 罹(゜)災者

sinistreṣe 男 〔皮肉で〕左翼独特の常套句

sinistriṣmo 男 《蔑》左翼的傾向

sinistro 形 1 左の 2 不吉な; 悪意のある —*occhiata sinistra* 悪意が宿った目つき —男 1 災難, 不運な出来事, 災害 2 〔スポ〕(ボクシングの)左パンチ; (サッカーの)左足でのシュート

sinistroide 形 《諧·蔑》左翼かぶれの —男女 《諧·蔑》左翼かぶれ

sinistrorso 形 1 左巻きの, 反時計回りの 2 《諧》左翼的傾向の —男〔女[-a]〕《諧》左翼かぶれ

sinistrosità 囡 1 〔道路の〕事故発生の危険性 2 災害発生率

sinizeṣi 囡 〔不変〕 1 〔言〕合音 2 〔生物〕細胞収縮[縮合]期

sino —*fino*[1]

sinodale 形 〔宗〕司教区[教会]会議の

sinodalmente 副 〔宗〕教会会議によって

sinodo 男 1 〔宗〕教会(宗教)会議 2 会合

sinologia 囡 中国学

sinologico 形 〔複[男 -ci]〕中国学の

sinologo 男 〔複[-gi]女[-a]〕中国研究者

sinonimia 囡 〔言〕同義, 同義性; 同義語, 類義語

sinonimico 形 〔複[男 -ci]〕〔言〕同義の, 同義語の

sinonimo 男 〔言〕同義語, 類語 —形 同意語の

sinopia 囡 〔美〕シノピア(黒海沿岸の赤茶色顔料); (フレスコ画の)下絵

Sinopoli 固名(男) (Giuseppe ~)シノーポリ(1946-2001;ヴェネツィア出身の作曲家・指揮者)

sinopsi 女〔不変〕〔映〕シノプシス

sinora 副 これまで, 今まで

sinossi 女〔不変〕〔宗〕概要, 梗概
► *sinossi evangelica* 共観福音書

sinostosi 女〔不変〕〔解・医〕骨癒着, 骨癒合症

sinottico 形〔複[男 -ci]〕**1** 概要の, 概略の **2**〔宗〕共観福音書の

sinovia 女〔生理〕滑液

sinoviale 形〔生理〕滑液の

sinovite 女〔医〕滑液膜炎

sintagma 男〔複[-i]〕〔言〕連辞, 統合(体)

sintagmatico 形〔複[男 -ci]〕〔言〕連辞的な, 統合関係の

sintantoché 接 …まで, …かぎり

sintassi 女〔不変〕**1**〔言〕統語論, 構文論;統語法, シンタックス **2** 系統的配列 **3**〔情〕構文, 文法

sintattico 形〔複[男 -ci]〕〔言〕統語論の, 構文上の

sinterizzare 他〔冶〕焼結させる

sintesi 女〔不変〕**1**〔哲〕総合判断;(ヘーゲル弁証法の)合, ジンテーゼ **2** 総合[統合]体, 合成物 **3** 概要, 概括 **4**〔化〕合成 ► *in sintesi* 要約して, まとめると

sinteticamente 副 総合的に, 合成して

sinteticità 女 総合的であること;簡潔性

sintetico 形〔複[男 -ci]〕**1** 総合的な, 合成的な **2** 簡潔な, 概括的な **3**〔化〕合成の, 人工の —*fibre sintetiche* 人工繊維

sintetismo 男〔美〕サンテティスム, 総合主義

sintetizzare 他 **1** 総合する, 要約する **2**〔化〕合成する **3** 電子的に音を作る

sintetizzato 形 **1** 総合された, 合成された **2**〔音〕シンセサイザーで作られた

sintetizzatore 男〔音〕シンセサイザー

sintetizzazione 女 総合, 合成

sintoamplificatore 男〔電〕同調増幅器

sintomaticamente 副〔医〕症状に基づいて;前兆として

sintomaticità 女 **1**〔医〕症状が出ること **2** 前兆

sintomatico 形〔複[男 -ci]〕**1**〔医〕(病気の)症状の, 対症の —*terapia sintomatica* 対症療法 **2** 前兆[兆候]の, 暗示する

sintomatologia 女〔医〕兆候学

sintomo 男 **1**〔医〕症状 **2** 微候

sintonia 女 (ラジオの)同調;調和 ► *in sintonia con...* …と完全に一致[合意]して

sintonizzare 他 **1**〔電〕(ラジオで)同調させる, 周波数を合わせる **2** 調和させる, 一致させる —**arsi** 再 同調する;調和する —*sintonizzarsi con...* …に合わせる

sintonizzatore 男 (ラジオの)チューナー;無線受信装置

sintonizzazione 女〔電〕同調

sinuato 形〔葉〕波が深波状の

sinuosamente 副 曲がりくねって, くねくねして

sinuosità 女 曲がりくねり, 湾曲;湾曲部, 屈曲部;(概念・論点などの)不明確さ

sinuoso 形 **1** 曲がりくねった, カーブの多い;湾曲した, 屈曲した **2** 難解な, 分かりにくい

sinusale 形〔医〕(右心房の)洞房結節の

sinusite 女〔医〕副鼻腔炎

sinusoide 女〔数〕正弦曲線, 正弦波形

sionismo 男〔政〕シオニズム

sionista 男女〔複[男 -i]〕〔政〕シオニスト, シオニズムの信奉者

SIP 略 Società Italiana per l'Esercizio Telefonico [delle Telecomunicazioni] イタリア電信電話公社(1964-94)

siparietto 男 **1**〔劇〕垂れ幕 **2**〔劇〕(レビューなどの)短い出し物

sipario 男 (劇場の)幕, 緞(どん)帳

sir 男〔不変〕〔英〕〔敬称〕卿, サー;〔男性に対する敬称〕あなたさま

Siracusa 固名(女) シラクーザ(シチリア特別自治州の都市および県名;略 SR)

siracusano 形 シラクーザ(の人[方言])の —男 **1**〔女[-a]〕シラクーザの人 **2**〔単数のみ〕シラクーザ方言

sire 男 **1**〔文〕君主, 王 **2**〔皇帝や王への呼称〕陛下

sirena 女 **1** サイレン —*sirena da nebbia* 霧笛 **2** 人魚, セイレーン

sirenio 男〔動〕カイギュウ類

Siria 固名(女) シリア

siriaco 形〔複[男 -ci]〕〔歴〕シリア(語)の —男〔単数のみ〕シリア語

siriano 形 シリア(人)の —男〔女[-a]〕シリア人

siricide 男〔虫〕キバチ科

sirima 女〔詩〕詩節後半部

Siringa 固名(女)〔ギ神〕シュリンクス(木の妖精. 牧神パンの愛を拒み, 水の精の助力で葦となった)

siringa¹ 女 **1** 注射器 **2** (クリームなどの)押し出し器 **3** 葦笛, パンフルート —*siringa di Pan* パンの笛

siringa² 女〔植〕ライラック, リラ

sirma¹ 女〔劇〕(古代ギリシャ劇の王や女王役の)長衣

sirma² 女 → sirima

Siro 固名〔男性名〕シーロ

sirte 女 **1**〔文〕砂州, 浅瀬 **2** 罠(わな), 危険

sirtico 形〔複[男 -ci]〕砂州の, 浅瀬の

sirventese 男〔詩〕セルヴェンテーゼ(イタリアの古い詩形)

sisal 女〔不変〕〔植〕サイザルアサ

sisal¹ 男, 女〔不変〕〔植〕サイザルアサ

sisal² 男, 女〔不変〕サッカー試合の勝

Sisifo 图名(男) シシュフォス(落ちる巨岩を永久に押し上げ続ける罰を受ける)

sisma 男〔複[-i]〕地震

sismicità 女 地震活動度

sismico 形〔複[男-ci]〕地震の、地震学に関する

sismo 〔不変〕→ sisma

sismo- 連結辞「振動」「揺れ」の意

sismografia 女 地震観測

sismografico 形〔複[男-ci]〕地震観測の、地震計の

sismografo 男 地震計

sismogramma 男〔複[-i]〕震動記象

sismologia 女 地震学

sismologo 男〔複[-gi]女[-a]〕地震学者

sissignore 副〔目上の人に対する返事〕はい、承知いたしました;《諧》確かに、その通り

sissizio 男(古代ギリシアの)共食制度

***sistema** [スィステーマ] 男〔複[-i]〕**1** 制度、体制 —*sistema* monetario 貨幣制度 **2** 方式、システム —disco di *sistema* 〔コン〕システムディスク **3** 体系 —*sistema* solare〔天〕太陽系

sistemabile 形 **1** 体系化できる、片付けられる **2** 結婚できる

***sistemare** [スィステマーレ] 他 **1** 体系づける **2** 整理する —*sistemare* una stanza 部屋を片付ける[整頓する] **3** 解決する —*sistemare* una questione 問題を解決する **4** (就職・結婚の意で)かたづける **5** (人を)宿泊させる **—arsi** 再 **1** 整える、きちんとする —*sistemarsi* i capelli 髪をきちんと整える **2** 解決する、片付く **3** (宿泊場所に)落ち着く;(職を)見つける;結婚する

sistemata 女 急いで片づけること —dare una *sistemata* prima di uscire 出かける前にさっと片づける

sistematicamente 副 体系的に、規則的に;一貫して、原則に従って

sistematicità 女 系統[組織]性、体系性

sistematico 形〔複[男-ci]〕**1** 体系的な、組織的な;秩序立った、計画的な **2** 一貫した、原則に基づく

sistematizzare 他 体系化[組織化]する、順序立てる

sistematizzazione 女 体系化、組織化

sistemazione 女 **1** 体系化、システム化 **2** 整理、整頓 **3** 配置、配列 **4** 泊まる所、住居 **5** 職、仕事 **6** (女性にとっての)良縁

sistemico 形〔複[男-ci]〕**1** システム論の、[全]体系的な;〔医〕全身の **2** 〔生物〕浸透性の

sistemista 男女〔複[男-i]〕**1** システム論者 **2**〔情〕システムエンジニア

sistemistico 形〔複[男-ci]〕システム論の

sistilo 形〔建〕2径間式の —男〔建〕システィュロス

sistino 形〔歴〕(ローマ教皇)シクストゥスの —Cappella *Sistina* システィーナ礼拝堂

Sisto 图名(男) **1**〔男性名〕シスト **2** (~ IV) シクストゥス4世(1414-84; 教皇:在位 1471-84. システィーナ礼拝堂を建立) **3** (~ V) シクストゥス5世(1520-90; 教皇:在位 1585-90)

sistole 女 **1**〔生理〕(心臓の)収縮期 **2**〔詩〕音節短縮

sistolico 形〔複[男-ci]〕〔生理〕収縮期の

sistro 男〔音〕シストラム(古代エジプトの打楽器);(鈴がついた)パーカッション

sitibondo 形《文》渇望する、切望する

sit-in〔英〕座り込み

sitiofobia → sitofobia

sitiologia → sitologia

sitiologo → sitologo

sitiomania → sitomania

sito 男 **1** 場所、位置 **2** (インターネットの)ウェブサイト —*sito* web [Internet] ウェブサイト

sitofobia 女〔心〕拒食症

sitologia 女〔医〕栄養学、食事療法学

sitologo 男〔複[-gi]女[-a]〕〔医〕栄養学者

sitomania 女〔心〕過食症

situare〔(io situo)〕置く;位置づける **—arsi** 再 置かれる;位置づけられる

situation-comedy 女〔不変〕〔英〕連続ホームコメディー

situato 形 **1** 置かれた、位置する **2** 建てられた

situazionale 形 状況の、境遇の

***situazione** [スィトゥアツィオーネ] 女 **1** 状況、事態 —*situazione* di crisi 危機的状況 **2** 立場、状態 **3** 位置、場所 **4** 文脈、脈絡、周囲の状況 ► **essere all'altezza della situazione** 臨機応変に対応できる

situazionismo 男〔政〕状況主義

Siviglia 图名(女) セビリア(スペイン、アンダルシア地方の河港都市)

skai 男〔不変〕人工合成皮革

skateboard 男〔不変〕〔英〕スケートボード

skeleton 男〔不変〕〔英・スポ〕スケルトン(小型の1人用そり)

sketch 男〔不変〕〔英〕寸劇

skilift 男〔不変〕〔英〕スキーリフト

skinhead 男女〔不変〕〔英〕スキンヘッドの若者

skipper 男女〔不変〕〔英〕(ヨット競技の)スキッパー;(小型帆船の)船長、艇長

Skopje 图名(女) スコピエ(マケドニア旧ユーゴスラビア共和国の首都)

skunk 男〔不変〕〔英・動〕スカンク

slabbrare 他 **1** (傷口を)広げる —*slabbrare* una ferita 傷口を広げる **2** (容器などの)縁を欠く、縁を壊す —**ar-**

si 再 1 (傷口が)ぱっくり開く 2 縁が欠ける

slabbrato 形 1 (傷口が)ぱっくり開いた 2 縁が欠けた

slabbratura 女 1 傷口, 縁を欠くこと, 縁が欠けた部分

slacciare 他 〔io slaccio〕 1 ひもをほどく 2 ボタンを外す, (締めつけているものを)外す —*slacciare la camicia* シャツのボタンを外す —**arsi** 再 1 (身につけているもの)を外す, ひもをほどく 2 ほどける

slalom 男〔不変〕〔スポ〕回転競技, スラローム; (水上スキー・モトクロスなどの)スラローム; (サッカーの)ドリブル突破 2 (障害物を避けて)ジグザグに進むこと ▶ *slalom gigante* (スキーの)大回転競技

slalomista 男女〔複[男 -i]〕〔スポ〕スラローム競技選手

slam 男〔不変〕〔英〕(トランプのブリッジで)スラム

slanciare 他〔io slancio〕 1 前に伸ばす, 前に投げ出す 2 すらりとした姿に見せる, ほっそりと見せる —**arsi** 再 1 身を投げ出す —*slanciarsi contro un nemico* 敵に飛びかかる 2 高くそびえ立つ —*slanciarsi verso il cielo* 天高くそびえ立つ

slanciato 形 1 すらりとした —È *una ragazza slanciata.* 彼女はすらりとした女の子だ. 2 そそり立つ

slancio 男 1 跳躍, 飛躍 2 勢い, はずみ —*prendere lo slancio* 勢いをつける, はずみをつける; 助走する 3 熱情, 熱烈 —*con grande slancio* かなり熱烈に ▶ *di slancio* 勢いをつけて

slang 男〔不変〕〔英〕俗語, スラング; 隠語, 符丁

slapstick 男〔不変〕〔英・映・劇〕(喜劇役者が相手役を打つ)先の割れた打棒; ドタバタ喜劇, スラップスティック

slargare 他 広げる, 拡張する, 大きくする —**arsi** 再 広がる, 拡大される —*Il mio vecchio maglione si è slargato.* 私の古いセーターは伸びてしまった.

slargatura 女〔印〕(文字間の)あき, 余白

slargo 男〔複[-ghi]〕(道などで)広くなっている場所[空地]

slattare 他 離乳させる; 引き離す

slavato 形 1 色あせた, 退色した; (顔色の)青ざめた, 血の気のない 2 (絵画表現・散文などが)生気のない, さえない

slavina 女 (特に春の)雪崩(なだれ)

slavismo 男 1 汎スラブ主義 2 スラブ世界の慣習 3〔言〕スラブ起源の語(句)

slavistica 女 スラブ研究

slavizzare 他 スラブ化する —**arsi** 再 スラブ化する

slavizzazione 女 スラブ化

slavo 形 スラブ系[民族]の —男 1 〔女[-a]〕スラブ人 —*gli Slavi* スラブ民族 2〔単数のみ〕スラブ系の言語(ロシア語・チェコ語など)

slavofilia 女 スラブびいき

slavofilo 形 スラブびいきの —男〔女 [-a]〕スラブびいきの人

slavofobia 女 スラブ嫌悪の態度

slavofobo 形 スラブ嫌いの —男 〔女[-a]〕スラブ嫌いの人

slavofono 形 スラブ語を話す; スラブ語圏の —男〔女[-a]〕スラブ語の話者

sleale 形 1 不誠実な, 不実な 2 不正な, 不公平な —*gioco sleale*〔スポ〕反則, ファウル

slealmente 副 不誠実に, 不実にも; 不公平に, ずるく

slealtà 女 不誠実, 不実; 不正行為, 背信行為

slegare 他 解く, ほどく, 自由にする —*slegare un nodo* 結び目をほどく —**arsi** 再 ひもをほどく, 束縛から自由になる, (結び目・ひもなどが)解ける

slegato 形 1 ほどけた, 解けた 2 自由になった, 解放された —*Il cane slegato correva per i campi.* 放たれた犬は畑を駆け回っていた. 3 一貫性のない, 支離滅裂な

sleppa 女 1〔中伊・北伊〕平手打ち, 殴打; (サッカーなどの)強いキック 2 大量, 大きな塊

Slesia 固名(女) シレジア, シュレジエン (ポーランド南部の歴史的地域)

slip 男〔不変〕〔複数で〕パンツ, ブリーフ; (男性用の)海水パンツ

slitta 女 そり —*cane da slitta* そり犬

slittamento 男 1 スリップ; 滑ること 2 ずれ, 下落 —*slittamento del dollaro* ドルの下落 4 延期

slittare 自 [es] スリップする —*La macchina è slittata a causa della neve.* 雪のせいで車がスリップした. 2 [es] (本来の位置から)ずれる 3 [es] (株価などが)下落する 4 [es] 延期される —*La data del matrimonio è slittata di un mese.* 結婚式の日程が一か月延びた. 5 そりで滑る

slittino 男 1 (子供用の)小さなそり 2 〔スポ〕リュージュ

slivoviz 男〔不変〕スリボビッツ(スロベニアのブランデー)

slogan 男〔不変〕スローガン, 標語 —*slogan pubblicitari* 宣伝文句, キャッチフレーズ

slogare 他 脱臼させる —**arsi** 再 脱臼する

slogato 形 1 捻挫した, 脱臼した 2 (関節が)自由に動く, (動きが)しなやかな

slogatura 女 捻挫; 脱臼

sloggiare 他 〔io sloggio〕 1 (借家人を)立ち退かせる 2 (敵などを)追い払う —自 1 立ち退く 2 撤退する, 退去する

Slovacchia 固名(女) スロバキア(ヨーロッパ中部の内陸国; 正称スロバキア共和国)

slovacco 形〔複[男 -chi]〕スロバキア(人)の —男 1〔複[-chi]女[-a]〕スロバキア人 2〔単数のみ〕スロバキア語

Slovenia 固名(女) スロベニア

sloveno 形 スロベニア(人)の —男 1

slow 男〔不変〕〔英〕スロベニア人 2〔単数のみ〕スロベニア語

slow 男〔不変〕〔英〕スローテンポのダンス(曲)

slow-food 男〔不変〕〔英〕スローフード(運動)

slum 男〔不変〕〔英〕スラム街

smaccatamente 副 1 過度に, 誇張して 2 厚かましく, ずうずうしく

smaccato 形 1 甘すぎる —liquore *smaccato* 甘ったるいリキュール 2 誇張した, 大げさな, あからさまの —lusso *smaccato* これみよがしのぜいたく

smacchiare 他〔io smacchio〕染み抜きをする, 染みを落とす

smacchiatore 男 1 染み抜き剤 2〔女[-trice]〕染み抜き屋 —形〔女[-trice]〕染み抜き(屋)の

smacchiatura 女 染み抜き, 染み取り

smacco 男〔複[-chi]〕不名誉, 恥辱; 敗北, みじめな失態 —subire uno *smacco* 恥辱をこうむる

smagliante 形 1 光り輝く, まぶしい —sorriso *smagliante* まぶしい笑み 2 (色が)燃えるように鮮やかな —rosso *smagliante* 燃えるような赤

smagliare 他〔io smaglio〕1 (甲冑(かっちゅう)の)鎖などを)断ち切る, (編み目を)破る, 解く 2〔医〕線状皮膚萎縮を引き起こす —**arsi** 再 1 (織物が)裂ける, (ストッキングが)伝線する 2〔医〕線状皮膚萎縮になる

smagliato 形 破れた, (ストッキングが)伝線した

smagliatura 女 1 (ストッキングの)伝線, (織物などの)破れ 2〔医〕線状皮膚萎縮 3 中断, 分断

smagnetizzare 他 磁気を除く, 減磁する

smagnetizzatore 男 減磁器

smagnetizzazione 女〔物〕磁気を除くこと, 減磁

smagrimento 男 やせること, 減量

smagrire 他〔io -isco〕1 細らせる, げっそりさせる —La lunga malattia l'*ha smagrito*. 長い病が彼をやせ細らせた. 2 (土地を)やせさせる, (川などを)枯渇させる —自〔es〕やせる, 細くなる —**irsi** 再 やせる, 細くなる —Nonostante la dieta, non *si è smagrito*. ダイエットしたのに, 彼はやせなかった.

smaliziare 他〔io smalizio〕利口にする, 知恵をつける; 熟練させる —**arsi** 再 利口になる, ずるくなる; 精通する

smaliziato 形 世間ずれした, 抜け目のない, 精通した

small 形〔不変〕〔英〕スモールサイズの, 小さいサイズの —女〔不変〕スモールサイズ, 小

smallare 他 (クルミなどの)殻をとる, 皮をむく

smaltare 他 1 エナメルを塗る, ほうろうを引く; (陶器に)釉(うわ)薬をかける 2 色とりどりに飾る, 一面に輝く —**arsi** 再 1 マニキュアを塗る —*smaltarsi* le unghie マニキュアを塗る 2 一面を色とりどりに飾る

smaltato 形 エナメルを塗った; ほうろう引きの; 七宝焼きの

smaltatore 形〔女[-trice]〕エナメルを塗る, ほうろうを引く; 釉(うわ)薬をかける —男〔女[-trice]〕エナメル工, ほうろう工; 施釉工

smaltatrice 女〔写〕つや出し機

smaltatura 女 1 エナメルを塗ること, ほうろう引き; 施釉(せゆう) 2〔写〕つや出し

smalteria 女 エナメル工場〔工房〕

smaltibile 形 1 消化のよい 2 回答できる 3 売り切れる 4 廃品の

smaltimento 男 1 消化, 嚥下(えんげ) 2 完売, 在庫一掃 3 廃棄

smaltire 他〔io -isco〕1 消化する, 飲み下す —cibo difficile da *smaltire* 消化しにくい食べもの 2 すばやく処理する, 手早く片づける —*smaltire* le pratiche 手続きを済ませる 3 (怒りなどを)鎮める, なだめる 4 売り尽くす, 使い果たす 5 取り除く, 排水する

smaltista 男女〔複[男 -i]〕エナメル工, ほうろう工; 施釉(せゆう)工

smaltitoio 男 1 排水路, 放水路 2 病室用の簡易トイレ

smaltitore 形〔女[-trice]〕排水溝の, 放水路の; 汚物処理の —男〔女[-trice]〕排水係; 汚物処理係

smalto 男 1 エナメル; ほうろう; 七宝焼き 2 マニキュア(smalto per unghie) —mettersi lo *smalto* マニキュアを塗る 3 (歯の)エナメル質 4 輝き, 活気

smammare 自《口》ずらかる, 立ち去る, 離れる

smanacciare 自〔io smanaccio〕《口》大げさに手を振る, 身ぶりが大きい —他 下手に扱う, うまく使えない

smanacciata 女 手ぶり; 下手に扱うこと

smanceria 女〔複数で〕気取ること, しな, きざな態度

smanceросamente 副 気取って, わざとらしく, しなをつくって

smanceroso 形 気取った, きざな, しなをつくった

smanettare 自〔隠〕(若者が)オートバイをふかす; バイクで突っ走る

smangiucchiare 他〔io smangiucchio〕《口》少しずつかじる, ぼそぼそ食べる

smania 女 1 動揺, 不安, 苛(いら)立ち —essere preso dalle *smanie* 苛立っている 2 渇望, 熱望

smaniare 自〔io smanio〕1 苛立つ, 動揺する 2 強く願う, 熱望する —*smaniare* di fare carriera どうしても出世したい

smanicare 他〔io smanico〕取っ手〔柄〕をはずす

smaniosamente 副 熱望して; 熱心に, ひたむきに

smaniosità 囡 動揺; 不安; 苛立ち

smanioso 厖 **1** 苛立った; 不安を抱いた; 動揺した —attesa *smaniosa* いらいらさせる待ち時間 **2** 渇望する, 熱望する — È *smanioso* di partire. 彼は出発したくてたまらない.

smantellamento 男 (建物の)取り壊し, 撤去; (制度・法律などの)廃止; 論破

smantellare 他 **1** (要塞などの)防壁を取り除く[取り壊す]; 設備を撤去する **2** 組織を解散させる **3** (学説などの)根拠をくずす

smargiassata 囡 大ぼら, 大言壮語, 強がり

smargiasso 男 [女[-a]] ほら吹き, はったり屋

smarginare 他 [io smargino] (製本で)断裁する —自 [印] (イラストが)版面からはみ出す

smarginato 厖 **1** (製本で)縁を落としすぎた **2** [印] (イラストが)版面からはみ出た **3** [植]葉がぎざぎざの

smarginatura 囡 **1** (製本の仕上げの)断裁 **2** [印] (イラストが)はみ出ること **3** [植](葉の先端の)小さな切り込み

smarribile 厖 紛失しやすい, なくしやすい

smarrimento 男 **1** 紛失, 遺失 **2** 道に迷うこと **3** おろおろする[うろたえる]こと

smarrire 他 [io -isco] 紛失する, なくす; (道などに)迷う —*smarrire* le chiavi 鍵を紛失する / *smarrire* i sensi 気絶する / *smarrire* la strada 道に迷う —自 [es] [文]色あせる —**irsi** 再 **1** 道に迷う **2** おろおろする, うろたえる

smarrito 厖 **1** 紛失した, 置き忘れられた **2** 道に迷った **3** うろたえた ▶ ***ufficio oggetti smarriti*** 遺失物取扱所

smarronare 自《隠》軽率な間違いをおかす; ちぐはぐなことをする[言う] —他《俗》煩わす, うんざりさせる —**arsi** 再《俗》うんざりする

smartellare 他《口》ハンマーで打つ

smascellarsi 再 顎(あご)が外れる —*smascellarsi* dalle risate 顎が外れるほど大笑いする

smascheramento 男 仮面をはぐこと; (正体の)暴露, 発覚

smascherare 他 [io smaschero] 正体を暴く —**arsi** 再 本性を現す, 正体が暴かれる

smash 男 [不変][英・スポ](テニスの)スマッシュショット

smaterializzare 他 非物質的にする, 実体をなくす —**arsi** 再 非実体化される, 精神化される

smaterializzazione 囡 脱物質化, 精神化

smattonare 他 (レンガを)取り外す, (レンガ舗装を)解体する, 壊す

smazzare 他 **1** (紙の束を)解く **2** (トランプの)カードを配る

smazzata 囡 (トランプの)カードを配ること; 配られるカード

SME 略 Sistema Monetario Europeo 欧州通貨制度

smembramento 男 (手足の)切断, 分割; 破壊

smembrare 他 ばらばらにする, 分解する, 解体する —**arsi** 再 分解する, 解体する, ばらばらになる —La famiglia *si è smembrata*. 家族がばらばらになった.

smemorataggine 囡 忘れっぽさ, 記憶力の喪失, 健忘

smemoratezza 囡 喪心, うっかりすること

smemorato 厖 記憶をなくした; 健忘症の; 忘れっぽい, ぼんやりした

smentire 他 [io -isco] **1** (他人の)嘘を暴く, (情報などを)間違いだと言う, 否定する **2** (自供や証言を)翻す, 撤回する **3** (評判や期待を)裏切る —**irsi** 再 前言を翻す; 自分の嘘を認める

smentita 囡 否定, 否認; 前言撤回, 反証

smeraldino 厖 エメラルドの; エメラルドグリーンの

smeraldo 男 **1** エメラルド **2**[不変]エメラルドグリーン —厖[不変]エメラルド色の

smerciabile 厖 売れる, 市場向きの

smerciare 他 [io smercio] (小売で)売る, 売り払う

smercio 男 販売, 売却

smerdare 他 **1**《俗》糞便でよごす, 糞まみれにする; 汚くする, よごす **2**《俗》恥をかかせる, 面目を失わせる —**arsi** 再 **1**《俗》糞まみれになる **2** 面目を失う

smerdata 囡 **1**《俗》糞まみれ, よごれること **2**《俗》不名誉

smergo 男 [複 [-ghi]][鳥]アイサ

smerigliare 他 [io smeriglio] エメリー[金剛砂]で磨く, エメリー[金剛砂]でつやを消す —*smerigliare* il vetro すりガラスにする

smerigliato 厖 エメリー[金剛砂]で処理した, (表面の)つや消しを施した —*vetro smerigliato* すりガラス

smerigliatore 男 [女[-trice]] 研磨工

smerigliatrice 囡 研磨機, グラインダー, 細工機

smerigliatura 囡 **1** (エメリー[金剛砂]による)研磨, (ガラスなどの表面の)つや消し加工 **2**[織]起毛

smeriglio 男 **1**[鉱]エメリー, 金剛石 **2** エメリー粉[金剛砂]

smerlare 他 スカラップステッチをかける

smerlato 厖 スカラップステッチをかけた

smerlatura 囡 (刺繍の)スカラップステッチをかけること

smerlettare 他 スカラップステッチをかける(smerlare)

smerlo¹ 男 スカラップステッチ

smerlo² → smeriglio

smesso smettere の過分

***smettere** [ズメッテレ] [65] 他 [過分

smesso) 1 やめる; 使うのをやめる 2 (di +不定詞)…するのをやめる《非人称動詞にも》 —Non *smette* mai di parlare. 彼の話は止まらない. / *smettere* di bere 飲酒をやめる / Ha *smesso* di piovere [nevicare]. 雨[雪]が止んだ. —自 (雨や雪が)降り止む —La pioggia non *smette*. 雨が降り止まない. ▶ ***smettila!*** やめろ, いい加減にしろ

smezzare 他 1 二等分する —*smezzare* il pane パンを半分に分ける 2 半分消費する —**arsi** 再 半分になる

smidollare 他 1 髄を抜く; 芯[中身]を抜き取る 2 体力[気力]を奪う —**arsi** 再 体力[気力]がなくなる, 衰弱する

smidollato 形 1 髄を抜かれた 2 体力[気力]を喪失した, 衰弱した —男〔女 [-a]〕無気力な人

smielare 他 (ミツバチの巣から)蜜を採る

smielatore 男 ハチミツ遠心分離機

smielatura 女 ハチミツ採取; ハチミツ採取の季節

smilitarizzare 他 1 非武装化[非軍事化]する; 武装解除する 2 除隊する

smilitarizzazione 女 1 非武装化, 非軍事化; 武装解除 2 除隊

smilzo 形 1 やせた, 細い 2 (論文などが)貧弱な, 地味な

sminare 他 地雷[機雷]を撤去する

sminatore 男〔女 -trice〕地雷[機雷]撤去作業員

sminuire 他 [io -isco] 減らす, 少なくする; 価値を下げる, 小さくする —自 [es] 減る, 少なくなる, 小さくなる —**irsi** 再 軽く見られる, 卑下する

sminuzzamento 男 細かく切り刻むこと, 粉々にすること, 細分化, 徹底調査

sminuzzare 他 細かく切り刻む, 粉々にする; 細分化する, 詳しく調べる —**arsi** 再 粉々に砕ける

sminuzzatura 女 細かく切り刻むこと; 破片

sminuzzolare 他 [io sminuzzolo] 粉々にする, 粉砕する —**arsi** 再 粉々に砕ける

smise smettere の直・遠過・3 単

smistamento 男 (郵便物の)区分け, 仕分け, 選別, 分類; (列車の)操車

smistare 他 1 (郵便物を)区分けする, 仕分ける, 分類する 2 (列車を)操車する

smistatore 男〔女 -trice〕郵便区分[仕分け]の —男 1〔女 -trice〕郵便仕分け係 2 郵便区分機

smistatrice 女 郵便区分機

smisuratamente 副 計り知れないほど莫大に; すごく, 非常に

smisuratezza 女 計り知れないこと, 巨大, 無限

smisurato 形 1 計り知れない, 途方もない, とてつもない 2 巨大な, 広漠たる, 莫大な

smitizzare 他 脱神話化する, 神聖さを奪う; 現実的な[客観的な]評価をする

smitizzazione 女 脱神話化; 現実的な[客観的な]評価

smobiliare 他 [io smobilio] 家具を取り払う

smobilitare 他 [io smobilito] 1 (軍隊が)解除される, (兵士が)復員する 2 静める —自 1 解隊[除隊]する 2 閉鎖する, やめる

smobilitazione 女 1 動員解除, 除隊, 復員 2 鎮静

smoccolare 他 [io smoccolo] 1 (ろうそくの)芯を切る 2《俗》鼻水を拭く —自 1 ろうそくが垂れる 2《俗》鼻水が垂れる; 悪態をつく

smoccolatoio 男 (ろうそくの)芯切りばさみ

smoccolatura 女 1 (ろうそくの)芯を切ること; 燃えた芯 2 (垂れた)ろう

smodatamente 副 過度に, 度を越して

smodatezza 女 過度, 節度のなさ, 法外なこと

smodato 形 過度の, 節度のない —essere *smodato* nel bere [nello spendere] 大酒のみ[浪費家]である

smoderatamente 副 過度に, 極端に, 節度を欠いて

smoderatezza 女 過度, 節度のなさ; 不穏当な行為[態度]

smoderato 形 度を越した, 極端な, 節度を欠いた

smog 男《不変》スモッグ

smoking 男《不変》タキシード

smollare¹ 他《口》緩める —**arsi** 再《口》緩む

smollare² 他《隠》譲る, 放棄する

smollicare 他 細かく砕く, 粉々にする —**arsi** 再 (パンを)細かくちぎる

smonacare 他 [io smonaco] (修道院から)還俗させる, 修道服を脱がせる —**arsi** 再 (修道院から)還俗する, 修道服を脱ぐ

smonacato 形 還俗した, 修道服を脱いだ —男〔女 [-a]〕還俗した人, 修道服を脱いだ人

smontabile 形 解体できる, 分解可能な

smontaggio 男 解体, 分解, 取り外し

smontare 他 1 解体する, 分解する 2 (理論などを)覆す, 反証する 3 がっかりさせる —Il risultato mi *ha smontato*. その結末は私をがっかりさせるものだった. 4《口》下車させる, (乗り物から)降ろす —自 1 [es] (乗ったものから)降りる —*smontare* dal tram 路面電車から降りる 2 [es] 非番になる —Oggi *smonto* a mezzogiorno. 今日は正午で仕事があがる. 3 [es/av] (泡立てたものが)液状になる

smontatore 男〔女 [-trice]〕解体者; 取り外し工

smorfia 女 1 (苦痛や不快感で無意識に)顔をしかめること; (意識的な)しかめっ

smorfiosamente 副 気取って, 愛想笑いをして

smorfiosità 女 気取った態度

smorfioso 形 媚(こ)を売る, 愛想笑いをする —sorrisi *smorfiosi* 愛想笑い, つくり笑い 2 傲慢な, 気難しい 3 〔行為・態度が〕気取った, わざとらしい

smorire [67] 自 [es] [過分 smorto] 《文》青ざめる, 血の気を失う; 生気を失う

smorto 形 [過分＜smorire] 1 青ざめた, 血の気のない; 色あせた, ぼんやりした 2 輝きのない, 生彩を欠いた —occhi *smorti* 生気のない目

smorzamento 男 1 鎮静, 緩和 2 〔物〕減衰

smorzando → decrescendo

smorzare 他 1 和らげる, 緩和する, 鎮める —*smorzare* la luce 明かりを弱くする 2 [スポ]〔テニスで〕ドロップショットする; 〔卓球・バレーボールで〕プッシュする 3 〔物〕減速させる —**arsi** 再 1 弱まる, 緩和する; 静まる, 消える 2 〔物〕減速する

smorzata 女 [スポ]〔テニスの〕ドロップショット; 〔卓球・バレーボールの〕プッシュ

smorzato 形 1 緩和した, 弱められた; 鎮められた 2 ぼかされた

smorzatore 男 1 〔機〕ショックアブソーバー, 緩衝装置, 制動装置 2 〔音〕〔ピアノの〕ダンパー, 消音装置, 弱音器

smorzatura 女 〔音を〕徐々に音を弱めてゆくこと

smosse smuovere の直・遠過・3 単

smosso 形 [過分＜smuovere] 1 移された, 動かされた 2 耕されたばかりの

smottamento 男 地滑り, 山〔がけ〕崩れ

smottare 自 [es] 山崩れする, 地滑りする

smovere 《文》→ smuovere

smozzicare 他 [io smozzico] 1 細かくちぎる, 粉々にする 2 〔言葉が〕はっきり発音されない, おぼつかない発音をする

SMS 略 [英]Short Message Service ショートメッセージサービス, テキストメッセージ, SMS

smungersi [58] 再 [過分 smunto] やつれる, 憔悴(しょうすい)させる

smunse smungere の直・遠過・3 単

smunto 形 [過分＜smungere] 1 疲れ果てた, やつれた 2 青ざめた: 色あせた

smuovere [68] 他 [過分 smosso] 1 少し動かす, ずらす 2 〔砂や土を〕掘り返す 3 〈人を〉動かす 4 〈人を〉翻意させる —**ersi** 再 1 移動する 2 翻意する 3 〔世論が〕動く

smurare 他 壁を壊す, 〔建物の〕土台を取り壊す

smussamento 男 1 〔角・先端を〕丸くすること, 丸くした角〔先端〕 2 緩和, 軽減

smussare 他 1 〔角・先端を〕丸くする, 〔刃を〕鈍くする 2 緩和する, 和らげる —**arsi** 再 1 〔角・先端が〕丸くなる, 〔刃が〕鈍くなる 2 緩和する, 和らぐ

smussatura 女 〔角・先端を〕丸くすること, 〔刃を〕鈍くすること

smusso 男 面取り, 丸くした角〔先端〕

snack 男 [英]間食, おやつ; 軽食

snaturare 他 悪くする, 本性を変える; 変形する, 歪(ゆが)曲する —La brama di potere *snatura* l'uomo. 権力への強い願望が人を変える. —**arsi** 再 ゆがむ, 堕落する; 変質する

snaturatezza 女 悪化すること; 非道な行動〔態度〕

snaturato 形 ゆがんだ, 変質した; 非人間的な, 非道な; 残忍な —男［女 -a] 堕落した人, 非道な人

snazionalizzare 他 民族性［国民性］を奪う

snazionalizzazione 女 民族性［国民性］の剥奪

SNC 略 Società in Nome Collettivo 合弁会社

snebbiare 他 [io snebbio] はっきりさせる, 明瞭にする —*snebbiare* il cervello 頭をすっきりさせる —**arsi** 再 1 〔視界が〕はっきりする 2 〔頭が〕すっきりする, 〔考えが〕明瞭になる

snellente 形 ほっそりした; 〔施術・製品が〕痩身の, やせさせる

snellezza 女 1 ほっそり［すらり］としていること 2 軽やかさ; 簡潔さ 3 優美さ

snellimento 男 1 ほっそり［すらり］としていること, 痩身 2 簡素化, 軽減

snellire 他 [io -isco] 1 ほっそりさせる, きゃしゃに見せる 2 合理化する, 簡素化する —**irsi** 再 1 ほっそりする, スマートになる 2 スムーズになる, 速くなる

snello 形 1 軽快な, 軽やかな 2 すらりとした〔細身で長身〕 3 〔建物や木が〕高くてほっそりとした 4 簡潔な, 飾り過ぎない 5 軟便化した, 効率をアップさせた

snervante 形 気力〔体力〕を奪う, ひどく疲れさせる

snervare 他 1 気力〔体力〕を奪う, 衰弱させる, 疲労させる 2 〔肉の〕筋を柔らかくする —**arsi** 再 気力〔活力〕を失う, 衰弱する

snervatezza 女 1 衰弱, 疲労困憊(はい) 2 無気力

snervato 形 1 疲労困憊(はい)した 2 無気力な; 力のない

snidabile 形 1 巣〔穴〕から追い出される 2 捉えやすい, 見つかりやすい

snidare 他 1 巣〔穴〕から追い出す —I cani non sono riusciti a *snidare* la lepre. 犬たちは野ウサギを穴から追い出せなかった. 2 追い払う, 移動させる

sniffare 他 1《口》匂いをかぐ 2《隠》麻薬をかぐ

sniffata 女 匂いをかぐこと;《隠》麻薬をかぐこと

sniffo → sniffata

snob 形 [不変] スノッブの, 上流気取り

snobbare の, 俗物の ―**男女**〖不変〗スノッブ, 俗物

snobbare 他 **1** 鼻であしらう, 見下す **2** 無関心を装う

snobismo 男 スノビズム, 俗物根性; 上流気取りの行為[態度]

snobisticamente 副 俗物根性で; 上流気取りで

snobistico 形〖複[男 -ci]〗スノッブの, 俗物根性の, 上流気取りの

snocciolare 他〔io snocciolo〕**1** 種を取り除く **2**〔口〕(秘密などを)べらべらしゃべる, 一気にしゃべりまくる **3**〔口〕気前よく支払う

snocciolatoio 男 種抜き器

snocciolatura 女 種抜き作業

snodabile 形 **1**(結び目を)解ける, ほどける **2** 調節できる

snodabilità 女 **1**(結び目が)解けること, ほどけること **2**(回り継ぎ手で)自在になること

snodare 他 **1**(結び目を)ほどく, 解く; (関節を)柔軟にする, 伸ばす ―*snodare un fazzoletto* ハンカチの結び目をほどく **2**(回り継ぎ手で)自在に動くようにする, 調節可能にする ―**ersi** 再 **1** 解ける, ほどける **2** 曲がりくねる **3**(回り継ぎ手で)自在に動く

snodato 形 **1**(結び目が)解けた, ほどけた **2** 合流点のある **3** 動きが自在な

snodo 男 〔機〕回り継ぎ手, 継ぎ目; ジャンクション ―*snodo autostradale* 高速道路のジャンクション

snorkeling 男〖不変〗〔英・スポ〕シュノーケリング

snowboard 男〖不変〗〔英・スポ〕スノーボード, スノーボード競技

snowboardista 男女〖複[男 -i]〗スノーボーダー

so sapere の直・現・1 単

so- → sotto-

soap opera 感(女)〔英〕(テレビ・ラジオの通俗的)連続ドラマ

soave[1] 形 心地よい, 甘美な ―*voce soave* 優しい声

soave[2] 男 ソアヴェ(ヴェローナ地方の辛口ワイン)

soavemente 副 優しく, 心地よく, 甘美に

soavità 女 甘美さ, 穏やかさ; 優しさ, 柔和さ

sobbalzare 自 **1** バウンドする, 跳ね返る; がたがた揺れる ―*L'auto sobbalzava sull'asfalto sconnesso.* 車はがたがたのアスファルト道を揺れながら走っていた. **2** 飛び上がる, びくっとする

sobbalzo 男 **1** バウンド, 急激な振動; がたがた揺れること **2** はっとすること, びくっとすること

sobbarcarsi 再 負う, 被る, 受ける

sobbollire 自 **1** 波立つ **2**《文》沸き立つ

sobborgo 男〖複[-ghi]〗(都市の)周辺部, 郊外

sobillare 他 煽(ホォ)る, そそのかす

sobillatore 男〖女[-trice]〗扇動者, アジテーター ―形〖女[-trice]〗扇動的な, 刺激的な

sobillazione 女 扇動, そそのかすこと

sobriamente 副 控えめに, つつましく

sobrietà 女 **1**(飲食の)節制, 節度 **2**(生活の)質素, 地味

sobrio 形 **1** 質素な, 地味な **2** 節度ある, 控え目な **3** しらふの, 酔っていない

Soc. 略 società 会社

socchiudere [18] 他〔過分 socchiuso〕**1**(窓などを完全に閉めずに)少しだけ開けておく **2**(目や口を)わずかに開ける ―**ersi** 再 わずかに開く, 半開きになる

soccida 女〔法〕(家畜の)委託飼育契約

soccombente 形 負けた, 屈服した; 〔法〕敗訴した ―男女 敗者

soccombere 自[es] **1** 負ける, 屈する, 服従する **2**〔法〕敗訴する **3** 死ぬ

soccorrere [25] 他〔過分 soccorso〕助ける, 救う ―自 **1**《文》救助する, 援護する **2**[es]《文》記憶によみがえる, 心に浮かぶ

soccorritore 男〖女[-trice]〗救助[救出]者 ―形 救援の, 救助[救出]の

soccorse soccorrere の直・遠・過・3 単

soccorso 男 救助, 救援; 援助 ― *Sono arrivati i soccorsi.* 救助隊が到着した. ▶ *pronto soccorso* 救急病院

soccoscio 男 (牛の)内股(ホォ)肉

sociabilità 女 社会的交渉, 社会的結合

socialcomunismo 男 **1** マルクス主義的政治勢力 **2**〔歴・政〕社会・共産主義者同盟

socialcomunista 形〖複[-i]〗**1** マルクス主義勢力のシンパの **2** 社会・共産主義者同盟の ―男女〖複[男 -i]〗社会・共産主義者

socialdemocratico 形〖複[男 -ci]〗社会民主主義の; イタリア社会民主党の ―男〖複[-ci]女[-a]〗社会民主主義者; イタリア社会民主党員

socialdemocrazia 女 社会民主主義

sociale [ソチャーレ] 形 **1** 社会的な, 社会の(ための) ―*L'uomo è un animale sociale.* 人間は社会的動物である. / *servizi sociali* 社会事業, 公共事業 / *stato sociale* 福祉国家 **2** 会社の ―*ragione sociale* 会社名, 屋号 / *capitale sociale* 資本金 **3** 団体の, 協会の ―*gita sociale* 団体旅行

socialismo 男 社会主義; 社会主義勢力

socialista [ソチャリスタ] 男女〖複[男 -i]〗社会主義者 ―形〖複[男 -i]〗社会主義の

socialistico 形〖複[男 -ci]〗社会主義的な, 社会主義者の, 社会党系の

socialistoide 男女《蔑》(表面的な)

社会主義者もどき ―形 社会主義かぶれの

socialità 囡 社交性, 交際好き; 社会性, 群居性

socializzabile 形 1 社会化できる; 共有可能 2 公営[国営]化できる

socializzare 他 1 公営[国営]化する 2 社会化する ―自 適応する, 仲間になる ―**arsi** 再 1 公営[国営]化される 2 社会化される, 社会適応する

socializzazione 囡 1〔経〕公営[国営]化 2 社会化, 社会適応

socialmente 副 社会的に, 社会生活において

*__società__ [ソチエタ] 囡 1 社会 ―società moderna 現代社会 / alta società 上流社会 2 会社 3 協会, 団体 ―società culturale [sportiva] 文化[スポーツ]団体 4 社会階層; 同じ階層のグループ ► *società per azioni* 株式会社〔略 S.p.A., Spa〕

societario 形 会社の; 協会[団体]の

socievole 形 社交的な, 友好的な ―È poco *socievole*. 彼は付き合いが悪い.

socievolezza 囡 社交好き, 人付き合いのよさ

socinianesimo 男〔歴・宗〕ソチーニ派の教義

sociniano 形 ソチーニ派の ―男〔女[-a]〕ソチーニ派教徒

socio 男〔女[-a, 複 -cie]〕1 会員, メンバー 2《文》友, 仲間 3《俗》悪い仲間, 共犯 ► *ingresso riservato ai soci* 会員以外入場お断り

socio- 接頭「社会」の意

socioassistenziale 形 社会福祉の

sociobiologia 囡〔生物〕社会生物学

socioculturale 形 社会文化の

sociodramma 男〔複[-i]〕〔心〕ソシオドラマ, 社会劇

socioeconomico 形〔複[男 -ci]〕社会経済の

sociogenesi 囡〔不変〕社会発生(社会的要素による現象や事件の起源)

sociogramma 男〔複[-i]〕ソシオグラム(成員相互間の関係図)

sociogruppo 男 社会集団

socioletto 男〔言〕階級方言

sociolinguista 男女〔複[-i]〕社会言語学者

sociolinguistica 囡 社会言語学

sociolinguistico 形〔複[-ci]〕社会言語学的な

sociologia 囡 社会学

sociologico 形〔複[男 -ci]〕社会学的な

sociologo 男〔複[-gi]女[-a]〕社会学者

sociometria 囡 ソシオメトリー, 社会測定法

sociopolitico 形〔複[男 -ci]〕社会政治的な

sociosanitario 形 公共保健衛生事業の

socioterapia 囡〔心〕社会療法

Socrate 固名〔男〕ソクラテス(前 470 または 469-399; ギリシャの哲学者)

socratico 形〔複[男 -ci]〕ソクラテスの, ソクラテス哲学の ―男〔複 -ci〕女[-a]〕ソクラテス派の人

soda 囡〔化〕炭酸ナトリウム; ソーダ水

sodaglia 囡 未開墾地, 未耕作地

sodalizio 男 1 会, 協会, 団体, 組合 2〔古代ローマの〕宗教[政治]結社 3 連帯, 深い絆[友情]

sodare 他 1 縮絨(ʝ)する 2 水酸化ナトリウムを入れる

sodato 形 ソーダ水を入れた

sodatore 男〔女[-trice]〕〔織〕(主にフェルト製造の)縮絨(ʝ)工

sodatrice 囡〔織〕縮絨(ʝ)機

sodatura¹ 囡〔織〕縮絨(ʝ)

sodatura² 囡〔化〕水酸化ナトリウムの混合

soddisfacente 形 満足する, 申し分のない, 満足すべき

soddisfacentemente 副 満足げに, 申し分なく

soddisfacibile 形 満足させられる

soddisfacimento 男 満足, (欲望・必要などの)実現

*__soddisfare__ [ソッディスファーレ] [107] 他〔過分 soddisfatto〕1 満足させる ―*soddisfare* i clienti 顧客を満足させる 2 (要求などを)満たす, かなえる ―*soddisfare* l'appetito 食欲を満たす ―**arsi** 再 満足する

soddisfà, soddisfa soddisfare の直・現・3 単

soddisfatto 形〔過分＜ soddisfare〕(di) 満足した, 満ち足りた ―È *soddisfatto* di ciò che ha fatto. 彼は自分がしたことに満足している.

*__soddisfazione__ [ソッディスファツィオーネ] 囡 1 満足(感) 2 (要求などを)満たすこと

soddisfece soddisfare の直・遠過・3 単

sodezza 囡 1 堅固 2 (筋肉などの)引き締まり

sodico 形〔複[男 -ci]〕〔化〕ナトリウムの, ナトリウム含有の

sodio 男〔化〕ナトリウム

sodo 形 1 (体が)がっちりとした, 引き締まった 2 (土地が)開墾されていない, 固い 3 (果実などが)密に詰まった; (スープなどが)濃い ―uovo *sodo* ゆで卵 ―男 1 未開墾の土地 2《口》(経済的に)堅実なもの, 富, 資産 3《口》問題[議論]の核心 ―venire al *sodo* 事の核心に入る, 本題に入る ―副 1 ぐっすりと 2 頑張って, 一生懸命に

sodoku 男〔不変〕〔日・医〕鼠(ᵉ)毒

Sodoma 固名〔男〕 (il ～) ソドマ(1477-1549; イタリアの画家. 本名 Giovanni Antonio Bazzi)

sodomia 女 1 肛門性交 2 男色
sodomita 男[複[-i]] ゲイ, ホモセクシュアル
sodomítico 形[複[-ci]] ゲイの, ホモセクシュアルの
sodomizzare 他 ホモセクシュアル行為をさせる
sodomizzazione 女 ホモセクシュアル行為
sofà 男 ソファー
‡**sofferente** [ソッフェレンテ] 形 1 病身の 2 苦しんでいる ―男女 病人; 苦しむ人
sofferenza 女 苦しみ, 苦痛 ► cambiale in sofferenza 不渡り手形
sofferire → soffrire
soffermare 他 (少しの間)引き止める, 遮る ―soffermare il passo 足を止める / soffermare lo sguardo su un particolare 細部に視線を止める ―**arsi** 再 1 立ち止まる, 止まる 2 ぐずぐずする, こだわる ―Non vale la pena soffermarsi su questi dettagli. このような細部にこだわってもしょうがない.
sofferse soffrire の直・遠過・3 単
sofferto 形[過分＜soffrire] 1 苦しめられた, 病んだ; 苦渋の, 苦労の末の ―un'esperienza sofferta 苦しい経験 2 《文》よく耐える, 我慢強い
soffiante 女[機]ガス圧縮機, ガスコンプレッサ; エアーコンプレッサー ―形 吹く, 送風の
soffiare 自 [io soffio] 1 息を吹きかける; (楽器を息で)吹く, 鳴らす ―soffiare su una candela ろうそくの火を吹き消す 2 息を切らす; 大きなため息をつく, 鼻を鳴らす ―Soffio salendo le scale. 階段をのぼると息が切れる. / I gatti soffiano. 猫がフーッと言う. 3 (風が)吹く ―Il vento soffia da nord. 北から風が吹く. ―他 1 (タバコの煙を)吐く ―soffiare il fumo in faccia a... (人)の顔に向かってタバコの煙を吐く 2 (道具で空気を)吹く, 風を起こす 3 吹き消す, 吹き飛ばす ► soffiarsi il naso (思いきり)鼻をかむ
soffiata 女 1 (強く)吹くこと, 一吹き; 一陣の風 ―dare una soffiata sul fuoco 火に一吹きする 2 《隠》たれこみ, 密告, スパイ行為
soffiato 形 1 吹いた, 吹き飛ばされた 2 吹き入れ法で作られた
soffiatore 男《隠》たれこみ屋, スパイ
soffiatura 女 1 吹くこと, 送風 2 (ガラスの)吹き入れ法, (空気の)送入 3〔金〕ブローホール, 空洞
soffice 形 1 柔らかい, ふんわりした ―cuscino soffice 柔らかい枕 2 柔軟な 3 (明かりが)淡く広がった; (音が)弱い, 柔かな
sofficità 女 柔らかいこと, 柔軟
soffieria 女 1〔金〕(炉の)ふいご, 送風装置 2 吹きガラス工場[工房]
soffietto 男 1 小型のふいご, (炉の)送風器, 噴霧器 2 蛇腹, (車両をつなぐ)幌 3 (新聞などの)提灯持ちの記事 ► porta a soffietto 折り畳み式ドア; 折り戸
soffio 男 1 息で吹くこと 2 (風が)吹くこと ―soffio di vento そよ風 3 霊感, ひらめき ► in un soffio 一瞬にして soffio al cuore [医]心雑音, 異常心音
soffione 男 1〔地質〕噴気孔 2〔植〕タンポポ 3 (金属製の)火吹き筒 4《隠》密告者, スパイ
soffitta 女 屋根裏部屋(abbaino)
soffittare 他 天井を張る
soffittatura 女 天井張り; 天井張り構造
soffitto 男 1 天井 2 [スポ](登山の)オーバーハング 3 (航空機の)上昇限度
soffocabile 形 窒息させる; 消せる; 抑圧できる ―fiamma difficilmente soffocabile なかなか消せない炎
soffocamento 男 1 窒息; 息苦しさ, 鎮圧, 抑圧 2 [スポ]締め技
soffocante 形 1 息苦しい, 息が詰まるような, 蒸し蒸しする ―caldo soffocante 息が詰まるような蒸し暑さ 2 口うるさい; 抑圧的な
‡**soffocare** [ソッフォカーレ] 他 [io soffoco] 1 息苦しくさせる; 窒息させる 2 (物を覆って火を)消す ―soffocare un incendio 火事を消す 3 (感情を)押し殺す ―soffocare l'ira 怒りを抑える 4 (反乱を)鎮圧する 5 (植物の)成長を妨げる ―自 [es]息が詰まる; 窒息死する ―**arsi** 再《口》(事故や自殺で)窒息死する
soffocato 形 窒息した; 押し殺した, 抑制した ―gemito soffocato 低いうなり声
soffocatore 男[女[-trice]]鎮圧者
soffocazione 女 1 息が詰まること, 窒息 2 (製糸作業の)殺蛹(s)
soffoco 男[複[-chi]] 1《俗》ひどく蒸し暑いこと, うだるような暑さ 2 息苦しさ
soffondere [55] 他[過分 suffuso] (一面に)広げる, 撒き散らす ―**ersi** 再 1 (さっと一面に)広がる; ほんのり色づく 2 染み込む, 満たされる
soffregare 他 軽くこする ―**arsi** 再 軽くこすり合わせる, 摩擦する
soffriggere [57] 他〔過分 soffritto〕(料理で)軽く炒(い)める ―自 1 弱火で軽く炒められる ―La cipolla soffrigge nella padella. タマネギがフライパンで軽く炒められる. 2 ぶつぶつ言う, じりじりする
‡**soffrire** [ソッフリーレ] [72] 自 [過分 sofferto] 1 苦しむ 2 (di)…を患う ―Io soffro d'insonnia. 私は不眠症を患っている. 3 (作物などが)被害を受ける ―Le piante hanno sofferto per la siccità. 植物が干ばつの被害を受けた. ―他 1 …に苦しむ[苦しめられる]; …の苦しみを味わう 2 耐え忍ぶ ―Non posso soffrire la sua arroganza. 私は彼の傲慢な態度が耐えられない. 3 (車などに)酔う ―soffrire il mal d'auto 車に酔う 4 (寒

soffritto さなどの)被害を受ける —Gli olivi *hanno sofferto* il freddo. オリーブが冷害を被った.

soffritto 形《過分 < soffriggere》軽く炒(いた)めた, 軽く揚げた ——男《料》ソッフリット

soffuso 形《過分 < soffondere》 **1** (一面に)広がった, 散らばった **2**（喜び·怒りなどの感情に)満ちた ——*parole soffuse di tristezza* 悲しみに満ちた言葉

Sofia¹ 固名《女》《女性名》ソフィーア, ソフィア

Sofia² 固名《女》ソフィア(ブルガリア共和国の首都)

-sofia 連尾「学問」「知識」の意

sofisma 男《複[-i]》《哲》弁(ペン); こじつけ, へりくつ

sofista 男女《複[男 -i]》《哲》ソフィスト, 詭(キ)弁学派; 詭弁を弄する人, へりくつ屋

sofistica 女《哲》詭(キ)弁法; 詭弁, へりくつ, こじつけ

sofisticabile 形 偽造[変質]されうる

sofisticamente 副 詭(キ)弁を弄し, こじつけて

sofisticare 自〔io sofistico〕 **1** 詭(キ)弁を弄する, へりくつをこねる, こじつける **2** けちをつける ——他 (食品などに)不純物を混入する

sofisticatamente 副 凝って, 精巧に

sofisticato 形 **1** 混ぜ物をした, 不純物を加えた ——*vino sofisticato* 混ぜ物をしたワイン **2** 凝りすぎた, 洗練されすぎた, わざとらしい **3** (機械·設備などが)精巧な

sofisticatore 男《女[-trice]》 **1** 詭(キ)弁を弄する人, へりくつ屋 **2** (食品などに)混ぜ物する人, 偽装者

sofisticazione 女 不純物の添加, 混ぜ物

sofisticheria 女 詭(キ)弁; へりくつ, こじつけ

sofistico 形《複[男 -ci]》 **1**《哲》詭(キ)弁の, ソフィストの; へりくつの, 揚げ足どりの **2** 杓子定規な, 細かすぎる **3**《口》気難しい ——男《複[-ci 男 [-a]》気難しい人

Sofocle 固名《男》ソフォクレス(前 496頃-406; 古代ギリシャ三大悲劇詩人の一人)

sofocleo 形《文》(古代ギリシャの詩人)ソフォクレスの, ソフォクレスに関する

soft drink 商(男)《不変》《英》ソフトドリンク

software 男《不変》《英·情》ソフトウエア ▶ *software applicativo* アプリケーションソフト *software di base* 基本[システム]ソフト

softwarista 男女《複[男 -i]》《情》ソフトウエア開発者

soggettista 男女《複[男 -i]》 脚本家, シナリオライター

soggettiva 女《映》主観ショット

soggettivamente 副 主観的に

soggettivare 他 主観性を加える; 主観的に解釈[表現]する

soggettivazione 女《映》主観的な解釈[表現];《映》主観ショットの技法

soggettivismo 男《哲》主観主義; 主観的な傾向[態度]

soggettivista 男女《複[男 -i]》《哲》主観主義者; 主観的な人

soggettivistico 形《複[男 -ci]》《哲》主観主義の

soggettività 女 主観性; 主観的傾向[態度]

soggettivo 形 **1** 主観の, 主観的な; 主観主体の, 自我の **2**《心》内観的な **3**《言》主語の, 主格の

soggetto¹〔ソッジェット〕男 **1** 主題, 話題, テーマ **2** (作品の)主人公 **3** (映画演劇の)筋書き, シナリオ **4** (文章の)主語 **5** (哲学の)主体 **6**《蔑》人間, やつ **7** (医者の間で)患者, クランケ

soggetto² 形 **1** (権力·支配などに)従属[服従]した **2** (災害を)被りやすい; (病気に)かかりやすい, …しがちな ——*regione soggetta a frequenti alluvioni* 洪水多発地域

soggezione 女 **1** 従属, 服従 **2** 畏敬, 畏怖; 気後れ, 気が引けること ——*avere soggezione di…* (人)に対してかしこまる, かたくなる / *mettersi in soggezione* おじけづく

sogghignare 自 あざ笑う, 嘲る, せせら笑う

sogghigno 男 嘲笑, 冷笑

soggiacente 形 根底となる, 根底の

soggiacere [76] 自〔es/av〕 **1** 基底[根拠]となる **2** 服従する, 支配される; (心理状態などに)左右される

soggiogabile 形 支配できる, 征服できる

soggiogare 他 **1** 服従させる, 支配する, 征服する **2** 虜にする

soggiogato 形 **1** 征服された **2** 魅了された ——*E soggiogato dalla sua bellezza.* 彼は彼女の美しさの虜になる.

soggiornare 自 滞在する, 逗留する; (一時的に)住む

soggiorno〔ソッジョルノ〕男 **1** 滞在, 滞在地 ——*permesso di soggiorno* 滞在許可(証) **2** 居間(の家具)

soggiungere [58] 他《過分 soggiunto》付け加える, 言い足す

soggolo 男《宗》修道女の頭巾; 《歴》ウィンプル, 女性用頭巾

sogguardare 他 盗み見る, ちらっと横目で見る

soglia¹ 女 **1** 敷居, 戸口, 玄関先 **2**《複数で》初め ——*alle soglie dell'estate* 初夏に

soglia² solere の接·現·1単[2単·3単]

soglio¹ 男《文》王座, 教皇聖座; 王権, 王位

soglio² solere の直·現·1単

sogliola 女《魚》シタビラメ

sognabile 形 夢想しうる; 望みのある

sognante 形 夢のような; 物思いにふけった

sognare [ソニャーレ] 他 **1** …の夢を見る; 〔否定で〕夢にも思わない **2** 夢見る, 憧れる ―自 **1** 夢を見る **2** 夢のような気がする **3** 空想［夢想］する ―**arsi** 再 **1** 夢見る **2** 想像する, 思い描く

sognato 形 待望の, 熱望した

sognatore 形〔女 [-trice]〕夢を見ている; 夢想する, 非現実的である ―男〔女 [-trice]〕夢想［空想］家, 夢見る人

*__sogno__ [ソーニョ] 男 **1** 夢 ―fare un *sogno* 夢を見る / Buona notte e sogni d'oro! おやすみ, よい夢を. /*sogno* ad occhi aperti 白昼夢 **2** 憧れ(の人, 物) ▶ **nemmeno [neanche] per sogno** 絶対に（違う）, 夢でも…ない

soia 女〔植〕ダイズ ―salsa di *soia* 醤(͏ͨͯʭ)油

soirée 女〔不変〕〔仏〕夜会, 社交パーティー

sol 男〔不変〕〔音〕ソ[G, ト] (の音)

solaio 男 屋根裏部屋, ロフト

solamente 副 ただ…だけ, 単に ― 接 けれども, しかしながら

solanacea 女 (S-)〔複数で〕〔植〕ナス科

solanina 女〔化〕ソラニン

solare 形 **1** 太陽の ―energia *solare* 大陽エネルギー **2** 太陽熱[光線]を利用した ―pannello *solare* ソーラーパネル **3** 日差しの強い; 光り輝く ―viso *solare* 輝く顔 ▶ ***sistema solare*** 〔天〕太陽系

solario 男〔考〕(古代ローマの)日時計；(古代ローマの)テラス, 露台

solarità 女 明るさ, 輝き, まばゆさ

solarium 男〔不変〕〔建〕(日光浴療法に使われる)広いテラス; (療養施設・海ホテルなどの)サンルーム, ソラリウム

solarizzare 他 **1**〔写〕ソラリゼーションする, 白黒を反転させる **2**〔建〕ソーラーシステムを設置する

solarizzazione 女 **1**〔植〕(葉緑体の)不活性化 **2**〔写〕ソラリゼーション

solatio 形《文》日当たりのよい, 明るく日が照る

solatura → suolatura

solcabile 形 水を切って進める, 航行できる

solcare 他 **1** 畝溝を作る, 耕す ―*solcare* un campo 畑を耕す **2** (船が)水を切って進む, 水をかき分ける; 条をつける, 溝を刻む

solcato 形 畝溝をつけた, 溝が刻まれた, 条がついた; 航跡のついた

solcatura 女 **1** 畝溝を作ること, 鋤(͏ͦͤ)で耕すこと **2** 畝溝, 条 **3** (顔に刻まれた)しわ

solchetto 男 短い畝溝, 小さな溝

solco 男〔複 [-chi]〕**1** (畑の種をまく)畝溝 **2** 溝, 筋, しわ ―*solco* sulla fronte 額のしわ **3** 轍(͏ͪͩͣ) **4** 航跡 ▶ ***uscire dal solco*** 話の本筋からそれる

soldataglia 女《蔑》(行儀の悪い)兵隊の一団

soldatesca 女《蔑》兵隊連中

soldatescamente 副 軍人らしく

soldatesco 形〔複[男 -chi]〕軍人の, 軍人らしい; 勇ましい

soldatessa 女 女性の兵士

Soldati 固名(男)（Mario ~）ソルダーティ(1906-99；トリーノ出身の作家・映画監督)

soldatino 男 **1**《諧》若い徴集兵, 未熟な兵士 **2** おもちゃの兵隊

*__soldato__ [ソルダート] 男〔女 [-essa]〕**1** 兵士, 兵隊 ―fare il *soldato* 兵隊になる, 兵役に服する **2** (象徴的に)戦士

*__soldo__ [ソルド] 男 **1** 一文, 一銭 ―Non ho un *soldo*. 私は文無しだ. **2**〔複数で〕お金 ―fare *i soldi* 金をもうける, 稼ぐ **3** (13世紀以降ヨーロッパ諸国で鋳造された)金貨; (中世以降の)青銅貨; (第二次世界大戦初期まで使用されていた貨幣単位の)ソルド ▶ ***non valere un soldo*** 一銭の価値もない

*__sole__ [ソーレ] 男 **1** 太陽, 日, 日光 ―C'è il *sole*. 日が照っている[太陽が出ている]. / occhiali da *sole* サングラス **2** 晴れた ―sotto il *sole* 炎天下で **3** 南 **4** 美しさ, 権力, 賢明さ, 幸福などの象徴 ―essere bello come il *sole* とても美しい ▶ ***alla luce del sole*** 堂々と, 公然と ***colpo di sole*** 日射病

solecismo 男〔言〕誤用

soleggiare 他 [io soleggio] 日光に当てる, 日干しにする

soleggiato 形 日当たりのよい, 日の照った

solenne 形 **1** (儀式などが)荘厳な, 厳かな ―messa *solenne* [カト] 荘厳ミサ, ミサ・ソレムニス **2** (雰囲気が)厳粛な, 張り詰めた **3** (建物が)壮大な, 雄大な **4** (態度などが)威厳のある, 堂々とした **5** 並外れてひどい, 悪名高い

solennemente 副 荘厳に, 厳粛に, 堂々とした

solennità 女 **1** 壮麗, 荘厳, 盛大さ; 厳粛, 厳格 **2** 儀式, 式典, 例年の祝祭

solennizzare 他 儀式にのっとって祝う; 記念する, 盛大に祝う

solenoidale 形〔電〕ソレノイド磁場の

solenoide 男〔電〕ソレノイド, 筒形コイル

solere [108] 自 [es]〔過分なし; 複合時制なし〕…するのを常とする, …する習慣［ならわし］がある ―come si *suol* dire よく言われるように

solerte 形 **1** 勤勉な, 熱心な ―È un *solerte* lavoratore. 彼は働き者である. **2**《文》迅速な, 的確な

solertemente 副 勤勉に, 熱心に

solerzia 女 **1** 勤勉, 熱意 **2** 迅速

soletta 女 **1** (靴の)中敷き, 敷き革; (靴下の)底, 裏 **2**〔スポ〕(スキー板の滑走面) **3**〔建〕(バルコニー・屋根などに使われる)補強板

solettare 他 (靴に)中敷きをつける, 敷き革を張る

solettatura 女 中敷きの装着, 敷き革

張り
solettificio 男 靴中敷き[敷き革]工場
soletto 形 孤独な, 一人きりの ►*solo soletto* ひとりぼっちで, たった一人で
solfa 女 1《音》ソルフェージュ 2 繰り言, お決まりの話
solfa- → solfo-
solfare → solforare
solfatara 女〔地質〕硫気孔
solfatazione 女 1〔化〕硫酸化 2〔電〕サルフェーション
solfato 男〔化〕硫酸塩
solfeggiare 他〔io solfeggio〕〔音〕読譜唱法[階名唱法]で歌う
solfeggio 男〔音〕ソルフェージュ
solferino 形〔不変〕唐紅色の, 鮮明な紅色の
solfidrico 形〔複[男-ci]〕硫化水素の
solfitazione 女 硫黄粉の散布; 硫黄処理
solfito 男〔化〕亜硫酸塩; 亜硫酸エステル
solfo- 接頭「硫黄」「硫黄を含む」の意
solfonare 他〔化〕スルホン化する
solfonazione 女〔化〕スルホン化
solfone 男〔化〕スルホン酸塩
solfonico 形〔複[男-ci]〕〔化〕スルホン酸基の
solforare 他〔io solforo〕1〔農〕硫黄粉を散布する, 硫黄燻(ﾌﾞｽ)蒸[漂白]する 2〔化〕硫化する
solforato 形 硫黄処理した;〔化〕硫化した, 硫黄を含む
solforatrice 女〔農〕硫黄散布器
solforazione 女〔化〕(漂白・消毒のための)二酸化硫黄処理
solforico 形〔複[男-ci]〕〔化〕6価の硫黄を含む
solforoso 形〔化〕4価の硫黄を含む
solfuro 男〔化〕硫化物
solicello 男 (雲の間から射し込む)弱い光
solidale 形 1 連帯した, 固く結ばれた, 結束した; 連帯責任の 2〔機〕連動式の, 連結した
solidalmente 副 連帯して, 一致団結して
solidarietà 女 1 連帯(感); 団結 2〔法〕連帯責任
solidarismo 男 団結[結束]する傾向; 連帯主義
solidaristico 形〔複[男-ci]〕団結[結束]した, 連帯意識に基づいた; 連帯主義の
solidarizzare 自 連帯する, 連帯意識を示す; 団結[結束]する
solidificare 他〔io solidifico〕強固にする, 凝固させる ―自〔es〕固まる, 堅くなる ―**arsi** 固 堅くなる, 凝固する; (気持ちなどが)しっかりする
solidificazione 女 凝固, 固体化
solidità 女 1 堅いこと, 頑丈さ, 耐久性 ―la *solidità* di un edificio 建物の堅牢さ 2 安定性, 堅実さ 3 正当性, 妥当性
‡**solido**［ソーリド］形 1 堅い, 固形[固体]の 2 3体の 3 頑丈な, 強固な ―男 1 固体 2 立体 ►*in solido*〔法〕共同連帯の
soliloquio 男 独り言, 独白, モノローグ
solingo 形〔複[-ghi]〕1《文》人けのない, 人里離れた 2 孤独な, 孤独を愛する
solino 男 1 (取り外しできる)カラー, 襟 2 (水兵服の)セーラーカラー
solipsismo 男 1〔哲〕独在論, 唯我論 2 主観主義, 極端な自己中心主義
solipsista 男女〔複[男-i]〕〔哲〕唯我論者; 自己中心的な態度の人
solista 男女〔複[男-i]〕(音楽やダンスの)ソリスト ―形 (音楽やダンスの)ソリストの
solistico 形〔複[男-ci]〕(音楽やダンスの)ソリストの, ソリストとして
solitamente 副 普通, 通常, たいてい
solitaria 女〔スポ〕単独登山; (ヨットでの)単独航海 ►*in solitaria*〔スポ〕単独で; 孤独に
solitario 形 1 孤独な, 孤独を愛する 2 淋しい, 人けのない ―strada *solitaria* 人けのない道 3 一人の, 一つだけの ―男 1 単石のダイヤモンド(指輪) 2 (トランプの)一人遊び, ソリテール, ソリティア 3〔女[-a]〕孤独を愛する人, 一匹狼
‡**solito**［ソーリト］形 1 いつもの, 普段の ―È la *solita* cosa. いつものことだ。 2〔essere solito + 不定詞〕…の習慣がある, …するのが常だ ―Sono *solito* fare una passeggiata il mattino. 私は朝散歩に出る習慣がある。 ―男 いつものこと, 習慣 ―dormire meno del *solito* いつもほど眠らない ►*come al solito* いつものように, いつもどおり *di solito* いつも(決まって), 普通[普段]で
‡**solitudine**［ソリトゥーディネ］女 1 孤独 2 寂しさ, 静寂 3 寂しい場所[時間, 雰囲気]
sollazzare 他 楽しませる, 愉快な気持ちにさせる ―自《文》楽しむ, 気を晴らす
sollazzevole 形 1《文》娯楽好きの 2 人を楽しませる, 愉快な
sollazzo 男 娯楽, 楽しみ, 慰み
sollecitabile 形 催促できる, 急がせられる
sollecitamente 副 1 すばやく, 機敏に 2 情を込めて, 熱心に 3《文》心配して, 気遣って
sollecitare 他〔io sollecito〕1 催促する, せかす, 急がせる ―*sollecitare* una risposta 返事をせかす 2 刺激する, そそのかす
sollecitatore 男〔女[-trice]〕1 督促者, 請願者, 陳情者 2《文》扇動者, 教唆する者 3 (冶金機械工業の)業務能率管理者
sollecitatoria 女 督促状
sollecitatorio 形 督促の

sollecitazione 囡 1 催促, 督促 — telefonata di *sollecitazione* 催促の電話 / lettera di *sollecitazione* 督促状 2 刺激, 扇動 3 〔物・機〕応力

sollecito 厖 1 すばやい, 機敏な, 迅速な 2 熱心な, 勤勉な —男 催促[督促]状

sollecitudine 囡 1 機敏, 迅速 2 気遣い, 配慮

solleone 男 1 太陽が獅子座にある時期, 猛暑の候 2 (真昼の)夏の太陽, 酷暑

solleticare 他 [io solletico] 1 くすぐる 2 刺激する —*solleticare* la curiosità della gente 人々の好奇心を刺激する

solletico 男〔複[-chi]〕1 くすぐったい感じ, むずがゆさ 2 むずむずする気持ち

sollevabile 厖 持ち上げられる

sollevamento 男 持ち上げること, 高く上げること; 上がること, 上昇 ▶ *sollevamento pesi*〔スポ〕重量挙げ

sollevare 他 1 持ち上げる, 上に上げる —*sollevare* lo sguardo 視線を上げる 2 高める, 向上させる 3 慰める, 安心させる 4 (問題などを)取り上げる 5 (民衆を)蜂起させる —**arsi** 再 1 上がる, 昇る; 立ち上がる 2 蜂起する 3 回復する, 元気になる

sollevato 厖 1 上げた, 上昇した 2 (体力・気力を)取り戻した, 改善された 3 (負担が)軽くなった, ほっとした —sentirsi *sollevato* 安堵する

sollevatore 男 (貨物の)昇降機, リフト

sollevazione 囡 1《文》動揺, 混乱 2 反乱, 蜂起, デモ

*__sollievo__ [ソッリエーヴォ] 男 安堵(ど); 癒やし; 苦痛の軽減 —ridare *sollievo* 癒やす / tirare un sospiro di *sollievo* 安堵のため息をつく

solluchero 男 大喜び, 満悦

solmisazione → solmizzazione

solmizzazione 囡〔音〕ソルミゼーション, 階名唱法

*__solo__ [ソーロ] 厖 1 独りの, 一人だけの —Mi hanno lasciato *solo*. 私は一人きりにされた. / Noi siamo *soli* qui. ここには私たちしかいない. 2 唯一の —il *solo* modo 唯一の方法 3 ただ…だけの —dopo *soli* due giorni たった2日後に 4〔音〕ソロの —男 ただ…だけ, 単に —non *solo* A ma anche B A だけではなく B もまた 1〔女[-a]〕唯一の人 2〔音〕ソロ, 独唱, 独奏 —a *solo* ソロで ▶ *da solo* 独力で, 独りで; 一人だけで; 独りでに; 勝手に / imparare *da solo* il francese フランス語を独学する *da solo a solo* 二人きりで, 一対一で

Solone 固名(男) ソロン(前640頃-560頃; アテネの政治家・詩人)

solstizio 男〔天〕至(し) —*solstizio* d'estate [d'inverno] 夏至[冬至]

*__soltanto__ [ソルタント] 副 ただ…だけ, 単に —non *soltanto* A ma anche B A だけではなく B もまた / Ha voluto mangiare non *soltanto* il gelato ma anche la frutta. 彼女はジェラートだけでなくフルーツも食べたかった. —接 だが, しかしながら

solubile 厖 1 溶けやすい; 溶解[可溶]性の 2 解決[説明]できる

solubilità 囡〔化〕溶解[可溶]性; 溶解度

solubilizzare 他〔化〕可溶性にする, 溶解度を高める

solubilizzazione 囡〔化〕溶解させること; 溶解, 可溶

soluto 厖 溶けた, 溶解した —男〔化〕溶質

solutore 男〔化〕溶液を作る装置

*__soluzione__ [ソルツィオーネ] 囡 1 解決, 解答 2 溶液 3〔商〕支払い —pagamento in un'unica *soluzione* 全額一括払い

solvente 男〔化・物〕溶媒 —厖〔化・物〕溶解する

solvenza → solvibilità

solvibile 厖〔法〕弁済[支払い]能力のある, 支払われた

solvibilità 囡〔法〕弁済[支払い]能力

soma¹ 囡 1 (ロバ・馬などに乗せる)荷物, 積み荷 2 ソーマ(かつての液体などの容積単位) 3《文》重荷, 重大な責任

soma² 囡 1〔生物〕体細胞 2〔心〕身体, 肉体

soma-, -soma 腰頭, 腰尾「体」の意

Somalia 固名(女) ソマリア

somalo 厖 ソマリア(人)の —男 1〔女[-a]〕ソマリア人 2〔単数のみ〕ソマリア語

somaraggine 囡 あほう, 間抜け; 間抜けな話, 愚かな態度

somarata 囡 愚行, 間抜けな話

somaro 男〔女[-a]〕1 ロバ 2 馬鹿, あほう

somaticamente 副 身体的に, 肉体的に

somatico 厖〔複[男 -ci]〕1〔生物〕体細胞の; 体の, 肉体の 2〔医〕身体の症状の

somatizzare 他〔医〕(精神的症状を)身体的症状に転換する, 身体化する

somatopsichico 厖〔複[男 -ci]〕〔心〕身体心理学の

somatostatina 囡〔生化〕(ホルモンの一種で)ソマトスタチン

somatotropina 囡〔生化〕成長ホルモン

sombrero 男 ソンブレロ(中南米のつば広の帽子)

someggiabile 厖 (運搬用動物で)運べる

someggiare 他 [io someggio] (ラバで)運ぶ

somigliante 厖 よく似た, 類似の; 同様の

somiglianza 囡 類似(点)

somigliare 自 [es/av] [io somi-

glio〕(a) …に似ている; 見える, 思われる —*Somiglia* molto a suo padre. 彼は父親にとても似ている. —**arsi** 再 (互いに)似ている 1 —**に** (人や物を)思わせる, 似ている 2〔文〕比較する

*__**somma**__ [ソンマ] 女 **1** 合計 —*tirare le somme* 合計する; 結論を出す **2** 金額 —È una bella *somma*. それはかなりの金額だ. **3** 総和, 結集 **4** 要旨, 要約

sommabile 形 把握できる
sommabilità 女 要約可能
sommacco 男〔複[-chi]〕〔植〕ウルシ
sommamente 副 最高に, 極度に, 非常に
sommare 他 合計する ▶ *sommare i pro e i contro* 損得勘定をする *tutto sommato* 要するに, 結局は
sommariamente 副 大ざっぱに, 総括して; 要約して, 手短に; 即決で, すばやく
sommarietà 女 **1** 総括, 概括; 簡略, 概略 **2** 概算
sommario¹ 男 要約, 大意, 概要
sommario² 形 **1** かいつまんだ; 要約した, 概略の **2** 急場しのぎの, 手っ取り早い **3**〔法〕略式の, 即決の
sommatoria 女〔数〕求和, 総和
sommelier 男女〔不変〕〔仏〕ソムリエ
sommergere [45] 他〔過分 sommerso〕**1** 水浸しにする **2** 水没させる; 沈める —*Un'ondata ha sommerso* una barca. 波がボートを沈めた. **3** 包囲する, 巻き込む **4** 消す, 忘れ去らせる —**ersi** 再 沈む, 沈没する
sommergibile 男 潜水艦 —形 (船が)水面下に沈められる, 潜水できる
sommergibilista 男女〔複[男 -i]〕〔海〕潜水艦乗組員
sommersione 女 潜水, 冠水
sommerso 形〔過分 < sommergere〕**1** 水没した, 水中の **2** 頂点に, 埋没した (納税を逃れる)闇の, もぐりの, 闇の —*economia sommersa* 闇経済, 地下経済 —男〔単数のみ〕闇[地下]経済, アングラ経済
sommessamente 副 低い声で, 静かに
sommesso 形 (声や音を)抑えた, 低い; 静かな, かすかな
*somministr*are 他 **1** 与える, 供給する;〔謔〕無理やり与える **2** (平手打ちを)食らわす
somministratore 男〔女[-trice]〕供給者, 分配者
somministrazione 女 **1** (薬の)投与 **2** 供給, 分配
sommità 女 頂上, 頂点; 極致, 極点, 最高点
sommo 形 **1** 最も高い; (地位が)最高の, 至高の **2** 偉大な, 立派な —男 頂点, 頂上; 絶頂; 極致 ▶ *al sommo* 最高に, 非常に *in sommo grado* 非常に, きわめて *per sommi capi* かいつまんで, 手短に

sommoscapo 男〔建〕円柱上部
sommossa 女 暴動, 蜂起, 騒乱
sommosse sommuovere の直・遠過・3単
sommosso sommuovere の過分
sommovere → sommuovere
sommovimento 男 揺り動かすこと; 揺れ, 波動, 動揺
sommozzatore 男〔女[-trice]〕(特別部隊に属する)潜水夫;〔軍〕(第二次世界大戦中の)潜水工作兵; フロッグマン
sommuovere [68] 他〔過分 sommosso〕揺り動かす, 激しく揺さぶる; 動揺させる, かき乱す —*Le acque sono commosse* dal vento. 水面が風に揺れている.
somnoṣi 女〔不変〕〔心〕睡眠時遊行症
sonabile → suonabile
sonacchiare 他〔io sonacchio〕下手に弾く, かき鳴らす
sonagliera 女 鈴のついた首輪, 首あて
sonaglio 男 **1** 鈴 **2** (子供の玩具の)がらがら —*serpente a sonagli* ガラガラヘビ
sonante 形 **1** 鳴る, 鳴り響く **2** (硬貨について)現金の, 手持ちの —*pagare in moneta sonante* 手持ちの硬貨で払う
sonar 男〔不変〕〔英〕ソナー, 超音波方向探知機
sonare → suonare
sonata 女〔音〕ソナタ, 奏鳴曲, 器楽曲
sonatina 女〔音〕ソナチネ
sonda 女 **1** (水深を測る)測鉛 **2** ゾンデ, 消息子 **3** 探査機 —形〔不変〕探査用の —*pallone sonda* (気象観測用)ゴム気球
sondabile 形 測量可能な, 探査できる; 調査できる
sondaggio 男 **1** 調査, 探査 —*sondaggio d'opinione* 世論調査 **2**〔医〕ゾンデの挿入
sondaggista 男女〔複[男 -i]〕世論調査員
sondare 他 **1** (地質などを)調査する, 調べる, 測定する;〔医〕消息子[ゾンデ]で検査する **2** 打診する, 探る, 探りを入れる ▶ *sondare il terreno* 試してみる, 予備調査をする
sondatore 男〔女[-trice]〕調査員
sondriese 形 ソンドリオ(の人)の —男女 ソンドリオの人 (稀に sondriotto とも) —男〔単数のみ〕ソンドリオの方言
Sondrio 固名 女 ソンドリオ(ロンバルディア州の都市および県名; 略 SO)
soneria 女 ベル装置;(時計の)アラーム; (携帯電話の)着信音
sonettista 男女〔複[男 -i]〕ソネット詩人
sonetto 男〔詩〕ソネット, 十四行詩
Sonia 固名〔女性名〕ソニア
sonicchiare → sonacchiare
sonico 形〔複[男 -ci]〕音の, 音響の,

音波の; 音速の
sonito 男《文》騒々しい音, 喧騒
sonnacchioso 形 1 眠い, うとうとした, 眠そうな —avere gli occhi *sonnacchiosi* 眠そうな目をしている 2《文》無気力な, 無精な
sonnambulismo 男〔医〕夢遊病, 夢中遊行症
sonnambulo 形 夢遊病の, 夢中遊行症の —男〔女-a〕夢遊病者, 夢中遊行症者
sonnecchiare 自〔io sonnecchio〕 1 うとうとする, まどろむ 2 だらだらする, 無気力である —Ho sonnecchiato tutta la sera davanti al televisore. 私は夕方テレビの前でずっかり眠ってしまった.
sonnellino 男 昼寝, うたた寝, まどろみ
sonnifero 形 1 睡眠薬 2 眠気を誘うもの —男 眠気を誘う, 催眠の
*__sonno__ [ソンノ] 男 1 眠気 —avere *sonno* essere / *sonno* pesante [leggero] ひどい[軽い]眠気 2 眠り, 睡眠 —il primo *sonno* 寝入りばな / *sonno* eterno 永眠 3 静寂, 静けさ 4 無反応, 無気力 ▶ *far venire sonno* 眠気を催せる; うんざりさせる *prendere sonno* うとうとする, 眠りにつく
sonnolento 形 1 眠い, 眠そうな 2 活気のない 3 眠気を誘う
sonnolenza 女 1 眠気, 眠たい感じ —Dopo pranzo mi prende una gran *sonnolenza*. 昼食後私はものすごい眠気におそわれる. 2 無気力
sono[1] essere の直・遠・1 単[3 複]
sono[2] → suono
sonografia → ecografia
sonografo 男 ソノグラフ
sonogramma 男〔複-i〕〔物〕ソノグラム
sonometro 男〔物〕ソノメーター; 〔音〕聴力計
sonoramente 副 大きな音を出して, ごうごうと
sonorista 男女〔複[男-i]〕映画の音響[音声]担当者
sonorità 女 1 響き渡ること, 音響; 響き, 反響; 音色 2〔建〕共鳴[共振] 3〔言〕有声性
sonorizzare 他 1〔言〕(無声音を)有声化する 2〔映〕音入れをする, (無声映画に)サウンドトラックを付加する
sonorizzazione 女 1〔言〕有声音化 2〔映〕音入れ, サウンドトラック収録
sonoro 形 1 (音や声が)よく響く 2 音を出す[伝える] 3 音入りの, トーキー(映画)の / colonna *sonora* サウンドトラック 3 騒々しい 4〔言〕有声音の —男 1 トーキー映画 2 サウンドトラック
sontuosamente 副 豪華に, ぜいたくに
sontuosità 女 豪華, 壮麗, ぜいたく
sontuoso 形 豪華, 壮麗, ぜいたくな
sopimento 男 緩和, 沈静, 鎮静

sopire 他〔io -isco〕和らげる, 緩和する, 静める —**irsi** 再 静まる, おさまる, 弱まる
sopore 男 眠気; 脱力感, 無気力
soporifero 形 眠くなるような, 催眠性の
soppalcare 他 屋根裏部屋を作る
soppalco 男〔複[-chi]〕屋根裏部屋, ロフト
sopperire 自〔io -isco〕(必要なものを)用意[供給]する, 不足を補う
soppesare 他 (手で)おおよその重さを計る; 吟味する, 検討する —Dobbiamo *soppesare* la vostra proposta prima di accettare. 承諾する前に, 我々はそちらの提案を検討しなければならない.
soppiantare 他 (不正な方法で)地位を奪う, 取って代わる, 取り替える
soppiatto 形 隠れた, ひそかな ▶ *di soppiatto* こっそりと, 隠れて
sopportabile 形 1 耐えられる, 我慢できる 2 まずまずの, 無難な
sopportabilità 女 耐えられること, 我慢できること
sopportabilmente 副 耐えられる程度に, つつましく
*__sopportare__ [ソッポルターレ] 他 1 支える 2 耐える, 我慢する —*sopportare* bene il caldo 暑さによく耐える / Non ti *sopporto* più. もう君には我慢ならない.
sopportazione 女 忍耐力, 我慢
soppressata 女 〔北伊〕ソーセージ; 〔中伊・南伊〕サラミ
soppressione 女 除去, 撤廃, 廃止; 隠滅, 消滅; 隠蔽 —*soppressione* di una tassa 税の撤廃 ▶ *soppressione di prove* 証拠隠滅
soppressivo 形 除去[削除]する, 廃止の; 殺害の
soppresse sopprimere の直・遠過・3 単
soppresso〔過分＜sopprimere〕廃止された, 撤廃された; 抑圧された
soppressore 男 1〔電〕消音装置, サイレンサー 2〔医〕サプレッサー
sopprimere [20] 他〔過分 soppresso〕1 廃止する, 撤廃する 2 (検閲などで)削除する, カットする 3 (出版物を)発禁にする 4 殺害する[抹殺する]
sopprimibile 形 廃止可能な, 除去できる
*__sopra__ [ソープラ] 前〔人称代名詞には di を添えて: sopra di me〕1 …の上に[で]; …の上方に —Le chiavi sono *sopra* il libro. 鍵は本の上です. / Abita *sopra di me*. 彼は私の上の階に住んでいる. 2〔優位・支配〕…に対して 3〔数〕…より上の, …より大きい 4 …沿いに, …の直近に —La villa è proprio *sopra* il mare. 別荘はまさに海沿いにある. 5 …の北に —Como è *sopra* Milano. コモはミラノの北です. 6 …に関して, …について —副 上に[で] —*Sopra* ci sono quattro camere. 上に 4 部屋ある. / come

sopra 上述のように / qui *sopra* この上に ―形〖不変〗上の ―la parte *sopra* 上の部分 ―男〖不変〗上部, 表面 ▶ *al di sopra di...* …の上に *di sopra* 上に

sopra- 接頭「上方」「超過」「追加」の意

soprabbondante → sovrabbondante

soprabbondanza → sovrabbondanza

soprabbondare → sovrabbondare

soprabito 男 薄手のコート, スプリングコート

sopraccaricare → sovraccaricare

sopraccarico → sovraccarico

sopraccennato 形 前述の, 上述の, 既出の

sopraccigliare → sopracciliare

sopracciglio 男〖複[i soprraccigli, le sopracciglia]〗眉, 眉毛 ―aggrottare le *sopracciglia* 眉をひそめる

sopracciliare 形 眉毛の; アイブローの

sopraccitato 形 前述の, 上記の ―男〖女[-a]〗前述[上記]の人

sopraccoperta 女 1 ベッドカバー, ベッドの上掛け 2 ブックカバー ―副 デッキで, 甲板で

sopracciliare → sopracciliare

sopracitato → sopraccitato

sopraddazio 男 付加税

sopraddetto 形 上述の, 前記の, 前述の ―男 上述[前記]のこと

sopradetto → sopraddetto

sopraedificare → sopredificare

sopraedificazione → sopredificazione

sopraelencato 形 リストアップされた, 先に挙げられた ―男 リストアップされたもの

sopraelevamento 男〘建物を〙さらに高くすること, 建て増し; 増築した部分

sopraelevare 他 1〘建物を〙さらに高くする, 増築する 2〘道路・鉄道の〙路床を高くする, 高架にする ―arsi 再 そびえ立つ

sopraelevata 女 高架自動車道路, 高架鉄道

sopraelevazione 女 1（上方向の）増築, 建て増し部分 2（鉄道の）片勾配

sopraesposto 形 先に示した, 前述の ―男 先に示されたもの

sopraffare [53] 他 1〖過分 sopraffatto〗1 打ち負かす, 圧倒する, 凌駕する 2〘受身で〙支配される ―Era *sopraffatto* dalla tristezza. 彼は悲しみに打ちひしがれていた. 3 そびえる

sopraffattore 男〖女[-trice]〗ワンマンな人, 横暴な人 ―形〖女[-trice]〗圧制の, 抑圧する

sopraffazione 女 横暴, 圧迫, 虐待; 権力濫用

sopraffece sopraffare の直・遠過・3単

sopraffilo 男〖服〗かがり縫い, まつり縫い

sopraffinestra 女〖建〗（明かり取り・換気のための）小窓

sopraffino 形（食物が）極上の, 最高級の; 並はずれた, 最上の

sopraffusione → soprafusione

sopraffuso 形〖物〗過冷却状態の, 過融解状態の

soprafusione 女〖物〗過冷却, 過融解

sopraggitto 男〖服〗かがり縫い, まつり縫い

sopraggiungere [58] 自〖es〗〖過分 sopraggiunto〗1 不意に来る ―*Sopraggiunse l'estate*. 夏が突然やってきた. 2 不意に起こる

sopraggiunta 女 追加, 付加 ▶ *per sopraggiunta* さらに, 加えて

sopraindicato 形 前述の, 前記の, 上記の ―男〖女[-a]〗前述の人

soprainsegna 女（中世の騎士が武具につけた）紋章, マーク;（武具の上から着た）外衣

sopraintendente → soprintendente

sopraintendenza → soprintendenza

sopraintendere → soprintendere

sopraliminale 形〖心〗閾(いき)上刺激

soprallegato 形 先に提示された, 先に申し立てられた

sopralluogo 男〖複[-ghi]〗現場検証, 臨検; 視察

sopraluogo → sopralluogo

sopralzo 男 1（建物上の）増築部分 2（鉄道の）片勾配 (sopraelevazione)

sopramano → soprammano

sopramenzionato → soprammenzionato

soprammanica 女〖複[-che]〗袖カバー, 袖覆い

soprammano 男〖中伊・服〗かがり縫い, まつり縫い (sopraffilo)

soprammenzionato 形 前述の ―男 前述のこと

soprammercato 男〖次の成句で〗▶ *per soprammercato* さらに, そのうえ

soprammobile 男（家具の上に置く）飾り, 置き物

sopranazionale 形 超国家の, 国家の利害を越えた

sopranazionalità 女 超国家性

sopranista 男〖複[-i]〗〖音〗男性ソプラノ歌手

soprannaturale 形 超自然の; 神の閾(いき)にある, 超人的な ―男〖単数のみ〗超自然的なもの, 神の領域

soprannaturalità 女 超自然的なこと, 超越性

soprannazionale → sopranazionale

soprannazionalità → sopranazionalità

soprannome 男 あだ名, ニックネーム; 通称, 俗称

soprannominare 他 〖io soprannomino〗あだ名［ニックネーム］をつける, 愛称で呼ぶ

soprannumerario 形 1 定員外の, 余分な 2〖解・医〗定数以上の

soprannumero 形〖不変〗超過の, 余剰の ―副 定数を超えて, 定数外で ▶ *in soprannumero* 定数外で［以上に］

soprano 男 1 (女〖不変〗もあり)〖音〗ソプラノ歌手 ―È un bravo [una brava] *soprano*. 彼女は優秀なソプラノ歌手だ. 2 ソプラノ, 最高声域 ―形〖不変〗ソプラノの ―sassofono *soprano* ソプラノサックス

soprappassaggio → sovrappassaggio

soprappensiero 副 考え込んで, 物思いにふけって ―形〖不変〗ぼんやりした

soprappiù → sovrappiù

soprapprezzo → sovrapprezzo

soprapprofitto → sovrapprofitto

soprarazionale 形 超理性的な

soprarriferito 形 前述の, 上述の

soprascarpa 女 オーバーシューズ

soprascritta 女 1 碑文, 碑銘 2 既述事項, 頭書

soprascritto 形 上に書いた; 先述の

soprasegmentale 形〖言〗かぶせ音素の, 超文節の

soprasensibile 形〖哲〗超感性的な

soprassalto 男 1 不意に跳び上がること, どきっとすること 2 (状況などの)急変, 激変 ▶ *di soprassalto* 突然, 急に

soprassaturazione 女〖物・化〗過飽和

soprassaturo 形〖物・化〗過飽和の

soprassedere [105] 自 (決定・実行などを)先送りにする, 延期する

soprassuola 女 靴の裏張り

soprassuolo 男 1 地表, 地上 2〖農〗生育地

soprastruttura → sovrastruttura

sopratassa → soprattassa

sopraterreno 形 1 地球外の, 太陽系外の 2 天上の, あの世の

soprattassa 女 追徴金; 付加税

soprattassare 他 追徴金を課す, 付加税を課す

***soprattutto** [ソプラットゥット] 副 (なかでも)特に, とりわけ

sopratutto → soprattutto

sopraumano → sovrumano

sopravalutare → sopravvalutare

sopravalutazione → sopravvalutazione

sopravanzare 他 勝る, 凌ぐ

sopravanzo 男 余り, 残り; 超過

sopravento 副 風上に, 風に向かって ―形〖不変〗風上の ―男 (船・航空機の)風上側

sopravvalutare 他 過大評価する, 買いかぶる

sopravvalutazione 女 過大評価; 買いかぶり

sopravvenire [127] 自〖es〗〖過分 sopravvenuto〗1 不意に来る［現れる］ 2 不意に起こる［生じる］

sopravvento 男 風上; 優位, 有利, 優越

sopravveste 女〖歴〗(鎧(よろい)の上に着た)外衣

sopravvisse sopravvivere の直・遠過・3 単

sopravvissuto 形〖過分 < sopravvivere〗(事故や災害で)生き残った, 生存した ―男〖女[-a]〗(死亡事故の)生存者

sopravvivenza 女 1 生き延びること, 生存 2 残存; 遺風

***sopravvivere** [ソプラッヴィーヴェレ] [129] 自〖es〗〖過分 sopravvissuto〗1 (事故などで)生き残る, 生存する 2 長生きする, 生きのびる ―*È sopravvissuto* ai fratelli. 彼は兄弟たちより長生きした. 3 (物が)生き続ける, 長く残る ― In quel villaggio *sopravvivono* antiche usanze. あの村では古いしきたりが残っている.

sopreccedere 他 超過する, 超える ―自 あり余る, 必要以上にある

sopredificare 他 〖io sopredifico〗(建物の上に)増築する, 建て増しする

sopredificazione 女 建て増し; 増築部分

soprelencato → sopraelencato

soprelevare → sopraelevare

soprelevazione → sopraelevazione

soprindicato → sopraindicato

soprintendente 形 監督する ―男女 監督官; 文化財保護官; 最高責任者

soprintendenza 女 監督, 管理, 監察; 文化財保護局

soprintendere [117] 自〖過分 soprinteso〗監督する, 管理する, 指揮する

sopruso 男 権力［権利］の濫用, 横暴

soqquadro 男 大混乱, 無秩序

sor 男〖女[sora]〗〖中伊〗[signor [signora]よりも親しみを込めて名前や称号に添える敬称]…さん ―il *sor* …さん〖女性には la sora〗

sor- 接頭「上」の意

sorba 女〖植〗ナナカマドの実

sorbettarsi 再《口》我慢する, 辛抱する

sorbetto 男 シャーベット ―*sorbetto* al limone レモンシャーベット

sorbico 男〖複[-ci]〗〖次の成句で〗 ▶ *acido sorbico* 〖化〗ソルビン酸

sorbire 他 [io -isco] 1 ちびちび飲む，すする 2 (いやいやながら)我慢する，辛抱する —**irsi** 再 1 ゆっくり飲む 2 (いやいやながら)我慢する，辛抱する

sorbite 女 1 [化・薬]ソルビット，ソルビトール(sorbitolo) 2 [治]ソルバイト

sorbitolo 男 [化・薬]ソルビット，ソルビトール

sorbo 男 [植]ナナカマドの木

sorbola 女 1 ナナカマドの実(sorba) 2 《複数で；間投詞的に》(驚きを表して)へえ，あれ —*Sorbole!* Questa non la sapevo. へえ，それは知らなかった．

sorcio 男 《俗》ネズミ ▶ *far vedere i sorci verdi* びっくり仰天させる

sordamente 副 鈍く，(音が)こもって

sordidamente 副 1 みすぼらしく，みじめに 2 卑劣に，汚く

sordidezza 女 汚いこと，むさ苦しさ；下劣さ

sordido 形 1 汚い，よごれた；(道徳的に)けがれた，いやしい；けちな

sordina 女 [音]弱音器，ミュート，(ピアノの)ソフトペダル ▶ *in sordina* 静かに，こっそりと

sordino 男 1 鳥笛 2 (芝居などの)やじ，ブーイング

sordità 女 1 耳が聞こえないこと；難聴 2 無関心，無感覚

sordo 形 1 耳が聞こえない，耳が不自由な 2 耳が遠い 3 耳を貸さない，無関心な —essere *sordo* ai problemi altrui 他人の問題には無関心である 4 (音や声が)響かない，鈍い 5 隠された，内にこもった 6 [言]無声音の —男 [女[-a]] 耳の聞こえない人

sordomutismo 男 [医]聾唖(ろうあ)

sordomuto 形 聾唖(ろうあ)者の —男 [女[-a]] 聾唖者

-sore 接尾 「…する人」の意(-tore)

*__sorella__ [ソレッラ] 女 1 姉，妹 —*sorella* maggiore 姉 / *sorella* minore 妹 2 修道女，シスター 3 似たもの，近似

sorellanza 女 1 姉妹関係，姉妹愛 2 (70年代のフェミニズム運動の)女性の連帯(意識)

sorellastra 女 異母姉妹，異父姉妹

sorgente 女 1 泉，源泉 —*sorgente* termale 温泉 2 根源，原因

sorgentifero 形 水源の，川の源の

sorgentizio 形 泉の，水源の

*__sorgere__ [ソルジェレ] 109 自 [es] 《過分 sorto》 1 (太陽や月が)昇る —Torniamo prima che *sorga* la luna. 月が出る前に戻りましょう．2 (物事が)生じる，持ち上がる —Mi *è sorto* un dubbio. 私に疑念が生じた．3 (建物などが)立つ，そびえる —La città *sorge* sulla rupe. その町は絶壁の上にそびえている．4 (声や音が)発する，響く 5 (水が)発する，湧き出る

sorgiva 女 泉，源泉，水源

sorgivo 形 泉の，湧き出る，あふれ出る

sorgo 男 [複[-ghi]] [植]モロコシ

soriano 男 トラ猫 —形 トラの縞(しま)模様の —*gatto soriano* トラ猫

sormontare 他 1 氾濫する 2 (困難などを)乗り越える，克服する 3 そびえる，凌(しの)ぐ

sornionamente 副 善良なふりをして，陰険に

sornione 形 [女[-a]] 善良なふりをする，陰険な，腹黒い —男 [女[-a]] 陰険な人，腹黒い人

sororicida 男女 [複[男 -i]] 姉[妹]を殺害した者 —形 [複[男 -i]] 姉[妹]殺しの

sororicidio 男 姉[妹]殺し

sorpassare 他 1 越える；追い越す 2 《目的語をとらずに》追い越しをする —È vietato *sorpassare* in curva. カーブでは追い越し禁止だ．3 凌(しの)ぐ；駕する —L'allievo *ha sorpassato* il maestro. 弟子が師匠を越えた．

sorpassato 形 1 追い越された，越えた 2 時代遅れの，すたれた，はやらない —男 [女[-a]] 時代遅れの人

sorpasso 男 (車の)追い越し —divieto di *sorpasso* 追い越し禁止

sorprendente 形 驚くべき，意外な，不思議な；並はずれた，特別な，めざましい

*__sorprendere__ [ソルプレンデレ] [82] 他 《過分 sorpreso》 1 驚かす，びっくりさせる；《目的語をとらずに》人を驚かす —La sua risposta *ha sorpreso* tutti. 彼の返答は皆を驚かせた．2 不意に襲う —La pioggia ci *ha sorpresi* mentre camminavamo per la strada. 道を歩いている時に我々は突然雨に見舞われた．3 現場で取り押さえる，現行犯で逮捕する —*sorprendere* un ladro in casa 家に入った泥棒を取り押さえる —**ersi** 再 驚く，びっくりする —Non mi *sorprendo* più di nulla. 私はもう何にも驚かない．

*__sorpresa__ [ソルプレーサ，ソルプレーザ] 女 1 驚き，感嘆 —Che bella *sorpresa!* 本当に驚いた，まあ何て素敵．2 予期せぬ来訪 3 (おまけで入っている)プレゼント ▶ *di sorpresa* 突然 / prendere... *di sorpresa* (人)の不意をつく

sorprese sorprendere の直・遠過・3単

sorpreso 形 《過分 < sorprendere》驚いた，あっけにとられた；不意をつかれた

sorreggere [87] 他 《過分 sorretto》(体を)支える；(下から)支える，(重量に)耐える；支援する —**ersi** 再 立っている

sorrentino 男 ソレント(の人)の —男 [女[-a]] ソレントの人

Sorrento 固名(女) ソレント(カンパニア州の都市)

sorresse sorreggere の直・遠過・3単

sorretto sorreggere の過分

sorridente 形 微笑んだ，うれしそうな

*__sorridere__ [ソッリーデレ] [89] 自 《過分 sorriso》 1 微笑む，にっこり笑う —

Quella ragazza mi *ha sorriso*. その女の子は私に微笑みかけた. **2** (幸運が)微笑む **3** (考えなどが)気に入る, 惹きつける —L'idea non mi *sorride*. その考えは私には気に食わない.

sorrise sorridere の直・遠過・3 単
sorrisetto 男 (嘲るような)微笑
sorrisino 男 (嘲るような)微笑(sorrisetto)
*__sorriso__[1]__ [ソッリーソ, ソッリーゾ] 男 微笑, 微笑み
sorriso[2] sorridere の過分
sorsata 女 一口, 一飲み; 一口分, 一すすり
sorse sorgere の直・遠過・3 単
sorseggiare 他 〔io sorseggio〕(味わいながら)ゆっくり飲む, ちびちび飲む ━**arsi** 再 ゆっくり味わう
sorsetto 男 (飲み物の)ほんの一口
sorso 男 **1** (液体の)一口, 一口に飲む量 **2** 少量 —un *sorso* di liquore 少しのリキュール
sorta 女 種類, タイプ; 性質 —Non ci trovo differenze di *sorta*. 全く違いが見られない.
*__sorte__ [ソルテ] 女 **1** 運, 運命 —buona [cattiva] *sorte* 幸運[悪運] / affidarsi alla *sorte* 運命に任せる **2** (運命的な)境遇, 巡り合わせ —ironia della *sorte* 運命の皮肉, 運命のいたずら **3** 偶然の結果 ▶ *estrarre* [*tirare*] *a sorte* くじを引く
sorteggiabile 形 くじで決められる, 抽選可能な
sorteggiare 他 〔io sorteggio〕くじで決める, 抽選する
sorteggiato 形 くじで決められた, 抽選された
sorteggio 男 くじ引き, 抽選
sortilegio 男 占い; 魔術, まじない
sortire[1] 他 〔io -isco〕**1** 〖文〗くじで決める, 割り当てる **2** 運命づける, 天から授けられる **3** 獲得する, 達成する
sortire[2] 自 〔es〕**1** (中伊)外出する, 外に出る **2** (くじで)勝ちを引き当てる
sortita 女 **1** 〖軍〗突撃, 反撃 **2** (俳優の舞台への)登場; (意外な)振る舞い, とっさのしゃれ
sorto sorgere の過分
sorvegliante 男女 監督者, 監視人, 警備員 —*sorvegliante* notturno [notturna] 夜警 ━形 監視の, 警備の
sorveglianza 女 監視, 見張り, 監督, 警備
sorvegliare 他 〔io sorveglio〕**1** 見張る, 監視する —*sorvegliare* i detenuti 囚人を監視する **2** 注意深く見守る, 厳しくチェックする
sorvegliato 形 監視された, 警備された ━男〔女 -a〕被監視者
sorvolare 他 空高く飛ぶ, …の上空を飛ぶ; こだわらない, (問題などを)回避する ━自 軽くふれる, 気にしない —*sorvolare*

sui particolari 細部にこだわらない
sorvolatore 男〔女 -trice〕空を飛ぶ人
sorvolo 男 上空飛行
SOS 男 〖不変〗エス・オー・エス(遭難信号)
sosia 男女 〖不変〗うりたつの人, よく似た人
*__sospendere__ [ソスペンデレ] [113] 他 〔過分 sospeso〕**1** 中断する, 中止する; 延期する —La partita *fu sospesa* per la pioggia. 雨のため試合は中止[延期]になった. **2** 停職処分にする, 停学処分にする; 資格を一時剥奪する —*sospendere* la patente a... (人)の免許を取り上げる **3** 吊るす, ぶら下げる
sospensione 女 **1** 吊るすこと —lampada a *sospensione* 吊りランプ, 吊り照明 **2** 中断 —puntini di *sospensione* 〖言〗省略符号 **3** 停止; 停職, 停学 **4** 不安, 懸念 **5** (自動車などの)サスペンション
sospensiva 女 延期, 停止
sospensivo 形 (一時的に)停止[中止, 中断]させる
sospensore 男 サスペンダー, 吊りひも
sospensorio 形 〖解〗懸垂する, 懸吊(チョウ)する ━男 〖医〗懸垂筋, 懸吊帯, 局部サポーター
sospese sospendere の直・遠過・3 単
sospeso 形〔過分< sospendere〕**1** 吊るされた **2** 中断された; 延期された **3** 停職[停学]の **4** 未定の, 未解決の ━男 **1** 未払い —avere un conto in *sospeso* con... …との未払いの勘定がある **2** 未決 —Per il momento lasciamo la questione in *sospeso*. しばらくはその問題を置いて様子を見よう. ▶ *essere sospeso a un filo* 絶体絶命のピンチにいる, 風前の灯(トモ)である
sospettabile 形 疑わしい, 怪しい, 不審な ━男女 容疑者, 被疑者; 不審者
sospettabilità 女 疑わしさ, うさんくささ, 容疑
sospettamente 副 怪しむように, うさんくさそうに
*__sospettare__ [ソスペッターレ] 他 **1** 疑う, 怪しむ —*sospettare* un inganno 策略を疑う / La polizia *sospetta* che il testimone abbia mentito. 証人が偽証したのではないかと警察は疑っている. **2** (手がかりを通じて)想像する, 見抜く **3** 仮定する ━自 (di) …を疑う, 怪しむ —*Sospetta* di tutti e di tutto. 彼は何でもかんでもすべてを疑っている.
sospettato 男〔女 -a〕容疑者
*__sospetto__[1] [ソスペット] 男 **1** 疑い, 疑惑; 嫌疑, 容疑 —avere il *sospetto* che + 接続法 …ではないかと疑う **2** 不安, 恐れ —C'è il *sospetto* che si tratti di una malattia grave. 重病かもしれないという恐れがある.
sospetto[2] 形 **1** 疑わしい, 怪しい ━

sospettosità 女 疑り深さ

sospettoso 形 **1** うたぐり深い **2** 怪しむような，警戒した

sospingere [33] 他 〔過分 sospinto〕**1** 軽く押す，届かせる **2** 仕向ける，拍車をかける，導く —*sospingere... a un delitto* (人)を犯罪に走らせる —**ersi** 再 前進する

sospingimento 男 **1** 軽く押すこと **2** 仕向けること **3** 圧力

sospinse sospingere の直・遠過・3単

sospinto sospingere の過分

sospirare 自 **1** ため息をつく —*sospirare di sollievo* ほっとする，安堵(ど)の息をつく **2** 苦悩する；悲しむ — 他 待望する，待ち望む；待ちあぐむ —*sospirare le vacanze* 休暇を待ち望む

sospirato 形 待望の，欲しくてたまらない

sospiro 男 **1** ため息，嘆息 —*fare [emettere] un sospiro* 息を吐く，ため息をつく **2** (ため息をつくほど)切望するもの **3** 息を吐くこと ▶ *dare [mandare] l'ultimo sospiro* 息を引き取る *tirare un sospiro di sollievo* 安堵(ど)する，ほっとする

sospirosamente 副 ため息まじりに

sospiroso 形 **1** ため息ばかりつく，ふさぎこんだ，感傷的な **2** つらい，物悲しい

sost. sostantivo 〔言〕名詞；sostenuto 〔音〕ソステヌート

sosta 女 **1** 停車，駐車；(短期間の)滞在 —*Faccio una sosta a Roma.* 私はローマに立ち寄る。**2** (一時的な)中断，休憩；休戦 —*fare una sosta di mezz'ora* 30分間休憩する / *senza sosta* ぶっ通しで，休憩なしで ▶ *divieto di sosta* 駐車禁止

sostantivato 形 名詞として用いた

sostantivo 男 〔言〕名詞 —*sostantivo maschile [femminile]* 男性[女性]名詞

*****sostanza** [ソスタンツァ] 女 **1** 物質 —*sostanza chimica* 化学物質 **2** (実質的な)中身，内容 —*di sostanza* 中身のある，充実した中身の **3** 〔哲〕実体 **4** 栄養品 **5** 〔複数で〕財産，資産 ▶ *in sostanza* 要するに

sostanziale 形 **1** 本質的な，根本的な **2** 〔哲・法〕実体の — 男 〔単数のみ〕本質，根本

sostanzialismo 男 〔哲〕実体論

sostanzialità 女 **1** 〔哲〕実体，本質 **2** 要点

sostanzialmente 副 本質的に，基本的に，要するに

sostanziarsi 再 〔io mi sostanzio〕具体的なものになる，実体化する

sostanziato 形 刻み込まれた，染み込んだ

sostanziosamente 副 たっぷりと，滋養に富んで；力強く

sostanziosità 女 栄養のあること，滋養

sostanzioso 形 **1** 栄養のある，滋養に富んだ；(土地が)肥えた **2** たっぷりある，量が多い **3** (講演・書物などが)内容[中味]のある，表現力のある

sostare 自 **1** (途中で少し)とどまる，立ち寄る **2** 休む，休憩する **3** (車が)長時間停車する —*Qui è vietato sostare.* ここは駐車禁止だ。

sostegno 男 **1** 支え；支柱 —*muro di sostegno* 擁壁，土留め **2** サポート，支援 —*insegnante di sostegno* (障害児童)学習支援担当教員 / *essere il sostegno* della famiglia 一家の大黒柱である ▶ *a sostegno di...* …を証明する，…を立証した

*****sostenere** [ソステネーレ] [118] 他 **1** 支える，支持する **2** サポートする，援助する **3** 主張する —*Sostiene che non lo conosce.* | *Sostiene di non conoscerlo.* 彼女は彼を知らないと主張している。**4** (試験を)受ける —*sostenere un esame* 試験を受ける **5** (攻撃などに)抵抗する **6** 維持する，持ちこたえる —**ersi** 再 **1** まっすぐに立つ，直立する **2** 活力を保つ，健康を維持する **3** 生活を維持する **4** 説得力がある

sostenibile 形 支えられる，耐えうる；維持できる

sostenibiltà 女 支持できること；維持可能性

sostenitore 男 〔女 [-trice]〕**1** 支持者，擁護者 **2** 〔スポ〕サポーター — 形 〔女 [-trice]〕支持する，擁護する

sostenne sostenere の直・遠過・3単

sostentamento 男 **1** 扶養，生計 **2** (精神的な)支え

sostentare 他 **1** 扶養する，生計を支える **2** 《文》(勇気・信頼などを)育む **3** 〔物〕浮力，浮揚 —**arsi** 再 **1** 生計を立てる，自活する **2** 〔物〕(飛行機が)浮揚する

sostenutezza 女 まじめさ，堅苦しさ

sostenuto 形 〔過分＜ sostenere〕**1** 支えられた，持ちこたえられた **2** (態度が)よそよそしい，打ち解けない，堅苦しい **3** (文章・講演が)格調の高い，高尚な **4** すばやい，激しい **5** 〔経〕堅調な，上大きの **6** 〔音〕ソステヌート，音の長さ[音価，時価]を十分保って

sostituibile 形 代わりのある，置き換え可能な

sostituibilità 女 代わり[代理]のあること，互換性

*****sostituire** [ソスティトゥイーレ] 他 〔io -isco〕**1** (代替として)取り替える，置き換える，入れ替える —*sostituire il divano nuovo a quello vecchio* 古いソファーを新しいものに取り替える **2** 代行す

sostitutivamente 副 代わりになって
sostitutivo 形 代用[代理]の, 置き換えの
sostituto 男〔女[-a]〕代理人, 代用品, 代役
sostituzione 女 1 代理, 代用; 代理人, 交代要員, 代用品 2〔数〕置換, 代入 ▶ *in sostituzione di...* …の代わりに
sostrato 男 1〔言〕基層; 土台, 基礎; 社会基盤 2 下層
sottabito 男〔女性用の〕下着, 肌着; スリップ, ペチコート
sottacere [76] 他〔過分 sottaciuto〕黙る, 物を言わない
sottaceto 形〔不変〕酢漬けにした ―副 酢漬けにして ―男〔複数で〕酢漬けの野菜, ピクルス
sottacqua, sott'acqua 形〔不変〕水中の; 水面下の ―副 水中で; 水面下で; 隠れて, ひそかに
sottana 女 1 女性の下着; スカート 2 裾の長い聖職者の服, スータン ▶ *stare attaccato alla sottana della madre*（子供が）母親にまとわりついて離れない;（大人の男性が）母親離れのできない
sottano 形〔文〕下の, 下にある
sottarco → intradosso
sottascella → sottoascella
sottecchi 副 伏し目がちに, こっそりと
sottendere [117] 他〔過分 sotteso〕1〔幾〕（辺が角に, 弦が弧に）対する 2 必要とする, 前提とする
sottentrare 自 [es] 1〔文〕下にもぐる 2 取って代わる, 入れ替わる; 後釜になる, 後を継ぐ
sotterfugio 男 算段, 巧妙なやり口, ごまかし
sotterrabile 形 埋められる, 埋葬可能な
sotterramento 男 1 埋葬, 埋めること 2 忘却
sotterranea 女 地下鉄
sotterraneo 形 1 地下の 2 秘密の, 内密の ―男 地下室, 建物の地下
sotterrare 他 1 （地中に）埋める 2 埋葬する ―*Finirà per sotterrarci tutti.* 彼は我々全員よりも長生きするだろう.
sotteso 形〔過分＜ sottendere〕1〔幾〕（弧に）弦が張られた 2 含んだ, 帯びた ―*sorriso sotteso di malinconia* 憂いを含んだ微笑
sottigliezza 女 1 薄さ, 細さ 2 鋭敏さ, 繊細さ; 些細な問題, 細かいこと
＊**sottile**［ソッティーレ］形 1 薄い 2 細い ―*filo sottile* 細い糸 3 鋭敏な; 辛辣な ―*ironia sottile* 鋭い皮肉 4 繊細な 5 かぼそい, 弱々しい ―*gambe sottili* かぼそい脚
sottiletta 女 スライスチーズ
sottilizzare 自 細かな点にこだわる, 細

かく詮索する
sottilizzazione 女 厳密な思考, 細かな議論
sottilmente 副 はっきりと, くっきりと; 鋭く
sottinsù 男〔美〕仰視図 ▶ *di sottinsù* 下から上へ
sottintendere [117] 他〔過分 sottinteso〕1 暗示する, ほのめかす 2 感じとる, 察知する 3 含む,（必然的に）伴う
sottinteso 形〔過分＜ sottintendere〕明記されている, 言外に暗示された ―*È sottinteso che...* …は言うまでもない, 明らかな事だ. ―男 言外の意味; ほのめかし, 暗示 ―*parlare per sottintesi* ほのめかして言う
＊**sotto**［ソット］前〔人称代名詞には di を添えて: sotto di noi〕1 …の下に[で];（覆うもの）の下で, …のもとで ―*Che cosa c'è sotto il tavolo?* テーブルの下に何があるの. / *sotto la pioggia* 雨の中で, 雨に降られて 2 …のすぐ下, 真下 ―*villaggio sotto la montagna* 山のふもとにある村 / *Ce l'hai sotto il naso.* 君の目の前にあるよ. / *Abita sotto di noi.* 彼は我が家の下に住んでいる. 3 …より下で, …より低く ―*al di sotto di...* …より下の / *sotto lo zero* 零下 4 …の南に 5〔時間的に〕…の間近に ―*sotto Natale* クリスマス前に 6〔時間的に〕…の時代に, …の頃に 7〔従属関係〕…の支配下で, …のもとで 8〔手段・様式〕…で ―*sotto* 下に[で] ―*Dammi quello sotto.* 下にあるそれをちょうだい. ―形〔不変〕下の ―*il piano sotto* 下の階 ―男〔不変〕下, 下部
sotto- 接頭「下方」「下位」の意
sottoalimentare 他 1 栄養不足にする, 十分な食料を与えない 2 十分な燃料[電力]を供給しない, 燃料[電力]を出し惜しむ
sottoalimentazione 女 栄養不足; 燃料[電力]の供給不足
sottoascella 女 吸汗パッド
sottobanco 副 ひそかに, 内緒で; 目の届かぬところで ―男〔不変〕賄賂, 袖の下
sottobicchiere 男 コースター, 受け皿
sottobordo 副〔海〕舷側に, そばに, 並んで
sottobosco 男〔複[-chi]〕1 下ばえ, 灌(ヵ)木, 繁み 2 取り巻き, 闇の活動家
sottobottiglia 男〔不変〕（ワインのボトルを置く）銀製の盆
sottobraccio 副 腕を組んで; わきに挟んで ―*camminare sottobraccio con...*（人）と腕を組んで歩く
sottocapo 男 1 次長, 次席; 副主任, 副支配人 2〔軍〕水兵長
sottocchio 形 目の前に, 間近に
sottoccupato 形 不完全就業[雇用]の ―男〔女[-a]〕不完全就業者
sottoccupazione 女 不完全雇用

sottochiave 副 鍵をかけて, 閉じ込めて, しまい込んで —tenere *sottochiave* i documenti riservati 部外秘の書類を鍵をかけて保管する

sottocipria 男〖不変〗ファンデーション, 化粧下地

sottoclasse 女 (動植物の分類で)亜綱

sottocoda 男〖不変〗(馬具の)尻がい; (鳥の)下尾筒(とう)

sottocodice 男〔言〕下位コード, 部門言語

sottocommissione 女 小委員会, 分会

sottoconsumo 男〔経〕過小消費, 消費不足

sottocoppa 男〖不変〗(自動車の)アンダーパン

sottocosto 副 原価を割って

sottocultura 女 下位文化, サブカルチャー

sottocuoco 男〖複[-chi]〗コック見習い; 副料理長

sottocutaneo 形 皮下の

sottocute 副 皮下に

sottodialetto 男〔言〕下位方言

sottodimensionare 他 最小化する, 過小評価する

sottodimensionato 形 零細な

sottodominante 女〔音〕下属音

sottoelencato 形 以下のリストに挙げた

sottoesporre [79] 他〖過分 sottoesposto〗〔写〕露出不足[アンダー]にする

sottoesposizione 女〔写〕露出不足, アンダー; 露出不足の写真

sottofalda 女 1 (帽子の)つば下 2 (服の裾の)派手な裏地

sottofamiglia 女 (生物分類の)亜科; (文献学の)亜族

sottofascia 形〖不変〗印刷物扱いの, 書籍郵便の —男〖不変〗(郵便の)印刷物

sottofondazione 女〔建〕杭打ち工事, 補強工事

sottofondo 男 1 基礎, 土台; 背景, 根底, 心底 2〔映〕バックグラウンドミュージック

sottogamba 副 不注意にも, ぞんざいに; 気楽に

sottogenere 男 (生物分類の)亜属; (文学・映画などの)サブジャンル

sottogola 男, 女〖不変〗(帽子・ヘルメットなどの)革顎(あご)ひも; (馬具の)咽喉革

sottogonna 女 ペチコート

sottogoverno 男 利権政治

sottogruppo 男 1 下位[従属]群, サブグループ 2〔数〕部分群

sottoinsieme 男 1 (グループの一部を成す)一組, 小派 2〔数〕部分集合

sottolineare 他〖io sottolineo〗1 下線を引く 2 強調する

sottolineato 形 下線を引いた, 強調された —男 下線部

sottolineatura 女 アンダーライン, 下線; 強調

sottolinguale 形〔解〕舌下の

sottolio, sott'olio 男〖不変〗オイルに漬けた —男 オイルに漬けて

sottolivello 男 下位レベル

sottomano 副 1 手元に, 身近に 2 隠して, ひそかに 3〖スポ〗(フェンシングで)下段の構えで —男 1 (机上の)革の敷物, 下敷き 2〖スポ〗(バスケットボールで)片手パス, ランニングシュート

sottomarca 女 (ブランドの)セカンドライン, 普及版

sottomarino 形 海底[中]の —男 潜水艦 —*sottomarino* nucleare 原子力潜水艦

sottomesso 形〖過分＜ sottomettere〗支配下にある, 統治下の; 従順な, 服従した

sottomettere [65] 他〖過分 sottomesso〗1 従わせる, 服従させる, 支配下におく —*sottomettere* il popolo con la forza 民衆を力ずくで支配下に置く 2 次に位置づける, 後に置く 3 (a)…の判断に委ねる —**ersi** 再 服従する, 屈服する

sottomise sottomettere の直・遠過・3単

sottomissione 女 隷属, 支配; 従属, 服従; 従順さ

sottomisura 副 普通より小さく[少なく]

sottomultiplo 男〔数〕約数 —形〔数〕約数の

sottonotato 形 先に言及した, 先述の

sottopagare 他 十分に[適正に]支払わない

sottopagato 形 十分な給料をもらっていない, 薄給の

sottopalco 男〖複[-chi]〗(劇場の)舞台下, 奈落

sottopancia 男〖不変〗1 (馬具などの)腹帯 2〔軍〕副官 3〖蔑〗かばん持ち 4 (テレビ放送で)人物の名前を記すスーパー

sottopassaggio 男 地下道

sottopasso → sottopassaggio

sottopelle 副 皮下に; かろうじて感知できるように —形〖不変〗かろうじて感知できる

sottopentola 男〖不変〗鍋敷き

sottopeso 形〖不変〗〔医〕低体重の —男 標準に達しない体重, 低体重

sottopiatto 男 敷き皿, 受け皿

sottopiede 男 1 (ズボンを止める)ストラップ 2 (靴の)インソール; フットカバー

sottopopolato 形 人口が少ない, 過疎の

sottoporre [79] 他〖過分 sottoposto〗1 (試験や検査を)受けさせる —essere *sottoposto* a un test テストを受ける 2 (人の判断に)委ねる —**orsi** 再 (甘んじて)受ける, 従う —*sottoporsi* a un interrogatorio 尋問を受ける

sottoposto 形〖過分＜ sottoporre〗

sottopotere 男 黒幕, 陰の権力

sottoprezzo 男 安い値段で, 廉価に

sottoprodotto 男 1 副産物, 波及効果 2 (映画などからの) 焼き直し

sottoproduzione 女 〔経〕過少生産, 生産不足

sottoproletariato 男 下層無産の労働者階級, ルンペンプロレタリアート

sottoproletario 男〔女[-a]〕下層無産労働者, ルンペンプロレタリア 形 下層無産労働者の

sottordine[1] 男〔次の成句で〕▶ in sottordine 副次的な; (関係が) 下の, 下位の

sottordine[2] 男 (生物分類の) 亜目

sottoregno 男 (生物分類の) 亜界

sottoscala 男〔不変〕階段下のスペース

sottoscrisse sottoscrivere の直・遠過・3 単

sottoscritto 形〔過分 < sottoscrivere〕(下に) 署名した —男〔女[-a]〕署名者

sottoscrittore 男〔女[-trice]〕記名[署名]者, 調印者; (証券の) 引受人

sottoscrivere [103] 他〔過分 sottoscritto〕1 署名する, サインする —sottoscrivere un documento 書類にサインする 2 (署名して趣旨に) 賛同する

sottoscrizione 女 1 署名, サイン 2 署名リスト; 基金[資金]募集, 出資金 3 株式購入の申し込み

sottosegretariato 男 (各省の) 政務次官職; 次官, 補佐官の総称

sottosegretario 男〔女[-a]〕1 補佐官 2 (政務) 次官

sottosella 男〔不変〕(馬の) 鞍下クッション[パッド]

sottosezione 女 (各省の) 部門, サブセクション, 小[細] 区分

sottosistema 男〔複[-i]〕1 下位システム 2〔情〕(プログラムの) サブシステム

sottosopra 副 1 (上下を) 逆さまに, ひっくり返して 2 乱雑に, めちゃくちゃに; 動転して —形〔不変〕乱雑な, 散らかった; 動転した

sottospecie 女〔不変〕1 (生物分類の) 亜種 2 下位区分;〔蔑〕劣るもの, 亜流, 模造品

sottostante 形 下の, 下にある, 下側[下面] の

sottostare [114] 自 [es]〔io sottostò〕1 従属する, 服従する, 隷属する 2 (審査・命令などに) 委ねる, 付す, 受けさせる

sottosterzante 形 (自動車の) アンダーステアリングの, 旋回半径が大きくなる

sottosterzare 自 アンダーステアする, 大回りする

sottosterzo 男 アンダーステアリング

sottostimare 他 過小評価する

sottostruttura 女 下部構造; (組織・機関などの) 基礎, 土台

sottosuolo 男 底土, 下層土

sottosviluppato 形 1 発展途上の —nazione sottosviluppata 発展途上国 2 発育が遅い

sottotenente 男〔軍〕(陸・空軍の) 少尉

sottoterra 副 地中に, 地下に; 埋葬されて —stare sottoterra 死ぬ

sottotetto 男 屋根裏, 屋根裏部屋

sottotitolato 形 字幕つきの

sottotitolo 男 1 (書名などの) 副題, サブタイトル; (新聞の) 小見出し 2〔映〕字幕, スーパーインポーズ

sottotono 男 1 地味に, 控えめに 2 衰弱して, 元気がなく

sottoutilizzare 他 十分に活用できない

sottovalutare 他 1 過小評価する 2 軽視する, 見くびる —arsi 再 卑下する

sottovalutato 形 1 過小評価された 2 軽視された, 見くびられた

sottovalutazione 女 1 過小評価 2 軽視

sottovaso 男 (花瓶・鉢などの) 台, 台皿, 受け皿

sottovento 男 風下に —男〔単数のみ〕風下, 風下の舷側

sottoveste 女 (下着の) スリップ, シュミーズ

sottovia 男, 女〔不変〕地下道

sottovoce 副 1 低い声で, ひそひそと 2〔音〕ソットヴォーチェ, そっと, 音を抑えて

sottovuoto 男 真空状態で —confezione sottovuoto 真空パック —形〔不変〕真空パックの

sottozero 副 零度以下で

sottraendo 男〔数〕減数, 引く数

sottrarre [122] 他〔過分 sottratto〕1 取る, 取り去る 2 (こっそり) 持ち出す, 抜き取る 3〔sottrarre A a B の形で〕B から A を救う, 逃れさせる —sottrarre... alla morte (人) を死から救出する 4 (計算で) 引く, 控除する —arsi 再 (a) ... を免れる, 回避する

sottrattivo 形 減法の, 引き算の; 差し引きできる

sottratto 形〔過分 < sottrarre〕取り去った, 控除した

sottrazione 女 1 除去 2 こっそり盗むこと 3 控除 4〔数〕引き算 5〔法〕横領

sottufficiale 男〔軍〕下士官; (イタリア陸軍の) 軍曹, 曹長, 准尉

soubrette 女〔不変〕〔仏〕(レビューやオペレッタなどの) 主演女優

soufflé 男〔仏・料〕スフレ

soul 男, 女〔不変〕〔英〕ソウルミュージック

souplesse 女〔不変〕〔仏〕柔軟性; 順応性 ▶ in souplesse しなやかに

souvenir 男〔不変〕〔仏〕みやげ, 記念品

sovente 副 よく, しばしば

soverchiamente 副 過剰に, 過度に

soverchiante 形 圧倒的な, (数・力などで)まさる, しのぐ

soverchiare 他 〔io soverchio〕 1 打ち勝つ; 抑圧する; 圧倒する 2 優る, 秀でる 3 〔範囲・限界を〕越える

soverchiatore 形 〔女 [-trice]〕 横柄な, 高圧的な —男 〔女 [-trice]〕 抑圧者, 圧制者

soverchieria 女 1 抑圧, 圧制 2 横暴, 権力濫用

soverchio 形 過度の, 過剰の, 極端な —男 1 過度, 過多, 過剰 2 横暴, 権力濫用

sovesciare 他 〔io sovescio〕 〔農〕緑肥を与える

sovescio 男 〔農〕緑肥

sovietico 形 〔複 [男 -ci]〕 (旧)ソビエトの

sovra → sopra

sovra- → sopra-

sovrabbondante 形 豊富にある, あり余る; 大げさな, 誇張した

sovrabbondanza 女 過剰, 過多; 豊富 ▶ *in sovrabbondanza* 過剰に, 必要以上に

sovrabbondare 自 1 あり余る, たっぷりある 2 大げさにする, 誇張する

sovraccaricare 他 〔io sovraccarico〕 1 荷を積みすぎる, 重くする; 負担をかけすぎる, 重荷を負わせる 2 電流を流しすぎる, 過負荷にする —**arsi** 再 〔責任・仕事などを〕背負いすぎる, 重荷を負う — *sovraccaricarsi di lavoro* 仕事を背負い込みすぎる

sovraccarico 形 〔複 [男 -chi]〕 1 重量制限を超過した, 重量オーバーの; 乗せ過ぎ[積み過ぎ]の 2 (果実が)鈴なりの 3 過重な, 過密な, 多忙な — *essere sovraccarico di lavoro* 仕事で多忙である, 働き過ぎている 4〔電〕過負荷の —男 〔複 [-chi]〕1 過重, 重量超過 2 過重な任務[労働]

sovraccoperta → sopraccoperta

sovraccorrente → sopraccorrente

sovracorrente 女 〔電〕過電流

sovradimensionamento 男 特大サイズ

sovradimensionare 他 (寸法・サイズなどを)必要以上に大きくする

sovradimensionato 形 特大サイズの

sovraesporre [79] 他 〔過分 sovraesposto〕〔写・映〕露出しすぎる

sovraesposizione 女 〔写・映〕露出オーバー

sovraesposto 形 〔過分 < sovraesporre〕〔写・映〕露出オーバーの

sovraffaticamento 男 疲労させること; 過度の疲れ

sovraffaticare 他 疲労させる, こき使う —**arsi** 再 疲労困憊する, 消耗する

sovraffollamento 男 過密, 過多

sovraffollare 他 (人を必要以上に)詰め込む

sovraffollato 形 人出の多い, 込み合った

sovralimentare 他 1 栄養過多にする 2〔機〕スーパーチャージャーを備える —**arsi** 再 栄養過多になる

sovralimentato 形 1 栄養過多の 2〔機〕スーパーチャージャーを備えた

sovralimentatore 男 〔機〕スーパーチャージャー, 過給機

sovralimentazione 女 1 過栄養 2〔機〕スーパーチャージング, 過給

sovranazionale → sopranazionale

sovranazionalità → sopranazionalità

sovranità 女 1 主権, 統治権 2 絶対的優位性

sovrano 男 〔女 [-a]〕(国家の)元首, 君主; 国王, 皇帝 —形 1 (権力が)最高の, 主権の 2 主権を有する — *stato sovrano* 主権国家, 独立国 3 君主の, 国王の — *decreti sovrani* 勅令

sovraoccupazione 女 〔経〕超完全雇用

sovraordinato 形 優位の, 上位の

sovrappassaggio 男 陸橋, 歩道橋

sovrappasso → sovrappassaggio

sovrappensiero → soprappensiero

sovrappeso 形 〔不変〕太りすぎの, 肥満の —男 〔不変〕過重

sovrappiù 男 余分, 余剰, 付け足し

sovrapponibile 形 重ねられる

sovrappopolare 他 〔io sovrappopolo〕 人口過剰[過密]にする —**arsi** 再 人口過剰[過密]になる

sovrappopolato 形 人口過剰[過密]の

sovrappopolazione 女 人口過剰[過密]

sovrapporre [79] 他 〔過分 sovrapposto〕 1 重ねる, 上に置く — *sovrapporre due immagini* 二つの画像を重ね合わせる 2 優先させる, 先行させる —**orsi** 再 1 重なる, 加わる 2 勝る 3 (音について)かき消す

sovrappose sovrapporre の直・遠過・3 単

sovrapposizione 女 重ねること, 重なり合い, 混成

sovrapposto 形 〔過分 < sovrapporre〕 積み重ねた, 重なり合った

sovrapprezzo 男 追加料金, 課徴金; (証券の)額面超過金額

sovrapproduzione 女 〔経〕過剰生産

sovraprofitto → sovraprofitto

sovraprezzo → sovrapprezzo

sovraprofitto 男 〔経〕超過利得

sovrarazionale → soprarazionale

sovrascorrimento 男 〔地質〕押しかぶせ断層

sovrasensibile → soprasensibile

sovrastampa 女 1 刷り込み, 刷り重ね 2 〔切手の〕加刷, 訂正刷り

sovrastampare 他 刷り重ねる, 加え刷りにする

sovrastampato 形 刷り込まれた, 刷り重ねられた

sovrastante 形 1 上にある, そびえる, 見下ろす 2 のしかかる, 差し迫る

sovrastare 他 上にある, 高くそびえる, 見下ろす; (人が)勝る, 優位にある, 抜きん出る; のしかかる, 差し迫る

sovrasterzante 形 (車がカーブで)オーバーステアリングぎみの, 小さく回って

sovrastimare 他 〔io sovrastimo〕 1 高く見積もる 2 過大評価する, 買いかぶる

sovrastruttura 女 1 (建築物の)上部構造; (船の上甲板の)上部構築物, 船首楼 2 〔哲〕(マルクス主義の)上部構造

sovrastrutturale 形 上部構造の

sovratemporale → extratemporale

sovratensione 女 〔電〕過電圧

sovreccitabile 形 激しやすい, 興奮しやすい, 神経過敏な

sovreccitabilità 女 激しやすさ, 興奮しやすさ

sovreccitare 他 〔io sovreccito〕 1 過度に興奮させる, 刺激を与えすぎる 2 〔電〕過励磁にする ―**arsi** 再 過度に興奮する, 極度に緊張する

sovreccitato 形 過度に興奮した, 激しく苛立った

sovreccitazione 女 1 過度の興奮 2 〔電〕過励磁

sovresporre → sovraesporre

sovresposizione → sovraesposizione

sovrimposta 女 付加税, 加算税

sovrimpressione 女 1 (写真・映画・テレビの)二重写し, 二重焼き付け 2 〔印〕重ね刷り

sovrimpresso 形 〔印〕重ね刷りの, 加刷りの; (写真・映画・テレビの)二重写し

sovrintendente → soprintendente

sovrintendere → soprintendere

sovrumano 形 1 超人的な, 神がかりの 2 並外れた, ものすごい

sovvenire 〔127〕他 〔過分 sovvenuto〕《文》救いの手を伸べる ―自 [es/av] 1 (a) 助ける, 援助する ―Mi ha sovvenuto con il suo consiglio. 彼[彼女]のアドバイスで私は救われた. 2 記憶によみがえる, 心[頭]に浮かぶ ―Non mi *sovviene*. 思い出せない.

sovvenzionamento 男 (財政的に)援助すること; 助成金, 融資

sovvenzionare 他 (財政的に)援助する; 助成する, 資金を提供する

sovvenzionatore 形 補助する, 援助する ―男 〔女[-trice]〕助成者

sovvenzione 女 援助; 補助[助成]金, 寄付金

sovversione 女 (政府の)転覆, 破壊, 打倒

sovversivismo 男 (秩序の)破壊性; 破壊活動

sovversivo 形 1 (政体や秩序などを)覆す, 破壊的な 2 革新的な, 革命主義的な ―男 〔女[-a]〕反体制の危険分子, 破壊活動をする人間

sovvertibile 形 転覆できる, 破壊可能な

sovvertimento 男 転覆, 破壊; 革命, 変革

sovvertire 他 (政体や秩序などを)転覆させる, 破壊する, 倒す

sovvertitore 形 〔女[-trice]〕(既成秩序を)覆す, 破壊的な ―男 〔女[-trice]〕破壊者, 攪(͡ʃ)乱者

sozzeria 女 1 汚物, 不潔なもの 2 いかがわしい作品, くだらない作品 3 卑劣な行為, 卑猥(ʰɪ)な言動 ―togliere la *sozzeria* dal vicolo 路地の汚物を除去する

sozzo 形 1 汚い, 不潔な, 嫌な 2 卑しい, 卑劣な; みだらな行為, 卑猥(ʰɪ)な

sozzone 男 〔女[-a]〕不潔な人; 下品な人

sozzume 男 1 汚物, ごみ 2 悪辣, 非道;〔総称的〕不誠実なやから, 不道徳な連中

sozzura 女 1 不潔なこと, 汚いこと; 汚物, ごみ 2 堕落, 退廃; 卑劣な行為

SP 略 La Spezia ラ・スペツィア(リグリア州の都市)

S.P. 略 1 Santo Padre 教皇, 法王 2 Strada Provinciale 県道

S.p.A. 略 Società per Azioni 株式会社

spaccalegna 男女〔不変〕薪割り人, 木こり

spaccapietre 男女〔不変〕(道路舗装工事の)砕石作業員

spaccare 他 1 割る ―*spaccare* la legna 薪を割る 2 壊す 3 (グループや政党を)分割する, 分裂させる ―**arsi** 再 砕ける, 壊れる ▶ **spaccare il capello in quattro** 重箱の隅を(楊枝で)つつく, 事細かに詮索する **spaccare il minuto** (人が)時間を厳守する; (時計などが)寸分の狂いもない

spaccata 女 1 割ること, 砕くこと 2 〔スポ〕(体操の)全開脚; (ダンスの)グラン・テカール; (フィギュアスケートの)スプリッツ; (フェンシングの)右足を前に出す突き; (登山で)チムニー登攀(ᵖ)) 3 (陳列ケースを破る)強盗

spaccatimpani 形 〔不変〕耳をつんざくような, 大きな音の

spaccato 形 1 二つに割れた〔裂けた〕, 砕けた, 折れた 2 壊れた, つぶれた 3 分裂した, 分断された ―famiglia *spaccata* 分裂した家族 4 《口》正真正銘の, まぎれもない, そっくりな 5 (建築物・機械などの)断面図; (特徴的な側面の)描写, 詳

spaccatura 女 1 裂け目, ひび — *spaccatura* del terreno 地割れ 2 割ること 3 対立

spacchettare 他 (包みを)あける, 解く

spacchetto 男 1 小さな裂け目, ちょっとしたひび 2 [服](脇・後ろの)小さなスリット

spacciabile 形 売りさばける, すぐに売れる; 広まる

spacciare 他 [io spaccio] 1 (短期間で)大量に売りさばく, 売り払う —*spacciare* cocaina コカインを売る 2 (不法に)流通させる, 《口》麻薬を売る —*spacciare* soldi falsi 贋($ニセ$)金を流通させる 3 (嘘を)流す, 広める; 思い込ませる, 通す 4 《口》(医者が)見放す 5《文》送る, 発送する —**arsi** 再 …として通る, ふりをする —*Si spacciava* per un poliziotto. 警官になりすましていた.

spacciato 形 1 売りさばかれた 2 流布した 3《口》死にかかった, 治癒の見込みのない —dare... per *spacciato* (人)を助からないと見なす 4 運のつきた, 進退きわまった

spacciatore 男〔女[-trice]〕 1 麻薬の密売人 2 (贋金や禁制品やデマを)流布させる人間

spaccio 男 1 販売 2 売店 (特に施設内の雑貨品を売る店) 3 無許可の販売, 密売

spacco 男〔複[-chi]〕 1 割れ目, 裂け目 2 (服の)スリット

spacconata 女 大ぼら, 空威張り, 虚勢

spaccone 男〔女[-a]〕ほら吹き

*__spada__ [スパーダ] 女 1 剣, 刀 2 剣士, 剣術家 3 〔複数で〕(タロットやナポリのカードの)剣 ▶ *pesce spada* 〔魚〕メカジキ

spadaccino 男〔女[-a]〕剣客, 剣士; フェンシングの選手

spadaio 男 1 刀工, 刀鍛治 2 [歴] (皇帝の)刀持ち

spadino 男 (儀式用の)短剣

spadista 男女〔複[男-i]〕[スポ]フェンシングをする人

spadona 女 1 大きな剣, 太刀 2 [農]スパドーナ梨

spadroneggiare 自 [io spadroneggio] 横柄に振る舞う, 威張りちらす

spaesamento 男 (環境の変化に)戸惑うこと, なじめないこと

spaesato 形 (環境の変化に)戸惑う, 途方にくれる, なじめない

spaghettata 女 スパゲッティをたらふく食べること

spaghetteria 女 パスタ専門店

spaghetti 男複 → spaghetto¹

*__spaghetto__¹ [スパゲット] 男〔複数で〕スパゲッティ —*spaghetti* al pomodoro トマトソースのスパゲッティ ▶ *spaghetti western* [映]マカロニウエスタン (イタリア製西部劇)

spaghetto² 男《口》恐怖, 恐れ, おびえ

spagliamento 男 わらを取り除くこと, わらがはずれること; 脱穀

spagliare 他 [io spaglio] わらの覆いを取り除く, 脱穀する —**arsi** 再 わらの覆いがはずれる

spagliatura 女 わらの覆いが取れた[はずれた]ところ; 脱穀

Spagna 固名〔女〕スペイン

spagnola 女 スペイン風邪

spagnolesco 形〔複[-chi]〕〔蔑〕スペイン人のように横柄な[傲慢な]; 派手な趣味の

spagnoletta 女 1 糸巻き 2 (窓に付ける)イスパニア錠 3 [服]マンティーラ 4 ピーナッツ

spagnolismo 男 1 [歴・政]スペイン[スペイン人]びいきの態度 2 スペイン人特有の流儀; 派手好き

spagnolizzare 他 スペイン風にする, スペイン化する (ispanizzare)

spagnolizzazione 女 スペイン化 (ispanizzazione)

*__spagnolo__ [スパニョーロ] 形 スペインの; スペイン人[語]の — 男 1〔女[-a]〕スペイン人 2〔単数のみ〕スペイン語

spagnuolo → spagnolo

spago¹ 男〔複[-ghi]〕 1 ひも 2 (靴職人が用いる)撚($よ$)り糸 ▶ *dare spago a...* (人)の思い通りにさせる, 好き放題にさせる

spago² 男《口》恐怖, 恐れ, おびえ

spaiare 他 [io spaio] (一対($ツイ$)・一組のものを)別々にする, 半端にする

spaiato 形 半端な, 片方だけの

spalancare 他 開け放つ, 大きく開ける —*spalancare* la porta 扉を全開にする / *spalancare* gli occhi 目を大きく見開く —**arsi** 再 1 全開する 2 突然目の前に現れる

spalancato 形 開け放たれた; (目などを)見開いた

spalaneve 男〔不変〕除雪機

spalare 他 スコップ[シャベル]ですくい出す, すくい取る —*spalare* la neve 雪かきをする

spalata 女 シャベルですくうこと

spalatore 男〔-trice〕除雪する[土をかく]人 —形〔女[-trice]〕スコップ[シャベル]ですくう, 除雪する

spalatrice 女 ショベル機

spalatura 女 (土などを)シャベルで除去すること; 除雪

spaldo → spalto

*__spalla__ [スパッラ] 女 1 肩 —avere le *spalle* larghe 肩幅がある; 度量が大きい / alzare le *spalle* 肩をすくめる 2〔複数で〕背中 —alle *spalle* 背後に, 後ろに, こっそりと / voltare le *spalle* a... …に背中を向ける; …を見限る 3 (衣服の)肩の部分 —*spalle* imbottite 肩パッド 4 (動物の)肩肉 —prosciutto di *spalla* ショルダーハム ▶ *di spalle* 後ろから, 背

spallaccio 中を向けて *mettere... con le spalle al muro* (人)に決断を迫る, (人)を窮地に追い込む *ridere alle spalle di...* 陰で(人)をあざ笑う *violino di spalla* 第一バイオリン(奏者) *vivere alle spalle di...* (人)に養ってもらう

spallaccio 男 1 (武具の)肩当て; 〔歴〕肩覆い 2 (リュックサックなどの)肩ベルト

spallata 囡 肩で押す[突く]こと, 肩で押し分け進むこと

spallazione 囡 〔物〕(原子核の)破砕

spalleggiamento 男 支持, 援助, 後援

spalleggiare 他 〔io spalleggio〕 1 肩入れする, 支える, 援助する 2 〔軍〕肩に乗せて運ぶ ―**arsi** 再 身を守る, 互いに助け合う

spalletta 囡 1 〔建〕欄干, 手すり 2 堤防 3 〔建〕抱き, 側柱

spalliera 囡 1 (椅子の)背, 背もたれ 2 ベッドヘッド 3 〔農〕果樹や花の生育用のフレーム ▶ *spalliera svedese* (スウェーデン体操の用具の)肋木(ろくぼく)

spallina 囡 1 〔軍〕肩章 2 (ブラジャーなどの)肩ひも(bretellina) 3 肩パッド

spallucciata 囡 肩をすくめること

spalmare 他 (クリームなどを)塗る ― *spalmare la marmellata [il burro] sul pane* パンにジャム[バター]を塗る ―**arsi** 再 (自分の肌に)塗る ― *spalmarsi la crema sul viso* 顔にクリームを塗る

spalmata 囡 一塗りすること, 薄く広げること ―*dare una spalmata di crema* クリームを塗る

spalmatura 囡 塗布, 上塗り加工

spalto 男 1 〔軍〕(城砦の防護用)斜堤 2 〔複数で〕スタジアムの階段席; 階段席の観客

spampanare 他 〔io spampano〕〔農〕(ブドウの葉を)取り除く, 剥ぎ取る

spanare 他 ねじ山をすり減らす ―**arsi** 再 ねじ山がすり減る

spanciare 自 〔io spancio〕 1 腹打ち飛び込みをする 2 〔空〕急上昇中に失速する 3 (壁などが)膨張する ―**arsi** 再 1 大笑いをする, 腹をかかえて笑う ―*spanciarsi dalle risate* 抱腹絶倒する 2 (壁などが)膨張する

spanciata 囡 1 (飛び込みの)腹打ち 2 (飛行機の急上昇中の)失速 3 《口》腹一杯(詰め込むこと)

spancio 男 (壁・漆喰(しっくい)などの)膨張

spandere [110] 他 〔過分 spanto〕 1 まき散らす 2 (液体を)流す, こぼす 3 大量に与える 4 (情報などを)広める, 伝える ―**ersi** 再 1 広がる 2 広まる, 伝わる ▶ *spendere e spandere* 浪費する, 無駄遣いをする

spandicera 男 〔不変〕 ワックスワイパー

spandiconcime 男 〔不変〕〔農〕肥料[堆肥]散布機

spandimento 男 広がること, 拡張

spandisale 男 〔不変〕(道路の融雪に使う)塩散布機

spaniel 男 〔不変〕〔英〕スパニエル(犬の一種)

spanna 囡 手のひらの幅; わずかな長さ[面積, 高さ] ―*misurare a spanne* 大まかに測る

spannare[1] 他 クリームをすくい取る

spannare[2] 他 曇りを拭き取る

spannatura 囡 牛乳からクリームを分離すること; すくい取ったクリーム

spannocchiare 他 〔io spannocchio〕 トウモロコシの皮をむく

spanse *spandere* の直・遠過・3 単

spanto *spandere* の過分

spappagallare 他 おうむがえしに答える ―自 際限なくしゃべる

spappolabile 形 かゆ状になる, ぐしゃぐしゃの

spappolamento 男 1 かゆ状にすること, ぐしゃぐしゃに押しつぶすこと 2 〔医〕挫傷

spappolare 他 〔io spappolo〕 かゆ状にする, ぐしゃぐしゃにする ―**arsi** 再 1 かゆ状になる, ぐしゃぐしゃになる 2 〔医〕挫傷する

sparacchiare 他 〔io sparacchio〕 単発発射する

sparachiodi 男,囡 〔不変〕 自動釘(くぎ)打ち機

sparagiaia 囡 《俗》アスパラガス畑(asparagiaia)

sparagio 男 《俗》アスパラガス(asparago)

*****sparare** [スパラーレ] 他 1 発射[発砲]する 2 思いきり放つ ―自 発砲する, 銃を撃つ ―*sparare con la pistola* ピストルを撃つ / *sparare a salve* 空砲を撃つ ▶ *spararle grosse* ほらを吹く, 大げさに言う

sparata 囡 1 大ぼら; 自慢 2 激しい口論, 言い争い

sparato 形 1 発射された, 発砲された 2 《口》弾丸のように速い, 電光石火の ―*andare [venire] sparato* 猛スピードで行く[来る]

sparatore 男 〔囡 -trice〕発砲者

sparatoria 囡 連射, 激しい撃ち合い; 銃撃戦

sparecchiare 他 〔io sparecchio〕 1 (食卓を)片づける ―*sparecchiare la tavola* 食卓を片づける 2 (食卓の料理を)きれいに平らげる

spareggio 男 1 〔経〕欠損, 赤字 2 〔スポ〕優勝決定戦, プレーオフ

spargere [111] 他 〔過分 sparso〕 1 まく, ばらまく 2 流す, こぼす ―*Ha sparso il vino sulla tovaglia.* 彼はテーブル掛けにワインをこぼした. 3 流布させる, 広める ―*spargere la voce* 噂(うわさ)を広める ―**ersi** 再 1 散らばる ―*La gente si è sparsa nel parco.* 人々は公園の中にばらばらに散っていた. 2 こぼれる 3 広まる

spargimento 男 分散, 散乱; 流出, 散れ出ること ▶ *spargimento di sangue* 流血, 出血

spargipepe 男〖不変〗卓上コショウ入れ

spargisale 男〖不変〗1 卓上塩入れ 2 塩散布機

sparigliare 他 [io spariglio] (一対(ﾂｲ)・一組のものを)分ける, 別々にする, ばらばらにする

*__sparire__ [スパリーレ] 自 [es] [io -isco] 1 消える —Il sole *è sparito* dietro le nuvole. 太陽は雲の後ろに消えてしまった. / I soldi *sono spariti*. お金がなくなった. 2 立ち去る, 出て行く —*Sparisci* subito! すぐに失せろ. 3 姿を消す, 存在しなくなる

sparizione 女 1 消失, 紛失; 失踪, 死亡 2〖映〗溶暗, フェードアウト

sparlare 自 けなす, 陰口をたたく

sparo 男 発砲; 銃声

sparpagliamento 男 散乱, 拡散

sparpagliare 他 [io sparpaglio] 撒き散らす, 散らかす; 四方八方に放つ, 分散する —**arsi** 再 散らかる, 散りぢりになる

sparsamente 副 まばらに, ちらほらと

sparse spargere の直・遠過・3 単

sparso spargere の過分

Spartaco 固名[男] スパルタクス (?- 前71; 共和政ローマの剣闘士)

spartanamente 副 厳しく, 厳格に, スパルタ式に

spartano 形 1 スパルタの; 厳格な, 厳しい 2 素朴な, 飾らない ▶ *alla spartana* スパルタ式で

spartiacque 男〖不変〗1〖地理〗分水界, 分水嶺 2 分岐点, 相違, 不一致

spartineve 男〖不変〗雪かき, 除雪機; 除雪車, ラッセル車

spartire 他 [io -isco] 1 分ける, 分配する 2〖音〗スコアを書く —**irsi** 再 山分けする

spartito 形 分けられた, 分離[分裂]した —男〖音〗総譜, スコア

spartitraffico 男〖不変〗(道路の)中央分離帯 —形〖不変〗(道路の)中央分離帯の

spartitura 女 分配, 分割, 分け目

spartivalanghe 男〖不変〗雪崩防護柵

spartizione 女 1 分けること, 分配, 分担 2 部門, 部局

sparuto 形 1 やつれた, やせこけた 2 少数の, ごくわずかの

sparviere → sparviero

sparviero 男 1〖鳥〗ハイタカ, オオタカ 2 (左官道具の) こて板 3 投網(giacchio)

spasimante 形 ひどく苦しむ, 思いこがれる —男女〖諧〗(せっせと通う)求愛者

spasimare 自 [io spasimo] 1 (激痛に)苦しむ, あえぐ 2 強く望む, 執心する; 恋いこがれる, ひどく悩む

spasimo 男 激痛, 苦痛; 苦悩, 煩悶(ﾓﾝ)

spasmo 男〖医〗痙攣(ﾚﾝ), 発作

spasmodico 形〖複[男-ci]〗1 苦しみに満ちた; 刺すような 2〖医〗痙攣(ﾚﾝ)の, 発作的な

spasmofilia 女〖医〗痙攣(ﾚﾝ)質

spasmolitico 形〖複[男-ci]〗〖薬〗痙攣(ﾚﾝ)止めの, 鎮痙作用の

spassarsi 再 楽しむ, 気晴らしをする ▶ *spassarsela* 楽しく過ごす, 大いに楽しむ

spassionatamente 副 公平に, 偏らずに

spassionatezza 女 公平性, 客観性

spassionato 形 公平な, 偏見のない, 客観的な

*__spasso__ [スパッソ] 男 1 散歩, ぶらつくこと 2 気晴らし, 楽しみ, 娯楽 —darsi agli *spassi* 娯楽に浸る 3 愉快な奴 —E uno *spasso*. 彼は人を笑わせる奴だ. ▶ *andare a spasso* ぶらつく, 散歩する *essere a spasso* 定職がない, 失業している

spassoso 形 愉快な, 楽しくさせる

spasticità 女〖医〗痙(ﾚﾝ)縮, 痙性

spastico 形〖複[男 - ci]〗〖医〗痙攣(ﾚﾝ)性の —男〖複[-ci]女[-a]〗《蔑》間抜け, とんま

spatola 女 1 へら, スパチュラ, スパーテル, こて; パテナイフ 2〖スポ〗(スキー板の)トップベンド; (ゴルフの)ヘッド 3 (ワイパーの)ブレード 4〖鳥〗ヘラサギ 5〖魚〗ヘラチョウザメ ▶ *a spatola* へら状の

spauracchio 男 1 かかし (spaventapasseri) 2 (狩猟で小鳥の) 追い込み道具 3《諧》恐ろしい人[物]

spaurire 他 [io -isco] おびえさせる, 怖がらせる, ぎょっとさせる —**irsi** 再 おびえる, 怖がる

spaurito 形 おびえた, ぎょっとした

spavalderia 女 高慢, 生意気; ずうずうしい態度, 厚顔

spavaldo 形 (自信過剰で)図太い, ふてぶてしい, 高慢ちきな —男〖女[-a]〗高慢ちき, 自信過剰な人

spaventapasseri 男〖不変〗1 案山子(ﾀﾞ) 2 ひどい風体の人間

*__spaventare__ [スパヴェンターレ] 他 1 おびえさせる, どきっ[ひやっ]とさせる —La sua cattiveria mi *spaventa*. 彼の悪ふざけにはひやっとさせられる. 2 ひどくこわにする —**arsi** 再 1 おびえる, どきっ[ひやっ]とする 2 気が滅入る, 憂慮する, 不安になる

spaventevole 形 恐ろしい, ぞっと[ぎょっと]するような; ものすごい, 並はずれた

spavento 男 1〖肝を冷やすほどの〗恐怖 —Che *spavento*! 驚いたなあ. / Ho provato *spavento* allo squillo del telefono. 電話が鳴って私はどきっとした. 2 ひどい不安 3 ぎょっとするような人[物]

spaventosamente 副 恐ろしいほ

ど、びくびくして；ものすごく
spaventoso 形 **1** 恐ろしい、ぞっとする **2** ものすごい、すさまじい
spaziale 形 **1** 空間の **2** 宇宙の —volo spaziale 宇宙飛行
spazialismo 男 〔美〕スパツィアリスモ、空間主義
spazialità 女 空間性、空間処理
spaziare 他 [io spazio] 間隔をあけて配置する；〔印〕字間をあける ―自 **1**（広い空間を）自由に動き回る、さまよう **2**（視界などが）広がる；（関心が）及ぶ
spaziatore 形〔女 -trice〕間隔をあける ―barra spaziatrice〔コン〕スペースバー
spaziatura 女〔印〕字間をあけること；スペース
spazieggiare 他 [io spazieggio] 一定の間隔に置く；〔印〕字間をあける
spazientire 他 [io -isco] いらいらさせる、辛抱できなくする ―**irsi** 再 苛立つ、我慢できなくなる、かっとなる
spazientito 形 苛立った、いらいらした、かっとなった
＊**spazio** [スパーツィオ] 男 **1** 空間、場所、スペース ―fare spazio a...（人）のために場所をつくる、席を詰める / Non c'è molto spazio per muoversi qui. ここには自由に動けるスペースがあまりない。 **2** 宇宙（空間） **3** 距離、間隔、期間 ―un breve spazio di tempo 短期間 / nello spazio di tre anni 3 年の期間で **4**〔印〕スペース、字間 **5** 活動の場〔チャンス〕
spaziosità 女 広がり、広さ；十分なスペース
spazioso 形 広々とした、ゆったりとした
spaziotempo, spazio-tempo 男〔不変〕〔物・数〕時空
spaziotemporale, spazio-temporale 形〔物・数〕時空の
spazzacamino 男 煙突掃除人
spazzaneve 男〔不変〕**1** 雪かき、除雪機 **2**〔スポ〕（スキーの）全制動滑降、プルーク
spazzare 他 **1**（ほうきで）掃く ―spazzare il cortile 中庭を掃く **2** 一掃する **3**（食べ物を）きれいに平らげる ―Hanno spazzato via tutto. 彼らは全部きれいに平らげた。
spazzata 女 さっと掃くこと、一掃き
spazzatrice 女 道路清掃車、ロードスイーパー
spazzatura 女 **1** 清掃、掃除 **2** ごみくず **3** がらくた **4**〔蔑〕つまらない人間、軽蔑すべき人 ―形〔不変〕価値のない、くずのような
spazzino 男〔女 -a〕（街路や公園の）清掃員
spazzola 女 ブラシ ―spazzola da scarpe 靴ブラシ / capelli a spazzola（散髪の）五分刈り
spazzolare 他 ブラシをかける
spazzolata 女 ブラシをかけること
spazzolino 男 小さいブラシ ► *spazzolino da denti* 歯ブラシ
spazzolone 男 大きなブラシ、モップ
speaker 男女〔不変〕〔英〕**1** アナウンサー、ニュースキャスター **2** 声優、（競技場の）案内放送係 **3**（イギリス連邦諸国の）下院議長
specchiarsi 再 [io mi specchio] (in) **1** ...に自分の姿[顔]を映して見る **2**（水が）...に影を映す[落とす] **3** ...を見習う
specchiato 形 **1**（鏡・水面などに）映った **2** 模範的な、非の打ち所のない、申し分のない
specchiera 女 **1** 姿見、大型の鏡；ドレッサー、化粧台 **2** 鏡つきの洋服ダンス
specchietto 男 **1** 手鏡 **2**（車の）ミラー ―specchietto retrovisore ドアミラー、バックミラー **3** 一覧、概要 ► *specchietto per le allodole*（人をだます）甘い誘惑、甘い罠(ᄭ)
＊**specchio** [スペッキオ] 男 **1** 鏡；映し出すもの；つるつるの表面 ―specchio d'acqua 水面 / pavimento a specchio ぴかぴかの床 **2** 一覧（表）、概要 **3** 模範、手本 ► *allo specchio*〔料〕ゼリー固めの、ゼリー寄せの
special 男〔不変〕〔英〕（テレビ番組の）ワンマンショー；特別[特集]番組
＊**speciale** [スペチャーレ] 形 **1** 特別の、特殊な ―inviato speciale 特派員 / niente di speciale 特に何も（ない） **2**（食品が）極上の、特上の ―vino speciale 極上のワイン ―男 **1**（テレビの）特別番組 **2**〔スポ〕（スキーの）回転競技 ► *in modo speciale* 特に
specialista 男女〔複 男 -i〕専門家、スペシャリスト ―形〔複 男 -i〕専門家の
specialistico 形〔複 男 -ci〕専門家の、専門的な、専門医の
specialità 女 **1** 特殊性、専門性；専門分野 **2** 特技、得意なもの **3** 特産物、名物料理 ―specialità della casa 当店の名物料理 **4**（スポーツの）種目
specializzando 形 専門課程修了見込みの ―男〔女 -a〕専門課程修了見込みの学生
specializzare 他 専門化する ―**arsi** 再 専門とする、専攻する ―Mi specializzo in matematica. 私は数学を専攻している。
specializzato 形 **1** 専門の、特化の **2**〔生物〕種化した、分化した
specializzazione 女 **1** 専門家になること；専門化、専門分野、特殊化 **2**〔生物〕種形成、分化
specialmente 副 特に
＊**specie** [スペーチェ] 女〔不変〕**1** 種類 **2** 種(い)、種族 ―la specie umana 人類 **3** 外観、見かけ ―副 特に(in specie) ► *fare specie (a...)*（...を）驚かせる *in specie* 特に *in [sotto] specie di...* ...の姿で、...の外観で *una specie di...* ...のようなもの[人]

specifica 囡 明細書, 内訳書; 仕様書
specificabile 形 明示できる, 特定可能な
specificamente 副 明確に, はっきりと; 特に, とりわけ
specificare 他〔io specifico〕明確にする, 特定する
specificativo 形 はっきりとした, 特定の
specificato 形 明示された; 詳細な
specificazione 囡 1 明記, 詳述; 明細, 仕様書 2〔法〕加工
specificità 囡 特性, 特異性
specifico 形〔複[男 -ci]〕1 特殊な, 特別な 2 特定の 3 種(しゅ)特有の ―男〔複[-ci]〕特性
specillo 男〔医〕ゾンデ, 消息子
specimen 男〔不変〕〔ラ〕1 (内容)見本 2 (本人確認の)照合用サイン
specioso 形 もっともらしい, 見せかけだけの
speck 男〔不変〕〔独〕スペック(燻(くん)製の生ハムの一種)
speculare¹ 自〔io speculo〕1 思索[思弁]する 2 投機* する ―*speculare* in borsa 株式に投機をする
speculare² 形 鏡の, 鏡に映った; 対称の, 鏡像の, 相称の
specularità 囡 対称性; 相似, 相似性
speculativo 形 1 思索[思弁]的な, 純理的な 2 投機的な
speculatore 男〔囡[-trice]〕1 思索家 2 投機家, 相場師 ―形〔囡[-trice]〕1 思索家の, 思索に適した 2 投機(家)の, 相場師の
speculazione 囡 1 思索, 思弁, 純理 2 投機; (一攫(かく)千金の)金もうけ
spedalità 囡 ospedalità
spedalizzare → ospedalizzare
＊**spedire** [スペディーレ] 他〔io -isco〕1 送る, 発送する ―*spedire* un pacco ad un amico 小包を友人に送る 2 派遣する
speditezza 囡 迅速, 敏捷(びんしょう); 流暢(りゅうちょう), よどみなさ
spedito 形 すばやい, 敏捷(びんしょう)な, 迅速な; 流暢(りゅうちょう)な, よどみない
spedizione 囡 1 発送 ―spese di *spedizione* 送料 2 遠征 ―*spedizione* al Polo Sud 南極遠征 / *spedizione* di soccorso 救助隊派遣 3 武装集団の急襲
spedizioniere 男〔囡[-a]〕運送業者, 運送屋; 荷送り人
＊**spegnere** [スペーニェレ] 他〔112〕〔過分 spento〕1 (燃えているものを)消す ―*spegnere* una candela ろうそくの火を消す 2 (電気製品の通電を)消す ―*spegnere* la luce [la TV] 明かり[テレビ]を消す 3 (感情などを)鎮める, 和らげる, 弱める ―*spegnere* le passioni 情熱を抑える ―**ersi** 再 1 (火・明かりが)消える 2 (色が)あせる; (騒音が)弱まる 3 (感情などが)弱まる 4 終わる; 死ぬ, 永眠する

spegnimento 男 消火, 消灯; (生石灰の)消和
spegnitoio 男 ろうそく消し, (ランプの)消灯器
spelacchiare 他〔io spelacchio〕(毛・羽を)むしり取る, かきむしる, 剥ぎ取る ―**arsi** 再 (毛・羽が)抜け落ちる, はげる
spelacchiato 形 毛[羽]をむしり取られた, 毛の抜け落ちた; はげた
spelare 他 1 (毛・羽を)取る, むしる, 取り除く 2《口》皮をむく ―**arsi** 再 1 (毛・羽が)抜ける, 抜け落ちる 2《諧》はげる, 髪が薄くなる
spelato 形 1 (毛・羽が)抜けた, むしり取られた 2 (土地が)むきだしの, 不毛の
spelatura 囡 1 (毛・羽が)抜けること 2 不毛
speleo- 接頭「洞窟」の意
speleologia 囡 1 洞窟学 2 洞窟探検
speleologico 形〔複[男 -ci]〕1 洞窟学の 2 洞窟探検の
speleologo 男〔複[-gi]囡[-a]〕1 洞窟学者 2 洞窟探検家
speleonauta 男囡〔複[男 -i]〕洞窟潜水探検家
spellare 他 1 皮を剥ぐ ―*spellare* un coniglio ウサギの皮を剥ぐ 2 法外な値段をふんだくる 3 皮をすりむく ―Il sole mi *ha spellato* il naso. 日焼けで私の鼻の皮がむけた. ―**arsi** 再 1 皮膚をすりむく, 皮膚がむける 2 (動物が)脱皮する
spellatura 囡 1 皮を剥ぐこと 2 すりむくこと, 擦傷, 擦過傷
spelonca 囡 1 ほら穴, 洞窟 2《文》根城, 巣窟 3 あばら屋, 粗末な家
spelta 囡 スペルト小麦
spencer 男〔不変〕〔英〕(男性用の)ウールのジレ; (女性用の)ベスト
spendaccione 男〔囡[-a]〕浪費家
＊**spendere** [スペンデレ] 他〔113〕〔過分 speso〕1 (お金を)使う, 出費する ―Ho speso molto per l'acquisto della casa. 家の購入で私は大出費をした. 2 (時間などを)費す ―Devi *spendere* bene la tua vita. 人生をうまく使わないといけないよ.
spendereccio 形〔複[囡 -ce]〕1 金遣いの荒い, 浪費癖のある 2 金のかかる, 物入りの
spendibile 形 (お金が)使える, 使うことのできる
spendibilità 囡 (お金が)使えること; 信頼性
spenga spegnere の接・現・1 単[2 単, 3 単]
spengo spegnere の直・現・1 単
spennacchiare 他〔io spennacchio〕1 (鳥の)羽をむしる 2 (財産を)巻き上げる ―**arsi** 再 (鳥が)羽を失う, 羽が抜ける
spennacchiato 形 1 羽をむしり取られた 2 (財産を)巻き上げられた 3 髪の薄くなった

spennare 他 1 羽をむしる 2 金をむしり取る ━**arsi** 再 羽が抜け落ちる
spennata 女 1 羽をむしること 2 (賭けで)大損をすること
spennellare 他 (刷毛で)塗る, 彩色する
spennellata 女 一塗り
spennellatura 女 刷毛で塗ること
spense spegnere の直・遠過・3 単
spensierataggine 女 1 軽率, 不注意; 無責任 2 軽はずみな態度
spensieratamente 副 無頓着に, 気楽に, 無責任に
spensieratezza 女 1 気楽, のんき 2 不注意, 軽率
spensierato 形 1 気楽な, のんきな 2 うっかりとした, 軽率な
spento 形 〔過分 < spegnere〕 1 (明かりや火が)消えた; 電源が切れた 2 (色が)くすんだ, 暗色の 3 絶えた, 消滅した
spenzolare 他〔io spenzolo〕ぶら下げる, 吊るす ━自 ぶら下がる, 垂れ下がる ━**arsi** 再 身を乗り出す
sperabile 形 期待できる, 見込みのある, 望ましい
Speranza 固名〔女性名〕スペランツァ
*__speranza__ [スペランツァ] 女 1 希望, 期待, 望み ━Finché c'è vita, c'è *speranza*. 命ある限り希望はある. / Non c'è nessuna *speranza*. 何一つ望みがない, 絶望的だ. 2 期待の的, 希望の星, ホープ
speranzosamente 副 希望に胸をふくらませて, 期待して
speranzoso 形 希望に満ちた, 楽観的な
*__sperare__ [スペラーレ] 他〔接続法とともに〕希望する, 期待する; 〔di + 不定詞〕自分が…できればいいと思う ━*Spero* che lui venga domani. 私は明日彼が来る事を期待している. / *Spero* di vederti presto. 君に早く会えればいいな. / *Spero* di sì [no]. そうであればいいね[そうでないことを望む]. ━自〔in〕…を期待する, …に望みをつなぐ ━*sperare* in un futuro migliore よりよい未来を期待する
sperdere [74] 他〔過分 sperso〕分散させる, 散乱させる ━**ersi** 再 1 (群衆に)まぎれる, 消える 2 道に迷う, 方向を見失う
sperduto 形 1 片田舎の, へんぴな ━paesino *sperduto* へんぴな村 2 (雰囲気に)なじめない 3 道に迷った
sperequare 他〔io sperequo〕不均衡にする, 不公平に分配する
sperequato 形 1 (配分が)不公平な, 不平等な 2 不均衡な, 均一でない
sperequazione 男 不均衡, 不平等, 不公平な分配; 不均化
spergiurare 自 偽証する ━他 1 虚偽の宣誓をする 2〔口〕大げさに誓う
spergiuro 形 偽証する, 誓いに背く ━男〔女 -a〕偽証者, 虚偽の宣誓をする人
spericolatezza 女 無謀, 無鉄砲, 向こう見ず
spericolato 形 無謀な, 無鉄砲な, 向こう見ずな
sperimentabile 形 実験可能な
sperimentale 形 実験的な ━metodo *sperimentale* 実験的方法
sperimentalismo 男 1〔哲〕実験[経験]主義 2 実験的方法
sperimentalista 男・女〔複〔男 -i〕〕〔哲〕実験[経験]主義者
sperimentare 他 1 経験で知る, 体験する; 試みる; 実験する, 試験する ━*sperimentare* una nuova medicina 新薬の実験をする 2 実証する; (人を)試す, テストする
sperimentato 形 1 経験豊富な, 老練な 2 検査[試験]済みの, 信頼できる
sperimentatore 男〔女 [-trice]〕実験者, 試験者
sperimentazione 女 実験, 試験; 実習 ▶ *sperimentazione didattica* 新教育方法の開発(実証実験)
sperma 男〔複 -i〕〔生物〕精液
spermatico 形〔複 [-ci]〕〔生物〕精液の
Spermatofite 女〔植〕種子植物
spermatogenesi 女〔不変〕〔生物〕精子形成[発生]
spermatozoo 男〔生物〕精子
spermicida 形〔複〔男 -i〕〕〔薬〕殺精子剤の ━男〔複 [-i]〕〔薬〕殺精子剤
spernacchiare 自〔io spernacchio〕ブーイングを浴びせる ━他 あざ笑う, あざける
speronare 他 (船が)衝角で激突する; (車の)側面に衝突する
speronata 女 衝角による打撃
speronato 形 1〔動〕蹴爪のある 2〔植〕(花弁に)距(けづめ)のある 3〔建〕控え壁で補強された
sperone → sprone
sperperare 他〔io sperpero〕浪費する, 無駄にする, 消耗する
sperperatore 男〔女 [-trice]〕浪費家, 無駄遣いする人
sperperio 男 無駄遣いばかりすること
sperpero 男 浪費, 無駄遣い, 空費
sperse sperdere の直・遠過・3 単
sperso 形〔過分 < sperdere〕1 道に迷った 2 (見知らぬ環境で)とまどった
spersonalizzare 他 1 個性を失わせる〔奪う〕, 特徴を失わせる 2 個人的要素を除く ━**arsi** 再 個性を失う, 没個性的になる; 特徴を失う
sperticarsi 再〔io mi spertico〕大げさに言う, 誇張する
sperticato 形 (お世辞・賛辞などが)誇張した, 大げさな, 過度の
*__spesa__ [スペーザ, スペーサ] 女 1 出費, 費用 ━*spese* di viaggio 旅費, 交通費 / *spesa* pubblica 歳出 2 買い物, ショッピング〔食料品などの日常の買い物は la spesa〕━fare *spese* ショッピングをす

spesare 他 (出張経費を)払い戻す; 費用[生活費]を負担する

spesato 形 出張経費が支払われた

spese spendere の直・遠過・3単

speso spendere の過分

*__spesso__ [スペッソ] 副 (頻度が)よく、たびたび、頻繁に —Vado *spesso* al cinema. 私はよく映画を観に行く. —形 **1** 分厚い —muro *spesso* un metro 1メートルの厚さの壁 **2** 濃い —nebbia *spessa* 濃霧 **3** 度重なる —*spesse volte* よく、たびたび

spessore 男 **1** 厚さ; 太さ **2** 深さ —privo di *spessore* (人物が)深みのない、浅薄な

spett. 略 spettabile (商業文で)御中

spettabile 形 尊敬すべき; (商業文で)御中

spettacolare 他 **1** 人目を引く、派手な **2** (映画などが)大がかりな仕掛けの **3** 並はずれた、目覚ましい

spettacolarità 女 (映画・事件などの)ショー的性格、派手さ; 注目性

spettacolarizzare 他 大仕掛けにする、派手にする —arsi 再 スペクタクル化する

spettacolarizzazione 女 壮大な見世物、派手なショー

*__spettacolo__ [スペッターコロ] 男 **1** 観客の前で演じたり見せたりするもの(演劇・映画・演芸・ショー・見世物・パフォーマンスなど) —*spettacolo* di varietà バラエティーショー —*spettacolo* pirotecnico 花火大会 **2** (回数を意識しての)上演、公演、上映 **3** [単数のみ] 芸能界 **4** (目を見張るような)光景、場面 ▶ *dare spettacolo* 人目を引く; やたら目立つ

spettacoloso 形 **1** 目を見張らせる、手に汗握る、目を覆いたくなるような **2** 並外れた、ずば抜けた —intelligenza *spettacolosa* 並外れた知力

spettante 形 属する、帰属する; 管轄の

spettanza 女 **1** 権限、管轄; 能力、資格 **2** 報酬、謝礼

spettare 自 [es] (a) (義務や権利が)(人)にある —*Spetta* a lui farlo. それをするのが彼の義務です. / *Ciò mi spetta di diritto*. それは当然私のものです.

spettatore 男 女 [-trice] **1** 観客; (式典の)参列者 **2** 目撃者、傍観者

spettegolare 自 [io spettegolo] 噂(うわさ)話をする、無駄話をする、陰口をきく

spettinare 他 [io spettino] (他人の)髪を乱す —Il vento mi *ha spettinato* i capelli. 風で髪が乱れた. —arsi 再 (自分の)髪が乱れる; (髪が)乱れる —*Ti sei spettinato* [*spettinata*] i capelli. 髪が乱れたよ. / Con il vento mi *si sono spettinati* i capelli. 風で髪が乱れた.

spettinato 形 髪が乱れた、ぼさぼさ頭の

spettrale 形 **1** 幽霊のような; (光・炎などが)かすかな **2** 哀れをそそる **3** [物] スペクトルの

spettro 男 **1** 亡霊、幽霊(fantasma) **2** 悪夢、脅威、暗い影 —*spettro* della guerra 戦争の脅威 **3** [物] スペクトル

spettrografia 女 [光] スペクトル分析法; 分光写真術

spettrometria 女 [光] 分光測定

spettrometro 男 [光] 分光計

spettroscopia 女 [光] 分光学

spettroscopio 男 [光] 分光器

speziare 他 [io spezio] 香辛料を加える

speziato 形 香辛料を入れた; 風味のよい

spezie 女複 薬味、香辛料、スパイス

spezzamento 男 粉砕すること; 粉々になったもの

*__spezzare__ [スペッツァーレ] 他 **1** (ガラスを)粉々に割る **2** (大きい物を)小さく割る [ちぎる、折る] **3** (線などを)分断する **4** (期間や行程を)区切る **5** (仕事や休暇を)邪魔する、つぶさせる —arsi 再 **1** 粉々に割れる、砕ける **2** (線などが)切れる、ちぎれる **3** (骨が)折れる、骨折する ▶ *spezzarsi in due per...* (人)のために尽力する、身を粉にする *spezzarsi ma non piegarsi* 不撓(とう)不屈の精神を貫く

spezzatino 男 [料] スペッツァティーノ (牛肉の煮込み料理); ぶつ切り肉

spezzato 形 粉々になった、折れた、ばらばらの; 区切った、中断された **2** [上下の色や生地が違う]男性用スーツ **2** [劇] フラット

spezzatura 女 **1** 切断、粉砕; 小休止、短い休暇 **2** (書物の)端本; [商] 端株

spezzettamento 男 粉砕

spezzettare 他 細切れにする、細分する —arsi 再 粉砕する; 多くの活動をする

spezzettato 形 **1** 粉々になった、細切れになった **2** 中断された

spezzettatura 女 細かく砕くこと; 中断、破片、断片

spezzino 形 ラ・スペツィア(の人)の —男 女 [-a] ラ・スペツィアの人

spezzone 男 **1** 断片、部分; (映画の)ワンカット、(テレビの)クリップ **2** 端本 **3** [軍] 榴弾

*__spia__ [スピーア] 女 **1** スパイ —fare la *spia* スパイをする、告げ口をする **2** 徴候、前兆 **3** 警告ランプ[ブザー] —*spia* luminosa 警告灯、表示灯 **4** (電話の)盗聴装置 **5** (ドアなどの)のぞき窓

spiaccicare 他 [io spiaccico] つぶす、押しつぶす —arsi 再 つぶれる、ぐしゃっとなる

spiacente 形 残念な、遺憾な —Sono molto *spiacente* di non poter accettare l'invito. 大変残念ですが、ご招待はお受けできません.

spiacere → dispiacere[1]

spiacevole 形 **1** 不愉快な、嫌な **2** つらい、残念な **3** (人が)感じの悪い、うさんく

さい
spiacevolmente 副 不愉快そうに，不快ながら
spiaciuto 形〔過分＜spiacere〕残念な，遺憾な
spiacque spiacereの直・遠過・3単
＊**spiaggia** [スピアッジャ] 女〔複[-ge]〕海岸，浜辺 —andare in *spiaggia* 海岸に行く ▶ *l'ultima spiaggia* 最後のチャンス
spianamento 男 平らにすること
spianare 他 1 平らにする，ならす，水平にする —*spianare* il terreno 地面を平らにならす 2 根こそぎ破壊する 3 (銃を)水平に構える，相手に向ける —*spianare* il mitra 機関銃をかまえる
spianata 女 1 地ならし 2 平地，平坦な場所
spianato 形 1 平らにした，ならした 2 (女性の体について)厚みのない，平らな
spianatoia 女 麺台
spiano 男〔歴〕小麦の配給量
spiantare 他 根こそぎにする，引き抜く
spiantato 形 無一文の，お金に困った —男〔女[-a]〕文無し，困窮した人
spiare 他〔io spio〕1 ひそかに探る[監視する] 2 (機会などを)じっと窺(うかが)う
spiata 女 密告，告発，たれ込み
spiattellare 他 1 (秘密を)ぺらぺらしゃべる，うかつにしゃべる；あからさまに言う 2 目の前に突き出す
spiazzamento 男 1 (チーム競技で)相手のすきをつくこと，意表をつかれること 2〔経〕クラウディングアウト
spiazzare 他 1〔スポ〕(チーム競技で)相手のすきをつく 2 意表をついて不利な立場に追い込む
spiazzo 男 空き地，原っぱ
spiccare 他 1 切り離す，取り外す 2 (地面を蹴って跳躍や飛行)をする —Gli uccelli *hanno* spiccato il volo. 鳥が飛び立った。3 (法令などを)出す —自 際立つ —*spiccare* per intelligenza 知性で際立つ
spiccatamente 副 著しく，目立って；はっきりと，明白に
spiccato 形 目立つ，際立つ；明確な，はっきりした —男〔音〕スピッカート
spicchio 男 1 (ミカンの)一房，(ニンニクなどの)一片，一塊 2 (三日月状に切った)一切れ —*spicchio* di mela リンゴ一切れ ▶ *spicchio di luna* 三日月
spicciare 他〔io spiccio〕1 手早く片づける 2 (要求に)すばやく対応する —**arsi** 再 用事で済ませる，急ぐ
spicciativo 形 手早い，迅速な，すばやい
spiccicare 他〔io spiccico〕剥がす，引き離す；はっきり発音する
spiccicato 形《口》そっくりな，うりふたつの
spiccio[1] 男《口》〔複数で〕小銭 —形 小銭の

spiccio[2] 形〔複〔女 -ce〕〕1 すばやい，迅速な 2 粗野な，無作法な
spicciolo 形 小銭の；普段の —男〔複数で〕小銭，細かいお金 —cambiare una banconota in *spiccioli* 紙幣を小銭に換える
spicco 男〔複[-chi]〕目立つこと —fare *spicco* 目立つ
spider 男，女〔不変〕〔英〕二人乗りのスポーツカー
spidocchiare 他〔io spidocchio〕シラミをとる —**arsi** 再 (自分の体の)シラミをとる
spiedino 男 串，焼き串；〔複数で〕串焼き料理
spiedo 男 焼き串，鉄串 ▶ *allo spiedo* 串焼きの
spiegabile 形 説明のつく，納得のいく
spiegamento 男 1 広げること 2 (軍の)展開，配置；(多くの物・人員の)導入 ▶ *spiegamento di forze* 多くの軍隊〔警察部隊〕の集結
＊**spiegare** [スピエガーレ] 他 1 説明する；教える，解釈する 2 広げる，伸ばす —*spiegare* le ali (鳥が)羽を広げる 3 (部隊を陣形に)配備する —**arsi** 再 1 (自分の考えを)説明する —*Mi sono spiegato* [*spiegata*]? 私の説明が分かりましたか。2 広がる，伸びる
spiegato 形 1 広げられた，伸ばされた 2 説明された
＊**spiegazione** [スピエガツィオーネ] 女 1 説明(書) 2 動機，動機づけ 3 釈明
spiegazzamento 男 1 しわくちゃにする[畳む]こと；しわ
spiegazzare 他 しわくちゃにする[畳む]，もみくちゃにする —**arsi** 再 しわになる
spiegazzato 形 しわになった，しわくちゃの
spiegazzatura 女 しわ；しわくちゃ
spiemontesizzare 他 (イタリア統一以降の)脱ピエモンテ化させる —**arsi** 再 脱ピエモンテ化する；ピエモンテの特徴を失う
spietatamente 副 情け容赦なく，冷酷に
spietatezza 女 残酷，冷酷；残虐行為
spietato 形 1 無慈悲な，無情な，冷酷な 2 執拗(しつよう)な，しつこい ▶ *fare una corte spietata a...* (人)にうるさく付きまとう[言い寄る]
spifferare 他〔io spiffero〕うかつにしゃべる，口をすべらす
spifferata 女 密告，通報，たれこみ
spiffero 男 一陣の風，すきま風
spiga 女 (麦などの)穂 —a *spiga* 穂の形の，穂の模様の / tessuto a *spiga* ヘリンボーン模様の布地
spigare 自〔es/av〕1 (麦などの)穂が出る 2 とうが立つ
spigato 形 ヘリンボーンの —男 杉綾(すぎあや)織り；ヘリンボーンの洋服

spigatura 女 1 穂が出ること; 穂の出る時期 2 ヘリンボーン

spighetta 女 1 〔植〕(イネなどの)小穂 2 〈杉綾(ぎ)の)ブレード

spigliatamente 副 自由に; 楽に

spigliatezza 女 気さくさ, 率直さ; 気楽さ

spigliato 形 率直な, 気さくな; とらわれない

spignattare 自 《口》料理にかかりきりになる

spignorare 他 [io spignoro, spignoro]〔法〕差し押さえを解除する

spigo 男 [複-ghi]〔植〕ラベンダー

spigola 女〔魚〕スズキ

spigolare 他 [io spigolo] 落ち穂を拾う

spigolatore 男〔女-trice〕落ち穂拾いの人

spigolatura 女 落ち穂拾い

spigolo 男 1 (テーブルなどの)角(%), (壁などの)隅(す) 2 〔複数で〕気難しさ, とげとげしさ —smussare gli *spigoli* del *proprio* carattere 性格が丸くなる, 角が取れる 3 山の尾根

spigolosità 女 1 角の多いこと; (顔などが)骨ばっていること 2 (性格の)気難しさ, 頑固

spigoloso 形 1 角の多い; (顔などが)骨ばっている 2 (性格が)気難しい, 怒りっぽい; 頑固な

spilla 女 1 (アクセサリーの)ピン; ブローチ —*spilla* da cravatta ネクタイピン / *spilla* da balia [di sicurezza] 安全ピン

spillare 他 1 (樽のワインを)栓を抜いて出す; (酒を)汲(く)み出す 2 (お金を)だまし取る, かすめ取る

spillatrice 女 ホチキス

spillatura 女 ワイン汲(く)み

spillo 男 1 留め針 2 (樽(%)に穴を開けるための)錐(%) 3 ピン(spilla) 4 ごくわずか ▶ *a spillo* 細くとがった / tacchi a *spillo* ピンヒール **nemmeno** [*neanche*] **uno spillo** 全く何も(ない), ほんの少しも

spillone 男 (婦人用帽子の)ハットピン, 留めピン

spilluzzicare 他 [io spilluzzico] 少量ずつ食べる, つまみ食いする

spilorceria 女 しみったれ, けち

spilorcio 形 [複〔女-ce〕] けちな, しみったれた —男〔女-a, 複-ce〕けちん坊, 守銭奴

spilungone 男〔女-a〕のっぽの人

spina 女 1 とげ —*spine* delle rose バラのとげ / *spine* del riccio ハリネズミのとげ 2 〔複数で〕いばら 3 魚の骨 4 (電気の)プラグ 5 樽(%)の栓口 ▶ *a spina di pesce* ヘリンボーン; (日本の)杉綾(%), 矢はず *birra alla spina* (樽からの)生ビール *spina dorsale* 背骨 *stare sulle spine* 心配でたまらない; じれったい

spinacio 男 1 〔複数で〕(野菜の)ほうれん草 2 〔植〕ホウレンソウ

spinale 形 〔解〕背骨の, 脊柱の

spinare 他 (魚の)骨を取る

spinarello 男 〔魚〕トゲウオ

spinarolo 男 〔魚〕ツノザメ

spinato¹ 形 1 とげのある; とげ状の 2 ヘリンボーン

spinato² 形 (魚の)骨を取った[抜いた]

spinatura 女 (魚の)骨を取る[抜く]こと

spinellare 自 《隠》マリファナ[ハッシッシュ]を吸う —**arsi** 再 《隠》マリファナ[ハッシッシュ]を吸う

spinello¹ 男 《隠》マリファナ[ハッシッシュ]

spinello² 男 〔鉱〕尖晶石, スピネル

spinello³ 男 〔魚〕ツノザメ

spineto 男 1 イバラの茂み 2 厄介な状況[問題]

spinetta 女 〔音〕スピネット(チェンバロの一種)

✱**spingere** [スピンジェレ] [33] 他 〔過分 spinto〕1 押す, 突く —*spingere* il pedale del freno ブレーキをかける 2 (遠くに)向ける —*spingere* lo sguardo lontano 遠くに目を向ける 3 仕向ける, 駆り立てる —自 押す —**ersi** 再 向かう, 足を伸ばす —*Ci siamo spinti fino alla cima.* 我々は頂上まで足を伸ばした.

spinite 女 〔医〕脊髄炎; 脊髄癆(%)

spino 男 いばら, とげ, 魚の骨 ▶ *spino di Giuda* 〔植〕トリアカンソウ

spinone 男 スピノーネ・イタリアーノ(猟犬)

spinosità 女 1 とげのあること 2 (状況・問題などの)複雑性 3 無作法, 扱いにくさ

spinoso 形 1 とげのある[多い] 2 困難な, 厄介な

spinotto 男 1 〔電〕プラグ 2 〔機〕ピストンピン, ガジョン

spinse spingere の直・遠過・3 単

spinta 女 1 押し, 突き —dare una *spinta* a... …を押す 2 推す力 3 刺激, 衝動 4 後押し, 助力, サポート, 支援

spintarella 女 推薦, 後押し, 手助け

spinterogeno 男 (車の)イグニッション, 点火装置, ディストリビューター

spinto 形 〔過分 < spingere〕1 押された, 向けられた; (才能が)向いている —*Mi sento spinta verso la musica.* 私は音楽に向いている気がする. 2 露骨な, きわどい; 極端な —*barzelletta spinta* きわどい小話

spintonare 他 強く押す[突く]; 〔スポ〕(サッカーなどで)相手を激しく突き飛ばす —**arsi** 再 互いに押し[突き]合う

spintone 男 1 激しい一突き, 一押し 2 強力な後押し, 推薦

spiombare 他 1 封鑞(%)を取り除く 2 (歯の)詰め物を取る

spionaggio 男 スパイ行為, スパイ活動 —film [romanzo] di *spionaggio*

spioncino スパイ映画[小説]

spioncino 男 (ドアの)のぞき穴, 監視穴

spione 男[女 -a] 告げ口, 密告者

spionistico 形[複男 -ci] スパイの, 密偵の; スパイ行為の

spiovente 形 1 垂れ下がった; (髪が)肩にかかった 2 勾配のある, 傾斜した ―男 1 [建] 勾配, スロープ 2 山の斜面 3 [スポ] 高打ち, 高蹴り

spiovere [78] 非人称 [es/av] 雨がやむ, 雨があがる ―自 [es/av] 流れ落ちる, 滴る

spira 女 1 らせんの一巻き, 渦巻き 2 [電] コイル

spiraglio 男 1 小さな明かり取り 2 換気[通風]孔 3 かすかな光, 兆し ―uno *spiraglio* di speranza 一縷(⁵)の望み

spirale 女 1 螺(°)旋 ―scala a *spirale* らせん階段 2 悪循環, スパイラル現象 3 底なし沼, 長いトンネル 4 [医] 避妊リング 5 (時計の)ぜんまい ―形 らせん状の ―molla *spirale* 渦巻きバネ, ぜんまいバネ

spirare¹ 自 1 (そよ風が)吹く 2《文》発散する, 表れる 3《文》呼吸する, 生きる ―他 1《文》発散する, 表す 2《文》呼び覚ます, 奮い立てる

spirare² 自 [es] 息をひきとる, 死ぬ

spirillo 男 [生物] らせん菌

spiritaccio 男 1《口》才気, 機知 2 頭の切れる人, 鋭い人

spiritato 形 1 ひどく興奮した, 錯乱した 2 活力に満ちた, エネルギッシュな ―男[女 -a] 1 動転した人 2 エネルギッシュな人

spiritello 男 1 妖精, 小妖精 2 いたずらっ子, 腕白坊主

spiritico 形 [複男 -ci] 交霊術の, 心霊現象の

spiritismo 男 スピリティズム, 交霊術, 降霊術; 心霊現象

spiritista 男女 [複男 -i] 交霊術者

***spirito** [スピーリト] 男 1 精神, 心 2 才気, 機知, エスプリ ―*battuta di spirito* 気の利いたしゃれ / *spirito di patata* ユーモアのセンスの欠如 3 気質, 性向, 精神性; 気質[精神]の持ち主 4 真髄 5 精, 精霊 ―*Spirito Santo* 精霊 (キリスト教の三位一体の神の位格の一つ) 6 幽霊 ―*spirito maligno* 悪霊 7 風潮, 傾向 8《文》息; ひらめき 9 エチルアルコール ―*mettere le ciliege sotto spirito* サクランボをアルコール漬けにする 10 [言] 気音 (ギリシャ文字の補助記号) ―*spirito aspro* [*dolce*] [有] [無] 気記号

spiritosaggine 女 滑稽, ユーモア; (つまらない) 冗談, だじゃれ

spiritosamente 副 機知をもって, ユーモアで

spiritoso 形 機知[エスプリ]に富む, 愉快な ―男 機知, ユーモア, 愉快なこと ―*Non fare lo spiritoso!* 冗談はやめて.

spiritual 男 [不変][英] 黒人霊歌

spirituale 形 1 精神の, 精神的な ―*amore spirituale* プラトニックラブ 2 霊的な, 宗教に関する ―男 [複数で] (S-) 聖フランチェスコ会修道士の一派

spiritualismo 男 [哲] 唯心論; 精神主義

spiritualista 形 [複男 -i] [哲] 唯心論の; 精神主義の ―男女 [哲] 唯心論者; 精神主義者

spiritualità 女 1 精神性, 内面性 2 霊性, 崇高さ; 宗教性

spiritualizzare 他 1 霊的にする, 浄化する 2 理想化する

spiritualizzazione 女 霊化, 浄化

spiritualmente 副 精神的に, 精神面で

spiro 男《文》1 陣の風, そよ風 2 精神, 霊魂

spiumarsi 再 1 (鳥の)羽が抜ける; (クッションなどの詰め物の)羽毛が抜ける 2《口》大金を払う

spizzicare 他 [io spizzico] 少しずつ食べる[かじる], つまみ食いする

spizzico 男 [複 -chi] (食べ物について)ごく少量の, わずかの ► *a spizzico* 少しずつ, 一度に少量ずつ

spleen 男 [不変][英] 憂鬱; 不機嫌

splendente 形 1 光り輝く; まぶしい, まばゆい 2 鮮やかな

splendere 自 [複合時制なし] 光り輝く ―*Il suo viso splendeva di gioia*. 彼の顔は喜びで輝いていた.

splendidamente 副 華やかに, 豪奢に; 最高に, とてもよく

***splendido** [スプレンディド] 形 1 光り輝く 2 華麗な, 壮麗な; 豪華な, 豪勢な 3 見事な, 素晴らしい

splendore 男 1 輝き, きらめき 2 美麗, 華麗 3 豪華絢爛(ﾗﾝ) ―*splendore di una cerimonia* 式典の豪華さ

splene → milza

splitting 男 [不変][英] 1 [化] 重油の蒸留 2 分割課税; 所得の分割

spocchia 女 傲慢な態度

spocchiosamente 副 横柄に, 尊大に

spocchioso 形 [女 -a] 傲慢な, 高慢な, 横柄な

spodestare 他 1 権力を奪う, 解任する 2 (財産を)奪い取る, 取り上げる

spoetizzare 他 1 夢をこわす, (幻想を)打ち砕く, 幻滅させる 2 詩趣を台無しにする

spoglia 女《文》1 衣服 2 体; 遺体 3 [複数で] 大の殻 ◁ [複数で][隊] 敗軍将兵の武具; 戦利品

***spogliare** [スポッリアーレ] 他 [io spoglio] 1 (人の)服を脱がせる 2 取る, 奪う; 略奪する, 強奪する ―*spogliare i cittadini dei loro averi* 市民の財産を奪う 3 (花や果実を)摘む 4 包をはがす 5 [法] 財産を没収する 6 (権力や任務を)奪う, 取り上げる 7 詳しく調べる ―*spo-*

gliare la corrispondenza 通信文書を詳しく調べる ―**arsi** 再 **1** 服を脱ぐ **2**(樹木が)葉を落とす (動物が)脱皮する **4** (di)…を投げ出す, 捨てる

spogliarellista 男女〖複[男 -i]〗ストリッパー

spogliarello 男 ストリップ(ショー) (strip-tease)

spogliatoio 男 更衣室, 脱衣所

spoglio¹ 形 裸の; (di)…のない ―**alberi** *spogli* 葉のない丸裸の木 / **stile** *spoglio* 簡素な[飾り気のない]スタイル / *spoglio* **di pregiudizi** 偏見のない

spoglio² 男 **1** 横領, 略奪 **2** 開票 **3** 整理; 分類; 用語分析 ―*spoglio* **delle schede elettorali** 投票用紙の仕分け

spola 女 **1** (機織りの)杼(ひ), シャトル; (レース用の)ボビン **2** (ミシン用の)ボビン (rocchetto) ▶ **fare la spola** 何度も行き来[往復]する

spoletino 形 スポレート(の人)の ―男〖女[-a]〗スポレートの人

Spoleto 固名(女) スポレート(ウンブリア州の都市)

spoletta 女 **1** (織機の)杼(ひ), (ミシンの)ボビン **2**《口》糸巻き **3**〖軍〗信管

spoliazione 女 略奪, 強奪

spoliticizzare 他 ノンポリ化する; 政治色をなくす ―**arsi** 再 政治色をなくす, 政治に無関心である

spoliticizzazione 女 政治色をなくすこと; 政治に無関心

spolmonarsi 再 声を限りに叫ぶ, 精一杯の声でしゃべる

spolpare 他 **1** (肉を)そぐ, (果肉を)取る **2**《口》(お金を)巻き上げる, だまし取る ―**arsi** 再《口》貧乏になる

spolpato 形 **1** 肉のついていない, 果肉のない, やせこけた **2**《口》貧しい, 文無しの

spolverare 他〖io spolvero〗 **1** 埃(ほこり)を払う ―*spolverare* **i mobili** 家具の埃を払う **2** からっぽにする, すべて取り去る; (食べ物を)平らげる **3** (粉を)振りかける ―*spolverare* **la torta con lo zucchero a velo** ケーキに粉砂糖を振りかける

spolverata 女 **1** ちり[埃(ほこり)]を払うこと, 一払い[振り] **2** (粉末の)散布

spolveratura 女 **1** ちり[埃(ほこり)]を払うこと **2** (粉末を)振りかけること; (振りかけた粉の)薄い層

spolverino¹ 男 (理容師[美容師]が髪の毛をはらうのに使う)ブラシ

spolverino² 男 長コート; ダスターコート

spolverizzare 他 (粉末を)振りかける, 散布する

spolvero 男 **1** (粉末を)振りかけること, 散布; 薄い層 **2** うわべだけの知識

spompare 他《口》へとへとに疲れさせる, 衰弱させる ―**arsi** 再《口》力尽きる, 疲れ果てる

sponda 女 **1** 岸 ―*sponda* **del lago** 湖畔 **2** 端, 縁 ―*sponda* **della strada** 道端 **3** (ベッドなどの)手すり ―*sponda* **del ponte** 橋の欄干

spondilite 女〖医〗脊椎炎

spondilosi 女〖医〗脊椎症

spongata 女〖料〗スポンガータ(エミリア地方のクリスマス用菓子)

spongina 女〖生物〗海綿質

sponsor 男女〖不変〗〖英〗スポンサー, 後援者

sponsorizzare 他 スポンサーになる, 寄付をする; 後援する

sponsorizzatore 男〖女[-trice]〗スポンサー, 後援者

sponsorizzazione 女 スポンサーになること; 資金提供

spontaneamente 副 自発的に, 自然に

spontaneità 女 自然さ, ありのまま, 素朴さ; 自発性

spontaneo 形 **1** 自発的な, 任意の ―**parto** *spontaneo* 自然分娩 **2** 本能的な, 直感的な **3** 素朴な, 飾らない; 自然な, 気取りのない

spopolamento 男 人口減少, 過疎化

spopolare 他〖io spopolo〗 **1** 人口を減らす **2** 人通りを少なくする, 人けをなくす ―自《口》人気を博する ―**arsi** 再 **1** 人口が減少する **2** 人けがなくなる

spopolato 形 **1** 人口が激減した, 過疎の **2** 人通りの少ない, 客のいない

spora 女〖生物〗胞子

sporadicità 女 散発性, 散在性, 点在

sporadico 形〖複[-ci]〗 **1**〖医〗散発性の; (現象などが)単発的な, 偶発的な **2** 点在する, 散在する

sporcaccione 男〖女[-a]〗 **1** 汚い[不潔な]人 **2** 破廉恥な奴, 卑劣な奴

sporcare 他 **1** よごす, 汚くする **2** (名誉などを)けがす ―**arsi** 再 **1** (自分の体を)よごす **2** 評判を下げる ▶ *sporcare* **la fedina penale** 罪を犯す, 前科者になる

sporcizia 女 **1** よごれ; 不潔さ **2** 汚いもの, 汚物

*****sporco** [スポルコ] 形〖複[男 -chi]〗 **1** 汚い, よごれた, 不潔な ―*sporco* **di sangue** 血でよごれた **2** (色が)くすんだ, 黒ずんだ **3** 不実な; 淫らな **4** 不正な, 不道徳な, 不法な ―**denaro** *sporco* 汚い金 ―男〖複[-chi]〗よごれ; 汚物 ▶ **avere la fedina penale sporca** 前科がある **farla sporca** 汚いことをする

sporgente 形 突き出た, 出っ張った, はみ出た

sporgenza 女 突出, 隆起, はみ出し; 突出部

sporgere [109] 他〖過分 sporto〗 **1** 突き出す **2**〖法〗(司法機関に)提出する ―*sporgere* **querela** 告訴する ―自[es]突き出る ―**ersi** 再 身を乗り出す ―**È pericoloso** *sporgersi* **dal finestrino.** 車窓から身を乗り出すのは危険だ.

sporogenesi 女〔不変〕〔生物〕胞子形成; 胞子生殖

sporogonia 女〔生物〕伝播生殖

‡**sport** [スポルト] 男〔不変〕スポーツ, 運動; 競技 —*sport* di squadra チームスポーツ —形〔不変〕(自動車が)スポーツタイプの ► ***per sport*** 娯楽で, 余暇に

sporta 女 **1** 買い物かご; 買い物かご1杯分の量 —una *sporta* di verdura かご1杯分の野菜 **2** 多量, 大量 —Ho una *sporta* di soldi. 私は大金を持っている. ► ***un sacco e una sporta*** 大量

sportellista 男女〔複[男 -i]〕(銀行・役所などの)窓口係

‡**sportello** [スポルテッロ] 男 **1** (家具や器具の)小さなドア[扉] **2** (車の)ドア **3** (銀行・郵便局・役所などの)窓口 **4** (銀行の)支店

sportivamente 副 **1** (服装などが)スポーティーに **2** 正々堂々と, (負けても)晴れ晴れとした

sportività 女 **1** スポーツ好き **2** スポーツマンシップ, スポーツマン精神

‡**sportivo** [スポルティーヴォ] 形 **1** スポーツ[運動]の; スポーツ[運動]用の **2** (服装や靴が)スポーティーな —scarpe *sportive* スポーツシューズ, 運動靴 / macchina [auto] *sportiva* スポーツカー **3** 運動選手[愛好家]の **4** (性格が)潔い, さっぱりした —男〔女[-a]〕**1** スポーツマン, 運動家 **2** スポーツ愛好家, スポーツファン **3** 潔い人

‡**sposa** [スポーザ] 女 **1** 花嫁, 新婦 **2** (新婚の)妻, 新妻; 妻 —abito da *sposa* ウエディングドレス, 花嫁衣装

sposalizio 男 結婚式, 婚礼

‡**sposare** [スポザーレ] 他 **1** …と結婚する —Paolo *sposa* Maria. パオロはマリアと結婚する. **2** 結婚させる, 結婚式を執り行う —Li *ha sposati* il vescovo. 司教が彼らの結婚式を執り行った. **3** 《con》…と結婚させる —I genitori l'*hanno sposata* con un bravo ragazzo. 両親は彼女を優秀な若者と結婚させた. **4** 合わせる, 対(つい)にさせる —*sposare* l'acqua al vino 水とワインを合わせる —自 **1**〔トスカーナ〕結婚する **2** 調和する, 合う —Quei due colori non *sposano*. その二つの色は合わない. —再 **1** 《con》…と結婚する —Antonio *si è sposato* con Maria. アントニオはマリアと結婚した. **2** 調和する, 合う —Questo piatto *si sposa* benissimo con il vino rosso. この料理は赤ワインにとてもよく合う.

sposato 形 結婚した, 既婚の —男〔女[-a]〕既婚者

sposina 女 若い花嫁[新婦]; 新妻

sposino 女 若い花婿[新郎];〔複数で〕新婚の夫婦

sposo 男 **1** 花婿, 新郎 **2** (新婚の)夫 **3**〔複数で〕(新婚の)夫と妻

spossante 形 消耗させる, 疲れさせる, うんざりさせる

spossare 他 消耗させる, 疲れさせる, 弱らせる —**arsi** 再 疲れ果てる, 衰弱する

spossatezza 女 疲労, だるさ, 脱力感

spossato 形 疲れ果てた, ぐったりした, 衰弱した

spossessare 他 (財産・土地などを)没収する, 所有権を奪う —**arsi** 再 (財産を)放棄する, 捨てる

spostabile 形 移動可能な, 動かせる

spostamento 男 **1** 移動, 移転 **2** 変更 —*spostamento* d'orario 時刻表の変更 **2** 延期

‡**spostare** [スポスターレ] 他 **1** (時間や場所について)動かす, 移す, 移動させる —Dobbiamo *spostare* la riunione a lunedì prossimo. 会議を来週の月曜に移さなければならない. / *spostare* il divano in un'altra stanza. ソファーを別の部屋に移動させる **2** 《口》修整させる, 変更する **3** (別の分野に)向ける —**arsi** 再 **1** 動く, 移る, 移動[移転]する —*Spostiamoci!* 場所を変えよう. | 別のところへ行こう. / *spostarsi* in macchina 車で移動する **2** (意見や態度を)撤回する **3** それる, 別の方向に向く

spostato 形 **1** 移動した **2** 疎外された, 社会不適応の

spot 男〔不変〕〔英〕**1** (光の)点, (レントゲンの)点状陰影 **2** スポットライト; (ラジオ・テレビで流れる)短い広告[宣伝] —*spot* pubblicitario スポット広告

SPQR 略〔ラ〕Senatus Populusque Romanus 元老院とローマの市民

spranga 女 (門や窓の)かんぬき, 横木

sprangare 他 **1** 閉める, かんぬきを掛ける **2** かんぬきで殴る **3**〔トスカーナ〕(陶器を)修理する

sprangata 女《口》かんぬきの一打

sprangatura 女 かんぬきを掛けること; かんぬき

spray 男〔不変〕〔英〕スプレー —形〔不変〕スプレー式の

sprazzo 男 **1** 照射, 閃(せん)光 **2** ひらめき; (感情の)一瞬の発露, ほとばしり —uno *sprazzo* d'ingegno 天才のひらめき ► ***a sprazzi*** 断続的に

sprecare 他 浪費する, 無駄遣いする; (時間・能力・エネルギーなどを)無駄に使う —*sprecare* il tempo 時間を浪費する / *sprecare* il fiato 聞いてもらえないのに空しく話をする —**arsi** 再 **1** 無駄骨を折る, (つまらないことに)エネルギーを費やす **2**〔反語〕本来の力量を出さない, 手加減をする, 最小限の努力をする

spreco 男〔複[-chi]〕浪費, 無駄遣い —*spreco* di tempo 時間の浪費 ► ***a spreco*** 大量に

sprecone 男〔女[-a]〕浪費家 —形〔女[-a]〕浪費する

spregevole 形 **1** (人について)卑しむべき, 卑劣な **2** (態度・行為が)非難すべき, 軽蔑すべき

S

spregevolezza

spregevolezza 女 卑しさ, 卑劣

spregevolmente 副 あさましく, 卑しく

spregiare 他 [io spregio] 軽蔑する, ひどく嫌う

spregiativo 形 蔑んだ, 軽蔑を表す ―男 [言]軽蔑辞(peggiorativo)

spregio 男 侮蔑, さげすみ, 軽蔑, 侮り; 高慢な態度 ―tenere in *spregio* 侮蔑[軽蔑]する

spregiudicatezza 女 1 公平無私, 偏見のないこと; 何にもとらわれない 2 向こう見ずな

spregiudicato 形 1 偏見のない, 公平な 2 厚かましい, 無遠慮な; 大胆な ―男 [女[-a]]偏見[先入見]のない人

***spremere** [スプレーメレ] 他 1 (果物を)絞る; (果汁を)絞り出す ―*spremere* l'olio dalle olive オリーブから油を絞る / *spremere* un'arancia オレンジを搾る 2 (金銭を)搾り取る, 搾取する ―*spremere* denaro a... (人)の金を搾り取る / *spremere* il popolo con le tasse 税金で国民を搾取する ―**ersi** 再 [次の成句で] ▶ *spremersi il cervello* [*le meningi*] 知恵を絞る

spremi- 接頭 「絞る」「絞るための」の意

spremiagrumi 男 [不変] (レモンなどの柑橘(かんきつ)類の)絞り器, ジューサー

spremibile 形 1 絞り取れる 2 利用できる, 宣伝に使える

spremifrutta 男 [不変] (果物の)絞り器, ジューサー

spremilimoni 男 [不変] レモン絞り器

spremitura 女 絞ること, 圧搾; 絞り汁

spremuta 女 1 生ジュース ―*spremuta* di limone レモンジュース 2 絞ること

spretarsi 再 還俗する

spreto 男 [次の成句で] ▶ *in spreto a* [法]…に反して, 無視して

sprezzante 形 軽蔑した, 尊大な

sprezzo 男 軽蔑, 無視

sprigionare 他 1 《文》解放する, 放免する 2 発散する, 放つ ―**arsi** 再 噴出する, ほとばしる, 広がる

sprimacciare 他 [io sprimaccio] (クッションやマットレスなどを)叩く, 振り動かす

sprimacciata 女 一叩き

sprint 男 [不変] [英] 1 [スポ]ラストスパート, 全力疾走 2 (車・バイクの)加速 ―女 [不変] 高速スポーツカー ―形 [不変] 高速スポーツカーの

sprizzare 自 [es] 吹き出す, 噴出する, ほとばしる ―他 噴出させる, 飛び散らす; 発散させる, 放つ

sprofondamento 男 沈没, 沈下, 落下; くぼ地

sprofondare 自 [es] 1 (土台が)陥没する 2 (船が)沈没する 3 (土台から)崩れ落ちる, 沈み込む ―*sprofondare* nella neve 雪にはまり込む / Il bambino è *sprofondato* nel sonno. その子は眠り込んでしまった. 4 (感情に)飲み込まれる, はまり込む ―他 沈ませる, 陥没させる ―Il peso dei libri *ha sprofondato* il pavimento. 本の重みで床が抜けた. ―**arsi** 再 1 (ソファーなどに)身を沈める ―*sprofondarsi* su una poltrona 肘掛け椅子に沈み込む 2 (物事に)のめり込む, はまる 3 身を隠す

sproletarizzare 他 労働者階級を解体する, ブルジョア化する

sproloquiare 自 [io sproloquio] だらだらしゃべる

sproloquio 男 長談義, 長話

spronare 他 1 拍車を掛ける, 勢いよく発進する 2 刺激する, 鼓舞する, 促す

spronata 女 1 拍車を掛けること 2 刺激, 鼓舞, 励まし

sprone 男 1 拍車 2 刺激 3 [服]ヨーク ▶ *a spron battuto* 全速力で; 直ちに

spronella 女 [植]ヒエンソウ

sproporzionato 形 1 不釣り合いの, しっくりいかない 2 過度の, 過多の

sproporzione 女 不釣り合い, 不均衡

spropositatamente 副 非常に, 並はずれて

spropositato 形 1 大きすぎる, 巨大な 2 過度の, 異常な

sproposito 男 1 うかつな[不適切な]言動 2 ひどい間違い[ミス] 3 莫(ばく)大な量; 大金 ―mangiare uno *sproposito* 大食する / spendere uno *sproposito* 大金を使い果たす ▶ *a sproposito* 場違いで, 不適切に

sprovincializzare 他 地方色[郷土色]を失わせる ―**arsi** 再 地方色[郷土色]をなくす

sprovincializzazione 女 地方色[郷土色]をなくすこと

sprovvedutamente 副 不注意に, 不用意に

sprovvedutezza 女 不用意, 準備不足

sprovveduto 形 1 未熟な, 準備不足の 2 お人好しの, 世間知らずの ―男 [女[-a]]未熟者, 世間知らず

sprovvisto 形 欠けている; 持っていない ―Quell'appartamento è *sprovvisto* di impianto di riscaldamento. あのアパートには暖房設備がない. ▶ *Il temporale mi ha colto alla sprovvista.* 不意に雷雨が私を襲った.

spruzzabiancheria 男 [不変] リネンスプレー

spruzzare 他 1 (霧状の液体を)吹きかける, スプレーする 2 (粉状のものを)振りかける ―*spruzzare* zucchero sulla torta ケーキに砂糖を振りかける 3 しぶきをあげる, はねをかける ―**arsi** 再 1 しぶき[はね]がかかる; (自分の体や服を)しぶき[はね]でよごす ―*spruzzarsi* di inchiostro イ

spruzzata 囡 1 噴きかけること；一噴き, しぶき 2 霧雨, 小雨

spruzzatore 男 スプレー, 霧吹き(spray)

spruzzatura 囡 1 噴きかけること, スプレーすること 2 しぶき；はね, 染み

spruzzo 男 1 しぶき, 飛沫；はね 2 少量の粉末 ─decorare la torta con uno *spruzzo* di cacao ケーキにカカオパウダーを振りかける

spudoratezza 囡 1 ずうずうしさ, 無遠慮 2 品のない言動, 淫らな態度

spudorato 形 1 ずうずうしい, 厚かましい 2 恥知らずの, 慎みのない ─男〔女[-a]〕厚顔な人, ずうずうしい人

spugna 囡 1 海綿 2 スポンジ 3 (吸水性のよい)タオル地 ▶ *bere come una spugna* 鯨飲する *gettare la spugna* 降参する, タオルを投げる(ボクシングで)

spugnata 囡 スポンジで拭くこと

spugnatura 囡 1 スポンジで洗うこと 2 スポンジ圧迫療法

spugnetta 囡 (切手用の小さな)スポンジ

spugnola 囡 〔植〕アミガサタケ

spugnolo 男 → spugnola

spugnone 男 〔地質〕多孔質石灰岩

spugnosità 囡 海綿質, 多孔性

spugnoso 形 海綿状[質]の, スポンジ状の, 多孔性の

spulciare 他 〔io spulcio〕1 ノミをとる 2 厳密に調べる, 吟味する ─arsi 再 自分の体のノミをとる

spulciatura 囡 1 ノミとり 2 厳密な調査, 吟味

spuma 囡 1 泡 ─*spuma della birra* ビールの泡 2 炭酸飲料, ソーダ 3〔料〕ムース ▶ *spuma di mare*〔鉱〕海泡石

spumante 男 発泡性のワイン, スパークリングワイン, スプマンテ ─形 発泡性の

spumare 自 発泡する, 泡を吹く

spumeggiante 形 1 泡立つ, 泡だらけの 2 (衣服などが)ふんわりした, 柔らかな 3 活発な, ききびした

spumeggiare 自 〔io spumeggio〕泡を吹く；泡立つ

spumino 男 〔料〕スプミーノ(メレンゲのような菓子)

spumone 男 〔料〕ムース；スプモーネ

spumosità 囡 1 泡立ち, 泡状 2 発泡性

spumoso 形 1 泡の多い, 泡立った 2 柔らかい, ふわふわとした

spunta 囡 1〔商〕(記帳・計算などの)チェック, 照合, 点検作業 2 検印

*spuntare[^1] 〔スプンターレ〕自 [es] 1 先端が出る[現れる] ─*È spuntato il giorno.* 夜が明けた. 2 (物が)姿を現す, 顔を出す 3 (急に)不意に現れる, 飛び出す ─*Da dove sei spuntato?* 君はどこから現れたんだ. ─他 1 (鉛筆などの)先を折る 2 (髪や枝の)先端をカットする 3 (困難などを)克服する ─*spuntarla sua...* (人)に打ち勝つ, (人)を負かす ─**arsi** 再 1 先が折れる 2 (怒りが)鎮まる, おさまる

spuntare[^2] 他 (留めてあるものを)外す, 離す

spuntare[^3] 他 1 (印をつけながら)チェックする 2〔口〕考慮しない, 別に考える

spuntata[^1] 囡 刈り込み；調髪

spuntata[^2] 囡 印をつけてチェックすること

spuntato 形 1 先のない, 先の折れた 2 (ワインが)酸っぱくなった

spuntatura 囡 先端を刈り[切り]取ること

spuntino 男 (食事時間外の)軽い食事, 間食 ─*fare uno spuntino* 軽食をとる

spunto 男 1〔劇〕(登場・発言などの)きっかけ, キュー；〔音〕出だしの小節；ヒント, 手がかり 2〔スポ〕スパート 3 (ワインの)酸味, 酸っぱさ

spuntone 男 1 (金属・木の)太い先端, 大きいとげ 2 (中世の)槍(やり), ほこ 3 岩壁の突出部分

spunzecchiare 他 〔io spunzecchio〕1〔口〕ちくちく刺す 2〔口〕苛立たせる, 悩ます

spupazzare 他 1 (子供を)あやす；かわいがる, 甘やかす 2 (我慢して)人をもてなす ─**arsi** 再 1〔口〕(子供と)遊ぶ 2〔蔑〕(我慢して)人をもてなす

spurgare 他 1 (下水などを)掃除する 2 (詰まりを)排出する ─**arsi** 再 痰(たん)を吐き出す

spurgo 男 〔複[-ghi]〕1 清掃, 掃除 2 排出物；痰(たん), つば 3〔複数で〕つまらない本

spurio 形 1 非嫡出の 2 (文学作品について)典拠のない, 疑わしい 3〔解〕偽性の

sput 擬 パタパタ, パチパチ(故障したエンジン音) ─男〔不変〕パタパタ[パチパチ]という音

sputacchiare 自 〔io sputacchio〕つばを吐き散らす, つばを飛ばす ─他 つばを吐きかける

sputacchiera 囡 痰(たん)壺

sputacchio 男 つば, 痰(たん)

sputare 他 つばを吐く ─*sputare per terra* 地面につばを吐く ─他 唾を吐き出す ▶ *sputare il rospo* 暴露する, 白状する *sputare sangue* 血を吐く；血を吐く思いをする *sputare sentenze* 知ったかぶりで話す, 偉そうにしゃべる

sputasentenze 男女〔不変〕生意気なやつ, 利口ぶるやつ

sputato 形 そっくりの, うりふたつの

sputo 男 唾 ▶ *fatto con lo sputo* もろい, 壊れやすい

sputtanare 他《俗》信用[評判]を失わせる ─**arsi** 再 1〔俗〕評判を落とす

2《口》(賭け事などに)お金をつぎ込む, 浪費する

‡**squadra**¹ [スクアードラ] 囡 **1** チーム, 班; 部隊 —squadra di soccorso 救護班, 救助隊 / squadra mobile 機動隊 **2** 三角定規 ▶ *a [in] squadra* 直角で, 垂直に *essere fuori (di) squadra* 直角でない, 垂直でない; 不節制である, 乱雑である

squadra² 囡 〔魚〕カスザメ

squadrare 他 **1** 四角形にする, 四角に切る; 直角[垂直]に直す **2** じろじろ見る, 注意深く観察する

squadrato 形 四角い, 正方形の; 四角い輪郭の

squadratura 囡 **1** 四角に切ること; 四角, 正方形 **2** 角材にすること

squadriglia 囡 小艦隊, 飛行大隊

squadrismo 男 ファシスト行動隊の組織活動

squadrista 男女 〔複[男 -i]〕ファシスト行動隊員

squadro¹ 男 〔魚〕カスザメ

squadro² 男 **1** 直角にすること **2**(測量に使う)直角器

squadrone 男 **1** 騎兵大隊, 飛行大隊 **2**〔隠〕常勝チーム

squagliare 他 〔io squaglio〕(熱によって)溶かす, 溶解させる —**arsi** 再 **1** 溶ける, 溶解する **2** 大汗をかく **3**《口》感動する, 優しくなる **4**《口》こっそり逃げ出す[立ち去る] ▶ *squagliarsela* こっそり[さっさと]立ち去る

squalifica 囡 資格剥奪, 失格;〔スポ〕出場停止, 失格(処分)

squalificabile 形 資格剥奪[失格]になりうる

squalificare 他 〔io squalifico〕**1**(罰則や警告として)出場停止処分にする **2**(規定に反したため)失格にする **3**(任務などに対して)不適任[不適格]と見なす **4**信用[評判]を落とさせる —**arsi** 再 顰蹙(ひんしゅく)を買う; メンツを失う

squalificato 形 **1** 信用を失った **2** 失格した, 権利を剥奪された

squallidezza 囡 **1** わびしさ, 物悲しさ; 荒涼 **2** 蒼白, 血の気がないこと

squallido 形 **1**(場所が)荒涼とした, 寒々とした, 寂寞とした **2**(状態がわびしい, うらぶれた **3**(人の外見が)みすぼらしい, おちぶれた **4**(道徳的に)軽蔑すべき, 卑劣な

squallore 男 **1** 荒廃, 陰気 **2** みじめさ

squalo 男 **1**〔魚〕サメ **2** がめつい人, 食欲で何でも平気で行う人

squama 囡 **1** うろこ —*squame dei serpenti* 蛇のうろこ **2**〔植〕鱗(りん)片(葉) **3**〔医〕人間の皮膚の表皮 **4**〔解〕骨稜, 骨の薄片 **5**(防具などの)金属板

squamare 他 うろこを落とす —**arsi** 再 〔医〕(皮膚が)剝離する

squamato 形 うろこ状の, うろこのある

squamiforme 形 うろこ状の, うろこ模様の

squamoso 形 うろこで覆われた, (うろこのように)剝げ落ちる

squarciagola 囡〔不変〕〔次の成句で〕▶ *a squarciagola* 大声で, あらん限りの声で

squarciare 他 〔io squarcio〕裂く, 引き裂く; 破る —Un urlo *ha squarciato* il silenzio. 叫び声が静寂を破った. —**arsi** 再 裂ける, 破れる

squarcio 男 **1** 裂け目, 破れ; 裂傷;(雲などの)切れ目 **2** 断編, 断章

squartamento 男 四つ切り;〔歴〕四つ裂きの刑

squartare 他 **1** 四つに切る, (肉を)大きく切り分ける **2**〔歴〕四つ裂きにする; 虐殺する, 惨殺する

squassare 他 **1** 激しく揺さぶる;(頭を)激しく振る **2**(体を)痙攣(けいれん)させる

squattrinato 形 無一文の, 金に困った —男〔女[-a]〕文無し, 困窮者

squaw 囡〔不変〕〔英〕(アメリカ先住民の)女, 妻

squero 男 〔北伊〕ドック, 造船所; 艇庫, ボート小屋

squilibrare 他 **1** バランスを失わせる **2** 財政危機に陥れる **3** 錯乱させる —**arsi** 再 **1** バランスを失う **2** 財政危機に陥る **3** 錯乱する

squilibrato 形 **1** バランスを失った **2** 財政危機の **3** 狂った —男〔女[-a]〕精神不安定な人

squilibrio 男 **1** 不均衡, アンバランス **2** 格差 **3**(精神的)不安定; 平衡異常[失調]

squilla 囡 (高い音の)小さな鐘;(放牧家畜につける)鈴;〔文〕鐘, 鐘の音

squillante 形 **1** 響きのよい, 甲高い **2** (色が)鮮やかな, 鮮明な

squillare 自 [es/av] **1**(ベルや鐘が)鳴る **2**(甲高い声が)鳴り響く, 響き渡る

squillo 男 **1**(電話の)ベル; 短い通話 —dare [fare] uno *squillo*(短い通話で)電話をかける **2** 甲高い音[声] —囡〔不変〕コールガール

squinternare 他 **1**(書物などの)綴じを外す, ばらばらにする **2** 動転させる, 混乱させる —**arsi** 再 ばらばらになる, 解体する

squinternato 形 **1**(書物などの)綴じが外れた, ばらばらになった **2** 動転した, 混乱した —fascicolo *squinternato* 綴じが外れた冊子

squinternatura 囡 (書物などの)綴じを外すこと, 解体

squisitamente 副 **1** 風味よく, おいしく **2** 優雅に, 上品に; 素朴らしく

squisitezza 囡 **1** 絶妙な味, 美味 **2** しゃれ, だて

squisito 形 **1** とてもおいしい, 美味な **2** 洗練された, 優美な

squittio 男 (小鳥・ネズミなどの甲高い)ピーピー[チューチュー]という声[音]

squittire 自 〔io -isco〕(動物が)短く鋭い声を発する;(猟犬が)吠える

SR 略 Siracusa シラクーザ

sradicabile 形 (植物について)根こそぎ抜ける, 引き抜ける

sradicamento 男 1 根こそぎ, 引き抜くこと 2 根なし, よりどころのないこと 3 引き離すこと; 根絶 ―*sradicamento della delinquenza* 犯罪の根絶

sradicare 他 [io sradico] 1 (根から)引き抜く 2 根絶やする ―*sradicare un vizio* 悪癖を根絶する 3 (人を強い絆(きずな)から)引き離す ―**arsi** 再 1 根こそぎにされる, 引き抜かれる 2 (強い絆の場所を)離れる

sradicato 形 1 根こそぎの, 引き抜かれた 2 根なし草の ―男 女 [-a] 根なし草のような人

sragionare 自 1 とりとめのないことを言う, 訳の分からないことを言う 2 うわごとを言う

sragionevole 形 不合理な, 非常識な; 馬鹿げた

sregionalizzare 他 脱地域化する, 地方色を除く

sregolatezza 女 1 放埒(らつ), 放蕩(とう) 2 (言動の)過激さ, 行き過ぎ

sregolato 形 1 秩序のない, 乱雑な 2 放埒(らつ)な, 節度のない

Sri Lanka 国名 (男) スリランカ

S.r.l. 略 Società a responsabilità limitata 有限会社

srotolare 他 [io srotolo] (巻いた物を)開く, 広げる

SS 略 Sassari サッサリ

ss., Ss., SS. 略 santissimo 非常に神聖な

sst 間 しっ, 静かに

st → sst

sta' stare の命・2単

stabbio 男 [農] 放牧用の囲い; 家畜小屋

stabile 形 1 安定した, 持続した; (交通手段が)一定に動いている ―*occupazione stabile* 安定した職業 / *tempo stabile* 安定した天候 2 変色しない, 色あせない 3 一定の, 変動しない ―*beni stabili* 不動産 ―男 1 家屋, 建物 2 常設劇場 ► *in pianta stabile* 常勤の; 常にいるの; 常にいる

stabilimento 男 1 工場 2 (公共の)施設 ―*stabilimento termale* 湯治場, 温泉施設 3 設立

stabilire [スタビリーレ] 他 [io -isco] 1 決める, 定める; (法令などを)制定する ―*stabilire una norma* 規則を定める / *Stabilirono di partire subito.* 彼らはすぐに出発しようと決めた. 2 開設する, 設立する ―*stabilire una ditta* 会社を設立する 3 [スポ] (記録などを)達成する ―**irsi** 再 居を構える; 本拠[本部]を置く

stabilità 女 1 (建築物などの)堅牢さ, 強固さ; 安定性 2 (船・飛行機の)復元力 3 不変, 一定, 永続性

stabilito 形 制定された, 確立した, 決まった, 固定した ―*alle ore stabilite* 決まった時間に ―男 [法] 契約関係書類のファイル

stabilizzante 形 [化] 安定させる ―男 [化] 安定剤

stabilizzare 他 1 安定[固定]させる, 一定にする 2 落ち着かせる ―**arsi** 再 1 安定[固定]する 2 落ち着く

stabilizzatore 男女 [-trice] 1 スタビライザー 2 [船] 安定フィン; [空] 安定板 3 [電] 安定装置 ―形 安定[固定]させる

stabilizzazione 女 安定, 固定化; 平衡

stabilmente 副 しっかりと, 安定して; 永久に, 不変に

stabulazione 女 1 厩(うまや)舎飼い 2 (魚の)いけす飼い, 養魚

stacanovismo 男 1 [歴] (スターリン時代の)スタハノフ運動 2 《蔑》(自分の仕事に対する)過度の熱意

stacanovista 男女 [複 男 -i] 1 [歴] スタハノフ運動者 2 《蔑》仕事の鬼 ―形 [歴] スタハノフ運動(者)の

staccabile 形 取り外しできる, 剥がせる

staccare [スタッカーレ] 他 1 離す, 切り離す ―*staccare un vagone dal treno* 列車から車両を切り離す 2 はずす, 剥がす ―*staccare un cerotto* 絆創膏(ばんそうこう)を剥がす 3 遠ざける, 引き離す; [スポ] (相手を)引き離す 4 そらす, 移す ―*staccare lo sguardo* 視線をそらす 5 (音節を)区切ってはっきり発音する ―自 1 目立つ, 際立つ 2 仕事を中断する; 仕事を終了する ―**arsi** 再 1 取れる, はずれる, 剥がれる 2 離れる, 別れる

staccato 形 剥がれた, ばらばらになった; [スポ] (競技・順位で)引き離された ―男 [音] スタッカート

stacciare 他 [io staccio] 1 [トスカーナ] ふるいにかける 2 丹念に調べる

staccio 男 [トスカーナ] ふるい (setaccio)

staccionata 女 1 (木製の)柵, 囲い 2 (馬術の)障害物, ハードル

stacco 男 [複 -chi] 1 剥がす[剥ぐ]こと 2 切れ目 3 中断 4 コントラスト ―*stacco tra due colori* 2色間のコントラスト 5 [スポ] 跳躍

stadera 女 さおばかり

stadio 男 1 競技場, スタジアム ―*stadio olimpico* オリンピック・スタジアム 2 (変化や推移の)段階, 期

staff 男 〔不変〕 [英] 1 スタッフ, (専門家の)集団 2 (組織の)幹部

staffa 女 1 〔馬具〕あぶみ 2 (ズボンの)踏み板, ペダル 3 足掛け, 踏み台 ► *perdere le staffe* 自制心を失う *tenere il piede in [su] due staffe* 二股をかける

staffale 男 (鋤(すき)やスコップの柄の根元に取りつける)足掛け

staffetta 女 1 急使, 伝令 2 (駅伝やリレーの)選手 ―*corsa a staffetta* リ

staffettista 男女〔複[男 -i]〕〔スポ〕リレー競技 3〔スポ〕(サッカーの試合中の)選手の交替 4 先導車 —moto *staffetta* 先導オートバイ 5〔報道用語で〕指導者の交替 ▶ **a [di] staffetta** 急いで

staffettista 男女〔複[男 -i]〕〔スポ〕リレー選手

staffiere 男 1 馬丁 2 召し使い、下僕

staffilare 他 [io staffilo, staffili] 1 むちで激しく打つ 2 酷評する、こきおろす

staffilata 女 1 むちの一打 2 厳しい非難、酷評 3〔スポ〕(サッカーで)強烈なシュート

staffile 男 あぶみ革; 革のむち

stafilino¹ 男〔虫〕ハネカクシ

stafilino² 男〔解〕口蓋垂の

stafilococco 男〔複[-chi]〕〔生物〕ブドウ球菌

stage 男〔不変〕〔仏〕実習[研修]期間

stagflazione 女〔経〕スタグフレーション

staggio 男 (家具・建物などの)支柱、軸;〔スポ〕平行棒

stagionale 形 季節の、シーズン中の —男女 季節労働者

stagionare 他 1 熟成させる、ねかす — 自 [es] 熟成が必要である —**arsi** 再 熟成する

stagionato 形 1 熟成した、よく寝かせた —formaggio ben *stagionato* 十分熟成したチーズ 2 (冗談めかして)熟年の、年齢が若くない —signora *stagionata* 年配の女性

stagionatura 女 1 熟成、ねかすこと 2 (木材の)乾燥 3 熟成期間

✽**stagione** [スタジョーネ] 女 1 季節 — quattro *stagioni* 四季 2 時期、シーズン —*stagione* calda 暑い季節 / *stagione* delle piogge 雨季; 梅雨 3 (野菜や果物の)収穫期 —*stagione* della vendemmia ブドウの収穫期 / frutta di *stagione* 旬の果物 ▶ **alta stagione** ハイシーズン、行楽の最盛期 **bassa stagione** シーズンオフ **fuori stagione** 季節外れの

stagista 男女〔複[男 -i]〕実習生、研修生

stagliarsi 再 [io mi staglio] 浮き立つ、目立つ

stagna 女〔トスカーナ〕ブリキ缶

stagnaio 男〔女[-a]〕ブリキ職人

stagnamento 男 1 (水流・血流などの)よどみ、沈滞 2 (経済活動の)不振、停滞

stagnante 形 1 (水・空気などが)よどんだ、滞った 2 (経済活動が)不振の、停滞した

stagnare¹ 自 1 (水・空気などが)よどむ 2 (経済活動が)不振である、停滞する — 他 流れを止める —**arsi** 再 流れが止まる

stagnare² 他 1 錫(する)めっきをする 2 (樽などを)漏れないようにする

stagnata 女 錫(する)めっきをすること

stagnatura 女 錫(する)めっきをすること; ブリキ板; 錫めっきの層

stagnazione 女 (経済活動などの)停滞、沈滞、不振

stagnicoltura 女 魚の養殖、養魚

stagnina 女 ブリキ缶、(ブリキでできた)オリーブオイル入れ

stagnino 男〔女[-a]〕ブリキ屋、ブリキ職人

stagno¹ 男 1 池、水たまり 2〔単数のみ〕錫(する)

stagno² 形 1 液体を通さない、防水の 2〔北伊〕がっしりした —spalle *stagne* がっしりした肩

stagnola 女 1 アルミホイル、(包装用)銀紙 2〔トスカーナ〕ブリキ缶

staio 男〔複[女 staia]〕1 スタイヨ (穀物を計る単位); 円筒状の枡(き) 21 スタイヨの種を撒く広さの土地

stai stare の直・現・2 単; 命・2 単

stalagmite 女 石筍(じゅん)

stalattite 女 鍾(しょう)乳石

stalinismo 男 スターリン主義、《蔑》独裁主義体制

stalinista 形〔複[男 -i]〕〔歴〕スターリン主義の、スターリン信望者の —男女 スターリン主義者; 独裁主義者

✽**stalla** [スタッラ] 女 1 家畜小屋、馬[牛]小屋 2 あばら家; スラム ▶ **dalle stelle alle stalle** 絶頂から奈落の底につき落とされた

stallare¹ 自 [es]〔空〕失速する

stallare² 自〔船〕風に逆らって進む

stallare³ 自 1 家畜小屋にいる 2 (家畜が)排泄する — 他 家畜小屋に入れる

stallatico 男〔複[-ci]〕(肥料にする)家畜小屋の糞(ふん)

stallia 女〔船〕船積み[荷降ろし]期限

stalliere 男〔女[-a]〕馬の飼育係、競走馬の調教係

stallo 男 1 (木製の)肘掛け椅子、(木製の)背もたれ付き腰掛け 2 (厩(きゅう)舎などの)一仕切りの間[部屋] 3 (チェスの)ステイルメイト、手詰まり; 行き詰まり 4〔空〕失速

stallone 男 1 種馬 2 《謔》精力絶倫男

stamane → stamani

stamani 副 今朝(stamane)

✽**stamattina** [スタマッティーナ] 副 今朝(けさ) —*Stamattina* mi sento bene. 今朝は気分がいい。/ *stamattina* presto [alle sei] 今朝早く[6時]に

stambecco 男〔複[-chi]〕〔動〕アイベックス

stamberga 女 あばら家、掘っ建て小屋

stambugio 男 暗くてむさくるしい小部屋

stame 男 1〔文〕糸、運命の糸 2 細い毛糸 3〔植〕雄しべ

stamigna 女 粗い毛織りの薄布、エスターミン

Stampa 固名(男) (Gaspara 〜) スタンパ (1523-54; パドヴァ出身の女流詩人)

stampa [スタンパ] 囡 **1** 印刷 —dare alle *stampe* 出版する / errore di *stampa* ミスプリント、誤植 **2**〔複数で〕印刷物 **3** 版画、複製画 **4** 新聞雑誌 **5** 報道陣、記者団 ▶ *libertà di stampa* 出版の自由 *sala stampa* プレスセンター[ルーム] *ufficio stampa* 広報(部)

stampabile 厖 印刷できる、出版可能な

stampaggio 男 **1** プレス **2**〔映〕完成フィルムのコピー **3**〔織〕プリント

stampante 囡 プリンター、印刷機 — *stampante* laser レーザープリンター / *stampante* a getto d'inchiostro インクジェットプリンター

stampare 他 **1** 印刷する、プリントする **2** 出版する —*stampare* un romanzo 小説を出版する **3** 複写[複製]する **4**〔写〕焼き付ける **5**〔跡を〕残す、つける **6** 鋳造する —*stampare* medaglie メダルを複製する **7**〔口〕量産する；大いに行う[言う] —*stampare* bugie 嘘を並べ立てる —**arsi** 再 **1**（心に）刻まれる —Il suo ricordo mi *si è stampato* nel cuore. 彼の思い出は私の心に刻まれている。**2**〔口〕激突する —*stamparsi* sul muro 壁に激突する ▶ *finito di stampare*（出版物の）奥付

stampata 囡（コンピューターの）ファイル印刷

stampatello 厖 活字体の —男 活字体 —in *stampatello* 活字体で

stampato 厖 **1** 印刷された；プリントされた **2** 型押しされた **3**（心に）刻まれた —男 **1**（パンフレットなどの）印刷物、小冊子 **2** 書式；申請用紙 **3** プリント地 ▶ *stampato in fronte* [*viso*]（考え・性格などが）顔に出る[表れた]

stampatore 男〔囡[-trice]〕印刷業者；印刷工、活字植字工

stampatrice 囡（フィルムなどの）焼き付け機；プリンター

stampella 囡 **1** 松葉杖(ﾂﾞｴ) —camminare con le *stampelle* 松葉杖をついて歩く **2** ハンガー **3** 支え、頼り

stamperia 囡 **1**（プレスなどの）プレス工場 **2**（布地などの）プリント工場

stampiglia 囡（ゴム・金属などの）刻印

stampigliare 他 [io stampiglio] ゴム印を押す

stampigliatrice 囡 **1** 証印[検印]機 **2**〔織〕捺染(ﾅｯｾﾝ)機

stampigliatura 囡 **1** 刻印すること、証印を押すこと **2** 証印、検印

stampinare 他（図柄などを）捺染(ﾅｯｾﾝ)する、型染めする

stampinatura 囡 押し染めすること；捺染(ﾅｯｾﾝ)、型染め

stampino 男 **1**（小さな）鋳型；菓子型 **2** 刻印 **3** 型紙、ステンシル **4** 穴あけ器、パンチ

stampo 男 **1**（型紙や鋳型の）型 — *stampo* per budini プリン型 **2**（人間の）タイプ —persona di vecchio *stampo* 古いタイプの人間 **3**（狩猟で用いる）模型のおとり —*stampo* da caccia 水鳥の模型

stanare 他 **1** 穴から追い出す **2**（人を）連れ出す、引っ張り出す

stanca 囡 **1** 潮の静止状態、憩潮時 **2**（経済活動などの）沈滞

stancabile 厖 疲れやすい

stancamente 副 元気なく、ぐったりして；いやいや；非常にゆっくりと

stancante 厖 重苦しい、負担となる

stancare 他 **1** 疲れさせる —La lettura mi *stanca* gli occhi. 読書で私は目が疲れる。**2** 飽きさせる、退屈させる — I suoi discorsi mi *stancano*. 彼の話は退屈だ。—**arsi** 再 **1** 疲れる **2** 飽きる、退屈する —Non *si stanca* di giocare. 彼は飽きることなく遊び続けている。

stanchezza 囡 **1** 疲労、疲れ **2** 退屈、嫌気

***stanco** [スタンコ] 厖〔複[男 -chi]〕**1** 疲れた —Sono *stanco*. 私は疲れています。**2** 飽きた、退屈した —Siamo *stanchi* di aspettare. 私たちは待ちくたびれている。/ *stanco* del mondo [della vita] 人生にうんざりした、厭(ｲﾄ)世観を抱いている ▶ *stanco morto* くたくたに疲れた、へとへとに消耗した

stand 男〔不変〕**1**〔英〕(見本市などの) 展示場、ブース **2**〔スポ〕観客席、スタンド；クレー射撃場

standard 男〔不変〕〔英〕**1** 基準、スタンダード **2** 標準語 —厖〔不変〕規格の、標準の

standardizzare 他 標準に合わせる；規格化する

standardizzato 厖 標準に合わせた；規格化された

standardizzazione 囡 標準化；規格化

stand-by 男〔不変〕〔英〕**1** 待機、スタンバイ；(航空チケットの)キャンセル[空席]待ち **2**〔経〕スタンドバイクレジット

standing 男〔不変〕〔英・経〕企業の財政状況；評判

standista 男囡〔複[男 -i]〕出展者、展示品の販売者；(見本市・展示会の)準備係

stanga 囡 **1**（扉や窓の）かんぬき、横木 **2** のっぽの人 **3**（厩(ｳﾏﾔ)舎の)仕切りの細い木の枠 **4**（馬車の）くびき、ながえ

stangare 他 **1** かんぬきを掛ける **2** 棒で殴る **3** 打撃を与える、損害[損失]を与える **4**〔隠〕落第させる —*essere stangato agli esami* 試験に落第する ⎯ 凮〔スポ〕（サッカーで）強烈なシュートを決める

stangata 囡 **1** 棒で殴ること **2**（経済的な）大打撃、大損害；（選挙などの）敗北 **3**〔隠〕落第 **4**〔スポ〕（サッカーで）強烈なシュート

stanghetta 囡 **1** 錠のボルト **2** 眼鏡のつる **3**〔音〕（小節を区切る）縦線

stangone 男〔囡[-a]〕背の高いやせた

stanotte [スタノッテ] 副 **1** 今夜 **2** 昨夜, ゆうべ —*stanotte* ho dormito poco. 夕べはあまり眠らなかった.

stante 形 〔考〕(影像が)立っている — 男 〔船〕(木製の)支柱構造 ►*stante il fatto che...* …なので, …だから

stantio 形 **1** (食べ物が)古くなった, 腐りかけた **2** 古臭い, 時代遅れの — 男 嫌な匂い[味], すえた匂い

stantuffo 男 〔機〕ピストン, プランジャー

stanza [スタンツァ] 女 **1** 部屋 **2** 〔軍〕駐屯地 **3** 〔詩〕スタンザ, スタンツァ(詩行の節) **4** 〔文〕滞在, とどまること

stanziabile 形 (資金などが)充当できる, 配分できる; 計上可能

stanziale 形 定住する, 滞在型の; (鳥などが)滞在性の —*turismo stanziale* 滞在型観光

stanzialità 女 定住化

stanzialmente 副 永続的に

stanziamento 男 **1** (予算などの)配分, 割り当て額 **2** 定住

stanziare 他 〔io stanzio〕**1** (予算などを)割り当てる, 配分する **2** 住む —**arsi** 再 定住する

stanzino 男 小さい部屋

stappare 他 栓を抜く;《口》詰まっているものを取り除く —**arsi** 再《口》詰まりがとれる

stappato 形 栓の開いた

star 男女 〔不変〕〔英〕**1** スター, 花形, 大家 **2** 〔海〕スター(レース用の二人乗りヨット)

starare 他 (機器を)調整する

staratura 女 調整

star del credere 威〔男〕〔法〕履行保証

*****stare** [スターレ] [114] 自 〔es〕**1** (人が)いる, とどまる —*Oggi sto a casa*. 今日は私は家にいる. /*Dove sei stato [stata]?* どこにいたんだい. **2** (人がある状態に)いる, ある —*Come stai?* 元気かい. /*stare in compagnia di...* …と一緒にいる /*stare in piedi* 立ったままでいる /*stare seduto* 座っている **3**《口》(con)…と恋愛関係である **4** 住む —*Luca sta con i genitori a Roma*. ルカはローマで両親と一緒に住んでいる. /*Stiamo al terzo piano*. 私たちは4階に住んでいます. **5** (a) …に従う, 固執する **6** 味方につく, 側につく —*Stai con me o con loro?* 私の側につくの, それとも彼らの側なの? **7** (物が)ある, 置かれている —*Dove stanno le chiavi?* 鍵はどこにあるの. /*La nostra casa sta in centro*. 我々の家は中心部にある. **8**〔文〕止まる, 動きをとめる (物がある状態に)ある —*Le cose stanno così*. 事態はこんな具合だ. **10** 収容される, はいる —*Il due sta nel sei tre volte*. 2の3倍は6である. **11**《口》(金額が)かかる —*A quanto sta la farina?* 小麦粉はいくらですか. **12** 〔数〕対比する —*6 sta a 3 come 18 sta a 9*. 6:3は18:9と同じだ. ►*fatto sta che...* [*sta di fatto che...*] 事実…だ, 確かに…だ *starci* 収容できる, 入る, (仲間に)入る, 賛同する /*In quel teatro ci stanno mille spettatori*. あの劇場は千人収容できる. *stare a...*(人)次第である, (人)にかかっている /*Sta a me decidere*. 決めるのは私にかかっている. *stare a +* 不定詞 (ずっと, じっと, 黙って)…する /*Stammi a sentire!* 黙って私の言うことを聞きなさい. *stare bene* 調子がよい; 合う, 調和する /*Stiamo tutti bene*. 私たちは皆元気です. /*Questo divano sta bene con il tappeto*. このソファーは絨毯と合う. *stare male* 調子が悪い; 合わない *stare per +* 不定詞 (ちょうど)…するところである, …しかけている /*Il treno sta per partire*. 列車が出るところだ. *stare +*《ジェルンディオ》(進行動作を強調して) …している(最中である) /*Che cosa stai facendo?* 何をしているの.

starei stare の条・現・1 単

starna 女 〔鳥〕ヤマウズラ

starnare 他 (獲物から)内臓を抜く

starnazzare 自 **1** (鶏などが)甲高く鳴く **2** 〔謔〕(女性が)ペチャクチャおしゃべりする

starnazzio 男 (鶏などが)甲高く鳴くこと

starnotto 男 〔鳥〕ヤマウズラのひな

starnutamento 男 くしゃみをすること; 続けざまのくしゃみ

starnutire 自 〔io -isco〕くしゃみをする

starnuto 男 くしゃみ

starò stare の直・未・1 単

start 男〔不変〕〔英〕**1** (映画の)1コマ **2** 〔スポ〕スタート(の合図)

starter 男 〔不変〕〔英〕**1** 〔スポ〕(競走の)スタート係, スターター **2** (車の)エンジン始動機

stasare 他 詰まっているものを取り除く —**arsi** 再 詰まりが取れる

*****stasera** [スタセーラ] 副 今晩, 今夜 —*Dove andiamo stasera?* 今夜どこへ行こうか. /*stasera tardi* 今晩遅くに

stasi 女〔不変〕〔医〕(体液の)静止, 鬱血 **2** 停滞

stasi-, -stasi 接頭, 接尾 「中止」「停止」の意

stasimo 男 (ギリシャ悲劇の)合唱隊

statale 形 国の, 国立の, 国営の — 男女 国家公務員 — 女 国道

statalismo 男 国家主義, 国家統制

statalizzare 他 国有化[国営化]する

statalizzazione 女 国有化, 国営化

statere 男 スタテル(古代ギリシャの貨幣単位)

statica 女 〔物〕静力学, 静止;〔経〕静的分析(*statica economica*)

staticità 女 静止状態, 安定[均衡]状態; 沈滞

statico 形〔複[-ci]〕**1** 〔物〕静的な; 静止状態の, 沈滞した **2** (建造物が)安定し

statino 男 (大学の)受験票

statista 男女〔複[男-i]〕1 (大物)政治家 2 (ある分野の)立派な指導者

statistica 女 1 統計, 統計結果 2 統計学

statisticamente 副 統計学的に, 統計によれば

statistico 形〔複[男-ci]〕統計(学)の, 統計上の —indagini *statistiche* 統計調査 —男〔複[-ci]女[-a]〕統計学者

Stati Uniti d'America 固名(男女) アメリカ合衆国(gli Stati Uniti)

stativo 形 (動詞・形容詞などが)状態を表す —男 (顕微鏡の)台座

stato¹ essere の過分; stare の過分

stato²** [スタート] 男 1 状態 —*stato di salute* 健康状態 / in buono [cattivo] *stato* よい[悪い]状態で 2 身分 —*stato civile* 戸籍上の身分の状態(未既婚など) 3 国家 —Ferrovie dello *Stato* イタリア国鉄[略 F.S.] ▶ ***Stato Maggiore [軍]参謀本部

-stato 腰尾 「固定させるもの」「安定させるもの」の意; 「位置を測定するもの」の意

statolatria 男女〔複[男-i]〕[政]過度の国家崇拝, 国家礼賛

statolder 男〔不変〕[歴](16～18世紀の)オランダ総督

statore 男 [電]固定子

statoreattore 男 [空]ラムジェット(エンジン)

statoscopio 男 [空]スタトスコープ, 昇降計

***statua** [スタートゥア] 女 1 像, 彫像 — *Statua della Libertà* 自由の女神像 2 堂々とした人; 動かない人, 黙ったままの人

statuale 形 国家的な, 国の
statuaria 女 彫像[塑像]術
statuario 形 1 彫像[塑像]のような 2 威厳のある; 均整のとれた
statuetta 女 小像
statuina 女 小さな人形, 小像
statuire 他〔io -isco〕制定する, 決定する, 公布する
statuizione 女 法の制定; 規定
statunitense 形 アメリカ合衆国の; アメリカ人の —男女 アメリカ(合衆国)の人
statu quo → status quo
statura 女 1 背丈, 身長 —di bassa [alta] *statura* 背が低い[高い] / È di media *statura*. 彼は中背(平均の身長)だ. 2 (精神や才能の)高さ —*statura morale* 徳の高さ

status 男〔不変〕[ラ]地位, 身分
status quo 固(男) [ラ]現状, 体制
statutario 形 法令の, 法定の, 制定法の
statuto 男 1 基本法, 法規 2 定款(ていかん)
stauroteca 女 聖十字架箱
***stavolta** [スタヴォルタ] 副 《口》今回は, 今度は

Stazio 固名(男) (Publio Papinio ~) スタティウス(45頃-96頃; ローマの詩人)
staziografo 男 [船]位置測定装置
stazionamento 男 一時駐車
stazionare 自 駐車する
stazionarietà 女 変わらないこと; 安定性, 恒常性
stazionario 形 1 同じ所にとどまる, (鳥について)季節移動しない 2 一定の, 安定した —男〔歴〕(古典古代の)警備官
***stazione** [スタッツィオーネ] 女 1 (鉄道の)駅 —Vai alla *stazione*? 駅に行くの? 2 サービス施設 —*stazione* di servizio (車の)サービス・ステーション 3 保養地, リゾート —*stazione balneare* 海水浴場 4 放送局; (電話や電信の)局 —*stazione telefonica* 電話局 5 警察署 6 [スポ](体操の)体の姿勢 7 [カト]留(りゅう) (キリストの十字架の道を描いた場面. 全部で14留ある)

stazza 女 1 容積トン数, 積載量; 船の容量 2 《諧》頑丈な体つき[体格]
stazzo 男 (家畜用の)囲い地
stazzonare 他 しわくちゃにする —**arsi** 再 しわくちゃにする; しわになる —L'abito *si è* tutto *stazzonato*. 服がすっかりしわくちゃになった.
stazzonato 形 しわになった, しわくちゃになった; (布地について)しわ加工の

stearico 形〔複[-ci]〕[化]ステアリンの
stearina 女 [化]ステアリン
steatite 女 [鉱]凍石, 石けん石
steatopigia 女 [人類]臀(でん)部脂肪蓄積

stecca 女 1 細い棒 2 (ビリヤードの)キュー 3 棒状の菓子 4 (タバコの)カートン 5 調子外れの声[音] —prendere una *stecca* 音を外す 6 リベット, 仲介料
steccare 他 1 柵をめぐらす 2 [医]副え木を当てる 3 [料]肉に穴をあける 4 (シュートなどに)失敗する —自 1 音程を外す 2 (ビリヤードで)玉を突き損なう
steccato 男 1 木の囲い, 柵 2 仕切り, 障壁
steccatura 女 1 柵で囲むこと 2 [医]副木固定
steccherino 男 [植]ハリタケ, ヤマブシタケ
stecchetto 男〔次の成句で〕▶ **a stecchetto** (生活などが)かつかつの, ぎりぎりの; 厳しい食事制限[ダイエット]をして
stecchiera 女 (ビリヤードの)ステッキ立て
stecchino 男 1 爪楊枝(つまようじ) (stuzzicadenti) のやわらかい言い方に使われる
stecchire 他〔io stecchisco〕即死させる
stecchito 形 1 ひからびた, やせ細った, がりがりの 2 即死した —È caduto *stecchito* sotto una fucilata. 彼は銃弾に倒れた. 3 啞(あ)然とした
stecco 男〔複[-chi]〕1 枯れた小枝; 細い材木 2 ひどくやせた人 3 《俗》串カツ

steccone 男 (柵用の先のとがった)杭(ᄼ), 棒

stechiometria 女 〖化〗化学量論

stechiometrico 形〖複[-ci]〗〖化〗化学量論の

Stefanella 固名〖女性名〗ステファネッラ

Stefania 固名〖女性名〗ステファーニア

Stefano 固名(男) **1**〖男性名〗ステファノ **2**(Santo ~)聖ステパノ, 聖ステファノ(キリスト教最初の殉教者)

stegola 女 鋤(ᵏ)の柄

stegolo 男 風車の回転軸

stegosauro 男〖生物〗ステゴサウルス

stele 女〖不変〗**1**〖考〗記念の石碑, 石柱 **2**〖植〗中心柱

*__**stella**__ [ステッラ] 女 **1** 星 —*stella cadente* 流れ星 / *stella polare* 北極星 **2** 星形のもの, 星印 —*hotel a quattro stelle* 4つ星のホテル **3** (人気)スター —*stella del cinema* 映画スター **4** 星の巡り合わせ, 運命, 運勢 ▶ *salire* [*andare, arrivare*] *alle stelle* (値段が)高騰する ***stella alpina*** 〖植〗エーデルワイス, セイヨウウスユキソウ ***stella di mare*** 〖動〗ヒトデ ***stella filante*** (歓送迎用に投げる)紙テープ

stellage 男〖不変〗〖仏〗(証券の)両立て〖複个〗選択権付き取引

stellaggio → stellage

stellante 形〖文〗星が輝く; 光り輝く

stellare 形 **1** 星の; 星形の **2** (価格・価値などが)ものすごく高い, 天文学的な数字の

stellarsi 再 星で一杯になる

stellaria 女〖植〗ハコベ属の植物

stellata 女 満天の星空

stellato 形 **1** 星をちりばめた, 星で一杯の **2** 星形の, 星のついた

stelletta 女 **1** 〖複数で〗星形の階級章, 星章; (ランクづけの)星形 **2** アステリスク

stellina 女 **1** 新進の若手女優 **2**〖複数で〗ステッリーネ(スープに入れる星形の小さいパスタ)

stelloncino 男 〖報道用語で〗小記事, 短信

stellone 男 大きな星 ▶ *stellone d'Italia*《譜》イタリアの希望の星

stelo 男 **1** (植物の)茎, 軸; 花梗 **2** 茎状のもの; 心棒

stemma 男〖複[-i]〗紋章, エンブレム

stemmario 男 紋章集

stemmato 形 紋章が描かれた, 紋章のついた

stemperare 他 〖io stempero〗**1** 溶かす, 溶解する **2** 薄める; 力を弱める **3** (銅を)焼きなます —**arsi** 再 **1** 溶ける **2** 力が弱まる **3** (銅が)焼きなましを受ける

stempiarsi 再 〖io mi stempio〗(こめかみの)毛が抜ける, はげる

stempiato 形 (こめかみの)毛が薄い, はげ上がった

stempiatura 女 (こめかみが)はげている

こと; はげたこめかみ

stendardo 男 **1**〖歴〗(騎兵隊ごとの)軍旗, 幟(ᵏ); (コムーネ・信徒会などの)旗 **2**〖植〗(蝶形冠の)旗弁

*__**stendere**__ [ステンデレ] [117] 他 〖過分 steso〗**1** 伸ばす, 広げる —*stendere un lenzuolo* シーツを広げる **2** (地面に)倒す, 投げ落とす; 寝かせる, 横にさせる —*stendere un avversario* 敵を倒す / *stendere un malato sul letto* 病人をベッドに寝かせる **3** (文書を)作成する, 記述する —*stendere un verbale* 調書を作成する —**ersi** 再 **1** 横たわる, 寝そべる —*Mi sono steso sull'erba.* 私は草の上に寝そべった. **2** 広がる, 伸びる

stendhaliano 形〖文〗スタンダールの, スタンダールの作品の —男 スタンダールの追随者

stendibiancheria 男〖不変〗物干し台

stendifili 男〖不変〗(電信・電話線の)敷設作業員

stendino 男 《口》物干し台(stendibiancheria)

stenditoio 男 **1** 物干し場; 洗濯物 **2** (食品などの一時保管のための)乾燥庫 **3** 物干し台(stendibiancheria)

stenditrice 女〖織〗梳(ᵏ)整機

stenditura 女 **1** 干すこと **2**〖織〗梳(ᵏ)整

stenebrare 他 〖io stenebro〗《文》明るくする; 啓蒙する

stenia 女〖医〗強壮, 亢(ᶜ)進

steno 女〖不変〗速記, 速記法(stenografia)

steno-, -steno 接頭, 接尾 「狭い」「短縮」の意

stenocardia 女〖医〗狭心症(angina pectoris)

stenodattilografia 女 速記タイプ術

stenodattilografo 男〖女[-a]〗速記タイピスト

stenografare 他 〖io stenografo〗速記する

stenografia 女 速記, 速記法〖術〗

stenografico 形〖複〖男 -ci〗〗速記法〖術〗の

stenografo 男〖女[-a]〗速記者

stenogramma 男〖複[-i]〗〖言〗速記文字, 速記記号

stenoscritto 男〖言〗速記録

stenoṣi, stenòṣi 女 〖医〗狭窄(ᵏ)症

stenotipia 女 ステノタイプ法

stenotipista 男女〖複〖男 -i〗〗速記タイピスト

stentacchiare 自 〖io stentacchio〗《口》難渋[苦労]する, 生活に困る

stentare 自 **1** (a + 不定詞)…するのに苦労する —*stentare a capire* なかなか理解できない **2** 生活に困窮する —他 〖次の成句で〗▶ *stentare la vita* [*il pane*] 貧困にあえぐ

stentatamente 副 やっとのことで、かろうじて、苦労して

stentato 形 1 苦労して成し遂げた[こぎつけた]; 苦心した、ぎこちない 2 (植物について)発育の悪い 3 苦労の多い、辛い —lavoro stentato 苦労した仕事

stento 男 1 [複数で] 生活苦, 貧困 —una vita di stenti 困苦の生活 2 苦労, 困難 —senza stento 楽々と, 何の苦労もせずに ▶ **a stento** 何とか, かろうじて, やっと

stentore 男 声の大きい男

stentoreo 形 1 声の大きい[強い] 2 (文学作品について)大げさな, もったいぶった

steppa 女 ステップ, 大草原

steppico 形 [複[-ci]] ステップ[大草原]の

steppificazione 女 ステップ化

stepposo 形 ステップ性の

sterco 男 [複[-chi]] (動物の)糞(ふん), 排泄(はいせつ)物

stercoraceo 形 (動物の)糞(ふん)に関する, 排泄(はいせつ)物の

stercorario 男 [鳥]トウゾクカモメ

stereo 形 [不変] ステレオの(stereofonico) —男 [不変] ステレオ装置(stereofonia)

stereo- 接頭 「固体」「立体」の意

stereobate 男 [建] (ギリシャ建築の)支柱の基礎[土台]

stereochimica 女 立体化学

stereocinematografia 女 立体映画

stereocomparatore 男 ステレオコンパレーター

stereofonia 女 1 [物]立体認知 2 立体音響装置, ステレオ

stereofonico 形 [複[男-ci]] 1 [物]立体認知の 2 立体音響の, ステレオの

stereofotografia 女 立体写真術

stereografia 女 1 (地図の)立体画法 2 [医] (レントゲンの)立体映写法

stereografico 形 [複[男-ci]] 1 (地図の)立体画法の 2 [医] (レントゲンの)立体映写法の

stereogramma 男 [複[-i]] [数] (グラフの)立体図; 立体図法, ステレオ図法

stereoisomeria 女 [化]立体異性

stereolitografia 女 光造形法, ステレオリソグラフィー

stereometria 女 立体幾何学; 体積[立体]測定

stereoscopia 女 1 [物]立体視覚; 実体鏡視 2 立体写真術

stereoscopico 形 [複[男-ci]] 1 [物]立体視の; 実体鏡視の 2 立体写真の

stereoscopio 男 立体鏡, ステレオスコープ

stereotipare 他 [io stereotipo] [印]ステロ版にする

stereotipato 形 1 [印]ステロ版の, 2 ステレオタイプの, 型にはまった, 紋切り型の

stereotipia 女 [印]ステロ版印刷; ステロ版

stereotipista 男女 [複[男-i]] ステロ版印刷工

stereotipo 男 1 ステレオタイプ, 固定観念 2 [言]決まり文句, 常套(じょうとう)句 —形 [印]ステロ版印刷の

sterile 形 1 不毛の; 不妊の; 実のならない, 結実しない —terreno sterile 不毛の地 2 無菌の, 殺菌する —garza sterile 殺菌ガーゼ

sterilità 女 1 不妊(症) 2 [植]不結実 3 不毛 4 無効, むだ; 枯渇 5 [医]無菌状態

sterilizzare 他 1 不毛にする; 不妊にする; 断種する 2 殺菌[消毒]する

sterilizzato 形 1 不毛の; 不妊の, 断種された 2 殺菌[消毒]された

sterilizzatore 男 1 殺菌消毒器 2 [女[-trice]] 殺菌[消毒]する人 —形 [女[-trice]] 殺菌[消毒]した

sterilizzazione 女 1 [医]不妊手術 2 殺菌, 消毒

sterilmente 副 無駄に, むなしく

sterletto 男 [魚]コチョウザメ

sterlina 女 (英国の貨幣単位)ポンド (lira sterlina)

sterminare 他 [io stermino] 殲(せん)滅する, 絶滅させる; 根絶する

sterminatamente 副 果てしなく, 永遠に; 広々と

sterminato 形 無限の, 広大な; 並はずれた

sterminatore 男 [女[-trice]] 破壊者, 撲滅者 —形 [女[-trice]] 破壊的な, 絶滅させる

sterminio 男 1 殲(せん)滅, 皆殺し; 根絶 —campo di sterminio (アウシュビッツ強制収容所のような)絶滅収容所 2 大量, 莫(ばく)大 —uno sterminio di gente 膨大な数の人々

sterna 女 [鳥]アジサシ

sternale 形 [解]胸骨の

sterno 男 [解]胸骨

sternocleidomastoideo 形 [解]胸鎖乳突筋の

sternutare → starnutire

sternutire → starnutire

sternuto → starnuto

stero 男 1 立方メートル(石炭・薪を計る単位)

steroide 男 [生化]ステロイド

sterolo 男 [化]ステロール

sterpaglia 女 (低木・やぶの)雑木林; 低木地

sterpaia 女 → sterpaio

sterpaio 男 低木地

sterpame 男 灌(かん)木の茂み, 下生え

sterpare 他 1 [文](低木を)引き抜く 2 根こそぎにする, 根絶する

sterpazzola 女 [鳥]ノドジロムシクイ

sterpeto 男 低木地, 灌(かん)木地帯; 低木の茂み

sterpo 男 切り株, 根; (折れた[切っ

sterposo 形 低木の茂った, いばらだらけの

sterrare 他 整地する

sterrato 形 地ならしをした, 整地した

sterro 男 地ならし, 整地

stertore 男 〔医〕狭窄(きょうさく)音

sterzante 形 操舵する

sterzare 自 1 ハンドルを切る 2 急に方針を変える

sterzata 女 1 (車の)ハンドルを切ること; 方向転換 2 (考え・方針などの)転換

sterzo 男 (車の)ハンドル; ステアリングギア

stese stendere の直・遠過・3 単

steso 形 〔過分＜stendere〕1 伸ばした, 広げた 2《口》ぐったりした, 疲れた — Ero completamente stesa. 私は疲れ果てていた. 3 文無しの

stesse stare の接・半過・3 単

＊**stesso** [ステッソ] 形 1 同じ, 同一の — Sono nati lo stesso giorno. 彼らは同じ日に生まれた. / fare sempre le stesse cose いつも同じことをする 2 まさに — quella stessa notte まさにその日の夜 / oggi stesso まさしく今日 3〔人称代名詞強勢形に後置させて〕自分自身の — Pensa solo a sé stesso. 彼は自分自身のことしか考えていない. —代 1〔定冠詞とともに〕同じこと[結果] 2《複数で》同じ人々[連中] —Gli invitati saranno gli stessi dell'altra volta. 招待客たちは前回と同じだろう. ▶ **allo stesso tempo** 同時に; **lo stesso** 予定どおり; やはり, いずれにしても

stesura 女 1 (ペンキなどの)塗装 2 (文書などの)作成, 下書き; (文学作品の)草稿

stetoscopio 男 〔医〕聴診器

stette stare の直・遠過・3 単

steward 男《不変》〔英〕スチュワード, 乗務員

stia¹ 女 鶏かご

stia² stare の命・3 単; 接・現・1 単[2 単, 3 単]

stiacciato 男 〔美〕(ルネサンス期の)薄肉彫

stiaccino 男 〔鳥〕マミジロノビタキ

stick 男《不変》〔英〕(口紅・アイラインなどの)スティック型化粧品

stico-, -stico 接頭, 接尾 「線」「句」「行」の意

sticometria 女 〔言〕(古代ギリシャの)行分け法

sticomitia 女 〔劇〕(古代ギリシャの)隔行対話形式

stifelius → stiffelius

stiffelius 男《不変》フロックコート

Stige 固名(男) 1〔ギ神〕ステュクス(冥界の川) 2 地獄の女神の川

stigio 形《複〔女 -gie〕》《文》1 ステュクスの 2 黒い, 黒っぽい

stigliare 他〔io stiglio〕〔織〕(亜麻などから)木質部を取り除く

stiglio¹ 男 〔織〕ハックリング機

stiglio² 男 〔中伊・南伊〕陳列棚[台]

stigma 男《複 -i》1 烙(らく)印, 不名誉な印 2〔植〕(雌しべの)柱頭 3〔虫〕気門, 呼吸孔[門] 4〔解〕破裂孔

stigmate 女複 1 (古代ギリシャで動物に押した)焼き印; (罪人・奴隷などの額に押した)烙(らく)印 2〔宗〕聖痕, スティグマ 3〔医・心〕徴候, 紅斑

stigmatismo 男 〔光〕(レンズの)無非点収差

stigmatizzabile 形 非難されるべき

stigmatizzare 他 激しく非難する, 酷評する

stigmatizzazione 女 激しい非難

stignere → stingere

stilare¹ 形 〔植〕花柱の

stilare² 他 (書式通りに)作成する, 起草する

stilato 形 (書式通りに)作成された, 起草された —男 (書式通りに)作成された文書

stilb 男《不変》〔物〕スティルブ(輝度の単位)

＊**stile** [スティーレ] 男 1 文体; 様式 — stile gotico ゴシック様式 2 スタイル, 型 —cambiare stile di vita ライフスタイルを変える / stile libero (水泳の)フリースタイル, 自由形 3 気品, 品のよさ —vestire con stile 品のよい服装をする ▶ **in grande stile** ぜいたくに, 豪華に

stilè 形 洗練された, 優雅な, 上品な

stilema 男《複 -i》1〔言〕文体素 2 (特定の作家・流派・時代に)特徴的な文体[スタイル]

stilettata 女 1 短剣で刺すこと 2 刺し傷; 痛手, 苦痛

stiletto 男 短剣, 短刀

stiliforme 形 尖筆状の; 剛毛状の

stilismo 男 1〔文〕文体重視 2《総称的》名文家, 文体に凝る人

stilista 男女《複〔男 -i〕》1〔芸〕(様式にこだわる)形式主義者 2〔スポ〕(特にサッカーで)高い技術力を持つ選手 3 ファッションデザイナー, スタイリスト; 産業デザイナー

stilistica 女 文体研究, 文体論

stilisticamente 副 文体論的に見て

stilistico 形《複〔男 -ci〕》文体(論)の; 絵画様式の

stilita 男《複 -i》〔宗〕柱頭行者

stilizzare 他 特定の型にはめる, 様式化する

stilizzato 形 型にはまった, 様式化された

stilizzazione 女 様式化, 定型化

stilla 女 1《文》しずく, 水滴 2 わずかな量, 少量

stillare 他 しずくを垂らす; 滴らせる —自〔es〕滴る, ぽたぽた落ちる

stillicidio 男 1 滴下, 滴り 2 執拗(しつよう)な反復 —Ho resistito molto a questo stillicidio di telefonate. 私はしつこい電話に必死で耐えた.

stillo 男 1〔トスカーナ〕蒸留器 2 妙案,

stilnovismo 男 〔文〕清新体派(stilnovo)

stilnovista 男女〔複[男 -i]〕清新体派の詩人 ―形〔複[男 -i]〕清新体派の

stilnovistico 形〔複[-ci]〕清新体派の

stilnovo 男〔文〕清新体派

stilo¹ 男 1〔歴〕尖筆, 鉄筆 2 短剣, 小刀(stiletto) 3 受信アンテナ 4〔動〕吻(ﾌﾝ)針, 刺針

stilo² 女〔不変〕万年筆(stilografica)

stilobate 男〔建〕(古代ギリシャ神殿の)基台, 基壇;(列柱の)台座

stiloforo 男〔建〕(ロマネスク様式の)動物彫刻, スティロフォロ ―形 動物彫刻の, スティロフォロの

stilografica 女 万年筆

stilografico 形〔複[男 -ci]〕万年筆の

stiloide 形〔解〕茎状の, 茎状突起の

stima 女 1 評価 —essere degno di *stima* 評価にふさわしい 2 評判, 好評 —avere *stima* per[di]... (人)を尊重する 3 推定, 推測

stimabile 形 1 価値のある, 評価しうる 2 尊敬に値する, 敬うべき

stimabilità 女 価値のあること; ふさわしさ

stimare 他 1 見積もる —*stimare* un quadro un milione di yen 一枚の絵を百万円だと見積もる 2 評価する —Lo *stimo* molto. 私は彼を高く評価している. 3《文》見なす, 判断する ―**arsi** 再 1 自分が…だと思う, 見なす 2〔トスカーナ〕気取る, もったいぶる

stimato 形 1 (価格などが)査定された, 見積もられた 2 尊敬された, 評価の高い

stimatore 男〔女[-trice]〕1 鑑定士, 査定官 2〔統〕推定量 ―形〔女[-trice]〕鑑定する, 評価額を決める

stimma → stigma

stimmate → stigmate

stimmatizzare → stigmatizzare

stimolante 形 1 刺激的な, 興味深い 2 機能を活発にする ―男 促進剤, 増進剤

stimolare 他〔io stimolo〕1 刺激する, かき立てる 2 活発にする, 増進する

stimolatore 形〔女[-trice]〕刺激する, 促進作用の ―男 1 刺激する人, 促進者 2〔医〕機能調整装置

stimolazione 女 刺激, 興奮; 鼓舞

stimolo 男 刺激(物), 促進 —sentire lo *stimolo* della fame 空腹を感じる

stinco 男〔複[-chi]〕すね, 脛(ｹｲ)骨 ► *stinco di santo* 徳と誠実さの模範; 非の打ち所のない振る舞いをする人

stingere [119] 他〔過分 stinto〕1 色を落とす, 色をあせさせる 2《文》消す, 落とす ―自 [es/av] 色が落ちる, 色があせる —La mia maglia rossa *ha stinto*. 私の赤いセーターの色が落ちた. /I jeans preferiti di mio fratello *sono stinti*. 兄[弟]のお気に入りのジーンズが色あせた. ―**ersi** 再 1 色が落ちる, 色があせる 2《文》消滅する, 衰える, 消える

stinse stingere の直・遠過・3単

stinto 形〔過分< stingere〕色が落ちた, 色あせた

stipa 女 1《文》(物の)山, 堆積 2〔植〕アフリカハネガヤ; イネ科

stipare 他 1 (狭い場所に)詰め込む, 押し込む 2《文》濃縮する, 密にする ―**arsi** 再 押し寄せる, すし詰めになる

stipato 形 ぎっしり詰まった, すし詰めの

stipatura 女 (樹木の)間引き

stipendiare 他〔io stipendio〕給料を払う; 給料を払って雇う —*stipendiare* gli operai 労働者に給料を支払う

stipendiato 形 賃金[報酬]を受ける, 雇われた ―男〔女[-a]〕サラリーマン

stipendio [ステペンディオ] 男 1 給料, 月給 —*stipendio* netto 手取りの給料 2 (古代ローマの)傭兵の給料

stipetto 男 (貴重品を収納する)戸棚

stipite 男 1 (ドア・窓などの)側柱, 縦枠 2〔植〕(シュロなどの)幹 3 血統, 家系

stipo 男 整理棚, 飾り棚

stipsi 女〔不変〕〔医〕便秘

stipula 女 約定, 規定, 契約(stipulazione)

stipulante 形〔法〕約定する, 契約を結ぶ ―男女〔法〕契約者, 約定者

stipulare 他〔io stipulo〕約定する, 規定する, 契約する; 合意文書を作成する

stipulazione 女〔法〕約定, 規定, 契約; (契約などの)条項

stiracalzoni 男〔不変〕ズボンプレッサー

stiracchiamento 男 (手足を)伸ばすこと, のびをすること

stiracchiare 他〔io stiracchio〕(手足を)伸ばす ―自 倹約する ―**arsi** 再 手足を伸ばす, のびをする

stiracchiato 形 1 (手足を)伸ばした 2 (意味などを)曲げる, こじつけの; 強制された

stiracchiatura 女 こじつけ, 詭(ｷ)弁; (話・文章などを)だらだらと延ばすこと

stiraggio 男 引き伸ばし; (ガラスの)成形, 延伸

stiramaniche 男〔不変〕〔服〕(円筒形の)袖まんじゅう, 袖うま

stiramento 男 1 伸長, 引っ張ること; ストレッチ 2 捻挫, 筋違い, 肉離れ

stirapantaloni 男〔不変〕ズボンプレス(stiracalzoni)

stirare 他 1 アイロンをかける 2 (平らに, ぴんと)伸ばす —*stirare* la tovaglia テーブル掛けを伸ばす ―**arsi** 再 1 体を伸ばす, 伸びをする 2 捻挫をする, 肉離れをする

stirata 女 アイロンをかけること

stiratoio 男 1 アイロン台 2〔織〕練条機 3 製図版

stiratore 男〖女[-trice]〗 1 (クリーニング店などの)アイロンがけ職人 2 (金属・繊維などを)引き伸ばす職工

stiratura 女 アイロンがけ, プレス; 皮なめし

stirene 男〖化〗スチレン

stireria 女 (ホテルなどの)アイロン室

stiro 男〖単数のみ〗アイロンがけ; ぴんと伸ばすこと —ferro da *stiro* アイロン / asse da *stiro* アイロン台

stirpe 女 1 血統, 家系; 子孫 2〖総称的〗相続人

stiticheria 女 物惜しみ, けち

stitichezza 女 1〖医〗便秘(stipsi)になる, 吝嗇(りんしょく)

stitico 形〖複[男 -ci]〗1 便秘の, 便秘症の 2〖諧〗遅筆の, 制作が遅い 3 けちな, しみったれた

stiva 女 船倉; (飛行機の)貨物室

stivaggio 男 (船倉・貨物室への)荷積み, 積み込み作業

stivalato 形 長靴をはいた

stivale 男 長靴, ブーツ —un paio di *stivali* 1足のブーツ / *stivali* di gomma ゴム長靴 ▶ **lo Stivale** イタリア

stivaletto 男 ショートブーツ ▶ ***stivaletto malese***〖歴〗足を痛めつける拷問道具

stivare 他 (船倉・貨物室に)荷を積み込む; 詰め込む

stizza 女 腹立ち, 苛立ち, 癇癪(かんしゃく)

stizzire 他〖io -isco〗怒らせる, いらいらさせる —**irsi** 再 腹を立てる, かっとなる, いらいらする

stizzito 形 腹を立てた, かっとなった, いらいらした

stizzo 男〖文〗燃え木

stizzoso 形 1 怒りっぽい, 短気な; いらいらした 2 (口調などの)とげとげしい

'sto 形〖口〗この(questo)

stoa 女〖不変〗1〖建〗(古代ギリシャの)柱廊, 回廊 2〖哲〗ストア学派

stocastico 形〖複[男 -ci]〗〖数〗確率(論)的な

stoccafisso 男 1 (塩漬けしていない)干鱈 2 やせこけた[ひょろ長い]人

stoccaggio 男 在庫, ストック, 貯蔵, 保管

Stoccarda 固名(女) シュツットガルト(ドイツ南部の都市)

stoccare[1] 他 (在庫として)ストックする, 貯蔵する

stoccare[2] 他〖スポ〗(フェンシングで)剣先で突く —自〖スポ〗(サッカーで)強烈なシュートを放つ

stoccata 女 1 剣先で突くこと; (フェンシングの)一突き; (サッカーの)強烈なシュート 2 辛辣な言葉, 叱責 3 (不意の出来事による)衝撃, 激痛, 〖口〗金の無心

stoccatore 男〖女[-trice]〗1〖スポ〗(フェンシングで)突きの名手; (サッカーの)エースストライカー 2〖口〗金の無心する人

stocchista 男女〖複[男 -i]〗量販店の経営者, (衣料品の)量販専門の商売

stocco[1] 男〖複[-chi]〗(フェンシング用の)細身の剣

stocco[2] 男〖複[-chi]〗トウモロコシの芯, わら束を支える棒

Stoccolma 固名(女) ストックホルム(スウェーデン王国の首都)

stock 男〖不変〗〖英〗1 在庫, ストック; 大量 2〖経〗保有高

stockista → stocchista

*****stoffa** [ストッファ] 女 1 布地 2 素質, 才能 —Non ho la *stoffa* dell'artista. 私には芸術家の才能がない.

stoia → stuoia

stoicamente 副 禁欲的に

stoicismo 男〖哲〗ストア哲学, 禁欲主義, ストイシズム; 禁欲, 克己

stoico 形〖複[男 -ci]〗〖哲〗ストア哲学の, ストア主義の; 禁欲的な, 超然とした

stoino → stuoino

stola 女 1 (古代ローマの)ストラ 2 (聖職者の)頸垂帯; ストール

stolidità 女 1 愚かなこと, 愚鈍 2 愚かな言葉[行為]

stolido 形 愚鈍な, のろまな

stollo 男 わら束を支える棒

stolone[1] 男 (聖職者の)飾り帯

stolone[2] 男 1〖植〗匍匐(ほふく)枝 2〖動〗走根

stoltamente 副 愚かにも, 馬鹿げたことに; 無分別に

stoltezza 女 1 愚かなこと, 愚鈍 2 愚かな言葉[行為]

stolto 形 愚かな, 非常識な; 無分別な, 馬鹿げた —男〖女[-a]〗愚か者

stoma 男〖複[-i]〗1〖植〗気孔 2〖動〗小孔, 小口 3〖生物〗孔, 瘻(ろう)

stomacare 他〖io stomaco〗むかつかせる, 吐き気を催させる —**arsi** 再 むかつく, 吐き気がする; 嫌悪を覚える

stomacato 形 むかつく, 吐き気のする

stomachevole 形 むかつくような, 不快な, むしずの走る

stomachico 形〖複[男 -ci]〗胃によい; 消化を助ける

*****stomaco** [ストーマコ] 男〖複[-chi, -ci]〗1 胃 —Ho mal di *stomaco*. 私は胃が痛い. / avere un peso sullo *stomaco* 胃が重い, 胃がもたれる 2 忍耐力 ▶ **avere il pelo sullo stomaco** 感覚が鈍い, ためらいない **avere uno stomaco di ferro** 胃が丈夫である, 何でも食べられる

stomatite 女〖医〗口内炎

stomato-, -stomato 接頭, 接尾「口」「穴」の意

stomatologia 女〖医〗口腔病学

stomatologo 男〖複[-gi]〗〖医〗口腔科医, 口腔外科医

stomatopode 男〖動〗口脚類

stonacare 他〖io stonaco〗漆喰(しっくい)を剥がす

stonare 他 1 音をはずして歌う[演奏する] 2 調子を狂わせる —自〖con〗…に釣り合わない, そぐわない

stonata 女 音の調子を外すこと, 音痴であること

stonato 形 調子外れの; 調和しない; 耳障りな —男[女 -a]音痴の人

stonatura 女 **1** 音が狂うこと, 音痴であること **2** 調子はずれの音 **3** 不調和

stondare 他 丸くする, 丸みを与える

stop 男〔不変〕〔英〕**1** 停止標識[信号], ストップ; 停止命令 —*stop della polizia* 警察の停止命令 **2** ブレーキランプ —間 止まれ, やめろ —*Stop, basta così.* やめろ, 十分だ.

stoppa 女 麻[亜麻]くず

stoppaccio 男 (銃身への)おくり, 詰め綿

stoppare 他 **1** 停止させる, ストップする **2** 〔スポ〕(ボールを)ブロックする, トラップする

stoppata 女 〔スポ〕(サッカーの)トラッピング; (バスケットボールの)ブロック

stopper 男〔不変〕〔英・スポ〕(サッカーの)ストッパー

stoppia 女 刈り株

stoppino 男 (ろうそくなどの)芯, ろう引き灯心; (花火などの)火口(ほぐち), 導火線

stopposo 形 **1** 麻くずのような; (肉などが)筋の多い, 繊維の **2** (果物などが)汁の少ない

storace 男〔植〕ソゴウコウジュ; エゴノキ; 蘇合香, ストラックス

storcere [121] 他〔過分 storto〕**1** ねじる, ひねる; (目を)むく; (顔や口を)ゆがめる —*storcere un braccio a...* (人)の腕をねじる / *storcere la bocca* 口をゆがめる / *storcere il naso* 嫌だと顔で表す, 止めっ面をする **2** 曲解する —*Hanno storto il senso della frase.* 彼らはその文の意味を曲解した. —**ersi** 再 **1** ねじれる, ゆがむ **2** 捻挫する —*Mi sono storto una caviglia.* 私は足首を捻挫した.

stordimento 男 **1** 目まい, 意識朦朧(もうろう) **2** 茫然自失, 仰天

stordire 他〔io -isco〕**1** (人の頭を)ぼうっとさせる; 失神させる —*un vino che stordisce* 頭をくらくらさせるワイン **2** (騒音が人の)耳をつんざく —**irsi** 再 (心配や不安を紛らそうと)ぼうっとする

storditaggine 女 **1** 放心状態, ぼんやりしていること **2** 不注意な行為; 大失敗, へま

storditamente 副《口》ぼんやりして, 不注意に, 軽率に

stordito 形 **1** 仰天した; 頭がぼうっとした **2** 卒倒した, 失神した **3**《口》不注意な, うっかりした

✱**storia** [ストーリア] 女 **1** 歴史 —*storia dell'arte [della letteratura]* 美術[文学]史 **2** 話, 物語 —*raccontare una storia* 物語を語る **3** 事件, 出来事 —*storia d'amore* 恋愛沙汰, 情事; 恋愛物語 **4** 作り話, 嘘 —*Sono tutte storie!* 全部でたらめだ. / *raccontare un sacco di storie* 嘘八百を並べる ▶ ***È sempre la stessa storia.*** いつも同じ繰り返しだ.

storicamente 副 歴史上, 歴史的に[は]

storicismo 男〔哲〕歴史主義

storicista 男女〔複[男 -i]〕歴史主義者

storicistico 形〔複[男 -ci]〕歴史主義の, 歴史主義に基づく

storicità 女 歴史性, 史実性

storicizzare 他 歴史化する; 史実に基づかせる

storicizzazione 女 歴史的史実性

✱**storico** [ストーリコ] 形〔複[男 -ci]〕**1** 歴史の, 歴史的な **2** 歴史に残る, 歴史上重要な —*centro storico* 旧市街地 / *fatti storici* 史実 **3**《口》有名な, よく知られた —男〔複 -ci〕女[-a]**1** 歴史家 **2**〔音〕オラトリオの語りを担当する人物

storiella 女 **1** 短い物語 **2** 滑稽話; ほら話

storiografia 女 **1** 歴史記述; 史料編纂(さん); 歴史学[歴史記述]の方法論 **2** 〔総称的〕正史, 史書

storiografico 形〔複[男 -ci]〕歴史記述の; 史料編纂(さん)の; 歴史学方法論上の

storiografo 男[女 -a]**1** 歴史研究者, 歴史編纂(さん)家 **2**〔歴〕史官, 歴史記述者

storione 男〔魚〕チョウザメ

stormire 自〔io -isco〕(木の葉などが)サラサラと音を立てる, カサカサいう

stormo 男 **1**〔文〕攻撃, 軍隊の衝突 **2**〔軍〕(航空機の)編隊 **3** (鳥・昆虫などの)群れ, 大群

stornare 他 **1** 遠ざける, 避ける **2** 思いとどまらせる, 断念させる **3**〔商〕帳消しにする **4**〔経〕(賃金の)割り当てを振り替える

stornellatore 男[女 -trice]〔音〕ストルネッロの即興者, ストルネッロの歌い手

stornello[1] 男 ストルネッロ(17世紀以降に中部イタリアで流行した恋愛や風刺を歌った民謡)

stornello[2] 男 storno[1]

storno[1] 男〔鳥〕ムクドリ

storno[2] 男〔経〕(賃金の)割り当て修正 [振替];〔商〕振替[修正]記入

storno[3] 形 (馬が)灰色に白い斑点のある

storpiare 他〔io storpio〕**1** (肢体を)不自由にさせる **2** 言い[書き]間違える; 下手に演奏する[歌う] —**arsi** 再 肢体が不自由になる

storpiatura 女 **1** 肢体不自由, 身体障害 **2** 言い[書き]間違い

storpio 形 肢体不自由の, 身体障害の —男[女 -a]肢体不自由の人, 身体障害者

storse storcere の直・遠過・3 単

storta 女 **1** 捻挫; ねじること —*prendersi una storta alla caviglia* くるぶしを捻挫する **2**〔化〕レトルト(蒸留・乾留を行う実験器具)

storto 形〔過分 < storcere〕**1** ねじれた, 曲がった **2** 逆の, 不利な —*giornata*

stortura *storta* つきのない日, 運の悪い日 ―副 ねじれて, 曲がって ―*guardare storto*... (人)をにらみつける / *Oggi mi va tutto storto.* 今日は何をやってもうまく行かない.

stortura 女 (考え・行動の仕方などの)間違い, おかしさ; 欠陥, 誤り

stovaina 女〔薬〕〔商標〕ストバイン

stoviglia 女《複数で》食器類

stozzare 他 1 浮き彫りを施す 2〔冶〕型を打ち込む; 溝をつける

stozzatrice 女 立て削り盤

stozzo 男 (金属板用の)のみ

stra- 接頭 1「外に」「例外的に」の意 2「過剰」「過度」の意;「限度を越えた」の意 3〔形容詞と結合して〕「最上の」の意

strabenedire [34] 他 1《俗》心から祝福する 2《謔》罵る, 呪う

strabere [15] 自 がぶがぶ飲む, 鯨飲する

strabico 形〔複〔男 -ci〕〕斜視の ―男〔女[-a]〕斜視の人

strabiliante 形 びっくりさせる, 肝をつぶす; 並外れた

strabiliare 他〔io strabilio〕びっくりさせる, 驚かす ―**arsi** 再 びっくりする, 腰を抜かす, 仰天する

strabiliato 形 びっくりした, 仰天した

strabismo 男〔医〕斜視 ▶ *strabismo di Venere* ビーナスの流し目

straboccare 自〔es/av〕あふれる, こぼれ落ちる

strabocchevole 形 1 あり余る, あふれるほどの 2 (山・岩壁などの)険しい

strabuzzare 他《次の成句で》▶ *strabuzzare gli occhi* 白目をむく, (恐怖や驚きのため)目を見開く

stracarico 形〔複[-chi]〕荷を積み過ぎた; 過重の; 背負い込み過ぎた ―*Questa settimana siamo stracarichi di lavoro.* 今週私たちはオーバーワークです.

straccale 男 1 革帯, ベルト 2《複数で》ズボン吊り

straccare 他〔北伊〕極度に疲労させる, 使い果たす ―**arsi** 再 疲れる, へとへとになる

straccchetto 男 (衣服について)安物, ぼろ

stracchezza 女《俗》極度の疲労感

stracchino 男 1 ストラッキーノ(ロンバルディア特産のチーズ) 2 (固めの四角い)アイスクリーム

stracciafoglio 男〔歴〕(フィレンツェの)ミゼリコルディア会慈善学校の上級職

stracciaiolo 男〔女[-a]〕(がらくたを扱う)古物商

stracciare 他〔io straccio〕1 引き裂く, ちぎる 2〔織〕毛糸をほぐす 3《文》むさぼり食う; 虐待する 4《口》(競技で)完勝する, 圧倒する ―**arsi** 再 裂ける, 引き裂かれる ▶ *stracciarsi le vesti* (痛み・怒りなどで)かっとなる, 激高する

stracciatella 女 1〔料〕ストラッチャテッラ (かき卵と粉チーズのスープ) 2 粒チョコレート入りアイスクリーム

stracciato 形 1 ずたずたの; ぼろを着た 2 (値段が)格安の

straccio 男 1 ぼろきれ, 雑巾 2《蔑》ぼろぼろの服 3 心身ともに疲労した人 4《否定文中で不定冠詞とともに》《何一つ》[誰一人]…ない 5《複数で》ストラッチ (ラザーニアに似たパスタ) ▶ *sentirsi uno straccio* 元気がない, 心がぼろぼろ[ずたずた]である *uno straccio di...* どこにでもある…, ごく普通の…

straccione 男〔女[-a]〕1 ぼろぼろの服を着た人 2 乞食

straccivendolo 男〔女[-a]〕(ぼろきれを扱う)古物商; 廃品回収業者

stracco 形《複[-chi]》《俗》疲れきった, へとへとの

stracittà 女〔文〕都会派

stracittadino 形〔文〕都会派の, 都会派信望者の

stracolmo 形 超満員の, 一杯の

stracontento 形 大満足の, 大いに喜ぶ

stracosse *stracuocere* の直・遠過・3単

stracotto 形《過分 < stracuocere》1 煮過ぎた, 火を通し過ぎた 2《謔》首ったけの, 惚(ほ)れた ―男〔料〕シチュー, 煮込み料理

stracuocere [28] 他《過分 stracotto》煮過ぎる, 火を通し過ぎる

∗**strada** [ストラーダ] 女 1 道, 道路 ― *strada statale* 国道 / *strada maestra* 幹線道路 2 町, 通り, 巷(ちまた) ― *ragazzi di strada* 町の不良たち 3 道のり ―*insegnare* [*indicare*] *la strada* 道を教える, 行き方を教える 4 通路, 進路 ▶ *a metà strada* 途中で, 半ばで *aprire la strada* 進路を切り開く; 出世のチャンスを与える *tagliare la strada a...* (人)の行く手を遮る, 妨害する

∗**stradale** [ストラダーレ] 形 道の, 道路の ―*cartello stradale* 道路標識 ―女 交通警察 (*polizia stradale*)

stradario 男 (地名索引付き)道路地図帳

stradino 男〔女[-a]〕1 道路工事夫 2〔トスカーナ〕《俗》げす野郎; 田舎者

stradioto → *stradiotto*

stradiotto 男 (15世紀ヴェネツィアの)ギリシャ[アルバニア]の傭兵騎兵

stradista 男女《複[男 -i]》〔スポ〕(自転車競技の)ロードレーサー

Stradivari 固名(男) (Antonio ~)ストラディヴァーリ (1643-1737; クレモーナの弦楽器製作者. ラテン名 Antoninus Stradivarius)

stradivario 男〔音〕(バイオリン・チェロの)ストラディヴァリウス

stradone 男 並木道, 大通り

strafalcione 男 (話し書くときの)大きな誤り, 大失敗

strafare [53] 自《過分 strafatto》やり過ぎる, 度を越す

strafatto 形《過分 < strafare》熟れ

strafece strafare の直・遠過・3 単

strafelarsi 再 〔トスカーナ〕《俗》息をきらす, あえぐ

strafogarsi 再 たらふく食べる, 腹一杯食べる

straforo 男 穴を開けること; 小さな穴 ▶ **di straforo** こっそりと, 隠れて

strafottente 形 厚かましい, 横柄な, ずうずうしい

strafottenza 女 ずうずうしさ, 横柄さ

strafottere 自 〔次の成句で〕 ▶ **a strafottere** 大量に, どっさり —**ersi** 再 《俗》気にしない, 無視する **strafottersene** 全く関心[興味]を持たない

strage 女 1 大虐殺 2 (死者多数の)大惨事 3 破壊 4 不作, 凶(ﾟ)作 5 《戯》大もて

stragismo 男 (テロによる)大虐殺

stragista 形 〔複男 -i〕大虐殺の —男女 大虐殺の実行者[支持者]

straglio → strallo

stragodere [59] 自 《口》大いに楽しむ, 大満足する

stragonfio 形 ふくれ過ぎた; あふれんばかりの

stragrande 形 巨大な, 並外れた

stralciare 他 〔io stralcio〕(文書から)除く, 削除する

stralcio 男 1 除去, 削除 2 精算, 処分

strale 男 1 《文》矢 2 辛辣な批評, 論戦

straliciare 他 〔io stralicio〕〔トスカーナ〕《口》斜めに切る

strallo 男 1 〔船〕ステー, 支索 2 〔建〕後方支持部材, 控え

stralodare 他 ほめちぎる

stralunare 他 〔次の成句で〕 ▶ **stralunare gli occhi** (驚きなどで)目を白黒[ぎょろぎょろ]させる

stralunato 形 動転した, 混乱した

stramaledetto 形 〔過分 < stramaledire〕いまいましい, ひどい

stramaledire [34] 他 〔過分 stramaledetto〕ひどく罵る, 罵詈する

stramangiare 自 《口》たらふく食べる, 大食いする

stramaturo 形 (果物が)熟れ過ぎた, 熟し過ぎた

stramazzare 自 [es] ばったりと倒れる, 卒倒する

stramazzo 男 1 〔北伊〕マットレス, わら布団 2 〔フリウリ・魚〕アカエイ

strambare 自 (船を)ジャイブする

stramberia 女 1 風変わり, 奇抜さ; 気まぐれ 2 奇行, 奇癖

strambo 形 (行動・思考・態度などが)常識外れの; 奇異な, 異常な

strambotto 男 〔文〕ストランボット (シチリアの民衆詩)

strame 男 (飼料・寝床に使う)藁(ﾜﾗ), 干し草

strameritare 他 〔io stramerito〕(あらゆる点で)価値がある, ふさわしい

stramonio 男 〔植〕チョウセンアサガオ

strampalatamente 副 奇妙に, 馬鹿げて

strampalatezza → strampaleria

strampalato 形 1 突飛な, 風変わりな, 奇異な 2 (話・思考などが)支離滅裂な, まとまりのない

strampaleria 女 奇行, 奇癖

stranamente 副 珍しく, 奇妙なことに, 不思議なことに

stranezza 女 奇妙なこと, 異様さ; (話・態度などが)風変わりなこと, 異常さ

strangolamento 男 絞殺, 扼(ﾔﾞ)殺

strangolare 他 〔io strangolo〕 1 絞殺する 2 喉を締めつける —I debiti lo strangolano. 彼は借金で首が回らない。 3 経済的に圧迫する 4 〔海〕ロープで結わえる 5 〔スポ〕(柔道で)絞め技をかける —**arsi** 再 窒息死する

stranguglione 男 1 〔複数で〕嘔吐感, 喉の詰まり 2 〔複数で〕《俗》扁桃腺炎

stranguria, stranguria 女 〔医〕有痛排尿

*__straniero__ [ストラニエーロ] 形 1 外国の —**lingua** *straniera* 外国語 2 《文》よそ者の, 見知らぬ —男〔女 -a〕外国人

stranio 形 《文》外国の, 見知らぬ, 見慣れぬ

stranire 他 〔io -isco〕いらいらさせる, 神経を逆なでする; 落ち着きをなくさせる

stranito 形 苛立った, ぼうっとした

*__strano__ [ストラーノ] 形 1 変な, 奇妙な, 風変わりな —È *strano*. それは変だね。/ Gli piace portare uno *strano* cappello. 彼は変わった帽子を被るのが好きだ。 2 《文》よその, 見知らぬ —男 変な事, 妙なこと

straordinariamente 副 並外れて, 非常に

straordinariato 男 仮採用の教師; 臨時雇用期間

straordinarietà 女 異常さ, 特異さ

*__straordinario__ [ストラオルディナーリオ] 形 1 特別な, 臨時の, 異常な —edizione *straordinaria* (刊行物の)特別版, 特別号 / lavoro *straordinario* 超過勤務, 時間外労働 2 並外れた, 信じ難い —男 1 残業(手当) 2〔単数のみ〕異常なこと 3〔女 [-a]〕臨時雇用者

strapaeṣano¹ 形 郷土色豊かな

strapaeṣano² 形 〔文〕郷土派の

strapaeṣe 男 〔文〕郷土派

strapagare 他 払い過ぎる, 余計に払う

straparlare 自 しゃべり過ぎる, くどくど言う; うわごとを言う

strapazzare 他 1 虐待する, 酷使する 2 ぞんざいに扱う —**arsi** 再 体を酷使する, へとへとになる

strapazzata 女 1 激しい叱責, 罵倒 2 過労

strapazzato 形 1 虐待された 2 (物について) 痛めつけられた、台無しになった 3 苦難に満ちた、困難な

strapazzo 男 体を酷使すること; 過労 ▶ *da strapazzo* 価値のない、三流の; 乱暴に扱える、がらくたの / *medico da strapazzo* ヤブ医者

strapazzone 男〖女[-a]〗乱暴に[手荒に]取り扱う人 —形〖女[-a]〗乱暴に[手荒に]取り扱う

straperdere [74] 自〖過分 straperduto, strapero〗(賭け事・競技などで)大損をする、大敗を喫する

straperse straperdere の直・遠過・3単

strapieno 形 あふれるような、超満員の; 満腹の

strapiombare 自 [es/av] 傾斜している; 上に張り出している、外にせり出している

strapiombo 男 断崖、絶壁; オーバーハング ▶ *a strapiombo* 張り出した、突き出た *parete a strapiombo* 断崖絶壁

strapotente 形 とても強力な、絶大な権力を持った

strapotenza 女 力の強いこと、強大な権力[支配力]

strapotere 男 圧倒的な権力[権限]

strappabile 形 剥がせる、引き抜ける

strappacuore 形〖不変〗心を揺さぶられる、感動的な

strappalacrime 形〖不変〗お涙頂戴の

*****strappare** [ストラッパーレ] 他 1 もぎ取る、剥ぎ取る 2 ちぎる、破る 3 無理やり引き離す; 無理に引き出す —*strappare il figlio alla madre* 母親から子供を引き離す / *Sono riuscito a strappare un segreto a lei.* 私は何とかして彼女の秘密を聞き出すことができた。 —**arsi** 再 1 ずたずたに破れる 2 肉離れを起こす ▶ *strappare... alla morte* (人)の命を救う *strapparsi i capelli* (絶望して)髪の毛をかきむしる

strappata 女 1 剥ぎ[むしり]取ること、ぐいと引っ張ること 2《口》ひったくり、強奪

strappato 形 破れた、ずたずたに引き裂かれた

strappìsta 男女〖複[男-i]〗〔スポ〕(重量挙げの)スナッチの名手

strappo 男 1 破れ、ほころび —*fare [farsi] uno strappo alla camicia* シャツが破れる 2 ぐいと引っ張ること、もぎ取ること 3 違反; 特例 —*fare uno strappo alla regola* 規則に違反する、規則の特例とする 3 (自分の車に)乗せてやること —*dare uno strappo a...* (人)を車に乗せてやる

strapuntino 男 1 (劇場・列車などの)補助席 2 (船)ハンモックマットレス

straricco 形〖複[-chi]〗大金持ちの、大富豪の

stripamento 男 洪水、氾濫

straripante 形 抑えようのない、あふれんばかりの、激しい

straripare 自 [es/av] (川が)氾濫する

strascicamento 男 1 足を引きずって歩くこと 2 ゆっくりとした話しぶり

strascicare〖io strascico〗1 引きずる、引っ張る 2 長引かせる、引き延ばす —自 引きずる、地面を擦(*)る —**arsi** 再 足を引きずって歩く; 這(は)うようにして進む

strascicato 形 (音が)長く伸ばされた

strascichio 男 長い引きずり; 引きずる[擦れる]音

strascico 男〖複[-chi]〗1 (ドレスなどの)長い裾、引き裾、トレーン 2 行列、従者の一行 3 (悪い・嫌な)結果

strascinare 他 引きずる —**arsi** 再 1 足を引きずって歩く、よろよろ歩く 2 長引く

strascinio 男 引きずり; 引きずる[擦れる]音

strasicuro 形《口》絶対安全な

strass 男〖不変〗〔独〕ストラス(人造宝石用の鉛ガラス)

stratagemma 男〖複[-i]〗(敵をあざむく)戦略、策略、権謀術数

stratatico 男〖複[-ci]〗〔歴〕(コムーネの)通行税

stratega 男女〖複[男 -ghi]〗→ stratego

strategia 女 戦略、策略、計画; 兵法、用兵学

strategicamente 副 戦略的に、抜け目なく、効果的に

strategico 形〖複[男 -ci]〗1 戦略上の、作戦上の 2 策略にたけた、抜け目のない

stratego 男〖複[-ghi]〗1 (古代ギリシャの)総司令官; (ビザンツ帝国の)県行政官; (中世の)行政官 2 策士、手腕のある人

stratificare 他〖io stratifico〗層にする、積み重ねる; 階層に分ける —**arsi** 再 層を成す、階層化する

stratificato 形 層状の、層化した、積み重なった

stratificazione 女 1 成層、層形成、積み重ね 2〔地質〕地層、層理 3〔社・経〕階層化、層化、層別

stratiforme 形〔地質〕層状の、層を成す

stratigrafia 女 1〔地質〕層位学; 層序学 2〔考〕層位学的方法 3〔医〕ストラティグラフィー

strato 男 1 層、積み重ね —*strato di polvere* 埃(ほこり)の層、積もった埃 / *strati sociali* 社会階層 2 地層 3〔気〕層雲 ▶ *a strati* 何層にも重なった

stratofortezza 女〔軍〕ストラトフォートレス(アメリカ空軍の爆撃機)

stratopausa 女〔気〕成層圏界面、ストラトポーズ

stratoreattore 男 成層圏飛行用ジェット機

stratosfera 女 成層圏

stratosferico 形〔複[男 -ci]〕 1 成層圏の 2 巨大な, 度を越したこと

stratta 女 ぐいと引っ張ること, 急に引くこと

strattagemma → stratagemma

strattonare 他 ぐいと引っ張る, 急に引く

strattonata 女 引っ張ること; 引き

strattone 男 急に動くこと

stravacato 形〔印〕印字が不揃いの

stravaccarsi 再《口》だらしなく寝そべる〔腰掛ける〕

stravagante 形 1 変わった, 風変わりな 2（天候などが）変わりやすい ―男女 変人, 変わり者

stravagantemente 副 奇妙なことに, 風変わりに

stravaganza 女 1 風変わりなこと 2 奇行, 奇癖

stravecchio 形 1 非常に古い, 年代物の 2 長期熟成の

stravedere [126] 他〔過分 straveduto, stravisto〕1 見間違える 2《口》溺愛する

stravero 形 まぎれもない真実の

stravincere [128] 他〔過分 stravinto〕圧勝する, 打ちのめす

stravide stravedere の直・遠過・3 単

stravinse stravincere の直・遠過・3 単

stravinto stravincere の過分

stravisto stravedere の過分

straviziare 自〔io stravizio〕《文》不摂生する, 遊蕩（ゆうとう）にふける

stravizio 男 不摂生, 暴飲暴食; 遊蕩（ゆうとう）

stravolgere [131] 他〔過分 stravolto〕1 ねじる, ひねる 2（気を）動転させる, 動揺させる 3（言葉などを）曲解する;（悪いほうに）変える ―ersi 再 1 動転する 2 ひどく疲れる

stravolgimento 男 1 ねじる[ひねる]こと 2 動転, 動揺 3 曲解, 歪（ひず）曲

stravolse stravolgere の直・遠過・3 単

stravolto 形〔過分 < stravolgere〕1 ねじ曲げられた 2 動転した, 動転した 3 疲れきった

straziante 形 1 責めさいなむ, 悲痛な 2 かわいそうな, 不憫（ふびん）な; つらい

straziare 他〔io strazio〕1（肉体的に）ひどく苦しめる;（音楽や声が耳を）つんざく 2 苛（さいな）む ―È uno spettacolo che *strazia* l'anima. それは心をずたずたにする光景だ. 3（体を）引き裂く

straziato 形 痛めつけられた, 苦しめられた, 傷つけられた

strazio 男 1 ひどい苦痛, 苦悶（くもん）2（体を）ばらばらにすること

strega 女 1 魔女, 魔法使い ―caccia alle *streghe* 魔女狩り 2 意地悪な老婆 ► *colpo della strega* ぎっくり腰

stregare 他 魔法をかける; 魅惑する, 魅了する

stregato 形 魔法にかけられた; 魅了された, 惑わされた

stregone 男〔女[-a]〕呪術師, 祈禱（きとう）師; シャーマン

stregoneria 女 1 魔術, 妖術 2《口》悪知恵, 狡猾（こうかつ）3〔人類〕超自然的な力, 呪術

stregonesco 形〔複[男 -chi]〕《蔑》魔術師の, 魔女の; 不吉な

stregua 女 尺度, 基準 ► *alla stessa stregua* 同等に, 同様に *alla stregua di* 同じように

Strehler 固名(男) (Giorgio 〜) ストレーレル(1921-97; トリエステ出身の演出家・俳優)

strelitzia 女〔植〕ゴクラクチョウカ, ストレリチア

strelizzo 男〔歴〕(16〜17 世紀のロシアの)親衛兵

stremare 他 1 減少させる, 縮小する 2（体力を）消耗させる, ぐったりさせる 3（資源を）使い果たす ―arsi 再 へばる, 衰弱する

stremato 形 （資源を）使い果たした;（体力を）消耗した, 疲れ果てた

stremo 男 1《文》極致, 果て 2（体力などの）限界 ―Mi sento allo *stremo* delle forze. 私は体力の限界を感じる.

strenna 女 1 プレゼント, 贈り物 ―*strenna natalizia* クリスマスプレゼント 2（正月に出版される贈り物用の）詩集 ―*libro strenna*（ギフト用の）豪華本 3（古代ローマの平民から保護者への）新年を祝う贈り物

strenuamente 副 激しく, 精力的に

strenuo 形 勇猛果敢な; 粘り強い; 不屈の, 飽くことのない

strepitare 自〔io strepito〕1《文》大騒ぎをする, 大きな音を立てる 2 大声でわめく, がなり立てる

strepito 男 1 騒音, 大きな音, 轟（とどろ）音 2 わめき[どなり]声, 叫び声 ► *fare strepito* 大評判になる

strepitosamente 副 センセーショナルに; 絶大に, 多大に

strepitoso 形 反響の大きな, 絶大な

streptococco 男〔複[-chi]〕〔生物〕連鎖球菌

streptomicina 女〔薬〕ストレプトマイシン

Stresa 固名(女) ストレーザ(ピエモンテ州マッジョーレ湖畔の保養地)

stresiano 形 ストレーザ(の人)の ―男〔女[-a]〕ストレーザの人

stress 男〔不変〕〔英〕ストレス, 圧迫, 緊張

stressante 形 ストレスの多い, 緊張を要する

stressare 他 ストレスを生じさせる ―arsi 再 1 緊張する, 疲労する 2 いらいらする

stressato 形 ストレスがたまった; へとへとになった

stretta 女 1 握りしめる[締めつける, 抱

strettamente 副 1 きつく, 固く 2 厳密に

strettezza 女 1 狭さ, 窮屈さ; 余裕のなさ, 狭量 2 〘複数で〙困窮, 窮乏

stretto [ストレット] 〘過分＜stringere〙 1 (空間が)狭い 2 (サイズ的に)きつい, 小さい —Questi jeans sono un po' *stretti*. このジーンズは少しきつい. 3 固く閉じた —nodo *stretto* きつい結び目 4 親密な; 近親の —amico *stretto* 親友 5 厳密な —in senso *stretto* 厳密に言うと 男 1 海峡 —Stretto dei Tartari 間宮海峡, タタール海峡, 韃靼(だったん)海峡 / Stretto di Magellano マゼラン海峡 / Stretto di Messina メッシーナ海峡 2 〖音〗ストレット(フーガの追奏)

strettoia 女 1 隘(あい)路, 狭くなっている道 2 窮地, 苦境

strettoio 男 圧搾機, ワイン絞り器; 締め具

stria 女 1 細長い筋[線], (地色とは異なる)縞 2 〖解〗条, 線条 3 〖建〗(円柱の)縦溝

striare 他 筋[溝]を入れる; 縞(模様)にする

striato 形 筋[線, 溝]の入った; 縞模様の

striatura 女 筋[線, 溝]を入れること; 筋, 線, 縞; 条痕

stricnina 女 〖薬〗ストリキニーネ

stricto sensu 成〘ラ〙狭義で, 字義通りに

stridente 形 1 甲高い, 金切り声の; 耳をつんざく 2 不調和の

stridere 自 〘過分なし; 複合時制なし〙 1 耳障りな音を立てる, 軋(きし)む; (鳥や虫が)うるさく鳴く 2 (色調などが)調和しない —Il colore del tappeto *stride* con quello della parete. カーペットの色が壁の色と合わない. 3 〘トスカーナ〙〘口〙怒りを抑える

stridio 男 キーキーときしる音; (セミなどの)騒々しい鳴き声

strido 男 〘複[le strida]〙耳障りな音; 金切り声; (鳥や虫の)甲高い鳴き声

stridore 男 きしる音, 耳障りな音

stridulamente 副 鋭く, 耳をつんざくように

stridulare 自 〖io stridulo〙 (昆虫が)ジージー[チーチー]と鳴く

stridulazione 女 (コオロギやセミなどが)高い声で鳴くこと

stridulo 形 1 耳をつんざくような, 耳障りな 2 (動物などの)鋭い[高い]鳴き声の

strige 女 〘文〙フクロウ科の鳥

strigilatura 女 〖考〗(石棺の)S字形の溝彫り装飾

strigile 男 (古代ギリシャ・ローマの)垢(あか)すりべら

striglia 女 馬ぐし

strigliare 他 〖io striglio〙 1 馬にブラシをかける, 馬ぐしで梳(す)く 2 〘諷〙念入りに磨く[洗う, セットする] 3 叱責する, 酷評する —**arsi** 再 〘諷〙念入りに磨きたてる, めかし込む

strigliata 女 1 馬のブラッシング 2 叱責, 酷評

strike 男 〘不変〙〘英・スポ〙ストライク

strillare 自 わめく, 喚声をあげる —他 1 声を張り上げて言う 2 (物を)大声で売る 3 どなりつける

strillata 女 1 叫び声, 悲鳴 2 〘口〙怒声, ひどく叱ること

strillo 男 1 悲鳴, 金切り声 2 がみがみ言うこと

strillonaggio 男 (街頭の)新聞売り

strillone 男 〘女[-a]〙 1 わめき散らす人, 声の大きい人 2 新聞売り

striminzire 自 〖io -isco〙 1 体を細く[きゃしゃに]見せる 2 (植物の発育を)弱らせる —**irsi** 再 1 細くなる, やせる 2 (植物が)弱くなる, 発育が悪くなる

striminzito 形 1 やせた, きゃしゃな 2 (衣服のサイズが)小さすぎる 3 〘諷〙わずかな, 乏しい

strimpellamento 男 下手くそな演奏

strimpellare 他 下手に弾く, かき鳴らす

strimpellata 女 下手に弾くこと; 下手な演奏

strimpellio 男 下手な演奏

strinare 他 1 (鳥などの)毛焼きをする, (鳥の)産毛を焼いて取る 2 (高熱で)焦がす —**arsi** 再 (繊維が)焦げる

strinatura 女 (鳥などの)毛焼き; 焦げあと

stringa 女 1 (靴・コルセットなどの)ひも 2 同系列; 〖言・情〗記号列

stringare 他 1 きつく縛る[締める], しっかり固定する 2 (話・文章などを)短縮する, 要約する

stringatezza 女 簡潔, 簡略

stringato 形 1 (ひもで)きつく[固く]縛った 2 簡潔な, 要を得た

stringendo 副 〖音〗ストリンジェンド

stringente 形 1 緻密な; 説得力のある 2 差し迫った, 緊急の

stringere [ストリンジェレ] [115] 他 〘過分 stretto〙 1 握りしめる; 締めつける —*stringere* le labbra 唇を結ぶ / *stringere* i denti 歯を食いしばる 2 きつく縛る[結ぶ] 3 (着衣や靴が)ぴったり体にくっつく, 締めつける, きつい 4 (寸法を)詰める, 縮める —*stringere* una gonna スカートの丈[ウエスト]を詰める 5 追い詰める 6 わきに追いやる —自 1 (一方に)寄る 2 (時間などが)差し迫る, 切迫する —Il tempo *stringe*. 時間が迫っている. 3 (ある地点に)迫る, 押し上げる —**ersi** 再 1 身を寄せる; (席などで)詰める 2 (道

stringilabbro

幅などが)狭まる **3** (服などが)縮む **4** 抱きしめる ► *Chi troppo vuole, nulla stringe.*〔諺〕虻蜂取らず / 二兎を追う者は一兎をも得ず *stringere la mano a...* (人)に握手する *stringersi la mano* 握手を交わす *stringersi nelle spalle* 肩をすぼめる(無関心や無視のしるし) *stringi stringi* 要するに, 実質は

stringilabbro 男 (馬の)鼻ねじり棒
stringinaso 男〔不変〕ノーズクリップ
strinse stringere の直・遠過・3 単
stripparre 自〔隠〕(麻薬で)幻覚症状を起こす; 麻薬を使う **—arsi** 再 (麻薬で)幻覚症状を起こす; 麻薬を常用する
strip-tease 男〔不変〕〔英〕ストリップ(ショー)
striscia 女〔複-sce〕**1** 細長い一片; 帯状の物; 細長い筋 —*striscia di cuoio* 革ひも / *strisce pedonali* 横断歩道 (zebre) / *bandiera a stelle e strisce* 星条旗 **2** (コマ割りの)漫画
strisciamento 男 **1** 這(は)うこと, 匍匐(ほふく); 引きずること **2** ごますり, おべっか
strisciante 形 **1**〔植〕匍匐(ほふく)茎の, 匍匐性の **2**《蔑》ごますりの, 偽善的な; (悪い事が)しのび寄る, 徐々に進行する
strisciare 自〔io striscio〕**1** 這(は)う **2** こする, かする —*La macchina ha strisciato contro il muro.* 車が壁をすった. **3** へつらう, 媚(こ)を売る —*Smettila di strisciare davanti a loro!* 彼らの前でへつらうのはやめろ. **—**他 **1** 引きずる —*strisciare i piedi* 足を引きずる **2** こすって傷をつける **3** 磁気カードリーダーに通す **—arsi** 再《口》体をこする, かする
strisciata 女 **1** 這(は)うこと, 引きずること; 引きずった跡, 引っかき[こすり]傷 **2** (計器などから出る)印刷紙の帯 **3**〔印〕写植の校正刷り
strisciato 形 すり足の
striscio 男 **1** 引きずること, すり足; 引っかき[こすり]傷 **2**〔医〕塗抹標本 ► *di striscio* 表面的な[に]; 軽い, 軽く
striscione 男 横断幕
striscioni 副 這(は)って, 腹這いになって

stritolabile 形 粉砕できる
stritolamento 男 粉砕, すりつぶすこと
stritolare 他〔io stritolo〕粉々にする, 押し[すり]つぶす; 論破する, 粉砕する **—arsi** 再 (体の一部を)押し[すり]つぶす —*Si è stritolato* un dito nella pressa. 彼はプレスで指をつぶした.
stritolio 男 断続的な粉砕; 砕く音
strizza 女〔口〕恐怖, 不安
strizzacervelli 男女〔不変〕《諧》精神分析医
strizzare 他 ぎゅっと絞る, 絞り出す; 締めつける ► *strizzare l'occhio* ウインクする
strizzata 女 一絞りすること; (レモンなどの)一絞り ► *strizzata d'occhio* ウインク

strizzatoio 男 (洗濯機の)絞り機, 脱水機
strizzatura 女 絞ること; 締めること
strobilo 男 **1**〔植〕円錐形の球果 **2**〔動〕横分体
strobofotografia 女〔機〕ストロボグラフィー
stroboscopio 男〔物〕ストロボスコープ
strofa 女 **1** 詩節, (詩の)連 **2**〔詩〕(ギリシャの叙情詩の)第一詩節
strofe 女〔不変〕〔詩〕(ギリシャの叙情詩の)第一詩節; (ギリシャ悲劇の合唱歌の)第一段
strofico 形〔複〔男 -ci〕〕〔詩〕詩節の; 詩的作品の
strofinaccio 男 雑巾
strofinamento 男 こすること, 磨くこと
strofinare 他 (磨くために)こする, 拭く **—arsi** 再 **1** (体を)こする **2** (人に)すり寄る —*Il gatto si strofina contro le mie gambe.* 猫が私の脚にまとわりつく.
strofinata 女 一拭き, 一磨き
strofinio 男 (何度も)こすること
strofio 男 (古代ギリシャ・ローマの)女性用胴巻き
strolaga 女〔鳥〕カイツブリ
strologare 自〔io strologo〕知恵をしぼる; 空想する
strologo《俗》→ astrologo
stroma 男〔複-i〕**1**〔解〕基質, 間質 **2**〔植〕ストロマ
strombare 他〔建〕(扉・窓に)斜角をつける, 隅切りする
strombatura 女〔建〕隅切り, スプレー
strombazzamento 男 吹聴, 喧(けん)伝; 自慢
strombazzare 他 ふれ回る, 喧(けん)伝する **—**自 クラクションを鳴らしまくる
strombazzata 女 **1** クラクションを鳴らすこと **2** 吹聴, 喧(けん)伝
strombazzatore 男女〔-trice〕 吹聴する人, 喧(けん)伝する人
strombettare 自 下手なラッパを鳴らす
strombettata 女 ラッパの一吹き
strombettio 男 (クラクションなどを)鳴らし続けること
strombo 男〔貝〕ソデガイ科の巻き貝
Stromboli 固名〔女〕(l'Isola di ~) ストロンボリ島(シチリア特別自治州の火山島) **—**男 (lo ~)ストロンボリ火山
stromboliano 形 ストロンボリ島[火山]の
stromboliotta 形〔複〔男 -i〕〕ストロンボリ島の **—**男女〔複〔男 -i〕〕ストロンボリ島の人
stroncamento 男 **1** 折ること; 疲労させること **2** 酷評
stroncare 他 **1** 折る, へし折る **2** 鎮圧する **3** 命を奪う —*Fu stroncato da un infarto.* 彼は心筋梗塞で亡くなった. **4** 酷評する **—arsi** 再 **1** 折れる, 壊れる,

stroncatorio 砕ける 2 疲れ切る,衰弱する

stroncatorio 形 1 手厳しい,辛辣な

stroncatura 囡 1 へし折ること 2 酷評,辛辣な批評

stronfiare 自 [io stronfio] 1 [トスカーナ]《口》(不満・怒りなどを表して)鼻を鳴らす 2 大きないびきをかく

stronfione 男 1 [トスカーナ]《口》鼻を鳴らす人 2 うぬぼれや

strongilo 男 [動]円虫,線虫

stronzaggine 囡《俗》たわごと,くだらないもの;嫌な性格

stronzata 囡《俗》馬鹿な[ひどい]言動 2 できそこないのもの

stronzio 男 [化]ストロンチウム(元素記号 Sr)

stronzo 男 1 糞便 2 [女 -a]《俗》馬鹿者,嫌な奴

stropicciamento 男 こする[さする]こと;摩擦

stropicciare 他 [io stropiccio] 1 強くこする 2 しわくちゃにする —*stropicciare il vestito* 服をしわくちゃにする —**arsi** 再 1 (自分の目などを)強くこする 2 (自分の服を)しわくちゃにする

stropicciata 囡 軽くこする[さする]こと

stropicciatura 囡 1 こする[さする]こと;摩擦 2《口》しわ 3《諧》詐欺,ペテン

stropiccio 男 すれる音,摩擦音

stroppiare → storpiare

stroppo 男 [船](滑車用の)金属バンド,ストロップ

strozza 囡《俗》のど

strozzamento 男 1 扼殺,絞殺 2 狭くなった部分,狭窄部 3 [医]絞扼,嵌頓

strozzapreti 男 [不変] [中伊] [複数で] 細長いニョッキ

strozzare 他 1 首を絞めて殺す 2 (首が)首を絞めつける 3 (通路を)狭くする 4 行く手を塞ぐ —**arsi** 再 1 (自殺も含めて)窒息死する 2 (道幅が)狭まる 3 (器官が)閉塞する

strozzato 形 1 (声が)絞り出すような 2 くびれた;(通路などが)狭くなった

strozzatore 男 [女 -trice] 扼殺者,絞殺者

strozzatura 囡 1 扼殺,絞殺 2 狭窄部,隘路;くびれ 3 妨げ,ネック

strozzinaggio 男 1 高利貸し 2 高利

strozzinesco 形 [複[男 -chi]]《口》がめつい

strozzino 男 [女 -a]《口》高利貸し;《蔑》守銭奴

strozzo 男《俗》高利貸し,サラ金

struccare 他 化粧[メーク]を落とす —**arsi** 再 化粧[メーク]を落とす

struccato 形 化粧[メーク]を落とした;《口》すっぴんの

struccatura 囡 化粧[メーク]落とし

strucco 男 → struccatura

strudel 男 [不変] [独] シュトルーデル(パイ菓子)

struffolo 男 [複数で] ストルッフォリ(ナポリの揚げ菓子)

struggente 形 苦しめる,焦がれる

struggere [38] 他 [過分 strutto] 1 徐々に消耗させる,苦しめる 2 [文]破壊する —**ersi** 再 1 溶ける,溶解する 2 思い焦がれる,憔悴する —*struggersi in lacrime* 涙に暮れる

struggimento 男 1 溶けること,溶解 2 憧れ,思慕

strumentale 形 1 道具[手段]となる 2 器械[計器]の 3 [音]器楽用の 4 [言]助格[具格]の

strumentalismo 男 [哲]道具主義,概念道具説

strumentalità 囡 1 役に立つこと;媒介 2 道具,手段

strumentalizzare 他 1 [音]器楽用に編曲する 2 利用する,道具にする

strumentalizzazione 囡 搾取,(道具として)利用すること

strumentalmente 副 道具を使って;手段として

strumentare 他 [音]器楽編成をする

strumentario 男 道具一式

strumentatore 男 [女 -trice] [音]器楽編成をする人

strumentazione 囡 1 [音]器楽編成法 2 操縦装置,計装[器械]類;道具一式,装備一式 3 能力,経験

strumentista 男女 [複[男 -i]] 器楽奏者;機械設備設計技師

‡strumento [ストルメント] 男 1 道具,器具 —*strumenti di misura* 計測機器 / *strumento musicale* 楽器 / *barra degli strumenti* [コン]ツールバー 2 楽器 —*strumento a corde [a fiato]* 弦[管]楽器 3 手段 4 [トスカーナ]《口》面倒な奴,煩わしい人,落ち着きのない人

strusciamento 男 引きずること,こすること;引きずった跡;引きずる音

strusciare 他 [io struscio] 1 引きずる,こする 2 [北伊]《口》すりへらす,傷める —自 かする,軽く当たる —**arsi** 再 1 こすりつける 2 取り入る,媚びる

strusciata 囡 1 こすること 2 すり傷

struscio[1] 男 [南伊]そぞろ歩き

struscio[2] 男 何度も引きずること;引きずる音,こすれる音

struscione 男 [女 -a] 1《口》物持ちの悪い人 2 媚びへつらう人

strusse struggere の直・遠過・3 単

strutto[1] 男 ラード,豚脂

strutto[2] struggere の過分

‡struttura [ストルットゥーラ] 囡 1 構造,骨組み —*struttura portante* (建築物の)支持構造 2 建築物;施設 —*strutture sportive* スポーツ施設

strutturabile 形 構造化できる

strutturale 形 構造的な,構造上の

strutturalismo 男 1 構造主義 2 [建]構造[形態]重視思想

strutturalista 男女〔複[男 -i]〕構造主義者 ―形〔複[男 -i]〕構造主義者の

strutturalistico 形〔複[男 -ci]〕構造主義の, 構造主義者の

strutturalmente 副 構造的に, 構造上は

strutturare 他 構造化する, 構築する ―**arsi** 再 組織する, 構成する

strutturato 形 組織された, 構成された

strutturazione 女〔建〕構成[構築]法; 構造化

strutturista 男女〔複[男 -i]〕 1〔化〕分子構造学者 2（建築物・自動車などの）設計者

strutturistica 女 1 分子構造学 2 構造化学

struzzo 男〔鳥〕ダチョウ ▶ *avere uno stomaco da struzzo* 健啖(たん)家である *fare lo struzzo* 深刻な事から目をそらす, 見て見ぬふりをする

stuccare[1] 他 スタッコ[漆喰(しっくい)]を塗る; スタッコ細工を施す

stuccare[2] 他 1 満足するまで…させる; 吐き気を催させる 2 うんざりさせる, 嫌気を起こさせる

stuccatore 男〔女[-trice]〕スタッコ仕上げ師; スタッコ細工師

stuccatura 女 1 スタッコ[漆喰(しっくい)]仕上げ 2 スタッコの層

stucchevole 形 1（食べ物が）吐き気を催させる, 気持ち悪くなるような 2 うんざりさせる, むかつかせる

stucchevolezza 女 1 吐き気を催すこと 2 うんざりさせること 3 気取り, わざとらしさ

stucco 男〔複[-chi]〕1 化粧漆喰(しっくい), スタッコ 2 スタッコ細工の装飾 ▶ *rimanere [restare] di stucco* 唖(あ)然とする, びっくりする

studentato 男 1 学生時代 2 大学の学生寮 3 神学校

＊**studente** [ストゥデンテ] 男〔女[-essa]〕学生 ―*studente universitario* 大学生

studentesco 形〔複[男 -chi]〕学生の; 学生らしい

studentessa 女 女子学生

studiacchiare 自〔io studiacchio〕いい加減に勉強する ―他 いい加減に勉強する

＊**studiare** [ストゥディアーレ] 他〔io studio〕1 勉強する, 研究する, 学ぶ ―*studiare letteratura* 文学を学ぶ 2 調べる, 検討する; 熟考する ―*studiare un problema* 問題を検討する ―自 学ぶ ―*Studio a Firenze.* 私はフィレンツェで学んでいる. ―**arsi** 再 1《文》…しようと努める, 懸命になる 2 自分をじっくり眺める〔観察する〕

studicchiare 自〔io studicchio〕いい加減に勉強する

＊**studio** [ストゥーディオ] 男 1 勉強, 研究;〔複数で〕学業 ―*finire gli studi* 学業を終える 2 書斎, 勉強部屋 3 仕事場, 研究室 ―*studio legale* 弁護士[法律]事務所 4 撮影所, スタジオ

studiolo 男 1 小さな書斎; 小さな勉強部屋 2 ルネサンス風の引き出し付き家具

studioso 男〔女[-a]〕学者, 研究者 ―形 勉強好きの, 研究熱心な

＊**stufa** [ストゥーファ] 女 ストーブ, ヒーター ―*stufa a gas* ガスストーブ

stufaiola 女 シチュー鍋

stufare 他 1 弱火で煮込む 2 飽きさせる, うんざりさせる ―**arsi** 再 飽きる, うんざりする

stufato 男 シチュー料理 ―*stufato di manzo* 牛肉の煮込み

stufo 形 (di) 飽きあきした, 嫌気がさした ―*Sono stufo di questo lavoro.* 私はこの仕事に嫌気がさしている. / *Carla era stufa di vivere in città.* カルラは都会に住むのにうんざりしていた.

stuoia 女（イグサや藁(わら)の）マット, むしろ, すだれ

stuoino 男 1 靴拭き, ドアマット 2（ドア・窓の）日よけ

stuolo 男 群, 一団; 大勢, 多数;《文》軍団, 軍勢

stupefacente 形 1 驚くべき, 驚異的な 2 麻薬の ―男 麻薬, ドラッグ ―*traffico degli stupefacenti* 麻薬取引

stupefare [53] 他〔過分 stupefatto〕驚かす, びっくりさせる

stupefatto 形〔過分 < stupefare〕びっくりした, あっけにとられた

stupefazione 女 1〔医〕知覚麻痺 (stupore) 2 驚き, 仰天

stupefece stupefareの直・遠過・3単

＊**stupendo** [ストゥペンド] 形 素晴らしい, 見とれるほど美しい

stupidaggine 女 1 愚行, 馬鹿げた言動 2 つまらないもの, くだらないこと

stupidamente 副 馬鹿げたことに, 愚かにも;《文》唖(あ)然[呆(ほう)然]として

stupidario 男 笑い話選集

stupidata 女〔北伊〕馬鹿げた言葉, 愚行

stupidità 女 1 愚かさ, 頭の悪さ 2〔心〕精神遅滞

＊**stupido** [ストゥーピド] 形 1（人・物事が）馬鹿な, 間の抜けた ―*Sei stato stupido a crederci.* それを信じるなんてお前は間抜けだったよ. / *Scherzo stupido* くだらないいたずら 2《文》仰天した, 唖(あ)然とした ―男〔女[-a]〕馬鹿, 愚か者

stupire 他〔io -isco〕驚かす ―自 [es] 驚く ―**irsi** 再 驚く ―*Non mi stupisco più di niente.* 私はもう何にも驚かない.

stupito 形 驚いた

stupore 男 1 驚き 2〔医〕知覚麻痺

stuprare 他 暴行する, 強姦(ごうかん)[レイプ]する

stupro 男 婦女暴行, 強姦(ごうかん), レイプ

stura 女 栓を抜くこと

sturabottiglie 男〖不変〗栓抜き

sturalavandini 男〖不変〗(排水管の詰まりをなおす)ラバーカップ、プランジャー

sturare 他 **1** 栓を抜く **2** (排水管などの)詰まりを取る ―**arsi** 自 **1** 詰まりがなおる **2** (耳が)よく聞こえるようになる ▶ *sturare le orecchie* 《口》耳垢(ᴀ)〘耳のふさがり〙を取る; 話を通じさせる *stursarsi le orecchie* 注意して聴く / *Badate di sturarvi le orecchie!* 身を入れて聞いてください.

Sturzo 固名 (男) (Don Luigi 〜) ストゥルツォ(1871-1959; イタリアの司祭・政治家. イタリア人民党の創設者)

stuzzicadenti 男〖不変〗 **1** 爪ようじ **2** 骨と皮だけにやせこけた人

stuzzicante 形 **1** (食べ物が)食欲をそそる; 面白そうな **2** (若い女性が)魅力的な

stuzzicare 他 [io stuzzico] **1** つつく, いじくる; いじめる **2** そそる, 刺激する ― *stuzzicare la curiosità* 好奇心をかき立てる / *Quell'idea mi stuzzica.* 私はその考えに興味をそそられる.

stuzzichino 男 **1**〖女[-a]〗《口》からかう人 **2** 軽食;〖複数〗スナック

*__**su**__ [ス] 前 **1**〖状態〗…の上に[で]; …の上の方に, 真上に ― *C'è un vaso sul tavolo.* テーブルの上に壺(ᴀ)がある / *nuvole sulle montagne* 山脈の上の雲 **2**〖動き〗…に向かって, …の上に ― *salire su un gradino* 一段上がる **3** …に面して ― *La camera dà sulla piazza.* 部屋は広場に面している. **4**〖影響・権威〗…に対して **5** …に基づいて ― *scarpe su misura* オーダーメードの靴 **6** …について, …に関して ― *discutere su un problema* ある問題について議論する **7**〖数値が〗およそ, ほぼ ― *ragazzo sui venti anni* 20歳くらいの青年 **8** …につき, …のうち ― *tre persone su settanta* 70人につき3人 ―副 **1** 上に, 上で ― *guardare su* 上を見る / *guardare in su* 上の方を見る / *Su le mani!* 手を上げろ. / *su e giù* 上に下に, 右に左に, あちこち / *dai quindici anni in su* 15歳から上 / *tirare su i figli* 子供を育てる **2**〖間投詞的〗さあ ― *Su, finisci il compito subito.* さあ, 早く課題を仕上げなさい. ▶ *sul finire di...* …の終わりに *sul più bello* 最も重要なところで, 最高潮のころに *sul serio* まじめに, 本気で

sua → suo

suaccennato 形 前述の, 上述の

suadente 形 説得力のある, 口のうまい, 人をひきつける

suasivo 形 説得力のある

sub 男女〖不変〗スキューバダイバー(subacqueo)

sub- 接頭 **1**「下に」の意 **2**「そばに」「近くに」の意 **3**「ほとんど」「最も近い」の意 **4**「不完全に」「不十分に」の意

subacqueo 形 水中の, 水生の; 海底の; 水面下の ― *fucile subacqueo* 水中銃 / *orologio subacqueo* ダイバーウォッチ ―男〖女[-a]〗(スキューバダイビングの)ダイバー

subaffittare 他〖法〗(土地・建物などを)転貸する; また貸しする

subaffitto 男〖法〗転貸借; また貸し

subaffittuario 男〖女[-a]〗〖法〗転貸借人

subagente 男女 代行者, 代理人

subalpino 形 **1** アルプス山麓の; ピエモンテの **2**〖植〗亜高山性の

subalternità 女 劣位, 下位; 従属性

subalterno 形 下位の, 従属する; 平の ―男〖女[-a]〗平社員, 従業員; 下っ端

subantartico 形〖複[男 -ci]〗〖地理〗亜南極の

subappaltare 他 下請けさせる

subappalto 男〖法〗下請取引

subappenninico 形〖複[男 -ci]〗アペニン山麓の

subartico 形〖複[男 -ci]〗〖地理〗亜北極の

subatomico 形〖複[男 -ci]〗〖物〗原子構成要素の; 原子内部の

subbuglio 男 混乱, 騒動, 大騒ぎ; 動揺, 混乱

sub condicione 成句〔ラ〕条件の下で

subconscio 形〖複〖女 -sce, -scie〗〗〖心〗潜在意識の, 意識下の ―男 潜在意識(subcosciente)

subcontinente 男〖地理〗亜大陸

subcontrario 形〖哲〗小反対の

subcosciente 男〖心〗潜在意識; 心の奥底

subcultura 女 下位文化, サブカルチャー(sottocultura)

subdesertico 形〖複[男 -ci]〗砂漠に近い

subdolamente 副 曖昧に; 偽って

subdolo 形 (人について)腹黒い, 陰険な; あざむく, だます, 偽りの

subeconomato 男 (学校などの)出納[会計]補佐の職

subeconomo 男〖女[-a]〗(学校などの)出納員補佐, 会計職員補佐(の職)

subentrante 形 後任の, 代わりの ―男女 後任者

subentrare 自 [es] 後を継ぐ, 後任となる; 取って代わる

subentro 男 引き継ぎ; 後任

subequatoriale 形〖地理〗亜赤道地帯の

subinquilino 男〖女[-a]〗転借人; また借り人

*__**subire**__ [スビーレ] 他 [io -isco] **1** (災難や試練を)被る, 受ける ― *subire un danno* 損害を被る / *Il progetto non ha subito modifiche.* そのプロジェクトは修正されなかった. **2** 耐える, 我慢する

subissare 他 (罵声・賞賛などを)浴びせる, …責めにする

subisso 男 《口》大量, ものすごい量〖数〗

subitaneamente 副 不意に, 突然

に; たちまち
subitaneità 囡 突然[急, 不意]のこと
subitaneo 形 突然の, 不意の, だしぬけの, 急な
subito [スービト] 副 すぐに, 直ちに — Torno *subito*. すぐに戻ります. / Venite *subito* da me. すぐに私のところに来なさい. / *subito* dopo Natale クリスマス直後に ▶ ***subito che*** + 直説法 …したとたんに, …した直後に
sub iudice 成〔ラ〕係争中の
sublimare 他 1(精神的に)高める, 昇華させる 2《文》高い所へ上げる 3〔化〕昇華させる —**arsi** 再 (精神的に)高まる, 昇華する
sublimato 男〔化〕昇華物
sublimazione 囡 1 (精神的に)高めること, 昇華 2〔化〕昇華
sublime 形 1《文》非常に高い 2 気高い, 崇高な 3 (人が)卓越した, 秀でた — 男 1 崇高さ, 壮大さ 2 芸の極み, 最高の到達点; 崇高な感情
subliminale 形〔心〕サブリミナルの, 識閾(しきいき)下の
sublimità 囡 崇高, 気高さ, 高尚; 卓越, 絶頂
sublocare 他〔法〕転貸する
sublocazione 囡〔法〕転貸
sublunare 形 月下の
submontano 形 山里の, 麓の
subnormale 形 1 標準[普通]以下の 2 知的障害の — 男囡 知的障害者
suboceanico 形〔複男 -ci〕〔地理〕海底の
subodorare 他 感づく, 予感する
subordinare 他〔io subordino〕1 下位に置く, 従属させる 2〔言〕従属的な関係に置く
subordinatamente 副 下位に, 副次[補助]的に
subordinato 形 1 依存した, …次第の; 従属した —impiegato *subordinato* 部下 2〔言〕従位の — 男〔女 [-a]〕部下, 配下
subordinazione 囡 1 従属, 依存 2 下請け 3〔言〕従属関係
subordine 男〔次の成句で〕▶ ***in subordine*** 従属して, 下位について
subornare 他 1 買収する 2〔法〕(賄賂などを使って)偽証させる, 教唆する
subornatore 男〔女 [-trice]〕偽証教唆者; 買収者
subornazione 囡〔法〕偽証教唆罪
subpolare 形〔地理〕亜北[南]極の
subregione 囡〔地理〕亜区; 小地域
subsatellite 男〔天〕孫衛星
subsferico 形〔複男 -ci〕ほぼ球状の, 球状に近い
substrato 男 1〔地質〕下層, 基層 2〔生物〕底質, 基底 3〔化〕基質 4〔農〕下層土
subtropicale 形 亜熱帯の
subumano 形 (状況が)非人間的な; (人が)粗暴な, 野蛮な

suburbano 形 郊外の, 都市近郊の
suburbicario 形 1〔カト〕(ローマの七つの司教区に)隣接する教区 2〔歴〕ローマ郊外の
suburbio 男 大都市の周辺部, 郊外; 町外れ
suburra 囡 1 (都市の)スラム街, 悪名高い地区 2 評判の悪い連中
sub voce 成〔ラ〕…語の下に; …という語を見よ(s.v.)
succedaneità 囡 代用品
succedaneo 形 代用の, 代用品の — 男 代用品[物]
***succedere** [スッチェーデレ][116] 自 [es]〔過分 successo〕1 起こる, 生じる —Che cosa (ti) *è successo*? 何が起こったの. / Gli *è successa* una cosa molto strana. とても不思議なことが彼に起きた. / Mi *succede* spesso di vederlo passare. 私は彼が通るのをよく見かける. 2 次に来る, 続いて起こる 3 継承[相続]する —Tiberio *successe* ad Augusto. ティベリウスがアウグストゥスの後継者となった. —**ersi** 再 次から次へと来る, 相次いで起こる [現れる]
succeditrice 囡〔男 [successore]〕女性の後継者
successe succedere の直・遠過・3単
successibile 形〔法〕相続権のある
successibilità 囡〔法〕相続権
successione 囡 1 継承, 継承 — *successione* al trono 王位継承 / tassa [imposta] di *successione* 相続税 2 相次いで起こること, 連続 3〔数〕列
successivamente 副 続いて, 次に; 連続して
successivo 形 その次の, 後に続く — generazione *successiva* 次世代 / il giorno *successivo* その翌日
successo**¹ [スッチェッソ] 男 1 成功, 好結果 2 ヒット作, ヒット商品 — *successi* discografici dell'anno 年間ヒット曲 ▶ ***di successo とても人気のある, 大評判の, 売れっ子の
successo² succedere の過分
successore 男〔女 [succeditrice]〕1 後継者, 後任 2 継承者, 相続人
successorio 形〔法〕相続の
succhiare 他〔io succhio〕1 吸う, すする; しゃぶる —Il bambino *succhia* il latte dal biberon. 赤ちゃんが哺乳瓶からミルクを飲んでいる. 2 吸収する —La spugna *succhia* l'acqua. スポンジは水分を吸収する.
succhiata 囡 一吸い, 一すすり
succhiatoio 男〔虫〕吻(ふん)
succhiatore 形〔女 [-trice]〕吸引の, 吸着の
succhiellare 他 ねじ錐(ぎり)で穴をあける
succhiello 男 (大工道具の)錐(ぎり), ねじ錐
succhietto 男 おしゃぶり

succhio 男 → succhiata
succhiotto 男 **1**(赤ん坊の)おしゃぶり **2**(皮膚についた)キスマークの跡
succiacapre 男〔不変〕〔鳥〕ヨタカ
succingere [19] 他《文》ベルトを巻きつける; 腰で縛る **—ersi** 再《文》腰にベルトを巻く
succinse succingere の直・遠過・3単
succintamente 副 簡潔に, 概括して
succinto 形〔過分 < succingere〕**1**《文》腰にベルトを巻いた **2**(体の)露出が多い, 肌もあらわな **3**簡潔な, 要領を得た ▶ *in succinto* 簡潔に
succitato 形 前掲の, 前述の
succlavio 形〔解〕鎖骨下の
*★**succo** [スッコ] 男〔複[-chi]〕**1**果汁, ジュース —*succo d'arancia* オレンジジュース **2**(胃液などの)体液 **3**(話の)内容, 要旨 —*afferrare il succo del discorso* 論旨を把握する
succosità 女 **1**果汁の多いこと; 多汁質 **2**内容の豊かさ, 含蓄
succoso 形 **1**果汁の多い, ジューシーな **2**内容の充実した
succube → succubo
succubo 形 従順な; 言いなりの **—** 男〔女[-a]〕**1**忠実なしもべ **2**夢魔
succulento 形 **1**汁[果汁]の多い **2**美味な, 滋養に富む **3**〔植〕多肉の
succulenza 女 **1**汁[果汁]の多さ **2**おいしさ, 滋養豊富 **3**〔植〕多肉質
succursale 女 支店, 支社; 支部, 支所; 分校, 分署 **—** 形 支聖堂の, 支教会の
*★**sud** [スッド] 男〔不変〕**1**南, 南方 —*vento da sud* 南風 **2**南部(地方) —*il sud dell'Italia* イタリア南部, 南イタリア / *Polo Sud* 南極点 **3** (il S-)南イタリア **—** 形〔不変〕南の
sudacchiare 自(io sudacchio) わずかに汗ばむ
Sudafricana 国名(女)(Repubblica ~) 南アフリカ共和国
sudafricano 形 南アフリカ共和国(の人)の **—** 男〔女[-a]〕南アフリカ共和国の人
sudamericano 形 南米の **—** 男〔女[-a]〕南米の人
sudamina 女〔医〕汗疹(かん), あせも
Sudan 国名(男) スーダン
sudanese 形 スーダン(人)の **—** 男女 スーダン人
sudare 自 汗をかく; 苦労する —*Mi sudavano le mani.* 私は手に汗をかいていた。 **—** 他 苦労して手に入れる ▶ *sudare sangue* 血のにじむ(ような努力をする) *sudare sette camicie* 奮闘努力する *sudare sui libri* 勉学に身を入れる, 学問に励む
sudario 男 **1**(古代ローマの)麻の汗拭き; 兵士が首に巻く麻布 **2**(埋葬前に)遺体を巻く麻布
sudata 女 **1**大汗, 汗だく **2**懸命の努力; 汗水流すこと
sudaticcio 男〔複[女 -ce]〕汗ばんだ, じっとりした **—** 男 汗
sudato 形 **1**汗をかいた, 汗ばんだ **2**やっとの思いでの
sudatorio 形 発汗を促進する **—** 男(古代ローマの浴場の)温浴室; サウナ
sudcoreano 形 韓国の; 韓国人[語]の **—** 男〔女[-a]〕韓国人
suddetto 形 前述の, 上述の
suddistinguere [37] 他〔過分 suddistinto〕下位分類をする, より細かく分ける
suddistinzione 女 下位区分, 細分
sudditanza 女 服従, 屈服, 従属
suddito 男〔女[-a]〕臣民, 臣下, 家来;(植民地の)隷属民
suddividere [40] 他〔過分 suddiviso〕**1**さらに分ける[分割する], 下位区分する **2**分配する, 配分する **—ersi** 再 さらに分かれる[分割される]; 分け合う
suddivisione 女 **1**さらに分ける[分割する]こと **2**下位区分; 分配
suddiviso suddividere の過分
sudest, sud-est 男〔不変〕南東
Sudeti 国名(男複) スデーティ[ズデーテン]山地(チェコ共和国西部の山岳地域)
sudiceria 女 **1**汚さ, 汚いもの **2**卑劣, 破廉恥なこと **3**見苦しい行為, 不適当な言葉
sudicio 形〔複[女 -ce, -cie]〕**1**汚い, よごれた, 不潔 **2**下品な, はしたない **—** 男〔単数のみ〕汚いもの, 不潔さ
sudicione 男〔女[-a]〕不潔な人; 卑劣な奴, 下品[猥褻(わいせつ)]な奴
sudiciume 男 **1**よごれ, 汚いもの **2**けがれ, いかがわしさ
sudista 男女〔複[男 -i]〕(アメリカ南北戦争当時の)南部連合国側の人
sudoccidentale, sud-occidentale 形 南西の
sudoku 男〔不変〕〔日〕数独
sudorazione 女〔生理〕発汗
sudore 男 汗; 汗水, 苦労 —*sudore freddo* 冷や汗 / *col sudore della fronte* 額に汗して, 一生懸命に ▶ *essere in un bagno di sudore* 大量に汗をかく
sudorientale, sud-orientale 形 南東の
sudorifero 形 **1**〔生理〕汗を分泌する(sudoriparo) **2**〔医・薬〕発汗の, 発汗を促す(diaforetico)
sudoriparo 形〔生理〕汗を分泌する
sudovest, sud-ovest 男〔不変〕**1**南西 **2**(船員用の)防水帽
sue → suo
suesposto 形 上記の, 前述の
*★**sufficiente** [スッフィチエンテ] 形 **1**十分な **2**及第点を満たす —*Il suo tema era sufficiente.* 彼の作文は及第点をとった。 **3**尊大な, 傲慢な **—con tono sufficiente** 横柄に, 偉そうに **—** 男〔単数のみ〕(最低限の)必需品, 必要なもの **—**

sufficiente per vivere 食べていくのに十分なものがある

sufficientemente 副 十分に, 不自由なく

sufficienza 囡 1 十分な量 2 及第点 —avere la *sufficienza* in matematica 数学で及第点をとる 3 傲慢な態度 —Ci ha trattato con *sufficienza*. 彼は傲慢な態度で我々に応対した. ▶ **a sufficienza** 十分に

suffisso 男〔言〕接尾辞

suffragare 他 1 強化する; 裏づける 2〔宗〕冥福を祈る

suffragazione 囡 1 確証を得ること; 強化 2〔宗〕冥福を祈ること

suffragetta 囡〔歴〕(からかいの呼称)婦人参政権論者;〔諧〕男女同権論者の女性

suffragio 男 1 投票; 選挙, 参政〔選挙〕権 2 賛同, 賛意 3〔宗〕冥福を祈ること, 代禱(とう)

suffragista 男女〔複[男 -i]〕婦人参政権論者

suffumicare 他〔io suffumico〕煙(けむり)蒸療法を施す; 燻蒸する

suffumicazione 囡 煙(けむり)蒸

suffumigio 男 1〔複数で〕〔医〕燻(くん)蒸療法〔消毒〕 2〔宗〕(香木を焚(た)いて行う)浄化

suggellare 他 1《文》封印する, 印を押す 2 認可〔承認〕する, 批准する

suggello 男 1《文》印章 2 (合意・約束などの)最終確認

suggerimento 男 勧め, 助言, 示唆 —dare un *suggerimento* a... (人に)勧める, 助言をする, 示唆する

suggerire 他〔io -isco〕 1 勧める, 提案する —Gli ho suggerito di andarsene. 私は彼に立ち去るように勧めた. 2 示唆する

suggeritore 男〔女[-trice]〕 1 助言者, 教唆する人 2〔劇〕プロンプター, 後見 3〔諧〕答えを教える学生 4〔スポ〕コーチ

suggestionabile 形 暗示にかかりやすい, 影響されやすい; 他人に感化されやすい

suggestionare 他 暗示にかける, 感化する; 魅了する —**arsi** 再 感化される, 影響を受ける; 思い込む

suggestionato 形 暗示にかかった, 感化された, 影響を受けた; 魅せられた

suggestione 囡 1 暗示, 教唆; 感化, 影響 2 魅力, 素晴らしさ

suggestività 囡 1 示唆に富むこと 2 魅力, 喚起力

suggestivo 形 1 魅力的な 2 感動的な 3〔法〕誘導尋問の

sughera 囡〔植〕コルクガシ

sughereta 囡 → sughereto

sughereto 男 コルクガシ林; コルク栽培地

sughericolo 形 1 コルクガシ栽培の 2 コルク加工の

sugherificio 男 コルク工場

sughero 男 1 コルク —tappo di *sughero* コルク栓 2〔植〕コルクガシ 3 軽いもの; 軽薄な人

sugli 前置詞 su + 定冠詞 gli

sugna 囡 1 豚脂, ラード 2 しつこい脂よごれ

***sugo** [スーゴ] 男〔複[-ghi]〕 1 果汁; 肉汁 2 (パスタ用の)ソース —*sugo* di pomodoro トマトソース 3 (話の)要点, 主旨 4 (芸術作品の)完成度, 充実度 5《口》満足感, 楽しみ

sugosità 囡 汁〔果汁〕の多いこと, みずみずしさ

sugoso 形 1 果汁の多い 2 ソースの多い 3 中身の濃い

sui 前置詞 su + 定冠詞 i

suicida 男女〔複[男 -i]〕自殺者 — 形〔複[男 -i]〕自殺の, 自殺に走る

suicidarsi 再 1 自殺する 2 自殺行為をする, 自滅する

suicidio 男 1 自殺 2 自殺行為

suide 男 (S-)〔複数で〕〔動〕イノシシ科

sui generis 成句〔仏〕独特の

suindicato 形 上述の, 前記の

suinicolo 形 イノシシの飼育に関する

suinicoltura 囡 豚やイノシシの飼育

suino 1〔動〕ブタ — 形 豚の —carne *suina* 豚肉

suite 囡〔不変〕〔仏〕 1〔音〕組曲 2 (ホテルの)スイート 3 随員

sul 前置詞 su + 定冠詞 il

sulfamidico 形〔複[-ci]〕〔薬〕サルファ剤の — 男〔薬〕サルファ剤

sulfureo 形 硫黄質の, 硫黄を含む

sull' 前置詞 su + 定冠詞 l'

sulla 前置詞 su + 定冠詞 la

sulle 前置詞 su + 定冠詞 le

sullo 前置詞 su + 定冠詞 lo

sullodato 形 称賛された, 上述の

sultanato 男〔歴〕スルタンの領土; スルタンの地位〔任期〕

sultanina 囡 干しブドウ; スルタナ種(種なしブドウの一種)

sultano 男〔歴〕スルタン; (イスラム教国の)君主 ▶ *fare una vita da sultano* 豪奢(ごうしゃ)な暮らしをする

summa 囡 1〔歴・文〕(中世の学術書の)大全 2 大系, 全書; 総説, 要説

summenzionato 形 上述の, 前記の

summit 男〔不変〕〔英〕サミット, 首脳会談

sunnominato 形 上述の, 前記の

sunnotato 形 既出の, 上記の

sunteggiare 他〔io sunteggio〕要約する, まとめる

sunto 男 要訳, 概論, 概説 ▶ *in sunto* 簡潔に

***suo** [スーオ] 形〔所有〕〔複[男 suoi]女[sua, 複 sue]〕彼〔彼女, それ〕の;〔敬称; S- の場合もある〕あなたの —*suo* padre 彼〔彼女, あなた〕の父親 / *sua* madre 彼〔彼女, あなた〕の母親 / Sono i *suoi* fratelli. 彼らは彼〔彼女, あなた〕の兄弟たちだ. / Sono le *sue* sorelle. 彼

女らは彼[彼女, あなた]の姉妹たちだ. / un computer e i *suoi* accessori コンピュータとその付属品 / a casa *sua* 彼[彼女, あなた]の家で ―代(所有) (定冠詞とともに; 性数変化は形容詞と同じ) 彼[彼女, あなた]のもの ―È il *suo* [la *sua*]. それは彼の[彼女の, あなたの]だ. / Questa macchina è la *sua*. この車は彼の[彼女の, あなたの]だ. / Quegli occhiali non sono i *suoi*. あの眼鏡は彼の[彼女の, あなたの]ではない. / Tanti saluti ai *suoi*. 彼の[彼女の, あなたの]家族によろしく. / Ieri ho ricevuto la *Sua*. 昨日あなたの手紙を受け取りました.

suocera 囡 1 姑(しゅうとめ) 2 うるさくガミガミ言う女 ―fare la *suocera* うるさく言う

*__suocero__ [スオーチェロ] 男 1 舅(しゅうと), 義父 2 [複数で]義父母

suoi → suo

suola 囡 1 靴底 ―scarpe con la *suola* di gomma ゴム底の靴 2 馬の蹄(ひづめ)の底

suolare 他 靴の底を付ける, 底を張り替える

suolatura 囡 靴底の張り替え

suolo 男 1 地面 ―giacere al *suolo* 地面に横たわる 2 土地 ―*suolo* fertile 肥沃(ひよく)な土地 / *suolo* natio《文》故郷

suonabile 形 演奏できる

*__suonare__ [スオナーレ] 他 1 (楽器を)弾く, 吹く; 演奏する ―Sa *suonare* il pianoforte? あなたはピアノを弾けますか. / *suonare* il clacson クラクションを鳴らす / *suonare* musica jazz ジャズを演奏する 2 (ベルや鐘を)鳴らす ―Le campane *hanno suonato* mezzogiorno. 鐘が正午の時を打った. 3 殴る,殴打する ―*suonarle* a... (人)を殴る 4《文》意味する, 伝える 5 《口》だます ―自 1 鳴る, 鳴り渡る[響く] 2 [es] (時報などが)鳴る ―*Erano suonate* le tre. とっくに3時の時報が鳴っていた. 3 [es/av] (音や言葉などが)響きがよい, 心地よい 4《文》心に響く

suonata 囡 1 音 2 《謔》棒で叩くこと 3 詐欺, 法外な値段

suonato 形 1 奏でられた, 鳴った 2 (時間が)過ぎたばかりの, 完了した ―Ho vent'anni *suonati*. 私はもう20歳になっている. 3 《口》頭のいかれた, 馬鹿な 4 (ボクサーが)パンチを打てない

suoneria 囡 鳴り響く音; (携帯電話の)着信音(soneria)

*__suono__ [スオーノ] 男 1 音, サウンド; 響き ―*suono* acuto 鋭い音 / tecnico del *suono* 音響エンジニア 2 音楽的であること 3 意味 4《文》名声; 音楽 ▶ **a [al] *suono* di...** …の音に合わせて, …の伴奏で

suora 囡 尼僧, 修道女, シスター

super 形《不変》高級な; 特別な, 異例の 一 男《不変》最高 一 囡《不変》(ガソリンの)ハイオク

super- 接頭 1「付加」「積み重ね」「余分」の意 2「超えている」「超えた」の意 3「最上の」の意

superabile 形 追い越せる, 克服[征服]できる

superabilità 囡 越えられること, 克服できること

superaccessoriato 形 (車などが)付属品の多い

superaffollamento 男 過密, すし詰め

superaffollato 形 過密の, すし詰めの

superalcolico 形 [複[男-ci]] アルコール度の高い 一 男 [複[-ci]]アルコール度の高い酒

superalimentazione 囡 [医]過栄養(iperalimentazione)

superallenamento 男 [スポ]オーバートレーニング, 過度の訓練[練習]

superamento 男 1 超えること; (競技などで)勝つこと 2 (困難の)克服;[哲]超克

*__superare__ [スペラーレ] 他 [io supero] 1 越[超]える, 乗り越える ―*superare* i limiti di velocità 制限速度をオーバーする / *superare* un ostacolo 障害を乗り越える / *superare* i sessanta anni 60歳を超える 2 上回る, 圧倒する 3 克服する, 合格する ―*superare* un esame 試験に合格する

superato 形 超えられた, 追い越された; 時代遅れの

superattico 男 [複[-ci]] [建]屋階

superattivo 形 (人が)エネルギッシュな, 好奇心旺盛な

superbamente 副 1 横柄に, 傲慢に 2 華やかに, 見事に

superbia 囡 1 傲慢, 高慢 2 [カト]高慢の罪 (七つの大罪の一つ)

superbo 形 1 傲慢な, 高慢な, うぬぼれた 2 (di) …に満足した 3 (物が)素晴らしい, 見事な 4 (鶏やクジャクが)胸を張った, 威張った 5《文》非常に высокий, 険しい; 猛烈な, 怒り狂った 一 男 [女-a]傲慢な人

superbomba 囡 高性能爆弾

supercarcere 男 [複[女-i]] (強固な警備体制の)刑務所

superconduttività 囡 [物]超伝導性

superconduttore 男 [物]超伝導体

superconduzione 囡 [物]超伝導

superdonna 囡 スーパーウーマン, 有能な女性

superdotato 形 人並み外れた才能を持った, 天賦の才に恵まれた

superenalotto 男《不変》(数字の組み合わせを当てる)賭け事, ロット

superficiale 形 1 表面[外面]の ―tensione *superficiale* 表面張力 2 (傷が)浅い, 軽い 3 浅薄な, 軽率な

superficialità 囡 1 皮相, うわべ, 表層 2 浅薄, 軽薄

superficialmente 副 表面上は, うわべだけで

superficialone 男〔女[-a]〕薄っぺらな人, 非常に浅薄な人

superficie [スペルフィーチェ] 女〔複 [-ci]〕**1** 表面, 外面; 表面積 —la *superficie* terrestre 地表 / Qual è la *superficie* del Giappone? 日本の面積はどのくらいですか. **2** 外見, うわべ ▶ *in superficie* うわべで, 表面上は

superfluità 女 余分[余計]なこと, 不用なもの; 過剰, 過多

superfluo 形 余分[余計]な, 必要以上の, 過剰な —parole *superflue* 余計な言葉

supergigante 男 〔スポ〕(スキーの)スーパー大回転

Super-Io 男〔不変〕〔心〕超自我

superiora 女 〔カト〕女子修道院長

superiore [スペリオーレ] 形 **1** (位置が)上の —labbro *superiore* 上唇 **2** (レベルが)高い, 上位[上級]の —istruzione *superiore* 大学教育 / animale [pianta] *superiore* 高等動物[植物] **3** 上回る, まさる —*superiore* alla media 平均より上の ―男〔女[-a]〕**1** 上司, 上役, 上官 **2** 修道院長

superiorità 女 **1** 優越, 優位 **2** 卓越, 優秀さ; 上質

superiormente 副 上で, 上方で

superlativo 形 **1** 最高の, このうえない **2**〔言〕最上級の ―男〔言〕最上級

superlavoro 男 過重労働

superleggero 形 超軽量の;〔スポ〕(ボクシングの)ライトウエルター級の ―男〔スポ〕ライトウエルター級

superman 男〔不変〕〔英〕スーパーマン; 超人

supermassimo 形〔スポ〕(ボクシングの)スーパーヘビー級の

supermercato 男 スーパー(マーケット)

superminimo 男 (最低賃金以外の)企業内付加金

supermulta 女 高い罰金

supero 男 過剰; 余剰

superomismo 男〔哲〕(ニーチェの)超人思想

superotto 男〔不変〕(映画の)スーパーエイト;〔女性形で〕スーパーエイト映写機 ―女 スーパーエイトの

super partes 成〔ラ〕中立の

superperito 男〔女[-a]〕(裁判の意見陳述の)鑑定人

superperizia 女 鑑定人の意見陳述書

supertroliera 女 超大型タンカー

superpotenza 女 超大国

superprefetto 男 (国から特別な権限を与えられた)長官

superprocura 女 イタリア共和国検察庁

superproduzione 女 過剰生産

supersfida 女〔スポ〕(対戦・試合などの)大勝負

supersonico 形〔複[男 -ci]〕〔物〕超音速の

superstite 形 生き残った, 残った ―男女 **1** 生存者, 遺族 **2** 残存物, 遺物

superstizione 女 迷信; ジンクス

superstizioso 形 迷信の; 迷信深い ―男〔女[-a]〕迷信深い人

superstrada 女 (通行料をとらない)自動車専用国道

superteste 男女 重要証人(supertestimone)

supertestimone 男女 重要証人

superumano 形 人間の限界を超えた, 超人的な

superuomo 男〔複[superuomini]〕〔哲〕(ニーチェの)超人; スーパーマン, けたはずれの奴

supervalutare 他 過大評価する

supervalutazione 女 過大評価

supervisionare 他 監督する, 監視下に置く

supervisione 女 監督, 監視;〔映〕監修

supervisore 男〔女[-a]〕監督者, 監視者, スーパーバイザー;〔映〕監修者

supinamente 副 **1** あおむけに **2** 言いなりになって, 受け身で

supino 形 **1** 仰向けになった —dormire *supino* 仰向けで寝る **2** 手のひらを上に向けた **3** 無抵抗の, 屈従的な

suppedaneo 男《文》(木製の)足台(poggiapiedi)

suppellettile 女 **1**〔複数で; 総称的〕家具, 調度品 **2**〔考〕(一つの発掘現場の)総発掘物

suppergiù 副《口》おおよそ, 大体, ほぼ

suppl. 略 supplemento 補遺, 別冊, 追加

supplementare 形 補足[補充]の; 追加の; 臨時の —angoli *supplementari*〔数〕補角 / tempi *supplementari*〔スポ〕延長戦 / tariffa *supplementare* 追加料金

supplemento 男 **1** 追加, 補足, 補遺 **2** 追加料金, 割り増し金 —*supplemento* d'imposta 追徴税額 / pagare un *supplemento* 追加料金を支払う **3** (鉄道の)特急料金(supplemento rapido)

supplente 形 臨時の, 代理の ―男女 代理(者), 代行(者)

supplenza 女 **1** 代理, 代行; 代理[代行]期間 **2**〔法〕代理訴訟

suppletivo 形 **1** 追加の, 補遺の **2**〔言〕補充法の

supplì 男〔料〕ライスコロッケ

supplica 女 **1** 懇願, 嘆願, 哀願 **2** 請願書 **3** (聖母や他の聖人に対する)祈願, 祈り

supplicante 形 拝むような, すがるような; 嘆願[哀願]する ―男女 懇願者, 嘆願[哀願]者

supplicare [スップリカーレ] 他〔io supplico〕**1** 祈願する **2** 懇願[嘆願, 哀

supplice 形 懇願する, 嘆願[哀願]する —男女 懇願者, 嘆願[哀願]者

supplichevole 形 嘆願[哀願]するような, すがるような

supplire 自〖io -isco〗不足を補う, 埋め合わせる; 対処する —他 (一時的に)交替する, 取って代わる

suppliziare 他〖io supplizio〗拷問にかける, 責めさいなむ

supplizio 男 苦悶(もん); 責め苦; 死刑 —*supplizio* capitale〖l'estremo *supplizio*〗極刑

supponente 形 横柄な, 傲慢な

supponenza 女 横柄, 傲慢

supponibile 形 想像[推定]できる, 予測[仮定]しうる

‡supporre〖スッポッレ〗[79] 他〖過分 supposto〗(di + 不定詞, che + 接続法)仮定する, 想像する; 推測[推定]する —*Suppongo che questa cosa sia vera.* 私はこのことは本当だと思います.

supportare 他 支援する, 支える, サポートする

supporto 男 1 支え, 支柱; 台座 2 支援, サポート 3〖機〗軸受け, ベアリング 4〖情〗記録媒体

suppose supporre の直・遠過・3 単

supposizione 女 推測, 仮定, 想定; 仮説

supposta 女〖薬〗座薬

supposto 形〖過分 < supporre〗仮定の, 想像上の, 想定された ▶ ***supposto che...*** …とすれば

suppurare 自〖es/av〗〖医〗化膿する

suppurazione 女〖医〗化膿

supremazia 女 至高, 最高; 覇権, 支配権; 優越, 優位

supremo 形 最高の, 至高の —*corte suprema* 最高裁判所

sur- 接頭 1「余分」「過剰」の意 2「上の」「超えて」の意

sura¹ → surah

sura² 女〖宗〗スーラ(コーランの各章)

surah 男, 女〖不変〗〖英・織〗シュラー

suralimentazione 女 1 栄養過多 2〖機〗スーパーチャージング, 過給(sovralimentazione)

surclassare 他 1〖スポ〗圧勝する, 大差で勝つ 2 圧倒する, 卓越する, 秀でる

surf 男〖不変〗〖英〗1〖スポ〗サーフボード; サーフィン(surfing), ウインドサーフィン(windsurf) 2〖音〗(1960～70 年代の)サーフミュージック, サーフダンス

surfing 男〖不変〗〖英〗1〖スポ〗サーフィン 2〖コン〗《口》ネットサーフィン

surfista 男女〖複〖男 -i〗〗〖スポ〗サーファー

surgelare 他 冷凍する

surgelato 形 冷凍の —男 冷凍食品

surgelatore 男 フリーザー

Suriname 固名(男) スリナム

surinamese 形 スリナム(人)の —男女 スリナム人

surmolotto 男〖動〗ドブネズミ

surplus 男〖不変〗〖仏〗1 (生産などの)過剰, 余分, サープラス 2〖経〗剰余金, 黒字

surreale 形 超現実的な, 奇想天外な

surrealismo 男 シュールレアリスム, 超現実主義

surrealista 男女〖複〖男 -i〗〗シュールレアリスト, 超現実主義者

surrealistico 形〖複〖男 -ci〗〗シュール(レアリスム)の, 超現実主義の

surrenale 形〖解〗腎上体[副腎]の

surrene 男〖解〗腎上体, 副腎

surrettizio¹ 形〖法〗虚偽の, 隠蔽した; 内密の

surrettizio² 形〖哲〗暗黙裡の

surriferito 形 上述の, 前述の

surriscaldamento 男 オーバーヒート;〖物〗過熱

surriscaldare 他 非常に熱くする;〖物〗過熱する; 過熱気味にする —**arsi** 再 過熱する, オーバーヒートする; 過熱気味になる

surrogare 他〖io surrogo, surroghi〗置き換える, 代用させる; 入れ替える 2〖法〗代理となる

surrogato 形 代用の —*madre surrogata* 代理母 —男 代用品, 代替物 —*surrogato del caffè* 代用コーヒー

sursum corda 成〖ラ〗心を上に向けよ

survival 男〖不変〗〖英〗サバイバル訓練; サバイバルゲーム

survivalismo 男 サバイバル訓練; サバイバルゲーム(survival)

survivalista 男女〖複〖男 -i〗〗サバイバル訓練者

survivalistico 形〖複〖男 -ci〗〗サバイバル訓練の; サバイバルゲームの

Susanna 固名(女) 1〖女性名〗スザンナ 2〖聖〗スザンナ (姦(かん)通罪の汚名を着せられるがダニエルの裁きにより処刑をまぬがれる)

suscettibile 形 1 怒りっぽい, 気難しい 2 影響を受けやすい

suscettibilità 女 敏感, 感受性; 短気

‡suscitare〖スッシターレ〗他〖io suscito〗1 引き起こす, 招く, 生む 2 (何かの)原因になる

suscitatore 男〖女 -trice〗煽(あお)り立てる人, 扇動者

sushi-bar 男〖不変〗(寿司・刺身などを出す)寿司バー

susina 女〖植〗セイヨウスモモ[プラム]の実

susino 男〖植〗セイヨウスモモ, プラム

suspense 女〖不変〗〖英〗サスペンス, 緊迫感

suspicione 女《文》疑惑, 疑い; ためらい, 不安

susseguente 形 次の, 後に来る

susseguire 自 [es] [io susseguo] 引き続いて起こる; 結果として生じる —**irsi** 相 相次いで起こる

sussidiare 他 [io sussidio] 補助金[助成金]を与える, 補助する, 援助する; 救助[救援]する

sussidiarietà 女 1 援助[支援]的性質 2 [法]補完性の原則

sussidiario 形 1 補助の, 援助の, 支援の 2 補完的な, 付帯的な —男 (小学校の)教科書

sussidio 男 1 援助; 救助, 救援 2 補助となる素材[資料] 3 補助金, 助成金
▶ *sussidio di disoccupazione* 失業手当

sussiego 男 [複 [-ghi]] 傲慢, 偉そうな態度

sussiegosamente 副 偉そうに, 横柄に

sussiegoso 形 尊大な, 横柄な

sussistente 形 1 実在する, 現存する 2 有効な, 根拠のある

sussistenza 女 1 [哲]自立存在 2 日々の糧, [経]最低生活水準 3 [軍]輜重(しちょう)部隊

sussistere [12] 自 [es] [過分 sussistito] 1 [哲]自立存在する 2 有効である; (論理的に)成り立つ

sussultare 自 びくっとする; (上下に)激しく揺れる

sussulto 男 1 びくっとする動作, 身震い 2 (上下方向の)揺れ, 連続的な振動 3 発露

sussultorio 形 1 上下に揺れる 2 [地質]縦波の

sussurrare 他 ささやく, 噂(うわさ)する —自 1 (人が)ささやく, 噂する 2 ざわめく; (葉や風が)音を立てる —Il ruscello *sussurra* tra le rocce. 岩の間で小川のせせらぎが聞こえる. —**arsi** 相 ひそひそ言い合う

sussurrio 男 (断続的な)つぶやき, ささやき; ざわめき

sussurro 男 ささやき; ざわめき, ざわつき

sutura 女 1 [医]縫合(術) 2 [解](頭蓋骨などの)縫合線 3 (論理的な)結合, つながり

suturare 他 [医]縫合する, 接合する

suvvia 間 さあ, ほら, しっかり

suzione 女 [生理]哺乳

SV 略 Savona サヴォーナ

s.v. 略 sub voce …という語を見よ

svaccare 自 諦める, 投げ出す —**arsi** 相 やる気をなくす

svaccato 形 1 諦めた 2 《口》やる気のない, 無精な 3 《口》下品になった

svacco 男 [複 [-chi]] 《口》投げ出すこと, やる気のない態度; 無精

svagare 他 気をまぎらわせる, 楽しませる; 注意をそらせる, 気を散らす —**arsi** 相 楽しむ, 気晴らしをする; 気が散る, 散漫になる —Hai bisogno di *svagarti*. 君は気晴らしが必要だ.

svagatamente 副 ぼんやりして, うっかりして

svagatezza 女 ぼんやりすること, うわの空; 不注意

svagato 形 ぼんやりした, ぼうっとした; 不注意な, うかつな

svago 男 [複 [-ghi]] 1 気晴らし, 気分転換 2 息抜き, 骨休め 3 遊び, 楽しみ, 趣味

svaligiamento 男 強盗, 略奪

svaligiare 他 [io svaligio] (場所を)荒らす, 盗みに入る —*svaligiare* una banca 銀行強盗に入る

svaligiatore 男 [女 [-trice]] 強盗

svalorizzare 他 過小評価する; (人を)見くびる —**arsi** 相 価値[価格]が下がる

svalutare 他 [経]平価を切り下げる, 下落させる; 過小評価する, 見くびる —**arsi** 相 価値[価格]が下がる; 見くびられる

svalutazione 女 1 [経]平価切り下げ, 購買力低下 2 下落, 過小評価

svampare 自 [es/av] 1 (熱・炎が)噴き出す 2 (火力などが)弱くなる; (怒り・情熱などが)鎮まる, おさまる, 冷める —La collera è *svampata*. 怒りがおさまった.

svampato 形 1 噴き出た 2 冷めた, さめた

svampire 自 [es] [io -isco] 1 蒸発する, 気化する 2 熱がさめる, 弱まる 3 《口》ぼけた, もうろくした

svampito 形 1 衰えた 2 不まじめな, 軽薄な —男 [女 [-a]] いい加減な人, 軽薄な人

svanire 自 [es] [io -isco] 1 消える; 無くなる —La speranza è *svanita*. 希望が消え失せた. / La memoria *svanisce* con il passare del tempo. 時が経つにつれて記憶が消える. 2 (匂いが)次第に薄れる; (ワインが)風味が消える 3 (アルコールなどが)気化する, 蒸発する

svanito 形 1 (アルコール分などが)蒸発した; 味を失った 2 消えそうな, あせた 3 もうろくした, ぼけた 4 いい加減な, 軽率な —男 [女 [-a]] 1 もうろくした人 2 知的障害者 3 いい加減な人

svantaggiare 他 [io svantaggio] 不利な立場にする, ハンディキャップを負わす

svantaggiato 形 不利な, ハンディキャップのある —男 [女 [-a]] 社会的弱者

svantaggio 男 1 不利, 不利益, 不都合; 劣勢, 短所 2 (競技などで)点差, ハンディキャップ

svantaggiosamente 副 不利に, 不都合に, 好ましくない

svantaggioso 形 不利な, 否定的な, 不都合な

svaporamento 男 蒸発, 気化, 消滅

svaporare 自 [es] 1 蒸発する, 発散する 2 《文》(面影などが)少しずつ消えていく; 《文》(怒りなどが)おさまる, 鎮まる, 霧散する

svaporato 形 蒸発した、味[香り]がなくなった

svariare 他 [io svario] 1 楽しませる、気晴らしをさせる 2《文》(あちこちに)向ける —自 [es] 多彩なものになる、色とりどりである

svariatamente 副 多岐にわたって、変化に富んで

svariato 形 1 変化に富んだ、多様な;多彩な、色とりどりの 2《複数で》多くの、多岐にわたる

svarione 男 (言葉の)誤用;誤字

svasare 他 1 (植木を)鉢から出す[移す] 2 鉢の形[円錐形]にする;(スカートなどの)裾を広げる、フレアにする

svasato 形 鉢の形[円錐形]をした;裾広がりの、フレアの

svasatura 女 1 (植木の)鉢移し 2 裾を広げること、フレア 3《建》開口部、銃眼;(朝顔形の)張り出し窓

svasso 男〔鳥〕カイツブリ

svastica 女 まんじ(卍)、かぎ十字章

svecchiamento 男 新調、一新、刷新;改造、改革

svecchiare 他 [io svecchio] 新しくする、一新する、刷新する;改造する、改革する

svedese 形 スウェーデンの;スウェーデン人[語]の —男女 スウェーデン人 —男〔単数のみ〕スウェーデン語

＊**sveglia** [ズヴェッリァ] 女 1 目覚め、起床 2 目覚まし時計 —mettere la sveglia alle sette 目覚ましを7時に合わせる 3 モーニングコール

＊**svegliare** [ズヴェッリアーレ] 他 [io sveglio] 1 目覚ます、起こす 2 覚醒させる、刺激を与える —arsi 再 1 目が覚める —Svegliati! 目を覚ませ。 2 覚醒する —Mi si è svegliato l'appetito. 私の食欲が目覚めた。 3 (心が)活気づく;(本性が)現れる

svegliarino 男 1《口・諧》目覚めさせること;催促、刺激 2 (アンティークの)目覚まし時計の文字盤

svegliata 女 目覚めさせること、覚醒

sveglio 形 1 起きている、目覚めた 2 利発な、利口な —È un ragazzo sveglio. 彼は利口な青年だ。 3《口》抜け目のない、狡猾(ﾜ)な

svelare あばく、明らかにする、暴露する —arsi 再 露見する、あばかれる、正体を現す

svelenire 他 [io -isco] 1 解毒する、毒を抜く 2 (恨み・憎悪などから)解放する、救い出す 3 鎮める、和らげる

svellere [39] 他《過分 svelto》根絶する、根こそぎにする、引き抜く —ersi 再《文》離れる、遠ざかる

svelse svellere の直・遠過・3単

sveltamente 副 すばやく、機敏に、敏速に

sveltezza 女 1 (動作の)敏捷(なぅ)、迅速;(動きの)機敏、すばしこさ 2 利発、鋭敏 3 (容姿が)すらりとしていること

sveltimento 男 活発化、迅速化

sveltina 女《俗》短時間の性交

sveltire 他 [io -isco] 1 円滑にする、迅速にする 2 利口にする、抜け目なくする 3 スマートにする、細くする;簡潔にする —irsi 再 機敏になる、利口になる

svelto¹ svellere の過分

＊**svelto²** [ズヴェルト] 形 1 (動きが)速い、機敏な —Quella ragazza è svelta nel lavoro. あの娘は仕事が速い。 2 手際のよい、回転が速い 3 (体型が)スマートな、すらりとした ▶︎ alla svelta 急いで / Fai alla svelta! さっさとやりなさい。

svenamento 男 1 血管の切断;(血管の切断による)出血死 2 身ぐるみ剥ぐこと

svenare 他 1 血管を切断して殺す、出血死させる 2 身ぐるみ剥ぐ —arsi 再 1 血管を切って自殺する 2 全財産を投じる

svendere 他 値引いて売る、バーゲンセールをする、投げ売りをする

svendita 女 大安売り、特売、バーゲンセール —svendita di fine stagione シーズン終わりのバーゲンセール

svenevole 形 気取った、わざとらしい;めそめそした

svenevolezza 女 気取り、わざとらしい態度、涙もろさ

svenevolmente 副 気取って、わざとらしく、感傷的に

svenimento 男 卒倒、気絶、失神

svenire [127] 自 [es]《過分 svenuto》気を失う、気絶する —Dei bambini sono svenuti per il caldo. 数人の子供が暑さで卒倒した。

svenne svenire の直・遠過・3単

sventagliare 他 [io sventaglio] 1 (扇で)あおぐ、風を起こす、風を送る 2 (扇のように)ひらひら揺らす 3 扇形に広げる;機銃掃射する —arsi 再 扇であおぐ

sventagliata 女 1 あおぐこと、送風 2 連射、掃射

sventare 他 1 失敗させる、挫折させる、くじく 2 (危険などを)かわす、避ける 3〔船〕(帆から)風を抜く、風を受け流す

sventatamente 副 軽率に、うっかりと

sventatezza 女 1 軽率、軽はずみ 2 うっかり[ぼんやり]した態度

sventato 形 軽率な、無分別な;不注意な —男〔女[-a]〕軽率な人;不注意な人 ▶︎ alla sventata 軽率に、うっかりと

sventola 女 1《口》扇子、うちわ 2《口》ビンタ、平手打ち 3〔スポ〕(ボクシングの)スイング 4《隠》べっぴんさん

sventolamento 男 ひらひらさせること、あおぐこと;はためくこと

sventolare 他 [io sventolo] はためかせる —sventolare il fuoco 火をかき立てる —自 はためく、ひるがえる —La bandiera sventola. 旗がひるがえっている。 —arsi 再 (自分に向かって)あおぐ

—*sventolarsi* con un fazzoletto ハンカチであおぐ

sventolata 女 あおぐこと, 風を送ること

sventolio 男 (連続的な)はためき

sventramento 男 1 内臓を取り出すこと, わた抜き 2 (建物・地区全体の)取り壊し 3 [医]内臓脱出(症)

sventrare 他 1 内臓を取り出す, わた抜きをする 2 腹を突き刺す 3 (建物・地区全体を)取り壊す ―**arsi** 再 腹を突き刺す

sventura 女 不運; 災難

sventuratamente 副 不運にも, 運悪く, あいにく

sventurato 形 1 運の悪い, 不幸な 2 不吉な, 災難をもたらす ―男〔女[-a]〕不幸な人, 気の毒な人

svenuto 形 (過分< svenire) 気絶した, 失神した, 卒倒した; 意識をなくした

sverginare 他 (io svergino) 1 処女性を奪う, 陵(りょう)辱する 2 《口・諧》(物を)初めて使う

svergognamento 男 恥辱, 不面目, 不名誉

svergognare 他 1 恥をかかせる, 面目を失わせる 2 罪をあばく

svergognatezza 女 恥知らず, ずうずうしさ

svergognato¹ 形 1 恥をかかされた 2 罪をあばかれた ―男〔女[-a]〕1 不面目な人 2 罪をあばかれた人

svergognato² 形 恥知らずな, 厚顔無恥な ―男〔女[-a]〕破廉恥な人, 厚かましい人

svergolamento 男 (金属・木材の)ゆがみ, 反り, ひずみ

svergolare 他 (io svergolo) ひねる, ねじる; たわめる ―**arsi** 再 ゆがむ, たわむ, よれる

sverlare 自 (鳥が)チュッチュッと鳴く

svernamento 男 1 (温暖な場所での)越冬, 避寒 2 〔生物〕冬眠, 冬ごもり

svernare 自 1 (温暖な場所で)越冬する, 避寒する 2 冬眠する

sverniciante 男 塗料除去液 (sverniciatore); 除光液 ―形 塗料を落とす

sverniciare 他 (io svernicio) 塗料を落とす

sverniciatore 男 1 〔女[-trice]〕塗料落としの職人 2 塗料除去液

sverniciatura 女 塗料落とし

svestire 他 1 服を脱がせる, 裸にする 2 (外装・覆いなどを)取り去る ―**irsi** 再 1 服を脱ぐ, 裸になる 2 (外装・覆いなどを)失う, 剥奪する

svestito 形 裸の; 外装のない

svettare 他 (枝を切り落とす, 剪(せん)定する ―自 そそり立つ; 上に伸びる[広がる]

Svevo 固名(男) (Italo ～)ズヴェーヴォ (1861-1928; トリエステ出身の小説家. 本名 Ettore Schmitz)

Svezia 固名(女) スウェーデン

svezzamento 男 乳離れ, 離乳; 離乳期

svezzare 他 乳離れさせる, 離乳させる

svezzato 形 乳離れした, 離乳期を過ぎた

sviamento 男 1 そらす[それる]こと; 離反, 脱線 2 逸脱, 堕落

sviare 他 1 そらす, 避ける ―*sviare* il discorso 話をそらす, 話題を変える 2 遠ざける, 離す ―自 脱線する

sviato 形 堕落した; 道を踏み外した, 逸脱した

svicolare 自 [es/av] (io svicolo) 1 路地裏[横道]に逃げ込む, こそこそと逃げる, 曲がる 2 (困難などを)うまく回避する

svignarsela 再 こっそり逃げる, ずらかる

svigorimento 男 力[活力]をなくすこと; 衰弱

svigorire 他 (io -isco) 衰えさせる, 力を弱める ―**irsi** 再 力[活力]を失う, 衰える

svilimento 男 1 価値[値打ち]の低下; 見くびること 2 〔経〕平価切り下げ (svalutazione)

svilire 他 (io -isco) 1 価値[値打ち]を下げる, (権威などを)失墜させる; 軽んじる 2 〔経〕平価を切り下げる (svalutare) ―**irsi** 再 価値が下がる

svilito 形 価値[値打ち]を下げた; 軽んじられた

svillaneggiare 他 (io svillaneggio) 辱める, 侮辱する; 罵る, 悪態をつく

sviluppabile 形 展開できる; 発展[発達]の可能性がある

‡sviluppare [ズヴィルッパーレ] 他 1 発展[発達]させる; 成長させる 2 (議論などを)展開させる 3 〔写〕現像する ―*sviluppare* un rullino フィルムを現像する 4 〔数〕展開する ―**arsi** 再 1 発展[発達]する; 成長する 2 広がる

sviluppato 形 発展[発達]した, 先進の, 成長した

sviluppatore 男 (映画・写真のフィルムを)現像する人

sviluppatrice 女 〔映・写〕現像機

‡sviluppo [ズヴィルッポ] 男 1 発展, 発達; 成長 ―*sviluppo* economico 経済発展 2 (話や考えの)展開 3 〔写〕現像 4 〔数〕展開

svinatura 女 (ワインを醸造桶から)樽に移すこと

svincolare 他 (io svincolo) (抵当などを)解除する; 通関する ―**arsi** 再 解放される, 自由になる

svincolo 男 1 (抵当などの)解除, (荷の)引き取り 2 (道路の)合流点, インター, ジャンクション

sviolinare 他 《口》媚(こ)びる, へつらう, ごまをする

sviolinata 女 《口》お世辞, おべんちゃら

sviolinatura 女 へつらい, おもねり, 追従

svirilizzare 男らしさを失わせる; 活力を奪う

svisare 他 (顔や姿を)明らかにする, 正体をあばく

sviscerare 他 〔io sviscero〕徹底的に調査する, 研究し尽くす

svisceratamente 副 熱烈に, 激しく

svisceratezza 女 溺愛, 大げさな愛着の表現

sviscerato 形 1 熱烈な, 首ったけの 2 大げさな, 誇張した

svista 女 (些細な)間違い, 見落とし; 思い違い

svitare 他 ねじ[ボルト]を緩める; ねじ[ボルト]を抜く[外す] **—arsi** 再 ねじ[ボルト]が緩む[外れる]

svitato 形 1 ねじ[ボルト]の緩んだ[外れた] 2 一風変わった, 気が変な —男〖女 [-a]〗変人, 奇人

svitatura 女 ねじ[ボルト]を緩める[外す]こと

sviticchiare 他 〔io sviticchio〕ほどく, もつれを解く **—arsi** 再 〔煩わしいことから〕免れる

Svizzera 固名(女) スイス

∗**svizzero** [ズヴィッツェロ] 形 スイスの; スイス人の —男〖女 [-a]〗スイス人

svociato 形 声が出ない

svogliarsi 再 〔io mi svoglio〕いやになる, やる気をなくす

svogliataggine 女 やる気のなさ, 無気力, 無関心

svogliatamente 副 いやいや, 気が乗らずに

svogliatezza 女 不承不承, やる気のなさ, 無気力

svogliato 形 やる気のない; 無気な, 怠惰な —studente svogliato 意欲のない学生 2 しらけた —男〖女 [-a]〗やる気のない人, 怠惰な人

svolare 自 〔文〕飛び去る, 飛び立つ, あちこち飛び回る

svolazzare 自 1 あちこち飛び回る; ひらひら舞う 2 (風で)ばたばたする, はためく

svolazzo 男 1 (あちこち)飛び回ること 2 はためくこと 3 フリル 4 〔複数で〕修飾, 文飾;〔建築の〕装飾

∗**svolgere** [ズヴォルジェレ] [131] 他 〔過分 svolto〕 1 ほどく 2 広げる, 発展させる 3 展開する, 実行する, 果たす **—ersi** 再 1 ほどける 2 広がる 3 〔催しなどが〕行われる —Dove si è svolta la partita? その試合はどこで行われたの.

svolgimento 男 1 ほどけること 2 広がり, 発展 3 展開, 実行 —svolgimento dei fatti 事の次第

svolse svolgere の直・遠過・3 単

svolta 女 1 曲がること; 方向転換 2 転機, 変わり目

svoltamento 男 曲がること, 向きを変えること

svoltare¹ 自 曲がる, 向きを変える —他 (向きを変えて)曲がる

svoltare² 他 (巻いてあるものを)ほどく, 解く; 広げる, 伸ばす

svolto svolgere の過分

svoltolare 他 〔io svoltolo〕(巻いてあるものを)ほどく, 解く; 広げる, 伸ばす

svuotamento 男 1 取り出すこと 2 〔医〕摘出

svuotare 他 1 空(☆)にする, 空ける 2 (di)(意味・価値・重要性を)取り除く, なくす **—arsi** 再 空になる

swazi → swazilandese

Swaziland 固名(男) スワジランド

swazilandese 形 スワジランド(人)の —男女 スワジランド人

T, t

T¹, **t**¹ 女,男 (イタリア語アルファベットの)18番目の字母 —T come Torino 〔符丁〕トリノの T ▶ *a T* T 字型の

T² 略 1 Tabaccheria タバコ屋 2 Traforo (番号付きで)トンネル

t² 略 1 tonnellata トン(単位) 2 tempo 〔物〕時間 3 temperatura 〔物〕温度

TA 略 Taranto ターラント

tabaccaio 男〖女[-a]〗タバコ屋(の主人)

tabaccheria 女 タバコの売店(印紙類・文具・携帯電話のチャージ等も扱う)

tabacchicoltore 男〖女[-trice]〗〔農〕タバコ栽培者

tabacchicoltura 女 〔農〕タバコ栽培

tabacchiera 女 かぎタバコケース[容器]

tabacchificio 男 タバコ製造工場

tabacchino 男〖女[-a]〗タバコ製造作業員

∗**tabacco** [タバッコ] 男 〔複[-chi]〕 1 〔植〕タバコ 2 タバコ; 喫煙 —tabacco da masticare 噛みタバコ 3 〔不変〕タバコ色(暗い赤味がかった黄色) —形 〔不変〕タバコ色の —scarpa color *tabacco* タバコ色の靴

tabaccone 男〖女[-a]〗〔口〕愛煙家

tabaccoso 形 タバコのやにでよごれた; タバコ臭い

tabacosi 女 〔不変〕〔医〕塵肺症

tabagico 形 〔複〖男 -ci〗〕タバコの

tabagismo 男 〔医〕ニコチン依存症

tabagista 男女 〔複[-i]〕〔医〕ニコチン依存者; ヘビースモーカー

tabanide 男 〔虫〕アブ科の虫; (T-) 〔複数で〕アブ科

tabarin 男 〔不変〕〔仏〕ナイトクラブ, キャバレー

tabarro 男 (男性用の)厚手のマント, 外套(☆)

tabasco 男 〔不変〕〔商標〕タバスコ

tabella 女 1 表, 図表 2 掲示板

tabellare 形 表の, 図表の

tabellario 男 (古代ローマの)文書を運ぶ奴隷

tabellina 女 〔数〕(九九表の)段 —la *tabellina* del due 九九の二の段

tabellionato 男 (中世の)公証人の職務

tabellione 男 (古代ローマの)書記; (ラヴェンナ総督府における)公証人

tabellone 男 1大型の掲示[告示]板 — *tabellone* luminoso 電光掲示板 2 (競技場などの掲示板, スコアボード 3 (駅や空港の)時刻表 4〖スポ〗(バスケットボールの)バックボード

tabernacolo 男 1壁龕(がん), ニッチ (聖像などを祭る町角や建物の壁面のくぼみ) 2聖体を収める祭壇の櫃(ひつ)

tabetico 形〖複[男 -ci]〗〖医〗癆性の, 消耗性の

tabì 男 波紋様の絹織物, タビー織り

tabico → tabetico

tableau 男〖不変〗〔仏〕1 (ルーレットの緑色の)ボード 2〖経〗統計表

tabloid 男〖不変〗〔英〗タブロイド判

tabloide 男〖薬〗錠剤

taboga → toboga

tabouret 男〖不変〗〔仏〕スツール, 腰掛

tabù 男 タブー, 禁忌, 禁制 —形 タブーの

tabula rasa 成句(女) 1 (古代ローマで)文字の消された蠟(ろう)板 2〖哲〗(心の)白紙状態, タブラ・ラサ 3何も知らない人 ► *fare tabula rasa* すべてを消す, 抹消する

tabulare[1] 形 板状の, 平板な, 平らな; 表の, 図表にした

tabulare[2] 他〖io tabulo〗表にする; 集計表を作る

tabulato 男 集計表

tabulatore 男〔コン〕タブ(キー)

tabulazione 女 表作成

tac 男 1 (物がはじける音)ポン, カタッ, カチッ 2 (急な動作)さっ —男〖不変〗ポン[カタッ, カチッ]という音

T.A.C. 略 Tomografia Assiale Computerizzata C.A.T., ストラティグラフィー, コンピューター断層撮影法

tacamaca → taccamacca

Tacan 男〖不変〗〖空〗距離方位測定装置(tactical air navigation), タカン

tacca 女 1 (目印や目盛りの)刻み目, 切り目; (刀剣の)刃こぼれ 2資質, 価値; 背丈, 知力 3欠陥, 欠点 4〔印〕(活字の)ネッキ

taccagnamente 副 けちけちして, 物惜しみして

taccagneria 女 けち, しみったれ, 物惜しみ

taccagno 形 けちくさい, 吝嗇(りんしょく)な

taccamacca 女〖不変〗〖化〗タカマハック

taccata 女〔船〕竜骨台

tacche → tacc

taccheggiatore 男〖女[-trice]〗万引き

taccheggiatrice 女 街娼, 売春婦

taccheggio 男 万引き行為

tacchete 擬 1 (小さな物の落下音[何かにぶつかる音])カタッ, カチッ 2 (急な動き)さっ, ぱっ —男〖不変〗カタッ[カチッ]という音

tacchettio 男 (靴の音)コツコツ

tacchetto 男 1 (婦人靴の)ピンヒール 2 (運動靴やスノータイヤにつける)スタッド, スパイク

tacchinare 他〖俗〗しつこく口説く

tacchino 男〖女[-a]〗1〔鳥〕シチメンチョウ; 〖単数のみ〗シチメンチョウの肉 2〖俗〗しつこく口説く人

tacciabile 形 責められるべき; 嫌疑のある

tacciare 他〖io taccio〗責める; 罪を問われる

tacco 男〖複[-chi]〗1靴のかかと — scarpe coi *tacchi* alti [bassi] ハイヒール[ローヒール]の靴 / *tacchi* a spillo ピンヒール 2楔(くさび) ► *alzare i tacchi* 急いで立ち去る, こっそりと逃げる

taccola[1] 女〔鳥〕コクマルガラス

taccola[2] 女 サヤエンドウ

taccuino 男 帳面, ノート, 備忘録; ノートパッド

‡**tacere**〔タチェーレ〕[76] 自〖過分 taciuto〗1黙る, 何も言わない —Chi *tace* acconsente. 沈黙は同意を示す。2静かにする —他 1口外しない, 漏らさない 2言外ににおわせる, 暗に示す —男〖単数のみ〗押し黙っていること, 沈黙

tacheometrico 形〖複[男 -ci]〗〖地理〗スタジア測量法の, スタジア測量法の

tacheometro 男〖地理〗スタジア測量器

tachi- 接頭「速い」「敏速な」の意

tachicardia 女〖医〗頻拍

tachicardico 形〖複[男 -ci]〗〖医〗頻拍の

tachimetro 男 速度計, スピードメーター; 走行計, メーター

tacitamente 副 黙って, 無言で, ひっそりと

tacitamento 男 返済, 弁済

tacitare 他〖io tacito〗賠償する, (債権者に)支払う; 履行する

tacitiano 形〖文〗タキトゥスの; タキトゥス風の文体

Tacito 固名(男) (Publio Cornelio ~)タキトゥス(55頃-120頃; 帝政ローマの歴史家)

tacito 形 無言の, 静かな; 暗黙の

taciturnamente 副 黙って, 寡黙に

taciturno 形 無口な, 口数の少ない, 物静かな

taciuto tacere の過分

tackle 男〖不変〗〖英〗タックル

Taddeo 固名(男) (Giuda ~)〖聖〗タダイ, タデオ(キリストの十二弟子の一人)

taekwondo 男〖不変〗〔韓〕テコンドー

tafanario 男〖諧・口〗尻, ケツ

tafano 男 1〔虫〕アブ科 2しつこい奴, うるさい人

tafferuglio 男 乱闘, 衝突

taffetà → taffettà

taffette 擬 1 (物が落ちる音)ポトッ, ポチャン 2 (急な動きの音)ぱっ, さっ ―男〔不変〕ポトン[ポチャン]という音

taffettà 男 平織りの絹織物, タフタ

Tagikistan 固名(男) タジキスタン

tagico → tagiko

tagiko 形 タジキスタン(人)の ―男〔女[-a]〕タジキスタン人 2〔単数のみ〕タジク語

taglia 女 1 衣類のサイズ ―*taglia unica* フリーサイズ / *taglie forti* 大きいサイズ 2 体格 3 (犯人逮捕のための)懸賞金

tagliabile 形 切れる, 切断できる

tagliaborse 男〔不変〕すり

tagliaboschi 男〔不変〕木こり

tagliacalli 男〔不変〕角質取り, カルスリムーバー

tagliacarte 男〔不変〕ペーパーナイフ

tagliacedole 男〔不変〕クーポンカッター

tagliaferro 男〔不変〕ペンチ, 針金カッター

tagliafieno 男〔不変〕草取り熊手

tagliafuoco 男〔不変〕防火壁

tagliafuori 男〔不変〕〔スポ〕(バスケットボールの)スクリーンアウト, ブロックアウト

taglialegna 男〔不変〕木こり

tagliando 男 クーポン券; 半券

tagliapasta 男〔不変〕パスタカッター

‡**tagliare** 〔タッリアーレ〕他〔io taglio〕 1 切る, 切り離す, 切り倒す ―*tagliare con le forbici* (物を)はさみで切る 2 横切る ―*tagliare una curva* カーブを切る 3 遮断する, さえぎる 4 (植木を)刈る, 剪(ﾞ)定する 5 短く切る, 切り詰める 6 縮める, 要約する 7 (宝石を)カットする ―自 1 (刃物が)切れる 2 近道をする ―**arsi** 再 1 (自分の体の一部を)切る, けがをする 2 (自分の髪や爪を)切る 3 (物が)裂ける, 破れる 4 (話や議論を急に)打ち切る, はしょる ► *tagliare corto* 突然話を切り上げる *tagliare il traguardo* ゴールインする *tagliare la corda* 逃げる, ずらかる

tagliarello 男〔複数で〕タリアレッリ(細いパスタ)

tagliarete 男〔不変〕〔軍〕妨害網切断機

tagliasfoglia → tagliapasta

tagliasiepi → tosasiepi

tagliasigari 男〔不変〕シガー[葉巻]カッター

tagliastracci 女〔不変〕シュレッダー

tagliata 女 1 (すばやい)カット, 切ること; 伐採 2〔軍〕木材による道路遮断 3〔料〕網焼き牛肉の薄切り, タリアータ

tagliatartufi 男〔不変〕トリュフカッター[スライサー]

tagliatella 女〔複数で〕タリアテッレ, 平麺(きし麺に似たパスタ)

tagliato 形 1 切った, 切断した, 裁断した, 刈った 2 向いている, 適している; 才能がある ―*essere tagliato per la musica* 音楽の才能がある 3 (映画・テレビ番組などが)カットされた, 編集された 4 (酒・麻薬などを)混合した, 合成した

tagliatore 男〔女[-trice]〕切断作業をする人, 裁断師, 石工

tagliatrice 女 掘削機; 裁断機

tagliaunghie 男〔不変〕爪切り

tagliauova 男〔不変〕ゆで卵切り器, エッグスライサー

taglieggiare 他〔io taglieggio〕 1 金をゆすり取る; 身代金を要求する 2 保釈を請求する

taglieggiatore 男〔女[-trice]〕ゆすり, 強奪者

tagliente 形 1 よく切れる, 鋭利な 2 (話や文章が)辛辣な 3 厳しい, 身を切るような 4 はっきりとした ―男 刃(は)

tagliere 男 1 まな板 2 陶芸のろくろ(回転盤)

taglierina 女 切断機, 裁断機

taglierino 男〔複数で〕タッリェリーニ, 細めの平麺

taglietto 男 カッター

taglio 男 1 切断, カット ―*un taglio di carne* 肉一切れ / *pizza al taglio* 切り売りのピッツァ 2 削除, 除去 3 伐採 4 切り傷; 切開(手術) ―*avere un taglio al [sul] dito* 指に切り傷がある 5 (衣服の)ライン, カット ―*giacca di buon taglio* カットのよいジャケット 6 裁ち布 7 刃 8 フォーマット, 大きさ ―*biglietto di piccolo taglio* 小額紙幣 9〔音〕(五線譜の)加線 10〔口〕麻薬の混合物 11 シロップやリキュールなどをかけたジェラート

tagliola 女 (動物捕獲用の)落とし罠(わな)

tagliolo 男 (鉄棒裁断用)たがね

taglione¹ 男〔歴〕同害刑法

taglione² 男 (ダムの)基礎工事

tagliuola → tagliola

tagliuzzamento 男 切り刻むこと, みじん切り

tagliuzzare 他 切り刻む, みじん切りにする; 切り裂く ―**arsi** 再 切り傷を負う

taguan, taguan 男〔不変〕〔動〕ムササビ

tahitiano 形 タヒチ(の人)の ―男〔女[-a]〕タヒチの人

tailandese → thailandese

Tailandia → Thailandia

tailleur 男〔不変〕〔仏〕(婦人服の)スーツ ► *tailleur pantaloni* パンツスーツ

Taiwan 固名(男) 台湾

taiwanese 形 台湾(の人)の

takeaway 男〔不変〕〔英〕テークアウトの飲食店; テークアウト

take off 名〔不変〕〔英〕離陸;〔経〕テークオフ, 急速な経済成長

take-over 男〔不変〕〔英〕(企業の)乗っ取り, 買収; 経営権を目的とする株の取得

talaltro 代〔不定〕〔女[-a]〕 1〔*taluno, tale* と相関的に用いて〕ほかの人, 別

の人 2〔女性形で talvolta と相関的に用いて〕ほかの時, 時に

talamo 男 1〔文〕新婚夫婦のベッド; 婚姻 2〔解〕視床 3〔植〕花托

talare 形 (司祭の長裾の服)スータンの —ミ スータン —ミ〔複数で〕〔神話〕メルクリウスの翼のついた靴

talassemia 女〔医〕サラセミア, 地中海貧血

talassemico 形〔複[男 -ci]〕〔医〕サラセミアの, 地中海貧血の

talasso- 接頭「海」の意

talassocrate 男女〔文〕海の支配者, 海上制覇者

talassofobia 女〔医〕海洋恐怖症

talassoterapia 女〔医〕海水療法

talché 接《文》だから, それゆえ

talco 男〔複[-chi]〕1 滑石, タルク 2 (滑り止め・汗止めの)パウダー

＊**tale** [ターレ]〔母音, または, 子音+母音で始まる単数の語の前では tal になる〕形 (指示) 1 その[この]ような —È tale non stare insieme a tali persone. そのような人たちとは付き合わない方がよい. 2〔程度〕それ[これ]ほどの —Fa un tale freddo! すごく寒い. 3〔che + 直説法, da + 不定詞 とともに〕とても…なので…, …するほどの —C'era una confusione tale che non riuscivamo a sentirci l'un l'altro. ひどく混雑していたので我々はお互いの声が聞こえなかった. / storie tali da far venire i brividi 身震いするほど怖い話 4〔相関的に〕同じ(ような) —Tale (il) padre, tale (il) figlio. この父にしてこの子あり. 5この, あの 一形 (不定) 1〔不定冠詞を前置して〕とある, という —un tal signor Monti モンティさんという方 2〔定冠詞を前置して; 不明あるいは明示したくない人や物を示して〕ある, ある —La tal persona mi ha detto di telefonarti. さるお方からあなたに電話するようにと私は言われたのです. 3〔questo や quello を前置して強調して〕あの, 例の(何とかという) 一代 (指示)〔定冠詞を前置して〕その[この, あの]人 一代 (不定) 1〔不定冠詞を前置して〕ある人 2〔quello を前置して, 名を挙げるまでもない知られた人や, 既に話に出した人のことを指して〕あの人, 例の人 —È arrivato quel tale che ha telefonato prima. さっき電話してきた例の人が着いた. ▶ *essere tale e quale a...* …にそっくりだ, とてもよく似ている /*È tale e quale a sua sorella.* 彼女はお姉さんにそっくりだ. *il* [*la*] *tal dei tali* (名前は覚えていない)誰かが;(名前は言えない)さるお方

talea, talea 女 さし枝, 接木

taleggio 男 タレッジョ(チーズ)

talento 男 1 才能, 手腕; 才能の持ち主 2《文》志向, 意向 3 タレント, タラント (古代ギリシャの貨幣・質量単位)

Talete 固名 男 タレス(前 624 頃 - 前 546 頃; 古代ギリシャの哲学者)

Talia 固名 女〔ギ神・ロ神〕タレイア(三美神カリテスの一. 花の女神)

talismano 男 お守り, 護符

talk show 商 男〔英〕トークショー

tallero 男 ターレル(ドイツやオーストリアで流通した銀貨); トラール(スロベニアの旧通貨単位)

tallio 男〔化〕タリウム(元素記号 Tl)

tallo 男〔植〕葉状体; 芽

tallofita 女 葉状植物

tallonaggio 男〔スポ〕(ラグビーの)ヒールアウト

tallonamento 男 追跡

tallonare 他 1 追跡する, すぐ後に続く; 執拗に攻めたてる, しつこく迫る 2〔スポ〕(ラグビーの)ヒールアウトする

tallonata 女 1 かかとで蹴ること 2〔スポ〕(ラグビーの)ヒールアウト

tallonatore 男〔スポ〕(ラグビーの)フッカー

talloncino 男 クーポン, 引換券

tallone 男 1 (足の)かかと 2 (靴下や靴の)かかとの部分 3 (色々な物の)後部や下部の突出部分

＊**talmente** [タルメンテ] 副 そのように; それほど;〔che + 直説法, da + 不定詞〕とても…なので…, …するほどに … —Ha *talmente* insistito che alla fine ho ceduto. 彼がしつこく食い下がったので, 結局私は折れた. /*È un libro talmente noioso da farmi addormentare subito.* それはすぐに寝られるぐらい退屈な本だ.

talmud 男〔不変〕タルムード

talora 副 時々, 時折

talpa 女 1〔動〕モグラ; モグラの毛皮 2 掘削機 3 産業スパイ 4 愚鈍な人 一男〔不変〕暗灰色 一形〔不変〕暗灰色の

taluno 形 (不定)〔女[-a]〕〔複数で〕ある, いくらかの, 何人かの 一代 (不定) ある人, 誰か, 何人か

talvolta 副 時々; 時には

tamaricacea 女〔植〕ギョリュウ科の植物; (T-)〔複数で〕ギョリュウ科

tamarindo 男〔植〕タマリンド; (タマリンドの)さや

tamarro 男〔女[-a]〕〔俗〕流行ばかりを追う野暮な若者, 無作法な奴

tambureggiare 自 (io tamburéggio) 1 太鼓をならす 2 (大砲などで)猛撃する

tamburellare 自 指の腹で叩く; 軽く打つ

tamburello 男 1〔音〕タンバリン 2 (イタリア発祥の球技)タンブレロ; タンブレロ用のラケット 3 刺繍の丸い木枠

tamburino 男 1 太鼓奏者, (特に軍隊のバンドの)ドラム奏者 2 (新聞の)映画[演劇, 音楽]の欄, (ジャンルごとの)一覧表

tamburo 男 1 太鼓, ドラム 2 ドラム奏者 3 (リボルバーの)弾倉 4 ドラムの形をした物 ▶ *a tamburo battente* 即座に, 直ちに

tamerice 女〔植〕ギョリュウ

tamia 男〔不変〕〔動〕シマリス

Tamigi 固名(男) テームズ川(英国, イングランド南部の川)

tampax 男〖不変〗〔英〕〔商標〕(生理用)タンポン

tampoco 副〖né を前置して〗…さえもない

tamponamento 男 1 追突〖衝突〗(事故) 2 (傷口に)ガーゼや綿を当てる〖詰める〗こと

tamponare 他 1 詰め物をする 2 (傷口を)ふさぐ 3 追突する

tamponatura 女 傷口にガーゼなどを当てること; 当てたガーゼなど

tampone 男 1 丸めた綿〖ガーゼ〗; タンポン 2 止血栓 3 スタンプ台 4 (列車の)緩衝器 5 応急措置 ―形〖不変〗応急措置の

tam-tam 男〖不変〗1〔音〕タムタム, どら; (アフリカや北米などで用いられる)胴長の太鼓 2 (情報・意見などの)伝達, 口コミ

tana 女 1 (野生動物が棲む)穴, 隠れ処 2 あばら屋

tanaceto 男〔植〕ヨモギギク, タンジー

tanagra, tanagra 女〔考〕タナグラ人形

tanatofobia 女〔医〕タナトフォビア, 死恐怖症

tanatofobico 形〖複[男 -ci]〗〔医〕タナトフォビアの, 死を恐れる

tanatologia 女〔医〕死因学

tanca¹ 女〔船〕(水・石油などの)タンク

tanca² 女 (サルデーニャの放牧用の)囲い地

tandem 男〖不変〗1 二人乗り自転車, タンデム 2 二人三脚, 二人一組 ―lavorare in *tandem* 二人三脚で仕事をする

tanfata 女 臭気の充満

tanfo 男 臭気, 悪臭

tanga 男〖不変〗1 (南米の先住民に見られる)女性の性器覆い 2〖服〗タンガ, Tバックのショーツ

tangente 女 1 賄賂, リベート, コミッション 2〔数〕タンジェント, 正接; 接線, 接面 ―形 接している, 接線の

tangentismo 男 賄賂の蔓延

tangentista 男女〖複[男 -i]〗賄賂を要求する[もらう]人

tangentizio 男 賄賂システム

tangentocratico 形〖複[男 -ci]〗賄賂体質の

tangentocrazia 女 汚職政治(1992 年ミラノで起きた疑獄事件に端を発するジャーナリズムの造語)

tangentopoli 女〖不変〗汚職都市, タンジェントーポリ(1980 年代イタリアの賄賂が横行した政治や経済の腐敗のこと)

tangenza 女 1 接触, 接点 2〔空〕上昇限度

tangenziale 形 1〔数〕接線[正接]の 2 二義的な, 二次的な ―女 環状道路, バイパス

tangenzialmente 副 二次的に, 副次的に

tangerino 形 タンジール(の人)の ―男〖女[-a]〗タンジールの人

tanghero 男〖女[-a]〗田舎者, 無作法者

tangibile 形 1 触れることができる, 触知できる 2 有形の, 金銭評価できる 3 明白な, 確かな ―una *tangibile* prova di riconoscenza 感謝を形にしたもの

tangibilità 女 触れられること; 明確さ

tangibilmente 副 はっきりと, 明白に, 確実に

tango 男 1〖複[-ghi]〗タンゴ(アルゼンチンのダンス・音楽) 2〖不変〗朱赤 ―形〖不変〗朱赤の

tanica 女 1 ポリタンク 2 燃料タンク

tank 男〖不変〗〔英〕1〔軍〕戦車 2〔写〕現像タンク

tannico 形〖複[男 -ci]〗タンニンの, タンニンを含んだ

tannino 男〔化〕タンニン

tantalio 男〔化〕タンタル(元素記号 Ta)

Tantalo 固名(男)〔ギ神〕タンタロス(小アジアの一地方の王)

tantalo 男〔鳥〕トキコウ

tantino 代〖不定〗〖単数のみ〗少量, 一部分 ―Mi sembra un *tantino* esagerato.〖嫌みで〗かなり大げさなようですね. ▶ *un tantino* 少し, 少しばかり

✱**tanto** [タント] 形〖不定〗1 たくさんの, 多くの; 非常に大きな, かなりの ―C'era *tanta* gente in piazza. 広場にたくさんの人たちがいた. / Grazie *tante*. どうもありがとうございます. / *Tanti* auguri!(心から)おめでとう. 2〔quanto とともに〗同様の, 同じくらいの; …ほどの ―Ci sono *tanti* uomini quante donne qui. ここには同じ数の男女がいる. / Spendono *tanto* quanto guadagnano. 彼らは稼いだ分だけお金を使う. 3〔che + 直説法, da + 不定詞 とともに〗とても…なので…, …するほどの ―Avevo *tanta* paura da non sapere cosa fare. 私は何をしてよいか分からないほど怖かった. ―代〖不定〗1〖複数で〗大勢の人 2 多くのこと, たくさんのもの, のしかりのこと ―Ho *tanto* da dire. 言うことがたくさんある. / È *tanto* che non lo vedo. 彼に会わなくなってずいぶん経つ. ―代〖不定〗そのこと ―副 1 とても, 非常に 2 これほど, それほど 3 ただ, 単に 4〔quanto とともに〗同じほどに ―È *tanto* furbo quanto disonesto. 彼は誠実でない上にずる賢い. ―接 1 しかしながら 2 やはり, それでも ▶ *da tanto* かなり前から *di tanto in tanto* 時々, 時折 *ogni tanto* 時々, たまに *tanto di guadagnato* ますます結構だ *tanto meglio* その方がよい, ますます結構だ *tanto meno...*〖否定文を伴って〗ましてや…もない *tanto per cambiare* 少し気分を変えて, 気分転換に *tanto più* なお一層 *tanto più che...* …なので一層

tantum ergo 成句(男)〖不変〗〔ラ〕聖体賛歌, タントゥム・エルゴ

Tanzania 国名 (女) タンザニア

tanzaniano 形 タンザニア(人)の —男 [女[-a]] タンザニア人

taoismo 男 〔宗・哲〕道教, 老荘哲学, タオイズム

taoista 形 [複[男 -i]] 〔宗・哲〕道教の, タオイズムの —男女 [複[男 -i]] 道教の信奉者

Taormina 国名 (女) タオルミーナ(シチリア特別自治州メッシーナ県の町)

taorminese 形 タオルミーナ(の人)の —男女 タオルミーナの人

tapino 形 悲惨な, 惨めな; 不幸な —男 [女[-a]] 惨めな人; 不幸な人

tapioca 女 タピオカ

tapiro 男 〔動〕バク; バクのなめし皮

tapis roulant 成句 (男) 〔仏〕ベルトコンベアー, 動く歩道

tappa 女 1 休息[休憩]地 —fare *tappa* 休憩する, 途中下車する, 立ち寄る 2 (全行程の)一区間

tappabuchi 男女 [不変] ピンチヒッター, 代役; 間に合わせ

tappare 他 栓をする; しっかり閉める —arsi 再 1 (目や耳を)ふさぐ 2 詰まる, ふさがる 3 閉じこもる ► *tappare un buco* [*una falla*] 穴埋めする, 帳尻を合わせる

tapparella 女 ブラインド

tappetino 男 1 マウスパッド 2 カーマット 3 バスマット

tappeto 男 1 カーペット, じゅうたん 2 (リングの)マット

tappezzare 他 1 (壁紙などを)張る 2 (di)…を張り詰める —*Ho tappezzato la mia camera di poster.* 私は部屋の壁をポスターだらけにした.

tappezzeria 女 壁紙, タペストリー; 室内装飾品

tappezziere 男 [女[-a]] 壁紙張り職人, 塗装職人; 椅子張り職人

tappo 男 1 栓, キャップ —*Questo vino sa di tappo.* このワインはコルクの匂いがする. 2 (洗面台・流しの)栓 —*togliere il tappo della vasca da bagno* バスタブの栓を抜く 3〔諧〕背の低い人

T.A.R. 略 Tribunale Amministrativo Regionale 地方行政裁判所

tara 女 1 風袋 2 遺伝性の病気[異常] ► *fare la tara a...* (物を)差し引いて聞く, 話をまともに受けとらない

tarà 擬 (ラッパの音をまねて)タラッ

tarabuso 〔鳥〕サンカノゴイ

tarallo 男 タラッロ(南イタリアの輪状クッキー)

tarantella 女 1〔舞〕タランテッラ(イタリア南部のテンポの速いダンス) 2〔音〕タランテッラに合わせた音楽や歌 3〔動〕タランチュラコモグモ(tarantola) 4〔海〕漁網

tarantino 形 ターラント(の人)の —男 [女[-a]] ターラントの人

tarantismo 男 舞踏病

Taranto 国名 (女) ターラント(プーリア州の都市および県名; 略 TA)

tarantola 女 1〔動〕毒グモ, タランチュラ 2〔動〕ヤモリ

tarantolismo → tarantismo

tarare 他 風袋を量る; (計量器などを)調整する, (目盛りを)設定する

tarassaco 男 [複[-chi]] 〔植〕タンポポ

tarato 形 1 風袋を差し引いた 2 遺伝的疾患の異常な

tarattà → tarà

tarattattà → tarà

taratura 女 (計量器の)調整, 調節; 目盛り

tarchiato 形 ずんぐりした, がっしりした

tardare 自 遅れる, 遅くなる —*tardare a un appuntamento* 約束に遅れる —他 遅らせる, 遅くする

‡**tardi** [タルディ] 副 1 遅く 2 遅れて —fare *tardi* 遅れる ► *al più tardi* (どんなに)遅くても *a più tardi* (別れ際に)また後で, のちほど *presto o tardi* 遅かれ早かれ

tardità 女《文》(動作・行動・頭の働きの)鈍さ

tardivo 形 1 遅れている; (植物・子供の)成長が遅い, 遅咲きの 2 遅まきの, 手遅れの

tardo 形 1 (時間が)遅い —*a notte tarda* 夜更けて / *nel tardo pomeriggio* 午後遅くに 2 (時機が)手遅れの, あとのまつりの 3 (時期が)末の, 末期の 4 (動作が)鈍い, のろい; (理解が)鈍い

tardona 女《諧》若づくりの中年女性

tardorinascimentale 形 後期ルネッサンスの

targa 女 1 (金属の)名札, プレート 2 (車の)プレート 3 (中世の)木製または革製の楯

targare 他 ナンバープレートをつける

targato 形 1 ナンバープレートのついた 2〔諧〕原産の, 特産の 3…生まれの, …育ちの

targhetta 女 小さな名札, ネームプレート

tarì 男 (シチリアとナポリ王国で流通していた)古代アラブ金貨

tariffa 女 1 料金[運賃]表 2 料金, 運賃

tariffario 形 料金の, 料金表の —男 料金表

tarlare 自 [es] 木食い虫に食われる —他 1 (虫が木[布]を)食う 2 腐食する, 台無しにする —arsi 再 虫がつく, 虫に食われる

tarlatana 女 ターラタン(綿布の一種)

tarlato 形 虫食いついた, 虫に食われた

tarlatura 女 虫食いの穴, 虫食い; 木食い虫の害[木くず]

tarlo 男 1 木食い虫 2 苦悩, 心痛

tarma 女〔虫〕イガ

tarmare 自 [es] (布や衣類が)虫に食われる —他 (イガが布地を)食う, 損なう —arsi 再 (生地・衣服に)虫がつく, 虫に食われる

tarmatura 囡 虫食い

tarmicida 形[-i] 防虫剤の —形 〔複〔男 -i〕〕防虫剤の

tarocco¹ 男 〔複[-chi]〕タロットゲーム; 〔複数で〕タロットカード

tarocco² 男 〔複[-chi]〕タロッコ(シチリア産オレンジの一種)

tarpare 他 (鳥の)羽を切る ► *tarpare le ali a...* (活力などを)奪う, くじく

Tarpea 固名〔女〕タルペイア(ローマの守備隊長タルペイウスの娘. 祖国を裏切りサビーニ族に開門したが, 彼らに殺される)

Tarquinia 固名〔女〕タルクイーニア(ラツィオ州の町)

tarquiniese 形 タルクイーニア(の人)の —男女 タルクイーニアの人

tarsia, tarsìa 囡 はめ木細工, 寄木象眼

tarsio 男 〔動〕メガネザル

tarso 男 〔解〕飛節, 足根;〔虫〕跗節

tartaglia 男女〔不変〕吃(きつ)音症の人

tartagliamento 男 吃(きつ)音(症), どもること

tartagliare 自 (io tartaglio) どもる —他 口ごもる, ぼそぼそ言う

tartaglione 男 〔女[-a]〕吃(きつ)音症の人 —形 吃音症の, どもる

tartan 男 〔不変〕〔英〕タータンチェック, 格子柄

tartana 囡 小型帆船; 底引き網

tartaresco 形 〔複[男 -chi]〕タタール人の

tartarico 形 〔複[男 -ci]〕〔化〕酒石の

tartaro¹ 男 1 歯石 2 酒石(ワインの酒樽の底の沈殿物)

tartaro² 形 タタール(人)の —男〔女[-a]〕タタール人

tartaruga 囡 1〔動〕カメ 2〔単数のみ〕(食用の)カメの肉 3 べっこう 4 のろま

tartarughiera 囡 カメの水槽

tartassare 他 1 いじめる 2 (物を)乱暴に[手荒に]扱う 3 苦しめる, 困らせる, 悩ませる

tartina 囡 カナッペ

Tartini 固名〔男〕(Giuseppe ~) タルティーニ(1692-1770; イタリアのバイオリン奏者・作曲家)

tartufaia 囡 トリュフの栽培地

tartufaio 男〔女[-a]〕トリュフ売り; トリュフ採集者

tartufato 形 トリュフの香りのついた

tartufo¹ 男 1 トリュフ 2〔口〕犬の鼻先 3 トリュフ・チョコレート 4 トリュフ・ジェラート

tartufo² 男 偽善者, 猫かぶり

Tarzan 男 〔不変〕屈強な若者

‡**tasca** 〔タスカ〕囡 1 ポケット —*con le mani in tasca* 両手をポケットに入れて 2 (かばんの)内ポケット 3 (料理用の)クリーム絞り袋

tascabile 形 ポケットに入る; 文庫版の —*libro tascabile* 文庫本, ペーパーバック —男 文庫本

tascapane 男〔不変〕(兵士・猟師が背中にかつぐ)雑嚢(のう); (牧夫が肩にかけ る)パン袋

tascata 囡 ポケット一杯分 —*una tascata di nocciole* ポケット一杯のピーナッツ

taschino 男 1 小さなポケット; 胸ポケット, 内ポケット 2 (財布・かばんなどの)仕切り

task force 成句〔女〕〔英〕専門家チーム, 機動部隊

tasmaniano 形 タスマニア(の人)の —男〔女[-a]〕タスマニアの人

‡**tassa** 〔タッサ〕囡 1 税金 2 公共料金; 料金 —*tassa di ammissione [d'iscrizione]* 入会金, 入学金

tassabile 形 課税できる, 課税対象の, 有税の

tassametro 男 料金自動表示装置

tassare 他 課税する —**arsi** 再 割り当て分の支払いに応じる

tassativamente 副 断固として, 絶対に, 有無を言わせずに

tassatività 囡 絶対性, 断固たること

tassativo 形 断固たる, 決定的な, 絶対の

tassato 形 課税された, 負担をかけられた

tassazione 囡 課税, 徴税

tassellare 他 1 補強する, 補修する; (壁に)詰め木をする; (壁に)くさびで固定する —*tassellare un mobile antico* 古い家具を補修する 2 小片を切り取る —*tassellare un cocomero* スイカをくし形に切る 3 収入印紙を貼付する

tassellatura 囡 (詰め木による)補強, 補修

tassello 男 1 詰め木; ジベル, くさび 2 (試食のための)小片 3〔服〕(補強などに用いる)まち

‡**tassi** 〔タッスィ〕男 タクシー〔表示は TAXI〕

tassi-, -tassi 接頭,接尾 「配列」「順序」の意

tassista 男女〔複[男 -i]〕タクシー運転手

Tasso 固名〔男〕1 (Torquato ~) タッソ(1544-95; ソレント出身の詩人) 2 「タッソ」(ゲーテの戯曲の題名)

tasso¹ 男 〔動〕アナグマ

tasso² 男 〔植〕セイヨウイチイ

tasso³ 男 比率, 割合, 歩合

tassobarbasso 男 〔植〕モウズイカ

tassodiacea 囡 〔植〕スギ科の木; (T-)〔複数で〕スギ科

tassodio 男 〔植〕ヌマスギ, ラクショウ

Tassoni 固名〔男〕(Alessandro ~) タッソーニ(1565-1635; モーデナ出身の詩人)

tassonomia 囡 分類学, 体系学

tassonomico 形〔複[男 -ci]〕分類学の, 体系学の

tastare 他 1 触れる, 触診する 2 探る, 確かめる

tastata 囡 軽く触れること, 一触れ —*dare una tastata al polso* 脈をとる

tasteggiare 他 〔io tasteggio〕軽くさわる; 軽く指を走らせる —*tasteggiare il pianoforte* ピアノを軽くかなでる

tastiera 囡 **1** 鍵盤, キーボード —*strumento a tastiera* 鍵盤楽器 (弦楽器の)指板 **3** (コンピューターの)キーボード

tastierino 男 キーパッド ▶ *tastierino numerico* 数値キーパッド, テンキー

tastierista 男女〔複[男 -i]〕**1** キーボード奏者の **2** (コンピューターなどの)オペレーター

tasto 男 **1** (鍵盤やキーボードの)キー **2** (プッシュ式の)ボタン **3** 問題(点), ポイント **4** 触れること ▶ *al tasto* 触って, 触診で; 手探りで

tastoni 副 〔次の成句で〕▶ *a tastoni* 手探りで

tata 囡 ばあや, 子守; お姉ちゃん —男〔複[-i]〕〔ローマ〕お父ちゃん, お兄ちゃん

tatà 男〔不変〕(ラッパの音をまねて)タタッ —男〔不変〕タタッという音

tataà → tatà

tataro 形 タタール人の —男〔女[-a]〕タタール人

tatati tatatà 感 とうとうと話すさま

tatatan 男 (ドラムの連打音)タタタン

tatatatà 男 (機関銃の)タタタタ —男〔不変〕機関銃の射撃音

tattica 囡 戦術

tatticamente 副 戦術的に, 計算して, かけひきで

tatticismo 男 策を弄すること, 策に走り過ぎること

tattico 形〔複[男 -ci]〕戦術の, 策略の; 抜け目のない, 巧みな —男〔複[-ci]〕女[-a]〕戦術家; 策士

tatticone 男〔女[-a]〕〔口〕策士, やり手, 敏腕家

tattile 形 触覚の, 触知できる

tattilità 囡 触知能力; 触覚機能

tatto 男 **1** 触覚; 手触り, 肌触り **2** 機敏さ, 機転

tatuaggio 男 入れ墨

tatuare 他〔io tatuo〕入れ墨をする —**arsi** 再 (自分の体に)入れ墨をする

tatuato 形 入れ墨をした

tau 男〔不変〕タウ(T, τ)(ギリシャ語アルファベットの19番目の字母)

taumaturgia 囡 奇跡を行う力, 呪術力

taumaturgicamente 副 奇跡的に

taumaturgico 形〔複[男 -ci]〕奇跡を行う

taumaturgo 男〔複[-gi, -ghi]女[-a]〕奇跡を行う人

taurași 男〔不変〕タウラージ(カンパニア州の濃厚な赤ワイン)

tauriforme 形 雄牛の形[姿]の

taurino 形 雄牛の; たくましい, 強い

tauromachia 囡 闘牛

tauto- 連結 「同じ」「一致」の意

tautologia 囡 同語反復; トートロジー

tautologico 形〔複[男 -ci]〕同語反復の; トートロジーの

tavella 囡 〔建〕小さな厚いレンガ[タイル], レンガ板

tavellone 男 〔建〕ブロック

taverna 囡 **1** 居酒屋, 安酒場 **2** 田舎造りのレストラン

tavernetta 囡 **1** (主に地下にある個人の)娯楽室, 内輪のパーティー用の部屋 **2** (宿屋も兼ねた)田舎のレストラン

taverniere 男〔女[-a]〕〔文〕宿屋の主人

‡**tavola** [ターヴォラ] 囡 **1** 食卓, テーブル —*A tavola!* ご飯ですよ(食卓に皆を呼ぶ際に). / mettersi a *tavola* 食卓につく / *tavola* calda [fredda] カウンター式の軽食堂 / *tavola* rotonda 円卓会議 **2** 板; 板のように平らな表面 **3** 表, 図表 **4** 図版 **5** (本の)図版のページ **6** 〔美〕タブロー **7** 作業台 ▶ *mettere le carte in tavola* 本音[本心]を明かす

tavolaccio 男 (営倉や刑務所の)板床

tavolame 男 (建築資材の)板, 材木

tavolata 囡 **1** 食卓を囲んだ人 **2** テーブル一杯分 —*una tavolata di dolci* テーブル一杯のお菓子

tavolato 男 **1**〔集合的〕板材; 板張りの床[壁] **2**〔地理〕台地, 高原

tavoletta 囡 **1**〔集合的〕細長い板材 **2** (チョコレートなど)板状のもの **3** 錠剤, タブレット **4** 便座(カバー[蓋(ﾌﾀ)]) **5** (コンピューターの)板状の入力装置, タブレット

tavoliere 男 **1** チェス盤; トランプ台; ビリヤード台 **2** 卓状台地

tavolino 男 小テーブル, 小さな机[台]

‡**tavolo** [ターヴォロ] 男 **1** テーブル, 机, 台 —*tavolo* da cucina キッチンテーブル **2** 〔報道用語で〕会議や討論の場[会場]

tavolozza 囡 **1** パレット **2** 色調; 文調; 音調

taxi 男〔不変〕タクシー

taxista → tassista

taylorismo 男 〔英〕テーラー主義

tayloristico 形〔複[男 -ci]〕テーラー主義の, テーラー主義者の

‡**tazza** [タッツァ] 囡 **1** カップ; カップ1杯の量 —*una tazza* da caffè [tè] コーヒー[ティー]カップ 1客 / *una tazza* di caffè 1杯のコーヒー **2** 便器 **3** カップの形をした容器

tazzina 囡 デミタスカップ

tazzone 男 大きなカップ, カフェオレボウル

T.C.I. 略 Touring Club Italiano イタリア観光協会

‡**tè** [テ] 男 **1** 茶の木 **2** 茶の葉 **3** 茶, 紅茶 —*tè* al latte [limone] ミルクティー[レモンティー] / *tè* alla pesca ピーチティー / *tè* freddo アイスティー **4** お茶会, ティーパーティー

‡**te** [テ] 代(人称)〔2人称単数男性・女性〕**1**〔直接目的格; 強勢形〕君を, あなたを —Cercavano *te*. 君を探していたよ. **2**〔前置詞とともに; 強勢形〕君, あなた —secondo *te* 君の見解では / Vengo da *te* domani. 明日君のところに行くよ. /

Vorrei parlare con *te*. 君と話がしたい. **3**〖人称代名詞直接目的格 lo, la, li, le や ne の前で〗間接目的格〗君に, あなたに —*Te* ne vai? 帰るの? **4**〖主語として, 特に io とともに〗—Siamo solo io e *te*. 僕と君の二人きりだ. / Beato *te*! 君がうらやましい. **5**〖感嘆表現での主語や, 比較表現で〗君 —Povero *te*! (君はかわいそうだ!

te' 間〖中伊・北伊〗持って行け; さあ, 取れ; ざあみろ —*Te'*, così la prossima volta impari! それ見たことか. | これで分かったでしょ.

tea 形〖女性形のみ; 次の成句で〗▶ *rosa tea* コウシンバラ

teacea 女〖植〗ツバキ科の植物; (T-)〖複数で〗ツバキ科

teak → tek

team 男〖不変〗〖英〗(競技や仕事などの)チーム, 団, 組

teatino 形 **1** キエーティ(の人)の(アブルッツォ州の都市 Chieti のラテン語名 Teate より派生) **2** テアティーノ修道会の —男〖女[-a]〗**1** キエーティの人 **2** (i Teatini) テアティーノ修道会

teatrabile 形 劇化される[に適した]

teatrale 形 **1** 演劇の **2** 芝居じみた, 大げさな

teatralità 女 演劇性, 芝居じみた様子

teatralizzare 他 劇的にする, 大げさにする

teatralmente 副 大げさに, わざとらしく

teatrante 男女 舞台俳優; 喜劇俳優; 大げさな話しぶり[身ぶり]の人

teatrino 男 **1** (子供が遊ぶ)おもちゃの劇場; 人形芝居 **2** 茶番劇

＊**teatro** [テアートロ] 男 **1** 劇場 —*teatro all'aperto* 野外劇場 **2** 演劇 —*il teatro comico [tragico]* 喜劇[悲劇] / *fare teatro* 演じる, 俳優である **3** 演劇の仕事[活動] **4**〖総称的〗観客 **5** 大事件の舞台

tebaide 女〖文〗人里はなれた場所

Tebaldi 固名(女) (Renata ～)テバルディ(1922-2004; ペーザロ出身のソプラノ歌手)

tebeo 形 (古代エジプトの都市)テーベ(の人)の —男〖女[-a]〗テーベの人

teca 女 ガラスケース; 聖遺物入れ

-teca 接尾「所蔵」「収集」の意

technicolor 男〖不変〗〖英〗テクニカラー ▶ *in technicolor* 鮮やかな色の

teck → tek

tecneto → tecnezio

tecnezio 男〖化〗テクネチウム(元素記号 Tc)

＊**tecnica** [テクニカ] 女 **1** 手法, 技法, テクニック —*tecnica pittorica* 絵画技法

tecnicalità 女 専門的に細かい点, 専門的細目

tecnicamente 副 技術的に, 手法的に

tecnicismo 男 **1** 技術主義, 技術偏重 **2** 細かい規則 **3** 専門用語の多用

tecnicistico 形〖複[男 -ci]〗技術主義の, 技術偏重

tecnicizzare 他 **1** より専門的にする **2** 技術を導入する

＊**tecnico** [テクニコ] 形〖複[男 -ci]〗**1** 技術的な **2** 専門的な —*linguaggio tecnico* 専門用語 —男〖複[-ci]〗女[-a]〗技術者; 専門家

tecnigrafo 男 製図機械, ドラフター

tecno- 接頭「技法」「技能」の意

tecnocrate 男女 テクノクラート, 技術官僚; テクノクラシーの主唱者

tecnocratico 形〖複[男 -ci]〗テクノクラシーの, 技術万能主義の

tecnocrazia 女 テクノクラシー, 技術万能主義

tecnologia 女 **1** 科学技術, 工業技術; 工学, 応用科学 **2** (個々の)技術 ▶ *tecnologia avanzata* 先端科学技術

tecnologicamente 副 科学技術的に —*paesi tecnologicamente avanzati* 科学技術先進国

tecnologico 形〖複[男 -ci]〗科学技術の, 工学の

tecnologo 男〖複[-gi]女[-a]〗科学技術者

tecnopatia 女 職業病

tecnostruttura 女 テクノストラクチャー, (経営や技術の)専門家集団

tecnotronica 女 テクノトロニクス(高水準の電子工学システムを用いるテクノロジー)

tedeschismo 男 ドイツ語的表現, ドイツ語から入った語

tedeschizzare 他 ドイツ風にする, ドイツ化する —**arsi** 再 (言語や習慣について)ドイツ風になる; ドイツ化する

＊**tedesco** [テデスコ] 形〖複[男 -chi]〗ドイツの; ドイツ[人]語の —男 **1**〖複[-chi]女[-a]〗ドイツ人 **2**〖単数のみ〗ドイツ語

tedescofilo 形 ドイツびいきの, ドイツ好きの —男〖女[-a]〗ドイツびいきの人, ドイツ好きの人

tedescofobo 形 ドイツ嫌いの —男〖女[-a]〗ドイツ嫌いの人

tedescofono 形 ドイツ語圏の —男〖女[-a]〗ドイツ語を話す人

Te Deum 成句(男)〖ラ〗(神の賛歌)テ・デウム, 感謝頌

tediare 他 [io tedio] うんざりさせる, 飽きあきさせる; 悩ませる —**arsi** 再 うんざりする, 退屈する

tedio 男 倦怠, 退屈, いや気 —*essere oppresso dal tedio* 倦怠感に悩まされる

tediosità 女 退屈なこと, 倦怠

tedioso 形 退屈な, うんざりする, 飽きあきする

tedoforo 男 **1**〖歴・考〗松明を持った男性像 **2**〖女[-a]〗〖スポ〗聖火ランナー

T.E.E. 略 Trans Europe Express

ヨーロッパ横断特急

teen-ager 男女〔不変〕〔英〕10代の少年〔少女〕, ティーンエイジャー; 若者

teflon 男〔不変〕〔商標〕テフロン

tegamata 女 浅鍋1杯の量

tegame 男 1 浅鍋 2 浅鍋1杯分の量

tegamino 男 小さい浅鍋

teglia 女 オーブン皿, パイ皿

tegliata 女 オーブン皿(パイ皿)1杯の量

tegola 女 1 屋根瓦 2 予期しない災難

tegolata 女 瓦での一撃

tegumento 男〔生物・解〕外皮, 外被

teiera 女 ティーポット

teina 女 (茶に含まれる)テイン, カフェイン

teismo 男〔哲〕一神論, 有神論

teista 男女〔複[男 -i]〕一神[有神]論者

teistico 形〔複[男 -ci]〕〔哲〕一神[有神]論の

tek 男〔不変〕〔植〕チークの木; チーク材

tela 女 1 布, 織物 —*tela* di cotone 綿布 / *tela* cerata 防水布, オイルスキン 2 画布, キャンバス 3 陰謀, 策略 4 油絵 5 (劇場の)幕, どんちょう

telaio 男 1 (織物を織る)機(ã), 織機 2 骨組み, 枠, フレーム

telato 形 1 布状の 2 帆布張りの

tele 女〔不変〕〔口〕テレビ

tele- 接頭 1「遠くから」「離れて」の意 2「テレビ」の意

teleabbonato 男〔女 -a〕テレビの受信契約者

teleallarme 男 緊急通報装置

telecabina 女 空中ケーブルカー

telecamera 女 テレビカメラ, 監視カメラ

telecinema 男〔不変〕1 テレシネ(フィルム映画をテレビ放送用に変換する装置) 2 テレビ映画

telecineşi 女〔不変〕念力, テレキネシス

telecomandare 他 遠隔操作する, リモートコントロールする

telecomandato 形 遠隔操作された

telecomando 男 1 遠隔操作 2 リモコン

telecomunicare 他〔io telecomunico〕(電気通信で)通信する, 伝達する

telecomunicazione 女 (ラジオ・テレビ・電話などの)電気通信

teleconferenza 女 テレビ会議

telecopia 女 ファックス文書[画像]

telecronaca 女 (テレビの)実況[録画]放送, 中継放送のVTR —*telecronaca* (in) diretta 実況中継

telecronista 男女〔複[男 -i]〕テレビ解説者(主にスポーツの実況中継)

teledipendente 形 テレビ依存症の, テレビ中毒の —男女 テレビ依存症[中毒]の人

teledipendenza 女 テレビ依存症, テレビ中毒

teledramma 男〔複[-i]〕テレビドラマ

teledrin 男〔不変〕ポケットベル

telefax 男〔不変〕ファックス(fax)

teleferica 女 ロープウエー —*cabina* di *teleferica* (ロープウエーの)ゴンドラ

teleferico 形〔複[男 -ci]〕ロープウエーの

telefilm 男〔不変〕テレビ映画[ドラマ]

＊**telefonare**［テレフォナーレ］自〔io telefono〕(a) 電話する —*Telefono* spesso a Mario. 私はよくマリオに電話をする. —他 電話で知らせる —**arsi** 再 電話で話し合う

telefonata 女 電話(をかける[受ける]こと), 通話 —fare una *telefonata* 電話する

telefonato 形 1 電話で知らされた 2 〔スポ〕(サッカーの)シュートが遅い 3 (動作や行動が)見えみえの, はっきり予測できる

telefonia 女 電話通信システム

telefonicamente 副 電話で

telefonico 形〔複[男 -ci]〕電話の; 電話による —cabina *telefonica* 電話ボックス / elenco *telefonico* 電話帳

telefonino 男 携帯電話(cellulare)

telefonista 男女〔複[男 -i]〕1 電話交換手 2 電話局の技術者

＊**telefono**［テレーフォノ］男 1 電話(機) —rispondere al *telefono* 電話を受ける / Ti voglio al *telefono*. 君に電話だよ. 2 電話局

telefotografia 女 写真電送(fototelegrafia); 電送写真

telegenico〔複[男 -ci]〕形 テレビ映りのよい

telegiornale 男 テレビニュース(略 Tg, TG)

telegiornalista 男女〔複[男 -i]〕ニュースキャスター

telegrafare 他〔io telegrafo〕電報で知らせる —自 電報を打つ

telegrafia 女 電信(術)

telegraficamente 副 1 電報で, 電送で 2 手短に, 簡潔に

telegrafico 形〔複[男 -ci]〕1 電信の; 電報による 2 電文のような, 簡略化された

telegrafista 男女〔複[男 -i]〕1 無線士 2 電信技手

telegrafo 男 電信機

telegramma 男〔複[-i]〕電報

teleguida 女 1 遠隔操作 2 無線誘導システム

teleguidare 他 遠隔操作する, 無線誘導する

teleguidato 形 遠隔操作された

teleinformatica 女 → telematica

telelavoro 男 (通信を利用した)在宅勤務

Telemaco 固名(男) 〔ギ神〕テレマコス(オデュッセウスとペネロペの子)

telematica 女 〔情〕データ[情報]通信; テレマティクス

telematico 形〔複[男 -ci]〕〔情〕データ通信の, テレマティクスの —男〔複[-ci]女[-a]〕データ通信[テレマティクス]の

専門家

telenovela 囡〔ポ〕連続テレビドラマ,テレノベラ

teleobbiettivo → teleobiettivo

teleobiettivo 男 望遠レンズ

teleologia 囡〔哲〕目的論

teleologico 形〔複[男 -ci]〕〔哲〕目的論の

teleosteo 男 (T-)〔複数で〕〔魚〕硬骨魚類

telepass 男〔不変〕〔商標〕高速道路の自動料金支払いシステム

telepatia 囡 テレパシー

telepaticamente 副 テレパシーで

telepatico 形〔複[男 -ci]〕テレパシーの ―男〔複[-ci]女[-a]〕テレパシーのある人

teleprogramma 男〔複[-i]〕テレビ番組

telepromozione 囡〔放〕商品宣伝

telequiz 男〔不変〕テレビクイズ

teleradiotrasmettere [65] 他〔過分 teleradiotrasmesso〕ラジオとテレビで同時放送する

teleria 囡 服地の品揃え;(商品としての)服地類

telericevente 形 テレビ受像の ―囡 テレビ受信局

teleromanzo 男 連続テレビ小説

teleschermo 男 (テレビの)画面,スクリーン;テレビ界

telescopia 囡〔光・天〕望遠鏡による観察

telescopio 男 望遠鏡

telescrivente 囡 テレタイプ,電動式タイプライター

telescuola 囡〔不変〕テレビ授業;義務教育課程の生徒のためのテレビ講座

teleselettivo 形 自動式電話回線接続の,ダイヤル回線の

teleselezione 囡 ダイヤル通話

Telesio 固名(男) (Bernardino ~)テレージオ(1509-88;コゼンツァ出身の自然学者・哲学者)

telesoccorso 男 遠隔医療,リモートケア

telespettatore 男〔女[-trice]〕テレビ視聴者

teletaxe 男〔不変〕テレタックス,通話数表示器

teletext 男〔不変〕〔英〕テレテキスト,文字多重放送

teletrasmettere [65] 他〔過分 teletrasmesso〕テレビ放映する

teletrasmissione 囡 テレビ放送

teleutente 男女 テレビ受信契約者,テレビ視聴者

televendita 囡 テレビショッピング

televenditore 男〔女[-trice]〕(テレビで)商品を売る[紹介する]人

televideo 男 (T-)イタリアにおけるテレテキストシステム

*__televisione__ [テレヴィズィオーネ] 囡 1 テレビ(映像,放送,番組) ―guardare la televisione テレビを観る 2 テレビ局

televisivo 形 テレビジョンの

televisore 男 テレビ(受像機) ―televisore in bianco e nero 白黒テレビ / televisore a colori カラーテレビ / televisore a cristalli liquidi 液晶テレビ

televoto 男 電話投票

telex 男〔不変〕テレックス;テレックスの通信文

tellina 囡〔貝〕ニッコウガイ

tellurico 形〔複[男 -ci]〕地球の,地中の;大地に生じる ―movimenti tellurici 地震動

tellurio 男〔化〕テルル(元素記号 Te)

telo 男 1 (幅の広い)布地 ―gonna a teli フレアースカート 2 テント用の布;大判のタオル ―telo da spiaggia ビーチタオル

telonato 形 1 防水シートで覆われた 2 (自動車が)シートがかけられた

telone 男 1 防水シート ―coprire l'auto con un telone 車をシートで覆う 2 (劇場の)幕

teloslitta 囡 (消防士が使う)避難用滑り台

*__tema__ [テーマ] 男〔複[-i]〕 1 主題;テーマ 2 (音楽・文学作品などの)主題,モチーフ 3 (学校の課題の)作文 4〔言〕主題;語幹

tematica 囡〔複[-che]〕テーマ,主題;(ある作家に特有な)題材

tematicamente 副 テーマ的に

tematico 形〔複[男 -ci]〕 1 主題[テーマ]の 2〔言〕語幹の

temerariamente 副 向こう見ずに,やみくもに,無鉄砲に

temerarietà 囡 無鉄砲,無謀,大胆な行為 ―La sua temerarietà non conosce limiti. 彼[彼女]の無鉄砲は底知れない.

temerario 形 1 向こう見ずな,無鉄砲な,無謀な 2 軽率な,無分別な;厚かましい

*__temere__ [テメーレ] 他 1 恐れる,怖がる;畏れる,畏敬の念を抱く ―Temo il peggio. 最悪の事態が怖い. 2 (che +接続法, di + 不定詞) 心配する,懸念する ―Temevamo che tu avessi perso quel treno. 我々は君がその電車に乗り遅れたのではと心配だった. 3 …に弱い,嫌う ―Questa pianta teme il freddo. この植物は寒さに弱い. ―自 1 (per) …を心配する,気づかう 2 (di) …を疑う,信用しない

Temi 固名(女)〔ギ神〕テミス(掟・秩序・正義の女神)

temibile 形 (事の性質が)ぞっとするような,恐るべき

Temistocle 固名(男) テミストクレス(前530頃-460頃;アテネの政治家・将軍)

temolo 男〔魚〕カワヒメマス

tempaccio 男 ひどい天気

tempera 囡 1〔美〕テンペラ画法 ―dipingere a tempera テンペラで描く 2 テンペラ画 3〔農〕適度の湿度 4 焼き入れ

(tempra)
temperalapis → temperamatite
temperamatite 男〔不変〕鉛筆削り
temperamentale 形 性質[気質]の
temperamento 男 1 性質; 気質 2 緩和, 軽減
temperamine 男〔不変〕芯研器(芯削り)
temperante 形 自制心のある, 節度のある —essere *temperante* nel bere 飲みすぎない
temperanza 女 1 節制, 自制 2〔神学〕節制(四つの枢要徳の一つ)
temperare 他〔io tempero〕1 和らげる, 抑制する, 加減する —*temperare* l'ira 怒りを抑える 2 (鉛筆を)削る, 先をとがらせる —*temperare* le matite colorate 色鉛筆を削る 3 (ピアノなどを)調律する —**arsi** 再 自制する
temperatamente 副 節制して, 控えて
temperato 形 1 控えめな, 節度のある, 自制した; 穏やかな, 温帯性の 2 (鉛筆が)削られた, 芯がとがった
*__temperatura__ [テンペラトゥーラ] 女 1 温度; 気温 —*temperatura* massima [minima] 最高[最低]気温 / sbalzo di *temperatura* 気温の激変 2 体温 (temperatura corporea) —misurare [prendere] la *temperatura* a... (人)の体温を測る
temperie 女〔不変〕(特有の)歴史[文化]的状況
temperino 男 1 ポケットナイフ, 小刀 2 鉛筆削り
tempesta 女 1 嵐, 暴風雨; (非難の)嵐 —mare in *tempesta* しけ, 荒れた海 / una *tempesta* di critiche 批判の雨あられ 2 (心の)動揺
tempestare 他 1 激しく打つ, くり返し叩く 2 (質問などを)浴びせる 3 (宝石を)散りばめる
tempestato 形〔di〕(宝石などが)ちりばめられた
tempestio 男 1 何度も叩くこと 2 矢継ぎばや, 多量 —*tempestio* di colpi 連打
tempestivamente 副 時宜を得て, タイミングよく, 間に合って
tempestività 女 タイミングのよいこと
tempestivo 形 時宜を得た, 折りのよい
tempestoso 形 1 暴風雨の 2 荒れ狂う, 波乱に満ちた
tempia 女 1 こめかみ, 側頭 2〔複数で〕頭
tempietto 男 祠(ほこら)
tempio 男〔複[templi]〕1 神殿; 寺院 —*tempio* greco ギリシャ神殿 2 教会堂, 聖堂; 礼拝堂 3 殿堂
Tempio Pausania 女 テンピオ・パウザーニア(サルデーニャ特別自治州の都市)
tempismo 男 時を得ていること, 適時性 —agire con *tempismo* 絶妙のタイミングで行動する
tempista 男女〔複[男 -i]〕1〔音〕リズム感のよい人 2 好機を逃さない人 3〔スポ〕チャンスに強い選手
tempistico 形〔複[男 -ci]〕時宜を得た, タイミングのよい
templare 形〔歴〕テンプル騎士団の
templi tempio の複数
templo 男《文》1 神殿; 聖堂 2 教会堂, 礼拝堂
*__tempo__ [テンポ] 男 1 時, 時間 —È *tempo* di partire. 出発の時間だ. / Non ho *tempo*. 私には時間がない. / *tempo* libero 空いた時間, 暇な時間 / molto *tempo* fa かなり以前に / in poco *tempo* 僅かの間に 2 時代 —ai tempi del fascismo ファシズムの時代に 3 (時間を)区分したもの, 期, 段階 4 天気, 天候 5 (演劇や試合の)前[後]半 6〔言〕時制 7 好機, チャンス 8〔音〕テンポ, 速さ; 拍子; 楽章 ▶ *a [in] quei tempi* あの頃に, あの時代には *a tempo perso* 余暇に, 仕事の合間に *col passare del tempo* 時が経つとともに *in tempo* 時間に間に合って *negli ultimi tempi* 最近, 近頃 *per tempo* 早く; 朝早く *un tempo* 昔, 以前
tempora 女 1 (断食の)季節
temporale¹ 男〔雷雨を伴う〕嵐
temporale² 形 1 世俗の 2 一時的な, 束の間の 3〔言〕時を表す 4 こめかみの
temporalesco 形〔複[男 -chi]〕嵐の, 嵐のきそうな
temporalità 女 1 一時的なこと, 束の間 2 世俗性 3〔複数で〕教会の財産
temporalmente 副 一時的に; 世俗的に
temporaneamente 副 臨時に, 暫定的に
temporaneità 女 一時性, 暫定, 臨時
temporaneo 形 一時的な, 臨時の, 仮の
temporeggiamento 男 好機を待つこと; 時間を稼ぐこと
temporeggiare 自〔io temporeggio〕好機を待つ, タイミングをはかる
temporeggiatore 男〔女[-trice]〕時間稼ぎのうまい人 —形〔女[-trice]〕好機を待つ, 時間を稼ぐ
temporibus illis〔ラ〕大昔に
temporizzatore 男 タイマー, タイムスイッチ(timer)
tempra 女 1 焼き入れ 2 性質, 素質; 精神[知, 体]力; (立派な)体格 3《文》声の響き, 音色 4《文》流儀, 飄然
temprare 他 1 焼きを入れる —*temprare* il vetro ガラスを焼き入れする 2 (心身を)鍛える, 鍛錬する —**arsi** 再 (肉体的・精神的に)強くなる
temprato 形 1 焼きが入った 2 鍛えられた
tempura 男〔不変〕〔日・料〕てんぷら
temuto 形 1 (人が)恐れられている, (物

tenace 形 1 粘着力のある; 粘り強い 2 頑固な

tenacemente 副 頑固に, 粘り強く

tenacia 女〖複 -cie〗粘り強さ, 不屈

tenacità 女 1 粘着力 2 (材質の持つ)靱(じん)性

tenaglia 女〖複数で〗1 ペンチ 2 (甲殻類の)つめ, はさみ

tenario 男〖文〗地獄の, 冥府の

tenda 女 1 カーテン, 幕, 日よけ —*tenda a rullo* ロールカーテン 2 テント —*montare una tenda* テントを組み立てる

tendaggio 男〖複数で〗カーテン

tendaggista 男女〖複[男 -i]〗カーテン製造[販売]者

tendame 男 カーテン類

tendente 形 1 狙った, 向けた 2 傾向がある, 気質の; (ある色を)帯びた

‡**tendenza** [テンデンツァ] 女 1 傾向, 向き; 流行 2 素質

tendenziale 形 潜在的な

tendenzialmente 副 傾向として, おおかた

tendenziosamente 副 偏って, えこひいきして

tendenziosità 女 偏向; 偏見

tendenzioso 形 偏った, 偏向の, 誘導するような

‡**tendere** [テンデレ][117] 他〖過分 teso〗1 (ロープなどを)張る 2 企てる, たくらむ; (罠(わな)を)仕掛ける 3 (手などを)差し出す ―自 1 (a, verso) …を目指する 2 (a) …の傾向がある 3 (a) (色彩や風味が)…を帯びる

tendicollo 男〖不変〗〖服〗襟芯

tendina 女 1 (薄手の)短いカーテン 2 〖写〗シャッターの絞り

tendine 男 〖解〗(筋肉の)腱(けん) ―*tendine d'Achille* アキレス腱

tendinite 女〖医〗腱(けん)炎

tendone 男 1 大きな防水布 2 (サーカスなどの)テント 3 幕, 緞(どん)帳

tendopoli 女〖不変〗(被災者などの)テント村

tenebra 女〖複数で〗1 闇, 暗闇; 暗黒 2 心の闇, 不可解

tenebrosamente 副 ひそやかに, 秘密に

tenebrosità 女 1 暗さ 2 不可解さ

tenebroso 形 1 暗い 2 謎めいた, 不可解な

‡**tenente** [テネンテ] 男〖軍〗中尉

tenenza 女 中尉管轄区域[署]

teneramente 副 やさしく, 愛情を込めて; 柔らかく, そっと

‡**tenere** [テネーレ][118] 他 1 (手に)持つ 2 (動かないように)支える, 握る 3 取っておく, 保持する —*tenere i cibi al fresco* 食糧を冷たいところで保存する / *Tenga il resto.* お釣りはどうぞ取っておいてください. 4 (状態などを)維持する; 〖音〗(音を)長く保つ, 伸ばす 5 (場所を)占める, 占領[占拠]する —*tenere la destra [sinistra]* 右側[左側]通行をする 6 (会議などを)開く, 開催する 7 (容量が)…ある, …入る —*Questo stadio tiene centomila spettatori.* このスタジアムは10万人の観客を収容できる. 8 (約束を)守る 9 経営する, 管理する 10 (日記などを)つける, 記す 11 (車などが)通行の方向を守る 12 (涙などを)抑える, こらえる 13 見なす, 考える —*Lo tengo per un caro amico.* 私は彼を親友だと思っている. ―自 1 持ちこたえる 2 長く続く[持つ] 3 (a) …に執着する[こだわる] 4 (per) …に味方する, …を応援する ―**ersi** 再 1 つかまる, もたれる 2 支え合う: 互いに身を寄せ合う 3 直立する 4 (ある姿勢・状態に)いる, …のままでいる 5 (dal + 不定詞) 控える, こらえる 6〖口〗飲食を控える 7 (a) 従う, 遵守する ► *tenerci a...* (物)を大切にする *tenere a mente* 心にとめる, 覚えておく *tenere conto di...* …を考慮に入れる *tenere da conto* 大事にする, 大切に保管する *tenere d'occhio* 見張る, 監視する *tenere duro* (苦しい立場でも)頑張る, 粘る *tenere le mani a posto* 手を出さない, 他人に干渉しない *tenere presente* 考慮する, 覚えておく

‡**tenerezza** [テネレッツァ] 女 1 やさしさ, 情愛 2 柔らかさ

‡**tenero** [テーネロ] 形 1 柔らかい —*carne tenera* 柔らかい肉 2 心優しい, 情け深い 3 幼い, 若い —*tenera età* 幼年時代 4 (色が)淡い ―男〖単数のみ〗1 柔らかい部分 2 愛情 3 弱点

tenerone 男〖女 [-a]〗愚鈍そうな人

tenerume 男 (魚肉の)軟骨

tenesmo 男〖医〗渋り腹, テネスムス

tenga *tenere* の命・3 単; 接・現・1 単[2 単, 3 単]

tengo *tenere* の直・現・1 単

tenia 女 寄生虫; 〖動〗サナダムシ, 条虫

tenibile 形 守れる; 維持できる

tenifugo 形〖複[男 -ghi]〗〖薬〗条虫駆除の

tenne *tenere* の直・遠過・3 単

tennis 男〖不変〗〖英〗テニス —*giocare a tennis* テニスをする

tennista 男女〖複[男 -i]〗テニス選手

tennistico 形〖複[男 -ci]〗テニスの

tenore 男 1 (全体的な)様子, 状態 —*tenore di vita* 暮し向き, 生活ぶり 2 (文書や話の)流れ, 調子 3〖音〗(声楽の)テノール, テナー歌手 —*È un grande tenore.* 彼は偉大なテノールだ. 4〖化〗含有率, 濃度

tenorile 形〖音〗テノールの

tenorino 男 裏声テノール(歌手)

tensioattivo 形〖化〗界面活性剤の ―男 界面活性剤

tensione 女 1 (物の)張り, 張り詰めること 2 (精神的な)緊張, テンション —*tensione nervosa* 精神的緊張 3 電圧 —

tentabile 形 試せる

tentacolare 形 1 触手状の, 触手の 2 至るところに広がる; スプロール化した, 無秩序に広がる

tentacolo 男 1 触手 2 〔植〕腺毛 3 (逃れられない)支配, 影響力

＊**tentare** [テンターレ] 他 1 ⟨di + 不定詞⟩ 試みる, やってみる —*tentare* di scappare 逃亡を試みる / *tentare* la fortuna 運試しをする 2 誘惑する, そそのかす 3 (物が人を)その気にさせる —Quell'idea non mi *tenta* molto. その考えにはあまり気が乗らないね. 4 (確認のために)さわる

＊**tentativo** [テンタティーヴォ] 男 試み, 努力

tentato 形 未遂の —*tentato* omicidio 殺人未遂

tentatore 男 〖女[-trice]〗 誘惑者 ―形 誘惑する, 心を惑わす

tentazione 女 1 (悪いことへの)誘惑, 誘い 2 (何かを)したい気持ち, 衝動 —Ebbi la *tentazione* di picchiarlo. 私は彼を殴ってやりたい衝動にかられた.

tentennamento 男 1 (テーブルや人が)ぐらつくこと, ふらつくこと 2 優柔不断

tentennante 形 1 揺れる, ぐらつく, よろよろした 2 優柔不断な, はっきりしない —Lo vedo molto *tentennante*. 私には彼がとても迷っているように見える.

tentennare 自 1 揺れる, ぐらつく; よろめく, ふらつく —Il palo *tentenna*. 柱がぐらつく. 2 躊躇(ちゅうちょ)する, ためらう, 決めかねる

tentennio 男 1 絶えずぐらつくこと[揺れること] 2 ためらい, 優柔不断

tentoni 副 やみくもに, むやみやたらに ▶ *a tentoni* 手探りで, やみくもに

tenue 形 1 薄い, 細い; 淡い; かすかな —Sentivo il rumore *tenue* del suo respiro. 私は彼女[彼]のかすかな息づかいを聞いていた. 2 弱い; 取るに足りない; 効果の少ない

tenuità 女 繊細さ, 淡さ; 弱さ

tenuta 女 1 所有地, 農地 2 容量 3 耐久性, 持久力 4 (容器の)気密性, 密封性 5 制服; 装備 ▶ *tenuta dei libri contabili* 帳簿の管理, 記帳

tenutario 男〖女[-a]〗 (怪しげな場所の)持ち主, 経営者

tenuto 形 〖過分 < tenere〗 1 保たれた, 義務がある 2 〔音〕テヌートの ―男〔音〕テヌート

tenzone 女 1 〔文〕口論, 激論; 一騎打ち, 決闘 2 〔文〕(中世の)口論詩

teo- 接頭 〔神〕「神性なもの」の意

teobroma 男〖複[-i]〗〔植〕カカオ

teocratico 形〖複[男-ci]〗神政政治の

teocrazia 女 神政政治, 神権政治

Teocrito 固名(男) テオクリトス(前300頃-260頃; シチリア島出身のギリシャの牧歌詩人)

teodicea 女 〔神学〕弁神論, 神義論

teodolite 男 セオドライト, 経緯儀, トランシット

Teodora 固名〔女性名〕テオドーラ

Teodorico 固名(男) テオドリック(454頃-526頃; 東ゴート王国の王)

Teodoro 固名〔男性名〕テオドーロ

Teodosio 固名(男) (〜 il Grande)テオドシウス(大帝)(347-395; ローマ皇帝; 在位 379-395)

Teofrasto 固名(男) テオフラストス(前372頃-287頃; ギリシャの哲学者・生物学者)

teogonia 女 1 〔宗〕神々の起源 2 〔文〕神統記

teologale 形 〔宗〕神学の, 神学上の(teologico)

teologia 女 1 神学; 宗教学 2 神学体系[理論]

teologicamente 副 〔宗〕神学上, 神学的見地から

teologico 形〖複[男-ci]〗神学の

teologizzare 自 神学を論じる; 神学的に扱う

teologo 男〖複[-gi]女[-a]〗神学者

teorema 男〖複[-i]〗 1 定理 2 〔報道用語で〕仮説

teoretica 女 〔哲〕認識論(gnoseologia)

teoretico 形〖複[男-ci]〗〔哲〕認識の

＊**teoria** [テオリーア] 女 1 理論, 理屈 2 学説, 説 3 物の見方, 考え方 4 〖文〗列, 長い一続き ▶ *in teoria* 理論上は

teorica 女 学説; 理論

teoricamente 副 理論的には; 本当は

teorico 形〖複[男-ci]〗 理論の, 理論的な ―男〖複[-ci]女[-a]〗理論家

teorizzare 他 学説を立てる, 理論化する

teorizzazione 女 理論化

teosofia 女 〔哲・宗〕神智学

teosofico 形〖複[男-ci]〗〔哲・宗〕神智学の

teosofo 男〖女[-a]〗〔哲・宗〕神智学者

tepalo 男 〔植〕花被弁, 花蓋

tepidario 男 (古代ローマの浴場の)微温浴室, テピダリウム

tepidezza → tiepidezza

tepido 形 → tiepido

tepore 男 暖かさ; 温もり

teppa 女 (大都市の)ならず者; ギャング

teppismo 男 1 暴力行為, 破壊行為 2 〖総称的〗犯罪者, ごろつき

teppista 男女〖複[男-i]〗 1 乱暴者, フーリガン 2 不良, ごろつき

tequila 女〔不変〕テキーラ

ter 形〖不変〗(ラ)第三の, 3番目の

teramano 形 テーラモ(の人)の ―男〖女[-a]〗テーラモの人

Teramo 固名(女) テーラモ(アブルッツォ州の都市; 略 TE)

terapeuta 男女 《文》治療専門医, 臨床医

terapeutica 女〔医〕治療学, 臨床医学

terapeutico 形〔複[男 -ci]〕1〔医〕治療法の 2 効果のある

terapia 女 1 治療, 療法 2 処方

terapista 男女〔複[男 -i]〕〔医〕治療専門医, セラピスト

terato- 接頭「怪物」「奇形」の意

teratogenesi 女〔不変〕〔生物〕催奇性

teratogeno 形〔生物〕催奇形因子の

teratologico 形〔複[男 -ci]〕〔生物〕(針などの)中空器官を持つ; 奇形学の

terbio 男〔化〕テルビウム(元素記号 Tb)

terebinto 男〔植〕テレビンの木

terebrante 形〔医〕穿(せん)孔性の;(痛みなどが)刺すような

teredine 女〔動〕フナクイムシ

Terenzio 固名(男) (Publio ~ Afro) テレンティウス(前 190 頃 -159; 共和政ローマの喜劇詩人)

Teresa 固名(女) 1〔女性名〕テレーザ 2 (Santa ~ del Bambino Gesù) イエズスの聖テレジア

tergere [45] 他〔過分 terso〕ぬぐう, 乾かす —*tergere* il sudore dalla fronte 額の汗をぬぐう

tergicristallo 男 (自動車の)ワイパー

tergifari 男〔不変〕ヘッドライトウオッシャー

tergilunotto 男〔複不変, または[-i]〕(リアウインドーの)ワイパー

tergiversare 自 言い逃れる;(決断を)ためらう

tergiversatore 男〔女[-trice]〕言い逃れをする人

tergiversazione 女 1 言い逃れ 2 遁(とん)巡

tergo 男〔複[-ghi]〕1 (または複[le terga])《文》背中 2 裏, 裏面 ▶ *a tergo* 裏面に

teriomorfismo 男〔宗〕聖獣信仰

terlano 男 テルラーノ(アルト・アディジェ州の白ワイン)

termale 形 温泉の; 古代ローマの浴場の

termalismo 男 温泉療法

terme 女複 1 温泉, 湯治場 2 (古代ローマの)公衆浴場

-termia 接尾「熱」「温度」の意

termico 形〔複[男 -ci]〕熱の, 発熱する

termidoro 男〔歴〕熱月, テルミドール(フランス革命暦の第 11 月)

terminabile 形 終えられる, 完成できる

terminal 男〔不変〕〔英〕エアターミナル; 発着所, ターミナル

terminale 形 1 端の, 境界の 2 終点の, 終末の, 末期の — 男 1 端 2〔電〕ターミナル; 端末機

terminalista 男女〔複[男 -i]〕端末オペレーター

terminare [テルミナーレ] 他〔io termino〕終える —自 [es]終わる

terminato 形 終了した, 満期の

terminazione 女 1 終了, 完成 2 端, 先端 3〔言〕語尾

termine [テルミネ] 男 1 終わり, 端 —*al termine* dell'estate 夏の終わりに / essere [volgere] —*al termine* 終わりつつある 2 期限, 期間 —*entro un termine* di sei mesi 6 か月以内に 3 (特殊な)言葉, 表現 —*termine* tecnico 技術[専門]用語 4 到達点 5〔複数で〕条件; 状態 6〔複数で〕要素 ▶ *a termine* 期限付きで[の] *in altri termini* 言い換えれば *portare a termine* 遂行する; 完了する

terminologia 女 1〔集合的〕専門用語, 術語 2〔言〕術語学

terminologico 形〔複[男 -ci]〕専門用語の, 術語の

termistore 男〔電子〕サーミスタ

termitaio 男 シロアリの巣

termite¹, térmite¹ 女 シロアリ

termite² 女〔化〕テルミット

termo 男〔不変〕ラジエーター(termosifone の略)

termo- 接頭「熱」「温度」の意

termoascensore 男〔不変〕(広告用語で)暖房完備でエレベーター付きの

termoautonomo 形〔不変〕(広告用語で)暖房完備の

termobagno 男〔不変〕(広告用語で)暖房完備で浴室付きの

termochimica 女〔化〕熱化学

termocompressione 女〔物〕熱圧

termocoperta 女 電気毛布

termocoppia 女〔物〕熱電対

termodiffusione 女〔物〕熱拡散

termodinamica 女〔物〕熱力学

termodinamico 形〔複[男 -ci]〕熱力学の

termoelasticità 女〔物〕熱弾性; 熱弾性体

termoelettricità 女〔物〕熱電気

termoelettrico 形〔複[男 -ci]〕〔物〕熱電気の

termoforo 男〔医〕電気カイロ

termogeno 形 発熱する

termografia 女 1〔医〕サーモグラフィー 2〔印〕隆起印刷

termografo 男〔物〕自記温度計, サーモグラフ

termoisolante 形 断熱性の —男 断熱性のある物質

termologia 女〔物〕熱学

termometria 女〔物〕温度測定学

termometrico 形〔複[男 -ci]〕〔物〕温度測定の; 寒暖計の

termometro 男 1 温度計, 体温計 2 (現象の)指標

termominerale 形 ミネラル温水の

termonucleare 形〔物〕熱核反応の

termoplastico 形〔複[男 -ci]〕

termoreattore 〔化〕熱可塑性の

termoreattore 男 サーモジェット, ジェットエンジン

termoregolatore 男 温度調節器 —形〔女[-trice]〕温度調節器の

termoregolazione 女〔生物〕温度調節; 温度自動調節

termos → thermos

termosfera 女 熱圏

termosifone 男 (暖房用の)ラジエーター —riscaldamento a *termosifone* セントラルヒーティング

termostatico 形〔複[男-ci]〕サーモスタットの, 温度自動制御の

termostato 男 サーモスタット

termotecnica 女〔複[-che]〕熱工学

termotecnico 形〔複[男-ci]〕熱工学の

termoterapia 女〔医〕温熱療法

termoventilatore 男 ファンヒーター

termovisore 男 サーモバイザー, 表面温度表示装置

terna 女 1 3人一組; 3個セット[一揃い] 2 〔スポ〕(サッカーの)審判(員)

ternano 形 テルニ(の人)の —男〔女[-a]〕テルニの人

ternario 形 1〔化〕三元の, 3成分の;〔数〕3進の, 三つの要素から成る 2〔詩〕3音節の 3〔音〕3拍子の

Terni 固名(女) テルニ(ウンブリア州の都市; 略 TR)

terno 男 1 (ロトくじやビンゴの)三つの数の組み合わせ; 思いがけない幸運 2 (製本で)3 枚重ね折り(12 ページ分)

terpene 男〔化〕テルペン

✱**terra** [テッラ] 女 1 (T-)地球 2 現世, この世 3 世界;〔総称的〕人類 —tutta la *terra* 全人類 4 陸, 陸地 5 地面, 床 —esercizi a *terra* フロアエクササイズ / piano *terra* 一階 6 土 7 土地 —in *terra* straniera 見知らぬ土地で, 外国で 8《口》粘土, (顔料に使う)土,〔不変〕黄土色 9〔電〕アース 10〔哲〕土(アリストテレスの四大元素の一つ) ▶ *buttare a terra* 打ちのめす, 参らせる *essere a terra* お手上げ[どん底]の状態にある *gomma a terra* パンクしたタイヤ *terra terra* 地に足が着いた, 実際的な; 平凡な

terra-aria 形〔不変〕〔軍〕(ミサイルが)地対空の

terracotta 女〔複[terrecotte]〕テラコッタ, 粘土の素焼き(の製品)

terracqueo 形 水陸より成る —il globo *terracqueo* 地球

terraferma 女 陸地; (島に対して)大陸, 本土

terraglia 女 1 多孔質陶器 2〔複数で〕陶器の食器類

terraiolo 形 (鳥が)陸生の

terraiuolo → terraiolo

terramicina 女〔商標〕テラマイシン

Terranova 固名(女) ニューファンドランド(カナダの大西洋岸にある島・州名)

terranova 男〔不変〕ニューファンドランド(大型犬の一種)

terrapieno 男 堤防, 築堤, 盛り土; 堡(り)塁, 土塁

terraqueo → terracqueo

terratico 男〔複[-ci]〕〔歴〕地租, 地代

terrazza 女 1 屋上, ルーフバルコニー 2 段々畑, 段丘

terrazzamento 男 段々畑にすること; 段丘形成

terrazzare 他 段々畑を作る

terrazzino 男 バルコニー

terrazzo 男 1 テラス, ベランダ 2 台地, 段丘 3〔建〕研ぎ出し

terrei tenere の条・現・1 単

terremotato 形 地震の被害にあった —形〔女[-a]〕地震の被災地住民

terremoto 男 1 地震 2 やんちゃ坊主

✱**terreno¹** [テッレーノ] 男 1 地面 2 土地, 耕地 —*terreno* prativo 牧草地 3 グラウンド 4 (研究の)分野, 領域 5 戦地, 戦場 ▶ *tastare il terreno* 意図を探る, 出方を窺う

terreno² 形 1 現世の, この世の 2 (建物の床が)地面と同じ高さの —男 一階

terreo 形 土色の, 土気色の —avere il viso *terreo* 土気色の顔をしている

terrestre 形 1 地球の 2 (空や海に対して)陸の, 陸上の —男女 (SF 小説や映画での)地球人

✱**terribile** [テッリービレ] 形 1 恐ろしい, ものすごい 2 ひどい, 耐えがたい —bambino *terribile* 手に負えない悪ガキ 3 並外れた, 格別の

terribilmente 副 恐ろしく, ものすごく, ひどく —Canta *terribilmente* male. 彼[彼女]は相当の音痴だ.

terriccio 男 腐植土, 腐葉土

terricolo 形〔生物〕陸生の

terrier 男〔不変〕〔英〕テリア(小型・中型犬の一種)

terriero 形 (耕作地としての)土地の, 農地の

terrificante 形 (人を)恐れさせる, ぞっとさせる; ひどい, すさまじい

terrificare 他 (io terrifico) ひどく怖がらせる, 脅かす, ぎょっとさせる

terrifico 形〔複[男-ci]〕《文》恐ろしい, ぞっとする, 怖い

terrigeno 形〔地質〕陸源堆積物の; 土地から生じた

terrigno 形 土色の, 土気色の

terrina 女 1 (丸い陶器の)鉢, ボウル 2〔料〕テリーヌ

territoriale 形 領土の, 土地の; 地域的な

territorialismo 男〔生物〕縄張り行動

territorialità 女〔次の成句で〕 ▶ *territorialità della legge* 属地主義

territorializzato 形 領土化する

territorio 男 1 領土, 領地 2 地域, 領域 3 縄張り, テリトリー 4〔スポ〕(野球

の)グラウンド
terrò tenereの直・未・1単
terrone 男[女[-a]]〖イタリア南部の人を侮辱した呼びかけ〗南部の田舎者
terrore 男 1 恐怖 2 恐怖を生じさせる人[物]
terrorismo 男 テロ(行為), テロリズム
terrorista 男女[複[男 -i]] テロリスト ─ 形[複[男 -i]] テロの, テロリストの
terroristico 形[複[男 -ci]] 1 テロの, 暴力主義的な 2 恐怖政治の
terrorizzare 他 恐れさせる, 恐怖を抱かせる
terroso 形 1 土の混じった, 泥だらけの 2 土のような, 土色の, 土の
tersamente 副 きれいに, 明瞭に
terse tergereの直・遠過・3単
Tersicore 固名(女) 〔ギ神〕テルプシコラ(文芸の女神ムーサの一)
Tersite 固名(男) テルシテス(『イリアス』の登場人物)
terso 形〔過分＜ tergere〕1 きれいな, ぴかぴかした, 澄みきった 2 (文章などが)すっきりした, 明晰な
terza 女 1 第3学年; 3等 ─frequentare la *terza* elementare 小学3年である 2 サードギア 3 〔音〕3度音, 3度音程 4 〔カト〕第三時課 5 〔スポ〕(フェンシングの)ティエルス
terzana 女〔医〕三日熱, 隔日熱
terzanella 女〔織〕質の悪い絹
terzarolare 他〔海〕縮帆する
terzarolo 男〔海〕リーフ, 縮帆部
terzeria 女〔法〕(収穫の配分が小作人1, 地主が2の)小作契約
terzetto 男 1 〔音〕三重唱(曲), 三重奏(曲) 2《譜》三人組 3 同じものの3個一組
terziario 形 1 第三の, 第三次の, 第3位の 2 〔医〕(病状が)第3期の; 重度の 3 〔地質〕第三紀の 4 〔経〕第三次産業の ─ 男 1 〔カト〕(修道会の)第三会員 2〔単数のみ〕〔地質〕第三紀 3 〔経〕第三次産業
terziglio 男 テルツィッリョ(イタリアのカードゲイ)
terzina 女 1 〔詩〕3行詩節 2 〔音〕3連音符
terzino 男 1 〔スポ〕(サッカーの)フルバック 2 〔音〕小クラリネット
*__**terzo**__ [テルツォ] 形(序数) 1 3番目の, 第三の 23の1の ─ 第3 1 3分の1 ─un *terzo* 3分の1/due *terzi* 3分の2 2 第三者 ─Chiedono il parere di *terzi* [un *terzo*]. 第三者の意見が求められている. 3 3番目
terzogenito 形 三男の ─ 男[女[-a]] 三男, 3番目の子供
terzomondismo 男〔政〕第三世界の諸問題; 第三世界諸国を支援する態度
terzomondista 形[複[男 -i]]〔政〕第三世界の, 第三世界支援の ─ 男女[複[男 -i]] 1 第三世界問題の専門家 2 第三世界の支援者
terzomondistico 形[複[男 -i]] 第三世界(態度)に関する
terzone 男 (麻などの)粗末な布
terzultimo 形 最後から3番目の ─ 男[女[-a]] 最後から3番目の人
tesa 女 1 (帽子などの)つば; (突き出た)縁 2 (鳥に)網を張ること, 網張り場; 鳥網 3 腕幅(メートル法導入以前の長さの単位)
tesafili 男〔不変〕〔電〕架線工事器具
tesare 他 (ロープ・電線などを)ぴんと張る; (帆を)張る ─*tesare* un cavo ケーブルを張る
tesaurizzare 自 蓄財する ─ 他 ため込む, 蓄える, 保管する ─*tesaurizzare* denaro お金をため込む
teschio 男 頭蓋, 頭蓋骨
tese tendereの直・遠過・3単
Teseo 固名(男) 〔ギ神〕テセウス(アテナイの国民的英雄)
*__**tesi**__ [テーズィ] 女〔不変〕1 主張, 理論 2 〔哲〕テーゼ 3 論文 ─*tesi* di laurea 卒業論文
tesina 女 (大学生の)課題小論文; 研究論文
tesista 男女[複[男 -i]] 卒業[博士]論文を準備している学生
tesmoforie 女複 (古代ギリシャの)テスモフォリア祭
teso 形〔過分＜ tendere〕1 ぴんと張った 2 こわばった, 緊張した 3 (手が)前に伸ばされた 4 (目的などに)向けられた
tesoreggiare → tesaurizzare
tesoreria 女 国庫, 公庫
tesoriere 男[女[-a]] 1 収入役; 会計[出納]係 2 宝物管理人
*__**tesoro**__ [テゾーロ] 男 1 宝, 宝物 ─caccia al *tesoro* 宝探しゲーム 2 大金 3 かけがえのない人 ─*Tesoro* mio![大切な人に対する呼びかけ]いとしいお前[あなた]. 4 (T-)国庫 5 名品, 宝典 6 宝庫 7 芸術的財産 ▶ *fare tesoro di...* …を尊重する
tessalico 形[複[男 -ci]] テッサリアの
tessalo 形 テッサリア(人)の ─ 男[女[-a]] テッサリア人
tessellato 形〔考〕モザイク模様の床
tessera 女 1 会員証, 身分証 2 定期券, パス 3 (モザイク細工で使う)ガラスや石のかけら 4 ドミノの牌[こま]
tesseramento 男 1 (政党・組合などの)会員登録, 加入 2 (食料の)配給
tesserare 他 [io tessero] 1 (政党・組合などの)会員証を支給する; 登録する 2 (食料を)配給する ─**-arsi** 再 会員証を受け取る; 登録する
tesserato 形[女[-a]] 登録者; 登録された競技選手
tessere 他 1 織る, 編む 2 入念に編成する 3 企む, もくろむ
tesserino 男 定期券, パス, カード; 身分証明カード ─*tesserino* magnetico 磁気カード
tessile 形 織物の, 繊維の ─*operaio*

tessile 織工 ―男 **1** 織物[繊維]工業部門 **2** 織物, 繊維製品 ―男女《複数で》繊維工業従事者

tessitore 男〖女[-trice]〗 **1** 紡績工, 紡織業者 **2**（緻密な）編み手, 計画者

tessitura 女 **1** 機織り; 織り, 編み; 織物工場 **2**〔文〕（小説・戯曲などの）構成, プロット **3**〔音〕音域, 声域 **4** きめ, 石理

tessutale 形〔生物・医〕組織の

tessuto 男 **1** 生地, 織物 ―*tessuto di lana* 毛織物 **2** 組織 ―*tessuto osseo* 骨組織 / *tessuto urbano* 都市組織 **3** 構造, 組み立て

test 男〖不変〗 **1** テスト, 実験 **2** 検査, 試験 ―*test per rilevare il grado d'inquinamento* 汚染度検査

***testa** [テスタ] 女 **1** 頭 ―*colpo di testa* ヘディング / *tiro di testa* ヘディングシュート **2** 頭脳, 才能 ―*avere testa per...* …をする才能がある **3** 知力に優れた人, 優れた頭脳の持ち主 **4** 人, 一個人 **5** 生命 **6** 先端, 先頭 ―*gruppo di testa* 先head集団 **7**（長い物の）丸のある先端部分 **8**〔音〕符頭 ▶*a testa* 一人当たり, 一人頭 *a testa alta* 堂々と, 胸を張って *a testa bassa* 恥ずかしそうに, 頭を垂れて *con la testa nel sacco* よく考えずに *di testa* 頭から, 頭を下にして *far girare la testa a...* （人）の目を回させる; 夢中にさせる *girare la testa a...* （人）の目が回る / *Mi gira la testa.* 私は目が回る. *in testa* 先頭に, トップに *montarsi la testa* 思い上がる, 慢心する *perdere la testa* 逆上する, 狂う *tenere testa a...* …に抵抗する, 屈しない *testa calda* 無鉄砲な人; 過激派 *un occhio della testa* 高額（目をむくほどの額）

testaceo 形〖動〗甲〔外殻〕を有する

testacoda 男〖不変〗（自動車などの）スピン, 横すべり

testamento 男 **1** 遺言状 **2**（T-）聖書 ―*Vecchio [Nuovo] Testamento* 旧[新]約聖書

testardaggine 女 頑固, 強情

testardamente 副 頑固に, 強情に

testardo 形 頑固な, 強情な ―*Sei più testardo di un mulo.* お前はとてつもなく頑固だね. ―男〖女[-a]〗頑固者

testare¹ 自〔法〕遺言する

testare² 他 試験をする, テストする; 実験する

testata 女 **1** 頭をぶつけること; 頭突き ―*dare una testata* 頭をぶつける **2** 先端, 上部 **3**（新聞の）題字; 新聞 **4**（機械・道具などの）頭部, ヘッド

testatico 男〖複[-ci]〗 **1**〔歴〕人頭税 **2**〔北伊〕牧地税

testatore 男〖女[-trice]〗〔法〕遺言者

teste 男女〔法〕証人

testé 副 少し前に, 今しがた, さいきさき

tester 男〖不変〗〔英〕 **1** モニター; 試作品 **2**（化粧品などの）テスター

testicolo 男〔解〕睾(こう)丸

testiera 女 **1**（ベッドの）ヘッドボード **2** 頭絡（馬具の一種）

testimone 男女 **1** 証人 **2**（結婚式などの）立会人 **3**〔法〕連署人 ―男 **1**（ボーリング調査による）岩石標本 **2**〔スポ〕（リレーの）バトン

testimoniale 形〔法〕証言の, 証拠の; 証人の

testimonianza 女 **1** 証言 ―*rendere testimonianza* 証言する / *falsa testimonianza* 偽証 **2** あかし, しるし, 証拠

testimoniare 他〖io testimonio〗 **1** 証言する **2** 証明する ―自〔法〕証言する

testimonio 男（特に結婚の）証人, 立会人

testina 女 **1** 小さな頭 **2** 気まぐれな若者 **3**〔料〕子牛の頭肉 **4**〔電〕ヘッド

***testo**¹ [テスト] 男 **1** 本文, 全文, テキスト **2** 教科書, テキスト ―*libro di testo* 教科書, 教則本 **3** 原文, 原典, テキスト **4** 古典作品

testo² 男 テラコッタの覆い, 蓋(ふた); パイ皿

testolina 女 **1**（子供や女性の）小さな頭 **2**〖口〗軽率な人, 気まぐれな人

testone 男 **1** 大きな頭 **2**〖女[-a]〗間抜け, 愚か者; 頑固者, 意地っぱり, 強情な人 **3**〖俗〗（ユーロ導入前の）100 万リラの大金;（15 世紀以降イタリアの領域[地方]国家が鋳造された）大型銀貨

testosterone 男〔生化〕テストステロン

testuale 形 **1** 本文の, 原文のままの ―*È una citazione testuale.* 正確な引用である. **2** 逐語的な; 言葉どおりの

testualmente 副 原文どおりに, 厳密に, 正確に

testuggine 女 **1**〖動〗カメ, ウミガメ **2**（古代ローマの）亀甲型掩蓋(えんがい) **3**〔考〕穹窿(きゅうりゅう)

teta 男, 女〖不変〗テータ, シータ（Θ, θ）（ギリシャ語アルファベットの 8 番目の字母）

tetanico 形〖複[男 -ci]〗〔医〕強縮性の

tetano 男〔医〕破傷風

tête-à-tête 男〖不変〗〔仏〕差し向かい ―男〔不変〕対面した

Teti 固名〖女〗〔ギ神〕テティス（海の女神. アキレスの母）

tetra- 接頭「4」の意

tetraciclina 女〔薬〕テトラサイクリン

tetracordo 男 **1**（古代ギリシャの）4 音音階, テトラコード **2** 四弦琴

tetraedrico 形〖複〖男 -ci〗〗〔幾〕四面体の

tetraedro 男〔幾〕四面体

tetragonale 形 **1**〔幾〕四角形の, 四辺形の **2**〔鉱〕正方晶系の

tetragonia 女〔植〕テトラゴニア, ツルナ

tetragono 形 **1** 四角形の **2**〔植〕四長雄蘂(ずい)の **3**〔文〕堅固な, 不動の ―男 四角形

tetragramma 男〔複 -i〕1 4文字の語 2〔宗〕(ユダヤ教で)神の名を表す4文字

tetralogia 女 1 (古代ギリシャの)四部劇 2 (文学・音楽などの)四部作 3 四元素

tetramente 副 暗く，陰鬱に

tetrametro 男〔韻〕4歩格詩行 ― 形〔韻〕4歩格詩行の

tetraone 男〔鳥〕ソウゲンライチョウ

tetraplegia 女〔医〕四肢麻痺

tetraplegico 形〔複〔男 -ci〕〕〔医〕四肢麻痺の

tetrapode 形〔動〕四足類の ― 男 1 (T-)〔動〕四足類 2 テトラポッド，消波ブロック

tetrapodia 女〔韻〕四重詩脚

tetrarca 男〔複 -chi〕1〔歴〕四分統治における支配者; (古代ローマのユダヤ地方における)属領の支配者

tetrarchia 女〔歴〕四分統治; 四頭政治

tetrarchico 形〔複〔男 -ci〕〕〔歴〕四分統治の

tetrastico 形〔複〔男 -ci〕〕〔韻〕4行詩の ― 男〔韻〕4行詩

tetrastilo 形〔建〕4柱式の

tetratomico 形〔複〔男 -ci〕〕〔化〕4原子の

tetravalente 形〔化〕(原子が)4価の

tetro 形 暗い，陰気な，憂鬱な

tetta 女 乳房

tettarella 女 (哺乳瓶の)乳首; おしゃぶり

***tetto** [テット] 男 1 屋根 ―*tetto* di paglia わらぶきの屋根 / stanza a *tetto* 屋根裏部屋 2 家，家庭 ―senza (un) *tetto* ホームレスの 3 覆い ―*tetto* di una macchina 車の屋根 4 最高部分，ピーク; 最高値 5〔登山〕オーバーハング

tettoia 女 (屋外の)ひさし，屋根

tettona 女〔口〕巨乳の女性

tettonica 女 構造地質学

tettonico 形〔複〔男 -ci〕〕構造地質学の; 地殻変動の

tettuccio 男 1 小さい屋根 2 (自動車の)ルーフ 3〔空〕(飛行機の操縦席の)天蓋

teucrio 男〔植〕ニガクサ

teurgia 女〔哲〕神秘術，テウルギア

teutonico 形〔複〔男 -ci〕〕1〔歴〕チュートン民族の 2〔蔑〕ドイツ人の

Tevere 固名〔男〕テーヴェレ川(エミリア・ロマーニャ州に発しティレニア海に注ぐ，ローマ市内を流れる川)

texano 形 テキサス(の人)の ― 男〔女 -a〕テキサスの人

Thailandia 固名〔女〕タイ

thailandese 形 タイの; タイ人[語]の ― 男女 タイ人 ― 男〔単数のみ〕タイ語

thermos 男〔英〕魔法瓶，ジャー

thesaurus 男〔不変〕〔ラ〕1 類語辞典，分類語彙辞典 2〔情〕シソーラス(専門用語のデータベース)

theta → teta

tholos 男〔不変〕〔ギ・考〕(古代地中海の)円形建造物 ―tomba a *tholos* 円蓋墓

thriller 男〔不変〕〔英〕スリラー映画

thrilling 形〔不変〕〔英〕スリラーの; ぞくぞく[わくわく]する，スリル満点の

***ti** [ティ] 代〔人称〕1〔2人称単数男性・女性〕1〔直接目的格; 親称〕君を，君を，あなたを ―Non *ti* capisco. 君の言うことが分からない. / Vengo a trovar*ti* domani. 明日君に会いに行くよ. 2〔間接目的格; 親称〕君に，お前に，あなたに ―*Ti* piacciono i dolci? 甘いものが好き? / Devo dir*ti* [*Ti* devo dire] la verità. 私は君に本当のことを言わなくてはならない. 3〔再帰〕君自身に[を] ―A che ora *ti* alzi la mattina? 朝何時に起きるの? / Sied*ti* qui! ここに座って.

tiamina 女〔生化〕ビタミン B1

Tianjin 固名〔女〕天津(中国政府直轄の河港都市)

tiara 女 1 ローマ教皇[法王]冠; ローマ教皇[法王]職 2 (古代ギリシャや中央アジアで高位者が使用した)円錐(︀)形の帽子

tiberino 形 テーヴェレ川の

Tiberio 固名〔男〕(~ Claudio Nerone)ティベリウス(前 42- 後 37; 第2代ローマ皇帝: 在位 後 14-37)

tibetano 形 チベットの; チベット人[語]の ― 男 1〔女 -a〕チベット人 2〔単数のみ〕チベット語

tibia 女 1〔解〕脛(け)骨; 〔虫〕脛節 2 ティービア(古代ローマの楽器)

Tibullo 固名〔男〕(Albio ~)ティブルス(前 54 頃 - 前 19 頃; ローマの詩人)

tiburio 男〔建〕(聖堂の円蓋を囲む)外被

Tiburtina 固名〔女〕(Via ~)ティブルティーナ街道(Roma-Tivoli 間を結ぶローマ街道)

tiburtino 形 ティヴォリ(の人)の ― Monti *Tiburtini* ティヴォリ山(アペニン山脈に連なる山群) / pietra *tiburtina* 石灰華，トラバーチン

tic 擬 (機械などの音)カチカチ; (水滴の音)ポタリポタリ ― 男〔不変〕1 (顔面の)けいれん，ピクッとすること; チック 2 (無意識に繰り返す)癖

ticche → tic

ticchettare 自 カチカチ[コツコツ]音がする

ticchettio 男 カチカチ，チクタク，ポタリポタリ(という連続音)

ticchio 男 1 気まぐれ，衝動的な欲望 2 けいれん

ticinese 形 1 ティチーノ州(の人)の 2 ティチーノ川の ― 男女 ティチーノ州の人

Ticino 固名〔男〕1 ティチーノ州(イタリアと国境を接し，イタリア語を公用語とするスイスの州) 2 ティチーノ川(スイス南部からイタリア北部を流れる川; ポー川支流の一つ)

ticket 男〔不変〕〔英〕1 (医療制度の)自己負担金 ―pagare il *ticket* per la

tic tac radiografia レントゲンの自己負担金を支払う 2 (競馬レースなどの)半券, 引換券 3 (食堂の)クーポン

tic tac, tictac 擬 (時計などの音)チクタク —il *tic tac* dell'orologio 時計のチクタク

Tideo 固名(男) テュデウス(テーバイ攻め七将の一人)

tiè 間 いい気味だ, ほらみたことか

tiella 女 [料]オーブン焼き(イタリア中部の郷土料理)

tiene tenere の直・現・3 単

tieni tenere の直・現・2 単; 命・2 単

tiepidamente 副 そっけなく, 熱意なく

tiepidezza 女 なまぬるいこと, ぬくもり; 熱意のなさ, 冷淡

tiepido 形 1 ぬるい, 生暖かい —caffè *tiepido* ぬるいコーヒー 2 熱意のない, 生ぬるい

Tiepolo 固名(男) (Giambattista 〜) ティエーポロ(1696-1770; ヴェネツィア出身の画家)

tifare 自 (チームや選手を)熱心に応援する, サポーターになる; 味方する, 組する —*tifare* per la Juventus ユヴェントゥスを応援する

tifico 形 [複[男 -ci]] [医]チフスの

tiflite 女 [医]盲腸炎

tifo 男 1 [医]チフス(熱) 2 (ファンの)熱狂

tifoide 形 [医]チフス性の —女 [医]腸チフス

tifodeo → tifoide

Tifone 固名(男) [ギ神]ティポン(地獄の番犬ケルベロスの兄弟)

tifone 男 台風

tifoseria 女 [集合的]熱狂的なファン, サポーター, 追っかけ

tifoso 形 1 [医]チフスの 2 熱狂的なファンの —男 [女[-a]] 1 [医]チフス患者 2 熱狂的なファン; スポーツ狂

tight 男 [不変] [英]モーニングコート

tiglio 男 [植]コバノシナノキ, フユボダイジュ; シナノキ材

tiglioso 形 1 (木材が)硬い繊維質の 2 (果物や肉などが)硬い, 筋ばった

tigna 女 1 [医]たむし, 輪癬(#) 2《口》面倒, 厄介, 悩みの種

tignola 女 [虫]イガ

tignosa 女 [植]テングタケ

tignoso 形 1 [医]たむし[輪癬(#)]にかかった 2 面倒な; 卑しむべき 3 [中伊]意地っぱりな, 頑固な

tigrato 形 虎毛[虎斑]の; 縞(*)模様の —男 トラ猫

tigratura 女 虎毛, 虎斑, 縞(*)

tigre 女 1 [動]トラ 2 攻撃的で残忍な人

tigresco 形 [複[男 -chi]] トラの, トラのような

Tigri 固名(男) チグリス川

tigrotto 男 1 トラの子供 2 向こう見ずな若者

tilde 男, 女 ティルデ, 波形符(~)

tilt 男 [不変] [英]突然の故障, ダウン ▶ *in tilt* 故障して, 使用不能の

timballo 男 1 [音]ティンバッロ(古楽器の一種) 2 [料]ティンバッロ(パイ料理の一種)

timbrare 他 1 捺(*)印する 2 消印[日付印]を押す

timbratrice 女 消印機, 日付スタンプ

timbratura 女 消印, 押印

timbrico 形 [複[男 -ci]] 音色の, 響きの

timbrificio 男 スタンプ工場

timbro 男 1 印, スタンプ; 消印 2 音色, 響き 3 (文学作品の)文体, 雰囲気

timer 男 [不変] [英]タイマー

timidamente 副 おずおずと, はにかんで

timidezza 女 内気, はにかみ, 恥ずかしさ

timido 形 1 (性格が)恥ずかしがり屋の, 内気な 2 (動物が)怖がりの, 臆病な 3 (様子が)はにかんだ, 恥ずかしそうな —男 [女[-a]] 内気な人

timing 男 [不変] [英] 1 タイミング, 好機の選択 2 [経]仕掛けどき

timo¹ 男 [植]タイム

timo² 男 [解]胸腺

timocrazia 女 [歴]金権政治

timolo 男 [薬]チモール

timone 男 1 舵(*), 操舵(*) —barra del *timone* 舵柄, 舵棒 2 (馬車や牛車の)梶(*)棒 3 指導, 舵取り, 統治

timoneria 女 1 [船・空]操舵(*)装置 2 [機](自動車の)ハンドル装置

timoniera 女 [船]操舵(*)室

timoniere 男 [女[-a]] 操舵(*)手, 舵(*)取り

timorato 形 誠実な, 良心的な, 規律を守る ▶ *timorato di Dio* 神を畏れる

‡**timore** [ティモーレ] 男 1 恐れ, 懸念 2 畏怖, 畏敬

timorosamente 副 恐る恐る, おどおどとして; 不安げに

timoroso 形 恐れた; 不安そうな, 心配した

Timoteo 固名(男) 1 [男性名]ティモーテオ 2 [聖]テモテ, チモテオ(キリストの十二弟子パウロの弟子)

timpanista 男女 [複[男 -i]] [音]ティンパニ奏者

timpanite 女 [医]鼓室炎

timpano 男 1 [音]ティンパニ 2 (耳の)鼓膜 3 [建]ティンパヌム

tinca 女 [複[-che]] [魚]テンチ

tinello 男 1 小さなダイニングルーム; 食卓や椅子などの)ダイニングセット 2 [歴] (召し使いの)食事部屋

tingere [119] 他 [過分 tinto] 1 染める 2 (染みで)よごす —**ersi** 再 1 (色に)染まる; (自分の髪を)染める 2 (自分を)よごす 3 化粧する

tino 男 1 (ワイン醸造用の)大きな桶(*) 2 (染色用の)桶; 工業用の大桶

tinozza 女 1 (ワイン醸造用の)おけ 2 洗濯だらい

tinse tingere の直・遠過・3 単

tinta 女 1 染料 2 色合い 3 傾向, 性質 4 調子

tintarella 女 日焼け

tinteggiare 他 (io tinteggio)(壁や天井などに)塗料を塗る

tinteggiatore 男〖女[-trice]〗塗装工, ペンキ塗り職人

tinteggiatura 女 塗装, ペンキ塗り

tin tin, tintin 擬 (鈴の音などの)チリンチリン, リンリン

tintinnamento 男 チリンチリン[リンリン]と鳴ること(音)

tintinnare 自 [es/av] チリンチリン[リンリン]と鳴る —Il campanellino *ha tintinnato*. チャイムがリンリンと鳴った.

tintinnio 男 絶えず[長く]チリンチリン[リンリン]と鳴ること

tinto 〖過分 < tingere〗《di》1 染められた;染みのついた —mani *tinte* di inchiostro インクのついた手 2 帯びている;彩られた 3 (感情について)…が入り混じった 4 よごれた, 染みのついた

tintore 男〖女[-a]〗1 染め物師 2 紺屋, 染め物屋

Tintoretto 固名 (男) ティントレット (1518–94; イタリアの画家, 通称 Jacopo Robusti. 本名 Jacopo Comin)

tintoria 女 1 染め物[染色]工場 2 クリーニング店

tintorio 形 染色の, 染めの

tintura 女 1 染色, 色合い; 染料 2〖薬〗チンキ剤

tio- 接頭「チオ基」「硫黄を含んだ」の意

tiorba 女〖音〗テオルボ(大型のバロック・リュート)

tiosolfato 男〖化〗チオ硫酸塩

-tipia 接尾「印刷」の意

tipicamente 副 典型的に, 特徴的に

tipicità 女 典型, 特性

tipicizzare → tipizzare

tipico 形〖複男-ci〗1 典型的な 2 特有の, 特徴的な

tipizzare 他 1 (型に)分類する 2 規格化[標準化]する

tipizzazione 女 規格化, 類型化

**tipo [ティーポ] 男 1 タイプ, 種類, 型 — libri di tutti i *tipi* あらゆる種類の本 / Che *tipo* è lui? 彼はどんな種類の人間だ? 2 典型, 模範 3〖口〗人間, 奴〖女[-a]〗〖口〗面白い人, 興味を持たせる人; 好みのタイプ —Sei proprio un bel *tipo!* 君は本当に変わった奴だ. 5〖劇〗役柄 6〖不変; 名詞に後置して形容詞的に〗(性格や性質が)…のタイプの, 典型的な 7〖複数形で〗活字 ▶ *sul tipo di...* …と同じ, …に似た

tipo-, -tipo 接頭, 接尾「母型」「押し型」の意;「手本」「典型」の意

tipografia 女 1 印刷所 2 活版印刷術

tipograficamente 副 印刷して, 印刷技術上

tipografico 形〖複男-ci〗印刷の —errore *tipografico* 印刷ミス, 誤植

tipografo 男〖女[-a]〗印刷屋; 植字工

tipologia 女 類型学, 分類学

tipologicamente 副 類型学的には, 分類上

tipologico 形〖複男-ci〗類型学の, 分類学の

tipometro 男〖印〗組版用ゲージ, 幅見

tip tap 男 コツコツ, トントン(指で打ちつける音) —男〖不変〗タップダンス

tiptologia 女 1 (囚人が壁を叩いて行う)通信 2 交霊術

tipula 女〖虫〗ガガンボ

tirabaci 男〖不変〗キスカール(特に女性の髪型で頬や額にぴったりと押しつけられた巻き毛)

tirabrace 男〖不変〗火かき棒

tirabusciò 男〖南伊〗〖口〗(コルク)栓抜き

tirafondo 男 ボルト

tiraggio 男(煙突内の)通気, 通風

tiralinee 男〖不変〗製図用ペン

tiramisù 男〖料〗ティラミス

tiramolla 男 ← tiremmolla

Tirana 固名(女)ティラナ(アルバニア共和国の首都)

tiranneggiare 他 (io tiranneggio) 1 独裁的に支配する, 暴威をふるう 2 抑圧する

tirannesco 形〖複男-chi〗専制的な, 横暴な

tirannia 女 1 独裁[専制]政治 2 横暴, 圧政

tirannicida 男女〖複男-i〗暴君誅($\overset{ちゅう}{}$)殺者

tirannicidio 男 暴君誅($\overset{ちゅう}{}$)殺

tirannico 形〖複男-ci〗1 暴君の, 専制君主の; 専制的な 2 横暴な, 暴虐な —modi *tirannici* 横暴なやり方

tirannide 女 1 (古代ギリシャの)僭($\overset{せん}{}$)主政治 2 専制政治

tiranno 男〖女[-a]〗1 専制君主, 独裁者, 暴君 2 (古代ギリシャの)僭($\overset{せん}{}$)主 —形 暴君のような; 傍若無人な

tirannosauro 男〖生物〗ティラノサウルス

tirante 男 1 つなぐもの[ロープ] 2 (機関の)連接棒 3 (ブーツのはき口にある)つまみ皮 4〖建〗つなぎ梁($\overset{はり}{}$), 横木

tirapiedi 男〖不変〗1〖歴〗死刑執行人の助手 2〖蔑〗下っ端, 子分

**tirare [ティラーレ] 他 1 引く, 引っ張る —*tirare* i capelli a... (人)の髪の毛を引っ張る 2 引き出す, 抜き出す —*tirare* un cassetto 引き出しを開ける 3 投げる, 発射[発砲]する; (汚い言葉を)発する, 投げつける —*tirare* una pietra 小石を投げる 4 引っ張る, 拡げる —*tirare* le lenzuola シーツを伸ばす 5 引きつける 6〖口〗吸う, 吸い込む 7 印刷する 8〖スポ〗(集団を)引っ張る, 先頭を行く —自 1 進む, 続ける 2 (a) …に向かう 3 素質がある 4 (風が)吹く —*Tira* vento oggi. 今

日は風が吹いている. **5**《服などが》つっぱる **6**値切る **――arsi** 再 身を引く,移動する ▶ *tirare avanti* 前進する,続行する,何とか暮らしていく *tirare l'acqua al proprio mulino* 我田引水 *tirare sul prezzo* 値引きを交渉する *tirarsi addosso* [*dietro*] 引きつける,背負う *tirarsi su* 立ち上がる,起き上がる

tirassegno 男〔スポ〕ライフル射撃(*tiro a segno*)

tirata 女 **1**(一気に)引っ張ること **2**《口》(タバコの)一服 ――*dare una tirata alla sigaretta* タバコを一服吸う **3** 一息にやってしまう仕事;ノンストップの旅 ――*Da Milano a Torino ho fatto tutta una tirata in macchina.* 私はミラノ-トリノ間をノンストップで車を走らせた. **4**激しい非難[攻撃]の演説,長広舌 **5**〔劇〕長台詞 ▶ *tirata d'orecchie* 叱責

tiratardi 男女〔不変〕夜ふかしする人;ぐず,のろまな人

tirato 形 **1**ぴんと張った,引き伸ばされた **2**わざとらしい,こじつけの ――*sorriso tirato* 作り笑い **3**苦難にみちた,苦労の多い ――*fare una vita tirata* 辛い人生を送る **4**引きつった,こわばった **5**けちな,しまり屋の,しみったれた ――*persona tirata nello spendere* 倹約家

tiratore 男《女[-trice]》**1**(綱や網の)引き手 **2**射撃の名手

tiratura 女 発行部数,刷《り》――*giornale ad alta tiratura* 発行部数の多い新聞

tirchiamente 副 けちくさく,しみったれて;欲をかいて

tirchieria 女 けち,吝嗇(リンショク),しみったれ;欲をかいた行為

tirchio 形 けちな,しみったれた

tiremmolla 男〔不変〕かけひき;優柔不断,ためらい,躊躇(チュウチョ) ――*fare a tiremmolla* 躊躇する,決めかねる / *una risposta da tiremmolla* 優柔不断な返事

Tiresia 固名(男)〔ギ神〕テイレシアス(テーベの予言者)

tiritera 女 **1**童謡,数えうた **2**長くて退屈な話,くどい話

tiro 男 **1**引くこと;馬[牛]車で引くこと;馬車,牛車 **2**投げること **3**発砲,射撃 **4**悪ふざけ,いたずら ――*giocare un brutto tiro a...* (人)に悪ふざけをする,まんまとだます **5**〔スポ〕(サッカーの)シュート ――*tiro in porta* ゴールへのシュート **6**《口》一口分の量,(タバコの)一服 ▶ *essere sotto* [*a*] *tiro* 射程内にある

tirocinante 形 **1**見習いの,研修生の **2**見習い[研修]期間の ――男女 見習い,研修生

tirocinio 男 **1**見習い,研修生;見習い[研修]期間 **2**〔法〕年季奉公 **3**(古代ローマの)新兵教練

tiroide 女〔解〕甲状腺

tirodeo 形〔医〕甲状腺の

tiroidite 女〔医〕甲状腺炎

tirolese 形 チロル(の人)の ――男女 チロルの人 ――男〔単数のみ〕チロルの方言(オーストリアドイツ語)

Tirolo 固名(男) チロル州(オーストリア共和国の州)

tironiano 形〔歴〕(キケロの解放奴隷)ティローネの

tiroxina 女〔生化〕チロキシン,サイロキシン

tirrenico 形《複[男 -ci]》ティレニア海の

tirreno 形 **1**エトルリア人の **2**ティレニア海の ――*Mar Tirreno* ティレニア海 ――男《女[-a]》エトルリア人 **2**(T-)ティレニア海

tirso 男〔ギ神〕酒神バッカスの杖(ツエ)

tisana 女 煎じ薬,ハーブティー

tisi 女〔不変〕〔医〕肺結核,結核

tisichezza 女 結核症;虚弱,脆(モロ)弱;力のなさ

tisico 形《複[男 -ci]》**1**〔医〕結核症の,肺病の **2**虚弱な,かぼそい;(植物が)衰弱した ――男《複[-ci]女[-a]》結核患者

tisiologia 女〔医〕結核学

tisiologo 男《複[-gi]女[-a]》〔医〕結核専門医

titanico¹ 形《複[男 -ci]》**1**タイタンの **2**巨大な,膨大な

titanico² 形《複[男 -ci]》〔化〕チタンの

titanio 男〔化〕チタン(元素記号 Ti)

titanismo 男〔文〕(ロマン主義時代の思潮で)タイタン的反逆

titano 男 **1**(T-)〔ギ神〕タイタン **2**巨人,怪力の持ち主;巨匠,大家

titillamento 男 **1**軽いくすぐり;くすぐったさ **2**刺激,誘い

titillare 他 **1**くすぐる **2**刺激する,そそる ――*titillare un'ambizione* 野望を抱かせる

Tito 固名(男) **1**〔男性名〕ティートー **2**(Flavio Vespasiano ~)ティトゥス(39-81; ローマ皇帝;在位 79-81) **3**〔聖〕テトス(キリストの十二弟子パウロの弟子)

titolare¹ 形 **1**〔法〕名義人;(肩書き・資格の)所有[所持]者 **2**〔スポ〕正選手 **3**(教会の名前になった)聖人 ――形 **1**〔法〕名義人の;正式の資格[肩書き]を持った **2**〔カト〕名義(上)の

titolare² 他《io titolo》**1**〔化〕滴定する **2**(本や映画などに)タイトル[題]をつける

titolato 形 **1**タイトル[題]をつけられた **2**爵位のある ――男 貴族

titolatura 女 (作品に)タイトル[題]をつけること;その入れ方《字体など》

titolazione 女〔化〕滴定

titolo [ティートロ] 男 **1**題名,タイトル;見出し,題 **2**称号,肩書き;名義,資格 ――*il titolo di campione italiano* イタリアチャンピオンの称号 **3**証券,債券 **4**(株式の)銘柄 **5**権利,動機 **6**《謔》侮蔑的な呼び方,蔑称 ▶ *a titolo di...* ...として,...によって

titolone 男 (新聞の)大見出し
titubante 形 優柔不断な、ぐずぐずした
titubanza 女 ためらい、優柔不断
titubare 自 [io titubo] ためらう、逡巡する、二の足を踏む
tivolese 形 ティヴォリの
Tivoli 固名(女) ティヴォリ(ラツィオ州の都市)
tivù 女 [口] テレビ
tizianesco 形 [複[男 -chi]] 1 [美] ティツィアーノの 2 (色について)ティツィアーノの —rosso tizianesco ティツィアーノの赤
Tiziano 固名(男) (Vecellio ~)ティツィアーノ(1490頃-1576; イタリアの画家)
tiziano 形 [不変] (色について)ティツィアーノの、赤味がかったブロンド
tizio 名 [-a] (特定できない)人、やつ —Chi è quel tizio? あいつは誰?
tizzone 男 燃えている木、(火のつき始めた)木炭 ▶ **tizzone d'inferno** 悪党、極悪人
TN 略 Trento トレント
tmesi 女 [不変] [詩]切離
TO 略 Torino トリノ
to' 間 (togliere の命令法 2 人称単数 togli の短縮形) 1 (物を差し出して)ほら、さあ 2 (驚きを表して)おや、まあ(toh)
toast 男 [不変] [英] トーストサンド
toboga 男 [不変] 1 (北米先住民の)木製のそり、トボガン 2 救助用そり 3 (プールなどの)滑り台; ジェットコースター
toc 擬 コツコツ、トントン(ノックする音)
tocai 男 [不変] トカイ(ヴェネト産やフリウリ産のワインの一種)
toccaferro 男 [単数のみ] 鬼ごっこ —男 鉄をさわること(魔よけ[おまじない]の)ジェスチャー) —*Toccaferro!* [間投詞的に]くわばら、くわばら
toccamento 男 触れること、接触、タッチ
toccante 形 琴線に触れる、胸を打つ
*__toccare__ [トッカーレ] 他 1 さわる、触れる —*Non toccare il cane!* その犬にさわるな。私の番だ。 2 勝手に使う[さわる] 3 修整する、手直しする 4 (話し相手が大事に思っている人や物を)中傷する、誹謗(ひぼう)する 5 (場所に)届く、達する 6 (人に)関係がある、及ぶ; (物が)関わる、関与する 7 (人の心を打つ、感動させる 8 (人の心を乱す、動揺させる 9 (話題に)軽く触れる —自 [es] 1 (自分の身にふりかかる 2 (役目が)当たる、(義務や順番が)回ってくる —A chi *tocca*? 誰の番かな。 / *Tocca* a me. 私の番だ。 3 [非人称]…せざるをえなくなる —Mi *tocca* partire subito. すぐに出発しなければならない。 —**arsi** 再 1 (自分の体を)手でさわる 2 お互いを触れ合う ▶ *A chi tocca, tocca.* 誰も運命には逆らえない。
toccasana 男 [不変] 特効薬、即効治療法
toccata 女 1 触れること 2 [音] トッカータ

toccato 形 1 [スポ] (フェンシングの)トゥシュ; 突きありの宣告 2 (果実が)傷んでいる 3 (頭が)少しおかしい、風変わりな —Quel ragazzo mi pare un po' *toccato*. あの少年はちょっとおかしいようだ。 4 (問題などが)既に手をつけられた
tocco¹ 男 [複[-chi]] 1 触れること 2 (ドアの)ノック 3 (鐘を)打つ音 —Il *tocco* [トスカーナ]1 時 4 (演奏や画筆の)タッチ —un *tocco* di colore 色彩のタッチ
tocco² 男 [複[-chi]] (食べ物などの)大きな一片、大きな塊
tocco³ 男 [複[-chi]] [服]縁なしの帽子; 式帽
tocco⁴ 形 [複[-chi]] 1 (果物が)傷んだ 2 (頭が)少しおかしい、風変わりな
tocoferolo 男 [生化]トコフェロール
toeletta 女 1 化粧台、鏡台 2 洗面所、化粧室、トイレ 3 (女性の)装い、身づくろい
toga 女 1 (古代ローマの)トーガ 2 法服、法服を着る職業
togato 形 1 トーガを着た、官服をまとった 2 (様式が)風格のある、厳かな
togli togliere の直・現・2 単; 命・2 単
togliamo togliere の直・現・1 複; 命・1 複
Togliatti 固名(男) (Palmiro ~)トリアッティ(1893-1964; イタリアの政治家)
*__togliere__ [トッリェレ] [120] 他 [過分 tolto] 1 取り去る[除く]; 引く、除く 2 取る、奪う 3 (da)(難局や危険から)解放する —**ersi** 再 1 (服や靴を)脱ぐ 2 離れる、どく
Togo 固名(男) トーゴ
togolese 形 トーゴ(人)の —男女 トーゴ人
toh 間 [驚きを表して]おや、ほら
toilette 女 [仏] 1 化粧台 2 化粧室、トイレ; 化粧直し、身づくろい 3 優美な婦人服
tokaj 男 [不変] トカイ(ハンガリー産の白ワイン)
tolda 女 デッキ、甲板
tolemaico 形 [複[男 -ci]] (古代エジプト)プトレマイオス王朝の; (古代ギリシアの天文学者)プトレマイオスの
toletta → toeletta
tolga togliere の命・3 単; 接・現・1 単 [2 単, 3 単]
tolgo togliere の直・現・1 単
tollerabile 形 1 我慢できる、耐えられる 2 許容できる
tollerabilità 女 1 我慢、忍耐、辛抱; 容認 2 耐性
tollerante 形 耐えられる; 寛容な、寛大な
tolleranza 女 1 忍耐 2 寛容、寛大 3 (時間的な)許容範囲 4 許容誤差 5 [医]耐性
tollerare 他 [io tollero] 1 我慢する; 耐える 2 容認する、許す
tollerato 形 (薬について)耐性のある;

Tolomeo 容認された, 許された, 大目に見られた

Tolomeo 固名 **1** 男系 (i ~) プトレマイオス朝(ヘレニズム時代のエジプトの王朝(前304頃‐前30)) **2** 男 (~ Claudio)プトレマイオス(2世紀頃のギリシャの天文学者・地理学者)

Tolosa 固名 (女) トゥールーズ(フランス南西部の都市)

tolse togliereの直・遠過・3単

tolto 形 【過分＜togliere】 **1** 取り除いた, 引き出された **2** 〖副詞的〗除いて, ほかには —lavorare tutti i giorni *tolta* la domenica 日曜日以外は毎日働く

toluene 男 〔化〕トルエン

toluolo → toluene

toma 女 〔次の成句で〕 ▶ *promettere Roma e toma* 途方もないことを約束する

tomaia 女 (靴の)つま革, 甲革, アッパー

tomare 自 [es] 〖文〗真っ逆さまに落ちる, 墜落する

Tomasi di Lampedusa 固名 (男) (Giuseppe ~) トマージ・ディ・ランペドゥーザ(1896-1957; イタリアの小説家)

＊**tomba** [トンバ] 女 **1** 墓, 墓地 —*silenzio di tomba* 墓場のような静けさ **2** 死 **3** 暗くて陰気な場所 **4** 秘密を守れる人間 ▶ *essere una tomba* 口を割らない, 口が堅い

tombale 形 墓の, 墓所の

tombarolo 男 [女 -a] 盗掘者

tombino 男 マンホール; 排水溝

tombola 女 トンボラ(ビンゴに似たゲーム) —*Tombola!* 〖間投詞的に〗やった! | ビンゴ!

tombolare 自 [es] 〖io tombolo〗 〖口〗落下する, 転げ落ちる, 転落する

tombolata 女 トンボラのゲーム[賭け試合]

tombolino → tombolotto

tombolo¹ 男 **1** 墜落, 転落, 墜落 **2** 免職, 左遷; (財政上の)危機, 倒産

tombolo² 男 **1** (円筒形の)レース編み台; レース編み **2** (ソファーの両端に置く)円筒形クッション

tombolo³ 男 (海辺の)砂丘

tombolotto 男 [女 -a] ずんぐりした[ぽってり太った]子供

tomento 男 〔植〕軟毛, 綿毛

tomentoso 形 〔植〕軟毛[綿毛]で覆われた

-tomia 接尾 「切開」「切断」の意

tomino 男 トミーノ(ピエモンテの特産チーズ)

tomismo 男 〔哲〕トマス説; トマス・アクィナスの哲学

tomista 男女 〖複 男 -i〗 トマス学徒

tomistico 形 〖複 男 -ci〗 〔哲〕トマス学派の, トマス学徒の

Tommaseo 固名 (男) (Niccolò ~) ンマゼオ(1802-74; イタリアの言語学者・作家, 愛国者)

Tommaso 固名 (男) **1** 〖男性名〗トンマーゾ **2** 〖聖〗トマス(イエスの十二弟子の一人) **3** (~ d'Aquino)トマス・アクィナス(1225-74; イタリア生まれの神学者・ドミニコ会士, 聖人)

tomo 男 **1** (数冊から成る本の)1冊, 1巻 **2** 〖口〗(人に対して)変わり者

tomografia 女 〔医〕断層撮影法, トモグラフィー

tomolo 男 〔中伊・南伊〕トーモロ(農地面積の単位); 〔南伊〕トーモロ(穀物量の単位)

tom tom 男 〖不変〗〔音〕トムトム(胴長の太鼓)

tonaca 女 (聖職者の)僧服, 法衣

tonale 形 **1** 〔音〕音色の, 調子の, 調性の **2** 〔美〕色調の, 色合いの **3** (映画・文学作品などの)特殊効果の, 語調の

tonalità 女 **1** 〔美〕色の配合; 色調, 色合い **2** 〔音〕調性

tonante 形 **1** 雷鳴のする **2** とどろく, 響きわたる —*voce tonante* 雷のようにとどろく声

tondeggiante 形 丸みのある, 丸くなった

tondeggiare 自 [es] 〖io tondeggio〗 丸くなる, 丸みをおびる

tondello 男 **1** 丸い物 **2** 貨幣鋳造用の型

tondino 男 **1** 丸くて平たい物; 皿, ソーサー **2** 〔建〕玉縁, アストラガル

tondo 形 **1** 丸い, 円形の **2** 両端を切り捨てた **3** 〖文〗単純な, 粗野な **4** 〖副詞的〗率直に, 包み隠さず —*parlare chiaro e tondo* 率直に[はっきりと]話す —男 **1** 円, 輪 **2** 丸い物 **3** 〔美〕トンド(円形画) **4** 〔印〕ローマン体 ▶ *in tondo* ぐるりと, あたり一面

tondone 男 **1** 大きな丸い物 **2** (薪割りする前の)丸い材木

toner 男 〖不変〗〔英〕トナー

tonfete 擬 ドン, バタン

tonfo 男 **1** ポチャン[ドボン]という音 **2** (演劇や映画の)失敗, こけること

Tonga 固名 (女) トンガ

tongano 形 トンガ(人)の —男女 トンガ人

toni 男 〖不変〗道化師

-tonia 接尾 「張力」「圧力」「調子」の意

tonica 女 **1** 〔音〕主音 **2** 〔言〕主要なアクセントのある母音[音節]

tonicità 女 **1** 〔言〕音の高低抑揚 **2** (筋肉などの)正常な状態

tonico 形 〖複 男 -ci〗 **1** アクセントのある **2** 〔音〕主音の **3** (筋肉の)緊張性の **4** (体や筋肉などが)引きしまった, 調子が整えられた **5** (医薬などが)強壮の —男 〖複 -ci〗 **1** 強壮剤, 強壮薬 **2** 〔化粧品〕トニック

tonificante 形 元気[活気]づける

tonificare 他 〖io tonifico〗 **1** 元気づける, 鼓舞する **2** 市況を好転させる

tonnara 女 〔漁〕マグロ魚網

tonnarello 男 〖複数で〗トンナレッリ(アブルッツォの四角い断面をしたパスタ)

tonnarotto 男 〔漁〕マグロ漁船員

tonnato 形 〔料〕(マヨネーズで和えた)ツ

tonné → tonnato
tonneau 男〖不変〗〔仏〕(アクロバット飛行の)横回転
tonneggiare 他〔io tonneggio〕〔海〕(船舶を)ロープで引っ張って移動する —**arsi** 再〔海〕(船舶が)ロープで移動する
tonnellaggio 男 1〔海〕(商船の)トン数,(軍艦の)重量 2 (貨車の)積載量
tonnellata 女 (重量の)トン
tonnina 女〔料〕マグロの背肉の油漬け
tonno 男〔魚〕マグロ —*una scatoletta di tonno* ツナ缶 1 個
‡**tono** [トーノ] 男 1 口調,語気 —*abbassare [alzare] il tono della voce* 語気を弱める[荒げる] 2 音調,抑揚,イントネーション 3 ူ子, 外観 4 気質,風格 5 文体,様式 6〔音〕調性 7 活力,元気 8 色調 ▶ *rispondere a tono* きっちり答える
-tono 接尾 「張力」「圧力」の意
tonometria 女 圧力測定(法)
tonometro 男 1 圧力測定器 2〔医〕眼圧[血圧]測定器 3〔音〕トノメーター
tonsilla 女 扁(へん)桃腺
tonsillare 形〔解〕扁桃腺の
tonsillectomia 女〔医〕扁桃摘出術
tonsillite 女〔医〕扁(へん)桃炎
tonsura 女 1〔宗〕剃(てい)髪,剃髪式 2 (聖職者の頭の)剃髪部
tontina 女〔歴〕トンチン年金法
tonto 形 間の抜けた —*男〔女[-a]〕間抜け ▶ *fare il finto tonto* とぼける
tontolone 男《口》間抜け,愚か者
top 男〖不変〗〔英〕1 タンクトップ 2 最高位,トップ
topaia 女 1 ネズミの巣 2 あばら屋,掘っ立て小屋
topazio 男 1 シトリン,黄水晶;(宝石の)トパーズ 2〖不変〗黄玉色 —形〖不変〗黄玉色の
topica¹ 女《口》へま,しくじり,失策,失言
topica² 女〔修〕大体論
topicida 男〖複[-i]〗殺鼠(そ)剤 —形 殺鼠剤の
topico 形〖複[男 -ci]〗1〔修〕大体論の 2 局所の,局所用の —*preparato topico* 局所用製剤 3 重大な,決定的な
topinambur 男〖不変〗〔植〕キクイモ
topino 男 1 おちびさん 2〔鳥〕ショウドウツバメ,スナムグリツバメ
topless 男〖不変〗〔英〕トップレス
top model 共 (女)〔英〕トップモデル,スーパーモデル
‡**topo** [トーポ] 男 1〔動〕ネズミ —*topo campagnolo* ノネズミ / *topo d'appartamento* 空き巣狙い / *topo di biblioteca* 本の虫,読書家 2〖不変〗薄ねずみ色 —形〖不変〗薄ねずみ色の ▶ *fare la fine del topo* 罠(わな)にかかる,袋小路で身動きができなくなる
topo-, -topo 接頭,接尾 「場所」の意

topografia 女 地形[地勢]学;地形[地勢]図,地誌
topografico 形〖複[男 -ci]〗地形[地勢]学の;地形[地勢]図の
topografo 男〔女[-a]〕地誌学者
topolino 男 1 小ネズミ 2 (T-)ミッキーマウス 3 すばしこい男の子 —*不変*トポリーノ(第二次世界大戦前後に生産されたフィアットの小型自動車)
topologia 女 1〔地理〕地誌研究,地勢学 2〔数〕位相幾何学,トポロジー
topologico 形〖複[男 -ci]〗1〔地理〕地誌研究の 2〔数〕位相幾何学の,トポロジーの
toponimico 形〖複[男 -ci]〗地名の
toponimo 男 地名
toponomastica 女〖複[-che]〗〔言〕地名学;地名の総称
toponomastico 形〖複[男 -ci]〗地名学の
toporagno 男〔動〕トガリネズミ
topos 男〖不変〗1〔修〕トポス,場,定型的表現 2 (反復される)文体[主題]要素
toppa 女 1 (継ぎはぎ用の)当て布 2 鍵穴 3 応急手当て 4 カードゲームの賭け
toppare 自《口》大失敗する,失態を演じる
toppata 女《口》重大な誤り,大失態
toppete 間 ドン,コツン
toppo 男 1 切り株,(粗く切られた)材木 2 (旋盤機の)チャック
toppone 男 (靴の後部の)補強芯;(乗馬用ズボンの)補強革
torace 男〔解〕胸郭,胸部
toracentesi, toracentèsi 女〖不変〗〔医〕胸腔穿(せん)刺術
toracico 形〖複[男 -ci]〗〔解〕胸の,胸部の
toracoplastica 女〔医〕胸郭成形術
torba 女〔地質〕ピート,泥炭
torbidezza 女 濁り,混乱状態
torbidità 女 濁っていること,不透明なこと
torbido 形 1 (液体が)濁った 2 不純な,いかがわしい —男 1〔単数のみ〕不明瞭,曖昧さ 2〔複数で〕騒乱,喧(けん)噪
torbiera 女〔地質〕泥炭土
torboso 形〔地質〕泥炭質の,泥炭を含んだ
torcere [121] 他〖過分 torto〗1 ねじる,よじる,しぼる 2 ゆがめる,曲げる —自[es] 曲がる,向きを変える —**ersi** 再 1 身をよじる[くねらせる] 2 曲がる,たわむ 3 (自分の髪などを)ねじる
torcetto¹ 男 (宗教行列などで使われる)大きなろうそく
torcetto² 男〔料〕ドーナツ型ビスケット
torchiare 他〔io torchio〕1 圧搾機にかける 2《口》絞る,激しく尋問する
torchiatura 女 圧搾,絞ること
torchietto 男 (写真の)プリンター,焼き枠
torchio¹ 男 1 (ブドウなどを搾る)圧搾

機 **2** 圧縮機械 **3** 手動式の印刷機

torchio² 男 (大きなろうそくから垂れた)蠟(ろう)

torcia 女 [複 -ce] **1** 松明(たいまつ) **2** 懐中電灯

torcicollo 男 **1** (寝違えなどによる)首の痛み, 肩こり; [医]斜頸 **2** [鳥]アリスイ

torciglione 男 (女性の髪用の)ターバン

torcinaso 男 (馬などに用いる)鼻ねじり棒

torcitore 男 [女 -trice] [織]撚糸工

torcitura 女 [織]撚糸をかけること

torcolato 男 トルコラート(高級デザートワイン)

tordaio 男 ツグミを飼育する場所

tordela 女 [鳥]ヤドリギツグミ

tordella → tordela

tordo 男 **1** [鳥]ツグミ **2** 間抜け

-tore 接尾 「…する人」の意

toreador 男 [不変] [西]闘牛士

torello 男 **1** 若い雄牛 **2** 屈強な若者

torero 男 [女 -a] 闘牛士

torinese 形 トリノの人[方言]の —男女 トリノの人 —男 [単数のみ]トリノ方言

torinista 形 [複 男 -i] (サッカーチームの)トリノの —男女 [複 男 -i] トリノの選手[サポーター]

Torino 固名 (女) トリノ(ピエモンテ州の州都; 略 TO)

torio 男 [化]トリウム(元素記号 Th)

torma 女 **1** (古代ローマの)30騎編成の騎兵隊 **2** 軍勢 **3** 群集, 多数

tormalina 女 [鉱]トルマリン

tormenta 女 (高山の)吹雪, ブリザード

＊**tormentare** [トルメンターレ] 他 **1** 苦しめる, 悩ます **2** 困らせる, いじめる **3** [文]拷問にかける —**arsi** 再 苦しむ, 悩む

tormentato 形 **1** 不安の念にさいなまれた, 苦悩にみちた, 苦渋の —decisione tormentata 苦渋の選択 **2** [文]拷問にかけられた

tormento 男 **1** 激しい苦痛; 痛み **2** 苦悩 **3** (刑罰としての)拷問, 精神的拷問; 拷問の道具

tormentone 男 **1** [口]悩みの種, 頭痛の種 **2** うるさい人, うっとうしい[こと]

tormentoso 形 苦しめる, 悩ます

tornaconto 男 **1** 利益, 得 **2** 報い

tornado 男 [不変] **1** 竜巻, トルネード **2** 大嵐 **3** 大混乱, 大旋風

tornante 男 ヘアピンカーブ

＊**tornare** [トルナーレ] 自 [es] **1** 戻る, 帰る —Torno subito. すぐに戻ります. / A che ora torni a casa dal lavoro? 仕事から何時に帰ってくるの. / È tornata la primavera. 春が再び巡って来た. **2** 再び…になる, (元の状態に)戻る **3** (essere と同義で) …である —Non mi torna nuovo. 私には目新しいものではない. **4** ⟨a + 不定詞⟩ 再び…する —È tornato a piovere. また雨が降り始めた. **5** (計算が)合う, 正しい, つじつまが合う —I conti non tornano. 勘定が合わない. / Questa cosa non mi torna. このことは私には合点が行かない. ▶ **tornare a galla** tornare in sé 意識を取り戻す; 正気になる, 我に返る **tornarsene** [強調の意で]戻る, 帰る

tornasole 男 [不変] [化]リトマス

tornata 女 **1** (学会などの)会合, 会議, 定例会 **2** [詩] (バラードの)最後の詩節

tornatura 女 トルナトゥーラ(エミリア・ロマーニャ地方の農地面積の単位)

tornello 男 回転ドア

torneo 男 **1** トーナメント **2** (中世の)馬上試合

tornio 男 旋盤; ろくろ

tornire 他 [io -isco] **1** 旋盤で削る, ろくろにかける **2** 推敲(すいこう)する, (文章などの)仕上げをする

tornito 形 **1** 旋盤で削った **2** (体が)均整のとれた, 形のきれいな **3** (文章が)念入りに仕上げられた

tornitore 男 [女 -trice] 旋盤工, ろくろ職人

tornitura 女 **1** 旋盤加工 **2** (木や金属などの)削りくず, かんなくず, 切れはし

torno 男 [次の成句で] ▶ **torno torno** ぐるっと一回りして

toro¹ 男 **1** 雄牛; 闘牛 **2** (T-) [天]牡牛(おうし)座; [占星]金牛宮 ▶ **prendere il toro per le corna** 真っ向から立ち向かう **tagliare la testa al toro** 問題を一気に解決する, 英断を下す

toro² 男 **1** [建]トルス, 大玉縁 **2** [幾]輪環面, トーラス

torpedine 女 **1** [魚]シビレエイ **2** 魚雷, 機雷

torpediniera 女 [軍]水雷[魚雷]艇

torpedo 女 [不変] トルペード型の自動車

torpedone 男 観光バス, オープントップバス

torpente 形 [文]怠惰な, じっとして動かない, 鈍い

torpidamente 副 物憂げに, けだるそうに, ぼんやりと

torpidezza 女 無気力, けだるさ

torpido 形 **1** 麻痺した; 鈍い, (反応が)遅い **2** [文]緩慢な **3** [医]治りの遅い

torpore 男 **1** 麻痺 **2** 無気力, 鈍感, 無感覚 —risvegliarsi dal torpore 無気力から脱する

Torquato 固名 [男性名]トルクアート

torquemada 男 [不変] 情け容赦のないやり方をする人

torr 男 [不変] [物]トール(気圧の単位)

torraiolo 形 (鳥の)塔に巣を作る

torrazzo 男 [建]大きな塔; (塔のような形状の)大きな建物

＊**torre** [トッレ] 女 **1** 塔, タワー —la torre pendente di Pisa ピサの斜塔 / torri gemelle ツインタワー / torre di controllo 管制塔 **2** (軍艦の)砲塔 **3** 塔のようにそびえ立つ山頂 **4** [スポ] (バスケットボー

torrefare [53] 他 〚過分 torrefatto〛(コーヒー豆などを)煎る, 焙(ほう)じる

torrefazione 女 1 焙(ばい)煎 2 コーヒー豆量り売り専門店

torreggiare 自 〚io torreggio〛そびえ立つ; 非常に高い; (体格や才能で)凌駕(りょうが)する

torrente 男 1 急流 2 大流出, 大噴出 ▶ *un torrente di...* 堰(せき)を切ったような…

torrentizio 形 急流の, 急流のような

torrenziale 形 1 どしゃ降りの, 激流[急流]のような 2 猛烈な, すさまじい

torretta 女 1 小塔 2 搭状の建物 3 〔軍〕(戦車などの)回転式砲塔 4 (旋盤やレンズの)タレット

Torricelli 固名 (男) (Evangelista ~)トッリチェッリ(1608-47; イタリアの物理学者・数学者)

torrido 形 酷熱の, 灼熱の, 焼けつくような ―*estate torrida* 猛暑の夏

torrione 男 1 (城塞の)本丸 2 〔軍〕(軍艦などの)司令塔 3 〔スポ〕(登山で)絶壁の岩山

torrone 男 (菓子の)ヌガー

torse torcere の直・遠過・3 単

torsiometro 男 〔機〕トルク計

torsione 女 1 ねじること; ねじれ, よじれ, ゆがみ ―*frattura da torsione* ひねりによる骨折 2 (体操での)ひねり 3 〔医〕捻転

torso 男 1 上半身 2 〔美〕トルソ(胴体だけの彫刻) 2 (キャベツなどの)軸, 芯, (梨やリンゴの)芯

torsolo 男 1 《口》(リンゴなどの)芯 2 《蔑》でくのぼう ―*non valere un torsolo* 何の役にも立たない

torta[1] 女 1 ケーキ, パイ, タルト 2 《口》(不正に得た)収入, もうけ

torta[2] 女 ひとひねり, ねじり ―*dare una torta ai panni bagnati* 濡れている衣服をしぼる

tortellino 〚複数で〛トルテッリーニ(スープに入れる挽き肉を詰めたパスタ)

tortello 男 〚複数で〛トルテッリ(半円形の詰め物パスタ); (ミラノの)甘い揚げ菓子

torticcio 男 〔船〕ホーサー, 太いロープ

tortiera 女 パイ皿, タルト型

tortiglione 男 1 ねじった物; 色つきのねじりろうそく 2 〚複数で〛トルティッリョーニ(パスタの種類) ▶ *a tortiglione* らせん状に

tortile 形 1 らせん形の 2 〔建〕らせん柱の

tortino 男 〔料〕(野菜などの)キッシュ

*****torto**[1] [トルト] 男 1 過ち, 過失 2 迷惑, 無礼 ▶ *a torto* 不正に, 間違って ―*avere torto* 間違っている

torto[2] 形 〚過分< torcere〛ねじられた; 《文》曲がった

tortora 女 〔鳥〕キジバト

tortrice 女 〔虫〕ハマキガ

tortuosamente 副 曲がりくねって, 回りくどく

tortuosità 女 1 曲がりくねり; 湾曲, カーブ 2 回りくどさ, 遠回し

tortuoso 形 1 曲がりくねった 2 紆(う)余曲折の, 不明瞭な

tortura 女 1 拷問, 責め苦 2 ひどい苦痛

torturare 他 1 拷問にかける 2 苦しめる, 悩ます ―*arsi* 再 煩悶(はんもん)する

torvamente 副 嫌な目つきで; 険しい表情で

torvo 形 (目つきや表情が)怖い, 険しい

toṡa 女 〚不変〛土佐犬

toṡacani 男女 〚不変〛1 犬のトリマー 2 《蔑》下手な理髪師[美容師]

toṡaerba 男, 女 〚不変〛芝刈り機

toṡare 他 1 (人や動物の)毛を刈る 2 (草を)刈り込む 3 〔人を目的語にとって〕《口》金を搾り取る

toṡasiepi 男, 女 〚不変〛剪(せん)定ばさみ

toṡatore 男 〚女[-trice]〛(羊などの)毛を刈る職人, 剪(せん)毛工

toṡatrice 女 (羊などの毛を刈る)バリカン, 芝刈り機

toṡatura 女 1 切る[刈る]こと; (羊などの)毛の刈り込み, 剪(せん)毛; 刈り取った羊毛 ―*il periodo della tosatura delle pecore* 羊の剪毛の時季 3 《譜》髪を短く刈ること ―*farsi una bella tosatura* 髪をかなり短く刈る

Toscana 固名(女) トスカーナ州(イタリア中部の州; 州都 Firenze)

toscanamente 副 トスカーナの流儀で; トスカーナ地方の言葉で

toscaneggiante 男女 トスカーナ風に話す[書く]人 ―形 トスカーナ風に話した[書いた]

toscaneggiare 自 〚io toscaneggio〛トスカーナ風に(気取って)話す[書く]

toscanello 男 〔商標〕トスカネッロ(葉巻き)

Toscanini 固名(男) (Arturo ~)トスカニーニ(1867-1957; イタリアの指揮者. 1937 年アメリカに亡命)

toscanità 女 (特に言語における)トスカーナの特有性

toscanizzare 他 (言語表現を)トスカーナ風にする

toscano 形 トスカーナの; トスカーナの人[方言]の ―男 1 〚女[-a]〛トスカーナの人 2 〚単数のみ〛トスカーナ方言 3 葉巻き

toṡco 形 〚複[男 -chi]〛トスカーナの; 《文》トスカーナ生まれの ―男 〚複[-chi] 女[-a]〛トスカーナの人

*****tosse** [トッセ] 女 1 咳(せき) ―*avere la tosse* 咳が出る

tossicchiare 自 〚io tossicchio〛軽く咳払いをする

tossicità 女 毒性, 有毒性

tossico 形 〚複[男 -ci]〛1 毒の, 有毒の, 有害な ―*esalazioni dei gas tossici* 有毒ガスの排出 2 〔医〕中毒の ―男

tossicodipendente〖-ci〗女〖-a〗《口》ジャンキー, 麻薬中毒患者

tossicodipendente 男女 麻薬常用者, 麻薬中毒者 ━形 麻薬常用の, 麻薬中毒の

tossicodipendenza 女 薬物依存, 麻薬中毒

tossicologia 女 〘医〙毒物学, 毒性学

tossicologico 形〖複男 -ci〗〘医〙毒物学の, 毒性学の

tossicologo 名〖複〖-gi〗女〖-a〗〙〘医〙毒物学者, 毒性学者

tossicoloso 形 しつこい咳に悩まされた

tossicomane 男女 麻薬常用者, 麻薬患者 ━形 麻薬中毒の

tossicomania 女 〘医〙薬物中毒, 薬物依存

tossicosi 女〖不変〗〘医〙中毒症

tossina 女〖生化〙毒素

tossire 自〖io -isco〙1 咳をする 2 咳払いをする

tostacaffè 男 コーヒー焙煎器

tostapane 男〖不変〗トースター

tostare 他 1 (アーモンドなどを)あぶる, (コーヒー豆を)煎る 2 (パンなどを)こんがり焼く

tostatura 女 煎ること, こんがり焼くこと; 焙煎した物, トーストした物

Tosti 固名(男) (Francesco Paolo ～)トスティ(1846-1916; イタリアの音楽家)

tosto¹ 形 1 硬い ━carne *tosta* 硬い肉 2 厚かましい ━faccia *tosta* 厚顔無恥

tosto² 形〘文〙速い, すばやい ━副 すぐさま, 瞬時に

tot 形(不定) 1〖不変〗〖複数名詞に前置して〖かなりの, たくさんの ━guadagnare *tot* milioni all'anno 何百万もの年収をあげる 2〖単数名詞に後置して〗あの, しかじかの ━il mese *tot* 某月 ━代(不定)〖単数のみ〗ある量, いくらかの額 ━spendere (un) *tot* per il vino e (un) *tot* per l'affitto ワインにこれこれ, 家賃にこれこれのお金を使う

‡**totale** [トターレ] 形 1 全体の, 全部の 2 完全な, 徹底的な ━eclissi *totale* di sole 皆既日食 ━男 1 総額, 総計 2 全体 ▶ *in totale* 全部で, 合計で

totalità 女 全体, 総体; 総数, 総計

totalitario 形 1 全員の, 全体の 2 全体主義の

totalitarismo 男〘政〙全体主義

totalitaristico 形〖複男 -ci〗全体主義の

totalizzante 形 全体的な; 全てを巻き込む

totalizzare 他 1 総計する 2 (勝ち点などが)…に達する

totalizzatore 男 加算機; (競馬などの)掛け率表示機

totalmente 副 全体として; 完全に

totano 男〘動〙イカ

totano moro 〘動〙(男)〘鳥〙ツルシギ

totem 男〖不変〗〘人類〙トーテム

totemico 形〖複男 -ci〗〘人類〙トーテムの, トーテム崇拝の

totemismo 男〘人類〙トーテム崇拝, トーテミズム

Totip 男〖単数のみ〗〘商標〙(イタリアの)競馬くじ

Totò 固名(男) トト(1898-1967; ナポリ出身の喜劇俳優. 本名 Antonio De Curtis)

totocalcio 男〖不変〗サッカーくじ, トトカルチョ

Totogol 男〖不変〗サッカーの公営くじ, トトゴール

totonero 男 非合法サッカーくじ〖トトカルチョ〗

toupet 男〖不変〗〘仏〙(女性用の)かつら, つけ毛, ヘアピース

toupie 女〖不変〗〘仏〙フライス盤

tour 男〖不変〗〘仏〙1 周遊〖観光〗旅行, ツアー 2〘スポ〙自転車のロードレース ━Il *Tour* ツール・ド・フランス

tourbillon 男〖不変〗〘仏〙1 渦, めまぐるしい動き 2〘スポ〙(サッカーやラグビーの)波状攻撃

tour de force 〖句〗(男)〘仏〙大変な苦労〖骨折り〗

tournée 女〖不変〗〘仏〙1 巡業, 演奏旅行 2〘スポ〙遠征

tourniquet 男〖不変〗〘仏〙1 道の狭いカーブ 2 (地下鉄などの1人ずつ入場する)回転ドア〖ゲート〗

tout court 〖句〗〘仏〙短く, 簡単に

‡**tovaglia** [トヴァッリャ] 女 テーブルクロス

tovagliato 男 (テーブルクロスやナプキン用の)布地; (テーブルクロスなどの)リネン製品

tovagliolo 男 (テーブル)ナプキン

toxoplasma 男〖複 -i〗〘動〙トキソプラズマ

toxoplasmosi 女〖不変〗〘医〙トキソプラズマ症

Tozzi 固名(男) (Federigo ～)トッツィ(1883-1920; シエナ出身の作家)

tozzo¹ 男 (硬くなった)パンのかけら ▶ *per un tozzo di pane* わずかな報酬のために, 廉価で

tozzo² 形 1 幅広い 2 ずんぐりした, 太っちょの ━mani *tozze* 太い手

TP 略 Trapani トラーパニ

TR 略 Terni テルニ

‡**tra** [トラ] 前 1 二つの物〖人〗の間に〖で〗━C'è un corridoio *tra* il soggiorno e la cucina. 居間と台所の間に廊下がある. 2 …の中に〖で〗━L'ho vista *tra* la folla. 雑踏の中で彼女を見かけた. / È il più bravo *tra* i suoi quattro. 彼はその4人の中で一番優秀だ. 3 (今から)…後に; …先に ━*tra* quattro giorni 4 日後に / *tra* 20 chilometri 20km 先に 4 …や…のために〖のせいで〗 ▶ *pensare* [*riflettere*] *tra sé e sé* 心の奥で考

tra- [熟考する] **tra l'altro** とりわけ **tra poco** 間もなく, もうすぐ

tra- 接頭 「…を越えて」「…の向こうに」「…を横切って」「別の状態・場所へ」「間に」の意

traballamento 男 (車の)揺れ;(足元が)よろよろすること, バランスを失うこと

traballante 形 1 よろめく, 揺れる 2 ぐらつく, 不安定な

traballare 自 1 よろめく, ふらつく 2 ぐらつく 3 (車が)がたがた揺れる 4 (地面が)揺れる

traballio 男 絶え間なく揺れること

trabalzo 男 [歴]高利貸し

trabea 女 [歴](トーガに似た)高官の式服

trabeazione 女 [建]エンタブラチュア

trabiccolo 男 1 (ベッドなどを温める)木製のあんか入れ 2《諧》使い物にならない道具; がたのきた車

traboccante 形 1 (液体が)あふれるほどの 2 (喜びなどが)あふれんばかりの

traboccare 自 1 [es] (中身が)あふれ出る, こぼれる 2 (入れ物・容器が)あふれ返る, あふれる —La piazza trabocca di folla. 広場は群衆であふれ返っている. / La pentola ha traboccato. 鍋がふきこぼれた.

trabocchetto 男 1 落とし穴 2 罠(な), 策略 3 (舞台の)せり

tracagnotto 形 ずんぐりした, がっしりした

tracannare 他 一気に飲む, がぶがぶ[ごくごく]飲む

traccheggio 男 1 躊躇(ちゅうちょ)する, ためらい 2 [スポ](フェンシングの)攻撃準備

traccia 女 [複-ce] 1 跡, 足跡 2 形跡, 痕跡 —sparire senza lasciare tracce 跡形もなく消える 3 構想, 素案 4 素描, 下絵 5 (CDやフロッピーディスクの)トラック

tracciante 男 1 曳(え)光弾 2 [化]トレーサー

tracciare 他 [io traccio] 1 (線などを)引く 2 スケッチする 3 概略をまとめる

tracciato 男 1 設計図, 地取り; 路線, ルート; (競技のコース, 走路 2 (工事現場を示す)杭(くい), 標識

trace → tracio

trachea 女 1 [解]気管; [動](節足動物の)気管 2 [植]導管

tracheite 女 [医]気管炎

tracheotomia 女 [医]気管切開術

trachino 男 [魚]トラキヌス科の魚

trachite 女 [地質]粗面岩

Tracia 固名 女 トラキア

tracimare 自 (川などが)あふれる, 氾濫する, 水浸しになる

tracimazione 女 あふれること, 氾濫

tracio 形 [女[複-cie]] トラキアの, トラキア生まれの —男 1 [女-a, 複-cie]] トラキア人 2 [単数のみ] トラキア語

tracolla 女 1 肩から斜めにかける帯, ストラップ 2 ショルダーバッグ ▶ **a tracolla** 斜めに掛けて / **portare la borsa a tracolla** かばんを肩から斜めに下げる

tracollare 自 [es] 1 よろめく, ぐらつく, 一方に傾く 2 崩壊する, 破滅する

tracollo 男 1 ぐらつき, 傾き 2 打撃, 崩壊, 倒産

tracoma 男 [複[-i]] [医]トラホーム, トラコーマ

tracotante 形 横柄な, 高慢な —男女 横柄な人, 高慢な人

tracotanza 女 生意気, 横柄さ

tracuro 男 [魚]アジ

trade mark [英](男)[不変][英]商標

tradescantia, tradescanzia 女 [植]ムラサキツユクサ

tradimento 男 裏切り ▶ **a tradimento** 出し抜けに, だまし討ちで

*__tradire__ [トラディーレ] (io -isco) 1 裏切る —tradire le attese 期待を裏切る 2 欺く 3 (事実をゆがめる 4 暴露する —tradire un segreto 秘密を暴く 5 見捨てる 6 (知力・身体能力が)不足する, 欠ける 7 [目的語をとらずに]《口》見込み違いである, 予想に反する —**irsi** 再 本性を現す; 本音を漏らす

traditore 男 [女[-trice]] 裏切り者 —形 [女[-trice]] 裏切りの, 偽りの, 当てにならない

tradizionale 形 1 伝統的な 2 いつもの, お決まりの

tradizionalismo 男 伝統主義

tradizionalista 男女 [複[男-i]] 伝統主義者

tradizionalistico 形 [複[-ci]] 伝統主義の, 伝統主義者の

*__tradizione__ [トラディツィオーネ] 女 1 伝統; 習慣 2 伝承 —tradizione orale 口承 / tradizione popolare 民間伝承 3 [神学](キリスト教において使徒の時代から口承で伝えられてきた)真理と戒律 4 [法](動産や不動産の)の引き渡し ▶ **per tradizione** 伝統で, しきたりで

tradotta 女 (戦争時の)軍隊輸送列車

tradotto tradurre の過分

traducibile 形 1 翻訳できる 2 (気持ちなどを)言葉にできる, 表現できる

*__tradurre__ [トラドゥッレ] [3] 他 [過分 tradotto] 1 翻訳する —tradurre alla lettera 逐語訳をする 2 言い換える 3 変換する, 別の形にする; [情]フォーマットを変換する —**ursi** 再 (in) …に変わる, …の形で表れる

traduttore 男 1 [女[-trice]] 翻訳者 2 (学習用の)古典の行間[対]訳本

traduzione 女 1 翻訳 —fare una traduzione dall'italiano al giapponese イタリア語から日本語に翻訳する 2 [官庁用語で](別の刑務所への)囚人の移送

trae trarre の直・現・3 単

traente 形 牽(けん)引する, 牽引力を持つ —男女 [商]手形[小切手]振出人

traesse trarre の接・半過・3 単

traeva trarre の直・半過・3 単

trafelato 形 息を切らした, あえいでいる
traferro 男〔電〕エアギャップ
trafficante 男女 1 (不正取引をする)商人 2〔蔑〕策士, ペテン師
trafficare 自 [io traffico] 1 (in, con)商売[取引]する; 闇取引[密輸買]する —*trafficare* in droga 麻薬の取引をする 2 忙殺される —*Ho* trafficato tutto il giorno per casa. 私は一日中家のことで追われた. —他 (不正に)取引する, 売買する —*trafficare* armi 武器を密売する
trafficato 形 交通量の多い
‡**traffico** [トラッフィコ] 男〔複[-ci]〕 1 交通(量); (車や人の)通行, 往来 —*chiuso al* traffico 交通が遮断された 2 取引, 商売 3 密売買 —*traffico di droga* 麻薬の密売 4 輸送
trafiggere [21]〔過分 trafitto〕 1 突き刺す, 深手を負わす 2 (痛みで)苦しめる; (言葉で)傷つける, 悲しませる
trafila 女 一連の手続き, 数々の —*seguire la solita* trafila お決まりの手続きをふむ
trafilare 他 針金にする
trafilato 男 針金, パイプ
trafilatrice 女〔工〕伸線機
trafilatura 女〔工〕針金やパイプの製造
trafiletto 男 囲み記事, 小記事, 寸評
trafitta 女 1 突き[刺し]傷 2 激痛, (心の)痛み
trafitto trafiggere の過分
traforare 他 1 穴を開ける 2 (木や金属や布に)透かし細工をする, カットワークをする
traforo 男 1 穴を開けること 2 トンネル 3 透かし彫り, カットワーク
trafugare 他 こっそり盗む, くすねる
‡**tragedia** [トラジェーディア] 女 1 悲劇 2 悲惨な出来事[事件, 事故] 3 トラブル, 問題 ▶ *fare una tragedia per nulla* 何でもないことを大げさに騒ぎ立てる
tragediografo 男〔女[-a]〕悲劇作家
tragga trarre の命·3 単; 接·現·1 単[2 単, 3 単]
traggo trarre の直·現·1 単
traghettare 他 (フェリーボートで)運ぶ; (渡し舟で川を)渡る
traghettatore 男〔女[-trice]〕1 渡し守り, 船頭 2 (フェリーボートの)乗組員
traghetto 男 1 船で渡ること 2 渡し場 3 渡し船; フェリーボート
tragicamente 副 悲劇的に, 痛ましく
tragicità 女 悲劇的要素, 痛ましさ
tragico 形〔複[男 -ci]〕 1 悲惨な, 痛ましい 2 悲劇の, 悲劇的な —男〔複[-ci]〕1 悲劇作家 2〔単数で〕悲惨さ, 悲劇的なこと
tragicomico 形〔複[男 -ci]〕 1 悲喜劇の 2 悲喜こもごも
tragicommedia 女 1 悲喜劇 2 悲喜劇的な事件[状態]
tragitto 男 1 道のり 2 旅行

trago 男〔複[-ghi]〕〔解〕耳珠, トラガス
traguardo 男 1 ゴール, 到着点 —*tagliare il* traguardo トップでゴールインする 2 目標, ねらい
trai trarre の直·現·2 単; 命·2 単
traiamo trarre の直·現·1 複
Traiano 固名(男) (Marco Ulpio ~) トラヤヌス(ローマ皇帝: 在位 98-117)
traiettoria 女 軌道, 弾道
trailer 男〔不変〕〔英〕1 トレーラー 2 (映画などの)予告編
trainante 形 1 牽(けん)引の 2 牽引力を持つ, リーダー的な
trainare 他 [io traino] 引く, 牽(けん)引する, 引っ張る —*Il suo entusiasmo trainava tutto il gruppo.* 彼の情熱がグループ全体を引っ張っていた.
trainer 男女〔不変〕〔英〕1 (競走馬の)調教師; (サッカーチームなどの)トレーナー, コーチ 2 職業訓練指導員
training 男〔不変〕〔英〕1 (スポーツの)訓練; (会社などの)新人研修
traino 男 1 牽(けん)引; 運搬 2 積み荷, 貨車, 運搬用そり 3 刺激, 推進力
trait d'union 熟(男)〔仏〕1 ハイフン 2 絆(きずな), 橋渡し, 接点
tralasciare 他 [io tralascio] 1 中途でやめる, 放棄する, 投げ出す —*tralasciare gli studi* 学業を放棄する 2 無視する, 省く, 顧みない
tralcio 男 1 (ブドウなどの)若枝 2〔医〕へその緒
traliccio 男 1 (マットレスの裏張りや布袋などに用いる)帆布, ズック 2 (高圧線用の)橋塔; 引留柱
tralice 男〔不変〕[トスカーナ]〔次の成句で〕▶ *in* [*di*] *tralice* 斜めに, はすかいに
tralignare 自 [es/av] (家系や民族などの)特質を捨てる
trallallà 間 (歌うときの)ララララ
trallallero 男 → trallallà
tralucere 自〔過分なし; 複合時制なし〕1 光が差し込む 2《文》(何かを通して)現れる
tram 男〔不変〕路面電車, 市電
trama 女 1 (織物の)横糸 2 陰謀 3 (小説や映画の)筋立て, プロット 4〔スポ〕チームの連携プレー
tramaglio 男 1〔漁〕三重網 2 (狩猟の)鳥網
tramagnino 男 〔劇〕パントマイム俳優, 曲芸師
tramandare 他 (子孫や弟子に)伝える, 伝承する, (後世に)残す —*arsi* 受 伝えられる, 持続する
tramare 他 (悪事や陰謀などを)たくらむ, もくろむ —*tramare vendette* 復讐を企てる
trambusto 男 大騒ぎ, 騒動, 混乱; 興奮
tramestare 他 ひっかき回す, ごた混ぜにする, 乱雑にする —自 (人などが)ごた

tramestio ごたに動く, (物などが)ごっちゃ混ぜになる

tramestio 男 大騒ぎ, ごったがえし

tramezza 女 1 (靴の)中敷き, 敷き革 2 仕切り

tramezzare 他 1 差し込む, 挿入する 2 (建)仕切る, 間仕切りする

tramezzino 男 サンドイッチ

tramezzo 男 1 (建)間仕切り 2 (布の途中に挟む)帯状のレース飾り

tramite 男 1 仲介, 仲立ち 2 (接触・連絡の)手段 3《文》小道 —前 …を通じて —Riceviamo sue notizie *tramite* un amico comune. 私たちは共通の友人から, 彼[彼女]の消息を得ている.

tramoggia 女〖複[-ge]〗ホッパー, じょうご状の器

tramontana 女 1 北風 2 北 —La casa guarda a *tramontana*. その家は北に面している. ▶ **perdere la tramontana** 方向感覚を失う; 途方に暮れる

tramontare 自 [es] 1 (太陽や月が)沈む 2 終わる, 消える

*****tramonto** [トラモント] 男 1 日没 —dall'alba al *tramonto* 日の出から日没まで 2 夕焼け 3 終焉(えん), 凋(ちょう)落 —il *tramonto* dell'impero romano ローマ帝国の終焉

tramortire 他 〖io -isco〗(殴打で)気絶[失神]させる —自 [es]《文》気絶[失神]する, 卒倒する

trampoliere 男〖鳥〗(ツル・サギなどの)渉禽(きん)類

trampolino 男 1 (水泳の)飛び込み台; (スキーの)ジャンプ台 2 踏み切り台 —*trampolino elastico* (体操・飛び込みの)踏み切り板; (成功への)足がかり 3 トランポリン

trampolo 男〖複数で〗1 竹馬 —*camminare sui trampoli* 竹馬で歩く 2《口》とても長い足

tramutare 他 1《文》移す, 移動させる 2《文》変える, 変形する —**arsi** 再 (in) 身変する, 変容を遂げる

tramvai → tranvai

tramvia → tranvia

trance 女〖不変〗〖英〗1〖心〗トランス(状態) 2 忘我, 恍惚(こうこつ)

tranche 女〖不変〗〖仏〗薄切り, 一切れ

trancia 女〖複[-ce]〗1 断裁[剪断]機 2 薄切り, 一切れ, 切り身

tranciare 他〖io trancio〗1 剪(せん)断する, 断裁する 2 断ち切る, すっぱりと切る

tranciatura 女 切断; 剪(せん)断, 断裁

trancio 男 (食物の)薄切り, 一切れ

tranello 男 1 罠(わな), 悪だくみ 2《謔》難解な箇所

trangugiare 他〖io trangugio〗1 がつがつ食べる, かき込む, 飲み込む 2 抑える, 我慢する

tranne 前 …を除いて —Nessuno *tranne* te lo saprà. 君以外の誰もそのことは知らないだろう. / Il museo è aperto tutti i giorni *tranne* il lunedì. 博物館は月曜を除いて毎日開いています. / *tranne* che + 接続法 …でない限りは

tranquillamente 副 1 安心して, 安らかに 2 落ち着いて, 冷静に 3 簡単に, やすやすと

tranquillante 形 落ち着かせる; 向精神薬の —男〖薬〗精神安定剤, トランキライザー

tranquillità 女 1 静けさ, 平安 2 平静, 安心, 落ち着き

tranquillizzante 形 落ち着かせる, 安心させる

tranquillizzare 他 安心させる, 落ち着かせる —**arsi** 再 安心する, 落ち着く, 気を静める

*****tranquillo** [トランクイッロ] 形 1 (場所や雰囲気が)静かな, 落ち着ける —Il mare era *tranquillo*. 海は穏やかだった. 2 (人が)冷静な, 落ち着いた —State *tranquilli*, per favore. どうか冷静にしてください. 3 (馬などが)おとなしい, 気性の荒くない 4 (自動車が)運転しやすい 5 (ワインが)発泡性でない

trans- 接頭 「向こうに」「…を越えて」「…を通って」の意

transalpino 形 アルプスの向こう側の, フランスの; アルプスを越えて —*ferrovia transalpina* アルプス横断鉄道

transaminasi 女〖不変〗〖生化〗トランスアミナーゼ

transappenninico 形〖複[-ci]〗アペニン山脈の向こう側の; アペニン山脈を越えて

transare 他〖目的語をとらずに〗〖商〗和解する

transatlantico 形〖複[男 -ci]〗大西洋横断の; 大西洋の対岸の —男 1 (大洋を航海する)豪華客船 2 (T-)イタリア下院の大きな廊下

transatto transigere の過分

transazione 女 1〖法〗和解, 示談 —*venire a una transazione* 示談になる 2 妥協, 譲歩 3〖商〗商取引, 売買

transcodificare 他〖io transcodifico〗〖情〗コード変換する

transcodificazione 女〖情〗コード変換

transcontinentale 形 大陸横断の

transenna 女 1 (可動式の)防止冊 2〖建〗内陣を囲む大理石, (金属製・木製の)格子

transennare 他 (道路などを)柵で囲む

transessuale 形 性倒錯の, 性転換の —男女 性転換者

transessualità 女 性転換; 性倒錯の状態

transetto 男〖建〗(教会の)翼廊

transex 男女〖不変〗〖報道用語で〗性転換者

transfer 男〖不変〗〖英〗1 (空港や駅とホテルの間の)シャトル 2 名義変更, 譲渡, 移転

transfert 男〔不変〕〔仏〕感情転移；転移

transfrontaliero 形 国境を越えた

transfuga 男女〔複[男 -ghi]〕1 (敵に寝返る)脱走兵, 逃亡兵 2 《諧》(政党・グループなどの)裏切り人

transgenico 形〔複[男 -ci]〕〔生物〕トランスジェニックの, 遺伝子導入の

transiberiana 女 シベリア横断鉄道

transiberiano 形 シベリア横断の

transigente 形 歩み寄りの, 協調的な

transigenza 女 歩み寄りやすいこと, 協調的であること

transigere [47] 自 〔過分 transatto〕折り合う, 妥協する 他 〔法〕和解する, (互いに譲歩して)解決する

Transilvania 固名〔女〕トランシルバニア(ルーマニア北西部の歴史的・地理的地域)

transistor 男〔不変〕〔英〕〔電〕1 トランジスタ 2 トランジスタラジオ

transitabile 形 通行可能な

transitabilità 女 通行可能なこと；(道路の)交通状況

transitare 自 [es] 〔io transito〕1 (車両が)通る, 通過する；(空港に)一時着陸する 2 立ち寄る

transitivo 形 1〔言〕他動詞の 2〔数〕推移律の —男〔言〕他動詞

transito 男 1 (人や車の)通行, 通過 2 (空港での)乗り継ぎ 3〔医〕消化器官を通じての食べ物の消化 4《文》死

transitoriamente 副 一時的に, 暫定的に

transitorietà 女 一時的であること, 暫定；不安定

transitorio 形 一時的な, 束の間の, はかない —男〔電〕過渡電流

transizione 女 1 移行；過渡期, 変わり目 —governo di *transizione* 暫定政府 2〔物〕転移 3〔生化〕変異, 転位

translagunare 形 ラグーナ(潟)を渡る

transnazionale 形 国境を越えた, 超国家の

transnazionalità 女 国境を越えること；超国家的な特質

transoceanico 形〔複[男 -ci]〕大洋横断の, 大洋の対岸の

transonico 形〔複[男 -ci]〕〔物〕遷音速の

transpadano 形 ポー川の北側の(向こうの)

transpartitico 形〔複[男 -ci]〕超政党の

transpolare 形 北極〔南極〕横断の

transumante 形 家畜の季節移動の

transumanza 女 家畜の季節移動

transumare 自 (家畜が)季節移動する

transuranico 形〔複[男 -ci]〕〔化〕超ウランの

transustanziazione 女 〔カト〕全質変化

tran tran 男 1 単調な, 退屈な, 平凡な 2 男 短調な繰り返し, 退屈なリズム —tutti i giorni lo stesso *tran tran* 毎日同じことの繰り返し

trantran → tran tran

tranvai 男〔不変〕トラム, 路面電車

tranvia 女 トラムの路線

tranviario 形 路面電車の

tranviere 男女 [-a]〕(路面電車の)職員, 運転士

trapanare 他 〔io trapano〕1 (ドリルで)穴をあける, 突き通す 2 激痛を与える

trapanazione 女 1 穴をあけること, 貫通 2〔医〕穿(せん)頭手術

trapanese 形 トラーパニ(の人)の —男女 トラーパニの人

Trapani 固名〔女〕トラーパニ(シチリア特別自治州の都市；略 TP)

trapano 男 1 (大工道具の)ドリル 2 外科用ドリル

trapassare 他 1 突き通す, 刺す, 貫通する 2《文》渡る, 越す；(時を)過ごす —自 [es]《婉》死ぬ

trapassato 形 1 貫通した 2《文》過ぎた, 移った —男〔複数で〕《婉》死者, 故人 ▶ *trapassato prossimo*〔言〕大過去 *trapassato remoto*〔言〕先立[前]過去

trapasso[1] 男 1 通過, 通行；推移, 変遷 2《文》死, 死去 3〔法〕譲渡

trapasso[2] 男 (馬の歩法で)襲歩

trapelare 自 [es] 1 (隙間や裂け目から)流れ出る, にじみ出る —L'umidità *trapelava* dal muro. 水気が壁からにじみ出ていた. 2 (情報や事実が)漏洩(ろう)する, 発覚する, 知れわたる 3《文》(川の水が)あふれる, 氾濫する

trapelo 男 添え馬

trapezio 男 1 台形 2 (曲芸や体操用の)ぶらんこ ▶ *a trapezio* (特にスカートやブラウスが)台形の *muscolo trapezio*〔解〕僧帽筋

trapezista 男女〔複[男 -i]〕空中ぶらんこ乗り

trapezoidale 形 台形の

trapezoide 形 不等辺四角形の —男〔幾〕不等辺四角形

trapiantabile 形 移植できる

trapiantare 他 1 移植する；〔医〕(組織や器官を)移植する 2 (人を他国へ)移住させる —**arsi** 自 移住する

trapiantato 形 1 (植物が)植え替えられた；〔医〕移植した 2 入植した

trapiantatoio 男 移植ごて, (園芸用の)シャベル, スコップ

trapiantatrice 女 田[苗]植え機

trapianto 男, 〔植物の〕移植, 〔医〕移植 —*trapianto* di pelle 皮膚移植

trappa 女 トラピスト修道院

trappeto 男 〔中伊・南伊〕オリーブの搾油機

trappista 形〔複[-i]〕トラピスト修道院の —男 トラピスト修道士

trappola 女 1 (動物を捕獲する)罠(わな), ネズミ取り 2 策略 3 (よく故障する)

trappolatore おんぼろ, がらくた

trappolatore 男〔女[-trice]〕 嘘つき, ペテン師

trappoleria 女 詐欺, ペテン

trappolone 男〔女[-a]〕詐欺師, ペテン師

trapunta 女 キルトの掛け布団[ベッドカバー]

trapuntare 他 刺し子縫いをする, キルティングをする

trapuntatura 女 刺し子縫い, キルティング

trapunto 形 キルティングの, 刺し子刺繍の ―男 キルティング; キルト地

trarre [122] 他〔過分 tratto〕**1** 引っ張る, 引く ―*trarre una barca sulla spiaggia* 船を浜に引き上げる **2** 引き出す, 得る ―*trarre profitto [vantaggio] da...* (物)から利益を引き出す / *trarre il massimo da una situazione* 状況を最大限に利用する **3** 抽出する ―*trarre l'olio dal mais* トウモロコシから油を採る **4**〔a＋不定詞〕(ある行為をするよう)仕向ける **5**《文》(叫びや嗚咽(おえつ)を)発する **6**《文》連れ出す **7** 控除する ―自 [es]〔過分 tratto〕**1** 移動する, 遠ざかる ―**arsi** 再 **1** 手を引く, 身を引く ―*trarsi d'impaccio* 厄介事から手を引く ▶ *Il dado è tratto.* 賽(さい)は投げられた.

trarrei trarre の条·現·1 単

trarrò trarre の直·未·1 単

tras- 接頭 「越えて」「変えて」の意

trasalimento 男 身震い, 戦慄, はっとすること

trasalire 自 [es/av]〔io -isco〕びくっと[ぎくっと]する, おののく, 身震いする ―*Per la paura sono [ho] trasalito.* 怖くて僕は震えた.

trasandatamente 副 無頓着に, ぞんざいに

trasandatezza 女 不注意, 軽率; 無頓着, ぞんざい

trasandato 形 (仕事が)ぞんざいな, ずさんな; (身なりに)かまわない, ずぼらな; うかつな

trasbordare 他 乗り換えさせる; 積み換えさせる ―自 乗り換える

trasbordatore 男〔女[-trice]〕乗り換えの乗客

trasbordo 男 乗り換え; 積み換え

trascegliere [99] 他〔過分 trascelto〕精選する, より分ける

trascendentale 形 **1**〔哲〕先験的な, 超越論的な **2** 難しい, 複雑な ―*tecnica trascendentale*〔音〕超絶技巧 **3** 並外れた, 特別な

trascendentalismo 男〔哲〕先験論, 先験主義

trascendentalità 女 **1**〔哲〕先験的であること; 超越性 **2** 特異性

trascendente 形 超越的な

trascendentismo 男〔哲〕先験論

trascendenza 女〔哲〕超越性, 先験

trascendere [100] 他〔過分 trasceso〕越える, まさに;〔哲〕超越する ―自 [es/av] 度を越す; かっとなる

trasceso trascendere の過分

trascinamento 男 **1** 引きずること, 引っ張ること **2**〔コン〕(マウスの)ドラッグ

trascinante 形 惹きつける, 魅力的な

trascinare [トラッシナーレ] 他 **1** 引きずる **2** (無理やり)連れて行く, 連行する **3** 引きつける **4**〔コン〕(マウスをドラッグする) ―**arsi** 再 身を引きずる; だらだら続く

trascinatore 男〔女[-trice]〕惹きつける, 引き寄せる ―男〔女[-trice]〕(視聴者·大衆を)魅了する人

trascolorare 自 [es] **1** 変色する **2**《文》青ざめる ―**arsi** 再 **1** 変色する **2**《文》青ざめる

trascorrere [トラスコッレレ] [25] 他〔過分 trascorso〕**1** (休暇などを)過ごす ―*trascorrere il tempo a leggere* 読書して時間を過ごす **2**《文》さっと目を通す ―自 **1** [es] (時が)過ぎる, 経つ **2** [es]《文》向こうに行く, 遠ざかる **3** [es] (考えが)移る **4** 度が過ぎる

trascorso 形〔過分＜trascorrere〕過ぎ去った, 過去の ―男 しくじり, ちょっとした誤り; 失策 ―*Ha avuto qualche trascorso in gioventù.* 彼[彼女]は若気の過ちをおかした.

trascrittasi 女〔不変〕〔生化〕転写酵素

trascritto trascrivere の過分

trascrittore 男〔女[-trice]〕転写する人, 筆記者

trascrivere [103] 他〔過分 trascritto〕**1** 書き写す, 転写する **2** 書き換える, 翻訳する **3**〔法〕登記する, 記載する

trascrizione 女 **1** 筆写, 転写 **2** 表記, 書き換え **3**〔法〕登記 **4**〔音〕編曲

trascurabile 形 無視できる, 取るに足りない

trascurabilità 女 重要でないこと, つまらないこと

trascurabilmente 副 ごくわずかに; 無意味に

trascuranza → trascuratezza

trascurare 他 **1** なおざりにする, おろそかにする; 無視する ―*trascurare la salute* 健康に留意しない **2**〔di＋不定詞〕…し忘れる ―*Non trascurare di scrivermi!* 必ず私に手紙を書いてね. ―**arsi** 再 **1** 健康に留意しない **2** 身なりをかまわない

trascurataggine 女 怠慢; なおざり, 手抜かり

trascuratamente 副 不注意にも, ぞんざいに; だらしなく

trascuratezza 女 **1** 怠慢; なおざり, 不注意 **2** (身なりの)だらしなさ; 投げやりな態度

trascurato 形 **1** ぞんざいな, 無頓着な **2** なおざりにされた

trasdotto trasdurre の過分

trasdurre [3] 他〔過分 trasdotto〕

trasduttore 男 〔物〕トランスデューサー, 変換器

trasecolare 自 [es/av] [io trasecolo] 唖(ぁ)然とする, 肝をつぶす, びっくりする

trasecolato 形 驚いた, びっくり仰天した

trasferello 男 〔商標〕移し絵

trasferimento 男 1 移動, 転動 2 〔法〕(土地などの)移転, 譲渡 3 〔経〕送金

trasferire 他 [io -isco] 1 移す, 移転させる 2 転勤[転任, 転校]させる 3 〔法〕(権利や責務を)移転させる —**irsi** 再 引っ越す, 移転する

trasferta 女 1 出張(費) 2 〔スポ〕敵地[アウェー]での試合

trasfigurare 他 1 (姿や表情を)変える, 外観を変える 2 (事実を意図的に)違ったものにする —**arsi** 再 (姿や表情を)変える, 変貌する

trasfigurazione 女 1 変貌, 変容 2 〔宗〕主の御変容の祝日 (8月6日) 3 (T-) 〔美〕キリストの変容

trasfocatore 男 〔光〕ズーム

trasfondere [55] 他 〔過分 trasfuso〕 1 (思想などを)吹き込む, 行き渡らせる 2 (治療のために)輸血する

trasformabile 形 1 変形できる 2 (車が)コンバーチブルの

*__trasformare__ [トラスフォルマーレ] 他 1 (姿・形・性質などを)変える —*trasformare* il latte in formaggio 牛乳をチーズに変える 2 〔スポ〕サッカーなどでプレースキックによってゴールする, 得点する —**arsi** 再 (姿)形, 性質)が変わる

trasformativo 形 変形作用の

trasformato 形 変形した, 変質した —meta *trasformata* 〔スポ〕(ラグビーで)プレースキックによる得点

trasformatore 男 1 [女 -trice] 変化の推進者 2 〔電〕変圧器

trasformazione 女 1 変化, 変形, 変貌 2 〔化〕(物質の)変化 3 〔生物〕(特に細菌の)遺伝子組織の変化, 変態 4 〔言〕(生成文法の)変形 5 〔スポ〕(ラグビーの)コンバート

trasformismo 男 1 〔政〕トラスフォルミズモ 2 〔獏〕(多数派工作, 妥協工作 3 〔生物〕進化論

trasformista 男女 [複 男 -i] 1 〔政〕トラスフォルミズモの支持者 2 〔劇〕早変わりの物まね役者 3 日和見な人

trasfusionale 形 〔医〕輸血の

trasfusione 女 1 〔医〕輸液 2 (液体の)注入

trasfuso trasfondere の過分

trasgredire 他 [io -isco] 背く, 違反する, 破る —*trasgredire* la legge 法に背く —自 (規則などを)犯す, 従わない

trasgressione 女 1 違反, 違犯; 逸脱, 従わないこと 2 〔地学〕海進, 海侵

trasgressivo 形 1 (規則などに反する 2 〔地学〕海進[海侵]の

trasgressore 男 違反[違犯]者

Trasimeno 固名(男) トラジメーノ湖 (ウンブリア州にある湖)

traslare 他 1 (主に遺骸を)移動させる, 移す 2 〔数〕平行移動させる

traslatare 他 《文》移し, 運ぶ

traslato 形 1 《文》移された 2 (遺骸が)運ばれた 3 隠喩の —男 隠喩

traslatore 男 〔工〕自動中継器

traslazione 女 1 (場所の)移動; (遺骸・遺品の)運搬 2 〔数〕平行移動 3 (聖遺物の)移転; (司教の)転任; (祭日の)日延べ 4 〔物〕並進

traslitterare 他 [io traslittero] (他言語の文字体系に)書き直す, 翻字する

traslitterazione 女 字訳, (他言語文字による)書き直し, 翻字

traslocare 他 (物を)移動させる —自 引っ越す, 移転する

trasloco 男 [複 -chi] 引っ越し, 移転

traslucido 形 1 《文》透明な 2 〔物〕半透明の

trasmesso trasmettere の過分

*__trasmettere__ [トラズメッテレ] [65] 他 〔過分 trasmesso〕 1 放送する 2 伝える, 伝達する 3 譲渡する 4 (病気を)移す, 伝染させる 5 (手紙や情報を)送る —**ersi** 再 移る, 移動する; 伝染する

trasmettitore 男 1 [女 -trice] 伝達者 2 伝送装置 3 送信器; 送話器; 電信機 4 (船の)通話管 —形 [女 -trice] 伝達の, 伝える

trasmigrare 自 [es/av] 移住する, 移動する; (鳥が)渡る 2 [es] (他の個体に)伝わる 3 [es/av] 転生する

trasmigrazione 女 転生 —la *trasmigrazione* delle anime 輪廻転生

trasmissibile 形 1 譲渡可能な, 移転できる 2 伝達できる 3 伝染性の

trasmissione 女 1 放送, 送信 2 伝達, 伝播(ぱ) 3 譲渡 4 (病気の)伝染, (人から人への)感染 5 (手紙や情報の)送付 6 〔機〕トランスミッション

trasmittente 女 1 放送局 2 送信機, 発信装置 3 トランシーバー —形 1 放送する 2 送信する

trasmodare 自 度を越す, 行き過ぎる

trasmodato 形 過度の, 節度を越えた

trasmutabile 形 《文》変えられる, 変形[変質]できる

trasmutare 他 《文》変形[変質]させる, 変貌させる —**arsi** 再 《文》変わる

trasmutazione 女 《文》変形, 変化, 変質; 変貌

trasognato 形 空想にふけった; ぼんやりした

traspadano → transpadano

trasparente 形 1 透明な 2 非常に薄い 3 明白な —男 1 透かし絵 2 紗(し)膜 3 レースの台地(の布)

trasparenza 女 1 透明度, 透明性 2 情報公開度 3 明白さ, 率直さ

trasparire [9] 自 [es] [過分 trasparso] 1 (何かを通して)現れる, 透けて見える 2 (思い・考えが)表に出る, あらわになる

trasparso trasparire の過分

traspirare 自 [es] 1 にじみ出る, 染み出す ― 他 (水分を)発散する; 蒸散する

traspiratorio 形 発散の, 蒸散の

traspirazione 女 1 発汗 2 [植]蒸散作用

trasporre [79] 他 [過分 trasposto] 置き換える, 入れ換える

trasportabile 形 運搬可能な, 輸送できる; 持ち運びできる, 携帯用の

trasportare 他 1 運ぶ, 運送する 2 移す, 移動させる 3 引きずる, 押しやる; 引きずり込む 4 [音]移調する 5 (デザインを別の素材に)再現する, 転写する ▶ *lasciarsi trasportare da...* に身をゆだねる

trasportato 形 運ばれた, 輸送された ― 男 [女 [-a] 乗客

trasportatore 男 1 [女 [-trice]] 運搬人, 運送業者 2 コンベヤー 3 [映] (映写機の)間欠輪動装置 ― 形 [女 [-trice]] 運搬する, 運送する

trasporto 男 1 輸送, 運搬 2 交通機関 ― *trasporto pubblico* 公共交通機関 3 (感情の)爆発 4 [音]移調 5 (壁画などの修復で)絵の転写

trasposizione 女 1 置き換え, 入れ換え 2 改作, 翻案 3 [言]転置(法) [化]転換; [数]互換; 移項

trasposto trasporre の過分

trasse trarre の直・遠過・3 単

trasteverino 形 トラステヴェレ(の人)の ― 男 [女 [-a]] トラステヴェレの人

trastullare 他 (おもちゃなどで)楽しませる, 遊ばせる, あやす ― **arsi** 再 1 楽しむ, 遊ぶ 2 ぶらぶらする, 暇を持てあます

trastullo 男 楽しませること, 遊ぶこと; 気晴らし, 娯楽, 趣味; 玩具

trasudare 自 [es] 1 にじみ[染み]出る, 漏れ出る 2 発汗する ― 他 1 漏らす, あふれさせる 2 分泌する, 発する

trasversale 形 交差する, 直角の; 横断する, 横断的な ― *via trasversale* 横断道

trasversalismo 男 [政]横断路線, 超党派路線

trasvolare 他 上空を飛ぶ

trasvolata 女 横断飛行

trasvolatore 男 [女 [-trice]] 横断飛行をする[した]飛行士

tratta 女 1 (乗り物の)区間, 路線 ― *la tratta Milano-Roma* ミラノ・ローマ区間 2 (人身)売買, 不法取引; (労働者などの)不法斡(ら)旋 3 [商]為替手形

trattabile 形 1 扱いやすい, 加工[処理]しやすい; 適した ― *argomenti trattabili a lezione* 授業に適した話題 2 (人について)愛想のよい, 従順な 3 治療のよさ; 従順さ

trattamento 男 1 待遇, もてなし ― *trattamento familiare di una pensione* 宿の心のこもったサービス 2 処理, 処置 ― *trattamento termico* 熱処理 3 [医]処置, 治療 ― *sottoporsi a un trattamento chirurgico* 外科処置を受ける

***trattare** [トラッターレ] 他 1 扱う, 取り扱う 2 (人を)もてなす, 遇する ― *trattare... con gentilezza* (人)を丁重にもてなす / *trattare... da amico* (人)を友人扱いする 3 処置を施す, 処理する 4 議論する, 語る 5 交渉する, 折衝する ― 自 1 *(di)* …を問題にする, 扱う ― *Questo libro tratta dell'arte del Rinascimento.* この本はルネサンス美術のことを扱っている. 2 *(con)* …と付き合う ― *Non voglio trattare con quelli.* あの人たちとは付き合いたくない. 3 [非人称; si tratta di... の形で] …のことだ, …が問題である ― *Dimmi di che cosa si tratta.* 何が問題となっているのか言ってくれ. 4 [非人称; si tratta di + 不定詞 の形で] …する必要がある ― *Si tratta di rifare tutto.* すべてをやり直す必要がある. ― **arsi** 再 *(da)* …らしく振る舞う, 態度をとる; やっていく, 暮らす

trattario 形 [女 [-a]] [法]支払い人の ― 男 [女 [-a]] 手形名当て人, 為替手形の支払い人

trattativa 女 1 (予備)折衝 2 [複数で] 交渉

trattato 男 1 条約, 協定 2 学術書, 学術論文

trattazione 女 論述, 論考

tratteggiare 他 [io tratteggio] 1 (鉛筆やペンで)描く, 素描する 2 概略する, 略述する

tratteggiato 形 1 略述された, 概略の 2 スケッチされた; 線影をつけられた; 点線の

tratteggio 男 1 点線, スケッチ, 線描; 線影, ハッチング, けば 2 簡単な記述

trattenere [118] 他 1 (人を)引きとめる ― *trattenere un amico a cena* 友人を夕食に引きとめる 2 (逃げないように)押さえておく 3 (感情を)抑える, こらえる ― *trattenere la rabbia* 怒りを抑える 4 保持する, 預かる 5 (金額などを)差し引く ― **ersi** 再 1 とどまる, 滞在する 2 *(da + 定冠詞 + 不定詞)* …を我慢する ― *Si è trattenuta dal piangere.* 彼女は泣くのをこらえた.

trattenimento 男 1 歓談, 宴会 2 娯楽, ショー

trattenuta 女 控除額, 天引き

trattenuto 副 [音]押さえ目に, やや引き伸ばして

trattino 男 ハイフン; (デッサンの)線描

***tratto**[1] [トラット] 男 1 (手書きの)線 2 [複数で]顔立ち, 特徴 ― *i tratti del viso* 目鼻立ち 3 態度 4 (全体の)一部分[期間, 区間, 節] ― *tratto in salita [discesa]* 昇り坂[下り坂]の区間 5

tratto 《文》距離 ▶ *a tratti* あちこちで; 時々 *a [ad] un tratto* 突然, 急に

tratto² 形〔過分＜ trarre〕引き出された, 抜粋の

trattore¹ 男 トラクター, 牽(ﾋﾝ)引車

trattore² 男〔女[-trice]〕〔織〕〔繭から糸を繰る〕繰糸工, 製糸工

trattore³ 男〔女[-trice]〕軽食堂の主人

＊**trattoria** [トラットリーア] 女 食堂〔庶民的な家庭料理のレストラン〕

trattorista 男女〔複[男 -i]〕トラクター運転手

tratturo 男 〔家畜の移動によってできた〕山道

traudire [123] 他 《文》聞き違える, よく聞こえない

trauma 男〔複[-i]〕**1** 〔医〕外傷; 外傷性傷害 **2** 〔心〕心の外傷, トラウマ **3** 激しいショック, 動揺

traumaticamente 副 トラウマによる, 深く傷つく

traumatico 形〔複[男 -ci]〕外傷性の, 精神的外傷の, ショックな出来事の

traumatismo 男 トラウマによる症状

traumatizzante 形 外傷を引き起こす, 精神的ショックを与える; 衝撃的な

traumatizzare 他 外傷を起こさせる, 精神的外傷を与える; 動揺させる, 動転させる

traumatizzato 形 **1** ショックを受けた **2** 外傷を受けた **3** 動揺した, 衝撃を受けた

traumatologia 女〔医〕外傷学

traumatologico 形〔複[男 -ci]〕〔医〕外傷の —*centro traumatologico* 外傷外科; 外傷〔救急〕センター〔研究所〕

traumatologo 男〔複[-gi]女[-a]〕〔医〕外傷外科専門医

travaglia 女《文》苦しみ, 苦痛, 苦悩

travagliare 他〔io travaglio〕《文》苦痛を与える, 苦しめる; 打撃〔損害〕を与える; 働く —自 苦労する —**arsi** 再 〔精神的に〕苦しむ, 悲嘆にくれる; 悩む —*travagliarsi dal rimorso* 良心の呵責(ﾅｸ)に苦しむ

travagliato 形 **1**《文》苦痛にさいなまれた; 苦しんだ, 悩んだ **2** 痛めつけられた, 乱された **3** 苦難の, 耐えがたい, つらい

travaglio 男 **1**《文》苦しみ, 苦悩 **2** 重労働 **3** 陣痛〔travaglio di parto〕

travalicare 他〔io travalico〕**1** 越える, 渡る **2** 背く —自《文》話題が次々と移る

travaṣabile 形 移し替えられる

travaṣare 他〔in〕**1** …に移す〔移し替える〕 **2** …に伝える〔託す〕 —**arsi** 再 〔液体が〕あふれる, 流れ出る

travaṣo 男 **1**〔液体の〕移し替え **2**〔医〕流出, 排出 ▶ *travaso di bile* 激怒, かっとなる

travatura 女 〔梁(ﾊﾘ)や桁の〕組み立て; 骨組み, トラス

trave 女〔建〕梁(ﾊﾘ), 桁

travedere [126] 自《文》見間違う, 取り違える

traveggole 女複〔次の成句で〕▶ *avere le traveggole* 見誤る, 判断を誤る

traveller's cheque 成〔男〕〔英〕トラベラーズチェック

traversa 女 **1**〔補強や仕切り・進入阻止のための〕横木 **2** 横道 **3**〔スポ〕クロスバー **4**〔ベッドに敷く〕帯状の防水シーツ

traversare 他 横切る, 渡る; 通す; 過ごす —*traversare un ponte* 橋を渡る / *traversare un brutto periodo* つらい時期を過ごす

traversata 女 **1** 横断 **2** 横断旅行〔飛行〕 **3** 航海 **4** トラバース

traversia 女 **1**〔海〕逆風 **2**〔主に複数で〕逆境, 試練

traversina 女〔線路の〕まくら木

traversino 男〔海〕**1**〔マストの〕支索 **2** 錨(ｲｶﾘ)鎖

traverso 形 **1** 横切る, 横の —*flauto traverso*〔音〕横型フルート **2** 不正な, 裏の —男 **1** 横幅 **2** 横切る形に置かれた物体 ▶ *andare di [per] traverso*〔食べ物が〕喉につかえる, 気管支に入ってむせる; 期待はずれに終わる *di traverso* 斜めに, はすに

traversone¹ 男〔大型の〕横木

traversone² 男〔スポ〕〔サッカーの〕クロス

travertino 男〔鉱〕トラバーチン, 石灰華

travesti 形〔不変〕〔仏・劇〕女形

travestimento 男 **1** 変装, 仮装 **2** もじり, パロディー, 改作

travestire 他 **1** 変装させる **2** 変形させる —**irsi** 再 変装〔仮装〕する, 装う

travestitismo 男 服装倒錯症, 異性装の性向

travestito 男 **1** 女装した男性; おかま **2**〔女[-a]〕女装〔男装〕趣味者 —形 女装〔男装〕した

travet 男〔不変〕安月給取り

traviamento 男 〔正道からの〕逸脱, はずれること; 堕落

traviare 他〔io travio〕道を誤らせる, 堕落させる —自《文》道を誤る, 堕落する —**arsi** 再 道を踏みはずす, 堕落する

traviato 形 道を踏みはずした, 堕落した —*La Traviata*『椿姫』〔ヴェルディのオペラ〕

travicello 男〔建〕小梁(ﾊﾘ)

traviṣamento 男 **1** ゆがめること, ねじれ; 歪(ｲﾋﾞﾂ)曲 **2**〔法〕偽装工作 ▶ *traviṣamento dei fatti*〔法〕虚偽の陳述

traviṣare 他 〔故意に〕ねじまげる, 歪(ｲﾋﾞﾂ)曲する

travolgente 形 **1** 猛烈な, 激しい, 衝撃的な —*furia travolgente di un uragano* ハリケーンの猛烈な力 **2** 抗いがたい, どうしようもない

travolgere [131] 他〔過分 travolto〕**1** 押し流す —*farsi travolgere dalla passione* 情熱に流される **2** 圧倒

travolgimento 男 破壊; 転覆, 混乱する

travolgimento 男 破壊; 転覆, 混乱

travolto 形 〖過分＜travolgere〗 1 引きずられた, 押し流された; 倒された 2 《文》ゆがんだ, よじれた

trazione 女 1 引っ張ること 2〖物〗牽(ﾊﾟ)引力 3〖医〗(整形治療の)牽引

trazzera 女〔シチリア〕獣道(ﾊﾟこ)

*_tre_ [トレ] 形〖基数〗〖不変〗1 3 の(20 以上の数字の 1 の位となる場合は e にアクセント記号を付す: ventitré(23)) 2 わずかな, 少しの —ne〖不変〗1 3 2 3 日

trealberi 男〖不変〗〖船〗3 本マストの帆船

trebbiano 男 トレッビアーノ(ブドウの品種; その品種で作るワイン)

trebbiare 他〔io trebbio〕脱穀する

trebbiatrice 女 脱穀機

trebbiatura 女 1〖農〗脱穀, 麦打ち 2 脱穀[麦打ち]の季節

trebbio 男《文》三叉(ﾃ)路

treccia 女〖複[-ce]〗 1 お下げ, 三つ編み 2 (藁(ﾜﾗ)などを)ひも状に編んだもの 3 組ひも 4 ねじり焼きしたパン〖菓子〗

trecciaiolo 男〔女[-a]〕(麦わら帽子の)わら編み職人

trecciatura 女 (麦わら帽子の)わら編み; 組みひも[飾りひも]の生産

trecentesco 形〖複[男 -chi]〗1300 年代の, 14 世紀の

trecentesimo 形〖序数〗300 番目の; 300 分の 1 の —男 300 番目; 300 分の 1

trecentista 形〖複[男 -i]〗(芸術家で)1300 年代[14 世紀]の —男女〖複[男 -i]〗1300 年代[14 世紀]の作家[芸術家]; 1300 年代[14 世紀]の研究家, 専門家

trecentistico 形〖複[男 -ci]〗1300 年代[14 世紀](の芸術家)の

trecento 形〖基数〗〖不変〗300 の —男〖不変〗300 —il Trecento 1300 年代, 14 世紀

tredicenne 形 13 年経った; 13 歳の —男女 13 歳の子供

tredicesima 女 1 か月分の特別手当, ボーナス

tredicesimo 形〖序数〗13 番目の; 13 分の 1 の —男 13 番目; 13 分の 1

*_tredici_ [トレーディチ] 形〖基数〗〖不変〗13 の —男〖不変〗1 13 2 (トトカルチョの)パーフェクト(全試合的中)

tredicista 男女〖複[男 -i]〗トトカルチョ当選者

trefolo 男〔工〕撚線(ﾖ); 〔織〕子なわ, 撚り糸

tregenda 女 (北欧起源のの伝説で)魔女の夜宴

tregua 女 1 休戦, 停戦 2 休止

trekking 男〖不変〗〔英〕トレッキング

tremaglio → tramaglio

tremante 形 震える, 揺れる

*_tremare_ [トレマーレ] 自 1 震える, おびえる —tremare di paura 恐怖でおびえる 2 怖がる, 不安視する 3 揺れる —Mi trema la vista. 物がぶれて見える。 4 (音声が)途切れがちになる, ぶるぶる震える; (光がちかちかする, 点滅する ▶ **tremare come una foglia** ぶるぶる震える

tremarella 女《口》(恐怖による)震え, 身震い

tremendamente 副 ひどく, すごく, 並はずれて

tremendo 形 1 恐ろしい, 恐るべき 2 (人が)我慢できない, 許せない

trementina 女 〖化〗テレビン

tremila 形〖基数〗〖不変〗3000 の —男〖不変〗3000

tremito 男 1 震え, 身震い, わななき 2《文》不安, 動揺

tremolante 形 1 かすかに震える, ゆらめく —fiamma tremolante ゆらめく炎 2 見え隠れする 3 不安な, 落ち着かない

tremolare 自〔io tremolo〕ゆらめく, またたく, かすかに震える —他〖音〗トレモロで演奏する

tremolio 男 またたき, ゆらめき, かすかな震え

tremolo 男〔音〕1 トリル 2 (オルガンの)震音装置

tremore 男 1 激しい震え 2〖医〗震顫(ﾂ); 震動 3 (心の)動揺

tremulo 形 1 震える, はっきりしない 2 びくびくする —男〖音〗トレモロ

trench 男〖不変〗〔英〕トレンチコート

trend 男〖不変〗〔英〕傾向, 趨(ｽｳ)勢

trenetta 女〖複数で〗トレネッテ(平打ちの細長いパスタ)

trenino 男 1 (単線の)小型列車 2 鉄道模型; おもちゃの列車

*_treno¹_ [トレーノ] 男 1 列車, 電車, 汽車 —treno passeggeri[merci] 客車[貨車] 2 一組, 一揃い —un treno di gomme 1 セット(車 1 台分)のタイヤ / treno di ingranaggi 歯車列 3〔軍〕輜重(ｼﾁｮｳ)兵 4〔軍〕砲架 5 生活状態, 暮らし向き

treno² 男 1《文》(古代ギリシャの)哀悼歌 2 哀歌(旧約聖書の一書)

*_trenta_ [トレンタ] 形〖基数〗〖不変〗30 の —男〖不変〗1 30 2 (大学の試験の)満点

trentennale 形 30 年続く; 30 年ごとの —男 30 周年記念

trentenne 形 30 歳の —男女 30 歳の人

trentennio 男 30 年間

trentesimo 形〖序数〗30 番目の; 30 分の 1 の —男 30 番目; 30 分の 1

trentina 女 1 約 30 2 30 歳(の年齢)

trentino 形 トレントの; トレントの人[方言]の —男 1〔女[-a]〕トレントの人 2〖単数のみ〗トレント方言

Trentino Alto Adige 固名(男) トレンティーノ・アルト・アディジェ特別自治州(イタリア北部の州; 州都 Trento)

Trento 固名(女) トレント(トレンティーノ・アルト・アディジェ特別自治州の州都; 略

trepidamente 副 不安げに, はらはらして; 切に

trepidante 形 不安で震える; 気遣わしい, 気がかりな

trepidare 自〔io trepido〕不安をいだく; 気遣う, 案じる

trepidazione 女 不安, 懸念; 恐れ, おののき

trepido 形 1《文》不安な, 心配な 2 震える

treppiede 男 1 (鍋などをのせる)五徳 2 (カメラなどの)三脚

treppiedi → treppiede

trequarti 男〔不変〕1 (婦人の七分丈コート 2〔医〕套(§)管針 3〔スポ〕(ラグビーの)スリークオーター

treruote 男〔不変〕(タイヤの大きな)三輪車

tresca 女 1〔音〕トレスカ(伝統的な農民の踊り) 2 陰謀, 悪巧み 3 不倫

trescare 自 1 陰謀をたくらむ 2 不倫をする

trescone 男 トレスコーネ(伝統的な農民の踊り)

tresette → tressette

trespolo 男 (3脚または4脚の)台, 架台

tressette 男〔不変〕トレセッテ(カード遊びの一種)

trevigiano 形 トレヴィーゾ(の人)の —男〔女 [-a]〕トレヴィーゾの人

trevisana 女〔植〕赤トレビス, トレヴィーゾ特産のチシャ

trevisano → trevigiano

Treviso 国名(女) トレヴィーゾ(ヴェネト州の都市; 略 TV)

trevo 男〔海〕大横帆

tri- 接頭「3」の意

triaccessoriato 形 〔広告用語で〕三つの浴室付きの

triade 女 1 三人組, 三つ組 2〔音〕3 和音 3 (T-)中国マフィア ▶ **triade strofica**〔詩〕(ギリシャ叙情詩の)3 詩節

triadico 形〔複[男 -ci]〕三人組の, 三つ組の

trial 男〔不変〕〔英・スポ〕1 (オートバイ競技の)トライアル; トライアル用バイク 2〔複数で〕(陸上競技の)予選競技; (競馬の)試走

trialismo 男 1〔歴〕三元主義 2〔政〕三元主義的体制

triangolare¹ 形 三角形の; 三つの部分から成る, 三者で構成する —**trattativa triangolare** 三つ巴(§)の交渉

triangolare² 他 1〔地学〕三角法で測定する 2 三角測量をする 3〔スポ〕(サッカーで)ワンツーパスをする

triangolazione 女 1 三角測量 2〔スポ〕(サッカーで)ワンツーパス

triangolo 男 1 三角形; 三角形のもの 2 (恋愛の)三角関係 3〔音〕トライアングル

trias 男〔不変〕→ triassico

triassico 形〔複[男 -ci]〕〔地質〕三畳紀の —男 (T-)〔地質〕三畳紀

triathlon 男〔不変〕〔スポ〕トライアスロン

triatleta 男女〔複[男 -i]〕〔スポ〕トライアスロン選手

tribale 形 1 部族の, 種族の 2《隠》(マオリ族を思わせるような)刺青の 3 集団に忠実な

tribalismo 男 1〔人類〕部族制[社会] 2《謔》部族主義

tribolare 他〔io tribolo〕苦しめる, 苦痛を味わわせる —自 苦しむ, 煩悶(ﾙ)する —**finire di tribolare** 死ぬ

tribolato 形 1 苦しめられた 2 苦悩にみちた, 苦難の —男〔女[-a]〕苦しむ人, 受難者

tribolazione 女 1 苦痛, 苦悩, 懊(ｳ)悩 2 災い, 苦難, 試練

tribolo 男〔植〕イバラ

tribordo 男 (船の)右舷

tribù 女 1 部族, 種族 2 (古代ローマの)トリブス; 古代イスラエル十二支族 3《謔》大家族

tribuna 女 1 演壇 2 (競技場などの)観覧席, スタンド 3 (法廷の)傍聴席 4 (新聞・ラジオ・テレビの)討論や議論のための場 —**tribuna elettorale** 選挙演説 5〔建〕(教会の)アプシス, 後陣

tribunale 男 1 裁判所, 地方裁判所 —**comparire in tribunale** 裁判所に出頭する 2 司法機関 3 審判

tribunalesco 形《蔑》裁判所特有の

tribunato 男 (古代ローマの)護民官の職

tribunesco 形〔複[男 -chi]〕《謔》(雄弁な)政治家風の, 扇動的な

tribunizio 形 (古代ローマの)護民官の

tribuno 男 1 (古代ローマの)行政官 2 (中世都市国家の)執政官 3 雄弁な政治家;《蔑》政治屋

tributare 他 (敬意などを)示す, ささげる, 称える

tributario 形 1 税金の, 課税の —**gettito tributario** 税収入 2〔歴〕納税義務のある, 課税対象の

tributarista 男女〔複[男 -i]〕〔法〕税法専門家, 税金問題のエキスパート

tributaristico 形〔複[男 -ci]〕税法の

tributo 男 1 (古代ローマの)財産税; 貢物, 年貢, 税金 2 納税, 納税義務 —**esonerare dal pagamento di un tributo** 納税を免除する 3 (果たすべき)義務; 贈り物

tric 擬 カチッ, ギー ▶ **tric trac** パックギャモン(西洋すごろく)

tricamere 形〔不変〕(アパートやマンションが)3部屋の —男〔不変〕3K のマンション[アパート]

triccaballacca, tricchebalacche 男〔不変〕〔音〕トリッカバッラッカ(ナポリの伝統的打楽器)

tricche → tric

tricefalo 形 三つの頭を持った

tricheco 男〖複[-chi]〗〖動〗セイウチ
triciclo 男 **1**（子供用）三輪車 **2** オート三輪
tricipite 形 **1** 三つの頭の **2**〖解〗三頭筋の ―男〖解〗三頭筋
triclinio 男（古代ローマの）トリクリニウム，横臥(ﾙ)食卓；食堂
triclino 形〖鉱〗(結晶が) 3 斜の
trico- 圏頭「毛」「髪」の意
tricofobia 女〖心〗毛髪恐怖症
tricologia 女〖医〗毛髪学
tricolore 形 **1** 3 色の ―Frecce *Tricolori* フレッチェ・トリコローリ(イタリア空軍の曲技飛行隊；イタリア国旗の色の煙を出して曲芸飛行をする) / maglia *tricolore* イタリアの自転車競技チャンピオンが着るジャージ **2**（政府が）三党連立の ―男 **1** 三色旗 **2**〖スポ〗イタリアチャンピオンの称号 **3** 三党連立政権
tricorno 男〖服〗(18 世紀ヨーロッパで用いられた)三角帽
tricot 男〖不変〗〖仏〗トリコット，ニット
tricotomia¹ 女 **1** 三分割，三等分 **2**〖哲〗三分(法)
tricotomia² 女〖医〗剃(ｿ)毛
tricromia 女 3 色版法；3 色版写真
tridente 男 熊手，三つ股の道具；(海神ネプチューンの)三つ股のほこ
tridimensionale 形 三次元の，立体の
tridimensionalità 女 三次元
triduo 男〖カト〗三日黙想
trielina 女〖商標〗〖化〗トリクロロエチレン
triennale 形 3 年間続く；3 年ごとの ―女 3 年ごとの催し ―La *Triennale di Milano* ミラノ・トリエンナーレ
triennio 男 3 年間
Trieste 固名(女) トリエステ(フリウリ・ヴェネツィア・ジュリア特別自治州の州都；略 TS)
triestinità 女 トリエステ(人)気質
triestino 形 トリエステの；トリエステの人[方言]の ―男 **1**(女[-a])トリエステの人 **2**〖単数のみ〗トリエステ方言
trifase 形〖不変〗〖物〗3 相の
trifasico 形〖複[男 -ci]〗〖物〗3 相の
trifauce 形〖文〗三つの顎(ｱ)[口]を持つ(ケルベロスを指して)
trifogliato 形〖植〗3 小葉の
trifoglio 男〖植〗クローバー，うまごやし
trifola 女 → tartufo
trifolato 形〖料〗ニンニクとパセリを入れオリーヴ油で炒(ｲﾀ)めた
trifora 女〖建〗三連窓
triforcazione 女 三つ股
triforcuto 形 三つ股の
triforio 男〖建〗トリフォリウム
triforme 形〖文〗3 部分から成る，同質三形の
trigamia 女 三重婚であること
trigamo 男(女[-a])三重婚者 ―形 三重婚の
trigemino 形〖医〗三つ子出産の；

〖解〗三叉(ｻ)神経の ―男〖解〗三叉神経
triglia 女〖魚〗ヒメジ科の魚
triglifo [トリーグリフォ] 男〖建〗(ドーリア式建築の)トリグリュフォス，三条竪筋絵模様
trigonometria 女〖数〗三角法
trigonometrico 形〖複[男 -ci]〗〖数〗三角法の
trilaterale 形 3 辺の
trilatero 形〖幾〗3 辺の ―男〖幾〗三辺形
trilingue 形 3 言語で書かれた；3 言語を話す
trilinguismo 男 三言語併用(論)
trilione 男 (数の単位) 10^{18} または 10^{12}
trillare 自 **1**（鳥が）さえずる **2**（鐘などが）鳴り響く **3**〖音〗トリルを弾く[演奏する]
trillo 男 **1** 鳥のさえずり **2** 鐘の音 **3**〖音〗トリル
trilocale 男 3K のアパート[マンション]
trilogia 女（古代ギリシャの）悲劇三部作；三部作[曲]
trimestrale 形 3 か月間の，3 か月ごとの
trimestralista 男女〖複[男 -i]〗3 か月契約の被雇用者
trimestralmente 副 3 か月ごとに
trimestre 男 **1** 3 か月(間) **2** 3 か月ごとに払うお金 **3**（4 学期制の）学期
trimetro 男〖詩〗3 歩格
trimotore 形 3 発動機の ―男 3 発動機
trimurti 女〖不変〗〖宗〗(ヒンズー教の)三神一体
trinariciuto 男〖蔑〗共産主義の，共産主義者の ―男〖女[-a]〗共産主義者
trinca 女〖複[-che]〗（船の）索巻き
trincare¹ 他〖口〗がぶ飲みする，一息に飲む
trincare² 他 索巻きを施す
trincata 女〖口〗しこたま飲むこと
trincatore 男〖女[-trice]〗《謔》飲んべえ，大酒飲み
trincea 女 **1** 塹壕(ざﾝｺ) **2** 堀 **3**（鉄道や道路のための）切り通し
trinceramento 男 塹壕(ざﾝｺ)を掘ること，溝掘り；塹壕で守備を固めること
trincerare 他 塹壕(ざﾝｺ)で守る，塹壕で囲む ―**arsi** 再 **1** 塹壕で身を守る；（何かの口実を盾に）自己防御する **2** とじこもる，引っ込む
trincetto 男（皮革用の）ナイフ
trinchetto 男〖船〗**1** 前檣(ｼｮｳ) **2**（前檣帆を支える）帆桁；前檣帆
trinciante 男 肉切り包丁
trinciapolli → trinciapollo
trinciapollo 男〖不変〗（鶏肉用の）ばね付き大ばさみ
trinciare 他 [io trincio] **1** 細かく切る

trinciata [刻む], みじん切りにする 2《文》切り裂く, 切って進む ▶ *trinciare giudizi* 性急な判断をくだす

trinciata 囡 刻むこと

trinciato 男 刻みタバコ

trinciatrice 囡〔農〕裁断機

trinciatura 囡 切ること, 切断; 切り取られたもの

trincone 男〔女[-a]〕《諧》飲んべえ, 大酒飲み

Trinidad e Tobago 固名(女) トリニダード・トバゴ

Trinità 囡〔神学〕三位一体

trinitario 形〔神学〕三位一体の; 三位一体の異端説の

trinomio 男 1〔数〕三項式 2 3要素, 三つ組 ―形〔次の成句で〕 ▶ *nomenclatura trinomia* 三名法

trio 男 1〔音〕三重奏(曲, 団), 三重唱(曲, 団) 2〔音〕トリオ(複合三部形式の楽曲の中間部) 3 トリオ, 三人組

triodo 男〔電〕3極真空管, トリオード

trionfale 形 1 凱(がい)旋の, 祝勝の 2 堂々とした, 素晴らしい

trionfalismo 男 勝利主義; 勝ち誇ること

trionfalista 男女〔複[男 -i]〕勝ち誇った人

trionfalistico 形〔複[男 -ci]〕勝ち誇った

trionfante 形 1 勝ち誇った, 意気揚々とした 2 歓喜に満ちた

trionfare 自 1 (古代ローマで)凱(がい)旋する 2 勝利をおさめる; 勝ち誇る; 大成功をおさめる

trionfatore 男女〔女[-trice]〕1 (古代ローマの)凱(がい)旋者 2 勝利者 ―形〔女[-a]〕勝利者の, 勝利を得た

trionfo 男 1 大勝利 2 大成功 3 凱(がい)旋 ―*arco di trionfo* 凱旋門 ▶ *portare... in trionfo* (成功を祝して)(人)を高く担ぎ上げる, 胴上げする

triossido 男〔化〕三酸化物

trip 男〔不変〕1 (薬物依存者の)幻覚症状 2《口》マニア

tripartire 他 (io -isco) 三分割する

tripartitico 形〔複[男 -ci]〕3党の

tripartitismo 男〔政〕三党体制

tripartito¹ 形〔不変〕〔政〕三党政治の(tripartitico) ―男〔政〕三党政治

tripartito² 形 1 三つに分かれた 2〔植〕(葉が)3深裂の 3〔政〕三者合意の

tripartizione 囡 三分割; 三部構成

tripetalo 形〔植〕3花弁の

tripletta 囡 1〔スポ〕ハットトリック; トリプルレース 2 3連勝; 猛打賞 2 トリプルバレルショットガン(3本の銃身を持つショットガン) 3 3人乗り自転車

triplicare 他 (io triplico) 3倍にする; 大いに増やす, 強化する ―*triplicare le entrate* 収入を3倍にする ―**arsi** 再 3倍になる ―*Le spese si sono triplicate* in questi ultimi cinque anni. 生活費はここ5年で3倍になった.

triplicazione 囡 3倍; 三重

triplice 形 1 3部構成の 2 三者間の ▶ *Triplice Alleanza* (ドイツ・オーストリア・イタリアの)三国同盟

triplo 形 1 3倍の; 三重の 2 3回行われる

tripode 男 1〔歴〕青銅の三脚床几; (ピュティア巫女(みこ)が座る)三脚の台 2〔船〕三脚マスト

tripolare 形〔電〕3極の;〔政〕三極政治の

tripolarismo 男〔政〕三極政治

tripoli 男〔不変〕〔地質〕珪藻土

triposto 形〔不変〕3人乗りの, 3人掛けの

trippa 囡 1 牛の胃袋(ミノ, ハチノス, センマイ) 2 トリッパ(牛の胃袋をトマトや豆と煮込んだフィレンツェの名物料理) 3《口》腹 ▶ *mettere su trippa* 太る

trippone 男《口》太鼓腹; 太鼓腹の人

tripudiare 自 (io tripudio) 歓喜する, 狂喜する, 沸く

tripudio 男 1 (古代ローマの)舞踏;《文》(喜びなどを表す)踊り, ダンス 2 歓喜, 歓呼; 輝き, 絢爛(けんらん)

triregno → tiara

trireme 囡〔歴〕3段オールのガレー船

tris 男〔不変〕(トランプの)スリーカード

trisavola 囡 高祖母

trisavolo 男 1 高祖父 2〔複数で〕先祖

trisdrucciolo 形〔言〕語末から5番目の音節にアクセントのある

trisillabo 形〔言〕3音節の;〔詩〕3音節詩行の ―男〔言〕3音節;〔詩〕3音節詩行

trisma 男〔複[-i]〕〔医〕咬痙(こうけい)

trisnonna 囡 高祖母

trisnonno 男 高祖父

trisomia 囡〔医〕トリソミー

***triste** [トリステ] 形 1 悲しい, 悲しげな 2 憂鬱な, 陰気な, 寂しい ―*una triste esperienza* つらい経験

tristemente 副 1 悲しそうに 2 不吉にも, 不幸にも

tristezza 囡 1 悲しみ, 悲哀 2 わびしさ, 寂しさ, 憂鬱

tristo 形 1 (性質が)よこしまな, 陰険な 2 意地悪な, 悪意のある 3 みすぼらしい

tritacarne 男〔不変〕肉挽(び)き機, ミートチョッパー

tritaghiaccio 男〔不変〕砕氷機

tritaprezzemolo 男〔不変〕パセリみじん切り器

tritare 他 みじん切りにする; ミンチにする

tritarifiuti 男〔不変〕(家庭用)ディスポーザー

tritato 形 みじん切りにした, ミンチの ―*aglio tritato* ニンニクのみじん切り / *ghiaccio tritato* クラッシュアイス

tritatura 囡 みじん切りにすること, ミンチにすること; みじん切りにしたもの

tritatutto 男〔不変〕フードプロセッサー

triteismo 男〔神学〕三位一体論, 三

神論

tritello 男 ふすま, 殻粉(ミミ)

tritio → trizio

trito 形 1 挽(ミ)いた, 粉にした, 細かくした 2《文》みすぼらしい, 使い古された —男 野菜ドレッシング ▶ **trito e ritrito** 使い古された, ありきたりの

tritolo¹ 男 〔化〕トリトル

tritolo² 〔トスカーナ〕小片, 断片, 一片

tritone¹ 男 1〔ギ神〕トリトン 2〔動〕イモリ, オオサンショウウオ 3〔貝〕ホラガイ

tritone² 男 〔物〕3重子

tritono 男 〔音〕3全音

trittico 男 〔複[-ghi]〕1 (古代ローマ・ギリシャの)三つ折り書字板;〔美〕トリプティク, 4幅祭壇画 2 三部作, 三連作 3 国際自動車入国許可証

Trittolemo 固名(男)〔ギ神〕トリプトレモス

trittongo 男 〔複[-ghi]〕〔言〕三重母音

tritume 男 1 小片, かけら 2 細かいこと, 瑣(ラ)末なこと

triturabile 形 粉々にできる, すりつぶせる

triturare 他 粉々にする, 細かくする, すりつぶす

triturazione 女 粉々にすること, 粉末にすること; 咀嚼(モエッ)

triumvirato 形 (古代ローマの)三頭執政官の職; 三頭政治

triumviro 男 1 (古代ローマの)三頭執政官の一人 2 (同じ権力を共有する)三人組の一人

triunvirato → triumvirato

trivalente 形 〔化〕(原子価が)3価の

trivalenza 女 〔化〕3価

trivella 女 1 (電動の)らせん錐(ホ), ドリル 2 (チーズの熟成状態を調べる)穴あけ器

trivellare 他 1 穴をあける, ボーリングする 2 苦しめる, 悩ます; しつこく攻め立てる

trivellazione 女 ボーリング, 穿(ミ)孔作業

trivello → succhiello

triveneto 形 (ヴェネトとヴェネツィア・ジュリアとトレンティーノを指す)ヴェネト3地方の

triviale 形 下品な, 野卑な; 低俗な, 俗悪な

trivialità 女 1 下品, 野卑 2 下品[卑俗]な言動

trivio 男 1 三叉(ミ)路 2 (中世の大学で)3学科 ▶ **da trivio** 野卑な

trizio 男 〔化〕三重水素, トリチウム

trofeo 男 1 戦勝の記念品, トロフィー; 戦勝記念碑 2 戦利品 3〔軍〕ベレー帽に付けるバッジ

-trofia 接尾「栄養」「栄養状態」の意

troglodita 男女 〔複[男-i]〕1 穴居人, 原始人 2 粗野な人

trogloditico 形 〔複[-ci]〕1 穴居人の, 原始人の 2 粗野な, 野蛮な

trogloditismo 男 〔人類〕穴居生活

trogolo 男 1 (長方形の)洗い桶(ホォ), 水槽 2 かいば桶, 餌入れ

troia 女 1《口》(生殖用の)雌豚 2《卑》売春婦, 娼婦

troiaio 男 《口》1 豚小屋, 不潔な[乱雑な]場所 2《卑》売春宿

troiata 女 《卑》卑劣な[汚い]行為, 非難すべき行為; つまらないもの, ごみ

troica → trojka

troietta 女《卑》尻軽の若い女

Troilo 固名(男)〔ギ神〕トロイロス(トロイアの若い王子)

Troisi 固名(男) (Massimo 〜)トロイージ(1953-94; イタリアの俳優・脚本家・映画監督)

trojka 女 1〔露〕トロイカ 2 3人制の執行体制

tromba 女 1〔音〕トランペット(奏者); ラッパ 2 (車の)クラクション 3 ラッパ状の物 —**tromba delle scale** 吹き抜け 4 竜巻(tromba d'aria) ▶ **partire in tromba** 勢いよく仕事に着手する

trombare 他 1《卑》セックスをする 2《口》落第させる, 落選させる; (昇進などを)阻む, 邪魔する —自《口》性的関係を持つ

trombata 女《口》1 性的関係 2 落第; 失敗

trombatura 女《口》落第, 落選

trombetta 女 (子供のおもちゃで)小さなラッパ

trombettiere 男 1 ラッパ手 2 吹聴者 3〔鳥〕ラッパチョウ

trombettista 男女〔複[男-i]〕(特にジャズバンドの)トランペット奏者

trombo 男 〔医〕血栓

trombocita 男〔複[-i]〕→ trombocito

trombocito 男 〔生理〕血小板

tromboflebite 女 〔医〕血栓性静脈炎

trombonata 女 大ぼら; 空威張り

trombone 男 1〔音〕トロンボーン(奏者) 2 ほら吹き, はったり屋 3 ラッパ銃 4〔植〕ラッパズイセン

trombonista 男女〔複[男-i]〕(特にジャズバンドの)トロンボーン奏者

tromboṣi 女《不変》〔医〕血栓症

trompe-l'œil 男《不変》〔仏〕だまし絵, トロンプルイユ, トリックアート

troncabile 形 1 切断できる 2〔言〕語尾切断される

troncamento 男 1 切断, 中止 2 断絶, 絶交 3〔言〕語尾切断, トロンカメント〔-l, (m), n, r + o, e の語尾を持つ単語に限り必要に応じて o, e を削除する場合がある〕

troncare 他 1 切断する 2 打ち切る 3〔言〕語尾音を削除する ▶ **troncare la parola (in bocca) a...** (人)の言葉をさえぎる **troncare le gambe a...** (人)を妨げる

troncatura 女 切断, 切り口

tronchese 男, 女 〔複数で〕ニッパー,

やっとこ

tronchesina 囡 爪切り
tronchetto 男 短いゴム長靴
*__tronco¹__ [トロンコ] 男 [複-chi] 1 (木の)幹, 丸太, 切り株 2 (人間の)胴体; トルソー 3 (鉄道や道路や水路の)幹線 —*tronco ferroviario* 幹線鉄道 4 分枝, 分岐, 分かれ道 5 家系, 血統
tronco² 形 [複[男-chi]] 1 切断された, 切り落とされた —*cono tronco* 円錐(⌒)台 2 疲れ果てた, 疲労困憊(⌒)した 3 中断した, 途切れた 4 [言]語尾切断された; 最後の音節にアクセントのある ▶ *in tronco* 中途で; 突然に, 思いがけず
troncone 男 1 (折れた木の)残片, 幹 2 《文》切り株 3 (切断後に残る手足の)基部 4 区間
troneggiare 自 [io troneggio] 1 上座に座る; 威張る, 《謔》偉そうにしている 2 そびえ立つ; 際立つ, 目立つ 3 君臨する
tronfio 形 1 ふんぞり返った, 尊大な; 気取った, もったいぶった 2 やりすぎの, 仰々しい
trono 男 1 王座, 王位; 王権 2 権力の座 3 (T-)[複数で][神学]座天使(天国の第三番目の座に位置する天使)
-tropia 接尾 「運動」「変化」の意
tropicale 形 1 熱帯的, 熱帯性の 2 酷熱の, 炎熱の
tropico 男 [複-ci] 1 [天・地理]回帰線 2 [複数で]熱帯 —形 [次の成句で] ▶ *anno tropico* 太陽年
tropismo 男 [生物]向性, 屈性
tropo 男 1 [修]転義(法), 比喩 2 [音]トロープス
tropo-, -tropo 接頭, 接尾 「回す」「向ける」の意
tropologia 囡 [修]比喩を使うこと; (聖書の)比喩表現, 寓意
tropologico 形 [複[男-ci]] [修]比喩表現の; (聖書の)寓意的な
tropopausa 囡 [気]圏界面
troposfera 囡 [気]対流圏
*__troppo__ [トロッポ] 副 1 ...しすぎる, 極めて, あまりにも —È *troppo* presto. (時間が)早すぎる. / Lavorate *troppo*. 君たちは働きすぎだ. 2 [否定文で]あまり...ない —形(不定) 多すぎる, 過度の —Ci sono *troppe* cose da fare. やることが多すぎる. / Non mettere *troppo* sale! 塩を入れすぎないでね. —代(不定) 多すぎる数量; [複数で]多すぎる人 —Costa *troppo*. 高すぎる. 値段が高すぎる. / Qui siamo in *troppi*. ここは定員オーバーだ. —男 [単数のみ]過度, 過剰, 余分
troppopieno 男 [不変] 1 排水口, 放水口[路] 2 [経]流通過剰, オーバーフロー状態
trota 囡 [魚]マス —*trota salmonata* ベニマス / *trota* iridea [arcobaleno] ニジマス
troticoltore 男 養鱒業者
troticoltura 囡 養鱒業
trotskismo 男 [政]トロツキズム, トロ

ツキー主義
trotskista 男女 [複[男-i]]トロツキー主義者 —形 [複[男-i]]トロツキー主義(者)の
trottare 自 1 (馬が)速歩で駆ける 2 (人が)速足で歩く 3 せっせと働く
trottata 囡 1 (馬の)速足 2 駆け足, 早足, 速歩 —fare una *trottata* 早足で歩く 3 《口》詰め込み勉強
trottatoio 男 (乗馬訓練の)馬場
trotterellare 自 1 (馬が)小走りに駆ける 2 (子供が)ちょこちょこ歩く, すばしこく駆ける
trotto 男 1 (馬の)速足, トロット —andare al *trotto* 速足で駆ける 2 急いで歩くこと, 速歩
trottola 囡 1 独楽(⌒) 2 せかせか動き回る人 3 渦巻き状の丸パン
trottolare 自 [io trottolo] 1 (こまのように)くるくる回る 2 《口》(子供が)こまのように動き回る
trottolino 男 《口》じっとしていない子供, すばしこい子供
trotzkismo → trotskismo
trotzskista → trotskista
troupe 囡 [不変] [仏](映画・テレビの)撮影クルー; 劇団, 一座
trousse 囡 [不変] [仏]道具入れ, ビューティーケース; 夜会用クラッチバッグ
trovadore → trovatore
*__trovare__ [トロヴァーレ] 他 1 見つける, 見つけ出す; 発見する 2 出くわす —*Ho trovato* Maria in libreria. 本屋でマリアに偶然出くわした. 3 (人を)訪ねる —Domani vado a *trovare* un mio vecchio amico. 明日私は旧友を訪ねに行く. 4 受け取る 5 [目的語+形容詞; che + 接続法/直説法]...だと思う[分かる, 認める] —Ti *trovo* silenzioso, cos'hai? 君, 静かだね, どうしたんだい? / Come *trovi* questo piatto? この料理をどう思う? —**arsi** 再 1 [essere と同義で]いる, ある —Scusi, dove *si trova* la stazione? すみません, 駅はどこでしょうか. 2 (気分・居心地が)...である —Come *si trova* in quest'albergo? このホテルの居心地はどうですか. / Non *mi trovo* bene con lei. 私は彼女と一緒にいると落ち着かない. 3 (互いに)会う, 出会う —*Troviamoci* dopo pranzo. 昼食後に会おう. 4 《口》手にする, 持つ
trovarobe 男女 [不変] 小道具係
trovata 囡 1 (とっさの)思いつき, 急場しのぎの方策 2 ユニークな考え, よいアイディア 3 (舞台上の)しゃれ, ギャグ
trovatella 囡 [女[-a]] 捨てっ子
trovatore 男 [文]トルバドゥール, トロバトーレ(中世プロヴァンスの吟遊詩人)
troviero 男 [文]トルヴェール(中世北フランスの吟遊詩人)
truccabile 形 1 メークアップできる 2 細工できる
truccare 他 1 (化粧や小道具で)変装させる, メークアップをする 2 だます, ごまかす

3(点数などを)不正に操作する 4改造する ―**arsi** 再 1 扮(ﾋ)装する 2 化粧する 3 装う

truccatore 男〔女[-trice]〕メークアップ系，メークアップアーティスト

truccatura 女 1メークアップ, 扮装 2 メークアップ用品, 衣装

*__trucco__ [トルッコ] 男〔複[-chi]〕1 仕掛け, トリック 2 化粧, メーク ―*rifarsi il trucco* 化粧直しをする 3 ごまかし, 八百長

truce 形 1 (目つきや顔つきが)恐ろしい, 怖い; (表情・態度が)険しい, 怖い ―*avere uno sguardo truce* 恐ろしい目つきをする 2 残忍な, 冷酷な

trucidare 他〔io trucido〕虐殺[惨殺]する, 殺戮(?)する

trucidatore 男〔女[-trice]〕虐殺者, 殺戮(?)者 ―形 虐殺の, 殺戮の

truciolare 形 パーティクルボードの, チップボードの

truciolato 男 パーティクルボード, チップボード

truciolo 男 1 削りくず, かんなくず, 切れはし, かけら 2 (かご・帽子などを編む)経木(ﾍ)

truculento 形 1 恐ろしい, 獰(ﾄ)猛な, 乱暴な 2《謔》(小説や映画などが)怖い, 残酷な

truculenza 女 1 (顔つきや態度が)怖いこと 2 (小説や映画の)残忍性

truffa 女 詐欺, 欺(罪) 2 ペテン

truffaldino 男〔女[-a]〕ペテン師, 詐欺師 ―形 いんちきの, いかさまの; 不正の

truffare 他 (人から)だまし取る, 詐欺を働く ―*truffare un vecchio* 年寄りをだまして金を取る

truffato 男〔女[-a]〕だまされた人, ペテンにかけられた人

truffatore 男〔女[-trice]〕詐欺師, ペテン師

truffé 形 1 トリュフ入りの 2 トリュフチョコレートの

trufferia 女 詐欺, ペテン, いんちき

truglio 男〔歴〕(ナポリ王国の慣例で)刑罰の談判

truismo 男 自明の理, 分かりきったこと; 陳腐な決まり文句

truka 女〔映〕(フィルムの)プリント機

trullo 男 トルッロ(プーリア地方の円錐形屋根の石積みの家)

*__truppa__ [トルッパ] 女 1 《主に複数で》軍隊, 部隊 ―*uomini di truppa* (下士官・将校を除いた)兵士たち 2 一団

truschino 男〔機〕トースカン, 台付きケガキ

trust 男〔不変〕〔英〕1〔経〕トラスト, 独占的企業合同 2 ブレーン, 専門家集団 ▶ **trust dei cervelli** (政府から委嘱された)専門の顧問団; 専門委員会; ブレーントラスト

TS 略 Trieste トリエステ

tse-tse 形〔不変〕〔次の成句で〕▶ *mosca tse-tse* ツェツェバエ

T-shirt 女〔不変〕〔英〕Tシャツ

tsunami 男〔不変〕〔日〕津波

-ttero 接尾〔翼〕の意

*__tu__ [トゥ] 代〔人称〕〔2人称単数男性・女性〕1〔主格; 親称〕君, お前, あなた, あんた ―*Tu mi capisci.* 君は私を分かってくれるね. / *Penso che tu abbia torto.* 君は君が間違っていると思う. / *Tu chi sei?* 君は誰なの？ / *Hai ragione tu*, non lui. 彼ではなく君が正しい. / *Ci vai anche tu?* そこにあなたも行くの？ / *Io sono io e tu sei tu!* 僕と君とでは意見が違うよ. / 僕は君とは違うんだ. / *Non sei più tu.* 君はもう以前とは違う. 2〔呼格〕君, お前, あなた ―*Ehi, tu!* おーい, 君！ 3〔非人称〕人は, 誰でも ―*Sono cose a cui tu non pensi finché non ti succedono.* それらは自分の身にふりかかるまでは誰も考えてもみない事だ. ―男〔不変〕君, 親称 ▶ *a tu per tu* 向かい合って, 直接に対峙して; うちとけて, 親しく *dare del tu a...* …に敬語を使わずに話す / *Diamoci del tu!* 堅苦しい話し方はやめましょう.

tuba 女 1〔音〕チューバ 2 (古代ローマの)軍用ラッパ 3〔文〕ラッパ 4〔解〕管 4《文》詩, 詩の技法 5 シルクハット

tubare 自 1 (ハトやキジが交尾期などに)クークー鳴く 2《謔》(恋人同士が)甘いささやきを交わす

tubarico 形〔複[男 -ci]〕〔解〕管状の

tubatura 女 (ガスや水道などの)導管; (家庭や工場の)配管設備

tubazione 女 パイプライン, (広範囲の)導管網

tuberacea 女〔植〕セイヨウショウロ科のキノコ; (T-)〔複数で〕セイヨウショウロ科

tubercolare 形 1〔生物〕結節状の 2〔医〕結核性の, 結核にかかった

tubercolina 女〔医〕ツベルクリン

tubercolizzazione 女〔医〕結核感染[伝染]

tubercolo 男 1 小さなこぶ 2〔解〕隆起, 結節 3〔医〕結核 4〔植〕草粒

tubercoloma 男〔複[-i]〕〔医〕結核腫

tubercolosi 女〔不変〕結核

tubercoloso → tubercolotico

tubercolotico 形〔複[男 -ci]〕〔医〕結核の; 結核に感染した ―男 結核患者

tubetto 男 1 (薬品の)カプセル 2 (絵の具や練り歯みがき粉の)チューブ

Tubinga 固名(女) チュービンゲン(ドイツ南部の学術都市)

tubino 男〔服〕チューブドレス

tubista 男女〔複[男 -i]〕鉛管工, 配管工

tubo 男 1 管, パイプ ―*tubo* dell'ac-

tubolare

qua [del gas] 水道[ガス]管 **2** 一つも，何も(…ない) —Non ho capito un *tubo*. 全然理解できなかった. / Non me ne importa un *tubo*. 私には全くどうでもいことだ.

tubolare 形 管状の; パイプでできた —男 (自転車競技用の)タイヤ

tucano 男 〔鳥〕オオハシ

Tucidide 固名(男) トゥキディデス(前460-前400; 古代ギリシャの歴史家)

tucul 男 〔不変〕**1** 〔人類〕トゥクル(アフリカの円錐形のわらぶき住居) **2** (キャンプ場などの)小屋

tue → tuo

tufaceo 形 〔地質〕凝灰岩の

tuff 慮 ドボン，ポチャン(水に落ちる音) —男 〔不変〕ドボン[ポチャン]という音

tuffare 他 (液体につける; 沈める —**arsi** 再 **1** 飛び込む，ダイビングする **2** 没頭する; 沈む

tuffatore 男〔女[-trice]〕**1** (水泳の)飛び込みの選手; 飛び込みをする人 **2**〔軍〕(第二次世界大戦時の)爆撃機

tuffete → tuff

tuffetto 男 〔鳥〕カイツブリ

tuffo 男 **1** 飛び込み，ダイビング —fare un *tuffo* di testa 頭から飛び込む **2** 墜落 **3** 没頭，4 衝撃，ショック

tufo 男 〔地質〕凝灰岩

tugurio 男 あばら屋，バラック

tuia 女 〔植〕ニオイヒバ

tulio 男 〔化〕ツリウム

tulipano 男 〔植〕チューリップ

tulle 男 〔不変〕〔織〕チュール

Tullia 固名 〔女性名〕トゥリア

Tullio 固名 〔男性名〕トゥッリオ

tumefare [53] 他 〔過分 tumefatto〕〔医〕腫脹させる —**arsi** 再 〔医〕腫脹する，浮腫が形成される; 腫れる

tumefatto 形 〔過分 < tumefare〕〔医〕腫脹性の，浮腫の

tumefazione 女 〔医〕腫脹，浮腫; 腫れ

tumido 形 **1** 腫れた **2** 肉づきのよい，豊満な **3**〔文〕うぬぼれた，高慢な

tumorale 形 〔医〕腫瘍の

tumore 男 〔医〕腫瘍 —*tumore* benigno [maligno] 良性[悪性]腫瘍

tumulare 他 〔io tumulo〕墓に納める，埋葬する

tumulazione 女 埋葬

tumulo 男 **1** 塚，盛り土，土塁 **2** 〔考古〕古墳，塚; 〔文〕墳墓

tumulto 男 **1** 騒動，暴動 **2** 喧騒，大騒ぎ **3** 動揺，興奮

tumultuante 形 蜂起した，デモの，騒動の; 混乱した，動揺した

tumultuare 自 〔io tumultuo〕**1** 蜂起する，デモをする **2** (感情などが)高ぶる，乱れる

tumultuario 形 〔文〕騒然とした，乱雑な

tumultuosamente 副 怒涛(どとう)のように，荒れ狂って，激しく

1046

turbato

tumultuosità 女 無秩序; 激烈，衝動性

tumultuoso 形 **1** 騒然とした，騒々しい **2** 取り乱した，動揺した

tundra 女 〔地理〕ツンドラ，凍土地帯

tungsteno 男 〔化〕タングステン

tunguso 形 〔人類〕ツングースの

tunica 女 **1** (古代ギリシャ・ローマの衣服で)チュニカ; (婦人服の)チュニックコート **2** (昔の兵士が着用した)長上着 **3**〔解〕被膜，**4**〔植〕外皮

Tunisi 固名(女) チュニス(チュニジア共和国の首都; カルタゴの遺跡で知られる)

Tunisia 固名(女) チュニジア

tunisino 形 チュニジア(人)の —男[-a]〕チュニジア人

tunnel 男〔不変〕〔英〕トンネル; 地下道

‡**tuo** 代 〔トゥーオ〕〔所有〕〔複 *tuoi* 男〔tua, 複 *tue*〕〔親称〕君の，お前の，あなたの，あんたの —*tuo padre* 君の父親 / *tua sorella* 君の姉さん / *i tuoi* genitori 君の両親 / Qual è la *tua* macchina? 君の車はどれ？ —代 〔所有〕〔定冠詞とともに〕君のもの —Le mie scarpe sono più piccole delle *tue*. 僕の靴は君のより小さい. / Tanti saluti ai *tuoi*. 君のご家族によろしく.

tuoi → tuo

tuonare 非人称 〔es/av〕雷が鳴る，雷鳴がとどろく —Ha tuonato tutta la notte. 一晩中雷が鳴っていた. —自 **1** 大声でどなる[叱る] **2** (大砲などが)とどろく

tuono 男 **1** 雷，雷鳴 **2** 轟(ごう)音 ▶ *fare tuoni e fulmini* 大暴れする

tuorlo 男 卵黄，黄身(rosso)

-tura 接尾 動詞から名詞を作り，その行為を表す

turacciolaio 男〔女[-a]〕コルク栓の製造者

turacciolo 男 コルク栓

turare 他 (瓶の口などに)栓をする; ふさぐ，詰める —*turare* la bottiglia 瓶に栓をする / *turare* un buco 穴を埋める —**arsi** 再 つまる，ふさがる ▶ *turare la bocca* 口をふさぐ，黙らせる *turarsi le orecchie* 耳をふさぐ，聴かない

turba¹ 女 群衆; 〔蔑〕暴徒，群れ

turba² 女 〔医〕(心身機能の)不全，障害

turbabile 形 乱されやすい

turbabilità 女 乱されること，乱されやすさ

turbamento 男 **1** 動揺，不安 **2** 騒動，動乱; 混乱，波乱

turbante 男 **1** ターバン **2** (婦人用)ターバン風の帽子

turbare 他 妨げる，妨害する —*turbare* il sonno 睡眠を妨げる **2** 困惑[動揺]させる **3**〔文〕(静けさ・穏やかさを)かき乱す，(天候などを)荒れさせる —**arsi** 再 **1** 取り乱す，狼狽(ろうばい)する **2** (天候が)崩れる

turbativa 女 妨害，邪魔

turbato 形 **1** 動揺した，混乱した; 心配

turbatore / **tuttavia**

そうな, 困った —essere *turbato* 動揺している 2《天候が》曇った, 荒れた 3《文》怒った, 腹を立てた

turbatore 〖女[-trice]〗攪(%)乱者, 妨害者

turbina 女 タービン

turbinare 自〔io turbino〕1 渦巻く, 旋回する, ぐるぐる回る 2《思いなどが》駆け巡る

turbine 男 1 旋風, 突風 2 渦巻くもの; 群衆 —*turbine* di foglie 風に舞う葉の渦 3 動揺, 感情の渦

turbinio 男 1 渦, 旋風 2 回転 3 混乱

turbinosamente 副 荒れ狂って, 渦を巻いて

turbinoso 形 1 渦を巻く, 旋回して 2 荒れ狂った, 激しい

turbo 男〔不変〕1〔機〕ターボチャージャー; ターボエンジン 2 ターボ車 — 女〔不変〕ターボ車

turbo- 接頭「タービン」の意

turbocompressore 男〔機〕ターボ圧縮機

turbodiesel 男女〔不変〕〔車〕ターボディーゼルエンジン

turboelica 女〔不変〕ターボプロップ(エンジン) — 男〔不変〕ターボプロップ機

turbogetto → turboreattore

turbolentemente 副 騒々しく, 乱暴に; そわそわと, 落ちつきなく

turbolento 形 1 騒々しい, 乱暴な; 動乱の, 混乱した 2《海が》荒れ狂った 3〔物〕乱流の

turbolenza 女 1 騒ぎ, 騒乱 2 暴動, 動乱 3〔物〕乱流; 乱気流

turbomoto 女〔不変〕ターボエンジンのバイク

turboreattore 男〔機〕ターボジェットエンジン(機)

turboventilatore 男 ターボファン

turchese 男〔鉱〕トルコ石 — 男〔不変〕トルコ石色, ターコイズブルー, 青緑色 — 形 トルコ石色の, ターコイズブルーの — occhi *turchesi* 青緑色の目

Turchia 固名 女 トルコ

turchinetto 男〔化〕青色染料

turchino 形 濃い青色の, トルコブルーの — 男 トルコブルー色

turco 形〖複[男-chi]〗トルコの; トルコ人(語)の — 男 1〖複[-chi]〗女〖-a〗トルコ人 2〖単数のみ〗トルコ語

turf 男〔不変〕〔英・スポ〕《競馬が行われる》芝生, 競馬場; 競馬

turgidezza 女 1 腫れ, むくみ 2〔生物〕腫脹

turgido 形 1 腫れあがった, ふくれた 2〔生物〕膨張した 3 大げさな

turgore 男 腫れ, 膨張; 膨圧

turibolo 男 振り[吊り]香炉

＊**turismo** [トゥリズモ] 男 1 観光 —ente del *turismo* 観光局 / fare del *turismo* 観光をする 2〚総称的〛観光客たち —il *turismo* giapponese in Italia イタリアを訪れる日本人観光客

turista 男女〖複[男-i]〗観光客

turisticizzare 他 観光地化する

turisticizzazione 女 観光地化

turistico 形〖複[男-ci]〗観光の — gita *turistica* 観光旅行

Turkmenistan 固名(男) トルクメニスタン

turkmeno 形 トルクメニスタン(人)の — 男〖女[-a]〗トルクメニスタン人

turlupinare 他 だます, 欺く

turlupinatore 男〖女[-trice]〗詐欺師, ペテン師

turlupinatura 女 詐欺, ペテン

turnare 自《作業で》交替制をとる

turnista 男女〖複[男-i]〗交替勤務をする人 — 形〖複[男-i]〗交替勤務の

＊**turno** [トゥルノ] 男 1 番, 順番 —È il tuo *turno*. 君の番だ. 2 当番, 交替 — a *turno* 交替で 3 勤務(時間) —*turno* di giorno [notte] 昼勤[夜勤] / di *turno* 勤務中の

turnover 男〔不変〕〔英〕1 人員刷新 2《謔》交替; 〔経〕取引高, 回転率

turpe 形 1《行為などが》卑劣な, 恥ずべき; 卑猥(%)な, 猥褻(%)の 2《文》《姿の》醜悪な

turpiloquio 男 1 卑猥な言葉, 猥談 2〔法〕公然猥褻(%)罪

turpitudine 女 1 卑劣, 猥褻(%); 破廉恥な行為, 猥談 2《文》(肉体的な)醜悪

turris eburnea〖烱〗女 象牙の塔

turrito 形 塔のある, 砲塔のある

tuscolano 男 トゥスコラーノ, トゥスコラーナ(ローマの街道・地区名)

tussor 男〔不変〕〔織〕柞(%)蚕糸, タッサー

tuta 女《上下のつながった》作業着, つなぎ —*tuta* mimetica 迷彩服 / *tuta* subacquea ウエットスーツ / *tuta* spaziale 宇宙服 / *tuta* da ginnastica トラックスーツ / *tuta* da lavoro 作業着

tutela 女 1 保護, 保全 2 後見

tutelare[1] 他 1〔法〕後見する 2 保護する, 擁護する

tutelare[2] 形 1〔法〕後見(人)の 2 保護の, 守護の

tutina 女 1 レオタード 2《ベビー服の》カバーオール

tutoraggio 男《大学の》個別指導(教員); チューター

tutore 男〖女[-trice]〗1 後見人, 保護者 2 擁護者 3《若木や つる性植物のための》支柱 ▶ **tutore ortopedico**〔医〕《整形外科用の》コルセット, 矯正器具 **tutore per ginocchio**〔医〕ニーパッド, 膝用矯正器具

tutorio 形〔法〕後見人の

tutt'al più〖烱〗せいぜい, 最悪の場合でも —*Tutt'al più* arriveremo in ritardo. ちょっと遅れるくらいだろう.

＊**tuttavia** [トゥッタヴィーア] 接 ところが, しかしながら

tutto [トゥット] 形(不定) **1** すべての、全部の —*tutta* la città 町中(じゅう) / *tutto* Roma ローマ中 / *tutto* il giorno 一日中 **2**〖形容詞を強調して〗すっかり、完全に 一代(不定) **1**〖単数で〗すべて、全部 **2**〖複数で〗すべての人、全員 —*tutti* e due〔*tutt'*due〕〖男性名詞で〗二人[二つ]とも / *tutte* e due〔*tutt'*due〕〖女性名詞で〗二人[二つ]とも / *tutte* e tre le sorelle 姉妹3人とも ―男〖単数のみ〗全部、全体 ▶ *con tutto...* …にもかかわらず / *Con tutta* la buona volontà, non sono riuscito a persuaderlo. 精一杯頑張ったが、私は彼を説得できなかった。*tutt'intorno* 周囲をぐるりと、あたり一面

tuttofare 形〖不変〗**1** よろず屋の、何でもやる **2**〖職場で〗どんな仕事もできる、器用な —Cercasi *Tuttofare*〖掲示〗どんな仕事もできる家政婦求む ―男女〖不変〗よろず屋、雑役夫

tuttologia 女〘諧〙博学を自慢する態度

tuttologo 男〖複[-gi]女[-a]〗〘諧〙何でも屋、物知り

tuttora 副 今でも、今も、まだ

tutto tondo → tuttotondo

tuttotondo 男〖不変〗〘美〙(彫刻で)丸彫り、丸彫りの像 ▶ *a tuttotondo* 徹底した;的確な /un'analisi condotta *a tuttotondo* 徹底した分析

tutù 男 チュチュ(バレリーナ用のスカート)

Tuvalu 固名(男) ツバル

tuvaluano 形 ツバル(人)の ―男〖女[-a]〗ツバル(人)

tuziorismo 男〘神学〙堅実主義

TV 略 **1** televisione テレビ **2** Treviso トレヴィーゾ

TV-verità 女 ドキュメンタリーテレビ

tweed 男〖不変〗〘英・織〙ツイード

tzigano → zigano

U, u

U¹, u 女、男 (イタリア語アルファベットの)19番目の字母 —*U* come Udine〔符丁〕ウーディネの U ▶ *a U* U 字型の[に] / *curva a U* U 字カーブ / *inversione a U* U ターン

U² 略(元素記号) uranio〘化〙ウラン

uadi 男〖不変〗(サハラなどの砂漠地域の)ワジ、涸(か)れ川

UAI 略 Unione Astronomica Internazionale 国際天文協会

Ubaldo 固名〖男性名〗ウバルド

ubbia 女 偏見、先入観

ubbidiente 形 素直な、おとなしい、従順な

ubbidienza 女 従順さ、素直さ;服従 —*ubbidienza* cieca 盲従

‡**ubbidire** [ウッビディーレ] 自 [io -isco]〘(a)〙…に従う、…の言うことを聞く ―*ubbidire* agli ordini 命令に従う ―他〘(口)〙…に従う —*ubbidire* la mamma 母親の言うことをきく

ubbioso 形 疑い深い、猜(さ)疑心の強い

ubertoso 形 (土地などが)肥沃な、肥えた、豊かな

ubicato 形 設置された、位置を占めた

ubicazione 女 用地;位置、立地

ubi consistam 熟(男)〘ラ〙基盤;出発点

-ubile 接尾「しうる」「できる」の意

ubiquità 女〘神学〙(神の)遍在性;遍在

ubriacare 他 **1** 酔わせる、酔うまで飲ませる;正体をなくさせる **2** 頭をくらくらさせる ―**arsi** 再 酔う、酔うまで飲む;酔いしれる、我を忘れる

ubriacatura 女 **1** 酩酊(めいてい)、酔い **2** 陶酔、夢中、興奮

ubriachezza 女 **1** 酩酊(めいてい)、深酒 **2** 飲酒癖、アルコール依存

‡**ubriaco** [ウブリアーコ] 形〖複[-chi]〗**1** 酒に酔った、酔っ払った;正体をなくした、意識が朦朧(もうろう)となった **2** 陶酔した、気分が高ぶった —*ubriaco* di sole 大陽に目がくらんだ ―男〖複[-chi]女[-a]〗酔っ払い ▶ *ubriaco fradicio* へべれけ、ぐでんぐでん(に酔った)

ubriacone 男 大酒飲み、飲んだくれ

uccellaccio 男 疫病神

uccellagione 女 **1** 鳥を捕まえること、鳥撃ち **2** (たくさんの)鳥、鳥の山

uccellame 男 → uccellagione

uccellare 自 **1** 鳥を捕える **2** 手に入れる、かち取る

uccelletto 男 小さな鳥

uccelliera 女 大きな鳥かご、鳥小屋

uccellino 男 **1** 小鳥 **2** ひばどり

Uccello 固名(男) (Paolo 〜)ウッチェッロ(1397頃-1475;イタリアの画家。本名 Paolo di Dono)

‡**uccello** [ウッチェッロ] 男 **1** 鳥 —*il* cinguettio degli *uccelli* 鳥のさえずり / *uccello* diurno [notturno] 昼行[夜行]性の鳥 **2**〘俗〙ペニス ▶ *uccel di bosco* 逃亡者

-ucchiare 接尾〖動詞と結合して〗「反復」「軽蔑」の意

‡**uccidere** [ウッチーデレ] [30] 他〖過分 ucciso〗**1** 殺す、命を奪う **2** 活力を奪う、弱らせる —Questo caldo mi *uccide*. この暑さには参る。 **3** 抑圧する ―**ersi** 再 **1** 自殺する **2** 殺し合う **3** 死ぬ

-uccio 接尾 親愛辞・蔑称辞

uccise uccidere の直・遠過・3単

uccisione 女 殺し、殺害;虐殺、殺戮(さつりく)

ucciso 形〖過分 < uccidere〗殺された、殺害された ―男 被害者、犠牲者

uccisore 男〘稀〙女[-a, uccidiritrice] 殺人者、暗殺者

-uculo 接尾 蔑称辞

Ucraina 固名(女) ウクライナ

ucraino 形 ウクライナの; ウクライナ人[語]の —男 1〔女 -a〕ウクライナ人 2〔単数のみ〕ウクライナ語

UD 略 Udine ウーディネ

udente 形 耳の聞こえる, 聴力のある

UDEUR 略 Unione dei Democratici per l'Europa ヨーロッパ民主連合

UDI 略 Unione Donne Italiane イタリア女性連合

udibile 形 聞こえる, 聞き取れる

udibilità 女 聞き取れること, 可聴性

udienza 女 1 聞くこと, 耳を傾けること 2 耳目, 多くの人の関心 3 謁見, 接見, 引見 4 公聴会, 聴聞会 5〔法〕審理, 聴聞

Udine 固名〔女〕 ウーディネ(フリウリ・ヴェネツィア・ジュリア特別自治州の都市; 略 UD)

udinese 形 ウーディネ(の人)の —男女 ウーディネの人

＊**udire** [ウディーレ] [123] 他 1 聞く, 耳にする —udire una voce 声が聞こえる 2 (助言や進言を)聞き入れる; (祈りを)かなえる 3 理解する

uditivo 形 聴覚の, 耳の

udito 男 聴覚, 聴力

uditore 男〔女 -trice〕1 聴衆, 聴取者 2 聴講生 3〔法〕傍聴人 4 会計検査官, 監査役

uditorio 男〔集合的〕聴衆, 聴取者, 聞き手

UDR 略 Unione Democratica per la Repubblica 共和国民主連合

udrei udire の条・現・1 単

udrò udire の直・未・1 単

UE 略 Unione Europea ヨーロッパ連合, EU

UEFA 略 〔英〕Union of European Football Association ヨーロッパ・サッカー協会連盟(イタリア語では Unione delle federazioni di calcio europee)

UEO 略 Unione dell'Europa Occidentale 西欧同盟

uf = uff

uff 間〔嫌悪・倦(ウ)怠・苛立ちを表して〕あーあ

uffa 間〔不快感や嫌悪感を表して〕あーあ, ちぇっ

uffete → uff

ufficiale¹ 男 1 将校, 士官 2 公務員, 役人

＊**ufficiale²** [ウッフィチャーレ] 形 1 公式の, 公的な —visita ufficiale 公式訪問 / gara ufficiale〔スポ〕公式戦 2 政府(当局)の 3 公務の, 公用の

ufficialetto 男 若い役人, 官吏; 若い将校

ufficialità 女 公的性格, 公共性

ufficializzare 他 公認する, 公表する, 公示する; 認可する —ufficializzare un comunicato 公式発表する

ufficializzazione 女 公認, 公表; 許可

ufficialmente 副 公式に(は), 表向きは; 公務上

ufficiante 男女 司祭者, 祭司, 司会者

ufficiare 自〔io ufficio〕礼拝や儀式などを執り行う —他 招待する, 要請する

＊**ufficio** [ウッフィーチョ] 男 1 事務所, オフィス 2 会社, 職場 —andare in ufficio 仕事に行く / orario d'ufficio 勤務時間 3 (役所の)担当部局 —ufficio delle imposte 税務署 / ufficio stampa 広報課 4 (担当する)職務, 役割 —abuso d'ufficio 職権乱用 / ufficio pubblico 公職 5〔カト〕聖務; (宗教的な)儀式

ufficiosamente 副 非公式に, 公認を受けずに

ufficiosità 女 非公式(性)

ufficioso 形 非公式の; 公認されていない —dati ufficiosi 確かな筋のデータ

Uffizi 固名〔男複〕 ウッフィーツィ美術館 (Galleria degli Uffizi)

ufo¹ 男〔不変〕UFO, 未確認飛行物体(oggetto volante non identificato); 空飛ぶ円盤(disco volante)

ufo² 副〔次の成句で〕► a ufo ただで, 金を払わずに, 人の払いで **mangiapane a ufo** 食客(ウ), 居候(ウ); 穀(ヨ)つぶし

ufologia 女 UFO研究; UFO関連の出版物

ufologico 形〔複[男 -ci]〕UFO研究の

ufologo 男〔女 -a〕UFO研究者

Uganda 固名〔女〕ウガンダ

ugandese 形 ウガンダ(人)の —男女 ウガンダ人

ugello 男 ノズル, 噴射口; 送風管, (ジェットの)噴流管

uggia 女〔複 -ge〕倦(ウ)怠, 退屈, つまらなさ; 憂鬱 —avere [prendere, venire] in uggia うんざりする, 嫌悪を覚える

uggiolare 自〔io uggiolo〕(犬が)キャンキャン鳴く

uggiolio 男 (犬の)キャンキャンという鳴き声

uggiosità 女 うっとうしさ, 煩わしさ, 退屈

uggioso 形 退屈な, うっとうしい, 煩わしい; 不機嫌な, 不快な —racconto uggioso 退屈な話

ugna 女〔トスカーナ・南伊〕→ unghia

Ugo 固名〔男性名〕ウーゴ

ugola 女〔解〕口蓋垂 2 喉 ► **ugola d'oro** 美しい声の歌手, よい喉の歌手

ugonotto 男〔宗〕ユグノー教徒の —男〔女 -a〕ユグノー教徒

ugrico 形〔複[男 -ci]〕ウゴル語系の —男〔単数のみ〕ウゴル語

ugro-finnico 形〔複[男 -ci]〕フィン・ウゴル語族の —男〔単数のみ〕フィン・ウゴル語

uguaglianza 女 1 平等, 同等 2 均

一, 均等 3〔数〕等式

uguagliare 他 [io uguaglio] **1** 等しくする, 同じにする —uguagliare la misura di due fogli 2 枚の紙の大きさを揃える **2** 平均化する, 平等に扱う **3** 匹敵する, 並ぶ —Nessuno lo può *uguagliare* in generosità. 寛大さにおいて彼の右に出るものはいない. —**arsi** 再 **1** (a,con) (自分を…に)たとえる, なぞらえる **2** 等しい

＊**uguale** [ウグアーレ] 形 **1** 同じ, 等しい, 同等の —Per me è *uguale*. 私はどちらでもいいです. **2** 一定の, 不変の —sempre *uguale* ずっと変わらない, 相変わらずの —男 **1** (単数のみ) 同じこと **2**〔不変〕〔数〕等号 (=) —男女〔複数で〕同等[同格]の者 ▶ **non avere uguali** 他に類を見ない, 匹敵するものがない

ugualmente 副 **1** 平等に, 同等に; 均等に **2** にもかかわらず, それでも

uh 間〔痛み・不快・驚きなどを表して〕ああ, おお

uhei 間〔驚きや相手の注意を喚起して〕ああ; ねえ, ちょっと

UHF 略 Ultrahigh Frequency 極超短波

uhi 間〔鋭い痛み・嘆きを表して〕ああ

uhm 間〔困惑を表して〕うーん

UIL 略 Unione Italiana del Lavoro イタリア労働者連合

uistiti 男〔不変〕〔動〕キヌザル

UIT 略 Unione Internazionale per le Telecomunicazioni 国際電気通信連合

ukase 男〔不変〕〔露〕(帝政ロシアの)勅命

ukulele 女, 男〔不変〕〔音〕ウクレレ

ulama 男〔不変〕ウルマー(イスラム世界の法律・神学者)

ulcera 女〔医〕潰瘍

ulcerante 形 **1**〔医〕潰瘍性の **2** ひどく辛い, 苦しい

ulcerare 他 [io ulcero]〔医〕潰瘍を生じさせる —自 [es] 潰瘍化する —**arsi** 再 潰瘍を生じる, 潰瘍になる

ulcerativo 形〔医〕潰瘍にかかった, 潰瘍性の

ulcerazione 女〔医〕潰瘍, 潰瘍形成

ulcerogeno 形〔医〕潰瘍誘発性の

Ulisse 固名(男)〔ギ神〕ユリシーズ, オデュッセウス

ulite 女〔医〕歯茎炎

uliva → oliva

uliveto → oliveto

ulìvo → olìvo

Ulma 固名(女)(ドイツ南部の都市)ウルム

ulmacea 女 (U-)〔複数で〕〔植〕ニレ科

ulna 女〔解〕尺骨

ulteriore 形 **1** これ[それ]以上の, さらなる —per *ulteriori* informazioni さらなる詳細には **2** (歴史上の地名で)あちら側の, 向こう側の

ulteriormente 副 **1** さらに, その上 **2** もっと後で

ultima 女 最新ニュース, 最も新しいもの

ultimamente 副 最近は, このところは

ultima ratio 成句(女)〔ラ〕最後の手段, 非常手段

ultimare 他 [io ultimo] 完成する

ultimatum 男〔不変〕最後通牒(⅔↑); (交渉を打ち切る)最後的な要求[条件]

ultimazione 女 完成, 仕上げ

ultimissima 女 **1** (新聞の)最新版 **2**〔複数で〕ホットニュース, 速報

＊**ultimo** [ウルティモ] 形 **1** 最後の; 最新の; 最果ての —in questi *ultimi* tempi ここ最近 / l'*ultimo* piano 最上階 **2** 究極の; 最高の, 最大の **3** 最低[最下位]の —arrivare per *ultimo* びりで到着する **4** 主要な —男〔女[-a]〕最後の人[もの] ▶ **all'ultima moda** とてもモダンに[な], 流行の先端を行く, 最新式の **all'ultimo momento** ぎりぎりに, 土壇場で **l'ultima parola** 最終決定, 最終的な決断 **per ultima cosa** 最後に

ultimogenito 男〔女[-a]〕末っ子 —形 最後に生まれた

ulto 男《文》復讐(ﾌ̄ｯ)の, 仇(ﾀﾀﾞ)討ちの

ultore 男〔女[-trice]〕《文》復讐(ﾌ̄ｯ)者

ultra 男女〔不変〕**1** (フランス王政復古期の)過激王党派 **2** (思想などが)極端な人, 過激な人 —形〔不変〕格別な, 例外的な, 途方もない

ultrà 男女 過激派, 過激論者

ultra- 接頭「超過・超越」の意

ultracentenario 形 100歳を越えた, 100年以上の

ultradestra 女〔政〕極右

ultraleggero 形 超軽量の

ultramarino 形 海外の

ultramicrometro 男〔機〕ウルトラマイクロメーター

ultramicroscopico 形〔複[男-ci]〕極微の;〔光〕限外顕微鏡の

ultramicroscopio 男〔光〕限外顕微鏡

ultramicrotomo 男〔生物〕ウルトラミクロトーム

ultramoderno 形 超近代的な

ultramontanismo 男〔歴〕教皇権至上主義

ultramontano 形 あの世の, 彼岸の

ultrapiatto 形 超薄型の

ultrapotente 形 強大な力を持った, 大きな権力を持った

ultrarapido 形 超高速の

ultrarosso 形 赤外線の

ultras, ultras 男女〔不変〕サッカーチームの熱狂的なサポーター

ultrasensibile 形 **1** 超過敏の, とても感じやすい **2** 高感度の

ultrasessantenne 形 60歳を越えた, 60年を経た —男女 60歳の人

ultrasinistra 女 極左

ultrasonico 形〔複[男-ci]〕〔物〕**1**

ultrasonoro 超音波の 2 超高速の
ultrasonoro 形〔物〕超音波の
ultrasottile 形 とても薄い, 極細の
ultrastruttura 女〔生物〕超微形態
ultrastrutturale 形〔生物〕超微形態の
ultrasuono 男 超音波
ultrasuonoterapia 女〔医〕超音波療法
ultraterreno 形 1 地球外の; この世を超越した 2 不死の, 永遠の
ultravioletto 形 紫外線の ―男 紫外線
ultravirus 男〔不変〕〔生物〕濾(ろ)過性ウイルス
ultravuoto 男〔物〕超真空
ultroneo 形〔文〕自発的な, 自然な
ulula 女〔鳥〕フオバズク属の鳥, フクロウ
ululare 自〔io ululo〕(犬や狼が)遠吠(ぼ)えする; (人や風が)うなる
ululato 男 1 遠吠(ぼ)え, 咆哮(ほう) 2 (風の)うなり
ululone 男〔動〕スズガエル
ulva 女〔植〕アオサ
ulvacea 女 (U-)〔複数で〕〔植〕アオサ科
umanamente 副 人間として, 人間らしく, 慈悲深く
umanesimo 男 1〔文〕人文主義 2 ヒューマニズム, 人道主義, 人間主義 ―umanesimo cristiano キリスト教の人道主義 3〔鳥〕古代研究 ―*umanesimo del Settecento* 18世紀の古典古代研究
umanista 男女〔複[男 -i]〕1 人文主義者 2 古典研究家 ―形〔複[男 -i]〕1 人文主義(者)の 2 古典研究(家)の
umanistico 形〔複[男 -ci]〕〔文〕人文主義の; 人文学の
＊**umanità**［ウマニタ］女 1 人類, 人間 2 人間性 3 人間味, 人情, 温情
umanitario 形 1 博愛主義の, 人道主義の 2〔法〕人権保護の
umanitarismo 男 博愛主義, 人道主義
umanizzare 他 人間らしくする, 教化する; 文明化する, 洗練する ―arsi 再 人間らしくなる, 洗練される
umanizzazione 女 教化, 洗練, 文明化
＊**umano**［ウマーノ］形 1 人の, 人間の ―*essere umano* 人間 / *natura umana* 人間性 2 人間的な, 人間味のある, 情け深い ―男 1〔単数のみ〕人間性 2〔複数で〕《文》人類
umanoide 形 人間のような, 人間の形をした
umbertino 形 ウンベルト1世(期)の
Umberto 男〔男性名〕ウンベルト 2 (〜 I)ウンベルト1世(1844-1900; イタリア統一国家の第2代国王: 在位1878-1900) 3 (〜 II)ウンベルト2世(1904-83; イタリア共和国成立後, 最後の国王)

umbratile 形 1 内気な, 引っ込み思案の; 孤独な 2《文》陰にいる, 曖昧な
Umbria 固名(女) ウンブリア州(イタリア中部の州; 州都 Perugia)
umbro 形 ウンブリア(の人[方言])の; (古代の)ウンブリア(人[語])の ―男 1〔女[-a]〕ウンブリアの人; ウンブリア人 2〔単数のみ〕ウンブリア方言; ウンブリア語
-ume 接尾 蔑称辞
umettare 他 軽く濡(ぬ)らす, 少し湿らせる ―arsi 再 濡れる, 湿る
umettazione 女 湿らせること; 湿気
UMI 略 Unione Magistrati Italiani イタリア司法官連合
umico 形〔複[男 -ci]〕〔化〕フミンの, 腐植質の
umidiccio 形〔複[女 -ce]〕湿っぽい, じめじめした
umidificare 他〔io umidifico〕水蒸気で湿らす, 加湿する
umidificatore 男 加湿器
umidità 女 湿気, 湿度
＊**umido**［ウーミド］形 湿った, じめじめした ―*Fa caldo umido.* 蒸し暑い. ―男 1 湿気, 湿り 2〔単数のみ〕(トマトや野菜を使った肉などの)煮込み; その調理方法 ▶ *in umido* (シチュー風に)煮込んだ
＊**umile**［ウーミレ］形 1 謙虚な, 慎ましい 2 見栄を張らない, 威張らない 3 (上の人に対して)腰の低い, 敬意を払う 4 (社会的に)身分の低い ―*avere [essere di] umili origini* 卑しい身分の出である ―男女 1 謙虚な人 2 見栄を張らない人 3〔複数で〕身分の低い人たち
umiliante 形 屈辱的な, 不面目な; 卑しい, みっともない
＊**umiliare**［ウミリアーレ］他〔io umilio〕1 恥をかかせる, 屈辱を与える 2 (感情や欲望を)鎮める, 抑える ―arsi 再 1 謙虚になる; 謙遜する 2 頭を下げる, 恥ずかしく思う
umiliato 形 1 侮辱された, 卑しめられた; (品位・地位を)落とされた 2〔宗〕ウミリアート会の ―男〔女[-a]〕〔宗〕ウミリアート会(員)
umiliazione 女 屈辱, 辱め
umilmente 副 1 控えめに, 慎ましく ―*comportarsi umilmente* 控えめに振舞う 2 みすぼらしく, 粗末に ―*Era vestito umilmente.* (彼は)みすぼらしい身なりだった.
umiltà 女 1 謙遜; 慎ましさ, 敬虔(ぶん) 2 身分の低さ
umorale 形 1〔生理〕体液の, 体液性の 2 移り気な, 気まぐれな, 変わりやすい
umore 男 1 機嫌, 気分 ―*essere di buon [cattivo] umore* 上機嫌[不機嫌]である 2 気質, 気性 3《文》水, 露 4 (動物の)体液, (植物の)液汁
umoresca 女〔音〕ユモレスク
umorismo 男 ユーモア ―*umorismo nero* ブラックユーモア / *avere il senso dell'umorismo* ユーモアのセンス[ユーモアを解する力]がある

umorista 形 [複[男 -i]] ユーモアで人を笑わせる —男女 [複 -i] 1 ユーモアのある人，ひょうきん者 2 ユーモア作家 3 [劇] 喜劇役者

umoristicamente 副 ユーモラスに，面白く

umoristico 形 [複[男 -ci]] 1 ユーモラスな，滑稽な —vignetta *umoristica* 風刺漫画 2 ふざけた，不まじめな

umpappà 女 (ワルツのリズムをまねて)ズンチャッチャ

UMTS 略 [英]Universal Mobile Telecommunications System 汎用移動体通信システム

UN 略 [英]United Nations 国際連合

un → uno

un' → uno

una → uno

unanime 形 満場[全員]一致の

unanimemente 副 満場[全員]一致で

unanimità 女 満場一致 —all'*unanimità* 満場一致で

una tantum 副句 [ラ] 1 一度限りの(に) 2 特別給付金；特別徴収税

uncinare 他 1 鉤(ぎ)状に曲げる 2 フックで引っ掛ける，かすめ取る 3 [スポ] (サッカーで)トラップする，(ホッケーで)フッキングする

uncinato 形 1 鉤(ぎ)型の，鉤状に曲がった 2 鉤状構造の —croce *uncinata* 鉤十字，卍

uncinetto 男 編み針，鉤(ぎ)針

uncino 男 1 鉤(ぎ)型，フック —a *uncino* 鉤状の 2 [スポ]ボクシングのフック 3 [諧]判読できない字や書体

UNCTAD 略 [英]United Nations Conference on Trade and Development 国連貿易開発会議

undecennale 形 11年の，11年ごとの

under 形[不変][英・スポ] (一定年齢)未満の

underground 形[不変][英] (芸術などが)前衛的な，アングラの —男[不変]地下鉄

undicenne 形 11歳の —男女 11歳の人

undicesimo 形[序数] 11番目の；11分の1の —男 11番目；11分の1

☆**undici** [ウンディチ] 形[基数][不変] 11の —男[不変] 1 11; 11日 2 [スポ]サッカーのイレブン —女 [複数で] —le *undici* 11時

UNDP 略 [英]*United Nations Development Program* 国連開発計画

UNESCO 略 [英]United Nations Educational, Scientific and Cultural Organization 国連教育科学文化機関，ユネスコ

Ungaretti 固名(男) (Giuseppe 〜) ウンガレッティ(1888-1970; イタリアの詩人．ノーベル文学賞受賞)

ungaro 形 [歴]ハンガリーの —男 ハンガリー金貨

ungere [58] 他[過分 unto] 1 (油性のものを)塗る；(機械などに)油をさす；油でよごす —*ungere* i capelli di brillantina 髪にポマードを塗る / *ungere* la serratura 錠に油をさす 2 買収する 3 [カト]聖油を塗る —**ersi** 再 1 (油性のものを自分の体に)塗る 2 (油性のもので自分を)よごす，よごれる

ungherese 形 ハンガリーの；ハンガリー人[語]の —男女 ハンガリー人 —男 [単数のみ]ハンガリー語

Ungheria 固名(女) ハンガリー

☆**unghia** [ウンギア] 女 1 爪 —mangiarsi le *unghie* 爪を嚙む 2 蹄(ひづめ) 3 少量，ごくわずかの距離 4 (用具の)刃先；爪型の刃先を持つ道具 ►sull'*unghia* 即金で *tirare fuori le unghie* 敵意をあらわにする

unghiata 女 (爪による)かき傷，かすり傷；引っかくこと

unghiato 形 [文]爪を備えた，鉤(ぎ)爪のある

unghiatura 女 爪による引っかき傷

unghiolo 男 (猫や鶏などの)鋭い爪

unghiuto 形 長い爪を備えた

unguento 男 (油性の)軟膏(こう)；香油，バルサム

ungulato 形 蹄(ひづめ)のある —男 蹄のある動物；(U-) [複数で]有蹄類

uni- 接頭 [ラ]「一つの」「唯一の」の意

unibile 形 結合できる，一つにできる

unicamente 副 ただ(単)に，もっぱら

unicamerale 形 [政]一院制の

UNICEF 略 [英]United Nations International Children's Emergency Fund 国連児童基金，ユニセフ

unicellulare 形 [生物]単細胞の

unicità 女 単一性，統一，結束性

☆**unico** [ウーニコ] 形 [複[男 -ci]] 1 唯一の，ただ一つ[一人]の —figlio [figlia] *unico* [*unica*] 一人っ子，一人息子[娘] 2 傑出した，特異な，ユニークな 3 極めて稀な，他に類を見ない —Questo è un esemplare *unico*. これは極めて稀な標本だ． —男 [複[-ci]女[-a]] 1 (行動したり言ったりする)唯一の人 2 (同じ種類について)唯一のもの 3 [哲]唯一者 ►l'*unica* たった一つのやり方 *senso unico* 一方通行

uniconcettuale 形 単一概念の

unicorno 男 一角の，一角獣の —男 1 [神話]一角獣 2 [動]イッカク

unicum 男[不変] [ラ]唯一のもの

unidimensionale 形 一次元の

unidirezionale 形 一方向の，単一方向の；一面的な —modo di pensare *unidirezionale* 一方向的な考え方

unifamiliare 形 一家族の

unificabile 形 結合できる，統一できる

unificare 他 [io unifico] 1 統一する，統合する 2 規格化する，標準化する —**arsi** 再 統一[統合]される

unificativo 形 統一の, 合併の, 統合の, 一体化する

unificatore 形〖女[-trice]〗統一[統合]の; 統一[統合]する ―男 (特にリソルジメント期の)統一[統合]者

unificazione 女 1 統一, 統合 2 規格化

uniformare 他 1 均一[均等]にする, 同じにする 2 (標準・規範に)合わせる, 一致させる —*uniformare* le proprie opinioni a quelle della maggioranza 多数意見に合わせる ―**arsi** 再 応じる, 順応する

uniformazione 女 統一すること; 均一[均等]化

uniforme 形 1 (質や形が)同じの, 均一な 2 一様な, 単調な, 変化のない ―女 制服, ユニフォーム ―alta *uniforme* 正装, 礼装

uniformemente 副 等しく, 同様に, 均等に

uniformità 女 1 同質性, 均一性 2 一致, 合致

unigenito 形 (主にイエスを指して)一人子の ―*unigenito* figlio di Dio 神の子 ―男 (U-)イエス・キリスト

unilabiato 形〖植〗単唇の

unilaterale 形 1 片側だけの, 一方だけの; 一面的な, 偏った ―*punto di vista unilaterale* 一面的な見方 2〖政〗単独の 3〖法〗片務的な; 一方的な ―*obbligo unilaterale* 一方的な義務

unilateralismo 男 単独主義, 一方的推進主義

unilateralità 女 片側だけに生じること, 一方的であること

unilateralmente 副 片側だけに, 一方的に

unimodale 形〖統〗単一モードの

uninervio 形〖植〗(葉脈が)単一脈系の

uninominale 形〖政〗小選挙区制の; 単記名(投票)の

unione 女 1 結合, 統合 ―*unione* monetaria 通貨統合 2 連合, 組合 ―*unione* doganale 関税同盟 3 結びつき, (人間)関係 ▶ ***Unione Europea*** ヨーロッパ連合(略 UE, EU) ***Unione Sovietica*** ソ連邦(旧ソ連)

Unione delle Repubbliche Socialiste Sovietiche 固名(女) ソビエト連邦(略 U.R.S.S.)

unionismo 男 1〖歴〗統一主義, 連合主義 2〖経〗労働組合主義

unionista 男女〖複[男 -i]〗〖歴〗(北アイルランドなどの)統一支持派 ―形〖複[男 -i]〗統一主義[支持派]の

uniparo 形 1〖動〗一度に一子[卵]だけ産む 2〖植〗単出の

unipolare 形〖電〗単極の

＊**unire** [ウニーレ] 他〖io -isco〗1 結びつける, 結ぶ 2 結合する, 団結する ―**irsi** 再 結びつく, 結ばれる, 交わる

unisessuale 形〖生物〗単性の

unisex, unisex 形〖不変〗ユニセックスの, 男女両用の, 男女の区別のない ―profumo *unisex* ユニセックスの香水

unisono 形 1〖音〗ユニゾンの, 同音の 2 一致した, 調和した ▶ ***all'unisono*** 一致して, 揃って

Unità 固名(女) (L'~)ウニタ(イタリアの旧共産党機関紙)

unità 女 1 単一性 2 統一 3 一致 4 単位; ユニット 5〖コン〗装置 6〖数〗(最小整数の)1

unitamente 副 一致して, 一緒に

unitariamente 副 統一して, 一貫して

unitarianismo 男〖宗〗ユニテリアン派の教義

unitariano 形〖宗〗ユニテリアン派の

unitarietà 女 統一性, 単一性

unitario 形 1 統一の; 唯一の, 単一の; 均質の ―*criterio unitario* di selezione 単一の選択基準 2 単位の, 1(個)の 3 むらのない, 一貫した, 一様の 4〖宗〗ユニテリアン派の

unitarismo 男 1 (政治の)中央集権主義, 単一国家制 2〖宗〗ユニテリアン派の教義

unitarista 男女〖複[男 -i]〗単一国家制論者;〖宗〗ユニテリアン派 ―形〖複[男 -i]〗単一国家制(論者)の;〖宗〗ユニテリアン派の

unito 形 1 結ばれた, 結合された ―famiglia molto *unita* 結びつきの強い家族 2 単色の, 無地の ―stoffa in tinta *unita* 無地の布地 ▶ ***gli Stati Uniti (d'America)*** (アメリカ)合衆国 ***le Nazioni Unite*** 国連(Organizzazione delle Nazioni Unite) ***Regno Unito*** 連合王国(イギリス)

univalve 形 1〖動〗(貝類が)単殻の 2〖植〗単弁の

universale 形 1 全世界の, 全人類の, 宇宙の 2 普遍的な, 広く一般的な ―男〖哲〗普遍

universalismo 男 1 普遍性, 一般性 2〖社〗普遍的特性 3 普遍主義

universalista 男女〖複[男 -i]〗普遍主義者, 普遍主義論者 ―形〖複[男 -i]〗普遍的な

universalisticamente 副 普遍的に, 一般的に

universalistico 形〖複[男 -ci]〗普遍的な, 一般的な

universalità 女 普遍性, 一般性; 普遍的特質

universalizzare 他 普及させる, 広める; 一般化する ―*universalizzare* la cultura 文化を広める ―**arsi** 再 行き渡る, 広く普及する; 普遍化する, 一般化する

universalizzazione 女 普及; 普遍化, 一般化

universalmente 副 広く, あまねく, 至るところに; 普遍的に

universiade 女〖スポ〗ユニバーシアー

università ド, 国際学生スポーツ選手権

*università [ウニヴェルシタ] 囡 **1** 大学 —andare [iscriversi] all'*università* 大学に行く[入学する] **2**（中世の）同業組合

universitario 形 大学の —男〔囡 [-a]〕大学生

universo¹ 男 **1** 宇宙 **2** 世界

universo² 形《文》全体の, すべての

univocamente 副 一義的に

univocità 囡 一義性; 他の意味に解釈できないこと

univoco 形 一義的な, 意味の明瞭な

unnico 形〔複[男 -ci]〕〔歴〕フン族の

unno 男〔歴〕フン族 **2** 侵略者; 野蛮な人 —形〔歴〕フン族の

UNO 略〔英〕United Nations Organization 国際連合

*uno [ウーノ] 冠〔不定〕〔男 [un, uno]囡 [una, un']; gn, pn, ps, s+子音, x, z, i+母音, j+母音, y+母音で始まる男性名詞の前では uno, それ以外の男性名詞の前では un, 女性名詞の前では una であるが, 母音で始まる女性名詞の前では un'になる〕〔不特定の〕一つの, 一人の —*un* giorno ある日 / C'è *una* macchina. 車が1台ある。/ C'è *uno* sgabello qui. ここにスツールがある. —形〔基数〕〔語尾変化は不定冠詞と同じ〕一つの, 一人の —Ho *una* macchina e due moto. 私は車を1台とバイクを2台所有している. / Luisa ha *un* fratello. ルイーザには兄が一人いる. —形〔不変〕1; 一つ —*Uno* più *uno* fa due. 1たす1は2です. —代〔不定〕〔囡 [-a]〕一つ, 一人, ある人 —Ci sono due macchine: *una* bianca e *una* rossa. 車が2台あり, 白が1台と赤が1台だ. / È *uno* [*una*] che lavora con me. 彼〔彼女〕は私と一緒に働いている人です. ▶ *l'uno e l'altro* 両方とも, どちらも *l'un l'altro* お互いに (a) *uno a uno* 一つ[一人]ずつ

unplugged 形〔不変〕〔英〕アンプラグドの, アンプを用いない

unse ungere の直・遠過・3単

unticcio 形〔複[囡 -ce]〕油で少しよごれた

unto 形〔過分<ungere〕油だらけの, 油でよごれた, 油染みのついた; 油を塗った; 〔カト〕聖油を塗られた —男 脂, 油脂, 油分; グリース ▶ *unto del Signore*〔カト〕（司祭や王など）塗油された人

untore 男〔囡 [-trice]〕〔歴〕ペスト塗り（1630年ミラノでペスト流行時に, 家などに病原菌を塗りつけて, 感染を広げたとされる人）

untume 男 脂, 油脂; グリース

untuosamente 副 へつらって, お世辞たらたら(に[で])

untuosità 囡 **1** 油っぽさ, べたつき **2** 油脂 **3** 巧言令色

untuoso 形 **1** 油[脂]を塗った; 油[脂]でよごれた **2** こびへつらいの, 卑屈な

unzione 囡 **1**（油・軟膏(ぅ)などを）塗ること **2**〔宗〕塗油

uomini uomo の複数形

*uomo [ウオーモ] 男〔複[uomini]〕 **1** 人, 人間; 人類 —la storia dell'*uomo* 人間の歴史 **2** 男, 男性 —Si è comportato da *uomo*. 彼は男らしく振る舞った. **3**（職業・サービスに就く）人 — *uomo* del gas ガスの検針員 / *uomo* d'affari 実業家 **4**《口》夫, 恋人 **5** 部下;（封建時代の）家臣

uopo 男《文》必要; 効用 ▶ *all'uopo* 目的にかなって; ちょうどよい時に

uosa 囡〔服〕ゲートル, 脚絆(きゃ)

*uovo [ウオーヴォ] 男〔複[le uova]〕卵; 鶏卵; 卵形のもの —rosso [tuorlo] d'*uovo* 卵の黄身 / bianco [chiara] d'*uovo* 卵の白身 / *uova* di pesce 魚卵 / *uovo* di Pasqua イースターエッグ ▶ *l'uovo di Colombo* コロンブスの卵 *cercare il pelo nell'uovo* 些細なことにこだわる

upanisad 男〔不変〕〔サンスクリット〕ウパニシャッド, 奥義書

uperizzazione 囡（牛乳の）超高温殺菌

UPIM 略 Unico Prezzo Italiano di Milano ウピム（イタリアの大型スーパーマーケット）

upupa 囡〔鳥〕ヤツガシラ, ブッポウソウ

-ura 接尾「動作」「集合」の意

uragano 男 **1** 暴風雨, ハリケーン **2** （拍手などの）嵐, 轟(とどろ)音

Urali 固名〔男複〕ウラル山脈

uralico 形〔複[男 -ci]〕ウラル山脈の

Urania 固名〔囡〕〔ギ神〕ウラニア（詩神の一. 天文学と幾何学を司る）

uraniano 形〔天〕天王星の

uranico 形〔複[男 -ci]〕ウランの

uranio 男〔化〕ウラン（元素記号 U）

uranismo 男 同性愛者, ホモセクシュアル

Urano 固名〔男〕 **1**〔ギ神〕ウラヌス **2** 〔天〕天王星

urano- 接頭「天空」の意

urbanesimo 男 都市化(現象); 都市的特徴, 都市性

urbanismo → urbanesimo

urbanista 他〔複[男 -i]〕都市工学者, 都市計画専門家

urbanistica 囡〔複[-che]〕都市計画, 都市工学

urbanistico 形〔複[男 -ci]〕都市計画の, 都市化の

urbanità 囡 上品, 丁重, 礼儀正しさ

urbanizzare 他 **1** 都市化する, 都市計画を実施する **2** 都会風にする; 洗練する, 教化する —**arsi** 再 **1** 都市化する **2** 都会風になる; 洗練される, 教化される

urbanizzazione 囡 **1** 都市化 — *urbanizzazione* di una zona rurale 農村地帯の都市化 **2**（農村からの流入による）都市への人口集中

Urbano 固名〔男〕 **1**〔男性名〕ウルバーノ

urbano 1055 **usare**

2 (〜 II) ウルバヌス2世(1042頃-99; ローマ教皇: 在位 1088-1099. 第一次十字軍提唱)

urbano 形 **1** 都市の, 町の **2** 会風の, 洗練された —*parlare in modo urbano* 上品にしゃべる

urbe 女 〔単数のみ〕 **1**〔文〕都市 **2** (U-) ローマ —*i monumenti dell'Urbe* ローマの建造物

urbi et orbi 國 **1** 〔ラ・宗〕〔ローマ教皇の大勅書の呼びかけの言葉で〕ローマ内外の信徒に —*impartire la benedizione urbi et orbi* ローマ内外の信徒に祝福を与える **2**《諧》みなさんに[へ]

urbinate 形 ウルビーノ(人)の — 男女 ウルビーノの人 —*l'Urbinate* ラファエロ

Urbino 固名(女) ウルビーノ(マルケ州の都市)

urca 間 〔驚嘆・賞嘆などを表して〕すごい, あらまあ

urdu, urdù 男〔単数のみ〕ウルドゥー語 — 形 〔不変〕ウルドゥー語の

urea, urea 女〔化〕尿素

ureico 形〔複[男 -ci]〕尿素の

uremia 女〔医〕尿毒症

urente 形 ひりひり[ずきずき]痛む

uretano 男〔化〕ウレタン

uretere 男〔解〕尿管

ureterite 女〔医〕尿管炎

uretra 女〔解〕尿道

***urgente** [ウルジェンテ] 形 緊急の, 切迫した

urgentemente 副 緊急に, 早急に, 差し迫って

urgenza 女 緊急 —*con urgenza* 緊急に / *d'urgenza* 緊急の, 迅速な / *avere urgenza di partire* 至急出発する必要がある

urgenzare 他 (早急に履行するよう)強く求める, 要求する — 自 緊急に行う

urgere 他 〔遠過去・時制なし〕《文》せき立てる, 駆り立てる, 催促する — 自 〔3人称単数のみ〕急を要する; 緊急に必要である

-urgia 尾 「活動」「労働」「加工」の意

uria 女〔鳥〕ウミガラス

-uria, -uria 尾 「尿」の意

uricemia 女〔医〕血中尿酸値; 尿酸血症

uricemico 形〔複[男 -ci]〕〔医〕血中尿酸の, 尿酸血症の

urico 形〔複[-ci]〕〔生理〕尿の

urina 女〔生理〕尿

urinare → orinare

urinario 形〔生理〕尿の; 泌尿器の

***urlare** [ウルラーレ] 自 **1** (狼や犬が)吠える **2** 絶叫する; どなる; 悲鳴をあげる **3** (サイレンなどが)けたたましく鳴る — 他 叫ぶように言う〔歌う〕

urlata 女〔叱責・非難を込めて〕叫ぶこと; 怒声, 怒号

urlatore 男〔複[女 -trice]〕大声を出す人; (1960年代の)絶叫型の歌手 — 形

〔女[-trice]〕大声を出す, 絶叫する

urlo 男〔複〕〔動物の鳴き声や一人の人間の叫び声〕*gli urli*, (大勢の人間による一斉の叫び声) *le urla*〕 **1** 悲鳴, 叫び声 **2** (サイレンなどの)けたたましい音

urna 女 **1** 投票箱(*urna elettorale*); 〔複数で〕投票 **2** 壺(つぼ) —*urna cineraria* 骨壺 **3**《文》墓, 墓地

uro 男〔動〕オーロックス, 原牛

uro-[1] 尾 「尾」「尾部」の意

uro-[2] 尾 「尿」の意

urobilina 女〔化〕ウロビリン

urochinasi 女〔不変〕〔化〕ウロキナーゼ

urocromo 男〔生化〕ウロクロム

urodelo 男 (U-)〔複数で〕〔動〕有尾両生類

urogallo 男〔鳥〕キバシオオライチョウ

urogenitale 形〔解〕尿生殖器の

urolito 男〔医〕尿結石

urologia 女〔医〕泌尿器学

urologico 形〔複[男 -ci]〕〔医〕泌尿器学の

urologo 男〔複[-gi]〕〔医〕泌尿器学者, 泌尿器科専門医

uropigio 男〔鳥〕尾部

urotropina 女〔化〕ウロトロピン

urrà 間 〔歓喜・興奮・賞賛を表して〕わあい, やった, 万歳 —*Urrà*, *abbiamo vinto!* やった, 勝ったぞ!

urside 男 (U-)〔複数で〕〔動〕クマ科

URSS 略 Unione delle Repubbliche Socialiste Sovietiche ソビエト社会主義共和国連邦(旧ソ連)

urtante 形 (人を)苛立たせる, 腹立たしい —*atteggiamento urtante* (人を)苛つかせる態度

urtare 他 **1** ぶつかる, ぶつける, 衝突する **2** (感情などを)傷つける, 害する, 損ねる — 自 ぶつかる, 衝突する —*urtare contro...* (物)にぶつかる —**arsi** 再 衝突する, ぶつかりあう; 反目する

urtata 女 一突き, 一撃

urticacea 女 (U-)〔複数で〕〔植〕イラクサ科

urticante 形 ちくちくさせる, かゆみを起こさせる

urto 男 **1** 衝突 **2** 攻撃 **3** 対立, 不和 —*essere in urto con...* (人と)対立する

uruguaiano 形 ウルグアイ(人)の — 男 〔女[-a]〕ウルグアイ人

Uruguay 固名(男) ウルグアイ

u.s. 略 ultimo scorso〔商〕過日, 先日

USA 略 United States of America アメリカ合衆国(Stati Uniti d'America)

usa e getta 國 使い捨ての

usanza 女 **1** しきたり, 慣わし **2** (個人的な)習慣 **3** 流行 ▶ *Paese che vai, usanza che trovi.* 所変われば品変わる. | 郷に入っては郷に従え.

***usare** [ウザーレ] 他 **1** 使う, 使用する **2** いつも…する, …する習慣である —*Mio nonno usava* sonnecchiare nel po-

usato meriggio. おじいちゃんは午後によくうたた寝をしていたものだった。**3**《si *usa*+人称で》常用される，流行する —Si *usa* di nuovo portare le gonne lunghe. またロングスカートが流行している。/ Il sabato sera si *usa* andare a ballare. 土曜の夜は皆踊りに行く。—自 **1** 使用される，用いられる；流行する **2**《di》使用する，用いる

usato 形 **1** 使用されている **2** 中古の **3**《文》いつもの，普段の —男 **1** 習慣，しきたり **2** 中古品

ușbeco → uzbeko

ușbergo 男〔複 [-ghi]〕(中世の)銅鎧(どう)，甲冑(ちゅう)

uscente 形 **1** 終わり[結び]の，終末の，締めくくりの；満期の，決算期の —settimana *uscente* 週末 **2** 退職する，任期満了の —il segretario *uscente* 退任する秘書 **3**〔言〕(言葉が)…で終わる，最後が…になる —sostantivo *uscente* in -a a で終わる名詞

usciere 男〔女 [-a]〕(公共機関などの)案内係

uscio 男 ドア；出入り口

uscire [ウッシーレ] [124] 自 [es] **1** 出る —*uscire* di casa 家を出る **2** 出かける，外出する —*Esce* tutte le sere. 彼は毎晩出歩いている。/ *uscire* con... (人)と一緒に出かける；(人)と付き合う，デートをする **3** (集団から)抜ける，離れる **4** (ある時期・状態から)出る，脱する；(難局から)脱する **5** (仕事・任務から)離れる，退く **6** (水・煙・匂いなどが)流出する **7** (川や水路が)発する，流れ出る **8** (効果・結果として)出る，現れる **9** (限界を)越える，はみ出る **10**〔da〕(人が)…の出身である **11** (雑誌・本が)出る，発行される；(商品が)出る —Quella rivista non è ancora *uscita*. その雑誌はまだ発売されていません。**12** (花が)開く **13**《口》出現する；とび出る；いきなり口に出す **14** 出費される **15**〔in〕(道が広場や他の道に)出る，(水流が)流れ込む **16**〔in〕〔言〕…の語尾を持つ，…で終わる **17**〔スポ〕(サッカーでキーパーが)持ち場を離れる；(登山で)頂上に達する，難所を乗り切る **18**〔コン〕(プログラムやファイルを)終了する，ログアウトする ▶―〔南伊〕外へ出す，連れ出す ▶ *uscire di bocca* (言葉が)つい口に出てしまう，うっかり口をすべらせる *uscire di senno* 怒り狂う

uscita 女 **1** 出口 —*uscita* di sicurezza 非常口 **2** 出ること，退去，退出，退職；脱出 **3** (製品の)輸出，市場に出すこと，発売：出版，発行 **4** 救済の可能性，解決策 **5** しゃれ，ジョーク **6** 出現，デビュー **7**〔スポ〕(サッカーでキーパーが)持ち場を離れること；(登山での)ルートの山場，最終局面 **8**〔言〕語尾 **9**〔コン〕出力，アウトプット **10** 支出 ▶ *via d'uscita* 逃げ道，解決法

usignolo 男〔鳥〕ナイチンゲール(ヨナキウグイス，小夜鳴き鳥)

uso¹ [ウーゾ] 男 **1** 使用，利用 —in *uso* 使用中の / parola non più in *uso* 使われなくなった言葉，死語 / istruzioni per l'*uso* 取扱説明書 **2** 機能，(使用する)能力 **3**（判断などをする)能力；習慣，流行 —*usi* e costumi di un popolo 国のしきたりや習慣 **4** 用途 **5** (他社の所有物を)使用する権利 **6** 使用 **7** 意味，意義 ▶ *fuori uso* 使用不可，故障；〔掲示〕回送(車両)

uso² 形《文》慣れた，通例の，平常の

ussaro 男〔歴〕軽騎兵

ussero → ussaro

ussita 形〔複 男 -i〕〔歴・宗〕フスの，フス派の —男〔複 [-i]〕フス派の信奉者

usta 女 (狩猟で)匂い

ustascia 男女〔不変〕(かつてトルコと戦った)バルカン半島のスラブ人

ustionare 他 火傷させる —*arsi* 再 火傷する —Si è *ustionato* la lingua con il caffè bollente. 彼は熱いコーヒーで舌を火傷した。

ustionato 形 火傷した —男〔女 [-a]〕火傷を負った人

ustione 女 火傷

usuale 形 **1** いつもの，ふだんの，普通の —Mi ha risposto con l'*usuale* cortesia. 彼[彼女]はいつものように丁寧に私に答えた。**2** ありふれた，平凡な，並みの —tessuto *usuale* ありふれた生地

usualità 女 普通，通常

usualmente 副 普通は，通常は，いつもは

usuario 形〔法〕使用権者の —男〔女 [-a]〕〔法〕使用権者

usucapione 女〔法〕時効取得

usucapire 他〔io -isco〕〔法〕時効取得をする

usufruibile 形 利用可能な，活用できる

usufruire 自〔io -isco〕**1**〔法〕用益権を持つ **2** (自分のために)利用する，活用する —*usufruire* di sconti speciali 特別割引を利用する

usufrutto 男〔法〕用益権，使用権

usufruttuario 形〔法〕用益権の，使用権の

usura¹ 女 高利 —prestare a *usura* 高利で貸す

usura² 女 磨耗，摩滅，すりきれ，消耗 —l'*usura* delle gomme タイヤの摩滅

usurabile 形 くたびれた，だめになりやすい

usurabilità 女 古くなること；耐久性がなくなること

usuraio 男〔女 [-a]〕高利貸し，守銭奴

usurante 形 疲れる，消耗する

usurare 他 すり減らす，消耗させる —*arsi* 再 摩滅する，すり減る

usurario 形〔法〕高利の

usurpare 他 **1** 横領する，横取りする **2** 騙(だま)る

usurpativo 形 横領の，不法使用の

usurpatore 男〔女[-trice]〕**1** 横領者 **2** 騙(だま)り

usurpazione 女 横領, 不法使用

ut 男〔不変〕〔音〕ウト(イタリアで17世紀まで使われた音階の第1音)

utensile 男 道具, 用具, 器具 ―〔アクセントは utensíle〕道具の, 用具の

utensileria 女 道具類; 金物屋 ― *utensileria da cucina* 台所用品

utente 男女 使用者, ユーザー

utenza 女 **1** 利用, 受益; 使用者, 利用者

uterino 形 **1**〔医〕子宮の **2**〔謔〕(行動や態度の)直情的な, 冷静でない

utero 男〔解〕子宮

***utile** [ウーティレ] 形 **1** 役に立つ **2** 有益 [有効]な ―*tempo utile* 有効期限 **3** (人が)助けになる, 頼りがいがある ―*Posso esserLe utile?* 何か御用はございませんか. ― 男 **1** 実益, 実利 **2** 利益, 収益 ► *unire l'utile al dilettevole* 趣味と実益を兼ねる

utilità 女 **1** 実用性, 効用 **2** 利益 〔コン〕ユーティリティー

utilitaria 女 小型自動車, 軽自動車

utilitario 形 功利的な, 実利的な; 経済的な, 安上がりの ―*autovettura utilitaria* 燃費のよい車 ― 男 功利主義者

utilitarismo 男〔哲〕功利主義, 効用論

utilitarista 男女〔複[男 -i]〕功利主義者 ― 形〔複[男 -i]〕功利主義(者)の

utilitaristico 形〔複[男 -ci]〕**1**〔哲〕功利主義の **2** 実利重視の

utility 男〔不変〕〔英・情〕ユーティリティープログラム

utilizzàbile 形 利用できる, 活用できる, 有効な

utilizzabilità 女 利用できること, 有効性

***utilizzare** [ウティリッザーレ] 他 利用する, 活用する

utilizzatore 男〔女[-trice]〕**1** 利用者 **2** 電気器具

utilizzazione 女 利用, 活用

utilizzo 男 利用

utilmente 副 有効に, 有用に

-uto¹ 接尾 -ere 動詞の規則変化の過去分詞を作る

-uto² 接尾 「…の濃い」「…をする」の意

utopia 女 ユートピア, 理想郷; 非現実的な計画

utòpico〔複[男 -ci]〕形 ユートピアの, 理想郷の

utopista 男女〔複[男 -i]〕ユートピアン, 夢想家; 空想的社会(改良)主義者

utopistico 形〔複[男 -ci]〕**1** 理想主義者の, 空想的社会(改良)主義者の **2** 空想的な, 非現実的な, 夢物語の

UV 略 ultravioletto〔物〕紫外線

***uva** [ウーヴァ] 女 ブドウ ―*uva spina* スグリ(ribes) / *uva passa* 干しブドウ

uvetta 女 干しブドウ

uvulare 形 **1**〔医〕口蓋垂の **2**〔言〕口蓋垂音の

uxoricida 男女〔複[男 -i]〕妻殺しの夫; 夫殺しの妻 ― 形 妻殺しの

uxoricidio 男 妻殺し; 配偶者殺人

uxorio 形〔法〕妻の

uzbeco → uzbeko

Uzbekistan 固名(男) ウズベキスタン

uzbeko 形 ウズベキスタン(人)の ― 男 **1**〔女[-a]〕ウズベキスタン人 **2**〔単数のみ〕ウズベク語

V, v

V¹, **v**¹ 女 **1** (イタリア語アルファベットの)20番目の字母 ―*V come Venezia*〔符丁〕ヴェネツィアのV **2** (V) (ローマ数字の)5 ► *a V* V字型の / *scollo a V* Vネック

V² 略 **1** volt ボルト **2** volume 巻 **3** Città del Vaticano バチカン市国 **4** venerdì 金曜日

v² 略 **1** vedi, vedasi 参照せよ **2** verbo 動詞 **3** via 通り

v' 代 〔vi が母音で始まる次語と融合した形〕君たちを[に], あなた方を[に], 君たち[あなた方]自身を[に] ― 副 そこに

VA 略 Varese ヴァレーゼ

va andare の直・3単; 命・2単

va'¹ 間 〔驚き・驚嘆を表して〕何と, まさか;〔警告・注意を表して〕ほら ―*Va' che bello!* 何てきれいなんだ.

va'² andare の命・2単

vacante 形 **1** (職・地位などの)空席の, 空位の, 欠員になっている ―*carica vacante* 空席の職 **2**〔文〕欠いている

***vacanza** [ヴァカンツァ] 女 **1** 休日 ―*andare in vacanza* 休暇をとる, 休む **2**〔複数で〕休暇, バカンス ―*vacanze estive* 夏休み / *Buone vacanze!* よい休暇を. **3** 空いていること; (職の一時的な)空席, 不在

vacanziere 男〔女[-a]〕バカンス客, 行楽客

vacanziero 形 バカンス(に特有)の

vacatio 女〔不変〕〔ラ〕休止, 中断 ► *vacatio legis* 猶予期間(法律の公示と施行の期間)

vacazione 女 (特に聖職者の)空位, 空席; (法律施行までの)猶予期間, 休止期間

vacca 女 **1** 雌牛 **2** 売春婦 **3**〔複数で〕病気のかかった蚕 ► *andare in vacca* 台無しになる, 失敗する

vaccaio 男 牛飼い

vaccarella 女 若い雌牛

vaccaro → vaccaio

vaccata 女 できそこない; たわごと; ペテン ―*Quello spettacolo era una vaccata.* あの公演はひどかった.

vaccherella 女 若い雌牛

vaccheria 囡 牛小屋, 牛舎
vacchetta 囡 若い雌牛; なめし皮
vaccinabile 形 種痘ができる
vaccinare 他 予防接種をする, ワクチンを打つ
vaccinaro 男 〔ローマ〕皮なめし職人
▶ *coda alla vaccinara*〔料〕オックステールシチュー
vaccinato 形 成長した, 大人になった
vaccinazione 囡 予防接種
vaccino 形 雌牛の —*latte vaccino* 牛乳 —男 ワクチン
vacillamento 男 ぐらつくこと, 揺れること
vacillante 形 1 よろめく, ふらふらする; ぐらつく —*passo vacillante* よろついた足取り 2 もろい, 不安定な; ためらっている —*fede vacillante* 揺らぐ信念
vacillare 自 1 よろめく, ふらつく —*camminare vacillando* ふらつきながら歩く 2 (炎・光が)ゆらめく, 揺れ動く —*La fiamma vacilla.* 炎がちらちらする. 3 (体制・制度などが)揺らぐ; あやふやになる, 不確かになる —*La sua memoria vacilla.* 彼[彼女]の記憶はあやふやになる.
vacuamente 副 中身がなく, いい加減に
vacuità 囡 空っぽ, 空虚, 中身のないこと
vacuo 形 内容のない, 中身のない; 虚ろな, 空虚な —*discorsi vacui* 中身のない話
vacuolare 形 〔生物〕液胞の, 空胞の
vacuolizzato 形 〔生物〕空胞を含む
vacuolizzazione 囡 〔生物〕空胞形成
vacuolo 男 〔生物〕液胞, 空胞
vacuumterapia 囡 〔医〕真空療法
vada *andare* の命・3 単; 接・現・1 単〔2 単, 3 単〕
vademecum 男〔不変〕手引書, マニュアル —*vademecum del fai da te* 日曜大工のハンドブック
vado *andare* の直・現・1 単
vae victis 感 〔ラ〕〔間投詞として〕敗れたる者は哀れなり
vafer → *wafer*
vaffanculo 間《俗》くそったれ, くたばれ;〔苛立ちを表して〕うるせぇ —*Vaffanculo, smettila di rompere!* うるさい人, いい加減にして.
vagabondaggine 囡 放浪, 放浪生活(の状態)
vagabondaggio 男 1 放浪(生活), 浮浪(状態) 2 浮浪者問題 —*combattere il vagabondaggio* 浮浪者問題に取り組む 3 さすらうこと, 放浪の旅 —*darsi al vagabondaggio* 放浪する, 放浪の旅に出る
vagabondare 自 さまよう, 放浪する
vagabondo 形 放浪の; ホームレスの; 漂流する —男〔囡 [-a]〕1 浮浪者, ホームレス 2 遊び人, 怠け者 3 放浪者, さすらい人

vagamente 副 漠然と, ぼんやりと, はっきりとせず —*Ha risposto vagamente alle mie domande.* 彼[彼女]は私の質問に漠然と答えた.
vagante 形 さすらう, 放浪する; 浮遊する
vagare 自 (当てもなく)歩き回る, うろつく
vagheggiamento 男 見とれること, 凝視; あこがれ, 渇望
vagheggiare 他 〔io vagheggio〕1 見とれる, じっと見つめる —*vagheggiare le bellezze della natura* 自然の美しさに見とれる 2 切望する, 憧れる, 慕う —*vagheggiare la patria lontana* はるか遠くの祖国を想う
vagheggino 男 しゃれ[伊達(だて)]男
vaghezza 囡 1 曖昧さ, 漠然; はっきりしないもの, 不確かさ —*la vaghezza dei vostri propositi* あなた方の目的の不明瞭さ 2 愛らしさ, 優美さ 3 欲望
vagina 囡 〔解〕膣(ちつ)
vaginale 形 〔解〕膣(ちつ)の
vagire 自 〔io -isco〕(乳幼児が)泣く;〔文明や芸術が〕産声をあげる
vagito 男 1 (乳幼児の)泣き声 —*il primo vagito* 産声 2 発祥, 揺籃(ようらん)期 —*i primi vagiti di una civiltà* 文明の夜明け
vaglia¹ 囡〔単数のみ〕優秀さ; 手腕
▶ *di vaglia* 腕のよい, 力量のある
vaglia² 男〔不変〕為替 —*vaglia postale [bancario]* 郵便[銀行]為替
vagliare 他 〔io vaglio〕1 ふるいにかける, 選別する —*vagliare il grano* 小麦をふるいにかける 2 念入りに調べる, 精査する —*Prima di scrivere la lettera ho vagliato ogni parola.* 手紙を書く前に私は言葉を吟味した.
vaglio 男 1 選別機; ふるい, こし器 —*passare al vaglio* ふるいにかける 2 精査, 審査; 詳細な批評 —*sottoporre al vaglio degli esperti* 専門家の厳しい検査を受ける
‡**vago** [ヴァーゴ] 形〔複[男 -ghi]〕漠然とした, 不明瞭な, 明確でない —*Non ne ho la più vaga idea.* それについては全く知らない. —男 1〔単数のみ〕曖昧さ, 不明瞭さ 2〔解〕迷走神経(*nervo vago*)
vagonata 囡 1 トロッコ 1 杯分 —*una vagonata di carbone* トロッコ 1 杯分の石炭 2 大量の —*comprare una vagonata di libri* 大量の本を買い込む
vagoncino 男 トロッコ; ケーブルカー, ロープウェー
‡**vagone** [ヴァゴーネ] 男 1 車両 —*vagone letto [ristorante]* 寝台[食堂]車 2 (輸送する商品の)1 車両分 3 《口》とても太っている人
vai *andare* の直・2 単; 命・2 単
vaio 形 (果実が熟れて)黒っぽく色づいた; (白地に黒の)まだら模様の
vaiolizzazione 囡 〔医〕種痘法

vaiolo 男 〔医〕天然痘, 疱瘡(ほうそう)
vaioloso 形 〔医〕天然痘の ―男 〔女 -a〕天然痘患者
val. 略 valuta 通貨
valanga 女 1 雪崩(なだれ) 2 大量, 洪水
valchiria 女 1 〔神話〕(北欧の女戦士)ワルキューレ 2 《諧》(北方の)金髪でたくましい女性
valco → valico
Valdarno 固名 男 アルノ渓谷(Arno 川沿岸, Firenze-Arezzo 間に広がる一部地域)
valdese 形 〔歴〕ワルド派の ―男女 ワルド派信徒
Val d'Orcia 固名 女 オルチャ渓谷(トスカーナ州 Siena 県と Grosseto 県県域に広がる一帯)
valdostano ヴァッレ・ダオスタ(の人)の ―男 〔女 -a〕ヴァッレ・ダオスタの人
vale 男 〔不変〕別離, 今生の別れ
valente 形 1 熟練した, 力量のある, 有能な 2 《文》気高い
valentia 女 力量, 才能, 手腕 ―artista di gran *valentia* 大変才能のある芸術家
Valentina 固名 〔女性名〕ヴァレンティーナ
Valentino 固名 男 1 〔男性名〕ヴァレンティーノ 2 ヴァレンティヌス(3 世紀: ローマのキリスト教殉教者) 3 (Rodolfo ~) ヴァレンティノ(1895-1926; 南イタリア出身のアメリカ映画俳優)
valenza 女 1 《文》勇気, 力 2 〔化〕原子価 3 意味, 価値 4 〔言〕結合価
*****valere** [ヴァレーレ] [125] [es] 1 価値[値打ち]がある ―*valere* 100 euro 100 ユーロの価値がある 2 優秀[有能]である 3 有効である, 役立つ ―Tuo parere non *vale* niente. 君の意見は全く役立たない. 4 影響力がある 5 同等である, 同じ価値[意味]である; (語が)同じ意味である 6 …にふさわしい ―他 もたらす; 手に入れさせる ―**ersi** 再 利用する, 役立てる ▶ *farsi valere* 自分の力を認めさせる *tanto vale*…どうせ…だ, むしろ…の方がまし *valere la pena di* + 不定詞[che + 接続法]…するだけの価値[やりがい]がある *vale a dire* すなわち, つまり
Valeria 固名 〔女性名〕ヴァレーリア
valeriana 女 〔植〕カノコソウ, 吉草根(きっそうこん) ―tisana di *valeriana* 吉草根の煎じ薬
Valeriano 固名 〔男性名〕ヴァレリアーノ
Valerio 固名 〔男性名〕ヴァレーリオ
valetudinario 形 病弱の, 病身の; 健康を気にしすぎる ―男 〔女 -a〕病弱の人, 病身の人; 健康意識過剰の人
valevole 形 有効な, 有効な, 有意義な
valga valere の命・3 単; 接・現・1 単[2 単, 3 単]
valgismo 男 〔医〕外反
valgo[1] 形 〔複[男 -ghi]〕〔医〕外反の
valgo[2] valere の直・現・1 単

valicabile 形 超えられる, 突破できる
valicare 他 〔io valico〕(国境や山を)越える
valico 男 〔複[-chi]〕1 峠, 山越えの道 2 (国境や山を)越えること
validamente 副 有効に, 効果的に
validatrice 女 コンピューターの端末機
validazione 女 (有効性や正しさの)確認, 認証
validità 女 重要性, 正当性, 有効性, 効力 ―documento anagrafico di *validità* trimestrale 3 か月有効の戸籍証明
*****valido** [ヴァーリド] 形 1 有効な, 使用可能な ―Questo biglietto è *valido* per due persone. この切符で 2 名入れます. 2 効果的な, 適切な ―farmaco *valido* per il mal di testa 頭痛に効く薬 3 優れた, 有益な 4 評価の高い 5 (心身ともに)すこやかな, 丈夫な
valigeria 女 かばん製造工場, かばん店
valigetta 女 書類ケース, アタッシュケース
*****valigia** [ヴァリージャ] 女 〔複[-gie, -ge]〕スーツケース, 旅行かばん ―*fare le valigie* 旅行の支度をする, かばんに荷物を詰める
valigiaio 男 〔女[-a]〕かばん職人; かばんを売る人
Valignano 固名 男 (Alessandro ~) アレッサンドロ・ヴァリニャーノ(1539-1606; イタリア人宣教師. 天正遣欧使節を実現させる)
Valium 男 〔不変〕〔商標〕バリウム(精神安定剤)
Valla 固名 男 (Lorenzo ~) ヴァッラ (1407-57; イタリアの人文学者・哲学者)
vallata 女 開けた谷あい
*****valle** [ヴァッレ] 女 1 谷, 渓谷 2 (河口の)湿地帯 ▶ *a valle* 下手(しもて)で[に], 谷側に
Valle d'Aosta 固名 女 ヴァッレ・ダオスタ特別自治州(イタリア北部の州; 州都 Aosta)
Valletta 固名 女 バレッタ(マルタ共和国の首都; マルタ島北東岸の港湾都市)
valletta 女 小さな渓谷
valletto 男 1 〔歴〕小姓, 従者, 騎士見習い 2 〔女 -a〕(テレビ番組などの)アシスタント
valligiano 男 〔女 -a〕谷間の住人
vallivo 形 谷の, (河口の)湿地帯の
vallo 男 (古代ローマの)城壁, 防壁; 堡(ほう)塁
vallombrosano 形 ヴァッロンブローサ修道会の ―男 ヴァッロンブローサの修道士; (V-) 〔複数形で〕ヴァッロンブローサ修道会
vallone[1] 男 1 渓谷, 峡谷 2 〔地理〕(イストリアやダルマチア地方の)深い入り江
vallone[2] 形 ワロンの; ワロン人[語]の ―男女 ワロン人 ―男 〔単数のみ〕ワロン語
vallonea 女 〔植〕バロニアガシ

valore [ヴァローレ] 男 **1** 価値, 値打ち —di grande *valore* 大いに価値のある, 貴重な / senza *valore* 価値のない **2** 有能 —uomo di *valore* 有能な人物 **3** 勇気, 4 価値, 重要性 **5** 効果, 効力 **6** 対価; 株式, 証券 —*valore* aggiunto 付加価値 **7** 〔複数で〕宝石 **8**《文》美徳 **9** 意義, 機能 **10** 財産, 恵み **11**〔美〕色価, バルール **12**〔音〕音価 **13**〔数〕数値 **14**〔言〕価値, 機能

valorizzare 他 **1** 価値を上げる, 評価を高める; 活かす, 活用する —*valorizzare* un'area fabbricabile 工場用地を活用する **2** 際立たせる, 誇示する —Questo vestito ti *valorizza* molto. この服は君をとても引き立たせる. **3**〔商〕価格を上げる —**arsi** 再(自身の) 評価を高める; (自身の) 能力を活用する

valorizzatore 男 活用する人, 利用する人

valorizzazione 女〔商〕価格設定, 価格の引き上げ

valorosamente 副 勇ましく, 勇敢に

valoroso 形 **1** 勇敢な, 勇ましい **2**《文》気高い —男〔女-a〕勇敢な人

valpolicella 男〔不変〕 ヴァルポリチェッラ(ヴェネト州産のワイン)

valse valere の直・遠過・3 単

valsesiano 形 (ピエモンテの渓谷)ヴァルセジアの; ヴァルセジアの人〔方言〕 —男 **1**〔女-a〕ヴァルセジアの人〔単数のみ〕ヴァルセジア方言

valso valere の過分

valsuganotto 形 (トレンティーノ地方)ヴァルスガーノ(の人)の —男女〔女[-a]〕ヴァルスガーノの人

valtellinese 形 (ロンバルディアの渓谷 Valtellina)ヴァルテッリーナ(の人)の —男女 ヴァルテッリーナの人

valuta 女 貨幣, 紙幣

valutare 他 **1** 評価する **2** 考慮する **3** 見積もる, 精査する

valutario 形 貨幣の

valutativo 形 評価の —criterio *valutativo* 評価基準

valutazione 女 評価, 査定, 価値判断 ▶ *valutazione di impatto ambientale* 環境アセスメント *valutazione sommativa* 総合評価

valva 女 (二枚貝の)片方の殻; 弁

valvassore 男〔歴〕直臣の家来; 陪臣

valvola 女 **1** バルブ, 弁 —*valvola* di sicurezza 安全弁 **2** ヒューズ **3** 真空管 **4**〔解〕弁膜 **5**〔音〕ピストン

valzer 男〔不変〕〔音〕ワルツ, 円舞曲

vamp 女〔不変〕**1**〔英〕(映画で)ファムファタル[妖(ょう)婦]を演じる女優 **2** 妖婦

vampa 女 **1** (燃え上がる)炎, 火炎; 熱風 **2** (顔面の)紅潮

vampata 女 **1** (顔の)紅潮 **2** 熱風

vampirescamente 副 強欲に, がつがつと

vampiresco 形〔複[男-chi]〕**1** 吸血鬼の; 貪欲な **2** 吸血鬼伝説の

vampirismo 男 吸血鬼である[になる]こと; 吸血行為

vampirizzare 他 **1** (血を吸って)吸血鬼にする **2** (特に金銭を)搾り取る, 食いものにする

vampiro 男〔女-a〕**1** 吸血鬼 **2** 悪徳業者 **3** (職場の電話を)私用でかけまくる人 **4**〔動〕吸血コウモリ

vanadio 男〔化〕バナジウム(元素記号V)

vanagloria 女 うぬぼれ, 虚栄心, 自慢

vanagloriarsi 再〔io mi vanaglorio〕うぬぼれる

vanaglorioso 形 うぬぼれた, 虚栄心の強い;(話や態度が)横柄な, 高慢な

vanamente 副 無駄に(なって), 空しく —sperare *vanamente* (だめだと分かっていて)空しく期待する

Vanda 固名〔女性名〕ヴァンダ

vandalico 形〔複[男-ci]〕**1**〔歴〕ヴァンダル人の **2** 暴力的な行為[行動]

vandalismo 男 破壊[汚損]的態度; 蛮行

vandalo 男〔女-a〕**1**〔歴〕ヴァンダル人 **2** 野蛮人;(文化や芸術の)破壊者

vandeano 形 (フランス西部)ヴァンデ(の人)の —男女〔女[-a]〕ヴァンデの人

vaneggiamento 男 うわごと, たわごと; 馬鹿げた空想, 理屈に合わない話

vaneggiare 自〔io vaneggio〕**1** うわごとを言う, とりとめのないことを言う **2**《文》空想にふける

vanesio 形 見栄っぱりな, うぬぼれの強い —男〔女-a〕見栄っぱりな人

vanessa 女〔虫〕クジャクチョウ

vanga 女 鋤(すき), 踏み鍬(くわ)

vangare 他 (鋤(すき)で)耕す, 掘る

vangata 女 **1** 鋤(すき)を入れること **2** 一鋤分の土

vangato 男 耕された[掘り起こされた]土

vangatore 男〔女-trice〕耕す人

vangelista → evangelista

vangelo 男 **1**(V-)福音書(新約聖書のキリスト伝; マタイ Matteo, マルコ Marco, ルカ Luca, ヨハネ Giovanni による) **2** 福音, 喜ばしいこと **3**〔口〕絶対的な真実 **4** (教義の)原則, 原理

vanghetta 女 小さな鋤(すき); 兵士が携行する軽いシャベル

vanghettare 他 (小さな鋤(すき)で)土地を耕す[掘り起こす]

vanghetto 男 小さな鋤(すき);(短い柄の)シャベル

vangile 男 (鋤(すき)などの柄の)足かけ

vanificare 他〔io vanifico〕**1** 無駄にする, だめにする —*vanificare* un progetto 企画をだめにする **2** (期待などにそむく, 欺く —*vanificare* le speranze 期待を裏切る

vanificazione 女 だめにすること; 無駄, 無益

vaniglia 女 **1**〔植〕バニラ **2** バニラエッセ

vanigliato ンス
vanigliato 形 バニラの香をつけた
vanillina 女 〔化〕(香料の)バニリン
vaniloquio 男 役に立たない話, 支離滅裂な話
vanità 女 1 虚栄心, うぬぼれ 2 無益, 無意味 3 空虚さ
vanitoso 形 虚栄心[うぬぼれ]の強い —男〔女 -a〕虚栄心[うぬぼれ]の強い人
vanno andare の直・現・3 複
＊**vano** [ヴァーノ] 形 1 中身[根拠]のない 2 無駄な, 無益な 3 虚栄心[うぬぼれ]の強い —男 1 空き, 空間 2 部屋; 物置
＊**vantaggio** [ヴァンタッジョ] 男 1 優位, 優勢, 有利 —avere un *vantaggio* su... (人)よりも優位にある[有利である] 2 利益, 利点 —trarre *vantaggio* da... (物)から利益を得る 3 長所, メリット 4 差, リード —avere tre punti di *vantaggio* 3点リードしている 5 〔スポ〕ハンデ; (テニスの)アドバンテージ ▶ *a vantaggio di...* (人)の利益になるように, (人)に有利になるように
vantaggiosamente 副 有利に, 好都合で —concludere *vantaggiosamente* un affare 商談を有利にまとめる
vantaggioso 形 1 有利な, 恵まれた 2 好都合な, 格好な
vantare 他 1 自慢する, 自負する; 誇る 2 言い張る —**arsi** 再 〔di〕自慢する; 誇りに思う
vanteria 女 自慢, 鼻にかけること
vanto 男 1 自慢, 誇り —menare [farsi] *vanto di...* (物)を自慢する 2 名誉, 功績
Vanuatu 固名 男 バヌアツ
vanvera 副 《次の成句で》 ▶ *a vanvera* (口から)でまかせに, でたらめに
＊**vapore** [ヴァポーレ] 男 1 蒸気, 湯気 —bagno di *vapore* 蒸し風呂 / ferro a *vapore* スチームアイロン / locomotiva a *vapore* 蒸気機関車 / cuocere a *vapore* (料理で)蒸す 2 《複数で》もや, 煙霧 ▶ *a tutto vapore* 全速力で, 最速で *cavallo vapore* 蒸気馬力(略 CV)
vaporetto 男 水上バス, 小型蒸気船, ヴァポレット
vaporizzare 他 1 蒸発させる, 気化させる 2 (スプレーで)吹きかける, 散布する —*vaporizzare* le foglie con acqua 葉に水をスプレーする —自 〔es〕蒸発する, 気化する —**arsi** 再 蒸発する, 気化する
vaporizzatore 男 1 スプレー, 噴霧器 2 (暖房機などに付ける)加湿皿 ▶ *vaporizzatore elettrico* 電動式ヴァポライザー[噴霧器]
vaporizzatura 女 〔織〕1 スチーム法 2 (繭糸の塊をほぐす)スチーム処理
vaporizzazione 女 蒸発, 気化, 蒸気
vaporosità 女 柔らかさ, しなやかさ
vaporoso 形 1 (布地・衣服が)柔らかな, 軽やかな;(髪が)ふわふわした 2 (話や文章などが)はっきりしない, 不明瞭な, 漠然とした —discorso *vaporoso* つかみどころのない話
Varano 固名 (男) (lago di 〜)ヴァラーノ湖(プーリア州の湖)
varano 男 〔動〕オオトカゲ
varare 他 1 (船を)進水させる, 浮かべる 2 開始する, 始める 3 承認する, 公布する; 発表する, 公表する —*varare* un'iniziativa 発案する —**arsi** 再 〔海〕座礁する, 乗り上げる
varcare 他 超える, 渡る —*varcare* il confine dello stato 国境を越える / Ha *varcato* da tempo la quarantina. 彼[彼女]は40歳をとうに超えている.
varco 男 《複[-chi]》(狭く通りにくい)通路, 隙間 —aprirsi un *varco* tra la folla 雑踏をかき分けて進む
varechina, varecchina 女 漂白剤
Varese 固名(女) ヴァレーゼ(ロンバルディア州の都市および県名; 略 VA)
varesino 形 ヴァレーゼの; ヴァレーゼの人[方言] —男 1 〔女 -a〕ヴァレーゼの人 2 《単数のみ》ヴァレーゼ方言
varesotto 形 ヴァレーゼ県(人)の
varia 女 (カタログの項目として)種々雑多な品目; 雑044, 雑録
variabile 形 変わりやすい, 不安定な; 変化する, 可変性の —女 〔数〕変数
variabilità 女 1 変わりやすさ, 不安定 2 可変性;〔生物〕変異性 ▶ *variabilità genetica* 遺伝的変異性
variabilmente 副 変わりやすく, 不安定に
variamente 副 様々に, 色々に, 多様に, 変化して
variante 女 1 変形, 異形; …版, 異本 —un'auto prodotta in più *varianti* 複数モデルが製造された車 / apportare *varianti* a un progetto 企画を変更する 2 〔言〕変異 3 迂回路, 抜け道
variare 他 (io vario) 変化をつける, 変える —自 【(主語が無生物)es,(主語がav)】変わる, 変化する, 異なる;(di)…を変える
variato 形 1 変えられた 2 多様な, 色々な —alimentazione *variata* 多様な食生活
variatore 男 転換器
variazione 女 1 変化, 変動, バリエーション 2 〔音〕変奏(曲)
varice 女 〔医〕静脈瘤(りゅう)
varicella 女 〔医〕水疱瘡(ほうそう), 水痘
varicoso 形 〔医〕静脈瘤(りゅう)の
variegato 形 1 色々な色の —penne *variegate* 多色の羽根 2 多様な, 多岐にわたる —una realtà sociale *variegata* 社会の多様な現実
variegatura 女 色々な色彩; 雑多な色の斑点, まだら
varietà 女 1 変化に富むこと, 種類の多さ[豊富さ], 多様性 2 違い, 相違 3 変

vario [ヴァーリオ] 形 **1** 〔名詞に前置して〕様々な, 各種の; 多くの —per *vari motivi* 色々な理由で **2** 変化のある, 変化に富む —代 〔複数形〕多くの人々

variometro 男 **1** 変位測定器 **2** 〔空〕昇降計, バリオメータ **3** 〔電〕磁気測定器

variopinto 形 カラフルな, 色とりどりの

varismo 男 〔医〕(膝や腰の骨の)外反, O脚

varo¹ 男 **1** 進水, 進水式 **2** 開始, 始動 —il *varo* di un progetto プロジェクトの始動 **3** 公布, 発布 —il *varo* di una legge 法律の公布

varo² 形 〔医〕(膝や腰の骨の)外反した, O脚の

varrei valere の条・現・1単

varrò valere の直・未・1単

Varrone 固名 男 (Marco Terenzio 〜)マルクス・テレンティウス・ヴァロ(前116-27; 共和政ローマの文学者)

varroniano 形 ヴァロの, ヴァロの作品の

Varsavia 固名 女 ワルシャワ(ポーランド共和国の首都)

vasaio 男 〔女[-a]〕壺(?)や鉢を作る人; 壺売り

Vasari 固名 男 (Giorgio 〜)ヴァザーリ(1511-74; イタリアの画家・建築家)

vasca 女 **1** 水槽 —*vasca* da bagno 浴槽 **2** プール, プールの長さ **3** (庭園や公園の装飾を施した)水盤

vascello 男 大型帆船

vaschetta 女 小さな水槽, バット

vascolare 形 **1** 〔解〕血管の, リンパ管の **2** 〔植〕導管の, 維管束の

vascolarizzato 形 〔生理〕血管成長の

vascolarizzazione 女 〔生理〕血管成長

vasectomia 女 〔医〕精管切除術, パイプカット

vaselina 女 〔化〕ワセリン

vasellame 男 〔食器類の総称〕陶磁器 —*vasellame* di porcellana 磁器

vasetto 男 小さな壺(?), 鉢; 保存容器, 瓶 —*vasetto* di marmellata ジャムの瓶

vasino 男 《口》子供用のおまる

vaso [ヴァーゾ] 男 **1** 花瓶(vaso da fiori), 壺 —pianta in *vaso* 鉢植え **2** 便器 —*vaso* da notte 尿瓶(?) **3** 〔解〕(血液やリンパの)管 —*vasi* sanguigni [linfatici] 血管[リンパ管]

vasocostrittore 形 〔女[-trice]〕〔生理〕血管収縮(?)性の —男 〔薬〕血管収縮(?)剤

vasodilatatore 形 〔女[-trice]〕〔生理〕血管拡張性の —男 〔生理〕血管拡張剤

vasomotorio 形 〔生理〕血管運動の

vassallaggio 男 **1** 〔歴〕(封建時代の)主従関係[契約], 臣従の誓い **2** 隷属状態, 服従 —*vassallaggio* economico 経済的隷属状態

vassallo 男 **1** 〔歴〕臣下, 家臣 **2** 隷属者, 配下; 《蔑》召使, 奴隷 —trattare tutti come *vassalli* 奴隷のように皆を扱う —形 家臣の, 従属する

vassoiata 女 お盆一杯分の量 —una *vassoiata* di dolci お盆一杯のお菓子

vassoio 男 盆, トレー

vastamente 副 広く, 一面に, 広範囲に

vastità 女 **1** 広大さ; 漠とした広がり —la *vastità* del deserto 砂漠の広大さ **2** (知識や教養などの)深さ, 豊かさ

vasto [ヴァスト] 形 **1** 広大な **2** (知識が)広い, 該博な —Possiede una *vasta* cultura. 彼は深い教養を身につけている.

vate 男 《文》**1** 預言者, 占い師 **2** 詩聖

vaticanista 男女 〔複[男 -i]〕(特に宗教や政治における)バチカン問題研究者; 教皇庁専門記者

vaticano 形 バチカン市国の, 教皇[法王]庁の; バチカン地区の —radio *vaticana* バチカン・ラジオ放送 —男 (V-)教皇庁 —Città del *Vaticano* バチカン市国

vaticinare 他 〔io vaticino, vaticini〕《文》予言する, 予知する

vaticinio 男 予言, 予知

vattelapesca, vattelappesca 副 《口》当ててごらんよ(分からないと思うけど)

vaudeville 男 〔不変〕〔仏〕**1** 〔音〕風刺のきいたシャンソンの一種 **2** 〔劇〕フランスの通俗喜劇; (19世紀末アメリカで流行した)ボードビル, 寄席演芸

VC 略 Vercelli ヴェルチェッリ

VDT 略 〔英〕Video [Visual] Display Terminal 〔コン〕ディスプレー端末

VdT 略 Vino da Tavola テーブルワイン

VDU 略 〔英〕Visual Display Unit 〔コン〕ディスプレー装置

VE 略 Venezia ヴェネツィア

ve 代 (人称)〔vi が lo, la, li, le, ne に前置された時の形; → vi〕君たちに, あなた方に; 君たち[あなた]自身に —Ci hai spedito i pacchi?-Sì, *ve* li ho già spediti. 私たちに小包みを送ってくれた? - はい, もう送りましたよ. —副 〔vi が lo, la, li, le, ne に前置された時の形〕そこに —*Ve* l'ho messo. 私はそこにそれを置いた.

ve' 間 〔驚き・感嘆・警告などを表して〕ああ, おや, ほら; 〔強調して〕何てったって —*Ve', che bello!* ああ, 何てきれいなんだ. / Non ci penso nemmeno, *ve'!* そんなこと思いもしないよ, 絶対にね.

vecchiaia 女 老い; 老年(期) —morire di *vecchiaia* 老衰で死ぬ

vecchierello → vecchietto

vecchietta 女 おばあちゃん

vecchietto 男 おじいちゃん

vecchiezza 女 老齢, 古さ

vecchino 男 〔女[-a]〕小柄な老人[じ

いさん]
vecchio [ヴェッキオ] 形 1 年取った, 年老いた —diventare *vecchio* 年を取る, 老ける, 老いる / sentirsi *vecchio* 年を取ったと感じる 2 古い, 昔の, 昔からの —*vecchio* amico 旧友 3 (ワインが)年代物の 4 熟練した —男[女[-a]] 1 老人, 年寄り —la saggezza dei *vecchi* 年寄りの知恵 2 〖単数のみ〗古いもの 3 〖口〗父親; 〖複数で〗両親 4 長老, 古参, 熟練者 5 〖口〗老兵

vecchione 男〖女[-a]〗年寄り; 御老体

vecchiotto 形 1 年寄りじみた 2 古い; くたびれた —Questo vestito è già un po' *vecchiotto*. この服はちょっとくたびれている.

vecchiume 男 1 古いがらくた, 古い物 2 《蔑》古臭いもの, 因習 —il *vecchiume* della tradizione 伝統の古めかしさ

veccia 女〖複[-ce]〗〖植〗カラスノエンドウ

vecciato 形 カラスノエンドウの混じった

vece 女〖文〗交代, 代わり, 変更 ▶ *in vece di...* …の代わりに / agire in vece del proprio figlio 我が子に代わって実行する

vedente 形 目の見える —男女 目の見える人

***vedere** [ヴェデーレ] [126] 他〖過分 visto〗 1 見る, 見える —Da qui si vede il mare. ここから海が見える. / vedere un film 映画を観る 2 (人に)会う —Ho visto un amico per caso ieri. 昨日偶然友人に会った. 3 分かる, 理解する —Non vedo perché. 何故だか分からない. 4 読み取る, 調べる 5 立ち会う 6 (信仰心で)見る 7 感じる 8 考慮する, 見なす 9 試す, 試みる 10 関わる —ersi 再 1 自分の姿を見る 2 自分を…だと思う, 見なす 3 自覚する, 悟る 4 (映画を)鑑賞する 5 お互いに会う —男〖単数のみ〗 1 判断, 意見 —a mio *vedere* 私の考えでは 2 見ること 3 外見, 風采 ▶ *Chi si vede!* (人と偶然会ったときに)誰かと思ったら. *non vedere l'ora di* + 不定詞 今すぐにでも…したい, 待ち遠しい *Si vede che...* …ということが明らかに分かる. *vederci* 見える /È buio, non ci *vedo*. 暗くて見えない. *vedere le stelle* 激痛が走る(目の前に星が飛ぶほど) *vedersela* 自分で解決する *vedersela con...* (人)と対決する

vedetta 女 1 (船の)見張り所, 監視塔 2 歩哨(しょう), 見張り番, 監視員 3 〖海〗小型巡視艇 ▶ *di [in] vedetta* 見張りに; 警戒して / stare in *vedetta* 見張りに立つ / mettersi in *vedetta* 警戒する

vedette 女〖不変〗〖仏〗スター, 花形女優

vedibile 形 目に見える, 可視の

vedova 女 未亡人

vedovanza 女 伴侶を亡くすこと, ひとり身

vedovella 女〖皮肉で〗若い未亡人

vedovile 形 男やもめの; 未亡人の

vedovo 男 男やもめ —形 配偶者を亡くした

vedrei vedere の条・現・1 単

vedrò vedere の直・未・1 単

veduta 女 1 景色, 見晴らし 2 風景画〖写真〗 3 〖複数で〗見識; メンタリティー —scambio di *vedute* 意見交換

vedutismo 男 〖美〗(18世紀イタリアで流行した)風景画(法)

vedutista 男女〖複[男 -i]〗〖美〗風景画家

veduto 形〖過分 < vedere〗〖次の成句〗▶ *a ragion veduta* 諸般の事情に鑑みて

veemente 形 1 激しい, 猛烈な; 衝動的な —carattere *veemente* 激しい性格 2 乱暴な, 暴力的な —parole *veementi* 過激な言葉

veementemente 副 激しく, 猛烈に; 熱烈に

veemenza 女 1 激しいこと, 衝動的であること —la *veemenza* del vento 風の激しさ 2 猛烈, 激烈 —discutere con *veemenza* 激論する

vegetale 形 植物の —regno *vegetale* 植物界 —男 1 植物 2 植物状態に陥った人

vegetare 自〖io vegeto〗 1 (植物が)育つ, 生育する 2 (病気・老衰などで)寝たきりになる; 無為〖無気力〗な生活を送る —Il malato *vegeta* ormai da una settimana. 病人は1週間前から寝たきりで.

vegetarianismo 男 菜食主義

vegetariano 形 菜食主義の, ベジタリアンの —ristorante *vegetariano* ベジタリアン料理店, 菜食レストラン —男〖女[-a]〗菜食主義者, ベジタリアン

vegetarismo → vegetarianismo

vegetativo 形 1 植物の 2 〖生理〗成長機能の 3 寝たきりの; 無気力な

vegetazione 女〖集合的〗(ある場所に生育する)植物, 植物群, 植生

vegeto 形 (植物が)生い茂る, 繁茂する

vegetominerale 形〖薬〗酢酸鉛溶液の

veggente 男女 1 〖文〗予言者 2 占い師, 千里眼

veglia 女 1 徹夜 —*veglia* funebre 通夜 2 (夜通しの)舞踏会, パーティー

vegliardo 男 翁(おきな)

vegliare 自〖io veglio〗 1 眠らないで起きている 2 (su,per)見守る —他 徹夜で見守る[看病する]

veglione 男 (夜通しの)舞踏会, ダンスパーティー —il *veglione* di San Silvestro 大晦日の夜のダンスパーティー

veglionissimo 男 豪華な舞踏会

veh 間 → ve'

veicolare¹ 形 1 車両の, 乗り物の 2 〖医〗伝達手段の, 媒体の

veicolare² 他〖io veicolo〗 1 〖医〗

veicolo 伝染させる, 伝える —Gli insetti *veicolano* malattie infettive. 虫は伝染病を運ぶ. **2** 伝達する, 普及する —La TV *veicola* nuovi modelli di comportamento. テレビは新しい行動モデルを広める.

veicolo 男 **1** 乗り物, 車 **2** 媒介物, 伝達手段 —*veicolo* di informazioni 情報の伝達手段

vela 女 **1** 帆 —barca a *vela* ヨット **2** 帆船, ヨット; [単数のみ][スポ]ヨットレース **3** 航海 —fare *vela* 出航する, 航行する ► *a gonfie vele* 順風満帆に

velare¹ 他 **1** ベールで覆う **2** 覆い隠す, ぼやけさせる —Le lacrime le *velavano* gli occhi. 彼女の目は涙でうるんでいた. —**arsi** 女 **1** ベールをかぶる **2** 修道女[尼僧]になる **3** (部分的に)暗くなる, かげる **4** ぼやける, かすれる

velare² 形 **1** [解]口蓋帆の **2** [言]軟口蓋音の —女 [言]軟口蓋母[子]音

velario 男 **1** 幕, 緞(どん)帳 **2** カーテン **3** [歴](古代ローマの劇場・闘技場の)天幕

velatamente 副 ぼかして, それとなく

velato 形 **1** (ベールなどで)覆った, 包まれた —donna *velata* ベールで顔を隠した女性 **2** 薄くて軽い —calze *velate* 薄いストッキング **3** ぼやけた, ぼやけた; かすかな, かすれた —gli occhi *velati* di pianto 涙でかすんだ目 **4** 隠された, はっきりしない —fare una *velata* insinuazione それとなく当てつける

velatura¹ 女 **1** ベールで覆うこと; 薄く塗ること —spargere una *velatura* di zucchero sulla torta ケーキの上に薄く砂糖をまぶす **2** はっきりしないこと —*velatura* di malinconia sul viso 憂鬱そうな顔

velatura² 女 **1** [海](船の)帆, 帆装 **2** [空](航空機などの)翼, 翼面積

Velcro 男 [不変] マジックテープ

veleggiamento 男 帆走すること; (グライダーで)飛ぶこと

veleggiare 自 [io veleggio] 帆走する; (グライダーで)飛ぶ

veleggiata 女 ヨットで遠出すること

velenifero 形 [動] 有毒な, 毒性の, 毒を分泌する

***veleno** [ヴェレーノ] 男 **1** 毒, 毒薬 **2** 有害物 —L'alcol è *veleno* per me. アルコールは私には毒だ. **3** 憎悪, 敵意 —sputare *veleno* 毒舌をふるう

velenosamente 副 とげとげしく, 悪意のある

velenosità 女 **1** 有毒性, 毒性 **2** 悪意, 意地の悪さ

velenoso 形 **1** 有毒な —serpente *velenoso* 毒蛇 **2** 有害な **3** 険のある —commento *velenoso* とげとげしいコメント

veletta 女 (婦人用の帽子につける)小さなベール

velico 形 [複[男 -ci]] 帆の, 帆船の

veliero 男 帆船

velina 女 **1** 薄いコピー用紙; 薄い用紙を使ったコピー **2** (政府・政党などの)声明, 公式発表

velinaro 男 [女 -a] 御用記者

velismo 男 [スポ]ヨット競技; ヨット競技の技術

velista 男女 [複[男 -i]] ヨット競技選手

velistico 形 [複[男 -ci]] ヨット競技の

velivolo 男 飛行機

velleità 女 野望, 高望み, 大望 —Da giovane aveva molte *velleità*. 若い頃, 彼にはたくさんの夢があった.

velleitario 形 野心を持った; 高望みの, かなわない夢の

velleitarismo 男 野望に燃えること

vellicare 他 [io vellico] くすぐる; 刺激する, かき立てる —libro che *vellica* la fantasia 空想をかき立てる本

vellichio 男 何度もくすぐること

vello 男 (羊やヤギなどの)被毛, 毛皮 ► *vello d'oro* [ギ神](英雄イアソンが探しに行った)金の羊毛

vellutato 形 **1** ビロードのような; 柔らかい —guance *vellutate* 柔らかい頬 **2** (音レで)やさしい —voce *vellutata* 穏やかな声 **3** 光沢のある色の

vellutatura 女 **1** [織]ビロード仕上げ **2** ビロード風(見た目や感触が)

vellutino 男 **1** [織]軽いビロード **2** [服]ビロードのリボン

velluto 男 ビロード —*velluto* a coste コーデュロイ, コール天

velo 男 **1** ベール **2** (表面を)薄く覆うもの; 覆い隠すもの —*velo* di zucchero (菓子の表面の)砂糖のコーティング / zucchero a *velo* 粉砂糖 **3** [植]薄皮, 膜 **4** [解]膜

***veloce** [ヴェローチェ] 形 **1** 速い, すばやい —Questa è un'auto *veloce*. これはスピードの出る車です. **2** 敏捷(しょう)な —[副詞的に]速く, 急ぎ足で; [喩]速く

velocemente 副 速く, 迅速に, 手早く

velocimetro 男 スピード測定器

velocipede 男 (19世紀の)前輪の大きな自転車

velocista 男女 [複[男 -i]] **1** [スポ](陸上競技で)スプリンター, 短距離選手; (自転車競技で)スプリンター, スプリントに強い選手 **2** [空]超音速機操縦士

velocità 女 **1** スピード, 速さ —a bassa *velocità* 低速で / a tutta *velocità* 全速力で **2** 速度; (車の)ギア —limite di *velocità* 制限速度

velocizzare 他 (仕事などの)スピードをあげる, (速度を)速める; (活動・組織などを)急がせる

velodromo 男 自転車競技用トラック

ven. 略 venerdì 金曜日

vena 女 **1** [解]静脈 —*vene* varicose 静脈瘤(りゅう) **2** 水脈 **3** 鉱脈 —*vena* d'oro 金の鉱脈 **4** 筋模様 —*vene* del legno 木目 **5** 霊感, 感興 —poeta di ricca *vena* 豊かなインスピレーションを持つ

詩人 6やる気, 意欲 7徴候, 兆し ▶ *essere in vena* やる気[その気]になっている *non avere sangue nelle vene* 全くやる気がない; 肝をつぶす

venale 形 1売れる, 販売の —*merce venale* 販売商品 2《蔑》金で動く, 買収される —*giornalista venale* 買収された記者 3《蔑》《お金に》貪欲な

venalità 女 1販売性, 市場性 2《蔑》金で動く[動かされる]こと, 収賄行為 —*la venalità di un funzionario disonesto* 官僚の不正収賄行為

Venanzio 固名 [男性名] ヴェナンツィオ

venare 他 木目[縞目]模様をつける, 線条をつける —**arsi** 再 (di) (陰影のある調子・色彩が)染みわたる, 立ち込める

venato 形 1木目のついた, (大理石の)縞目模様の 2わずかに帯びる, 染めた —*canzone venata di tristezza* 悲しみを帯びた歌

venatorio 形 狩猟の, 狩猟に関わる

venatura 女 1木目, 石目, (大理石の)縞目模様 2かすかな跡, わずかな兆候 —*Nelle tue parole c'è una venatura di sarcasmo.* あなたの言葉にはどこか嫌味がある.

Venceslao 固名 [男性名] ヴェンチェズラーオ

vendemmia 女 ブドウの収穫; ブドウの収穫期; ブドウの収穫量

vendemmiabile 形 収穫できる

vendemmiaio 男 [歴]葡萄月(フランス革命暦の第1月)

vendemmiare 他 [io vendemmio] 1(ブドウを)収穫する 2《譃》大量に獲得する —自 1ブドウの収穫をする 2大もうけをする

vendemmiatore 男 [女 [-trice]] ブドウ摘みをする人, ブドウを収穫する人

*****vendere** [ヴェンデレ] 他 1売る —*Qui vendono alimentari.* ここでは食料品を売っている. 2商う 3売り渡す —*da vendere* 有り余るほど, たっぷりと —**ersi** 再 1よくないことをする, 堕落する 2売春する 3裏切る 4収賄する ▶ *vendere... all'ingrosso* …を卸売りする *Vendesi* [掲示]売家; 売土地; 売物

*****vendetta** [ヴェンデッタ] 女 1復讐(しゅう), 報復, 仕返し —*per vendetta* 報復として, 仕返しに 2(神罰に値する)罰

vendibile 形 売りものになる, よく売れる

vendibilità 女 売れる見込みのある, 市場性

vendicare 他 [io vendico] 復讐(しゅう)する, 恨みを晴らす —**arsi** 再 仕返しする, 報復する —*vendicarsi di un tradimento* 裏切りの仕返しをする

vendicatività 女 復讐(しゅう)心のある, 執念

vendicativo 形 復讐(しゅう)心に燃えた, 仕返しの

vendicato 形 復讐(しゅう)が遂げられた, 恨みが晴らされた

vendicatore 男 [女 [-trice]] 復讐(しゅう)者, 仇(あだ)を討つ人

vendicchiare 他 [io vendicchio] 細々と商う

vendifrottole 男女 [不変] ほら吹き, ペテン師, いかさま師

vendita 女 1販売, 売却 —*in vendita* 売り物の, 販売中の / *vendita al minuto* [dettaglio] 小売り / *vendita all'ingrosso* 卸売り 2売れ行き, 売上高 3小売り店, 販売店

venditore 男 [女 [-trice]] 店主; 販売員

venduto 形 1売却された, 売り渡された —*casa venduta a buon prezzo* 安く売り渡された 2買収された, お金で動いた —*politico venduto* 買収された政治家 —男 [商]売却済み商品

veneficio 男 毒殺, 毒を盛ること

venefico 形 [複[男 -ci]] 有毒な, 毒性の

venerabile 形 尊敬すべき, 敬意を払うに足る —*età venerabile* 老齢

venerabilità 女 尊重, 尊さ

venerando 形 尊ぶべき, 尊敬に値する

venerare 他 [io venero] 崇敬する; 敬意を表する —*venerare la Madonna* 聖母マリア様を崇敬する

venerato 形 崇めるべき, 尊い

venerazione 女 崇拝, 尊敬の念

*****venerdì** [ヴェネルディ] 男 金曜日; [副詞的]金曜日に

Venere 固名 (女) 1[ロ神]ビーナス(美・愛・豊穣・春の自然の女神. ギリシャ神話のアフロディテ) 2[天]金星

venereo 形 官能の, セックスに関する

Veneto 固名 (男) ヴェネト州(イタリア北部の州; 州都 Venezia)

veneto 形 ヴェネト(の人[方言])の —男 1[女[-a]]ヴェネトの人 2[単数のみ]ヴェネト方言

Venezia 固名 (女) ヴェネツィア(ヴェネト州の州都; 略 VE)

Venezia Giulia 固名 (女) ヴェネツィア・ジュリア地方

venezialità 女 ヴェネツィア人気質, ヴェネツィアの土地柄

venezianismo 男 ヴェネツィア人特有の物腰

veneziana 女 1(横型の)ブラインド 2ブリオッシュ

veneziano 形 ヴェネツィア(の人[方言])の —男 1[女[-a]]ヴェネツィアの人 2[単数のみ]ヴェネツィア方言

Venezuela 固名 (男) ベネズエラ

venezuelano 形 ベネズエラ(人)の —男 [女[-a]]ベネズエラ人

venga venire の命・3単; 接・現・1単[2単, 3単]

vengo venire の直・現・1単

venia 女 許し, 容赦 —*Chiedo venia.* ご容赦を.

veniale 形 (過ちなどが)軽い, 許せる(程度の)

venialità 女 許すこと, 容赦すること

venire [ヴェニーレ] [127] 自 [es] 〖過分 venuto〗 **1** 来る —*Vieni* da me. うちに(私の所に)においでよ. / Da dove *viene*? 出身はどちらですか. / *Vengono* da Yokohama. 彼らは横浜の出身です. / Mi *venne* a prendere alla stazione. 彼は駅に迎えに来た. / Sono *venuti* a trovarci. 彼らは私たちに会いに来た. / *È venuto* il momento di partire. 出発の時間がきた. / Mi sono *venute* le lacrime agli occhi. 私は涙が出た. **2** (相手の所へ)行く;(相手と一緒に)行く —*Vengo* subito da Lei. すぐに(そちらに)行きます. / *Vengo* anch'io con voi. 僕も君らと一緒に行く. **3** 出来上がる, 仕上がる —*venire* bene [male] うまく[ひどく]仕上がる **4** 〖他動詞の過去分詞単純時制で受動態を表して〗…される(ところである) —La partita *verrà* trasmessa in diretta. 試合は生中継で放映される. ▶ *Quanto viene?* (値段・勘定は)いくらですか. *venire alle mani* 殴り合いになる *venire incontro a...* (人)に向かって来る, 近づいてくる *venire in mente a...* (人)の頭に浮かぶ, 思いつく / Non *mi viene in mente* il nome. 名前が思い出せない. *venire via* (こちらに)離れる; 抜ける, はずれる, とれる *venirsene* a) 〖強調して〗行く, 向かう —*Se ne veniva* piano piano verso casa. 彼[彼女]はゆっくりゆっくり家に向かった. b) 立ち去る, 遠ざかる —La festa era noiosa così *me ne venni* presto. パーティーは退屈だったので, 私は早々に立ち去った. *venirsene fuori con...* 意外な冗談[こと]を言う

venne venireの直・遠過・3単

venosino 形 ヴェノーサ(の人)の —男女[-a]ヴェノーサの人

venoso 形 〖医〗静脈の, 静脈に関する

ventaglietto 男 〖料〗扇形の小さなパイ

ventaglio 男 **1** 扇子, 扇 **2** 選択の幅[範囲] **3** 〖貝〗ホタテガイ(capasanta) ▶ *a ventaglio* 扇形に[の], 放射状に

ventarola 女 **1** 〖中伊〗風見鶏, 風向計 **2** 気の変わりやすい人 **3** ふいご

ventata 女 **1** 突風 **2** 激変, 激動

ventennale 形 20年の; 20年ごとの —男 20周年記念

ventenne 形 20歳の; 20年経った —男女 20歳の人

ventennio 男 20年間

ventesimo 形〖序数〗20番目の; 20分の1の —男 20番目; 20分の1

*****venti** [ヴェンティ] 形〖基数〗〖不変〗20の —男〖不変〗20

ventilare 他 [io ventilo] **1** 風を通す, 換気する **2** (穀物を)ふるいにかけてきれいにする **3** 発議する, 提案する

ventilato 形 **1** 風通し[換気]のよい **2** (穀物を)ふるいにかけた

ventilatore 男 扇風機; 換気扇, ファン

ventilazione 女 **1** 換気, 通気;(職場で)空気の入れかえ **2** 通風, そよ風 ▶ *ventilazione assistita* 人工呼吸器

Ventimiglia 固名〔女〕 ヴェンティミリア(リグリア州 Imperia 県, フランスとの国境の町)

ventimigliese 形 ヴェンティミリア(の) —男女 ヴェンティミリアの人

ventina 女 20人[個]; 約20

ventiquattrore, ventiquattr'ore 女〖不変〗 **1** 小型の旅行かばん; アタッシュケース, ブリーフケース **2** 24時間, 丸一日;〖スポ〗24時間連続試合 —la *ventiquattrore* di Le Mans ル・マン24時間レース

ventiseiesimo 形〖序数〗26番目の; 26分の1の —男 26番目; 26分の1

ventitré 形〖基数〗〖不変〗23の —男〖不変〗23

ventitreesimo 形〖序数〗23番目の; 23分の1の —男 23番目; 23分の1

*****vento** [ヴェント] 男 **1** 風 —*vento* leggero そよ風 / *vento* teso 強風 / Tira *vento*. 風が吹いている. / raffica di *vento* 突風, 一陣の風 / spazzato dal *vento* 風に吹きさらされた / mulino a *vento* 風車 / rosa dei *venti* 羅針図; 風配図 **2** 空気の流れ, 気流 **3**《婉》おなら ▶ *gridare ai quattro venti* 言いふらす *parlare al vento* 聴く気のない相手に話す(馬の耳に念仏)

ventola 女 **1** (ゴム製の)吸盤 **2** (教会の壁にかける)ろうそく立て **3** 〖機〗(タービンの)回転子[翼] **4** 〖映〗(映写機の)冷却ファン

ventosa 女 **1** (ゴム製の)吸盤 **2** (タコなどの)吸盤 **3** 〖医〗吸い玉(coppetta)

ventosità 女 風の強いこと

ventoso 形 **1** 風の強い, 吹きさらしの **2** (季節が)風がよく吹く **3** (食物が)腸内にガスを生じさせる —男 〖歴〗風月(フランス革命暦の第6月)

ventottesimo 形〖序数〗28番目の; 28分の1の —男 28番目; 28分の1

ventotto 形〖基数〗〖不変〗28の —男〖不変〗28

ventrale 形 **1** 腹の **2** 〖解〗腹部の; 腹側の **3** 下部の

ventralista 男女〖複[男 -i]〗〖スポ〗(走り高跳びで)ベリーロールで跳ぶ競技者

ventre 男 **1** 腹, 腹部 —danza del *ventre* ベリーダンス / mettersi *ventre* a terra 腹這いになる **2** 子宮, 母胎 **3** (物の)内部, 空洞 **4** (物の)ふくらんだ部分 **5** 〖物〗波腹 ▶ *correre ventre a terra* 猛スピードで走る

ventresca 女 **1** 〖中伊・南伊〗ベーコン **2** 〖料〗マグロの油漬け

ventricolare 形 〖解〗心室の, 心室に関する

ventricolo 男 心室, 脳室

ventriera 女 **1** 腹巻き, 腹帯 **2** (お金を入れる)腹巻き

ventriloquio 男 腹話術の芸

ventriloquo 男〔女[-a]〕腹話術師

ventunenne 形 21歳の; 21年経った —男女 21歳の人

ventunesimo 形〔序数〕21番目の; 21分の1の —男 21番目; 21分の1

ventuno 形〔基数〕〔不変〕21の —男〔不変〕21

ventura 女 《文》運命, 宿命; 幸運 ▶**alla ventura** 運[天]に任せて / esporsi *alla ventura* 運に身を任せる **per ventura** 偶然に, たまたま

Venturi 固名(男) (Lionello ~)リオネロ・ヴェントゥーリ(1885-1961; イタリアの美術史家)

venturo 形《文》来るべき; 未来の, 次の —anno *venturo* 来る年

venusiano 形〔天〕金星の —男 女[-a]〕(空想上の)金星人

venuta 女 到着, 到来

venuto 形〔過分＜venire〕来た, 到着した —男 やってきた人, 到着した人 —accogliere i nuovi *venuti* 新たに来た人を迎える

vera 女 結婚指輪

verace 形 1《文》真実の, 本当の —racconto *verace* 本当の話 2 嘘偽りのない, 正直な —testimone *verace* 嘘偽りのない証言 3 正真正銘の

veracità 女 真実性; 誠実さ, 正直なること

veramente 副 1 本当に, 実に 2 本気で 3 実際のところ

veranda 女 ベランダ, 縁側

veratro 男〔植〕シュロソウ

verbale 男 議事録; 口述記録, 調書 —形 1 口述の 2〔言〕動詞の

verbalismo 男 言語偏重, 字句拘泥

verbalistico 形〔複(男) -ci〕言語偏重の

verbalizzare 他 1〔法〕口述筆記をする 2〔言〕(考えや気持ちを)言語化する —自 調書[記録]を取る

verbalmente 副 口頭で, 言葉で

verbanese 形 ヴェルバニア(Verbania)(の人)の —男女 ヴェルバニアの人

Verbania 女 ヴェルバニア(ピエモンテ州の都市)

verbasco 男〔複 -chi〕〔植〕モウズイカ属

verbena 女〔植〕バーベナ, ビジョザクラ

＊**verbo** [ヴェルボ] 男 1〔言〕動詞 —*verbo* ausiliare 助動詞 / *verbo* transitivo [intransitivo] 他[自]動詞 2 言葉; 教え —senza proferire *verbo* 一言も言わずに 3 (il V-)〔神学〕三位一体の第二の位格

verbosamente 副 くどくどと, 長ったらしく, だらだらと —spiegarsi *verbosamente* くどくどしい説明をする

verbosità 女 冗長, 冗漫, くどいこと, 饒(じょう)舌

verboso 形 冗長な, 冗漫な; 饒(じょう)舌な —scrittore *verboso* 冗漫な文章を書く作家 / conferenza lunga e *verbosa* 長くて冗長な講演

vercellese 形 ヴェルチェッリ(の人)の —男女 ヴェルチェッリの人

Vercelli 固名(女) ヴェルチェッリ(ピエモンテ州の都市および県名; 略 VC)

verdastro 形 薄汚れた, 緑色をおびた

verdazzurro 形 青緑色の —男 青緑色

＊**verde** [ヴェルデ] 形 1 緑の; (顔色が)青白い —essere *verde* di invidia 妬みで蒼(そう)白になる / zona *verde* 緑地帯, グリーンベルト 2 熟していない, 青い —frutta *verde* 熟していない果実 3 (土地が)植物で覆われた, 緑いっぱいの 4 環境保護の, エコの 5 農業に関する —男 1〔不変〕緑色, グリーン 2〔信号の〕青 3 植物, 草木 —*verde* pubblico 緑地 —男女 環境保護主義者[政党員] ▶ benzina *verde* 無鉛ガソリン essere al *verde* 金欠状態にある numero *verde* フリーダイヤル onda *verde* (イタリア放送協会のラジオの)交通情報

verdea 女 ヴェルデア(白ブドウの品種; その品種で作るワイン)

verdeggiante 形 草木が生い茂った, 青々とした

verdeggiare 自〔io verdeggio〕青々と茂る

verdemare 形〔不変〕海緑色の —男〔不変〕海緑色

verderame 男〔不変〕1〔化〕硫酸銅溶液 2 緑青

verdesca 女〔魚〕ヨシキリザメ

verdetto 男 1〔法〕(陪審員の)評決, (裁判官の)判決; (競技審判の)判定 —il *verdetto* di condanna 有罪判決 2 決定, 判断

Verdi 固名(男) (Giuseppe ~)ヴェルディ(1813-1901; イタリアの作曲家)

verdicchio 男 ヴェルディッキオ(白ブドウの品種; その品種で作るワイン)

verdiccio 形〔複(女) -ce〕緑がかった, 薄緑色の

verdino 形 緑がかった, 淡い緑の —男 緑がかった色, 淡緑色

verdognolo 形 くすんだ薄緑の, 緑がかった —男 くすんだ薄緑色

verdolino 形 とても淡い緑の, 緑っぽい —男 淡緑色

verdone 形 濃い緑色の —男 1 濃緑色 2《口》1ドル紙幣

verdura 女 野菜, 青物

verduzzo 男 ヴェルドゥッツォ種(白ブドウの品種)

verecondamente 副 はにかんで, 慎み深く, 遠慮がちに —sorridere *verecondamente* 恥じらうように微笑む

verecondia 女 羞恥, はにかみ

verecondo 形 恥じらいの, 慎み深い, 遠慮がちな —mostrarsi *verecondo* 恥ずかしそうにする / sguardo *verecondo* 遠慮がちな視線

Verga 固名(男) (Giovanni ~)ヴェルガ(1840-1922; イタリアの小説家)

verga 女 1 棒, さお 2 ポール, 軸 3 延べ

棒, インゴット 4《婉》陰茎

vergare 他 1 手書きする 2（製紙・織物で）縞(しま)をつける, 平行線を引く

vergata 女 鞭(むち)で打つこと

vergatino 形 縞(しま)模様の入った生地の

vergato 形 縞(しま)のついた ―男 透かし縞の入った紙

vergatura 女（布地や紙に）薄い線を入れる作業, 透かし縞(しま); 手書き

vergenza 女〔地学〕褶(しゅう)曲の隆起方向;〔光〕両眼運動

verginale 形 1 処女の, 童貞の 2 無垢(く)な, 純粋な, 手つかずの

verginalmente 副 純粋に, けがれなく, 乙女らしく

vergine 形 1 処女[童貞]の 2（テープなどが）未使用の 3 未開拓の 4 純粋な ―女 1 処女 ―la Vergine 聖母[処女]マリア 2 (V-)〔天〕乙女座,〔占星〕処女宮

verginella 女〔皮肉で〕無垢(く)なふりをする女の子, ぶりっ子

verginità 女 1 処女であること 2 純潔

*__vergogna__ [ヴェルゴーニャ] 女 1 恥ずかしさ, 羞恥心 ―morire di vergogna 死ぬほど恥ずかしい 2 恥, 恥ずべき行為 3 不名誉, 汚名 4 面よごし(の人) 5〔複数で〕《謔》性器

*__vergognarsi__ [ヴェルゴニャールスィ] 再 (di) 恥じる; 恥ずかしがる ―Non c'è nulla di cui vergognarsi. 何も恥じることはない.

vergognosamente 副 はにかんで, 恥ずかしそうに; 厚かましく, ずうずうしく

vergognoso 形 1（行為が）恥ずべき, 見苦しい 2 恥ずかしがり屋の 3（しぐさが）恥ずかしそうな

vergola 女 1 絹のより糸 2 金糸, 絹糸

veridicità 女 真実を語ること, 真実性, 信憑(しんぴょう)性

veridico 形〔複[男 -ci]〕真実を語る, 当てにできる, 確かな

verifica 女 検証, 照合; 確認, チェック

verificabile 形 確認できる; 検証可能な, 立証できる

verificabilità 女 照合可能なこと, 検証可能

verificare 他〔io verifico〕1 確認する; 検証する, チェックする 2 立証する ―**arsi** 再 1 生じる, 起こる 2 実現する, 現実のものとなる; 実証される

verificatore 男 1〔女[-trice]〕点検する人 2 点検装置 ―形〔女[-trice]〕点検する

verificazione 女 1 証明; 照合, 確認; 検証 2〔官庁用語で〕真実性の確認

verismo 男 1（芸術における）ヴェリズモ, 真実主義 2 写実主義, 現実主義; 迫真性

verista 男女 ヴェリズモの作家[支持者]

veristico 形〔複[男 -ci]〕（芸術における）ヴェリズモの, ヴェリズモ作家[支持者]の

*__verità__ [ヴェリタ] 女 1 真実, 真相 2 真理 3 真実の言明 ▶ *a dire la verità* 本当のことを言うと *in verità, per la verità* 本当は, 実は

veritiero 形 真実の, 真実を語る, 正直な

verme 男 1 ミミズ, 蛆(うじ);〔複数で〕回虫 2 卑劣な男, 蛆虫 ▶ *sentirsi un verme* 自分を情けなく[惨めに]思う

vermeil 男〔不変〕〔仏〕金めっきした銀

vermentino 男 ヴェルメンティーノ(白ブドウの品種; その品種で作るワイン)

vermicello 男〔複数で〕ヴェルミチェッリ（極細のパスタ）

vermicolare 形 蠕(ぜん)虫状の, 蠕動する

vermiculite 女〔鉱〕バーミキュライト, 蛭(ひる)石

vermiforme 形 蠕(ぜん)虫状の

vermifugo, vermifughi 形〔複[男 -ghi]〕駆虫剤の, 虫下しの ―男〔複 [-ghi]〕駆虫剤, 虫下し

vermiglio 形 朱色(の), 真紅(の) ―男 朱色, 真紅

verminaio 男 1 害虫のたかった場所 2（人や場所が）不愉快きわまる

vermouth 男〔不変〕〔仏〕ベルモット（リキュールの一種）

vermut → vermouth

vernaccia 女〔複[-ce]〕ヴェルナッチャ（白ブドウの品種; その品種で作るワイン） ▶ *vernaccia nera* 赤いヴェルナッチャ（マチェラータ産のワイン）

vernacolare 形〔言〕その土地固有の ―*espressione vernacolare* その土地の表現

vernacolo 男〔言〕地方固有の言語; お国言葉

vernalizzare 他〔農〕（種子に）湿潤低温処理をする

vernalizzazione 女〔農〕湿潤低温処理

vernice 女 1 ニス, ペンキ, 塗料 ―*vernice fresca* ペンキ塗り立て 2 エナメル革 ―*scarpe di vernice* エナメルの靴 3 うわべの飾り, 見せかけ 4 内緒

verniciare 他〔io vernicio〕ニスを塗る ―**arsi** 再 厚化粧する

verniciata 女（雑な）塗装

verniciatura 女（ニスやペンキなどの）塗装 ―*verniciatura a pennello* 刷毛(はけ)塗装

vernissage 男〔不変〕〔仏〕（展覧会の）オープニングパーティー

*__vero__ [ヴェーロ] 形 1 本当の, 真実の ―È vero. 本当だ. / Non è vero! 違う, まさか. / Mi aiuterai, non è vero? 僕を助けてくれるよね? 2 本物の, 真の ―È un vero amico. 彼は真の友人だ. / diamante vero 本物のダイヤモンド ―男 1 真実; 現実 ▶ *a dire il vero* 本当のことを言うと *dal vero* 実物から, 実物に倣って / dipingere *dal vero* 写生する *tant'è vero che...* 実際; それどころか *vero e proprio* 正真正銘の

Verona 固名(女) ヴェローナ(ヴェネト州の都市および県名;略号 VR)

Veronal 男 [不変] [商標] [薬] ベロナール(催眠剤)

veronalismo 男 [医] ベロナール中毒

Veronese 固名(男) ヴェロネーゼ(1528-88; イタリアの画家. 本名 Paolo Caliari)

veronese 形 ヴェローナ(の人)の ― 男女 ヴェローナの人

Veronica 固名(女) 1 [女性名]ヴェロニカ 2 [宗]ヴェロニカ(刑場に向かうキリストの汗をベールでぬぐった)

veronica[1] 女 [宗]聖顔布

veronica[2] 女 1 ヴェロニカ(闘牛士がケープを振って牛をかわす技) 2 [植]オオイヌノフグリ

veronica[3] 女 [植]オオイヌノフグリ

verosimiglianza 女 本当らしさ, ありそうなこと

verosimile 形 本当[真実]らしい, もっともらしい, ありそうな

verosimilmente 副 本当らしく, 十中八九

verrei venire の条・現・1単

verricello 男 巻き揚げ機, ウインチ

verro 男 (種付け用の)去勢されない雄豚

verrò venire の直・未・1単

Verrocchio 固名(男) ヴェロッキオ (1435-88; イタリアの彫刻家・画家. 本名 Andrea de' Cioni)

verruca 女 疣(いぼ)

verrucoso 形 [医]疣(いぼ)だらけの, 疣状の

versaccio 男 下手な詩; (下品な声や叫びを伴った)嘲りの身ぶりや表情 ―Non fare più quel *versaccio*. 二度とそんな無礼な顔をするな.

versamento 男 1 (液体を)注ぐこと, (液体が)こぼれること 2 振り込み, 支払い ―*versamento* dell'ultima rata 最後の割賦金の支払い 3 (体液の)溢(いっ)出

versante[1] 男 [地理]斜面, スロープ

versante[2] 男女 払い込み人, 支払い人

__versare__[1] [ヴェルサーレ] 他 1 (液体を)つぐ, 注ぐ 2 (別の容器に)あける, こぼす 3 預金する, 振り込む ―arsi 再 1 (液体が)流れ[あふれ]出る 2 こぼれ出す, 流れ出す 3 (川などが)流出[流入]する

versare[2] 自 [es/av] (否定的状況に)陥る, 行き着く

versatile 形 1 多才な, 多芸な ―avere un ingegno *versatile* 色々な才能を持っている 2 (機械・器具などが)多機能な, 多目的な

versatilità 女 多才, 多能; 多機能, 多目的

versato 形 1 注がれた 2 (in) 才能がある, 向いている, 素養がある

verseggiare 他 [io verseggio] 韻文にする ―自 詩をつくる

verseggiatore 男 [女 -trice] 1 詩人, 作詩家 2《蔑》へぼ詩人

verseggiatura 女 作詩; 韻文化

versetto 男 (聖書・コーランの)節; (礼拝式で)唱和

versificare 他 [io versifico] 韻文にする (verseggiare)

versificatore 男 [女 -trice] 1 詩人, 作詩家 2 へぼ詩人

versificazione 女 作詩, 韻文化

versione 女 1 翻訳, 訳書 ―*versione* dal latino ラテン語からの翻訳 2 解釈, 説明, 意見 ―le differenti *versioni* dell'accaduto 事件の異なる説明 3 (原典に対する)…版, (映画で)吹き替え版; (原型の)変形(物), (コンピューターの)バージョン ―*versione* riveduta e corretta 改訂版 / *versione* italiana dei film di Truffaut トリュフォー映画作品のイタリア語版 / nuova *versione* di un fuoristrada オフロード車のタイプ

__verso__[1] [ヴェルソ] 前 1 {人称代名詞には di を添えて}…の方に(向かって) ―camminare *verso* casa 家へと歩く / *verso* di me 私の方に 2 [時間]…頃, …近くに; [年齢]…歳前後 ―*verso* mezzanotte 夜中近くに 3 [場所]…あたりで ―Ci fu un forte temporale *verso* Milano. ミラノ付近で激しい嵐があった. 4 [感情や行動について]…に対する 5 [商]…と引き換えに, …に対して

verso[2] 男 1 (詩の)行; [詩] 詩 2 (動物の)鳴き声 ―il *verso* degli uccelli 鳥の鳴き声 3 叫び声; 身ぶり, しぐさ 4 方向 ―andare nello stesso *verso* 同じ方向に行く 5 方法, 手段 ―Non c'è *verso* di fargli cambiare idea. どうしても彼の考えを変えられない.

verso[3] 男 1 (印刷された紙の)裏, (本の)偶数ページ 2 (コインなどの)裏面

versoio 男 (鋤(すき)の)へら

vertebra 女 [解]脊椎

vertebrale 形 [解]脊髄の, 脊髄から成る

vertebrato 形 (V-) [複数で] [動]脊椎動物の ―男 脊椎動物の

vertente 形 …に関して, …について

vertenza 女 [法]紛争, 係争

vertere 自 [複合時制なし] …について議論する, 関わる; 係争中である

verticale 形 1 縦の 2 垂直の ―pianoforte *verticale* アップライトピアノ ―女 1 垂直線 2 (体操の)倒立

verticalità 女 垂直性[状態]

verticalizzare 他 1 (建)垂直性を持たせる 2 (製造・販売過程を)一元化する 3 [スポ] (サッカーで)タテの攻撃を展開する

verticalizzazione 女 1 [建]垂直性, 2 (製造・販売過程の)一元化 3 [スポ] (サッカーの)タテの攻撃の展開

vertice 男 1 頂点, 頂上 2 絶頂, 最高点 3 トップ, 長; 首脳会談, サミット, トップ会談 ―*vertice* dei paesi dell'UE EU加盟国の首脳会談

verticillo 男 [植]輪生

verticismo 男 [政] (組織などの)縦割り, トップダウン, 一元化

vertigine 囡 1〔医〕めまい —avere le *vertigini* めまいがする 2 狼狽, 激しい動揺

vertiginosamente 副 めまぐるしく, 驚くほど —I prezzi sono cresciuti *vertiginosamente*. 価格は驚くほど上昇した.

vertiginoso 形 目がくらむほどの

verve 囡〔不変〕〔仏〕情熱, 活気, 生気, 才気

verza 囡〔植〕チリメンキャベツ

verziere 男〔文〕庭園, 菜園, 果樹園

verzotto 男〔次の成句で〕▶*cavolo verzotto* キャベツ

vescia 囡〔複[-sce]〕1〔植〕ホコリタケ 2〔トスカーナ〕音のしないおなら; おしゃべり, 噂(???)話

vescica 囡〔解〕嚢(???); 膀胱(???)(*vescica urinaria*)

vescicante 形 1〔医〕びらん性の 2〔薬〕発泡剤の —男〔薬〕発泡剤

vescicazione 囡〔医〕水疱(???)形成; 発疹(???)

vescicola 囡 1〔医〕水疱(???), 疱疹(???) 2〔解〕嚢(???)

vescicolare 形〔医〕水疱(???)の; 水疱のできた

vescicone 男 1 大きな水疱(???) 2 (家畜などの)飛節の腫れ

vescovado 男 1 司教座; 司教の在位期間 2 司教区 3 司教館

vescovato 男 → vescovado

vescovile 形 司教の

vescovo 男 司教

vespa 囡 1〔虫〕スズメバチ 2 (V-)〔商標〕ヴェスパ(ピアッジョ社製のスクーター)

vespaio 男 スズメバチの巣; ハチの巣

Vespasiano 固名(男) (Tito Flavio ~) ウェスパシアヌス(9-79; ローマ皇帝 : 在位 69-79)

vespasiano 男 (街頭の男子用)公衆トイレ

vespertino 形 晩の, 夕方の, 夕べの —passeggiata *vespertina* 夕方の散歩

vespino 男〔商標〕ヴェスピーノ(ピアッジョ社製の50ccのスクーター)

vespista 男女 (スクーター)ヴェスパに乗っている人

vespistico 形〔複[男 -ci]〕(スクーター)ヴェスパの, ヴェスパに乗っている人の

vespone 男〔商標〕ヴェスポーネ(ピアッジョ社製の125cc以上のバイク)

vespro 男 1 夕暮れ, 夕方 2〔カト〕晩課(教会の聖務日課の最後から2番目の祈り); 夕べの祈り, 晩祷(???) ▶*vespri siciliani* (1282年の)シチリアの晩鐘[晩祷]事件

Vespucci 固名(男) (Amerigo ~) ヴェスプッチ(1454-1512; イタリアの航海者・商人)

vessare 他 虐げる, 嫌がらせをする, 苦しめる —*vessare* i cittadini con eccessivi tributi 過重な税で市民を苦しめる

vessatore 男〔囡[-trice]〕虐げる人, 迫害する, 圧制者

vessatorio 形 過酷な, 横暴な, 圧制の

vessazione 囡 横暴, 虐待, 嫌がらせ; 圧制

vessillifero 男 1〔歴〕(ローマ軍の)旗手 2 軍隊の旗手

vessillo 男 1〔歴〕旗; 軍旗 2 象徴, 印 —il *vessillo* della libertà 自由の旗印

Vesta 固名(女)〔ロ神〕ヴェスタ(かまどの女神. ギリシャ神話のヘスティア)

vestaglia 囡 部屋着, ナイトガウン

vestaglietta 囡 (女性用の)薄手のガウン, 部屋着 2 ビーチローブ

vestale 囡 1〔歴〕ウェスタ神殿の火を守る巫女(???) 2 (主義・思想・伝統などを)墨守する人, 熱心な擁護者

veste 囡 1 衣服 2 蓋(???), 覆い 3 外見, 装い 4 資格, 職務, 役目; 権限 —in *veste* di... …の資格で, …の役目で / in *veste* ufficiale 公式に, 公務で 5 形式, 表現, 文体

vestiario 男〔集合的〕衣類; 舞台衣装

vestibilità 囡 着用できること, 着やすさ

vestibolo 男 1〔建〕(古代ローマの邸宅の)玄関前のポーチ (中世・ルネサンスの)玄関の間 2 玄関の間, ロビー, 入口のホール

vestigio 男〔複[i vestigi, le vestigia]〕1《文》足跡, 痕跡 2 遺跡; 名残 —le *vestigia* della civiltà cretese クレタ文明の跡

＊**vestire**〔ヴェスティーレ〕他 1 (人に)服を着せる 2 (洋服店・仕立屋が)(人を)顧客として抱える, 服を作る 3 (服を)着る 4 (服が)ぴったり合う 5 (di,con)覆う —自 服を着る[着こなす] —*vestirsi* di nero 黒い服を着る —**-irsi** 再 1 服を着る[着こなす]; 特定[所定]の服を着る —*vestirsi* per uscire よそ行きの服を着る 2 服をあつらえる, 服を仕立ててもらう ▶*sapere vestire* 着こなしがうまい

＊**vestito**¹〔ヴェスティート〕男 服; 服装 —*vestito* da donna [uomo] 婦人[紳士]服 / *vestiti* firmati ブランド物の服

vestito² 形 1 (服を)着た; 装った 2 覆われている

vestizione 囡 1〔宗〕法衣をまとう儀式; 着衣式 2 服を着ること, 正装すること

vesuviano 形 ヴェスヴィオ山の

Vesuvio 固名(男) ヴェスヴィオ山(カンパニア州の火山)(79年の噴火により Pompei が埋没)

veterano 男 1 (古代ローマの)退役軍人; 老兵 2 ベテラン —Nel suo mestiere è un *veterano*. 彼はその世界ではベテランである.

veterinaria 囡 獣医学;〔単数のみ〕獣医学部 —iscriversi a *veterinaria* 獣医学部に登録する

veterinario 形 獣医学の, 獣医の

vetero- 男[女[-a]] 獣医

vetero- 接頭「古い」「年を経た」の意

veterocomunista 形 [複[男 -i]]〔政〕古い共産主義者の —男女[複[男 -i]]古い共産主義者

veterotestamentario 男 旧約聖書の

veto 男 1 拒否, 反対 —diritto di *veto* 拒否権 2 禁止

vetraio 男[女[-a]] ガラス工, ステンドグラス職人

vetrario 形 ガラスの, ガラス製造の; 釉(うわ)薬をかけた

vetrata 女 1 大きなガラス窓, ガラス戸 2 (教会の)ステンドグラスの窓

vetrato 形 ガラスをはめ込んだ; ステンドグラスの —carta *vetrata* (ガラス粉を塗った)紙やすり —男 (地面や樹木などに付着する)雨水(vetrone)

vetreria 女 ガラス工場, ガラス工房; [複数で]ガラス製品

vetriato 形 ガラスをはめ込んだ

vetrice 女, 男《文》コリヤナギ

vetrificare 他 [io vetrifico] ガラスにする, ガラス張りにする —自 ガラス(状)になる —arsi 再 ガラス(状)になる

vetrificazione 女 ガラス状になること, ガラス張り

vetrina¹ 女 1 ショーウインドー, 陳列ケース 2 食器棚 ▶ *mettersi in vetrina* 自分を見せびらかす, 自分をよく見せる

vetrina² 女 釉(うわ)薬

vetrinato 形 ショーウインドーのある, ショーケースのついた

vetrinista 男女 [複[男 -i]] ショーウインドー装飾家, ウインドーディスプレーヤー

vetrinistica 女 (ショーウインドーの)ディスプレー技術

vetrino 男 1 小さなガラス板 2 (顕微鏡の)スライドグラス 3〔映〕(モノクロシーン撮影の)灰色の特殊ガラス ▶ *vetrino coprioggetti* 四角型カバーガラス *vetrino portaoggetti* 長方形型カバーガラス

vetriolo 男 1〔化〕硫酸塩 2〔口〕硫酸 ▶ *al vetriolo* 辛辣な

*__vetro__ [ヴェートロ] 男 1 ガラス —bicchiere di *vetro* ガラスコップ / *vetro* smerigliato すりガラス / *vetro* infrangibile 強化ガラス / *vetro* di sicurezza 安全ガラス 2 ガラス板 3 ガラス製品 —*vetri* di Murano ムラーノ島のガラス製品 (ヴェネツィアングラス)

vetrocamera 女 二重ガラス

vetrocemento 男 ガラスコンクリート

vetroceramica 女 ガラスセラミック

vetrocromia 女〔美〕ガラス絵

vetrofania 女 (イラストや模様のついた)窓ガラス用シール

vetrone 男 (地面や樹木などに付着する)雨水, 薄氷

vetroresina 女 ガラス繊維強化樹脂

vetroso 形 ガラス質の; ガラス状の

vetta 女 1 頂上, 頂点, 絶頂 —raggiungere le *vette* del successo 成功の頂点に達する 2 首位, トップ 3《文》枝の先端部分, 梢; 小枝

vettore 男 1〔数・物〕ベクトル 2〔生化〕病原菌媒介生物 —形 [複[女 -trice]] 運搬する; 媒介する —razzo *vettore* 運搬ロケット

vettoriale 形〔数・物〕ベクトルの

vettovaglia 女 [複数で]食糧

vettovagliamento 男 食糧調達; (軍隊の)食糧補給

vettovagliare 他 [io vettovaglio] 食糧を調達する

vettura 女 (車輪のついた)乗り物, 車; 自動車 —*vettura* ferroviaria 鉄道車両 / In *vettura*! 乗車してください.

vetturetta 女 小さな車両; 軽自動車, 小型自動車

vetturino 男 (辻馬車の)御者

vexata quaestio 成(女)〔ラ〕激論がかわされている問題

vezzeggiamento 男 可愛がること, 甘やかし

vezzeggiare 他 [io vezzeggio] 可愛がる, 甘やかす; なでる

vezzeggiativo 形 甘えた; 親愛を示す —男〔言〕親愛辞

vezzo 男 1 癖, 習慣, 悪癖 —Ha il *vezzo* di mangiarsi le unghie. 彼[彼女]は爪を噛む悪い癖がある. 2 愛撫, 可愛がること —fare un *vezzo* al bimbo 赤ん坊をなでる 3 [複数で]甘えるしぐさ[しな]; (女性の)愛らしさ, 愛嬌(きょう) 4 ネックレス —*vezzo* di perle 真珠のネックレス ▶ *per vezzo* 甘えるようなしぐさで, しなを作って

vezzosità 女 (若い女性や子供の)愛らしさ, 愛嬌(きょう); 気取り

vezzoso 形 (若い女性や子供が)可愛らしい, 愛嬌(きょう)のある —fanciulla *vezzosa* 愛らしい少女 2 気取った, しなをつくった

VF 略 1 Vigili del Fuoco 消防署[隊] 2〔英〕Video Frequency 映像周波数

VHF 略〔英〕Very High Frequency 超短波

VI 略 Vicenza ヴィチェンツァ

*__vi¹__ [ヴィ] 代(人称)[lo, la, li, le, ne の前では ve] 1〔直接目的格〕君たちを, あなた方を —*Vi* invitiamo alla festa. あなたたちをパーティーに招待しましょう. 2〔間接目的格〕君たちに, あなた方に —Non *vi* ho detto la verità. 私は君たちに本当の事を言わなかった. 3〔再帰代名詞〕君たち自身を[に], あなた方自身を[に] —Calmate*vi*! 落ち着いてください. / A che ora *vi* siete alzati? あなたたちは何時に起きたのですか. / Dovete aiutar*vi* sempre. 君たちはいつも助け合わないといけないよ. 4〔敬称として〕あなたを[に]

vi² 副 そこへ, そこで, そこに —*Vi* sono parecchi gatti. そこにはかなりの数の猫がいる.

*__via¹__ [ヴィーア] 女 1 道, 通り —Abita

in via Manzoni. 彼はマンゾーニ通りに住んでいる. / *via* maestra 幹線道路, 主要道路 / *via* principale メーンストリート **2** 手段, 方法 —per *via* aerea 航空便で / per *via* di terra 陸路で **3** 行程, ルート, 道のり, 旅程 —*via* di fuga 避難路, 逃げ道 **4** 経歴, キャリア **5** 生き方, (人生の)進路 **6** 〔医〕管 ▶*mezza via* 途中で, 道半ばで *in via di...* …の途中で *per via di...* …によって, …のために *via facendo* 道すがら, 歩きながら *Via Lattea* 銀河, 天の川

**via*² [ヴィーア] 副 向こうへ, 離れて; 離して —andare *via* 行ってしまう, 立ち去る / buttare [gettare] *via* 捨てる —間 あっちへ行け; さあ, それっ; スタート —Pronti, *via*! よういい, どん —男 スタート —dare il *via* a... …を始める, スタートさせる ▶*e così via* その他, …など *e via dicendo* …など *via via* 徐々に *via via che...* …するにつれて

viabilità 女 **1** 通行可能 —La *viabilità* è interrotta per lavori in corso. その道路の通行は工事中のため遮断されている. **2** 道路の状態; 道路網 **3** 道路整備法, 道路行政

Viacard 女〔不変〕(高速道路の料金支払いの)プリペイドカード

via crucis 伊(女)〔ラ〕**1**〔宗〕(カトリックの信心行)十字架の道行き **2** 苦難, 数々の苦難

viadotto 男 陸橋, 高架橋

viaggiante 形 旅する, 移動の

***viaggiare** [ヴィアッジャーレ] 自〔io viaggio〕**1** 旅する, 旅をする; 空想をめぐらせる;《口》(麻薬などで)トリップする —Amo *viaggiare*. 私は旅行好きです. / *viaggiare* con la fantasia (麻薬などで)トリップする **2** (乗り物で)移動する, 乗って行く —*viaggiare* in aereo 空路で移動する, 飛行機に乗って行く **3** (物が)運ばれる **4** (セールスマンが)営業でまわる —他 (旅行して)訪れる〔通過する〕

viaggiatore 男〔女[-trice]〕**1** 旅行者, 乗客 —*viaggiatori* in transito トランジット旅客 **2** セールスマン, 外交員 —形〔女[-trice]〕旅行の, 旅する —commesso *viaggiatore* セールスマン, 外交員

***viaggio** [ヴィアッジョ] 男 **1** 旅, 旅行 —agenzia di *viaggi* 旅行代理店 / fare un *viaggio* 旅をする / Buon *viaggio*! よい旅を. / *viaggio* di nozze 新婚旅行 / *viaggio* nel tempo タイムトラベル **2** 移動 **3** 輸送 **4**《俗》(麻薬などでの)トリップ, 幻覚

***viale** [ヴィアーレ] 男 大通り, 並木道

vialetto 男 小道; (公園などの)遊歩道

viandante 男女 旅人

viareggino 形 ヴィアレッジョ(の人)の —男〔女[-a]〕ヴィアレッジョの人

Viareggio 固名(女) ヴィアレッジョ(トスカーナ州の都市)

viario 男 通りの, (都市や近郊の)道路の

viatico 男〔複[-ci]〕**1** (古代ローマで)旅の糧食 **2**〔宗〕(キリスト教徒に)臨終に受ける聖体 **3** 心の糧, 精神的支え

viavai 男〔不変〕往来, 雑踏

vibonese 形 ヴィボ・ヴァレンティア(Vibo Valentia)(の人)の —男女 ヴィボ・ヴァレンティアの人

Vibo Valentia 女 ヴィーボ・ヴァレンティア(カラブリア州の都市)

vibrafonista 男女〔複[男 -i]〕〔音〕ビブラフォン奏者

vibrafono 男〔音〕ビブラフォン

vibrante 形 **1** 振動する, 震える;〔言〕顫(%)動音の; (音・声が)よく響く, 大きい —tono *vibrante* 力強い調子 **2** (感情が高ぶって)震える, 声がうわずる; ぶるぶる震える —avere una voce *vibrante* 声がうわずる / essere *vibrante* di rabbia 怒りで震える —女〔言〕顫動音

vibrare 自 **1** 振動する **2** 震える **3** 響く —他 **1** 振り回す **2** 投げる; 打つ

vibratile 形 振動する, 振動可能な

vibratilità 女 振動性

vibrato 形 震えた, 振動した; 猛烈に, 激しく —男〔音〕ビブラート

vibratore 男 **1**〔電〕振動器 **2**〔建〕コンクリート振動器; 電気マッサージ器; (性具の)バイブレーター

vibratorio 形 振動する, 振動性の

vibrazione 女 **1** 振動, 揺れ **2** ゆらぎ, 響き —*vibrazione della luce* 明りのゆらめき **3** (感情の高まりによる)震え —*vibrazione di passione* 激情に震えること

vibrione 男 ビブリオ菌

vibrissa 女 **1** (哺乳類の)触毛, 震毛 **2**〔複数で〕猫のひげ **3** (人間の)鼻毛

vibro- 接頭 「振動の」「震える」の意

vibromassaggiatore 男〔電〕振動マッサージ器

vibromassaggio 男〔医〕振動マッサージ

viburno 男〔植〕ガマズミ

vicariale 形〔歴〕司教代理の; 代行者の

vicariante 形〔医〕代償性の

vicarianza 女〔医〕代償性

vicariato 男 司教代理の館; 司教代理の職[任期, 所管区域]

vicario 形 代理の, 代役の —男〔[-a]〕(権力者[組織])の代理人, 代官

vice 男女〔不変〕代行, 代理

vice- 接頭 「代理」「副」「次位」の意

vicecomitale 形 子爵の

vicecommissario 男〔女[-a]〕**1** 委員代行 **2** 副警視正

viceconsole 男女 副領事

vicedirettore 男〔女[-trice]〕副責任者; 副部長, 副局長, 副所長

vicegovernatore 男〔女[-trice]〕副長官, 副総督, 副総裁

***vicenda** [ヴィチェンダ] 女 **1** 出来事, 事件 **2** 移り変わり, 交替 ▶*a vicenda* 交互に, 相互に

vicendevole 形 相互の, 互恵の

vicendevolmente 副 相互に, お互いに

vicentino 形 ヴィチェンツァ(の人) ―男〔女[-a]〕ヴィチェンツァの人

Vicenza 固名 (女) ヴィチェンツァ(ヴェネト州の都市および県名; 略 VI)

vicepadre 男 養父, 育ての父

viceparroco 男〔複[-ci]〕主任司祭代理

viceprefetto 男〔女[-a, -essa]〕副長官, 副知事

vicepremier 男〔不変〕副首相, 副総理

vicepreside 男 副校長, 副学部長

vicepresidente 男〔女[-essa]〕副大統領, 副議長, 副社長

vicepresidenza 女 副大統領[副議長, 副社長]の地位[職, 任期]

vicepretore 男《稀》女[-a] (地方・家庭裁判所の)判事補

vicepretura 女 判事補の職[権限]

vicequestore 男《稀》女[-a] 副警察署長

viceré 男 副王, 植民地総督

vicereale 形 副王の, (植民地)総督の

vicerettore 男〔女[-trice]〕副学長, 副総長, 副社長

vicesegretario 男〔女[-a]〕副秘書, 副次官

vicesindaco 男〔複[-ci]〕女[-a,《諧》-essa]〕副市長

vicesovrintendente 男女 副管理者, 副監督者

viceversa 副 1 その逆も同様に 2 逆に, 反対に 3〔接続詞的に〕

vichingo 形〔男 -ghi〕女[-a]〕1〔歴〕バイキング 2 (北欧の)すらりとした金髪の美男 ―形〔複[-ghi]〕バイキングの

vicinale 形 近所の

viciname 男 近所の人々, 隣人

vicinanza 女 1 (時間的・空間的に)近いこと, 近接 2 類似, 類縁 3 [複数で] 近郊, 周辺 ▶ *in vicinanza di*… …の近くで, 周辺で / *campeggiare in vicinanza* del mare 海の近くでキャンプをする / *nelle vicinanze* di… / Vive *nelle vicinanze*. 彼[彼女]は近くに住んでいる.

vicinato 男 近所, 近隣(の人)

✻**vicino** [ヴィチーノ] 形 近い, 近くの ― città *vicina* 近くの町 / Le vacanze sono *vicine*. 休暇はもうすぐだ. ―男〔女[-a]〕近所の人, そばにいる人 ―È il gatto dei *vicini*. それは隣人の猫だ. ―副 近くに ―C'è un mercato qui *vicino*? この近くに市場はありますか. ▶ *da vicino* 近くから *vicino a*... …の近くに

vicissitudine 女 1 変遷 2 [複数で] 浮沈, 山あり谷あり; 苦難, 試練 ―Ha avuto una vita piena di *vicissitudini*. 彼[彼女]は数々の試練に満ちた人生を送った.

Vico 固名 (男) (Giambattista ~) ヴィーコ(1668-1744; イタリアの哲学者)

vicolo 男 路地, 横丁 ―*vicolo* cieco 袋小路

vide vedere の直・遠過・3 単

videata 女 (コンピューターの)画面

video 男〔不変〕1 ビデオ 2 (テレビやコンピューターの)画面 3 ビデオクリップ, ミュージックビデオ ―形〔不変〕ビデオの; テレビの

video- 「映像」「ビデオ」「テレビ」の意

videoamatore 男〔女[-trice]〕ビデオ撮影の愛好家

videobar 男〔不変〕(音楽などの)ビデオ上映のあるバール

videocamera 女 ビデオカメラ

videocassetta 女 ビデオテープ

videocitofono 男 テレビ付きインターホン

videocrazia 女 (世論操作する)テレビの支配力

videodipendente 形 テレビ中毒の, テレビ依存症の ―男女 テレビ中毒[テレビ依存症]の人

videodipendenza 女 テレビ中毒, テレビ依存症

videoenciclopedia 女 (CD-ROMなどの)マルチメディア百科事典

videofilm 男〔不変〕ビデオの録画映像

videogioco 男〔複[-chi]〕テレビゲーム

videografia 女 ビデオ映像作品リスト

videolento 男〔商標〕ケーブルテレビ

videolibro 男 ビデオブック

videomusica 女 音楽ビデオテープ; ビデオクリップ

videomusicale 形 音楽ビデオテープの; ビデオクリップの

videonoleggio 男 レンタルビデオ業; レンタルビデオショップ

videoregistrare 他 ビデオに撮る[録画する]

videoregistratore 男 ビデオデッキ

videoregistrazione 女 ビデオ録画

videoscrittura 女〔コン〕文書処理, ワードプロセッシング

videosegnale 男 映像信号

videosorveglianza 女 監視ビデオカメラ

videoteca 女 ビデオテープや DVD などの販売[レンタル]店; ビデオ映像のコレクション

videotelefono 男 テレビ電話

videotrasmissione 女 テレビ放送

vidimare 他〔io vidimo〕(真正であることを)正式に証明する, 認定する

vidimazione 女 (真正である)証明, 認証

viene venire の直・現・3 単

vieni venire の直・現・2 単; 命・2 単

Vienna 固名 (女) ウィーン(オーストリアの首都)

viennese 形 ウィーン(の人)の ―男女

ウィーンの人

viet 形《不変》《口》ベトナムの; ベトコンの —男女《不変》ベトナム人; ベトコン

vietabile 形 禁じられる, 妨げられる

*****vietare** [ヴィエターレ] 他 禁止する

vietato 形 禁じられた —sosta *vietata* 駐車禁止 / *vietato* fumare 禁煙 / *vietato* l'ingresso 入場禁止

vietcong, vietcong 形《不変》ベトコンの —男女《不変》ベトコン(南ベトナム解放民族戦線の俗称); ベトコンのゲリラ兵

Vietnam 固名(男) ベトナム

vietnamita 形《複[男 -i]》ベトナムの, ベトナム人[語]の —男女《複[男 -i]》ベトナム人 —男《単数のみ》ベトナム語

vieto 形《蔑》古い, 古臭い, すたれた —una *vieta* consuetudine 古臭いしきたり

vigente 形 効力を持つ, 有効な, 施行された

vigere 自《単純時制の3人称単複で用いる》(法律や規則などが)効力のある, 有効である, 施行される

vigilante¹ 男女 護衛, ガードマン

vigilante² 男女《複[vigilantes]》〔中〕(警備会社や団体に属する)警備員, 監視員

vigilantismo 男 自警行為, 自警主義

vigilanza 女 1 監視, 警備 —eludere la *vigilanza* 監視をくぐり抜ける 2 細心の注意, 気配り

vigilare 自《io vigilo》注意する, 見守る —他 見張る, 監視する

vigilato 形 監視[管理]された

vigilatore 男《女[-trice]》1 監督者, 監視者 2《女性について》(児童を)預かる女性; 保育士

vigile 男《稀》女[vigilessa]》巡査, 警官 —*vigile* del fuoco 消防士 —形 監視を怠らない, 注意深い

vigilia 女 前日, 前夜 —la *vigilia* di Natale クリスマスイブ / la *vigilia* dell'esame 試験の前夜

vigliaccamente 副 臆病にも, 卑怯(きょう)にも

vigliaccata 女 卑怯(きょう)な行為, 臆病な行動

vigliaccheria 女 臆病; 卑怯(きょう), 卑劣

*****vigliacco** [ヴィリアッコ] 形《複[男 -chi]》臆病な, 意気地のない; 卑怯(きょう)な, 卑劣な —男《複[-chi]女[-ca]》臆病者; 卑怯者

vigna 女 ブドウ畑 ▶ *vigna del Signore*《諧謔的》教会, 信徒たち

vignaiolo 男《女[-a]》ブドウ畑の所有者; ブドウ栽培者

vigneto 男 ブドウ畑

vignetta 女 1 (風刺のきいた)挿絵[カット], 漫画 2 本の装飾模様

vignettismo 男 挿絵[カット]の制作, 風刺漫画の制作

vignettista 男女《複[男 -i]》挿絵[カット]画家, 風刺漫画家

vignettistica 女 1 挿絵[カット]の技法, 風刺漫画の描法 2 挿絵[カット]集, 風刺漫画集

vigogna 女 1《動》ビクーニャ 2 (ビクーニャの)毛織物, ビキューナ

vigore 男 1 力強さ, たくましさ —reagire con *vigore* 果敢に反発する 2 活力, 精力 3《法》効力 —entrare in *vigore* 効力を発する / legge non più in *vigore* 既に効力のない法律

vigoria 女 1 活力, 元気, 生命力 —*vigoria* del fisico 肉体の力 2 明快さ, 明確さ

vigorosamente 副 元気よく, 力強く, 生き生きと

vigoroso 形 1 力強い, たくましい; 活力のある, 効力のある 2 (赤ワインが)辛口で度数の高い

vile 形 1 臆病な, 意気地のない 2 卑怯(きょう)な, 無責任な 3 下劣な, 下等な —男女 臆病者

vilipendere [113] 他《過分 vilipeso》侮辱する, さげすむ

vilipendio 男 侮辱, 無礼; 名誉毀損 ▶ *vilipendio alla nazione* 国家に対する侮辱

*****villa** [ヴィッラ] 女 別荘, 別邸; (庭園のある)邸宅

Villacidro 固名 ヴィッラチードロ(サルデーニャ特別自治州の都市)

villaggio 男 村, 村落; 集落 —*villaggio* olimpico 選手村, オリンピック村 / *villaggio* vacanze バカンス村

villanamente 副 無礼に, 下品に

villanata 女 無礼な言動, 粗野な振る舞い

villanella 女 1 ヴィッラネッラ(イタリアの世俗歌[フロットラ]の一種) 2 村娘

Villani 固名(男) (Giovanni 〜)ヴィッラーニ(1280-1348; イタリアの年代記作者)

villania 女 粗野, 粗暴; 無礼[失礼]な言動 —La sua *villania* è insopportabile. 彼[彼女]の粗暴さには我慢ならない。/ dire gran *villanie* 大変失礼なことを言う

villano 形《蔑》粗野な, 下品な, 無教養な —男《女[-a]》《蔑》田舎者, 粗野な人; 農民

villanoviano 形〔歴〕ヴィッラノーヴァ時代の —男 ヴィッラノーヴァ時代

villanzone 男《女[-a]》田舎者, 粗野な人, 行儀の悪い人

villeggiante 男女 バカンス客, 避暑[寒]客

villeggiare 自《io villeggio》バカンスに出かける, (山や海などで)休暇を過ごす

villeggiatura 女 (避暑地などでの)バカンス, 避暑[寒] —andare in *villeggiatura* バカンスに行く, 休暇に行く

villetta 女 小さな別荘, 小さな邸宅

villico 男《複[-ci]女[-a]》《諧》百姓, 田舎者

villino 男 (郊外の)小さな邸宅
villo 男 〖植〗長軟毛
villosità 女 毛深さ; 長軟毛性
villoso 形 絨(ﾋﾞﾛｰﾄﾞ)毛で覆われた; 毛深い —braccia *villose* 毛深い腕
Vilma 〖女性名〗ヴィルマ
vilmente 副 卑劣にも, 臆病にも
viltà 女 臆病, 卑怯
vilucchio 〖植〗セイヨウヒルガオ
viluppo 男 1 (糸や髪などの)もつれ, 絡まり —*viluppo di capelli* 髪のもつれ 2 混乱, ごたごた —*viluppo di fatti* 事実の混乱
Viminale 固名 (男) ヴィミナーレの丘 (ローマ七丘の一つ)
vimine 男 〖複数で〗(柳などの)細枝, (籐(ﾄｳ)の)つる —in [di] *vimini* 籐製の, 籐でできた
vinaccia 女 〖複[-ce]〗 1 〖複数で〗ブドウの絞りかす 2 絞りかす
vinacciolo 男 ブドウの種
vinaio 男 〖女[-a]〗 ワインの卸売り, ワイン商
vinato 形 ワインレッドの
Vinavil 男 〖不変〗 (ポリビニールの)強力接着剤
vincente 形 勝った, 優勝した; 当選の —男女 勝者; 当選者; 勝ち馬
Vincenzo 〖男性名〗ヴィンチェンツォ
*__vincere__ [ヴィンチェレ] [128] 他〖過分 vinto〗 1 勝つ, 負かす —*lasciarsi vincere dalla tentazione* 誘惑に負ける / *vincere una causa* 〔法〕勝訴する 2 克服する —*vincere una malattia* 病気を克服する 3 (賞金などを)獲得する —自 勝つ —**ersi** 再 自制する ▶ *vincere un terno al lotto* 幸運をつかむ
vinciano 形 1 ヴィンチ(の人)の 2 レオナルド・ダヴィンチに関する —男〖女[-a]〗ヴィンチの人
vinciglio 男 1 (籐(ﾄｳ)などの)つる, 柳の細枝 2 (つるを)結ぶこと, 縛ること
vincisgrassi 男複 ヴィンチズグラッシ(内臓を使ったマルケ州のラザーニャ料理)
vincita 女 (賭け事での)勝ち, 獲得; 賞金, 賞品, 景品 —*vincita di quaranta milioni di euro* 4 千万ユーロの賞金
vincitore 男 〖女[-trice]〗勝者, 当選者, 受賞者 —形 〖女[-trice]〗勝利に満ちた, 勝利を収めた
vinco 男 〖複[-chi]〗 (籐(ﾄｳ)などの)つる; 柳の細枝
vincolante 形 縛りつける, 拘束力のある, 義務的な
vincolare 他〖io vincolo〗 1 〖機〗規制する, 妨げる 2 縛る, 拘束する —*vincolare... con una promessa* (人を)約束で縛る 3 凍結する —*vincolare un conto* 預金口座を凍結する —**arsi** 再 縛られる, 拘束される —*vincolarsi con un contratto* 契約に縛られる
vincolatività 女 拘束性, 束縛
vincolativo 形 拘束する, 束縛する

vincolato 形 1 縛られた, 拘束された 2 凍結された, 停止された 3 抑制された
vincolo 男 1 絆(ｷｽﾞﾅ), 結びつき —*vincolo di sangue* 血縁 2 拘束, 束縛 3 制止, 抑制
vinello 男 1 薄いワイン 2 ヴィネッロ (発酵させたブドウの搾りかすから作られた飲料)
vineria 女 (瓶詰めワインを売る)酒店; 一杯飲み屋
vinicolo 形 ワインの, ワイン製造の
vinificare 自〖io vinifico〗 ワインを生産する —他 (ブドウから)ワインを作る
vinificatore 男 1 〖女[-trice]〗ワイン醸造者 2 醸造の機械
vinificazione 女 ワイン醸造
vinile 男 ビニール
vinilico 形 〖複[男 -ci]〗ビニールの
*__vino__ [ヴィーノ] 男 ワイン, ブドウ酒; 酒 —*vino rosso* [*bianco*] 赤[白]ワイン / *vino frizzante* スパークリングワイン / *vino passito* 干しブドウ酒 / *vino di riso* 日本酒 ▶ *pane al pane e vino al vino* はっきりものを言う *In vino veritas.*〔諺〕ワインを飲めば本音が出る (真実はワインの中にある).
vinosità 女 ワインのような性質
vinoso 形 ワインの; ワインのような
vinsanto, vin santo 男 ヴィンサン (干しブドウ作る, 高アルコールで白の甘口デザートワイン)
vinse *vincere* の直・遠過・3 単
vinto 形 〖過分 < *vincere*〗 1 (da)...に負けた[敗れた] —*nemico vinto* 打ち負かされた敵 2 勝った —*battaglia vinta* 勝ち戦 —*cane vinto* 敗者, 負け犬 ▶ *darle tutte vinte a...* (人)にとても甘い, (人)の欲しがるものをすべて与える *darla vinta a...* (人)に勝ちを譲る, 譲歩する *darsi per vinto* 降参する, 諦める
viola[1] 女 スミレ(の花) —男〖不変〗スミレ色 —形〖不変〗スミレ色の, 紫の
viola[2] 女〖音〗ビオラ
violabile 形 (秘密・法・規則などが)破られる, 侵犯される
violacciocca 女〖植〗アラセイトウ, ストック
violaceo 形 スミレ色の, 紫がかった —*labbra violacee* 紫色の唇 —男 スミレ色
violare 他〖io violo〗 1 (規則などを)破る, 犯す 2 (神聖なものを)よごす, 冒涜(ﾄﾞｸ)する 3 (女性を)性的に暴行する
violazione 女 侵入, 侵犯, 違反; 冒涜 ▶ *violazione di domicilio* 家宅侵入
violentare 他 1 暴行する 2 レイプする
violentatore 男 〖女[-trice]〗暴行者, 強姦(ｶﾝ)者
violentemente 副 乱暴に, 暴力的に, 激しく
*__violento__ [ヴィオレント] 形 1 乱暴な, 暴力的な 2 激しい, 猛烈な —*morire di morte violenta* 変死する —男〖女

violenza [-a]】乱暴な人間, 暴力的な人

＊violenza [ヴィオレンツァ] 囡 **1** 暴力, 暴行 —ricorrere [fare ricorso] alla *violenza* 暴力に訴える / *violenza* carnale レイプ / *violenza* fisica [morale] 肉体的[精神的]暴力 **2** 激しさ, 猛烈さ —la *violenza* della pioggia 激しい降雨

violetta 囡 ニオイスミレの香水 ▶ ***violetta africana*** 〔植〕セントポーリア, アフリカニオイスミレ

violetto 形 スミレ色の, 紫の ―囲 〔不変〕スミレ色, 紫色

violinista 男女〔複[男 -i]〕バイオリン奏者, バイオリニスト

violinistico 形〔複[男 -ci]〕バイオリンの, バイオリン奏者の

violino 囲 **1**〔音〕バイオリン ―chiave di *violino* ト音記号 **2** バイオリン奏者 —primo [secondo] *violino* 第一[二]バイオリン(奏者) / *violino* di spalla コンサートマスター **3**〔北伊〕(ヤギの)ハム

violoncellista 男女〔複[男 -i]〕チェロ奏者

violoncello 囲〔音〕チェロ

viottolo 囲 (舗装されていない田舎や山の)細道, 小道

vip 男女〔不変〕〔英〕要人, 重要人物 —i *vip* della finanza 財界の要人 ―形〔不変〕要人の, 重要人物の

vipera 囡 **1**〔動〕毒ヘビ, マムシ **2** 腹黒い人間

viperaio 囲 毒ヘビの巣

viperino 形 **1** 毒ヘビの **2** 意地の悪い —lingua *viperina* 毒舌, とげのある言葉

viragine → virago

virago 囡〔不変, または〈文〉viragini〕 **1**〈文〉力の強い女, 勇ましい女 **2**〈諧〉男勝りの女, 女傑

virale 形 ウイルスの, ウイルス性の —malattia *virale* ウイルス性の病気

virare 自 **1**〔海〕旋回する; 針路を変える **2** 進路を変える, 目標を変える **3**〔化〕(トレーサーが)急に色を変色する;〔写〕ネガを調色する ―他 巻き揚げ機[キャプスタン]を回す

virata 囡 **1** (船・飛行機の)旋回, 針路変更 **2** ウインチの一巻き **3**〔スポ〕(水泳の)ターン

virgilianamente 副 ウェルギリウス風に

virgiliano 形 ウェルギリウスの; ウェルギリウスもどきの

Virgilio 固名(男) 〔男性名〕ヴィルジーリオ **2** (*Publio ~ Marone*) ウェルギリウス(前 70-19; 古代ローマの詩人)

virginale → verginale

Virginia 固名 〔女性名〕ヴィルジーニア

virginia 囡 (ヴァージニア産の)巻きタバコ

Virginio 固名 〔男性名〕ヴィルジーニオ

virginità → verginità

＊virgola [ヴィルゴラ] 囡 **1** コンマ —punto e *virgola* セミコロン **2**〔数〕小数点 —quattro *virgola* cinque 4.5 **3** コンマの形で額に垂らす髪の房 ▶ ***non cambiare neanche una virgola*** 何一つ変えない

virgolare 他〔io virgolo〕コンマをつける, 引用符で囲む

virgolatura 囡 コンマをつけること

virgoletta 囡〔複数で〕引用符, クォーテンションマーク ▶ ***tra virgolette***〔強調・微妙なニュアンスを表して〕引用符つきで / mettere *tra virgolette* 強調して言う

virgolettare 他 引用符をつける

virgolettatura 囡 引用符をつけること

virgulto 囲 **1**〈文〉若芽, ひこばえ, 若木 **2** (一家の)若い後継者, 幼子, 子供

virile 形 **1** 男の, 男らしい, 男性的な —caratteristiche *virili* 男らしさ **2** 大人の, 壮年の **3** 性的能力のある **4** 力強い, たくましい, 勇壮な —atteggiamento *virile* 決然とした態度

virilità 囡 **1** 成年, 壮年期; 男らしさ —essere nel pieno della *virilità* 男盛りである **2** 性的能力 **3** 力強さ, 活気

virilizzare 他 男らしくする, 勇ましくする

virilizzazione 囡 男らしくすること; 男性化

virilmente 副 男らしく, 勇ましく

viriloide 形 **1**〔医〕(女性が)男性化症の **2** (女性の態度などが)男勝りの **3**〈蔑〉男性特有の

virologia 囡〔生物・医〕ウイルス学, 細菌学

virologo 囲〔複[男 -gi]〕〔生物・医〕ウイルス学者, 細菌学者

virosi 囡〔不変〕〔医〕ウイルス性疾患

virtù 囡 **1** 徳, 美徳 **2** 清純, 純潔 **3** 技量, 力量 **4** 力, 効力, 効能 ▶ ***fare di necessità virtù*** 成り行きに任せる ***in virtù di...*** …のおかげで, …によって

virtuale 形 **1** 理論上の, 可能性のある, 潜在的な **2** 仮想の, 虚像の, バーチャルな —realtà *virtuale* バーチャルリアリティー

virtuosismo 囲 妙技, 名人芸, 超絶技巧

virtuosistico 形〔複[男 -ci]〕名人芸の, 離れ業の, 超絶技巧の

virtuosità 囡 妙技, 離れ業, 名人芸

virtuoso 形 **1** 有徳の, 徳の高い **2** 名人芸の ―囲〔女 -a〕**1** 徳の高い人 **2**〔芸〕名手, 名人

virulento 形 **1**〔生物〕(微生物で)毒性の, 有毒の, 毒素の;〔医〕感染症の, 伝染性の **2** 辛辣な, 攻撃的な —linguaggio *virulento* 辛辣な物言い

virulenza 囡 **1**〔生物〕有毒, 悪性伝染力 **2** 毒性, 菌力 **3** 辛辣さ, 毒々しさ

virus 囲〔不変〕**1** ウイルス **2** コンピューターウイルス **3** (病的な)情念, 執念

visagismo 囲 美顔術

visagista 男女〔複[男 -i]〕メークアップアーティスト

vis-à-vis 副〔仏〕向かい合って, 対面で

viscerale — 男 〔不変〕〔仏〕1 姿見付きの洋服だんす[クローゼット] 2〔歴〕向かい合わせ座席の馬車

viscerale 形 1 内臓の, 腸の 2 本能的な, 直感的な; 心底の

viscere 男 1 内臓, 腸管; はらわた, 臓物 2〔複[le viscere]〕子宮; 心情; 深部, 奥底 —nelle *viscere* della terra 大地の奥底で, 地中深く

vischio 男 1〔植〕ヤドリギ 2 鳥もち 3《文》罠(な)

vischiosità 女 1 粘着性, ねばねばすること 2〔経〕安定性

vischioso 形 粘着性の, ねばねばした

viscidità 女 粘着性, ねばり, ぬめり; 不誠実さ, どっちつかず

viscido 形 1 ぬかるんだ, ぬるぬるした, ベとべとした 2 (態度などが) 表裏のある, 陰険な

viscidume 男〔蔑〕ねばねばした物, ベとべとした物

visciola 女〔植〕スミノミザクラの実

visciolo 男〔植〕スミノミザクラ(の木)

vis comica 勾(女)〔ラ〕喜劇性, 滑稽さ

viscontado 男〔歴〕子爵の身分[地位]; 子爵の管轄区域[領土]

visconte 男〔女[viscontessa]〕子爵

visconteo 形 1 子爵の 2 ヴィスコンティ家の

viscontessa 女〔男[visconte]〕女性の子爵; 子爵夫人

Visconti 固名(男) 1 (i ~) ヴィスコンティ家 (13〜15世紀にミラノを治めた名家) 2 (Luchino ~) ルキーノ・ヴィスコンティ (1906-76; イタリアの映画監督)

viscosa 女 1〔化〕ビスコース 2 レーヨン

viscosità 女 1 粘着性 2〔物〕粘度, 粘性

viscoso 形 1 ねばつく, 粘着力のある 2〔物〕粘性の

visibile 形 1 目に見える —*visibile* a occhio nudo 裸眼で見える 2 明らかな, 明白な 一男〔単数のみ〕目に見えるもの

visibilio 男〔単数のみ〕大量, 多数 —un *visibilio* di gente 大勢の人々

visibilità 女 視界, 見通し —scarsa *visibilità* 視界の悪さ

visibilmente 副 公然と, 明らかに, はっきりと

visiera 女 (帽子の) ひさし; (ヘルメットなどの) 目を覆う面の部分

visigoto 形〔歴〕西ゴート族の —男〔複数のみ〕(V-) 西ゴート族

visionabile 形 (映画や番組などが) 見られる, 見ごたえのある

visionare 他 1 見る, 吟味する, 検証する 2 試写を見る

visionario 形 1 空想にふける, 幻想的な; 〔心〕幻覚の 2 現実離れした; 架空の 3 想像力豊かな 一男〔女[-a]〕1 夢想家; 〔心〕幻を見る人 2 現実の見えない人

visione 女 1 視力, 視覚 —avere una buona *visione* 視力がよい 2 (未来に対する) 考え, ビジョン 3 幻, 幻影 —avere delle *visioni* 幻覚に悩まされる 4 景色, 光景 —*visione* commovente 感動的な光景 5 上映, 放映 —prima *visione* 封切り, ロードショー

visir 男〔不変〕〔歴〕(オスマン帝国の) 大臣

***visita** [ヴィーズィタ] 女 1 訪問; 訪問者[客] —fare (una) *visita* a... …を訪問する 2 見物, 見学 3 診察 —*visita* ambulatoriale 外来診察 4 視察, 査察 5 検査

***visitare** [ヴィズィターレ] 他〔io visito〕1 訪問する, 訪ねる 2 見物[見学]する —*visitare* un museo 博物館を見る 3 診察する 4 視察[査察]する 5 点検する, 検査する 6〔コン〕(インターネットのサイトを) 訪問する

visitatore 男〔女[-trice]〕1 見学者, 訪問者 2〔コン〕(インターネットの) サイト訪問者

visitazione 女 (主に V-) 聖母マリアの聖エリザベト訪問; 聖母訪問祝日 (7月2日)

visivo 形 視覚の, 視覚に関わる

***viso** [ヴィーゾ] 男 1 顔, 顔かたち —*viso* acqua e sapone スッピン, 素顔 2 顔つき, 表情 3 人物, 個人 ▶a *viso* aperto 率直に; 臆せず, 毅(き)然と と fare buon *viso* a cattivo gioco 困難に平然と立ち向かう *viso* a *viso* 面と向かって

visone 男〔動〕ミンク; ミンクの毛皮

visore 男〔写〕(スライドなどの) ビューアー

vispo 形 元気な, 快活な, 活発な

visse vivere の直・遠過・3単

vissuto 形〔過分 < vivere〕1 人生経験豊富な, 経験を積んだ; 老練な 2 体験された, 本当にあった —racconto di vita *vissuta* 人生経験の話 一男 (風化していない) 経験, (共有される) 体験

***vista** [ヴィスタ] 女 1 視覚 2 視力, 目 —avere una *vista* acuta [debole] 視力がよい[悪い] /perdere la *vista* 失明する 3 見ること, 一瞥(いち) 4 視野, 視界 5 見えるもの; 景色, 眺望 —alla *vista* di... …を見て 6《文》外観 ▶a prima *vista* 第一印象では, 一目で a *vista* d'occhio 見渡す限り, 限りなく; あっという間に, 見る間に conoscere... di *vista* 顔は見て(人)を知っている in *vista* di... …を見越して, …に備えて perdere di *vista*... …を見落とす, 見失う punto di *vista* 視点, 見地 sparare a *vista* 予告なし[見た途端]に発砲する

vistare 他 (旅券などの) 裏書きをする, 承認する

***visto** [ヴィスト] 形〔過分 < vedere〕見られた, 見なされた —男 1 ビザ, 査証 2 承認, 認可 ▶*visto che*... …だから, …なので

vistosamente 副 目立って, 派手に,

けばけばしく

vistoso 形 1目立つ; 派手な, けばけばしい 2多額の

visuale 形 視覚の —女 視覚, 眺望

visualità 女 あでやかさ; 見栄え

visualizzare 他 1視覚化する, 映像化する 2思い浮かべる 3(画面に)表示する

visualizzazione 女 視覚化, 映像化; (画面)表示

visura 女 監査

visus 男〔不変〕〔ラ〕1〔生理〕視覚能力 2〔光〕視力

‡**vita**[1] [ヴィータ] 女 1命(**), 生 —dare la *vita* a... …を産む / Finché c'è *vita* c'è speranza. 命のある限り希望はあるものだ. 2人生, 生涯; (誕生から現在までの)期間 —in *vita* mia 今までの(私の)人生で / per la *vita* 一生の / *vita* breve [lunga] 短い[長い]人生, 短命[長命] / *vita* media 平均寿命 3生活(費) —costo della *vita* 生活費, 物価 / La *vita* è sempre cara. 生活費は相変わらず高い. 4活力 —città piena di *vita* 活気に満ちた町 5生き方, 生活様式 6伝記 ▶ *a vita* 終身の *fare la bella vita* 享楽的な生活をする *fare la vita*《俗》売春する *vita natural durante* 一生, 生きている限り

vita[2] 女 腰, (服の)ウエスト; 胴体 —*vita stretta* 細い腰 / *giacca con la vita stretta* ウエストが絞ってあるジャケット

vitaccia 女〔複[-ce]〕辛い人生, 苦難に満ちた人生

vitalba 女〔植〕クレマチス

Vitale 固名〔男性名〕ヴィターレ

vitale 形 1生命の 2活気のある 3重要な, 根本的な —*problema di importanza vitale* 根本的な問題

Vitaliano 固名〔男性名〕ヴィタリアーノ

vitalità 女 1生命力, 活力, バイタリティー 2活気, 活気

vitalizio 形 終身の —男 終身年金

vitamina 女 ビタミン

vitaminico 形〔複[男 -ci]〕ビタミンを含む, ビタミンの

vitaminizzare 他 ビタミンを添加[強化]する

vitaminizzato 形 ビタミンの入った, ビタミン豊富な

vite[1] 女 1ねじ, ビス —*vite maschio* [femmina] 雄[雌]ねじ 2(航空機の)きりもみ降下

vite[2] 女〔植〕ブドウの木

vitella 女 1雌の子牛 2〔単数のみ〕子牛の肉

vitello 男 子牛(の肉); 子牛の革

vitellone 男 1雄牛 2〔単数のみ〕(1歳以上の)子牛の肉 3怠惰な若者, のらくら者

viterbese 形 ヴィテルボ(の人)の —男女 ヴィテルボの人

Viterbo 固名(女) ヴィテルボ(ラツィオ州の都市および県名; 略 VT) —Conclave di *Viterbo* ヴィテルボ教皇選出会議

viticcio 男 1〔植〕巻きひげ, つる 2〔美〕(装飾モチーフの)ブドウ模様

viticolo 形 ブドウの, ブドウ栽培の

viticoltore 男〔女[-trice]〕ブドウ栽培家

viticoltura 女 1ブドウ栽培 2ブドウ栽培法の研究

vitifero 形 ブドウ栽培に適した土地[地域]の, ブドウ栽培地の

vitigno 男 ブドウの品種(栽培品種の総称)

vitiligine 女〔医〕白斑

vitino 男 (女性の)細いウエスト ▶ *vitino di vespa* (女性の)細くくびれた腰

vitivinicolo 形 ブドウ栽培の; ワイン製造の

vitivinicoltura 女 ブドウ栽培; ワイン製造

Vito 固名〔男性名〕ヴィート

vitreo 形 1ガラスの 2ガラスのような, 生気のない眼差しの

Vitruvio 固名(男) (Marco ~)マルクス・ヴィトゥルウィウス・ポリオ(前1世紀; ローマの建築家)

‡**vittima** [ヴィッティマ] 女 1犠牲者; 被害者 —Smettila di fare la *vittima*! 被害者ぶるのはやめろ. 2生け贄(ﾞ)

vittimismo 男 被害者意識, 被害妄想

vittimista 男女〔複[男 -i]〕被害者ぶる人, 被害妄想的な人

vittimistico 形〔複[男 -ci]〕被害妄想的な

vittimizzare 他 1犠牲者と見なす, 被害者意識を持たせる 2犠牲にする —**arsi** 再 被害妄想になる

vittimizzazione 女 犠牲にすること; 犠牲者と見なすこと

vitto 男 食べ物; 食事

Vittore 固名〔男性名〕ヴィットーレ

Vittoria 固名〔女性名〕ヴィットーリア

‡**vittoria** [ヴィットーリア] 女 勝利 ▶ *cantare vittoria* 成功に狂喜する

vittoriano 形 1ヴィクトリア王朝時代の 2(道徳的に)厳格な

Vittorini 固名(男) (Elio ~)ヴィットリーニ(1908-66; シチリア出身の作家)

Vittorino 固名(男) (~ da Feltre) ヴィットリーノ(1378-1446; イタリアの人文学者・教育者)

Vittorio 固名(男) 1〔男性名〕ヴィットーリオ 2(~ Emanuele II di Savoia) ヴィットリオ・エマヌエーレ2世(1820-78; 初代イタリア国王: 在位 1861-78) 3 (~ Emanuele III)ヴィットリオ・エマヌエーレ3世(1869-1947; 第3代イタリア国王: 在位 1900-46)

vittorioso 形 勝利に満ちた, 勝ち誇った

vituperabile 形 恥ずべき, 非難される

vituperare 他〔io vitupero〕罵倒する, 激しく非難する, 侮辱する

vituperio 1 罵り, 罵倒, 侮辱 —ricoprire... di *vituperi* (人)に罵詈雑言を浴びせる, 罵る 2 〘蔑〙ひどいもの[出来栄え]

viuzza 囡 狭い道, 小路

viva 間 〘*vivere* の接続法3人称単数〙万歳 —*Viva* l'Italia! イタリア万歳

vivacchiare 圁 〘io vivacchio〙 どうにか暮らしている, 何とかやっている

vivace 厖 1 活発な, 元気な —*bambino vivace* 元気な子供 2 活気のある, 生き生きとした 3 利発な, 機敏な 4 鮮やかな —*colori vivaci* 鮮やかな色彩 5 〔音〕 (アレグロより)速く, 生き生きと

vivacemente 副 生き生きと, 快活に, 元気よく

vivacità 囡 1 活発さ 2 活気 3 鮮やかさ

vivacizzare 他 1 活気づける, 活性化する 2 明るくする, 輝かせる —**arsi** 再 1 活気づく, 盛りあがる 2 明るくなる, 輝く

vivagno 囲 1 織物の耳 2 縁, へり 3 (かぎ針・棒針の)最初[最後]の編み目

vivaio 囲 1 養魚池, いけす, 養殖場 2 〔農〕苗床, 養樹園 3 温床, 養成所, 育成場 —il *vivaio* di una squadra di calcio あるサッカーチームの育成場

vivaismo 囲 〔農〕苗床栽培方法[事業], 植林活動

vivaista 囲囡 〘複[男 -i]〙 〔農〕苗木屋; 養殖養魚池の飼育員

vivaistico 厖 〘複[男 -ci]〙 養魚の, 養殖の; 苗木の, 植林の

Vivaldi 圈名(男) (Antonio ~)ヴィヴァルディ(1678-1741; イタリアの作曲家)

vivaldiano 厖 ヴィヴァルディの, ヴィヴァルディの作品[様式]の

vivamente 副 1 活発に, 生き生きと; 熱烈に, 激しく 2 心から, 深く

vivanda 囡 1 料理 2 〘文〙食事

vivandiere 囲 〘囡 -a〙 〔軍〕従軍商人

vivente 厖 生きている, 現存する —*esseri viventi* 生きとし生けるもの —囲囡 生きている人

★**vivere** [ヴィーヴェレ] [129] 自 〘es/av〙 〘過分 vissuto〙 1 生きている; 生存する —*vivere* a lungo 長生きする 2 暮らす, 生活する, 住む —Da quanti anni *vivete* qui? 何年ここにお住まいですか. / *vivere* in città 都会暮らしをする / guadagnarsi da *vivere* 生計を立てる, 自活する 3 (di)…を心の糧にして生きる 4 経験を積む 5 存続する —他 1 生きる, (時を)過ごす —*vivere* una vita tranquilla 落ち着いた生活をする 2 体験する 3 強く感じる —囲 〘単数のみ〙 1 生活, 暮らし; 生き方 2 生活必需品, 生活費 ► *vivere alla giornata* その日暮らしをする

viveri 囲圈 食糧, 糧秣(ぐう), 備蓄 —Il costo dei *viveri* è aumentato. 食費が上がった.

viverra 囡 〔動〕オオジャコウネコ

viveur 囲〘不変〙〘仏〙遊び人, 道楽者

vivezza 囡 1 活気のあること, 生彩; 活発さ, 快活さ; 輝き 2 リアルなこと

vivibile 厖 生きられる, 生きる値打ちのある; 住むのに適した, 暮らしやすい —*città vivibile* 暮らしやすい町

vivibilità 囡 住みやすさ, 暮らしやすさ

vividezza 囡 鮮やかさ, 明解さ; 活発さ

vivido 厖 1 鮮やかな, 鮮明な, 強烈な —*immagine vivida* 鮮明な画像 2 明るい, 才気煥発な 3〘文〙生き生きとした, 活力のある

vivificare 他 〘io vivifico〙 1 活性化する, 生気を与える —La pioggia *vivifica* le coltivazioni. 雨は作物を生き返らせる. 2 明るくする, 盛りあげる 3 息づかせる, 促進する —**arsi** 再 生き返る, 活気づく, 盛り返す

vivificatore 厖 〘囡[-trice]〙 活気を与える, 生気を与える —囲 〘囡[-trice]〙 活気[生気]を与える人[もの]

vivinatalità 囡 出生率

viviparo 厖 1〘動〕胎生の 2〘植〕胎生種子の —囲 胎生動物[植物]

vivisezionare 他 1 生体解剖する 2 徹底的に調べる, 細かく分析する

vivisezione 囡 1 生体解剖 2 精査

★**vivo** [ヴィーヴォ] 厖 1 生きている 2 現行の, 現代の —*lingua viva* 現代語 3 元気な, 活発な 4 鮮やかな —*colore vivo* 鮮やかな色彩 5 激しい, 強烈な —囲 1 生者 —*i morti e i vivi* 死者と生者 2 生身 3 核心 —*entrare nel vivo del problema* 問題の核心に入る ► *a viva forza* 強引に, 力ずくで *farsi vivo* 現れる, 姿を見せる; 便りがある

vivrei *vivere* の直・未・1 単

vivrò *vivere* の直・未・1 単

viziare 他 〘io vizio〙 1 甘やかす 2 堕落させる; 台無しにする 3 よごす —**arsi** 再 1 (甘やかされて)だめになる 2 堕落する 3 よごれる

viziato 厖 1 甘やかされた, わがままな; 堕落した, だめになった —*ragazzo viziato* わがままな男の子 2 欠陥のある, 損なわれた; 不備の —*meccanismo viziato* 欠陥のある仕組み[装置] 3〘法〕瑕疵(かし)の ある, 無効の 4 (空気が)よごれた, 息が詰まりそうな

viziatura 囡 〔解〕(器官形状の)生来の異常

vizio 囲 1 悪習, 悪癖 —*avere il vizio di*... …の癖がある 2 悪, 不徳 —*i vizi capitali* [カト] 七つの大罪 3 不備, 欠陥 —*vizio cardiaco* 心臓の欠陥

vizioso 厖 1 不品行な 2 堕落した, 不徳の 3 不備な, 不完全な —*circolo vizioso* 悪循環 —囲 〘囡[-a]〙 品行の悪い人, 堕落した人

vizzo 厖 1 (花などが)色あせた, 枯れた, しおれた; (果実が)しなびた 2 (若い頃の)張りを失った, 生彩を欠いた

vocabolario 囲 1 辞書, 辞典 2 語

vocabolarizzare 他 (辞書の)見出し語にする

vocabolo 男 語, 単語

vocale¹ 女 〔言〕母音

vocale² 形 声の

vocalico 形 〔複[男 -ci]〕〔言〕母音の; 母音性の

vocalismo 男 〔言〕母音体系

vocalizzare 他 〔言〕**1** 母音化する **2** 母音符号を付ける ─自 〔音〕(母音による)発音練習をする

vocalizzo 男 〔音〕母音唱法, ヴォカリーズ; 母音唱法による楽曲

vocativo 男 〔言〕呼格 ─形 呼びかけの

vocazione 女 召命; 天性, 天職

‡**voce** [ヴォーチェ] 女 **1** 声, 音声 ─voce maschile 男性の声; 男っぽい声 / voce femminile 女性の声; 女らしい声 / avere una bella voce きれいな声をしている / alzare [abbassare] la voce を高くする[低くする] / sotto voce 小声で, ひそひそと / a voce 口頭で / ad alta voce 大声で / a bassa voce 低い声[小声]で **2** 動物の鳴き声 **3** 楽器の音; 物音 **4** ラジオ[テレビ]放送の音声 **5** 噂(²ぎ) ─spargere la voce che... …という噂を流す / Corre voce che Maria si sposerà. マリアが結婚するそうだ. **6** 意見; 訴え ─voce del popolo 大衆の意見 **7** 単語, 見出し語 **8** 項目, 品目 ─voce di bilancio 収支項目 **9** 〔音〕声部, パート; 歌手 **10** 〔言〕態 ─voce attiva [passiva] 能動[受動]態

vociare 自 [io vocio] 大声でわめき立てる, 騒ぐ ─男 〔単数のみ〕騒々しい声, やかましい声

vociferare 他 [io vocifero] 噂を広める, 知らせを広める ─自 大声でしゃべる

vocio 男 騒がしい声, わめき声

vocione 男 しわがれた声, どら声

vocivo 形 声の

vodka 女 〔不変〕〔露〕ウオッカ

voga 女 **1** 流行, ブーム, 人気 ─in voga 流行している, 人気の **2** 熱意

vogare 自 ボートを漕(こ)ぐ

vogata 女 (オールの)ひとかき; 漕(そう)法

vogatore 男 [女[-trice]] **1** 漕(こ)ぎ手 **2** 〔スポ〕ローイングマシーン

vogli volere の命·2 単

‡**voglia¹** [ヴォッリャ] 女 **1** 願望, 欲求 **2** やる気, 意欲 **3** 〔複数で〕〈戯〉気まぐれ **4** 〔複数でも〕熱烈な欲求 **5** 皮膚のあざ ▶aver voglia di + 不定詞 …したい, …する気がある **di buona voglia** 喜んで, 進んで **di mala voglia** いやいや, しぶしぶ **Hai voglia!** もちろん.

voglia² volere の命·3 単; 接·現·1 単 [2 単, 3 単]

voglio volere の直·現·1 単

voglioso 形 気が多い, 欲張りな; 好色な, 貪欲な

‡**voi** [ヴォーイ] 代〈人称〉〔2 人称複数〕**1** 〔主語として〕君たちは[が], あなた方は[が]; 〔敬称として 2 人称単数扱いで〕〈古〉あるいは〔中伊·南伊〕あなたは[が] ─Voi siete giovani. 君たちは若いね. **2** 〔直接目的格; 強勢形〕君たちを, あなた方を; 〈古〉あるいは〔中伊·南伊〕あなたを[に] ─Hanno chiamato voi, non noi. 彼らは君たちを呼んだのであって, 我々ではない. **3** 〔前置詞とともに; 強勢形〕君たち, あなた方; 〈古〉あなた ─Che posso fare per voi? あなたたちのために私は何ができるでしょうか. / Vengo anch'io con voi. 私も君たちと一緒に行きます. **4** (V-) 〔商業通信文で〕貴社, 貴殿 ▶da voi あなた方のところでは, そちらの国では

voialtri 代〈人称〉〔女[voialtre]〕〔反対の立場を強調して〕君たち, あなた方

voilà 間 〔仏〕はいできた, これでおしまい ─Ancora un ritocco e voilà! ちょっと手直しすれば完成!

vol. 略 volume (本·雑誌の)巻

volano 男 **1** (バドミントンの)羽根 **2** 〔機〕フライホイール

volant 男 〔不変〕〔仏〕裾飾り, フリル

volante 形 **1** 空を飛ぶ ─cervo volante クワガタムシ; 凧(たこ), カイト / disco volante 空飛ぶ円盤 / otto volante ジェットコースター / pesce volante 〔魚〕トビウオ / squadra volante 機動隊 **2** 可動性の; 綴じていない ─presa volante 可動式コンセント / foglio volante ルーズリーフ **3** (仕事を)時たま[不規則に]する ─男 (丸い)ハンドル ─女 機動隊 (squadra volante); 機動隊のパトカー ▶essere al volante 運転している

volantinaggio 男 チラシ[ビラ]配り

volantinare 自 チラシ[ビラ]を配る ─他 宣伝する

volantino 男 (宣伝用の)ビラ, チラシ

‡**volare** [ヴォラーレ] 自 [1 は av, 2 以下は es] **1** (鳥や飛行機が)飛ぶ; (人が飛行機などに乗って)飛ぶ ─Ho paura di volare. 飛ぶのが怖い. / Le aquile volano alte nel cielo. ワシが空高く飛ぶ. **2** (物が)舞う, 飛ぶ **3** (飛ぶように)走る **4** 非常に早く伝わる ─Le notizie volano. ニュースはあっという間に伝わる. **5** (時間が)早く過ぎる ─Le vacanze sono volate. 休暇が飛ぶように過ぎった. **6** 落下する ─他 **1** 〔スポ〕(タンブレロなど球技で)ボールを投げる **2** (タカが獲物を)爪でつかむ

volata 女 **1** 飛ぶこと **2** 疾走 ─fare una volata per prendere il treno 列車に乗ろうと走る **3** (最後の)追い込み, ラストスパート ─Ha vinto in volata. 彼は最後に追い込んで勝った. **4** (球技の)フライ **5** (大砲の)砲口 ▶di volata 大急ぎで, 飛んで

volatica 女 〈口〉とびひ

volatile 男 鳥類 ─形 〔化〕揮発性の

volatilizzare 他 〔化〕蒸発[気化]させ

volatilizzazione る、揮発させる ―自[es]蒸発する ―**arsi** 再 1 [化]蒸発[気化]する 2 突然姿を消す；消えて無くなる

volatilizzazione 女 1 [化]蒸発, 気化 2 失踪; 消滅

vol-au-vent 男 [不変][仏] ヴォロヴァン (クリーム煮を詰めたパイ)

volente 形 望んでいる, 欲している ▶ *volente o nolente* 否応なしに、好むと好まざるとにかかわらず

volenteroso 形 熱意[意欲]のある；意欲的な(volonteroso)

✱**volentieri** [ヴォレンティエーリ] 副 喜んで, 進んで

✱**volere**[1] [ヴォレーレ] [130] 他 1 …が欲しい, 欲する; 必要とする, 要求する; 同意する ―*Voglio* una macchina. 車が欲しい. / *Vorrei* due etti di prosciutto. ハムを200グラム欲しいのですが. / La *vogliono* al telefono. あなたにお電話です. / *Mia madre non vuole* che io esca. 母は私に外出して欲しくないのだ. 2 伝承する, 語る 3 [es/av][補助動詞として; 不定詞とともに] …したい, …したがる; [不定詞とともに疑問文で] …してくれないか ―*Vuoi* bere qualcosa? 何か飲むかい? / *Volete* stare zitti? 静かにしていてくれませんか ▶ **―ersi** 再 愛し合う / **volerci** [非人称] …が必要である、…がかかる / Ci *vuole* un'ora per arrivare a casa. 家に着くのに1時間かかります. / Ci *vogliono* venti minuti. 20分かかります. **volere bene a...** (人)を慕う、(人)を愛している / Ti *voglio* bene. 君が好きだ. / Marco *vuol* bene al nonno. マルコはおじいちゃんが好きです. **volere dire** 意味する; 意味がある, 重要である / Cosa *vuoi* dire? 何が言いたいの、どういうつもり? / Che cosa *vuol* dire questo? これはどういう意味ですか.

volere[2] 男 意志, 願望 ▶ *a proprio volere* 自分の好きなように / Ho fatto tutto *a mio volere*. すべて私の好きなようにやった.

volframio → wolframio

✱**volgare** [ヴォルガーレ] 形 1 下品な, 低俗な ―uomo dai modi *volgari* 行儀の悪い男 2 普通の、平凡な 3 [言]俗語の ―lingua *volgare* 俗語 ― 男 [言] (ラテン語に対する)俗語

volgarità 女 下品な物[話]

volgarizzare 他 1 平易にする, 一般大衆向きにする 2 [文] (ラテン語やギリシャ語から)俗語に翻訳する

volgarizzazione 女 大衆化, 通俗化

volgarmente 副 下品に; 通俗的に

volgata → vulgata

✱**volgere** [ヴォルジェレ] [131] 他 [過分 volto] 1 向ける ―*volgere* lo sguardo a [verso]... …に視線を向ける 2 傾注する ―*volgere* l'attenzione a... …に注意を傾ける 3 変える ―*volgere*... in burla (物)を茶化す, 冗談にしてしまう ―自 1 向かう, 近づく ―La partita *sta volgendo* al termine. 試合は終わりに近づいている. 2 曲がる ▶ **―ersi** 再 1 向く, 体を向ける; …の方向に向いている ―*volgersi* indietro 振り向く / La facciata del palazzo *si volge* a nord. その建物の正面は北に向いている. 2 向かう, 進む, 専念する ―*volgersi* allo studio 勉学に専念する 4 (非難や怒りが)向けられる ―La rabbia *si volse* contro di lui. 怒りが彼に向けられた. ▶ **volgere al peggio [meglio]** (状況が)悪い[よい]方に向かう

volgo 男 [文]庶民, 民衆

voliera 女 大きな鳥の檻

volitivo 形 意欲的な; 意志の強い ― 男 [女[-a]]意欲的な[意志強固な]人

volle volere の直・遠過・3 単

volley-ball 男 [不変][英]バレーボール

✱**volo** [ヴォーロ] 男 1 飛行 ―spiccare il *volo* 飛び立つ / alzarsi in *volo* 飛び立つ, 離陸する 2 飛行便, フライト ―il *volo* per Milano ミラノ便 3 飛び降りること ―fare un *volo* di tre metri 3メートル下に飛び降りる[転落する] ▶ **al volo** 飛んでいる, 空中の; 瞬時に, すばやく **prendere al volo** a)宙で受け止める b)瞬時に理解する[とらえる] ―*prendere al volo* un'occasione チャンスをすぐにつかむ

✱**volontà** [ヴォロンタ] 女 1 意志, 意欲, やる気 ―Non ha la *volontà* di studiare. 彼は学習意欲に欠けている. / *volontà* di ferro 固い意志 2 意向, 意図 ―buona *volontà* 善意 ▶ **a volontà** 好きなだけ, いくらでも

volontariamente 副 自発的に, 進んで

volontariato 男 1 志願兵; ボランティア 2 奉仕活動; ボランティア団体[組織]

volontario 形 自発的な; ボランティアの ― 男 [女[-a]] ボランティア; 志願兵, 義勇兵

volontarismo 男 1 [哲]主意主義 2 任意参加制, 自主参加の原則 3 ボランティア精神

volonteroso 形 → volenteroso

volovelismo 男 [スポ]グライダー, グライダーによる飛行

volpacchiotto 男 [女[-a]] 1 子ギツネ 2 狡猾[ずる]く賢い奴

volpe 女 1 [動]キツネ; キツネの毛皮 ―*volpe* argentata 銀狐 2 狡猾(ずる)な人, 抜け目のない人 3 [農]猟銃

volpino 形 キツネのような; 狡猾(ずる)な, 悪賢い ― 男 ポメラニアン (愛玩犬の一種)

volpone 男 [女[-a]] 悪賢い[狡猾(ずる)な]人間

volse volgere の直・遠過・3 単

volt 男 [不変][電]ボルト

Volta 固名 (男) (Alessandro ~) ヴォルタ (1745-1827; イタリアの物理学者)

volta¹ [ヴォルタ] 女 **1**〖頻度〗回, 度 —tre *volte* al giorno 一日に3度 / più *volte* 何度も **2**〖機会〗時, 折り, 回, 度 —questa *volta* 今回 / (per) la prima *volta* 初めて, 初回に / un'altra *volta* いずれ, 次回に / l'altra *volta* 前回に **3** 番, 順番 **4**〖印〗裏面 ▶*alla volta di...* …の方に, …に向かって *a volte* 時々 *C'era una volta...*（物語の出だしの）昔々… *per volta* 1回につき *un passo alla volta* 一度に一歩ずつ, 着実に *una volta* 一度, 一回, かつて, 昔 *una volta o l'altra* 遅かれ早かれ, そのうちに *una volta per tutte* 一度限りで, これを限りに

volta² 女 **1**〖建〗穹窿(きゅうりゅう), ボールト, 円筒形[アーチ形]天井 《文》地下貯蔵室 **3** 丸天井のようなもの

voltafaccia 男〖不変〗（考え・態度などの）豹(ひょう)変, 転向

voltagabbana 男女〖不変〗（考えが）変わりやすい人, 無節操な人

voltaggio 男 電圧; ボルテージ

voltaico 形〖複[男 -ci]〗（物理学者）ヴォルタの

*****voltare** [ヴォルターレ] 他 **1** 向ける, 向きを変える **2** めくる, 裏返す —*voltare* pagina ページをめくる **3** 曲がる —自 **1** 向きが変わる, 曲がる —La strada *volta* a sinistra. 道は左にカーブしている。 **2**（自然現象の状況が）変わる —**arsi** 再 **1** 振り向く **2** 体の向きを変える —*voltarsi* nel letto 寝返りをうつ ▶*voltare le spalle a...*（人）に背を向ける;（人）を見捨てる

voltastomaco 男〖複[-chi]〗 **1** 《口》吐き気, むかつき **2** 嫌悪, 不快感 **3** 不快なもの, へどの出そうなもの

voltata 女 向きを変える, 裏返すこと

volteggiare 自〖io volteggio〗 **1** 旋回する, ぐるぐる回る **2**〖スポ〗跳躍する

volteggio 男 **1** 旋回, 回転 **2**〖スポ〗跳躍

Volterra 国名〖女〗 ヴォルテッラ（トスカーナ州の都市）

volterrano 形 ヴォルテッラ（の人）の —男〖女[-a]〗ヴォルテッラの人

voltiano 形（物理学者）ヴォルタの

voltmetro 男〖物〗電圧計

*****volto¹** [ヴォルト] 男 **1** 顔, 顔つき —farsi rosso in *volto* 顔が真っ赤になる **2** 表情, 様相 —Era scuro in *volto*. 彼は顔を曇らせていた。 **3**（人の）性格, 性質 —il vero *volto* di... …の正体

volto² 形〖過分＜ volgere〗**1** 向いた, 向けられた **2** 目標に向けた, ねらいを定めた

voltolare 他〖io voltolo〗何度も回す, 回転させる —**arsi** 再 転げ回る, のたうつ

voltura 女 **1** 譲渡; 移転 **2** 名義書きかえ

Volturno 国名〖男〗 ヴォルトゥルノ川（モリーゼ, カンパニア両州を流れ, ティレニア海に注ぐ）

volubile 形 **1** 変わりやすい, 気まぐれの;（天気が）不安定な, 移りやすい —carattere *volubile* 気まぐれな性格 **2**〖植〗巻きつく, 絡みつく

volubilità 女 変わりやすさ; 移り気

*****volume** [ヴォルーメ] 男 **1** 体積, 容量 **2** かさ, 量 **3** 大きさ **4** 音量 —alzare [abbassare] il *volume* 音量を上げる[下げる] **5**（書籍の）巻, 冊 **6**（古代の）パピルス紙の巻き物

volumetria 女 体積[容積]測定;〖化〗容量分析

volumetrico 形〖複[男 -ci]〗 体積[容積]測定の

voluminosità 女 大きい[かさのある]こと; 分厚さ

voluminoso 形 かさばる, かさの高い

voluta 女 **1** 渦巻き, らせん形 **2**〖建〗渦形装飾

volutamente 副 わざと, 故意に

voluto 形 **1** 望みどおりの, 欲したとおりの **2** 故意になされた, わざとらしい

voluttà 女 **1**《文》喜び, 楽しみ **2** 肉体的快楽; 悦楽, 享楽

voluttuario 形 不必要な, 余計な; 必要以上の, 過度の

voluttuoso 形 **1** 色っぽい, なまめかしい; 官能的な **2** 快楽的な, 享楽的な

vomere 男 鋤(すき)の刃[先端]; 鋤骨

vomitare 他〖io vomito〗**1**（食べた物を）もどす **2** 吐き出す（侮辱などを）浴びせる, ぶちまける —自 吐く, もどす

vomitata 女 吐くこと, 嘔(おう)吐

vomitevole 形 **1** へどが出そうな, むかむかする, 不快 **2** 最悪の, 最低の

vomito 男 **1** 吐くこと, 嘔(おう)吐 **2** 吐いた物, 吐瀉(としゃ)物

vongola 女〖貝〗アサリ

vongolaio 男〖女[-a]〗アサリ獲り, アサリ売り

voodoo 男〖不変〗〖英〗ブードゥー教

vorace 形 **1** 大食いの, がつがつした **2** 飽くことを知らない, むさぼるような

voracità 女 むさぼり食うこと, 大食; 食欲, 貪欲

voragine 女 **1** 深い裂け目, 深淵 **2** 渦, 海溝 **3** 金食い虫

-voro 接尾〖ラ〗「食べる」「消耗する」「移す」の意

vorrei volere の条・現・1 単

vorrò volere の直・未・1 単

vorticare 自〖io vortico〗**1**（勢いよく）くるくる回る, 回転[旋回]する **2**（考え・思いなどが）次々に浮かぶ, 湧き出る

vortice 男 **1** 渦, 渦巻き **2** 急速な回転運動[円運動] —il *vortice* della danza ダンスのめまぐるしい動き, 円舞

vorticosamente 副 渦を巻いて, 激しく回転して, めまぐるしく

vorticoso 形 **1** 渦の多い, 渦巻く **2** めまぐるしく変化する

vostra, vostre, vostri → vostro

*****vostro** [ヴォストロ] 形〖所有〗〖2人称複数〗**1**〖親称〗君たちの;〖敬称〗あなた

votante 形 投票する、投票権のある ―男女 投票者、選挙人

votare 他 1 投票する ―*votare scheda bianca* 白紙投票する 2 採決する 3 捧げる ―自 投票する ―**arsi** 再 (a)…に献身する、身を捧げる

votato 形 1 (投票で)選ばれた、承認された 2 献身的な

votazione 女 1 投票 2 評点、成績

votivo 形 願かけの；奉納された

*****voto** [ヴォート] 男 1 投票；採決 ―*diritto di voto* 投票権、選挙権 2 評点、成績 ―*prendere un bel [brutto] voto* よい[悪い]成績をとる / *a pieni voti* 満点で 3 (神や聖人への)誓い、誓約、誓願；供物 ―*fare un voto* 誓いを立てる

vox Dei → vox populi

vox populi 成 (女) 〔ラ〕民の声、世論 ► *vox populi, vox Dei* 民の声は神の声

voyeur 男女 〔不変〕〔仏〕のぞき魔、窃視狂の人

voyeurismo 男 窃視症；のぞき趣味

VR 略 Verona ヴェローナ

vs 略 vostro あなたの

V.S. 略 1 Vostra Santità 聖下(ローマ教皇の尊称) 2 Vostra Signoria 貴下

v.s. 略 1 vedi sopra [sotto] 上記[下記]参照 2 volta subito (楽譜を)すぐにめくれ

VT 略 Viterbo ヴィテルボ

vucumprà 男女 〔蔑〕 (北アフリカ系の非合法移民をさして)物売り、露天商

vudu, vudù → voodoo

vuduismo → voodoo

Vulca 固名 (男) ウルカ(前 6 世紀；記述に残る唯一のエトルリアの芸術家)

vulcanicamente 副 精力的に、激しく、猛烈に

vulcanicità 女 1 〔地学〕火山性、火山活動 2 爆発的な力

vulcanico 形〔複[男 -ci]〕 1 〔地学〕火山の、火山性の；火山作用による 2 活動的な、精力的な 3 独創的な、想像力に富んだ、創造力のある

vulcanismo 男 火山活動、火山現象[作用]

vulcanizzare 他 〔化〕(生ゴムに)加硫する

vulcanizzazione 女 〔化〕(生ゴムの)加硫処理

Vulcano 固名 (男) 〔ロ神〕ウルカヌス(火の神、ギリシャ神話のヘパイトス)

vulcano 男 1 火山 ―*vulcano attivo* [*spento*] 活火山[死火山] 2 緊迫した政治[社会]状況 3 行動力のある、活動的な人 ► *essere un vulcano* 空想力に富む；創造性に富む

vulcanologia 女 火山学

vulcanologo 男〔複[男 -gi]女[-a]〕 火山学者

Vulgata 女 (V-)ウルガタ聖書

vulnerabile 形 傷つきやすい、攻撃されやすい、弱い

vulnerabilità 女 もろさ、脆(ぜい)弱性

vulva 女 〔解〕(女性性器の)外陰部

vuoi volere の直・現・2 単

vuole volere の直・現・3 単

vuotaborse 形〔不変〕金遣いの荒い、金食い虫の ―男女〔不変〕金遣いの荒い人

vuotacessi 男女〔不変〕〔蔑〕糞(ふん)尿の汲(く)み取りをする人、肥担ぎ

vuotaggine 女 1 空っぽなこと；集中できない 2 考えが浮かばないこと

vuotamele 男〔不変〕リンゴの芯抜き器

vuotare 他 空(から)にする；(中身を)空ける ―**arsi** 再 空になる；(ポケットや財布を)空にする ► *vuotare il sacco* 包み隠さず話す、白状する

vuotata 女 (頭を)空っぽにすること

vuotazucchine 男〔不変〕ズッキーニの芯抜き器

vuotezza 女 (心や頭が)空っぽなこと、空虚なこと

*****vuoto** [ヴオート] 形 1 空(から)の、空っぽの ―*bicchiere vuoto* 空のコップ / *sentirsi vuoto* 気持ちが空っぽである 2 空腹な、内容のない ―*vuoto di significato* 無意味の 3 すいている、がらんとした ―男 1 空間、虚空、空き ―*guardare nel vuoto* 虚空を見つめる 2 くぼみ、間隙、穴 3 空の容器(空き瓶、空き缶、空き箱) ―*vuoti a rendere* 返却できる空き瓶 / *vuoti a perdere* 返却不可の空き瓶 4 真空 5 空虚、むなしさ 6 不足、欠乏 7 (人の)不在 ► *a mani vuote* 空手で、何の成果もなく *a vuoto* 無駄に *sentirsi la testa vuota* 頭が真っ白になる、思い出せない

W, w

W¹, w 名, 男〔不変〕W(w)の字母(イタリア語アルファベット 21 字母には数えず、外来語だけに用いられ〈ヴ〉で発音される場合が多い) ―*W come Washington* 〔符丁〕ワシントンの W

W² 略 **1**万歳(viva, evviva) **2**(元素記号) wolframio〔化〕タングステン **3** watt〔物〕ワット **4** West 西

wafer 男〔不変〕〔英〕ウエハース

wagneriano 形 ワーグナーの ―男〔女[-a]〕ワーグナー崇拝者

wagon-lit 男〔不変〕〔仏〕寝台車(vagone letto)

wagon-restaurant 男〔不変〕〔仏〕食堂車(vagone ristorante)

walchiria → valchiria

walkman 男〔不変〕〔英〕〔商標〕ウォークマン

Walter 固名〔男性名〕ヴァルテル

walzer → valzer

Wanda 固名〔女性名〕ヴァンダ

warm up 自動〔男〕〔英・スポ〕準備運動, ウォーミングアップ

wasserman 女〔不変〕〔医〕ワッセルマン反応

water-closet 男〔不変〕〔英〕トイレ, WC

waterloo 女〔仏〕あるいは〔英〕〔単数のみ〕完全な敗北

watt 男〔不変〕〔英〕ワット(仕事率・電力の単位; 略 W)

watusso 形〔人類〕ツチ族の ―男(W-)〔複数で〕ツチ族

wc 略 water-closet トイレ

web 男〔不変〕〔英・コン〕インターネット

week-end 男〔不変〕〔英〕ウイークエンド(fine settimana)

welfare 男〔英〕福祉 ▶ *welfare state* 福祉国家

wellerismo 男 機知に富んだ警句[格言]

welter 男〔英・スポ〕(ボクシングの)ウエルター級

western 男〔不変〕〔英〕西部劇, ウエスタン ―*spaghetti western*〔映〕マカロニウエスタン ―形〔不変〕西部劇の

whisky 男〔不変〕〔英〕ウイスキー

WHO 略〔英〕World Health Organization 世界保健機関(Organizzazione Mondiale della Sanità)

windsurf 男〔不変〕〔英〕ウインドサーフィン

windsurfista 男女〔複[男 -i]〕サーファー

Wolf-Ferrari 固名(男) (Ermanno ~)ヴォルフ・フェラーリ(1876-1948; コミックオペラで知られるイタリアの作曲家)

wolframio 男〔化〕タングステン(元素記号 W)

WTO 略〔英〕World Trade Organization 世界貿易機関(Organizzazione Mondiale del Commercio)

würstel 男〔不変〕〔独〕フランクフルトソーセージ

WWF 略〔英〕World Wildlife Fund (for Nature) 世界自然保護基金

WWW 略 **1** World Wide Web (インターネットの)ワールドワイドウェブ **2** World Weather Watch 世界気象観測計画

X, x

X, x 女,男〔不変〕 **1** X(x)の字母(イタリア語アルファベット 21 字母には数えず, 主にギリシャ語源の単語に用いる) ―*X come xeres*〔符丁〕ヘレス酒の X **2** (X)ローマ数字の 10 **3**〔数〕変数, 未知数 **4**(手紙の最後に添える)キスマーク ―*xxx* キスを込めて **5**〔見知らぬ人[物]を表して〕某氏 ―*il signor X* 某氏 ▶ *il giorno X* X デー *raggi X* X 線

xanto- 接頭〔黄色〕の意

xeno 男〔化〕キセノン(元素記号 Xe)

xeno-, -xeno 接頭, 接尾「外国の」「外部の」の意

xenofobia 女 外国人嫌い

xenofobico 形〔複[男 -ci]〕外国人嫌いの, 外国(の物)嫌いの

xenofobo 形 外国人嫌いの ―男〔女[-a]〕外国人嫌いの人

xeres 男〔不変〕〔西〕シェリー酒

xero- 接頭「乾いた」「乾燥した」の意

xerocopia 女〔印〕乾式複写によるコピー

xerografia 女〔印〕ゼログラフィー, 乾式複写

Xerox 女〔英〕ゼロックス社(アメリカのコピー機会社)

xilo-, -xilo 接頭, 接尾「木」「木で作られた」の意

xilofono 男 木琴, シロホン

xilografia 女 木版(画)

xilografo 男〔女[-a]〕木版師

Y, y

Y, y 女,男〔不変〕 **1** Y(y)の字母(イタリア語アルファベット 21 字母には数えず, 外来語に用いられ「ギリシャの I」と呼ばれるように〈i〉で発音) ―*Y come yacht*〔符丁〕ヨットの Y **2**〔数〕未知数; 変数

yacht 男〔不変〕〔英〕ヨット

yak 男〔不変〕〔英・動〕ヤク

yamatologia → iamatologia

yamatologo → iamatologo

yankee 男女〔不変〕〔英〕**1**〔歴〕(南北戦争時代の)北米人 **2** 米国人 ―形〔英〕ヤンキーの ―*abitudini yankee* ヤンキーの習慣

yard 男〔不変〕〔英〕ヤード

YCI 略 Yacht Club d'Italia イタリアヨットクラブ

Yemen 固名(男) イエメン

yemenita 形〔複[男 -i]〕イエメン(人)の ―男女〔複[男 -i]〕イエメン人

yen 男〔不変〕〔日〕円(日本の通貨単位)

yeti 男〔不変〕ヒマラヤの雪男

yiddish 男〔単数のみ〕イディッシュ語

yoga —形〖不変〗**1** イディッシュ語で書かれた —letteratura *yiddish* イディッシュ文学 **2** イディッシュ伝統の —danze *yiddish* イディッシュの伝統の舞踏

yoga 男〖不変〗ヨガ —形〖不変〗ヨガの —techniche *yoga* ヨガの技法

yoghurt → yogurt

yogurt 男〖不変〗ヨーグルト

yogurtiera 女 ヨーグルトメーカー

yorkshire terrier 函(男)〔英〕ヨークシャーテリア(愛玩犬の一種)

yo-yo 男〖不変〗〔英〕(おもちゃの)ヨーヨー

yuan 男〖不変〗元(中国の通貨単位)

yucca 女〖植〗ユッカ

yuppie 男女〖不変〗〔英〕《諧》ヤッピー

yuppismo 男《諧》ヤッピー風(の態度・行動)

Z, z

Z, z 女, 男〖不変〗**1** (イタリア語アルファベットの)21番目の字母 —*Z* come Zara〔符丁〕ザーラのZ **2**〖数〗未知数; 変数

zabaione 男 **1** ザバイオーネ(卵黄・砂糖・リキュールで作ったクリーム状のデザート) **2** (色々な考えや言葉や表現の)寄せ集め

zac 擬 ジョキッ, ザクッ(物を切る音)

Zaccaria 固名(男) **1**〖男性名〗ザッカリーア **2**〖聖〗ザカリア(洗礼者ヨハネの父)

Zaccheo 固名(男)〖聖〗ザアカイ, ザケオ(ルカ福音書に現れるユダヤの徴税人)

zacchera 女 **1** (衣服や靴の)泥のはね —i pantaloni pieni di *zacchere* 泥のはねだらけのズボン **2** ヤギや羊の毛についたよごれの塊

zaccherone 男〖女[-a]〗**1** (いつも)泥だらけの人 **2** 身なりに構わない人, だらしない人

zaccheroso 形 泥だらけの, 泥はねのついた

zacchete 擬 → zac

zaff 擬 **1** ザックリ **2** サッ(物をすばやくつかむ音)

zaffare 他 (栓・詰め物で)栓をする, ふさぐ

zaffata 女 つんとくる匂い, 悪臭

zaffe → zaff

zafferanato 形 サフランの入った; サフラン色の

zafferano 男〖植〗サフラン

zaffete 擬 → zaff

zaffirino 男〖鉱〗サファイア

zaffiro, zaffiro 男〖鉱〗サファイア

zaffo 男 **1** (樽の)栓 **2** タンポン, 脱脂綿

Zagabria 固名(女) ザグレブ(クロアチア共和国の首都)

zagara 女〖植〗(オレンジやレモンなど)柑橘類の花; 柑橘類の花のエッセンス

zainetto 男 小さなリュック, デイパック

zaino 男 リュックサック; ランドセル

Zaire 固名(男) (かつての)ザイール

zairese 形 = zairiano

zairiano 形 旧ザイール(人)の —男〖女[-a]〗旧ザイール人, コンゴ人

Zambia 固名(女) ザンビア

zambiano 形 ザンビア(人)の —男〖女[-a]〗ザンビア人

zampa 女 **1** (動物の)足, 足先 **2** (家具の)脚 —le *zampe* della sedia 椅子の脚 **3**〖複数で〗《諧》(人間の)手, 足, 脚 —Giù le *zampe*! 手をひっこめろ. ▶ *a quattro zampe* 四つんばいで; 四本足の *zampe di gallina* a) カラスの足跡(目尻のしわ) b) 汚くて読めない字

zampata 女 **1** ひづめや爪の一撃 **2**《諧》ビンタ, 蹴り —colpire con una *zampata* ビンタを食らわす **3** (動物の)足跡; 特徴

zampettare 自 (小動物が)ちょこちょこ歩く

zampillare 自 [es/av] 噴出する, ほとばしる —Il sangue *zampilla* dalla ferita. 傷口から血がほとばしる.

zampillio 男 (連続的に)噴き出ること

zampillo 男 (水などの液体の)噴出, ほとばしり

zampino 男 **1** 小さな足 **2** 痕跡, (特徴のある)印 ▶ *zampino del diavolo* (思いがけず)事がうまくいくこと

zampirone 男 蚊取り線香

zampogna 女 ザンポーニャ(南イタリアの羊飼いが吹くバグパイプに似た楽器)

zampognaro 男〖女[-a]〗ザンポーニャ奏者

zampone 男 **1** 大きな足 **2**〖料〗ザンポーネ(豚の前足の皮に挽き肉などを袋詰めにした料理; エミリア地方の名物料理)

Zandonai 固名(男) (Riccardo ~) ザンドナーイ(1883-1944; イタリアの作曲家)

Zanella 固名(男) (Giacomo ~) ザネッラ(1820-88; イタリアの詩人・司祭)

zangola 女 (バター製造用の)攪拌器

zanna 女 **1** (象やイノシシの)牙 **2**〖複数で〗《諧》人間の歯

zannata 女 牙による一撃, 噛み跡

zanni 男〖不変〗〖劇〗ザンニ(コンメディア・デッラルテの登場人物)

zannuto 形 牙のある; (人が)大きな歯をした

zanzara 女〖虫〗カ **2** うるさくつきまとう奴

zanzariera 女 蚊帳; (虫よけの)網戸

zappa 女 **1** 鋤, 鍬 **2**〖軍〗塹壕 ▶ *darsi la zappa sui piedi* (言動で)墓穴を掘る

zappare 他 **1** (鋤鍬で)耕す **2**〖軍〗塹壕を掘る —*zappare* la terra 農耕する; 田舎で暮らす

zappata 女 **1** (鋤や鍬の)一撃 **2** (大まかな)土の掘りおこし

zappatore 男〖女[-trice]〗土地を耕

zappetta 囡 小さな鍬(&)〔鋤(&)〕

zappettare 他 (鋤(&)や鍬(&)で)土を掘りおこす, 耕す

zar 男〔不変〕ツァー(特に帝政ロシアの皇帝)

zarina 囡 ロシアの女帝, 皇帝の妻; 大きな権力を握っている女性

zarista 形〔複[男 -i]〕(ロシア)皇帝の, 帝政ロシアの ―男女 ロシア皇帝の支持者, 帝政派

zarzuela 囡〔不変〕〔西・音〕サルスエラ(スペインの伝統的オペレッタ)

zattera 囡 1 筏(&) 2〔海〕艀(&) ―*zattera di salvataggio* 水難救助艇 3〔建〕(基礎工事用の)厚板

zatteriere 男 筏(&)を漕(&)ぐ人

zatterone 男 大きい筏; (女性用の)厚底サンダル; エスパドリーユ

Zavattini 固名(男) (Cesare ~)ザヴァティーニ(1902-89; イタリアの脚本家)

zavorra 囡 1〔海〕(舟の)底荷, バラスト 2 (軽飛行機の重量バランスを保つための)砂袋 3〔蔑〕かさばるだけのがらくた

zavorrare 他〔海・空〕底荷〔砂袋〕を積み込む; (人や物に)安定感〔重み〕を与える

zazzera 囡 (男性の)長髪; 蓬(&)髪, もじゃもじゃ頭 ―*portare la zazzera* 長い髪をしている

zazzerina 囡 (女性や子供の)短い髪型

ZdG 略 Zona di Guerra 交戦地帯

Zebedeo 固名(男)〔聖〕ゼベダイ, ゼベデオ(サロメの夫. 十二弟子ヤコブとヨハネの父)

zebedeo 男〔複数で〕〔婉〕睾(&)丸

zebra 囡 1〔動〕シマウマ 2〔複数で〕横断歩道 ―*attraversare la strada sulle zebre* 横断歩道を渡る

zebrato 形 縞(&)模様の, 縞柄の

zebratura 囡 白黒の縞(&)模様;〔動〕縞模様 ―*zebrature stradali* 横断歩道

zebù 男〔動〕コブウシ

zecca¹ 囡 造幣局

zecca² 囡〔動〕ダニ

zecchino 男 ゼッキーノ(16世紀にヴェネツィアで鋳造された金貨) ▶ *Zecchino D'Oro* ゼッキーノ・ドーロ(児童歌謡祭)

zeffiro → zefiro

Zefiro 固名(男)〔ギ神〕ゼピュロス(風の擬人化. 曙(&)の光の女神イオスの子)

zefiro 男 1《文》春風 2 そよ風, 微風 (zeffiro)

zelante 形 熱心な, 熱意のある; 一生懸命な ―*persona zelante del proprio dovere* 自分の任務に忠実な人

zelo 男 熱意, 熱心 ▶ *con zelo* 熱心に, 一生懸命

zenit 男〔不変〕1〔天〕天頂 2 絶頂, 極致

zenitale 形〔天〕天頂の

Zenone 固名(男) (~ *di Elea*)エレアのゼノン(前5世紀. ギリシャの哲学者)

zenzero 男〔植〕ショウガ

zeppa 囡 1 (木などの)楔(&), つっかい; そで板 ―*mettere una zeppa sotto il piede del tavolo* テーブルの脚につっかいをする 2 急場しのぎ, 応急処置 ―*mettere una zeppa al guaio* 厄介ごとを一時的におさめる 3 冗語, 贅(&)語 4 埋め草, 雑文

zeppo 形 満杯の, 充満した ▶ *pieno zeppo (di...)* (…で)超満員の, ぎゅうぎゅう詰めの

zeppola 囡 ゼッポラ(南伊の代表的なカーニバルの揚げ菓子)

zerbino 男 ドアマット, 玄関マット

zerbinotto 男〔皮肉で〕きざな男, 気取った男

‡**zero** [ゼーロ] 男 1 (数字の)ゼロ, 零 2 目盛の零点 3 (気温の)零度 4 無, 価値のないもの ―*non valere uno zero* 何の価値もない ―形〔不変〕ゼロの, 無の ―*prestito a tasso zero* 無利子貸付 ▶ *sparare a zero* 激しく攻撃〔批判〕する

zeta 囡, 男 1 イタリア語アルファベットのZ (z) 2 ツェータ(Z, ζ)(ギリシャ語アルファベットの6番目の文字) ▶ *dalla a alla zeta* 最初から最後まで

Zeus 固名(男) ゼウス(ギリシャ神話の最高神. ローマ神話のユピテル)

zia [ツィーア, ズィーア] 囡 1 おば(伯母・叔母) 2 (南伊)年長の女性につける敬称 3《口・蔑》ホモ, おかま

zibaldone 男 (文章の)寄せ集め, ごちゃまぜ; 雑記帳

zibellino 男 1〔動〕クロテン 2 クロテンの毛皮

zibettato 形 麝香(&)の香りがする

zibetto 男 1〔動〕ジャコウネコ 2 麝香 (&)

zibibbo 男 ジビッポ(マスカット種のブドウ品種. その品種で作るワイン)

zic 擬 ジョキッ, ピリッ(切る音)

zigano 男〔女[-a]〕(特にハンガリーの)ジプシー; 旅回りの演奏者 ―形 (音楽が)ジプシーの

zigo- 連結「1対(&)」「結合」の意

zigolo 男〔鳥〕ホオジロ科の鳥

zigomo 男 頬骨

zigrinare 他 1 (皮などの表面を)ざらざら(模様)にする 2 (縁などに)ぎざぎざを入れる

zigrino 男 粒起なめし革, シャグリーン

zigzag, zig zag 男〔不変〕1 ジグザグ 2 ジグザグの縁どり ▶ *camminare a zigzag* ジグザグに歩く

zigzagare 自 ジグザグに進む

Zimbabwe 固名(男) ジンバブエ

zimbaiano 形 ジンバブエ(人)の ―男〔女[-a]〕ジンバブエ人

zimbello 男 1 おとり用の鳥 2 媚(&)を売るような言葉や行為 3 嘲笑の的

zincare 他 亜鉛でめっきする

zincatura 女 〔工〕亜鉛めっき

zinco 男 〔複[-chi]〕〔化〕亜鉛(元素記号 Zn)

zincografia 女 1 〔印〕亜鉛凸版法 2 亜鉛凸版作業所

zingano → zingaro

Zingarelli 固名(男) (Nicola 〜)ジンガレッリ(1860-1935;イタリアの文学者・古典学者)

zingaresco 形 〔複[男 -chi]〕ジプシーの、ロマの —costumi *zingareschi* ジプシー[ロマ]の習俗

zingaro 男〔女[-a]〕1 ジプシー、ロマ 2 放浪者

zinnia 女〔植〕ヒャクニチソウ

***zio** [ツィーオ、ズィーオ] 男 1 おじ(伯父・叔父) 2《南伊》年長の男性や修道僧への敬称 3《婉》(悪態をついて呼ぶときの)神

-zione 接尾「動作」「状態」の意

zipolo 男 (樽(☆)の)木製の栓

zircone 男 〔鉱〕ジルコン

zirconio 男 〔化〕ジルコニウム(元素記号 Zr)

zirlare 自 1 (ツグミなどが)チッチとさえずる; ツグミの鳴きまねをする 2 鋭い鳴き声を上げる

zirlo 男 ツグミの鳴き声; (ヒヨコやネズミなどの)鋭い鳴き声

Zita 固名〔女性名〕ジータ

zita 女〔複数で〕ズィーテ(マカロニより太めの穴あきパスタ)

zitella 女 1《謔・蔑》年配の独身女性、オールドミス 2 意地悪で不平を言う女

zitellesco 形〔複[男 -chi]〕(オールドミスのように)口やかましい、意地悪な

zito 男〔複数で〕ズィーティ(ブカティーニより太めの穴あきパスタ)

zittio 男 シッという叱声

zittire 他 [io -isco] (言葉や身ぶりで)静かにさせる、黙らせる —*zittire* chi disturba durante il concerto 演奏中うるさい人を静かにさせる —自 黙る、静かにする

***zitto** [ツィット、ズィット] 形 黙った、しゃべらない —stare *zitto* 黙っている —間 静かに(しなさい)

zizzania 女 1〔植〕毒麦、ホソムギ 2 不和[不満]の種 —seminare [mettere] *zizzania* 不和の種をまく

zoccolo 男 1 木靴、こっぽり下駄、ぽっくり 2 (馬などの)ひづめ —ferrare gli *zoccoli* del cavallo 馬のひづめに蹄(☆)鉄をする 3〔建〕台座、台; 腰板 4 靴の裏にくっつく泥[雪] 5 植物の根に付いている土 6 (電球などの)口金 ▶ *zoccolo duro* (政党などの)堅い支持基盤

zodiacale 形 〔天〕黄道帯の、黄道十二星座の

zodiaco 男 〔複[-ci]〕〔天〕黄道帯、獣帯 —12 segni dello *zodiaco* 黄道十二宮

-zoico 接尾「動物の」「生物の」の意

zolfanello 男 マッチ

zolfo 男 〔化〕硫黄(☆) (元素記号 S)

zolla 女 1 土くれ、土塊 2〔複数で〕農地、耕作地 3 (砂糖の)塊

zolletta 女 小さな塊 —*zolletta* di zucchero 角砂糖

zombi 男〔不変〕1〔宗〕(ブードゥー教の)ゾンビ 2 無気力な人、生きる屍(☆)

zombie → zombi

***zona** [ゾーナ] 女 1 地域、地帯; 圏 —*zone* artiche [polari] 北極地方 /*zona* torrida 熱帯 /*zona* montuosa 山岳地帯 2 区域、ゾーン —*zona* residenziale 住宅地 /*zona* pedonale 車両進入禁止区域 /*zona* disco パーキングメーターのある駐車区域

zonzo 男〔次の成句で〕▶ *andare a zonzo* ぶらつく、ほっつき歩く

zoo 男〔不変〕〔英〕動物園 —*zoo* safari サファリパーク

zoo-, -zoo 接頭,接尾「動物」の意

zoofilia 女 動物愛好[愛護]

zoofilo 形 動物好きの、動物愛護の —男〔女[-a]〕動物愛護者

zoofobia 女〔心〕動物恐怖症

zooforo 形〔考〕(動物の像がついた)人獣飾りフリーズの

zoologia 女 動物学

zoologico 形〔複[男 -ci]〕動物学の —giardino *zoologico* 動物園

zoologo 男〔複[男 -gi]女[-a]〕動物学者

zoom 男〔不変〕〔英〕ズームレンズ; ズーム(撮影)

zoomorfo 形〔宗〕動物の姿をした —idoli *zoomorfi* 動物の姿をした神像

zoosafari 男〔不変〕サファリパーク(動物を放し飼いにした区域)

zootecnia 女 畜産学

zootecnico 形〔複[男 -ci]〕畜産の、畜産学の —男 畜産学者

zoppicante 形 1 不安定な、ぎこちない、たどたどしい 2〔韻〕不調和な

zoppicare 自 [io zoppico] 1 足をひきずって歩く 2 ぐらぐらする 3 ちぐはぐである、不確かである、欠陥がある

zoppo 形 1 片足が不自由な 2 (椅子などが)ぐらぐらする 3 ちぐはぐな、安定感のない —男〔女[-a]〕片足が不自由な人

zoroastriano 形〔宗〕ゾロアスター教の —男〔女[-a]〕ゾロアスター教徒

zoroastrismo 男〔宗〕ゾロアスター教

Zoroastro 固名(男) ゾロアスター、ツァラトゥストラ(前6世紀頃のペルシャの予言者)

zoticaggine 女《蔑》粗野、不作法

zoticamente 副 粗野に、がさつに

zotichezza 女 粗野、無作法、がさつ

zotico 形〔複[男 -ci]〕(動作が)粗野な、無作法な、がさつな —男〔複[-ci]女[-a]〕無作法な人、がさつな人

ZTL 略 Zona a Traffico Limitato 通行制限区域

zucca 女 1 カボチャ 2 頭; 石頭 ▶ *avere sale in zucca* 頭がよい、気が利く

zuccata 囡 1《口》頭突き，(頭の)衝突 —dare una *zuccata* contro il muro 壁に頭をぶつける 2 ズッカータ(カボチャの砂糖漬けをベースにしたシチリアのお菓子)

zuccherare 他〔io zucchero〕砂糖を入れる，甘くする

zuccherato 形 1 甘味をつけた 2 (態度などが)気取った，きざな —maniere *zuccherate* 気取った態度

zuccheriera 囡 砂糖入れ，シュガーポット

zuccheriero 形 砂糖の；製糖の

zuccherificio 男 製糖工場

zuccherino 形 糖分を含む，甘味な —男 1 砂糖菓子，ボンボン 2 ちょっとした甘言，わずかなほうび

*__**zucchero**__ [ズッケロ，ツッケロ] 男 1 砂糖，シュガー —senza *zucchero* 無糖の，砂糖を入れない / *zucchero* a velo (ケーキに振りかける)粉糖 / *zucchero* filato 綿菓子 2 お人好し，愛想を振りまく人 3〔化〕糖(類)

zuccheroso 形 1 甘味の多い 2 (態度・言葉などが)甘ったるい，おべっかの —parole *zuccherose* お世辞

zucchetto 男 (聖職者のかぶる)縁なし帽，カロッタ

zucchina 囡 → zucchino

zucchino 男〔複数で〕ズッキーニ

zucconaggine 囡 石頭，頑固さ

zuccone 男〔女[-a]〕1 大きな頭 2〔蔑〕馬鹿，石頭

zuccotto 男 (生クリーム・チョコレート・砂糖漬けの入った半球状の)アイスクリームケーキ，ズッコット

zuffa 囡 1 乱闘，乱戦 2 激論

zufolare 自〔io zufolo〕1 牧笛を吹く；笛のような音をたてる 2 (曲などを)口笛で吹く —他 口笛を吹く；(故意に)口外する

zufolio 男 1 口笛を吹き続けること 2 耳鳴り

zufolo 男 1〔音〕縦笛，フラジョレット 2 口笛

zulu, zulù 形 ズールー族の —男囡 1 (Z-)〔複数で〕ズールー族 2 粗野な人

zum 擬 ドン，ズン

zumare 他 (映画・テレビで)ズームアップする；ズームアップで撮る

zump 擬 ドン

*__**zuppa**__ [ズッパ，ツッパ] 囡 1 (各種)スープ；牛乳にパンを浸した朝食 —*zuppa* di pesce ブイヤベース(魚介スープ) / *zuppa* inglese ズッパ・イングレーゼ(クリーム状のケーキ) 2 ごちゃ混ぜ，ごたごた，混乱

zuppiera 囡 (蓋と取っ手のある)スープ鉢

zuppo 形 ずぶ濡れの，びしょびしょの，水をたっぷり含んだ —essere tutto *zuppo* di pioggia 雨で全身ずぶ濡れになる

zurighese 形 チューリヒ(の人)の —男囡 チューリヒの人

Zurigo 固名(女) チューリヒ(スイスの観光・経済中心都市)

zuzzurellone 男〔女[-a]〕〔トスカーナ〕〔謔〕極楽トンボ，のんきな人

zzz 擬 ブーン(虫の音)；グーグー(いびきの音)；ギコギコ(のこぎりの音)

SANSEIDO'S DAILY CONCISE DIZIONARIO ITALIANO

giapponese-italiano

和伊辞典

凡　例

1. 見出し語
- 約18,000 (合成語も含む) の見出し語を五十音順に配列し, 長音は直前の母音に置き換えた位置に置いた.
- 派生関係の強いものは, 適宜追い込みにした.
- 同音異義語は別立てとせずにまとめた場合もある.
- 見出し語には一般的な漢字仮名交じり表記を【　】内に併記した.

2. 訳　語
- 訳語は基本的かつ代表的なものにしぼって載せた.
- 訳語が複数ある場合は, 必要に応じて( )で意味を限定した.
- 名詞(句)は, 性によって変化する部分をイタリック体で示し, 女性形を( )内に表示した.
- 人称・数等に応じて用いる所有形容詞を PROPRIO で, 人称に応じて用いる補語人称代名詞の強勢形は SE で示した.
- 形容詞の訳語は, 動詞句などの補語になる場合も含めて, 男性単数形のみ表示した.

3. 品詞等
- 訳語の名詞(句)には, 男 女 男女 男複 女複 固名 を示した.
- 名詞の不規則な複数形は(複 ...)として表示し, 単数形と性が異なる場合は定冠詞も添えた.

4. 位相・専門分野
- 位相は《　》内に, 専門分野は〔　〕内に示した(→伊和凡例参照).

5. 語法・文法情報
- 訳語と共起する前置詞を《 》で, 語法・文法的注意事項を〔 〕で示した.

6. 用　例
- 用例は ― で示し, 用例中の見出し語相当部分は ～ で省略した.

7. 合成語
- 2語以上からなる合成語は, ♦をつけて用例の後にまとめた.
- 合成語中の見出し語相当部分は ～ で省略した.

8. 記号・カッコ類
( ) : 訳語の意味限定, 語の省略
[ ] : 前の語(句)との交替
〔 〕: 語法・文法情報
《 》: 位相
〔 〕: 専門分野
《 》: 共起する前置詞
― : 用例開始
～ : 見出し語相当部分
♦ : 合成語開始

あ

アーケード portico 男, galleria 女
アーチ arco 男
アーチェリー tiro con l'arco 男
アーティチョーク carciofo 男
アームチェア poltrona 女
アーモンド (木)mandorlo 男; (実)mandorla 女
あい【愛】 amore 男
あいいろ【藍色】 indaco 男 ―～の indaco
あいかぎ【合鍵】 duplicato della chiave 男
あいかわらず【相変わらず】 come al solito, sempre
あいきどう【合気道】 aikido 男
あいきょう【愛嬌】 simpatia 女, amabilità 女 ―～のある simpatico, piacevole
あいこう【愛好】 ―～する amare
あいこくしん【愛国心】 patriottismo 男
あいことば【合い言葉】 parola d'ordine 女
アイコン icona 女
あいさつ【挨拶】 saluto 男 ―～する salutare
アイシャドー ombretto 男
あいしゅう【哀愁】 tristezza 女, malinconia 女
あいしょう【愛称】 vezzeggiativo 男
あいしょう【相性】 affinità 女, compatibilità 女 ―～がいい(人と)andare d'accordo / ～が悪い(人・物事と)essere incompatibile
あいじょう【愛情】 amore 男, affetto 男
あいじん【愛人】 amante 男女
あいず【合図】 cenno 男, segnale 男, segno 男 ―～する accennare
アイスクリーム gelato 男
アイススケート pattinaggio su ghiaccio 男
アイスホッケー hockey su ghiaccio 男
アイスランド Islanda 国名(女) ―～の islandese ◆～人 islandese 男女
あいする【愛する】 amare
あいせき【相席】 ―～する condividere la tavola
あいそう【愛想】 amabilità 女, affabilità 女 ―～のよい amabile, affabile / ～が尽きる provare disgusto (per,verso)
あいだ【間】 (AとBの)fra [tra] A e B; (三つ以上の)fra [tra]; (期間)durante; (…している～)mentre ―1時間の～ per un'ora / 1か月の～ in un mese
あいついで【相次いで】 uno dietro [dopo] l'altro ―～起こる susseguirsi, succedersi
あいづち【相槌】 ―～を打つ(同意)dare il consenso; (動作)fare cenni di assenso
あいて【相手】 (パートナー・仲間)compagno(a) 男(女); (相手役)co-protagonista 男女; (対話の)interlocutore(trice) 男(女); (競争)concorrente 男女; (戦いの)avversario(a) 男(女); (ライバル)rivale 男女
アイディア idea 女
アイティー【IT】 tecnologia informatica 女
あいている (開いた)aperto; (空の)vuoto; (使用可能な)libero; (時間が)libero
あいとう【哀悼】 condoglianze 女複
あいどくしょ【愛読書】 il PROPRIO libro preferito 男
アイドル idolo 男
あいにく【生憎】 purtroppo, per sfortuna
あいはんする【相反する】 opposto, contrario
アイビー (蔦)edera 女
アイピーエスさいぼう【iPS細胞】 cellule iPS (cellule staminali pluripotenti indotte) 女複
あいぶ【愛撫】 carezza 女 ―～する accarezzare
あいべや【相部屋】 ―～になる condividere la camera
あいま【合間】 intervallo 男, pausa 女 ―仕事の～に nelle pause di lavoro
あいまい【曖昧】 ―～な ambiguo, impreciso
アイライナー (リキッド)eyeliner liquido 男; (ペンシル)matita per gli occhi 女
あいらしい【愛らしい】 grazioso
アイリス iris 女, giaggiolo 男
アイルランド Irlanda 国名(女) ―～の irlandese ◆～語 irlandese 男 / ～人 irlandese 男女
アイロン ferro da stiro 男 ―～をかける stirare
あう【会う】 vedere, incontrare
あう【合う】 (サイズが)stare bene ⟨a⟩; (色や服が)andare bene ⟨a,con⟩; (気が)andare d'accordo ⟨con⟩
あう【遭う】 incontrare, imbattersi ⟨in⟩
アウェー ―～で試合する giocare fuori casa / ～用ユニフォーム maglia away 女
アウト (野球)out 男; (バレーボール)fuori 男
アウトプット uscita 女 ―～する dare un output di dati
アウトライン contorno 男, profilo 男
あえぐ【喘ぐ】 ansare, ansimare
あえて【敢えて】 ―～…する osare [azzardarsi a]― 不定
あえる【和える】 (BでAを)condire A con B
あえん【亜鉛】 zinco 男
あお【青】 azzurro 男; (濃い青)blu 男

あおい ◆〜信号 semaforo verde 男

あおい【青い】 azzurro; blu

あおぐ(仰ぐ)guardare in alto; (尊敬する)rispettare, riverire

あおぐ【扇ぐ】 sventolare

あおざめる【青ざめる】 diventare pallido, impallidire

あおじろい【青白い】 pallido

あおにさい【青二才】 sbarbatello 男

あおむけ【仰向け】 ーーに sul dorso

あおる【煽る】 (扇動)istigare, incitare; (風が)agitare, scuotere; (活気づける)accendere, incoraggiare, animare

あか【垢】 (よごれ)sporcizia 女, sudiciume 男; (角質)pelle morta 女; (水垢)incrostazione 女

あか【赤】 rosso 男 ◆〜信号 (交通) semaforo rosso 男; (危険)segnale di pericolo 男

あかい【赤い】 rosso ー赤くなる diventare rosso; (赤面)arrossire

あかぎれ【皸】 screpolature 女複

あがく【足掻く】 dibattersi

あかし【証し】 prova 女, testimonianza 女

あかじ【赤字】 deficit 男 ー今月も〜だ Siamo in deficit anche questo mese.

アカシア acacia 女

あかす【明かす】 (秘密などを)rivelare, svelare ー夜を〜 passare la notte

あかつき【暁】 (夜明け)alba 女 ーーのには(場合)nel caso che..., in caso di...

アカデミー accademia 女 ◆〜賞 premio Oscar 男

アカデミック ーーな accademico

あかねいろ【茜色】 rosso di robbia 男

アカペラ ーーで a cappella

あかぼう【赤帽】 facchino 男, portabagagli 男複

あかみ【赤身】 (肉の)magro 男 ーーの魚 pesce a carne rossa 男

あかむらさき【赤紫】 porpora 女

あがめる【崇める】 adorare, venerare

あからさま ーーな franco, aperto; (明白な)chiaro / ーに apertamente, chiaramente

あかり【明かり】 luce 女, lampada 女 ーーをつける[消す] accendere [spegnere] la luce

あがる【上がる】 (移動)salire; (増加) aumentare; (興奮)emozionarsi ー緊張して上がってしまった Innervositosi, ha perso la calma.

あかるい【明るい】 (明暗)chiaro, luminoso; (陽気)allegro, gaio; (精通)essere esperto in; (事情に)avere familiarità con ー明るくなる (空が)schiarire

あかんぼう【赤ん坊】 bimbo(a) 男(女), neonato(a) 男(女)

あき【空き】 (隙間)apertura 女, fessura 女; (余地)spazio 男, posto 男; (空席)posto libero 男; (欠員)posto vacante 男 ◆〜缶 lattina vuota 女 / 〜地 spiazzo 男 / 〜瓶 bottiglia vuota 女 / 〜部屋 camera libera 女

あき【秋】 autunno 男 ーーの autunnale

あきない【商い】 commercio 男, affari 男複

あきなう【商う】 vendere, commerciare in

あきらか【明らか】 ーーな evidente, ovvio / 〜に evidentemente, ovviamente

あきらめ【諦め】 ーーが悪い non saper perdere, non volersi arrendere, non volersi rassegnare / 〜がつく rassegnarsi, prenderla con filosofia

あきらめる【諦める】 rinunciare (a), rassegnarsi (a)

あきる【飽きる】 annoiarsi (di), stancarsi (di)

アキレスけん【ー腱】 tendine di Achille 男

あきれる【呆れる】 stupirsi, sbalordirsi

あく【悪】 male 男, vizio 男

あく【空く】 (中身が)vuotarsi; (部屋が) sfittarsi

あく【開く】 aprire, aprirsi ードアが開かない La porta non si apre. / ドアが開いている È aperta la porta.

アクアマリン acquamarina

あくい【悪意】 malizia 女

あくうん【悪運】 sfortuna ーーが強い avere una fortuna sfacciata

あくじ【悪事】 cattiveria 女 ーーを働く fare una cattiva azione

あくしつ【悪質】 ーーな cattivo; (品質) scadente

あくしゅ【握手】 ーーする (互いに) stringersi le mani; (…と)stringere la mano a...

あくしゅう【悪臭】 puzzo 男 ー〜が漂う puzzare, far puzzo

あくじゅんかん【悪循環】 circolo vizioso 男

アクション azione 女

あくせい【悪性】 ーーの maligno; 〔医〕 pernicioso

アクセサリー accessori 男複 ◆〜店 bigiotteria 女

アクセス accesso 男 ーーする (ウェブサイトに)accedere ad un sito

アクセル acceleratore 男

アクセント accento 男; (強調)enfasi 女

あくどい disonesto, malvagio ーー手口 (道義的)modo disonesto 男; (非合法)maniera illecita 女

あくにん【悪人】 persona cattiva 女, malvagio(a) 男(女)

あくび【欠伸】 sbadiglio 男 ーーをする sbadigliare

あくま【悪魔】 diavolo 男, demonio 男

あくまでも (執拗に)con insistenza; (最後まで)fino alla fine, fino in fondo

あくむ【悪夢】incubo 男
あくめいたかい【悪名高い】famigerato, di cattiva fama
あくよう【悪用】 ―～する abusare
あぐら【胡座】 ―～をかく sedersi alla turca
あくりょく【握力】forza della stretta di mano
アクリル acrile 男 ―～の acrilico
アクロバット acrobazia 女
あげあし【揚げ足】 ―～を取る（言葉尻を)cogliere un errore [lapsus] verbale / ―取り tendenza a criticare tutto 女; (人)persona che critica tutto 女
あけがた【明け方】alba 女
あけはなす【開け放す】spalancare
あけまして【明けまして】 ―～おめでとう Buon Anno. | Felice Anno Nuovo.
あける【開ける】aprire, (包みを)scartare
あける【空ける】 (空にする)vuotare, svuotare; (明け渡す)liberare
あける【明ける】(夜が)farsi giorno; (ある期間が終わる)finire, terminare
あげる【挙げる】 ―手を～ alzare la mano / 例を～ citare un esempio / 結婚式を～ celebrare le nozze
あげる【上げる】alzare, sollevare; (増加)aumentare; (進級・昇進)promuovere; (上達・向上)fare progressi in; (与える)dare, offrire
あげる【揚げる】(料理)friggere ―凧を～ far volare un aquilone
あご【顎】mento 男, mascella 女
アコーディオン fisarmonica 女
あこがれ【憧れ】aspirazione 女, adorazione 女, ammirazione 女
あこがれる【憧れる】aspirare, sognare
あさ【朝】mattina 女, mattino 男
あさ【麻】(亜麻・布)lino 男; (大麻)canapa 女
あざ【痣】macchia rotonda 女; (打撲の)livido 男; (生来の)voglia 女
あさい【浅い】(深さが)poco profondo, basso; (傷や眠りが)leggero, (知識が)superficiale
あさいち【朝市】mercato del mattino 男
あさがお【朝顔】*convolvolo* 男
あざけり【嘲り】derisione 女
あざける【嘲る】deridere, burlarsi (di)
あさごはん【朝御飯】(prima) colazione 女
あさせ【浅瀬】bassofondo, secca 女
あさって【明後日】dopodomani
あさねぼう【朝寝坊】dormiglione(a) 男(女) ―～する dormire fino a tardi
あさばん【朝晩】mattina e sera
あさひ【朝日】sole del mattino 男
あさましい【浅ましい】(嘆かわしい)deplorevole, (卑劣な)vile, basso

あざむく【欺く】ingannare
あさめし【朝飯】colazione 女 ◆そんなのは～前だ È un gioco da ragazzi.
あざやか【鮮やか】 ―～な vivace; (見事な)brillante, splendido
あざらし【海豹】foca 女
あさり【浅蜊】vongola 女
あざわらう【嘲笑う】deridere, ridere di
あし【脚】gamba 女; (犬や猫の)zampa 女
あし【足】piede 男 ―～を棒にする avere le gambe stanche / ～を引っ張る contrastare
あし【葦】canna 女
あじ【味】gusto 男; (風味)sapore 男
あじ【鯵】tracuro 男
アジア Asia 女 ―～の asiatico
あしあと【足跡】orma 女, impronta di piede 女
あしおと【足音】passo 男
アシカ otaria 女, leone marino 男
あしくび【足首】caviglia 女
あじけない【味気ない】insipido
あじさい【紫陽花】ortensia 女
アシスタント assistente 男女
あした【明日】domani
あじつけ【味付け】condimento 男 ―～する insaporire, condire
あしば【足場】ponteggio 男, impalcatura 女
あじみ【味見】 ―～する assaggiare
あじわい【味わい】 ―～のある gustoso; (面白み・趣のある)suggestivo, interessante
あじわう【味わう】gustare, assaporare; (経験する)avere esperienza (di); (鑑賞する)apprezzare
あす【明日】domani
あずかる【預かる】(保管)prendere in deposito; (世話)prendere in custodia
あずき【小豆】fagiolo rosso 男
あずける【預ける】(託す)affidare (a); (金銭・荷物を)depositare
アスパラガス asparago 男
アスピリン aspirina 女
アスファルト asfalto 男
あせ【汗】sudore 男 ―～をかく sudare
アセスメント apprezzamento 男 ◆環境～ valutazione sull'impatto ambientale 女
あせも【汗疹】sudamina 女
あせる【焦る】essere impaziente
あせる【褪せる】scolorire, sbiadire
アゼルバイジャン Azerbaigian 固名 (男) ―～の azerbaigiano
あぜん【啞然】 ―～とする rimanere a bocca aperta / ―として a bocca aperta, con stupore
あそこ quel posto 男 ―～に[の] là, lì; (上方)lassù; (下方)laggiù
あそび【遊び】gioco 男; (娯楽)divertimento 男; (気晴らし)passatempo 男

あそぶ【遊ぶ】 (…で)giocare a; (…と)giocare con; (楽しむ)divertirsi; (無為)oziare, starsene in ozio

あだ【仇】 (かたき)nemico(a) 男(女) ― ～を討つ vendicare

あたい【値・価】 (値段)prezzo 男, costo 男; (価値・数値)valore 男 ―…に～する degno, meritevole

あたえる【与える】 dare, offrire; (被害を)infliggere, recare

あたかも (まるで)come; (まさに)proprio, esattamente

あたたかい【暖[温]かい】 caldo; (温暖)mite; (心が)cordiale, affettuoso

あたたかみ【暖[温]かみ】 (愛情)tenerezza 女; (熱)calore 男

あたたまる【暖[温]まる】 riscaldarsi, scaldarsi; (心が温まる)commuoversi

あたためる【暖[温]める】 riscaldare, scaldare; (鳥が卵を)covare le uova; (案を)caldeggiare

アタッシュケース ventiquattrore 男

あだな【仇名】 soprannome 男

あたふた ～と in gran fretta, frettolosamente

アダプター adattatore 男

あたま【頭】 testa 女, capo 男; (頭脳)cervello 男, intelligenza 女 ―～が痛い avere mal di testa; (苦悩)tormentarsi (di) ―…の～に浮かぶ venire in mente a... / ～に来る andare in collera

あたまきん【頭金】 caparra 女

あたらしい【新しい】 nuovo; (新鮮)fresco; (最新)ultimo ― 新しく nuovamente; (最近)recentemente / 新しくする rinnovare

あたり【当たり】 (打撃)colpo 男; (成功)successo 男

あたり【辺り】 ～に intorno a / この～ qui intorno / 一面 tutto intorno

-あたり【当たり】 ―一人～ a testa, per ciascuno

あたりさわり【当たり障り】 ～のない inoffensivo, innocuo, evasivo

あたりちらす【当り散らす】 ―周りの人に～ scaricare i propri nervi sulle persone vicine

あたりまえ【当たり前の】 (当然の)naturale; (明白な)evidente, ovvio; (普通の)comune, solito, normale

あたる【当たる】 (衝突)urtare; (予想)indovinare, azzeccare; (くじ)vincere (alla lotteria); (成功)avere successo

あちこち(に) qua e là

あちら (向こう側)l'altro lato 男; (あれ)quello(a) 男(女) ―～に[の] là, lì; (上方)lassù; (下方)laggiù

あっ Ah!, Oh!

あつい【熱[暑]い】 caldo; (非常に)scottante

あつい【厚い】 (幅や層)spesso, grosso; (情が)cordiale, caloroso

あっか【悪化】 ―～する peggiorare, aggravarsi

あつかう【扱う】 (人を)trattare; (機械などを)manovrare

あつかましい【厚かましい】 sfacciato, impudente

あつがみ【厚紙】 cartone 男

あつぎ【厚着】 ―～する coprirsi bene

あつくるしい【暑苦しい】 soffocante, afoso

あっけない troppo semplice

あつさ【熱[暑]さ】 caldo 男, calore 男

あつさ【厚さ】 spessore 男

あっさり ～と (容易に)facilmente; (簡潔に)semplicemente / ～した (味が)leggero; (性格が)franco

あっしゅく【圧縮】 compressione 女 ―～する comprimere

あっしょう【圧勝】 vittoria decisiva 女 ―～する riportare una vittoria schiacciante

あっせん【斡旋】 (世話)buoni uffici 男複; (仲介)mediazione 女 ―～する fare da media*tore(trice)*

あっち là, lì

あつで【厚手】 ～の spesso, grosso

あっとう【圧倒】 ―～する sopraffare, schiacciare / ～的な schiacciante

あっぱく【圧迫】 oppressione 女 ―～する opprimere, reprimere

アップ ―～する (金額・数量を)aumentare; (ウェブ上に)caricare (su un server) / 髪を～にする tirarsi su i capelli

アップデート aggiornamento 男

アップトゥデート ～な aggiornato, moderno

アップリケ applicazione 女

アップルパイ torta di mele 女

あつまり【集まり】 (会合)riunione 女, raduno 男

あつまる【集まる】 riunirsi, radunarsi

あつみ【厚み】 spessore 男

あつめる【集める】 raccogliere, radunare; (収集する)collezionare

あつらえむき【誂え向き】 ～の ideale, appropriato

あつらえる【誂える】 ordinare su misura

あつりょく【圧力】 pressione 女 ―～をかける esercitare pressione (su) ♦～鍋 pentola a pressione 女

あつれき【軋轢】 (摩擦)attrito 男, frizione 女; (不和)disaccordo 男, discordia 女

あて【当て】 (目的)scopo 男, meta 女 ―…を～にする contare su..., fidarsi di...; (期待)aspettarsi

あて【宛て】 ―先生への手紙 lettera indirizzata al professore

あてこすり【当て擦り】 allusione 女, insinuazione 女, rimprovero 男

あてこする【当て擦る】 insinuare ―…について～ fare allusioni su...

あてさき【宛先】 indirizzo 男; (受取人)destinatario(a) 男(女)

あてはまる【当てはまる】 essere appro-

あてはめる priato (a)
あてはめる【当てはめる】(AをBに)applicare A a B
あてる【当てる】 colpire, cogliere; (推測)indovinare, azzeccare; (さらす)esporre (a); (割り当て)assegnare, destinare; (成功)aver successo; (あてがう)mettere
あと【後】 (後ろ)dietro, indietro; (のち)dopo, più tardi ―～で dopo, più tardi
あと【跡】 traccia 女, segno 男 ―～を追う inseguire / …の～を継ぐ(地位・財産)succedere a… / ～が残る(遺跡)restare; (傷)rimanere
あとあし【後脚】 zampa posteriore 女
あとあじ【後味】 retrogusto 男 ―～が悪い(味)lasciare un cattivo sapore; (印象)lasciare una cattiva impressione
あとがき【後書き】 postfazione 女, nota editoriale 女
あとかた【跡形】 ―～もなく senza lasciare tracce
あとかたづけ【後片づけ】 riassetto 男, riordinamento 男 ―～をする(テーブルの上を)sparecchiare (la tavola); (整理する)rimettere in ordine, riordinare
あどけない innocente, ingenuo
あとしまつ【後始末】 ―～する sistemare
あとずさり【後退り】 ―～する indietreggiare
あとつぎ【跡継ぎ】 erede 男女
アドバイス consiglio 男 ―～する consigliare
あとばらい【後払い】 ―～で買う comprare a credito
アトピー atopia 女 ―～性皮膚炎 dermatite atopica 女
あとまわし【後回し】 ―～にする rimandare, posporre
アトラクション attrazione 女
アトランダム ―～に a casaccio, a caso
アドリアかい【―海】 Mare Adriatico 固名(男)
アトリエ atelier 男
アドリブ improvvisazione 女 ―～で ad libitum
アドレス indirizzo 男 ―メール～ indirizzo di posta elettronica 男 ♦～帳 rubrica 女
あな【穴】 buco 男; (地面の)buca 女; (くぼみ)cavità 女; (ボタンの)occhiello 男 ―～を埋める ricoprire una buca
アナウンサー annunciatore(trice) 男(女)
アナウンス annuncio 男 ―～する annunciare
あなた (～が・は)Lei; (～を)La; (～に)Le; (～の)Suo ♦～たち(～たちが・は)voi; (～たちを・に)vi; (～たちの)vostro;〖敬称〗(～たちの)Loro

あなどる【侮る】 disprezzare
アナログ ―～の analogico
あに【兄】 fratello (maggiore) 男
アニメ cartoni animati 男複
あによめ【兄嫁】 cognata 女
あね【姉】 sorella (maggiore) 女
アネモネ anemone 男
あの quello ―～頃 in quel periodo, a quei tempi
アパート appartamento 男
あばく【暴く】 svelare, rivelare
あばれる【暴れる】 agire violentemente; (自制せずに)scatenarsi
アバンチュール avventura 女
アピール appello 男 ―～する fare appello (a); (魅力で引きつける)attrarre
あびせる【浴びせる】 (水をかける)versare; (砲火や質問を)bersagliare
あひる【家鴨】 anatra 女, anitra 女
あびる【浴びる】 ―風呂[シャワー]を～ fare il bagno [la doccia] / 日光を～ prendere il sole
あぶ【虻】 tafano 男
アフガニスタン Afghanistan 固名(男) ―～の afgano
アフターケア assistenza postoperatoria 女
アフターサービス assistenza (tecnica) 女
あぶない【危ない】 pericoloso; (リスクがある)rischioso
あぶら【脂】 grasso 男
あぶら【油】 olio 男
あぶらえ【油絵】 (画法)pittura a olio 女; (絵)quadro a olio 男
あぶらっこい【脂っこい】 grasso
あぶらみ【脂身】 grasso 男, parte grassa 女
アフリカ Africa 固名(女) ―～の africano
アプリケーション applicazione 女
あぶる【炙る】 passare sul fuoco; (料理)cucinare alla griglia
あふれる【溢れる】 traboccare; (河川が)straripare
アプローチ approccio 男
あべこべ ―～な[の] (反対)opposto, contrario; (裏返しの)rovescio; (逆さまの)sottosopra, capovolto
アベック coppia 女
アペニンさんみゃく【―山脈】 gli Appennini 固名(男複)
アベレージ media 女
あへん【阿片】 oppio 男
アポ(イントメント) (約束・予約)appuntamento 男
アボカド avocado 男
あま【尼】 monaca 女, suora 女
あま【海女】 pescatrice subacquea 女
あまい【甘い】 dolce; (寛容)indulgente
あまえる【甘える】 fare le moine; (ねだる)persuadere con le moine; (好意に)approfittare 《di》

あまくち【甘口】 ～の dolce, amabile; (酒類が)abboccato; (評価が)indulgente

あまぐつ【雨靴】 scarpe impermeabili 女

あます【余す】 (残す)lasciare

あまずっぱい【甘酸っぱい】 agrodolce

あまだれ【雨だれ】 gocce di pioggia 女

アマチュア dilettante 男女

あまど【雨戸】 controfinestra esterna 女, imposta scorrevole 女

あまとう【甘党】 essere goloso di dolci

あまのがわ【天の川】 Via Lattea 固名(女)

あまのじゃく【天の邪鬼】 bastian contrario 男

あまみず【雨水】 acqua piovana 女

あまもり【雨漏り】 infiltrazione d'acqua piovana 女

あまやかす【甘やかす】 viziare

あまやどり【雨宿り】 riparo dalla pioggia 男 ～する mettersi al riparo dalla pioggia

あまり【余り】 (残り)resto 男, avanzato 男 ～…ない non... molto, non... tanto

あまりにも【余りにも】 troppo

アマリリス amarilli 女

あまる【余る】 rimanere, avanzare

あまんじる【甘んじる】 (受容)accontentarsi (di); (辛抱)sopportare... con rassegnazione

あみ【網】 rete 女

あみだな【網棚】 reticella per valigie 女

あみど【網戸】 finestra schermata 女

アミノさん【一酸】 amminoacido 男

あみばり【編み針】 ferro da maglieria 男

あみめ【網目】 maglia di rete 女

あみめ【編み目】 punto 男, maglia 女

あみもの【編み物】 lavoro a maglia 男

あみやき【網焼き】 ～の alla griglia

あむ【編む】 lavorare a maglia; (ひも・髪を)intrecciare

あめ【飴】 caramella 女

あめ【雨】 pioggia 女 ～が降る piovere

アメーバ ameba 女

アメジスト ametista 女

アメリカ America 固名(複) ～の americano ♦～合衆国 gli Stati Uniti d'America 男複 /～合衆国の statunitense/～人 americano(a) 男女

アメリカンフットボール football americano 男

あやうく【危うく】 per poco (non), quasi ～梯子から落ちるところだった Per poco non cadevo dalla scala.

あやしい【怪しい】 (疑惑)sospetto, losco; (奇妙)strano; (天気が)incerto

あやしむ【怪しむ】 sospettare, dubitare (di)

あやつりにんぎょう【操り人形】 marionetta 女, burattino 男

あやふや ～な incerto, vago

あやまち【過ち】 errore 男, sbaglio 男; (道徳上の)peccato 男

あやまる【誤る】 sbagliare, fare uno sbaglio

あやまる【謝る】 chiedere scusa (a)

あやめ【菖蒲】 iris 女

あゆみ【歩み】 passo 男, cammino 男

あゆむ【歩む】 camminare, andare avanti

アラーム (警報)allarme 男

あらあらしい【荒々しい】 violento; (粗暴な)brusco

あらい【荒[粗]い】 (粗野な)rozzo; (気性が)violento; (粒・波が)grosso; (雑な)grossolano; (触感が)ruvido

あらいおとす【洗い落とす】 lavare [togliere] con acqua

あらいぐま【洗い熊】 procione 男, orsetto lavatore 男

あらいざらい【洗い浚い】 (全部)tutto; (すっかり)completamente

あらう【洗う】 lavare ～自分の髪を～ lavarsi i capelli

あらかじめ【予め】 in anticipo

アラカルト alla carta

あらさがし【あら探し】 ～する cavillare, cercare il pelo nell'uovo

あらし【嵐】 temporale 男, tempesta 女

あらす【荒らす】 distruggere, rovinare; (損害を与える)danneggiare

あらすじ【粗筋】 (要約)riassunto 男, sommario 男; (物語・劇の)trama 女

あらそい【争い】 (けんか)lite 女, litigio 男; (紛争)conflitto 男

あらそう【争う】 combattere, litigare; (論争)disputare

あらた【新た】 ～な nuovo; (別の)altro/～に di recente, appena

あらたまった【改まった】 formale, cerimonioso

あらたまる【改まる】 rinnovarsi; (変更)cambiare, modificarsi; (改善)migliorare

あらためて【改めて】 (再度)di nuovo; (別の時に)un'altra volta

あらためる【改める】 (更新)rinnovare; (変更)cambiare, modificare; (改善)migliorare; (訂正)correggere

アラビア Arabia 固名(女) ～の arabico, arabo ♦～海 Mare Arabico 固名(男) /～語 arabo 男 /～数字 cifre arabiche 女複 /～半島 Penisola Arabica 固名(女)

アラブ ～の arabo ♦～首長国連邦 gli Emirati Arabi Uniti 固名(男複)/～首長国連邦の emiratese

あらゆる (全ての)tutto$; (それぞれの)ogni

あられ【霰】 grandine 女

あらわ【露】 ー〜に（明白に）francamente, apertamente; （露骨に）molto esplicitamente

あらわす【表す】 （表明）mostrare; （表現）esprimere; （意味）rappresentare

あらわす【現す】 ー姿を〜 apparire, mostrarsi

あらわす【著す】 scrivere

あらわれる【現れる】 apparire, comparire

あり【蟻】 formica 女

アリア aria 女

ありあまる【有り余る】 sovrabbondare, essere in eccesso

ありあり ー〜と chiaramente, distintamente

ありうる【有り得る】 possibile

ありえない【有り得ない】 impossibile

ありがたい【有り難い】 grato, riconoscente ー AをBをありがたく思う ringraziare *A* per *B*

ありがとう【有難う】 Grazie! | La [Ti] ringrazio.

ありさま【有様】 （状態）stato 男, situazione 女; （具合）condizione 女; （外観）aspetto 男, apparenza 女

ありそう【有りそう】 ー〜な probabile, possibile; （本当らしい）verosimile

ありのまま【有りのまま】 ー〜の così com'è / 〜に言えば a dire la verità

アリバイ alibi 男

ありふれた troppo comune, banale

ありゅう【亜流】 imita*tore*(*trice*) 男(女), epigono 男

ある【有る】avere; （行われる）tenersi, aver luogo; （起こる）accadere, succedere; （在る）essere [esserci], trovarsi ー 彼と話す必要が〜 Ho bisogno di parlare con lui. / 見本市はどこでありますか？ Dove si tiene la fiera? / こんなことはあってはならない Questo non può e non deve succedere. / そのホテルは歴史地区の真ん中に〜 L'hotel si trova nel bel mezzo del centro storico.

ある【或る】 un certo, una certa

あるいは o, oppure

アルカリせい【ー性】 alcalinità 女 ー〜の alcalino

あるく【歩く】 camminare ー 歩いて行く andare a *piedi*

アルコール alcol 男 ♦〜飲料 bevanda alcolica 女

アルジェリア Algeria 固名(女) ー〜の algerino

アルゼンチン Argentina 固名(女) ー〜の argentino

アルツハイマーびょう【ー病】 morbo di Alzheimer 男

アルト alto 男; （声・歌い手）contralto 男

アルバイト (lavoro) part time 男 ー〜する lavorare (a) part time

アルバニア Albania 固名(女) ー〜の albanese ♦〜語 albanese 男 / 〜人 albanese 男女

アルバム album 男

アルピニスト alpinista 男女

アルファベット alfabeto 男 ♦〜順に in ordine alfabetico

アルプス le Alpi 固名(女複)

アルミ →アルミニウム ♦〜サッシ telaio di alluminio 男 / 〜ホイル foglio di alluminio 男

アルミニウム alluminio 男

アルメニア Armenia 固名(女) ー〜の armeno ♦〜語 armeno 男

あれ quello ー〜から da allora / 〜ほど così, talmente, tanto

アレキサンドリア Alessandria 固名(女) ー〜の alessandrino

あれこれ una cosa e l'altra ー〜と考える pensare a una cosa e all'altra

あれる【荒れる】 （海が）essere agitato; （皮膚が）diventare ruvido; （建物が）andare in rovina; （行動・秩序が）sregolato; （精神が）infuriarsi

アレルギー allergia 女 ♦〜性の allergico / 卵〜がある essere allergico all'uovo

アレンジ arrangiamento 男 ー〜する arrangiare

アロエ aloe 女

アロマセラピー aromaterapia 女

あわ【泡】 schiuma 女, spuma 女

あわい【淡い】 （色・光が）pallido, tenue; （味が）leggero; （感情が）vago

あわせて【合わ[併]せて】 （合計）in tutto; （さらに）inoltre a; （…とともに）insieme con

あわせる【合わ[併]せる】 （一つに）mettere insieme, unire; （調整）regolare, mettere a punto; （順応）adattarsi (a); （照合）confrontare

あわただしい【慌ただしい】 affaccendato, affrettato ー 慌ただしく in fretta e furia

あわだつ【泡立つ】 spumare, schiumare

あわてる【慌てる】 （動転）agitarsi, turbarsi; （急ぐ）precipitarsi

あわび【鮑】 orecchia di mare 女

あわや per poco

あわれ【哀れ】 ー〜な povero, miserabile

あわれみ【哀れみ】 pietà 女, compassione 女

あわれむ【哀れむ】 provare pietà (per)

あん【案】 progetto 男, piano 男; （提案）proposta 女

あんい【安易】 ー〜な facile

アンカー （リレー）l'ultim*o*(*a*) 男(女)

あんがい【案外】 contrariamente a quanto previsto [alle aspettative]

あんき【暗記】 ー〜する imparare a memoria

アングル angolo 男; （映像）angolazione 女; （視点）punto di vista 男

アンケート questionario 男
あんこう【鮟鱇】 rana pescatrice 女, coda di rospo 女
あんごう【暗号】 codice 男, cifra 女
アンコール bis 男
あんこく【暗黒】 oscurità 女, tenebra 女
あんこくがい【暗黒街】 malavita 女
アンゴラ Angola 固名(女) ―～の angolano
アンゴラ （毛糸）angora 女
あんさつ【暗殺】 assassinio 男 ―～する assassinare ◆～者 assassino(a) (女)
あんざん【安産】 parto facile 男
あんざん【暗算】 calcolo mentale 男
あんじ【暗示】 allusione 女, suggerimento 男 ―～する alludere, suggerire
あんしつ【暗室】 camera oscura 女
あんしょう【暗礁】 scoglio 男; (難局) punto morto 男
あんしょう【暗唱】 recitazione a memoria 女 ―～する recitare a memoria
あんしょうばんごう【暗証番号】 numero [codice] segreto
あんじる【案じる】 preoccuparsi 《di》
あんしん【安心】 sollievo 男 ―～する provare sollievo / ～している stare tranquillo
あんず【杏】 （木）albicocco 男; （果実）albicocca 女
あんせい【安静】 riposo assoluto 男 ―～する stare in assoluto riposo
あんぜん【安全】 sicurezza 女 ―～な sicuro ◆～運転 guida sicura 女 / ～ベルト cintura di sicurezza 女
アンダーライン sottolineatura 女 ―～を引く sottolineare
アンチョビー acciuga 女
あんてい【安定】 stabilità 女; (バランス) equilibrio 男; (不変)costanza 女 ―～する stabilizzarsi
アンティーク pezzo di antiquariato 男
アンデス le Ande 固名(女複) ◆～山脈 Cordigliera delle Ande 固名(女)
アンテナ antenna 女
アンドラ Andorra 固名(女) ―～の andorrano
アンドロメダざ【―座】 Andromeda 固名(女)
アントワープ Anversa 固名(女)
あんな tale, simile ―～こそ, talmente
あんない【案内】 （導き）guida 女; （通知）avviso 男 ―～する fare da guida [cicerone], accompagnare; (通知する) informare ◆～所 ufficio informazioni 男 / ～状 (biglietto di) invito 男
あんに【暗に】 tacitamente
あんのじょう【案の定】 come previsto
あんば【鞍馬】 cavallo con maniglie 男

アンパイア arbitro 男
アンバランス squilibrio 男 ―～な sbilanciato, squilibrato
あんぴ【安否】 salvezza 女 ―…の～ を確認する (問う)chiedere notizie di...; (知る)avere notizie di...
アンプ amplificatore 男
アンプル fiala 女, fialetta 女
アンペア ampere 男
あんまく【暗幕】 tenda oscurante 女
あんみん【安眠】 sonno quieto 男 ―～する fare un buon sonno, dormire tra due guanciali
あんもく【暗黙】 ―～の tacito
アンモニア ammoniaca 女
あんらく【安楽】 ―～な comodo, agiato / ～に暮らす vivere negli agi ◆～椅子 poltrona 女 / ～死 eutanasia 女

い

い【胃】 stomaco 男 ◆～液 succo gastrico 男 / ～潰瘍 ulcera gastrica 女 / ～癌 cancro allo stomaco 男 / ～痙攣 crampi allo stomaco (男複) / ～酸過多 ipercloridria 女 / ～痛 mal di stomaco 男
い【意】 ―～に介さない non fare caso 《a》 / ～に適う essere di PROPRIO gusto / ～に反して contro la PROPRIA volontà / ～を決する decidersi
い【位】 grado 男, ordine 男, posto 男 ◆小数点第一～ la prima cifra decimale 女
いあわせる ―居合わせる essere presente
いい【良[善・好]い】 （品質・性質）buono; （素敵）bello; （優れた）eccellente, bravo
いいあてる【言い当てる】 indovinare, azzeccare
いいあらそい【言い争い】 discussione 女, disputa 女; (口論)litigio 男
いいあらそう【言い争う】 discutere, disputare; (口げんか)litigare
いいえ no; 【否定疑問に対して】sì
いいかえす【言い返す】 replicare, obiettare, rispondere
いいかえる【言い換える】 dire in altre parole
いいかげん【好い加減】 ―～な (軽薄な) frivolo; (ごまかしの)inattendibile / ～に (でたらめに)a caso; (無責任に)irresponsabilmente / ～ (にしなさい (言動を)Non esagerare!; (行為を)Basta!
いいかた【言い方】 modo di dire 男; (表現)espressione 女
いいき【いい気】 ―～な (得意・傲慢な) vanitoso / ～になる essere pieno di orgoglio
いいきかせる【言い聞かせる】 （教示する） dare istruzioni 《a》; （忠告する）consi-

イージーオーダー gliare; (説得する)persuadere
イージーオーダー ―〜の semiconfezionato
いいすぎる【言い過ぎる】 esagerare; (非難)rimproverare troppo
イースター Pasqua 固名(女)
イーストきん【―菌】 lievito 男
いいそこなう【言い損なう】 sbagliare nel pronunciare
いいそびれる【言いそびれる】 perdere l'occasione di dire
いいつけ【言い付け】 (指示)istruzione 女; (命令)ordine 男
いいつける【言いつける】 (命令)ordinare; (…に告げ口する)dire di nascosto a...
いいつたえ【言い伝え】 (伝承)tradizione 女, (伝説)leggenda 女
いいなずけ【許婚】 fidanzato(a) 男(女), promesso(a) sposo(a) 男(女)
いいのがれ【言い逃れ】 scappatoia 女, sotterfugio 男
いいのがれる【言い逃れる】 dare una risposta evasiva
いいはる【言い張る】 insistere ⦅su⦆
いいふらす【言い触らす】 spargere una voce ⦅su⦆, diffondere
いいぶん【言い分】 (主張)asserzione 女, (意見)opinione 女; (不満)lamentela 女
いいまわし【言い回し】 modo di dire 男; (表現)espressione 女; (慣用句)locuzione 女
イーメール【E―】 e-mail 女, posta elettronica 女
イーユー【EU】 UE 固名(女), Unione Europea 固名(女)
いいよる【言い寄る】 corteggiare, fare la corte ⦅a⦆
いいわけ【言い訳】 (弁解)scusa 女; (口実)pretesto 男
いいわすれる【言い忘れる】 dimenticare di dire
いいん【委員】 membro del comitato 男 ◆〜会 (組織)comitato 男; (会議) riunione del comitato 女/〜長 presidente 男女
いいん【医院】 studio medico 男, clinica 女; (応急の)ambulatorio 男
いう【言う】 dire; (話す)parlare ―イタリア語では何と言いますか? *Come si dice in italiano?* / 独り言を〜 parlare da solo
いえ【家】 casa 女 ―〜に[で] a casa
いえき【胃液】 succo gastrico 男
イエス・キリスト Gesù Cristo 固名(男)
いえで【家出】 ―〜する scappare di casa
イエメン Yemen 固名(男) ―〜の yemenita
いえもと【家元】 caposcuola 男女 (複 i capiscuola, le caposcuola)
いえる【癒える】 guarire
いおう【硫黄】 zolfo 男
イオニアかい【―海】 Mare Ionio 固名 (男)
イオン ione 男
いか【以下】 (数量)meno di, sotto, al di sotto di; (程度)inferiore a; (後述部分)seguente
いか【烏賊】 (ヤリイカ)calamaro 男; (コウイカ)seppia 女
いがい【以外】 eccetto ⦅che⦆, tranne ⦅che⦆
いがい【意外】 ―〜な inaspettato, imprevisto; (驚くべき)sorprendente
いかいよう【胃潰瘍】 ulcera gastrica 女
いかが【如何】 (どんな風)come ―コーヒーは〜ですか *Vuole un caffè?*
いかがわしい (淫らな)indecente, osceno; (怪しげな)sospetto
いかく【威嚇】 minaccia 女, intimidazione 女 ―〜する (公権力が)intimidire; (脅す)minacciare ◆〜射撃 colpo di avvertimento 男
いがく【医学】 medicina 女, scienza medica 女
いかす【生かす】 fare buon uso ⦅di⦆; (生き物を)lasciare vivere
いかすい【胃下垂】 ptosi gastrica 女
いかせる【行かせる】 fare andare
いかだ【筏】 zattera 女
いかに【如何に】 come
いかめしい【厳めしい】 (威厳のある)maestoso; (厳粛な)dignitoso, solenne; (厳しい)serio, severo
いかり【怒り】 ira 女, collera 女, rabbia 女 ―〜に燃える ardere d'ira / …の〜を招く eccitare la collera di... / (自分の)〜を静める placarsi la collera
いかり【錨・碇】 ancora 女
いかる【怒る】 arrabbiarsi
いかん【遺憾】 (残念)spiacente, deplorevole; (不快)increscioso ―〜である essere spiacente ⦅di⦆ / 〜なく soddisfacentemente
いき【息】 fiato 男 ―〜が切れる avere il fiato corto / 〜を凝らす trattenere il fiato / 〜をつく prendere fiato
いき【意気】 (気力)spirito 男, animo 男; (やる気)morale 男 ◆〜消沈した scoraggiato, sconfortato / 〜揚々と trionfalmente
いき【生き】 ―〜がいい fresco ◆〜証人 testimone vivente 男女
いき【行き】 per, diretto a
いぎ【異議】 obiezione 女 ―〜を唱える sollevare un'obiezione
いぎ【意義】 significato 男; (重要性)valore 男 ―〜深い significativo
いきいき【生き生き】 ―〜と vivacemente / 〜とした vivace, vivo
いきうつし【生き写し】 ―…に〜だ essere proprio il ritratto di...
いきうめ【生き埋め】 ―〜になる essere sepolto vivo
いきおい【勢い】 (力)forza 女; (威勢) energia 女, vigore 男

いきがい【生き甲斐】ragione d'essere 女
いきかえる【生き返る】(蘇生する)tornare in vita; (活力を取り戻す)ravvivarsi
いきかた【生き方】modo di vivere 男
いきごみ【意気込み】ardore 男, entusiasmo 男
いきさき【行き先】destinazione 女
いきさつ【経緯】(内情)dettagli 男複, tutte le circostanze 女複; (過程)storia 女, sviluppo 男
いきた【生[活]きた】vivo
いきづまる【息詰まる】—～ような雰囲気 atmosfera molto tesa 女
いきどまり【行き止まり】vicolo cieco 男; (標識)strada senza uscita 女
いきな【粋な】chic, elegante
いきなり di colpo, improvvisamente
いきぬき【息抜き】riposo 男, ricreazione 女
いきのこる【生き残る】sopravvivere
いきのびる【生き延びる】rimanere vivo, sopravvivere
いきもの【生き物】essere vivente 男
いきょう【異教】religione straniera 女; (非キリスト教)paganesimo 男
いぎょう【偉業】impresa 女
イギリス Inghilterra 固名(女), Gran Bretagna 固名(女) —～の inglese ♦～海峡 La Manica 固名(女)/～人 inglese 男女
いきる【生きる】vivere —生きている essere vivo
いく【行く】andare; (相手の所へ)venire; (去る)andarsene
いくじ【育児】cura dei bambini 女
いくじなし【意気地なし】codardo(a) 男(女), fifone(a) 男(女)
いくせい【育成】—～する educare, formare
いくつ【幾つ】quanto; (何歳)quanti anni
いくつか【幾つか】—～の alcuno, qualche
いくぶん【幾分】(一部)una parte, una fetta; (少し·弱冠)un po'
いくら【幾ら】(数量·価格)quanto —～…しても per quanto [quantunque]+ 接続法 /～ですか? Quanto costa?
イクラ uova di salmone 女複
いくらか【幾らか】(少し)un po'; (ある程度まで)fino ad un certo punto
いけ【池】stagno 男; (庭園の)laghetto 男
いけがき【生垣】siepe (viva) 女
いけす【生簀】vivaio 男
いけない (悪い)cattivo; (正しくない)ingiusto
いけにえ【生贄】sacrificio 男; (犠牲)capro espiatorio 男
いけばな【生け花】ikebana 男, arte di disporre i fiori 女
いける【生ける】(切り花を)disporre i fiori recisi
いけん【意見】opinione 女; (忠告)consiglio 男
いけん【違憲】incostituzionalità 女 —～の incostituzionale, anticostituzionale
いげん【威厳】dignità 女, maestà 女 —～のある dignitoso, maestoso
いご【以後】(今後)d'ora in poi; (その後)dopo, da allora in poi
いこう【移行】transizione 女, cambiamento 男 ♦～措置 disposizione transitoria 女
いこう【意向】intenzione 女
いこう【憩う】riposarsi, rilassarsi
イコール fa, è uguale (a)
いこく【異国】paese straniero 男 ♦～情緒 esotismo 男
いごこち【居心地】—～がよい comodo, confortevole /～が悪い sentirsi a disagio
いさかい【諍い】disputa 女, alterco 男
いざかや【居酒屋】taverna 女, osteria 女
いざこざ attrito 男; (小さな)screzio 男
いさましい【勇ましい】coraggioso, impavido; (雄々しい)virile
いさめる【諫める】ammonire
いさん【遺産】eredità 女, patrimonio 男 ♦世界～ patrimonio mondiale 男
いし【石】pietra 女; (小石)sasso 男 ♦～垣 muro di pietra 男/～畳 lastricato 男
いし【医師】medico 男
いし【意志】volontà 女 —～が強い avere una forte volontà /～が弱い avere una volontà debole
いし【意思】intenzione 女 —～が疎通する comprendersi bene ♦～表示する esprimere le PROPRIE intenzioni
いし【遺志】volontà di un defunto [una defunta] 女
いじ【維持】(保存管理)manutenzione 女; (治安·体制の)mantenimento 男 —～する mantenere ♦～費 spese di manutenzione 女複
いじ【意地】ostinazione 女 —～の悪い cattivo, malizioso /…すると～を張る ostinarsi a + 不定詞
いじ【遺児】orfano(a) 男(女)
いしき【意識】coscienza 女, sensi 男複 —～的に coscientemente /～を回復する riprendere coscienza ♦～不明 essere in coma
いじけた timido, scontroso
いしつ【異質】eterogeneità —～の eterogeneo
いしつぶつ【遺失物】oggetto perduto 男 ♦～取扱所 ufficio degli oggetti smarriti 男
いじめ【苛め】bullismo 男, maltrattamento 男

いじめる【苛める】maltrattare, angariare

いしゃ【医者】medico 男, dottore(ressa) 男(女)

いしゃりょう【慰謝料】compenso 男, indennizzo 男

いしゅう【異臭】puzzo 男 ——～を放つ puzzare

いじゅう【移住】migrazione 女;（国外）emigrazione 女 ——～する migrare;（国外へ）emigrare

いしゅく【萎縮】［医］atrofia 女 ——～する farsi piccolo,［医］atrofizzarsi

いしゅく【畏縮】——～する farsi piccolo, intimidirsi

いしょ【遺書】（自殺者の）nota del [della] suicida 女;（遺言）testamento 男

いしょう【衣装】vestiti 男複;（舞台）costumi 男複

いしょう【意匠】disegno 男;（趣向）idea 女

いじょう【以上】（数量）più di, sopra, al di sopra di;（程度）superiore (a) ——～の（上述の）suddetto, sopraccitato

いじょう【異状】（身体・機械の）anomalia 女

いじょう【異常】——～な anormale, insolito;（稀な）straordinario

いしょく【移植】（植物・臓器の）trapianto 男;（皮膚の）innesto 男

いしょく【異色】——～の singolare, unico

いしょく【委嘱】incarico 男;（信託）affidamento 男;（任命）nomina 女

いしょくじゅう【衣食住】abbigliamento, vitto e alloggio 男複

いじる（さわる）toccare;（改変する）modificare

いじわる【意地悪】——～な malizioso, cattivo

いじん【偉人】grand'uomo 男, genio 男

いす【椅子】sedia 女;（ベンチ）panchina 女;（ソファ）divano 男, poltrona 女

イスタンブール Istanbul 固名(女)

いずみ【泉】sorgente 女, fontana 女

イスラエル Israele 固名(男) ——～の israeliano

イスラム Islam 固名(男) ♦～教 islam 男/～教徒 islamita 男女, musulmano (a) 男(女)

いずれ（早晩）prima o poi;（どのみち）in ogni caso

いせい【異性】l'altro sesso 男

いせい【威勢】——～のよい pieno di vita [vivacità, vigore]

いせえび【伊勢海老】aragosta 女

いせき【遺跡】rovine 女複;（発掘された）scavi 男複

いぜん【以前】prima, una volta

いぜん【依然】——～として come prima, sempre

いそ【磯】riva rocciosa 女

いそいそ ——～と con gioia, con felicità

いそうろう【居候】parassita 男女

いそがしい【忙しい】occupato, impegnato

いそがせる【急がせる】fare premura a, sollecitare

いそぎ【急ぎ】——～の urgente

いそぐ【急ぐ】affrettarsi, sbrigarsi ——急いでいる avere fretta [premura]

いぞく【遺族】dolenti 男複;（故人が男性）famigliari di un defunto 男複;（故人が女性）famigliari di una defunta 男複

いぞん【依存】dipendenza 女 ——～する dipendere ((da))

いた【板】tavola 女, asse 女;（金属の）lastra 女

いたい【遺体】cadavere 男;（亡き骸）salma 女

いたい【痛い】avere un dolore ((a)) ——歯が～ avere mal di denti

いだい【偉大】——～な grande

いたいたしい【痛々しい】doloroso;（哀れな）pietoso

いたく【委託】incarico 男, affidamento 男;（業務）commissione 女;（商品）consegna 女 ——～する incaricare, affidare

いだく【抱く】（腕に）prendere... fra le braccia;（心に）avere (nel cuore), alimentare

いたずら【悪戯】scherzo 男, birichinata 女 ——～好きな scherzoso, birichino ♦～書き scarabocchio 男

いたずら【徒ら】——～に invano, inutilmente

いただき【頂】cima 女, vetta 女

いただく【頂く】(もらう) ricevere

いたち【鼬】donnola 女 ♦～ごっこ（悪循環）circolo vizioso 男

いたで【痛手】（打撃）duro colpo 男, botta 女;（損害）grave danno 男

いたのま【板の間】pavimento in legno 男

いたばさみ【板挟み】——～になる trovarsi in un dilemma, trovarsi tra due fuochi

いたましい【痛ましい】tragico, doloroso

いたみ【痛[傷]み】dolore 男 ♦～止め analgesico 男

いたむ【痛む】（体が）dolere [fare male] ((a));（心が）addolorarsi

いたむ【悼む】piangere

いたむ【傷む】(損傷) essere danneggiato;（腐敗）guastarsi, andare a male ——傷んだリンゴ mela ammaccata 女

いためる【炒める】soffriggere

いためる【傷める】ferire, danneggiare

イタリア Italia 固名(女) ——～の italiano ♦～共和国 Repubblica Italiana 固名(女)/～語 italiano 男/～人 italiano

イタリック no(a) 男(女) / ～半島 Penisola Italiana 固名(女)

イタリック【一(体)】corsivo 男, italico 男 — ～で in corsivo [italico]

いたる【至る】(到達する)arrivare a; (達成する)raggiungere

いたるところ【至る所】— ～に[で] dappertutto, dovunque

いたわる【労る】avere cura (di)

いたん【異端】(非カトリック)eresia 女; (非正統)eterodossia 女 — ～の eretico ♦ ～ eretico(a) 男(女)

いち【一·1】uno 男 — ～番目の primo

いち【位置】posizione 女, situazione 女

いち【市】(業者の)fiera 女; (消費者対象)mercato 男

いちいち【一々】a uno a uno

いちいん【一員】membro 男

いちおう【一応】(ざっと)grosso modo; (とにかく)comunque; (念のために)per maggior sicurezza; (さしあたり)per ora

いちがつ【一月】gennaio 男

いちげき【一撃】un colpo 男

いちご【苺】fragola 女

いちじ【一時】(あの時)in quel momento; (短時間)per un po' di tempo

いちじあずかり【一時預かり】(荷物の)deposito bagagli 男; (クロークの)guardaroba 女

いちじく【無花果】fico 男

いちじてき【一時的】— ～な temporaneo / ～に momentaneamente

いちじるしい【著しい】notevole, rilevante

いちど【一度】una volta — もう～ ancora una volta

いちどう【一同】— 我々～ noi tutti(e) 男複(女複), / 家族～ tutta la famiglia 女

いちにち【一日】un giorno, una giornata 女 — 素敵な～ una bella giornata 女 / ～一回 una volta al [il] giorno / ～中 tutto il giorno

いちにん【一任】— ～する (AにBを)affidare B a A

いちにんまえ【一人前】(独立した)indipendente; (正規の)effettivo; (食事)una porzione 女 — ～になる diventare adulto

いちねん【一年】un anno 男

いちば【市場】mercato 男

いちばん【一番】numero uno 男; (順位)il primo posto 男; (人)il(la) primo(a) 男(女), il migliore 男

いちぶ【一部】(部分)una parte 女; (一冊)una copia 女

いちべつ【一瞥】— ～する dare un'occhiata

いちまい【一枚】(紙)un foglio 男; (パン·肉の)una fetta 女

いちめん【一面】un aspetto 男; (辺り一帯)tutto intorno; (新聞の)prima pagina 女

いちもく【一目】— ～に～置く riconoscere la superiorità di...

いちもくさん【一目散】— ～に a gambe levate, darsela a gamba

いちもくりょうぜん【一目瞭然】chiaro come il sole

いちやく【一躍】di colpo, in un baleno — ～有名になる ottenere fama dall'oggi al domani

いちやづけ【一夜漬け】(漬物)ortaggi in salamoia 男複 — ～の勉強をする fare una sgobbata per l'esame, prepararsi affrettatamente all'esame

いちょう【銀杏】ginkgo 男

いちょう【胃腸】stomaco e intestino ♦ ～薬 medicina digestiva 女

いちらんひょう【一覧表】lista 女, tabella 女

いちりゅう【一流】— ～の di prima classe [categoria] / 超～の fuoriclasse, di serie A

いちれん【一連】— ～の una serie di

いつ quando, (何時に)a che ora — ～から da quando / ～まで fino a [fin] quando / ～までに per quando

いつう【胃痛】mal di stomaco 男, gastralgia 女

いっか【一家】una famiglia 女

いつか (将来)un giorno; (過去)in passato, l'altro giorno

いっかい【一階】pianterreno 男, piano terra 男

いっかい【一回】una volta 女 — もう～ ancora una volta / 週～ una volta alla [la] settimana / ～分 (薬の)una dose 女; (分割払いの)una rata 女

いっかつ【一括】— ～する mettere insieme / ～購入する (業者が)comprare all'ingrosso; (消費者が)acquistare in blocco / ～払いする pagare l'intera somma

いっき【一気】— ～に (tutto) d'un fiato / ～に飲む tracannare

いっけん【一見】— ～したところ a prima vista / ～して subito, all'istante

いっこ【一個】un pezzo 男

いっこう【一行】gruppo 男, comitiva 女

いっこう【一考】— ご～願います La prego di pensarci bene.

いっこく【一刻】un momento 男, un attimo 男 — ～を争う urgente

いっさい【一切】tutto 男 ♦ ～合切 tutto insieme, tutto compreso — ～...ない non... per niente

いっさくじつ【一昨日】l'altro ieri, ieri l'altro

いっさんかたんそ【一酸化炭素】monossido di carbonio 男 ♦ ～中毒 intossicazione da monossido di carbonio 女

いっしき【一式】un set 男 — ...用品～ un completo da... 男

いっしゅ【一種】— ～の... una specie di... / ～独特の particolare, peculiare

いっしゅう【一周】 un giro 男 ―～する fare un giro ◆～年(記念) il primo anniversario 男

いっしゅうかん【一週間】 una settimana 女

いっしゅん【一瞬】 un momento 男, un attimo 男 ―～にして in un istante

いっしょ【一緒】 ―～に insieme / 私[君]と～に con me [te]

いっしょう【一生】 una vita 女, tutta la vita

いっしょうけんめい【一生懸命】 sodo, forte, con impegno

いっしん【一新】 ―～する (改変)rinnovare; (抜本的に)cambiare totalmente

いっする【逸する】 perdere

いっせい【一斉】 ―～に (同時に)simultaneamente, contemporaneamente; (一緒に)tutt' insieme

いっせきにちょう【一石二鳥】 prendere due piccioni con una fava

いっそ piuttosto ―～した方がよい preferire di gran lunga + 不定詞

いっそう【一層】 ancora di più, di più

いっそく【一足】 一靴～ un paio di scarpe 男 / パンティーストッキング～ un collant 男

いったい【一体】 ―～何と言ったのか? Che cosa avrà mai detto?

いつだつ【逸脱】 deviazione 女

いっち【一致】 coincidenza 女; (見解の)concordanza 女 ―～する coincidere con, corrispondere a ◆全員～で di concerto

いっちょういっせき【一朝一夕】 ―～にはできない Non si può realizzare facilmente.

いっちょういったん【一長一短】 avere pro e contro, avere vantaggi e svantaggi

いっちょくせん【一直線】 diritto ―～に in linea retta, seguendo una linea retta

いつつ【五つ】 cinque

いっつい【一対】 una coppia 女, un paio 男

いってい【一定】 ―～の fisso, costante

いってき【一滴】 una goccia 女

いつでも in qualsiasi momento ―～好きな時に quando vuole [vuoi]

いっとう【一等】 (等級)prima classe 女 ◆～賞 primo premio 男

いっぱい【一杯】 (充満)pieno 《di》 ―コップ～の… un bicchiere di... / コーヒー～ una tazza di caffè 男

いっぱく【一泊】 una notte 女 ―～する pernottare per una notte

いっぱんてき【一般的】 generale, comune ―～に in genere [generale] / ～に言えば generalmente parlando

いっぴきおおかみ【一匹狼】 lupo solitario 男

いっぴんりょうり【一品料理】 piatto alla carta

いっぷく【一服】 (薬)una dose 女; (休息)riposo 男 ―～する riposarsi un poco

いっぽ【一歩】 un passo 男 ◆～一歩 passo a passo

いっぽう【一方】 (始めの一つ)uno(a) 男 (女); (他方)l'altro(a) 男(女) ◆～通行 senso unico 男

いっぽう【一報】 ―(AをBに)～する fare sapere a B A, informare B di A

いっぽうてき【一方的】 ―～な unilaterale; (不公平な)parziale; (横暴な)arbitrario / ～に unilateralmente, parzialmente, arbitrariamente

いつまでも per sempre

いつも (常に)sempre; (普段は)di solito ―～の solito / ～のように come al solito

いつわ【逸話】 aneddoto 男, episodio 男

いつわり【偽り】 falsità 女 ―～の falso

いつわる【偽る】 (嘘をつく)mentire, dire bugie; (…のふりをする)fingere

イデオロギー ideologia 女

いてざ【射手座】 Sagittario 固名(男)

いてつく【凍てつく】 gelare ―～ような gelido

いてん【移転】 ―～する traslocare, trasferire, trasferirsi

いでん【遺伝】 ereditarietà 女, trasmissione 女 ―～する ereditare, trasmettersi

いでんし【遺伝子】 gene 男 ◆～組み換え ricombinazione genetica 女 / ～工学 ingegneria genetica 女

いと【糸】 filo 男; (釣り糸)lenza 女

いと【意図】 intenzione 女 ―～する intendere / ～的な intenzionale

いど【井戸】 pozzo 男

いど【緯度】 latitudine 女

いどう【移動】 spostamento 男 ―～させる spostare / ～する spostarsi

いとぐち【糸口】 (手がかり)indizio 男, chiave 女; (始まり)inizio 男

いとこ【従兄弟[姉妹]】 cugino(a) 男 (女)

いどころ【居所】 indirizzo 男, residenza 女

いとしい【愛しい】 caro

いとすぎ【糸杉】 cipresso 男

いとなむ【営む】 (経営)dirigere, gestire; (生活を)mantenersi

いどむ【挑む】 sfidare; (試す)provare

いない【以内】 (期間)entro, in; (数量)meno di

いなか【田舎】 campagna 女; (故郷)paese nativo 男, città natale 女

いなさく【稲作】 risicoltura 女

いなご【蝗】 locusta 女, cavalletta 女

いなずま【稲妻】 lampo 男, fulmine 男 ―～が走る lampeggiare

いななく【嘶く】 nitrire

いなびかり【稲光】 lampo 男

いなや【否や】 ―するや～ appena (che), non appena (che)

イニシアチブ iniziativa 女

イニシャル iniziale 女

いにん【委任】 (任命)incarico 男; (業務)commissione 女; (信託)affidamento 男 ―～する delegare (a), affidare (a) ◆～状 mandato di procura 男

いぬ【犬】 cane 男; (雌)cagna 女 ◆～小屋 canile 男, cuccia 女

いね【稲】 riso 男

いねむり【居眠り】 sonnellino 男, dormitina 女, pisolino 男 ―～する fare una dormitina

いのしし【猪】 cinghiale 男

いのち【命】 vita 女

いのり【祈り】 preghiera 女, augurio 男

いのる【祈る】 pregare; (望む)augurare

いばら【茨】 spina 女 ―～の道 strada irta di difficoltà 女

いばる【威張る】 essere molto orgoglioso (di) ―威張った prepotente

いはん【違反】 trasgressione 女, contravvenzione 女 ―～する trasgredire, contravvenire

いびき【鼾】 ―～をかく russare

いびつ【歪】 ―～な distorto, storto

いひょう【意表】 ―～をつく sorprendere

いひん【遺品】 (形見)oggetto ricordo di un defunto [una defunta] 男, memento 男

いぶかる【訝る】 sospettare (di)

いぶき【息吹】 soffio 男

いふく【衣服】 abiti 男複, vestiti 男複

いぶす【燻す】 affumicare

いぶつ【異物】 corpo estraneo 男

イブニングドレス abito da sera 男

いぶんか【異文化】 cultura straniera 女 ―～交流 scambi interculturali 男複

イベリアはんとう【―半島】 Penisola Iberica 固名(女)

イベント manifestazione 女

いぼ【疣】 verruca 女, porro 男

いほう【違法】 ―～の illegale

いま【今】 adesso, ora ―～さら ormai / ～しがた or ora, un attimo fa / ～まで finora / ～は亡き fu, defunto, povero

いま【居間】 soggiorno 男

いまいち【今一】 mica tanto

いまいましい【忌々しい】 maledetto, odioso

いまごろ【今頃】 adesso, a quest'ora

いましめる【戒める】 ammonire

いまだ【未だ】 ancora ―～かつて(今までに一度も) non... mai

いまどき【今時】 oggigiorno

いまのところ【今の所】 per ora, per il momento

いまわしい【忌まわしい】 odioso, brutto; (ぞっとする)ripugnante; (不吉な)di malaugurio

いみ【意味】 significato 男, senso 男 ―～する significare, volere dire

イミテーション imitazione 女

いみん【移民】 (他国へ)emigrazione 女; (他国から)immigrazione 女 ―～する emigrare, immigrare

いむべき【忌むべき】 detestabile, abominevole

イメージ immagine 女

いも【芋】 patata 女; (さつま芋)patata dolce 女

いもうと【妹】 sorella (minore) 女

いもの【鋳物】 colata 女, getto 男

いもり【井守】 lucertola d'acqua 女

いや【否】 no

いや【嫌】 ―～だ non piacere (a), odiare / ～な sgradevole, antipatico

いやいや【嫌々】 di malavoglia, a malincuore

いやがらせ【嫌がらせ】 dispetto 男

いやがる【嫌がる】 non avere voglia di [non volere]+不定詞 ―嫌がられる farsi odiare

いやくきん【違約金】 penalità 女, multa 女

いやくひん【医薬品】 medicina 女

いやし【癒やし】 (方法)pranoterapia 女; (慰め)consolazione 女

いやしい【卑しい】 (下劣な)ignobile; (身分が)umile, basso

いやしめる【卑しめる】 disprezzare, disdegnare

いやす【癒やす】 sanare, consolare

イヤホン auricolare 男

いやみ【嫌味】 sarcasmo 男 ―～な sarcastico, antipatico

いやらしい【嫌らしい】 (不快な)schifoso; (淫らな)osceno

イヤリング orecchino 男

いよいよ finalmente

いよう【異様】 ―～な strano, bizzarro

いよく【意欲】 volontà 女, voglia 女

いらい【依頼】 domanda 女, richiesta 女 ―～する domandare, chiedere ◆～人 cliente 男女

いらい【以来】 da, dopo ―…して～ dopo che ―＋直説法

いらいら【苛々】 ―～する avere i nervi, innervosirsi

イラク Iraq 固名(男) ―～の iracheno

イラスト illustrazione 女

イラストレーター illustra*tore*(*trice*) 男女

いらっしゃい Benvenuto!

イラン Iran 固名(男) ―～の *iraniano*

いりえ【入り江】 baia 女

いりぐち【入り口】 entrata 女, ingresso 男

いりくんだ【入り組んだ】 complicato, intricato

いりみだれる【入り乱れる】 confonder-

いりょう si, mischiarsi
いりょう【衣料】vestiti 男複, abiti 男複
いりょう【医療】assistenza medica 女 ◆～費 spese mediche 女複
いりょく【威力】potere 男, potenza 女 —～を発揮する dimostrare potente
いる【要る】(必要とする)avere bisogno (di); (必要である)bisognare, essere necessario
いる【居る】(存在する)essere, esserci; (場所にいる)trovarsi; (居住する)vivere
いる【射る】—矢を～ scoccare una freccia
いるい【衣類】abbigliamento 男, vestiario 男
いるか【海豚】delfino 男
イルミネーション illuminazione 女
いれい【異例】—～の eccezionale
いれかえる【入れ替える】(AをBと)sostituire A con B; (BをAに)sostituire A a B
いれずみ【入れ墨】tatuaggio 男
いれぢえ【入れ智恵】suggerimento 男
いれば【入れ歯】dentiera 女
いれもの【入れ物】recipiente 男, contenitore 男
いれる【入れる】mettere (in); (挿入する)inserire (in); (スイッチを)accendere; (飲み物を)fare, preparare; (注ぎ込む)versare; (入らせる)fare entrare; (許可を与えて)ammettere; (含める)includere
いろ【色】colore 男
いろいろ【色々】—～な vario, diverso
いろえんぴつ【色鉛筆】matita colorata 女
いろけ【色気】(魅力)sex appeal 男; (関心)interesse 男
いろじろ【色白】—～の di carnagione chiara
いろどり【彩り】colorazione 女 —～を添える ravvivare, animare
いろめがね【色眼鏡】occhiali con lenti colorate 男複 —～で見る guardare con pregiudizio
いろん【異論】obiezione 女
いわ【岩】roccia 女 ◆～登り alpinismo su roccia 男
いわい【祝い】(祝うこと)celebrazione 女; (祝祭)festa 女
いわう【祝う】(式などを挙げて)celebrare, festeggiare; (言葉で)congratularsi (per), felicitarsi (per)
いわかん【違和感】senso di estraneità 男 —～を覚える sentirsi estraneo [spaesato]
いわし【鰯】sardina 女
いわな【岩魚】salmerino 男
いわば【言わば】per così dire
いわゆる cosiddetto
いわれ【謂れ】(理由)ragione 女; (起源)origine 女
いん【印】(消印・スタンプ)timbro 男; (官印・封印)sigillo 男
いん【韻】—～を踏む rimare

いんうつ【陰鬱】—～な triste, malinconico
いんか【引火】—～する infiammarsi
いんが【因果】la causa ed l'effetto 男複 —～な (不運な)sfortunato, maledetto ◆～関係 rapporto causale 男
いんかん【印鑑】timbro 男
いんき【陰気】—～な tetro, fosco
いんぎん【慇懃】—～な cortese, gentile e rispettoso
インク inchiostro 男
イングランド Inghilterra 固名(女) —～の inglese
いんけい【陰茎】pene 男
いんけん【陰険】—～な perfido, malvagio
いんげんまめ【隠元豆】fagiolo 男
インコ parrocchetto 男
いんさつ【印刷】stampa 女 —～する stampare ◆～所 tipografia 女
いんし【印紙】marca da bollo 女
いんしゅう【因習】convenzione 女, tradizione 女
インシュリン insulina 女
いんしょう【印象】impressione 女
いんしょく【飲食】—～する mangiare e bere ◆～店 ristorante 男, trattoria 女
インスタント —～の istantaneo
インストール installazione 女 —～する installare
インストラクター istrut*tore(trice)* 男(女)
インスピレーション ispirazione 女
いんせい【陰性】—～の negativo
いんぜい【印税】royalties 女複, diritti d'autore 男複
いんせき【姻戚】parentela acquisita 女
いんぜん【隠然】—～たる latente, occulto
いんそつ【引率】—～する condurre, guidare
インターチェンジ svincolo (autostradale) 男
インターネット Internet 女
インターバル intervallo 男
インターフェロン interferone 男
インターホン citofono 男
インターン tirocinio 男; (実習生)in*terno(a)* 男(女)
いんたい【引退】ritiro 男 —～する ritirarsi
インダスがわ【―川】Indo 固名(男)
インタビュー intervista 女 —～する intervistare
インチ pollice 男
いんちき (詐欺・ごまかし)imbroglio 男, inganno 男, truffa 女; (不正・反則行為)azione sleale [sporca] 女
インディアン indi*ano(a)* (d' America) 男(女)
インテリ intellettuale 男女
インテリア arredamento 男

インド India 固名(女) ―〜の indiano ♦〜洋 Oceano Indiano 男
いんとく【隠匿】occultamento 男
インドシナはんとう【―半島】Penisola indocinese 固名(女)
イントネーション cadenza 女, intonazione 女
インドネシア Indonesia 固名(女) ―〜の indonesiano ♦〜語 indonesiano 男
いんないかんせん【院内感染】infezione contratta in ospedale 女, infezione nosocomiale 女
インフォメーション informazione 女; (案内所)ufficio d'informazioni 男
インプット input 男, entrata 女, introduzione dei dati 女 ―〜する introdurre, immettere
インフラ infrastruttura 女
インフルエンザ influenza 女
インフレ inflazione 女
インボイス fattura 女
いんぼう【陰謀】congiura 女, complotto 男
いんゆ【隠喩】metafora 女
いんよう【引用】citazione 女 ―〜する citare
いんりょう【飲料】bevanda 女 ♦〜水 acqua potabile 女
いんりょく【引力】gravità 女
いんれき【陰暦】calendario lunare 男

う

ヴァチカン →バチカン
ウイークエンド week-end 男, fine settimana 女
ウイークデー giorno feriale 男
ウイークポイント punto debole 男
ウィーン Vienna 固名(女)
ウイスキー whisky 男
ウイット spirito 男 ―〜のある spiritoso
ウイルス virus 男
ウインカー indicatore di direzione 男, freccia di direzione 女
ウインク strizzata d'occhio 女 ―〜する strizzare l'occhio
ウインドーショッピング ―〜をする fare un giro per vedere le vetrine, andare per vetrine
ウインドサーフィン windsurf 男
ウインナー (ソーセージ)salsiccia viennese 女, würstel 男
ウール lana 女
うえ【飢え】fame 女 ―飢えた affamato (di)
うえ【上】(上部)parte superiore 女; (表面)superficie 女 ―〜の(方の) superiore / 〜に su, sopra / 〜から dall'alto / 〜から下まで da cima a fondo
ウエーター cameriere 男
ウエート peso 男 ―〜を置く dare importanza (a) ♦〜リフティング sollevamento pesi 男
ウエートレス cameriera 女
うえき【植木】pianta 女 ♦〜鉢 vaso 男/〜屋(園芸店)vivaio di piante 男; (人)giardiniere(a) 男(女)
ウエスト (腰)vita 女
ウエディング matrimonio 男, nozze 女複 ♦〜ケーキ torta nuziale 女/〜ドレス abito da sposa 男
ウエハース vafer 男
うえる【植える】piantare
うえる【飢える】essere affamato, avere fame
うお【魚】pesce 男
ウオーミングアップ (esercizio di) riscaldamento 男
うおざ【魚座】Pesci 固名(男)
ウオッカ vodka 女
うおのめ【魚の目】callo 男
うかい【迂回】deviazione 女 ♦〜路 deviazione 女
うがい【嗽】gargarismo 男 ―〜する fare i gargarismi ♦〜薬 gargarismi 男複
うかがう【伺う】(訪問する)fare visita (a); (尋ねる)domandare (a), fare una domanda (a)
うかつ【迂闊】―〜な distratto, disattento / 〜に distrattamente, alla leggera
うかびあがる【浮かび上がる】emergere
うかぶ【浮かぶ】(物が)galleggiare; (考えが)venire in mente (a)
うかべる【浮かべる】(物を)fare fluttuare, fare galleggiare; (心に)ricordare; (表情に)esprimere
うかる【受かる】―試験に〜 superare un esame
うがん【右岸】riva destra 女
ウガンダ Uganda 固名(女) ―〜の ugandese
うき【雨季】stagione piovosa 女
うき【浮き】galleggiante 男
うきあがる【浮き上がる】(空中に)sollevarsi da terra, levarsi in aria; (水面に)emergere
うきうき ―〜した pieno di allegria / 〜と allegramente
うきしずみ【浮き沈み】vicissitudini 女複
うきぼり【浮き彫り】scultura a rilievo 女
うきわ【浮き輪】ciambella 女
うく【浮く】fluttuare, galleggiare
うぐいす【鶯】usignolo (del Giappone) 男
ウクライナ Ucraina 固名(女) ―〜の ucraino ♦〜語 ucraino 男
ウクレレ ukulele 男,女
うけあう【請け合う】assicurare, garantire ―…ということを〜 garantire

うけいれ【受け入れ】 ricevimento 男, accoglienza 女

うけいれる【受け入れる】 accettare

うけおい【請負】 appalto 男 ◆～業者 appaltat*ore(rice)* 男(女)

うけつぐ【受け継ぐ】 ereditare

うけつけ【受付】 (行為)accettazione 女, ricevimento 男; (場所)reception 女; (係・人)receptionist 男女

うけつける【受け付ける】 accettare, ricevere

うけとり【受取】 (領収証)ricevuta 女

うけとりにん【受取人】 destinatari*o(a)* 男(女); (手形の)prendit*ore(rice)* 男(女); (保険金の)beneficiari*o(a)* 男(女)

うけとる【受け取る】 ricevere

うけみ【受け身】 posizione difensiva 女; (文法)forma passiva 女

うけもつ【受け持つ】 incaricarsi (di), avere l'incarico (di)

うける【受ける】 (もらう)ricevere; (取得)ottenere; (損害などを)subire ―試験を～ dare l'esame

うけわたし【受け渡し】 consegna 女

うごかす【動かす】 muovere, spostare; (機械を)manovrare; (心を)commuovere

うごき【動き】 movimento 男, moto 男; (動向)tendenza 女

うごきだす【動き出す】 cominciare a muovere

うごく【動く】 (移動)muoversi; (作動)funzionare; (行動)agire, lavorare

うごめく【蠢く】 brulicare, formicolare

うさぎ【兎】 coniglio 男; (野兎)lepre 女

うし【牛】 (雄)bue 男 (複 buoi); (子牛)vitello 男; (雌)mucca 女; (闘牛)toro 男

うじ【蛆】 verme 男, larva 女

うしなう【失う】 perdere

うしろ【後ろ】 dietro 男 ―～の di dietro, posteriore / …の～に dietro (di)... / ～向きに indietro ◆～盾 (後援者)sostenit*ore(trice)* 男(女)

うす【臼】 mola 女, macina 女

うず【渦】 vortice 男

うすあかり【薄明かり】 penombra 女, luce tenue 女

うすい【薄い】 (厚みが)sottile; (色が)chiaro; (濃度が)leggero

うすうす【薄々】 ―～感じる avere la vaga sensazione di [che + 接続法]

うずうず ―…したくて～している essere impaziente [non vedere l'ora] di + 不定詞

うすきみわるい【薄気味悪い】 impressionante, strano

うずく【疼く】 dolere, fare male

うずくまる【蹲る】 accovacciarsi, accoccolarsi

うすぐらい【薄暗い】 poco luminoso, in penombra, tetro

うすっぺら【薄っぺら】 ―～な molto sottile; (浅薄な)superficiale

ウズベキスタン 国名 男 ―～の uzbeko, uzbeco

うずまき【渦巻き】 (川・海)vortice 男; (風)turbine 男

うすめる【薄める】 allungare, diluire

うずめる【埋める】 (地中などに)seppellire; (覆う)coprire (con)

うずもれる【埋もれる】 (地中などに)essere sepolto; (覆われる)essere coperto

うずら【鶉】 quaglia 女

うすれる【薄れる】 impallidire

うせつ【右折】 svolta a destra 女 ―～する svoltare a destra ◆～禁止 [掲示] Divieto di svolta a destra

うせる【失せる】 sparire, scomparire

うそ【嘘】 bugia 女, menzogna 女 ―～をつく dire bugie, mentire ◆～つき bugiard*o(a)* 男(女), bugiardell*o(a)* 男(女)

うた【歌】 canzone 女

うたう【歌う】 cantare

うたがい【疑い】 (疑念)dubbio 男; (嫌疑)sospetto 男 ―～深い sospettoso; (懐疑的な)scettico

うたがう【疑う】 dubitare; (嫌疑)sospettare

うたがわしい【疑わしい】 (不確か)dubbio, incerto; (疑問のある)discutibile; (怪しい)sospetto

うたぐち【歌口】 imboccatura 女

うたたね【転寝】 sonnellino 男, pisolino 男

うだるような【茹だるような】 afoso, soffocante

うち【内】 (内部)interno 男 ―…の～に (中に)in, dentro; (以内に)entro / …の～から tra [fra] / …しない～に[は] finché (non)

うち【家】 casa 女; (家庭)famiglia 女 ―～へおいでよ Vieni da me.

うちあげ【打ち上げ】 lancio 男; (興業などの)fine 女, finale 男; (最終日)ultimo giorno 男

うちあける【打ち明ける】 confidare, confessare

うちあげる【打ち上げる】 lanciare

うちあわせる【打ち合わせる】 combinare, predisporre

うちかつ【打ち勝つ】 vincere, superare

うちがわ【内側】 interno 男 ―～の interno, interiore

うちき【内気】 ―～な timido, introverso

うちきる【打ち切る】 porre fine (a), interrompere

うちけす【打ち消す】 negare

うちこむ【打ち込む】 (釘などを)conficcare; (ボールを)schiacciare; (専念する)dedicarsi (a)

うちたおす【打ち倒す】 abbattere, buttare giù

うちとける【打ち解ける】 aprirsi (con) —打ち解けた amichevole, franco, aperto

うちのめす【打ちのめす】 colpire, picchiare, schiacciare; (精神的に)abbattere —打ちのめされた (不幸などに)essere colpito (da), essere oppresso (da)

うちみ【打ち身】 contusione 女

うちやぶる【打ち破る】 (打ち負かす)vincere, sconfiggere

うちゅう【宇宙】 cosmo 男, spazio 男 —〜の spaziale ◆〜ステーション stazione spaziale 女/〜船 astronave 女/〜飛行士 astronauta 男女

うちょうてん【有頂天】 entusiasmo 男, estasi 女 —〜になる andare in estasi

うちわけ【内訳】 dettaglio 男

うつ【鬱】 depressione 女 ◆〜病 malinconia 女

うつ【撃つ】 sparare, tirare

うつ【打つ】 battere, colpire; (心を)commuovere

うつ【討つ】 attaccare, abbattere

うっかり per distrazione

うつくしい【美しい】 bello

うつくしさ【美しさ】 bellezza 女

うつし【写し】 (控え)copia 女; (複写)fotocopia 女

うつす【写す】 copiare, fotocopiare —写真を〜 fare una foto [fotografia]

うつす【映す】 (反映)riflettere; (映写)proiettare —鏡に自分の姿を〜 guardarsi nello [allo] specchio

うつす【移す】 (場所を)spostare, trasferire; (病気を)attaccare; (実行に)mettere in pratica

うったえ【訴え】 (訴訟)causa 女; (告発)denuncia 女; (哀願)supplica 女

うったえる【訴える】 ricorrere (a), appellarsi (a); (人を)denunciare; (不平・痛みなどを)lamentarsi (di)

うつつ【現】 —〜を抜かす essere tutto preso (da)

うってつけ【打ってつけ】 —〜の (理想的)ideale [perfetto] (per); (適した)appropriato

うっとうしい【鬱陶しい】 noioso, fastidioso; (重苦しい)pesante

うっとり —〜する essere incantato [affascinato]

うつぶせ【うつ伏せ】 —〜に bocconi

うつむく【俯く】 (下を見る)abbassare gli occhi; (頭を垂れる)chinare la testa

うつりかわり【移り変わり】 cambiamento 男, (推移)vicende 女複

うつりかわる【移り変わる】 (変化)cambiare; (展開)svolgersi

うつる【移る】 (移動)trasferirsi, spostarsi; (病気)passare; (感染)contagiare; (浸透)permeare

うつる【写[映]る】 riflettersi

うつろ【空ろ】 —〜な (中空の)vuoto, cavo; (目・顔つきが)spento

うつわ【器】 recipiente 男

うで【腕】 braccio 男; (両腕)braccia 女複 —〜を組んで a braccetto

うでずもう【腕相撲】 braccio di ferro 男

うでたてふせ【腕立て伏せ】 flessione sulle braccia 女

うでどけい【腕時計】 orologio da polso 男

うてん【雨天】 tempo piovoso 男

うながす【促す】 sollecitare, incitare

うなぎ【鰻】 anguilla 女

うなじ【項】 nuca 女

うなずく【頷く】 accennare col capo

うなだれる【項垂れる】 stare a capo chino

うなりごえ【唸り声】 gemito 男, lamento 男; (猛獣や犬の)ringhio 男

うなる【唸る】 ruggire, rombare; (苦痛などで)gemere

うに【海胆】 echino 男, riccio di mare 男

うぬぼれ【自惚れ】 vanto 男, vanagloria 女, presunzione 女

うぬぼれる【自惚れる】 vantarsi (di), stimarsi

うねる (波打つ)essere ondulato; (曲折)serpeggiare

うは【右派】 [集合的] destra 女

うばう【奪う】 derubare

うばぐるま【乳母車】 carrozzina 女

うぶ【初】 —〜な innocente, ingenuo

うぶごえ【産声】 primo vagito 男

うま【馬】 cavall*o(a)* 男(女); (子馬)puledr*o(a)* 男(女), cavallin*o(a)* 男(女) —〜が合う andare d'accordo (con)

うまい【旨い】 (美味)buono, delizioso; (上手)bravo

うまく【旨く】 bene

うまみ【旨み】 buon sapore 男, delicatezza 女; (利益)profitto 男

うまる【埋まる】 essere sepolto, essere seppellito; (一杯になる)essere colmato

うまれ【生まれ】 nascita 女; (出身)origine 女

うまれつき【生まれつき】 per[di] natura, dalla nascita

うまれる【生[産]まれる】 nascere; (物事が生じる)sorgere, originarsi

うみ【海】 mare 男 —〜の marino /〜で al mare

うみ【膿】 pus 男

うみがめ【海亀】 tartaruga marina 女

うみべ【海辺】 spiaggia 女

うむ【生[産]む】 dare alla luce, partorire; (産出)produrre; (引き起こす)provocare, causare

うめ【梅】 (木)albicocco giapponese 男; (実)albicocca giapponese 女

うめあわせ【埋め合わせ】 ricompensa

うめあわせる【埋め合わせる】 ricompensare, indennizzare 女, indennizzo 男

うめく【呻く】 gemere

うめたてる【埋め立てる】 bonificare

うめる【埋める】 seppellire; (満たす)riempire; (埋め合わせ)compensare, ricuperare

うもう【羽毛】 piuma 女

うやまう【敬う】 rispettare, onorare

うよく【右翼】 ala destra 女; (野球の)esterno destro

うら【裏】 (裏側)rovescio 男, retro 男; (足の)pianta 女; (後ろ)dietro 男 ―…の~に dietro... / ~をかく superare in astuzia

うらおもて【裏表】 il diritto e il rovescio 男; (物事の)retroscena 男 ―~のある人 persona dalla doppia faccia 女

うらがえし【裏返し】 ―~に着る indossare alla rovescia

うらがえす【裏返す】 voltare, rivoltare

うらがき【裏書き】 girata 女

うらぎり【裏切り】 tradimento 男 ◆~者 traditore(trice) 男 女

うらぎる【裏切る】 tradire

うらぐち【裏口】 porta di servizio 女 ◆~入学 iscrizione (a una scuola) per vie illecite 女

うらごえ【裏声】 falsetto 男

うらじ【裏地】 fodera 女

うらづける【裏付ける】 confermare, provare

うらどおり【裏通り】 vicolo 男, viuzza 女

うらない【占い】 predizione dell'avvenire 女 ◆~師 indovino(a) 男 女

うらなう【占う】 predire l'avvenire

ウラニウム uranio 男

うらみ【恨み】 rancore 男 ―~を抱く 男複 serbare rancore (contro) / ~を買う attirarsi il rancore (di)

うらむ【恨む】 provare rancore (verso)

うらやましい【羨ましい】 invidiabile ―君が~ Ti invidio. | Beato te!

うらやむ【羨む】 invidiare

ウラン uranio 男

うりあげ【売り上げ】 vendita 女

うりきれる【売り切れる】 essere esaurito

うりだし【売り出し】 (発売)messa in vendita (di) 女; (バーゲン)liquidazione 女, saldi 男複

うりだす【売り出す】 mettere in vendita

うりて【売り手】 venditore(trice) 男 女

うりね【売り値】 prezzo di vendita 男

うりば【売り場】 reparto 男

うりもの【売り物】 merce 女, articolo 男, prodotto 男

うりょう【雨量】 precipitazioni 女複

うる【売る】 vendere

うるうどし【閏年】 anno bisestile 男

うるおい【潤い】 umidità 女

ウルグアイ Uruguay 固名 男 ―~の uruguaiano

うるさい【煩い】 (音が)rumoroso; (厄介な)noioso, fastidioso; (口うるさい)esigente, pignolo

うるし【漆】 (植物)albero della lacca 男 ◆~塗りの laccato, di lacca

うるわしい【麗しい】 bello, splendido

うれい【憂い】 (心配)preoccupazione 女; (悲しみ)tristezza 女

うれえる【憂える】 preoccuparsi (di)

うれしい【嬉しい】 felice, contento, lieto ―…できて~ essere felice di + 不定詞

うれた【熟れた】 maturo

うれゆき【売れ行き】 vendita 女

うれる【売れる】 ―よく~ vendersi bene / 飛ぶように~ andare a ruba

うろこ【鱗】 squama 女

うろたえる essere sconvolto, sconcertarsi

うろつく vagare, vagabondare

うわき【浮気】 flirt 男 ―~する flirtare (con); (裏切る)tradire, fare le corna (a)

うわぎ【上着】 giacca 女

うわぐすり【釉薬】 vernice 女, smalto 男

うわごと【うわ言】 delirio 男 ―~を言う delirare

うわさ【噂】 voce 女; (陰口)maldicenza 女 ―~という~である si dice che + 接続法

うわついた【浮ついた】 leggero, frivolo

うわのそら【上の空】 distrazione 女 ―~の distratto / ~で distrattamente

うわべ【上辺】 (外見)apparenza 女; (表面)superficie 女 ―~を飾る salvare le apparenze

うわまわる【上回る】 eccedere, superare ―予想を~ superare le previsioni

うわやく【上役】 superiore(a) 男 女

うん【運】 (幸運)fortuna 女; (巡り合わせ)sorte 女; (運命)destino 男 ―~よく per fortuna / ~を試す tentare la fortuna

うんえい【運営】 gestione 女, amministrazione 女

うんが【運河】 canale 男, naviglio 男

うんこう【運行】 (列車・バスの)servizio 男; (天体の)movimento 男

うんこう【運航】 volo 男

うんざり ―~する essere stanco [stufo, seccato] (di)

うんせい【運勢】 sorte 女; (星回り) stella 女

うんそう【運送】 trasporto 男 ◆~業者 trasportatore(trice) 男 女 / ~費

うんちん spese di trasporto 女複
うんちん【運賃】 tariffa (di trasporto) 女; 〔輸送費〕porto 男, nolo 男
うんてん【運転】 (車の)guida 女;(機械の)manovra 女 ―～する guidare, manovrare ◆～免許証 patente di guida 女
うんてんしゅ【運転手】 (車の)autista 男女;(バスの)conducente 男女;(電車の)macchinista 男女;(タクシーの)tassista 男女;(トラックの)camionista 男女;(お抱えの)chauffeur 男
うんどう【運動】 (物体の)moto 男;(身体の)esercizio fisico 男;(スポーツ)sport 男;(社会的)movimento 男;(キャンペーン)campagna 女 ―～する (身体)fare esercizi fisici;(スポーツ)fare dello sport;(キャンペーン)fare una campagna ◆～会 saggio ginnico 男/～靴 scarpe da ginnastica 女複/～場 campo sportivo 男/～選手 atleta 男
うんぱん【運搬】 trasporto 男
うんめい【運命】 destino 男, sorte 女
うんゆ【運輸】 trasporto 男

え

え【柄】 maniglia 女, manico 男
え【絵】 (作品)quadro 男;(絵画)pittura 女;(素描)disegno 男;(挿絵)illustrazione 女 ―～のような pittoresco
エアコン condizionatore (d'aria) 男
エアバス aerobus 男
エアメール posta aerea 女
エアロビクス aerobica 女
えいえん【永遠】 eternità 女 ―～の eterno, perpetuo /～に per sempre, eternamente
えいが【映画】 (作品)film 男;〔総称〕cinema 男 ―～を見に行く andare al cinema /～を撮る girare un film
えいがかん【映画館】 cinema 男
えいきゅう【永久】 eternità 女 ―～に per sempre, eternamente
えいきょう【影響】 influenza 女, effetto 男 ―～する influenzare
えいぎょう【営業】 affare 男, commercio 男 ◆～時間 orario di apertura 男/～中〔掲示〕Aperto
えいご【英語】 inglese 男;(アメリカの)americano 男
えいこう【栄光】 gloria 女, onore 男
えいこく【英国】 Inghilterra 固名(女), Gran Bretagna 固名(女)
えいじ【嬰児】 bimbo(a) 男(女), neonato(a) 男(女)
えいしゃ【映写】 proiezione 女 ◆～機 proiettore 男
えいじゅう【永住】 ―～する stabilirsi per sempre
エイズ Aids 男, Sindrome da immunodeficienza acquisita 女
えいせい【衛星】 satellite 男 ◆～中継 trasmissione via satellite 女/～通信 comunicazione satellitare 女
えいせい【衛生】 sanità 女 ―～的な sanitario, igienico ◆～設備 impianti sanitari 男複
えいぞう【映像】 immagine 女
えいぞくてき【永続的】 ―～な permanente, perpetuo
えいだん【英断】 risoluzione 女 ―～を下す prendere una risoluzione ferma
えいてん【栄転】 ―～する essere promosso, avere una promozione
えいびん【鋭敏】 (敏感)acutezza 女;(利発)sveltezza 女 ―～な acuto, svelto, sveglio
えいぶん【英文】 frase in inglese 女;(文章)testo inglese 男
えいへい【衛兵】 guardia 女
えいやく【英訳】 traduzione inglese 女 ―～する tradurre in inglese
えいゆう【英雄】 eroe(ina) 男(女) ―～的な eroico
えいよ【栄誉】 onore 男, gloria 女
えいよう【栄養】 nutrizione 女 ―～に富む nutriente
えいり【鋭利】 ―～な (よく切れる)affilato; (鋭)acuto
ええ 〔肯定〕sì
エーカー acro 男
エーゲかい【―海】 Mar Egeo 固名(男)
エージェンシー (代理店・代業社)concessionario 男, rappresentante 男
エージェント agente 男女
エース asso 男;(テニス)ace 男 ―ハートの～ asso di cuori 男
エーデルワイス stella alpina 女
ええと ehm..., vediamo..., dunque...
エープリルフール pesce d'aprile 男
エール 〔声援〕grido d'incitamento 男
えがお【笑顔】 sorriso 男
えがく【描く】 (デッサン・線画)disegnare;(色を塗って)dipingere;(描写)descrivere
えき【駅】 stazione 女
えきか【液化】 liquefazione 女 ◆～ガス gas liquefatto 男
エキサイト ―～する eccitarsi, agitarsi
えきしゃ【易者】 (手相見)chiromante 男女
えきしょう【液晶】 cristalli liquidi 男複
えきじょう【液状】 ―～の liquido ◆～化現象 Fenomeno della liquefazione del suolo [terreno] 男
エキス estratto 男
エキストラ extra 男
エキスパート esperto(a) 男(女)
エキゾチック ―～な esotico
えきたい【液体】 liquido 男 ―～の liquido
えきびょう【疫病】 epidemia 女, malattia 女

えきべん【駅弁】 cestino da viaggio 男
エクアドル Ecuador 固名(男) ―の ecuadoriano
エクスタシー estasi 女
えくぼ fossetta 女
えげつない sporco, schifoso
エゴイスト egoista 男女
エコー eco 女,男 (複 gli echi); (超音波検査)ecografia 女, ultrasonografia 女
エコノミークラス classe turistica 女, classe economica 女
エコノミスト economista 男女
えこひいき【依怙贔屓】 (偏愛)favoritismo 男; (不公平)parzialità 女
エコロジー ecologia 女
えさ【餌】 (飼料)mangime 男, foraggio 男; (釣り)esca 女
えじき【餌食】 preda 女; (犠牲)vittima 女
エジプト Egitto 固名(男) ―の egiziano ◆―人 egiziano(a) 男(女)
えしゃく【会釈】 inchino 男 ―する fare un inchino
エジンバラ Edimburgo 固名(女)
エスエフ【SF】 fantascienza 女
エスカルゴ lumaca 女
エスカレーター scala mobile 女
エスカレート ―する intensificarsi
エスキモー eschimese 男女 ―の eschimese ◆―犬 cane eschimese
エストニア Estonia 固名(女) ―の estone ◆―語 estone 男 / ―人 estone 男女
エスニック ―な[の] etnico
えだ【枝】 ramo 男
えたい【得体】 ―の知れない misterioso, enigmatico
エチオピア Etiopia 固名(女) ―の etiopico
エチケット etichetta 女, buone maniere 女複
エチュード studio 男
えっ (驚き)Eh!, Oh!, Ah!; (聞き返し)Eh?, Che?, Come?
エックスせん【―線】 raggi X 男複
えっけん【謁見】 udienza 女
えっけんこうい【越権行為】 abuso di potere 男
エッセイ saggio 男
エッセンス essenza 女
エッチ ―な sporco, indecente
エッチング acquaforte 女
えつらん【閲覧】 lettura 女 ―する (読む)leggere, (調べる)consultare ◆―室 sala di lettura
エトルリア Etruria 固名(女) ―の etrusco
エナメル smalto 男
エネルギー energia 女
エネルギッシュ ―な energico
えのぐ【絵の具】 colori 男複 ◆油― colori a olio 男複 / 水彩― colori ad acquarello 男複
えはがき【絵葉書】 cartolina (illustrata) 女
えび【海老】 (芝海老)gamberetto 男; (車海老)gambero 男, (ロブスター)aragosta 女; (手長海老)scampi 男複
エピソード episodio 男
エピローグ epilogo 男
えふで【絵筆】 pennello 男
エプロン grembiule 男; (飛行場)piazzale 男
エフワン【F 1】 Formula Uno 女
エポック epoca, periodo 男
えほん【絵本】 libro illustrato 男
えまき【絵巻(物)】 pittura su rotolo 女
エムアールアイ【MRI】 (磁気共鳴映像法)risonanza magnetica (tomografia a risonanza magnetica) 女
エメラルド smeraldo 男
えもの【獲物】 (狩猟などの)preda 女, caccia 女; (漁の)pesca 女
えら【鰓】 branchia 女
エラー errore 男
えらい【偉い】 (立派)bravo
えらぶ【選ぶ】 (選択)scegliere; (選出)eleggere
えり【襟】 bavero 男, colletto 男
エリア area 女
エリート élite 女
エリトリア Eritrea 固名(男) ―の eritreo
える【得る】 ottenere; (報酬として)guadagnare
エルサルバドル El Salvador 固名(男) ―の salvadoregno
エルサレム Gerusalemme 固名(女)
エルニーニョ el Niño 男
エレガント ―な elegante
エレキギター chitarra elettrica 女
エレキベース basso elettrico 男
エレクトーン organo elettrico 男
エレクトロニクス elettronica 女
エレベーター ascensore 男
エロチック ―な erotico
えん【円】 (図形)cerchio 男; (貨幣)yen 男 ◆―高 yen forte 男 / ―安 yen debole 男
えん【縁】 (関係)relazione 女, rapporto 男; (きずな)legame 男
えんえき【演繹】 deduzione 女 ―する dedurre
えんかい【宴会】 banchetto 男
えんかく【沿革】 storia 女
えんかく【遠隔】 ◆―地 terre lontane 女複 / ―操作 telecomando 男
えんかつ【円滑】 ―な liscio
えんかナトリウム【塩化―】 cloruro di sodio 男
えんがわ【縁側】 veranda 女
えんがん【沿岸】 costa 女 ―の costiero
えんき【延期】 rinvio 男 ―する rimandare, posticipare

えんぎ【演技】 recitazione 女, interpretazione 女
えんぎ【縁起】 ――のよい di buon augurio
えんきょく【婉曲】 ――な indiretto, eufemistico
えんきんほう【遠近法】 prospettiva 女
えんけい【円形】 cerchio 男 ――の circolare, rotondo ◆～劇場 anfiteatro 男
えんげい【園芸】 giardinaggio 男
えんげい【演芸】 spettacolo 男
エンゲージリング anello di fidanzamento 男
えんげき【演劇】 (総称)teatro 男; (作品)dramma 男
えんこ【縁故】 relazione 女; (血縁)parentela
えんご【援護】 assistenza 女, soccorso 男 ――する assistere, soccorrere
えんさん【塩酸】 acido cloridrico 男
えんし【遠視】 ipermetropia 女
エンジニア ingegnere 男
えんしゅう【円周】 circonferenza 女 ◆～率(π) pi greco 男
えんしゅう【演習】 (練習)pratica 女, esercizio 男; (大学のゼミ)seminario 男
えんじゅく【円熟】 ――した maturo
えんしゅつ【演出】 regia 女 ――する curare la regia (di) ◆～家 regista 男女/～効果 effetto scenico 男
えんじょ【援助】 aiuto 男, assistenza 女; (支援)appoggio 男 ――する aiutare, assistere
えんしょう【炎症】 infiammazione 女
えんじる【演じる】 recitare, interpretare
エンジン motore 男
えんしんりょく【遠心力】 forza centrifuga 女
えんすい【円錐】 cono 男
エンスト arresto del motore 男
えんせい【遠征】 ――する fare una spedizione
えんせいしゅぎ【厭世主義】 pessimismo 男 ◆～者 pessimista 男女
えんせきがいせん【遠赤外線】 infrarosso lontano 男
えんぜつ【演説】 discorso 男 ――する fare un discorso
えんせん【沿線】 ――に lungo la linea ferroviaria
えんそ【塩素】 cloro 男
えんそう【演奏】 esecuzione musicale 女 ――する(楽器・曲を)suonare; (曲を)eseguire ◆～家 musicista 男女/～会 concerto, recital 男
えんそく【遠足】 gita scolastica 女
エンターテインメント intrattenimento 男
えんたい【延滞】 ritardo 男 ◆～金 arretrati 男複
えんだん【演壇】 tribuna; (ステージ)palcoscenico 男
えんだん【縁談】 proposta di matrimonio 女
えんちゅう【円柱】 colonna 女; (数学)cilindro 男
えんちょう【延長】 prolungamento 男; (野球)extra inning 男 ――する prolungare
えんてんか【炎天下】 sotto il sole cocente
えんとう【円筒】 cilindro 男 ◆～形の cilindrico
えんどうまめ【豌豆豆】 pisello 男
えんとつ【煙突】 camino 男
えんばん【円盤】 disco 男 ―空飛ぶ～ disco volante
えんばんなげ【円盤投げ】 lancio del disco 男
えんぴつ【鉛筆】 matita 女, lapis 男 ◆～削り temperamatite 男
えんぶん【塩分】 sale 男 ――を控える usare meno sale
えんぽう【遠方】 luogo lontano 男 ――から da lontano / ～に in lontananza / ～の lontano, remoto
えんまく【煙幕】 cortina di fumo 女
えんまん【円満】 armonia 女 ――な (調和)armonioso; (平和な)pacifico; (友好的な)amichevole / ～に暮らす vivere in buon'armonia (con)
えんゆうかい【園遊会】 festa all'aperto 女
えんよう【援用】 ――する citare, riportare
えんよう【遠洋】 ◆～漁業 pesca pelagica 女 / ～航海 navigazione d'altura 女
えんりょ【遠慮】 (控え目)riservatezza 女; (謙虚)modestia 女; (内気)timidezza 女; (自制)ritegno 男 ――なく senza riserve, senza complimenti / ～深い riservato, modesto / …するのを～する astetersi da + 不定詞

お

お【尾】 coda 女
オアシス oasi 女
おい【甥】 nipote 男
おい ――! Ehi!, Ohi!, Senti!
おいおい【追々】 (少しずつ)poco a poco; (段階的に)gradualmente
おいかえす【追い返す】 ricacciare, respingere
おいかける【追い掛ける】 (追跡する)inseguire; (後を追う)correre dietro (a)
おいこしきんし【追い越し禁止】 (掲示) Divieto di sorpasso
おいこす【追い越す】 sorpassare
おいしい【美味しい】 buono, delizioso
おいしげる【生い茂る】 crescere rigogliosamente, crescere folto
おいた【老いた】 anziano, invecchiato

おいだす【追い出す】 scacciare
おいつく【追い付く】 raggiungere
おいつめる【追い詰める】 mettere con le spalle al muro
おいはらう【追い払う】 cacciare via, scacciare
おいる【老いる】 invecchiare
オイル olio 男; (石油)petrolio 男
おう【王】 re 男; (君主)monarca 男
おう【追う】 (後を追う)seguire; (追跡・追求)inseguire; (退ける)scacciare; (追放)esiliare
おう【負う】 (責任)assumere; (負担)portare sulle spalle; (背負う)portare sulla schiena
おうえん【応援】 (援助・助力)aiuto 男; (支援・支持)sostegno 男, appoggio 男; (声援・激励)incoraggiamento 男 ―～する aiutare, sostenere, appoggiare; incoraggiare; (チームを)fare il tifo (per)
おうおう【往々】 ―～にして spesso, frequentemente
おうかくまく【横隔膜】 diaframma 男
おうかん【王冠】 corona 男
おうぎ【扇】 ventaglio 男
おうきゅう【王宮】 palazzo reale 男
おうきゅう【応急】 ◆～処置 misura d'emergenza 女/～手当 primo soccorso 男
おうこく【王国】 regno 男
おうごん【黄金】 oro 男 ◆～時代 età dell'oro
おうし【雄牛・牡牛】 toro 男; (主に食用)manzo 男 ◆～座 Toro 固名(男)
おうじ【王子】 principe (reale) 男
おうじ【皇子】 principe (imperiale) 男
おうしつ【王室】 famiglia reale 女
おうしゅう【欧州】 Europa 固名(女)
おうしゅう【押収】 ―～する sequestrare
おうしゅう【応酬】 ―～する ribattere, ritorcere
おうじょ【王女】 principessa (reale) 女
おうじょ【皇女】 principessa (imperiale) 女
おうじる【応じる】 (応答)rispondere (a); (承諾)accettare, accondiscendere (a); (希望・要求などを満たす)soddisfare
おうせつ【応接】 ◆～室 sala di ricevimento 女/～間 salotto 男
おうだ【殴打】 ―～する picchiare, colpire con pugni
おうたい【応対】 ―～する ricevere, servire
おうだん【横断】 traversata 女 ―～する traversare ◆～歩道 strisce pedonali 女複
おうちゃく【横着】 ―～な pigro, furbo
おうちょう【王朝】 dinastia 女
おうてん【横転】 ―～する cadere
おうと【嘔吐】 vomito 男
おうとう【応答】 risposta 女
おうひ【王妃】 regina 女
おうふく【往復】 l'andata e il ritorno 男複 ―～する fare la spola ◆～切符 biglietto di andata e ritorno 男
おうぼ【応募】 (申し込み)domanda 女, richiesta 女; (参加)partecipazione 女; (登録)iscrizione 女 ―～する fare domanda (di) ◆～者 richiedente 男女/～用紙 modulo di domanda 男
おうぼう【横暴】 ―～な (暴君的な)tirannico; (圧政的な)oppressivo; (不当な)arbitrario
おうむ【鸚鵡】 pappagallo 男
おうめん【凹面】 ―～の concavo ◆～鏡 specchio concavo 男
おうよう【応用】 applicazione 女 ―～する applicare
おうらい【往来】 (通行)traffico 男; (通り)via 女, strada 女
おうりょう【横領】 malversazione 女, peculato 男 ―～する malversare
おうレンズ【凹―】 lente concava 女
おえつ【嗚咽】 singhiozzo 男
おえる【終える】 finire, terminare; (完成)completare; (完結)concludere ―…し～ finire di + 不定詞
おおあめ【大雨】 rovescio 男
おおい【多い】 (数)molto, tanto, numeroso; (量)tanto, molto, abbondante
おおい【覆い】 copertura 女
おおい【大い】 ―～に molto, tanto
おおいそぎ【大急ぎ】 ―～で in fretta e furia, in gran fretta
おおいぬざ【大犬座】 Cane Maggiore 固名(男)
おおう【覆う】 coprire; (隠す)velare
おおうりだし【大売出し】 grande svendita 女, grande liquidazione 女
おおおじ【大伯[叔]父】 prozio 男
おおおば【大伯[叔]母】 prozia 女
おおがかり【大掛かり】 ―～な di vasta scala
おおがた【大型】 ―～の grande, enorme
おおかみ【狼】 lupo 男
おおきい【大きい】 grande, grosso; (声が)alto
おおきく【大きく】 ―～する ingrandire; (幅などを)allargare; (勢力などを)estendere / ～なる diventare grande; (成長する)crescere
おおきさ【大きさ】 grandezza 女
おおく【多く】 molto, numeroso; (大部分)una gran parte (di), la maggior parte (di)
オークション asta 女 ―～にかける vendere all'asta
おおぐまざ【大熊座】 Orsa Maggiore 固名(女)
オーケー O.K., D'accordo!, Va bene.
おおげさ【大袈裟】 ―～な esagerato

オーケストラ orchestra 女

おおごえ【大声】 ～～で ad alta voce

おおさじ【大匙】 cucchiaio 男

おおざっぱ【大雑把】 ～～な (近似的な) approssimativo; (概略的な) schematico / ～に (詳細を省いて) grosso modo

オーストラリア Australia 固名(女) — ～の australiano

オーストリア Austria 固名(女) — ～の austriaco ◆～人 austriaco(a) 男(女)

おおぜい【大勢】 ～～の un gran numero (di)

おおそうじ【大掃除】 grandi pulizie 女複

オーソドックス ～～な ortodosso

オーソリティー autorità 女

オーダー ordine 男 ◆～メードの fatto su misura

おおだいこ【大太鼓】 grancassa 女

おおて【大手】 ～～の grande, grosso

おおで【大手】 ～～を広げて立ちはだかる piantarsi allargando le braccia / ～を広げて彼女を迎えた(大歓迎) L'abbiamo accolta a braccia aperte.

オーディオ audio 男

オーディション provino 男

オーデコロン colonia 女, acqua di Colonia 女

おおどおり【大通り】 via principale 女, viale 男

オートクチュール alta moda 女

オートバイ motocicletta 女, moto 女

オードブル antipasto 男

オートマチック ～～の automatico

オートメーション automazione 女

オーナー proprietario(a) 男(女)

オーバー (コート) cappotto 男, soprabito 男

オーバー ～～する eccedere

オーバーホール revisione 女

オーバーラップ sovrapposizione 女

オービー【OB】 (卒業生) diplomato(a) 男(女), laureato(a) 男(女)

おおひろま【大広間】 salone 男

オープニング inizio 男, apertura 女

オーブン forno 男 ◆～レンジ forno a microonde 男

オープン ～～する aprire ◆～戦 (野球) partita di precampionato 女 /～チケット biglietto aereo aperto

オーボエ oboe 男

おおまか【大まか】 ～～な approssimativo

おおみそか【大晦日】 ultimo giorno dell'anno 男, San Silvestro 男 —～の夜 notte di San Silvestro 女

おおむかし【大昔】 *tempi remoti* 男複 —～から dalle epoche più remote / ～に in tempi remoti

おおむぎ【大麦】 orzo 男

おおめ【大目】 ～～に見る chiudere un occhio

おおもじ【大文字】 lettera maiuscola 女

おおもり【大盛り】 una porzione abbondante 女

おおや【大家】 proprietario(a) (di casa) 男(女)

おおやけ【公】 ～～の pubblico, ufficiale / ～にする in pubblico, ufficialmente / ～にする rendere pubblico

おおよそ【凡そ】 approssimativamente

おおよろこび【大喜び】 grande gioia 女

おおらか【大らか】 ～～な generoso, magnanimo

オール (ボートの) remo 男; (全部) tutto

オールラウンド ～～の completo

オーロラ aurora polare 女

おおわらい【大笑い】 grande risata 女 —～する fare delle grandi risate, ridere a crepapelle

おか【丘】 collina 女

おかあさん【お母さん】 madre 女, mamma 女

おかえし【お返し】 (返礼) contraccambio 男; (贈り物) regalo 男; (釣り銭) resto 男 —～する contraccambiare un regalo

おかげ【お陰】 ～…の～で grazie a...

おかしい (面白い) interessante, divertente; (滑稽) ridicolo, comico; (奇妙な) strano, curioso; (怪しい) sospetto

おかす【犯す】 (罪などを) commettere; (法律などを) infrangere, violare; (女性を) violare, violentare

おかす【冒す】 —～危険を～ correre un rischio

おかす【侵す】 (侵入) invadere, entrare; (侵害) usurpare

おかず pietanza 女, vivanda 女

おかね【お金】 denaro 男, soldi 男複

おがむ【拝む】 venerare, adorare; (祈願) pregare

オカリナ ocarina 女

おがわ【小川】 ruscello 男

おかわり【お代わり】 ～～する fare il bis di un piatto

おかん【悪寒】 brivido 男

おき【沖】 largo 男 —～に al largo

-おき【-置き】 —～一日～に ogni due giorni

おきあがる【起き上がる】 alzarsi

おきざり【置き去り】 ～～にする lasciare, abbandonare

オキシダント ossidante 男

おきて【掟】 (法律) legge 女; (決まり) regola 女; (戒律) comandamento 男

おきどけい【置き時計】 orologio da tavola 男

おぎなう【補う】 *compensare*, supplire; (欠員などを) coprire

おきにいり【お気に入り】 ～～の prediletto, favorito

おきもの【置物】 soprammobile 男

おきゅう【お灸】 moxibustione 女

おきる【起きる】 alzarsi; (目覚める) sve-

gliarsi
おきわすれる【置き忘れる】dimenticare, lasciare
おく【置く】mettere, posare;（配置）collocare;（設置）installare;（放置）lasciare
おく【奥】fondo 男;（内部）interno 男;（背後）dietro 男
おく【億】cento milioni 男複 ♦〜万長者 miliardario(a) 男(女)
おくがい【屋外】aperto 男 ―〜の all'aria aperta / 〜で all'aperto
おくさん【奥さん】signora 女;（妻）moglie 女
おくじょう【屋上】tetto a terrazza 女
おくそく【憶測】supposizione 女 ―〜する supporre
オクターブ ottava 女
おくない【屋内】interno 男 ―〜の coperto /〜で al coperto
おくびょう【臆病】―〜な timido, fifone
おくふかい【奥深い】profondo
おくゆき【奥行】profondità 女
おくらせる【遅らせる】ritardare
おくりかえす【送り返す】rimandare, mandare indietro
おくりさき【送り先】destinazione 女;（人）destinatario(a) 男(女)
おくりじょう【送り状】fattura 女
おくりぬし【送り主】mittente 男女
おくりもの【贈り物】（贈与）regalo 男, dono 男
おくる【送る】（発送）spedire, mandare;（送迎）accompagnare;（過ごす）passare, trascorrere
おくる【贈る】dare in regalo, regalare;（授与）offrire
おくれ【遅(後)れ】ritardo 男
おくれる【遅れる】arrivare tardi (a);（時計が）andare indietro ―遅れている essere in ritardo
おけ【桶】tinozza 女;（手桶）secchio 男
おこす【起こす】alzare;（目覚めさせる）svegliare;（引き起こす）causare, provocare;（倒れたものを）rialzare, sollevare;（活動などを）iniziare, promuovere;（企業などを）impiantare, fondare
おこたる【怠る】trascurare
おこない【行い】（品行）condotta 女;（行動）azione 女
おこなう【行う】（する）fare;（実行）attuare, effettuare
おこなわれる【行われる】tenersi, avere luogo
おごり【奢り】（ごちそう）offerta 女, invito 男 ―僕の〜だ Offro io.
おごり【驕り】arroganza 女, superbia 女
おこる【起こる】（発生）accadere, succedere;（勃発）scoppiare;（起因）essere causato (da)
おこる【怒る】arrabbiarsi

おごる【奢る】（ごちそうする）offrire ―コーヒーは僕が〜よ Il caffè lo offro io.
おごる【驕る】essere pieno d'orgoglio, essere tutto tronfio
おさえる【押さえる】（制止）tenere fermo
おさえる【抑える】（感情を）trattenere;（出費などを）regolare
おさき【お先】―〜にどうぞ Dopo di Lei, prego!
おさない【幼い】piccolo, infantile
おさななじみ【幼馴染み】amico(a) d'infanzia 男(女)
おさまる【収まる】（入る）essere contenuto (in)
おさまる【治まる】（鎮静）calmarsi;（終わる）concludersi;（落ち着く）sistemarsi;（解決）risolversi
おさめる【治める】dominare, governare
おさめる【納める】（納金）pagare, versare;（納品）consegnare
おさめる【収める】（入れる）mettere, porre;（戻す）rimettere ―手中に〜 ottenere
おさめる【修める】studiare, imparare
おし【押し】―…に〜が利く avere molta influenza su…
おじ【叔[伯]父】zio 男
おしあう【押し合う】spingersi, pigiarsi
おしあける【押し開ける】―ドアを〜 aprire la porta con uno spintone
おしあげる【押し上げる】dare una spinta (verso l'alto) (a), spingere su
おしあてる【押し当てる】―ハンカチを目に〜 portarsi un fazzoletto sugli occhi / 頭[顔]を枕に〜 poggiare la testa [la faccia] sul guanciale
おしい【惜しい】（残念な）deplorevole;（貴重な）prezioso ―…なのは〜 è un peccato che + 接続法
おじいさん【お祖父[爺]さん】（祖父）nonno 男;（老人）anziano 男, vecchio 男
おしいれ【押し入れ】armadio a muro 男
おしうり【押し売り】venditore(trice) insistente [aggressivo(a)] 男(女)
おしえ【教え】insegnamento 男, lezione 女
おしえる【教える】（教授）insegnare, istruire;（教示）dire, indicare;（通知）fare sapere (a)
おじぎ【お辞儀】inchino 男
おしこむ【押し込む】mettere con la forza (in), spingere (dentro)
おじさん【伯父・叔父】→おじ;（小父さん）signore 男
おしすすめる【推し進める】fare avanzare, spingere
おしつける【押し付ける】premere, spingere;（強要）imporre
おしっこ pipì 女

おしつぶす【押し潰す】schiacciare
おしとおす【押し通す】(言い張る)insistere (su)
おしとどめる【押し止める】 fermare, arrestare
おしどり【鴛鴦】anatra mandarina 女
おしべ【雄蕊】stame 男
おしボタン【押し-】pulsante 男
おしまい【お仕舞い】fine 男
おしむ【惜しむ】(倹約)risparmiare; (残念)rimpiangere; (尊重する)tenere caro
おしめ pannolino 男
おしゃぶり succhiotto 男
おしゃべり【お喋り】chiacchiere 女複, ciarla 女; (人)chiacchierone(a) (女) ――～する chiacchierare, ciarlare
おしゃれ【お洒落】 ――～な elegante
おじょうさん【お嬢さん】signorina 女
おしょく【汚職】corruzione 女, concussione 女
おしろい【白粉】cipria 女
おす【雄】maschio 男
おす【押す】spingere; (印を)timbrare
おすい【汚水】acque luride 女複
オスロ Oslo 固名(女)
おせじ【お世辞】adulazione 女, lusinga 女 ――～を言う adulare, lusingare
おせっかい【お節介】(人)ficcanaso 男女 ――～な invadente
おせん【汚染】inquinamento 男 ――～する inquinare, contaminare ◆～物質 inquinante 男/大気～ inquinamento atmosferico 男
おそい【遅い】(時間)tardo; (速度)lento
おそう【襲う】assalire, assaltare; (病気や災害が)colpire
おそかれはやかれ【遅かれ早かれ】prima o poi
おそなえ【お供え】offerta 女
おそらく【恐らく】forse, può darsi
おそれ【恐れ】paura 女, timore 男
おそれる【恐れる】avere paura (di), temere
おそろしい【恐ろしい】terribile, tremendo
おそわる【教わる】imparare, apprendere, studiare
オゾン ozono 男 ◆～層 ozonosfera 女
おたがい【お互い】 ――～に a vicenda
おだてる【煽てる】adulare, lusingare
おたまじゃくし【お玉杓子】girino 男; (料理用)mestolo 男
おだやか【穏やか】 ――～な(平穏な)calmo; (適度な)mite
おち【落ち】(手落ち)omissione 女; (話の)conclusione comica 女
おちあう【落ち合う】incontrare; (川が)confluire (in)
おちいる【陥る】cadere (in)
おちつき【落ち着き】calma 女 ――～のある calmo, tranquillo / ～のない inquieto, nervoso
おちつく【落ち着く】calmarsi
おちど【落ち度】colpa 女, errore 男
おちば【落ち葉】foglie morte 女複
おちる【落ちる】cadere; (不合格)non superare; (落第)essere bocciato; (汚れ・しみが)andarsene
おっと【夫】marito 男
オットセイ otaria 女
おつり【お釣り】resto 男
おでき pustola 女
おでこ fronte 女
おてん【汚点】macchia 女, chiazza 女; (恥)vergogna 女, disonore 男
おてんきや【お天気屋】persona capricciosa 女
おてんば【お転婆】maschietta 女
おと【音】suono 男; (雑音)rumore 男
おとうさん【お父さん】padre 男, babbo 男, papà 男
おとうと【弟】fratello (minore) 男
おどおど ――～した timido, pauroso
おどかす【嚇かす】spaventare, impaurire
おとぎばなし【お伽話】favola 女, fiaba 女
おとくい【お得意】(顧客)frequentatore(trice) 男(女), cliente 男女 ――～の(得手)forte
おどける【戯ける】buffoneggiare ――おどけた buffo, umoristico
おとこ【男】uomo 男 (複 uomini), maschio 男 ――～らしい virile, maschile /～の子 ragazzo 男
おとさた【音沙汰】notizia 女
おどし【威[脅]し】minaccia 女
おとしあな【落とし穴】tranello 男, trappola 女
おとしいれる【陥れる】(窮地に)fare cadere (in); (人を)intrappolare
おとしだま【お年玉】strenna di Capodanno 女
おとしもの【落し物】oggetto smarrito 男
おとす【落とす】(落下)fare cadere; (失う)perdere; (落第させる)bocciare; (音を下げる)abbassare; (染み・汚れを)togliere, eliminare
おどす【脅す】minacciare
おとずれ【訪れ】(訪問)visita 女; (到来)arrivo 男, venuta 女
おとずれる【訪れる】visitare, arrivare, venire
おととい【一昨日】l'altro ieri, ieri l'altro
おととし【一昨年】due anni fa
おとな【大人】adulto(a) 男(女)
おとなげない【大人気ない】*infantile*, puerile
おとなしい【大人しい】tranquillo, docile
おとめ【乙女】ragazza 女, fanciulla 女 ◆～座 Vergine 固名(女)
おどり【踊り】ballo 男, danza 女

おどりば【踊り場】pianerottolo 男
おとる【劣る】essere inferiore (a)
おどる【踊る】ballare
おどる【躍る】—胸が~ palpitare, saltellare
おとろえる【衰える】indebolirsi, diventare debole
おどろかす【驚かす】sorprendere, stupire
おどろき【驚き】sorpresa 女, meraviglia 女
おどろく【驚く】rimanere [restare] sorpreso
おなか【お腹】pancia 女, ventre 男
おなじ【同じ】(同一)stesso, medesimo; (同等)uguale, equivalente; (同様)simile —~ように allo stesso modo, nella stessa maniera, ugualmente, lo stesso / いつもと~ように come al [di] solito
おなら peto 男 —~をする fare un peto
おに【鬼】orco 男, demonio 男; (遊戯の)chi sta sotto 男女 ◆~ごっこ chiapparello 男, mosca cieca 女
おにいさん【お兄さん】fratello (maggiore) 男
おね【尾根】crinale 男, dorsale 女
おの【斧】ascia 女, accetta 女
おのおの【各々】ogni, ognuno
おば【叔[伯]母】zia 女
おばあさん【お祖母[婆]さん】(祖母)nonna 女; (老女)anziana 女, vecchia 女
オパール opale 男,女
おばけ【お化け】fantasma 男, spauracchio 男
おばさん(伯母・叔母)→おば; (小母さん)signora 女
おはよう【お早う】—~(ございます) Buongiorno!
おび【帯】cintura 女
おびえる【怯[脅]える】spaventarsi, impaurirsi
おひつじざ【牡羊座】Ariete 固名(男)
おびやかす【脅かす】minacciare
オフィス ufficio 男
オブザーバー osserva*tore*(*trice*) 男 (女)
オフサイド *fuori gioco* 男
オフシーズン bassa stagione 女
オブジェ oggetto 男
オプション opzione 女
おぶつ【汚物】sudiciume 男, sporcizia 女
オブラート ostia 女
オフレコ —~で ufficiosamente
オフロード ◆~車 fuoristrada 男
おべっか adulazione 女, lusinga 女
オペラ opera (lirica) 女
オペレーター opera*tore*(*trice*) 男(女)
オペレッタ operetta 女
おぼえ【覚え】memoria 女, ricordo 男 ◆~書き nota 女, appunto 男; (外交上の)memorandum 男
おぼえる【覚える】(習得)imparare; (暗記)imparare a memoria; (体感)provare, sentire —覚えている ricordare, ricordarsi (di)
おぼれる【溺れる】annegarsi, affogarsi; (ふける)darsi (a), indulgere (a)
オマーン Oman 固名(男) —~の omanita
おまえ【お前】(~が・は)tu; (~を・に)ti; (~の)tuo; (妻への愛情を込めた呼びかけ)cara, tesoro —~と一緒に con te
おまけ【お負け】(割引)sconto 男; (景品)omaggio 男; (お楽しみ)sorpresa 女
おまけ —~に per di più
おまもり【お守り】portafortuna 男, talismano 男
おまる vasino 男
おまわりさん【お巡りさん】poliziott*o*(*a*) 男(女)
おむつ pannolino 男, ciripà 男
オムニバス (映画)film a episodi 男
オムレツ frittata 女
おめい【汚名】infamia 女, disonore 男 —~を着せられる essere stigmatizzato / ~を返上する liberarsi dal disonore
おめでとう (Tanti) Auguri! —誕生日~ Buon compleanno!
おも【主】—~な (主要な)principale; (重要な)importante; (際立った)distinto, notevole; (主導的な)dominante; (根本的な)fondamentale / ~に principalmente; (一般的に)in genere
おもい【重い】pesante; (病状が)grave; (動きが)lento; (責任が)importante, serio
おもい【思い】(考え)pensiero 男; (気持ち)sentimento 男; (願望)desiderio 男; (愛情)amore 男
おもいがけない【思い掛けない】(予期しない)inaspettato, imprevisto; (突然の)improvviso; (偶然の)casuale, accidentale
おもいきって【思い切って】con audacia, con coraggio
おもいきり【思い切り】(力一杯)con tutte le forze; (好きなだけ)a volontà —~のよい sapere rassegnarsi, essere ris*o*luto
おもいこむ【思い込む】credere, essere convinto (di)
おもいだす【思い出す】ricordarsi (di), ricordare —思い出させる ricordare / 彼は私に兄を思い出せる Mi ricorda mio fratello.
おもいちがい【思い違い】malinteso 男, errore 男
おもいつき【思いつき】(考え)idea 女; (着想)ispirazione 女
おもいつく【思いつく】(心に浮かぶ)venire in mente
おもいで【思い出】ricordo 男
おもいどおり【思い通り】—彼はいつも自

おもいやり【思いやり】 premura 女 — ～のある premuroso / ～のない indifferente

おもう【思う】 (考え)pensare, credere; (願望)sperare; (不安)aver paura, temere; (推測)supporre, immaginare

おもかげ【面影】 fisionomia 女

おもくるしい【重苦しい】 pesante, deprimente

おもさ【重さ】 peso 男

おもしろい【面白い】 (興味)interessante, (楽しい)divertente; (滑稽な)comico, buffo

おもしろがらせる【面白がらせる】 divertire

おもちゃ【玩具】 giocattolo 男 ♦～屋 negozio di giocattoli 男

おもて【表】 (紙や布の)diritto 男; (建物の正面)facciata 女 — ～向きは ufficialmente ♦～通り via principale 女

おもに【重荷】 (負担)carico 男, peso 男

おもむき【趣】 (雰囲気)atmosfera 女; (魅力・風情)fascino 男, grazia 女; (味わい)sapore 男, gusto 男

おもり【錘】 piombo 男, peso 男

おもわく【思惑】 pensiero 男, intenzione 女

おもわず【思わず】 inconsciamente

おもわれる【思われる】 sembrare, parere

おもんじる【重んじる】 (重視)dare molta importanza (a)

おや【親】 genitore(trice) 男(女); (両親)genitori 男複; (トランプの)chi fa le carte

おやかた【親方】 capo 男, boss 男

おやしらず【親知らず】 (歯)dente del giudizio 男

おやすみなさい Buona notte!

おやつ【お八つ】 merenda 女, spuntino 男

おやふこう【親不孝】 (行為)condotta poco filiale 女; (人)figlio(a) ingrato(a) 男(女)

おやぶん【親分】 capo 男, boss 男

おやゆび【親指】 pollice 男; (足の)alluce 男

およぐ【泳ぐ】 nuotare

およそ【凡そ】 (約)circa, quasi; (まったく…ない)non... affatto

および【及び】 e

およぶ【及ぶ】 estendersi (a), raggiungere

およぼす【及ぼす】 esercitare (su)

オランウータン orango 男

オランダ Olanda 女, Paesi Bassi 固名(男複) — ～の olandese ♦～語 olandese 男 / ～人 olandese 男女

おり【折】 (時)momento 男; (機会)occasione 女

おり【檻】 gabbia 女

おり【澱・滓】 feccia 女

おりあう【折り合う】 (折り合いをつける) mettersi d'accordo, accordarsi

オリーブ (実)oliva 女; (木)olivo 男 ♦～油 olio d'oliva 男

オリエンテーション spiegazioni per i nuovi arrivati 女複

オリエンテーリング orienteering 男, orientamento 男

オリオンざ【―座】 Orione 固名(女)

おりかえす【折り返す】 rimboccare; (引き返す)tornare indietro

オリジナリティー originalità 女

オリジナル originale 男; (未刊行)inedito 男 — ～の originale

おりたたみしき【折り畳み式】 — ～の pieghevole

おりたたむ【折り畳む】 piegare

おりまげる【折り曲げる】 piegare

おりめ【折り目】 piega 女 — ～正しい decente, per bene

おりもの【織物】 tessuto 男

おりる【降りる】 (下車)scendere; (断念・辞退)rinunciare (a), ritirarsi (da)

おりる【下りる】 (下降)scendere, discendere; (着陸・着地)atterrare; (幕が)calare; (許可が)essere rilasciato [concesso]

オリンピック Olimpiadi 女複 ♦冬季～ Olimpiadi invernali / ～種目 discipline olimpiche 女複 / ～スタジアム stadio olimpico 男

おる【織る】 tessere

おる【折る】 rompere, spezzare; (折り曲げる)piegare

オルガン organo 男; (パイプオルガン)organo (a canne) 男; (電子オルガン)organo elettronico 男

オルゴール carillon 男

おれる【折れる】 rompersi, spezzarsi; (譲歩)cedere (a)

オレンジ (実) arancia 女; (木)arancio 男 — ～色の arancione

おろか【愚か】 — ～な stupido, scemo

おろし【卸し】 commercio all'ingrosso 男 ♦～売り vendita all'ingrosso 女 / ～価格 prezzo all'ingrosso 男 / ～業者 grossista 男女

おろす【下[降]ろす】 mettere [tirare] giù; (乗客を)fare scendere; (積み荷を)scaricare; (お金を)ritirare; (胎児を)abortire; (おろし器で)grattugiare

おろそか【疎かに】 — ～にする trascurare

おわり【終わり】 fine 女; (閉会)chiusura 女

おわる【終わる】 finire, chiudere; (完結する)concludere

おん【恩】 (親切)favore 男; (恩義)obbligo 男

おんかい【音階】 scala musicale 女

おんがく【音楽】 musica 女 ♦～家 musicista 男女 / ～作品 composizione 女, opera musicale 女

かいじょ【介助】 aiuto 男, assistenza 女 ◆~犬 cane da accompagnamento 男

かいじょ【解除】 ー~する annullare, revocare ◆武装~ disarmo 男 / 警報~ cessato allarme

かいしょう【解消】 annullamento 男 ー~する annullare

かいじょう【会場】 luogo d'incontro 男

かいじょう【開場】 apertura 女

かいじょう【海上】 ー~の marittimo, navale ◆~自衛隊 Forze Marine d'Autodifesa 女複 / ~封鎖 blocco navale 男 / ~保安庁 Dipartimento per la Sicurezza Marittima 男 / ~貿易 commercio marittimo 男 / ~輸送 trasporto marittimo 男

がいしょく【外食】 ー~する mangiare fuori

かいしん【改心】 pentimento 男 ー~する pentirsi

かいすい【海水】 acqua di mare 女

かいすいよく【海水浴】 bagno di mare 男 ◆~場 stazione balneare 女

かいすう【回数】 numero di volte 男 ◆~券 carnet 男

がいする【害する】 danneggiare

かいせい【快晴】 sereno 男

かいせい【改正】 ー~する (見直し)rivedere; (修正)emendare; (変更)modificare

かいせき【解析】 analisi 女 ー~する analizzare

かいせつ【開設】 ー~する stabilire, impiantare

かいせつ【解説】 spiegazione 女, commento 男 ー~する spiegare, commentare ◆~者 commentat*ore(trice)* 男(女)

かいせん【回線】 (回路)circuito 男; (電話の)linea 女

かいぜん【改善】 miglioramento 男 ー~する migliorare

がいせん【外線】 (電話の)linea esterna 女

がいせんもん【凱旋門】 arco di trionfo 男

かいそう【海藻】 alga 女

かいそう【回送】 (車両の表示)Fuori servizio 男 ー~する rispedire

かいそう【回想】 ricordo 男, reminiscenza 女 ー~する richiamare alla memoria

かいそう【階層】 strato 男, ceto 男

かいそう【改装】 ー~する rinnovare

かいそう【改造】 ー~する trasformare; (再編)riorganizzare; (変更)modificare

かいぞうど【解像度】 risoluzione 女

かいそく【会則】 statuto 男, regolamento 男

かいそく【快速】 ー~の veloce ◆~電車 (treno) rapido 男

かいぞく【海賊】 pirata 男, corsaro 男 ◆~版の pirata

かいたい【解体】 (建築物の)demolizione 女; (組織・団体の)smembramento 男; (機械の)smontaggio 男

かいたく【開拓】 (開墾)dissodamento 男

かいだん【会談】 colloquio 男, incontro 男

かいだん【階段】 scala 女, gradini 男複

かいだん【怪談】 storia di fantasmi 女

ガイダンス orientamento 男, guida 女

かいちく【改築】 ー~する ristrutturare; (再建)ricostruire

がいちゅう【害虫】 insetto nocivo 男

かいちゅうでんとう【懐中電灯】 pila 女, torcia (elettrica) 女

かいちょう【会長】 president*e(essa)* 男女 ◆名誉~ president*e(essa)* onorari*o(a)* 男(女)

かいつう【開通】 ー~する essere aperto (al traffico)

かいて【買い手】 comprat*ore(trice)* 男(女)

かいてい【海底】 fondo del mare 男 ー~に[で] in fondo al mare ◆~ケーブル cavo sottomarino 男 / ~トンネル tunnel sottomarino 男

かいてい【改定】 modifica 女 ー~する modificare

かいてい【改訂】 revisione 女 ー~する rivedere ◆~版 edizione riveduta 女

かいてき【快適】 ー~な comodo, confortevole

かいてん【回転】 giro 男, rotazione 女 ー~する girare, ruotare ◆~競技 (スキー)slalom 男 / ~ドア porta girevole 女

かいてん【開店】 ー~する aprire

ガイド (案内)guida 女, guida turistica 女 ◆~ブック guida 女 / ~ライン istruzioni 女複, direttive 女複

かいとう【解答】 soluzione 女 ー~する risolvere

かいとう【回答】 risposta 女 ー~する rispondere (a)

かいとう【解凍】 ー~する scongelare

かいどう【街道】 strada 女 ◆アッピア~ Via Appia 固名(女)

がいとう【街灯】 lampione 男

がいとう【該当】 ー~する corrispondere (a)

かいどく【解読】 ー~する decifrare

がいどく【害毒】 male 男 ー~を流す esercitare una cattiva influenza (su)

かいならす【飼い馴らす】 addomesticare

かいなん【海難】 disastro marittimo 男 ◆~救助 salvataggio 男

かいにゅう【介入】 intervento 男 ―〜する intervenire
かいぬし【飼い主】 padrone(a) 男(女)
がいねん【概念】 idea 女, concetto 男, nozione 女
がいはく【外泊】 ―〜する dormire fuori casa
かいばしら【貝柱】 muscolo adduttore dei bivalvi 男
かいはつ【開発】 sviluppo ―〜する sviluppare ◆〜途上国 paese in via di sviluppo 男
かいばつ【海抜】 altitudine 女, quota 女
かいひ【会費】 quota 女
かいひ【回避】 ―〜する evitare, sottrarsi (a), scansare
がいひ【外皮】 epidermide 女; (果物の)buccia 女, (樹皮)corteccia 女
がいぶ【外部】 esterno 男
かいふく【回[快]復】 (復旧・復活)recupero 男 (治癒)guarigione 女 ―〜する riprendersi
かいぶつ【怪物】 mostro 男
がいぶん【外聞】 (世評)reputazione 女, fama 女, (体裁)apparenza 女
かいへん【改変】 ―〜する modificare
かいほう【解放】 liberazione 女 ―〜する liberare ◆〜記念日（4月25日）Anniversario della Liberazione 固名(男)
かいほう【介抱】 assistenza 女, cura 女 ―〜する assistere, curare
かいほう【開放】 ―〜する aprire
かいほう【解剖】 dissezione 女, (検死)autopsia 女 ◆〜学 anatomia 女
かいまく【開幕】 apertura del sipario 女
がいむしょう【外務省】 Ministero degli Affari Esteri 男
がいむだいじん【外務大臣】 Ministro degli Affari Esteri 男
かいめい【解明】 chiarimento 男 ―〜する chiarire
かいめん【海綿】 spugna 女
がいめん【外面】 superficie esterna 女 ―〜的な superficiale
かいもの【買い物】 spesa 女 ―〜に行く(ショッピング)andare a fare spese / (日用品の)〜をする fare la spesa
かいやく【解約】 ―〜する annullare
かいよう【海洋】 oceano 男 ◆〜汚染 inquinamento del mare 男 / 〜学 oceanografia 女
がいらい【外来】 ―の straniero, d'origine straniera ◆〜語 parola d'origine straniera
かいらく【快楽】 piacere 男, voluttà 女
かいりつ【戒律】 precetto religioso 男
がいりゃく【概略】 riassunto 男
かいりゅう【海流】 corrente oceanica 女
かいりょう【改良】 miglioramento 男 ―〜する migliorare
かいろ【回路】 circuito 男
カイロ Il Cairo 固名(男) ―〜の cairota
がいろ【街路】 via 女, strada 女 ◆〜樹 alberi del viale 男複
カイロプラクティック chiropratica 女, chiroterapia 女
かいわ【会話】 conversazione 女
かいん【下院】 Camera bassa 女; (イタリア・フランスなどの)Camera dei Deputati 女 ◆〜議員 deputato(a) 男(女)
かう【飼う】 tenere, avere
かう【買う】 comprare, acquistare
カウボーイ cow-boy 男, vaccaio 男
ガウン vestaglia 女
カウンセラー consigliere(a) 男(女)
カウンセリング (助言)consiglio 男; (相談・診察)consultazione 女
カウンター bancone 女
カウント conteggio 男 ◆〜ダウン conto alla rovescia 女
かえ【代[替・換]え】 ricambio 男; (代替物・代替要員)riserva 女, rimpiazzo 男
かえす【返す】 (返却)restituire; (返送・送還)rimandare
かえって (反対に)al contrario; (むしろ)anzi, piuttosto
かえで【楓】 acero 男
かえり【帰り】 ritorno 男
かえりみる【顧みる】 (回顧)ricordare; (後ろを見る)voltarsi indietro; (気にかける)badare (a)
かえる【蛙】 rana 女
かえる【帰る】 (帰宅)tornare a casa, rincasare; (辞去)andarsene, partire
かえる【代[替・換]える】 (AをBに)sostituire A con B; (交換)cambiare, scambiare (con)
かえる【変える】 cambiare, mutare
かえる【返る】 ―我に〜 tornare in sé
かえん【火炎】 fiamma 女
かお【顔】 faccia 女, viso 男, volto 男 ―〜が広い avere molte conoscenze
かおいろ【顔色】 cera 女, carnagione 女 ―〜がよい avere (una) buona cera / 〜が悪い avere (una) brutta cera | essere pallido / 〜を伺う scrutare il viso [l'umore]
かおり【香り】 profumo 男, odore 男
かおる【香[薫]る】 essere profumato [fragrante]
がか【画家】 pittore(trice) 男(女)
がかい【瓦解】 ―〜する crollare
かがいしゃ【加害者】 attentatore(trice) 男(女)
かかえる【抱える】 tenere in braccio [al collo] ―小脇に〜 portare sotto braccio
かかく【価格】 prezzo 男, costo 男
かがく【化学】 chimica 女 ◆〜調味料 condimento sintetico 男 / 〜反応 reazione chimica 女 / 〜肥料 concime chimico 男 / 〜療法 chemioterapia 女

かがく【科学】 scienza 女 ―~的な scientifico ◆~技術 tecnologia scientifica 女/~者 scienziato(a) 男 女
かかげる【掲げる】 innalzare
かかさず【欠かさず】 senza fallo
かかし【案山子】 spaventapasseri 男
かかせない【欠かせない】 indispensabile
かかと【踵】 tallone 男; (靴の)tacco 男
かがみ【鏡】 specchio 男
かがみ【鑑】 modello 男, esempio 男
かがむ【屈む】 curvarsi; (しゃがむ)accovacciarsi
かがやかしい【輝かしい】 brillante, splendido
かがやき【輝き】 splendore 男
かがやく【輝く】 brillare, splendere
かかり【係】 (部署)reparto 男, ufficio 男; (担当者)addetto(a) 男 女
かかりちょう【係長】 caposervizio 男女, caporeparto 男女
かかる【掛かる】 essere appeso; (時間や費用が)volerci, richiedere
かかる【罹る】 ammalarsi ⟨di⟩, soffrire ⟨di⟩
かかわらず【拘わらず】 ―…にも~ malgrado... /それにも~ ciononostante, malgrado ciò
かかわりあう【関[係]わり合う】 essere coinvolto [implicato]
かかわる【関[係]わる】 riguardare, concernere
かかん【果敢】 ―~な ardito, impavido
かき【牡蠣】 ostrica 女
かき【柿】 caco 男, cachi 男複
かき【下記】 ―~の seguente
かき【夏期・夏季】 estate 女 ―~の estivo ◆~講習 corso estivo 男
かぎ【鍵】 chiave 女
かぎ【鉤】 gancio 男
かきあつめる【掻き集める】 raccogliere
かきいれる【書き入れる】 scrivere, annotare
かきうつす【書き写す】 copiare, trascrivere
かきかえる【書き換える】 riscrivere; (名義を)trasferire
かきかた【書き方】 modo di scrivere 男; (書式・定型文)formula 女; (用紙・記入例)modulo 男
かきこみ【書き込み】 nota 女, annotazione 女
かきこむ【書き込む】 scrivere, annotare
かきそえる【書き添える】 aggiungere
かきたてる【掻き立てる】 stuzzicare
かきとめ【書留】 raccomandata 女
かきとめる【書き留める】 prendere nota
かきとり【書き取り】 dettato 男
かきとる【書き取る】 prendere nota (sotto dettatura), fare un dettato
かきなおす【書き直す】 riscrivere
かきね【垣根】 siepe 女
かぎばり【鉤針】 uncinetto 男
かきまぜる【掻き混ぜる】 mescolare
かきまわす【掻き回す】 (泡立てる)frullare; (混乱させる)confondere
かきみだす【掻き乱す】 mettere in disordine
かきゅう【下級】 grado inferiore 男 ◆~生 studente(essa) [alunno(a)] di grado inferiore
かきゅう【火急】 ―~の urgente / ~の問題 questioni urgenti 女複
かぎょう【家業】 mestiere di famiglia
かきょく【歌曲】 canto 男
かぎり【限り】 (限界)limite 男 ―~なく infinitamente, senza limiti
かぎる【限る】 (制限)limitare
かきん【家禽】 uccelli domestici 男複; (食用鶏)pollame 男
かく【核】 nucleo 男 ―~の nucleare ◆~実験 esperimento nucleare 男/~戦争 guerra nucleare 女/~爆発 esplosione nucleare 女/~兵器 armi nucleari 女複
かく【欠く】 mancare
かく【書く】 scrivere
かく【描く】 (線画を)disegnare; (彩色して)dipingere
かく【掻く】 grattare; (オールで水を)pagaiare, remare con la pagaia
かく【格】 (地位)grado 男; (文法)caso 男
かく-【各-】 ciascuno, ogni
かぐ【家具】 mobile 男
かぐ【嗅ぐ】 sentire, annusare
がく【額】 (額縁)cornice 女; (金額)somma 女
がくい【学位】 titolo di studio 男
かくいつてき【画一的】 ―~な uniforme
かくう【架空】 ―~の immaginario, fantastico
かくえきていしゃ【各駅停車】 treno locale 男
がくえん【学園】 scuola 女; (大学)università 女
がくげい【学芸】 arti e scienze 女複 ◆~員 curatore(trice) 男 女
かくげつ【隔月】 ―~に ogni due mesi
かくげん【格言】 massima 女, detto 男
かくご【覚悟】 risoluzione 女 ―~する predisporsi ⟨a⟩
かくさ【格差】 divario 男, disparità 女
かくざい【角材】 legname (da costruzione) 男
かくざとう【角砂糖】 zolletta di zucchero 女
かくし【隠し】 ―…の~場所 luogo segreto dove si nasconde... ◆~カメラ(写真機)macchina fotografica nascosta 女; (ビデオカメラ)cinepresa na-

scosta 女, candid camera 女 / ～芸 numero di varietà preparato in segreto 男 / ～子 (非嫡出子)figlio(a) naturale 男(女) / ～事 segreto 男 / ～マイク microfono nascosto 男; (超小型の)pulce 女
かくじ【各自】 ciascuno(a) 男(女)
がくし【学士】 laureato(a) 男(女)
がくしき【学識】 erudizione 女 ― ～豊かな molto erudito ♦ ～経験者 conoscitore(trice) della materia 男(女), esperto(a) 男(女)
かくしつ【確執】 discordia 女
かくじつ【確実】 ―～な certo, sicuro / ～に certamente, sicuramente
かくじつ【隔日】 ―～に ogni due giorni
かくしどり【隠し撮り】 ―～をする (写真)fotografare di nascosto; (動画)riprendere con una candid camera
がくしゃ【学者】 studioso(a) 男(女)
かくしゃく【矍鑠】 ―～とした老人 vecchio molto in gamba(a) 男(女)
かくしゅう【隔週】 ―～に ogni due settimane
がくしゅう【学習】 studio 男 ―～する studiare
がくじゅつ【学術】 scienze 女複 ―～的な scientifico
がくしょう【楽章】 movimento 男
がくしょく【学食】 mensa (scolastica) 女
かくしん【確信】 (信念)convinzione 女; (自信)sicurezza 女 ―～する convincersi (di)
かくしん【革新】 riforma 女, rinnovamento 男 ♦ ～政党 partito progressista 男
かくしん【核心】 punto essenziale 男, nocciolo 男 ―～を突く entrare nel vivo (di)
かくす【隠す】 nascondere
がくせい【学生】 studente(essa) 男(女) ♦ ～証 tessera studentesca 女
かくせいき【拡声器】 altoparlante 男
かくせいざい【覚醒剤】 eccitante 男, stimolante 男
がくせつ【学説】 dottrina 女, teoria 女
かくだい【拡大】 ―～する ingrandire ♦ ～鏡 lente d'ingrandimento 女
がくだん【楽団】 (オーケストラ)orchestra 女; (バンド)complesso musicale 男
かくちょう【拡張】 estensione 女 ―～する estendere, allargare
がくちょう【学長】 rettore(trice) 男(女)
かくづけ【格付け】 classificazione 女 ―～する classificare
かくてい【確定】 determinazione 女, decisione 女 ―～する decidere, fissare
カクテル cocktail 男
かくど【角度】 angolo 男; (アングル)angolazione 女
かくとう【格闘】 lotta 女 ―～する lottare ♦ ～技 lotta senza armi 女
かくとく【獲得】 acquisizione 女 ―～する ottenere, acquistare
かくにん【確認】 conferma 女 ―～する confermare
がくねん【学年】 anno scolastico 男; (大学の)anno accademico 男
かくのうこ【格納庫】 hangar 男, aviorimessa 女
かくばった【角張った】 quadrato, angoloso
かくはん【攪拌】 ―～する sbattere, mescolare
がくひ【学費】 spese degli studi 女複
がくふ【楽譜】 musica 女; (総譜)partitura 女
がくぶ【学部】 facoltà 女
がくぶち【額縁】 cornice 女
かくへき【隔壁】 tramezzo 男, parete divisoria 女
かくべつ【格別】 ―～の particolare, speciale
かくほ【確保】 ―～する riservare; (手中に)assicurarsi (di)
かくまう【匿う】 dare asilo (a)
かくまく【角膜】 cornea 女
かくめい【革命】 rivoluzione 女
がくもん【学問】 studio 男, scienze 女複
がくや【楽屋】 camerino 男
かくやく【確約】 ―～する (保証)garantire; (約束)promettere
かくやす【格安】 ―～の regalato
がくようひん【学用品】 materiale scolastico 男
かくり【隔離】 isolamento 男 ―～する isolare
かくりつ【確立】 ―～する stabilire
かくりつ【確率】 probabilità 女 ―高い～で con molta probabilità
かくりょう【閣僚】 membro del Gabinetto 男
がくりょく【学力】 preparazione culturale 女
かくれが【隠れ家】 nascondiglio 男
がくれき【学歴】 titoli di studio conseguiti 男複
かくれる【隠れる】 nascondersi
かくれんぼう【隠れん坊】 nascondino 男
がくわり【学割】 sconto per studenti 男
かけ【賭け】 scommessa 女
かげ【陰】 ombra 女 ―…の～に (背後に)dietro...
かげ【影】 ombra 女
がけ【崖】 precipizio 男
かけあう【掛け合う】 negoziare
かけあし【駆け足】 ―～で di corsa
かけい【家系】 genealogia 女
かけい【家計】 (財政状態)economia domestica 女; (収支)bilancio fami-

かげえ 【影絵】 silhouette 女, ombre cinesi 女複

かげき 【歌劇】 (opera) lirica 女

かげき 【過激】 ――～な violento; (急進的な)estremo ◆～分子 estremista 男女

かげぐち 【陰口】 maldicenza 女 ――～をきく parlare male 〈di〉

かけごえ 【掛け声】 grido di incitamento 男 ――～をかける incitare

かけごと 【賭け事】 gioco d'azzardo 男

かけざん 【掛け算】 moltiplicazione 女

かけじく 【掛け軸】 rotolo da appendere 男

かけだし 【駆け出し】 (初心者)principiante 男女; (新米)novizio(a) 男(女); (新進)esordiente 男女

かけつ 【可決】 approvazione 女 ――～する approvare

かけっこ 【駆けっこ】 corsa 女

かけて ――秋から冬に～ dall'autunno all'inverno / 週末に～ per tutto il fine settimana

かけどけい 【掛け時計】 orologio da muro 男

かけね 【掛け値】 prezzo maggiorato 男 ――～なしの値段 prezzo pulito 男

かけひき 【駆け引き】 (策略)tattica 女; (交渉)diplomazia 女 ――彼は～がうまい[へただ] È un buon [cattivo] negoziatore. / ～をする usare stratagemmi

かけぶとん 【掛け布団】 trapunta 女, imbottita 女

かけよる 【駆け寄る】 avvicinarsi di corsa 〈a〉

かけら frammento 男, pezzetto 男

かげり 【翳り】 oscuramento 男

かける 【掛ける】 (吊る) appendere; (覆う)coprire; (費用を)spendere; (時間を)impiegare; (眼鏡を)portare; (電話を)telefonare ――5～6は30 (3×5＝30) 5(Cinque) per 6(sei) fa 30(trenta).

かける 【架ける】 costruire

かける 【欠ける】 (破損)scheggiarsi; (不足)mancare

かける 【賭ける】 scommettere; (命や財産を)arrischiare, azzardare

かける 【駆ける】 correre

かげる 【陰る】 oscurarsi, ombrarsi

かげん 【加減】 ――～する regolare

かこ 【過去】 passato 男 ◆～分詞 participio passato 男/遠～ passato remoto 男/近～ passato prossimo 男/半～ imperfetto 男

かご 【籠】 cesto 男; (鳥かご)gabbia 女

かこい 【囲い】 recinto 男

かこう 【下降】 discesa 女 ――～する discendere

かこう 【火口】 cratere 男

かこう 【河口】 foce 女

かこう 【加工】 lavorazione 女 ――～する lavorare, trattare

かごう 【化合】 combinazione 女 ――～させる combinare ◆～物 composto (chimico) 男

かこうがん 【花崗岩】 granito 男

かこく 【過酷】 ――～な duro, severo

かこむ 【囲む】 circondare

かさ 【傘】 ombrello 男 ◆～立て portaombrelli 男

かさ 【嵩】 (容積)volume 男; (量)quantità 女

かさい 【火災】 incendio 男 ◆～報知機 avvisatore d'incendio 男/～保険 assicurazione contro l'incendio 女

かざい 【家財】 ◆～道具 masserizie 女複; (家具類)mobili 男複

かさかさ ――～の secco

かざぐるま 【風車】 girandola 女

がさつ ――～な rozzo, grossolano

かさなる 【重なる】 accumularsi, sovrapporsi; (祭日などが)coincidere (con); (度重なる)ripetersi

かさねる 【重ねる】 accumulare, sovrapporre

かさばる 【嵩張る】 essere ingombrante

カザフスタン Kazakistan 固名(男) ――～の kazako

かさぶた crosta 女

かざみどり 【風見鶏】 banderuola 女

かさむ 【嵩む】 (金額が)aumentare

かざむき 【風向き】 direzione del vento 女

かざり 【飾り】 ornamento 男, decorazione 女

かざりつけ 【飾り付け】 decorazioni 女複

かざる 【飾る】 decorare, ornare

かざん 【火山】 vulcano 男

かし 【貸し】 prestito 男

かし 【歌詞】 parole 女複, testo musicale 男

かし 【菓子】 dolce 男, dolciumi 男複 ◆～屋 pasticceria 女

かし 【樫】 quercia 女

かし 【仮死】 morte apparente 女 ◆～状態 (失神)sincope 女

かじ 【家事】 faccende domestiche 女複

かじ 【火事】 incendio 男

かじ 【舵】 timone 男 ――～を取る manovrare il timone; (導く)condurre

がし 【餓死】 ――～する morire di fame

カシオペアざ 【―座】 Cassiopea 固名(女)

かじかむ intirizzirsi

かしきり 【貸し切り】 noleggio 男; (チャーター)charter 男 ――～の riservato; (チャーター)noleggiato, a noleggio

かしこい 【賢い】 intelligente

かしこまる 【畏まる】 fare cerimonie [complimenti] ――かしこまって rispettosamente, ossequiosamente, con de-

かしだし / かしこまらずに senza complimenti / かしこまりました Va bene. | Come Lei desidera.
かしだし【貸し出し】 prestito 男
かしだす【貸し出す】 dare in prestito, prestare
かしつ【過失】 errore 男, sbaglio 男
かじつ【果実】 frutto 男; (果物)frutta 女
かしつき【加湿器】 umidificatore 男
かしつけ【貸し付け】 prestito 男, credito 男
カジノ casinò 男
カシミヤ cashmere 男, cachemire 男
かしや【貸し家】 casa in affitto 女
かしゃ【貨車】 vagone merci 男
かしゃく【仮借】 ――ない implacabile
かしゃく【呵責】 rimorso 男
かしゅ【歌手】 cantante 男女
かじゅ【果樹】 albero da frutto 男 ◆～園 frutteto 男
カジュアル ――な casual ◆～ニット maglieria casual 女
かしゅう【歌集】 raccolta di canti 女
かじゅう【果汁】 succo di frutta 女
かじゅう【荷重】 portata 女
カシューナッツ anacardio 男
かしょ【箇所】 parte 女
かしょう【仮称】 nome provvisorio 男
かじょう【過剰】 eccesso 男 ――な eccessivo ◆～防衛 eccesso di legittima difesa 女
かじょうがき【箇条書き】 ――にする scrivere voce per voce
かしょくしょう【過食症】 bulimia 女
かしら【頭】 (頭部)testa 女, capo 男; (長)capo 男
-lかしら chissà
かしらもじ【頭文字】 lettera iniziale 女; (イニシャル)iniziali 女複
かじる【齧る】 rodere, rosicchiare, sgranocchiare
かす【糟・粕・滓】 (不用物・くず)scarto 男, rifiuti 男複; (精錬の)scorie 女複; (残滓)residuo 男; (沈殿物)deposito 男; (澱(ﾘ))feccia 女
かす【貸す】 prestare, dare in prestito; (賃貸)affittare, dare in affitto
かす【課す】 imporre
かず【数】 numero 男
ガス gas 男; (濃霧)nebbia fitta 女, nebbione 男; (ガソリン)benzina 女 ――～をつける accendere il gas ◆～入りミネラルウオーター acqua (minerale) gassata 女 / ～ストーブ stufa a gas 女 / ～レンジ cucina a gas 女
かすか【微か】 ――な fievole, indistinto
カスタネット nacchere 女複
カステラ pan di Spagna 男
かずのこ【数の子】 uova di aringa 女複
カスピかい【―海】 Mar Caspio 固名(男)

かすみ【霞】 foschia 女
かすむ【霞む】 offuscarsi
かすめる【掠める】 (盗み取る)rubare, derubare; (すれすれに通る)rasentare
かすりきず【掠り傷】 escoriazione 女, graffio 男, sbucciatura 女
かする【科する】 ――罰金を～ mettere [infliggere] una multa
かすれる【掠れる】 (喉がかれる)diventare rauco ――かすれた声 voce rauca 女 / かすれた印刷 stampa poco nitida 女
かぜ【風】 vento 男
かぜ【風邪】 raffreddore 男 ――～をひいている avere il raffreddore ◆～薬 medicina per il raffreddore 女
かせい【火星】 Marte 固名(男)
かせい【加勢】 ――～する aiutare, soccorrere
かぜい【課税】 tassazione 女
かせいふ【家政婦】 colf 女; (女中・お手伝い)donna di servizio 女, domestica 女
かせき【化石】 fossile 男
かせぐ【稼ぐ】 guadagnare
かせつ【仮説】 ipotesi 女
カセットテープ cassetta 女
かせん【下線】 sottolineatura 女 ――～を引く sottolineare
かせん【化繊】 (布)tessuto sintetico 男
かそう【仮装】 travestimento 男 ◆～行列 sfilata in maschera 女
かそう【火葬】 cremazione 女 ◆～場 crematorio 男
がぞう【画像】 immagine 女
かぞえる【数える】 contare, calcolare
かそく【加速】 ――～する accelerare
かぞく【家族】 famiglia 女
ガソリン benzina 女 ◆～スタンド stazione di servizio 女, distributore di benzina 男
かた【型】 modello 男, tipo 男; (鋳型)stampo 男
かた【肩】 spalla 女
かた【過多】 eccesso 男
-かた【方】 (着付)presso ――話し～ modo di parlare 男
カタール Qatar 固名(男) ――～の qatarese, qatariota
かたい【固・堅・硬い】 duro, rigido
かだい【課題】 soggetto 男, tema 男
かだい【過大】 ――～な eccessivo, esagerato ◆～評価 valutazione esagerata 女
かたいれ【肩入れ】 ――～する spalleggiare, favorire
かたおもい【片思い】 amore non corrisposto 男
かたがき【肩書き】 titolo 男
カタカタ ――～鳴る(揺れる)tremare
ガタガタ ――～の(不安定な)sgangherato / ～揺れる sobbalzare / ～する椅子 sedia traballante 女
かたがみ【型紙】 cartamodello 男

かたがわり【肩代わり】 —借金を~する accollarsi i debiti

かたき【敵】 avversario(a) 男(女), rivale 男女 —~を討つ vendicare ◆~討ち vendetta 女

かたぎ【堅気】 —~の onesto

かたくな【頑な】 —~な ostinato, testardo

かたくるしい【堅苦しい】 troppo formale, rigido

かたぐるま【肩車】 —~する portare [tenere] ... sulle spalle / 息子を~する Porto [Tengo] mio figlio seduto sulle spalle.

かたこと【片言】 —~で話す balbettare

かたさ【堅[固・硬]さ】 durezza 女, solidità 女

かたすかし【肩透かし】 —~を食わせる schivare un colpo

かたち【形】 forma 女

かたちづくる【形作る】 formare, costituire

かたづく【片付く】 essere in ordine; (問題が)risolversi

かたづける【片付ける】 mettere in ordine; (仕事を)finire

かたつむり【蝸牛】 chiocciola 女, lumaca 女

かたな【刀】 spada 女

かたはば【肩幅】 larghezza delle spalle 女

かたほう【片方】 l'uno(a) 男(女) —もう~ l'altro(a) 男(女)

かたまり【塊】 massa 女; (石や木)blocco 男; (肉やパン)tocco 男

かたまる【固まる】 indurirsi, diventare solido; (凝固)congelarsi, coagularsi; (一団に)raggrupparsi

かたみ【形見】 ricordo 男

かたみ【肩身】 —~が狭い provare vergogna / ~が広い sentirsi orgoglioso

かたみち【片道】 (往路)andata 女 ◆~切符 biglietto di sola andata 男

かたむく【傾く】 inclinarsi, pendere

かたむける【傾ける】 inclinare, fare pendere —全力を~ dedicarsi (a), concentrarsi (in,su)

かためる【固める】 indurire, rendere solido; (凝固)congelare, coagulare; (強化)consolidare, fortificare

かためん【片面】 un lato 男, una facciata 女

かたよった【偏った】 (部分的・不公平)parziale; (偏見)pregiudicato

かたりあう【語り合う】 conversare

カタル catarro 男

かたる【語る】 raccontare, narrare

カタログ catalogo 男

かたわら【傍ら】 —~に al lato (di), accanto (a)

かだん【花壇】 aiuola 女

かち【価値】 valore 男 —~のある prezioso

かち【勝ち】 vittoria 女, trionfo 男

-がち[-勝ち] —…(し)~である tendere a + 不定詞

カチカチ —~鳴る fare tic tac

かちき【勝気】 —~な di carattere forte, orgoglioso

かちく【家畜】 animali domestici 男複

かちほこる【勝ち誇る】 trionfare, essere trionfante —勝ち誇って con aria orgogliosa, trionfalmente

ガチャン (ガラス・陶器が壊れる音)fracasso 男 —~と音を立てて con fracasso / ~と割る fracassare

かちょう【課長】 caposezione 男女

かちょう【家長】 capofamiglia 男女

がちょう【鵞鳥】 oca 女

かつ【勝つ】 vincere

かつ【且つ】 e

かつあい【割愛】 —~する rinunciare malvolentieri [con riluttanza]

かつお【鰹】 palamita sarda 女

がっか【学科】 (科目)materia 女; (大学の)dipartimento 男

がっかい【学会】 associazione di studiosi 女

がっかい【学界】 mondo accademico 男

がつがつ —~(と)食う divorare, mangiare con voracità

がっかり —~する scoraggiarsi

かっき【活気】 animazione 女, vivacità 女 —~のある animato, vivace

がっき【学期】 periodo scolastico 男; (2学期制)semestre 男; (3学期制)quadrimestre 男

がっき【楽器】 strumento (musicale) 男

かっきてき【画期的】 —~な rivoluzionario, epocale, che fa epoca

がっきゅう【学級】 classe 女

かつぐ【担ぐ】 mettersi sulle spalle; (だます)prendere in giro, ingannare —縁起を~ essere superstizioso

がっくり —~する sentirsi molto giù, avere il cuore infranto

かっけ【脚気】 beriberi 男

かっこ【確固】 —~たる fermo, risoluto

かっこ【括弧】 parentesi 女

かっこう【格好】 (外形・容姿)figura 女, forma 女; (外見・様子)aspetto 男, apparenza 女; (姿勢)posizione 男; (服装)abito 男 —~の adatto

かっこう【滑降】 discesa 女

かっこう【郭公】 cuculo 男

がっこう【学校】 scuola 女

かっさい【喝采】 applauso 男

かつじ【活字】 carattere 男

かっしゃ【滑車】 puleggia 女

がっしゅく【合宿】 (スポーツ)ritiro 男; (宿舎)dormitorio 男

がっしょう【合唱】 coro 男 —~する cantare in coro ◆~団員 corista 男女

かっしょく【褐色】 ―～の bruno; (日焼け)abbronzato
がっしり ――した robusto, solido
かっせいか【活性化】 attivazione 女 ―～する attivare
かっそう【滑走】 ―～する scivolare ◆～路 pista 女
がっそう【合奏】 musica d'insieme 女 ―～する suonare insieme
カッター (船)cutter 男; (裁断機)taglierina 女 ◆～ナイフ coltello 男, cutter 男
がっちり ――した (頑丈な)robusto; (抜け目がない)astuto, furbo
かつて una volta, prima
かって【勝手】 ―～な egoistico, capriccioso / ～に (無断で)senza permesso; (ひとりでに)da sé
かっと ――～なる andare in collera, infuriarsi
カット taglio 男; (挿絵)illustrazione 女, vignetta 女; (削減)riduzione 女
かっとう【葛藤】 discordia 女, conflitto 男
かつどう【活動】 attività 女
かっぱつ【活発】 ―～な attivo, vivace
カップ tazza 女; (優勝杯)coppa 女
カップル coppia 女
がっぺい【合併】 fusione 女, incorporazione 女 ―～する fondere, incorporare
かつやく【活躍】 attività 女 ―～する lavorare attivamente; (組織において)avere parte attiva (in,a)
かつよう【活用】 (有効利用)buon uso 男; (応用)applicazione 女; (動詞の)coniugazione 女 ―～する fare buon uso (di)
かつら【鬘】 parrucca 女
かつりょく【活力】 vitalità 女, energia 女
カツレツ cotoletta 女
かてい【仮定】 supposizione 女 ―～する supporre
かてい【家庭】 famiglia 女 ―～の familiare, domestico / ～的な casalingo
かてい【過程】 processo 男
かてい【課程】 corso 男
カテーテル catetere 男
カテゴリー categoria 女
かでん【家電】 elettrodomestico 男
かど【角】 angolo 男
かど【過度】 ―～の eccessivo
かとう【下等】 ―～な inferiore
かどう【稼動】 funzionamento 男 ―～する funzionare
かどう【可動】 ―～の mobile
かとき【過渡期】 periodo di transizione 男
かとく【家督】 posto di capofamiglia 男, direzione della famiglia 女
かどで【門出】 (出発)partenza 女 ―新生活の～を祝う festeggiare l'inizio di una nuova vita

カドミウム cadmio 男
カトリック cattolicesimo 男 ◆～教徒 cattolico(a) 男(女)
カトレア orchidea 女, cattleya 女
かなあみ【金網】 rete metallica 女
かない【家内】 (自分の妻)mia moglie 女
かなえる【叶える】 esaudire
かなきりごえ【金切り声】 voce stridente 女 ―～をあげる strillare
かなぐ【金具】 guarnizione metallica 女
かなしい【悲しい】 triste
かなしみ【悲しみ】 tristezza 女
かなしむ【悲しむ】 rattristarsi
カナダ Canada 固名(男) ―～の canadese
かなづち【金槌】 martello 男
カナッペ canapè 男 crostini 男複
かなめ【要】 (要点)fulcro 男
かなもの【金物】 ferramenta 女複
かならず【必ず】 certamente, senz'altro; (常に)sempre ―～しも…でない non sempre...
かなり abbastanza
カナリア canarino 男
かに【蟹】 granchio 男
かにざ【蟹座】 Cancro 固名(男)
かにゅう【加入】 (参加)entrata 女, partecipazione 女; (登録)iscrizione 女; (加盟)affiliazione 女; (視聴・回線使用)abbonamento 男 ―～する iscriversi, entrare ◆～者 socio 男; (電話の)abbonato(a) 男(女); (保険の)assicurato(a) 男(女)
カヌー canoa 女
かね【金】 denaro 男, soldi 男複 ―～をかせぐ fare soldi [quattrini]
かね【鐘】 campana 女
かねつ【加熱】 riscaldamento 男 ―～する scaldare, riscaldare
かねつ【過熱】 surriscaldamento 男 ―～した surriscaldato / ～する surriscaldarsi
かねもうけ【金儲け】 guadagno 男; (投機)speculazione 女
かねもち【金持ち】 ricco(a) 男(女), ricchi 男複 ―～の ricco
かねる【兼ねる】 (他の役割を)servire anche da; (AとBの職務を)avere le funzioni di A e B nello stesso tempo ―…し―(できない)non potere + 不定詞
かねん【可燃】 ◆～性 infiammabilità 女, combustibilità 女 / ～物 (oggetto) combustibile
かのう【化膿】 suppurazione 女 ―～する suppurarsi
かのう【可能】 ―～な possibile ◆～性 possibilità 女
かのじょ【彼女】 (～が･は)lei, ella; (～を)la; (～に)le; (～の)suo; (恋人)la propria ragazza 女
かば【河馬】 ippopotamo 男
カバー coperta 女; (本の)copertina

かばう ― ～する coprire
かばう【庇う】 proteggere
かはん【河畔】 riva di un fiume 女
かばん【鞄】 borsa 女; (書類入れ・学生かばん)cartella 女
かはんしん【下半身】 parte inferiore del corpo 女
かはんすう【過半数】 maggioranza 女
かび【黴】 muffa 女
がびょう【画鋲】 puntina (da disegno) 女
かびん【花瓶】 vaso da fiori 男
かびん【過敏】 ― ～な troppo sensibile; (神経質)nervoso
かぶ【株】 (植物の)ceppo 男; (株式)azioni 女複
かぶ【蕪】 rapa 女
かぶ【下部】 parte inferiore 女
カフェ【喫茶店】 bar 男, caffè 男
カフェイン caffeina 女
カフェテリア caffetteria 女; (店)ristorante self-service 男
がぶがぶ ― ～(と)飲む bere abbondantemente
かぶき【歌舞伎】 kabuki 男
かぶけん【株券】 azione 女
かぶしき【株式】 azioni 女複 ◆～会社 società per azioni 女; [略] S.p.A. / ～市場 mercato azionario 男
カフス polsini 男複 ◆～ボタン gemelli 男複
かぶせる【被せる】 ―…を～ coprire con...
カプセル capsula 女
カプチーノ cappuccino 男
かぶと【甲・兜・冑】 elmo 男
かぶとむし【甲虫】 scarabeo rinoceronte 男
かぶぬし【株主】 azionista 男女 ◆～総会 assemblea generale degli azionisti 女
かぶりつく addentare, mordere
かぶる【被る】 mettersi, coprirsi; (ほこりなどを)essere coperto (di); (責任・罪を)addossarsi
かぶれ eruzione 女, esantema 男
かふん【花粉】 polline 男 ◆～症 pollinosi 女
かべ【壁】 muro 男 (複 i muri, le mura); (部屋の)parete 女 ◆～紙 carta da parati 女
かへい【貨幣】 moneta 女
かぼちゃ【南瓜】 zucca 女
ガボン Gabon 国名(男) ― ～の gabonese
かま【釜】 marmitta 女, pentola 女
かま【窯】 forno 男
かま【鎌】 falce 女
かまう【構う】 (気を遣う)preoccuparsi (di); (世話をする)occuparsi (di); (干渉する)ficcare il naso (in) ― 彼女は息子に構いすぎる Si occupa troppo di suo figlio. / 他人のことに構うんじゃない Non ficcare il naso negli affari altrui! / 彼に構うな Lascialo stare! / どちらでも構わない Non mi importa.
かまきり【蟷螂】 mantide 女
かまど【竈】 forno 男
がまん【我慢】 pazienza 女 ― ～する (忍耐)avere pazienza; (大目に見る)tollerare / ～強い paziente
かみ【神】 dio 男
かみ【紙】 carta 女 ◆～テープ stella filante 女 / ～吹雪 coriandoli 男複
かみ【髪】 capello 男 ◆～型 (女性の) acconciatura 女
がみがみ ― ～(と)言う sgridare con insistenza
かみくず【紙屑】 cartaccia 女
かみざ【上座】 capotavola 男
かみそり【剃刀】 rasoio 男 ◆電気～ rasoio elettrico 男
かみつ【過密】 ― ～な molto fitto; (人で)molto affollato
かみつく【噛み付く】 mordere
かみて【上手】 parte superiore 女; (舞台に向かって右手)parte destra (del palcoscenico) 女
かみなり【雷】 (雷鳴)tuono 男; (稲光)fulmine 男 ― ～が鳴る tuonare
かみはんき【上半期】 primo semestre 男
かみん【仮眠】 dormitina 女
かむ【噛む】 (犬が)mordere; (食べ物を)masticare
かむ (鼻を)soffiarsi il naso
ガム cicca 女, gomma da masticare 女
がむしゃら ― ～に temerariamente, impavidamente
ガムテープ nastro adesivo (per pacchi) 男
カムバック rentrée 女, ritorno 男
カムフラージュ mimetizzazione 女, mascheramento 男
かめ【亀】 tartaruga 女
かめ【瓶】 vaso 男
かめい【加盟】 adesione 女 ― ～する aderire
かめい【仮名】 falso nome 男
カメオ cammeo 男
がめつい ingordo
カメラ macchina fotografica 女 ◆～マン (撮影)cineoperatore\trice 男(女); (写真家)fotografo(a) 男(女)
カメルーン Camerun 国名(男) ― ～の camerunese
カメレオン camaleonte 男
かめん【仮面】 maschera 女
がめん【画面】 schermo 男
かも【鴨】 anatra selvatica 女; (だまされやすい人)gonzo 男
かもく【科目/課目】 materia 女
かもく【寡黙】 ― ～な taciturno, silenzioso
かもしか【羚羊】 camoscio 男
-かもしれない può darsi che + 接続法
かもつ【貨物】 merci 女複 ◆～船 na-

ve da carico 女 / ～列車 treno merci 男

カモミール camomilla 女
かもめ【鴎】 gabbiano 男
かや【蚊帳】 zanzariera 女
かやく【火薬】 polvere (da sparo) 女
かゆ【粥】 pappa 女
かゆい【痒い】 prudere; (部位が)prudere; (痒みを感じる)avere un prurito
かよう【通う】 frequentare
かようきょく【歌謡曲】 canzone popolare 女
がようし【画用紙】 carta da disegno 女
かようび【火曜日】 martedì 男
から【殻】 (穀物の)pula 女; (貝の)conchiglia 女; (卵の)guscio 男
から【空】 ――の vuoto / ――にする svuotare
-から (場所)da, di; (時間)da; (…から以降)da... in poi; (理由)perché, poiché
カラー colore 男; (襟)colletto 男; (花)calla 女
からい【辛い】 piccante; (塩辛い)salato
カラオケ karaoke 男
からかう prendere in giro
がらがら (空いた)tutto vuoto
からくさもよう【唐草模様】 arabesco 男
がらくた ciarpame 男, cianfrusaglie 女複
からくち【辛口】 ――の secco
からし【芥子】 (種類・原料)senape 女; (マスタード)mostarda 女
からす【烏】 corvo 男
ガラス vetro 男
からだ【体】 corpo 男; (健康)salute 女
カラット carato 男
からて【空手】 karate 男, karatè 男
カラフル ――な pieno di colori
からまる【絡まる】 avvinghiarsi
がらん ――とした vuoto, quasi deserto
かり【仮】 ――の provvisorio, temporaneo / ～に temporaneamente / ～契約 contratto provvisorio 男 / ～住まい residenza temporanea 女
かり【借り】 debito 男, prestito 男
かり【狩り】 caccia 女
かり【雁】 oca selvatica 女
かりいれ【刈り入れ】 raccolta 女
かりいれ【借り入れ】 indebitamento 男
かりいれる【借り入れる】 prendere in prestito
カリウム potassio 男
かりかた【借り方】 dare 男, debito 男
カリカチュア caricatura 女
カリキュラム programma di studi 男
カリスマ carisma 男 ――の carismatico

かりたてる【駆り立てる】 spingere, incitare
カリブかい【―海】 Mare dei Caraibi 固名(男)
カリフラワー cavolfiore 男
がりべん【―勉】 (行為)sgobbata 女; (人)sgobbon(a) 男(女)
かりゅう【下流】 tratto a valle 男 ――～に a valle
かりょく【火力】 energia termica 女 ♦～発電 produzione termoelettrica 女
かりる【借りる】 prendere in prestito; (賃貸で)prendere in affitto; (レンタルで)noleggiare
かる【刈る】 (鎌で)falciare; (穀物を)mietere; (剪定)potare
かるい【軽い】 leggero
カルキ cloruro di calce 男
カルシウム calcio 男
カルチャー cultura 女 ♦～ショック shock culturale 男
カルテ cartella clinica 女
カルテット quartetto 男
かるはずみ【軽はずみ】 ――な leggero, imprudente
かるわざ【軽業】 acrobazia 女 ♦～師 acrobata 男(女)
かれ【彼】 (～が・は)lui, egli; (～を)lo; (～に)gli; (～の)suo; (恋人)il PROPRIO ragazzo
かれい【鰈】 platessa 女, passera (di mare) 女
かれい【華麗】 ――な magnifico, splendido
カレー curry 男
ガレージ garage 男, autorimessa 女
がれき【瓦礫】 macerie 女複, rovine 女複
かれら【彼等】 (～が・は)loro; (～を)li; (～に)loro, gli; (～の)loro
かれる【枯れる】 seccarsi, morire
カレンダー calendario 男
かろう【過労】 strapazzo 男
がろう【画廊】 galleria d'arte 女
かろうじて【辛うじて】 a malapena, appena
カロリー caloria 女
かろんじる【軽んじる】 (軽視)non dare importanza (a); (大切にしない)non tenere conto (di)
かわ【川】 fiume 男
かわ【皮】 (皮膚)pelle 女; (獣皮)pelle 女; (樹皮)scorza 女; (果皮)buccia 女 ――をむく pelare, sbucciare
かわ【革】 pelle 女, cuoio 男
がわ【側】 lato 男, parte 女
かわいい【可愛い】 carino, grazioso
かわいがる【可愛がる】 coccolare, vezzeggiare
かわいそう【可哀想】 ――な povero, misero
かわいた【乾いた】 asciutto, secco

かわかす【乾かす】 asciugare
かわかみ【川上】 tratto superiore (di un fiume) 男 ――に(向かって) a monte
かわき【渇き】 (喉の)sete 女
かわき【乾き】 essiccamento 男
かわぎし【川岸】 riva di un fiume 女
かわく【渇く】 (喉が)avere sete
かわく【乾く】 asciugarsi
かわしも【川下】 tratto inferiore (di un fiume) 男 ――に(向かって) a valle
かわせ【為替】 vaglia 男; (国際間の)cambio 男 ◆～レート (tasso di) cambio 男
かわった【変わった】 (奇妙な)bizzarro, strano; (ユニークな)singolare, originale
かわら【瓦】 tegola 女
かわら【河原】 greto 男
かわり【変わり】 (変化)cambiamento 男; (相違)differenza 女
かわり【代わり】 ――に invece 《di》; (交換)in cambio 《di》
かわりやすい【変わりやすい】 (不定)variabile; (不安定)instabile; (気まぐれ)mobile
かわる【代わる】 sostituire
かわる【変わる】 cambiare, mutare
かん【勘】 intuizione 女
かん【缶】 scatola 女, lattina 女
かん【管】 tubo 男
かん【巻】 volume 男
-かん【-間】 ―3年～ (per) tre anni
がん【癌】 cancro 男
がん【雁】 oca selvatica 女
かんえん【肝炎】 epatite 女
かんおけ【棺桶】 bara 女
かんか【感化】 influenza 女 ――～する influenzare
がんか【眼科】 oculistica 女 ◆～医 oculista 男/女
かんがい【灌漑】 irrigazione 女
かんがえ【考え】 pensiero 男; (アイディア)idea 女; (意見)opinione 女
かんがえだす【考え出す】 inventare, ideare
かんがえなおす【考え直す】 ripensare
かんがえる【考える】 pensare, credere; (熟慮)riflettere 《su》; (考慮)considerare ――考えられる (あり得る)possibile / 考えられない (想像できない)impensabile
かんかく【感覚】 senso 男, (感性)sensibilità 女
かんかく【間隔】 intervallo 男, spazio 男
かんかつ【管轄】 giurisdizione 女, competenza 女 ◆～官庁 autorità competente 女
かんがっき【管楽器】 strumento a fiato 男
カンガルー canguro 男
かんかん ――に怒っている essere in collera, essere arrabbiatissimo
がんがん ――頭が～する avere un forte mal di testa
かんき【換気】 ventilazione 女 ――～する ventilare ◆～扇 ventilatore 男
かんき【寒気】 freddo 男
かんきゃく【観客】 spettatore(trice) 男(女) ◆～席 posto 男, tribuna 女
かんきょう【環境】 ambiente 男 ――～の ambientale
かんきり【缶切り】 apriscatole 男
かんきん【監禁】 ――～する sequestrare
がんきん【元金】 capitale 男
がんぐ【玩具】 giocattolo 男
かんけい【関係】 relazione 女, rapporto 男; (つながり)legame 男 ――～がある entrarci, riguardare
かんげい【歓迎】 benvenuto 男, ricevimento 男 ――～する accogliere a braccia aperte ◆～会 ricevimento 男
かんげき【感激】 commozione 女 ――～する commuoversi
かんけつ【完結】 ――～する concludere, finire
かんけつ【簡潔】 ――～な conciso / ――に brevemente
かんげんがく【管弦楽】 musica orchestrale 女 ◆～団 orchestra 女
かんこ【歓呼】 acclamazione 女
かんご【看護】 cura 女, assistenza 女 ◆～師 infermiere(a) 男(女)
がんこ【頑固】 ――～な ostinato, testardo
かんこう【観光】 turismo 男 ◆～客 turista 男/女 / ～バス pullman (turistico) 男
かんこう【刊行】 pubblicazione 女 ――～する pubblicare
かんこうちょう【官公庁】 uffici pubblici 男(複)
かんこうへん【肝硬変】 cirrosi epatica 女
かんこく【韓国】 Corea del Sud 固名 (女) ――～の coreano ◆～語 coreano 男 / ～人 coreano(a) 男(女)
かんこく【勧告】 raccomandazione 女
かんごく【監獄】 penitenziario 男, prigione 女
かんさ【監査】 ispezione 女 ◆～役 sindaco 男
がんさく【贋作】 contraffazione 女
かんざし【簪】 spillone da capelli 男
かんさつ【観察】 osservazione 女 ――～する osservare
かんさん【換算】 conversione 女 ――～する convertire
かんし【冠詞】 articolo 男
かんし【監視】 sorveglianza 女, vigilanza 女
かんじ【幹事】 segretario 男; (世話係)organizzatore(trice) 男(女)
かんじ【感じ】 (感覚)sensazione 女; (印象)impressione 女; (雰囲気)atmosfera 女 ――～のよい simpatico / ～の悪い antipatico
かんじ【漢字】 carattere cinese 男
かんしき【鑑識】 ◆～課 sezione scientifica 女

ガンジスがわ【─川】Gange 固名(男)
がんじつ【元日】capodanno 男
かんして【関して】―経済に～言えば per quanto riguarda l'economia
かんしゃ【感謝】ringraziamento 男, gratitudine 女 ――～する ringraziare
かんじゃ【患者】paziente 男女
かんしゃく【癇癪】stizza 女 ――～持ちの irascibile / ～を起こす scoppiare dalla rabbia, scattare, stizzire
かんしゅう【慣習】uso 男, usanza 女
かんしゅう【観衆】spettatori 男複, pubblico 男
かんしゅう【監修】 ◆～者 supervisore(a) 男(女)
かんしゅせい【感受性】sensibilità 女
がんしょ【願書】domanda 女
かんしょう【干渉】interferenza 女;(他国への)intervento 男 ――～する interferire, intervenire
かんしょう【鑑賞】ammirazione 女 ――～する ammirare
かんしょう【感傷】 ――～に浸る farsi travolgere dai sentimenti / ～的な sentimentale
かんじょう【勘定】conto 男 ◆～書 conto 男
かんじょう【感情】sentimento 男, emozione 女 ――～的な emotivo
がんじょう【頑丈】 ――～な solido, robusto
かんしょく【間食】spuntino 男, merenda 女
かんじる【感じる】sentire, provare
かんしん【関心】interesse 男 ――～を持つ interessarsi (di)
かんしん【感心】 ――～な ammirevole / ～する ammirare
かんじん【肝心】 ――～な importante, essenziale
かんすう【関数】funzione 女
かんする【関する】―経済に～記事 articolo sull'economia 男 / 彼に～限り per quanto riguarda lui
かんせい【完成】completamento 男 ――～する completare, perfezionare
かんせい【歓声】grida di gioia 女複
かんせい【管制】controllo 男 ◆～官 controllore(a) di volo 男(女) / ～塔 torre di controllo 女
かんせい【感性】sensibilità 女
かんぜい【関税】dazio 男, dogana 女
がんせき【岩石】roccia 女
かんせつ【関節】articolazione 女 ◆～炎 artrite 女
かんせつ【間接】 ――～の indiretto / (的)に indirettamente ◆～税 imposta indiretta 女
かんせん【感染】infezione 女, contagio 男 ――～する infettarsi
かんせん【幹線】(道路)arteria 女;(鉄道)linea principale 女 ◆～道路 strada maestra 女
かんせん【観戦】――～する seguire una partita
かんぜん【完全】perfezione 女 ――～な perfetto
かんそ【簡素】 ――～な semplice, modesto
がんそ【元祖】fondatore(trice) 男(女)
かんそう【感想】impressione 女, opinione 女
かんそう【乾燥】essiccazione 女 ――した secco / ～する seccarsi
かんぞう【肝臓】fegato 男
かんそうきょく【間奏曲】intermezzo 男, interludio 男
かんそく【観測】osservazione 女 ――～する osservare
かんたい【寒帯】zona glaciale 女
かんたい【艦隊】flotta 女
かんだい【寛大】 ――～な generoso, indulgente
がんたい【眼帯】benda 女
かんだかい【甲高い】acuto, di tono alto
かんたく【干拓】bonifica 女
かんたん【感嘆】 ――～する ammirare
かんたん【簡単】 ――～な facile, semplice
がんたん【元旦】capodanno 男
かんだんけい【寒暖計】termometro 男
かんちがい【勘違い】equivoco 男;(取り違え)scambio 男;(誤解)fraintendimento 男 ――～する equivocare, scambiare, fraintendere
かんちょう【館長】direttore(trice) 男(女)
かんちょう【艦長】comandante 男
かんちょう【官庁】ufficio statale 男
かんちょう【干潮】bassa marea 女
かんちょう【浣腸】clistere 男
かんづめ【缶詰め】scatola 女, scatoletta 女
かんてい【鑑定】perizia 女 ――～する periziare ◆～人[家] perito(a) 男(女)
かんてい【官邸】residenza ufficiale 女
かんてつ【貫徹】(達成)conseguimento 男, realizzazione 女
かんてん【観点】punto di vista 男
かんでんち【乾電池】pila (a secco) 女
かんどう【感動】commozione 女, emozione 女 ――～する commuoversi, emozionarsi / ～的な commovente, emozionante
かんとうし【間投詞】interiezione 女, esclamazione 女
かんとく【監督】sorveglianza 女;(人)sorvegliante 男女;(映画の)regista 男女;(スポーツの)direttore(trice) tecnico(a) 男(女) ――～する sorvegliare, dirigere
かんな【鉋】pialla 女
カンニング ――～する copiare all'esame
かんぬき【閂】chiavistello 男, sbarra

かんねん【観念】 idea 女, concetto 男, nozione 女; (あきらめ)rassegnazione 女 ― ～する rassegnarsi
かんのうてき【官能的】 ― ～な sensuale, sexy
カンパ colletta 女 ― ～を募る fare una colletta
かんぱ【寒波】 ondata di freddo 女
かんぱい【乾杯】 brindisi 男, cincin 男 ― ～する fare un brindisi / 乾杯! Cincin!; (健康を祝して)Alla salute!
かんばつ【早魃】 siccità 女
カンパニュラ campanula 女
がんばる【頑張る】 sforzarsi; (踏ん張る)tenere duro; (言い張る)insistere
かんばん【看板】 insegna 女, cartello 男
かんぱん【甲板】 ponte 男, coperta 女
かんび【甘美】 ― ～な dolce, soave
ガンビア Gambia 固名(女) ― ～の gambiano
かんびょう【看病】 ― ～する assistere
かんぶ【幹部】 dirigente 男女
かんぷきん【還付金】 rimborso 男
かんぺき【完璧】 ― ～な perfetto, impeccabile
がんぺき【岸壁】 molo 男, banchina 女
かんべつ【鑑別】 ― ～する distinguere, discernere
かんべん【勘弁】 ― ～する perdonare
かんべん【簡便】 ― ～な semplice, facile
かんぼう【官房】 segretariato 男 ◆～長官 segretario generale del gabinetto 男
かんぽう【漢方】 medicina cinese 女
がんぼう【願望】 desiderio 男, speranza 女
カンボジア Cambogia 固名(女) ― ～の cambogiano ◆～人 cambogiano(a) 男(女) / ～語 khmer 男
かんぼつ【陥没】 cedimento 男
カンマ virgola 女
かんみりょう【甘味料】 dolcificante 男
かんむり【冠】 corona 女
かんめい【感銘】 impressione 女 ― ～を受ける rimanere molto impressionato
かんもん【喚問】 ― ～する citare
がんやく【丸薬】 pillola 女
かんゆう【勧誘】 invito 男, esortazione 女 ― ～する invitare
がんゆう【含有】 ― ～する contenere
かんよ【関与】 ― ～する partecipare (a)
かんよう【寛容】 ― ～な generoso, tollerante
かんようく【慣用句】 frase idiomatica 女
がんらい【元来】 in origine, originariamente
かんらく【陥落】 caduta 女
かんらくがい【歓楽街】 quartiere dei piaceri 男
かんらん【観覧】 ◆～車 ruota panoramica 女 / ～席 tribuna 女, stand 男
かんり【管理】 (統制)controllo 男; (経営)gestione 女; (運営)amministrazione 女; (保管)custodia 女 ― ～する (統制)controllare; (経営)gestire; (運営)amministrare; (保管)custodire ◆～人 portiere(a) 男(女), portinaio(a) 男(女), custode 男女
かんり【官吏】 pubblico funzionario 男
かんりゅう【寒流】 corrente (marina) fredda 女
かんりょう【完了】 compimento 男 ― ～する compiere ◆～時制 perfetto 男
かんりょう【官僚】 burocrate 男女 ― ～的な burocratico ◆～主義 burocratismo 男
かんれい【慣例】 consuetudine 女, convenzioni 女複
かんれい【寒冷】 ◆～前線 fronte freddo 男 / ～地 zona fredda 女
かんれん【関連】 relazione 女, connessione 女 ― ～する essere in relazione
かんろく【貫禄】 aspetto dignitoso 男
かんわ【緩和】 rilassamento 男 ― ～する (苦痛・罪・音などを弱める)attenuare; (手綱を緩める)allentare

き

き【木】 albero 男; (木材)legno 男
き【気】 (気分)stato d'animo 男 ― ～が合う andare d'accordo (con) / ～が利く essere sveglio [svelto] / ～が滅入る sentirsi depresso / ～にする preoccuparsi (di) / ～を失う svenire / ～を付ける badare (a), stare attento (a) / ～が付く (意識が戻る)riprendere i sensi; (配慮)essere premuroso / ～を悪くする offendersi
ギア cambio 男
きあつ【気圧】 pressione atmosferica 女 ◆～計 barometro 男
ぎあん【議案】 progetto 男, proposta 女
キー chiave 女
きい【奇異】 ― ～な strano, singolare, bizzarro
キーパー portiere 男
キーポイント punto chiave 男
キーボード tastiera 女
キーホルダー portachiavi 男
きいろ【黄色】 giallo 男 ― ～の giallo
キーワード parola chiave 女
ぎいん【議員】 (地方議会の)consigliere(a) 男(女)
キウイ kiwi 男

きえい【気鋭】 ― ～の energico
きえる【消える】 scomparire, sparire; (火や明かりが) spegnersi
ぎえんきん【義援金】 colletta 女, contributo 男
きおく【記憶】 memoria 女 ― ～力がよい avere una buona memoria ◆～喪失(症) amnesia 女
キオスク chiosco 男, edicola 女
きおん【気温】 temperatura 女
きか【気化】 (揮発) volatilizzazione 女; (蒸発) vaporizzazione 女, evaporazione 男 ― ～する (液体などを) volatilizzare; (液体などが) volatilizzarsi ◆～熱 calore di vaporizzazione 男
きか【幾何】 ◆～学 geometria 女
きが【飢餓】 fame 女
ぎが【戯画】 caricatura 女
きかい【機会】 occasione 女
きかい【機械】 macchina 女
きかい【器械】 strumento 男, apparecchio 男
きかい【奇怪】 ― ～な strano, misterioso
きがい【危害】 ferita 女, male 男 ― ～を加える arrecare un danno
ぎかい【議会】 (国会) Parlamento 男; (日本の) Dieta 女; (地方の) consiglio 男
きがえ【着替え】 (行為) cambio di abito 男; (服) abito di ricambio 男
きがえる【着替える】 cambiarsi
きがかり【気がかり】 preoccupazione 女 ― ～な preoccupante
きかく【規格】 standard 男 ◆～サイズ misura standard 女
きかく【企画】 piano 男, progetto 男 ― ～する progettare
きがく【器楽】 musica strumentale 女
きかざる【着飾る】 mettersi un bel vestito
きかせる【聞かせる】 fare ascoltare
きがね【気兼ね】 ― ～する (遠慮) temere di dare fastidio; (ためらう) avere ritegno a + 不定詞; (窮屈) sentirsi a disagio
きがる【気軽】 ― ～な (服装) casual / ～に senza cerimonie
きかん【器官】 organo 男
きかん【期間】 periodo 男
きかん【帰還】 ritorno 男, rientro 男 ― ～する ritornare, rientrare
きかん【機関】 (公共の) istituto 男
きかん【季刊】 ― ～の trimestrale
きかんし【機関士】 macchinista 男女
きかんし【機関紙［誌］】 organo 男
きかんし【気管支】 bronco 男 ◆～炎 bronchite 女
きかんしゃ【機関車】 locomotiva 女
きかんじゅう【機関銃】 mitragliatrice 女
きき【危機】 crisi 女
ききいる【聞き入る】 ascoltare con attenzione

ききいれる【聞き入れる】 accettare
きって【聞き手】 uditore(trice) 男(女), ascoltatore(trice) 男(女)
ききとり【聞き取り】 ascolto 男
ききみみ【聞き耳】 ― ～を立てる drizzare le orecchie
ききめ【効き目】 efficacia 女, effetto 男 ― ～のある efficace
ききゃく【棄却】 respinta 女 ― ～する respingere
ききゅう【気球】 pallone 男
ききょう【帰郷】 ritorno al paese natio 男
きぎょう【企業】 impresa 女, azienda 女 ◆多国籍～ impresa multinazionale 女 / ～家 imprenditore(trice) 男(女)
ぎきょく【戯曲】 dramma 男
ききん【基金】 fondo 男
ききん【飢饉】 carestia 女
ききんぞく【貴金属】 metallo prezioso 男 ◆～店 oreficeria 女
きく【菊】 crisantemo 男
きく【効く】 (essere) efficace
きく【利く】 funzionare ― ブレーキが利かない Il freno non funziona.
きく【聞[聴]く】 (注意して) ascoltare; (聞こえる) sentire, udire; (従う) ubbidire (a); (尋ねる) chiedere, domandare; (聞き知る) sapere
きぐ【器具】 strumento 男, apparecchio 男
きぐ【危惧】 timore 男, preoccupazione 女 ― ～する essere in apprensione (per), avere paura (di)
きくばり【気配り】 premura 女, attenzioni 女複
きけい【奇形】 deformità 女, malformazione 女
ぎけい【義兄】 cognato 男
きげき【喜劇】 commedia 女
きけん【危険】 pericolo 男, rischio 男 ― ～な pericoloso, rischioso
きけん【棄権】 (投票) astensione dal voto 女; (競技) abbandono 男 ― 投票を～する astenersi dal voto / 試合を～する abbandonare la partita
きげん【期限】 termine 男, scadenza 女
きげん【機嫌】 umore 男 ― ～がよい[悪い] essere di buon [cattivo] umore
きげん【起源】 origine 女
きげんぜん【紀元前】 avanti Cristo (a.C.)
きこう【気候】 clima 男
きこう【機構】 (全体の仕組み) meccanismo 男; (組織) organizzazione 女
きこう【寄航】 ― ～する fare scalo (a)
きごう【記号】 segno 男
ぎこう【技巧】 arte 女, tecnica 女
きこえる【聞こえる】 (聞く) sentire, udire; (何かが) sentirsi ― …のように～ sembrare...
きこく【帰国】 ― ～する tornare a casa

[in patria]
きごころ【気心】 ― ～の知れた人 persona di fiducia 女
ぎこちない teso, rigido
きこなす【着こなす】 vestire bene
きこん【既婚】 ― ～の sposato
きざ【気障】 ― ～な affettato, snob
きさい【記載】 ― ～する descrivere, scrivere
ぎざぎざ dentellatura 女 ― ～のある dentellato
きさく【気さく】 ― ～な simpatico, amichevole
きざし【兆し】 segno 男, indizio 男
きざむ【刻む】 (細かく)tritare, trinciare; (彫り込む)intagliare
きし【岸】 riva, sponda 女
きし【騎士】 cavaliere 男
きじ【生地】 stoffa 女, panno 男
きじ【記事】 articolo 男, cronaca 女
きじ【雉】 fagiano 男
ぎし【技師】 ingegnere 男
ぎし【義姉】 cognata 女
ぎじ【議事】 dibattito 男 ◆～録 verbale 男
ぎじ【擬餌】 ◆～針 esca artificiale 女
ぎしき【儀式】 cerimonia 女, rito 男
きしつ【気質】 carattere 男, temperamento 男
きじつ【期日】 data 女, termine 男
きしむ【軋む】 cigolare, scricchiolare
きしゃ【記者】 giornalista 男女, reporter 男女 ◆～会見 conferenza stampa 女
きしゃ【汽車】 treno 男
きしゅ【騎手】 fantino(a) 男(女)
きしゅ【機首】 muso 男
きしゅ【機種】 modello 男, tipo 男
ぎしゅ【義手】 braccio artificiale 男
きしゅう【奇襲】 sorpresa 女
きしゅくしゃ【寄宿舎】 dormitorio 男
きじゅつ【記述】 descrizione 女 ― ～する descrivere
ぎじゅつ【技術】 tecnica 女, tecnologia 女 ◆～先端～ tecnologia avanzata 女/～革新 innovazione tecnologica 女/～提携 cooperazione tecnologica 女
きじゅん【基準】 standard 男, criterio 男
きじゅん【規準】 norma 女
きしょう【気象】 (現象)fenomeno atmosferico 男; (天候)tempo 男 ◆～衛星 satellite meteorologico 男
きしょう【起床】 alzata 女 ― ～する alzarsi
きしょう【記章】 distintivo 男
きしょう【気性】 carattere 男, temperamento 男
ぎしょう【偽証】 falsa testimonianza 女 ― ～する testimoniare il falso
キス bacio 男 ― ～する baciare
きず【傷】 ferita 女; (品物の)difetto 男
きずあと【傷痕】 cicatrice 女
きすう【奇数】 numero dispari 男
きすう【基数】 numero cardinale 男
きずく【築く】 costruire; (創り出す)creare
きずつく【傷付く】 ferirsi ― 傷つきやすい delicato, sensibile
きずつける【傷付ける】 ferire
きずな【絆】 legame 男
きせい【帰省】 ritorno al paese nativo 男 ― ～する ritornare al paese nativo [natio]
きせい【規制】 controllo 男, regolamentazione 女 ◆自主～ autoregolamentazione 女; (自主検閲)autocensura 女/～緩和 deregolamentazione 女
きせい【既成】 ― ～の già realizzato, già fatto ◆～事実 fatto compiuto 男
きせい【既製】 ― ～の confezionato ◆～服 confezioni 女複
ぎせい【犠牲】 sacrificio 男 ◆～者 vittima 女
きせいちゅう【寄生虫】 parassita 男
きせき【奇跡】 miracolo 男 ― ～的な miracoloso
ぎせき【議席】 seggio 男
きせつ【季節】 stagione 女 ◆～外れの fuori stagione
きぜつ【気絶】 svenimento 男 ― ～する svenire
きせる【着せる】 vestire; (罪を)incolpare
きせん【汽船】 piroscafo 男
ぎぜん【偽善】 ipocrisia 女 ◆～者 ipocrita 男女
きそ【基礎】 base 女, fondamenta 女複 ― ～的な fondamentale
きそ【起訴】 accusa 女 ― ～する accusare ◆～状 atto d'accusa 男
きそう【競う】 competere, concorrere
きそう【起草】 abbozzo 男 ― ～する elaborare, abbozzare
きそう【寄贈】 donazione 女 ― ～する donare ◆～者 donatore(trice) 男(女)
ぎそう【偽装】 camuffamento 男
ぎぞう【偽造】 contraffazione 女 ― ～する contraffare / ～された contraffatto
きそく【規則】 regola, regolamento 男 ― ～的な regolare
きぞく【貴族】 nobile 男女, nobiltà 女
ぎそく【義足】 gamba artificiale 女
きた【北】 nord 男, settentrione 男 ― ～の settentrionale, del nord ◆～イタリア Italia del Nord, Italia settentrionale 女, il Nord (d'Italia)
ギター chitarra 女
きたい【期待】 attese 女複, aspettative 女複; (希望)speranza 女 ― ～する sperare, aspettarsi
きたい【気体】 corpo gassoso 男, gas
ぎだい【議題】 argomento di discus-

きたえる【鍛える】allenare, esercitare
きたく【帰宅】 ― ―する rientrare a casa, rincasare
きたちょうせん【北朝鮮】 Corea del Nord 固名(女) ― ―の nordcoreano ♦ ～人 nordcoreano(a) 男(女)
きだて【気立て】 ― ―のよい di buon cuore
きたない【汚い】sporco, sudicio
きたはんきゅう【北半球】 emisfero boreale 男
きたる【来る】prossimo
きち【基地】base 女
きち【機知】spirito 男 ― ―のある spiritoso
きちょう【機長】comandante 男女
きちょう【貴重】 ― ―な prezioso ♦～品 valori 男複
ぎちょう【議長】presidente(essa) (女)
きちょうめん【几帳面】 ― ―な metodico, scrupoloso
きちん ― ―と (整然と)in ordine, a posto; (正しく)esattamente; (狂いなく)precisamente; (規則的に)regolarmente; (適切に)adeguatamente
きつい (厳格)rigido, severo; (つらい)duro, faticoso; (サイズが)stretto
きつえん【喫煙】 ― ―する fumare ♦～車 vagone fumatori 男
きづかう【気遣う】 stare in ansia (per)
きっかけ【切っ掛け】occasione 女, opportunità 女; (手がかり)indizio 男
きっかり esattamente
きつく (厳しく)duramente, severamente; (強く)forte
キック calcio 男
きづく【気付く】notare, accorgersi (di)
きっさてん【喫茶店】bar 男, caffè 男, sala da tè 女
きっすい【生粋】 ― ―の vero, autentico
きっちり puntualmente, in punto, alla perfezione
キッチン cucina 女
きつつき【啄木鳥】picchio 男
きって【切手】francobollo 男
きっと senz'altro, senza dubbio
きつね【狐】volpe 女
きっぱり(と) categoricamente, definitivamente
きっぷ【切符】biglietto 男 ♦～売り場 biglietteria 女
きてい【規定】regola 女, regolamento 男
きてい【既定】 ― ―の già deciso, già fissato
ぎてい【義弟】cognato 男
きてき【汽笛】fischio 男
きてん【機転】 ― ―の利く avere presenza di spirito
きとう【祈祷】preghiera 女, orazione 女

きどう【軌道】orbita 女
きどうたい【機動隊】squadra mobile [volante] 女
きとく【奇特】 ― ―な encomiabile; (慈善的)caritatevole
きとく【危篤】 ― ―の moribondo
きどる【気取る】darsi delle arie
きなが【気長】 ― ―に pazientemente, senza fretta
ギニア Guinea 固名(女) ― ―の guineano
きにいる【気に入る】(気に入られる)piacere ― この音楽は気に入らないな. Non mi piace questa musica.
きにゅう【記入】riempimento 男 ― ―する riempire
きぬ【絹】seta 女 ♦～織物 tessuto di seta 男
きねん【記念】commemorazione 女 ― ―の commemorativo ♦～碑 monumento 男 / ～日 (毎年の)anniversario 男
きのう【機能】funzione 女 ― ―する funzionare
きのう【昨日】ieri
きのう【帰納】 ― ―法 induzione 女
きのう【技能】capacità 女, tecnica 女
きのこ【茸】fungo 男
きのどく【気の毒】 ― ―な (哀れな)povero; (惨めな)miserabile
きのみ【木の実】(果実)frutto 男; (くるみなど堅いもの)noce 女
きば【牙】zanna 女
きばく【起爆】 ♦～剤 detonatore 男 / ～装置 dispositivo detonatore 男
きはつ【揮発】volatilizzazione 女 ♦～性の volatile
きばつ【奇抜】 ― ―な originale, bizzarro
きばらし【気晴らし】passatempo 男, svago 男
きはん【規範】norma 女
きばん【基盤】base 女, fondamento 男
きひ【忌避】ricusa 女
きびきび ― ―した (活発)vivace; (敏速)agile; (精力的)energico
きびしい【厳しい】severo, rigido
きひん【気品】 ― ―のある nobile, dignitoso
きびん【機敏】 ― ―な svelto, pronto
きふ【寄付】contributo 男, donazione 女 ― ―する donare
ぎふ【義父】suocero 男; (継父)patrigno 男; (養父)padre adottivo 男
ギプス gesso 男
キプロス Cipro 固名(女) ― ―の cipriota, ciprio ♦～人 cipriota 男女
きぶん【気分】stato d'animo 男, sentimento 男
きぼ【規模】scala 女
ぎぼ【義母】suocera 女; (継母)matrigna 女; (養母)madre adottiva 女
きぼう【希望】speranza 女 ― ―する sperare, augurarsi

きぼうほう【喜望峰】Capo di Buona Speranza 固名(男)
きぼり【木彫り】scultura in legno 囡
きほん【基本】base 囡 ━━的な fondamentale ◆━料金 tariffa base 囡
ぎまい【義妹】cognata 囡
きまえ【気前】━━のよい generoso, liberale
きまぐれ【気紛れ】capriccio 男 ━━な capriccioso, stravagante
きまじめ【生真面目】━━な molto serio, scrupoloso
きまつ【期末】(学期末・2学期制)fine del semestre 囡; (会計の)fine dell'esercizio 囡 ◆━試験 esame finale 男; (2[3]学期制の)esame semestrale [quadrimestrale] 男
きまま【気まま】━━な capriccioso
きまり【決まり】regola 囡, regolamento 男 ◆━文句 luogo comune, frase fatta 囡
きまる【決まる】essere deciso
ぎまん【欺瞞】inganno 男 ━━的な ingannevole, falso
きみ【黄身】tuorlo 男, rosso (d'uovo) 男
きみ【気味】━━の悪い impressionante
きみ【君】(〜が・は)tu; (〜を・に)ti; (〜の)tuo ━━と一緒に con te ◆━たち (〜たちが・は)voi; (〜たちを・に)vi; (〜たちの)vostro
-ぎみ【気味】━風邪〜 essere un po' raffreddato
きみじか【気短】━━な impaziente
きみつ【機密】segreto 男 ◆━書類 documento segreto 男 / ━漏洩 fuga di informazioni segrete [riservate] 囡
きみどり【黄緑】━━の verdegiallo
きみょう【奇妙】━━な strano
ぎむ【義務】dovere 男, obbligo 男 ◆━教育 istruzione obbligatoria 囡
きむずかしい【気難しい】scontroso, intrattabile
きめ【木目・肌理】(材木)venatura 囡; (肌)grana 囡 ━━が細かい liscio / 〜が粗い ruvido
ぎめい【偽名】nome falso 男
きめる【決める】decidere, fissare
きも【肝】fegato 男 ━━に銘じる imprimere nel cuore
きもち【気持ち】sentimento 男, sensazione 囡
きもの【着物】chimono 男, kimono 男
ぎもん【疑問】dubbio 男, domanda 囡 ━━に思う dubitare
きやく【規約】statuto 男
きゃく【客】(来客)ospite 男囡; (招待客)invitato(a) 男(囡); (顧客)cliente 男囡
ぎゃく【逆】contrario 男, opposto 男 ━━の contrario, inverso / 〜に al contrario
ギャグ gag 囡; trovata comica 囡
ぎゃくさつ【虐殺】━━する massacrare
きゃくしゃ【客車】vagone passeggeri 男
ぎゃくしゅう【逆襲】contrattacco 男 ━━する contrattaccare
きゃくしょく【脚色】adattamento 男
きゃくせき【客席】(観客席全体)sala degli spettatori 囡; (座席)posto 男
ぎゃくせつ【逆説】paradosso 男 ━━的な paradossale
きゃくせん【客船】nave passeggeri 囡
ぎゃくたい【虐待】maltrattamento 男 ━━する maltrattare
きゃくちゅう【脚注】nota a piè di pagina 囡
ぎゃくてん【逆転】━━する (形勢が)essere rovesciato
ぎゃくふう【逆風】vento contrario 男
きゃくほん【脚本】sceneggiatura 囡
きゃくま【客間】salotto 男
ギャザー arricciatura 囡
きゃしゃ【華奢】━━な esile, fragile
キャスター (脚輪)rotella 囡; (ニュース)coordina*tore(trice)* del telegiornale 男(囡)
キャスト cast 男
キャタピラ cingoli 男複
きゃっか【却下】respinta 囡 ━━する respingere, rifiutare
きゃっかんてき【客観的】━━な oggettivo, obiettivo
ぎゃっきょう【逆境】avversità 囡
きゃっこう【脚光】luci della ribalta 囡複 ━━を浴びる venire [salire] alla ribalta
キャッシュ contanti 男複 ━━で払う pagare in contanti ◆━カード bancomat 男
キャッチフレーズ slogan 男
キャッチャー catcher 男
キャップ (帽子)berretto 男; (万年筆・鉛筆の)cappuccio 男
ギャップ gap 男, divario 男
キャディー caddie 男
キャバレー cabaret 男, night club 男
キャビア caviale 男
キャビン cabina 囡
キャプテン capitano 男
キャベツ cavolo 男
ギャラ cachet 男
キャラクター (性格)carattere 男; (登場人物)personaggio 男
キャラバン carovana 囡
キャラメル caramella 囡
ギャラリー galleria 囡
キャリア carriera 囡
ギャング gang 囡, gangster 男複
キャンセル annullamento 男 ━━する annullare ◆━待ち lista d'attesa
キャンディー caramella 囡, bonbon 男

キャンドル candela 囡
キャンバス tela 囡
キャンパス campus 男
キャンピングカー camper 男; (トレーラー)caravan 囡
キャンプ campeggio 男
ギャンブル gioco d'azzardo 男
キャンペーン campagna 囡
きゅう【九・9】 nove 男 ―～番目の nono
きゅう【級】 (等級)classe 囡; (段階)grado 男; (レベル)livello 男; (序列)rango 男
きゅう【球】 sfera 囡, globo 男
きゅう【灸】 moxibustione 囡
きゅう【急】 ―～な (緊急の)urgente; (突然の)improvviso / ～に all'improvviso
きゅうえん【救援】 soccorso 男
きゅうか【休暇】 ferie 囡複, vacanze 囡複
きゅうかく【嗅覚】 odorato 男; (特に動物の)fiuto 男 ―～が鋭い avere un buon fiuto
きゅうがく【休学】 ―～する sospendere gli studi
きゅうかん【急患】 caso urgente 男; (患者)paziente d'urgenza 男囡
きゅうかんちょう【九官鳥】 gracola 囡
きゅうぎ【球技】 gioco di palla 男
きゅうきゅう【救急】 ◆医療 trattamento d'emergenza 男/ 救急士 addetto ai primi soccorsi 男/ ～車 ambulanza 囡
ぎゅうぎゅう ―～(に)詰め込む riempire il più possibile / ～(に)詰め込まれる essere pigiati come sardine
きゅうぎょう【休業】 chiusura 囡
きゅうきょく【究極】 ―～の ultimo, finale, estremo
きゅうくつ【窮屈】 ―～な stretto
きゅうけい【休憩】 pausa 囡, riposo 男 ―～する riposare, riposarsi
きゅうげき【急激】 ―～な improvviso, repentino
きゅうけつき【吸血鬼】 vampiro(a) 男(囡)
きゅうこう【急行】 espresso 男, direttissimo 男
きゅうこうか【急降下】 picchiata 囡 ―～する scendere in picchiata, fare una picchiata
きゅうこん【球根】 bulbo 男
きゅうこん【求婚】 ―～する fare una proposta di matrimonio
きゅうさい【救済】 salvezza 囡
きゅうし【急死】 morte improvvisa 囡 ―～する morire di colpo
きゅうし【休止】 pausa 囡, riposo 男 ―～する fermare, sospendere
きゅうじ【給仕】 servizio 男; (人)cameriere(a) 男(囡)
きゅうしき【旧式】 ―～の vecchio, obsoleto, fuori moda

きゅうじつ【休日】 vacanza 囡, festa 囡
きゅうしゅう【吸収】 assorbimento 男 ―～する assorbire
きゅうじゅう【90】 novanta 男 ―～番目の novantesimo
きゅうしゅつ【救出】 ―～する salvare, soccorrere
きゅうしょ【急所】 (体の)punto vitale 男; (要点)punto essenziale 男
きゅうじょ【救助】 soccorso 男, salvataggio 男 ―～する salvare, soccorrere
きゅうじょう【球場】 stadio di baseball 男
きゅうじょう【窮状】 situazione difficile 囡
きゅうしょく【給食】 refezione scolastica 囡
きゅうじん【求人】 offerta di lavoro 囡
きゅうしんてき【急進的】 ―～な radicale
きゅうしんりょく【求心力】 forza centripeta 囡
きゅうすい【給水】 distribuzione dell'acqua 囡
きゅうせい【旧姓】 cognome d'origine 男; (既婚女性の)cognome da ragazza 男
きゅうせい【急性】 ―～の acuto
きゅうせっきじだい【旧石器時代】 periodo paleolitico 男
きゅうせん【休戦】 armistizio 男
きゅうせんぽう【急先鋒】 ―～である essere il leader (di)
きゅうそく【休息】 riposo 男
きゅうそく【急速】 ―～な rapido, pronto
きゅうだい【及第】 ―～する superare l'esame
きゅうだん【糾弾】 accusa 囡 ―～する accusare
きゅうち【窮地】 ―～に陥る cadere in difficoltà
きゅうてい【宮廷】 corte 囡
きゅうでん【宮殿】 palazzo 男
きゅうてんちょっか【急転直下】 improvvisamente, a un tratto, di colpo
きゅうとう【急騰】 rincaro repentino 男 ―～する rincarare all'improvviso
きゅうとうき【給湯器】 scaldaacqua 男
ぎゅうにく【牛肉】 manzo 男, vitello 男
きゅうにゅう【吸入】 inalazione 囡 ―～する inalare
ぎゅうにゅう【牛乳】 latte 男
きゅうば【急場】 emergenza 囡 ―～しのぎの provvisorio
キューバ Cuba 固名(囡) ―～の cubano
キューピッド cupido 男
きゅうびょう【急病】 malattia improvvisa 囡

きゅうふ【給付】 fornitura 女
きゅうへい【旧弊】 convenzioni 女複 ―～な慣習 convenzionalismo 男 /～な考え idee antiquate 女複
きゅうめい【救命】 salvataggio 男 ♦ ～具 salvagente 男 /～胴衣 giubbotto di salvataggio 男
きゅうめい【究明】 ―～する studiare a fondo
きゅうやくせいしょ【旧約聖書】 Vecchio Testamento 固名(男)
きゅうゆ【給油】 rifornimento di carburante 男
きゅうゆう【級友】 compagno(a) di classe 男
きゅうゆう【旧友】 vecchio(a) amico(a) 男(女)
きゅうよ【給与】 paga 女, stipendio 男 ♦ ～体系 sistema retributivo 男
きゅうよう【休養】 riposo 女 ―～する riposare, riposarsi
きゅうよう【急用】 affare urgente 男
きゅうり【胡瓜】 cetriolo 男
きゅうりょう【丘陵】 collina 女
きゅうりょう【給料】 stipendio 男
きゅうれき【旧暦】 (太陰暦)calendario lunare 男; (エリウス暦)calendario giuliano 男
ぎゅっと ―～抱きしめる abbracciare stretto
きよ【寄与】 contributo 男 ―～する contribuire
きよう【起用】 ―～する (選ぶ)scegliere; (昇進による)promuovere
きよう【器用】 ―～な bravo, destro
きょう【今日】 oggi
ぎょう【行】 linea 女, riga 女
きょうあく【凶悪】 ―～な atroce, feroce
きょうい【驚異】 meraviglia 女, prodigio 男 ―～的な meraviglioso, prodigioso
きょうい【脅威】 minaccia 女
きょうい【胸囲】 circonferenza del torace 女
きょういく【教育】 educazione 女, istruzione 女 ―～する istruire, educare ♦ ～学部 facoltà di magistero 女 /～実習 tirocinio didattico 男
きょういん【教員】 insegnante 男女
きょうえい【競泳】 gara di nuoto 女
きょうか【強化】 rafforzamento 男 ―～する rafforzare
きょうか【教科】 materia 女
きょうかい【協会】 associazione 女
きょうかい【境界】 confine 男, limite 男
きょうかい【教会】 chiesa 女
ぎょうかい【業界】 settore 男
きょうがく【共学】 coeducazione 女
きょうがく【驚愕】 spavento 男, stupore 男
きょうかしょ【教科書】 (libro di) testo 男

きょうかつ【恐喝】 ricatto 男
きょうかん【共感】 simpatia 女
きょうき【凶器】 arma letale 女
きょうき【狂気】 pazzia 女, follia 女
きょうき【狂喜】 ―～する esultare [impazzire] di gioia
きょうぎ【協議】 consultazione 女 ―～する consultarsi
きょうぎ【競技】 competizione 女; (試合)gara 女, partita 女; (専門種目)specialità 女 ♦ ～会 riunione sportiva 女 /～場 stadio, campo sportivo 男
ぎょうぎ【行儀】 condotta 女, comportamento 男 ―～のよい beneducato /～の悪い maleducato
きょうきゅう【供給】 rifornimento 男 ―～する fornire, rifornire
きょうく【教区】 parrocchia 女
きょうぐう【境遇】 (状況)situazione 女; (環境)circostanze 女複
きょうくん【教訓】 lezione 女, morale 女
きょうげん【狂言】 kyogen 男; (偽り)finta 女, finzione 女
きょうけんびょう【狂犬病】 idrofobia 女, rabbia 女
きょうこ【強固】 ―～な fermo, solido
きょうこう【恐慌】 panico 男
きょうこう【教皇】 papa 男
きょうごう【競合】 ―～する concorrere
きょうこく【峡谷】 gola 女, vallata 女
きょうこく【強国】 potenza 女, Stato potente 男
きょうざい【教材】 materiale didattico 男
きょうさく【凶作】 cattivo raccolto 男
きょうさんしゅぎ【共産主義】 comunismo 男
きょうさんとう【共産党】 partito comunista 男
きょうし【教師】 insegnante 男女
ぎょうし【凝視】 ―～する guardare fisso, fissare lo sguardo (su)
ぎょうじ【行事】 cerimonia pubblica 女
きょうしつ【教室】 aula 女
ぎょうしゃ【業者】 commerciante 男(女); (納入)fornitore(trice) 男(女)
きょうじゅ【教授】 professore(essa) 男(女)
きょうじゅ【享受】 godimento 男 ―～する godere (di)
きょうしゅう【郷愁】 nostalgia 女
きょうしゅく【恐縮】 ―～です(申し訳ない)Mi dispiace.; (ありがたい)Sono riconoscente.
きょうしゅく【凝縮】 condensazione 女
きょうじゅつ【供述】 deposizione 女
ぎょうしょう【行商】 commercio ambulante 男 ♦ ～人 venditore(trice) ambulante 男(女)

きょうしょく【教職】 insegnamento 男

きょうしん【狂信】 fanatismo 男

きょうせい【強制】 costrizione 女 ―〜する costringere / 〜的な obbligato, forzato / 〜的に per forza, con la forza ♦〜送還 rimpatrio forzato 男

きょうせい【共生】 simbiosi 女

ぎょうせい【行政】 amministrazione 女

ぎょうせき【業績】 risultato 男

きょうそう【競争】 competizione 女, concorrenza 女 ―〜する competere, concorrere

きょうそう【競走】 corsa 女 ―〜する fare una corsa

きょうぞう【胸像】 busto 男

きょうそうきょく【協奏曲】 concerto 男

きょうそん【共存】 coesistenza 女 ―〜する coesistere

きょうだい【兄弟】 fratello 男

きょうだい【鏡台】 pettiniera con specchio 女

きょうだい【強大】 ―〜な potente

きょうたん【驚嘆】 ―〜する meravigliarsi, stupirsi

きょうだん【教壇】 cattedra 女

きょうだん【教団】 ordine religioso 男

きょうちくとう【夾竹桃】 oleandro 男

きょうちょう【強調】 enfasi 女 ―〜する accentuare, sottolineare

きょうちょう【協調】 ―〜する collaborare, cooperare

きょうつう【共通】 ―〜の comune

きょうてい【協定】 accordo 男, convenzione 女

きょうど【郷土】 paese nativo 男 ―〜の locale, paesano

きょうとう【教頭】 vicediretto*re*(*trice*) 男(女)

きょうどう【共同】 ―〜の (共用の)comune; (合同の)congiunto, unito / …と〜で in collaborazione con... ♦〜経営 cogestione 女/〜体 comunità 女

きょうどうくみあい【協同組合】 cooperativa 女

きょうばい【競売】 asta 女

きょうはく【脅迫】 minaccia 女 ―〜する minacciare

きょうはん【共犯】 complice 男女

きょうふ【恐怖】 paura 女, terrore 男, orrore 男

きょうふ【胸部】 torace 男, petto 男

きょうふう【強風】 vento forte 男

きょうほ【競歩】 *marcia* 女

きょうぼう【共謀】 cospirazione 女 ―〜する cospirare

きょうぼう【凶暴】 ―〜な brutale, feroce

きょうまく【胸膜】 pleura 女 ♦〜炎 pleurite 女

きょうみ【興味】 interesse 男 ―〜がある essere interessato (a) ♦〜深い in-teressante / 〜本位で solo per curiosità

ぎょうむ【業務】 affari 男複, lavoro 男

きょうゆう【共有】 ―〜する possedere in comproprietà 〈con〉/ 〜の di proprietà comune, condominiale ♦〜財産 proprietà comune 女

きょうよう【教養】 cultura 女 ―〜のある colto, di cultura ♦一般〜 cultura generale 女

きょうよう【強要】 ―〜する costringere

きょうらく【享楽】 godimento 男, piacere 男

きょうり【郷里】 paese nativo 男

きょうりゅう【恐竜】 dinosauro 男

きょうりょう【狭量】 ―〜な ristretto di mente, meschino

きょうりょく【協力】 collaborazione 女 ―〜する collaborare 〈con〉

きょうりょく【強力】 ―〜な forte, potente

きょうれつ【強烈】 ―〜な intenso, forte

ぎょうれつ【行列】 (行進)corteo 男, sfilata 女; (並ぶ列)fila 女

きょうわこく【共和国】 repubblica 女 ♦〜記念日（6月2日）Festa della Repubblica 固名(女)

きょえいしん【虚栄心】 vanità 女

きょか【許可】 permesso 男, licenza 女 ―〜する permettere

ぎょかいるい【魚介類】 frutti di mare 男複

ぎょかく【漁獲】 (量)pescata 女

ぎょがんレンズ【魚眼―】 fisheye 男, occhio di pesce 男

きょぎ【虚偽】 ―〜の falso

ぎょぎょう【漁業】 pesca 女

きょく【曲】 brano 男, musica 女

きょく【局】 ufficio 男

きょく【極】 polo 男

きょくげい【曲芸】 acrobazia 女

きょくげん【極限】 limite 男

きょくしょう【極小】 minimo 男

きょくせつ【曲折】 giro 男, deviazione 女, zigzag 男

きょくせん【曲線】 curva 女

きょくだい【極大】 massimo 男

きょくたん【極端】 ―〜な estremo, eccessivo

きょくち【極致】 perfezione 女

きょくちてき【局地的】 ―〜な locale

きょくちょう【局長】 diretto*re*(*trice*) 男(女)

きょくてん【極点】 polo 男

きょくど【極度】 ―〜の estremo, eccessivo

きょくとう【極東】 Estremo Oriente 男

きょくどめ【局留め】 fermoposta 男

きょぐ【局部】 (部分)parte 女; (患部)parte affetta 女; (陰部)parti intime 女複, genitali 男複 ♦〜麻酔 ane-

stesia locale 女
きょくめん【局面】situazione 女, fase 女
きょこう【虚構】finzione 女
きょこう【挙行】—〜する celebrare
ぎょこう【漁港】porto peschereccio 男
きょじゃく【虚弱】—〜な debole, delicato
きょじゅう【居住】residenza 女 ◆〜者 residente 男女, abitante 男
きょしょう【巨匠】gran maestro 男
ぎょじょう【漁場】zona di pesca 女
きょしょくしょう【拒食症】anoressia 女
きょじん【巨人】gigante(essa) 男(女)
ぎょする【御する】domare
きょぜつ【拒絶】rifiuto 男 —〜する rifiutare, respingere ◆〜反応 rigetto 男
ぎょせん【漁船】peschereccio 男
ぎょそん【漁村】villaggio di pescatori 男
きょだい【巨大】—〜な enorme, gigantesco
きょっかい【曲解】interpretazione distorta 女 —〜する interpretare in maniera distorta
ぎょっと —〜する spaventarsi
きょてん【拠点】base 女, roccaforte 女
きょねん【去年】l'anno scorso
きょひ【拒否】rifiuto 男 —〜する rifiutare, respingere ◆〜権 (diritto di) veto 男
きょむ【虚無】niente 男 —〜的な nichilistico ◆〜主義者 nichilista 男女
きよめる【清める】purificare, pulire
きょよう【許容】—〜する permettere, ammettere
ぎょらい【魚雷】siluro 男
きょり【距離】distanza 女
きょろきょろ —〜する guardarsi intorno con aria inquieta
きらい【嫌い】non piacere —外食は〜だ Non mi piace mangiare fuori.
きらう【嫌う】non amare, odiare
きらきら —〜光る luccicare
きらく【気楽】agio 男 —〜な comodo, spensierato / 〜に con comodo
きらめく【煌く】brillare, scintillare
きり【錐】succhiello 男, punteruolo 男
きり【霧】nebbia 女
きり【切り】—〜をつける mettere un punto fermo (a), finire
ぎり【義理】debito 男, obbligo (morale) 男
きりあげる【切り上げる】finire, terminare; (中断する)interrompere
きりかえる【切り替える】cambiare; (更新する)rinnovare
きりかぶ【切り株】(木の)ceppo 男; (稲・麦などの)stoppia 女

きりきざむ【切り刻む】tagliuzzare
きりきず【切り傷】taglio 男
ぎりぎり —一時間〜に着く arrivare all'ultimo minuto
きりくち【切り口】sezione 女
きりこみ【切り込み】incisione 女
きりさげ【切り下げ】svalutazione 女
きりさめ【霧雨】pioggiarella 女, acquerugiola
ギリシャ Grecia 固名(女) —〜の greco ◆〜語 greco 男/〜人 greco(a) 男(女)
きりすてる【切り捨てる】—端数を〜 arrotondare per difetto
キリスト Cristo 固名(男) ◆〜教 cristianesimo 男/〜教徒 cristiano(a) 男(女)
きりたおす【切り倒す】abbattere
きりつ【規律】disciplina 女
きりつ【起立】—〜する alzarsi, mettersi in piedi
きりつめる【切り詰める】(短くする)accorciare; (節約)economizzare
きりとる【切り取る】tagliare
きりぬき【切り抜き】ritaglio 男
きりぬく【切り抜く】ritagliare
きりぬける【切り抜ける】cavarsela
キリバス Kiribati 固名(男) —〜の kiribatese, del Kiribati
きりはなす【切り離す】separare, sganciare
きりひらく【切り開く】aprire, spianare
きりふき【霧吹き】spruzzatore 男
きりふだ【切り札】briscola 女, carta vincente 女, asso nella manica 男
きりみ【切り身】fetta 女, filetto 男
きりゅう【気流】corrente atmosferica 女 ◆ジェット〜 corrente a getto 女
きりょう【器量】—〜のよい essere bello, avere un bel viso
きりょう【技量】tecnica 女
きりょく【気力】forza di volontà 女
きりん【麒麟】giraffa 女
きる【切る】tagliare; (薄く)affettare; (鋸で)segare; (スイッチを)spegnere; (電話を)riattaccare
きる【着る】mettersi, indossare
-きる【切る】—疲れ〜 essere sfinito
キルギス Kirghizistan 固名(男) —〜の kirghiso
きれ【布】stoffa 女, tessuto 男
-きれ【切れ】fetta 女 —一〜のパン una fetta di pane
きれい【綺麗】—〜な bello, carino, (清潔な)pulito
きれつ【亀裂】crepa 女; (ひび)incrinatura 女
きれる【切れる】(刃物が)tagliare (bene); (糸などが)spezzarsi; (期限が)essere scaduto; (品物が)essere esaurito, mancare; (頭脳が)essere sveglio [svelto]; (自制心が)infuriarsi; (電話が)interrompersi

きろ【帰路】strada di ritorno 囡
きろ【岐路】bivio 男
きろく【記録】registrazione 囡; (レコード)record 男 ーー~する registrare / ~を破る battere il record
キログラム chilo 男, chilogrammo 男 ー 0.5~ mezzo chilo
キロメートル chilometro 男
キロリットル chilolitro 男
キロワット chilowatt 男
ぎろん【議論】discussione 囡 ーー~する discutere
ぎわく【疑惑】sospetto 男, dubbio 男
きわだつ【際立つ】distinguersi, spiccare
きわどい【際どい】ーー~ところで per un pelo
きわめて【極めて】molto, infinitamente
きん【金】oro 男 ーー~の d'oro ♦~婚式 nozze d'oro 囡複 / ~メダル medaglia d'oro 囡
ぎん【銀】argento 男 ーー~の d'argento ♦~婚式 nozze d'argento 囡複 / ~メダル medaglia d'argento 囡
きんいつ【均一】ーー~の uniforme
きんえん【禁煙】astinenza dal fumo 囡; [揭示]Vietato fumare ♦~車 vagone non fumatori 男 / ~席 posto non fumatori 男
きんか【金貨】moneta d'oro 囡
ぎんか【銀貨】moneta d'argento 囡
ぎんが【銀河】galassia 囡
きんかい【近海】mare costiero 男
きんがく【金額】somma 囡
きんがしんねん【謹賀新年】(カードなどの挨拶)Le porgo i miei migliori auguri per il nuovo anno. | Felice anno nuovo.
きんかん【近刊】pubblicazione prossima 囡
きんかん【近眼】miopia 囡
きんかんがっき【金管楽器】ottoni 男複
きんかんしょく【金環食】eclissi anulare 囡
きんきゅう【緊急】ーー~の urgente, d'urgenza
きんぎょ【金魚】pesce rosso 男
キング re 男
きんけんせいじ【金権政治】plutocrazia 囡
きんこ【金庫】cassaforte 囡
きんこう【近郊】vicinanze 囡複
きんこう【均衡】equilibrio 男
ぎんこう【銀行】banca 囡 ♦~員 impiegato(a) di banca 男(囡) / ~口座 conto in banca 男 / ~預金 deposito bancario 男
きんし【禁止】proibizione 囡, divieto 男 ーー~する vietare, proibire
きんし【近視】ーー~の miope
きんしつ【均質】omogeneità 囡 ーー~の omogeneo
きんじつ【近日】ーー~中に in questi giorni, fra pochi giorni
きんしゅ【禁酒】astinenza dall'alcol 囡 ーー~する astenersi dall'alcol
きんしゅく【緊縮】restrizione 囡
きんじょ【近所】vicinato 男 ーー~の人 vicino(a) 男(囡)
きんじる【禁じる】vietare, proibire
きんせい【近世】epoca premoderna 囡
きんせい【均整】proporzione 囡, simmetria 囡
きんせい【金星】Venere 固名(女)
きんせん【金銭】denaro 男, moneta 囡
きんせんか【金盞花】calendola 囡
きんぞく【金属】metallo 男
きんだい【近代】tempi moderni 男複 ーー~の, ~的な moderno ♦~五種 pentathlon moderno 男
きんちょう【緊張】tensione 囡 ーー~する essere teso ♦~緩和 détente 囡; distensione 囡
きんとう【近東】Vicino Oriente 固名(男)
ぎんなん【銀杏】noce di ginkgo 囡
きんにく【筋肉】muscolo 男
きんねん【近年】in questi ultimi anni
きんぱく【緊迫】tensione 囡 ーー~した teso
きんぱく【金箔】lamina d'oro 囡
きんぱつ【金髪】ーー~の biondo
きんべん【勤勉】ーー~な diligente
きんぽうげ【金鳳花】ranuncolo 男, favagello 男
ぎんみ【吟味】verifica 囡, esame approfondito 男 ーー~する verificare, esaminare
きんむ【勤務】servizio 男, lavoro 男 ーー~する servire, lavorare
きんもつ【禁物】tabù 男 ーー~の tabù
きんゆ【禁輸】embargo 男
きんゆう【金融】finanza 囡, finanziamento 男 ♦~機関 istituto finanziario 男
きんようび【金曜日】venerdì 男
きんよくてき【禁欲的】ーー~な stoico
きんり【金利】tasso d'interesse 男
きんりょう【禁漁】divieto di pesca 男 ♦~区 riserva di pesca 囡
きんりん【近隣】vicinanze 囡複, vicinato 男
きんろうかんしゃのひ【勤労感謝の日】Festa del lavoro 固名(女)

く

く【九】nove 男
く【区】circoscrizione comunale 囡 ♦選挙~ circoscrizione elettorale 囡
く【句】locuzione 囡, verso 男
ぐ【具】ingredienti 男複
ぐあい【具合】condizione 囡, stato 男

一体の〜がよい stare bene
グアテマラ Guatemala 固名(男) ——〜の guatemalteco
くい【杭】 palo 男
くい【悔い】 rimpianto 男
クイーン regina 女
くいき【区域】 area 女, zona 女
くいしんぼう【食いしん坊】 goloso(a) 男(女)
クイズ quiz 男
くいちがい【食い違い】 discrepanza 女, divergenza 女
くいちがう【食い違う】 differire
くいつくす【食い尽くす】 mangiare tutto
くいとめる【食い止める】 frenare, bloccare
クインテット quintetto 男
くう【食う】 mangiare, prendere; (蚊が)pungere; (ガソリンを)consumare
クウェート Kuwait 固名(男) ——〜の kuwaitiano
くうかん【空間】 spazio 男
くうき【空気】 aria 女; (雰囲気)atmosfera 女
くうきょ【空虚】 ——〜な vacuo, vuoto
くうぐん【空軍】 aeronautica 女
くうこう【空港】 aeroporto 男
くうしつ【空室】 camera libera 女
くうしゃ【空車】 tassì libero 男
くうしゅう【空襲】 incursione aerea 女; (空爆)bombardamento aereo 男
ぐうすう【偶数】 numero pari 男
くうせき【空席】 posto libero 男; (欠員)posto vacante 男
くうぜん【空前】 ——〜の senza precedenti
ぐうぜん【偶然】 caso 男, casualità 女 ——〜の casuale, accidentale / 〜に per caso
くうそう【空想】 fantasia 女 ——〜する fantasticare
ぐうぞう【偶像】 idolo 男
くうちゅう【空中】 ——〜に in aria ◆〜ブランコ trapezio 男
くうちょう【空調】 climatizzazione 女; (設備・装置)condizionatore (d'aria) 男
クーデター colpo di stato 男
くうどう【空洞】 cavità 女
くうはく【空白】 spazio bianco 男; (欄外)margine 男
くうふく【空腹】 fame 女
クーポン coupon 男, buono 男
くうゆ【空輸】 trasporto aereo 男
クーラー (空調)condizionatore (d'aria) 男; (冷却容器)cooler 男 ◆〜ボックス frigorifero portatile 男
くろう【空路】 ——〜で in aereo
ぐうわ【寓話】 fiaba 女, favola 女
クエスチョンマーク punto interrogativo 男
クオーツ (石英)quarzo 男 ◆〜時計 orologio al quarzo 男

くかく【区画】 divisione 女 ◆〜整理 nuova zonatura 女
くがつ【九月】 settembre 男
くかん【区間】 tratto 男; (スポーツの)tappa 女
くき【茎】 stelo 男
くぎ【釘】 chiodo 男 ——〜を打つ[〜付けにする] inchiodare
くきょう【苦境】 situazione difficile 女, avversità 女
くぎり【区切り】 fine 女, termine 男 ——〜をつける porre fine (a)
くぎる【区切る】 dividere
くさ【草】 erba 女
くさい【臭い】 puzzolente, fetido
くさかり【草刈り】 falciatura dell'erba 女
くさき【草木】 piante 女複, vegetazione 女
くさち【草地】 prato 男
くさった【腐った】 marcio, putrido
くさばな【草花】 pianta da fiori 女
くさび【楔】 cuneo 男
くさり【鎖】 catena 女
くさる【腐る】 marcire, andare a male
くし【串】 spiedo 男, spiedino 男
くし【櫛】 pettine 男
くじ【籤】 (抽選)sorteggio 男; (宝くじ) lotteria 女 ——〜を引く fare un sorteggio / 〜に当たる vincere alla lotteria
くじく【挫く】 (捻挫)prendere una storta (a)
くじける【挫ける】 abbattersi
くじゃく【孔雀】 pavone(a) 男(女)
くしゃくしゃ ——〜にする sgualcire, spiegazzare / 〜になった sgualcito, spiegazzato
くしゃみ starnuto 男 ——〜をする starnutire
くじょ【駆除】 sterminio 男 ——〜する sterminare
くしょう【苦笑】 ——〜する sorridere amaramente
くじょう【苦情】 reclamo 男, lamentela 女 ——〜を言う reclamare, lamentarsi
くじら【鯨】 balena 女
くしん【苦心】 sforzo 男 ——〜する ingegnarsi, sforzarsi
くず【屑】 rifiuti 男複 ◆〜入れ cestino (dei rifiuti) 男
くすくす ——〜笑う ridere sommessamente
ぐずぐず ——〜する attardarsi, indugiare
くすぐったい soffrire il solletico
くすぐる solleticare
くずす【崩す】 battere, rompere; (金を)cambiare
くすぶる【燻る】 fumare
くすり【薬】 medicina 女 ◆〜屋 farmacia 女
くすりゆび【薬指】 anulare 男

くずれる【崩れる】 crollare; (形が)deformarsi; (天気が)guastarsi

くすんだ scuro, spento

くせ【癖】 (習慣)abitudine 囡; (悪癖)vizio 男; (特質)particolarità 囡

くせげ【癖毛】 riccioli ribelli 男複

くそ【糞】 merda 囡, cacca 囡

くだ【管】 tubo 男, canna 囡

ぐたいてき【具体的】 ～な concreto

くだく【砕く】 spezzare, rompere

くだける【砕ける】 spezzarsi, rompersi

ください【下さい】 ～…を～ Mi dia... | ..., per favore.

くだす【下す】 dare — 判決を～ pronunciare una sentenza

くたばる crepare, morire

くたびれる stancarsi

くだもの【果物】 frutta 囡 ◆～屋 fruttivendolo(a) 男(囡)

くだらない【下らない】 inutile, vano, stupido

くだり【下り】 discesa 囡

くだる【下る】 scendere; (命令などが)essere dato

くち【口】 bocca 囡

ぐち【愚痴】 brontolio 男

くちえ【口絵】 frontespizio 男, illustrazione sul frontespizio 囡

くちかず【口数】 ～の多い loquace, chiacchierone / ～の少ない taciturno, laconico

くちがね【口金】 tappo di metallo 男

くちきき【口利き】 ～…の～で per intervento di...

くちぎたない【口汚い】 (言葉が)offensivo; (人が)maleducato, volgare — 口汚く罵る bestemmiare

くちぐせ【口癖】 intercalare 男

くちぐるま【口車】 ～に乗せる ingannare (con parole lusinghiere)

くちげんか【口喧嘩】 litigio 男, bisticcio 男, diverbio 男

くちごたえ【口答え】 ～～する ribattere, rimbeccare

くちさがない【口さがない】 ～～人 chiacchierone(a) 男(囡)

くちずさむ【口ずさむ】 canticchiare

くちぞえ【口添え】 ～～する raccomandare

くちだし【口出し】 — 余計な～をするな Non intrometterti! | Non ficcare il naso!

くちどめ【口止め】 ～～する ordinare di non parlare; (買収して)comprare il silenzio (di)

くちなし【梔子】 *gardenia* 囡

くちばし【嘴】 becco 男

くちび【口火】 fiammella di accensione 囡 — ～を切る (引き起こす)provocare, suscitare

くちひげ【口髭】 baffi 男複

くちびる【唇】 labbro 男; (両唇)le labbra 囡複

くちぶえ【口笛】 fischio 男 — ～を吹く fischiare

くちぶり【口振り】 modo di parlare 男

くちべに【口紅】 rossetto 男

くちやくそく【口約束】 promessa verbale 囡

くちょう【口調】 tono 男

くつ【靴】 scarpe 囡複 — ～を履く[脱ぐ] mettersi [togliersi] le scarpe / ～を磨く lucidare [pulire] le scarpe ◆～墨 lucido da scarpe 男 / ～紐 laccio da scarpe 男 / ～べら calzascarpe 男 / ～屋 calzoleria 囡

くつう【苦痛】 pena 囡, dolore 男

くつがえす【覆す】 rovesciare, capovolgere

クッキー biscotto 男; [コン]cookie 男

くっきり ～～と chiaramente, distintamente

くっし【屈指】 ～～の eminente, di prim'ordine / 日本～のギタリスト uno(a) dei migliori chitarristi(e) del Giappone 男(囡)

くつした【靴下】 calze 囡複, calzini 男複

くつじょく【屈辱】 umiliazione 囡

クッション cuscino 男

ぐっすり ～～眠る dormire profondamente

くっせつ【屈折】 flessione 囡

くったく【屈託】 ～～のない senza preoccupazioni, tranquillo

ぐったり ～～した essere stremato

くっつく attaccarsi

くっつける attaccare

くっぷく【屈服】 ～～する cedere (a), arrendersi (a)

くつろぐ【寛ぐ】 mettersi a PROPRIO agio

くどい ridondante, noioso

くどう【駆動】 trazione 囡; (トランスミッション)trasmissione 囡

くとうてん【句読点】 punteggiatura 囡

くどく【口説く】 persuadere; (女性を)corteggiare

ぐどん【愚鈍】 ～～な stupido, scemo

くなん【苦難】 sofferenza 囡, pena 囡

くに【国】 paese 男; (祖国)patria 囡; (国家)Stato 男

くのう【苦悩】 sofferenza 囡, angoscia 囡

くばる【配る】 distribuire, consegnare

くび【首】 collo 男; (頭部)testa 囡 — ～になる essere licenziato / ～を絞める strangolare ◆～飾り collana 囡 / ～回り circonferenza del collo 囡 / ～輪 collare 男

くびすじ【首筋】 nuca 囡

くふう【工夫】 artificio 男, idea 囡 — ～～する ideare, concepire

くぶん【区分】 divisione 囡, classificazione 囡 — ～～する dividere, classificare

くべつ【区別】 distinzione 囡 ～～する

くぼみ
distinguere
くぼみ【窪み】 cavità 女
くま【熊】 orso(a) 男女
くまで【熊手】 rastrello 男
くまなく【隈なく】 dappertutto, ovunque, dovunque
くみ【組】 classe 女; (グループ)gruppo 男; (一揃い)serie 女(複 serie); (一対)paio 男(複 le paia)
くみあい【組合】 unione 女, sindacato 男
くみあわせ【組み合わせ】 combinazione 女
くみあわせる【組み合わせる】 combinare, accoppiare
くみいれる【組み入れる】 inserire
くみきょく【組曲】 suite 女
くみたてる【組み立てる】 montare
くむ【汲む】 (水を)attingere
くむ【組む】 unire 一足を～ accavallare le gambe
くめん【工面】 ―～する ingegnarsi
くも【雲】 nuvola 女
くも【蜘蛛】 ragno 男 ―～の巣 ragnatela 女
くもゆき【雲行き】 (空模様)tempo 男; (状況)situazione 女 ―～が怪しい (天気)Il cielo è minaccioso.
くもり【曇り】 ―～の nuvoloso
くもる【曇る】 diventare nuvoloso; (レンズが)appannarsi
くもん【苦悶】 agonia 女
くやくしょ【区役所】 ufficio circoscrizionale 男, ufficio comunale 男
くやしい【悔しい】 ―一悔しがる provare disappunto / ああ～! Che rabbia!
くやみ【悔やみ】 (弔意)condoglianze 女複 ―お～を言う esprimere le PROPRIE condoglianze
くやむ【悔やむ】 pentirsi, rammaricarsi
くよくよ ―～する preoccuparsi troppo
くら【鞍】 sella 女
くら【倉・蔵】 deposito 男, magazzino 男
くらい【位】 grado 男, rango 男; (数値の)cifra 女
くらい【暗い】 buio, scuro
-くらい【位】 (およそ)circa, quasi
グライダー aliante 男
クライマックス acme 女, punto culminante 男
グラウンド campo 男
くらがり【暗がり】 luogo oscuro 男, oscurità 女
クラクション clacson 男
ぐらぐら ―～する oscillare
くらげ【水母】 medusa 女
くらし【暮らし】 vita 女
グラジオラス gladiolo 男
クラシック ―～の classico ◆～音楽 musica classica 女
くらす【暮らす】 vivere

クラス classe 女 ◆～メート compagno(a) di classe 男女
グラス bicchiere 男
グラタン gratin 男
クラッカー cracker 男; (爆竹)petardo 男, mortaretto 男
ぐらつく barcollare, traballare; (決心が)esitare, tentennare
クラッチ frizione 女
グラビア fotoincisione 女, rotocalco 男
クラブ circolo 男, club 男; (ゴルフの)mazza da golf 女; (トランプの)fiori 男複
グラフ grafico 男, diagramma 男
グラフィック grafico 男 ◆～アート arte grafica 女 / ～デザイナー graphic designer 男女
くらべる【比べる】 confrontare, paragonare
グラム grammo 男 ―100～ (単位)etto 男 / 500～ cinque etti 男複
くらやみ【暗闇】 buio 男, oscurità 女 ―～で[に] al buio, nell'oscurità
クラリネット clarinetto 男
グランドピアノ pianoforte a coda 男
グランプリ gran premio 男
くり【栗】 (実)castagna 女; (木)castagno 男
くりあげる【繰り上げる】 (予定を)anticipare
クリーナー (掃除機)aspirapolvere 男; (カーペット用)lavamoquette 女; (研磨機)pulitrice 女; (洗浄剤)detersivo 男
クリーニング lavaggio 男 ◆～屋[店] lavanderia 女, tintoria 女
クリーム crema 女
グリーン verde 男; (ゴルフの)green 男, piazzola 女 ―～の verde ◆～ピース piselli 男複
グリーンランド Groenlandia 固名女 ―～の groenlandese
くりかえし【繰り返し】 ripetizione 女
くりかえす【繰り返す】 ripetere
クリケット cricket 男
くりこし【繰り越し】 riporto 男
くりこす【繰り越す】 riportare
クリスタル cristallo 男
クリスチャン cristiano(a) 男女
クリスマス Natale 男 ―(挨拶・カードなどで)メリークリスマス! Buon Natale! ◆～イブ la vigilia di Natale 女 / ～カード biglietto d'auguri natalizi 男 / ～ツリー albero di Natale 男 / ～プレゼント regalo di Natale 男
グリセリン glicerina 女
クリック clic 男 ―～する cliccare, fare clic
クリップ clip 女, fermaglio 男
クリニック clinica 女
グリル (食堂)rosticceria 女; (調理器具)griglia 女
くる【来る】 venire, arrivare; (由来)provenire ⟨da⟩, derivare ⟨da⟩
くるう【狂う】 impazzire; (機械が)non

funzionare bene; (夢中になる)perdere la testa
グループ gruppo 男
グルジア Georgia 固名(女) ―～の georgiano
くるしい【苦しい】 penoso, duro
くるしみ【苦しみ】 sofferenza 女
くるしむ【苦しむ】 soffrire
くるしめる【苦しめる】 tormentare
くるぶし【踝】 caviglia 女
くるま【車】 macchina 女, auto 女, (乗り物)veicolo 男
くるまいす【車椅子】 sedia a rotelle 女
くるまえび【車海老】 gambero 男
くるまる avvolgersi, coprirsi
くるみ【胡桃】 (実・木)noce 女
くるむ avvolgere, coprire
グルメ buongustaio(a) 男(女), gourmet 男, gastronomo(a) 男(女)
くれ【暮れ】 fine dell'anno 女
グレー grigio 男, ―～の grigio
クレーしゃげき【―射撃】 tiro al piattello [a volo] 男
クレーター cratere 男
クレープ (食品)crêpe 女; (織物)crespo 男
グレープフルーツ (実・木)pompelmo 男
クレーム reclamo 女
クレーン gru 女 ◆～車 autogrù 女
クレジット credito 男 ◆～カード carta di credito 女
ぐれつ【愚劣】 ―～な stupido, sciocco
グレナダ Grenada 固名(女) ―～の grenadese
クレヨン pastello 男
くれる【呉れる】 dare, regalare
くれる【暮れる】 (日が)farsi buio
クレンザー detersivo 男
クレンジング ―～する (メークの)struccarsi / ～のための struccante ◆～クリーム crema detergente 女
くろ【黒】 nero 男
クロアチア Croazia 固名(女) ―～の croato ◆～語 croato 男/～人 croato(a) 男(女)
くろい【黒い】 nero; (日焼けして)abbronzato
くろう【苦労】 fatica 女; (厄介)fastidio 男, guaio 男; (困難)difficoltà 女 ―～する affaticarsi, soffrire
くろうと【玄人】 esperto(a) 男(女), professionista 女
クローク guardaroba 女
クローズアップ primo piano 男
クローバー trifoglio 男 ―四つ葉の～ quadrifoglio 男
グローバリゼーション globalizzazione 女
グローバル ―～な globale
クローブ (香辛料)chiodi di garofano 男複
グローブ guanto 男, guantone 男
クロール crawl 男
クローン clone 男
くろじ【黒字】 nero 男, attivo 男
クロスカントリー cross-country 男
クロスワード cruciverba 男
クロッカス croco 男
グロテスク ―～な grottesco
くろパン【黒―】 pane nero 男; (全粒粉)pane integrale 男
くろまく【黒幕】 (人)eminenza grigia 女, grande burattinaio 男
クロム cromo 男 ◆～メッキした cromato
クロワッサン cornetto 男, brioche 女
くわ【鍬】 zappa 女
くわえる【加える】 aggiungere; (含める)includere ―～危害を～ danneggiare / …に加えて inoltre...
くわえる【銜える】 portare fra i denti ―パイプを～くわえて con la pipa in bocca
くわしい【詳しい】 dettagliato, (熟知)avere familiarità (con)
くわしく【詳しく】 in dettaglio
くわだて【企て】 (計画)progetto 男, piano 男, (陰謀)cospirazione 女, congiura 女
くわだてる【企てる】 (計画する)progettare, pianificare; (陰謀などを)tramare, ordire
くわわる【加わる】 partecipare (a), unirsi (a)
-くん【君】 ―田中～ Signor Tanaka
ぐん【軍】 armata 女, esercito 男
ぐん【郡】 distretto 男
ぐんかん【軍艦】 nave da guerra 女
ぐんこくしゅぎ【軍国主義】 militarismo 男
くんじ【訓示】 istruzioni 女複
ぐんじきち【軍事基地】 base militare 女
くんしゅ【君主】 monarca 男
ぐんしゅう【群衆[集]】 folla 女, massa 女 ◆～心理 psicologia di massa 女
ぐんしゅく【軍縮】 disarmo 男
くんしょう【勲章】 medaglia 女, decorazione 女
ぐんじん【軍人】 militare 男
くんせい【燻製】 ―～の affumicato
ぐんたい【軍隊】 esercito 男, forze armate 女複
ぐんとう【群島】 arcipelago 男
ぐんび【軍備】 armamenti 男複
ぐんぶ【軍部】 autorità militari 女複
ぐんぽうかいぎ【軍法会議】 corte marziale 女
くんりん【君臨】 ―～する dominare, regnare
くんれん【訓練】 esercizio 男 ―～する esercitare, allenare

け

け【毛】 (体毛)pelo 男; (頭髪)capelli 男複

-け【家】 famiglia 囡 ―鈴木～ la famiglia Suzuki /マンゾーニ～の人々 i Manzoni 男複
けあな【毛穴】 poro 男
けい【刑】 pena 囡, condanna 囡
げい【芸】 (技芸)arte 囡; (演技)arte scenica 囡
けいあい【敬愛】 ―～する stimare
けいい【敬意】 rispetto 男, stima 囡
けいえい【経営】 amministrazione 囡, gestione 囡 ―～する amministrare, gestire ◆～者 amministra*tore*(*trice*) 男(囡), gesto*re*(*trice*) 男(囡)
けいえん【敬遠】 ―～する evitare
けいおんがく【軽音楽】 musica leggera 囡
けいか【経過】 corso 男, sviluppo 男 ―～する passare, trascorrere
けいかい【警戒】 guardia 囡, vigilanza 囡 ―～する fare la guardia
けいかい【軽快】 ―～な leggero, agile
けいかく【計画】 piano 男, progetto 男 ―～する progettare, programmare
けいかん【警官】 poliziotto(*a*) 男(囡)
けいかん【景観】 vista 囡, panorama 男
けいき【景気】 (商売)affari 男複; (経済)economia 囡 ◆～回復 ripresa economica 囡
けいき【契機】 motivo 男, causa 囡
けいき【計器】 contatore 男
けいく【警句】 aforisma 男, epigramma 男
けいぐ【敬具】 Cordiali saluti. | Con osservanza.
けいけん【経験】 esperienza 囡 ―～する fare esperienza, impratichirsi
けいけん【敬虔】 ―～な devoto, pio
けいげん【軽減】 ―～する diminuire, ridurre
けいこ【稽古】 lezione 囡, esercizio 男; (芝居の)prova 囡 ―～する esercitarsi
けいご【敬語】 espressione cortese 囡
けいご【警護】 guardia 囡 ―～する vigilare
けいこう【傾向】 tendenza 囡, trend 男
けいこう【携行】 ―～する portare con sé
けいこうぎょう【軽工業】 industria leggera 囡
けいこうとう【蛍光灯】 lampada fluorescente 囡
けいこうひにんやく【経口避妊薬】 pillola (anticoncezionale) 囡
けいこく【渓谷】 valle 囡
けいこく【警告】 ammonizione 囡, ammonimento 男 ―～する ammonire, avvertire
けいさい【掲載】 pubblicazione 囡, inserzione 囡 ―～する pubblicare, inserire
けいざい【経済】 economia 囡 ―～的な economico ◆～学 economia 囡/～学者 economista 男囡/～学部 facoltà di economia 囡
けいさつ【警察】 polizia 囡 ◆～官 agente di polizia 男囡; poliziotto(*a*) 男(囡)/～署 questura 囡
けいさん【計算】 calcolo 男 ―～する calcolare, contare ◆～機 calcolatrice 囡
けいし【軽視】 ―～する non dare importanza (a)
けいじ【掲示】 annuncio 男, avviso 男 ◆～板 tabellone 男, bacheca 囡/電光～板 tabellone luminoso 男
けいじ【刑事】 agente investigativo(*a*) 男(囡) ◆～責任 responsabilità penale 囡
けいしき【形式】 forma 囡, formalità 囡 ―～的な formale
けいじじょう【形而上】 ―～の metafisico
けいしゃ【傾斜】 pendenza 囡, inclinazione 囡 ―～した inclinato, in pendenza
けいじゅつ【芸術】 arte 囡 ◆～家 artista 男囡
けいしょう【警鐘】 campana d'allarme 囡 ―～を鳴らす dare l'allarme
けいしょう【敬称】 titolo onorifico 男
けいしょう【継承】 successione 囡 ―～する succedere
けいじょう【経常】 ◆～費 spese ordinarie 囡複
けいしょく【軽食】 spuntino 男
けいず【系図】 genealogia 囡; (家系図)albero genealogico 男
けいすいろ【軽水炉】 reattore ad acqua leggera 男
けいせい【形成】 formazione 囡
けいせい【形勢】 situazione 囡, stato delle cose 男
けいせき【形跡】 traccia 囡, indizio 男
けいそ【珪素】 silicio 男
けいぞく【継続】 ―～する continuare
けいそつ【軽率】 ―～な imprudente, disattento
けいたい【形態】 forma 囡
けいたい【携帯】 ―～する portare con sé /～用の portatile ◆～電話 cellulare 男, telefonino 男
けいちょう【傾聴】 ―～する ascoltare attentamente
けいてき【警笛】 allarme 男; (車の)clacson 男
けいと【毛糸】 filo di lana 男; (羊毛)lana 囡 ―～玉 gomitolo di lana 男
けいど【経度】 longitudine 囡
けいとう【系統】 sistema 男
けいとう【傾倒】 ―～する dedicarsi interamente (a)
げいにん【芸人】 artista 男囡, comico 男; (寄席の)fantasista 男
げいのう【芸能】 spettacolo 男 ◆～界 mondo dello spettacolo 男/～人 arti-

けいば【競馬】 gara ippica 女 ◆~場 ippodromo 男

けいはく【軽薄】 ーーな frivolo, leggero

けいはつ【啓発】 ーーする illuminare, istruire / ー的な istruttivo

けいばつ【刑罰】 pena 女

けいはんざい【軽犯罪】 infrazione leggera 女

けいひ【経費】 spese 女複

けいび【警備】 guardia 女, vigilanza 女 ◆ー員 guardia 女

けいひん【景品】 premio 男, omaggio 男

けいふ【系譜】 genealogia 女

けいぶ【警部】 ispet*tore*(*trice*) di polizia 男(女); (国防省警察・財務省警察の曹長)brigadiere 男

けいべつ【軽蔑】 disprezzo 男 ーーする disprezzare

けいほう【警報】 allarme 男

けいむしょ【刑務所】 prigione 女, carcere 男

けいもう【啓蒙】 illuminismo 男 ーーする illuminare la mente

けいやく【契約】 contratto 男 ーーする fare un contratto / ~を取り消す annullare un contratto / ~を更新する rinnovare un contratto ◆~金 ingaggio 男 / ~書 contratto 男

けいゆ【経由】 ー…を~をして via...

けいゆ【軽油】 gasolio 男

けいようし【形容詞】 aggettivo 男

けいり【経理】 contabilità 女

けいりゃく【計略】 stratagemma 男; (悪だくみ)inganno 男, trappola 女

けいりゅう【渓流】 torrente 男

けいりょう【計量】 ーーする misurare

けいりん【競輪】 keirin 男; (自転車競走)corsa ciclistica 女

けいれい【敬礼】 saluto 男

けいれき【経歴】 carriera 女

けいれん【痙攣】 crampo 男, convulsioni 女複

けいろ【経路】 percorso 男, via 女

けいろうのひ【敬老の日】 Festa degli anziani 国名(女)

けう【稀有】 ーーの raro

ケーオー【KO】 knock-out

ケーキ dolce 男, torta 女

ゲージ (測定器)calibro 男; (編み目の数)numero di maglie 男

ケース cassetta 女; (場合)caso 男

ゲート entrata 女, porta 女 ◆搭乗~ *uscita* 女, gate 男

ケープタウン Città del Capo 国名(女)

ケーブル (線)cavo 男 ◆~カー funicolare 女

ゲーム gioco 男; (試合)partita 女 ◆~センター sala giochi 女

けおりもの【毛織物】 tessuto di lana 男

けが【怪我】 ferita 女 ーーする ferirsi

けか【外科】 chirurgia 女 ◆ー医 chirurgo(a) 男(女)

けがす【汚す】 macchiare, sporcare; (名誉を)disonorare

けがらわしい【汚らわしい】 sporco, infame, osceno

けがれ【汚れ】 impurità 女, disonore 男 ーーのない puro

けがわ【毛皮】 pelliccia 女

げき【劇】 dramma 男, teatro 男 ー~的な drammatico

げきじょう【劇場】 teatro 男

げきじょう【激情】 passione violenta 女

げきたい【撃退】 ーーする respingere

げきだん【劇団】 compagnia teatrale 女

げきつう【激痛】 dolore acuto 男, spasimo 男

げきど【激怒】 furia 女 ーーする infuriare

げきらい【毛嫌い】 disgusto 男, fobia 女

げきれい【激励】 incoraggiamento 男 ーーする incoraggiare

げきろん【激論】 discussione animata 女; disputa incandescente 女

けげん【怪訝】 ーーそうに(疑わしそうに)con incredulità

げこう【下校】 ーーする uscire da scuola

けさ【今朝】 stamattina

げざい【下剤】 purgante 男, lassativo 男

けし【芥子】 papavero 男

げし【夏至】 solstizio d'estate 男

けしいん【消印】 timbro postale 男

けしき【景色】 paesaggio 男, veduta 女

けしゴム【消し一】 gomma (da cancellare) 女

けじめ distinzione 女

げしゃ【下車】 ーーする scendere

げしゅく【下宿】 pensione 女 ーーする stare a pensione

げじゅん【下旬】 ultima decade del mese 女

けしょう【化粧】 trucco 男 ーーする truccarsi ◆~室 toilette 女 / ~品 cosmetici 男複 / ~品店 profumeria 女

けしん【化身】 incarnazione 女

けす【消す】 (電気などを)spegnere; (文字などを)cancellare; (消火・消滅)estinguere

げすい【下水】 acque di rifiuto 女複 ◆~道 fogna 女; (設備)fognatura 女

ゲスト ospite 男女

けずる【削る】 grattare, raschiare; (かんなで)piallare; (鉛筆を)temperare; (削減)ridurre, diminuire

けた【桁】 (数字の)cifra 女

けだかい【気高い】 nobile, sublime

けたたましい stridente, acuto

けだもの【獣】 animale 男, bestia 女

けち ー～な avaro, tirchio
ケチャップ ketchup
けつあつ【血圧】 pressione del sangue 女
けつい【決意】 risoluzione 女 ー～する prendere una risoluzione
けついん【欠員】 posto vacante 男
けつえき【血液】 sangue 男 ◆～型 gruppo sanguigno 男/～検査 esame del sangue 男
けつえん【血縁】 parentela stretta 女
けっか【結果】 risultato 男, esito 女
けっかい【決壊】 crollo 男
けっかく【結核】 tubercolosi 女
けっかん【欠陥】 difetto 男 ー～のある difettoso
けっかん【血管】 vaso sanguigno 男; (動脈)arteria 女; (静脈)vena 女
げっかんし【月刊誌】 rivista mensile 女
けっき【血気】 ー～盛んである essere pieno di vitalità
けつぎ【決議】 deliberazione 女 ー～する deliberare, prendere la decisione (di)
げっきゅう【月給】 (stipendio) mensile 男
けっきょく【結局】 dopotutto, in fondo
けっきん【欠勤】 assenza 女
げっけい【月経】 mestruazione 女
げっけいじゅ【月桂樹】 alloro 男
けっこう【結構】 (かなり)abbastanza ー～です Va bene. / いえ、～です No, grazie.
けっこう【血行】 circolazione del sangue 女
けっこう【決行】 ー～する effettuare ad ogni costo, eseguire risolutamente
けつごう【結合】 unione 女 ー～する unirsi
げっこう【月光】 chiaro di luna 男
けっこん【結婚】 matrimonio 男, nozze 女複 ー～する sposarsi (con) ◆～式 cerimonia nuziale 女/～指輪 fede 女, anello nuziale 男
けっさい【決済】 liquidazione 女, saldo 男
けっさく【傑作】 capolavoro 男
けっさん【決算】 chiusura dei conti 女 ー～する chiudere i conti
けっして【決して】 non... mai [affatto]
けっしゃ【結社】 associazione 女, società 女
げっしゃ【月謝】 onorario mensile 男
げっしゅう【月収】 reddito mensile 男
けっしゅつ【傑出】 ー～する distinguersi /～した eccellente, preminente
けっしょう【決勝】 finale 女
けっしょう【結晶】 cristallo 男
げっしょく【月食】 eclissi lunare 女
けっしん【決心】 decisione 女 ー～する decidere, decidersi a + 不定詞

けっせい【結成】 formazione 女, costituzione 女 ー～する formare, costituire
けっせい【血清】 siero 男
けっせき【欠席】 assenza 女 ー～する essere assente (a)
けっそく【結束】 unione 女, solidarietà 女
けつだん【決断】 decisione 女 ー～する decidere
けっちゃく【決着】 ー～をつける porre fine (a), concludere
けってい【決定】 decisione 女 ー～する decidere
けってん【欠点】 difetto 男, punto debole 男
けっとう【血統】 sangue 男; (動物の)pedigree 男
けっとう【決闘】 duello 男
けっとう【血糖】 glicemia 女 ◆～値 livello di zuccheri nel sangue 男
けっぱく【潔白】 innocenza 女
げっぷ【月賦】 rata mensile 女
げっぷ rutto 男 ー～をする fare un rutto
けっぺき【潔癖】 ー～な scrupoloso ◆～症 (人)igienista 男女
けつぼう【欠乏】 mancanza 女
けつまつ【結末】 fine 女, conclusione 女
げつまつ【月末】 ー～に alla fine del mese, a fine mese
げつようび【月曜日】 lunedì 男
けつれつ【決裂】 rottura 女 ー～する rompersi
けつろん【結論】 conclusione 女
げどくざい【解毒剤】 antidoto 男
けとばす【蹴飛ばす】 calciare, dare un calcio (a)
けなげ【健気】 ー～な coraggioso, lodevole
けなす【貶す】 criticare, parlare male (di)
ケニア Kenya 固名(男) ー～の keniano, keniota
けねつざい【解熱剤】 antifebbrile 男
けねん【懸念】 preoccupazione 女, apprensione 女
けはい【気配】 aria 女, segno 男
けばけばしい pacchiano, molto vistoso
けびょう【仮病】 malattia diplomatica 女 ー～を使う simulare una malattia
げひん【下品】 ー～な volgare, osceno
けぶかい【毛深い】 peloso, villoso
けむい【煙い】 fumoso
けむし【毛虫】 bruco 男
けむり【煙】 fumo 男
けむる【煙る】 fumare
けもの【獣】 bestia 女
けやき【欅】 olmo siberiano 男
げらく【下落】 ribasso 男
げらげら ー～笑う ridere sganghera-

tamente
げり【下痢】 diarrea 女 ーーする avere la diarrea
ゲリラ guerriglia 女;〔兵〕guerrigliero(a) 男(女)
ける【蹴る】 calciare, dare un calcio (a);〔拒絶〕respingere
ケルト ーーの celtico ◆ー諸語 lingue celtiche 女複
ゲルマニウム germanio 男
ゲルマン ーーの germanico, germano ◆ー諸語 lingue germaniche 女複
ケルン Colonia 国名(女)
げれつ【下劣】 ーーな villano, volgare
けれども ma, però, tuttavia
ゲレンデ pista (da sci) 女
ケロイド cheloide 女
けわしい【険しい】 ripido;(顔付きが) severo
けん【件】 caso 男, problema 男
けん【剣】 spada 女
けん【券】 biglietto 男;(クーポン)tagliando 男, coupon 男
けん【県】 provincia 女 ◆ー知事 governat*ore*(*trice*) di una provincia (女), prefetto 男 / ー庁 provincia 女;(国の出先機関としての)prefettura 女 / ー立の provinciale
けん【腱】 tendine 男
けん【圏】 sfera 女, zona 女
-けん【軒】 ー6ーの家 sei case 女複
げん【弦】 (弓・楽器の)corda 女
けんあく【険悪】 ーーな minaccioso
けんあん【原案】 proposta originale 女
けんい【権威】 autorità 女 ◆ー主義的な autoritario
けんいん【牽引】 traino 男 ーーする rimorchiare, trainare
けんいん【検印】 marchio di controllo 男
げんいん【原因】 causa 女
げんえい【幻影】 illusione 女
げんえき【検疫】 quarantena 女
げんえき【現役】 ーーの in servizio, attivo
けんえつ【検閲】 censura 女
けんお【嫌悪】 disgusto 男, ripugnanza 女
けんか【喧嘩】 lite 女, litigio 男;(殴り合い)zuffa 女, rissa 女 ーーする litigare (con)
げんか【原価】 prezzo di costo 男
げんかい【見解】 opinione 女, parere 男;(判断)giudizio 男
げんかい【限界】 *limite* 男
けんがく【見学】 visita 女 ーーする visitare ◆ー者 visit*atore*(*trice*) 男(女)
げんかく【幻覚】 allucinazione 女 ◆ー剤 allucinogeno 男
げんかく【厳格】 ーーな severo, rigido
げんがく【弦楽】 musica per archi 女 ◆ー合奏団 orchestra d'archi 女
げんがく【減額】 riduzione 女, diminuzione 女 ーーする ridurre, diminuire
げんかしょうきゃく【減価償却】 ammortamento 男
げんがっき【弦楽器】 strumento a corda 男, strumento ad arco 男;〔集合的〕corde 女複, archi 男複
げんかん【玄関】 ingresso 男, entrata 女
けんぎ【嫌疑】 sospetto 男 ー…の〜をかける sospettare di...
げんき【元気】 ーーな (活気)vigoroso, vivace, allegro;(健康な)di buona salute, sano
けんきゅう【研究】 studio 男, ricerca 女 ーーする studiare, fare ricerche (su) ◆ー者 studioso(a) 男(女) / ー所 laboratorio di ricerca 男
げんきゅう【言及】 ーーする menzionare
けんきょ【謙虚】 ーーな modesto, umile
けんきん【献金】 contributo 男, donazione 女
げんきん【現金】 contanti 男複 ーーで in contanti ◆ー自動預入支払機 bancomat 男
げんきん【厳禁】 ーーする proibire severamente;〔掲示〕Proibito...
げんけい【原形】 forma originale 女;(動詞の)infinito 男
げんけい【原型】 prototipo 男
けんけつ【献血】 donazione di sangue 女
けんげん【権限】 competenza 女
げんご【言語】 lingua 女 ◆ー学 linguistica 女 / ー学者 linguista 男女, filologo(a) 男(女), glottologo(a) 男(女)
けんこう【健康】 ーーな sano, in buona salute ◆ー診断 visita medica (generale) 女, esame obiettivo 男 / ー保険 assicurazione medica 女
げんこう【原稿】 manoscritto 男, bozza 女
げんこう【言行】 parole e azioni 女複
げんこう【現行】 ーーの presente, attuale ◆ー犯 delitto [reato] flagrante 男
げんこく【原告】 querelante 男女
けんこくきねんび【建国記念日】 Anniversario della Fondazione dello Stato 男
げんこつ【拳骨】 pugno 男
けんさ【検査】 ispezione 女, esame 男 ーーする ispezionare, esaminare
けんざい【健在】 ーーである stare bene, essere in buona salute
げんざい【現在】 presente 男 ◆ー分詞 participio presente 男
げんざいりょう【原材料】 materia prima 女
けんさく【検索】 ricerca 女 ーーする consultare, cercare

げんさく【原作】 originale 男
けんさつ【検札】 controllo dei biglietti 男 ◆～係 controllore(a) 男(女)
けんざん【検算】 ～する verificare il risultato
げんさんち【原産地】 luogo d'origine (di un prodotto) 男
けんじ【検事】 procurator(trice) 男(女)
けんじ【堅持】 ～する perseverare, mantenere fermamente
げんし【原子】 atomo 男 ◆～爆弾 bomba atomica 女/～力 energia atomica 女/～力発電所 centrale nucleare 女
げんし【原始】 ～の primitivo ◆～時代 tempi primitivi 男複/～林 foresta vergine 女
けんじつ【堅実】 ～な stabile, solido
げんじつ【現実】 realtà 女 ～の reale
けんじゃ【賢者】 saggio(a) 男(女)
げんしゅ【元首】 sovrano(a) 男(女)
けんしゅう【研修】 tirocinio 男, addestramento 男, stage 男 ◆～所 centro d'addestramento 男/～期間 periodo di addestramento 男/～生 tirocinante 男女, apprendista 男女
けんじゅう【拳銃】 pistola 女
げんじゅう【厳重】 ～な severo, rigoroso
げんじゅうしょ【現住所】 indirizzo attuale 男
げんしゅく【厳粛】 ～な solenne, dignitoso
けんしゅつ【検出】 scoperta 女 ～する scoprire, trovare
けんしょう【検証】 verifica 女 ～する verificare
けんしょう【懸賞】 premio 男
げんしょう【減少】 diminuzione 女, riduzione 女 ～する diminuire
げんしょう【現象】 fenomeno 男
げんじょう【現状】 stato attuale 男, status quo
げんしょく【原色】 colore primario 男
けんしん【検診】 visita medica 女, controllo medico 男
けんじん【賢人】 saggio(a) 男(女)
けんしんてき【献身的】 ～な devoto, dedicato
けんすい【懸垂】 trazione alla sbarra 女
げんぜい【減税】 riduzione delle imposte 女
げんせいりん【原生林】 foresta vergine 女
けんせき【譴責】 ◆～処分 ammonizione 女
けんせつ【建設】 costruzione 女 ～的な costruttivo/～する costruire
けんぜん【健全】 ～な sano, salubre
げんせん【源泉】 (水源)fonte 女; (発する元)origine 女, principio 男 ◆～徴収票 certificato della ritenuta sulle tasse 男
げんぜん【厳然】 ～と solennemente, decisamente
げんそ【元素】 elemento (chimico) 男
けんぞう【建造】 costruzione 女 ～する costruire
げんそう【幻想】 illusione 女
げんぞう【現像】 sviluppo 男 ～する sviluppare
げんそく【原則】 principio 男, regola generale 女
げんそく【減速】 ～する rallentare
けんそん【謙遜】 modestia 女, umiltà 女 ～する farsi umile, fare il modesto
げんそん【現存】 ～の esistente
けんたい【倦怠】 noia 女, tedio 男
げんたい【減退】 ～する diminuire, decrescere
げんだい【現代】 epoca attuale 女, nostro tempo 男, oggi 男 ～の d'oggi, contemporaneo/～的な moderno
ケンタウルスざ【―座】 Centauro 固名 (男)
けんち【見地】 punto di vista 男
げんち【現地】 luogo 男, posto 男 ～の locale ◆～時間 ora locale 女
げんち【言質】 ～を与える impegnarsi, dare la PROPRIA parola
けんちく【建築】 costruzione 女; (技術)architettura 女 ◆～家 architetto(a) 男(女)
けんちょ【顕著】 ～な notevole, cospicuo
げんつきじてんしゃ【原付き自転車】 motorino 男, scooter 男
けんてい【検定】 autorizzazione ufficiale 女 ◆～試験 esame di abilitazione 男
けんてい【献呈】 dono 男
げんてい【限定】 determinazione 女, limitazione 女 ～する determinare, limitare
げんてん【減点】 diminuzione di punti 女
げんてん【原点】 punto di partenza 男
げんてん【原典】 (testo) originale 男
げんど【限度】 limite 男
けんとう【検討】 esame 男 ～する esaminare
けんとう【見当】 idea 女; (目当て)scopo 男 ～をつける indovinare, valutare
けんとう【健闘】 ～する battersi bene, fare una buona gara/～を祈るよ Buona fortuna! | In bocca al lupo!
けんどう【剣道】 kendō 男
げんどうりょく【原動力】 forza motrice 女
げんに【現に】 in realtà, infatti
げんば【現場】 luogo 男, posto 男; (作業の)cantiere 男

げんばく【原爆】 bomba atomica 囡
けんばん【鍵盤】 tastiera 囡 ♦～楽器 strumento a tastiera 男
けんびきょう【顕微鏡】 microscopio 男
けんぶつ【見物】 visita 囡 ―～する visitare
げんぶん【原文】 (testo) originale 男
けんぽう【憲法】 costituzione 囡 ♦～記念日 Festa della Costituzione 固名 (囡)
けんぼうしょう【健忘症】 amnesia 囡
げんぽん【原本】 originale 男
げんまい【玄米】 riso integrale 男
げんみつ【厳密】 ―～な preciso, esatto
けんめい【賢明】 ―～な intelligente, prudente
けんめい【懸命】 ―～に con zelo, con impegno, con tutte le PROPRIE forze
げんめい【言明】 dichiarazione 囡, affermazione 囡 ―～する dichiarare, affermare
げんめつ【幻滅】 delusione 囡 ―～する essere deluso
けんもん【検問】 controllo 男
げんや【原野】 pianura 囡
けんやく【倹約】 risparmio 男, economia 囡 ―～する risparmiare
げんゆ【原油】 petrolio greggio 男
けんり【権利】 diritto 男
げんり【原理】 principio 男
げんりょう【原料】 materia prima 囡
げんりょう【減量】 ―～中である essere a dieta
けんりょく【権力】 potere 男, autorità 囡
げんろん【言論】 opinione 囡, parola 囡 ―～の自由 libertà di parola [espressione] 囡

こ

こ【子】 (小さな)bambin*o(a)* 男(囡); (息子・娘)figli*o(a)* 男(囡)
こ【弧】 arco 男
こ-【故-】 fu, defunto, povero ―～ロッシ氏 il fu [defunto] signor Rossi
-こ【個】 ―リンゴ5～ cinque mele
ご【五・5】 cinque 男 ―～番目の quinto
ご【語】 parola 囡, vocabolo 男
ご【碁】 go 男 ―～を打つ giocare al go ♦～盤 scacchiera da go 囡
-ご【-後】 ―3年～に dopo tre anni / 今から3年～に fra tre anni
こい【鯉】 carpa 囡
こい【濃い】 (色が)scuro, cupo; (コーヒーが)forte, ristretto; (霧が)fitto, denso
こい【恋】 amore 男 ―～する innamorarsi (di)
こい【故意】 ―～に apposta
ごい【語彙】 vocabolario 男

こいがたき【恋敵】 rivale d'amore 男囡
こいし【小石】 piccolo sasso 男
こいしい【恋しい】 amato, adorato
こいぬ【子犬】 cucciolo 男
こいぬざ【小犬座】 Cane Minore 固名 (男)
こいびと【恋人】 fidanzat*o(a)* 男(囡), *il(la)* PROPRIO(A) ragazz*o(a)* 男(囡)
コイル bobina 囡
こいわずらい【恋煩い】 malattia d'amore 囡
コイン (硬貨)moneta 囡; (専用目的の)gettone 男 ♦～ランドリー lavanderia a gettone 囡 /～ロッカー armadietto a gettone 男
こう【香】 incenso 男
こう【功】 ―～を奏する avere un buon effetto, avere successo
ごう【号】 (番号)numero 男
こうあん【考案】 ―～する inventare, ideare
こうい【好意】 favore 男 ―～的な favorevole, amichevole
こうい【行為】 atto 男, azione 囡
こうい【校医】 medico scolastico 男
ごうい【合意】 accordo 男, consenso 男
こういう simile, tale ―～時には in questo caso /～風に in questo modo
こういしつ【更衣室】 spogliatoio 男
こういしょう【後遺症】 postumi 男複
ごういん【強引】 ―～に con la forza
ごうう【豪雨】 pioggia torrenziale 囡
こううん【幸運】 fortuna 囡 ―～な fortunato /～にも per fortuna
こうえい【光栄】 onore 男
こうえき【公益】 interesse pubblico 男
こうえつ【校閲】 revisione 囡
こうえん【公園】 parco 男, giardino pubblico 男
こうえん【公演】 spettacolo 男, rappresentazione 囡
こうえん【後援】 patrocinio 男 ―～する patrocinare
こうえん【講演】 conferenza 囡, discorso 男 ―～する fare una conferenza
こうおん【高音】 tono alto 男
ごうおん【轟音】 rumore assordante 男
こうか【効果】 effetto 男, efficacia 囡
こうか【校歌】 inno scolastico 男
こうか【硬貨】 moneta 囡
こうか【高架】 sopraelevata 囡
こうか【降下】 discesa 囡, caduta 囡
こうか【高価】 ―～な caro, prezioso
こうか【黄河】 Fiume Giallo 固名(男)
ごうか【豪華】 ―～な lussuoso, di lusso
こうかい【後悔】 pentimento 男, rimorso 男 ―～する pentirsi (di)
こうかい【航海】 navigazione 囡 ―～

する navigare
こうかい【紅海】 Mar Rosso 固名(男)
こうかい【公開】 ―～する aprire al pubblico / ～の pubblico ◆～講座 lezione aperta al pubblico 女
こうかい【公害】 inquinamento 男 ◆騒音～ inquinamento acustico 男
こうがい【郊外】 periferia 女
ごうがい【号外】 edizione straordinaria 女
こうかいどう【公会堂】 teatro municipale 男
こうかがくスモッグ【光化学―】 smog fotochimico 男
こうがく【工学】 tecnologia 女, ingegneria 女
こうがく【光学】 ottica 女
ごうかく【合格】 ―～する superare
こうかくレンズ【広角―】 grandangolo 男
こうかつ【狡猾】 ―～な astuto, furbo, scaltro
こうかん【交換】 scambio 男 ―～する scambiare ◆～留学生 studente(essa) di scambio culturale 男女
こうかん【好感】 simpatia 女
こうがん【厚顔】 ―～無恥な sfacciato, svergognato
こうがん【睾丸】 testicoli 男複
ごうかん【強姦】 stupro 男
こうがんざい【抗癌剤】 (farmaco) anticancro 男
こうかんしゅ【交換手】 centralinista 男女
こうかんだい【交換台】 centralino 男
こうき【好機】 buona occasione 女
こうき【後期】 seconda metà 女; (二学期制の) secondo semestre 男
こうき【後記】 poscritto 男 ◆編集～ nota dell'editore 女
こうき【校旗】 bandiera della scuola 女
こうき【高貴】 ―～な nobile
こうぎ【抗議】 protesta 女 ―～する protestare (contro)
こうぎ【講義】 lezione 女 ―～する dare lezioni ◆集中～ corso intensivo 男
ごうぎ【合議】 deliberazione 女
こうきあつ【高気圧】 alta pressione 女
こうきしん【好奇心】 curiosità 女 ―～の強い curioso
こうきゅう【高級】 ―～な di prim'ordine, di lusso
こうきゅう【恒久】 ―～の durevole, permanente
こうきょ【皇居】 Palazzo Imperiale 男
こうきょう【公共】 ―～の pubblico ◆～施設 edifici e impianti pubblici 男複 / ～団体 ente pubblico 男 / ～料金 tariffa dei servizi pubblici 女
こうきょう【好況】 prosperità economica 女
こうきょう【交響】 ◆～楽団 orchestra sinfonica 女 / ～曲 sinfonia 女
こうぎょう【工業】 industria 女 ―～の industriale ◆～高校 istituto tecnico industriale 男 / ～大学 politecnico 男 / ～地帯 zona industriale 女
こうぎょう【鉱業】 industria mineraria 女
こうきん【拘禁】 ―～する detenere
ごうきん【合金】 lega 女
こうぐ【工具】 utensile 男, arnese 男
こうくう【航空】 aviazione 女 ◆～会社 compagnia aerea 女 / ～券 biglietto aereo 男 / ～便 posta aerea 女 / ～母艦 portaerei 女
こうけい【光景】 spettacolo 男, scena 女
こうげい【工芸】 artigianato 男
ごうけい【合計】 somma 女, totale 男 ―～する fare la somma, sommare / ～で in totale, in tutto
こうけいき【好景気】 prosperità 女
こうけいしゃ【後継者】 successore 男, succeditrice 女
こうげき【攻撃】 attacco 男, assalto 男 ―～する attaccare, assalire
こうけつあつ【高血圧】 ipertensione 女
こうけん【貢献】 contributo 男 ―～する contribuire (a)
こうげん【高原】 altopiano 男
こうけんにん【後見人】 tutore(trice) 男(女)
こうご【口語】 lingua parlata 女 ―～の colloquiale
こうご【交互】 ―～に alternativamente, a vicenda
ごうご【豪語】 ―(…であると)～する vantarsi (nel dire che...)
こうこう【高校】 liceo 男 ◆～生 studente(essa) di liceo 男(女)
こうこう【孝行】 pietà filiale 女
こうこう【口腔】 cavità orale 女
こうこう【煌々】 ―～と vividamente
こうごう【皇后】 imperatrice 女
ごうごう【轟々】 ―～鳴る ruggire
こうごうしい【神々しい】 divino, sublime
こうこがく【考古学】 archeologia 女 ◆～者 archeologo(a) 男(女)
こうこく【広告】 pubblicità 女 ―～する fare pubblicità ◆～代理店 agenzia pubblicitaria 女
こうこつ【恍惚】 estasi 女 ―～とする rimanere in estasi
こうさ【交差】 incrocio 男 ―～する incrociarsi ◆～点 incrocio 男
こうざ【講座】 cattedra 女; (講義)lezione 女, corso 男
こうざ【口座】 conto 男
こうさい【交際】 rapporti 男複, amicizia 女 ―～する avere relazioni (con) ◆～費 spese di rappresentanza 女複

こうさく【工作】 lavori manuali 男
こうさく【耕作】 coltivazione 女, coltura 女
こうさつ【考察】 ――～する considerare
こうさつ【絞殺】 ――～する strangolare
こうさん【公算】 possibilità 女, probabilità 女
こうさん【降参】 resa 女 ――～する arrendersi
こうざん【鉱山】 miniera 女
こうざん【高山】 alta montagna 女 ◆～植物 flora alpina 女/～病 mal di montagna 男
こうし【子牛】 vitello 男
こうし【公私】 ――～混同する confondere le cose private con quelle pubbliche
こうし【講師】 insegnante 男女; (講演の)conferenziere(a) 男(女)
こうし【公使】 ministro 男
こうし【格子】 grata 女, inferriata 女
こうじ【工事】 lavori 男複, costruzione 女 ――～中【掲示】Lavori in corso
こうじ【公示】 annuncio pubblico 男, avviso al pubblico 男 ――～する annunciare ufficialmente
こうしき【公式】 (数学の)formula 女 ――～の ufficiale, formale
こうしつ【皇室】 famiglia imperiale 女
こうじつ【口実】 pretesto 男, scusa 女
こうしゃ【後者】 questo(a) 男(女), quest'ultimo(a) 男(女), il(la) secondo(a) 男(女)
こうしゃ【校舎】 edificio scolastico 男
こうしゃ【公社】 ente pubblico 男
こうしゅう【口臭】 alito cattivo 男
こうしゅう【公衆】 pubblico 男 ――～の ◆～衛生 igiene pubblica 女/～電話 telefono pubblico 男
こうしゅう【講習】 corso 男
こうしゅけい【絞首刑】 impiccagione 女
こうじゅつしけん【口述試験】 esame orale 男
こうしょ【高所】 luogo alto 男 ◆～恐怖症 acrofobia 女
こうじょ【控除】 detrazione 女 ――～する detrarre
こうしょう【交渉】 trattativa 女, negoziato 男 ――～する trattare, negoziare
こうしょう【高尚】 ――～な elevato, nobile
こうじょう【工場】 fabbrica 女, officina 女
こうじょう【向上】 elevazione 女, progresso 男 ――～する elevarsi, progredire
ごうじょう【強情】 ――～な ostinato, testardo
こうじょうせん【甲状腺】 tiroide 女
こうしょうにん【公証人】 notaio(a) 男(女)

こうしん【行進】 marcia 女, sfilata 女 ――～する marciare
こうしん【更新】 rinnovo 男 ――～する rinnovare
こうしん【後進】 (後輩)collega più giovane 男女
こうしんりょう【香辛料】 spezie 女複
こうすい【香水】 profumo 男
こうずい【洪水】 alluvione 女, diluvio 男
こうすいりょう【降水量】 precipitazioni 女複
こうずか【好事家】 curioso(a) 男(女)
こうせい【攻勢】 offensiva 女
こうせい【構成】 composizione 女, costituzione 女 ――～する comporre, costituire
こうせい【厚生】 (公衆衛生)salute pubblica 女; (福祉)benessere 男; (社会扶助)assistenza sociale 女; (社会保障)previdenza sociale 女 ◆～年金 pensione per i dipendenti di ditte private 女/～労働省 Ministero della Salute, del Lavoro e della Previdenza sociale 男
こうせい【後世】 posterità 女
こうせい【恒星】 stella fissa 女
こうせい【校正】 correzione delle bozze 女 ――～する correggere le bozze
こうせい【公正】 ――～な equo, giusto ◆～取引委員会 Commissione Antitrust 女
ごうせい【合成】 composizione 女; (化学)sintesi 女 ――～する comporre, sintetizzare ◆～樹脂 resina sintetica 女
ごうせい【豪勢】 ――～な fastoso, lussuoso
こうせいのう【高性能】 ――～の ad alto potenziale
こうせいぶっしつ【抗生物質】 antibiotico 男
こうせき【功績】 merito 男; (貢献)contributo 男
こうせき【鉱石】 minerale 男
こうせつ【降雪】 nevicata 女 ◆～量 quantità di neve caduta 女
こうせん【光線】 raggio 男, luce 女
こうせん【鉱泉】 sorgente di acqua minerale 女; (温泉)sorgente termale 女
こうぜん【公然】 ――～と apertamente, pubblicamente
こうせんてき【好戦的】 ――～な bellicoso
こうそ【控訴】 appello 男
こうそ【公訴】 procedimento giudiziario 男
こうそ【酵素】 enzima 男
こうそう【香草】 erbette 女複, odori 男複
こうそう【構想】 piano 男, concetto 男
こうぞう【構造】 struttura 女

こうそうけんちく【高層建築】 edificio alto 男 ◆～ grattacielo 男

こうそく【校則】 regolamento scolastico 男

こうそく【拘束】 ―～する detenere, fermare

こうそくどうろ【高速道路】 autostrada 女

こうたい【交代[替]】 (交替制)turno 男; (変更)cambio 男; (交互)alternanza 女 ―～する dare [darsi] il cambio / ～で a turno

こうたい【後退】 retrocessione 女 ―～する andare indietro, indietreggiare

こうたい【抗体】 anticorpo 男

こうだい【巨大】 ―～な vasto, immenso

こうたいし【皇太子】 principe ereditario 男 ◆～妃 principessa ereditaria 女, moglie del principe ereditario 女

こうたく【光沢】 lucidezza 女, lustro 男 ―～のある lucido

ごうだつ【強奪】 rapina 女 ―～する rapinare

こうだん【公団】 ente parastatale 男 ◆～住宅 appartamento dell'Ente Nazionale per l'Edilizia Popolare 男

ごうたん【豪胆】 ―～な audace

こうちゃ【紅茶】 tè 男

こうちょう【校長】 preside 男女; (小学校の)diret*tore(trice)* 男(女)

こうちょう【好調】 ―～である andare bene

こうちょく【硬直】 ―～した indurito, irrigidito

こうつう【交通】 traffico 男 ◆～機関 trasporto 男/～規制 regolazione del traffico 女/～事故 incidente stradale 男/～渋滞 ingorgo (stradale) 男/～標識 segnale stradale 男

こうつごう【好都合】 ―～な conveniente, opportuno

こうてい【皇帝】 imperatore 男

こうてい【行程】 itinerario 男

こうてい【肯定】 affermazione 女 ―～する affermare

こうてい【校庭】 cortile della scuola 男

こうてい【公定】 ◆～価格 prezzo ufficiale 男/～歩合 tasso ufficiale di sconto 男

こうてき【公的】 ―～な ufficiale, pubblico

こうてつ【鋼鉄】 acciaio 男

こうてつ【更迭】 ―～する cambiare, sostituire

こうてん【好転】 ―～する migliorare, cambiare in meglio

こうど【高度】 altitudine 女 ―～な progredito

こうとう【喉頭】 laringe 女 ◆～炎 laringite 女

こうとう【高等】 ―～な superiore, alto, avanzato ◆～裁判所 Corte d'Appello 女

こうとう【高騰】 rincaro 男 ―～する rincarare

こうとう【口頭】 ―～の orale

こうどう【行動】 azione 女 ―～する agire

こうどう【講堂】 aula magna 女

ごうとう【強盗】 (行為)rapina 女; (人)rapina*tore(trice)* 男(女)

ごうどう【合同】 unione 女 ―～で insieme, congiuntamente

こうとうむけい【荒唐無稽】 ―～の assurdo

こうどく【購読】 ◆定期～(料) abbonamento 男

こうない【校内】 ―～で a scuola

こうないえん【口内炎】 stomatite 女

こうにゅう【購入】 acquisto 男, compra 女 ―～する comprare, acquistare

こうにん【後任】 successore 男, succed*itrice* 女

こうにん【公認】 ―～の ufficiale, autorizzato

こうねん【光年】 anno luce 男

こうねんき【更年期】 menopausa 女

こうのとり cicogna 女

こうはい【交配】 incrocio 男

こうはい【荒廃】 rovina 女 ―～した rovinato, devastato

こうはい【後輩】 collega più giovane 男女 ―～である (より若い)essere più giovane (di)

こうばい【勾配】 pendenza 女, inclinazione 女

こうばい【購買】 acquisto 男, compra 女

こうばしい【香ばしい】 fragrante, aromatico

こうはん【後半】 seconda metà 女; (試合の)secondo tempo 男

こうはん【広汎】 ―～な vasto

こうばん【交番】 posto di polizia 男

こうはん【合板】 compensato 男

こうはんい【広範囲】 vasto territorio 男 ―～にわたる ampio, esteso

こうび【交尾】 accoppiamento 男

こうひょう【公表】 pubblicazione ufficiale 女 ―～する pubblicare

こうひょう【好評】 ―～の popolare, benvoluto

こうふ【交付】 rilascio 男, concessione 女

こうふ【鉱夫】 minatore 男

こうふ【公布】 ―～する promulgare

こうふう【校風】 tradizione della scuola 女

こうふく【幸福】 felicità 女 ―～な felice

こうふく【降伏】 resa 女, capitolazione 女 ―～する arrendersi, capitolare

こうぶつ【鉱物】 minerale 男

こうぶつ【好物】 ―～の preferito

こうふん【興奮】 eccitazione 女 ―～

こうぶん【構文】 costruzione 女
こうぶんしょ【公文書】 atto pubblico 男
こうへい【公平】 ―~な giusto, imparziale
ごうべんじぎょう【合弁事業】 joint venture 女
こうぼ【酵母】 lievito 男
こうほう【広報】 (活動)pubbliche relations 女複 ◆~課 ufficio stampa 男
こうほう【後方】 ―~の posteriore, di dietro
こうぼう【工房】 studio 男, bottega 女
ごうほうてき【合法的】 ―~な legale
こうほしゃ【候補者】 candidato(a) 男(女)
こうま【子馬】 puledro(a) 男(女)
こうまん【高慢】 ―~な superbo, borioso, arrogante
ごうまん【傲慢】 ―~な arrogante
こうみゃく【鉱脈】 filone 男
こうみょう【巧妙】 ―~な abile, ingegnoso / ~に abilmente
こうみん【公民】 cittadino(a) 男(女) ◆~権 diritti del cittadino 男複, cittadinanza 女
こうむ【公務】 funzione pubblica 女, affari pubblici 男複 ◆~員 (pubblico) ufficiale 男, impiegato(a) pubblico(a) 男(女)
こうむる【被る】 subire
こうめい【高名】 ―~な famoso, noto, illustre
こうめいせいだい【公明正大】 ―~な imparziale e giusto
こうもく【項目】 voce 女, articolo 男
こうもり【蝙蝠】 pipistrello 男
こうもん【校門】 portone di scuola 男
こうもん【肛門】 ano 男
ごうもん【拷問】 tortura 女
こうや【荒野】 landa 女, deserto 男
こうよう【公用】 affare ufficiale 男
こうよう【効用】 utilità 女, efficacia 女
こうよう【紅葉】 foglie d'autunno 女複, foglie rosse 女複 ―~する diventare rosso
こうようじゅ【広葉樹】 〔集合的〕latifoglie 女複
ごうよく【強欲】 avidità 女, cupidigia 女 ―~な avido, cupido
こうら【甲羅】 corazza 女
こうらく【行楽】 gita di piacere 女 ―"~の秋" In autunno si viaggia volentieri. ◆~客 gitante 男女
こうり【小売り】 vendita al dettaglio [minuto] 女
こうり【高利】 alto tasso di interesse 男
ごうりか【合理化】 razionalizzazione 女
こうりつ【効率】 efficienza 女 ―~的な efficiente
こうりつ【公立】 ―~の pubblico
ごうりてき【合理的】 ―~な razionale
こうりゅう【交流】 scambio 男; (電流の)corrente alternata 女 ―~する scambiare
ごうりゅう【合流】 confluenza 女 ―~する confluire, radunarsi
こうりょ【考慮】 considerazione 女 ―~する considerare
こうりょう【香料】 (香水など)profumo 男; (料理の)spezie 女複
こうりょう【荒涼】 ―~とした deserto, desolato
こうりょく【効力】 effetto 男, efficacia 女; (法律)validità 女
こうれい【高齢】 età avanzata 女 ◆~化社会 società senile 女 / ~者 gli anziani 男複
ごうれい【号令】 comando 男 ―~をかける dare un comando
こうろ【航路】 linea marittima 女; (航空路)linea aerea 女
こうろう【功労】 merito 男, contributo 男 ◆~者 persona di merito 女
こうろん【口論】 litigio 男, disputa 女 ―~する litigare (con)
こうわじょうやく【講和条約】 trattato di pace 男
こえ【声】 voce 女
ごえい【護衛】 scorta 女
こえる【越[超]える】 passare, superare; (横切る)attraversare; (超過)superare, eccedere
こえる【肥える】 (太る)ingrassarsi ―肥えた(人が)grasso, (土地が)fertile
コーカサスさんみゃく【~山脈】 Caucaso 固名(男)
ゴーグル occhiali di protezione 男複
コース (道順)itinerario 男, percorso 男; (課程)corso 男; (競走・競泳の)corsia 女; (針路)rotta 女
コーチ allenatore(trice) 男(女), coach 男 ―~する allenare
コート (服)cappotto 男; (球技の)campo 男
コード (電気の)filo 男, cavo 男; (暗号)codice 男; (和音)accordo 男
コートジボワール Costa d'Avorio 固名(女) ―~の ivoriano
コーナー angolo 男; (売り場)reparto 男 ◆~キック calcio d'angolo 男
コーヒー caffè 男 ◆~メーカー macchinetta del caffè 女
コーラ coca 女, cola 女
コーラス coro 男
こおり【氷】 ghiaccio 男
こおる【凍る】 ghiacciare ―凍らせる ghiacciare
ゴール traguardo 男; (得点)gol 男, rete 女 ◆~キーパー portiere 男 / ~ポスト palo 男 / ~ライン linea di fondo 女
ゴールイン ―~する raggiungere il traguardo

コールタール catrame 男

ゴールデン ◆～タイム prima serata 女

こおろぎ【蟋蟀】grillo 男

コーンフレーク fiocchi di mais 男複, corn-flakes 男複

こがい【戸外】―で all'aperto

ごかい【誤解】equivoco 男, malinteso 男／～する equivocare, fraintendere

こがいしゃ【子会社】(ditta) affiliata 女

コカイン cocaina 女

ごかく【互角】parità 女 ―～の pari

ごがく【語学】studio delle lingue; (言語学)linguistica 女

ごかくけい【五角形】pentagono 男

こかげ【木陰】ombra di un albero 男

こがす【焦がす】bruciare

こがた【小型】―～の piccolo, compatto

ごがつ【五月】maggio 男

こがらし【木枯らし】freddo vento invernale 男

ごかん【五感】cinque sensi 男複

ごかん【互換】―～性のある compatibile

こぎって【小切手】assegno 男

ゴキブリ scarafaggio 男

こきゃく【顧客】cliente 男女

こきゅう【呼吸】respirazione 女 ―～する respirare ◆～器 apparato respiratorio 男／～困難 dispnea 女

こきょう【故郷】il PROPRIO paese 男

こぐ【漕ぐ】remare; (自転車を)pedalare

ごく【語句】parole 女複

こくえい【国営】―～の nazionale, statale ◆～化 nazionalizzazione 女

こくおう【国王】re 男, monarca 男

こくがい【国外】―～に[で] all'estero

こくぎ【国技】sport nazionale 男

こくご【国語】(日本の)giapponese 男; (イタリアの)italiano 男; (母語)lingua materna 女

こくさい【国債】debito nazionale 男; (証券)titolo di stato 男

こくさい【国際】―～的(な) internazionale ◆～化 internazionalizzazione 女／～会議 congresso internazionale 男／～便 volo internazionale 男／～電話 chiamata all'estero 女

こくさん【国産】―～の (日本)giapponese; (イタリア)italiano

こくじん【黒人】negro(a) 男(女)

こくせい【国政】politica nazionale 女

こくせいちょうさ【国勢調査】censimento 男

こくせき【国籍】nazionalità 女, cittadinanza 女

こくそ【告訴】accusa 女 ―～する accusare

こくそう【穀倉】granaio 男 ◆～地帯 granaio 男

こくたん【黒檀】ebano 男

こくち【告知】avviso 男, annuncio 男 ―～する avvisare, annunciare

こくど【国土】territorio nazionale 男

こくどう【国道】strada statale 女

こくない【国内】―～の interno ◆～便 volo nazionale 男

こくはく【告白】confessione 女 ―～する confessare

こくはつ【告発】denuncia 女, accusa 女 ―～する denunciare, accusare

こくばん【黒板】lavagna 女

こくふく【克服】―～する superare, vincere

こくべつしき【告別式】cerimonia funebre 女

こくほう【国宝】tesoro nazionale 男

こくぼう【国防】difesa nazionale 女 ◆～省 Ministero della Difesa 男

こぐまざ【小熊座】Orsa minore 固名(女)

こくみん【国民】nazione 女, popolo 男 ―～の nazionale

こくむだいじん【国務大臣】Ministro di Stato 男

こくめい【克明】―～な dettagliato

こくもつ【穀物】cereali 男複

こくゆう【国有】―～の nazionale, statale, di proprietà dello stato

ごくらく【極楽】paradiso 男

こくりつ【国立】―～の nazionale, statale

こくるい【穀類】cereali 男複

こくれん【国連】ONU 固名(女), Organizzazione delle Nazioni Unite 固名(女)

ごくろうさま【ご苦労様】Grazie (per il disturbo).; (仕事中の人に)Buon lavoro.; (仕事を終えた人に)Buon riposo.

こけ【苔】muschio 男

こけい【固形】―～の solido

こげる【焦げる】bruciare

ごげん(がく)【語源(学)】etimologia 女

ここ qui, qua

ここ【個々】―～の singolo, ogni, ciascuno

ここ【古語】parola antica 女

ごご【午後】pomeriggio 男

ココア (粉末)cacao 男; (飲み物)cioccolata 女

こごえ【小声】―～で a voce bassa, sottovoce

こごえる【凍える】gelarsi

ここく【故国】patria 女, paese nativo 男

ここちよい【心地よい】piacevole, confortevole, comodo

こごと【小言】rimprovero 男

ココナツ noce di cocco 女

こころ【心】cuore 男, animo 男, spirito 男 ―～から con tutta l'anima

こころあたり【心当たり】―～がある sapere qualcosa ((di))

こころえる【心得る】 capire, comprendere
こころがける【心がける】 tenere a mente, cercare di + 不定詞
こころがまえ【心構え】 preparazione 女 ―～をする prepararsi (a), essere disposto (a)
こころがわり【心変わり】 ripensamento 男, cambiamento sentimentale 男 ―～する cambiare nei sentimenti
こころぐるしい【心苦しい】 (遺憾に思われる) ―…するのは～ Mi rincresce di + 不定詞.
こころざし【志】 (志望)ambizione 女, aspirazione 女; (目的)scopo 男, fine 男
こころざす【志す】 tendere (a), proporsi (di)
こころづかい【心遣い】 premura 女
こころぼそい【心細い】 insicuro, inquieto, triste
こころみ【試み】 prova 女, tentativo 男
こころみる【試みる】 provare
こころもとない【心許無い】 (確かでない) poco sicuro, poco affidabile; (当てにできない)inattendibile
こころゆくまで【心行くまで】 a sazietà, a volontà
こころよい【快い】 gradevole, piacevole
こころよく【快く】 volentieri, con molto piacere
ござ【茣蓙】 stuoia 女
こざかしい【小賢しい】 astuto, furbo
こさくにん【小作人】 mezzadro(a) 男(女)
こさめ【小雨】 pioggerella 女
ごさん【誤算】 errore di calcolo 男
こし【腰】 (ウエスト)vita 女; (背中側) reni 女複, schiena 女; (ヒップ)fianchi 男複
こじ【孤児】 orfano(a) 男(女) ◆戦争～ orfano(a) di guerra 男(女)
こじ【固持】 persistenza 女 ―～する persistere
こじあける【こじ開ける】 forzare
こしかけ【腰掛け】 seggiola 女; (ベンチ) panchina 女
こしかける【腰掛ける】 sedersi
こじき【乞食】 mendicante 男女
こしつ【固執】 persistenza 女 ―～する persistere
こしつ【個室】 camera privata 女; (シングル)camera singola 女
ゴシック ―～の[式の] gotico
こじつけ ―～の sforzato
ゴシップ pettegolezzo 男
こしゅ【戸主】 capofamiglia 男女
ごじゅう【五十・50】 cinquanta 男 ―～番目の cinquantesimo
ごじゅん【語順】 ordine delle parole 男
こしょう【胡椒】 pepe 男
こしょう【故障】 guasto 男 ―～する guastarsi
ごしょく【誤植】 refuso 男, errore di stampa 男
こじれる【拗れる】 complicarsi
こじん【個人】 individuo 男 ―～的な personale, privato ◆～主義 individualismo 男
こじん【故人】 defunto(a) 男(女)
こす【越[超]す】 passare ―…するに越したことはない Non c'è niente di meglio che + 不定詞.
こす【濾す】 (ろ過)colare, filtrare
コスタリカ Costa Rica 固名(女) ―～の costaricano
コスチューム costume 男
コスト costo 男
コスモス cosmea 女
こする【擦る】 sfregare, strofinare
こせい【個性】 personalità 女, individualità 女 ―～的な originale, caratteristico
こせき【戸籍】 stato civile 男
こぜに【小銭】 spiccioli 男複, moneta 女 ―～入れ portamonete 男
ごぜん【午前】 mattina 女, mattinata 女 ―～7時に alle 7 [sette] del mattino / ～中に in mattinata
ごぞんじ【御存知】 ―(あなたも)～のとおり come (Lei) sa
こたい【固体】 solido 男
こだい【誇大】 ―～な esagerato
こだい【古代】 ―～の antico
こだいこ【小太鼓】 tamburino 男
こたえ【答え】 risposta 女; (解答)soluzione 女
こたえる【答える】 rispondere
こたえる【応える】 corrispondere (a) ―期待に～ non tradire l'aspettativa
ごたごた confusione 女, disordine 男
こだち【木立】 alberi 男複, boschetto 男
こだま【木霊】 eco 女, (複 gli echi)
こだわる【拘る】 ostinarsi (a)
ごちそう【御馳走】 pranzo abbondante 男 ―～する offrire
ごちゃごちゃ ―～の disordinato / ～にする mettere in disordine
こちょう【誇張】 esagerazione 女 ―～する esagerare
こちら qui, qua; (人や物)questo(a) 男(女) ―どうぞ～へ Per di qua, prego. / ～こそ(ありがとう) 〔敬称〕Grazie a Lei.; 〔親称〕Grazie a te.
こつ tecnica 女, pratica 女
こっか【国家】 Stato 男, nazione 女 ◆～権力 autorità statale 女 / ～公務員 impiegato(a) statale 男(女) / ～試験 esame di Stato 男
こっか【国歌】 inno nazionale 男
こっかい【国会】 Parlamento 男; (日本の)Dieta 女 ―～議員 parlamentare 男女 / ～議事堂 (Palazzo del) Parlamento 男; (日本の)Palazzo della

こっかい Dieta 男

こっかい【黒海】 Mar Nero 固名(男)

こづかい【小遣い】 paghetta 女, mancia 女

こっかく【骨格】 ossatura 女

こっき【国旗】 bandiera nazionale 女

こっきょう【国境】 frontiera 女

コック cuoco(a) 男(女) ◆～長 chef 男, capocuoco 男

こっけい【滑稽】 ―～な comico, buffo

こっこ【国庫】 erario 男, Tesoro 男

こっこう【国交】 relazioni diplomatiche 女複

こつこつ (勤勉に)assiduamente, diligentemente; (休まず)senza tregua

ごつごつ ―～した岩 roccia spigolosa 女

こつずい【骨髄】 midollo 男

こっせつ【骨折】 frattura 女 ―～する rompersi, fratturarsi

こつそしょうしょう【骨粗鬆症】 osteoporosi 女

こっそり in segreto, di nascosto

こづつみ【小包】 pacco 男, pacchetto 男

こっとう【骨董】 ◆～品 oggetti d'antiquariato 男複 /～屋 antiquario 男

こつばん【骨盤】 bacino 男, pelvi 女

コップ bicchiere 男

こてい【固定】 ―～する fissare

こてん【古典】 classici 男複 ―～的な classico

こてん【個展】 mostra personale 女

こと【事】 cosa 女, fatto 男, avvenimento 男

こと【古都】 vecchia capitale 女

-ごと【毎】 ―10分～に ogni dieci minuti

こどう【鼓動】 battito 男, pulsazione 女 ―～する battere, pulsare

こどうぐ【小道具】 accessori teatrali 男複

こどく【孤独】 solitudine 女 ―～な solitario

ことごとく【尽く】 del tutto, interamente

ことし【今年】 quest'anno

ことづけ【言付け】 (伝言)messaggio 男

ことづける【言付ける】 lasciare un messaggio

ことなる【異なる】 essere differente 《da》 ―異なった differente 《da》, diverso 《da》

ことに【殊に】 particolarmente

ことば【言葉】 lingua 女; (単語)parola 女

こども【子供】 bambino(a) 男(女); (息子・娘)figlio(a) 男(女) ―～の日 Festa dei bambini 固名(女)

ことり【小鳥】 uccellino 男

ことわざ【諺】 proverbio 男

ことわり【断り】 rifiuto 男; (詫び)scusa 女

ことわる【断わる】 rifiutare ―丁重に～ rifiutare cortesemente

こな【粉】 polvere 女; (穀類の)farina 女 ◆～雪 neve farinosa 女

こなごな【粉々】 ―～に a pezzetti, in mille pezzi

こにもつ【小荷物】 pacco 男

コネ (知り合い)conoscenze 女複; (推薦)raccomandazioni 女複 ―～がある avere delle conoscenze utili

こねこ【子猫】 gattino(a) 男(女)

こねる【捏ねる】 impastare

この questo

このあいだ【この間】 (先日)l'altro giorno, giorni fa; (最近)recentemente ―～の (この前の)scorso

このあたり【この辺り】 ―～に qui vicino, in questa zona, da queste parti

このうえ【この上】 (さらに)ulteriormente, di più ―～ない supremo

このくらい【この位】 così

このごろ【この頃】 in questi giorni

このさい【この際】 in questa occasione

このさき【この先】 (前方)più avanti; (今後)d'ora in poi, in futuro

このつぎ【この次】 la prossima volta

このとおり【この通り】 in questo modo, così

このところ【この所】 per il momento, in questo momento

このは【木の葉】 foglia 女

このへん【この辺】 ―～に qui vicino, in questa zona, da queste parti

このまえ【この前】 (前回)l'ultima volta, l'altra volta ―～の日曜日 domenica scorsa

このましい【好ましい】 piacevole, gradevole

このまま così (com'è) ―～にしておく lasciare così (com'è)

このみ【好み】 gusto 男, preferenza 女

このむ【好む】 (好まれる)piacere; (…の方を)preferire; (愛する)amare

このよ【この世】 questo mondo 男

このんで【好んで】 volontariamente

こはく【琥珀】 ambra 女

こばな【小鼻】 pinna nasale 女 ―～をうごかす assumere un'aria trionfante

こばなし【小話】 storiella 女, barzelletta 女

こばむ【拒む】 rifiutare, respingere

コバルト cobalto 男 ―～ブルーの blu cobalto

こはるびより【小春日和】 estate di San Martino 女

こはん【湖畔】 riva del lago 女

ごはん【ご飯】 riso bollito 男; (食事)pasto 男

コピー fotocopia 女, copia 女

こひつじ【子羊】 agnello 男

こびと【小人】 nano(a) 男(女)

こびる【媚びる】adulare

こぶ【鼓舞】incoraggiamento 男 — ～する incoraggiare

こぶ【瘤】bernoccolo 男;（木の）nodo 男

ごぶ【護符】talismano 男

こふう【古風】 — ～な arcaico, antiquato

ごぶさた【ご無沙汰】 — ～して申し訳ありません Mi scusi per il mio lungo silenzio.

こぶし【拳】pugno 男

コブラ cobra 男

こふん【古墳】(antico) tumulo 男

ごぶん【子分】seguace 男女

こべつ【個別】 ◆～指導 insegnamento individuale 男

コペンハーゲン Copenaghen 固名（女）

ごぼう【牛蒡】bardana 女

こぼす【零す】versare

こぼれる【零れる】versarsi;（溢れる）traboccare

こま【独楽】trottola 女

ごま【胡麻】sesamo 男 ◆～油 olio di sesamo 男

コマーシャル pubblicità 女 ◆～ソング jingle 男

こまかい【細かい】minuto, fine;（金銭に）tirato, gretto

ごまかし【誤魔化し】imbroglio 男, truffa 女;（外見の）finta 女

ごまかす【誤魔化す】（だます）imbrogliare, frodare;（あいまいにする）rendere ambiguo;（とぼける）fingere;（隠す）nascondere

こまく【鼓膜】timpano 男

こまめ — ～な attivo, laborioso / ～に con diligenza

こまやか【細やか】 — ～な affettuoso

こまる【困る】（難儀）trovarsi in difficoltà;（物がなくて）essere a corto di;（…できなくて）non riuscire a + 下詞 — 困らせる（迷惑）disturbare;（困惑）imbarazzare

ごみ rifiuti 男複, immondizie 女複 ◆～箱 pattumiera 女 / ～収集車 autoimmondizie

こみいった【込み入った】complicato, complesso

こみち【小道】stradina 女, sentiero 男

コミッション commissione 女

コミュニケ comunicato 男

コミュニケーション comunicazione 女

こむ【込む;混む】essere affollato

ゴム gomma 女

こむぎ【小麦】grano 男 ◆～粉 farina 女

こめ【米】riso 男

こめかみ tempia 女

コメディアン commediante 男女

コメディー commedia 女

こめる【込める】 — 弾丸を～ caricare il fucile /心を込めて sinceramente, con affetto

ごめん【御免】 — ～ください Buon giorno.;（夕方以降）Buona sera.;（部屋に入る時）Permesso? / ～なさい Mi scusi. | Mi perdoni.

コメント commento 男

こもじ【小文字】minuscola 女

こもり【子守】cura dei bambini 女;（人）bambinaia 女, baby-sitter 男女 ◆～歌 ninnananna 女

こもる【籠る】ritirarsi, chiudersi

コモロ Comore 固名（女複） — ～の comoriano

こもん【顧問】consigliere(a) 男(女)

こや【小屋】capanna 女

ごやく【誤訳】traduzione errata 女

こやし【肥やし】concime 男, letame 男

こゆう【固有】 — ～の proprio, particolare ◆～名詞 nome proprio 男

こゆび【小指】mignolo 男

こよう【雇用】assunzione 女, impiego 男 — ～する assumere ◆～主[者] dat*ore*(*trice*) di lavoro 男(女)

こよみ【暦】calendario 男, almanacco 男

こら Ehi!

こらえる【堪える】sopportare;（抑制）trattenere, contenere

ごらく【娯楽】divertimento 男

こらしめる【懲らしめる】punire, castigare

コラム rubrica 女

コラムニスト rubricista 男女

こりごり【懲り懲り】 — もう～だ Adesso basta.

こりしょう【凝り性】 — ～である essere molto pignolo in tutto / ～の人（完全主義者）perfezionista 男女

こりつ【孤立】isolamento 男 — ～する isolarsi

ゴリラ gorilla 男

こる【凝る】（熱中）appassionarsi (a);（筋肉が）indolenzirsi

コルク sughero 男

ゴルフ golf 男 ◆～場 campo da golf 男

ゴルファー gioc*atore*(*trice*) di golf 男(女)

これ quest*o*(*a*) 男(女)

これから (今後)d'ora in poi;（それでは）ora, allora

コレクション collezione 女

コレクトコール chiamata a carico del destinatario 女

コレステロール colesterolo 男

これまで finora

コレラ colera 男

ころ【頃】tempo 男, epoca 女, momento 男 — 私が若かった～ quando ero giovane

ころがす【転がす】rotolare

ころがる【転がる】rotolare

ごろごろ ―～する trascorrere il tempo in ozio, oziare; (猫が喉を鳴らす)fare le fusa
ころし【殺し】 omicidio 男
ころしや【殺し屋】 sicario 男, assassino(a) 男(女), killer 男女
ころす【殺す】 uccidere, ammazzare
ごろつき mascalzone 男, canaglia 女
コロッケ crocchetta 女
ころぶ【転ぶ】 cadere
ころも【衣】 abito 男; (フライの)pastella 女
コロン (記号)due punti 男複
コロンビア Colombia 固名(女) ―～の colombiano
こわい【怖い】 terribile
こわがる【怖がる】 avere paura (di)
こわごわ【怖々】 paurosamente, timorosamente
こわす【壊す】 rompere, distruggere
こわばる【強張る】 ―強張った rigido, intirizzito
こわれる【壊れる】 rompersi, distruggersi ―壊れやすい fragile
こん【紺】 ―～(色)の blu, indaco
こんい【懇意】 ―～の intimo, familiare
こんかい【今回】 questa volta, stavolta
こんがらかる ingarbugliarsi, complicarsi
こんがり ―～焼けた ben tostato
こんがん【懇願】 supplica 女 ―～する supplicare
こんき【根気】 pazienza 女, perseveranza 女
こんきゅう【困窮】 povertà 女
こんきょ【根拠】 fondamento 男, base 女 ―～のない infondato, privo di fondamento
コンクール concorso 男
コンクリート calcestruzzo 男
こんけつ【混血】 ―～の misto, di sangue misto
こんげつ【今月】 questo mese
こんご【今後】 d'ora in poi
コンゴ (コンゴ共和国)Congo 固名(男); (コンゴ民主共和国)Repubblica democratica del Congo 女 ―～の congolese
こんごう【混合】 mescolanza 女 ―～する mescolare / ―した misto ♦物 miscuglio 男, misto 男 / ～ダブルス doppio misto 男
コンコース atrio 男, spiazzo 男
コンサート concerto 男 ♦～ホール sala da concerti 女 / ～マスター primo violino 男
こんざつ【混雑】 (渋滞)congestione 女; (雑踏)formicolio 男; (群集)ressa 女 ―～した (渋滞)congestionato; (人だかり)affollato
コンサルタント consulente 男女
こんしゅう【今週】 questa settimana

こんじょう【根性】 natura 女; (気骨)spirito 男, fegato 男
こんしんかい【懇親会】 riunione sociale 女
こんすい【昏睡】 coma 男
コンスタント ―～な costante / ～に costantemente
こんせいがっしょう【混声合唱】 coro misto 男
こんせき【痕跡】 traccia 女
こんぜつ【根絶】 sradicamento 男, estirpazione 女 ―～する sradicare, estirpare
コンセプト concetto 男
こんせん【混線】 ―～する essere disturbato
コンセンサス consenso 男
コンセント presa 女
コンソメ consommé 男
コンタクト contatto 男 ♦～レンズ lenti a contatto 女複
こんだて【献立】 menu 男
こんだんかい【懇談会】 tavola rotonda 女
コンチェルト concerto 男
こんちゅう【昆虫】 insetto 男
コンディション condizione 女
コンテスト concorso 男
コンテナ container 男
コンデンサー condensatore 男
こんど【今度】 questa volta, stavolta
こんどう【混同】 ―～する confondere
コンドーム preservativo 男
コンドミニアム condominio 男
ゴンドラ gondola 女; (吊りかご)navicella 女 ♦～漕ぎ gondoliere 男
コントラスト contrasto 男
コントラバス contrabbasso 男
コントラファゴット controfagotto 男
コントロール controllo 男 ―～する controllare
こんとん【混沌】 caos 男
こんな così, come questo(a)
こんなん【困難】 difficoltà 女 ―～な difficile, duro
こんにち【今日】 oggi, adesso
こんにちは【今日は】 Buongiorno!
コンパ festa 女
コンパートメント scompartimento 男
コンパクト portacipria 男 ―～な compatto ♦～ディスク compact disc, CD 男
コンパス compasso 男
こんばん【今晩】 stasera
こんばんは【今晩は】 Buonasera!
コンビ coppia 女
コンビーフ carne di manzo in scatola 女
コンビナート complesso 男 ♦石油～ complesso petrolchimico 男
コンビニ mini market (aperto 24 ore) 男
コンビネーション combinazione 女

コンピューター computer 男 ◆〜グラフィックス computer graphics 女, computer grafica 女 / 〜ゲーム videogioco 男
こんぶ【昆布】 laminaria 女, alga marina 女
コンプレックス complesso 男
こんぼう【棍棒】 bastone 男
こんぽう【梱包】 imballaggio 男
こんぽん【根本】 fondamento 男, base 女 ーー的 fondamentale / ー的に fondamentalmente
コンマ virgola 女
こんや【今夜】 stasera, stanotte
こんやく【婚約】 fidanzamento 男 〜する fidanzarsi ◆〜者 fidanzato(a) 男(女) / 〜指輪 anello di fidanzamento 男
こんらん【混乱】 confusione 女 ーーする confondersi
こんれい【婚礼】 sposalizio 男
こんろ【焜炉】 fornello 男
こんわく【困惑】 imbarazzo 男, impaccio 男 ーーする imbarazzarsi, impacciarsi

さ

さ【差】 differenza 女; (数学)resto 男
ざ【座】 posto 男 ーーにつく prendere posto, mettersi a sedere / 〜をはずす assentarsi
さあ Su! | Avanti! | Coraggio!
サーカス circo 男
サーキット circuito 男, pista 女
サークル circolo 男
ざあざあ ーー雨が降る piovere a dirotto
サーチライト riflettore 男
サーバー server 男
サービス servizio 男 ◆〜業 settore terziario 男 / 〜料 servizio 男
サーブ servizio 男
サーファー surfer 男女
サーフィン surf 男, surfing 男
サーフボード tavola da surf 女
サーモン salmone 男
さい【際】 momento 男, occasione 女 ー出発の〜に al momento di partire / 緊急の〜は in caso di emergenza
さい【犀】 rinoceronte 男
さい【歳】 anni 男複 ー私の息子は1〜です Mio figlio ha un anno.
さいあい【最愛】 ーーの carissimo
ざいあく【最悪】 ーーの pessimo
ざいあく【罪悪】 reato 男, crimine 男; (宗教上の)peccato 男
さいえん【菜園】 orto 男
さいかい【再会】 ーーする rivedere, rivedersi
さいかい【再開】 ーーする riaprire, riprendere
さいがい【災害】 calamità 女, disastro 男
ざいかい【財界】 mondo finanziario 男
さいかく【才覚】 ingegno 男
ざいがく【在学】 ーーする essere studente(essa) di, essere iscritto a
さいき【才気】 ingegno 男 ーーあふれる pieno d'arguzia
さいぎしん【猜疑心】 animo sospettoso 男
さいきどうし【再帰動詞】 verbo riflessivo 男
さいきょういく【再教育】 rieducazione 女 ーーする rieducare
さいきん【最近】 di recente, recentemente
さいきん【細菌】 batterio 男; (桿菌) bacillo 男
さいく【細工】 (製作)lavorazione 女; (製品)lavoro 男; (ごまかし)trucco 男
さいくつ【採掘】 estrazione 女
サイクリング ciclismo 男
サイクル ciclo 男
さいけつ【採決】 votazione 女 ーーする votare
さいけつ【採血】 prelievo di sangue 男
さいげつ【歳月】 tempo 男, anni 男複
さいけん【再建】 ricostruzione 女; (経営)risanamento 男 ーーする ricostruire, risanare
さいけん【債権】 credito 男 ◆〜者 creditore(trice) 男(女)
さいけん【債券】 obbligazione 女
さいげん【際限】 ーーない illimitato, infinito
ざいげん【財源】 risorse finanziarie 女複; (資金)fondi 男複
さいけんとう【再検討】 riesame 男, revisione 女 ーーする riesaminare, revisionare
さいご【最後】 fine 女 ーーの ultimo, finale / 〜に infine, alla fine; (順番) (per) ultimo; (機会)per l'ultima volta / 〜まで fino all'ultimo
さいご【最期】 fine 女; (死)morte 女
ざいこ【在庫】 scorte 女複, stoccaggio 男; (デッドストック)giacenza 女 ーーあり Disponibile
さいこう【最高】 ーーの (数量)massimo; (質)ottimo; (至上の)supremo ◆〜裁判所 Corte Suprema 女
さいこう【採光】 illuminazione 女
さいこう【再考】 ーーする ripensare, riflettere
さいころ dado 男
さいこん【再婚】 ーーする risposare, risposarsi
さいさき【幸先】 ーーがよい essere di buon auspicio
さいさん【採算】 ーーが合う redditizio, rimunerativo, proficuo
ざいさん【財産】 beni 男複, patrimonio 男

さいじつ【祭日】 festa 女; (休日)giorno festivo 男
さいしつ【材質】 qualità del materiale 女
さいして【際して】 —…に〜 in occasione di... / 出発に〜 alla partenza
さいしゅう【最終】 —〜の ultimo ◆〜回 l'ultima puntata 女
さいしゅう【採集】 —〜する raccogliere; (蒐集)collezionare
さいしゅつ【歳出】 spese annuali 女複, spesa pubblica annuale 女
さいしょ【最初】 inizio 男, principio 男 —〜の primo, iniziale / 〜に prima, prima di tutto; (順番)(per) primo; (機会)per la prima volta / 〜から da capo, fin dall'inizio / 〜は dapprima
さいしょう【宰相】 Primo Ministro 男
さいしょう【最小】 —〜の il(la) minore, minimo
さいじょう【最上】 —〜の il(la) migliore, ottimo
さいしょうげん【最小限】 minimo 男; (少なくとも)almeno —〜の minimo / 〜に al minimo
さいしょくしゅぎしゃ【菜食主義者】 vegetariano/a 男 女
さいしん【最新】 —〜の ultimo, aggiornato, nuovissimo
さいしん【細心】 —〜の scrupoloso / 〜に con la massima attenzione
サイズ misura 女; (服の)taglia 女; (靴・手袋・帽子の)numero 男
さいせい【再生】 rinascita 女; (録音録画の)riproduzione 女 ◆〜紙 carta riciclata 女 / 〜ボタン pulsante di riproduzione 男, tasto play 男
ざいせい【財政】 finanza 女
さいせいき【最盛期】 (作物の)stagione migliore 女; (繁栄)età d'oro 女
さいせん【再選】 rielezione 女 —〜する rieleggere
さいぜん【最善】 il migliore 男 —〜を尽くす fare del proprio meglio
さいぜんせん【最前線】 fronte 男
さいそく【催促】 —〜する sollecitare
サイダー gassosa 女
さいだい【最大】 —〜の il(la) più grande, massimo
さいだいげん【最大限】 massimo 男 —〜の massimo / 〜に al massimo
さいたく【採択】 adozione 女 —〜する adottare
さいたく【在宅】 —〜する stare [essere] in casa
さいだん【祭壇】 altare 男
さいだん【裁断】 taglio 男 —〜する tagliare
ざいだん【財団】 fondazione 女
さいちゅう【最中】 —…の〜に durante..., nel corso di...
さいてい【最低】 —〜の infimo; (数量)minimo; (質)pessimo ◆〜賃金 stipendio minimo 男

さいてき【最適】 —〜な ottimo; (理想の)ideale
さいてん【採点】 —〜する attribuire un voto
サイト sito 男, sito internet 男
サイド lato 男, side 男 ◆〜カー motocarrozzetta 女, sidecar 男 / オフ〜 fuorigioco 男, offside 男
さいど【再度】 ancora, di nuovo
さいなむ【苛む】 torturare, tormentare
さいなん【災難】 disgrazia 女, guaio 男
さいにゅう【歳入】 entrate annuali 女複, entrate pubbliche annuali 女複
さいのう【才能】 talento 男, abilità 女
さいはい【采配】 —〜を振る comandare, dirigere
さいばい【栽培】 —〜する coltivare
さいはつ【再発】 —〜する (病気が)avere una ricaduta, ricadere (in); (事件・事故が)accadere di nuovo
さいばん【裁判】 processo 男, causa 女 ◆〜員 giuria 女 / 〜員制度 sistema delle giurie 男 / 〜官 giudice 男 女 / 〜所 tribunale 男, corte 女
さいふ【財布】 portafoglio 男
さいぶ【細部】 dettaglio 男
さいぶんか【細分化】 —〜する suddividere
さいへん【再編】 riorganizzazione 女
さいほう【裁縫】 cucito 男
さいぼう【細胞】 cellula 女
ざいほう【財宝】 tesoro 男, ricchezze 女複
さいほうそう【再放送】 replica 女, ritrasmissione 女
さいまつ【歳末】 fine d'anno 女
さいみんじゅつ【催眠術】 ipnotismo 男
さいむ【債務】 debito 男, obbligazione 女
ざいむ【財務】 finanza 女 ◆〜省 Ministero del Tesoro 男
さいもく【細目】 dettagli 男複
ざいもく【材木】 legname 男
さいよう【採用】 —〜する (案件を)adottare; (雇う)assumere
ざいりゅう【在留】 ◆〜外国人 residenti stranieri 男複 / 〜邦人 residenti giapponesi 男複
さいりよう【再利用】 riciclaggio 男
さいりょう【最良】 —〜の il(la) migliore, ottimo
さいりょう【裁量】 discrezione 女
ざいりょう【材料】 materiale 男; (料理の)ingrediente 男; (原料)materie prime 女複
ざいりょく【財力】 risorse economiche 女複
ザイル corda 女, fune 女
サイレン sirena 女
さいわい【幸い】 —〜にも per fortuna
サイン (署名)firma 女; (著名人などの)

サウジアラビア 1164 **さくや**

autografo 男; (合図)**segno, cenno** 男 ♦〜**ペン penna a feltro** 女
サウジアラビア Arabia Saudita 固名 (女) —の **saudiano**
サウスポー —の **mancino**
サウナ sauna 女
サウンド suono 男
さえ【冴え】 (頭脳)acutezza d'ingegno 女; (技)alta destrezza 女
-さえ (…ですら)perfino, persino; (その上)inoltre
さえぎる【遮る】 (断つ)interrompere; (妨げる)impedire
さえずる【囀る】 (小鳥が)cantare; (雀が)cinguettare; (ナイチンゲールが)gorgheggiare
さえる【冴える】 —目がさえて眠れない non riuscire a chiudere occhio. / 気力がさえない sentirsi giù
さお【竿】 canna 女; (釣り竿)canna da pesca 女; (旗の)asta 女
さか【坂】 (上り)salita 女; (下り)discesa 女
さかい【境】 confine 男
さかえる【栄える】 prosperare, fiorire
さがく【差額】 differenza 女
さかさま【逆さま】 —に sottosopra
さがしだす【捜[探]し出す】 trovare; (隠されたもの・犯人を)scoprire
さがす【捜[探]す】 cercare
さかずき【杯】 bicchierino 男, coppetta da sakè 女
さかだち【逆立ち】 verticale 女 —する fare la verticale
さかだてる【逆立てる】 rizzare
さかな【魚】 pesce 男 ♦〜屋(人) pescivendolo(a) 男(女); (店)pescheria 女
さかなで【逆撫で】 —する irritare, innervosire
さかのぼる【遡る】 risalire
さかば【酒場】 taverna 女, cantina 女
さかみち【坂道】 (上りの)salita 女; (下りの)discesa 女
さかや【酒屋】 bottiglieria 女; (ワインの)enoteca 女
さからう【逆らう】 disobbedire (a); (反対)opporre; (逆行)andare contro —逆らって contro
さかり【盛り】 (花の)massima fioritura 女; (人生の)fiore della giovinezza 男; (発情)fregola 女, calore 男
さがる【下がる】 (数値・温度・価格が)scendere, calare; (ぶら下がる)pendere, essere sospeso; (バックする)farsi indietro
さかん【左官】 muratore 男
さかん【盛ん】 —な attivo, popolare /〜に (頻繁に)frequentemente; (活発に)attivamente / 野球が〜だ Il baseball è molto popolare. / エコの必要性が〜に言われている L'importanza dell'ecologia è frequentemente affermata.
さがん【左岸】 riva sinistra 女

さき【先】 punta 女; (未来)futuro 男 —に (前方)avanti, davanti; (順番)prima; (事前)in anticipo
さぎ【詐欺】 truffa 女, frode 女
さぎ【鷺】 airone 男
さきおととい【一昨昨日】 tre giorni fa
さきがけ【先駆け】 precursore 男
さきごろ【先頃】 (最近)recentemente; (先日)l'altro giorno
さきざき【先々】 (将来)avvenire 男, futuro 男 —私が行く〜で雨が降る Ovunque io vada piove sempre.
さきだつ【先立つ】 precedere
さきばらい【先払い】 —する pagare in anticipo
さきほど【先ほど】 poco fa
さきまわり【先回り】 —する precedere; (出し抜く)prevenire
さきものとりひき【先物取引】 operazione a termine 女, futures 男複
さきゅう【砂丘】 duna 女
さぎょう【作業】 lavoro 男, operazione 女 —する lavorare
さきんずる【先んずる】 precedere —先んずれば人を制す Chi prima arriva, prima macina.
さく【策】 —を講じる prendere misure (contro) /〜を弄する ricorrere all'astuzia
さく【裂く】 (布・紙を)stracciare, lacerare; (仲を)tagliare, rompere (una relazione); (刃物で)tagliare a pezzi
さく【割く】 (時間・スペースを)dedicare; (金銭を)condividere
さく【咲く】 fiorire
さく【柵】 recinto 男, recinzione 女
さくいん【索引】 indice 男
さくげん【削減】 diminuzione 女, riduzione 女 —する ridurre, diminuire
さくさん【酢酸】 acido acetico 男
さくし【策士】 stratega 男
さくし【作詞】 —する scrivere le parole
さくじつ【昨日】 ieri
さくしゃ【作者】 autore(trice) 男(女)
さくしゅ【搾取】 sfruttamento 男 —する sfruttare
さくじょ【削除】 cancellazione 女, eliminazione 女 —する cancellare, eliminare; (コン)cancella
さくせい【作成】 elaborazione 女, redazione 女 —する (計画・法案を)elaborare; (文書を)redigere
さくせん【作戦】 operazione 女
サクソフォン sassofono 男, saxofono 男
さくねん【昨年】 l'anno scorso, lo scorso anno
さくばん【昨晩】 ieri sera
さくひん【作品】 opera 女, lavoro 男
さくぶん【作文】 composizione 女
さくもつ【作物】 prodotto agricolo 男
さくや【昨夜】 ieri sera; (深夜)sta-

さくら【桜】 ciliegio 男; (花)fiori di ciliegio 男複
さくらそう【桜草】 primula 女
さくらん【錯乱】 delirio 男
さくらんぼ【桜桃】 ciliegia 女
さぐり【探り】 ―を入れる sondare
さぐりだす【探り出す】 scoprire
さくりゃく【策略】 stratagemma 男, tattica 女 ―を用いて con uno stratagemma ◆～家 tattico 男
さぐる【探る】 indagare, spiare
さくれつ【炸裂】 ―する scoppiare, esplodere
ざくろ【石榴】 melagrana 女
さけ【鮭】 salmone 男
さけ【酒】 alcol 男, liquore 男; (日本酒)saké 男 ―を飲む bere
さけびごえ【叫び声】 grido 男 ―をあげる lanciare un grido, strillare
さけぶ【叫ぶ】 gridare, urlare
さけめ【裂け目】 fessura 女
さける【避ける】 evitare; (監視の目を)eludere
さける【裂ける】 spaccarsi, strapparsi
さげる【下げる】 (下方に・音量を)abbassare; (数値・温度を)diminuire, ridurre; (ぶら下げる)appendere; (後ろに)spostare indietro
さこく【鎖国】 isolamento del paese 男
さこつ【鎖骨】 clavicola 女
ざこつ【坐骨】 ischio 男 ◆～神経痛 sciatica 女
ささ【笹】 bambù nano 男
ささい【些細】 ―な piccolo, poco
ささえ【支え】 sostegno 男, appoggio 男
ささえる【支える】 appoggiare, sostenere
ささげる【捧げる】 (献上する)offrire; (心身を)dedicare
ささつ【査察】 ispezione 男
さざなみ【漣】 increspatura 女
ささやき【囁き】 bisbiglio 男, sussurro 男
ささやく【囁く】 bisbigliare, sussurrare
ささる【刺さる】 ―…に～ conficcarsi in...
さじ【匙】 (大匙)cucchiaio 男; (小匙)cucchiaino 男 ―を投げる rinunciare, arrendersi
さしあげる【差し上げる】 offrire, dare
さしあたり【差し当たり】 per il momento, per ora
さしえ【挿絵】 illustrazione 女; (劇画・イラスト)vignetta 女
さしおさえ【差し押さえ】 sequestro 男, pignoramento 男
さしおさえる【差し押さえる】 sequestrare
さしき【挿し木】 riproduzione per talea 女

さしこみ【差し込み】 (コンセント)presa (di corrente) 女; (プラグ)spina elettronica 女
さしこむ【差し込む】 inserire
さしさわり【差し障り】 impedimento 男
さししめす【指し示す】 indicare
さしず【指図】 ―～する dare istruzioni (a)
さしせまった【差し迫った】 urgente, imminente
さしせまる【差し迫る】 incombere, avvicinarsi
さしだしにん【差出人】 mittente 男女
さしだす【差し出す】 porgere, tendere
さしつかえ【差し支え】 impedimento 男; (支障)ostacolo 男 ―…に差し支える essere un impedimento per..., essere un intralcio a...
さしとめる【差し止める】 (禁止する)proibire, vietare
さしはさむ【差し挟む】 ―口を～ intervenire
さしひく【差し引く】 dedurre, detrarre
さしみ【刺身】 sashimi 男, fettine di pesce crudo 女複
さしゅ【詐取】 frode 女, truffa 女
ざしょう【座礁】 ―～する incagliare, incagliarsi, arenarsi
さじん【砂塵】 polverone 男, nube di polvere 女
さす【刺す】 (針・とげを)pungere; (突き刺す)forare, pugnalare; (蚊・蜂が)pungere, mordere
さす【指す】 indicare
さす【差[射]す】 ―日が～ penetrare
さす【注す】 ―目薬を～ applicare [mettere] il collirio / オイルを～ lubrificare
さす【挿す】 ―花瓶に花を～ mettere dei fiori nel vaso
さす【砂州】 banco di sabbia 男
さすが【流石】 ―～に (本当に)veramente / 今回は～に疲れた Stavolta sono davvero stremato. / ～はマリオだね! È proprio un'azione degna di te, Mario!
さずける【授ける】 conferire, dare
サスペンス suspense 女
さすらい vagabondaggio 男
さすらう vagabondare
さする【摩る】 massaggiare; (こする)fregare
ざせき【座席】 posto 男, sedile 男
させつ【左折】 svolta a sinistra ―～する girare a sinistra ◆～禁止 [掲示]Divieto di svolta a sinistra
ざせつ【挫折】 (計画の)fallimento 男; (精神的)scoraggiamento 男 ―～する andare a monte, fallire
させる (使役)fare + 不定詞; (任せる)lasciare... + 不定詞; (許可)permettere... di + 不定詞; (依頼)farsi fare (da)

させん【左遷】 —~する retrocedere, relegare
さそい【誘い】 invito 男; (誘惑)tentazione 女
さそいだす【誘い出す】 attirare... fuori
さそう【誘う】 invitare; (誘惑)tentare, indurre
さそり【蠍】 scorpione 男 ◆~座 Scorpione 固名(男)
さだめる【定める】 decidere, fissare
ざだんかい【座談会】 colloquio 男, tavola rotonda 女
ざちょう【座長】 (劇団の)direttore(trice) 男(女); (座談会などの)moderatore(trice) 男(女)
さつ【札】 biglietto 男 ◆~入れ portafogli 男
ざつ【雑】 —~な trascurato, grossolano
さつえい【撮影】 fotografia 女; (動画)ripresa 女 —~する fotografare; (動画を)girare ◆~所 studio 男 / ~禁止[掲示] Vietato fotografare
ざつおん【雑音】 rumore 男
さっか【作家】 scrittore(trice) 男(女)
ざっか【雑貨】 merci varie 女複, articoli vari 男複 ◆~屋(店)emporio 男, drogheria 女, negozio di articoli vari 男; (人)padrone(a) di un emporio 男(女)
サッカー calcio 男 —~をする giocare a calcio ◆~選手 calciatore(trice) 男(女)
さつがい【殺害】 —~する uccidere, ammazzare
さっかく【錯覚】 illusione 女
さっき poco fa
さっきょく【作曲】 composizione musicale 女 —~する comporre ◆~家 compositore(trice) 男(女)
さっきん【殺菌】 —~する disinfettare; (牛乳・チーズを)pastorizzare
ざっくばらん —~に francamente, a cuore aperto
さっさと presto, in fretta
さっし【察し】 —~がよい essere intuitivo
ざっし【雑誌】 rivista 女, giornale 男
ざっしゅ【雑種】 ibrido 男, incrocio 男 —~の ibrido
さつじん【殺人】 omicidio 男, assassinio 男 ◆~犯 omicida 男女, assassino(a) 男(女)
さっする【察する】 (想像)immaginare; (推定)presumere; (理解)comprendere
ざつぜん【雑然】 —~とした disordinato
ざっそう【雑草】 erbaccia 女
さっそく【早速】 subito, immediatamente
ざつだん【雑談】 chiacchierata 女 —~する chiacchierare, fare quattro chiacchiere
さっちゅうざい【殺虫剤】 insetticida 男
ざっと (素早く)rapidamente, in un baleno; (急に)improvvisamente
ざっと —(手短に)brevemente, sommariamente / (おおよそ)approssimativamente
さっとう【殺到】 —~する (波のように)inondare; (一気に)precipitarsi
ざっとう【雑踏】 affollamento 男, ressa 女
さっぱり —~分からない Non capisco proprio niente. / 気分が~する sentirsi sollevato, rinfrescarsi
ざっぴ【雑費】 spese varie 女複
さっぷうけい【殺風景】 —~な (荒涼とした)triste; (飾り気のない)disadorno
さつまいも【薩摩芋】 patata dolce 女
ざつむ【雑務】 (様々な)lavori vari 男複; (瑣末な)piccole faccende 女複
さてい【査定】 —~する stimare, valutare
サディスト sadico(a) 男(女)
サディズム sadismo 男
さと【里】 villaggio 男; (故郷)paese nativo 男
さといも【里芋】 colocasia 女
さとう【砂糖】 zucchero 男
さどう【茶道】 cerimonia del tè 女
さどう【作動】 —~する funzionare
さとうきび【砂糖黍】 canna da zucchero 女
さとす【諭す】 convincere, persuadere
さとり【悟り】 (精神的)illuminazione 女; (仏教)nirvana 男 —~を開く raggiungere il nirvana
さとる【悟る】 rendersi conto 《di》
サドル sellino 男, sella 女
さなぎ【蛹】 (蝶)crisalide 女; (昆虫)ninfa 女, pupa 女
サナトリウム sanatorio 男
さは【左派】 sinistra 女; (人)persona di sinistra 女
さば【鯖】 scombro 男, maccarello 男
サバイバル sopravvivenza 女
さばき【裁き】 giudizio 男; (判決)sentenza 女
さばく【裁く】 giudicare
さばく【捌く】 (売る)vendere; (処理する)risolvere
さばく【砂漠】 deserto 男
さび【錆】 ruggine 女
さびしい【寂しい】 malinconico; (悲しげな)triste; (閑散とした)deserto
さびしさ【寂しさ】 (悲しさ)tristezza 女; (孤独)solitudine 女
ざひょう【座標】 coordinate 女複
さびる【錆びる】 arrugginirsi
サファイア zaffiro 男
サファリパーク parco safari 男
サブタイトル sottotitolo 男
サフラン zafferano 男

さべつ【差別】 ──～する discriminare ♦人種～ discriminazione razziale 女
さほう【作法】 etichetta 女, galateo 男
サポーター (スポーツファン)tifoso(a) 男(女); (膝の)ginocchiera 女; (肘の)gomitiera 女
サボタージュ sabotaggio 男
サボテン cactus 男
サボる oziare, poltrire ──授業を～ marinare la lezione / 学校を～ marinare la scuola
-さま【様】 (男性)il signor; (既婚女性)la signora; (未婚女性)la signorina
ざま【様】 ──を見ろ Ti sta bene! | Te lo meriti! | Così impari!
サマータイム ora legale 女
さまざま【様々】 ──な vario, diverso
さます【覚ます】 (目を)svegliarsi; (酔いを)smaltire la sbornia
さます【冷ます】 raffreddare ──興奮を～ frenare gli entusiasmi
さまたげ【妨げ】 ostacolo 男
さまたげる【妨げる】 disturbare, impedire
さまよう【彷徨う】 errare, vagare
サミット summit 男, vertice 男
さむい【寒い】 freddo; (天候が)fare freddo; (体が)avere freddo
さむがり【寒がり】 ──である essere freddoloso
さむけ【寒気】 brivido 男 ──～がする avere un brivido
さむさ【寒さ】 freddo 男
さむざむ【寒々】 ──とした (寒そうな)freddo; (物悲しい)triste
さめ【鮫】 pescecane 男, squalo 男
さめる【覚める】 (目が)svegliarsi
さめる【冷める】 raffreddarsi
さも【然も】 ──～満足そうに con soddisfazione evidente
サモア Samoa 国名(女) ──～の samoano
さもないと altrimenti, se no
さや【莢】 baccello 男
さや【鞘】 fodero 男, guaina 女
さやいんげん【莢隠元】 fagiolini 男複
さやえんどう【莢豌豆】 piselli con la buccia 男複
ざやく【座薬】 supposta 女
さゆう【左右】 ──～に a destra e a sinistra / ～の di sinistra e di destra
さよう【作用】 (働き)azione 女; (機能)funzione 女; (影響)effetto 男 ──～する agire (su)
さようなら Arrivederci! | ArrivederLa! | Ciao!
さよく【左翼】 ala sinistra 女; (野球の)esterno sinistro 男
さら【皿】 piatto 男; (深皿)scodella 女; (受け皿)piattino 男
さらいげつ【再来月】 fra due mesi
さらいしゅう【再来週】 fra due settimane
さらいねん【再来年】 fra due anni
さらう【攫う】 (人を)rapire; (持ち去る)portare via; (盗む)scappare via ((con))
さらけだす【曝け出す】 rivelare
さらさら ──と音を立てる mormorare, sussurrare / ～と…を書き上げる finire di scrivere... rapidamente
ざらざら ──～の ruvido, rugoso
さらす【曝す】 esporre ──危険に身を～ esporsi al pericolo
サラダ insalata 女
さらに【更に】 inoltre, in più
サラブレッド purosangue 男
サラミ salame 男
サラリー paga 女, stipendio 男, salario 男
サラリーマン impiegato(a) 男(女)
ザリガニ gambero d'acqua dolce 男
さりげない naturale
さる【猿】 scimmia 女
さる【去る】 andarsene, lasciare
ざる【笊】 colapasta 男; (竹の)cesta di bambù 女
さるぐつわ【猿轡】 bavaglio 男
サルビア salvia 女
サルベージ ricupero adibita 男, salvataggio 男 ♦～船 nave adibita al ricupero 女
サルモネラきん【一菌】 salmonella 女
さわ【沢】 (谷川)torrente 男; (湿地)palude 女
さわがしい【騒がしい】 (騒音)rumoroso; (騒然)chiassoso; (不穏)inquieto
さわがせる【騒がせる】 sollevare scalpore, suscitare clamore
さわぎ【騒ぎ】 (喧騒)rumore 男, chiasso 男; (騒動)tumulto 男
さわぐ【騒ぐ】 fare chiasso
ざわつく fare rumore
さわやか【爽やか】 ──な fresco, rinfrescante
さわる【触る】 toccare
さわる【障る】 fare male ──気に～ irritare
さん【三・3】 tre 男 ──～番目の terzo
さん【酸】 acido 男
さんか【産科】 ostetricia 女
さんか【参加】 partecipazione 女 ──～する partecipare, assistere
ざんがい【残骸】 resti 男複; (建物の)macerie 女複
さんかく【三角】 (三角形)triangolo 男 ──～の triangolare
さんがく【山岳】 ♦～地帯 regione montuosa 女
さんがつ【三月】 marzo 男
さんかん【参観】 visita 女 ──～する visitare
さんぎいん【参議院】 Camera dei Consiglieri 女
さんきゃく【三脚】 treppiede 男, treppiedi 男
ざんぎゃく【残虐】 ──な crudele,

atroce

さんぎょう【産業】 industria 女 ◆~廃棄物 rifiuti speciali 男複

ざんぎょう【残業】 lavoro straordinario 男 ーする fare dello straordinario

ざんきん【残金】 restante 男, rimanente 男, residuo 男; (未払いの)saldo 男

サングラス occhiali da sole 男複

ざんげ【懺悔】 confessione 女

さんご【珊瑚】 corallo 男 ◆~礁 scogliera [barriera] corallina 女

さんこう【参考】 consultazione 女, riferimento 男 ーにする consultare ◆~書 libro di consultazione

ざんこく【残酷】 ーな crudele, brutale

さんざい【散在】 ーする essere sparpagliato

さんざん【散々】 ーな目に会う vedersela brutta / ~批判する censurare severamente

さんじ【産児】 ◆~制限 controllo delle nascite 男

さんしきすみれ【三色菫】 viola del pensiero 女

さんじゅう【三十・30】 trenta 男 ー~番目の trentesimo

さんじゅう【三重】 ー~の triplice, triplo

さんしゅつ【算出】 ーする calcolare

さんしゅつ【産出】 produzione 女 ーする produrre

さんしょう【参照】 consultazione 女, [略]cfr. ーする vedere, confrontare

ざんしん【斬新】 ーな del tutto nuovo, originale

さんすい【散水】 annaffiamento 男

さんすう【算数】 aritmetica 女

さんする【産する】 produrre

さんせい【賛成】 approvazione 女, accordo 男, sì 男 ーする essere d'accordo, assentire (a)

さんせい【酸性】 acidità 女 ーの acido ◆~雨 pioggia acida 女

さんそ【酸素】 ossigeno 男 ◆~マスク maschera a ossigeno 女

さんそう【山荘】 chalet 男, villetta 女

ざんぞう【残像】 immagine persistente 女複

さんぞく【山賊】 brigante 男

ざんだか【残高】 saldo 男

サンタクロース Babbo Natale 固名 (男)

サンダル sandali 男複

さんだんとび【三段跳び】 salto triplo 男

さんち【産地】 paese produttore 男

さんちょう【山頂】 cima 女, vetta 女

さんてい【算定】 ーする calcolare

ざんてい【暫定】 ー~的な provvisorio

サンドイッチ tramezzino 男, sandwich 男

さんどう【賛同】 approvazione 女, adesione 女 ーする approvare, dare la PROPRIA approvazione

ざんねん【残念】 peccato 男 ー~な spiacevole; (哀惜)doloroso / ~ながら purtroppo

サンバ samba 男,女 ーのリズムで a ritmo di samba

さんばい【三倍】 tre volte 女複, triplo 男

さんぱい【参拝】 ーする andare a pregare

さんばし【桟橋】 banchina 女, molo 男

さんぱつ【散髪】 taglio dei capelli 男 ーする farsi tagliare i capelli

ざんぱん【残飯】 avanzi di un pasto 男複

さんび【賛美】 ammirazione 女, lode 女 ーする glorificare, esaltare, lodare ◆~歌 inno 男

さんぴ【賛否】 ーする両論に耳を傾ける ascoltare i pro e i contro / 国民の~を問う chiedere al popolo di pronunziarsi pro o contro

ザンビア Zambia 固名(女) ー~の zambiano

さんぷ【散布】 ーする spargere, spruzzare

さんぷく【山腹】 fianco di una montagna 男

さんふじんか【産婦人科】 reparto ostetrico-ginecologico 男 ◆~医 ostetrico(a) 男(女), ginecologo(a) 男(女)

さんぶつ【産物】 prodotto 男, frutto 男

サンプル campione 男; (出版物)specimen 男

さんぶん【散文】 prosa 女

さんぽ【散歩】 ーする fare una passeggiata

さんぼう【参謀】 ufficiale di Stato Maggiore 男

さんま【秋刀魚】 costardella 女

サンマリノ San Marino 固名(男) ー~の sammarinese ◆~人 sammarinese 男女

さんまん【散漫】 ーな (注意が)distratto, disattento; (内容が)sconnesso

さんみ【酸味】 acidità 女, agro 男

さんみゃく【山脈】 catena di montagne 女 ーアルプス~ le Alpi 固名(女複)

さんゆこく【産油国】 paese produttore di petrolio 男

さんらん【産卵】 deposizione delle uova 女 ーする deporre le uova

さんらん【散乱】 dispersione 女; 〔物〕diffusione 女 ーする essere sparso, essere sparpagliato in disordine / ~させる disperdere

ざんりゅう【残留】 ーする rimanere, restare ◆~農薬 insetticida residuale 男 / ~物〔化〕residuo 男

さんりんしゃ【三輪車】 triciclo 男
さんれつ【参列】 ──～する assistere (a), essere presente (a)
さんろく【山麓】 piede di un monte 男 ──～に ai piedi [alle falde] del monte 男複

し

し【四】 quattro 男
し【市】 (都市)città 女; (行政区)comune 男 ──～の comunale
し【死】 morte 女
し【氏】 signor, sig.; (氏族)famiglia 女
し【詩】 poesia 女, poema 男
し【師】 maestro(a) 男(女)
じ【字】 lettera 女; (筆跡)calligrafia 女
じ【時】 (時刻)le (ore)... ──午前零～ mezzanotte / 昼食～に all'ora di pranzo ◆毎～ ogni ora
じ【痔】 emorroidi 女複
しあい【試合】 partita 女; (レース)gara 女
しあがる【仕上がる】 essere finito
しあげ【仕上げ】 finitura 女, rifinitura 女
しあげる【仕上げる】 finire, rifinire, dare gli ultimi ritocchi (a)
しあさって【明々後日】 fra tre giorni
しあわせ【幸せ】 felicità 女 ──～な felice, fortunato
しあん【思案】 riflessione 女, pensiero 男 ──～する riflettere
じい【辞意】 intenzione di dimettersi 女
ジーエヌピー【GNP】 PNL(prodotto nazionale lordo) 男
シーエム【CM】 (テレビの)pubblicità televisiva 女
しいく【飼育】 allevamento 男
じいしき【自意識】 autocoscienza 女
シースルー trasparente
シーズン stagione 女 ◆～オフ stagione morta 女; (行楽の)bassa stagione 女 ──～の fuori stagione
シーソー altalena 女
シーツ lenzuolo 男
しーっ (静かに)St! | Sst! | Ssst!
シーティー【CT】 TC (tomografia computerizzata) 女 ──～を撮る fare una TC [TAC] ◆～スキャン TAC(tomografia assiale computerizzata) 女
シーディー【CD】 CD 男, disco compatto 男, compact disc 男 ◆～ロム CD-ROM 男
ジーディーピー【GDP】 PIL(prodotto interno lordo) 男
しいてき【恣意的】 ──～な arbitrario
シート (椅子)sedile 男; (覆い)telone 男; (紙)foglio 男 ◆～ベルト cintura di sicurezza 女

ジーパン jeans 男複
ジープ jeep 女
シーフード frutti di mare 男複
しいる【強いる】 costringere, forzare
シール adesivo 男; (ラベル)etichetta (adesiva)
しいれ【仕入れ】 acquisto 男 ◆～先 forni*tore*(*trice*) 男(女), grossista 男女
しいれる【仕入れる】 acquistare
しいん【子音】 consonante 女
しいん【死因】 causa del decesso 女
シーン scena 女
じいん【寺院】 tempio, templi 男複
ジーンズ jeans 男複
しうんてん【試運転】 prova 女, collaudo 男
シェア quota di mercato 女
しえい【市営】 ──～の comunale, municipale ◆～住宅 casa comunale 女
じえい【自衛】 autodifesa 女 ◆～隊 Forze d'Autodifesa Giapponesi 固名(女複)
シェーバー rasoio elettrico 男
シェービングクリーム crema da barba 女
ジェスチャー gesto 男; (演技)mimica 女
ジェットき【一機】 jet 男
ジェネレーション generazione 女
シェパード pastore tedesco 男, cane lupo 男
シェフ chef 男, capocuoco(a) 男(女)
シエラレオネ Sierra Leone 固名(女) ──～の sierraleonese
シェルター rifugio 男
しえん【支援】 appoggio 男, aiuto 男, sostegno 男 ──～する appoggiare, sostenere
しお【塩】 sale 男 ──～を加える salare
しお【潮】 marea 女 ◆～風 brezza marina 女
しおからい【塩辛い】 salato
しおづけ【塩漬け】 cibo sotto sale 男; (塩水漬け)cibo in salamoia 男 ──～にする conservare... sotto sale
しおどき【潮時】 (好機)momento favorevole 男; (適切な)momento opportuno 男
しおり【栞】 segnalibro 男
しおれる【萎れる】 appassire
しか【歯科】 odontoiatria 女 ◆～医 dentista 男女/～医院 studio dentistico 男/～衛生士 igienista dentale 男女/矯正～医 ortodontista 男女
しか【鹿】 cervo(a) 男(女), daino(a) 男(女)
しか【市価】 prezzo di mercato 男
-しか soltanto, non... che... ──それは時間の無駄で～ない È soltanto uno spreco di tempo. / 彼は食べること～考えていない Lui non pensa ad altro che a mangiare.
じか【時価】 prezzo corrente 男
じか【直】 ──～に direttamente; (自ら)

じが di persona, personalmente
じが【自我】ego 男
しかい【司会】(会議の)president*e(essa)* 男(女); (座談会の)moderat*ore(trice)* 男(女); (番組などの)presentat*ore(trice)* 男(女) ー～する presiedere, presentare
しかい【視界】visibilità 女, visuale 女
しかい【死海】Mar Morto 固名(男)
しがい【市街】(繁華街)centro 男; (市)città 女 ◆～地 area urbana 女
しがい【市外】sobborgo 男 ◆～局番 prefisso 男/～通話 interurbana 女
じかい【次回】prossima volta 女
しがいせん【紫外線】ultravioletto 男, UV 男複
しかえし【仕返し】ritorsione 女; (復讐)vendetta 女 ー～する farla pagare (a)
しかく【視覚】vista 女 ー～的な visivo, visuale
しかく【資格】titolo 男, qualifica 女
しかく【死角】angolo morto 男
しかく【四角】(四角形)quadrangolo 男; (正方形)quadrato 男; (長方形)rettangolo 男 ー～い quadrato, rettangolare
しがく【史学】storia 女, storiografia 女
しがく【私学】scuola privata 女, università privata 女
じかく【自覚】coscienza 女, consapevolezza 女 ー～する essere cosciente di
しかけ【仕掛け】(装置)congegno 男; (機械)meccanismo 男; (奇術)trucco 男
しかし ma, però
じがじさん【自画自賛】 ー～する lodare sé stessi
じかせい【自家製】 ー～の casalingo, fatto in casa, casereccio [casareccio]
じがぞう【自画像】autoritratto 男
しかた【仕方】modo 男, maniera 女 ー～がない niente da fare;《会話で》Pazienza!
じかちゅうどく【自家中毒】autointossicazione 女
しがつ【四月】aprile 男
じかつ【自活】 ー～する mantenersi da solo
しかつめらしい grave, serio; (厳めしい)austero
しかつもんだい【死活問題】questione *di vita o di morte* 女, questione vitale 女
しがみつく aggrapparsi (a)
しかめる【顰める】ー顔を～ fare una smorfia
しかも inoltre, per di più
じかようしゃ【自家用車】auto privata 女
しかる【叱る】rimproverare; (子供を) sgridare
しかん【士官】ufficiale 男
しがん【志願】(申請)applicazione 女 ー～する offrirsi spontaneamente ◆～者 aspirante 男女; (立候補)candidat*o(a)* 男(女)/～兵 volontario 男
じかん【時間】tempo 男, ora 女 ◆～給 paga oraria 女/～割 orario 男
しき【指揮】comando 男; (楽団・集団の)direzione 女 ー～する comandare, dirigere ◆～者 dirett*ore(rice)* d'orchestra 男(女)/～棒 bacchetta 女
しき【式】cerimonia 女; (様式)stile 男; (数式)formula 女
しき【四季】quattro stagioni 女複
じき ー～に (即刻)subito; (まもなく)fra poco
じき【時期】(期間)periodo 男; (季節)stagione 女
じき【時機】momento favorevole 男, occasione 女
じき【磁気】magnetismo 男 ◆～テープ nastro magnetico 男
じき【磁器】porcellana 女
しきい【敷居】soglia 女
しきいし【敷石】lastrico 男, pietra da pavimento 女 ◆～道 selciato 男
しききん【敷金】deposito 男, cauzione 女; 〔商〕deposito cauzionale 男
しきさい【色彩】colore 男
しきじ【式辞】discorso di saluto 男
しきしゃ【識者】espert*o(a)* 男(女), persona competente 女
しきじょう【式場】sala per cerimonie 女
しきそ【色素】(生物の)pigmento 男; (食品・染料の)colorante 男
しきたり【仕来たり】usanza 女, convenzioni 女複, tradizione 女
しきち【敷地】terreno 男, ubicazione 女
しきちょう【色調】tono 男, tonalità 女
しきてん【式典】cerimonia 女
じきひつ【直筆】autografo 男 ー～の autografo
しきふく【式服】abito da cerimonia 男
しきべつ【識別】(区別)distinzione 女 ー AとBを～する distinguere *A* da *B*
しきもう【色盲】acromatopsia 女; (赤緑色盲)daltonismo 男
しきもの【敷物】tappeto 男; (敷き詰めの)moquette 女; (コースター)sottobicchiere 男, sottobottiglia 男
しきゅう【子宮】utero 男 ◆～筋腫 fibroma dell'utero 男
しきゅう【至急】ー～に d'urgenza, urgentemente/～の urgente
しきゅう【支給】ー～する (金銭を)pagare; (賃金・利子を)corrispondere; (物・券を)distribuire
じきゅう【時給】paga oraria 女
じきゅうじそく【自給自足】autosuffi-

じきゅうりょく 【持久力】 capacità di resistenza 女

しきょう 【司教】 vescovo ◆大〜 arcivescovo 男

しきょう 【市況】 mercato 男

じきょう 【自供】 confessione 女

じぎょう 【事業】 affari 男複; (大規模な)impresa 女 ◆公共〜 impresa pubblica 女

しぎょうしき 【始業式】 cerimonia di apertura 女

しきり 【仕切り】 tramezzo 男

しきり 【頻り】 ―〜に (頻繁)molte volte, spessissimo; (絶え間なく)ininterrottamente, (熱心に)intensamente

しきる 【仕切る】 dividere

しきん 【資金】 fondo 男, capitale 男

しきんせき 【試金石】 pietra di paragone 女

しく 【敷く】 stendere

じく 【軸】 asse 男; (植物の)stelo 男; (機械の)perno 男

しぐさ 【仕草】 gesto 男, cenno 男

ジグザグ ―〜の[に] a zigzag

しくしく ―〜泣く piangere sommessamente

しくじる fallire, non riuscire (a, di)

ジグソーパズル puzzle 男

シグナル segnale 男

しくみ 【仕組み】 meccanismo 男; (構造)struttura 女

しぐれ 【時雨】 acquazzone 男

しけ 【時化】 burrasca 女, fortunale 男, tempesta di mare 女

しけい 【死刑】 pena di morte 女, pena capitale 女

しげき 【刺激】 stimolo 男 ―〜する stimolare, eccitare

しげみ 【茂み】 (草の)cespuglio 男; (木の葉の)fronde 女複

しける 【湿気る】 prendere umidità, diventare umido

しける 【時化る】 agitarsi

しげる 【茂る】 diventare folto, crescere

しけん 【試験】 esame 男, prova 女 ―〜を受ける dare l'esame

しげん 【資源】 risorse 女複

じけん 【事件】 caso 男, avvenimento 男

じげん 【時限】 (ora di) lezione 女 ◆〜爆弾 bomba a orologeria 女

じげん 【次元】 dimensione 女 ―四〜 la quarta dimensione 女

しご 【私語】 mormorio 男

じこ 【自己】 sé 男女, sé stesso(a) 男(女) ◆〜暗示 autosuggestione 女 / 〜主張 autoaffermazione 女 / 〜満足 autocompiacimento 男

じこ 【事故】 incidente 男; (大規模の)disastro 男

しこう 【思考】 pensiero 男

しこう 【嗜好】 gusto 男

しこう 【施行】 applicazione 女 ―〜する applicare

じこう 【時効】 prescrizione 女

じごう 【次号】 prossimo numero 男

じこく 【時刻】 ora 女, tempo 男 ◆〜表 orario 男

じごく 【地獄】 inferno 男

じこしょうかい 【自己紹介】 ―〜する presentarsi (a)

しごと 【仕事】 lavoro 男, opera 女

しこむ 【仕込む】 approntare; (教える) educare, addestrare

しさ 【示唆】 ―〜する suggerire

じさ 【時差】 differenza di orario 女 ◆〜ぼけ jetlag 男, fuso orario 男

しさい 【司祭】 prete 男, sacerdote 男

じざけ 【地酒】 sake locale 男, vino locale 男

しさつ 【視察】 ispezione 女 ―〜する ispezionare; (学校・工場などを)sottoporre a ispezione

じさつ 【自殺】 suicidio 男 ―〜する suicidarsi, uccidersi

しさん 【資産】 beni 男複, patrimonio 男, proprietà 女

じさん 【持参】 ―〜する portare (con sé)

しじ 【指示】 indicazione 女 ―〜する indicare

しじ 【支持】 supporto, appoggio 男 ―〜する appoggiare, sostenere ◆〜者 sostenitore(trice) 男(女)

じじ 【時事】 attualità 女, evento d'attualità 男

ししざ 【獅子座】 Leone 固名(男)

ししつ 【資質】 disposizione 女, qualità naturali 女複

じじつ 【事実】 fatto 男; (現実)realtà 女; (真実)verità 女

ししゃ 【支社】 filiale 女, succursale 女

ししゃ 【死者】 morto(a) 男(女)

ししゃ 【使者】 messaggero(a) 男(女)

ししゃ 【試写】 anteprima 女 ―…の〜を開く dare... in anteprima

じしゃく 【磁石】 magnete 男; (コンパス)bussola 女

ししゃごにゅう 【四捨五入】 ―小数点第2位以下を〜する arrotondare alla prima cifra decimale

じしゅ 【自首】 ―〜する consegnarsi alla polizia

ししゅう 【刺繍】 ricamo 男

ししゅう 【詩集】 raccolta di poesie 女

しじゅう 【始終】 sempre, in ogni momento

じしゅう 【自習】 ―〜する studiare da solo; (独学する)studiare da autodidatta

しじゅうそう 【四重奏】 quartetto 男

じしゅきせい 【自主規制】 (言論)autocensura 女; (産業)autoriduzione 女

ししゅつ 【支出】 spese 女複, uscite 女複

じしゅてき 【自主的】 ―〜な indipendente; (自発的)volontario / 〜に indipendentemente

ししゅんき 【思春期】 adolescenza 女,

ししょ 1172 したさき

pubertà 女

ししょ【司書】 bibliotecario(a) 男(女)

じしょ【辞書】 dizionario 男 ―を引く consultare un dizionario

じしょ【地所】 terra 女, terreno 男; (所有地)beni 男複

じじょ【次女】 seconda figlia 女

ししょう【支障】 ostacolo 男, contrattempo 男, impedimento 男

しじょう【市場】 mercato 男 ◆―調査 sondaggio del mercato 男

じしょう【自称】 ―する farsi passare (per), chiamarsi / ～の sedicente

じじょう【事情】 situazione 女, circostanze 女複; (理由)causa 女, ragione 女 ◆住宅～ situazione degli alloggi 女

じじょう【自乗】 quadrato 男 ―(ある数を)～する elevare... al quadrato

ししょうしゃ【死傷者】 morti e feriti 男複

ししょく【試食】 assaggio 男, degustazione 女 ―～する assaggiare

じしょく【辞職】 dimissione 女 ―～する dimettersi, dare le dimissioni

ししょでん【自叙伝】 autobiografia 女

ししょばこ【私書箱】 C.P.(casella postale) 女

ししん【指針】 (時計の)lancetta 女; (方針)orientamento 男, direttive 女複

しじん【詩人】 poeta(essa) 男(女)

じしん【自信】 fiducia 女, sicurezza 女 ―～がある essere sicuro, avere fiducia in sé stesso

じしん【自身】 me [te, sé] stesso(a) 男(女), noi [voi, loro] stessi(e) 男(女複)

じしん【地震】 terremoto 男

じすい【自炊】 ―～する prepararsi da mangiare

しすう【指数】 indice 男, 〔数〕esponente 男

しずか【静か】 ―～な silenzioso, quieto, calmo / ～に silenziosamente

しずく【滴】 goccia 女

しずけさ【静けさ】 silenzio 男, calma 女

システム sistema 男

システムキッチン cucina componibile 男

じすべり【地滑り】 frana 女

しずむ【沈む】 affondare, andare a fondo; (太陽などが)tramontare, calare

しずめる【静める】 calmare, placare

しずめる【沈める】 fare affondare, sommergere

しせい【姿勢】 posizione 女, posa 女

じせい【自制】 autocontrollo 男 ―～する dominarsi, controllarsi

じせい【時制】 (文法)tempo verbale 男

しせいかつ【私生活】 vita privata 女

しせき【史跡】 sito storico 男; (遺跡) ruderi 男複, rovine 女複

しせき【歯石】 tartaro 男

しせつ【施設】 istituto 男; (設備)attrezzatura 女

しせつ【使節】 inviato(a) 男(女); 〔集合的〕delegazione 女; (人)delegato(a) 男(女); (代表)rappresentante 男女

しせん【視線】 sguardo 男

しせん【支線】 diramazione secondaria 女; (鉄道の)linea ferroviaria secondaria 女

しぜん【自然】 natura 女 ―～の naturale ◆―科学 scienze naturali 女複

じぜん【慈善】 beneficenza 女 ◆―事業 attività di beneficenza 女複

じぜん【事前】 ―～に in precedenza, precedentemente

しそ【紫蘇】 shiso 男

しそう【思想】 ideologia 女, pensiero 男, idea 女 ―～的な ideologico

じそく【時速】 velocità oraria 女

じぞく【持続】 durata 女 ―～する durare, continuare

しそん【子孫】 discendente 男女, posterità 女

じそんしん【自尊心】 rispetto di sé, amor proprio 男

した【舌】 lingua 女

した【下】 ―～へ giù / ～に[で] sotto, giù / ～から dal basso

しだ【羊歯】 felce 女

したい【死体】 cadavere 男

-したい volere [avere voglia di]+不定詞

しだい【次第】 (…するとすぐに)subito dopo, non appena; (…により決まる)dipendere da... ―～に man mano, a poco a poco

じたい【事態】 situazione 女

じたい【辞退】 ―～する rinunciare (a), rifiutare

じだい【時代】 era 女, tempi 男複, epoca 女 ◆―遅れの superato, antiquato

したう【慕う】 voler molto bene (a); (敬慕する)adorare

したうけ【下請け】 subappalto 男

したうち【舌打ち】 schiocco della lingua 男 ―～する fare schioccare la lingua

したがう【従う】 ubbidire (a); (屈服する)cedere; (後に続く)seguire

したがえる【従える】 essere seguito (da)

したがき【下書き】 brutta copia 女; (絵)abbozzo 男

したがって【従って】 perciò, quindi; (…に応じて)secondo

したぎ【下着】 biancheria intima 女

したく【支度】 preparazione 女 ―～する preparare, prepararsi

じたく【自宅】 ―～で a casa

したごころ【下心】 secondo fine 男, interesse personale 男 ―～がある avere secondi fini

したごしらえ【下ごしらえ】 preparativi 男複

したさき【舌先】 punta della lingua 女

したしい【親しい】 intimo, caro, familiare

したじき【下敷き】 sottomano 男; (習紙)falsariga 女 ―(車の)~になる essere investito da un' auto /…を~にする prendere... a modello

したしみ【親しみ】 simpatia 女

したしらべ【下調べ】 (調査)inchiesta preliminare 女; (予習)preparazione 女

したたらず【舌足らず】 ―~の bleso / ~に話す parlare bleso [con pronuncia blesa]

したたる【滴る】 cadere a gocce, gocciolare

したつづみ【舌鼓】 ―~を打つ(おいしく食べる) mangiare... con gusto

したっぱ【下っ端】 subalterno(a) 男 (女), tirapiedi 男

したづみ【下積み】 ―~の生活 vita subalterna 女

したて【仕立て】 confezione 女, sartoria 女 ―仕立てる confezionare

したて【下手】 ―~に出る comportarsi con deferenza

したどり【下取り】 permuta 女 ♦~価格 prezzo di permuta 男

したなめずり【舌なめずり】 ―~をする leccarsi le labbra

したぬり【下塗り】 mano di fondo 女

したび【下火】 ―火事が~になった L'incendio è sotto controllo.

したびらめ【舌平目】 sogliola 女

-したほうがよい È meglio + 不定詞

したまち【下町】 quartiere popolare 男

したまわる【下回る】 essere inferiore (a)

したみ【下見】 ispezione preliminare 女

したむき【下向き】 tendenza al ribasso 女

じだらく【自堕落】 ―~な (不道徳な) dissoluto; (乱れた)disordinato

じだん【示談】 compromesso 男

じだんだ【地団太】 ―~を踏む battere i piedi

しち【七·7】 sette 男 ―~番目の settimo

じち【自治】 autonomia 女

しちがつ【七月】 luglio 男

しちじゅう【七十·70】 settanta 男 ―~番目の settantesimo

しちめんちょう【七面鳥】 tacchino 男

しちや【質屋】 banco dei pegni 男, monte di pietà 男

しちゃく【試着】 prova d'abiti 女 ―~する provare ♦~室 cabina di prova 女

シチュー stufato 男, umido 男 ―仔牛の~ vitello in umido 男

しちゅう【支柱】 sostegno 男

しちょう【市長】 sindaco 男

しちょう【視聴】 ♦~覚の audiovisivo / ~者 telespettatore(trice) 男 (女), audience 女 / ~率 indice di ascolto 男

じちょう【自嘲】 ―~する deridere sé stesso

しちょうそん【市町村】 comune 男

しつ【質】 qualità 女

じつ【実】 ―~に proprio, veramente / ~は in verità, a dire il vero

しつう【歯痛】 mal di denti 男

じつえき【実益】 beneficio 男; (実収) profitto netto 男; (実利)utilità pratica 女

じつえん【実演】 dimostrazione 女

じっか【実家】 casa dei PROPRI genitori 女

しっかく【失格】 squalifica 女 ―~する essere squalificato

しっかり ―~した (不動の)fermo, stabile; (丈夫な)solido; (思慮ある)di buon giudizio / ~と (堅固に)saldamente; (臆さず)con fermezza / ~しろ Coraggio!

じっかん【実感】 ―~する rendersi conto (di)

しっき【漆器】 lacca 女

しつぎおうとう【質疑応答】 domande e risposte 女複

しっきゃく【失脚】 caduta 女 ―~する decadere

しつぎょう【失業】 disoccupazione 女 ―~する perdere il lavoro ♦~者 disoccupato(a) 男 (女)

じっきょう【実況】 (中継)diretta 女 ―~の[で] in diretta

じつぎょう【実業】 attività economiche 女, affari 男 ♦~家 uomo d'affari 男, imprenditore 男

シック ―~な chic

しっくい【漆喰】 intonaco 男

じっくり con calma, senza fretta

しっけ【湿気】 umidità 女

しつけ【躾】 educazione 女

じつけい【実刑】 condanna senza il beneficio della condizionale 女

しつける【躾ける】 educare

しつげん【失言】 parola detta involontariamente 女, lapsus linguae 男, gaffe 女

じっけん【実験】 ―~する sperimentare

じつげん【実現】 realizzazione 女 ―~する realizzarsi

しつこい insistente, importuno; (味が)pesante

しっこう【失効】 scadenza 女, decadenza 女

しっこう【執行】 esecuzione 女 ―~する eseguire ♦~権 potere esecutivo 男

じっこう【実行】 ―~する mettere in pratica, eseguire

じつじょう【実情】 (事実)fatto 男; (現実)realtà 女; (実施)pratica 女 ―~に infatti, veramente

じつざい【実在】 ―~する esistere (realmente) ―~の reale

しっさく【失策】 sbaglio 男, errore 男

じっし【実施】 ―~する mettere in atto, attuare

じっしつ【実質】 sostanza 女 ―~的な sostanziale

じっしゅう【実習】 pratica 囡; (職業・技術)tirocinio 男 ◆〜生 tirocinante 男女
じっしょう【実証】 ー〜する provare, dimostrare
じつじょう【実情】 situazione reale 囡
しっしん【湿疹】 eczema 男
しっしん【失神】 svenimento 男 ー〜する svenire
じっしんほう【十進法】 numerazione decimale 囡
しっせき【叱責】 sgridata 囡, rimprovero 男 ー〜する rimproverare
じっせき【実績】 risultati 男複; (功績)meriti 男複
じっせん【実践】 pratica 囡 ー〜する praticare ◆〜主義 attivismo 男
しっそ【質素】 ー〜な modesto, semplice, frugale
しっそう【失踪】 sparizione 囡, scomparsa 囡 ー〜する scomparire
しっそう【疾走】 corsa precipitosa 囡 ー〜する correre velocemente
しっそく【失速】 stallo 男 ー〜する stallare, perdere velocità
じつぞん【実存】 esistenza 囡 ー〜的な esistenziale ◆〜主義 esistenzialismo 男
じったい【実体】 sostanza 囡 ー〜のない privo di sostanza, incorporeo
じったい【実態】 situazione reale 囡
しったかぶり【知ったかぶり】 saccente 男女 ー〜をする fare il(la) saccente
じっち【実地】 pratica 囡 ー〜に適用する applicare nella pratica ◆〜教育 insegnamento pratico 男/〜検証 sopralluogo 男
じっちゅうはっく【十中八九】 certamente, molto probabilmente
じっちょく【実直】 ー〜な onesto, retto
しっと【嫉妬】 gelosia 囡 ー〜する ingelosirsi, invidiare, essere geloso (di)
しつど【湿度】 umidità 囡
じっと ー〜している stare fermo, stare immobile / 〜見つめる fissare lo sguardo (su)
しっとり ー〜した (湿った)umidiccio; (落ち着いた)calmo; (食感が)morbido
しつない【室内】 ー〜に[で] all'interno, al coperto ◆〜楽 musica da camera 囡/〜プール piscina coperta 囡
ジッパー chiusura lampo 囡, zip 男
しっぱい【失敗】 fallimento 男, insuccesso 男; (ミス)errore 男 ー〜する fallire, non avere successo
じっぱひとからげ【十把一絡げ】 ー〜に扱う trattare indistintamente
しっぴつ【執筆】 ー〜する scrivere
しっぷ【湿布】 compressa 囡; (薬を塗ったもの)cataplasma 男
じつぶつ【実物】 (その物自体)l'oggetto in sé; (原物)originale 男 ◆〜大の a grandezza naturale
しっぽ【尻尾】 coda 囡
しつぼう【失望】 delusione 囡 ー〜する essere deluso (di)
じつむ【実務】 pratica 囡, prassi aziendale 囡
しつめい【失明】 cecità 囡, perdita della vista 囡 ー〜する perdere la vista
しつもん【質問】 domanda 囡 ー〜する fare una domanda
しつよう【執拗】 ー〜な ostinato, insistente
じつよう【実用】 utilità pratica 囡 ー〜的な pratico, per uso pratico
しつりょう【質量】 massa 囡
じつりょく【実力】 (能力)capacità 囡; (権威)competenza 囡 ー〜のある competente ◆〜行使 ricorso alla forza 男
しつれい【失礼】 maleducazione 囡, scortesia 囡 ー〜な scortese, indiscreto; (生意気な)impertinente
じつれい【実例】 esempio 男; (前例)precedente 男
しつれん【失恋】 delusione d'amore 囡 ー〜する essere piantato (da), perdere l'amore
じつわ【実話】 storia vera 囡
してい【指定】 ー〜する fissare, designare; (席を予約する)prenotare ◆〜席 posto prenotato [riservato] 男/〜銘柄 azioni specificate 囡複
してき【指摘】 indicazione 囡 ー〜する indicare, fare notare, segnalare
してき【詩的】 ー〜な poetico
してき【私的】 ー〜な privato, personale
してつ【私鉄】 ferrovia privata 囡
してん【支店】 succursale 囡, filiale 囡
してん【視点】 punto di vista 男
しでん【市電】 tram 男
じてん【辞典】 dizionario 男, vocabolario 男
じてん【事典】 dizionario 男 ◆百科〜 enciclopedia 囡
じてん【自転】 rotazione intorno al proprio asse 囡
じでん【自伝】 autobiografia 囡
じてんしゃ【自転車】 bicicletta 囡; 《口》bici 囡; (競技)ciclismo 男
しと【使徒】 apostolo 男
しどう【指導】 guida 囡 ー〜する guidare ◆〜者 leader 男
しどう【始動】 avviamento 男 ー〜する avviare, mettersi in moto
じどう【児童】 infanzia 囡
じどう【自動】 ー〜(式)の automatico ◆〜ドア porta automatica 囡/〜販売機 distributore automatico 男
じどうし【自動詞】 verbo intransitivo 男
じどうしゃ【自動車】 macchina 囡, automobile 囡

しとげる【し遂げる】 (終える)compiere; (実現させる)attuare

しとしと ——雨が〜と降る La pioggia cade silenziosamente.

じとじと ——した molto umido

しとやか【淑やか】 ——〜な grazioso, elegante

しどろもどろ ——〜の del tutto confuso / 〜に話す balbettare

しな【品】 (品物)oggetto 男; (商品)articolo 男, merce 女, prodotto 男 ——〜がよい[悪い] essere di buona [cattiva] qualità

しない【竹刀】 shinai 男, spada di bambù 女

しない【市内】 ——〜に in città, in centro ◆〜通話 chiamata urbana [locale] 女

しなう【撓う】 piegarsi, curvarsi

しなぎれ【品切れ】 esaurimento 男; (掲示)Esaurito ——〜の esaurito

しなびる【萎びる】 seccare, appassire, sfiorire

しなもの【品物】 articolo 男, oggetto 男, merce 女

シナモン cannella 女

しなやか ——〜な (たわみやすい)flessibile; (柔らかい)morbido; (弾性のある)elastico

シナリオ sceneggiatura 女, testo 男, copione 男 ◆〜ライター sceneggiato*re(trice)* 男(女)

じなん【次男】 secondo figlio 男

しにものぐるい【死に物狂い】 ——〜の accanito, disperato / 〜で freneticamente, disperatamente

しにん【死人】 morto(a) 男(女)

じにん【辞任】 dimissioni 女複 ——〜する dare le dimissioni

しぬ【死ぬ】 morire; (逝く)andarsene

じぬし【地主】 proprietario(a) terriero(a) 男(女)

しのぐ【凌ぐ】 (我慢する)sopportare; (優る)superare

しのびあし【忍び足】 ——〜で a passi felpati

しのびこむ【忍び込む】 entrare furtivamente [di nascosto]

しのぶ【忍ぶ】 (耐える)sopportare; (隠れる)nascondersi

しば【芝】 prato 男, tappeto erboso 男 ◆〜刈り機 tosaerba 男

しはい【支配】 dominio 男, dominazione 女 ——〜する dominare ◆〜人 gerente 男女, diret*tore(trice)* generale 男(女)

しばい【芝居】 teatro 男

じはく【自白】 confessione 女 ——〜する confessare

じばさんぎょう【地場産業】 industria locale 女

しばしば spesso, frequentemente

しはつ【始発】 ◆〜駅 capolinea 男 / 〜電車 il primo treno 男

じはつてき【自発的】 ——〜な volontario, spontaneo / 〜に volontariamente, spontaneamente, di propria iniziativa

しばふ【芝生】 erba 女, prato 男

しはらい【支払い】 pagamento 男

しはらう【支払う】 pagare

しばらく【暫く】 un po', un momento; (久しく)da tanto, da un pezzo

しばる【縛る】 legare; (堅く)stringere saldamente

しはん-【四半-】 ◆〜期 trimestre 男, un quarto di anno 男 / 〜世紀 un quarto di secolo 男

しはん【市販】 ——〜の in vendita

じばん【地盤】 terreno 男, terra 女; (土台)fondamento 男, base 女; (選挙の)terreno elettorale 男

しひ【私費】 ——〜で a PROPRIE spese 女複

じひ【慈悲】 misericordia 女, pietà 女

じびいんこうか【耳鼻咽喉科】 otorinolaringoiatria 女 ◆〜医 otorinolaringoiatra 男女

じびき【字引】 dizionario 男

しひょう【指標】 indice 男

じひょう【辞表】 lettera di dimissioni 女

じびょう【持病】 malattia cronica 女

しびれる【痺れる】 (麻痺)essere paralizzato; (正座などで)avere un formicolio (a)

しぶ【支部】 sezione 女

しぶ【渋】 tannino 男

じふ【自負】 dignità 女, orgoglio 男; (うぬぼれ)vanità 女

しぶい【渋い】 aspro; (果実が)allappante; (趣・好みが)sobrio ma elegante

しぶき【飛沫】 spruzzo 男

しふく【私服】 (官職の人々の)abito civile 男 ——〜で in borghese [abiti civili]

しふく【至福】 beatitudine 女

ジプシー zingaro(a) 男(女) ——〜の zingaresco

しぶしぶ【渋々】 malvolentieri, di malavoglia, a malincuore

ジブチ Gibuti 固名(男) ——〜の gibutiano

ジフテリア difterite 女

しぶとい tenace, accanìto, (人・動物が)testardo; (振る舞いが)ostinato

しぶみ【渋み】 sapore allappante; (趣)raffinatezza 女

ジブラルタルかいきょう【—海峡】 Stretto di Gibilterra 固名(男)

しぶる【渋る】 esitare a

じぶん【自分】 sé, sé stesso(a) 男(女) ——〜で da solo

じぶんかって【自分勝手】 egoismo 男 ——〜な egoista, egoistico / 〜に egoisticamente

しへい【紙幣】 carta moneta 女, banconota 女, biglietto (di banca) 男

じへいしょう【自閉症】 autismo 男

しほう【司法】 giustizia 囡 ◆~官 magistrato 男 / ~書士〔職種〕scrivano di atti pubblici 男; 〔公職〕notaio 男 / ~権 potere giudiziario 男
しほう【四方】 da tutte le parti
しぼう【死亡】 morte 囡; 〔法〕decesso 男 ◆~率 tasso di mortalità 男
しぼう【脂肪】 grasso 男
しぼう【志望】 desiderio 男, aspirazione 囡 ——する desiderare ◆~者 aspirante 男女 / ~大学 università di PROPRIA preferenza 囡
じほう【時報】 segnale orario 男
しぼむ【萎む】〔植物が〕appassire; 〔縮小する〕sgonfiarsi
しぼる【絞/搾る】 strizzare, spremere; 〔範囲を〕limitare ——知恵を~ spremersi il cervello
しほん【資本(金)】 capitale 男 ◆~家 capitalista 男女 / ~主義 capitalismo 男
しま【縞】 righe 囡複, strisce 囡複 ——~の a righe
しま【島】 isola 囡
しまい【姉妹】 sorelle 囡複 ◆~都市 città gemellata 囡
しまう【仕舞う】〔中に〕mettere in; 〔店を閉める〕chiudere; 〔廃業する〕cessare l'attività ——~して~ finire per + 不詞
しまうま【縞馬】 zebra 囡
じまく【字幕】 sottotitoli 男複
しまつ【始末】〔成り行き〕andamento 男; 〔結果〕conseguenza 囡, risultato 男 ——~する〔片付ける〕sistemare
しまった Porca miseria! | Mannaggia! | Mamma mia! | Accidenti!
しまり【締まり】 ——~のない〔性質・容貌が〕trasandato, disordinato; 〔話し方・文体が〕inappropriato
しまる【閉まる】 chiudere
じまん【自慢】 orgoglio 男, vanto 男 ——~する vantarsi 〔di〕 ◆~話 vanteria 囡
しみ【染み】 macchia 囡 ◆~抜き smacchiatura 囡; 〔薬品〕smacchiatore 男
じみ【地味】 ——~な modesto, sobrio
しみこむ【染み込む】 penetrare, infiltrarsi 〔in〕
しみでる【染み出る】 filtrare; 〔亀裂などから〕fuoriuscire; 〔にじむ〕trasudare
しみとおる【染み透る】 filtrare
シミュレーション simulazione 囡
しみる【染みる】 penetrare; 〔薬が〕bruciare
しみん【市民】 *cittadino(a)* 男(囡) ◆~権 cittadinanza 囡 / ~税 imposta municipale 囡
じむ【事務】 lavoro d'ufficio 男 ◆~員 impiegato(a) 男(囡) / ~所 ufficio 男
ジム palestra 囡
しめい【使命】 missione 囡
しめい【氏名】 nome e cognome 男

しめい【指名】 designazione 囡 ——~する designare, nominare
しめきり【締め切り】 termine 男; 〔期日〕data di scadenza 囡
しめきる【締め切る】 chiudere
しめしあわせる【示し合わせる】 accordarsi in anticipo
じめじめ ——~した umido; 〔天気〕piovoso
しめす【示す】 mostrare, indicare
しめす【湿す】 inumidire
しめだす【締め出す】 chiudere la porta (a), escludere
じめつ【自滅】 autodistruzione 男 ——~する darsi la zappa sui piedi
しめった【湿った】 umido, bagnato
しめっぽい【湿っぽい】 umido; 〔陰気な〕triste, lugubre
しめる【湿る】 bagnarsi, prendere umidità
しめる【占める】 occupare; 〔割合を〕ammontare (a)
しめる【閉める】 chiudere
しめる【締める】〔隙間なく〕stringere; 〔シートベルトを〕allacciare
しめる【絞める】〔首を〕strangolare
じめん【地面】 terra 囡
しも【霜】 gelo 男, brina 囡
しもて【下手】 parte inferiore 囡; 〔舞台に向かって左手〕parte sinistra del palcoscenico 男
じもと【地元】 ——~の locale, nostrano
しもはんき【下半期】 secondo semestre 男
しもやけ【霜焼け】 gelone 男
しもん【指紋】 impronte digitali 囡複
しや【視野】 campo visivo 男
じゃあ ebbene, allora
ジャー〔保存容器〕barattolo 男; 〔魔法瓶〕thermos 男
じゃあく【邪悪】 ——~な malvagio
ジャージー〔生地〕jersey 男; 〔ウエア〕tuta sportiva 囡
ジャーナリスト giornalista 男女
ジャーナリズム giornalismo 男
シャープ〔音楽記号#〕diesis 男 ——~な acuto ◆~ペンシル portamine 男, portamina 囡
シャーベット sorbetto 男
しゃいん【社員】 dipendente 男女; 〔集合的〕personale 男
しゃか【釈迦】 Budda 固名(男)
しゃかい【社会】 società 囡 ——~の sociale ◆~主義 socialismo 男 / ~福祉 assistenza sociale 囡 / ~保険 previdenza sociale 囡
じゃがいも【―芋】 patata 囡
しゃがむ accovacciarsi, accosciarsi
しやく【試薬】 reattivo 男
しゃく【癪】 ——~にさわる adirarsi, arrabbiarsi
じゃくおんき【弱音器】 sordina 囡
しゃくし【杓子】 mestolo 男
じゃくし【弱視】 ambliopia 囡 ——~を

患っている essere affetto da ambliopia / ～用の ambliopico
しやくしょ【市役所】municipio 男
じゃぐち【蛇口】rubinetto 男
じゃくてん【弱点】(punto) debole 男; (欠点) difetto 男
しゃくど【尺度】misura 女, metro, criterio 男 ―同じ～で con lo stesso metro
しゃくねつ【灼熱】incandescenza 女 ―～の ardente, incandescente, rovente
しゃくほう【釈放】scarcerazione 女 ―～する rilasciare, scarcerare
しゃくめい【釈明】spiegazione 女 ―～する giustificare; (わびる) scusarsi
しゃくや【借家】casa in affitto 女
しゃくよう【借用】―～する prendere in prestito ◆～書 ricevuta 女 / ～語 prestito 男
しゃげき【射撃】tiro 男, sparo 男
ジャケット giacca; (CDや本の)copertina 女
じゃけん【邪険】―～な duro, crudele / ～に con durezza, con crudeltà
しゃこ【車庫】garage 男, autorimessa 女
しゃこう【社交】―～的な socievole ◆～界 alta società 女, il bel mondo 男 / ～ダンス ballo 男
しゃざい【謝罪】scuse 女複 ―～する scusarsi, fare le scuse (a), presentare le PROPRIE scuse (a)
しゃじつ【写実】―～的な realistico ◆～主義 realismo 男
しゃしょう【車掌】(電車の)controllore 男; (バス・市電の) bigliettaio(a) 男(女)
しゃしょく【写植】fotocomposizione 女
しゃしん【写真】fotografia 女, foto 女 ◆～家 fotografo(a) 男(女)
ジャズ jazz 男
じゃすい【邪推】sospetto infondato 男 ―～する sospettare ingiustamente
ジャスミン gelsomino 男
しゃせい【写生】disegno 男 ―～する disegnare
しゃせつ【社説】articolo di fondo 男
しゃせん【車線】corsia 女
しゃたく【社宅】alloggi per i dipendenti di un'azienda 男複
しゃだん【遮断】interruzione 女 ―～する interrompere, tagliare, bloccare
しゃち【鯱】orca 女
しゃちょう【社長】presidente 男女, direttore(trice) generale 男(女)
シャツ camicia 女; (肌着・Tシャツ)maglietta 女
しゃっかん【借款】prestito 男
じゃっかん【若干】un po' ―～の alcuno, qualche
ジャッキ cric 男
しゃっきん【借金】debito 男 ◆～取り creditore(trice) 男(女)
ジャック (トランプの)fante 男

しゃっくり singhiozzo 男 ―～をする avere il singhiozzo, singhiozzare
ジャッジ (審判員)arbitro(a) 男(女); (競争などの)giudice 男女
シャッター (扉)serranda 女, saracinesca 女; (カメラの)otturatore 男
シャットアウト ―～する (締め出す) chiudere fuori; (排除する)escludere
しゃどう【車道】carreggiata 女, sede stradale 女
シャトルバス autobus navetta 男
しゃにくさい【謝肉祭】carnevale 男
しゃにむに【遮二無二】―～勉強する studiare indefessamente
しゃふつ【煮沸】bollitura 女, 〔化・薬〕ebollizione 女 ―～する bollire, scaldare
しゃぶる succhiare
しゃべる【喋る】parlare; (とりとめなく) chiacchierare
シャベル pala 女, badile 男
しゃほん【写本】manoscritto 男
シャボンだま【―玉】bolla di sapone 女
じゃま【邪魔】disturbo 男 ―～する disturbare, interrompere
ジャマイカ Giamaica 固名(女) ―～の giamaicano
ジャム marmellata 女; (果肉が大きいもの)confettura 女
しゃめん【斜面】pendio 男
しゃもじ【杓文字】paletta di legno 女
じゃり【砂利】ghiaia 女, ghiaino 男
しゃりょう【車両】vagone 男, carrozza 女, vettura 女
しゃりん【車輪】ruota 女
しゃれ【洒落】gioco di parole 男, freddura 女
しゃれい【謝礼】ricompensa 女, remunerazione 女
しゃれた【洒落た】chic, elegante
じゃれる (戯れる)giocare con
シャワー doccia 女 ◆～キャップ cuffia da bagno 女
ジャワとう【―島】Giava 固名(女)
ジャングル giungla 女
シャンソン canzone francese 女
シャンデリア lampadario a bracci 男
ジャンパー giubbotto 男
シャンハイ【上海】Shanghai 固名(女)
シャンパン champagne 男, spumante 男
ジャンプ salto 男, balzo 男
シャンプー shampoo 男 ―～する farsi uno shampoo
ジャンボジェット jumbo 男
ジャンル genere 男
しゅ【種】genere 男, specie 女
しゅい【首位】primato 男
しゆう【私有】―～の privato ◆～財産 proprietà privata 女
しゅう【州】regione 女; (スイスの)cantone 男; (米国・オーストラリアの)stato 男
しゅう【週】settimana 女
じゆう【自由】libertà 女 ―～な libero

♦～化 liberalizzazione 囡 /～形 stile libero 男 /～業 free lance 男囡, libera professione 囡 /～席 posto non prenotato 男

じゅう【銃】 fucile 男, pistola 囡, rivoltella 囡

じゅう【十・10】 dieci 男 ――番目の decimo

-じゅう【中】 ――日～ (per) tutto il giorno / イタリア～ (per) tutta l'Italia

じゅうあつ【重圧】 pressione 囡, peso 男 ――の中で sotto pressione

しゅうい【周囲】（外周）circonferenza 囡;（図形の辺の）perimetro 男;（環境）ambiente 男;（近所）vicinato 男, vicini 男複;（事情）circostanze 囡複

じゅうい【獣医】 veterinario(a) 男(囡)

じゅういち【十一・11】 undici 男 ――番目の undicesimo

じゅういちがつ【十一月】 novembre 男

しゅうえき【収益】 guadagno 男, utile 男, profitti 男複

じゅうおく【十億】 un miliardo 男

しゅうかい【集会】 riunione 囡, raduno 男

しゅうかく【収穫】 raccolta 囡;（穀物の）mietitura 囡;（ブドウの）vendemmia 囡;（成果）frutto 男 ――する raccogliere

しゅうがくりょこう【修学旅行】 gita scolastica 囡

じゅうがつ【十月】 ottobre 男

しゅうかん【習慣】（個人の）abitudine 囡;（歴史・社会的）costume 男

しゅうかん【週間】 settimana 囡

しゅうかんし【週刊誌】 settimanale 男

しゅうき【周期】 ciclo 男, periodo 男

しゅうき【臭気】 puzzo 男, cattivo odore 男

しゅうぎいん【衆議院】 Camera dei Rappresentanti 囡

しゅうきゅう【週休】 vacanza settimanale 囡 ♦～二日制 settimana corta 囡

しゅうきゅう【週給】 paga settimanale 囡

じゅうきゅう【十九・19】 diciannove 男 ――番目の diciannovesimo

じゅうきょ【住居】 abitazione 囡, domicilio 男

しゅうきょう【宗教】 religione 囡

しゅうぎょう【終業】（仕事の）fine del lavoro 男;（店の）chiusura del negozio 囡 ♦～式 cerimonia di chiusura 囡

しゅうぎょう【就業】 ――する mettersi al lavoro, cominciare il lavoro /～中である essere al lavoro, essere di turno

じゅうぎょういん【従業員】 dipendente 男囡;〔集合的〕personale 男

しゅうぎょうしょうめい【修業証明】（課程の）diploma 男;（特定科目の）certificato di studio 男

しゅうきん【集金】 riscossione 囡 ♦～人 esat*tore*(*trice*) 男(囡)

じゅうきんぞく【重金属】 metallo pesante 男

シュークリーム bignè 男

しゅうけい【集計】 totale 男 ――する sommare

しゅうげき【襲撃】 attacco 男, assalto 男;（テロ）attentato 男 ――する assalire, aggredire

じゅうけつ【充血】 congestione 囡

じゅうご【十五・15】 quindici 男 ――番目の quindicesimo

しゅうごう【集合】 raduno 男;〔数〕insieme 男 ――する radunarsi, riunirsi

じゅうこうぎょう【重工業】 industria pesante 囡

じゅうごや【十五夜】 notte di plenilunio 囡

ジューサー spremifrutta 男

しゅうさい【秀才】 persona d'ingegno

しゅうさく【習作】 studio 男

じゅうさつ【銃殺】 fucilazione 囡 ――する fucilare

じゅうさん【十三・13】 tredici 男 ――番目の tredicesimo

しゅうし【収支】 entrate e uscite 囡複

しゅうし【修士】 master 男 ♦～課程 corso di master 男 /～号 titolo di master 男

しゅうじ【習字】 calligrafia 囡

じゅうし【十四・14】 quattordici 男

じゅうし【重視】 ――する dare importanza (a)

じゅうじ【従事】 ――する occuparsi (di), impegnarsi (in)

じゅうじ【十字】 croce 囡 ♦～架 croce 囡 /～路 incrocio 男, crocevia 男

しゅうじがく【修辞学】 retorica 囡

じゅうしち【十七・17】 diciassette 男 ――番目の diciassettesimo

しゅうじつ【終日】 tutta la giornata

しゅうじつ【週日】 giorno feriale 男

じゅうじつ【充実】 ――させる arricchire /～した pieno, ricco, ben fornito, fruttuoso

しゅうしふ【終止符】 punto (fermo) 男 ――を打つ porre fine (a)

しゅうしゅう【収集】（趣味）collezione 囡;（作業）raccolta 囡 ――する collezionare, fare collezione (di), raccogliere ♦～家 collezionista 男囡

しゅうしゅう【収拾】 ――する normalizzare la situazione /時局を～する salvare la situazione /～がつかない essere incontrollabile

しゅうしゅく【収縮】 contrazione 囡 ――する contrarsi, restringersi

じゅうじゅん【従順】 ――な ubbidiente, docile

じゅうしょ【住所】 indirizzo 男

じゅうしょう【重傷】 ferita grave 囡

しゅうしょく【就職】 ――する trovare

しゅうじん【囚人】 prigioniero(a) 男(女); (収監された)carcerato(a) 男(女)
じゅうしん【重心】 centro di gravità 男, equilibrio 男
しゅうしんけい【終身刑】 ergastolo 男
ジュース succo 男 ◆フレッシュ～ spremuta 女
じゅうすいろ【重水炉】 reattore ad acqua pesante 男
しゅうせい【習性】 abitudine 女; (動物の)comportamento 男
しゅうせい【終生】 tutta la vita 女
しゅうせい【修正】 ritocco 男 ―～する correggere, modificare; (写真を)ritoccare ◆軌道～ aggiustamento orbitale 男
しゅうせき【集積】 accumulo 男; (過程)accumulazione 女 ―～する accumulare
しゅうせん【終戦】 fine della guerra 女
しゅうぜん【修繕】 riparazione 女 ―～する riparare
じゅうそく【充足】 soddisfazione 女, pienezza 女
じゅうぞく【従属】 subordinazione 女 ―～する dipendere ((da)), sottomettersi a
じゅうたい【渋滞】 traffico 男, ingorgo stradale 男
じゅうたい【重体】 ―病気[怪我]で～である essere gravemente ammalato [ferito]
じゅうだい【十代】 (13-19歳)adolescenza 女 ―～の teen-ager, adolescente
じゅうだい【重大】 ―～な grave, serio
じゅうたく【住宅】 casa 女, residenza 女 ◆～街 abitato 男/～手当 indennità di residenza 女
しゅうだん【集団】 gruppo 男 ◆～行動 azione collettiva 女
じゅうたん【絨毯】 tappeto 男
じゅうだん【銃弾】 pallottola 女, proiettile 男
じゅうだん【縦断】 ―～する attraversare
しゅうち【周知】 ―～の ben noto
しゅうちしん【羞恥心】 pudore 男, vergogna 女
しゅうちゃく【執着】 (愛着)attaccamento 男; (固執)persistenza 女 ―～する persistere ((in))
しゅうちゃくえき【終着駅】 capolinea 男, ultima stazione 女
しゅうちゅう【集中】 concentrazione 女 ―～する concentrarsi ((su)) ◆～治療室 unità di terapia intensiva 女
しゅうてん【終点】 capolinea 男, termine 男
しゅうでん【終電】 l'ultimo treno 男
じゅうてん【重点】 punto importante 男

じゅうでん【充電】 ricarica 女 ―～する ricaricare ◆～式の ricaricabile/～器 caricabatteria 男
シュート tiro 男 ―～する tirare
しゅうと【舅】 suocero 男
しゅうとう【周到】 ―～な scrupoloso, meticoloso
じゅうどう【柔道】 judo 男
しゅうどういん【修道院】 monastero 男, convento 男
しゅうどうし【修道士】 frate 男, monaco 男
しゅうどうじょ【修道女】 suora 女, monaca 女
しゅうとく【習得】 ―～する apprendere, imparare, acquisire
しゅうとめ【姑】 suocera 女
じゅうなん【柔軟】 ―～な flessibile, morbido
じゅうに【十二・12】 dodici 男 ―～番目の dodicesimo
じゅうにがつ【十二月】 dicembre 男
じゅうにし【十二支】 dodici segni zodiacali cinesi 男複
じゅうにしちょう【十二指腸】 duodeno 男
じゅうにゅう【収入】 entrate 女複; (所得)reddito 男
しゅうにん【就任】 ―～する insediarsi, entrare in carica
じゅうにん【住人】 abitante 男女
-しゅうねん【-周年】 anniversario 男 ―1～おめでとう Buon primo anniversario! / 結婚50～ cinquantesimo anniversario di matrimonio 男
しゅうねんぶかい【執念深い】 vendicativo
しゅうのう【収納】 (税などの)riscossione 女
しゅうは【宗派】 setta religiosa 女
しゅうはすう【周波数】 frequenza 女
じゅうはち【十八・18】 diciotto 男 ―～番目の diciottesimo
しゅうばん【終盤】 fase finale 女, ultima fase 女
じゅうびょう【重病】 grave malattia 女
しゅうふく【修復】 restauro 男 ―～する restaurare
じゅうぶん【十分】 ―～な sufficiente, abbastanza /～に(豊富に)pienamente; (存分に)in modo soddisfacente
しゅうぶんのひ【秋分の日】 Equinozio d'autunno 固名(男)
しゅうへん【周辺】 (周囲)dintorni 男複; (郊外)periferia 女
しゅうまく【終幕】 (最後の一幕)atto finale 男; (終末)fine 女
しゅうまつ【週末】 fine settimana 男
じゅうまん【十万】 centomila 男
じゅうみん【住民】 abitante 男女
しゅうや【終夜】 tutta la notte
じゅうやく【重役】 amministratore(trice) esecutivo(a) 男(女)

じゅうゆ【重油】olio pesante 男; (暖房用)nafta 女

しゅうゆう【周遊】giro turistico 男 / ～する fare un giro turistico

しゅうよう【収容】～する raccogliere; (病院に)ricoverare; (強制的に)internare

じゅうよう【重要】～な importante ◆～性 importanza 女 / ～文化財 opera d'arte d'importanza storica 女

じゅうよん【十四・14】quattordici 男 / ～番目の quattordicesimo

しゅうり【修理】riparazione 女 / ～する riparare, accomodare

しゅうりょう【終了】fine 女 / ～する finire, terminare

しゅうりょう【修了】completamento 男 / ～する completare

じゅうりょう【重量】peso 男 ◆～挙げ sollevamento pesi 男 / ～制限 limite di carico 男

じゅうりょく【重力】gravità 女

しゅうろく【収録】registrazione 女 / ～する registrare

じゅうろく【十六・16】sedici 男 / ～番目の sedicesimo

しゅうわい【収賄】concussione 女 / ～する accettare una bustarella

しゅえい【守衛】guardia 女, custode 男女

しゅえん【主演】parte del protagonista 女 / ～する interpretare il(la) protagonista ◆俳優 primo(a) attore(trice) 男(女)

しゅかん【主観】soggettività 女 / ～的な soggettivo

しゅき【手記】nota 女, appunto 男

しゅぎ【主義】principio 男; (政治的)dottrina 女

しゅぎょう【修行】pratiche ascetiche 女複; (訓練)allenamento 男

じゅきょう【儒教】confucianesimo 男

じゅぎょう【授業】lezione 女 ◆～料 tasse scolastiche [universitarie] 女複

じゅく【塾】scuola privata 女, doposcuola 男

しゅくがかい【祝賀会】festa 女, festeggiamenti 男複

じゅくご【熟語】locuzione 女

しゅくさいじつ【祝祭日】giorno festivo 男

しゅくじ【祝辞】congratulazioni 女複 / ～を述べる fare le proprie congratulazioni (a)

じゅくした【熟した】maturo; (チーズが)stagionato 一時は～ I tempi sono maturi.

しゅくじつ【祝日】festa 女, giorno festivo 男

しゅくしゃ【宿舎】alloggio 男; (ホテル)albergo 男

しゅくしゃく【縮尺】scala ridotta 女

しゅくじょ【淑女】signora 女, donna 女, dama 女

しゅくしょう【縮小】～する ridurre

じゅくすい【熟睡】～する dormire profondamente

じゅくする【熟する】maturare; (チーズが)stagionare

しゅくだい【宿題】compito per casa 男

じゅくち【熟知】～する conoscere a fondo

しゅくてん【祝典】cerimonia celebrativa 女

しゅくでん【祝電】telegramma di congratulazioni 男

じゅくどく【熟読】～する leggere attentamente, leggere accuratamente

じゅくねん【熟年】mezza età 女

しゅくはい【祝杯】brindisi 男 / (…のために)～をあげる fare un brindisi per…, bere alla salute di…

しゅくはく【宿泊】alloggio 男 / ～する alloggiare, albergare ◆～料 pernottamento 男

しゅくふく【祝福】benedizione 女 / ～する benedire, felicitarsi

しゅくめい【宿命】fato 男, sorte 女, destino 男 / ～的な fatale

じゅくりょ【熟慮】riflessione 女 / ～する riflettere, meditare / ～のすえ dopo un'attenta riflessione

じゅくれん【熟練】～した esperto

しゅげい【手芸】arte manuale 女

しゅけん【主権】sovranità 女

じゅけん【受験】～する dare [sostenere] un esame

しゅご【主語】soggetto 男

じゅこう【受講】～する seguire un corso, prendere lezioni

しゅこうぎょう【手工業】industria artigianale 女

しゅこうげい【手工芸】artigianato 男

しゅさい【主催】～する organizzare

しゅざい【取材】～する raccogliere informazioni ◆～記者 reporter 男, inviato 男

しゅし【趣旨】(意味)senso 男, significato 男; (主題)argomento 男; (目的)scopo 男; (意図)intenzione 女

じゅし【樹脂】resina 女 ◆合成～ resina sintetica 女

しゅじい【主治医】medico curante 男

しゅしゃせんたく【取捨選択】selezione 女 / ～する selezionare, scegliere, fare una scelta

しゅじゅ【種々】～の (異なる)diverso, differente; (様々な)vario; (あらゆる)di ogni sorta

しゅじゅつ【手術】operazione 女, intervento 男 / ～する operare / ～を受ける subire un'operazione ◆～室 sala operatoria 女

しゅしょう【主将】capitano 男

しゅしょう【首相】Primo Ministro 男; (イタリアの)Presidente del Consiglio 男

しゅしょう【殊勝】 ―〜な degno di lode, lodevole

じゅしょう【受賞】 ―〜する vincere un premio ◆〜者 premiat*o(a)* 男(女)

じゅしょうしき【授賞式】 premiazione 女

しゅしょく【主食】 alimento principale 男

しゅじん【主人】 padron*e(a)* 男(女); (店の)proprietari*o(a)* 男(女); (夫)mio marito 男 ◆〜公 eroe 男, eroina 女, protagonista 男女

じゅしん【受信】 ricezione 女 ―〜する ricevere ◆〜機 ricevitore 男 / 〜料 canone 男; (インターネット接続)tariffe internet 女複

じゅせい【受精】 fecondazione 女

しゅせき【主[首]席】 prim*o(a)* 男(女), il primo posto 男, (国家主席)Capo dello Stato 男

しゅぞく【種族】 (人・動物の)razza 女; (部族)tribù 女

しゅだい【主題】 tema 男, soggetto 男

じゅたい【受胎】 concepimento 男

しゅだん【手段】 mezzo 男

しゅちょう【主張】 opinione 女; (権利の)pretesa 女 ―〜する (要請)pretendere; (頑なに)insistere

しゅつえん【出演】 apparizione 女 ―〜する apparire sulle scene

しゅっか【出火】 scoppio di un incendio 男 ―倉庫から〜した L'incendio è scoppiato nel magazzino.

しゅっか【出荷】 spedizione 女 ―〜する spedire

しゅつがん【出願】 presentazione della domanda 女 ―〜する fare (la) domanda 《di》

しゅっきん【出勤】 ―〜する andare in ufficio

しゅっけつ【出血】 emorragia 女, perdite di sangue 女複 ―〜する perdere sangue, sanguinare

しゅっけつ【出欠】 ―〜をとる fare l'appello

しゅつげん【出現】 apparizione 女 ―〜する apparire

じゅつご【術語】 termine tecnico 男

じゅつご【述語】 predicato 男, ―の predicativo ◆〜動詞 verbo predicativo 男

じゅっこう【熟考】 riflessione 女, meditazione 女 ―〜する riflettere, meditare

しゅっこく【出国】 ―〜する lasciare il PROPRIO paese ◆〜手続き (空港の)formalità d'imbarco 女複

しゅっさん【出産】 parto 男 ―〜する partorire, dare al mondo

しゅっし【出資】 finanziamento 男 ―〜する finanziare ◆〜者 finanzi*atore (trice)* 男(女)

しゅっしょ【出所】 (出自)origine 女, provenienza 女; (出典)fonte 女

しゅっしょう【出生】 nascita 女 ◆〜率 tasso di natalità 男

しゅつじょう【出場】 (参加)partecipazione 女 ―〜する partecipare 《a》/ オリンピックに〜する gareggiare alle olimpiadi

しゅっしん【出身】 ―…の〜である essere di…

しゅっせ【出世】 successo nella vita 男; (昇進)promozione 女 ―〜する fare carriera

しゅっせき【出席】 presenza 女 ―〜する assistere 《a》, essere presente ◆〜者 presenti 男複

しゅっちょう【出張】 viaggio d'affari 男; (公務の)missione ufficiale 女 ―〜する fare un viaggio d'affari; (公務で)andare in missione

シュツットガルト Stoccarda 固名(女)

しゅっとう【出頭】 comparizione 女 ―〜する presentarsi, comparire

しゅっぱつ【出発】 partenza 女 ―〜する partire ◆〜時刻 l'orario di partenza 男

しゅっぱん【出版】 pubblicazione 女 ―〜する pubblicare ◆〜社 casa editrice 女 / 〜物 pubblicazione 女

しゅっぴ【出費】 spesa 女 ―〜を抑える tagliare le spese

しゅっぴん【出品】 esposizione 女 ―〜する esporre, esibire

しゅつりょく【出力】 (ワット)potenza 女; (データ)output 男

しゅと【首都】 capitale 女

しゅとう【種痘】 vaccinazione antivaiolosa 女

しゅどう【手動】 ―〜の manuale ◆〜操縦 controllo manuale 男 / 〜ブレーキ freno a mano 男

じゅどう【受動】 ―〜的な passivo ◆〜喫煙 fumo passivo 男 / 〜態 (文法) forma passiva 女

しゅどうけん【主導権】 iniziativa 女 ―〜を握る prendere l'iniziativa 《di》

しゅとく【取得】 acquisizione 女; (不動産の)acquisto 男 ―〜する ottenere

じゅなん【受難】 sofferenza 女

ジュニア junior 男

じゅにゅう【授乳】 allattamento 男 ―〜する allattare

しゅにん【主任】 capo 男, diret*tore (trice)* 男(女)

ジュネーブ Ginevra 固名(女)

しゅのう【首脳】 capo 男, dirigente 男

シュノーケル (用具)boccaglio 男; (シュノーケリング)snorkelling 男

シュバルツバルト Foresta Nera 固名(女)

しゅび【守備】 difesa 女

しゅび【首尾】 ―〜一貫した coerente / 〜よく con successo

じゅひ【樹皮】 corteccia 女

しゅひん【主賓】 ospite d'onore 男女

しゅふ【主婦】casalinga 女
しゅぼうしゃ【首謀者】capo dei cospiratori 男
しゅみ【趣味】hobby 男; (嗜好)gusto 男
じゅみょう【寿命】vita 女, durata 女
♦平均~ durata media della vita 女
しゅもく【種目】categoria 女; (競技の)specialità 女
じゅもく【樹木】albero 男
じゅもん【呪文】formula magica 女
しゅやく【主役】protagonista 男女, magna pars 男女; (演者)interprete principale 男女
じゅよ【授与】conferimento 男 ~する conferire, insignire
しゅよう【腫瘍】tumore 男
しゅよう【主要】 ~な principale ♦~産業 industria principale 女 / ~人物 personaggio principale 男
じゅよう【需要】domanda 女, richiesta 女
シュラフ sacco a pelo 男
ジュラルミン duralluminio 男
じゅり【受理】accettazione 女; (物品の)ricevimento 男 ~する accettare, ricevere
じゅりつ【樹立】fondazione 女 ~する stabilire, fondare
しゅりゅうだん【手榴弾】bomba a mano 女
しゅりょう【狩猟】caccia 女
じゅりょうしょう【受領証】ricevuta 女
しゅりょく【主力】forza principale 女 ♦~艦 nucleo della flotta 男
しゅるい【種類】specie 女, genere 男; (タイプ)tipo 男 — 別の~の di altro tipo
シュレッダー distruggidocumenti 男
しゅろ【棕櫚】palma 女
しゅわ【手話】mimica 女, dattilologia 女
じゅわき【受話器】cornetta 女, ricevitore 男
しゅわん【手腕】abilità 女, capacità 女
じゅん【順】ordine 男, turno 男 — ~に a turno / ＡＢＣ~ in ordine alfabetico / 到着~ in ordine d'arrivo / 年代~ in ordine cronologico / 年齢~ in ordine di età / 番号~ in ordine numerico
じゅんい【順位】classifica 女
じゅんえき【純益】guadagno netto 男
じゅんえん【順延】 ~する rimandare... al giorno seguente
じゅんかい【巡回】giro 男; (警官の)pattuglia 女 — ~する fare un giro d'ispezione
しゅんかん【瞬間】attimo 男, momento 男 — その~に in quel momento
じゅんかん【循環】circolazione 女 ~する circolare / 血液の~ circolazione sanguigna 女
じゅんきょ【準拠】 ~する (法律・規則に)conformarsi (a); (基づく)fondarsi (su)
じゅんきょうしゃ【殉教者】martire 男女
じゅんきょうじゅ【准教授】professore(essa) associato(a) 男(女)
じゅんきん【純金】oro zecchino 男
じゅんけつ【純潔】purezza 女, verginità 女
じゅんけっしょう【準決勝】semifinale 女
じゅんさ【巡査】(刑事)agente (di polizia) 男; (地域担当の)poliziotto(a) 男(女)
じゅんし【巡視】giro d'ispezione 男
じゅんじゅん【順々】 ~に uno(a) dopo l'altro(a)
じゅんじゅんけっしょう【準々決勝】quarti di finale 男複
じゅんじょ【順序】ordine 男 — ~よく ordinatamente, in ordine
じゅんじょう【純情】animo candido 男 — ~な candido, ingenuo
じゅんしん【純真】 ~な ingenuo, innocente
じゅんすい【純粋】 ~な puro, genuino, schietto
じゅんちょう【順調】 ~な favorevole, soddisfacente
じゅんとう【順当】 ~な naturale, ragionevole
じゅんのう【順応】 ~する abituarsi (a), adattarsi (a)
じゅんぱく【純白】bianco puro 男 ~の bianchissimo, candido
じゅんばん【順番】turno 男, ordine 男
じゅんび【準備】preparazione 女 — ~する preparare
じゅんぷう【順風】vento favorevole 男 ♦~満帆である andare a gonfie vele
しゅんぶんのひ【春分の日】Equinozio di primavera 男
じゅんれい【巡礼】pellegrinaggio 男; (人)pellegrino(a) 男(女)
じゅんろ【順路】itinerario 男
じょい【女医】medico 男, dottoressa 女
しよう【使用】uso 男 ~する usare, adoperare ♦~料 noleggio 男 / ~者 (雇い主)datore(trice) di lavoro 男(女); (利用主)utente 男女, consumatore(trice) 男(女)
しよう【仕様】(仕方)modo 男, maniera 女; (機器の)caratteristiche tecniche 女複
しよう【私用】uso personale 男; (用事)affare privato 男
しょう【省】ministero 男
しょう【章】capitolo 男
しょう【賞】premio 男
しょう【商】〔数〕quoziente 男
じよう【滋養】nutrizione 女 ~のある nutriente, nutritivo
じょう【情】(感情)sentimento 男; (愛情)affetto 男

じょう【錠】 serratura 女 ――~をかける chiudere a chiave ◆南京~ lucchetto 男
じょう【条】 articolo 男 ――~の光un raggio di luce 女
じょう【乗】 ―8を4~する elevare otto alla quarta potenza
-じょう【嬢】 signorina 女
しょういだん【焼夷弾】 bomba incendiaria 女
じょういん【乗員】 equipaggio 男
じょういん【上院】 Senato 男
しょううちゅう【小宇宙】 microcosmo 男
じょうえい【上映】 rappresentazione 女 ――~する（公開する）rappresentare;（映写する）proiettare
しょうエネ【省―】 risparmio di energia 男
じょうえん【上演】 rappresentazione 女 ――~する rappresentare, mettere in scena
しょうか【消化】 digestione 女 ――~する digerire ◆~器 apparato digerente 男／~剤 digestivo 男／~不良 indigestione 女；〔医〕dispepsia 女
しょうか【消火】 estinzione di un incendio 女 ◆~器 estintore 男／~栓 idrante 男
しょうか【昇華】 sublimazione 女 ――~する sublimare
しょうが【生姜】 zenzero 男
じょうか【浄化】 depurazione 女;（宗教的）purificazione 女 ――~する depurare, epurare, purificare
しょうかい【商会】 ditta 女, compagnia commerciale 女
しょうかい【紹介】 introduzione 女, presentazione 女 ――~する presentare, introdurre
しょうかい【照会】 richiesta d'informazioni 女 ――~する informarsi
しょうがい【障害】 ostacolo 男;（身体の）invalidità 女 ◆~者 invalido(a) 男(女), disabile 男女, diversamente abile 男女
しょうがい【生涯】 vita 女 ――~の che dura tutta la vita／~において nell'arco della propria vita
しょうがい【傷害】 ferita 女, lesione 女 ◆~保険 assicurazione contro gli infortuni 女
しょうがくきん【奨学金】 borsa di studio 女
しょうがくせい【小学生】 scolaro(a) delle elementari 男(女)
しょうがくせい【奨学生】 borsista 男女
しょうがつ【正月】 Capodanno 男
しょうがっこう【小学校】 scuola elementare 女, elementari 女
しょうかん【召喚】 citazione 女 ――~する chiamare;〔法〕citare
しょうき【正気】 ――~の sano di mente, assennato／~を失う impazzire

しょうぎ【将棋】 shogi 男, scacchi giapponesi 男
じょうき【蒸気】 vapore 男 ◆~機関車 locomotiva a vapore 女
じょうき【常軌】 ――~を逸した（振る舞い）stravagante;（人）eccentrico
じょうぎ【定規】 riga 女, righello 男
じょうきげん【上機嫌】 ――~な di buon umore／~で gioiosamente
しょうきぼ【小規模】 ――~な piccolo, in scala ridotta;（計画・事業が）di piccola dimensione
しょうきゃく【償却】 ammortamento 男
しょうきゃく【焼却】 ――~する bruciare, incenerire ◆~炉 inceneritore 男
じょうきゃく【乗客】 passeggero(a) 男(女)
しょうきゅう【昇給】 aumento di stipendio 男
しょうきゅう【昇級】 promozione 女 ――~する essere promosso
じょうきゅう【上級】 grado superiore 女 ――~の superiore
しょうぎょう【商業】 commercio 男 ――~の commerciale
じょうきょう【情[状]況】 situazione 女, circostanze 女複
じょうきょう【上京】 ――~する andare [venire] a Tokyo
しょうきょくてき【消極的】 ――~な（否定的）negativo;（受動的）passivo
しょうきん【賞金】 premio 男
しょうぐん【将軍】 generale 男, shōgun 男
じょうげ【上下】 ――~に su e giù, in alto e in basso
じょうけい【情景】 scena 女, vista 女
しょうげき【衝撃】 shock 男, scossa 女 ――~的な impressionante, scioccante
しょうけん【証券】 titolo 男;（保険）polizza 女 ◆~市場 borsa 女
しょうげん【証言】 testimonianza 女 ――~する testimoniare
じょうけん【条件】 condizione 女 ◆~反射 riflesso condizionato 男／~法（文法）(modo) condizionale 男
しょうこ【証拠】 prova 女 ◆情況~ prova circostanziale 女
しょうご【正午】 mezzogiorno 男
しょうご【漏斗】 imbuto 男
しょうこう【将校】 ufficiale 男
しょうごう【照合】 confronto 男, paragone 男, collazione 女 ――~する confrontare, collazionare, paragonare
しょうごう【称号】 titolo 男;（学位）diploma universitario 男
じょうこう【条項】 articolo 男
しょうこうかいぎしょ【商工会議所】 Camera di commercio 女
しょうこうぐん【症候群】 sindrome 女
しょうこうねつ【猩紅熱】 scarlattina 女
じょうこく【上告】 appello 男, ricorso 男 ――~する fare appello

しょうさい【詳細】 dettaglio 男, particolare 男 ――～な dettagliato

しょうさい【城塞】 castello 男, fortezza 女

じょうざい【錠剤】 compressa 女; (丸薬) pillola 女

しょうさっし【小冊子】 piccolo libro 男, volumetto 男, libretto 男, fascicolo 男

しょうさん【賞賛】 lode 女, ammirazione 女 ――～する lodare, ammirare / ～に値する essere degno di lode

しょうさん【硝酸】 acido nitrico 男

じょうし【上司】 boss 男, capo 男, superiore 男

じょうじ【情事】 avventura amorosa 女

しょうじき【正直】 onestà 女, sincerità 女 ――～な sincero, onesto

じょうしき【常識】 senso comune 男, buon senso 男

しょうしつ【焼失】 ――～する essere distrutto dal fuoco

じょうしつ【上質】 alta qualità 女, massima qualità 女 ――～の di qualità

しょうしゃ【商社】 ditta 女, società commerciale 女, azienda 女

しょうしゃ【勝者】 vincitore(trice) 男(女)

じょうしゃ【乗車】 ――～する salire (su), prendere ◆～券 biglietto 男

じょうじゅ【成就】 riuscita 女; (実現) realizzazione 女 ――～する compiere, compire, riuscire a + 不詞

しょうしゅう【召集】 appello 男 ――～する convocare, radunare / (発令) diramare un appello (per)

じょうじゅう【小銃】 fucile 男

じょうじゅん【上旬】 la prima decade del mese 男

しょうしょ【証書】 atto 男, attestato 男, scrittura 女

しょうじょ【少女】 ragazza 女, fanciulla 女 ◆～時代 fanciullezza 女 / ～趣味の fanciullesco

しょうしょう【少々】 un po'

しょうじょう【症状】 sintomo 男

しょうじょう【賞状】 attestato di benemerenza 男

じょうしょう【上昇】 salita 女 ――～する salire, ascendere, andare su

しょうじる【生じる】 accadere, succedere

しょうしん【昇進】 promozione 女, avanzamento 男 ――～する essere promosso, fare carriera

しょうしんしょうめい【正真正銘】 ――～の vero, autentico

じょうず【上手】 ――～な bravo / ～に bene / 彼はスキーが～だ Lui è bravo a sciare.

しょうすう【小数】 decimale 男 ◆～点 virgola (dei decimali) 女

しょうすう【少数】 minoranza 女 ――～の poco, minoritario ◆～派 minoranza 女

しょうする【称する】 (呼ぶ) chiamare, denominare; (名乗る) chiamarsi, denominarsi

じょうせい【情勢】 situazione 女 ◆世界～ situazione mondiale

しょうせつ【小説】 romanzo 男, racconto 男; (短編) racconto 男, novella 女 ◆歴史～ romanzo storico 男 / ～家 romanziere(a) 男(女)

じょうせつ【常設】 ――～の permanente

じょうぜつ【饒舌】 loquacità 女 ――～な loquace

じょうせん【乗船】 imbarco 男 ――～する imbarcarsi

しょうそう【焦燥】 impazienza 女

しょうぞう【肖像】 (絵画) ritratto 男; (貨幣などの) effigie 女

じょうぞう【醸造】 fermentazione 女 ――～する produrre, fare fermentare

しょうそく【消息】 notizie 女複, informazioni 女複

しょうたい【招待】 invito 男 ――～する invitare ◆～状 invito 男 / ～券 biglietto d'invito 男

しょうたい【正体】 vero carattere 男

じょうたい【状態】 stato 男, condizioni 女複

しょうだく【承諾】 consenso 男 ――～する consentire, accettare ◆～書 lettera di accettazione 女

じょうたつ【上達】 progresso 男, miglioramento 男 ――～する fare progressi, migliorare

しょうだん【商談】 contrattazione 女 ――～する (契約) contrattare; (交渉) negoziare

じょうだん【冗談】 scherzo 男 ――～で per scherzo / ～を言う scherzare

しょうち【承知】 ――～する (承諾) acconsentire a + 不詞; (事情を把握する) sapere, conoscere / ご～のように come Lei sa / ～しました Va bene.

じょうちょ【情緒】 (雰囲気) atmosfera 女; (感情) emozione 女 ◆異国～ atmosfera esotica 女

しょうちょう【象徴】 simbolo 男, emblema 男

しょうちょう【小腸】 intestino tenue 男

じょうちょう【冗長】 ――～な prolisso

しょうてん【商店】 negozio 男 ◆～街 quartiere commerciale 男; (アーケード付き) galleria urbana 女

しょうてん【焦点】 fuoco 男 ――～を合わせる mettere a fuoco

じょうと【譲渡】 concessione 女 ――～する concedere, cedere; 〔法〕alienare

しょうどう【衝動】 impulso 男, stimolo 男 ――～的な impulsivo ◆～買い acquisto impulsivo 男

じょうとう【上等】 ――～の di qualità, ottimo

しょうどく【消毒】 disinfezione 女 ――

~する disinfettare ◆~薬 disinfettante 男

しょうとつ【衝突】 scontro 男; (船・乗り物の)collisione 女 ――する scontrarsi [urtarsi](con)

しょうに【小児】 pediatria 女

しょうにゅうせき【鍾乳石】 stalattite 女

しょうにん【商人】 commerciante 男女; (小売)dettagliante 男女; (卸商)grossista 男女

しょうにん【証人】 testimone 男女

しょうにん【承認】 riconoscimento 男; (認可)autorizzazione 女; (承諾)consenso 男 ――する riconoscere, approvare

じょうにん【常任】 ――の permanente ◆~理事国 membri permanenti del Consiglio di Sicurezza 男複

じょうねつ【情熱】 passione 女, ardore 男 ――的な appassionato, ardente

しょうねん【少年】 ragazzo 男, fanciullo 男 ◆~時代 fanciullezza 女

じょうば【乗馬】 equitazione 女

しょうはい【勝敗】 incontro 男, battaglia 女

しょうばい【商売】 commercio 男, affare 男

しょうはつ【蒸発】 vaporazione 女 ――する evaporare; (人が)scomparire, volatilizzarsi

じょうはんしん【上半身】 parte superiore del corpo 女 ――の (写真・美術で)a mezzo busto

しょうひ【消費】 consumo 男 ――する consumare, spendere ◆~者 consumatore(trice) 男(女) /~税 imposta sui consumi 女 /~期限 data di scadenza 女

しょうひょう【商標】 marca 女, marchio 男

しょうひん【賞品】 premio 男

しょうひん【商品】 merce 女, articolo 男 ◆~名 marca 女

じょうひん【上品】 ――な elegante, raffinato, garbato

しょうぶ【勝負】 (競争)gara 女; (試合)partita 女

しょうぶ【菖蒲】 acoro 男

じょうぶ【上部】 parte superiore 女

じょうぶ【丈夫】 ――な robusto, forte

しょうふだ【正札】 cartellino del prezzo 男 ――で販売する vendere... a prezzo fisso

しょうぶん【性分】 natura 女, carattere 男; (気質)temperamento 男

しょうへい【招聘】 invito 男

しょうべん【小便】 urina 女; 《口》pipì 男; 《俗》piscia 女 ――する fare (la) pipì; 《俗》pisciare

じょうほ【譲歩】 concessione 女 ――する fare una concessione, cedere

しょうほう【商法】 diritto commerciale 男

しょうぼう【消防】 servizio antincendio 男 ◆~士 vigile del fuoco 男女, pompiere(a) 男(女) /~車 autopompa 女 /~署 caserma dei pompieri 女

じょうほう【情報】 informazione 女, notizia 女 ◆~産業 industria informatica 女

しょうほん【抄本】 estratto 男

しょうみ【正味】 ――の netto, intero

しょうみきげん【賞味期限】 data di scadenza 女; 〔表示〕da consumarsi preferibilmente entro...

じょうみゃく【静脈】 vena 女

じょうむいん【乗務員】 〔集合的〕personale viaggiante 男女; (船・飛行機の)equipaggio 男

しょうめい【照明】 illuminazione 女; (舞台の)luci 女複

しょうめい【証明】 prova 女; (論証)dimostrazione 女 ――する provare, dimostrare ◆~書 certificato 男, attestato 男 /身分~書 carta d'identità 女, documento 男

しょうめつ【消滅】 ――する (失せる)estinguersi; (失効する)decadere

しょうめん【正面】 fronte 男, facciata 女

しょうもう【消耗】 (消費)consumo 男; (体力・気力の)esaurimento 男 ――する consumare, esaurire ◆~品 oggetto di consumo 男

じょうやく【条約】 trattato 男; (協定)patto 男

しょうゆ【醤油】 salsa di soia 女

しょうよ【賞与】 gratifica 女, premio 男, tredicesima 女

しょうよう【商用】 affare 男 ――で per affari

じょうよう【常用】 ――する usare abitualmente

しょうらい【将来】 futuro 男, avvenire 男 ――は in futuro ◆~性のある promettente

しょうり【勝利】 vittoria 女, trionfo 男

じょうりく【上陸】 sbarco 男

しょうりつ【勝率】 percentuale di riuscita 女

しょうりゃく【省略】 omissione 女 ――する (省く)omettere; (短くする)abbreviare

じょうりゅう【上流】 tratto a monte (di un fiume) 男 ◆~階級 alta società 女

じょうりゅう【蒸留】 distillazione 女 ――する distillare ◆~酒 distillato 男

しょうりょう【少量】 piccola quantità 女; (料理の)pizzico 男; (薬の)piccola dose 女 ――の un po' di

しょうれい【奨励】 incoraggiamento 男 ――する incoraggiare

じょうれい【条例】 ordinanza 女, regolamento 男

じょうれん【常連】 frequentatore(trice) abituale 男(女)

じょうろ【如雨露】 annaffiatoio 男
しょうろう【鐘楼】 campanile 男
しょうろんぶん【小論文】 tesina 女
しょえん【初演】 prima rappresentazione 女
ショー show 男, varietà 女, spettacolo 男
じょおう【女王】 regina 女
ショーウインドー vetrina 女
ジョーカー jolly 男, matta 女
ジョーク (冗談)scherzo 男; (小話)barzelletta 女, battuta 女
ショーツ mutandine 女複, slip 男複
ショート (電気)cortocircuito 男 ―～する andare in cortocircuito
ショートパンツ calzoncini 男複
ショール scialle 男
しょか【初夏】 inizio dell'estate 男
しょか【書架】 scaffale dei libri 男, libreria 女
じょがい【除外】 esclusione 女 ―～する escludere
しょがくしゃ【初学者】 principiante 男女
しょかつ【所轄】 competenza 女, giurisdizione 女 ―～の competente, giurisdizionale
しょかん【書簡】 lettera 女; 〔集合的〕corrispondenza 女
しょき【初期】 inizio 男, la prima fase 女
しょき【書記】 segretario(a) 男(女); (裁判所の)cancelliere(a) 男(女)
しょき【暑気】 caldo 男
しょきゅう【初級】 corso elementare 男 ―～の elementare, primario
じょきょ【除去】 eliminazione 女; (染みの)smacchiatura 女; (移動)rimozione 女 ―～する eliminare
ジョギング jogging 男 ―～する fare jogging
しよく【私欲】 interesse personale 男
しょく【職】 (posto di) lavoro 男; (事務職)impiego 男
しょく【食】 (食事)pasto 男; (食物)cibi 男複 ―～が進む avere appetito ◆～あたり intossicazione alimentare 女
しょくいん【職員】 dipendente 男女; 〔集合的〕personale 男
しょくえん【食塩】 sale 男
しょくぎょう【職業】 mestiere 男; (専門職)professione 女 ◆～病 malattia professionale 女
しょくご【食後】 dopo mangiato, dopo i pasti ◆～酒 digestivo 男
しょくざい【贖罪】 espiazione 女; (キリストによる)Redenzione 女
しょくし【食指】 ―～が動く tentare, attirare, far venire fame (a)
しょくじ【食事】 pasto 男
しょくじゅ【植樹】 piantata 女
しょくぜん【食前】 prima dei pasti, prima di mangiare ◆～酒 aperitivo 男
しょくだい【燭台】 candeliere 男

しょくたく【食卓】 tavola 女 ―～に着く mettersi a tavola
しょくちゅうどく【食中毒】 intossicazione alimentare 女
しょくつう【食通】 buongustaio(a) (女), gourmet 男
しょくどう【食堂】 sala da pranzo 女; (飲食店)trattoria 女; (学校・企業の)mensa 女 ◆～車 vagone ristorante 男
しょくどう【食道】 esofago 男
しょくにく【食肉】 carne macellata 女
しょくにん【職人】 artigiano(a) 男(女)
しょくのうきゅう【職能給】 stipendio basato sulla valutazione del lavoro
しょくば【職場】 ufficio, posto di lavoro 男
しょくパン【食―】 pane in cassetta 男, pancarrè 男
しょくひ【食費】 spese per il vitto 女複, vitto 男
しょくひん【食品】 cibo 男 ◆～添加物 additivo alimentare 男
しょくぶつ【植物】 pianta 女, vegetale 男 ◆～園 orto botanico 男
しょくみん【植民】 colonizzazione 女 ◆～地 colonia 女
しょくむ【職務】 doveri 男複, funzione 女 ◆～規定 regolamento del personale 男 / ～権限 attribuzioni professionali 女複
しょくもつ【食物】 cibo 男, alimento 男, alimentazione 女
しょくよう【食用】 ―～の commestibile
しょくよく【食欲】 appetito 男 ―～の秋 In autunno si mangia volentieri.
しょくりょう【食糧】 viveri 男複
しょくりょうひん【食料品】 alimentari 男複 ◆～店 negozio di alimentari 男 / ～売場 reparto alimentari 男
しょくれき【職歴】 carriera professionale 女
じょくん【叙勲】 conferimento delle onorificenze 男 ―～する conferire un'onorificenza
しょけい【処刑】 (死刑執行)esecuzione 女 ―～する giustiziare, eseguire una condanna a morte
しょけん【所見】 parere 男, opinione 女
じょげん【助言】 consiglio 男; (提言)suggerimento 男 ―～する consigliare
じょこう【徐行】 ―～する rallentare
しょさい【書斎】 studio 男
しょざいち【所在地】 (企業・官公庁などの)sede 女 ◆県庁～ capoluogo di provincia 男
じょさいない【如才ない】 pieno di tatto, accorto
じょし【女子】 (若年の)ragazza 女; (婦人)donna 女 ◆～学生 studentessa 女 / ～校 scuola femminile 女 / ～

大学 università femminile 女

じょし【助詞】(文法)postposizione (del giapponese) 女

しょしき【書式】forma 女, modulo 男

じょしし【叙事詩】epica, poesia epica 女

じょしゅ【助手】assistente 男女

しょしゅう【初秋】inizio dell'autunno 男

じょじゅつ【叙述】descrizione 女 — ～する descrivere

しょしゅん【初春】inizio della primavera 男

しょじゅん【初旬】la prima decade del mese 女

しょじょ【処女】vergine 女

じょじょ【徐々】— ～に a poco a poco, gradualmente

じょじょうし【叙情詩】lirica 女, poesia lirica 女

しょしんしゃ【初心者】principiante 男女

じょすう【序数】numero ordinale 男

じょせい【女性】donna 女, femmina 女 — ～の femminile

じょせい【助成】— ～する favorire, aiutare ◆～金 sovvenzione 女, sussidio 男

しょせいじゅつ【処世術】modo di stare al mondo 男

しょせき【書籍】libri 男複

じょせつ【序説】introduzione 女

じょそう【助走】rincorsa 女

じょそう【除草】diserbo 男 — ～する diserbare

しょぞく【所属】appartenenza 女 — ～する appartenere a

しょたい【所帯】famiglia 女

しょたい【書体】scrittura 女

じょたい【除隊】congedo 男 — ～になる essere congedato

しょたいめん【初対面】primo incontro 男

しょだな【書棚】scaffale 男

しょち【処置】provvedimento 男; (方策) misura 女; (治療) cura 女 — ～する provvedere, curare ◆応急～ provvedimento urgente

しょちゅうみまい【暑中見舞い】— ～の葉書 cartolina postale di saluti per l'estate 女

しょちょう【所長】direttore(trice) 男 (女)

しょちょう【署長】◆警察～ commissario di polizia 男 / 税務～ direttore dell'ufficio imposte 男

しょっかく【触覚】tatto 男

しょっかん【食感】(風味) gusto 男, sapore 男; (味覚) palato 男; (歯応え) consistenza 女

しょっかん【食間】fra [tra] un pasto e l'altro

しょっかん【触感】tatto 男

しょっき【食器】servizio da tavola 男, stoviglie 女複 ◆～洗い機 lavastoviglie 女 / ～棚 credenza 女; (ガラス戸の) vetrina 女

ジョッキ boccale 男

ショッキング — ～な scioccante; (倫理的に) scandaloso; (視覚的に) stupefacente ◆～ピンク rosa shocking 男

ショック shock 男, choc 男, scossa 女 ◆～死 morte per collasso 女 / ～療法 shockterapia 女

しょっけん【職権】autorità 女, potere 男

しょっぱい salato

ショッピング spesa 女 ◆～センター shopping center 男, centro commerciale 男

じょてい【女帝】imperatrice 女

しょてん【書店】libreria 女

しょとう【初冬】inizio dell'inverno 男

しょとう【諸島】isole 女複, arcipelago 男

しょとう【初等】— ～の elementare ◆～教育 istruzione elementare 女

しょどう【書道】(arte della) calligrafia 女

じょどうし【助動詞】verbo ausiliare 男

しょとく【所得】reddito 男 ◆～税 imposta sul reddito 女

しょにんきゅう【初任給】stipendio iniziale 男

しょばつ【処罰】punizione 女 — ～する punire

じょばん【序盤】prima fase 女, fase iniziale 女

しょひょう【書評】recensione 女

しょぶん【処分】(廃棄) scarto 男 — ～する (廃棄) gettare via, scartare; (売却) vendere; (在庫の) svendere, liquidare; (処罰) punire ◆行政～ disposizione amministrativa 女

じょぶん【序文】prefazione 女

しょほうせん【処方箋】ricetta (medica) 女

しょほてき【初歩的】— ～な elementare

じょまく【序幕】primo atto 男

じょまくしき【除幕式】cerimonia d'inaugurazione 女

しょみんてき【庶民的】— ～な popolare

しょめい【署名】firma 女 — ～する firmare

じょめい【除名】espulsione 女 — ～する espellere

しょもつ【書物】libro 男

じょや【除夜】ultima notte dell'anno 女; (聖人暦) notte di San Silvestro 女

しょゆう【所有】possesso 男 — ～する possedere ◆～権 diritto di proprietà 男 / ～者 proprietario(a) 男 (女)

じょゆう【女優】attrice 女

しょり【処理】sistemazione 女, trattamento 男 — ～する sistemare; (化学的に) trattare

じょりゅう【女流】 ◆~作家 scrittrice 女

じょりょく【助力】 aiuto 男; (協力)assistenza 女

しょるい【書類】 documento 男 ◆~送検する trasmettere il dossier del caso alla procura

ショルダーバッグ tracolla 女

じょれつ【序列】 ordine 男

じょろん【序論】 introduzione 女

しょんぼり ー~する essere abbattuto, scoraggiarsi / ~して con aria scoraggiata

じらい【地雷】 mina 女

しらが【白髪】 capelli bianchi 男複

しらかば【白樺】 betulla 女

しらける【白ける】 ー 座が白けた Ci è stato tolto il divertimento. / 白けさせるな! Non è (affatto) divertente!

しらじらしい【白々しい】 palese

じらす【焦らす】 rendere impaziente

しらせ【知らせ】 notizia 女, informazione 女; (前兆)presagio 男, presentimento 男

しらせる【知らせる】 far sapere, informare

しらない【知らない】 (疎い)ignorante; (未知の)sconosciuto

しらばくれる fare lo (la) gnorri

しらふ【素面】 sobrietà 女 ー~の sobrio

しらべ【調べ】 (調査)inchiesta 女, indagine 女, investigazione 女; (探索)ricerca 女; (検査)esame 男; (メロディー)melodia 女

しらべる【調べる】 fare (una) ricerca (su); (検査)esaminare; (参照)consultare

しらみ【虱】 pidocchio 男

しらんかお【知らん顔】 ー~をする(無関心を装う)fare l'indifferente; (とぼける)fare lo (la) gnorri

しり【尻】 sedere 男, didietro 男;《俗》culo 男

シリア Siria 国名(女) ー~の siriano

しりあい【知り合い】 conoscente 男女, conoscenza 女

しりあう【知り合う】 fare conoscenza (con)

シリーズ serie 女; (書籍)collana 女

じりき【自力】 ー~で da sé, da solo

しりごみ【尻込み】 esitazione 女 ー~する esitare, tirarsi indietro

シリコン silicone 男

しりすぼみ【尻窄み】 ー~に終わる *sgonfiarsi sul finale*

しりぞく【退く】 (後退)retrocedere; (引退)ritirarsi

しりぞける【退ける】 respingere; (要求を)respingere, rifiutare

しりつ【私立】 ー~の privato ◆~探偵 investigatore privato 男

しりつ【市立】 ー~の comunale, municipale

じりつ【自立】 indipendenza 女 ー~する diventare [rendersi] indipendente

じりつしんけい【自律神経】 nervi autonomi 男複

しりぬぐい【尻拭い】 ー…の~をする assumersi la responsabilità di…

しりめつれつ【支離滅裂】 ー~な incoerente, sconnesso

しりもち【尻餅】 ー~をつく cadere sul sedere

しりゅう【支流】 affluente 男

しりょ【思慮】 riflessione 女 ー~深い riflessivo, prudente

しりょう【資料】 documento 男, dati 男複

しりょう【飼料】 mangime 男

しりょく【視力】 vista 女, capacità visiva 女 ー~が弱い avere una vista debole

じりょく【磁力】 attrazione magnetica 女

シリンダー cilindro 男

しる【汁】 (青果の)succo 男; (スープなど)zuppa 女, minestra 女

しる【知る】 sapere; (人・物を)conoscere; (気づく)accorgersi (di) ー…への道を知っている conoscere la strada per / 私が~限り per quanto ne so io

シルエット silhouette 女; (輪郭)sagoma 女

シルク seta 女 ◆~ハット cappello a cilindro 男

ジルコン zircone 男

しるし【印】 segno 男 ーページに~をつける mettere un segno alla pagina

しるす【記す】 scrivere, annotare, prendere nota

しれい【司令】 comando 男 ◆~官 comandante 男

じれい【辞令】 decreto di nomina 男

じれったい irritante

しれる【知れる】 (人に)essere noto; (明らかになる)rivelarsi ー 知れ渡った universalmente riconosciuto

しれん【試練】 dura prova 女

ジレンマ dilemma 男 ー~に陥る trovarsi di fronte a un dilemma

しろ【城】 castello 男

しろ【白】 bianco 男

しろい【白い】 bianco ー 白く塗る dipingere… di bianco

しろうと【素人】 (アマチュア)dilettante 男女; (未経験者)profano(a) 男(女)

しろくま【白熊】 orso bianco 男

しろくろ【白黒】 ◆~写真 foto in bianco e nero 女

じろじろ ー~見る guardare indiscretamente, scrutare

シロップ sciroppo 男; (果物の)giulebbe 男

しろバイ【白ー】 motocicletta della polizia 女

しろぼし【白星】 ー~をあげる vincere

しろみ【白身】 (卵の)bianco dell'uovo 男, albume 男 ―～の魚 pesce dalla carne bianca 男
じろり ―～と見る lanciare a... uno sguardo severo
しわ【皺】 ruga 女; (物の)piega 女; (手のひらの)linea 女
しわける【仕分ける】 (類ごとに)classificare; (順に)ordinare
しわざ【仕業】 atto 男, opera 女 ―…の～だ È opera di...
しん【芯】 (野菜や果物の)torsolo 男; (蠟燭の)stoppino 男; (鉛筆の)mina 女
しん【新】 nuovo, neo-
しん【真】 ―～の vero; (正統な)autentico; (事実に基づく)veritiero
ジン gin 男 ◆～トニック gin tonic 男
しんあい【親愛】 ―～なる caro, carissimo
しんい【真意】 vera intenzione 女
じんいてき【人為的】 ―～な artificiale ◆～災害 disastro causato dagli uomini 男
じんいん【人員】 personale 男 ◆～整理 licenziamento del personale superfluo
じんえい【陣営】 (軍)accampamento 男; (政治)gruppo 男
しんえん【深淵】 abisso 男
しんか【進化】 evoluzione 女 ―～する evolversi
しんか【真価】 vero valore 男 ―～を発揮する dare prova del proprio valore
シンガー cantante 男女 ◆～ソングライター cantautore(trice) 男(女)
しんかい【深海】 abissi 男複, grandi profondità marine 女複
しんがい【侵害】 (領域)invasione 女; (法・権利)violazione 女 ―～する invadere, violare
しんがく【神学】 teologia 女
しんがく【進学】 ―～する entrare (in), iscriversi (a)
じんかく【人格】 personalità 女, carattere 男 ◆二重～ doppia personalità 女
しんかくか【神格化】 ―～する divinizzare
しんがた【新型】 nuovo modello 男
しんがっき【新学期】 nuovo periodo scolastico 男
シンガポール Singapore 固名(男) ―～の singaporiano
しんかん【新刊】 nuova pubblicazione 女
しんかん【新館】 nuovo edificio 男; (本館に隣接の)edificio annesso 男
しんかん【信管】 spoletta 女
しんかん【神官】 (古代エジプト・ギリシャの)sacerdote 男; (神道の)sacerdote scintoista 男
しんがん【心眼】 ―～で見る guardare con gli occhi della mente
しんがん【真贋】 autenticità o falsità 女
しんき【新規】 ―～の nuovo
しんぎ【審議】 discussione 女, esame 男 ―～する discutere / 国会で～中である essere all'esame del parlamento ◆～会 consiglio d'inchiesta 男
しんきじく【新機軸】 innovazione 女
しんきゅう【進級】 promozione 女 ―～する essere promosso
しんきゅう【鍼灸】 agopuntura e moxibustione 女複
しんきょう【新教】 protestantesimo 男
しんきょう【心境】 stato d'animo 男
しんきろう【蜃気楼】 miraggio 男
しんきろく【新記録】 (nuovo) record 男 ―～を樹立する conquistare un (nuovo) primato (in)
しんきんかん【親近感】 simpatia 女, affinità 女
しんきんこうそく【心筋梗塞】 infarto del miocardio 男
しんぐ【寝具】 (カバー類)biancheria da letto 女; (全般)articoli per la notte 男複
しんくう【真空】 vuoto 男 ◆～パックの confezionato sotto vuoto
ジンクス cattivo presagio 男, iettatura 女
シンクタンク gruppo di esperti 男
シングル (客室)camera singola 女; (独身)celibe 男, nubile 女
シンクロナイズドスイミング nuoto sincronizzato 男
しんけい【神経】 nervo 男 ◆～痛 nevralgia 女 / ～質な nervoso
しんげつ【新月】 luna nuova 女
しんけん【真剣】 ―～な serio
しんげん【箴言】 massima 女, aforisma 男
しんげん【震源】 ipocentro 男; (震源地)epicentro 男
じんけん【人権】 diritti dell'uomo 男複
じんけんひ【人件費】 costo del lavoro 男
しんご【新語】 neologismo 男, parola nuova 女
しんこう【信仰】 fede 女, religione 女
しんこう【進行】 procedimento 男, avanzare 男 ―～する procedere, avanzare
しんこう【振興】 ―～する (推進する) promuovere; (活気づける)incoraggiare
しんごう【信号】 semaforo 男; (合図) segnale 男
じんこう【人口】 popolazione 女 ◆～密度 densità di popolazione 女
じんこう【人工】 ―～的な artificiale / ～的に artificialmente ◆～衛星 satellite artificiale 男 / ～甘味料 dolcificante artificiale 男 / ～呼吸 respirazione artificiale 女 / ～授精 insemi-

しんこきゅう【深呼吸】respiro profondo 男

しんこく【申告】dichiarazione 女 ―する dichiarare ◆税関～書 dichiarazione doganale 女/確定～ dichiarazione dei redditi 女

しんこく【深刻】grave, serio

しんこん【新婚】sposini 男複, sposi novelli 男複 ◆～旅行 viaggio di nozze 男, luna di miele 女

しんさ【審査】esame 男 ◆～員 (法・審判) giuria 女; (調査) esaminatore 男

しんさい【震災】calamità sismica 女

じんざい【人材】talento 男 ◆～派遣会社 agenzia di collocamento 女

しんさつ【診察】visita medica 女 ―する fare una visita / ～を受ける andare dal dottore

しんし【紳士】gentiluomo 男 ◆～服 abito da uomo 男

じんじ【人事】amministrazione del personale 女 ◆～部 ufficio del personale 男

しんしき【新式】―の nuovo, di nuovo tipo

シンジケート sindacato 男 ◆犯罪～ sindacato del crimine 男/麻薬～ cartello della droga 男

しんしつ【寝室】camera da letto 女

しんじつ【真実】verità 女, vero 男

じんじふせい【人事不省】coma 男, perdita della coscienza 女 ―に陥る entrare in coma, perdere coscienza

しんじゃ【信者】credente 男女, fedele 男女

じんじゃ【神社】santuario scintoista 男

しんじゅ【真珠】perla 女

じんしゅ【人種】razza 女 ―の razziale ◆～差別 discriminazione razziale 女

しんじゅう【心中】(相愛の男女の) doppio suicidio d'amore 男 ―する suicidarsi insieme

しんしゅく【伸縮】(伸縮性) elasticità 女 ◆～自在の elastico

しんしゅつ【進出】―～する (経済) estendere; (新分野へ) entrare

しんしょう【心証】impressione 女

しんじょう【心情】sentimenti 男複, stato d'animo 男

しんじょう【信条】principio 男, fede 女

しんしょうしゃ【身障者】disabile 男女, invalido(a) 男(女)

しんしょく【侵食】corrosione 女 ―する corrodere, erodere

しんじる【信じる】credere; (信頼) fidarsi (di)

しんしん【心身】―～ともに健康である essere sano sia di corpo che di mente

しんじん【新人】debuttante 男女

しんじん【信心】fede 女 ―～深い pio, devoto

しんすい【進水】varo 男 ◆～式 battesimo (di una nave) 男, varo 男

しんすい【心酔】amare appassionatamente, ammirare profondamente

しんすい【浸水】allagamento 男 ―～する allagarsi

しんずい【真髄】essenza 女, quintessenza 女

しんせい【申請】richiesta 女 ―～する richiedere

しんせい【神聖】―～な sacro, santo ◆～ローマ帝国 Sacro Romano Impero 固名(男)

じんせい【人生】vita 女

しんせいじ【新生児】neonato(a) 男(女)

しんせき【親戚】parente 男女

シンセサイザー sintetizzatore 男

しんせつ【親切】gentilezza 女, cortesia 女 ―～な gentile, cortese

しんせつ【新設】―～の nuovo, di nuova creazione

しんせっきじだい【新石器時代】periodo neolitico 男

しんせん【新鮮】―～な fresco / ～ freschezza 女

しんぜん【親善】amicizia 女 ◆～試合 incontro amichevole 男

しんそう【真相】verità 女

しんぞう【心臓】cuore 男 ◆～移植 trapianto cardiaco 男/～病 malattia del cuore 女/～発作 attacco cardiaco 男

じんぞう【腎臓】rene 男 ◆～病 malattia renale 女

じんぞう【人造】―～の artificiale

しんぞく【親族】parente 男女, parentela 女

じんそく【迅速】―～な rapido; (敏捷な) svelto

しんたい【身体】corpo 男 ―～の fisico, corporale ◆～能力 capacità fisica 女

しんだい【寝台】letto 男; (船・列車の) cuccetta 女 ◆～車 vagone letto 男

じんたい【人体】corpo umano 男

しんたいそう【新体操】ginnastica ritmica 女

しんだん【診断】diagnosi 女 ◆～書 certificato medico 男

じんち【陣地】posizione 女, campo 男

しんちょう【身長】statura 女 ―娘は～1メートル50センチです Mia figlia è alta un metro e cinquanta centimetri.

しんちょう【慎重】―～な prudente, cauto

しんちんたいしゃ【新陳代謝】metabolismo 男

しんつう【心痛】crepacuore 男, preoccupazione 女

じんつう【陣痛】doglie 女複

ジンテーゼ sintesi 女

しんてん【親展】〔送付物の上書き〕Riservata | Personale
しんてん【進展】sviluppo 男, progresso 男 ／ ―～する svilupparsi, progredire
しんでん【神殿】tempio 男, santuario 男
しんでんず【心電図】elettrocardiogramma 男; 〔略〕ECG 男
しんど【進度】progresso 男
しんど【震度】grado sismico 男
しんとう【神道】scintoismo 男
しんとう【浸透】penetrazione 女 ／ ―～する penetrare ♦～圧 pressione osmotica 女
しんどう【振動】vibrazione 女; (振り子の)oscillazione 女 ／ ―～する vibrare, oscillare
しんどう【震動】vibrazione 女; (地震の)scossa 女
じんどう【人道】umanità 女 ／ ―～的な umanitario / 非―～的な disumano ♦～主義 umanitarismo 男
シンドローム sindrome 女
シンナー diluente 男
しんにゅう【侵入】invasione 女 ／ ―～する invadere ♦～者 invasore (ditrice) 男(女), intruso(a) 男(女)
しんにゅう【進入】―～する entrare (in)
しんにゅう【新入】―～の nuovo ♦～生 (大学)matricola 女/～社員 nuovo(a) impiegato(a) 男(女)
しんにん【信任】fiducia 女 ♦～状 credenziali 女複/～投票 voto di fiducia 男
しんにん【新任】―～の di prima [fresca] nomina
しんねん【新年】nuovo anno 男 ♦～会 banchetto per festeggiare il nuovo anno 男
しんねん【信念】convinzione 女
しんぱい【心配】preoccupazione 女, ansia 女 ／ ―～する preoccuparsi (di) / …に～をかける dare delle preoccupazioni a..., fare... stare in ansia / 金の～ problemi di soldi 男複
ジンバブエ Zimbabwe 国名(男) ／ ―の zimbabwano
シンバル piatti 男複
しんぱん【審判】giudizio 男; (人)giudice 男女; (競技の)arbitro 男
しんぴ【神秘】mistero 男 ／ ―～的な misterioso
しんぴょうせい【信憑性】attendibilità 女, credibilità 女 ／ ―～のある attendibile, credibile
しんぴん【新品】articolo nuovo 男, novità 女 ／ ―～の nuovo, mai usato
しんぷ【新婦】sposa 女
しんぷ【神父】prete 男; 〔敬称・呼称〕padre 男
シンフォニー sinfonia 女
じんぶつ【人物】persona 女; (重要な・物語上の)personaggio 男

シンプル ―～な(簡素な)semplice; (造形が)sobrio
シンプロンとうげ【―峠】Passo del Sempione 国名(男)
しんぶん【新聞】giornale 男; (日刊紙)quotidiano 男 ♦～記者 giornalista 男女/～社 giornale 男
じんぶんかがく【人文科学】scienze umane 女複
しんぽ【進歩】progresso 男 ／ ―～する progredire / ―～的な progressista, avanzato
しんぼう【信望】prestigio 男
しんぽう【信奉】♦～者 seguace 男女
しんぼう【辛抱】pazienza 女 ／ ―～する avere pazienza, sopportare
じんぼう【人望】(信頼)fiducia 女; (尊敬)stima 女 ／ ―～がある essere stimato
しんぼく【親睦】amicizia 女 ♦～会 riunione tra amici 女
シンポジウム simposio 男
シンボル simbolo 男
しんまい【新米】riso novello 男; (初心者)novellino(a) 男(女)
じんましん【蕁麻疹】orticaria 女, allergia 女
しんみつ【親密】―～な intimo
じんみゃく【人脈】agganci 男複, conoscenze 女複
じんみん【人民】popolo 男
しんめ【新芽】germoglio 男, gemma 女
じんめい【人命】vita umana 女 ♦～救助 salvataggio 男
じんめい【人名】nome personale 男 ♦～辞典 dizionario biografico 男
シンメトリー simmetria 女
じんもん【尋問】―～する interrogare
しんや【深夜】notte fonda 女, mezzanotte 女 ／ ―～に in piena notte
しんやくせいしょ【新約聖書】Nuovo Testamento 国名(男)
しんゆう【親友】amico(a) intimo(a) 男(女), amico(a) del cuore 男(女)
しんよう【信用】fiducia 女, fede 女; (評判)reputazione 女, credito 男 ／ ―～する credere (a), fidarsi (di)
しんようじゅ【針葉樹】conifera 女
しんらい【信頼】confidenza 女 ／ ―～する avere fiducia [confidenza] (in)
しんらつ【辛辣】―～な mordace, pungente
しんり【心理】psicologia 女 ♦～学 psicologia 女/～学者 psicologo(a) 男(女)/群集～ psicologia della massa 女
しんり【真理】verità 女
しんり【審理】esame 男 ／ ―～する esaminare
しんりゃく【侵略】invasione 女 ／ ―～する invadere, aggredire
しんりょうじょ【診療所】clinica 女
じんりょく【尽力】(努力)sforzi 男複; (世話)buoni uffici 男複 ／ ―～する fare sforzi (per) / (人)の～で grazie ai buo-

しんりん【森林】 foresta 女, bosco 男
しんるい【親類】 parente 男女 ◆～縁者 parenti 男複
じんるい【人類】 umanità 女, esseri umani 男複 ◆～学 antropologia 女
しんれき【新暦】 calendario solare 男
しんろ【針路】 (航路)rotta 女; (方向)direzione 女
しんろ【進路】 corso 男, strada 女
しんろう【新郎】 sposo 男
しんろう【心労】 (心配)preoccupazione 女; (ストレス)stress 男
しんわ【神話】 mito 男, mitologia 女

す

す【巣】 (鳥･昆虫の)nido 男; (蜂の)favo 男, vespaio 男; (クモの)ragnatela 女; (獣の)covo 男, tana 女 ◆～箱(鳥の)nido artificiale 男; (ミツバチの)alveare 男
す【酢】 aceto 男
ず【図】 (幾)figura 女, (図表)grafico 男, diagramma 男
すあし【素足】 piedi nudi 男複
ずあん【図案】 disegno 男, schizzo 男
すいあつ【水圧】 pressione idrica 女
すいい【推移】 (展開)evoluzione 女, sviluppo 男; (変遷)vicenda 女; (変化)cambiamento 男
すいい【水位】 livello dell'acqua 男
ずいい【随意】 ―～の volontario; (義務的でない)facoltativo; (自由な)libero
スイートピー pisello odoroso 男
ずいいん【随員】 seguito 男
すいえい【水泳】 nuoto 男 ◆～選手 nuotatore(trice) 男(女)
すいおん【水温】 temperatura dell'acqua 女
すいか【西瓜】 cocomero 男, anguria 女
すいがい【水害】 danni causati da un'alluvione 男複
すいがら【吸い殻】 mozzicone 男, cicca 女
すいきゅう【水球】 pallanuoto 女
すいぎゅう【水牛】 bufalo(a) 男(女)
すいぎん【水銀】 mercurio 男
すいげん【水源】 fonte 女, sorgente 女
すいこう【推敲】 limatura (dei testi) 女 ―～する limare, elaborare
すいこう【遂行】 ―～する eseguire
すいこむ【吸い込む】 (気体を)inspirare, aspirare; (液体を)assorbire
すいさい【水彩(画)】 acquerello 男
すいさつ【推察】 congettura 女; (憶測)supposizione 女 ―～する supporre, congetturare
すいさん【水産】 ◆～業 industria ittica 女/～物 prodotti marittimi 男複
すいし【水死】 ―～する annegarsi, affogarsi
すいじ【炊事】 cucina 女 ―～する cucinare
すいしつ【水質】 qualità dell'acqua
すいしゃ【水車】 mulino 男
すいじゃく【衰弱】 ―～する indebolirsi, deperire
すいじゅん【水準】 (水面の位置･レベル)livello 男; (標準)standard 男
すいしょう【水晶】 cristallo 男
すいしょう【推奨】 ―～する raccomandare
すいじょう【水上】 ◆～スキー sci nautico 男/～バス vaporetto 男
すいじょうき【水蒸気】 vapore 男
すいしん【推進】 propulsione 女, spinta 女; (企画などの)promozione 女 ―～する spingere, dare propulsione a ◆～力 propulsione 女, forza propulsiva 女
スイス Svizzera 国名(女) ―～の svizzero ◆～人 svizzero(a) 男(女)
すいせい【水星】 Mercurio 国名(男)
すいせい【彗星】 cometa 女
すいせん【推薦】 raccomandazione 女 ―～する raccomandare ◆～状 lettera di raccomandazione 女
すいせん【水仙】 narciso 男
すいせんべんじょ【水洗便所】 gabinetto con acqua corrente 男
すいそ【水素】 idrogeno 男 ◆～爆弾 bomba all'idrogeno 女
すいそう【水槽】 vasca 女; (タンク)cisterna 女; (熱帯魚などの)acquario 男
すいそう【吹奏】 ◆～楽 musica per fiati 女/～楽器 strumento a fiato 男
すいぞう【膵臓】 pancreas 男
すいそく【推測】 supposizione 女 ―～する supporre, indovinare
すいぞくかん【水族館】 acquario 男
すいたい【衰退】 (社会･産業の)declino 男; (文明の)decadenza 女 ―～する declinare, decadere
すいちゅう【水中】 ―～の subacqueo ◆～翼船 aliscafo 男
すいちょく【垂直】 perpendicolarità 女 ―～の verticale / ～に verticalmente
スイッチ interruttore 男; (ボタン型)pulsante 男 ―～を入れる accendere / ～を切る spegnere
すいてい【推定】 presupposizione 女, supposizione 女; (統)stima 女 ―～する presumere, stimare / 約千億ドルと～される essere stimato intorno ai 100 miliardi di dollari
すいでん【水田】 risaia 女
すいとう【水筒】 borraccia 女
すいどう【水道】 acquedotto 男 ◆～水 acqua del rubinetto 女
すいとる【吸い取る】 assorbire
すいばく【水爆】 bomba H 女
すいはんき【炊飯器】 pentola elettrica per il riso 女
ずいひつ【随筆】 saggio 男
すいふ【水夫】 marinaio 男

すいぶん【水分】 acqua 女, umidità 女
すいぶん【皮膚の】idratazione 女
すいへい【随分】 molto, assai
すいへい【水兵】 marinaio 男
すいへい【水平】 piano 男 ――な piano, orizzontale ◆～線 orizzonte 男
すいぼつ【水没】 ――した sommerso
すいみん【睡眠】 sonno 男, dormita 女;(皮膚の)sonnellino 男, pisolino 男 ◆～薬 sonnifero 男
すいめん【水面】 superficie dell'acqua 女
すいもん【水門】 paratoia 女, chiusa 女
すいようせい【水溶性】 ――の solubile in acqua, idrosolubile
すいようび【水曜日】 mercoledì 男
すいり【推理】 ragionamento 男,〔哲〕inferenza 女 ――する dedurre, inferire ◆～小説 romanzo poliziesco 男
すいりょくはつでん【水力発電】 produzione di energia idroelettrica 女
すいれん【睡蓮】 ninfea 女
すいろ【水路】 corso d'acqua 男, canale 男
すいろん【推論】 (演繹的)deduzione 女; (帰納的)induzione 女
スイング (音楽)swing 男
すう【吸う】 (空気を)inspirare, aspirare; (液体を)succhiare; (タバコを)fumare
すう【数】 numero 男
スウェーデン Svezia 国名(女) ――の svedese ◆～語 svedese 男 / ～人 svedese 男女
すうかい【数回】 alcune volte, qualche volta
すうがく【数学】 matematica 女
すうききょう【枢機卿】 cardinale 男
すうこう【崇高】 ――な sublime
すうし【数詞】 numerale 男 ◆基[序]～ numero cardinale [ordinale] 男
すうじ【数字】 numero 男, cifra 女
すうしき【数式】 espressione aritmetica 女
すうじつ【数日】 qualche giorno 男
ずうずうしい【図々しい】 sfacciato, impudente
スーダン Sudan 国名(男) ――の sudanese
スーツ completo 男, abito da uomo; (婦人もの)tailleur 男
スーツケース valigia 女
すうにん【数人】 alcune persone 男複
すうねん【数年】 qualche anno 男
スーパー(マーケット) supermercato 男
スーパースター superstar 男女
すうはい【崇拝】 venerazione 女, adorazione 女; (宗教的)culto 男 ――する venerare, adorare
スープ zuppa 女, minestra 女; (コンソメ)brodo 男
すうりょう【数量】 quantità 女
すえ【末】 (終わり)fine 女 ―1月の～に alla fine di gennaio
スエード scamosciato 男, pelle scamosciata 女 ――の scamosciato
すえつける【据え付ける】 (施工)installare; (配置)collocare
すえっこ【末っ子】 l'ultimogenito(a) 男(女)
すえる【据える】 mettere, porre
ずが【図画】 disegno 男, pittura 女
スカート gonna 女 ◆ミニ～ minigonna 女 / キュロット～ gonna pantalone 女
スカーフ foulard 男, foularino 男, sciarpa 女
ずがいこつ【頭蓋骨】 cranio 男, teschio 男
スカイダイビング paracadutismo sportivo 男
スカウト scouting 男; (引き抜き)ingaggio 男 ――する ingaggiare ◆～マン scopritore di talenti 男, talent-scout 男
すがお【素顔】 ――～で al naturale, senza trucco
ずかずか (許可なく)senza permesso; (不作法に)bruscamente
すがすがしい【清々しい】 fresco, rinfrescante
すがた【姿】 figura 女, aspetto 男
すがる【縋る】 appigliarsi
ずかん【図鑑】 libro illustrato 男
スカンク moffetta 女
スカンジナビア Scandinavia 国名(女) ――の scandinavo ◆～諸語 lingue scandinave 女複
すき【好き】 piacere a, amare ――な preferito, favorito / 私たちは音楽が～です Ci piace la musica. | Noi amiamo la musica.
すき【隙】 (油断)imprudenza 女; (不注意)negligenza 女 ――のない prudente; (非の打ち所のない)inattaccabile
すき【鋤】 zappa 女, (家畜に引かせる)aratro 男
すぎ【杉】 cedro giapponese 男
すぎ【過ぎ】 ―3時～だ Sono le tre passate.
スキー sci 男 ――をする sciare ◆～ウエア abbigliamento da sci 男 / ～場 pista da sci 女
すきかって【好き勝手】 ――に a modo PROPRIO, a PROPRIO piacere, come pare a...
すききらい【好き嫌い】 gusto 男, preferenza 女
すぎさる【過ぎ去る】 passare
すきずき【好き好き】 ――それは～だ È questione di gusti.
ずきずき ―頭が～痛む Ho un dolore pulsante alle tempie.
スキップ ――する (跳ねる)saltellare a ritmo; (飛ばす)saltare
すきとおった【透き通った】 trasparente, limpido

すぎない【過ぎない】 ― これは始まりに~ E solo l'inizio.

すきま【隙間】 fessura 囡, apertura 囡

スキムミルク latte scremato 男

スキャナー scanner 男

スキャニング scansione 囡

スキャン scannerizzazione 囡 ― ~する scannerizzare ◆CT~ TAC(tomografia assiale computerizzata)

スキャンダル scandalo 男

スキューバダイビング immersioni subacquee con autorespiratore 女複

すぎる【過ぎる】 (通過)passare; (時の経過)passare, trascorrere; (程度が)troppo

スキン ◆~クリーム crema per la pelle 囡/~ケア cura della pelle 囡/~シップ contatto fisico 男/~ダイビング immersione subacquea senza attrezzatura 囡/~ダイバー subacqueo(a) 男(女)/~ヘッド testa rasata 囡, skinhead 男

すく【梳く】 ― 髪を~ pettinare

すく【鋤く】 ― 畑を~ vangare il terreno

すく【空く】 (腹が)avere fame

すぐ【直ぐ】 (直ちに)subito, immediatamente; (容易に)facilmente; (間もなく)fra poco ― ~近く molto vicino / 今~ proprio adesso

すくい【救い】 (救助)soccorso 男; (援助)assistenza 囡; (精神的・宗教的な)salvezza spirituale 囡

すくう【掬う】 prendere, togliere; (スプーンで)tirare su con il cucchiaio

すくう【救う】 aiutare, salvare

スクーター motorino 男, scooter 男

スクープ scoop 男, esclusiva 囡

スクールバス pulmino della scuola 男, scuolabus 男

すくない【少ない】 (数量が)poco, (不十分な)scarso; (稀な)raro

すくなからず【少なからず】 non poco

すくなくとも【少なくとも】 almeno

すくなめ【少なめ】 un po' di meno ― 私の皿には~にしてください Ne metta un po' di meno nel mio piatto.

すくむ【竦む】 pietrificarsi, rimanere immobilizzato

すくめる【竦める】 ― 首を~ nascondere la testa fra le spalle / 肩を~ alzare le spalle, fare spallucce

スクラップ (金属の)rottame 男; (切り抜き)ritaglio 男

スクラム *mischia* 囡

スクランブル (電波)codificare ◆~エッグ uovo strapazzato 男

スクリーン (映写用)schermo 男; (インテリア)paravento 男

スクリュー elica 囡

すぐれた【優れた】 eccellente, eminente, bravo

すぐれる【優れる】 eccellere; (…に比較して)essere superiore a...

スクロール ― ~する (ビデオ撮影)fare scorrere... sul video; (ブラウザ)scorrere

ずけい【図形】 figura 囡

スケート pattinaggio 男 ― ~をする pattinare ◆アイス~ pattinaggio su ghiaccio 男/フィギュア~ pattinaggio 男/~靴 pattini 男複/~ボード skateboard 男/~リンク pista da pattinaggio 囡

スケール (音階)scala 囡, (規模)scala 囡, dimensione 囡, (はかり)bilancia 囡

スケジュール programma 男; (タイムテーブル)orario 男

ずけずけ ― ~ものを言う parlare senza mezzi termini, non avere peli sulla lingua

スケッチ schizzo 男, abbozzo 男 ◆~ブック album da disegno 男

すける【透ける】 trasparente

スコア punteggio 男; (楽譜)partitura 囡, spartito 男 ◆~ボード segnapunti 男, tabellone 男

すごい【凄い】 (感嘆)stupendo, meraviglioso; (恐ろしい)terribile, tremendo

ずこう【図工】 disegno e lavori manuali 男複

スコール acquazzone tropicale 囡

すこし【少し】 un po', un poco ― ~…でない non... affatto / ~ずつ un po'alla volta, gradualmente

すごす【過ごす】 passare, trascorrere

スコットランド Scozia 国名(女) ― ~の scozzese ◆~語 scozzese 男/~人 scozzese 男女

スコップ pala 囡, badile 男; (小型)paletta 囡; (園芸)trapiantatoio 男

すこやか【健やか】 ― ~な sano

すさまじい (恐ろしい)spaventoso, terribile; (驚くべき)sorprendente

ずさん【杜撰】 ― ~な trascurato, sciatto

すし【鮨】 sushi 男

すじ【筋】 (線)linea 囡, striscia 囡; (話の)trama 囡; (道理)ragione 囡, logica 囡; (腱)tendine 男

すじがき【筋書き】 (計画)piano 男, progetto 男; (要約)riassunto 男, sommario 男; (劇・物語の)trama 囡

すじがねいり【筋金入り】 ― ~の convinto, agguerrito, di ferro

すじちがい【筋違い】 (挫傷)distorsione 囡 ― ~の assurdo, irrazionale

すしづめ【鮨詰め】 ― ~の列車 treno stipato di viaggiatori 男

すじみち【筋道】 (道理)ragione 囡, (論理)logica 囡, (一貫性)coerenza 囡

すじむかい【筋向い】 ― ~の diagonalmente opposto, obliquamente opposto

すじょう【素性】 (生まれ)nascita 囡, origine 囡; (身元)identità 囡

ずじょう【頭上】 ― ~に sopra la testa

すす【煤】 fuliggine 囡 ― ~だらけの fu-

すず【鈴】sonaglio 男; (鐘型)campanellino 男
すず【錫】stagno 男
すずき【鱸】spigola 女, branzino 男
すすぐ【濯ぐ】sciacquare
すすける【煤ける】coprirsi di fuliggine
すずしい【涼しい】fresco ―今日は~ Oggi fa fresco.
すずしさ【涼しさ】frescura 女
すすむ【進む】(前進)andare avanti, procedere, avanzare; (進歩)progredire (in)
すずむ【涼む】godersi il fresco
すすめ【勧め】raccomandazione 女; (助言)consiglio 男 ―…の~で consigliato da…
すずめ【雀】passero 男
すずめばち【雀蜂】vespa 女
すすめる【進める】fare andare avanti, fare procedere; (計画などを)portare... avanti
すすめる【勧める】consigliare; (飲食物を)offrire
すすめる【薦める】raccomandare
すずらん【鈴蘭】mughetto 男
すすりなく【啜り泣く】singhiozzare
すする【啜る】bere a sorsi, sorseggiare; (鼻を)tirare su con il naso
すすんで【進んで】di propria volontà, volontariamente
すそ【裾】orlo 男; (山の)piede 男
スター stella 女, divo(a) 男(女)
スタート partenza 女, (開始)inizio 男 ◆~ライン linea di partenza 女
スタイリスト(服飾アドバイザー)coordinatore(trice) di moda 男(女)
スタイル stile 男; (容姿)figura 女, linea 女
スタジアム stadio 男
スタジオ studio 男; (映像製作)casa di produzione cinematografica 女
スタッフ staff 男, personale 男
スタミナ stamina 女, vigore 男
すたれる【廃れる】cadere in disuso; (流行おくれ)essere fuori moda
スタンダード standard 男
スタンド(席)stand 男, gradinata 女; (売店)edicola 女; (電灯)lampada da tavolo 女
スタンプ timbro 男
スチーム vapore 男
スチール(鋼鉄)acciaio 男 ◆~写真 foto pubblicitaria d'un film 女
スチュワーデス hostess 女, assistente di volo 女
スチュワード steward 男
-ずつ ―一人~一つ~ un*o*(*a*) per un*o*(*a*) / 一人10ユーロ~払う pagare 10 euro a testa
ずつう【頭痛】mal di testa 男
スツール sgabello 男
すっかり tutto, completamente; (完壁に)perfettamente ―靴が~ぬれてしまった Le scarpe sono tutte bagnate.
ズッキーニ zucchina 女, zucchino 男
すっきり conciso ―気分が~する sentirsi bene, sentirsi fresco
ズック tela grossa e robusta 女
すづけ【酢漬け】sottaceti 男複
ずっと (はるかに)molto; (続けて)sempre, continuamente; (以前から)da tanto tempo ―~まっすぐ行く andare sempre diritto
すっぱい【酸っぱい】acido, aspro
すっぱぬく【すっぱ抜く】rivelare, svelare
ステーキ bistecca 女
ステージ palcoscenico 男; (仮設)palco 男
すてき【素敵】―~な bello, meraviglioso
すてご【捨て子】bambin*o*(*a*) abbandonat*o*(*a*) 男(女)
ステッカー adesivo 男
ステッキ bastone 男
ステッチ punto 男, cucitura 女
ステップ passo 男; (乗り物の)predellino 男
すでに【既に】già; (今やもう)ormai
すてる【捨てる】buttare via, gettare; (放棄)abbandonare, lasciare
ステレオ stereo 男 ◆~タイプ stereotipo 男
ステンドグラス vetro colorato 男; (教会の)vetrata 女
ステンレス acciaio inossidabile 男
ストーカー molesta*tore*(*trice*) 男(女), stalker 男
ストーブ stufa 女 ◆ガス~ stufa a gas 女 / 石油~ stufa a cherosene 女 / 電気~ stufa elettrica 女
ストーリー storia 女, racconto 男
ストール stola 女
ストッキング calze 女複 ◆パンティー~ collant 男
ストック (スキーの)bastoncini da sci 男複
ストックホルム Stoccolma 国名(女)
ストップ ―~する (とまる)fermarsi, arrestarsi; (とめる)fermare, arrestare; 〖標識〗Alt ◆~ウォッチ cronometro 男
ストライキ sciopero 男
ストライプ striscia 女
ストリッパー spogliarellista 女
ストリップ spogliarello 男
ストレス stress 男 ―~がたまる stressarsi / ~の多い stressante
ストレッチ(体操)estensione 女, allungamento 男 ◆~素材 materia elastica 女
ストロー cannuccia 女
ストローク(水泳の)bracciata 女; (ボートの)remata 女
ストロボ flash 男
すな【砂】sabbia 女 ◆~時計 clessi-

dra 女／〜風呂 bagno di sabbia 男
すなお【素直】 ―〜な docile, ubbidiente
スナック stuzzichino 男; (軽食)spuntino 男
スナップ (写真)istantanea 女; (留め金)(bottone) automatico 男
すなわち【即ち】 cioè, ossia
スニーカー scarpe da ginnastica 女複
すね【脛】 stinco 男
すねる【拗ねる】 mettere il broncio, imbronciarsi
ずのう【頭脳】 cervello 男
スノーボード snowboard 男
スパーク scintilla elettrica 女
スパークリングワイン spumante 男, vino frizzante 男
スパート scatto 男 ◆ラスト〜 sprint finale 男
スパイ spia 女
スパイク (靴)scarpe chiodate 女複; (バレーボール)schiacciata 女
スパイス spezie 女複
スパゲッティ spaghetti 男複
すばこ【巣箱】 (鳥の)nido artificiale 男; (ミツバチの)arnia 女
すばしっこい svelto, agile
すはだ【素肌】 pelle nuda 女
スパナ chiave 女
ずばぬける【ずば抜ける】 ―ずば抜けた eccezionale ／ずば抜けて eccezionalmente, straordinariamente
すばやい【素早い】 rapido; (機敏な)svelto
すばらしい【素晴らしい】 magnifico, meraviglioso, stupendo
ずはん【図版】 illustrazione 女, tavola 女
スピーカー altoparlante 男
スピーチ discorso 男
スピード velocità 女 ◆〜違反 eccesso di velocità 男／〜スケート pattinaggio di velocità 男
ずひょう【図表】 grafico 男, diagramma 男
スピン (ダンス・スケートの)piroetta 女; (車輪の)giro 男
スフィンクス sfinge 女
スプーン cucchiaio 男 ◆ティー〜 cucchiaino 男
ずぶとい【図太い】 (大胆な)audace, (ずうずうしい)impudente, sfacciato
ずぶぬれ【ずぶ濡れ】 ―〜の bagnato fradicio
スプリング *molla* 女
スプリンクラー sprinkler 男, irrigatore 男
スプレー spray 男
スペア ricambio 男 ―〜の di riserva ◆〜タイヤ ruota di scorta 女
スペイン Spagna 図名女 ―〜の spagnolo ◆〜語 spagnolo 男／〜人 spagnolo(a) 男(女)

スペース spazio 男; (行間)interlinea 女
スペード picche 女複
スペクタクル spettacolo 男
スペクトル spettro 男
スペシャリスト specialista 男女
すべすべ ―〜した liscio; (ベルベットのような)vellutato; (絹のような)setoso
すべて【全て】 tutto 男 ―〜の tutto, intero
すべらす【滑らす】 ―口を〜 dire senza riflettere ／…が足を〜 scivolare un piede a…
すべりこむ【滑り込む】 (ぎりぎりに着く)arrivare appena in tempo
すべりだい【滑り台】 scivolo 男
すべりやすい【滑り易い】 scivoloso
すべる【滑る】 scivolare; (車・機械が)slittare; (床が)essere scivoloso
スペル ortografia 女
スポイト pipetta 女
スポーク (車輪)raggio 男; (はしご)piolo 男
スポークスマン portavoce 男女
スポーツ sport 男 ◆〜ウエア sportswear 男／〜カー auto sportiva 女／〜マン sportivo(a) 男(女)
スポーティー ―〜な sportivo
スポットライト riflettore 男
すぼめる【窄める】 restringere ―口を〜 fare boccuccia
ズボン pantaloni 男複, calzoni 男複
スポンサー sponsor 男, finanziatore 男; (パトロン)patrocina*tore*(*trice*) 男(女)
スポンジ spugna 女
スマート ―〜な (体型が)snello, slanciato; (行動が)raffinato, intelligente
すまい【住まい】 casa 女, abitazione 女
すます【済ます】 (終える)finire, terminare; (満足する)accontentarsi ⟨di⟩ ―…なしで〜 fare a meno di…
すます【澄ます】 ―耳を〜 ascoltare attentamente, tendere l'orecchio
スマッシュ schiacciata 女, smash 男
すまない【済まない】 ―君には〜ことをした Rimpiango quello che ti ho fatto.
すみ【隅】 angolo 男
すみ【墨】 inchiostro di china 男
すみ【炭】 carbone 男
すみきった【澄み切った】 limpido
すみなれる【住み慣れる】 abituarsi ad abitare
すみません【済みません】 (謝罪)Mi scusi.; (呼びかけ)Mi scusi.
すみやか【速やか】 ―〜に rapidamente; (てきぱきと)sveltamente
すみれ【菫】 viola 女, violetta 女
すむ【済む】 finire; (解決する)risolvere
すむ【住む】 abitare, vivere
すむ【澄む】 diventare limpido
スムーズ ―〜な liscio ／〜に senza problemi, facilmente

すもう【相撲】 sumo 男
スモーカー fuma*tore(trice)* 男(女)
スモークサーモン salmone affumicato 男
スモッグ smog 男 ◆光化学~ smog fotochimico 男
すもも【李】 (実)prugna 女, susina 女;(木)prugno 男, susino 男
すやすや ー~眠る dormire tranquillamente
スライス (肉・パンの)fetta 女;(野菜の)fettina 女 ー~する affettare
スライド diapositiva 女;(顕微鏡の)vetrino 男
ずらす (位置・時刻を)spostare;(自分の身を)spostarsi
すらすら (流暢に)correntemente;(容易に)con facilità, senza difficoltà
スラックス pantaloni 男複
スラブ ー~の slavo ◆~諸語 lingue slave 女複
スラム slum 男
すらり ー~とした snello
スラング gergo 男
スランプ ー~に陥る accasciarsi, essere in crisi
すり【掏摸】 (犯人)borsaiol*o(a)* 男(女), borseggia*tore(trice)* 男(女);(犯罪)borseggio 男
すりおろす【擦り下ろす】 grattugiare, grattare
すりかえる【すり替える】 ー A を B に~ sostituire *A* con *B*, sostituire *B* a *A*
すりガラス【磨リ一】 vetro smerigliato 男
すりきず【擦り傷】 scorticatura 女, graffio 男
すりきれる【擦り切れる】 consumarsi con l'uso
すりこむ【擦り込む】 ー…をよく~ massaggiare... fino all'assorbimento
スリット spacco 男
スリッパ pantofole 女複, ciabatte 女複
スリップ sottoveste 女;(車の)slittamento 男 ー~する slittare, scivolare
すりつぶす【擦り潰す】 macinare;(粉にする)polverizzare
スリナム Suriname 固名(男) ー~の surinamese
すりばち【擂り鉢】 mortaio 男
スリム ー~な (体型)snello;(デザイン)stretto
すりむく【擦り剝く】 scorticarsi
スリラー thriller 男 ◆~映画[小説] film [romanzo] del terrore 男
スリランカ Sri Lanka 固名(男) ー~の dello Sri Lanka, singalese
スリル brivido 男, thrill 男
する【為る】 fare;(試みる)provare;(競技・ゲームを)giocare
する【刷る】 stampare
する【擦る】 sfregare, grattare, strofinare;(ヤスリで)limare;(賭けなどで)perdere
ずる ー~をする fare *il(la)* furb*o(a)*
ずるい【狡い】 furbo;(不実な)disonesto
ずるがしこい【狡賢い】 furbo
するする ー~と木に登る arrampicarsi su un albero con agilità
すると e allora, allora
するどい【鋭い】 acuto;(刃物)tagliente
ずるやすみ【狡休み】 ー~する marinare la scuola
すれすれ ー~で per un pelo /…から~に (高さが)a un pelo da...
すれちがう【擦れ違う】 (互いに)incrociarsi;(行き違う)mancare, perdere ー彼とすれ違いになった L'ho mancato.
ずれる (位置が)spostarsi;(日時が)essere rimandato
スローガン slogan 男, motto 男
スロープ pendio 男
スローモーション rallentamento 男 ー~で al rallentatore
スロットマシン slot-machine 女, mangiasoldi 女
スロバキア Slovacchia 固名(女) ー~の slovacco ◆~語 slovacco 男 / ~人 slovacc*o(a)* 男(女)
スロベニア Slovenia 固名(女) ー~の sloveno ◆~語 sloveno 男 / ~人 slovenо*(a)* 男(女)
スワジランド Swaziland 固名(男) ー~の swazilandese
すわる【座る】 sedersi, mettersi
ずんぐり ー~した tozzo
すんぜん【寸前】 ー~に (時間的)subito prima /…の~で (距離的)a due passi da..., sul punto di...
すんだ【澄んだ】 chiaro, limpido
すんぽう【寸法】 misura 女, grandezza 女

せ

せ【背】 schiena 女;(身長)statura 女
せい【所為】 colpa 女 ー…の~で (原因)a causa di...;(落ち度によって)per colpa di...
せい【姓】 cognome 男
せい【性】 sesso 男
せい【精】 (精霊)spirito 男;(妖精)fata 女;(活力)vigore 男, energia 女 ー…に~を出す dedicarsi con impegno a...
せい【生】 vita 女
-せい【-製】 ー日本~のカメラ macchina fotografica di produzione giapponese 女 / イタリア~【表示】 Made in Italy
ぜい【税】 imposta 女, tassa 女 ー~を課す imporre una tassa 〈su〉
せいい【誠意】 sincerità 女
せいいっぱい【精一杯】 con tutta la propria forza
せいえき【精液】 sperma 男
せいえん【声援】 cori di incoraggia-

mento 男複 —~する incitare con grida

せいおう【西欧】 Europa (occidentale) 固名(女)

せいか【成果】 frutto 男, risultato 男

せいか【生家】 casa natale 女

せいか【聖火】 fuoco sacro 男;(オリンピックの)fiaccola olimpica 女

せいか【聖歌】 inno religioso 男, canto sacro 男

せいかい【政界】 mondo politico 男

せいかい【正解】 risposta esatta 女 —~する dare la risposta esatta

せいかいけん【制海権】 dominio dei mari 男

せいかく【性格】 carattere 男, personalità 女

せいかく【正確】 —~な esatto;(精度が高い)preciso

せいがく【声楽】 canto 男 ♦~家 cantante 男女

せいかつ【生活】 vita 女 —~する vivere ♦~水準 standard di vita 男/~費 la vita 女, costo della vita 男

せいかん【静観】 —~する stare a guardare con distacco

せいかん【精悍】 —~な energico e virile, pieno di vitalità

せいがん【請願】 supplica 女;(議会への)petizione 女

ぜいかん【税関】 dogana 女

せいき【世紀】 secolo 男 —21~ il ventunesimo secolo 男

せいき【生気】 vita 女, vitalità 女 —~のない senza vitalità

せいき【正規】 —~の regolare;(法的) legale

せいぎ【正義】 giustizia 女

せいきゅう【請求】 domanda 女, richiesta 女 —~する chiedere, richiedere ♦~書 fattura 女

せいきゅう【性急】 —~な (行動が)precipitoso;(性格が)impetuoso

せいぎょ【制御】 controllo 男 —~する controllare

せいきょう【生協】 COOP 女, cooperativa (dei) consumatori 女

ぜいきん【税金】 tassa 女, imposta 女 —~を納める pagare le imposte

せいくうけん【制空権】 dominio dei cieli 男

せいくらべ【背比べ】 —~する vedere chi è più alto

せいけい【生計】 vita 女, sostentamento 男 —~を立てる guadagnarsi *da vivere* /~を支える *d*are sostentamento

せいけい【整形】 —~手術をする eseguire un'operazione di chirugia ortopedica ♦~外科 ortopedia 女;(形成外科)chirurgia plastica 女;(美容整形)chirurgia estetica 女

せいけい【西経】 longitudine ovest 女

せいけつ【清潔】 —~な pulito;(衛生的な)igienico

せいけん【政見】 il PROPRIO programma politico 男

せいけん【政権】 potere politico 男; (政府)governo 男

せいげん【制限】 limite 男, limitazione 女 —~する limitare ♦~速度 limite di velocità 男

せいこう【成功】 successo 男, riuscita 女 —~する avere successo (in), riuscire (in), farcela

せいこう【精巧】 —~な preciso, elaborato

せいざ【星座】 costellazione 女;(星占いの)segno 男

せいさい【制裁】 punizione 女;〔法〕 sanzione 女

せいさく【製作】 produzione 女;(製造)fabbricazione 女 —~する produrre; fabbricare ♦~者 produt*tore*(*trice*) 男(女); fabbricante 男女

せいさく【政策】 politica 女 ♦外交~ politica estera 女

せいさん【生産】 produzione 女 —~する produrre —~過剰 sovrapproduzione 女/~者 produt*tore*(*trice*) 男 (女)/~高 produzione (totale) 女

せいさん【清算】 (企業などの)liquidazione 女;〔商〕regolamento 男 —~する liquidare, regolare

せいさん【精算】 —~する regolare il conto

せいさんカリ【青酸ー】 cianuro (di potassio) 男

せいし【生死】 (安否)sicurezza 女 —~の境をさまよう essere tra la vita e la morte

せいし【制止】 —~する fermare, impedire

せいし【静止】 —~する fermarsi, immobilizzarsi /~している immobile, fermo

せいじ【政治】 politica 女 ♦~家 politico 男

セイシェル Seicelle 固名(女複)

せいしき【正式】 —~な (形式)formale;(公式)ufficiale;(法的)legale;(正規の)regolare

せいしつ【性質】 natura 女, carattere 男

せいじつ【誠実】 —~な sincero, onesto

せいじゃ【聖者】 santo(*a*) 男(女)

せいじゃく【静寂】 silenzio 男, calma 女, tranquillità 女

せいしゅく【静粛】 —~に願います Per favore, silenzio! | Fate silenzio!

せいじゅく【成熟】 maturità 女 —~する maturare, raggiungere la maturità

せいしゅん【青春】 gioventù 女, giovinezza 女 —~時代に nella giovinezza, in gioventù

せいじゅん【清純】 —~な puro e in-

nocente
せいしょ【聖書】Bibbia 女
せいしょ【清書】bella copia 女 ―〜する ricopiare [riscrivere] in bella (copia)
せいしょう【斉唱】coro 男
せいじょう【政情】(状況)situazione politica 女; (問題)questioni politiche 女複
せいじょう【正常】normalità 女 ―〜な normale / ―化する normalizzare
せいじょう【清浄】―〜な puro
せいしょうねん【青少年】adolescenti 男名 ◆〜犯罪 delinquenza minorile 女
せいしょく【生殖】procreazione 女, riproduzione 女
せいしょくしゃ【聖職者】(カトリックの) sacerdote 男, ecclesiastico 男; 〔集合的〕clero 男
せいしん【精神】mente 女, spirito 男 ―〜的な mentale, spirituale ◆〜科医 psichiatra 男女
せいじん【成人】adulto(a) 男(女), maggiorenne 男女 ―〜の日 Festa degli adulti 固名(女)
せいじん【聖人】santo(a) 男(女)
せいず【製図】disegno 男 ◆〜台 tavolo da disegno, tecnigrafo 男
せいすう【整数】numero intero 男
せいする【制する】impedire; (制圧する)dominare; (抑制する)controllare
せいぜい al massimo, tutt'al più
せいぜい【税制】sistema tributario 男 ◆〜改革 riforma tributaria 女
せいせいどうどう【正々堂々】―〜と lealmente / 〜とした onesto e leale
せいせき【成績】(評価)voto 男, votazione 女, (結果)risultato 男 ◆〜表 scheda di valutazione 女
せいせん【精選】―〜する selezionare con cura / 〜された di prima scelta
せいぜん【整然】―〜 in ordine, ordinatamente
せいせんしょくひん【生鮮食品】alimenti deperibili [freschi] 男複
せいそ【清楚】―〜な semplice e ben ordinato
せいそう【清掃】pulizia 女 ―〜する pulire, fare le pulizie
せいそう【正装】abito da cerimonia 男; (夜の)abito da sera 男 ―〜する indossare di un abito da cerimonia
せいぞう【製造】fabbricazione 女, produzione 女 ―〜する fabbricare, produrre ◆〜業 industria manifatturiera 女
せいそうけん【成層圏】stratosfera 女
せいぞん【生存】esistenza 女 ―〜する esistere, sopravvivere ◆〜競争 lotta per l'esistenza 女 / 〜者 sopravvissuto(a) 男(女)
せいたい【生体】forma di governo 女, regime 男 ◆立憲〜 governo costituzionale 男

せいたい【生態】◆〜学 ecologia 女 / 〜系 ecosistema 男
せいだい【盛大】―〜な magnifico; (豪奢な)fastoso
ぜいたく【贅沢】lusso 男 ―〜な lussuoso, sontuoso
せいち【聖地】luogo santo 男
せいち【精緻】―〜な minutamente lavorato
せいちょう【成[生]長】crescita 女 ―〜する crescere
せいつう【精通】―〜する (事情に)avere familiarità (con); (専門家である)essere esperto (in)
せいてい【制定】―〜する (法律を)istituire, stabilire; (規則を)formulare
せいてき【静的】―〜な statico
せいてき【性的】―〜な sessuale
せいてつ【製鉄】(技術)siderurgia 女 ◆〜業 industria siderurgica 女 / 〜所 stabilimento siderurgico 男
せいてん【晴天】bel tempo 男
せいてん【青天】cielo sereno 男 ―〜の霹靂(へきれき) fulmine a ciel sereno 男
せいでんき【静電気】elettricità statica 女
せいと【生徒】(教え子)allievo(a) 男(女); (高校・大学の)studente(essa) 男(女); (小・中学生)scolaro(a) 男(女)
せいど【制度】sistema 男, istituzione 女
せいとう【政党】partito 男
せいとう【正当】―〜な giusto; (合法的)legittimo, legale ◆〜化する giustificare / 〜防衛 legittima difesa 女
せいとう【正統】―〜の ortodosso; (合法的)legittimo
せいどう【青銅】bronzo 男
せいどく【精読】lettura accurata 女 ―〜する leggere attentamente
せいとん【整頓】―〜する mettere in ordine
せいなん【西南】sud-ovest 男
せいねん【青年】giovanotto 男, giovane 男女
せいねん【成年】maggiore età 女
せいねんがっぴ【生年月日】data di nascita 女
せいのう【性能】prestazione 女; (効率)efficienza 女, rendimento 男
せいはんたい【正反対】esatto contrario 男, opposto 男
せいび【整備】(調整)manutenzione 女; (準備)cura 女 ―〜する mantenere, curare
せいびょう【性病】malattia venerea 女
せいひれい【正比例】proporzione (diretta) 女 ―〜する essere direttamente proporzionale (a)
せいひん【製品】prodotto 男; (商品)articolo 男
せいふ【政府】governo 男
せいぶ【西部】ovest 男

せいふく【制服】 (学校・職場)divisa 囡; (軍・警察)uniforme 囡
せいふく【征服】 conquista 囡 —～する conquistare
せいぶつ【生物】 essere vivente 男, vita 囡 ◆～学 biologia 囡 / ～兵器 arma biologica 囡
せいぶつが【静物画】 natura morta 囡
せいふん【製粉】 macinazione (del grano) 囡 ◆～機 mulino 男
せいぶん【成分】 elemento 男, componente 男; (材料)ingrediente 男
せいべつ【性別】 distinzione di sesso 囡, sesso 男
せいぼ【聖母】 la Santa Madre 囡, la Vergine 囡, la Madonna 囡
せいぼう【制帽】 cappello della divisa 男
せいほうけい【正方形】 quadrato 男
せいほく【西北】 nord-ovest 男
せいほん【製本】 rilegatura, legatura 囡
せいみつ【精密】 —～さ precisione 囡 / ～な preciso, accurato ◆～検査 esame accurato 男 / ～機械 strumento di precisione 男
ぜいむしょ【税務署】 ufficio delle imposte 男
せいめい【姓名】 nome e cognome 男
せいめい【生命】 vita 囡 ◆～保険 assicurazione sulla vita 囡
せいめい【声明】 dichiarazione 囡
せいもん【正門】 portone 男, ingresso principale 男
せいやく【制約】 restrizione 囡
せいやく【誓約】 giuramento 男; (宗教)voto 男
せいやくぎょう【製薬業】 industria farmaceutica 囡
せいゆう【声優】 doppiatore(trice) 男(囡), attore(trice) radiofonico(a) 男(囡)
せいよう【西洋】 Occidente 固名(男), Europa 固名(囡) —～の occidentale
せいよう【静養】 riposo 男 —～する riposare
せいらい【生来】 dalla nascita —～の naturale, innato
せいり【生理】 (月経)mestruazione 囡, regole 囡複 ◆～用品 (ナプキン)assorbente igienico 男
せいり【整理】 —～する mettere in ordine, sistemare
ぜいりし【税理士】 tributarista 男囡
せいりつ【成立】 —～する concludersi, *formarsi*
ぜいりつ【税率】 tasso d'imposta 男
せいりょういんりょう【清涼飲料】 bibita rinfrescante 囡; (炭酸)bibite gassate 囡複
せいりょく【勢力】 potere 男; (影響力)influenza 囡 —～のある influente ◆～争い lotta per la supremazia / ～範囲 sfera d'influenza
せいりょく【精力】 energia 囡, vigore 男 —～的な energico, vigoroso
せいれき【西暦】 calendario occidentale 男; (キリスト紀元)era cristiana 囡; (紀元後)d.C.; (紀元前)a.C.
せいれつ【整列】 —～する mettersi in fila
セーター maglia 囡, maglione 男
セーヌがわ【一川】 Senna 固名(囡)
セーブ (保存)salva —～する salvare; (抑制する)controllare; (量を減らす)diminuire
セーフティーネット rete di sicurezza 囡
セーラーふく【一服】 vestito [uniforme] alla marinara 男, marinara 囡
セール svendita 囡, saldi 男複
セールスマン piazzista 男
せおう【背負う】 portare sulle spalle; (借金などを)caricarsi ⟨di⟩
せおよぎ【背泳ぎ】 nuoto sul dorso 男
せかい【世界】 mondo 男 —～的な mondiale ◆～遺産 patrimonio mondiale 男 / ～史 storia universale 囡 / ～選手権 campionato mondiale 男 / ～大戦 guerra mondiale 囡
せかす【急かす】 sollecitare, mettera fretta a...
せき【咳】 tosse 囡 —～をする tossire / ～が出る avere la tosse ◆～止め medicina per la tosse 囡
せき【席】 posto 男, sedile 男
せき【堰】 chiusa 囡; (ダム)diga 囡
せき【積】 〔数〕prodotto 男
せきえい【石英】 quarzo 男
せきがいせん【赤外線】 raggi infrarossi 男複
せきざい【石材】 pietra da costruzione 男
せきじゅうじ【赤十字】 croce rossa 囡
せきじゅん【席順】 ordine dei posti 男
せきずい【脊髄】 midollo spinale 男
せきたてる【急き立てる】 sollecitare
せきたん【石炭】 carbone (fossile) 男
せきちゅう【脊柱】 colonna vertebrale 男
せきつい【脊椎】 vertebra 囡
せきどう【赤道】 equatore 男 —～の equatoriale
せきどうギニア【赤道一】 Guinea Equatoriale 固名(囡) —～の della Guinea-equatoriale
せきどめ【咳止め】 calmante della tosse 男, pastiglia per la tosse 囡
せきにん【責任】 responsabilità 囡; (義務)dovere 男 —～のある responsabile / ～を持つ assumersi la responsabilità ⟨di⟩ ◆～者 responsabile 男囡
せきばらい【咳払い】 —～する schiarirsi la voce
せきはんが【石版画】 litografia 囡
せきひ【石碑】 lapide 囡
せきぶん【積分】 integrazione 囡, (calcolo) integrale 男

せきめん【赤面】 －～する arrossire, diventare rosso
せきゆ【石油】 petrolio 男 ◆～化学 petrolchimica 女
せきり【赤痢】 dissenteria 女
セクシー －～な sexy, attraente
セクト setta 女, gruppo 男
セクハラ molestia sessuale 女
せけん【世間】 mondo 男; (人々)gente 女 ◆～体 apparenze 女複
-せざるをえない （意味不可欠)non potere fare a meno di + 不定詞; (強いられて)essere costretto a + 不定詞
セシウム cesio 男
せしゅう【世襲】 eredità 女, successione ereditaria 女 ◆～財産 beni ereditari 男複
せすじ【背筋】 schiena 女
ぜせい【是正】 －～する (訂正)correggere; (改変)modificare
せそう【世相】 costumi di un'epoca 男複, situazione sociale 女
せぞくてき【世俗的】 －～な mondano, profano
せだい【世代】 generazione 女
セダン berlina 女
せつ【節】 (文法)proposizione 女; (文章)paragrafo 男
せつ【説】 (学説)teoria 女; (自説)parere 男
ぜつえん【絶縁】 －…と～する rompere con…; (電気)isolare ◆～体 isolante 男, isolatore 男
せっかい【石灰】 calce 女
せっかい【切開】 －～する incidere
せっかく【折角】 (骨折って)con molti sforzi; (親切に)gentilmente －～の機会を逃がす lasciarsi sfuggire un'occasione preziosa
せっかち －～な precipitoso, impaziente
せつがん【接岸】 －～する approdare alla banchina
せっき【石器】 arnese di pietra 男 ◆～時代 età della pietra 女
せっきょう【説教】 (宗教)sermone 男, predica 女; (小言)rimprovero 男, ramanzina 女 －～する predicare
ぜっきょう【絶叫】 esclamazione 女 －～する esclamare
せっきょくてき【積極的】 －～な positivo; (行動的)attivo / ～に attivamente; (自発的)spontaneamente
せっきん【接近】 －～する avvicinarsi (a)
セックス sesso 男 －～する fare l'amore (con), fare sesso (con)
せっけい【設計】 progetto 男, piano 男 －～する progettare; (計画する)pianificare ◆～者 progettista 男女 / ～図 progetto 男, piano 男
せっけん【石鹸】 sapone 男
ゼッケン numero (di un atleta) 男; (布)pettorale 男

せっこう【石膏】 gesso 男
ぜっこう【絶交】 －～する rompere (con), troncare i rapporti (con)
ぜっこう【絶好】 －～の ottimo, ideale
ぜっさん【絶賛】 －～する elogiare, lodare
せっし【摂氏】 －～の centigrado / ～10度 La temperatura è di 10 gradi centigradi ◆～温度計 termometro centigrado 男
せっしゅ【接種】 inoculazione 女, vaccinazione 女 －～する inoculare / …予防のワクチンを～する vaccinare [vaccinarsi] contro…
せっしゅ【摂取】 －～する prendere; (同化する)assimilare
せっしょう【折衝】 negoziato 男, trattativa 女 －～する trattare (con)
せっしょく【接触】 tocco 男, contatto 男 －～する toccare, contattare
せつじょく【雪辱】 rivincita 女, rivalsa 女
ぜっしょく【絶食】 －～する digiunare
せっする【接する】 contattare; (隣接)confinare (con)
せっせ －～と assiduamente
せっせい【節制】 moderazione 女; (食事)temperanza 女 －～する moderarsi
せっせん【接戦】 lotta serrata 女; (スポーツ)partita molto combattuta 女
せっそう【節操】 fedeltà ai propri principi 女, coerenza 女
せつぞく【接続】 (電気)collegamento 男; (交通)coincidenza 女 －～する collegare; (連絡)essere in coincidenza con ◆～詞 congiunzione 女 / ～法 (modo) congiuntivo 男
せったい【接待】 accoglienza 女 －～する accogliere
ぜったい【絶対】 －～に assolutamente; (何としても)ad ogni costo / ～的 assoluto ◆～安静 riposo assoluto 男 / ～音感 orecchio assoluto 男 / ～君主制 monarchia assoluta 女 / ～主義 assolutismo 男 / ～主義者 assolutista 男女 / ～多数 maggioranza assoluta 女
ぜつだい【絶大】 －～な enorme, assai grande / ～な信用を得る godere la fiducia assoluta [la piena fiducia]
せつだん【切断】 (四肢の)amputazione 女 －～する tagliare, troncare ◆語尾～ (イタリア語の)troncamento 男
せっちゃくざい【接着剤】 adesivo 男, collante 男
せっちゅう【折衷】 －～する conciliare ◆～案 proposta accomodante 女 / ～主義 eclettismo 男
ぜっちょう【絶頂】 cima 女, vetta 女; (頂点)culmine 男, apice 男
せってい【設定】 impostazione 女 －～する〔コン〕impostare; (決定する)fissare

せってん【接点】 punto di contatto 男

セット (一組・一式)completo 男; (髪の)messa in piega

せつど【節度】 moderazione 女 ―～のない incontrollato

せっとう【窃盗】 furto 男

せっとく【説得】 persuasione 女 ―～する (人を)persuadere [convincere]... a + 不定詞; (AをBについて)persuadere A di B

せつに【切に】 di (tutto) cuore; (強く)ardentemente; (心底)profondamente

せっぱく【切迫】 ―～した urgente; (期限が)imminente; (危険などが)incombente

ぜっぱん【絶版】 fuori stampa

せつび【設備】 attrezzatura 女, impianto 男 ―～のよい ben attrezzato ◆~投資 investimenti impianti e attrezzature 男複

ぜっぺき【絶壁】 precipizio 男

ぜつぼう【絶望】 disperazione 女 ―～的な disperato, senza speranza / ~する disperarsi

せつめい【説明】 spiegazione 女 ―～する spiegare; (AをBに)rendere conto di A a B ◆~書 manuale 男

ぜつめつ【絶滅】 estinzione 女 ―～する estinguersi ◆~危惧種 specie in via di estinzione 女

せつやく【節約】 risparmio 男; (倹約)parsimonia 女 ―～する risparmiare; (経費を)economizzare

せつりつ【設立】 fondazione 女 ―～する fondare ◆~者 fondatore(trice) 男(女)

せともの【瀬戸物】 (磁器)porcellana 女; (陶器)ceramica 女

せなか【背中】 schiena 女

セネガル Senegal 固名(男) ―～の senegalese

ゼネスト sciopero generale 男

せのび【背伸び】 ―～する alzarsi sulla punta dei piedi

ぜひ【是非】 pro e contro 男複; (善悪)il bene e il male 男複; (必ず)ad ogni costo, assolutamente

セピアいろ【―色】 (color) seppia 男

セビリア Siviglia 固名(女) ―～の理髪師 Il barbiere di Siviglia

せびる chiedere con insistenza

せびろ【背広】 completo 男

せぼね【背骨】 spina dorsale 女

せまい【狭い】 (幅が)stretto; (面積が)piccolo; (見識が)limitato

せまる【迫る】 (近づく)avvicinarsi; (強要する)forzare, esigere

せみ【蝉】 cicala 女

セミコロン punto e virgola 男

セミナー seminario 男

セミプロ semiprofessionista 男女

せめ【責め】 (責任)responsabilità 女; (非難)biasimo 男; (責め苦)tortura 女

せめて almeno, quantomeno, perlomeno

せめる【攻める】 attaccare, assaltare

せめる【責める】 biasimare, rimproverare

セメント cemento 男

ゼラチン gelatina 女

ゼラニウム (植物)geranio 男

セラピスト terapista 男女, terapeuta 男女

セラミック ceramica 女

せり【競り】 asta 女, gara per la vendita 女 ―…を~にかける mettere... all'asta

せりあう【競り合う】 gareggiare (con)

ゼリー gelatina 女

せりふ【台詞】 battuta 女, dialogo 男

セルビア Serbia 固名(女) ―～の serbo ◆~語 serbo 男/ ~人 serbo(a) 男(女)

セルフサービス self-service

セルフタイマー autoscatto 男

セルロイド celluloide 女

セルロース cellulosa 女

セレナーデ serenata 女

セレモニー cerimonia 女

ゼロ【0】 zero 男

セロテープ 〔商標〕scotch 男, nastro adesivo 男

セロハン cellophane 男, cellofan 男

セロリ sedano 男

せろん【世論】 opinione pubblica 女 ―～調査 sondaggio dell'opinione pubblica

せわ【世話】 (面倒をみる)cura 女; (力添えをする)assistenza 女 ―～する curare, assistere, prendersi cura (di) / (人)の~で grazie ai buoni uffici di... / ~好きな cortese / ~になる ricevere un favore

せん【千】 mille 男; (2千以上)-mila ―～メートル mille metri 男複 / ~一夜 Le mille e una notte 女複 / ~分の 1 un millesimo 男 / ~年紀 millennio 男 / 紀元~年 il mille 男 / 紀元2~年 il duemila 男

せん【栓】 tappo 男

せん【線】 linea 女; (罫)riga 女 ―～を引く tirare una riga / 下~を引く sottolineare

ぜん【善】 bene 男 ◆~悪 (il) bene e (il) male 男

ぜん【膳】 piccola tavola da pranzo 女

ぜん【禅】 zen 男

ぜん【全】 tutto, intero ―～国民 tutto il popolo / ~巻 tutti i volumi 男複

ぜん【前】 precedente, ultimo; (以前の)ex-

せんい【繊維】 fibra 女 ◆~製品 prodotto tessile 男

ぜんい【善意】 buona fede 女

せんいん【船員】 marinaio 男

ぜんいん【全員】 tutti 男複 ◆~一致の unanime / ~一致で unanimemente, all'unanimità

せんえい【先鋭】 ―～な estremista

ぜんえい【前衛】 avanguardia 女; (スポーツ)attaccante 男女, avanti 男女

せんえつ【僭越】 ―~な impertinente

せんが【線画】 disegno tratteggiato 男

ぜんか【前科】 precedenti penali 男複

せんかい【旋回】 ―~する volteggiare, girare in tondo

ぜんかい【前回】 ultima volta 女, occasione precedente 女 ―前~ penultima volta 女

ぜんかい【全快】 ―~する guarire completamente (da)

せんかん【戦艦】 corazzata 女

ぜんき【前期】 primo periodo 男; (学校の)primo semestre 男

ぜんき【前記】 ―~の sopramenzionato

せんきょ【選挙】 elezione 女 ―~する eleggere ♦~区 collegio elettorale 男 / ~権 diritto di voto 男 / 総~ elezioni generali 女複

せんきょ【占拠】 occupazione 女 ―~する occupare

せんきょうし【宣教師】 missionario(a) 男(女)

せんくしゃ【先駆者】 pioniere(a) 男

ぜんけい【前景】 primo piano 男

せんげつ【先月】 il mese scorso

せんけん【先見】 ―~の明がある essere previdente

せんげん【宣言】 dichiarazione 女 ―~する dichiarare, proclamare

ぜんけん【全権】 pieni poteri 男複 ―~を委任する investire dei pieni poteri, dare carta bianca a... ♦~大使 ambasciatore plenipotenziario 男

せんご【戦後】 dopoguerra 男

ぜんご【前後】 (およそ)circa, più o meno; (時刻に)verso ―~に (位置)davanti e dietro; (進行方向)avanti e indietro; (時間的な)prima e dopo; (時刻に)verso ♦~関係 contesto 男

せんこう【選考】 selezione 女 ―~する selezionare

せんこう【線香】 bastoncino d'incenso 男

せんこう【閃光】 lampo 男, baleno 男

せんこう【専攻】 (科目)materia di specializzazione 女; (分野)campo specialistico 男 ―~する specializzarsi (in)

せんこう【先行】 ―~する precedere, precorrere; (形容詞で)precedente

ぜんこう【全校】 tutta la scuola 女; (全ての学校)tutte le scuole 女複

せんこく【宣告】 ―~する dichiarare; (判決)pronunziare la sentenza (di)

ぜんこく【全国】 tutto il paese 男 ―~的な nazionale

せんごひゃくねんだい【1500年代】 Cinquecento 男

センサー sensore 男

せんさい【戦災】 disastro della guerra 男

せんさい【繊細】 ―~な delicato, fine

せんざい【洗剤】 detersivo 男, detergente 男

せんざい【潜在】 ―~的な latente, potenziale ♦~意識 subconscio 男, subcoscienza 女

ぜんさい【前菜】 antipasto 男

せんさんびゃくねんだい【1300年代】 Trecento 男

せんし【戦死】 morte in guerra 女 ―~する morire in guerra ♦~者 caduto(a) 男(女)

せんじぐすり【煎じ薬】 tisana 女, tè di erbe 男

せんしじだい【先史時代】 età preistoriche 女複, preistoria 女

せんしつ【船室】 cabina 女

せんじつ【先日】 l'altro giorno, giorni fa; (最近)recentemente

ぜんじつ【前日】 il giorno prima [precedente] 男

せんしゃ【戦車】 carro armato 男

せんしゃ【前者】 quello(a) 男(女)

せんしゅ【選手】 (陸上・体操)atleta 男女; (球技など)giocatore(trice) 男(女) ♦~権 campionato 男

せんしゅう【先週】 la settimana scorsa

ぜんしゅう【全集】 opera completa 女, collezione 女

せんじゅうみんぞく【先住民族】 aborigeni 男複; (個人)aborigeno 男

せんしゅつ【選出】 ―~する eleggere

せんじゅつ【戦術】 tattica 女; (策略)strategia 女

ぜんじゅつ【前述】 ―~の suddetto, soprraddetto

せんじょう【戦場】 campo di battaglia 男

せんじょう【洗浄】 ―~する lavare, pulire / 胃の~ lavanda gastrica 女

ぜんしょう【全勝】 ―~する vincere tutte le partite

ぜんしょう【全焼】 ―~する essere totalmente distrutto da un incendio

せんじょうてき【扇情的】 ―~な provocante, eccitante

せんしょく【染色】 tintura 女 ♦~体 cromosoma 男 / 生体~ macchiatura vitale 女

ぜんしん【全身】 tutto il corpo 男 ♦~麻酔 anestesia totale 女

ぜんしん【前進】 ―~する andare avanti, avanzare

せんしんこく【先進国】 paese sviluppato 男

せんす【扇子】 ventaglio 男

センス senso 男; (感性)gusto 男 ―~のよい[悪い] di buon [cattivo] gusto

せんすい【潜水】 ―~する immergersi ♦~艦 sommergibile 男, sottomarino 男

せんせい【先生】 maestro(a) 男(女); (中学校以上の)professore(essa) 男(女)
せんせい【専制】 dispotismo 男
せんせい【宣誓】 giuramento 男 ―～する giurare
ぜんせいき【全盛期】 periodo di piena prosperità 男, epoca d'oro 女
せんせいじゅつ【占星術】 astrologia 女
センセーショナル ―～な sensazionale
センセーション sensazione 女
ぜんせかい【全世界】 tutto il mondo 男
せんせん【戦線】 fronte 男
ぜんせん【戦前】 anteguerra 男
ぜんせん【前線】 fronte 男, prima linea 女 ◆温暖～ fronte caldo 男/寒冷～ fronte freddo 男
ぜんぜん【全然】 non... affatto, niente affatto
せんぞ【先祖】 antenato(a) 男(女)
せんそう【戦争】 guerra 女
ぜんそう【前奏】 introduzione 女; (イントロ) introduzione 女 ◆～曲 preludio 男; (オペラ・バレエなどの)ouverture 女
ぜんそく【喘息】 asma 女
ぜんそくりょく【全速力】 ―～で a tutta velocità, alla massima velocità
センター (施設)centro 男, istituto; (位置)centro 男 ◆～ライン (道)(linea di) mezzeria 女
ぜんたい【全体】 tutto 男, intero 男, totalità 女 ―～の tutto, intero / ～に generalmente
ぜんだいみもん【前代未聞】 ―～の inaudito, senza precedenti
せんたく【洗濯】 bucato 男, lavaggio 男 ―～する fare il bucato, lavare (i panni) ◆～機 lavatrice 女/～物 bucato 男/～屋 lavanderia 女
せんたく【選択】 scelta 女 ―～する scegliere ◆～科目 materia facoltativa 女
せんたん【先端】 punta 女, estremità 女 ◆～技術 tecnologia avanzata 女
ぜんち【全治】 guarigione completa 女
ぜんちし【前置詞】 preposizione 女
センチメートル centimetro 男
センチメンタル ―～な sentimentale
せんちょう【船長】 capitano 男
ぜんちょう【全長】 lunghezza totale 女
ぜんちょう【前兆】 presagio 男; (印) segno 男; (病などの)sintomo 男
ぜんてい【前提】 premessa 女 ◆～条件 precondizione 女
せんでん【宣伝】 pubblicità 女 ―～する fare pubblicità
せんてんてき【先天的】 ―～な innato; (遺伝的)congenito
せんど【鮮度】 freschezza 女
ぜんと【前途】 avvenire 男, futuro 男

せんとう【先頭】 testa 女 ―皆の～に立つ mettersi alla testa di tutti
せんとう【戦闘】 battaglia 女, combattimento 男 ◆～機 caccia 男
せんとう【銭湯】 bagno pubblico 男
せんどう【先導】 ―～する guidare, condurre
せんどう【扇動】 provocazione 女 ―～する istigare, agitare
セントバーナード (犬)sanbernardo
セントラルヒーティング riscaldamento centralizzato 男
せんにゅうかん【先入観】 preconcetto 男, pregiudizio 男
せんにん【任命】 (役職の)incarico 男, nomina 女 ―～する nominare, eleggere
ぜんにん【善人】 persona buona 女
ぜんにんしゃ【前任者】 predecessore (a) 男(女)
せんぬき【栓抜き】 apribottiglie 男; (コルクの)cavatappi 男
せんねん【専念】 ―…に～する darsi a..., occuparsi di..., dedicarsi a...
ぜんねん【前年】 anno precedente 男
せんのう【洗脳】 lavaggio del cervello 男 ―～する fare il lavaggio del cervello
ぜんのう【全能】 onnipotenza 女
せんばい【専売】 monopolio 男 ◆～特許 brevetto 男
せんぱい【先輩】 (目上)anziano(a) 男(女); (上級生)studente(essa) di un corso superiore 男(女)
せんぱく【浅薄】 ―～な superficiale
せんばつ【選抜】 ―～する selezionare, scegliere
せんぱつ【先発】 ―～する partire prima ◆～隊 gruppo partito prima 男
せんばん【旋盤】 tornio 男
ぜんはん【前半】 prima metà 女; (試合などの)primo tempo 男
ぜんぱんてき【全般的】 ―～な generale / ～に generalmente, in generale nell'insieme, nel complesso
せんび【船尾】 poppa 女
ぜんぶ【全部】 tutto 男, complesso 男; (同質のもの)insieme 男 ―～で (合計)in tutto, in totale
ぜんぶ【前部】 parte anteriore 女
せんぷうき【扇風機】 ventilatore 男
せんぷく【潜伏】 latitanza 女; (病気の)latenza 女 ―～する nascondersi ◆～期間 incubazione 女
ぜんぶん【全文】 intero testo 男
せんべつ【餞別】 regalo d'addio 男
せんぽう【先方】 l'altra parte 女, controparte 女
せんぼう【羨望】 invidia 女, gelosia 女
ぜんぽう【前方】 ―～に avanti; (位置) davanti, di fronte / ～を見る guardare avanti / 50メートル～ 50 metri (più)

ぜんまい【発条】 molla 囡
せんむ【専務】 (取締役)diret*tore(trice)* generale 男
せんめい【鮮明】 (輪郭が)nitido; (色・音・記憶などが)chiaro
ぜんめつ【全滅】 distruzione totale 囡 ― ～する essere completamente distrutto
せんめん【洗面】 ― ～する lavarsi la faccia ◆～器 catinella 囡 / ～所 bagno 男
せんめん【前面】 davanti 男, fronte 囡; (建物の)facciata 囡
ぜんめんてき【全面的】 ― ～な totale, completo / ～に totalmente, interamente
せんもん【専門】 specializzazione 囡; (分野)il PROPRIO campo 男 ― ～的な specializzato, professionale ◆～家 specialista 男女, esperto(a) 男(囡) / ～学校 corso di formazione professionale 男
ぜんや【前夜】 (祭りの)vigilia 囡 ― …の～ la notte prima di... 囡
せんやく【先約】 impegno precedente 男 ― 今夜は～があります Per stasera sono già impegnato.
せんゆう【占有】 possesso 男, [法]occupazione 囡 ― ～する possedere, avere il possesso (di) ◆市場～率 quota di mercato 囡
せんよう【専用】 ― ～の apposito / …～の riservato a...
せんよんひゃくねんだい【1400年代】 Quattrocento 男
せんりつ【旋律】 melodia 囡
せんりつ【戦慄】 brivido 男
ぜんりつせん【前立腺】 prostata 囡
せんりゃく【戦略】 strategia 囡, stratagemma 男
せんりょう【染料】 tinta 囡; (食品用)colorante 男
せんりょう【占領】 ― ～する occupare ◆～軍 esercito d'occupazione 男
ぜんりょう【善良】 ― ～な buono; (正直な)onesto
ぜんりょく【全力】 ― ～を尽くす fare ogni sforzo, fare del PROPRIO meglio
せんれい【洗礼】 battesimo 男 ◆～名 nome di battesimo 男
ぜんれい【前例】 precedente 男 ― ～のない senza precedenti, straordinario
ぜんれつ【前列】 fila davanti 囡 ◆最～ prima fila 囡
せんれん【洗練】 ― ～された raffinato, sofisticato
せんろ【線路】 binario 男

そ

そあく【粗悪】 ― ～な cattivo; (不出来)grossolano
そう (同意・肯定)sì, così ― ～, そのとおり Esattamente. | Proprio così. / ～すると allora, se è così / ～いうわけだから sicché, in questo caso, stando così le cose / ～でなければ altrimenti / ～大きくない(それほど)Non è molto [tanto] grande.
そう【層】 strato 男; (階層)classe 囡, ceto 男
そう【相】 apparenza 囡, aspetto 男; (人相)fisionomia 囡
そう【僧】 bonzo 男, monaco 男
そう【添う】 (付き添う)accompagnare; (応える)rispondere (a), accondiscendere (a) ― 期待に～ rispondere alle aspettative
そう【沿う】 ― …に沿って, …沿いに lungo...; (平行に)parallelamente a...
ぞう【象】 elefante 男
ぞう【像】 (立体)statua 囡; (平面・空想)immagine 囡
そうあん【草案】 schema 男, abbozzo 男
そうい【相違】 differenza 囡; (見解の)discordanza 囡
そうい【創意】 ― ～に富んだ inventivo, ricco di idee originali
そううつびょう【躁鬱病】 ― ～の maniaco-depressivo, affetto da disturbo bipolare
ぞうお【憎悪】 odio 男
そうおう【相応】 ― ～の (妥当な)adeguato; (ふさわしい)appropriato
そうおん【騒音】 rumore 男 ◆～公害 inquinamento acustico 男
そうか【増加】 aumento 男, crescita 囡, accrescimento 男 ― ～する aumentare, crescere / ～させる accrescere ◆～率 tasso di accrescimento [crescita] 男
ぞうか【造花】 fiore artificiale 男
そうかい【総会】 assemblea generale 囡
そうがく【総額】 somma 囡, totale 男
そうかつ【総括】 (要旨)riassunto 男; (統合)sintesi 囡 ― ～する riassumere, sintetizzare
そうかん【創刊】 nuova pubblicazione 囡, fondazione (di una rivista) 囡 ◆～号 primo numero 男
そうがんきょう【双眼鏡】 binocolo 男
そうき【早期】 fase [stadio] iniziale 囡(男)
そうぎ【葬儀】 funerale 男; (カトリックの)esequie 囡複
ぞうき【臓器】 organi interni 男複 ◆～移植 trapianto di organi 男
ぞうきばやし【雑木林】 bosco di alberi da legna 男
そうぎょう【操業】 lavoro 男 ― ～を短縮する ridurre la produzione
そうきょくせん【双曲線】 iperbole 囡
そうきん【送金】 rimessa 囡; (支払い)invio di denaro 男; (振り込み)versa-

ぞうきん【雑巾】 straccio 男 ―～する fare una rimessa

ぞうきん【雑巾】 straccio 男

そうぐう【遭遇】 incontro inaspettato 男 ―～する incontrare, imbattersi (in)

ぞうげ【象牙】 avorio 男

そうけい【総計】 totale 男, somma totale 女

ぞうけいびじゅつ【造形美術】 arti plastiche 女複

そうげん【草原】 prateria 女; (牧草地) prato 男

そうこ【倉庫】 magazzino 男

そうご【相互】 ―～の reciproco, mutuo / ―～に reciprocamente

そうごう【総合】 sintesi 女 ―～する sintetizzare ◆～大学 università 女 / ～病院 policlinico 男

そうこうきょり【走行距離】 chilometraggio 男

そうごん【荘厳】 ―～な solenne

そうさ【捜査】 investigazione (criminale) 女 ―～する investigare ◆～令状 mandato di perquisizione 男

そうさ【操作】 manovra 女, operazione 女 ―～する manovrare

そうさい【総裁】 presidente 男女; (中央銀行の) governat*ore*(*trice*) 男女

そうさい【相殺】 ―～する compensare

そうざいや【惣菜屋】 rosticceria 女

そうさく【創作】 creazione 女; (新たな) invenzione 女 ―～する creare, inventare

そうさく【捜索】 ―～する ricercare

そうじ【掃除】 pulizia 女 ―～する pulire, fare le pulizie ◆～機 aspirapolvere 男

そうしき【葬式】 funerale 男

そうじしょく【総辞職】 dimissioni di massa 女複 ―～する dimettersi collettivamente

そうしつ【喪失】 perdita 女 ―～する perdere ◆記憶～ amnesia 女

そうしゃ【走者】 corridore 男

そうじゅう【操縦】 guida 女, manovra 女 ―～する guidare, manovrare; (飛行機を) pilotare ◆～士 pilota 男女

そうじゅく【早熟】 ―～な precoce

そうしゅん【早春】 inizio della primavera 男

ぞうしょ【蔵書】 biblioteca 女

そうしょく【装飾】 decorazione 女, ornamento 男 ―～する decorare, ornare ◆～音 ornamento 男 / 室内～ decorazione d'interni 女

そうしん【送信】 *trasmissione* 女 ―～する trasmettere; [コン] inviare

ぞうしん【増進】 aumento 男, incremento 男

そうしんぐ【装身具】 bigiotteria 女

そうすう【総数】 totale 男

ぞうぜい【増税】 aumento delle tasse 男

そうせつ【創設】 costituzione 女, fondazione 女 ―～する creare, fondare

そうせんきょ【総選挙】 elezioni generali 女複

ぞうせんじょ【造船所】 cantiere (navale) 男; (軍・ヴェネツィアの) arsenale 男

そうそう【早々】 ―～に subito, immediatamente

そうぞう【創造】 creazione 女 ―～な creativo / ―～する creare

そうぞう【想像】 immaginazione 女 ―～上の immaginario / ―～する immaginare, figurarsi

そうぞうしい【騒々しい】 rumoroso, chiassoso; (不穏な) turbolento

そうぞく【相続】 eredità 女, successione 女 ―～する ereditare ◆～税 imposta di successione 女 / ～人 erede 男女

そうそふ【曾祖父】 bisnonno 男

そうそぼ【曾祖母】 bisnonna 女

―そうだ (…らしい) sembrare, parere; (伝聞) dicono che + 直説 ―雨が降り～ Sembra che stia per piovere.

そうたい【相対】 ―～的な relativo / ―～的に relativamente ◆～評価 valutazione relativa 女

そうたい【早退】 ―学校[仕事]を～する uscire di scuola [dall'ufficio] prima dell'ora fissata

そうだい【総代】 rappresentante 男女

そうだい【壮大】 ―～な grandioso, magnifico

ぞうだい【増大】 aumento 男 ―～する aumentare, incrementare

そうだん【相談】 consultazione 女 ―…に～する parlare con...; (専門家に) consultare...

そうち【装置】 dispositivo 男, apparecchio 男

ぞうちく【増築】 ―建物[家]を～する ampliare un fabbricato [una casa]

そうちょう【総長】 rett*ore*(*trice*) 男(女) ◆事務～ segretario generale 男

そうちょう【早朝】 ―～に di buon'ora, al mattino presto / ～から dal primo mattino

そうてい【想定】 supposizione 女 ―～する supporre

ぞうてい【贈呈】 dono 男, omaggio 男 ◆～式 cerimonia della consegna (di)

そうとう【相当】 ―～する (等価) essere equivalente (a); (対応する) corrispondere (a) / ―～な[の] (かなりの) considerevole; (充分な) sufficiente / ―～に abbastanza; (非常に) assai

そうどう【騒動】 agitazione 女; (暴動) sommossa 女

そうなん【遭難】 incidente 男, disastro 男, sinistro 男; (船の) naufragio 男 ◆～者 vittima 女, naufrag*o*(*a*) 男(女)

そうにゅう【挿入】 ―～する inserire

そうば【相場】 prezzo corrente 男; (為替)cambio 男; (株価)quotazione 女

そうび【装備】 equipaggiamento 男; (武器)armamento 男

そうふ【送付】 invio 男; (手紙・小包)spedizione 女; (金銭)rimessa 女 ――する inviare ◆～先 destinatario(a) 男(女)/～者 mittente 男

そうふくき【増幅器】 amplificatore 男

そうべつかい【送別会】 festa d'addio 女

そうほう【双方】 tutti e due 男複,tutte e due 女複, ambedue 男複,女複

そうむぶ【総務部】 ufficio degli affari generali 男

そうめい【聡明】 ――～な intelligente, sagace

ぞうもつ【臓物】 frattaglie 女複, interiora 女複; (鳥の)rigaglie 女複

ぞうよ【贈与】 dono 男; 〔法〕donazione 女 ――する donare ◆～税 imposta sulle donazioni 女

そうらん【騒乱】 disordine sociale, tumulto 男

そうりだいじん【総理大臣】 primo ministro 男

そうりつ【創立】 fondazione 女 ――する fondare, istituire ◆～者 fondatore(trice) 男女

そうりょ【僧侶】 bonzo 男, monaco 男

そうりょう【送料】 spese di spedizione 女複; (郵便)tariffa postale 女

そうりょうじ【総領事】 console generale 男 ◆～館 consolato generale 男

そうれい【壮麗】 ――～な magnifico, splendido

そうわ【挿話】 episodio 男

ぞうわい【贈賄】 bustarella 女

そえる【添える】 (添付)corredare; (付加)aggiungere; (同封)allegare

ソース salsa 女, sugo 男

ソーセージ salsiccia 女 ◆フランクフルト～ salsiccia di Francoforte 女

ソーダ soda 女, selz 男

ゾーン zona 女

そがい【疎外】 alienazione 女, allontanamento 男 ――する alienare, emarginare

そく【足】 paio ――靴1～ un paio di scarpe

ぞくあく【俗悪】 ――～な volgare; (言動が)triviale

そくい【即位】 salita al trono 女, intronizzazione 女

ぞくご【俗語】 slang 男, espressione corrente 女, colloquialismo 男

そくざ【即座】 ――～に immediatamente

そくし【即死】 ――～する morire sul colpo

そくしん【促進】 ――～する promuovere

ぞくする【属する】 appartenere 《a》

ぞくせい【属性】 attributo 男

そくせき【即席】 ――～の istantaneo; (即興)improvvisato

ぞくぞく ――～する(悪寒・緊張)avere i brividi; (喜びのあまり)fremere di gioia

そくたつ【速達】 espresso 男

そくてい【測定】 ――～する misurare

そくど【速度】 velocità 女 ――時速100キロの～で alla velocità di 100 chilometri all'ora ◆～標語〔音〕indicazione del tempo 女

そくばい【即売】 vendita sul posto 女

そくばく【束縛】 ――～する legare; (拘束する)vincolare; (自由を奪う)restringere

ぞくはつ【続発】 ――～する accadere uno(a) dopo l'altro(a); 〔3人称複数で〕succedersi

ぞくぶつ【俗物】 persona volgare 女

そくぶつてき【即物的】 ――～な pratico, realistico / ～なものの考え方 opinioni basate sulla realtà dei fatti 女複

そくほう【速報】 annuncio immediato 男, notiziario flash 男

そくめん【側面】 lato 男, fianco 男

そくりょう【測量】 misurazione 女 ――～する misurare ◆～技師 geometra 男女

そくりょく【速力】 velocità 女

ソケット (電球の)portalampada 男; (プラグの)presa 女

そこ là, lì

そこ【底】 fondo 男; (靴の)suola 女

そこい【底意】 secondo fine 男, intenzione celata 女

そこいじ【底意地】 ――～の悪い perfido, malizioso

そこそこ ――挨拶も～に立ち去る andarsene subito dopo aver salutato

そこぢから【底力】 energia latente [potenziale] 女 ――～のある ad alto potenziale

そこで (その時)in quel momento, allora; (その場合)in tal caso; (それゆえ)perciò, di conseguenza; (その後)subito dopo

そこなう【損なう】 rovinare, danneggiare ――健康を～ rovinarsi la salute

そこなし【底無し】 ――～に飲む bere smisuratamente / ～の sfondato; (甚だしい)estremo

そこね【底値】 quotazione minima 女, prezzo più basso 男

そこびえ【底冷え】 ――～がする Fa un freddo penetrante.

そこびきあみ【底引き網】 rete a strascico 女

そざい【素材】 materia 女; (原料)materiale 男

そし【阻止】 ――～する(遮断する)bloccare; (妨げる)impedire, ostacolare

そしき【組織】 organizzazione 女; (社会の)tessuto sociale 男; (生物の)tes-

そすと 男 ― ～的な sistematico / ～する organizzare
そしつ【素質】disposizione 女, stoffa 女 ― ～がある avere la stoffa (di)
そして e, poi
そしゃく【咀嚼】 ― ～する masticare; (理解する) digerire, comprendere
そしょう【訴訟】causa 女 ― ～を起こす fare causa (a)
そしょく【粗食】pasto frugale 男
そしる【謗る】parlare male (di), sparlare (di), diffamare
そせん【祖先】antenato(a) 男 女
そそぐ【注ぐ】(液体を)versare; (川が)sboccare in; (注意を)concentrarsi
そそっかしい sventato, sbadato
そそのかす【唆す】sedurre, indurre
そそりたつ【そそり立つ】ergersi; (垂直に)elevarsi a picco
そだち【育ち】 ― ～がよい[悪い](成育状態)crescere bene [male]; (出自)essere di buona famiglia [umili origini]
そだつ【育つ】crescere
そだて【育て】 ― ～の親 genitori adottivi 男
そだてる【育てる】allevare; (子供を)crescere; (栽培)coltivare
そち【措置】provvedimento 男, misura 女
そちら là, lì ― ～から出て下さい Uscite di lì.
そつ ― ～のない irreprensibile, impeccabile; (完璧な)perfetto
そっき【速記】stenografia 女
そっきょう【即興】improvvisazione 女 ◆ ～曲 pezzo improvvisato 男
そつぎょう【卒業】laurea 女, diploma 男 ― ～する laurearsi, diplomarsi; (小[中]学校)prendere la licenza elementale [media] ◆ ～証書 diploma (di laurea, di maturità) 男 / ～生 laureato(a) 男 女, diplomato(a) 男 女 / ～論文 tesi di laurea 女
ソックス (女性用)calze corte 女複; (男性・子供用)calzini 男複
そっくり (酷似)tale e quale; (全部)tutto, interamente
そっけない【素っ気無い】(冷淡な)secco, freddo; (ぶっきらぼうな)brusco, burbero
ぞっこう【続行】continuazione 女 ― ～する continuare
そっこうじょ【測候所】osservatorio meteorologico 男
そっせん【率先】 ― ～して…する prendere l'iniziativa per...
そっちゅう【卒中】apoplessia 女
そっちょく【率直】 ― ～な franco, schietto / ～に francamente
そって【沿って】lungo...
そっと (静かに)in silenzio; (注意して)con cura; (ひそかに)di nascosto
ぞっと ― ～する rabbrividire
そっとう【卒倒】svenimento 男 ― ～する svenire
そつろん【卒論】tesi di laurea 女
そで【袖】manica 女
ソテー sauté 男, saltato 男 ― ～する saltare / ～した saltato
そと【外】esterno 男 ― ～で[に] fuori / ～の esteriore
そとがわ【外側】parte esterna 女
そとづら【外面】― 彼は～がいい È gentile con gli estranei.
そとまわり【外回り】circonferenza 女 ― ～をする(外勤)visitare i clienti
そなえ【備え】(防備)difesa 女; (準備)preparazione 女; (蓄え)provvista 女
そなえる【備える】(準備)prepararsi (a,per); (装備)provvedere, attrezzare
ソナタ sonata 女
その quello; (既知の)il [la]; (所有形容詞)suo
そのうえ【その上】inoltre, per di più
そのうち【その内】fra poco; (いつか)un giorno
そのかわり【その代り】― ～に (逆に)invece; (引き換えに)in cambio; (代償に)in compenso
そのくせ【その癖】malgrado ciò, ciò nonostante, eppure
そのご【その後】poi, dopo, da allora
そのころ【その頃】allora, a quei tempi
そのた【その他】eccetera, ed altri; 〔略〕ecc., et al.
そのため【その為】― ～に (結果)perciò, quindi; (原因)a causa di ciò
そのつど【その都度】ogni volta, in ogni occasione
そのとおり【その通り】― ～です Esatto!
そのとき【その時】in quel momento, allora
そのば【その場】― ～で sul luogo; (直ちに)immediatamente, sul posto; (即席で)estemporaneamente, su due piedi
そのひ【その日】quel giorno
そのへん【その辺】― ～に[で] là, lì; (周辺)lì vicino, nelle vicinanze
そのまま ― ～にしておく (あるがまま)lasciare così com'è; (触れずに)conservare intatto / ～お待ち下さい (電話)Rimanga in linea.
そのもの【その物】― 彼は親切～だ È la gentilezza fatta persona.
そば【傍】― …の～に accanto a..., a fianco di...
そば【蕎麦】(植物)grano saraceno 男; (食物)spaghetti di grano saraceno 男複
そばかす【雀斑】lentiggini 女複
そびえる【聳える】(塔のように)torreggiare; (建物・山が)innalzarsi
そふ【祖父】nonno 男
ソファー divano 男
ソフト ― ～な (柔らかい)molle, morbi-

ソフトウエア do; (性格が)affabile; (物腰が)garbato
ソフトウエア software 男
ソフトクリーム gelato soft 男
ソフトボール softball 男
そふぼ【祖父母】 nonni 男複
ソプラノ (声域)soprano 男; (歌手)soprano 男女; (パート)parte di soprano 女
そぶり【素振り】 gesto 男, atteggiamento 男
そぼ【祖母】 nonna 女
そぼく【素朴】 ～な (単純な)semplice; (ありのままの)naturale
そまつ【粗末】 ～な (みすぼらしい)povero; (上等でない)umile / ～な食事 pasto umile 男
ソマリア Somalia 国名(女) ～のsomalo
そむく【背く】 (背反)disubbidire; (裏切り)tradire
そむける【背ける】 (目を)distogliere; (顔を)voltarsi
ソムリエ sommelier 男女
そめる【染める】 tingere
そもそも (最初からの)dall'inizio; (第一に)in primo luogo, prima di tutto; (本質的に)essenzialmente
そや【粗野】 ～な rozzo, rude
そよう【素養】 (base di) conoscenza 女; (教養)cultura 女
そよかぜ【微風】 venticello 男, brezza 女
そよぐ tremare
そよそよ ～と風が吹く Soffia dolcemente un venticello.
そら【空】 cielo 男 ～色の celeste, azzurro celeste / ～で言う recitare a memoria
そらす【逸らす】 ～…から目を～ distogliere lo sguardo da...
そらまめ【空豆】 fava 女
そらみみ【空耳】 ～私の～だった Mi è sembrato di averlo sentito, ma mi sbagliavo.
そらもよう【空模様】 aspetto del cielo 男
そり【橇】 slitta 女
そる【反る】 curvarsi, piegarsi
そる【剃る】 radere, rasare
それ quello(a) 男(女)
それいらい【それ以来】 da allora
それから (その後)poi; (それ以来)da allora; (そして)e
それきり ～私は～彼女に電話していない Da allora non le ho più telefonato.
それくらい【それ位】 ～～のことで per una cosa così futile
それぞれ rispettivamente; (個別に)separatamente / ～の ogni, ciascuno
それだけ ～～はごめんだ Questo assolutamente no! / 君が言いたいのは～か È tutto qui quello che vuoi dire?
それで ebbene, dunque
それでは allora, bene

それでも ma, tuttavia, eppure
それどころか anzi; (逆に)al contrario
それとなく indirettamente
それとも o, oppure
それなら allora; (その場合は)in tal caso
それに e, e poi; (その上)inoltre
それにしても malgrado tutto, con tutto ciò
それはそうと a proposito
それまで fino a quel momento
それる【逸れる】 deviare, sviarsi; (弾丸などが)mancare
ソロ solo 男 ◆～曲 assolo 男
ぞろい【揃い】 ～の uniforme, uguale
そろう【揃う】 essere al completo; (人が)radunarsi tutti
そろえる【揃える】 raccogliere, preparare; (整頓)mettere in ordine; (程度を)rendere uguale
そろそろ (ゆっくり)lentamente, piano; (静かに)con calma; (やがて)fra poco
そろばん【算盤】 abaco 男
ソロモンしょとう【～諸島】 (Isole) Salomone 国名(女複)
そわそわ ～～する (興奮)agitarsi; (緊張)innervosirsi
そん【損】 (損失)perdita 女; (不利益)svantaggio 男 ～～する perdere, rimetterci
そんがい【損害】 danno 男 ◆～額 ammontare dei danni 男 / ～賠償 risarcimento 男 / ～保険 assicurazione contro i danni 女
そんけい【尊敬】 rispetto 男, stima 女 ～～する stimare, rispettare
そんげん【尊厳】 dignità 女
そんざい【存在】 esistenza 女 ～～する esistere, esserci
ぞんざい ～～な (物の出来が)grossolano; (人の態度が)rude
そんしつ【損失】 perdita 女 ～～を被る subire una perdita
そんしょう【損傷】 danno 男
そんぞく【存続】 persistenza 女 ～～する continuare a esistere, rimanere
そんだい【尊大】 ～～な arrogante
そんちょう【村長】 sindaco (di un villaggio) 男, capovillaggio 男
そんちょう【尊重】 ～～する rispettare
そんとく【損得】 perdita 女 e guadagno 男 ～～ずくで per interesse
そんな tale; (類似の)simile
そんなに così, non molto ～～まで fino a tal punto / 私はサッカーに～興味がない Non sono molto interessato al calcio.
ぞんぶん【存分】 ～～に a volontà; (嫌というほど)a sazietà; (好きなだけ)a piacere
そんみん【村民】 abitante di un villaggio 男女

た

た【田】 campo di riso 男, risaia 女
た【他】 ―の altro, diverso
ダース dozzina 女
ダーダネルスかいきょう【―海峡】 Stretto dei Dardanelli 固名(男)
ダーツ darts 男複, gioco delle freccette 男
タートルネック collo alto 男
ダービー derby
ターピン turbina 女
ターボジェット turbogetto 男
ターミナル terminal 男, capolinea 男 ◆～ビル (空港の)aerostazione 女
ターン virata 女
たい【鯛】 dentice 男, orata 女
タイ (同点)pari 男, parità 女
タイ (国)T(h)ailandia 固名(女) ―～のt(h)ailandese ◆～語 t(h)ailandese 男/～人 t(h)ailandese 男女
-たい【対】 ―3－0で勝つ vincere (per) tre a zero
だい【代】 ―1970年～に negli anni settanta
だい【題】 titolo 男
だい【台】 (支え)appoggio 男; (台座)piedistallo 男, base 女
だい【大】 ―…の(大きさ)grande come…/ ―の…好きである(ファン)fare il tifo per…
たいあたり【体当たり】 spallata 女 ―～する lanciarsi contro
タイアップ cooperazione 女
たいあん【対案】 controproposta 女
たいい【大意】 ―～をとらえる capire [intendere] a grandi linee
たいいく【体育】 educazione fisica 女 ◆～館 palestra 女
だいいち【第一】 ―～の primo
たいいん【退院】 ―～する lasciare l'ospedale
たいえき【退役】 pensionamento 男 ―～する andare in pensione, ritirarsi
ダイエット dieta 女 ―～する mettersi a dieta
たいおう【対応】 ―～する corrispondere (a), rispondere (a)
ダイオキシン diossina 女
たいおん【体温】 temperatura 女 ◆～計 termometro clinico 男
たいか【退化】 regresso 男, regressione 女 ―～する regredire
たいか【大家】 autorità 女; (巨匠)gran maestro 男
たいか【耐火】 ―～の ignifugo
たいかい【大会】 congresso 男, assemblea generale 女
たいがい【大概】 generalmente, in genere
たいかく【体格】 corporatura 女, fisico 男

たいがく【退学】 ―～する lasciare la scuola
だいがく【大学】 università 女 ―～の universitario ◆～院 corso di perfezionamento 男
たいき【大気】 aria 女, atmosfera 女 ◆～汚染 inquinamento atmosferico 男
だいぎし【代議士】 deputato(a) 男(女)
だいぼ【大規模】 ―～な su larga scala
たいきゃく【退却】 ritirata 女 ―～する ritirarsi
たいきゅうせい【耐久性】 durata 女; (強さ)resistenza 女
たいきょ【退去】 evacuazione 女
たいきん【大金】 somma ingente 女
だいきん【代金】 prezzo 男
だいく【大工】 carpentiere(a) 男(女)
たいぐう【待遇】 trattamento 男
たいくつ【退屈】 noia 女 ―～な noioso / ―～する annoiarsi (di)
たいぐん【大群】 ―…の～ gran numero di…
たいけい【体系】 sistema 男
たいけい【体形】 proporzione fisica 女
だいけい【台形】 trapezio 男
たいけつ【対決】 ―～する affrontare
たいけん【体験】 ―～する fare esperienza (di), provare in prima persona
たいげん【体現】 concretizzazione 女, realizzazione 女
たいげんそうご【大言壮語】 fanfaronata 女
たいこ【太鼓】 tamburo 男 ◆大～ grancassa 女
たいこう【対抗】 ―～する opporsi (a), competere (con)
だいこう【代行】 ―～する supplire ◆～者 sostituto(a) 男(女), procuratore(trice) 男(女)
たいこく【大国】 grande paese 男
だいこん【大根】 rafano bianco [giapponese] 男, daikon 男
たいざい【滞在】 soggiorno 男 ―～する soggiornare ◆～許可 permesso di soggiorno 男
だいざい【題材】 materia 女; (主題)soggetto 男
たいさく【対策】 provvedimento 男, misura 女 ―～を講じる prendere provvedimenti
だいさん【第三】 ―～の terzo ◆～者 terzo 男, terzi 男複
たいし【大使】 ambasciatore 男 ◆～館 ambasciata 女
たいじ【胎児】 feto 男
たいじ【退治】 soggiogamento 男, sterminio 男
だいじ【大事】 ―～な importante
ダイジェスト (要約)riassunto 男;

compendio 男 ◆〜版 edizione ridotta 女
たいした【大した】 grande, eccezionale ——〜ことではない Non è un granché.
たいしつ【体質】 costituzione 女
たいして【対して】 ——…に〜 (向かって)verso..., con...; (反対して)contro...; (関して)nei confronti di...
たいして【大して】 ——〜…ない non... molto, non... tanto
たいしゃ【代謝】 metabolismo 男
たいしゃくたいしょうひょう【貸借対照表】 bilancio di esercizio 男
たいしゅう【大衆】 popolo 男, massa 女 ——〜的な popolare
たいじゅう【体重】 peso 男 ◆〜計 bilancia pesapersone 女
たいしゅつ【退出】 ——〜する lasciare, uscire (da)
たいしょう【対称】 simmetria 女
たいしょう【対照】 contrasto 男; (比較)confronto 男 ——〜する confrontare, paragonare / ——的に in contrasto (con)
たいしょう【対象】 oggetto 男
たいしょう【大将】 (陸軍・空軍)generale (d'armata) 男; (海軍)ammiraglio (d'armata) 男
たいしょう【退場】 (処分)espulsione 女 ——〜させる espellere / ——〜する uscire (di scena)
だいしょう【代償】 compenso 男
だいじょうぶ【大丈夫】 ——〜である (安全)essere al sicuro; (信頼できる)essere degno di fiducia / ——ですか? (気分はどうか)Si sente bene?; (けがはないか)Si è fatto male?
たいしょく【退職】 ——〜する lasciare il lavoro
たいしん【耐震】 ——〜の antisismico
たいじん【退陣】 dimissioni 女複, ritirata 女
だいじん【大臣】 ministro 男
だいず【大豆】 soia 女
たいすい【耐水】 ——〜の impermeabile
たいすう【対数】 logaritmo 男
だいすう【代数】 algebra 女
だいすき【大好き】 ——〜である adorare, amare molto
たいする【対する】 ——…に〜 a..., per...
たいせい【体制】 sistema 男, struttura 女
たいせい【大勢】 ——〜に従う seguire la tendenza generale
たいせい【態勢】 posizione 女
だいせいどう【大聖堂】 duomo 男
たいせいよう【大西洋】 (Oceano) Atlantico 固名(男)
たいせき【体積】 volume 男
たいせき【退席】 ——〜する andarsene
たいせき【堆積】 accumulo 男, sedimentazione 女
たいせつ【大切】 ——〜な importante, caro
たいせん【対戦】 ——〜する giocare (contro), battersi (con)
たいそう【大層】 molto ——〜な grande, straordinario
たいそう【体操】 ginnastica 女; (競技)ginnastica artistica 女
だいそれた【大それた】 (大胆)audace, temerario; (非常識)insensato
たいだ【怠情】 ozio 男 ——〜な pigro
だいたい【大体】 la maggior parte (di); (おおよそ)più o meno, in genere
だいだいてき【大々的】 ——〜に su larga scala
だいたすう【大多数】 maggioranza 女
だいだん【対談】 ——〜する avere un colloquio (con)
だいたん【大胆】 ——〜な audace, temerario
だいち【大地】 terra 女
だいち【台地】 pianoro 男
たいちょう【体調】 condizioni fisiche 女複 ——〜がよい essere in forma
たいちょう【隊長】 comandante 男
たいちょう【大腸】 intestino crasso 男
タイツ calzamaglia 女
たいてい【大抵】 di solito, quasi sempre
たいど【態度】 comportamento 男, atteggiamento 男
たいとう【対等】 ——〜な uguale
だいどうみゃく【大動脈】 aorta 女
だいとうりょう【大統領】 presidente 男
だいどころ【台所】 cucina 女
だいとし【大都市】 grande città 女, metropoli 女
タイトル titolo 男
だいなし【台無し】 ——〜にする rovinare
ダイナマイト dinamite 女
ダイナミック ——〜な dinamico
だいに【第二】 ——〜の secondo
たいにん【退任】 ——〜する ritirarsi
ダイニングキッチン cucina all'americana 女, cucina-tinello 男
たいねつ【耐熱】 ——〜の resistente al calore
だいのう【大脳】 cervello 男
ダイバー sommozzatore(trice) 男(女)
たいはい【退廃】 decadenza 女 ——〜する decadere
たいばつ【体罰】 pena corporale 女
たいはん【大半】 la maggior parte 女, gran parte 女
たいひ【堆肥】 letame 男
たいひ【待避】 ——〜する mettersi al riparo
だいひょう【代表】 rappresentante 男女 ——〜的な rappresentativo / ——〜する rappresentare ◆〜取締役 amministratore(trice) delegato(a) 男(女)
タイピン spilla da cravatta 女
ダイビング tuffo 男

タイプ （型）tipo 男; （ジャンル・種類）genere 男

だいぶ【大分】 molto, abbastanza

だいふう【台風】 tifone 男

だいぶぶん【大部分】 la maggior parte 女

タイペイ【台北】 Taipei 固名(女)

たいへいよう【太平洋】 (Oceano) Pacifico 固名(男)

たいへん【大変】 （とても）molto, tanto ー～な（ひどい）terribile; （重大な）grave; （困難な）difficile; （多くの）un gran numero di / ～だ! Che guaio!

だいべん【大便】 feci 女複

たいほ【逮捕】 arresto 男, cattura 女 ー～する arrestare, catturare

たいほ【退歩】 regresso 男, regressione 女

たいほう【大砲】 cannone 男

たいぼう【待望】 ー～の molto atteso, tanto desiderato

だいほん【台本】 copione 男; （脚本）sceneggiatura 女; （歌劇の）libretto 男 ◆～作家 （歌劇の）librettista 男女

たいま【大麻】 canapa 女

タイマー timer 男, contaminuti 男

たいまん【怠慢】 ー～な negligente

タイミング tempismo 男

タイム （記録）tempo 男; （中断）time out 男

タイム （スパイス）timo 男

タイムリー ー～な opportuno

だいめい【題名】 titolo 男

だいめいし【代名詞】 pronome 男

たいめん【体面】 （世評）reputazione 女; （体裁）apparenza 女; （名誉）onore 男

タイヤ pneumatico 男, gomma 女

ダイヤ （ダイヤモンド）diamante 男; （列車の）orario 男; （トランプ）quadri 男複

ダイヤル （計器などの）manopola 女 ー～する（電話）comporre un numero di telefono

たいよ【貸与】 prestito 男 ー～する prestare

たいよう【太陽】 Sole 固名(男) ー～の solare ◆～エネルギー energia solare 女/～系 sistema solare 男/～電池 batteria 女/～光発電 produzione di energia solare 女

たいよう【大洋】 oceano 男

だいよう【代用】 ー～する（AをBで）sostituire A con B

たいら【平ら】 ー～な piano, piatto

たいらげる【平らげる】 mangiare tutto

だいり J代理】 sostituto(a) 男(女) ◆～店 agenzia 女

たいりく【大陸】 continente 男

だいりせき【大理石】 marmo 男

たいりつ【対立】 ー～する opporsi (a), essere opposto (a)

たいりょう【大量】 grande quantità 女 ◆～生産 produzione in serie 女

たいりょう【大漁】 pesca abbondante 女

たいりょく【体力】 forza fisica 女

タイル piastrella (di ceramica) 女

ダイレクトメール pubblicità a mezzo posta 女

だいろっかん【第六感】 sesto senso 男

たいわ【対話】 ー～する avere un dialogo (con)

たいわん【台湾】 Taiwan 固名(男), Formosa 固名(女) ー～の di Taiwan ◆～人 taiwanese 男女

たうえ【田植え】 trapianto del riso 男

ダウン （羽毛）piumino 男

ダウンロード download 男 ー～する scaricare

だえき【唾液】 saliva 女

たえず【絶えず】 sempre, costantemente

たえまない【絶え間ない】 ininterrotto, incessante, continuo

たえる【耐[堪]える】 sopportare, resistere (a)

たえる【絶える】 （絶滅）estinguersi

だえん【楕円】 ellisse 女 ー～形の ovale

たおす【倒す】 abbattere, rovesciare

タオル asciugamano 男

たおれる【倒れる】 cadere, crollare

たか【高】 ー～をくくる sottovalutare, prendere alla leggera, non fare caso (a)

たか【鷹】 falco 男

たかい【高い】 alto; （値段が）caro, costoso

たがい【互い】 ー～に reciprocamente

だかい【打開】 ー～する sormontare

たがく【多額】 ー～の… forte somma di...

たかさ【高さ】 altezza 女, altitudine 女

たかだい【高台】 altura 女

だがっき【打楽器】 strumento a percussione 男; （総称）percussioni 女複

たかとび【高跳び】 salto in alto 男

たかとび【高飛び】 ー～する scappare lontano / 外国に～する fuggire all'estero

たかなみ【高波】 ondata alta 女

たかね【高嶺】 ー私には～の花だ Per me è un sogno irrealizzabile.

たかのぞみ【高望み】 ー～する fare il passo più lungo della gamba

たかびしゃ【高飛車】 ー～な imperioso, autoritario

たかぶる【高ぶる】 ー神経が～ avere i nervi tesi

たかまる【高まる】 innalzarsi, salire, aumentare

たかみ【高み】 ー～の見物をする osservare come spettatore(trice)

たがやす【耕す】 coltivare, lavorare la terra

たから【宝】 tesoro 男 ◆～くじ lotteria 女/～探し caccia al tesoro 女

だから perciò, per cui
たかる〔群がる〕brulicare, riunirsi;〔せびる〕scroccare
-たがる ―…し〜 desiderare ardentemente + 不定詞, avere tanta voglia di + 不定詞
たかん【多感】 ―〜な sensibile
たき【滝】 cascata 女
だきあげる【抱き上げる】 prendere in braccio
たきぎ【薪】 legna da ardere 女
タキシード smoking 男
たぎてき【多義的】 ―〜な polisenso, polisemico;〔曖昧〕ambiguo
たきび【焚き火】 falò 男
だきょう【妥協】 ―〜する trovare [giungere a] un compromesso
たく【炊く】 cuocere
たく【焚く】 bruciare, accendere
だく【抱く】 abbracciare;〔かかえる〕tenere in braccio
たくえつ【卓越】 ―〜した eccellente, straordinario
たくさん【沢山】 ―〜の molto, tanto / もう〜だ Ne ho abbastanza.
タクシー tassì 男, taxi 男
たくじしょ【託児所】 asilo nido 男
たくす【託す】 affidare, incaricare
タクト bacchetta 女
たくはい【宅配】 consegna a domicilio 女
たくましい【逞しい】 〔肉体〕robusto;〔精神〕energico
たくみ【巧み】 ―〜な abile, ingegnoso
たくらみ【企み】 complotto 男, intrigo 男
たくらむ【企む】 complottare, cospirare
たくわえ【蓄え】 riserva 女, provvista 女;〔貯金〕risparmio 男 ―〜る〔保存〕conservare;〔節約〕risparmiare
たけ【竹】 bambù 男
たけ【丈】 statura 女, altezza 女
-だけ soltanto, solo, solamente
たけうま【竹馬】 trampoli 男複
だげき【打撃】 colpo 男, choc 男
だけつ【妥結】 intesa 女, accordo 男 ―〜する arrivare ad un accordo
たけのこ【筍】 germoglio di bambù 男
たこ【凧】 aquilone 男
たこ【蛸】 polpo 男
たこ【胼胝】 callo 男
だこう【蛇行】 ―〜する serpeggiare
たこくせき【多国籍】 ―〜の multinazionale
たごん【他言】 ―〜は無用に願います。Non lo riveli a nessuno!
たさい【多彩】 ―〜な multicolore;〔変化に富んだ〕vario
たさん【多産】 ―〜な fecondo, prolifico
ださんてき【打算的】 ―〜な interessato, calcolatore
だし【出し】 brodo 男
たしか【確か】 ―〜な certo, sicuro
たしかめる【確かめる】 assicurarsi;〔確認〕confermare;〔点検〕controllare
タジキスタン Tagikistan 国名（男） ―〜の tagiko, tagico, tagicco
たしざん【足し算】 addizione 女
たしなみ【嗜み】 〔趣味〕hobby 男;〔慎み〕pudore 男, buone maniere 女複
だしぬけ【出し抜け】 ―〜に improvvisamente, bruscamente
だしゃ【打者】 battitore(trice) 男(女)
だじゃれ【駄洒落】 freddura 女, gioco di parole banali 男
たしゅたよう【多種多様】 ―〜の vario
たしょう【多少】 un po'
たしょく【多色】 ―〜の policromo;〔色彩り〕policromatico
たじろぐ esitare, titubare
だしん【打診】 ―〜する〔医者が〕percuotere;〔意向を〕sondare
たす【足す】 aggiungere, (プラス) più
だす【出す】 tirare fuori;〔提出〕presentare;〔発行〕pubblicare;〔送付〕inviare, spedire
-だす〔-出す〕 ―…し〜 cominciare a + 不定詞, iniziare a + 不定詞, mettersi a + 不定詞
たすう【多数】 molti 男複;〔大部分〕maggioranza 女 ―〜の numeroso, molto ◆〜決 decisione a maggioranza 女
たすかる【助かる】 salvarsi, sopravvivere
たすけ【助け】 aiuto 男
たすけあう【助け合う】 aiutarsi
たすけおこす【助け起こす】 aiutare ad alzarsi, sollevare
たすける【助ける】 aiutare;〔救助〕salvare
たずねる【尋ねる】 chiedere, domandare
たずねる【訪ねる】 visitare
だせい【惰性】 inerzia 女;〔習慣〕forza dell'abitudine 女
たそがれ【黄昏】 crepuscolo 男
ただ【只】 ―〜で（無料）gratis
ただ【唯】 （単に）solo, soltanto
だだ【駄々】 ―〜をこねる fare le bizze, fare i capricci
だたい【堕胎】 aborto procurato 男 ―〜する abortire
ただいま【只今】 adesso, ora ―〜！〔挨拶〕Eccomi!
たたえる【称える】 lodare, elogiare
たたかい【戦[闘]い】 lotta 女;〔戦闘〕battaglia 女
たたかう【戦[闘]う】 lottare, combattere
たたきこわす【叩き壊す】 fracassare, mandare in frantumi
たたく【叩く】 battere;〔ドアを〕bussare
ただごと【只事】 ―これは〜ではない Questo è un caso eccezionale.

ただし【但し】 ma, però
ただしい【正しい】 corretto, esatto, giusto —彼は~ Ha ragione.
ただす【正す】 correggere
たたずむ【佇む】 soffermarsi
ただち【直ち】 —~に subito, immediatamente
ただばたらき【只働き】 —~する lavorare per uno stipendio irrisorio
たたむ【畳む】 piegare
ただもの【只者】 —あれは~ではない È una persona fuori dal comune.
ただよう【漂う】 galleggiare, fluttuare
たたり【祟り】 maledizione 囡
ただれる【爛れる】 infiammarsi
たち【質】 natura 囡, temperamento 男 —~の悪い冗談 scherzo di cattivo gusto 男
たちあがる【立ち上がる】 alzarsi
たちいりきんし【立入禁止】〔掲示〕Divieto d'ingresso [accesso]
たちうお【太刀魚】 pesce bandiera 男
たちおうじょう【立往生】 —~する trovarsi bloccato
たちぎき【立ち聞き】 —~する origliare
たちぐい【立ち食い】 —~する mangiare in piedi
たちさる【立ち去る】 andare via, andarsene
たちどまる【立ち止まる】 fermarsi
たちなおる【立ち直る】 riprendersi (da)
たちのく【立ち退く】 lasciare, andarsene
たちのぼる【立ち上る】 levarsi, elevarsi, innalzarsi
たちば【立場】 posizione 囡, situazione 囡; (観点)punto di vista
たちまち【忽ち】 in un attimo
たちみせき【立見席】 posto in piedi 男
たちむかう【立ち向かう】 affrontare
だちょう【駝鳥】 struzzo 男
たちよる【立ち寄る】 passare (da)
たつ【経つ】 passare
たつ【建つ】 essere costruito, sorgere
たつ【発つ】 partire
たつ【立つ】 alzarsi; (立っている)stare in piedi
たつ【断つ】 (切る)tagliare, troncare; (やめる)smettere di + 不定詞
たつ【裁つ】 tagliare
だついじょ【脱衣所】 spogliatoio 男
たっきゅう【卓球】 ping-pong 男, tennis da tavolo 男
だっきゅう【脱臼】 slogatura 囡, lussazione 囡 —~する slogarsi, lussarsi
タックル —~する placcare
だっこ【抱っこ】 —~する portare al collo, tenere in braccio
だっこく【脱穀】 —~する trebbiare
だっしにゅう【脱脂乳】 latte scremato 男
だっしめん【脱脂綿】 ovatta 囡, cotone idrofilo 男
たっしゃ【達者】 —~な vispo, in (buona) salute, sano; (上手な)abile, esperto
ダッシュ —~する fare uno sprint
だっしゅうざい【脱臭剤】 deodorante 男
だっしゅつ【脱出】 —~する fuggire, evadere
だっしょく【脱色】 decolorazione 囡 —~する scolorire, decolorare
たつじん【達人】 esperto(a) 男(囡)
だっすいしょう【脱水症】 disidratazione 囡
たっする【達する】 arrivare (a), raggiungere
たっせい【達成】 —~する compiere, realizzare
だつぜい【脱税】 evasione (fiscale) 囡 —~する evadere (le tasse)
だっせん【脱線】 —~する deragliare, deviare; (話が)andare fuori tema, divagare
だっそう【脱走】 evasione 囡, fuga 囡
たった solamente, solo, soltanto
だったい【脱退】 ritiro 男
タッチ tocco 男 —~する toccare
タッチパネル touch-screen 男 —~式の a sfioramento
だっちょう【脱腸】 ernia 囡
だって (それでも)ma, però; (なぜなら) perché
たっての —~お願い desiderio ardente 男
たづな【手綱】 redini 囡複, briglia 囡
タツノオトシゴ【竜の落とし子】 ippocampo 男, cavalluccio marino 男
だっぴ【脱皮】 muta 囡
タップダンス ballo con tacco e punta 男, tip tap 男
たつまき【竜巻】 tromba d'aria 囡
だつもう【脱毛】 depilazione 囡
だつらく【脱落】 omissione 囡
たて【縦】 lunghezza 囡; (高さ)altezza 囡 —~の verticale
たて【盾】 scudo 男
-たて —焼き~のパン pane appena cotto 男 / 大学を出~の青年 giovane appena laureato 男
たていと【縦糸】 ordito 男
たてうり【建て売り】 —~の家 casa costruita in vendita 囡
たてがき【縦書き】 scrittura verticale 囡
たてかける【立て掛ける】 appoggiare (a)
たてがみ【鬣】 criniera 囡
たてじま【縦縞】 —~の a righe verticali
たてつづけ【立て続け】 —~に di seguito, in successione
たてふだ【立て札】 segnale 男, cartello 男
たてまえ【建前】 (原則)principio 男;

(表向きの考え)intenzione apparente 囡
たてもの【建物】edificio 男
たてゆれ【縦揺れ】scossa sussultoria 囡
たてる【建てる】costruire
たてる【立てる】alzare, mettere in piedi; (音や計画を)fare
だとう【妥当】―な adeguato, ragionevole
だとう【打倒】―する abbattere
たどうし【他動詞】verbo transitivo 男
たとえ ―…だとしても anche se...
たとえば【例えば】per esempio
たとえる【喩える】paragonare (a)
たどる【辿る】seguire
たな【棚】scaffale 男, mensola 囡
たに【谷】valle 囡
ダニ zecca 囡
たにがわ【谷川】torrente 男
ダニューブがわ【―川】Danubio 固名(男)
たにん【他人】altri 男複; (見知らぬ人)estraneo(a) 男(囡)
たぬき【狸】cane procione 男
たね【種】seme 男
たねあかし【種明かし】―する rivelare un trucco, rivelare i trucchi (di)
たねうし【種牛】toro 男
たねうま【種馬】stallone 男
たねぎれ【種切れ】―になる (持っていない)essere a corto (di); (尽きる)essere finito
たねまき【種撒き】semina 囡
たのしい【楽しい】divertente, piacevole
たのしませる【楽しませる】divertire, rallegrare
たのしみ【楽しみ】piacere 男, divertimento 男 ―にする non vedere l'ora (di)
たのしむ【楽しむ】divertirsi, godersi
たのみ【頼み】richiesta 囡, domanda 囡, preghiera 囡 ―にする contare (su), fare affidamento (su)
たのむ【頼む】chiedere, pregare
たのもしい【頼もしい】degno di fiducia; (有望な)promettente
たば【束】mazzo 男, fascio 男
たばこ【煙草】sigaretta 囡 ―を吸う fumare ♦～屋(店)tabaccheria 囡; (人)tabaccaio(a) 男(囡)
たばねる【束ねる】legare, raccogliere insieme
たび【旅】viaggio 男 ―立つ mettersi in viaggio
たび【度】volta 囡 ―この～ questa volta / …する～に ogni volta che...
たびかさなる【度重なる】ripetuto, continuo
たびさき【旅先】destinazione 囡, meta 囡
たびだつ【旅立つ】partire
たびたび【度々】spesso, molte volte

たびびと【旅人】viaggia*tore(trice)* 男(囡), turista 男
ダビング doppiaggio 男 ―する doppiare
タフ ―な robusto, instancabile
タブー tabù 男
だぶだぶ ―の troppo grande [largo]
ダブリン Dublino 固名(囡)
ダブる sovrapporsi, ripetersi
ダブル doppio 男; (部屋)camera matrimoniale 囡 ―の doppio ♦～ベッド letto a due piazze 男
ダブルス doppio 男
たぶん【多分】forse, può darsi
たべあきる【食べ飽きる】essere stufo di mangiare
たべかけ【食べかけ】―の già addentato, lasciato a metà
たべごろ【食べ頃】―である essere maturo
たべざかり【食べ盛り】periodo in cui si ha più appetito
たべすぎる【食べ過ぎる】mangiare troppo
タペストリー tappezzeria 囡
たべほうだい【食べ放題】―です Si mangia a volontà.
たべもの【食べ物】cibo 男, alimento 男
たべる【食べる】mangiare, prendere
たほう【他方】d'altra parte
たぼう【多忙】―な impegnato, affaccendato
だぼく【打撲】contusione 囡, livido 男
たま【球】(ボール)palla 囡, pallone 男; (電球の)bulbo 男
たま【玉】pallina 囡; (珠)perlina 囡; (粒)grano 男
たま【弾】proiettile 男
たまご【卵】uovo 男 (複 le uova) ♦～形の ovale
たましい【魂】anima 囡, spirito 男
だましうち【騙し討ち】―する colpire a tradimento
だます【騙す】ingannare
ダマスカス Damasco 固名(囡)
たまたま per caso
たまつき【玉突き】biliardo 男 ♦～衝突 tamponamenti a *catena* 男複
だまって【黙って】silenziosamente, in silenzio, zitto zitto
たまに ogni tanto, a volte
たまねぎ【玉葱】cipolla 囡
たまのこし【玉の輿】―に乗る sposare un uomo ricco
たまらない【堪らない】non poterne più, non farcela più
たまりかねて【堪り兼ねて】non potendone più
だまりこむ【黙り込む】ammutolirsi, chiudersi nel silenzio, essere muto come un pesce

たまる【溜まる】 accumularsi, ammassarsi

だまる【黙る】 tacere, fare silenzio

ダミー prestanome 男女; (傀儡)uomo di paglia 男, fantoccio 男, pupazzo 男

ダム diga 女

ため【為】 ―…の~に per..., a causa di... / ~になる (教育的)istruttivo

だめ【駄目】 ―~な (無益)inutile; (能力)incapace; (適性)inadatto / ~! No!

ためいき【溜め息】 sospiro 男 ―~をつく fare un sospiro, sospirare

ダメージ danno 男

ためし【試し】 (前例)esempio 男; (試み)prova 女

ためす【試す】 provare

ためらい【躊躇い】 esitazione 女, titubanza 女

ためらう【躊躇う】 esitare, tentennare

ためる【貯める】 conservare; (お金を)risparmiare

ためる【溜める】 ―仕事を~ avere molto lavoro in arretrato

たもつ【保つ】 tenere; (維持する)conservare, mantenere

たやすい【容易い】 facile, semplice

たよう【多様】 ―~な diverso, vario

たより【便り】 notizia 女; (手紙)lettera 女

たより【頼り】 ―~になる fidato, degno di fiducia / ~にする fidarsi ⟨di⟩

たよる【頼る】 contare ⟨su⟩, confidare ⟨in⟩

たら【鱈】 merluzzo 男

-たら (もし…ならば)se...; (…するときには)quando...

たらい【盥】 tinozza 女

だらく【堕落】 corruzione 女; (零落)decadenza 女 ―~した corrotto, decadente

-だらけ ―…である essere pieno di...

だらけた apatico, svogliato

だらしない disordinato, sciatto

たらす【垂らす】 (ぶら下げる)fare [lasciare] pendere; (滴らせる)fare sgocciolare

-たらず【-足らず】 meno di; (たかだか)al massimo ―2日~で in meno di due giorni

だらだら (いやいや)svogliatamente; (のらくら)oziosamente

タラップ passerella 女

だらり ―~と腕を垂らす lasciare cadere le braccia

-たり ―雨が降っ~止んだりしている Piove ad intervalli.

ダリア dalia 女

たりない【足りない】 mancare, non bastare

たりょう【多量】 ―~の molto, abbondante

たりる【足りる】 bastare, essere sufficiente

たる【樽】 botte 女, barile 男

だるい fiacco, debole, stanco ―体が~ sentirsi fiacco [debole, stanco]

たるむ【弛む】 allentarsi

だれ【誰】 chi ―~か qualcun*o*(*a*) 男(女) / ~の di chi / ~でも chiunque, ognun*o*(*a*) 男(女) / ~も(…ない) nessun*o*(*a*) 男(女)

たれる【垂れる】 (ぶらさがる)pendere, ciondolare; (滴る)sgocciolare

だれる essere svogliato

タレント intrattenitore ⟨*trice*⟩ 女, personaggio dello spettacolo 男

-だろう ―明日は雨~ Domani pioverà.

タワー torre 女

たわし【束子】 paglietta 女

たわむ【撓む】 piegarsi, curvarsi

たわむれる【戯れる】 giocare, scherzare

たん【痰】 catarro 男, sputo 男

だん【団】 gruppo 男

だん【段】 scalino 男, gradino 男

だん【壇】 palco 男; (演壇)tribuna 女

だんあつ【弾圧】 ―~する soffocare, reprimere

たんい【単位】 unità 女; (授業の)credito 男

たんいつ【単一】 ―~の unico, solo

たんか【担架】 barella 女

たんか【単価】 prezzo unitario 男

たんか【啖呵】 ―~を切る apostrofare con energia

タンカー petroliera 女

だんかい【段階】 grado 男, stadio 男, fase 女

だんがい【断崖】 precipizio 男

たんかだいがく【単科大学】 istituto universitario 男

たんがん【嘆願】 supplica 女 ♦~書 petizione 女

だんがん【弾丸】 proiettile 男

たんき【短気】 ―~な impaziente, permaloso

たんき【短期】 ―~の a breve termine ♦~大学 università breve [biennale] 女

たんきゅう【探究】 ―~する ricercare

たんきょり【短距離】 poca [breve] distanza 女 ♦~競走 corsa di velocità 女, sprint 男

タンク serbatoio 男, cisterna 女; (戦車)carro armato 男 ♦~ローリー autocisterna 女

だんけつ【団結】 ―~する unirsi, solidarizzare ⟨con⟩

たんけん【短剣】 pugnale 男, daga 女

たんけん【探検】 ―~する esplorare

だんげん【断言】 ―~する affermare

たんご【単語】 parola 女, vocabolo 男

タンゴ tango 男

だんこ【断固】 ―~とした irremovibile; (決然)risoluto, deciso

たんこう【炭鉱】 miniera di carbone 女

だんごう【談合】 ―～する colludere

ダンサー danzat*ore*(*trice*) 男(女)

だんざい【断罪】 condanna 女 ―～する condannare

タンザニア Tanzania 固名(女) ―～の tanzaniano

たんさん【炭酸】 acido carbonico 男 ♦～ガス anidride carbonica 女 / ～水 acqua gassata 女

だんし【男子】 ragazzo 男, uomo 男(複 uomini)

だんじき【断食】 digiuno 男

たんしゅく【短縮】 ―～する accorciare, ridurre

たんじゅん【単純】 ―～な semplice

たんしょ【短所】 difetto 男, debole 男

だんじょ【男女】 uomini e donne 男複, maschi e femmine 男複 ♦～共学 coeducazione 女

たんじょう【誕生】 nascita 女 ―～する nascere ♦～石 pietra zodiacale 女 / ～日 compleanno 男

たんしん【短針】 lancetta delle ore 女

たんしん【単身】 ―～で da solo

たんす【箪笥】 armadio 男 ♦整理～ cassettone 男

ダンス ballo 男, danza 女

たんすい【淡水】 acqua dolce 女

たんすう【単数】 singolare 男

だんせい【男性】 uomo 男(複 uomini), maschio 男 ―～的な maschio, maschile

たんせき【胆石】 calcolo biliare 男

だんぜん【断然】 risolutamente, indiscutibilmente

たんそ【炭素】 carbonio 男

だんそう【断層】 faglia 女, abisso 男

だんぞくてき【断続的】 ―～な intermittente / ～に a intervalli

たんだい【短大】 università biennale [breve] 女

だんたい【団体】 gruppo 男 ♦～旅行 viaggio organizzato (di gruppo) 男

たんたん【淡々】 ―～とした口調で con tono calmo

だんだん【段々】 (a) poco a poco, (a) mano a mano, gradualmente

だんち【団地】 complesso di appartamenti 男

たんちょう【短調】 scala minore 女

たんちょう【単調】 ―～な monotono

だんちょう【団長】 capogruppo 男女

たんてい【探偵】 investigat*ore*(*trice*) 男(女)

たんとう【短刀】 pugnale 男

たんとう【担当】 ―～する essere incaricato (di)

たんどく【単独】 ―～の individuale / ～で da solo

だんどり【段取り】 disposizioni 女複, preparativi 男複

だんな【旦那】 (夫)marito 男; 〔呼びかけ〕Signore!

たんなる【単なる】 semplice

たんに【単に】 solo, semplicemente

たんにん【担任】 ―～の教師 insegnante responsabile della classe 男女

たんねん【丹念】 ―～な accurato, elaborato

だんねん【断念】 ―～する rinunciare (a), abbandonare

たんのう【胆嚢】 cistifellea 女

たんのう【堪能】 ―～な molto bravo, bravissimo

たんぱ【短波】 onde corte 女複

たんぱく【蛋白】 albume 男 ♦～質 proteina 女

たんぱく【淡白】 ―～な semplice, poco grasso

タンバリン tamburello 男

たんびしゅぎ【耽美主義】 estetismo 男

ダンピング dumping 男

ダンプカー dumper 男, (autocarro a cassone) ribaltabile 男

たんぺん【短編】 (小説)novella, racconto

だんぺん【断片】 frammento 男

たんぼ【田圃】 risaia 女

たんぽ【担保】 garanzia 女, pegno 男

だんぼう【暖房】 riscaldamento 男

だんボール【段―】 cartone ondulato 男 ♦～箱 scatolone (di cartone) 男

たんぽぽ【蒲公英】 dente di leone 男, soffione 男

タンポン tampone 男

たんまつ【端末】 terminale 男

たんまり abbondante, molto

だんめん【断面】 sezione 女

だんやく【弾薬】 munizioni 女複

だんゆう【男優】 attore 男

だんらく【段落】 paragrafo 男

だんりゅう【暖流】 corrente calda 女

だんりょく【弾力】 ―～のある elastico

たんれん【鍛錬】 esercizio 男, allenamento 男

だんろ【暖炉】 camino 男, caminetto 男

だんわ【談話】 conversazione 女

ち

ち【血】 sangue 男

ち【地】 (大地)terra 女; (場所)luogo 男

チアノーゼ cianosi 女

ちあん【治安】 ordine pubblico 男 ―～のよい[悪い]町 una città sicura [pericolosa] 女

ちい【地位】 posizione 女, posto 男; (階級)classe sociale 女

ちいき【地域】 area 女, regione 女, zona 女

ちいさい【小さい】 piccolo

チーズ formaggio 男 ♦～ケーキ tor-

チーター　ta di formaggio 女
チーター　ghepardo 男
チーフ　capo 男
チーム　squadra 女 ◆～ワーク lavoro di gruppo 男
ちえ【知恵】 intelligenza 女, sapienza 女
チェーン　catena 女 ◆～ストア catena di negozi 女
チェコ　(Repubblica) Ceca 固名(女) ―～の ceco ◆～語 ceco 男 / ～人 ceco(a) 男(女)
チェス　scacchi 男複
ちぇっ　Accidenti!, Ah!
チェック　(検査)controllo 男; (小切手)assegno 男 ―～の(格子縞)a quadretti / ～する controllare ◆～インする firmare il registro di un albergo
チェックアウト　―～アウトする lasciare la camera
チェックイン　check-in 男, accettazione 女 ―～インする firmare il registro di un albergo
チェリー　ciliegia 女
チェロ　violoncello 男
チェンバロ　clavicembalo 男
ちか【地価】 prezzo del terreno 男
ちか【地下】 ―～の sotterraneo ◆～街 centro commerciale sotterraneo 男 / ～水 acqua sotterranea 女 / ～室 scantinato 男, sottosuolo 男; (貯蔵室)cantina 女 / ～鉄 metropolitana 女, métro 女 / ～道 sottopassaggio 男
ちかい【近い】 vicino
ちかい【誓い】 giuramento 男
ちがい【違い】 differenza 女
ちがいない【違いない】 ―…であるに～ dovere essere... / 彼は遅れるに～ Arriverà certamente [senza dubbio] in ritardo.
ちがいほうけん【治外法権】 extraterritorialità 女
ちかう【誓う】 giurare
ちがう【違う】 essere diverso [differente]《da》; (間違っている)essere sbagliato
ちかく【知覚】 percezione 女, senso 男
ちかく【近く】 ―～の vicino
ちがく【地学】 geologia 女
ちかごろ【近頃】 in questi giorni, di recente
ちかづく【近づく】 avvicinarsi
ちかづける【近づける】 avvicinare, accostare
ちがって【違って】 ―…と～ a differenza di...
ちかみち【近道】 scorciatoia 女
ちかよる【近寄る】 avvicinarsi
ちから【力】 forza 女, potenza 女; (能力)abilità 女, capacità 女
ちかん【痴漢】 (変質者)maniaco sessuale 男
ちきゅう【地球】 Terra 女 ◆～儀 mappamondo 男
ちぎる【千切る】 staccare, strappare
ちぎれる【千切れる】 spezzarsi, staccarsi
チキン　pollo 男 ◆ロースト～ pollo arrosto 男
ちく【地区】 quartiere 男, zona 女
ちくさん【畜産】 pastorizia 女
ちくしょう【畜生】 bestia 女; (罵り) Merda!
ちくせき【蓄積】 accumulazione 女
ちくちく　―～する pungere, pizzicare
ちくでんち【蓄電池】 accumulatore 男
ちくのうしょう【蓄膿症】 (鼻の)ozena 女
ちぐはぐ　―～な (不調和)disarmonico, discordante; (不統一)incoerente
ちくび【乳首】 capezzolo 男
ちけい【地形】 configurazione del terreno 女
チケット　biglietto 男
ちこく【遅刻】 ―～する arrivare in ritardo
チコリ　cicoria 女
ちし【致死】 ―～の mortale, fatale ◆～量 dose mortale 女
ちじ【知事】 governatore(trice) 男(女), prefetto 男
ちしき【知識】 conoscenza 女, sapere 男
ちしつ【地質】 natura del terreno 女 ◆～学 geologia 女
ちしま【千島】 Curili 固名(女複) ◆～海溝 Fossa delle Curili 固名(女) / ～列島 Isole Curili 固名(女複)
ちじょう【地上】 terra 女 ―～の terreno, terrestre ◆～デジタルテレビ放送 (televisione) digitale terrestre 女 / ～波 onda di terra 女
ちじん【知人】 conoscente 男女, conoscenza 女
ちず【地図】 pianta 女, mappa 女
ちすじ【血筋】 (血統)sangue 男; (家系)stirpe 女
ちせい【知性】 intelligenza 女
ちせつ【稚拙】 ―～な rozzo e infantile, immaturo
ちそう【地層】 strato 男
ちたい【地帯】 zona 女, area 女
ちだらけ【血だらけ】 ―～の ricoperto di sangue
チタン　titanio 男
ちち【乳】 latte 男; (乳房)seno 男
ちち【父】 padre 男, papà 男 ―～(方)の paterno
ちぢこまる【縮こまる】 farsi piccolo, rannicchiarsi
ちぢむ【縮む】 accorciarsi, restringersi
ちぢめる【縮める】 accorciare, restringere
ちちゅうかい【地中海】 (Mare) Mediterraneo 固名(男) ―～の mediterra-

ちぢれる

neo ♦~式気候 clima mediterraneo 男 / ~文明〈古代の〉le antiche civiltà del Mediterraneo 支複

ちぢれる【縮れる】 arricciarsi

ちつ【腟】 vagina 女

ちつじょ【秩序】 ordine 男

ちっそ【窒素】 azoto 男

ちっそく【窒息】 ―～する essere soffocato

ちっとも ―～…ない non... affatto [per niente]

チップ 〈心付け〉mancia 女 ♦マイクロ~ chip 男

ちてき【知的】 ―～な intelligente

ちてん【地点】 punto 男, luogo 男

ちなまぐさい【血腥い】 sanguinoso, cruento

ちなむ【因む】 〈由来〉derivare 《da》 / …に因んで〈関連〉a proposito di...; 〈記念〉in memoria di...

ちねつ【地熱】 calore terrestre 男 ―～の geotermico 女 ♦~発電 produzione di energia geotermica 女

ちのう【知能】 intelligenza 女

ちび omiciattolo 男, donnina 女; 〈子供〉piccolo《a》男《女》

ちびちび poco a poco ―～飲む centellinare

ちぶさ【乳房】 seno 男

チフス tifo 男

ちへいせん【地平線】 orizzonte 男

チベット Tibet 固名《男》 ―～の tibetano ♦~語 tibetano 男

ちほう【地方】 regione 女 ―～の locale, regionale ♦~自治 autonomia locale 女

ちほう【痴呆】 demenza 女

ちまめ【血豆】 ematoma 男

ちみつ【緻密】 ―～な minuzioso, fine

ちめい【地名】 nome di luogo 男, toponimo 男

ちめいてき【致命的】 ―～な fatale, mortale

ちめいど【知名度】 ―～の高い[低い] ben [poco] noto

ちゃ【茶】 tè 男

チャーター charter 男 ―～する noleggiare un charter ♦~便 volo charter 男

チャーハン riso《alla》cantonese 男

チャーミング ―～な affascinante

チャイム campane tubolari 女複; 〈呼び鈴〉campanello 男

ちゃいろ【茶色】 ―～の marrone, castano

ちゃかす【茶化す】 ridicolizzare, prendere in giro

-ちゃく【-着】 ―背広上下1着 un completo di giacca e pantaloni 男 / 三~〈着順〉terzo 男 / 三~で in terza posizione

ちゃくじつ【着実】 ―～な sicuro, costante

ちゃくしゅ【着手】 ―～する mettere mano《a》, iniziare

ちゃくしょく【着色】 ―～する colorare ♦~料 colorante 男

ちゃくすい【着水】 ammaraggio 男 ―～する ammarare

ちゃくせき【着席】 ―～する mettersi a sedere, sedersi / ~！〈号令〉Seduti!

ちゃくそう【着想】 idea 女

ちゃくち【着地】 atterraggio 男 ―～する atterrare

ちゃくちゃく【着々】 ―～と regolarmente, progressivamente

ちゃくにん【着任】 insediamento 男 ―～する insediarsi

ちゃくばらい【着払い】 pagamento alla consegna 男

ちゃくふく【着服】 appropriazione indebita 女 ―～する appropriarsi indebitamente《di》

ちゃくもく【着目】 attenzione 女

ちゃくよう【着用】 ―～する mettersi, indossare

ちゃくりく【着陸】 atterraggio 男 ―～する atterrare

ちゃっかり ―～した furbo

チャド Ciad 固名《男》 ―～の ciadiano

ちゃのま【茶の間】 soggiorno 男

チャペル cappella 女

ちやほや ―～する lusingare

チャリティー beneficenza 女

チャレンジ ―～する〈試す〉provare《a》; 〈挑む〉affrontare

ちゃわん【茶碗】 ciotola 女

チャンス occasione 女, chance 女

ちゃんと bene; 〈整然と〉in ordine; 〈正確に〉precisamente

チャンネル canale 男

チャンピオン campione《essa》男《女》

ちゆ【治癒】 guarigione 女 ―～する guarire

ちゅう【注】 nota 女, nota bene 男

ちゅう【中】 〈真ん中〉mezzo 男; 〈平均〉media 女

-ちゅう【-中】 ―…～で〈途中〉durante..., ― in corso / 今月～に entro questo mese / 私の留守～に durante la mia assenza ♦工事～〔掲示〕Lavori in corso

ちゅうい【注意】 attenzione 女 ―～する fare attenzione, stare attento, 〈忠告・警告〉consigliare, avvisare, avvertire ♦~深い attento, cauto

ちゅうおう【中央】 centro 男 ―～の centrale

ちゅうおう【中欧】 Europa centrale 女

ちゅうおうアフリカ【中央―】 〈共和国〉Repubblica Centrafricana 固名《女》 ―～の centrafricano

ちゅうかい【仲介】 tramite 男, mediazione 女 ―～する fare da intermediario《tra》 ♦~者 intermediario《a》男《女》

ちゅうがえり【宙返り】 salto mortale

ちゅうがっこう【中学校】 scuola media (inferiore) 囡

ちゅうかりょうり【中華料理】 cucina cinese 囡

ちゅうかん【中間】 metà 囡, mezzo 男 ーーの intermedio

ちゅうきゅう【中級】 ーーの medio, intermedio

ちゅうきんとう【中近東】 Medio e Vicino Oriente 固名(男)

ちゅうくらい【中位】 ーーの medio, nella media

ちゅうけい【中継】 collegamento in diretta 男 ーー放送 trasmissione in diretta 囡

ちゅうこ【中古】 ーーの usato, di seconda mano ♦～車 macchina usata 囡

ちゅうこく【忠告】 ーーする consigliare

ちゅうごく【中国】 Cina 固名(女) ーーの cinese ♦～語 cinese 男／～人 cinese 男女

ちゅうさい【仲裁】 ーーする arbitrare

ちゅうざい【駐在】 ーーの residente ♦～所 posto di polizia 男

ちゅうさんかいきゅう【中産階級】 classe media 囡

ちゅうし【中止】 ーーする sospendere

ちゅうじえん【中耳炎】 otite media 囡

ちゅうじつ【忠実】 ーーな fedele

ちゅうしゃ【注射】 iniezione 囡 ーーする iniettare ♦～器 siringa 囡

ちゅうしゃ【駐車】 parcheggio 男 ーーする parcheggiare ♦～禁止〔掲示〕Divieto di sosta／～場 parcheggio 男

ちゅうしゃく【注釈】 nota 囡, commento 男

ちゅうしゅつ【抽出】 estrazione 囡, prelevamento 男; (サンプリング)campionatura 囡

ちゅうじゅん【中旬】 seconda decade [metà] del mese 囡

ちゅうしょう【中傷】 diffamazione 囡 ーーする parlare male (di)

ちゅうしょう【抽象】 astrazione 囡 ーー的な astratto

ちゅうしょうきぎょう【中小企業】 piccole e medie imprese 囡複

ちゅうしょく【昼食】 pranzo 男

ちゅうしん【中心】 centro 男

ちゅうすいえん【虫垂炎】 appendicite 囡

ちゅうすう【中枢】 centro 男, parte vitale 囡

ちゅうせい【中世】 Medioevo 男 ーーの medievale

ちゅうせい【中性】 neutralità 囡 ーーの neutro

ちゅうせい【忠誠】 fedeltà 囡, lealtà 囡

ちゅうせいし【中性子】 neutrone 男

ちゅうぜつ【中絶】 ー妊娠～ aborto 男

ちゅうせん【抽選】 lotteria 囡, sorteggio 男 ーーする tirare a sorte

ちゅうぞう【鋳造】 (貨幣)coniatura 囡 ーーする fondere, coniare

ちゅうたい【中退】 ーーする abbandonare gli studi

ちゅうだん【中断】 interruzione 囡 ーーする interrompere

ちゅうちょ【躊躇】 esitazoine 囡 ーーする esitare

ちゅうと【中途】 ーーで a metà, a mezza strada／～半端な (不揃い)incompleto; (どっちつかず)vago

ちゅうとう【中東】 Medio Oriente 固名(男)

ちゅうとうきょういく【中等教育】 istruzione secondaria inferiore 囡

ちゅうどく【中毒】 intossicazione 囡 ーーする intossicarsi (con)

チューナー sintonizzatore 男

チューニング sintonia 囡, sintonizzazione 囡

ちゅうねん【中年】 ーーの di mezza età

チューバ bassotuba 男

ちゅうばん【中盤】 fase media 囡

ちゅうぶ【中部】 parte centrale 囡 ♦～地方 zona centrale 囡

チューブ tubo 男

ちゅうふく【中腹】 fianco (d'una montagna)男

ちゅうぼう【厨房】 cucina 囡

ちゅうもく【注目】 attenzione 囡 ーーする prestare attenzione (a)／～すべき notevole, da notare

ちゅうもん【注文】 ordine 男 ーーする ordinare

ちゅうゆ【注油】 (潤滑油)lubrificazione 囡; (グリース)ingrassaggio 男

ちゅうよう【中庸】 moderazione 囡 ーーの moderato, misurato

ちゅうりつ【中立】 neutralità 囡 ーーの neutrale

チューリッヒ Zurigo 固名(女) ーーの zurighese

チューリップ tulipano 男

ちゅうりゅうかいきゅう【中流階級】 classe media 囡

ちゅうわ【中和】 ーーする (何かが)neutralizzarsi; (何かを)neutralizzare

チュニジア Tunisia 固名(女) ーーの tunisino ♦～人 tunisino(a) 男女

チュニス Tunisi 固名(女)

ちょう【兆】 mille miliardi 男複

ちょう【長】 capo 男

ちょう【腸】 intestino 男

ちょう【蝶】 farfalla 囡

ちょうあい【寵愛】 predilezione 囡 ーーする prediligere／～を得る ottenere il favore (di)

ちょういん【調印】 ーーする firmare

ちょうえき【懲役】 reclusione 囡

ちょうえつ【超越】 ーーする superare

ちょうおんそく【超音速】 ーーの su-

personico
ちょうおんぱ【超音波】ultrasuono 男
ちょうか【超過】eccesso 男, eccedenza 女 ――～する eccedere ◆～勤務 straordinario 男
ちょうかい【懲戒】(処分)sanzione disciplinare 女
ちょうかく【聴覚】udito 男
ちょうかん【朝刊】edizione del mattino 女
ちょうかん【長官】direttore(trice) generale 男(女), capo 男
ちょうき【長期】――の a lungo termine
ちょうきょう【調教】――～する ammaestrare
ちょうきょり【長距離】lunga distanza 女 ◆～競走 gara di fondo 女 /～電話 interurbana 女
ちょうこう【徴候】indizio 男, segno premonitore 男; (病気の)sintomo 男
ちょうこう【聴講】frequenza (a una lezione) 女 ――～する seguire un corso ◆～生 uditore(trice) 男(女)
ちょうごう【調合】preparazione (di un farmaco) 女
ちょうこうそうビル【超高層―】grattacielo 男
ちょうこく【彫刻】scultura 女 ――～する scolpire ◆～家 scultore(trice) 男(女)
ちょうさ【調査】inchiesta 女, indagine 女, ricerche 女複 ――～する fare un'inchiesta
ちょうし【調子】(体の)condizione 女 ――～がよい essere in forma
ちょうじ【寵児】bambino(a) prediletto(a) 男(女), beniamino(a) 男(女) ――一時代の～ persona in voga 女
ちょうしぜんてき【超自然的】――～な soprannaturale
ちょうしゅ【聴取】audizione 女
ちょうしゅう【徴収】riscossione 女, esazione 女
ちょうしゅう【聴衆】pubblico 男, uditorio 男
ちょうしょ【長所】merito 男, pregio 男; (利点)vantaggio
ちょうしょ【調書】verbale d'inchiesta 男
ちょうじょ【長女】la figlia maggiore 女; (第一子)primogenita 女
ちょうしょう【嘲笑】derisione 女, scherno 男 ――～する deridere
ちょうじょう【頂上】cima 女, vetta 女
ちょうしょく【朝食】(prima) colazione 女
ちょうしん【長針】lancetta dei minuti 女
ちょうじん【超人】superuomo 男(複 superuomini)
ちょうしんき【聴診器】stetoscopio 男
ちょうせい【調整】messa a punto 女, registrazione 女; (幾つかの物を)coordinazione 女
ちょうせつ【調節】――～する regolare
ちょうせん【挑戦】sfida 女 ――～する sfidare ◆～者 sfidante 男
ちょうせん【朝鮮】Corea 固名(女) ◆～語 coreano 男 /～人 coreano(a) 男(女)
ちょうぞう【彫像】statua 女
ちょうだい【頂戴】――～する (もらう) ricevere / ペン～! Dammi la penna! / 電話して～ Telefonami!
ちょうたつ【調達】fornitura 女; (食糧の)approvvigionamento 男
ちょうたんぱ【超短波】onda ultracorta 女
ちょうちょう【町長】sindaco(a) 男(女)
ちょうちょう【長調】scala maggiore 女
ちょうちん【提灯】lanterna (giapponese) 女
ちょうつがい【蝶番】cardine 男
ちょうてい【調停】――～する mediare (tra)
ちょうてん【頂点】culmine 男, vertice 男
ちょうど【丁度】giusto, in punto
ちょうとっきゅう【超特急】super-rapido 男
ちょうなん【長男】il figlio maggiore 男; (第一子)primogenito 男
ちょうネクタイ【蝶―】cravatta a farfalla, papillon 男
ちょうねんてん【腸捻転】torsione intestinale 女
ちょうのうりょく【超能力】poteri soprannaturali 男複; (知覚)percezione extrasensoriale 女
ちょうば【跳馬】volteggio 男
ちょうはつ【挑発】provocazione 女 ――～的な provocatorio
ちょうばつ【懲罰】sanzione 女, punizione 女
ちょうふく【重複】――～する ripetersi
ちょうへい【徴兵】coscrizione 女, leva 女
ちょうへん【長編】◆～小説 romanzo lungo 男 /～映画 film a lungo metraggio 男, lungometraggio 男
ちょうぼ【帳簿】libro contabile 男, registro 男
ちょうほう【重宝】――～な comodo, conveniente, pratico
ちょうぼう【眺望】vista 女, panorama 男
ちょうほうけい【長方形】rettangolo 男
ちょうまんいん【超満員】――～の superaffollato
ちょうみりょう【調味料】condimento 男
ちょうみん【町民】cittadino(a) 男(女), cittadini 男複, abitanti d'una

ちょうめん【帳面】 (ノート)quaderno 男; (帳簿)registro 男
ちょうもんかい【聴問会】 udienza pubblica 女
ちょうやく【跳躍】 —〜する saltare, balzare
ちょうり【調理】 cucina 女 —〜する cucinare ◆〜器具 batteria da cucina 女
ちょうりつ【調律】 —〜する accordare
ちょうりゅう【潮流】 corrente di marea 女
ちょうりょく【聴力】 udito 男
ちょうれい【朝礼】 raduno del mattino 男
ちょうわ【調和】 —〜する armonizzare (con)
チョーク gesso 男
ちょきん【貯金】 risparmio 男, deposito 男 —〜する risparmiare ◆〜箱 salvadanaio 男
ちょくげき【直撃】 —〜する colpire in pieno
ちょくしん【直進】 —〜する andare diritto
ちょくせつ【直接】 direttamente —〜の diretto ◆〜税 imposta diretta 女
ちょくせん【直線】 linea retta 女 ◆〜距離で in linea d'aria
ちょくちょう【直腸】 intestino retto 男
ちょくつう【直通】 —〜の diretto
ちょくばい【直売】 vendita diretta 女
ちょくめん【直面】 —〜する affrontare
ちょくやく【直訳】 traduzione letterale 女
ちょくりつ【直立】 —〜の ritto, eretto
ちょくりゅう【直流】 corrente continua 女
チョコレート cioccolatino 男
ちょさくけん【著作権】 diritti d'autore 男複, copyright 男
ちょしゃ【著者】 autore(trice) 男(女)
ちょすいち【貯水池】 serbatoio 男, bacino artificiale 男
ちょぞう【貯蔵】 —〜する conservare, serbare
ちょちく【貯蓄】 —〜する risparmiare
ちょっかく【直角】 angolo retto 男
ちょっかん【直感】 intuizione 女, intuito 男 —〜的に per intuito
チョッキ gilè 男, panciotto 男
ちょっけい【直径】 diametro 男
ちょっこうびん【直行便】 volo diretto 男
ちょっと un po'
ちょめい【著名】 —〜な famoso, noto
ちょろちょろ —水が〜と流れる L'acqua scorre mormorando.
ちらかす【散らかす】 mettere in disordine; (ばらまく)sparpagliare
ちらし【散らし】 volantino 男
ちらちら —〜する scintillare / 〜(と)見る lanciare occhiate / 花びらが〜と舞う I petali cadono sparpagliandosi.
ちらばる【散らばる】 sparpagliarsi, spargersi
ちらほら —着物姿の女性も〜見える Si vedono alcune donne in kimono.
ちり【塵】 polvere 女
ちり【地理】 geografia 女
チリ Cile 固名(男) —〜の cileno
ちりがみ【塵紙】 fazzoletto (di carta) 男; (トイレ用)carta igienica 女
ちりぢり【散り散り】 —〜になる disperdersi
ちりとり【塵取り】 paletta per la spazzatura 女
ちりょう【治療】 —〜する curare
ちりょく【知力】 intelletto 男, intelligenza 女, capacità intellettuale 女
ちる【散る】 (花が)cadere; (気が)distrarsi
チロル Tirolo 固名(男) —〜の tirolese
ちんあげ【賃上げ】 aumento retributivo 男
ちんか【沈下】 —〜する sprofondare
ちんがし【賃貸し】 affitto 男, locazione 女 —〜する dare in affitto
ちんがり【賃借り】 affitto 男, locazione 女 —〜する prendere in affitto
ちんぎん【賃金】 paga 女, salario 男
ちんじゅつ【陳述】 esposizione 女; (証人の)deposizione 女
ちんじょう【陳情】 —〜する fare una petizione
ちんせいざい【鎮静剤】 sedativo 男, calmante 男
ちんたい【沈滞】 ristagno 男
ちんたい【賃貸】 affitto 男
ちんちょう【珍重】 —〜する tenere caro
ちんつうざい【鎮痛剤】 analgesico 男, antidolorifico 男
ちんでん【沈殿】 —〜する sedimentare, depositarsi
チンパンジー scimpanzé 男
ちんぷ【陳腐】 —〜な banale, scontato
ちんぼつ【沈没】 —〜する affondare
ちんみ【珍味】 cibo prelibato 男, ambrosia 女
ちんみょう【珍妙】 —〜な ridicolo, buffo
ちんもく【沈黙】 silenzio 男 —〜する fare silenzio, tacere
ちんれつ【陳列】 esposizione 女 —〜する esporre ◆〜ケース vetrina 女

つ

ツアー viaggio organizzato 男 ◆〜コンダクター accompagnatore (trice) turistico(a) 男(女)
つい —今しがた proprio adesso, or ora

つい【対】 paio 男(複 le paia); (カップル)coppia 女 —1〜の… un paio di...
ツイード tweed 男
ついか【追加】 —〜する aggiungere ♦〜料金 supplemento 男, extra 男
ついきゅう【追究】 ricerca 女 —〜する ricercare, indagare
ついきゅう【追求】 —〜する perseguire
ついきゅう【追及】 —〜する indagare, incalzare
ついげき【追撃】 inseguimento 男, caccia 女
ついし【追試】 esame di recupero 男
ついじゅう【追従】 —〜する seguire le orme (di)
ついしょう【追従】 adulazione 女 —〜笑いを浮かべる fare un sorriso adulatorio
ついしん【追伸】 post scriptum 男, poscritto 男
ついせき【追跡】 inseguimento 男 —〜する inseguire
ついたち【一日】 il primo giorno (del mese) —2月〜 il primo febbraio
ついたて【衝立】 (屏風)paravento 男
ついて —…に〜 su..., a proposito di...
ついで【次いで】 dopo, in seguito
ついで —〜に approfittando dell'occasione
ついていく【付いて行く】 seguire; (一緒に)andare [venire] (con); (遅れずに)tenere il passo
ついている【運が】essere fortunato
ついとう【追悼】 cordoglio 男 —〜する partecipare al cordoglio (di) ♦〜式 commemorazione 女
ついとつ【追突】 —〜する tamponare
ついに【遂に】 finalmente, alla fine
ついばむ【啄ばむ】 beccare, becchettare
ついほう【追放】 esilio 男, espulsione 女, bando 男 —〜する esiliare, espellere, cacciare (via)
ついやす【費やす】 spendere, impiegare
ついらく【墜落】 caduta 女; abbattimento 男 —〜する cadere, abbattersi
ツイン (部屋)camera a due letti 女
つうか【通貨】 moneta 女
つうか【通過】 —〜する passare
つうがく【通学】 —〜する frequentare la scuola
つうかん【通関】 sdoganamento 男
つうきん【通勤】 viaggio pendolare 男 —〜する fare il(la) pendolare ♦〜電車 treno di pendolari 男
つうこう【通行】 traffico 男 ♦〜人 passante 男女/〜料 pedaggio 男
つうこく【通告】 notifica 女, notificazione 女
つうじて【通じて】 —〜を〜 (仲介)tramite..., attraverso..., mediante...
つうしょう【通商】 commercio estero 男
つうじょう【通常】 ordinariamente, normalmente —〜の ordinario
つうじる【通じる】 (道が)portare (a), condurre (a); (電話が)trovare la linea libera; (話が)capire, comprendere
つうしん【通信】 comunicazione 女 —〜する comunicare (con) ♦〜社 agenzia di stampa 女
つうせつ【痛切】 —〜に vivamente, seriamente, intensamente
つうぞくてき【通俗的】 —〜な popolare, volgare
つうち【通知】 annuncio 男, avviso 男 —〜する annunciare, avvisare ♦〜表 pagella 女
つうちょう【通帳】 libretto bancario 男
つうどく【通読】 —〜する leggere interamente; (ざっと)leggere sommariamente
ツーピース abito a due pezzi 男
つうふう【痛風】 gotta 女
つうほう【通報】 avviso 男 —警察に〜する avvertire la polizia (di)
つうやく【通訳】 interprete 男女 —〜する fare l'interprete
つうよう【通用】 —〜する (有効)essere valido; (流通)essere in uso
つうれい【通例】 consuetudine 女 —〜として di solito, in genere
つうれつ【痛烈】 —〜な severo, aspro
つうろ【通路】 passaggio 男; (座席間の)corridoio 男
つうわ【通話】 telefonata 女
つえ【杖】 bastone 男
つか【柄】 impugnatura 女
つかい【使い】 commissione 女; (人)messaggero(a) 男(女) —僕は母の〜で来ました Sono venuto al posto della mamma.
つがい【番】 coppia 女
つかいかた【使い方】 modo d'uso 男
つかいこなす【使いこなす】 usare con proprietà, padroneggiare
つかいこみ【使い込み】 appropriazione indebita 女
つかいこむ【使い込む】 appropriarsi indebitamente (di)
つかいすぎる【使い過ぎる】 —金を〜 spendere troppi soldi
つかいすて【使い捨て】 —〜の usa e getta
つかいだて【使い立て】 —お〜して申し訳ありませんが Mi dispiace disturbarLa, ma...
つかいなれる【使い慣れる】 abituarsi a usare
つかいばしり【使い走り】 galoppino 男 —〜をする fare il galoppino, svolgere commissioni
つかいはたす【使い果たす】 esaurire

つかいふるす 　一給料を~ spendere tutto lo stipendio

つかいふるす【使い古す】 usare da tempo

つかいみち【使い道】 ~がある essere utilizzabile / ~がない non servire a niente, non essere utilizzabile

つかいもの【使い物】 ~にならない non servire a niente

つかいやすい【使い易い】 facile da usare

つかいわける【使い分ける】 (正しく)usare [utilizzare] nel modo giusto; (必要に応じて)usare [utilizzare] secondo le necessità

つかう【使う】 usare, adoperare; (費やす)spendere

つかえる【使える】 essere utile

つかえる【仕える】 servire

つかえる【支える】 一車が~ C'è un ingorgo di macchine.

つかつか ~と con passo veloce e disinvolto

つかのま【束の間】 ~の di breve durata

つかまえる【捕まえる】 afferrare; (逮捕する)arrestare; (捕獲する)catturare

つかまる【捕[掴]まる】 (捕らえられる)essere preso, essere catturato; (しがみつく)reggersi, appoggiarsi

つかみあい【掴み合い】 zuffa 囡, colluttazione 囡　~をする azzuffarsi

つかみどころ【掴み所】 ~のない (曖昧)vago, ambiguo; (理解できない)inafferrabile

つかみどり【掴み取り】 ~をする prendere a piene mani

つかむ【掴む】 afferrare, prendere

つかる【浸かる】 immergersi (in)

つかれ【疲れ】 fatica 囡, stanchezza 囡

つかれる【疲れる】 stancarsi ―疲れた stancato, consumato

つき【月】 Luna 固名(囡); (暦の)mese 男

つき (運)destino 男, fortuna 囡

-つき ―1か月に~ al mese

-つき【付き】 ―バス~の部屋 camera con bagno (a)

つぎ【次】 ~の prossimo, seguente / ~へ [コン]avanti

つぎ【継ぎ】 rattoppatura 囡　~を当てる rattoppare, mettere una toppa (a)

つきあい【付き合い】 compagnia 囡　~のよい socievole

つきあう【付き合う】 tenere compagnia (a); (異性と)avere una relazione (con)

つきあげる【突き上げる】 spingere (su); (人を)fare pressione (su)

つきあたり【突き当たり】 fondo 男　~に in fondo a

つきあたる【突き当たる】 urtare

つきおとす【突き落とす】 spingere giù, precipitare

つきかえす【突き返す】 (受領拒否)respingere, rifiutarsi di accettare

つぎき【接ぎ木】 innesto 男, innestatura 囡

つきさす【突き刺す】 trafiggere

つきそい【付き添い】 (人)accompagna*tore(trice)* 囡

つきそう【付き添う】 accompagnare; (病人に)assistere

つきだす【突き出す】 sporgere; (警察に)consegnare

つぎたす【継ぎ足す】 aggiungere

つきづき【月々】 ogni mese, il mese

つぎつぎ【次々】 ~に uno dopo l'altro

つきつける【突き付ける】 puntare

つきでる【突き出る】 sporgere, venire in fuori

つきとおす【突き通す】 trapassare, trafiggere

つきとばす【突き飛ばす】 spingere violentemente

つきとめる【突き止める】 scoprire

つきとめる【突き止める】 scoprire

つきなみ【月並み】 ~な troppo comune, banale

つきぬける【突き抜ける】 trapassare

つきはなす【突き放す】 respingere; (見放す)abbandonare

つきひ【月日】 tempo 男, giorni 男複

つきまとう【付き纏う】 seguire sempre, scocciare, ossessionare

つきみ【月見】 ~をする ammirare la (bellezza della) luna

つぎめ【継ぎ目】 giuntura 囡

つきゆび【突き指】 ~をする slogarsi un dito

つきよ【月夜】 notte di luna 囡

つきる【尽きる】 esaurirsi, sfinirsi

つく【就く】 (職に)occuparsi (di); (高い地位に)essere assunto (a) 一床に~ andare a letto

つく【着く】 arrivare, giungere; (席に)prendere posto, sedersi

つく【突く】 (先端で)pungere, pungersi; (刃物で)pugnalare; (押す)spingere

つく【付く】 (くっつく)attaccarsi, appiccicarsi

つく【点く】 accendersi

つぐ【継ぐ】 (後を)succedere (a)

つぐ【注ぐ】 versare

つくえ【机】 scrivania 囡

つくす【尽くす】 (尽力)dedicarsi (a) ―ベストを~ fare del PROPRIO meglio

つぐない【償い】 risarcimento 男, riparazione 囡

つぐなう【償う】 riparare, risarcire

つぐみ【鶫】 merlo 男

つくりあげる【作り上げる】 finire, terminare

つくりかた【作り方】 (料理の)ricetta 囡

つくりだす【作り出す】 produrre; (新製品を)inventare
つくりなおす【作り直す】 rifare
つくりばなし【作り話】 storia inventata 女; (嘘)bugia 女
つくりわらい【作り笑い】 riso [sorriso] forzato 男
つくる【作る】 fare; (製造・産出)fabbricare, produrre
つくろう【繕う】 rammendare
つけ【付け】 ―で買う comprare a credito
つけあわせ【付け合わせ】 contorno 男
つげぐち【告げ口】 delazione 女 ―～する riferire di nascosto, fare la spia
つけくわえる【付け加える】 aggiungere
つけこむ【付け込む】 abusare ((di))
つけたし【付け足し】 aggiunta 女; (補足)supplemento 男
つけたす【付け足す】 aggiungere; (補足する)supplire
つけね【付け根】 punto di congiunzione 男 ―足の～ inguine 男
つけねらう【付け狙う】 prendere di mira
つけもの【漬物】 sottaceto 男
つける【付ける】 attaccare, applicare; (点火・点灯)accendere
つける【着ける】 (着用する)mettersi; (着用している)portare
つける【点ける】 accendere
つける【浸ける】 immergere
つげる【告げる】 annunciare; (言う)dire
つごう【都合】 convenienza 女 ―～のよい conveniente, comodo
つじつま【辻褄】 ―～の合う coerente
つた【蔦】 edera 女
つたえる【伝える】 comunicare, informare
つたわる【伝わる】 trasmettersi; (広まる)diffondersi; (音が)propagarsi; (電気が)passare
つち【土】 terra 女
つちかう【培う】 coltivare
つちけむり【土煙】 ―(もうもうと)～をあげる alzare una nuvola di polvere
つちふまず【土踏まず】 arco plantare 男
つつ【筒】 tubo 男, canna 女
つづき【続き】 seguito 男
つっきる【突っ切る】 traversare, attraversare ―前を～ passare davanti ((a))
つつく stuzzicare, pungere; (くちばしで)beccare
つづく【続く】 (継続)continuare, durare; (後に)seguire
つづけて【続けて】 (連続して)di seguito, continuamente
つづける【続ける】 continuare, proseguire
つっこむ【突っ込む】 ficcare

つつじ【躑躅】 azalea 女
つつしみ【慎み】 prudenza 女, ritegno 男 ♦～深い prudente, riservato
つつしむ【慎む】 essere prudente [discreto]; (控える)astenersi ((da))
つつしんで【謹んで】 ―～お悔やみを申し上げます Le faccio le mie più sentite condoglianze.
つっぱる【突っ張る】 (つっかい棒で)puntellare; (言い張る)insistere; (強がる)fare il duro
つつましい【慎ましい】 modesto, umile
つつみ【包み】 pacco 男 ♦～紙 carta da pacchi 女
つつみかくさず【包み隠さず】 (率直に)francamente
つつむ【包む】 incartare, avvolgere
つづり【綴り】 ortografia 女
つづる【綴る】 scrivere
つとめ【勤め】 lavoro 男, impiego 男
つとめ【務め】 dovere 男
つとめる【勤める】 lavorare
つとめる【務める】 (役割)fare ((da))
つとめる【努める】 (精一杯働く)dedicarsi ((a)); (…しようとする)cercare di + 不定詞
つな【綱】 corda 女, fune 女
つながり【繋がり】 connessione 女
つながる【繋がる】 collegarsi, raccordarsi
つなぐ【繋ぐ】 legare, collegare
つなひき【綱引き】 tiro alla corda 男
つなみ【津波】 maremoto 男, tsunami 男
つねに【常に】 sempre
つねる【抓る】 pizzicare, pizzicottare
つの【角】 corno 男
つば【唾】 sputo 男; (唾液)saliva 女 ―～を吐く sputare
つばき【椿】 camelia 女
つばさ【翼】 ala 女; (両翼)ali 女複
つばめ【燕】 rondine 女
ツバル Tuvalu 固名(男) ―～の tuvaluano
つぶ【粒】 granello 男, chicco 男
つぶさに per esteso, con precisione
つぶす【潰す】 rompere; (押して)schiacciare; (暇・時間を)ammazzare
つぶやく【呟く】 mormorare
つぶより【粒選り】 ―～の di prima scelta
つぶれる【潰れる】 rompersi; (破産)fallire
ツベルクリン tubercolina 女 ♦～反応 tubercolinoreazione 女
つぼ【壺】 vaso 男
つぼみ【蕾】 bocciolo 男
つま【妻】 moglie 女
つまさき【爪先】 punta del piede 女
つましい【倹しい】 umile, sobrio
つまずく【躓く】 inciampare
つまみ【摘まみ】 pomello 男; (一つまみ) una presa 女, un pizzico 男; (酒の)snack 男, spuntino 男

つまみぐい【抓み食い】 ー～する mangiare con le mani; (隠れて)mangiare di nascosto, rubacchiare
つまむ【摘まむ】 prendere fra le dita
つまようじ【爪楊枝】 stuzzicadenti 男
つまらない da poco, noioso, assurdo
つまり cioè, insomma, in altre parole
つまる【詰まる】 otturarsi, intasarsi; (充満)essere pieno (di)
つみ【罪】 peccato 男, colpa 女; (犯罪)crimine 男, delitto 男 ー～を犯す compiere un delitto
つみあげる【積み上げる】 ammucchiare, accumulare
つみかさねる【積み重ねる】 accumulare, sovrapporre
つみき【積み木】 cubi di legno 男複
つみこむ【積み込む】 caricare
つみたてきん【積み立て金】 fondo di riserva 男
つみたてる【積み立てる】 depositare
つみに【積み荷】 carico 男
つみほろぼし【罪滅ぼし】 espiazione di una colpa 女
つむ【積む】 accumulare; (搭載)caricare
つむ【摘む】 cogliere
つむぐ【紡ぐ】 filare
つめ【爪】 unghia 女; (鳥獣の)artiglio 男 ◆ー切り tagliaunghie 男
つめあと【爪痕】 unghiata 女, graffio 男 ー台風の～ danni del tifone 男複
つめあわせ【詰め合わせ】 assortimento 男
つめえり【詰め襟】 colletto rigido e alto 男
つめこむ【詰め込む】 riempire, imbottire
つめたい【冷たい】 freddo
つめたさ【冷たさ】 freddo 男
つめる【詰める】 (いっぱいにする)riempire (di), imbottire (di); (席を)stringersi
つもり intenzione 女 ー～する～である avere intenzione di + 不定詞, intendere + 不定詞
つもる【積もる】 accumularsi
つや【艶】 lucido 男, lucentezza 女
つや【通夜】 veglia funebre 女
つやけし【艶消し】 ー～の opaco
つゆ【梅雨】 stagione delle piogge 女
つゆ【露】 rugiada 女
つよい【強い】 forte; (強烈な)intenso
つよがる【強がる】 dire spacconate, fare il duro
つよき【強気】 ー～の (断固たる)fermo; (積極的な)aggressivo; (高飛車な)autoritario
つよく【強く】 forte, fortemente
つよさ【強さ】 forza 女, potenza 女
つよび【強火】 fuoco vivo 男
つよまる【強まる】 diventare forte
つよみ【強み】 punto forte 男; (利点) vantaggio 男
つよめる【強める】 rendere forte, rinforzare
つら【面】 faccia 女 ー どの～をさげてここへ来たのだ Come osi avere la faccia tosta di presentarti qui?
つらあて【面当て】 ー～を言う fare delle allusioni maligne (su)
つらい【辛い】 duro, penoso
つらがまえ【面構え】 aspetto 男 ー不敵な～ aria intrepida 女
つらなる【連なる】 mettersi in fila, susseguirsi
つらぬく【貫く】 trapassare, attraversare
つらのかわ【面の皮】 ー～の厚い sfacciato, impudente
つらよごし【面汚し】 ー一家の～である essere la vergogna della famiglia
つらら【氷柱】 ghiacciolo 男
つり【釣り】 pesca 女 ◆～道具 attrezzi da pesca 男複 / ～糸 lenza 女 / ～竿 canna da pesca 女 / ～針 amo 男
つりあい【釣り合い】 equilibrio 男, bilancia 女
つりあう【釣り合う】 equilibrarsi, bilanciarsi; (マッチする)adattarsi, armonizzarsi
つりがね【釣り鐘】 campana 女
つりかわ【吊り皮】 maniglia 女
つりせん【釣り銭】 resto 男
つりばし【吊り橋】 ponte sospeso 男
つりわ【吊り輪】 anelli 男複
つる【吊る】 appendere, sospendere
つる【釣る】 pescare
つる【鶴】 gru 女
つる【蔓】 tralcio 男
つる【弦】 corda 女
つるつる ー～した scivoloso, liscio
つるはし【鶴嘴】 piccone 男, piccozza 女
つれ【連れ】 compagno(a) 男(女)
つれあい【連れ合い】 coniuge 男女; (夫)marito 男; (妻)moglie 女
つれこ【連れ子】 figlio(a) nato(a) da un matrimonio precedente 男(女); (継子)figliastro(a) 男(女)
つれこむ【連れ込む】 condurre in un luogo
つれさる【連れ去る】 portare via
つれそう【連れ添う】 sposare
つれだす【連れ出す】 portare fuori
つれだって【連れ立って】 in compagnia (di), insieme (a)
つれて【連れて】 ー…を～con... / ～する に～ man mano che...
つれていく【連れて行く】 portare
つれてかえる【連れて帰る】 riportare indietro
つれてくる【連れて来る】 portare
つわり【悪阻】 nausea gravidica 女
つんと ー～している (傲慢)darsi delle arie
ツンドラ tundra 女

て

て【手】 mano 女; (両手)mani 女複; (腕)braccio 男; (両腕)braccia 女複; (動物の前足)zampa 女; (手段)mezzo 男 ―～の甲 dorso della mano 男 / ～のひら palmo (della mano) 男
-で (場所)a, in, presso; (…の中で)in..., dentro...; (…の上で)sopra..., su...
てあい【出会い】 incontro 男
であう【出会う】 incontrare
てあし【手足】 membra 女複, estremità 女複, arti 男複
てあたりしだい【手当たり次第】 ―～に a casaccio
てあつい【手厚い】 premuroso, cordiale ―～くもてなす accogliere con molta ospitalità
てあて【手当て】 cura medica 女; (本俸外の)indennità 女 ―～する curare, medicare
てあらい【手洗い】 bagno 男, toilette 女
-である (断定)essere
ていあん【提案】 proposta 女 ―～する proporre
ティー tè 男 ◆～カップ tazza da tè 女 / ～バッグ bustina di tè 女 / ～ポット teiera 女
ティーシャツ【T―】 T-shirt 女, maglietta 女
ディーゼル ◆～エンジン motore diesel 男 / ～車 autoveicolo diesel 男
ディーブイディー【DVD】 DVD 男, disco versatile [video] digitale 男
ていいん【定員】 (収容力)capacità 女; (決められた数)numero stabilito 男
ティーンエージャー teen-ager 男女, adolescente 男女
ていえん【庭園】 giardino 男
ていおう【帝王】 imperatore 男 ◆～切開 taglio cesareo 男
ていか【定価】 prezzo fisso 男
ていか【低下】 caduta 女, abbassamento 男 ―～する abbassarsi
ていがく【停学】 sospensione (dalle lezioni) 女
ていかん【定款】 statuto 男
ていかんし【定冠詞】 articolo determinativo 男
ていき【定期】 determinata scadenza 女 ―～的な regolare, periodico ◆～刊行物 periodico 男 / ～券 tessera d'abbonamento 女 / ～預金 deposito vincolato 男
ていぎ【定義】 definizione 女
ていきあつ【低気圧】 bassa pressione 女
ていきゅう【低級】 ―～な inferiore, basso, di bassa qualità
ていきゅうび【定休日】 giorno di chiusura 男
ていきょう【提供】 ―～する offrire, fornire
テイクアウト ―～の da portare via
ディクテーション dettato 男
ていけい【提携】 ―～する cooperare, collaborare (con)
ていけつ【締結】 conclusione 女, stipulazione 女 ―～する concludere, stipulare
ていけつあつ【低血圧】 ipotensione 女
ていげん【提言】 proposta 女
ていこう【抵抗】 ―～する resistere
ていこく【帝国】 impero 男
ていこく【定刻】 ―～に all'ora stabilita, ad un orario fisso
ていさい【体裁】 apparenza 女 ―～を繕う salvare le apparenze
ていさつ【偵察】 ―～する perlustrare
ていし【停止】 ―～する arrestarsi, sospendere
ていじ【定時】 ―～に退社する uscire dall'ufficio all'ora stabilita ◆～制高校 liceo serale 男
ていじ【提示】 esibizione 女, presentazione 女 ―～する esibire, presentare
ていしゃ【停車】 ―～する fermarsi
ていしゅ【亭主】 (夫)marito 男; (家の主人)padrone di casa 男
ていじゅう【定住】 ―～する stabilirsi, fissarsi, risiedere permanentemente
ていしゅつ【提出】 ―～する presentare, consegnare
ていしょう【提唱】 ―～する proporre
ていしょく【定食】 menu a prezzo fisso 男
ていしょく【定職】 lavoro fisso 男
ていしょく【停職】 sospensione dall'impiego 女
でいすい【泥酔】 ―～している essere ubriaco fradicio
ていすう【定数】 numero prestabilito 男; (定足数)numero legale 男, quorum 男; (数学)costante 女
ディスカウント sconto 男, discount 男 ◆～ショップ discount 男
ディスカッション discussione 女
ディスケット dischetto 男
ディスコ discoteca 女
ディスプレー mostra 女; (モニター)display 男, schermo 男
ていする【呈する】 donare, offrire; (表す・示す)presentare
ていせい【訂正】 ―～する correggere
ていせつ【定説】 teoria generalmente accettata 女
ていせん【停戦】 tregua 女
ていそ【提訴】 ―～する intentare una causa
ていぞく【低俗】 ―～な volgare
ていたい【停滞】 stagnazione 女, ristagno 男
ていたく【邸宅】 dimora 女, villa 女,

palazzina 女
ていちゃく【定着】 ―〜する attecchire
ていちょう【丁重】 ―〜な gentile, cortese
ていちょう【低調】 ―〜な stagnante, debole
ティッシュ fazzoletto di carta 男
ていでん【停電】 black out 男
ていど【程度】 grado 男, livello 男
ていとう【抵当】 ipoteca 女
ディナー （正餐）pranzo 男; (夕食)cena 女
ていねい【丁寧】 ―〜な cortese, gentile
ていねん【定[停]年】 limite di età 男; (退職)età di pensionamento 女
ていはく【停泊】 ancoraggio 男 ―〜する essere all'ancora
ていひょう【定評】 ―〜ある noto, famoso
ディフェンス difesa 女
ていへん【底辺】 ―三角形の〜 base di un triangolo 女 / 社会の〜 bassifondi 男複, strato più basso della società 男
ていぼう【堤防】 diga 女, argine 男
ていめい【低迷】 depressione 女 ―〜する stagnare
ていり【定理】 teorema 男
でいり【出入り】 l'entrata e l'uscita 女複
ていりゅうじょ【停留所】 fermata 女
ていれ【手入れ】 manutenzione 女, (警察の)perquisizione 女 ―〜する curare, fare la manutenzione (di)
ディレクター direttore(trice) 男(女); (演出家)regista 男女
ディレクトリ directory 女
ティレニアかい【―海】 Mar Tirreno 固名(男)
ティンパニー timpano 男
テーゼ tesi 女
データ dati 男複
デート appuntamento amoroso 男
テープ nastro 男; (カセット)cassetta 女 ◆〜レコーダー registratore 男
テーブル tavola 女 ◆〜クロス tovaglia 女
テーマ tema 男
テーラー sartoria 女
テールランプ fanale di coda 男
ておくれ【手遅れ】 ―〜である essere troppo tardi
てがかり【手掛かり】 indizio 男, chiave 女
てがき【手書き】 manoscritto 男
でかける【出かける】 /いまがける/ uscire
てがた【手形】 cambiale 女; (手の形)impronta della mano 女
てかてか ―〜の brillante, luccicante
でかでか ―〜と (大見出しで)a caratteri cubitali
てがみ【手紙】 lettera 女
てがら【手柄】 gesta 女複
てがる【手軽】 ―〜な facile, semplice

てき【敵】 nemico(a) 男(女), avversario(a) 男(女)
てき【滴】 goccia 女
でき【出来】 risultato 男; (収穫)raccolto 男
できあい【溺愛】 ―〜する amare ciecamente
できあい【出来合い】 ―〜の già confezionato
できあがる【出来上がる】 essere finito, essere terminato
てきい【敵意】 ostilità 女 ―〜のある ostile
てきおう【適応】 ―〜する adattarsi
てきかく【的確】 ―〜な preciso, giusto
てきごう【適合】 convenienza 女 ―〜する confarsi (a), adeguarsi (a)
できごころ【出来心】 ―〜で impulsivamente
できごと【出来事】 evento 男, avvenimento 男
てきし【敵視】 ―…を〜する considerare... nemico, essere ostile verso...
できし【溺死】 annegamento 男 ―〜する annegare, affogare
てきしゅつ【摘出】 ―〜する estrarre
テキスト libro di testo 男;〔コン〕testo 男
てきする【適する】 essere adatto (a)
てきせい【適性】 attitudine 女 ◆〜検査 esame attitudinale 男
てきせつ【適切】 ―〜な giusto, appropriato
できそこない【出来損ない】 ―〜の mal fatto, mal riuscito
てきたい【敵対】 ―〜する opporsi (a)
できだか【出来高】 (生産高)produzione 女, (収穫高)raccolto 男; (取引の)volume degli affari 男 ―〜払いで働く lavorare a cottimo
できたて【出来立て】 ―〜の nuovo di zecca, nuovo fiammante / 〜のパン pane appena sfornato
てきちゅう【的中】 ―〜する azzeccare, centrare; (予想が)avverarsi, essere esatto
てきど【適度】 ―〜な moderato
てきとう【適当】 ―〜な conveniente, adeguato, adatto; (いい加減な)impreciso, irresponsabile
てきぱき ―〜した rapido e risoluto
てきびしい【手厳しい】 duro, severo
できもの【出来物】 bolla 女, pustola 女
てきよう【摘要】 riassunto 男
てきよう【適用】 ―〜する applicare
できる【出来る】 (有能)bravo ―…〜(状態)potere + 不定詞; (能力)sapere + 不定詞, essere capace di + 不定詞; (成功)riuscire a + 不定詞
てぎわ【手際】 ―〜のよい abile, esperto / 〜の悪い maldestro, goffo
てぐち【手口】 modo di compiere un

crimine 男, modus operandi 男
でぐち【出口】 uscita 女
テクニック tecnica 女
テクノロジー tecnologia 女
てくび【手首】 polso 男
でくわす【出くわす】 incontrare
てこ【梃子】 leva 女
てごころ【手心】 ―～を加える trattare con generosità
てこずる【手こずる】 avere delle difficoltà (con)
てごたえ【手応え】 reazione 女
でこぼこ【凸凹】 ―～な irregolare, disuguale, accidentato
デコレーション decorazione 女
てごろ【手頃】 ―～な ragionevole, adeguato
てごわい【手強い】 duro, forte, tenace
テコンドー taekwondo 男
デザート dessert 男, dolce 男
デザイナー designer 男女 ◆ファッション～ stilista 男女
デザイン design 男, disegno 男 ―～する disegnare
てさき【手先】 dita 女複; (下働き)gregario 男
てさぐり【手探り】 ―～で a tastoni
てさげかばん【手提げかばん】 borsa 女
てざわり【手触り】 tatto 男
でし【弟子】 allievo(a) 男 女
てしごと【手仕事】 lavoro manuale 男
てした【手下】 seguace 男女, subalterno(a) 男 女
デジタル ―～の digitale
てじな【手品】 gioco di prestigio 男
◆～師 prestigiatore(trice) 男 女
でしゃばり (行為)intrusione 女; (人) ficcanaso 男女
でしゃばる ficcare il naso (in)
てじゅん【手順】 ordine 男, processo 男, procedura 女
てじょう【手錠】 manette 女複
てすう【手数】 fatica 女, disturbo 男
◆～料 commissione 女
デスク (机)scrivania 女; (編集者)redattore(trice) 男 女
デスクトップ desktop 男
テスト esame 男, prova 女
てすり【手摺】 ringhiera 女, corrimano 男, parapetto 男
てせい【手製】 ―～の fatto a mano
てそう【手相】 linee della mano 女複
てだすけ【手助け】 aiuto 男, assistenza 女
でたらめ【出鱈目】 nonsenso 男, assudità 女 ―～な sbagliato, pieno di errori
てぢか【手近】 ―～(な所)に a portata di mano
てちがい【手違い】 errore 男
てちょう【手帳】 agenda 女
てつ【鉄】 ferro 男
てっかい【撤回】 ritiro 男, revoca 女

てつがく【哲学】 filosofia 女 ◆～者 filosofo(a) 男 女
てつき【手つき】 ―慣れた～で con mano sicura
てっき【鉄器】 oggetto di ferro 男 ◆～時代 età del ferro 女
デッキ ponte 男; (列車の)piattaforma 女
てっきょ【撤去】 ―～する ritirare, rimuovere
てっきょう【鉄橋】 ponte di ferro 男; (鉄道の)ponte ferroviario 男
てっきんコンクリート【鉄筋一】 cemento armato 男
てづくり【手作り】 ―～の fatto a mano
てつけきん【手付け金】 caparra 女
てっこうぎょう【鉄鋼業】 industria siderurgica 女
てっこうせき【鉄鉱石】 minerale di ferro 男
てっこつ【鉄骨】 armatura in ferro 女
デッサン abbozzo 男, schizzo 男
てっせい【鉄製】 ―～の di ferro
てったい【撤退】 ritiro 男, evacuazione 女 ―～する ritirarsi (da)
てつだい【手伝い】 aiuto 男; (人)aiutante 男女
てつだう【手伝う】 aiutare, dare una mano (a)
でっちあげる【でっち上げる】 inventare, manipolare
てつづき【手続き】 procedura 女
てっていてき【徹底的】 ―～な completo, esaustivo, drastico
てっとう【鉄塔】 torre di ferro 女; (高圧線の)pilone 男, traliccio 男
てつどう【鉄道】 ferrovia 女
デッドヒート ―～を演じる lottare testa a testa
てっぱん【鉄板】 piastra di ferro 女
てつぼう【鉄棒】 sbarra 女
てっぽう【鉄砲】 fucile 男
てつや【徹夜】 ―～する passare la notte in bianco
テナー tenore 男
てなみ【手並み】 abilità 女, bravura 女 ―お～拝見といこう Vediamo la tua abilità.
テナント affittuario(a) 男 女
テニス tennis 男
デニム denim 男
てにもつ【手荷物】 bagaglio a mano 男 ◆～預かり所 deposito bagagli 男/ ～引換証 scontrino del bagaglio 男
てぬき【手抜き】 ―～する lavorare male [con negligenza]
てぬぐい【手拭い】 asciugamano 男
テノール tenore 男
てのこう【手の甲】 dorso della mano 男
てのひら【掌】 palmo della mano 男
デノミネーション svalutazione 女

では allora, dunque
デパート grande magazzino 男
てはい【手配】 preparativi 男複 ――～する fare i preparativi ⟨per⟩
てはじめ【手始め】 ――～に per cominciare, all'inizio
てはず【手筈】 preparativi 男複 ――～を整える fare i preparativi ⟨per⟩
てばなす【手放す】 disfarsi ⟨di⟩
てびき【手引き】 guida 女; (本)manuale 男, vademecum 男
デビュー ――～する debuttare
てぶくろ【手袋】 guanti 男複
てぶら【手ぶら】 ――～で a mani vuote
デフレ deflazione 女
てほん【手本】 esempio 男, modello 男
てま【手間】 tempo 男, fatica 女
デマ notizia infondata 女
てまえ【手前】 ――～に (前)prima ⟨di⟩; (こちら側)da questa parte ⟨di⟩ / 東京駅の１つ～で降りる scendere a una stazione prima di Tokyo
でまえ【出前】 servizio a domicilio 男
でまかせ【出任せ】 ――～を言う parlare a vanvera
でまど【出窓】 finestra sporgente 女
てまね【手真似】 gesti 男複
てまねき【手招き】 ――～する chiamare a gesti
でみせ【出店】 bancarella 女
デミタスカップ tazzina 女
てみやげ【手土産】 regalo 男
でむかえる【出迎える】 ricevere
テムズがわ【―川】 Tamigi 固名(男)
デメリット svantaggio 男
-ても ―たとえ…⟨し⟩～ anche se…
デモ manifestazione 女
デモクラシー democrazia 女
てもと【手許[元]】 ――～に a portata di mano
デモンストレーション dimostrazione 女
デュエット duetto 男
てら【寺】 tempio ⟨buddista⟩ 男
テラス terrazza 女
てらす【照らす】 illuminare
デラックス ――～な di lusso, lussuoso 男
てりかえす【照り返す】 riflettersi
デリカシー delicatezza 女
デリケート ――～な sensibile; (微妙な) delicato
テリトリー territorio 男
てる【照る】 splendere
でる【出る】 uscire; (出発)partire; (出席・参加)assistere ⟨a⟩, partecipare ⟨a⟩
てれくさい【照れ臭い】 vergognarsi ―― ～そうに con aria impacciata
テレパシー telepatia 女
テレビ televisione 女, TV 女; (受像機)televisore 男 ――～を見る guardare la televisione ◆～局 stazione televisiva 女 / ～電話 videotelefono 男 / ～

番組 programma televisivo 男
テレフォンカード carta telefonica 女
てれや【照れ屋】 timido(a) 男(女)
てれる【照れる】 sentirsi in imbarazzo
テロ terrorismo 男; (行為)atto terroristico ◆テロリスト terrorista 男女
テロップ sottotitoli 男複
てわたす【手渡す】 consegnare
てん【天】 cielo 男
てん【点】 punto 男
でんあつ【電圧】 voltaggio 男
てんい【転移】 metastasi 女 ――～する metastatizzare
てんいん【店員】 commesso(a) 男(女)
でんえん【田園】 campagna 女
てんか【天下】 (世界)mondo 男; (全国)tutto il paese 男
てんか【点火】 accensione 女 ――～する dare fuoco ⟨a⟩
てんか【転嫁】 ――責任を～する scaricare la propria responsabilità ⟨su⟩
でんか【電化】 elettrificazione 女 ◆(家庭用)～製品 elettrodomestici 男複
てんかい【展開】 ――～する sviluppare
てんかぶつ【添加物】 additivo 男
てんかん【転換】 cambio 男, cambiamento 男
てんかん【癲癇】 epilessia 女
てんき【天気】 tempo 男; (晴天)bel tempo 男 ◆～図 carta meteorologica 女 / ～予報 previsioni del tempo 女複
でんき【伝記】 biografia 女
でんき【電気】 elettricità 女; (電灯)luce 女 ――～の elettrico ◆～器具 apparecchio elettrico 男
でんきゅう【電球】 lampadina 女
てんきょ【転居】 ――～する trasferirsi
てんきん【転勤】 trasferimento in altra sede 男
てんけいてき【典型的】 ――～な tipico
てんけん【点検】 ――～する ispezionare
でんげん【電源】 (コンセント)presa 女; (スイッチ)interruttore 男 ――～を入れる[切る] accendere [spegnere]
てんこ【点呼】 appello 男 ――～を取る fare l'appello
てんこう【天候】 tempo 男
てんこう【転校】 ――～する cambiare scuola
てんこう【転向】 ――～する convertirsi
でんこう【電光】 luce elettrica 女 ――～石火のごとく come un lampo, come un fulmine
てんごく【天国】 paradiso 男
でんごん【伝言】 messaggio 男
てんさい【天才】 genio 男
てんさい【天災】 calamità 女
てんさく【添削】 correzione 女 ――～する correggere
てんし【天使】 angelo 男 ――～の月曜(復活祭の翌日) Lunedì dell'Angelo 男,

Pasquetta 女

てんじ【展示】 esposizione 女 ―〜する esporre ◆〜会 mostra 女

てんじ【点字】 braille 男, 女

でんし【電子】 elettrone 男 ―〜の elettronico ◆〜メール e-mail 女, posta elettronica 女 / 〜レンジ forno a microonde 男 / 〜工学 elettronica 女

でんじは【電磁波】 onda elettromagnetica 女

てんしゃ【転写】 copia 女, trascrizione 女 ―〜する copiare, trascrivere

でんしゃ【電車】 treno 男

てんしゅつ【転出】 trasferimento 男 ◆〜届け comunicazione di cambio di domicilio 女

てんじょう【天井】 soffitto 男 ◆〜桟敷 loggione 男

てんしょう【伝承】 tradizione 女

てんじょういん【添乗員】 accompagna*tore*(*trice*) turistic*o*(*a*) 男(女)

てんしょく【天職】 vocazione 女

てんしょく【転職】 ―〜する cambiare lavoro

でんしょばと【伝書鳩】 piccion*e*(*a*) viaggia*tore*(*trice*) 男(女)

でんしん【電信】 telegrafia 女

てんすう【点数】 punto 男, punteggio 男

てんせい【天性】 natura 女, carattere 男

でんせつ【伝説】 leggenda 女 ―〜的[上の] leggendario

てんせん【点線】 linea tratteggiata 女

でんせん【伝染】 (接触) contagio 男, infezione 女 ◆〜病 epidemia 女

でんせん【電線】 filo elettrico 男

てんそう【転送】 ―〜する rispedire

てんたい【天体】 corpo celeste 男, astro 男

でんたく【電卓】 calcolatrice 女

でんたつ【伝達】 ―〜する comunicare

てんち【天地】 il cielo e la terra 男複 ◆〜創造 la Creazione 女

でんち【電池】 pila 女, batteria 女

でんちゅう【電柱】 palo (telegrafico) 男

てんちょう【店長】 gerente 男女, ge*store*(*trice*) 男(女)

てんてき【天敵】 nemico naturale 男

てんてき【点滴】 fleboclisi a goccia 女, flebo 女

テント tenda 女

てんとう【転倒】 ―〜する cadere

でんとう【電灯】 lampada 女

でんとう【伝統】 tradizione 女 ―〜的な tradizionale

でんどう【伝導】 conduzione 女 ―〜する condurre

でんどう【伝道】 (キリスト教の) evangelizzazione 女; (海外への) missione 女

てんとうむし【天道虫】 coccinella 女

てんにん【転任】 trasferimento 男

でんねつき【電熱器】 stufa elettrica

てんねん【天然】 natura 女 ―〜の naturale ◆〜ガス gas naturale 男 / 〜資源 risorse naturali 女複

てんねんとう【天然痘】 vaiolo 男

てんのう【天皇】 imperatore (del Giappone) 男

てんのうせい【天王星】 Urano 固名(男)

でんぱ【電波】 radioonda 女

てんび【天火】 forno 男

てんびき【天引き】 trattenuta 女 ―〜する trattenere

でんぴょう【伝票】 nota 女, distinta 女

てんびんざ【天秤座】 Bilancia 固名(女)

てんぷ【添付】 ―〜する allegare ◆〜ファイル file (in) allegato 男

てんぷく【転覆】 ―〜する rovesciarsi

てんぶん【天分】 dono naturale 男, talento 男

でんぷん【澱粉】 amido 男 ◆〜質の amidaceo

テンポ tempo 男; (歩調) passo 男

てんぼう【展望】 vista 女 ◆〜台 belvedere 男

でんぽう【電報】 telegramma 男

デンマーク Danimarca 固名(女) ―〜の danese ◆〜語 danese 男 / 〜人 danese 男女

てんまつ【顛末】 tutto ciò che è accaduto 男

てんまど【天窓】 lucernario 男

てんめつ【点滅】 ―〜する lampeggiare

てんもん【天文】 ◆〜学 astronomia 女 / 〜台 osservatorio astronomico 男 / 〜学者 astronom*o*(*a*) 男(女)

てんやく【点訳】 ―〜する trascrivere in braille

てんよう【転用】 ―〜する utilizzare per uno scopo diverso, destinare ad altro fine

てんらく【転落】 caduta 女 ―〜する cadere

てんらんかい【展覧会】 mostra 女, esposizione 女

でんりゅう【電流】 corrente elettrica 女

でんりょく【電力】 energia elettrica 女

でんわ【電話】 telefono 男; (通話) telefonata 女 ―〜する telefonare (a), chiamare / 〜に出る rispondere al telefono / 〜を切る riattaccare ◆公衆〜 telefono pubblico 男 / 〜番号 numero di telefono 男 / 〜ボックス cabina telefonica 女

と

と【戸】 porta 女

と【都】 ◆〜知事 governatore di

Tokyo 男 / ～庁 municipio di Tokyo
-と（並列）e;（随伴）con
ど【度】（回数）volta 女;（角度・温度）grado 男 ——～を越す superare i limiti
ドア porta 女
とい【樋】grondaia 女
とい【問い】domanda 女
といあわせ【問い合わせ】domanda d'informazioni 女
といあわせる【問い合わせる】informarsi (su)
といかえす【問い返す】rifare la domanda
といかける【問いかける】fare una domanda
といし【砥石】cote 女
といただす【問いただす】interrogare, fare domande
ドイツ Germania 固名(女) ——～の tedesco ♦～語 tedesco 男 / ～人 tedesco(a) 男(女)
といつめる【問い詰める】interrogare, fare domande su domande
トイレ gabinetto 男
トイレットペーパー carta igienica 女
とう【党】partito 男 ♦～員 membro (di un partito) 男
とう【塔】torre 女
とう【問う】domandare
-とう【等】（階級）classe 女;（…など）eccetera, ecc.
どう（どのように）come, in che modo ——～したのですか Che cos'ha? / 試験は～でしたか Com'è andato l'esame?
どう【胴】tronco 男;（ウエスト）vita 女
どう【銅】rame 男
とうあん【答案】risposte 女複 ♦～用紙 questionario 男
どうい【同意】consenso 男 ——～する acconsentire (a)
どういう（どの）quale;（何の）che;（どの種類の）di che tipo
どういげんそ【同位元素】isotopo 男
どういたしまして Prego. | Si figuri! | Di niente.
とういつ【統一】——～する unificare, unire
どういつ【同一】——～の stesso, identico
どういん【動員】——～する mobilitare
トゥールーズ Tolosa 固名(女)
とうえい【投影】proiezione 女 ——～する proiettare un'ombra
とうおう【東欧】Europa orientale 女
どうか（どうにか）in qualche modo ——彼は来るか～分からない Non so se verrà. / ～お願いします La prego.
どうか【同化】——～する assimilare
どうか【銅貨】moneta di rame 女
とうかい【倒壊】——～する crollare
とうがい【等外】♦～作品 opera non classificata 女
とうがい【当該】——～の in questione

どうかく【同格】stesso rango 男;（文法）apposizione 女
どうかせん【導火線】miccia 女
とうがらし【唐辛子】peperoncino 男
とうかん【投函】——～する imbucare, impostare
どうかん【同感】——私もあなたと～です Sono d'accordo con Lei.
とうき【冬季[期]】inverno 男 ——～の invernale
とうき【投機】speculazione 女 ♦～家 speculatore(trice) 男(女)
とうき【陶器】ceramica 女
とうぎ【討議】——～する discutere
どうき【動機】motivo 男
どうき【動悸】palpitazione cardiaca 女, batticuore 男
どうぎ【動議】mozione 女
どうぎ【道義】morale 女, moralità 女 ——～的な morale
どうぎご【同義語】sinonimo 男
とうきゅう【等級】categoria 女, classe 女
とうぎゅう【闘牛】corrida 女;（牛）toro da combattimento 男 ♦～士 torero 男 / ～場 arena 女
どうきゅうせい【同級生】compagno(a) di classe 男(女)
どうきょ【同居】——～する convivere (con)
どうきょう【同郷】——～の人 compaesano(a) 男(女)
どうぎょう【同業】stessa attività 女, stesso lavoro 男, stessa professione 女
とうきょく【当局】autorità 女複
どうぐ【道具】arnese 男, attrezzo 男
どうくつ【洞窟】caverna 女, grotta 女
とうげ【峠】passo 男, valico 男
どうけ【道化】buffonata 女 ♦～師 pagliaccio 男
とうけい【統計】statistica 女 ——～的に statisticamente
とうけい【東経】longitudine est 女
とうげい【陶芸】ceramica 女
とうけつ【凍結】——～する congelarsi;（賃金・物価を）congelare
どうけん【同権】parità di diritti 女 ♦男女～ uguaglianza (dei diritti) fra i sessi
とうこう【登校】——～する andare a scuola ♦～拒否 rifiuto di andare a scuola 男
とうごう【統合】——～する unificare
どうこう【瞳孔】pupilla 女
どうこう【動向】trend 男, andamento 男
どうこう【同行】——～する accompagnare
どうこうかい【同好会】——歌舞伎～ associazione di amatori di kabuki 女
とうざ【当座】——～の住まい dimora temporanea 女 ♦～預金 conto cor-

rente 男

どうさ【動作】 mossa 女, movimento 男

とうざい【東西】 l'est e l'ovest 男複

どうさつりょく【洞察力】 perspicacia 女

とうさん【倒産】 ―～する fare bancarotta, fallire

どうさん【動産】 patrimonio mobiliare 男

とうし【投資】 investimento 男 ―～する investire ◆～家 investi*tore*(*trice*) 男(女)

とうし【闘志】 grinta 女, mordente 男

とうし【凍死】 ―～する morire per assideramento

とうじ【冬至】 solstizio d'inverno 男

とうじ【当時】 allora, a quei tempi

とうじ【答辞】 risposta 女

どうし【動詞】 verbo 男

どうし【同士】 ―兄弟～のけんか litigio tra fratelli 男

どうし【同志】 compagno(a) 男(女)

どうじ【同時】 simultaneità 女 ―～の simultaneo / ～に nello stesso tempo ◆～通訳 traduzione simultanea 女; (人) tradu*tore*(*trice*) simultaneo(a) 男(女)

とうじき【陶磁器】 ceramiche e porcellane 女複

どうじだい【同時代】 la stessa epoca 女 ―～の contemporaneo

とうじつ【当日】 quel giorno 男, il giorno (prefissato) 男

どうしつ【同質】 omogeneità 女 ―～の omogeneo

どうして perché, come mai; (どのように) come

どうしても ad ogni costo

とうしゃばん【謄写版】 ciclostile 男

とうしゅ【党首】 capo del partito 男

とうしょ【投書】 ―～する mandare una lettera

とうしょ【当初】 ―～は all'inizio, in principio

とうしょう【凍傷】 gelone 男, congelamento 男

とうじょう【登場】 entrata 女, apparizione 女 ―～する apparire, comparire ◆～人物 personaggio 男

とうじょう【搭乗】 imbarco 男 ―～する imbarcarsi (su) ◆～ゲート uscita 女 / ～券 carta d'imbarco 女

どうじょう【同情】 ―～する provare compassione (per)

どうしようもない Non c'è niente da fare.

とうしん【答申】 ―～する presentare una relazione

とうしんだい【等身大】 ―～の a grandezza naturale

とうすい【陶酔】 ―～する provare l'ebbrezza (di)

どうせ in ogni modo, comunque; (結局) dopotutto

とうせい【統制】 ―～する controllare, regolare

どうせい【同性】 stesso sesso 男 ◆～愛 omosessualità 女

どうせい【同棲】 ―～する convivere (con)

とうせん【当選】 ―～する (選挙)essere eletto; (くじなど)vincere (un premio) ◆～者 vinci*tore*(*trice*) 男(女) / ～番号 numero vincente 男

とうぜん【当然】 naturalmente, evidentemente ―～の naturale

どうぞ (勧めて)prego; (お願い)per favore

とうそう【逃走】 fuga 女 ―～する fuggire, scappare

とうそう【闘争】 lotta 女

どうぞう【銅像】 statua di bronzo 女

どうそうかい【同窓会】 (団体)associazione di ex studenti 女; (会合)incontro tra vecchi compagni di scuola 男

とうぞく【盗賊】 ladro 男, bandito 男

どうぞく【同族】 stessa famiglia 女 ◆～会社 società (a conduzione) familiare 女

とうた【淘汰】 eliminazione 女 ―～する eliminare

とうだい【灯台】 faro 男

どうたい【胴体】 tronco 男; (機体)fusoliera 女

とうたつ【到達】 arrivo 男 ―～する raggiungere

とうち【統治】 ―～する governare

とうち【倒置】 ―～する invertire

とうちゃく【到着】 arrivo 男 ―～する arrivare

とうちょう【盗聴】 (電話の)intercettazione telefonica 女 ―～する intercettare

どうちょう【同調】 accordo 女

とうてい【到底】 ―～できない Non è assolutamente possibile. / ～ありえない È assolutamente impossibile.

どうてい【童貞】 verginità 女

どうでもよい ―そんなこと～ Non fa niente! | Non me ne importa nulla.

どうてん【同点】 pareggio 男

とうとい【尊い】 nobile; (貴重な)prezioso

とうとう【到頭】 *finalmente*, alla fine

どうとう【同等】 uguaglianza 女 ―～の uguale

どうどう【堂々】 ―～と con aria solenne / ～とした maestoso, imponente, solenne

どうとく【道徳】 moralità 女 ―～的な morale

とうとぶ【尊ぶ】 rispettare, riverire

とうなん【東南】 sud-est 男 ◆～アジア Sud-est asiatico 男

とうなん【盗難】 furto 男 ◆～保険 assicurazione contro il furto 女

どうにか (かろうじて)appena, a malapena; (まがりなりにも)in qualche modo
とうにゅう【投入】(投資)investimento 男
どうにゅう【導入】 ―~する introdurre
とうにょうびょう【糖尿病】diabete 男
どうねんぱい【同年輩】 ―~の coetaneo, della stessa età
とうは【党派】 partito 男, fazione 女
とうばん【当番】 turno 男
どうはん【同伴】 ―~する accompagnare
どうはんが【銅版画】 opera calcografica 女; (エッチング)acquaforte 女
とうひ【逃避】 ―~する fuggire, evadere ⟨da⟩
とうひょう【投票】 votazione 女 ―~する votare ◆~箱 urna 女 / ~用紙 scheda elettorale 女
とうふ【豆腐】 tofu 男
とうぶ【東部】 parte orientale 女
どうふう【同封】 ―~する accludere, allegare
どうぶつ【動物】 animale 男 ◆~園 giardino zoologico 男, zoo 男
とうぶん【当分】 (しばらくの間)per un certo tempo; (今のところ)per ora
とうぶん【糖分】 zucchero 男
とうぶん【等分】 ―~する dividere in parti uguali
とうほう【東方】 ―~の orientale
とうぼう【逃亡】 fuga 女, evasione 女 ―~する fuggire, evadere ⟨da⟩ ◆~者 fuggiasco(a) 男(女)
どうほう【同胞】 (同国人)compatriota 男女
とうほく【東北】 nord-est 男
どうみゃく【動脈】 arteria 女 ◆~硬化 arteriosclerosi 女
とうみん【冬眠】 letargo 男, ibernazione 女 ―~する andare in letargo, ibernare
とうめい【透明】 ―~な trasparente
どうめい【同盟】 ―~する allearsi
どうメダル【銅―】 medaglia di bronzo 女
とうめん【当面】 ―~の del momento
どうも ―~ありがとう Grazie tante [mille]. / よく分からない Non riesco proprio a capire.
どうもう【獰猛】 ―~な feroce
とうもろこし【玉蜀黍】 granturco 男, mais 男
どうやら ―~…らしい sembrare, sembra che + 接続法
とうゆ【灯油】 cherosene 男
とうよう【東洋】 Oriente 男 ―~の orientale
どうよう【動揺】 ―~する essere turbato, agitarsi
どうよう【同様】 ―~の simile / ~に allo stesso modo, similmente
どうよう【童謡】 canzone per bambini 女
どうらく【道楽】 hobby 男, passatempo 男; (放蕩)dissolutezza 女
どうらん【動乱】 rivolta 女, tumulto 男
どうり【道理】 ragione 女
どうりょう【同僚】 collega 男女
どうりょく【動力】 potenza 女
どうろ【道路】 strada 女 ◆~交通法 codice stradale 男 / ~地図 carta stradale 女
とうろう【灯籠】 lanterna 女
とうろく【登録】 registrazione 女, iscrizione 女 ―~する registrare, iscrivere; (入会)iscriversi ⟨a⟩
とうろん【討論】 discussione 女, dibattito 男 ―~する discutere, dibattere ◆~会 dibattito 男
どうわ【童話】 fiaba 女, favola 女
とうわく【当惑】 ―~する essere imbarazzato
とおい【遠い】 lontano ―遠くに lontano
トーゴ Togo 固名(男) ―~の togolese
とおざかる【遠ざかる】 allontanarsi
とおざける【遠ざける】 allontanare
-とおし[どおし]【通し】 ―働き~である continuare a lavorare senza interruzione / 夜~ (per) tutta la notte
とおす【通す】 fare passare
トースター tostapane 男
トースト toast 男, pane tostato 男
とおで【遠出】 ―~する andare lontano
ドーナツ ciambella 女
トーナメント torneo 男
ドーバーかいきょう【―海峡】 Passo di Calais 固名(男)
ドーピング doping 男
とおまわし【遠回し】 ―~に indirettamente
とおまわり【遠回り】 ―~する fare una deviazione
ドーム cupola 女
とおり【通り】 via 女, strada 女
-どおり【通り】 ―いつも~ come al solito, come sempre
とおりあめ【通り雨】 acquazzone 男
とおりいっぺん【通り一遍】 ―~の superficiale, formale
とおりかかる【通り掛かる】 passare per caso
とおりこす【通り越す】 passare
とおりすがり【通りすがり】 ―~の[に] di passaggio
とおりすぎる【通り過ぎる】 passare, andare oltre
とおりぬける【通り抜ける】 attraversare ◆通り抜け禁止〖掲示〗Vietato il passaggio
とおりみち【通り道】 passaggio 男
とおる【通る】 passare
トーン tono 男
とおんきごう【―音記号】 chiave di

とかい【都会】città 女
とかげ【蜥蜴】lucertola 女
とかす【解かす】fondere, sciogliere
とかす【梳かす】(髪を)pettinarsi
とがった【尖った】appuntito, aguzzo
とがめる【咎める】biasimare, rimproverare
とがらす【尖らす】appuntire, aguzzare
どかん ―~! Boom! / ~と爆発する scoppiare con un boato
とき【時】tempo 男; (時刻)ora 女; (時機)momento 男 ―…する~ quando...
とき【朱鷺】ibis giapponese 男
どき【土器】vasellame di terracotta 男
ときおり【時折】di tanto in tanto, ogni tanto
どぎつい (派手な)troppo vistoso; (露骨な)troppo piccante
どきっと ―~する scuotersi, rimanere allibito
ときどき【時々】qualche volta, ogni tanto
どきどき ―~する palpitare, battere forte
ときには【時には】a volte
ときはなつ【解き放つ】liberare
ときふせる【説き伏せる】persuadere
ときめく【時めく】―今を~ (essere) all'apice della gloria
ドキュメンタリー documentario 男
ドキュメント documento 男
どきょう【度胸】coraggio 男, fegato 男
とぎれる【途切れる】interrompersi
とく【解く】risolvere; (ほどく)sciogliere; (解除)togliere
とく【溶く】sciogliere
とく【説く】spiegare; (説教)predicare
とく【得】profitto 男, guadagno 男; (有利)vantaggio 男
とく【徳】virtù 女
とぐ【研ぐ】affilare
どく【退く】mettersi [farsi] da parte, spostarsi
どく【毒】veleno 男 ―~のある velenoso ◆~ガス gas tossico 男
とくい【特異】―~な singolare, particolare ◆~性 singolarità 女/~体質 idiosincrasia 女
とくい【得意】il PROPRIO forte 男 ―…が~である essere forte [bravo] in...
どくがく【独学】―~する imparare da autodidatta
とくぎ【特技】specialità 女
どくさい【独裁】dittatura 女 ◆~者 dittat*ore(rice)* 男(女)
とくさつ【特撮】ripresa a trucco 女
どくさつ【毒殺】uccisione per avvelenamento 女 ―~する avvelenare

とくさんひん【特産品】specialità 女
どくじ【独自】―~の originale, unico
どくしゃ【読者】lett*ore(rice)* 男(女)
とくしゅ【特殊】―~な particolare, speciale
とくしゅう【特集】(番組)programma speciale 男 ◆~記事 articolo speciale 男
どくしょ【読書】lettura 女 ―~する leggere / ~の秋 In autunno si legge volentieri.
どくしょう【独唱】(曲)assolo 男 ◆~者 solista 男女
とくしょく【特色】carattere 男
どくしん【独身】―~の (男性)celibe scapolo; (女性)nubile
どくぜつ【毒舌】lingua tagliente 女
どくせん【独占】―~する monopolizzare
どくぜんてき【独善的】―~な arbitrario
どくそう【独奏】(曲)assolo 男 ―~する suonare da solo
どくそう【独創】―~性 originalità 女/ ~的な originale
とくそく【督促】―~する sollecitare
ドクター dott*ore(essa)* 男(女) ◆~コース corso di dottorato di ricerca 男
とくだね【特種】scoop 男, notizia in esclusiva 女
どくだん【独断】―~で arbitrariamente
とぐち【戸口】porta 女, ingresso 男
とくちょう【特徴】caratteristica 女 ―~のある caratteristico
とくちょう【特長】vantaggio 男, pregio 男, abilità particolare 女
とくてい【特定】―~の determinato, specifico
とくてん【得点】punto 男, punteggio 男 ―~する segnare
とくてん【特典】privilegio 男
どくとく【独特】―~の particolare, speciale
とくに【特に】specialmente, soprattutto
とくばい【特売】svendita 女, saldi 男複
とくはいん【特派員】inviat*o(a)* speciale 男(女)
どくはく【独白】monologo 男 ―~する fare un monologo
とくひつ【特筆】menzione speciale 女 ―~すべき notevole, notabile
とくべつ【特別】―~な speciale, particolare
どくへび【毒蛇】serpente velenoso 男
どくぼう【独房】cella di isolamento 女
どくみ【毒味[見]】―前もって~する assaggiare prima di servire (per sicurezza)

とくめい【匿名】 ー～の anonimo
どくやく【毒薬】 veleno 男
とくゆう【特有】 ー～の particolare, proprio
どくりつ【独立】 indipendenza 女; ～の indipendente / ～する rendersi indipendente
どくりょく【独力】 ー～で da solo
とげ【刺・棘】 spina 女
とけい【時計】 orologio 男 ♦～店 orologeria 女
とけこむ【溶け込む】 (溶解)sciogliersi; (同化)assimilarsi; (調和)armonizzare (con)
とける【解ける】 (ほどける)sciogliersi, slegarsi; (問題が)essere risolto, risolversi
とける【溶ける】 fondere, sciogliersi
とげる【遂げる】 compiere, eseguire
どける【退ける】 togliere, rimuovere
とこ【床】 letto 男
どこ dove
どこか ー～に[で] da qualche parte
とこや【床屋】 barbiere(a) 男(女)
ところ【所】 (場所)posto 男, luogo 男; (箇所)punto 男
-どころ ー今はそれ～じゃない Questo non è il momento. / それ～か(反対に)al contrario; (その上)per di più
ところが tuttavia, ma
ところで a proposito
ところどころ【所々】 qua e là
とさか【鶏冠】 cresta 女
とざす【閉ざす】 chiudere
とざん【登山】 alpinismo 男 ー～する fare dell'alpinismo ♦～家 alpinista 男女 / ～電車 funicolare 女
とし【都市】 città 女 ー～の urbano ♦～化 urbanizzazione 女
とし【年】 anno 男; (年齢)età 女, anni 男複 ー～を取る invecchiare
どじ gaffe 女 ー～を踏む fare una gaffe, prendere un granchio
としうえ【年上】 ー～の maggiore, più grande, più vecchio
としがい【年甲斐】 ー～もなく nonostante la PROPRIA età, senza rendersi conto della PROPRIA età
としかっこう【年格好】 ー50 ぐらいの～の男 uomo sui cinquant'anni 男, cinquantenne 男
としご【年子】 ー僕と姉は～です Io sono nato un anno dopo mia sorella maggiore.
としこし【年越し】 ー～する trascorrere l'ultima notte dell'anno
とじこめる【閉じ込める】 rinchiudere, imprigionare
とじこもる【閉じこもる】 chiudersi, rinchiudersi
としごろ【年頃】 ー～の少女 ragazza (in età) da marito 女
としした【年下】 ー～の minore, più giovane

としつき【年月】 tempo 男, anni 男複
-として ー私～は in quanto a me, secondo me / 友人～ come amico(a)
どしどし (絶え間なく)continuamente; (次から次に)l'uno(a) dopo l'altro(a); (大量に)in gran quantità
としなみ【年波】 ー寄る～には勝てない Non si può fare niente contro la vecchiaia.
としは【年端】 ー～も行かぬ子供 bambino(a) in tenera età 男(女)
とじまり【戸締まり】 ー～する chiudere la porta (di casa)
どしゃ【土砂】 la terra e la sabbia 女複 ♦～崩れ frana 女
どしゃぶり【土砂降り】 acquazzone 男 ー～の雨が降る piovere a dirotto
としょ【図書】 libro 男 ♦～館 biblioteca 女
どじょう【土壌】 terra 女, suolo 男
どじょう【泥鰌】 cobite 男
としより【年寄り】 anziano(a) 男(女)
とじる【綴じる】 legare
とじる【閉じる】 chiudere
としん【都心】 centro (della città) 男
どしん ー～と落ちる cadere pesantemente
トス ー～をあげる (バレーボール)alzare la palla
どせい【土星】 Saturno 固名(男)
とそう【塗装】 ー～する verniciare
どそう【土葬】 ー～する seppellire, inumare
どそく【土足】 ー～で senza togliersi le scarpe
どだい【土台】 fondamenta 女複, base 女
とだえる【途絶える】 interrompersi, cessare
とだな【戸棚】 credenza 女
どたばた ♦～喜劇 commedia farsesca 女
とたん【途端】 ー～に subito dopo / …した～に appena...
トタン ♦～板 lamiera zincata 女
どたんば【土壇場】 ー～で all'ultimo momento
とち【土地】 terreno 男
とちゅう【途中】 ー～で strada facendo; (中間で)a mezza strada; (事の半ばで)a metà ♦～下車 fare una sosta intermedia (a)
どちら quale; (場所)dove; (だれ)chi
どちらか l'uno(a) o l'altro(a) ー～と言えば piuttosto
どちらにしても ad ogni modo, in ogni caso, comunque sia
どちらも tutt'e due, entrambi(e) ー…の～ tutt'e due...
とちる fare una papera
とっか【特価】 prezzo speciale 男
どっかいりょく【読解力】 capacità di lettura 女
とっきゅう【特急】 rapido 男

とっきょ【特許】brevetto 男
ドッキング aggancio 男
とっく ーーに da tempo, da un pezzo
ドック bacino 男, darsena 女 ◆人間~ checkup generale 男
とっくみあい【取っ組み合い】zuffa 女, rissa 女 ーーをする azzuffarsi
とっくん【特訓】allenamento speciale 男
とつげき【突撃】assalto 男
とっけん【特権】privilegio 男
ドッジボール dodgeball 男, palla prigioniera 女
とつじょう【凸状】ーーの convesso
どっしり ーーした massiccio; (威厳のある)maestoso
とっしん【突進】ーーする lanciarsi, slanciarsi
とつぜん【突然】all'improvviso, d'un tratto
どっちつかず ーーの indeciso, ambiguo
どっちみち in ogni caso, ad ogni modo
とって【取っ手】maniglia 女, manico 男
-とって ー私に〜 per me
とっておく【取っておく】conservare, riservare, tenere in serbo
とってかわる【取って代わる】sostituire
とってくる【取って来る】andare a prendere
ドット punto 男
とつにゅう【突入】irruzione 女 ーーする irrompere
とっぱ【突破】ーーする sfondare; (超過)superare
とっぱつ【突発】ーーする accadere all'improvviso
とっぴ【突飛】ーーな bizzarro, stravagante
とっぴょうし【突拍子】ーーもない pazzesco
トッピング decorazione 女
トップ primo(a) 男(女), primato 男
とつめんきょう【凸面鏡】specchio convesso 男
とつレンズ【凸ー】lente convessa 女
どて【土手】argine 男
とてい【徒弟】apprendista 男女
とても molto, tanto
とどく【届く】arrivare
とどけ【届け】denuncia 女, dichiarazione 女
とどける【届ける】(送る)mandare, consegnare; (申告)denunciare; (登録)registrare
とどこおりなく【滞りなく】(遅れずに)puntualmente; (順調に)senza intoppi, senza problemi
とどこおる【滞る】ristagnare, ritardare
ととのう【整う】essere pronto
ととのえる【整える】mettere in ordine; (準備)preparare
とどまる【止[留]まる】restare, fermarsi
とどめる【止める】fermare, trattenere
とどろき【轟き】rombo 男, rimbombo 男
とどろく【轟く】rombare, rimbombare
ドナー donatore(trice) 男(女)
ドナウがわ【ーー川】Danubio 固名(男)
となえる【唱える】(詩句)recitare ー異議を〜 muovere un'obiezione
トナカイ renna 女
となり【隣】ーーの accanto, attiguo / …の〜に accanto a... / お〜(の人) vicino(a) 男(女)
どなる【怒鳴る】gridare, urlare, sgridare
とにかく【兎に角】comunque, in ogni modo
どの (どれ)quale; (何の)che; (誰)chi
どのくらい【どの位】quanto; (時間)quanto tempo
とのさま【殿様】signore (feudale) 男
どのように【どの様に】come ーーするのですか Come si fa?
トパーズ topazio 男
とはいえ【とは言え】ciò nonostante, tuttavia
とばく【賭博】gioco d'azzardo 男
とばす【飛ばす】fare volare; (車を)lanciare; (抜かす)saltare
とび【鳶】nibbio 男
とびあがる【跳び上がる】saltare, balzare
とびうお【飛魚】pesce volante 男
とびおきる【飛び起きる】alzarsi di scatto
とびおりる【飛び降りる】saltare giù; (身を投げる)buttarsi giù
とびかかる【飛びかかる】saltare, gettarsi, lanciarsi
とびこえる【跳び越える】saltare, passare ((sopra))
とびこみ【飛び込み】(水泳の)tuffo 男
とびこむ【飛び込む】lanciarsi, tuffarsi
とびさる【飛び去る】volare via
とびだす【飛び出す】lanciarsi fuori; (出現)sbucare
とびたつ【飛び立つ】prendere il volo; (飛び去る)volare via; (飛行機が)decollare
とびちる【飛び散る】spargersi, sprizzare, schizzare
とびつく【飛び付く】gettarsi, lanciarsi
トピック argomento 男
とびのる【飛び乗る】saltare ((su))
とびばこ【跳び箱】plinto 男
とびはねる【飛び跳ねる】fare un salto, saltellare

どひょう【土俵】 ring per il sumo 男; (勝負の場所)arena di combattimento 女

とびら【扉】 porta 女; (本の)frontespizio 男

とぶ【跳ぶ】 applicazione 女 ー～する applicare

とぶ【跳ぶ】 saltare, balzare

とぶ【飛ぶ】 volare

どぶ【溝】 fogna 女

とほ【徒歩】 cammino 男 ー～で a piedi

とほう【途方】 ー～に暮れる non sapere che fare / ～に暮れた disorientato / ～もない straordinario

どぼく【土木】 ♦～工事 lavori pubblici 男複/～工学 ingegneria civile 女

とぼける【惚[恍]ける】 fare il(la) finto(a) tonto(a)

とぼしい【乏しい】 poco, scarso ー…に ～ scarso di..., povero di...

とぼとぼ ー～と (疲れて)stancamente; (沈んで)con aria abbattuta

トマト pomodoro 男

とまどう【戸惑う】 disorientarsi

とまりがけ【泊りがけ】 ー～で…の家に行く andare a pernottare da...

とまる【止まる】 fermarsi, arrestarsi; (止む)cessare

とまる【泊まる】 alloggiare, pernottare

とみ【富】 ricchezza 女; (財産)beni 男複

ドミニカ Dominica 固名(女) ー～の di Dominica

ドミニカ共和国 Repubblica dominicana 固名(女) ー～の dominicano

とむ【富む】 (豊かになる)arricchirsi; (裕福である)essere ricco ー…に～ essere ricco di...

とむらう【弔う】 ー死者を～ pregare per i defunti

とめがね【留め金】 fermaglio 男, gancio 男

とめる【止める】 fermare; (中断)sospendere; (切る)spegnere ー息を～ trattenere il respiro

とめる【留める】 fissare, fermare

とめる【泊める】 dare alloggio (a), ospitare

とも【友】 amico(a) 男(女)

とも【艫】 poppa 女

ともかく (どちらにしても)ad ogni modo, in ogni caso; (…は別として)a parte...

ともかせぎ【共稼ぎ】 ーあそこは～だ In quella *famiglia lavorano sia il marito che la moglie*.

ともぐい【共食い】 ー～する divorarsi a vicenda

ともす【灯[点]す】 accendere

ともだおれ【共倒れ】 ー～になる rovinarsi tutt'e due; (失敗・倒産)fallire entrambi(e)

ともだち【友達】 amico(a) 男(女); (仲間)compagno(a) 男(女)

ともなう【伴う】 (結果として)richiedere, comportare; (一緒に行く)accompagnare; (連れていく)portare

ともに【共に】 ーと～ con..., insieme a... / …と意見を～する condividere l'opinione di...; (そろって)tutti [tutte] insieme

どもる【吃る】 balbettare

どようび【土曜日】 sabato 男

とら【虎】 tigre 女

どら【銅鑼】 gong 男

トライ prova 女; (ラグビーの)meta 女 ー～する provare, segnare una meta

ドライ ー～な secco; (性格)freddo

ドライアイス ghiaccio secco 男

トライアスロン triathlon 男

トライアングル triangolo 男

ドライクリーニング lavaggio a secco 男

ドライバー autista 男女; (ねじ回し)cacciavite 男

ドライブ gita in macchina 女 ー～する fare un giro in macchina ♦～イン autogrill 男/～ウエー autostrada 女

ドライヤー (ヘアドライヤー)asciugacapelli 男, fon 男

トラウマ trauma 男

とらえどころ【捕らえ所】 ー～のない (曖昧)vago, ambiguo; (理解できない)inafferrabile

とらえる【捕える】 afferrare, catturare

トラクター trattore 男

トラック autocarro 男, camion 男; (競走路)pista 女

ドラッグストア farmacia 女, drug store 男, parafarmacia 女

トラブル guaio 男, pasticcio 男

トラベラーズチェック assegno turistico 男, traveller's cheque 男

ドラマ dramma 男; (喜劇)commedia 女

ドラマー batterista 男女

ドラマチック ー～な drammatico

ドラム tamburo 男; (セット)batteria 女 ♦～缶 fusto 男, bidone 男

トランク baule 男

トランクス (下着)boxer 男; (スポーツ用)pantaloncini da ginnastica 男複

トランジスタ transistor 男 ♦～ラジオ radio a transistor 女

トランジット transito 男

トランプ carte 女複 ー～をする giocare a carte

トランペット tromba 女 ー～を吹く suonare la tromba ♦～奏者 trombettista 男女

トランポリン trampolino ginnico 男

とり【鳥】 uccello 男; (鶏・雄鶏)gallo 男; (雌鶏)gallina 女

とりあえず【取り敢えず】 prima di tutto; (当分)per il momento

とりあげる【取り上げる】 pigliare; (奪

とりあつかう（取り扱う）togliere;（採用）adottare
とりあつかい【取り扱い】uso 男, trattamento 男 ♦〜説明書 manuale di istruzioni 男, istruzioni per l'uso 女複
とりあつかう【取り扱う】trattare
トリートメント trattamento 男
とりいれ【取り入れ】raccolta 女
とりいれる【取り入れる】（収穫）raccogliere;（採用）adottare;（導入）introdurre
とりえ【取り柄】merito 男, forte 男
トリオ trio 男
とりおこなう【執り行う】celebrare
とりおさえる【取り押さえる】immobilizzare, bloccare;（逮捕する）arrestare
とりかえす【取り返す】riprendere, recuperare
とりかえる【取り替える】（新品に）cambiare, sostituire;（互いに）scambiare
とりかかる【取りかかる】cominciare
とりかご【鳥籠】gabbia 女
とりかこむ【取り囲む】circondare, accerchiare
とりかわす【取り交わす】scambiarsi
とりきめ【取り決め】（合意）accordo 男, convenzione 女;（決定）decisione 女
とりくむ【取り組む】（問題に）affrontare;（対戦相手に）lottare 《con》
とりけす【取り消す】cancellare, annullare
とりこ【虜】prigioniero(a) 男(女) —…になる essere ammalato da…
とりこみ【取り込み】—お〜中すみません Mi scusi per il disturbo.
とりこむ【取り込む】—洗濯物を〜 ritirare i panni stesi
とりこわす【取り壊す】demolire, abbattere
とりさる【取り去る】eliminare, togliere
とりしまりやく【取締役】amministratore(trice) 男(女)
とりしまる【取り締まる】controllare, vigilare
とりしらべ【取り調べ】interrogatorio 男
とりしらべる【取り調べる】interrogare
とりそこなう【取り損なう】non riuscire a prendere [afferrare] —ボールを〜 mancare la palla
とりそろえる【取り揃える】—…を豊富に〜 avere un vasto assortimento di…
とりだす【取り出す】tirare fuori
とりたてる【取り立てる】（催促）sollecitare;（徴収）riscuotere;（引き立て）promuovere
とりちがえる【取り違える】／…と〜 prendere per..., scambiare per…;（意味を）interpretare male
とりつ【都立】♦〜高校 liceo municipale di Tokyo 男
トリック trucco 男
とりつける【取り付ける】attaccare, installare
とりで【砦】fortezza 女
とりとめのない【取り留めのない】incoerente, sconnesso
とりにがす【取り逃がす】lasciare scappare
とりにく【鶏肉】pollo 男
とりのぞく【取り除く】rimuovere, eliminare
とりはだ【鳥肌】pelle d'oca 女 —〜が立つ avere la pelle d'oca
とりひき【取引】affare 男, commercio 男 —〜する commerciare, negoziare ♦〜先 cliente 男女／証券〜所 Borsa 女
トリプル —〜の triplo
ドリブル dribbling 男, palleggio 男
とりぶん【取り分】parte 女, quota 女
とりまき【取り巻き】seguaci 男複, adulatori 男複
とりまく【取り巻く】circondare, cingere
とりみだす【取り乱す】perdere la calma [testa]
トリミング（縁取り）inquadratura 女;（写真の）rifilatura 女
とりもどす【取り戻す】riprendere, recuperare
とりやめる【取り止める】cessare, interrompere
トリュフ tartufo 男
とりょう【塗料】vernice 女
どりょく【努力】sforzo 男, fatica 女 —〜する fare uno sforzo 《per》;（…しようと）cercare di +不定
とりよせる【取り寄せる】（注文）ordinare, farsi arrivare, fare un'ordinazione 《di》
ドリル trapano 男;（練習問題）esercizio 男
とりわけ【取り分け】soprattutto, principalmente
とる【取る】prendere;（獲得）ottenere;（脱ぐ）togliere;（盗む）rubare, derubare —お塩を取ってもらえる? Mi passi il sale, per favore?
とる【採る】（採用）adottare, assumere;（採集）raccogliere
とる【捕[獲]る】catturare —魚を〜 pescare
とる【撮る】（写真）fare (una foto), fotografare;（映画）filmare, girare
ドル dollaro 男
トルクメニスタン Turkmenistan 国名(男) —〜の turkmeno ♦〜語 turkmeno 男
トルコ Turchia 国名(女) —〜の turco ♦〜石 turchese 女／〜語 turco 男
とるにたりない【取るに足りない】（意味のない）insignificante;（不十分）insufficiente
ドルばこ【一箱】miniera d'oro 女
トルマリン tormalina 女
どれ quale

トレイ【盆】vassoio 男; (書類入れ)cartella 女
どれい【奴隷】schiavo(a) 男(女)
トレース ricalcatura 女
トレード contrattazione 女 ♦～マーク (商標)marchio di fabbrica 男, trade mark 男
トレーナー (コーチ)allenatore(trice) 男(女); (シャツ)tuta da ginnastica 女
トレーニング allenamento 男
トレーラー rimorchio 男
どれくらい quanto
ドレス abito 男
ドレスデン Dresda 固名(女)
ドレッサー specchiera 女
ドレッシング condimento (per l'insalata) 男
どれでも qualsiasi cosa 女 ―～取っていいよ Scegli quello che vuoi.
どれほど (どれくらい)quanto; (どんなに)come
どれも (肯定で)tutto; (否定で)nessuno
とれる【取れる】(はずれる)venire via
トレンチコート trench 男, impermeabile 男
どろ【泥】fango 男
とろう【徒労】sforzo vano 男
トローチ pastiglia 女
どろじあい【泥仕合】 ―～をする insultarsi
トロッコ carrello 男
ドロップ caramella 女, drop 男
どろどろ ―～の (濃い)denso; (クリーム状の)cremoso; (泥まみれの)fangoso
どろなわ【泥縄】 ―～式で prepararsi affrettatamente all'ultimo momento, fare una sgobbata (per)
どろぬま【泥沼】pantano 男 ―～にはまり込む impantanarsi
トロピカル ―～な tropicale
トロフィー trofeo 男
どろぼう【泥棒】ladro 男; (行為)furto 男
どろみず【泥水】acqua fangosa 女
どろよけ【泥除】(車の)parafango 男
トロリーバス filobus 男
どろんこ【泥んこ】 ―～になる infangarsi / ～の infangato, fangoso
トロンボーン trombone 男
どわすれ【度忘れ】amnesia improvvisa 女 ―(名前・言葉を)～する avere sulla punta della lingua
トン tonnellata 女
ドン ―用意～ Pronti, via!
トンガ Tonga 固名(女) ―～の tongalese, tongano
とんカツ【豚―】cotoletta di carne di maiale 女
どんかん【鈍感】 ―～な ottuso, poco sensibile
どんぐり【団栗】ghianda 女
どんこう【鈍行】(treno) locale 男
どんじゅう【鈍重】 ―～な lento

とんだ【富んだ】 ―…に～ essere ricco di...
とんち【頓知】presenza di spirito 女, ingegno 男
どんちゃんさわぎ【―騒ぎ】baldoria 女, orgia 女
とんちんかん【頓珍漢】 ―～な non pertinente, fuori luogo
どんつう【鈍痛】dolore sordo 男
とんでもない (ばかげた)assurdo; (奇妙な)strano; (ゆゆしい)grave; (考えられない)incredibile; (途方もない)straordinario ―…なんて～ tutt'altro che...
とんとん ―～叩く dare dei colpetti, (ドアを)bussare alla porta / ―拍子に senza intoppi
どんどん (速く)rapidamente; (次々に)uno(a) dopo l'altro(a); (勢いよく)con forza ―～売れる vendersi bene
どんな (何の)che; (どれ)quale; (どの種類の)di che tipo
どんな ―～に…しても per quanto
トンネル tunnel 男, galleria 女
どんぶり【丼】(容器)grande scodella (per il riso) 女
とんぼ【蜻蛉】libellula 女 ―～返り (宙返り)salto mortale 男 / ～返りする (すぐに戻る)andare e ritornare subito
とんや【問屋】(業者)grossista 男女
どんよく【貪欲】 ―～な avido
どんより ―～した grigio, fosco

な

な【名】nome 男 ―～の知れた famoso, celebre
な【菜】verdura 女 ―～の花 fiore di colza 男
ない【無い】(非存在)non esserci, non esistere; (欠乏)mancare; (非所有)non avere
-ない (否定)non
ないえん【内縁】 ―～の妻 donna convivente 女
ないか【内科】medicina interna 女 ♦～医 internista 男女
ないがい【内外】 ―～で dentro e fuori
ないかく【内閣】governo 男, gabinetto 男 ♦～総理大臣 Primo Ministro 男, Presidente del Consiglio (dei Ministri) 男, premier 男
ないがしろ【蔑ろ】 ―～にする trascurare, non tenere conto (di)
ないこうてき【内向的】 ―～な introverso
ナイジェリア Nigeria 固名(女) ―～の nigeriano
ないしきょう【内視鏡】endoscopio 男
ないじゅ【内需】domanda interna 女
ないしゅっけつ【内出血】emorragia interna 女
ないしょ【内緒】 ―～の segreto, confidenziale / ～で in segreto, all'insa-

ないしょく【内職】 lavoro extra 男

ないしん【内心】 intimo 男 ――では nel PROPRIO intimo

ないしんしょ【内申書】 informazione dei risultati scolastici 女

ないせい【内政】 politica interna 女

ないせん【内線】 linea interna 女 ◆ ～番号 numero interno 男

ないせん【内戦】 guerra civile 女

ないぞう【内臓】 visceri 男複, organi interni 男複; (動物の)interiora 女複

ナイター notturna 女

ないてい【内定】 designazione ufficiosa 女

ないてき【内的】 ――～な interno

ナイトガウン vestaglia 女

ナイトクラブ night (club) 男, locale notturno 男

ナイフ coltello 男

ないぶ【内部】 interno 男

ないふくやく【内服薬】 medicina (da somministrarsi) per via orale 女

ないふん【内紛】 lotta intestina 女

ないみつ【内密】 ――～の segreto, confidenziale

ないめん【内面】 interno 男, interiore 男 ――～の interno, interiore

ないよう【内容】 contenuto 男; (大意) sostanza 女

ないらん【内乱】 guerra civile 女

ナイルがわ【―川】 Nilo 固名(男)

ナイロン nylon 男

ナウル Nauru 固名(男) ――～の nauruano

なえ【苗】 pianticella 女

なお【尚】 (一層)ancora, di più

なおかつ【尚且つ】 inoltre, per di più

なおさら【尚更】 ancora più, tanto più

なおざり【等閑】 ――～にする trascurare

なおす【直す】 riparare; (訂正) correggere; (よい具合に)mettere a posto

なおす【治す】 curare

なおる【直る】 essere riparato; essere corretto

なおる【治る】 guarire

なか【中】 interno 男 ――～に in; (内部) dentro; (範囲)fra, tra

なか【仲】 rapporto 男 ――～がよい essere in buone relazioni (con)

ながい【長い】 lungo ――～間 a lungo; (ずっと前から)da tanto tempo

ながいき【長生き】 ――～する vivere a lungo

ながいす【長椅子】 divano 男

なかがいにん【仲買人】 media*tore(trice)* 男(女)

ながぐつ【長靴】 stivali 男複

なかごろ【中頃】 ――～に verso la metà (di) / 20世紀の～に verso la metà del ventesimo secolo

ながさ【長さ】 lunghezza 女; (継続期間)durata 女

ながし【流し】 lavello 男, acquaio 男

ながす【流す】 fare scorrere; (血や涙を)versare; (流布)diffondere ――トイレの水を～ tirare lo sciacquone

ながそで【長袖】 maniche lunghe 女複

なかたがい【仲違い】 ――～する interrompere i rapporti (con)

ながつづき【長続き】 ――～する durare molto, continuare a lungo

なかでも【中でも】 (とりわけ)soprattutto; (特に)particolarmente ――…の～ fra...

なかなおり【仲直り】 riconciliazione 女 ――～する riconciliarsi, riavvicinarsi, fare (la) pace (con)

なかなか【中々】 abbastanza, assai ――～…しない non... subito, esitare a + 不定詞

なかにわ【中庭】 cortile (interno) 男

ながねん【長年】 per molti anni

なかば【半ば】 (真ん中)mezzo 男, metà 女 ――～に[で] nel mezzo (di), a metà (di) / ～…で[して] mezzo...

ながびく【長引く】 prolungarsi, durare a lungo

なかほど【中ほど】 ――～に verso la metà (di), nel mezzo (di)

なかま【仲間】 compagn*o(a)* 男(女), amic*o(a)* 男(女) ――～入りする unirsi (a)

なかみ【中身】 contenuto 男

ながめ【眺め】 veduta 女, panorama 男

ながめる【眺める】 guardare

ながもち【長持ち】 durata 女 ――～する durare, resistere

なかやすみ【中休み】 pausa 女, intervallo 男

なかゆび【中指】 (dito) medio 男

なかよし【仲良し】 amic*o(a)* intim*o(a)* 男(女) ――～である essere molto amico (di) / 仲良くする andare d'accordo (con)

ながれ【流れ】 corrente 女, flusso 男

ながれこむ【流れ込む】 scorrere (in)

ながれだす【流れ出す】 sgorgare

ながれぼし【流れ星】 stella cadente 女

ながれる【流れる】 scorrere; (時が)passare; (中止になる)essere annullato

なき【泣き】 ――～の涙で col cuore a pezzi

なきあかす【泣き明かす】 passare la notte piangendo, piangere tutta la notte

なきおとす【泣き落とす】 convincere con tante suppliche

なきがお【泣き顔】 viso in lacrime 男

なきくずれる【泣き崩れる】 scoppiare in lacrime

なきごえ【泣き声】 pianto 男

なきごえ【鳴き声】 canto 男, verso 男

なきごと【泣き言】 lamento 男, lagnanza 女

なきさけぶ【泣き叫ぶ】 gridare pian-

なきじゃくる gendo
なきじゃくる【泣きじゃくる】 piangere singhiozzando
なきだす【泣き出す】 mettersi a piangere —わっと〜 scoppiare in pianto
なきつく【泣き付く】 implorare, supplicare
なきどころ【泣き所】 punto debole 男, tallone d'Achille 男
なきねいり【泣き寝入り】 —〜する doversi rassegnare
なきべそ【泣きべそ】 —〜をかく (今にも泣きそう) essere sul punto di piangere; (めそめそする) piagnucolare
なきまね【泣き真似】 —〜する fare finta di piangere
なきむし【泣き虫】 piagnone(a) 男 女
なきわめく【泣き喚く】 piangere rumorosamente, strillare piangendo
なきわらい【泣き笑い】 —〜する ridere nel mezzo di un pianto
なく【泣く】 piangere; (めそめそ) piagnucolare; (すすり泣く) singhiozzare
なく【鳴く】 (小鳥が) cantare; (犬が) abbaiare; (猫が) miagolare
なぐさめ【慰め】 consolazione 女, conforto 男
なぐさめる【慰める】 consolare, confortare
なくす【無くす】 (失う) perdere, smarrire; (廃止する) abolire; (除去する) eliminare
なくなる【亡くなる】 morire
なくなる【無くなる】 (消滅) scomparire, sparire; (尽きる) finire, esaurire
なぐりあい【殴り合い】 zuffa 女, rissa 女
なぐりあう【殴り合う】 azzuffarsi, prendersi a pugni
なぐりがき【殴り書き】 scarabocchio 男
なぐりこみ【殴り込み】 —敵に〜をかける attaccare il nemico
なぐりたおす【殴り倒す】 stendere con un pugno
なぐる【殴る】 colpire, picchiare
なげかわしい【嘆かわしい】 deplorevole
なげき【嘆き】 (悲しみ) pianto 男; (憤慨) lamento 男
なげく【嘆く】 piangere, lamentarsi (di)
なげすてる【投げ捨てる】 gettare, buttare via
なげやり【投げ遣り】 —〜な trascurato, poco curato
なげる【投げる】 tirare, gettare, lanciare; (放棄) abbandonare
なこうど【仲人】 (職業的) sensale di matrimoni 男
なごやか【和やか】 —〜な (平穏な) placido; (友好的な) amichevole
なさけ【情け】 carità 女, misericordia 女, pietà 女 —〜容赦なく spietatamente, inumanamente

なさけない【情け無い】 (惨め) miserabile; (恥ずかしい) vergognoso
なさけぶかい【情け深い】 pietoso, compassionevole
なし【無し】 —…に〜 senza... / …で済ます fare a meno di...
なし【梨】 (実) pera 女; (木) pero 男
なしとげる【成し遂げる】 compiere
なじみ【馴染み】 —〜の familiare, abituale
なじむ【馴染む】 (人に) essere in confidenza (con); (物事に) abituarsi (a)
ナショナリスト nazionalista 男女
ナショナリズム nazionalismo 男
なじる【詰る】 biasimare, rimproverare
なす【茄子】 melanzana 女
なぜ【何故】 perché
なぜなら【何故なら】 perché
なぞ【謎】 mistero 男, enigma 男 —〜めいた misterioso, enigmatico
なぞなぞ【謎々】 indovinello 男
なた【鉈】 accetta 女
なだかい【名高い】 famoso, conosciuto
なたね【菜種】 semi di colza 男複
なだめる【宥める】 calmare, placare
なだらか —〜な dolce, non ripido
なだれ【雪崩】 valanga 女
ナチュラル (音楽記号♮) bequadro
なつ【夏】 estate 女 ◆〜時間 ora legale 女 /〜休み vacanze estive 女複
なついん【捺印】 —〜する timbrare
なつかしい【懐かしい】 caro, nostalgico —〜なあ! Che nostalgia!
なつかしむ【懐かしむ】 ricordare con nostalgia
なづけおや【名付け親】 padrino 男, madrina 女
なづける【名付ける】 nominare, dare il nome, chiamare
ナッツ (ヘーゼルナッツ) nocciola 女; (胡桃) noce 女; (アーモンド) mandorla 女
なっとく【納得】 convinzione 女; (同意) consenso 男 —〜する convincersi
なつめ【棗】 (実) giuggiola 女; (木) giuggiolo 男
ナツメグ noce moscata 女
なでおろす【撫で下ろす】 —胸を〜 tirare un sospiro di sollievo
なでがた【撫で肩】 —〜である avere le spalle spioventi
なでしこ【撫子】 garofanino 男
なでつける【撫で付ける】 —髪を〜 aggiustarsi i capelli
なでる【撫でる】 accarezzare
などなど【等々】 e così via, eccetera
ナトリウム sodio 男
なな【七・7】 sette 男 —〜番目の settimo
ななじゅう【七十・70】 settanta 男 —〜番目の settantesimo
ななめ【斜め】 —〜の obliquo, inclina-

なに che cosa, cosa
なに【何】 che cosa, cosa
なにか【何か】 qualcosa 男
なにくわぬ【何食わぬ】 ―~顔で (無関心に)con finta indifferenza; (潔白に)con una faccia innocente
なにげない【何気ない】 involontario; (自然な)naturale
なにごと【何事】 ―~もなかったように come se nulla fosse accaduto
なにしろ【何しろ】 (とにかく)comunque, in ogni caso; (なぜなら)perché
なにひとつ【何一つ】 ―~変わったことはない Non c'è alcuna novità.
なにも【何も】 ―~…ない non... niente, non... nulla
なにもの【何者】 ―彼は~だ Chi è lui?
なにやら【何やら】 ―~うれしそうだね Hai l'aria di essere contento.
なにより【何より】 (第一に)prima di tutto; (どれよりも)più di tutto
なのる【名乗る】 presentarsi
なびかせる【靡かせる】 sventolare
なびく【靡く】 sventolare; (屈する)obbedire (a)
ナビゲーター naviga*tore*(*trice*) 男(女)
ナプキン (テーブル用)tovagliolo 男; (生理用)assorbente igienico 男
ナフタリン naftalina 女
なぶる【嬲る】 burlarsi (di)
なべ【鍋】 pentola 女
なま【生】 ―~の crudo; (放送)in diretta, dal vivo
なまあたたかい【生暖かい】 tiepido
なまいき【生意気】 ―~な insolente, arrogante
なまえ【名前】 nome 男; (姓)cognome 男 ―私の~は…です Mi chiamo... / ~負けする portare un nome troppo altisonante
なまがわき【生乾き】 ―~の non (del tutto) asciutto
なまき【生木】 albero vivo 男, legno non stagionato 男
なまきず【生傷】 ferita fresca 女
なまくさい【生臭い】 avere un forte odore, puzzare
なまクリーム【生―】 panna 女 ―泡立てた~ panna montata 女
なまけもの【怠け者】 pigron*e*(*a*) 男(女)
なまける【怠ける】 oziare, poltrire
なまこ【海鼠】 oloturia 女, cetriolo di mare 男
なまごみ【生―】 immondizie della cucina 女複
なまず【鯰】 pesce gatto 男
なまなましい【生々しい】 fresco, vivo, crudo
なまぬるい【生温い】 tiepido
なまハム【生―】 prosciutto crudo 男
なまはんか【生半可】 ―~な知識 conoscenza insufficiente 女
なまビール【生―】 birra alla spina 女
なまほうそう【生放送】 trasmissione in diretta 女
なまみ【生身】 ―~の人間 persona in carne e ossa 女
なまみず【生水】 acqua non bollita 女
なまめかしい【艶かしい】 conturbante, attraente
なまもの【生物】 alimenti crudi 男複
なまやさい【生野菜】 verdura fresca 女
なまり【鉛】 piombo 男
なまり【訛り】 accento dialettale 男
なみ【波】 onda 女
なみ【並】 ―~の comune, medio
なみうちぎわ【波打ち際】 battigia 女
なみうつ【波打つ】 ondeggiare, ondulare
なみかぜ【波風】 ―~を立てる intorbidare le acque
なみき【並木】 alberata 女
なみだ【涙】 lacrima 女 ―~を流す versare lacrime
なみたいてい【並大抵】 ―…するのは~のことでない non essere facile + 不定詞 / それは~ではない Non è cosa da poco.
なみだぐましい【涙ぐましい】 commovente, patetico
なみだぐむ【涙ぐむ】 avere le lacrime agli occhi
なみだもろい【涙脆い】 piangere facilmente
なみなみ ―~と fino all'orlo
なみなみならぬ【並々ならぬ】 straordinario
なみのり【波乗り】 surf 男, surfing 男
なみはずれた【並外れた】 straordinario
ナミビア Namibia 固名(女) ―~の namibiano
なめくじ【蛞蝓】 lumaca 女
なめしがわ【鞣し革】 cuoio 男
なめす【鞣す】 conciare
なめらか【滑らか】 ―~な liscio, scorrevole
なめる【舐める】 leccare; (見くびる)sottovalutare
なや【納屋】 capanna 女
なやましい【悩ましい】 (刺激的)conturbante; (魅惑的)provocante, seducente; (不安な)angoscioso
なやます【悩ます】 tormentare
なやみ【悩み】 preoccupazione 女, angoscia 女 ―~を打ち明ける confidare le PROPRIE pene
なやむ【悩む】 soffrire (per), preoccuparsi (di)
ならう【習う】 imparare
ならう【倣う】 imitare, seguire l'esempio (di)
ならす【馴らす】 ammaestrare, addestrare; (野獣を)addomesticare

ならす【慣らす】 abituare
ならす【鳴らす】 suonare; (汽笛・笛を)fischiare
ならす【均す】 spianare
-ならない ―…しては～ non dovere + 不定詞 / …しなくては～ dovere + 不定詞
ならぶ【並ぶ】 mettersi in fila
ならべたてる【並べ立てる】 elencare, enumerare
ならべる【並べる】 disporre; (列挙)enumerare
ならわし【習わし】 costume 男
なりあがる【成り上がる】 raggiungere una posizione elevata partendo dal basso ◆**成り上がり者** villano(a) rifatto(a) 男(女)
なりきん【成り金】 arricchito(a) 男(女)
なりたち【成り立ち】 formazione 女; (起源)genesi 女, origine 女
なりたつ【成り立つ】 (構成される)comporsi (di), consistere (in); (基盤とする)essere fondato (su); (有効である)essere valido
なりゆき【成り行き】 (過程)corso 男, andamento 男; (展開)sviluppo 男, processo 男; (結果)risultato 男
なる【成る】 diventare; (変わる)trasformarsi (in) ―その結果…ということに～ risultare che...
なる【生る】 ―実が～ fruttificare
なる【鳴る】 suonare, squillare
ナルシスト narcisista 男女
なるべく【成る可く】 il più possibile
なるほど【成る程】 (実際)in effetti ―～! 〔あいづち〕Eh già! | Davvero!
ナレーション narrazione 女
ナレーター narrator*e(trice)* 男(女)
なれなれしい【馴れ馴れしい】 troppo familiare
なれる【慣れる】 abituarsi (a)
なわ【縄】 corda 女 ◆**～跳び** salto alla corda 男
なわばり【縄張り】 zona d'influenza 女, territorio 男
なんい【南緯】 latitudine sud 女
なんおう【南欧】 Europa meridionale 固名(女)
なんか【軟化】 rammollimento 男 ―～する rammollire; (態度が)diventare meno severo
なんかい【何回】 (疑問)quante volte ―～か alcune volte / ―～も spesso, molte volte
なんかい【難解】 ―～な molto difficile
なんきょく【南極】 Polo Sud 男 ◆**～圏** Circolo polare antartico 男
なんきん【南京】 Nanchino 固名(女), Nanjing 固名(女)
なんこう【軟膏】 unguento 男, pomata 女
なんさい 何歳 ―～ですか Quanti anni hai?
なんじ【何時】 (疑問)che ora ―～に a che ora
なんすい【軟水】 acqua molle [dolce] 女
なんせい【南西】 sud-ovest 男
ナンセンス nonsenso 男, assurdità 女
なんたいどうぶつ【軟体動物】 Molluschi 男複
なんちょう【難聴】 ―～である essere duro d'orecchi
なんでも【何でも】 qualsiasi cosa 女, tutto 男
なんてん【難点】 difficoltà 女
なんと【何と】 (疑問)che, come; (感嘆)che, come ―～言えばいいか分からない Non so che dire. / ―寒いのだろう Che freddo!
なんど【何度】 (疑問)quante volte ―～も molte volte, ripetutamente
なんとう【南東】 sud-est 男
なんとか【何とか】 a malapena, in qualche modo ―～してくれ Ti prego di trovare qualche rimedio.
なんとしても【何としても】 in ogni caso, ad ogni costo
なんとなく【何と無く】 chissà perché, senza una ragione particolare
なんにち【何日】 (疑問)quanti giorni ―今日は～ですか Quanti ne abbiamo oggi?
なんにん【何人】 (疑問)quant*i(e)* ―ご家族は～ですか Quanti siete in famiglia?
なんぱ【難破】 naufragio 男 ―～する naufragare
ナンバー numero 男 ◆**～プレート** targa 女
なんびょう【難病】 malattia incurabile 女
なんぴょうよう【南氷洋】 Oceano glaciale antartico 男
なんぶ【南部】 meridione 男
なんべい【南米】 Sudamerica 固名(男) ―～の sudamericano
なんぽう【南方】 sud 男
なんぼく【南北】 il nord e il sud 男複 ◆**～問題** problema nord-sud 男
なんみん【難民】 profughi 男複
なんもん【難問】 problema difficile 男, difficoltà 女

に

に【二・2】 due 男 ―～番目の secondo
に【荷】 carico 男
にあい【似合い】 ―～のカップル una coppia ben assortita 女
にあう【似合う】 stare bene (a)
にあげ【荷揚げ】 ―～する scaricare
ニアミス mancata collisione (aerea) 女
ニース Nizza 固名(女) ―～の nizzar-

ニーズ necessità 女

にえきらない【煮え切らない】indeciso, irresoluto

にえる【煮える】cuocersi, essere cotto

におい【匂[臭]い】odore 男; (悪臭) puzzo 男

におう【臭う】puzzare

におう【匂う】odorare

にかい【二回】due volte ― ～目に per la seconda volta

にかい【二階】primo piano 男

にがい【苦い】amaro

にがす【逃がす】lasciare libero; (取り逃がす)lasciarsi fuggire

にがつ【二月】febbraio 男

にがて【苦手】 ― ～である (不得手)essere debole (in); (嫌い)non piacere / 甘いものは～だ Non mi piacciono i dolci.

にがにがしい【苦々しい】sgradevole, disgustoso, fastidioso

ニカラグア Nicaragua 固名(男) ― ～の nicaraguense

にかわ【膠】colla forte 女

にがわらい【苦笑い】sorriso amaro 男 ― ～する sorridere amaramente

にきび【面皰】brufolo 男

にぎやか【賑やか】 ― ～な frequentato; (活気のある)animato, movimentato / 賑わう essere movimentato

にぎり【握り】(グリップ)impugnatura 女; (柄)manico 男 ♦～拳 pugno 男

にぎりしめる【握り締める】stringere in mano

にぎりつぶす【握り潰す】schiacciare nella mano; (提案・要求を)insabbiare

にぎる【握る】afferrare, impugnare

にぎわう【賑わう】animarsi

にく【肉】carne 女 ♦～屋 macellaio(a) 男(女); (店)macelleria 女

にくい【憎い】odioso

-にくい【-難い】 ― …し～ essere difficile da + 不定詞

にくがん【肉眼】 ― ～で ad occhio nudo

にくしみ【憎しみ】odio 男

にくしょく【肉食】 ― ～の carnivoro ♦～動物 animale carnivoro 男

にくしん【肉親】parente stretto(a) 男(女)

にくせい【肉声】viva voce 女

にくたい【肉体】corpo 男 ♦～労働 lavoro manuale 男 / ～美 bellezza fisica 女

にくだんご【肉団子】polpetta 女

にくづき【肉付き】 ― ～のよい grassoccio, pienotto

にくづけ【肉付け】 ― ～する arricchire, dare consistenza (a)

にくはく【肉薄】 ― ～する avvicinarsi moltissimo (a)

にくばなれ【肉離れ】stiramento muscolare 男

にくひつ【肉筆】autografo 男 ― ～の手紙 lettera scritta a mano 女

にくまれぐち【憎まれ口】(悪意に満ちた)parole maliziose 女複; (辛辣な)parole mordaci 女複 ― ～を叩く usare parole mordaci

にくまれやく【憎まれ役】 ― ～を買って出る assumere volentieri un compito ingrato

にくむ【憎む】odiare

にくらしい【憎らしい】odioso, detestabile

にぐるま【荷車】barroccio 男; (二輪の)carretto 男

ニクロム ♦～線 filo di nichelcromo

にげこうじょう【逃げ口上】 ― ～を言う trovare una bella scusa

にげみち【逃げ道】via per la fuga 女; (解決策)via di scampo, scappatoia 女

にげる【逃げる】fuggire, scappare

にごす【濁す】intorbidare ― 返事を～ essere evasivo nel rispondere

ニコチン nicotina 女

にこにこ ― ～する sorridere, fare un sorriso

にこやか ― ～な sorridente, raggiante

にごる【濁る】diventare impuro ― 濁った torbido, impuro, inquinato

にさんかたんそ【二酸化炭素】diossido di carbonio 男

にし【西】ovest 男, ponente 男 ― ～の occidentale ♦～風 ponente 男

にじ【虹】arcobaleno 男, iride 女

にじ【二次】 ― ～の secondo / ～的な secondario

ニジェール Niger 固名(男) ― ～の nigerino

にじます【虹鱒】trota arcobaleno 女

にじむ【滲む】sbavare, trasudare

にしゃたくいつ【二者択一】scelta fra due cose 女

にじゅう【二十・20】venti 男 ― ～番目の ventesimo

にじゅう【二重】 ― ～の doppio, duplice

にしん【鰊】aringa 女

ニス vernice 女

にせ【偽】 ― ～の falso, finto

にせい【二世】(移民の子)seconda generazione 女; (息子)figlio 男; (王・教皇)secondo 男

にせもの【偽物】contraffazione 女, imitazione 女

にせる【似せる】imitare, copiare

にそう【尼僧】monaca 女, sorella 女

にたつ【煮立つ】bollire

にたにた ― ～笑う sogghignare

にちい【日伊】 ― ～の nippo-italiano

にちじ【日時】il giorno e l'ora 男複

にちじょう【日常】 ― ～の quotidiano, giornaliero

にちふつ【日仏】 ― ～の nippo-francese

にちべい【日米】 ―~の nippo-americano
にちぼつ【日没】 tramonto 男
にちや【日夜】 il giorno e la notte 男複
にちようだいく【日曜大工】 fai da te 男
にちようび【日曜日】 domenica 女
にちようひん【日用品】 articoli di uso quotidiano 男複
にっか【日課】 lavoro quotidiano 男, routine 女
にっかん【日刊】 ―~の quotidiano
にっき【日記】 diario 男
にっきゅう【日給】 paga giornaliera 女
ニックネーム soprannome 男
にづくり【荷造り】 imballaggio 男 ―~する imballare
ニッケル nichel 男
にっこう【日光】 luce del sole 女
にっこり ―~笑う fare un dolce sorriso
にっし【日誌】 diario 男, giornale 男
にっしゃびょう【日射病】 colpo di sole 男, insolazione 女
にっしょく【日食】 eclissi solare 女
にっすう【日数】 giorni 男複
にっちゅう【日中】 (昼間)durante il giorno ―~の(日本と中国)nippo-cinese
にってい【日程】 programma del giorno 男; (旅行の)itinerario 男
ニット maglia 女 ♦~ウエア maglieria 女
にっとう【日当】 giornata 女
にっぽん【日本】 Giappone 固名(男)
につめる【煮詰める】 fare evaporare l'acqua (di), condensare con la cottura
にど【二度】 due volte
にとう【二等】 (普通席)seconda classe 男; (賞)secondo premio 男
にとうぶん【二等分】 divisione a metà 女 ―~する dividere a metà
ニトログリセリン nitroglicerina 女
になう【担う】 portare sulle spalle
にばい【二倍】 doppio 男
ニヒル ―~な nichilistico
にぶい【鈍い】 (動きが)tardo, lento; (刃物が)ottuso
にふだ【荷札】 etichetta 女
にほん【日本】 Giappone 固名(男) ―~の giapponese ♦~海 Mare del Giappone 男/~海溝 Fossa del Giappone 女/~語 giapponese 男/~人 giapponese 男女/~料理 cucina giapponese 女
にもつ【荷物】 (手荷物)bagaglio 男; (貨物・負担)carico 男 ♦~預かり所 deposito bagagli 男
にやにや ―~する sorridere fra sé; (ばかにしたように)fare risolini
ニュアンス sfumatura 女
にゅういん【入院】 ricovero in ospedale 男 ―~する essere ricoverato in ospedale
にゅうえき【乳液】 latte idratante 男
にゅうか【入荷】 arrivo (di merci) 男
にゅうかい【入会】 ammissione 女; (登録)iscrizione 女 ―~する entrare (in)
にゅうがく【入学】 ammissione a scuola 女 ―~する entrare (in) ♦~金 tassa d'iscrizione 女
にゅうがん【乳癌】 cancro alla mammella 男
にゅうぎゅう【乳牛】 mucca, vacca da latte 女
にゅうきん【入金】 (受け取り)riscossione 女; (売上・入金高)incasso 男; (支払い)versamento 男
にゅうこくかんり【入国管理】 controllo d'entrata (in un paese) 男 ♦~局 Ufficio Immigrazione 男
にゅうさつ【入札】 licitazione 女, appalto 男 ―~する partecipare a una licitazione, fare un'offerta
にゅうさんきん【乳酸菌】 lattobacillo 男
にゅうし【入試】 esami d'ammissione 男複
にゅうし【乳歯】 dente di latte 男
にゅうじ【乳児】 lattante 男女, poppante 男女
ニュージーランド Nuova Zelanda 固名(女) ―~の neozelandese
にゅうしゃ【入社】 assunzione in una società 女 ―~する essere assunto da una società
にゅうしゅ【入手】 acquisizione 女 ―~する ottenere, procurarsi
にゅうじょう【入場】 entrata 女, ingresso 男 ―~する entrare (in) ♦~券 biglietto d'ingresso 男/~料 tariffa d'ingresso 女; (値段)prezzo d'ingresso 男/~無料 entrata libera 女
にゅうしょく【入植】 immigrazione 女; (植民地化)colonizzazione 女 ―~する immigrare, colonizzare nuove terre
ニュース notizia 女 ♦~キャスター conduttore(trice) di notiziario 男(女); (解説者)commentatore(trice) 男(女)/~速報 notizia flash 女
にゅうせいひん【乳製品】 latticini 男複 ♦~販売店 latteria 女
にゅうせん【入選】 ―~する essere selezionato
ニュートラル ―~な (中立な)neutrale; (中間的な)neutro
にゅうねん【入念】 ―~な accurato, minuzioso
ニューフェース debuttante 男女
にゅうもん【入門】 ―~する diventare discepolo(a) (di), diventare allievo(a) (di) ♦~書 libro per principianti 男
にゅうよく【入浴】 bagno 男 ―~する

にゅうりょく【入力】 —〜する immettere, digitare
にゅうわ【柔和】 —〜な dolce, mite, soave
ニュルンベルク Norimberga 固名女
にょう【尿】 urina 女 ◆〜毒症 uremia 女
にょうぼう【女房】 moglie 女
にら【韮】 erba cipollina 女
にらみあう【睨み合う】 guardarsi (in faccia) in cagnesco; (対立する)contrastarsi
にらむ【睨む】 guardare fisso, guardare in cagnesco
にりつはいはん【二律背反】 antinomia 女
にりゅう【二流】 —〜の di second'ordine
にる【似る】 assomigliare (a)
にる【煮る】 bollire, cuocere
にれ【楡】 olmo 男
にわ【庭】 giardino 男
にわか【俄か】 —〜に improvvisamente, all'improvviso, d'un tratto, di colpo
にわかあめ【俄か雨】 pioggia improvvisa 女; (激しい)acquazzone 男
にわとり【鶏】 (総称的)pollo 男; (雄)gallo 男; (雌)gallina 女; (若鶏)pollastro 男 ◆〜小屋 pollaio 男
にんい【任意】 —〜の facoltativo, libero; (自発的な)volontario
にんか【認可】 autorizzazione 女 —〜する autorizzare
にんき【人気】 popolarità 女 —〜のある popolare ◆〜者 beniamino(a) 男(女), idolo 男
にんき【任期】 periodo di carica 男; (持続期間)durata di carica 女, durata del contratto (di lavoro) 女
にんぎょ【人魚】 sirena 女
にんぎょう【人形】 bambola 女, pupazzo 男 ◆〜劇 teatrino delle marionette 男
にんげん【人間】 uomo 男(複 uomini), essere umano 男
にんしき【認識】 cognizione 女 —〜する riconoscere
にんしょう【人称】 persona 女 ◆〜代名詞 pronome personale 男
にんじょう【人情】 sentimenti umani 男複; (人間性)umanità 女; (同情心)pietà 女
にんしん【妊娠】 concepimento; (期間・状態)gravidanza 女 —〜する essere incinta
にんじん【人参】 carota 女
にんずう【人数】 numero di persone 男
にんそう【人相】 fisionomia 女
にんたい【忍耐】 pazienza 女 ◆〜強い paziente
にんてい【認定】 riconoscimento 男 —〜する riconoscere ◆〜証 certificato 男, attestato 男
にんにく【大蒜】 aglio 男
にんぷ【妊婦】 donna incinta 女
にんむ【任務】 compito 男; (使命)missione 女; (義務)dovere 男
にんめい【任命】 nomina 女 —〜する nominare

ぬ

ぬいぐるみ【縫いぐるみ】 peluche 男 —熊の〜 orsetto di peluche 男
ぬいめ【縫い目】 cucitura 女
ぬいもの【縫い物】 cucitura 女, cucito 男
ぬう【縫う】 cucire
ヌード nudo 男
ぬか【糠】 crusca (di riso) 女
ぬかす【抜かす】 (省く)omettere; (飛ばす)saltare
ぬかる【抜かる】 fallire —抜かりなく(間違いなく)senza errori; (周到に)accuratamente
ぬかるみ【泥濘】 fango 男
ぬきがき【抜き書き】 estratto 男
ぬきだす【抜き出す】 tirare fuori; (抽出)estrarre
ぬきとる【抜き取る】 tirare fuori; (抽出)estrarre; (選び出す)scegliere; (盗む)sottrarre
ぬきんでる【抜きん出る】 distinguersi, superare —抜きん出た rimarchevole, straordinario
ぬく【抜く】 togliere, estrarre; (追い抜く)sorpassare; (省く)omettere, saltare
ぬぐ【脱ぐ】 togliersi
ぬぐう【拭う】 asciugarsi
ぬけがら【脱け殻】 spoglia 女, scoglia 女
ぬけめ【抜け目】 —〜のない furbo, astuto
ぬける【抜ける】 (取れる)venire via, cadere; (通り抜ける)passare, attraversare; (欠落)mancare; (脱退)lasciare, abbandonare
ぬし【主】 padrone(a) 男(女)
ぬすみ【盗み】 furto 男
ぬすみぎき【盗み聞き】 —〜する ascoltare di nascosto; (立ち聞き)origliare
ぬすみみる【盗み見る】 guardare di nascosto, sbirciare
ぬすむ【盗む】 rubare, derubare
ぬの【布】 (素材)stoffa 女; (織物)tessuto 男
ぬま【沼】 palude 女
ぬらす【濡らす】 bagnare
ぬりえ【塗り絵】 disegno da colorare 男
ぬる【塗る】 (色を)colorare, dipingere; (薬などを)applicare; (クリームなどを)spalmare

ぬるい【温い】 tiepido
ぬるぬる ―～した viscido
ぬるまゆ【ぬるま湯】 acqua tiepida 女; (風呂)bagno tiepido 男
ぬれぎぬ【濡れ衣】 ―～を着せられる essere accusato ingiustamente
ぬれる【濡れる】 bagnarsi ― 濡れた bagnato

ね

ね【根】 radice 女 ―～も葉もない infondato
ね【値】 prezzo 男
ね【音】 suono 男 ―～をあげる arrendersi
ねあがり【値上がり】 rincaro 男 ―～する rincarare
ねあげ【値上げ】 aumento del prezzo 男 ―～する aumentare il prezzo
ねいる【寝入る】 addormentarsi
ねいろ【音色】 timbro 男, suono 男
ねうち【値打ち】 valore 男
ねえ (呼びかけ)Senti!
ネーム nome 男 ♦～バリュー celebrità 女
ネオン neon 男
ネガ negativo 男
ねがい【願い】 desiderio 男
ねがいでる【願い出る】 presentare la domanda (di), chiedere
ねがう【願う】 sperare, augurarsi
ねがえり【寝返り】 ―～を打つ rigirarsi nel letto
ねがえる【寝返る】 (敵方につく)tradire
ねかす【寝かす】 addormentare; (横にする)sdraiare; (熟成・発酵)stagionare
ネガティブ ―～な negativo
ねぎ【葱】 porro 男
ねぎる【値切る】 chiedere uno sconto
ねくずれ【値崩れ】 crollo del prezzo 男
ネクタイ cravatta 女
ネグリジェ camicia da notte 女
ねこ【猫】 gatto(a) 男(女)
ねこじた【猫舌】 ―私は～だ Non posso mangiare o bere cose troppo calde.
ねこぜ【猫背】 ―～である avere le spalle curve, avere la gobba
ねこそぎ【根こそぎ】 ―～にする sradicare
ねごと【寝言】 ―～を言う parlare nel sonno
ねこなでごえ【猫撫で声】 ―～で con voce melliflua
ねこばば【猫糞】 ―～する appropriarsi (di)
ねこむ【寝込む】 addormentarsi; (病気で)rimanere a letto
ねころぶ【寝転ぶ】 sdraiarsi
ねさがり【値下がり】 ribasso del prezzo 男
ねさげ【値下げ】 diminuzione del prezzo 女 ―～する diminuire il prezzo

ねざす【根差す】 radicarsi (in); (原因する)derivare ((da))
ねじ【螺子】 vite 女 ♦～回し cacciavite 男
ねじまげる【捻じ曲げる】 storcere; (無理やり)piegare a forza; (歪曲)distorcere
ねじる【捻る】 torcere
ねすごす【寝過ごす】 dormire oltre l'ora prevista, non svegliarsi in tempo
ねずみ【鼠】 topo 男
ねそべる【寝そべる】 coricarsi, distendersi
ねたきり【寝たきり】 ―～の inchiodato a letto
ねたみ【妬み】 invidia 女, gelosia 女
ねたむ【妬む】 invidiare, essere invidioso (di)
ねだる persuadere con moine
ねだん【値段】 prezzo 男
ねつ【熱】 calore 男, caldo 男; (病気の)febbre 女 ―～がある avere la febbre
ねつい【熱意】 zelo 男, entusiasmo 男
ネッカチーフ foularino 男
ねっから【根っから】 per natura, veramente
ねっききゅう【熱気球】 mongolfiera 女
ねっきょう【熱狂】 entusiasmo 男 ―～する entusiasmarsi, esaltarsi / ～的な entusiastico, frenetico
ねつく【寝付く】 addormentarsi
ねつく【根付く】 attecchire, mettere radici
ネックレス collana 女
ねつじょう【熱情】 ardore 男, passione 男
ねっしん【熱心】 ―～な diligente, zelante, entusiasta
ねっする【熱する】 riscaldare
ねつぞう【捏造】 ―～する inventare, architettare
ねったい【熱帯】 zona tropicale 女, tropici 男複 ―～の tropicale ♦～魚 pesce tropicale 男
ねっちゅう【熱中】 ―～する appassionarsi (a)
ネット rete 女 ♦～サーフィン navigazione su [in] Internet [rete] 女/～ワーク rete 男, network 男
ねっとう【熱湯】 acqua bollente 女
ねつびょう【熱病】 febbre 女
ねつぼう【熱望】 desiderio ardente 男, anelito 男
ねづよい【根強い】 tenace, radicato
ねつれつ【熱烈】 ―～な appassionato, ardente, caloroso
ねどこ【寝床】 letto 男
ネパール Nepal 固名(男) ―～の nepalese ♦～語 nepalese 男
ねばねば ―～した vischioso, appiccicoso

ねばり【粘り】 vischiosità 女 ◆～強い tenace, perseverante

ねばる【粘る】 (べとつく)essere vischioso; (根気よく)perseverare (in)

ねびき【値引き】 sconto 男 ――する fare uno sconto

ねぶかい【根深い】 radicato profondamente, consolidato

ねぶくろ【寝袋】 sacco a pelo 男

ねぶそく【寝不足】 mancanza di sonno 女

ねふだ【値札】 segnaprezzo 男

ねぶみ【値踏み】 valutazione 女 ――する stimare, valutare

ねぼう【寝坊】 dormiglione(a) 男(女) ――する alzarsi tardi, dormire fino a tardi

ねぼける【寝惚ける】 essere mezzo addormentato

ねほりはほり【根掘り葉掘り】 ――尋ねる chiedere per filo e per segno

ねまき【寝巻】 (パジャマ)pigiama 男

ねまわし【根回し】 ――する (地ならし)preparare il terreno

ねむい【眠い】 avere sonno

ねむけ【眠気】 sonno 男

ねむり【眠り】 sonno 男, dormitina 女 ◆～薬 sonnifero 男

ねむる【眠る】 dormire

ねもと【根元】 piede 男, radice 女

ねゆき【根雪】 neve che non si scioglie fino a primavera 女, nevi perenni 女複

ねらい【狙い】 mira 女, scopo 男

ねらいうち【狙い撃ち】 ――にする sparare con precisione

ねらう【狙う】 mirare (a)

ねりはみがき【練り歯磨き】 dentifricio in pasta 男

ねる【寝る】 dormire; (就寝)andare a letto; (横になる)sdraiarsi

ねる【練る】 impastare; (文章などを)limare, elaborare

ねん【念】 ――のため per scrupolo, per essere più sicuro / ～を入れて accuratamente, con minuziosità, scrupolosamente

ねん【年】 anno 男

ねんいり【念入り】 ――な prudente, accurato

ねんえき【粘液】 liquido viscoso 男

ねんがじょう【年賀状】 cartolina di auguri per l'anno nuovo 女

ねんがっぴ【年月日】 data 女

ねんかん【年鑑】 annuario 男

ねんかん【年間】 ――の annuale, annuo

ねんきん【年金】 pensione 女

ねんぐ【年貢】 tributo 男

ねんげつ【年月】 tempo 男, anni 男複

ねんこうじょれつ【年功序列】 sistema (salariale) per ordine di anzianità 男

ねんざ【捻挫】 distorsione 女 ――する storcersi

ねんしゅう【年収】 reddito annuo 男

ねんじゅう【年中】 (一年中)tutto l'anno; (いつも)sempre

ねんしゅつ【捻出】 ――する procurarsi

ねんしょう【燃焼】 combustione 女 ――する[させる] bruciare

ねんしょう【年商】 fatturato annuo 男

ねんしょう【年少】 ――の di età inferiore

ねんすう【年数】 anni 男複

ねんだい【年代】 età 女, era 女; (世代)generazione 女

ねんちゃく【粘着】 ◆～性 adesività 女 / ～テープ nastro adesivo 男

ねんちゅうぎょうじ【年中行事】 manifestazioni annuali 女複

ねんちょう【年長】 ――の di età maggiore

ねんど【粘土】 creta 女

ねんど【年度】 (学校の)anno scolastico 男; (大学の)anno accademico 男; (予算・会計上の)esercizio, anno fiscale 男

ねんとう【念頭】 ――に置く tenere presente; (考慮に入れる)tenere conto (di)

ねんねん【年々】 di anno in anno; (毎年)ogni anno

ねんぱい【年配】 ――の anziano

ねんぴょう【年表】 tavola cronologica 女

ねんぽう【年俸】 stipendio annuo 男

ねんまく【粘膜】 (membrana) mucosa 女

ねんまつ【年末】 fine dell'anno 女

ねんりき【念力】 forza di volontà 女

ねんりょう【燃料】 combustibile 男

ねんりん【年輪】 anello 男

ねんれい【年齢】 età 女, anni 男複 ◆～制限 limite di età 男 / ～層 fascia d'età 女

の

の【野】 campo 男

-の (所有・所属)di; (…についての)di; (…のための)per, a

ノイズ rumore 男

ノイローゼ nevrosi 女

のう【能】 teatro Nò [No] 男

のう【脳】 cervello 男 ――の cerebrale ◆～溢血 emorragia cerebrale 女 / ～(神経)外科 neurochirurgia 女 / ～梗塞 infarto cerebrale 男 / ～死 morte cerebrale 女 / ～震盪 commozione cerebrale 女 / ～波 elettroencefalogramma 男

のうえん【農園】 fattoria 女, piantagione 女

のうか【農家】 casa colonica 女; (家族)famiglia contadina 女

のうがく【農学】 agraria 女, agronomia 女 ／〜部 facoltà di agraria 女 ／〜者 agronomo(a) 男(女)
のうき【納期】 termine di consegna 男; (金の)termine di pagamento 男
のうぎょう【農業】 agricoltura 女
のうぐ【農具】 strumento agricolo 男; (一式)attrezzatura agricola 女
のうこう【農耕】 agricoltura 女
のうこう【濃厚】 ー〜な denso, intenso
のうさんぶつ【農産物】 prodotti agricoli 男複
のうしゅく【濃縮】 ー〜された concentrato, arricchito
のうじょう【農場】 fattoria 女, azienda agricola 女 ◆〜経営者 imprenditore(trice) agricolo(a) 男(女)
のうぜい【納税】 pagamento delle imposte 男
のうそん【農村】 villaggio agricolo 男
のうたん【濃淡】 sfumatura 女; (明暗)chiaroscuro 男
のうち【農地】 terreno agricolo 男
のうど【濃度】 densità 女
のうどう【能動】 attività 女 ー〜的な attivo ◆〜態 forma attiva 女
のうにゅう【納入】 ー〜する (供給)fornire; (支払い)pagare; (引き渡し)consegnare
ノウハウ know-how 男
のうひん【納品】 fornitura di merci 女 ー〜する fornire
のうふ【農夫・農婦】 contadino(a) 男(女)
のうべん【能弁】 eloquenza 女
のうみん【農民】 agricoltore(trice) 男(女)
のうむ【濃霧】 fitta nebbia 女
のうやく【農薬】 pesticida 男
のうりつ【能率】 efficienza 女 ー〜的な efficiente
のうりょく【能力】 abilità 女
ノーコメント no comment 男
ノースリーブ ー〜の senza maniche
ノート【帳面】 quaderno 男
ノーベルしょう【ー賞】 Premio Nobel 固名(男) ◆〜受賞者 vincitore(trice) del Premio Nobel 男(女)
ノーマル ー〜な normale
のがす【逃す】 (逃がす)lasciarsi sfuggire; (逸する)perdere
のがれる【逃れる】 fuggire, scappare; (避ける)evitare
のき【軒】 gronda 女, tettoia 女 ◆〜どい *grondaia* 女
のけぞる【仰け反る】 piegarsi indietro
のけもの【除け者】 ー〜にする escludere, boicottare
のこぎり【鋸】 sega 女
のこす【残す】 (置いていく)lasciare; (保存)conservare; (後世に)trasmettere (a)
のこす【遺す】 lasciare in eredità (a)
のこらず【残らず】 completamente, totalmente
のこり【残り】 resto 男, avanzo 男
のこる【残る】 rimanere, restare
のさばる fare il prepotente, farla da padrone
ノスタルジー nostalgia 女
ノズル ugello 男
のせる【乗せる】 (置く)mettere (su); (積む)caricare
のせる【載せる】 pubblicare, inserire
のぞき【覗き】 sguardo 男 ◆〜趣味 voyeurismo 男
のぞく【除く】 eliminare; (除外)escludere
のぞく【覗く】 guardare dentro; (窺う)spiare; (店などを)dare un'occhiata (a)
のぞましい【望ましい】 auspicabile, desiderabile, preferibile
のぞみ【望み】 desiderio 男, speranza 女
のぞむ【望む】 volere, desiderare; (期待)sperare
のち【後】 dopo ー〜ほど più tardi ／では〜ほど〖挨拶〗A più tardi.
のちのち【後々】 futuro 男, in seguito, dopo
ノック bussata 女 ー〜する bussare
ノックアウト knock-out 男
ノット nodo 男
のっとる【乗っ取る】 impadronirsi (di); (ハイジャック)dirottare
のっぽ spilungone(a) 男(女)
-ので poiché
のど【喉】 gola 女
のどか【長閑】 ー〜な calmo, sereno
-のに (…にもかかわらず)benché + 接続法; (…するために)per + 不定詞
ののしる【罵る】 insultare, bestemmiare
のばす【延ばす】 (延長)allungare, prolungare; (延期)rimandare
のばす【伸ばす】 (伸長)allungare; (まっすぐに)stendere; (才能を)sviluppare
のばなし【野放し】 ー〜にする lasciare troppa libertà (a), dare campo libero (a)
のはら【野原】 campi 男複
のばら【野薔薇】 rosa selvatica 女
のび【伸び】 (成長)crescita 女; (増加)aumento 男 ー〜をする stiracchiarsi
のびあがる【伸び上がる】 alzarsi sulla punta dei piedi
のびちぢみ【伸び縮み】 (伸縮性)elasticità 女 ー〜する布 tessuto elastico 男
のびなやむ【伸び悩む】 ristagnare, stagnare
のびのび【伸び伸び】 ー〜と spensieratamente, a PROPRIO agio
のびる【延びる】 essere posposto; (距離が)essere prolungato
のびる【伸びる】 estendersi; (発展・成長)svilupparsi, crescere

ノブ pomello 男
のべ【延べ】 ――～で complessivamente, in tutto
のべる【述べる】 dire, parlare
のぼせる avere un capogiro; (夢中) impazzire (per)
のぼり【幟】 stendardo 男, vessillo 男
のぼり【上り】 (坂) salita 女; (列車の) corsa in direzione della capitale 女
のぼる【上る】 salire; (ある数量に) ammontare (a), arrivare (a)
のぼる【昇る】 sorgere, levarsi
のぼる【登る】 salire, montare
のみ【蚤】 pulce 女
のみ【鑿】 scalpello 男, cesello 男
-のみ solo, soltanto
のみぐすり【飲み薬】 medicina da prendere per via orale 女
のみこみ【飲み込み】 ――～が早い capire al volo / ～が遅い essere lento a capire
のみこむ【飲み込む】 inghiottire; (理解) capire
のみち【野道】 sentiero 男
-のみならず (AだけでなくBも) non soltanto A ma anche B; (さらに) inoltre
ノミネート ――～する proporre
のみほす【飲み干す】 vuotare, bere fino all'ultima goccia
のみみず【飲み水】 acqua potabile 女
のみもの【飲み物】 bevanda 女
のみや【飲み屋】 mescita 女, bettola 女
のむ【飲む】 bere, prendere; (受諾) accettare
のめりこむ【のめり込む】 essere (totalmente) dedito (a)
のらいぬ【野良犬】 cane(cagna) randagio(a) 男(女)
のらねこ【野良猫】 gatto(a) randagio(a) 男(女)
のり【海苔】 alga marina 女
のり【糊】 colla 女
のりおくれる【乗り遅れる】 ――電車に～ perdere il treno
のりかえ【乗り換え】 cambio 男 ◆～駅 stazione di coincidenza 女
のりかえる【乗り換える】 cambiare
のりくみいん【乗組員】 equipaggio 男
のりこえる【乗り越える】 superare
のりこす【乗り越す】 (駅を) passare la stazione (cui si vuole scendere)
のりこむ【乗り込む】 salire (su), andare a bordo (di)
のりつぎびん【乗り継ぎ便】 volo della coincidenza 男
のりづけ【糊付け】 incollaggio 男, incollamento 男 ――～する incollare
のりば【乗り場】 (バス) fermata 女; (ホーム) binario 男; (船) banchina 女; (タクシー) posteggio 男
のりもの【乗り物】 veicolo 男
のる【乗る】 (バス・電車) prendere, salire in (su); (何かの上に) salire (su), montare
のる【載る】 essere pubblicato, essere riportato
ノルウェー Norvegia 国名(女) ――～の norvegese ◆～語 norvegese 男 / ～人 norvegese
ノルディック ◆～複合 (競技) combinata nordica 女
ノルマ (規律) norma 女; (割り当て) quota 女
ノルマンじん【～人】 normanni 男複
ノルマンディー Normandia 国名(女) ――～の normanno ◆～海岸 coste normanne 女複
のろい【鈍い】 lento, poco svelto
のろい【呪い】 maledizione 女
のろう【呪う】 maledire
のろのろ ――～と lentamente
のろま ――～な tardo, tonto
のんき【暢気】 ――～な comodo, spensierato
ノンストップ ――～の[で] non-stop, senza sosta
のんだくれ【飲んだくれ】 beone(a) 男(女), ubriacone(a) 男(女)
のんびり a PROPRIO agio, con calma
ノンフィクション opera d'interesse documentario 女
ノンプロ non professionista 男女 ――～の non professionistico

は

は【葉】 foglia 女
は【刃】 taglio 男, lama 女
は【歯】 dente 男 ――～が痛い avere mal di denti ◆練り～磨き dentifricio 男 / ～ブラシ spazzolino da denti 男
は【派】 (流派・学派) scuola 女; (宗派) setta 女; (党派・派閥) gruppo 男
ば【場】 (場所) luogo 男; (芝居の) scena 女
ばあい【場合】 (事例) caso 男; (機会) occasione 女 ――最悪の～ nel peggiore dei casi / どんな～にも per qualunque occasione
パーキング parcheggio 男 ◆～メーター parchimetro 男
はあく【把握】 ――～する afferrare, capire, essere a conoscenza (di)
ハーグ l'Aia 国名(女)
バーゲン saldi 男複, svendita 女
バーコード codice a barre 男
バージョン versione 女
バーゼル Basilea 国名(女)
パーセント per cento, percento ――50～ cinquanta per cento 男
パーソナリティー personalità 女
バーター (取引) baratto 男
バーチャル ――～(な) virtuale ◆～リアリティー realtà virtuale 女
パーティー festa 女
バーテン barman 男, barista 男女
ハート cuore 男

ハード ―～な duro ◆～ワーク lavoro duro /～ディスク hard disc 男, disco rigido 男

パート(タイム) part-time 男; (人)lavora*tore*(*trice*) part-time 男(女)

ハードウエア hardware 男

バードウオッチング bird watching 男

パートナー partner 男女, socio(*a*) (男)(女), compagno(*a*) (男)(女) ◆ビジネス～ socio in affari 男

ハードル ostacolo 男 ◆～競走 corsa a ostacoli 女

バーナー becco (a gas) 男

ハーフ ―彼はイギリスとイタリアの～だ È per metà inglese e per metà italiano. ◆～タイム intervallo 男

ハーブ erba aromatica 女

ハープ arpa 女

バーベキュー barbecue 男

バーベル 〔スポ〕bilanciere 男

バーボン bourbon 男

パーマ permanente 女 ―～をかける farsi fare la permanente

ハーモニー armonia 女

ハーモニカ armonica (a bocca) 女

パール perla 女

バーレーン Bahrein 固名(男) ―～の bahreinita

はい sì; (点呼への返答)Presente.; (物を差し出して)Ecco.

はい【灰】 cenere 女 ―～になる essere ridotto in cenere

はい【肺】 polmone 男 ◆～炎 polmonite 女 /～癌 cancro polmonare 男

-はい【杯】 coppa 女; (グラス)bicchiere 男; (カップ)tazza 女 ―1～のコーヒー una tazza di caffè 女 /コップ1～のワイン un bicchiere di vino 男 ◆(サッカー)イタリア～ Coppa Italia 女 /W～ Coppa del Mondo 女

ばい【倍】 doppio 男

パイ (菓子)crostata 女, torta 女; (総菜)pasticcio 男 ◆～生地 pasta sfoglia 女

バイアスロン biathlon 男

はいいろ【灰色】 grigio 男 ―～の grigio

ハイウエー autostrada 女

はいえい【背泳】 nuoto sul dorso 男

ハイエナ iena 女

バイエルン Baviera 固名(女)

バイオ bio- ◆～テクノロジー biotecnologia 女

パイオニア pionere(*a*) (男)(女)

バイオリン violino 男 ◆～奏者 violinista 男女

はいかい【徘徊】 ―～する vagare, girovagare

ばいかい【媒介】 mediazione 女 ―～する fare da mediatore (per); (伝染させる)trasmettere

はいかつりょう【肺活量】 capacità respiratoria 女

はいかん【配管】 installazione di tubi 女 ◆～工 idraulico 男

はいき【廃棄】 (不要品)scarto 男; (条約)annullamento ―～する scartare; (無効にする)annullare ◆～物 rifiuti 男複, cascami 男複 /放射性～物 scorie radioattive 女複

はいきょ【廃墟】 ruderi 男複, rovine 女複

ばいきん【黴菌】 batterio, bacillo 男

ハイキング escursione 女

バイキング (料理)buffet 男; (宴席)rinfresco 男

はいく【俳句】 haiku 男

バイク motocicletta 女, moto 女, motorino 男

はいぐうしゃ【配偶者】 coniuge 男女

はいけい【拝啓】 (女性に)Gentile signora [signorina]; (男性に)Egregio signor; (会社・団体宛て)Spett. [Spettabile]

はいけい【背景】 sfondo 男; (舞台の)fondale 男

はいけつしょう【敗血症】 setticemia 女

はいご【背後】 dorso 男, dietro ―…の～に alle spalle di...

はいざら【灰皿】 portacenere 男

はいし【廃止】 abolizione 女; (法の)abrogazione 女 ―～する abolire

はいしゃ【歯医者】 dentista 男女; (医院)studio dentistico 男

はいしゃ【敗者】 vinto(*a*) 男(女), sconfitto(*a*) 男(女), perdente 男女

ばいしゃく【媒酌】 intermediario(*a*) 男(女)

ハイジャック dirottamento 男

ばいしゅう【買収】 acquisto 男; (贈賄)corruzione 女 ―～する acquistare; (贈賄)corrompere

はいしゅつ【排出】 dimissione; (ガス・液体)scarico 男 ◆自動車～ガス規制 controllo gas di scarico auto 男

ばいしゅん【売春】 prostituzione 女 ◆～婦 prostituta 女

ばいしょう【賠償】 riparazione 女; (弁償)ammenda 女 ―～する risarcire ◆戦時～(金) riparazione di guerra 女

はいしょく【配色】 combinazione di colori 女

はいしん【背信】 tradimento 男; (不義)infedeltà 女

ばいしんいん【陪審員】 giurato 男; 〔集合的〕giuria 女

はいすい【排水】 scarico delle acque 男, drenaggio 男; (汚水)acque reflue 女複 ◆～管 tubo di scarico 男 /生活～ acque reflue domestiche 女複

ばいすう【倍数】 multiplo 男

はいせき【排斥】 esclusione 女 ―～する escludere

はいせつ【排泄】 escrezione 女 ―～する espellere ◆～物 escrementi 男複

はいせん【敗戦】 sconfitta 女, disfatta 女

はいせん【配線】 installazione di fili elettrici 女

ばいぞう【倍増】 raddoppio 男, raddoppiamento 男

ハイソックス gambaletti 男複

ばいたい【媒体】 mezzo 男, veicolo 男

はいたつ【配達】 consegna 女 ――～する consegnare

はいたてき【排他的】 ――～な esclusivo ◆～経済水域 zona economica esclusiva 女

バイタリティー vitalità 女

はいち【配置】 disposizione 女 ――～する disporre, collocare

ハイチ Haiti 固名(女) ――～の haitiano

ハイテク tecnologia avanzata 女

ばいてん【売店】 chiosco 男, edicola 女

バイト (アルバイト)lavoro part-time 男; 〔情〕byte 男

はいとう【配当(金)】 dividendo 男 ◆現金～ dividendi liquidi 男複/株式～ assegnazione di azioni gratuite 女

ばいどく【梅毒】 sifilide 女

パイナップル ananas 男

はいはい【這い這い】 ――～する andare a gattoni, camminare carponi

ばいばい【売買】 ――～する fare la compravendita (di)

バイバイ Ciao! | Alla prossima!

バイパス (道路)tangenziale 女 ◆～手術 intervento di by-pass 男

ハイヒール scarpe con tacchi alti 女複

ハイビジョンテレビ TV Hi Vision [High Vision] 女, TV ad alta definizione 女

ハイビスカス ibisco 男

はいふ【配布】 distribuzione 女 ――～する distribuire

パイプ (管)tubo 男; (タバコの)pipa 女 ◆～オルガン organo a canne 男/～ライン oleodotto 男

ハイファイ alta fedeltà 女, (impianto) HI-FI 男

バイブル Bibbia 女

ハイフン trattino 男

はいぼく【敗北】 sconfitta 女 ――～する essere sconfitto, subire una sconfitta

ハイヤー macchina a noleggio con autista 女

バイヤー acquirente 男女, compratore(trice) 男(女)

はいやく【配役】 cast 男; (割り振り)casting 男

はいゆう【俳優】 attore(trice) 男(女)

ばいりつ【倍率】 (光学器械の)ingrandimento 男; (競争率)tasso di competizione 男

はいりょ【配慮】 premura 女, riguardo 男 ――～する darsi premura ⟪di⟫/～して per riguardo

バイリンガル bilingue 男女

はいる【入る】 entrare; (加入)entrare ⟨in⟩; (収容できる)starci, contenere

はいれつ【配列】 disposizione 女, sistemazione 女

パイロット pilota 男女

バインダー registratore 男, cartella 女, raccoglitore 男

はう【這う】 strisciare

パウダー polvere 女 ◆～スノー neve farinosa 女/～ルーム toilette per signore 女, antibagno 男

バウンド ――～する rimbalzare

はえ【蠅】 mosca 女

はえぎわ【生え際】 attaccatura dei capelli 女

はえぬき【生え抜き】 ――～の vero, puro, nato e cresciuto

はえる【生える】 (植物・ひげが)crescere; (芽が)germogliare; (草が)spuntare

はおる【羽織る】 indossare, mettersi

はか【墓】 tomba 女, sepolcro 男

ばか【馬鹿】 sciocco(a) 男(女), scemo(a) 男(女) ――～な stupido / ～にする beffare, burlarsi ⟨di⟩

はかい【破壊】 distruzione 女 ――～する distruggere, demolire

はがき【葉書】 cartolina 女

はがす【剥がす】 staccare, togliere, tirare via

はかせ【博士】 esperto 男; (資格)dottorato di ricerca 男; (人)dottore(essa) di ricerca 男(女) ◆～課程 corso di dottorato di ricerca 男

はかどる【捗る】 procedere, progredire

はかない【儚い】 fugace, effimero; (短命の)passeggero, di breve durata

はがね【鋼】 acciaio 男

ばかばかしい【馬鹿馬鹿しい】 stupido, assurdo, (無意味な)stupido

はがゆい【歯痒い】 irritarsi, spazientirsi; (いらいらさせる)esasperante, irritante

はからう【計らう】 (準備する)disporre, arrangiare; (処置する)sistemare

はからずも【図らずも】 inaspettatamente, per caso ――～する capitare di + 不定詞

はかり【秤】 bilancia 女

はかりうり【計り売り】 vendita a peso 女

はかりしれない【計り知れない】 (無限の)infinito; (際限のない)sconfinato; (値がつけられない)inestimabile

はかる【計る】 (長さ・容積・温度を)misurare; (重さを)pesare

はかる【図る】 progettare, tentare

はかる【諮る】 interpellare, consultare

はがれる【剥がれる】 staccarsi

バカンス vacanze 女複

はき【破棄】 (契約・関係の)rottura 女;

はきけ【吐き気】 nausea 女

はきごこち【履き心地】 ―このブーツは～が悪い Questi stivali sono scomodi.

パキスタン Pakistan 国名(男) ―の pachistano

はきだす【吐き出す】 vomitare; (息を)espirare

はきちがえる【履き違える】 (混同する)confondere; (誤解する)interpretare male

はぎとる【剥ぎ取る】 strappare; (強奪する)rapinare

はきはき ―と話す parlare in modo chiaro / ～した子供 bambino(a) vivace 男(女)

はきもの【履物】 calzatura 女

はきゅう【波及】 ―～する estendersi; (影響する)influire

はきょく【破局】 catastrofe 女, rovina 女; (人間関係の)rottura 女, divorzio 男

はく【履く】 (動作)mettersi; (状態)portare

はく【掃く】 spazzare, pulire

はく【吐く】 (唾を)sputare; (へどを)vomitare; (息を)espirare

はく【箔】 lamina 女

はく【剥ぐ】 staccare, togliere

バグ [コン]bug 男

はくい【白衣】 camice bianco 男

ばくが【麦芽】 malto 男

はくがい【迫害】 ―～する perseguitare

はくがく【博学】 ―～な dotto, erudito

はぐき【歯茎】 gengiva 女

ばくげき【爆撃】 bombardamento 男 ―～する bombardare

はくさい【白菜】 cavolo cinese 男

はくし【白紙】 carta bianca 女 ―～に戻す ricominciare da capo / ～で提出する consegnare in bianco ◆～委任する dare carta bianca

はくし【博士】 (学位)dottorato di ricerca 男 ◆～号 titolo di dottorato di ricerca 男

はくしゃ【拍車】 ―～をかける (促す)spronare; (加速する)accelerare

はくしゃく【伯爵】 conte 男 ◆～夫人 contessa 女

はくしゅ【拍手】 applauso 男, battimani 男複 ―～する battere le mani, applaudire

はくしょ【白書】 libro bianco 男

はくじょう【白状】 confessione 女 ―～する confessare

はくじょう【薄情】 ―～な freddo, insensibile

はくじん【白人】 bianco(a) 男(女), bianchi 男複

はくせい【剥製】 animale impagliato 男

ばくぜん【漠然】 ―～とした vago, ambiguo

ばくだい【莫大】 ―～な enorme, immenso / ～な損失 perdita tremenda 女

ばくだん【爆弾】 bomba 女

ばくち【博打】 gioco d'azzardo 男

はくちょう【白鳥】 cigno 男

バクテリア batterio 男

はくねつ【白熱】 ―～した incandescente ◆～電球 lampadina a incandescenza 女

ばくは【爆破】 ―～する far saltare; (建物を)far esplodere

バグパイプ cornamusa 女

はくはつ【白髪】 capelli bianchi 男複

ばくはつ【爆発】 esplosione 女, scoppio 男; (火山の)eruzione 女 ―～する esplodere

はくぶつがく【博物学】 storia naturale 女

はくぶつかん【博物館】 museo 男

はくぼく【白墨】 gesso 男

はくらい【舶来】 ―の importato, di produzione straniera

はぐらかす eludere, scansare, tergiversare

はくらんかい【博覧会】 esposizione 女

はくりょく【迫力】 vigore 男, forza 女 ―～のある vigoroso, possente

はぐるま【歯車】 ingranaggio 男

ばくろ【暴露】 rivelazione 女 ―～する svelare, rivelare

はけ【刷毛】 pennello 男

はげ【禿】 calvizie 女 ―～の calvo

はげしい【激しい】 violento, intenso

はげたか【禿鷹】 avvoltoio 男

バケツ secchio 男

はげます【励ます】 tirare su di morale; (進言)incoraggiare... a + 不定詞

はげまし【励まし】 incoraggiamento 男; (刺激)incentivo 男

はげむ【励む】 (努力する)sforzarsi; (専念する)applicarsi

ばけもの【化け物】 mostro 男; (悪霊)spirito maligno 男; (幽霊)fantasma 男

はげる【禿げる】 diventare calvo

はげる【剥げる】 staccarsi, sfaldarsi

はけん【覇権】 egemonia 女, supremazia 女 ◆海上～ dominio navale 男

はけん【派遣】 invio 男 ―～する inviare, spedire ◆～会社 agenzia (di lavoro) interinale 女

はこ【箱】 scatola 女

はこにわ【箱庭】 paesaggio in miniatura 男

はこぶ【運ぶ】 portare; (輸送)trasportare

バザー vendita di beneficenza 女; (バザール)bazar 男

はさまる【挟まる】 rimanere incastrato (in,fra)

はさみ forbici 女複

はさむ【挟む】 mettere, inserire; (つ

はさん 1255 はたす

まむ)prendere, pigliare; (口を)impicciarsi, interrompere
はさん【破産】 bancarotta 囡, fallimento 男 ― ～する fare fallimento
はし 【橋】 ponte 男
はし 【端】 (先端)capo 男, punta 囡; (縁)bordo, orlo 男; (隅)angolo 男
はし 【箸】 bastoncini 男複
はじ 【恥】 vergogna 囡; (不名誉)disonore 男 ― ～をかく fare una brutta figura / ～知らず sfacciato
はしか【麻疹】 morbillo 男
はしがき【端書き】 prefazione 囡, premessa 囡
はしけ【艀】 lancia 囡
はしご【梯子】 scala (a pioli) 囡 ♦～車 autoscala 囡
はじまり【始まり】 inizio 男, (起源)origine 男
はじまる【始まる】 cominciare, iniziare; (催事が)aprirsi
はじめ【初め】 inizio 男, principio 男 ― ～は dapprima, in principio
はじめて【初めて】 per la prima volta
はじめまして【初めまして】 Piacere.
はじめる【始める】 cominciare, iniziare; (開始する)dare inizio (a)
ばしゃ【馬車】 carrozza 囡
はしゃぐ fare baldoria, schiamazzare, scorrazzare
パジャマ pigiama 男
ばじゅつ【馬術】 equitazione 囡
はしゅつじょ【派出所】 posto di polizia 男
ばしょ【場所】 posto 男, luogo 男; (余地)spazio 男
はじょう【波状】 ― ～の ondulato
はしょうふう【破傷風】 tetano 男
はしら【柱】 pilastro 男, palo 男; (支柱)sostegno 男; (円柱)colonna 囡 ♦～時計 orologio da muro
はしり【走り】 corsa 囡 ― ～高跳び salto in alto 男 / ～幅跳び salto in lungo 男
バジリコ basilico 男
はしりよる【走り寄る】 avvicinarsi correndo
はしる【走る】 correre
はじる【恥じる】 vergognarsi (di)
バジル →バジリコ
はす【蓮】 loto 男 ― ～の花 fiore di loto 男
はず【筈】 ― …の～はない È impossibile che... / …する～だ (推測)dovere + 不定詞; (予定)essere previsto che... / もうすぐ着く～だ Dovrebbe arrivare fra poco.
バス autobus 男, corriera 囡; (観光)pullman (da turismo) 男; (浴室)bagno 男; (声楽の)basso 男 ♦～ターミナル terminal degli autobus 男 / ～停 fermata dell'autobus 囡
バス (定期券)abbonamento 男; (球技)passaggio 男
パス ― ～する passare; (試験を)superare / ～! (トランプ)Passo!
はすう【端数】 frazione 囡
はずかしい【恥ずかしい】 vergognarsi; (気まずい)sentirsi in imbarazzo; (恥ずべき)vergognoso
はずかしめる【辱める】 fare perdere la faccia (a), insultare
ハスキー ― ～な rauco, roco ♦～ボイス voce rauca (e profonda) 囡 / ～犬 husky 男, cane eschimese 男
バスケット cesta 囡, paniere 男 ♦～ボール pallacanestro 囡
はずす【外す】 staccare; (自分の身から)togliersi; (的を)fallire; (ボタンを)sbottonare; (席を)lasciare, allontanarsi
パスタ pasta 囡, pastasciutta 囡 ♦生～ pasta fresca 囡
バスタオル asciugamano da bagno
パステル pastello 男 ♦～カラー colore pastello 男 / ～画 dipinto a pastello 男
バスト petto 男; (胸回り)torace 男
パスポート passaporto 男
はずみ【弾み】 ― ～で行動する agire d'impulso / ～をつける dare impulso (a)
はずむ【弾む】 rimbalzare; (話などが)animarsi
パズル puzzle 男
はずれ【外れ】 biglietto non vincente 男; (町の)periferia 囡 ♦季節～の fuori stagione / 期待～ delusione 囡
はずれる【外れる】 staccarsi; (軌道・中心から)deviare; (当たらない)essere sbagliato
バスローブ accappatoio 男
パスワード parola d'ordine 囡, password 囡
はせい【派生】 ― ～する derivare (da) ♦～語 derivato 男
ばせい【罵声】 grida offensive 囡複, insulti 男複
パセリ prezzemolo 男
パソコン personal computer 男
はそん【破損】 guasto 男, danno 男
はた【旗】 bandiera 囡
はだ【肌】 pelle 囡 ♦～色 color pelle 男
バター burro 男
パターン (型)tipo 男, modello 男 ♦行動～ schema di comportamento 男
はたおり【機織】 tessitura 囡; (人)tessitore(trice) 男(囡)
はだか【裸】 ― ～の nudo
はだぎ【肌着】 indumento intimo 男
はたけ【畑】 campo 男 ♦コーヒー～ piantagione di caffè 囡 / ブドウ～ vigna 囡
はだざむい【肌寒い】 freddino
はだざわり【肌触り】 ― ～のよい morbido al tatto
はだし【裸足】 ― ～で scalzo
はたす【果たす】 compiere; (実現する)realizzare; (目的を)raggiungere

はたち【二十歳】vent'anni 男複

バタフライ nuoto a farfalla 男, farfalla 女

はためく（旗などが）sventolare;（服・カーテンなどが）muoversi, ondeggiare

はたらき【働き】lavoro 男;（機能）funzione 女

はたらきかける【働き掛ける】fare pressione (su)

はたらく【働く】（労働）lavorare;（活動・機能）funzionare

バタン Slam! —ドアが〜と閉まる La porta si è chiusa sbattendo.

はち【八・8】otto 男 —〜番目の ottavo

はち【鉢】ciotola 女;（植木鉢）vaso 男

はち【蜂】vespa 女;（ミツバチ）ape 女

ばち【罰】punizione del cielo 女 —〜が当たった Ben ti sta!

ばち（ティンパニーの）mazzuolo 男;（大太鼓の）mazza 女;（小太鼓の）bacchette 女複;（木琴などの）martelletti 男複

はちがつ【八月】agosto 男

バチカン Vaticano 固名(男) —〜の del Vaticano ◆〜市国 Città del Vaticano 固名(女), Santa Sede 女

はちきれる scoppiare, crepare;（衣類が）strapparsi alle cuciture —満腹でお腹がはちきれそうだ Sono pieno da scoppiare.

はちじゅう【八十・80】ottanta 女 —〜番目の ottantesimo

はちまき【鉢巻】benda 女, fascia di stoffa (da legarsi in testa) 女

はちみつ【蜂蜜】miele 男

はちゅうるい【爬虫類】rettili 男複

はちょう【波長】lunghezza d'onda 女

ばつ【罰】punizione 女, pena 女

はつあん【発案】idea 女, proposta 女 —…の〜で su proposta di...

はついく【発育】crescita 女;（発達）sviluppo 男 —〜する crescere ◆知的〜 sviluppo mentale 男

はつおん【発音】pronuncia 女 —〜する pronunciare ◆〜記号 alfabeto fonetico 男

はっか【発火】accensione 女

はっか【薄荷】menta 女

はつが【発芽】germinazione 女, germogliamento 男 —〜する germinare, germogliare

はっかく【発覚】scoperta 女 —〜する essere scoperto, venire alla luce

はつかねずみ【二十日鼠】topolino 男

はっかん【発汗】sudorazione 女 ◆〜剤 diaforetico 男

はっき【発揮】—〜する *dimostrare, dare prova di* / 能力を〜する mostrare la PROPRIA abilità

はっきり —〜した chiaro;（正確な）preciso;（明瞭な）distinto;（確定した）definito / 〜する diventare chiaro

ばっきん【罰金】multa 女

パッキング（詰め物）ripieno 男;（管の継ぎ目の）guarnizione 女;（包装）imballaggio 男

バック（背景）sfondo 男;（後援）sostegno 男 —〜する（後退）fare retromarcia ◆〜アップ appoggio 男 / 〜ナンバー（雑誌の）numero arretrato 男 / 〜ミラー retrovisore 男

パック（牛乳・ジュースの）tetrapak 男, cartone 男;（卵の）scatola 女 ◆真空〜の sottovuoto

バッグ borsa 女

はっくつ【発掘】scavi 男複 —〜する scavare

バックル fibbia 女

ばつぐん【抜群】—〜の eccellente, eccezionale

パッケージ pacco 男, pacchetto 男, confezione 女

はっけっきゅう【白血球】globulo bianco 男

はっけつびょう【白血病】leucemia 女

はっけん【発見】scoperta 女 —〜する scoprire

はつげん【発言】—〜する parlare;（口を出す）intervenire;（指摘する）osservare

はつこい【初恋】primo amore 男

はっこう【発酵】fermentazione 女 —〜する fermentare /（パン）生地を〜させる fare lievitare la pasta

はっこう【発光】—〜する emettere luce ◆〜ダイオード LED 男, diodo ad emissione luminosa 男

はっこう【発行】（出版物の）pubblicazione 女;（証明書・貨幣などの）emissione 女 —〜する pubblicare

はっさん【発散】emissione 女, emanazione 女 —〜する sfogare / ストレスを〜する scaricare la tensione

バッジ distintivo 男

はっしゃ【発車】partenza 女 —〜する partire

はっしゃ【発射】（ミサイル・ロケットの）lancio 男;（弾丸の）sparo 男 —〜する lanciare

はっしん【発疹】eruzione cutanea 女, esantema 男

はっしん【発信】invio 男 —〜する inviare, spedire ◆情報〜 trasmissione d'informazioni 女

バッシング critica feroce 女, attacco verbale 男

ばっすい【抜粋】estratto 男

ばっする【発する】（光・熱などを）emettere, mandare fuori

ばっする【罰する】punire;（教師・親が）castigare

はっせい【発生】—〜する（事故などが）accadere, succedere;（問題が）nascere

はっそう【発想】idea 女, ispirazione 女

はっそう【発送】spedizione 女 —〜する inviare, spedire

ばった【飛蝗】cavalletta 女

はったつ【発達】sviluppo 男 —〜する

svilupparsi, progredire
はっちゅう【発注】 ――～する fare un'ordinazione (di), ordinare
パッチワーク patchwork 男
ばってき【抜擢】 ――～する selezionare／～される essere promosso
バッテリー batteria 女
はってん【発展】 sviluppo 男; (拡充)espansione 女 ――～する svilupparsi, espandersi ◆～途上国 paese in via di sviluppo
はつでん【発電】 produzione di energia elettrica 女 ――～する produrre elettricità ◆～所 centrale elettrica 女
バット mazza 女
ハットトリック tripletta 女
はつばい【発売】 ――～する mettere in vendita
ハッピーエンド lieto fine 男
はっぴょう【発表】 presentazione 女, annuncio 男 ――～する annunciare; (公表)pubblicare
はつびょう【発病】 ――～する avere i sintomi (di), ammalarsi (di)
はっぷ【発布】 promulgazione 女, proclamazione 女
はっぽう【発砲】 ――～する sparare
はっぽうしゅ【発泡酒】 succedaneo della birra 男
はっぽうスチロール【発泡―】 polistirolo espanso 男
はつめい【発明】 invenzione 女 ――～する inventare
はつらつ【潑剌】 ――～とした pieno di vitalità
はて【果て】 fine 女, estremità 女
はで【派手】 ――～な chiassoso, vistoso
パテ (固定剤)mastice 男; (料理)pâté
はてしない【果てしない】 senza fine, infinito
ばてる essere esausto [esaurito]
はと【鳩】 piccione(a) 男(女), colombo(a) 男(女)
ばとう【罵倒】 ――～する insultare, ingiuriare
パトカー volante 女, auto della polizia 女
はとば【波止場】 molo 男, banchina 女
バドミントン badminton 男
パトロール ――～する pattugliare
パトロン sosteni*tore(trice)* finanzia*rio(a)* 男(女); (文芸の)mecenate 男女
バトン bastoncino 男; (リレーの)testimone 男
はな【花】 fiore 男 ◆～屋(人)fiora*io(a)* 男(女), fiorista 女; (店)negozio di fiori, fioraio 男
はな【鼻】 naso 男; (象の)proboscide 女
はな【洟】 moccio 男 ――～をかむ soffiarsi il naso
はないき【鼻息】 respirazione nasale
はなうた【鼻歌】 canzone intonata a bocca chiusa 女 ――～を歌う canticchiare
はながみ【鼻紙】 fazzoletto di carta 男
はなくそ【鼻糞】 moccio secco 男
はなげ【鼻毛】 peli delle narici 男複, vibrissa 女
はなごえ【鼻声】 voce nasale 女
はなさき【鼻先】 punta del naso 女
はなし【話】 conversazione 女, discorso 男; (物語)storia 女, racconto 男
はなしあい【話し合い】 colloquio 男; (会議)conferenza 女; (交渉)negoziazione 女
はなしあう【話し合う】 parlare con; (互いに)parlarsi; (議論)discutere
はなしかける【話しかける】 rivolgere la parola (a)
はなしことば【話し言葉】 lingua parlata 女
はなす【話す】 parlare; (言う)dire; (語る)raccontare ――…について～ parlare di...
はなす【放す】 lasciare; (解放する)liberare
はなす【離す】 separare, distaccare; (遠ざける)allontanare
はなたば【花束】 mazzo di fiori 男
はなぢ【鼻血】 sangue dal naso 男
はなっぱしら【鼻っ柱】 setto nasale 男 ――～の強い testardo, cocciuto
バナナ (実)banana 女; (木)banano 男
はなはだ【甚だ】 assai, eccessivamente, estremamente
はなはだしい【甚だしい】 eccessivo, estremo; (甚大な)grosso, grave ――～損失 grossa perdita 女／～無知 estrema ignoranza 女
はなばなしい【華々しい】 brillante, glorioso, splendido
はなび【花火】 fuochi artificiali 男複
はなびら【花びら】 petalo 男
パナマ Panama 固名(女) ――～の panamense
はなみず【鼻水】 goccia al naso 女, moccio 男
はなむこ【花婿】 sposo 男
はなもちならない【鼻持ちならない】 essere insopportabile, detestabile
はなもよう【花模様】 disegno a fiori ――～の a motivo floreale
はなやか【華やか】 ――～な splendido; (豪華な)magnifico, pomposo
はなよめ【花嫁】 sposa 女
はなれはなれ【離れ離れ】 ――～の separato／～に (別れて)separatamente; (それぞれに)in modo indipendente
はなれる【離れる】 (去る)lasciare; (距離的に)allontanarsi; (本筋から)diva-

はなわ【花輪】 ghirlanda 女, corona di fiori 女; (葬儀用の)corona (funebre) 女
はにかむ intimidirsi
パニック panico 男 ――~状態である essere nel panico
バニラ vaniglia 女
バヌアツ Vanuatu 固名(男) ――~の di Vanuatu
はね【羽】 penna 女; (羽毛)piuma 女; (翼)ala 女; (扇風機の)ventilatore 男
ばね molla 女
はねあがる【跳ね上がる】 (飛び上がる)saltare (su), balzare; (泥・水が)schizzare
はねつける【撥ねつける】 respingere, rifiutare
ハネムーン viaggio di nozze 男
はねる【跳ねる】 (飛ぶ)saltare, balzare; (泥・水が)schizzare
はねる【撥ねる】 (車が人を)investire; (除く)respingere ―― 彼は面接で撥ねられた È stato respinto al colloquio.
パネル pannello 男
パノラマ panorama 男
はは【母】 madre 女 ◆~方の materno/~の日 Festa della mamma 固名(女)
はば【幅・巾】 larghezza 女
パパ papà 男, babbo 男
パパイヤ papaia 女
はばたき【羽ばたき】 battuta d'ali 女
はばたく【羽ばたく】 battere le ali
はばつ【派閥】 fazione 女
はばとび【幅跳び】 salto in lungo 男
ハバナ Avana 固名(女) ――~の avanese
はばひろい【幅広い】 largo, ampio; (様々な)vasta gamma di ――~知識 conoscenza estensiva 女
バハマ Bahama 固名(女複) ――~の bahamiano ◆~諸島 Isole Bahamas 固名(女複)
はばむ【阻む】 impedire, bloccare
ババロア bavarese 女
パビリオン padiglione 男
パプアニューギニア Papua-Nuova Guinea 固名(女) ――~の papuano
パフェ parfait 男
パフォーマンス (スポーツマンの)performance 女; (舞台芸術)rappresentazione 女, spettacolo 男; (音楽)esecuzione 女
はぶく【省く】 (除外)omettere, eliminare; (削減)ridurre
ハプニング incidente inaspettato 男, imprevisto 男
パプリカ (香辛料)paprica 女; (野菜)peperone 男
バブル bolla 女, schiuma 女, spuma 女 ◆株式~ bolla borsistica 女
はへん【破片】 frammento 男, frantumi 男複

はま【浜】 spiaggia 女; (沿岸)litorale 男
はまき【葉巻】 sigaro 男
はまぐり【蛤】 tartufo di mare 男
はまべ【浜辺】 spiaggia 女
はまる【嵌まる】 (鍵・ビスが)entrare (in), incastrarsi (in); (術中に)cadere (in); (夢中になる)darsi (a), impazzire (per)
はみがき【歯磨き】 dentifricio 男
ハミング canto a bocca chiusa 男
ハム (加熱した)prosciutto cotto 男 ◆生~ prosciutto crudo 男
ハムスター criceto 男
はめこむ【嵌め込む】 infilare; (宝飾)incrostare; (木工)intarsiare
はめつ【破滅】 rovina 女; (経済)fallimento 男 ――~する rovinarsi, andare in rovina
はめる【嵌める】 (装着する)mettere; (宝石を)incastonare; (箱・枠に)incassare; (だます)ingannare
ばめん【場面】 scena 女
はも【鱧】 grongo 男
はもの【刃物】 coltello 男, arnese da taglio 男
はもん【破門】 (宗教)scomunica 女 ――~する scomunicare
はやい【早い】 presto ――一朝早く di buon'ora
はやい【速い】 veloce; (動作が)svelto ――仕事が~ essere svelto nel lavoro
はやおき【早起き】 ――~する alzarsi di buon'ora; (習慣)essere mattiniero
はやがてん【早合点】 ――~する trarre conclusioni avventate
はやく【早く】 presto ――できる限り~ al più presto possibile
はやく【速く】 velocemente, alla svelta
はやくち【早口】 ――~で話す parlare veloce ◆~言葉 scioglilingua 男
はやさ【速さ】 velocità 女
はやし【林】 bosco 男, boscaglia 女
はやす【生やす】 (ひげを)farsi crescere; (根を)radicare
はやね【早寝】 ――~する andare a letto presto
はやびけ【早引け】 ――~する (学校を)uscire di scuola prima della fine delle lezioni; (会社を)lasciare il lavoro prima dell'orario stabilito
はやめ【早め】 ――~に un po' prima
はやめる【早[速]める】 (期日・時間を)anticipare; (速度を)accelerare, affrettare
はやり【流行り】 moda 女, voga 女
はやる【流行る】 andare di moda, essere in voga; (繁盛)essere molto frequentato; (病気などが)diffondersi
はら【腹】 pancia 女; (胃)stomaco 男 ――~が痛い avere mal di pancia [stomaco]/~が減る avere fame
ばら【薔薇】 rosa 女 ◆~色 rosa 男

バラード ballata 女

はらいもどし【払い戻し】 rimborso 男

はらいもどす【払い戻す】 rimborsare

はらう【払う】 pagare; (埃を)spolverare

ばらうり【ばら売り】 ―～する vendere... sfuso

バラエティー varietà 女

パラオ Palau 固名(男) ―～の palauano

パラグアイ Paraguay 固名(男) ―～の paraguaiano

はらぐろい【腹黒い】 subdolo, malvagio, perfido

はらごしらえ【腹拵え】 ―～する fare uno spuntino

はらごなし【腹ごなし】 ―～に散歩する fare una passeggiata per aiutare la digestione

パラシュート paracadute 男

はらす【晴らす】 ―疑いを～ dissipare un dubbio / 気を～ divertirsi, distrarsi

ばらす (解体する)smontare, scomporre; (あばく)svelare

パラソル parasole 男 ◆ビーチ～ ombrellone da spiaggia

パラダイス paradiso 男

はらだたしい【腹立たしい】 esasperante, irritante; (物・事が)fastidioso; (人が)seccante

はらだちまぎれ【腹立ち紛れ】 ―～に in un accesso di rabbia [d'ira]

はらっぱ【原っぱ】 spiazzo 男, campi 男複

パラドックス paradosso 男

はらばい【腹這い】 ―～になる distendersi in posizione prona

はらはら ―～する rimanere col fiato sospeso / (葉が)～落ちる volteggiare

ばらばら ―～in pezzi, (無秩序に)in disordine

パラフィン paraffina 女

はらぺこ【腹ペこ】 avere una fame da morire, morire di fame

パラボラ (antenna) parabolica 女

はらまき【腹巻き】 panciera 女

ばらまく【ばら撒く】 spargere; (金銭などを)buttare... al vento

パラリンピック paraolimpiadi 女複

はらわた【腸】 (人間の)intestino 男; (動物の)interiora 女

バランス equilibrio 男 ―～のとれた equilibrato ◆～シート bilancio 男

はり【針】 ago 男; (釣り針)amo 男; (時計の)lancetta 女

はり【梁】 trave 女

はり【鍼】 agopuntura 女

パリ Parigi 固名(女) ―～の parigino

はりあう【張り合う】 (AをBと)disputare A con B, competere con B per A; (互いに)disputarsi

はりあげる【張り上げる】 ―声を～ alzare la voce

バリアフリー abbattimento delle barriere architettoniche 男 ―～にする abbattere le barriere architettoniche

バリウム bario 男

バリエーション varietà 女

はりがね【針金】 filo metallico 男

はりがみ【張り紙】 cartello 男, manifesto 男

バリカン tosatrice 女

ばりき【馬力】 cavallo vapore 男; (体力)potenza 女 ―80～のエンジン motore da 80 cavalli 男

はりきる【張り切る】 entusiasmarsi, galvanizzarsi, caricarsi

バリケード barricata 女

ハリケーン uragano 男

はりだす【張り出す】 (建物の一部などが)sporgere; (貼り付ける)affiggere, attaccare

はりつけ【貼り付け】 〔コン〕incolla

はりつけ【磔】 crocifissione 女

バリトン baritono 男

はりねずみ【針鼠】 riccio 男

はる【春】 primavera 女 ―～の primaverile

はる【張る】 tendere; (広げる)stendere

はる【貼る】 attaccare; (タイルを)piastrellare; (糊で)incollare

はるか【遥か】 ―～に di gran lunga, molto, assai; (遠くに)in lontananza

バルカン Balcani 固名(男複) ―～の balcanico ◆～諸語 lingue balcaniche 女複/～諸国 paesi balcanici 男複/～半島 Penisola Balcanica 固名(女)

バルコニー balcone 男

バルト ◆～海 Mar Baltico 固名(男)/～三国 Paesi Baltici 固名(男複)

バルバドス Barbados 固名(女複) ―～の barbadiano

はるばる【遥々】 ―～日本から dal lontano Giappone / 遠路～ facendo una lunghissima strada

バルブ valvola 女

パルプ pasta di legno 女, pasta di carta 女

はるやすみ【春休み】 vacanze primaverili

はれ【晴れ】 bel tempo 男, sereno 男

バレエ balletto 男

ハレーすいせい【―彗星】 cometa di Halley 女

パレード parata 女, sfilata 女

バレーボール pallavolo 女

はれぎ【晴れ着】 abito di gala 男

パレスチナ Palestina 固名(女) ―～の palestinese ◆～人 palestinese 男女

はれつ【破裂】 ―～する scoppiare

パレット tavolozza 女

はれもの【腫れ物】 pustola 女; 〔医〕ascesso 男

バレリーナ ballerina 女

はれる【腫れる】 gonfiarsi

はれる【晴れる】 schiarire, rasserena-

ばれる svelarsi, venire fuori, essere scoperto

バレンタインデー 固名(男) giorno di San Valentino

はれんち【破廉恥】 ―～な svergognato, impudente

バロック barocco 男 ◆～建築 architettura barocca 女

パロディー parodia 女

バロメーター barometro 男

パワー potenza 女, forza 女

パワフル ―～な potente, vigoroso

はん【判】 timbro 男

はん【半】 (時間の)mezzo 男

はん【版】 edizione 女

はん【班】 squadra 女, gruppo 男

ばん【晩】 sera 女; (深夜)notte 女

ばん【番】 (順番)turno 男; (番号)numero 男; (見張り)guardia 女

パン pane 男 ◆～屋 panetteria 女

はんい【範囲】 ambito 男; (限界)limite 男 ◆行動～ sfera d'azione 女

はんいご【反意語】 antonimo 男, contrario 男

はんえい【反映】 riflesso 男 ―～する riflettere, riflettersi (su)

はんえい【繁栄】 prosperità 女 ―～する prosperare

はんえん【半円】 semicerchio 男

はんおん【半音】 semitono 男

はんが【版画】 stampa 女, incisione 女

ハンガー gruccia 女

はんかがい【繁華街】 centro 男

はんがく【半額】 ―～で a metà prezzo

はんかこ【半過去】 imperfetto 男

ハンカチ fazzoletto 男

ハンガリー Ungheria 固名(女) ―～の ungherese ◆～語 ungherese 男/～人 ungherese 男女

バンガロー bungalow 男

はんかん【反感】 antipatia 女 ―～を買う provocare repulsione [avversione]

はんぎゃく【反逆】 ribellione 女, rivolta 女 ―～する ribellarsi

はんきゅう【半球】 emisfero 男

はんきょう【反響】 eco 女, (複 gli echi) risonanza 女 ―～する risuonare / ～が大きい (評判)essere accolto favorevolmente

パンク bucatura 女, foratura 女

ばんぐみ【番組】 programma 男

バングラデシュ Bangladesh 固名(男) ―～の bangladese

ハングル alfabeto coreano 男

はんけい【半径】 raggio 男 ―～5キロ以内 nel raggio di 5 km

はんげき【反撃】 contrattacco 男 ―～する contrattaccare

はんけつ【判決】 giudizio 男, sentenza 女

はんげつ【半月】 mezzaluna 女

はんけん【版権】 diritto d'autore 男

ばんけん【番犬】 cane da guardia 男

はんこ【判子】 sigillo 男, timbro 男

はんご【反語】 antifrasi 女, ironia 女

はんこう【犯行】 delitto 男, crimine 男

はんこう【反抗】 opposizione 女; (抵抗)resistenza 女 ―～する resistere, opporsi ◆～期 periodo ribelle 男

ばんごう【番号】 numero 男

ばんこく【万国】 ―～の internazionale

ばんごはん【晩御飯】 cena 女

はんざい【犯罪】 delitto 男, crimine 男 ◆～者 criminale 男女, delinquente 男女

ばんざい【万歳】 evviva, viva

はんざつ【煩雑】 ―～な intricato; (複雑な)complicato

ハンサム ―～な bello /～な男性 bell'uomo

はんさよう【反作用】 reazione 女

ばんさん【晩餐】 cena 女

はんじ【判事】 giudice 男女

ばんじ【万事】 ◆～休す È finita. Non c'è più speranza!

パンジー viola del pensiero 女

バンジージャンプ bungee jumping 男, salto con l'elastico 男

はんしゃ【反射】 riflesso 男 ―～する riflettere ◆条件～ riflesso condizionato 男

はんしょう【反証】 controprova 女

はんじょう【繁盛】 prosperità 女 ―～する prosperare

はんしょく【繁殖】 proliferazione 女 ―～する proliferare, moltiplicarsi /～力のある fecondo /～力のない sterile

はんすう【反芻】 ―～する ruminare

ハンスト sciopero della fame 男

パンスト collant 男

はんズボン【半一】 calzoncini 男複

はんする【反する】 contrastare (con), andare (contro)

はんせい【反省】 ―～する riflettere (su), pentirsi, fare un esame di coscienza

はんせん【反戦】 ◆～運動 movimento pacifista [antimilitarista] 男

はんせん【帆船】 veliero 男

ハンセンびょう【一病】 morbo di Hansen 男

ばんそう【伴奏】 accompagnamento 男 ―～する accompagnare

ばんそうこう【絆創膏】 cerotto 男

はんそく【反則】 infrazione 女; (競技)fallo 男

はんそで【半袖】 mezze maniche 女複, maniche corte 女複

はんだ【半田】 stagno 男 ―～付けにする saldare a stagno

パンダ panda 男

ハンター cacciat*ore*(*trice*) 男(女)
はんたい【反対】 opposto 男, contrario 男; (抵抗・異議)opposizione 女, obiezione 女 —〜する opporsi (a) /〜の opposto, contrario
バンタムきゅう【一級】 peso gallo 男
パンタロン pantaloni 男複
はんだん【判断】 giudizio 男 —〜する giudicare; (判別)discernere /…から〜する trarre una conclusione da...
ばんち【番地】 numero civico 男
パンチ pugno 男
はんちゅう【範疇】 categoria 女
パンツ (下着)mutande 女複; (ズボン)pantaloni 男複
ハンデ handicap 男, svantaggio 男
はんてい【判定】 giudizio 男 —〜する giudicare ◆〜勝ち〔スポ〕vittoria ai punti 女
パンティー mutandine 女複 ◆〜ストッキング collant 男
ハンディキャップ handicap 男, menomazione 女; (不利)svantaggio 男
はんてん【斑点】 macchia 女
はんてん【反転】 rovesciamento 男, inversione di marcia 女
バンド (機械・文具)cinghia 女; (ベルト)cintura 女; (楽隊)banda 女
はんとう【半島】 penisola 女
はんどう【反動】 reazione 女 —〜的な reazionario
はんどうたい【半導体】 semiconduttore 男
ハンドバッグ borsetta 女
ハンドブック manuale 男, guida 女
ハンドボール pallamano 女
パントマイム (上演の形式)pantomima 女; (表現技法)mimo 男, mimica 女
ハンドル (車の)volante 男; (二輪車の)manubrio 男; (機械の)leva 男, manopola 女
はんにち【半日】 mezza giornata 女
はんにん【犯人】 colpevole 男女; (重犯罪の)au*tore*(*trice*) del delitto 男(女); (軽犯罪の)delinquente 男女
ばんにん【番人】 guardian*o*(*a*) 男(女), custode 男女; (門の)portier*e*(*a*) 男(女)
ばんねん【晩年】 vecchiaia 女
はんのう【反応】 reazione 女; (効果)effetto 男 —〜する reagire; (答える)rispondere ◆陽性〜 effetto positivo 男
ばんのう【万能】 —〜の onnipotente, completo; (多用途の)multiuso, polivalente
はんぱ【半端】 —〜な (不完全)incompleto; (途中)incompiuto
バンパー paraurti 男
ハンバーガー hamburger 男 ◆〜バテ polpetta schiacciata 女
ハンバーグ hamburger 男
はんばい【販売】 vendita 女 —〜する vendere

はんばく【反駁】 confutazione 女, replica 女 —〜する contestare
ばんぱく【万博】 Expo 女, Esposizione Internazionale 女
はんぱつ【反発】 (物理)repulsione 女 —〜する reagire contro ◆〜力 forza repulsiva 女
はんぴれい【反比例】 proporzione inversa 女 —〜する essere inversamente proporzionale (a)
はんぷく【反復】 ripetizione 女 —〜する ripetere
パンプス scarpe scollate 女複
ばんぶつ【万物】 tutte le creature 女複
ハンブルグ Amburgo 固名(女)
パンフレット opuscolo 男, dépliant 男
はんぶん【半分】 metà 女, mezzo 男 —〜の mezzo
ハンマー martello 男 ◆〜投げ lancio del martello 男
はんめい【判明】 —〜する sapersi, diventare chiaro
はんも【繁茂】 —〜する crescere lussureggiante
はんもく【反目】 antagonismo 男, inimicizia 女
ハンモック amaca 女
はんらん【反乱】 rivolta 女, ribellione 女
はんらん【氾濫】 (洪水)inondazione 女; (供給過剰)sovrabbondanza 女 —〜する (川などが)straripare
はんれい【凡例】 legenda 女; (辞書などの)guida alla consultazione 女
はんろん【反論】 —〜する ribattere, controbattere

ひ

ひ【日】 sole 男; (暦の)giorno 男; (日時)data 女 —…の〜 (の祝日)Festa di...女
ひ【火】 fuoco 男, fiamma 女
ひ【比】 proporzione 女
び【美】 bellezza 女 ◆〜意識 senso estetico 男
ひあい【悲哀】 tristezza 女
ひあがる【干上がる】 prosciugarsi
ピアス orecchini 男複
ひあそび【火遊び】 —〜する (危険なことに手を出す)scherzare [giocare] col fuoco
ひあたり【日当たり】 —〜のよい soleggiato
ピアニスト pianista 男女
ピアノ pianoforte 男 ◆アップライト〜 pianoforte verticale 男
ヒアリング (公聴会)indagine conoscitiva 女; (試験問題)comprensione auditiva 女 ◆〜力 abilità nell'ascoltare

ピーアール【PR】 ―～する fare pubblicità / 自己～する farsi pubblicità
ビーカー becher 男, bicchiere 男
ひいき【贔屓】 ―～する favorire, fare delle preferenze (per) ◆えこ～ parzialità, predilezione (per)
ピーク picco 男, la punta massima [piu alta] 女 ―～を過ぎる essere in declino; (インフレが)frenare ◆～時 ora di punta
びいしき【美意識】 senso estetico 男
ビーズ perline 女
ヒーター （電気)stufa elettrica 女; (蒸気)radiatore 男
ビーだま【―玉】 biglia 女
ビーチ spiaggia 女 ◆～バレー beach volley 女
ピーティーエー【PTA】 Associazione degli Insegnanti e dei Genitori 女
ひいでる【秀でる】 eccellere ―武術に～ essere bravo nelle arti marziali
ビート （野菜)barbabietola 女
ビーナス Venere 固名(女)
ピーナッツ nocciolina 女; (生落花生) arachide 女
ビーバー castoro 男
ビーフ manzo 男 ◆～シチュー stufato di manzo 男 / ～ステーキ bistecca di manzo 女
ピーマン peperone 男
ひいらぎ【柊】 agrifoglio 男
ビール birra 女
ヒーロー eroe 男
ひうん【悲運】 sfortuna 女 ―～を乗り越える superare una disgrazia
ひえこむ【冷え込む】 fare molto freddo, fare un freddo pungente
ひえしょう【冷え性】 ―～である soffrire molto il freddo, essere freddoloso
ひえた【冷えた】 freddo, fresco
ひえる【冷える】 （寒い)fare freddo
ピエロ pierrot 男, pagliaccio 男
びえん【鼻炎】 rinite 女
ビエンナーレ biennale 女
ビオラ viola 女
ひがい【被害】 danno 男, (傷害)lesione 女, ferita 女 ◆～者 vittima 女
ひかえ【控え】 （写し)copia 女, duplicato 男; (予備)riserva 女
ひかえめ【控え目】 ―～な modesto, riservato / ～にする moderarsi
ひがえり【日帰り】 in giornata ◆～旅行 gita [escursione] di un giorno 女
ひかえる【控える】 （自制)astenersi (da); (メモを取る)prendere nota
ひかく【比較】 confronto 男, paragone 男 ―AをBと～する confrontare [paragonare] A con B / ～的 relativamente
ひかく【皮革】 pelli 女複, cuoio 男 ◆～製品 articolo di cuoio 男
びがく【美学】 estetica 女
ひかげ【日陰】 ombra 女
ひがさ【日傘】 ombrellino 男, parasole 男
ひがし【東】 est 男, levante 男, oriente 男 ―～の orientale
ひがしシナかい【東―海】 Mar Cinese Orientale 固名(男)
ひがしティモール【東―】 Timor Est 固名(男), Timor Orientale 固名(男) ―～の (est-)timorese
ぴかぴか ―～光る brillare
ひがむ【僻む】 ―ひがんだ (否定的)predisposto negativamente; (シニカルな)cinico, diffidente, permaloso
ひからびる【干からびる】 essiccarsi ―干からびた essiccato
ひかり【光】 luce 女; (月の)chiaro 男 ◆～ファイバー fibra ottica 女
ひかる【光る】 splendere, brillare; (星が)scintillare
ひかん【悲観】 ―～する essere pessimista, vedere tutto nero
ひがん【彼岸】 aldilà 男, settimana intorno agli equinozi 女
ひきあい【引き合い】 ―～に出す citare... come esempio
ひきあう【引き合う】 （引っ張り合う)tirarsi reciprocamente; (もうかる)rendere interesse, fruttare, dare buoni frutti
ひきあげ【引き上げ】 （船体・漂流者などを)sollevamento 男, ricupero 男; (外地からの)rimpatrio 男, ritirata 女; (値段)aumento 男
ひきあげる【引き上げる】 tirare su; (値段を)aumentare; (戻る)tornare
ひきあわせる【引き合わせる】 （紹介する)presentare; (照合する)confrontare
ひきいる【率いる】 guidare, condurre; (指揮)dirigere
ひきうける【引き受ける】 incaricarsi (di); (受託)accettare; (身元を)farsi garante (di)
ひきおこす【引き起こす】 provocare; (原因になる)causare ―火事を～ provocare un incendio
ひきかえ【引き換え】 cambio 男 ―～に in cambio
ひきかえす【引き返す】 tornare indietro
ひきかえる【引き換える】 （AをBに)cambiare A con B
ひきがえる【蟇蛙】 rospo 男
ひきがね【引き金】 grilletto 男
ひきげき【悲喜劇】 tragicommedia 女 ―～の tragicomico
ひきさく【引き裂く】 stracciare, lacerare; (人の仲を)tagliare, rompere
ひきさげる【引き下げる】 abbassare; (削減)ridurre; (撤回)ritirare
ひきざん【引き算】 sottrazione 女 ―～する fare una sottrazione
ひきしお【引き潮】 riflusso 男
ひきしめる【引き締める】 restringere, stringere ―心を～ tenersi pronto
ひきずる【引き摺る】 trascinare

ひきだし【引き出し】 cassetto 男; (預金の)prelievo 男

ひきだす【引き出す】 tirare fuori; (抽出する)estrarre; (隠されたものを)portare allo scoperto; (預金を)ritirare, prelevare

ひきたたせる【引き立たせる】 fare risaltare

ひきちぎる【引き千切る】 strappare, lacerare

ひきつぐ【引き継ぐ】 (物・事を)subentrare (in); (交替)subentrare (a); (継承)succedere (a); (人に)consegnare

ひきつける【引き付ける】 attrarre, attirare

ひきつづき【引き続き】 (次々と)successivamente; (継続して)continuamente

ひきとめる【引き留[止]める】 trattenere

ひきとる【引き取る】 (受け取る)ritirare; (世話をする)prendersi cura (di)

ビギナー principiante 男女

ビキニ bikini 男

ひきにく【挽き肉】 carne tritata 女, macinato 女

ひきにげ【轢き逃げ】 (犯人)pirata della strada 男女; (事件)incidente con fuga 男

ひきぬく【引き抜く】 tirare fuori, estrarre; (人材を)portare via

ひきのばす【引き伸ばす】 stendere; (写真を)ingrandire

ひきのばす【引き延ばす】 (延期)rinviare, rimandare; (延長)prolungare

ひきはなす【引き離す】 separare; (競走で)lasciare indietro; (大差をつける)distanziare (di molto)

ひきはらう【引き払う】 一家を~ sgomberare la casa

ひきょう【卑怯】 一~な vigliacco, vile

ひきよせる【引き寄せる】 (自分の方に)tirarare a sé; (関心を)attirare

ひきわけ【引き分け】 pareggio 男

ひきわたし【引き渡し】 consegna 女; (外国の逃亡犯の)estradizione 女; (所有権の)trapasso (di proprietà) 男

ひきわたす【引き渡す】 consegnare; (権利の)trasferire

ひく【引く】 (牽引)tirare; (辞書などを)consultare; (差し引く)sottrarre, dedurre; (電話などを)installare; (線を)tracciare

ひく tirarsi indietro, ritirarsi

ひく【弾く】 (楽器を)suonare

ひく【轢く】 (人を)investire

ひく【挽く】 macinare; (鋸で)segare

ひくい【低い】 basso; (背が)piccolo, basso; (鼻が)piatto

ひくつ【卑屈】 一~な servile; (媚びへつらう)strisciante

びくっと 一~する trasalire, sobbalzare

ビクトリアこ【—湖】 Lago Vittoria 固名(男)

ピクニック picnic 男

びくびく 一~する avere paura, essere timoroso

ヒグマ【羆】 orso bruno 男

ピクルス sottaceti 男複

ひぐれ【日暮れ】 tramonto 男; (黄昏)crepuscolo 男

ひげ (顎・頬の)barba 女; (口髭)baffi 男複 一~を剃る farsi la barba ◆~そり rasoio 男

ひげ【卑下】 一~する umiliarsi

ひげき【悲劇】 tragedia 女

ひけつ【秘訣】 segreto 男 一成功の~ segreto del successo 男

ひけつ【否決】 一~する respingere

ひける【引ける】 一気が~ essere in imbarazzo, sentirsi scoraggiato

ひご【庇護】 (保護)protezione 女; (後援)patronato 男

ひこう【飛行】 volo 男 ◆~機 aeroplano 男, aereo 男 / ~場 aeroporto 男

ひこう【非行】 delinquenza 女; (道徳的)cattiva condotta 女

びこう【備考】 nota 女; (所見)osservazione 女

びこう【鼻孔】 narice 女

びこう【尾行】 pedinamento 男 一~する pedinare, seguire

ひこうかい【非公開】 一~の non aperto al pubblico, privato

ひこうしき【非公式】 一~の non ufficiale, informale; (公表不可)ufficioso; (私的な)privato

ひごうほう【非合法】 一~な illegale, clandestino

ひごうり【非合理】 (説明しがたい)irrazionale; (理不尽な)irragionevole

ひこく【被告】 imputato(a) 男(女), accusato(a) 男(女)

ひごろ【日頃】 (常に)sempre; (平生)abitualmente, di solito

ひざ【膝】 ginocchio 男(複 le ginocchia)

ビザ visto 男

ピザ pizza 女 ◆~屋 pizzeria 女

ひさい【被災】 一~する subire un disastro [una catastrofe]; (震災の場合に)essere vittima di un terremoto vittima 女, sinistrato(a) 男(女) ◆~者 (震災の)terremotato(a) 男(女) / ~地域 (震災の場合)zona terremotata 女, zona colpita da una catastrofe 女

びさい【微細】 一~な molto piccolo, minuscolo

ひざかけ【膝掛け】 coperta (per tenere calde le gambe) 女

ひさし【庇】 tettoia 女; (帽子の)visiera 女

ひざし【日差し】 luce del sole 女

ひさしぶり【久し振り】 一~に dopo molto tempo / ~ですね È da tanto che non ci vediamo.

ひざまずく【跪く】 inginocchiarsi

ひさん【悲惨】 一~な miserabile; (惨

憔たる)squallido
ひじ【肘】gomito 男
ひじかけいす【肘掛け椅子】poltrona 女
ひしがた【菱形】rombo 男, losanga 女
ひしきじ【非識字】analfabetismo 男
◆〜者 analfabeta 男女
ビジネス affare 男, lavoro 男 ◆〜クラス business class 女 / 〜マン uomo d'affari 男
ひしゃく【柄杓】mestolo 男
ひじゅう【比重】peso specifico 男
びじゅつ【美術】arte 女, belle arti 女複 ◆〜館 museo d'arte 男, galleria 女
ひじゅん【批准】ratifica 女 ー〜する ratificare
ひしょ【秘書】segretario(a) 男(女)
びじょ【美女】bella donna 女, bellezza 女
ひじょう【非常】emergenza 女 ー〜に molto, assai ◆〜階段 scala antincendio 女 / 〜口 uscita di sicurezza 女 / 〜ベル campanello d'allarme 男 / 〜時 tempo di crisi 男
ひじょう【非情】 ー〜な (冷酷な)senza cuore; (無感覚な)privo di sensibilità
びしょう【微笑】sorriso 男
ひじょうきん【非常勤】 ー〜の precario ◆〜講師 docente a contratto 男女
ひじょうしき【非常識】 ー〜な insensato, assurdo, privo di buon senso
ひしょち【避暑地】luogo di villeggiatura (estiva)
びしょぬれ【びしょ濡れ】 ー〜の bagnato fradicio
ビジョン progetti per il futuro 男複, visione 女 ー〜がある avere le visioni
びじれいく【美辞麗句】parole ornate 女複; (文体)stile lusinghiero 男; (蔑)retorica
びじん【美人】bella 女, bellezza 女 ◆八方〜 persone amica di tutti 女
ひすい【翡翠】giada 女; (色)verde giada 男
ビスケット biscotto 男
ヒステリー isterismo 男
ヒステリック ー〜な isterico
ピストル pistola 女
ピストン pistone 男
ひずむ【歪む】(反る・曲がる)deformarsi, storcersi; (音が)essere distorto
びせいぶつ【微生物】microrganismo 男
ひそ【砒素】arsenico 男
ひそう【悲壮】 ー〜な patetico; (痛ましい)doloroso; (壮烈な)eroico
ひぞう【脾臓】milza 女; 〔医〕splene 男
ひそか【密か】 ー〜に in segreto; (隠れて)di nascosto
ひぞく【卑俗】 ー〜な volgare, triviale
ひそひそ ー〜話をする parlare sottovoce (con)

ひだ【襞】piega 女; (ギャザー)increspatura 女
ひたい【額】fronte 女
ひたす【浸す】mettere in, bagnare in
ビタミン vitamina 女
ひたむき ー〜な appassionato, assorto
ひだり【左】sinistra 女 ー〜の sinistro ◆〜利き mancino(a) 男(女)
ひだりがわ【左側】lato sinistro 男
ひたん【悲嘆】profondo dolore 男, afflizione 女
ひつう【悲痛】 ー〜な doloroso; (哀れな)patetico
ひっかかる【引っ掛かる】rimanere impigliato (in), venire bloccato
ひっかく【引っ掻く】graffiare
ひっかける【引っ掛ける】appendere, sospendere; (鉤で)uncinare; (罠にかける)intrappolare; (誘惑する)sedurre
ひっき【筆記】scritto 男 ー〜する prendere nota (di) ◆〜試験 esame scritto 男
ひつぎ【棺】bara 女
ひっきりなし ー〜に senza interruzione
びっくり ー〜する sorprendersi, stupirsi (di)
ひっくりかえす【引っ繰り返す】rovesciare; (表裏を)rivoltare
ひっくりかえる【引っ繰り返る】(転ぶ)andare a gambe all'aria; (逆さまになる)rovesciarsi, capovolgersi
ひづけ【日付】data 女 ◆〜変更線 linea del cambiamento di data 女
ピッケル piccozza 女
ひっこし【引っ越し】trasloco 男
ひっこす【引っ越す】trasferirsi, traslocare
ひっこみじあん【引っ込み思案】 ー〜の timido, introverso
ひっこむ【引っ込む】ritirarsi, rientrare; (閉じこもる)rinchiudersi
ピッコロ 〔音〕ottavino 男
ひっし【必死】 ー〜の disperato / 〜で[に] disperatamente, freneticamente
ひつじ【羊】(雌)pecora 女; (雄)montone 男
ひっしゃ【筆者】autore(trice) 男(女)
ひっしゅう【必修】 ー〜の obbligatorio, d'obbligo
ひつじゅひん【必需品】necessario 男, beni di prima necessità 男複
ひっす【必須】 ー〜の obbligatorio, indispensabile ◆〜アミノ酸 aminoacido essenziale 男
ひっせき【筆跡】scrittura 女
ひつぜん【必然】 ー〜的な inevitabile, necessario ◆〜性 inevitabilità 女, necessità 女
ひっそり ー〜した (静かな)quieto; (人のいない)disabitato, deserto / 〜と silenziosamente
ひったくり【引っ手繰り】scippo 男;

(犯人)scipp*atore*(*trice*) 男 女
ひったくる【引っ手繰る】 scippare (a)
ピッチ 〔スポ〕campo 男; (音)tono 男; (速さ)ritmo 男, andatura 女 ー工事を急で進める portare avanti i lavori a ritmo accelerato
ピッチハイク autostop 男
ピッチャー (野球)lanci*atore*(*trice*) 男 (女); (水差し)caraffa 女
ひってき【匹敵】 ーーする essere pari (a) / 〜するもののない senza pari; (人)senza rivali
ヒット hit 男; (成功)successo 男
ビット bit 男
ひっぱく【逼迫】 (財政の)crisi finanziaria 女 ーーする (情勢が)essere allarmante [critico]
ひっぱりだこ【引っ張り凧】 ーーの ricercato, ambito
ひっぱる【引っ張る】 tirare; (牽引する)trainare
ヒップ (腰)fianchi 男複; (尻)natiche 男複
ひづめ【蹄】 zoccolo 男
ひつよう【必要】 necessità 女, bisogno 男 ーー な necessario
ビデ bidè 男
ひてい【否定】 negazione 女 ーーする negare; (否認)smentire / 〜的な negativo
ビデオ video 男 ◆〜ゲーム videogioco 男 / 〜テープ videocassetta 女; (再生機)lettore 男; (録画機)registratore 男; (カメラ)videocamera 女
びてき【美的】 ーーな estetico
ひでり【日照り】 (早ばつ)siccità 女; (猛暑)arsura 女
ひでん【秘伝】 segreto 男 ーーの処方 formula segreta
ひと【人】 persona 女; (人間)uomo 男 (複 gli uomini); (他人)gli altri 男複; (男性)uomo 男, (女性)donna 女
ひとあたり【人当たり】 ーーがよい essere affabile
ひどい【酷い】 brutto, terribile; (残酷な)crudele; (無情な)spietato; (無法な)ingiusto
ひといき【一息】 un respiro 男; (休憩)pausa 女, riposo 男 ーー〜 in un fiato
ひとがら【人柄】 carattere 男
ひとぎき【人聞き】 ーーの悪い dannoso per la PROPRIA reputazione
ひときれ【一切れ】 una fetta 女, un pezzo 男
びとく【美徳】 virtù 女
ひとくち【一口】 un boccone 男; (飲み物)un sorso 男; (寄付など)una quota
ひとけ【人気】 ーーのない deserto; (人家のない)disabitato
ひどけい【日時計】 meridiana 女
ひとこと【一言】 ーーで言えば in poche parole, in breve
ひとごみ【人込み】 folla 女, moltitudine 女

ひとごろし【人殺し】 (行為)omicidio 男, assassinio 男; (人)omicida 男女, assassin*o*(*a*) 男 女
ひとさしゆび【人差し指】 indice 男
ひとさわがせ【人騒がせ】 ーーなことをする creare un falso allarme, fare tanto rumore per nulla, gridare al lupo
ひとしい【等しい】 uguale, pari; (価値が)equivalente
ひとじち【人質】 ostaggio 男
ひとしれず【人知れず】 di nascosto, segretamente; (内面で)dentro di sé
ひとずき【人好き】 ーーのする piacente, simpatico, gradevole
ひとそろい【一揃い】 un set 男, un completo 男
ひとだかり【人だかり】 folla 女, ressa 女
ひとだすけ【人助け】 ーーをする dare aiuto agli altri
ひとちがい【人違い】 ーーをする (AをBと)prendere [scambiare] A per B
ひとつ【一つ】 uno 男, una 女
ひとつきあい【人付き合い】 ーーのよい socievole..., che lega facilmente con le persone
ひとつて【人伝て】 (噂)diceria 女; (見聞)sentito dire 男 ーーに聞く sentire parlare (di), per sentito dire
ひとつぶ【一粒】 un granello 男; (液体)goccia 女
ひとづま【人妻】 moglie altrui
ひとで【人出】 folla 女, affluenza 女
ひとで【人手】 (働き手)manodopera 女; (手助け)aiuto 男
ひとで【海星】 stella di mare 女, asteria 女
ひとどおり【人通り】 traffico pedonale 男 ーーの多い movimentato
ひととき【一時】 un momento
ひとなつっこい【人懐っこい】 affettuoso, socievole, amichevole
ひとなみ【人波】 marea di gente 女, folla 女 ーーの中を歩く fare un bagno di folla
ひとなみ【人並み】 ーーの medio, comune
ひとびと【人々】 gente 女
ひとまえ【人前】 ーーで in presenza degli altri; (公衆の面前で)in pubblico
ひとまかせ【人任せ】 ーー…を〜にする lasciare fare... agli altri
ひとみ【瞳】 pupilla 女
ひとみしり【人見知り】 ーーする intimidirsi con gli estranei
ひとめ【一目】 un'occhiata 女 ーーで a colpo d'occhio ◆〜惚れ colpo di fulmine 男
ひとめ【人目】 sguardi altrui 男複 ーーを引く attirare gli sguardi della gente / 〜を避ける evitare gli sguardi della gente
ひとやすみ【一休み】 ーーする fare una

ひとり 【一人・独り】 uno 男, una 女; (一人だけ)solo(a) 男(女) ―~で da solo

ひどり 【日取り】 data 女

ひとりごと 【独り言】 ―~を言う parlare da solo; (ぶつぶつと)borbottare

ひとりっこ 【一人っ子】 figlio(a) unico(a) 男(女)

ひとりぼっち 【独りぼっち】 ―~で solo soletto, tutto solo

ひとりよがり 【独り善がり】 autocompiacimento 男

ひな 【雛】 uccellino 男; (家禽の)pulcino 男

ひながた 【雛形】 modello 男, campione 男

ひなぎく 【雛菊】 margheritina 女, papavero selvatico 男

ひなた 【日向】 ―~で al sole / ~の soleggiato

ひなびた 【鄙びた】 rustico, rurale

ひなん 【避難】 rifugio 男 ―~する rifugiarsi ◆~命令(勧告)avviso (di) evacuazione 男

ひなん 【非難】 biasimo 男; (批判)critica 女 ―~する accusare, biasimare

ビニール vinile 男 ◆~ハウス serra di vinile 女

ひにく 【皮肉】 ironia 女; (辛辣な)sarcasmo 男; (冷笑的)cinismo 男

ひにひに 【日に日に】 giorno per giorno

ひにょうき 【泌尿器】 apparato urinario 男 ◆~科 reparto urologico 男

ひにん 【避妊】 contraccezione 女

びねつ 【微熱】 febbre leggera 女

ひねる 【捻る】 torcere; (蛇口などを)girare

ひのいり 【日の入り】 tramonto 男

ひので 【日の出】 levata del sole 女

ひのまる 【日の丸】 ―~の旗 bandiera del Sol Levante 女

ひばく 【被爆】 (原水爆による)atomo bombardato 男 ―~する essere vittima delle bombe atomiche

ひばく 【被曝】 (放射線による)esposizione alle radiazioni 女 ―~する essere esposto a radiazione

ひばち 【火鉢】 braciere 男

ひばな 【火花】 scintilla 女

ひばり 【雲雀】 allodola 女

ひはん 【批判】 critica 女 ―~する criticare, giudicare criticamente

ひばん 【非番】 ―~の fuori servizio

ひび 【罅・皹・皸】 screpolatura 女

ひびき 【響き】 suono 男

ひびく 【響く】 suonare, risuonare; (損なう)colpire

ひひょう 【批評】 critica 女, commento 男 ―~する criticare, commentare

ひふ 【皮膚】 pelle 女 ◆~科 dermatologia 女 / ~科医 dermatologo(a) 男(女)

ビブラフォン vibrafono 男

ひぶん 【碑文】 iscrizione 女

びぶん 【微分】 derivazione 女, (calcolo) differenziale 男

ひぼう 【誹謗】 ―~する calunniare, diffamare

びぼう 【美貌】 bellezza 女 ―~の bello fisicamente

ひぼん 【非凡】 ―~な eccezionale

ひま 【暇】 (時間)tempo 男 ―~な libero; (仕事・商売が)tedioso, monotono

ひまご 【曾孫】 pronipote 男女

ひまわり 【向日葵】 girasole 男

ひまん 【肥満】 corpulenza 女 ―~(症) 〔医〕obesità 女

ひみつ 【秘密】 segreto 男 ―~の segreto / …を~にする tenere... segreto

びみょう 【微妙】 delicato, sottile

ひめ 【姫】 principessa 女

ひめい 【悲鳴】 urlo 男(複 le urla) ―~を上げる urlare

ひめん 【罷免】 licenziamento 男, destituzione 女

ひも 【紐】 spago 男, laccio 男; (太目の)cordone 男

ひもと 【火元】 focolaio di un incendio 男

ひやかす 【冷やかす】 prendere in giro

ひやく 【飛躍】 salto 男 ―論理の~ salto di logica / ~を遂げる fare rapidi progressi

ひゃく 【百】 cento 男 ―~番目の centesimo

ひゃくしょう 【百姓】 contadino(a) 男(女)

ひゃくてん 【百点】 pieni voti 男複

ひゃくにちぜき 【百日咳】 pertosse 男

ひゃくにちそう 【百日草】 zinnia 女

ひゃくねん 【百年】 cento anni 男複

ひゃくはちじゅうど 【百八十度】 180 gradi 男複 ―…を~転換する mutare... diametralmente

ひゃくまん 【百万】 un milione 男

びゃくや 【白夜】 notte bianca 女

ひやけ 【日焼け】 abbronzatura 女 ―~する abbronzarsi ◆~止め antiabbronzante, crema solare 女

ヒヤシンス giacinto 男

ひやす 【冷やす】 (熱いものを)raffreddare; (ワインなどを)mettere al fresco

ひゃっかじてん 【百科事典】 enciclopedia 女

ひゃっかてん 【百貨店】 grande magazzino 男

ひやとい 【日雇い】 (人)operaio(a) a giornata 男(女)

ひやひや ―~する essere preoccupato, temere

ビヤホール birreria 女

ひややか 【冷ややか】 ―~な freddo, gelido; (無関心な)indifferente

ひゆ 【比喩】 tropo 男, figura retorica 女; (隠喩)metafora 女 ―~的な figurato, metaforico

ヒューズ fusibile 男

ヒューマニズム umanitarismo 男

ピューレ purè 男; (裏ごしした)passato 男

ビュッフェ buffet 男

ひよう【費用】spese 女複, costo 男

ひょう【票】voto 男

ひょう【表】tabella 女, tavola 女

ひょう【豹】leopardo 男, pantera 女

ひょう【雹】grandine 女

びよう【美容】cura di bellezza 女 ◆ 〜院 parrucchiere 男 / 〜師 parrucchiere(a) 男(女)

びょう【秒】secondo 男

びょう【鋲】(画鋲)puntina 女; (敷物用などの)bulletta 女

びょういん【病院】ospedale 男; (診療所)clinica 女, studio 男

ひょうか【評価】valutazione 女, stima 女 ― 〜する valutare, stimare

ひょうが【氷河】ghiacciaio 男

ひょうき【表記】(おもて書き)iscrizione su... 女; (表記法)notazione 女

びょうき【病気】malattia 女 ― 〜になる ammalarsi

ひょうぎかい【評議会】consiglio 男

ひょうきん【剽軽】― 〜な faceto, comico

ひょうけつ【票決】votazione 女

ひょうけつ【評決】decisione 女; (陪審員などの)verdetto 男

ひょうげん【表現】espressione 女 ― 〜する esprimere; (自分の内面を)esprimersi

びょうげんきん【病原菌】germe patogeno 男

ひょうご【標語】slogan 男, motto 男

ひょうさつ【表札】targa 女, targhetta 女

ひょうざん【氷山】iceberg 男

ひょうし【表紙】copertina 女

ひょうし【拍子】tempo 男, ritmo 男

ひょうじ【表示】indicazione 女 ― 〜する indicare, mostrare

ひょうしき【標識】segnale 男 ◆交通〜 segnale stradale 男

びょうしつ【病室】camera 女; (大部屋)corsia 女

びょうしゃ【描写】《文》descrizione 女; (絵・文)rappresentazione 女 ― 〜する descrivere; (絵画)ritrarre

びょうじゃく【病弱】― 〜な malaticcio, cagionevole

ひょうじゅん【標準】standard 男; (平均)media 女 ― 〜的な standard, tipico

ひょうしょう【表彰】― 〜する premiare, lodare

ひょうじょう【表情】espressione 女

びょうしょう【病床】― 〜に就いている essere a letto ammalato

びょうじょう【病状】condizioni 女複; (症状)sintomo 男

びょうしん【秒針】lancetta dei secondi 女

ひょうせつ【剽窃】plagio 男 ― 〜する plagiare

ひょうだい【標題】titolo 男

ひょうたん【瓢箪】zucca a fiaschetto 女

ひょうてき【標的】bersaglio 男

ひょうてき【病的】― 〜な morboso, anormale

ひょうでん【評伝】biografia critica 女

びょうどう【平等】uguaglianza 女; (公平)imparzialità 女 ― 〜な uguale

びょうにん【病人】malato(a) 男(女), infermo(a) 男(女)

ひょうはく【漂白】candeggio 男 ― 〜する candeggiare ◆〜剤 candeggiante 男

ひょうばん【評判】reputazione 女, fama 女

ひょうひ【表皮】epidermide 女

ひょうほん【標本】campione 男; (典型の)esemplare 男

ひょうめい【表明】― 〜する esprimere, manifestare

ひょうめん【表面】superficie 女 ― 〜の superficiale ◆〜化する venire a galla / 〜張力 tensione superficiale 女

びょうりがく【病理学】patologia 女

ひょうりゅう【漂流】deriva 女 ― 〜する vagare sulle onde ◆〜者 naufrago(a) 男(女)

ひょうろん【評論】critica 女; (レビュー)recensione 女 ◆〜家 critico(a) 男(女)

ひよく【肥沃】― 〜な fertile, produttivo

びよく【尾翼】impennaggio 男

ひよけ【日除け】riparo dal sole 男; (ブラインド)persiana 女

ひよこ【雛】pulcino 男

ひょっこり per caso, improvvisamente, inaspettatamente

ひよりみしゅぎ【日和見主義】opportunismo 男

びら (張り紙)manifesto 男, cartellone 男; (チラシ)foglio pubblicitario 男, volantino 男

ひらいしん【避雷針】parafulmine 男

ひらおよぎ【平泳ぎ】nuoto a rana 男, rana 女

ひらく【開く】aprire; (会などを)tenere, organizzare; (花が)sbocciare, fiorire; [コン]apri

ひらけた【開けた】civilizzato, modernizzato

ひらける【開ける】(文明化)civilizzarsi; (近代化)modernizzarsi

ひらたい【平たい】piatto, piano

ピラニア piranha 男

ピラフ pilaf 男

ピラミッド piramide 女

ひらめ【平目】rombo 男; (舌平目)sogliola 女

ひらめき【閃き】 lampo 男, baleno 男

ひらめく【閃く】 lampeggiare, balenare; (頭に浮かぶ)balenare (a)

ピリオド punto 男; (終止符)punto fermo 男 ――を打つ porre fine (a)

ひりつ【比率】 rapporto 男, proporzione 女

ひりひり ――する bruciare / 目が～する Mi bruciano gli occhi.

ビリヤード biliardo 男

ひりょう【肥料】 concime 男

ひる【昼】 (正午)mezzogiorno 男; (昼間)giorno 男, giornata 女

ひる【蛭】 sanguisuga 女

ビル edificio 男, palazzo 男

ピル pillola 女

ひるがえす【翻す】 ――意見を～ cambiare bruscamente la propria opinione

ひるがえる【翻る】 (旗などが)sventolare; (衣類などが)ondeggiare

ひるごはん【昼御飯】 lunch 男, pranzo 男

ひるね【昼寝】 sonnellino 男, pisolino 男 ――する fare un sonnellino

ひるま【昼間】 giorno 男; (午後)pomeriggio 男

ひるむ【怯む】 tirarsi indietro, farsi intimorire, esitare

ひるやすみ【昼休み】 intervallo (di mezzogiorno) 男, pausa pranzo 女

ひれ【鰭】 pinna 女

ヒレ (肉)filetto 男

ひれい【比例】 proporzionalità 女 ――～の proporzionale / …に～する essere proporzionale a...

ひれつ【卑劣】 ――～な vile, perfido

ピレネーさんみゃく【―山脈】 i Pirenei 固名(男複)

ひろい【広い】 (幅が)largo; (面積が)ampio, spazioso

ヒロイン eroina 女

ひろう【拾う】 raccogliere; (見つけて)trovare

ひろう【疲労】 stanchezza 女, fatica 女

ひろうえん【披露宴】 ricevimento 男 ♦結婚～ banchetto di nozze 男

ビロード velluto 男

ひろがる【広がる】 stendersi, estendersi

ひろげる【広げる】 stendere, estendere

ひろさ【広さ】 ampiezza 女; (面積)area 女

ひろば【広場】 piazza 女

ひろびろ【広々】 ――～とした vasto, spazioso

ひろま【広間】 salone 男

ひろまる【広まる】 diffondersi, propagarsi; (噂が)spargersi

ひろめる【広める】 diffondere, propagare

びわ【枇杷】 nespola del Giappone 女

ひわい【卑猥】 ――～な osceno; (慎みのない)impudico

ひん【品】 ――～のよい nobile, elegante; (洗練された)sofisticato / ～のない volgare

びん【瓶】 bottiglia 女

びん【便】 (飛行機の)volo 男 ――航空～で per via aerea

ピン spillo 男, spilla 女

ひんい【品位】 dignità 女

びんかん【敏感】 ――～な sensibile

ピンク rosa 男 ――～の rosa, rosato

ひんけつ【貧血】 anemia 女

ひんこん【貧困】 povertà 女, miseria 女

ひんし【品詞】 parte del discorso 女

ひんし【瀕死】 ――～の morente, moribondo

ひんしつ【品質】 qualità 女

ひんじゃく【貧弱】 ――～な povero, meschino; (内容が)scarso

ひんしゅ【品種】 specie 女, genere 男

びんしょう【敏捷】 ――～な agile, svelto

ひんせい【品性】 carattere 男, indole 女

ピンセット pinzette 女複

びんせん【便箋】 carta da lettere 女

ピンチ situazione critica 女, crisi 女

ヒント suggerimento 男, accenno 男, chiave 女

ひんど【頻度】 frequenza 女

ピント fuoco 男 ――～が合う essere a fuoco / ～を合わせる mettere a fuoco

ピンナップ poster 男

ピンはね【―撥ね】 provvigione illegale 女 ――～する intascare

ひんぱん【頻繁】 ――～に frequentemente, spesso

びんぼう【貧乏】 povertà 女, miseria 女 ――～な povero, misero

ピンぼけ ――～の sfocato

ピンポン ping-pong 男

ふ

ふ【府】 (行政区)prefettura 女 ♦行政～ ufficio amministrativo 男

ふ【譜】 partitura 女, spartito 男

ぶ【部】 (部署)sezione 女; (クラブ)circolo 男, club 男; (印刷の部数)copia 女

ファーストクラス prima classe 女

ファーストネーム nome 男

ファーストフード fast food 男

ぶあい【歩合】 tasso 男, percentuale 女

ぶあいそう【無愛想】 ――～な scortese, antipatico

ファイト morale alto 男, mordente 男

ファイル【書類】archivio 男, dossier 男; (フォルダー)raccoglitore 男

ファインダー mirino 男

ファインプレー bel gioco 男
ファウル (反則)fallo 男
ファゴット fagotto 男
ファザコン 〔心〕complesso di Elette 男
ファジー ――な (ぼやけた)sfocato; (あいまいな)confuso; (一貫性のない)incoerente
ファシスト fascista 男女
ファシズム fascismo 男
ファスナー chiusura lampo 女, zip
ぶあつい【分厚い】 spesso; (断片・体の一部が)grosso
ファックス fax 男
ファッション moda 女 ◆～ショー sfilata di moda 女／～モデル indossatrice(tore) 女(男)
ふあん【不安】 ansia 女 ――な ansioso, inquieto
ファン (分野の)appassionato(a) 男(女); (芸術家などの)ammiratore(trice) 男(女); (スポーツの)tifoso(a) 男(女)
ファンタジー fantasia 女
ふあんてい【不安定】 ――な instabile; (変わりやすい)mutabile; (不確かな)insicuro; (一時的な)precario
ファンデーション fondotinta 男
ファンファーレ fanfara 女
ふい【不意】 ――に all'improvviso
ブイ boa 女
フィアンセ fidanzato(a) 男(女)
フィート piede 男
フィーリング sentimento 男, sensazione 女
フィールド campo 男 ◆～ワーク ricerca sul campo 女
フィギュア (人形)figurina 女, statuetta 女 ◆～スケート pattinaggio artistico 男
フィクション (小説)narrativa 女; (作り話)invenzione 女
フィジー Figi 固名(女複) ――の figiano
ふいちょう【吹聴】 ――する andare in giro a dire; (自慢)vantarsi (di)
ふいっち【不一致】 disaccordo 男
フィットネスクラブ palestra 女
フィナーレ finale 男
フィリピン Filippine 固名(女複) ――の filippino
フィルター filtro 男
フィルム pellicola 女
ぶいん【部員】 membro 男
フィンランド Finlandia 固名(女) ――の finlandese ◆～語 finlandese 男／～人 finlandese 男
ふう【封】 sigillo 男 ――をする (手紙)chiudere una lettera; (書類)mettere il PROPRIO sigillo 《su》
ふう【風】 ――フランス～ alla (maniera) francese
ふうあつ【風圧】 pressione del vento 女

ふうか【風化】 erosione 女, disgregazione 女 ――する disgregarsi
フーガ fuga 女
ふうがわり【風変わり】 ――な (奇妙な)strano, bizzarro; (独特な)singolare
ふうき【風紀】 disciplina 女
ふうきり【封切り】 prima visione 女
ブーケ bouquet 男
ふうけい【風景】 (景色)paesaggio 男; (眺望)panorama 男
ふうさ【封鎖】 ――する bloccare
ふうさい【風采】 presenza 女; (容姿)apparenza 女; (雰囲気)aria 女
ふうし【風刺】 satira 女
ふうしゃ【風車】 mulino a vento 男
ふうしゅう【風習】 usanza 女, costumi 男複
ふうしん【風疹】 rosolia 女
ふうせん【風船】 palloncino 男
ふうそく【風速】 velocità del vento 女
ふうぞく【風俗】 usi e costumi 男複
ブータン Bhutan 固名(男) ――の bhutanese
ふうちょう【風潮】 (傾向)tendenza 女; (流行)trend 男
ブーツ stivali 男複
ふうど【風土】 clima 男 ◆～病 malattia endemica 女
ふうとう【封筒】 busta 女
ふうひょう【風評】 ◆～被害 danni causati dalla disinformazione 男複
ふうふ【夫婦】 coniugi 男複, sposi 男複
ふうみ【風味】 sapore 男, gusto 男
ブーム boom 男; (一過性の)moda passeggera 女
ブーメラン boomerang 男
ふうりょく【風力】 forza del vento 女 ◆～発電所 centrale eolica 女
プール piscina 女
ふうん【不運】 sfortuna 女; (出来事)disgrazia 女 ――な sfortunato
ふえ【笛】 (ホイッスル)fischietto 男; (横笛)flauto 男
フェア (催し)fiera 女
フェア ――な leale, giusto
フェイント finta 女
フェーンげんしょう【―現象】 fenomeno del föhn 男
フェザーきゅう【一級】 peso piuma 男
フェスティバル festival 男, festa 女
ふえて【不得手】 ――な debole
フェミニスト uomo galante 男; (男女同権主義者)femminista 男女
フェミニズム femminismo 男
フェリー traghetto 男
ふえる【増える】 aumentare, crescere; (倍増)moltiplicarsi
フェルトペン pennarello 男
フェロモン feromone 男
フェンシング scherma 女
フェンス recinto 男
ぶえんりょ【無遠慮】 ――な senza ritegno, indiscreto
フォアグラ pâté di fegato d'oca 男

フォーク forchetta 女
フォーマット [コン]formato 男 ―~する〔コン]formattare
フォーム stile 男; (運動選手の)forma 女
フォーラム (会議)forum 男; (場所)foro 男
フォワード attaccante 男女
ふおん【不穏】 ―~な inquietante
ふか【孵化】 incubazione 女, schiudimento 男 ―~する schiudersi
ふか【部下】 subordinato(a) 男(女)
ふかい【深い】 profondo; (容器が)alto; (色が)intenso
ふかい【不快】 ―~な spiacevole, sgradevole
ふかかい【不可解】 ―~な incomprensibile
ふかくじつ【不確実】 ―~な non certo, incerto ♦~性 incertezza 女
ふかけつ【不可欠】 ―~な indispensabile
ふかさ【深さ】 profondità 女
ふかす【蒸かす】 cuocere a vapore
ぶかっこう【不恰好】 ―~な goffo, non elegante
ふかのう【不可能】 ―~な impossibile
ふかんぜん【不完全】 ―~な imperfetto, incompleto
ふき【蕗】 farfaraccio 男
ぶき【武器】 arma 女(複 le armi)
ふきかえ【吹き替え】 doppiaggio 男
ふきげん【不機嫌】 malumore 男 ―~な di cattivo umore
ふきそく【不規則】 ―~な irregolare
ふきだす【吹き出す】 scaturire, sgorgare; (笑う)scoppiare in una risata
ふきつ【不吉】 ―~な sinistro, infausto
ふきでもの【吹き出物】 foruncolo 男, pustola 女
ふきとばす【吹き飛ばす】 portare via, far volare via
ふきとる【拭き取る】 asciugare, detergere
ぶきみ【不気味】 ―~な tetro, lugubre
ふきゅう【普及】 diffusione 女; (一般化)divulgazione 女 ―~する diffondersi
ふきゅう【不朽】 ―~の immortale; (永遠の)eterno
ふきょう【不況】 crisi (economica) 女
ぶきよう【不器用】 ―~な maldestro
ふきん【布巾】 strofinaccio 男
ふきん【付近】 vicinanze 女複; (近郊)dintorni 男複
ふきんこう【不均衡】 squilibrio 男
ふく【拭く】 pulire, asciugare
ふく【吹く】 soffiare; (楽器を)suonare
ふく【福】 felicità 女, fortuna 女
ふく【副】 vice ♦~大統領[社長] vicepresidente 男女
ふく【服】 vestito 男
ふぐ【河豚】 pesce palla 男

ふくいん【福音】 vangelo 男 ♦~書 il Vangelo 男
ふくえき【服役】 ―~する scontare una pena; (兵役)fare il militare
ふくがん【複眼】 occhio composto 男
ふくぎょう【副業】 seconda attività 女, secondo lavoro 男
ふくげん【復元】 ―~する ricostruire; (修復)restaurare; (元に戻す)ripristinare
ふくごう【複合】 ―~した composto ♦~機 macchina multifunzionale 女
ふくざつ【複雑】 ―~な complicato, complesso
ふくさよう【副作用】 effetto collaterale 男
ふくさんぶつ【副産物】 sottoprodotto 男
ふくし【副詞】 avverbio 男
ふくし【福祉】 benessere 男
ふくじ【服地】 tessuto 男, stoffa 女
ふくしゃ【複写】 copiatura 女
ふくしゃ【輻射】 radiazione 女
ふくしゅう【復習】 ripasso 男 ―~する ripassare, ripetere
ふくしゅう【復讐】 vendetta 女 ―~する vendicarsi (su)
ふくじゅう【服従】 ubbidienza 女 ―~する ubbidire (a)
ふくすう【複数】 plurale 男
ふくする【服する】 sottomettersi, ubbidire
ふくせい【複製】 riproduzione 女
ふくそう【服装】 abbigliamento 男; (身なり)stile di abito 男
ふくだい【副題】 sottotitolo 男
ふくつう【腹痛】 mal di pancia 男
ふくびき【福引き】 lotteria 女, sorteggio con premi 男, pesca 女
ふくまく【腹膜】 peritoneo 男 ♦~炎 peritonite 女
ふくむ【含む】 contenere, comprendere, includere
ふくめん【覆面】 maschera 女
ふくよう【服用】 ―~する prendere
ふくらはぎ【脹ら脛】 polpaccio 男
ふくらます【脹[膨]らます】 gonfiare
ふくらむ【脹[膨]らむ】 gonfiarsi
ふくり【複利】 interesse composto 男
ふくれっつら【脹れっ面】 broncio 男 ―~をする fare il broncio
ふくれる【脹[膨]れる】 gonfiarsi; (不機嫌になる)essere imbronciato
ふくろ【袋】 sacco 男
ふくろう【梟】 civetta 女
ふくろこうじ【袋小路】 vicolo cieco 男
ふくろたたき【袋叩き】 linciaggio 男, pestaggio 男 ―~に遭う(批判)subire forti critiche (暴力)prendere un sacco di botte (da molta gente)
ふくわじゅつ【腹話術】 ventriloquio 男 ♦~師 ventriloquo 男
ふけ【雲脂・頭垢】 forfora 女
ふけい【父兄】 genitori e fratelli 男複,

tutori 男複

ふけいき【不景気】 depressione (economica) 女, recessione 女

ふけいざい【不経済】 spreco 男 ―~な poco economico

ふけつ【不潔】 ―~な sporco, sudicio

ふける【老ける】 invecchiare

ふける【更ける】 一夜が~まで fino a notte inoltrata, fino a tarda notte

ふける【耽る】 darsi (a); (没頭する)essere assorto (in)

ふけんこう【不健康】 ―~な malsano, insalubre

ふこう【不幸】 infelicità 女; (出来事)disgrazia ―~な infelice

ふごう【富豪】 milionario(a) 男(女)

ふごう【符号】 segno 男, contrassegno 男

ふごうかく【不合格】 bocciatura 女

ふこうへい【不公平】 ―~な ingiusto, parziale

ふごうり【不合理】 irrazionalità 女 ―~な irrazionale

ふさ【房】 (髪の)ciocca 女, ciuffo 男; (装飾の)nappa 女, frangia 女; (ブドウの)grappolo 男; (バナナの)casco 男

ブザー campanello 男

ふさい【夫妻】 i coniugi 男複 ―鈴木~ il signore e la signora Suzuki 男複

ふさい【負債】 debito 男, passivo 男

ふざい【不在】 assenza 女

ふさがる【塞がる】 chiudersi; (物で)essere ingombrato; (使用中)essere occupato

ふさく【不作】 cattivo raccolto 男 ―~の年 anno di magra 女

ふさぐ【塞ぐ】 (閉じる)chiudere; (遮る)bloccare

ふざける scherzare; (おどける)fare delle buffonate ―~な! Non fare il buffone!

ぶさほう【無作法】 ―~な sgarbato, maleducato

ふさわしい【相応しい】 adatto, adeguato ―…に~ essere degno di..., meritarsi...

ふさんせい【不賛成】 ―~である essere contrario (a)

ふし【節】 (関節)articolazione 女; (木・板の)nodo 男; (歌の)melodia 女

ふじ【藤】 glicine 男

ふじ【不治】 ―~の incurabile, inguaribile

ぶし【武士】 samurai 男,guerriero 男

ぶじ【無事】 ―~に sano e salvo

ふしぎ【不思議】 mistero 男 ―~な misterioso; (奇妙な)strano; (妙なる)meraviglioso

ふしぜん【不自然】 ―~な innaturale; (無理な)forzato

ふじちゃく【不時着】 atterraggio di fortuna 女

ふしちょう【不死鳥】 fenice 女

ふじつ【不実】 ―~な sleale, infedele

ふじみ【不死身】 ―~の immortale

ふじゆう【不自由】 disagio 男, ristrettezze 女複; (障害)invalidità 女

ふじゅうぶん【不十分】 ―~な insufficiente; (不満)insoddisfacente; (不完全)imperfetto

ぶしょ【部署】 posto 男

ふしょう【負傷】 ferita 女 ―~する ferirsi ◆~者 ferito(a) 男(女)

ふじょう【浮上】 emersione 女 ―~する emergere; (順位が)raggiungere una posizione

ぶしょう【無精】 ―~な pigro

ふじょうり【不条理】 assurdo 男, assurdità 女 ―~な assurdo

ふしょく【腐食】 corrosione 女 ―~する corrodersi

ぶじょく【侮辱】 insulto ―~する insultare

ふしん【不信】 sfiducia 女

ふしん【不審】 (疑念)dubbio 男; (嫌疑)sospetto 男 ―~な dubbioso, sospettoso

ふじん【夫人】 moglie 女, signora 女

ふじん【婦人】 donna 女, signora 女 ◆~科 ginecologia 女

ふしんせつ【不親切】 ―~な scortese

ふしんにん【不信任】 sfiducia 女 ◆~案 mozione di sfiducia 女

ぶすい【無粋】 ―~な poco raffinato

ふせい【父性】 paternità 女

ふせい【不正】 ingiustizia 女 ―~な ingiusto

ふせいかく【不正確】 ―~な inesatto

ふせいじつ【不誠実】 insincerità 女, infedeltà 女 ―~な sleale, non sincero, infedele

ふせぐ【防ぐ】 proteggere, difendere; (防止)prevenire

ふせつ【敷設】 costruzione 女 ―~する costruire

ふせる【伏せる】 (逆さまに)capovolgere; (隠す)tenere nascosto ―身を~ stendersi bocconi / 目を~ abbassare gli occhi

ぶそう【武装】 armamento 男 ―~する armarsi ◆~解除 disarmo 男

ふそく【不足】 mancanza 女 ―~する mancare

ふそく【不測】 ―~の imprevisto

ふぞく【付属】 ―~の annesso ◆~品 accessorio 男

ふそん【不遜】 ―~な insolente, arrogante

ふた【蓋】 coperchio 男

ふだ【札】 (ラベル)etichetta 女; (荷札)targhetta 女

ぶた【豚】 maiale 男, porco(a) 男(女) ◆~肉 carne suina [di maiale] 女, maiale 男

ぶたい【舞台】 palcoscenico 男, palco 男 ◆~裏 dietro le quinte 男

ぶたい【部隊】 unità 女, truppa 女

ふたご【双子】 gemelli(e) 男複(女複)

ふたしか

♦～座 Gemelli 固名(男)
ふたしか【不確か】 ――～な incerto
ふたたび【再び】 ancora, di nuovo
ふたつ【二つ】 due 男 ――～とも tutt'e due, entrambi
ふたり【二人】 due persone 女複 ♦～部屋 camera doppia 女 / ～連れ coppia 女
ふたん【負担】 carico 男; (精神的)peso 男, fardello 男 ――～する caricare, accollarsi
ふだん【普段】 ――～の solito / ～は di solito ♦～着 casual 男
ふだん【不断】 ――～の incessante, continuo
ふち【縁】 bordo 男, orlo 男
ぶち【斑】 ――～の chiazzato, pezzato
ふちゃく【付着】 ――～する attaccarsi, aderire (a)
ふちゅうい【不注意】 disattenzione 女; (怠慢)trascuratezza 女 ――～な disattento
ぶちょう【部長】 diret*tore(trice)* (女)
ふつう【普通】 ――～の solito / ～は di solito ♦～預金 deposito a risparmio 男
ふつか【二日】 due giorni 男複; (日付)il (giorno) due
ぶっか【物価】 prezzi 男複 ♦～指数 indice dei prezzi 男
ふっかつ【復活】 rinascita 女 ――～する rinascere ♦～祭 Pasqua 固名(女)
ふつかよい【二日酔い】 ――～する avere i postumi di una sbronza
ぶつかる (衝突する)scontrarsi, urtare; (難事に)affrontare
ふっきゅう【復旧】 ripristino 男
ぶっきょう【仏教】 buddismo 男 ♦～徒 buddista 男女
ぶっきらぼう ――～な brusco, scontroso
ぶつける lanciare, sbattere
ふっこう【復興】 (再建)ricostruzione 女 ――～する ricostruire
ふつごう【不都合】 inconveniente 男
ふっこくばん【復刻版】 ristampa 女
ぶっしつ【物質】 materia 女, sostanza 女 ――～的な materiale
プッシュホン telefono a tastiera 男
ぶっしょく【物色】 ――～する cercare, scegliere, rovistare
ふっそ【弗素】 fluoro 男
ぶっそう【物騒】 ――～な (不穏な)poco sicuro; (危険な)pericoloso
ぶつぞう【仏像】 *statua di Bud*da 女
ぶったい【物体】 oggetto 男
ふっとう【沸騰】 ebollizione 女 ――～する bollire
フットボール calcio 男 ♦アメリカン～ football americano 男
フットライト luci della ribalta 女複
フットワーク gioco di gambe 男, agilità 女

ぶぶん

ぶつぶつ ――～言う borbottare, brontolare
ぶつぶつこうかん【物々交換】 baratto 男 ――(人)と～する barattare con...
ぶつよく【物欲】 cupidigia 女
ぶつり【物理】 fisica 女 ♦～学者 fisi*co(a)* 男(女)
ふで【筆】 pennello 男
ふてい【不定】 ――～の indeciso, instabile / 住所～の senza fissa dimora ♦～詞 infinito 男
ブティック boutique 女
ふてきとう【不適当】 ――～な inadatto, inadeguato
ふてくされる【不貞腐れる】 tenere il broncio (per)
ふでばこ【筆箱】 astuccio per penne 男, portapenne 男
ふてぶてしい sfrontato, sfacciato
ふと improvvisamente, all'improvviso, d'un tratto
ふとい【太い】 grosso; (太った)grasso
ふとう【不当】 ingiustizia 女 ――～な ingiusto; (不公平な)iniquo ♦～判決 sentenza ingiusta 女
ふどう【不動】 ――～の immobile, fermo
ぶどう【葡萄】 uva 女
ふどうさん【不動産】 immobili 男複 ♦～屋 agenzia immobiliare 女
ふとくい【不得意】 ――～な essere debole (scarso) (in), non essere portato (per)
ふところ【懐】 petto 男 ――～が暖かい avere le tasche ben fornite
ふとさ【太さ】 grossezza 女
ふとじ【太字】 neretto 男, grassetto 男
ふとった【太[肥]った】 grasso
ふとっぱら【太っ腹】 generoso, magnanimo ――彼は～だ È generoso.
ふともも【太股】 coscia 女
ふとる【太[肥]る】 ingrassare, ingrassarsi
ふな【鮒】 carassio 男
ぶな【橅】 faggio 男
ふなたび【船旅】 viaggio in nave 男
ふなのり【船乗り】 marinaio 男
ふなびん【船便】 ――～で via mare
ふなよい【船酔い】 mal di mare 男
ぶなん【無難】 passabile, accettabile; (安全な)salvo, sicuro
ふにんしょう【不妊症】 sterilità 女
ふね【船・舟】 barca 女, nave 女
ふねんせい【不燃性】 ――～の ininfiammabile
ふはい【腐敗】 putrefazione 女 ――～する marcire / ～した putrido
ふひつよう【不必要】 ――～な non necessario; (役に立たない)inutile
ふびん【不憫】 ――～な povero
ぶひん【部品】 pezzo 男, parte 女
ふぶき【吹雪】 bufera di neve 女
ぶぶん【部分】 parte 女; (個々の)par-

ふへい【不平】 lagnanza 女 ―~を言う lagnarsi (di), brontolare (per)
ぶべつ【侮蔑】 disdegno 男, scherno 男
ふへん【普遍】 universalità 女 ―~的 universale
ふへん【不変】 ―~の invariabile, immutabile
ふべん【不便】 ―~な scomodo
ふぼ【父母】 padre e madre; (両親) genitori 男複
ふほう【訃報】 notizia del decesso 女
ふほう【不法】 ―~な illegale, illecito
ふまじめ【不真面目】 ―~な privo di serietà, poco serio
ふまん【不満】 malcontento 男, scontento 男, insoddisfazione 女 ―~な scontento
ふみきり【踏切】 passaggio a livello 男
ふみだい【踏み台】 sgabello 男
ふみつける【踏みつける】 calpestare
ふみにじる【踏み躙る】 calpestare; (踏みつぶす)schiacciare ― 人の名誉を~ disonorare
ふみんしょう【不眠症】 insonnia 女
ふむ【踏む】 calpestare, mettere sotto i piedi
ふめい【不明】 ―~な (未知の)sconosciuto; (意味が)oscuro
ふめいよ【不名誉】 disonore 男 ―~な disonorevole
ふめいりょう【不明瞭】 ―~な poco chiaro, vago; (区別できない)indistinto
ふめつ【不滅】 ―~の immortale, eterno
ふめんだい【譜面台】 leggio 男
ふもう【不毛】 ―~な sterile, improduttivo
ふもと【麓】 piedi (di un monte) 男複
ぶもん【部門】 sezione 女
ふやす【増やす】 aumentare, accrescere
ふゆ【冬】 inverno 男 ―~の invernale
ふゆう【浮遊】 ―~する (液体に)galleggiare; (空中に)fluttuare
ふゆかい【不愉快】 ―~な sgradevole, spiacevole
ぶよう【舞踊】 danza 女, ballo 男 ♦~家 ballerino(a) 男(女)
ふようかぞく【扶養家族】 familiare a carico 男女
フライ (揚げ物)fritto 男
フライきゅう【一級】 peso mosca 男
フライト volo 男
プライド orgoglio 男
プライバシー privacy 女; (私生活)vita privata 女
フライパン padella 女
プライベート ―~な privato; (非公開)riservato
フライング falsa partenza 女
ブラインド veneziana 女
ブラウス camicetta 女
ブラウンかん【―管】 tubo catodico 男
プラカード cartello (di protesta) 男
プラグ spina 女
ぶらさがる【ぶら下がる】 pendere
ぶらさげる【ぶら下げる】 sospendere, appendere
ブラシ spazzola 女; (清掃用)scopetta 女
ブラジャー reggiseno 男
ブラジル Brasile 固名(男) ―~の brasiliano
プラス più
フラスコ (丸底)pallone 男; (平底)fiala 女, beuta 女
プラスチック plastica 女
フラストレーション frustrazione 女
ブラスバンド banda (di ottoni) 女
プラズマ plasma 男
プラタナス platano 男
プラチナ platino 男
ぶらつく gironzolare, girovagare
ブラックリスト lista nera 女
フラッシュ flash 男
フラット (音楽記号♭)bemolle 男 ―~な (平らな)piatto, piano / 100 メートルを 10 秒~で走る correre 100 metri in 10 secondi esatti
ブラッドストーン lidite 女
プラットホーム marciapiede 男, binario 男, banchina 女
プラネタリウム planetario 男
プラハ Praga 固名(女) ―~の praghese
ふらふら ―~する barcollare; (目まいで)avere giramenti di testa
ぶらぶら ―~する dondolare, pendolare
フラミンゴ fenicottero 男
プラム prugna 女
フラメンコ flamenco 男
プラモデル modellino in plastica 男
ふらん【腐乱】 decomposizione 女 ―~する decomporsi
フラン (通貨単位)franco 男
プラン piano 男, programma 男
ブランク (空欄)spazio in bianco 男
プランクトン plancton 男
フランクフルト Francoforte 固名(女) ―~の francofortese
ぶらんこ altalena 女
フランス Francia 固名(女) ―~の francese ♦~語 francese 男 / ~人 francese
プランター fioriera 女
フランチャイズ franchising 男
ブランデー brandy 男
プラント impianto 男, stabilimento 男
ブランド (商標)marca 女, marchio 男 ♦~品 prodotto firmato 男

フランドル 【地方】Fiandra 固名(女) ◆～人 fiammingo 男
ふり【不利】 svantaggio 男 ――～な svantaggioso
ふり【振り】 finta 女 ――～をする fingere, fare finta (di)
ぶり【鰤】 seriola 女
-ぶり【振り】 ――暮らし～ stile di vita 男 / 久し～に dopo molto tempo / 5年～に dopo 5 anni
フリー ――～の libero ◆～キック calcio di punizione 男 / ～ダイヤル numero verde 男
フリーザー freezer 男, congelatore 男
フリーター lavoratore(trice) part time 男(女)
プリーツ plissé 男
ブリーフ slip da uomo 男複
ブリーフケース （取っ手のある）borsa portadocumenti 女, ventiquattrore 女; （取っ手なし）cartella 女
フリーランス free lance 男女, libero(a) professionista 男女
ふりえき【不利益】 svantaggio 男
ふりかえ【振り替え】 （郵便振替）postagiro 男; （簿記）giroconto 男
ふりかえる【振り返る】 voltarsi; （省みる）riflettere
ふりかける【振り掛ける】 （AをBに）spargere [mettere] A su B
ブリキ latta 女
ふりこ【振り子】 pendolo 男
ふりこみ【振り込み】 versamento 男
ふりこむ【振り込む】 versare
プリズム prisma 男
ふりつけ【振り付け】 coreografia 女
プリペイドカード carta prepagata 女
プリマドンナ prima donna 女
ふりむく【振り向く】 voltarsi
ふりょ【不慮】 ――～の inatteso, inaspettato
ふりょう【不良】 （少年・少女）teppistello(a) 男(女) ◆～債権 credito irrecuperabile 男
ふりょく【浮力】 galleggiabilità 女; （浮かせる力）spinta idrostatica 女
ぶりょく【武力】 forza militare 女
フリル balza 女
ふりん【不倫】 rapporti extraconiugali 男複
プリン budino 男
プリンス principe 男
プリンセス principessa 女
プリンター stampante 女
プリント stampa 女 ◆～アウトする stampare
ふる【降る】 cadere ――（激しく）雨が～ Piove a dirotto. / 雪が～ Nevica.
ふる【振る】 agitare; （揺さぶる）scrollare ――手を～ salutare con la mano
ふるい【古い】 vecchio, antico
ふるい【篩】 setaccio 男, vaglio 男
ふるう【篩う】 setacciare

ブルーカラー operaio(a) 男(女)
ブルース blues 男
フルート flauto 男 ◆パン～ siringa di Pan 女, flauto di Pan 男
ブルーベリー mirtillo 男
ふるえ【震え】 tremito 男, tremore 男
ふるえる【震える】 tremare; （小刻みに）tremolare
ブルガリア Bulgaria 固名(女) ――～の bulgaro ◆～語 bulgaro 男 / ～人 bulgaro(a) 男(女)
ブルキナファソ Burkina Faso 固名(男) ――～の burkinabè
ふるくさい【古臭い】 antiquato
フルコース pranzo completo 男
ふるさと【故郷】 paese nativo 男
ブルジョワ borghese 男女
ブルゾン brucina 女
ブルドーザー bulldozer 男
ブルドッグ bulldog 男
プルトニウム plutonio 男
ブルネイ Brunei 固名(男) ――～の bruneiano
ふるほん【古本】 libro usato 男
ふるまい【振る舞い】 comportamento 男; （素行）condotta 女
ふるまう【振る舞う】 comportarsi
ふるめかしい【古めかしい】 arcaico, antico
ブルンジ Burundi 固名(男) ――～の burundiano
ぶれい【無礼】 ――～な scortese; （不遜）insolente
プレー gioco 男 ◆～オフ play-off 男
ブレーカー interruttore 男
ブレーキ freno 男 ――～をかける frenare
プレート （金属・石などの）piastra 女; （皿）piatto 男; （地殻）zolla litosferica 女
フレーム （建築物・機械の）intelaiatura 女; （額）cornice 女
プレーヤー 〔スポ〕giocatore(trice) 男(女); （演奏者）suonatore(trice) 男(女)
ブレーン gruppo di esperti 男
ブレザー giacca sportiva 女
プレス （圧縮）pressatura 女; （報道）stampa 女 ――（衣服を）～する dare una stirata
フレスコが【―画】 affresco 男
ブレスレット braccialetto 男
プレゼンテーション presentazione 女
プレゼント regalo 男, dono 男 ――～する regalare
プレタポルテ prêt-à-porter 男
フレックスタイム orario flessibile 男
プレッシャー pressione 女
フレッシュ ――～な fresco
プレハブ ――～の prefabbricato ◆～住宅 casa prefabbricata 女
プレミアム premio 男 ――～の di qualità superiore
ふれる【触れる】 toccare; （言及）accen-

フレンチドレッシング nare a..., menzionare
フレンチドレッシング vinaigrette 女
ブレンド （飲料）miscela 女; (香･色)fusione 女
ブレンナーとうげ【一峠】 Passo del Brennero 固名(男)
ふろ【風呂】 bagno 男 ――に入る fare il bagno
プロ （プロフェッショナル）professionista 男女 ――の professionale
ブローカー commissionario(a) 男(女)
ブローチ spilla 女
ふろく【付録】 (巻末)appendice 女; (補足･別冊)supplemento 男
プログラマー programmatore(trice) 男(女)
プログラミング programmazione 女
プログラム programma 男
プロジェクター proiettore 男
プロジェクト progetto 男
プロセス processo 男
プロダクション produzione 女
ブロック （資材）blocco 男; (区画)isolato 男; (バレーボールの)blocco 男; (玩具)cubo 男
ブロッコリー broccolo 男
フロッピー dischetto 男
プロテクター （建築物などの）rivestimento protettivo 男, protezione 女; (肘の)gomitiera 女; (膝の)ginocchiera 女
プロテスタント protestante 男女; (教義)protestantesimo 男
プロデューサー produttore(trice) 男(女)
プロバイダー provider 男, fornitore dell'accesso a Internet 男
プロパガンダ propaganda 女
プロパンガス gas propano 男
プロフィール profilo 男
プロペラ elica 女
プロポーション （割合）proporzione 女 ――がいい (均整のとれた)ben proporzionato
プロポーズ ――する fare una proposta di matrimonio
プロモーション promozione 女
プロモーター promoter 男
プロレス lotta libera professionistica 女, catch 男, wrestling 男
プロレタリア proletario 男
プロローグ prologo 男
フロン （ガス）freon 男
ブロンズ bronzo 男
フロント （受付）reception 女 ◆～ガラス parabrezza 男
ブロンド ――の biondo
プロンプター suggeritore(trice) 男(女)
ふわ【不和】 discordia 女, dissidio 男
ふわたり【不渡り】 mancato pagamento 男 ◆～手形 cambiale non pagata 女

ふん【分】 minuto 男
ふん【糞】 (排泄物)escrementi 男複; (動物の)sterco 男;《俗》cacca 女
ぶん【文】 frase 女
ぶん【分】 (割り当て)parte 女 ――相応に proporzionatamente
ぶんあん【文案】 abbozzo 男
ふんいき【雰囲気】 atmosfera 女
ふんか【噴火】 eruzione 女 ――する eruttare
ぶんか【文化】 cultura 女 ――的な culturale ◆～交流 scambio culturale 男/～の日 Festa della cultura 固名(女)
ふんがい【憤慨】 sdegno 男 ――する indignarsi
ぶんかい【分解】 〔化･物〕decomposizione 女; (解体)smontaggio 男 ――する decomporre; (機械を)smontare
ぶんがく【文学】 letteratura 女
ぶんかつ【分割】 divisione 女 ――する dividere ◆～払い pagamento a rate 男
ふんきゅう【紛糾】 complicazione 女
ぶんぎょう【分業】 divisione del lavoro 女
ぶんげい【文芸】 belle lettere 女複
ぶんけん【文献】 letteratura 女, documento 男; (目録)bibliografia 女
ぶんご【文語】 lingua scritta 女
ぶんこう【分校】 sede distaccata 女, succursale (di una scuola) 女
ぶんごう【文豪】 grande scrittore(trice) 男(女)
ぶんこぼん【文庫本】 tascabile 男
ふんさい【粉砕】 ――する frantumare
ぶんし【分子】 (化学の)molecola 女; (分数の)numeratore 男
ふんしつ【紛失】 perdita 女 ――する perdere ◆～物 oggetto smarrito 男
ふんしゃ【噴射】 getto 男
ふんしゅつ【噴出】 ――する sgorgare, zampillare
ぶんしょ【文書】 documento 男 ――で per iscritto
ぶんしょう【文章】 frase 女; (書いた物)scritto 男; (作文)prosa 女
ぶんじょう【分譲】 ◆～マンション appartamenti in vendita 男複
ふんしょく【粉飾】 trucco 男 ◆～決算 bilancio consuntivo truccato 男
ふんすい【噴水】 fontana 女
ぶんすいれい【分水嶺】 spartiacque 男
ぶんすう【分数】 frazione 女
ぶんせき【分析】 analisi 女 ――する analizzare
ふんそう【紛争】 conflitto 男
ぶんたい【文体】 stile 男
ふんだん ――に in abbondanza
ぶんたん【分担】 divisione 女 ――する dividere
ぶんちん【文鎮】 fermacarte 男
ふんとう【奮闘】 ――する impegnar-

ふんどう【分銅】peso 男
ふんどき【分度器】goniometro 男
ぶんぱい【分配】 ～～する distribuire
ぶんぴつ【分泌】 ～～する secernere ♦ ～物 secrezione 女
ぶんぷ【分布】distribuzione 女
ブンブン ～～音を立てる ronzare
ふんべつ【分別】giudizio 男, discernimento 男
ぶんべん【分娩】parto 男, ～～する partorire ♦ ～室 sala parto 女
ぶんぼ【分母】denominatore 男
ぶんぽう【文法】grammatica 女
ぶんぼうぐ【文房具】cancelleria 女 ♦ ～店 cartoleria 女
ふんまつ【粉末】polvere 女, ～～状の in polvere
ぶんみゃく【文脈】contesto 男
ぶんみん【文民】civile 男
ふんむき【噴霧器】spruzzatore 男
ぶんめい【文明】civiltà 女, civilizzazione 女
ぶんや【分野】campo 男
ぶんり【分離】separazione 女, ～～する separare
ぶんりょう【分量】quantità 女, volume 男; (薬・調味料などの)dose 女
ぶんるい【分類】classificazione 女, ～～する classificare
ぶんれつ【分裂】divisione 女; (教会の)scisma 男; (核の)fissione 女, ～～する dividersi

へ

へ【屁】peto 男, scoreggia 女
～へ (…の方へ)a...
ペア (一揃い)paio 男(複 le paia) 女; (二人連れ)coppia 女
ヘアスタイル acconciatura 女
ヘアピン forcina 女
へい【塀】recinto 男; (石・レンガの)muro 男
へいい【平易】 ～～な facile, semplice
へいえき【兵役】servizio militare 男
へいおん【平穏】 ～～な sereno, calmo, tranquillo
へいかい【閉会】chiusura 女, ～～する chiudere
へいがい【弊害】male 男, danno 男; (影響)influenza nociva 女
へいき【兵器】arma 女(複 le armi)
へいき【平気】 ～～である(気に留めない) fregarsene, non importare (a); (落ち着いている)essere tranquillo
へいきん【平均】media 女, ～～する fare la media di ♦ ～台 trave 女
へいげん【平原】pianura 女
へいこう【平行】 ～～の parallelo (a) ♦ ～四辺形 parallelogramma 男 / ～線 linee parallele 女複 / ～棒 parallele 女複 / 段違い～棒 parallele asimmetriche 女複
へいこう【閉口】 ～～する(困惑する)essere perplesso, essere imbarazzato; (うんざりする)essere stufo (di)
へいこう【並行】 ～～して l'uno accanto all'altro, fianco a fianco / ～～する essere affiancato (a), affiancarsi ♦ ～輸入 importazioni parallele 女複
へいごう【併合】 ～～する incorporare
へいさ【閉鎖】chiusura 女; (締め出し) serrata 女, ～～する chiudere
へいし【兵士】soldato(essa) 男(女)
へいじつ【平日】giorno feriale 男
へいしゃ【兵舎】caserma 女
へいじょう【平常】 ～～の normale, solito / ～～どおり come al solito
へいせい【平静】 ～～な calmo, tranquillo
へいぜん【平然】 ～～と tranquillamente, impassibilmente
へいたい【兵隊】soldato 男
へいち【平地】terreno piano 男
へいてん【閉店】chiusura 女, ～～する chiudere
へいねつ【平熱】temperatura normale 女
へいねん【平年】media annuale 女, (il) solito 男
へいばん【平板】 ～～な(単調な)monotono; (退屈な)noioso, tedioso
へいふく【平服】vestito di tutti i giorni 男
へいほう【平方】quadrato 男 ♦ 1～メートル un metro quadrato 男 / ～根 radice quadrata 女
へいぼん【平凡】 ～～な comune; (俗っぽい)banale; (凡庸な)mediocre
へいめん【平面】piano 男
へいや【平野】pianura 女
へいりょく【兵力】forza militare 女, effettivi 男複
へいわ【平和】pace 女, ～～な pacifico
ペイント (塗料)tinta 女, vernice 女 ♦ フェイス～ tintura del viso 女
ベーコン pancetta 女
ページ pagina 女
ベージュ beige 男, ～～の beige
ベース base 女, basamento 男; (コントラバス)contrabbasso 男
ペース passo 男 ♦ ～メーカー pacemaker 男
ペースト (肉・魚の)pâté 男; (野菜の)purè 男
ペーパーバック tascabile 男
ベール velo 男
ペガサスざ【―座】Pegaso 【】男
へきが【壁画】murale 男; (フレスコ画) affresco 男
へきち【僻地】luogo sperduto 男
ヘクタール ettaro 男
ベクトル vettore 男
ベゴニア 〔植〕begonia 女
へこむ【凹む】(衝撃で)ammaccarsi;

(陥没する)infossarsi
へこんだ[凹んだ] ammaccato
へさき[舳先] prua 女, prora 女
ベスト 【最上・最高】il meglio; (チョッキ)gilè 男, panciotto 男 ―~を尽くす fare del PROPRIO meglio 男
ペスト peste 女
ベストセラー best seller 男
へそ【臍】 ombelico 男
へた【下手】 ―~な poco abile, inesperto / ~に male
へだたり【隔たり】 (距離)distanza 女; (違い)differenza 女
へだたる【隔たる】 distare, essere distante (da)
へだてる【隔てる】 separare ―隔てて (距離)a distanza; (時間)dopo
ペダル pedale 男; (機械などの)pedaliera 女
ペチコート sottogonna 女
ペチュニア 〔植〕petunia 女
べつ【別】 ―~の altro; (違う)diverso
べっかん【別館】 edificio annesso 男
べっきょ【別居】 ―~する vivere separati
べっこう【鼈甲】 guscio di tartaruga 男
べっそう【別荘】 villetta 女, villa 女
ヘッド (頭)testa 女 ◆~ホン cuffia 女 / ~ライト faro anteriore 男
ペット animale domestico (da salotto) 男
ベッド letto 男 ◆~カバー copriletto 男
ペットボトル bottiglia di plastica 女
べつべつ【別々】 ―~の separato; (各自の)ciascuno
へつらう【諂う】 adulare, lusingare
べつり【別離】 separazione 女
ヘディング colpo di testa 男 ―~する incornare
ベテラン veterano(a) 男(女); (熟知した)esperto(a) 男(女)
べとつく essere appiccicoso
ベトナム Vietnam 固名(男) ―~の vietnamita ◆~語 vietnamita 男 / ~人 vietnamita 男女
へとへと ―~の stanco morto
ヘドロ detriti di fogna 男複
ペナルティー punizione 女; (罰金)multa 女 ◆~エリア area di rigore 女 / ~キック calcio di rigore 男
ベナン Benin 固名(男) ―~の beniniano
ペニシリン penicillina 女
ベニス Venezia 固名(女) ―~の veneziano
ペニス pene 男
ベニヤいた【―板】 legno compensato 男
ベネズエラ Venezuela 固名(男) ―~の venezuelano
ペパーミント menta piperita 女
へばりつく【へばり付く】 appiccicarsi (a), attaccarsi con forza (a)
へび【蛇】 serpente 男, serpe 女
ベビー bambino(a) 男(女), neonato(a) 男(女) ◆~シッター baby-sitter 男 / ~フェース viso infantile 男
ヘビーきゅう【―級】 peso massimo 男
へま (失敗)sbaglio 男, cantonata 女; (言い間違い)papera 女
へや【部屋】 stanza 女; (寝室)camera 女
へら【箆】 spatola 女
へらす【減らす】 diminuire, ridurre
ベラルーシ Bielorussia 固名(女) ―~の bielorusso
ベランダ balcone 男
へり【縁】 orlo 男, bordo 男
ベリーズ Belize 固名(男) ―~の belizeano
ヘリウム elio 男
ペリカン pellicano 男
へりくだる【謙[遜]る】 umiliarsi
へりくつ【屁理屈】 cavillo 男; (こじつけ)sofisma 男
ヘリコプター elicottero 男
ペリドット crisolito 男, peridoto 男, olivina 女
ヘリポート eliporto 男
へる【減る】 (数・量)diminuire; (消耗する)consumarsi
ベル campanello 男
ペルー Perù 固名(男) ―~の peruviano
ベルギー Belgio 固名(男) ―~の belga ◆~人 belga 男女(複 i belgi)
ヘルシンキ Helsinki 固名(女)
ヘルツ hertz 男
ベルト cintura 女 ◆~コンベアー nastro trasportatore 男
ヘルニア ernia 女
ヘルメット casco 男, elmetto 男
ベルリン Berlino 固名(女)
ベレー (帽子)basco 男
ヘロイン eroina 女
へん【辺】 (図形)lato 男; (付近)dintorni 男複, vicinanze 女複
へん【変】 ―~な strano, curioso
べん【便】 (便利)convenienza 女; (交通機関などの)servizi 男複; (排泄物)escrementi 男複; (大便)feci 女複 ―交通の~がよい essere ben collegato (dai mezzi pubblici)
べん【弁】 valvola 女 ―~が立つ eloquente
ペン penna 女
へんあつき【変圧器】 trasformatore 男
へんか【変化】 cambiamento 男; (変容)trasformazione 女 ―~する cambiare / ~に富む vario
べんかい[弁解] ―~する scusarsi, giustificarsi
へんかく【変革】 (変容)riforma 女; (抜本的)cambiamento radicale 男

へんかん【返還】 restituzione 女 ー～する restituire

べんき【便器】 tazza del gabinetto 女, water 男

ペンキ vernice 女

べんぎ【便宜】 convenienza 女

へんきゃく【返却】 ー～する restituire, rendere

べんきょう【勉強】 studio 男, lavoro 男 ー～する studiare, lavorare

へんきょく【編曲】 arrangiamento 男

ペンギン pinguino 男

へんけん【偏見】 pregiudizio 男

べんご【弁護】 difesa 女 ー～する difendere ◆ー士 avvocato(essa) 男(女)

へんこう【変更】 cambiamento 男; (部分的)modificazione 女 ー～する cambiare, modificare

へんさい【返済】 restituzione 女; (払い戻し)rimborso 男

へんさん【編纂】 compilazione 女 ー～する compilare, redigere

へんじ【返事】 risposta 女 ー～をする k rispondere (a)

へんしつきょう【偏執狂】 monomania 女; (人)monomaniaco(a) 男(女)'

へんしゅう【編集】 redazione 女 ー～する redigere ◆ー者 redattore(trice)

べんじょ【便所】 gabinetto 男, bagno 男, WC (water closet) 男

べんしょう【弁償】 ー～する ripagare

へんしょく【変色】 ー～する cambiare di colore; (退色)scolorirsi, sbiadire

ペンション pensione 女

へんしん【返信】 risposta 女

へんしん【変身】 trasformazione 女, metamorfosi 女

へんじん【変人】 tipo(a) strano(a) 男(女), eccentrico(a) 男(女)

へんせい【編成】 ー～する formare; (組織を)organizzare

へんせん【変遷】 vicende 女複, vicissitudini 女複

へんそう【返送】 rispedizione 女

へんそう【変装】 ー～する travestirsi

ペンダント pendente 男, ciondolo 男

ベンチ panchina 女

ベンチ pinze 女

ベンチャーきぎょう【ー企業】 iniziativa imprenditoriale 男

へんどう【変動】 cambiamento 男; (物価などの)fluttuazione 女

べんとう【弁当】 pranzo al sacco 男; (駅弁)cestino 男

へんとうせん【扁桃腺】 tonsilla 女 ◆ー炎 tonsillite 女

ペンネーム nome d'arte 男

へんぴ【辺鄙】 ー～な remoto, sperduto

べんぴ【便秘】 stipsi 女, stitichezza 女 ◆ー薬 lassativo 男

へんぴん【返品】 ー～する rimandare

ペンフレンド amico(a) di penna (女)

へんぼう【変貌】 trasfigurazione 女 ー～する trasformarsi

べんめい【弁明】 (釈明)giustificazione 女; (言い訳)scusa 女 ー～する giustificarsi

べんり【便利】 ー～な comodo, conveniente

べんろん【弁論】 (討論)dibattito 男; (スピーチ)discorso 男

ほ

ほ【帆】 vela 女

ほ【穂】 spiga 女

ほあん【保安】 mantenimento della sicurezza 男

ほい【補遺】 supplemento 男, appendice 女

ほいくしょ【保育所】 asilo infantile 男

ボイコット ー～する boicottare

ボイスレコーダー registratore 男, scatola nera 女

ホイッスル fischio 男

ボイラー caldaia 女

ぼいん【母音】 vocale 女

ぼいん【拇印】 impronta del pollice 女

ポイント punto 男

ほう【方】 ー…の～へ verso..., in direzione di... / 東の～へ verso est / 彼は医者へ行った～がいい Lui farebbe meglio a consultare un dottore.

ほう【法】 legge 女; (方法)metodo 男

ぼう【棒】 bastone 男

ほうあん【法案】 disegno di legge 男

ほうい【包囲】 circondamento 男 ー～する circondare

ほうい【方位】 direzione 女

ほういがく【法医学】 medicina legale 女

ぼういんぼうしょく【暴飲暴食】 sregolatezza [disordine] nel bere e nel mangiare 女 [男]

ほうえい【放映】 trasmissione 女 ー～する trasmettere in televisione

ぼうえい【防衛】 difesa 女 ー～する difendere ◆ー省 Ministero della Difesa 男

ぼうえき【貿易】 commercio estero 男 ー～する commerciare con

ぼうえん【望遠】 ◆ー鏡 telescopio 男 /ーレンズ teleobiettivo 男

ほうおう【法王】 papa 男 ーローマ～ (現職の)il Papa 男

ぼうおん【防音】 ー～の insonorizzato

ほうか【砲火】 fuoco di cannone 男

ほうか【放火】 incendio doloso 男 ◆ー魔 piromane 男

ほうか【防火】 prevenzione degli incendi 女

ほうかい【崩壊】 crollo 男 ー～する

ほうがい【法外】 ——～な esorbitante, eccessivo
ほうがい【妨害】 ——～する disturbare, impedire
ほうがく【方角】 direzione 囡 ——～が分からない essere disorientato
ほうがく【法学】 giurisprudenza 囡, diritto 男
ほうかご【放課後】 dopo le lezioni
ほうかつ【包括】 ——～する inglobare
ほうがん【傍観】 ——～する stare a vedere ◆～者 spettat*ore*(*trice*) 男囡
ほうがんし【方眼紙】 carta quadrettata 囡
ほうがんなげ【砲丸投げ】 lancio del peso 男
ほうき【箒】 scopa 囡, granata 囡
ほうき【法規】 legge 囡, regolamento 男
ほうき【放棄】 rinuncia 囡 ——～する(権利などを)rinunciare; (遺棄)abbandonare
ほうきゅう【俸給】 salario 男, paga 囡
ぼうぎょ【防御】 difesa 囡 ——～する difendere
ぼうくうごう【防空壕】 rifugio antiaereo 男
ぼうくん【暴君】 tiranno(*a*) 男囡, despota 男
ほうげん【方言】 dialetto 男
ぼうけん【冒険】 avventura 囡 ——～する avventurarsi (in) ◆～家 avventuriero(*a*) 男囡
ぼうげん【暴言】 parole violente 囡複 ——～を吐く vomitare parole ingiuriose
ほうけんてき【封建的】 ——～な feudale
ほうこう【方向】 direzione 囡
ぼうこう【暴行】 violenza 囡
ぼうこう【膀胱】 vescica (urinaria) 囡
ほうこく【報告】 rapporto 男, relazione 囡 ——～する fare un rapporto (su)
ぼうさい【防災】 prevenzione delle calamità 囡
ほうさく【豊作】 buon raccolto 男
ほうさく【方策】 (手段)mezzo 男, misura 囡; (計画)progetto 男
ほうさん【硼酸】 acido borico 男
ほうし【奉仕】 servizio 男, volontariato 男 ——～する servire
ぼうし【帽子】 cappello 男
ぼうし【防止】 ——～する prevenire, impedire
ほうしき【方式】 forma 囡, formula 囡, metodo 男
ほうしゃ【放射】 radiazione 囡 ——～する irradiare ◆～線 radiazione 囡 / ～能 radioattività 囡 / ～性物質 sostanza radioattiva 囡
ほうしゅう【報酬】 ricompensa 囡, pagamento 男
ぼうしゅう【防臭】 ◆～効果 effetto 男 / ～剤 deodorante 男
ほうじゅん【芳醇】 ——～な aromatico e corposo
ほうしょくてん【宝飾店】 gioielleria 囡
ほうしん【方針】 (政策)politica 囡; (基本理念)principio 男
ほうじん【法人】 persona giuridica 囡, ente (giuridico) 男
ぼうすい【防水】 ——～の impermeabile
ほうせき【宝石】 (装身具の)gioiello 男; (貴石)pietra preziosa 囡 ◆～店 gioielleria 囡
ぼうぜん【茫然】 ——～とする essere sbalordito
ほうそう【放送】 (分野)telecomunicazione 囡; (業務)trasmissione 囡, radiodiffusione 囡 ——～する trasmettere
ほうそう【包装】 ——～する incartare, impacchettare ◆プレゼント～ pacchetto regalo 男
ぼうそう【暴走】 (無謀運転)guida spericolata 囡 ——(行動が)～する procedere precipitosamente ◆～族 banda di motociclisti 囡
ほうそく【法則】 legge 囡
ほうたい【包帯】 benda 囡, fascia 囡
ぼうだい【膨大】 ——～な enorme / ～知識 vasta conoscenza 囡
ぼうたかとび【棒高跳び】 salto con l'asta 男
ぼうだち【棒立ち】 ——～になる rimanere di stucco
ほうち【放置】 ——～する lasciare, abbandonare
ぼうちゅうざい【防虫剤】 antitarmico 男
ほうちょう【包丁】 coltello da cucina 男
ぼうちょう【傍聴】 assistenza 囡 ——裁判を～する assistere all'udienza
ぼうちょう【膨張】 dilatazione 囡, espansione 囡 ——～する dilatarsi, espandersi
ほうてい【法廷】 corte 囡; (地方裁判所)tribunale 男
ほうていしき【方程式】 equazione 囡
ほうてき【法的】 ——～な legale
ほうどう【報道】 (業種)stampa 囡 ——～する riportare, informare
ぼうどう【暴動】 sommossa 囡; (反逆)rivolta 囡
ぼうとく【冒瀆】 profanazione 囡, bestemmia 囡 ——～する profanare, bestemmiare
ほうにん【放任】 (不干渉)non interventismo 男 ——子供を～する lasciare che i figli facciano tutto da soli
ぼうねんかい【忘年会】 banchetto di fine anno 男
ぼうはてい【防波堤】 frangiflutti 男
ぼうはんベル【防犯一】 allarme antifurto 男

ほうび【褒美】 premio 男, ricompensa 女

ほうび【防備】 difesa 女

ほうびき【棒引き】 ―借金を～にする rimettere un debito

ほうふ【抱負】 (計画)piano 男; (希望)speranza 女

ほうふ【豊富】 ―～な ricco (di), abbondante

ぼうふうう【暴風雨】 temporale violento 男

ぼうふうりん【防風林】 bosco frangivento 男

ほうふく【報復】 ―～する compiere una rappresaglia

ぼうふざい【防腐剤】 conservante 男

ぼうへき【防壁】 muro di protezione 男

ほうべん【方便】 espediente 男

ほうほう【方法】 metodo 男; (手段)mezzo 男; (仕方)modo 男

ほうぼう【方々】 ―～に qua e là, in ogni parte, dappertutto

ほうぼく【放牧】 pascolo 男

ほうまん【豊満】 ―～な formoso

ほうむだいじん【法務大臣】 Ministro della Giustizia 男

ほうむる【葬る】 seppellire

ぼうめい【亡命】 ―～する andare in esilio

ほうめん【方面】 direzione 女; (分野)campo 男

ほうもん【訪問】 ―～する fare una visita (a)

ほうよう【抱擁】 ―～する abbracciare

ほうようりょく【包容力】 ―～がある di larghe vedute; (理解力)comprensivo; (寛大)tollerante

ぼうよみ【棒読み】 ―～する leggere in modo monotono

ぼうらく【暴落】 crollo 男 ―～する crollare

ほうらつ【放埒】 ―～な licenzioso; (不節制)sregolato; (浪費的)dissipato

ぼうり【暴利】 profitto eccessivo 男

ほうりだす【放り出す】 buttare fuori; (放棄)abbandonare

ほうりつ【法律】 legge 女

ぼうりゃく【謀略】 intrigo 男

ほうりゅう【放流】 ―～する scaricare; (魚を)liberare

ぼうりょく【暴力】 violenza 女 ♦～団 banda di malviventi 男

ボウリング bowling 男

ほうる【放る】 (球・石などを)tirare, lanciare; (投げ出す)abbandonare

ほうれい【法令】 leggi e ordinanze 女複

ぼうれい【亡霊】 (幽霊)spettro 男; (死者の魂)spirito 男

ほうれんそう【菠薐草】 spinaci 男複

ほうろう【放浪】 ―～する vagabondare

ほうろう【琺瑯】 smalto 男

ほうわ【飽和】 saturazione 女

ほえる【吠える】 abbaiare

ほお【頬】 guancia 女

ボーイ cameriere 男 ♦～フレンド fidanzato 男

ポーカー poker 男

ほおかぶり【頬被り】 ―～する coprirsi la testa con un asciugamano; (知らん顔)fare l'ingenuo(a), fare finta di niente

ボーカル 〔音〕vocalist 男女, cantante 男女

ボーキサイト bauxite 女

ホース tubo (flessibile) 男

ポーズ (姿勢)posa 女 ―～をとる posare

ポーター facchino 男

ボーダーライン linea di confine 女

ポータブル ―～の portatile

ほおづえ【頬杖】 ―～をつく sostenersi il mento con la mano

ボート barca (a remi) 女; (競技)canottaggio 男

ボーナス gratifica 女, premio 男

ほおばる【頬張る】 riempirsi la bocca (di)

ほおべに【頬紅】 fard 男

ほおぼね【頬骨】 zigomo 男

ホーム casa 女; (駅の)binario 男 ―～で〔スポ〕in casa / ～の di casa

ホームシック nostalgia di casa 女

ホームステイ ―～する vivere all'estero presso una famiglia

ホームページ home page 女

ホームルーム ora di libera discussione in classe 女

ホームレス senza tetto 男女, vagabondo(a) 男(女), barbone 男

ポーランド Polonia 国名(女) ―～の polacco ♦～語 polacco 男 / ～人 polacco(a) 男(女)

ボーリング (掘削)perforazione 女

ホール (広間)sala 女, salone 男

ボール palla 女, pallone 男, pallina 女; (容器)scodella 女

ポール palo 男, asta 女

ボールがみ【―紙】 cartone 男

ボールペン biro 女, penna a sfera 女

ほか【外・他】 ―～の altro; (異なる)differente, diverso

ほかく【捕獲】 ―～する catturare

ぼかす【暈す】 sfumare

ほがらか【朗らか】 ―～な allegro, gaio

ほかん【保管】 (監視の下)custodia 女; (保存)conservazione ―～する custodire

ぼき【簿記】 contabilità 女

ほきゅう【補給】 ―～する rifornire (di)

ぼきん【募金】 colletta 女

ほくい【北緯】 latitudine nord 女

ほくおう【北欧】 Europa settentrionale 国名(女)

ボクサー pugile 男; (犬)boxer 男

ぼくし【牧師】 pastore(a) 男(女)

ぼくじょう【牧場】 fattoria 女, cascina 女

ボクシング pugilato 男

ほくせい【北西】 nord-ovest 男

ぼくそう【牧草】 pastura 女, pascolo 男 ◆～地 pastura, pascolo 男

ぼくちく【牧畜】 allevamento del bestiame 男

ほくとう【北東】 nord-est 男

ほくとしちせい【北斗七星】 Grande Carro 固名(男); (大熊座)Orsa maggiore 固名(女)

ほくぶ【北部】 settentrione 男, nord 男

ほくべい【北米】 America Settentrionale 固名(女)

ぼくめつ【撲滅】 ～する estirpare; (駆除する)disinfestare

ほくろ【黒子】 neo 男

ほげい【捕鯨】 caccia alla balena 女

ぼけい【母系】 ～の matrilineare

ほけつ【補欠】 riserva 女

ポケット tasca 女

ぼける【惚ける】 rimbambirsi, rincretinirsi

ほけん【保健】 sanità 女

ほけん【保険】 assicurazione 女 ～を掛ける assicurare ◆～会社 società d'assicurazione 女 / ～金 indennità 女 / 健康～ assicurazione medica 女

ほご【保護】 protezione 女 ～する proteggere ◆～者 (両親)genitori 男複; (後見)tutore(trice) 男女

ほご【補語】 complemento 男

ぼご【母語】 la PROPRIA madrelingua 女, lingua madre 女

ほこう【歩行】 cammino 男 ◆～者 pedone(a) 男(女) / ～計 podometro 男

ぼこう【母校】 la PROPRIA scuola 女, scuola di provenienza 女; (大学)università frequentata 女

ぼこく【母国】 madrepatria 女

ほこらしい【誇らしい】 ～誇らしげに con aria fiera, orgogliosamente

ほこり【埃】 polvere 女

ほこり【誇り】 orgoglio 男, onore 男

ほこる【誇る】 vantare, vantarsi (di)

ほころびる【綻びる】 scucirsi

ほし【星】 stella 女 ◆～占い oroscopo 男, previsioni astrologiche 女複

ほしい【欲しい】 volere, desiderare

ほしくさ【干し草】 fieno 男

ほじくる【穿る】 (地面を)scavare; (自分の鼻を)mettersi le dita nel naso

ポジション posizione 女

ほしぶどう【干し葡萄】 uvetta 女, uva passa 女

ほしゃく【保釈】 rilascio dietro cauzione 男 ◆～金 cauzione 女

ほしゅ【保守】 (機械の整備)manutenzione 女 ～的な conservatore(trice)

ほしゅう【補修】 (補繕)riparazione 女; (修復)restauro 男

ほしゅう【補習】 lezione supplementare 女

ほじゅう【補充】 ～する supplire (a)

ぼしゅう【募集】 reclutamento 男; (寄付などの)colletta 女 ～する reclutare; (寄付などを)fare una colletta

ほじょ【補助】 assistenza 女 ～する assistere

ほしょう【保証】 garanzia 女 ～する garantire ◆～書 certificato di garanzia 男 / ～人 garante 男女

ほしょう【保障】 (品質・安全の)garanzia 女; (被害に対する)assicurazione 女

ほしょう【補償】 indennizzo 男 ～する indennizzare

ほす【乾[干]す】 asciugare; (飲み干す)vuotare

ボス capo 男, boss 男

ポスター manifesto 男, poster 男

ホステス (主催者側の女主人)padrona di casa 女, ospite

ホスト (主催者側の主)padrone di casa 男, ospite 男; (もてなし役)intrattenitore 男 ◆～ファミリー famiglia ospitante 女

ポスト cassetta postale 女, buca delle lettere 女

ボストンバッグ borsa da viaggio 女

ボスニア・ヘルツェゴビナ Bosnia-Erzegovina 固名(女) ～の bosniaco, erzegovino ◆～人 bosniaco(a) 男(女), erzegovino(a) 男(女)

ホスピス ospizio 男, casa di cura per malati terminali 男

ボスポラスかいきょう【—海峡】 Stretto di Bosforo 男

ほせい【補正】 ～する correggere ◆～予算 bilancio aggiuntivo 男

ぼせい【母性】 maternità 女 ◆～本能 istinto materno 男

ほそい【細い】 sottile; (糸状のものが)fine; (デザインが)stretto; (やせた)magro

ほそう【舗装】 pavimentazione 女 ～する pavimentare

ほそく【補足】 supplemento 男 ～する aggiungere

ほそながい【細長い】 stretto e lungo

ほぞん【保存】 ～する conservare

ポタージュ zuppa 女

ぼだいじゅ【菩提樹】 tiglio 男

ほたてがい【帆立貝】 capasanta 女(複 le capesante), pattine di mare 男

ほたる【蛍】 lucciola 女

ほたるいか【蛍烏賊】 calamaretto 男

ボタン bottone 男 ◆プッシュ～ pulsante 男

ぼち【墓地】 cimitero 男

ほちょう【歩調】 passo 男

ほちょうき【補聴器】 apparecchio acustico 男

ほっかい【北海】 Mare del Nord 固名(男)

ぼっかてき【牧歌的】 ～な pastorale, bucolico

ほっきにん【発起人】 (組織の)promo-

ほっきょく【北極】 polo nord 男 ♦〜圏 circolo polare artico 男 / 〜星 Stella Polare 女
ホック gancio 男
ホッケー hockey su prato 男
ほっさ【発作】 (心臓・喘息の)attacco 男 —〜的な (けいれん性の)spasmodico, convulso
ぼっしゅう【没収】 —〜する confiscare, sequestrare
ぼっする【没する】 (沈む)affondare, (船が)colare a picco; (太陽が)tramontare
ほっそく【発足】 inaugurazione 女
ほっそり —〜した snello
ほったん【発端】 origine 女; (創始)genesi 女
ホッチキス pinzatrice 女, cucitrice 女, spillatrice 女
ほっと —〜する provare sollievo
ポット bricco 男; (魔法瓶)thermos 男
ぼっとう【没頭】 —〜する immergersi (in), dedicarsi (a)
ホットドッグ hot dog 男
ホットライン (緊急・非常用)telefono rosso 男, hotline 女
ぼっぱつ【勃発】 —〜する scoppiare
ポップコーン pop-corn 男
ポップス musica pop 女
ぼつらく【没落】 caduta 女, crollo 男 —〜する cadere, decadere
ボツワナ Botswana 国名(男) —〜の botswano
ボディー corpo 男; (車の)carrozzeria 女 ♦〜ガード guardia del corpo 女 / 〜チェック perquisizione personale 女 / 〜ビル culturismo 男
ポテト patata 女 ♦〜チップ patatine (tagliate sottili) 女複 / 〜フライ patatine fritte 女複
ホテル albergo 男, hotel 男
ほてる【火照る】 sentire caldo
ほど【程】 (およそ)circa, intorno (a); (限度)limite 男 —物には〜がある C'è un limite a tutto. / 自分の家〜いい所はない Non c'è posto più bello della propria casa.
ほどう【歩道】 marciapiede 男 ♦〜橋 cavalcavia pedonale 女
ほどう【舗道】 strada pavimentata 女
ほどう【補導】 (指導)guida 女; (保護)protezione 女
ほどく【解く】 sciogliere
ほとけ【仏】 Budda 男; (故人)defunto(a) 男(女)
ほどける【解ける】 slegarsi, sciogliersi; (結び目が)scucirsi
ほどこす【施す】 (寄付する)donare, dare in beneficenza; (行う)fare
ほととぎす【時鳥・杜鵑】 cuculo 男
ほどなく【程なく】 presto, in breve tempo
ほとばしる【迸る】 zampillare, scaturire
ほどほど【程々】 —〜に moderatamente, entro i limiti
ほどよい【程よい】 convenevole; (適切な)adatto; (適度の)modesto; (穏当な)mite —程よく al punto giusto
ほとり【辺り】 —池の〜に in riva al laghetto
ボトル bottiglia 女
ほとんど【殆ど】 quasi, pressoché; (否定)non... quasi
ポニーテール coda di cavallo 女
ぼにゅう【母乳】 latte materno 男
ほにゅうどうぶつ【哺乳動物】 mammifero 男
ほにゅうびん【哺乳瓶】 biberon 男
ほにゅうるい【哺乳類】 mammiferi 男複
ほね【骨】 osso 男(複 gli ossi, le ossa)
ほねおしみ【骨惜しみ】 —〜せずに senza risparmio di forze
ほねおり【骨折り】 ♦〜損 uno sforzo inutile
ほねぐみ【骨組み】 ossatura 女
ほねぶと【骨太】 —〜な di ossatura robusta
ほねやすめ【骨休め】 —〜する riposarsi, fare una pausa
ほのお【炎】 fiamma 女
ほのか【仄か】 —〜な fievole, tenue
ほのめかす【仄めかす】 alludere, accennare
ホバークラフト hovercraft 男
ほばしら【帆柱】 albero 男, alberatura 女
ポピュラー —〜な popolare
ぼひょう【墓標】 tomba 女
ボブスレー bob 男, guidoslitta 女
ポプラ pioppo 男
ほへい【歩兵】 fante 男
ボヘミア Boemia 国名(女) —〜の boemo
ほぼ【保母】 maestra d'asilo 女
ほほえましい【微笑ましい】 piacevole, consolante
ほほえみ【微笑み】 sorriso 男
ほほえむ【微笑む】 sorridere
ポマード brillantina 女
ほまれ【誉れ】 onore 男, gloria 女
ほめる【褒める】 lodare, ammirare
ホモセクシュアル omosessualità 女; (人)omosessuale 男女
ぼやく brontolare, lamentarsi
ぼやける sbiadirsi, sfumarsi
ほゆう【保有】 possesso 男 —〜する possedere, detenere
ほよう【保養】 riposo 男 ♦〜地 stazione climatica 女
ほら【法螺】 —〜を吹く millantare ♦〜吹き millantatore(trice) 男(女)
ぼら【鯔】 cefalo 男, muggine 男
ほらあな【洞穴】 caverna 女, grotta 女
ボランティア volontario(a) 男(女)

♦～活動 attività di volontariato 囡
ほり【堀】 fossato 男, fosso 男
ポリープ polipo 男
ポリエステル poliestere 男
ポリエチレン polietilene 男
ポリオ polio 囡
ポリシー politica 囡
ほりだしもの【掘り出し物】 scoperta 囡, buon acquisto 男
ほりだす【掘り出す】 (地中から)dissotterrare, estrarre; (発見する)portare alla luce
ボリビア Bolivia 固名(囡) ――～の boliviano
ポリぶくろ【―袋】 sacchetto di plastica 男
ほりゅう【保留】 riserva 囡 ――～する riservarsi
ボリューム volume 男
ほりょ【捕虜】 prigioniero(a) 男(囡)
ほる【掘る】 scavare
ほる【彫る】 (立体像を)scolpire; (面に)intagliare, incidere
ぼる (金銭を)salare il conto, farsi pagare più del dovuto
ボルト (ねじ)bullone 男; (電圧)voltaggio 男
ポルトガル Portogallo 固名(男) ――～の portoghese ♦～語 portoghese 男/～人 portoghese 男囡
ポルノ pornografia 囡
ホルマリン formalina 囡
ホルモン ormone 男
ホルン corno 男
ほれる【惚れる】 innamorarsi ((di))
ぼろ【襤褸】 cencio 男, straccio 男
ポロシャツ polo 囡
ほろにがい【ほろ苦い】 amarognolo
ほろびる【滅びる】 estinguersi, scomparire
ほろぼす【滅ぼす】 rovinare, distruggere
ぼろぼろ ――～の lacero, a brandelli, rovinato, (che cade) a pezzi
ホワイトハウス la Casa Bianca 固名(囡)
ほん【本】 libro 男
ぼん【盆】 vassoio 男
ほんかくてき【本格的】 ――～な vero e proprio, verace; (真の)autentico
ほんかん【本館】 edificio principale 男
ほんき【本気】 ――～の serio / ～で sul serio
ほんきょち【本拠地】 base 囡, comando 男
ホンコン【香港】 Hong Kong 固名(囡)
ほんさい【盆栽】 bonsai 男
ほんしき【本式】 ――～の regolare; (正統の)ortodosso
ほんしつ【本質】 essenza 囡 ――～的な essenziale
ほんじつ【本日】 oggi 男
ほんしゃ【本社】 sede [ufficio] centrale 囡[男]; (登記上の)sede legale 囡

ホンジュラス Honduras 固名(男) ――～の honduregno
ほんしょう【本性】 vero carattere 男, qualità innata 囡
ほんしん【本心】 vera intenzione 囡 ――～を明かす aprire il cuore ((a)), confidarsi ((con))
ぼんじん【凡人】 persona comune 囡
ほんせき【本籍】 domicilio legale 男
ほんそう【奔走】 ――～する affaccendarsi ((per))
ほんたい【本体】 (実体)sostanza 囡
♦～価格 prezzo esente da tasse 男
ほんだな【本棚】 scaffale 男, libreria 囡
ぼんち【盆地】 bacino 男, conca 囡
ほんてん【本店】 sede centrale 囡, magazzino principale 男
ほんど【本土】 terraferma 囡
ポンド (通貨単位)sterlina 囡; (重量単位)libbra 囡
ほんとう【本当】 verità 囡 ――～の vero, autentico / ～に veramente / ～に? Davvero?
ほんにん【本人】 (当事者)la persona interessata 囡 ――～自ら di persona
ほんね【本音】 (意向)vera intenzione 囡; (理由)motivo reale 男
ボンネット (自動車の)cofano 男
ほんの ――～些細な solo, soltanto, meramente / ～些細な問題だ È solo un piccolo problema. / ここから～1キロだ È ad appena 1 km da qui.
ほんのう【本能】 istinto 男 ――～的な istintivo
ほんのり leggermente, lievemente
ほんば【本場】 paese [centro] di produzione [coltivazione] 男
ほんぶ【本部】 sede principale 囡; (建物)edificio amministrativo 男
ポンプ pompa 囡
ほんぶん【本文】 testo 男
ボンベ bombola 囡
ほんぽう【奔放】 ――～な indipendente; (のびのびした)disinvolto; (無頓着な)noncurante
ほんみょう【本名】 vero nome 男
ほんめい【本命】 favorito(a) 男(囡)
ほんもの【本物】 ――～の autentico; (純粋の)genuino
ほんや【本屋】 libreria 囡
ほんやく【翻訳】 traduzione 囡 ――～する tradurre ♦～家 traduttore(trice) 男(囡)
ぼんやり ――～した vago, indistinto; (呆然とした)distratto
ほんらい【本来】 (元来)originariamente; (本質的に)essenzialmente ――～の originario, essenziale
ほんりょう【本領】 vera qualità 囡 ――～を発揮する mostrare la PROPRIA abilità
ほんろん【本論】 argomento principale 男

ま

ま【間】(時間)tempo 男, (休止・中断)pausa 女, intervallo 男; (空間)spazio 男; (部屋)stanza 女, camera 女

まあ Oh!, Ah!, Beh!

マーガリン margarina 女

マーガレット margherita 女

マーク segno 男 ――〜する segnare, marcare; (監視)tenere d'occhio ◆〜シート scheda a lettura grafica 女

マーケット mercato 男

マーケティング marketing 男

マーシャルしょとう【―諸島】 Isole Marshall 国名(女複) ――〜の marshallese

マージャン【麻雀】 mah-jong 男

マージン margine 男

まあたらしい【真新しい】 nuovissimo, nuovo di zecca

マーチ marcia 女

まあまあ ――〜です Così così. / ―〜の abbastanza soddisfacente, discreto

マーマレード marmellata 女

まい-【毎―】 ogni ――〜日曜 ogni domenica / 〜回 ogni volta

-まい【―枚】 ――2〜の紙 due fogli di carta 男複 / 1〜の肉 una fetta di carne 女

まいあさ【毎朝】 ogni mattina, tutte le mattine

マイカー la PROPRIA automobile 女

マイク microfono 男

マイクロバス microbus 男

マイクロフィルム microfilm 男

まいご【迷子】 bambin*o(a)* smarrit*o(a)* 男(女) ――〜になる smarrirsi, perdersi

マイコン (装置)microprocessore 男; (コンピュータ)microcomputer 男

まいじ【毎時】 ――〜60キロで a sessanta chilometri all'ora

まいしゅう【毎週】 ogni settimana, tutte le settimane

まいそう【埋葬】 sepoltura 女 ――〜する seppellire

まいぞう【埋蔵】 ――〜する sotterrare; (隠す)nascondere... sottoterra ◆〜金 tesoro nascosto 男

まいつき【毎月】 ogni mese, tutti i mesi

まいど【毎度】 ogni volta, per volta; (いつも)sempre

まいとし【毎年】 *ogni anno, tutti gli anni*

マイナー 〔音〕(短調)scala minore 女 ――〜な minore; (規模が小さい)secondario

マイナス meno, (電極)polo negativo 男

まいにち【毎日】 ogni giorno, tutti i giorni

まいばん【毎晩】 ogni sera, tutte le sere

マイペース ――〜で a PROPRIO agio

マイホーム la PROPRIA casa 女, casa di proprietà 女 ――〜主義の orientato verso la famiglia

まいる【参る】 visitare; (我慢の限界)non poterne più ――参りました (降参)Mi arrendo.

マイル miglio 男(複 le miglia)

マイルド ――〜な leggero, dolce

まう【舞う】 danzare, ballare

まうえ【真上】 ――〜に proprio sopra

マウス (ネズミ)topo 男; (コンピューターの)mouse 男

マウスピース bocchino 男

マウンテンバイク mountain bike 女

マウンド monte del lanciatore 男

まえ【前】 parte anteriore 女, davanti 男 ――〜に (以前)prima / 〜の davanti, anteriore; (以前の)ex, di prima

まえあし【前足[脚]】 zampa anteriore 女

まえうり【前売り】 ――切符の〜 prevendita di biglietti ◆〜券 biglietto in prevendita

まえおき【前置き】 introduzione 女, preambolo 男

まえがき【前書き】 prefazione 女

まえかけ【前掛け】 grembiule 男

まえがみ【前髪】 frangia 女

まえきん【前金】 anticipo 男

まえば【前歯】 denti anteriori 男複

まえばらい【前払い】 ――〜する pagare in anticipo

まえぶれ【前触れ】 preannuncio 男, segno 男; (予告)preavviso 男

まえむき【前向き】 ――〜な positivo

まえもって【前以て】 in anticipo, in precedenza

マカオ Macao 国名(女)

まかす【負かす】 battere, sconfiggere

まかせる【任せる】 affidare; (なすがままに)lasciare + 不定詞 ――運に〜 affidarsi alla sorte / 任せろ! Lascia fare a me!

まがった【曲がった】 curvo, storto

まがりかど【曲がり角】 angolo 男; (変わり目)svolta decisiva 女

まがる【曲がる】 curvarsi, piegarsi; (道を)girare, voltare; (カーブする)curvare

マカロニ maccheroni 男複

まき【薪】 ceppo 男, legna da ardere 女

まきげ【巻き毛】 ricciolo 男, capelli ricci 男複

まきこむ【巻き込む】 impigliare; (巻き添えにする)coinvolgere

まきじゃく【巻き尺】 metro a nastro

まきちらす【撒き散らす】 spargere, seminare

まきもどす【巻き戻す】 riavvolgere, riarrotolare

まきもの【巻物】rotolo di scrittura

まぎらわしい【紛らわしい】confondibile, vago;（言葉・返答が）ambiguo;（区別しにくい）indistinguibile

まぎれこむ【紛れ込む】一人混みの中に～ scomparire [confondersi] tra la folla

まく【巻く】（筒状に）arrotolare;（糸・ひもを）avvolgere;（自分の体に）avvolgersi

まく【撒く】spargere;（水を）annaffiare, spruzzare

まく【蒔く】seminare

まく【幕】sipario 男;（演劇の）atto 男

まく【膜】pellicola 女;〔解〕membrana 女

まくあい【幕間】intervallo 男

まぐさ【秣】foraggio 男

マグニチュード magnitudo 女

マグネシウム magnesio 男

マグマ magma 男

まくら【枕】cuscino 男, guanciale 男 ♦～カバー federa 女

まくる【捲る】sollevare, tirare su;（裾・袖を）rimboccare, ripiegare

まぐれ ～で勝つ vincere per pura fortuna

まぐろ【鮪】tonno 男

まけ【負け】sconfitta 女 ♦～惜しみ scuse per giustificare la PROPRIA sconfitta 女複

まけいくさ【負け戦】battaglia perduta 女

まけいぬ【負け犬】sconfitto(a) 男(女) ―～の遠吠え parole inutili del perdente 女複

まけおとらず【負けず劣らず】ugualmente, alla pari

まけずぎらい【負けず嫌い】ostinato 男, persona che non si arrende facilmente 女

マケドニア Macedonia 固名(女) ―～の言語 ♦～語 macedone 男 /～人 macedone 男女

まける【負ける】essere sconfitto, perdere;（値段を）fare uno sconto

まげる【曲げる】piegare, curvare;（ねじる）torcere

まけんき【負けん気】spirito indomabile 男

まご【孫】nipote 男女, nipotino(a) 男(女)

まごころ【真心】sincerità 女

まごつく imbarazzarsi

まこと【誠・真】verità 女;（真心）sincerità 女

まさか ―～! Impossibile! /～の時に in caso di emergenza

マザコン mammone 男;〔心〕complesso di Edipo 男

まさつ【摩擦】frizione 女 ―～する frizionare, sfregare

まさに【正に】proprio

まさる【勝|優る】essere superiore (a), superare

まし ―BよりAの方が～だ A è migliore di B.

マジック（手品）gioco di prestigio 男;（ペン）pennarello 男

ましてや a maggior ragione ―～…だ ancora di più /～…でない ancora di meno

まじない【呪い】magia 女,（魔よけ）scongiuro 男;（呪文）incantesimo 男

まじめ【真面目】―～な serio, sincero

まじゅつ【魔術】magia 女, stregoneria 女

まじょ【魔女】strega 女

マジョルカとう【―島】Maiorca 固名(女) ―～の maiorchino

まじりけのない【混じり気の無い】puro, genuino

まじる【混じる】mescolarsi (con), mischiarsi (con)

まじわる【交わる】（交差する）incrociarsi;（交際する）frequentare, avere relazioni (con)

ます【鱒】trota 女

ます【升】staio 男

ます【増す】aumentare, crescere

まず（最初に）prima di tutto, innanzitutto;（おそらく）quasi certamente, molto probabilmente;（ともかく）ad ogni modo, comunque

ますい【麻酔】anestesia 女 ♦～薬 anestetico 男

まずい【不味い】（味が）insipido, poco saporito;（拙い）cattivo, brutto;（得策でない）sfavorevole, non conveniente

マスカット uva moscata 女

マスカラ mascara

マスク maschera 女;（衛生）mascherina sanitaria 女

マスコット mascotte 女

マスコミ comunicazione di massa 女;（マスメディア）mass media 男複

まずしい【貧しい】povero

まずしさ【貧しさ】povertà 女, miseria 女

マスター padrone(a) 男(女) ♦～キー passe-partout 男

マスタード mostarda 女, senape 女

マスト albero 男

マスプロ produzione in serie 女

ますます【益々】sempre più, sempre meno

まずまず passabile, discreto, accettabile

マスメディア mass media 男複

ませた precoce

マゼランかいきょう【―海峡】Stretto di Magellano 固名(男)

まぜる【混|交ぜる】mescolare, mischiare;（掻き混ぜる）sbattere, agitare

マゾヒスト masochista 男女

マゾヒズム masochismo 男

また【又】（再度）ancora, di nuovo;（同じく）anche;（その上）inoltre, per di più

- また【股】 coscia 女, inguine 男 —世界を~にかける girare per tutto il mondo, lavorare in giro per il mondo
- まだ【未だ】 ancora; (否定)non... ancora
- マダガスカル Madagascar 国名(男) —~の malgascio
- またがる【跨る】 (馬などに)cavalcare, montare; (広域に)estendersi
- またぐ【跨ぐ】 superare, scavalcare
- またした【股下】 (ズボンの)cavallo 男
- まだしも —暑さだけなら~この湿気には耐えられない Sopporterei il caldo, ma non ne posso più di questa umidità.
- またせる【待たせる】 far aspettare
- またたく【瞬く】 luccicare, scintillare; (目を)battere le palpebre
- マタニティー —~の gestante ◆~衣料 abbigliamento premaman [gestante] 男
- または【又は】 o, oppure
- まだら【斑】 macchia 女
- まち【町・街】 (都市)città 女; (小さい町)cittadina 女, villaggio 男
- まちあいしつ【待合室】 sala d'aspetto 女
- まちあわせる【待ち合わせる】 incontrarsi
- まちうける【待ち受ける】 (苦難・出来事が)attendere, aspettare
- まぢか【間近】 —~に迫っている essere ormai imminente
- まちがい【間違い】 sbaglio 男, errore 男
- まちがえる【間違える】 sbagliare, fare un errore; (AをBと取り違える)prendere A per B —間違った sbagliato
- まちどおしい【待ち遠しい】 non vedere l'ora che [di + 不定詞]
- まちぶせ【待ち伏せ】 imboscata 女, agguato 男 —…を~する tendere un'imboscata a...
- まつ【松】 pino 男 —~の実 pinolo 男
- まつ【待つ】 aspettare
- まつえい【末裔】 discendente 男女
- まっか【真っ赤】 —~な rosso vivo; (緋色の)scarlatto
- まっき【末期】 fine 女, fase finale 女
- まっくら【真っ暗】 —~だ È buio pesto.
- まっくろ【真っ黒】 —~な tutto nero; (日焼け)tutto abbronzato
- まつげ【睫毛】 ciglio 男(複 le ciglia)
- マッサージ massaggio 男 —~する massaggiare, curare con massaggi
- まっさいちゅう【真っ最中】 —~に nel bel mezzo
- まっさお【真っ青】 —~な blu oltremare; (顔色が)pallido
- まっさかさま【真っ逆さま】 —~に落ちる cadere a capofitto
- まっさき【真っ先】 —~に prima di tutto
- マッシュルーム champignon 男
- まっしょう【抹消】 —~する cancellare
- まっしろ【真っ白】 —~な tutto bianco
- まっすぐ【真っ直ぐ】 —~な diritto, retto; (性格が)onesto / ~に diretto; (寄らずに)direttamente
- マッターホルン (山)Monte Cervino 国名(男)
- まったく【全く】 completamente; (本当に)veramente; (否定で)non... affatto
- まったん【末端】 estremità 女, capo 男, fine 女
- マッチ fiammifero 男; (試合)partita 女, match 男
- マット tappeto 男, tappetino 男; (泥落とし)zerbino 男
- マットレス materasso 男
- マッハ mach 男
- まつばづえ【松葉杖】 stampella 女
- まつやに【松脂】 resina di pino 女
- まつり【祭り】 festa 女
- まつる【祭る】 venerare
- まで fino a; (目的地)per; (…も)anche; (…でさえ)persino
- まてんろう【摩天楼】 grattacielo 男
- まと【的】 (標的)bersaglio 男; (対象)oggetto 男
- まど【窓】 finestra 女; (乗り物の)finestrino 男 —~側の席 posto al finestrino 男, finestrino 男
- まどぐち【窓口】 sportello 男
- まとまる【纏まる】 (集まる)riunirsi; (完成する)concludersi —まとまった金 somma consistente 女
- まとめ【纏め】 sintesi 女; (要約)riassunto 男; (概要)sommario 男
- まとめる【纏める】 (要約)riassumere, sintetizzare; (集める)mettere insieme; (解決する)risolvere; (仕上げる)completare
- まとも —~な (立派な)rispettabile; (分別ある)ragionevole
- まどり【間取り】 disposizione delle stanze 女
- マドリード Madrid 国名(女) —~の madrileno
- まどろむ assopirsi, schiacciare un pisolino
- まどわす【惑わす】 (困惑)imbarazzare; (誘惑)sedurre
- マナー maniere 女複 —~が悪い avere cattive maniere
- まないた【俎】 tagliere 男
- まなざし【眼差し】 sguardo 男
- まなつ【真夏】 piena estate 女
- まなぶ【学ぶ】 imparare, studiare
- マニア appassionato(a) 男(女); (熱狂的な)fanatico(a) 男(女)
- まにあう【間に合う】 essere in tempo; (満たす)bastare, essere sufficiente
- まにあわせ【間に合わせ】 —~の provvisorio, temporaneo
- まにあわせる【間に合わせる】 (…で済ませる)accontentarsi di..., arrangiarsi

マニキュア manicure
マニュアル manuale 男
まぬかれる【免れる】 sfuggire; (回避)evitare; (免除される)essere esonerato (da)
まぬけ【間抜け】 ――～な stupido, scemo, tonto
まね【真似】 (模倣)imitazione 女; (振り)finta 女
マネーサプライ base monetaria 女, disponibilità di capitali 女
マネージャー manager 男女
マネキン (人形)manichino 男; (人)modella 女, mannequin 女
まねく【招く】 invitare; (引き起こす)provocare, causare
まねる【真似る】 imitare, fare l'imitazione 《di》; (猿真似)scimmiottare
まばたき【瞬き】 batter d'occhio 男; (ウインク)strizzata d'occhio 女 ――～する battere le ciglia; (ウインクする)strizzare l'occhio
まばら【疎ら】 ――～な (人が)scarso; (草木が)rado
まひ【麻痺】 paralisi 女 ――～する essere paralizzato
まひる【真昼】 mezzogiorno 男
マフィア mafia 女, Cosa Nostra 女
まぶしい【眩しい】 abbagliante, accecante
まぶた【瞼】 palpebra 女 ◆上[下]～ palpebra superiore [inferiore]
まふゆ【真冬】 pieno inverno 男
マフラー sciarpa 女; (車の)marmitta 女, silenziatore 男
まほう【魔法】 magia 女 ◆～使い stregone 男, strega 女/～瓶 thermos 男
マホガニー mogano 男
まぼろし【幻】 visione 女, apparizione 女; (幻影)fantasma 男
まま【儘】 ……を今の～にしておく lasciare... come è / ドアを開けた～にしておく lasciare la porta aperta
ママ mamma 女
ままこ【継子】 figliastr o(a) 男(女)
ままごと ――～遊びをする giocare alla mamma [casalinga] ◆～セット set di pentoline 男
ままはは【継母】 matrigna 女
まみず【真水】 acqua dolce 女
まむし【蝮】 vipera 女
まめ【豆】 legumi 男複
まめ【肉刺】 callo 男
まめ ――～な (よく働く)laborioso, diligente
まめつ【摩滅】 ――～する consumarsi / タイヤが～した I pneumatici si sono consumati.
まもなく【間も無く】 fra poco
まもの【魔物】 diavolo 男, demone 男
まもり【守り】 difesa 女, protezione 女
まもる【守る】 difendere, proteggere

まやく【麻薬】 droga 女
まゆ【繭】 bozzolo 男
まゆ【眉】 sopracciglio 男(複 le sopracciglia) ◆～墨 matita per sopracciglia 女
まよい【迷い】 (ためらい)esitazione 女; (迷妄)illusione 女
まよう【迷う】 (躊躇する)esitare; (決断に)essere indeciso; (道に)smarrirsi, perdersi
まよなか【真夜中】 piena notte 女
マヨネーズ maionese 女
マラウイ Malawi 固名(男) ――～の malawiano
マラカス maracas 女複
マラッカかいきょう【―海峡】 Stretto di Malacca 固名(男)
マラリア malaria 女
まり【鞠】 palla 女
マリ Mali 固名(男) ――～の maliano
マリアナ Marianne 固名(女複) ◆～海溝 Fossa delle Marianne 固名(女)/～諸島 Isole Marianne 固名(女複)
マリオネット marionetta 女
マリネ marinata 女
マリファナ marijuana 女
まる【丸】 cerchio 男
まるい【円[丸]い】 (円形の)rotondo; (環状の)circolare; (球状の)sferico
まるがり【丸刈り】 rapata a zero 女
まるくび【丸首】 ――～の girocollo
マルセイユ Marsiglia 固名(女) ――～の marsigliese
まるた【丸太】 tronco 男
マルタ Malta 固名(女) ――～の maltese ◆～語 maltese 男/～人 maltese 男女
まるで come se, quasi
まるてんじょう【丸天井】 (半円柱形)volta 女; (ドーム形)cupola 女
まるまる【丸々】 ――～とした rotondo, grassoccio
まるみ【丸み】 rotondità 女 ――～を帯びる arrotondarsi
まるやね【丸屋根】 cupola 女
まれ【稀】 ――～な raro /～に di rado, raramente
マレーシア Malesia 固名(女) ――～の malese ◆～語 malese 男
マレーはんとう【―半島】 Penisola di Malacca 固名(女)
まわす【回す】 girare, far girare; (順に渡す)passare; (差し向ける)mandare, inviare
まわり【回[周]り】 (周)circonferenza 女; (付近)vicinanze 女複, dintorni 男複; (火の)estensione 女 ―ひと～ (一巡)turno 男; (回転)rotazione 女 ◆時計[反時計]～に in senso orario [antiorario]
まわりくどい【回りくどい】 ――～言い方 modo indiretto di dire 男
まわりみち【回り道】 deviazione 女
まわる【回る】 girare; (循環)circolare

まん【万】 diecimila 男 —100〜 un milione 男
まんいち【万一】 per caso
まんいん【満員】 —〜の pieno, completo
まんえん【蔓延】 diffusione 女 —〜する diffondersi
まんが【漫画】 fumetto 男; (一コマの)vignetta 女; (アニメ)cartone animato 男
まんかい【満開】 —〜の (essere) in piena fioritura
マンガン manganese 男
まんき【満期】 scadenza 女; 〔商・経〕maturazione 女 —〜になる scadere
まんきつ【満喫】 —〜する godersi pienamente
まんげきょう【万華鏡】 caleidoscopio 男
まんげつ【満月】 luna piena 女
マンゴー mango 男
まんじょういっち【満場一致】 (投票結果が)voto unanime 男 —〜で all'unanimità
マンション appartamento 男; (分譲式の)condominio 男
まんせい【慢性】 (病気が)cronico; (常習の)inveterato
まんぜん【漫然】 —〜と (ぼんやりと)distrattamente; (目的もなく)senza uno scopo ben definito
まんぞく【満足】 soddisfazione 女 —〜する accontentarsi, soddisfarsi / 〜な soddisfacente
まんタン【満―】 —ガソリンを〜にする fare il pieno di benzina
まんちょう【満潮】 alta marea 女
まんてん【満点】 pieni voti 男複
マント mantello 男
マンドリン mandolino 男
まんなか【真ん中】 (中心)centro 男; (中間)mezzo 男 —〜で分ける dividere a metà
マンネリ routine 女, tran tran 男
まんねんひつ【万年筆】 stilo 女, stilografica 女
まんびき【万引き】 (人)taccheggiatore(trice) 男(女) —〜する taccheggiare
まんぷく【満腹】 —〜する saziarsi, mangiare a sazietà / 〜である essere pieno
まんべんなく【満遍なく】 uniformemente, ugualmente; (例外なく)senza eccezione
マンホール tombino, pozzetto 男
マンモス mammut 男 ♦〜大学 università enorme 女
まんりき【万力】 morsa 女

み

み【実】 frutto 男; (小さな実)bacca 女; (木の実)noce 女
み【身】 corpo 男 —私の〜に覚えはない Non me ne ricordo affatto.
みあい【見合い】 (ブラインドデート)appuntamento al buio 男 ♦〜結婚 matrimonio combinato 男
みあげる【見上げる】 guardare su [in alto]
みあやまる【見誤る】 (AをBと)prendere A per B
みあわせる【見合わせる】 (延期する)rimandare; (断念する)smettere
みいだす【見出す】 trovare, scoprire
ミーティング riunione 女
ミイラ mummia 女
みいり【実入り】 —〜がよい (職業・投資が)proficuo; (人が)avere un reddito alto
みうしなう【見失う】 perdere di vista
みうち【身内】 parente 男女
みえ【見栄】 vanità 女 —〜を張る esibirsi, mettersi in mostra
みえすいた【見え透いた】 malcelato; (明らかな)chiaro, palese —〜嘘をつく dire una bugia malcelata
みえる【見える】 (人・動物が主語)vedere; (物・風景が主語)vedersi, apparire; (…のように)sembrare, parere
みおくる【見送る】 andare a salutare, accompagnare alla partenza
みおとす【見落とす】 fare una svista
みおぼえ【見覚え】 —〜がある riconoscere, ricordarsi 《di》 / 〜のある ben ricordato, familiare
みおろす【見下ろす】 guardare giù [in basso]
みかい【未開】 —〜の primitivo, incivile
みかいけつ【未解決】 —〜の pendente, irrisolto / 〜の問題 questione in sospeso 女
みかえす【見返す】 (…の目を)ricambiare lo sguardo di…
みかえり【見返り】 contropartita 女, ricompensa 女; 〔商〕garanzia collaterale 女
みかく【味覚】 gusto 男
みがく【磨く】 lucidare; (技能を)sviluppare, migliorare, perfezionarsi 《in》
みかけ【見掛け】 apparenza 女, aspetto 男
みかた【味方】 amico(a) 男(女), alleato 男, complice 男女; (支持者)sostenitore(trice) 男(女) —〜する stare dalla parte 《di》
みかた【見方】 punto di vista 男
みかづき【三日月】 luna crescente 女 ♦〜形の a forma di falce
みかって【身勝手】 —〜な egoista, egoistico
みがまえる【身構える】 mettersi in guardia
みがる【身軽】 —〜な agile, leggero; (自由な)libero / 〜に agilmente

みかん【蜜柑】mandarino 男
みかんせい【未完成】 ―～の incompiuto, non finito
みき【幹】tronco 男
みぎ【右】destra 女 ―～の destro
みぎうで【右腕】braccio destro 男
みぎがわ【右側】lato destro 男 ◆～通行〔掲示〕Tenere la destra
みぎきき【右利き】 ―～の destrimano
ミキサー frullatore 男
みぎまわり【右回り】 ―～の destrorso
みきわめる【見極める】（確認する）verificare, accertare;（深く検討する）esaminare a fondo
みくだす【見下す】guardare dall'alto in basso
みくびる【見くびる】sottovalutare
みぐるしい【見苦しい】（恥ずべき）vergognoso;（醜い）indecente
ミクロネシア Micronesia 固名(女) ―～の micronesiano
ミクロン micron 男
みごと【見事】 ―～な bello, bravo, splendido
みこみ【見込み】previsione 女;（有望）prospettiva 女;（可能性）possibilità 女
みこむ【見込む】（当てにする）contare (su);（期待する）sperare
みこん【未婚】 ―～の non sposato;〔法〕celibe 男, nubile 女
ミサ messa 女
ミサイル missile 男 ◆長距離～ missile a lunga gittata 男
みさき【岬】capo 男, promontorio 男
みじかい【短い】corto, breve
みじたく【身支度】 ―～する vestirsi, prepararsi
みじめ【惨め】 ―～な misero, miserabile
みじゅく【未熟】 ―～な immaturo, inesperto ◆～児 neonato(a) prematuro(a) 男(女)
みしらぬ【見知らぬ】sconosciuto
ミシン macchina per [da] cucire 女
ミス（失敗）errore 男, sbaglio 男;（敬称）Signorina 女
みず【水】acqua 女 ―～の都 città d'acqua
みずあび【水浴び】bagno 男 ―～する fare il bagno
みずあめ【水飴】sciroppo d'amido 男
みすい【未遂】 ―～の tentato ◆殺人～ tentato omicidio 男
みずいろ【水色】 ―～の azzurro, celeste
みずうみ【湖】lago 男
みずかき【水掻き】（水鳥の）membrana 女
みずがめざ【水瓶座】Acquario 固名(男)
みずから【自ら】in persona, personalmente
みずぎ【水着】costume da bagno 男

みずくさい【水臭い】non amichevole, privo di franchezza, poco espansivo
みすごす【見過ごす】commettere una svista
みずさし【水差し】caraffa 女, brocca 女
みずしょうばい【水商売】（飲食業）lavoro presso bar, ristoranti e locali notturni 男;（不安定な仕事）mestiere insicuro 男
みずしらず【見ず知らず】 ―～の sconosciuto, ignoto, estraneo
ミスター（敬称）Signor 男
みずたま【水玉】（模様の）a pallini, a pois
みずたまり【水溜まり】pozza 女, pozzanghera 女
みずっぽい【水っぽい】 acquoso, annacquato
ミステリー mistero 男;（小説）giallo 男, poliziesco 男
みすてる【見捨てる】abbandonare
みずとり【水鳥】uccello acquatico 男
みずぶくれ【水脹れ】vescica 女
ミスプリント errore di stampa 男
みずべ【水辺】riva 女, costa 女
みずぼうそう【水疱瘡】varicella 女
みずぼらしい misero
みずみずしい【瑞々しい】fresco
みずむし【水虫】piede d'atleta 男
みせ【店】negozio 男, bottega 女
みせいねん【未成年】minore età 女 ―～の minorenne ◆～者 minorenne 男女
みせかけ【見せ掛け】 apparenza 女;（偽り）finzione 女 ―～の finto, apparente
みせかける【見せ掛ける】fingere
みせさき【店先】 ―～で davanti al negozio
ミセス（敬称）Signora 女;（既婚女性）donna sposata 女
みせつける【見せつける】esibire, pavoneggiarsi, fare sfoggio (di)
みせばん【店番】commesso(a) 男(女) ―～をする tenere d'occhio il negozio, badare al negozio
みせびらかす【見せびらかす】esibire
みせもの【見せ物】spettacolo 男; ―…を～にする esibire... al pubblico,（笑いものにする）esporre... alle risa altrui
みせる【見せる】far vedere, mostrare
みそ【味噌】miso 男, pasta di soia fermentata 女 ◆～汁 zuppa di miso 女
みぞ【溝】scolo 男, fossato 男;（隔たり）gap 男
みぞう【未曾有】 ―～の inaudito, mai successo, senza precedenti
みぞおち【鳩尾】bocca dello stomaco 女
みそこなう【見損なう】（評価を誤る）farsi un'idea sbagliata (di)
みそめる【見初める】（人を）innamo-

みぞれ rarsi di... a prima vista

みぞれ【霙】nevischio 男

-みたい (…のような)come...; (…の一種) una specie di...; (…らしい)sembrare, parere ―夢~だ Mi sembra un sogno.

みだし【見出し】indice 男; (標題)titolo 男; (新聞の)titolo 男

みだしなみ【身嗜み】―~がよい essere ben vestito

みたす【満たす】(容器を)riempire; (要求を)soddisfare

みだす【乱す】mettere in disordine; (妨害する)disturbare

みだれ【乱れ】disordine 男; (混沌)caos 男; (感情の)agitazione 女; (大気の)turbolenza 女

みだれる【乱れる】entrare nel disordine, essere in disordine ―乱れた disordinato; (混乱した)confuso

みち【道】strada 女, via 女

みち【未知】―~の sconosciuto, ignoto

みちあんない【道案内】guida 女; (助言)consiglio 男 ―~をする fare da guida (a)

みちくさ【道草】―~を食う attardarsi per strada

みちしお【満ち潮】alta marea 女

みちじゅん【道順】itinerario 男, percorso 男

みちしるべ【道標】segnale stradale 男

みちすう【未知数】incognita 女

みちた【満ちた】―~に~ pieno di...

みちのり【道のり】distanza 女, strada 女

みちびく【導く】condurre, guidare

みちる【満ちる】riempire, riempirsi (di)

みつ【蜜】miele 男

みつあみ【三つ編み】trecce 女複

みっかい【密会】incontro segreto 男

みつかる【見つかる】essere trovato; (発見される)essere scoperto

ミックス mescolanza 女 ―~した misto

みつける【見つける】trovare; (発見) scoprire

みつご【三つ子】tre gemell*i*(*e*) 男複(女複) ―~の魂百まで Il carattere acquisito nell'infanzia non cambia mai.

みっこうしゃ【密航者】clandestin*o*(*a*) 男(女)

みっこく【密告】denuncia segreta 女 ―警察に~する fare una soffiata alla polizia

みっしつ【密室】stanza segreta [chiusa] 女

みっしゅう【密集】―~する affollarsi, ammassarsi ◆~地帯 (建物の)area edificata 女

みっせい【密生】―~する crescere fitto / ~した rigoglioso

みっせつ【密接】―~な stretto, intimo

みっつ【三つ】tre

みつど【密度】densità 女 ◆人口~ densità abitativa 女

みっともない vergognoso, indecente

みつにゅうこくしゃ【密入国者】immigrat*o*(*a*) clandestin*o*(*a*) 男(女)

みつばい【密売】spaccio 男, vendita illegale 女

みつばち【蜜蜂】ape 女

みっぺい【密閉】―~する chiudere (ermeticamente), serrare

みつめる【見詰める】guardare fisso

みつもり【見積もり】preventivo 男, stima 女

みつもる【見積もる】preventivare, stimare, fare un preventivo (per)

みつやく【密約】accordo segreto 男

みつゆ【密輸】contrabbando 男 ―~する contrabbandare

みつりょう【密猟】caccia di frodo 女 ―~する cacciare di frodo

みつりょう【密漁】pesca di frodo 女 ―~する pescare di frodo

みつりん【密林】foresta molto fitta 女; (ジャングル)giungla 女

みてい【未定】―~の (決まっていない) non fissato [deciso]; (不確かな)incerto

みとう【未踏】―~の non frequentato, non battuto, inesplorato

みとおし【見通し】(予想)previsione 女; (展望)prospettiva 女

みとおす【見通す】vedere [guardare] lontano; (予測する)prevedere; (見抜く)indovinare

みとめる【認める】riconoscere; (承認) accettare; (許可)permettere

みどり【緑】verde 男 ―~の verde

みとりず【見取り図】schizzo 男

みとる【看取る】一(人)の最期を~ assistere alla morte di...

ミドルきゅう【―級】peso medio 男

みとれる【見とれる】essere incantato (da)

みな【皆】tutt*i*(*e*) 男複(女複), tutt*o*(*a*) 男(女); (人)ognun*o*(*a*) 男(女), ciascun*o*(*a*) 男(女),; (物)ogni cosa 女

みなおす【見直す】riguardare, rileggere; (再検討)riesaminare

みなしご【孤児】orfan*o*(*a*) 男(女)

みなす【見なす】considerare, reputare

みなと【港】porto 男

みなみ【南】sud 男, meridione 男 ―~の meridionale / ~の風 austro 男 ◆~イタリア l'Italia meridionale 女, il Sud 男, il Mezzogiorno 男 / ~十字星 la Croce del Sud 女 / ~半球 emisfero australe 男

みなみアフリカ【南―】Sudafrica 固名(女) ―~の sudafricano

みなみアメリカ【南―】Sudamerica

みなみシナかい 名(女) ―～の sudamericano
みなみシナかい【南ー海】 Mar Cinese Meridionale 名(男)
みなみスーダン【南ー】 Sud Sudan 名(男) ―～の sudsudanese
みなもと【源】 (水源)sorgente 女; (起源)origine 女
みならい【見習い】 (従弟の)apprendista 男女; (実習・研修の)tirocinante 男女 ◆～看護師 infermiera tirocinante 女 /～期間 tirocinio 男
みならう【見習う】 seguire, (真似る)imitare
みなり【身形】 apparenza 女絵; (服装)abbigliamento 男 ―～で判断する giudicare dalle apparenze
みなれた【見慣れた】 familiare
ミニ mini- ◆～スカート minigonna 女 /～ディスク minidisco 男
みにくい【見難い】 difficile da vedere
みにくい【醜い】 brutto; (人間的に)vergognoso, ignobile
ミニチュア miniatura 女
みぬく【見抜く】 capire; (言い当てる)indovinare
みね【峰】 vetta 女, picco 男; (刃の)dorso 男
ミネラル minerali 男複 ◆～ウォーター acqua minerale 女
みのう【未納】 ―～の non pagato ◆～者 (税金)inademiente 男女
みのうえ【身の上】 (境遇)situazione 女; (経歴)passato 男
みのがす【見逃す】 (…を見落とす)non accorgersi di…, lasciarsi sfuggire…; (黙認)chiudere un occhio
みのしろきん【身代金】 riscatto 男
みのまわり【身の回り】 ―～の品 oggetti personali 男複 /～の世話をする guardare, curare
みのり【実り】 (成果)frutto 男 ―～の多い fecondo, fruttuoso, con ottimi risultati
みのる【実る】 dare buoni frutti
みはなす【見放す】 abbandonare, lasciare
みはらし【見晴らし】 veduta 女 ◆～台 belvedere 男
みはり【見張り】 (行為・人)guardia 女
みはる【見張る】 fare la guardia (a)
みぶり【身振り】 gesto 男
みぶん【身分】 posizione sociale 女 ◆～証明書 carta d'identità 女, documento 男
みぼうじん【未亡人】 vedova 女
みほん【見本】 campione 男; (型の)modello 男 ◆～市 fiera 女 /～帳 campionario 男
みまい【見舞い】 visita 女
みまう【見舞う】 visitare, andare a trovare
みまもる【見守る】 guardare con attenzione
みまわす【見回す】 guardarsi attorno
みまわる【見回る】 fare un giro di ispezione
みまん【未満】 meno di…
みみ【耳】 orecchio 男(複 gli orecchi, le orecchie) ―～が遠い essere duro d'orecchi
みみかき【耳掻き】 puliscorecchi 男
みみず【蚯蚓】 lombrico 男
みみずく【木菟】 gufo 男
みみたぶ【耳朶】 lobo dell'orecchio 男
みめい【未明】 ―～に prima dell'alba
ミモザ mimosa 女
みもと【身元】 identità 女; (素性)stirpe 女; (経歴)passato 男
みゃく【脈】 (脈拍)polso 男, battiti 男複; (脈動)pulsazione 女; (希望)speranza 女
みやげ【土産】 souvenir 男
みやこ【都】 (首都)capitale 女; (都市)città 女
みやぶる【見破る】 scoprire, intuire, smascherare
ミャンマー Myanmar 名(男), Birmania 名(女) ―～の birmano
ミュージカル musical 男
ミュージシャン musicista 男女
ミュンヘン Monaco (di Baviera) 名(女) ―～の monacense
みょう【妙】 ―～な strano; (奇抜な)bizzarro
みょうごにち【明後日】 dopodomani
みょうじ【苗[名]字】 cognome 男
みょうれい【妙齢】 ―～の娘 giovane donna 女, ragazza florida 女
みらい【未来】 futuro 男, anni a venire 男複
ミラノ Milano 名(女) ―～の milanese
ミリグラム milligrammo 男
ミリメートル millimetro 男
みりょう【魅了】 ―～する affascinare
みりょく【魅力】 fascino 男, attrattiva 女 ―～的な affascinante
みる【見る】 vedere, guardare; (…の世話をする)prendersi cura di…
みる【診る】 (医師が体を)esaminare ―医者に診てもらう farsi vedere dal medico
ミルク latte 男 ◆粉～ latte in polvere 男 /～コーヒー caffellatte 男 /～セーキ frappè 男
みるみる【見る見る】 ―～うちに in un baleno; (刻々と)ogni istante
ミレニアム millennio 男
みれん【未練】 attaccamento 男, rimpianto 男
みわくてき【魅惑的】 ―～な attraente, affascinante
みわける【見分ける】 (AとBを)distinguere A da B [tra A e B]; (認識する)riconoscere
みわたす【見渡す】 guardarsi intorno ―～限り a perdita d'occhio
みんい【民意】 opinione pubblica 女

みんえいか【民営化】 privatizzazione 女／ ― する privatizzare
みんか【民家】 casa 女, abitazione privata 女
みんかん【民間】 ― の privato, civile ◆ ～伝承 folclore 男
ミンク visone 男
みんげいひん【民芸品】 artigianato folcloristico 男
みんじ【民事】 ― の civile ◆ ～訴訟 causa civile 女／ ～裁判所 tribunale civile 男
みんしゅ【民主】 ― 的な democratico ◆ ～化 democratizzazione 女／ ～主義 democrazia 女
みんしゅう【民衆】 popolo 男
みんしゅく【民宿】 pensione 女, locanda 女
みんぞく【民俗】 costumi folcloristici 男複 ◆ ～音楽 musica folcloristica 女
みんぞく【民族】 etnia 女, popolo 男 ◆ ～音楽 musica etnica 女
ミント menta 女
みんぽう【民法】 diritto civile 男
みんよう【民謡】 canzone folcloristica 女; 〔口〕canzone popolare 女
みんわ【民話】 leggenda folcloristica 女; 〔口〕racconto popolare 男, fiaba popolare 女

む

む【無】 nulla 男, niente 男
むい【無為】 inattività 女, ozio 男
むいしき【無意識】 incoscienza 女 ― の incosciente, inconsapevole ／ ～に incoscientemente
むいちもん【無一文】 spiantato 男 ― ～である essere al verde, essere povero in canna
むいみ【無意味】 ― な insignificante; (愚にもつかない)assurdo, privo di senso
ムード atmosfera 女
ムールがい【一貝】 cozza 女
ムーンストーン pietra lunare 女, lunaria 女
むえき【無益】 ― な inutile, vano
むえん【無縁】 ― の estraneo (da), (essere) privo di rapporti (con)
むえんガソリン【無鉛―】 benzina verde [senza piombo] 女
むかい【向かい】 lato opposto 男 ― ～の opposto, di fronte
むがい【無害】 ― な innocuo; (人柄が)inoffensivo
むかいあう【向かい合う】 trovarsi faccia a faccia
むかう【向かう】 stare di fronte a; (進む)partire per, dirigersi verso
むかえ【迎え】 ― (人)を～に行く andare a prendere...
むかえる【迎える】 (歓迎する)accogliere; (出迎える)aspettare
むかし【昔】 passato 男; (かつて)una volta
むかつく (吐き気を感じる)stomacarsi, provare nausea; (腹が立つ)provare rabbia
むかで【百足】 scolopendra 女
むかんかく【無感覚】 insensibilità 女 ― な insensibile
むかんけい【無関係】 ― である non avere nulla a che fare (con); (人と)non avere rapporti [legami] (con)
むかんしん【無関心】 indifferenza 女 ― ～な indifferente
むき【向き】 direzione 女; (方位)esposizione 女
むき【無機】 ― の inorganico ◆ ～質(無機物)materia inorganica 女; (鉱物質)materia minerale 女
むぎ【麦】 grano 男; (大麦)orzo 男
むきず【無傷】 ― ～の illeso, indenne
むきだし【剥き出し】 ― ～の scoperto, nudo; (露骨な)aperto ／ ～に senza riserve
むきちょうえき【無期懲役】 ergastolo 男
むきりょく【無気力】 ― な inerte, svogliato, apatico, senza energie
むぎわら【麦藁】 paglia 女 ◆ ～帽子 cappello di paglia 男
むきん【無菌】 ― の privo di germi; (殺菌した)asettico
むく【向く】 voltarsi, volgersi; (適する)essere adatto (a)
むく【剥く】 sbucciare, pelare
むくい【報い】 ricompensa 女; (罰)punizione 女
むくいる【報いる】 ricompensare
むくち【無口】 ― ～な taciturno ／ ～な人 tipo di poche parole
むくどり【椋鳥】 storno 男
むくむ【浮腫む】 gonfiarsi
-むけ【-向け】 ― アジア～の diretto all'Asia ／ 若者～の rivolto per la gioventù
むけい【無形】 ― ～の immateriale; (形のない)amorfo, intangibile
むける【向ける】 dirigere, volgere
むげん【無限】 ― の infinito; (無尽蔵の)inesauribile, illimitato
むこ【婿】 (娘の)genero 男; (新郎)sposo 男
むごい【惨酷い】 crudele; (非人間的)disumano
むこう【向こう】 ― ～に là, laggiù ／ …の～に al di là di...
むこう【無効】 invalidazione 女 ― ～の invalido; (証券類が)annullato
むこうずね【向こう脛】 stinco 男
むこうみず【向こう見ず】 ― ～な temerario, avventato
むこくせき【無国籍】 ― ～の apolide ◆ ～者 apolide 男女
むごん【無言】 silenzio 男

むざい【無罪】 innocenza 女 ―の innocente
むさぼる【貪る】 ―貪り食う divorare / 本を貪り読む divorare un libro
むざん【無残】 ―な orribile, orrendo
むし【虫】(昆虫)insetto 男; (ミミズなど)verme 男
むし【無視】 ―する ignorare, trascurare
むじ【無地】 ―の a tinta unita; (便せん·ノートが)senza righe
むしあつい【蒸し暑い】 caldo soffocante, caldo umido [afoso]
むしかく【無資格】 incompetenza 女 ―の non qualificato, incompetente
むしくだし【虫下し】 vermifugo 男
むじつ【無実】 innocenza 女 ―の innocente
むしば【虫歯】 dente cariato 男
むしばむ【蝕む】 rodere, consumare, logorare
むじひ【無慈悲】 crudeltà 女; (非人間的)disumanità 女 ―な crudele, spietato, senza pietà
むしぼし【虫干し】 ―衣類を~する mettere i vestiti al sole
むしめがね【虫眼鏡】 lente d'ingrandimento 女
むじゃき【無邪気】 ―な innocente, ingenuo
むじゅん【矛盾】 contraddizione 女 ―する essere in contraddizione 《con》
むしょう【無償】 ―の gratuito, senza ricompensa
むじょう【無常】 fugacità 女, mutevolezza 女
むじょう【無情】 ―な (残酷な)crudele; (心ない)senza cuore; (無慈悲な)impietoso
むじょうけん【無条件】 ―で senza condizioni, incondizionato
むしょく【無色】 ―の incolore, privo di colore
むしょく【無職】 ―の senza lavoro, disoccupato
むしよけ【虫除け】 insetticida 男
むしょぞく【無所属】 ◆~議員 deputato(a) indipendente 男(女)
むしる【毟る】 (羽を)spennare; (草などを)togliere
むしろ piuttosto, anziché
むしん【無心】 (無邪気に)innocenza 女; (雑念のない)assenza di pensieri 女 ―に innocentemente
むじん【無人】 ―の disabitato, deserto ◆~島 isola disabitata 女
むしんけい【無神経】 insensibilità 女 ―な insensibile; (振る舞いが)indelicato
むじんぞう【無尽蔵】 ―の infinito, inesauribile
むしんろん【無神論】 ateismo 男 ◆~者 ateo(a) 男(女)
むす【蒸す】 cuocere a vapore
むすう【無数】 ―の innumerabile, incalcolabile
むずかしい【難しい】 difficile; (厄介な)fastidioso; (複雑な)complicato
むすこ【息子】 figlio 男
むすびつき【結び付き】 relazione 女, rapporto 男
むすびつく【結び付く】 (相互に)unirsi; (…に)essere legato a...
むすびつける【結び付ける】 unire, legare
むすびめ【結び目】 nodo 男
むすぶ【結ぶ】 legare; (繋ぐ)unire; (契約を)firmare
むずむず ―~すること (疼き)prurito 男; (熱望)smania 女, voglia 女 / …したくて~する non vedere l'ora di...
むすめ【娘】 figlia 女; (若い女性)fanciulla 女
むぜい【無税】 ―の esente da tasse; (関税が)esente da dogana
むせいげん【無制限】 ―の illimitato
むせきにん【無責任】 ―な irresponsabile
むせる【噎せる】 soffocarsi
むせん【無線】 radio 女
むそう【夢想】 sogno 男, fantasticheria 女
むだ【無駄】 ―な inutile / (物を)~使いする sprecare, fare spreco 《di》
むだぼね【無駄骨】 fatica sprecata 女 ―~を折る sprecare tempo e fatica
むだん【無断】 ―で (許可なく)senza permesso; (予告なく)senza preavviso
むたんぽ【無担保】 ―で senza garanzia
むち【鞭】 frusta 女, sferza 女 ◆~打ち症 colpo di frusta 男
むち【無知】 ignoranza 女 ―な ignorante
むちつじょ【無秩序】 disordine 男, confusione 女 ―な disordinato, confuso
むちゃ【無茶】 ―な irragionevole
むちゅう【夢中】 ―になる impazzire, appassionarsi / ~で (熱狂して)freneticamente; (興奮して)con entusiasmo
むちんじょうしゃ【無賃乗車】 ―~する salire su... senza biglietto, fare il portoghese
むっつ【六つ】 sei 男
むつまじい【睦まじい】 (親密な)intimo; (愛情深い)affezionato
むてっぽう【無鉄砲】 ―な temerario
むてんか【無添加】 ―の senza additivi
むとんちゃく【無頓着】 indifferenza 女, noncuranza 女 ―な incurante, spensierato
むなさわぎ【胸騒ぎ】 inquietudine 女, timore 男; (虫の知らせ)presentimento

むない 男 ——がする avere un brutto presentimento, sentire una strana inquietudine

むなしい【虚・空しい】 vano, vuoto

むね【胸】 petto 男, seno 男 ◆~焼け bruciore di stomaco 男

むね【棟】 colmo di un tetto 男, palazzo 男, casa 女

むのう【無能】 incompetenza 女, incapacità 女 ——な incapace, incompetente

むのうやく【無農薬】 ——の biologico, ecologico, naturale

むひ【無比】 ——の incomparabile, senza pari

むひょうじょう【無表情】 ——な inespressivo; (動じない) impassibile

むふんべつ【無分別】 imprudenza 女 ——な sconsiderato, imprudente

むほう【無法】 ——な illegale, folle, illogico ◆~地帯 zona in cui non si rispetta la legge 女

むぼう【無謀】 ——な avventato, temerario

むほん【謀叛】 ribellione 女

むめい【無名】 ——の anonimo, sconosciuto

むめんきょ【無免許】 ◆~運転をする guidare senza patente

むやみ ——に (軽率に) con leggerezza; (盲目的に) ciecamente; (過度に) eccessivamente

むゆうびょう【夢遊病】 sonnambulismo 男 ◆~患者 sonnambul*o(a)* 男 (女)

むら【村】 villaggio 男

むらがる【群がる】 affollarsi, brulicare

むらさき【紫】 (青系の) viola 男, violetto 男; (赤系の) porpora 男 ——の violaceo, viola, porpora

むり【無理】 ——な impossibile; (不合理な) irragionevole

むりじい【無理強い】 ——する costringere

むりなんだい【無理難題】 ——を言う chiedere l'impossibile

むりやり【無理矢理】 ——…に~させる costringere [forzare]... a + 不定詞

むりょう【無料】 ——の gratuito, libero, gratis

むりょく【無力】 impotenza 女; (無能力) incompetenza 女 ——な impotente, incompetente

むれ【群】 gruppo 男, folla 女; (鳥の) stormo 男; 動物の branco 男

め

め【芽】 germoglio 男 ——を出す germogliare

め【目】 occhio 男; (視力) vista 女

めあて【目当て】 oggetto, intenzione 女, punto di riferimento 男

めい【姪】 nipote 女

めい【銘】 (記念碑の) iscrizione 女

めいあん【名案】 buon'idea 女

めいおうせい【冥王星】 Plutone 固名 (男)

めいが【名画】 quadro famoso 男; (映画) film celebre 男

めいかい【明解】 ——さ chiarezza 女 / ~な chiaro, nitido

めいかく【明確】 ——さ nettezza 女, precisione 女 / ~な chiaro, preciso

めいがら【銘柄】 marca 女; (株式の) titolo 男

めいぎ【名義】 intestazione 女

めいきゅう【迷宮】 labirinto 男

めいきょく【名曲】 brano [pezzo] musicale famoso [indimenticabile] 男

めいさい【明細】 dettagli 男複

めいさい【迷彩】 mimetizzazione 女

めいさく【名作】 capolavoro 男

めいさん【名産】 specialità 女

めいし【名刺】 biglietto da visita 男

めいし【名詞】 nome 男, sostantivo 男

めいし【名士】 personaggio famoso 男, notabile 男

めいしゃ【目医者】 oculista 男女; (医院) studio oculistico 男

めいしょ【名所】 luogo famoso 男

めいしょう【名称】 nome 男, denominazione 女

めいじる【命じる】 ordinare; (任命する) nominare

めいしん【迷信】 superstizione 女

めいじん【名人】 maestr*o(a)* 男(女)

めいせい【名声】 fama 女

めいせき【明晰】 chiarezza 女, lucidità 女 ——な chiaro, lucido; (頭脳が) limpido

めいそう【瞑想】 meditazione 女

めいだい【命題】 proposizione 女

めいちゅう【命中】 ——する colpire, centrare

めいにち【命日】 (…の) anniversario della morte di...男

めいはく【明白】 ——さ evidenza 女 / ~な evidente, chiaro, ovvio

めいぶつ【名物】 (名産品) specialità 女; (名所・催事) attrazione più famosa 女

めいぼ【名簿】 lista 女, elenco 男

めいめい【銘々】 ognun*o(a)* 男(女), ciascun*o(a)* 男(女)

めいめい【命名】 denominazione 女 ——する denominare

めいよ【名誉】 onore 男 ◆~毀損 diffamazione 女

めいりょう【明瞭】 ——さ lucidità 女 / ~な chiaro, distinto; (文体・内容が) lucido; (字が) leggibile

めいる【滅入る】 ——気が~ essere depresso, malinconico / 気が~ような deprimente

めいれい【命令】 ordine 男, comando

めいろ 男 —〜する ordinare, comandare
めいろ【迷路】 labirinto 男
めいろう【明朗】 —〜な（快活な）gioviale, allegro; （公正な）giusto
めいわく【迷惑】 fastidio 男, disturbo 男 —〜な fastidioso / 〜をかける disturbare, infastidire
めうえ【目上】 superiore 男女
メーカー fabbricante 男, fabbrica 女, produttore 男
メーキャップ trucco 男 —〜する（自分に）truccarsi; （人に）truccare
メーター contatore 男; （タクシーの）tassametro 男
メーデー il Primo Maggio 男, Festa del Lavoro 固名(女)
メートル metro 男
メール posta elettronica 女, E-mail
メーン ◆〜ストリート strada principale 女 / 〜ディッシュ secondo piatto 男
めかくし【目隠し】 benda 女 —〜をする bendare gli occhi a...
めかけ【妾】 mantenuta 女, concubina 女
めがける【目掛ける】 —…を目掛けて石を投げる lanciare una pietra contro...
めかた【目方】 peso 男
メカニズム meccanismo 男
めがね【眼鏡】 occhiali 男複 ◆〜屋 ottico(a) 男(女)
メガバイト megabyte (MB) 男
メガヘルツ megahertz (MHz) 男
メガホン megafono 男
めがみ【女神】 dea 女, diva 女
メキシコ Messico 固名(男) —〜の messicano ◆〜シティー Città del Messico 固名(女)
めきめき notevolmente; （急速に）rapidamente
めキャベツ【芽-】 cavolini di Bruxelles 男複
めぐすり【目薬】 collirio 男
めくばせ【目配せ】 ammicco 男 —〜する strizzare l'occhio a..., ammiccare a..., fare l'occhiolino a...
めぐまれた【恵まれた】 fortunato, felice; （よい条件・環境に）favorevole —〜環境 ambiente favorevole
めぐみ【恵み】 （恩寵）grazia 女; （賜物）dono 男 —〜の日 dono del Cielo 男
めぐらす【巡らす】 cingere, （囲む）circondare; （思いを）riflettere （su）
めぐりあう【巡り会う】 （人に）incontrare... per caso
めくる【捲る】 voltare, （紙を）sfogliare
めぐる【巡る】 （巡回する）girare, fare un giro; （血液・空気が）circolare
めざす【目指す】 mirare, aspirare (a)
めざましい【目覚ましい】 notevole, meraviglioso
めざましどけい【目覚まし時計】 sveglia 女
めざめる【目覚める】 svegliarsi
めし【飯】 （米飯）riso 男; （食事）pasto 男
めした【目下】 inferiore 男女, sottoposto 男, dipendente 男女
めしつかい【召し使い】 domestico(a) 男(女), cameriere(a) 男(女)
めしべ【雌蘂】 pistillo 男
メジャー （巻き尺）metro a nastro 男; 〔音〕（長調）scala maggiore 女 —〜な （著名な）famoso; （一流の）di prima qualità
めじり【目尻】 coda dell'occhio 女
めじるし【目印】 segno 男
めす【雌】 femmina 女
めずらしい【珍しい】 raro, insolito
めずらしがる【珍しがる】 incuriosirsi (per)
メゾソプラノ mezzosoprano 男
めそめそ —〜する piagnucolare, frignare
めだつ【目立つ】 farsi notare; （派手な）essere vistoso, risaltare
めだま【目玉】 bulbo oculare 男 ◆〜商品 articolo civetta 男 / 〜焼き uovo all'occhio di bue 男
メダル metallo 男
メダル medaglia 女
メタン metano 男
めちゃくちゃ【滅茶苦茶】 （ひどい）tremendo; （理不尽な）assurdo
メチルアルコール alcol metilico 男
メッカ La Mecca 固名(女)
めっき【鍍金】 placcatura 女 —〜で〜する placcare in...
めつき【目付き】 sguardo 男
めっきり notevolmente, sensibilmente
メッシーナかいきょう【—海峡】 Stretto di Messina 固名(男)
メッセージ messaggio 男
めった【滅多】 —〜に…ない non... quasi mai, raramente / 僕は〜に出かけない Esco raramente.
めつぼう【滅亡】 caduta 女, fine 女
メディア media 男複
めでたい【目出度い】 felice
めど【目処】 prospettiva 女
メドレー medley 男, selezione di brani musicali
メトロノーム metronomo 男
メニュー menu 男, lista 女
めぬきどおり【目抜き通り】 via centrale 女
めのう【瑪瑙】 agata 女
めばえ【芽生え】 germogliazione 女
めばえる【芽生える】 spuntare, germogliare; （始まる）nascere
めぼしい【目ぼしい】 （大切な）importante, （貴重な）prezioso; （興味深い）interessante
めまい【目眩い】 vertigini 女複, capogiro 男 —〜がする avere le vertigini
めまぐるしい【目紛しい】 vertiginoso,

メモ rapido
メモ appunto 男, nota 女
めもり【目盛り】 graduazione 女, scala 女
メモリー memoria 女
めやす【目安】（基準）standard 男;（目標）scopo 男
めやに【目脂】 cispa 女
めらめら ～燃える fiammeggiare
メリーゴーラウンド carosello 男, giostra per bambini 女
めりこむ【減り込む】 sprofondare (in)
メリット vantaggio 男, merito 男
メリヤス ～～の di jersey
メレンゲ meringa 女
メロディー melodia 女
メロドラマ melodramma 男
メロン melone 男
めん【綿】 cotone 男
めん【面】 maschera 女;（表面）superficie 女;（側面）lato 男, fianco 男
めん【麺】 ◆～系 pasta (lunga) 女
めんえき【免疫】 immunità 女
めんかい【面会】 visita 女 ――～する visitare
めんきょ【免許】 patente 女, permesso 男, licenza 女 ◆運転～証 patente (di guida) 女
めんくらう【面食らう】 rimanere sconcertato, rimanere confuso
めんしき【面識】 conoscenza 女
めんじょ【免除】 esenzione 女 ――～する esentare / 税金の～ esenzione fiscale 女
めんじょう【免状】 diploma 男, certificato 男
めんしょく【免職】 licenziamento 男, destituzione 女 ――～する destituire / ～になる essere dimesso
メンス mestruazione 女
めんする【面する】 ――…に～ dare su..., affacciarsi su...
めんぜい【免税】 esenzione dalle tasse 女 ◆～店 duty-free 男, duty free shop 男/～品 articolo duty-free 男
めんせき【面積】（misura di）superficie 女, area 女
めんせつ【面接】 colloquio 男 ――～する（雇用者が人を）sottoporre... a un colloquio, tenere un colloquio;（受ける）avere un colloquio ◆～試験 esame orale 男
めんぜん【面前】 ――…の～で davanti a..., in presenza di...
めんだん【面談】 intervista 女, colloquio 男;（相談）consultazione 女 ――～する intervistare
メンテナンス manutenzione 女
めんどう【面倒】（いざこざ）problema 男;（困難）difficoltà 女;（世話）cura 女 ――～な fastidioso;（複雑な）complicato;（骨の折れる）faticoso;（人が）seccante
めんどり【雌鳥】 gallina 女
メンバー membro 男

めんぼう【綿棒】 cotton fioc 男
めんみつ【綿密】 ――～な（細かい）minuzioso, dettagliato;（精緻な）elaborato;（細心な）accurato
めんもく【面目】 onore 男, faccia 女 ――～を保つ salvare l'onore

も

も【喪】 lutto 男 ――～に服す portare il lutto (per) ◆～服 abito da lutto 男
-も anche, ugualmente
もう（既に）già;（もうすぐ）fra poco ――～一度 ancora una volta
もうかる【儲かる】 guadagnare, essere redditizio [proficuo]
もうきん【猛禽】 uccello rapace 男
もうけ【儲け】 guadagno 男;（利益）profitto 男
もうける【儲ける】 guadagnare
もうける【設ける】 stabilire, costituire, fondare
もうしあわせ【申し合わせ】 accordo 男, intesa 女
もうしいれ【申し入れ】 proposta 女, reclamo 男
もうじき（間もなく）fra poco;（すぐに）subito
もうしこみ【申し込み】 domanda 女, richiesta 女;（定期購読などの）sottoscrizione 女
もうしこむ【申し込む】 chiedere;（定期購読などの）sottoscrivere l'abbonamento
もうしたて【申し立て】 dichiarazione 女;（証言）testimonianza 女 ――～をする dichiarare
もうしで【申し出】 proposta 女, offerta 女
もうしでる【申し出る】 offrire, proporre
もうしひらき【申し開き】 scusa 女, giustificazione 女 ――～(を)する giustificarsi, scusarsi
もうしぶんない【申し分ない】 perfetto, ideale
もうじゅう【猛獣】 animale feroce 男
もうしわけ【申し訳】（詫び）scuse 女複;（弁解）scusa 女, giustificazione 女 ――何とも～ありません Non so come chiederLe scusa.
もうしん【盲信】 fiducia cieca 女 ――～する credere ciecamente (a,in)
もうすぐ fra poco
もうすこし【もう少し】 un po' di più, ancora un po'
もうぜん【猛然】 ――～と con furore, furiosamente
もうそう【妄想】（思い込み）fissazione 女;（夢想）fantasticheria 女
もうちょう【盲腸】 intestino cieco 男, appendice 女 ◆～炎（虫垂炎）appendicite 女

もうどうけん【盲導犬】 cane guida (per non vedenti) 男
もうどく【猛毒】 veleno mortale 男
もうはつ【毛髪】 capello 男
もうふ【毛布】 coperta 女
もうまく【網膜】 retina 女
もうもく【盲目】 cecità 女 ―の cieco
もうれつ【猛烈】 ―な(乱暴な)violento; (すさまじい)tremendo
もうろう【朦朧】 ―と vagamente, indistintamente / ～とした vago, indistinto
もえあがる【燃え上がる】 infiammarsi, incendiarsi
もえさし【燃えさし】 tizzone 女
もえつきる【燃え尽きる】 bruciare completamente; (燃料が)consumarsi; (気力が)esaurirsi
もえる【燃える】 bruciare
モーション movimento 男 ―女の子に～をかける corteggiare
モーター motore 男 ◆―ボート barca a motore 女, motoscafo 男
モーテル motel 男
モード moda 女
モーリシャス Mauritius 固名(男) ―～の mauriziano
モーリタニア Mauritania 固名(女) ―～の mauritano
もがく dibattersi, contorcersi
もぎしけん【模擬試験】 prova pre-esame 女
もぎとる【もぎ取る】 staccare, strappare; (奪い取る)ottenere con la forza
もくげき【目撃】 ―する vedere; (居合わせる)essere presente (a) ◆―者 testimone (oculare) 男女
もぐさ【艾】 moxa 女
もくざい【木材】 legname 男
もくさつ【黙殺】 ―する ignorare, non dare ascolto (a)
もくじ【目次】 indice 男
もくせい【木星】 Giove 固名(男)
もくせい【木製】 ―の di legno
もくぜん【目前】 ―の imminente / 試験が～に迫っている L'esame è imminente.
もくぞう【木造】 ―の di legno ◆―家屋 casa di legno 女
もくたん【木炭】 carbone di legna 男; (デッサン用の)carboncino 男
もくちょう【木彫】 scultura in legno 女
もくてき【目的】 scopo 男, meta 女 ◆―語 oggetto 男 / ～地 destinazione 女, meta 女
もくどく【黙読】 lettura silenziosa 女 ―～する leggere silenziosamente
もくにん【黙認】 ―する approvare tacitamente
もくば【木馬】 cavallo di legno 男
もくはんが【木版画】 xilografia 女
もくひけん【黙秘権】 diritto di non rispondere 男
もくひょう【目標】 fine 男, obiettivo 男
もくもく【黙々】 ―～と in silenzio; (言葉を発さずに)tacitamente
もくようび【木曜日】 giovedì 男
もぐら【土竜】 talpa 女
もぐる【潜る】 immergersi; (布団などに)infilarsi (in)
もくれい【目礼】 ―(人)に～する salutare... con lo sguardo
もくろく【目録】 lista 女, catalogo 男
もけい【模型】 modello 男, modellino 男
モザイク mosaico 男
もさく【模索】 ―～する cercare di trovare... a tentoni / 暗中～する brancolare nel buio
モザンビーク Mozambico 固名(男) ―～の mozambicano
もし (仮に)se
もじ【文字】 lettera 女; (漢字などの)carattere 男
もしかしたら per caso, eventualmente ―～私は間違っているかもしれない È possibile che mi sbagli.
もしも (仮に)se ―～のことがあった時には in caso di necessità, nel caso succeda qualche cosa (a)
もしもし 〔電話で〕Pronto!
もじもじ ―～する avere l'aria impacciata, sembrare confuso; (ためらう)esitare
もしゃ【模写】 copia 女, riproduzione 女 ―～する copiare, riprodurre
もじゃもじゃ ―～の髪 capelli arruffati 男複
もしょう【喪章】 nastro a lutto 男, fascia a lutto 女
もじる parodiare, fare la parodia (di)
モスク moschea 女
モスクワ Mosca 固名(女) ―～の moscovita
モスリン mussola 女, mussolina 女
もぞう【模造】 imitazione 女 ―～する (模倣する)imitare, copiare; (複製する)modellare ((su)) ◆―品 imitazione 女
もだえる【悶える】 tormentarsi, torcersi
もたせかける【凭せ掛ける】 appoggiare
もたせる【持たせる】 (与える)dare; (保つ)conservare ―かばんを秘書に～ fare portare la borsa al segretario
もたもた ―動きが～している essere lento nel muoversi
もたらす【齎す】 portare; (変化・作用を)provocare; (結果を)dare
もたれる【凭れる】 appoggiarsi (a)
モダン ―な moderno ◆―バレエ balletto moderno 男
もち【餅】 mochi 男, polpetta di riso 女

もちあげる【持ち上げる】sollevare
もちあじ【持ち味】(食べ物の)sapore 男, gusto 男;(特徴)caratteristica 女
もちあるく【持ち歩く】―…を～ portare... con sé
もちあわせ【持ち合わせ】―今日は金の～がない Oggi non ho denaro con me.
もちいえ【持ち家】casa di proprietà 女
もちいる【用いる】usare, adoperare
もちかえる【持ち帰る】portare a casa;(店から)portare via
もちかぶがいしゃ【持ち株会社】società finanziaria 女, holding 男
もちこたえる【持ち堪える】resistere, sopportare
もちこむ【持ち込む】portare
もちさる【持ち去る】portare via;(回収する)ritirare
もちだす【持ち出す】portare fuori;(話を)mettere... in discussione
もちにげ【持ち逃げ】―…を～する portare via, fuggire con...
もちぬし【持ち主】proprietario(a) 男(女), padrone(a) 男(女)
もちば【持ち場】posto 男, posizione 女
もちはこび【持ち運び】―～できる portatile
もちはこぶ【持ち運ぶ】portare
もちもの【持ち物】oggetti personali 男複;(所有物)proprietà 女
もちろん【勿論】senz'altro, certo, certamente
もつ【持つ】tenere in mano;(携帯)averci;(所有)avere, possedere;(長持ち)durare, resistere
もっか【目下】ora, attualmente, al presente ―～の attuale, presente / ～のところ per ora, per il momento
もっかんがっき【木管楽器】legni 男複, strumenti a fiato in legno 男複
もっきん【木琴】xilofono 男, silofono 男
もったいない【勿体無い】(費用がかかる)dispendioso, poco economico;(過分な)troppo buono (per)
もったいぶる【勿体ぶる】darsi delle arie
もってくる【持って来る】portare... con sé
もってゆく【持って行く】portare, portarsi dietro
もっと più ―～強く più forte / ～ちょうだい Dammi di più!... di più
モットー motto 男
もっとも【最も】il(la, i, le) più + 形容詞
もっとも【尤も】―～な giusto, ragionevole;(ただし)ma, però, tuttavia
もっぱら【専ら】principalmente, specialmente
もつれる【縺れる】aggrovigliarsi, ingarbugliarsi
もてあそぶ【弄ぶ】(いじる)tastare, giocare;(異性を)ingannare;(…を慰みものにする)scherzare con...
もてなす【持てなす】accogliere, ospitare
モデム modem 男
もてる【持てる】―女性に～ avere successo con le donne
モデル modello 男;(ファッション)indossatore(trice) 男(女) ♦～チェンジ cambio del modello 男
もと【元】(原因)causa 女;(かつて)prima, una volta;(かつての)ex, di prima ―この美術館は～は王宮だった In passato, questo museo era il palazzo reale. ♦～総理大臣 ex Primo Ministro 男
もと【下】―…の～で sotto..., al di sotto di..., ai piedi di...
もどす【戻す】(返す)restituire;(元の場所に)rimettere;(吐く)vomitare
もとせん【元栓】rubinetto principale 男
もとづく【基づく】(原因)venire, derivare (da);(根拠)basarsi [fondarsi] (su)
もとで【元手】capitale 男, fondi 男複
もとね【元値】(prezzo di) costo 男
もとめる【求める】(要求)chiedere, domandare;(欲す)volere, desiderare;(捜す)cercare, ricercare
もともと【元々】―～人は皆自由だ In origine siamo tutti liberi. / ～大きな問題があった Abbiamo avuto grossi problemi dal principio. / 彼は～怠け者だ È pigro per natura.
もどる【戻る】tornare, ritornare;(引き返す)tornare indietro
モナコ Monaco 国名(男) ―～の monegasco ♦～人 monegasco(a) 男(女)
モニター monitor 男
もの【物】cosa 女, oggetto 男
ものおき【物置】ripostiglio 男;(納屋)magazzino 男
ものおと【物音】rumore 男
ものおぼえ【物覚え】memoria 女 ―～がよい[悪い] avere una buona [cattiva] memoria
ものおもい【物思い】(熟考)riflessione 女;(憂慮)preoccupazione 女 ―～にふける lasciarsi trasportare dai pensieri, essere pensieroso
ものがたり【物語】storia 女, racconto 男;(短編)novella, (童話)fiaba;(小説)romanzo 男
ものがたる【物語る】narrare, raccontare;(示す)indicare, mostrare
モノクロ ―～の monocromo
ものごい【物乞い】mendicante 男女
ものごと【物事】le cose 女複, i fatti 男複
ものさし【物差し】riga 女, metro 男
ものしり【物知り】―～の dotto, istruito, colto
ものずき【物好き】―～な curioso

ものすごい【物凄い】(恐ろしい)terribile, spaventoso; (甚だしい)incredibile; (驚くような)sconvolgente

ものたりない【物足りない】 insufficiente, poco soddisfacente

ものほし【物干し】 ◆～場 stenditoio 男/～竿 canna per stendere i panni 女

ものまね【物真似】 imitazione 女 ―～をする imitare; (猿真似)scimmiottare

モノレール monorotaia 女

モノローグ monologo 男

ものわかり【物分かり】 comprensività 女 ―～のよい comprensivo

モバイル ―～の portatile

もはや【最早】 (既に)già; (今では)ormai ―～これまでだ È finita. | Ormai non c'è speranza.

もはん【模範】 esempio 男, modello 男 ―～的な esemplare

もふく【喪服】 abito da lutto 男

もほう【模倣】 imitazione 女, copia 女 ―～する imitare, copiare

もみ【樅】 abete 男

もみじ【紅葉】 foglie rosse 女複; (カエデ)acero 男

もむ【揉む】 massaggiare ―気を～ essere ansioso

もめごと【揉め事】 (不和)discordia 女, disaccordo 男; (面倒)guai 男複

もめる【揉める】 (複雑になる)complicarsi; (対立する)essere in urto 《con》

もめん【木綿】 cotone 男

もも【股・腿】 coscia 女

もも【桃】 pesca 女 ◆～色 rosa 男

もや【靄】 foschia 女

もやし【萌やし】 germoglio di soia 男

もやす【燃やす】 bruciare, dare fuoco 《a》, incendiare

もよう【模様】 (図案)disegno 男, motivo 男 ―～替えする dare nuova forma 《a》

もよおし【催し】 manifestazione 女; (集会)riunione 女

もよおす【催す】 (開催)organizzare, tenere; (感じる)provare, sentire

もより【最寄り】 ―～の più vicino

もらう【貰う】 ricevere ―～いて～ farsi + 不定詞/髪を切って～ farsi tagliare i capelli

もらす【漏らす】 (打ち明ける)far trapelare, rivelare; (液体を)perdere; (尿を)farsi la pipì addosso

モラトリアム moratoria 女

モラル morale 女

もり【森】 bosco 男, foresta 女

もりあげる【盛り上げる】 (催し・会話を)ravvivare; (…の気持ちを)dare la carica a...

もりあわせ【盛り合わせ】 assortimento 男, (piatto) misto 男

もる【盛る】 ammucchiare; (食べ物を)riempire

モルジブ Maldive 固名(女複) ―～の maldiviano

モルタル intonaco 男

モルッカしょとう【―諸島】 Molucche 固名(女複)

モルト malto 男

モルドバ Moldova 固名(女), Moldavia 女 ―～の moldavo

モルヒネ morfina 女

モルモット cavia 女, porcellino d'India 男

もれる【漏れる】 fuoriuscire, perdere; (秘密を)trapelare; (リストから)essere omesso

もろい【脆い】 fragile

モロッコ Marocco 固名(男) ―～の marocchino

もろは【諸刃】 ―～の剣 un'arma a doppio taglio

もん【門】 porta 女, portone 男

もんく【文句】 parola 女, frase 女; (不平)malcontento 男, lamentela 女 ―～を言う lagnarsi, lamentarsi

もんげん【門限】 ora di rientro 女

モンゴル Mongolia 固名(女) ―～の mongolo ◆～語 mongolo 男

もんしょう【紋章】 stemma 男, emblema 男

モンタージュ montaggio 男 ◆～写真 fotomontaggio 男

もんだい【問題】 questione 女, problema 男

モンテカルロ Montecarlo 固名(女) ―～の montecarlese

モンテネグロ Montenegro 固名(男) ―～の montenegrino ◆～人 montenegrino(a) 男(女)

モンテ・ローザ (山)Monte Rosa 固名(男)

もんばん【門番】 portiere(a) 男(女), custode 男女

もんぶかがくしょう【文部科学省】 Ministero dell'Educazione, della Cultura, dello Sport, della Scienza e della Tecnologia 男

モンブラン (山)Monte Bianco 固名(男)

や

や【矢】 freccia 女

や (…と)e; (…か)o ―赤～青 il rosso e l'azzurro 男複

やあ 〔感嘆〕Ah!; 〔呼びかけ〕Ehi!; 〔挨拶〕Ciao!

ヤード yard 男

やえい【野営】 accampamento 男

やおちょう【八百長】 ―～をする truccare ◆～試合 incontro truccato 男

やおや【八百屋】 (人)fruttivendolo(a) 男(女), erbivendolo(a) 男(女); (店)negozio di frutta e verdura 男

やかい【夜会】 serata 女, festa serale 女

やがい【野外】　―〜で all'aperto ◆〜コンサート concerto all'aperto 男
やがく【夜学】　corso serale 男
やがて　(まもなく)fra poco, presto, in breve tempo; (そのうち)col tempo
やかましい【喧しい】　rumoroso, chiassoso; (厳しい)severo; (好みが)esigente
やかん【薬缶】　bollitore 男
やかん【夜間】　notte 女 ―〜の notturno ◆〜金庫 cassa continua 女
やぎ【山羊】　capra 女 ◆〜座 Capricorno 固有(男)
やきぐり【焼き栗】　castagna arrosto 女, caldarrosta 女
やきざかな【焼き魚】　pesce ai ferri 男, pesce alla griglia 男
やきつけ【焼き付け】　(写真の)stampa 女
やきとり【焼き鳥】　spiedino di pollo alla griglia 男
やきにく【焼き肉】　carne alla griglia [ai ferri] 女
やきまし【焼き増し】　copia 女 ―〜する ristampare
やきもち【焼き餅】　―〜を焼く essere geloso (di)
やきゅう【野球】　baseball 男 ―〜をする giocare a baseball
やきん【夜勤】　servizio notturno 男, turno di notte 男
やく【焼く】　bruciare; (料理で)arrostire, cuocere
やく【役】　(地位)posto 男; (任務)incarico 男, funzione 女; (芝居の)parte 女, ruolo 男 ―〜に立つ essere utile (a), servire (a)
やく【約】　circa
やく【訳】　traduzione 女
やくいん【役員】　(団体の)commissario(a) 男 女; (企業の)amministratore(trice) 男 女
やくがい【薬害】　effetto nocivo causato da un farmaco 男
やくがく【薬学】　farmacia 女
やくご【訳語】　termine equivalente 男
やくざ　(暴力団の)yakuza 男, membro di un'organizzazione criminale giapponese 男
やくざい【薬剤】　farmaco 男 ◆〜師 farmacista 男女
やくしゃ【役者】　attore(trice) 男 女
やくしゃ【訳者】　traduttore(trice) 男 女
やくしょ【役所】　ufficio pubblico 男
やくしょく【役職】　(仕事上の地位)posto 男; (管理職)posto amministrativo 男 ―責任ある― posto di responsabilità 女
やくしん【躍進】　notevole progresso 男, grande avanzamento 男
やくす【訳す】　tradurre
やくそう【薬草】　erba medicinale 女
やくそく【約束】　promessa 女; (人に会う)appuntamento 男 ―〜する promettere; (人に会う)fissare un appuntamento
やくだつ【役立つ】　servire, essere utile
やくにん【役人】　ufficiale 男, funzionario(a) 男 女
やくば【役場】　municipio 男
やくひん【薬品】　(医薬)medicina 女; (化学薬品)prodotto chimico 男
やくぶつ【薬物】　medicamento 男, medicinale 男
やくぶん【訳文】　traduzione 女, versione 女
やくみ【薬味】　spezie 女複
やくめ【役目】　(任務)incarico 男, dovere 男; (役割)ruolo 男; (職務)funzione 女
やぐるまそう【矢車草】　fiordaliso 男
やくわり【役割】　ruolo 男, parte 女; (任務)incarico 男
やけ【自棄】　disperazione 女 ―〜になる disperarsi
やけあと【焼け跡】　resti di un incendio 男複
やけい【夜景】　panorama notturno 男
やけしぬ【焼け死ぬ】　morire bruciato
やけど【火傷】　bruciatura 女; scottatura 女 ―〜する bruciarsi; scottarsi
やける【焼ける】　essere bruciato; (肉・魚などが)essere cotto; (日に)essere abbronzato
やこう【夜行】　◆〜列車 treno notturno 男
やこうせい【夜行性】　―〜の notturno
やさい【野菜】　verdura 女
やさしい【易しい】　(容易な)facile; (単純な)semplice
やさしい【優しい】　(親切な)gentile; (寛大な)generoso
やじ【野次】　(口笛)fischio 男 ―〜を飛ばす fischiare
やじうま【野次馬】　curiosi 男複
やしき【屋敷】　villa 女, palazzo 男
やしなう【養う】　(扶養)mantenere; (養育)allevare; (培う)coltivare, sviluppare
やしゅう【夜襲】　attacco notturno 男
やじゅう【野獣】　bestia (feroce) 女, animale selvatico 男
やじるし【矢印】　freccia 女
やしん【野心】　ambizione 女 ―〜的な ambizioso
やすい【安い】　a buon mercato, economico
やすい【易い】　(容易)facile ―…し― essere facile a + 不定詞; (…しがちである) essere incline a + 不定詞
やすうり【安売り】　saldi 男複, svendita 女
やすげっきゅう【安月給】　stipendio basso 男
やすっぽい【安っぽい】　(粗悪な)di bas-

ゆうしょう【優勝】 vittoria 女 ―〜する vincere (un campionato)
ゆうじょう【友情】 amicizia 女
ゆうしょく【夕食】 cena 女
ゆうしょくじんしゅ【有色人種】 razza di colore 女
ゆうじん【友人】 amico(a) 男(女); (仲間)compagno(a) 男(女)
ゆうずう【融通】 (お金の)prestito (di denaro) 男; (柔軟性)flessibilità 女 ―〜が利く avere un carattere malleabile / 〜が利かない人 persona non malleabile 女
ユースホステル ostello della gioventù 男
ゆうせい【郵政】 servizi postali 男複
ゆうせい【優勢】 ―〜な prevalente; (優越する)superiore; (有利な)vantaggioso
ゆうせん【優先】 priorità 女; (先行)precedenza 女 ―〜する precedere ♦〜席 posto riservato 男 / 〜座席 posti (a sedere) per anziani e handicappati 男複
ゆうぜん【悠然】 ―〜と con calma, tranquillamente
ゆうせんほうそう【有線放送】 filodiffusione 女
ゆうそう【郵送】 ―〜する spedire per posta ♦〜料 tariffa postale 女
ゆうそう【勇壮】 ―〜な coraggioso, eroico
ユーターン【U−】 (運転時の)inversione a U 女; (戻ること)ritorno 男; (故郷への)ritorno al paese (natale) 男 ♦〜ラッシュ controesodo 男
ゆうだい【雄大】 ―〜な grandioso, maestoso
ゆうたいけん【優待券】 biglietto di favore 男; (割引)biglietto scontato 男
ゆうだち【夕立】 acquazzone 男; (スコール)piovasco 男
ゆうち【誘致】 ―〜する invitare, indurre
ゆうどう【誘導】 ―〜する guidare, condurre
ゆうどく【有毒】 ―〜な velenoso, tossico
ユートピア utopia 女
ゆうのう【有能】 ―〜な abile, capace
ゆうはつ【誘発】 ―〜する causare, provocare
ゆうはん【夕飯】 cena 女
ゆうひ【夕日】 sole del tramonto 男
ゆうび【優美】 ―〜な elegante, grazioso
ゆうびん【郵便】 posta 女 ♦〜受けcassetta per le lettere 女 / 〜為替 vaglia postale 男 / 〜局 ufficio postale 男 / 〜番号 codice di avviamento postale 男; [略] CAP / 〜ポスト cassetta postale 女, buca delle lettere 女
ユーフォー【UFO】 oggetto volante non identificato 男, Ufo 男
ゆうふく【裕福】 ―〜な ricco, benestante
ゆうべ【夕べ】 (催し)serata 女; (夕方)sera 女
ゆうべ【昨夜】 stanotte
ゆうべん【雄弁】 eloquenza 女 ―〜な eloquente
ゆうぼう【有望】 ―〜な promettente
ゆうぼくみん【遊牧民】 nomade 男女
ゆうほどう【遊歩道】 passeggiata 女
ゆうめい【有名】 ―〜な famoso, noto / 〜になる diventare famoso
ユーモア umorismo 男
ユーモラス ―〜な umoristico
ゆうやけ【夕焼け】 tramonto 男
ゆうやみ【夕闇】 crepuscolo 男
ゆうよ【猶予】 proroga 女 ―〜する prorogare ♦執行〜 sospensione dell'esecuzione della sentenza 女 / 執行〜付きの判決 condanna condizionale 女
ゆうよう【有用】 ―〜 utile
ユーラシア ♦〜大陸 Continente Eurasiatico 固名 男
ゆうらんせん【遊覧船】 imbarcazione da diporto 女
ゆうり【有利】 ―〜な vantaggioso
ゆうりょ【憂慮】 ―〜する essere in ansia (per), preoccuparsi (di)
ゆうりょう【優良】 ―〜な eccellente, superiore
ゆうりょう【有料】 ―〜の a pagamento
ゆうりょく【有力】 ―〜な (権力)potente; (影響力)influente
ゆうれい【幽霊】 fantasma 男
ユーロ (通貨)euro 男 ―2〜 due euro 男複
ユーロスター Eurostar 男
ゆうわ【宥和】 ♦〜政策 politica di pacificazione 女
ゆうわく【誘惑】 tentazione 女, seduzione 女 ―〜する tentare, sedurre
ゆえ【故】 ―〜に perciò, di conseguenza, quindi
ゆか【床】 pavimento 男 ♦〜運動 (体操)esercizio a terra 男
ゆかい【愉快】 ―〜な (楽しい)/ divertente (陽気な)allegro
ゆがむ【歪む】 (ねじれる)storcersi; (変形する)deformarsi
ゆがめる【歪める】 storcere, deformare
ゆかり【縁】 legame 男
ゆき【雪】 neve 女 ―〜が降る nevicare ♦〜だるま pupazzo di neve 男
ゆきつく【行き着く】 arrivare (a,in)
ゆきづまる【行き詰まる】 giungere ad un punto morto
ゆきどまり【行き止まり】 vicolo cieco 男
ゆきわたる【行き渡る】 (皆に)essere distribuito a tutti; (広く)essere diffuso

ゆくえ【行方】 (足跡)traccia 女, pista 女 ——を追う seguire le tracce 《di》/ ~をくらます scomparire senza lasciare traccia ◆~不明の disperso; (姿を消した)scomparso

ゆくさき【行く先】 destinazione 女

ゆくゆく【行く行く】 ——は in futuro, in avvenire, un giorno

ゆげ【湯気】 vapore 男

ゆけつ【輸血】 trasfusione (di sangue) 女 ——する fare una trasfusione

ゆさぶる【揺さぶる】 scuotere

ゆしゅつ【輸出】 esportazione 女 ——する esportare

ゆすぐ【濯ぐ】 sciacquare

ゆすり【強請】 estorsione 女, ricatto 男

-ゆずり【譲り】 ——父親~の頑固さ testardaggine ereditata dal padre 女

ゆずりあう【譲り合う】 (互いに譲歩で)farsi concessioni reciproche; (妥協)accordarsi

ゆずりうける【譲り受ける】 ottenere, ricevere; (相続)ereditare

ゆする【揺する】 scuotere, scrollare; (振る)agitare

ゆする【強請】 ricattare, estorcere

ゆずる【譲る】 cedere, concedere; (売る)vendere; (譲歩)cedere (a)

ゆせい【油性】 ——の oleoso

ゆそう【輸送】 trasporto 男 ——する trasportare

ゆたか【豊か】 ——な (裕福な)ricco; (豊富な)abbondante

ゆだねる【委ねる】 affidare

ユダヤ Giudea 固名(女) ——の ebraico ◆——教 religione ebraica 女, ebraismo 男/~人[教徒] ebreo(a) 男(女)

ゆだん【油断】 disattenzione 女 ——する essere disattento (a)

ゆたんぽ【湯たんぽ】 borsa dell'acqua calda 女

ゆちゃく【癒着】 〔医〕aderenza 女; (共謀)collusione 女

ゆっくり lentamente, piano, con calma ——する riposarsi, rilassarsi

ゆでたまご【茹で卵】 uovo sodo 男(複 le uova sode)

ゆでる【茹でる】 lessare, far bollire

ゆでん【油田】 campo petrolifero 男

ゆとり (場所の)spazio; (経済的)agiatezza 女; (落ち着き)tranquillità 女

ユニーク ——な (独特)originale; (卓抜)eccezionale

ユニット unità 女

ユニフォーム divisa 女

ゆにゅう【輸入】 importazione 女 ——する importare

ゆび【指】 dito 男(le dita 女複); (足の)dito del piede 男

ゆびさす【指差す】 indicare (con il dito)

ゆびわ【指輪】 anello 男

ゆぶね【湯船】 vasca da bagno 女

ゆみ【弓】 arco 男; (弦楽器の)archetto 男

ゆめ【夢】 sogno 男; (幻想)illusione 女 ——よい~を見る fare un bel sogno / ~のような fantastico

ゆめごこち【夢心地】 ——で in estasi

ゆめみる【夢見る】 sognare

ゆめゆめ ——忘れはしない Non me ne dimenticherò mai.

ゆゆしい【由々しい】 (深刻)serio, grave; (危機的)critico

ゆらい【由来】 origine 女 ——する derivare [provenire] (da)

ゆり【百合】 giglio 男

ゆりいす【揺り椅子】 sedia a dondolo 女

ゆりかご【揺り籠】 culla 女

ゆりかもめ【百合鴎】 gabbiano (comune) 男

ゆるい【緩い】 (結びが)lento; (寸法が)largo; (傾斜が)dolce; (規制が)poco severo

ゆるがす【揺るがす】 fare tremare, fare oscillare

ゆるし【許し】 (許可)permesso 男; (勘弁)scusa 女; (罪の)perdono 男

ゆるす【許す】 (許可)permettere; (勘弁)scusare, perdonare

ゆるむ【緩む】 allentarsi; (緊張が)rilassarsi ——気が~ distrarsi

ゆるめる【緩める】 allentare; (速度を)rallentare

ゆるやか【緩やか】 ——な dolce, lieve; (速度)lento

ゆれ【揺れ】 scossa 女; (振動・震動)oscillazione 女

ゆれる【揺れる】 scuotere; (震動)oscillare; (振り子などが)dondolare; (ためらう)esitare

ゆわかしき【湯沸かし器】 (家庭用自動)scaldabagno 男

よ

よ【世】 mondo 男 ——この~ questo mondo 男/あの~ l'altro mondo 男/~に言う(いわゆる)per così dire /~に出る(有名になる)diventare famoso

よ【夜】 notte 女 ——~が明ける farsi giorno

よあかし【夜明かし】 ——する passare la notte in bianco

よあけ【夜明け】 alba 女

よあそび【夜遊び】 ——する uscire di notte (per divertirsi)

よい【良い】 buono; (天気が)bello; (優秀)bravo; (すばらしい)stupendo, splendido; (正しい)giusto

よい【酔い】 ubriachezza 女 ◆船[車]~ mal di mare [d'auto] 男

よいん【余韻】 risonanza 女

よう【用】 affare 男 —～がある avere da fare
よう【様】 —…の～に come...
よう【酔う】 ubriacarsi ／車に～avere il mal d'auto / 飛行機に～avere il mal d'aria / 船に～avere il mal di mare
ようい【用意】 preparazione 女, preparativi 男複 —～する preparare
ようい【容易】 —～な facile; (単純な) semplice
よういん【要因】 fattore 男; (原因) causa 女
ようえき【溶液】 soluzione 女
ようかい【溶解】 —～する (何かを) sciogliere, dissolvere; (何かが) sciogliersi, dissolversi
ようがし【洋菓子】 dolci all'europea 男複 ♦～店 pasticceria 女
ようがん【溶岩】 lava 女
ようき【容器】 recipiente 男, contenitore 男
ようき【陽気】 —～な allegro, gaio
ようぎ【容疑】 sospetto 男 ♦～者 sospettato(a) 男(女)
ようきゅう【要求】 richiesta 女, domanda 女 —～する chiedere, domandare
ようぐ【用具】 attrezzo 男, utensile 男
ようけい【養鶏】 pollicoltura 女, allevamento dei polli 男
ようけん【用件】 affare 男
ようご【用語】 (語彙) vocabolo 男; (術語) termine 男; 〔集合的〕 terminologia 女
ようご【養護】 cura 女, assistenza 女 ♦～学校 scuola per bambini disabili 女
ようご【擁護】 —～する difendere, proteggere
ようこそ —～おいでくださいました (いらっしゃい) Benvenuto!
ようさい【洋裁】 sartoria all'occidentale 女 ♦～店 negozio di confezioni 男
ようさい【要塞】 fortezza 女
ようさん【養蚕】 sericoltura 女
ようし【要旨】 (要点) punti principali 男複; (要約) riassunto 男
ようし【用紙】 modulo 男
ようし【養子】 figlio(a) adottivo(a) 男(女)
ようし【容姿】 figura 女, apparenza 女
ようじ【幼児】 bambino(a) 男(女)
ようじ【楊枝】 stuzzicadenti 男
ようじ【用事】 affare 男, daffare 男; (用件) faccenda 女; (約束) impegno 男
ようしき【様式】 (型・スタイル) stile 男; (やり方) modo 男
ようしき【洋式】 —～の all'occidentale, di stile occidentale
ようしゃ【容赦】 —～する perdonare / ～なく senza pietà, spietatamente
ようじょ【養女】 figlia adottiva 女
ようしょく【養殖】 allevamento 男 —～する allevare
ようじん【要人】 persona importante 女, VIP 男女
ようじん【用心】 (注意) attenzione 女; (警戒) precauzione 女; (慎重) prudenza 女 —～する fare attenzione / ～深い attento, cauto, prudente
ようす【様子】 (状態) stato 男, situazione 女; (体調) condizione 女; (外見) aspetto 男; (気配) segno 男; (雰囲気) aria 女
ようする【要する】 richiedere, volerci
ようするに【要するに】 insomma, in breve
ようせい【妖精】 fata 女; (いたずら好き) folletto 男; (小人) gnomo 男
ようせい【要請】 richiesta 女 —～する chiedere
ようせい【養成】 formazione 女 —～する formare
ようせき【容積】 capacità 女, capienza 女; (体積) volume 男
ようせつ【溶接】 saldatura 女 —～する saldare
ようそ【要素】 (成分) elemento 男; (要因) fattore 男
ようそう【様相】 aspetto 男
ようだい【容体［態］】 condizioni (di salute) 女複
ようち【幼稚】 —～な infantile, puerile, bambinesco
ようちえん【幼稚園】 scuola materna 女, asilo infantile 男
ようちゅう【幼虫】 larva 女
ようつう【腰痛】 dolore lombare 男, lombaggine 女
ようてん【要点】 punto chiave 男, essenza 女
ようと【用途】 uso 男, utilizzo 男
ようとん【養豚】 suinicoltura 女
ようにん【容認】 —～する (承認) ammettere, approvare; (承諾) accettare
ようねん【幼年】 infanzia 女
ようばい【溶媒】 solvente 男
ようび【曜日】 giorno (della settimana) 男
ようふ【養父】 padre adottivo 男
ようふく【洋服】 vestito 男 ♦～だんす armadio 男
ようぶん【養分】 nutrimento 男
ようぼ【養母】 madre adottiva 女
ようほう【用法】 modo d'impiego 男, uso 男
ようほう【養蜂】 apicoltura 女
ようぼう【容貌】 viso 男, sembianze 女複
ようぼう【要望】 domanda 女, richiesta 女
ようもう【羊毛】 lana 女
ようやく【要約】 sommario 男, riassunto 男 —～する riassumere, sintetizzare

ようやく【漸く】（ついに）finalmente;（かろうじて）appena, a malapena
ようりょう【容量】 capacità 囡
ようりょう【用量】 dose 囡
ようりょう【要領】（要点）punti essenziali 男複;（こつ）tecnica 囡 ―～のいい svelto, sveglio
ようりょくそ【葉緑素】 clorofilla 囡
ようれい【用例】 esempio 男
ヨーグルト yogurt 男
ヨード iodio 男 ♦～チンキ tintura di iodio
ヨーロッパ Europa 国名(女) ―～の europeo
よか【余暇】 tempo libero 男
ヨガ yoga 男
よかん【予感】 presentimento 男 ―～する presentire
よき【予期】 aspettativa 囡, attesa 囡 ―～する aspettarsi
よきょう【余興】 divertimento 男
よきん【預金】 deposito 男 ―～する depositare denaro (in)
よく【欲】（欲望）desiderio 男;（貪欲）avidità 囡, avarizia 囡
よく（十分に・うまく）bene;（大変）molto;（しばしば）spesso
よくあさ【翌朝】 la mattina seguente
よくあつ【抑圧】 oppressione 囡, repressione 囡 ―～する（圧制）opprimere;（抑制・鎮圧）reprimere
よくげつ【翌月】 il mese seguente
よくしつ【浴室】 bagno 男
よくじつ【翌日】 il giorno seguente, il giorno dopo
よくせい【抑制】 freno 男;（制御）controllo 男 ―～する frenare
よくそう【浴槽】 vasca da bagno 囡
よくなる【良くなる】 migliorare
よくねん【翌年】 l'anno seguente
よくばり【欲張り】 ―～な avido; (けちな) avaro, ghiotto;（要求の多い）esigente
よくぼう【欲望】 desiderio 男
よくよう【抑揚】 intonazione 囡
よくよくじつ【翌々日】 due giorni dopo
よくりゅう【抑留】 internamento 男
よけい【余計】 ―～な（余分の）di troppo;（過度の）eccessivo;（不必要な）inutile / ～なお世話だ Fatti gli affari tuoi!
よける【避[除]ける】 evitare;（別にする）mettere da parte
よけん【予見】 previsione 囡 ―～する prevedere
よげん【予言】 predizione 囡 ―～する predire
よげん【預言】 profezia 囡 ♦～者 profet*a(essa)* 男(囡)
よこ【横】（側面）lato 男;（幅）larghezza 囡 ―～の～に a lato di..., di fianco a...
よこうえんしゅう【予行演習】（試行）prova 囡;（練習）esercizio (preliminare) 男

よこがお【横顔】 profilo 男
よこぎる【横切る】 attraversare
よこく【予告】 preavviso 男, preannuncio 男 ―～する preavvisare, informare in anticipo
よこじま【横縞】 ―～の a righe orizzontali
よごす【汚す】 sporcare;（染みをつける）macchiare
よこたえる【横たえる】 mettere in piano;（誰かを）sdraiare, distendere
よこたわる【横たわる】 distendersi, sdraiarsi
よこむき【横向き】 ―～になる girarsi di fianco / ～に寝る dormire su un fianco
よこめ【横目】 ―～で見る guardare con la coda dell'occhio
よごれ【汚れ】 sporcizia 囡;（染み）macchia 囡
よごれた【汚れた】 sporco, sudicio
よごれる【汚れる】 sporcarsi;（染みがつく）macchiarsi
よさ【良さ】（価値）merito 男;（利点）vantaggio 男;（品質の）qualità 囡
よさん【予算】 bilancio preventivo 男, budget 男 ―～を立てる preventivare
よじのぼる【よじ登る】 arrampicarsi (su)
よしゅう【予習】 ―～する prepararsi (per una lezione)
よじる【捩る】 torcere
よしん【余震】 scossa di assestamento 囡
よす【止す】 cessare, smettere
よせ【寄席】 teatro di varietà 男
よせる【寄せる】（AをBに近づける）avvicinare [accostare] *A a B*;（寄せ集める）radunare ―友人の家に身を～ alloggiare in casa di un amico
よせん【予選】（prova）eliminatoria 囡
よそ【余所】 ―～に[で] altrove
よそう【予想】 previsione 囡, pronostico 男 ―～する prevedere, pronosticare / ～外の inaspettato, imprevisto
よそおう【装う】（身につける）indossare, mettersi;（ふりをする）fare finta (di)
よそく【予測】 previsione 囡, predizione 囡 ―～する prevedere, predire
よそみ【余所見】 ―～する distogliere gli occhi《da》;（不注意）distrarsi
よそもの【余所者】（外国人）stranier*o(a)* 男(囡);（部外者）estrane*o(a)* 男(囡)
よそよそしい【余所余所しい】（冷たい）freddo;（距離を置く）distaccato
よだれ【涎】 saliva 囡, bava 囡, acquolina 囡 ―～が出そう avere acquolina in bocca
よち【余地】 spazio 男 ―…ということには疑う～がない Non c'è dubbio che...
よつかど【四つ角】 incrocio 男
よっきゅう【欲求】 desiderio 男 ♦～不満 frustrazione 囡

ヨット yacht, panfilo 男; (競技)(gara di) vela 女

よっぱらい【酔っ払い】 ubriaco(a) 男(女) ◆～運転 guida in stato di ebbrezza 女

よっぱらう【酔っ払う】 ubriacarsi

よてい【予定】 (計画)programma 男, progetto 男 ——外の fuori programma ◆出産～日 giorno previsto per il parto / ～表 programma; (旅程)itinerario 男; (手帳)agenda 女

よとう【与党】 partito di governo 男

よどおし【夜通し】 tutta la notte

よどむ【淀む】 stagnare

よなか【夜中】 notte 女; (真夜中)mezzanotte 女

よのなか【世の中】 (世間)mondo 男; (社会)società 女

よはく【余白】 (空白)spazio in bianco 男; (縁)margine 男

よび【予備】 riserva 女 ——の di riserva, di ricambio; (準備・予行の)preliminare ◆～校 scuola di preparazione agli esami di ammissione 女

よびかける【呼び掛ける】 (声をかける)chiamare; (訴える)fare appello (a)

よびごえ【呼び声】 (叫び)grido 男; (声)voce 女; (呼びかけ)richiamo 男

よびもどす【呼び戻す】 richiamare indietro

よびもの【呼び物】 attrazione principale 女

よびりん【呼び鈴】 campanello 男

よぶ【呼ぶ】 chiamare; (招く)invitare; (AをBと称する)chiamare *A B*; (称される)chiamarsi ——タクシーを呼んでもらえますか Mi può chiamare un tassì?

よふかし【夜更し】 ——する fare le ore piccole

よぶん【余分】 ——な eccessivo; (無駄な)superfluo

よほう【予報】 previsione 女

よぼう【予防】 prevenzione 女 ——する prevenire ◆～接種 vaccinazione 女

よみあげる【読み上げる】 leggere ad alta voce; (名簿を)fare l'appello

よみがえる【蘇る】 rinascere, risorgere

よみとる【読み取る】 (見抜く)leggere; (理解する)capire

よみもの【読み物】 lettura 女

よむ【読む】 leggere

よめ【嫁】 (息子の)nuora 女; (妻)propria moglie 女; (新婦)sposa 女

よやく【予約】 prenotazione 女 ——する prenotare

よゆう【余裕】 (余地)spazio 男; (時間)tempo libero 男; (金銭)disponibilità 女複; (気持ちの)tranquillità 女

-より (場所・時間)da, a partire da; (…よりも)di [che] ——彼は君~大きい È più grande di te.

よりいと【縒り糸】 filo ritorto 男

よりかかる【寄り掛かる】 appoggiarsi (a)

よりそう【寄り添う】 mettersi al fianco (di)

よりによって ——～今日(だなんて) proprio oggi

よりみち【寄り道】 ——～する (立ち寄る)passare (da)

よりよい【より良い】 migliore

よる【依る】 (基づく)basarsi (su); (次第である)dipendere (da) ——…に～と secondo...

よる【因る】 (起因する)essere dovuto (a)

よる【寄る】 (接近)avvicinarsi (a); (脇へ)farsi da parte; (立ち寄る)passare (da)

よる【夜】 (夕・宵)sera 女; (夜半)notte 女 ——～に di notte / 明日の～ domani sera

ヨルダン Giordania 固名(女) ——～の giordano

よろい【鎧】 armatura 女

よろいど【鎧戸】 (シャッター)saracinesca 女; (窓の)persiana 女

よろこばしい【喜ばしい】 (好ましい)piacevole; (嬉しい)felice

よろこばす【喜ばす】 (元気づける)rallegrare; (満足させる)soddisfare

よろこび【喜び】 piacere 男, gioia 女

よろこぶ【喜ぶ】 essere contento [felice] (di)

よろこんで【喜んで】 volentieri, con piacere

よろしい【宜しい】 ——～! Va bene. | Bene! / これで～ですか (了解)Va bene così?; (充分)Basta così? / タバコを吸っても～ですか Posso fumare?

よろしく【宜しく】 ——この荷物を～ Ti affido questo pacco. / お母さんに～ Salutami la mamma! / どうぞ～ (初めまして) Piacere!

よろめく barcollare

よろん【世論】 opinione pubblica 女

よわい【弱い】 debole 男; (もろい)fragile; (気が)timido; (程度が)leggero

よわさ【弱さ】 debolezza 女; (もろさ)fragilità 女

よわね【弱音】 ——～を吐く (嘆く)lamentarsi, lagnarsi; (降参する)arrendersi; (落胆する)scoraggiarsi

よわび【弱火】 fuoco basso [lento] 男

よわまる【弱まる】 indebolirsi, affievolirsi

よわみ【弱み】 debole 男, difetto 男

よわむし【弱虫】 vigliacco(a) 男(女), codardo(a) 男(女)

よわめる【弱める】 indebolire, affievolire; (音量・火力を)abbassare

よわる【弱る】 indebolirsi; (困る)essere imbarazzato

よん【四・4】 quattro 男 ——～番目の quarto

よんじゅう【四十・40】 quaranta 男

一～番目の quarantesimo
よんどころない【拠ん所ない】inevitabile, di forza maggiore

ら

ラード lardo 男
ラーメン spaghetti cinesi in brodo 男複
らいう【雷雨】temporale 男
らいうん【雷雲】nuvola temporalesca 女
ライオン leone(*essa*) 男(女)
らいかん【雷管】(起爆装置)detonatore 男
らいきゃく【来客】ospite 男女
らいげつ【来月】il mese prossimo
らいしゅう【来週】la settimana prossima
らいせ【来世】altra vita 女
ライセンス licenza 女
ライター accendino 男; (作家)scrit*tore*(*trice*) 男(女)
らいちょう【雷鳥】pernice bianca 女
ライト luce 女; (車の)fari 男複; (野球の)esterno(*a*) destro(*a*) 男(女) ◆～級 peso leggero 男
ライトバン giardinetta 女
らいにち【来日】――～する venire in Giappone
らいねん【来年】l'anno prossimo
ライバル rivale 男女
らいひん【来賓】ospite 男女; (招待客)invitato(*a*) 男(女)
ライフ vita 女 ◆～ジャケット giubbotto salvagente 男 /～スタイル stile di vita 男 /～ワーク opera di tutta una vita 女
ライブ ――～の dal vivo, live ◆～コンサート concerto dal vivo 男, live 男
ライプチヒ Lipsia 固名(女)
ライフル carabina 女 ◆～射撃 tiro al bersaglio 男
ライム limetta 女, lime 男; (シトロン)cedro 男 ◆～ジュース cedrata 女
ライむぎ【―麦】segale 女
らいめい【雷鳴】tuono 男
ライラック lillà 男, lilla 男
らいれき【来歴】storia 女; (起源)origine 女
ラインがわ【―川】Reno 固名(男)
ラオス Laos 固名(男) ――～の laotiano
らく【楽】――～な facile; (安楽な)comodo /～に (落ち着いて)tranquillamente; (不自由なく)agiatamente; (たやすく)facilmente; (気楽に)comodamente
らくいん【烙印】marchio 男 ――…の～を押す[押される] marchiare come..., avere il marchio di...
らくえん【楽園】paradiso 男
らくがき【落書き】(ノートの)scarabocchio 男; (壁の)graffito 男 ――～する scarabocchiare

らくご【落伍】――～する(やめる)abbandonare, ritirarsi (da) ◆～者 fallito(*a*) 男(女)
らくご【落語】monologo comico 男
らくさ【落差】dislivello 男; (水の)altezza di caduta dell'acqua 女
らくさつ【落札】――～する essere aggiudicato (a)
らくせん【落選】sconfitta elettorale 女 ――～する essere sconfitto alle elezioni
らくだ【駱駝】cammello 男
らくだい【落第】――～する essere bocciato
らくたん【落胆】――～する scoraggiarsi
らくちゃく【落着】――～する risolversi
らくてんてき【楽天的】――～な ottimista, ottimistico
らくのう【酪農】industria casearia 女 ◆～家 produt*tore*(*trice*) di latticini 男(女)
ラグビー rugby 男
らくようじゅ【落葉樹】albero a foglie caduche
らくらい【落雷】caduta di un fulmine 女, fulminazione 女
らくらく【楽々】(易々と)molto facilmente, con molta facilità; (ゆったりと)comodamente
ラケット racchetta 女
ラザニア lasagne 女複
-らしい (思われる)sembrare ――どうもそうではない～ Sembrerebbe di no. / それはいかにも彼～ È proprio da lui.
ラジウム radio 男
ラジエーター radiatore 男
ラジオ radio 女 ――～を聞く ascoltare la radio
ラジカセ radioregistratore 男
ラジコン radiocomando 男
らしんばん【羅針盤】bussola 女
ラスト ――～の ultimo ◆～スパート sprint finale 男
ラズベリー lampone 男
らせん【螺旋】spirale 女 ◆～階段 scala a chiocciola 女
らち【拉致】――～する(誘拐)rapire
らっか【落下】caduta 女 ◆～傘 paracadute 男 ――～する cadere
ラッカー lacca 女
らっかん【楽観】ottimismo 男 ――～的な ottimista, ottimistico /～する essere ottimista
ラッキー ――～な fortunato
らっきょう【辣韮】(エシャロット)scalogno 男
ラッコ lontra marina 女
ラッシュ (混雑)affollamento 男 ◆～アワー ora di punta 女
らっぱ【喇叭】tromba 女 ◆～水仙 trombone 男
ラップ (音楽)musica rap 女; (食品用の)pellicola (per alimenti) 女; (ラップタイム)intertempo 男

ラップランド Lapponia 固名(女)
らつわん【辣腕】 ――~の (molto) abile, bravo
ラディッシュ ravanello 男
ラテンアメリカ America Latina 固名(女)
ラテンご【―語】 latino 男
ラトビア Lettonia 固名(女) ――~の lettone ◆~語 lettone 男
らば【騾馬】 mulo(a) 男(女)
ラフ ――~な (乱暴な)rude, brusco, violento; (気軽な)casual, sportivo
ラブシーン scena d'amore 女
ラプラタがわ【―川】 Rio della Plata 固名(男)
ラブレター lettera d'amore 女
ラベル etichetta 女
ラベンダー lavanda 女
ラマ lama 男
ラマきょう【―教】 lamaismo 男
ラム (子羊)agnello 男; (ラム酒)rum 男
ラメ lamé 男
ラリー (車の)rally 男; (卓球・テニスの)scambio di colpi 男
らん【欄】 (コラム)rubrica 女; (記入欄)riquadro 男
らん【蘭】 orchidea 女
らんおう【卵黄】 tuorlo 男, rosso d'uovo 男
らんがい【欄外】 margine 男
らんかん【欄干】 parapetto 男, balaustra 女
ランキング classifica 女
ランク grado 男
らんざつ【乱雑】 ――~な disordinato, confuso
らんし【乱視】 astigmatismo 男; (人)astigmatico(a) 男(女)
ランジェリー lingerie 女, biancheria intima femminile 女
らんそう【卵巣】 ovaia 女
ランチ (昼食)pranzo 男; (定食)piatto del giorno 男
らんとう【乱闘】 zuffa 女
ランドセル zaino (da) scuola 男
ランドリー lavanderia 女
ランナー corridore(trice) 男(女)
ランニング corsa 女
らんぱく【卵白】 albume 男, bianco d'uovo 男
ランプ lampada 女
らんぼう【乱暴】 violenza 女 ――~な violento; (無作法な)maleducato, sgarbato
らんよう【濫[乱]用】 abuso 男 ――~する abusare ((di))

り

リアリズム realismo 男
リアル ――~な (現実の)reale; (写実的)realistico
リアルタイム ――~で in tempo reale
リーグ (連盟)lega 女; (チームの連合体)serie 女 ◆~戦 campionato 男
リース noleggio 男 ――~する (貸す)dare in affitto; (借りる)prendere in affitto, noleggiare
リーダー leader 男女, capo 男 ◆~シップ leadership 女, guida 女
リード ――~する (先導)condurre; (優位)essere in vantaggio / 2点[50 m]~する avere due punti [cinquanta metri] di vantaggio
リール (釣竿の)mulinello 男; (テープなどの)bobina 女
リウマチ reumatismo 男
りえき【利益】 (収益)guadagno 男; (恩恵)beneficio 男
りか【理科】 scienze 女複
りかい【理解】 comprensione 女 ――~する comprendere, capire
りがい【利害】 interesse 男
りきがく【力学】 dinamica 女
りきせつ【力説】 ――~する sottolineare, insistere ((su))
リキュール liquore 男
りきりょう【力量】 (能力)abilità 女, capacità 女; (才能)talento 男
りく【陸】 terra 女 ――~の terrestre
リクエスト richiesta 女 ◆~番組 programma a richiesta 男
りくぐん【陸軍】 esercito 男
りくじょう【陸上】 ◆~競技 atletica leggera 女
りくつ【理屈】 (道理)ragione 女; (論理)logica 女; (理論)teoria 女
リクライニングシート sedile reclinabile 男
リグリア Liguria 固名(女) ――~の ligure ◆~海 Mar Ligure 固名(男)
りけん【利権】 concessione 女, licenza 女
りこう【利口】 ――~な (聡明な)intelligente; (要領のいい)svelto
リコーダー flauto diritto 男
リコール rimozione a richiesta generale 女 ――~する (欠陥商品を)ritirare dal commercio (un prodotto difettoso)
りこてき【利己的】 ――~な egoista
りこん【離婚】 divorzio 男 ――~する divorziare ((da))
リサイクル riciclaggio 男 ――~する riciclare
リサイタル recital 男
りざや【利鞘】 margine (di profitto) 男
りさん【離散】 ――~する disperdersi
りし【利子】 interesse 男
りじ【理事】 amministratore(trice) 男(女), direttore(trice) 男(女)
りじゅん【利潤】 profitto 男
りす【栗鼠】 scoiattolo 男
リスク rischio 男
リスト lista 女, elenco 男

リストラ　(再編成)ristrutturazione 女; (人員削減)riduzione del personale 男

リスボン　Lisbona 固名(女)

リズミカル　―～な ritmico

リズム　ritmo 男

りせい【理性】　ragione 女　―～的な razionale

りそう【理想】　ideale 男　―～的な ideale

リゾート　(避暑・避寒地)luogo di villeggiatura 男; (保養地)stazione 女

りそく【利息】　interesse 男

リチウム　litio 男

りちぎ【律儀】　―～な onesto, sincero

りつ【率】　tasso; (百分率)percentuale 女; (指数)indice 男

りっきょう【陸橋】　cavalcavia 男

りっこうほ【立候補】　candidatura 女　―～する candidarsi (come)　◆～者 candidato(a) 男(女)

りっしょう【立証】　―～する provare, dimostrare

りっしんしゅっせ【立身出世】　―～する avere successo nella vita

りったい【立体】　solido 男　―～の solido / ～的な (三次元の)tridimensionale　◆～交差 incrocio a cavalcavia 男

りっちじょうけん【立地条件】　ubicazione 女

リットル　litro 男　―0.5～ mezzo litro

りっぱ【立派】　―～な (すぐれた)eccellente; (すばらしい)magnifico; (賞賛に値する)lodevole

りっぽう【立法】　legislazione 女

りっぽう【立方】　◆～体 cubo 男 / ～メートル metro cubo 男 / ～センチメートル centimetro cubo 男

りてん【利点】　vantaggio 男

リトアニア　Lituania 固名(女)　―～の lituano / ～語 lituano 男

りとう【離島】　isola solitaria 女

リトグラフ　litografia 女

リトマスしけんし【―試験紙】　cartina al tornasole 女

リニアモーターカー　treno a levitazione magnetica 男

りにゅう【離乳】　svezzamento 男　―～させる svezzare　◆～食 alimentazione dello svezzamento 女

りねん【理念】　idea 女; (哲学)filosofia 女

リネン　lino 男

リハーサル　prova 女　―～をする provare

りはつ【理髪】　taglio di capelli 男　◆～師 barbiere 男 / ～店 (negozio di) barbiere 男

リハビリ　riabilitazione 女

りはん【離反】　―～する separarsi (da)

リビア　Libia 固名(女)　―～の libico

リビエラ　Riviera 固名(女)

リヒテンシュタイン　Liechtenstein 固名(男)　―～の liechtensteiniano　◆～人 liechtensteiniano(a) 男(女)

リビングルーム　soggiorno 男

リフォーム　―～する ristrutturazione 女, rinnovazione 女

りふじん【理不尽】　―～な irragionevole, irrazionale; (不当な)ingiusto

リフト　(スキー)seggiovia 女, skilift 男; (荷物用の)elevatore 男, montacarichi 男; (フォークリフト)sollevatore 男

リプリント　ristampa 女

リベート　(歩合)commissione 女; (袖の下)bustarella 女; (割り戻し)rimborso 男

リベラル　―～な liberale

リベリア　Liberia 固名(女)　―～の liberiano

リボン　nastro 男

リムジン　limousine 女

リモコン　telecomando 男

リヤカー　rimorchio da bicicletta 男

りゃく【略】　(省略)omissione 女; (短縮)abbreviazione 女

りゃくご【略語】　abbreviazione 女; (頭文字の)sigla 女

りゃくしき【略式】　―～の (形式ばらない)informale; (単純化した)semplificato, semplice

りゃくす【略す】　(短縮する)abbreviare; (省く)omettere

りゃくだつ【略奪】　saccheggio 男　―～する saccheggiare

りゃくれき【略歴】　breve curriculum vitae 男

りゆう【理由】　ragione 女; (動機)motivo 男; (原因)causa 女

りゅう【龍[竜]】　drago 男, dragone 男

りゅうい【留意】　―～する fare attenzione (a)

りゅういき【流域】　bacino (idrografico) 男, valle 女

りゅうがく【留学】　studio all'estero 男　―～する studiare all'estero　◆～生 studente(essa) straniero(a) 男(女) / 給費～生 borsista straniero(a) 男

りゅうこう【流行】　moda 女, voga 女; (病気の)diffusione 女　―～する essere in voga, andare di moda; (病気が)diffondersi

りゅうさん【硫酸】　acido solforico 男

りゅうざん【流産】　aborto (naturale) 男　―～する abortire

りゅうし【粒子】　granello 男

りゅうしゅつ【流出】　fuga 女, fuoriuscita 女

りゅうせい【隆盛】　prosperità 女

りゅうせんけい【流線型】　―～の aerodinamico

りゅうちょう【流暢】　―～に fluentemente, correntemente

りゅうつう【流通】　circolazione 女　―～する circolare

リュート　liuto 男

りゅうどうてき【流動的】 ―～な fluttuante

りゅうにゅう【流入】 affluenza 女; ～する affluire (a)

りゅうねん【留年】 ―～する ripetere il corso

りゅうは【流派】 scuola 女

りゅうひょう【流氷】 ghiaccio galleggiante 男

りゅうほ【留保】 ―～する riservarsi, esprimere delle riserve (su)

リュックサック zaino 男

りよう【利用】 uso 男 ―～する usare, utilizzare; (悪用)abusare; (便乗)approfittare ◆～者 utente 男女

りょう【漁】 pesca 女

りょう【猟】 caccia 女

りょう【寮】 dormitorio 男; (学生寮)casa dello studente 女

りょう【量】 (数量)quantità 女; (容量)volume 男

りょういき【領域】 territorio 男; (分野)campo 男

りょうが【凌駕】 ―～する superare

りょうかい【領海】 acque territoriali 女複

りょうかい【了解】 ―～する(承諾)consentire; (合意)mettersi d'accordo; (理解)capire, comprendere

りょうがえ【両替】 cambio 男 ―～する cambiare ◆～機 cambiavalute automatico 男

りょうがわ【両側】 due lati 男複 ―～ともに) tutti e due i lati 男複, entrambi i lati 男複

りょうきん【料金】 (価格)prezzo 男; (乗り物)tariffa 女; (入場)entrata 女, ingresso 男; (通行料)pedaggio 男 ◆～所 casello 男

りょうくう【領空】 spazio aereo territoriale 男

りょうこう【良好】 ―～な buono

りょうし【漁師】 pescatore(trice) 男(女)

りょうし【猟師】 cacciatore(trice) 男(女)

りょうし【量子】 quanto 男 ◆～力学 meccanica quantistica 女 / ～論 teoria dei quanti 男

りょうじ【領事】 console 男女 ◆～館 consolato 男

りょうしき【良識】 buon senso 男

りょうじゅう【猟銃】 fucile da caccia 男

りょうしゅうしょう【領収証】 ricevuta 女

りょうしょう【了承】 (同意)consenso 男 ―～する consentire (a)

りょうしん【両親】 genitori 男複

りょうしん【良心】 coscienza 女 ―～的な coscienzioso; (誠実な)onesto

りょうせい【良性】 ―～の benigno

りょうせいるい【両生類】 anfibi 男複

りょうど【領土】 territorio 男

りょうはんてん【量販店】 grande magazzino 男; (スーパー)supermercato 男

りょうほう【両方】 ―～とも tutti(e) e due 男複(女複), entrambi(e) 男複(女複)

りょうめん【両面】 (裏表)due lati 男複 ―～とも entrambi i lati 男複

りょうよう【療養】 cura 女 ―～する curarsi

りょうり【料理】 cucina 女; (一皿の)piatto 男 ―～する cucinare ◆～人 cuoco(a) 男(女) / ～長 capocuoco(a) 男(女)

りょうりつ【両立】 ―～する essere compatibile (con); (共存)coesistere (con)

りょかく【旅客】 (電車・バス)viaggiatore(trice) 男(女); (飛行機・船)passeggero(a) 男(女)

りょかん【旅館】 albergo 男; (安宿)locanda 女

りょくち(たい)【緑地(帯)】 zona verde 女

りょくちゃ【緑茶】 tè verde 男

りょけん【旅券】 passaporto 男

りょこう【旅行】 viaggio 男 ―～する viaggiare ◆～会社[代理店] agenzia di viaggi 女

りょひ【旅費】 spese di viaggio 女複

リヨン Lione 固名(女)

リラックス rilassamento 男 ―～する rilassarsi

りりく【離陸】 decollo 男 ―～する decollare

りりつ【利率】 tasso d'interesse 男

リレー (スポーツ)staffetta 女 ◆メドレー～ staffetta mista 女

りれき【履歴】 storia 女; (職歴)carriera 女 ◆～書 curriculum vitae 男

りろん【理論】 teoria 女 ―～的な teorico

りん【燐】 fosforo 男

りんかい【臨界】 ―～の critico

りんかく【輪郭】 sagoma 女, profilo 男, contorno 男; (概要)riassunto 男

りんぎょう【林業】 selvicoltura 女

リンク (スケート)pista (di pattinaggio) 女; (接続・連結)collegamento 男

リング (ボクシング等)quadrato 男; (指輪)anello 男

りんご【林檎】 (実)mela 女; (木)melo 男

りんごく【隣国】 paese vicino 男

りんじ【臨時】 ―～の (一時的)temporaneo, provvisorio; (特別の)straordinario

りんじゅう【臨終】 ultima ora 女, ultimi attimi di vita 男複 ―～の際 sul letto di morte 男

りんしょう【臨床】 ―～の clinico

りんじん【隣人】 vicino(a) 男(女)

リンス dopo-shampoo 男, balsamo (per capelli) 男 ―～する(すすぐ)sciacquarsi

りんせつ【隣接】 ―～の adiacente,

contiguo
リンチ linciaggio 男
りんどう【竜胆】 genziana 女
りんね【輪廻】 metempsicosi 女
リンネル (tessuto di) lino 男
リンパせん【-腺】 ghiandola linfatica 女, linfonodo 男
りんり【倫理】 etica 女 ― ～的な etico

る

るい【類】 genere 男 ― ～のない unico
るい【塁】 base 女
るいけい【累計】 totale 男, somma 女
るいけい【類型】 tipo 男
るいご【類語】 sinonimo 男
るいじ【類似】 somiglianza 女 ― ～の simile
るいすい【類推】 analogia 女
るいせき【累積】 accumulazione 女
ルーキー (スポーツ)esordiente 男女
ルーズ ― ～な trascurato, negligente
ルーズリーフ quaderno a fogli mobili 男
ルーツ radici 女複, origini 女複
ルート (行路)via 女; (航路)rotta 女; (流通・伝達経路)canale 男; (平方根) radice quadrata 女
ルーフテラス terrazza sul tetto 女
ルーペ lente d'ingrandimento 女
ルーマニア Romania 固名(女) ― ～の rumeno ♦ ～人 rumeno(a) 男(女)/～語 rumeno 男
ルール regola 女
ルーレット roulette 女
ルクセンブルク Lussemburgo 固名(男) ― ～の lussemburghese ♦ ～人 lussemburghese 男女
るす【留守】 assenza 女 ― ～にする non essere in casa, essere fuori ♦ ～番電話 segreteria telefonica
ルツェルン Lucerna 固名(女)
るつぼ【坩堝】 crogiolo 男
ルネッサンス Rinascimento 固名(男) ― ～の rinascimentale
ルビー rubino 男
ルポルタージュ reportage 男
ルワンダ Ruanda 固名(女) ― ～の ruandese
ルンバ rumba 女

れ

れい【例】 esempio 男; (先例)precedente 男
れい【礼】 (お辞儀)inchino 男; (謝辞) ringraziamento 男; (謝礼)ricompensa 女; (専門職に対する礼金)onorario 男
れい【零・0】 zero 男 ♦ ～下 sotto zero
れい【霊】 spirito 男, anima 女
レイアウト lay-out 男, impaginazione 女
レイオフ licenziamento temporaneo 男
れいがい【例外】 eccezione 女
れいがい【冷害】 danno causato dal freddo 男
れいかん【霊感】 ispirazione 女
れいき【冷気】 freddo 男; (涼気)fresco 男
れいぎ【礼儀】 etichetta 女, buone maniere 女複 ― ～正しい cortese, garbato
れいきゃく【冷却】 ― ～する raffreddare
れいきゅうしゃ【霊柩車】 carro funebre 男
れいぐう【冷遇】 ― ～する trattare freddamente [male]
れいけつ【冷血】 ― ～な senza cuore, insensibile
れいこく【冷酷】 ― ～な crudele
れいこん【霊魂】 anima 女
れいじょう【令嬢】 figlia 女
れいじょう【礼状】 lettera di ringraziamento 女
れいじょう【令状】 mandato 男, ordine 男
れいせい【冷静】 ― ～な calmo, sereno
れいせん【冷戦】 guerra fredda 女
れいぞうこ【冷蔵庫】 frigorifero 男
れいたん【冷淡】 ― ～な freddo; (無関心)indifferente
れいだんぼう【冷暖房】 condizionamento dell'aria, climatizzazione 女
れいとう【冷凍】 congelamento 男; (食品の急速冷凍)surgelamento 男 ― ～する surgelare ♦ ～庫 freezer 男/～食品 surgelato 男
れいはい【礼拝】 (祈り)preghiera 女 ♦ ～堂 cappella 女
れいふく【礼服】 abito da cerimonia 男
れいぼう【冷房】 climatizzazione 女; (装置)climatizzatore 男
レーサー corridore(trice) 男(女); (F1の)pilota 女
レーザー laser 男
レース (編物)merletto 男; (競走)gara 女
レーズン uva passa 女, uvetta 女
レーダー radar 男
レート tasso 男
レール rotaia 女
レーンコート impermeabile 男
レオタード calzamaglia 女
れきし【歴史】 storia 女 ― ～の storico
れきぜん【歴然】 ― ～とした evidente, chiaro
れきだい【歴代】 ― ～の successivo
レギュラー ― ～の regolare
レクリエーション ricreazione 女
レコーディング registrazione 女
レコード (盤)disco 男; (記録)record

レジ cassa 女
レシート scontrino (fiscale) 男; (領収証)ricevuta 女
レシーバー (受信器)cornetta 女; (テニス・卓球)ribatt*itore*(*trice*) 男(女)
レシーブ ー〜する(テニス・卓球)ribattere; (バレーボール)ricevere
レジスタンス resistenza 女
レシピ ricetta 女
レジャー (余暇)tempo libero 男; (余暇活動)ricreazione 女
レジュメ riassunto 男, sommario 男
レストラン ristorante
レズビアン lesbismo 男; (人)lesbica 女
レスラー lott*atore* (*trice*) 男(女), wrestler 男
レスリング lotta libera 女, wrestling 男
レソト Lesotho 固名(男) ー〜の lesothiano
レタス lattuga (a palla) 女
れつ【列】 fila 女, linea 女 ー〜を作る fare la fila
レッカーしゃ【ー車】 autogrù 女
れっきょ【列挙】 ー〜する elencare
れっしゃ【列車】 treno 男
レッスン lezione 女
れっせい【劣勢】 svantaggio 男 ー〜にある essere in inferiorità numerica
れっせき【列席】 presenza 女 ー〜する assistere (a)
レッテル etichetta 女
れっとう【列島】 catena di isole 女; (群島)arcipelago 男
れっとうかん【劣等感】 sentimento di inferiorità 男; 〔心〕complesso di inferiorità 男
レディーメード ー〜の preconfezionato
レトリック retorica 女
レトロ ー〜の retrospettivo
レバー (肝臓)fegato 男; (取っ手)leva 女
レパートリー repertorio 男
レバノン Libano 固名(男) ー〜の libanese
レフェリー arbitr*o*(*a*) 男(女)
レフト sinistra 女; (野球の)estern*o*(*a*) sinistr*o*(*a*) 男(女)
レベル livello 男 ー〜の高い di alto livello
レポーター reporter 男女
レポート rapporto 男, relazione 女
レマンこ【ー湖】 Lago di Ginevra [Lemano] 固名(男)
レモネード limonata 女
レモン (木・実)limone 男 ◆〜果汁 spremuta di limone 女 / 〜ティー tè al limone
レリーフ rilievo 男
れんあい【恋愛】 amore 男 ー〜する innamorarsi (di) ◆〜結婚 matrimonio d'amore 男 / 〜小説 romanzo rosa 男
れんが【煉瓦】 mattone 男
れんきゅう【連休】 giorni di vacanza consecutivi 男複
れんきんじゅつ【錬金術】 alchimia 女
れんけい【連携】 collaborazione 女, cooperazione 女
れんこう【連行】 ー〜する condurre, portare
れんごう【連合】 (団結)unione 女; (同盟)alleanza 女 ー〜する unirsi ◆〜軍〔国〕gli Alleati 男
れんごく【煉獄】 purgatorio 男
れんこん【蓮根】 radice di loto 女
れんさい【連載】 ー〜の a puntate ◆〜小説 romanzo a puntate 男
れんさはんのう【連鎖反応】 reazione a catena 女
レンジ cucina 女; (ガスレンジ)cucina a gas 女; (電子レンジ)forno a microonde 男

ろ

れんしゅう【練習】 esercizio 男, allenamento 男 ー〜する esercitarsi, allenarsi ◆〜問題 esercizio 男
レンズ lente 女
れんそう【連想】 associazione 女 ー〜する pensare per associazione di idee (a) / 〜させる ricordare
れんぞく【連続】 continuità 女, continuazione 女; (継起)successione 女 ー〜する continuare ◆〜テレビドラマ telefilm a puntate 男
れんたい【連帯】 solidarietà 女 ◆〜保証人 garante corresponsabile 男(女)
レンタカー macchina a noleggio 女
レンタル noleggio 男
レントゲン (エックス線)raggi X 男複 ◆〜写真 radiografia 女
れんぽう【連邦】 federazione 女
れんめい【連盟】 lega 女, unione 女, federazione 女
れんらく【連絡】 comunicazione 女; (接触)contatto 男; (乗り物の接続)coincidenza 女 ー〜する contattare / 〜している(接続)essere in coincidenza (con)
れんりつ【連立】 coalizione 女 ◆〜政権 governo di coalizione 男

ろ

ろ【炉】 forno 男
ろ【櫓】 remo da bratto 男
ロイヤリティー royalties 女複
ろう【蠟】 cera 女 ◆〜人形 statuetta di cera 女
ろう【牢】 carcere 男, prigione 女
ろうあしゃ【聾啞者】 sordomut*o*(*a*) 男(女)
ろうか【廊下】 corridoio 男
ろうか【老化】 invecchiamento 男 ー〜する invecchiare
ろうかい【老獪】 ー〜な astuto, furbo

ろうがん【老眼】 presbiopia 女 ― ～の presbite

ろうきゅうか【老朽化】 ― ～した vecchio e malandato, decrepito

ろうご【老後】 terza età 女, vecchiaia 女

ろうさい【労災】 infortuni sul lavoro 男複

ろうし【労使】 lavoratori e imprenditori 男複

ろうじん【老人】 anziano(a) 男(女) ◆～ホーム casa di riposo per anziani

ろうすい【老衰】 decrepitezza 女

ろうそく【蠟燭】 candela 女

ろうどう【労働】 lavoro 男 ― ～する lavorare ◆～組合 sindacato (dei lavoratori) 男 / ～時間 ore lavorative 女複 / ～者 lavorat*ore*(*trice*) 男(女); (職人・工員) operaio(a) 男(女) / ～力 forza lavoro 女; (特に肉体労働の) manodopera 女

ろうどく【朗読】 lettura a voce alta 女 ― ～する leggere ad alta voce; (暗唱) recitare

ろうにん【浪人】 samurai senza padrone 男; (受験生) student*e*(*essa*) che prepara gli esami di ammissione all'universita dopo essere stato(a) bocciato(a). 男(女)

ろうねん【老年】 vecchiaia 女, terza età 女

ろうばい【狼狽】 sgomento 男, confusione 女 ― ～する rimanere sconcertato

ろうひ【浪費】 spreco 男 ― ～する sprecare

ろうりょく【労力】 (骨折り) pena 女; (努力) sforzo 男

ろうれん【老練】 ― ～な veterano, esperto

ローカル ― ～な locale ◆～色 caratteristica locale 女

ローザンヌ Losanna 固名(女)

ローション (薬用) lozione 女; (整肌用) tonico (per la pelle) 男

ロース controfiletto 男, lombata 女

ロースト ― ～する arrostire ◆～チキン pollo arrosto 男 / ～ビーフ roast beef 男

ローズマリー rosmarino 男

ロータリー isola rotatoria 女, rotonda 女 ◆～エンジン motore rotativo 男

ローテーション (輪番) rotazione 女; (順番・交替) turno 男

ロードショー prima visione 女

ロードスとう【―島】 Rodi 固名(女)

ローヌがわ【―川】 Rodano 男

ロープ corda 女 ◆～ウエー funivia 女

ローマ Roma 固名(女) ― ～の Romano ◆～字 carattere latino 男 / ～数字 numero romano 男 / ～帝国 Impero Romano 男; ～法王 il Papa 男; (名誉称号) pontefice 男

ローラー rullo 男 ◆～スケート pattinaggio a rotelle 男

ロールキャベツ cavolo farcito 男

ローン prestito 男, mutuo 男

ろか【濾過】 ― ～する filtrare

ろく【六・6】 sei 男 ― ～番目の sesto

ろく【碌】 ― ～でもない (役に立たない) inutile; (ばかげた) stupido ◆～でなし buono(a) a nulla 男(女)

ろくおん【録音】 registrazione 女 ― ～する registrare

ろくが【録画】 videoregistrazione 女 ― ～する registrare

ろくがつ【六月】 giugno 男

ろくじゅう【六十・60】 sessanta 男 ― ～番目の sessantesimo

ろくろ【轆轤】 tornio da vasaio 男

ロケ(ーション) esterni 男複

ロケット razzo 男; (ミサイル) missile 男

ろけん【露見】 scoperta 女 ― ～する rivelarsi

ろこつ【露骨】 ― ～な (むき出しの) crudo, brutale

ろじ【路地】 viuzza 女, vicolo 男

ロシア Russia 固名(女) ― ～の russo ◆～人 russo(a) 男(女) / ～語 russo 男

ろしゅつ【露出】 esposizione 女 ― ～する esporre

ロス perdita 女 ◆～タイム tempo di recupero 男

ロゼ vino rosato 男

ろせん【路線】 linea 女

ロッカー armadietto 男 ◆～ルーム spogliatoio 男

ロッキーさんみゃく【―山脈】 Montagne Rocciose 女複

ロック (音楽) rock 男 ◆～クライミング scalata 女

ろっこつ【肋骨】 costola 女

ロッジ baita 女

ろてん【露店】 bancarella 女

ろてんぶろ【露天風呂】 vasca da bagno all'aria aperta 女

ろば【驢馬】 asino(a) 男(女)

ロビー (ホール) atrio 男, hall 女; (議院内控え室) salotto 男

ロブスター (オマールエビ) astice 男; (イセエビ) aragosta 女

ロボット robot 男

ロマンしゅぎ【―主義】 romanticismo 男

ロマンス (恋物語) storia d'amore 女; 〔音〕romanza 女

ロマンスしょご【―諸語】 lingue neolatine 女複

ロマンチスト (ロマン主義者) romantico(a) 男(女); (夢想家) sognat*ore*(*trice*) 男(女); (理想主義者) idealista 男女

ロマンチック ― ～な romantico

ろめんでんしゃ【路面電車】 tram 男

ロワールがわ【―川】 Loira 固名(女)

ろんぎ【論議】 discussione 女
ろんきょ【論拠】 fondamento 男, argomento 男, base (di un argomento) 女
ろんしょう【論証】 dimostrazione di una prova 女 —～する dimostrare, argomentare
ろんじる【論じる】 (討論)discutere (su); (…について話す[書く])trattare (di)
ろんせつ【論説】 editoriale 男
ろんそう【論争】 disputa 女; (紙上での)polemica 女 —～する polemizzare (su)
ろんてん【論点】 argomento principale 男, punto del discorso 男
ロンドン Londra 固名(女) —～の londinese
ろんぴょう【論評】 commento 男, critica 女
ろんぶん【論文】 saggio 男; (学位)tesi 女; (論説)articolo 男
ろんり【論理】 logica 女 —～的な logico

わ

わ【輪】 (円)cerchio 男; (環)anello 男
わ【和】 (調和)armonia 女; (総和) somma 女 —～の(日本の)giapponese
ワードローブ guardaroba 男
ワールドカップ Coppa del Mondo 女
ワイシャツ camicia 女
わいせつ【猥褻】 —～な osceno, indecente
ワイナリー cantina 女
ワイパー tergicristallo 男
ワイヤー cavo 男
わいろ【賄賂】 bustarella 女
ワイン vino 男 —赤～ vino rosso 男 / 白～ vino bianco 男
わおん【和音】 accordo 男
わかい【若い】 giovane
わかい【和解】 —～する riconciliarsi (con)
わかがえる【若返る】 ringiovanire
わかさ【若さ】 giovinezza 女
わかす【沸かす】 far bollire; (熱狂させる)entusiasmare
わかば【若葉】 foglie nuove [giovani] 女複
わがまま【我が儘】 —～な egoista; (気まぐれな)capriccioso; (甘やかされた)viziato
わかもの【若者】 giovane 男女
わからずや【分からず屋】 testardo(a) 男(女), testa dura 女
わかる【分かる】 (理解する)capire, comprendere; (知る)sapere —分かりました(理解)Ho capito.; (了解)Va bene.
わかれ【別れ】 (離別)separazione 女; (告別)addio 男
わかれる【別れる】 separarsi
わかれる【分かれる】 (分離)dividersi; (分岐)ramificarsi, diramarsi
わかわかしい【若々しい】 giovanile
わき【脇】 fianco 男; (脇の下)ascella 女 —…の～に al fianco di...
わきばら【脇腹】 fianco 男
わきみち【脇道】 traversa 女
わきやく【脇役】 ruolo secondario 男
わく【沸く】 bollire
わく【湧く】 sorgere
わく【枠】 telaio 男; (範囲)limite 男
わくせい【惑星】 pianeta 男
ワクチン vaccino 男
わけ【訳】 ragione 女; (動機)motivo 男; (意味)significato 男
わけあう【分け合う】 condividere (con)
わけまえ【分け前】 parte 女
わける【分ける】 (分割)dividere; (分離)separare; (分類)classificare; (分配)distribuire
わゴム【輪—】 elastico 男
ワゴン (手押し車)carrello 男; (自動車)station wagon 女; (ダイニング用)portavivande 男
わざ【技】 arte 女, tecnica 女
わざと apposta, intenzionalmente
わさび【山葵】 wasabi, barbaforte giapponese 男
わざわい【災い】 disgrazia 女; (不運)sfortuna 女
わざわざ apposta, espressamente
わし【鷲】 aquila 女
わしつ【和室】 stanza in stile giapponese 女
わじゅつ【話術】 arte di parlare 女
わしょく【和食】 cucina giapponese 女
わずか【僅か】 —～な poco
わずらわしい【煩わしい】 fastidioso, seccante
わずらわす【煩わす】 (人を)disturbare; (心を)preoccuparsi (di)
わすれっぽい【忘れっぽい】 avere poca memoria
わすれなぐさ【勿忘草】 non ti scordar di me 男, miosotide 女
わすれもの【忘れ物】 (遺失物)oggetto smarrito 男 —～をする dimenticare, lasciare ♦—取扱所 ufficio oggetti smarriti 男
わすれる【忘れる】 dimenticare, dimenticarsi (di); (置き忘れ)lasciare
わせい【和声】 armonia 女
ワセリン vaselina 女
わた【綿】 cotone 男
わだい【話題】 argomento 男, tema di conversazione 男
わだかまり【蟠り】 risentimento 男
わたし【私】 (～が・は)io; (～を・に)mi; (～の)mio —～のために per me
わたしたち【私達】 (～が・は)noi; (～を・に)ci; (～の)nostro
わたす【渡す】 dare; (手渡す・引き渡す)consegnare

わだち【轍】 traccia delle ruote 囡
わたりどり【渡り鳥】 uccello migratore 男
わたる【渡る】 (横断する)passare, attraversare; (移住する)emigrare; (他国から)immigrare
ワックス cera 囡
ワット watt 男
わな【罠】 trappola 囡 ――~を仕掛ける preparare una trappola
わに【鰐】 coccodrillo 男; (アリゲーター)alligatore 男
ワニス vernice 囡
わび【詫び】 scusa 囡, perdono 男
わびしい【侘しい】 triste, solitario; (みすぼらしい)povero, misero
わびる【詫びる】 scusarsi (per)
わふう【和風】 ――~の in stile giapponese
わふく【和服】 chimono 男, kimono 男
わへいこうしょう【和平交渉】 negoziati di pace 男複
わめく【喚く】 gridare
わやく【和訳】 traduzione giapponese 囡 ――~する tradurre in giapponese
わら【藁】 paglia 囡
わらい【笑い】 riso 男; (大笑い)risata 囡 ♦~話 barzelletta 囡
わらう【笑う】 ridere; (微笑)sorridere
わらべうた【童歌】 filastrocca 囡
わらわせる【笑わせる】 fare ridere; (滑稽な)ridicolo
わり【割】 ――~のよい vantaggioso, fruttifero
わりあい【割合】 proporzione 囡, rapporto 男; (比較的)relativamente
わりあて【割り当て】 assegnazione 囡; (割り当て分)quota 囡
わりあてる【割り当てる】 assegnare
わりかん【割り勘】 ――~にする pagare alla romana
わりきって【割り切って】 (合理的に)razionalmente; (現実的に)realisticamente
わりこむ【割り込む】 (介入)intromettersi; (列に)passare davanti agli altri

わりざん【割り算】 divisione 囡
わりだか【割高】 ――~な relativamente caro, piuttosto costoso
わりに【割りに】 (比較的)relativamente; (かなり)abbastanza
わりびき【割引】 sconto 男 ――~する fare uno sconto ♦~切符 biglietto a tariffa ridotta 男
わりびく【割り引く】 fare uno sconto
わりまし(きん)【割増(金)】 supplemento 男, extra 男
わりやす【割安】 ――~な relativamente a buon mercato
わる【割る】 rompere; (分割)dividere
わるい【悪い】 cattivo; (有害な)dannoso, nocivo
わるがしこい【悪賢い】 astuto, furbesco
わるくち【悪口】 maldicenza 囡 ――~を言う parlare male (di)
ワルシャワ Varsavia 国名(囡)
ワルツ valzer 男
わるふざけ【悪ふざけ】 brutto scherzo 男
わるもの【悪者】 furfante 男女, mascalzone(a) 男(囡)
わるよい【悪酔い】 ――~する prendere una brutta sbornia
われめ【割れ目】 fessura 囡, crepa 囡
われもの【割れ物】 articolo fragile 男;〔表示〕Fragile
われる【割れる】 rompersi; (分裂)dividersi
われわれ【我々】 (~が・は)noi; (~を・に)ci; (~の)nostro
わん【椀】 ciotola 囡
わん【湾】 golfo 男; (口の狭い)baia 囡
わんがん【湾岸】 costa 囡 ♦~戦争 Guerra del Golfo 国名(囡)
わんきょく【湾曲】 curva 囡 ――~した curvo; (弓なりに)arcuato
わんしょう【腕章】 bracciale 男
わんぱく【腕白】 ――~な birichino, monellesco
ワンピース abito (intero) 男
ワンマン ――~な autoritario, dittatoriale
わんりょく【腕力】 forza delle braccia 囡; (暴力)violenza 囡
ワンルームマンション monolocale 男

動詞変化表

- I **avere**（動詞，助動詞）
- II **essere**（動詞，助動詞）
- III **cantare** 第1群規則動詞
- IV **cercare** 第1群規則動詞
- V **pagare** 第1群規則動詞
- VI **cominciare** 第1群規則動詞
- VII **mangiare** 第1群規則動詞
- VIII **inviare** 第1群規則動詞
- IX **studiare** 第1群規則動詞
- X **temere** 第2群規則動詞
- XI **sentire** 第3群規則動詞
- XII **capire** 第3群規則動詞
- XIII **lavarsi** 再帰動詞

不規則動詞（1〜131）

I avere（動詞，助動詞）

直説法				
人称	現在	近過去	半過去	大過去
io	ho	ho avuto	avevo	avevo avuto
tu	hai	hai avuto	avevi	avevi avuto
lui/lei	ha	ha avuto	aveva	aveva avuto
noi	abbiamo	abbiamo avuto	avevamo	avevamo avuto
voi	avete	avete avuto	avevate	avevate avuto
loro	hanno	hanno avuto	avevano	avevano avuto

直説法				
人称	未来	先立未来	遠過去	先立過去
io	avrò	avrò avuto	ebbi	ebbi avuto
tu	avrai	avrai avuto	avesti	avesti avuto
lui/lei	avrà	avrà avuto	ebbe	ebbe avuto
noi	avremo	avremo avuto	avemmo	avemmo avuto
voi	avrete	avrete avuto	aveste	aveste avuto
loro	avranno	avranno avuto	ebbero	ebbero avuto

接続法				
人称	現在	過去	半過去	大過去
io	abbia	abbia avuto	avessi	avessi avuto
tu	abbia	abbia avuto	avessi	avessi avuto
lui/lei	abbia	abbia avuto	avesse	avesse avuto
noi	abbiamo	abbiamo avuto	avessimo	avessimo avuto
voi	abbiate	abbiate avuto	aveste	aveste avuto
loro	abbiano	abbiano avuto	avessero	avessero avuto

条件法		命令法	不定法
人称	現在	過去	現在	不定詞
io	avrei	avrei avuto		単純形 avere
tu	avresti	avresti avuto	abbi	複合形 avere avuto
lui/lei	avrebbe	avrebbe avuto	abbia	過去分詞 avuto
noi	avremmo	avremmo avuto	abbiamo	ジェルンディオ
voi	avreste	avreste avuto	abbiate	単純形 avendo
loro	avrebbero	avrebbero avuto	abbiano	複合形 avendo avuto

II **essere** (動詞、助動詞)

	直説法			
人称	現在	近過去	半過去	大過去
io	sono	sono stato(a)	ero	ero stato(a)
tu	sei	sei stato(a)	eri	eri stato(a)
lui/lei	è	è stato(a)	era	era stato(a)
noi	siamo	siamo stati(e)	eravamo	eravamo stati(e)
voi	siete	siete stati(e)	eravate	eravate stati(e)
loro	sono	sono stati(e)	erano	erano stati(e)

	直説法			
人称	未来	先立未来	遠過去	先立過去
io	sarò	sarò stato(a)	fui	fui stato(a)
tu	sarai	sarai stato(a)	fosti	fosti stato(a)
lui/lei	sarà	sarà stato(a)	fu	fu stato(a)
noi	saremo	saremo stati(e)	fummo	fummo stati(e)
voi	sarete	sarete stati(e)	foste	foste stati(e)
loro	saranno	saranno stati(e)	furono	furono stati(e)

	接続法			
人称	現在	過去	半過去	大過去
io	sia	sia stato(a)	fossi	fossi stato(a)
tu	sia	sia stato(a)	fossi	fossi stato(a)
lui/lei	sia	sia stato(a)	fosse	fosse stato(a)
noi	siamo	siamo stati(e)	fossimo	fossimo stati(e)
voi	siate	siate stati(e)	foste	foste stati(e)
loro	siano	siano stati(e)	fossero	fossero stati(e)

	条件法		命令法	不定法
人称	現在	過去	現在	不定詞
io	sarei	sarei stato(a)		単純形 essere
tu	saresti	saresti stato(a)	sii	複合形 essere stato(a, i, e)
lui/lei	sarebbe	sarebbe stato(a)	sia	過去分詞 stato
noi	saremmo	saremmo stati(e)	siamo	ジェルンディオ
voi	sareste	sareste stati(e)	siate	単純形 essendo
loro	sarebbero	sarebbero stati(e)	siano	複合形 essendo stato(a, i, e)

III **cantare** 第1群規則動詞

	直説法			
人称	現在	近過去	半過去	大過去
io	canto	ho cantato	cantavo	avevo cantato
tu	canti	hai cantato	cantavi	avevi cantato
lui/lei	canta	ha cantato	cantava	aveva cantato
noi	cantiamo	abbiamo cantato	cantavamo	avevamo cantato
voi	cantate	avete cantato	cantavate	avevate cantato
loro	cantano	hanno cantato	cantavano	avevano cantato

	直説法			
人称	未来	先立未来	遠過去	先立過去
io	canterò	avrò cantato	cantai	ebbi cantato
tu	canterai	avrai cantato	cantasti	avesti cantato
lui/lei	canterà	avrà cantato	cantò	ebbe cantato
noi	canteremo	avremo cantato	cantammo	avemmo cantato
voi	canterete	avrete cantato	cantaste	aveste cantato
loro	canteranno	avranno cantato	cantarono	ebbero cantato

	接続法			
人称	現在	過去	半過去	大過去
io	canti	abbia cantato	cantassi	avessi cantato
tu	canti	abbia cantato	cantassi	avessi cantato
lui/lei	canti	abbia cantato	cantasse	avesse cantato
noi	cantiamo	abbiamo cantato	cantassimo	avessimo cantato
voi	cantiate	abbiate cantato	cantaste	aveste cantato
loro	cantino	abbiano cantato	cantassero	avessero cantato

	条件法		命令法	不定法
人称	現在	過去	現在	不定詞
io	canterei	avrei cantato		単純形 cantare
tu	canteresti	avresti cantato	canta	複合形 avere cantato
lui/lei	*canterebbe*	*avrebbe cantato*	*canti*	過去分詞 cantato
noi	canteremmo	avremmo cantato	cantiamo	ジェルンディオ
voi	cantereste	avreste cantato	cantate	単純形 cantando
loro	canterebbero	avrebbero cantato	cantino	複合形 avendo cantato

IV cercare 第1群規則動詞

*現在形は，i/eで始まる語尾の前でc→ch

	直説法			
人称	現在	近過去	半過去	大過去
io	cerco	ho cercato	cercavo	avevo cercato
tu	cerchi	hai cercato	cercavi	avevi cercato
lui/lei	cerca	ha cercato	cercava	aveva cercato
noi	cerchiamo	abbiamo cercato	cercavamo	avevamo cercato
voi	cercate	avete cercato	cercavate	avevate cercato
loro	cercano	hanno cercato	cercavano	avevano cercato

	直説法			
人称	未来	先立未来	遠過去	先立過去
io	cercherò	avrò cercato	cercai	ebbi cercato
tu	cercherai	avrai cercato	cercasti	avesti cercato
lui/lei	cercherà	avrà cercato	cercò	ebbe cercato
noi	cercheremo	avremo cercato	cercammo	avemmo cercato
voi	cercherete	avrete cercato	cercaste	aveste cercato
loro	cercheranno	avranno cercato	cercarono	ebbero cercato

	接続法			
人称	現在	過去	半過去	大過去
io	cerchi	abbia cercato	cercassi	avessi cercato
tu	cerchi	abbia cercato	cercassi	avessi cercato
lui/lei	cerchi	abbia cercato	cercasse	avesse cercato
noi	cerchiamo	abbiamo cercato	cercassimo	avessimo cercato
voi	cerchiate	abbiate cercato	cercaste	aveste cercato
loro	cerchino	abbiano cercato	cercassero	avessero cercato

	条件法		命令法	不定法
人称	現在	過去	現在	不定詞
io	cercherei	avrei cercato		単純形 cercare
tu	cercheresti	avresti cercato	cerca	複合形 avere cercato
lui/lei	cercherebbe	avrebbe cercato	cerchi	過去分詞 cercato
noi	cercheremmo	avremmo cercato	cerchiamo	ジェルンディオ
voi	cerchiremmo	avreste cercato	cercate	単純形 cercando
loro	cercherebbero	avrebbero cercato	cerchino	複合形 avendo cercato

V pagare 第1群規則動詞

*現在形は、i/eで始まる語尾の前でg→gh

直説法

人称	現在	近過去	半過去	大過去
io	pago	ho pagato	pagavo	avevo pagato
tu	paghi	hai pagato	pagavi	avevi pagato
lui/lei	paga	ha pagato	pagava	aveva pagato
noi	paghiamo	abbiamo pagato	pagavamo	avevamo pagato
voi	pagate	avete pagato	pagavate	avevate pagato
loro	pagano	hanno pagato	pagavano	avevano pagato

直説法

人称	未来	先立未来	遠過去	先立過去
io	pagherò	avrò pagato	pagai	ebbi pagato
tu	pagherai	avrai pagato	pagasti	avesti pagato
lui/lei	pagherà	avrà pagato	pagò	ebbe pagato
noi	pagheremo	avremo pagato	pagammo	avemmo pagato
voi	pagherete	avrete pagato	pagaste	aveste pagato
loro	pagheranno	avranno pagato	pagarono	ebbero pagato

接続法

人称	現在	過去	半過去	大過去
io	paghi	abbia pagato	pagassi	avessi pagato
tu	paghi	abbia pagato	pagassi	avessi pagato
lui/lei	paghi	abbia pagato	pagasse	avesse pagato
noi	paghiamo	abbiamo pagato	pagassimo	avessimo pagato
voi	paghiate	abbiate pagato	pagaste	aveste pagato
loro	paghino	abbiano pagato	pagassero	avessero pagato

	条件法		命令法	不定法
人称	現在	過去	現在	不定詞
io	pagherei	avrei pagato		単純形 pagare
tu	pagheresti	avresti pagato	paga	複合形 avere pagato
lui/lei	*pagherebbe*	*avrebbe pagato*	paghi	過去分詞 pagato
noi	pagheremmo	avremmo pagato	paghiamo	ジェルンディオ
voi	paghereste	avreste pagato	pagate	単純形 pagando
loro	pagherebbero	avrebbero pagato	paghino	複合形 avendo pagato

VI **cominciare** 第1群規則動詞

*現在形は、i/e で始まる語尾の前で i が消失して ci → c

	直説法			
人称	現在	近過去	半過去	大過去
io	comincio	ho cominciato	cominciavo	avevo cominciato
tu	cominci	hai cominciato	cominciavi	avevi cominciato
lui/lei	comincia	ha cominciato	cominciava	aveva cominciato
noi	cominciamo	abbiamo cominciato	cominciavamo	avevamo cominciato
voi	cominciate	avete cominciato	cominciavate	avevate cominciato
loro	cominciano	hanno cominciato	cominciavano	avevano cominciato

	直説法			
人称	未来	先立未来	遠過去	先立過去
io	comincerò	avrò cominciato	cominciai	ebbi cominciato
tu	comincerai	avrai cominciato	cominciasti	avesti cominciato
lui/lei	comincerà	avrà cominciato	cominciò	ebbe cominciato
noi	cominceremo	avremo cominciato	cominciammo	avemmo cominciato
voi	comincerete	avrete cominciato	cominciaste	aveste cominciato
loro	cominceranno	avranno cominciato	cominciarono	ebbero cominciato

	接続法			
人称	現在	過去	半過去	大過去
io	cominci	abbia cominciato	cominciassi	avessi cominciato
tu	cominci	abbia cominciato	cominciassi	avessi cominciato
lui/lei	cominci	abbia cominciato	cominciasse	avesse cominciato
noi	cominciamo	abbiamo cominciato	cominciassimo	avessimo cominciato
voi	cominciate	abbiate cominciato	cominciaste	aveste cominciato
loro	comincino	abbiano cominciato	cominciassero	avessero cominciato

	条件法		命令法	不定法
人称	現在	過去	現在	不定詞
io	comincerei	avrei cominciato		単純形 cominciare
tu	cominceresti	avresti cominciato	comincia	複合形 avere cominciato
lui/lei	comincerebbe	avrebbe cominciato	cominci	過去分詞 cominciato
noi	cominceremmo	avremmo cominciato	cominciamo	ジェルンディオ
voi	comincereste	avreste cominciato	cominciate	単純形 cominciando
loro	comincerebbero	avrebbero cominciato	comincino	複合形 avendo cominciato

VII **mangiare** 第1群規則動詞

*現在形は, i/e で始まる語尾の前で i が消失して gi → g

直説法

人称	現在	近過去	半過去	大過去
io	mangio	ho mangiato	mangiavo	avevo mangiato
tu	mangi	hai mangiato	mangiavi	avevi mangiato
lui/lei	mangia	ha mangiato	mangiava	aveva mangiato
noi	mangiamo	abbiamo mangiato	mangiavamo	avevamo mangiato
voi	mangiate	avete mangiato	mangiavate	avevate mangiato
loro	mangiano	hanno mangiato	mangiavano	avevano mangiato

直説法

人称	未来	先立未来	遠過去	先立過去
io	mangerò	avrò mangiato	mangiai	ebbi mangiato
tu	mangerai	avrai mangiato	mangiasti	avesti mangiato
lui/lei	mangerà	avrà mangiato	mangiò	ebbe mangiato
noi	mangeremo	avremo mangiato	mangiammo	avemmo mangiato
voi	mangerete	avrete mangiato	mangiaste	aveste mangiato
loro	mangeranno	avranno mangiato	mangiarono	ebbero mangiato

接続法

人称	現在	過去	半過去	大過去
io	mangi	abbia mangiato	mangiassi	avessi mangiato
tu	mangi	abbia mangiato	mangiassi	avessi mangiato
lui/lei	mangi	abbia mangiato	mangiasse	avesse mangiato
noi	mangiamo	abbiamo mangiato	mangiassimo	avessimo mangiato
voi	mangiate	abbiate mangiato	mangiaste	aveste mangiato
loro	mangino	abbiano mangiato	mangiassero	avessero mangiato

	条件法		命令法	不定法
人称	現在	過去	現在	不定詞
io	mangerei	avrei mangiato		単純形 mangiare
tu	mangeresti	avresti mangiato	mangia	複合形 avere mangiato
lui/lei	*mangerebbe*	*avrebbe mangiato*	*mangi*	過去分詞 mangiato
noi	mangeremmo	avremmo mangiato	mangiamo	ジェルンディオ
voi	mangereste	avreste mangiato	mangiate	単純形 mangiando
loro	mangerebbero	avrebbero mangiato	mangino	複合形 avendo mangiato

VIII **inviare** 第1群規則動詞

*直説法現在1人称単数の語尾 -io の i にアクセントがある場合, 語尾 -iamo, -iate の前の i が消失.

		直説法		
人称	現在	近過去	半過去	大過去
io	invio	ho inviato	inviavo	avevo inviato
tu	invii	hai inviato	inviavi	avevi inviato
lui/lei	invia	ha inviato	inviava	aveva inviato
noi	inviamo	abbiamo inviato	inviavamo	avevamo inviato
voi	inviate	avete inviato	inviavate	avevate inviato
loro	inviano	hanno inviato	inviavano	avevano inviato

		直説法		
人称	未来	先立未来	遠過去	先立過去
io	invierò	avrò inviato	inviai	ebbi inviato
tu	invierai	avrai inviato	inviasti	avesti inviato
lui/lei	invierà	avrà inviato	inviò	ebbe inviato
noi	invieremo	avremo inviato	inviammo	avemmo inviato
voi	invierete	avrete inviato	inviaste	aveste inviato
loro	invieranno	avranno inviato	inviarono	ebbero inviato

		接続法		
人称	現在	過去	半過去	大過去
io	invii	abbia inviato	inviassi	avessi inviato
tu	invii	abbia inviato	inviassi	avessi inviato
lui/lei	invii	abbia inviato	inviasse	avesse inviato
noi	inviamo	abbiamo inviato	inviassimo	avessimo inviato
voi	inviate	abbiate inviato	inviaste	aveste inviato
loro	inviino	abbiano inviato	inviassero	avessero inviato

	条件法		命令法	不定法
人称	現在	過去	現在	不定詞
io	invierei	avrei inviato		単純形 inviare
tu	invieresti	avresti inviato	invia	複合形 avere inviato
lui/lei	invierebbe	avrebbe inviato	invii	過去分詞 inviato
noi	invieremmo	avremmo inviato	inviamo	ジェルンディオ
voi	inviereste	avreste inviato	inviate	単純形 inviando
loro	invierebbero	avrebbero inviato	inviino	複合形 avendo inviato

IX **studiare** 第1群規則動詞

*直説法現在1人称単数の語尾 -io の i にアクセントがない場合, i で始まる語尾の前の i が消失.

	直説法			
人称	現在	近過去	半過去	大過去
io	studio	ho studiato	studiavo	avevo studiato
tu	studi	hai studiato	studiavi	avevi studiato
lui/lei	studia	ha studiato	studiava	aveva studiato
noi	studiamo	abbiamo studiato	studiavamo	avevamo studiato
voi	studiate	avete studiato	studiavate	avevate studiato
loro	studiano	hanno studiato	studiavano	avevano studiato

	直説法			
人称	未来	先立未来	遠過去	先立過去
io	studierò	avrò studiato	studiai	ebbi studiato
tu	studierai	avrai studiato	studiasti	avesti studiato
lui/lei	studierà	avrà studiato	studiò	ebbe studiato
noi	studieremo	avremo studiato	studiammo	avemmo studiato
voi	studierete	avrete studiato	studiaste	aveste studiato
loro	studieranno	avranno studiato	studiarono	ebbero studiato

	接続法			
人称	現在	過去	半過去	大過去
io	studi	abbia studiato	studiassi	avessi studiato
tu	studi	abbia studiato	studiassi	avessi studiato
lui/lei	studi	abbia studiato	studiasse	avesse studiato
noi	studiamo	abbiamo studiato	studiassimo	avessimo studiato
voi	studiate	abbiate studiato	studiaste	aveste studiato
loro	studino	abbiano studiato	studiassero	avessero studiato

	条件法		命令法	不定法
人称	現在	過去	現在	不定詞
io	studierei	avrei studiato		単純形 studiare
tu	studieresti	avresti studiato	studia	複合形 avere studiato
lui/lei	*studierebbe*	avrebbe studiato	studi	過去分詞 studiato
noi	studieremmo	avremmo studiato	studiamo	ジェルンディオ
voi	studiereste	avreste studiato	studiate	単純形 studiando
loro	studierebbero	avrebbero studiato	studino	複合形 avendo studiato

X temere 第2群規則動詞

	直説法			
人称	現在	近過去	半過去	大過去
io	temo	ho temuto	temevo	avevo temuto
tu	temi	hai temuto	temevi	avevi temuto
lui/lei	teme	ha temuto	temeva	aveva temuto
noi	temiamo	abbiamo temuto	temevamo	avevamo temuto
voi	temete	avete temuto	temevate	avevate temuto
loro	temono	hanno temuto	temevano	avevano temuto

	直説法			
人称	未来	先立未来	遠過去	先立過去
io	temerò	avrò temuto	temei/temetti	ebbi temuto
tu	temerai	avrai temuto	temesti	avesti temuto
lui/lei	temerà	avrà temuto	temè/temette	ebbe temuto
noi	temeremo	avremo temuto	tememmo	avemmo temuto
voi	temerete	avrete temuto	temeste	aveste temuto
loro	temeranno	avranno temuto	temerono / temettero	ebbero temuto

	接続法			
人称	現在	過去	半過去	大過去
io	tema	abbia temuto	temessi	avessi temuto
tu	tema	abbia temuto	temessi	avessi temuto
lui/lei	tema	abbia temuto	temesse	avesse temuto
noi	temiamo	abbiamo temuto	temessimo	avessimo temuto
voi	temiate	abbiate temuto	temeste	aveste temuto
loro	temano	abbiano temuto	temessero	avessero temuto

	条件法		命令法	不定法
人称	現在	過去	現在	不定詞
io	temerei	avrei temuto		単純形 temere
tu	temeresti	avresti temuto	temi	複合形 avere temuto
lui/lei	temerebbe	avrebbe temuto	tema	過去分詞 temuto
noi	temeremmo	avremmo temuto	temiamo	ジェルンディオ
voi	temereste	avreste temuto	temete	単純形 temendo
loro	temerebbero	avrebbero temuto	temano	複合形 avendo temuto

XI sentire　第3群規則動詞

	直説法			
人称	現在	近過去	半過去	大過去
io	sento	ho sentito	sentivo	avevo sentito
tu	senti	hai sentito	sentivi	avevi sentito
lui/lei	sente	ha sentito	sentiva	aveva sentito
noi	sentiamo	abbiamo sentito	sentivamo	avevamo sentito
voi	sentite	avete sentito	sentivate	avevate sentito
loro	sentono	hanno sentito	sentivano	avevano sentito

	直説法			
人称	未来	先立未来	遠過去	先立過去
io	sentirò	avrò sentito	sentii	ebbi sentito
tu	sentirai	avrai sentito	sentisti	avesti sentito
lui/lei	sentirà	avrà sentito	sentì	ebbe sentito
noi	sentiremo	avremo sentito	sentimmo	avemmo sentito
voi	sentirete	avrete sentito	sentiste	aveste sentito
loro	sentiranno	avranno sentito	sentirono	ebbero sentito

	接続法			
人称	現在	過去	半過去	大過去
io	senta	abbia sentito	sentissi	avessi sentito
tu	senta	abbia sentito	sentissi	avessi sentito
lui/lei	senta	abbia sentito	sentisse	avesse sentito
noi	sentiamo	abbiamo sentito	sentissimo	avessimo sentito
voi	sentiate	abbiate sentito	sentiste	aveste sentito
loro	sentano	abbiano sentito	sentissero	avessero sentito

	条件法		命令法	不定法
人称	現在	過去	現在	不定詞
io	sentirei	avrei sentito		単純形 sentire
tu	sentiresti	avresti sentito	senti	複合形 avere sentito
lui/lei	sentirebbe	avrebbe sentito	senta	過去分詞 sentito
noi	sentiremmo	avremmo sentito	sentiamo	ジェルンディオ
voi	sentireste	avreste sentito	sentite	単純形 sentendo
loro	sentirebbero	avrebbero sentito	sentano	複合形 avendo sentito

XII **capire** 第3群規則動詞

*現在形は,1・2・3人称単数と3人称複数の語尾に -isc- を含む. 本辞典ではio -iscoと表示.

直説法			
人称	現在	近過去	半過去	大過去
io	capisco	ho capito	capivo	avevo capito
tu	capisci	hai capito	capivi	avevi capito
lui/lei	capisce	ha capito	capiva	aveva capito
noi	capiamo	abbiamo capito	capivamo	avevamo capito
voi	capite	avete capito	capivate	avevate capito
loro	capiscono	hanno capito	capivano	avevano capito

直説法			
人称	未来	先立未来	遠過去	先立過去
io	capirò	avrò capito	capii	ebbi capito
tu	capirai	avrai capito	capisti	avesti capito
lui/lei	capirà	avrà capito	capì	ebbe capito
noi	capiremo	avremo capito	capimmo	avemmo capito
voi	capirete	avrete capito	capiste	aveste capito
loro	capiranno	avranno capito	capirono	ebbero capito

接続法			
人称	現在	過去	半過去	大過去
io	capisca	abbia capito	capissi	avessi capito
tu	capisca	abbia capito	capissi	avessi capito
lui/lei	capisca	abbia capito	capisse	avesse capito
noi	capiamo	abbiamo capito	capissimo	avessimo capito
voi	capiate	abbiate capito	capiste	aveste capito
loro	capiscano	abbiano capito	capissero	avessero capito

条件法		命令法	不定法
人称	現在	過去	現在	不定詞
io	capirei	avrei capito		単純形 capire
tu	capiresti	avresti capito	capisci	複合形 avere capito
lui/lei	capirebbe	avrebbe capito	capisca	過去分詞 capito
noi	capiremmo	avremmo capito	capiamo	ジェルンディオ
voi	capireste	avreste capito	capite	単純形 capendo
loro	capirebbero	avrebbero capito	capiscano	複合形 avendo capito

XIII lavarsi 再帰動詞

人称	直説法			
	現在	近過去	半過去	大過去
io	mi lavo	mi sono lavato(a)	mi lavavo	mi ero lavato(a)
tu	ti lavi	ti sei lavato(a)	ti lavavi	ti eri lavato(a)
lui/lei	si lava	si è lavato(a)	si lavava	si era lavato(a)
noi	ci laviamo	ci siamo lavati(e)	ci lavavamo	ci eravamo lavati(e)
voi	vi lavate	vi siete lavati(e)	vi lavavate	vi eravate lavati(e)
loro	si lavano	si sono lavati(e)	si lavavano	si erano lavati(e)

人称	直説法			
	未来	先立未来	遠過去	先立過去
io	mi laverò	mi sarò lavato(a)	mi lavai	mi fui lavato(a)
tu	ti laverai	ti sarai lavato(a)	ti lavasti	ti fosti lavato(a)
lui/lei	si laverà	si sarà lavato(a)	si lavò	si fu lavato(a)
noi	ci laveremo	ci saremo lavati(e)	ci lavammo	ci fummo lavati(e)
voi	vi laverete	vi sarete lavati(e)	vi lavaste	vi foste lavati(e)
loro	si laveranno	si saranno lavati(e)	si lavarono	si furono lavati(e)

人称	接続法			
	現在	過去	半過去	大過去
io	mi lavi	mi sia lavato(a)	mi lavassi	mi fossi lavato(a)
tu	ti lavi	ti sia lavato(a)	ti lavassi	ti fossi lavato(a)
lui/lei	si lavi	si sia lavato(a)	si lavasse	si fosse lavato(a)
noi	ci laviamo	ci siamo lavati(e)	ci lavassimo	ci fossimo lavati(e)
voi	vi laviate	vi siate lavati(e)	vi lavaste	vi foste lavati(e)
loro	si lavino	si siano lavati(e)	si lavassero	si fossero lavati(e)

人称	条件法		命令法	不定法
	現在	過去	現在	不定詞
io	mi laverei	mi sarei lavato(a)		単純形 lavarsi
tu	ti laveresti	ti saresti lavato(a)	lavati	複合形 essersi lavato(a, i, e)
lui/lei	si laverebbe	si sarebbe lavato(a)	si lavi	過去分詞 lavatosi
noi	ci laveremmo	ci saremmo lavati(e)	laviamoci	ジェルンディオ
voi	vi lavereste	vi sareste lavati(e)	lavatevi	単純形 lavandosi
loro	si laverebbero	si sarebbero lavati(e)	si lavino	複合形 essendosi lavato(a, i, e)

不規則動詞変化表

付録

不定詞 過去分詞 ジェルンディオ	直説法			
	現在	半過去	遠過去	未来
1 **accludere** accluso accludendo	accludo accludi acclude accludiamo accludete accludono	accludevo accludevi accludeva accludevamo accludevate accludevano	acclusi accludesti accluse accludemmo accludeste acclusero	accluderò accluderai accluderà accluderemo accluderete accluderanno
2 **accorgersi** accortosi accorgendosi	mi accorgo ti accorgi si accorge ci accorgiamo vi accorgete si accorgono	mi accorgevo ti accorgevi si accorgeva ci accorgevamo vi accorgevate si accorgevano	mi accorsi ti accorgesti si accorse ci accorgemmo vi accorgeste si accorsero	mi accorgerò ti accorgerai si accorgerà ci accorgeremo vi accorgerete si accorgeranno
3 **addurre** addotto adducendo	adduco adduci adduce adduciamo adducete adducono	adducevo adducevi adduceva adducevamo adducevate adducevano	addussi adducesti addusse adducemmo adduceste addussero	addurrò addurrai addurrà addurremo addurrete addurranno
4 **affiggere** affisso affiggendo	affiggo affiggi affigge affiggiamo affiggete affiggono	affiggevo affiggevi affiggeva affiggevamo affiggevate affiggevano	affissi affiggesti affisse affiggemmo affiggeste affissero	affiggerò affiggerai affiggerà affiggeremo affiggerete affiggeranno
5 **affliggere** afflitto affliggendo	affliggo affliggi affligge affliggiamo affliggete affliggono	affliggevo affliggevi affliggeva affliggevamo affliggevate affliggevano	afflissi affliggesti afflisse affliggemmo affliggeste afflissero	affliggerò affliggerai affliggerà affliggeremo affliggerete affliggeranno
6 **alludere** alluso alludendo	alludo alludi allude alludiamo alludete alludono	alludevo alludevi alludeva alludevamo alludevate alludevano	allusi alludesti alluse alludemmo alludeste allusero	alluderò alluderai alluderà alluderemo alluderete alluderanno
7 **andare** andato andando	vado vai va andiamo andate vanno	andavo andavi andava andavamo andavate andavano	andai andasti andò andammo andaste andarono	andrò andrai andrà andremo andrete andranno
8 **annettere** annesso annettendo	annetto annetti annette annettiamo annettete annettono	annettevo annettevi annetteva annettevamo annettevate annettevano	annettei annettesti annetté annettemmo annetteste annetterono	*annetterò* annetterai annetterà annetteremo annetterete annetteranno

不規則動詞変化表

条件法	接続法		命令法
現在	現在	半過去	
accluderei	accluda	accludessi	
accluderesti	accluda	accludessi	accludi
accluderebbe	accluda	accludesse	accluda
accluderemmo	accludiamo	accludessimo	accludiamo
accludereste	accludiate	accludeste	accludete
accluderebbero	accludano	accludessero	accludano
mi accorgerei	mi accorga	mi accorgessi	
ti accorgeresti	ti accorga	ti accorgessi	accorgiti
si accorgerebbe	si accorga	si accorgesse	si accorga
ci accorgeremmo	ci accorgiamo	ci accorgessimo	accorgiamoci
vi accorgereste	vi accorgiate	vi accorgeste	accorgetevi
si accorgerebbero	si accorgano	si accorgessero	si accorgano
addurrei	adduca	adducessi	
addurresti	adduca	adducessi	adduci
addurrebbe	adduca	adducesse	adduca
addurremmo	adduciamo	adducessimo	adduciamo
addurreste	adduciate	adduceste	adducete
addurrebbero	adducano	adducessero	adducano
affiggerei	affigga	affiggessi	
affiggeresti	affigga	affiggessi	affiggi
affiggerebbe	affigga	affiggesse	affigga
affiggeremmo	affiggiamo	affiggessimo	affiggiamo
affiggereste	affiggiate	affiggeste	affiggete
affiggerebbero	affiggano	affiggessero	affiggano
affliggerei	affligga	affliggessi	
affliggeresti	affligga	affliggessi	affliggi
affliggerebbe	affligga	affliggesse	affligga
affliggeremmo	affliggiamo	affliggessimo	affliggiamo
affliggereste	affliggiate	affliggeste	affliggete
affliggerebbero	affliggano	affliggessero	affliggano
alluderei	alluda	alludessi	
alluderesti	alluda	alludessi	alludi
alluderebbe	alluda	alludesse	alluda
alluderemmo	alludiamo	alludessimo	alludiamo
alludereste	alludiate	alludeste	alludete
alluderebbero	alludano	alludessero	alludano
andrei	vada	andassi	
andresti	vada	andassi	va'/vai/va
andrebbe	vada	andasse	vada
andremmo	andiamo	andassimo	andiamo
andreste	andiate	andaste	andate
andrebbero	vadano	andassero	vadano
annetterei	annetta	annettessi	
annetteresti	annetta	annettessi	annetti
annetterebbe	annetta	annettesse	annetta
annetteremmo	annettiamo	annettessimo	annettiamo
annettereste	annettiate	annetteste	annettete
annetterebbero	annettano	annettessero	annettano

付録

不規則動詞変化表

不定詞 過去分詞 ジェルンディオ	直説法			
	現在	半過去	遠過去	未来
9 **apparire** apparso apparendo	appaio appari appare appariamo apparite appaiono	apparivo apparivi appariva apparivamo apparivate apparivano	apparvi apparisti apparve apparimmo appariste apparvero	apparirò apparirai apparirà appariremo apparirete appariranno
10 **aprire** aperto aprendo	apro apri apre apriamo aprite aprono	aprivo aprivi apriva aprivamo aprivate aprivano	aprii apristi aprì aprimmo apriste aprirono	aprirò aprirai aprirà apriremo aprirete apriranno
11 **ardere** arso ardendo	ardo ardi arde ardiamo ardete ardono	ardevo ardevi ardeva ardevamo ardevate ardevano	arsi ardesti arse ardemmo ardeste arsero	arderò arderai arderà arderemo arderete arderanno
12 **assistere** assistito assistendo	assisto assisti assiste assistiamo assistete assistono	assistevo assistevi assisteva assistevamo assistevate assistevano	assistei/ assistetti assistesti assisté/ assistette assistemmo assisteste assisterono/ assistettero	assisterò assisterai assisterà assisteremo assisterete assisteranno
13 **assumere** assunto assumendo	assumo assumi assume assumiamo assumete assumono	assumevo assumevi assumeva assumevamo assumevate assumevano	assunsi assumesti assunse assumemmo assumeste assunsero	assumerò assumerai assumerà assumeremo assumerete assumeranno
14 **assurgere** assurto assurgendo	assurgo assurgi assurge assurgiamo assurgete assurgono	assurgevo assurgevi assurgeva assurgevamo assurgevate assurgevano	assursi assurgesti assurse assurgemmo assurgeste assursero	assurgerò assurgerai assurgerà assurgeremo assurgerete assurgeranno
15 **bere** bevuto bevendo	*bevo* bevi beve beviamo bevete bevono	*bevevo* bevevi beveva bevevamo bevevate bevevano	bevvi bevesti bevve bevemmo beveste bevvero	berrò berrai berrà berremo berrete berranno

条件法	接続法		命令法
現在	現在	半過去	
apparirei	appaia/apparisca	apparissi	
appariresti	appaia/apparisca	apparissi	appari/apparisci
apparirebbe	appaia/apparisca	apparisse	appaia/apparisca
appariremmo	appariamo	apparissimo	appariamo
apparireste	appariate	appariste	apparite
apparirebbero	appaiano/appariscano	apparissero	appaiano/appariscano
aprirei	apra	aprissi	
apriresti	apra	aprissi	apri
aprirebbe	apra	aprisse	apra
apriremmo	apriamo	aprissimo	apriamo
aprireste	apriate	apriste	aprite
aprirebbero	aprano	aprissero	aprano
arderei	arda	ardessi	
arderesti	arda	ardessi	ardi
arderebbe	arda	ardesse	arda
arderemmo	ardiamo	ardessimo	ardiamo
ardereste	ardiate	ardeste	ardete
arderebbero	ardano	ardessero	ardano
assisterei	assista	assistessi	
assisteresti	assista	assistessi	assisti
assisterebbe	assista	assistesse	assista
assisteremmo	assistiamo	assistessimo	assistiamo
assistereste	assistiate	assisteste	assistete
assisterebbero	assistano	assistessero	assistano
assumerei	assuma	assumessi	
assumeresti	assuma	assumessi	assumi
assumerebbe	assuma	assumesse	assuma
assumeremmo	assumiamo	assumessimo	assumiamo
assumereste	assumiate	assumeste	assumete
assumerebbero	assumano	assumessero	assumano
assurgerei	assurga	assurgessi	
assurgeresti	assurga	assurgessi	assurgi
assurgerebbe	assurga	assurgesse	assurga
assurgeremmo	assurgiamo	assurgessimo	assurgiamo
assurgereste	assurgiate	assurgeste	assurgete
assurgerebbero	assurgano	assurgessero	assurgano
berrei	beva	bevessi	
berresti	beva	bevessi	bevi
berrebbe	beva	bevesse	beva
berremmo	beviamo	bevessimo	beviamo
berreste	beviate	beveste	bevete
berrebbero	bevano	bevessero	bevano

付録

不規則動詞変化表

不定詞 過去分詞 ジェルンディオ	直説法			
	現在	半過去	遠過去	未来
16 **cadere** caduto cadendo	cado cadi cade cadiamo cadete cadono	cadevo cadevi cadeva cadevamo cadevate cadevano	caddi cadesti cadde cademmo cadeste caddero	cadrò cadrai cadrà cadremo cadrete cadranno
17 **chiedere** chiesto chiedendo	chiedo chiedi chiede chiediamo chiedete chiedono	chiedevo chiedevi chiedeva chiedevamo chiedevate chiedevano	chiesi chiedesti chiese chiedemmo chiedeste chiesero	chiederò chiederai chiederà chiederemo chiederete chiederanno
18 **chiudere** chiuso chiudendo	chiudo chiudi chiude chiudiamo chiudete chiudono	chiudevo chiudevi chiudeva chiudevamo chiudevate chiudevano	chiusi chiudesti chiuse chiudemmo chiudeste chiusero	chiuderò chiuderai chiuderà chiuderemo chiuderete chiuderanno
19 **cingere** cinto cingendo	cingo cingi cinge cingiamo cingete cingono	cingevo cingevi cingeva cingevamo cingevate cingevano	cinsi cingesti cinse cingemmo cingeste cinsero	cingerò cingerai cingerà cingeremo cingerete cingeranno
20 **comprimere** compresso comprimendo	comprimo comprimi comprime comprimiamo comprimete comprimono	comprimevo comprimevi comprimeva comprimevamo comprimevate comprimevano	compressi comprimesti compresse comprimemmo comprimeste compressero	comprimerò comprimerai comprimerà comprimeremo comprimerete comprimeranno
21 **configgere** confitto configgendo	configgo configgi configge configgiamo configgete configgono	configgevo configgevi configgeva configgevamo configgevate configgevano	confissi configgesti confisse configgemmo configgeste confissero	configgerò configgerai configgerà configgeremo configgerete configgeranno
22 **conoscere** conosciuto conoscendo	conosco conosci conosce conosciamo conoscete conoscono	conoscevo conoscevi conosceva conoscevamo conoscevate conoscevano	conobbi conoscesti conobbe conoscemmo conosceste conobbero	conoscerò conoscerai conoscerà conosceremo conoscerete conosceranno
23 **contundere** contuso contundendo	contundo contundi contunde contundiamo contundete contundono	contundevo contundevi contundeva contundevamo contundevate contundevano	contusi contundesti contuse contundemmo contundeste contusero	contunderò contunderai contunderà contunderemo contunderete contunderanno

付録

条件法	接続法		命令法
現在	現在	半過去	
cadrei	cada	cadessi	
cadresti	cada	cadessi	cadi
cadrebbe	cada	cadesse	cada
cadremmo	cadiamo	cadessimo	cadiamo
cadreste	cadiate	cadeste	cadete
cadrebbero	cadano	cadessero	cadano
chiederei	chieda	chiedessi	
chiederesti	chieda	chiedessi	chiedi
chiederebbe	chieda	chiedesse	chieda
chiederemmo	chiediamo	chiedessimo	chiediamo
chiedereste	chiediate	chiedeste	chiedete
chiederebbero	chiedano	chiedessero	chiedano
chiuderei	chiuda	chiudessi	
chiuderesti	chiuda	chiudessi	chiudi
chiuderebbe	chiuda	chiudesse	chiuda
chiuderemmo	chiudiamo	chiudessimo	chiudiamo
chiudereste	chiudiate	chiudeste	chiudete
chiuderebbero	chiudano	chiudessero	chiudano
cingerei	cinga	cingessi	
cingeresti	cinga	cingessi	cingi
cingerebbe	cinga	cingesse	cinga
cingeremmo	cingiamo	cingessimo	cingiamo
cingereste	cingiate	cingeste	cingete
cingerebbero	cingano	cingessero	cingano
comprimerei	comprima	comprimessi	
comprimeresti	comprima	comprimessi	comprimi
comprimerebbe	comprima	comprimesse	comprima
comprimeremmo	comprimiamo	comprimessimo	comprimiamo
comprimereste	comprimiate	comprimeste	comprimete
comprimerebbero	comprimano	comprimessero	comprimano
configgerei	configga	configgessi	
configgeresti	configga	configgessi	configgi
configgerebbe	configga	configgesse	configga
configgeremmo	configgiamo	configgessimo	configgiamo
configgereste	configgiate	configgeste	configgete
configgerebbero	configgano	configgessero	configgano
conoscerei	conosca	conoscessi	
conosceresti	conosca	conoscessi	conosci
conoscerebbe	conosca	conoscesse	conosca
conosceremmo	conosciamo	conoscessimo	conosciamo
conoscereste	conosciate	conosceste	conoscete
conoscerebbero	conoscano	conoscessero	conoscano
contunderei	contunda	contundessi	
contunderesti	contunda	contundessi	contundi
contunderebbe	contunda	contundesse	contunda
contunderemmo	contundiamo	contundessimo	contundiamo
contundereste	contundiate	contundeste	contundete
contunderebbero	contundano	contundessero	contundano

不定詞　過去分詞　ジェルンディオ	直説法			
	現在	半過去	遠過去	未来
24 **convergere** corso convergendo	convergo convergi converge convergiamo convergete convergono	convergevo convergevi convergeva convergevamo convergevate convergevano	conversi convergesti converse convergemmo convergeste conversero	convergerò convergerai convergerà convergeremo convergerete convergeranno
25 **correre** corso correndo	corro corri corre corriamo correte corrono	correvo correvi correva correvamo correvate correvano	corsi corresti corse corremmo correste corsero	correrò correrai correrà correremo correrete correranno
26 **crescere** cresciuto crescendo	cresco cresci cresce cresciamo crescete crescono	crescevo crescevi cresceva crescevamo crescevate crescevano	crebbi crescesti crebbe crescemmo cresceste crebbero	crescerò crescerai crescerà cresceremo crescerete cresceranno
27 **cucire** cucito cucendo	cucio cuci cuce cuciamo cucite cuciono	cucivo cucivi cuciva cucivamo cucivate cucivano	cucii cucisti cucì cucimmo cuciste cucirono	cucirò cucirai cucirà cuciremo cucirete cuciranno
28 **cuocere** cotto cocendo/ cuocendo	cuocio cuoci cuoce cuociamo/cociamo cuocete/cocete cuociono	cuocevo/cocevo cuocevi/cocevi cuoceva/coceva cuocevamo/cocevamo cuocevate/cocevate cuocevano/cocevano	cossi cuocesti/cocesti/ cosse cuocemmo/cocemmo cuoceste/coceste cossero	cuocerò/cocerò cuocerai/cocerai cuocerà/cocerà cuoceremo/coceremo cuocerete/cocerete cuoceranno/coceranno
29 **dare** dato dando	do dai dà diamo date danno	davo davi dava davamo davate davano	diedi/detti desti diede/dette demmo deste diedero/dettero	darò darai darà daremo darete daranno
30 **decidere** deciso decidendo	decido decidi decide decidiamo decidete decidono	decidevo decidevi decideva decidevamo decidevate decidevano	decisi decidesti decise decidemmo decideste decisero	deciderò deciderai deciderà decideremo deciderete decideranno

条件法	接続法		命令法
現在	現在	半過去	
convergerei	converga	convergessi	
convergeresti	converga	convergessi	convergi
convergerebbe	converga	convergesse	converga
convergeremmo	convergiamo	convergessimo	convergiamo
convergereste	convergiate	convergeste	convergete
convergerebbero	convergano	convergessero	convergano
correrei	corra	corressi	
correresti	corra	corressi	corri
correrebbe	corra	corresse	corra
correremmo	corriamo	corressimo	corriamo
correreste	corriate	correste	correte
correrebbero	corrano	corressero	corrano
crescerei	cresca	crescessi	
cresceresti	cresca	crescessi	cresci
crescerebbe	cresca	crescesse	cresca
cresceremmo	cresciamo	crescessimo	cresciamo
crescereste	cresciate	cresceste	crescete
crescerebbero	crescano	crescessero	crescano
cucirei	cucia	cucissi	
cuciresti	cucia	cucissi	cuci
cucirebbe	cucia	cucisse	cucia
cuciremmo	cuciamo	cucissimo	cuciamo
cucireste	cuciate	cuciste	cucite
cucirebbero	cuciano	cucissero	cuciano
cuocerei / cocerei	cuocia	cuocessi / cocessi	
cuoceresti / coceresti	cuocia	cuocessi / cocessi	cuoci
cuocerebbe / cocerebbe	cuocia	cuocesse / cocesse	cuocia
cuoceremmo / coceremmo	cuociamo / cociamo	cuocessimo / cocessimo	cociamo / cuociamo
cuocereste / cocereste	cuociate / cociate	cuoceste / coceste	cocete / cuocete
cuocerebbero / cocerebbero	cuociano	cuocessero / cocessero	cuociano
darei	dia	dessi	
daresti	dia	dessi	dai / da' / dà / dài
darebbe	dia	desse	dia
daremmo	diamo	dessimo	diamo
dareste	diate	deste	date
darebbero	diano	dessero	diano
deciderei	decida	decidessi	
decideresti	decida	decidessi	decidi
deciderebbe	decida	decidesse	decida
decideremmo	decidiamo	decidessimo	decidiamo
decidereste	decidiate	decideste	decidete
deciderebbero	decidano	decidessero	decidano

不規則動詞変化表

不定詞 過去分詞 ジェルンディオ	直説法			
	現在	半過去	遠過去	未来
31 **devolvere** devoluto devolvendo	devolvo devolvi devolve devolviamo devolvete devolvono	devolvevo devolvevi devolveva devolvevamo devolvevate devolvevano	devolvei/devolvetti devolvesti devolvé/devolvette devolvemmo devolveste devolverono/devolvettero	devolverò devolverai devolverà devolveremo devolverete devolveranno
32 **difendere** difeso difendendo	difendo difendi difende difendiamo difendete difendono	difendevo difendevi difendeva difendevamo difendevate difendevano	difesi difendesti difese difendemmo difendeste difesero	difenderò difenderai difenderà difenderemo difenderete difenderanno
33 **dipingere** dipinto dipingendo	dipingo dipingi dipinge dipingiamo dipingete dipingono	dipingevo dipingevi dipingeva dipingevamo dipingevate dipingevano	dipinsi dipingesti dipinse dipingemmo dipingeste dipinsero	dipingerò dipingerai dipingerà dipingeremo dipingerete dipingeranno
34 **dire** detto dicendo	dico dici dice diciamo dite dicono	dicevo dicevi diceva dicevamo dicevate dicevano	dissi dicesti disse dicemmo diceste dissero	dirò dirai dirà diremo direte diranno
35 **dirigere** diretto dirigendo	dirigo dirigi dirige dirigiamo dirigete dirigono	dirigevo dirigevi dirigeva dirigevamo dirigevate dirigevano	diressi dirigesti diresse dirigemmo dirigeste diressero	dirigerò dirigerai dirigerà dirigeremo dirigerete dirigeranno
36 **discutere** discusso discutendo	discuto discuti discute discutiamo discutete discutono	discutevo discutevi discuteva discutevamo discutevate discutevano	discussi discutesti discusse discutemmo discuteste discussero	discuterò discuterai discuterà discuteremo discuterete discuteranno
37 **distinguere** distinto distinguendo	distinguo distingui distingue distinguiamo distinguete distinguono	distinguevo distinguevi distingueva distinguevamo distinguevate distinguevano	distinsi distinguesti distinse distinguemmo distingueste distinsero	distinguerò distinguerai distinguerà distingueremo distinguerete distingueranno

不規則動詞変化表

条件法	接続法		命令法
現在	現在	半過去	
devolverei	devolva	devolvessi	
devolveresti	devolva	devolvessi	devolvi
devolverebbe	devolva	devolvesse	devolva
devolveremmo	devolviamo	devolvessimo	devolviamo
devolvereste	devolviate	devolveste	devolvete
devolverebbero	devolvano	devolvessero	devolvano
difenderei	difenda	difendessi	
difenderesti	difenda	difendessi	difendi
difenderebbe	difenda	difendesse	difenda
difenderemmo	difendiamo	difendessimo	difendiamo
difendereste	difendiate	difendeste	difendete
difenderebbero	difendano	difendesero	difendano
dipingerei	dipinga	dipingessi	
dipingeresti	dipinga	dipingessi	dipingi
dipingerebbe	dipinga	dipingesse	dipinga
dipingeremmo	dipingiamo	dipingessimo	dipingiamo
dipingereste	dipingiate	dipingeste	dipingete
dipingerebbero	dipingano	dipingessero	dipingano
direi	dica	dicessi	
diresti	dica	dicessi	dì/di'
direbbe	dica	dicesse	dica
diremmo	diciamo	dicessimo	diciamo
direste	diciate	diceste	dite
direbbero	dicano	dicessero	dicano
dirigerei	diriga	dirigessi	
dirigeresti	diriga	dirigessi	dirigi
dirigerebbe	diriga	dirigesse	diriga
dirigeremmo	dirigiamo	dirigessimo	dirigiamo
dirigereste	dirigiate	dirigeste	dirigete
dirigerebbero	dirigano	dirigessero	dirigano
discuterei	discuta	discutessi	
discuteresti	*discuta*	discutessi	discuti
discuterebbe	discuta	discutesse	discuta
discuteremmo	discutiamo	discutessimo	discutiamo
discutereste	discutiate	discuteste	discutete
discuterebbero	discutano	discutessero	discutano
distinguerei	distingua	distinguessi	
distingueresti	distingua	distinguessi	distingui
distinguerebbe	distingua	distinguesse	distingua
distingueremmo	distinguiamo	distinguessimo	distinguiamo
distinguereste	distinguiate	distingueste	distinguete
distinguerebbero	distinguano	distinguessero	distinguano

不規則動詞変化表

不定詞 過去分詞 ジェルンディオ	直説法			
	現在	半過去	遠過去	未来
38 **distruggere** distrutto distruggendo	distruggo distruggi distrugge distruggiamo distruggete distruggono	distruggevo distruggevi distruggeva distruggevamo distruggevate distruggevano	distrussi distruggesti distrusse distruggemmo distruggeste distrussero	distruggerò distruggerai distruggerà distruggeremo distruggerete distruggeranno
39 **divellere** divelto divellendo	divello/divelgo divelli divelle divelliamo divellete divellono/divelgono	divellevo divellevi divelleva divellevamo divellevate divellevano	divelsi divellesti divelse divellemmo divelleste divelsero	divellerò divellerai divellerà divelleremo divellerete divelleranno
40 **dividere** diviso dividendo	divido dividi divide dividiamo dividete dividono	dividevo dividevi divideva dividevamo dividevate dividevano	divisi dividesti divise dividemmo divideste divisero	dividerò dividerai dividerà divideremo dividerete divideranno
41 **dolere/dolersi** doluto dolendo	dolgo duoli duole doliamo/dogliamo dolete dolgono	dolevo dolevi doleva dolevamo dolevate dolevano	dolsi dolesti dolse dolemmo doleste dolsero	dorrò dorrai dorrà dorremo dorrete dorranno
42 **dovere** dovuto dovendo	devo/debbo devi deve dobbiamo dovete devono/debbono	dovevo dovevi doveva dovevamo dovevate dovevano	dovetti dovesti dovette dovemmo doveste dovettero	dovrò dovrai dovrà dovremo dovrete dovranno
43 **eccellere** eccelso eccellendo	eccello/eccelgo eccelli eccelle eccelliamo eccellete eccellono/eccelgono	eccellevo eccellevi eccelleva eccellevamo eccellevate eccellevano	eccelsi eccellesti eccelse eccellemmo eccelleste eccelsero	eccellerò eccellerai eccellerà eccelleremo eccellerete eccelleranno
44 **elidere** eliso elidendo	elido elidi elide elidiamo elidete elidono	elidevo elidevi elideva elidevamo elidevate elidevano	elisi elidesti elise elidemmo elideste elisero	eliderò eliderai eliderà elideremo eliderete elideranno

付録

条件法	接続法		命令法
現在	現在	半過去	
distruggerei	distrugga	distruggessi	
distruggeresti	distrugga	distruggessi	distruggi
distruggerebbe	distrugga	distruggesse	distrugga
distruggeremmo	distruggiamo	distruggessimo	distruggiamo
distruggereste	distruggiate	distruggeste	distruggete
distruggerebbero	distruggano	distruggessero	distruggano
divellerei	divella / divelga	divellessi	
divelleresti	divella / divelga	divellessi	divelli
divellerebbe	divella / divelga	divellesse	divella / divelga
divelleremmo	divelliamo	divellessimo	divelliamo
divellereste	divelliate	divelleste	divellete
divellerebbero	divellano / divelgano	divellessero	divellano / divelgano
dividerei	divida	dividessi	
divideresti	divida	dividessi	dividi
dividerebbe	divida	dividesse	divida
divideremmo	dividiamo	dividessimo	dividiamo
dividereste	dividiate	divideste	dividete
dividerebbero	dividano	dividessero	dividano
dorrei	dolga / doglia	dolessi	
dorresti	dolga / doglia	dolessi	duoli
dorrebbe	dolga / doglia	dolesse	dolga
dorremmo	doliamo / dogliamo	dolessimo	doliamo / dogliamo
dorreste	doliate / dogliate	doleste	dolete
dorrebbero	dolgano	dolessero	dolgano
dovrei	deva / debba	dovessi	
dovresti	deva / debba	dovessi	
dovrebbe	deva / debba	dovesse	
dovremmo	dobbiamo	dovessimo	
dovreste	dobbiate	doveste	
dovrebbero	devano / debbano	dovessero	
eccellerei	eccella / eccelga	eccellessi	
eccelleresti	eccella / eccelga	eccellessi	eccelli
eccellerebbe	eccella / eccelga	eccellesse	eccella / eccelga
eccelleremmo	eccelliamo	eccellessimo	eccelliamo
eccellereste	eccelliate	eccelleste	eccellete
eccellerebbero	eccellano / eccelgano	eccellessero	eccellano / eccelgano
eliderei	elida	elidessi	
elideresti	elida	elidessi	elidi
eliderebbe	elida	elidesse	elida
elideremmo	elidiamo	elidessimo	elidiamo
elidereste	elidiate	elideste	elidete
eliderebbero	elidano	elidessero	elidano

不規則動詞変化表

不定詞 過去分詞 ジェルンディオ	直説法				
	現在	半過去	遠過去	未来	
45 **emergere** emerso emergendo	emergo emergi emerge emergiamo emergete emergono	emergevo emergevi emergeva emergevamo emergevate emergevano	emersi emergesti emerse emergemmo emergeste emersero	emergerò emergerai emergerà emergeremo emergerete emergeranno	
46 **ergere** erto ergendo	ergo ergi erge ergiamo ergete ergono	ergevo ergevi ergeva ergevamo ergevate ergevano	ersi ergesti erse ergemmo ergeste ersero	ergerò ergerai ergerà ergeremo ergerete ergeranno	
47 **esigere** esatto esigendo	esigo esigi esige esigiamo esigete esigono	esigevo esigevi esigeva esigevamo esigevate esigevano	esigei / esigetti esigesti esigé / esigette esigemmo esigeste esigerono / esigettero	esigerò esigerai esigerà esigeremo esigerete esigeranno	
48 **espandere** espanso espandendo	espando espandi espande espandiamo espandete espandono	espandevo espandevi espandeva espandevamo espandevate espandevano	espansi espandesti espanse espandemmo espandeste espansero	espanderò espanderai espanderà espanderemo espanderete espanderanno	
49 **espellere** espulso espellendo	espello espelli espelle espelliamo espellete espellono	espellevo espellevi espelleva espellevamo espellevate espellevano	espulsi espellesti espulse espellemmo espelleste espulsero	espellerò espellerai espellerà espelleremo espellerete espelleranno	
50 **esplodere** esploso esplodendo	esplodo esplodi esplode esplodiamo esplodete esplodono	esplodevo esplodevi esplodeva esplodevamo esplodevate esplodevano	esplosi esplodesti esplose esplodemmo esplodeste esplosero	esploderò esploderai esploderà esploderemo esploderete esploderanno	
51 **evadere** evaso evadendo	evado evadi evade evadiamo evadete evadono	evadevo evadevi evadeva evadevamo evadevate evadevano	evasi evadesti evase evademmo evadeste evasero	evaderò evaderai evaderà evaderemo evaderete evaderanno	

条件法	接続法		命令法
現在	現在	半過去	
emergerei	emerga	emergessi	
emergeresti	emerga	emergessi	emergi
emergerebbe	emerga	emergesse	emerga
emergeremmo	emergiamo	emergessimo	emergiamo
emergereste	emergiate	emergeste	emergete
emergerebbero	emergano	emergessero	emergano
ergerei	erga	ergessi	
ergeresti	erga	ergessi	ergi
ergerebbe	erga	ergesse	erga
ergeremmo	ergiamo	ergessimo	ergiamo
ergereste	ergiate	ergeste	ergete
ergerebbero	ergano	ergessero	ergano
esigerei	esiga	esigessi	
esigeresti	esiga	esigessi	esigi
esigerebbe	esiga	esigesse	esiga
esigeremmo	esigiamo	esigessimo	esigiamo
esigereste	esigiate	esigeste	esigete
esigerebbero	esigano	esigessero	esigano
espanderei	espanda	espandessi	
espanderesti	espanda	espandessi	espandi
espanderebbe	espanda	espandesse	espanda
espanderemmo	espandiamo	espandessimo	espandiamo
espandereste	espandiate	espandeste	espandete
espanderebbero	espandano	espandessero	espandano
espellerei	espella	espellessi	
espelleresti	espella	espellessi	espelli
espellerebbe	espella	espellesse	espella
espelleremmo	espelliamo	espellessimo	espelliamo
espellereste	espelliate	espelleste	espellete
espellerebbero	espellano	espellessero	espellano
esploderei	esploda	esplodessi	
esploderesti	esploda	esplodessi	esplodi
esploderebbe	esploda	esplodesse	esploda
esploderemmo	esplodiamo	esplodessimo	esplodiamo
esplodereste	esplodiate	esplodeste	esplodete
esploderebbero	esplodano	esplodessero	esplodano
evaderei	evada	evadessi	
evaderesti	evada	evadessi	evadi
evaderebbe	evada	evadesse	evada
evaderemmo	evadiamo	evadessimo	evadiamo
evadereste	evadiate	evadeste	evadete
evaderebbero	evadano	evadessero	evadano

不規則動詞変化表

不定詞 過去分詞 ジェルンディオ	直説法			
	現在	半過去	遠過去	未来
52 **evolvere** evoluto evolvendo	evolvo evolvi evolve evolviamo evolvete evolvono	evolvevo evolvevi evolveva evolvevamo evolvevate evolvevano	evolsi / evolvei / evolvetti evolvesti evolse / evolvé / evolvette evolvemmo evolveste evolsero / evolverono / evolvettero	evolverò evolverai evolverà evolveremo evolverete evolveranno
53 **fare** fatto facendo	faccio fai fa facciamo fate fanno	facevo facevi faceva facevamo facevate facevano	feci facesti fece facemmo faceste fecero	farò farai farà faremo farete faranno
54 **flettere** flesso flettendo	fletto fletti flette flettiamo flettete flettono	flettevo flettevi fletteva flettevamo flettevate flettevano	flettei / flessi flettesti fletté / flesse flettemmo fletteste fletterono / flessero	fletterò fletterai fletterà ␣fletteremo fletterete fletteranno
55 **fondere** fuso fondendo	fondo fondi fonde fondiamo fondete fondono	fondevo fondevi fondeva fondevamo fondevate fondevano	fusi fondesti fuse fondemmo fondeste fusero	fonderò fonderai fonderà fonderemo fonderete fonderanno
56 **frangere** franto frangendo	frango frangi frange frangiamo frangete frangono	frangevo frangevi frangeva frangevamo frangevate frangevano	fransi frangesti franse frangemmo frangeste fransero	frangerò frangerai frangerà frangeremo frangerete frangeranno
57 **friggere** fritto friggendo	friggo friggi frigge friggiamo friggete *friggono*	friggevo friggevi friggeva friggevamo friggevate *friggevano*	frissi friggesti frisse friggemmo friggeste frissero	friggerò friggerai friggerà friggeremo friggerete friggeranno
58 **giungere** giunto giungendo	giungo giungi giunge giungiamo giungete giungono	giungevo giungevi giungeva giungevamo giungevate giungevano	giunsi giungesti giunse giungemmo giungeste giunsero	giungerò giungerai giungerà giungeremo giungerete giungeranno

条件法	接続法		命令法
現在	現在	半過去	
evolverei	evolva	evolvessi	
evolveresti	evolva	evolvessi	evolvi
evolverebbe	evolva	evolvesse	evolva
evolveremmo	evolviamo	evolvessimo	evolviamo
evolvereste	evolviate	evolveste	evolvete
evolverebbero	evolvano	evolvessero	evolvano
farei	faccia	facessi	
faresti	faccia	facessi	fa'/fa/fai
farebbe	faccia	facesse	faccia
faremmo	facciamo	facessimo	facciamo
fareste	facciate	faceste	fate
farebbero	facciano	facessero	facciano
fletterei	fletta	flettessi	
fletteresti	fletta	flettessi	fletti
fletterebbe	fletta	flettesse	fletta
fletteremmo	flettiamo	flettessimo	flettiamo
flettereste	flettiate	fletteste	flettete
fletterebbero	flettano	flettessero	flettano
fonderei	fonda	fondessi	
fonderesti	fonda	fondessi	fondi
fonderebbe	fonda	fondesse	fonda
fonderemmo	fondiamo	fondessimo	fondiamo
fondereste	fondiate	fondeste	fondete
fonderebbero	fondano	fondessero	fondano
frangerei	franga	frangessi	
frangeresti	franga	frangessi	frangi
frangerebbe	franga	frangesse	franga
frangeremmo	frangiamo	frangessimo	frangiamo
frangereste	frangiate	frangeste	frangete
frangerebbero	frangano	frangessero	frangano
friggerei	frigga	friggessi	
friggeresti	frigga	friggessi	friggi
friggerebbe	frigga	friggesse	frigga
friggeremmo	friggiamo	friggessimo	friggiamo
friggereste	friggiate	friggeste	friggete
friggerebbero	friggano	friggessero	friggano
giungerei	giunga	giungessi	
giungeresti	giunga	giungessi	giungi
giungerebbe	giunga	giungesse	giunga
giungeremmo	giungiamo	giungessimo	giungiamo
giungereste	giungiate	giungeste	giungete
giungerebbero	giungano	giungessero	giungano

付録

不規則動詞変化表

不定詞 過去分詞 ジェルンディオ	直説法			
	現在	半過去	遠過去	未来
59 **godere**	godo	godevo	godei/ godetti	godrò
	godi	godevi	godesti	godrai
	gode	godeva	godé/ godette	godrà
goduto	godiamo	godevamo	godemmo	godremo
godendo	godete	godevate	godeste	godrete
	godono	godevano	goderono/ godettero	godranno
60 **indulgere**	indulgo	indulgevo	indulsi	indulgerò
	indulgi	indulgevi	indulgesti	indulgerai
	indulge	indulgeva	indulse	indulgerà
indulto	indulgiamo	indulgevamo	indulgemmo	indulgeremo
indulgendo	indulgete	indulgevate	indulgeste	indulgerete
	indulgono	indulgevano	indulsero	indulgeranno
61 **inferire**	inferisco	inferivo	infersi/ inferii	inferirò
	inferisci	inferivi	inferisti	inferirai
	inferisce	inferiva	inferse/ inferì	inferirà
inferto/inferito	inferiamo	inferivamo	inferimmo	inferiremo
inferendo	inferite	inferivate	inferiste	inferirete
	inferiscono	inferivano	infersero/ inferirono	inferiranno
62 **intridere**	intrido	intridevo	intrisi	intriderò
	intridi	intridevi	intridesti	intriderai
	intride	intrideva	intrise	intriderà
intriso	intridiamo	intridevamo	intridemmo	intrideremo
intridendo	intridete	intridevate	intrideste	intriderete
	intridono	intridevano	intrisero	intrideranno
63 **ledere**	ledo	ledevo	lesi	lederò
	ledi	ledevi	ledesti	lederai
	lede	ledeva	lese	lederà
leso	lediamo	ledevamo	ledemmo	lederemo
ledendo	ledete	ledevate	ledeste	lederete
	ledono	ledevano	lesero	lederanno
64 **leggere**	leggo	leggevo	lessi	leggerò
	leggi	leggevi	leggesti	leggerai
	legge	leggeva	lesse	leggerà
letto	leggiamo	leggevamo	leggemmo	leggeremo
leggendo	leggete	leggevate	leggeste	leggerete
	leggono	leggevano	lessero	leggeranno
65 **mettere**	metto	mettevo	misi	metterò
	metti	mettevi	mettesti	metterai
	mette	metteva	mise	metterà
messo	mettiamo	mettevamo	mettemmo	metteremo
mettendo	mettete	mettevate	metteste	metterete
	mettono	mettevano	misero	metteranno

条件法	接続法		命令法
現在	現在	半過去	
godrei	goda	godessi	
godresti	goda	godessi	godi
godrebbe	goda	godesse	goda
godremmo	godiamo	godessimo	godiamo
godreste	godiate	godeste	godete
godrebbero	godano	godessero	godano
indulgerei	indulga	indulgessi	
indulgeresti	indulga	indulgessi	indulgi
indulgerebbe	indulga	indulgesse	indulga
indulgeremmo	indulgiamo	indulgessimo	indulgiamo
indulgereste	indulgiate	indulgeste	indulgete
indulgerebbero	indulgano	indulgessero	indulgano
inferirei	inferisca	inferissi	
inferiresti	inferisca	inferissi	inferisci
inferirebbe	inferisca	inferisse	inferisca
inferiremmo	inferiamo	inferissimo	inferiamo
inferireste	inferiate	inferiste	inferite
inferirebbero	inferiscano	inferissero	inferiscano
intriderei	intrida	intridessi	
intrideresti	intrida	intridessi	intridi
intriderebbe	intrida	intridesse	intrida
intrideremmo	intridiamo	intridessimo	intridiamo
intridereste	intridiate	intrideste	intridete
intriderebbero	intridano	intridessero	intridano
lederei	leda	ledessi	
lederesti	leda	ledessi	ledi
lederebbe	leda	ledesse	leda
lederemmo	lediamo	ledessimo	lediamo
ledereste	lediate	ledeste	ledete
lederebbero	ledano	ledessero	ledano
leggerei	legga	leggessi	
leggeresti	legga	leggessi	leggi
leggerebbe	legga	leggesse	legga
leggeremmo	leggiamo	leggessimo	leggiamo
leggereste	leggiate	leggeste	leggete
leggerebbero	leggano	leggessero	leggano
metterei	metta	mettessi	
metteresti	metta	mettessi	metti
metterebbe	metta	mettesse	metta
metteremmo	mettiamo	mettessimo	mettiamo
mettereste	mettiate	metteste	mettete
metterebbero	mettano	mettessero	mettano

不規則動詞変化表

不定詞 過去分詞 ジェルンディオ	直説法			
	現在	半過去	遠過去	未来
66 **mordere** morso mordendo	mordo mordi morde mordiamo mordete mordono	mordevo mordevi mordeva mordevamo mordevate mordevano	morsi mordesti morse mordemmo mordeste morsero	morderò morderai morderà morderemo morderete morderanno
67 **morire** morto morendo	muoio muori muore moriamo morite muoiono	morivo morivi moriva morivamo morivate morivano	morii moristi morì morimmo moriste morirono	morirò/morrò morirai/morrai morirà/morrà moriremo/morremo morirete/morrete moriranno/morranno
68 **muovere** mosso movendo/ muovendo	muovo muovi muove moviamo/muoviamo movete/muovete muovono	movevo/muovevo movevi/muovevi moveva/muoveva movevamo/muovevamo movevate/muovevate movevano/muovevano	mossi movesti/muovesti mosse movemmo/muovemmo moveste/muoveste mossero	moverò/muoverò moverai/muoverai moverà/muoverà moveremo/muoveremo moverete/muoverete moveranno/muoveranno
69 **nascere** nato nascendo	nasco nasci nasce nasciamo nascete nascono	nascevo nascevi nasceva nascevamo nascevate nascevano	nacqui nascesti nacque nascemmo nasceste nacquero	nascerò nascerai nascerà nasceremo nascerete nasceranno
70 **nascondere** nascosto nascondendo	nascondo nascondi nasconde nascondiamo nascondete nascondono	nascondevo nascondevi nascondeva nascondevamo nascondevate nascondevano	nascosi nascondesti nascose nascondemmo nascondeste nascosero	nasconderò nasconderai nasconderà nasconderemo nasconderete nasconderanno
71 **nuocere** nociuto/nuociuto nocendo/nuocendo	noccio/nuoccio nuoci nuoce nuociamo/nociamo nuocete/nocete nocciono/nuocciono	nuocevo/nocevo nuocevi/nocevi nuoceva/noceva nuocevamo/nocevamo nuocevate/nocevate nuocevano/nocevano	nocqui nocesti nocque nuocemmo/nocemmo noceste/nuoceste nocquero	nuocerò/nocerò nuocerai/nocerai nuocerà/nocerà nuoceremo/noceremo nuocerete/nocerete nuoceranno/noceranno

不規則動詞変化表

条件法	接続法		命令法
現在	現在	半過去	
morderei	morda	mordessi	
morderesti	morda	mordessi	mordi
morderebbe	morda	mordesse	morda
morderemmo	mordiamo	mordessimo	mordiamo
mordereste	mordiate	mordeste	mordete
morderebbero	mordano	mordessero	mordano
morirei/morrei	muoia	morissi	
moriresti/morresti	muoia	morissi	muori
morirebbe/morrebbe	muoia	morisse	muoia
moriremmo/morremmo	moriamo	morissimo	moriamo
morireste/morreste	moriate	moriste	morite
morirebbero/morrebbero	muoiano	morissero	muoiano
moverei/muoverei	muova	movessi/muovessi	
moveresti/muoveresti	muova	movessi/muovessi	muovi
moverebbe/muoverebbe	muova	movesse/muovesse	muova
moveremmo/muoveremmo	moviamo/muoviamo	movessimo/muovessimo	moviamo/muoviamo
movereste/muovereste	moviate/muoviate	moveste/muoveste	movete/muovete
moverebbero/muoverebbero	muovano	movessero/muovessero	muovano
nascerei	nasca	nascessi	
nasceresti	nasca	nascessi	nasci
nascerebbe	nasca	nascesse	nasca
nasceremmo	nasciamo	nascessimo	nasciamo
nascereste	nasciate	nasceste	nascete
nascerebbero	nascano	nascessero	nascano
nasconderei	nasconda	nascondessi	
nasconderesti	nasconda	nascondessi	nascondi
nasconderebbe	nasconda	nascondesse	nasconda
nasconderemmo	nascondiamo	nascondessimo	nascondiamo
nascondereste	nascondiate	nascondeste	nascondete
nasconderebbero	nascondano	nascondessero	nascondano
nuocerei/nocerei	noccia/nuoccia	nuocessi/nocessi	
nuoceresti/noceresti	noccia/nuoccia	nuocessi/nocessi	nuoci
nuocerebbe/nocerebbe	noccia/nuoccia	nuocesse/nocesse	nuoccia/noccia
nuoceremmo/noceremmo	nociamo	nuocessimo/nocessimo	nuociamo/nociamo
nuocereste/nocereste	nociate	nuoceste/noceste	nuocete/nocete
nuocerebbero/nocerebbero	nocciano/nuocciano	nuocessero/nocessero	nuocciano/nocciano

不規則動詞変化表

不定詞 過去分詞 ジェルンディオ	直説法			
	現在	半過去	遠過去	未来
72 **offrire** offerto offrendo	offro offri offre offriamo offrite offrono	offrivo offrivi offriva offrivamo offrivate offrivano	offrii / offersi offristi offrì / offerse offrimmo offriste offrirono / offersero	offrirò offrirai offrirà offriremo offrirete offriranno
73 **parere** parso parendo	paio pari pare paiamo parete paiono	parevo parevi pareva parevamo parevate parevano	parvi paresti parve paremmo pareste parvero	parrò parrai parrà parremo parrete parranno
74 **perdere** perso / perduto perdendo	perdo perdi perde perdiamo perdete perdono	perdevo perdevi perdeva perdevamo perdevate perdevano	persi perdesti perse perdemmo perdeste persero	perderò perderai perderà perderemo perderete perderanno
75 **persuadere** persuaso persuadendo	persuado persuadi persuade persuadiamo persuadete persuadono	persuadevo persuadevi persuadeva persuadevamo persuadevate persuadevano	persuasi persuadesti persuase persuademmo persuadeste persuasero	persuaderò persuaderai persuaderà persuaderemo persuaderete persuaderanno
76 **piacere** piaciuto piacendo	piaccio piaci piace piacciamo piacete piacciono	piacevo piacevi piaceva piacevamo piacevate piacevano	piacqui piacesti piacque piacemmo piaceste piacquero	piacerò piacerai piacerà piaceremo piacerete piaceranno
77 **piangere** pianto piangendo	piango piangi piange piangiamo piangete piangono	piangevo piangevi piangeva piangevamo piangevate piangevano	piansi piangesti pianse piangemmo piangeste piansero	piangerò piangerai piangerà piangeremo piangerete piangeranno
78 **piovere** piovuto piovendo	 piove *piovono*	 pioveva piovevano	 piovve piovvero	 pioverà pioveranno
79 **porre** posto ponendo	pongo poni pone poniamo ponete pongono	ponevo ponevi poneva ponevamo ponevate ponevano	posi ponesti pose ponemmo poneste posero	porrò porrai porrà porremo porrete porranno

条件法	接続法		命令法
現在	現在	半過去	
offrirei	offra	offrissi	
offriresti	offra	offrissi	offri
offrirebbe	offra	offrisse	offra
offriremmo	offriamo	offrissimo	offriamo
offrireste	offriate	offriste	offrite
offrirebbero	offrano	offrissero	offrano
parrei	paia	paressi	
parresti	paia	paressi	
parrebbe	paia	paresse	
parremmo	paiamo	paressimo	
parreste	paiate	pareste	
parrebbero	paiano	paressero	
perderei	perda	perdessi	
perderesti	perda	perdessi	perdi
perderebbe	perda	perdesse	perda
perderemmo	perdiamo	perdessimo	perdiamo
perdereste	perdiate	perdeste	perdete
perderebbero	perdano	perdessero	perdano
persuaderei	persuada	persuadessi	
persuaderesti	persuada	persuadessi	persuadi
persuaderebbe	persuada	persuadesse	persuada
persuaderemmo	persuadiamo	persuadessimo	persuadiamo
persuadereste	persuadiate	persuadeste	persuadete
persuaderebbero	persuadano	persuadessero	persuadano
piacerei	piaccia	piacessi	
piaceresti	piaccia	piacessi	piaci
piacerebbe	piaccia	piacesse	piaccia
piaceremmo	piacciamo	piacessimo	piacciamo
piacereste	piacciate	piaceste	piacete
piacerebbero	piacciano	piacessero	piacciano
piangerei	pianga	piangessi	
piangeresti	pianga	piangessi	piangi
piangerebbe	pianga	piangesse	pianga
piangeremmo	piangiamo	piangessimo	piangiamo
piangereste	piangiate	piangeste	piangete
piangerebbero	piangano	piangessero	piangano
			piovi
pioverebbe	piova	piovesse	piova
			piovete
pioverebbero	piovano	piovessero	piovano
porrei	ponga	ponessi	
porresti	ponga	ponessi	poni
porrebbe	ponga	ponesse	ponga
porremmo	poniamo	ponessimo	poniamo
porreste	poniate	poneste	ponete
porrebbero	pongano	ponessero	pongano

不規則動詞変化表

不定詞 過去分詞 ジェルンディオ	直説法			
	現在	半過去	遠過去	未来
80 **potere** potuto potendo	posso puoi può possiamo potete possono	potevo potevi poteva potevamo potevate potevano	potei/potetti potesti poté/potette potemmo poteste poterono/potettero	potrò potrai potrà potremo potrete potranno
81 **prediligere** prediletto prediligendo	prediligo prediligi predilige prediligiamo prediligete prediligono	prediligevo prediligevi prediligeva prediligevamo prediligevate prediligevano	predilessi prediligesti predilesse prediligemmo prediligeste predilessero	prediligerò prediligerai prediligerà prediligeremo prediligerete prediligeranno
82 **prendere** preso prendendo	prendo prendi prende prendiamo prendete prendono	prendevo prendevi prendeva prendevamo prendevate prendevano	presi prendesti prese prendemmo prendeste presero	prenderò prenderai prenderà prenderemo prenderete prenderanno
83 **proteggere** protetto proteggendo	proteggo proteggi protegge proteggiamo proteggete proteggono	proteggevo proteggevi proteggeva proteggevamo proteggevate proteggevano	protessi proteggesti protesse proteggemmo proteggeste protessero	proteggerò proteggerai proteggerà proteggeremo proteggerete proteggeranno
84 **radere** raso radendo	rado radi rade radiamo radete radono	radevo radevi radeva radevamo radevate radevano	rasi radesti rase rademmo radeste rasero	raderò raderai raderà raderemo raderete raderanno
85 **redigere** redatto redigendo	redigo redigi redige redigiamo redigete redigono	redigevo redigevi redigeva redigevamo redigevate redigevano	redassi redigesti redasse redigemmo redigeste redassero	redigerò redigerai redigerà redigeremo redigerete redigeranno
86 **redimere** redento redimendo	redimo redimi redime redimiamo redimete *redimono*	redimevo redimevi redimeva redimevamo redimevate redimevano	redensi redimesti redense redimemmo redimeste redensero	redimerò redimerai redimerà redimeremo redimerete redimeranno
87 **reggere** retto reggendo	reggo reggi regge reggiamo reggete reggono	reggevo reggevi reggeva reggevamo reggevate reggevano	ressi reggesti resse reggemmo reggeste ressero	reggerò reggerai reggerà reggeremo reggerete reggeranno

条件法	接続法		命令法
現在	現在	半過去	
potrei	possa	potessi	
potresti	possa	potessi	
potrebbe	possa	potesse	
potremmo	possiamo	potessimo	
potreste	possiate	poteste	
potrebbero	possano	potessero	
prediligerei	prediliga	prediligessi	
prediligeresti	prediliga	prediligessi	prediligi
prediligerebbe	prediliga	prediligesse	prediliga
prediligeremmo	prediligiamo	prediligessimo	prediligiamo
prediligereste	prediligiate	prediligeste	prediligete
prediligerebbero	prediligano	prediligessero	prediligano
prenderei	prenda	prendessi	
prenderesti	prenda	prendessi	prendi
prenderebbe	prenda	prendesse	prenda
prenderemmo	prendiamo	prendessimo	prendiamo
prendereste	prendiate	prendeste	prendete
prenderebbero	prendano	prendessero	prendano
proteggerei	protegga	proteggessi	
proteggeresti	protegga	proteggessi	proteggi
proteggerebbe	protegga	proteggesse	protegga
proteggeremmo	proteggiamo	proteggessimo	proteggiamo
proteggereste	proteggiate	proteggeste	proteggete
proteggerebbero	proteggano	proteggessero	proteggano
raderei	rada	radessi	
raderesti	rada	radessi	radi
raderebbe	rada	radesse	rada
raderemmo	radiamo	radessimo	radiamo
radereste	radiate	radeste	radete
raderebbero	radano	radessero	radano
redigerei	rediga	redigessi	
redigeresti	rediga	redigessi	redigi
redigerebbe	rediga	redigesse	rediga
redigeremmo	redigiamo	redigessimo	redigiamo
redigereste	redigiate	redigeste	redigete
redigerebbero	redigano	redigessero	redigano
redimerei	redima	redimessi	
redimeresti	redima	redimessi	redimi
redimerebbe	redima	redimesse	redima
redimeremmo	redimiamo	redimessimo	redimiamo
redimereste	redimiate	redimeste	redimete
redimerebbero	redimano	redimessero	redimano
reggerei	regga	reggessi	
reggeresti	regga	reggessi	reggi
reggerebbe	regga	reggesse	regga
reggeremmo	reggiamo	reggessimo	reggiamo
reggereste	reggiate	reggeste	reggete
reggerebbero	reggano	reggessero	reggano

不規則動詞変化表

不定詞 過去分詞 ジェルンディオ	直説法			
	現在	半過去	遠過去	未来
88 **rendere** reso rendendo	rendo rendi rende rendiamo rendete rendono	rendevo rendevi rendeva rendevamo rendevate rendevano	resi rendesti rese rendemmo rendeste resero	renderò renderai renderà renderemo renderete renderanno
89 **ridere** riso ridendo	rido ridi ride ridiamo ridete ridono	ridevo ridevi rideva ridevamo ridevate ridevano	risi ridesti rise ridemmo rideste risero	riderò riderai riderà rideremo riderete rideranno
90 **riempire** riempito riempiendo	riempio riempi riempie riempiamo riempite riempiono	riempivo riempivi riempiva riempivamo riempivate riempivano	riempii riempisti riempì riempimmo riempiste riempirono	riempirò riempirai riempirà riempiremo riempirete riempiranno
91 **rifulgere** rifulso rifulgendo	rifulgo rifulgi rifulge rifulgiamo rifulgete rifulgono	rifulgevo rifulgevi rifulgeva rifulgevamo rifulgevate rifulgevano	rifulsi rifulgesti rifulse rifulgemmo rifulgeste rifulsero	rifulgerò rifulgerai rifulgerà rifulgeremo rifulgerete rifulgeranno
92 **rimanere** rimasto rimanendo	rimango rimani rimane rimaniamo rimanete rimangono	rimanevo rimanevi rimaneva rimanevamo rimanevate rimanevano	rimasi rimanesti rimase rimanemmo rimaneste rimasero	rimarrò rimarrai rimarrà rimarremo rimarrete rimarranno
93 **risolvere** risolto risolvendo	risolvo risolvi risolve risolviamo risolvete risolvono	risolvevo risolvevi risolveva risolvevamo risolvevate risolvevano	risolsi risolvesti risolse risolvemmo risolveste risolsero	risolverò risolverai risolverà risolveremo risolverete risolveranno
94 **rispondere** risposto rispondendo	rispondo rispondi risponde rispondiamo rispondete rispondono	rispondevo rispondevi rispondeva rispondevamo rispondevate rispondevano	risposi rispondesti rispose rispondemmo rispondeste risposero	risponderò risponderai risponderà risponderemo risponderete risponderanno
95 **rodere** roso rodendo	rodo rodi rode rodiamo rodete rodono	rodevo rodevi rodeva rodevamo rodevate rodevano	rosi rodesti rose rodemmo rodeste rosero	roderò roderai roderà roderemo roderete roderanno

不規則動詞変化表

条件法	接続法		命令法
現在	現在	半過去	
renderei	renda	rendessi	
renderesti	renda	rendessi	rendi
renderebbe	renda	rendesse	renda
renderemmo	rendiamo	rendessimo	rendiamo
rendereste	rendiate	rendeste	rendete
renderebbero	rendano	rendessero	rendano
riderei	rida	ridessi	
rideresti	rida	ridessi	ridi
riderebbe	rida	ridesse	rida
rideremmo	ridiamo	ridessimo	ridiamo
ridereste	ridiate	rideste	ridete
riderebbero	ridano	ridessero	ridano
riempirei	riempia / riempisca	riempissi	
riempiresti	riempia / riempisca	riempissi	riempi / riempisci / riempii
riempirebbe	riempia / riempisca	riempisse	riempia / riempisca
riempiremmo	riempiamo / riempiiamo	riempissimo	riempiamo
riempireste	riempiate / riempiiate	riempiste	riempite / riempiete
riempirebbero	riempiano / riempiscano	riempissero	riempiano / riempiscano
rifulgerei	rifulga	rifulgessi	
rifulgeresti	rifulga	rifulgessi	rifulgi
rifulgerebbe	rifulga	rifulgesse	rifulga
rifulgeremmo	rifulgiamo	rifulgessimo	rifulgiamo
rifulgereste	rifulgiate	rifulgeste	rifulgete
rifulgerebbero	rifulgano	rifulgessero	rifulgano
rimarrei	rimanga	rimanessi	
rimarresti	rimanga	rimanessi	rimani
rimarrebbe	rimanga	rimanesse	rimanga
rimarremmo	rimaniamo	rimanessimo	rimaniamo
rimarreste	rimaniate	rimaneste	rimanete
rimarrebbero	rimangano	rimanessero	rimangano
risolverei	risolva	risolvessi	
risolveresti	risolva	risolvessi	risolvi
risolverebbe	risolva	risolvesse	risolva
risolveremmo	risolviamo	risolvessimo	risolviamo
risolvereste	risolviate	risolveste	risolvete
risolverebbero	risolvano	risolvessero	risolvano
risponderei	risponda	*rispondessi*	
risponderesti	risponda	rispondessi	rispondi
risponderebbe	risponda	rispondesse	risponda
risponderemmo	rispondiamo	rispondessimo	rispondiamo
rispondereste	rispondiate	rispondeste	rispondete
risponderebbero	rispondano	rispondessero	rispondano
roderei	roda	rodessi	
roderesti	roda	rodessi	rodi
roderebbe	roda	rodesse	roda
roderemmo	rodiamo	rodessimo	rodiamo
rodereste	rodiate	rodeste	rodete
roderebbero	rodano	rodessero	rodano

付録

不規則動詞変化表

不定詞 過去分詞 ジェルンディオ	直説法			
	現在	半過去	遠過去	未来
96 **rompere** rotto rompendo	rompo rompi rompe rompiamo rompete rompono	rompevo rompevi rompeva rompevamo rompevate rompevano	ruppi rompesti ruppe rompemmo rompeste ruppero	romperò romperai romperà romperemo romperete romperanno
97 **salire** salito salendo	salgo sali sale saliamo salite salgono	salivo salivi saliva salivamo salivate salivano	salii salisti salì salimmo saliste salirono	salirò salirai salirà saliremo salirete saliranno
98 **sapere** saputo sapendo	so sai sa sappiamo sapete sanno	sapevo sapevi sapeva sapevamo sapevate sapevano	seppi sapesti seppe sapemmo sapeste seppero	saprò saprai saprà sapremo saprete sapranno
99 **scegliere** scelto scegliendo	scelgo scegli sceglie scegliamo scegliete scelgono	sceglievo sceglievi sceglieva sceglievamo sceglievate sceglievano	scelsi scegliesti scelse scegliemmo sceglieste scelsero	sceglierò sceglierai sceglierà sceglieremo sceglierete sceglieranno
100 **scendere** sceso scendendo	scendo scendi scende scendiamo scendete scendono	scendevo scendevi scendeva scendevamo scendevate scendevano	scesi scendesti scese scendemmo scendeste scesero	scenderò scenderai scenderà scenderemo scenderete scenderanno
101 **scindere** scisso scindendo	scindo scindi scinde scindiamo scindete scindono	scindevo scindevi scindeva scindevamo scindevate scindevano	scissi scindesti scisse scindemmo scindeste scissero	scinderò scinderai scinderà scinderemo scinderete scinderanno
102 **sciogliere** sciolto sciogliendo	sciolgo sciogli scioglie sciogliamo sciogliete sciolgono	scioglievo scioglievi scioglieva scioglievamo scioglievate scioglievano	sciolsi sciogliesti sciolse sciogliemmo scioglieste sciolsero	scioglierò scioglierai scioglierà scioglieremo scioglierete scioglieranno
103 **scrivere** scritto scrivendo	scrivo scrivi scrive scriviamo scrivete scrivono	scrivevo scrivevi scriveva scrivevamo scrivevate scrivevano	scrissi scrivesti scrisse scrivemmo scriveste scrissero	scriverò scriverai scriverà scriveremo scriverete scriveranno

不規則動詞変化表

条件法	接続法		命令法
現在	現在	半過去	
romperei	rompa	rompessi	
romperesti	rompa	rompessi	rompi
romperebbe	rompa	rompesse	rompa
romperemmo	rompiamo	rompessimo	rompiamo
rompereste	rompiate	rompeste	rompete
romperebbero	rompano	rompessero	rompano
salirei	salga	salissi	
saliresti	salga	salissi	sali
salirebbe	salga	salisse	salga
saliremmo	saliamo	salissimo	saliamo
salireste	saliate	saliste	salite
salirebbero	salgano	salissero	salgano
saprei	sappia	sapessi	
sapresti	sappia	sapessi	sappi
saprebbe	sappia	sapesse	sappia
sapremmo	sappiamo	sapessimo	sappiamo
sapreste	sappiate	sapeste	sappiate
saprebbero	sappiano	sapessero	sappiano
sceglierei	scelga	scegliessi	
sceglieresti	scelga	scegliessi	scegli
sceglierebbe	scelga	scegliesse	scelga
sceglieremmo	scegliamo	scegliessimo	scegliamo
scegliereste	scegliate	sceglieste	scegliete
sceglierebbero	scelgano	scegliessero	scelgano
scenderei	scenda	scendessi	
scenderesti	scenda	scendessi	scendi
scenderebbe	scenda	scendesse	scenda
scenderemmo	scendiamo	scendessimo	scendiamo
scendereste	scendiate	scendeste	scendete
scenderebbero	scendano	scendessero	scendano
scinderei	scinda	scindessi	
scinderesti	scinda	scindessi	scindi
scinderebbe	scinda	scindesse	scinda
scinderemmo	scindiamo	scindessimo	scindiamo
scindereste	scindiate	scindeste	scindete
scinderebbero	scindano	scindessero	scindano
scioglierei	sciolga	sciogliessi	
scioglieresti	sciolga	sciogliessi	sciogli
scioglierebbe	sciolga	sciogliesse	sciolga
scioglieremmo	sciogliamo	sciogliessimo	sciogliamo
scioglierreste	sciogliate	scioglieste	sciogliete
scioglierebbero	sciolgano	sciogliessero	sciolgano
scriverei	scriva	scrivessi	
scriveresti	scriva	scrivessi	scrivi
scriverebbe	scriva	scrivesse	scriva
scriveremmo	scriviamo	scrivessimo	scriviamo
scrivereste	scriviate	scriveste	scrivete
scriverebbero	scrivano	scrivessero	scrivano

不定詞 過去分詞 ジェルンディオ	直説法			
	現在	半過去	遠過去	未来
104 **scuotere**	scuoto	scotevo/ scuotevo	scossi	scoterò/ scuoterò
	scuoti	scotevi/ scuotevi	scuotesti	scoterai/ scuoterai
	scuote	scoteva/ scuoteva	scosse	scoterà/ scuoterà
scosso	scotiamo	scotevamo/ scuotevamo	scuotemmo/ scotemmo	scoteremo/ scuoteremo
scotendo/ scuotendo	scotete	scotevate/ scuotevate	scuoteste/ scoteste	scoterete/ scuoterete
	scuotono	scotevano/ scuotevano	scossero	scoteranno/ scuoteranno
105 **sedere**	siedo	sedevo	sedetti	siederò/sederò
	siedi	sedevi	sedesti	siederai/ sederai
	siede	sedeva	sedette	siederà/ sederà
seduto	sediamo	sedevamo	sedemmo	siederemo/ sederemo
sedendo	sedete	sedevate	sedeste	siederete/ sederete
	siedono	sedevano	sedettero	siederanno/ sederanno
106 **seppellire**	seppellisco	seppellivo	seppellii	seppellirò
	seppellisci	seppellivi	seppellisti	seppellirai
	seppellisce	seppelliva	seppellì	seppellirà
sepolto	seppelliamo	seppellivamo	seppellimmo	seppelliremo
seppellendo	seppellite	seppellivate	seppelliste	seppellirete
	seppelliscono	seppellivano	seppellirono	seppelliranno
107 **soddisfare**	soddisfaccio/ soddisfo	soddisfacevo	soddisfeci	soddisfarò
	soddisfai/ soddisfi	soddisfacevi	soddisfacesti	soddisfarai
	soddisfà/ soddisfa	soddisfaceva	soddisfece	soddisfarà/ soddisferà
soddisfatto	soddisfacciamo/ soddisfiamo	soddisfacevamo	soddisfacemmo	soddisfaremo
soddisfacendo	soddisfate	soddisfacevate	soddisfaceste	soddisfarete/ soddisferete
	soddisfanno/ soddisfano	soddisfacevano	soddisfecero	soddisfaranno
108 **solere**	soglio	solevo	solei	
	suoli	solevi	solesti	
	suole	soleva	solé	
なし	sogliamo	solevamo	solemmo	
solendo	solete	solevate	soleste	
	sogliono	solevano	solerono	
109 **sorgere**	sorgo	sorgevo	sorsi	sorgerò
	sorgi	sorgevi	sorgesti	sorgerai
	sorge	sorgeva	sorse	sorgerà
sorto	sorgiamo	sorgevamo	sorgemmo	sorgeremo
sorgendo	sorgete	sorgevate	sorgeste	sorgerete
	sorgono	sorgevano	sorsero	sorgeranno

条件法	接続法		命令法
現在	現在	半過去	
scoterei / scuoterei	scuota	scotessi / scuotessi	
scoteresti / scuoteresti	scuota	scotessi / scuotessi	scuoti
scoterebbe / scuoterebbe	scuota	scotesse / scuotesse	scuota
scoteremmo / scuoteremmo	scotiamo / scuotiamo	scotessimo / scuotessimo	scotiamo / scuotiamo
scotereste / scuotereste	scotiate / scuotiate	scoteste / scuoteste	scotete / scuotete
scoterebbero / scuoterebbero	scuotano	scotessero / scuotessero	scuotano
siederei / sederei	sieda	sedessi	
siederesti / sederesti	sieda	sedessi	siedi
siederebbe / sederebbe	sieda	sedesse	sieda
siederemmo / sederemmo	sediamo	sedessimo	sediamo
siedereste / sedereste	sediate	sedeste	sedete
siederebbero / sederebbero	siedano	sedessero	siedano
seppellirei	seppellisca	seppellissi	
seppelliresti	seppellisca	seppellissi	seppellisci
seppellirebbe	seppellisca	seppellisse	seppellisca
seppelliremmo	seppelliamo	seppellissimo	seppelliamo
seppellireste	seppelliate	seppelliste	seppellite
seppellirebbero	seppelliscano	seppellissero	seppelliscano
soddisfarei	soddisfaccia / soddisfi	soddisfacessi	
soddisfaresti	soddisfaccia / soddisfi	soddisfacessi	soddisfa / soddisfa' / soddisfai / soddisfà
soddisfarebbe	soddisfaccia / soddisfi	soddisfacesse	soddisfi / soddisfaccia
soddisfaremmo	soddisfacciamo / soddisfiamo	soddisfacessimo	soddisfacciamo
soddisfareste	soddisfacciate / soddisfiate	soddisfaceste	soddisfate
soddisfarebbero	soddisfacciano / soddisfino	soddisfacessero	soddisfacciano / soddisfino
	soglia	solessi	
	soglia	solessi	
	soglia	solesse	
	sogliamo	solessimo	
	sogliate	soleste	
	sogliano	solessero	
sorgerei	sorga	sorgessi	
sorgeresti	sorga	sorgessi	sorgi
sorgerebbe	sorga	sorgesse	sorga
sorgeremmo	sorgiamo	sorgessimo	sorgiamo
sorgereste	sorgiate	sorgeste	sorgete
sorgerebbero	sorgano	sorgessero	sorgano

不規則動詞変化表

不定詞 過去分詞 ジェルンディオ	直説法			
	現在	半過去	遠過去	未来
110 **spandere** spanto spandendo	spando spandi spande spandiamo spandete spandono	spandevo spandevi spandeva spandevamo spandevate spandevano	spandei spandesti spandé spandemmo spandeste spanderono	spanderò spanderai spanderà spanderemo spanderete spanderanno
111 **spargere** sparso spargendo	spargo spargi sparge spargiamo spargete spargono	spargevo spargevi spargeva spargevamo spargevate spargevano	sparsi spargesti sparse spargemmo spargeste sparsero	spargerò spargerai spargerà spargeremo spargerete spargeranno
112 **spegnere** spento spegnendo	spengo spegni spegne spegniamo spegnete spengono	spegnevo spegnevi spegneva spegnevamo spegnevate spegnevano	spensi spegnesti spense spegnemmo spegneste spensero	spegnerò spegnerai spegnerà spegneremo spegnerete spegneranno
113 **spendere** speso spendendo	spendo spendi spende spendiamo spendete spendono	spendevo spendevi spendeva spendevamo spendevate spendevano	spesi spendesti spese spendemmo spendeste spesero	spenderò spenderai spenderà spenderemo spenderete spenderanno
114 **stare** stato stando	sto stai sta stiamo state stanno	stavo stavi stava stavamo stavate stavano	stetti stesti stette stemmo steste stettero	starò starai starà staremo starete staranno
115 **stringere** stretto stringendo	stringo stringi stringe stringiamo stringete stringono	stringevo stringevi stringeva stringevamo stringevate stringevano	strinsi stringesti strinse stringemmo stringeste strinsero	stringerò stringerai stringerà stringeremo stringerete stringeranno
116 **succedere** successo/ succeduto succedendo	succedo succedi succede succediamo succedete *succedono*	succedevo succedevi succedeva succedevamo succedevate *succedevano*	successi succedesti successe succedemmo succedeste successero	succederò succederai succederà succederemo succederete succederanno
117 **tendere** teso tendendo	tendo tendi tende tendiamo tendete tendono	tendevo tendevi tendeva tendevamo tendevate tendevano	tesi tendesti tese tendemmo tendeste tesero	tenderò tenderai tenderà tenderemo tenderete tenderanno

不規則動詞変化表

条件法	接続法		命令法
現在	現在	半過去	
spanderei	spanda	spandessi	
spanderesti	spanda	spandessi	spandi
spanderebbe	spanda	spandesse	spanda
spanderemmo	spandiamo	spandessimo	spandiamo
spandereste	spandiate	spandeste	spandete
spanderebbero	spandano	spandessero	spandano
spargerei	sparga	spargessi	
spargeresti	sparga	spargessi	spargi
spargerebbe	sparga	spargesse	sparga
spargeremmo	spargiamo	spargessimo	spargiamo
spargereste	spargiate	spargeste	spargete
spargerebbero	spargano	spargessero	spargano
spegnerei	spenga	spegnessi	
spegneresti	spenga	spegnessi	spegni
spegnerebbe	spenga	spegnesse	spenga
spegneremmo	spegniamo	spegnessimo	spegniamo
spegnereste	spegniate	spegneste	spegnete
spegnerebbero	spengano	spegnessero	spengano
spenderei	spenda	spendessi	
spenderesti	spenda	spendessi	spendi
spenderebbe	spenda	spendesse	spenda
spenderemmo	spendiamo	spendessimo	spendiamo
spendereste	spendiate	spendeste	spendete
spenderebbero	spendano	spendessero	spendano
starei	stia	stessi	
staresti	stia	stessi	sta / stai / sta'
starebbe	stia	stesse	stia
staremmo	stiamo	stessimo	stiamo
stareste	stiate	steste	state
starebbero	stiano	stessero	stiano
stringerei	stringa	stringessi	
stringeresti	stringa	stringessi	stringi
stringerebbe	stringa	stringesse	stringa
stringeremmo	stringiamo	stringessimo	stringiamo
stringereste	stringiate	stringeste	stringete
stringerebbero	stringano	stringessero	stringano
succederei	succeda	succedessi	
succederesti	succeda	*succedessi*	*succedi*
succederebbe	succeda	succedesse	succeda
succederemmo	succediamo	succedessimo	succediamo
succedereste	succediate	succedeste	succedete
succederebbero	succedano	succedessero	succedano
tenderei	tenda	tendessi	
tenderesti	tenda	tendessi	tendi
tenderebbe	tenda	tendesse	tenda
tenderemmo	tendiamo	tendessimo	tendiamo
tendereste	tendiate	tendeste	tendete
tenderebbero	tendano	tendessero	tendano

不定詞 過去分詞 ジェルンディオ	直説法			
	現在	半過去	遠過去	未来
118 **tenere** tenuto tenendo	tengo tieni tiene teniamo tenete tengono	tenevo tenevi teneva tenevamo tenevate tenevano	tenni tenesti tenne tenemmo teneste tennero	terrò terrai terrà terremo terrete terranno
119 **tingere** tinto tingendo	tingo tingi tinge tingiamo tingete tingono	tingevo tingevi tingeva tingevamo tingevate tingevano	tinsi tingesti tinse tingemmo tingeste tinsero	tingerò tingerai tingerà tingeremo tingerete tingeranno
120 **togliere** tolto togliendo	tolgo togli toglie togliamo togliete tolgono	toglievo toglievi toglieva toglievamo toglievate toglievano	tolsi togliesti tolse togliemmo toglieste tolsero	toglierò toglierai toglierà toglieremo toglierete toglieranno
121 **torcere** torto torcendo	torco torci torce torciamo torcete torcono	torcevo torcevi torceva torcevamo torcevate torcevano	torsi torcesti torse torcemmo torceste torsero	torcerò torcerai torcerà torceremo torcerete torceranno
122 **trarre** tratto traendo	traggo trai trae traiamo traete traggono	traevo traevi traeva traevamo traevate traevano	trassi traesti trasse traemmo traeste trassero	trarrò trarrai trarrà trarremo trarrete trarranno
123 **udire** udito udendo	odo odi ode udiamo udite odono	udivo udivi udiva udivamo udivate udivano	udii udisti udì udimmo udiste udirono	udirò/udrò udirai/udrai udirà/udrà udiremo/udremo udirete/udrete udiranno/udranno
124 **uscire** uscito uscendo	esco esci esce usciamo uscite escono	uscivo uscivi usciva uscivamo uscivate uscivano	uscii uscisti uscì uscimmo usciste uscirono	uscirò uscirai uscirà usciremo uscirete usciranno

条件法	接続法		命令法
現在	現在	半過去	
terrei	tenga	tenessi	
terresti	tenga	tenessi	tieni
terrebbe	tenga	tenesse	tenga
terremmo	teniamo	tenessimo	teniamo
terreste	teniate	teneste	tenete
terrebbero	tengano	tenessero	tengano
tingerei	tinga	tingessi	
tingeresti	tinga	tingessi	tingi
tingerebbe	tinga	tingesse	tinga
tingeremmo	tingiamo	tingessimo	tingiamo
tingereste	tingiate	tingeste	tingete
tingerebbero	tingano	tingessero	tingano
toglierei	tolga	togliessi	
toglieresti	tolga	togliessi	togli
toglierebbe	tolga	togliesse	tolga
toglieremmo	togliamo	togliessimo	togliamo
togliereste	togliate	toglieste	togliete
toglierebbero	tolgano	togliessero	tolgano
torcerei	torca	torcessi	
torceresti	torca	torcessi	torci
torcerebbe	torca	torcesse	torca
torceremmo	torciamo	torcessimo	torciamo
torcereste	torciate	torceste	torcete
torcerebbero	torcano	torcessero	torcano
trarrei	tragga	traessi	
trarresti	tragga	traessi	trai
trarrebbe	tragga	traesse	tragga
trarremmo	traiamo	traessimo	traiamo
trarreste	traiate	traeste	traete
trarrebbero	traggano	traessero	traggano
udirei / udrei	oda	udissi	
udiresti / udresti	oda	udissi	odi
udirebbe / udrebbe	oda	udisse	oda
udiremmo / udremmo	udiamo	udissimo	udiamo
udireste / udreste	udiate	udiste	udite
udirebbero / udrebbero	odano	udissero	odano
uscirei	esca	uscissi	
usciresti	esca	uscissi	esci
uscirebbe	esca	uscisse	esca
usciremmo	usciamo	uscissimo	usciamo
uscireste	usciate	usciste	uscite
uscirebbero	escano	uscissero	escano

不規則動詞変化表

不定詞 過去分詞 ジェルンディオ	直説法			
	現在	半過去	遠過去	未来
125	valgo	valevo	valsi	varrò
valere	vali	valevi	valesti	varrai
	vale	valeva	valse	varrà
valso	valiamo	valevamo	valemmo	varremo
valendo	valete	valevate	valeste	varrete
	valgono	valevano	valsero	varranno
126	vedo	vedevo	vidi	vedrò
vedere	vedi	vedevi	vedesti	vedrai
	vede	vedeva	vide	vedrà
visto / veduto	vediamo	vedevamo	vedemmo	vedremo
vedendo	vedete	vedevate	vedeste	vedrete
	vedono	vedevano	videro	vedranno
127	vengo	venivo	venni	verrò
venire	vieni	venivi	venisti	verrai
	viene	veniva	venne	verrà
venuto	veniamo	venivamo	venimmo	verremo
venendo	venite	venivate	veniste	verrete
	vengono	venivano	vennero	verranno
128	vinco	vincevo	vinsi	vincerò
vincere	vinci	vincevi	vincesti	vincerai
	vince	vinceva	vinse	vincerà
vinto	vinciamo	vincevamo	vincemmo	vinceremo
vincendo	vincete	vincevate	vinceste	vincerete
	vincono	vincevano	vinsero	vinceranno
129	vivo	vivevo	vissi	vivrò
vivere	vivi	vivevi	vivesti	vivrai
	vive	viveva	visse	vivrà
vissuto	viviamo	vivevamo	vivemmo	vivremo
vivendo	vivete	vivevate	viveste	vivrete
	vivono	vivevano	vissero	vivranno
130	voglio	volevo	volli	vorrò
volere	vuoi	volevi	volesti	vorrai
	vuole	voleva	volle	vorrà
voluto	vogliamo	volevamo	volemmo	vorremo
volendo	volete	volevate	voleste	vorrete
	vogliono	volevano	vollero	vorranno
131	volgo	volgevo	volsi	volgerò
volgere	volgi	volgevi	volgesti	volgerai
	volge	volgeva	volse	volgerà
volto	volgiamo	volgevamo	volgemmo	volgeremo
volgendo	*volgete*	volgevate	volgeste	volgerete
	volgono	volgevano	volsero	volgeranno

付録

条件法	接続法		命令法
現在	現在	半過去	
varrei	valga	valessi	
varresti	valga	valessi	vali
varrebbe	valga	valesse	valga
varremmo	valiamo	valessimo	valiamo
varreste	valiate	valeste	valete
varrebbero	valgano	valessero	valgano
vedrei	veda	vedessi	
vedresti	veda	vedessi	vedi
vedrebbe	veda	vedesse	veda
vedremmo	vediamo	vedessimo	vediamo
vedreste	vediate	vedeste	vedete
vedrebbero	vedano	vedessero	vedano
verrei	venga	venissi	
verresti	venga	venissi	vieni
verrebbe	venga	venisse	venga
verremmo	veniamo	venissimo	veniamo
verreste	veniate	veniste	venite
verrebbero	vengano	venissero	vengano
vincerei	vinca	vincessi	
vinceresti	vinca	vincessi	vinci
vincerebbe	vinca	vincesse	vinca
vinceremmo	vinciamo	vincessimo	vinciamo
vincereste	vinciate	vinceste	vincete
vincerebbero	vincano	vincessero	vincano
vivrei	viva	vivessi	
vivresti	viva	vivessi	vivi
vivrebbe	viva	vivesse	viva
vivremmo	viviamo	vivessimo	viviamo
vivreste	viviate	viveste	vivete
vivrebbero	vivano	vivessero	vivano
vorrei	voglia	volessi	
vorresti	voglia	volessi	vogli
vorrebbe	voglia	volesse	voglia
vorremmo	vogliamo	volessimo	vogliamo
vorreste	vogliate	voleste	vogliate
vorrebbero	vogliano	volessero	vogliano
volgerei	volga	volgessi	
volgeresti	volga	volgessi	volgi
volgerebbe	volga	volgesse	volga
volgeremmo	volgiamo	volgessimo	volgiamo
volgereste	volgiate	volgeste	volgete
volgerebbero	volgano	volgessero	volgano

2013年4月1日　初版発行
2013年6月10日　初版中型版発行

デイリーコンサイス 伊和・和伊 辞典
中型版

2013年6月10日　第1刷発行

監　修　藤村昌昭（ふじむら・まさあき）
編　者　杉本裕之（すぎもと・ひろゆき）
　　　　谷口真生子（たにぐち・まきこ）
発行者　株式会社 三省堂　代表者 北口克彦
印刷者　三省堂印刷株式会社
発行所　株式会社 三省堂
　　　　〒101-8371
　　　　東京都千代田区三崎町二丁目22番14号
　　　　　　電話　編集　(03) 3230-9411
　　　　　　　　　営業　(03) 3230-9412
　　　　振替口座　00160-5-54300
　　　　商標登録番号　521140
　　　　http://www.sanseido.co.jp/

〈中型デイリー伊合本・1,376pp.〉

落丁本・乱丁本はお取替えいたします

ISBN978-4-385-12266-3

Ⓡ 本書を無断で複写複製することは，著作権法上の例外を除き，禁じられています。本書をコピーされる場合は，事前に日本複製権センター(03-3401-2382)の許諾を受けてください。また，本書を請負業者等の第三者に依頼してスキャン等によってデジタル化することは，たとえ個人や家庭内での利用であっても一切認められておりません。

ITALIA

0 100 km

Regioni e capoluoghi

VALLE D'AOSTA
- Aosta
- Verbania
- Biella

PIEMONTE
- Torino
- Vercelli
- Novara
- Cuneo
- Asti
- Alessandria

LOMBARDIA
- Varese
- Lecco
- Como
- Sondrio
- Monza
- Milano
- Bergamo
- Pavia
- Brescia
- Lodi
- Cremona
- Mantova

TRENTINO-ALTO ADIGE/SÜDTIROL
- Bolzano
- Trento

VENETO
- Belluno
- Verona
- Vicenza
- Treviso
- Padova
- Venezia
- Rovigo

FRIULI VENEZIA GIULIA
- Pordenone
- Udine
- Gorizia
- Trieste

LIGURIA
- Savona
- Genova
- Imperia
- La Spezia

EMILIA-ROMAGNA
- Piacenza
- Parma
- Reggio Emilia
- Modena
- Ferrara
- Bologna
- Ravenna
- Forlì
- Cesena
- Rimini

TOSCANA
- Massa
- Lucca
- Pisa
- Livorno
- Pistoia
- Prato
- Firenze
- Siena
- Arezzo
- Grosseto

MARCHE
- Urbino
- Pesaro
- Ancona
- Macerata
- Fermo
- Ascoli Piceno

UMBRIA
- Perugia
- Assisi
- Orvieto
- Terni

LAZIO
- Viterbo
- Rieti
- Roma
- Latina
- Frosinone

ABRUZZO
- Teramo
- L'Aquila
- Pescara
- Chieti

MOLISE
- Isernia
- Campobasso

CAMPANIA
- Caserta
- Benevento
- Napoli
- Avellino
- Salerno
- Isola di Capri

PUGLIA
- Foggia
- Barletta
- Andria
- Trani
- Bari
- Brindisi
- Lecce
- Taranto
- Alberobello

BASILICATA
- Potenza
- Matera

SARDEGNA
- Sassari
- Tempio Pausania
- Olbia
- Nuoro
- Oristano
- Lanusei
- Sanluri
- Iglesias
- Villacidro
- Tortolì
- Carbonia
- Cagliari

CALABRIA
- Cosenza
- Crotone
- Catanzaro
- Vibo Valentia
- Reggio Calabria

SICILIA
- Messina
- Taormina
- Palermo
- Trapani
- Marsala
- Agrigento
- Caltanissetta
- Enna
- Catania
- Ragusa
- Siracusa

CITTÀ DEL VATICANO
SAN MARINO

Stati confinanti: FRANCIA, SVIZZERA, LIECHTENSTEIN, AUSTRIA, SLOVENIA, CROAZIA, MONACO

Mari: Mare Ligure, Mare Adriatico, Mare Tirreno, Mare Ionio, Mare Mediterraneo, Golfo di Venezia, Golfo di Taranto